EL ANTIGUO TESTAMENTO

Edición diario personal

DESERET BOOK

SALT LAKE CITY, UTAH

Visit us at deseretbook.com

ISBN 978-1-62972-964-0 (paperbound)

Printed in China
RR Donnelley, Dongguan, China

10 9 8 7 6 5 4 3 2 1

LOS LIBROS DEL

ANTIGUO TESTAMENTO

ABREVIATURAS

Las abreviaturas de los libros sagrados que se encuentran tanto en la Biblia como en el Libro de Mormón, en Doctrina y Convenios y en la Perla de Gran Precio son las siguientes:

ANTIGUO TESTAMENTO

Gén.	Génesis	2 Cró.	2 Crónicas	Dan.	Daniel
Éx.	Éxodo	Esd.	Esdras	Oseas	Oseas
Lev.	Levítico	Neh.	Nehemías	Joel	Joel
Núm.	Números	Ester	Ester	Amós	Amós
Deut.	Deuteronomio	Job	Job	Abd.	Abdías
Josué	Josué	Sal.	Salmos	Jonás	Jonás
Jue.	Jueces	Prov.	Proverbios	Miq.	Miqueas
Rut	Rut	Ecle.	Eclesiastés	Nahúm	Nahúm
1 Sam.	1 Samuel	Cant.	Cantares	Hab.	Habacuc
2 Sam.	2 Samuel	Isa.	Isaías	Sof.	Sofonías
1 Rey.	1 Reyes	Jer.	Jeremías	Hageo	Hageo
2 Rey.	2 Reyes	Lam.	Lamentaciones	Zac.	Zacarías
1 Cró.	1 Crónicas	Ezeq.	Ezequiel	Mal.	Malaquías

NUEVO TESTAMENTO

Mateo	Mateo	Efe.	Efesios	Heb.	Hebreos
Mar.	Marcos	Filip.	Filipenses	Stg.	Santiago
Lucas	Lucas	Col.	Colosenses	1 Pe.	1 Pedro
Juan	Juan	1 Tes.	1 Tesalonicenses	2 Pe.	2 Pedro
Hech.	Hechos	2 Tes.	2 Tesalonicenses	1 Juan	1 Juan
Rom.	Romanos	1 Tim.	1 Timoteo	2 Juan	2 Juan
1 Cor.	1 Corintios	2 Tim.	2 Timoteo	3 Juan	3 Juan
2 Cor.	2 Corintios	Tito	Tito	Judas	Judas
Gál.	Gálatas	Filem.	Filemón	Apoc.	Apocalipsis

LIBRO DE MORMÓN

1 Ne.	1 Nefi	P. de Morm.	Palabras de Mormón	4 Ne.	4 Nefi
2 Ne.	2 Nefi			Morm.	Mormón
Jacob	Jacob	Mos.	Mosíah	Éter	Éter
Enós	Enós	Alma	Alma	Moro.	Moroni
Jarom	Jarom	Hel.	Helamán		
Omni	Omni	3 Ne.	3 Nefi		

DOCTRINA Y CONVENIOS

DyC	Doctrina y Convenios	DO 2	Declaración Oficial 2
DO 1	Declaración Oficial 1		

PERLA DE GRAN PRECIO

Moisés	Moisés	JS—H	José Smith—Historia
Abr.	Abraham	AdeF	Artículos de Fe
JS—M	José Smith—Mateo		

OTRAS ABREVIATURAS Y EXPLICACIONES

Las abreviaturas que figuran tanto en las notas a pie de página como en las otras ayudas para el estudio son:

GEE: *Guía para el Estudio de las Escrituras.* Indica referencias a la Guía para el Estudio de las Escrituras, las cuales están ordenadas alfabéticamente según el título de cada tema. La Guía aparece en el apéndice del Libro de Mormón y en el apéndice de la Combinación Triple.

GR: Otra posible traducción del texto griego.

HEB: Otra posible traducción del texto hebreo.

TJS: *Traducción de José Smith.* En las notas a pie de página, así como en el apéndice, aparecen selecciones de la revisión inspirada que hizo el profeta José Smith de la Biblia del rey Santiago en inglés. Las selecciones más breves aparecen en las notas a pie de página y las más largas se encuentran en el apéndice. Las palabras en bastardillas indican cambios hechos por José Smith. Las palabras que aparecen entre corchetes fueron añadidas al español para completar el significado del concepto.

Con la expresión "*Es decir*", se introduce una explicación o ampliación del vocablo o tema que aparece en el texto.

Con la expresión "*O sea*", se hace una aclaración o se da una equivalencia del vocablo o tema que aparece en el texto.

Bastardilla. Siguiendo el modelo tradicional, ésta indica que las palabras no se encuentran en el texto original (hebreo, arameo, griego). Se han añadido para completar el significado.

SANTA BIBLIA

ANTIGUO TESTAMENTO

REINA-VALERA 2009

Antigua versión de
Casiodoro de Reina (1569)
Revisada por Cipriano de Valera (1602)
Otras revisiones: 1862, 1909

Revisada y cotejada
con los textos en hebreo y arameo

Con notas y referencias
correlacionadas con los otros Libros Canónicos de
La Iglesia de Jesucristo
de los Santos de los
Últimos Días

INTRODUCCIÓN

La presente edición de la Santa Biblia se ha preparado bajo la dirección de la Primera Presidencia y del Quórum de los Doce Apóstoles de La Iglesia de Jesucristo de los Santos de los Últimos Días. Es una revisión de la Biblia Reina-Valera de 1909.

La Biblia Reina-Valera ha constituido la Biblia castellana clásica desde hace más de cuatro siglos y ha sido de extraordinario valor para el lector hispanohablante. Es el resultado del trabajo inspirado de Casiodoro de Reina, cuya traducción original se publicó en 1569, y de Cipriano de Valera, quien la revisó en 1602. A través de los años, se llevaron a cabo cambios adicionales en diversas impresiones y ediciones. En 1909, Sociedades Bíblicas Unidas publicó una edición que estableció un texto estandarizado. Posteriormente, se han publicado otras revisiones, todas ellas basadas en la edición de 1909.

En esta edición, se han preservado el espíritu y el lenguaje tradicional de las Escrituras. Se han conservado características gramaticales y estilísticas, así como términos arcaicos, salvo cuando ha sido preciso efectuar modificaciones que favorezcan la comprensión y la lectura del texto. Se han actualizado la acentuación, la puntuación y la ortografía. Los términos que han variado con el paso del tiempo y que en la actualidad tienen connotaciones inapropiadas se han sustituido por otros más adecuados. Donde se han hecho cambios en el contenido, éstos se realizaron comparando el texto con fuentes en hebreo, arameo y griego.

Entre las ayudas de estudio de esta edición, se encuentran los resúmenes de los capítulos, las notas a pie de página, pasajes correlacionados con todos los libros canónicos de la Iglesia, y selecciones de la revisión que el profeta José Smith hizo de la Biblia del rey Santiago en inglés, además de mapas, fotografías y una breve guía de pasajes seleccionados de la Biblia.

El lector que con oración sincera estudie esta edición de la Santa Biblia llegará a adquirir, mediante la inspiración del Espíritu Santo, una mayor comprensión y un testimonio más firme de Dios, el Eterno Padre, y de Su Hijo Jesucristo, nuestro Señor y Redentor, así como de la plenitud del Evangelio de Jesucristo.

PRIMER LIBRO DE MOISÉS

LLAMADO

GÉNESIS

CAPÍTULO 1

Dios crea esta tierra y su cielo y todas las formas de vida en seis días — Se describen los hechos de cada día de la Creación — Dios crea al hombre, varón y hembra, a Su propia imagen — Se da dominio al hombre sobre todas las cosas, y se le manda multiplicarse y henchir la tierra.

EN el [a]principio [b]creó [c]Dios los
[d]cielos y la [e]tierra.
2 Y la tierra estaba [a]desordenada
y vacía, y las tinieblas estaban
sobre la faz del abismo, y el Espíritu de Dios se movía sobre la
faz de las aguas.
3 Y dijo Dios: Haya [a]luz, y hubo
luz.
4 Y vio Dios que la luz era
[a]buena, y separó Dios la luz de
las tinieblas.
5 Y llamó Dios a la luz Día, y
a las tinieblas llamó Noche. Y
fue la tarde y la mañana el [a]día
primero.
6 Y dijo Dios: Haya un [a]firma-
mento en medio de las aguas,
y separe aquél las aguas de las
aguas.
7 E hizo Dios el firmamento, y
separó las aguas que estaban debajo del firmamento de las aguas
que estaban sobre el firmamento.
Y fue así.
8 Y llamó Dios al firmamento
[a]Cielos. Y fue la tarde y la mañana el día segundo.
9 Y dijo Dios: [a]Júntense las aguas
que están debajo de los cielos en
un lugar, y descúbrase lo seco.
Y fue así.
10 Y llamó Dios a lo seco Tierra, y a la reunión de las aguas
llamó Mares. Y vio Dios que era
bueno.
11 Y dijo Dios: Produzca la tierra [a]hierba verde, hierba que dé
semilla; árbol de fruto que dé
fruto según su especie, que su
semilla esté en él, sobre la tierra.
Y fue así.
12 Y produjo la tierra hierba
verde, hierba que da semilla según su naturaleza, y árbol que
da fruto, cuya semilla está en él,
según su especie. Y vio Dios que
era bueno.

[GÉNESIS]

1 1 *a* GEE Principio.
b HEB dio forma, creó, siempre una actividad u obra divina; organizó, formó; véase Abr. 4:1. GEE Creación, crear.
c Mos. 4:2; Morm. 9:11; DyC 76:20–24; Moisés 2:1. GEE Trinidad.
d GEE Cielo.
e 1 Ne. 17:36. GEE Tierra.
2 *a* Abr. 4:2.
3 *a* GEE Luz, luz de Cristo.
4 *a* Alma 32:35; Abr. 4:4.
5 *a* Abr. 4:5.
6 *a* HEB expansión o espacio. Abr. 4:6–8; Facsímile 2, Fig. 4.
8 *a* GEE Cielo.
9 *a* GEE Tierra—La división de la tierra.
11 *a* Abr. 4:11–12.

13 Y fue la tarde y la mañana el
día tercero.
14 Y dijo Dios: Haya lumbreras
en el firmamento de los cielos
para separar el día de la noche;
y sean por [a]señales, y para las
estaciones, y para los días y para
los años;
15 y sean por lumbreras en el
firmamento de los cielos para
alumbrar sobre la tierra. Y
fue así.
16 E hizo Dios las dos grandes
lumbreras: la [a]lumbrera mayor
para que señorease en el día, y la
lumbrera menor para que señorease en la noche; hizo también
las [b]estrellas.
17 Y las puso Dios en el firmamento de los cielos para alumbrar
sobre la tierra,
18 y para señorear en el día y
en la noche y para separar la luz
de las tinieblas. Y vio Dios que
era bueno.
19 Y fue la tarde y la mañana el
día cuarto.
20 Y dijo Dios: Produzcan las
aguas seres vivientes, y aves que
vuelen sobre la tierra en la abierta
expansión de los cielos.
21 Y creó Dios las [a]grandes ba-
llenas y todo ser viviente que
se mueve, que las aguas produ-
jeron según su especie, y toda
ave alada según su especie. Y vio
Dios que era bueno.
22 Y Dios los bendijo, diciendo:
Fructificad y multiplicaos, y hen-
chid las aguas en los mares, y
multiplíquense las aves en la
tierra.
23 Y fue la tarde y la mañana el
día quinto.
24 Y dijo Dios: Produzca la tierra
seres vivientes según su especie:
bestias, y serpientes y animales
de la tierra según su especie. Y
fue así.
25 E hizo Dios los animales de la
tierra según su especie, y ganado
según su especie, y todo animal
que se arrastra sobre la tierra según su especie. Y vio Dios que
era bueno.
26 Y dijo Dios: [a]Hagamos al
[b]hombre a nuestra [c]imagen,
conforme a nuestra semejanza;
y [d]tenga dominio sobre los peces
del mar, y sobre las aves de los
cielos, y sobre las bestias, y sobre
toda la tierra y sobre todo animal
que se arrastra sobre la tierra.
27 Y creó Dios al hombre a su
imagen, a imagen de Dios lo creó;
varón y [a]hembra los creó.
28 Y los bendijo Dios y les dijo
Dios: [a]Fructificad y [b]multiplicaos;
y [c]henchid la tierra y sojuzgadla;
y tened dominio sobre los peces

14 *a* GEE Señal.
16 *a* Moisés 2:16.
b Abr. 3:2–3.
21 *a* Abr. 4:20–21.
26 *a* Abr. 4:26–27.
GEE Trinidad; Creación, crear.
b *O sea,* a la humanidad o el género humano.
GEE Adán; Hombre(s).
c Mos. 7:27; Éter 3:14–17; Moisés 2:26–28; 6:9–10.
GEE Cuerpo; Trinidad.
d DyC 49:18–21; 104:11–14, 17.
GEE Hombre(s)—Su potencial para llegar a ser como nuestro Padre Celestial; Mayordomía, mayordomo.
27 *a* GEE Mujer(es).
28 *a* GEE Hijo(s); Familia—Las responsabilidades de los padres.
b GEE Control de la natalidad; Matrimonio.
c HEB llenar.
1 Ne. 17:36.

del mar, y sobre las aves de los
cielos y sobre todas las bestias
que se mueven sobre la tierra.
29 Y dijo Dios: He aquí que os
he dado toda hierba que da semilla que está sobre la faz de toda
la tierra; y todo árbol en que hay
fruto de árbol que da semilla os
será para [a]comer.
30 Y a toda bestia de la tierra,
y a todas las aves de los cielos y
a todo lo que se arrastra sobre
la tierra, en que hay vida, toda
hierba verde *les* será para comer.
Y fue así.
31 Y vio Dios todo lo que había
hecho, y he aquí que era [a]bueno
en gran manera. Y fue la tarde y
la mañana el [b]día sexto.

CAPÍTULO 2

Se termina la Creación — Dios descansa el séptimo día — Se explica la creación espiritual previa — Adán y Eva son puestos en el Jardín de Edén — Se les prohíbe comer del árbol de la ciencia del bien y del mal — Adán da nombre a toda criatura viviente — Jehová Dios une a Adán y a Eva en matrimonio.

Y FUERON acabados los cielos y
la tierra, y todas las huestes de
ellos.
2 Y acabó Dios en el día séptimo la obra que había hecho, y
[a]reposó el día séptimo de toda la
obra que había hecho.
3 Y bendijo Dios el [a]día séptimo
y lo [b]santificó, porque en él [c]re-
posó de toda la obra que había
creado y hecho.
4 Éstos son los orígenes de los
cielos y de la tierra cuando fueron
[a]creados, el día en que [b]Jehová
Dios hizo la tierra y los cielos,
5 y toda planta del campo [a]an-
tes que fuese en la tierra, y toda
hierba del campo antes que bro-
tase; porque aún no había Jehová
Dios hecho llover sobre la tierra,
ni había hombre para que labrase
la tierra;
6 sino que subía de la tierra un
[a]vapor que regaba toda la faz de
la tierra.
7 [a]Formó, pues, Jehová Dios al
hombre del [b]polvo de la tierra
y [c]sopló en su nariz el aliento
de vida; y fue el [d]hombre [e]alma
viviente.
8 Y había Jehová Dios plantado
un huerto al oriente, en [a]Edén,
y puso allí al hombre que había
formado.
9 Y Jehová Dios hizo de la tierra

29 *a* GEE Palabra de Sabiduría.
31 *a* 1 Tim. 4:4; Moro. 7:12–14; DyC 59:16–20.
b Abr. 4:31.
2 2 *a* HEB paró, cesó; del verbo *shavat;* el sustantivo *shabbat* (en español, sábado) significa la acción de parar o cesar. Abr. 5:1–3. GEE Descansar, descanso (reposo).
3 *a* GEE Día de reposo.
b Éx. 20:8–11; DyC 77:12. GEE Santidad; Santo (adjetivo).
c Éx. 31:17.
4 *a* Abr. 5:4–5.
b GEE Jehová; Jesucristo; Señor.
5 *a* Moisés 3:4–5. GEE Vida preterrenal; Creación espiritual.
6 *a* HEB un diluvio, una corriente.
7 *a* GEE Creación, crear.
b Morm. 9:17; DyC 93:33–35; Moisés 6:59.
c Abr. 5:7–8. GEE Espíritu.
d Moisés 1:34. GEE Adán.
e DyC 88:15. GEE Alma.
8 *a* GEE Edén.

todo árbol agradable a la vista y bueno para comer; también [a]el árbol de la vida en medio del huerto, y el árbol de la [b]ciencia del bien y del mal.
10 Y salía de Edén un río para regar el huerto, y de allí se [a]repartía en cuatro brazos.
11 El nombre del primero es Pisón; éste es el que rodea toda la tierra de Havila, donde hay oro;
12 y el oro de aquella tierra es bueno; hay allí también [a]bedelio y ónice.
13 El nombre del segundo río es Gihón; éste es el que rodea toda la tierra de Etiopía.
14 Y el nombre del tercer río es Hidekel; éste es el que corre al oriente de Asiria. Y el cuarto río es el Éufrates.
15 Tomó, pues, Jehová Dios al hombre y le puso en el huerto de [a]Edén, para que lo labrase y lo guardase.
16 Y [a]mandó Jehová Dios al hombre, diciendo: De todo árbol del huerto [b]podrás comer;
17 mas del [a]árbol de la [b]ciencia del bien y del mal no comerás, porque el [c]día que de él comieres, de cierto [d]morirás.
18 Y dijo Jehová Dios: No es bueno que el hombre esté [a]solo; le haré [b]ayuda idónea para él.
19 Formó, pues, Jehová Dios de la tierra toda bestia del campo y toda ave de los cielos, y las trajo a [a]Adán para que viese cómo las había de llamar; y lo que Adán llamó a los animales vivientes, ése es su [b]nombre.
20 Y puso Adán nombre a toda bestia y ave de los cielos y a todo animal del campo; mas para Adán no se halló ayuda que *fuese* idónea para él.
21 Y Jehová Dios hizo caer un sueño profundo sobre Adán, y éste se quedó dormido. Entonces tomó una de sus costillas y cerró la carne en su lugar;
22 y de la costilla que Jehová Dios tomó del hombre, hizo una [a]mujer y la trajo al hombre.
23 Y dijo Adán: Ésta es ahora hueso de mis huesos y [a]carne de mi carne; ésta será llamada Varona, porque del varón fue tomada.
24 Por tanto, dejará el hombre a su padre y a su madre, y [a]se allegará a su [b]mujer, y serán [c]una sola carne.
25 Y estaban ambos desnudos, Adán y su mujer, y no se avergonzaban.

---

9 *a* GEE Árbol de la vida.
b GEE Conocimiento.
10 *a* HEB lo dividía en cuatro ramales.
12 *a* Una clase de resina.
15 *a* GEE Edén.
16 *a* GEE Mandamientos de Dios.
b GEE Albedrío.
17 *a* 2 Ne. 2:15–16.
b GEE Conocimiento.
c Abr. 5:13.
d Moisés 3:17. GEE Muerte física; Muerte espiritual; Caída de Adán y Eva; Mortal, mortalidad.
18 *a* Moisés 3:18.
b *Es decir,* una ayuda adecuada, digna de él o semejante a él.
19 *a* Moisés 3:19. GEE Adán.
b GEE Lenguaje (o lengua).
22 *a* GEE Creación, crear; Eva; Mujer(es).
23 *a* Jacob 2:21; Abr. 5:17.
24 *a* DyC 42:22; 49:15–16. GEE Castidad.
b GEE Familia.
c GEE Matrimonio; Unidad.

CAPÍTULO 3

La serpiente (Lucifer) engaña a Eva — Ella y después Adán participan del fruto prohibido — Su Simiente (Cristo) herirá la cabeza de la serpiente — Se explica el papel de la mujer y el del hombre — Adán y Eva son echados del Jardín de Edén — Adán preside — Eva llega a ser la madre de todos los vivientes.

AHORA bien, la [a]serpiente era [b]astuta, más que todos los animales del campo que Jehová Dios había hecho, la cual dijo a la mujer: ¿Conque Dios os ha dicho: No comáis de ningún árbol del huerto?

2 Y la mujer respondió a la serpiente: Del fruto de los árboles del huerto podemos comer,

3 mas del fruto del [a]árbol que está en medio del huerto, dijo Dios: No comeréis de él ni lo tocaréis, para que no muráis.

4 Entonces la serpiente dijo a la mujer: [a]No moriréis;

5 sino que sabe Dios que el día en que comáis de él serán abiertos vuestros [a]ojos y seréis como dioses, [b]conociendo el bien y el mal.

6 Y vio la mujer que el árbol era bueno para comer, y que era [a]agradable a los ojos y [b]deseable para alcanzar la sabiduría; y tomó de su fruto y [c]comió; y dio también a su marido, el cual comió así como ella.

7 Y fueron abiertos los ojos de ambos, y supieron que estaban [a]desnudos. Entonces cosieron hojas de higuera y se hicieron [b]delantales.

8 Y oyeron la voz de Jehová Dios que se paseaba en el huerto [a]al aire del día; y se escondieron el hombre y su mujer de la presencia de Jehová Dios entre los árboles del huerto.

9 Y llamó Jehová Dios al hombre y le dijo: ¿Dónde estás?

10 Y él respondió: Oí tu voz en el huerto, y tuve miedo, porque estaba desnudo; y me escondí.

11 Y le dijo: ¿Quién te ha dicho que estabas desnudo? ¿Has comido del árbol del cual yo te mandé que no comieses?

12 Y el hombre respondió: La mujer que me diste por compañera me dio del árbol, y yo comí.

13 Entonces Jehová Dios dijo a la mujer: ¿Qué es lo que has hecho? Y dijo la mujer: La serpiente me [a]engañó, y comí.

---

3 1 *a* GEE Diablo.
b 2 Cor. 11:3; Alma 12:4; Moisés 4:1–7.
3 *a* Gén. 2:17; Alma 12:21–32; Moisés 3:16–17.
4 *a* HEB (expresión enfática) muriendo, no moriréis. GEE Muerte física; Muerte espiritual.
5 *a* Moisés 5:10–11. GEE Ojo(s).
b 2 Ne. 2:18, 26; Alma 29:5; Moro. 7:15–19.
6 *a* Expresión idiomática en hebreo que significa algo apetecible.
b *O sea,* deseable, en el sentido de adquirir sabiduría, comprensión. Moisés 4:12.
c DyC 29:39–42. GEE Caída de Adán y Eva.
7 *a* Gén. 2:25.
b HEB algo para ponerse alrededor del cuerpo. GEE Modestia.
8 *a* HEB al viento del día, es decir, a la hora de la brisa del atardecer.
13 *a* GEE Tentación, tentar.

14 Y Jehová Dios dijo a la [a]serpiente: Por cuanto esto hiciste, [b]maldita serás entre todas las bestias y entre todos los animales del campo; sobre tu vientre te arrastrarás y polvo comerás todos los días de tu vida.

15 Y pondré [a]enemistad entre tú y la mujer, y entre tu simiente y la simiente suya; [b]ésta te [c]herirá *en* la cabeza, y tú le herirás *en* el [d]calcañar.

16 A la [a]mujer dijo: [b]Multiplicaré en gran manera tus [c]dolores en tus embarazos; con dolor darás a luz los [d]hijos; y tu deseo será para tu [e]marido, y él se [f]enseñoreará de ti.

17 Y a Adán dijo: Por cuanto obedeciste la voz de tu mujer y comiste del árbol del cual te mandé, diciendo: No comerás de él; [a]maldita será la tierra por tu causa; con [b]dolor comerás de ella todos los días de tu vida.

18 [a]Espinos y cardos te producirá, y comerás hierba del campo;

19 con el [a]sudor de tu rostro comerás el pan hasta que vuelvas a la tierra, porque de ella fuiste tomado; pues [b]polvo eres y al polvo volverás.

20 Y llamó Adán el nombre de su mujer Eva, por cuanto ella fue la [a]madre de todos los vivientes.

21 Y Jehová Dios hizo a Adán y a su mujer túnicas de pieles, y los vistió.

22 Y [a]dijo Jehová Dios: He aquí el [b]hombre ha llegado a ser como uno de [c]nosotros, [d]conociendo el bien y el mal. Ahora, pues, no sea que alargue su mano y tome también del árbol de la vida, y coma y viva para siempre,

23 por tanto, lo sacó Jehová Dios del huerto de [a]Edén, para que labrase la tierra de la que fue tomado.

24 Echó, pues, fuera al hombre y puso al oriente del huerto de Edén [a]querubines, y una espada encendida que se revolvía por todos lados, para guardar el camino del [b]árbol de la vida.

CAPÍTULO 4

Eva da a luz a Caín y a Abel — Ellos ofrecen sacrificios — Caín mata a Abel y es maldecido por Jehová,

14 *a* GEE Lucifer o Lucero.
b GEE Maldecir, maldiciones.
15 *a* Moisés 4:21. GEE Enemistad.
b HEB él.
c HEB aplastar, machacar. Rom. 16:20; DyC 19:2–3. GEE Redentor.
d *O sea,* el talón.
16 *a* GEE Eva; Madre.
b HEB aumentaré tus malestares y tu vientre; es decir, en el estado del embarazo y en el transcurso de él.
c GEE Adversidad.
d 2 Ne. 2:23. GEE Hijo(s).
e GEE Matrimonio.
f Efe. 5:21–25.
17 *a* GEE Maldecir, maldiciones.
b HEB tribulaciones, dolor.
18 *a* GEE Adversidad.
19 *a* Moisés 4:23–25.
b Mos. 2:25–26. GEE Creación, crear.
20 *a* GEE Madre.
22 *a* Moisés 4:28.
b GEE Hombre(s)—Su potencial para llegar a ser como nuestro Padre Celestial.
c GEE Trinidad.
d Alma 12:31. GEE Albedrío; Conciencia; Discernimiento, don de; Conocimiento.
23 *a* GEE Edén.
24 *a* GEE Querubines.
b Alma 42:2–5. GEE Árbol de la vida.

quien además pone una marca so-
bre él — Los hijos de los hombres
se multiplican — Adán engendra a
Set y Set engendra a Enós.

Y CONOCIÓ Adán a su esposa
Eva, la cual concibió y dio a luz
a [a]Caín, y dijo: He adquirido varón por voluntad de Jehová.
2 Y después dio a luz a su hermano [a]Abel. Y fue Abel pastor
de ovejas, y Caín fue labrador
de la tierra.
3 Y aconteció, andando el
tiempo, que Caín trajo del fruto de
la tierra una ofrenda a Jehová.
4 Y Abel trajo también de los
[a]primogénitos de sus ovejas, y
de su grosura. Y miró Jehová con
agrado a Abel y a su [b]ofrenda;
5 mas no miró con agrado a Caín
ni a la [a]ofrenda suya. Y Caín se
ensañó en gran manera y decayó
su semblante.
6 Entonces Jehová dijo a Caín:
¿Por qué te has ensañado y por
qué ha decaído tu semblante?
7 Si bien hicieres, ¿no serás
[a]enaltecido? Y si [b]no hicieres bien,
el [c]pecado está a la puerta; con
todo esto, te [d]deseará, pero tú te
enseñorearás de él.
8 Y habló Caín a su hermano
Abel; y aconteció que estando
ellos en el campo, Caín se levantó
contra su hermano Abel y le
[a]mató.
9 Y Jehová dijo a Caín: ¿Dónde
está Abel, tu hermano? Y él respondió: No sé. ¿Soy yo acaso
guarda de mi hermano?
10 Y él le dijo: ¿Qué has hecho? La voz de la [a]sangre de tu
hermano clama a mí desde la
tierra.
11 Ahora pues, [a]maldito seas tú
de la [b]tierra, que abrió su boca
para recibir de tu mano la sangre
de tu hermano.
12 Cuando labres la tierra, no te
volverá a dar su fuerza; errante y
vagabundo serás en la tierra.
13 Y dijo Caín a Jehová: [a]Grande
es mi castigo para soportarlo.
14 He aquí, me echas hoy de la
faz de la tierra, y de tu presencia
me esconderé; y seré errante y vagabundo en la tierra; y sucederá
que cualquiera que me hallare
me matará.
15 Y le respondió Jehová: Ciertamente cualquiera que mate a
Caín, siete veces será castigado.
Entonces Jehová puso una marca
sobre Caín, para que no lo matase
cualquiera que le hallara.
16 Y salió Caín [a]de delante de
Jehová y habitó en la tierra de
Nod, al oriente de Edén.
17 Y conoció Caín a su esposa,

4 1 *a* Moisés 5:2–3.
GEE Caín.
2 *a* Moisés 5:17.
GEE Abel.
4 *a* Moisés 5:7.
GEE Jesucristo—Simbolismos o símbolos de Jesucristo; Sacrificios.
b GEE Ofrenda.
5 *a* Prov. 15:8; Moisés 5:16–21.
7 *a* *O sea,* aceptado.
DyC 97:8.
GEE Bendecido, bendecir, bendición.
b GEE Albedrío.
c GEE Pecado.
d Moisés 5:23–24.
GEE Diablo.
8 *a* Moisés 5:32–33.
GEE Mártir, martirio; Asesinato.
10 *a* GEE Sangre.
11 *a* GEE Maldecir, maldiciones.
b GEE Tierra—Una entidad viviente.
13 *a* DyC 134:8; Moisés 5:38–41.
GEE Condenación, condenar.
16 *a* Moisés 6:49.

la cual concibió y dio a luz a
[a]Enoc; y edificó una ciudad, a
la que le puso el nombre de su
hijo, Enoc.
18 Y a Enoc le nació Irad, e Irad
engendró a Mehujael, y Mehujael
engendró a Metusael, y Metusael
engendró a Lamec.
19 Y Lamec tomó para sí dos
esposas; el nombre de una era
Ada, y el nombre de la otra,
Zila.
20 Y Ada dio a luz a Jabal, el que
fue padre de los que habitan en
tiendas y *crían* ganados.
21 Y el nombre de su hermano
era Jubal, el que fue padre de todos los que tocan arpa y flauta.
22 Y Zila también dio a luz a Tubal-caín, artífice de toda obra de
[a]metal y de hierro; y la hermana
de Tubal-caín fue Naama.
23 Y dijo Lamec a sus esposas:
Ada y Zila, oíd mi voz,
esposas de Lamec, escuchad
mis palabras:
A un hombre [a]maté por mi
herida
y a un joven por mi golpe.
24 Si siete veces será vengado
Caín,
[a]Lamec en verdad setenta
veces siete lo será.
25 Y conoció de nuevo Adán a
su esposa, la cual dio a luz un
hijo, y llamó su nombre [a]Set: Porque Dios *(dijo ella)* me ha concedido otro hijo en lugar de Abel,
a quien mató Caín.
26 Y a Set también le nació un
hijo, y llamó su nombre Enós. Entonces los hombres comenzaron a
[a]invocar el nombre de [b]Jehová.

CAPÍTULO 5

Las generaciones de Adán son: Adán, Set, Enós, Cainán, Mahalaleel, Jared, Enoc (quien caminó con Dios), Matusalén, Lamec y Noé (quien engendró a Sem, a Cam y a Jafet).

ÉSTE es el [a]libro de las [b]generacio-
nes de Adán. El día en que [c]creó
Dios al hombre, a semejanza de
Dios lo hizo.
2 Varón y hembra los creó; y los
bendijo, y llamó el nombre de
ellos [a]Adán el día en que fueron
creados.
3 Y vivió Adán ciento treinta
años, y engendró *un hijo* a su semejanza, conforme a su imagen,
y llamó su nombre [a]Set.
4 Y fueron los días de Adán después que engendró a Set ochocientos años, y engendró hijos
e hijas.

17 *a* No se confunda el Enoc del linaje de Caín y la ciudad de ese nombre con el Enoc del linaje de Set y la ciudad (Sión) del mismo nombre. Moisés 6:21–7:69.
22 *a* HEB bronce y cobre.
23 *a* GEE Combinaciones secretas.
24 *a* Moisés 5:48–54.
25 *a* HEB Sheth; es decir, designado, nombrado. Moisés 6:2–4. GEE Set.
26 *a* GEE Oración.
b GEE Jehová; Jesucristo.
5 1 *a* Moisés 6:5–9. GEE Libro de memorias.
b DyC 107:41–57. GEE Genealogía.
c GEE Creación, crear.
2 *a* HEB *adán* es también un sustantivo común que significa hombre o humanidad. GEE Adán.
3 *a* DyC 107:42–43. GEE Set.

5 Y fueron todos los días que
vivió Adán novecientos treinta
años, y murió.
6 Y vivió Set ciento cinco años,
y engendró a Enós.
7 Y vivió Set después que engendró a Enós ochocientos siete años,
y engendró hijos e hijas.
8 Y fueron todos los días de
Set novecientos doce años, y
murió.
9 Y vivió Enós noventa años, y
engendró a Cainán.
10 Y vivió Enós después que
engendró a Cainán ochocientos
quince años, y engendró hijos e
hijas.
11 Y fueron todos los días de
Enós novecientos cinco años, y
murió.
12 Y vivió Cainán setenta años,
y engendró a Mahalaleel.
13 Y vivió Cainán después que
engendró a Mahalaleel ochocientos cuarenta años, y engendró
hijos e hijas.
14 Y fueron todos los días de
[a]Cainán novecientos diez años,
y murió.
15 Y vivió Mahalaleel sesenta y
cinco años, y engendró a Jared.
16 Y vivió Mahalaleel después
que engendró a Jared ochocientos treinta años, y engendró hijos e hijas.
17 Y fueron todos los días de
Mahalaleel ochocientos noventa
y cinco años, y murió.
18 Y vivió Jared ciento sesenta y
dos años, y engendró a Enoc.
19 Y vivió Jared después que engendró a Enoc ochocientos años,
y engendró hijos e hijas.
20 Y fueron todos los días de
Jared novecientos sesenta y dos
años, y murió.
21 Y vivió Enoc sesenta y cinco
años, y engendró a Matusalén.
22 Y [a]caminó Enoc con Dios después que engendró a [b]Matusalén
trescientos años, y engendró hijos e hijas.
23 Y fueron todos los días de
Enoc trescientos sesenta y cinco
años.
24 [a]Caminó, pues, Enoc con
Dios, y desapareció, porque [b]lo
llevó Dios.
25 Y vivió Matusalén ciento
ochenta y siete años, y engendró a Lamec.
26 Y vivió Matusalén después
que engendró a Lamec setecientos ochenta y dos años, y engendró hijos e hijas.
27 Fueron, pues, todos los días
de Matusalén novecientos sesenta
y nueve años, y murió.
28 Y vivió Lamec ciento ochenta
y dos años, y engendró un hijo;
29 y llamó su nombre [a]Noé,
diciendo: Éste nos aliviará de
nuestras obras y del trabajo de
nuestras manos, a causa de la
tierra que Jehová maldijo.
30 Y vivió Lamec después que
engendró a Noé quinientos noventa y cinco años, y engendró
hijos e hijas.
31 Y fueron todos los días de

14 *a* DyC 107:45.
22 *a* DyC 107:48–49; Moisés 6:25–36. GEE Enoc.
b GEE Matusalén.
24 *a* GEE Andar, andar con Dios.
b Moisés 7:68–69. GEE Seres trasladados; Sión.
29 *a* *Es decir,* descanso, reposo. GEE Noé, patriarca bíblico.

Lamec setecientos setenta y siete años, y murió.

32 Y siendo Noé de quinientos años, engendró a [a]Sem, a Cam y a Jafet.

CAPÍTULO 6

Los hijos de Dios se casan con las hijas de los hombres — Los hombres se vuelven inicuos; la tierra se llena de violencia y toda carne se corrompe — Se anuncia el Diluvio — Dios establece su convenio con Noé, quien construye un arca para salvar a su familia y a diversos seres vivientes.

Y ACAECIÓ que cuando comenzaron los hombres a multiplicarse sobre la faz de la tierra y les nacieron hijas,

2 y viendo los [a]hijos de Dios que las hijas de los hombres eran hermosas, [b]tomaron para sí [c]esposas, escogiendo entre todas.

3 Y dijo Jehová: No [a]contenderá mi [b]espíritu con el hombre para siempre, porque ciertamente él es [c]carne; y serán sus días ciento veinte años.

4 Había gigantes en la tierra en aquellos días, y también después que se unieron los hijos de Dios a las hijas de los hombres y les engendraron hijos. Éstos fueron los valientes que desde la antigüedad fueron varones de renombre.

5 Y vio Jehová que la [a]maldad de los hombres era mucha en la tierra y que todo [b]designio de los [c]pensamientos del [d]corazón de ellos era de continuo sólo el mal.

6 [a]Y se arrepintió Jehová de haber hecho al hombre en la tierra, y [b]le pesó en su corazón.

7 Y dijo Jehová: [a]Raeré de sobre la faz de la tierra a los hombres que he creado, desde el hombre hasta la bestia, y hasta el reptil y las aves del cielo, porque [b]me arrepiento de haberlos hecho.

8 Pero Noé halló [a]gracia ante los ojos de Jehová.

9 Éstas son las generaciones de Noé: Noé, varón justo, era [a]perfecto en su generación; con Dios [b]caminó Noé.

10 Y engendró Noé tres hijos: a Sem, a Cam y a Jafet.

---

32 *a* GEE Cam; Jafet; Sem.
6 2 *a* GEE Hijos e hijas de Dios.
b GEE Matrimonio—El matrimonio entre personas de distintas religiones.
c Moisés 8:13–15.
3 *a* 2 Ne. 26:11.
b GEE Espíritu Santo.
c Moisés 8:17.
5 *a* Moisés 7:36–37; 8:22. GEE Inicuo, iniquidad.
b Mateo 15:19; Alma 12:14.
c GEE Pensamientos.
d GEE Corazón.
6 *a* TJS Gén. 8:13 Y le pesó a *Noé, y se afligió su corazón de que Jehová hubiese* hecho al hombre… La raíz hebrea significa "pesarle", "sentirse conmovido", "tener compasión". Éx. 32:12, 14; Amós 7:3, 6; 3 Ne. 27:32; Moisés 8:25–26.
b Moisés 7:28–40. GEE Compasión.
7 *a* Gén. 7:23. GEE Tierra—La purificación de la tierra.
b TJS Gén. 8:15 …le pesa a *Noé que yo* los *haya creado*…
8 *a* GEE Gracia.
9 *a* HEB cabal, recto, con integridad. Moisés 8:27. GEE Santo (adjetivo); Perfecto.
b GEE Andar, andar con Dios.

11 Y se [a]corrompió la tierra delante de Dios, y estaba la tierra llena de [b]violencia.

12 Y miró Dios la tierra, y he aquí que estaba corrompida, porque toda [a]carne había corrompido [b]su camino sobre la tierra.

13 Y dijo Dios a Noé: El fin de toda carne ha venido delante de mí; porque la tierra está llena de [a]violencia a causa de ellos; y he aquí que yo [b]los destruiré junto [c]con la tierra.

14 Hazte un [a]arca de madera de gofer; harás [b]aposentos en el arca, y la calafatearás con brea por dentro y por fuera.

15 Y de esta manera la harás: de trescientos codos la longitud del arca, de cincuenta codos su anchura y de treinta codos su altura.

16 Una [a]ventana harás al arca, y la acabarás a un codo *de elevación* por la parte de arriba y pondrás la puerta del arca a su lado; y le harás *piso* bajo, segundo y tercero.

17 Y yo, he aquí, yo voy a enviar un [a]diluvio de aguas sobre la [b]tierra, para destruir toda carne en que haya espíritu de vida debajo del cielo; todo lo que hay en la tierra morirá.

18 Mas estableceré [a]mi [b]convenio contigo, y entrarás en el arca tú, y tus hijos, y tu esposa y las esposas de tus hijos contigo.

19 Y de todo lo que vive, de toda carne, dos de cada especie meterás en el arca, para que tengan vida contigo; macho y hembra serán.

20 De las aves según su especie, y de las bestias según su especie, de todo reptil de la tierra según su especie, dos de cada especie vendrán a ti para que tengan vida.

21 Y toma contigo de todo alimento que se come y almacénalo; y servirá de alimento para ti y para ellos.

22 Y lo [a]hizo [b]Noé; así hizo conforme a todo lo que Dios [c]le mandó.

CAPÍTULO 7

La familia de Noé y diversos animales y aves entran en el arca — Llega el Diluvio y las aguas cubren toda la tierra — Todos los demás seres vivientes son destruidos.

Y Jehová dijo a Noé: Entra tú y toda tu casa en el arca, porque he

11 *a* GEE Inmundicia, inmundo.
b Moisés 7:32–34.
12 *a* DyC 38:11–12.
b DyC 132:22–25; Moisés 8:29–30. GEE Camino (vía).
13 *a* GEE Guerra.
b 3 Ne. 9:9.
c En algunos manuscritos hebreos: de la tierra.
14 *a* GEE Arca.
b HEB "nidos", compartimientos.
16 *a* HEB *tsohar;* algunos rabinos creían que era una piedra preciosa que brillaba dentro del arca. Éter 2:23–24.
17 *a* GEE Diluvio en los tiempos de Noé.
b GEE Tierra—La purificación de la tierra.
18 *a* TJS Gén. 8:23 …mi convenio, *como he jurado a tu padre Enoc, que de tu posteridad vendrán todas las naciones;* y tú…
b HEB *berit:* convenio, pacto, alianza. GEE Convenio (pacto).
22 *a* GEE Obediencia, obediente, obedecer.
b Heb. 11:7.
c GEE Mandamientos de Dios.

visto que tú eres justo delante de mí en esta generación.

2 De todo animal limpio tomarás siete parejas, macho y su hembra; mas de los animales que no son limpios, una pareja, macho y su hembra.

3 También de las aves de los cielos siete parejas, macho y hembra, para conservar viva la especie sobre la faz de toda la tierra.

4 Porque *pasados* aún siete días, yo haré llover sobre la tierra cuarenta días y cuarenta noches; y a todo ser viviente que hice [a]raeré de sobre la faz de la tierra.

5 E [a]hizo Noé conforme a todo lo que le mandó Jehová.

6 Y era Noé de seiscientos años cuando el diluvio de las aguas vino sobre la tierra.

7 Y [a]entró Noé en el arca, y con él sus hijos, y su esposa y las esposas de sus hijos, por causa de las aguas del diluvio.

8 De los animales limpios, y de los animales que no eran limpios, y de las aves y de todo lo que se arrastra sobre la tierra,

9 de dos en dos entraron con Noé en el arca, macho y hembra, como mandó Dios a Noé.

10 Y sucedió que al séptimo día las aguas del [a]diluvio vinieron sobre la tierra.

11 El año seiscientos de la vida de Noé, en el mes segundo, a los diecisiete días del mes, aquel día [a]fueron rotas todas las fuentes del gran abismo, y las compuertas de los cielos fueron abiertas.

12 Y hubo lluvia sobre la tierra cuarenta días y cuarenta noches.

13 En este mismo día entraron en el arca Noé, y Sem, y Cam y Jafet, hijos de Noé, la esposa de Noé y las tres esposas de sus hijos con él;

14 ellos, y todos los animales *silvestres* según sus especies, y todos los animales domésticos según sus especies, y todo reptil que se arrastra sobre la tierra según su especie, y toda ave según su especie, todo pájaro, toda especie alada.

15 Y vinieron a Noé al arca, de dos en dos, de toda carne en que había espíritu de vida.

16 Y los que vinieron, macho y hembra de toda carne vinieron, como le había mandado Dios; y Jehová cerró *la puerta tras él.*

17 Y fue el diluvio cuarenta días sobre la tierra; y las aguas crecieron y alzaron el arca, y [a]se elevó sobre la tierra.

18 Y prevalecieron las aguas y crecieron en gran manera sobre la tierra; y flotaba el arca sobre la faz de las aguas.

19 Y las aguas prevalecieron mucho sobre la tierra; y todos los montes altos que había debajo de todos los cielos fueron cubiertos.

20 Quince codos más alto prevalecieron las aguas; y fueron cubiertos los montes.

21 Y murió toda carne que se mueve sobre la tierra, así de aves

7 4 *a* GEE Tierra—La purificación de la tierra.
5 *a* Heb. 11:7.
7 *a* Moisés 7:42.
10 *a* GEE Diluvio en los tiempos de Noé.
11 *a* *O sea,* se abrieron de golpe.
17 *a* *O sea,* el arca se elevó a gran altura.

como de ganado, y de bestias,
y de todo reptil que se arrastra
sobre la tierra y [a]todo hombre.
22 Todo lo que tenía [a]aliento de
espíritu de vida en sus narices,
todo lo que había en la tierra,
murió.
23 Así fue [a]destruido todo ser
viviente que había sobre la faz de
la tierra, desde el hombre hasta la
bestia, y los reptiles y las aves del
cielo; y fueron raídos de la tierra;
y quedaron solamente [b]Noé y los
que con él estaban en el arca.
24 Y prevalecieron las aguas
sobre la tierra ciento cincuenta
días.

CAPÍTULO 8

Cesa el Diluvio — Noé envía una paloma, la cual regresa con una hoja de olivo — Noé hace salir del arca a todo ser viviente — Ofrece sacrificios — Se aseguran la siembra, la siega y las estaciones.

Y SE acordó Dios de [a]Noé, y de
todos los animales y de todas las
bestias que estaban con él en el
arca; e hizo pasar Dios un viento
sobre la tierra, y disminuyeron
las aguas.
2 Y se cerraron las fuentes del
abismo y las compuertas de los
cielos; y la lluvia de los cielos fue
detenida.
3 Y las aguas [a]bajaron gradualmente de sobre la tierra; y decre-
cieron las aguas al cabo de ciento
cincuenta días.
4 Y reposó el arca en el mes séptimo, a los diecisiete días del mes,
sobre los montes de Ararat.
5 Y las aguas fueron decre-
ciendo hasta el mes décimo; en
el décimo, al primero del mes,
se descubrieron las cimas de los
montes.
6 Y sucedió que al cabo de cuarenta días abrió Noé la ventana
del arca que había hecho
7 y envió un cuervo, el cual salió *y* estuvo yendo y volviendo
hasta que las aguas se secaron
de sobre la tierra.
8 Envió también una paloma,
para ver si las aguas se habían
retirado de sobre la faz de la
tierra;
9 y no halló la paloma dónde
sentar la planta de su pie y volvió a él, al arca, porque las aguas
estaban *aún* sobre la faz de toda
la tierra; entonces él extendió la
mano y, tomándola, la hizo entrar
consigo en el arca.
10 Y esperó aún otros siete días
y volvió a enviar la paloma fuera
del arca.
11 Y la paloma volvió a él a la
hora de la tarde, y he aquí *que
traía* una hoja de olivo en el pico;
y entendió Noé que las aguas
se habían retirado de sobre la
tierra.
12 Y esperó aún otros siete días
y envió la paloma, la cual ya no
volvió más a él.
13 Y sucedió que en el año seiscientos uno *de Noé,* en el mes
primero, al primero del mes,
las aguas se secaron de sobre la

21 *a O sea,* todo ser humano.
22 *a* Abr. 5:7. GEE Espíritu.
23 *a* Moisés 8:26–30.
b GEE Tierra—La purificación de la tierra.
8 1 *a* 2 Pe. 2:5.
3 *a* Éter 13:2.

tierra; y quitó Noé la cubierta del arca y miró, y he aquí que la faz de la tierra estaba seca.

14 Y en el mes segundo, a los veintisiete días del mes, se secó la tierra.

15 Y habló Dios a Noé, diciendo:

16 Sal del arca tú, y [a]tu esposa, y tus hijos y las esposas de tus hijos contigo.

17 Todos los animales que están contigo de toda carne, de aves y de bestias y de todo reptil que se arrastra sobre la tierra sacarás contigo; y vayan por la tierra, y [a]fructifiquen y multiplíquense sobre la tierra.

18 Entonces salió Noé, y sus hijos, y su esposa y las esposas de sus hijos con él.

19 Todos los animales, y todo reptil y toda ave y todo lo que se mueve sobre la tierra según sus [a]especies salieron del arca.

20 [a]Y edificó Noé un altar a Jehová, y tomó de todo animal limpio y de toda ave limpia, y ofreció [b]holocausto en el altar.

21 Y percibió Jehová [a]olor grato; y dijo Jehová en su corazón: [b]No volveré más a maldecir la tierra por causa del hombre, porque la intención del corazón del hombre es mala desde su juventud; ni volveré más a destruir a todo ser viviente, como he hecho.

22 Mientras permanezca la tierra, la siembra y la siega, y el frío y el calor, y el verano y el invierno, y el día y la noche no cesarán.

CAPÍTULO 9

Se manda a Noé y a sus hijos multiplicarse y henchir la tierra — Se les da dominio sobre todas las formas de vida — Se decreta la pena de muerte por asesinato — Dios nunca volverá a destruir la tierra por medio de un diluvio — Canaán es maldecido; Sem y Jafet son bendecidos.

Y BENDIJO Dios a Noé y a sus hijos, y les dijo: Fructificad, y [a]multiplicaos y [b]henchid la tierra;

2 y el temor y el miedo de vosotros estarán en todo animal de la tierra, y en toda ave de los cielos, en todo lo que se mueve en la tierra y en todos los peces del mar; en vuestras manos son entregados.

3 Todo lo que se mueve y vive os será para [a]alimento, así como las legumbres y hierbas; os lo he dado todo.

4 [a]Pero carne con su vida, *que es* su [b]sangre, no comeréis.

5 Porque ciertamente demandaré la sangre de vuestras vidas; de manos de todo animal la demandaré y de manos del

16 *a* Moisés 7:42.
17 *a* Gén. 1:22–25.
19 *a* HEB familias.
20 *a* TJS Gén. 9:4 (Apéndice).
b GEE Ofrenda; Sacrificios.
21 *a* Éx. 29:18; Efe. 5:2; TJS Gén. 9:5–6 (Apéndice).
b Enós 1:10; Alma 10:22; 3 Ne. 22:9. GEE Maldecir, maldiciones.
9 1 *a* GEE Control de la natalidad.
b HEB llenar.
3 *a* HEB alimento. GEE Palabra de Sabiduría.
4 *a* TJS Gén. 9:10–15 (Apéndice).
b Lev. 17:11–14. GEE Sangre.

hombre; de manos del prójimo
de todo hombre demandaré la
vida.
6 El que [a]derramare sangre de
hombre, por el hombre su sangre será [b]derramada, porque
a [c]imagen de Dios es hecho el
hombre.
7 Mas vosotros fructificad y
multiplicaos; procread abundantemente en la tierra y multiplicaos en ella.
8 Y habló Dios a Noé y a sus
hijos con él, diciendo:
9 He aquí que [a]yo establezco
mi [b]convenio con vosotros, y con
vuestros descendientes después
de vosotros,
10 y con todo ser viviente que
está con vosotros, aves, animales
y toda bestia de la tierra que está
con vosotros, desde todos los que
salieron del arca hasta todo animal de la tierra.
11 Estableceré mi convenio con
vosotros, y no será talada ya más
toda carne con aguas de diluvio,
ni habrá más diluvio para destruir la tierra.[a]
12 Y dijo Dios: Ésta es la señal del convenio que yo establezco entre yo y vosotros y todo
ser viviente que está con vosotros, por todas las generaciones
perpetuas.
13 Mi [a]arco he puesto en las
nubes, el cual será por señal del
convenio entre yo y la tierra.
14 Y acontecerá que cuando
haga venir nubes sobre la tierra,
se dejará ver entonces mi arco en
las nubes.
15 Y me acordaré de mi convenio que [a]hay entre yo y vosotros
y todo ser viviente de toda carne;
y no habrá más aguas de diluvio
para destruir toda carne.
16 [a]Y estará el arco en las nubes, y lo veré para acordarme
del [b]convenio sempiterno entre
Dios y todo ser viviente, con toda
carne que hay sobre la tierra.
17 Dijo, pues, Dios a Noé: Ésta
es la [a]señal del convenio que he
establecido entre yo y toda carne
que está sobre la tierra.
18 Y los hijos de Noé que salieron del arca fueron Sem, Cam
y Jafet; y Cam es el padre de
Canaán.
19 Estos tres son los hijos de
Noé, y de ellos se pobló toda la
tierra.
20 Y comenzó Noé a labrar la
tierra y plantó una viña.
21 Y bebió del vino y se embriagó, y estaba descubierto en
medio de su tienda.
22 Y Cam, padre de Canaán,
vio la desnudez de su padre y

6 *a* GEE Asesinato.
b GEE Pena de muerte.
c Éter 3:14–16; Abr. 4:26–27.
9 *a* TJS Gén. 9:15 …*estableceré* mi convenio con vosotros, *el cual hice con vuestro padre Enoc, acerca de* vuestros descendientes después de vosotros.
b Gén. 6:18. HEB *berit:* convenio, pacto, alianza. GEE Juramento y convenio del sacerdocio; Sacerdocio.
11 *a* TJS Gén. 9:17 *Y estableceré mi convenio con vosotros, el cual hice con Enoc, acerca del resto de vuestra posteridad.* Moisés 7:51–52; 8:2–3.
13 *a* GEE Arco iris.
15 *a* TJS Gén. 9:20 …*que he hecho* entre yo y vosotros, *en cuanto a* todo ser viviente…
16 *a* TJS Gén. 9:21–25 (Apéndice).
b HEB *berit:* convenio, pacto, alianza. GEE Nuevo y sempiterno convenio.
17 *a* GEE Señal.

lo dijo a sus dos hermanos que estaban fuera.

23 Entonces Sem y Jafet tomaron la ropa, y la pusieron sobre sus propios hombros, y andando hacia atrás cubrieron la desnudez de su padre, teniendo vueltos sus rostros, y así no vieron la desnudez de su padre.

24 Y despertó Noé de su vino y supo lo que había hecho con él su hijo más joven;

25 y dijo:
[a]Maldito sea [b]Canaán;
siervo de siervos será a sus hermanos.

26 Y dijo también:
Bendito Jehová el Dios de Sem,
y sea Canaán su siervo.[a]

27 Engrandezca Dios a Jafet,
y habite en las tiendas de Sem,
y sea Canaán su siervo.

28 Y vivió Noé después del diluvio trescientos cincuenta años.

29 Y fueron todos los días de Noé novecientos cincuenta años, y murió.

CAPÍTULO 10

Los descendientes de Noé son: Jafet, cuyos descendientes son los gentiles; Cam, cuyos descendientes incluyen a los cananeos; y Sem, de quien vino Peleg, en cuyos días se dividió la tierra.

ÉSTAS son las [a]generaciones de los hijos de Noé: Sem, Cam y Jafet, a quienes nacieron hijos después del diluvio.

2 Los hijos de Jafet: Gomer, y Magog, y Madai, y Javán, y Tubal, y Mesec y Tiras.

3 Y los hijos de Gomer: Askenaz, y Rifat y Togarma.

4 Y los hijos de Javán: Elisa, y Tarsis, Quitim y Dodanim.

5 [a]Por éstos fueron repartidas las [b]islas de [c]las gentes en sus tierras, cada cual según su lengua, conforme a sus familias en sus naciones.

6 Los hijos de [a]Cam: [b]Cus, y [c]Mizraim, y Fut y Canaán.

7 Y los hijos de Cus: Seba, Havila, y Sabta, y Raama y Sabteca. Y los hijos de Raama: Seba y Dedán.

8 Y Cus engendró a [a]Nimrod; éste comenzó a ser poderoso en la tierra.

9 Éste fue poderoso cazador delante de Jehová, por lo cual se dice: Así como Nimrod, poderoso cazador delante de Jehová.

10 Y fue el comienzo de su reino [a]Babel, y Erec, y Acad y Calne, en la tierra de Sinar.

11 De esta tierra salió Asur y edificó Nínive, y Rehobot, y Cala

25 *a* GEE Maldecir, maldiciones.
b Moisés 7:8, 22; Abr. 1:21–25.
26 *a* TJS Gén. 9:30 …*y un velo de oscuridad le cubrirá, para que sea [re]conocido entre todos los hombres.*
10 1 *a* *Es decir,* éstos son los descendientes.
5 *a* HEB de éstos.
b *O sea,* las costas, los continentes.
c *O sea,* las naciones o los gentiles. GEE Gentiles.
6 *a* Abr. 1:21–25.
b *Es decir,* los etíopes, egipcios, libaneses, cananeos.
c *Es decir,* Egipto.
8 *a* Éter 2:1.
10 *a* GEE Babel, Babilonia.

12 y Resén entre Nínive y Cala, la cual es ciudad grande.
13 Y Mizraim engendró a Ludim, y a Anamim, y a Lehabim, y a Naftuhim,
14 y a Patrusim, y a Casluhim, de donde provinieron los [a]filisteos, y a Caftorim.
15 Y Canaán engendró a Sidón, su primogénito, y a Het,
16 y al jebuseo, y al amorreo, y al gergeseo,
17 y al heveo, y al araceo, y al sineo,
18 y al arvadeo, y al zemareo y al hamateo; y después se dispersaron las familias de los cananeos.
19 Y fue el territorio de los cananeos desde Sidón, viniendo a Gerar hasta Gaza, hasta entrar en Sodoma y Gomorra, Adma y Zeboim, hasta Lasa.
20 Éstos son los hijos de Cam por sus familias, por sus lenguas, en sus tierras, en sus naciones.
21 También le nacieron hijos a Sem, padre de todos los hijos de Heber, y hermano mayor de Jafet.
22 Y los hijos de Sem: Elam, y Asur, y Arfaxad, y Lud y Aram.
23 Y los hijos de Aram: Uz, y Hul, y Geter y Mas.
24 Y Arfaxad engendró a Sala, y Sala engendró a Heber.
25 Y a Heber le nacieron dos hijos: el nombre de uno fue [a]Peleg, porque en sus días se [b]dividió la tierra; y el nombre de su hermano, Joctán.
26 Y Joctán engendró a Almodad, y a Selef, y a Hazarmavet, y a Jera,
27 y a Adoram, y a Uzal, y a Dicla,
28 y a Obal, y a Abimael, y a Seba,
29 y a Ofir, y a Havila y a Jobab; todos éstos fueron hijos de Joctán.
30 Y fue su habitación desde Mesa, camino a Sefar, hasta la región montañosa del oriente.
31 Éstos fueron los hijos de Sem por sus familias, por sus lenguas, en sus tierras, en sus naciones.
32 Éstas son las familias de los hijos de Noé por sus descendencias, en sus naciones; y de éstos fueron divididas las naciones en la tierra después del diluvio.

CAPÍTULO 11

Todos los hombres hablan el mismo lenguaje — Ellos construyen la torre de Babel — Jehová confunde su lenguaje y los dispersa sobre toda la tierra — Entre las generaciones de Sem, se cuenta a Abram, cuya esposa fue Sarai — Abram sale de Ur y se establece en Harán.

TENÍA entonces toda la tierra una sola [a]lengua y unas mismas palabras.
2 Y aconteció que, cuando salieron de oriente, hallaron una llanura en la tierra de Sinar y se asentaron allí.
3 Y se dijeron los unos a los otros: Vamos, hagamos ladrillo y

14 *a* GEE Filisteos.
25 *a* HEB división.
b GEE Tierra—La división de la tierra.
11 1 *a* Moisés 6:5–6.

cozámoslo con fuego. Y les sirvió
el ladrillo en lugar de piedra, y el
asfalto en lugar de mezcla.
4 Y dijeron: Vamos, edifiqué-
monos una ciudad y una [a]torre
cuya cúspide *llegue* al cielo; y
hagámonos un [b]nombre, no sea
que seamos esparcidos sobre la
faz de toda la tierra.
5 Y descendió Jehová para ver la
ciudad y la torre que edificaban
los hijos de los hombres.
6 Y dijo Jehová: He aquí el pueblo es uno, y todos éstos tienen
un solo lenguaje; y han comenzado a edificar, y ahora nada los
hará desistir de lo que han pensado hacer.
7 Ahora, pues, descendamos
y [a]confundamos allí su lengua,
para que ninguno entienda el
habla de su compañero.
8 Así los esparció Jehová desde
allí sobre la faz de toda la tierra, y
dejaron de edificar la ciudad.
9 Por eso fue llamado el nombre
de ella Babel, porque allí [a]confun-
dió Jehová el [b]lenguaje de toda la
tierra, y desde allí los [c]esparció
sobre la faz de toda la tierra.
10 Éstas son las [a]generaciones
de Sem: Sem, de edad de cien
años, engendró a Arfaxad, dos
años después del diluvio.
11 Y vivió Sem después que
engendró a Arfaxad quinientos
años, y engendró hijos e hijas.
12 Y Arfaxad vivió treinta y
cinco años, y engendró a Sala.
13 Y vivió Arfaxad después que
engendró a Sala cuatrocientos tres
años, y engendró hijos e hijas.
14 Y vivió Sala treinta años, y
engendró a Heber.
15 Y vivió Sala después que engendró a Heber cuatrocientos tres
años, y engendró hijos e hijas.
16 Y vivió Heber treinta y cuatro
años, y engendró a [a]Peleg.
17 Y vivió Heber después que
engendró a Peleg cuatrocientos
treinta años, y engendró hijos
e hijas.
18 Y vivió Peleg treinta años, y
engendró a Reu.
19 Y vivió Peleg después que
engendró a Reu doscientos nueve
años, y engendró hijos e hijas.
20 Y Reu vivió treinta y dos
años, y engendró a Serug.
21 Y vivió Reu después que engendró a Serug doscientos siete
años, y engendró hijos e hijas.
22 Y vivió Serug treinta años, y
engendró a Nacor.
23 Y vivió Serug después que
engendró a Nacor doscientos
años, y engendró hijos e hijas.
24 Y vivió Nacor veintinueve
años, y engendró a Taré.
25 Y vivió Nacor después que
engendró a Taré ciento diecinueve
años, y engendró hijos e hijas.
26 Y vivió Taré setenta años, y
engendró a [a]Abram, y a Nacor y
a Harán.
27 Éstas son las generaciones de
Taré: Taré engendró a Abram, y
a Nacor y a Harán; y Harán engendró a Lot.

4 *a* Hel. 6:28.
b Mateo 23:12; DyC 136:19. GEE Orgullo.
7 *a* Mos. 28:17. GEE Babel, Babilonia.
9 *a* HEB *balal,* "mezclar" (juego de palabras sobre la raíz Babel).
b GEE Lenguaje (o lengua).
c Éter 1:33–43.
10 *a* GEE Libro de memorias; Sem.
16 *a* GEE Peleg.
26 *a* GEE Abraham.

28 Y murió Harán antes que su padre Taré en la tierra de su nacimiento, en [a]Ur de los [b]caldeos.

29 Y tomaron Abram y Nacor para sí esposas. El nombre de la esposa de Abram era [a]Sarai, y el nombre de la esposa de Nacor, [b]Milca, hija de Harán, padre de Milca y de Isca.

30 Mas Sarai era [a]estéril y no tenía hijo.

31 Y tomó Taré a Abram, su hijo, y a [a]Lot hijo de Harán, hijo de su hijo, y a Sarai, su nuera, esposa de Abram, su hijo, y [b]salió con ellos de Ur de los caldeos, para ir a la tierra de [c]Canaán; y llegaron hasta Harán y se asentaron allí.

32 Y fueron los días de Taré doscientos cinco años, y murió Taré en Harán.

CAPÍTULO 12

Abram llegará a ser una gran nación — Él y su descendencia bendecirán a todas las familias de la tierra — Él viaja de Harán a la tierra de Canaán — Debido a la hambruna, Abram desciende a Egipto — Abram y Sarai son puestos a prueba en la corte de Faraón.

AHORA bien, Jehová había dicho a [a]Abram: Vete de tu tierra, y de tu [b]parentela y de la casa de tu padre, a la [c]tierra que te mostraré;

2 y haré de ti una [a]nación grande, y te [b]bendeciré, y engrandeceré tu nombre y serás una bendición.

3 Y bendeciré a los que te bendijeren, y a los que te maldijeren [a]maldeciré; y serán benditas en ti todas las [b]familias de la tierra.

4 Y se fue Abram, como Jehová le dijo; y fue con él Lot. Y era Abram de edad de setenta y cinco años cuando salió de Harán.

5 Y tomó Abram a [a]Sarai, su esposa, y a [b]Lot, hijo de su hermano, y todos sus bienes que habían ganado y las almas que habían [c]adquirido en Harán, y salieron para ir a la tierra de Canaán; y a la tierra de Canaán llegaron.

6 Y pasó Abram por aquella tierra hasta el lugar de Siquem, hasta el valle de More; y el [a]cananeo estaba entonces en la tierra.

7 Y se apareció Jehová a Abram y le dijo: [a]A tu descendencia daré

28 *a* GEE Ur.
b Abr. 1:1, 20, 29–30.
29 *a* GEE Sara.
b Gén. 24:15.
30 *a* Gén. 21:1–3; Heb. 11:11.
31 *a* GEE Lot.
b Hech. 7:2–4; Abr. 2:1–6, 14–16.
c GEE Canaán, cananeo.
12 1 *a* Heb. 11:8.
b Abr. 1:1–7.
c GEE Tierra prometida.
2 *a* GEE Israel—Las doce tribus de Israel.
b 1 Ne. 22:9–11; 3 Ne. 20:25–27; Abr. 2:8–11. GEE Abraham, Convenio de; Bendecido, bendecir, bendición.
3 *a* Éx. 23:22. GEE Maldecir, maldiciones.
b GEE Abraham—La descendencia de Abraham; Familia—La familia eterna; Nuevo y sempiterno convenio.
5 *a* GEE Sara.
b GEE Lot.
c HEB hecho; es decir, convertido.
6 *a* Abr. 1:21–22; 2:18. GEE Canaán, cananeo.
7 *a* Éx. 33:1.

esta [b]tierra. Y edificó allí un [c]altar a Jehová, quien se le había aparecido.
8 Y pasó de allí a un monte al oriente de [a]Bet-el y asentó su tienda, teniendo a Bet-el al occidente y Hai al oriente; y edificó allí un altar a Jehová e [b]invocó el [c]nombre de Jehová.
9 Y se fue Abram *de allí,* caminando y yendo hacia el sur.
10 Y hubo hambre en la tierra, y descendió Abram a Egipto para morar allá, porque era grande el hambre en la tierra.
11 Y aconteció que cuando estaba para entrar en Egipto, [a]dijo a Sarai, su esposa: He aquí, sé que eres mujer de hermoso aspecto;
12 y acontecerá que cuando te vean los egipcios, dirán: Su esposa es; y me matarán a mí, y a ti te dejarán con vida.
13 Ahora, pues, di que eres mi hermana, para que me vaya bien por causa tuya, y viva mi alma gracias a ti.
14 Y aconteció que cuando entró Abram en Egipto, los egipcios vieron que la mujer era hermosa en gran manera.
15 La vieron también los príncipes de Faraón y la alabaron delante de él; y fue llevada la mujer a casa de Faraón.
16 Y trató bien a Abram por causa de ella; y éste tuvo ovejas, y vacas, y asnos, y siervos, y criadas, y asnas y camellos.
17 Mas Jehová [a]hirió a Faraón y a su casa con grandes plagas, por causa de Sarai, esposa de Abram.
18 Entonces Faraón llamó a Abram y le dijo: ¿Qué es esto que has hecho conmigo? ¿Por qué no me declaraste que era tu esposa?
19 ¿Por qué dijiste: Es mi hermana, poniéndome en ocasión de tomarla para mí por esposa? Ahora, pues, he aquí tu esposa; tómala y vete.
20 Entonces Faraón dio orden a *su* gente acerca de Abram; y le acompañaron a él, y a su esposa, con todo lo que tenía.

CAPÍTULO 13

Abram regresa de Egipto — Él y Lot se separan — Jehová hará la descendencia de Abram tan numerosa como el polvo de la tierra — Abram se establece en Hebrón.

SUBIÓ, pues, Abram de Egipto hacia el sur, él y su esposa, con todo lo que tenía, y con él, [a]Lot.
2 Y Abram era riquísimo en ganado, en plata y en oro.
3 Y volvió de jornada en jornada desde el sur hacia Bet-el, hasta el lugar donde había estado antes su tienda entre Bet-el y Hai,
4 al lugar del [a]altar que había hecho allí antes; e invocó allí Abram el nombre de Jehová.
5 Y asimismo Lot, que andaba con Abram, tenía ovejas, y vacas y tiendas.

7 *b* GEE Tierra prometida.
c Abr. 2:17.
GEE Altar.
8 *a* GEE Bet-el.
b GEE Oración.
c Moisés 5:8.
11 *a* Abr. 2:21–25.
17 *a* GEE Maldecir, maldiciones; Faraón.
13 1 *a* GEE Lot.
4 *a* Gén. 12:7.

6 Y la tierra no bastaba para que
habitasen juntos, porque sus posesiones eran muchas, y no podían habitar juntos.
7 Y hubo contienda entre los
pastores del ganado de Abram y los pastores del ganado de Lot; y el cananeo y el ferezeo habitaban entonces en la tierra.
8 Entonces Abram dijo a Lot: No
haya ahora [a]altercado entre tú y yo, ni entre mis pastores y los tuyos, porque somos hermanos.
9 ¿No está toda la tierra delante
de ti? Yo te ruego que te apartes de mí. Si fueres a la mano izquierda, yo iré a la derecha; y si tú a la derecha, yo iré a la izquierda.
10 Y alzó Lot sus ojos y vio toda
la llanura del Jordán, que toda ella era de riego, antes que destruyese Jehová a [a]Sodoma y a Gomorra, como el huerto de Jehová, como la tierra de Egipto entrando en Zoar.
11 Entonces Lot escogió para
sí toda la llanura del Jordán; y partió Lot hacia el oriente, y se apartaron el uno del otro.
12 Abram se asentó en la tie-
rra de Canaán, y Lot se asentó en las ciudades de la llanura y fue poniendo sus tiendas hasta Sodoma.
13 Mas los hombres de Sodoma
eran [a]malos y pecadores delante de Jehová en gran manera.
14 Y Jehová dijo a Abram,
después que Lot se apartó de él: Alza ahora tus ojos y mira desde el lugar donde estás hacia el norte y hacia el sur, y hacia el oriente y hacia el occidente;[a]
15 porque toda la [a]tierra que ves
te la daré a ti y a tu descendencia para siempre.
16 Y haré tu [a]descendencia como
el polvo de la tierra. Si alguno puede contar el polvo de la tierra, también tu descendencia será contada.
17 Levántate, ve por la tierra a
lo largo y a lo ancho de ella, porque a ti te la daré.
18 Abram, pues, levantando su
tienda, vino y moró en el valle de Mamre, que está en [a]Hebrón, y edificó allí un [b]altar a Jehová.

CAPÍTULO 14

Lot es capturado en las batallas de los reyes — Él es rescatado por Abram — Melquisedec administra pan y vino, y bendice a Abram — Abram paga los diezmos — Él se niega a aceptar el botín de la conquista.

Y ACONTECIÓ en los días de Amrafel, rey de Sinar, Arioc, rey de Elasar, Quedorlaomer, rey de Elam, y Tidal, rey de naciones,
2 que éstos hicieron la guerra
contra Bera, rey de Sodoma, y contra Birsa, rey de Gomorra,

8 *a* GEE Contención, contienda.
10 *a* GEE Gomorra; Sodoma.
13 *a* Ezeq. 16:49. GEE Homosexualidad.
14 *a* TJS Gén. 13:13 *y acuérdate del convenio que hago contigo; porque será un convenio sempiterno; y te acordarás de los días de tu padre Enoc;*
15 *a* Gén. 15:18; Josué 1:2–4. GEE Tierra prometida.
16 *a* GEE Abraham, Convenio de.
18 *a* GEE Hebrón.
b GEE Altar.

y contra Sinab, rey de Adma, y
contra Semeber, rey de Zeboim,
y contra el rey de Bela, que es
Zoar.
3 Todos éstos se juntaron en el
valle de Sidim, que es el [a]mar
Salado.
4 Doce años habían servido a
Quedorlaomer y, al decimotercer
año se rebelaron.
5 Y en el año decimocuarto vino
Quedorlaomer con los reyes que
estaban de su parte, y derrotaron
a los refaítas en Astarot Carnaim,
a los zuzitas en Ham y a los emitas en Save-quiriataim,
6 y a los horeos en el monte de
Seir, hasta la llanura de Parán,
que está junto al desierto.
7 Y volvieron y llegaron a En-
mispat, que es Cades, y devas-
taron todo el territorio de los
amalecitas, y también el del amorreo que habitaba en Hazezóntamar.
8 Y salieron el rey de Sodoma,
y el rey de Gomorra, y el rey de
Adma, y el rey de Zeboim y el
rey de Bela, que es Zoar, y presentaron batalla contra ellos en
el valle de Sidim;
9 *a saber,* contra Quedorlaomer,
rey de Elam, y Tidal, rey de naciones, y Amrafel, rey de Sinar, y
Arioc, rey de Elasar; cuatro reyes
contra cinco.
10 Y el valle de Sidim estaba
lleno de pozos de asfalto; y huyeron el rey de Sodoma y el de
Gomorra, y cayeron allí, y los
demás huyeron al monte.
11 Y tomaron toda la riqueza de
Sodoma y de Gomorra, y todas
sus provisiones, y se fueron.
12 Tomaron también a Lot, hijo
del hermano de Abram, que moraba en Sodoma, y sus posesiones, y se fueron.
13 Y vino uno de los que escaparon y le avisó a Abram, el hebreo, que habitaba [a]en el valle
de Mamre, el amorreo, hermano
de Escol y hermano de Aner, los
cuales eran aliados de Abram.
14 Y oyó Abram que su hermano
estaba prisionero, [a]y armó a sus
criados, los nacidos en su casa,
trescientos dieciocho, y los siguió
hasta Dan.
15 Y cayó sobre ellos de noche, él con sus siervos, y los derrotó y los fue siguiendo hasta
Hoba, que está a la [a]izquierda
de Damasco.
16 Y recobró todos los bienes,
y también a Lot, su hermano, y
sus posesiones, y también a las
mujeres y a la demás gente.
17 Y salió el rey de Sodoma a
recibirlo cuando volvía de la derrota de Quedorlaomer y de los
reyes que con él estaban, al valle
de Save, que es el valle del Rey.
18 Entonces [a]Melquisedec, rey
de [b]Salem, el cual era [c]sacerdote
del Dios Altísimo, [d]sacó pan y
vino,
19 y le bendijo, diciendo,

14 3 *a* GEE Mar Muerto.
13 *a* HEB en el encinar de Mamre.
14 *a* *O sea,* los movilizó o los guió a.
15 *a* *Es decir,* el norte.
18 *a* HEB rey de rectitud. GEE Melquisedec.
b GEE Jerusalén; Salem.
c GEE Sumo sacerdote; Melquisedec; Sacerdote, Sacerdocio de Melquisedec.
d TJS Gén. 14:17 *…y partió el pan y lo bendijo; y bendijo el vino, siendo* [él] el sacerdote del Dios Altísimo.

[a]Bendito sea Abram del Dios Altísimo, [b]poseedor de los cielos y de la tierra;
20 y bendito sea el Dios Altísimo, que entregó a tus enemigos en tus manos. Y le dio *Abram* los [a]diezmos de todo.
21 Entonces el rey de Sodoma dijo a Abram: Dame las personas y toma para ti los bienes.
22 Y respondió Abram al rey de Sodoma: He alzado mi mano jurando a Jehová Dios Altísimo, poseedor de los cielos y de la tierra,
23 que ni un hilo ni una correa de calzado, nada tomaré de todo lo que es tuyo, para que no digas: Yo enriquecí a Abram;
24 salvo lo que comieron los jóvenes y la porción de los hombres que fueron conmigo, Aner, Escol y Mamre, los cuales tomarán su parte.[a]

CAPÍTULO 15

Abram desea tener progenie — Jehová le promete una descendencia tan numerosa como las estrellas del cielo — Abram cree en la promesa — Su descendencia será extranjera en Egipto — Entonces, después de cuatro generaciones, ellos heredarán Canaán.

DESPUÉS de estas cosas vino la palabra de Jehová a Abram en [a]visión, diciendo: No temas, Abram; yo soy tu escudo, *y* tu galardón será sobremanera grande.
2 Y respondió Abram: Señor Jehová, ¿qué me darás, dado que ando sin hijo, y el heredero de mi casa es el damasceno Eliezer?
3 Dijo además Abram: Mira que no me has dado prole, y he aquí que es mi heredero [a]uno nacido en mi casa.
4 Y luego la palabra de Jehová vino a él, diciendo: No te heredará éste, sino uno que saldrá de tus entrañas será el que te herede.
5 Y le llevó fuera y le dijo: Mira ahora los cielos y cuenta las estrellas, si las puedes contar. Y le dijo: Así será tu [a]descendencia.
6 [a]Y [b]creyó a Jehová, y se le contó por [c]justicia.
7 Y le dijo: Yo soy Jehová, que te saqué de Ur de los caldeos, para darte a heredar esta tierra.
8 Y él respondió: Señor Jehová, ¿en qué conoceré que la he de heredar?
9 Y le dijo: Apártame una becerra de tres años, y una cabra de tres años, y un carnero de tres años, una tórtola también y un pichón.
10 Y tomó él todos éstos, y los partió por la mitad y puso cada mitad enfrente de la otra; mas no partió las aves.
11 Y descendían aves de rapiña

19 *a* GEE Bendecido, bendecir, bendición.
b *O sea,* el Creador.
20 *a* Alma 13:15. GEE Diezmar, diezmo.
24 *a* TJS Gén. 14:25–40 (Apéndice).
15 1 *a* GEE Visión.
3 *a* HEB un hijo nacido en mi casa. GEE Heredero.
5 *a* DyC 132:30–32. GEE Abraham—La descendencia de Abraham.
6 *a* TJS Gén. 15:9–12 (Apéndice).
b GEE Fe.
c GEE Rectitud, recto.

sobre los cuerpos muertos, y Abram las ahuyentaba.

12 Mas a la caída del sol sobrecogió el sueño a Abram, y he aquí que el temor de una gran [a]oscuridad cayó sobre él.

13 Entonces dijo a Abram: Ten por cierto que tu descendencia será peregrina en tierra ajena, y servirá a los *de allí* y será por ellos [a]afligida durante cuatrocientos años.

14 Mas también a la nación a la cual servirán, juzgaré yo; y después de esto [a]saldrán con [b]gran riqueza.

15 Y tú vendrás a tus padres en paz y serás sepultado en buena vejez.

16 Y en la [a]cuarta generación volverán acá, porque aún no habrá [b]llegado al colmo la maldad del amorreo.

17 Y sucedió que puesto el sol, habiendo ya oscurecido, vio un horno humeante y una antorcha de fuego que pasó por entre los animales divididos.

18 En aquel día hizo Jehová un [a]convenio con Abram, diciendo: A tu descendencia daré esta [b]tierra, desde el [c]río de Egipto hasta el río grande, el río Éufrates:

19 la de los ceneos, y los cenezeos, y los cadmoneos,

20 y los heteos, y los ferezeos, y los refaítas,

21 y los amorreos, y los cananeos, y los gergeseos y los jebuseos.

CAPÍTULO 16

Sarai da su sierva Agar por esposa a Abram — Agar huye de Sarai — Un ángel manda a Agar que vuelva y sea sumisa a Sarai — Agar da a luz a Ismael.

Y SARAI, esposa de Abram, no le daba hijos; y ella tenía una sierva egipcia que se llamaba [a]Agar.

2 Dijo, pues, Sarai a Abram: Ya ves que Jehová me ha hecho estéril; te ruego que te allegues a mi sierva; quizá tendré hijos de ella. Y atendió Abram a la voz de Sarai.

3 Y Sarai, esposa de Abram, tomó a Agar, su sierva egipcia, al cabo de diez años que había habitado Abram en la tierra de Canaán, y la dio a Abram, su marido, por esposa.

4 Y él se allegó a Agar, la cual concibió; y cuando ella vio que había concebido, miraba con desprecio a su señora.

5 Entonces Sarai dijo a Abram: Mi afrenta sea sobre ti. Yo puse a mi sierva en tus brazos, y viéndose embarazada, me mira con desprecio; juzgue Jehová entre tú y yo.

12 *a* JS—H 1:15–17.
13 *a* Éx. 1:8–14.
14 *a* DyC 136:21–22.
b Éx. 12:35–36.
16 *a* Éx. 6:16–20 (se nombran cuatro generaciones de Leví: [1] Leví, [2] Coat, [3] Amram, [4] Moisés).
b 1 Ne. 17:32–35; DyC 101:11.
18 *a* HEB *berit:* convenio, pacto, alianza. GEE Abraham, Convenio de.
b GEE Israel; Tierra prometida.
c *Es decir,* el uadi (wadi) El Arish, al norte de Sinaí.
16 1 *a* DyC 132:34–35. GEE Agar.

6 Y respondió Abram a Sarai:
He aquí, tu sierva está en tus manos; [a]haz con ella lo que bien te parezca. Y como Sarai la afligía, Agar huyó de su presencia.
7 Y la halló el [a]ángel de Jehová junto a una fuente de agua en el desierto, junto a la fuente *que* está en el camino de Shur.
8 Y le dijo: Agar, sierva de Sarai, ¿de dónde vienes tú y a dónde vas? Y ella respondió: Huyo de delante de Sarai, mi señora.
9 Y le dijo el ángel de Jehová: Vuélvete a tu señora y ponte sumisa bajo su mano.
10 Le dijo también el ángel de Jehová: Multiplicaré tanto tu linaje que no se podrá contar a causa de la multitud.
11 Le dijo además el ángel de Jehová: He aquí que has concebido y darás a luz un hijo, y llamarás su nombre [a]Ismael, porque ha oído Jehová tu aflicción.
12 Y él será [a]hombre indómito; su mano será contra todos, y la mano de todos contra él, y delante de todos sus hermanos habitará.
13 Entonces Agar llamó el nombre de Jehová que con ella hablaba: Tú eres el Dios que me ve, porque dijo: ¿No he visto también aquí al que me ve?
14 Por lo cual llamó al pozo: [a]Beer-lajai-roi. He aquí está entre Cades y Bered.
15 Y Agar dio a luz un hijo a Abram, y llamó Abram el nombre de su hijo que Agar le dio, Ismael.
16 Y era Abram de edad de ochenta y seis años cuando Agar dio a luz a Ismael.

CAPÍTULO 17

Se manda a Abram ser perfecto — Él será padre de muchas naciones — Se le cambia el nombre por el de Abraham — Jehová hace convenio de ser el Dios de Abraham y de su descendencia para siempre — Además, Jehová le da la tierra de Canaán en heredad perpetua — La circuncisión llega a ser una señal del convenio sempiterno entre Dios y Abraham — Se le cambia el nombre a Sarai y se le da el de Sara — Ella concebirá a Isaac, con quien Jehová establecerá Su convenio — Abraham y los varones de su casa son circuncidados.

Y SIENDO Abram de edad de noventa y nueve años, [a]se le apareció Jehová y le dijo: Yo soy el Dios Todopoderoso; [b]anda delante de mí y sé [c]perfecto.
2 Y pondré mi [a]convenio entre yo y tú, y te multiplicaré en gran manera.
3 [a]Entonces Abram se postró sobre su rostro, y Dios habló con él, diciendo:
4 En cuanto a mí, he aquí, mi

16 6 *a* HEB lo que sea bueno ante tus ojos.
7 *a* GEE Ángeles.
11 *a* *Es decir,* Jehová oye. GEE Ismael, hijo de Abraham.
12 *a* HEB indómito como un asno.
14 *a* *Es decir,* Pozo-del-Viviente-que-me-ve.
17 1 *a* Abr. 3:11.
b GEE Andar, andar con Dios.
c GEE Santidad; Perfecto.
2 *a* HEB *berit:* convenio, pacto, alianza. GEE Abraham, Convenio de.
3 *a* TJS Gén. 17:3–12 (Apéndice).

convenio es contigo: Serás [a]padre de muchas [b]naciones.

5 Y no se llamará más tu nombre Abram, sino que será tu nombre [a]Abraham, porque te he puesto por padre de muchas naciones.

6 Y te multiplicaré en gran manera y de ti haré naciones, y reyes saldrán de ti.

7 [a]Y estableceré mi [b]convenio entre yo y tú y tu descendencia después de ti en sus generaciones, por [c]convenio eterno, para ser tu Dios y el de tu descendencia después de ti.

8 Y te daré a ti y a tu descendencia después de ti la [a]tierra de tus peregrinaciones, toda la tierra de Canaán en [b]heredad perpetua; y seré el Dios de ellos.

9 Dijo de nuevo Dios a Abraham: Tú guardarás mi convenio, tú y tu descendencia después de ti por sus generaciones.

10 Éste será mi [a]convenio, que guardaréis entre yo y vosotros y tu descendencia después de ti: Será [b]circuncidado todo varón de entre vosotros.

11 Circuncidaréis, pues, la carne de vuestro prepucio, y será por [a]señal del convenio entre yo y vosotros.

12 Y de edad de ocho días será circuncidado todo varón entre vosotros por vuestras generaciones, el nacido en casa y el comprado con dinero a cualquier extranjero que no fuere de tu descendencia.

13 Debe ser circuncidado el nacido en tu casa y el comprado por tu dinero; y estará mi convenio en vuestra carne por [a]convenio eterno.

14 Y el varón incircunciso, que no hubiere circuncidado la carne de su prepucio, aquella persona será talada de su pueblo; ha violado mi convenio.

15 Dijo también Dios a Abraham: A Sarai, tu esposa, no la llamarás Sarai, mas [a]Sara será su nombre.

16 Y la bendeciré y también te daré de ella un hijo; sí, la bendeciré, y vendrá a ser [a]*madre* de naciones; reyes de pueblos saldrán de ella.

17 Entonces Abraham se postró sobre su rostro, y se [a]rió, y dijo en su corazón: ¿A hombre de cien años ha de nacer hijo? ¿Y Sara, ya de noventa años, ha de dar a luz?

18 Y dijo Abraham a Dios: Ojalá Ismael viva delante de ti.

19 Y respondió Dios: Ciertamente

4 *a* GEE Abraham—La descendencia de Abraham.
b *O sea,* de las naciones. TJS Gén. 17:9 *Y este convenio hago, para que tus hijos sean conocidos entre todas las naciones.*
5 *a* GEE Abraham.
7 *a* TJS Gén. 17:11–12 (Apéndice).
b Abr. 2:8–11.
GEE Nuevo y sempiterno convenio.
c 2 Ne. 29:14.
8 *a* GEE Tierra prometida.
b Núm. 34:1–12.
10 *a* GEE Convenio (pacto).
b GEE Circuncisión.
11 *a* GEE Simbolismo.
13 *a* El convenio (pacto) es eterno, pero la circuncisión, como señal de ese convenio, fue interrumpida después. Moro. 8:8.
15 *a* *Es decir,* la princesa. GEE Sara.
16 *a* GEE Abraham—La descendencia de Abraham; Madre.
17 *a* HEB se regocijó. TJS Gén. 17:23 …se regocijó…

Sara, tu esposa, te dará un hijo, y llamarás su nombre Isaac; y confirmaré mi convenio con él como convenio eterno para su descendencia después de él.

20 Y en cuanto a [a]Ismael, *también* te he oído; he aquí que le bendeciré y le haré fructificar y multiplicarse en gran manera. Doce príncipes engendrará, y haré de él una gran nación.

21 Mas yo estableceré mi convenio con Isaac, el que Sara te dará a luz por este tiempo, el año que viene.

22 Y acabó de hablar con él y subió Dios de estar con Abraham.

23 Entonces tomó Abraham a Ismael, su hijo, y a todos los *siervos* nacidos en su casa y a todos los comprados con su dinero, a todo varón entre los de la casa de Abraham, y [a]circuncidó la carne del prepucio de ellos en aquel mismo día, como Dios le había dicho.

24 Era Abraham de edad de noventa y nueve años cuando circuncidó la carne de su prepucio.

25 E Ismael, su hijo, era de trece años cuando fue circuncidada la carne de su prepucio.

26 En el mismo día fueron circuncidados Abraham e Ismael, su hijo.

27 Y todos los varones de su casa, el *siervo* nacido en casa y el comprado con dinero a un extranjero, fueron circuncidados con él.

CAPÍTULO 18

Abraham atiende a tres hombres santos — Ellos prometen que Sara tendrá un hijo — Abraham mandará a sus hijos ser justos — Jehová se le aparece — Conversan sobre la destrucción de Sodoma y Gomorra.

Y SE le apareció [a]Jehová en el valle de Mamre, estando él sentado a la puerta de su tienda en el calor del día.

2 Y alzó sus ojos y miró, y he aquí tres [a]varones que estaban frente a él; y cuando los vio, salió corriendo de la puerta de su tienda a recibirlos, y se postró en tierra

3 y dijo: [a]Señor, si ahora he hallado gracia ante tus ojos, te ruego que no pases de tu siervo.

4 Que se traiga ahora un poco de agua, y lavad vuestros pies y recostaos debajo de un árbol;

5 y traeré un bocado de pan, y sustentad vuestro corazón; después pasaréis, porque por eso habéis pasado cerca de vuestro siervo. Y ellos dijeron: Haz así como has dicho.

6 Entonces Abraham fue de prisa a la tienda donde estaba Sara y le dijo: Toma en seguida tres medidas de flor de harina, amásala y haz panes cocidos.

7 Y corrió Abraham a las vacas y tomó un becerro tierno y bueno, y lo dio al criado, y éste se dio prisa a prepararlo.

20 *a* GEE Ismael, hijo de Abraham.
23 *a* GEE Circuncisión.
18 1 *a* GEE Jehová; Jesucristo—La existencia premortal de Cristo.
2 *a* Véase el vers. 22, la nota para TJS Gén. 18:23. GEE Ángeles.
3 *a* TJS Gén. 18:3 *Mis hermanos*…

8 Tomó también cuajada y leche,
y el becerro que había preparado,
y lo puso delante de ellos; y él
estaba junto a ellos debajo del
árbol, y comieron.
9 Y le dijeron: ¿Dónde está Sara,
tu esposa? Y él respondió: Aquí
en la tienda.
10 Entonces dijo: De cierto volveré a ti según el tiempo de la
vida, y he aquí, Sara, tu esposa,
tendrá un [a]hijo. Y Sara escuchaba
a la puerta de la tienda, que estaba detrás de él.
11 Y Abraham y Sara eran viejos, entrados en años; a Sara le
había cesado ya la costumbre de
las mujeres.
12 Se rió, pues, Sara para sí,
diciendo: ¿Después que he envejecido tendré deleite, siendo
también mi señor *ya* viejo?
13 Entonces Jehová dijo a Abraham: ¿Por qué se ha reído Sara,
diciendo: Será cierto que he de
dar a luz siendo ya vieja?
14 ¿Hay para Dios alguna [a]cosa
difícil? Al tiempo señalado volveré a ti, según el tiempo de la
vida, y Sara tendrá un hijo.
15 Entonces Sara lo negó, porque tuvo miedo, diciendo: No me
reí. Y él dijo: No es *así*, sino que
te has reído.
16 Y los varones se levantaron de allí y miraron hacia
Sodoma; y Abraham iba con ellos,
acompañándolos.
17 Y Jehová dijo: ¿[a]Encubriré yo
a Abraham lo que voy a hacer,
18 habiendo de ser Abraham
una nación grande y fuerte, y
habiendo de [a]ser benditas en él
todas las naciones de la tierra?
19 Porque yo [a]lo conozco, que
mandará a sus [b]hijos y a su casa
después de sí que [c]guarden el camino de Jehová, haciendo justicia y [d]juicio, para que haga venir
Jehová sobre Abraham lo que ha
hablado acerca de él.
20 Entonces Jehová le dijo: Por
cuanto el clamor de Sodoma y
Gomorra aumenta más y más, y
[a]el pecado de ellos se ha agravado
en extremo,
21 descenderé ahora y veré si
han consumado su obra según el
clamor que ha venido hasta mí;
y si no, [a]lo sabré.
22 [a]Y se apartaron de allí los
varones y fueron hacia Sodoma,
mas Abraham estaba aún delante
de Jehová.
23 Y se acercó Abraham y dijo:
¿[a]Destruirás también al justo con
el [b]malvado?
24 Quizá haya cincuenta justos
dentro de la ciudad; ¿destruirás
también el lugar y no lo perdonarás por amor a cincuenta justos
que estén dentro de él?

10 *a* GEE Abraham—La descendencia de Abraham.
14 *a* GEE Milagros; Poder.
17 *a* GEE Revelación.
18 *a* DyC 110:12; 115:5; Abr. 2:9–11. GEE Abraham, Convenio de.
19 *a* GEE Omnisciente.
b GEE Familia—Las responsabilidades de los padres.
c GEE Rectitud, recto.
d GEE Juicio, juzgar.
20 *a* GEE Homosexualidad.
21 *a* 2 Ne. 27:27.
22 *a* TJS Gén. 18:23 Y los *ángeles que eran varones santos, y que habían sido enviados según el orden de Dios,* se apartaron…
23 *a* 1 Ne. 22:16–19; Hel. 13:12–14; DyC 64:24.
b GEE Inicuo, iniquidad.

25 Lejos de ti está el hacer tal,
que hagas morir al justo con el
malvado, y que sea el justo *tratado* como el malvado; nunca tal
hagas. El [a]Juez de toda la tierra, ¿no ha de hacer lo que es
justo?
26 Entonces respondió Jehová:
Si hallare en Sodoma cincuenta
[a]justos dentro de la ciudad, perdonaré a todo este lugar por amor
a ellos.
27 Y Abraham replicó y dijo:
He aquí, ahora me he atrevido
a hablar a mi Señor, aunque soy
[a]polvo y ceniza.
28 Quizá de cincuenta justos fal-
ten cinco; ¿destruirás por aquellos cinco toda la ciudad? Y dijo:
No la destruiré si hallare allí cuarenta y cinco.
29 Y volvió a hablarle y dijo:
Quizá se hallen allí cuarenta. Y
respondió: No lo haré por amor
a los cuarenta.
30 Y dijo: No se enoje ahora
mi Señor si yo hablo: Quizá se
hallen allí treinta. Y respondió: No lo haré si hallare allí
treinta.
31 Y dijo: He aquí, ahora me
he atrevido a hablar a mi Señor:
Quizá se hallen allí veinte. No la
destruiré, respondió, por amor a
los veinte.
32 Y volvió a decir: No se enoje
ahora mi Señor si hablo solamente
una vez más: Quizá se hallen allí
diez. No la destruiré, respondió,
por amor a los diez.
33 Y Jehová se fue luego que
acabó de hablar a Abraham; y
Abraham volvió a su lugar.

CAPÍTULO 19

Lot atiende a los hombres santos — Los hombres de Sodoma tratan de abusar de los huéspedes de Lot y son heridos con ceguera — A Lot se le manda salir de Sodoma — Jehová hace llover azufre y fuego sobre Sodoma y Gomorra — Las hijas de Lot conservan su descendencia en la tierra.

LLEGARON, pues, [a]los dos [b]ángeles
a Sodoma a la caída de la tarde;
y Lot estaba sentado a la puerta
de Sodoma. Y al verlos Lot, se
levantó a recibirlos, y se inclinó
hacia el suelo
2 y dijo: Ahora, pues, mis señores, os ruego que vengáis a casa
de vuestro siervo y os hospedéis,
y lavéis vuestros pies; y por la
mañana os levantaréis y seguiréis
vuestro camino. Y ellos respondieron: No, sino que en la plaza
nos quedaremos esta noche.
3 Mas él les insistió mucho, y
fueron con él y entraron en su
casa; y les hizo banquete, y coció
panes sin levadura y comieron.
4 Pero antes que se acostasen,
rodearon la casa los hombres
de la ciudad, los hombres de
Sodoma, todo el pueblo junto,
desde el más joven hasta el más
viejo;
5 y llamaron a Lot y le dijeron:

25 *a* GEE Jesucristo—Es juez.
26 *a* GEE Rectitud, recto.
27 *a* Gén. 2:7; Mos. 4:1–3. GEE Humildad, humilde, humillar (afligir).
19 1 *a* TJS Gén. 19:1 …los tres ángeles…
b HEB mensajeros. GEE Ángeles.

¿Dónde están los varones que
vinieron a ti esta noche? Sácalos,
para que los [a]conozcamos.
6 Entonces Lot salió a ellos a la
puerta, y cerró la puerta tras sí
7 y dijo: Os ruego, hermanos
míos, que no hagáis tal maldad.
8 [a]He aquí ahora yo tengo dos
hijas que no han conocido varón;
os las sacaré afuera, y haced con
ellas como bien os pareciere; solamente que a estos varones no
hagáis nada, pues vinieron a la
sombra de mi tejado.
9 Y ellos respondieron: ¡Quítate
de ahí! Y añadieron: Vino éste
aquí para habitar como extranjero, ¿y habrá de erigirse en juez?
Ahora te haremos más mal que a
ellos. Y hacían gran violencia al
varón, a Lot, y se acercaron para
romper la puerta.
10 Entonces los dos varones extendieron la mano, y metieron a
Lot en casa con ellos y cerraron
la puerta.
11 E hirieron con ceguera a los
hombres que estaban a la puerta
de la casa desde el menor hasta el
mayor, de modo que se fatigaban
por hallar la puerta.
12 Y dijeron [a]los varones a Lot:
¿Tienes aquí alguno más? Saca
de este lugar a tus yernos, y a tus
hijos, y a tus hijas y todo lo que
tienes en la ciudad,
13 porque vamos a destruir este
lugar, por cuanto el clamor de
ellos ha subido de punto delante
de Jehová. Por tanto, Jehová nos
ha enviado para destruirlo.
14 Entonces salió Lot, y habló
a sus yernos, los que habían de
casarse con sus hijas, y les dijo:
Levantaos, [a]salid de este lugar,
porque Jehová va a destruir esta
ciudad. Mas les pareció a sus yernos que bromeaba.
15 Y al rayar el alba, los [a]ángeles daban prisa a [b]Lot, diciendo:
Levántate, toma a tu esposa y a
tus dos hijas que se hallan aquí,
para que no perezcas en el castigo
de la ciudad.
16 Y demorándose él, los varones le asieron de la mano, y de
la mano de su esposa y de las
manos de sus dos hijas, según
la [a]misericordia de Jehová para
con él; y le sacaron y le pusieron
fuera de la ciudad.
17 Y aconteció que cuando los
hubieron llevado fuera, uno dijo:
Escapa por tu vida; [a]no mires
tras ti ni pares en toda esta llanura; escapa al monte, no sea que
perezcas.
18 Y Lot les dijo: No, yo os
ruego, señor mío.
19 He aquí ahora ha hallado tu
siervo [a]gracia ante tus ojos, y has
engrandecido tu misericordia que
has hecho conmigo dándome la
vida; mas yo no podré escapar al
monte, no sea que me alcance el
mal, y muera.

---

5 *a* El término "conocer" en hebreo y en español es un eufemismo de tener relaciones sexuales. GEE Homosexualidad; Inmoralidad sexual.
8 *a* TJS Gén. 19:9–15 (Apéndice).
12 *a* TJS Gén. 19:18 …*estos santos* varones…
14 *a* Apoc. 18:4; DyC 133:5. GEE Amonestación, amonestar.
15 *a* GEE Ángeles.
b 2 Pe. 2:7.
16 *a* GEE Misericordia, misericordioso.
17 *a* DyC 133:14–15.
19 *a* GEE Gracia.

20 He aquí, esta ciudad está cerca para huir allá, la cual es pequeña; escaparé ahora allá (¿no es ella pequeña?) y vivirá mi alma.

21 Y le respondió: He aquí, he recibido también tu súplica sobre esto, y no destruiré la ciudad de la que has hablado.

22 Date prisa, escápate allá, porque nada podré hacer hasta que hayas llegado allí. Por eso fue llamado el nombre de la ciudad [a]Zoar.

23 El sol salía sobre la tierra cuando Lot llegó a Zoar.

24 Entonces hizo llover Jehová sobre [a]Sodoma y sobre [b]Gomorra [c]azufre y fuego de parte de Jehová desde los cielos;

25 y destruyó las ciudades y toda aquella llanura, con todos los moradores de aquellas ciudades y el fruto de la tierra.

26 Entonces la esposa de Lot [a]miró atrás, *a espaldas* de él, y se volvió [b]estatua de sal.

27 Y subió Abraham por la mañana al lugar donde había estado delante de Jehová.

28 Y miró hacia Sodoma y Gomorra, y hacia toda la tierra de aquella llanura; y miró, y he aquí que el humo subía de la tierra como el humo de un horno.

29 Así aconteció que cuando destruyó Dios las ciudades de la llanura, se acordó Dios de Abraham e hizo salir a Lot de en medio de la destrucción, al asolar las ciudades donde Lot estaba.

30 Pero Lot subió de Zoar y habitó en el monte, y sus dos hijas con él; porque tuvo miedo de quedarse en Zoar; y habitó en una cueva, él y sus dos hijas.

31 Entonces [a]la mayor dijo a la menor: Nuestro padre es viejo, y no queda varón en la tierra que se llegue a nosotras, conforme a la costumbre de toda la tierra.

32 Ven, demos de beber vino a nuestro padre y durmamos con él, y conservaremos de nuestro padre descendencia.

33 Y dieron de beber vino a su padre aquella noche, y entró la mayor y durmió con su padre; mas él no sintió cuándo se acostó ella ni cuándo se levantó.

34 Al día siguiente dijo la mayor a la menor: He aquí yo dormí la noche pasada con mi padre; démosle de beber vino también esta noche, y entra y duerme con él, para que conservemos de nuestro padre descendencia.

35 [a]Y dieron de beber vino a su padre también aquella noche, y se levantó la menor y durmió con él; pero él no sintió cuándo se acostó ella ni cuándo se levantó.

36 Y las dos hijas de Lot concibieron de su padre.

37 Y dio a luz la mayor un hijo,

22 *a* *Es decir,* la pequeña.
24 *a* Ezeq. 16:48–50; 2 Pe. 2:6. GEE Sodoma.
b GEE Gomorra.
c HEB materiales combustibles, especialmente azufre y brea.
26 *a* Gén. 19:17.
b Lucas 17:31–33.
31 *a* TJS Gén. 19:37 …la mayor *hizo inicuamente y* dijo…
35 *a* TJS Gén. 19:39 E *hicieron inicuamente y* dieron…

y llamó su nombre [a]Moab, el cual es padre de los moabitas hasta hoy.

38 La menor también dio a luz un hijo, y llamó su nombre Ben-ammi, el cual es padre de los [a]amonitas hasta hoy.

CAPÍTULO 20

Abimelec desea a Sara, quien es protegida por Jehová — Abraham ora por Abimelec, y Jehová bendice a Abimelec y a su casa.

DE allí partió Abraham a la tierra del sur, y se asentó entre Cades y Shur, y habitó como forastero en [a]Gerar.

2 Y dijo Abraham de Sara, su esposa: Mi [a]hermana es. Y Abimelec, rey de Gerar, envió por Sara y tomó a Sara.

3 Pero [a]Dios vino a Abimelec en sueños de noche y le dijo: He aquí, muerto eres a causa de la mujer que has tomado, la cual es casada con marido.

4 Mas Abimelec no se había llegado a ella y dijo: Señor, ¿matarás también a [a]la gente justa?

5 ¿No me dijo él: Mi [a]hermana es; y ella también dijo: Es mi hermano? Con [b]sencillez de mi corazón y con limpieza de mis manos he hecho esto.

6 Y le dijo Dios en sueños: Yo también sé que con integridad de tu corazón has hecho esto; y yo también te detuve de pecar contra mí, y así no te permití que la tocases.

7 Ahora, pues, devuelve la mujer a su marido, porque es profeta y [a]orará por ti, y vivirás. Y si tú no la devolvieres, sabe de cierto que morirás, tú y todos los tuyos.

8 Entonces Abimelec se levantó de mañana, y llamó a todos sus siervos y dijo todas estas palabras a oídos de ellos; y temieron los hombres en gran manera.

9 Después llamó [a]Abimelec a Abraham y le dijo: ¿Qué nos has hecho? ¿Y en qué pequé yo contra ti, que has atraído sobre mí y sobre mi reino tan gran pecado? Lo que no debiste hacer has hecho conmigo.

10 Y dijo Abimelec a Abraham: ¿Qué has visto para que hicieses esto?

11 Y Abraham respondió: Porque dije para mí: Ciertamente no hay [a]temor de Dios en este lugar, y me matarán por causa de mi esposa.

12 Y a la verdad también es mi hermana, hija de mi padre, mas no hija de mi madre, y la tomé por esposa.

13 Y aconteció que, cuando Dios [a]me hizo salir errante de la casa de mi padre, yo le dije a ella: Ésta es la merced que tú me harás, que en todos los lugares adonde

---

37 *a* Deut. 2:9.
GEE Moab.
38 *a* Deut. 2:19.
20 1 *a* Gén. 10:19.
2 *a* Gén. 12:11–20; 26:1–17; Abr. 2:2, 22–25.
3 *a* Sal. 105:14.
4 *a* *O sea,* a una nación inocente.
5 *a* Gén. 20:12.
b GEE Integridad.
7 *a* Job 42:8; Enós 1:11–12.
9 *a* Gén. 26:6–10.
11 *a* GEE Temor—Temor de Dios.
13 *a* Gén. 12:1; Abr. 2:3–4.

lleguemos, digas de mí: Mi hermano es.

14 Entonces Abimelec tomó ovejas y vacas, y siervos y siervas, y se los dio a Abraham y le devolvió a Sara, su esposa.

15 Y dijo Abimelec: He aquí mi tierra está delante de ti; habita donde bien te parezca.

16 Y a Sara dijo: He aquí, he dado mil monedas de plata a tu hermano; mira que él es para ti como un velo ante los ojos de todos los que están contigo y para con todos; así fue vindicada.

17 Entonces Abraham oró a Dios; y Dios sanó a Abimelec, y a su esposa y a sus siervas, y tuvieron hijos.

18 Porque Jehová había cerrado completamente toda matriz de la casa de Abimelec, a causa de Sara, esposa de Abraham.

CAPÍTULO 21

Sara da a luz a Isaac — Él es circuncidado — Agar y su hijo son echados de la casa de Abraham — Jehová salva a Agar y a Ismael — Abraham y Abimelec se tratan honorablemente.

Y [a]VISITÓ Jehová a Sara, como había dicho, e hizo Jehová con [b]Sara como había hablado.

2 Y Sara concibió y dio a luz un [a]hijo a Abraham en su vejez, en [b]el tiempo que Dios le había dicho.

3 Y llamó Abraham el nombre de su hijo que le nació, que le dio a luz Sara, [a]Isaac.

4 Y [a]circuncidó Abraham a su hijo Isaac de ocho días, como Dios le había mandado.

5 Y era Abraham de [a]cien años cuando le nació su hijo Isaac.

6 Entonces dijo Sara: Dios me ha hecho [a]reír, y cualquiera que lo oyere se reirá conmigo.

7 Y añadió: ¿Quién le hubiera dicho a Abraham que Sara había de amamantar hijos? Pues le he dado un hijo en su vejez.

8 Y creció el niño y fue destetado; e hizo Abraham gran banquete el día en que fue destetado Isaac.

9 Y vio Sara que el hijo de [a]Agar, la egipcia, el cual *ésta* había dado a luz a Abraham, se burlaba.

10 Por tanto, dijo a Abraham: Echa a esta sierva y a su hijo, porque el hijo de esta sierva no ha de [a]heredar con mi hijo Isaac.

11 Este asunto le [a]pareció grave en gran manera a Abraham a causa de su hijo.

12 Entonces dijo Dios a Abraham: No te parezca grave el asunto a causa del muchacho ni de tu sierva; en todo lo que te diga Sara, oye su voz, porque en Isaac te será llamada [a]descendencia.

13 Y también del hijo de la

21 1 *a* Gén. 30:22.
b Gén. 17:19.
2 *a* Gén. 24:36.
b Gén. 17:21.
3 *a* GEE Isaac.
4 *a* GEE Circuncisión.
5 *a* Gén. 17:17.
6 *a* La raíz hebrea *tzachak* significa tanto "reír" como "regocijarse".
9 *a* Gén. 16:1, 15.
10 *a* Gál. 4:30–31; DyC 52:2. GEE Heredero.
11 *a* Gén. 17:18.
12 *a* 1 Ne. 17:40. GEE Abraham—La descendencia de Abraham; Abraham, Convenio de.

sierva haré una nación, porque
es tu [a]simiente.
14 Entonces Abraham se levantó
muy de mañana, y tomó pan,
y un odre de agua y se lo dio a
Agar, poniéndolo sobre su hombro, y *le entregó* el muchacho y
la [a]despidió. Y ella partió y anduvo errante por el desierto de
[b]Beerseba.
15 Y cuando faltó el agua del
odre, puso al muchacho debajo
de un arbusto;
16 y fue y se sentó enfrente,
alejándose como a un tiro de
arco, porque decía: No veré
cuando el muchacho muera. Y
se sentó enfrente, y alzó su voz y
lloró.
17 Y oyó Dios la voz del muchacho, y el [a]ángel de Dios llamó a
Agar desde el cielo y le dijo: ¿Qué
tienes, Agar? No temas, porque
Dios ha oído la voz del muchacho
en donde está.
18 Levántate, alza al muchacho
y sostenle de la mano, porque
haré de él una gran nación.
19 Entonces le abrió Dios los
ojos, y vio un pozo de agua; y
fue y llenó el odre de agua y dio
de beber al muchacho.
20 Y Dios estaba con el muchacho; y creció, y habitó en el desierto y fue tirador de arco.
21 Y habitó en el desierto de
Parán, y su madre le tomó esposa
de la tierra de [a]Egipto.
22 Y aconteció en aquel mismo
tiempo que Abimelec, con Ficol,
jefe de su ejército, habló a Abraham, diciendo: [a]Dios está contigo
en todo cuanto haces.
23 Ahora, pues, júrame aquí
por Dios que no me tratarás falsamente a mí, ni a mi hijo ni a
mi nieto, sino que, conforme a
la bondad que yo hice contigo,
harás tú conmigo y con la tierra
donde has peregrinado.
24 Y respondió Abraham: Yo
juraré.
25 Y Abraham [a]se quejó a Abimelec a causa de un pozo de agua
que los siervos de Abimelec le
habían quitado.
26 Y respondió Abimelec: No sé
quién haya hecho esto, ni tampoco tú me lo hiciste saber, ni yo
lo había oído hasta hoy.
27 Y tomó Abraham ovejas y
vacas, y se las dio a Abimelec; e
hicieron ambos un [a]pacto.
28 Y Abraham puso aparte siete
corderas del rebaño.
29 Y dijo Abimelec a Abraham:
¿Qué significan esas siete corderas que has puesto aparte?
30 Y él respondió: Estas siete
corderas tomarás de mi mano
para que me sirvan de testimonio
de que yo cavé este pozo.
31 Por esto llamó a aquel lugar
[a]Beerseba, porque allí juraron
ambos.
32 Así hicieron pacto en Beerseba; [a]y se levantaron Abimelec y Ficol, jefe de su ejército,
y volvieron a la tierra de los
filisteos.

---

13 *a* GEE Ismael, hijo de Abraham.
14 *a* Gén. 25:6.
b Gén. 21:31.
17 *a* GEE Ángeles.
21 *a* Gén. 16:1.
22 *a* Gén. 26:28.
25 *a* Gén. 26:15–22.
27 *a* Gén. 26:26–33.
31 *a* HEB el pozo del juramento, o el pozo de las siete. Gén. 26:18.
32 *a* TJS Gén. 21:31–32 (Apéndice).

33 Y plantó *Abraham* un [a]bosque
en Beerseba e [b]invocó allí el nombre de Jehová, el Dios eterno.
34 Y moró Abraham en la tierra
de los [a]filisteos muchos días.

CAPÍTULO 22

Se manda a Abraham que sacrifique a su hijo Isaac — Padre e hijo se someten a la voluntad de Dios — La descendencia de Abraham será tan numerosa como las estrellas y como la arena — En su descendencia serán bendecidas todas las naciones — Betuel engendra a Rebeca.

Y ACONTECIÓ después de estas
cosas, que Dios [a]puso a prueba
a Abraham y le dijo: Abraham. Y
él respondió: Heme aquí.
2 Y Dios dijo: [a]Toma ahora a
tu hijo, tu [b]único, Isaac, a quien
[c]amas, y vete a tierra de [d]Moriah
y ofrécelo allí en holocausto sobre uno de los montes que yo
te diré.
3 Y Abraham se levantó muy de
mañana, y ensilló su asno, y tomó
consigo a dos criados suyos y a
Isaac, su hijo; y cortó leña para el
holocausto, y se levantó y fue al
lugar que Dios le había dicho.
4 Al tercer día alzó Abraham sus
ojos y vio el lugar de lejos.
5 Entonces dijo Abraham a sus
criados: Esperad aquí con el asno,
y yo y el muchacho iremos hasta
allá, y [a]adoraremos y volveremos
a vosotros.
6 Y tomó Abraham la leña del
holocausto y [a]la puso sobre Isaac,
su hijo; y él tomó en su mano el
fuego y el cuchillo, y fueron los
dos juntos.
7 Entonces habló Isaac a Abraham, su padre, y dijo: Padre mío.
Y él respondió: Heme aquí, hijo
mío. Y él dijo: He aquí el fuego y
la leña, pero, ¿dónde está el cordero para el holocausto?
8 Y respondió Abraham: Dios se
proveerá de [a]cordero para el holocausto, hijo mío. E iban juntos.
9 Y cuando llegaron al lugar que
Dios le había dicho, edificó allí
Abraham un [a]altar, y acomodó
la leña, y ató a Isaac, su hijo, y le
puso en el [b]altar sobre la leña.
10 Y extendió Abraham su mano
y tomó el cuchillo para degollar
a su hijo.
11 Entonces el ángel de Jehová
clamó del cielo y dijo: ¡Abraham!
¡Abraham! Y él respondió: Heme
aquí.
12 Y dijo: No extiendas tu mano
sobre el muchacho ni le hagas
nada, porque ya sé que [a]temes a
Dios, pues no me [b]rehusaste a tu
hijo, tu único.
13 Entonces alzó Abraham sus
ojos y miró, y he aquí un carnero a

33 *a* HEB un tamarisco.
b GEE Oración.
34 *a* GEE Filisteos.
22 1 *a* DyC 136:31; Abr. 3:27.
2 *a* DyC 132:36.
b Juan 3:16–21; Jacob 4:5.
c GEE Amor.
d 2 Sam. 24:18; 2 Cró. 3:1.
5 *a* GEE Adorar.
6 *a* Juan 19:17.
8 *a* Isa. 53:7. GEE Jesucristo—Simbolismos o símbolos de Jesucristo; Cordero de Dios; Pascua.
9 *a* Stg. 2:21–23.
b GEE Sacrificios.
12 *a* GEE Temor—Temor de Dios.
b Heb. 11:17–19. GEE Obediencia, obediente, obedecer.

sus espaldas trabado en un zarzal
por sus cuernos; y fue Abraham,
y tomó el carnero y lo ofreció en
holocausto en lugar de su hijo.
14 Y llamó Abraham el nombre
de aquel lugar: Jehová [a]proveerá.
Por tanto, se dice hoy: [b]En el
monte de Jehová será provisto.
15 Y llamó el ángel de Jehová a
Abraham por segunda vez desde
el cielo
16 y dijo: Por mí mismo he [a]ju-
rado, dice Jehová, que por cuanto
has hecho esto y no *me* has rehusado a tu hijo, tu único,
17 de cierto te bendeciré
grandemente y multiplicaré en
gran manera [a] tu descendencia como las estrellas del cielo
y como la [b] arena que está a la
orilla del mar; y tu descendencia poseerá las [c] puertas de sus
enemigos.
18 En tu [a]simiente serán [b]ben-
decidas todas las naciones de
la tierra, por cuanto [c]obedeciste
mi [d]voz.
19 Y volvió Abraham a sus criados, y se levantaron y se fueron
juntos a Beerseba; y habitó Abraham en Beerseba.
20 Y aconteció después de estas
cosas que le fue dada la nueva a
Abraham, diciendo: He aquí que
también [a]Milca ha dado a luz hijos a Nacor, tu hermano:
21 a Uz, su primogénito, y a
Buz, su hermano, y a Kemuel,
padre de Aram.
22 Y a Quesed, y a Hazo, y a Pil-
das, y a Jidlaf y a Betuel.
23 Y [a]Betuel engendró a Rebeca.
Éstos son los ocho hijos que Milca
dio a luz a Nacor, [b]hermano de
Abraham.
24 Y su concubina, que se llamaba Reúma, dio a luz también
a Teba, y a Gaham, y a Tahas y
a Maaca.

CAPÍTULO 23

Sara muere y es sepultada en la cueva de Macpela, la cual Abraham compra a Efrón, el heteo.

Y FUE la vida de Sara ciento veintisiete años; tantos fueron los
años de la vida de Sara.
2 Y [a]murió Sara en Quiriat-arba,
que es [b]Hebrón, en la tierra de
Canaán; y vino Abraham a hacer
duelo por Sara y a llorarla.
3 Y se levantó Abraham de delante de la difunta y habló a los
hijos de Het, diciendo:
4 Peregrino y forastero soy entre
vosotros; dadme en propiedad
una sepultura entre vosotros, y
sepultaré a mi [a]difunta de delante de mí.
5 Y respondieron los hijos de
Het a Abraham y le dijeron:

14 *a* Gén. 22:8. GEE Expiación, expiar; Jehová.
b *O sea,* Jehová se manifestará o se le verá sobre una montaña.
16 *a* Éx. 32:13.
17 *a* Gén. 13:14–16. GEE Abraham, Convenio de.
b 1 Ne. 12:1; DyC 132:30–33.
c Gén. 24:60.
18 *a* GEE Abraham—La descendencia de Abraham.
b GEE Abraham, Convenio de.
c GEE Obediencia, obediente, obedecer.
d GEE Voz.
20 *a* Gén. 11:29.
23 *a* Gén. 24:15; 25:20.
b Abr. 2:2.
23 2 *a* Gén. 24:67.
b Gén. 23:19. GEE Hebrón.
4 *a* GEE Muerte física.

6 Óyenos, señor nuestro: eres
un príncipe de Dios entre nosotros; en lo mejor de nuestros
sepulcros sepulta a tu difunta;
ninguno de nosotros te negará
su sepulcro, para que entierres
a tu difunta.
7 Y Abraham se levantó y se
inclinó ante el pueblo de aquella
tierra, los hijos de Het,
8 y habló con ellos, diciendo: Si
tenéis voluntad que yo sepulte
a mi difunta de delante de mí,
oídme e interceded por mí ante
Efrón hijo de Zohar,
9 para que me dé la cueva de
[a]Macpela, que tiene al extremo
de su propiedad; que por su
justo precio me la dé, para posesión de sepultura en medio de
vosotros.
10 Este Efrón se hallaba entre los
hijos de Het; y respondió Efrón
heteo a Abraham, a oídos de los
hijos de Het, de todos los que entraban por la puerta de su ciudad,
diciendo:
11 No, señor mío, óyeme: Te doy
la propiedad y te doy también la
cueva que está en ella. Delante de
los hijos de mi pueblo te la doy;
sepulta a tu difunta.
12 Y Abraham se inclinó delante
del pueblo de la tierra
13 y respondió a Efrón a oídos
del pueblo de la tierra, diciendo:
Antes, si te place, te ruego que
me oigas; yo daré el precio de la
propiedad. Tómalo de mí, y sepultaré en ella a mi difunta.
14 Y respondió Efrón a Abraham, diciéndole:
15 Señor mío, escúchame: La
tierra vale cuatrocientos siclos de
plata. ¿Qué es esto entre tú y yo?
Entierra, pues, a tu difunta.
16 Entonces Abraham convino
con Efrón, y pesó Abraham a
Efrón el dinero que dijo, oyéndolo los hijos de Het, cuatrocientos siclos de plata de buena ley
entre mercaderes.
17 Y quedó la propiedad de
[a]Efrón que estaba en Macpela enfrente de Mamre, la propiedad, y
la cueva que había en ella y todos
los árboles que había en la propiedad y en todos sus confines,
18 en posesión de Abraham, a
la vista de los hijos de Het y de
todos los que entraban por la
puerta de la ciudad.
19 Y después de esto, sepultó
Abraham a Sara, su esposa, en la
cueva de la heredad de Macpela,
enfrente de Mamre, que es Hebrón, en la tierra de Canaán.
20 Y quedaron la heredad y la
cueva que en ella había en posesión de Abraham para sepultura,
adquirida de los hijos de Het.

CAPÍTULO 24

Abraham manda que Isaac no se case con mujer cananea — Jehová guía al siervo de Abraham para que escoja a Rebeca como esposa para Isaac — Rebeca es bendecida para ser la madre de millares de millares — Ella se casa con Isaac.

Y ABRAHAM era ya viejo y [a]bien

9 *a* Gén. 25:9–10; 49:29–31.

17 *a* Gén. 50:13; Hech. 7:16.

24 1 *a* *Es decir,* de edad avanzada.

entrado en años; y Jehová había [b]bendecido a Abraham en todo.

2 Y dijo Abraham a un [a]criado suyo, el *más* viejo de su casa, que era el que gobernaba en todo lo que tenía: Pon ahora tu mano debajo de mi [b]muslo,

3 y te [a]haré jurar por Jehová, Dios de los cielos y Dios de la tierra, que [b]no tomarás [c]esposa para mi hijo de las hijas de los [d]cananeos, entre los cuales yo habito,

4 sino que irás a [a]mi tierra y a [b]mi parentela y tomarás esposa para mi hijo Isaac.

5 Y el criado le respondió: Quizá la mujer no quiera venir en pos de mí a esta tierra. ¿Volveré, pues, para llevar a tu hijo a la tierra de donde saliste?

6 Y Abraham le dijo: Guárdate de llevar a mi hijo allá.

7 Jehová, Dios de los cielos, que me tomó de la casa de mi padre y de la tierra de mi parentela, y que me habló y me juró, diciendo: A tu descendencia daré esta [a]tierra, él enviará su ángel delante de ti, y tú tomarás de allá una mujer para mi hijo.

8 Y si la mujer no quisiere venir en pos de ti, quedarás libre de este juramento mío; solamente que no lleves allá a mi hijo.

9 Entonces el criado puso su mano debajo [a]del muslo de Abraham, su señor, y le juró sobre este asunto.

10 Y el criado tomó diez camellos de los camellos de su señor y se fue, pues tenía en sus manos lo mejor de su señor; y puesto en camino, llegó a [a]Mesopotamia, a la ciudad de [b]Nacor.

11 E hizo arrodillar los camellos fuera de la ciudad, junto a un pozo de agua, a la hora del atardecer, a la hora en que salen las doncellas por agua.

12 Y dijo: Jehová, Dios de mi señor Abraham, dame, te ruego, el tener hoy buen encuentro, y haz misericordia con mi señor Abraham.

13 He aquí, yo estoy junto a la fuente de agua, y las hijas de los hombres de esta ciudad salen por agua.

14 Sea, pues, que la joven a quien yo diga: Baja tu cántaro, te ruego, para que yo beba; y ella responda: Bebe, y también daré de beber a tus camellos; que sea ésta [a]la que tú has destinado para tu siervo Isaac; y en esto conoceré que has hecho misericordia con mi señor.

15 Y aconteció que antes que él acabase de hablar, he aquí [a]Rebeca, que había nacido a [b]Betuel hijo de Milca, esposa de Nacor,

1 *b* Isa. 51:2.
2 *a* Gén. 15:2.
b TJS Gén. 24:2 …*mano*…
3 *a* GEE Juramento.
b Deut. 7:1, 3–4; Abr. 1:21–24.
c GEE Matrimonio—El matrimonio entre personas de distintas religiones.
d GEE Canaán, cananeo.
4 *a* Gén. 11:31; Abr. 2:2–5.
b Gén. 24:38.
7 *a* GEE Tierra prometida.
9 *a* TJS Gén. 24:8 …*[de la] mano*…
10 *a* HEB Aram-Naharaim; o sea, Aram de los dos ríos.
b Gén. 24:24; Abr. 2:4–6, 14–15.
14 *a* Gén. 24:51. GEE Elegidos.
15 *a* GEE Rebeca.
b Gén. 22:23.

hermano de Abraham, salió con
su cántaro sobre el hombro.
16 Y la joven era de muy [a]hermoso aspecto, virgen, a la que
varón no había conocido; la cual
descendió hasta la fuente, y llenó
su cántaro y se volvía.
17 Entonces el criado corrió hacia ella y dijo: Te ruego que me
des de beber un poco de agua de
tu cántaro.
18 Y ella respondió: Bebe, señor mío; y se dio prisa a bajar su
cántaro sobre su mano y le dio
de beber.
19 Y cuando acabó de darle de
beber, dijo: También para tus camellos sacaré agua, hasta que
acaben de beber.
20 Y se dio prisa, y vació su cántaro en la pila, y corrió otra vez al
pozo para sacar agua y sacó para
todos sus camellos.
21 Y el hombre, maravillado de
ella, la observaba en silencio, para
saber si Jehová había prosperado
su viaje, o no.
22 Y aconteció que cuando los
camellos acabaron de beber, el
hombre le presentó un [a]pendiente
de oro que pesaba medio siclo
y dos brazaletes que pesaban
diez,
23 y dijo: ¿De quién eres hija?
Te ruego que me digas: ¿hay lugar en casa de tu padre donde
posemos?
24 Y ella respondió: Soy hija de
Betuel hijo de Milca, el que ella
dio a luz a Nacor.
25 Y añadió: También hay en
nuestra casa paja y mucho forraje,
y lugar para posar.
26 El hombre entonces [a]se inclinó y adoró a Jehová.
27 Y dijo: Bendito sea [a]Jehová,
Dios de mi amo Abraham, que
no apartó su [b]misericordia y su
verdad de mi amo, [c]guiándome
Jehová en el camino a casa de los
hermanos de mi amo.
28 Y la joven corrió e hizo saber en casa de su madre estas
cosas.
29 Y Rebeca tenía un hermano
que se llamaba [a]Labán, el cual
corrió afuera hacia el hombre, a
la fuente.
30 Y aconteció que cuando vio el
pendiente y los brazaletes en las
manos de su hermana, que decía:
Así me habló aquel hombre, fue
a él; y he aquí que estaba con los
camellos, junto a la fuente.
31 Y le dijo: Ven, bendito de Jehová, ¿por qué estás fuera? Yo he
preparado la casa y el lugar para
los camellos.
32 Entonces el hombre entró
en la casa, y *Labán* desató los camellos; y les dio paja y forraje, y
agua para lavar los pies de él y
los pies de los hombres que con
él venían.
33 Y le pusieron delante que
comer; mas él dijo: No comeré
hasta que haya dicho mi mensaje.
Y *Labán* le dijo: Habla.
34 Entonces dijo: Yo soy criado
de Abraham.

16 *a* Gén. 26:7; 1 Ne. 11:15; Abr. 2:22.
22 *a* HEB anillo.
26 *a* GEE Humildad, humilde, humillar (afligir).
27 *a* Gén. 24:12.
b Sal. 98:3.
c 1 Ne. 4:6; Alma 13:28; 22:1.
29 *a* GEE Labán, hermano de Rebeca.

35 Y Jehová ha [a]bendecido mucho a mi amo, y él se ha engrandecido; y le ha dado ovejas y vacas, plata y oro, siervos y siervas, camellos y asnos.

36 Y Sara, esposa de mi amo, dio a luz en su vejez un [a]hijo a mi señor, quien [b]le ha dado a él todo cuanto tiene.

37 Y mi amo me hizo [a]jurar, diciendo: No tomarás una mujer para mi hijo de entre las hijas de los cananeos, en cuya tierra habito,

38 sino que [a]irás a la casa de mi padre, y a mi parentela, y tomarás esposa para mi hijo.

39 Y yo dije: [a]Quizá la mujer no quiera seguirme.

40 Entonces él me respondió: Jehová, en cuya presencia he [a]andado, enviará su ángel contigo y prosperará tu camino; y tomarás esposa para mi hijo de mi linaje y de la casa de mi padre.

41 Entonces quedarás libre de mi juramento cuando hayas llegado a mi parentela; y si no te la dan, quedarás libre de mi juramento.

42 Llegué, pues, hoy a la fuente y dije: Jehová, Dios de mi señor Abraham, si tú prosperas ahora mi camino por el cual ando,

43 he aquí, yo estoy junto a la fuente de agua, sea, pues, que la doncella que salga por agua, a la cual diga: Dame de beber, te ruego, un poco de agua de tu cántaro,

44 y ella me responda: Bebe tú, y también para tus camellos sacaré agua, sea ésta la mujer que destinó Jehová para el hijo de mi señor.

45 Y antes que acabase de hablar en mi corazón, he aquí Rebeca que salía con su cántaro sobre el hombro, y descendió a la fuente y sacó agua. Y le dije: Te ruego que me des de beber.

46 Y en seguida bajó su cántaro del hombro y dijo: Bebe, y también a tus camellos daré de beber. Y bebí, y dio también de beber a mis camellos.

47 Entonces le pregunté y dije: ¿De quién eres hija? Y ella respondió: Soy hija de Betuel hijo de Nacor, que le dio a luz Milca. Entonces le puse un pendiente en la nariz y brazaletes en los brazos.

48 Y [a]me incliné, y adoré a Jehová y bendije a Jehová, Dios de mi señor Abraham, que me había guiado por el camino correcto para tomar la hija del hermano de mi señor para su hijo.

49 Ahora pues, si vosotros hacéis misericordia y verdad con mi señor, declarádmelo; y si no, declarádmelo, para que vaya yo a la derecha o a la izquierda.

50 Entonces Labán y Betuel respondieron y dijeron: De Jehová ha salido esto; no podemos decirte si está mal o si está bien.

51 He ahí, Rebeca está delante de ti; tómala y vete, y sea esposa del hijo de tu señor, como lo ha dicho Jehová.

52 Y sucedió que, cuando el

35 *a* Gén. 13:2; 26:12.
36 *a* Gén. 21:2.
b Gén. 25:5.
37 *a* Gén. 24:3.
38 *a* Gén. 24:4.
39 *a* Gén. 24:5–7.
40 *a* GEE Andar, andar con Dios.
48 *a* GEE Reverencia.

criado de Abraham oyó sus palabras, se postró en tierra ante
Jehová.
53 Y sacó el criado objetos de
plata y de oro y vestidos, y se
los dio a Rebeca; también dio
cosas preciosas a su hermano y
a su madre.
54 Y comieron y bebieron él y
los hombres que venían con él,
y durmieron; y levantándose de
mañana, dijo: Enviadme a mi
señor.
55 Entonces respondieron su
hermano y su madre: Quédese
la joven con nosotros a lo menos
diez días, *y* después irá.
56 Y él les dijo: No me detengáis,
pues Jehová ha [a]prosperado mi
camino; despachadme para que
me vaya a mi señor.
57 Ellos respondieron en-
tonces: Llamemos a la joven y
preguntémosle.
58 Y llamaron a Rebeca y le dijeron: ¿Irás tú con este varón? Y
ella respondió: *Sí,* [a]iré.
59 Entonces dejaron ir a Rebeca,
su hermana, y a su [a]nodriza, y
al criado de Abraham y a sus
hombres.
60 Y bendijeron a Rebeca y le
dijeron: Nuestra hermana eres;
[a]sé madre de millares de millares, y posean tus descendientes
la puerta de sus enemigos.
61 Se levantó entonces Rebeca
y sus doncellas, y montaron en
los camellos y siguieron al hombre; y el criado tomó a Rebeca y
se fue.
62 Y venía Isaac del [a]pozo Lajai-
roi, porque él habitaba en la tierra del sur;
63 y había salido Isaac a meditar
al campo, a la hora de la tarde; y
alzando sus ojos, miró y vio los
camellos que venían.
64 Rebeca también alzó sus
ojos, y vio a Isaac y descendió
del camello,
65 porque había preguntado
al criado: ¿Quién es ese hombre
que viene por el campo hacia
nosotros? Y el criado había respondido: Ése es mi señor. Ella entonces tomó el velo y se cubrió.
66 Entonces el criado contó a
Isaac todo lo que había hecho.
67 Y la llevó Isaac a la tienda de
su madre Sara, y tomó a Rebeca
por esposa y la amó; y [a]se consoló Isaac después de la [b]muerte
de su madre.

CAPÍTULO 25

Abraham se casa de nuevo, tiene descendencia, muere y es sepultado en la cueva de Macpela — Se enumera su descendencia a través de Ismael — Rebeca concibe, y Jacob y Esaú luchan en su vientre — Jehová revela el destino de ellos a Rebeca — Esaú vende su primogenitura por un plato de guisado.

Y ABRAHAM tomó otra esposa,
cuyo nombre era Cetura,
2 la cual le dio a luz a Zimram,
y a Jocsán, y a Medán, y a [a]Ma-
dián, y a Isbac y a Súa.
3 Y Jocsán engendró a Seba y a

56 *a* Gén. 24:21.
58 *a* 1 Ne. 3:7.
59 *a* Gén. 35:8.
60 *a* Gén. 17:16. GEE Bendiciones patriarcales.
62 *a* Gén. 16:14; 25:11.
67 *a* DyC 25:5.
b Gén. 23:2.
25 2 *a* Éx. 2:15–16; 18:1.

Dedán; e hijos de Dedán fueron Asurim, y Letusim y Leumim.
4 E hijos de Madián: Efa, y Efer, y Hanoc, y Abida y Elda. Todos éstos fueron hijos de Cetura.
5 Y Abraham [a]dio todo cuanto tenía a Isaac.
6 Y a los hijos de sus [a]concubinas dio Abraham regalos y los envió lejos de Isaac, su hijo, mientras él vivía, hacia el oriente, a la [b]tierra oriental.
7 Y éstos fueron los días de vida que vivió Abraham: ciento setenta y cinco años.
8 Y exhaló el espíritu y murió Abraham en buena vejez, anciano y lleno *de días,* y fue [a]reunido con su pueblo.
9 Y lo sepultaron Isaac e Ismael, sus hijos, en la cueva de Macpela, en la propiedad de Efrón hijo de Zoar heteo, que está enfrente de Mamre,
10 propiedad que [a]compró Abraham a los hijos de Het; allí fue Abraham sepultado, y Sara, su esposa.
11 Y sucedió, después de muerto Abraham, que Dios bendijo a su hijo Isaac; y habitó Isaac junto al pozo Lajai-roi.
12 Y éstas son las generaciones de [a]Ismael hijo de Abraham, que le dio a luz [b]Agar, la egipcia, sierva de Sara.
13 Éstos, pues, son los nombres de los hijos de Ismael, por sus nombres y por el orden de su nacimiento: El primogénito de Ismael, Nebaiot; luego Cedar, y Abdeel, y Mibsam,
14 y Misma, y Duma, y Massa,
15 Hadar, y Tema, y Jetur, y Nafis y Cedema.
16 Éstos son los hijos de Ismael y éstos sus nombres por sus villas y por sus campamentos, [a]doce príncipes según sus tribus.
17 Y éstos fueron los años de la vida de Ismael: ciento treinta y siete años; y exhaló el espíritu Ismael, y murió y fue reunido con su pueblo.
18 Y habitaron desde Havila hasta Shur, que está enfrente de [a]Egipto yendo a [b]Asiria; y murió en presencia de todos sus hermanos.
19 Y éstas son las [a]generaciones de Isaac hijo de Abraham: Abraham engendró a Isaac;
20 y era Isaac de cuarenta años cuando tomó por esposa a [a]Rebeca, hija de Betuel, arameo de [b]Padán-aram, hermana de [c]Labán arameo.
21 Y [a]oró Isaac a Jehová por su esposa, que era estéril; y [b]lo aceptó Jehová, y concibió Rebeca, su esposa.
22 Y los hijos luchaban dentro de ella, y dijo: Si es así, ¿para

5 *a* Gén. 24:36.
GEE Primogenitura.
6 *a* DyC 132:1, 37.
GEE Matrimonio—El matrimonio plural.
b Jue. 6:3.
8 *a* GEE Familia—La familia eterna.
10 *a* Gén. 23:16–17.
12 *a* GEE Ismael, hijo de Abraham.
b DyC 132:34, 65.
GEE Agar.
16 *a* Gén. 17:20.
18 *a* GEE Egipto.
b GEE Asiria.
19 *a* Mateo 1:2.
20 *a* GEE Rebeca.
b Gén. 28:1–7.
c GEE Labán, hermano de Rebeca.
21 *a* GEE Pedir; Oración.
b Gén. 30:20–24; 1 Sam. 1:11, 19–20; 1 Ne. 15:3, 8–11.

qué vivo yo? Y fue a consultar a Jehová.

23 Y le respondió Jehová:

[a]Dos naciones hay en tu vientre,
y dos pueblos serán divididos desde tus entrañas;
y un pueblo será más fuerte que el otro pueblo,
y el [b]mayor servirá al menor.

24 Y cuando se cumplieron sus días para dar a luz, he aquí, había mellizos en su vientre.

25 Y salió el primero [a]rubio y era todo velludo como una [b]pelliza, y llamaron su nombre Esaú.

26 Y después salió su hermano, trabada su mano al [a]calcañar de Esaú; y fue llamado su nombre [b]Jacob. Y era Isaac de edad de sesenta años cuando ella los dio a luz.

27 Y crecieron los niños, y Esaú fue diestro en [a]la caza, hombre del campo; pero Jacob era hombre [b]quieto, que habitaba en tiendas.

28 Y amó Isaac a Esaú, porque comía de su caza; mas Rebeca amaba a Jacob.

29 Y guisó Jacob un potaje; y volviendo Esaú del campo, cansado,

30 dijo a Jacob: Te ruego que me des a comer de ese guiso rojo, pues estoy muy cansado. Por eso Esaú fue llamado [a]Edom.

31 Y Jacob respondió: Véndeme en este día tu [a]primogenitura.

32 Entonces dijo Esaú: He aquí yo me voy a morir, ¿para qué, pues, me servirá la primogenitura?

33 Y dijo Jacob: Júramelo en este día. Y él se lo juró y vendió a Jacob su primogenitura.

34 Entonces Jacob dio a Esaú pan y del guisado de las lentejas; y él comió y bebió, y se levantó y se fue. Así [a]menospreció Esaú la primogenitura.

CAPÍTULO 26

Jehová le promete a Isaac una posteridad tan numerosa como las estrellas del cielo — En su descendencia serán bendecidas todas las naciones — Jehová hace prosperar a Isaac temporal y espiritualmente por causa de Abraham — Isaac ofrece sacrificios — Esaú se casa con mujeres heteas para tristeza de sus padres.

Y HUBO [a]hambre en la tierra, además de la primera hambre que hubo en los días de Abraham; y se fue Isaac a [b]Abimelec, rey de los filisteos, en Gerar.

2 Y se le apareció Jehová y le dijo: No desciendas a Egipto; habita en la tierra que yo te diré.

3 [a]Habita en esta tierra, y yo estaré contigo y te bendeciré, porque a ti y a tu descendencia os

23 *a* Gén. 24:60.
b GEE Esaú; Jacob, hijo de Isaac.
25 *a* HEB rojo.
b Gén. 27:11.
26 *a* Oseas 12:3.
b Gén. 27:36.
27 *a* Gén. 27:3–5.
b HEB entero, completo, perfecto, sencillo.
30 *a* Gén. 36:1.
31 *a* GEE Primogenitura.
34 *a* Heb. 12:16–17.

26 1 *a* Hel. 11:4.
b Gén. 20:2.
3 *a* Hech. 7:2–8; Heb. 11:9; 1 Ne. 17:3–4.

daré todas estas [b]tierras y confirmaré el [c]juramento que juré a Abraham, tu padre.

4 Y multiplicaré tu [a]descendencia como las estrellas del cielo y daré a tu descendencia todas estas tierras; y todas [b]las naciones de la tierra serán bendecidas en tu descendencia,

5 por cuanto [a]oyó Abraham mi voz y guardó mi encargo, mis mandamientos, mis estatutos y mis leyes.

6 Habitó, pues, Isaac en Gerar.

7 Y los hombres de aquel lugar le preguntaron acerca de su esposa, y él respondió: Es mi [a]hermana, porque tuvo miedo de decir: Es mi esposa; no sea que, *pensó,* los hombres del lugar me maten por causa de Rebeca, porque ella era de hermoso aspecto.

8 Y sucedió que, después que él estuvo allí muchos días, Abimelec, rey de los filisteos, mirando por una ventana, vio a Isaac que acariciaba a Rebeca, su esposa.

9 Y llamó Abimelec a Isaac y le dijo: He aquí ella es de cierto tu esposa. ¿Cómo, pues, dijiste: Es mi hermana? E Isaac le respondió: Porque me dije: Quizá moriré por causa de ella.

10 Y [a]Abimelec dijo: ¿Por qué nos has hecho esto? Por poco hubiera dormido alguno del pueblo con tu esposa, y hubieras traído sobre nosotros el pecado.

11 Entonces Abimelec mandó a todo el pueblo, diciendo: El que tocare a este hombre o a su esposa de cierto morirá.

12 Y sembró Isaac en aquella tierra, y cosechó aquel año ciento por uno; y le [a]bendijo Jehová.

13 [a]Y el hombre se engrandeció y fue prosperando y engrandeciéndose hasta hacerse muy poderoso.

14 Y tuvo rebaños de ovejas, y hatos de vacas y mucha servidumbre; y los filisteos le tuvieron [a]envidia.

15 Y todos los pozos que habían abierto los criados de Abraham, su padre, en sus días, los filisteos los habían cegado y llenado de tierra.

16 Y dijo Abimelec a Isaac: Apártate de nosotros, porque te has hecho mucho más poderoso que nosotros.

17 E Isaac se fue de allí, y asentó sus tiendas en el valle de Gerar y habitó allí.

18 Y volvió a abrir Isaac los pozos de agua que habían abierto en los días de Abraham, su padre, y que los filisteos habían cegado después de la muerte de Abraham; y los llamó por los [a]nombres que su padre los había llamado.

19 Y los siervos de Isaac cavaron en el valle y hallaron allí un pozo de aguas vivas.

20 Y los pastores de Gerar

3 *b* GEE Tierra prometida.
c GEE Juramento.
4 *a* GEE Abraham—La descendencia de Abraham.
b GEE Abraham, Convenio de.
5 *a* DyC 132:29–33. GEE Obediencia, obediente, obedecer.
7 *a* Gén. 12:10–13; Abr. 2:21–25.
10 *a* Gén. 20:9–18.
12 *a* GEE Bendecido, bendecir, bendición.
13 *a* HEB y el hombre continuamente aumentaba en riqueza, hasta que llegó a ser muy poderoso. Gén. 24:34–35; 30:43.
14 *a* GEE Envidia.
18 *a* Gén. 21:30–31.

riñeron con los pastores de Isaac, diciendo: El agua es nuestra; por eso llamó el nombre del pozo [a]Esek, porque habían altercado con él.

21 Y abrieron otro pozo y también riñeron por él; y llamó su nombre [a]Sitna.

22 Y se apartó de allí y abrió otro pozo, y [a]no riñeron por él; y llamó su nombre [b]Rehobot y dijo: Porque ahora Jehová nos ha hecho prosperar y fructificaremos en la tierra.

23 Y de allí subió a Beerseba.

24 Y se le apareció [a]Jehová aquella noche y le dijo: Yo soy el Dios de Abraham, tu padre; no temas, porque [b]yo estoy contigo, y te bendeciré y multiplicaré tu [c]descendencia por amor de Abraham, mi siervo.

25 Y edificó allí un [a]altar, e [b]invocó el nombre de Jehová y plantó allí su tienda; y abrieron allí los siervos de Isaac un pozo.

26 Y Abimelec vino a él desde Gerar, y con él Ahuzat, amigo suyo, y Ficol, capitán de su ejército.

27 Y les dijo Isaac: ¿Por qué venís a mí, ya que me habéis aborrecido y me habéis echado de entre vosotros?

28 Y ellos respondieron: Hemos visto que Jehová está contigo, y dijimos: Haya ahora juramento entre nosotros, entre tú y nosotros, y hagamos pacto contigo,

29 de que no nos harás mal, como nosotros no te hemos tocado, y como solamente te hemos hecho bien y te enviamos en [a]paz; tú eres ahora bendito de Jehová.

30 Entonces él les hizo un banquete, y comieron y bebieron.

31 Y se levantaron de madrugada e hicieron juramento el uno al otro; e Isaac los despidió, y ellos partieron de su lado en paz.

32 Y en aquel día sucedió que vinieron los criados de Isaac y le dieron nuevas acerca del pozo que habían abierto, y le dijeron: Hemos hallado agua.

33 Y lo llamó Seba; por esta causa el nombre de aquella ciudad es [a]Beerseba hasta este día.

34 Y cuando Esaú tenía cuarenta años, tomó por [a]esposa a Judit, hija de Beeri heteo, y a Basemat, hija de Elón heteo;

35 y fueron [a]amargura de espíritu para Isaac y para Rebeca.

CAPÍTULO 27

Rebeca guía a Jacob para que éste reciba bendiciones — Jacob es bendecido para tener dominio y para gobernar sobre pueblos y naciones — Esaú aborrece a Jacob y piensa matarlo — Rebeca teme que Jacob tome esposa de entre las hijas de Het.

20 *a* *Es decir,* el conflicto.
21 *a* *Es decir,* la oposición.
22 *a* Prov. 15:1.
b *Es decir,* los lugares amplios, abiertos.
24 *a* Abr. 3:11. GEE Jehová.
b Gén. 28:15.
c GEE Abraham—La descendencia de Abraham.
25 *a* Gén. 12:7; 1 Ne. 2:7.
b GEE Oración.
29 *a* GEE Pacificador.
33 *a* *Es decir,* el pozo del juramento.
34 *a* GEE Matrimonio—El matrimonio entre personas de distintas religiones.
35 *a* HEB significa un gran dolor o pena.

Y ACONTECIÓ que cuando hubo Isaac envejecido y sus ojos se debilitaron, quedando sin vista, llamó a Esaú, su hijo mayor, y le dijo: Hijo mío. Y él respondió: Heme aquí.

2 Y él dijo: He aquí ya soy viejo y no sé el día de mi muerte.

3 Toma, pues, ahora tus armas, tu [a]aljaba y tu arco, y sal al campo y tráeme caza;

4 y hazme un guisado como a mí me gusta; y *tráemelo* y comeré, para que mi alma te bendiga antes que muera.

5 Y Rebeca estaba oyendo cuando hablaba Isaac a su hijo Esaú; y se fue Esaú al campo para buscar la caza que había de traer.

6 Entonces Rebeca habló a su hijo Jacob, diciendo: He aquí yo he oído a tu padre que hablaba con Esaú, tu hermano, diciendo:

7 Tráeme caza y hazme un guisado para que coma y te bendiga delante de Jehová antes que yo muera.

8 Ahora pues, hijo mío, obedece mi voz en lo que te mando.

9 Ve ahora al ganado y tráeme de allí dos buenos cabritos de las cabras, y haré de ellos un guisado para tu padre, como a él le gusta;

10 y tú lo llevarás a tu padre, y comerá, para que te bendiga antes de su muerte.

11 Y Jacob dijo a Rebeca, su madre: He aquí, mi hermano Esaú es hombre velludo, y yo lampiño.

12 Quizá me palpe mi padre y me tenga por tramposo, y traiga sobre mí maldición y no bendición.

13 Y su madre respondió: Hijo mío, sea sobre mí tu maldición; solamente obedece mi voz, y ve y tráemelos.

14 Entonces él fue, y los tomó y los trajo a su madre; y su madre hizo guisados como a su padre le gustaba.

15 Y tomó Rebeca los vestidos de Esaú, su hijo mayor, los preciosos, que ella tenía en casa, y vistió a Jacob, su hijo menor;

16 y le cubrió las manos y el cuello, donde no tenía vello, con las pieles de los cabritos de las cabras;

17 y entregó los guisados y el pan que había preparado en manos de su hijo Jacob.

18 Y él fue a su padre y dijo: Padre mío. Y él respondió: Heme aquí, ¿quién eres, hijo mío?

19 Y Jacob dijo a su padre: Yo soy Esaú, tu primogénito; he hecho como me dijiste; levántate ahora, y siéntate y come de mi caza, para que me bendiga tu alma.

20 Entonces Isaac dijo a su hijo: ¿Cómo es que la hallaste tan pronto, hijo mío? Y él respondió: Porque Jehová tu Dios hizo que la encontrase delante de mí.

21 E Isaac dijo a Jacob: Acércate ahora y te palparé, hijo mío, para ver si eres mi hijo Esaú o no.

22 Y se acercó Jacob a su padre Isaac; y él le palpó y dijo: La voz es la voz de Jacob, pero las manos, las manos de Esaú.

27 3 *a* Gén. 25:27.

23 Y no le reconoció, porque sus
manos eran velludas como las
manos de Esaú; y le bendijo.
24 Y dijo: ¿Eres tú mi hijo Esaú?
Y él respondió: Yo soy.
25 Y dijo: Acércamela, y comeré
de la caza de mi hijo, para que te
bendiga mi alma; y él se *la* acercó,
y comió; y le trajo también vino,
y bebió.
26 Y le dijo Isaac, su padre: Acércate ahora y bésame, hijo mío.
27 Y él se acercó, y le besó; y olió
Isaac el olor de sus vestidos, y le
[a]bendijo y dijo:

Mira, el olor de mi hijo es
como el olor del campo que
Jehová ha bendecido.

28 Dios, pues, te dé del rocío
del cielo,
y de las grosuras de la tierra
y abundancia de trigo y de
mosto.

29 Sírvante pueblos,
y naciones se inclinen ante
ti;
sé señor de tus hermanos,
e inclínense ante ti los hijos
de tu madre.
[a]Malditos los que te maldijeren,
y [b]benditos los que te bendijeren.

30 Y aconteció, luego que hubo
Isaac acabado de bendecir a Jacob, y apenas había salido Jacob
de delante de su padre Isaac, que
Esaú, su hermano, regresó de
cazar.
31 E hizo él también guisados, y
trajo a su padre y le dijo: Levántese mi padre y coma de la caza
de su hijo, para que me bendiga
tu alma.
32 Entonces Isaac, su padre, le
dijo: ¿Quién eres tú? Y él dijo:
Yo soy tu hijo, tu primogénito,
Esaú.
33 Y se estremeció Isaac con gran
estremecimiento y dijo: ¿Quién es
el que vino aquí, que trajo caza,
y me dio y comí de todo antes
que tú vinieses? Yo le bendije, y
será bendito.
34 Cuando Esaú oyó las palabras de su padre, clamó con una
muy grande y muy amarga ex-
clamación, y le dijo: Bendíceme
también a mí, padre mío.
35 Y él dijo: Vino tu hermano con
engaño y tomó tu bendición.
36 Y Esaú respondió: Bien llamaron su nombre [a]Jacob, pues
ya me ha suplantado dos veces;
me quitó mi [b]primogenitura y
he aquí ahora me ha quitado mi
bendición. Y dijo: ¿No has guardado bendición para mí?
37 Isaac respondió y dijo a Esaú:
He aquí, yo le he puesto por señor
tuyo y le he dado por siervos a
todos sus hermanos; de trigo y de
vino le he provisto. ¿Qué, pues,
te haré a ti ahora, hijo mío?
38 Y Esaú respondió a su padre:
¿No tienes más que una sola bendición, padre mío? Bendíceme
también a mí, padre mío. Y alzó
Esaú su voz y [a]lloró.
39 Entonces Isaac, su padre, habló y le dijo:

27 *a* Heb. 11:20.
GEE Bendiciones patriarcales.
29 *a* GEE Maldecir, maldiciones.
b GEE Bendecido, bendecir, bendición.
36 *a* *Es decir,* el suplantador.
b Gén. 25:29–34.
GEE Primogenitura.
38 *a* Heb. 12:15–17.

He aquí, será tu habitación
en grosuras de la tierra
y del rocío de los cielos de
arriba;
40 y por tu espada vivirás y a
tu [a]hermano servirás;
y sucederá que cuando te
impacientes,
[b]descargarás su [c]yugo de tu
cerviz.
41 Y aborreció Esaú a Jacob por
la bendición con que le había bendecido su padre, y dijo en su corazón: Llegarán los días de duelo por mi padre, y yo mataré a mi hermano Jacob.
42 Y fueron dichas a Rebeca las
palabras de Esaú, su hijo mayor; y ella envió y llamó a Jacob, su hijo menor, y le dijo: He aquí, Esaú, tu hermano, se consuela acerca de ti *con la idea* de matarte.
43 Ahora pues, hijo mío, obe-
dece mi voz; levántate y huye a casa de [a]Labán, mi hermano, a Harán;
44 y mora con él algunos días,
hasta que el enojo de tu hermano se mitigue;
45 hasta que se aplaque la [a]ira
de tu hermano contra ti y se olvide de lo que le has hecho; yo enviaré entonces y te traeré de allá. ¿Por qué he de ser privada de vosotros dos en un solo día?
46 Y dijo Rebeca a Isaac: Fasti-
dio tengo de mi vida a causa de las hijas de Het. Si Jacob toma [a]esposa de entre las hijas de Het, como éstas, de las hijas de esta tierra, ¿para qué quiero la vida?

CAPÍTULO 28

Isaac prohíbe a Jacob casarse con una cananea — Isaac bendice a Jacob y a su descendencia con las bendiciones de Abraham — Esaú se casa con una de las hijas de Ismael — Jacob ve en una visión una escalera que toca el cielo — Jehová le promete que su descendencia será tan numerosa como el polvo de la tierra — Jehová también promete a Jacob que en él y en su descendencia serán bendecidas todas las familias de la tierra — Jacob hace convenio de pagar diezmos.

ENTONCES Isaac llamó a Jacob, y lo bendijo y le mandó, diciendo: No tomes esposa de entre las hijas de [a]Canaán.
2 Levántate, ve a Padán-aram,
a casa de Betuel, padre de tu madre, y toma allí esposa de las hijas de Labán, hermano de tu madre.
3 Y el Dios [a]omnipotente te
bendiga, y te haga fructificar y te multiplique hasta llegar a ser multitud de pueblos;
4 y te dé la [a]bendición de Abra-
ham, y a tu [b]descendencia contigo, para que heredes la tierra de tus peregrinaciones, la que Dios dio a Abraham.

40 *a* Gén. 25:23.
b 2 Rey. 8:20; 2 Cró. 21:8.
c GEE Yugo.
43 *a* GEE Labán, hermano de Rebeca.
45 *a* GEE Enojo.
46 *a* GEE Matrimonio—El matrimonio entre personas de distintas religiones.
28 1 *a* Gén. 24:3. GEE Canaán, cananeo.
3 *a* Gén. 18:14; Alma 26:35.
4 *a* GEE Abraham, Convenio de.
b GEE Abraham—La descendencia de Abraham.

5 Así envió Isaac a Jacob, el cual
fue a Padán-aram, a Labán hijo de
Betuel arameo, hermano de Rebeca, madre de Jacob y de Esaú.
6 Y vio Esaú cómo Isaac había bendecido a Jacob y le había enviado a Padán-aram, para
tomar para sí esposa de allí; y
que cuando le bendijo, le había
mandado, diciendo: No tomarás esposa de entre las hijas de
Canaán;
7 y que Jacob había obedecido a
su padre y a su madre, y se había
ido a Padán-aram.
8 Vio asimismo Esaú que las
hijas de Canaán parecían mal a
Isaac, su padre;
9 y se fue Esaú a Ismael y tomó
para sí por esposa a Mahalat, hija
de Ismael, hijo de Abraham, hermana de Nebaiot, además de sus
otras esposas.
10 Y salió Jacob de Beerseba y
se fue a Harán;
11 y llegó a cierto lugar y durmió
allí, porque ya el sol se había
puesto; y tomó de las piedras de
aquel paraje y las puso a su cabecera, y se acostó en aquel lugar.
12 Y [a]soñó, y he aquí una escalera que estaba *apoyada* en tierra,
cuyo extremo tocaba en el cielo;
y he aquí [b]ángeles de Dios que
subían y descendían por ella.
13 Y he aquí, Jehová estaba
[a]en lo alto de ella, y dijo: Yo soy
[b]Jehová, el Dios de Abraham, tu
padre, y el Dios de Isaac; la [c]tierra
en que estás acostado te la daré
a ti y a tu descendencia.
14 Y será tu descendencia como
el polvo de la tierra, y te [a]exten-
derás al occidente, y al oriente, y
al norte y al sur; y todas las [b]fa-
milias de la tierra serán [c]benditas
en ti y en tu [d]descendencia.
15 Y he aquí, yo estoy contigo,
y te guardaré por dondequiera
que fueres y volveré a traerte a
esta tierra; porque no te dejaré
hasta que haya hecho lo que te
he dicho.
16 Y despertó Jacob de su sueño
y dijo: Ciertamente Jehová está en
este lugar, y yo no lo sabía.
17 Y tuvo temor y dijo: ¡Cuán
asombroso es este lugar! No es
otra cosa que casa de Dios y
[a]puerta del cielo.
18 Y se levantó Jacob de mañana, y tomó la piedra que había
puesto de cabecera, y la alzó por
[a]señal y derramó aceite encima
de ella.
19 Y llamó el nombre de aquel
lugar [a]Bet-el, aunque Luz era el
nombre de la ciudad primero.
20 E hizo Jacob [a]voto, diciendo:
Si va Dios conmigo y me guarda
en este viaje en que voy, y si me
da pan para comer y vestido para
vestir,
21 y si regreso en paz a casa de
mi padre, entonces [a]Jehová será
mi Dios.

12 *a* GEE Sueños.
b GEE Ángeles.
13 *a* *O sea,* a un lado de ella.
b GEE Jehová; Jesucristo; Señor.
c GEE Tierra prometida.
14 *a* 1 Ne. 22:3.
b GEE Abraham, Convenio de.
c GEE Bendecido, bendecir, bendición.
d GEE Abraham—La descendencia de Abraham.
17 *a* GEE Cielo.
18 *a* Gén. 31:13.
19 *a* *Es decir,* la Casa de Dios.
GEE Bet-el.
20 *a* GEE Juramento.
21 *a* Deut. 26:16–19.

22 Y esta piedra que he puesto por señal será casa de Dios; y de todo lo que me dieres, sin falta el [a]diezmo apartaré para ti.

CAPÍTULO 29

Jacob se encuentra con Raquel junto al pozo — Jacob sirve a Labán siete años por ella — Labán da en matrimonio a Jacob primero a Lea y luego a Raquel — Jacob sirve otros siete años — Lea da a luz a Rubén, a Simeón, a Leví y a Judá.

Y SIGUIÓ Jacob su camino y fue a la tierra de los orientales.

2 Y miró y vio un pozo en el campo; y he aquí tres rebaños de ovejas que yacían cerca de él, porque de aquel pozo abrevaban los rebaños; y había una gran piedra sobre la boca del pozo.

3 Y se juntaban allí todos los rebaños; y removían la piedra de sobre la boca del pozo y abrevaban las ovejas; y volvían a colocar la piedra sobre la boca del pozo en su lugar.

4 Y les dijo Jacob: Hermanos míos, ¿de dónde sois? Y ellos respondieron: De [a]Harán somos.

5 Y él les dijo: ¿Conocéis a [a]Labán hijo de Nacor? Y ellos dijeron: Sí, le conocemos.

6 Y él les dijo: ¿Está bien? Y ellos dijeron: Está bien; y he aquí [a]Raquel, su hija, viene con las ovejas.

7 Y él dijo: He aquí aún es muy de día; no es tiempo todavía de recoger el ganado; abrevad las ovejas e id a apacentarlas.

8 Y ellos respondieron: No podemos, hasta que se junten todos los rebaños y remuevan la piedra de la boca del pozo para que abrevemos las ovejas.

9 Mientras él aún hablaba con ellos, Raquel vino con el rebaño de su padre, porque ella era la pastora.

10 Y sucedió que cuando Jacob vio a Raquel, hija de Labán, hermano de su madre, y las ovejas de Labán, el hermano de su madre, se acercó Jacob, y removió la piedra de la boca del pozo y abrevó el rebaño de Labán, hermano de su madre.

11 Y Jacob besó a Raquel, y alzó su voz y lloró.

12 Y Jacob dijo a Raquel que él era hermano de su padre y que era hijo de Rebeca; y ella corrió y dio las nuevas a su padre.

13 Y sucedió que cuando oyó Labán las nuevas de Jacob, hijo de su hermana, corrió a recibirlo, y lo abrazó, y lo besó y lo trajo a su casa; y él contó a Labán todas estas cosas.

14 Y Labán le dijo: Ciertamente hueso mío y carne mía eres. Y estuvo con él durante un mes.

15 Entonces dijo Labán a Jacob: ¿Por ser tú mi hermano, me has de servir de balde? Dime cuál será tu salario.

16 Y Labán tenía dos hijas: el nombre de la mayor era Lea, y el nombre de la menor, Raquel.

17 Y los ojos de Lea eran tiernos,

22 *a* GEE Diezmar, diezmo.

29 4 *a* Gén. 27:43.
5 *a* GEE Labán, hermano de Rebeca.
6 *a* GEE Raquel.

pero Raquel era de lindo semblante y de hermoso parecer.
18 Y Jacob amó a Raquel y dijo:
Yo te serviré siete años por Raquel, tu hija menor.
19 Y Labán respondió: Mejor es
que te la dé a ti y no que la dé a
otro hombre; quédate conmigo.
20 Así sirvió Jacob por [a]Raquel
siete años; y le parecieron como
pocos días, porque la amaba.
21 Y dijo Jacob a Labán: Dame
mi esposa, porque mi tiempo
se ha cumplido para unirme a
ella.
22 Entonces Labán juntó a todos los hombres de aquel lugar
e hizo banquete.
23 Y sucedió que a la noche
tomó a su hija Lea y se la trajo; y
él se unió a ella.
24 Y dio Labán su sierva Zilpa
a su hija Lea por criada.
25 Y venida la mañana, he aquí
que era Lea; y Jacob dijo a Labán: ¿Qué es esto que me has
hecho? ¿No te he servido por
Raquel? ¿Por qué, pues, me has
engañado?
26 Y Labán respondió: No se
hace así en nuestro lugar, que
se dé la menor antes que la
mayor.
27 Cumple la semana de ésta,
y se te dará también la otra por
el servicio que me prestes otros
siete años.
28 E hizo Jacob así, y cumplió la
semana de aquélla; y él le dio a
su hija Raquel [a]por esposa.
29 Y dio Labán a su hija Raquel
su sierva Bilha por criada.
30 Y se unió también a Raquel y
la amó también más que a Lea, y
le sirvió aún otros siete años.
31 Y vio Jehová que Lea era menospreciada y abrió su matriz,
pero Raquel era estéril.
32 Y concibió [a]Lea y dio a luz un
hijo, y llamó su nombre [b]Rubén,
porque dijo: Ha mirado Jehová
mi aflicción; ahora, por tanto, me
amará mi marido.
33 Y concibió otra vez y dio a luz
un hijo, y dijo: Por cuanto oyó Jehová que yo era [a]menospreciada,
me ha dado también éste. Y llamó
su nombre [b]Simeón.
34 Y concibió otra vez y dio a luz
un hijo, y dijo: Ahora esta vez se
unirá mi marido conmigo, porque
le he dado tres hijos; por tanto,
llamó su nombre [a]Leví.
35 Y concibió otra vez y dio a luz
un hijo, y dijo: Esta vez [a]alabaré a
Jehová; por esto llamó su nombre
[b]Judá. Y dejó de dar a luz.

CAPÍTULO 30

Jacob se casa con Bilha, y ella da a luz a Dan y a Neftalí — Jacob se casa con Zilpa, y ella da a luz a Gad y a Aser — Lea da a luz a Isacar y a Zabulón y a una hija, Dina — Entonces Raquel concibe y da a luz a José — Jacob trabaja para Labán a cambio de ganado y de ovejas como salario.

20 *a* Oseas 12:12.
28 *a* GEE Matrimonio—El matrimonio plural.
32 *a* GEE Lea.
b *Es decir,* mira, un hijo. GEE Rubén.
33 *a* Gén. 29:30.
b *Es decir,* oír. GEE Simeón.
34 *a* *Es decir,* juntado, prometido. GEE Leví.
35 *a* Gén. 49:8.
b *Es decir,* la alabanza. GEE Judá.

Y VIENDO Raquel que no daba
hijos a Jacob, tuvo [a]envidia de su
hermana y decía a Jacob: Dame
hijos, o si no, me muero.
2 Y Jacob se enojó con Raquel y
dijo: ¿Estoy yo en lugar de Dios,
quien te impidió el fruto de tu
vientre?
3 Y ella dijo: He aquí mi sierva
Bilha; llégate a ella, y dará a luz
sobre mis rodillas, y yo también
[a]tendré hijos de ella.
4 Así le dio a [a]Bilha, su sierva,
por esposa; y Jacob se llegó a
ella.
5 Y concibió Bilha y dio a luz un
hijo a Jacob.
6 Y dijo Raquel: Me juzgó Dios,
y también oyó mi voz y me dio
un hijo. Por tanto, llamó su nombre [a]Dan.
7 Y concibió otra vez Bilha, la
sierva de Raquel, y dio a luz un
segundo hijo a Jacob.
8 Y dijo Raquel: Con luchas de
Dios he contendido con mi hermana y he vencido. Y llamó su
nombre [a]Neftalí.
9 Y viendo Lea que había dejado de tener hijos, tomó a Zilpa,
su sierva, y la dio a Jacob por
esposa.
10 Y Zilpa, sierva de Lea, dio a
luz un hijo a Jacob.
11 Y dijo Lea: Vino la [a]ventura.
Y llamó su nombre Gad.
12 Y Zilpa, la sierva de Lea, dio
a luz otro hijo a Jacob.
13 Y dijo Lea: Para dicha mía,
porque las [a] mujeres me dirán dichosa; y llamó su nombre [b] Aser.
14 Y fue Rubén en el tiempo de
la siega de los trigos, y halló mandrágoras en el campo y las trajo
a Lea, su madre; y dijo Raquel a
Lea: Te ruego que me des de las
mandrágoras de tu hijo.
15 Y ella respondió: ¿Es poco
que hayas [a]tomado mi marido,
para que también te quieras llevar las mandrágoras de mi hijo?
Y dijo Raquel: Pues dormirá contigo esta noche por las mandrágoras de tu hijo.
16 Y cuando Jacob volvía del
campo a la tarde, salió Lea a él
y le dijo: A mí has de allegarte,
porque a la verdad te he alquilado por las mandrágoras de mi
hijo. Y durmió con ella aquella
noche.
17 Y oyó Dios a Lea, y concibió y
dio a luz el quinto hijo a Jacob.
18 Y dijo Lea: Dios me ha dado
mi recompensa, por cuanto di mi
sierva a mi marido; por eso llamó
su nombre [a]Isacar.
19 Y concibió Lea otra vez y dio
a luz el sexto hijo a Jacob.
20 Y dijo Lea: Dios me ha dado
una buena dote; ahora [a]morará
conmigo mi marido, porque le

30 1 *a* GEE Envidia.
3 *a* Gén. 16:2.
4 *a* DyC 132:37.
6 *a* *Es decir,* Él ha juzgado o justificado. GEE Dan.
8 *a* *Es decir,* mi lucha. GEE Neftalí.
11 *a* *Es decir,* la buena fortuna (juego de palabras en hebreo: *gedud,* "ventura", y *gad,* "fortuna"). GEE Gad, hijo de Jacob.
13 *a* HEB hijas.
b *Es decir,* feliz, bendito. GEE Aser.
15 *a* Gén. 29:30.
18 *a* *Es decir,* (tal vez), hay una recompensa. GEE Isacar.
20 *a* *O sea,* me honrará, me exaltará.

he dado seis hijos. Y llamó su
nombre [b]Zabulón.
21 Y después dio a luz una hija
y llamó su nombre Dina.
22 Y se acordó Dios de Raquel, y
la oyó Dios y abrió su matriz.
23 Y concibió y dio a luz un
hijo, y dijo: Dios ha quitado mi
afrenta;
24 y llamó su nombre [a]José, diciendo: Añádame Jehová otro
hijo.
25 Y aconteció, cuando Raquel
hubo dado a luz a José, que Jacob
dijo a Labán: Envíame, e iré a mi
lugar y a mi tierra.
26 Dame mis esposas, por las
cuales te he [a]servido, y mis hijos,
y déjame ir; pues tú sabes los servicios que te he hecho.
27 Y Labán le respondió: Halle
yo ahora gracia ante tus ojos, *y
quédate;* he experimentado que
Jehová [a]me ha bendecido por tu
causa.
28 Y dijo: Señálame tu salario,
y yo te lo daré.
29 Y él respondió: Tú sabes cómo
te he servido y cómo ha estado
tu ganado conmigo,
30 porque poco tenías antes de
mi venida, y ha crecido en gran
número; y Jehová te ha bendecido
con mi llegada; y ahora, ¿cuándo
proveeré yo también para mi propia casa?
31 Y él dijo: ¿Qué te daré? Y respondió Jacob: No me des nada;
si hicieres por mí esto, volveré a
apacentar tus ovejas.
32 Yo pasaré hoy por entre todas
tus ovejas, apartando todas las
ovejas manchadas y moteadas,
y todas las de color oscuro entre las ovejas, y las manchadas y
moteadas entre las cabras; y eso
será mi salario.
33 Así responderá por mí mi
honradez mañana cuando vengas a ver lo que he ganado. Toda
la que no fuere pintada ni manchada entre las cabras y de color
oscuro entre *mis* ovejas, se me ha
de tener por hurto.
34 Y dijo Labán: Mira, sea como
tú dices.
35 Y Labán apartó aquel día los
machos cabríos rayados y man-
chados, y todas las cabras manchadas y moteadas, y toda la que
tenía en sí algo de blanco, y todas las de color oscuro entre las
ovejas, y las puso en manos de
sus hijos;
36 y puso tres días de camino
entre sí y Jacob; y Jacob apacentaba las otras ovejas de Labán.
37 Y tomó Jacob varas verdes de
álamo, y de [a]avellano y de cas-
taño, y descortezó en ellas mon-
daduras blancas, descubriendo
así lo blanco de las varas.
38 Y puso las varas que había
mondado en los canales, delante
de los rebaños, en los canales de
los abrevaderos a donde venían a

20 *b* La palabra hebrea *zevul* significa "morada exaltada". GEE Zabulón.
24 *a* "José" se relaciona tanto con la raíz hebrea *yasaph,* "añadir", como con la palabra *asaph.* El significado de ambas es "quitar" o "reunir". El contexto juega con los dos significados. GEE José, hijo de Jacob.
26 *a* Gén. 29:20, 30.
27 *a* GEE Bendecido, bendecir, bendición.
37 *a* Posiblemente de almendro.

beber las ovejas, las cuales se apareaban cuando venían a beber.

39 Y concebían las ovejas delante de las [a]varas, y parían borregos listados, pintados y salpicados de diversos colores.

40 Y apartaba Jacob los corderos, y los ponía con el rebaño frente a los listados y a todo lo que era oscuro en el hato de Labán. Y ponía su propio hato aparte, y no lo ponía con las ovejas de Labán.

41 Y sucedía que cuantas veces se apareaban las robustas, Jacob ponía las varas delante de las ovejas en los abrevaderos, para que concibiesen a la vista de las varas.

42 Y cuando venían las ovejas débiles, no las ponía; así, eran las débiles para Labán y las robustas para Jacob.

43 Y [a]prosperó el hombre muchísimo, y tuvo muchas ovejas, y siervas y siervos, y camellos y asnos.

CAPÍTULO 31

Jehová manda a Jacob que vuelva a Canaán, y Jacob parte en secreto — Labán lo persigue, resuelven sus diferencias y hacen un pacto de paz — Labán bendice a sus descendientes, y él y Jacob se separan.

Y OÍA Jacob las palabras de los hijos de Labán, que decían: Jacob ha tomado todo lo que era de nuestro padre, y de lo que era de nuestro padre ha adquirido toda esta [a]riqueza.

2 Miraba también Jacob el semblante de Labán y veía que no era para con él como antes.

3 También Jehová dijo a Jacob: Vuélvete a la tierra de tus padres y a tu parentela, y [a]yo estaré contigo.

4 Y envió Jacob y llamó a Raquel y a Lea al campo donde estaban sus ovejas,

5 y les dijo: Veo que el semblante de vuestro padre no es para conmigo como antes; mas el Dios de mi padre ha estado conmigo.

6 Y vosotras sabéis que con todas mis fuerzas he servido a vuestro padre;

7 y vuestro padre me ha [a]engañado y me ha cambiado el salario diez veces, pero Dios no le ha permitido que me hiciese mal.

8 Si él decía así: Los pintados serán tu salario, entonces todas las ovejas parían pintados; y si decía así: Los listados serán tu salario, entonces todas las ovejas parían listados.

9 Así quitó Dios el ganado de vuestro padre y me lo dio a mí.

10 Y sucedió que al tiempo en que las [a]ovejas se apareaban, alcé yo mis ojos y vi en sueños, y he aquí los machos que cubrían a las hembras eran listados, pintados y abigarrados.

---

39 *a* *Es decir,* las varas descortezadas simbolizaban los animales listados, o con rayas, y representaban el salario de Jacob. Allí el Señor aumenta el salario de Jacob.
43 *a* Gén. 24:34–35; 26:12–15.
31 1 *a* GEE Riquezas.
3 *a* Gén. 26:24.
7 *a* GEE Engañar, engaño.
10 *a* HEB rebaño.

11 Y me dijo el [a]ángel de Dios
en sueños: Jacob. Y yo dije: Heme
aquí.
12 Y él dijo: Alza ahora tus ojos
y verás que todos los machos que
cubren a las ovejas son listados,
pintados y abigarrados, porque
yo he visto todo lo que Labán te
ha hecho.
13 Yo soy el [a]Dios de Bet-el,
donde tú ungiste la piedra y
donde me hiciste un [b]voto. Levántate ahora, y sal de esta tierra y vuélvete a la tierra de tu
nacimiento.
14 Y respondieron Raquel y Lea,
y le dijeron: ¿Tenemos todavía
parte o heredad en la casa de
nuestro padre?
15 ¿No nos tiene ya como por
extrañas, pues que nos vendió, y
aun se ha comido del todo nuestro precio?
16 Porque toda la riqueza que
Dios ha quitado a nuestro padre,
es nuestra y de nuestros hijos;
ahora pues, haz todo lo que Dios
te ha dicho.
17 Entonces se levantó Jacob y
subió a sus hijos y a sus esposas
sobre los camellos.
18 Y puso en camino todo su
ganado y todo lo que había adquirido, el ganado de su ganancia
que había obtenido en Padán-
aram, para volverse a Isaac, su
padre, en la tierra de Canaán.
19 Y Labán había ido a trasquilar sus ovejas, y Raquel hurtó los
[a]ídolos de su padre.
20 Y engañó Jacob el corazón
de Labán arameo al no hacerle
saber que huía.
21 Huyó, pues, con todo lo que
tenía; y se levantó y pasó el río,
y puso su rostro hacia los montes
de Galaad.
22 Y fue dicho a Labán al tercer
día que Jacob había huido.
23 Entonces tomó a sus parientes consigo, y fue tras él camino
de siete días, y le alcanzó en los
montes de Galaad.
24 Y vino Dios a Labán arameo
en [a]sueños aquella noche, y le
dijo: Guárdate de hablar a Jacob
descomedidamente.
25 Alcanzó, pues, Labán a Jacob; y éste había fijado su tienda
en el monte; y Labán *la* asentó
con sus parientes en el monte
de Galaad.
26 Y dijo Labán a Jacob: ¿Qué
has hecho, que me engañaste el
corazón y has traído a mis hijas
como prisioneras de guerra?
27 ¿Por qué te escondiste para
huir, y me engañaste y no me avi-
saste, para que yo te despidiera
con alegría y con cantares, con
tamborín y arpa?
28 Ni aun me dejaste besar a
mis hijos y a mis hijas. Ahora locamente has hecho.
29 Poder hay en mi mano para
haceros mal; mas el Dios de vuestro padre me habló anoche diciendo: Guárdate de hablar a
Jacob descomedidamente.
30 Y ya que te ibas porque año-
rabas la casa de tu padre, ¿por
qué me hurtaste mis dioses?

11 *a* GEE Ángeles.
13 *a* Gén. 28:10–22.
GEE Bet-el.
b GEE Convenio (pacto).
19 *a* HEB terafim, o sea, ídolos de metal, madera o arcilla. Gén. 31:30, 32.
GEE Idolatría.
24 *a* GEE Sueños.

31 Y Jacob respondió y dijo a
Labán: Porque tuve miedo, pues
dije que quizá me quitarías por
la fuerza tus hijas.
32 Aquel en quien halles tus
dioses, no viva; delante de nuestros hermanos reconoce lo que yo
tenga que sea tuyo y llévatelo.
Jacob no sabía que Raquel los
había hurtado.
33 Y entró Labán en la tienda
de Jacob, y en la tienda de Lea y
en la tienda de las dos siervas, y
no los halló; y salió de la tienda
de Lea y entró en la tienda de
Raquel.
34 Y tomó Raquel los ídolos y
los puso en una albarda de un
camello, y se sentó sobre ellos; y
buscó Labán por toda la tienda
y no los halló.
35 Y ella dijo a su padre: No se
enoje mi señor, porque no me
puedo levantar delante de ti,
pues estoy con la costumbre de
las mujeres. Y él buscó, pero no
halló los ídolos.
36 Entonces Jacob se enojó y
riñó con Labán; y respondió
Jacob y dijo a Labán: ¿Qué
transgresión es la mía? ¿Cuál
es mi pecado para que con
tanto ardor hayas venido persi-
guiéndome?
37 Ya que has buscado entre todos mis bienes, ¿qué has hallado
de todos los enseres de tu casa?
Ponlo aquí delante de mis hermanos y de los tuyos, y juzguen
entre nosotros dos.
38 Estos veinte años he estado
contigo; tus ovejas y tus cabras
nunca abortaron, ni yo comí carnero de tus ovejas.
39 Nunca te traje lo [a]arrebatado
por las fieras; yo pagaba el daño;
lo hurtado, así de día como de noche, de mi mano lo reclamabas.
40 Me encontraba que de día
me consumía el calor, y de noche la helada, y el sueño huía de
mis ojos.
41 Así he estado veinte años
en tu casa; catorce años [a]te serví
por tus dos hijas y seis años por
tu ganado; y has cambiado mi
salario diez veces.
42 Si el Dios de mi padre, el Dios
de Abraham y el temor de Isaac,
no estuviera conmigo, de cierto
me enviarías ahora con las manos
vacías; pero vio Dios mi aflicción
y el trabajo de mis manos, y te
reprendió anoche.
43 Y respondió Labán y dijo a
Jacob: Las hijas son hijas mías,
y los hijos, hijos míos son, y las
ovejas son mis ovejas, y todo lo
que tú ves es mío. ¿Y qué puedo
yo hacer hoy a estas mis hijas o
a sus hijos que ellas han dado
a luz?
44 Ven, pues, ahora, hagamos
pacto tú y yo; y sea por testimonio entre tú y yo.
45 Entonces Jacob tomó una piedra y la levantó por [a]señal.
46 Y dijo Jacob a sus hermanos:
Recoged piedras. Y tomaron piedras e hicieron un montón; y comieron allí sobre aquel montón.
47 Y lo llamó Labán [a]Jegar Saha-
duta; y lo llamó Jacob [b]Galaad.
48 Porque Labán dijo: Este

39 *a* Éx. 22:12–13.
41 *a* Gén. 29:15–30.
45 *a* Gén. 28:18–22.
47 *a* *Es decir,* la pila del testimonio (en arameo).
b *Es decir,* la pila del testimonio (en hebreo).

montón de piedras es testigo hoy
entre tú y yo. Por eso fue llamado
su nombre Galaad.
49 Y [a]Mizpa, por cuanto dijo: Vi-
gile Jehová entre tú y yo cuando
nos apartemos el uno del otro.
50 Si afligieres a mis hijas o si
tomares otras esposas además
de mis hijas, nadie está con nosotros; mira, Dios es testigo entre tú y yo.
51 Dijo más Labán a Jacob: He
aquí este montón de piedras, y
he aquí esta señal que he erigido
entre tú y yo.
52 Testigo sea este montón de
piedras, y testigo sea esta señal,
que ni yo pasaré contra ti de este
montón, ni tú pasarás de este
montón ni de esta señal contra
mí, para mal.
53 El Dios de Abraham y el Dios
de Nacor, el Dios de sus padres,
juzgue entre nosotros. Y Jacob
juró por el temor de Isaac, su
padre.
54 Entonces Jacob ofreció un
sacrificio en el monte y llamó a
sus hermanos a comer pan; y comieron pan y durmieron aquella
noche en el monte.
55 Y se levantó Labán de mañana, y besó a sus hijos y a sus
hijas y los bendijo; y regresó y se
volvió a su lugar.

CAPÍTULO 32

Jacob ve ángeles — Le pide a Dios que lo proteja de Esaú, para quien prepara presentes — Jacob lucha toda la noche con un mensajero de Dios — Se cambia el nombre de Jacob por el de Israel — Jacob ve a Dios cara a cara.

Y JACOB siguió su camino, y le
salieron al encuentro ángeles de
Dios.
2 Y dijo Jacob cuando los vio:
Campamento de Dios es éste; y
llamó el nombre de aquel lugar
[a]Mahanaim.
3 Y envió Jacob mensajeros delante de sí a su hermano Esaú, a la
tierra de Seir, campo de [a]Edom.
4 Y les mandó diciendo: Así diréis a mi señor Esaú: Así dice tu
siervo Jacob: Con Labán he morado y allá me he quedado hasta
ahora;
5 y tengo vacas, y asnos, y ovejas, y siervos y siervas; y envío
a decirlo a mi señor, para hallar
gracia ante tus ojos.
6 Y los mensajeros volvieron a
Jacob, diciendo: Fuimos a tu hermano Esaú, y él también viene a
recibirte, y cuatrocientos hombres con él.
7 Entonces Jacob tuvo gran temor y se angustió; y dividió en
dos campamentos la gente que
tenía consigo, y las ovejas, y las
vacas y los camellos;
8 y dijo: Si viene Esaú contra un
campamento y lo ataca, el otro
campamento escapará.
9 Y dijo Jacob: [a]Dios de mi padre Abraham, y Dios de mi padre
Isaac, oh Jehová, que me dijiste:
Vuélvete a tu tierra y a tu parentela, y yo te haré bien;

49 *a Es decir,* el puesto de vigilancia.
32 2 *a Es decir,* los dos ejércitos, los dos campos.
3 *a* Gén. 36:1, 8.
9 *a* 1 Ne. 19:10.

10 [a]menor soy que todas las [b]misericordias y que toda la verdad que has usado para con tu siervo; pues con mi cayado pasé este Jordán, y ahora estoy sobre dos campamentos.

11 Líbrame ahora de manos de mi hermano, de manos de Esaú, porque le temo; no sea que venga y me hiera a mí y a las madres con los hijos.

12 Y tú has dicho: Yo te haré bien y haré que tu [a]descendencia sea como la [b]arena del mar, que no se puede contar por la multitud.

13 Y durmió allí aquella noche, y tomó de lo que le vino a la mano un presente para su hermano Esaú:

14 doscientas cabras y veinte machos cabríos, doscientas ovejas y veinte carneros,

15 treinta camellas paridas con sus crías, cuarenta vacas y diez novillos, veinte asnas y diez borricos.

16 Y los entregó en manos de sus siervos, cada manada de por sí, y dijo a sus siervos: Pasad delante de mí y poned espacio entre manada y manada.

17 Y mandó al primero, diciendo: Si mi hermano Esaú te encuentra, y te pregunta, diciendo: ¿De quién eres? ¿Y adónde vas? ¿Y para quién es esto que llevas delante de ti?

18 Entonces dirás: Es un presente de tu siervo Jacob que envía a mi señor Esaú; y he aquí, también él viene detrás de nosotros.

19 Y mandó también al segundo, y al tercero y a todos los que iban detrás de aquellas manadas, diciendo: Conforme a esto diréis a Esaú cuando le halléis.

20 Y diréis también: He aquí tu siervo Jacob viene detrás de nosotros. Porque dijo: Apaciguaré su ira con el presente que va delante de mí, y después veré su rostro; quizá así me acepte.

21 Y pasó el presente delante de él; y él durmió aquella noche en el campamento.

22 Y se levantó aquella noche, y tomó a sus dos esposas, y a sus dos siervas y a sus once hijos, y pasó el vado de Jaboc.

23 Los tomó, pues, y los hizo pasar el arroyo, e hizo pasar todo lo que tenía.

24 Y se quedó Jacob solo, y [a]luchó con él un varón hasta que rayaba el alba.

25 Y cuando vio el varón que no podía con él, le tocó en el sitio del encaje de su muslo, y se descoyuntó el muslo de Jacob mientras con él luchaba.

26 Y dijo: Déjame, porque raya el alba. Y Jacob dijo: No te dejaré, si no me bendices.

27 Y él le dijo: ¿Cuál es tu nombre? Y él respondió: Jacob.

28 Y el varón le dijo: No se dirá más tu [a]nombre Jacob, sino [b]Israel,

10 *a* *O sea,* no soy digno de todas tus misericordias…
GEE Dignidad, digno.
b 1 Ne. 1:20.
12 *a* GEE Abraham—La descendencia de Abraham.
b Oseas 1:10.
24 *a* Enós 1:1–12; Alma 8:10.
28 *a* Isa. 62:2.
b *Es decir,* él persevera con Dios; también puede significar: Que Dios prevalezca.
GEE Israel.

porque has [c]luchado con Dios y
con los hombres, y has [d]vencido.
29 Entonces Jacob le preguntó
y dijo: Declárame ahora tu nombre. Y él respondió: ¿Por qué me
preguntas por mi [a]nombre? Y [b]lo
bendijo allí.
30 Y llamó Jacob el nombre de
aquel lugar [a]Peniel, porque *dijo*:
[b]Vi a Dios [c]cara a cara, y fue librada mi alma.
31 Y al pasar por Peniel, salió el
sol; y cojeaba de su cadera.
32 Por esto no comen los hijos de Israel, hasta hoy día, del
tendón que se contrajo, el cual
está en el encaje del muslo; porque tocó a Jacob en este sitio de
su muslo, en el tendón que se
contrajo.

CAPÍTULO 33

Jacob y Esaú se encuentran y se reconcilian — Esaú recibe los presentes de Jacob — Jacob se establece en Canaán, donde edifica un altar.

Y ALZANDO Jacob sus ojos, miró
y he aquí venía Esaú y los
cuatrocientos hombres con él;
entonces repartió él los niños
entre Lea y Raquel y las dos
siervas.
2 Y puso a las siervas y a sus niños delante; luego a Lea y a sus
niños; y por último, a Raquel y
a José.
3 Y él pasó delante de ellos y se
inclinó a tierra siete veces, hasta
que llegó a su hermano.
4 Y Esaú corrió a su encuentro,
y le abrazó, y se echó sobre su
cuello y le besó; y lloraron.
5 Y alzó sus ojos, y vio a las mujeres y a los niños y dijo: ¿Quiénes
son éstos? Y él respondió: Son los
niños que Dios, en su gracia, ha
dado a tu siervo.
6 Y se acercaron las siervas, ellas
y sus niños, y se inclinaron.
7 Y se acercó Lea con sus niños,
y se inclinaron; y después llegaron José y Raquel, y también se
inclinaron.
8 Y él dijo: ¿Qué te propones
con todos estos grupos que he
encontrado? Y él respondió: El
hallar gracia ante los ojos de mi
señor.
9 Y dijo Esaú: Suficiente tengo
yo, hermano mío; sea para ti lo
que es tuyo.
10 Y dijo Jacob: No, yo te ruego,
si he hallado ahora gracia ante
tus ojos, acepta mi presente de
mi mano, pues he visto tu rostro
como si hubiera visto el rostro de
Dios, pues me has recibido con
tanto favor.
11 Acepta, te ruego, mi presente
que te he traído, porque Dios me
ha favorecido, y todo lo que hay
aquí es mío. E insistió con él, y
Esaú lo tomó.
12 Y dijo Esaú: Anda y vamos;
y yo iré delante de ti.
13 Y Jacob le dijo: Mi señor sabe
que los niños son tiernos, y que

28 *c* *O sea,* porque has perseverado.
d 3 Ne. 5:21–26; DyC 132:37.
29 *a* Mos. 5:9–14.
b GEE Bendecido, bendecir, bendición.
30 *a* *Es decir,* el rostro de Dios.
b TJS Éx. 33:20, 23 (Apéndice).
c Éter 12:39; DyC 93:1; Moisés 1:11.

tengo ovejas y vacas paridas; y si las fatigan, en un día morirán todas las ovejas.

14 Pase ahora mi señor delante de su siervo, y yo me iré poco a poco al paso del ganado que va delante de mí, y al paso de los niños, hasta que llegue a mi señor a Seir.

15 Y Esaú dijo: Dejaré ahora contigo de la gente que viene conmigo. Y Jacob dijo: ¿Para qué esto? Halle yo gracia ante los ojos de mi señor.

16 Así volvió Esaú aquel día por su camino a Seir.

17 Y Jacob partió a Sucot, y edificó allí casa para sí e hizo cabañas para su ganado; por tanto, llamó el nombre de aquel lugar [a]Sucot.

18 Y llegó Jacob sano y salvo a la ciudad de Siquem, que está en la tierra de Canaán, cuando venía de Padán-aram; y acampó delante de la ciudad.

19 Y compró una parte del campo, donde asentó su tienda, de mano de los hijos de Hamor, padre de Siquem, por cien monedas.

20 Y erigió allí un altar y lo llamó: [a]El-Elohe-Israel.

CAPÍTULO 34

Siquem deshonra a Dina — Los heveos procuran concertar matrimonios con la familia de Jacob — Muchos, habiendo sido circuncidados, son muertos por Simeón y Leví — Jacob reprende a sus hijos.

Y SALIÓ Dina, la hija de Lea que ésta había dado a luz a Jacob, a ver a las hijas del país.

2 Y la vio Siquem hijo de Hamor heveo, príncipe de aquella tierra, y la tomó, y se acostó con ella y la deshonró.

3 Mas su alma se apegó a Dina, la hija de Lea; y se enamoró de la joven y habló al corazón de ella.

4 Y habló Siquem a su padre Hamor, diciendo: Tómame por esposa a esta joven.

5 Y oyó Jacob que *Siquem* había deshonrado a Dina, su hija; y estando sus hijos con su ganado en el campo, calló Jacob hasta que ellos viniesen.

6 Y se dirigió Hamor, padre de Siquem, a Jacob, para hablar con él.

7 Y los hijos de Jacob vinieron del campo cuando lo supieron; y se entristecieron los hombres y se enojaron mucho, porque hizo vileza en Israel acostándose con la hija de Jacob, lo que no se debía haber hecho.

8 Y Hamor habló con ellos, diciendo: El alma de mi hijo Siquem se ha apegado a vuestra hija; os ruego que se la deis por esposa.

9 Y emparentad con nosotros; dadnos vuestras hijas y tomad vosotros las nuestras.

10 Y habitad con nosotros, porque la tierra estará delante de vosotros; morad y negociad en ella, y tomad en ella posesión.

11 Siquem también dijo al padre de Dina y a los hermanos de

33 17*a* *Es decir,* las cabañas. 20*a* El (HEB Dios) es el Dios de Israel.

ella: Halle yo gracia ante vuestros
ojos, y daré lo que me digáis.
12 Aumentad a cargo mío mucha dote y regalos, que yo daré
cuanto me digáis, y dadme la
joven por esposa.
13 Y respondieron los hijos de
Jacob a Siquem y a su padre Hamor con engaño, y les hablaron,
por cuanto había amancillado a
su hermana Dina.
14 [a]Y les dijeron: No podemos hacer esto de dar nuestra
hermana a hombre [b]incircun-
ciso, porque entre nosotros es
abominación.
15 Mas con esta condición os
complaceremos: Si habéis de ser
como nosotros, que se [a]circuncide
entre vosotros todo varón.
16 Entonces os daremos nuestras hijas, y tomaremos nosotros
las vuestras; y habitaremos con
vosotros y seremos un pueblo.
17 Mas si no nos prestáis oído
para circuncidaros, tomaremos a
nuestra hija y nos iremos.
18 Y parecieron bien sus palabras a Hamor y a Siquem hijo
de Hamor.
19 Y no tardó el joven en hacer
aquello, porque la hija de Jacob
le había agradado; y él era el más
distinguido de toda la casa de
su padre.
20 Entonces Hamor y su hijo
Siquem fueron a la puerta de su
ciudad y hablaron a los hombres
de su ciudad, diciendo:
21 Estos hombres son pacíficos
con nosotros, y habitarán en el
país y comerciarán en él; pues he
aquí, la tierra es bastante ancha
para ellos; nosotros tomaremos
sus hijas por esposas y les daremos las nuestras.
22 Mas con esta condición con-
sentirán estos hombres en habitar
con nosotros, para que seamos un
pueblo: Que se circuncide entre
nosotros todo varón, así como
ellos son circuncidados.
23 Su ganado, y sus bienes y
todas sus bestias serán nuestros;
solamente convengamos con
ellos, y habitarán con nosotros.
24 Y obedecieron a Hamor y a
su hijo Siquem todos los que salían por la puerta de la ciudad,
y circuncidaron a todo varón, a
cuantos salían por la puerta de
su ciudad.
25 Y sucedió que al tercer día,
cuando sentían ellos el mayor
dolor, dos de los hijos de Jacob,
[a]Simeón y Leví, hermanos de
Dina, tomaron cada uno su espada, y fueron contra la ciudad con
audacia y mataron a todo varón.
26 Y a Hamor y a su hijo Siquem
los mataron a filo de espada; y tomaron a Dina de casa de Siquem
y se fueron.
27 Y los hijos de Jacob pasaron
sobre los muertos y saquearon la
ciudad, por cuanto habían amancillado a su hermana.
28 Tomaron sus ovejas, y sus
vacas y sus asnos, y lo que había
en la ciudad y en el campo,
29 y todos sus bienes; se llevaron cautivos a todos sus niños y

34 14 *a* En la Septuaginta: Y Simeón y Leví, hermanos de Dina e hijos de Lea, dijeron…
b GEE Matrimonio—El matrimonio entre personas de distintas religiones.
15 *a* GEE Circuncisión.
25 *a* Gén. 49:5–7.

sus esposas, y robaron todo lo que había en las casas.

30 Entonces dijo Jacob a Simeón y a Leví: Me habéis turbado con hacerme abominable a los moradores de esta tierra, el cananeo y el ferezeo; y teniendo yo pocos hombres, se juntarán contra mí y me atacarán, y seré destruido yo y mi casa.

31 Y ellos respondieron: ¿Había él de tratar a nuestra hermana como a una ramera?

CAPÍTULO 35

Dios envía a Jacob a Bet-el, donde éste construye un altar y Dios se le aparece — Dios renueva la promesa de que Jacob será una gran nación y vuelve a decir que su nombre será Israel — Jacob erige un altar y derrama libación — Raquel da a luz a Benjamín, muere en el parto y es sepultada cerca de Belén — Rubén peca con Bilha — Isaac muere y Jacob y Esaú lo sepultan.

Y DIJO Dios a Jacob: Levántate, sube a Bet-el y habita allí; y haz allí un altar al Dios que se te apareció cuando [a]huías de la presencia de tu hermano Esaú.

2 Entonces Jacob dijo a su familia y a todos los que con él estaban: Quitad los [a]dioses ajenos que hay entre vosotros, y [b]limpiaos y mudad vuestros vestidos.

3 Y levantémonos y subamos a Bet-el; y haré allí altar al Dios que me respondió en el día de mi [a]angustia y que ha estado conmigo en el camino que he andado.

4 Así dieron a Jacob todos los dioses ajenos que tenían en su poder y los zarcillos que llevaban en sus orejas; y Jacob los escondió debajo de una encina que estaba junto a Siquem.

5 Y partieron, y el terror de Dios cayó sobre las ciudades que había en sus alrededores, y no persiguieron a los hijos de Jacob.

6 Y llegó Jacob a [a]Luz (ésta es Bet-el), que está en la tierra de Canaán, él y todo el pueblo que con él estaba.

7 Y edificó allí un altar y llamó al lugar El-Bet-el, porque allí se le había aparecido Dios cuando huía de la presencia de su hermano.

8 Entonces murió Débora, nodriza de Rebeca, y fue sepultada al pie de Bet-el, debajo de una encina; y se llamó su nombre [a]Alón-Bacut.

9 Y se le apareció otra vez Dios a Jacob, cuando éste regresó de Padán-aram, y le bendijo.

10 Y le dijo Dios: Tu nombre es Jacob; no te llamarás más Jacob, sino que [a]Israel será tu nombre; y llamó su nombre Israel.

11 Y le dijo Dios: Yo soy el Dios Omnipotente; crece y multiplícate; una nación y un conjunto de [a]naciones procederán de ti, y reyes saldrán de tus lomos.

12 Y la [a]tierra que yo he dado

35 1 *a* Gén. 27:41–45.
2 *a* GEE Idolatría.
b GEE Limpio e inmundo.
3 *a* Gén. 32:7–8.
6 *a* Gén. 28:19.
8 *a* *Es decir,* el roble del llanto.
10 *a* GEE Israel.
11 *a* GEE Abraham—La descendencia de Abraham.
12 *a* GEE Tierra prometida.

a Abraham y a Isaac, te la daré a ti; y a tu descendencia después de ti daré la tierra.

13 Y se fue de él Dios, del lugar en donde había hablado con él.

14 Y Jacob erigió una señal en el lugar donde había hablado con él, una señal de piedra, y derramó sobre ella una libación y echó sobre ella aceite.

15 Y llamó Jacob el nombre de aquel lugar donde Dios había hablado con él: Bet-el.

16 Y partieron de Bet-el, y había aún como media legua de tierra para llegar a Efrata, cuando Raquel dio a luz, y tuvo un parto difícil.

17 Y aconteció que, como era un parto difícil, le dijo la partera: No temas, porque también tendrás este hijo.

18 Y acaeció que, al salírsele el alma (pues murió), llamó su nombre [a]Benoni; mas su padre lo llamó [b]Benjamín.

19 Así murió Raquel y fue sepultada en el camino de Efrata, la cual es Belén.

20 Y puso Jacob un pilar sobre su sepultura; ésta es la señal de la sepultura de Raquel hasta hoy.

21 Y partió Israel y asentó su tienda más allá de Migdal-edar.

22 Y acaeció que, mientras moraba Israel en aquella tierra, fue Rubén y [a]durmió con Bilha, la concubina de su padre, lo cual llegó a saber Israel. Ahora bien, los hijos de Israel fueron doce:

23 los hijos de Lea: Rubén, el primogénito de Jacob, y Simeón, y Leví, y Judá, e Isacar y Zabulón.

24 Los hijos de Raquel: José y Benjamín.

25 Y los hijos de Bilha, sierva de Raquel: Dan y Neftalí.

26 Y los hijos de Zilpa, sierva de Lea: Gad y Aser. Éstos fueron los hijos de Jacob que le nacieron en Padán-aram.

27 Y fue Jacob a Isaac, su padre, a Mamre, a la ciudad de Arba, que es Hebrón, donde habitaron Abraham e Isaac.

28 Y fueron los días de Isaac ciento ochenta años.

29 Y exhaló Isaac el espíritu, y murió y fue reunido con su pueblo, viejo y lleno de días; y lo sepultaron sus hijos Esaú y Jacob.

CAPÍTULO 36

Se enumeran los descendientes de Esaú, el cual es Edom.

Y ÉSTAS son las generaciones de Esaú, el cual es [a]Edom.

2 Esaú tomó sus esposas de las hijas de Canaán: a Ada, hija de Elón heteo, y a Aholibama, hija de Aná, hija de Zibeón heveo;

3 y a Basemat, [a]hija de Ismael, hermana de Nebaiot.

4 Y de Esaú Ada dio a luz a Elifaz; y Basemat dio a luz a Reuel.

5 Y Aholibama dio a luz a Jeús, y a Jaalam y a Coré; éstos son los hijos de Esaú que le nacieron en la tierra de Canaán.

---

18 *a* HEB hijo de mi pesar, de mi angustia.
b HEB hijo de mi mano derecha.
22 *a* GEE Inmoralidad sexual.

36 1 *a* Gén. 25:30.
3 *a* Gén. 28:9.

6 Y Esaú tomó sus esposas, y sus hijos, y sus hijas y todas las personas de su casa, y sus ganados, y todas sus bestias y todos sus bienes que había adquirido en la tierra de Canaán, y se fue a otra tierra lejos de Jacob, su hermano.

7 Porque los bienes de ellos eran tantos que no podían habitar juntos, ni la tierra de sus peregrinaciones los podía sostener a causa de sus ganados.

8 Y Esaú habitó en los montes de Seir; Esaú es Edom.

9 Éstos son [a]los linajes de Esaú, padre de Edom, en los montes de Seir.

10 Éstos son los nombres de los hijos de Esaú: Elifaz, hijo de Ada, esposa de Esaú; Reuel, hijo de Basemat, esposa de Esaú.

11 Y los hijos de Elifaz fueron Temán, Omar, Zefo, Gatam y Cenaz.

12 Y Timna fue concubina de Elifaz hijo de Esaú, la cual le dio a luz a Amalec; éstos son los hijos de Ada, esposa de Esaú.

13 Y los hijos de Reuel fueron Nahat, Zera, Sama y Miza; éstos son los hijos de Basemat, esposa de Esaú.

14 Éstos fueron los hijos de Aholibama, esposa de Esaú, hija de Aná, que fue hija de Zibeón; ella dio a luz a Jeús, a Jaalam y a Coré, hijos de Esaú.

15 Éstos son los [a]jefes de entre los hijos de Esaú: hijos de Elifaz, primogénito de Esaú: el jefe Temán, el jefe Omar, el jefe Zefo, el jefe Cenaz,

16 el jefe Coré, el jefe Gatam y el jefe Amalec. Éstos son los jefes de Elifaz en la tierra de Edom; éstos fueron los hijos de Ada.

17 Y éstos son los hijos de Reuel, hijo de Esaú: el jefe Nahat, el jefe Zera, el jefe Sama y el jefe Miza. Éstos son los jefes de la línea de Reuel en la tierra de Edom; estos hijos vienen de Basemat, esposa de Esaú.

18 Y éstos son los hijos de Aholibama, esposa de Esaú: el jefe Jeús, el jefe Jaalam y el jefe Coré. Éstos fueron los jefes que salieron de Aholibama, esposa de Esaú, hija de Aná.

19 Éstos, pues, son los hijos de Esaú, el cual es Edom, y sus jefes.

20 Y éstos son los hijos de Seir horeo, moradores de aquella tierra: Lotán, y Sobal, y Zibeón, y Aná,

21 y Disón, y Ezer y Disán. Éstos son los jefes de los horeos, hijos de Seir, en la tierra de Edom.

22 Los hijos de Lotán fueron Hori y Hemam; y Timna fue hermana de Lotán.

23 Y los hijos de Sobal fueron Alván, y Manahat, y Ebal, Sefo y Onam.

24 Y los hijos de Zibeón fueron Aja y Aná. Este Aná es el que descubrió las aguas termales en el desierto cuando apacentaba los asnos de Zibeón, su padre.

25 Los hijos de Aná fueron Disón y Aholibama, hija de Aná.

9 *a* *Es decir,* las líneas genealógicas.

15 *a* *Es decir,* los jefes de las tribus.

26 Y éstos fueron los hijos de Disón: Hemdán, y Esbán, e Itrán y Querán.

27 Y éstos fueron los hijos de Ezer: Bilhán, Zaaván y Acán.

28 Éstos fueron los hijos de Disán: Uz y Arán.

29 Y éstos fueron los jefes de los horeos: el jefe Lotán, el jefe Sobal, el jefe Zibeón, el jefe Aná.

30 El jefe Disón, el jefe Ezer, el jefe Disán; éstos fueron los jefes de los horeos, por sus dominios en la tierra de Seir.

31 Y los reyes que reinaron en la tierra de Edom, antes que reinase rey sobre los hijos de Israel, fueron éstos:

32 Bela hijo de Beor reinó en Edom; y el nombre de su ciudad fue Dinaba.

33 Y murió Bela, y reinó en su lugar Jobab hijo de Zera, de Bosra.

34 Y murió Jobab, y en su lugar reinó Husam, de la tierra de Temán.

35 Y murió Husam, y reinó en su lugar Hadad hijo de Bedad, el que derrotó a Madián en el campo de Moab; y el nombre de su ciudad fue Avit.

36 Y murió Hadad, y en su lugar reinó Samla, de Masreca.

37 Y murió Samla, y reinó en su lugar Saúl, de Rehobot, que está junto al Río.

38 Y murió Saúl, y en lugar suyo reinó Baal-hanán hijo de Acbor.

39 Y murió Baal-hanán hijo de Acbor, y reinó Hadar en lugar suyo; y el nombre de su ciudad fue Pau; y el nombre de su esposa, Mehetabel, hija de Matred, hija de Mezaab.

40 Éstos, pues, son los nombres de los jefes de Esaú por sus linajes, por sus lugares y sus nombres: el jefe Timna, el jefe Alva, el jefe Jetet,

41 el jefe Aholibama, el jefe Ela, el jefe Pinón,

42 el jefe Cenaz, el jefe Temán, el jefe Mibzar,

43 el jefe Magdiel y el jefe Iram. Éstos fueron los jefes de Edom según los lugares que habitaron en la tierra de su posesión. Edom es el mismo [a]Esaú, padre de los edomitas.

CAPÍTULO 37

Jacob ama y favorece a José, quien es aborrecido por sus hermanos — José sueña que sus padres y hermanos se inclinan ante él — Sus hermanos lo venden para Egipto.

Y HABITÓ Jacob en la tierra donde había peregrinado su padre, en la tierra de Canaán.

2 Éstas son las [a]generaciones de Jacob: [b]José, siendo de edad de diecisiete años, apacentaba las ovejas con sus hermanos; y el joven estaba con los hijos de Bilha y con los hijos de Zilpa, esposas de su padre; e informaba José a su padre de la mala fama de ellos.

3 Y amaba Israel a [a]José más que a todos sus hijos, porque le había

43 *a* Jer. 49:10–17. GEE Esaú.

37 2 *a* GEE Genealogía. *b* Gén. 41:46.

3 *a* GEE José, hijo de Jacob.

tenido en su vejez; y le hizo una [b]túnica de diversos [c]colores.

4 Y viendo sus hermanos que su padre lo amaba más que a todos sus hermanos, le aborrecían y no podían hablarle pacíficamente.

5 Y soñó José un [a]sueño y lo contó a sus hermanos; y ellos llegaron a aborrecerle más todavía.

6 Y él les dijo: Oíd ahora este sueño que he soñado:

7 He aquí que atábamos manojos en medio del campo, y he aquí que mi manojo se levantaba y quedaba erguido, y vuestros manojos estaban alrededor y [a]se inclinaban ante el mío.

8 Y le respondieron sus hermanos: ¿Reinarás tú sobre nosotros o te enseñorearás sobre nosotros? Y le aborrecieron aún más a causa de sus sueños y de sus palabras.

9 Y soñó aún otro sueño y lo contó a sus hermanos, diciendo: He aquí que he soñado otro sueño, y he aquí que el sol y la luna y once estrellas se inclinaban a mí.

10 Y lo contó a su padre y a sus hermanos; y su padre le reprendió, y le dijo: ¿Qué sueño es éste que soñaste? ¿Acaso vendremos yo, y tu madre y tus hermanos a [a]inclinarnos ante ti en tierra?

11 Y sus hermanos le tenían [a]envidia, mas su padre reflexionaba sobre eso.

12 Y fueron sus hermanos a apacentar las ovejas de su padre en Siquem.

13 Y dijo Israel a José: Tus hermanos apacientan las ovejas en Siquem. Ven, y te enviaré a ellos. Y él respondió: Heme aquí.

14 Y él le dijo: Ve ahora, mira cómo están tus hermanos y cómo están las ovejas, y tráeme la respuesta. Y lo envió del valle de Hebrón, y llegó a Siquem.

15 Y lo halló un hombre, andando él perdido por el campo, y le preguntó aquel hombre, diciendo: ¿Qué buscas?

16 Y él respondió: Busco a mis hermanos; te ruego que me muestres dónde están apacentando.

17 Y aquel hombre respondió: Ya se han ido de aquí; yo les oí decir: Vamos a Dotán. Entonces José fue tras sus hermanos y los halló en Dotán.

18 Y cuando ellos lo vieron de lejos, antes que llegara cerca de ellos, conspiraron contra él para [a]matarle.

19 Y se dijeron unos a otros: He aquí viene el [a]soñador;

20 ahora pues, venid, y matémosle y echémosle en una cisterna, y diremos: Alguna mala bestia le devoró; y veremos qué será de sus sueños.

21 Y cuando [a]Rubén oyó esto, lo libró de sus manos y dijo: No lo matemos.

22 Y les dijo Rubén: No

3 *b* Alma 46:23–24.
c En la Septuaginta, la palabra indica muchos colores, pero el término hebreo simplemente indicaría una túnica larga con mangas.
5 *a* GEE Sueños.
7 *a* Gén. 42:6, 9; 43:26–28; 44:14.
10 *a* TJS Gén. 48:5–11 (Apéndice). Gén. 50:18.
11 *a* GEE Envidia.
18 *a* GEE Asesinato.
19 *a* HEB maestro de los sueños.
21 *a* Gén. 42:22.

derraméis sangre; echadlo en esta cisterna que está en el desierto y no pongáis mano sobre él, para librarlo *así* de sus manos, para hacerlo volver a su padre.

23 Y sucedió que cuando llegó José a sus hermanos, ellos despojaron a José de su túnica, la túnica de colores que llevaba puesta,

24 y le tomaron y le echaron en la cisterna; mas la cisterna estaba vacía; no había en ella agua.

25 Y se sentaron a comer pan; y alzando los ojos miraron, y he aquí una compañía de ismaelitas que venía de Galaad, y sus camellos traían aromas, y bálsamo y mirra, y descendían para llevarlos a Egipto.

26 Entonces Judá dijo a sus hermanos: ¿Qué provecho hay en que matemos a nuestro hermano y encubramos su muerte?

27 Venid, y vendámosle a los ismaelitas, y no sea nuestra mano sobre él, porque es nuestro hermano y nuestra carne. Y sus hermanos [a]estuvieron de acuerdo con él.

28 Y cuando pasaban los mercaderes madianitas, sacaron ellos a José de la cisterna, y le trajeron arriba y le vendieron a los [a]ismaelitas por veinte piezas de plata. Y éstos llevaron a José a Egipto.

29 Y Rubén volvió a la cisterna, y no halló a José dentro y rasgó sus vestidos.

30 Y volvió a sus hermanos y dijo: El joven no aparece; y yo, ¿adónde iré yo?

31 Entonces tomaron ellos la túnica de José, y degollaron un cabrito de las cabras y tiñeron la túnica con la sangre;

32 y enviaron la túnica de colores y la trajeron a su padre, y dijeron: Esto hemos hallado; reconoce ahora si es o no la túnica de tu hijo.

33 Y él la reconoció y dijo: La túnica de mi hijo es; alguna mala bestia le devoró; José ha sido despedazado.

34 Entonces Jacob rasgó sus vestidos, y puso cilicio sobre sus lomos y estuvo de duelo por su hijo muchos días.

35 Y se levantaron todos sus hijos y todas sus hijas para consolarlo; mas él no quiso recibir consuelo y dijo: Porque yo [a]enlutado descenderé hasta mi hijo al [b]Seol. Y lo lloró su padre.

36 Y los madianitas lo [a]vendieron en Egipto a Potifar, oficial de Faraón, capitán de los de la guardia.

CAPÍTULO 38

Judá tiene tres hijos con una mujer cananea — Jehová les quita la vida a Er y a Onán — Tamar, disfrazada de ramera, da a luz gemelos de Judá.

Y ACONTECIÓ en aquel tiempo que Judá descendió de donde estaban sus hermanos y se fue a

27 *a* HEB le oyeron a él.
28 *a* GEE Ismael, hijo de Abraham.
35 *a* Gén. 42:38.
b HEB mundo o morada de los muertos, sepulcro, infierno.
36 *a* 1 Ne. 5:14; 2 Ne. 3:4.

casa de un varón adulamita que se llamaba Hira.

2 Y vio allí Judá a la [a]hija de un hombre cananeo, el cual se llamaba Súa; y la tomó y se llegó a ella.

3 Y ella concibió y dio a luz un hijo, y llamó su nombre Er.

4 Y concibió otra vez y dio a luz un hijo, y llamó su nombre Onán.

5 Y volvió a concebir y dio a luz un hijo, y llamó su nombre Sela. Y estaba en Quezib cuando lo dio a luz.

6 Y Judá tomó esposa para su primogénito Er, la cual se llamaba Tamar.

7 Y Er, el primogénito de Judá, fue malo ante los ojos de Jehová, y le quitó Jehová la vida.

8 Entonces Judá dijo a Onán: Llégate a la [a]esposa de tu hermano, y despósate con ella y levanta descendencia a tu hermano.

9 Y sabiendo Onán que la descendencia no había de ser suya, sucedía que cuando se llegaba a la esposa de su hermano vertía en tierra, para no dar descendencia a su hermano.

10 Y desagradó a los ojos de Jehová lo que hacía, y a él también le quitó la vida.

11 Y Judá dijo a su nuera Tamar: Quédate viuda en casa de tu padre hasta que crezca mi hijo Sela, porque dijo: No sea que muera él también como sus hermanos. Y se fue Tamar y estuvo en casa de su padre.

12 Y pasaron muchos días y murió la hija de Súa, esposa de Judá; y Judá se consoló, y subía a los trasquiladores de sus ovejas a Timnat, él y su amigo Hira, el adulamita.

13 Y fue dado aviso a Tamar, diciendo: He aquí tu suegro sube a Timnat a trasquilar sus ovejas.

14 Entonces se quitó ella los vestidos de su viudez, y se cubrió con un velo, y se arrebozó y se puso a la entrada de Enaim que está junto al camino de Timnat, porque veía que había crecido Sela, y ella no era dada a él por esposa.

15 Y la vio Judá y la tuvo por ramera, porque ella había cubierto su rostro.

16 Y se apartó del camino hacia ella y le dijo:, Déjame ahora estar contigo, porque no sabía que era su nuera; y ella dijo: ¿Qué me darás si te llegas a mí?

17 Él respondió: Yo te enviaré del ganado un cabrito de las cabras. Y ella dijo: Dame una prenda hasta que lo envíes.

18 Entonces él dijo: ¿Qué prenda te daré? Ella respondió: Tu anillo, y tu cordón y tu báculo que tienes en tu mano. Y él se los dio y se llegó a ella, y ella concibió de él.

19 Y se levantó, y se fue; y se quitó el velo de sobre sí y se vistió nuevamente las ropas de su viudez.

20 Y Judá envió el cabrito de las cabras por medio de su amigo, el adulamita, para que recuperase

38 2 *a* GEE Matrimonio—El matrimonio entre personas de distintas religiones.

8 *a* Deut. 25:5–10; GEE Viuda.

la prenda de manos de la mujer; mas no la halló.
21 Y preguntó a los hombres de aquel lugar, diciendo: ¿Dónde está la ramera de Enaim junto al camino? Y ellos le dijeron: No ha estado aquí ramera alguna.
22 Entonces él se volvió a Judá y dijo: No la he hallado; y también los hombres del lugar dijeron: Aquí no ha estado ramera.
23 Y Judá dijo: Tómeselo para sí, para que no seamos menospreciados; he aquí yo he enviado este cabrito, y tú no la hallaste.
24 Y acaeció que al cabo de unos tres meses fue dado aviso a Judá, diciendo: Tamar, tu nuera, ha fornicado y ciertamente está encinta a causa de las fornicaciones. Y Judá dijo: Sacadla, y sea [a]quemada.
25 Y ella, cuando la sacaban, envió a decir a su suegro: Del hombre de quien son estas cosas estoy encinta; y dijo más: Mira ahora de quién son estas cosas: el anillo, y el cordón y el báculo.
26 Entonces Judá los reconoció y dijo: Más justa es ella que yo, por cuanto no la he dado a Sela, mi hijo. Y nunca más la conoció.
27 Y aconteció que al tiempo de dar a luz, he aquí había mellizos en su vientre.
28 Y sucedió, cuando daba a luz, que uno de ellos sacó la mano, y la partera tomó su mano y le ató un hilo de grana, diciendo: Éste salió primero.
29 Pero volviendo él a meter la mano, he aquí su hermano salió; y ella dijo: ¡Que brecha te has abierto! Y llamó su nombre [a]Fares.
30 Y después salió su hermano, el que tenía en su mano el hilo de grana, y llamó su nombre [a]Zara.

CAPÍTULO 39

José, prosperado por Jehová, llega a ser mayordomo de la casa de Potifar — José se resiste a las insinuaciones de la esposa de Potifar; es acusado falsamente y echado en la cárcel — El jefe de la cárcel pone los asuntos de la prisión en manos de José.

Y LLEVADO José a Egipto, Potifar, oficial de Faraón, capitán de los de la guardia, varón egipcio, lo compró de manos de los ismaelitas que lo habían llevado allá.
2 Mas Jehová estaba con [a]José, y fue varón próspero; y estaba en la casa de su amo, el egipcio.
3 Y vio su amo que Jehová estaba con él y que todo lo que él hacía, Jehová lo hacía [a]prosperar en su mano.
4 Así halló José gracia ante sus ojos y le servía; y él le hizo mayordomo de su casa y entregó en su poder todo lo que tenía.
5 Y aconteció que, desde cuando le dio el encargo de su casa y de todo lo que tenía, Jehová bendijo la casa del egipcio [a]a causa de José; y la bendición de Jehová estaba sobre todo lo que tenía, así en la casa como en el campo.

24 *a* Lev. 21:9.
29 *a* Rut 4:18–22; Lucas 3:23–38.
30 *a* Gén. 46:12; Neh. 11:24.
39 2 *a* 2 Ne. 3:4–7; 4:1–2.
3 *a* Sal. 1:2–3; Mos. 2:41.
5 *a* Gén. 30:27.

6 Y dejó todo lo que tenía en manos de José, y con él no se preocupaba de nada más que del pan que comía. Y era José de hermoso semblante y bella presencia.

7 Y aconteció después de esto, que la esposa de su amo [a]puso sus ojos en José y le dijo: Acuéstate conmigo.

8 Y él [a]no quiso y dijo a la esposa de su amo: He aquí que mi amo no se preocupa conmigo de lo que hay en la casa, y ha [b]puesto en mis manos todo lo que tiene.

9 No hay otro mayor que yo en esta casa, y ninguna cosa me ha reservado sino a ti, por cuanto tú eres su esposa; ¿cómo, pues, haría yo este [a]gran mal y pecaría contra Dios?

10 Y sucedió que hablaba ella a José cada día, y él no la escuchaba para acostarse al lado de ella, para estar con ella.

11 Aconteció que entró él un día en la casa para hacer su oficio, y no había nadie de los de casa allí.

12 Y ella lo asió de la ropa, diciendo: Acuéstate conmigo. Entonces él dejó su ropa en las manos de ella, y [a]huyó y salió afuera.

13 Y acaeció que cuando vio ella que le había dejado su ropa en sus manos y había huido afuera,

14 llamó a los de casa, y les habló diciendo: Mirad, nos ha traído un hebreo para que hiciese burla de nosotros. Vino él a mí para dormir conmigo, y yo di grandes voces.

15 Y viendo que yo alzaba la voz y gritaba, dejó junto a mí su ropa, y huyó y salió afuera.

16 Y ella puso junto a sí la ropa de él hasta que vino su señor a su casa.

17 Entonces le habló ella las mismas palabras, diciendo: El siervo hebreo que nos trajiste vino a mí para deshonrarme;

18 y sucedió que cuando yo alcé mi voz y grité, él dejó su ropa junto a mí y huyó afuera.

19 Y sucedió que cuando oyó su señor las palabras que su esposa [a]le hablaba, diciendo: Así me ha tratado tu siervo, se encendió su furor.

20 Y tomó su amo a José y le puso en [a]la cárcel, donde estaban los presos del rey, y estuvo allí en la cárcel.

21 Mas Jehová estaba con José y le extendió su misericordia, y le dio gracia ante los ojos del jefe de la cárcel.

22 Y el jefe de la cárcel entregó en manos de José a todos los presos que había en aquella prisión; todo lo que se hacía allí, él lo [a]hacía.

23 No atendía el jefe de la cárcel cosa alguna de las que estaban en manos de José, porque Jehová estaba con él, y lo que él hacía, Jehová lo [a]prosperaba.

7 *a* GEE Concupiscencia; Sensual, sensualidad.
8 *a* GEE Virtud.
b GEE Integridad; Confianza, confiar.
9 *a* GEE Adulterio; Fornicación.
12 *a* GEE Castidad.
19 *a* GEE Mentiras.
20 *a* Sal. 105:17–19.
22 *a* TJS Gén. 39:22 …*dirigía.*
23 *a* GEE Bendecido, bendecir, bendición.

CAPÍTULO 40

José interpreta tanto el sueño del jefe de los coperos como el del jefe de los panaderos de Faraón — El copero se olvida de hablar acerca de José a Faraón.

Y ACONTECIÓ después de estas cosas que el copero del rey de Egipto y el panadero delinquieron contra su señor, el rey de Egipto.
2 Y se enojó Faraón contra sus dos oficiales, contra el jefe de los coperos y contra el jefe de los panaderos.
3 Y los puso en prisión en la casa del capitán de la guardia, en la cárcel donde José estaba preso.
4 Y el capitán de la guardia se los encargó a José, y él les servía; y estuvieron días en la prisión.
5 Y ambos, el copero y el panadero del rey de Egipto, que estaban arrestados en la prisión, soñaron un sueño, cada uno su propio sueño en una misma noche, cada sueño con su propia interpretación.
6 Y vino a ellos José por la mañana y los miró, y he aquí, vio que estaban tristes.
7 Y él preguntó a aquellos oficiales de Faraón que estaban con él en la prisión de la casa de su señor, diciendo: ¿Por qué hoy están decaídos vuestros semblantes?
8 Y ellos le dijeron: Hemos soñado un [a]sueño, y no hay quien lo interprete. Entonces les dijo José: ¿No son de Dios las [b]interpretaciones? Contádmelo ahora.
9 Entonces el jefe de los coperos contó su sueño a José y le dijo: Yo soñé que veía una vid delante de mí,
10 y en la vid, tres sarmientos; y ella como que brotaba y arrojaba su flor, viniendo a madurar sus racimos de uvas.
11 Y que la copa de Faraón estaba en mi mano, y tomaba yo las uvas, y las exprimía en la copa de Faraón y ponía yo la copa en la mano de Faraón.
12 Y le dijo José: Ésta es su interpretación: Los tres sarmientos son tres días.
13 Al cabo de tres días Faraón levantará tu cabeza, y te restituirá a tu puesto y darás la copa a Faraón en su mano, como solías hacerlo cuando eras su copero.
14 Acuérdate, pues, de mí cuando tengas ese bien, y te ruego que uses conmigo de misericordia, y hagas mención de mí a Faraón y me saques de esta casa.
15 Porque he sido hurtado de la tierra de los hebreos; y nada he hecho aquí para que me pusiesen en la cárcel.
16 Y viendo el jefe de los panaderos que había interpretado para bien, dijo a José: También yo soñé que veía tres canastillos blancos sobre mi cabeza;
17 y en el canastillo más alto había toda clase de manjares de panadería para Faraón, y las aves los comían del canastillo de sobre mi cabeza.
18 Entonces respondió José y

40 8 *a* GEE Sueños. *b* 2 Pe. 1:20–21; 1 Ne. 11:10–11.

dijo: Ésta es su interpretación: Los tres canastillos tres días son.

19 Al cabo de tres días, quitará Faraón tu cabeza de sobre ti, y te hará colgar en la horca y las aves comerán tu carne de sobre ti.

20 Y aconteció que al tercer día, que era el día del cumpleaños de Faraón, éste hizo banquete a todos sus sirvientes; y alzó la cabeza del jefe de los coperos y la cabeza del jefe de los panaderos en medio de sus servidores.

21 E hizo volver a su oficio al jefe de los coperos, y puso él la copa en la mano de Faraón.

22 Mas hizo ahorcar al jefe de los panaderos, tal como les había interpretado José.

23 Y el jefe de los coperos no se acordó de José, sino que le olvidó.

CAPÍTULO 41

Faraón sueña con las vacas y con las espigas — José interpreta los sueños como siete años de abundancia y siete de hambruna — José propone un programa de almacenamiento de grano — Faraón lo hace gobernador de todo Egipto — José se casa con Asenat — José recoge grano como la arena del mar — Asenat da a luz a Manasés y a Efraín — José vende grano a los egipcios y a otras personas durante la hambruna.

Y ACONTECIÓ que pasados dos años tuvo Faraón un [a]sueño: Le parecía que estaba junto al río,

2 y que del río subían siete vacas hermosas a la vista y muy gordas, y que pacían en el prado.

3 Y que tras ellas subían del río otras siete vacas de feo aspecto y enjutas de carne, y se pararon cerca de las vacas hermosas a la orilla del río;

4 y las vacas de feo aspecto y enjutas de carne devoraban a las siete vacas hermosas y muy gordas. Y despertó Faraón.

5 Se durmió de nuevo y soñó la segunda vez: Y he aquí que siete espigas llenas y hermosas crecían de una sola caña;

6 y he aquí, otras siete espigas menudas y abatidas por el viento [a]solano salían después de ellas;

7 y las siete espigas menudas devoraban a las siete espigas gruesas y llenas. Y despertó Faraón, y he aquí que era un sueño.

8 Y acaeció que a la mañana estaba agitado su espíritu, y envió e hizo llamar a todos los magos de Egipto y a todos sus sabios; y les contó Faraón sus sueños, mas no hubo quien se los pudiese interpretar a Faraón.

9 Entonces el jefe de los coperos habló a Faraón, diciendo: Me acuerdo hoy de mis faltas.

10 Cuando Faraón se enojó contra sus siervos, a mí me echó a la prisión del capitán de la guardia, a mí y al jefe de los panaderos.

11 Y él y yo soñamos un sueño en la misma noche; cada uno un sueño, y cada sueño con su propia interpretación.

12 Y estaba allí con nosotros un joven hebreo, siervo del capitán de los de la guardia; y se

41 1 *a* GEE Sueños. 6 *a* *O sea,* el viento del oriente.

los contamos, y él nos interpretó nuestros sueños y declaró a cada uno conforme a su sueño.

13 Y aconteció que como él nos los interpretó, así fue. A mí se me hizo volver a mi puesto, y el otro fue colgado.

14 Entonces [a]Faraón envió y llamó a José; y le hicieron salir de prisa de la cárcel, y se afeitó, y se mudó sus vestidos y fue a Faraón.

15 Y dijo Faraón a José: Yo he soñado un sueño, y no hay quien lo interprete; mas he oído decir de ti que oyes sueños y los interpretas.

16 Y respondió José a Faraón, diciendo: No está en mí; [a]Dios será quien responda [b]paz a Faraón.

17 Entonces Faraón dijo a José: En mi sueño me parecía que estaba a la orilla del río,

18 y que del río subían siete vacas de gruesas carnes y hermosa apariencia, que pacían en el prado.

19 Y que otras siete vacas subían después de ellas, flacas y de muy feo aspecto; tan extenuadas, que no he visto otras semejantes en fealdad en toda la tierra de Egipto.

20 Y las vacas flacas y feas devoraron a las siete primeras vacas gordas;

21 y entraban éstas en sus entrañas, mas no se notaba que hubiesen entrado en ellas, porque su apariencia era tan mala como al comienzo. Y yo desperté.

22 Vi también en mi sueño que siete espigas crecían en una misma caña, llenas y hermosas;

23 y que otras siete espigas menudas, marchitas, abatidas por el viento [a]solano, crecían después de ellas;

24 y las espigas menudas devoraban a las siete espigas hermosas; y se lo he dicho a los magos, mas no hay quien me lo interprete.

25 Entonces respondió José a Faraón: El sueño de Faraón es uno mismo; Dios [a]ha mostrado a Faraón lo que va a hacer.

26 Las siete vacas hermosas siete años son; y las espigas hermosas son siete años; el sueño es uno mismo.

27 También las siete vacas flacas y feas que subían tras ellas son siete años; y las siete espigas menudas y marchitas por el viento solano siete años serán de hambre.

28 Esto es lo que respondo a Faraón. Lo que Dios va a hacer, lo ha mostrado a Faraón.

29 He aquí vienen siete años de gran abundancia en toda la tierra de Egipto.

30 Y seguirán tras ellos siete años de hambre; y toda la abundancia será olvidada en la tierra de Egipto, y el hambre consumirá la tierra.

31 Y aquella abundancia no se echará de ver a causa del hambre siguiente, la cual será gravísima.

32 Y el suceder el sueño a Faraón dos veces significa que la

14 *a* Sal. 105:20; DyC 105:27.
16 *a* Dan. 2:30; Alma 26:35.
b DyC 6:23. GEE Paz.
23 *a* Oseas 13:15–16; Mos. 7:31.
25 *a* GEE Sueños.

cosa es firme de parte de Dios, y que Dios se apresura a hacerla.

33 Por tanto, provéase ahora Faraón de un hombre prudente y sabio, y póngalo a cargo de la tierra de Egipto.

34 Haga *esto* Faraón, y ponga gobernadores sobre el país y [a]quinte la tierra de Egipto en los siete años de la abundancia.

35 Y junten toda la provisión de estos buenos años que vienen, y almacenen el trigo bajo la mano de Faraón para mantenimiento de las ciudades, y guárdenlo.

36 Y esté aquella provisión en [a]depósito para el país, para los siete años de hambre que habrá en la tierra de Egipto; y el país no perecerá de hambre.

37 Y el asunto pareció bien a Faraón y a sus siervos.

38 Y dijo Faraón a sus siervos: ¿Hallaremos a otro hombre como éste, en quien esté el [a]espíritu de Dios?

39 Y dijo Faraón a José: Puesto que Dios [a]te ha hecho saber todo esto, no hay entendido ni [b]sabio como tú.

40 Tú estarás a [a]cargo de mi casa y por tu palabra se gobernará todo mi pueblo; solamente en el trono seré yo mayor que tú.

41 Dijo además Faraón a José: He aquí yo te he puesto a cargo de toda la tierra de Egipto.

42 Entonces Faraón se quitó el [a]anillo de su mano y lo puso en la mano de José, y [b]le hizo vestir de [c]ropas de lino finísimo y puso un collar de oro en su cuello.

43 Y lo hizo subir en su segundo carro, y pregonaban delante de él: ¡Doblad la rodilla! Y le [a]puso sobre toda la tierra de Egipto.

44 Y dijo Faraón a José: Yo soy Faraón, y sin ti ninguno alzará su mano ni su pie en toda la tierra de Egipto.

45 Y llamó Faraón el nombre de José, Zafnat-panea; y le dio [a]por esposa a Asenat, hija de Potifera, sacerdote de On. Y salió José por toda la tierra de Egipto.

46 Y era [a]José de edad de treinta años cuando fue presentado delante de Faraón, rey de Egipto, y salió José de delante de Faraón y recorrió toda la tierra de Egipto.

47 Y produjo la tierra a montones en aquellos siete años de abundancia.

48 Y él juntó todo el alimento de esos siete años que hubo en la tierra de Egipto y guardó alimento en las ciudades, poniendo en cada ciudad el alimento del campo de sus alrededores.

49 Y almacenó José trigo como arena del mar, mucho en extremo, hasta no poderse contar, porque no tenía número.

50 Y nacieron a José dos hijos antes que viniese el *primer* año del hambre, los cuales le dio a

34 *a* *O sea,* y guarde la quinta parte de la abundancia de la tierra.
36 *a* 3 Ne. 4:18. GEE Bienestar.
38 *a* Alma 18:16. GEE Dones del Espíritu; Espíritu Santo.
39 *a* GEE Revelación.
b Alma 48:11–17. GEE Sabiduría.
40 *a* Sal. 105:21; Dan. 2:48.
42 *a* Ester 8:2, 8, 10.
b Dan. 5:29.
c Ester 8:15.
43 *a* Gén. 45:8.
45 *a* Gén. 46:19–20.
46 *a* Gén. 37:2; 50:26.

luz Asenat, hija de Potifera, sacerdote de On.

51 Y llamó José el nombre del primogénito [a]Manasés, porque *dijo*: Dios me hizo olvidar todo mi trabajo y a toda la casa de mi padre.

52 Y el nombre del segundo lo llamó [a]Efraín, porque *dijo*: Dios me hizo [b]fructificar en la tierra de mi aflicción.

53 Y se cumplieron los siete años de abundancia que hubo en la tierra de Egipto.

54 Y comenzaron a venir los siete años de [a]hambre, como José había dicho; y hubo hambre en todos los países, mas en toda la tierra de Egipto había pan.

55 Y cuando se sintió el hambre en toda la tierra de Egipto, el pueblo clamó a Faraón por pan. Y dijo Faraón a todos los egipcios: Id a José y haced lo que él os diga.

56 Y el hambre estaba por toda la faz de la tierra. Entonces abrió José todos los graneros y [a]vendía a los egipcios, porque había crecido el hambre en la tierra de Egipto.

57 Y toda la tierra venía a Egipto para comprar a José, porque por toda la tierra había crecido el hambre.

CAPÍTULO 42

Jacob envía a sus hijos a Egipto a comprar grano — Ellos se inclinan ante José — José hace acusaciones ásperas en contra de ellos, encarcela a Simeón y manda de regreso a los otros hermanos a buscar a Benjamín.

Y VIENDO Jacob que en Egipto había [a]alimento, dijo a sus hijos: ¿Por qué os estáis mirando?

2 Y dijo: He aquí, yo he oído que hay víveres en Egipto; descended allá y comprad de allí para nosotros, para que vivamos y no muramos.

3 Y descendieron diez hermanos de José a comprar trigo a Egipto.

4 Mas Jacob no envió a [a]Benjamín, hermano de José, con sus hermanos, porque dijo: No sea que le acontezca algún desastre.

5 Y fueron los hijos de Israel entre los que iban a comprar, porque había hambre en la tierra de Canaán.

6 Y José era el señor de la tierra, que le vendía a todo el pueblo de la tierra; y llegaron los hermanos de José y [a]se inclinaron ante él, rostro en tierra.

7 Y cuando José vio a sus hermanos, los reconoció; mas hizo como que no los conocía, y les habló ásperamente y les dijo: ¿De dónde habéis venido? Ellos respondieron: De la tierra de Canaán para comprar alimentos.

8 José, pues, reconoció a sus hermanos, pero ellos no le reconocieron.

51 *a* Josué 17:1–5; Alma 10:3. GEE Manasés.
52 *a* DyC 113:3–6; 133:30–34. GEE Efraín.
b Gén. 28:3.
54 *a* GEE Adversidad.
56 *a* Gén. 47:14.
42 1 *a* Hech. 7:11–12.
4 *a* Gén. 35:18.
6 *a* Gén. 37:7, 9–10.

9 Entonces se acordó José de los [a]sueños que había soñado acerca de ellos y les dijo: Espías sois; para ver lo descubierto del país habéis venido.

10 Y ellos le respondieron: No, señor mío, sino que tus siervos han venido a comprar alimentos.

11 Todos nosotros somos hijos de un mismo hombre, y somos hombres honrados; tus siervos no somos espías.

12 Y él les dijo: No; para ver lo descubierto del país habéis venido.

13 Y ellos respondieron: Tus siervos somos doce hermanos, hijos de un hombre de la tierra de Canaán; y he aquí el menor está hoy con nuestro padre, y [a]otro ya no existe.

14 Y José les dijo: Eso es lo que os he dicho, afirmando que sois espías.

15 En esto seréis probados: Vive Faraón que no saldréis de aquí sino cuando venga vuestro hermano menor aquí.

16 Enviad a uno de vosotros y traiga él a vuestro hermano; y vosotros quedad presos, y vuestras palabras serán probadas, si hay verdad en vosotros; y si no, vive Faraón, que sois espías.

17 Y los puso juntos en la cárcel por tres días.

18 Y al tercer día les dijo José: Haced esto y vivid: Yo [a]temo a Dios.

19 Si sois hombres honrados, quede preso en la casa de vuestra cárcel uno de vuestros hermanos; y vosotros id, llevad el alimento para el hambre de vuestra casa.

20 Pero habéis de traerme a vuestro hermano menor, y serán verificadas vuestras palabras y no moriréis. Y ellos lo hicieron así.

21 Y decían el uno al otro: Verdaderamente [a]hemos pecado contra nuestro hermano, porque vimos la angustia de su alma cuando nos rogaba, y no le escuchamos; por eso ha venido sobre nosotros esta angustia.

22 Entonces [a]Rubén les respondió, diciendo: ¿No os hablé yo y dije: No pequéis contra el joven, y no escuchasteis? He aquí, también se nos demanda su [b]sangre.

23 Y ellos no sabían que los entendía José, porque había intérprete entre ellos.

24 Y se apartó José de ellos y [a]lloró; después volvió a ellos, y les habló, y tomó de entre ellos a Simeón y le ató a la vista de ellos.

25 Y mandó José que llenaran sus sacos de trigo y que devolviesen el dinero a cada uno de ellos, poniéndolo en su saco, y que les diesen comida para el camino; y se hizo así con ellos.

26 Y ellos pusieron su trigo sobre sus asnos y se fueron de allí.

27 Y al abrir uno de ellos su saco para dar de comer a su asno en el mesón, vio su dinero que estaba en la boca de su costal.

28 Y dijo a sus hermanos: Mi dinero se me ha devuelto, y he aquí

9 *a* GEE Sueños.
13 *a* Gén. 37:28–30.
18 *a* GEE Reverencia.
21 *a* GEE Culpa.
22 *a* Gén. 37:21–22; 42:36–37.
b GEE Justicia.
24 *a* Gén. 43:30.

está en mi saco. Se les sobresaltó
entonces el corazón, y espantados
se dijeron el uno al otro: ¿Qué es
esto que nos ha hecho Dios?
29 Y cuando llegaron a Jacob,
su padre, en la tierra de Canaán,
le contaron todo lo que les había
acaecido, diciendo:
30 Aquel hombre, el señor de
aquella tierra, nos habló ásperamente y nos trató como a espías
de la tierra.
31 Y nosotros le dijimos: Somos hombres honrados; no somos espías.
32 Somos doce hermanos, hijos de nuestro padre; uno ya no
existe, y el menor está hoy con
nuestro padre en la tierra de
Canaán.
33 Y aquel hombre, el señor de
aquella tierra, nos dijo: En esto
conoceré que sois hombres honrados: Dejad conmigo a uno de
vuestros hermanos, y tomad para
el hambre de vuestras casas y
andad.
34 Y traedme a vuestro hermano
menor, para que yo sepa que no
sois espías, sino hombres honrados; *así* os daré a vuestro hermano, y podréis comerciar en
la tierra.
35 Y aconteció que al vaciar ellos
sus sacos, he aquí que en el saco
de cada uno estaba el atado de
su dinero; y viendo ellos y su
padre los atados de su dinero,
tuvieron temor.
36 Entonces su padre Jacob les
dijo: Me habéis privado de mis
hijos; José ya no existe, y Simeón
no está más, y a [a]Benjamín le llevaréis; contra mí son todas estas
cosas.
37 Y Rubén habló a su padre,
diciendo: Harás morir a mis dos
hijos si no te lo devolviere; en-
trégalo en mi mano, que yo te lo
devolveré.
38 Y él dijo: No descenderá mi
hijo con vosotros, pues su hermano ha muerto, y sólo él ha
quedado; y si le aconteciere *algún*
desastre en el camino por donde
vais, haréis descender mis canas
con dolor al [a]Seol.

CAPÍTULO 43

Persuaden a Jacob a que envíe a Benjamín a Egipto — Los hermanos de José le muestran respeto — Todos ellos comen y beben juntos.

Y EL hambre era grande en la
tierra.
2 Y aconteció que cuando acabaron de comer el trigo que trajeron de Egipto, les dijo su padre:
Volved *y* comprad para nosotros
un poco de alimento.
3 Y respondió Judá, diciendo:
Aquel hombre nos protestó con
ánimo resuelto, diciendo: No veréis mi rostro si no traéis a vuestro hermano con vosotros.
4 Si envías a nuestro hermano
con nosotros, descenderemos y
te compraremos alimento;
5 pero si no le envías, no descenderemos, porque aquel hombre nos dijo: No veréis mi rostro

36 *a* Gén. 44:29.
38 *a* HEB mundo o morada de los muertos, sepulcro, infierno.

si no está vuestro hermano con vosotros.

6 Y dijo Israel: ¿Por qué me hicisteis tanto mal, declarando al hombre que teníais otro hermano?

7 Y ellos respondieron: Aquel hombre nos preguntó expresamente por nosotros y por nuestra parentela, diciendo: ¿Vive aún vuestro padre? ¿Tenéis otro hermano? Y le declaramos conforme a estas palabras. ¿Acaso podíamos nosotros saber que diría: Haced venir a vuestro hermano?

8 Entonces Judá dijo a su padre Israel: Envía al joven conmigo, y nos levantaremos e iremos, a fin de que vivamos y no muramos nosotros, ni tú ni nuestros niños.

9 Yo seré su fiador; a mí me pedirás cuenta de él. Si yo no te lo vuelvo a traer y lo pongo delante de ti, seré para ti el culpable todos los días.

10 Pues si no nos hubiéramos demorado, ciertamente ahora hubiéramos ya vuelto dos veces.

11 Entonces Israel, su padre, les respondió: Pues que así es, hacedlo; tomad de lo mejor de la tierra en vuestros sacos, y llevad a aquel hombre un presente, un poco de bálsamo, y un poco de miel, aromas y mirra, nueces y almendras.

12 Y tomad en vuestras manos el doble del dinero, y llevad en vuestras manos el [a]dinero devuelto en la boca de vuestros costales; quizá fue un error.

13 Tomad también a vuestro hermano, y levantaos y volved a aquel hombre.

14 Y el Dios Omnipotente os dé misericordia delante de aquel hombre, y os suelte al otro hermano vuestro y a Benjamín. Y si he de ser privado de mis hijos, que así sea.

15 Entonces tomaron aquellos hombres el presente, y tomaron en sus manos el doble del dinero y a Benjamín; y se levantaron, y descendieron a Egipto y se presentaron delante de José.

16 Y vio José a Benjamín con ellos y dijo al mayordomo de su casa: Lleva a casa a esos hombres, y degüella un animal y prepáralo, porque estos hombres comerán conmigo al mediodía.

17 E hizo el hombre como José dijo, y aquel hombre llevó a los hombres a casa de José.

18 Y aquellos hombres tuvieron temor cuando fueron llevados a casa de José, y decían: Por el dinero que fue devuelto en nuestros costales la primera vez nos han traído *aquí,* para buscar ocasión contra nosotros, y caer sobre nosotros y tomarnos por esclavos a nosotros y a nuestros asnos.

19 Y se acercaron al mayordomo de la casa de José y le hablaron a la entrada de la casa.

20 Y dijeron: Ay, señor mío, nosotros en realidad de verdad descendimos al principio a comprar alimentos.

21 Y aconteció que cuando llegamos al mesón y abrimos nuestros costales, he aquí el dinero de cada uno estaba en la boca de su

43 12 *a* Gén. 42:25.

costal, nuestro dinero en su justo
peso; y lo hemos vuelto a traer en
nuestras manos.
22 También hemos traído en
nuestras manos otro dinero para
comprar alimentos; nosotros no
sabemos quién haya puesto nuestro dinero en nuestros costales.
23 Y él respondió: Paz a vosotros, no temáis; vuestro Dios y
el Dios de vuestro padre os dio
el tesoro en vuestros costales; yo
recibí vuestro dinero. Y sacó a
Simeón a ellos.
24 Y llevó aquel hombre a aquellos hombres a casa de José; y les
dio agua, y [a]lavaron sus pies, y
dio de comer a sus asnos.
25 Y ellos prepararon el presente
entretanto que venía José a mediodía, porque habían oído que
allí comerían pan.
26 Y vino José a casa, y ellos
le llevaron el presente que tenían en su mano dentro de la
casa y [a]se inclinaron ante él hasta
la tierra.
27 Entonces les preguntó él
cómo estaban y dijo: ¿Vuestro
padre, el anciano que dijisteis, lo
pasa bien? ¿Vive todavía?
28 Y ellos respondieron: Está
bien tu siervo, nuestro padre; aún
vive. Y se inclinaron e hicieron
reverencia.
29 Y alzando José sus ojos, vio
a su hermano Benjamín, hijo de
su madre, y dijo: ¿Es éste vuestro hermano menor, de quien me
hablasteis? Y dijo: Dios tenga misericordia de ti, hijo mío.
30 Entonces José se apresuró,
porque [a]se conmovieron sus entrañas a causa de su hermano, y
buscó dónde llorar; y entró en su
cámara y lloró allí.
31 Y lavó su rostro, y salió fuera,
y se contuvo y dijo: Poned pan.
32 Y pusieron para él aparte,
y separadamente para ellos, y
aparte para los egipcios que con
él comían, porque los egipcios
no pueden comer pan con los
hebreos, lo cual es [a]abominación
para los egipcios.
33 Y se sentaron delante de él,
el mayor conforme a su [a]primo-
genitura, y el menor conforme a
su menor edad; y estaban aquellos hombres atónitos *mirándose*
el uno al otro.
34 Y él tomó viandas de delante
de sí para ellos, mas [a]la porción
de Benjamín era cinco veces
mayor que la de cualquiera de
ellos. Y bebieron y se alegraron
con él.

CAPÍTULO 44

José dispone las cosas para detener el regreso de sus hermanos a Canaán — Judá se ofrece para tomar el lugar de Benjamín por causa de su padre.

Y MANDÓ José al mayordomo de
su casa, diciendo: Llena de alimento los costales de estos hombres, cuanto puedan llevar, y pon
el dinero de cada uno en la boca
de su costal.
2 Y pondrás mi copa, la copa

24 *a* Gén. 24:32.
26 *a* Gén. 37:7–10.
30 *a* GEE Amor.
32 *a* Gén. 46:34.
33 *a* GEE Primogenitura; Primogénito.
34 *a* Gén. 45:22.

de plata, en la boca del costal del menor, con el dinero de su trigo. Y él hizo como dijo José.

3 Venida la mañana, los hombres fueron despedidos con sus asnos.

4 Habiendo ellos salido de la ciudad, *de la* que aún no se habían alejado, dijo José a su mayordomo: Levántate y sigue a esos hombres; y cuando los alcances, diles: ¿Por qué habéis vuelto mal por bien?

5 ¿No es ésta *la copa* en la que bebe mi señor y por la que suele adivinar? Habéis hecho mal en lo que hicisteis.

6 Y cuando él los alcanzó, les dijo estas palabras.

7 Y ellos le respondieron: ¿Por qué dice mi señor tales cosas? Nunca tal cosa hagan tus siervos.

8 He aquí, el dinero que hallamos en la boca de nuestros costales te lo volvimos a traer desde la tierra de Canaán. ¿Cómo, pues, habíamos de hurtar de casa de tu señor plata u oro?

9 Aquel de tus siervos en quien sea hallada *la copa,* que muera, y aun nosotros seremos esclavos de mi señor.

10 Y él dijo: También ahora sea conforme a vuestras palabras; aquel en quien se halle será mi esclavo, y vosotros seréis sin culpa.

11 Ellos entonces se dieron prisa, y bajando cada uno su costal en tierra, abrió cada cual su costal.

12 Y buscó; desde el mayor comenzó y acabó en el menor; y la copa fue hallada en el costal de Benjamín.

13 Entonces ellos rasgaron sus vestidos, y cargó cada uno su asno y volvieron a la ciudad.

14 Y llegó Judá con sus hermanos a casa de José, que aún estaba allí, y [a]se postraron delante de él en tierra.

15 Y les dijo José: ¿Qué acción es ésta que habéis hecho? ¿No sabéis que un hombre como yo sabe adivinar?

16 Entonces dijo Judá: ¿Qué diremos a mi señor? ¿Qué hablaremos? ¿O con qué nos justificaremos? Dios ha hallado la maldad de tus siervos; he aquí, nosotros somos siervos de mi señor, nosotros, y también aquel en cuyo poder fue hallada la copa.

17 Y él respondió: Nunca haga yo tal cosa. El hombre en cuyo poder fue hallada la copa, él será mi esclavo; vosotros id en paz a vuestro padre.

18 Entonces Judá se acercó a él y le dijo: Ay, señor mío, te ruego que permitas a tu siervo hablar una palabra a oídos de mi señor, y no se encienda tu enojo contra tu siervo, pues tú eres como Faraón.

19 Mi señor preguntó a sus siervos, diciendo: ¿Tenéis padre o hermano?

20 Y nosotros respondimos a mi señor: Tenemos un padre [a]anciano y un hermano joven que le nació en su vejez, pequeño *aún;* y un hermano suyo murió, y sólo él quedó de los hijos de su madre, y su padre lo ama.

44 14 *a* Gén. 43:26–28. 20 *a* Gén. 42:11–13.

21 Y tú dijiste a tus siervos: Traédmelo, y pondré mis ojos sobre él.

22 Y nosotros dijimos a mi señor: El joven no puede dejar a su padre, porque si le deja, su padre morirá.

23 Y dijiste a tus siervos: Si vuestro hermano menor no desciende con vosotros, no veréis más mi rostro.

24 Aconteció, pues, que cuando llegamos a mi padre, tu siervo, le contamos las palabras de mi señor.

25 Y dijo nuestro padre: Volved, compradnos un poco de alimento.

26 Y nosotros respondimos: No podemos ir. Si nuestro hermano menor va con nosotros, iremos, porque no podemos ver el rostro del hombre si no está con nosotros nuestro hermano menor.

27 Entonces tu siervo, mi padre, nos dijo: Vosotros sabéis que dos hijos me dio a luz mi esposa;

28 uno salió de mi lado, y pienso de cierto que fue [a]despedazado, y hasta ahora no le he visto;

29 y si tomáis también a éste de mi lado y le acontece *algún* desastre, haréis descender mis canas con dolor al [a]Seol.

30 Ahora, pues, cuando llegue yo a tu siervo, mi padre, si el joven no está conmigo, como su alma está ligada al alma de él,

31 sucederá que cuando no vea al joven, morirá; y tus siervos harán descender las canas de tu siervo, nuestro padre, con dolor al Seol.

32 Como tu siervo quedó como fiador del joven ante mi padre, diciendo: Si no te lo traigo de vuelta, entonces yo [a]seré culpable ante mi padre todos los días;

33 te ruego, por tanto, que quede ahora tu siervo en lugar del joven por esclavo de mi señor, y que el joven vaya con sus hermanos.

34 Porque, ¿cómo volveré yo a mi padre sin el joven? No podré, por no ver el mal que sobrevendrá a mi padre.

CAPÍTULO 45

José se da a conocer a sus hermanos — Todos ellos se regocijan juntamente — Faraón invita a Jacob y a su familia a morar en Egipto y a comer de la grosura de la tierra.

No podía ya José [a]contenerse delante de todos los que estaban al lado suyo, y clamó: Haced salir de mi presencia a todos. Y no quedó nadie con él al darse a conocer José a sus hermanos.

2 Entonces se dio a llorar a gritos; y oyeron los egipcios, y oyó también la casa de Faraón.

3 Y dijo José a sus hermanos: Yo soy José. ¿Vive aún mi padre? Y sus hermanos no pudieron responderle, porque estaban turbados delante de él.

4 Entonces dijo José a sus hermanos: Acercaos ahora a mí. Y ellos se acercaron. Y él dijo: Yo

28 *a* Gén. 37:33.
29 *a* HEB mundo o morada de los muertos, sepulcro, infierno.
32 *a* Gén. 43:9.
45 1 *a* Gén. 43:30–31.

soy José, vuestro hermano, el que vendisteis para Egipto.

5 Ahora pues, no os [a]entristezcáis ni os pese haberme vendido acá, porque para preservación de vida [b]me envió Dios delante de vosotros.

6 Pues ya ha habido dos años de hambre en medio de la tierra, y aún quedan cinco años en los que no habrá arada ni siega.

7 Y Dios me envió delante de vosotros para [a]preservaros un remanente en la tierra, y para daros vida por medio de una gran liberación.

8 Así, pues, no me enviasteis vosotros acá, sino Dios, que me ha puesto por padre de Faraón, y por señor de toda su casa y por gobernador en toda la tierra de Egipto.

9 Daos prisa, id a mi padre y decidle: Así dice tu hijo José: Dios me ha puesto por señor de todo Egipto; ven a mí; no te detengas.

10 Y habitarás en la tierra de Gosén, y estarás cerca de mí, tú y tus hijos, y los hijos de tus hijos, tus ganados y tus vacas, y todo lo que tienes.

11 Y allí te [a]alimentaré, pues aún quedan cinco años de hambre, para que no perezcas de pobreza tú y tu casa y todo lo que tienes.

12 Y he aquí, vuestros ojos ven, y los ojos de mi hermano Benjamín, que mi boca os habla.

13 Haréis, pues, saber a mi padre toda mi gloria en Egipto y todo lo que habéis visto; y daos prisa y traed a mi [a]padre acá.

14 Y se echó sobre el cuello de su hermano Benjamín y lloró; y también Benjamín lloró sobre su cuello.

15 Y besó a todos sus hermanos y lloró sobre ellos; y después sus hermanos hablaron con él.

16 Y se oyó la noticia en la casa de Faraón, diciendo: Los hermanos de José han venido. Y esto agradó a los ojos de Faraón y a los de sus siervos.

17 Y dijo Faraón a José: Di a tus hermanos: Haced esto: Cargad vuestras bestias e id; volved a la tierra de Canaán;

18 y tomad a vuestro padre y a vuestras familias y venid a mí, porque yo os daré lo bueno de la tierra de Egipto y comeréis de la grosura de la tierra.

19 Y a ti se te manda: Haced esto; tomaos de la tierra de Egipto carros para vuestros niños y vuestras esposas; y tomad a vuestro padre y venid.

20 Y no os preocupéis por vuestras posesiones, porque lo bueno de la tierra de Egipto será vuestro.

21 Y lo hicieron así los hijos de Israel; y les dio José carros conforme a la orden de Faraón y les suministró víveres para el camino.

22 A cada uno de todos ellos le dio mudas de vestidos, y a [a]Benjamín le dio trescientas

5 *a* GEE Perdonar; Misericordia, misericordioso.
b Sal. 105:17–23.
7 *a* Ester 4:14; 2 Ne. 3:16.
11 *a* Gén. 47:12.
13 *a* Sal. 105:23; Hech. 7:14.
22 *a* Gén. 43:34.

piezas de plata y cinco mudas de vestidos.

23 Y a su padre le envió esto: diez asnos cargados de lo mejor de Egipto y diez asnas cargadas de trigo, y pan y comida para su padre en el camino.

24 Y despidió a sus hermanos, y se fueron. Y él les dijo: [a]No riñáis por el camino.

25 Y subieron de Egipto y llegaron a la tierra de Canaán, a su padre Jacob.

26 Y le dieron las nuevas, diciendo: José vive aún; y él es señor en toda la tierra de Egipto. Y su corazón desmayó, pues no les creía.

27 Y ellos le contaron todas las palabras de José que él les había hablado; y viendo Jacob los carros que José enviaba para llevarlo, el espíritu de Jacob, su padre, revivió.

28 Entonces dijo Israel: Basta; José, mi hijo, vive todavía; iré y le veré antes que yo muera.

CAPÍTULO 46

Jehová envía a Jacob y a su familia, compuesta de setenta almas, a Egipto — Se enumeran los descendientes de Jacob — José se reúne con Jacob.

Y PARTIÓ Israel con todo lo que tenía y llegó a [a]Beerseba, y [b]ofreció sacrificios al Dios de su padre Isaac.

2 Y habló Dios a Israel en [a]visiones de noche y le dijo: Jacob, Jacob. Y él respondió: Heme aquí.

3 Y dijo: Yo soy Dios, el Dios de tu padre; no temas descender a Egipto, porque allí [a]haré de ti una gran nación.

4 [a]Yo descenderé contigo a Egipto, y yo también [b]te haré volver; y la mano de José cerrará tus ojos.

5 Y se levantó Jacob de Beerseba; y tomaron los hijos de Israel a su padre Jacob, y a sus niños y a sus esposas en los carros que Faraón había enviado para llevarlo.

6 Y tomaron sus ganados y sus bienes que habían adquirido en la tierra de Canaán, y fueron a [a]Egipto, Jacob y todos sus descendientes consigo:

7 sus hijos y los hijos de sus hijos; sus hijas y las hijas de sus hijos, y a toda su descendencia llevó consigo a Egipto.

8 Y éstos son los [a]nombres de los [b]hijos de Israel que entraron en Egipto, Jacob y sus hijos: Rubén, el primogénito de Jacob.

9 Y los hijos de Rubén: Hanoc, y Falú, y Hezrón y Carmi.

10 Y los hijos de Simeón: Jemuel, y Jamín, y Ohad, y Jaquín, y Zohar y Saúl, hijo de la cananea.

11 Y los hijos de Leví: Gersón, y Coat y Merari.

12 Y los hijos de Judá: Er, y

---

24 *a* GEE Contención, contienda.
46 1 *a* Gén. 21:31, 33; 26:23–25.
b GEE Sacrificios; Acción de gracias, agradecido, agradecimiento.
2 *a* GEE Visión.
3 *a* GEE Israel.
4 *a* Gén. 48:21.
b Éx. 2:23–25.
6 *a* Éter 13:7.
8 *a* GEE Israel—Las doce tribus de Israel.
b 3 Ne. 5:24; Morm. 7:10.

Onán, y Sela, y Fares y Zara; mas Er y Onán murieron en la tierra de Canaán. Y los hijos de Fares fueron Hezrón y Hamul.

13 Y los hijos de Isacar: Tola, y Fúa, y Job y Simrón.

14 Y los hijos de Zabulón: Sered, y Elón y Jahleel.

15 Éstos fueron los hijos de Lea, los que dio a luz a Jacob en Padán-aram, y además su hija Dina; treinta y tres las almas todas de sus hijos e hijas.

16 Y los hijos de Gad: Zifión, y Hagui, y Suni, y Ezbón, y Heri, y Arodi y Areli.

17 Y los hijos de Aser: Imna, e Isúa, e Isúi, y Bería y Sera, hermana de ellos. Los hijos de Bería: Heber y Malquiel.

18 Éstos fueron los hijos de Zilpa, la que Labán dio a su hija Lea, y dio a luz éstos a Jacob; en total dieciséis almas.

19 Y los hijos de Raquel, esposa de Jacob: José y Benjamín.

20 Y le nacieron a José en la tierra de Egipto Manasés y Efraín, los que le dio a luz Asenat, hija de Potifera, sacerdote de On.

21 Y los hijos de Benjamín fueron Bela, y Bequer, y Asbel, y Gera, y Naamán, y Ehi, y Ros, y Mupim, y Hupim y Ard.

22 Éstos fueron los hijos de Raquel, que nacieron a Jacob: *en* total, catorce almas.

23 Y los hijos de Dan: Husim.

24 Y los hijos de Neftalí: Jahzeel, y Guni, y Jezer y Silem.

25 Éstos fueron los hijos de Bilha, la que dio Labán a Raquel, su hija, y dio a luz éstos a Jacob; en total siete almas.

26 Todas las personas que fueron con Jacob a Egipto, procedentes de sus lomos, sin contar las esposas de los hijos de Jacob, todas las personas fueron sesenta y seis.

27 Y los hijos de José, que le nacieron en Egipto, dos personas. Todas las almas de la casa de Jacob que entraron en Egipto fueron setenta.

28 Y Jacob envió a Judá delante de sí a José, para que le viniese a ver a Gosén; y llegaron a la tierra de Gosén.

29 Y José unció su carro y fue a recibir a su padre Israel a Gosén; y se manifestó a él, y se echó sobre su cuello y [a]lloró sobre su cuello largamente.

30 Entonces Israel dijo a José: Muera yo ahora, ya que he visto tu rostro, pues aún vives.

31 Y José dijo a sus hermanos y a la casa de su padre: Subiré y lo haré saber a Faraón, y le diré: Mis hermanos y la casa de mi padre, que estaban en la tierra de Canaán, han venido a mí;

32 y los hombres son pastores de ovejas, porque son hombres ganaderos; y han traído sus ovejas y sus vacas y todo lo que tenían.

33 Y acontecerá que cuando Faraón os llame y os diga: ¿Cuál es vuestro oficio?

34 Entonces diréis: Hombres de ganadería han sido tus siervos desde nuestra juventud hasta ahora, nosotros y nuestros padres, *y esto,* a fin de que moréis

29 *a* Gén. 45:1.

en la tierra de Gosén, porque los egipcios [a]abominan a todo pastor de ovejas.

CAPÍTULO 47

Los israelitas se establecen en Gosén — Jacob bendice a Faraón — José vende grano a los egipcios — Faraón recibe el ganado y las tierras de los egipcios — Jacob desea ser enterrado con sus padres en Canaán.

Y JOSÉ fue y lo hizo saber a Faraón, y dijo: Mi padre y mis hermanos, con sus ovejas, y sus vacas y todo lo que tienen, han venido de la tierra de Canaán, y he aquí, están en la tierra de [a]Gosén.
2 Y de entre sus hermanos tomó cinco hombres y los presentó delante de Faraón.
3 Y Faraón dijo a sus hermanos: ¿Cuál es vuestro oficio? Y ellos respondieron a Faraón: Pastores de ovejas son tus siervos, así nosotros como nuestros padres.
4 Dijeron además a Faraón: Para morar en esta tierra hemos venido, porque no hay pasto para las ovejas de tus siervos, pues el hambre es grave en la tierra de Canaán; por tanto, te rogamos ahora que permitas que habiten tus siervos en la tierra de Gosén.
5 Entonces Faraón habló a José, diciendo: Tu padre y tus hermanos han venido a ti.
6 La tierra de Egipto delante de ti está; en lo mejor de la tierra haz habitar a tu padre y a tus hermanos; habiten en la tierra de Gosén, y si sabes que hay entre ellos hombres capaces, ponlos por mayorales de mi ganado.
7 Y José llevó a su padre y lo presentó delante de Faraón; y Jacob bendijo a Faraón.
8 Y dijo Faraón a Jacob: ¿Cuántos son los días de los años de tu vida?
9 Y Jacob respondió a Faraón: Los días de los años de mi peregrinación son ciento treinta años; pocos y [a]malos han sido los días de los años de mi vida, y no han llegado a los [b]días de los años de la vida de mis padres en los días de su peregrinación.
10 Y Jacob bendijo a Faraón y salió de delante de Faraón.
11 Así José hizo habitar a su padre y a sus hermanos, y les dio posesión en la tierra de Egipto, en lo mejor de la tierra, en la tierra de [a]Ramesés, como mandó Faraón.
12 Y [a]alimentaba José con pan a su padre, y a sus hermanos y a toda la casa de su padre con pan, según el número de sus hijos.
13 Y no había pan en toda la tierra, y el hambre era muy grave, por lo que desfalleció de hambre la tierra de Egipto y la tierra de Canaán.
14 Y recogió José todo el [a]dinero que se halló en la tierra de Egipto y en la tierra de Canaán, por los alimentos que le compraban; y puso José el dinero en casa de Faraón.

34 *a* Gén. 43:32.
47 1 *a* Gén. 45:9–10.
9 *a* *Es decir,* tristes, llenos de aflicción y de problemas.
b Gén. 25:7; 35:28.
11 *a* Éx. 1:11.
12 *a* Gén. 45:11.
14 *a* Gén. 41:56.

15 Y acabado el dinero de la tierra de Egipto y de la tierra de Canaán, vino todo Egipto a José diciendo: Danos [a]pan; ¿por qué hemos de morir delante de ti, por haberse acabado el dinero?

16 Y José dijo: Dad vuestros ganados, y yo os daré por vuestros ganados, si se ha acabado el dinero.

17 Y ellos trajeron sus ganados a José; y José les dio alimentos por caballos, y por el ganado de las ovejas, y por el ganado de las vacas y por asnos; y los sustentó de pan por todos sus ganados aquel año.

18 Y acabado aquel año, vinieron a él el segundo año y le dijeron: No encubriremos a nuestro señor que el dinero ciertamente se ha acabado; también el ganado es *ya* de nuestro señor; nada ha quedado delante de nuestro señor sino nuestros cuerpos y nuestra tierra.

19 ¿Por qué hemos de morir delante de tus ojos, así nosotros como nuestra tierra? Cómpranos a nosotros y a nuestra tierra por pan, y seremos nosotros y nuestra tierra siervos de Faraón; y danos semilla para que vivamos y no muramos, y no sea asolada la tierra.

20 Entonces compró José toda la tierra de Egipto para Faraón, pues los egipcios vendieron cada uno sus tierras, porque se agravó el hambre sobre ellos; y la tierra vino a ser de Faraón.

21 Y al pueblo [a]lo hizo pasar a las ciudades, desde un extremo de las fronteras de Egipto hasta el otro.

22 Solamente la tierra de los sacerdotes no compró, por cuanto los sacerdotes tenían ración de Faraón, y ellos comían su ración que Faraón les daba; por eso no vendieron su tierra.

23 Y José dijo al pueblo: He aquí, hoy os he comprado a vosotros y vuestra tierra para Faraón; ved aquí semilla; sembrad la tierra.

24 Y acontecerá que [a]de los frutos daréis la quinta parte a Faraón, y las cuatro partes serán vuestras para sembrar las tierras y para vuestro mantenimiento, y para el de los que están en vuestras casas y para que coman vuestros niños.

25 Y ellos respondieron: La vida nos has dado; hallemos gracia ante los ojos de mi señor y seamos siervos de Faraón.

26 Entonces José lo puso por ley hasta hoy sobre la tierra de Egipto, *señalando* para Faraón la quinta parte, excepto sólo la tierra de los sacerdotes, que no llegó a ser de Faraón.

27 Así habitó Israel en la tierra de Egipto, en la tierra de Gosén; y tomaron posesión de ella, y se aumentaron y se multiplicaron en gran manera.

28 Y vivió Jacob en la tierra de Egipto diecisiete años; y fueron los días de Jacob, los años de su vida, ciento cuarenta y siete años.

29 Y llegaron los días de Israel

15 *a* GEE Compasión; Bienestar.
21 *a* *Es decir,* José redistribuyó a la población para proveerles de alimentos de la mejor manera.
24 *a* HEB de las cosechas.

para morir, y llamó a su hijo José
y le dijo: Si he hallado ahora gracia ante tus ojos, te ruego que
pongas tu mano debajo de mi
[a]muslo y que hagas conmigo misericordia y verdad; te ruego que
no me [b]entierres en Egipto;
30 mas cuando duerma con mis
padres, me llevarás de Egipto
y me [a]sepultarás en el sepulcro
de ellos. Y él respondió: Yo haré
como tú dices.
31 E Israel dijo: Júramelo. Y él se
lo juró. Entonces Israel se inclinó
sobre la cabecera de la cama.

CAPÍTULO 48

Jacob narra la aparición de Dios a él en Luz — Adopta a Efraín y a Manasés como sus propios hijos — Jacob bendice a José — Pone a Efraín antes que a Manasés — La descendencia de Efraín formará multitud de naciones — Los hijos de Israel volverán a la tierra de sus padres.

Y SUCEDIÓ después de estas cosas que se le dijo a José: He aquí
tu padre está enfermo. Y él tomó
consigo a sus dos hijos, Manasés
y Efraín.
2 Y se le hizo saber a Jacob, diciendo: He aquí tu hijo José viene
a ti. Entonces se esforzó Israel, y
se sentó sobre la cama
3 y dijo a José: El Dios [a]Omni-
potente se me apareció en [b]Luz,
en la tierra de Canaán, y me
bendijo
4 y me dijo: He aquí, yo te haré
[a]crecer, y te multiplicaré y te
pondré por estirpe de pueblos;
y daré esta [b]tierra a tu descendencia después de ti por [c]here-
dad perpetua.
5 [a]Y ahora tus dos hijos, Efraín
y Manasés, que te nacieron en
la tierra de Egipto, antes que viniese a ti a la tierra de Egipto,
míos son; como Rubén y Simeón,
serán míos.
6 Y los que después de ellos has
engendrado serán tuyos; por el
nombre de sus hermanos serán
llamados en sus heredades.
7 Porque cuando yo venía de
Padán-aram, se me murió Raquel en la tierra de Canaán, en el
camino, como a media legua de
tierra viniendo a Efrata; y la sepulté allí en el camino de Efrata,
que es Belén.
8 Y vio Israel a los hijos de José
y dijo: ¿Quiénes son éstos?
9 Y respondió José a su padre:
Son mis hijos, que Dios me ha
dado aquí. Y él dijo: Acércalos
ahora a mí, y los [a]bendeciré.
10 Y los ojos de Israel estaban
tan agravados por la vejez que
no podía ver. Los hizo, pues,
acercarse a él, y él los besó y los
abrazó.
11 Y dijo Israel a José: No pensaba yo ver tu rostro, y he aquí

29 *a* TJS Gén. 24:2.
b Gén. 49:29.
30 *a* Gén. 50:5.
48 3 *a* Gén. 32:30.
GEE Trinidad—Dios el Hijo; Jehová; Jesucristo.
b Gén. 28:19.
4 *a* GEE Abraham—La descendencia de Abraham.
b GEE Tierra prometida.
c Abr. 2:6.
5 *a* TJS Gén. 48:5–11 (Apéndice).
9 *a* Heb. 11:21.

Dios me ha hecho ver también a tu descendencia.

12 Entonces José los sacó de entre sus rodillas y se inclinó a tierra.

13 Y los tomó José a ambos, Efraín a su derecha, a la izquierda de Israel, y a Manasés a su izquierda, a la derecha de Israel; y los hizo acercarse a él.

14 Entonces Israel extendió su mano derecha y la puso sobre la cabeza de [a]Efraín, que era el menor, y su mano izquierda sobre la cabeza de Manasés, [b]colocando *así* sus manos adrede, aunque Manasés era el primogénito.

15 Y bendijo a [a]José y dijo: El Dios en cuya presencia [b]anduvieron mis padres Abraham e Isaac, el Dios que me [c]mantiene desde que yo soy hasta este día,

16 el [a]Ángel que me redime de todo mal, bendiga a estos jóvenes; y mi [b]nombre sea llamado en ellos y el nombre de mis padres Abraham e Isaac; y multiplíquense en gran manera en medio de la tierra.

17 Al ver José que su padre ponía la [a]mano derecha sobre la cabeza de Efraín, le causó esto disgusto; y asió la mano de su padre para cambiarla de sobre la cabeza de Efraín a la cabeza de Manasés.

18 Y dijo José a su padre: No así, padre mío, porque éste es el primogénito; pon tu mano derecha sobre su cabeza.

19 Mas su padre no quiso y dijo: Lo sé, hijo mío, lo sé; también él vendrá a ser un pueblo y será también [a]engrandecido; pero su hermano menor será más grande que él, y su [b]descendencia será multitud de naciones.

20 Y los bendijo aquel día, diciendo: [a]En ti bendecirá Israel, diciendo: Hágate Dios como a Efraín y como a Manasés. Y puso a [b]Efraín antes que a Manasés.

21 Y dijo Israel a José: He aquí, yo muero, mas Dios estará con vosotros y os hará volver a la [a]tierra de vuestros padres.

22 Y yo te he dado a ti [a]una parte más que a tus hermanos, la cual tomé yo de manos del amorreo con mi espada y con mi arco.

CAPÍTULO 49

Jacob bendice a sus hijos y a su descendencia — Rubén, Simeón y Leví son castigados — Judá legislará hasta que Siloh (Cristo) venga — José es una rama fructífera junto a una fuente — Sus vástagos (los nefitas y los lamanitas) han de extenderse sobre el muro — El Pastor y Roca de Israel (Cristo) bendecirá a

14 *a* Zac. 10:6–12.
b En la Septuaginta: cruzando sus manos.
15 *a* En la Septuaginta: los bendijo a ellos.
b GEE Andar, andar con Dios.
c HEB que me pastorea; es decir, que es mi pastor.
16 *a* Gén. 32:24–30.
b GEE Abraham, Convenio de; Israel.
17 *a* GEE Imposición de manos.
19 *a* GEE Manasés.
b GEE Efraín.
20 *a* *O sea,* por medio de ti.
b DyC 133:34. GEE Primogenitura.
21 *a* Tierra prometida.
22 *a* GEE Israel—Las doce tribus de Israel.

José temporal y espiritualmente — Jacob desea ser sepultado con sus padres en Canaán — Jacob expira y es reunido con sus padres.

Y LLAMÓ [a]Jacob a sus hijos y dijo: Reuníos y os declararé lo que os ha de acontecer en los [b]postreros días.

2 Juntaos y oíd, hijos de Jacob,
y escuchad a vuestro [a]padre Israel.

3 [a]Rubén, tú eres mi primogénito,
mi fortaleza y el [b]principio de mi vigor;
principal en dignidad, principal en poder.
4 Impetuoso como las aguas, no serás el principal,
por cuanto subiste al lecho de tu padre;
entonces te [a]envileciste, subiendo a mi lecho.

5 [a]Simeón y [b]Leví son hermanos;
instrumentos de violencia son sus armas.
6 En su consejo no entre mi alma,
ni mi honra [a]se junte en su compañía,
porque en su [b]furor [c]mataron hombres
y en su temeridad desjarretaron toros.
7 [a]Maldito su [b]furor, que fue fiero;
y su ira, que fue dura.
Yo los apartaré en Jacob,
y los esparciré en Israel.

8 [a]Judá, te alabarán tus hermanos;
tu mano estará en la cerviz de tus enemigos;
los hijos de tu padre se inclinarán ante ti.
9 Cachorro de león es Judá;
de la presa subiste, hijo mío.
Se encorvó, se echó como [a]león,
así como león viejo; ¿quién lo despertará?
10 No será quitado el cetro de Judá,
ni el [a]legislador de entre sus pies,
hasta que venga [b]Siloh;
y a él se [c]congregarán los pueblos.
11 Atando a la vid su pollino

49 1 *a* GEE Patriarca, patriarcal; Bendiciones patriarcales.
b GEE Últimos días, postreros días.
2 *a* GEE Familia—Las responsabilidades de los padres.
3 *a* GEE Rubén.
b GEE Primogénito.
4 *a* GEE Inmoralidad sexual.
5 *a* GEE Simeón.
b DyC 13:1. GEE Leví.
6 *a* Efe. 5:11.
b GEE Venganza.
c Gén. 34:25–31.
7 *a* GEE Maldecir, maldiciones.
b GEE Enojo; Asesinato.
8 *a* GEE Judá.
9 *a* El león es símbolo de realeza.
10 *a* DyC 38:22; 45:59.
b La palabra hebrea *shiloh* podría ser una abreviatura de *asher-lo,* "aquel cuyo el derecho es". TJS Gén. 50:24 (Apéndice). Ezeq. 21:27. GEE Jesucristo—Profecías acerca de la vida y la muerte de Jesucristo; Mesías.
c 2 Ne. 10:7–8; 25:15–18. GEE Israel—La congregación de Israel.

y a la [a]cepa el hijo de su
asna,
[b]lavó en el vino su vestido
y en la [c]sangre de uvas su
manto.
12 Sus ojos son más oscuros que
el vino,
y sus dientes más blancos
que la leche.

13 [a]Zabulón en puertos de mar
habitará,
y será para puerto de naves;
y su frontera hasta Sidón.

14 [a]Isacar, asno fuerte
echado entre dos alforjas.
15 Y vio que el descanso era
bueno
y que la tierra era deleitosa;
y bajó su hombro para llevar
y sirvió en tributo.

16 [a]Dan juzgará a su pueblo
como una de las tribus de
Israel.
17 Será Dan serpiente junto al
camino,
víbora junto a la senda,
que muerde los talones de
los caballos
y hace caer hacia atrás al
jinete.
18 Tu salvación he [a]esperado, oh Jehová.
19 [a]Gad, ejército lo acometerá;
mas él acometerá al final.

20 El pan de [a]Aser será sustancioso,
y él dará deleites de rey.

21 [a]Neftalí, cierva suelta
que dirá palabras hermosas.

22 [a]Rama fructífera es [b]José,
rama fructífera junto a una
fuente,
cuyos [c]vástagos [d]se extienden sobre el muro.
23 Y le causaron amargura,
y le asaetearon,
y le aborrecieron los arqueros;
24 mas su arco se mantuvo
firme,
y los brazos de sus manos se
fortalecieron
por las manos del Fuerte de
Jacob
([a]de allí es el [b]Pastor, la [c]Roca
de Israel),
25 por el Dios de tu padre, el
que te ayudará,
y por el [a]Omnipotente, el
que te bendecirá
con bendiciones de los cielos
de arriba,

11 *a* Juan 15:1–6; 1 Ne. 15:15.
b DyC 133:35.
c Isa. 63:2; DyC 76:107; 133:46–50.
13 *a* Josué 19:10–16. GEE Zabulón.
14 *a* GEE Isacar.
16 *a* GEE Dan.
18 *a* 2 Ne. 6:13.
19 *a* 1 Cró. 5:26. GEE Gad, hijo de Jacob.
20 *a* GEE Aser.
21 *a* GEE Neftalí.
22 *a* GEE Viña del Señor, la.
b GEE José, hijo de Jacob.
c 1 Ne. 15:12, 16; 2 Ne. 3:4–5. GEE Libro de Mormón.
d GEE Israel—El esparcimiento de Israel.
24 *a* *Es decir,* el Mesías viene por el linaje de Jacob.
b GEE Buen Pastor.
c GEE Roca.
25 *a* GEE Poder.

con bendiciones del abismo
que está abajo,
con bendiciones de los pechos y de la matriz.
26 Las [a]bendiciones de tu padre
fueron mayores que las bendiciones de mis progenitores;
hasta el término de los [b]collados eternos
serán sobre la cabeza de [c]José,
y sobre la coronilla del consagrado de entre sus hermanos.

27 [a]Benjamín es lobo rapaz;
a la mañana comerá la presa
y a la tarde repartirá los despojos.
28 Todas éstas son las [a]doce tribus de Israel, y esto fue lo que su padre les dijo cuando los bendijo; a cada uno por su [b]bendición los bendijo.
29 Les mandó luego y les dijo: Yo voy a ser reunido con mi pueblo; [a]sepultadme con mis padres en la cueva que está en el campo de Efrón, el heteo,
30 en la cueva que está en el campo de [a]Macpela, que está delante de Mamre en la tierra de Canaán, la cual compró Abraham con el mismo campo de Efrón, el heteo, para heredad de sepultura.
31 Allí [a]sepultaron a Abraham y a Sara, su esposa; allí sepultaron a Isaac y a Rebeca, su esposa; allí también sepulté yo a Lea.
32 El campo y la cueva que está en él fueron comprados a los hijos de Het.
33 Y cuando acabó Jacob de dar mandamientos a sus hijos, encogió sus pies en la cama y [a]expiró, y fue [b]reunido con su pueblo.

CAPÍTULO 50

El cuerpo de Jacob es embalsamado — José lo sepulta en Canaán — José consuela a sus hermanos — Los hijos de Israel se multiplican — José promete que Dios sacará a Israel de Egipto y lo llevará a Canaán — José muere en Egipto y es embalsamado.

ENTONCES se echó José sobre el rostro de su padre, y [a]lloró sobre él y lo besó.
2 Y mandó José a sus siervos los médicos que embalsamasen a su padre; y los médicos embalsamaron a Israel.
3 Y se le cumplieron cuarenta días, porque así se cumplían los días de los que eran embalsamados, y lo lloraron los egipcios setenta días.
4 Y pasados los días de su duelo,

26 *a* Abr. 2:9.
b 2 Ne. 12:2–3; DyC 133:26–34.
c Deut. 33:13–17; 1 Cró. 5:1–2. GEE José, hijo de Jacob.
27 *a* Deut. 33:12; Josué 18:11–28. GEE Benjamín, hijo de Jacob.
28 *a* GEE Israel—Las doce tribus de Israel.
b GEE Bendiciones patriarcales.
29 *a* Gén. 47:29–30.
30 *a* Gén. 23:9.
31 *a* Gén. 25:10.
33 *a* GEE Muerte física.
b GEE Familia—La familia eterna.
50 1 *a* DyC 42:45–46.

habló José a los de la casa de Faraón, diciendo: Si he hallado ahora gracia ante vuestros ojos, os ruego que habléis a oídos de Faraón, diciendo:

5 Mi padre me hizo jurar, diciendo: He aquí, yo muero; en el [a]sepulcro que yo cavé para mí en la tierra de Canaán, allí me sepultarás; ruego, pues, que me permitas ir allá ahora y sepultar a mi padre, y entonces volveré.

6 Y Faraón dijo: Ve y sepulta a tu padre, como él te hizo jurar.

7 Entonces José subió a sepultar a su padre; y subieron con él todos los siervos de Faraón, los ancianos de su casa y todos los ancianos de la tierra de Egipto.

8 Y toda la casa de José, y sus hermanos y la casa de su padre; solamente dejaron en la tierra de Gosén a sus niños, y sus ovejas y sus vacas.

9 Y subieron también con él carros y gente de a caballo, y se hizo un cortejo muy grande.

10 Y llegaron hasta la era de Atad, que está al otro lado del Jordán, y [a]endecharon allí con grande y muy triste lamentación; y José hizo duelo por su padre durante siete días.

11 Y viendo los moradores de la tierra, los cananeos, el duelo en la era de Atad, dijeron: Duelo grande es éste de los egipcios; por eso fue llamado su nombre [a]Abel-mizraim, que está al otro lado del Jordán.

12 Hicieron, pues, sus hijos con él según les había mandado;

13 pues lo llevaron sus hijos a la tierra de Canaán y lo sepultaron en la cueva del campo de Macpela, la que había comprado Abraham, con el mismo campo, para heredad de sepultura, a Efrón, el heteo, delante de Mamre.

14 Y volvió José a Egipto, él y sus hermanos y todos los que subieron con él a sepultar a su padre, después que lo hubo sepultado.

15 Y viendo los hermanos de José que su padre había muerto, dijeron: Quizá nos aborrezca José y nos dé el pago de todo el mal que le hicimos.

16 Y enviaron a decir a José: Tu padre mandó antes de su muerte, diciendo:

17 Así diréis a José: Te ruego que [a]perdones ahora la maldad de tus hermanos y su pecado, porque te trataron mal; por tanto, ahora te rogamos que perdones la maldad de los siervos del Dios de tu padre. Y José lloró mientras hablaban.

18 Y vinieron también sus hermanos, y se postraron delante de él y dijeron: Aquí nos tienes por [a]siervos tuyos.

19 Y les respondió José: No temáis, ¿acaso estoy yo en lugar de Dios?

20 Vosotros pensasteis hacerme mal, mas Dios [a]lo encaminó a [b]bien, para hacer lo que vemos hoy, para mantener con vida a un pueblo numeroso.

21 Ahora, pues, no tengáis

5 *a* Gén. 47:30.
10 *a* Alma 28:12.
11 *a* *Es decir,* el luto de los egipcios.
17 *a* GEE Perdonar.
18 *a* Gén. 37:5–11.
20 *a* Gén. 45:5.
b DyC 100:15.

miedo; yo os sustentaré a vosotros y a vuestros hijos. Así los
consoló y les habló al corazón.
22 Y moró José en Egipto, él y
la casa de su padre; y vivió José
ciento diez años.
23 Y vio José los hijos de Efraín
hasta la tercera generación; también los hijos de Maquir, hijo de
Manasés, fueron criados sobre
las rodillas de José.
24 [a]Y José dijo a sus hermanos:
Yo voy a morir; mas Dios ciertamente os visitará y os hará subir
de esta tierra a [b]la tierra que juró
a [c]Abraham, a Isaac y a Jacob.
25 Y José hizo [a]jurar a los hijos
de Israel, diciendo: Dios ciertamente os visitará, y haréis llevar
de aquí mis [b]huesos.
26 Y murió José a la edad de
ciento diez años; y lo embalsamaron, y fue puesto en un ataúd
en Egipto.

SEGUNDO LIBRO DE MOISÉS

LLAMADO

ÉXODO

CAPÍTULO 1

Los hijos de Israel se multiplican — Son puestos en servidumbre por los egipcios — Faraón procura destruir a los hijos varones nacidos de mujeres hebreas.

ÉSTOS son los nombres de los
hijos de Israel que entraron en
Egipto con Jacob; cada uno entró
con su familia:
2 Rubén, Simeón, Leví y
Judá;
3 Isacar, Zabulón y Benjamín;
4 Dan, y Neftalí, Gad y Aser.
5 Y todas las almas de los que
[a]salieron de los lomos de Jacob
fueron setenta. Y José ya estaba
en Egipto.
6 Y murieron [a]José y todos
sus hermanos y toda aquella
generación.
7 Y los hijos de Israel [a]fructifi-
caron y se multiplicaron, y fueron aumentados y fortalecidos
en extremo, y la tierra se llenó
de ellos.
8 Entretanto se levantó un nuevo
[a]rey sobre Egipto que no conocía
a José,
9 el cual dijo a su pueblo: He
aquí, el pueblo de los hijos de Israel es [a]mayor y más fuerte que
nosotros.
10 Ahora, pues, seamos sabios
para con él, para que no se multiplique, y acontezca que, en caso
de guerra, él también se una a
nuestros enemigos, y pelee contra nosotros y se vaya de esta
tierra.

24 *a* TJS Gén. 50:24–38 (Apéndice).
b GEE Tierra prometida.
c Deut. 11:9.
25 *a* GEE Juramento.
b Éx. 13:19; Josué 24:32.

[ÉXODO]
1 5 *a* *O sea,* descendieron.
6 *a* Gén. 50:24–26.
7 *a* Deut. 26:5.
8 *a* Hech. 7:17–19.
9 *a* Éx. 12:37.

11 Entonces pusieron sobre ellos [a]capataces que los oprimiesen con sus [b]cargas; y edificaron para Faraón las ciudades de almacenaje, Pitón y [c]Ramesés.

12 Pero cuanto más los oprimían, tanto más se multiplicaban y crecían, de modo que los egipcios estaban fastidiados con los hijos de Israel.

13 Y los egipcios hicieron servir a los hijos de Israel con dureza,

14 y amargaron su vida con dura [a]servidumbre, en *hacer* barro y ladrillo, y en toda labor del campo y en todo su servicio, al cual los obligaban con rigor.

15 Y habló el rey de Egipto a las parteras de las hebreas, una de las cuales se llamaba Sifra y la otra Fúa,

16 y les dijo: Cuando asistáis a las hebreas en sus partos y miréis sobre el lecho de parto, si es hijo, matadlo; y si es hija, entonces que viva.

17 Mas las parteras [a]temieron a Dios y no hicieron como les [b]mandó el rey de Egipto, sino que preservaron la vida a los niños.

18 Y el rey de Egipto hizo llamar a las parteras y les dijo: ¿Por qué habéis hecho esto, que habéis preservado la vida a los niños?

19 Y las parteras respondieron a Faraón: Porque las mujeres hebreas no son como las egipcias, pues son robustas y [a]dan a luz antes que la partera venga a ellas.

20 Y Dios hizo bien a las parteras; y el pueblo se multiplicó y se fortaleció en gran manera.

21 Y sucedió que, por haber las parteras [a]temido a Dios, él [b]les hizo casas.

22 Entonces Faraón mandó a todo su pueblo, diciendo: Echad al río a todo hijo que [a]nazca, y a toda hija preservad la vida.

CAPÍTULO 2

Moisés nace de padres levitas, es criado por la hija de Faraón, mata a un egipcio en defensa de un israelita, huye a Madián y se casa con Séfora — Israel en servidumbre clama a Jehová.

Un hombre de la familia de [a]Leví fue y tomó por esposa a una hija de Leví,

2 la que concibió y dio a luz un [a]hijo; y al ver que era hermoso, le tuvo escondido tres meses.

3 Pero no pudiendo ocultarle más tiempo, tomó una arquilla de juncos y la calafateó con asfalto y brea, y colocó en ella al niño y la puso entre los juncos a la orilla del río.

4 Y una [a]hermana suya se puso a lo lejos para ver lo que le acontecería.

---

11 *a* Gén. 15:12–14.
b 1 Ne. 17:25.
c *O sea,* Ramsés (Zoán, Sal. 78:12); también la antigua capital Hyksos (Avaris o Tanis) de la época de José.
14 *a* HEB trabajo.
17 *a* Prov. 16:6.
b Dan. 3:16–18.
19 *a* 1 Ne. 17:1–3.
21 *a* *O sea,* venerando a Dios.
b *O sea,* les dio numerosa descendencia.
2 Sam. 7:10–17.
22 *a* *O sea,* a los hebreos.
2 1 *a* Núm. 26:59.
2 *a* Heb. 11:23.
GEE Moisés.
4 *a* GEE María, hermana de Moisés.

5 Y la hija de Faraón descendió a lavarse al río, y paseándose sus doncellas por la ribera del río, vio ella la arquilla entre los juncos y envió a una criada suya para que la tomase.

6 Y cuando la abrió, vio al niño; y he aquí que el niño lloraba. Y teniendo compasión de él, dijo: De los niños de los hebreos es éste.

7 Entonces la hermana del niño le dijo a la hija de Faraón: ¿Iré a llamarte una nodriza de las hebreas para que te críe a este niño?

8 Y la hija de Faraón respondió: Ve. Entonces fue la doncella y llamó a la madre del niño,

9 a la cual dijo la hija de Faraón: Lleva este niño y críamelo, y yo te lo pagaré. Y la mujer tomó al niño y lo crió.

10 Y cuando el niño creció, ella lo llevó a la hija de Faraón, la cual lo [a]adoptó y le puso por nombre [b]Moisés, diciendo: Porque de las aguas lo saqué.

11 Y en aquellos días acaeció que, crecido ya Moisés, salió a sus [a]hermanos y vio sus [b]cargas, y observó a un egipcio que golpeaba a uno de los hebreos, sus hermanos.

12 Entonces miró a todas partes, y viendo que no había nadie, [a]mató al egipcio y lo escondió en la arena.

13 Y al día siguiente salió y, viendo a dos hebreos que reñían, le dijo al culpable: ¿Por qué [a]golpeas a tu prójimo?

14 Y él respondió: ¿Quién te ha puesto a ti por príncipe y juez sobre nosotros? ¿Piensas matarme como mataste al egipcio? Entonces Moisés tuvo miedo y dijo: Ciertamente esto se ha descubierto.

15 Y cuando oyó Faraón de este asunto, procuró matar a Moisés; pero Moisés [a]huyó de delante de Faraón y habitó en la tierra de Madián; y allí se sentó junto a un pozo.

16 Tenía el sacerdote de [a]Madián siete hijas, las cuales fueron a sacar agua para llenar las [b]pilas y dar de beber a las ovejas de su padre.

17 Mas los pastores vinieron y las echaron. Entonces Moisés se levantó y las defendió, y abrevó sus ovejas.

18 Y cuando ellas volvieron a [a]Reuel, su padre, él les dijo: ¿Por qué habéis venido hoy tan pronto?

19 Y ellas respondieron: Un varón egipcio nos defendió de manos de los pastores, y también sacó el agua y abrevó las ovejas.

20 Y dijo a sus hijas: ¿Y dónde está? ¿Por qué habéis dejado a ese hombre? Llamadle para que coma pan.

21 Y Moisés convino en morar

10 *a* *O sea,* vino a ser hijo de ella.
b *Es decir,* en egipcio "engendrar un hijo", y en hebreo "sacar".
11 *a* Hech. 7:23–25; Heb. 11:24–27.
b 1 Ne. 17:25. GEE Compasión.
12 *a* Hech. 7:24–25.
13 *a* Hech. 7:26–28.
15 *a* Hech. 7:26–29.
16 *a* Gén. 25:1–6; Éx. 18:1.
b *O sea,* los abrevaderos.
18 *a* GEE Jetro.

con aquel hombre; y él le dio su
hija [a]Séfora a Moisés.
22 Y ella le dio a luz un hijo, y
él le puso por nombre [a]Gersón,
porque dijo: Peregrino soy en
tierra ajena.
23 Y aconteció que después de
muchos días [a]murió el rey de
Egipto, y los hijos de Israel gemían a causa de la servidumbre
y clamaron; y [b]subió a Dios el
clamor de ellos con motivo de
su servidumbre.
24 Y [a]oyó Dios el gemido de
ellos y se acordó de su [b]conve-
nio con Abraham, con Isaac y
con Jacob.
25 Y miró Dios a los hijos de Israel y los [a]reconoció Dios.

CAPÍTULO 3

Jehová se aparece a Moisés en la zarza ardiente — Se llama a Moisés a librar a Israel de la servidumbre — Jehová se identifica a Sí mismo como el Dios de Abraham, y de Isaac y de Jacob, y como el Gran YO SOY — Promete herir a Egipto y sacar a Su pueblo con gran riqueza.

Y APACENTANDO Moisés las ovejas de su suegro Jetro, [a]sacerdote
de Madián, llevó las ovejas más
allá del desierto y llegó a [b]Horeb,
[c]monte de Dios.
2 Y se le apareció [a]el ángel de
Jehová en una llama de fuego en
medio de una [b]zarza; y él miró y
vio que la zarza ardía en fuego,
mas la zarza no se consumía.
3 Entonces Moisés dijo: Iré yo
ahora y veré esta gran maravi-
lla, por qué causa la zarza no se
quema.
4 Y viendo Jehová que él iba a
mirar, lo llamó Dios de en medio
de la zarza y dijo: ¡Moisés, Moisés! Y él respondió: Heme aquí.
5 Y dijo: No te acerques acá;
quita el calzado de tus pies, porque el lugar en que tú estás [a]tie-
rra santa es.
6 Y dijo: [a]Yo soy el Dios de tu
padre, el [b]Dios de Abraham, el
Dios de Isaac y el Dios de Jacob.
Entonces Moisés cubrió su rostro, porque tuvo [c]miedo de mirar a Dios.
7 Y dijo Jehová: Bien he visto la
[a]aflicción de mi pueblo que está
en Egipto, y he oído su clamor a
causa de sus opresores, pues conozco sus angustias.
8 Y he descendido para [a]librar-
los de manos de los egipcios y
sacarlos de aquella tierra a una
tierra buena y ancha, a una tierra
[b]que fluye leche y miel, a los lugares del cananeo, del heteo, del
amorreo, del ferezeo, del heveo
y del jebuseo.
9 El [a]clamor, pues, de los hijos

21 *a* GEE Séfora.
22 *a* *Es decir,* un peregrino allí.
23 *a* Éx. 4:19.
b Mos. 29:20.
24 *a* Mos. 9:17–18.
b Gén. 15:13–14.
25 *a* *Es decir,* los tuvo en cuenta.
3 1 *a* DyC 84:6–16.
b 1 Rey. 19:8.
c GEE Sinaí, monte.
2 *a* TJS Éx. 3:2 …la *presencia* de Jehová…
b Moisés 1:17.
5 *a* GEE Reverencia.
6 *a* GEE Jehová; Jesucristo.
b Mar. 12:26–27; 1 Ne. 19:10.
c Éter 3:6–8.
7 *a* GEE Adversidad.
8 *a* GEE Libertador.
b Deut. 8:7–9.
9 *a* Mos. 21:15; DyC 109:49.

de Israel ha llegado ante mí, y
también he visto la opresión con
que los egipcios los oprimen.
10 Ve, por tanto, ahora, y te [a]enviaré a Faraón para que [b]saques
de Egipto a mi pueblo, a los hijos
de Israel.
11 Entonces Moisés respondió
a Dios: ¿Quién soy yo para que
vaya a Faraón y saque de Egipto
a los hijos de Israel?
12 Y él *le* respondió: *Ve,* porque
yo [a]estaré contigo; y esto te será
por señal de que yo te he [b]enviado: Cuando hayas sacado de
Egipto al pueblo, serviréis a Dios
sobre este [c]monte.
13 Y dijo Moisés a Dios: He aquí
que llego yo a los hijos de Israel y
les digo: El Dios de vuestros padres me ha enviado a vosotros; si
ellos me preguntan: ¿Cuál es su
nombre? ¿Qué les responderé?
14 Y respondió Dios a Moisés:
[a]YO SOY EL QUE SOY. Y dijo: Así
dirás a los hijos de Israel: YO SOY
me ha enviado a vosotros.
15 Y además dijo Dios a Moisés:
Así dirás a los hijos de Israel: [a]Jehová, el Dios de vuestros padres,
el Dios de Abraham, el Dios de
Isaac y el Dios de Jacob, me ha
enviado a vosotros. Éste es mi
[b]nombre para siempre, y con él
se hará memoria de mí por todos
los siglos.
16 Ve, y reúne a los ancianos de
Israel y diles: Jehová, el Dios de
vuestros padres, el Dios de Abraham, de Isaac y de Jacob, se me
apareció y me dijo: De cierto os
he [a]visitado y *he visto* lo que se
os hace en Egipto;
17 y he dicho: Yo os sacaré de la
aflicción de Egipto a la tierra del
cananeo, y del heteo, y del amorreo, y del ferezeo, y del heveo
y del jebuseo, a [a]una tierra que
fluye leche y miel.
18 Y [a]oirán tu voz; e irás tú con
los ancianos de Israel al rey de
Egipto, y le diréis: Jehová, el
Dios de los hebreos, ha venido
a nuestro encuentro; por tanto,
nosotros iremos ahora camino de
tres días por el desierto, para ofrecer [b]sacrificios a Jehová nuestro
Dios.
19 Mas yo sé que el rey de
Egipto no os dejará ir [a]si no es
por mano fuerte.
20 Pero yo extenderé mi mano
y heriré a Egipto con todas mis
[a]maravillas que haré en él, y entonces [b]os dejará ir.
21 Y yo daré a este pueblo gracia
ante los ojos de los egipcios, para
que cuando partáis no salgáis con
las [a]manos vacías,
22 sino que pedirá cada mujer a su vecina y a su huéspeda
objetos de plata, objetos de oro

10 *a* GEE Llamado, llamado por Dios, llamamiento.
b 1 Ne. 17:24, 31, 40.
12 *a* 1 Ne. 17:55. GEE Andar, andar con Dios.
b GEE Autoridad.
c Éx. 19:2–6.
14 *a* GEE Jehová; Jesucristo.
15 *a* Moisés 1:3.
b *O sea,* con este nombre se me recordará…
16 *a* Morm. 1:15.
17 *a* GEE Tierra prometida.
18 *a* Éx. 4:31.
b *O sea,* ofrezcamos sacrificios al Señor nuestro Dios. GEE Sacrificios.
19 *a* *O sea,* si no es por poder y señales. Éx. 6:1.
20 *a* GEE Milagros.
b Éx. 12:31.
21 *a* Gén. 15:14; Éx. 12:35–36.

y vestidos, los cuales pondréis sobre vuestros hijos y vuestras hijas; así despojaréis a Egipto.

CAPÍTULO 4

Jehová da señales a Moisés — Aarón es escogido como portavoz — Israel es el primogénito de Jehová y debe ser librado para servirle — El hijo de Moisés es circuncidado — Moisés y Aarón dirigen a Israel en adoración.

ENTONCES Moisés respondió y dijo: He aquí que ellos no me creerán, ni [a]oirán mi voz, porque dirán: No se te ha aparecido Jehová.
2 Y Jehová dijo: ¿Qué es eso que tienes en tu mano? Y él respondió: Una vara.
3 Y él le dijo: Échala en tierra. Y él la echó en tierra, y se convirtió en una serpiente; y Moisés huía de ella.
4 Entonces dijo Jehová a Moisés: Extiende tu mano y tómala por la cola. Y él extendió su mano y la tomó, y volvió a ser vara en su mano.
5 Por esto creerán que se te ha aparecido Jehová, el Dios de tus padres, el Dios de Abraham, el Dios de Isaac y el Dios de Jacob.
6 Y además le dijo Jehová: Mete ahora tu mano en tu seno. Y él metió la mano en su seno; y cuando la sacó, he aquí que su mano estaba [a]leprosa como la nieve.
7 Y dijo: Vuelve a meter tu mano en tu seno. Y él volvió a meter su mano en su seno, y volviéndola a sacar del seno, he aquí que se había vuelto como la otra carne.
8 Si aconteciere que no te creyeren ni obedecieren la voz de la primera [a]señal, creerán la voz de la postrera.
9 Y si aún no creyeren a estas dos señales, ni oyeren tu voz, tomarás de las aguas del [a]río y las derramarás en tierra; y aquellas aguas que saques del río se volverán [b]sangre sobre la tierra.
10 Entonces dijo Moisés a Jehová: ¡Ay, Señor! Yo no soy hombre de fácil palabra, ni en el pasado, ni desde que tú hablas a tu siervo, porque soy [a]tardo en el habla y torpe de lengua.
11 Y Jehová le respondió: ¿Quién dio la boca al hombre? ¿O quién [a]hizo al mudo y al sordo, al que ve y al ciego? ¿No soy yo, Jehová?
12 Ahora pues, ve, que yo estaré en tu [a]boca, y te [b]enseñaré lo que has de [c]decir.
13 Y él dijo: ¡Ay, Señor! Envía por mano del que tú quieras enviar.
14 Entonces Jehová se enojó contra Moisés y le dijo: ¿No conozco yo a tu hermano Aarón, el levita? Yo sé que él habla bien. Y he aquí que él saldrá a recibirte, y al verte, se alegrará en su corazón.
15 Tú hablarás a él y pondrás en su boca las palabras, y yo estaré

4 1 *a* Éx. 3:13–15.
6 *a* GEE Lepra.
8 *a* GEE Señal.
9 *a* *Es decir,* el Nilo.
b Éx. 7:17–20.
10 *a* DyC 60:2–3.
11 *a* Éter 12:27.
12 *a* DyC 28:4.
b GEE Profeta.
c DyC 68:3–4.

en tu [a]boca y en la suya, y os enseñaré lo que habéis de hacer.
16 Y él [a]hablará por ti al pueblo; y él te será a ti en lugar de boca, y tú serás para él [b]en lugar de [c]Dios.
17 Y tomarás en tu mano esta vara, con la cual harás las señales.
18 Así se fue Moisés, y volviendo a su suegro Jetro, le dijo: Iré ahora, y volveré a mis hermanos que están en Egipto, para ver si aún viven. Y Jetro dijo a Moisés: Ve en paz.
19 Dijo también Jehová a Moisés en Madián: Ve, y vuelve a Egipto, porque han muerto todos los que procuraban tu muerte.
20 Entonces Moisés tomó a su esposa y a sus hijos, y los puso sobre un asno y volvió a la tierra de Egipto; tomó también Moisés la vara de Dios en su mano.
21 Y dijo Jehová a Moisés: Cuando hayas vuelto a Egipto, mira que hagas delante de Faraón todas [a]las maravillas que he puesto en tu [b]mano; pero [c]yo endureceré su corazón, de modo que no dejará ir al pueblo.
22 Y dirás a Faraón: Jehová ha dicho así: Israel es mi hijo, mi [a]primogénito.
23 Ya te he dicho que dejes ir a mi hijo para que me sirva, pero no has querido dejarlo ir; he aquí, yo voy a matar a tu [a]hijo, tu primogénito.
24 [a]Y aconteció en el camino, en una posada, que le salió al encuentro Jehová y quiso [b]matarlo.
25 Entonces Séfora tomó un pedernal [a]afilado, y cortó el prepucio de su hijo y lo echó a los pies *de Moisés,* diciendo: A la verdad tú me eres un [b]esposo de sangre.
26 Así le dejó ir. Y ella dijo: Esposo de sangre, a causa de la [a]circuncisión.
27 Y Jehová dijo a Aarón: Ve a recibir a Moisés al desierto. Y él fue, y lo encontró en el monte de Dios y le besó.
28 Entonces contó Moisés a Aarón todas las palabras de Jehová con las que le enviaba y todas las señales que le había dado.
29 Y fueron Moisés y Aarón y reunieron a todos los [a]ancianos de los hijos de Israel.
30 Y habló Aarón todas las palabras que Jehová había dicho a Moisés, e hizo las señales delante de los ojos del pueblo.
31 Y el pueblo [a]creyó; y al oír que Jehová había [b]visitado a los hijos de Israel y que había

15 *a* GEE Autoridad.
16 *a* 2 Ne. 3:17–18.
GEE Profecía, profetizar.
b Un profeta es un portavoz; por lo tanto, él habla por Dios o en nombre de Él.
c Éx. 18:19.
21 *a* *O sea,* los milagros.
b *O sea,* poder.
c TJS Éx. 4:21 …*y te prosperaré;* pero *Faraón* endurecerá su corazón, *y* no *dejará* ir al pueblo.
22 *a* GEE Primogénito.
23 *a* Éx. 11:1–5.
24 *a* TJS Éx. 4:24–27 (Apéndice).
b Gén. 17:14.
25 *a* HEB un trozo de piedra de cuarzo.
b Este hecho se relaciona con convenios; véase también el vers. 26.
26 *a* GEE Circuncisión.
29 *a* Alma 6:1.
31 *a* Éx. 3:18.
b Éx. 3:16.

visto su aflicción, se inclinaron
y adoraron.

CAPÍTULO 5

Moisés y Aarón piden a Faraón que libre a Israel — Faraón responde: ¿Quién es Jehová? — Faraón pone cargas aún mayores sobre los hijos de Israel.

DESPUÉS fueron Moisés y Aarón ante Faraón y le dijeron: Jehová, el Dios de Israel, dice así: Deja [a]ir a mi pueblo a celebrarme [b]fiesta en el desierto.

2 Y Faraón respondió: ¿Quién es Jehová para que yo [a]oiga su voz y deje ir a Israel? Yo no conozco a Jehová, ni tampoco dejaré ir a Israel.

3 Y ellos dijeron: El [a]Dios de los hebreos nos ha salido al encuentro; iremos, pues, ahora camino de tres días por el desierto, y ofreceremos sacrificios a Jehová nuestro Dios, para que no venga sobre nosotros con pestilencia o con espada.

4 Entonces el rey de Egipto les dijo: Moisés y Aarón, ¿por qué hacéis cesar al pueblo de su trabajo? Volved a vuestras tareas.

5 Dijo también Faraón: He aquí el pueblo de la tierra es ahora mucho, y vosotros les hacéis cesar de sus tareas.

6 Y mandó Faraón aquel mismo día a los capataces del pueblo que lo tenían a su cargo y a sus cuadrilleros, diciendo:

7 De aquí en adelante no daréis paja al pueblo para hacer ladrillo, como hasta ahora; que vayan ellos y recojan por sí mismos la paja.

8 Y les impondréis la misma cantidad de ladrillos que hacían antes, y no les disminuiréis nada; porque están ociosos, y por eso levantan la voz diciendo: Vamos y ofrezcamos sacrificios a nuestro Dios.

9 Agrávese la servidumbre sobre ellos, para que se ocupen en ella y no atiendan a palabras mentirosas.

10 Y salieron los capataces del pueblo y sus cuadrilleros y hablaron al pueblo, diciendo: Así ha dicho Faraón: Yo no os daré paja.

11 Id vosotros y recoged la paja donde la halléis; pero en nada se disminuirá vuestra tarea.

12 Entonces el pueblo se esparció por toda la tierra de Egipto para recoger rastrojo en lugar de paja.

13 Y los capataces los apremiaban, diciendo: Acabad vuestra obra, la tarea del día en su día, como cuando se os daba paja.

14 Y azotaban a los cuadrilleros de los hijos de Israel que los capataces de Faraón habían puesto sobre ellos, diciendo: ¿Por qué no habéis cumplido vuestra tarea de ladrillo ni ayer ni hoy, como antes?

15 Y los cuadrilleros de los hijos de Israel fueron a Faraón y se quejaron ante él, diciendo:

5 1 *a* 1 Ne. 17:23–25.
b Éx. 12:14.
2 *a* Éx. 10:3.
3 *a* Éx. 3:18.

¿Por qué haces eso con tus siervos?
16 No se da paja a tus siervos, y con todo nos dicen: Haced el ladrillo. Y he aquí, tus siervos son azotados, y tu pueblo es el culpable.
17 Y él respondió: Estáis ociosos, *sí*, ociosos, y por eso decís: Vamos y ofrezcamos sacrificios a Jehová.
18 Id, pues, ahora *y* trabajad. No se os dará paja, y habéis de entregar la misma cantidad de ladrillos.
19 Entonces los cuadrilleros de los hijos de Israel [a]se vieron en aflicción cuando les dijeron: No se disminuirá nada de vuestros ladrillos de la cantidad que debéis hacer cada día.
20 Y encontraron a Moisés y a Aarón, que estaban esperándolos cuando salían de ver a Faraón.
21 Y les dijeron: Mire Jehová sobre vosotros y juzgue, pues nos habéis hecho odiosos ante Faraón y sus siervos, poniéndoles la espada en la mano para que nos maten.
22 Entonces Moisés se volvió a Jehová y dijo: Señor, ¿[a]por qué afliges a este pueblo? ¿Para qué me enviaste?
23 Porque desde que yo fui a Faraón para hablarle en tu nombre, él ha afligido a este pueblo; y tú no has librado a tu pueblo.

CAPÍTULO 6

Dios se identifica a sí mismo como Jehová — Se detallan las genealogías de Rubén, de Simeón y de Leví.

JEHOVÁ respondió a Moisés: Ahora verás lo que yo haré a Faraón, porque con [a]mano fuerte los dejará ir, y con mano fuerte los ha de [b]echar de su tierra.
2 Habló Dios a Moisés y le dijo: Yo soy JEHOVÁ;
3 y me aparecí a [a]Abraham, a Isaac [b]y a Jacob con *el nombre de* Dios Omnipotente, pero con mi [c]nombre JEHOVÁ no me di a conocer a ellos.
4 Y también establecí mi [a]convenio con ellos, de darles la tierra de Canaán, la tierra en que fueron forasteros y en la cual [b]peregrinaron.
5 Y asimismo yo he oído el gemido de los hijos de Israel, a quienes hacen servir los egipcios, y me he acordado de mi convenio.
6 Por tanto, dirás a los hijos de Israel: Yo soy Jehová; y yo os sacaré de debajo de las pesadas cargas de Egipto, y os libraré de

19 *a* Expresión idiomática en hebreo que significa "se dieron cuenta de que estaban en dificultades".
22 *a* DyC 121:1–6.
6 1 *a* HEB por la fuerza; es decir, por motivo del poder del Señor.
b Éx. 12:30–33.
3 *a* Abr. 2:6–12.
b TJS Éx. 6:3 …y a Jacob. *Yo soy el Señor* Dios Omnipotente; JEHOVÁ el Señor. *¿Y no era mi nombre* conocido *a* ellos?
c Jer. 16:21.
4 *a* Gén. 17:4–12.
b HEB habitaron.

su servidumbre y os redimiré con brazo extendido y con grandes juicios.

7 Y os tomaré como mi [a]pueblo y seré vuestro [b]Dios; y vosotros [c]sabréis que yo soy Jehová vuestro Dios, que os sacó de debajo de las pesadas cargas de Egipto.

8 Y os llevaré a la tierra por la cual alcé mi mano *jurando* que la daría a Abraham, a Isaac y a Jacob; y yo os la daré por heredad. Yo Jehová.

9 De esta manera habló Moisés a los hijos de Israel; mas ellos no escuchaban a Moisés a causa de la congoja de espíritu y de la dura servidumbre.

10 Y habló Jehová a Moisés, diciendo:

11 Ve y habla a Faraón, rey de Egipto, para que deje ir de su tierra a los hijos de Israel.

12 Y respondió Moisés delante de Jehová, diciendo: He aquí, los hijos de Israel no me escuchan. ¿Cómo, pues, me escuchará Faraón, siendo yo [a]incircunciso de labios?

13 Entonces Jehová habló a Moisés y a Aarón, y les dio [a]mandamiento para los hijos de Israel y para Faraón, rey de Egipto, para que sacasen a los hijos de Israel de la tierra de Egipto.

14 Éstos son los jefes de las casas paternas: Los hijos de Rubén, el primogénito de Israel: Hanoc, y Falú, y Hezrón y Carmi. Éstas son las familias de Rubén.

15 Los hijos de Simeón: Jemuel, y Jamín, y Ohad, y Jaquín, y Zoar y Saúl, hijo de una cananea; éstas son las familias de Simeón.

16 Y éstos son los nombres de los hijos de Leví por sus generaciones: Gersón, y Coat y Merari. Y los años de la vida de Leví fueron ciento treinta y siete años.

17 Y los hijos de Gersón: Libni y Simei, por sus familias.

18 Y los hijos de Coat: Amram, e Izhar, y Hebrón y Uziel. Y los años de la vida de Coat fueron ciento treinta y tres años.

19 Y los hijos de Merari: Mahli y Musi. Éstas son las familias de Leví por sus generaciones.

20 Y [a]Amram tomó por esposa a Jocabed, su tía, la cual dio a luz a Aarón y a Moisés. Y los años de la vida de Amram fueron ciento treinta y siete años.

21 Y los hijos de Izhar: Coré, y Nefeg y Zicri.

22 Y los hijos de [a]Uziel: Misael, y Elzafán y Sitri.

23 Y tomó Aarón por esposa a Elisabet, hija de Aminadab, hermana de Naasón, la cual dio a luz a Nadab, y a Abiú, y a Eleazar y a Itamar.

24 Y los hijos de Coré: Asir, y Elcana y Abiasaf. Éstas son las familias de los coreítas.

25 Y Eleazar hijo de Aarón tomó para sí esposa de las hijas de Futiel, la cual dio a luz a Finees. Y éstos son los jefes de los padres de los levitas por sus familias.

26 Éste es aquel Aarón y aquel Moisés, a los cuales Jehová dijo:

---

7 *a* GEE Escogido.
b Éx. 29:45–46.
c 1 Ne. 17:13.
12 *a* *Es decir,* torpe de labios.
13 *a* GEE Mayordomía, mayordomo.
20 *a* Éx. 2:1–2; 1 Cró. 6:1–3.
22 *a* Lev. 10:4.

Sacad a los hijos de Israel de la tierra de Egipto según sus ejércitos.

27 Éstos son los que hablaron a Faraón, rey de Egipto, para sacar de Egipto a los hijos de Israel. Moisés y Aarón fueron éstos.

28 Cuando Jehová habló a Moisés en la tierra de Egipto,

29 entonces Jehová habló a Moisés, diciendo: Yo soy JEHOVÁ; di a Faraón, rey de Egipto, todas las cosas que yo te diga a ti.

30 Y Moisés respondió delante de Jehová: He aquí, yo soy [a]incircunciso de labios, ¿cómo, pues, me ha de oír Faraón?

CAPÍTULO 7

Se asigna a Moisés dar la palabra del Señor a Faraón — Jehová multiplicará las señales y maravillas en Egipto — La vara de Aarón se convierte en serpiente — El río se torna en sangre — Los hechiceros imitan los milagros de Moisés y de Aarón.

Y JEHOVÁ dijo a Moisés: Mira, yo te he constituido [a]dios para Faraón, y tu hermano Aarón será tu [b]profeta.

2 Tú dirás todas las cosas que yo te [a]mande, y Aarón, tu hermano, hablará a Faraón para que deje ir de su tierra a los hijos de Israel.

3 [a]Y yo endureceré el corazón de Faraón y multiplicaré en la tierra de Egipto mis señales y mis [b]maravillas.

4 [a]Y Faraón no os oirá; pero yo pondré mi mano sobre Egipto y sacaré de la tierra de Egipto a mis [b]huestes, a mi pueblo, los hijos de Israel, con grandes juicios.

5 Y sabrán los egipcios que [a]yo soy Jehová, cuando extienda mi mano sobre Egipto y saque a los hijos de Israel de en medio de ellos.

6 Y Moisés y Aarón hicieron como Jehová les mandó; así lo hicieron.

7 Y era Moisés de edad de ochenta años y Aarón de edad de ochenta y tres, cuando hablaron a Faraón.

8 Y habló Jehová a Moisés y a Aarón, diciendo:

9 Si Faraón os responde diciendo: [a]Mostrad un [b]milagro, dirás a Aarón: Toma tu vara y échala delante de Faraón, para que se convierta en serpiente.

10 Fueron, pues, Moisés y Aarón ante Faraón e hicieron como Jehová lo había mandado. Y echó Aarón su vara delante de Faraón y de sus siervos, y se convirtió en serpiente.

11 Entonces llamó también

30 *a* TJS Éx. 6:29 …*tartamudo de lengua, y tardo en el habla;* ¿cómo, pues…?

7 1 *a* *O sea,* como un dios. TJS Éx. 7:1 …*profeta…* Moisés 1:25–26.
b TJS Éx. 7:1 …*portavoz.* GEE Aarón, hermano de Moisés; Profeta; Vidente.

2 *a* GEE Autoridad.

3 *a* TJS Éx. 7:3 Y *Faraón* endurecerá *su* corazón, *como te he dicho;* y *tú multiplicarás* mis señales…
b GEE Milagros.

4 *a* *O sea,* si Faraón no os escuchare, entonces…
b DyC 105:26–27, 31–32.

5 *a* Neh. 9:6–10.

9 *a* *O sea,* haced un milagro.
b GEE Señal.

Faraón a sabios y a [a]hechiceros, e hicieron también lo mismo los hechiceros de Egipto con sus encantamientos;

12 pues echó cada uno su vara, las cuales se volvieron serpientes; pero la vara de Aarón devoró las varas de ellos.

13 [a]Y el corazón de Faraón se endureció, y no los escuchó, como Jehová lo había dicho.

14 Entonces Jehová dijo a Moisés: El corazón de Faraón está endurecido, y no quiere dejar ir al pueblo.

15 Ve por la mañana a Faraón, he aquí que él sale al río; y tú ponte a la orilla del río delante de él, y toma en tu mano la [a]vara que se volvió serpiente

16 y dile: [a]Jehová, el Dios de los hebreos, me ha enviado a ti, diciendo: Deja ir a mi pueblo para que me [b]sirvan en el desierto; y he aquí que hasta ahora no has querido oír.

17 Así ha dicho Jehová: En esto conocerás que yo soy Jehová: He aquí, yo golpearé con la vara que tengo en mi mano el agua que está en el [a]río, y se convertirá en [b]sangre.

18 Y los peces que hay en el río morirán, y hederá el río, y los egipcios tendrán asco de beber el agua del río.

19 Y Jehová dijo a Moisés: Di a Aarón: Toma tu vara y extiende tu mano sobre las aguas de Egipto, sobre sus ríos, sobre sus arroyos y sobre sus estanques, y sobre todos sus depósitos de agua, para que se conviertan en [a]sangre, y haya sangre por toda la región de Egipto, así en los vasos de madera como en los de piedra.

20 Y Moisés y Aarón hicieron como Jehová lo mandó; y alzando la vara, golpeó las aguas que había en el río, en presencia de Faraón y de sus siervos, y todas las aguas que había en el río se convirtieron en sangre.

21 Asimismo, los peces que había en el río murieron; y el río se corrompió, tanto que los egipcios no podían beber de él; y hubo sangre por toda la tierra de Egipto.

22 Y los hechiceros de Egipto hicieron lo mismo con sus encantamientos; y el [a]corazón de Faraón se endureció, y no los escuchó, como Jehová lo había dicho.

23 Y se dio vuelta Faraón y entró en su casa, y [a]no puso su corazón tampoco en esto.

24 Y en todo Egipto hicieron pozos alrededor del río para beber, porque no podían beber de las aguas del río.

25 Y se cumplieron siete días después de que Jehová hirió el río.

---

11 *a* GEE Supercherías sacerdotales.
13 *a* TJS Éx. 7:13 Y *Faraón* endureció *su* corazón…
15 *a* Éx. 4:17.
16 *a* GEE Jehová.
b GEE Adorar.
17 *a* *O sea,* el Nilo (véanse también los vers. 18, 20–21, 24–25).
b DyC 43:24–26. GEE Maldecir, maldiciones.
19 *a* Éx. 4:9.
22 *a* Éx. 8:18–19.
23 *a* Expresión idiomática en hebreo que significa "no prestó atención tampoco a eso".

CAPÍTULO 8

Jehová envía plagas de ranas, de piojos y de moscas sobre Egipto — Faraón endurece su corazón.

ENTONCES Jehová dijo a Moisés: Preséntate ante Faraón y dile: Jehová ha dicho así: Deja ir a mi pueblo para que me [a]sirva.
2 Y si no quieres dejarlo ir, he aquí yo infestaré de ranas todos tus territorios.
3 Y el río criará ranas, las cuales subirán y entrarán en tu casa, y en la cámara donde está tu cama, y sobre tu cama, y en las casas de tus siervos, y en tu pueblo, y en tus hornos y en tus artesas.
4 Y las ranas subirán sobre ti, y sobre tu pueblo y sobre todos tus siervos.
5 Y Jehová dijo a Moisés: Di a Aarón: Extiende tu mano con tu vara sobre los ríos, arroyos y estanques, para que haga subir ranas sobre la tierra de Egipto.
6 Entonces Aarón extendió su mano sobre las aguas de Egipto, y subieron [a]ranas que cubrieron la tierra de Egipto.
7 Y los hechiceros hicieron lo mismo con sus encantamientos, e hicieron subir ranas sobre la tierra de Egipto.
8 Entonces Faraón llamó a Moisés y a Aarón y les dijo: Orad a Jehová para que quite las ranas de mí y de mi pueblo, y dejaré ir al pueblo para que ofrezca sacrificios a Jehová.
9 Y dijo Moisés a Faraón: Dígnate decirme cuándo he de orar por ti, y por tus siervos y por tu pueblo, para que las ranas sean quitadas de ti y de tus casas, y que solamente se queden en el río.
10 Y él dijo: Mañana. Y Moisés respondió: Se hará conforme a tu palabra, para que conozcas que [a]no hay [b]como [c]Jehová, nuestro Dios.
11 Y las ranas se irán de ti, y de tus casas, y de tus siervos y de tu pueblo, y solamente se quedarán en el río.
12 Entonces salieron Moisés y Aarón de la presencia de Faraón, y clamó Moisés a Jehová acerca de las ranas que había mandado sobre Faraón.
13 E hizo Jehová conforme a la palabra de Moisés, y murieron las ranas de las casas, de las aldeas y de los campos.
14 Y las juntaron en montones, y apestaba la tierra.
15 Pero al ver Faraón que le habían dado reposo, [a]endureció su corazón y no los escuchó, tal como Jehová lo había dicho.
16 Entonces Jehová dijo a Moisés: Di a Aarón: Extiende tu vara y golpea el polvo de la tierra, para que se convierta en piojos por todo el país de Egipto.
17 Y ellos lo hicieron así; y Aarón extendió su mano con su vara y golpeó el polvo de la tierra, el cual se convirtió en piojos, así en los hombres como en las bestias; todo el polvo de la tierra se

8 1 *a* Éx. 3:12, 18.
6 *a* Sal. 105:29–30.
10 *a* DyC 76:1–4.
b Isa. 46:9–10.
c GEE Omnipotente.
15 *a* 1 Sam. 6:6.

convirtió en piojos en todo el país de Egipto.

18 Y los hechiceros hicieron así también, para [a]sacar piojos con sus encantamientos, pero no pudieron. Y había piojos así en los hombres como en las bestias.

19 Entonces los hechiceros dijeron a Faraón: [a]Dedo de Dios es éste. Mas el corazón de Faraón se endureció, y no los escuchó, tal como Jehová lo había dicho.

20 Y Jehová dijo a Moisés: Levántate de mañana y ponte delante de Faraón, cuando él salga al río, y dile: Jehová ha dicho así: Deja ir a mi pueblo para que me sirva.

21 Porque si no dejas ir a mi pueblo, he aquí yo enviaré sobre ti, y sobre tus siervos, y sobre tu pueblo y sobre tus casas nubes de moscas; y las casas de los egipcios se llenarán de nubes de moscas, y asimismo la tierra donde ellos estén.

22 Y aquel día yo apartaré la tierra de Gosén, en la cual habita mi pueblo, para que ninguna clase de moscas haya en ella, a fin de que sepas que yo soy Jehová en medio de la tierra.

23 Y yo haré distinción entre mi pueblo y el tuyo. Mañana será esta señal.

24 Y Jehová lo hizo así, y vinieron nubes de moscas molestísimas sobre la casa de Faraón, y sobre las casas de sus siervos y sobre todo el país de Egipto; y la tierra fue devastada a causa de ellas.

25 Entonces Faraón llamó a Moisés y a Aarón y les dijo: Andad, ofreced sacrificios a vuestro Dios aquí en el país.

26 Y Moisés respondió: No conviene que hagamos así, porque ofreceríamos como sacrificio a Jehová, nuestro Dios, [a]la abominación de los egipcios. He aquí, si sacrificáramos la abominación de los egipcios delante de ellos, ¿no nos apedrearían?

27 Camino de tres días iremos por el desierto y ofreceremos sacrificios a Jehová, nuestro Dios, como él nos mande.

28 Y dijo Faraón: Yo os dejaré ir para que ofrezcáis sacrificios a Jehová, vuestro Dios, en el desierto, con tal que no vayáis más lejos; orad por mí.

29 Y respondió Moisés: He aquí, al salir yo de tu presencia, rogaré a Jehová que las diversas clases de moscas se vayan de Faraón, y de sus siervos y de su pueblo mañana, con tal que Faraón no nos engañe más, no dejando ir al pueblo a ofrecer sacrificios a Jehová.

30 Entonces Moisés salió de la presencia de Faraón y oró a Jehová.

31 Y Jehová hizo conforme a la palabra de Moisés y quitó todas aquellas moscas de Faraón, y de sus siervos y de su pueblo, sin que quedara ni una.

32 Mas Faraón endureció también esta vez su corazón y no dejó ir al pueblo.

18 *a* *O sea,* eliminar los piojos.

19 *a* Hech. 10:38; Alma 23:6.

26 *a* *O sea,* las cosas abominables.

CAPÍTULO 9

Jehová destruye el ganado de los egipcios, pero no el de los israelitas — Se envían sarpullido y úlceras sobre los egipcios — Jehová envía granizo y fuego sobre el pueblo de Faraón, mas no sobre el pueblo de Israel.

ENTONCES Jehová dijo a Moisés:
Ve a Faraón y dile: Jehová, el Dios
de los hebreos, dice así: Deja ir a
mi pueblo para que me sirva,
2 porque si no quieres dejarlo ir
y lo sigues deteniendo,
3 he aquí, la mano de Jehová
traerá una pestilencia gravísima
sobre tus ganados que están en
el campo, sobre caballos, asnos,
camellos, vacas y ovejas.
4 Y Jehová hará separación entre los ganados de Israel y los de
Egipto, de modo que nada muera
de todo lo que pertenece a los
hijos de Israel.
5 Y Jehová señaló un plazo, diciendo: Mañana hará Jehová esta
cosa en la tierra.
6 Y al día siguiente Jehová hizo
aquello, y murió todo el ganado
de Egipto; mas del ganado de los
hijos de Israel no murió ni uno.
7 Entonces Faraón envió a averiguar, y he aquí que del ganado
de los hijos de Israel no había
muerto ni uno. Mas el corazón
de Faraón se endureció, y no dejó
ir al pueblo.
8 Y Jehová dijo a Moisés y a
Aarón: Tomad puñados de ceniza de un horno, y la esparcirá
Moisés hacia el cielo delante de
Faraón;
9 y vendrá a ser polvo sobre toda
la tierra de Egipto, el cual ocasionará [a]sarpullido que cause úlceras en los hombres y en las bestias
por todo el país de Egipto.
10 Y tomaron la ceniza del horno
y se pusieron delante de Faraón;
y la esparció Moisés hacia el cielo,
y vino un sarpullido que causaba úlceras, tanto en los hombres como en las bestias.
11 Y los hechiceros no podían
estar delante de Moisés a causa
de las úlceras, porque hubo sarpullido en los hechiceros y en
todos los egipcios.
12 [a]Y Jehová endureció el corazón de Faraón, y no los oyó,
tal como Jehová lo había dicho
a Moisés.
13 Entonces Jehová dijo a Moisés: Levántate de mañana, y
ponte delante de Faraón y dile:
Jehová, el Dios de los hebreos,
dice así: Deja ir a mi pueblo para
que me sirva.
14 Porque yo enviaré esta vez
todas mis plagas a tu corazón, sobre tus siervos y sobre tu pueblo,
para que entiendas que no hay
otro como yo en toda la tierra.
15 Porque ahora yo extenderé
mi mano para herirte a ti y a tu
pueblo con pestilencia, y serás
quitado de la tierra.
16 Y a la [a]verdad, yo te he
[b]puesto para mostrar en ti mi
poder y para que mi [c]nombre sea
[d]proclamado en toda la tierra.
17 ¿Todavía te [a]ensalzas tú

9 9 *a O sea,* furúnculos.
12 *a* TJS Éx. 9:12 Y *Faraón* endureció *su* corazón…
16 *a* Rom. 9:17.
b O sea, permitido permanecer.
c Ezeq. 20:8–9.
d GEE Predicar.

contra mi pueblo para no dejarlos ir?
18 He aquí que mañana a estas horas yo haré llover [a]granizo muy pesado, cual nunca ha habido en Egipto, desde el día en que se fundó hasta ahora.
19 Envía, pues, a recoger tu ganado y todo lo que tienes en el campo, porque el granizo descenderá sobre todo hombre o animal que se hallare en el campo y no fuere recogido en casa, y morirá.
20 De los siervos de Faraón, el que temió la palabra de Jehová hizo huir sus criados y su ganado a casa;
21 pero el que no puso en su corazón la palabra de Jehová, dejó a sus criados y sus ganados en el campo.
22 Y Jehová dijo a Moisés: Extiende tu mano hacia el cielo para que caiga granizo en toda la tierra de Egipto sobre los hombres, y sobre las bestias y sobre toda la hierba del campo en el país de Egipto.
23 Y Moisés extendió su vara hacia el cielo, y Jehová hizo tronar y granizar, y el fuego se descargó sobre la tierra; y Jehová hizo llover granizo sobre la tierra de Egipto.
24 Hubo, pues, granizo, y fuego mezclado con el granizo, tan grande cual nunca hubo en toda la tierra de Egipto desde que fue habitada.
25 Y aquel granizo hirió en toda la tierra de Egipto todo lo que estaba en el campo, así hombres como bestias; asimismo destrozó el granizo toda la hierba del campo, y desgajó todos los árboles del país.
26 Solamente en la tierra de Gosén, donde estaban los hijos de Israel, no hubo granizo.
27 Entonces Faraón envió a llamar a Moisés y a Aarón y les dijo: He pecado esta vez; Jehová es justo, y yo y mi pueblo, impíos.
28 Orad a Jehová para que cesen los truenos de Dios y el granizo; y yo os dejaré ir, y no os detendréis más.
29 Y le respondió Moisés: Al salir yo de la ciudad, extenderé mis manos a Jehová, y los truenos cesarán, y no habrá más granizo, para que sepas que [a]de Jehová es la [b]tierra.
30 Pero yo sé que ni tú ni tus siervos temeréis todavía la presencia de Jehová Dios.
31 El lino, pues, y la cebada fueron destrozados, porque la cebada estaba ya espigada y el lino en flor.
32 Mas el trigo y el centeno no fueron destrozados, porque eran tardíos.
33 Y cuando Moisés hubo salido de la presencia de Faraón y de la ciudad, extendió las manos a Jehová, y cesaron los truenos y el granizo; y la lluvia no cayó más sobre la tierra.
34 Y al ver Faraón que la lluvia y el granizo y los truenos habían cesado, volvió a pecar, y

17 *a* Éx. 5:2; 10:3. GEE Orgullo.
18 *a* Josué 10:11; Apoc. 16:21; DyC 29:16–17.
29 *a* DyC 67:2.
b GEE Tierra—Se creó para el hombre.

endurecieron su corazón él y sus
siervos.
35 Y el corazón de Faraón se endureció, y no dejó ir a los hijos de
Israel, tal como Jehová lo había
dicho por medio de Moisés.

CAPÍTULO 10

Jehová envía una plaga de langostas — Ésta es seguida por densas tinieblas sobre todo Egipto durante tres días — Moisés es echado de la presencia de Faraón.

Y JEHOVÁ dijo a Moisés: Preséntate ante Faraón, [a]porque yo he
endurecido su corazón y el corazón de sus siervos, para mostrar
entre ellos éstas mis señales;
2 y para que [a]cuentes a tus hijos y a tus nietos las cosas que yo
hice en Egipto, y las señales que
realicé entre ellos, y para que sepáis que yo soy Jehová.
3 Entonces fueron Moisés y Aarón a Faraón y le dijeron: Jehová,
el Dios de los hebreos, ha dicho
así: ¿Hasta cuándo no querrás
[a]humillarte delante de mí? Deja ir
a mi pueblo para que me sirva.
4 Y si aún rehúsas dejarlo ir, he
aquí que mañana yo traeré langosta sobre tu territorio,
5 la cual cubrirá la faz de la tierra, de modo que no pueda verse
la tierra; y ella comerá lo que [a]se
salvó, lo que os haya quedado
del granizo; comerá asimismo
todo árbol que os produce *fruto*
en el campo.
6 Y llenarán tus casas, y las casas
de todos tus siervos y las casas
de todos los egipcios, cual nunca
vieron tus padres ni tus abuelos,
desde que ellos existieron sobre
la tierra hasta hoy. Y se volvió y
salió de la presencia de Faraón.
7 Entonces los siervos de Faraón
le dijeron: ¿Hasta cuándo será
éste una [a]trampa para nosotros?
Deja ir a estos hombres para que
sirvan a Jehová, su Dios. ¿Todavía no sabes que Egipto está
destruido?
8 Y Moisés y Aarón volvieron a
ser llamados ante Faraón, el cual
les dijo: Andad, servid a Jehová,
vuestro Dios. ¿Quiénes son los
que han de ir?
9 Y Moisés respondió: Hemos de
ir con nuestros niños y con nuestros viejos, con nuestros hijos y
con nuestras hijas; con nuestras
ovejas y con nuestras vacas hemos de ir, porque tenemos que celebrar fiesta [a]solemne a Jehová.
10 Y él les dijo: ¡Así sea Jehová
con vosotros si os dejo ir a vosotros y a vuestros niños! ¡Mirad cómo [a]el mal está delante de
vuestro rostro!
11 No será así. Id ahora vosotros
los varones y servid a Jehová,
pues esto es lo que vosotros pedisteis. Y los echaron de la presencia de Faraón.

10 1 *a* TJS Éx. 10:1 …porque *él ha* endurecido su corazón, y el corazón de sus siervos, *por tanto, mostraré* entre ellos éstas mis señales;…
2 *a* GEE Enseñar.
3 *a* Éx. 9:17. GEE Humildad, humilde, humillar (afligir).
5 *a* Éx. 9:31–32.
7 *a* GEE Maldecir, maldiciones.
9 *a* Éx. 5:1.
10 *a* Expresión idiomática en hebreo que significa "tenéis malas intenciones".

12 Entonces Jehová dijo a Moisés: Extiende tu mano sobre la tierra de Egipto para traer la langosta, a fin de que suba sobre el país de Egipto y consuma todo lo que el granizo dejó.

13 Y extendió Moisés su vara sobre la tierra de Egipto, y Jehová envió un viento oriental sobre el país todo aquel día y toda aquella noche; y a la mañana el viento oriental trajo la langosta.

14 Y subió la langosta sobre toda la tierra de Egipto y se asentó en todo el territorio de Egipto, en gran cantidad. Nunca antes de ella hubo semejante plaga de langosta, ni después de ella habrá otra igual.

15 Y cubrió la faz de todo el país, y se oscureció la tierra; y consumió toda la hierba de la tierra y todo el fruto de los árboles que había dejado el granizo; y no quedó cosa verde en los árboles ni en la hierba del campo en toda la tierra de Egipto.

16 Entonces Faraón hizo llamar aprisa a Moisés y a Aarón y dijo: He pecado contra Jehová, vuestro Dios, y contra vosotros.

17 Mas ruego ahora que perdones mi pecado esta vez, y que oréis a Jehová, vuestro Dios, para que solamente quite de mí esta muerte.

18 Y salió Moisés de la presencia de Faraón y oró a Jehová.

19 Entonces Jehová envió un viento occidental fortísimo y quitó la langosta y la arrojó al [a]Mar Rojo; ni una langosta quedó en todo el territorio de Egipto.

20 [a]Mas Jehová endureció el corazón de Faraón, y éste no dejó ir a los hijos de Israel.

21 Y Jehová dijo a Moisés: Extiende tu mano hacia el cielo, para que haya tinieblas sobre la tierra de Egipto, tan densas que cualquiera las [a]palpe.

22 Y extendió Moisés su mano hacia el cielo, y hubo densas tinieblas tres días por toda la tierra de Egipto.

23 Ninguno vio a su prójimo, ni nadie se levantó de su lugar en tres días; mas todos los hijos de Israel tenían luz en sus habitaciones.

24 Entonces Faraón hizo llamar a Moisés y dijo: Id, servid a Jehová; solamente queden vuestras ovejas y vuestras vacas; vayan también vuestros niños con vosotros.

25 Y Moisés respondió: Tú también nos [a]entregarás sacrificios y holocaustos para que ofrezcamos sacrificios a Jehová, nuestro Dios.

26 Nuestros ganados irán también con nosotros; no quedará ni una pezuña, porque de ellos hemos de tomar para servir a Jehová, nuestro Dios; y no sabemos con qué hemos de servir a Jehová, hasta que lleguemos allá.

27 [a]Mas Jehová endureció el corazón de Faraón, y éste no quiso dejarlos ir.

28 Y le dijo Faraón: Retírate de mí. Guárdate de volver a ver mi

19 *a* GEE Mar Rojo.
20 *a* TJS Éx. 10:20 Mas *Faraón* endureció *su* corazón…
21 *a* 3 Ne. 8:20.
25 *a* HEB darás.
27 *a* TJS Éx. 10:27 Mas *Faraón* endureció *su* corazón…

rostro, porque el día en que veas mi rostro, morirás.
29 Y Moisés respondió: Bien has dicho; no veré más tu rostro.

CAPÍTULO 11

Se autoriza a los israelitas, en su partida, a pedir alhajas y oro a sus vecinos — Jehová promete matar al primogénito de todo hogar egipcio — Jehová diferencia entre los egipcios y los israelitas.

Y JEHOVÁ dijo a Moisés: Una plaga más traeré sobre Faraón y sobre Egipto; después de la cual él os dejará ir de aquí, y ciertamente os [a]echará de aquí del todo.
2 Habla ahora al pueblo, y que cada uno pida a su vecino y cada una a su vecina objetos de plata y de oro.
3 Y Jehová dio [a]gracia al pueblo ante los ojos de los egipcios. También Moisés era considerado un gran hombre en la tierra de Egipto, a los ojos de los siervos de Faraón y a los ojos del pueblo.
4 Y dijo Moisés: Jehová ha dicho así: A la media noche yo pasaré por en medio de Egipto,
5 y morirá todo primogénito en la tierra de Egipto, desde el [a]primogénito de Faraón que se sienta en su trono, hasta el primogénito de la sierva que está tras el molino, y todo primogénito de las bestias.
6 Y habrá gran clamor por toda la tierra de Egipto, cual nunca hubo ni jamás habrá.
7 Pero contra todos los hijos de Israel, desde el hombre hasta la bestia, ni un perro moverá su lengua, para que sepáis que Jehová hará [a]diferencia entre los egipcios y los israelitas.
8 Y descenderán a mí todos éstos tus siervos, e inclinados delante de mí dirán: Sal tú, y todo el pueblo que te sigue; y después de esto yo saldré. Y salió muy [a]enojado de la presencia de Faraón.
9 Y Jehová dijo a Moisés: Faraón no os oirá, para que mis maravillas se multipliquen en la tierra de Egipto.
10 Y Moisés y Aarón hicieron todos estos prodigios delante de Faraón; [a]mas Jehová había endurecido el corazón de Faraón, y éste no dejó salir a los hijos de Israel fuera de su país.

CAPÍTULO 12

Jehová instituye la Pascua y la Fiesta de los Panes sin Levadura — Los corderos que se sacrifican han de ser sin defecto — Israel es salvo por la sangre de ellos — Muere el primogénito de todo egipcio — Israel es expulsado de Egipto después de 430 años — Ningún hueso del cordero de la Pascua será quebrado.

Y HABLÓ Jehová a Moisés y a

11 1 *a* Éx. 12:39.
3 *a* Gén. 15:12–14; Éx. 3:21–22.
5 *a* Éx. 4:21–23.
7 *a* 1 Ne. 17:32–38.
8 *a* GEE Enojo.
10 *a* TJS Éx. 11:10 Y *Faraón* endureció *su* corazón…

Aarón en la tierra de Egipto, diciendo:

2 Este [a]mes os será principio de los meses; éste será para vosotros el primero de los meses del año.

3 Hablad a toda la congregación de Israel, diciendo: El diez de este mes tomará cada uno un cordero según las familias de los padres, un cordero por familia.

4 Mas si la familia fuere pequeña que no baste para comer el cordero, entonces tomará uno con su vecino inmediato a su casa; según el número de las personas, cada uno conforme a su [a]comer, haréis la cuenta sobre el cordero.

5 El [a]cordero será sin defecto, macho de un año; lo tomaréis de las ovejas o de las cabras.

6 Y lo guardaréis hasta el [a]día catorce de este mes, y lo inmolará toda la congregación del pueblo de Israel al atardecer.

7 Y tomarán de la sangre y la pondrán en los dos postes y en el dintel de las casas en que lo han de comer.

8 Y esa noche comerán la carne asada al fuego y panes sin levadura; con hierbas amargas lo comerán.

9 Ninguna cosa comeréis de él cruda, ni cocida en agua, sino asada al fuego, con su cabeza, sus piernas y sus entrañas.

10 Ninguna cosa [a]dejaréis de él hasta la mañana; y lo que quede hasta la mañana, lo quemaréis en el fuego.

11 Y así habréis de comerlo: [a]ceñidos vuestros lomos, calzados vuestros pies y vuestro báculo en la mano; y lo comeréis [b]apresuradamente. Es la Pascua de Jehová.

12 Pues yo pasaré esa noche por la tierra de Egipto y heriré de muerte a todo [a]primogénito en la tierra de Egipto, tanto de los hombres como de las bestias; y ejecutaré mis [b]juicios contra todos los [c]dioses de Egipto. Yo Jehová.

13 Y la sangre os será por señal en las casas donde vosotros estéis; y veré la sangre y pasaré de vosotros, y no habrá en vosotros plaga de mortandad cuando hiera la tierra de Egipto.

14 Y habréis de [a]conmemorar este día, y lo celebraréis como fiesta [b]solemne a Jehová durante vuestras generaciones; por estatuto perpetuo lo celebraréis.

15 Siete días comeréis panes sin levadura; y así el primer día haréis que no haya levadura en vuestras casas, porque cualquiera que comiere algo leudado desde el primer día hasta el séptimo, aquella alma será [a]talada de Israel.

16 El primer día habrá santa [a]convocación, y asimismo en el

12 2 *a* Éx. 34:18.
4 *a* *Es decir,* lo que cada persona coma. Éx. 16:16.
5 *a* GEE Expiación, expiar; Jesucristo—Simbolismos o símbolos de Jesucristo; Cordero de Dios.
6 *a* Lev. 23:4–5; Núm. 9:1–5.
10 *a* Éx. 34:25.
11 *a* Isa. 11:5; DyC 27:15–18.
b Deut. 16:2–3.
12 *a* GEE Primogénito.
b GEE Juicio, juzgar.
c Abr. 1:6–14. GEE Idolatría.
14 *a* Éx. 13:9.
b 1 Cor. 5:8.
15 *a* GEE Excomunión.
16 *a* *O sea,* asamblea.

[b]séptimo día tendréis una santa
convocación; ninguna obra se
hará en ellos, excepto solamente
que preparéis lo que cada cual
deba comer.
17 Y guardaréis la [a]*fiesta de* los
panes sin levadura, porque en
ese mismo día saqué vuestras
huestes de la tierra de Egipto;
por tanto, guardaréis este día a
través de vuestras generaciones
por estatuto perpetuo.
18 En el *mes* primero comeréis
los panes sin levadura, desde
el día catorce del mes al atardecer hasta el veintiuno del mes al
atardecer.
19 Durante siete días no se hallará levadura en vuestras casas,
porque cualquiera que comiere
algo leudado, así [a]extranjero
como natural del país, aquella
alma será talada de la congregación de Israel.
20 Ninguna cosa leudada comeréis; en todo lugar donde habitéis
comeréis panes sin levadura.
21 Y Moisés convocó a todos
los ancianos de Israel y les dijo:
Sacad y tomad [a]corderos para
vuestras [b]familias, y sacrificad la
[c]pascua.
22 Y tomad un manojo de hisopo
y mojadlo en la sangre que estará
en una vasija, y untad el dintel y
los dos postes con la [a]sangre que
estará en la vasija; y ninguno de
vosotros salga de las puertas de
su casa hasta la mañana.
23 Porque Jehová pasará hiriendo
a los egipcios; y cuando vea la sangre en el dintel y en los dos postes,
Jehová pasará de largo por aquella
puerta y no dejará entrar al [a]heri-
dor en vuestras casas para herir.
24 Y guardaréis esto por estatuto
para vosotros y para vuestros hijos para siempre.
25 Y acontecerá que, cuando
entréis en la tierra que Jehová os
dará, como ha prometido, guardaréis este rito.
26 Y cuando os dijeren vuestros
[a]hijos: ¿Qué significa este rito
para vosotros?,
27 vosotros responderéis: Es el
[a]sacrificio de la Pascua de Jehová,
quien pasó de largo por las casas
de los hijos de Israel en Egipto,
cuando hirió a los egipcios y
[b]libró nuestras casas. Entonces el
pueblo se inclinó y adoró.
28 Y los hijos de Israel fueron e
hicieron puntualmente así, como
Jehová había [a]mandado a Moisés
y a Aarón.
29 Y aconteció que a la medianoche Jehová [a]hirió a todo [b]pri-
mogénito en la tierra de Egipto,
desde el primogénito de Faraón
que se sentaba sobre su trono
hasta el primogénito del cautivo
que estaba en la cárcel, y todo
primogénito de los animales.

16 *b* GEE Día de reposo.
17 *a* GEE Pascua.
19 *a* *O sea,* el peregrino (véanse también los vers. 43, 48–49).
21 *a* Alma 34:9–14. GEE Cordero de Dios.
b GEE Familia.
c *Es decir,* el cordero de la Pascua. GEE Jesucristo—Simbolismos o símbolos de Jesucristo; Salvador.
22 *a* 2 Cró. 30:15–17; Heb. 11:28.
23 *a* HEB destructor. DyC 89:21. GEE Destructor.
26 *a* Deut. 6:20–25.
27 *a* GEE Sacrificios.
b GEE Libertador.
28 *a* GEE Palabra de Dios.
29 *a* Éx. 13:15.
b Núm. 8:17–18. GEE Primogénito.

30 Y se levantó aquella noche Faraón, él y todos sus siervos y todos los egipcios; y hubo un gran clamor en Egipto, porque no había casa donde no hubiese algún [a]muerto.

31 E hizo llamar a Moisés y a Aarón de noche y les dijo: [a]Salid de en medio de mi pueblo vosotros y los hijos de Israel; e id, servid a Jehová, como habéis dicho.

32 Tomad también vuestras ovejas y vuestras vacas, como habéis dicho, e idos; y bendecidme también a mí.

33 Y los egipcios [a]apremiaban al pueblo, dándose prisa a echarlos de la tierra, porque decían: Todos moriremos.

34 Y llevó el pueblo su masa antes que leudase, con sus artesas de amasar envueltas en sábanas sobre los hombros.

35 E hicieron los hijos de Israel conforme a las instrucciones de Moisés, y pidieron a los egipcios alhajas de plata y de oro, y vestidos.

36 Y Jehová dio [a]gracia al pueblo ante los egipcios, y éstos les concedieron lo que pedían; así ellos despojaron a los egipcios.

37 Y [a]partieron los hijos de Israel [b]de Ramesés hacia Sucot, como [c]seiscientos mil hombres de a pie, sin *contar* los niños.

38 Y también subió con ellos gran multitud de [a]diversa clase de gente, y ovejas y muchísimo ganado.

39 Y cocieron [a]panes sin levadura de la masa que habían sacado de Egipto, pues no había leudado, por cuanto los echaron los egipcios y no habían podido detenerse ni para preparar [b]comida.

40 El tiempo que los hijos de Israel [a]habitaron en Egipto fue de cuatrocientos treinta años.

41 Y pasados los cuatrocientos treinta años, en el mismo día todas las huestes de Jehová salieron de la tierra de Egipto.

42 Es noche [a]de guardar para Jehová, por haberlos sacado *en ella* de la tierra de Egipto. Esta noche *deben* guardarla para Jehová todos los hijos de Israel a través de todas sus generaciones.

43 Y Jehová dijo a Moisés y a Aarón: Éste es el estatuto de la [a]Pascua: Ningún [b]extraño comerá de ella.

44 Mas todo siervo humano [a]comprado por dinero comerá de ella, después que lo hayas circuncidado.

45 El extranjero y el asalariado no comerán de ella.

46 En una casa se comerá, y no llevarás de aquella carne fuera

30 *a* GEE Muerte física.
31 *a* Éx. 6:1.
33 *a* Sal. 105:37–38.
36 *a* Gén. 15:13–14; Éx. 3:21–22.
37 *a* Deut. 26:8.
b Gén. 47:11.
c Núm. 1:1–46.
38 *a* HEB mezcla de muchos; es decir, de otras gentes. Neh. 13:1–3.
39 *a* GEE Pan de Vida.
b HEB provisiones.
40 *a* Gén. 15:13–16.
42 *a* HEB de vigilia para el Señor. Deut. 16:6.
43 *a* GEE Ordenanzas; Pascua.
b 3 Ne. 18:28–32.
44 *a* Gén. 17:12–13.

de la casa, ni [a]quebraréis [b]hueso
suyo.
47 Toda la congregación de Israel la celebrará.
48 Mas si algún extranjero peregrina contigo y quiere celebrar
la pascua para Jehová, que le sea
[a]circuncidado todo varón, y entonces se acercará a celebrarla,
y será como un [b]nativo del país;
pero ningún incircunciso comerá
de ella.
49 La misma ley será para el
nativo y para el extranjero que
peregrine entre vosotros.
50 Así lo hicieron todos los hijos de Israel; tal como mandó
[a]Jehová a Moisés y a Aarón, así
lo hicieron.
51 Y en aquel mismo día [a]sacó Jehová a los hijos de Israel de la tierra de Egipto por sus ejércitos.

CAPÍTULO 13

Todo primogénito de hombre o de bestias será consagrado a Jehová — La fiesta de los Panes sin Levadura ha de guardarse en la tierra de Canaán — Moisés saca de Egipto los huesos de José — Jehová guía a Israel en una columna de nube durante el día y en una columna de fuego durante la noche.

Y JEHOVÁ habló a Moisés,
diciendo:
2 Conságrame todo [a]primogénito, todo el que [b]abre [c]matriz
entre los hijos de Israel, tanto de
los hombres como de los animales, mío es.
3 Y Moisés dijo al pueblo: Tened
memoria de este día, en el cual
habéis salido de Egipto, de la
casa de servidumbre, pues Jehová
os ha sacado de aquí con mano
fuerte; por tanto, no comeréis
nada leudado.
4 Vosotros salís hoy, en el [a]mes
de [b]Abib.
5 Y cuando Jehová te haya llevado a la tierra del [a]cananeo,
y del heteo, y del amorreo, y
del heveo y del jebuseo, la cual
[b]juró a tus padres que te daría, tierra que destila leche y
miel, harás esta celebración en
este mes.
6 Siete días comerás pan sin leudar, y el séptimo día será fiesta
para Jehová.
7 Durante los siete días se comerán los panes sin levadura, y no
se verá contigo nada leudado, ni
levadura en todo tu territorio.
8 Y le contarás en aquel día a
tu hijo, diciendo: Se hace esto
con motivo de lo que Jehová
hizo conmigo cuando me sacó
de Egipto.
9 Y te será como una [a]señal en
tu mano y como un [b]recordatorio
delante de tus ojos, para que la
ley de Jehová esté en tu boca, por

46 *a* GEE Jesucristo—Simbolismos o símbolos de Jesucristo.
b Sal. 22:17; 34:20; Juan 19:31–36.
48 *a* GEE Circuncisión.
b Ezeq. 47:22.
50 *a* GEE Obediencia, obediente, obedecer.
51 *a* Mos. 7:19; Alma 36:27–29.
13 2 *a* Éx. 4:22; Núm. 3:13. GEE Primogénito.
b Éx. 34:19.
c Lucas 2:23.
4 *a* *Es decir,* el primer mes de la primavera.
b Éx. 12:2; Deut. 16:1.
5 *a* GEE Canaán, cananeo.
b Éx. 6:8.
9 *a* Éx. 12:14–17.
b Deut. 6:8; Mateo 23:5.

cuanto con mano fuerte te sacó
Jehová de Egipto.
10 Por tanto, tú guardarás este
rito [a]en su tiempo de año en
año.
11 Y cuando Jehová te haya
llevado a la tierra del [a]cananeo,
como te ha jurado a ti y a tus padres, y cuando te la haya dado,
12 dedicarás a Jehová [a]todo
aquel que abre la matriz, asimismo todo [b]primerizo que abre
la matriz de tus animales; los machos serán de Jehová.
13 Mas todo primogénito de
asno redimirás con un cordero;
y si no lo redimes, quebrarás su
cuello; asimismo redimirás a todo
primogénito de tus hijos.
14 Y cuando mañana te pregunte tu hijo, diciendo: ¿Qué es
esto?, le dirás: Jehová [a]nos sacó
con mano fuerte de Egipto, de la
casa de [b]servidumbre.
15 Y cuando Faraón se endureció al no dejarnos ir, Jehová
hizo morir en la tierra de Egipto
a todo primogénito, desde el
primogénito humano hasta el
primogénito de la bestia; y por
esta causa yo sacrifico para
Jehová todo primogénito macho y
redimo a todo primogénito de mis
hijos.
16 Te será, pues, como una señal en tu mano y por [a]frontales
delante de tus ojos, ya que Jehová
nos sacó de Egipto con mano
fuerte.
17 Y luego que Faraón dejó
ir al pueblo, Dios no los llevó
por el camino de la tierra de los
filisteos, que estaba cerca, porque dijo Dios: No sea que [a]se
arrepienta el pueblo cuando
vea la guerra y se vuelva a
Egipto.
18 Mas [a]hizo Dios que el pueblo
diera un rodeo por el camino del
desierto del Mar Rojo. Y subieron los hijos de [b]Israel de Egipto
[c]armados.
19 Tomó también consigo
Moisés los huesos de [a]José, el
que había hecho jurar a los hijos de Israel, diciendo: Dios
ciertamente os visitará, y haréis
subir mis [b]huesos de aquí con
vosotros.
20 Y partieron de [a]Sucot y acamparon en Etam, a la entrada del
desierto.
21 Y [a]Jehová iba delante de ellos,
de día en una columna de [b]nube
para [c]guiarlos por el camino, y de
noche en una [d]columna de fuego
para alumbrarlos, a fin de que anduviesen de día y de noche.
22 Nunca se apartó de delante
del pueblo la columna de nube
de día, ni de noche la columna
de fuego.

10 *a* HEB en el tiempo señalado.
11 *a* Éx. 3:1–10.
12 *a* *Es decir,* todo primogénito (véase también el vers. 15).
b Mos. 2:3; Moisés 5:5–8.
14 *a* Éx. 3:10; Alma 36:28; DyC 8:2–3.
b GEE Cautiverio.
16 *a* Deut. 6:6–9.
17 *a* Éx. 14:11–12; Núm. 14:1–4. GEE Rebelión.
18 *a* 1 Ne. 17:23–31.
b Éx. 12:41–42.
c *O sea,* preparados para la batalla.
19 *a* TJS Gén. 50:24–38 (Apéndice).
b Josué 24:32.
20 *a* Núm. 33:3–8.
21 *a* Éx. 14:19.
b Éx. 24:15–17; 40:34–38; Éter 2:5.
c DyC 103:15–34.
d Neh. 9:12.

CAPÍTULO 14

Israel sale de Egipto — Israel cruza el Mar Rojo sobre tierra seca — Jehová derrota a los egipcios en medio del mar.

Y HABLÓ Jehová a Moisés,
diciendo:
2 Di a los hijos de Israel que
den la vuelta y acampen delante
de Pi-hahirot, entre Migdol y el
mar, delante de Baal-zefón; delante de ese lugar acamparéis,
junto al mar.
3 Porque Faraón dirá de los hijos de Israel: Encerrados están
en la tierra; el desierto los ha
encerrado.
4 [a]Y yo endureceré el corazón de
Faraón para que los siga; y seré
glorificado [b]en Faraón y en todo
su ejército; y [c]sabrán los egipcios
que yo soy Jehová. Y ellos lo hicieron así.
5 Y fue dado aviso al rey de
Egipto que el pueblo huía; y el
corazón de Faraón y de sus siervos se volvió contra el pueblo y
dijeron: ¿Cómo hemos hecho esto
de haber dejado ir a Israel, y que
no nos sirvan?
6 Y unció su carro y tomó consigo a su gente;
7 y tomó seiscientos carros
escogidos y [a]todos los carros de
Egipto, y los capitanes sobre
ellos.
8 [a]Y endureció Jehová el corazón
de Faraón, rey de Egipto, y éste
siguió a los hijos de Israel; pero
los hijos de Israel habían salido
con [b]mano poderosa.
9 [a]Siguiéndolos, pues, los egipcios, con toda la caballería y carros de Faraón, su gente de a
caballo y todo su ejército, los
alcanzaron acampados junto al
mar, al lado de Pi-hahirot, delante
de Baal-zefón.
10 Y cuando Faraón se hubo
acercado, los hijos de Israel alzaron sus ojos, y he aquí que los
egipcios venían tras ellos, por
lo que los hijos de Israel temieron en gran manera y clamaron
a Jehová.
11 Y dijeron a Moisés: ¿No había
sepulcros en Egipto, que nos has
sacado para que [a]muramos en el
desierto? ¿Por qué has hecho así
con nosotros, que nos has sacado
de Egipto?
12 ¿No es esto lo que te hablamos en Egipto, diciendo: Déja-
nos [a]servir a los egipcios? Porque
mejor nos hubiera sido servir a
los egipcios que morir nosotros
en el desierto.
13 Y Moisés dijo al pueblo: No
temáis; estad firmes y ved la salvación que Jehová hará hoy con
vosotros, porque a los egipcios
que hoy habéis visto, nunca más
volveréis a verlos.
14 Jehová [a]peleará por vosotros,
y vosotros estaréis [b]quietos.
15 Entonces Jehová dijo a

---

14 4 *a* TJS Éx. 14:4 Y *Faraón* endureció *su* corazón…
b *O sea,* por medio de.
c Éx. 7:5.
7 *a* *Es decir,* todos los demás carros.
8 *a* TJS Éx. 14:8 Y *Faraón* endureció *su* corazón, y siguió a…
b *Es decir,* la mano o el poder de Dios.
9 *a* Éx. 15:9.
11 *a* Sal. 106:7.
12 *a* Éx. 5:20–23; 13:17–18.
14 *a* GEE Confianza, confiar.
b GEE Paz—La paz de Dios para los obedientes.

Moisés: ¿Por qué clamas a mí? Di a los hijos de Israel que se pongan en marcha.

16 Y tú, alza tu [a]vara y extiende tu mano sobre el mar, y [b]divídelo; y pasen los hijos de Israel por en medio del mar, [c]sobre tierra seca.

17 [a]Y yo, he aquí yo [b]endureceré el corazón de los egipcios, para que los sigan; y yo me glorificaré en Faraón y en todo su ejército, y en sus carros y en su caballería.

18 Y sabrán los egipcios que yo soy Jehová, cuando me glorifique en Faraón, en sus carros y en su gente de a caballo.

19 Y el [a]ángel de Dios, que iba delante del campamento de Israel, se apartó e iba en pos de ellos; y asimismo la [b]columna de nube que iba delante de ellos se apartó y se puso a sus espaldas,

20 e iba entre el campamento de los egipcios y el campamento de Israel; [a]y era nube y [b]tinieblas *para aquéllos,* y alumbraba *a Israel* de noche, y en toda aquella noche nunca se acercaron los unos a los otros.

21 Y extendió Moisés su mano sobre el [a]mar, e [b]hizo Jehová que el [c]mar se retirase por medio de un recio viento oriental toda aquella noche; y [d]secó el mar por en medio y las aguas quedaron divididas.

22 Entonces los hijos de Israel entraron por en [a]medio del mar en seco, teniendo las aguas como muro a su derecha y a su izquierda.

23 Y siguiéndolos los egipcios, entraron tras ellos hasta en medio del mar, toda la caballería de Faraón, sus carros y su gente de a caballo.

24 Y aconteció que, [a]a la vigilia de la mañana, Jehová miró el campamento de los egipcios desde la columna de [b]fuego y de nube, y sembró la confusión en el campamento de los egipcios.

25 Y les [a]quitó las ruedas de sus carros, y avanzaron pesadamente. Entonces los egipcios dijeron: Huyamos de delante de Israel, porque Jehová pelea por ellos contra los egipcios.

26 Y Jehová dijo a Moisés: Extiende tu mano sobre el mar, para que las aguas se vuelvan sobre los egipcios, sobre sus carros y sobre su caballería.

27 Entonces Moisés extendió su mano sobre el mar, y cuando amanecía el mar se volvió [a]en su fuerza; y los egipcios al huir se

16 *a* TJS Gén. 50:34 (Apéndice). Éx. 7:19–21.
b TJS Gén. 14:26–31 (Apéndice). Isa. 43:16.
c Hel. 8:11–13; DyC 8:2–3.
17 *a* TJS Éx. 14:17 Y *yo te digo a ti [que]* el corazón de los egipcios *se endurecerá,* y…
b GEE Orgullo.
19 *a* Éx. 23:20–23; 1 Ne. 3:28–31; DyC 103:17–20.
b Éx. 33:9; Núm. 9:15.
20 *a* TJS Éx. 14:20 …y era nube y tinieblas para *los egipcios,* y alumbraba a *los israelitas* de noche…
b Hel. 5:28–43.
21 *a* Sal. 106:9–11; DyC 133:67–68.
b Sal. 78:13.
c Josué 3:13–17; 2 Rey. 2:8, 14; 1 Ne. 17:23–35; 2 Ne. 7:2; Moisés 1:25.
d Isa. 51:10.
22 *a* 1 Cor. 10:1–4.
24 *a* *O sea,* a la madrugada.
b GEE Fuego.
25 *a* *O sea,* les trabó.
27 *a* *Es decir,* a su estado normal.

encontraban con el mar; y [b]Jehová derribó a los egipcios en medio del mar.

28 Y volvieron las [a]aguas, y cubrieron los carros y la caballería, y todo el ejército de Faraón que había entrado tras ellos en el [b]mar; no quedó de ellos ni uno.

29 Y los hijos de Israel fueron por en medio del mar, [a]en seco, teniendo las aguas por muro a su derecha y a su izquierda.

30 Así [a]salvó Jehová aquel día a Israel de manos de los egipcios; e Israel vio a los egipcios muertos a la orilla del mar.

31 Y vio Israel aquel gran hecho que Jehová ejecutó contra los egipcios; y el pueblo temió a Jehová, y creyeron en Jehová y en Moisés, su siervo.

CAPÍTULO 15

Israel canta el cántico de Moisés — Israel enaltece a Jehová como varón de guerra y se regocija en su liberación de Egipto — Las aguas de Mara son sanadas — Jehová promete librar a Israel de las enfermedades de Egipto.

ENTONCES [a]cantaron Moisés y los hijos de Israel este cántico a Jehová y dijeron:

Cantaré yo a Jehová, porque
se ha magnificado grandemente;
ha echado en el mar al caballo y al jinete.
2 Jehová es mi [a]fortaleza y mi cántico,
y ha sido mi [b]salvación;
éste es mi Dios, y a él alabaré;
Dios de mi padre, y a él ensalzaré.
3 Jehová es varón de guerra;
Jehová es su [a]nombre.
4 Los carros de Faraón y su ejército echó al mar;
y sus capitanes escogidos fueron hundidos en el Mar Rojo.
5 Los abismos los cubrieron;
como [a]piedra descendieron a las profundidades.
6 Tu diestra, oh Jehová, ha sido magnificada en fortaleza;
tu diestra, oh Jehová, ha destrozado al enemigo.
7 Y con la grandeza de tu poder has derribado a los que se levantaron contra ti;
enviaste tu furor; los [a]consumió como a rastrojo.
8 Al soplo de tu nariz se amontonaron las aguas;
se juntaron las corrientes como en un [a]montón;
los abismos se cuajaron en medio del mar.
9 El enemigo dijo:

27 *b* Alma 36:28.
28 *a* Sal. 78:53.
b Deut. 11:1–4.
29 *a* 2 Ne. 21:15–16; DyC 133:23–34.
30 *a* Jue. 10:11–14.
15 1 *a* GEE Cantar.
2 *a* GEE Sacerdocio de Melquisedec.
b GEE Salvación.
3 *a* Jer. 16:20–21.
5 *a* Neh. 9:11.
7 *a* Isa. 47:14; 1 Ne. 22:15, 23; JS—H 1:37.
8 *a* Josué 3:13–17.

Perseguiré, apresaré, repartiré los despojos;
mi [a]alma se saciará de ellos;
sacaré mi espada, los destruirá mi mano.
10 Soplaste con tu viento, los cubrió el mar;
se hundieron como plomo en las impetuosas aguas.
11 ¿Quién [a]como tú, oh Jehová, [b]entre los dioses?
¿Quién como tú, magnífico en [c]santidad,
[d]temible en loores, hacedor de maravillas?
12 Extendiste tu diestra;
la tierra los tragó.
13 [a]Condujiste en tu [b]misericordia a este pueblo, al cual has redimido;
lo llevaste con tu fortaleza a tu santa morada.
14 Lo [a]oirán los pueblos y temblarán;
la angustia se apoderará de los moradores de Filistea.
15 Entonces los [a]jefes de [b]Edom se turbarán;
a los caudillos de Moab les sobrecogerá el temblor;
se abatirán todos los moradores de Canaán.
16 Caiga sobre ellos [a]terror y espanto;
ante la grandeza de tu brazo enmudezcan como una piedra;
hasta que haya pasado tu pueblo, oh Jehová,
hasta que haya pasado este pueblo que tú [b]rescataste.
17 Tú los introducirás y los plantarás en el monte de tu heredad,
en el lugar de tu morada, que tú has preparado, oh Jehová;
en el [a]santuario del Señor, que han [b]afirmado tus manos.
18 [a]Jehová reinará por los siglos de los siglos.

19 Porque Faraón entró cabalgando con sus carros y su gente de a caballo en el mar, y Jehová hizo volver las aguas del mar sobre ellos; mas los hijos de Israel cruzaron en seco por en medio del mar.

20 Y [a]María, la [b]profetisa, [c]hermana de Aarón, tomó un pandero en su mano, y todas las mujeres salieron detrás de ella con panderos y danzas;

21 y María les respondía:
[a]Cantad a Jehová, porque

---

9 *a* *Es decir,* deseo.
11 *a* 2 Sam. 7:22; DyC 76:1–4.
b Sal. 86:8.
c GEE Santidad.
d *O sea,* alabado con reverencia.
13 *a* Sal. 77:20; 1 Ne. 17:23–31; DyC 103:16–18.
b GEE Misericordia, misericordioso.
14 *a* Josué 2:9–11; 5:1.
15 *a* HEB principales.
b Gén. 36:15–19.
16 *a* Éx. 23:27–30; Deut. 2:25.
b 1 Cor. 6:20.
17 *a* 1 Rey. 8:13.
b *Es decir,* establecido.
18 *a* Sal. 146:10; Miq. 4:7; Apoc. 11:15; DyC 84:119.
20 *a* GEE María, hermana de Moisés.
b Alma 32:23. GEE Profetisa.
c Núm. 26:59.
21 *a* GEE Cantar.

en extremo se ha engrandecido;
ha echado al mar al caballo
y al jinete.
22 E hizo Moisés que partiese Israel del Mar Rojo; y salieron al desierto de Shur y anduvieron tres días por el desierto sin hallar agua.
23 Y llegaron a [a]Mara, y no pudieron beber las aguas de Mara, porque eran amargas; por eso le pusieron el nombre de Mara.
24 Entonces el pueblo [a]murmuró contra Moisés y dijo: ¿Qué hemos de beber?
25 Y Moisés clamó a Jehová, y Jehová le mostró un árbol; y cuando lo echó a las [a]aguas, las aguas se endulzaron. Allí él les dio un estatuto y un decreto, y allí los [b]puso a prueba;
26 y dijo: Si [a]escuchas [b]atentamente la voz de Jehová tu Dios, y haces lo recto delante de sus ojos, y das oído a sus mandamientos y [c]guardas todos sus estatutos, ninguna [d]enfermedad de las que envié a los egipcios te enviaré a ti, porque yo soy Jehová, tu [e]Sanador.
27 Y llegaron a Elim, donde había doce fuentes de agua y setenta palmeras; y acamparon allí junto a las aguas.

CAPÍTULO 16

Israel murmura por la falta de pan y codicia las ollas de carne de Egipto — Jehová hace llover pan del cielo y envía codornices para darles carne — Se da el maná a Israel cada día, excepto el día de reposo, durante cuarenta años.

Y PARTIÓ de Elim toda la congregación de los hijos de Israel y llegó al desierto de Sin, que está entre Elim y Sinaí, a los quince días del segundo mes después que salieron de la tierra de Egipto.
2 Y toda la congregación de los hijos de Israel [a]murmuró contra Moisés y contra Aarón en el desierto;
3 y les decían los hijos de Israel: Ojalá hubiéramos muerto por mano de Jehová en la tierra de Egipto, cuando nos sentábamos junto a las ollas de carne, cuando comíamos pan hasta saciarnos, pues nos habéis sacado a este desierto para matar de hambre a toda esta multitud.
4 Y Jehová dijo a Moisés: He aquí, yo os haré llover [a]pan del cielo; y el pueblo saldrá y recogerá diariamente la porción de un día, para que yo lo pruebe si [b]anda en mi ley o no.
5 Pero al sexto día prepararán lo que hayan recogido, que será

23 *a* *Es decir,* Amargura.
24 *a* GEE Murmurar.
25 *a* 2 Rey. 2:19–22.
b Deut. 8:2; DyC 98:11–15; Abr. 3:25.
26 *a* GEE Escuchar.
b GEE Diligencia.
c DyC 5:35; 11:20.
d Deut. 7:15.
e GEE Sanar, sanidades.
16 2 *a* GEE Murmurar; Rebelión.
4 *a* *O sea,* alimento (véanse también los vers. 15, 22).
b GEE Andar, andar con Dios.

el doble de lo que suelen recoger cada día.

6 Entonces dijeron Moisés y Aarón a todos los hijos de Israel: Al atardecer sabréis que Jehová os ha sacado de la tierra de Egipto,

7 y por la mañana veréis la gloria de Jehová, porque él ha oído vuestras murmuraciones contra Jehová; pues, ¿qué somos nosotros para que vosotros murmuréis contra nosotros?

8 Y dijo Moisés: Jehová os dará al atardecer carne para comer, y por la mañana pan hasta saciaros; por cuanto Jehová ha oído vuestras murmuraciones que habéis murmurado contra él; ¿y qué somos nosotros? Vuestras [a]murmuraciones no son contra nosotros, sino [b]contra Jehová.

9 Y [a]dijo Moisés a Aarón: Di a toda la congregación de los hijos de Israel: Acercaos a la presencia de Jehová, porque él ha oído vuestras murmuraciones.

10 Y sucedió que mientras Aarón hablaba a toda la congregación de los hijos de Israel, miraron hacia el desierto, y he aquí la gloria de Jehová apareció en la [a]nube.

11 Y Jehová habló a Moisés, diciendo:

12 Yo he oído las [a]murmuraciones de los hijos de Israel; háblales y diles: Al caer la tarde comeréis carne, y por la mañana os saciaréis de pan, y sabréis que yo soy Jehová vuestro Dios.

13 Y aconteció que al llegar el atardecer, subieron [a]codornices que cubrieron el campamento, y por la mañana descendió rocío alrededor del campamento.

14 Y cuando el rocío cesó de descender, he aquí sobre la faz del desierto una [a]cosa menuda, [b]redonda, menuda como la escarcha sobre la tierra.

15 Y al verla los hijos de Israel, se dijeron unos a otros: ¿[a]Qué es esto?, porque no sabían qué era. Entonces Moisés les dijo: Es el pan que Jehová os da para comer.

16 Esto es lo que Jehová ha mandado: Recoged de él cada uno según lo que pueda comer: un [a]gomer por cabeza, conforme al número de vuestras personas; tomará cada uno para los que están en su tienda.

17 Y los hijos de Israel lo hicieron así, y recogieron unos más, otros menos;

18 y lo medían por gomer, y no le sobró al que había [a]recogido mucho, ni le faltó al que había recogido poco; cada uno recogió conforme a lo que había de comer.

19 Y les dijo Moisés: Ninguno deje nada de ello para mañana.

20 Mas ellos no obedecieron a Moisés, sino que algunos dejaron de ello para el otro día, y crió gusanos y hedió; y se enojó contra ellos Moisés.

---

8 *a* 1 Sam. 8:7–8; Mateo 10:41.
b 1 Ne. 16:20–25.
9 *a* Éx. 4:14–16.
10 *a* Éx. 40:38.
12 *a* Núm. 14:27–32.
13 *a* Núm. 11:31–34; 1 Ne. 17:1–3.
14 *a* Neh. 9:15.
b HEB delgada, como copos.
15 *a* HEB *man-hu*. Mos. 7:19. GEE Maná; Pan de Vida; Jesucristo—Simbolismos o símbolos de Jesucristo.
16 *a* *O sea,* unos 2 litros o 2 kg.
18 *a* 2 Cor. 8:14–15.

21 Y lo recogían cada mañana, cada uno según lo que había de comer; y luego que el sol calentaba, se derretía.

22 En el sexto día recogieron doble porción de comida, dos gomeres para cada uno; y todos los jefes de la congregación fueron a Moisés y se lo hicieron saber.

23 Y él les dijo: Esto es lo que ha dicho Jehová: Mañana es el santo [a]día de reposo, el reposo de Jehová; lo que tengáis que cocer, [b]cocedlo hoy, y lo que tengáis que cocinar, cocinadlo; y todo lo que os sobre, guardadlo para mañana.

24 Y ellos lo guardaron hasta la mañana, según lo que Moisés había mandado, y no se pudrió ni hubo en él gusano.

25 Y dijo Moisés: Comedlo hoy, porque hoy es día de reposo para Jehová; hoy no lo hallaréis en el campo.

26 En los seis días lo recogeréis; pero el séptimo día es día de reposo, en el cual no se hallará.

27 Y aconteció que algunos del pueblo salieron en el séptimo día a recoger, y no hallaron nada.

28 Y Jehová dijo a Moisés: ¿Hasta cuándo rehusaréis [a]guardar mis mandamientos y mis leyes?

29 Mirad que Jehová os dio el día de reposo, y por eso os da en el sexto día pan para dos días. Quédese, pues, cada uno en su lugar, y nadie salga de su lugar en el séptimo día.

30 Así el pueblo reposó el séptimo día.

31 Y la casa de Israel lo llamó Maná; y era como semilla de [a]culantro, blanco, y su sabor como de hojuelas con miel.

32 Y dijo Moisés: Esto es lo que Jehová ha mandado: Llenad un gomer de él para que se guarde para vuestros descendientes, a fin de que vean el pan que yo os di a comer en el desierto, cuando yo os saqué de la tierra de Egipto.

33 Y dijo Moisés a Aarón: Toma una [a]vasija y pon en ella un gomer de maná, y ponlo delante de Jehová, para que sea guardado para vuestros descendientes.

34 Y Aarón lo puso delante del [a]Testimonio para guardarlo, como Jehová lo mandó a Moisés.

35 Así comieron los hijos de Israel [a]maná cuarenta años, hasta que llegaron a tierra habitada; maná comieron hasta que llegaron a los límites de la tierra de Canaán.

36 Y un gomer es la décima parte de un efa.

CAPÍTULO 17

Israel murmura por la falta de agua — Moisés golpea una roca en Horeb y brota agua — Aarón y Hur sostienen las manos de Moisés para que Josué prevalezca contra Amalec.

Y TODA la congregación de los

23 *a* GEE Día de reposo.
b Éx. 35:3.
28 *a* DyC 71:11.
31 *a* En algunos países, cilantro. Núm. 11:7–8.
33 *a* Heb. 9:3–4.
34 *a* Éx. 25:16, 21. También conocida como el arca del convenio, el arca del pacto o el arca de la alianza. GEE Arca del pacto.
35 *a* Josué 5:12.

hijos de Israel partió del desierto
de Sin, por jornadas, conforme al
mandamiento de Jehová; y acamparon en Refidim, y no había agua
para que el pueblo bebiese.
2 Y altercó el pueblo con Moisés
y dijeron: Danos agua para que
bebamos. Y Moisés les dijo: ¿Por
qué altercáis conmigo? ¿Por qué
[a]tentáis a Jehová?
3 Así que el pueblo tuvo allí sed
de agua, y [a]murmuró contra Moisés y dijo: ¿Por qué nos hiciste
subir de Egipto para matarnos de
sed a nosotros, y a nuestros hijos
y a nuestros ganados?
4 Entonces clamó Moisés a Jehová, diciendo: ¿Qué haré con
este pueblo? Un poco más y me
apedrearán.
5 Y Jehová dijo a Moisés: Pasa
delante del pueblo y toma contigo algunos de los ancianos
de Israel; y toma también en tu
mano tu [a]vara con que golpeaste
el [b]río, y ve.
6 He aquí que yo estaré delante de ti allí sobre la peña en
Horeb; y [a]golpearás la [b]peña, y
saldrá de ella [c]agua, y beberá
el pueblo. Y Moisés lo hizo así
en presencia de los ancianos de
Israel.
7 Y llamó el nombre de aquel
lugar [a]Masah y [b]Meriba, por la
rencilla de los hijos de Israel y
porque tentaron a Jehová, diciendo: ¿Está, pues, Jehová entre nosotros, o no?
8 Y vino [a]Amalec y peleó contra
Israel en Refidim.
9 Y dijo Moisés a [a]Josué: Escógenos hombres, y sal; pelea contra
Amalec. Mañana yo estaré sobre
la cumbre del collado con la vara
de Dios en mi mano.
10 E hizo Josué como le dijo
Moisés, peleando contra Amalec;
y Moisés, y Aarón y Hur subieron
a la cumbre del collado.
11 Y sucedía que cuando alzaba
Moisés su mano, Israel prevalecía; pero cuando él bajaba su
mano, prevalecía Amalec.
12 Y a Moisés [a]le pesaban las
manos; por lo que tomaron una
piedra y la pusieron debajo de
él, y se sentó sobre ella; y Aarón y Hur sostenían sus manos, uno de un lado y el otro
del otro; así hubo en sus manos firmeza hasta que se puso
el sol.
13 Y Josué derrotó a Amalec y a
su pueblo a filo de espada.
14 Y Jehová dijo a Moisés: Escribe esto para memoria en un
[a]libro, y di a Josué que raeré del
todo la memoria de [b]Amalec de
debajo del cielo.
15 Y Moisés edificó un altar y
llamó su nombre [a]Jehová-nisi;

17 2 *a* HEB poner a Jehová a prueba. GEE Paciencia.
3 *a* GEE Murmurar.
5 *a* Éx. 4:10–17, 20.
b *O sea,* el Nilo.
6 *a* Núm. 20:2–13; 1 Ne. 17:29.
b 1 Cor. 10:4. GEE Jesucristo—Simbolismos o símbolos de Jesucristo.
c Neh. 9:15; Juan 4:10–14. GEE Agua(s) viva(s).
7 *a* *Es decir,* prueba.
b *Es decir,* rencilla o protesta. Sal. 81:7.
8 *a* Núm. 24:20; 1 Sam. 15:2.
9 *a* Éx. 24:13. GEE Josué.
12 *a* *Es decir,* le pesaban de cansancio.
14 *a* 1 Ne. 5:11; Moisés 1:40–41.
b Deut. 25:17–19.
15 *a* *Es decir,* Jehová es mi estandarte.

16 y dijo: [a]Por cuanto *alzó* la mano contra el trono de Jehová, Jehová tendrá guerra con Amalec de generación en generación.

CAPÍTULO 18

Jetro trae a la esposa e hijos de Moisés y ofrece sacrificios a Jehová — Moisés toma el asiento judicial y oye todos los casos — Jetro aconseja a Moisés que enseñe la ley y que nombre jueces menores y les delegue poder.

Y OYÓ [a]Jetro, [b]sacerdote de [c]Madián, suegro de Moisés, todas las cosas que Dios había hecho por Moisés y por Israel, su pueblo, y cómo Jehová había sacado a Israel de Egipto.

2 Y tomó Jetro, suegro de Moisés, tomó a [a]Séfora, la esposa de Moisés, después que éste la envió,

3 y a sus dos hijos; el uno se llamaba [a]Gersón, porque dijo: Peregrino he sido en tierra ajena;

4 y el otro se llamaba [a]Eliezer, porque *dijo*: El Dios de mi padre me ayudó y me libró de la espada de Faraón.

5 Y Jetro, el suegro de Moisés, con los hijos y la esposa de éste, llegó a Moisés en el desierto, donde había acampado junto al [a]monte de Dios;

6 y [a]dijo a Moisés: Yo, tu suegro Jetro, vengo a ti, con tu esposa y sus dos hijos con ella.

7 Y Moisés salió a recibir a su suegro, y se inclinó y lo besó; y se preguntaron el uno al otro cómo estaban, y entraron en la tienda.

8 Y Moisés contó a su suegro todas las cosas que Jehová había hecho a Faraón y a los egipcios por amor de Israel, y todo el trabajo que habían pasado en el camino y cómo los había librado Jehová.

9 Y se alegró Jetro de todo el bien que Jehová había hecho a Israel al librarlo de manos de los egipcios.

10 Y Jetro dijo: Bendito sea Jehová, que os libró de manos de los egipcios, y de manos de Faraón, y que libró al pueblo de la mano de los egipcios.

11 Ahora conozco que Jehová [a]es más grande que todos los dioses, porque en lo que se [b]ensoberbecieron, fue superior que ellos.

12 Y tomó Jetro, suegro de Moisés, holocaustos y sacrificios para Dios; y vino Aarón y todos los ancianos de Israel a comer [a]pan con el suegro de Moisés delante de Dios.

13 Y aconteció que al día siguiente se sentó Moisés a [a]juzgar al pueblo; y el pueblo estuvo

---

16 *a* Entre los hebreos, un juramento de firme aseveración.
18 1 *a* GEE Jetro.
b TJS Éx. 18:1 …*sumo sacerdote*… DyC 84:6–16. GEE Sacerdote, Sacerdocio de Melquisedec.
c Gén. 25:1–2.
2 *a* GEE Séfora.
3 *a* HEB peregrino he sido en tierra ajena.
4 *a* HEB Dios de ayuda.
5 *a* Éx. 3:1.
6 *a* *Es decir,* mandó decir.
11 *a* Abr. 3:19.
b GEE Orgullo.
12 *a* Gén. 14:18. GEE Santa Cena.
13 *a* DyC 107:91–92. GEE Juicio, juzgar.

delante de Moisés desde la mañana hasta el atardecer.

14 Y viendo el suegro de Moisés todo lo que él hacía con el pueblo, dijo: ¿Qué es esto que haces tú con el pueblo? ¿Por qué te sientas tú solo, y todo el pueblo está delante de ti desde la mañana hasta el atardecer?

15 Y Moisés respondió a su suegro: Porque el pueblo viene a mí para [a]consultar a Dios.

16 Cuando tienen asuntos, vienen a mí; y yo juzgo entre el uno y el otro, y les declaro los [a]estatutos de Dios y sus leyes.

17 Entonces el suegro de Moisés le dijo: Lo que haces no está bien.

18 Desfallecerás del todo, tú, y también este pueblo que está contigo, porque la tarea es [a]demasiado pesada para ti; no podrás hacerlo tú solo.

19 Oye ahora mi voz; yo te [a]aconsejaré, y Dios estará contigo. Representa tú al pueblo [b]delante de Dios, y somete los asuntos a Dios.

20 Y [a]enseña a ellos los [b]estatutos y las [c]leyes, y muéstrales [d]el camino por el cual deben [e]andar y lo que han de hacer.

21 Además, busca tú de entre todo el pueblo [a]hombres de virtud, [b]temerosos de Dios, hombres verídicos que aborrezcan la [c]avaricia; y ponlos sobre el pueblo como [d]jefes de millares, jefes de [e]centenas, jefes de cincuenta y jefes de diez.

22 Ellos juzgarán al pueblo en todo tiempo; y será que todo asunto grave lo traerán a ti y ellos juzgarán todo asunto pequeño; alivia así *la carga* de sobre ti, y la llevarán ellos contigo.

23 Si esto hicieres, y Dios te lo mandare, tú podrás aguantar, y todo este pueblo se irá también en paz a su lugar.

24 Y oyó Moisés la voz de su suegro e hizo todo lo que le dijo.

25 Y escogió Moisés [a]hombres de virtud de todo Israel, y los puso por cabezas sobre el pueblo, jefes de millares, de centenas, de cincuenta y de diez.

26 Y juzgaban al pueblo en todo tiempo; los asuntos difíciles los traían a Moisés, y ellos juzgaban todo asunto pequeño.

27 Y despidió Moisés a su suegro, y éste se fue a su tierra.

CAPÍTULO 19

Jehová hace convenio de hacer de Israel un tesoro especial, un reino de sacerdotes y un pueblo santo — El pueblo se santifica — Jehová aparece

15 *a* DyC 102:23.
GEE Profeta.
16 *a* GEE Ley.
18 *a* Núm. 11:14–17.
19 *a* GEE Consejo.
b Éx. 4:16.
20 *a* GEE Enseñar.
b *O sea,* las leyes y doctrinas.
GEE Ordenanzas.
c GEE Ley; Ley de Moisés.
d Juan 14:6.
e GEE Andar, andar con Dios.
21 *a* Deut. 1:12–18; Mos. 29:11–12.
b 2 Sam. 23:3.
GEE Temor.
c Deut. 16:19; 1 Sam. 8:3.
GEE Codiciar.
d GEE Mayordomía, mayordomo.
e DyC 136:2–3.
25 *a* *Es decir,* hombres capaces.

en Sinaí en medio de fuego, humo y temblores.

AL mes tercero de la salida de los hijos de Israel de la tierra de Egipto, en ese mismo día llegaron al desierto de Sinaí.

2 Porque partieron de Refidim y llegaron al desierto de Sinaí, y acamparon en el desierto; y acampó allí Israel delante del monte.

3 Y Moisés subió hacia Dios; y Jehová lo llamó desde el [a]monte, diciendo: Así dirás a la casa de Jacob y anunciarás a los hijos de Israel:

4 Vosotros visteis lo que hice a los egipcios, y cómo os llevé sobre [a]alas de águilas y os he traído a mí.

5 Ahora pues, si [a]dais oído a mi voz y guardáis mi [b]convenio, vosotros seréis mi [c]especial tesoro sobre todos los pueblos, porque mía es toda la tierra.

6 Y vosotros me seréis un [a]reino de [b]sacerdotes y un [c]pueblo santo. Éstas son las palabras que dirás a los hijos de Israel.

7 Entonces volvió Moisés, y llamó a los ancianos del pueblo, y expuso en presencia de ellos todas estas palabras que Jehová le había [a]mandado.

8 Y todo el pueblo respondió a una y dijeron: Todo lo que Jehová ha dicho [a]haremos. Y Moisés refirió a Jehová las palabras del pueblo.

9 Y Jehová dijo a Moisés: He aquí, yo vendré a ti en una [a]nube espesa, para que el pueblo [b]oiga mientras yo hablo contigo, y también para que te crean para siempre. Y Moisés refirió a Jehová las palabras del pueblo.

10 Y Jehová dijo a Moisés: Ve al pueblo, y [a]santifícalos hoy y mañana, y laven sus vestidos;

11 y estén preparados para el día tercero, porque al tercer día Jehová descenderá [a]a la vista de todo el pueblo sobre el monte Sinaí.

12 Y señalarás [a]límites al pueblo alrededor, diciendo: Guardaos, no subáis al monte, ni toquéis sus límites; cualquiera que tocare el monte, de seguro morirá.

13 No lo tocará mano, porque será apedreado o asaeteado; sea animal o sea hombre, no vivirá. Cuando suene largamente la trompeta, subirán al monte.

14 Y descendió Moisés del monte al pueblo, y santificó al pueblo; y ellos lavaron sus vestidos.

15 Y dijo al pueblo: Estad

19 3 *a* Éx. 3:12.
4 *a* Deut. 32:11; DyC 124:18.
5 *a* GEE Obediencia, obediente, obedecer.
b HEB *berit:* convenio, pacto, alianza. DyC 66:2. GEE Convenio (pacto).
c GEE Escogido.
6 *a* GEE Reino de Dios o de los cielos.
b GEE Sacerdote, Sacerdocio de Melquisedec.
c 1 Pe. 2:5–9. GEE Santidad.
7 *a* Mal. 4:4. GEE Mandamientos de Dios.
8 *a* Deut. 26:16–19; 1 Ne. 3:7.
9 *a* Éter 2:4–5. GEE Jesucristo—La existencia premortal de Cristo.
b Deut. 4:10–12, 33, 36; Jacob 7:5.
10 *a* GEE Santificación.
11 *a* DyC 84:23.
12 *a* Éx. 34:3.

preparados para el tercer día; [a]no os alleguéis a mujer.
16 Y aconteció que al tercer día, cuando vino la mañana, hubo truenos y relámpagos y una espesa nube sobre el monte, y un sonido de trompeta muy fuerte; y se estremeció todo el pueblo que estaba en el campamento.
17 Y Moisés sacó del campamento al pueblo para recibir a Dios; y se pusieron al pie del monte.
18 Y todo el monte [a]Sinaí [b]humeaba, porque Jehová había descendido sobre él en [c]fuego; y el humo subía como el humo de un horno, y todo el monte se estremecía en gran manera.
19 Y el sonido de la [a]trompeta iba aumentando en extremo; Moisés hablaba, y Dios le respondía con una [b]voz.
20 Y descendió Jehová sobre el monte Sinaí, sobre la cumbre del monte; y llamó Jehová a Moisés a la cumbre del monte, y Moisés subió.
21 Y Jehová dijo a Moisés: Desciende, advierte al pueblo que no traspase los límites para [a]ver a Jehová, porque [b]caerá multitud de ellos.
22 Y también que los sacerdotes que se acercan a Jehová se santifiquen, para que Jehová no haga entre ellos estrago.
23 Y Moisés dijo a Jehová: El pueblo no podrá subir al monte Sinaí, porque tú nos has advertido diciendo: Señala límites al monte, y santifícalo.
24 Y Jehová le dijo: Ve, desciende, y subirás tú, y Aarón contigo; pero que los sacerdotes y el pueblo no traspasen los límites para subir hacia Jehová, para que no haga entre ellos estrago.
25 Entonces Moisés descendió al pueblo y les habló.

CAPÍTULO 20

Jehová revela los Diez Mandamientos — Israel debe testificar que Jehová ha hablado desde el cielo — Se prohíbe a los hijos de Israel hacer dioses de plata o de oro — Deben hacer altares de piedras sin labrar y hacer sacrificios a Jehová.

Y HABLÓ [a]Dios todas estas [b]palabras, diciendo:
2 [a]Yo soy Jehová tu Dios, que te saqué de la tierra de [b]Egipto, de la casa de servidumbre.
3 No tendrás [a]dioses ajenos delante de mí.
4 [a]No te harás [b]imagen, ni ninguna semejanza *de cosa alguna*

15 *a* HEB no os acerquéis a mujer; es decir, con lujuria.
18 *a* Mos. 12:33; 3 Ne. 25:4. GEE Sinaí, monte.
b HEB estaba cubierto de humo. 1 Ne. 19:11.
c Deut. 5:4–5.
19 *a* DyC 43:18, 25.
b GEE Voz.
21 *a* TJS Éx. 33:20 (Apéndice).
b DyC 67:11–13; Moisés 1:11, 14.
20 1 *a* GEE Diez Mandamientos.
b Deut. 5:6–21; Mos. 13:11–28; DyC 42:18–29.
2 *a* Ezeq. 20:5–7.
b 1 Ne. 17:23–25; Moisés 1:26.
3 *a* Éx. 34:14. GEE Idolatría; Adorar.
4 *a* 2 Rey. 17:12.
b Éx. 32:8; Mos. 13:12–13; 3 Ne. 21:17; DyC 1:15–16.

que esté arriba en el cielo, ni abajo en la tierra, ni en las aguas debajo de la tierra.

5 No te [a]inclinarás a ellas, ni las [b]honrarás, porque yo soy Jehová tu Dios, fuerte, [c]celoso, que visito la maldad de los padres sobre los [d]hijos hasta la tercera y la cuarta generación de los que me [e]aborrecen,

6 y que hago [a]misericordia a millares, a los que me aman y guardan mis [b]mandamientos.

7 No tomarás el nombre de Jehová tu Dios [a]en vano, porque no dará por [b]inocente Jehová al que [c]tomare su nombre en vano.

8 Acuérdate del [a]día del reposo para [b]santificarlo.

9 Seis días trabajarás y harás toda tu obra,

10 mas el séptimo día es reposo para Jehová tu Dios; no harás *en él* obra alguna, tú, ni tu hijo, ni tu hija, ni tu siervo, ni tu criada, ni tu bestia, ni el extranjero que está dentro de tus puertas.

11 Porque en [a]seis días hizo Jehová los cielos y la tierra, el mar y todas las cosas que en ellos hay, y reposó en el séptimo día; por tanto, Jehová bendijo el [b]día de reposo y lo santificó.

12 [a]Honra a tu [b]padre y a tu [c]madre, para que tus [d]días [e]se alarguen en la [f]tierra que Jehová tu Dios te da.

13 No [a]matarás.

14 No cometerás [a]adulterio.

15 No [a]hurtarás.

16 No dirás contra tu prójimo [a]falso testimonio.

17 No [a]codiciarás la casa de tu prójimo; no codiciarás la esposa de tu prójimo, ni su siervo, ni su criada, ni su buey, ni su asno, ni cosa alguna de tu prójimo.

18 Todo el pueblo [a]percibía los truenos y los relámpagos, y el sonido de la trompeta y el monte que humeaba; y viéndolo

5 *a* Éx. 23:24; Alma 31:1.
b *O sea,* ni las servirás.
c Éx. 34:14; Mos. 11:22. GEE Celo, celos, celoso; Pecado.
d *Es decir,* en la medida en que los hijos aprendan y hagan las cosas pecaminosas que hacen los padres; pero véase el vers. 6 sobre aquellos que se arrepienten y le sirven al Señor. DyC 98:46–48.
e GEE Odio, aborrecimiento.
6 *a* GEE Misericordia, misericordioso.
b GEE Mandamientos de Dios.
7 *a* GEE Blasfemar, blasfemia; Profanidad.
b Morm. 7:7; DyC 58:30.
c *O sea,* dice una maldición o hace una promesa usando el nombre de Jehová sin tener autoridad. DyC 63:61–62.
8 *a* HEB detener, cesar, descansar. Éx. 31:12–17; DyC 59:9–19. GEE Día de reposo.
b GEE Santidad.
11 *a* GEE Día de reposo.
b Gén. 2:1–3.
12 *a* *O sea,* respeta o valora. GEE Familia—Las responsabilidades de los hijos; Honra, honrar (honor).
b GEE Padre terrenal.
c GEE Madre.
d Prov. 4:10.
e DyC 5:33.
f GEE Tierra prometida.
13 *a* HEB asesinarás. GEE Asesinato.
14 *a* GEE Adulterio; Castidad; Fornicación; Sensual, sensualidad; Inmoralidad sexual.
15 *a* GEE Robar, robo, hurtar, hurto.
16 *a* GEE Honestidad, honradez; Mentiras; Testigo.
17 *a* HEB desearás. GEE Codiciar.
18 *a* Deut. 4:33. GEE Revelación; Visión.

el pueblo, todos temblaron y se
[b]pusieron lejos.
19 Y dijeron a Moisés: Habla tú
con nosotros, y nosotros escucharemos; mas no [a]hable Dios con nosotros, para que no muramos.
20 Y Moisés respondió al pueblo: [a]No temáis, porque para
[b]probaros vino Dios, y para que
su [c]temor esté delante de vosotros
para que no pequéis.
21 Entonces el pueblo se puso
a lo lejos, y Moisés se acercó a la
densa oscuridad en la cual estaba Dios.
22 Y Jehová dijo a Moisés: Así
dirás a los hijos de Israel: Vosotros habéis visto que he [a]hablado
desde el cielo con vosotros.
23 No hagáis junto a mí [a]dioses de plata, ni dioses de oro os
haréis.
24 Altar de tierra harás para
mí, y [a]sacrificarás sobre él tus
holocaustos y tus ofrendas
de paz, tus ovejas y tus vacas; en cualquier lugar donde
yo haga que esté la memoria
de mi nombre, vendré a ti y te
bendeciré.
25 Y si me haces altar de piedras, [a]no las labres de cantería,
porque si alzas [b]herramienta sobre él, lo profanarás.
26 Y no subirás por [a]gradas a mi
altar, para que tu desnudez no
sea [b]descubierta junto a él.

CAPÍTULO 21

Jehová revela Sus leyes concernientes a los siervos, al matrimonio, a la pena de muerte por diversas ofensas, al dar ojo por ojo y diente por diente, y a los daños causados por bueyes.

Y ÉSTOS son los estatutos que les
propondrás:
2 Si compras siervo hebreo, seis
años servirá, mas al [a]séptimo saldrá [b]libre, de balde.
3 Si entró solo, solo saldrá; si
tenía esposa, saldrá él y su esposa con él.
4 Si su amo le ha dado esposa y
ella le ha dado a luz hijos o hijas,
la esposa y sus hijos serán de su
amo, y él saldrá solo.
5 Y si el siervo dice: Yo amo a mi
señor, a mi esposa y a mis hijos,
no saldré libre,
6 entonces su amo le llevará
[a]ante los jueces, y le acercará a la
puerta o al poste, y su amo le horadará la oreja con [b]lezna, y será
su siervo para siempre.
7 Y cuando alguno venda a
su hija como sierva, ella no
saldrá como suelen salir los
siervos.
8 Si ella no agrada a su señor,
que la había escogido para sí,
permitirá que sea rescatada, y
no la podrá vender a pueblo

18 *b* Deut. 5:4–5.
19 *a* Deut. 5:25; DyC 84:21–26; Moisés 1:11, 14.
20 *a* GEE Temor—Temor al hombre.
b Abr. 3:25.
c GEE Temor—Temor de Dios; Reverencia.
22 *a* GEE Revelación.
23 *a* Éx. 32:3–4.
24 *a* GEE Sacrificios.
25 *a* Josué 8:30–31; 1 Ne. 2:7.
b Deut. 27:5.
26 *a* *Es decir,* se debía hacer una rampa.
b *O sea,* revelada.
21 2 *a* Deut. 15:9–15; Jer. 34:14–17.
b GEE Libertad, libre.
6 *a* HEB ante Dios; es decir, los representantes de Dios en asuntos judiciales.
b *O sea,* un punzón.

extraño por haberla tratado con
engaño.

9 Mas si la hubiere desposado
con su hijo, hará con ella según
la costumbre de las hijas.

10 Si toma para sí otra esposa, no
le disminuirá su alimento, ni su
vestido, ni el [a]deber conyugal.

11 Y si no hace ninguna de estas
tres cosas, ella saldrá de gracia
sin pagar dinero.

12 El que [a]hiera a alguno, haciéndole así morir, él [b]morirá.

13 Pero el que no armó asechan-
zas, sino que Dios *lo* puso en sus
manos, entonces yo te señalaré el
[a]lugar al cual ha de huir.

14 Además, si alguno se enar-
dece contra su prójimo y lo [a]mata
con [b]alevosía, de mi altar lo quitarás para que muera.

15 Y el que hiera a su padre o a
su madre, morirá.

16 Asimismo el que secuestre
a una persona y la venda, o si es
hallado en sus manos, morirá.

17 Igualmente el que [a]maldiga a
su padre o a su madre, morirá.

18 Además, si algunos riñen,
y alguno hiere a su prójimo con
piedra o con el puño, y éste no
muere, pero cae en cama,

19 si se levanta y anda fuera
sobre su báculo, entonces el
que le hirió será absuelto; solamente le satisfará por lo que
estuvo sin trabajar, y hará que le
curen.

20 Y si alguno hiere a su siervo o
a su sierva con palo, y éste muere
bajo su mano, [a]será castigado;

21 pero si sobrevive por un día
o dos, [a]no será castigado, porque
es de su propiedad.

22 Si algunos riñen y hieren a
una mujer encinta, y ésta aborta,
pero sin haber otros daños, el culpable será penado conforme a lo
que le imponga el marido de la
mujer y pagará lo que juzguen
los jueces.

23 Pero si hay otros daños, entonces pagarás vida por vida,

24 ojo por ojo, diente por diente,
mano por mano, pie por pie,

25 quemadura por quema-
dura, herida por herida, golpe
por golpe.

26 Y si alguno hiere el ojo de
su siervo o el ojo de su sierva, y
queda tuerto, le dará libertad por
razón de su ojo.

27 Y si hace saltar un diente de
su siervo o un diente de su sierva,
por su diente le dejará ir libre.

28 Si un buey acornea a un
hombre o a una mujer, y como
resultado muere, el buey será
apedreado y no se comerá su
carne; pero el dueño del buey
será absuelto.

29 Pero si el buey era [a]acornea-
dor desde antes, y a su dueño
se le había advertido, pero no
lo había guardado, y mata a un
hombre o a una mujer, el buey

10 *a* *O sea,* los derechos conyugales.
12 *a* GEE Asesinato.
b TJS Gén. 9:12–13 (Apéndice). GEE Pena de muerte.
13 *a* Deut. 19:1–10.
14 *a* Deut. 19:11–12.
b GEE Engañar, engaño.
17 *a* GEE Maldecir, maldiciones; Familia—Las responsabilidades de los hijos.
20 *a* TJS Éx. 21:20 *…de cierto morirá.*
21 *a* TJS Éx. 21:21 *…no morirá…*
29 *a* *O sea,* tenía el hábito de dar cornadas (véanse también los vers. 32, 36).

será apedreado, y también morirá su dueño.

30 Si le es impuesto precio de rescate, entonces dará por el rescate de su persona cuanto le sea impuesto.

31 Haya acorneado a un hijo o haya acorneado a una hija, conforme a este juicio se hará con él.

32 Si el buey acornea a un siervo o a una sierva, el dueño pagará [a]treinta siclos de plata, y el buey será apedreado.

33 Y si alguno abre un pozo o cava una cisterna, y no los cubre, y cae allí un buey o un asno,

34 el dueño de la cisterna pagará el daño, resarciendo con dinero a su dueño, y el animal muerto será suyo.

35 Y si el buey de alguno hiere al buey de su prójimo y éste muere, entonces venderán el buey vivo y se repartirán el dinero de él, y también se repartirán el buey muerto.

36 Pero si era notorio que el buey era acorneador desde antes, pero su dueño no lo había guardado, pagará buey por buey, y el buey muerto será suyo.

CAPÍTULO 22

Jehová revela sus leyes concernientes al hurto, a las destrucciones por fuego, al cuidado de la propiedad de los demás, al préstamo, a los actos lascivos, a los sacrificios a dioses falsos, al afligir a las viudas, a la usura, al injuriar a Dios y a las leyes referentes al primogénito de hombres y de animales — Se manda a los hombres de Israel ser santos.

Si alguno [a]hurta buey u oveja y lo mata o lo vende, por aquel buey [b]pagará cinco bueyes y por aquella oveja, [c]cuatro ovejas.

2 Si el ladrón es hallado forzando una casa y es herido y muere, no habrá culpabilidad por su sangre.

3 Pero si el sol ya ha salido sobre él, habrá culpabilidad por su sangre. *El ladrón* hará completa restitución; si no tiene con qué, será vendido por su hurto.

4 Si es hallado con lo hurtado en la mano, sea buey o asno u oveja vivos, pagará el doble.

5 Si alguno hace pacer en un campo o en una viña y mete su bestia para que coma en el campo de otro, de lo mejor de su campo y de lo mejor de su viña pagará.

6 Cuando se prenda fuego y al extenderse también se quemen espinos, y se quemen [a]mieses amontonadas o en pie, o un campo, el que encendió el fuego pagará lo quemado.

7 Si alguno da a su prójimo plata o bienes a guardar, y son hurtados de la casa de aquel hombre, si el ladrón es hallado, pagará el doble.

8 Si el ladrón no es hallado, entonces el dueño de la casa será presentado a los [a]jueces *para ver*

32 *a* *Es decir,* el precio de un esclavo. Mateo 26:14–16.
22 1 *a* GEE Robar, robo, hurtar, hurto.
b GEE Arrepentimiento, arrepentirse; Restauración, restitución.
c 2 Sam. 12:6.
6 *a* HEB granos.
8 *a* DyC 58:17–22.

si ha metido su mano en los bienes de su prójimo.

9 En todo caso de fraude sobre buey, sobre asno, sobre oveja, sobre vestido, sobre toda cosa perdida, cuando uno diga: Esto es mío, la causa de ambos vendrá ante los jueces; y aquel a quien los jueces condenen pagará el doble a su prójimo.

10 Si alguno ha dado a su prójimo un asno, o un buey, o una oveja, o cualquier otro animal a guardar, y éste muere o se lastima, o es llevado sin que nadie lo vea,

11 [a]juramento de Jehová tendrá lugar entre ambos de que no ha metido su mano en los bienes de su prójimo; y su dueño lo aceptará, y el otro no pagará.

12 Pero si le fue hurtado, hará restitución a su dueño.

13 Y si le ha sido [a]arrebatado por una fiera, le traerá testimonio y no pagará lo arrebatado.

14 Pero si alguno pide prestado un animal a su prójimo, y se lastima o muere, estando ausente su dueño, deberá pagar*lo*.

15 Si el dueño estaba presente, no lo pagará. Si era alquilado, va incluido en el alquiler.

16 Y si alguno engaña a alguna doncella que no ha sido desposada y duerme con ella, deberá pagar una dote y tomarla por [a]esposa.

17 Si su padre no quiere dársela, él le pagará conforme a la dote de las vírgenes.

18 A la [a]hechicera no dejarás que viva.

19 Cualquiera que tenga ayuntamiento con bestia, ciertamente morirá.

20 El que ofrezca [a]sacrificio a *otros* dioses, excepto sólo a Jehová, será muerto.

21 Y al extranjero no maltratarás ni [a]oprimirás, porque extranjeros fuisteis vosotros en la tierra de Egipto.

22 A ninguna [a]viuda ni huérfano afligiréis.

23 Porque si tú llegas a afligirlos, y ellos a mí me claman, ciertamente oiré yo su clamor;

24 y mi [a]furor se encenderá, y os mataré a espada, y vuestras esposas quedarán viudas, y huérfanos vuestros hijos.

25 Si [a]prestas dinero a mi pueblo, al pobre que está contigo, no te portarás con él como usurero ni le impondrás [b]usura.

26 Si tomas en prenda el vestido de tu prójimo, a la puesta del sol se lo devolverás,

27 porque aquello es su único abrigo, es aquél el vestido para cubrir su cuerpo. ¿En qué ha de dormir? Y acontecerá que cuando él a mí me clame, yo entonces le oiré, porque soy misericordioso.

28 No injuriarás [a]a los jueces ni [b]maldecirás al príncipe de tu pueblo.

29 No demorarás *la ofrenda de* la

11 *a* 1 Ne. 4:35–37.
13 *a* Gén. 31:39.
16 *a* Deut. 22:28–29.
18 *a* TJS Éx. 22:18 …homicida…
20 *a* Núm. 25:2–6.
21 *a* GEE Amor.
22 *a* GEE Viuda.
24 *a* 3 Ne. 24:5.
25 *a* GEE Deuda.
b *O sea,* interés excesivo.
28 *a* TJS Éx. 22:28 …*a Dios*…
b 2 Sam. 19:21–22.

[a]primicia de tu cosecha ni de tu lagar. Me darás el [b]primogénito de tus hijos.

30 Así harás con el de tus vacas y el de tus ovejas; siete días estará con [a]su madre, y al octavo día me lo darás.

31 Y seréis para mí [a]hombres santos. Y no comeréis carne [b]despedazada por las fieras en el campo; a los perros la echaréis.

CAPÍTULO 23

Jehová revela sus leyes concernientes a la integridad y a la conducta piadosa — La tierra descansará durante el año sabático — Los hijos de Israel guardarán tres fiestas anuales — Un ángel que lleva el nombre de Jehová los guiará — Se quitará la enfermedad — Se irá echando gradualmente a las naciones de Canaán.

No admitirás [a]falso rumor. No te concertarás con el malvado para ser testigo falso.

2 [a]No seguirás a la mayoría para hacer el mal, ni responderás en litigio inclinándote a la multitud para hacer agravios;

3 ni al [a]pobre [b]harás favoritismo en su causa.

4 Si encuentras [a]el buey de tu enemigo o su asno extraviado, vuelve a llevárselo.

5 Si ves el asno del que te aborrece caído debajo de su carga, ¿lo dejarás entonces desamparado? Sin falta le [a]ayudarás a levantarlo.

6 No pervertirás el derecho de tu mendigo en su [a]pleito.

7 De [a]palabra de mentira te alejarás, y no matarás al inocente y justo, porque yo no [b]justificaré al malvado.

8 No recibirás soborno, porque el soborno ciega a los que ven y pervierte las palabras de los justos.

9 Y no oprimirás al extranjero, pues vosotros sabéis cómo se siente el alma del extranjero, ya que extranjeros fuisteis en la tierra de Egipto.

10 Seis años sembrarás tu tierra y recogerás su cosecha;

11 pero el [a]séptimo la dejarás libre y sin cultivar, para que coman los [b]pobres de tu pueblo; y de lo que quede comerán las bestias del campo; así harás con tu viña y con tu olivar.

12 Seis días trabajarás, y al [a]séptimo día [b]descansarás, a fin de que descansen tu buey y tu asno, y recobren sus

29 *a* Prov. 3:9–10. GEE Primicias.
b GEE Primogénito.
30 *a* Lev. 22:27.
31 *a* Éx. 19:6; P. de Morm. 1:17.
b Ezeq. 4:14.
23 1 *a* GEE Honestidad, honradez.
2 *a* *O sea,* No seguirás a la multitud para hacer el mal, ni testificarás en un pleito influenciado por la mayoría para pervertir la justicia.
3 *a* TJS Éx. 23:3 *…al impío…* DyC 56:17–18.
b Lev. 19:15.
4 *a* Mateo 5:44.
5 *a* GEE Servicio.
6 *a* *O sea,* cargos o demanda.
7 *a* *O sea,* una acusación falsa.
b GEE Justificación, justificar.
11 *a* *Es decir,* el año sabático.
b GEE Bienestar.
12 *a* GEE Día de reposo.
b GEE Descansar, descanso (reposo).

fuerzas el hijo de tu sierva y el extranjero.

13 Y guardad todo lo que os he dicho. Y nombre de otros [a]dioses no mencionaréis, ni se oirá de vuestra boca.

14 [a]Tres veces al año me celebraréis fiesta.

15 La [a]fiesta de los panes sin levadura guardarás. Siete días comerás los panes sin levadura, como yo te mandé, en el tiempo del mes de Abib, porque en él saliste de Egipto; y ninguno comparecerá delante de mí con las manos vacías.

16 También la [a]fiesta de la siega, de los primeros frutos de tus labores que hayas sembrado en el campo; y la [b]fiesta de la cosecha al fin del año, cuando hayas recogido del campo [c]tus labores.

17 Tres veces al año se presentará todo varón tuyo delante de Jehová, el Señor.

18 No ofrecerás con pan leudado la [a]sangre de mi sacrificio, ni la grasa de mi ofrenda quedará de la noche hasta la mañana.

19 Las [a]primicias de los primeros frutos de tu tierra traerás a la casa de Jehová tu Dios. No [b]guisarás el cabrito en la leche de su madre.

20 He aquí yo envío un [a]ángel delante de ti para que te guarde en el camino y te lleve al lugar que yo he preparado.

21 Guárdate delante de él y oye su voz; no le seas rebelde, porque él no perdonará vuestra rebelión, pues mi nombre está en él.

22 Pero si en verdad oyes su voz, y haces todo lo que yo te diga, seré enemigo de tus [a]enemigos y adversario de tus adversarios.

23 Porque mi ángel irá delante de ti y te llevará al amorreo, y al heteo, y al ferezeo, y al cananeo, y al heveo y al jebuseo, a los cuales yo destruiré.

24 No te [a]inclinarás a sus dioses ni los servirás, ni harás como ellos hacen; sino que [b]los derribarás del todo y despedazarás enteramente sus estatuas.

25 Mas a Jehová, vuestro Dios, serviréis, y él bendecirá tu pan y tu agua; y yo quitaré toda [a]enfermedad de en medio de ti.

26 No habrá ninguna que aborte, ni estéril en tu tierra; y yo cumpliré el número de tus días.

27 Yo enviaré mi [a]terror delante de ti y confundiré a todo pueblo donde tú entres, y haré que todos tus enemigos vuelvan la espalda delante de ti.

28 Yo enviaré la [a]avispa delante de ti, que echará fuera al heveo, y al cananeo y al heteo de delante de ti.

29 No los echaré de delante de

13 *a* Josué 23:6–8.
14 *a* Deut. 16:16.
15 *a* GEE Pascua.
16 *a* GEE Pentecostés.
b Deut. 16:13.
c *Es decir,* los frutos de.
18 *a* GEE Sangre.
19 *a* Lev. 2:12.
GEE Primicias.
b *Es decir,* Israel no debe practicar esa clase de cultos de la fertilidad.
20 *a* Josué 5:13–15; Isa. 63:9.
GEE Ángeles.
22 *a* DyC 8:3–4.
24 *a* Éx. 20:5.
GEE Idolatría.
b Núm. 33:51–53.
25 *a* GEE Enfermedad, enfermo.
27 *a* Éx. 15:16; Josué 2:9–11; Moisés 7:17.
28 *a* Josué 24:12.

ti en un solo año, para que no
quede la tierra desierta ni se multipliquen contra ti las bestias del
campo.
30 Poco a poco los echaré de
delante de ti, hasta que te multipliques y tomes la tierra por
heredad.
31 Y yo pondré tus [a]límites
desde el [b]Mar Rojo hasta el mar
de los filisteos, y desde el desierto
hasta [c]el [d]Río, porque [e]pondré en
vuestras manos a los [f]moradores
de la tierra, y tú los echarás de
delante de ti.
32 No harás [a]pacto con ellos, ni
con sus dioses.
33 En tu tierra no habitarán, no
sea que te hagan pecar contra mí
sirviendo a sus dioses, porque te
será [a]tropiezo.

CAPÍTULO 24

Israel acepta la palabra de Jehová por convenio — Moisés rocía la sangre del convenio — Moisés, Aarón, Nadab, Abiú y setenta élderes de Israel ven a Dios — Jehová llama a Moisés al monte para recibir las tablas de piedra y los mandamientos.

Y DIJO a Moisés: Sube ante Jehová, tú, y Aarón, [a]Nadab, y
Abiú y [b]setenta de los ancianos
de Israel; y os inclinaréis desde
lejos.
2 Pero Moisés se acercará solo a
Jehová; que ellos no se acerquen,
ni suba el pueblo con él.
3 Y Moisés fue y contó al pueblo todas las palabras de Jehová,
y todos los [a]decretos; y todo el
pueblo respondió a [b]una voz y
dijo: Haremos todas las palabras
que Jehová ha dicho.
4 Y Moisés escribió todas las palabras de Jehová, y levantándose
de mañana edificó un altar al pie
del monte y doce columnas según
las doce tribus de Israel.
5 Y envió a jóvenes de los hijos
de Israel, los cuales ofrecieron
holocaustos y [a]sacrificaron becerros como ofrendas de paz a
Jehová.
6 Y Moisés tomó la mitad de la
[a]sangre y la puso en tazones, y
esparció la otra mitad de la sangre sobre el altar.
7 Y tomó el [a]libro del convenio y lo [b]leyó a oídos del pueblo, el cual dijo: Haremos todas
las cosas que Jehová ha dicho y
[c]obedeceremos.
8 Entonces Moisés tomó la sangre y la [a]roció sobre el pueblo
y dijo: He aquí la [b]sangre del
[c]convenio que Jehová ha hecho

31 *a* Josué 1:3–4.
b GEE Mar Rojo.
c *Es decir,* el Éufrates.
d Gén. 15:18.
e Josué 2:24.
f 1 Ne. 17:32–38.
32 *a* Deut. 7:12.
33 *a* Mos. 7:29.
24 1 *a* Éx. 6:23.
b GEE Setenta.
3 *a* *O sea,* las ordenanzas o los decretos.
b GEE Común acuerdo.
5 *a* *O sea,* unos becerros como sacrificio de paz.
6 *a* GEE Sangre.
7 *a* GEE Escrituras—Escrituras que se han perdido.
b Neh. 8:5, 7–9; Alma 31:5.
c GEE Obediencia, obediente, obedecer.
8 *a* Heb. 9:18–22.
b Mateo 26:26–28. GEE Jesucristo—Simbolismos o símbolos de Jesucristo; Redención, redimido, redimir.
c GEE Convenio (pacto); Antiguo Testamento.

con vosotros sobre todas estas
cosas.
9 Y subieron Moisés, y Aarón,
Nadab, y Abiú y setenta de los
[a]ancianos de Israel;
10 y [a]vieron al Dios de Israel; y
había debajo de sus pies como un
embaldosado de zafiro, semejante
al [b]cielo cuando está claro.
11 Mas no extendió su mano
sobre los príncipes de los hijos
de Israel; y [a]vieron a Dios, y comieron y bebieron.
12 Entonces Jehová dijo a Moisés: Sube a mí, al monte, y espera
allá, y te daré [a]tablas de piedra, y
la [b]ley y los mandamientos que
he [c]escrito para enseñarles.
13 Y se levantó Moisés con Josué, su ayudante; y Moisés subió
al [a]monte de Dios.
14 Y dijo a los ancianos: Espe-
radnos aquí hasta que volvamos a
vosotros. Y he aquí, Aarón y Hur
están con vosotros; el que tenga
algún asunto, acuda a ellos.
15 Entonces Moisés subió al
monte, y una [a]nube cubrió el
monte.
16 Y la [a]gloria de Jehová reposó
sobre el monte Sinaí, y la nube lo
cubrió por seis días; y al séptimo
día, llamó a Moisés de en medio
de la nube.
17 Y la apariencia de la [a]gloria de
Jehová era como un fuego abrasador en la cumbre del monte ante
los ojos de los hijos de Israel.
18 Y entró Moisés en medio de
la nube y subió al monte; y estuvo
Moisés en el monte [a]cuarenta días
y cuarenta noches.

CAPÍTULO 25

Se manda a Israel donar sus bienes y construir un tabernáculo; hacer el arca del testimonio (con su propiciatorio y los querubines), una mesa (para el pan de la proposición) y el candelabro, todo de acuerdo con el modelo que se había mostrado a Moisés en el monte.

Y Jehová habló a Moisés,
diciendo:
2 Di a los hijos de Israel que
tomen para mí una [a]ofrenda; de
todo hombre que la dé voluntariamente, [b]de corazón, tomaréis
mi ofrenda.
3 Y ésta es la ofrenda que tomaréis de ellos: Oro, y plata, y
cobre,
4 y azul, y púrpura, y carmesí,
y lino fino, y *pelo* de cabra,
5 y pieles de carnero teñidas de
rojo, y pieles de tejón, y madera
de acacia,
6 aceite para el alumbrado, especias para el aceite de la unción
y para el incienso aromático;
7 piedras de [a]ónice y piedras
de engaste para el efod y para el
[b]pectoral.

9 *a* GEE Élder (anciano).
10 *a* Éx. 33:11; DyC 93:1.
b *O sea,* claro como el mismo cielo.
11 *a* DyC 67:10. GEE Transfiguración—Seres transfigurados.
12 *a* Éx. 32:15–16.
b *O sea,* la instrucción.
c GEE Escrituras.
13 *a* Éx. 3:1.
15 *a* Éx. 19:9.
16 *a* GEE Jesucristo—La gloria de Jesucristo.
17 *a* GEE Gloria.
18 *a* Deut. 9:9.
25 2 *a* GEE Ofrenda.
b 2 Cor. 8:12; DyC 64:34; 97:8.
7 *a* Éx. 28:9.
b GEE Pectoral; Urim y Tumim.

8 Y me harán un [a]santuario, y yo [b]habitaré entre ellos.

9 Conforme a todo lo que yo te muestre, el diseño del tabernáculo y el diseño de todos sus enseres, así lo haréis.

10 Harán también un [a]arca de madera de acacia, cuya longitud será de dos codos y medio, y su anchura de codo y medio, y su altura de codo y medio.

11 Y la recubrirás de oro puro; por dentro y por fuera la recubrirás, y harás sobre ella una cornisa de oro alrededor.

12 Y para ella fundirás cuatro argollas de oro, que pondrás en sus cuatro esquinas, dos argollas a un lado de ella y dos argollas al otro lado.

13 Y harás unas varas de madera de acacia, las cuales recubrirás de oro.

14 Y meterás las varas por las argollas a los lados del [a]arca, para llevar el arca con ellas.

15 Las varas quedarán en las argollas del arca; no se quitarán de ella.

16 Y pondrás en el arca el [a]testimonio que yo te daré.

17 Y harás un [a]propiciatorio de oro fino, cuya longitud será de dos codos y medio, y su anchura de codo y medio.

18 Harás también dos [a]querubines de oro; labrados a martillo los harás en los dos extremos del propiciatorio.

19 Harás, pues, un querubín en un extremo, y un querubín en el otro extremo; harás el propiciatorio con los querubines en sus dos extremos, de una sola pieza.

20 Y los querubines extenderán por encima las alas, cubriendo el propiciatorio con sus alas; sus rostros estarán el uno enfrente del otro; mirando hacia el propiciatorio los rostros de los querubines.

21 Y pondrás el propiciatorio encima del arca, y en el arca pondrás el [a]testimonio que yo te daré.

22 Y allí me [a]reuniré contigo, y [b]hablaré contigo desde el [c]propiciatorio, de entre los dos [d]querubines que están sobre el arca del testimonio, de todo lo que yo te mande para los hijos de Israel.

23 Harás asimismo una mesa de madera de acacia; su longitud será de dos codos, y de un codo su anchura, y su altura de codo y medio.

24 Y la recubrirás de oro puro y le harás una cornisa de oro alrededor.

25 Le harás también una

8 *a* GEE Tabernáculo; Templo, Casa del Señor.
b DyC 124:26–28.
10 *a* También conocida como el arca del convenio, el arca del pacto o el arca de la alianza. GEE Arca del pacto.
14 *a* 1 Cró. 15:15.
16 *a* Heb. 9:2–5. GEE Escrituras—Las Escrituras deben preservarse.
17 *a* En hebreo se llamaba literalmente cubierta expiatoria. Adviértase que era una cubierta de oro de la misma dimensión que la parte superior del arca. En cada extremo se había colocado un querubín con alas.
18 *a* GEE Querubines.
21 *a* Deut. 31:26.
22 *a* Éx. 29:43.
b Núm. 7:89.
c GEE Arca del pacto.
d 2 Rey. 19:15.

moldura alrededor, del ancho de un palmo menor, y le harás una cornisa de oro alrededor de la moldura.

26 Y le harás cuatro argollas de oro, las cuales pondrás en las cuatro esquinas que corresponden a sus cuatro patas.

27 Las argollas estarán cerca del borde para colocar en ellas las varas para llevar la mesa.

28 Y harás las varas de madera de acacia y las recubrirás de oro, y con ellas será llevada la mesa.

29 Harás también sus platos, y sus cucharas, y sus [a]cubiertas y sus tazones con que se libará; de oro fino los harás.

30 Y pondrás sobre la mesa el [a]pan de la proposición delante de mí continuamente.

31 Harás además un candelabro de oro puro; labrado a martillo se hará el candelabro; su pie, su caña, sus copas, sus [a]cálices y sus flores serán de una sola pieza.

32 Y saldrán seis brazos de sus lados: tres brazos del candelabro de un lado y tres brazos del candelabro del otro lado.

33 Tres copas en forma de flor de almendro en un brazo, un cáliz y una flor; y tres copas en forma de flor de almendro en el otro brazo, un cáliz y una flor; así en los seis brazos que salen del candelabro.

34 Y en la caña del candelabro habrá cuatro copas en forma de flor de almendro, sus cálices y sus flores.

35 Habrá un cáliz debajo de los dos brazos del mismo, otro cáliz debajo de los otros dos brazos del mismo, y otro cáliz debajo de los *otros* dos brazos del mismo, conforme a los seis brazos que salen del candelabro.

36 Sus cálices y sus brazos serán de una sola pieza, todo ello una pieza labrada a martillo, de oro puro.

37 Y le harás siete lámparas, las cuales [a]encenderás para que alumbren hacia delante.

38 También sus despabiladeras y sus platillos, de oro puro.

39 De un talento de oro fino lo harás, con todos estos utensilios.

40 Y mira y hazlos conforme al modelo que te ha sido mostrado en el monte.

CAPÍTULO 26

El tabernáculo ha de ser construido con diez cortinas y con tablas — Un velo separará el Lugar Santo del Lugar Santísimo — El arca del testimonio (con el propiciatorio) se ha de poner en el lugar santísimo.

Y HARÁS el [a]tabernáculo de diez cortinas de lino torcido, y azul, y púrpura y carmesí; y las harás con [b]querubines de obra primorosa.

2 La longitud de cada cortina será de veintiocho codos, y la anchura de cada cortina será de

29 *a* HEB jarras.
30 *a* HEB pan de la Presencia.
31 *a* *Es decir,* aros en forma de corona (véanse también los vers. 33–36).
37 *a* Lev. 24:1–4.
26 1 *a* GEE Tabernáculo.
b GEE Querubines.

cuatro codos; todas las cortinas tendrán la misma medida.

3 Cinco cortinas estarán unidas la una con la otra, y las otras cinco cortinas unidas la una con la otra.

4 Y harás lazadas de azul en la orilla de la última cortina del primer conjunto; lo mismo harás en la orilla de la última cortina del segundo conjunto.

5 Cincuenta lazadas harás en la primera cortina, y cincuenta lazadas harás en el borde de la cortina que está en el segundo conjunto; las lazadas estarán contrapuestas la una a la otra.

6 Harás también cincuenta ganchos de oro, con los cuales unirás las cortinas la una con la otra, y se formará un tabernáculo.

7 Harás asimismo cortinas de *pelo* de cabra para una cubierta sobre el tabernáculo; once cortinas harás.

8 La longitud de cada cortina será de treinta codos, y la anchura de cada cortina será de cuatro codos; la misma medida tendrán las once cortinas.

9 Y unirás cinco cortinas aparte y las otras seis cortinas separadamente; y doblarás la sexta cortina en la parte frontal del tabernáculo.

10 Y harás cincuenta lazadas en la orilla de la cortina al borde del primer conjunto, y cincuenta lazadas en la orilla de la otra cortina del segundo conjunto.

11 Harás asimismo cincuenta ganchos de bronce, los cuales meterás por las lazadas; y así unirás la tienda, para que se haga una sola.

12 Y el sobrante que resulta de las cortinas de la tienda, la mitad de la cortina que sobra, colgará a espaldas del tabernáculo.

13 Y un codo de un lado y otro codo del otro de lo que sobra en la longitud de las cortinas de la tienda, colgará sobre los lados del tabernáculo a un lado y al otro, para cubrirlo.

14 Harás también a la tienda una cubierta de pieles de carnero teñidas de rojo, y una cubierta de pieles de tejón encima.

15 Y harás para el tabernáculo tablas de madera de acacia que colocarás verticalmente.

16 La longitud de cada tabla será de diez codos, y de codo y medio la anchura de cada tabla.

17 Dos espigas tendrá cada tabla, trabadas la una con la otra; así harás todas las tablas del tabernáculo.

18 Harás, pues, las tablas del tabernáculo; veinte tablas para el lado del sur, hacia el sur.

19 Y harás cuarenta basas de plata debajo de las veinte tablas: dos basas debajo de una tabla para sus dos espigas, y dos basas debajo de la otra tabla para sus dos espigas.

20 Y al otro lado del tabernáculo, al lado norte, harás veinte tablas,

21 y sus cuarenta basas de plata; dos basas debajo de una tabla, y dos basas debajo de la otra tabla.

22 Y para el lado posterior del tabernáculo, al occidente, harás seis tablas.

23 Harás además dos tablas para

las esquinas del tabernáculo en los dos ángulos posteriores,

24 las cuales se unirán desde abajo, y asimismo se juntarán por su alto con un gozne; así será con las dos; formarán las dos esquinas.

25 De suerte que serán ocho tablas, con sus basas de plata: dieciséis basas, dos basas debajo de una tabla y dos basas debajo de la otra tabla.

26 Harás también cinco barras de madera de acacia para las tablas de un lado del tabernáculo,

27 y cinco barras para las tablas del otro lado del tabernáculo, y cinco barras para el lado posterior del tabernáculo, que está al occidente.

28 Y la barra del centro pasará a media altura de las tablas, de un extremo al otro.

29 Y recubrirás de oro las tablas, y harás sus argollas de oro para meter por ellas las barras; también recubrirás de oro las barras.

30 Y armarás el tabernáculo conforme al [a]modelo que te fue mostrado en el monte.

31 Y harás también un velo de azul, y púrpura, y carmesí y de lino torcido; será hecho de primorosa labor, con querubines.

32 Y lo colgarás con clavijas de oro sobre cuatro columnas de madera de acacia recubiertas de oro, sobre basas de plata.

33 Y colgarás el velo debajo de los ganchos, y detrás del velo colocarás el arca del testimonio; y aquel [a]velo os hará separación entre el lugar santo y el lugar [b]santísimo.

34 Y pondrás el propiciatorio sobre el arca del [a]testimonio en el lugar santísimo.

35 Y pondrás la mesa fuera del velo, y el candelabro enfrente de la mesa en el lado sur del tabernáculo; y pondrás la mesa en el lado norte.

36 Y harás para la entrada del tabernáculo una cortina de azul, y púrpura, y carmesí y lino torcido, obra de bordador.

37 Y harás para la cortina cinco columnas de madera de acacia, las cuales recubrirás de oro, con sus clavijas de oro; y fundirás para ellas cinco basas de bronce.

CAPÍTULO 27

El tabernáculo tendrá un altar para holocaustos y un atrio rodeado de columnas — Siempre arderá una luz en el tabernáculo de reunión.

HARÁS también un [a]altar de madera de acacia, de cinco codos de longitud y de cinco codos de anchura; será cuadrado el altar, y su altura de tres codos.

2 Y le harás cuernos en sus cuatro esquinas; los cuernos serán parte del mismo altar, y lo recubrirás de bronce.

3 Harás también sus recipientes para recoger la ceniza, y sus

30 *a* Éx. 25:40.
33 *a* GEE Velo.
b GEE Lugar Santísimo.
34 *a* GEE Arca del pacto.
27 1 *a* GEE Altar.

paletas, y sus tazones, y sus garfios y sus braseros; harás todos sus utensilios de bronce.

4 Y le harás un enrejado de bronce de obra de rejilla; y sobre la rejilla harás cuatro argollas de bronce en sus cuatro esquinas.

5 Y la pondrás debajo del borde del altar; y llegará la rejilla hasta la mitad del altar.

6 Harás también varas para el altar, varas de madera de acacia, las cuales recubrirás de bronce.

7 Y las varas se meterán por las argollas; y estarán aquellas varas a ambos lados del altar cuando sea llevado.

8 De tablas lo harás, hueco; de la manera que te fue mostrado en el monte, así lo harás.

9 Asimismo harás el atrio del tabernáculo. Al lado meridional, hacia el sur, tendrá el atrio cortinas de lino torcido, de cien codos de longitud por un lado;

10 sus veinte columnas y sus veinte basas serán de bronce; las clavijas de las columnas y sus molduras serán de plata.

11 Y de la misma manera al lado del norte habrá a lo largo cortinas de cien codos de longitud, y sus veinte columnas con sus veinte basas de bronce; las clavijas de sus columnas y sus molduras serán de plata.

12 Y el ancho del atrio del lado occidental tendrá cortinas de cincuenta codos con diez columnas, con sus diez basas.

13 Y en el ancho del atrio por el lado del este, hacia el oriente, habrá cincuenta codos.

14 Y las cortinas de un lado serán de quince codos con sus tres columnas y sus tres basas.

15 Y al otro lado habrá quince codos de cortinas con sus tres columnas y sus tres basas.

16 Y para la entrada del atrio habrá una cortina de veinte codos, de azul, y púrpura, y carmesí y lino torcido, de obra de bordador con sus cuatro columnas y con sus cuatro basas.

17 Todas las columnas alrededor del atrio estarán ceñidas de plata; sus clavijas de plata y sus basas de bronce.

18 La longitud del atrio será de cien codos, y la anchura cincuenta por un lado y cincuenta por el otro, y la altura de cinco codos; *sus cortinas* serán de lino torcido y sus basas de bronce.

19 Todos los enseres del tabernáculo para todo su servicio, y todas sus estacas, y todas las estacas del atrio serán de bronce.

20 Y tú mandarás a los hijos de Israel que te traigan [a]aceite puro de olivas machacadas para el alumbrado, para hacer arder continuamente las lámparas.

21 En el [a]tabernáculo de reunión, fuera del [b]velo que está delante del testimonio, las pondrán en [c]orden [d]Aarón y sus hijos, delante de Jehová desde el atardecer hasta la mañana, como [e]estatuto perpetuo para los hijos de Israel por sus generaciones.

20 *a* GEE Aceite.
21 *a* HEB tienda de reunión.
b GEE Velo.
c *O sea*, mantendrán en orden.
d DyC 84:30–34; 107:13.
e Éx. 29:9.

CAPÍTULO 28

Aarón y sus hijos serán consagrados y ungidos para ministrar en el oficio de sacerdote — Las vestiduras de Aarón han de comprender un pectoral, un efod, un manto, una túnica, una mitra y una faja — El pectoral del juicio tendrá doce piedras preciosas con los nombres de las tribus de Israel sobre ellas — El Urim y Tumim se colocará en el pectoral.

Y HARÁS que se acerquen a ti
[a]Aarón, tu hermano, y sus hijos
con él, de entre los hijos de Israel,
para que sean mis [b]sacerdotes;
Aarón, Nadab y Abiú, Eleazar e
Itamar, hijos de Aarón.
2 Y harás [a]vestiduras sagradas
a Aarón, tu hermano, para honra
y hermosura.
3 Y tú hablarás a todos los [a]sabios de corazón, a quienes yo he
llenado de espíritu de [b]sabiduría,
a fin de que hagan las vestiduras
de Aarón, para consagrarle, para
que me sirva de sacerdote.
4 Las vestiduras que harán son
éstas: el pectoral, y el [a]efod, y el
manto, y la túnica bordada, la
[b]mitra y una faja. Hagan, pues, las
vestiduras sagradas para Aarón,
tu hermano, y para sus hijos, a fin
de que [c]sean mis sacerdotes.
5 Tomarán oro, y azul, y púrpura, y carmesí, y lino fino.
6 Y harán el efod de oro, y azul,
y púrpura, y carmesí y lino torcido, de obra primorosa.
7 Tendrá dos hombreras que se
junten a sus dos extremos, y así
se juntará.
8 Y la hechura primorosa del
cinto que está sobre el efod será
de la misma obra de una sola
pieza: de oro, y azul, y púrpura,
y carmesí y lino fino torcido.
9 Y tomarás dos piedras de ónice
y grabarás en ellas los [a]nombres
de los hijos de Israel:
10 seis de sus nombres en una
piedra, y los otros seis nombres
en la otra piedra, conforme al orden de nacimiento de ellos.
11 De obra de grabador en piedra, como grabaduras de sello,
harás grabar aquellas dos piedras
con los nombres de los hijos de
Israel; les harás alrededor engastes de oro.
12 Y pondrás aquellas dos piedras sobre las hombreras del efod,
como piedras recordatorias para
los hijos de Israel; así Aarón llevará los nombres de ellos delante
de Jehová sobre sus dos hombros
como un recordatorio.
13 Harás, pues, engastes de
oro,
14 y dos cadenillas de oro puro;
las harás en forma de trenza; y
fijarás las cadenillas en forma de
trenza en los engastes.
15 Harás asimismo el pectoral
del juicio de obra primorosa; lo
harás [a]conforme a la obra del

28 1 *a* 1 Cró. 23:13; DyC 28:3. GEE Aarón, hermano de Moisés; Llamado, llamado por Dios, llamamiento.
b GEE Sacerdocio Aarónico.
2 *a* Éx. 29:29; 39:1.
3 *a* También comprende habilidad y destreza.
b GEE Sabiduría.
4 *a* 1 Sam. 2:18, 28.
b HEB turbante.
c GEE Ministrar, ministro.
9 *a* TJS Sal. 24:8 (Apéndice).
15 *a* GEE Pectoral.

efod: de oro, y azul, y púrpura, y carmesí y fino torcido.

16 Será cuadrado *y* doble, de un palmo de largo y un palmo de ancho;

17 y lo llenarás de pedrería con cuatro hileras de piedras. Una hilera con una piedra sárdica, un topacio y una [a]esmeralda; ésta será la primera hilera;

18 la segunda hilera, una turquesa, un zafiro y un diamante;

19 la tercera hilera, un ópalo, un ágata y una amatista;

20 y la cuarta hilera, un berilo, un ónice y un jaspe. Estarán montadas en sus engastes de oro.

21 Y serán aquellas piedras según los nombres de los hijos de Israel, doce, según sus nombres; como grabados de sello, cada una con su nombre, serán según las [a]doce tribus.

22 Harás también en el pectoral cadenillas en forma de trenzas de oro puro.

23 Y harás en el pectoral dos anillos de oro, los cuales pondrás a los dos extremos del pectoral.

24 Y pondrás las dos cadenillas de oro en los dos anillos a los dos extremos del pectoral;

25 y pondrás los dos extremos de las dos cadenillas sobre los dos engastes, y las pondrás en las hombreras del efod, en la parte delantera.

26 Harás también dos anillos de oro, los cuales pondrás a los dos extremos del pectoral, en el borde que está en la parte interior del efod.

27 Harás asimismo dos anillos de oro, los cuales pondrás en la parte delantera debajo de las dos hombreras del efod, delante de su unión, sobre el cinto del efod.

28 Y atarán el pectoral por sus anillos a los anillos del efod con un cordón de azul, para que esté sobre el cinto del efod y no se separe el pectoral del efod.

29 Y llevará Aarón los nombres de los hijos de Israel en el pectoral del juicio sobre su corazón, cuando entre en el santuario, como recordatorio delante de Jehová continuamente.

30 Y pondrás en el pectoral del juicio el [a]Urim y el Tumim, para que estén sobre el corazón de Aarón cuando entre delante de Jehová; y Aarón llevará el juicio de los hijos de Israel sobre su corazón delante de Jehová de continuo.

31 Harás el manto del efod todo de azul;

32 y en su centro, arriba, habrá una [a]abertura, la cual tendrá un borde alrededor, obra de tejedor, como el cuello de una cota de malla, *para* que no se rompa.

33 Y *abajo* en su borde inferior harás granadas de azul, y púrpura y carmesí, alrededor del borde; y entre ellas y alrededor del borde pondrás campanillas de oro:

34 una campanilla de oro y una granada, una campanilla de oro y una granada, alrededor de todo el borde del manto.

35 Y Aarón se lo pondrá cuando

17 *a* Posiblemente rubí o esmeralda.
21 *a* GEE Israel—Las doce tribus de Israel.
30 *a* HEB Luz y Perfección. GEE Urim y Tumim.
32 *a* HEB abertura para la cabeza.

ministre; y se oirá su sonido cuando él entre en el santuario delante de Jehová y cuando salga, para que no muera.

36 Harás además una [a]lámina de oro puro, y grabarás en ella, como las grabaduras de un sello: [b]SANTIDAD A JEHOVÁ.

37 Y la sujetarás con un cordón azul, y estará sobre la [a]mitra; por la parte delantera de la mitra estará.

38 Y estará sobre la frente de Aarón; y [a]llevará Aarón la culpabilidad de las cosas santas que los hijos de Israel hayan consagrado en todas sus santas ofrendas; y sobre su frente estará continuamente para que [b]hallen gracia delante de Jehová.

39 Y bordarás una túnica de lino y harás una mitra de [a]lino fino; harás también una faja de obra de bordador.

40 Y para los hijos de Aarón harás túnicas; también les harás fajas y les harás [a]tiaras para honra y hermosura.

41 Y con ellas vestirás a Aarón, tu hermano, y a sus hijos con él; y los [a]ungirás y los [b]consagrarás y santificarás, para que sean mis sacerdotes.

42 Y les harás calzoncillos de lino para cubrir su desnudez; llegarán desde los lomos hasta los muslos.

43 Y los llevarán puestos Aarón y sus hijos cuando entren en el [a]tabernáculo de reunión, o cuando se acerquen al altar para servir en el lugar santo, para que no incurran en culpa y mueran. Es estatuto perpetuo para él y para su descendencia después de él.

CAPÍTULO 29

Aarón y sus hijos han de ser lavados, ungidos y consagrados — Deben efectuarse varias ceremonias de sacrificio — Se hará una expiación por los pecados del pueblo — Jehová promete morar entre ellos.

Y ESTO es lo que les harás para consagrarlos, para que sean mis [a]sacerdotes: Toma un [b]becerro de la vacada y dos carneros sin defecto;

2 y panes sin levadura, y tortas sin levadura amasadas con aceite, y hojaldres sin levadura untados con aceite, los cuales harás de flor de harina de trigo.

3 Y los pondrás en un canastillo, y en el canastillo los ofrecerás, con el becerro y los dos carneros.

4 Y llevarás a Aarón y a sus hijos a la entrada del tabernáculo de reunión, y los [a]lavarás con agua.

5 Y tomarás las [a]vestiduras y vestirás a Aarón con la túnica, y

36 *a* Lev. 8:9. GEE Corona.
b *O sea,* Consagrado. GEE Consagrar, Ley de consagración; Santidad.
37 *a* HEB turbante.
38 *a* *O sea,* expiará. GEE Expiación, expiar.
b Lev. 1:1–4.
39 *a* Ezeq. 44:17.
40 *a* HEB banda o cinta para ponerse alrededor de la cabeza.
41 *a* GEE Unción.
b GEE Autoridad; Sacerdocio.
43 *a* HEB tienda de reunión.
29 1 *a* Lev. 21:10–15.
b Lev. 8:2.
4 *a* GEE Lavado, lavamientos, lavar.
5 *a* Éx. 28:2–5.

el manto del efod, y el efod y el
pectoral, y le ceñirás con el cinto
del efod;
6 y pondrás la [a]mitra sobre su
cabeza, y sobre la mitra pondrás
la diadema santa.
7 Y tomarás el [a]aceite de la unción y lo derramarás sobre su
cabeza, y le ungirás.
8 Y harás que se acerquen
sus hijos y les vestirás con las
túnicas.
9 Y les ceñirás la faja a Aarón y
a sus hijos y les [a]atarás las tiaras,
y tendrán el [b]sacerdocio por estatuto perpetuo. Y [c]consagrarás
a Aarón y a sus hijos.
10 Y llevarás el [a]becerro delante
del tabernáculo de reunión, y Aarón y sus hijos pondrán sus [b]ma-
nos sobre la cabeza del becerro.
11 Y matarás el becerro delante
de Jehová a la puerta del tabernáculo de reunión.
12 Y tomarás de la sangre del
becerro y la pondrás sobre los
cuernos del altar con tu dedo, y
derramarás toda la demás sangre
al pie del [a]altar.
13 Tomarás también toda la
grasa que cubre los intestinos,
y el lóbulo de sobre el hígado,
y los dos riñones y la grasa que
está sobre ellos, y los quemarás
sobre el altar.
14 Pero la carne del becerro, y su
piel y su estiércol los quemarás en
el fuego fuera del campamento;
es ofrenda por el pecado.
15 Asimismo tomarás uno de
los carneros, y Aarón y sus hijos
pondrán sus manos sobre la cabeza del carnero.
16 Y matarás el carnero, y tomarás su sangre y la rociarás sobre
el altar alrededor.
17 Y cortarás el carnero en pedazos, y lavarás sus intestinos y
sus piernas, y las pondrás sobre
sus trozos y sobre su cabeza.
18 Y quemarás todo el carnero
sobre el altar; es [a]holocausto a
Jehová de olor grato; es ofrenda
encendida a Jehová.
19 Tomarás luego el otro [a]car-
nero, y Aarón y sus hijos pondrán sus manos sobre la cabeza
del carnero.
20 Y matarás el carnero, y tomarás de su sangre y la pondrás
sobre el lóbulo de la oreja derecha
de Aarón, y sobre el lóbulo de la
oreja derecha de sus hijos, y sobre el dedo pulgar de las manos
derechas de ellos y sobre el dedo
pulgar de los pies derechos de
ellos, y esparcirás la sangre sobre
el altar alrededor.
21 Y tomarás de la sangre que
hay sobre el altar, y del aceite de
la unción, y los rociarás sobre
Aarón, y sobre sus vestiduras,
y sobre sus hijos y sobre las vestiduras de éstos; y él será santificado, y sus vestiduras, y sus
hijos y las vestiduras de sus hijos con él.
22 Luego tomarás del carnero
la grasa, y la cola, y la grasa que
cubre los intestinos, y el lóbulo

6 *a* HEB turbante.
7 *a* Éx. 40:12–15; DyC 124:39. GEE Unción; Aceite.
9 *a* HEB atarás el tocado de la cabeza.
b GEE Sacerdocio Aarónico.
c GEE Apartamiento.
10 *a* Ezeq. 43:19.
b GEE Imposición de manos.
12 *a* Lev. 8:15.
18 *a* GEE Sacrificios.
19 *a* Lev. 8:22.

del hígado, y los dos riñones, y la grasa que está sobre ellos, y la espaldilla derecha, porque es carnero de consagración.

23 También una torta de pan, y una torta amasada con aceite y un hojaldre del canastillo de los panes sin levadura presentado a Jehová;

24 y lo pondrás todo en las manos de Aarón y en las manos de sus hijos, y lo mecerás como ofrenda mecida delante de Jehová.

25 Después lo tomarás de sus manos y lo harás arder sobre el altar en holocausto, como olor grato delante de Jehová. Es ofrenda encendida a Jehová.

26 Y tomarás el pecho del carnero de la consagración de Aarón y lo mecerás como ofrenda mecida delante de Jehová; y será porción tuya.

27 Y consagrarás el pecho de la ofrenda mecida y la espaldilla de la ofrenda elevada, lo que fue [a]mecido y lo que fue elevado del carnero de la consagración, de lo que era para Aarón y para sus hijos.

28 Y será para Aarón y para sus hijos por estatuto perpetuo de parte de los hijos de Israel, porque es ofrenda elevada; y será una ofrenda elevada de los hijos de Israel de los sacrificios de sus ofrendas de paz, ofrenda elevada de ellos a Jehová.

29 Y las [a]vestiduras santas, que son de Aarón, serán de sus hijos después de él, para ser ungidos en ellas y para ser en ellas consagrados.

30 Por siete días las vestirá aquel de sus hijos que tome su lugar como sacerdote, cuando entre en el tabernáculo de reunión para servir en el lugar santo.

31 Y tomarás el carnero de la consagración y cocerás su carne en un lugar santo.

32 Y Aarón y sus hijos comerán la carne del carnero y el pan que está en el canastillo, a la entrada del tabernáculo de reunión.

33 Y comerán aquellas cosas con las cuales se hizo expiación, para consagrarlos y santificarlos; pero [a]ningún extraño las comerá, porque son santas.

34 Y si sobra algo de la carne de las consagraciones y del pan hasta la mañana, quemarás al fuego lo que haya sobrado; no se comerá, porque es cosa santa.

35 Así, pues, harás a Aarón y a sus hijos, conforme a todas las cosas que yo te he mandado; por [a]siete días los [b]consagrarás.

36 Y ofrecerás en expiación cada día el becerro de la ofrenda por el pecado para expiación; y purificarás el altar cuando hagas expiación por éste, y lo ungirás para santificarlo.

37 Durante siete días harás expiación por el altar y lo santificarás; y será un altar santísimo. Cualquier cosa que toque el altar será santificada.

38 Y esto es lo que ofrecerás

27 *a* *O sea,* ofrecido como ofrenda elevada o mecida.
29 *a* Éx. 28:1–5.
33 *a* *O sea,* el que no esté autorizado.
35 *a* Lev. 8:33.
b *O sea,* te dedicarás a efectuar la ordenanza de apartarlos.

sobre el altar: dos corderos de un año [a]cada día, continuamente.

39 Ofrecerás uno de los corderos a la mañana, y el otro cordero ofrecerás a la caída de la tarde.

40 Además ofrecerás con cada cordero una décima parte *de un efa* de flor de harina amasada con la cuarta parte de un hin de aceite batido, y como libación, la cuarta parte de un hin de vino.

41 Y ofrecerás el otro cordero a la [a]caída de la tarde, haciéndolo conforme a la ofrenda de grano de la mañana, y conforme a su libación, como olor grato; será ofrenda encendida a Jehová.

42 Esto será holocausto continuo por vuestras generaciones a la puerta del [a]tabernáculo de reunión delante de Jehová, donde me reuniré con vosotros para hablarte allí.

43 Y allí me [a]reuniré con los hijos de Israel, y *el* [b]*lugar* será santificado con mi gloria.

44 Y santificaré el tabernáculo de reunión y el altar; santificaré asimismo a Aarón y a sus hijos para que sean mis sacerdotes.

45 Y [a]habitaré entre los hijos de Israel, y seré su [b]Dios.

46 Y conocerán que yo soy Jehová, su Dios, que los saqué de la tierra de Egipto para morar en medio de ellos. Yo, Jehová, su Dios.

CAPÍTULO 30

Se pondrá un altar de incienso delante del velo — Se hará una expiación con la sangre de la ofrenda por el pecado — El dinero de la expiación se pagará en rescate de todo varón — Los sacerdotes usarán el aceite de la santa unción y el incienso.

Harás asimismo un [a]altar para quemar incienso; de madera de acacia lo harás.

2 Su longitud será de un [a]codo, y su anchura de un codo; será cuadrado, y su altura de dos codos; y sus cuernos serán [b]parte del mismo altar.

3 Y lo recubrirás de oro puro, su cubierta, y sus paredes alrededor y sus cuernos; y le harás alrededor una cornisa de oro.

4 Le harás también dos argollas de oro debajo de la cornisa [a]a sus dos esquinas, en ambos lados, para meter las varas con que será llevado.

5 Y harás las varas de madera de acacia y las recubrirás de oro.

6 Y lo pondrás delante del velo que está junto al [a]arca del testimonio, delante del propiciatorio que está sobre el testimonio, donde yo me reuniré contigo.

7 Y Aarón quemará [a]incienso aromático sobre él cada mañana;

38 *a* Mos. 13:30.
41 *a* Sal. 141:2.
42 *a* Éx. 33:7.
43 *a* Éx. 25:22.
b GEE Templo, Casa del Señor.
45 *a* Éx. 6:7; Hageo 2:5.
b GEE Trinidad—Dios el Hijo.

30 1 *a* GEE Altar.
2 *a* GEE Codo.
b *Es decir,* de una sola pieza con el altar.
4 *a* HEB en dos de sus molduras de sostén.
6 *a* También conocida como el arca del convenio, el arca del pacto o el arca de la alianza. GEE Arca del pacto.
7 *a* 2 Cró. 26:18.

cuando prepare las lámparas lo quemará.

8 Y cuando Aarón encienda las lámparas al anochecer, quemará el incienso; habrá incienso perpetuo delante de Jehová por vuestras generaciones.

9 [a]No ofreceréis sobre él incienso extraño, ni holocausto ni [b]ofrenda; ni tampoco derramaréis sobre él libación.

10 Y sobre los cuernos del altar hará Aarón [a]expiación una vez al año con la [b]sangre de la ofrenda por el pecado para [c]expiaciones; una vez al año hará expiación sobre él por vuestras generaciones; será muy santo a Jehová.

11 Y habló Jehová a Moisés, diciendo:

12 Cuando hagas el censo de los hijos de Israel conforme al número de ellos, cada uno dará a Jehová el rescate de su vida cuando los cuentes, para que no haya en ellos mortandad cuando los hayas contado.

13 Esto dará todo el que sea contado: medio siclo, conforme al siclo del santuario. El siclo es de veinte geras; medio siclo *será* la ofrenda a Jehová.

14 Todo el que sea contado, de veinte años arriba, dará la ofrenda a Jehová.

15 Ni el rico aumentará ni el pobre disminuirá del medio siclo, cuando den la ofrenda a Jehová para hacer expiación por vuestras vidas.

16 Y tomarás de los hijos de Israel el dinero de las expiaciones, y lo darás para el servicio del [a]tabernáculo de reunión; y será como recordatorio a los hijos de Israel delante de Jehová, para hacer expiación por vuestras vidas.

17 Habló más Jehová a Moisés, diciendo:

18 Harás también una fuente de bronce, con su base de bronce, para lavarse; y la pondrás entre el tabernáculo de reunión y el altar; y pondrás en ella agua.

19 Y en ella se [a]lavarán Aarón y sus hijos las manos y los pies.

20 Cuando entren en el tabernáculo de reunión se lavarán con agua, para que no mueran; y cuando se acerquen al altar para ministrar, para quemar la ofrenda encendida a Jehová que se ha de consumir al fuego,

21 también se lavarán las manos y los pies para que no mueran. Y lo tendrán por estatuto perpetuo él y su descendencia por sus generaciones.

22 Habló más Jehová a Moisés, diciendo:

23 Y tomarás de las especias finas: de mirra excelente, quinientos siclos; y de canela aromática, la mitad, esto es, doscientos cincuenta siclos; y de cálamo aromático, doscientos cincuenta;

24 y de casia, quinientos siclos, según el siclo del santuario; y de aceite de oliva, un hin.

9 *a* Lev. 10:1–3.
b *O sea,* grano o harina.
10 *a* Heb. 9:7–28.
b GEE Expiación, expiar; Sangre.
c Lev. 4:20.
16 *a* HEB tienda de reunión (véanse también los vers. 18, 20, 26, 36).
19 *a* GEE Lavado, lavamientos, lavar.

25 Y harás de ello el [a]aceite de la santa unción, un ungüento superior, obra de perfumador, el cual será el aceite de la santa [b]unción.

26 Con él ungirás el tabernáculo de reunión, y el arca del testimonio,

27 y la mesa con todos sus utensilios, y el candelabro con todos sus utensilios, y el altar del incienso,

28 y el altar del holocausto con todos sus utensilios y la fuente con su base.

29 Así los consagrarás, y serán cosas santísimas; todo lo que los toque será santificado.

30 [a]Ungirás también a Aarón y a sus hijos, y los [b]consagrarás para que me sirvan como sacerdotes.

31 Y hablarás a los hijos de Israel, diciendo: Éste será mi aceite de la santa unción por vuestras generaciones.

32 Sobre carne de [a]hombre no será derramado, ni haréis otro semejante, conforme a su composición; santo es, y por santo lo tendréis vosotros.

33 Cualquiera que componga ungüento semejante, y que ponga de él sobre algún extraño, será talado de entre su pueblo.

34 Dijo además Jehová a Moisés: Toma especias: [a]estacte, y uña aromática, y [b]gálbano aromático e incienso puro; todo de igual peso,

35 y harás con ello un incienso aromático de obra de perfumador, *bien* mezclado, puro y santo.

36 Y molerás parte de él en polvo fino y lo pondrás delante del testimonio en el tabernáculo de reunión, donde yo me [a]reuniré contigo. Os será cosa santísima.

37 Como el incienso que harás, no os haréis otro según esa composición; te será cosa sagrada para Jehová.

38 Cualquiera que hiciere otro como éste para olerlo, será talado de entre su pueblo.

CAPÍTULO 31

Los artesanos son inspirados al construir y amueblar el tabernáculo — Se manda a Israel guardar los días de reposo de Jehová — Se decreta la pena de muerte por profanar el día de reposo — Moisés recibe las tablas de piedra.

Y HABLÓ Jehová a Moisés, diciendo:

2 Mira, yo he llamado por su nombre a Bezaleel hijo de Uri, hijo de Hur, de la tribu de Judá;

3 y lo he llenado del [a]espíritu de Dios, en [b]sabiduría, y en [c]inteligencia, y en [d]ciencia y en toda clase de artesanía,

25 *a* GEE Aceite.
b DyC 124:38–39. GEE Unción.
30 *a* Éx. 40:12–15.
b GEE Consagrar, Ley de consagración.
32 *a* *Es decir,* el hombre común que no es sacerdote.
34 *a* *O sea,* aceite esencial oloroso sacado de la mirra.
b *O sea,* resina de olor aromático.
36 *a* Éx. 25:22.
31 3 *a* GEE Dones del Espíritu; Espíritu Santo; Enseñar—Enseñar con el Espíritu.
b GEE Sabiduría.
c GEE Entender, entendimiento.
d GEE Conocimiento.

4 para inventar diseños, para trabajar en oro, y en plata, y en bronce,

5 y en el labrado de piedras para engastar*las* y en el tallado de madera, y para trabajar en toda clase de artesanía.

6 Y he aquí que yo he puesto con él a Aholiab hijo de Ahisamac, de la tribu de Dan; y he puesto sabiduría en el ánimo de todo sabio de corazón, para que hagan todo lo que te he mandado:

7 el tabernáculo de reunión, y el arca del testimonio, y el propiciatorio que está sobre ella, y todos los enseres del tabernáculo,

8 y la mesa con sus utensilios, y el candelabro puro con todos sus utensilios, y el altar del incienso,

9 y el altar del holocausto con todos sus utensilios, y la fuente con su base,

10 y las vestiduras del servicio, y las santas vestiduras para Aarón el sacerdote, y las vestiduras de sus hijos, para que ejerzan el sacerdocio,

11 y el [a]aceite de la unción y el incienso aromático para el lugar santo; harán conforme a todo lo que te he mandado.

12 Habló además Jehová a Moisés, diciendo:

13 Y tú hablarás a los hijos de Israel, diciendo: De cierto vosotros guardaréis mis [a]días de reposo, porque es señal entre yo y vosotros por vuestras generaciones, para que sepáis que yo soy Jehová que os santifico.

14 Así que guardaréis el día de reposo, porque [a]santo es para vosotros; el que lo profanare de cierto [b]morirá, porque cualquiera que haga obra alguna en él, aquella alma será talada de en medio de su pueblo.

15 Seis días se trabajará, pero el día séptimo es día de [a]reposo consagrado a Jehová; cualquiera que [b]trabaje en el día de reposo ciertamente morirá.

16 Guardarán, pues, el día de reposo los hijos de Israel, celebrándolo por sus generaciones como [a]convenio perpetuo.

17 Señal es para siempre entre yo y los hijos de Israel; porque en seis días [a]hizo Jehová los cielos y la tierra, y en el séptimo día cesó y reposó.

18 Y dio a Moisés, cuando acabó de hablar con él en el monte Sinaí, dos [a]tablas del [b]testimonio, tablas de piedra [c]escritas por el dedo de Dios.

CAPÍTULO 32

Aarón hace un becerro de oro, al cual Israel adora — Moisés sirve como mediador entre Dios y el Israel rebelde — Moisés quiebra las tablas de piedra — Los levitas matan a unos 3.000 rebeldes — Moisés ruega por el pueblo e intercede por él.

11 *a* GEE Unción; Aceite.
13 *a* GEE Día de reposo.
14 *a* Éx. 20:11.
GEE Santo (adjetivo).
b Núm. 15:32–36.
15 *a* GEE Descansar, descanso (reposo).
b Mos. 13:18.
16 *a* GEE Convenio (pacto).
17 *a* GEE Creación, crear.
18 *a* Éx. 24:12; Deut. 4:13.
GEE Ley de Moisés.
b GEE Testimonio.
c GEE Escrituras.

Mas al ver los del pueblo que Moisés [a]tardaba en descender del monte, se acercaron a Aarón y le dijeron: Levántate, haznos dioses que [b]vayan delante de nosotros, porque a ese Moisés, aquel hombre que nos sacó de la tierra de Egipto, no sabemos qué le haya acontecido.

2 Y Aarón les dijo: Quitad los zarcillos de oro que están en las orejas de vuestras mujeres, y de vuestros hijos y de vuestras hijas, y traédmelos.

3 Entonces todo el pueblo se quitó los zarcillos de oro que tenían en las orejas y se los trajeron a Aarón.

4 Y él los tomó de las manos de ellos y les dio forma con un buril, e hizo de ello un [a]becerro de fundición. Entonces dijeron: Israel, éstos son tus [b]dioses que te sacaron de la tierra de Egipto.

5 Y viendo *esto* Aarón, edificó un altar delante del becerro; y pregonó Aarón y dijo: Mañana será fiesta para Jehová.

6 Y al día siguiente madrugaron y [a]ofrecieron holocaustos, y presentaron ofrendas de paz; y se sentó el [b]pueblo a comer y a beber, y se levantó a regocijarse.

7 Entonces Jehová dijo a Moisés: Anda, desciende, porque tu pueblo que sacaste de la tierra de Egipto se ha [a]corrompido.

8 [a]Pronto [b]se han apartado del camino que yo les mandé, y se han hecho un [c]becerro de fundición, y lo han adorado, y le han ofrecido sacrificios y han dicho: Israel, éstos son tus dioses que te sacaron de la tierra de Egipto.

9 Dijo además Jehová a Moisés: Yo he visto a este [a]pueblo, y he aquí es pueblo de dura cerviz.

10 Ahora, pues, déjame que se encienda mi furor contra ellos y los [a]consuma; y de ti yo haré una gran nación.

11 Entonces Moisés suplicó a Jehová, su Dios, y le dijo: Oh Jehová, ¿por qué se encenderá tu furor contra tu pueblo que tú sacaste de la tierra de Egipto con gran poder y con mano fuerte?

12 ¿Por qué han de hablar los [a]egipcios, diciendo: Para mal los sacó, para matarlos en los montes, y para raerlos de sobre la faz de la tierra? [b]Vuélvete del furor de tu ira y arrepiéntete de hacer este mal a tu pueblo.

13 Acuérdate de [a]Abraham, de Isaac y de Israel, tus siervos, a los que has [b]jurado por ti mismo y les has dicho: Yo [c]multiplicaré vuestra [d]descendencia como las estrellas del cielo; y daré a vuestra

32 1 *a* Deut. 9:9–11.
b Éx. 13:21.
4 *a* Sal. 106:19–21; DyC 124:84.
b Hech. 7:41; Rom. 1:18–25. GEE Idolatría.
6 *a* GEE Ofrenda.
b 1 Cor. 10:7; 2 Ne. 28:7–9.
7 *a* Gén. 6:11–13; DyC 38:11.
8 *a* Hel. 12:1–6.
b 1 Ne. 17:30, 42.
c Éx. 20:3–5, 23.
9 *a* GEE Apostasía—Apostasía general.
10 *a* Sal. 106:23.
12 *a* Núm. 14:13–16.
b TJS Éx. 32:12 …Vuélvete del furor de tu ira. *Tu pueblo se arrepentirá* de este mal; *por tanto, no vengas contra ellos.*
13 *a* 2 Rey. 13:23.
b Gén. 22:15–18.
c DyC 132:30–31.
d GEE Abraham—La descendencia de Abraham.

descendencia toda esta [e]tierra de que he hablado, y la tomarán por heredad para siempre.
14 [a]Entonces Jehová se arrepintió del mal que dijo que iba a hacer a su pueblo.
15 Y se volvió Moisés y descendió del monte trayendo en la mano las dos [a]tablas del testimonio, las tablas escritas por ambos lados; de un lado y del otro estaban escritas.
16 Y las [a]tablas eran obra de Dios, y la [b]escritura era escritura de Dios grabada sobre las tablas.
17 Y cuando Josué oyó el clamor del pueblo que gritaba, dijo a Moisés: Alarido de pelea hay en el campo.
18 Y él respondió: No es ruido de [a]gritos de victoria, ni ruido de lamentos de derrota; voces de canto oigo yo.
19 Y aconteció que cuando llegó él al campamento y vio el becerro y las danzas, se enardeció de ira Moisés, y arrojó las tablas de sus manos y las [a]quebró al pie del monte.
20 Y tomó el [a]becerro que habían hecho y lo quemó en el fuego y lo molió hasta reducirlo a polvo, que esparció sobre las aguas, y lo dio a beber a los hijos de Israel.
21 Y dijo Moisés a Aarón: ¿Qué te ha hecho este pueblo para que hayas traído sobre él tan gran pecado?
22 Y respondió Aarón: No se enoje mi señor; tú conoces al pueblo, que es inclinado al mal.
23 Porque me dijeron: Haznos [a]dioses que vayan delante de nosotros, porque a ese Moisés, el hombre que nos sacó de la tierra de Egipto, no sabemos qué le haya acontecido.
24 Y yo les respondí: Quien tenga oro, apartadlo. Y me lo dieron, y lo eché al fuego, y salió este becerro.
25 Y al ver Moisés que el pueblo estaba desenfrenado, porque Aarón se lo había permitido, para vergüenza entre sus enemigos,
26 se puso Moisés a la entrada del campamento y dijo: ¿[a]Quién está de parte de Jehová? *Únase* a mí. Y se unieron a él todos los hijos de Leví.
27 Y él les dijo: Así ha dicho Jehová, el Dios de Israel: Póngase cada uno la espada sobre el muslo; pasad y volved a pasar de puerta en puerta por el campamento, y matad cada uno a su hermano, y a su amigo y a su pariente.
28 Y los hijos de Leví lo hicieron conforme a lo dicho por Moisés, y cayeron del pueblo en aquel día como tres mil hombres.
29 Entonces Moisés dijo: [a]Consagraos hoy a Jehová, porque cada uno ha ido contra su hijo y contra su hermano, para que

13 *e* GEE Tierra prometida.
14 *a* TJS Éx. 32:14 (Apéndice).
15 *a* Éx. 24:12.
16 *a* GEE Ley de Moisés.
b GEE Escrituras.
18 *a* HEB gritos de victoria.
19 *a* Alma 12:9–11; DyC 84:19–26.
20 *a* Deut. 9:21.
23 *a* GEE Idolatría.
26 *a* Josué 24:15.
29 *a* GEE Consagrar, Ley de consagración.

él os dé hoy [b]bendición sobre
vosotros.
30 Y aconteció que al día siguiente dijo Moisés al pueblo:
Vosotros habéis cometido un gran
pecado, pero yo subiré ahora
hacia Jehová; [a]quizá le aplaque
acerca de vuestro pecado.
31 Entonces volvió Moisés ante
Jehová y le dijo: ¡Ay! Este pueblo ha cometido un gran pecado,
porque se hicieron dioses de
oro.
32 [a]Perdona ahora su pecado,
y si no, te [b]ruego que me borres ahora de tu [c]libro que has
escrito.
33 Y Jehová respondió a Moisés:
[a]Al que [b]peque contra mí, a éste
[c]borraré yo de mi [d]libro.
34 Ve, pues, ahora, lleva a este
pueblo a donde te he dicho. He
aquí, mi [a]ángel irá delante de ti;
pero en el día del castigo, yo los
castigaré por su pecado.
35 Y Jehová hirió al pueblo porque habían hecho el becerro que
formó Aarón.

CAPÍTULO 33

Jehová promete estar con Israel y echar a los pueblos de aquella tierra — El tabernáculo de reunión es llevado fuera del campamento — Jehová habla a Moisés cara a cara en el tabernáculo — Después, Moisés ve la gloria de Jehová, pero no su rostro.

Y JEHOVÁ dijo a Moisés: Ve, sube
de aquí, tú y el pueblo que sacaste de la tierra de Egipto, a la
tierra de la cual juré a Abraham,
a Isaac y a Jacob, diciendo: A tu
[a]descendencia la daré.
2 Y yo enviaré delante de ti un
[a]ángel y echaré fuera al [b]cananeo,
y al amorreo, y al heteo, y al ferezeo, y al heveo y al jebuseo.
3 Sube a la tierra que fluye leche y miel, pero yo no subiré en
medio de ti, porque eres pueblo
de dura cerviz, no sea que te consuma en el camino.
4 Y cuando oyó el pueblo esta
mala noticia, se lamentaron, y
ninguno se puso sus atavíos.
5 Pues Jehová había dicho a
Moisés: Di a los hijos de Israel:
Vosotros sois pueblo de [a]dura
cerviz; en un momento [b]subiré
en medio de ti, y te consumiré.
Quítate, pues, ahora tus atavíos,
para que yo sepa lo que he de
hacer contigo.
6 Entonces los hijos de Israel se
despojaron de sus atavíos desde
el monte Horeb.

29 *b* DyC 132:5.
30 *a* *Es decir,* quizá pueda yo hacer una expiación por vuestro pecado. Núm. 25:11–13. GEE Expiación, expiar.
32 *a* *Es decir,* y si tú quieres perdonar. Deut. 9:18–20, 26–29. GEE Perdonar.
b Rom. 9:3.
c Apoc. 3:5.
33 *a* AdeF 1:2.
b GEE Responsabilidad, responsable; Pecado.
c Mos. 26:36.
d GEE Libro de la vida; Libro de memorias.
34 *a* DyC 103:16–20.
33 1 *a* Gén. 12:7; Abr. 2:6, 19. GEE Abraham—La descendencia de Abraham.
2 *a* GEE Ángeles.
b Éx. 3:17. GEE Canaán, cananeo.
5 *a* GEE Orgullo.
b *O sea,* si me presentara… te destruiría.

7 Y Moisés tomó el tabernáculo y lo levantó fuera del campamento, lejos del campamento, y lo llamó el [a]Tabernáculo de Reunión. Y acontecía que cualquiera que buscaba a Jehová salía al [b]tabernáculo de reunión, que estaba fuera del campamento.

8 Y sucedía que cuando salía Moisés al tabernáculo, todo el pueblo se levantaba y estaba cada cual de pie a la entrada de su tienda, y miraban a Moisés hasta que él entraba en el tabernáculo.

9 Y cuando Moisés entraba en el tabernáculo, la [a]columna de nube descendía y se ponía a la entrada del tabernáculo, y *Jehová* hablaba con Moisés.

10 Y cuando todo el pueblo veía la columna de nube que estaba a la entrada del tabernáculo, se levantaba todo el pueblo, cada uno a la entrada de su tienda, y adoraba.

11 Y hablaba [a]Jehová a Moisés [b]cara a cara, como habla cualquiera con su [c]prójimo. Y volvía al campamento; pero el joven [d]Josué, su ayudante, hijo de Nun, nunca se apartaba de en medio del tabernáculo.

12 Y dijo Moisés a Jehová: He aquí, tú me dices a mí: Saca a este pueblo, pero no me has declarado a quién has de enviar conmigo. Sin embargo, tú dices: [a]Yo te he conocido por tu [b]nombre y has hallado también gracia ante mis ojos.

13 Ahora, pues, si he hallado [a]gracia ante tus ojos, te ruego que me [b]muestres ahora tu camino, para que te conozca y halle gracia ante tus ojos; y mira que esta gente es [c]tu pueblo.

14 Y él dijo: [a]Mi presencia irá *contigo* y te daré [b]descanso.

15 Y Moisés respondió: Si tu presencia no ha de ir *conmigo,* no nos saques de aquí.

16 ¿Y en qué, pues, se conocerá que he hallado gracia ante tus ojos, yo y tu pueblo, sino en que tú [a]andes con nosotros, y que yo y tu pueblo seamos [b]apartados de todos los pueblos que están sobre la faz de la tierra?

17 Y Jehová dijo a Moisés: También [a]haré esto que has dicho, por cuanto has hallado gracia ante mis ojos y te he conocido por tu nombre.

18 Él entonces dijo: Te ruego que me muestres tu [a]gloria.

19 Y Jehová le respondió: Yo haré pasar toda mi bondad delante de tu rostro y proclamaré el nombre de Jehová delante de

---

7 *a* Éx. 25:8–9, 22; 29:42–43; DyC 124:38. GEE Tabernáculo.
b HEB tienda de reunión (véanse también los vers. 9–11).
9 *a* Éx. 14:19; DyC 84:5; JS—H 1:16, 43.
11 *a* GEE Jesucristo—La existencia premortal de Cristo.
b Éter 12:39; DyC 130:22.
c DyC 84:63; 93:45.
d GEE Josué.
12 *a* Juan 10:14.
b JS—H 1:17.
13 *a* Gén. 18:3.
b Juan 14:6; 2 Ne. 31:17–21; DyC 132:22.
c Deut. 9:29. GEE Israel.
14 *a* Isa. 63:8–9.
b GEE Descansar, descanso (reposo).
16 *a* Núm. 14:14.
b *O sea,* una gente especial y particular. 1 Rey. 8:53.
17 *a* Stg. 5:16.
18 *a* GEE Jesucristo—La gloria de Jesucristo.

ti; y tendré misericordia del que
tendré misericordia, y seré
[a]clemente para con el que seré
clemente.
20 Y además [a]dijo: No podrás
[b]ver mi rostro, porque ningún
hombre me [c]verá y vivirá.
21 Y dijo aún Jehová: He aquí,
hay un lugar junto a mí, y tú estarás sobre la peña;
22 y sucederá que, cuando pase
mi gloria, yo te pondré en una
hendidura de la peña y te cubriré
con mi mano hasta que yo haya
pasado.
23 Después apartaré mi mano
y verás mis espaldas, pero no se
verá mi rostro.[a]

CAPÍTULO 34

Moisés prepara nuevas tablas de piedra — Él sube al monte Sinaí y está allí cuarenta días — Jehová proclama Su nombre y atributos, y revela Su ley — Hace otro convenio con Israel — La tez del rostro de Moisés resplandece y se pone un velo.

[a]Y Jehová dijo a Moisés: [b]La-
bra dos [c]tablas de piedra como
las primeras, y escribiré sobre
esas tablas las palabras que
estaban en las tablas primeras
que [d]quebraste.
2 Prepárate, pues, para mañana,
y por la mañana sube al monte
Sinaí, y allí preséntate ante mí
sobre la cumbre del monte.
3 Y no [a]suba nadie contigo,
ni aparezca ninguno en todo el
monte; ni ovejas ni bueyes pasten
delante del monte.
4 Y Moisés labró dos tablas de
piedra como las primeras; y se
levantó de mañana, y subió al
monte Sinaí, como le mandó Jehová, y llevó en su mano las dos
tablas de piedra.
5 Y Jehová descendió en la nube
y estuvo allí con él, proclamando
el nombre de Jehová.
6 Y pasando Jehová por delante
de él, proclamó: Jehová, Jehová,
Dios [a]misericordioso y piadoso,
[b]tardo para la ira y abundante en
benignidad y verdad,
7 que guarda la misericordia a millares, que perdona la
iniquidad, la transgresión y el
[a]pecado, pero que de ningún
modo [b]tendrá por inocente al
[c]malvado; que castiga la [d]ini-
quidad de los padres sobre los
hijos y sobre los hijos de los hijos, hasta la tercera y la cuarta
generación.
8 Entonces Moisés, apresurán-

19 *a* DyC 64:9–11.
GEE Compasión.
20 *a* TJS Éx. 33:20
(Apéndice).
b Moisés 1:11.
c GEE Jesucristo—La
existencia premortal
de Cristo.
23 *a* TJS Éx. 33:23 *…como
las otras veces, porque
estoy enojado con mi
pueblo Israel.*

34 1 *a* TJS Éx. 34:1–2
(Apéndice).
b Deut. 10:1–4.
c Éx. 24:12.
d Éx. 32:19.
3 *a* Éx. 19:12–13.
6 *a* DyC 76:5.
GEE Misericordia,
misericordioso.
b Mos. 4:6.
GEE Compasión.
7 *a* Moro. 10:32–33;
DyC 84:60–61.
b Alma 11:40–41;
DyC 56:14.
GEE Remisión de
pecados.
c TJS Éx. 34:7
…al rebelde…
Alma 42:25.
GEE Rebelión.
d DyC 124:50.

dose, bajó la cabeza hacia el suelo y adoró,

9 diciendo: Si ahora, Señor, he hallado gracia ante tus ojos, vaya ahora el Señor en medio de nosotros, porque éste es pueblo de [a]dura cerviz; y [b]perdona nuestra iniquidad y nuestro pecado, y [c]tómanos como herencia tuya.

10 Y él dijo: He aquí, yo hago convenio; delante de todo tu pueblo haré [a]maravillas que no han sido hechas en toda la tierra ni en nación alguna; y verá todo el pueblo, en medio del cual estás tú, la obra de Jehová, porque será cosa asombrosa la que yo haré contigo.

11 Guarda lo que yo te mando hoy; he aquí que yo [a]echo de delante de tu presencia al amorreo, y al cananeo, y al heteo, y al ferezeo, y al heveo y al jebuseo.

12 Guárdate de hacer [a]alianza con los [b]moradores de la tierra donde has de entrar, para que no [c]sean por tropezadero en medio de ti.

13 Mas [a]derribaréis sus altares, y quebraréis sus estatuas y destruiréis sus imágenes de [b]Asera.

14 Porque no te inclinarás ante ningún otro [a]dios, [b]porque Jehová, cuyo nombre es Celoso, Dios [c]celoso es.

15 Por tanto, no harás alianza con los moradores de aquella tierra, porque se prostituirán en pos de sus dioses, y ofrecerán sacrificios a sus dioses, y te invitarán, y [a]comerás de sus sacrificios;

16 o [a]tomando de sus hijas para tus hijos, y prostituyéndose sus hijas en pos de sus dioses, harán también que tus hijos se prostituyan en pos de los dioses de ellas.

17 No te harás [a]dioses de fundición.

18 La [a]fiesta de los panes sin levadura guardarás; siete días comerás pan sin leudar, según te he mandado, en el [b]tiempo señalado del [c]mes de Abib, porque en el mes de Abib saliste de Egipto.

19 Todo el que [a]abre [b]matriz, mío es; y de tu ganado toda primera cría de vaca o de oveja que sea macho.

20 Pero redimirás con cordero la primera cría del asno; y si no lo redimes, quebrarás su cerviz. Redimirás todo [a]primogénito de tus hijos, y nadie se presentará delante de mí con las manos vacías.

9 *a* GEE Orgullo.
b GEE Perdonar.
c Éx. 33:13.
10 *a* GEE Milagros.
11 *a* Éx. 13:5; 1 Ne. 17:32–38.
12 *a* Éx. 23:31–33.
b GEE Gentiles.
c *O sea,* se convierta en.
13 *a* Deut. 7:2–6.
b HEB *asherim,* diosas idólatras a las que se les rendía culto. 1 Rey. 16:33; 2 Rey. 17:9–12.
14 *a* Éx. 20:3, 5. GEE Idolatría.
b TJS Éx. 34:14 *…pues el Señor, cuyo nombre es Jehová…*
c GEE Celo, celos, celoso—Sentimientos fervientes.
15 *a* Núm. 25:1–2.
16 *a* GEE Matrimonio—El matrimonio entre personas de distintas religiones.
17 *a* Deut. 27:15.
18 *a* Éx. 12:15.
b *O sea,* fiesta designada.
c Éx. 12:2.
19 *a* *O sea,* toda el que nace primero. Éx. 13:2, 12.
b Lucas 2:23.
20 *a* GEE Primogénito.

21 Seis días trabajarás, pero en el séptimo día [a]descansarás; aun en el tiempo de la arada y de la siega descansarás.

22 Y celebrarás la [a]fiesta de las semanas, la de las primicias de la siega del trigo, y la fiesta de la cosecha al fin del año.

23 Tres veces al año se presentará todo varón tuyo delante de Jehová el Señor, Dios de Israel.

24 Porque yo [a]arrojaré las naciones de tu presencia y ensancharé tus fronteras; y ninguno [b]codiciará tu tierra, cuando tú subas para presentarte delante de Jehová tu Dios tres veces al año.

25 No ofrecerás nada leudado con la sangre de mi sacrificio; ni [a]se dejará de la noche para la mañana el sacrificio de la fiesta de la Pascua.

26 Llevarás las primicias de los [a]primeros frutos de tu tierra a la casa de Jehová tu Dios. No [b]cocerás el cabrito en la leche de su madre.

27 Y Jehová dijo a Moisés: [a]Escribe tú estas palabras, porque conforme a estas palabras he hecho un convenio contigo y con Israel.

28 Y él estuvo allí con Jehová cuarenta días y cuarenta noches; no [a]comió pan ni bebió agua. Y [b]escribió en tablas las palabras del [c]convenio, los diez [d]mandamientos.

29 Y aconteció que descendiendo Moisés del monte Sinaí con las dos tablas del testimonio en su mano, mientras descendía del monte, no sabía él que la tez de su rostro [a]resplandecía, después que hubo hablado con Dios.

30 Y Aarón y todos los hijos de Israel miraron a Moisés, y he aquí, la tez de su rostro era resplandeciente, y tuvieron miedo de acercarse a él.

31 Y los llamó Moisés; y Aarón y todos los jefes de la congregación volvieron a él, y Moisés les habló.

32 Y después se acercaron todos los hijos de Israel, a los cuales mandó todo lo que Jehová le había dicho en el monte Sinaí.

33 Y cuando hubo acabado Moisés de hablar con ellos, puso un [a]velo sobre su rostro.

34 Y cuando se presentaba Moisés delante de Jehová para hablar con él, se quitaba el velo hasta que salía; y cuando salía, hablaba con los hijos de Israel lo que se le había mandado;

35 y veían los hijos de Israel el rostro de Moisés, que la tez de su rostro era resplandeciente; y volvía Moisés a poner el velo sobre

21 *a* GEE Descansar, descanso (reposo); Día de reposo.
22 *a* Éx. 23:16; Hech. 2:1. GEE Pentecostés.
24 *a* Lev. 18:24.
b Prov. 16:7.
25 *a* Éx. 12:10.
26 *a* Deut. 26:2. GEE Primicias.
b *Es decir,* un rito idólatra relacionado con la fertilidad.
27 *a* GEE Escriba.
28 *a* GEE Ayunar, ayuno.
b Éx. 34:1.
c GEE Convenio (pacto).
d GEE Ley de Moisés.
29 *a* Mos. 13:5–6; DyC 110:3; JS—H 1:32. GEE Transfiguración—Seres transfigurados.
33 *a* GEE Velo.

su rostro, hasta que entraba a hablar con *Dios.*

CAPÍTULO 35

Se manda a Israel observar el día de reposo — Se ofrecen ofrendas voluntarias para el tabernáculo — Se confirma el llamamiento e inspiración de algunos artesanos.

Y MOISÉS hizo reunir a toda la congregación de los hijos de Israel y les dijo: Éstas son las cosas que Jehová ha mandado hacer:

2 [a]Seis días se trabajará, pero el día séptimo os será santo, [b]día de reposo dedicado a Jehová; cualquiera que en él hiciere algún trabajo, [c]morirá.

3 No [a]encenderéis fuego en ninguna de vuestras moradas en el día de reposo.

4 Y habló Moisés a toda la congregación de los hijos de Israel, diciendo: Esto es lo que Jehová ha mandado:

5 Tomad de entre vosotros una ofrenda para Jehová; todo [a]generoso de corazón la traerá a Jehová: oro, plata, bronce,

6 y azul, y púrpura, y carmesí, y lino fino, y *pelo* de cabra,

7 y pieles rojas de carnero, y pieles de tejón, y madera de acacia,

8 y aceite para el alumbrado, y especias aromáticas para el aceite de la unción y para el incienso aromático,

9 y piedras de ónice y piedras de engaste para el [a]efod y para el pectoral.

10 Y todo [a]sabio de corazón de entre vosotros vendrá y hará todas las cosas que Jehová ha mandado:

11 el [a]tabernáculo, su tienda, su cubierta, sus ganchos, sus tablas, sus barras, sus columnas y sus basas;

12 el [a]arca y sus varas, el propiciatorio y el velo de la tienda;

13 la [a]mesa con sus varas y todos sus utensilios, y el [b]pan de la proposición;

14 el [a]candelabro del alumbrado con sus utensilios, sus lámparas, y el [b]aceite para la iluminación;

15 el [a]altar del incienso y sus varas, el [b]aceite de la unción, el incienso aromático y la [c]cortina de la entrada para la entrada del tabernáculo;

16 el [a]altar del holocausto, y su enrejado de bronce y sus varas, y todos sus utensilios y la fuente con su base;

17 las cortinas del atrio, sus columnas, y sus basas y la cortina de la entrada del atrio;

18 las estacas del tabernáculo,

35 2 *a* Éx. 20:9–10.
b Jarom 1:5; DyC 59:9–12.
c Éx. 31:14; Núm. 15:32–36.
3 *a* Éx. 16:23; DyC 59:13.
5 *a* DyC 59:15; 64:22, 34.
9 *a* Éx. 29:5.
10 *a* *Es decir,* toda persona que posea destreza o habilidad. Éx. 28:3; 31:6.
11 *a* Éx. 26:1–30; Heb. 8:5; DyC 124:38. GEE Tabernáculo.
12 *a* Éx. 25:10–16. GEE Arca del pacto.
13 *a* Éx. 25:23–28.
b Lev. 24:5–9.
14 *a* Éx. 25:31–39.
b Éx. 27:20.
15 *a* Éx. 30:1–10.
b Éx. 30:23–38.
c Éx. 26:36.
16 *a* Éx. 27:1–8; 38:1–7. GEE Altar.

y las estacas del atrio y sus cuerdas;

19 las [a]vestiduras del servicio para ministrar en el santuario, las sagradas vestiduras de Aarón, el sacerdote, y las vestiduras de sus hijos para servir en el sacerdocio.

20 Y salió toda la congregación de los hijos de Israel de la presencia de Moisés.

21 Y vino todo aquel a quien su [a]corazón le impulsó, y todo aquel a quien su espíritu le dio [b]voluntad, y trajo la [c]ofrenda de Jehová para la obra del tabernáculo de reunión, y para todo su servicio y para las sagradas vestiduras.

22 Y vinieron tanto hombres como mujeres, todos los de corazón generoso, y trajeron [a]cadenillas y zarcillos, sortijas y brazaletes, y toda clase de joyas de oro; y todos ofrecían una [b]ofrenda mecida de oro a Jehová.

23 Todo aquel que tenía azul, o púrpura, o carmesí, o lino fino, o *pelo* de cabra, o pieles rojas de carnero o pieles de tejón, lo traía.

24 Todo el que ofrecía una ofrenda de plata o de bronce traía a Jehová la ofrenda; y todo el que tenía madera de acacia la traía para toda la obra del servicio.

25 Además todas las mujeres [a]sabias de corazón hilaban con sus manos y traían lo que habían hilado: azul, o púrpura, o carmesí o lino fino.

26 Y todas las mujeres cuyo corazón las impulsó en sabiduría hilaron *pelo* de cabra.

27 Y los [a]jefes trajeron piedras de ónice y las piedras de los engastes para el efod y el pectoral;

28 y las especias aromáticas y el aceite para el alumbrado, y para el aceite de la unción y para el incienso aromático.

29 De los hijos de Israel, tanto hombres como mujeres, todos los que tuvieron [a]corazón generoso para traer para toda la obra que Jehová había mandado por medio de Moisés que hiciesen, trajeron ofrenda voluntaria a Jehová.

30 Y dijo Moisés a los hijos de Israel: Mirad, Jehová ha nombrado a [a]Bezaleel hijo de Uri, hijo de Hur, de la tribu de Judá;

31 y lo ha llenado del espíritu de Dios, en sabiduría, en inteligencia, en ciencia y en toda artesanía,

32 para diseñar [a]diseños artísticos, para trabajar en oro, y en plata y en bronce,

33 y en el labrado de piedras para engastar, y en el tallado de madera, para trabajar en toda obra ingeniosa.

34 Y ha puesto en su corazón el don de [a]enseñar, tanto a él como a Aholiab hijo de Ahisamac, de la tribu de Dan,

19 *a* Éx. 39:1.
21 *a* Éx. 36:2.
b GEE Servicio.
c GEE Ofrenda.
22 *a* Núm. 31:50; Alma 31:28.
b Éx. 38:24.
25 *a* Éx. 28:3.
27 *a* *O sea,* los líderes del sacerdocio.
29 *a* *O sea,* la buena voluntad. GEE Ofrenda.
30 *a* Éx. 31:2–6. GEE Llamado, llamado por Dios, llamamiento.
32 *a* Véase también el vers. 35.
34 *a* Moro. 10:9–10; DyC 42:14.

35 y los ha llenado de [a]sabiduría de corazón para que hagan toda obra de artesano, y de grabador y de bordador en azul, y en púrpura, y en carmesí y en lino fino, y de tejedor, para que hagan toda labor y diseñen todo diseño.

CAPÍTULO 36

Se escoge a hombres sabios de corazón para la obra del tabernáculo — Moisés pide al pueblo que deje de donar más materiales.

HICIERON, pues, Bezaleel y Aholiab, y [a]todo hombre sabio de corazón a quien Jehová dio [b]sabiduría e inteligencia para saber hacer toda la obra del servicio del santuario, todas las cosas que había mandado Jehová.

2 Y Moisés llamó a Bezaleel, y a Aholiab y a todo hombre sabio de corazón, en cuyo corazón había dado Jehová sabiduría, y a todo hombre a quien su corazón le movió a venir a la obra para trabajar en ella;

3 y recibieron de Moisés todas las ofrendas que los hijos de Israel habían traído para la obra del servicio del santuario, a fin de hacerla. Y ellos seguían trayendo ofrendas voluntarias cada mañana.

4 Vinieron, por tanto, todos los maestros que hacían toda la obra del santuario, cada uno de la obra que hacía,

5 y hablaron a Moisés, diciendo: El pueblo trae mucho más de lo que es menester para la obra que Jehová ha mandado que se haga.

6 Entonces Moisés mandó pregonar por el campamento, diciendo: Ningún hombre ni mujer haga más trabajo para la ofrenda del santuario. Y así el pueblo dejó de ofrecer más;

7 pues tenían material abundante para hacer toda la obra, y sobraba.

8 Y todos los sabios de corazón de entre los que hacían la obra hicieron el tabernáculo de diez [a]cortinas, de fino torcido, y de azul, y de púrpura y de carmesí, las cuales hicieron de obra primorosa, con querubines.

9 La longitud de [a]una cortina era de veintiocho codos, y la anchura de cuatro codos; todas las cortinas tenían la misma medida.

10 Y unió cinco cortinas la una con la otra; asimismo unió las otras cinco cortinas la una con la otra.

11 E hizo lazadas de color azul en la orilla de una cortina, en el extremo del primer conjunto; y así hizo en la orilla de la otra cortina, al extremo del segundo conjunto.

12 Cincuenta lazadas hizo en una cortina, y otras cincuenta en la otra cortina, al extremo del segundo conjunto; las lazadas quedaban unas enfrente de las otras.

35 *a* *O sea,* de destreza o habilidad. 1 Rey. 7:13–14.

36 1 *a* *O sea,* todo hombre diestro y hábil (véase también el vers. 4).

b GEE Dones del Espíritu.

8 *a* Éx. 26:1–6.

9 *a* *O sea,* "cada".

13 Hizo también cincuenta ganchos de oro, con los cuales unió las cortinas, la una con la otra; y así se hizo el tabernáculo un todo.

14 Hizo asimismo [a]cortinas de *pelo* de cabra para la tienda sobre el tabernáculo; once cortinas hizo.

15 La longitud de cada cortina era de treinta codos, y la anchura de cuatro codos; las once cortinas tenían la misma medida.

16 Y unió las cinco cortinas aparte, y las otras seis cortinas aparte.

17 Hizo además cincuenta lazadas en la orilla de la última cortina del primer conjunto, y otras cincuenta lazadas en la orilla de la cortina final del segundo conjunto.

18 Hizo también cincuenta ganchos de bronce para unir la tienda, de modo que fuese una.

19 E hizo una [a]cubierta para la tienda de pieles de carnero teñidas de rojo, y encima una cubierta de pieles de tejón.

20 Además hizo de madera de acacia las [a]tablas para el tabernáculo, para colocarlas verticalmente.

21 La longitud de cada tabla era de diez codos, y de codo y medio la anchura.

22 Cada tabla tenía dos espigas para unirlas la una con la otra; así hizo todas las tablas del tabernáculo.

23 Hizo, pues, las tablas para el tabernáculo; veinte tablas al lado meridional, hacia el sur.

24 Hizo también cuarenta basas de plata debajo de las veinte tablas: dos basas debajo de una tabla para sus dos espigas, y dos basas debajo de otra tabla para sus dos espigas.

25 Y para el otro lado del tabernáculo, al lado norte, hizo veinte tablas,

26 con sus cuarenta basas de plata: dos basas debajo de una tabla, y dos basas debajo de otra tabla.

27 Y para el lado occidental del tabernáculo hizo seis tablas.

28 Para las esquinas del tabernáculo, en los [a]dos lados, hizo dos tablas,

29 las cuales se unían por abajo, y asimismo por arriba, con un gozne; y así hizo a la una y a la otra en las dos esquinas.

30 Eran, pues, ocho tablas, y sus basas de plata dieciséis; dos basas debajo de cada tabla.

31 Hizo también las [a]barras de madera de acacia; cinco para las tablas de un lado del tabernáculo,

32 y cinco barras para las tablas del otro lado del tabernáculo, y cinco barras para las tablas del lado occidental del tabernáculo.

33 E hizo que la barra del centro pasase por en medio de las tablas de un extremo al otro.

34 Y recubrió las tablas de oro, e hizo de oro las argollas de

14 *a* Éx. 26:7–13.
19 *a* Éx. 26:14.
20 *a* Éx. 26:15–25.
28 *a* *Es decir,* las que se unían en el lado oeste.
31 *a* Éx. 26:26–30.

ellas por donde pasasen las barras; recubrió también de oro las barras.

35 Hizo asimismo el [a]velo de azul, y púrpura, y carmesí y lino torcido, y lo hizo con querubines de obra primorosa.

36 Y para el velo hizo cuatro columnas de madera de acacia y las recubrió de oro. Sus ganchos eran de oro, y fundió para ellas cuatro basas de plata.

37 Hizo también [a]el velo para la entrada del tabernáculo, de azul, y púrpura, y carmesí y lino torcido, obra de bordador,

38 y sus cinco columnas con sus ganchos; y recubrió los capiteles de ellas y sus molduras de oro, pero sus cinco basas las hizo de bronce.

CAPÍTULO 37

Bezaleel hace el arca, el propiciatorio y los querubines — Hace la mesa, los utensilios, el candelabro, el altar del incienso, el aceite santo de la unción y el incienso aromático.

HIZO también Bezaleel el [a]arca de madera de [b]acacia; su longitud era de dos codos y medio, y de codo y medio su anchura, y su altura de codo y medio.

2 Y la recubrió de oro puro por dentro y por fuera, y le hizo una [a]cornisa de oro en derredor.

3 Además, fundió para ella cuatro argollas de oro a sus cuatro esquinas; en un lado dos argollas y en el otro lado dos argollas.

4 Hizo también varas de madera de acacia y las recubrió de oro.

5 Y metió las varas por las argollas a los lados del arca, para llevar el arca.

6 Hizo asimismo el [a]propiciatorio de oro puro; su longitud de dos codos y medio, y su anchura de codo y medio.

7 Hizo también los dos [a]querubines de oro; los hizo labrados a martillo, a los dos extremos del propiciatorio.

8 Un querubín a un extremo, y el otro querubín al otro extremo del propiciatorio; hizo los querubines en sus dos extremos.

9 Y los [a]querubines extendían sus alas por encima, cubriendo con sus alas el propiciatorio, y sus rostros estaban el uno enfrente del otro; *miraban* hacia el propiciatorio los rostros de los querubines.

10 Hizo también la [a]mesa de madera de acacia; su longitud era de dos codos, y su anchura de un codo, y de codo y medio su altura;

11 y la recubrió de oro puro, y le hizo una cornisa de oro en derredor.

12 Le hizo también una moldura alrededor, del ancho de un palmo menor, y alrededor de la moldura hizo una cornisa de oro.

13 Le hizo asimismo cuatro

35 *a* Éx. 26:31–35. GEE Velo.
37 *a* Éx. 26:36–37.
37 1 *a* Éx. 25:10–16. GEE Arca del pacto.
b Véanse también los vers. 4, 10, 15, 25, 28.
2 *a* *O sea,* una moldura (véanse también los vers. 11–12, 26–27).
6 *a* Éx. 25:17–22.
7 *a* GEE Querubines.
9 *a* GEE Simbolismo.
10 *a* Éx. 25:23–28; 1 Rey. 7:48.

argollas de oro de fundición, y las puso en las cuatro esquinas que correspondían a las cuatro patas de ella.

14 Cerca del borde estaban las argollas, por las cuales se metían las varas para llevar la mesa.

15 E hizo las varas de madera de acacia para llevar la mesa, y las recubrió de oro.

16 También hizo los [a]utensilios que *habían de estar* sobre la mesa: sus platos, y sus cucharas, y sus [b]cubiertos y sus tazones con que se había de libar, *todo* de oro fino.

17 Hizo asimismo el [a]candelabro de oro puro, y lo hizo labrado a martillo; su pie y su caña, sus copas, sus cálices y sus flores de una sola pieza.

18 De sus lados salían seis brazos: tres brazos de un lado del candelabro, y otros tres brazos del otro lado del candelabro.

19 En un brazo *había* tres copas en forma de flor de almendro, un cáliz y una flor; y en el otro brazo tres copas en forma de flor de almendro, un cáliz y una flor; y así en los seis brazos que salían del candelabro.

20 Y en el candelabro había cuatro copas en forma de flor de almendro, con sus cálices y sus flores;

21 y un cáliz debajo de los dos brazos de él, y otro cáliz debajo de los otros dos brazos, y otro cáliz debajo de los dos *últimos* brazos, conforme a los seis brazos que salían de él.

22 Sus cálices y sus brazos eran de una sola pieza; todo era una sola pieza de oro puro, labrada a martillo.

23 Hizo asimismo de oro puro sus siete lámparas, y sus despabiladeras y sus platillos;

24 de un talento de oro puro lo hizo, con todos sus utensilios.

25 Hizo también el [a]altar del incienso de madera de acacia; de un codo su longitud y de un codo su anchura; era cuadrado; y su altura era de dos codos; y sus cuernos eran de una misma pieza con él.

26 Y recubrió de oro puro su cubierta, y sus paredes alrededor y sus cuernos; y le hizo una cornisa de oro alrededor.

27 Le hizo también dos argollas de oro debajo de la cornisa en las dos esquinas, a los dos lados, para pasar por ellas las varas con que había de ser transportado.

28 E hizo las varas de madera de acacia y las recubrió de oro.

29 Hizo asimismo el aceite santo de la unción y el incienso puro y aromático, obra de perfumador.

CAPÍTULO 38

Bezaleel y otras personas hacen el altar del holocausto y todas las cosas pertenecientes al tabernáculo — Seiscientos tres mil quinientos cincuenta hombres hacen sus ofrendas.

IGUALMENTE hizo el [a]altar del

16 *a* Éx. 25:29–30.
b HEB jarras para ofrecer libaciones.
17 *a* Éx. 25:31–40.
25 *a* 1 Rey. 7:48.
38 1 *a* Éx. 27:1–2.

holocausto de madera de acacia; su longitud, de cinco codos, y su anchura, cinco codos, cuadrado, y de tres codos de altura.

2 E hizo cuernos en sus cuatro esquinas, los cuales eran de una misma pieza con el altar, y lo recubrió de bronce.

3 Hizo asimismo todos los utensilios del altar: calderos, y palas, y tazones, y garfios y braseros; todos sus utensilios los hizo de bronce.

4 E hizo para el altar un enrejado de bronce, en forma de rejilla, *que puso* por debajo del borde hasta la mitad del altar.

5 También fundió cuatro argollas a los cuatro extremos del enrejado de bronce, para meter las varas.

6 E hizo las varas de madera de acacia, y las recubrió de bronce.

7 Y metió las varas por las argollas a los lados del altar, para llevarlo con ellas; lo hizo hueco, de tablas.

8 También hizo la fuente de bronce, con su base de bronce, con los espejos de las mujeres que servían a la entrada del tabernáculo de reunión.

9 Hizo asimismo el atrio; al lado meridional, hacia el sur, las cortinas del atrio eran de cien codos, de lino torcido.

10 Sus [a]columnas eran veinte, con sus veinte basas de bronce; los ganchos de las columnas y sus molduras eran de plata.

11 Y por el lado norte había *cortinas de* cien codos; sus columnas eran veinte, con sus veinte basas de bronce; los ganchos de las columnas y sus molduras eran de plata.

12 Por el lado del occidente había cortinas de cincuenta codos; sus columnas eran diez con sus diez basas; los ganchos de las columnas y sus molduras eran de plata.

13 Por el lado oriental, al este, había cortinas de cincuenta codos;

14 a un lado había cortinas de quince codos, con sus tres columnas, y sus tres basas;

15 al otro lado, a uno y al otro lado de la entrada del atrio, había cortinas de quince codos, con sus tres columnas, y sus tres basas.

16 Todas las cortinas alrededor del atrio eran de lino torcido.

17 Y las basas de las columnas eran de bronce; los ganchos de las columnas y sus molduras, de plata; asimismo las cubiertas de los [a]capiteles de ellas, de plata; y todas las columnas del atrio tenían molduras de plata.

18 Y la cortina de la entrada del atrio era de obra de bordador, de azul, y púrpura, y carmesí y lino torcido; la longitud era de veinte codos, y la altura, en el ancho, era de cinco codos, conforme a las cortinas del atrio.

19 Y sus columnas eran cuatro con sus cuatro basas de bronce y sus ganchos de plata; y las cubiertas de los capiteles de ellas y sus molduras eran de plata.

20 Y todas las estacas del

10 *a* Éx. 27:10–11, 17.
17 *a O sea,* la ornamentación de la parte superior de la columna.

tabernáculo y de alrededor del atrio eran de bronce.

21 Éstas son las [a]cuentas del tabernáculo, del tabernáculo del testimonio, conforme fue contado por orden de Moisés, por mano de [b]Itamar, hijo del sacerdote Aarón, para el ministerio de los [c]levitas.

22 Y Bezaleel hijo de Uri, hijo de Hur, de la tribu de Judá, hizo todas las cosas que Jehová mandó a Moisés.

23 Y con él estaba Aholiab hijo de Ahisamac, de la tribu de Dan, artífice, y diseñador y bordador en azul, y púrpura, y carmesí y lino fino.

24 Todo el oro empleado en la obra, en toda la obra del santuario, el cual fue oro de la [a]ofrenda, fue de veintinueve talentos y setecientos treinta siclos, según el siclo del santuario.

25 Y la plata de los que fueron contados de la congregación fue de cien talentos y mil setecientos setenta y cinco siclos, según el siclo del santuario;

26 medio [a]siclo por cabeza, según el siclo del santuario, para todos los que pasaron por el censo, de edad de veinte años arriba, que fueron seiscientos tres mil quinientos cincuenta.

27 Hubo además cien talentos de plata para fundir las basas del santuario y las basas del velo; en cien basas, cien talentos, a talento por basa.

28 Y con los mil setecientos setenta y cinco *siclos* hizo los ganchos de las columnas, y recubrió los capiteles de ellas y las unió.

29 Y el bronce de la ofrenda fue de setenta talentos y dos mil cuatrocientos siclos,

30 con el cual hizo las basas de la entrada del tabernáculo de reunión, y el altar de bronce, y su enrejado de bronce y todos los utensilios del altar,

31 y las basas de alrededor del atrio, y las basas de la entrada del atrio, y todas las estacas del tabernáculo y todas las estacas de alrededor del atrio.

CAPÍTULO 39

Se hacen las vestiduras sagradas para Aarón y los sacerdotes — Se hace el pectoral — Se termina el tabernáculo de reunión — Moisés bendice al pueblo.

Y del azul, y púrpura y carmesí, hicieron las [a]vestiduras del ministerio para servir en el santuario, y asimismo hicieron las [b]vestiduras sagradas para Aarón, como Jehová lo había mandado a Moisés.

2 Hizo también el [a]efod de oro, de azul, y púrpura, y carmesí y lino torcido.

3 Y batieron oro para hacer láminas, y cortaron hilos para tejerlos entre el azul, y entre la púrpura, y entre el carmesí y entre el lino, con obra primorosa.

21 *a* *Es decir,* la suma de las cosas relacionadas con el tabernáculo.
b Éx. 6:23.
c Núm. 1:47–53.
24 *a* Éx. 35:22.
26 *a* Éx. 30:13.

39 1 *a* Éx. 35:19.
b Éx. 28:1–5.
2 *a* *Es decir,* el delantal especial. Éx. 28:6–14.

4 Le hicieron las hombreras para unirlo; y se unía en sus dos extremos.

5 Y el [a]cinto del efod que estaba sobre él era de una sola pieza, conforme a su misma hechura: de oro, y azul, y púrpura, y carmesí y lino torcido, como Jehová se lo había mandado a Moisés.

6 Y labraron las piedras de ónice montadas en engastes de oro, y grabadas con grabadura de sello, con los nombres de los hijos de Israel;

7 y las puso sobre las hombreras del efod, como piedras para hacer recordar a los hijos de Israel, como Jehová lo había mandado a Moisés.

8 Hizo también el pectoral de obra primorosa, como la obra del efod, de oro, azul, y púrpura, y carmesí y lino torcido.

9 Era cuadrado; hicieron el pectoral doble, su longitud era de un palmo, y de un palmo su anchura, doblado.

10 Y engastaron en él las cuatro hileras de piedras. La primera hilera era un [a]sardio, un topacio y una esmeralda; ésta era la primera hilera.

11 La segunda hilera, una turquesa, un zafiro y un diamante.

12 La tercera hilera, un ópalo, un ágata y una amatista.

13 Y la cuarta hilera, un berilo, un ónice y un jaspe; montadas y encajadas en sus engastes de oro.

14 Las piedras eran conforme a los nombres de los hijos de Israel, doce, según los nombres de ellos; como grabaduras de sello, cada una con su nombre según las doce tribus.

15 Hicieron también sobre el pectoral las cadenillas pequeñas en forma de trenza, de oro puro.

16 Hicieron asimismo dos engastes y dos anillos de oro; y pusieron los dos anillos de oro en los dos extremos del pectoral.

17 Y pusieron las dos trenzas de oro en aquellos dos anillos en los extremos del pectoral.

18 Y fijaron los dos extremos de las dos trenzas en los dos engastes que pusieron sobre las hombreras del efod, en la parte delantera de él.

19 E hicieron dos anillos de oro que pusieron en los dos extremos del pectoral, en su borde, en la parte interior del efod.

20 Hicieron además dos anillos de oro, los cuales pusieron en las dos hombreras del efod, debajo de la parte delantera, delante de su unión, sobre el cinto del efod.

21 Y ataron el pectoral por sus anillos a los anillos del efod con un cordón de azul, para que estuviese sobre el cinto del mismo efod y no se separase el pectoral del efod, como Jehová lo había mandado a Moisés.

22 Hizo también el manto del efod de obra de tejedor, todo de azul.

23 Con su abertura en el centro, como el cuello de una malla, con

5 *a O sea,* el cinto hábilmente tejido.

Éx. 28:8.
10 *a O sea,* rubí.

un borde alrededor de la abertura, para que no se rompiese.

24 E hicieron en las orillas del manto las granadas de azul, y púrpura, y carmesí y lino torcido.

25 Hicieron también las campanillas de oro puro, y las pusieron entre las granadas en el borde del manto, todo alrededor entre las granadas:

26 una campanilla y una granada, una campanilla y una granada alrededor del borde del manto, para ministrar, como Jehová lo había mandado a Moisés.

27 Igualmente hicieron las túnicas de [a]lino fino de obra de tejedor, para Aarón y para sus hijos;

28 asimismo la [a]mitra de lino fino, y los adornos de las [b]tiaras de lino fino y los [c]calzoncillos de lino, de lino torcido;

29 también la faja de lino torcido, y de azul, y púrpura y carmesí, de obra de bordador, como Jehová lo había mandado a Moisés.

30 Hicieron asimismo la lámina de la diadema santa de oro puro, y escribieron en ella como grabado de sello: [a]SANTIDAD A JEHOVÁ.

31 Y pusieron en ella un cordón de azul, para colocarla en lo alto sobre la mitra, como Jehová lo había mandado a Moisés.

32 Así fue acabada toda la obra del tabernáculo, del tabernáculo de reunión; e hicieron los hijos de Israel como Jehová lo había [a]mandado a Moisés; así lo hicieron.

33 Y trajeron el [a]tabernáculo a Moisés, el tabernáculo y todos sus enseres: sus ganchos, sus tablas, sus barras, sus columnas y sus basas;

34 y la cubierta de pieles de carnero teñidas de rojo, y la cubierta de pieles de tejón y el velo de separación;

35 el arca del testimonio, y sus varas y el propiciatorio;

36 la mesa, todos sus utensilios y el [a]pan de la proposición;

37 el candelabro de oro puro con sus lámparas, las lámparas que debían mantenerse en orden y todos sus utensilios, y el aceite para el alumbrado;

38 y el altar de oro, y el aceite de la unción, y el incienso aromático y la cortina para la entrada del tabernáculo;

39 el altar de bronce, con su enrejado de bronce, sus varas y todos sus utensilios; y la fuente con su base;

40 las cortinas del atrio, sus columnas y sus basas; y la cortina para la entrada del atrio, y sus cuerdas y sus estacas; y todos los enseres del servicio del tabernáculo, del tabernáculo de reunión;

41 las vestiduras del servicio para ministrar en el santuario, las sagradas vestiduras para Aarón, el sacerdote, y las vestiduras

27 *a* Ezeq. 44:17.
28 *a* HEB turbante.
b HEB el tocado para la cabeza.
c Ezeq. 44:18.
30 *a* *O sea,* Consagrado.
32 *a* GEE Mandamientos de Dios.
33 *a* Heb. 9:1–28.
36 *a* *O sea,* los panes sin levadura.

de sus hijos, para servir en el sacerdocio.

42 En conformidad a todas las cosas que Jehová había mandado a Moisés, así hicieron los hijos de Israel toda la obra.

43 Y vio Moisés toda la obra, y he aquí que la habían hecho como Jehová había mandado; y Moisés los bendijo.

CAPÍTULO 40

Se arma el tabernáculo — Aarón y sus hijos son lavados y ungidos y se les da un sacerdocio eterno — La gloria de Jehová llena el tabernáculo — Una nube cubre el tabernáculo de día y fuego reposa sobre él de noche.

Y JEHOVÁ habló a Moisés, diciendo:

2 En el primer día del mes primero armarás el tabernáculo, el tabernáculo de reunión;

3 y pondrás en él el [a]arca del testimonio y la cubrirás con el [b]velo.

4 Y meterás la mesa y la [a]pondrás en orden; meterás también el candelabro y encenderás sus lámparas.

5 Y pondrás el altar de oro para el incienso delante del arca del testimonio y pondrás la cortina delante de la entrada del tabernáculo.

6 Después pondrás el altar del holocausto delante de la entrada del tabernáculo, del tabernáculo de reunión.

7 Luego pondrás la fuente entre el tabernáculo de reunión y el altar, y pondrás agua en ella.

8 Finalmente pondrás el atrio alrededor y la cortina de la entrada del atrio.

9 Y tomarás el aceite de la unción y ungirás el [a]tabernáculo, y todo lo que está en él; y lo santificarás con todos sus enseres, y será santo.

10 Ungirás también el altar del holocausto y todos sus utensilios; y santificarás el altar, y será un altar santísimo.

11 Asimismo ungirás la fuente y su base, y la santificarás.

12 Y harás que Aarón y sus hijos se acerquen a la entrada del tabernáculo de reunión, y los lavarás con agua.

13 Y harás vestir a Aarón las vestiduras sagradas, y lo [a]ungirás y lo consagrarás, para que sirva como mi sacerdote.

14 Después harás que sus hijos se acerquen, y los vestirás con las túnicas;

15 y los [a]ungirás como ungiste a su padre, y servirán como mis [b]sacerdotes; y su [c]unción les servirá por [d]sacerdocio perpetuo por sus [e]generaciones.

16 Y Moisés hizo conforme a todo lo que Jehová le había mandado; así lo hizo.

17 Y aconteció que en el día

40 3 *a* GEE Arca del pacto.
b GEE Velo.
4 *a* Lev. 24:5–6.
9 *a* GEE Templo, Casa del Señor.
13 *a* GEE Unción; Llamado, llamado por Dios, llamamiento.
15 *a* Éx. 29:7.
b GEE Sacerdocio Aarónico.
c GEE Ordenación, ordenar.
d GEE Sacerdocio.
e GEE Primogenitura.

primero del primer mes, en el segundo año, el tabernáculo fue [a]armado.
18 Y Moisés hizo armar el tabernáculo, y asentó sus basas, y colocó sus tablas, y puso sus barras e hizo alzar sus columnas.
19 Y extendió la tienda sobre el tabernáculo y puso la cubierta encima de él, como Jehová había mandado a Moisés.
20 Y tomó el [a]testimonio y lo puso dentro del arca, y colocó las varas en el arca, y encima puso el propiciatorio sobre el arca.
21 Y metió el arca en el tabernáculo, y puso el velo de separación y cubrió el arca del testimonio, como Jehová había mandado a Moisés.
22 Y puso la mesa en el tabernáculo de reunión, al lado norte de la cortina, fuera del velo;
23 y sobre ella puso por orden los panes delante de Jehová, como Jehová había mandado a Moisés.
24 Y puso el candelabro en el tabernáculo de reunión, enfrente de la mesa, al lado sur de la cortina.
25 Y encendió las [a]lámparas delante de Jehová, como Jehová había mandado a Moisés.
26 Puso también el altar de oro en el tabernáculo de reunión, delante del velo,
27 y quemó sobre él [a]incienso aromático, como Jehová había mandado a Moisés.
28 Puso asimismo la cortina a la entrada del tabernáculo.
29 Y colocó el altar del holocausto a la entrada del tabernáculo, del tabernáculo de reunión; y ofreció sobre él el holocausto y la ofrenda de grano, como Jehová había mandado a Moisés.
30 Y puso la fuente entre el tabernáculo de reunión y el altar; y puso en ella agua para [a]lavarse.
31 Y Moisés y Aarón y sus hijos se lavaban en ella las manos y los pies.
32 Cuando entraban en el tabernáculo de reunión, y cuando se acercaban al altar, se lavaban, como Jehová había mandado a Moisés.
33 Finalmente armó el atrio alrededor del tabernáculo y del altar, y puso la cortina a la entrada del atrio. Y así acabó Moisés la obra.
34 Entonces una [a]nube cubrió el tabernáculo de reunión y la [b]gloria de Jehová llenó el [c]tabernáculo.
35 Y no podía Moisés entrar en el tabernáculo de reunión, porque la nube estaba sobre éste, y la gloria de Jehová llenaba el tabernáculo de reunión.
36 Y cuando la [a]nube se alzaba del tabernáculo, los hijos de Israel seguían adelante en todas sus jornadas,
37 pero si la nube no se alzaba,

17 *a* Núm. 7:1.
20 *a* 1 Rey. 8:9.
25 *a* Éx. 25:37.
27 *a* Éx. 30:7–8.
30 *a* *O sea,* para los lavamientos.
34 *a* Éx. 13:21; DyC 84:5.
b Hageo 2:7–9; DyC 109:12. GEE Gloria.
c GEE Templo, Casa del Señor.
36 *a* Núm. 10:11–13.

[a]no partían hasta el día en que ella se alzaba.
38 Porque la [a]nube de Jehová estaba de día sobre el tabernáculo, y el fuego estaba de noche sobre él, a la vista de toda la casa de Israel, en todas sus jornadas.

TERCER LIBRO DE MOISÉS
LLAMADO
LEVÍTICO

CAPÍTULO 1

Se sacrifican animales sin defecto como expiación por los pecados — Los holocaustos son ofrenda de olor grato a Jehová.

Y [a]LLAMÓ Jehová a [b]Moisés y habló con él desde el [c]tabernáculo de reunión, diciendo:
2 Habla a los hijos de Israel y diles: Cuando alguno de entre vosotros presente una ofrenda a Jehová, haréis vuestra ofrenda de ganado vacuno u ovino.
3 Si su ofrenda fuere [a]holocausto de ganado vacuno, ofrecerá un macho [b]sin defecto; de su [c]voluntad lo ofrecerá a la entrada del tabernáculo de reunión delante de Jehová.
4 Y pondrá su [a]mano sobre la cabeza del holocausto, y le será [b]aceptado para hacer [c]expiación por él.
5 Entonces degollará el becerro en la presencia de Jehová, y los sacerdotes hijos de Aarón ofrecerán la [a]sangre y la rociarán alrededor sobre el altar, el cual está a la entrada del tabernáculo de reunión.
6 Y desollará el holocausto y lo dividirá en sus piezas.
7 Y los hijos del sacerdote [a]Aarón pondrán fuego sobre el altar y acomodarán la leña sobre el fuego.
8 Luego los sacerdotes hijos de Aarón acomodarán las piezas, la cabeza y el sebo sobre la leña que está sobre el fuego que habrá encima del altar;
9 y él lavará con agua los intestinos y las patas, y el [a]sacerdote hará arder todo sobre el altar. Holocausto es, ofrenda encendida de [b]olor grato a Jehová.
10 Y si su ofrenda para holocausto fuere del rebaño, de los corderos o de las cabras, ofrecerá un macho sin defecto.
11 Y lo degollará al lado norte del altar delante de Jehová, y los

37 *a* Núm. 9:19–23.
38 *a* Éx. 16:10; Núm. 9:15.

[LEVÍTICO]
1 1 *a* Éx. 19:3; Moisés 1:1–3, 17. GEE Levítico.
b DyC 28:2.
c HEB tienda de reunión.
3 *a* GEE Sacrificios.
b 1 Pe. 1:19.
c 1 Cró. 29:6–9.
4 *a* GEE Imposición de manos.
b Rom. 12:1.
c Núm. 15:24–26; 2 Cró. 29:23–24.
5 *a* GEE Sangre.
7 *a* GEE Aarón, hermano de Moisés.
9 *a* 1 Cró. 6:49.
b Efe. 5:2.

sacerdotes hijos de Aarón rociarán su sangre alrededor sobre el altar.

12 Y lo dividirá en sus piezas, con su cabeza y su sebo, y el sacerdote las acomodará sobre la leña que está sobre el fuego que habrá encima del altar;

13 y él lavará las entrañas y las patas con agua, y el sacerdote lo ofrecerá todo y lo hará arder sobre el altar. Holocausto es, ofrenda encendida de olor grato a Jehová.

14 Y si el holocausto para Jehová fuere de aves, presentará su ofrenda de [a]tórtolas o de pichones.

15 Y el sacerdote la ofrecerá sobre el altar, y le quitará la cabeza y hará que arda en el altar; y su sangre será exprimida sobre un lado del altar.

16 Y le quitará el buche y las plumas, lo cual echará junto al altar, hacia el oriente, en el lugar de las cenizas.

17 Y la henderá por sus alas, pero no la dividirá en dos, y el sacerdote la hará arder sobre el altar, sobre la leña que estará en el [a]fuego; holocausto es, ofrenda encendida de olor grato a Jehová.

CAPÍTULO 2

La forma en que deben hacerse las ofrendas de grano con aceite e incienso.

Y CUANDO alguna persona ofrezca una [a]ofrenda de grano a Jehová, su ofrenda será de flor de harina, sobre la cual echará aceite y pondrá sobre ella [b]incienso;

2 y la traerá a los sacerdotes, hijos de Aarón; y de ello tomará el sacerdote un puñado de flor de harina con aceite y con todo el incienso, y lo hará arder sobre el altar como ofrenda memorial; ofrenda encendida es, de olor grato a Jehová.

3 Y el resto de la ofrenda será de [a]Aarón y de sus hijos; es cosa santísima de las ofrendas que se queman a Jehová.

4 Y cuando ofrezcas una [a]ofrenda de grano cocida al horno, será de [b]tortas de flor de harina sin levadura, amasadas con aceite, y de hojaldres sin levadura, untados con aceite.

5 Mas si presentas una ofrenda de grano *cocida* en sartén, será de flor de harina sin levadura, mezclada con aceite,

6 la cual partirás en pedazos y echarás sobre ella aceite; es ofrenda de grano.

7 Y si presentas una ofrenda de grano *cocida* en cazuela, se hará de flor de harina con aceite.

8 Y traerás a Jehová la ofrenda hecha de estas cosas y la presentarás al sacerdote, el cual la llevará al altar.

9 Y tomará el sacerdote de aquella ofrenda una parte como ofrenda memorial y la hará arder sobre el altar, ofrenda encendida, de olor grato a Jehová.

10 Y el resto de la ofrenda será

14 *a* Lucas 2:23–24.
17 *a* GEE Fuego.
2 1 *a* *O sea,* la ofrenda de grano o cereal; la ofrenda vespertina.
b Mateo 2:11.
3 *a* Lev. 6:14–18.
4 *a* GEE Ofrenda.
b Éx. 12:39; 29:2.

de Aarón y de sus hijos; es cosa santísima de las ofrendas que se queman a Jehová.

11 Ninguna ofrenda de grano que ofrezcáis a Jehová será hecha con [a]levadura, porque ninguna cosa leudada, ni ninguna de miel se ha de quemar como ofrenda a Jehová.

12 Como ofrenda de las [a]primicias las ofreceréis a Jehová, pero no se ofrecerán sobre el altar en olor grato.

13 Y sazonarás con sal toda ofrenda de grano que ofrezcas, y no permitirás que falte jamás de tu ofrenda de grano la [a]sal del convenio de tu Dios. En toda ofrenda tuya ofrecerás sal.

14 Y si ofrecieres a Jehová una ofrenda de grano de las primicias de tus granos, tostarás al fuego las espigas verdes y ofrecerás el grano desmenuzado como ofrenda de grano de tus primicias.

15 Y pondrás sobre ella [a]aceite y pondrás sobre ella incienso; es ofrenda de grano.

16 Y el sacerdote hará arder, como ofrenda memorial, parte del grano desmenuzado y parte del aceite con todo su incienso; es ofrenda encendida para Jehová.

CAPÍTULO 3

Se hacen las ofrendas de paz con animales sin defecto, cuya sangre se rocía sobre el altar — Se prohíbe a Israel comer la grasa y la sangre.

Y SI su ofrenda fuere un [a]sacrificio de las ofrendas de paz, si se ofreciere de ganado vacuno, sea macho o hembra, [b]sin defecto lo ofrecerá delante de Jehová.

2 Y pondrá su mano sobre la cabeza de su ofrenda y la degollará a la entrada del tabernáculo de reunión; y los sacerdotes [a]hijos de Aarón rociarán su sangre sobre el altar alrededor.

3 Luego ofrecerá del sacrificio de las ofrendas de paz, como ofrenda encendida a Jehová, la grasa que cubre los intestinos y toda la grasa que está sobre las entrañas,

4 y los dos riñones y la grasa que está sobre ellos y sobre los lomos, y junto con los riñones quitará el lóbulo que está sobre el hígado.

5 Y los hijos de Aarón harán arder esto en el altar, sobre el holocausto que estará sobre la leña que habrá encima del fuego; es ofrenda de olor grato a Jehová.

6 Mas si su ofrenda fuere de ovejas para sacrificio de las ofrendas de paz a Jehová, sea macho o hembra, la ofrecerá [a]sin defecto.

7 Si ofreciere un [a]cordero como su ofrenda, lo ofrecerá delante de Jehová.

8 Y pondrá su mano sobre la cabeza de su ofrenda y después la

---

11 *a* *Es decir,* cualquier cosa usada para producir fermentación. 1 Cor. 5:6–8.
12 *a* Éx. 23:19.
13 *a* Núm. 18:19. GEE Sal.
15 *a* GEE Aceite.
3 1 *a* GEE Sacrificios.
b HEB sano, sin defecto.
2 *a* GEE Sacerdocio Aarónico.
6 *a* 1 Pe. 1:18–20.
7 *a* GEE Cordero de Dios.

degollará delante del tabernáculo de reunión, y los hijos de Aarón rociarán su sangre sobre el altar alrededor.

9 Y del sacrificio de las ofrendas de paz ofrecerá como ofrenda encendida a Jehová la grasa y la cola entera, la cual quitará desde la raíz del espinazo, y la grasa que cubre los intestinos y toda la grasa que está sobre las entrañas.

10 Asimismo los dos riñones y la grasa que está sobre ellos y la que está sobre los lomos; y junto con los riñones quitará el lóbulo de sobre el hígado.

11 Y el sacerdote hará arder esto sobre el altar; es vianda de ofrenda encendida para Jehová.

12 Y si su ofrenda fuere una cabra, la ofrecerá delante de Jehová.

13 Y pondrá su mano sobre la cabeza de ella y la degollará delante del tabernáculo de reunión, y los hijos de Aarón rociarán su sangre sobre el altar alrededor.

14 Después ofrecerá de ella, como su ofrenda encendida a Jehová, la grasa que cubre los intestinos, y toda la grasa que está sobre las entrañas,

15 y los dos riñones, y la grasa que está sobre ellos y la que está sobre los lomos; y con los riñones quitará el lóbulo de sobre el hígado.

16 Y el sacerdote hará arder esto sobre el altar; es vianda de ofrenda que se quema en olor grato a Jehová; toda la grasa es de Jehová.

17 Estatuto perpetuo será por vuestras generaciones, en todo lugar donde habitéis, ninguna [a]grasa ni ninguna [b]sangre comeréis.

CAPÍTULO 4

Los pecadores son perdonados mediante el sacrificio de animales sin defecto como ofrendas por el pecado — Por medio de estos sacrificios, los sacerdotes hacen una ofrenda de expiación por los pecados del pueblo.

Y HABLÓ Jehová a Moisés, diciendo:

2 Habla a los hijos de Israel y diles: Cuando alguna persona pecare [a]inadvertidamente en alguno de los mandamientos de Jehová sobre cosas que no se han de hacer, e hiciere alguna de éstas,

3 si el sacerdote ungido [a]pecare según el pecado del pueblo, ofrecerá a Jehová por el pecado que hubiere cometido un becerro sin defecto como [b]ofrenda por el pecado.

4 Y traerá el becerro a la entrada del tabernáculo de reunión delante de Jehová, y pondrá su mano sobre la cabeza del becerro y lo degollará delante de Jehová.

5 Y el sacerdote ungido tomará parte de la [a]sangre del becerro

17 *a* Lev. 7:22–27.
b GEE Sangre.
4 2 *a* Mos. 3:11.
GEE Responsabilidad, responsable.
3 *a* Heb. 5:1–3.
b Lev. 9:7–11.
GEE Ofrenda.

y la traerá al tabernáculo de reunión;

6 y mojará el sacerdote su dedo en la sangre y rociará de aquella sangre siete veces delante de Jehová, frente al velo del santuario.

7 Y el sacerdote pondrá parte de la sangre sobre los cuernos del altar del incienso aromático, que está en el tabernáculo de reunión delante de Jehová; y derramará el resto de la sangre del becerro al pie del altar del holocausto que está a la entrada del tabernáculo de reunión.

8 Y tomará del becerro de la ofrenda por el pecado toda su grasa, la grasa que cubre los intestinos, y toda la que está sobre las entrañas,

9 y los dos riñones y la grasa que está sobre ellos, y la que está sobre los lomos, y junto con los riñones quitará el lóbulo de sobre el hígado,

10 de la manera en que se le quita del buey del sacrificio de las ofrendas de paz; y el sacerdote lo hará arder sobre el altar del holocausto.

11 Y la piel del [a]becerro y toda su carne, con su cabeza, y sus piernas, y sus intestinos y su estiércol,

12 en fin, todo el becerro, lo sacará [a]fuera del campamento a un lugar limpio, donde se echan las cenizas, y lo quemará al fuego sobre la leña; será quemado donde se echan las cenizas.

13 Y si toda la congregación de Israel hubiere [a]errado inadvertidamente, y el yerro estuviere oculto a los ojos de la asamblea, y hubieren hecho algo contra alguno de los mandamientos de Jehová en cosas que no se han de hacer, y fueren [b]culpables;

14 luego que llegue a ser conocido el pecado que hayan cometido, la congregación ofrecerá un becerro como expiación, y lo traerán delante del tabernáculo de reunión.

15 Y los ancianos de la congregación pondrán sus manos sobre la cabeza del becerro delante de Jehová, y en presencia de Jehová degollarán aquel becerro.

16 Y el sacerdote ungido llevará parte de la sangre del becerro al tabernáculo de reunión.

17 Y mojará el sacerdote su dedo en la misma sangre, y la rociará siete veces delante de Jehová frente al velo.

18 Y pondrá parte de aquella sangre sobre los cuernos del altar que está delante de Jehová en el tabernáculo de reunión, y derramará el resto de la sangre al pie del altar del holocausto, que está a la entrada del tabernáculo de reunión.

19 Y le quitará toda la grasa y la hará arder sobre el altar.

20 Y hará con aquel becerro como hizo con el becerro de la ofrenda por el pecado; lo mismo hará con él. Así el sacerdote hará

5 *a* Heb. 9:13–14.
11 *a* Éx. 29:14.
12 *a* Heb. 13:11–12.
13 *a* Mos. 3:11.
b GEE Culpa.

[a]expiación por ellos, y obtendrán [b]perdón.

21 Y sacará el becerro fuera del campamento y lo quemará como quemó el primer becerro; es la ofrenda por el pecado a favor de la congregación.

22 Y cuando peque un jefe y haga algo inadvertidamente contra alguno de todos los mandamientos de Jehová, su Dios, sobre cosas que no se han de hacer, y sea culpable,

23 una vez que se le haga saber el [a]pecado que haya cometido, presentará como su ofrenda un macho cabrío sin defecto.

24 Y pondrá su mano sobre la cabeza del macho cabrío y lo degollará en el lugar donde se degüella el holocausto delante de Jehová; es una ofrenda por el pecado.

25 Y el sacerdote tomará con su dedo de la sangre de la ofrenda por el pecado, y la pondrá sobre los cuernos del altar del holocausto y derramará el resto de la sangre al pie del altar del holocausto.

26 Y quemará toda la grasa sobre el altar, como la del sacrificio de las ofrendas de paz; así el sacerdote hará por él la [a]expiación de su pecado, y le será perdonado.

27 Y si alguna persona común del pueblo pecare inadvertidamente, haciendo algo contra alguno de los mandamientos de Jehová en cosas que no se han de hacer, y fuere culpable,

28 luego que se le haga saber el pecado que cometió, traerá como ofrenda una hembra de las cabras, una cabra sin defecto, por el pecado que haya cometido.

29 Y pondrá su mano sobre la cabeza de la ofrenda por el pecado y la degollará en el lugar del holocausto.

30 Luego el sacerdote tomará con su dedo de la sangre, y la pondrá sobre los cuernos del altar del holocausto y derramará el resto de la sangre al pie del altar.

31 Y le quitará toda su grasa, de la manera en que le fue quitada la grasa al sacrificio de las ofrendas de paz; y el sacerdote la hará arder sobre el altar en olor grato a Jehová; así hará el sacerdote expiación por él, y será perdonado.

32 Y si trae un cordero para su ofrenda por el pecado, hembra sin defecto traerá.

33 Y pondrá su mano sobre la cabeza de la ofrenda por el pecado y la degollará como ofrenda por el pecado en el lugar donde se degüella el holocausto.

34 Después el sacerdote tomará con su dedo de la sangre de la ofrenda por el pecado, y la pondrá sobre los cuernos del altar del holocausto y derramará el resto de la sangre al pie del altar.

35 Y le quitará toda su grasa, como le fue quitada la grasa al sacrificio de las ofrendas de paz, y el sacerdote la hará arder en el altar sobre la ofrenda encendida a

20 *a* Heb. 10:10–14; Mos. 3:15; 13:28–33. GEE Expiación, expiar.
b GEE Perdonar; Remisión de pecados.
23 *a* GEE Pecado.
26 *a* 2 Cró. 29:22–24.

Jehová; y le hará el sacerdote expiación por su pecado que haya cometido, y será perdonado.

CAPÍTULO 5

El pueblo debe confesar sus pecados y hacer restitución por ellos — El perdón es posible mediante una ofrenda por la culpa — Los sacerdotes hacen ofrenda de expiación por el pecado.

Y SI alguna persona peca al oír la voz de juramento, y es testigo de lo que vio o supo y no lo denuncia, llevará su culpa.

2 Asimismo la persona que haya tocado cualquier [a]cosa inmunda, sea cadáver de bestia inmunda, o cadáver de animal inmundo, o cadáver de reptil inmundo, aunque no lo sepa, será impura y será culpable.

3 O si toca inmundicia humana de cualquier inmundicia que sea, que contamine, y no se da cuenta, y después llega a saberlo, será culpable.

4 También la persona que [a]jure, pronunciando con sus labios hacer mal o bien, en cualquier cosa que el hombre diga ligeramente con juramento, sin darse cuenta, y *después* llega a saberlo, será culpable de cualquiera de estas *cosas*.

5 Y será que cuando peque en alguna de estas *cosas*, [a]confesará aquello en que pecó;

6 y para su [a]ofrenda por la culpa traerá a Jehová, por el pecado que haya cometido, una hembra de los rebaños, una cordera o una cabra como ofrenda por el pecado; y el sacerdote le hará expiación por su pecado.

7 Y si no le [a]alcanza para un cordero, traerá a Jehová, como ofrenda por la culpa que cometió, dos [b]tórtolas o dos pichones, uno como ofrenda por el pecado y el otro para holocausto.

8 Y los traerá al sacerdote, el cual ofrecerá primero el que es para ofrenda por el pecado y desunirá la cabeza de su cuello, pero no la apartará del todo.

9 Y rociará de la sangre de la ofrenda por el pecado sobre un lado del altar, y lo que sobre de la sangre lo exprimirá al pie del altar; es ofrenda por el pecado.

10 Y con el otro hará holocausto conforme al [a]rito; y el sacerdote hará por él expiación por el pecado que cometió, y será perdonado.

11 Mas si no le alcanza para dos tórtolas o dos pichones, el que pecó traerá como su ofrenda la décima parte de un efa de flor de harina como ofrenda por el pecado. No pondrá sobre ella aceite ni sobre ella pondrá incienso, porque es una ofrenda por el pecado.

12 La traerá, pues, al sacerdote, y el sacerdote tomará de ella un puñado como ofrenda memorial, y la hará arder en el altar sobre

5 2 *a* GEE Limpio e inmundo.
4 *a* 3 Ne. 12:34–37. GEE Juramento.
5 *a* Núm. 5:6–10. GEE Confesar, confesión.
6 *a* HEB sacrificio por la culpa.
7 *a* Lev. 12:8; 14:21.
b Lucas 2:22–24.
10 *a* HEB la ley.

las ofrendas encendidas a Jehová; es ofrenda por el pecado.
13 Y hará el sacerdote expiación por él en cuanto al pecado que cometió en alguna de estas cosas, y le será perdonado; y *el sobrante* será del sacerdote, como en la [a]ofrenda de grano.
14 Habló Jehová a Moisés, diciendo:
15 Si alguna persona comete una falta y peca inadvertidamente en las cosas sagradas de Jehová, traerá a Jehová por su culpa un carnero sin defecto de los rebaños, [a]conforme a tu valoración, en siclos de plata según el siclo del santuario, como ofrenda por la culpa.
16 Y [a]hará restitución por aquello de las cosas santas en que haya pecado, y añadirá a ello la quinta parte y la dará al sacerdote; y el sacerdote hará expiación por él con el [b]carnero de la ofrenda por la culpa, y le será perdonado.
17 Finalmente, si una persona [a]peca o hace alguna de todas aquellas cosas que por mandamiento de Jehová no se han de hacer, aun sin hacerlo a sabiendas, es [b]culpable y llevará su pecado.
18 Traerá, pues, al sacerdote, como ofrenda por la culpa, según tú lo estimes, un carnero de los rebaños, sin defecto; y el sacerdote le hará expiación por el pecado que cometió por ignorancia, y le será perdonado.
19 Es ofrenda por la culpa; ciertamente era culpable delante de Jehová.

CAPÍTULO 6

El pueblo debe hacer primero la restitución por el pecado; después debe ofrecer la ofrenda por la culpa y así lograr el perdón mediante la expiación hecha por los sacerdotes.

Y HABLÓ Jehová a Moisés, diciendo:
2 Si una persona peca y comete una falta contra Jehová, y niega a su prójimo lo encomendado o dejado en su mano, o bien roba o despoja a su prójimo,
3 o halla lo perdido, y después lo niega y jura en falso en alguna de todas aquellas cosas en que suele pecar el hombre,
4 entonces, acontecerá que, puesto que ha [a]pecado y ofendido, [b]restituirá aquello que robó, o el daño del despojo, o el depósito que se le encomendó, o lo [c]perdido que halló,
5 o todo aquello sobre lo que haya jurado falsamente; lo restituirá, pues, por entero, y añadirá a ello la quinta parte, y se lo pagará a aquel a quien pertenece en el día de su ofrenda por la culpa.
6 Y como ofrenda por su culpa, traerá a Jehová un carnero sin defecto de los rebaños, conforme a

13 *a* *O sea,* el sacrificio vespertino.
15 *a* *Es decir,* conforme a tu evaluación en pesas de plata.
16 *a* DyC 98:47–48.
b 1 Sam. 6:1–4.
17 *a* DyC 1:31–32.
b GEE Responsabilidad, responsable; Culpa.
6 4 *a* GEE Culpa.
b GEE Arrepentimiento, arrepentirse.
c DyC 136:26.

tu valoración, al sacerdote como ofrenda por la culpa.

7 Y el sacerdote hará expiación por él delante de Jehová, y le será perdonada cualquiera de todas las cosas en que haya sido culpable.

8 Habló Jehová a Moisés, diciendo:

9 Manda a Aarón y a sus hijos y diles: Ésta es la [a]ley del holocausto: Es holocausto porque se quema sobre el altar toda la noche hasta la mañana, y el fuego del altar arderá en él.

10 El sacerdote se pondrá su [a]vestimenta de lino y se pondrá [b]calzoncillos de lino sobre su cuerpo; y cuando el fuego haya consumido el holocausto, apartará él las cenizas de sobre el altar y las pondrá junto al altar.

11 Después se quitará su vestimenta y se pondrá otras vestiduras y sacará las cenizas fuera del campamento a un lugar limpio.

12 Y el fuego encendido sobre el altar no ha de apagarse, sino que el sacerdote pondrá en él leña cada mañana, y acomodará sobre él el holocausto y quemará sobre él la grasa de [a]las ofrendas de paz.

13 El fuego ha de arder continuamente en el altar; no se apagará.

14 Y ésta es la ley de la ofrenda de grano: Han de ofrecerla los hijos de Aarón delante de Jehová, frente al altar.

15 Y tomará de ella un puñado de la flor de harina de la ofrenda, y de su aceite y todo el incienso que está sobre la ofrenda, y lo hará arder sobre el altar en olor grato, como ofrenda memorial a Jehová.

16 Y el sobrante de ella lo comerán Aarón y sus hijos; sin levadura se comerá en lugar santo; en el atrio del tabernáculo de reunión lo comerán.

17 No se cocerá con levadura. La [a]he dado a ellos por su porción de mis ofrendas encendidas; es cosa santísima, como la ofrenda por el pecado y como la ofrenda por la culpa.

18 Todos los varones de los hijos de Aarón comerán de ella. Estatuto perpetuo será para vuestras generaciones tocante a las ofrendas encendidas para Jehová; toda cosa que las toque será santificada.

19 Y habló Jehová a Moisés, diciendo:

20 Ésta es la ofrenda de Aarón y de sus hijos, que ofrecerán a Jehová el día en que sean ungidos: La décima parte de un efa de flor de harina, ofrenda de grano perpetua, la mitad por la mañana y la mitad por la tarde.

21 Se preparará en sartén con aceite; frita la traerás, y los pedazos cocidos de la ofrenda ofrecerás en olor grato a Jehová.

22 Y en lugar de Aarón, el sacerdote que de entre sus hijos sea ungido hará la ofrenda. Es estatuto perpetuo de Jehová; toda ella será quemada.

23 Y toda ofrenda de grano del

9 *a* 2 Ne. 25:24–30.
10 *a* Éx. 28:39–42.
b Ezeq. 44:18.
12 *a* GEE Sacrificios.
17 *a* *O sea,* le he dado.

sacerdote será enteramente quemada; no se comerá.

24 Y habló Jehová a Moisés, diciendo:

25 Habla a Aarón y a sus hijos y diles: Ésta es la ley de la ofrenda por el pecado: En el lugar donde sea degollado el holocausto será degollada la [a]ofrenda por el pecado delante de Jehová; es cosa santísima.

26 El sacerdote que la ofrezca por el pecado la [a]comerá; en lugar santo la comerá, en el atrio del tabernáculo de reunión.

27 Todo lo que toque su carne será santificado; y si salpica su sangre sobre el vestido, lavarás aquello sobre lo que caiga en un lugar santo.

28 Y la vasija de barro en que sea cocida será quebrada; y si es cocida en vasija de bronce, será lavada y frotada con agua.

29 Todo varón de entre los sacerdotes la comerá; es cosa santísima.

30 Pero no se comerá ninguna ofrenda por el pecado cuya sangre haya sido llevada al tabernáculo de reunión para hacer [a]expiación en el santuario; al fuego será quemada.

CAPÍTULO 7

Se establecen las leyes que rigen diversos sacrificios — Se prohíbe a los hijos de Israel comer la grasa y la sangre — Israel adora por medio del sacrificio — A través del sacrificio logran el perdón, hacen votos, consagran sus bienes, dan gracias y se reconcilian con Dios.

ASIMISMO ésta es la [a]ley de la ofrenda por la culpa; es cosa santísima.

2 En el lugar donde se degüella el holocausto, degollarán la ofrenda por la culpa, y rociará su sangre sobre el altar alrededor.

3 Y de ella se ofrecerá toda la grasa, la cola, y la grasa que cubre los intestinos,

4 y los dos riñones, y la grasa que está sobre ellos y la que está sobre los lomos; y con los riñones quitará el lóbulo de sobre el hígado.

5 Y el sacerdote lo hará arder sobre el altar como ofrenda encendida a Jehová; es ofrenda por la culpa.

6 Todo varón de entre los sacerdotes la comerá; será comida en lugar santo; es cosa santísima.

7 Como la ofrenda por el pecado, así es la [a]ofrenda por la culpa; una misma ley tendrán. Será del sacerdote que haya hecho la expiación con ella.

8 Y el sacerdote que ofrezca el holocausto de alguno, será para él la piel del holocausto que haya ofrecido.

9 Asimismo, toda ofrenda de grano preparada en horno y toda la que sea preparada en sartén o en cazuela, será del sacerdote que la ofrezca.

10 Y toda ofrenda de grano, mezclada con aceite o seca, será

25 *a* Mos. 15:1–12.
26 *a* Ezeq. 42:13.
30 *a* Jacob 4:11.
GEE Expiación, expiar.
7 1 *a* HEB la enseñanza concerniente al sacrificio por la culpa.
7 *a* Mos. 3:11.

de todos los hijos de Aarón, tanto del uno como del otro.
11 Y ésta es la ley del [a]sacrificio de la ofrenda de paz que se ofrecerá a Jehová:
12 Si se ofreciere en acción de gracias, se ofrecerá por [a]sacrificio de acción de gracias tortas sin levadura amasadas con aceite, y hojaldres sin levadura untados con aceite y flor de harina frita en tortas amasadas con aceite.
13 Con las tortas de pan sin levadura, ofrecerá pan leudado como ofrenda en el sacrificio de acción de gracias de sus ofrendas de paz.
14 Y de toda la ofrenda se presentará una parte como ofrenda elevada a Jehová, y será del sacerdote que rocíe la sangre de las ofrendas de paz.
15 Y la carne del sacrificio de sus ofrendas de paz en acción de gracias se comerá el día en que sea ofrecida; no dejarán de ella nada para otro día.
16 Pero si el sacrificio de su ofrenda es debido a un voto o una ofrenda [a]voluntaria, el día en que se ofrezca el sacrificio será comido, y lo que de él quede se comerá al día siguiente.
17 Y al tercer día, lo que quede de la carne del sacrificio será quemado en el fuego.
18 Y si se come de la carne del sacrificio de sus ofrendas de paz al tercer día, no será [a]aceptado, ni le será contado; [b]abominación será, y la persona que de ella coma [c]llevará su pecado.
19 Y la carne que toque alguna cosa inmunda no se comerá; al fuego será quemada; mas toda persona limpia podrá comer de esta carne.
20 Y la persona que coma la carne del sacrificio de las ofrendas de paz, el cual es de Jehová, estando inmunda, aquella persona será [a]talada de entre su pueblo.
21 Además, la persona que toque alguna cosa inmunda, ya sea inmundicia de hombre, o animal inmundo o cualquier abominación inmunda, y coma la carne del sacrificio de las ofrendas de paz, el cual es de Jehová, aquella persona será talada de entre su pueblo.
22 Habló Jehová a Moisés, diciendo:
23 Habla a los hijos de Israel y diles: Ninguna grasa de buey, ni de cordero ni de cabra comeréis.
24 La grasa de un animal encontrado [a]muerto y la grasa del que fue despedazado *por las fieras* se dispondrá para cualquier otro uso, pero no la comeréis.
25 Porque cualquiera que coma [a]grasa de animal del cual se ofrece a Jehová ofrenda encendida, la persona que la coma será talada de entre su pueblo.
26 Además, ninguna sangre comeréis en ningún lugar

11 *a* GEE Sacrificios.
12 *a* 2 Cró. 29:31; Sal. 107:22. GEE Acción de gracias, agradecido, agradecimiento.
16 *a* DyC 58:26–29.
18 *a* DyC 132:9–10.
b 3 Ne. 18:28–32.
c Lev. 5:1–6.
20 *a* 2 Ne. 2:5; DyC 1:14–16. GEE Excomunión.
24 *a* Ezeq. 4:14.
25 *a* Lev. 3:17.

donde habitéis, ni de aves ni de bestias.

27 Cualquier persona que coma sangre alguna, tal persona será talada de entre su pueblo.

28 Y habló Jehová a Moisés, diciendo:

29 Habla a los hijos de Israel y diles: El que ofrezca sacrificio de sus ofrendas de paz a Jehová traerá a Jehová su ofrenda del sacrificio de sus ofrendas de paz.

30 Sus propias manos traerán las ofrendas que se han de quemar a Jehová; traerá la grasa con el pecho; el pecho para que éste sea mecido como ofrenda mecida delante de Jehová;

31 y la grasa la hará arder el sacerdote en el altar, pero el pecho será de [a]Aarón y de sus hijos.

32 Y al sacerdote daréis, para ser [a]ofrenda elevada, la espaldilla derecha de los sacrificios de vuestras ofrendas de paz.

33 El que de los hijos de Aarón ofrezca la sangre de las ofrendas de paz y la grasa, de él será como su porción la espaldilla derecha;

34 porque he tomado de los hijos de Israel, de los sacrificios de sus ofrendas de paz, el pecho mecido y la [a]espaldilla elevada como ofrenda, y se los he dado a Aarón, el sacerdote, y a sus hijos, como estatuto perpetuo de los hijos de Israel.

35 Ésta es la porción consagrada a Aarón y la porción consagrada a sus hijos, de las ofrendas encendidas a Jehová, desde el día en que él los [a]consagró [b]para servir como sacerdotes a Jehová,

36 la cual mandó Jehová que les diesen, desde el día en que él los [a]ungió de entre los hijos de Israel, como estatuto perpetuo en sus generaciones.

37 Ésta es la ley del holocausto, de la ofrenda de grano, de la ofrenda por el pecado, y de la ofrenda por la culpa, y de las ofrendas de consagración y del sacrificio de las ofrendas de paz,

38 que ordenó Jehová a Moisés en el monte Sinaí, el día en que mandó a los hijos de Israel que ofreciesen sus ofrendas a Jehová en el desierto de Sinaí.

CAPÍTULO 8

Aarón y sus hijos son lavados, ungidos, vestidos con sus túnicas del sacerdocio y consagrados delante de todo Israel — Moisés y Aarón ofrecen sacrificios de reconciliación y de expiación.

Y HABLÓ Jehová a Moisés, diciendo:

2 Toma a Aarón y a sus hijos con él, y las vestimentas, y el aceite de la unción y [a]el becerro de la ofrenda por el pecado, y los dos carneros y el canastillo de los panes sin levadura,

31 *a* Núm. 18:8; Deut. 18:1–5.
32 *a* *Es decir,* una contribución. Mos. 18:25–29.
34 *a* Núm. 18:11, 23–29.
35 *a* GEE Ministrar, ministro; Ordenanzas.
b Lucas 1:8–10; DyC 107:20.
36 *a* Éx. 40:13–15. GEE Unción.
8 2 *a* Éx. 29:1. GEE Unción.

3 y reúne a toda la congregación a la entrada del tabernáculo de reunión.

4 Hizo, pues, Moisés como Jehová le mandó, y se reunió la congregación a la entrada del tabernáculo de reunión.

5 Y dijo Moisés a la congregación: Esto es lo que Jehová ha mandado hacer.

6 Entonces Moisés hizo acercarse a Aarón y a sus hijos, y los [a]lavó con agua.

7 Y puso sobre él la túnica y se la ciñó con la faja; le vistió después [a]el manto, y puso sobre él el efod, y se lo ciñó con el cinto del efod y se lo ajustó con él.

8 Le puso luego encima el [a]pectoral, y en él puso el [b]Urim y Tumim.

9 Después puso la [a]mitra sobre su cabeza, y sobre la mitra en su parte delantera puso la [b]lámina de oro, la diadema santa, como Jehová había mandado a Moisés.

10 Y tomó Moisés el aceite de la unción y ungió el tabernáculo y todas las cosas que estaban en él, y las [a]santificó.

11 Y roció con él sobre el altar siete veces y ungió el altar y todos sus utensilios, y la fuente y su base, para santificarlos.

12 Y derramó del [a]aceite de la unción sobre la cabeza de [b]Aarón, y lo ungió para santificarlo.

13 Después Moisés hizo acercarse a los [a]hijos de Aarón y los vistió con las túnicas, y se las ciñó con cintos y les ajustó las [b]tiaras, como Jehová lo había mandado a Moisés.

14 Hizo luego traer el becerro de la ofrenda por el pecado, y Aarón y sus hijos pusieron sus manos sobre la cabeza del becerro de la ofrenda por el pecado.

15 Y lo degolló, y Moisés tomó de la sangre y la puso con su dedo sobre los cuernos alrededor del altar y purificó el altar; y echó la demás sangre al pie del altar y lo santificó para hacer expiación sobre él.

16 Después tomó toda la grasa que estaba sobre los intestinos, y el lóbulo del hígado, y los dos riñones y la grasa de ellos, y Moisés los hizo arder sobre el altar.

17 Pero el becerro, y su piel, y su carne y su estiércol, los quemó al fuego fuera del campamento, como Jehová lo había mandado a Moisés.

18 Después hizo traer el carnero del holocausto, y Aarón y sus hijos pusieron sus manos sobre la cabeza del carnero.

19 Y Moisés lo degolló y roció la sangre sobre el altar alrededor.

20 Y cortó el carnero en trozos; y Moisés hizo arder la cabeza, y los trozos y el sebo.

21 Lavó luego con agua los intestinos y las patas, y quemó Moisés todo el carnero sobre el altar;

6 *a* DyC 124:37–39.
7 *a* 2 Ne. 9:14; DyC 109:76.
8 *a* DyC 27:15–18; JS—H 1:35.
b GEE Urim y Tumim.
9 *a* HEB se puso la toca (o el turbante), y puso la diadema dorada, la corona sagrada, en la parte frontal del tocado.
b Éx. 28:36.
10 *a* DyC 84:23. GEE Santificación.
12 *a* DyC 109:35. GEE Ordenación, ordenar.
b GEE Sacerdocio Aarónico.
13 *a* DyC 84:6–26.
b HEB gorro.

holocausto de olor grato, ofrenda
encendida a Jehová, como Jehová
lo había mandado a Moisés.
22 Después hizo traer el otro
[a]carnero, el carnero de la consagración, y Aarón y sus hijos pusieron sus manos sobre la cabeza
del carnero.
23 Y lo degolló y Moisés tomó
de la sangre y la puso sobre el
lóbulo de la oreja derecha de
Aarón, y sobre el dedo pulgar de
su mano derecha y sobre el dedo
pulgar de su pie derecho.
24 Luego hizo acercarse a los
hijos de Aarón, y puso Moisés de
la sangre sobre el lóbulo de sus
orejas derechas, y sobre el pulgar
de sus manos derechas y sobre
el pulgar de sus pies derechos;
y roció Moisés la sangre sobre el
altar alrededor.
25 Y después tomó la grasa, y la
cola, y toda la grasa que estaba
sobre los intestinos, y el lóbulo
del hígado, y los dos riñones, y
la grasa de ellos y la espaldilla
derecha;
26 y del canastillo de los panes
sin levadura, que estaba delante
de Jehová, tomó una torta sin
levadura, y una torta de pan de
aceite y un hojaldre, y los puso
con la grasa y con la espaldilla
derecha.
27 Y lo puso todo en las manos
de Aarón y en las manos de sus hijos, e hizo mecerlo como ofrenda
mecida delante de Jehová.
28 Después Moisés tomó aquellas cosas de las manos de ellos
y las hizo arder en el altar sobre
el holocausto. Eran las consagraciones de olor grato, ofrenda
encendida a Jehová.
29 Y tomó Moisés el pecho y lo
meció, ofrenda mecida delante de
Jehová; del carnero de la consagración, aquélla fue la parte de
Moisés, como Jehová lo había
mandado a Moisés.
30 Luego tomó Moisés del aceite
de la unción y de la sangre que
estaba sobre el altar, y [a]roció sobre Aarón y sobre sus vestiduras,
sobre sus hijos y sobre las vestiduras de sus hijos con él; y [b]san-
tificó a Aarón y sus vestiduras,
y a sus hijos y las vestiduras de
sus hijos con él.
31 Y dijo Moisés a Aarón y a sus
hijos: [a]Hervid la carne a la entrada del tabernáculo de reunión,
y comedla allí con el pan que está
en el canastillo de las consagraciones, según yo he mandado,
diciendo: Aarón y sus hijos la
comerán.
32 Y lo que sobre de la carne y
del pan lo quemaréis al fuego.
33 De la entrada del tabernáculo
de reunión no saldréis en siete
días, hasta el día en que se cumplan los días de vuestra consagración, porque durante [a]siete
días seréis consagrados.
34 De la manera en que hoy
se ha hecho, mandó hacer Jehová para hacer expiación por
vosotros.
35 A la entrada, pues, del tabernáculo de reunión [a]estaréis día y

22 *a* Éx. 29:15–22.
30 *a* Isa. 63:2–4; DyC 133:51.
b Alma 13:11–13; Moisés 6:59–60.
31 *a* Éx. 29:31–34.
33 *a* Éx. 29:35–36.
35 *a* HEB te sentarás a la entrada de la tienda de reunión.

noche durante siete días, y guardaréis la [b]ordenanza delante de Jehová para que no muráis, pues así me ha sido mandado.

36 Y Aarón y sus hijos hicieron todas las cosas que mandó Jehová por medio de Moisés.

CAPÍTULO 9

Aarón hace expiación, mediante sacrificios, por sí mismo y por todo Israel — Aarón y sus hijos ofrecen sacrificios — La gloria de Jehová aparece a todos — Fuego proveniente de Jehová consume las ofrendas que están sobre el altar.

Y ACONTECIÓ que en el día [a]octavo Moisés llamó a Aarón y a sus hijos, y a los [b]ancianos de Israel,

2 y dijo a Aarón: Toma de la vacada un becerro para la ofrenda por el pecado, y un carnero para el holocausto, ambos sin defecto, y ofrécelos delante de Jehová.

3 Y hablarás a los hijos de Israel y les dirás: Tomad un macho cabrío para la ofrenda por el pecado, y un becerro y un cordero de un año, ambos sin defecto, para el holocausto;

4 asimismo, un buey y un carnero para las ofrendas de paz, para sacrificar delante de Jehová; y una ofrenda de grano amasada con aceite, porque Jehová se [a]aparecerá hoy a vosotros.

5 Y llevaron lo que mandó Moisés delante del tabernáculo de reunión, y se acercó toda la congregación y se puso delante de [a]Jehová.

6 Entonces Moisés dijo: Esto es lo que mandó Jehová; hacedlo, y la [a]gloria de Jehová se os aparecerá.

7 Y dijo Moisés a Aarón: Acércate al altar y haz tu ofrenda por el pecado y tu holocausto, y haz expiación por ti y por el pueblo; haz también la ofrenda del pueblo y haz expiación por ellos, como ha mandado Jehová.

8 Entonces se acercó Aarón al altar y degolló el becerro de la ofrenda por el pecado que era por él mismo.

9 Y los hijos de Aarón le trajeron la sangre, y él mojó su dedo en la sangre y untó con ella los cuernos del altar, y derramó el resto de la sangre al pie del altar;

10 y la grasa, y los riñones y el lóbulo del hígado de la ofrenda por el pecado los hizo arder sobre el altar, como Jehová lo había mandado a Moisés.

11 Pero la carne y la piel las quemó al fuego fuera del campamento.

12 Degolló asimismo el holocausto, y los hijos de Aarón le presentaron la sangre, la cual roció él alrededor sobre el altar.

13 Le presentaron después el holocausto en trozos, y la cabeza, y los hizo quemar sobre el altar.

14 Luego lavó los intestinos y las patas, y los quemó sobre el holocausto en el altar.

15 Ofreció también la ofrenda

35 *b* Deut. 11:1.
9 1 *a* Ezeq. 43:27.
b GEE Élder (anciano).
4 *a* DyC 67:10–12; 88:68; 93:1.
5 *a* GEE Trinidad; Jehová.
6 *a* Lev. 9:23; 2 Ne. 1:15. GEE Gloria.

del pueblo, y tomó el macho cabrío que era para la [a]ofrenda del pueblo por el pecado, y lo degolló y lo ofreció por el pecado, como el primero.

16 Y ofreció el holocausto y lo hizo según el [a]rito.

17 Ofreció asimismo la ofrenda de grano, y tomó de ella un puñado y la hizo quemar sobre el altar, además del holocausto de la mañana.

18 Degolló también el buey y el carnero como sacrificio de las ofrendas de paz, que era por el pueblo; y los hijos de Aarón le presentaron la sangre, la cual roció él sobre el altar alrededor,

19 y también la grasa del buey y del carnero, la cola, la que cubre *las entrañas* y los riñones, y el lóbulo del hígado,

20 y pusieron las grasas sobre el pecho, y él quemó las grasas sobre el altar.

21 Pero el pecho y la espaldilla derecha los meció Aarón como ofrenda mecida delante de Jehová, como Jehová lo había mandado a Moisés.

22 Después alzó Aarón sus manos hacia el pueblo y lo bendijo; y después de hacer la ofrenda por el pecado, y el holocausto y el sacrificio de las ofrendas de paz descendió.

23 Y entraron Moisés y Aarón en el tabernáculo de reunión; y salieron y bendijeron al pueblo, y la [a]gloria de Jehová se apareció a todo el pueblo.

24 Y salió [a]fuego de la presencia de Jehová y consumió el holocausto y las grasas que estaban sobre el altar; y viéndolo todos los del pueblo, gritaron y se postraron sobre sus rostros.

CAPÍTULO 10

Nadab y Abiú efectúan sacrificios desautorizados y son muertos por fuego proveniente de Jehová — Se prohíbe a Aarón y a sus demás hijos lamentarse por ellos — Aarón y sus hijos deben abstenerse de vino y de sidra — Deben enseñar todo lo que Jehová enseñó a Moisés.

Y NADAB y Abiú, hijos de Aarón, tomaron cada uno su incensario y pusieron fuego en ellos, sobre el cual pusieron incienso y ofrecieron delante de Jehová [a]fuego extraño, que él nunca les había mandado.

2 Y salió [a]fuego de la presencia de Jehová que los consumió, y [b]murieron delante de Jehová.

3 Entonces dijo Moisés a Aarón: Esto es lo que habló Jehová, diciendo: En los que se [a]acercan a mí seré santificado, y en presencia de todo el pueblo seré glorificado. Y Aarón guardó silencio.

4 Y llamó Moisés a Misael y a Elzafán, hijos de Uziel, tío de Aarón, y les dijo: Acercaos y sacad a vuestros hermanos de delante del santuario, fuera del campamento.

5 Y ellos se acercaron y los sacaron aún en sus túnicas fuera

15 *a* Jue. 13:19–20.
16 *a* HEB estatuto, ordenanza.
23 *a* Lev. 9:6; Éter 12:8.
24 *a* 2 Cró. 7:1; 1 Ne. 1:6.
10 1 *a* *O sea,* no autorizado.
2 *a* 2 Ne. 30:10.
b Hech. 5:1–10.
3 *a* DyC 88:63, 68.

del campamento, como dijo Moisés.

6 Entonces Moisés dijo a Aarón
y a sus hijos Eleazar e Itamar: No descubráis vuestras cabezas ni [a]rasguéis vuestros vestidos, para que no muráis ni se levante la ira sobre toda la congregación; pero vuestros hermanos, toda la casa de Israel, sí se lamentarán por el fuego que Jehová ha hecho.

7 Ni saldréis de la entrada del tabernáculo de reunión, porque moriréis, por cuanto el [a]aceite de la unción de Jehová está sobre vosotros. Y ellos hicieron conforme a lo dicho por Moisés.

8 Y Jehová habló a Aarón y le dijo:

9 Tú y tus hijos contigo no [a]beberéis vino ni sidra cuando entréis en el tabernáculo de reunión, para que no muráis; y será estatuto perpetuo por vuestras generaciones;

10 y [a]para poder discernir entre lo [b]santo y lo profano, y entre lo [c]inmundo y lo limpio,

11 y para [a]enseñar a los hijos de Israel todos los estatutos que Jehová les ha dicho por medio de Moisés.

12 Y Moisés dijo a Aarón, y a Eleazar y a Itamar, los hijos que le habían quedado: Tomad la [a]ofrenda de grano que queda de las ofrendas encendidas a Jehová, y [b]comedla sin levadura junto al altar, porque es cosa muy santa.

13 La [a]comeréis, pues, en lugar santo, porque ésta es la porción para ti y la porción para tus hijos de las ofrendas encendidas a Jehová, pues así me ha sido mandado.

14 Comeréis asimismo en lugar limpio, tú y tus hijos y tus hijas contigo, el [a]pecho de la ofrenda mecida y la espaldilla de la ofrenda elevada, porque por derecho son para ti y para tus hijos; son dados de los sacrificios de las ofrendas de paz de los hijos de Israel.

15 Con las ofrendas de las grasas que se han de quemar, traerán la [a]espaldilla que se ha de elevar y el pecho que será mecido, para mecerlo como ofrenda mecida delante de Jehová; y será estatuto perpetuo para ti y para tus hijos, como Jehová lo ha mandado.

16 Y Moisés buscó con diligencia el macho [a]cabrío de la ofrenda por el pecado, pero, he aquí, había sido quemado; y se enojó contra Eleazar e Itamar, los hijos de Aarón que habían quedado, diciendo:

17 ¿Por qué no comisteis la ofrenda por el pecado en lugar santo? Pues es muy santa, y él

6 *a* Alma 46:21.
7 *a* DyC 124:38–40. GEE Unción.
9 *a* HEB bebidas embriagantes. GEE Palabra de Sabiduría.
10 *a* HEB distinguir entre lo santo y lo profano, entre lo impuro y lo puro. Ezeq. 22:26.
b GEE Santo (adjetivo).
c 3 Ne. 20:41. GEE Limpio e inmundo.
11 *a* GEE Enseñar.
12 *a* Mos. 2:3; Moisés 5:5–8.
b HEB comedlo con pan sin levadura.
13 *a* Lev. 6:16; Ezeq. 42:13.
14 *a* Éx. 29:26.
15 *a* HEB la espaldilla como contribución y el pecho como ofrenda.
16 *a* Lev. 9:3, 15.

os la dio a vosotros para [a]llevar la iniquidad de la congregación, para hacer expiación por ellos delante de Jehová.

18 Ved que su sangre no fue llevada dentro del santuario; debíais haberla comido en lugar santo, como yo mandé.

19 Y respondió Aarón a Moisés: He aquí, hoy han ofrecido su ofrenda por el pecado y su holocausto delante de Jehová, pero a mí me han [a]acontecido estas cosas. Si yo hubiera comido hoy de la ofrenda por el pecado, ¿hubiera sido [b]acepto a Jehová?

20 Y cuando Moisés oyó esto, se dio por satisfecho.

CAPÍTULO 11

Jehová revela las criaturas vivientes que se pueden comer y las que no se pueden comer; y cuáles son limpias y cuáles son inmundas — Jehová manda a Israel: Sed santos, porque yo soy santo.

Y habló Jehová a Moisés y a Aarón y les dijo:

2 Hablad a los hijos de Israel y decidles: Éstos son los animales que [a]comeréis de entre todos los animales que hay sobre la tierra.

3 De entre los animales, todo el de pezuña, y que tiene la pezuña hendida y que rumia, éste comeréis.

4 Pero de los que rumian y de los que tienen pezuña, éstos no comeréis: el camello, porque rumia pero no tiene pezuña hendida, lo tendréis por inmundo;

5 también el conejo, porque rumia pero no tiene pezuña, lo tendréis por inmundo;

6 asimismo la liebre, porque rumia pero no tiene pezuña, la tendréis por inmunda;

7 también el cerdo, porque tiene pezuñas y es de pezuñas hendidas, pero no rumia, lo tendréis por inmundo.

8 De la carne de ellos no comeréis ni tocaréis su cuerpo muerto; los tendréis por inmundos.

9 Esto comeréis de todo lo que está en las aguas: todos los que tienen aletas y escamas, ya sea en las aguas del mar o en la de los ríos, éstos podréis comer;

10 pero todos los que no tienen aletas ni escamas, tanto en el mar como en los ríos, así todo reptil de agua como de todo lo viviente que está en las aguas, los tendréis en abominación.

11 Os serán, pues, abominación; de su carne no comeréis y abominaréis sus cuerpos muertos.

12 Todo lo que no tuviere aletas y escamas en las aguas lo tendréis en abominación.

13 Y de las aves, éstas tendréis en abominación; no se comerán, serán abominación: el águila, el quebrantahuesos, el [a]azor,

14 el milano y el halcón según su especie;

17 *a* GEE Expiación, expiar.
19 *a* Lev. 10:1–3.
b Moro. 7:44; DyC 52:15; Moisés 5:23.
11 2 *a* Hech. 10:9–16; DyC 89:12.
13 *a* *O sea,* un ave de rapiña parecida al buitre.

15 todo cuervo según su
especie;
16 el avestruz, y la lechuza, y
la gaviota y el gavilán según su
especie;
17 y el búho, y el somormujo,
y el ibis,
18 y el calamón, y el pelícano,
y el buitre,
19 y la cigüeña, y la garza según su especie, y la abubilla y el
murciélago.
20 Todo insecto alado que ande
en cuatro patas lo tendréis en
abominación.
21 Pero de todo insecto alado
que ande en cuatro patas podéis
comer los que, además de sus
patas, tengan zancas para saltar
sobre la tierra;
22 éstos comeréis de ellos: la
[a]langosta según su especie, y el
langostín según su especie, y el
grillo según su especie, y el sal-
tamonte según su especie.
23 Todo otro insecto alado que
tenga cuatro patas lo tendréis en
abominación.
24 Y por estas cosas seréis inmundos: Cualquiera que toque
sus cuerpos muertos quedará
[a]impuro hasta el atardecer;
25 y cualquiera que lleve algo
de sus cuerpos muertos lavará
sus vestidos y quedará impuro
hasta el atardecer.
26 Todo animal de pezuña, pero
que no tiene pezuña hendida, ni
rumia, lo tendréis por inmundo;
cualquiera que los toque quedará
impuro.
27 Y de todos los animales que
andan en cuatro patas, tendréis
por inmundo cualquiera que
ande sobre sus garras; cualquiera que toque sus cuerpos
muertos quedará impuro hasta el
atardecer.
28 Y el que lleve sus cuerpos
muertos lavará sus vestidos y
quedará impuro hasta el atardecer; los tendréis por impuros.
29 Y tendréis por inmundos a
estos animales que se arrastran
sobre la tierra: la comadreja, y
el ratón, y el lagarto según su
especie,
30 la salamandra, y el cocodrilo,
y la lagartija, y el estinco y el
camaleón.
31 Tendréis éstos por inmundos
entre todos los que se arrastran;
cualquiera que los toque cuando
estén muertos quedará impuro
hasta el atardecer.
32 Y todo aquello sobre lo que
caiga algo de ellos después de
muertos quedará inmundo; ya
sea objeto de madera, o vestido, o piel, o saco o cualquier
instrumento con el que se trabaja, será metido en agua y
quedará inmundo hasta el
atardecer; entonces quedará
limpio.
33 Y toda vasija de barro dentro
de la cual caiga alguno de ellos,
todo lo que esté en ella será inmundo, y quebraréis la vasija.
34 Toda vianda que se come
que toque el agua de *tales vasijas*
será inmunda, y toda bebida que
se beba en todas *esas* vasijas será
inmunda.
35 Y todo aquello sobre lo que
caiga algo del cuerpo muerto de

22 *a* Mar. 1:6.

24 *a* Lev. 5:2, 6.

ellos será inmundo; el [a]horno
u hornillos se derribarán; son
inmundos, y por inmundos los
tendréis.
36 Con todo, la fuente y la cisterna donde se recoge agua serán limpias, pero lo que haya
tocado los cuerpos muertos será
inmundo.
37 Y si cae algo de los cuerpos
muertos sobre alguna semilla
que se haya de sembrar, será
limpia.
38 Pero si se ha puesto agua en
la semilla y cae algo de los cuerpos muertos sobre ella, la tendréis
por inmunda.
39 Y si algún animal de los que
tenéis para comer muere, el que
toque su cuerpo muerto quedará
impuro hasta el atardecer.
40 Y el que coma del cuerpo
muerto lavará sus vestidos y quedará impuro hasta el atardecer;
asimismo, el que saque el cuerpo
muerto lavará sus vestidos y quedará impuro hasta el atardecer.
41 Y todo animal que se arrastra
sobre la tierra es abominación; no
se comerá.
42 Todo lo que anda sobre el
vientre y todo lo que anda sobre cuatro o más patas, de todo
animal que se arrastra sobre la
tierra, no los comeréis, porque
es abominación.
43 No os hagáis abominables
con ningún animal que se arrastra
ni os contaminéis con ellos para
que no seáis impuros por ellos.
44 Porque yo soy Jehová, vuestro Dios; vosotros, por tanto, os
[a]santificaréis y seréis [b]santos, porque yo soy santo. Así que no contaminéis vuestras personas con
ningún animal que se arrastra
sobre la tierra.
45 Porque yo soy Jehová, que
os hago subir de la tierra de
Egipto para ser vuestro Dios;
seréis, pues, santos, porque yo
soy santo.
46 Ésta es la ley acerca de los
animales, y de las aves, y de todo
ser viviente que se mueve en las
aguas y de todo ser que se arrastra sobre la tierra,
47 para hacer distinción entre lo
inmundo y lo limpio, y entre los
animales que se pueden comer
y los animales que no se pueden
comer.

CAPÍTULO 12

Jehová revela la ley de la purificación de la mujer después del parto, lo que incluye una ofrenda por el pecado.

Y HABLÓ Jehová a Moisés,
diciendo:
2 Habla a los hijos de Israel y
diles: La mujer, cuando conciba
y dé a luz un hijo varón, quedará
impura siete días; conforme a
los días de su menstruación será
impura.
3 Y al octavo día se [a]circuncidará
la carne del prepucio del niño.
4 Mas ella permanecerá treinta y
tres días purificándose de su sangre; ninguna cosa santa tocará,

35 *a* HEB fogón y hornos de cocina.

44 *a* GEE Santificación.
b GEE Santo (adjetivo).

12 3 *a* GEE Circuncisión.

ni vendrá al santuario hasta que sean cumplidos los días de su purificación.

5 Y si da a luz una hija, quedará impura dos semanas, conforme a su impureza, y sesenta y seis días estará purificándose de su sangre.

6 Y cuando los días de su purificación sean cumplidos, por hijo o por hija, llevará al sacerdote un cordero de un año para holocausto, y un pichón o una tórtola como ofrenda por el pecado, a la entrada del tabernáculo de reunión.

7 Y él los ofrecerá delante de Jehová y hará expiación por ella, y quedará limpia del flujo de su sangre. Ésta es la ley para la que da a luz un hijo o una hija.

8 Y [a]si no tiene lo suficiente para un cordero, tomará entonces dos tórtolas o dos pichones, uno para holocausto y otro para la ofrenda por el pecado; y el sacerdote hará expiación por ella, y quedará limpia.

CAPÍTULO 13

Se revelan leyes y se dan indicios para reconocer y controlar la lepra — Los vestidos del leproso han de ser quemados.

Y HABLÓ Jehová a Moisés y a Aarón, diciendo:

2 Cuando el hombre tenga en la piel de su cuerpo hinchazón, o erupción o mancha blanca, y haya en la piel de su cuerpo como llaga de [a]lepra, será llevado a Aarón, el sacerdote, o a uno de sus hijos, los sacerdotes.

3 Y el [a]sacerdote mirará la llaga en la piel del cuerpo; si el pelo en la llaga se ha vuelto blanco y parece la llaga más hundida que la piel del cuerpo, llaga de lepra es; y el sacerdote le reconocerá y le declarará impuro.

4 Y si en la piel de su carne hay mancha blanca, pero no parece más hundida que la piel, ni su pelo se ha vuelto blanco, entonces el sacerdote [a]encerrará al llagado durante siete días.

5 Y al séptimo día el sacerdote le mirará; y si la llaga a su parecer se ha detenido y no se ha extendido en la piel, entonces el sacerdote le volverá a encerrar por otros siete días.

6 Y al séptimo día el sacerdote le reconocerá de nuevo, y si parece haberse oscurecido la llaga y no se ha extendido en la piel, entonces el sacerdote lo declarará limpio; era erupción. Y lavará sus vestidos y será limpio.

7 Pero si se ha extendido la erupción en la piel después que él se haya mostrado al sacerdote para su purificación, será visto otra vez por el sacerdote.

8 Y si al reconocerlo el sacerdote, ve que la erupción se ha extendido en la piel, el sacerdote lo declarará impuro; es lepra.

9 Cuando haya llaga de lepra en el hombre, será llevado al sacerdote;

8 *a* Lucas 2:22–24.
13 2 *a* GEE Lepra.
3 *a* GEE Sacerdocio Aarónico.
4 *a* *O sea,* lo pondrá en cuarentena.

10 y el sacerdote le mirará, y si hay un tumor blanco en la piel, y el pelo se ha vuelto blanco y se descubre asimismo la carne viva,

11 es lepra crónica en la piel de su cuerpo; y le declarará impuro el sacerdote, y no le encerrará, porque es impuro.

12 Pero si brota la lepra, extendiéndose por la piel, y cubre toda la piel del llagado desde su cabeza hasta sus pies, hasta donde los ojos del sacerdote puedan ver,

13 entonces el sacerdote le reconocerá, y si la lepra ha cubierto todo su cuerpo, declarará limpio al llagado. Se ha vuelto blanca toda la piel, y él es limpio.

14 Pero el día en que aparezca en él la carne viva, será impuro.

15 Y el sacerdote mirará la carne viva y lo declarará impuro. Es impura la carne viva; es lepra.

16 Mas cuando la carne viva cambie y se vuelva blanca, entonces irá al sacerdote,

17 y el sacerdote le mirará, y si la llaga se ha vuelto blanca, el sacerdote declarará limpio *al que tenía* la llaga, y será limpio.

18 Y cuando en el cuerpo, en su piel, haya úlcera, y sane,

19 y en el lugar de la úlcera haya un tumor blanco o una mancha blanca rojiza, será mostrado al sacerdote.

20 Y el sacerdote la mirará, y si parece estar más baja que su piel, y su pelo se ha vuelto blanco, el sacerdote lo declarará impuro; es llaga de lepra que se originó en la úlcera.

21 Y si el sacerdote la examina y no aparece en ella pelo blanco ni está más baja que la piel, sino que está oscura, entonces el sacerdote lo encerrará durante siete días.

22 Y si se extiende por la piel, entonces el sacerdote lo declarará impuro; es llaga.

23 Pero si la mancha blanca ha permanecido en su lugar y no se ha extendido, es la cicatriz de la úlcera; y el sacerdote lo declarará limpio.

24 Asimismo cuando el cuerpo tenga en su piel quemadura de fuego y haya en la quemadura una mancha blanquecina, rojiza o blanca,

25 el sacerdote la mirará, y si el pelo se ha vuelto blanco en la mancha y ésta parece estar más hundida que la piel, es lepra que salió en la quemadura; y el sacerdote lo declarará impuro, por ser llaga de lepra.

26 Pero si el sacerdote la mira, y no aparece en la mancha pelo blanco ni está más baja que la piel, sino que está oscura, le encerrará el sacerdote durante siete días;

27 y al séptimo día el sacerdote la mirará; si se ha ido extendiendo por la piel, el sacerdote lo declarará impuro; es llaga de lepra.

28 Pero si la mancha ha permanecido en su lugar y no se ha extendido en la piel, sino que está oscura, es hinchazón de la quemadura. El sacerdote lo declarará limpio, porque es señal de la quemadura.

29 Y al hombre o a la mujer que le salga llaga en la cabeza o en el mentón,

30 el sacerdote mirará la llaga.

Y si parece estar más profunda
que la piel y el pelo en ella es
amarillento *y* delgado, entonces
el sacerdote lo declarará impuro;
es tiña, es lepra de la cabeza o
del mentón.
31 Mas cuando el sacerdote haya
mirado la llaga de la tiña y ésta no
parezca estar más profunda que
la piel ni haya en ella pelo negro,
el sacerdote encerrará al llagado
de la tiña durante siete días.
32 Y al séptimo día el sacerdote
mirará la llaga, y si la tiña no parece haberse extendido, ni hay en
ella pelo amarillento ni parece la
tiña más profunda que la piel,
33 entonces lo rasurarán, pero
no rasurarán el lugar de la tiña; y
encerrará el sacerdote *al que tiene*
la tiña por otros siete días.
34 Y al séptimo día mirará el
sacerdote la tiña, y si la tiña no
se ha extendido en la piel ni parece estar más profunda que la
piel, el sacerdote lo declarará limpio; y lavará sus vestidos y será
limpio.
35 Pero si la tiña se ha ido extendiendo en la piel después de
su purificación,
36 entonces el sacerdote la mirará, y si la tiña se ha ido extendiendo en la piel, no busque el
sacerdote el pelo amarillento; es
impuro.
37 Pero [a]si le parece que la tiña
está detenida y que ha salido en
ella pelo negro, la tiña está sa-
nada; él está limpio, y lo declarará limpio el sacerdote.
38 Asimismo el hombre o la
mujer, cuando tenga en la piel
de su cuerpo manchas, manchas
blancas,
39 el sacerdote las mirará, y si
en la piel de su cuerpo aparecen
manchas blancas algo oscureci-
das, es erupción que brotó en la
piel; la persona es limpia.
40 Y si a un hombre se le cae el
pelo de la cabeza, es calvo, *pero*
limpio.
41 Y si se le cae el pelo de la
frente, es calvo por delante, *pero*
limpio.
42 Pero si en la calva de la cabeza o en sus entradas hay llaga
blanca rojiza, es lepra que brota
en su calva o en su entradas.
43 Entonces el sacerdote lo mirará, y si la hinchazón de la llaga
blanca rojiza en su calva o en sus
entradas se parece a la lepra de
la piel del cuerpo,
44 leproso es, es impuro; el
sacerdote lo declarará impuro;
en la cabeza tiene la llaga.
45 Y en cuanto al leproso en
quien haya llaga, sus vestidos
serán rasgados y su cabeza estará
descubierta, y [a]embozado prego-
nará: [b]¡Impuro! ¡Impuro!
46 Todo el tiempo que tenga la
llaga quedará impuro; estará impuro y habitará [a]solo; fuera del
campamento será su morada.
47 Y cuando en el vestido haya
mancha de lepra, sea vestido de
lana o vestido de lino,
48 o en urdimbre o en trama,
de lino o de lana, o en cuero o en
cualquier objeto de cuero;
49 y si la mancha es verde o

37 *a* *Es decir,* si al examinar la tiña los síntomas permanecen sin cambios.
45 *a* HEB con la boca cubierta.
b GEE Limpio e inmundo.
46 *a* 2 Rey. 15:5.

rojiza, en vestido o en cuero, o en urdimbre, o en trama o en cualquier objeto de cuero; es mancha de lepra y se ha de mostrar al [a]sacerdote.

50 Y el sacerdote mirará la mancha, y encerrará la cosa manchada durante siete días.

51 Y al séptimo día mirará la mancha, y si se ha extendido la mancha en el vestido, o en la urdimbre, o en la trama, o en el cuero o en cualquier artículo que se hace de cuero, la mancha es lepra maligna; inmunda será.

52 Será quemado el vestido, la urdimbre o la trama, de lana o de lino, o cualquier objeto de cuero en que haya tal mancha, porque es lepra maligna; al fuego será quemado.

53 Y si el sacerdote mira, y no parece que la mancha se ha extendido en el vestido, o en la urdimbre, o en la trama o en cualquier objeto de cuero,

54 entonces el sacerdote mandará que laven donde está la mancha, y lo [a]encerrará otra vez por siete días.

55 Y el sacerdote mirará la mancha después que sea lavada; y he aquí, si parece que la mancha no ha cambiado de aspecto, aunque no se haya extendido la mancha, inmunda es; la quemarás al fuego; es [a]corrosión penetrante, esté lo raído en el derecho o en el revés de aquella cosa.

56 Mas si el sacerdote la ve, y parece que la mancha se ha oscurecido después que fue lavada, la cortará del vestido, o del cuero, o de la urdimbre o de la trama.

57 Y si aparece de nuevo en el vestido, o en la urdimbre, o en la trama o en cualquier cosa de cuero extendiéndose en ellos, quemarás al fuego aquello donde esté la mancha.

58 Pero el vestido, la urdimbre, o la trama o cualquier cosa de cuero que laves y al que se le haya quitado la mancha, se [a]lavará por segunda vez, y entonces quedará limpio.

59 Ésta es la ley para la mancha de la lepra del vestido de lana o de lino, o de la urdimbre o de la trama, o de cualquier cosa de cuero, para que sean declarados limpios o inmundos.

CAPÍTULO 14

Se revelan leyes, ritos y sacrificios para purificar a los leprosos, sus vestidos y las casas infectadas de lepra.

Y hablό Jehová a Moisés, diciendo:

2 Ésta será la ley para el [a]leproso cuando se limpie: Será llevado al [b]sacerdote,

3 y el sacerdote saldrá fuera del campamento; y le mirará, y si ve que está [a]sana la llaga de la lepra del leproso,

49 *a* Lucas 17:14.
54 *a* HEB lo pondrá en cuarentena otra vez por siete días.
55 *a* HEB se está descomponiendo, ya sea en la calvicie o en la frente.
58 *a* GEE Lavado, lavamientos, lavar.
14 2 *a* GEE Lepra.
b Lucas 5:14.
3 *a* GEE Sanar, sanidades.

4 el sacerdote mandará que se tomen para el que se purifica dos avecillas vivas y limpias, y madera de cedro, y [a]grana e hisopo;

5 y mandará el sacerdote matar una avecilla en un vaso de barro sobre aguas vivas;

6 después tomará la avecilla viva, y el cedro, y la grana y el hisopo, y los mojará junto con la avecilla viva en la sangre de la avecilla muerta sobre las aguas vivas.

7 Y rociará siete veces al que ha de ser purificado de la lepra y le declarará limpio; y soltará la avecilla viva a campo abierto.

8 Y el que ha de ser purificado lavará sus vestidos y se afeitará todo el pelo y se lavará con agua, y quedará limpio; y después entrará en el campamento y morará fuera de su tienda siete días.

9 Y acontecerá que al séptimo día, se afeitará todo el pelo de su cabeza, y la barba y las cejas de sus ojos; o sea, se afeitará todo el pelo y lavará sus vestidos y lavará su cuerpo en agua, y quedará limpio.

10 Y el día octavo tomará dos corderos sin defecto, y una cordera de un año sin defecto, y tres décimas de efa de flor de harina amasada con aceite como ofrenda de grano y un [a]log de aceite.

11 Y el sacerdote que le purifica presentará delante de Jehová al que se ha de limpiar, con aquellas ofrendas, a la entrada del tabernáculo de reunión.

12 Y tomará el sacerdote un cordero y lo ofrecerá como ofrenda por la culpa, con el log de aceite, y lo mecerá como ofrenda mecida delante de Jehová.

13 Y degollará el cordero en el lugar donde degüellan la [a]ofrenda por el pecado y el holocausto, en el lugar del santuario, porque como la ofrenda por el pecado, así también la ofrenda por la culpa es del sacerdote; es cosa muy sagrada.

14 Y tomará el sacerdote de la sangre de la ofrenda por la culpa, y la pondrá el sacerdote sobre el lóbulo de la oreja derecha del que se purifica, y sobre el pulgar de su mano derecha y sobre el pulgar de su pie derecho.

15 Asimismo tomará el sacerdote del log de aceite y lo echará sobre la palma de su propia mano izquierda,

16 y mojará su dedo derecho en el aceite que tiene en su mano izquierda, y esparcirá del aceite con su dedo siete veces delante de Jehová.

17 Y de lo que quede del aceite que tiene en su mano, pondrá el sacerdote sobre el lóbulo de la oreja derecha del que se purifica, y sobre el pulgar de su mano derecha y sobre el pulgar de su pie derecho, sobre la sangre de la ofrenda por la culpa.

18 Y lo que quede del aceite que tiene en su mano, lo pondrá sobre la cabeza del que se purifica; y hará el sacerdote expiación por él delante de Jehová.

4 *a* *Es decir,* el paño teñido de rojo.
10 *a* *O sea,* una medida de aceite de aproximadamente un tercio de un litro.
13 *a* GEE Expiación, expiar; Sacrificios.

19 Ofrecerá luego el sacerdote la [a]ofrenda por el pecado y hará expiación por el que se ha de purificar de su inmundicia, y después degollará el holocausto.

20 Y ofrecerá el sacerdote el holocausto y la ofrenda de grano sobre el altar. Así hará el sacerdote expiación por él, y quedará limpio.

21 Mas si es [a]pobre y no le alcanza para tanto, entonces tomará un cordero para ser ofrecido como ofrenda mecida por la culpa, para hacer expiación por él, y una décima de efa de flor de harina amasada con aceite para ofrenda de grano, y un log de aceite,

22 y dos tórtolas o dos pichones, según lo que pueda; y uno será para la ofrenda por el pecado y el otro para el holocausto.

23 Al octavo día de su purificación llevará esas cosas al sacerdote, a la entrada del tabernáculo de reunión delante de Jehová.

24 Y el sacerdote tomará el cordero de la ofrenda por la culpa y el log de aceite, y los mecerá el sacerdote como ofrenda mecida delante de Jehová.

25 Luego degollará el cordero de la ofrenda por la culpa, y tomará el sacerdote de la sangre de la ofrenda por la culpa y la pondrá sobre el lóbulo de la oreja derecha del que se purifica, y sobre el pulgar de su mano derecha y sobre el pulgar de su pie derecho.

26 Y el sacerdote echará del aceite sobre la palma de su mano izquierda,

27 y con su dedo derecho el sacerdote rociará del aceite que tiene en su mano izquierda siete veces delante de Jehová.

28 También el sacerdote pondrá del aceite que tiene en su mano sobre el lóbulo de la oreja derecha del que se purifica, y sobre el pulgar de su mano derecha y sobre el pulgar de su pie derecho, en el lugar donde puso la sangre de la ofrenda por la culpa.

29 Y lo que sobre del aceite que el sacerdote tiene en su mano lo pondrá sobre la cabeza del que ha de ser purificado, para hacer expiación por él delante de Jehová.

30 Asimismo ofrecerá una de las tórtolas o uno de los pichones, según lo que pueda.

31 Uno como ofrenda por el pecado y el otro como holocausto, según lo que pueda, según lo que pueda, además de la ofrenda de grano; y hará el sacerdote [a]expiación por el que se ha de purificar, delante de Jehová.

32 Ésta es la [a]ley para el que haya tenido llaga de lepra y que no tenga lo suficiente para purificarse.

33 Y habló Jehová a Moisés y a Aarón, diciendo:

34 Cuando hayáis entrado en la tierra de Canaán, la cual yo os doy en posesión, y ponga yo mancha de lepra en alguna casa de la tierra de vuestra posesión,

19 *a* 2 Ne. 2:6–7.
21 *a* GEE Pobres—Pobres en cuanto a bienes materiales.
31 *a* GEE Expiación, expiar.
32 *a* HEB enseñanza o instrucción.

35 vendrá el dueño de la casa y dará aviso al sacerdote, diciendo: Algo como una mancha ha aparecido en mi casa.
36 Entonces el sacerdote mandará desocupar la casa antes que el sacerdote entre a examinar la plaga, para que no sea contaminado todo lo que esté en la casa; y después el sacerdote entrará a examinar la casa.
37 Y mirará esa plaga, y si se ven manchas en las paredes de la casa, cavidades verdosas o rojas, las cuales parecieren más hundidas que la pared,
38 el sacerdote saldrá a la puerta de la casa y cerrará la casa por siete días.
39 Y al séptimo día volverá el sacerdote y la mirará; y si la mancha se ha extendido en las paredes de la casa,
40 entonces mandará el sacerdote arrancar las piedras en que esté la plaga, y las echarán fuera de la ciudad, en un lugar inmundo.
41 Y hará raspar toda la casa por dentro, y echarán el polvo que raspen fuera de la ciudad, en un lugar inmundo.
42 Y tomarán otras piedras y las pondrán en lugar de las piedras quitadas; y tomarán otro barro y recubrirán la casa.
43 Y si la plaga vuelve a brotar en aquella casa después que hizo arrancar las piedras y raspar la casa, y después que fue recubierta,
44 entonces el sacerdote entrará y la mirará; y si parece haberse extendido la plaga en la casa, hay lepra maligna en la casa; inmunda es.
45 Derribará, por tanto, tal casa, sus piedras, y sus maderos y toda la mezcla de la casa; y sacarán todo fuera de la ciudad, a un lugar inmundo.
46 Y cualquiera que entre en aquella casa durante los días que la mandó cerrar quedará impuro hasta el atardecer.
47 Y el que duerma en aquella casa lavará sus vestidos; también el que coma en la casa lavará sus vestidos.
48 Pero si entra el sacerdote y mira, y ve que la plaga no se ha extendido en la casa después que fue recubierta, el sacerdote declarará limpia la casa, porque la plaga ha desaparecido.
49 Entonces tomará para limpiar la casa dos avecillas, y madera de cedro, y grana e [a]hisopo,
50 y degollará una avecilla en una vasija de barro [a]sobre aguas vivas.
51 Y tomará la madera de cedro, y el hisopo, y la grana y la avecilla viva, y los mojará en la sangre de la avecilla muerta y en las aguas vivas, y rociará la casa siete veces.
52 Y purificará la casa con la sangre de la avecilla, y con las aguas vivas, y con la avecilla viva, y la madera de cedro, y el hisopo y la grana.
53 Luego soltará la avecilla viva fuera de la ciudad a campo

49 *a* *Es decir,* la hierba silvestre.

50 *a* *Es decir,* agua que corre.

abierto. Así hará expiación por la casa, y quedará limpia.
54 Ésta es la ley acerca de toda plaga de lepra y de [a]tiña,
55 y de la [a]lepra del vestido y de la casa,
56 y acerca de la hinchazón, y de la erupción y de la mancha blanca,
57 para enseñar cuándo es impuro y cuándo es limpio. Ésta es la ley tocante a la lepra.

CAPÍTULO 15

Se revelan leyes, ritos y sacrificios para purificar a los que tienen flujo y otras clases de impurezas.

Y HABLÓ Jehová a Moisés y a Aarón, diciendo:
2 Hablad a los hijos de Israel y decidles: Cualquier hombre, cuando [a]tenga flujo de su cuerpo, será impuro.
3 Y ésta será su inmundicia en su flujo: sea que su cuerpo destile flujo o que su cuerpo deje de destilar a causa de su flujo, él será impuro.
4 Toda cama en que se acueste el que tenga flujo, será inmunda; y toda cosa sobre la que se siente, inmunda será.
5 Y cualquiera que toque su cama lavará sus vestidos; se lavará también a sí mismo con agua, y quedará impuro hasta el atardecer.
6 Y el que se siente sobre aquello en que se haya sentado el que tiene flujo lavará sus vestidos; se lavará también a sí mismo con agua, y quedará impuro hasta el atardecer.
7 Asimismo el que toque el cuerpo del que tiene flujo lavará sus vestidos, y a sí mismo se lavará con agua, y quedará impuro hasta el atardecer.
8 Y si el que tiene flujo escupe sobre el limpio, éste lavará sus vestidos, y después de haberse lavado con agua, quedará impuro hasta el atardecer.
9 Y toda montura sobre la que cabalgue el que tenga flujo será inmunda.
10 Y cualquiera que toque cualquier cosa que haya estado debajo de él quedará impuro hasta el atardecer; y el que la lleve lavará sus vestidos, y después de lavarse con agua, quedará impuro hasta el atardecer.
11 Y todo aquel a quien toque el que tiene flujo, y no lave con agua sus manos, lavará sus vestidos, y a sí mismo se lavará con agua, y quedará impuro hasta el atardecer.
12 Y la vasija de barro que toque el que tiene flujo será quebrada, y toda vasija de madera será lavada con agua.
13 Y cuando se haya limpiado de su flujo el que tiene flujo, contará siete días desde su purificación, y lavará sus vestidos y lavará su cuerpo en aguas corrientes, y quedará puro.
14 Y al octavo día tomará dos tórtolas o dos pichones, y vendrá

54 *a* HEB la tiña o cualquier otro síntoma de descamación.
55 *a* Lev. 13:59.
15 2 *a* Núm. 5:2–4.

delante de Jehová a la entrada del tabernáculo de reunión y los dará al sacerdote.

15 Y los ofrecerá el sacerdote, uno como ofrenda por el pecado y el otro como holocausto; y le purificará el sacerdote de su flujo delante de Jehová.

16 Y el hombre, cuando tenga emisión de semen, lavará con agua todo su cuerpo y quedará impuro hasta el atardecer.

17 Y toda vestidura o toda piel sobre la cual caiga la emisión del semen se lavará con agua, y quedarán inmundas hasta el atardecer.

18 Y si un hombre yace con una mujer y hay emisión de semen, ambos se lavarán con agua, y quedarán impuros hasta el atardecer.

19 Y cuando la mujer tenga flujo y el flujo de su cuerpo sea sangre, siete días estará apartada; y cualquiera que la toque quedará impuro hasta el atardecer.

20 Y todo aquello sobre lo que ella se acueste mientras esté apartada será inmundo; también todo aquello sobre lo que se siente será inmundo.

21 Y cualquiera que toque su cama lavará sus vestidos y, después de lavarse con agua, quedará impuro hasta el atardecer.

22 También cualquiera que toque cualquier mueble sobre el que ella se haya sentado lavará sus vestidos, y se lavará a sí mismo con agua, y quedará impuro hasta el atardecer.

23 Y si hay algo sobre la cama o sobre la silla en que ella se haya sentado, el que lo toque quedará impuro hasta el atardecer.

24 Y si alguno duerme con ella y su menstruo lo toca, será impuro por siete días; y toda cama sobre la que duerma será inmunda.

25 Y la mujer, cuando tenga flujo de [a]sangre por muchos días fuera del tiempo de su costumbre, o cuando tenga flujo de sangre más tiempo de su costumbre, todo el tiempo del flujo de su impureza quedará impura como en los días de su costumbre.

26 Toda cama en la que duerma durante el tiempo de su flujo será como la cama de su costumbre; y todo mueble sobre el que se siente será inmundo, como la impureza de su costumbre.

27 Cualquiera que toque esas cosas será impuro; y lavará sus vestidos y se lavará a sí mismo con agua, y quedará impuro hasta el atardecer.

28 Y cuando quede libre de su flujo, contará siete días, y después quedará limpia.

29 Y al octavo día tomará consigo dos tórtolas o dos pichones y los llevará al sacerdote, a la entrada del tabernáculo de reunión.

30 Y el sacerdote ofrecerá uno como ofrenda por el pecado y el otro como holocausto; y la purificará el sacerdote delante de Jehová del flujo de su impureza.

31 Así apartaréis a los hijos de Israel de sus [a]impurezas, a fin

25 *a* Lucas 8:43–48.
31 *a* DyC 94:1, 8–9; 97:15–16; Moisés 6:57. GEE Limpio e inmundo.

de que no mueran por sus impurezas por haber contaminado mi [b]tabernáculo que está entre ellos.

32 Ésta es la ley para el que tiene flujo y para el que tiene emisión de semen, viniendo a ser impuro a causa de ello;

33 y para la que padece su costumbre, y para el que tenga flujo, sea hombre o mujer, y para el hombre que duerma con una mujer impura.

CAPÍTULO 16

Se explica cómo y cuándo debe Aarón entrar en el lugar santo — Los sacrificios se ofrecen para reconciliar a Israel con Dios — El macho cabrío llevará sobre sí los pecados del pueblo — Se perdonan los pecados de todo Israel en el día de la expiación.

Y HABLÓ Jehová a Moisés, después de la muerte de los dos [a]hijos de Aarón, cuando éstos se acercaron delante de Jehová y murieron.

2 Y Jehová dijo a Moisés: Di a Aarón, tu hermano, que no entre en todo tiempo en el [a]lugar santo, detrás del [b]velo, delante del propiciatorio que está sobre el arca, para que no muera, porque yo [c]apareceré en la nube sobre el propiciatorio.

3 Con esto entrará Aarón en el lugar santo: con un becerro para la ofrenda por el pecado y un carnero para el holocausto.

4 Se vestirá con la túnica santa de lino, y sobre su cuerpo se pondrá calzoncillos de lino, y se ceñirá el cinto de lino y con la [a]mitra de lino se cubrirá. Éstas son las santas vestiduras; con ellas se ha de vestir después de lavar su cuerpo con agua.

5 Y de la congregación de los hijos de Israel tomará dos machos cabríos para la ofrenda por el pecado y un carnero para el holocausto.

6 Y Aarón ofrecerá el becerro de la ofrenda por el pecado, que es por sí mismo, y hará expiación por sí mismo y por su casa.

7 Después tomará los dos machos cabríos y los presentará delante de Jehová, a la entrada del tabernáculo de reunión.

8 Y echará suertes Aarón sobre los dos machos cabríos, una suerte para Jehová, y otra suerte para el [a]macho cabrío expiatorio.

9 Y Aarón hará traer el macho cabrío sobre el cual haya caído la suerte para Jehová, y lo ofrecerá como ofrenda por el pecado.

10 Pero el macho cabrío, sobre el cual haya caído la suerte para el macho cabrío expiatorio, lo presentará vivo delante de Jehová a fin de hacer expiación sobre él, para enviarlo al desierto.

11 Y Aarón mismo hará traer el becerro de la ofrenda por el pecado, que es por sí mismo, y hará expiación por sí mismo y por su

31 *b* Mos. 2:37.
GEE Tabernáculo.
16 1 *a* Lev. 10:1–2.
2 *a* Heb. 9:1–7, 11–12, 24–26.
b GEE Velo.
c Éx. 25:22; DyC 97:15–17; 109:5, 12–13.
4 *a* HEB el gorro, la toca.
8 *a* HEB Azazel.

casa, y degollará el becerro como ofrenda por el pecado, que es por sí mismo.

12 Después tomará un incensario lleno de brasas de fuego del altar que está delante de Jehová, y dos puñados de incienso aromático molido, y lo llevará detrás del velo.

13 Y pondrá el incienso sobre el fuego delante de Jehová, y la nube del incienso cubrirá el propiciatorio que está [a]sobre el testimonio, para que no muera.

14 Tomará luego de la sangre del becerro y la rociará con su dedo hacia el propiciatorio al lado oriental; hacia el propiciatorio esparcirá con su dedo siete veces de aquella sangre.

15 Después degollará el macho cabrío de la ofrenda por el pecado que es por el pueblo, y llevará la sangre de él detrás del velo y hará con la sangre como hizo con la sangre del becerro, y la esparcirá sobre el propiciatorio y delante del propiciatorio.

16 Y hará expiación por el lugar santo a causa de las impurezas de los hijos de Israel y a causa de sus [a]transgresiones, y de todos sus pecados; de la misma manera hará por el tabernáculo de reunión, el cual reside entre ellos en medio de sus impurezas.

17 Y ningún hombre estará en el tabernáculo de reunión cuando él entre a hacer expiación en el lugar santo, hasta que él salga y haya hecho expiación por sí mismo, y por su casa y por toda la congregación de Israel.

18 Y saldrá al altar que está delante de Jehová y hará expiación por él; y tomará de la sangre del becerro y de la sangre del macho cabrío, y la pondrá sobre los [a]cuernos del altar alrededor.

19 Y esparcirá sobre él de la sangre con su dedo siete veces, y lo limpiará y lo santificará de las impurezas de los hijos de Israel.

20 Y cuando haya acabado de expiar el lugar santo, y el tabernáculo de reunión y el altar, hará traer el macho cabrío vivo.

21 Y pondrá Aarón ambas manos sobre la cabeza del macho cabrío vivo y [a]confesará sobre él todas las iniquidades de los hijos de Israel, y todas sus transgresiones y todos sus pecados, [b]poniéndolos así sobre la cabeza del macho cabrío, y lo enviará al desierto por mano de un hombre designado para esto.

22 Y aquel macho cabrío [a]llevará sobre sí todas las [b]iniquidades de ellos a tierra inhabitada, y dejará ir el macho cabrío por el desierto.

23 Después vendrá Aarón al tabernáculo de reunión y se quitará las vestimentas de lino que había vestido para entrar en el lugar santo, y las dejará allí.

24 Lavará luego su cuerpo con agua en un lugar santo, y después de ponerse sus vestidos,

13 *a* *Es decir,* sobre el arca, la cual contenía las planchas de piedra y otras revelaciones escritas.
16 *a* GEE Pecado.
18 *a* Lev. 4:7.
21 *a* GEE Confesar, confesión.
b Lev. 16:7–10.
22 *a* Mos. 14:5–6.
b GEE Jesucristo—Simbolismos o símbolos de Jesucristo.

saldrá y ofrecerá su holocausto y el holocausto del pueblo, y hará expiación por sí mismo y por el pueblo.

25 Y quemará sobre el altar la grasa de la ofrenda por el pecado.

26 Y el que haya llevado el macho cabrío como macho cabrío expiatorio lavará sus vestidos, lavará también con agua su cuerpo y después entrará en el campamento.

27 Y se sacará fuera del campamento el becerro de la ofrenda por el pecado y el macho cabrío de la ofrenda por el pecado, la sangre de los cuales fue llevada al lugar santo para hacer expiación, y quemarán en el fuego su piel, y su carne y su estiércol.

28 Y el que los queme lavará sus vestidos y lavará también su cuerpo con agua, y después entrará en el campamento.

29 Y esto tendréis por estatuto perpetuo: En el mes séptimo, a los diez días del mes, [a]afligiréis vuestras almas y ninguna obra haréis, ni el natural ni el extranjero que peregrina entre vosotros,

30 porque en este día se hará expiación por vosotros para limpiaros; y seréis limpios de todos vuestros pecados delante de Jehová.

31 [a]Día de reposo es para vosotros, y afligiréis vuestras almas; es estatuto perpetuo.

32 Y el [a]sacerdote que él [b]unja y [c]consagre para ser sacerdote en lugar de su padre hará la expiación; y se vestirá con las vestiduras de lino, las vestiduras sagradas.

33 Y hará expiación por el santuario santo y por el tabernáculo de reunión; también hará expiación por el altar, y por los sacerdotes y por todo el pueblo de la congregación.

34 Y esto tendréis como estatuto perpetuo, para hacer expiación los hijos de Israel por todos sus pecados, una vez al año. Y Moisés lo hizo como Jehová le mandó.

CAPÍTULO 17

Los sacrificios han de ofrecerse únicamente a Jehová y en el tabernáculo de reunión — Se prohíbe a Israel hacer sacrificio a demonios — Toda ingestión de sangre es prohibida — Se requiere el derramamiento de sangre para expiación por los pecados.

Y hABLÓ Jehová a Moisés, diciendo:

2 Habla a Aarón, y a sus hijos y a todos los hijos de Israel y diles: Esto es lo que ha mandado Jehová, diciendo:

3 Cualquier hombre de la casa de Israel que degüelle un buey, o un cordero o una cabra, en el campamento o fuera de él,

4 y no lo traiga a la entrada del [a]tabernáculo de reunión para ofrecer ofrenda a Jehová delante del tabernáculo de Jehová, de la sangre será culpado ese hombre.

29 *a* *O sea,* humillaréis.
31 *a* Mos. 13:18–19.
32 *a* Núm. 27:21.
b GEE Unción.
c 2 Ne. 5:26; Mos. 23:17.

17 4 *a* Deut. 12:13–14.

Sangre derramó, y ese hombre
será talado de entre su pueblo,
5 a fin de que traigan los hijos
de Israel sus sacrificios, los que
sacrifican en medio del campo,
para que los traigan a Jehová a la
entrada del tabernáculo de reunión, al sacerdote, y sacrifiquen
ellos [a]sacrificios de ofrendas de
paz a Jehová.
6 Y el sacerdote esparcirá la sangre sobre el altar de Jehová, a la
entrada del tabernáculo de reunión, y quemará la grasa en olor
grato a Jehová.
7 Y nunca más sacrificarán sus
sacrificios a los [a]demonios, tras
de los cuales se han [b]prostituido;
tendrán esto por estatuto perpetuo por sus generaciones.
8 Les dirás también: Cualquier
hombre de la casa de Israel, o de
los extranjeros que peregrinan
entre vosotros, que [a]ofrezca holocausto o sacrificio,
9 y no lo traiga a la entrada del
tabernáculo de reunión para hacerlo a Jehová, tal hombre será
igualmente talado de entre su
pueblo.
10 Y cualquier hombre de la
casa de Israel, o de los extranjeros
que peregrinan entre ellos, que
coma sangre alguna, yo pondré
mi [a]rostro contra esa persona que
coma sangre y la talaré de entre
su pueblo.
11 Porque la [a]vida de la [b]carne
en la sangre está, y yo os la he
dado para hacer expiación sobre
el altar por vuestras almas; por
lo cual, la misma [c]sangre [d]hará
expiación por el alma.
12 Por tanto, he dicho a los hijos de Israel: Ninguna persona
de vosotros comerá sangre, ni el
extranjero que peregrina entre
vosotros comerá sangre.
13 Y cualquier hombre de los hijos de Israel, o de los extranjeros
que peregrinan entre ellos, que
cace un animal o un ave que sea
de comer, derramará su sangre y
la cubrirá con tierra,
14 porque la vida de toda carne
es su sangre; por tanto, he dicho
a los hijos de Israel: No comeréis
la sangre de ninguna carne, porque la vida de toda carne es su
sangre; cualquiera que la coma
será talado.
15 Y cualquier persona que coma
animal encontrado muerto o que
haya sido despedazado por fiera,
tanto de los naturales como de los
extranjeros, lavará sus vestidos y
a sí misma se lavará con agua, y
será impura hasta el atardecer, y
entonces quedará limpia.
16 Y si no los lava ni lava su
cuerpo, llevará su iniquidad.

CAPÍTULO 18

Israel no deberá vivir como los egipcios ni como los cananeos — Se prohíben los matrimonios con parientes muy cercanos y se hacen otras prohibiciones — La conducta homosexual y otras perversiones sexuales son una abominación — La tierra

5 *a* GEE Ofrenda.
7 *a* GEE Idolatría.
b Jer. 3:8–12; Ezeq. 23:37.
8 *a* Moro. 7:5–6; DyC 132:8–10.
10 *a* Ezeq. 14:7–8.
11 *a* Gén. 9:4.
b GEE Carne.
c GEE Sangre.
d GEE Expiación, expiar.

vomita a las naciones que practican
abominaciones sexuales.

Y HABLÓ Jehová a Moisés,
diciendo:
2 Habla a los hijos de Israel
y diles: Yo soy Jehová, vuestro
Dios.
3 No haréis como [a]hacen en la
tierra de Egipto, en la cual mo-
rasteis, ni haréis como hacen en
la tierra de Canaán, a la cual yo
os conduzco. No [b]andaréis en sus
estatutos.
4 Mis [a]decretos pondréis por
obra, y mis [b]estatutos guardaréis,
[c]andando en ellos. Yo, Jehová,
vuestro Dios.
5 Por tanto, mis [a]estatutos y mis
decretos guardaréis, los cuales,
si los cumple el hombre, [b]vivirá
por ellos. Yo Jehová.
6 Ningún hombre se allegue a
ninguna parienta cercana para
descubrir *su* [a]desnudez. Yo
Jehová.
7 La desnudez de tu padre o la
desnudez de tu madre no descubrirás; tu madre es; no descubrirás su desnudez.
8 La desnudez de la esposa de
tu padre no descubrirás; es la
desnudez de tu padre.
9 La desnudez de tu hermana,
hija de tu padre o hija de tu madre, nacida en casa o nacida fuera,
su desnudez no [a]descubrirás.
10 La desnudez de la hija de
tu hijo, o de la hija de tu hija, su
desnudez no descubrirás, porque
es la desnudez tuya.
11 La desnudez de la hija de la
esposa de tu padre, engendrada
de tu padre, tu hermana es; su
desnudez no descubrirás.
12 La desnudez de la hermana
de tu padre no descubrirás; es
parienta de tu padre.
13 La desnudez de la hermana
de tu madre no descubrirás, porque parienta de tu madre es.
14 La desnudez del hermano
de tu padre no descubrirás. No
te llegarás a su esposa; es esposa
del hermano de tu padre.
15 La desnudez de tu nuera no
descubrirás. Esposa es de tu hijo;
no descubrirás su desnudez.
16 La desnudez de la [a]esposa de
tu hermano no descubrirás; es la
desnudez de tu hermano.
17 La desnudez de la mujer y de
su hija no descubrirás, ni tomarás
la hija de su hijo ni la hija de su
hija, para descubrir su desnudez;
son parientas; es maldad.
18 No tomarás esposa juntamente con su hermana, para hacerla su rival, descubriendo su
desnudez delante de ella mientras ésta viva.
19 Y no te llegarás a la [a]mujer
durante su impureza menstrual
para descubrir su desnudez.
20 Además, no tendrás acto carnal con la esposa de tu prójimo,
contaminándote con ella.
21 Y no des de tu descendencia

18 3 *a* GEE Apostasía—Apostasía general.
b Ezeq. 11:20–21.
4 *a* Deut. 4:5–6.
b GEE Ordenanzas.
c GEE Andar, andar con Dios.
5 *a* Ezeq. 33:14–16.
b 3 Ne. 15:9; DyC 84:44.
6 *a* Lev. 20:11–21. GEE Inmoralidad sexual.
9 *a* 2 Sam. 13:11–12.
16 *a* Mateo 14:3–4.
19 *a* Ezeq. 18:6.

para hacerlos pasar *por* [a]*fuego* a Moloc; no [b]profanarás así el [c]nombre de tu Dios. Yo Jehová.

22 [a]No te acostarás con varón como con mujer; es abominación.

23 No tendrás ayuntamiento con ningún animal, contaminándote con él; ni mujer alguna se pondrá delante de animal para ayuntarse con él; es perversión.

24 En ninguna de estas cosas os [a]contaminaréis, pues en todas estas cosas se han contaminado las naciones que yo [b]echo de delante de vosotros,

25 y la tierra fue contaminada; y yo castigué su maldad sobre ella, y la tierra vomitó a sus moradores.

26 [a]Guardad, pues, vosotros mis estatutos y mis decretos, y no hagáis ninguna de todas estas abominaciones, ni el natural ni el extranjero que peregrina entre vosotros,

27 (porque todas estas [a]abominaciones hicieron los hombres de esa tierra que fueron antes de vosotros, y la tierra fue contaminada),

28 no sea que la [a]tierra os vomite, por haberla contaminado, como vomitó a la nación que fue antes de vosotros.

29 Porque cualquiera que hiciere alguna de todas estas abominaciones, las personas que las hicieren serán [a]taladas de entre su pueblo.

30 Guardad, pues, mi [a]ordenanza, y no sigáis las [b]prácticas abominables que tuvieron lugar antes de vosotros, y no os contaminéis con ellas. Yo, Jehová, vuestro Dios.

CAPÍTULO 19

Se manda a Israel: Sed santos, vivid rectamente, amad a vuestro prójimo y guardad los mandamientos — Jehová revela y reitera diversas leyes y mandamientos — Se prohíben las hechicerías, la adivinación, la prostitución y toda práctica inicua.

Y HABLÓ Jehová a Moisés, diciendo:

2 Habla a toda la congregación de los hijos de Israel y diles: [a]Santos seréis, porque santo soy yo, Jehová, vuestro Dios.

3 Cada uno temerá a su madre y a su padre, y mis [a]días de reposo guardaréis. Yo, [b]Jehová, vuestro Dios.

4 No os volveréis a los [a]ídolos ni haréis para vosotros dioses de fundición. Yo, Jehová, vuestro Dios.

5 Y cuando ofrezcáis un [a]sacrificio de ofrendas de paz a Jehová, de vuestra voluntad lo [b]ofreceréis.

21 *a* Deut. 12:31; Jer. 19:5. GEE Idolatría.
b GEE Profanidad.
c Éx. 20:7.
22 *a* GEE Homosexualidad.
24 *a* GEE Virtud.
b Josué 24:8–13.
26 *a* GEE Mandamientos de Dios.
27 *a* GEE Pecado.
28 *a* Deut. 18:9.
29 *a* GEE Excomunión.
30 *a* HEB mandato.
b GEE Tradiciones.
19 2 *a* *O sea,* santos o puros. GEE Santo (adjetivo).
3 *a* DyC 59:9–10.
b GEE Jehová.
4 *a* 2 Ne. 9:37; DyC 1:14–16.
5 *a* GEE Sacrificios.
b Moro. 7:6–8.

6 Será comido el día en que lo ofrezcáis, o al siguiente día; y lo que quede para el tercer día será quemado en el fuego.

7 Y si se come al tercer día, será abominación; no será acepto,

8 y el que lo coma llevará su iniquidad, por cuanto profanó lo santo de Jehová; y tal persona será talada de entre su pueblo.

9 Cuando seguéis la mies de vuestra tierra, no segarás hasta el último rincón de tu campo ni espigarás tu tierra segada.

10 Y no rebuscarás tu viña ni recogerás las uvas caídas de tu viña; para el [a]pobre y para el extranjero las dejarás. Yo, Jehová, vuestro Dios.

11 No [a]hurtaréis, ni [b]engañaréis ni [c]mentiréis a vuestro prójimo.

12 Y no [a]juraréis en [b]falso por mi nombre ni [c]profanarás el nombre de tu Dios. Yo Jehová.

13 No [a]oprimirás a tu prójimo ni *le* robarás. No retendrás el salario del jornalero en tu casa hasta la mañana.

14 [a]No maldecirás al sordo ni delante del ciego pondrás [b]tropiezo, sino que tendrás temor de tu Dios. [c]Yo Jehová.

15 No harás [a]injusticia en el [b]juicio; no [c]favorecerás al pobre ni complacerás al grande; con [d]justicia juzgarás a tu prójimo.

16 No andarás [a]chismeando entre tu pueblo. No atentarás contra la vida de tu prójimo. Yo Jehová.

17 No aborrecerás a tu hermano en tu corazón; ciertamente [a]reprenderás a tu prójimo y no consentirás que él peque.

18 No te vengarás, ni guardarás rencor a los hijos de tu pueblo, sino que [a]amarás a tu prójimo como a ti mismo. Yo Jehová.

19 Mis estatutos guardaréis. A tu ganado [a]no harás ayuntar con animales de otra especie; no sembrarás tu campo con [b]mezcla de semillas, y no te pondrás vestidos con [c]mezcla de dos clases de material.

20 Si un hombre [a]se acuesta con una mujer, y ella es sierva desposada con alguno, y no ha sido rescatada ni le ha sido dada la libertad, ambos serán azotados; no morirán, por cuanto ella no es libre.

21 Y él traerá a Jehová su ofrenda por la culpa a la entrada

10 *a* GEE Pobres; Bienestar.
11 *a* GEE Robar, robo, hurtar, hurto.
b DyC 136:25–26.
c DyC 42:11. GEE Honestidad, honradez; Mentiras.
12 *a* GEE Juramento.
b GEE Honestidad, honradez.
c GEE Profanidad.
13 *a* Deut. 24:14–15.
14 *a* GEE Compasión.
b Rom. 14:13.
c Nótese que esta frase aparece catorce veces como sello de Su autoridad sobre cada uno de estos estatutos.
15 *a* HEB injusticia. Éx. 23:1–3.
b GEE Juicio, juzgar.
c Deut. 1:17; DyC 38:25–27.
d GEE Rectitud, recto.
16 *a* GEE Chismes.
17 *a* *Es decir,* aunque reprendas a tu prójimo y no toleres su pecado, no lo odies. DyC 121:43.
18 *a* GEE Caridad; Amor.
19 *a* Nótese que estas leyes están en armonía con las otras admoniciones de mantener las cosas puras y en su uso apropiado.
b Deut. 22:9.
c Deut. 22:11.
20 *a* GEE Inmoralidad sexual.

del tabernáculo de reunión, un carnero como ofrenda por la culpa.

22 Y con el carnero de la ofrenda por la culpa el sacerdote hará expiación por él delante de Jehová, por el pecado que cometió; y se le [a]perdonará el pecado que ha cometido.

23 Y cuando entréis en la tierra y plantéis toda clase de árboles frutales, consideraréis incircunciso lo primero de su fruto; tres años os será incircunciso; su fruto no se comerá.

24 Y el cuarto año todo su fruto será santo, una ofrenda de alabanza a Jehová.

25 Mas al quinto año comeréis de su fruto, para que os haga crecer su fruto. Yo, Jehová, vuestro Dios.

26 No comeréis cosa alguna con [a]sangre. No seréis [b]agoreros ni [c]adivinos.

27 No cortaréis el cabello de vuestras sienes, ni dañaréis la punta de vuestra barba.

28 Y no haréis [a]sajaduras en vuestro [b]cuerpo por un muerto ni imprimiréis en vosotros señal alguna. Yo Jehová.

29 No contaminarás a tu hija haciendo que se prostituya, para que no se prostituya la tierra y se llene de [a]maldad.

30 Mis [a]días de reposo guardaréis, y mi santuario tendréis en [b]reverencia. Yo Jehová.

31 [a]No os volváis a los [b]encantadores ni a los adivinos; no los consultéis, contaminándoos con ellos. Yo, Jehová, vuestro Dios.

32 Delante de las canas te levantarás y [a]honrarás el rostro del anciano, y de tu Dios tendrás temor. Yo Jehová.

33 Y cuando el extranjero more contigo en vuestra tierra, no le [a]oprimiréis.

34 Como a [a]un natural de vosotros tendréis al [b]extranjero que peregrine entre vosotros; y lo [c]amarás como a ti mismo, porque extranjeros fuisteis en la tierra de Egipto. Yo, Jehová, vuestro Dios.

35 No hagáis injusticia en el juicio, ni en medida de tierra, ni en peso ni en otra medida.

36 Tendréis [a]balanzas justas, pesas justas, un efa justo y un hin justo. Yo, Jehová, vuestro Dios, que os saqué de la tierra de Egipto.

37 Guardad, pues, todos mis estatutos y todos mis decretos, y ponedlos por obra. Yo Jehová.

CAPÍTULO 20

Se prescribe la pena de muerte por sacrificar hijos a Moloc, por

22 *a* GEE Perdonar.
26 *a* GEE Sangre.
b 2 Rey. 21:6.
c Isa. 47:13–14.
28 *a* 1 Rey. 18:28.
b 1 Cor. 3:16–17.
29 *a* HEB obscenidad.
30 *a* GEE Día de reposo.
b GEE Reverencia.
31 *a* HEB No os volváis a la nigromancia ni a la brujería.
b GEE Espíritu—Espíritus inmundos.
32 *a* GEE Familia—Las responsabilidades de los hijos; Honra, honrar (honor).
33 *a* HEB agobiaréis.
34 *a* HEB como a un conciudadano.
b GEE Hermandad.
c Deut. 10:17–19. GEE Amor.
36 *a* Deut. 25:13–16; Amós 8:4–6.

maldecir a padre o a madre, por cometer adulterio, por conducta homosexual, por bestialismo, por espiritismo y por otras abominaciones — Se establecen diversas leyes y ordenanzas.

Y HABLÓ Jehová a Moisés,
diciendo:
2 Dirás asimismo a los hijos de
Israel: Cualquier hombre de los
hijos de Israel o de los extranjeros que peregrinan en Israel que
dé alguno de sus hijos a Moloc,
de seguro morirá; el pueblo de la
tierra lo apedreará.
3 Y yo pondré mi rostro contra
tal hombre, y lo talaré de entre su
pueblo, por cuanto ha dado de
sus hijos a Moloc, contaminando
mi santuario y [a]profanando mi
santo nombre.
4 Y si el pueblo de la tierra cierra sus ojos con respecto a aquel
hombre que haya dado de sus hijos a Moloc para [a]no matarle,
5 entonces yo pondré mi rostro
contra aquel hombre y contra
su familia, y le talaré de entre su
pueblo con todos los que fornicaron en pos de él, prostituyéndose
con Moloc.
6 Y la persona que [a]recurra a
[b]encantadores o [c]adivinos para
prostituirse tras ellos, yo pondré
mi rostro contra tal persona y [d]la
talaré de entre su pueblo.
7 [a]Santificaos, pues, y sed
santos, porque yo, Jehová, soy
vuestro Dios.
8 Y guardad mis estatutos y ponedlos por obra. Yo soy Jehová
que os santifico.
9 Porque todo hombre que maldiga a su [a]padre o a su madre de
cierto morirá; a su padre o a su
madre maldijo; su [b]sangre será
sobre él.
10 Y si un hombre comete adulterio con la esposa de otro, el que
[a]cometa adulterio con la esposa
de su prójimo, indefectiblemente
el adúltero y la [b]adúltera serán
muertos.
11 Y cualquiera que se acueste
con la esposa de su padre, la desnudez de su padre descubrió;
ambos han de ser muertos; su
sangre será sobre ellos.
12 Y cualquiera que duerma con
su nuera, ambos han de morir;
cometieron perversión; su sangre
será sobre ellos.
13 Y cualquiera que se acueste
con otro hombre como uno se
acuesta con una mujer, [a]abomi-
nación hicieron; ambos han de
ser muertos; su sangre será sobre ellos.
14 Y el que tome como esposas a una mujer y a la madre
de ella comete [a]vileza; quemarán en el fuego a él y a ellas
para que no haya vileza entre
vosotros.
15 Y cualquiera que tenga cópula

20 3 *a* GEE Profanidad.
4 *a* Deut. 17:2–5.
6 *a* HEB a magia o hechicería.
b GEE Espíritu—Espíritus inmundos.
c 2 Ne. 18:19.
d GEE Excomunión.
7 *a* DyC 88:74–75. GEE Santificación.
9 *a* Mos. 13:20. GEE Familia—Las responsabilidades de los hijos.
b GEE Responsabilidad, responsable.
10 *a* Mos. 13:22. GEE Adulterio; Inmoralidad sexual.
b Juan 8:3–11.
13 *a* GEE Homosexualidad.
14 *a* *O sea,* obscenidad o acción malvada.

con una bestia ha de ser muerto; y mataréis a la bestia.

16 Y la mujer que se allegue a algún animal para tener ayuntamiento con él, a la mujer y al animal matarás; morirán indefectiblemente; su sangre será sobre ellos.

17 Y cualquiera que tome a su hermana, hija de su padre o hija de su madre, y vea su desnudez, y ella vea la suya, es cosa [a]execrable; por tanto, serán [b]talados de entre los hijos de su pueblo; descubrió la desnudez de su hermana; su pecado llevará.

18 Y cualquiera que duerma con una mujer menstruosa y descubra su desnudez, su fuente descubrió, y ella descubrió la fuente de su sangre; ambos serán talados de entre su pueblo.

19 La desnudez de la hermana de tu madre o de la hermana de tu padre no descubrirás; por cuanto descubrió a su parienta; su iniquidad llevarán.

20 Y cualquiera que duerma con la esposa del hermano de su padre, la desnudez del hermano de su padre descubrió; su pecado llevarán; morirán sin hijos.

21 Y el que tome a la esposa de su hermano es [a]inmundicia; la desnudez de su hermano descubrió; sin hijos serán.

22 Guardad, pues, todos mis estatutos y todos mis decretos, y ponedlos por obra; y [a]no os vomitará la tierra en la cual yo os introduzco para que habitéis en ella.

23 Y no andéis en las prácticas de las [a]naciones que yo echaré de delante de vosotros, porque ellos hicieron todas estas cosas y los tuve en abominación.

24 Pero a vosotros os he dicho: Vosotros poseeréis la tierra de ellos, y yo os la daré para que la poseáis por heredad, tierra que fluye [a]leche y miel. Yo soy Jehová, vuestro Dios, que os he apartado de los pueblos.

25 Por tanto, vosotros debéis distinguir entre animal limpio e inmundo, y entre ave inmunda y limpia; y no hagáis abominables vuestras personas con los animales, ni con las aves ni con ninguna cosa que se arrastra por la tierra, los cuales os [a]he apartado por inmundos.

26 Me seréis, pues, [a]santos, porque yo, Jehová, soy santo y os he [b]apartado de los pueblos para que seáis [c]míos.

27 Y el hombre o la mujer que evoquen [a]espíritus de muertos o que practiquen adivinación serán muertos; los apedrearán; su [b]sangre será sobre ellos.

17 *a* *O sea,* que es algo abominable.
b *Es decir,* serán excomulgados en público.
21 *a* HEB impureza; es decir, repulsivo.
22 *a* 1 Ne. 17:37–38.
23 *a* Deut. 7:1–6.
24 *a* DyC 38:17–20.
25 *a* HEB los que he señalado como impuros para vosotros.
26 *a* GEE Santidad; Santo (adjetivo).
b HEB distinguido de otras naciones. GEE Escoger, escogido; Elegidos.
c 3 Ne. 24:16–18.
27 *a* *Es decir,* que son adivinos o hechiceros que emplean instrumentos de magia negra.
b Jacob 1:17–19.

CAPÍTULO 21

Los sacerdotes deben ser hombres santos — El sumo sacerdote no se casará con viuda, ni con divorciada ni con ramera — Los descendientes de Aarón que tengan defectos físicos no ofrecerán el pan de Dios sobre el altar.

Y Jehová dijo a Moisés: Habla a los sacerdotes, hijos de Aarón, y diles que no se contaminen por un [a]muerto [b]en su pueblo,

2 salvo por su pariente cercano, por su madre, o por su padre, o por su hijo, o por su hija, o por su hermano,

3 o por su hermana virgen, a él cercana, la cual no haya tenido marido; por ella puede contaminarse.

4 No se contaminará, haciéndose impuro, *porque es* jefe entre su pueblo.

5 No se [a]raparán la cabeza, ni se recortarán la punta de la barba ni en el [b]cuerpo se harán incisiones.

6 [a]Santos serán a su Dios y [b]no profanarán el nombre de su Dios, porque ofrecen las ofrendas encendidas para Jehová y el pan de su Dios; por tanto, serán santos.

7 No tomarán como esposa a ramera ni a mujer infame, ni tomarán como esposa a la repudiada por su marido, porque el sacerdote es santo a su Dios.

8 Lo santificarás, por tanto, pues el pan de tu Dios ofrece; santo será para ti, porque santo soy yo Jehová [a]que os santifico.

9 Y la hija del sacerdote, si se profana prostituyéndose, a su padre profana; [a]quemada será al fuego.

10 Y el [a]sumo sacerdote entre sus hermanos, sobre cuya cabeza haya sido derramado el aceite de la unción y que [b]haya sido consagrado para ponerse las vestiduras, no descubrirá su cabeza ni rasgará sus vestidos,

11 ni entrará donde haya alguna persona muerta; ni por su padre ni por su madre se contaminará.

12 No saldrá del [a]santuario ni profanará el santuario de su Dios, porque la [b]consagración del aceite de la [c]unción de su Dios está sobre él. Yo Jehová.

13 Y tomará por esposa a una mujer virgen.

14 Viuda, o repudiada, o mujer infame o ramera, éstas no tomará, sino que tomará por esposa a una virgen de su propio pueblo.

15 Y así no profanará su descendencia entre su pueblo, porque yo, Jehová, soy el que lo santifico.

16 Y Jehová habló a Moisés, diciendo:

---

21 1 *a* Ezeq. 44:23–25.
b *Es decir,* de entre los parientes de Aarón.
5 *a* Ezeq. 44:20.
b DyC 93:35.
6 *a* DyC 38:42.
GEE Santidad.
b GEE Profanidad.
8 *a* GEE Santificación.
9 *a* Gén. 38:24–26.
10 *a* GEE Sacerdocio Aarónico.
b HEB cuya mano está llena; es decir, que está preparado o autorizado.
12 *a* *O sea,* el templo.
b *O sea,* la consagración.
c GEE Unción.

17 Habla a Aarón y dile: Ningún hombre de tu descendencia en todas sus generaciones que tenga defecto se acercará para ofrecer el pan de su Dios.

18 Porque ningún hombre en el cual haya defecto se acercará: ni ciego, ni cojo, ni desfigurado, ni deforme,

19 ni hombre en el cual haya quebradura de pie ni rotura de mano,

20 ni jorobado, ni enano, ni que tenga nube en el ojo, ni que tenga sarna, ni erupción ni testículo dañado;

21 ningún hombre de la descendencia del sacerdote Aarón en el cual haya defecto se acercará para ofrecer las ofrendas encendidas para Jehová. Hay defecto en él; no se acercará a ofrecer el pan de su Dios.

22 Podrá comer del pan de su Dios, de lo muy santo y de las cosas santificadas.

23 Pero no entrará más allá del [a]velo ni se acercará al altar, por cuanto hay defecto en él; así no profanará mis santuarios, porque yo, Jehová, soy el que los santifico.

24 Y Moisés habló esto a Aarón y a sus hijos y a todos los hijos de Israel.

CAPÍTULO 22

Se indica quiénes de los sacerdotes y de sus familias pueden comer de las cosas sagradas — Los animales para el sacrificio deben ser perfectos y sin defecto.

Y HABLÓ Jehová a Moisés, diciendo:

2 Di a Aarón y a sus hijos que se abstengan de las cosas sagradas de los hijos de Israel, y que no profanen mi santo nombre en lo que ellos me [a]consagran. Yo Jehová.

3 Diles: Todo hombre de toda vuestra descendencia en vuestras generaciones que se acerque a las cosas sagradas que los hijos de Israel consagran a Jehová, [a]teniendo impureza sobre sí, será [b]excluido de mi presencia. Yo Jehová.

4 Cualquier hombre de la descendencia de Aarón que sea [a]leproso o que padezca flujo no comerá de las cosas sagradas hasta que esté limpio. Y el que toque cualquier cosa inmunda contaminada por cadáver, o el hombre que haya tenido derramamiento de semen,

5 o el hombre que haya tocado cualquier reptil, por el cual haya quedado impuro, u hombre por el cual venga a ser impuro, conforme a cualquier impureza suya,

6 la persona que toque cualquiera de estas cosas será impura hasta el atardecer, y no comerá de las cosas sagradas excepto que haya lavado su cuerpo con agua.

7 Y cuando el sol se ponga, quedará limpio, y después comerá

23 *a* GEE Velo.
22 2 *a* HEB lo que santifican para mí.
Deut. 15:19, 21.
3 *a* Morm. 9:28–29.
b GEE Muerte espiritual.
4 *a* GEE Lepra.

las cosas sagradas, porque su alimento es.

8 No comerá [a]animal que haya encontrado muerto ni que haya sido despedazado por fieras, para no contaminarse con ello. Yo Jehová.

9 Guarden, pues, mi ordenanza, no sea que lleven pecado por ello y así mueran cuando la profanen. Yo Jehová, que los santifico.

10 Ningún extraño comerá cosa sagrada; ni el huésped del sacerdote ni el jornalero comerá cosa sagrada.

11 Mas [a]cuando el sacerdote compre una persona con su dinero, ésta comerá de ella, así como también el nacido en su casa. Éstos comerán de su alimento.

12 Si la hija del sacerdote se casare con hombre extraño, ella no comerá de la ofrenda de las cosas sagradas.

13 Pero si la hija del sacerdote fuere viuda o repudiada y no tuviere prole y se hubiere vuelto a la casa de su padre, como en su juventud, comerá del alimento de su padre; pero ningún extraño comerá de él.

14 Y el que coma cosa sagrada sin saberlo añadirá a ella una quinta parte y la dará al sacerdote con la cosa sagrada.

15 No profanarán, pues, las cosas santas de los hijos de Israel, las cuales apartan para Jehová,

16 [a]haciéndoles así llevar la iniquidad del pecado al comer las cosas santas de ellos, porque yo, Jehová, soy el que los santifico.

17 Y habló Jehová a Moisés, diciendo:

18 Habla a Aarón, y a sus hijos y a todos los hijos de Israel y diles: Cualquier hombre de la casa de Israel, o de los extranjeros en Israel, que ofrezca su ofrenda en cumplimiento de todos sus votos, o como sus ofrendas voluntarias ofrecidas en holocausto a Jehová,

19 [a]de vuestra voluntad [b]*ofreceréis* macho sin defecto de entre el ganado vacuno, de entre los corderos o de entre las cabras.

20 Ninguna cosa en que haya [a]defecto ofreceréis, porque no os será [b]aceptada.

21 Asimismo, cuando alguno ofrezca sacrificio de ofrendas de paz a Jehová para cumplir un [a]voto, o como ofrenda voluntaria, sea del ganado o del rebaño, debe ser sin defecto para ser aceptado; no habrá en él defecto alguno.

22 [a]Ciego, o perniquebrado, o mutilado, o verrugoso, o sarnoso o tiñoso, no ofreceréis éstos a Jehová ni de ellos pondréis ofrenda encendida sobre el altar de Jehová.

23 Podrás ofrecer como ofrenda voluntaria un novillo o un carnero que tenga de más o de

8 *a* Éx. 22:31.
11 *a* *Es decir,* si el sacerdote compra un sirviente, éste puede participar de la comida sagrada.
16 *a* *Es decir,* para que ellos no carguen la culpa de comer cosas sagradas.
19 *a* HEB posiblemente, para que os sea aceptable.
b GEE Sacrificios.
20 *a* Heb. 9:13–14.
b Mal. 1:13; Moisés 5:21.
21 *a* Ecle. 5:4–5.
22 *a* Mal. 1:8.

menos, pero en pago de voto no será aceptado.

24 No ofreceréis a Jehová animal herido o magullado, rasgado o cortado, ni en vuestra tierra lo haréis.

25 Ni de manos de hijo de extranjero ofreceréis como el alimento de vuestro Dios de tales animales, porque su corrupción está en ellos; hay en ellos defecto; no se os aceptarán.

26 Y habló Jehová a Moisés, diciendo:

27 El becerro, o el cordero o la cabra, cuando nazca, siete días estará mamando de su madre, pero desde el octavo día en adelante será aceptado como ofrenda de sacrificio encendido a Jehová.

28 Y sea vaca u oveja, no degollaréis en el mismo día a ella y a su cría.

29 Y cuando ofrezcáis un sacrificio de [a]acción de gracias a Jehová, de vuestra voluntad lo ofreceréis.

30 En el mismo día se comerá; no dejaréis de él para el otro día. Yo Jehová.

31 Guardad, pues, mis mandamientos y cumplidlos. Yo Jehová.

32 Y no profanaréis mi santo nombre, porque yo he de ser santificado en medio de los hijos de Israel. Yo soy Jehová que os [a]santifico,

33 que os saqué de la tierra de Egipto para ser vuestro Dios. Yo Jehová.

CAPÍTULO 23

Israel debe realizar una santa convocación semanalmente en el día de reposo — Israel debe guardar la Fiesta de la Pascua, la de los Panes sin Levadura, la de Pentecostés o de las Primicias, la de las Trompetas, la del día de la Expiación y la de los Tabernáculos.

Y HABLÓ Jehová a Moisés, diciendo:

2 Habla a los hijos de Israel y diles: Las fiestas solemnes de Jehová, las cuales proclamaréis como santas convocaciones, serán éstas:

3 Seis días se trabajará, pero el séptimo día será [a]día de reposo, santa [b]convocación; ningún trabajo haréis; día de reposo es de Jehová dondequiera que habitéis.

4 Éstas son las fiestas solemnes de Jehová, las convocaciones santas, las cuales proclamaréis en sus fechas señaladas:

5 En el mes primero, a los [a]catorce *días* del mes, al atardecer, [b]Pascua es de Jehová.

6 Y a los quince días de este mes es la fiesta solemne de los panes sin levadura en honor a Jehová; siete días comeréis panes sin levadura.

7 El primer día tendréis santa convocación; ningún trabajo servil haréis.

8 Y durante siete días ofreceréis a Jehová ofrenda encendida; el séptimo día será santa

---

22 29 *a* GEE Acción de gracias, agradecido, agradecimiento.
32 *a* Lev. 20:7–8.

23 3 *a* GEE Día de reposo.
b DyC 59:9–13.
5 *a* Éx. 12:14.
b GEE Pascua.

convocación; ningún trabajo servil haréis.

9 Y habló Jehová a Moisés, diciendo:

10 Habla a los hijos de Israel y diles: Cuando hayáis entrado en la tierra que yo os doy, y seguéis su mies, traeréis al sacerdote una gavilla como primicia de los [a]primeros frutos de vuestra siega;

11 él mecerá la gavilla delante de Jehová para que seáis aceptados; al siguiente día del día de reposo la mecerá el sacerdote.

12 Y el día en que ofrezcáis la gavilla, ofreceréis un [a]cordero de un año, sin defecto, en holocausto a Jehová.

13 Y la ofrenda de grano será de dos décimas de efa de flor de harina amasada con aceite, ofrenda encendida a Jehová en olor grato; y su libación *será* de vino, la cuarta parte de un hin.

14 Y no comeréis pan, ni grano tostado ni espiga fresca hasta ese mismo día, hasta que hayáis ofrecido la ofrenda de vuestro Dios; estatuto perpetuo será por todas vuestras generaciones dondequiera que habitéis.

15 Y contaréis desde el día que sigue al día de reposo, desde el día en que ofrecisteis la gavilla de la ofrenda mecida; [a]siete semanas cumplidas contaréis.

16 Hasta el día que sigue al séptimo día de reposo contaréis [a]cincuenta días; entonces ofreceréis una nueva ofrenda de grano a Jehová.

17 De vuestras habitaciones llevaréis dos [a]panes como ofrenda mecida, que serán de dos décimas de un efa de flor de harina, cocidos con levadura, como primicias a Jehová.

18 Y ofreceréis con el pan siete corderos de un año, sin defecto, y un becerro del ganado y dos carneros; serán holocausto a Jehová, con su ofrenda de grano y sus libaciones; una ofrenda encendida de olor grato a Jehová.

19 Ofreceréis además un macho cabrío como ofrenda por el pecado y dos corderos de un año como sacrificio de las ofrendas de paz.

20 Y el sacerdote los mecerá como ofrenda mecida delante de Jehová, con el pan de las primicias y los dos corderos; serán cosa sagrada a Jehová para el sacerdote.

21 Y proclamaréis en este mismo día que os será una santa convocación. Ningún trabajo servil haréis; estatuto perpetuo será, dondequiera que habitéis, por vuestras generaciones.

22 Y cuando seguéis la mies de vuestra tierra, no segarás hasta el último rincón de tu campo, ni espigarás tu tierra segada; para el [a]pobre y para el extranjero la dejarás. Yo, Jehová, vuestro Dios.

23 Y habló Jehová a Moisés, diciendo:

24 Habla a los hijos de Israel y diles: En el mes séptimo, el

10 *a* GEE Primicias.
12 *a* GEE Pascua.
15 *a* GEE Pentecostés.
16 *a* Hech. 2:1.
17 *a* Neh. 10:37–39.
22 *a* GEE Pobres; Bienestar.

primero del mes, tendréis día de reposo, una conmemoración al [a]son de [b]trompetas y una santa [c]convocación.

25 Ningún trabajo servil haréis; y ofreceréis ofrenda encendida a Jehová.

26 Y habló Jehová a Moisés, diciendo:

27 A los diez días de este mes séptimo será el día de expiación; os será santa convocación, y [a]afligiréis vuestras almas y ofreceréis una ofrenda encendida a Jehová.

28 Ningún trabajo haréis en este mismo día, porque es día de expiación, para hacer expiación por vosotros delante de Jehová vuestro Dios.

29 Porque toda persona que no se aflija en este mismo día será talada de entre su pueblo.

30 Y cualquier persona que haga trabajo alguno en este mismo día, yo destruiré a esa persona de entre su pueblo.

31 Ningún trabajo haréis; estatuto perpetuo será por vuestras generaciones dondequiera que habitéis.

32 Día de reposo será para vosotros, y afligiréis vuestras almas, comenzando a los nueve días del mes por la tarde; de tarde a tarde guardaréis vuestro día de reposo.

33 Y habló Jehová a Moisés, diciendo:

34 Habla a los hijos de Israel y diles: A los quince días del mes [a]séptimo será la [b]fiesta solemne de los [c]tabernáculos en honor a Jehová durante siete días.

35 El primer día habrá santa convocación; ningún trabajo servil haréis.

36 Durante siete días ofreceréis ofrenda encendida a Jehová; el octavo día tendréis santa convocación y ofreceréis ofrenda encendida a Jehová. Es [a]asamblea solemne; ningún trabajo servil haréis.

37 Éstas son las fiestas solemnes de Jehová, que proclamaréis como santas convocaciones, para ofrecer ofrenda encendida a Jehová, holocausto y ofrenda de grano, sacrificio y libaciones, cada cosa en su día,

38 además de los días de reposo de Jehová, y además de vuestros dones, y además de todos vuestros votos y además de todas vuestras ofrendas voluntarias que deis a Jehová.

39 Pero a los quince días del mes séptimo, cuando hayáis recogido el fruto de la tierra, haréis fiesta a Jehová durante siete días; el primer día será día de reposo; también el octavo día será día de reposo.

40 Y tomaréis el primer día frutos de árboles hermosos, ramas de palmeras, y ramas de árboles frondosos y sauces de los arroyos, y os regocijaréis delante de Jehová vuestro Dios durante siete días.

41 Y le haréis fiesta a Jehová

24 *a* *Es decir,* al sonido del cuerno del carnero.
b Núm. 10:10.
c DyC 59:9–13.
GEE Día de reposo.
27 *a* *Es decir,* humillaréis.
34 *a* Ezeq. 45:25.
b Juan 7:2.
c Núm. 29:12; Neh. 8:14–18.
36 *a* DyC 88:70, 117.

durante siete días cada año; será estatuto perpetuo por vuestras generaciones; en el mes séptimo la haréis.

42 En enramadas habitaréis siete días; todo natural de Israel habitará en [a]enramadas,

43 para que sepan vuestros descendientes que en enramadas hice yo habitar a los hijos de Israel cuando los saqué de la tierra de Egipto. Yo, Jehová, vuestro Dios.

44 Así habló Moisés a los hijos de Israel sobre las fiestas solemnes de Jehová.

CAPÍTULO 24

Arderá un fuego perpetuo fuera del velo en el tabernáculo — Apedrean a un blasfemo hasta matarle — La ley de Israel es ojo por ojo y diente por diente.

Y HABLÓ Jehová a Moisés, diciendo:

2 Manda a los hijos de Israel que te traigan para el alumbrado aceite puro de olivas machacadas, para hacer arder las [a]lámparas continuamente.

3 Fuera del velo del testimonio, en el tabernáculo de reunión, las pondrá en orden Aarón desde el anochecer hasta la mañana delante de Jehová continuamente; estatuto perpetuo será por vuestras generaciones.

4 Sobre el [a]candelabro *de oro* puro pondrá siempre en orden las lámparas delante de Jehová.

5 Y tomarás flor de harina y cocerás con ella doce panes; cada pan será de dos décimas de un efa.

6 Y los pondrás en dos hileras, seis en cada hilera, sobre la [a]mesa *de oro* puro delante de Jehová.

7 Pondrás también sobre cada hilera incienso puro, y será para el pan como ofrenda memorial, una ofrenda encendida a Jehová.

8 Cada día de reposo lo pondrá en orden delante de Jehová continuamente, de parte de los hijos de Israel como convenio sempiterno.

9 Y será de Aarón y de sus hijos, los cuales lo [a]comerán en lugar santo, porque es cosa muy santa para él, de las ofrendas encendidas a Jehová, por estatuto perpetuo.

10 El hijo de una mujer israelita, el cual era hijo de un egipcio, salió entre los hijos de Israel; y el hijo de la israelita y un hombre de Israel riñeron en el campamento;

11 y el hijo de la mujer israelita [a]blasfemó el Nombre, y maldijo; entonces le llevaron a Moisés. (Y su madre se llamaba Selomit, hija de Dibri, de la tribu de Dan.)

12 Y lo pusieron en la cárcel, hasta que les fuese declarada la [a]palabra de Jehová.

13 Y Jehová habló a Moisés, diciendo:

14 Saca al blasfemo fuera del campamento, y todos los que le

42 *a* Neh. 8:14–18.
24 2 *a* Éx. 27:20–21; Mateo 25:1–13; Juan 8:12.
4 *a* Éx. 25:31–40.
6 *a* Heb. 9:2.
9 *a* Éx. 29:32–33.
11 *a* GEE Blasfemar, blasfemia.
12 *a* DyC 102:23. GEE Revelación.

oyeron pongan sus manos sobre
la cabeza de él, y apedréelo toda
la congregación.
15 Y a los hijos de Israel hablarás, diciendo: Cualquiera que
maldiga a su Dios llevará su
pecado.
16 Y el que [a]blasfeme el nombre
de Jehová ha de ser muerto; toda
la congregación lo apedreará;
tanto el extranjero como el natural, si blasfema el Nombre, que
muera.
17 Asimismo el hombre que
[a]hiera de muerte a cualquier persona ciertamente [b]morirá.
18 Y el que hiera a algún animal ha de restituirlo, [a]animal por
animal.
19 Y el que cause [a]lesión a su
prójimo, según hizo, así le sea
hecho:
20 rotura por rotura, [a]ojo por
ojo, diente por diente; según la
lesión que le haya hecho a otro,
tal se le hará a él.
21 El que hiera algún animal ha
de restituirlo, mas el que hiera de
muerte a un hombre morirá.
22 Una misma ley tendréis tanto
para el extranjero como para el
natural, porque yo soy Jehová,
vuestro Dios.
23 Y habló Moisés a los hijos de
Israel, y ellos sacaron al blasfemo
fuera del campamento y lo apedrearon. Y los hijos de Israel hicieron según lo que Jehová había
mandado a Moisés.

CAPÍTULO 25

Cada séptimo año debe guardarse como año de reposo — Cada quincuagésimo año será de jubileo en el que se proclamará libertad por toda la tierra — Se revelan leyes para la venta y la redención de tierras, casas y siervos — La tierra es de Jehová, así como también los siervos — Se prohíbe la usura.

Y JEHOVÁ habló a Moisés en el
monte Sinaí, diciendo:
2 Habla a los hijos de Israel y
diles: Cuando hayáis entrado en
la tierra que yo os doy, la tierra
guardará reposo para Jehová.
3 Seis años sembrarás tu tierra, y
seis años podarás tu viña y recogerás sus frutos;
4 pero el séptimo año será de
reposo para la tierra, reposo para
Jehová; no sembrarás tu tierra ni
podarás tu viña.
5 Lo que de suyo nazca en tu
tierra segada no lo segarás, y las
uvas de tu viñedo no vendimiarás; [a]año de reposo será para la
tierra.
6 Mas el reposo de la tierra os
será alimento para ti, y para tu
siervo, y para tu sierva, y para tu
criado y para el extranjero que
more contigo;
7 y para tu animal y para la bestia que esté en tu tierra será todo
el fruto de ella para comer.
8 Y contarás para ti siete semanas

16 *a* GEE Blasfemar, blasfemia.
17 *a* GEE Asesinato.
b GEE Pena de muerte.
18 *a* HEB alma por alma; es decir, vida por vida.
19 *a* HEB defecto; es decir, lo deja lisiado o lo mutila.
20 *a* Mateo 5:38–39.
25 5 *a* HEB de separación; es decir, del tiempo "apartado" como año sabático o de reposo.

de años, siete veces siete años, de
modo que los días de las siete semanas de años vendrán a serte cuarenta y nueve años.

9 Entonces [a]harás tocar fuertemente la trompeta en el mes séptimo a los diez días del mes; el día de la expiación haréis resonar la trompeta por toda vuestra tierra.

10 Y santificaréis el año cincuenta y pregonaréis libertad en la tierra a todos sus moradores; ese año os será de jubileo, y volverá cada uno a su posesión, y cada cual volverá a su [a]familia.

11 El año de los cincuenta años os será de jubileo; no sembraréis, ni segaréis lo que nazca de suyo en la tierra, [a]ni vendimiaréis sus viñedos,

12 porque es jubileo; santo será para vosotros. Del producto de la tierra comeréis.

13 En este año de jubileo volverá cada uno de vosotros a su posesión.

14 Y cuando vendáis algo a vuestro prójimo o compréis de mano de vuestro prójimo, no [a]engañe ninguno a su hermano.

15 Conforme al número de los años después del jubileo, comprarás de tu prójimo; conforme al número de los años de cosecha te la venderá él a ti.

16 Conforme al número de los años aumentarás el precio, y conforme a la disminución de los años disminuirás el precio, porque según el número de las cosechas te la venderá él.

17 Y no [a]engañe ninguno a su prójimo, sino que tendrás temor de tu Dios, porque yo soy Jehová, vuestro Dios.

18 [a]Cumplid, pues, mis estatutos, y guardad mis decretos y ponedlos por obra, y habitaréis seguros en la tierra.

19 Y la tierra dará su fruto, y comeréis hasta que os saciéis y habitaréis en ella con seguridad.

20 Y si decís: ¿Qué comeremos el séptimo año, puesto que no hemos de sembrar ni hemos de recoger nuestras cosechas?

21 Entonces yo os enviaré mi [a]bendición el sexto año, y producirá fruto para tres años.

22 Y sembraréis en el octavo año, y comeréis del fruto añejo; hasta el año noveno, hasta que venga su fruto, comeréis del añejo.

23 Y la tierra no se venderá a perpetuidad, porque la tierra mía es, y vosotros sois peregrinos y extranjeros para conmigo.

24 Por tanto, en toda la tierra de vuestra posesión, otorgaréis el derecho de redimir la tierra.

25 Si tu hermano se empobrece y vende algo de su posesión, vendrá su [a]pariente más cercano y rescatará lo que su hermano haya vendido.

26 Y cuando el hombre no tenga

9 *a* HEB harás sonar el cuerno del carnero.
10 *a* GEE Familia.
11 *a* HEB (el tiempo) de su separación o consagración; la cosecha de las viñas que broten espontáneamente.
14 *a* *Es decir,* no oprima, no agobie. GEE Amor.
17 *a* *Es decir,* no oprima, no agobie. GEE Amor.
18 *a* GEE Obediencia, obediente, obedecer.
21 *a* GEE Bendecido, bendecir, bendición.
25 *a* Rut 4:4.

rescatador, pero consiga lo suficiente para el rescate,

27 entonces contará los años desde su venta y pagará lo que quede al hombre a quien la haya vendido, y volverá a su posesión.

28 Mas si no consigue lo suficiente para rescatarla, lo que vendió estará en poder del que lo compró hasta el año del jubileo; y en el jubileo quedará libre, y él [a]volverá a su posesión.

29 Y el hombre que venda una casa de habitación en ciudad amurallada tendrá facultad de redimirla hasta cumplirse un año de su venta; un año será el término de poderse redimir.

30 Y si no es redimida dentro de ese año entero, la casa que esté en la ciudad amurallada quedará para siempre en poder de aquel que la compró *y* de sus descendientes; no quedará libre en el jubileo.

31 Mas las casas de las aldeas que no tienen muro alrededor serán consideradas como terrenos del campo; podrán ser redimidas y quedarán libres en el jubileo.

32 Pero en cuanto a las ciudades de los levitas, éstos siempre podrán redimir las casas de las ciudades de su propiedad.

33 Y el que compre casa a los levitas saldrá de la casa vendida, o de la ciudad de su posesión, en el jubileo, por cuanto las casas de las ciudades de los levitas son la posesión de ellos entre los hijos de Israel.

34 Pero los [a]campos alrededor de sus ciudades no se venderán, porque son posesión perpetua de ellos.

35 Y cuando tu hermano se empobrezca y se acoja a ti, tú lo ampararás como peregrino y extranjero, y vivirá contigo.

36 No tomarás de él usura ni ganancia, sino que tendrás temor de tu Dios, y tu hermano vivirá contigo.

37 No le darás tu [a]dinero a usura ni tus víveres a ganancia.

38 Yo soy Jehová, vuestro Dios, que os saqué de la tierra de Egipto para daros la tierra de Canaán y para ser vuestro Dios.

39 Y cuando tu hermano se empobrezca estando contigo, y se [a]venda a ti, no le harás servir como esclavo.

40 Como criado, como extranjero estará contigo; hasta el año del jubileo te servirá.

41 Entonces saldrá libre de ti, él y sus hijos con él, y volverá a su familia y regresará a la posesión de sus padres.

42 Porque son mis siervos, los cuales saqué yo de la tierra de Egipto; no serán vendidos a manera de esclavos.

43 No te enseñorearás de él con dureza, sino que [a]tendrás temor de tu Dios.

44 Tanto los esclavos como las esclavas que tengas serán de [a]las naciones que están a vuestro alrededor; a ellos podréis comprar esclavos y esclavas.

45 También podréis comprar

28 *a* Lev. 27:22–24.
34 *a* Núm. 35:2–8; 2 Cró. 11:14.
37 *a* GEE Deuda.
39 *a* Deut. 15:12–18.
43 *a* GEE Temor—Temor de Dios.
44 *a* HEB naciones, gentiles.

de los hijos de entre los forasteros que viven entre vosotros, y de entre los de las familias de ellos que han nacido en vuestra tierra, que están con vosotros, los cuales podrán ser de vuestra posesión.

46 Y los podréis dejar en herencia a vuestros hijos después de vosotros, como posesión hereditaria; para siempre os serviréis de ellos; pero en cuanto a vuestros hermanos, los hijos de Israel, no os enseñorearéis unos de otros con dureza.

47 Y si el peregrino o extranjero que está contigo adquiere medios, y tu hermano que está con él empobrece y se vende al peregrino, o al extranjero que está contigo o a alguno de la familia del extranjero,

48 después que se haya vendido, podrá ser rescatado; uno de sus hermanos lo rescatará;

49 o su tío, o el hijo de su tío lo rescatará, o un pariente cercano de su familia lo rescatará; o si sus medios alcanzan, él mismo se redimirá.

50 Y hará la cuenta con el que lo compró, desde el año en que se vendió a él hasta el año del jubileo; y el precio de su venta se determinará conforme al número de los años, y se hará la cuenta con él conforme al tiempo de un criado asalariado.

51 Si aún faltan muchos años, conforme a ellos devolverá para su rescate parte del dinero por el cual se vendió.

52 Y si queda poco tiempo hasta el año del jubileo, entonces hará la cuenta con él y devolverá su rescate conforme a esos años.

53 Lo tratará como a uno tomado a salario anualmente; no se enseñoreará de él con aspereza delante de tus ojos.

54 Mas si no se redime en esos *años*, en el año del jubileo saldrá libre, él y sus hijos con él.

55 Porque los hijos de Israel son mis [a]siervos; son siervos míos, a los que saqué de la tierra de Egipto. Yo, Jehová, vuestro Dios.

CAPÍTULO 26

Si el pueblo guarda los mandamientos, bendiciones temporales y espirituales abundarán en Israel — Si desobedecen a Jehová, habrá maldiciones, azotes y desolación — Cuando su pueblo se arrepienta, Jehová les mostrará misericordia.

No haréis para vosotros [a]ídolos, ni escultura, ni os levantaréis estatua, ni pondréis en vuestra tierra piedra grabada para inclinaros ante ella, porque yo soy Jehová, vuestro Dios.

2 Guardad mis días de reposo y tened en [a]reverencia mi santuario. Yo Jehová.

3 Si [a]andáis en mis estatutos y

55 *a* 1 Ne. 21:3; DyC 93:46. GEE Servicio.

26 1 *a* GEE Idolatría.
2 *a* GEE Reverencia.

3 *a* GEE Andar, andar con Dios.

[b]guardáis mis mandamientos, y
los ponéis por obra,
4 yo os [a]daré la lluvia en su tiempo,
y la tierra rendirá sus productos, y el
árbol del campo dará su fruto;
5 y la trilla os durará hasta la
vendimia, y la vendimia durará
hasta la siembra, y comeréis vuestro pan hasta saciaros y habitaréis
seguros en vuestra tierra.
6 Y yo daré paz en la tierra, y
dormiréis, y no habrá quien os
espante; y quitaré las malas bestias de vuestra tierra, y no pasará
por vuestro país la espada.
7 Y perseguiréis a vuestros [a]enemigos y caerán a espada delante
de vosotros.
8 Y cinco de vosotros perseguirán a cien, y cien de vosotros perseguirán a diez mil, y vuestros
enemigos caerán a espada delante
de vosotros.
9 Porque yo me volveré a vosotros y os haré crecer y os multiplicaré, y afirmaré mi convenio
con vosotros.
10 Y comeréis lo añejo de mucho
tiempo y sacaréis fuera lo añejo
para guardar lo nuevo.
11 Y pondré mi morada en medio de vosotros, y mi alma no os
abominará.
12 Y andaré entre vosotros y yo
seré vuestro [a]Dios, y vosotros seréis mi [b]pueblo.
13 Yo soy Jehová, vuestro Dios,
que os saqué de la tierra de Egipto
para que no fueseis sus esclavos;
y rompí las coyundas de vuestro
[a]yugo, y os he hecho andar con
el rostro erguido.
14 Pero si no me [a]escucháis ni cumplís todos estos mandamientos,
15 y si despreciáis mis estatutos,
y vuestra alma menosprecia mis
decretos, y no cumplís todos mis
mandamientos y [a]quebrantáis así
mi convenio,
16 yo también [a]haré con vosotros esto: enviaré sobre vosotros terror, [b]tisis y fiebre que
consuman los ojos y atormenten
el alma; y sembraréis en vano
vuestra semilla, porque vuestros
enemigos la comerán.
17 Y pondré mi rostro contra
vosotros, y seréis heridos delante
de vuestros enemigos; y los que
os aborrecen [a]se enseñorearán de
vosotros, y [b]huiréis sin que haya
quien os persiga.
18 Y si aun con estas cosas no
me escucháis, yo volveré a castigaros siete veces más por vuestros pecados.
19 Y quebrantaré la [a]soberbia de
vuestra fortaleza y haré vuestro
cielo como hierro y vuestra tierra
como bronce.
20 Y vuestra fuerza se consumirá en vano, porque vuestra
tierra no dará su producto, y los
árboles de la tierra no darán su
fruto.
21 Y si andáis en [a]contra de

3 *b* 2 Ne. 1:20. GEE Mandamientos de Dios.
4 *a* GEE Bendecido, bendecir, bendición.
7 *a* 2 Ne. 4:27–34.
12 *a* Ezeq. 34:30–31.
b 3 Ne. 20:18–21; DyC 29:2.
13 *a* GEE Yugo.
14 *a* DyC 101:7. GEE Escuchar.
15 *a* GEE Apostasía.
16 *a* Mos. 7:29; Hel. 12:2–5; DyC 43:25. GEE Maldecir, maldiciones.
b Deut. 28:22.
17 *a* DyC 103:8.
b Prov. 28:1.
19 *a* GEE Orgullo.
21 *a* GEE Rebelión.

mí y no queréis escucharme, yo añadiré sobre vosotros siete veces más plagas según vuestros pecados.

22 Enviaré también contra vosotros fieras salvajes que os arrebaten los hijos, y destruyan vuestro ganado y os reduzcan en número, y vuestros caminos queden desiertos.

23 Y si con estas cosas no os corregís, sino que andáis en contra de mí,

24 yo también andaré en contra de vosotros y os heriré aún siete veces por vuestros pecados.

25 Y traeré sobre vosotros espada vengadora, [a]en vindicación del convenio; y si os refugiáis en vuestras ciudades, yo enviaré pestilencia entre vosotros, y seréis entregados en manos del [b]enemigo.

26 Cuando yo os [a]quebrante el sustento del pan, cocerán diez mujeres vuestro pan en un horno, y os devolverán vuestro pan por peso; y comeréis y no os [b]saciaréis.

27 Y si con esto no me escucháis, sino que andáis en contra de mí,

28 yo andaré contra vosotros con ira y [a]os castigaré aún siete veces por vuestros pecados.

29 Y [a]comeréis la [b]carne de vuestros hijos y comeréis la carne de vuestras hijas.

30 Y destruiré vuestros [a]lugares altos y derribaré vuestras imágenes, y pondré vuestros cuerpos muertos sobre los cuerpos muertos de vuestros ídolos, y mi alma os abominará.

31 Y dejaré desiertas vuestras ciudades, y asolaré vuestros santuarios y [a]no oleré la fragancia de vuestro suave perfume.

32 Yo asolaré también la [a]tierra, y se pasmarán por ello vuestros enemigos que en ella moren;

33 y a vosotros os [a]esparciré entre las naciones, y desenvainaré la espada en pos de vosotros; y vuestra tierra quedará asolada, y desoladas vuestras ciudades.

34 Entonces la tierra [a]disfrutará de sus días de reposo todos los días que esté asolada, mientras vosotros estéis en la tierra de vuestros enemigos; la tierra descansará entonces y disfrutará de sus días de reposo.

35 Todo el tiempo que esté asolada tendrá el descanso del que no disfrutó en vuestros días de reposo mientras habitabais en ella.

36 Y a los que queden de vosotros, les infundiré en sus corazones tal cobardía en la tierra de sus enemigos que el sonido de una hoja que se mueva los perseguirá, y huirán como se huye ante la espada y caerán sin que nadie los persiga.

37 Y tropezarán los unos con los otros como si huyeran delante de

25 *a* HEB ejecución de la violación del convenio.
b Ezeq. 39:23–24.
26 *a* Ezeq. 14:13.
b Miq. 6:14.
28 *a* GEE Castigar, castigo.
29 *a* Jer. 19:9.
b Moro. 9:8.
30 *a* Jue. 6:25; 2 Rey. 18:4.
31 *a* *Es decir,* no aceptaré vuestros holocaustos.
32 *a* Isa. 3:8.
33 *a* GEE Israel—El esparcimiento de Israel.
34 *a* Éx. 23:10–11.

la espada aunque nadie los persiga; y no podréis resistir frente a vuestros enemigos.

38 Y pereceréis entre las naciones, y la tierra de vuestros [a]enemigos os consumirá.

39 Y los que queden de vosotros se pudrirán en las tierras de vuestros enemigos por su iniquidad; y también por la iniquidad de sus padres se pudrirán con ellos.

40 Si [a]confiesan su iniquidad y la iniquidad de sus padres, por su transgresión con que transgredieron contra mí, y también porque anduvieron en contra de mí,

41 yo también habré andado en contra de ellos y los habré llevado a la tierra de sus enemigos; y si entonces se [a]humilla su corazón incircunciso y aceptan el [b]castigo de su pecado,

42 entonces yo me acordaré de mi [a]convenio con Jacob, y asimismo de mi [b]convenio con Isaac y también de mi convenio con [c]Abraham me acordaré; y haré memoria de la tierra.

43 Porque la tierra será abandonada por ellos y disfrutará de sus días de reposo, estando yerma a causa de ellos; entretanto, se someterán al castigo de sus iniquidades, por cuanto menospreciaron mis decretos y el alma de ellos aborreció mis estatutos.

44 Y aun con todo esto, estando ellos en tierra de sus enemigos, yo no los desecharé ni los abominaré para consumirlos, invalidando mi [a]convenio con ellos, porque yo, Jehová, soy su Dios.

45 Antes me acordaré de ellos por el convenio antiguo, cuando los saqué de la tierra de Egipto a los ojos de las naciones para ser su Dios. Yo Jehová.

46 Éstos son los estatutos, decretos y leyes que estableció Jehová entre él y los hijos de Israel en el monte Sinaí [a]por medio de Moisés.

CAPÍTULO 27

Se explica cómo se consagran los bienes a Jehová — Se manda a Israel que pague diezmos de sus cosechas, rebaños y ganados.

Y HABLÓ Jehová a Moisés, diciendo:

2 Habla a los hijos de Israel y diles: Cuando alguien haga voto especial a Jehová, según la valoración de las personas que se hayan de redimir, así será tu valoración:

3 En cuanto al hombre de veinte años hasta sesenta, tu valoración será de cincuenta siclos de plata, según el siclo del santuario.

4 Y si es mujer, la valoración será de treinta siclos.

5 Y si es de cinco años hasta veinte, tu valoración será respecto al hombre de veinte siclos, y a la mujer, de diez siclos.

38 *a* Sal. 106:34–43.
40 *a* GEE Confesar, confesión.
41 *a* GEE Corazón quebrantado.
b GEE Castigar, castigo.
42 *a* Gén. 28:10–15.
b Gén. 26:2–5.
c HEB *berit:* convenio, pacto, alianza.
GEE Abraham, Convenio de.
44 *a* GEE Convenio (pacto).
46 *a* DyC 84:23–27.

6 Y si es de un mes hasta cinco años, tu valoración con respecto al hombre será de cinco siclos de plata, y a la mujer será tu valoración de tres siclos de plata.

7 Pero si es de sesenta años o más, por el hombre tu valoración será de quince siclos, y por la mujer, de diez siclos.

8 Pero si es más pobre que tu valoración, entonces comparecerá ante el sacerdote, y el sacerdote le pondrá tasa; conforme a la posibilidad del votante, el sacerdote le pondrá tasa.

9 Y si es animal de los que se ofrecen como ofrenda a Jehová, todo lo que de él se dé a Jehová será santo.

10 No será cambiado ni trocado, bueno por malo, ni malo por bueno; y si se cambia un animal por otro, él y el dado en cambio de él serán sagrados.

11 Y si es algún animal inmundo, de los que no se ofrecen como ofrenda a Jehová, entonces el animal será puesto delante del sacerdote,

12 y el sacerdote lo valorará, sea bueno o sea malo, conforme a la valoración que tú, el sacerdote, hagas, así será.

13 Y si lo quiere redimir, añadirá la quinta parte a tu valuación.

14 Y cuando alguien dedique su casa, consagrándola a Jehová, la valorará el sacerdote, sea buena o sea mala; según la valore el sacerdote, así quedará.

15 Pero si el que haya consagrado su casa quiere redimirla, añadirá a tu valuación la quinta parte del valor de ella, y será suya.

16 Y si alguien consagra de la tierra de su posesión a Jehová, entonces tu valoración será conforme a su siembra; un [a]homer de semilla de cebada se valorará en cincuenta siclos de plata.

17 Y si consagra su tierra desde el año del jubileo, conforme a tu valoración quedará.

18 Pero si después del jubileo consagra su tierra, entonces el sacerdote hará la cuenta del dinero conforme a los años que queden hasta el año del jubileo, y se rebajará de tu valoración.

19 Y si el que consagró la tierra quiere redimirla, añadirá a tu valoración la quinta parte del valor de ella, y volverá a ser suya.

20 Pero si él no redime la tierra, y la tierra se vende a otro, no la redimirá más;

21 sino que cuando quede libre en el jubileo, la tierra será santa para Jehová, como tierra [a]consagrada; la posesión de ella será del sacerdote.

22 Y si alguien consagra a Jehová la tierra que él compró, que no era de la tierra de su herencia,

23 entonces el sacerdote calculará con él la suma de tu valoración hasta el año del jubileo, y aquel día dará tu precio señalado como cosa consagrada a Jehová.

24 En el año del jubileo [a]volverá la tierra a aquél a quien él la compró, del que es la herencia de la tierra.

27 16 *a* Ezeq. 45:10–11. 21 *a* Núm. 18:11–14. 24 *a* Lev. 25:28.

25 Y todo lo que valores será conforme al [a]siclo del santuario; el siclo tiene veinte [b]geras.

26 Pero el [a]primogénito de los animales, que por la primogenitura es de Jehová, nadie lo consagrará; sea buey u oveja, de Jehová es.

27 Pero si es de los animales inmundos, lo redimirán conforme a tu valoración y añadirán sobre ella la quinta parte de su valor; y si no lo redimen, se venderá conforme a tu valoración.

28 Pero no [a]se venderá ni se redimirá ninguna cosa consagrada que alguien haya dedicado a Jehová de todo lo que tenga, de hombres, y de animales y de las tierras de su posesión, todo lo consagrado será cosa santísima para Jehová.

29 Nada consagrado que haya sido así consagrado por los hombres podrá ser redimido; indefectiblemente ha de ser muerto.

30 Y todo el [a]diezmo de la tierra, tanto de la semilla de la tierra como del fruto de los árboles, es de Jehová; es cosa consagrada a Jehová.

31 Y si alguno quiere redimir algo de su diezmo, le añadirá la quinta parte.

32 Y todo diezmo de vacas o de ovejas, de todo lo que [a]pasa bajo la vara, la décima cabeza será consagrada a Jehová.

33 No mirará si es bueno o malo, ni lo cambiará por otro; y si lo cambia, él y su sustituto serán cosas sagradas; no se redimirán.

34 Éstos son los mandamientos que ordenó Jehová a Moisés para los hijos de Israel en el monte Sinaí.

CUARTO LIBRO DE MOISÉS

LLAMADO

NÚMEROS

CAPÍTULO 1

Moisés y los príncipes de Israel cuentan a todos los varones de cada tribu mayores de veinte años de edad (excepto los de la tribu de Leví) — Éstos suman seiscientos tres mil quinientos cincuenta — Se asigna a los levitas atender el tabernáculo.

1 Y [a]HABLÓ Jehová a Moisés en el [b]desierto de Sinaí, en el tabernáculo de reunión, en el día primero del mes segundo, en el

25 *a* Éx. 30:13.
b Cada gera equivalía a aprox. 0,55 gramos.
26 *a* GEE Primogénito.
28 *a* Ezeq. 48:14.
30 *a* GEE Diezmar, diezmo.
32 *a* *Es decir,* de lo que sea contado en el rebaño.

[NÚMEROS]
1 1 *a* Éx. 25:22. GEE Moisés; Pentateuco, el.
b Las lecciones de este período de ambular por el desierto se revisan en Sal. 105 y 106 y en Heb. 3:7–19. DyC 84:19–25.

segundo año de su salida de la tierra de Egipto, diciendo:

2 Haced un [a]censo de toda la congregación de los hijos de Israel por sus [b]familias, por las casas de sus padres, con la cuenta de los nombres por [c]cabeza, todos los varones uno por uno.

3 De veinte años arriba, todos los que pueden salir a la guerra en Israel los contaréis tú y Aarón por sus ejércitos.

4 Y estará con vosotros un hombre de cada tribu, cada uno [a]cabeza de la casa de sus padres.

5 Y éstos son los nombres de los hombres que estarán con vosotros: De la tribu de Rubén, Elisur hijo de Sedeur.

6 De Simeón, Selumiel hijo de Zurisadai.

7 De Judá, [a]Naasón hijo de Aminadab.

8 De Isacar, Natanael hijo de Zuar.

9 De Zabulón, Eliab hijo de Helón.

10 De los hijos de José: de Efraín, Elisama hijo de Amiud; de Manasés, Gamaliel hijo de Pedasur.

11 De Benjamín, Abidán hijo de Gedeoni.

12 De Dan, Ahiezer hijo de Amisadai.

13 De Aser, Pagiel hijo de Ocrán.

14 De Gad, Eliasaf hijo de Deuel.

15 De Neftalí, Ahira hijo de Enán.

16 Éstos fueron los nombrados de la congregación, príncipes de las tribus de sus padres, capitanes de los millares de Israel.

17 Tomaron, pues, Moisés y Aarón a estos hombres que fueron designados por sus nombres,

18 y juntaron a toda la congregación en el día primero del mes segundo, y fueron registrados por sus [a]linajes, por las casas de sus padres, según la cuenta de los nombres por cabeza, de veinte años arriba,

19 como Jehová lo había mandado a Moisés; y los contó en el desierto de Sinaí.

20 Y los hijos de [a]Rubén, primogénito de Israel, por sus generaciones, por sus familias, por las casas de sus padres, conforme a la cuenta de los nombres por cabeza, todos los varones de veinte años arriba, todos los que podían salir a la guerra,

21 los contados de ellos, de la tribu de Rubén, fueron cuarenta y seis mil quinientos.

22 De los hijos de [a]Simeón, por sus generaciones, por sus familias, por las casas de sus padres, los contados de ellos conforme a la cuenta de los nombres por cabeza, todos los varones de veinte años arriba, todos los que podían salir a la guerra,

23 los contados de ellos, de la tribu de Simeón, fueron cincuenta y nueve mil trescientos.

24 De los hijos de [a]Gad, por sus generaciones, por sus familias, por las casas de sus padres,

2 *a* GEE Números.
b GEE Familia.
c *O sea,* individualmente.
4 *a* Núm. 7:2.
7 *a* Mateo 1:4.
18 *a* DyC 128:24.
20 *a* GEE Rubén.
22 *a* GEE Simeón.
24 *a* GEE Gad, hijo de Jacob.

conforme a la cuenta de los nombres, de veinte años arriba, todos
los que podían salir a la guerra,
25 los contados de ellos, de la
tribu de Gad, fueron cuarenta y
cinco mil seiscientos cincuenta.
26 De los hijos de [a]Judá, por sus
generaciones, por sus familias,
por las casas de sus padres, conforme a la cuenta de los nombres,
de veinte años arriba, todos los
que podían salir a la guerra,
27 los contados de ellos, de la
tribu de Judá, fueron setenta y
cuatro mil seiscientos.
28 De los hijos de [a]Isacar, por
sus generaciones, por sus familias, por las casas de sus padres,
conforme a la cuenta de los nombres, de veinte años arriba, todos
los que podían salir a la guerra,
29 los contados de ellos, de la
tribu de Isacar, fueron cincuenta
y cuatro mil cuatrocientos.
30 De los hijos de [a]Zabulón, por
sus generaciones, por sus familias, por las casas de sus padres,
conforme a la cuenta de los nombres, de veinte años arriba, todos
los que podían salir a la guerra,
31 los contados de ellos, de la
tribu de Zabulón, fueron cincuenta
y siete mil cuatrocientos.
32 De los hijos de [a]José: de los
hijos de [b]Efraín, por sus generaciones, por sus familias, por las
casas de sus padres, conforme a la
cuenta de los nombres, de veinte
años arriba, todos los que podían
salir a la guerra,
33 los contados de ellos, de la
tribu de Efraín, fueron cuarenta
mil quinientos.
34 De los hijos de [a]Manasés, por
sus generaciones, por sus familias, por las casas de sus padres,
conforme a la cuenta de los nombres, de veinte años arriba, todos
los que podían salir a la guerra,
35 los contados de ellos, de la
tribu de Manasés, fueron treinta
y dos mil doscientos.
36 De los hijos de [a]Benjamín,
por sus generaciones, por sus
familias, por las casas de sus padres, conforme a la cuenta de los
nombres, de veinte años arriba,
todos los que podían salir a la
guerra,
37 los contados de ellos, de la
tribu de Benjamín, fueron treinta
y cinco mil cuatrocientos.
38 De los hijos de [a]Dan, por sus
generaciones, por sus familias,
por las casas de sus padres, conforme a la cuenta de los nombres,
de veinte años arriba, todos los
que podían salir a la guerra,
39 los contados de ellos, de la
tribu de Dan, fueron sesenta y
dos mil setecientos.
40 De los hijos de [a]Aser, por sus
generaciones, por sus familias,
por las casas de sus padres, conforme a la cuenta de los nombres,
de veinte años arriba, todos los
que podían salir a la guerra,
41 los contados de ellos, de la
tribu de Aser, fueron cuarenta y
un mil quinientos.
42 De los hijos de [a]Neftalí,
por sus generaciones, por sus

26 *a* GEE Judá.
28 *a* GEE Isacar.
30 *a* GEE Zabulón.
32 *a* GEE José, hijo de Jacob.
b GEE Efraín.
34 *a* GEE Manasés.
36 *a* GEE Benjamín, hijo de Jacob.
38 *a* GEE Dan.
40 *a* GEE Aser.
42 *a* GEE Neftalí.

familias, por las casas de sus padres, conforme a la cuenta de los nombres, de veinte años arriba, todos los que podían salir a la guerra,
43 los contados de ellos, de la tribu de Neftalí, fueron cincuenta y tres mil cuatrocientos.
44 Éstos fueron los contados, los cuales contaron Moisés y Aarón, con los príncipes de Israel, que eran [a]doce, uno por cada casa de sus padres.
45 Y todos los contados de los hijos de Israel por las casas de sus padres, de veinte años arriba, todos los que podían salir a la guerra en Israel,
46 fueron todos los contados seiscientos tres mil quinientos cincuenta.
47 Pero los levitas no fueron contados entre ellos según la tribu de sus padres,
48 porque habló Jehová a Moisés, diciendo:
49 Solamente no contarás a la tribu de [a]Leví, ni tomarás la cuenta de ellos entre los hijos de Israel,
50 sino que tú pondrás a los [a]levitas en el [b]tabernáculo del testimonio, y sobre todos sus utensilios y sobre todas las cosas que le pertenecen. Ellos llevarán el tabernáculo y todos sus utensilios, y servirán en él y acamparán alrededor del tabernáculo.
51 Y cuando haya que trasladar el tabernáculo, los levitas lo desarmarán; y cuando haya que armar el tabernáculo, los levitas lo armarán; y el [a]extraño que se acerque [b]morirá.
52 Y los hijos de Israel acamparán cada uno en su campamento, y cada uno junto a su bandera, por sus ejércitos;
53 pero los levitas acamparán alrededor del tabernáculo del testimonio, y así no habrá ira sobre la congregación de los hijos de Israel; y los levitas tendrán la guarda del tabernáculo de reunión.
54 E hicieron los hijos de Israel conforme a todas las cosas que mandó Jehová a Moisés; así lo hicieron.

CAPÍTULO 2

Se establecen el orden y los líderes de las tribus y de los ejércitos de Israel en sus tiendas.

Y HABLÓ Jehová a Moisés y a Aarón, diciendo:
2 Los hijos de Israel acamparán, cada uno junto a su bandera, según las insignias de las casas de sus padres; [a]alrededor del tabernáculo de reunión acamparán.
3 Éstos acamparán al oriente, hacia la salida del sol: la bandera del campamento de Judá, por sus ejércitos; y el jefe de los

44 *a* GEE Israel—Las doce tribus de Israel.
49 *a* GEE Leví.
50 *a* Éx. 38:21.
b Núm. 3:6–8; 1 Cró. 23:27–32. GEE Tabernáculo.
51 *a* *Es decir,* persona no autorizada.
b 1 Sam. 6:19–20; 2 Sam. 6:6–7; DyC 85:8.
2 2 *a* *O sea,* alrededor del tabernáculo de reunión, mirando hacia el mismo.

hijos de Judá, Naasón hijo de Aminadab,

4 y su ejército, con los contados de ellos, setenta y cuatro mil seiscientos.

5 Junto a él acamparán los de la tribu de Isacar; y el jefe de los hijos de Isacar, Natanael hijo de Zuar,

6 y su ejército, con sus contados, cincuenta y cuatro mil cuatrocientos.

7 Y la tribu de Zabulón; y el jefe de los hijos de Zabulón, Eliab hijo de Helón,

8 y su ejército, con sus contados, cincuenta y siete mil cuatrocientos.

9 Todos los contados en el campamento de Judá, ciento ochenta y seis mil cuatrocientos, por sus ejércitos, irán delante.

10 La bandera del campamento de Rubén estará al sur, por sus ejércitos; y el jefe de los hijos de Rubén, Elisur hijo de Sedeur,

11 y su ejército, con sus contados, cuarenta y seis mil quinientos.

12 Y acamparán junto a él los de la tribu de Simeón; y el jefe de los hijos de Simeón, Selumiel hijo de Zurisadai,

13 y su ejército, con los contados de ellos, cincuenta y nueve mil trescientos.

14 Y la tribu de Gad; y el jefe de los hijos de Gad, Eliasaf hijo de [a]Reuel,

15 y su ejército, con los contados de ellos, cuarenta y cinco mil seiscientos cincuenta.

16 Todos los contados en el campamento de Rubén, ciento cincuenta y un mil cuatrocientos cincuenta, por sus ejércitos, irán en segundo lugar.

17 Luego irá el tabernáculo de reunión, con el campamento de los levitas en medio de los campamentos. De la manera en que asientan el campamento, así caminarán, cada uno en su lugar, junto a su bandera.

18 La bandera del campamento de Efraín por sus ejércitos, al occidente; y el jefe de los hijos de Efraín, Elisama hijo de Amiud,

19 y su ejército, con los contados de ellos, cuarenta mil quinientos.

20 Junto a él estará la tribu de Manasés; y el jefe de los hijos de Manasés, Gamaliel hijo de Pedasur,

21 y su ejército, con los contados de ellos, treinta y dos mil doscientos.

22 Y la tribu de Benjamín; y el jefe de los hijos de Benjamín, Abidán hijo de Gedeoni,

23 y su ejército, con los contados de ellos, treinta y cinco mil cuatrocientos.

24 Todos los contados en el campamento de Efraín, ciento ocho mil cien, por sus ejércitos, irán en tercer lugar.

25 La bandera del campamento de Dan estará al norte, por sus ejércitos; y el jefe de los hijos de Dan, Ahiezer hijo de Amisadai,

26 y su ejército, con los contados de ellos, sesenta y dos mil setecientos.

---

14 *a* Deuel en Núm. 1:14; 7:42, 47; 10:20. En el alfabeto hebreo, la "r" y la "d" tienen un gran parecido.

27 Junto a él acamparán los de la tribu de Aser; y el jefe de los hijos de Aser, Pagiel hijo de Ocrán,

28 y su ejército, con los contados de ellos, cuarenta y un mil quinientos.

29 Y la tribu de Neftalí; y el jefe de los hijos de Neftalí, Ahira hijo de Enán,

30 y su ejército, con los contados de ellos, cincuenta y tres mil cuatrocientos.

31 Todos los contados en el campamento de Dan, ciento cincuenta y siete mil seiscientos; irán en último lugar, tras sus banderas.

32 Éstos son los contados de los hijos de Israel, por las casas de sus padres; todos los contados por campamentos, por sus ejércitos, seiscientos tres mil quinientos cincuenta.

33 Mas los levitas no fueron contados entre los hijos de Israel, como Jehová lo había mandado a Moisés.

34 E hicieron los hijos de Israel conforme a todas las cosas que Jehová había mandado a Moisés; así [a]asentaron el campamento según sus banderas, y así marcharon cada uno por sus familias, según las casas de sus padres.

CAPÍTULO 3

Aarón y sus hijos ministran como sacerdotes — Se escoge a los levitas para efectuar el servicio del tabernáculo — Ellos son de Jehová, en reemplazo del primogénito de todas las familias de Israel — Se dan el número, la responsabilidad y el oficio de ellos.

Y ÉSTAS son las generaciones de Aarón y de Moisés, el día en que Jehová habló a Moisés en el monte Sinaí.

2 Y éstos son los nombres de los hijos de [a]Aarón: Nadab, el primogénito, y Abiú, Eleazar e Itamar.

3 Éstos son los nombres de los hijos de Aarón, [a]sacerdotes ungidos, a quienes él consagró para ministrar como sacerdotes.

4 Pero Nadab y Abiú [a]murieron delante de Jehová cuando ofrecieron fuego extraño delante de Jehová en el desierto de Sinaí; y no tuvieron hijos. Y Eleazar e Itamar ejercieron el sacerdocio delante de su padre Aarón.

5 Y Jehová habló a Moisés, diciendo:

6 Haz que se acerque la tribu de [a]Leví y ponlos delante del sacerdote Aarón, para que le sirvan;

7 y estarán al [a]servicio de él y al de toda la congregación [b]delante del tabernáculo de reunión, para servir en el servicio del tabernáculo;

8 y cuidarán de todos los utensilios del tabernáculo de reunión y lo encomendado a los hijos de

34 *a* DyC 61:24–25, 29.
3 2 *a* GEE Aarón, hermano de Moisés.
3 *a* GEE Sacerdocio Aarónico.
4 *a* Lev. 10:1–2.
6 *a* Deut. 10:8–9.
7 *a* *Es decir,* para desempeñar sus encargos u obligaciones.
b HEB os sentaréis a la puerta del tabernáculo.

Israel, y servirán en el [a]servicio del [b]tabernáculo.

9 Y darás los levitas a [a]Aarón y a sus hijos; le son enteramente dados de entre los hijos de Israel.

10 Y designarás a Aarón y a sus [a]hijos para que ejerzan su sacerdocio; y el [b]extraño que se acerque morirá.

11 Y habló Jehová a Moisés, diciendo:

12 Y he aquí, yo he tomado a los levitas de entre los hijos de Israel en lugar de todos los [a]primogénitos que abren la matriz entre los hijos de Israel; serán, pues, míos los levitas,

13 porque mío es todo primogénito. Desde el día en que yo di muerte a todos los primogénitos en la tierra de Egipto, [a]santifiqué para mí a todos los primogénitos en Israel, tanto de hombres como de animales. Míos serán. Yo Jehová.

14 Y Jehová habló a Moisés en el desierto de Sinaí, diciendo:

15 Cuenta a los hijos de Leví por las casas de sus padres, por sus familias; contarás a todos los varones de un mes arriba.

16 Y Moisés los contó conforme a la palabra de Jehová, como le fue mandado.

17 Y los hijos de Leví fueron éstos por sus nombres: Gersón, y Coat y Merari.

18 Y los nombres de los hijos de Gersón por sus familias son éstos: Libni y Simei.

19 Y los hijos de Coat por sus familias: Amram, e Izhar, y Hebrón y Uziel.

20 Y los hijos de Merari por sus familias: Mahli y Musi. Éstas son las familias de Leví por las casas de sus padres.

21 De Gersón era la familia de Libni y la de Simei; éstas son las familias de Gersón.

22 Los contados de ellos conforme a la cuenta de todos los varones de un mes arriba, los contados de ellos fueron siete mil quinientos.

23 Las familias de Gersón acamparán a espaldas del tabernáculo, al occidente;

24 y el jefe de la casa paterna de los gersonitas era Eliasaf hijo de Lael.

25 A [a]cargo de los hijos de Gersón, en el tabernáculo de reunión, estarán el tabernáculo, y la tienda y su cubierta, y la cortina de la [b]entrada del tabernáculo de reunión,

26 y las cortinas del atrio, y la cortina de la entrada del atrio, que está alrededor del tabernáculo y del altar, así como sus cuerdas [a]para todo su servicio.

27 Y de Coat eran la familia de los amramitas, y la familia de los izharitas, y la familia de los hebronitas y la familia de los uzielitas; éstas son las familias coatitas.

28 El número de todos los

8 *a* GEE Ministrar, ministro.
b Núm. 1:50–53. GEE Tabernáculo.
9 *a* 1 Cró. 23:27–32.
10 *a* GEE Primogenitura.
b *Es decir,* persona no autorizada.
12 *a* GEE Primogénito.
13 *a* *O sea,* consagré.
25 *a* Núm. 18:2–3.
b HEB la puerta que da al atrio.
26 *a* *O sea,* de acuerdo con sus funciones.

varones de un mes arriba que tenían la guarda del santuario era ocho mil seiscientos.

29 Las familias de los hijos de Coat acamparán al lado sur del tabernáculo;

30 y el jefe de la casa paterna de las familias de Coat era Elizafán hijo de Uziel.

31 Y a cargo de ellos estarán el [a]arca, y la mesa, y el candelabro, y los altares, y los utensilios del santuario con que sirven y el velo con todo su servicio.

32 Y el principal de los jefes de los levitas será Eleazar, hijo de Aarón, el sacerdote, encargado de los que tienen la guarda del santuario.

33 De Merari eran la familia de los mahlitas y la familia de los musitas; éstas son las familias de Merari.

34 Y los contados de ellos conforme a la cuenta de todos los varones de un mes arriba fueron seis mil doscientos.

35 Y el jefe de la casa paterna de las familias de Merari era Zuriel hijo de Abihail. Acamparán al lado norte del tabernáculo.

36 Y a cargo de los hijos de Merari estará la custodia de las tablas del tabernáculo, y sus barras, y sus columnas, y sus basas, y todos sus enseres con todo su servicio,

37 y las columnas alrededor del atrio, y sus basas, y sus estacas y sus cuerdas.

38 Y los que acamparán delante del tabernáculo hacia el oriente, delante del tabernáculo de reunión, al este, serán Moisés, y Aarón y sus hijos, teniendo a su [a]cargo el santuario en nombre de los hijos de Israel; y el extraño que se acerque morirá.

39 Todos los contados de los levitas que Moisés y Aarón, conforme a la palabra de Jehová, contaron por sus familias, todos los varones de un mes arriba fueron veintidós mil.

40 Y Jehová dijo a Moisés: Cuenta a todos los primogénitos varones de los hijos de Israel de un mes arriba, y cuéntalos por sus nombres.

41 Y tomarás los [a]levitas para mí (yo Jehová) en lugar de todos los [b]primogénitos de los hijos de Israel, y los animales de los levitas en lugar de todos los primogénitos de los animales de los hijos de Israel.

42 Y contó Moisés, como Jehová le había mandado, a todos los primogénitos de los hijos de Israel.

43 Y todos los primogénitos varones, conforme a la cuenta de los nombres, de un mes arriba, los contados de ellos fueron veintidós mil doscientos setenta y tres.

44 Y habló Jehová a Moisés, diciendo:

45 Toma a los levitas en lugar de todos los primogénitos de los hijos de Israel, y los animales de los levitas en lugar de sus

31 *a* También conocida como el arca del convenio, el arca del pacto o el arca de la alianza.
GEE Arca del pacto.
38 *a* Núm. 18:1–7.
41 *a* Núm. 1:47–53.
b Éx. 13:2.
GEE Primogénito.

animales; y los levitas serán míos.
Yo Jehová.
46 Y para el rescate de los doscientos setenta y tres primogénitos de los hijos de Israel que exceden en número a los levitas,
47 tomarás cinco siclos por cabeza, conforme al siclo del santuario tomarás (el siclo tiene veinte geras).
48 Y darás a Aarón y a sus hijos el dinero del rescate de los que de ellos sobran.
49 Tomó, pues, Moisés el dinero del rescate de los que excedían al número de los redimidos por los levitas,
50 y recibió de los primogénitos de los hijos de Israel, en dinero, mil trescientos sesenta y cinco *siclos,* conforme al siclo del santuario.
51 Y Moisés dio el dinero de los rescates a Aarón y a sus hijos, conforme a la palabra de Jehová, según lo que Jehová había mandado a Moisés.

CAPÍTULO 4

Cuando los campamentos de Israel tengan que mudarse, Aarón y sus hijos deben cubrir los objetos sagrados del tabernáculo — Los levitas de las familias de Coat, de Gersón y de Merari han de llevar la carga del tabernáculo.

Y HABLÓ Jehová a Moisés y a Aarón, diciendo:
2 Haced un censo de los hijos de Coat de entre los hijos de Leví, por sus familias, por sus casas paternas,
3 de edad de treinta años arriba hasta cincuenta años, todos los que entran para servir en [a]el tabernáculo de reunión.
4 Éste será el [a]oficio de los hijos de Coat en el tabernáculo de reunión con respecto a los objetos más sagrados:
5 Cuando haya que mudar el campamento, vendrán Aarón y sus hijos y desarmarán el velo de la tienda y cubrirán con él el [a]arca del testimonio,
6 y pondrán sobre ella la cubierta de pieles de tejón y extenderán encima un paño todo de azul y le pondrán sus varas.
7 Y sobre la mesa de la [a]proposición extenderán un paño de azul, y pondrán sobre ella los [b]platos, y las cucharas, y las copas y los [c]tazones para libar; y el pan perpetuo estará sobre ella.
8 Y extenderán sobre ella un paño de carmesí y lo cubrirán con la cubierta de pieles de tejón; y le pondrán sus varas.
9 Y tomarán un paño de azul y cubrirán el candelabro del alumbrado, y sus lámparas, y sus [a]despabiladeras, y sus platillos y todos sus utensilios del aceite con que se sirve;

4 3 *a* HEB la tienda de reunión (véanse también los vers. 4–47).
4 *a* GEE Mayordomía, mayordomo.
5 *a* GEE Arca del pacto.
7 *a* *O sea,* el pan de la Presencia. Lev. 24:5–9.
b Éx. 25:29–30.
c HEB las jarras o recipientes para beber, como una ofrenda de libación.
9 *a* *O sea,* tijeras o pinzas.

10 y lo pondrán con todos sus utensilios en una cubierta de pieles de tejón y lo colocarán sobre unas [a]parihuelas.

11 Y sobre el altar de oro extenderán un paño de azul y lo cubrirán con la cubierta de pieles de tejón, y le pondrán sus varas.

12 Y tomarán todos los utensilios del servicio de que hacen uso en el santuario, y los pondrán en un paño de azul, y los cubrirán con una cubierta de pieles de tejón y los colocarán sobre unas parihuelas.

13 Y quitarán la ceniza del altar y extenderán sobre él un paño de púrpura;

14 y pondrán sobre él todos los instrumentos que se usan en su servicio: las paletas, los garfios, los braseros y los tazones, todos los utensilios del altar; y extenderán sobre él la cubierta de pieles de tejón y le pondrán además las varas.

15 Y al acabar Aarón y sus hijos de cubrir el santuario y todos los enseres del santuario, cuando haya que mudar el campamento, vendrán después de ello los hijos de Coat para [a]transportarlos; pero no [b]tocarán [c]cosa santa, no sea que mueran. Éstas serán las cosas que cargarán los hijos de Coat en el tabernáculo de reunión.

16 Pero a cargo de Eleazar, hijo de Aarón, el sacerdote, estará el aceite del alumbrado, y el incienso aromático, y la [a]ofrenda perpetua de grano y el aceite de la unción; también estará a cargo de todo el tabernáculo y de todo lo que está en él, y del santuario y de sus utensilios.

17 Y habló Jehová a Moisés y a Aarón, diciendo:

18 No talaréis la tribu de las familias de Coat de entre los levitas.

19 Esto haréis con ellos para que vivan y no mueran cuando se acerquen a los objetos más sagrados: Aarón y sus hijos vendrán y asignarán a cada uno su oficio y su carga.

20 No entrarán para ver cuando cubran las cosas santas, porque morirán.

21 Y habló Jehová a Moisés, diciendo:

22 Haz también un censo de los hijos de Gersón por sus casas paternas, por sus familias.

23 De edad de treinta años arriba hasta cincuenta años los contarás, todos los que entran para servir en el tabernáculo de reunión.

24 Éste será el servicio de las familias de Gersón para servir y para llevar:

25 Llevarán las cortinas del tabernáculo y el tabernáculo de reunión, su cubierta, y la cubierta de pieles de tejón que está encima de él, y la cortina de la entrada del tabernáculo de reunión,

26 y las cortinas del atrio, y la cortina de la entrada del atrio que está alrededor del tabernáculo y del altar, y sus cuerdas, y todos

10 *a* *O sea,* una camilla para transportar carga (véase el vers. 12).

15 *a* 1 Cró. 15:2.
b Núm. 18:2–3.
c *Es decir,* del santuario (particularmente el arca).

16 *a* HEB la ofrenda de cereal continua. GEE Ofrenda.

los instrumentos de su servicio, y todo lo que será hecho para ellos; así servirán.

27 Bajo las órdenes de Aarón y de sus hijos estará todo el ministerio de los hijos de Gersón en todas sus cargas y en todo su servicio; y les encomendaréis la custodia de todas sus cargas.

28 Éste es el servicio de las familias de los hijos de Gersón en el tabernáculo de reunión; y su cargo estará bajo la dirección de Itamar, hijo de Aarón, el sacerdote.

29 Haz un censo de los hijos de Merari, por sus familias y por sus casas paternas.

30 Desde el de edad de treinta años arriba hasta el de cincuenta años los contarás; todos los que entran para servir en el tabernáculo de reunión.

31 Y éste será su deber para todo su servicio en el tabernáculo de reunión: transportar las tablas del tabernáculo, y sus barras, y sus columnas, y sus basas,

32 y las columnas alrededor del atrio, y sus basas, y sus estacas, y sus cuerdas con todos sus instrumentos y todo su servicio; y asignaréis por sus nombres todos los utensilios de la custodia de su carga.

33 Éste será el servicio de las familias de los hijos de Merari para todo su ministerio en el tabernáculo de reunión, bajo la dirección de Itamar, hijo de Aarón, el sacerdote.

34 Moisés, pues, y Aarón y los jefes de la congregación contaron a los hijos de Coat por sus familias, y por sus casas paternas,

35 desde el de edad de treinta años arriba hasta el de edad de cincuenta años, todos los que entran para servir en el tabernáculo de reunión.

36 Y fueron los contados de ellos por sus familias dos mil setecientos cincuenta.

37 Éstos fueron los contados de las familias de Coat, todos los que habían de servir en el tabernáculo de reunión, los cuales contaron Moisés y Aarón, como lo mandó Jehová por medio de Moisés.

38 Y los contados de los hijos de Gersón, por sus familias y por sus casas paternas,

39 desde el de edad de treinta años arriba hasta el de edad de cincuenta años, todos los que entran para servir en el tabernáculo de reunión;

40 los contados de ellos por sus familias y por sus casas paternas fueron dos mil seiscientos treinta.

41 Éstos son los contados de las familias de los hijos de Gersón, todos los que habían de servir en el tabernáculo de reunión, los cuales contaron Moisés y Aarón por mandato de Jehová.

42 Y los contados de las familias de los hijos de Merari, por sus familias y por sus casas paternas,

43 desde el de edad de treinta años arriba hasta el de edad de cincuenta años, todos los que entran para servir en el tabernáculo de reunión;

44 los contados de ellos, por sus familias, fueron tres mil doscientos.

45 Éstos fueron los contados de las familias de los hijos de Merari, los cuales contaron Moisés

y Aarón, según lo mandó Jehová por medio de Moisés.

46 Todos los contados de los levitas, que Moisés y Aarón y los jefes de Israel contaron por sus familias, y por sus casas paternas,

47 desde el de edad de treinta años arriba hasta el de edad de cincuenta años, todos los que entraban para [a]servir en el servicio, y hacer el trabajo de llevar cargas del tabernáculo de reunión;

48 los contados de ellos fueron ocho mil quinientos ochenta,

49 como lo mandó Jehová por medio de Moisés fueron contados, cada uno según su oficio y según su deber; los cuales contó él, como le fue mandado.

CAPÍTULO 5

Se pone a los leprosos fuera del campamento — Los pecadores deben confesar su falta y hacer restitución para obtener el perdón — Las mujeres de las que se sospeche que sean inmorales deberán pasar por la prueba de los celos ante los sacerdotes.

Y JEHOVÁ habló a Moisés, diciendo:

2 Manda a los hijos de Israel que echen del campamento a todo [a]leproso, y a todos los que padecen de flujo y a todo [b]contaminado con un muerto.

3 Tanto a hombres como a mujeres echaréis; fuera del campamento los echaréis para que no contaminen el campamento de aquellos entre los cuales yo habito.

4 Y lo hicieron así los hijos de Israel, y los echaron fuera del campamento; tal como Jehová le dijo a Moisés, así lo hicieron los hijos de Israel.

5 Además habló Jehová a Moisés, diciendo:

6 Habla a los hijos de Israel: El hombre o la mujer que cometa alguno de los pecados que cometen los hombres, siendo así infiel a Jehová, aquella persona es culpable;

7 tal persona [a]confesará el pecado que cometió, y [b]compensará su ofensa enteramente, y añadirá sobre ello una quinta parte y lo dará a aquel contra quien pecó.

8 Y si aquella persona no tiene [a]pariente al cual sea compensada la ofensa, se dará a Jehová la indemnización del agravio, entregándola al sacerdote, además del carnero de la expiación, con el cual hará expiación por él.

9 Y toda ofrenda de todas las cosas santas que los hijos de Israel presenten al sacerdote será de éste.

10 Y lo santificado de cualquiera será del sacerdote; asimismo lo que cualquiera dé al sacerdote será de éste.

47 *a* GEE Sacerdocio Aarónico; Ministrar, ministro.
5 2 *a* GEE Lepra.
b Los detalles de lo limpio y de lo impuro están en Lev. 13:1–15:33.
7 *a* Mos. 26:29, 35; DyC 58:42–43. GEE Confesar, confesión.
b GEE Arrepentimiento, arrepentirse.
8 *a* HEB redentor.

11 Y Jehová habló a Moisés, diciendo:

12 Habla a los hijos de Israel y diles: Si la esposa de alguno se descarría y le es infiel,

13 y alguno se ha acostado con ella en relación carnal sin que su marido lo haya visto, por haberse ella contaminado ocultamente, ni haya testigo contra ella ni ella haya sido sorprendida en el acto,

14 si viene sobre él espíritu de celos y tiene celos de su esposa, habiéndose ella contaminado; o si viene sobre él espíritu de celos y tiene celos de su esposa, no habiéndose ella contaminado,

15 entonces el marido llevará su esposa al sacerdote y llevará por ella como ofrenda la décima de un efa de harina de cebada; no echará sobre la ofrenda aceite ni pondrá sobre ésta incienso, porque es ofrenda de celos, ofrenda recordatoria, que trae a la memoria el pecado.

16 Y el sacerdote hará que ella se acerque y se ponga delante de Jehová.

17 Luego tomará el sacerdote del [a]agua santa en un vaso de barro; tomará también el sacerdote del polvo que haya en el suelo del tabernáculo, y lo echará en el agua.

18 Y el sacerdote hará que la mujer esté de pie delante de Jehová, y descubrirá la cabeza de la mujer y pondrá en sus manos la ofrenda recordatoria, que es la ofrenda de celos; y el sacerdote tendrá en la mano las aguas amargas que acarrean maldición.

19 Y el sacerdote hará que jure y le dirá: Si ninguno ha dormido contigo, y si no te has apartado de tu marido para impureza, libre seas de estas aguas amargas que traen maldición;

20 pero si te has descarriado de tu marido y te has amancillado, y alguno se ha acostado contigo fuera de tu marido

21 (el sacerdote hará que la mujer jure con juramento de maldición y dirá a la mujer), Jehová te dé en maldición y en juramento en medio de tu pueblo, haciendo Jehová que tu muslo [a]caiga y que tu vientre se hinche;

22 y que estas aguas que dan maldición entren en tus entrañas y hagan hinchar tu vientre y caer tu muslo. Y la mujer dirá: Amén, amén.

23 Y el sacerdote escribirá estas maldiciones en un libro y las borrará con las aguas amargas;

24 y dará a beber a la mujer las aguas amargas que traen maldición, y las aguas que traen maldición entrarán en ella para amargura.

25 Después tomará el sacerdote de la mano de la mujer la ofrenda de los celos, y la mecerá delante de Jehová y la ofrecerá delante del altar.

26 Y tomará el sacerdote un puñado de la ofrenda en memoria de ella y lo quemará sobre el altar, y después dará a beber las aguas a la mujer.

17 *a* *Es decir,* del agua consagrada para usarse en las purificaciones.

21 *a* HEB que se seque o enjute (véanse también los vers. 22, 27).

27 Le dará, pues, a beber las aguas, y sucederá que si ella es impura y ha sido infiel a su marido, las aguas que traen maldición entrarán en ella para amargura, y su vientre se hinchará y caerá su muslo, y la mujer será una maldición en medio de su pueblo.

28 Pero si la mujer no es impura, sino que es limpia, ella será libre y será fecunda.

29 Ésta es la ley de los celos: cuando la mujer casada se descarríe de su marido, y se contamine,

30 o cuando del marido se apodere un espíritu de celos y tenga celos de su esposa, entonces la presentará delante de Jehová, y el sacerdote ejecutará en ella toda esta ley.

31 Y aquel hombre quedará libre de culpa, y la mujer llevará su pecado.

CAPÍTULO 6

Se explica la ley de los nazareos, por la cual los hijos de Israel pueden consagrarse a sí mismos a Jehová mediante un voto — No beben vino ni sidra, y si se contaminan, deben raparse la cabeza — Jehová revela la bendición que Aarón y sus hijos deben emplear para bendecir a Israel.

Y HABLÓ Jehová a Moisés, diciendo:

2 Habla a los hijos de Israel y diles: El hombre o la mujer que se aparte haciendo [a]voto de nazareo, para dedicarse a Jehová,

3 se abstendrá de [a]vino y de [b]sidra; no beberá vinagre de vino ni vinagre de sidra, ni beberá ningún jugo de uva, ni tampoco comerá uvas frescas ni secas.

4 Todo el tiempo de su nazareato, de todo lo que se hace de la vid, desde las semillas hasta el hollejo, no comerá.

5 Todo el tiempo del voto de su nazareato no pasará navaja sobre su cabeza; hasta que se cumplan los días de su consagración a Jehová, será santo y se dejará crecer el cabello de su cabeza.

6 Durante todo el tiempo de su consagración a Jehová no se acercará a persona muerta.

7 No debe contaminarse por su padre, ni por su madre, ni por su hermano ni por su hermana cuando ellos mueran, porque la consagración de su Dios lleva sobre su cabeza.

8 Todo el tiempo de su nazareato será santo a Jehová.

9 Y si alguno muere repentinamente junto a él, y contamina la cabeza de su nazareato, entonces el día de su purificación se rapará la cabeza; al séptimo día se la rapará.

10 Y al octavo día traerá dos tórtolas o dos pichones al sacerdote, a la entrada del [a]tabernáculo de reunión;

11 y el sacerdote ofrecerá uno como ofrenda por el pecado y el otro como holocausto; y hará

---

6 2 *a* GEE Juramento.
3 *a* GEE Palabra de Sabiduría.
b *Es decir,* bebidas alcohólicas.
10 *a* HEB la tienda de reunión (véanse también los vers. 13, 18).

expiación por él por lo que pecó [a]a causa del muerto, y santificará su cabeza en aquel día.

12 Y consagrará a Jehová los días de su nazareato, y traerá un cordero de un año como ofrenda por la culpa; y los días anteriores serán anulados, por cuanto fue contaminado su nazareato.

13 Ésta es, pues, la ley del nazareo el día en que se cumpla el tiempo de su nazareato: Vendrá a la entrada del tabernáculo de reunión,

14 y ofrecerá su ofrenda a Jehová, un cordero de un año, sin defecto, como holocausto, y una cordera de un año, sin defecto, como ofrenda por el pecado, y un carnero sin defecto como [a]ofrenda de paz.

15 Además un canastillo de panes sin levadura, panes de flor de harina amasados con aceite, y hojaldres sin levadura untados con aceite, y su ofrenda de grano y sus libaciones.

16 Y el sacerdote lo ofrecerá delante de Jehová, y hará su ofrenda por el pecado y su holocausto.

17 Y ofrecerá el carnero como sacrificio de las ofrendas de paz a Jehová, con el canastillo de panes sin levadura; ofrecerá asimismo el sacerdote su ofrenda de grano y sus libaciones.

18 Entonces el nazareo se rapará la cabeza de su [a]nazareato a la entrada del tabernáculo de reunión, y tomará los cabellos de su cabeza de su nazareato y los pondrá sobre el fuego que está debajo del sacrificio de las ofrendas de paz.

19 Después tomará el sacerdote la espaldilla cocida del carnero, y un pan sin levadura del canastillo, y un hojaldre sin levadura y los pondrá sobre las manos del nazareo, después que éste se haya rapado el cabello de su nazareato;

20 y el sacerdote mecerá aquello como ofrenda mecida delante de Jehová, lo cual será cosa santa, destinada al sacerdote, además del [a]pecho mecido y de la [b]espaldilla elevada; y después el nazareo podrá beber vino.

21 Ésta es la ley del nazareo que haga voto de su ofrenda a Jehová por su [a]nazareato, [b]además de lo que sus recursos le permitan; según el voto que haga, así hará, conforme a la ley de su nazareato.

22 Y Jehová habló a Moisés, diciendo:

23 Habla a Aarón y a sus hijos y diles: Así [a]bendeciréis a los hijos de Israel: Decidles:

24 Jehová te bendiga y te
guarde.

25 Jehová haga resplandecer su
rostro sobre ti y tenga de
ti misericordia.

26 Jehová alce sobre ti su rostro
y te dé [a]paz.

11 *a* *Es decir,* al estar cerca de un cadáver.
14 *a* GEE Ofrenda.
18 *a* *O sea,* consagración (véanse también los vers. 19–21).
20 *a* *O sea,* el pecho que es mecido como ofrenda.
b *O sea,* la pierna que es elevada como ofrenda.
21 *a* GEE Apartamiento.
b *Es decir,* lo que él pueda ofrecer.
23 *a* Deut. 10:8; 1 Cró. 23:13. GEE Bendecido, bendecir, bendición.
26 *a* GEE Paz.

27 Y pondrán mi [a]nombre sobre los hijos de Israel, y yo los bendeciré.

CAPÍTULO 7

En el día de la dedicación, los príncipes de Israel hacen ofrendas para el tabernáculo — Jehová habla a Moisés desde el propiciatorio de entre los querubines que están sobre el arca.

Y ACONTECIÓ que, en el día en que Moisés hubo acabado de [a]armar el tabernáculo, y lo hubo ungido y santificado, con todos sus enseres, y asimismo hubo ungido y santificado el altar con todos sus utensilios,

2 entonces los príncipes de Israel, las [a]cabezas de sus casas paternas, que eran los príncipes de las tribus que estaban sobre los contados, hicieron ofrenda,

3 y trajeron sus ofrendas delante de Jehová: seis carros cubiertos y doce bueyes; por cada dos príncipes un carro, y por cada uno un buey, lo cual ofrecieron delante del tabernáculo.

4 Y Jehová habló a Moisés, diciendo:

5 Tómalos de ellos, y serán para el servicio del [a]tabernáculo de reunión; y los darás a los levitas, a cada uno conforme a su ministerio.

6 Entonces Moisés recibió los carros y los bueyes y los dio a los levitas.

7 Dos carros y cuatro bueyes dio a los hijos de Gersón, conforme a su ministerio,

8 y a los hijos de Merari dio cuatro carros y ocho bueyes, conforme a su ministerio, bajo la dirección de Itamar, hijo de Aarón, el sacerdote.

9 Pero a los hijos de Coat no les dio nada, porque llevaban sobre sí en los hombros el servicio del santuario.

10 Y los príncipes presentaron las ofrendas para la dedicación del altar el día en que éste fue ungido; ofrecieron los príncipes su ofrenda delante del altar.

11 Y Jehová dijo a Moisés: Ofrecerán su ofrenda, un príncipe un día y otro príncipe otro día, para la dedicación del altar.

12 Y el que ofreció su ofrenda el primer día fue Naasón hijo de Aminadab, de la tribu de Judá.

13 Y su ofrenda fue un plato de plata de ciento treinta *siclos* de peso y un jarro de plata de setenta siclos, según el siclo del santuario, ambos llenos de flor de harina amasada con aceite para la ofrenda de grano;

14 una [a]cuchara de oro de diez *siclos,* llena de incienso;

15 un becerro, un carnero, un cordero de un año para el holocausto;

16 un macho cabrío para la ofrenda por el pecado;

27 *a* Deut. 28:10; Mos. 5:7–13. GEE Jesucristo—El tomar sobre sí el nombre de Jesucristo.

7 1 *a* Éx. 40:17–38.
2 *a* Núm. 1:4–16.
5 *a* HEB la tienda de reunión.
14 *a* *O sea,* un recipiente u objeto cóncavo como la palma o cavidad de la mano.

17 y para el sacrificio de las ofrendas de paz, dos bueyes, cinco carneros, cinco machos cabríos y cinco corderos de un año. Ésta fue la ofrenda de Naasón hijo de Aminadab.

18 El segundo día ofreció Natanael hijo de Zuar, príncipe de Isacar.

19 Ofreció como su ofrenda un plato de plata de ciento treinta *siclos* de peso, un jarro de plata de setenta siclos, según el siclo del santuario, ambos llenos de flor de harina amasada con aceite para la ofrenda de grano;

20 una cuchara de oro de diez *siclos,* llena de incienso;

21 un becerro, un carnero, un cordero de un año para el holocausto;

22 un macho cabrío para la ofrenda por el pecado;

23 y para el sacrificio de las ofrendas de paz, dos bueyes, cinco carneros, cinco machos cabríos y cinco corderos de un año. Ésta fue la ofrenda de Natanael hijo de Zuar.

24 El tercer día, Eliab hijo de Helón, príncipe de los hijos de Zabulón.

25 Y su ofrenda fue un plato de plata de ciento treinta *siclos* de peso, un jarro de plata de setenta siclos, según el siclo del santuario, ambos llenos de flor de harina amasada con aceite para la ofrenda de grano;

26 una cuchara de oro de diez *siclos,* llena de incienso;

27 un becerro, un carnero, un cordero de un año para el holocausto;

28 un macho cabrío para la ofrenda por el pecado;

29 y para el sacrificio de las ofrendas de paz, dos bueyes, cinco carneros, cinco machos cabríos y cinco corderos de un año. Ésta fue la ofrenda de Eliab hijo de Helón.

30 El cuarto día, Elisur hijo de Sedeur, príncipe de los hijos de Rubén.

31 Y su ofrenda fue un plato de plata de ciento treinta *siclos* de peso, un jarro de plata de setenta siclos, según el siclo del santuario, ambos llenos de flor de harina amasada con aceite para la ofrenda de grano;

32 una cuchara de oro de diez *siclos,* llena de incienso;

33 un becerro, un carnero, un cordero de un año para el holocausto;

34 un macho cabrío para la ofrenda por el pecado;

35 y para el sacrificio de las ofrendas de paz, dos bueyes, cinco carneros, cinco machos cabríos y cinco corderos de un año. Ésta fue la ofrenda de Elisur hijo de Sedeur.

36 El quinto día, Selumiel hijo de Zurisadai, príncipe de los hijos de Simeón.

37 Y su ofrenda fue un plato de plata de ciento treinta *siclos* de peso, un jarro de plata de setenta siclos, según el siclo del santuario, ambos llenos de flor de harina amasada con aceite para la ofrenda de grano;

38 una cuchara de oro de diez *siclos* llena de incienso;

39 un becerro, un carnero,

un cordero de un año para el holocausto;

40 un macho cabrío para la ofrenda por el pecado;

41 y para el sacrificio de las ofrendas de paz, dos bueyes, cinco carneros, cinco machos cabríos y cinco corderos de un año. Ésta fue la ofrenda de Selumiel hijo de Zurisadai.

42 El sexto día, Eliasaf hijo de Deuel, príncipe de los hijos de Gad.

43 Y su ofrenda fue un plato de plata de ciento treinta *siclos* de peso, un jarro de plata de setenta siclos, según el siclo del santuario, ambos llenos de flor de harina amasada con aceite para la ofrenda de grano;

44 una cuchara de oro de diez *siclos*, llena de incienso;

45 un becerro, un carnero, un cordero de un año para el holocausto;

46 un macho cabrío para la ofrenda por el pecado;

47 y para el sacrificio de las ofrendas de paz, dos bueyes, cinco carneros, cinco machos cabríos y cinco corderos de un año. Ésta fue la ofrenda de Eliasaf hijo de Deuel.

48 El séptimo día, el príncipe de los hijos de Efraín, Elisama hijo de Amiud.

49 Y su ofrenda fue un plato de plata de ciento treinta *siclos* de peso, un jarro de plata de setenta siclos, según el siclo del santuario, ambos llenos de flor de harina amasada con aceite para la ofrenda de grano;

50 una cuchara de oro de diez *siclos*, llena de incienso;

51 un becerro, un carnero, un cordero de un año para el holocausto;

52 un macho cabrío para la ofrenda por el pecado;

53 y para el sacrificio de las ofrendas de paz, dos bueyes, cinco carneros, cinco machos cabríos y cinco corderos de un año. Ésta fue la ofrenda de Elisama hijo de Amiud.

54 El octavo día, el príncipe de los hijos de Manasés, Gamaliel hijo de Pedasur.

55 Y su ofrenda fue un plato de plata de ciento treinta *siclos* de peso, un jarro de plata de setenta siclos, según el siclo del santuario, ambos llenos de flor de harina amasada con aceite para la ofrenda de grano;

56 una cuchara de oro de diez *siclos*, llena de incienso;

57 un becerro, un carnero, un cordero de un año para el holocausto;

58 un macho cabrío para la ofrenda por el pecado;

59 y para el sacrificio de las ofrendas de paz, dos bueyes, cinco carneros, cinco machos cabríos y cinco corderos de un año. Ésta fue la ofrenda de Gamaliel hijo de Pedasur.

60 El noveno día, el príncipe de los hijos de Benjamín, Abidán hijo de Gedeoni.

61 Y su ofrenda fue un plato de plata de ciento treinta *siclos* de peso, un jarro de plata de setenta siclos, según el siclo del santuario, ambos llenos de flor de harina amasada con aceite para la ofrenda de grano;

62 una cuchara de oro de diez *siclos,* llena de incienso;
63 un becerro, un carnero, un cordero de un año para el holocausto;
64 un macho cabrío para la ofrenda por el pecado;
65 y para el sacrificio de las ofrendas de paz, dos bueyes, cinco carneros, cinco machos cabríos y cinco corderos de un año. Ésta fue la ofrenda de Abidán hijo de Gedeoni.
66 El décimo día, el príncipe de los hijos de Dan, Ahiezer hijo de Amisadai.
67 Y su ofrenda fue un plato de plata de ciento treinta *siclos* de peso, un jarro de plata de setenta siclos, según el siclo del santuario, ambos llenos de flor de harina amasada con aceite para la ofrenda de grano;
68 una cuchara de oro de diez *siclos,* llena de incienso;
69 un becerro, un carnero, un cordero de un año para el holocausto;
70 un macho cabrío para la ofrenda por el pecado;
71 y para el sacrificio de las ofrendas de paz, dos bueyes, cinco carneros, cinco machos cabríos y cinco corderos de un año. Ésta fue la ofrenda de Ahiezer hijo de Amisadai.
72 El undécimo día, el príncipe de los hijos de Aser, Pagiel hijo de Ocrán.
73 Y su ofrenda fue un plato de plata de ciento treinta *siclos* de peso, un jarro de plata de setenta siclos, según el siclo del santuario, ambos llenos de flor de harina amasada con aceite para la ofrenda de grano;
74 una cuchara de oro de diez *siclos,* llena de incienso;
75 un becerro, un carnero, un cordero de un año para el holocausto;
76 un macho cabrío para la ofrenda por el pecado;
77 y para el sacrificio de las ofrendas de paz, dos bueyes, cinco carneros, cinco machos cabríos y cinco corderos de un año. Ésta fue la ofrenda de Pagiel hijo de Ocrán.
78 El duodécimo día, el príncipe de los hijos de Neftalí, Ahira hijo de Enán.
79 Y su ofrenda fue un plato de plata de ciento treinta *siclos* de peso, un jarro de plata de setenta siclos, según el siclo del santuario, ambos llenos de flor de harina amasada con aceite para la ofrenda de grano;
80 una cuchara de oro de diez *siclos,* llena de incienso;
81 un becerro, un carnero, un cordero de un año para el holocausto;
82 un macho cabrío para la ofrenda por el pecado;
83 y para el sacrificio de las ofrendas de paz, dos bueyes, cinco carneros, cinco machos cabríos y cinco corderos de un año. Ésta fue la ofrenda de Ahira hijo de Enán.
84 Ésta fue la dedicación del altar el día en que fue ungido por los [a]príncipes de Israel: doce platos de plata, doce jarros

84 *a* HEB los líderes.

de plata, doce cucharas de oro.

85 Cada plato de ciento treinta *siclos,* cada jarro de setenta; toda la plata de los utensilios pesaba dos mil cuatrocientos *siclos,* según el siclo del santuario.

86 Las doce cucharas de oro llenas de incienso, de diez *siclos* cada cuchara, según el siclo del santuario; todo el oro de las cucharas, ciento veinte *siclos.*

87 Todos los animales para el holocausto: doce becerros, doce carneros, doce corderos de un año, con sus ofrendas de grano, y doce machos cabríos para la ofrenda por el pecado.

88 Y todos los animales para el sacrificio de las ofrendas de paz: veinticuatro novillos, sesenta carneros, sesenta machos cabríos y sesenta corderos de un año. Ésta fue la dedicación del altar, después que fue ungido.

89 Y cuando entraba Moisés en el tabernáculo de reunión, para hablar con él, oía la [a]voz que le hablaba desde encima del propiciatorio que estaba sobre el arca del testimonio, de entre los dos [b]querubines; y hablaba con él.

CAPÍTULO 8

Los levitas son lavados, consagrados y apartados por la imposición de manos — Ellos son de Jehová en lugar del primogénito de cada familia — Se dan los levitas como un don para Aarón y sus hijos para efectuar el servicio del tabernáculo.

Y HABLÓ Jehová a Moisés, diciendo:

2 Habla a Aarón y dile: Cuando enciendas las lámparas, las siete lámparas alumbrarán hacia el frente del candelabro.

3 Y Aarón lo hizo así; encendió hacia el frente del candelabro sus lámparas, como Jehová lo mandó a Moisés.

4 Y ésta era la hechura del candelabro: Era de oro labrado a martillo; desde su pie hasta sus flores era labrado a martillo; conforme al [a]modelo que Jehová mostró a Moisés, así hizo el candelabro.

5 Y Jehová habló a Moisés, diciendo:

6 Toma a los levitas de entre los hijos de Israel y purifícalos.

7 Y así harás con ellos para [a]purificarlos: Rocía sobre ellos el agua de la purificación y haz pasar la navaja sobre todo su cuerpo; y lavarán sus vestidos y quedarán purificados.

8 Luego tomarán un novillo con su ofrenda de grano de flor de harina amasada con aceite; y tomarás otro novillo para la ofrenda por el pecado.

9 Y harás llegar a los levitas delante del tabernáculo de reunión, y juntarás a toda la congregación de los hijos de Israel.

10 Y cuando hayas hecho llegar a los levitas delante de Jehová,

89 *a* Éx. 25:1, 20–22. GEE Voz.
b GEE Querubines.
8 4 *a* DyC 94:2; 115:14–16.
7 *a* GEE Lavado, lavamientos, lavar.

pondrán los hijos de Israel sus [a]manos sobre los [b]levitas;

11 y Aarón presentará a los levitas delante de Jehová como ofrenda mecida de los hijos de Israel, y servirán en el ministerio de Jehová.

12 Y los levitas pondrán sus manos sobre las cabezas de los novillos, y ofrecerás uno como ofrenda por el pecado y el otro como holocausto a Jehová, para hacer expiación por los levitas.

13 Y harás presentar a los levitas delante de Aarón y delante de sus hijos, y los presentarás como ofrenda a Jehová.

14 Así [a]apartarás a los levitas de entre los hijos de Israel, y serán míos los levitas.

15 Y después de eso vendrán los levitas a servir en el tabernáculo de reunión; los purificarás y los presentarás como ofrenda mecida.

16 Porque enteramente me son dados a mí los levitas de entre los hijos de Israel, en lugar de todo aquel que abre matriz; los he tomado para mí en lugar de los primogénitos de todos los hijos de Israel.

17 Porque mío es todo [a]primogénito de entre los hijos de Israel, tanto de hombres como de animales; desde el día en que yo herí a todo primogénito en la tierra de Egipto, los [b]santifiqué para mí.

18 Y he tomado a los [a]levitas en lugar de todos los primogénitos de los hijos de Israel.

19 Y yo he dado los [a]levitas como un don a Aarón y a sus hijos de entre los hijos de Israel, para que sirvan el servicio de los hijos de Israel en el tabernáculo de reunión, y para que hagan expiación por los hijos de Israel, para que no haya mortandad entre los hijos de Israel cuando los hijos de Israel se acerquen al santuario.

20 Y Moisés y Aarón y toda la congregación de los hijos de Israel hicieron con los levitas conforme a todas las cosas que mandó Jehová a Moisés acerca de los levitas; así hicieron con ellos los hijos de Israel.

21 Y los levitas se [a]purificaron y lavaron sus vestidos; y Aarón los presentó como ofrenda mecida delante de Jehová, e hizo Aarón expiación por ellos para purificarlos.

22 Y después de esto, los levitas fueron para servir en su servicio del tabernáculo de reunión delante de Aarón y delante de sus hijos; de la manera en que mandó Jehová a Moisés acerca de los levitas, así hicieron con ellos.

23 Y habló Jehová a Moisés, diciendo:

24 Esto *es lo que corresponde* en cuanto a los levitas: de veinticinco años arriba entrarán a hacer su oficio en el servicio del tabernáculo de reunión.

10 *a* GEE Imposición de manos.
b GEE Sacerdocio Aarónico.
14 *a* GEE Apartamiento.
17 *a* Éx. 12:29.
GEE Primogénito.
b GEE Santificación.
18 *a* GEE Leví—La tribu de Leví.
19 *a* GEE Sacerdocio Aarónico.
21 *a* GEE Lavado, lavamientos, lavar.

25 Pero desde los cincuenta años cesarán de ejercer su servicio, y no servirán más.

26 Pero servirán con sus hermanos en el tabernáculo de reunión en el ejercicio de sus deberes, pero no servirán en el ministerio. Así harás con los levitas en cuanto a sus cargos.

CAPÍTULO 9

Se manda nuevamente a Israel guardar la Pascua — Una nube cubre el tabernáculo de día y de noche, y también había fuego en la noche — Cuando la nube se detenía, Israel acampaba; cuando la nube se levantaba, ellos partían.

Y HABLÓ [a]Jehová a Moisés en el desierto de Sinaí, en el primer mes del segundo año de su salida de la tierra de Egipto, diciendo:

2 Los hijos de Israel celebrarán la [a]Pascua en el tiempo señalado.

3 El [a]decimocuarto día de este mes, al atardecer, la celebraréis en el tiempo señalado; conforme a todos sus estatutos y conforme a todos sus decretos la celebraréis.

4 Y habló Moisés a los hijos de Israel para que celebrasen la Pascua.

5 Y celebraron la Pascua en el *mes* primero, a los catorce días del mes, al atardecer, en el desierto de Sinaí; conforme a todas las cosas que mandó Jehová a Moisés, así hicieron los hijos de Israel.

6 Pero hubo algunos que estaban [a]impuros por causa de un muerto, y no pudieron celebrar la Pascua aquel día; y llegaron delante de Moisés y delante de Aarón aquel día,

7 y les dijeron aquellos hombres: Nosotros estamos impuros por causa de un muerto. ¿Por qué se nos impide ofrecer ofrenda a Jehová en el tiempo señalado entre los hijos de Israel?

8 Y Moisés les respondió: Esperad, y [a]oiré qué mandará Jehová acerca de vosotros.

9 Y Jehová habló a Moisés, diciendo:

10 Habla a los hijos de Israel y diles: Cualquiera de vosotros o de vuestros descendientes que esté impuro por causa de un muerto o que esté de viaje lejos, celebrará la Pascua a Jehová.

11 En el [a]mes segundo, a los catorce días del mes, al atardecer, la celebrarán; con panes sin levadura y hierbas amargas la comerán.

12 No dejarán nada de él para la mañana, ni [a]quebrarán hueso alguno en él; conforme a todos los estatutos de la Pascua la celebrarán.

13 Pero el que esté limpio y no esté de viaje, si deja de celebrar la Pascua, tal persona será talada de entre su pueblo; por cuanto no ofreció a su debido tiempo la

9 1 *a* GEE Jehová.
2 *a* GEE Pascua.
3 *a* Éx. 12:3–17.
6 *a* *Es decir,* por haber tocado un cadáver. Núm. 5:1–4.
8 *a* DyC 102:23. GEE Revelación.
11 *a* 2 Cró. 30:2–27.
12 *a* Juan 19:31–36. GEE Jesucristo—Simbolismos o símbolos de Jesucristo.

ofrenda de Jehová, tal hombre
llevará su pecado.
14 Y si mora con vosotros forastero y celebra la [a]Pascua a Jehová, conforme al estatuto de la Pascua y conforme a sus decretos, así la celebrará; un mismo estatuto tendréis, tanto para el forastero como para el natural de la tierra.
15 Y el día en que se armó el tabernáculo la [a]nube cubrió el tabernáculo sobre la tienda del testimonio, y al anochecer había sobre el tabernáculo como una apariencia de fuego, hasta la mañana.
16 Así era continuamente: la nube lo cubría de día, y de noche la apariencia de fuego.
17 Y cuando se alzaba la nube de encima del tabernáculo, los hijos de Israel partían; y en el lugar donde la nube se detenía, allí acampaban los hijos de Israel.
18 Al mandato de [a]Jehová los hijos de Israel partían, y al mandato de Jehová acampaban; todos los días que la nube estaba sobre el tabernáculo ellos permanecían acampados.
19 Y cuando la nube se detenía sobre el tabernáculo muchos días, entonces los hijos de Israel guardaban el mandato de Jehová y no partían.
20 Y sucedía que cuando la nube estaba sobre el tabernáculo pocos días, al mandato de Jehová acampaban, y al mandato de Jehová partían.
21 Y sucedía que cuando la nube se detenía desde el anochecer hasta la mañana, cuando por la mañana la nube se levantaba, ellos partían; o *si* de día o de noche la nube se levantaba, entonces partían.
22 Mientras la nube se detenía sobre el tabernáculo, quedándose sobre él dos días, o un mes, o [a]un año, los hijos de Israel permanecían acampados y no partían; pero cuando ésta se alzaba, ellos partían.
23 Al mandato de Jehová acampaban y al mandato de Jehová partían, guardando el mandato de Jehová, como lo había dicho Jehová por medio de Moisés.

CAPÍTULO 10

Se usan trompetas de plata para convocar a la congregación y para tocar alarma — La nube es quitada del tabernáculo y los hijos de Israel marchan en su orden prescrito — El arca del convenio va delante de ellos en sus viajes.

Y JEHOVÁ habló a Moisés, diciendo:
2 Hazte dos trompetas de plata; de obra de martillo las harás, las cuales te servirán para convocar a la congregación y para hacer mover los campamentos.
3 Y cuando las toquen, toda la congregación se reunirá ante ti

14 *a* GEE Pascua.
15 *a* Éx. 13:21–22; 14:19–20, 24; 40:34–38; 2 Cró. 5:13–14.
18 *a* GEE Jehová.
22 *a* HEB un extenso período de tiempo.

a la entrada del [a]tabernáculo de
reunión.
4 Pero cuando toquen *sólo* una,
entonces se congregarán ante ti
los príncipes, las cabezas de los
millares de Israel.
5 Y cuando toquéis alarma, entonces se pondrán en marcha los
campamentos de los que están
acampados al oriente.
6 Y cuando toquéis alarma la
segunda vez, entonces se pondrán en marcha los campamentos de los que están acampados
al sur; alarma tocarán para sus
partidas.
7 Pero para reunir a la congregación tocaréis, mas no con sonido
de alarma.
8 Y los hijos de Aarón, los sacerdotes, tocarán las trompetas; y las
tendréis como estatuto perpetuo
por vuestras generaciones.
9 Y cuando salgáis a la guerra en
vuestra tierra contra el enemigo
que os oprima, tocaréis alarma
con las trompetas; y seréis recordados delante de Jehová vuestro
Dios, y seréis salvos de vuestros
enemigos.
10 Y en el día de vuestra alegría,
y en vuestras [a]solemnidades y en
los principios de vuestros meses, tocaréis las [b]trompetas sobre
vuestros holocaustos y sobre los
sacrificios de vuestras ofrendas
de paz, y os serán como recordatorio delante de vuestro Dios. Yo,
Jehová, vuestro Dios.
11 Y aconteció que en el año segundo, en el mes segundo, a los
veinte días del mes, la nube se
alzó de encima del tabernáculo
del testimonio.
12 Y los hijos de Israel partieron, según el orden de marcha,
del desierto de Sinaí; y la nube se
detuvo en el desierto de Parán.
13 Y partieron la primera vez
según el mandato de Jehová por
medio de Moisés.
14 Y la bandera del campamento
de los hijos de Judá comenzó a
marchar primero, según sus ejércitos; y Naasón hijo de Aminadab, estaba sobre su ejército.
15 Y sobre el ejército de la tribu
de los hijos de Isacar, Natanael
hijo de Zuar.
16 Y sobre el ejército de la tribu
de los hijos de Zabulón, Eliab hijo
de Helón.
17 Y después que estaba ya de-
sarmado el tabernáculo, partieron
los hijos de Gersón y los hijos de
Merari, que lo llevaban.
18 Luego comenzó a marchar
la bandera del campamento de
Rubén, según sus ejércitos; y Elisur hijo de Sedeur estaba sobre
su ejército.
19 Y sobre el ejército de la tribu
de los hijos de Simeón, Selumiel
hijo de Zurisadai.
20 Y sobre el ejército de la tribu
de los hijos de Gad, Eliasaf hijo
de Deuel.
21 Luego comenzaron a marchar los coatitas llevando el santuario; y entre tanto que ellos
llegaban, [a]*los otros* armaban el
tabernáculo.
22 Después comenzó a marchar
la bandera del campamento de

10 3 *a* HEB la tienda de reunión.
10 *a* HEB días festivos designados.
b Lev. 23:24–25; Sal. 81:1–4.
21 *a* HEB el tabernáculo se armaba antes de que llegaran los demás.

los hijos de Efraín, según sus ejércitos; y Elisama hijo de Amiud
estaba sobre su ejército.
23 Y sobre el ejército de la tribu
de los hijos de Manasés, Gamaliel
hijo de Pedasur.
24 Y sobre el ejército de la tribu
de los hijos de Benjamín, Abidán
hijo de Gedeoni.
25 Luego comenzó a marchar
la bandera del campamento de
los hijos de Dan, según sus ejércitos, a la retaguardia de todos
los campamentos; y Ahiezer hijo
de Amisadai estaba sobre su
ejército.
26 Y sobre el ejército de la tribu
de los hijos de Aser, Pagiel hijo
de Ocrán.
27 Y sobre el ejército de la tribu
de los hijos de Neftalí, Ahira hijo
de Enán.
28 Éste era el orden de marcha
de los hijos de Israel, según sus
ejércitos, cuando partían.
29 Entonces dijo Moisés a Hobab hijo de [a]Reuel, el madianita,
su suegro: Nosotros partimos
para el lugar del cual Jehová ha
dicho: Yo os lo daré. Ven con nosotros y te haremos bien, porque
Jehová ha prometido el bien con
respecto a Israel.
30 Y él le respondió: Yo no iré,
sino que me marcharé a mi tierra
y a mi parentela.
31 Y él le dijo: Te ruego que
no nos dejes, porque tú sabes
dónde debemos acampar en el
desierto y [a]serás como ojos para
nosotros.
32 Y será que si vienes con nosotros, cuando tengamos el bien
que Jehová nos ha de hacer, nosotros te haremos el bien.
33 Así partieron del monte de
Jehová camino de tres días; y
el [a]arca del convenio de Jehová
fue delante de ellos camino de
tres días, buscándoles lugar de
descanso.
34 Y la [a]nube de Jehová *iba* sobre
ellos de día desde que partieron
del campamento.
35 Y aconteció que cuando el
arca se ponía en marcha, Moisés
decía: Levántate, oh Jehová, y
sean dispersados tus enemigos
y huyan de tu presencia los que
te [a]aborrecen.
36 Y cuando ella se asentaba,
decía: Vuelve, oh Jehová, a los
millares de millares de Israel.

CAPÍTULO 11

Fuego de Jehová consume a los rebeldes de Israel — Israel murmura y ansía comer carne en vez de maná — Moisés se queja de no poder llevar la carga solo — Se le manda escoger setenta ancianos para que le ayuden — Jehová promete carne hasta que le sea aborrecible a Israel — Se escoge a los setenta ancianos, ellos profetizan, Jehová desciende, Eldad y Medad profetizan en el campamento — Se proveen codornices a Israel — Israel codicia; sigue una gran plaga y muchos mueren.

29 *a* GEE Jetro.
31 *a* *Es decir,* como guía.
33 *a* También conocida como el arca del pacto o el arca de la alianza. GEE Arca del pacto.
34 *a* Núm. 9:15–17.
35 *a* GEE Odio, aborrecimiento.

Y ACONTECIÓ que el pueblo [a]se
quejó a oídos de Jehová; y lo oyó
Jehová y se enardeció su ira, y se
encendió entre ellos [b]fuego de
Jehová [c]y consumió un extremo
del campamento.

2 Entonces el pueblo clamó a
Moisés, y Moisés oró a Jehová;
y se extinguió el fuego.

3 Y llamó a aquel lugar Tabera,
porque el fuego de Jehová se encendió entre ellos.

4 Y el [a]vulgo que había en medio
de ellos tuvo un [b]deseo voraz, y
volvieron y aun lloraron los hijos
de Israel y dijeron: [c]¡Quién nos
diera a comer carne!

5 Nos acordamos del pescado
que comíamos en Egipto de
balde, de los pepinos, y de los
melones, y de los puerros, y de
las cebollas y de los ajos;

6 y ahora nuestra alma se seca,
pues nada más que maná *ven*
nuestros ojos.

7 Y era el [a]maná como semilla de
[b]culantro, y su color como color
de bedelio.

8 Se esparcían los del pueblo y
lo recogían, y lo molían en mo-
linos o lo majaban en morteros,
y lo cocían en caldera o hacían
de él tortas; y su sabor era como
sabor de aceite nuevo.

9 Y cuando descendía el rocío
de noche sobre el campamento,
el maná descendía sobre él.

10 Y oyó Moisés al pueblo que
lloraba cada uno en su familia, a
la entrada de su tienda; y la ira
de Jehová se encendió en gran
manera, y también le pareció mal
a Moisés.

11 Y dijo Moisés a Jehová: ¿Por
qué has hecho mal a tu siervo? ¿Y
por qué no he hallado gracia ante
tus ojos, que has puesto la carga
de todo este pueblo sobre mí?

12 ¿Concebí yo a todo este pueblo? ¿Lo engendré yo, para que
me digas: Llévalo en tu seno,
como lleva la que cría al de pecho, a la tierra que juraste dar a
sus padres?

13 ¿De dónde conseguiré yo
carne para dar a todo este pueblo?
Porque me lloran, diciendo: Danos carne para que comamos.

14 No puedo yo solo llevar
a todo este pueblo, que me es
[a]pesado en demasía.

15 Y si así lo haces tú conmigo,
yo te ruego que [a]me des muerte,
si he hallado gracia ante tus ojos,
y que yo no vea mi mal.

16 Entonces Jehová dijo a Moisés: Reúneme a setenta hombres
de entre los ancianos de Israel,
que tú sabes que son ancianos
del pueblo y sus principales, y
tráelos a la entrada del [a]taber-
náculo de reunión, y que esperen
allí contigo.

17 Y yo descenderé y hablaré allí
contigo; y tomaré del espíritu que
está en ti y lo pondré en ellos, y

11 1 *a* 1 Ne. 16:22; DyC 75:7–8. GEE Murmurar.
b 2 Ne. 26:4–6. GEE Fuego.
c *Es decir,* y consumió a los que estaban en los extremos del campamento.
4 *a* *O sea,* la gente, la multitud, el pueblo.
b GEE Codiciar.
c Sal. 78:18–22.
7 *a* GEE Pan de Vida; Maná.
b En algunos países, cilantro.
14 *a* Éx. 18:17–26.
15 *a* *O sea,* inmediatamente.
16 *a* HEB la tienda de reunión.

llevarán contigo la carga del pueblo, y no la llevarás tú solo.
18 Pero dirás al pueblo: Santificaos para mañana y comeréis carne. Pues habéis llorado a oídos de Jehová, diciendo: ¡Quién nos diera a comer carne! Porque mejor nos iba en Egipto. Jehová, pues, os dará carne, y comeréis.
19 No comeréis un día, ni dos días, ni cinco días, ni diez días, ni veinte días,
20 sino hasta un mes entero, hasta que os salga por las narices, y os sea aborrecible, por cuanto menospreciasteis a Jehová que está en medio de vosotros, y llorasteis delante de él, diciendo: ¿Para qué salimos acá de Egipto?
21 Entonces dijo Moisés: Hay seiscientos mil hombres de a pie en este pueblo en medio del cual yo estoy, y tú dices: Les daré carne, y comerán durante todo un mes.
22 ¿Se degollarán para ellos ovejas y bueyes que les basten? ¿O se juntarán para ellos todos los peces del mar para que tengan abasto?
23 Entonces Jehová respondió a Moisés: ¿Acaso se ha acortado la mano de Jehová? Ahora verás si se cumple mi palabra o no.
24 Y salió Moisés y dijo al pueblo las palabras de Jehová; y reunió a los [a]setenta hombres de entre los ancianos del pueblo, y los reunió alrededor del tabernáculo.
25 Entonces Jehová descendió en la [a]nube y le habló; y [b]tomó del espíritu que estaba en él y lo puso en los setenta varones [c]ancianos; y aconteció que cuando posó sobre ellos el espíritu, [d]profetizaron, y [e]no cesaron.
26 Y habían quedado en el campamento dos hombres, uno llamado Eldad y el otro Medad, sobre los cuales también reposó el espíritu; estaban éstos entre los inscritos, pero no habían ido al tabernáculo; y profetizaron en el campamento.
27 Y corrió un joven y dio aviso a Moisés, y dijo: Eldad y Medad profetizan en el campamento.
28 Entonces respondió [a]Josué hijo de Nun, ayudante de Moisés *desde* su juventud, y dijo: Señor mío Moisés, impídeselo.
29 Y Moisés le respondió: ¿Tienes tú celos por mí? ¡Ojalá que todos los del pueblo de Jehová fuesen [a]profetas, que Jehová pusiera su espíritu sobre ellos!
30 Y volvió Moisés al campamento, él y los ancianos de Israel.
31 Y Jehová envió un viento que trajo [a]codornices del mar y las dejó sobre el campamento, un día de camino de un lado, y un día de camino del otro lado, en derredor del campamento, y casi dos codos sobre la faz de la tierra.
32 Entonces el pueblo estuvo levantado todo aquel día y toda la noche, y todo el día siguiente, y recogieron codornices; el que menos, recogió diez montones; y

24 *a* GEE Setenta.
25 *a* Éter 2:4–5, 14; DyC 34:7–9; JS—H 1:68.
b GEE Autoridad.
c GEE Élder (anciano).
d GEE Dones del Espíritu.
e HEB no añadieron.
28 *a* GEE Josué.
29 *a* GEE Profecía, profetizar; Profeta.
31 *a* Éx. 16:13.

las tendieron para sí a lo largo en derredor del campamento.

33 Aún estaba la carne entre los dientes de ellos, antes que fuese masticada, cuando la ira de Jehová se encendió contra el pueblo, e hirió Jehová al pueblo con una [a]plaga muy grande.

34 Y llamó el nombre de aquel lugar [a]Kibrot-hataava, por cuanto allí sepultaron al pueblo [b]codicioso.

35 De Kibrot-hataava el pueblo partió a Hazerot, y se detuvo en Hazerot.

CAPÍTULO 12

Aarón y María se quejan contra Moisés, el más manso de todos los hombres — Jehová promete hablar a Moisés cara a cara y mostrarse a él — María queda leprosa por una semana.

Y HABLARON María y Aarón contra Moisés a causa de la mujer [a]etíope que había tomado, porque él había tomado por esposa a una mujer etíope.

2 Y dijeron: ¿Solamente por medio de Moisés ha hablado Jehová? ¿No ha hablado también por medio de nosotros? Y lo oyó Jehová.

3 (Y aquel varón Moisés era muy [a]manso, más que todos los hombres que había sobre la tierra.)

4 Y en seguida dijo Jehová a Moisés y a Aarón, y a María: Id vosotros tres al tabernáculo de reunión. Y salieron ellos tres.

5 Entonces Jehová descendió en la columna de la nube y se puso a la entrada del tabernáculo, y llamó a Aarón y a María, y se acercaron ambos.

6 Y él les dijo: Oíd ahora mis palabras: Si hay [a]profeta de Jehová entre vosotros, me apareceré a él en [b]visión; en [c]sueños hablaré con él.

7 No así con mi siervo Moisés, que es fiel en toda mi casa.

8 [a]Cara a cara hablaré con él, y claramente y no con enigmas; y verá la [b]imagen de Jehová. ¿Por qué, pues, no tuvisteis temor de hablar contra mi siervo Moisés?

9 Entonces la ira de Jehová se encendió contra ellos; y él se fue.

10 Y cuando la nube se apartó del tabernáculo, he aquí que María estaba [a]leprosa, *blanca* como la nieve; y miró Aarón a María, y he aquí que estaba leprosa.

11 Y dijo Aarón a Moisés: ¡Ah! señor mío, no pongas ahora sobre nosotros este pecado, porque locamente lo hemos hecho y hemos pecado.

12 No sea ella ahora como el que sale muerto del vientre de su madre, consumida la mitad de su carne.

13 Entonces Moisés clamó a

33 *a* GEE Maldecir, maldiciones.
34 *a* *Es decir,* las tumbas de los codiciosos.
b GEE Codiciar.
12 1 *a* HEB cusita.
3 *a* GEE Mansedumbre, manso.
6 *a* GEE Profeta.
b GEE Visión.
c GEE Sueños.
8 *a* Éx. 33:11; Éter 12:38–41; DyC 17:1–2; Moisés 1:2, 3; 7:4; Abr. 3:11.
b GEE Jesucristo—La existencia premortal de Cristo.
10 *a* GEE Lepra.

Jehová, diciendo: Te ruego, oh
Dios, que [a]la sanes ahora.
14 Respondió Jehová a Moisés:
Pues si su padre hubiera escu-
pido en su cara, ¿no se avergon-
zaría durante siete días? Sea
echada fuera del campamento
durante siete días, y después será
readmitida.
15 Así María fue echada del
campamento durante siete días; y
el pueblo no siguió adelante hasta
que María fue readmitida.
16 Y después el pueblo partió de
Hazerot y acampó en el desierto
de Parán.

CAPÍTULO 13

Moisés envía a doce espías para que reconozcan la tierra de Canaán — Diez de ellos dan un informe falso, hablando solamente de la fuerza de sus habitantes.

Y JEHOVÁ habló a Moisés,
diciendo:
2 Envía tú hombres para que
reconozcan la [a]tierra de Canaán,
la cual yo doy a los hijos de Israel; de cada tribu de sus padres
enviaréis un hombre, cada uno
príncipe entre ellos.
3 Y Moisés los envió desde el
desierto de Parán, conforme a la
palabra de Jehová; y todos aquellos hombres eran príncipes de
los hijos de Israel.
4 Los nombres de los cuales son
éstos: De la tribu de Rubén, Samúa hijo de Zacur.
5 De la tribu de Simeón, Safat
hijo de Horí.
6 De la tribu de Judá, [a]Caleb
hijo de Jefone.
7 De la tribu de Isacar, Igal hijo
de José.
8 De la tribu de Efraín, [a]Oseas
hijo de Nun.
9 De la tribu de Benjamín, Palti
hijo de Rafú.
10 De la tribu de Zabulón, Ga-
diel hijo de Sodi.
11 De la tribu de José, de la tribu
de Manasés, Gaddi hijo de Susi.
12 De la tribu de Dan, Amiel
hijo de Gemali.
13 De la tribu de Aser, Setur hijo
de Micael.
14 De la tribu de Neftalí, Nahbi
hijo de Vapsi.
15 De la tribu de Gad, Geuel
hijo de Maqui.
16 Éstos son los nombres de los
hombres que Moisés envió a reconocer la tierra; y a [a]Oseas hijo
de Nun, le puso Moisés el nombre de Josué.
17 Los envió, pues, Moisés a
reconocer la tierra de Canaán,
diciéndoles: Subid por aquí, [a]por
el sur, y subid al monte,
18 y observad cómo es la tierra, y si el pueblo que la habita
es fuerte o débil, si es poco o
numeroso;
19 cómo es la tierra habitada,
si es buena o mala; y cómo son
las ciudades habitadas, si son de
tiendas o amuralladas;
20 y cómo es la tierra, si es fértil
o estéril, si en ella hay o no árboles. Y esforzaos y recoged del

13 *a* GEE Sanar, sanidades.
13 2 *a* Gén. 17:8.
GEE Canaán, cananeo.
6 *a* GEE Caleb.
8 *a* GEE Josué.
16 *a* Deut. 34:9.
GEE Josué.
17 *a* HEB por el Neguev.

fruto del país. Y el tiempo era el tiempo de las primeras uvas.

21 Y ellos subieron y reconocieron la tierra desde el desierto de Zin hasta Rehob, entrando en Hamat.

22 Y [a]subieron por el sur y llegaron hasta [b]Hebrón; y allí estaban Ahimán, y Sesai y Talmai, hijos de Anac. Hebrón fue edificada siete años antes de Zoán en Egipto.

23 Y llegaron hasta el valle de Escol y de allí cortaron un sarmiento con un racimo de uvas, el cual trajeron dos en un palo, y de las granadas y de los higos.

24 Y se llamó aquel lugar el valle de Escol, por el racimo que cortaron de allí los hijos de Israel.

25 Y volvieron de reconocer la tierra al cabo de cuarenta días.

26 Y anduvieron y vinieron a Moisés y a Aarón, y a toda la congregación de los hijos de Israel, en el desierto de Parán, en Cades, y les dieron el informe a ellos, y a toda la congregación, y les mostraron el fruto de la tierra.

27 Y le contaron a él, y dijeron: Nosotros llegamos a la tierra a la cual nos enviaste, la que ciertamente [a]fluye leche y miel; y éste es el fruto de ella.

28 Pero el pueblo que habita aquella tierra es fuerte, y las [a]ciudades muy grandes y fortificadas; y también vimos allí a los hijos de Anac.

29 [a]Amalec habita [b]la tierra del sur; y el heteo, y el jebuseo y el amorreo habitan en el monte; y el [c]cananeo habita junto al mar y a la ribera del Jordán.

30 Entonces [a]Caleb hizo callar al pueblo delante de Moisés, y dijo: Subamos en seguida, y poseámosla, porque ciertamente podremos apoderarnos de ella.

31 Pero los [a]hombres que subieron con él dijeron: No podremos subir contra aquel pueblo, porque es más fuerte que nosotros.

32 Y vituperaron entre los hijos de Israel la tierra que habían reconocido, diciendo: La tierra por donde pasamos para reconocerla es tierra que traga a sus moradores; y todo el pueblo que vimos en medio de ella son hombres de gran estatura.

33 También vimos allí [a]gigantes, hijos de Anac, *raza* de los gigantes; y éramos nosotros, a nuestro parecer, como langostas; y así les parecíamos a ellos.

CAPÍTULO 14

Israel murmura y habla de volver a Egipto — Josué y Caleb dan un buen informe de Canaán — Moisés media entre Israel y Jehová — Los adultos de Israel no entrarán a la tierra prometida — Jehová hace morir a los falsos espías con una plaga — Algunos rebeldes intentan ir solos y los matan los amalecitas y los cananeos.

22 *a* HEB subieron por el Neguev.
b GEE Hebrón.
27 *a* Neh. 9:25.
28 *a* Deut. 9:1–2.
29 *a* GEE Amalecitas.
b HEB Neguev, o sea, el sur.
c GEE Canaán, cananeo.
30 *a* Núm. 14:23–24.
31 *a* Josué 14:6–8.
33 *a* Deut. 2:10–11; Moisés 8:18.

ENTONCES toda la congregación *gritó* y dio voces; y el pueblo lloró aquella noche.

2 Y se [a]quejaron contra Moisés y contra Aarón todos los hijos de Israel; y toda la multitud les dijo: ¡Ojalá hubiéramos muerto en la tierra de Egipto! ¡Ojalá hubiéramos muerto en este desierto!

3 ¿Y por qué nos trae Jehová a esta tierra para caer a espada y que nuestras esposas y nuestros pequeños sean una presa? ¿No nos sería mejor volvernos a Egipto?

4 Y se decían el uno al otro: Nombremos un capitán, y [a]volvámonos a Egipto.

5 Entonces Moisés y Aarón se postraron sobre sus rostros delante de toda la multitud de la congregación de los hijos de Israel.

6 Y Josué hijo de Nun y Caleb hijo de Jefone, que eran de los que habían reconocido la tierra, rasgaron sus vestidos;

7 y hablaron a toda la congregación de los hijos de Israel, diciendo: La tierra por donde pasamos para reconocerla es tierra en gran manera buena.

8 Si Jehová se agrada de nosotros, *él* nos llevará a esa tierra y nos la entregará; es una tierra que fluye leche y miel.

9 Por tanto, no seáis [a]rebeldes contra Jehová, ni temáis al pueblo de esta tierra, porque [b]son como pan para nosotros; su amparo se ha apartado de ellos y con nosotros está [c]Jehová. [d]No los temáis.

10 Entonces toda la multitud habló de apedrearlos. Pero la [a]gloria de Jehová se mostró en el tabernáculo de reunión a todos los hijos de Israel.

11 Y Jehová dijo a Moisés: ¿Hasta cuándo [a]me ha de menospreciar este pueblo? ¿Hasta cuándo no [b]me han de creer con todas las señales que he hecho en medio de ellos?

12 Yo los heriré de mortandad y los desheredaré, y a ti te pondré sobre [a]gente más grande y más fuerte que ellos.

13 Y Moisés respondió a Jehová: Entonces lo oirán los [a]egipcios, porque de en medio de ellos sacaste a este pueblo con tu poder,

14 y se lo dirán a los habitantes de esta tierra, *los cuales* han oído que tú, oh Jehová, estabas en medio de este pueblo, que cara a cara aparecías [a]tú, oh Jehová, y que [b]tu nube estaba sobre ellos, y que de día ibas delante de ellos en una columna de nube, y de noche en una columna de fuego.

15 Y si haces morir a este pueblo como a un solo hombre, las naciones que hayan oído tu fama hablarán, diciendo:

16 Porque no pudo Jehová hacer entrar a este pueblo en la tierra

14 2 *a* Deut. 9:23.
GEE Murmurar.
4 *a* Neh. 9:16–17.
9 *a* GEE Rebelión.
b *O sea,* son nuestra presa.
c GEE Confianza, confiar.
d GEE Temor—Temor al hombre.
10 *a* Éx. 16:10; 24:16–17.
11 *a* 1 Ne. 17:23–31; Alma 12:36–37; Hel. 7:15–20.
GEE Enojo.
b GEE Creencia, creer; Fe.
12 *a* *Es decir,* nación.
13 *a* Éx. 32:10–14.
14 *a* Éx. 33:11.
b Sal. 99:7; DyC 84:5.

que había jurado darles, los mató
en el desierto.
17 Ahora, pues, yo te ruego que
sea magnificado el poder del Señor, como lo hablaste, diciendo:
18 [a]Jehová, que es tardo para la
ira y grande en misericordia, que
[b]perdona la iniquidad y la transgresión y que no deja impune al
culpable; que visita la maldad de
los padres sobre los hijos hasta la
tercera y la cuarta generación.
19 Perdona ahora la iniquidad
de este pueblo según la grandeza de tu misericordia, como
has perdonado a este pueblo
desde Egipto hasta aquí.
20 Entonces Jehová dijo: [a]Yo
lo he perdonado conforme a tu
palabra.
21 Mas, ciertamente vivo yo, y
[a]mi gloria llena toda la tierra,
22 todos los que vieron mi gloria y las [a]maravillas que hice en
Egipto y en el desierto, y me han
[b]tentado ya diez veces, y [c]no han
escuchado mi voz,
23 [a]no verán la tierra de la cual
juré a sus padres; [b]no, ninguno
de los que me han menospreciado la verá.
24 Pero mi siervo [a]Caleb, por
cuanto hubo en él otro [b]espíritu
y me ha seguido fielmente, yo
le llevaré a la tierra donde entró
y su descendencia la recibirá en
heredad.
25 Ahora bien, el amalecita y el
cananeo habitan en el valle; volveos mañana y salid al desierto,
camino del Mar Rojo.
26 Y Jehová habló a Moisés y a
Aarón, diciendo:
27 ¿Hasta cuándo he de soportar esta depravada multitud que
[a]murmura contra mí? He oído las
querellas de los hijos de Israel
que de mí se quejan.
28 Diles: Vivo yo, dice Jehová,
que según habéis hablado a mis
oídos, así haré yo con vosotros.
29 En este [a]desierto caerán
vuestros [b]cuerpos; todos los que
fuisteis contados según vuestra
cuenta, de veinte años arriba,
los cuales habéis murmurado
contra mí.
30 Vosotros a la verdad no entraréis en la tierra, por la cual alcé mi
mano jurando haceros habitar en
ella, exceptuando a Caleb hijo de
Jefone y a Josué hijo de Nun.
31 Mas a vuestros pequeños,
de los cuales dijisteis que serían
una presa, yo los haré entrar allí,
y ellos conocerán la tierra que
vosotros despreciasteis.
32 Y en cuanto a vosotros,
vuestros cuerpos caerán en este
desierto.
33 Y vuestros hijos andarán pas-
toreando en el desierto durante
[a]cuarenta años, y ellos [b]lleva-
rán *las consecuencias* de vuestras

18 *a* GEE Misericordia, misericordioso.
b GEE Perdonar.
20 *a* TJS Éx. 32:14 (Apéndice).
21 *a* Sal. 72:19; DyC 65:2, 6. GEE Gloria.
22 *a* GEE Milagros.
b HEB puesto a prueba. Jacob 7:14; Alma 30:44–47.
c GEE Incredulidad.
23 *a* Núm. 32:11–12; Josué 5:6; DyC 84:23–25.
b Heb. 3:8.
24 *a* Núm. 13:30; 32:12.
b Josué 14:7–15. GEE Valor, valiente.
27 *a* GEE Murmurar.
29 *a* Núm. 26:65; Ezeq. 20:13, 15.
b Heb. 3:14–19.
33 *a* Sal. 95:10; DyC 84:23–25.
b *O sea,* sufrirán por sus infidelidades.

fornicaciones, hasta que vuestros cuerpos sean consumidos en el desierto.

34 Conforme al número de los días, *de los* cuarenta días en que reconocisteis la tierra, llevaréis vuestras iniquidades durante cuarenta años, un año por cada día; y [a]conoceréis mi castigo.

35 Yo, Jehová, he hablado; así haré a toda esta multitud perversa que se ha juntado contra mí; en este desierto serán consumidos, y ahí [a]morirán.

36 Y los hombres que Moisés envió a reconocer la tierra, y que al volver habían hecho murmurar contra él a toda la congregación, desacreditando aquella tierra,

37 aquellos hombres que habían hablado mal de la tierra, murieron de una plaga delante de Jehová.

38 Pero Josué hijo de Nun y Caleb hijo de Jefone quedaron con vida de entre aquellos hombres que habían ido a reconocer la tierra.

39 Y Moisés dijo estas cosas a todos los hijos de Israel, y el pueblo se afligió mucho.

40 Y se levantaron por la mañana y subieron a la cumbre del monte, diciendo: Henos aquí para subir al lugar del cual ha hablado Jehová, porque hemos [a]pecado.

41 Y dijo Moisés: ¿Por qué quebrantáis el mandato de Jehová? Esto tampoco os saldrá bien.

42 No subáis, porque Jehová no está en medio de vosotros, no sea que seáis heridos delante de vuestros enemigos.

43 Porque el [a]amalecita y el cananeo están allí delante de vosotros, y caeréis a espada, por cuanto habéis dejado de seguir a Jehová; por eso no estará Jehová con vosotros.

44 Sin embargo, se obstinaron en subir a la cima del monte; mas ni el arca del pacto de Jehová ni Moisés se apartaron de en medio del campamento.

45 Y descendieron el amalecita y el cananeo que habitaban en aquel monte y los hirieron y los derrotaron, *persiguiéndolos* hasta Horma.

CAPÍTULO 15

Varias ordenanzas de sacrificio traen el perdón al Israel arrepentido — Aquellos que pecan voluntariamente son desarraigados de entre el pueblo — Un hombre es apedreado por recoger leña en el día de reposo — Los israelitas deben mirar los bordes de sus vestidos y recordar los mandamientos.

Y JEHOVÁ habló a Moisés, diciendo:

2 Habla a los hijos de Israel y diles: Cuando hayáis entrado en la tierra que vais a habitar, la cual yo os doy,

3 y hagáis ofrenda encendida a Jehová, holocausto o sacrificio para cumplir un voto especial o de vuestra voluntad, o para

34 *a* HEB sentirán mi desagrado.
35 *a* Deut. 2:14–15.
40 *a* Deut. 1:41.
GEE Rebelión.
43 *a* GEE Amalecitas.

hacer en vuestras fiestas solemnes olor grato a Jehová, de vacas o de ovejas;

4 entonces el que ofrezca su ofrenda a Jehová traerá como ofrenda de grano una décima de un efa de flor de harina, amasada con la cuarta parte de un hin de aceite;

5 y de vino para la [a]libación ofrecerás la cuarta parte de un hin, además del holocausto o del sacrificio, por cada cordero.

6 Y por *cada* carnero harás una ofrenda de grano de dos décimas de un efa de flor de harina amasada con la tercera parte de un hin de aceite;

7 y de vino para la libación ofrecerás la tercera parte de un hin, como olor grato a Jehová.

8 Y cuando ofrezcas novillo como holocausto o sacrificio para cumplir voto especial o para las ofrendas de paz a Jehová,

9 ofrecerás con el novillo una ofrenda de grano de tres décimas de un efa de flor de harina amasada con la mitad de un hin de aceite;

10 y de vino para la libación ofrecerás la mitad de un hin como ofrenda encendida de olor grato a Jehová.

11 Así se hará con cada novillo, o con cada carnero o con cada cría de oveja o de cabra.

12 Conforme al número que ofrezcáis, así haréis con cada uno según el número de ellos.

13 Todo natural del país hará estas cosas así, para ofrecer ofrenda encendida de olor grato a Jehová.

14 Y si habita con vosotros un extranjero, o cualquiera que esté entre vosotros por vuestras generaciones, si hace ofrenda encendida de olor grato a Jehová, como vosotros lo hacéis, así lo hará él.

15 [a]Un mismo estatuto tendréis, vosotros los de la congregación y el extranjero que *con vosotros* mora; estatuto que será perpetuo por vuestras generaciones; como vosotros, así será el extranjero delante de Jehová.

16 [a]Una misma ley y un mismo decreto tendréis, vosotros y el extranjero que con vosotros mora.

17 Y habló Jehová a Moisés, diciendo:

18 Habla a los hijos de Israel y diles: Cuando hayáis entrado en la tierra a la cual yo os llevo,

19 sucederá que cuando comencéis a comer el pan de la tierra, ofreceréis una ofrenda elevada a Jehová.

20 De lo primero que [a]amaséis ofreceréis una torta como ofrenda elevada; como ofrenda elevada de la era, así la [b]ofreceréis.

21 De las primicias de vuestra masa daréis a Jehová ofrenda elevada por vuestras generaciones.

22 Y cuando erréis, y no cumpláis todos estos mandamientos que Jehová ha dicho a Moisés,

23 todas las cosas que Jehová os ha mandado por medio de Moisés, desde el día en que Jehová *lo*

15 5 *a* 2 Cró. 29:35.
15 *a* GEE Unidad.
16 *a* *O sea,* la misma doctrina y las mismas ordenanzas.
20 *a* Ezeq. 44:30.
b HEB la elevaréis.

mandó, y en adelante por vuestras generaciones,

24 acontecerá que si *el pecado* fue cometido inadvertidamente sin el conocimiento de la congregación, toda la congregación ofrecerá un novillo como holocausto en olor grato a Jehová, con su ofrenda de grano y su libación, conforme al decreto; y un macho cabrío como ofrenda por el pecado.

25 Y el sacerdote hará [a]expiación por toda la congregación de los hijos de Israel; y les será [b]perdonado, porque fue inadvertido; y ellos traerán sus ofrendas, una ofrenda encendida a Jehová, y su ofrenda por el pecado delante de Jehová, por su error.

26 Y será perdonado a toda la congregación de los hijos de Israel y al extranjero que mora entre ellos, por cuanto es error de todo el pueblo.

27 Y si una persona peca [a]inadvertidamente, ofrecerá una cabra de un año como ofrenda por el pecado.

28 Y el sacerdote hará expiación por la persona que haya pecado inadvertidamente; cuando peque sin darse cuenta delante de Jehová, hará expiación por ella, y le será perdonado.

29 Una misma ley tendréis para el que hiciere *algo* inadvertidamente, tanto para el natural entre los hijos de Israel como para el extranjero que habite entre ellos.

30 Pero la persona que haga algo con [a]altivez, tanto el natural como el extranjero, a Jehová injuria; y tal persona será [b]talada de en medio de su pueblo.

31 Por cuanto [a]tuvo en poco la palabra de Jehová y quebrantó su mandamiento, enteramente será excluida tal persona; su iniquidad caerá sobre ella.

32 Y estando los hijos de Israel en el desierto, hallaron a un hombre que recogía leña en el día de [a]reposo.

33 Y los que le hallaron recogiendo leña, le llevaron a Moisés y a Aarón, y a toda la congregación.

34 Y lo pusieron en la cárcel, porque no estaba claro qué le habían de hacer.

35 Y Jehová dijo a Moisés: Irremisiblemente [a]muera aquel hombre; apedréelo toda la congregación fuera del campamento.

36 Entonces lo sacó la congregación fuera del campamento, y lo apedrearon, y murió, como Jehová había mandado a Moisés.

37 Y Jehová habló a Moisés, diciendo:

38 Habla a los hijos de Israel y diles que se hagan flecos en los [a]bordes de sus vestidos, por sus generaciones; y pongan en cada fleco de los bordes un cordón de azul.

39 Y el fleco os servirá para que cuando lo veáis os acordéis de todos los mandamientos de Jehová,

25 *a* Lev. 1:4; 4:20–26; 2 Cró. 29:23–24. GEE Expiación, expiar.
b GEE Perdonar.
27 *a* Mos. 3:11.
30 *a* GEE Rebelión.
b GEE Excomunión.
31 *a* 1 Ne. 19:7; 2 Ne. 33:2; Jacob 4:14; DyC 3:4–13. GEE Odio, aborrecimiento.
32 *a* GEE Día de reposo.
35 *a* Éx. 31:12–17.
38 *a* Mateo 9:20; 23:5.

para ponerlos por obra, y no vayáis en pos de vuestro corazón y de vuestros ojos, tras los cuales os prostituís.

40 Para que os acordéis y cumpláis todos mis mandamientos y seáis santos a vuestro Dios.

41 Yo, Jehová, vuestro Dios, que os saqué de la tierra de Egipto para ser vuestro Dios. Yo, Jehová, vuestro Dios.

CAPÍTULO 16

Coré, Datán y Abiram, con doscientos cincuenta líderes, se rebelan y buscan oficios sacerdotales — La tierra traga a los tres rebeldes y a sus familias — Fuego de Jehová consume a los doscientos cincuenta rebeldes — Israel murmura en contra de Moisés y Aarón por matar al pueblo — Jehová envía una plaga, por la cual mueren catorce mil setecientas personas.

Y CORÉ hijo de Izhar, hijo de Coat, hijo de Leví, y [a]Datán y Abiram, hijos de Eliab, y On hijo de Pelet, de los hijos de Rubén, tomaron *gente,*

2 y [a]se levantaron contra Moisés con doscientos cincuenta hombres de los hijos de Israel, príncipes de la congregación, de los del consejo, hombres de renombre.

3 Y se juntaron contra [a]Moisés y Aarón y les dijeron: ¡Basta ya de vosotros!, porque toda la congregación, todos ellos son santos, y en medio de ellos está Jehová. ¿Por qué, pues, os levantáis vosotros sobre la congregación de Jehová?

4 Y cuando lo oyó Moisés, se postró sobre su rostro,

5 y habló a Coré y a todo su séquito, diciendo: Mañana mostrará Jehová quién es suyo, y al que es [a]santo, lo acercará a sí mismo; y al que él [b]escoja, lo [c]acercará a sí.

6 Haced esto: Tomad incensarios, Coré y todo su séquito,

7 y poned fuego en ellos, y poned en ellos incienso delante de Jehová mañana; y sucederá que el hombre a quien Jehová escoja, ése *será* santo; que *esto* os baste, hijos de Leví.

8 Dijo más Moisés a Coré: Oíd ahora, hijos de Leví:

9 ¿Os es poco que el Dios de Israel os haya apartado de la congregación de Israel, y os haya acercado a sí mismo para que sirváis en el [a]servicio del tabernáculo de Jehová, y estéis delante de la congregación para servirles?

10 Y te hizo acercar a ti y a todos tus hermanos los hijos de Leví contigo. ¿Y ahora procuráis también el [a]sacerdocio?

11 Por tanto, tú y todo tu séquito sois los que os juntáis [a]contra Jehová; pues, ¿quién es Aarón para que contra él [b]murmuréis?

---

16 1 *a* Deut. 11:6.
2 *a* GEE Rebelión.
3 *a* 3 Juan 1:9–10.
5 *a* GEE Santidad.
b GEE Escogido; Sacerdocio.
c Ezeq. 44:15–16.
9 *a* GEE Sacerdocio Aarónico.
10 *a* TJS Núm. 16:10 …*sumo* sacerdocio? GEE Sacerdocio de Melquisedec.
11 *a* Éx. 16:8.
b DyC 121:16–24. GEE Murmurar.

12 Y envió Moisés a llamar a [a]Datán y Abiram, hijos de Eliab; mas ellos respondieron: No iremos allá.

13 ¿Es poco que nos hayas hecho venir de una tierra que destila leche y miel, para hacernos morir en el desierto, sino que también te [a]enseñorees de nosotros imperiosamente?

14 Ni tampoco nos has traído a tierra que fluya leche y miel, ni nos has dado heredades de tierras y viñas. ¿Vas a sacar los ojos de estos hombres? No subiremos.

15 Entonces Moisés se enojó en gran manera y dijo a Jehová: ¡[a]No aceptes su ofrenda! Ni aun un asno he tomado de ellos, ni a ninguno de ellos he hecho mal.

16 Después dijo Moisés a Coré: Tú y todo tu séquito, poneos mañana delante de Jehová; tú, y ellos y Aarón.

17 Y tome cada uno su incensario y ponga incienso en ellos, y acerque delante de Jehová cada uno su incensario, doscientos cincuenta incensarios; tú también, y Aarón, cada uno con su incensario.

18 Y tomó cada uno su incensario, y pusieron en ellos fuego, y echaron en ellos incienso y se pusieron a la entrada del tabernáculo de reunión con Moisés y Aarón.

19 Ya Coré había hecho juntar contra ellos a toda la congregación a la entrada del tabernáculo de reunión; entonces la gloria de Jehová apareció a toda la congregación.

20 Y Jehová habló a Moisés y a Aarón, diciendo:

21 [a]Apartaos de entre esta congregación, y los consumiré en un momento.

22 Y ellos se postraron sobre sus rostros y dijeron: [a]Dios, Dios de los [b]espíritus de toda carne, ¿no es un solo hombre el que pecó, y te enojarás contra toda la congregación?

23 Entonces Jehová habló a Moisés, diciendo:

24 Habla a la congregación y diles: Apartaos de los alrededores de las tiendas de Coré, de Datán y de Abiram.

25 Y Moisés se levantó y fue a Datán y Abiram, y los ancianos de Israel fueron en pos de él.

26 Y él habló a la congregación, diciendo: Apartaos ahora de las tiendas de estos hombres impíos, y no toquéis ninguna cosa suya, para que no perezcáis con todos sus pecados.

27 Y se apartaron de los alrededores de las tiendas de Coré, de Datán y de Abiram; y Datán y Abiram salieron y se pusieron a la entrada de sus [a]tiendas, con sus esposas, y sus hijos y sus pequeños.

28 Y dijo Moisés: En esto conoceréis que Jehová me ha enviado para que hiciese todas estas cosas, y que no las hice de mi propia voluntad.

29 Si éstos mueren como mueren

12 *a* Núm. 26:9–10.
13 *a* Éx. 2:14.
15 *a* Gén. 4:4–5.
21 *a* Gén. 19:14.
22 *a* GEE Trinidad—Dios el Padre.
b GEE Hijos e hijas de Dios—Los hijos espirituales del Padre; Espíritu.
27 *a* Éx. 33:8.

todos los hombres, o si son ellos [a]visitados a la manera de todos los hombres, Jehová no me envió.

30 Pero si Jehová hace algo nuevo y la tierra abre su boca, y los traga con todas sus pertenencias, y descienden vivos al [a]Seol, entonces conoceréis que estos hombres menospreciaron a Jehová.

31 Y aconteció que al acabar él de hablar todas estas palabras, se abrió la tierra que estaba debajo de ellos.

32 Y [a]abrió la tierra su boca y los tragó a ellos, y a sus [b]casas, y a todos los hombres de Coré y todos sus bienes.

33 Y ellos, con todo lo que tenían, descendieron vivos al Seol, y los cubrió la tierra, y perecieron de en medio de la congregación.

34 Y todo Israel, los que estaban alrededor de ellos, huyeron al grito de ellos, porque decían: No sea que nos trague también la tierra.

35 Y salió fuego de Jehová y consumió a los doscientos cincuenta hombres que ofrecían el incienso.

36 Entonces Jehová habló a Moisés, diciendo:

37 Di a Eleazar, hijo del sacerdote Aarón, que tome los incensarios de en medio del incendio y esparza más allá el fuego, porque son santificados.

38 Y de los incensarios de estos que han pecado contra sus almas, harán de ellos planchas extendidas para cubrir el altar, por cuanto ofrecieron con ellos delante de Jehová y son santificados; y serán como una señal a los hijos de Israel.

39 Y el sacerdote Eleazar tomó los incensarios de bronce con que los que fueron quemados habían ofrecido, e hicieron láminas con ellos para recubrir el altar,

40 como recordatorio a los hijos de Israel de que ningún [a]extraño que no fuera de la descendencia de [b]Aarón debía acercarse a ofrecer [c]incienso delante de Jehová, para que no fuera como Coré y como su séquito, según se lo dijo Jehová por medio de Moisés.

41 Al día siguiente, toda la congregación de los hijos de Israel [a]murmuró contra Moisés y Aarón, diciendo: Vosotros habéis matado al pueblo de Jehová.

42 Y aconteció que cuando se juntó la congregación contra Moisés y Aarón, miraron hacia el tabernáculo de reunión, y he aquí, la nube lo había cubierto, y apareció la gloria de Jehová.

43 Y fueron Moisés y Aarón delante del tabernáculo de reunión.

44 Y Jehová habló a Moisés, diciendo:

45 [a]Apartaos de en medio de esta congregación, y los consumiré en

29 *a* *Es decir,* mediante la muerte, como les sucede a todos los hombres.
30 *a* HEB mundo o morada de los muertos, sepulcro, infierno. Sal. 55:15.
32 *a* 2 Ne. 26:5; 3 Ne. 9:8; 10:14.
b HEB a sus familias.
40 *a* *Es decir,* ninguna persona no autorizada. 2 Cró. 26:16–23.
b Núm. 3:5–10; DyC 84:18.
c Apoc. 8:3–4.
41 *a* GEE Murmurar.
45 *a* Gén. 19:14.

un momento. Y ellos se postraron sobre sus rostros.

46 Y dijo Moisés a Aarón: Toma el incensario y pon fuego del altar en él, y pon incienso en él, y ve rápido a la congregación, y haz expiación por ellos, porque el furor ha salido de la presencia de Jehová, y [a]la mortandad ha comenzado.

47 Entonces tomó Aarón *el incensario,* como Moisés dijo, y corrió en medio de la congregación; y he aquí que la mortandad había comenzado entre el pueblo; y él puso incienso e hizo expiación por el pueblo.

48 Y se puso entre los [a]muertos y los vivos, y cesó la [b]mortandad.

49 Y los que murieron en aquella mortandad fueron catorce mil setecientos, sin contar a los muertos por la rebelión de Coré.

50 Después volvió Aarón a Moisés a la entrada del tabernáculo de reunión, cuando la mortandad había cesado.

CAPÍTULO 17

Se coloca en el tabernáculo de reunión como prueba una vara por cada tribu — La vara de Aarón brota, florece y produce almendras — Se guarda la vara como señal en contra de los rebeldes.

Y HABLÓ Jehová a Moisés, diciendo:

2 Habla a los hijos de Israel y toma de ellos una [a]vara por cada casa paterna, de todos los príncipes de ellos, doce varas conforme a las casas paternas; y escribirás el nombre de cada uno sobre su vara.

3 Y escribirás el nombre de Aarón sobre la vara de Leví, porque cada jefe de familia paterna tendrá una vara.

4 Y las pondrás en el tabernáculo de reunión delante del testimonio, donde [a]yo me reuniré con vosotros.

5 Y acontecerá que la vara del hombre que yo [a]escoja florecerá; y haré cesar delante de mí las quejas de los hijos de Israel con que murmuran contra vosotros.

6 Y Moisés habló a los hijos de Israel, y todos los [a]jefes de ellos le dieron varas; una vara por cada jefe de las casas paternas, *en total* doce varas; y la vara de Aarón estaba entre las varas de ellos.

7 Y Moisés puso las varas delante de Jehová en el [a]tabernáculo del testimonio.

8 Y aconteció que al día siguiente Moisés entró al tabernáculo del testimonio, y he aquí que la vara de Aarón de la casa de Leví había retoñado, y echado flores, y arrojado renuevos y producido almendras.

9 Entonces sacó Moisés todas las varas de delante de Jehová a todos los hijos de Israel; y ellos lo vieron, y tomó cada uno su vara.

10 Y Jehová dijo a Moisés:

46 *a* DyC 87:6.
48 *a* GEE Muerte física.
b Núm. 18:5.
17 2 *a* Ezeq. 37:16–17.
4 *a* Éx. 25:22.
5 *a* GEE Autoridad; Escogido; Sacerdocio.
6 *a* HEB líderes, cabezas, gobernantes.
7 *a* GEE Tabernáculo.

Vuelve a poner [a]la vara de Aarón delante del testimonio, para que se guarde como señal a los hijos rebeldes; y harás cesar sus quejas delante de mí, para que no mueran.

11 E hizo Moisés como le mandó Jehová; así lo hizo.

12 Entonces los hijos de Israel hablaron a Moisés, diciendo: ¡He aquí, nosotros perecemos! ¡Estamos perdidos! ¡Todos nosotros estamos perdidos!

13 Cualquiera que se acerque, todo el que se acerque al tabernáculo de Jehová, [a]morirá. ¿Acabaremos por perecer todos?

CAPÍTULO 18

Se llama a Aarón y a sus hijos para ministrar como sacerdotes — Se llama a los levitas para servir en el servicio del tabernáculo — Los levitas no reciben heredad en la tierra, sino que se mantienen con los diezmos del pueblo.

Y Jehová dijo a Aarón: Tú y tus hijos, y tu casa paterna contigo, llevaréis la culpa con relación al santuario; y tú y tus hijos contigo [a]llevaréis la culpa con relación a vuestro sacerdocio.

2 Y a tus hermanos también, la tribu de Leví, la tribu de tu padre, haz que se acerquen a ti y se junten contigo, y te servirán; y tú y tus hijos contigo *serviréis* delante del tabernáculo del testimonio.

3 Y cumplirán lo que tú les encargues, y estarán a [a]cargo de todo el tabernáculo; pero no [b]se acercarán a los [c]enseres santos ni al altar, para que no [d]mueran ellos y vosotros.

4 Se juntarán, pues, contigo, y tendrán el cargo del tabernáculo de reunión en todo el servicio del tabernáculo; y ningún [a]extraño se ha de acercar a vosotros.

5 Y [a]tendréis a cargo [b]el cuidado del santuario y el cuidado del altar, para que no haya más [c]ira sobre los hijos de Israel.

6 Porque he aquí, yo he tomado a vuestros hermanos los [a]levitas de entre los hijos de Israel, dados a vosotros, como un don a Jehová, para que sirvan en el servicio del tabernáculo de reunión.

7 Pero tú y tus hijos contigo cumpliréis con vuestro [a]sacerdocio en todo asunto relacionado con el altar, y del [b]velo adentro, y ministraréis. Yo os he dado como don el servicio de vuestro sacerdocio, y el extraño que se acerque morirá.

8 Dijo Jehová a Aarón: He aquí yo te he dado también el cuidado de mis [a]ofrendas elevadas. Todas las cosas consagradas de los hijos

10 *a* Heb. 9:4.
13 *a* Núm. 18:2–7.
18 1 *a* *Es decir,* llevar la culpa por haber fallado al no cumplir con toda la responsabilidad. GEE Inicuo, iniquidad.
3 *a* Núm. 3:25, 31, 36.
b Ezeq. 44:9–14.
c Núm. 4:15; Dan. 5:1–3, 22–23.
d Núm. 17:12–13.
4 *a* *O sea,* persona no autorizada.
5 *a* Núm. 3:38.
b Ezeq. 40:45–46; DyC 107:20.
c Núm. 16:46–48.
6 *a* GEE Sacerdocio Aarónico; Leví—La tribu de Leví.
7 *a* GEE Sacerdocio Aarónico.
b GEE Velo.
8 *a* Lev. 10:12–15.

de Israel te las he [b]dado por razón de la [c]unción, y a tus hijos, por estatuto perpetuo.

9 Esto será tuyo de la ofrenda de las cosas santas *preservadas* del fuego: toda ofrenda de ellos, toda ofrenda de grano, y toda ofrenda por el pecado y toda [a]ofrenda por la culpa que ellos me han de presentar, será cosa muy santa para ti y para tus hijos.

10 En el [a]santuario la comerás; todo varón comerá de ella; cosa santa será para ti.

11 Esto también será tuyo: la [a]ofrenda elevada de sus dádivas y todas las ofrendas mecidas de los hijos de Israel te las he dado a ti, y a tus hijos, y a tus hijas contigo, por estatuto perpetuo. Todo el que esté [b]limpio en tu casa podrá comer de ellas.

12 De aceite, y de mosto y de trigo, todo lo más escogido, las [a]primicias de ello, que presentarán a Jehová, te las he dado a ti.

13 Las [a]primicias de todas las cosas de la tierra de ellos, las cuales traerán a Jehová, serán tuyas. Todo el que esté limpio en tu casa podrá comer de ellas.

14 Todo lo [a]consagrado por voto en Israel será tuyo.

15 Todo lo que abre matriz de toda carne que ofrecen a Jehová, tanto de hombres como de animales, será tuyo; mas redimirás al [a]primogénito del hombre; también redimirás al primogénito de animal inmundo.

16 Al mes de nacidos harás efectuar el rescate de ellos, conforme a tu valoración, por el precio de cinco siclos, conforme al siclo del santuario, *que* es de veinte geras.

17 Pero el [a]primogénito de vaca, y el primogénito de oveja y el primogénito de cabra no redimirás; santificados son. [b]Rociarás la sangre de ellos sobre el altar y quemarás la grosura de ellos, ofrenda encendida de olor grato a Jehová.

18 Y la carne de ellos será tuya, así como el pecho de la ofrenda mecida y la espaldilla derecha.

19 Todas las ofrendas elevadas de las cosas santas que los hijos de Israel ofrecieren a Jehová, las he dado para ti, y para tus hijos y para tus hijas contigo, por estatuto perpetuo; es un [a]convenio de [b]sal perpetuo delante de Jehová para ti y para tu descendencia contigo.

20 Y Jehová dijo a Aarón: De la tierra de ellos no tendrás [a]heredad ni entre ellos tendrás parte. Yo soy tu parte y tu [b]heredad en medio de los hijos de Israel.

21 Y he aquí, yo he dado a los hijos de Leví todos los diezmos en Israel como [a]heredad, por su

8 *b* Lev. 7:29–36; Deut. 18:3–5.
c Éx. 29:29–30; DyC 68:20–21.
9 *a* Lev. 4:22–35; 6:25–26.
10 *a* Lev. 6:16, 18.
11 *a* Éx. 29:27–28.
b Lev. 22:2–3, 11–13.
12 *a* Deut. 18:4.
13 *a* Deut. 26:1–3.
14 *a* Lev. 27:21, 28.
15 *a* GEE Primogénito.
17 *a* Gén. 4:4; Moisés 5:5–8.
b Lev. 3:2, 5; DyC 133:50–52.
19 *a* DyC 101:39–40. GEE Convenio (pacto).
b GEE Sal.
20 *a* Deut. 18:1–2; Josué 13:14.
b Ezeq. 44:28.
21 *a* GEE Primogenitura.

servicio, por cuanto ellos sirven en el servicio del tabernáculo de reunión.

22 Y ya no se acercarán más los [a]hijos de Israel al tabernáculo de reunión, para que no lleven pecado por el cual mueran.

23 Mas los [a]levitas harán el servicio del tabernáculo de reunión, y ellos llevarán su culpa; será estatuto perpetuo por vuestras generaciones; y no poseerán heredad entre los hijos de Israel.

24 Porque a los levitas les he dado por heredad los diezmos de los hijos de Israel que ofrecerán a Jehová como ofrenda; por eso les he dicho: Entre los hijos de Israel no poseerán heredad.

25 Y habló Jehová a Moisés, diciendo:

26 Así hablarás a los levitas y les dirás: Cuando toméis los diezmos de los hijos de Israel que os he dado de ellos como vuestra heredad, vosotros presentaréis de ellos como ofrenda mecida a Jehová [a]el diezmo de los diezmos.

27 Y se os contará vuestra ofrenda como grano de la era y como producto del lagar.

28 Así ofreceréis también vosotros ofrenda elevada a Jehová de todos vuestros diezmos que recibáis de los hijos de Israel; y daréis de ellos la ofrenda elevada de Jehová a Aarón, el sacerdote.

29 De todos vuestros dones ofreceréis toda ofrenda elevada a Jehová; de todo lo mejor de ellos, ofreceréis la porción que ha de ser consagrada.

30 Y les dirás: Cuando hayáis ofrecido de lo mejor de ellos, será contado a los levitas como producto de la era o como producto del lagar.

31 Y lo comeréis en cualquier lugar, vosotros y vuestras familias, pues es vuestra remuneración por vuestro servicio en el tabernáculo de reunión.

32 Y cuando vosotros hayáis ofrecido de lo mejor de ello, no llevaréis por esto pecado; así no contaminaréis las cosas santas de los hijos de Israel, y no moriréis.

CAPÍTULO 19

Se dan indicaciones para el sacrificio de la vaca de pelo rojizo — Se usa el agua para la purificación de la impureza a fin de limpiar el pecado — Las personas impuras son rociadas con el agua de la purificación.

Y JEHOVÁ habló a Moisés y a Aarón, diciendo:

2 Ésta es la ordenanza de la ley que Jehová ha prescrito, diciendo: Di a los hijos de Israel que te traigan una vaca de pelo rojizo, perfecta, en la cual no haya defecto, sobre la cual no se haya puesto yugo.

3 Y la daréis al sacerdote Eleazar, y él la sacará fuera del campamento y la hará degollar en su presencia.

22 *a* Núm. 1:51.
23 *a* Núm. 35:1–8.
26 *a* GEE Diezmar, diezmo.

4 Y tomará el sacerdote Eleazar de la [a]sangre con su dedo, y rociará siete veces hacia la parte delantera del tabernáculo de reunión con la sangre de ella;

5 y hará quemar la vaca ante sus ojos; hará quemar su cuero y su carne y su sangre, con su estiércol.

6 Luego tomará el sacerdote madera de cedro, e hisopo y escarlata, y los echará en medio del fuego en que arde la vaca.

7 El sacerdote [a]lavará luego sus vestidos; lavará también su cuerpo con agua, y después entrará en el campamento; y será impuro el sacerdote hasta el atardecer.

8 Asimismo el que la quemó lavará sus vestidos en agua; también lavará en agua su cuerpo, y será impuro hasta el atardecer.

9 Y un hombre que esté limpio recogerá las cenizas de la vaca, y las pondrá fuera del campamento en un lugar limpio, y las guardará la congregación de los hijos de Israel para el agua de la purificación; es para limpiar el pecado.

10 Y el que recoja las cenizas de la vaca lavará sus vestidos, y será impuro hasta el atardecer; y esto será para los hijos de Israel y para el extranjero que peregrine entre ellos, por estatuto perpetuo.

11 El que toque el cadáver de cualquier persona, siete días quedará [a]impuro;

12 éste se purificará al tercer día con aquella *agua,* y al séptimo día será limpio; y si al tercer día no se purifica, no será limpio al séptimo día.

13 Cualquiera que toque el cuerpo de alguna persona muerta, y no se purifique, contamina el tabernáculo de Jehová; aquella persona será [a]talada de Israel; por cuanto el agua de la purificación no fue rociada sobre él, será impuro, y su impureza será sobre él.

14 Ésta es la ley para cuando alguno muera en una tienda: cualquiera que entre en la tienda, y todo lo que esté en ella, será impuro siete días.

15 Y todo recipiente abierto, sobre el cual no haya tapa bien ajustada, será inmundo.

16 Y cualquiera que en campo abierto toque un muerto a espada, o un cadáver, o un hueso humano o un sepulcro, siete días será impuro.

17 Y para el impuro tomarán de la ceniza de lo quemado de la [a]ofrenda por el pecado, y echarán sobre ella agua viva en un recipiente.

18 Y un hombre limpio tomará [a]hisopo y lo mojará en el agua, y rociará sobre la tienda, y sobre todos los muebles, y sobre las personas que allí estén, y sobre aquel que haya tocado el hueso, o el asesinado, o el muerto o el sepulcro.

19 Y el que esté limpio rociará sobre el impuro el tercero y el séptimo día; y al séptimo día lo purificará, y éste lavará luego

19 4 *a* Lev. 4:5–7.
7 *a* GEE Lavado, lavamientos, lavar.
11 *a* Lev. 5:2–6; Ezeq. 44:25–26.
13 *a* GEE Excomunión.
17 *a* GEE Pureza, puro.
18 *a* Sal. 51:7.

sus vestidos, y se lavará a sí mismo con agua y será limpio al atardecer.

20 Y el que sea impuro y no se purifique, tal persona será talada de entre la congregación, por cuanto contaminó el tabernáculo de Jehová; no fue rociada sobre él el agua de la purificación; es impuro.

21 Y les será por estatuto perpetuo. También el que rocíe el agua para la purificación lavará sus vestidos; y el que toque el agua para la purificación será impuro hasta el atardecer.

22 Y todo lo que el impuro toque será inmundo; y la persona que lo toque será impura hasta el atardecer.

CAPÍTULO 20

María muere — Moisés golpea una roca en Meriba y sale agua — El rey de Edom rehúsa dejar pasar pacíficamente a Israel por su tierra — Aarón muere y Eleazar se convierte en el sumo sacerdote.

Y LLEGARON los hijos de Israel, toda la congregación, al desierto de Zin, en el mes primero, y acampó el pueblo en Cades; y allí murió María, y allí fue sepultada.

2 Y como no había agua para la congregación, se juntaron contra Moisés y Aarón.

3 Y contendió el pueblo con Moisés, y hablaron, diciendo: ¡Ojalá hubiéramos muerto cuando perecieron nuestros hermanos delante de Jehová!

4 ¿Y por qué hiciste venir la congregación de Jehová a este desierto, para que muramos aquí nosotros y nuestras bestias?

5 ¿Y por qué nos has hecho subir de Egipto para traernos a este mal lugar? No es lugar de sementera, ni de higueras, ni de viñas ni de granados, ni aun de agua para beber.

6 Y se fueron Moisés y Aarón de delante de la congregación a la entrada del tabernáculo de reunión, y se postraron sobre sus rostros; y la gloria de Jehová apareció sobre ellos.

7 Y habló Jehová a Moisés, diciendo:

8 Toma la [a]vara y reúne a la congregación, tú y tu hermano Aarón, y [b]hablad a la peña a la vista de ellos; y ésta dará su agua, y sacarás para ellos agua de la peña, y darás de beber a la congregación y a sus bestias.

9 Entonces Moisés tomó la vara de delante de Jehová, como él le mandó.

10 Y Moisés y Aarón reunieron a la congregación delante de la peña, y él les dijo: [a]Oíd ahora, rebeldes: ¿Os hemos de sacar agua de esta peña?

11 Entonces alzó Moisés su mano y golpeó la [a]peña con su vara dos veces. Y brotó mucha agua, y bebieron la congregación y sus bestias.

12 Y Jehová dijo a Moisés y a

20 8 *a* TJS Gén. 50:34 (Apéndice).
b Éx. 17:5–7.
10 *a* Sal. 106:32–33.
11 *a* Deut. 32:4; 1 Ne. 17:29; 2 Ne. 25:20.

Aarón: Por cuanto no [a]creísteis en mí, para [b]santificarme ante los ojos de los hijos de Israel, por tanto, [c]no llevaréis a esta congregación a la [d]tierra que les he dado.

13 Éstas son las aguas de [a]Meriba, por las cuales [b]contendieron los hijos de Israel con Jehová, y él se santificó entre ellos.

14 Y [a]envió Moisés embajadores al rey de Edom desde Cades. Así dice Israel, tu hermano: Tú has sabido todas las dificultades que nos han sobrevenido:

15 cómo nuestros padres descendieron a Egipto, y cómo estuvimos en Egipto largo tiempo, y cómo los egipcios nos maltrataron a nosotros y a nuestros padres;

16 y clamamos a Jehová, que oyó nuestra voz, y envió un [a]ángel y nos sacó de Egipto; y ahora estamos en Cades, ciudad que está en un extremo de tu territorio.

17 Te rogamos que nos dejes pasar por tu tierra. No pasaremos por labranza ni por viña, ni beberemos agua de los pozos; por el camino real iremos, sin apartarnos ni a la derecha ni a la izquierda, hasta que hayamos pasado tu territorio.

18 Y Edom le respondió: No pasarás por mi *país;* de otra manera, saldré contra ti armado.

19 Y los hijos de Israel le dijeron: Por el camino real iremos, y si bebemos tus aguas mis ganados y yo, [a]pagaré el precio de ellas. Solamente, déjame pasar a pie, nada más.

20 Y él respondió: No pasarás. Y salió Edom contra él con mucho pueblo y con mano fuerte.

21 No quiso, pues, Edom dejar pasar a Israel por su territorio, y se apartó Israel de él.

22 Y partiendo de Cades los hijos de Israel, toda aquella congregación, llegaron al monte Hor.

23 Y Jehová habló a Moisés y a Aarón en el monte Hor, en los confines de la tierra de Edom, diciendo:

24 Aarón será reunido con su pueblo, pues no entrará en la tierra que yo di a los hijos de Israel, por cuanto fuisteis [a]rebeldes a mi mandamiento en las aguas de Meriba.

25 Toma a Aarón y a Eleazar, su hijo, y hazlos subir al monte Hor;

26 y quita a Aarón sus vestidos y viste con ellos a su hijo Eleazar, porque Aarón será reunido *con su pueblo,* y allí morirá.

27 Y Moisés hizo como Jehová le mandó; y subieron al monte Hor a la vista de toda la congregación.

28 Y Moisés le quitó a Aarón sus vestidos y vistió con ellos a Eleazar, su hijo; y [a]Aarón murió

12 *a Es decir,* no hablaste a la roca sino que la golpeaste. GEE Incredulidad.
b Es decir, reconocer o proclamar mi santidad.
c Deut. 31:2; DyC 3:4.
d Deut. 32:49–52. GEE Tierra prometida.
13 *a* HEB rencilla o protesta. Deut. 33:8.
b GEE Contención, contienda.
14 *a* Jue. 11:16–17.
16 *a* Éx. 32:34. GEE Ángeles.
19 *a* Deut. 2:26–28.
24 *a* GEE Rebelión.
28 *a* Núm. 33:37–39; Deut. 10:6.

allí en la cumbre del monte, y
Moisés y Eleazar descendieron
del monte.
29 Y viendo toda la congregación que Aarón había muerto, le
hicieron duelo por treinta días
todas las familias de Israel.

CAPÍTULO 21

Los hijos de Israel destruyen a los cananeos que luchan contra ellos — Jehová envía a los israelitas una plaga de serpientes ardientes — Moisés levanta una serpiente de bronce para salvar a los que la miren — Israel derrota a los amorreos, destruye al pueblo de Basán y ocupa sus tierras.

Y CUANDO el cananeo, el rey de
Arad, el cual habitaba al [a]sur, oyó
que venía Israel por el camino [b]de
los centinelas, peleó contra Israel
y tomó de él prisioneros.
2 Entonces Israel hizo [a]voto a
Jehová y dijo: Si en efecto entregas a este pueblo en mis manos,
yo destruiré por completo sus
ciudades.
3 Y Jehová escuchó la voz de Israel y le entregó al cananeo, y los
[a]destruyó a ellos y a sus ciudades; y llamó el nombre de aquel
lugar [b]Horma.
4 Y partieron del monte Hor,
camino del [a]Mar Rojo, para rodear la tierra de Edom; y se abatió el ánimo del pueblo por el
camino.
5 Y [a]habló el pueblo contra Dios
y contra Moisés: ¿Por qué nos
hiciste subir de Egipto para que
muramos en este desierto? Pues
no hay pan ni agua, y nuestra
alma tiene fastidio de este pan
tan liviano.
6 Y Jehová envió entre el pueblo
[a]serpientes [b]ardientes que mor-
dían al pueblo; y murió mucha
gente de Israel.
7 Entonces el pueblo acudió a
Moisés, y le dijeron: Hemos [a]pe-
cado por haber hablado contra
Jehová y contra ti; ruega a Jehová que quite de nosotros estas
serpientes. Y Moisés [b]oró por el
pueblo.
8 Y Jehová dijo a Moisés: Hazte
una serpiente ardiente y ponla
sobre un asta; y acontecerá que
cualquiera que sea mordido y la
mire, [a]vivirá.
9 Y Moisés hizo una [a]serpiente
de bronce y la puso sobre un asta,
y sucedía que cuando una serpiente mordía a alguno, y éste
miraba a la serpiente de bronce,
vivía.
10 Y partieron los hijos de Israel
y acamparon en Obot.
11 Y partieron de Obot y acamparon en Ije-abarim, en el desierto

21 1 *a* HEB Neguev, o sea, al sur.
b HEB Atarim (un lugar).
2 *a* GEE Juramento.
3 *a* Sal. 80:8–10; Hech. 13:17–19; 1 Ne. 17:32–35.
b *Es decir,* destrucción.
4 *a* GEE Mar Rojo (véase también el vers. 14).
5 *a* 1 Cor. 10:5–10.
6 *a* 1 Ne. 17:40–42.
b *O sea,* venenosas.
7 *a* GEE Confesar, confesión.
b Jer. 42:4; 2 Ne. 33:3. GEE Oración.
8 *a* GEE Sanar, sanidades; Salvación.
9 *a* Alma 33:18–22. GEE Jesucristo—Simbolismos o símbolos de Jesucristo; Simbolismo.

que está delante de Moab, hacia el nacimiento del sol.
12 Partieron de allí y acamparon en el valle de Zered.
13 De allí partieron y acamparon al otro lado del Arnón, que está en el desierto *y* que [a]sale del territorio del amorreo, porque el Arnón es la frontera de Moab, entre Moab y el amorreo.
14 Por tanto se dice en [a]el libro de las batallas de Jehová:

Lo que hizo en el Mar Rojo
y en los arroyos del Arnón;
15 y a la [a]corriente de los arroyos
que va a parar en Ar
y descansa en la frontera de Moab.

16 Y de allí *fueron* a Beer; éste es el pozo del cual Jehová dijo a Moisés: Reúne al pueblo, y les daré agua.
17 Entonces cantó Israel este cántico:

Sube, oh pozo; a él cantad.
18 Pozo que cavaron los señores;
lo cavaron los príncipes del pueblo,
y [a]el legislador, con sus báculos.

Y del desierto *fueron* a Matana,
19 y de Matana a Nahaliel, y de Nahaliel a Bamot,
20 y de Bamot al valle que está en los campos de Moab, y a la cumbre del Pisga, que [a]mira hacia Jesimón.
21 Y envió Israel embajadores a [a]Sehón, rey de los amorreos, diciendo:
22 Pasaré por tu tierra; no nos desviaremos por los labrados ni por las viñas; no beberemos las aguas de los pozos; por el camino real iremos, hasta que pasemos tu territorio.
23 Pero Sehón no dejó pasar a Israel por su territorio; más bien, juntó Sehón todo su pueblo y salió contra Israel en el desierto, y llegó a Jahaza y peleó contra Israel.
24 Y lo [a]hirió Israel a filo de espada y tomó su tierra desde el [b]Arnón hasta el Jaboc, hasta *donde estaban* los hijos de Amón, porque la frontera de los hijos de Amón era fuerte.
25 Y tomó Israel todas estas ciudades, y habitó Israel en todas las ciudades del amorreo, en Hesbón y en todas sus aldeas.
26 Porque Hesbón era la ciudad de Sehón, rey de los amorreos, el cual había tenido guerra antes contra el rey de Moab, y había tomado de su poder toda su tierra hasta el Arnón.
27 Por tanto, dicen los proverbistas:

Venid a Hesbón,
edifíquese y repárese la ciudad de Sehón.
28 Porque fuego salió de Hesbón,

13 *a* *O sea,* que se extiende desde la frontera con el amorreo.
14 *a* GEE Escrituras—Escrituras que se han perdido.
15 *a* HEB las laderas de los valles.
18 *a* *O sea,* bajo la dirección del legislador, con su cetro o bastón.
20 *a* HEB que mira hacia el desierto de Jesimón.
21 *a* Josué 12:2.
24 *a* Deut. 2:30–36; Amós 2:9.
b Deut. 3:15–17; Josué 13:7–12.

y llama de la ciudad de Sehón,
y consumió a Ar de Moab,
a los señores de las alturas del Arnón.
29 ¡Ay de ti, Moab!
Has perecido, pueblo de [a]Quemos.
Ha puesto sus hijos en huida,
y sus hijas en cautividad,
a Sehón, rey de los amorreos.
30 Mas devastamos el reino de ellos;
pereció Hesbón hasta Dibón,
y destruimos hasta Nofa y Medeba.
31 Así habitó Israel en la tierra del amorreo.
32 Y envió Moisés a reconocer a [a]Jazer; y tomaron sus aldeas y echaron al amorreo que estaba allí.
33 Y volvieron y subieron camino de Basán, y salió contra ellos [a]Og, rey de Basán, él y todo su pueblo, para pelear en Edrei.
34 Entonces Jehová dijo a Moisés: No le tengas miedo, porque en tus manos lo he entregado, a él, y a todo su pueblo y su tierra; y harás con él como hiciste con Sehón, rey de los [a]amorreos, que habitaba en Hesbón.
35 E hirieron a él, y a sus hijos y a toda su gente, sin que le quedara uno con vida, y poseyeron su tierra.

CAPÍTULO 22

Balac ofrece dinero, ganado y grandes honores a Balaam para que maldiga a Israel — Jehová le prohíbe a Balaam que lo haga — Un ángel se opone a Balaam en el camino.

1 Y PARTIERON los hijos de Israel y acamparon en los campos de Moab, de este lado del Jordán, frente a Jericó.
2 Y vio [a]Balac hijo de Zipor todo lo que Israel había hecho al amorreo.
3 Y Moab temió mucho a causa del pueblo, porque era numeroso; y se angustió Moab a causa de los hijos de Israel.
4 Y dijo Moab a los ancianos de Madián: Ahora lamerá esta gente todos nuestros contornos, como lame el buey la grama del campo. Y Balac hijo de Zipor era entonces rey de Moab.
5 Por tanto, envió mensajeros a [a]Balaam hijo de Beor, a Petor, que está junto al río en la tierra de los hijos de su pueblo, para que lo llamasen, diciendo: Un pueblo ha salido de Egipto, y he aquí, cubre la faz de la tierra, y habita delante de mí.
6 Ven pues, ahora, te ruego, y maldíceme a este pueblo, porque es más fuerte que yo; quizá yo pueda herirlo y echarlo de la tierra; porque yo sé que al que tú bendigas quedará bendito, y al que tú maldigas quedará maldito.

29 *a* 1 Rey. 11:7.
32 *a* Isa. 16:6–14.
33 *a* Deut. 3:10–11.
34 *a* Josué 2:10–11.
22 2 *a* Miq. 6:5.
5 *a* Neh. 13:1–3.
GEE Balaam.

7 Y fueron los ancianos de Moab y los ancianos de Madián con las dádivas de [a]adivinación en su mano, y llegaron a Balaam y le dijeron las palabras de Balac.

8 Y él les dijo: Reposad aquí esta noche, y yo os daré palabra según lo que Jehová me hable. Así los [a]príncipes de Moab se quedaron con Balaam.

9 Y vino Dios a Balaam y le dijo: ¿Qué hombres son éstos *que están* contigo?

10 Y Balaam respondió a Dios: Balac hijo de Zipor, rey de Moab, ha enviado a decirme:

11 He aquí, este pueblo que ha salido de Egipto cubre la faz de la tierra; ven pues, ahora, y maldícemelo; quizá pueda pelear contra él y echarlo.

12 Entonces dijo Dios a Balaam: No vayas con ellos ni maldigas al pueblo, porque es bendito.

13 Así Balaam se levantó por la mañana y dijo a los príncipes de Balac: Volveos a vuestra tierra, porque Jehová no quiere dejarme ir con vosotros.

14 Y los príncipes de Moab se levantaron y regresaron a Balac, y dijeron: Balaam no quiso venir con nosotros.

15 Y volvió Balac a enviar otra vez príncipes, más numerosos y más honorables que los *otros,*

16 los cuales fueron a Balaam y le dijeron: Así dice Balac hijo de Zipor: Te ruego que no dejes de venir a mí,

17 porque sin duda te honraré mucho y haré todo lo que me digas; ven pues, ahora, y maldíceme a este pueblo.

18 Y Balaam respondió y dijo a los siervos de Balac: Aunque Balac me diese su casa llena de plata y oro, no puedo traspasar la palabra de Jehová, mi Dios, para hacer cosa chica ni grande.

19 Os ruego, por tanto, ahora, que reposéis aquí esta noche, para que yo sepa qué más me dirá Jehová.

20 Y vino Dios a Balaam de noche y le dijo: Si han venido a llamarte estos hombres, levántate y ve con ellos, pero harás lo que yo te diga.

21 Así Balaam se levantó por la mañana, y ensilló su asna y se fue con los príncipes de Moab.

22 Y el furor de Dios se encendió porque él iba, y el ángel de Jehová se puso en el camino como adversario suyo. Iba, pues, él montado sobre su asna, y con él dos criados suyos.

23 Y el asna vio al ángel de Jehová, que estaba en el camino con su espada desnuda en la mano; y se apartó el asna del camino e iba por el campo. Entonces golpeó Balaam al asna para hacerla volver al camino.

24 Pero el ángel de Jehová se puso en una senda de viñas *que tenía* pared a un lado y pared al otro.

25 Y al ver el asna al ángel de Jehová, se pegó a la pared, y apretó contra la pared el pie de Balaam; y él volvió a golpearla.

26 Y el ángel de Jehová pasó

7 *a* Deut. 18:9–12.
8 *a* HEB líderes, gobernantes, dirigentes (véanse también los vers. 13–15, 21, 35, 40).

más allá, y se puso en una angostura, donde no había camino para apartarse ni a la derecha ni a la izquierda.

27 Y cuando vio el asna al ángel de Jehová, se echó debajo de Balaam; y se enojó Balaam y golpeó al asna con el palo.

28 Entonces Jehová abrió la boca al asna, la cual dijo a Balaam: ¿Qué te he hecho que me has golpeado estas tres veces?

29 Y Balaam respondió al asna: Porque te has burlado de mí. ¡Ojalá tuviera una espada en mi mano, pues [a]ahora te mataría!

30 Y el [a]asna dijo a Balaam: ¿No soy yo tu asna? Sobre mí has cabalgado desde que tú me tienes hasta este día. ¿He acostumbrado hacer esto contigo? Y él respondió: No.

31 Entonces Jehová abrió los ojos de Balaam, y vio al ángel de Jehová que estaba en el camino, con su espada desnuda en su mano. Y *Balaam* hizo reverencia y se postró sobre su rostro.

32 Y el ángel de Jehová le dijo: ¿Por qué has golpeado a tu asna estas tres veces? He aquí, yo he salido para resistirte, porque tu camino es [a]perverso delante de mí.

33 El asna me ha visto y se ha apartado de delante de mí estas tres veces; y si de mí no se hubiera apartado, yo también ahora te habría matado a ti, y a ella la habría dejado viva.

34 Entonces Balaam dijo al ángel de Jehová: He pecado, porque no sabía que tú te ponías delante de mí en el camino; pero ahora, si te parece mal, yo me volveré.

35 Y el ángel de Jehová dijo a Balaam: Ve con esos hombres, pero la palabra que yo te diga, ésa hablarás. Así Balaam fue con los príncipes de Balac.

36 Y oyendo Balac que Balaam venía, salió a recibirlo a la ciudad de Moab, que está junto al límite del Arnón, que está en los confines de su territorio.

37 Y Balac dijo a Balaam: ¿No envié yo a llamarte? ¿Por qué no has venido a mí? ¿Acaso no puedo yo honrarte?

38 Y Balaam respondió a Balac: He aquí, yo he venido a ti; mas, ¿podré ahora hablar alguna cosa? La palabra que Dios ponga en mi boca, ésa hablaré.

39 Y fue Balaam con Balac, y llegaron a Quiriat-huzot.

40 Y Balac hizo matar bueyes y ovejas, y envió para Balaam y para los príncipes que estaban con él.

41 Y al día siguiente Balac tomó a Balaam, y lo hizo subir a los lugares altos de Baal, y desde allí vio hasta la última parte del pueblo.

CAPÍTULO 23

Jehová manda a Balaam bendecir a Israel — Balaam lo hace, diciendo: ¿Quién contará el polvo de Jacob?, y, ¡lo que ha hecho Dios!

Y BALAAM dijo a Balac: Edifícame aquí siete altares, y prepárame

29 *a* GEE Enojo.
30 *a* 2 Pe. 2:15–16.
32 *a* GEE Rebelión.

aquí [a]siete becerros y siete carneros.
2 Y Balac hizo como le dijo Balaam, y ofrecieron Balac y Balaam un becerro y un carnero en cada altar.
3 Y Balaam dijo a Balac: Ponte junto a tu holocausto, y yo iré; quizá Jehová salga a mi encuentro, y cualquier cosa que me muestre, te la comunicaré. Y se fue a un lugar alto y desolado.
4 Y salió Dios al encuentro de Balaam, y *éste* le dijo: Siete altares he preparado, y en cada altar he ofrecido un becerro y un carnero.
5 Y Jehová puso palabra en la boca de Balaam y le dijo: Vuelve a Balac y así hablarás.
6 Y volvió a él, y he aquí que estaba junto a su holocausto, él y todos los príncipes de Moab.
7 Y él tomó su parábola y dijo:
De Aram me trajo Balac,
rey de Moab, de los montes del oriente;
ven, maldíceme a Jacob;
y ven, [a]execra a Israel.
8 ¿Por qué he de maldecir yo al que Dios no maldijo?
¿Y por qué he de execrar al que Jehová no ha execrado?
9 Porque desde la cumbre de las peñas lo veré,
y desde los collados lo miraré;
he aquí un pueblo que habitará aparte,
y no será contado entre las naciones.
10 ¿Quién contará el polvo de Jacob,
o el número de la cuarta parte de Israel?
¡Muera yo la [a]muerte de los rectos,
y sea mi fin como el suyo!
11 Entonces Balac dijo a Balaam: ¿Qué me has hecho? Te he traído para que [a]maldigas a mis enemigos, y he aquí, ¡los has colmado de bendiciones!
12 Y él respondió y dijo: ¿No debo yo tener cuidado de decir lo que Jehová ponga en mi boca?
13 Y dijo Balac: Te ruego que vengas conmigo a otro lugar desde el cual los veas; solamente verás la última parte, y no los verás a todos; y desde allí me los maldecirás.
14 Y lo llevó al [a]campo de Zofim, a la cumbre del Pisga, y edificó siete altares y ofreció un becerro y un carnero en cada altar.
15 Entonces él dijo a Balac: Ponte aquí junto a tu holocausto, y yo iré a encontrarme con *Dios* allí.
16 Y Jehová salió al encuentro de Balaam, y puso palabra en su boca y le dijo: Vuelve a Balac, y así hablarás.
17 Y volvió a él, y he aquí que estaba junto a su holocausto, y con él los príncipes de Moab; y le dijo Balac: ¿Qué ha dicho Jehová?
18 Entonces él tomó su parábola y dijo:
Balac, levántate y oye;
escucha mis palabras, hijo de Zipor:

23 1 *a* 1 Cró. 15:26.
7 *a* HEB denunciar, condenar (véase también el vers. 8).
10 *a* GEE Muerte física.
11 *a* Deut. 23:5.
14 *a* HEB punto de observación.

19 Dios no es hombre, para que
mienta,
ni hijo de hombre para que
se arrepienta.
Él lo ha dicho, ¿y no lo
hará?
Ha [a]hablado, ¿y no lo cumplirá?
20 He aquí, yo he recibido mandato de bendecir;
y él ha bendecido, y no podré revocarlo.
21 No ha notado iniquidad en
Jacob,
ni ha visto perversidad en
Israel.
Jehová, su Dios, está con
él,
y júbilo de rey está en él.
22 Dios los ha sacado de
Egipto;
tiene fuerzas como de un
toro salvaje.
23 Porque contra Jacob no hay
agüero,
ni adivinación contra Is-
rael.
Como ahora, será dicho de
Jacob y de Israel:
¡Lo que ha hecho Dios!
24 He aquí, el pueblo como león
se levantará
y como cachorro de león se
erguirá.
No se echará hasta que devore la presa
y beba la sangre de los muertos.
25 Entonces Balac dijo a Balaam:
Ya que no lo maldices, tampoco
lo bendigas.
26 Y Balaam respondió y dijo a
Balac: ¿No te he dicho que todo
lo que Jehová me diga, eso tengo
que hacer?
27 Y dijo Balac a Balaam: Te
ruego que vengas; te llevaré a
otro lugar; quizá le parezca bien
a Dios que desde allí me los
maldigas.
28 Y Balac llevó a Balaam a la
cumbre del Peor, que [a]mira hacia
Jesimón.
29 Entonces Balaam dijo a
Balac: Edifícame aquí siete
altares, y prepárame aquí siete
becerros y siete carneros.
30 Y Balac hizo como Balaam
le dijo, y ofreció un becerro y un
carnero en cada altar.

CAPÍTULO 24

Balaam ve en visión el destino de Israel y profetiza sobre él — Profetiza acerca del Mesías: Saldrá una Estrella de Jacob y se levantará un cetro de entre Israel.

Y CUANDO vio Balaam que le
[a]parecía bien a Jehová que
él bendijese a Israel, no fue,
como la primera y la segunda
vez, en busca de agüeros, sino
que puso su rostro hacia el
desierto;
2 y alzó sus ojos y vio a
Israel acampado por sus [a]tri-
bus; y el Espíritu de Dios vino
sobre él.
3 Entonces tomó su [a]parábola
y dijo:
Dice Balaam hijo de Beor,

19 *a* DyC 1:38.
28 *a* HEB que da hacia el desierto.
24 1 *a* DyC 41:1; 76:5.
2 *a* Núm. 2:2–34.
3 *a* Narración en lenguaje figurado.

y dice el varón de ojos abiertos;
4 [a]dice el que oye las palabras de Dios,
el que ve la [b]visión del Omnipotente,
caído, pero abiertos los ojos:
5 ¡Cuán hermosas son tus tiendas,
oh Jacob,
tus habitaciones, oh Israel!
6 Como arroyos están extendidas,
como huertos junto al río,
como áloes plantados por Jehová,
como cedros junto a las aguas.
7 [a]De sus baldes destilarán aguas,
y su descendencia estará en muchas aguas;
y se enaltecerá su rey más que [b]Agag,
y su reino será ensalzado.
8 Dios lo sacó de Egipto;
tiene fuerzas como de un toro salvaje;
devorará a las naciones enemigas,
y desmenuzará sus huesos
y las [a]atravesará con sus saetas.
9 Se encorvará para echarse como cachorro de [a]león;
y como león, ¿quién lo despertará?
Benditos los que te bendijeren,
y malditos los que te maldijeren.

10 Entonces se encendió la ira de Balac contra Balaam, y batiendo las palmas de las manos le dijo: Para maldecir a mis enemigos te he llamado, y he aquí los has resueltamente bendecido ya tres veces.

11 Por tanto, huye ahora a tu lugar; yo dije que te honraría, pero he aquí que Jehová te ha privado de honra.

12 Y Balaam le respondió: ¿No lo declaré yo también a tus mensajeros que me enviaste, diciendo:

13 Si Balac me diese su casa llena de plata y oro, yo no podré traspasar el mandato de Jehová para hacer cosa buena ni mala de mi [a]propia voluntad; *pero* lo que Jehová hable, eso [b]diré yo?

14 He aquí yo me voy ahora a mi pueblo; por tanto, ven, te indicaré lo que este pueblo hará a tu pueblo en los postreros días.

15 Y tomó su parábola y dijo:
Dice Balaam hijo de Beor,
dice el varón de ojos abiertos;
16 dice el que oye las palabras de Jehová,
y el que sabe la ciencia del Altísimo,
el que ve la visión del Omnipotente,
caído, pero abiertos los ojos:

4 *a* GEE Profecía, profetizar.
b GEE Visión.
7 *a* HEB fluirá agua de sus ramas.
b *Es decir,* los amalecitas.
8 *a* Jer. 50:9.
9 *a* Gén. 49:8–10.
13 *a* DyC 68:3–5.
b Ezeq. 2:6–8.

17 Lo [a]veré, pero [b]no ahora;
lo contemplaré, pero no de cerca.
Saldrá estrella de Jacob,
y se levantará cetro de entre Israel,
y herirá las sienes de [c]Moab
y destruirá a todos los hijos de Set.
18 Y será tomada [a]Edom;
será también tomada Seir por sus enemigos,
e Israel desplegará su poder.
19 Y de Jacob saldrá el que se enseñoreará,
y destruirá al resto de la ciudad.
20 Y viendo a [a]Amalec, tomó su parábola y dijo:
Amalec, cabeza de naciones es,
pero al fin perecerá para siempre.
21 Y viendo al ceneo, tomó su parábola y dijo:
Fuerte es tu morada;
en la peña está puesto tu nido,
22 porque el ceneo será consumido
hasta cuando Asiria te lleve cautivo.
23 Y tomó su parábola y dijo:
¡Ay!, ¿quién vivirá cuando haga Dios estas cosas?
24 Y *vendrán* navíos de la costa de Quitim,
y afligirán a Asiria, afligirán también a Heber;
mas él también perecerá para siempre.
25 Entonces se levantó Balaam y se fue, y volvió a su lugar; y también Balac se fue por su camino.

CAPÍTULO 25

Los israelitas que adoran dioses falsos son muertos — Finees mata a los adúlteros y detiene la mortandad — Se manda a los del pueblo de Israel hostigar a los madianitas que los habían engañado.

Y ACAMPABA Israel en Sitim, y el pueblo empezó a [a]fornicar con las hijas de Moab,
2 las cuales [a]invitaban al pueblo a los [b]sacrificios de sus dioses; y el pueblo comió y se inclinó a sus dioses.
3 Y se adhirió el pueblo a [a]Baal-peor; y el furor de Jehová se encendió contra Israel.
4 Y Jehová dijo a Moisés: Toma a todos los [a]príncipes del pueblo, y ahórcalos ante Jehová a plena luz del sol, y el furor de la ira de Jehová se apartará de Israel.
5 Entonces Moisés dijo a los

17 *a* GEE Jesucristo—Profecías acerca de la vida y la muerte de Jesucristo.
b *Es decir,* su venida sería en el futuro, mucho tiempo después de la época de Moisés.
c 2 Sam. 8:2.
18 *a* 2 Sam. 8:14. GEE Esaú.
20 *a* Éx. 17:8–16.
25 1 *a* GEE Inmoralidad sexual.
2 *a* Éx. 34:12–17.
b Éx. 22:20. GEE Idolatría.
3 *a* *Es decir,* el ídolo que tenían en Peor (un monte de Moab). Oseas 9:10. GEE Baal.
4 *a* *O sea,* los líderes o gobernantes.

jueces de Israel: [a]Matad cada uno a aquellos de los vuestros que se han adherido a Baal-peor.
6 Y he aquí un hombre de los hijos de Israel vino y trajo una madianita a sus hermanos, ante los ojos de Moisés y de toda la congregación de los hijos de Israel, mientras lloraban ellos a la entrada del tabernáculo de reunión.
7 Y lo vio [a]Finees hijo de Eleazar, hijo de Aarón, el sacerdote, y se levantó de en medio de la congregación y tomó una lanza en su mano,
8 y fue tras el hombre de Israel a la tienda y los alanceó por el vientre a ambos, al hombre de Israel y a la mujer. Y cesó la mortandad de los hijos de Israel.
9 Y murieron en aquella mortandad veinticuatro mil.
10 Entonces Jehová habló a Moisés, diciendo:
11 Finees hijo de Eleazar, hijo de Aarón, el sacerdote, ha apartado mi furor de los hijos de Israel, llevado de celo por mi causa entre ellos; por eso yo no he consumido en mi [a]celo a los hijos de Israel.
12 Por tanto, diles: He aquí yo establezco mi [a]convenio de paz con él;
13 y tendrá él, y su descendencia después de él, el [a]convenio del sacerdocio perpetuo, por cuanto tuvo celo por su Dios e hizo expiación por los hijos de Israel.
14 Y el nombre del hombre muerto, el que fue muerto con la madianita, era Zimri hijo de Salu, jefe de una casa paterna de Simeón.
15 Y el nombre de la mujer madianita muerta era Cozbi, hija de Zur, jefe de la gente de una casa paterna en Madián.
16 Y Jehová habló a Moisés, diciendo:
17 Hostigad a los madianitas y [a]heridlos,
18 por cuanto ellos os afligieron a vosotros con sus ardides con que os han engañado en el asunto de Peor, y en el asunto de Cozbi, hija del príncipe de Madián, su hermana, la cual fue muerta el día de la mortandad [a]por causa de Peor.

CAPÍTULO 26

Moisés y Eleazar cuentan a los israelitas en los campos de Moab cerca de Jericó — Los varones mayores de veinte años, exceptuando a los levitas, suman seiscientos un mil setecientos treinta — Sólo Caleb y Josué quedan de aquellos que fueron contados en Sinaí.

Y ACONTECIÓ, después de la mortandad, que Jehová habló a Moisés y a Eleazar, hijo del sacerdote Aarón, diciendo:
2 Haced un [a]censo de toda la congregación de los hijos de Israel, de veinte años arriba,

5 *a* Éx. 32:26–30; Deut. 4:3–4.
7 *a* Sal. 106:28–31.
11 *a* Deut. 32:16–21; Mos. 13:13–14. GEE Celo, celos, celoso.
12 *a* Mal. 2:4–7.
13 *a* GEE Convenio (pacto).
17 *a* 1 Ne. 4:13.
18 *a* *O sea,* en relación con el incidente ocurrido en Peor.
26 2 *a* Núm. 1:2.

por sus casas paternas, todos los que puedan salir a la guerra en Israel.

3 Y Moisés y Eleazar, el sacerdote, hablaron con ellos en los campos de Moab, junto al Jordán, frente a Jericó, diciendo:

4 Contaréis a los del pueblo de veinte años arriba, como mandó Jehová a Moisés y a los hijos de Israel que habían salido de la tierra de Egipto.

5 [a]Rubén, primogénito de Israel; los hijos de Rubén: de Enoc, la familia de los enoquitas; de Falú, la familia de los faluitas;

6 de Hezrón, la familia de los hezronitas; de Carmi, la familia de los carmitas.

7 Éstas son las familias de los rubenitas; y los contados de ellas fueron cuarenta y tres mil setecientos treinta.

8 Y los hijos de Falú: Eliab.

9 Y los hijos de Eliab: Nemuel, y [a]Datán y Abiram. Éstos, Datán y Abiram, fueron [b]los del consejo de la congregación que se rebelaron contra Moisés y Aarón con el grupo de Coré, cuando se rebelaron contra Jehová.

10 Y la tierra abrió su boca y se los tragó a ellos y a Coré, cuando aquel grupo murió, cuando consumió el fuego a doscientos cincuenta hombres, los cuales fueron una [a]señal de advertencia.

11 Pero los hijos de Coré no murieron.

12 Los hijos de [a]Simeón por sus familias: de Nemuel, la familia de los nemuelitas; de Jamín, la familia de los jaminitas; de Jaquín, la familia de los jaquinitas;

13 de Zera, la familia de los zeraítas; de Saúl, la familia de los saulitas.

14 Éstas son las familias de los simeonitas, veintidós mil doscientos.

15 Los hijos de [a]Gad por sus familias: de Zefón, la familia de los zefonitas; de Hagui, la familia de los haguitas; de Suni, la familia de los sunitas;

16 de Ozni, la familia de los oznitas; de Eri, la familia de los eritas;

17 de Arod, la familia de los aroditas; de Areli, la familia de los arelitas.

18 Éstas son las familias de Gad; fueron contados de ellas cuarenta mil quinientos.

19 Los hijos de [a]Judá: Er y Onán; y Er y Onán murieron en la tierra de Canaán.

20 Y fueron los hijos de Judá por sus familias: de Sela, la familia de los selaítas; de Fares, la familia de los faresitas; de Zera, la familia de los zeraítas.

21 Y fueron los hijos de Fares: de Hezrón, la familia de los hezronitas; de Hamul, la familia de los hamulitas.

22 Éstas son las familias de Judá; fueron contados de ellas setenta y seis mil quinientos.

23 Los hijos de [a]Isacar por sus familias: de Tola, la familia de

5 *a* GEE Rubén.
9 *a* Núm. 16:1–32; Deut. 11:6.
b HEB hombres escogidos.
10 *a* Jacob 7:13–15.
12 *a* GEE Simeón.
15 *a* GEE Gad, hijo de Jacob.
19 *a* GEE Judá.
23 *a* GEE Isacar.

los tolaítas; de Fúa, la familia de los funitas;

24 de Jasub, la familia de los jasubitas; de Simrón, la familia de los simronitas.

25 Éstas son las familias de Isacar; fueron contados de ellas sesenta y cuatro mil trescientos.

26 Los hijos de [a]Zabulón por sus familias: de Sered, la familia de los sereditas; de Elón, la familia de los elonitas; de Jahleel, la familia de los jahleelitas.

27 Éstas son las familias de los zabulonitas; fueron contados de ellas sesenta mil quinientos.

28 Los hijos de [a]José por sus familias: Manasés y Efraín.

29 Los hijos de [a]Manasés: de Maquir, la familia de los maquiritas; y Maquir engendró a Galaad; de Galaad, la familia de los galaaditas.

30 Éstos son los hijos de Galaad: de Jezer, la familia de los jezeritas; de Helec, la familia de los helequitas;

31 de Asriel, la familia de los asrielitas: de Siquem, la familia de los siquemitas;

32 de Semida, la familia de los semidaítas; de Hefer la familia de los heferitas.

33 Y Zelofehad hijo de Hefer no tuvo hijos sino hijas; y los nombres de las hijas de Zelofehad fueron Maala, y Noa, y Hogla, y Milca y Tirsa.

34 Éstas son las familias de Manasés; y fueron contados de ellas cincuenta y dos mil setecientos.

35 Éstos son los hijos de [a]Efraín por sus familias: de Sutela, la familia de los sutelaítas; de Bequer, la familia de los bequeritas; de Tahán, la familia de los tahanitas.

36 Y éstos son los hijos de Sutela: de Erán, la familia de los eranitas.

37 Éstas son las familias de los hijos de Efraín; fueron contados de ellas treinta y dos mil quinientos. Éstos son los hijos de José por sus familias.

38 Los hijos de [a]Benjamín por sus familias: de Bela, la familia de los belaítas; de Asbel, la familia de los asbelitas; de Ahiram, la familia de los ahiramitas;

39 de Sufam, la familia de los sufamitas; de Hufam, la familia de los hufamitas.

40 Y los hijos de Bela fueron Ard y Naamán: *de Ard*, la familia de los arditas; de Naamán, la familia de los naamitas.

41 Éstos son los hijos de Benjamín por sus familias; y fueron contados de ellas cuarenta y cinco mil seiscientos.

42 Éstos son los hijos de [a]Dan por sus familias: de Súham, la familia de los suhamitas. Éstas son las familias de Dan por sus familias.

43 Todas las familias de los suhamitas, por los que fueron contados, sesenta y cuatro mil cuatrocientos.

44 Los hijos de [a]Aser por sus familias: de Imna, la familia de los imnitas; de Isúi, la familia de los isuitas; de Bería, la familia de los beriaítas.

26 *a* GEE Zabulón.
28 *a* GEE José, hijo de Jacob.
29 *a* GEE Manasés.
35 *a* GEE Efraín.
38 *a* GEE Benjamín, hijo de Jacob.
42 *a* GEE Dan.
44 *a* GEE Aser.

45 Los hijos de Bería: de Heber, la familia de los heberitas; de Malquiel, la familia de los malquielitas.
46 Y el nombre de la hija de Aser fue Sera.
47 Éstas son las familias de los hijos de Aser; fueron contados de ellas cincuenta y tres mil cuatrocientos.
48 Los hijos de [a]Neftalí por sus familias: de Jahzeel, la familia de los jahzeelitas; de Guni, la familia de los gunitas;
49 de Jezer, la familia de los jezeritas; de Silem, la familia de los silemitas.
50 Éstas son las familias de Neftalí por sus familias; y fueron contados de ellas cuarenta y cinco mil cuatrocientos.
51 Éstos son los contados de los hijos de Israel, [a]seiscientos un mil setecientos treinta.
52 Y habló Jehová a Moisés, diciendo:
53 Entre éstos se repartirá la tierra en heredad, por la cuenta de los nombres.
54 A los más numerosos darás mayor heredad; y a los menos numerosos, menor; y a cada uno se le dará su heredad conforme a los que fueron contados.
55 Pero la tierra será repartida por suertes; y por los nombres de las tribus de sus padres heredarán.
56 Conforme a la suerte será repartida su heredad entre el grande y el pequeño.
57 Y los que fueron contados de los [a]levitas por sus familias son éstos: de Gersón, la familia de los gersonitas; de Coat, la familia de los coatitas; de Merari, la familia de los meraritas.
58 Éstas son las familias de los levitas: la familia de los libnitas, la familia de los hebronitas, la familia de los mahlitas, la familia de los musitas, la familia de los coreítas. Y Coat engendró a Amram.
59 Y la esposa de Amram se llamó Jocabed, hija de Leví, la cual le nació a Leví en Egipto; ésta dio a luz de Amram a [a]Aarón, y a [b]Moisés y a [c]María, su hermana.
60 Y a Aarón le nacieron Nadab, y Abiú, y Eleazar e Itamar.
61 Pero Nadab y Abiú murieron cuando ofrecieron [a]fuego extraño delante de Jehová.
62 Y los que fueron contados de los levitas fueron veintitrés mil, todos varones de un mes arriba; porque no fueron contados entre los hijos de Israel, por cuanto no les había de ser dada [a]heredad entre los hijos de Israel.
63 Éstos son los que fueron contados por Moisés y Eleazar, el sacerdote, los cuales contaron a los hijos de Israel en los campos de Moab, junto al Jordán, frente a Jericó.
64 Y entre éstos no hubo ninguno de los que fueron contados por Moisés y Aarón, el sacerdote, los cuales contaron a los

48 *a* GEE Neftalí.
51 *a* Núm. 1:46.
57 *a* Núm. 3:14–39. GEE Leví.
59 *a* GEE Aarón, hermano de Moisés.
b GEE Moisés.
c GEE María, hermana de Moisés.
61 *a* *O sea,* persona no autorizada.
62 *a* Deut. 18:1–2.

hijos de Israel en el desierto de
Sinaí.
65 Porque Jehová les había dicho: Morirán en el [a]desierto; y
no quedó ninguno de ellos, sino
Caleb hijo de Jefone y Josué hijo
de Nun.

CAPÍTULO 27

Se explica la ley de las heredades tanto para los hijos como para las hijas y para los parientes — Moisés verá la tierra prometida, pero no entrará en ella — Josué es llamado y apartado para dirigir a Israel.

Y VINIERON las hijas de Zelofehad
hijo de Hefer, hijo de Galaad, hijo
de Maquir, hijo de Manasés, de
las familias de Manasés hijo de
José, los nombres de las cuales
eran Maala, y Noa, y Hogla, y
Milca y Tirsa;
2 y se presentaron delante de
Moisés, y delante del sacerdote
Eleazar, y delante de los [a]príncipes y de toda la congregación,
a la entrada del tabernáculo de
reunión, y dijeron:
3 Nuestro padre murió en el desierto; y él no estuvo en el grupo
de los que se reunieron contra
Jehová en el grupo de Coré, sino
que en su propio pecado murió,
y no tuvo hijos.
4 ¿Por qué será quitado el nombre de nuestro padre de entre su
familia, por no haber tenido hijo?
Danos heredad entre los hermanos de nuestro padre.
5 Y Moisés llevó su causa delante de Jehová.
6 Y Jehová respondió a Moisés,
diciendo:
7 Bien dicen las hijas de Zelofehad. Les darás la posesión de
una [a]heredad entre los hermanos
de su padre, y traspasarás la heredad de su padre a ellas.
8 Y a los hijos de Israel hablarás,
diciendo: Cuando alguno muera
sin hijos, traspasaréis su heredad
a su hija.
9 Y si no tuviere hija, daréis su
heredad a sus hermanos;
10 y si no tuviere hermanos, daréis su heredad a los hermanos
de su padre.
11 Y si su padre no tuviere hermanos, daréis su heredad a su
pariente más cercano de su linaje,
el cual la poseerá; y esto será para
los hijos de Israel un [a]estatuto de
derecho, como Jehová mandó a
Moisés.
12 Y Jehová dijo a Moisés: Sube
a este monte [a]Abarim y verás la
[b]tierra que he dado a los hijos
de Israel.
13 Y después que la hayas visto,
[a]tú también serás reunido con tu
pueblo, como fue reunido tu hermano Aarón.
14 Pues fuisteis rebeldes a mi
mandato en el desierto de Zin, en
la rencilla de la congregación, y
no me santificasteis en las aguas
ante los ojos de ellos. Éstas son

65 *a* Núm. 14:27–33; Ezeq. 20:13, 15; 1 Cor. 10:5–11; 1 Ne. 17:23–31, 40; Jacob 1:7–8; DyC 84:23–25.
27 2 *a* HEB líderes, gobernantes.
7 *a* Núm. 36:1–13; Josué 17:3–6.
11 *a* HEB estatuto legal.
12 *a* Deut. 32:48–52.
b GEE Tierra prometida.
13 *a* Deut. 34:5–6; Alma 45:18–19.

las aguas de la [a]rencilla de Cades
en el desierto de Zin.
15 Entonces respondió Moisés
a Jehová, diciendo:
16 [a]Ponga Jehová, [b]Dios de los
[c]espíritus de toda carne, un hombre sobre la congregación,
17 que salga delante de ellos y
que entre delante de ellos, que los
saque y los introduzca, para que
la [a]congregación de Jehová no sea
como ovejas sin [b]pastor.
18 Y Jehová dijo a Moisés: Toma
a [a]Josué hijo de Nun, hombre en
el cual hay [b]espíritu, y [c]pon tu
mano sobre él;
19 y [a]lo pondrás delante del
sacerdote Eleazar, y delante de
toda la congregación, y le darás
el cargo en presencia de ellos.
20 Y [a]pondrás de tu [b]dignidad
sobre él, para que toda la congregación de los hijos de Israel
le obedezca.
21 Y él se presentará delante del
[a]sacerdote Eleazar, quien pregun-
tará [b]por él delante de Jehová por
medio del juicio del Urim. Por
la palabra de él saldrán y por la
palabra de él entrarán, él y todos
los hijos de Israel con él, es decir,
toda la congregación.
22 Y Moisés hizo como Jehová
le había mandado; y tomó a Josué y le puso delante del sacerdote Eleazar, y delante de toda
la congregación.
23 Y [a]puso sobre él sus manos
y le dio el [b]cargo, como Jehová
había mandado por medio de
Moisés.

CAPÍTULO 28

Los sacrificios han de ofrecerse cada mañana y cada noche, en el día de reposo, en el primer día de cada mes, en la Pascua, en cada día de la Fiesta de los Panes sin Levadura y en la Fiesta de las Primicias.

Y HABLÓ Jehová a Moisés,
diciendo:
2 Manda a los hijos de Israel y
diles: Mi ofrenda, mi pan con mis
ofrendas encendidas en olor grato
a mí, guardaréis, ofreciéndomelo
a su debido tiempo.
3 Y les dirás: Ésta es la [a]ofrenda
encendida que ofreceréis a
Jehová: dos corderos sin defecto,
de un año, cada día, como [b]holo-
causto continuo.

14 *a* HEB de la contención. Núm. 20:1–13.
16 *a* AdeF 1:5. GEE Iglesia verdadera, señales de la—La autoridad.
b GEE Trinidad—Dios el Padre.
c GEE Hombre(s)—El hombre, hijo espiritual de nuestro Padre Celestial; Espíritu.
17 *a* GEE Iglesia de Jesucristo.
b GEE Pastor.
18 *a* Deut. 3:21–22. GEE Josué.
b GEE Espíritu Santo.
c GEE Imposición de manos.
19 *a* GEE Apartamiento; Sostenimiento de líderes de la Iglesia.
20 *a* *O sea,* lo investirás con parte de tu autoridad.
b GEE Autoridad; Sacerdocio.
21 *a* Lev. 16:32.
b *O sea,* tal como es revelado por el Urim y Tumim. GEE Urim y Tumim.
23 *a* GEE Ordenación, ordenar.
b GEE Llamado, llamado por Dios, llamamiento; Mayordomía, mayordomo.
28 3 *a* Éx. 29:38–42. GEE Sacrificios.
b 2 Cró. 31:2–11. GEE Ofrenda.

4 Un cordero ofrecerás por la mañana, y el otro cordero ofrecerás al atardecer;

5 y como ofrenda de grano la décima parte de un efa de flor de harina amasada con un cuarto de un hin de aceite de olivas machacadas.

6 Es holocausto continuo, que fue instituido en el monte Sinaí en olor grato, ofrenda encendida a Jehová.

7 Y su libación: la cuarta parte de un hin por cada cordero; derramarás una [a]libación de bebida fuerte en el santuario a Jehová.

8 Y ofrecerás el segundo cordero al atardecer; conforme a la ofrenda de grano de la mañana y conforme a su libación lo ofrecerás, ofrenda encendida en olor grato a Jehová.

9 Mas el día de [a]reposo ofrecerás dos corderos de un año, sin defecto, y dos décimas *de un efa* de flor de harina amasada con aceite como ofrenda de grano, con su libación.

10 Es el holocausto de cada [a]día de reposo, además del holocausto continuo y su [b]libación.

11 Y al [a]principio de vuestros meses ofreceréis en holocausto a Jehová dos becerros de la vacada, y un carnero y siete corderos de un año, sin defecto;

12 y tres décimas *de un efa* de flor de harina amasada con aceite como ofrenda de grano por cada becerro; y dos décimas de flor de harina amasada con aceite como ofrenda de grano por cada carnero;

13 y una décima parte de flor de harina amasada con aceite como ofrenda de grano por cada cordero; holocausto de olor grato, ofrenda encendida a Jehová.

14 Y sus libaciones de vino: medio hin por cada becerro, y la tercera parte de un hin por cada carnero, y la cuarta parte de un hin por cada cordero. Éste es el holocausto de cada mes, todos los meses del año.

15 Y un macho cabrío como ofrenda por el pecado se ofrecerá a Jehová, además del holocausto continuo con su libación.

16 Pero en el mes primero, a los catorce días del mes, será la [a]Pascua de Jehová.

17 Y a los quince días de este mes, la fiesta solemne; por siete días se comerán panes sin levadura.

18 El primer día habrá [a]santa convocación; ningún trabajo servil haréis.

19 Y ofreceréis como ofrenda encendida en holocausto a Jehová dos becerros del ganado, y un carnero y siete corderos de un año; serán sin defecto.

20 Y su ofrenda de grano de harina amasada con aceite: ofreceréis tres décimas *de un efa* por cada becerro y dos décimas por cada carnero;

7 *a* Gén. 35:14.
9 *a* GEE Día de reposo.
10 *a* Ezeq. 46:3–5.
GEE Día de reposo.
b *O sea,* la ofrenda de libación (véanse también los vers. 15, 24, 31).
11 *a* Ezeq. 45:16–19.
16 *a* Éx. 12:1–27; Deut. 16:1–8.
GEE Pascua.
18 *a* *O sea,* reunión sagrada (véanse también los vers. 25–26).

21 por cada uno de los siete corderos ofreceréis una décima *de un efa*;
22 y un macho cabrío como ofrenda por el pecado, para hacer expiación por vosotros.
23 Esto ofreceréis además del holocausto de la mañana, que es el holocausto continuo.
24 Conforme a esto ofreceréis cada uno de los siete días, vianda y ofrenda encendida en olor grato a Jehová; se ofrecerá, además del holocausto continuo, con su libación.
25 Y el séptimo día tendréis santa [a]convocación; ningún trabajo servil haréis.
26 Además, el día de las [a]primicias, cuando presentéis la ofrenda de grano nuevo a Jehová en la fiesta de las semanas, tendréis santa convocación; ningún trabajo servil haréis.
27 Y ofreceréis como holocausto, en olor grato a Jehová, dos becerros de la vacada, un carnero *y* siete corderos de un año;
28 y la ofrenda de grano de ellos, flor de harina amasada con aceite, tres décimas *de un efa* por cada becerro, dos décimas *de un efa* por cada carnero,
29 y una décima *de un efa* por cada uno de los siete corderos;
30 un macho cabrío para hacer expiación por vosotros.
31 Los ofreceréis, además del holocausto continuo con sus ofrendas de grano y sus libaciones; serán sin defecto.

CAPÍTULO 29

Se han de ofrecer sacrificios durante el séptimo mes, incluso en la Fiesta de las Trompetas y en la Fiesta de los Tabernáculos.

Y EN el séptimo mes, el primer día del mes, tendréis santa convocación; ningún trabajo servil haréis; os será día de tocar las [a]trompetas.
2 Y ofreceréis [a]holocausto en olor grato a Jehová, un becerro de la vacada, un carnero y siete corderos de un año, sin defecto;
3 y su ofrenda de grano de flor de harina amasada con aceite, tres décimas *de un efa* por cada becerro, dos décimas por cada carnero,
4 y por cada uno de los siete corderos, una décima;
5 y un macho cabrío como ofrenda por el pecado, para hacer expiación por vosotros,
6 además del holocausto del mes y de su ofrenda de grano, y del holocausto continuo y de su ofrenda de grano y de sus libaciones, conforme a su [a]ley, como ofrenda encendida a Jehová en olor grato.
7 Y en el diez de este mes séptimo tendréis santa convocación y afligiréis vuestras almas; ningún trabajo haréis.
8 Y ofreceréis en holocausto a Jehová en olor grato, un becerro de la vacada, un carnero y siete corderos de un año; serán sin defecto;

---

25 *a* GEE Adorar.
26 *a* Lev. 23:9–22.
29 1 *a* Lev. 23:23–25.
2 *a* GEE Sacrificios.
6 *a* HEB ordenanzas o decretos (véanse también los vers. 18, 21, 24, 27, 30, 33, 37). GEE Ordenanzas.

9 y su ofrenda de grano, flor de harina amasada con aceite, tres décimas *de un efa* por cada becerro, dos décimas por cada carnero,

10 y por cada uno de los siete corderos, una décima,

11 y un macho cabrío como ofrenda por el pecado, además de la ofrenda por el pecado para expiación, y del holocausto continuo, y de su ofrenda de grano y de sus libaciones.

12 También a los quince días del mes séptimo tendréis santa convocación; ningún trabajo servil haréis y [a]celebraréis fiesta solemne a Jehová durante siete días.

13 Y ofreceréis en holocausto una ofrenda encendida a Jehová en olor grato: trece becerros de la vacada, dos carneros, catorce corderos de un año; serán sin defecto;

14 y su ofrenda de grano de flor de harina amasada con aceite, tres décimas *de un efa* por cada uno de los trece becerros, dos décimas por cada uno de los dos carneros,

15 y una décima por cada uno de los catorce corderos;

16 y un macho cabrío como ofrenda por el pecado, además del holocausto continuo, y de su ofrenda de grano y de su libación.

17 Y el segundo día *ofreceréis* doce becerros de la vacada, dos carneros, catorce corderos de un año, sin defecto;

18 y su ofrenda de grano y sus libaciones por los becerros, por los carneros y por los corderos, según el número de ellos, conforme a la ley;

19 y un macho cabrío como ofrenda por el pecado, además del holocausto continuo, y de su ofrenda de grano y de sus libaciones.

20 Y el tercer día, once becerros, dos carneros, catorce corderos de un año, sin defecto;

21 y su ofrenda de grano y sus libaciones por los becerros, por los carneros y por los corderos, según el número de ellos, conforme a la ley;

22 y un macho cabrío como ofrenda por el pecado, además del holocausto continuo, y de su ofrenda de grano y de su libación.

23 Y el cuarto día, diez becerros, dos carneros, catorce corderos de un año, sin defecto;

24 y su ofrenda de grano y sus libaciones por los becerros, por los carneros y por los corderos, según el número de ellos, conforme a la ley;

25 y un macho cabrío como ofrenda por el pecado, además del holocausto continuo, y de su ofrenda de grano y de su libación.

26 Y el quinto día, nueve becerros, dos carneros, catorce corderos de un año, sin defecto;

27 y su ofrenda de grano, y sus libaciones por los becerros, por los carneros y por los corderos, según el número de ellos, conforme a la ley;

12 *a* Lev. 23:33–44.

28 y un macho cabrío como ofrenda por el pecado, además del holocausto continuo, y de su ofrenda de grano y de su libación.

29 Y el sexto día, ocho becerros, dos carneros, catorce corderos de un año, sin defecto;

30 y su ofrenda de grano y sus libaciones por los becerros, por los carneros y por los corderos, según el número de ellos, conforme a la ley;

31 y un macho cabrío como ofrenda por el pecado, además del holocausto continuo, y de su ofrenda de grano y de su libación.

32 Y el séptimo día, siete becerros, dos carneros, catorce corderos de un año, sin defecto;

33 y su ofrenda de grano, y sus libaciones por los becerros, por los carneros y por los corderos, según el número de ellos, conforme a la ley;

34 y un macho cabrío como ofrenda por el pecado, además del holocausto continuo, y de su ofrenda de grano y de su libación.

35 El octavo día tendréis fiesta [a]solemne; ningún trabajo servil haréis.

36 Y ofreceréis en holocausto como ofrenda encendida de olor grato a Jehová, un novillo, un carnero, siete corderos de un año, sin defecto;

37 su ofrenda de grano y sus libaciones por el novillo, por el carnero y por los corderos, según el número de ellos, conforme a la ley;

38 y un macho cabrío como ofrenda por el pecado, además del holocausto continuo, y de su ofrenda de grano y de su libación.

39 Estas cosas ofreceréis a Jehová en vuestras [a]fiestas solemnes, además de vuestros votos y de vuestras ofrendas voluntarias, para vuestros holocaustos, y para vuestras ofrendas de grano, y para vuestras libaciones y para vuestras ofrendas de paz.

40 Y Moisés habló a los hijos de Israel conforme a todo lo que Jehová le había mandado.

CAPÍTULO 30

Los votos y los juramentos deben cumplirse — El padre puede anular los votos de las hijas y el marido puede anular los votos de su esposa.

Y HABLÓ Moisés a los príncipes de las tribus de los hijos de Israel, diciendo: Esto es lo que Jehová ha mandado:

2 Cuando algún hombre haga un [a]voto a Jehová o haga un [b]juramento, ligando su alma con obligación, no [c]violará su palabra; hará conforme a todo lo que salió de su boca.

3 Mas cuando la mujer en su juventud haga un voto a Jehová y se ligue con obligación en casa de su padre,

---

35 *a* GEE Adorar.
39 *a* 1 Cró. 23:31; Esd. 3:5.
30 2 *a* GEE Convenio (pacto).
b GEE Juramento.
c GEE Integridad.

4 y su padre oye su voto y la [a]obligación con que ligó su alma, y su padre no le dice nada, todos los votos de ella serán firmes, y toda obligación con que haya ligado su alma firme será.

5 Pero si su padre se lo prohíbe el día en que lo oye, ninguno de sus votos ni las obligaciones con que ella haya ligado su alma serán firmes; y Jehová la perdonará, por cuanto su padre se lo prohibió.

6 Pero si es casada y hace votos, o pronuncia de sus labios cosa con que obligue su alma,

7 y su marido lo oye, y el día en que lo oye no le dice nada, los votos de ella serán firmes, y la obligación con que ligó su alma firme será.

8 Pero si el día en que su marido lo oye se lo prohíbe, entonces el voto que ella hizo y lo que pronunció de sus labios con que ligó su alma será nulo; y Jehová la perdonará.

9 Pero todo voto de viuda o divorciada con que ligue su alma será firme.

10 Y si ha hecho voto en casa de su marido, y ha ligado su alma con obligación de juramento,

11 y su marido lo oye y no le dice nada, ni se lo prohíbe, entonces todos sus votos serán firmes, y toda obligación con que haya ligado su alma firme será.

12 Pero si su marido los anula el día en que los oye, todo lo que salió de sus labios en cuanto a sus votos y en cuanto a la obligación de su alma será nulo; su marido los ha anulado, y Jehová la perdonará.

13 Todo voto y todo juramento con que ella se obligue a afligir el alma, su marido lo confirmará o su marido lo anulará.

14 Pero si su marido no le dice nada día tras día, entonces confirma todos sus votos y todas las obligaciones que están sobre ella; los ha confirmado, por cuanto no le dijo nada el día en que lo oyó.

15 Pero si los anula después de haberlos oído, entonces él llevará el pecado de ella.

16 Éstas son las [a]ordenanzas que Jehová mandó a Moisés entre el marido y su esposa, entre el padre y su hija, durante la juventud de ésta en casa de su padre.

CAPÍTULO 31

Moisés envía doce mil guerreros y éstos destruyen a los madianitas — Se reparte el botín en Israel — No hay pérdidas en los ejércitos de Israel.

Y JEHOVÁ habló a Moisés, diciendo:

2 Haz la [a]venganza de los hijos de Israel contra los madianitas; después serás recogido con tu pueblo.

3 Entonces Moisés habló al pueblo, diciendo: Armad a algunos de vosotros para la guerra, y vayan contra Madián y

4 *a* *O sea,* promesa o compromiso (véanse también los vers. 5, 7, 10–12).
16 *a* HEB los estatutos.
31 2 *a* Lucas 18:1–8. GEE Venganza.

hagan la venganza de Jehová en Madián.

4 Enviaréis a la guerra a mil de cada tribu de todas las tribus de los hijos de Israel.

5 Así fueron dados, de los millares de Israel, mil por cada tribu, doce mil en pie de guerra.

6 Y Moisés los envió a la guerra; mil de cada tribu envió. Y Finees, hijo de Eleazar, el sacerdote, *fue a* la guerra con los utensilios sagrados y con las trompetas en sus manos para tocar.

7 Y pelearon contra Madián, como Jehová lo había mandado a Moisés, y mataron a todo varón.

8 Además de esas víctimas, mataron también a los reyes de Madián: Evi, y Requem, y Zur, y Hur y Reba, cinco reyes de Madián; también a Balaam hijo de Beor mataron a espada.

9 Y los hijos de Israel llevaron cautivas a las mujeres de Madián y a sus pequeños, y arrebataron todas sus bestias, y todos sus ganados y todos sus bienes.

10 Y prendieron fuego a todas sus ciudades, aldeas y fortificaciones.

11 Y tomaron todo el despojo y todo el botín, tanto de hombres como de bestias.

12 Y a Moisés, y al sacerdote Eleazar y a la congregación de los hijos de Israel trajeron los cautivos y el botín y los despojos, al campamento de los llanos de Moab, que están junto al Jordán, frente a Jericó.

13 Y salieron Moisés, y el sacerdote Eleazar y todos los [a]príncipes de la congregación a recibirlos fuera del campamento.

14 Y se enojó Moisés contra los capitanes del ejército, *contra* los jefes de millares y de centenas que volvían de la guerra,

15 y les dijo Moisés: ¿Habéis dejado con vida a todas las mujeres?

16 He aquí, ellas fueron la causa de que los hijos de Israel, por consejo de Balaam, [a]fuesen infieles a Jehová en el asunto de [b]Peor, por lo que hubo mortandad en la congregación de Jehová.

17 Matad, pues, ahora a todos los varones de entre los niños; matad también a toda mujer que haya conocido varón carnalmente.

18 Pero a todas las niñas entre las mujeres que no hayan conocido varón, las dejaréis con vida para vosotros.

19 Y quedaos vosotros fuera del campamento siete días; y todo el que haya matado a una persona y todo el que haya tocado muerto, os purificaréis al tercer día y al séptimo día, vosotros y vuestros cautivos.

20 Asimismo purificaréis todo vestido, y todo artículo de pieles, y toda obra de pelo de cabra y todo objeto de madera.

21 Y el sacerdote Eleazar dijo a los hombres de guerra que venían de la guerra: Éste es el estatuto de la ley que Jehová ha mandado a Moisés:

22 Ciertamente el oro y la plata,

13 *a* HEB líderes, gobernantes.

16 *a* 2 Pe. 2:15–16; Apoc. 2:14.

b GEE Baal.

el bronce, el hierro, el estaño y el plomo,

23 todo lo que resiste el fuego, por fuego lo haréis pasar, y será limpio; bien que en las [a]aguas de purificación habrá de purificarse; pero haréis pasar por agua todo lo que no resiste el fuego.

24 Además, lavaréis vuestros vestidos el séptimo día, y así seréis limpios; y después entraréis en el campamento.

25 Y Jehová habló a Moisés, diciendo:

26 Saca la cuenta del botín que se ha hecho, tanto de las personas como de las bestias, tú y el sacerdote Eleazar y los jefes de las casas paternas de la congregación.

27 Y partirás por mitades el botín entre los que pelearon, los que salieron a la guerra y toda la congregación.

28 Y apartarás para Jehová el tributo de los hombres de guerra que salieron a la guerra, uno por cada quinientos, tanto de las personas como de los bueyes, de los asnos y de las ovejas.

29 De la mitad de ellos lo tomarás, y se lo darás a Eleazar, el sacerdote, como [a]ofrenda elevada a Jehová.

30 Y de la mitad perteneciente a los hijos de Israel tomarás uno por cada cincuenta, de las personas, de los bueyes, de los asnos, y de las ovejas y de todo animal; y se los darás a los levitas que tienen la guarda del tabernáculo de Jehová.

31 E hicieron Moisés y el sacerdote Eleazar como Jehová mandó a Moisés.

32 Y fue el botín, el resto del botín que tomaron los hombres de guerra, seiscientas setenta y cinco mil ovejas,

33 y setenta y dos mil cabezas de ganado,

34 y setenta y un mil asnos.

35 Y en cuanto a las personas, las mujeres que no habían conocido varón eran por todas treinta y dos mil.

36 Y la mitad, la parte de los que habían salido a la guerra, fue el número de trescientas treinta y siete mil quinientas ovejas.

37 Y el tributo de las ovejas para Jehová fue de seiscientas setenta y cinco.

38 Y de las cabezas de ganado, treinta y seis mil; y de ellas el tributo para Jehová, setenta y dos.

39 Y de los asnos, treinta mil quinientos; y de ellos el tributo para Jehová, setenta y uno.

40 Y de las personas, dieciséis mil; y de ellas el tributo para Jehová, treinta y dos personas.

41 Y dio Moisés el tributo, para ofrenda elevada a Jehová, al sacerdote Eleazar, como Jehová lo mandó a Moisés.

42 Y de la mitad para los hijos de Israel, que apartó Moisés de los hombres que habían ido a la guerra

43 (la mitad para la congregación fue de las ovejas, trescientas treinta y siete mil quinientas,

23 *a* HEB impureza; es decir, agua para limpiar la impureza.
29 *a* HEB contribución (véase también el vers. 41).

44 y de los bueyes, treinta y seis
mil,
45 y de los asnos, treinta mil
quinientos,
46 y de las personas, dieciséis
mil),
47 y de esta mitad para los hijos de Israel, tomó Moisés uno de cada cincuenta, tanto de las personas como de los animales, y se los dio a los levitas que tenían la custodia del tabernáculo de Jehová, como Jehová lo había mandado a Moisés.
48 Y llegaron a Moisés los jefes de los millares de aquel ejército, los jefes de millares y de centenas,
49 y dijeron a Moisés: Tus siervos han contado los hombres de guerra que están en nuestro poder, y ninguno ha faltado de nosotros.
50 Por lo cual hemos [a]traído a Jehová ofrenda, cada uno de lo que ha hallado: [b]objetos de oro, brazaletes, manillas, anillos, zarcillos y cadenas, para hacer [c]expiación por nuestras almas delante de Jehová.
51 Y Moisés y el sacerdote Eleazar recibieron de ellos el oro y las alhajas, todas elaboradas.
52 Y todo el oro de la ofrenda que ofrecieron a Jehová los jefes de millares y de centenas fue de dieciséis mil setecientos cincuenta siclos.
53 Los hombres del ejército habían tomado botín cada uno para sí.
54 Recibieron, pues, Moisés y el sacerdote Eleazar el oro de los jefes de millares y de centenas, y lo llevaron al tabernáculo de reunión como recordatorio para los hijos de Israel delante de Jehová.

CAPÍTULO 32

Rubén, Gad y la mitad de la tribu de Manasés reciben sus heredades al oriente del Jordán — Hacen pacto de unirse a las otras tribus para conquistar Canaán.

Y LOS hijos de Rubén y los hijos de Gad tenían una cantidad muy grande de ganado; y ellos, al ver la tierra de Jazer y de Galaad, y he aquí que les pareció la región lugar para ganado.
2 Y fueron los hijos de [a]Gad y los hijos de [b]Rubén y hablaron a Moisés, y al sacerdote Eleazar y a los príncipes de la congregación, diciendo:
3 Atarot, y Dibón, y Jazer, y Nimra, y Hesbón, y Eleale, y Sebam, y Nebo y Beón,
4 la tierra que Jehová hirió delante de la congregación de Israel es tierra para ganado, y tus siervos tienen ganado.
5 Por tanto, dijeron, si hallamos gracia ante tus ojos, dése esta tierra a tus siervos en heredad, y no nos hagas pasar el Jordán.
6 Y respondió Moisés a los hijos de Gad y a los hijos de Rubén: ¿Irán vuestros hermanos

50 *a* Éx. 30:11–16.
GEE Ofrenda.
b Éx. 35:22.
c GEE Expiación, expiar.
32 2 *a* GEE Gad, hijo de Jacob.
b GEE Rubén.

a la guerra, y vosotros os quedaréis aquí?

7 ¿Y por qué desalentáis a los hijos de Israel para que no pasen a la tierra que les ha dado Jehová?

8 Así hicieron vuestros padres cuando los envié desde Cades-barnea para que viesen la tierra.

9 Pues subieron hasta el valle de Escol, y después que vieron la tierra, desalentaron a los hijos de Israel para que no fuesen a la tierra que Jehová les había dado.

10 Y el furor de Jehová se encendió entonces y juró, diciendo:

11 Los hombres que subieron de Egipto de veinte años arriba no verán la [a]tierra que juré dar a Abraham, a Isaac y a Jacob, por cuanto no me siguieron fielmente,

12 excepto [a]Caleb hijo de Jefone, el cenezeo, y Josué hijo de Nun, que siguieron fielmente a Jehová.

13 Y el furor de Jehová se encendió contra Israel, y los hizo andar errantes cuarenta años por el desierto, hasta que fue acabada toda aquella generación que había hecho mal delante de Jehová.

14 Y he aquí, vosotros habéis sucedido a vuestros padres, prole de hombres pecadores, para añadir aún más a la ira de Jehová contra Israel.

15 Si dejáis de ir en pos de él, él volverá otra vez a dejaros en el desierto, y destruiréis a todo este pueblo.

16 Entonces ellos se acercaron a él y le dijeron: Edificaremos aquí corrales para nuestro ganado y ciudades para nuestros niños;

17 y nosotros nos armaremos e iremos con diligencia delante de los hijos de Israel, hasta que los llevemos a su lugar; y nuestros niños quedarán en ciudades fortificadas a causa de los moradores del país.

18 No volveremos a nuestras casas hasta que cada uno de los hijos de Israel posea su heredad.

19 Porque no tomaremos heredad con ellos al otro lado del Jordán ni más allá, por cuanto tendremos ya nuestra heredad en este lado del Jordán, al oriente.

20 Entonces les respondió Moisés: [a]Si lo hacéis así, si os preparáis para ir delante de Jehová a la guerra,

21 y todos vosotros pasáis armados el Jordán delante de Jehová, hasta que haya echado a sus enemigos de delante de sí,

22 y sea la tierra sojuzgada delante de Jehová, luego volveréis y seréis libres de culpa para con Jehová y para con Israel; y esta tierra será vuestra en heredad delante de Jehová.

23 Pero si así no lo hacéis, he aquí, habréis pecado ante Jehová; y sabed que vuestro pecado os alcanzará.

24 Edificaos ciudades para vuestros niños y corrales para vuestras ovejas, y haced lo que ha salido de vuestra boca.

25 Y hablaron los hijos de Gad

11 *a* Núm. 14:23. GEE Tierra prometida.
12 *a* GEE Caleb.
20 *a* Josué 1:13–18.

y los hijos de Rubén a Moisés, diciendo: Tus siervos harán como mi señor ha mandado.

26 Nuestros niños, nuestras mujeres, nuestros ganados y todas nuestras bestias estarán allí en las ciudades de Galaad;

27 y tus siervos, armados todos para la guerra, pasarán delante de Jehová a la guerra, de la manera que mi señor dice.

28 Entonces Moisés los encomendó al sacerdote Eleazar, y a Josué hijo de Nun y a los príncipes de las casas paternas de los padres de las tribus de los hijos de Israel.

29 Y les dijo Moisés: Si los hijos de Gad y los hijos de Rubén pasan con vosotros el Jordán, armados todos para la guerra delante de Jehová, luego que la tierra sea sojuzgada delante de vosotros, les daréis la tierra de Galaad en posesión;

30 mas si no pasan armados con vosotros, entonces tendrán posesión entre vosotros en la tierra de Canaán.

31 Y los hijos de Gad y los hijos de Rubén respondieron, diciendo: Haremos lo que Jehová ha dicho a tus siervos.

32 Nosotros pasaremos armados delante de Jehová a la tierra de [a]Canaán, y la posesión de nuestra [b]heredad estará en este lado del Jordán.

33 Así les [a]dio Moisés a los hijos de Gad, y a los hijos de Rubén y a la media tribu de Manasés hijo de José, el reino de Sehón, rey amorreo, y el reino de Og, rey de Basán: la tierra con sus ciudades, [b]y con sus territorios y con las ciudades alrededor.

34 Y los hijos de Gad [a]edificaron Dibón, y Atarot, y Aroer,

35 y Atarot-sofán, y Jazer, y Jogbeha,

36 y Bet-nimra y Bet-arán, ciudades fortificadas, y también hicieron corrales para ovejas.

37 Y los hijos de Rubén edificaron Hesbón, y Eleale, y Quiriataim,

38 y Nebo, y Baal-meón (con los nombres cambiados) y Sibma; y pusieron otros nombres a las ciudades que edificaron.

39 Y los hijos de Maquir hijo de [a]Manasés fueron a Galaad y la tomaron, y echaron al amorreo que estaba en ella.

40 Y Moisés dio [a]Galaad a Maquir hijo de Manasés, el cual habitó en ella.

41 También Jair hijo de Manasés fue y tomó sus [a]aldeas, y les puso por nombre Havot-jair.

42 Asimismo Noba fue y tomó Kenat y sus aldeas, y la llamó Noba, conforme a su nombre.

CAPÍTULO 33

Se revisan los viajes de Israel desde Egipto hasta Canaán — Se manda al pueblo echar a los habitantes de esa tierra — Cualquier habitante que quede afligirá a Israel.

32 *a* GEE Canaán, cananeo.
b Núm. 34:13–15.
33 *a* Josué 12:6; 22:1–6.
b HEB con sus fronteras.
34 *a* *O sea,* reconstruyeron.
39 *a* Gén. 50:23–24. GEE Manasés.
40 *a* Josué 17.
41 *a* Josué 13:30.

ÉSTOS son los viajes de los hijos de Israel, que salieron de la tierra de Egipto, por sus ejércitos, bajo la dirección de Moisés y Aarón.

2 Y Moisés escribió sus salidas conforme a sus viajes por mandato de Jehová. Éstos, pues, son sus viajes con arreglo a sus partidas.

3 De [a]Ramesés partieron en el mes primero, a los quince días del mes primero; el segundo día de la Pascua salieron los hijos de Israel [b]con [c]mano alta, a la vista de todos los egipcios.

4 Estaban enterrando los egipcios a los que Jehová había herido de muerte de entre ellos, a todo primogénito, habiendo Jehová hecho también juicios contra sus dioses.

5 Partieron, pues, de Ramesés los hijos de Israel y acamparon en Sucot.

6 Y partieron de Sucot y acamparon en Etam, que está al borde del desierto.

7 Y partieron de Etam y volvieron a Pi-hahirot, que está delante de Baal-zefón, y acamparon delante de Migdol.

8 Y partieron de Pi-hahirot y pasaron por en medio del mar al desierto, y anduvieron camino de tres días por el desierto de Etam y acamparon en Mara.

9 Y partieron de Mara y vinieron a Elim, donde había doce fuentes de aguas y setenta palmeras, y acamparon allí.

10 Y partieron de Elim y acamparon junto al [a]Mar Rojo.

11 Y partieron del Mar Rojo y acamparon en el desierto de Sin.

12 Y partieron del desierto de Sin y acamparon en Dofca.

13 Y partieron de Dofca y acamparon en Alús.

14 Y partieron de Alús y [a]acamparon en Refidim, donde el pueblo no tuvo agua para beber.

15 Y partieron de Refidim y acamparon en el desierto de Sinaí.

16 Y partieron del desierto de Sinaí y acamparon en Kibrot-hataava.

17 Y partieron de Kibrot-hataava y acamparon en Hazerot.

18 Y partieron de Hazerot y acamparon en Ritma.

19 Y partieron de Ritma y acamparon en Rimón-peres.

20 Y partieron de Rimón-peres y acamparon en Libna.

21 Y partieron de Libna y acamparon en Rissa.

22 Y partieron de Rissa y acamparon en Ceelata.

23 Y partieron de Ceelata y acamparon en el monte Sefer.

24 Y partieron del monte Sefer y acamparon en Harada.

25 Y partieron de Harada y acamparon en Macelot.

26 Y partieron de Macelot y acamparon en Tahat.

27 Y partieron de Tahat y acamparon en Tara.

28 Y partieron de Tara y acamparon en Mitca.

29 Y partieron de Mitca y acamparon en Hasmona.

33 3 *a* Gén. 47:11.
b *O sea,* triunfalmente.
c Éx. 14:8.
10 *a* GEE Mar Rojo.
14 *a* Éx. 17:1–6.

30 Y partieron de Hasmona y acamparon en Moserot.

31 Y partieron de Moserot y acamparon en Bene-jaacán.

32 Y partieron de Bene-jaacán y acamparon en el monte Gidgad.

33 Y partieron del monte Gidgad y acamparon en Jotbata.

34 Y partieron de Jotbata y acamparon en Abrona.

35 Y partieron de Abrona y acamparon en Ezión-geber.

36 Y partieron de Ezión-geber y acamparon en el desierto de Zin, que es Cades.

37 Y partieron de Cades y acamparon en el monte Hor, en el extremo del país de Edom.

38 Y subió el sacerdote [a]Aarón al monte Hor, conforme a la palabra de Jehová, y allí murió a los cuarenta años de la salida de los hijos de Israel de la tierra de Egipto, en el mes quinto, el primero del mes.

39 Y era Aarón de edad de ciento veintitrés años cuando murió en el monte Hor.

40 Y el cananeo, [a]rey de Arad, que habitaba al [b]sur en la tierra de Canaán, oyó que habían venido los hijos de Israel.

41 Y partieron del monte Hor y acamparon en Zalmona.

42 Y partieron de Zalmona y acamparon en Punón.

43 Y partieron de Punón y acamparon en Obot.

44 Y partieron de Obot y acamparon en Ije-abarim, en la frontera de Moab.

45 Y partieron de Ije-abarim y acamparon en Dibón-gad.

46 Y partieron de Dibón-gad y acamparon en Almón-diblataim.

47 Y partieron de Almón-diblataim y acamparon en los montes de Abarim, delante del [a]Nebo.

48 Y partieron de los montes de Abarim y acamparon en los campos de Moab, junto al Jordán, frente a Jericó.

49 Finalmente acamparon junto al Jordán, desde Bet-jesimot hasta Abel-sitim, en los campos de Moab.

50 Y habló Jehová a Moisés en los campos de Moab, junto al Jordán, frente a Jericó, diciendo:

51 Habla a los hijos de Israel y diles: Cuando hayáis pasado el Jordán a la tierra de Canaán,

52 [a]echaréis de delante de vosotros a todos los moradores del país, y destruiréis todas sus [b]esculturas y todas sus imágenes de fundición, y destruiréis todos sus [c]lugares altos;

53 y echaréis *a los moradores de* la tierra y habitaréis en ella, porque yo os la he dado para que la poseáis.

54 Y [a]heredaréis la tierra por suertes entre vuestras familias. A las más numerosas daréis mucho como su heredad, y a las menos numerosas daréis menos como heredad suya; donde le toque la

38 *a* GEE Aarón, hermano de Moisés.
40 *a* Núm. 21:1–3.
b HEB Neguev, o sea, el sur.
47 *a* Deut. 32:48–52.
52 *a* Éx. 23:24, 32–33; Deut. 7:1–5; 1 Ne. 17:32–38.
b HEB imágenes de piedra. GEE Idolatría.
c *O sea,* lugares altos de adoración.
54 *a* Deut. 9:1–6.

suerte, allí la tendrá cada uno. Según las tribus de vuestros padres heredaréis.

55 Y si no echáis de delante de vosotros a los moradores del país, sucederá que los que de ellos dejéis serán como [a]aguijones en vuestros ojos y como espinas en vuestros costados, y os afligirán en la tierra en que vosotros habitaréis.

56 Y acontecerá que os haré a vosotros como yo pensé hacerles a ellos.

CAPÍTULO 34

Moisés especifica los límites de la heredad de Israel en Canaán y nombra a los príncipes de las tribus que repartirán la tierra.

Y JEHOVÁ habló a Moisés, diciendo:

2 Manda a los hijos de Israel y diles: Cuando hayáis entrado en la tierra de [a]Canaán, ésta será la [b]tierra que os ha de tocar en [c]heredad, la tierra de Canaán según sus [d]límites:

3 Tendréis el lado del sur desde el desierto de [a]Zin hasta las fronteras de Edom; y la frontera del sur será el extremo del [b]mar Salado, hacia el oriente.

4 Y esta frontera os irá rodeando desde el sur hasta la subida de Acrabim, y pasará hasta Zin; y su límite sur llegará a Cades-barnea; y llegará a Hasar-adar y pasará hasta Asmón;

5 y rodeará este límite desde Asmón hasta el torrente de Egipto, y terminará en la costa del mar.

6 Y el [a]límite occidental os será el [b]Mar Grande; este límite os será el límite occidental.

7 Y el límite del norte será éste: desde el mar Grande trazaréis una línea hasta el monte Hor.

8 Del monte Hor trazaréis una línea hasta la entrada de Hamat, y el límite llegará hasta la frontera con Zedad;

9 y llegará este límite hasta Zifrón y terminará en Hazar-enán. Éste os será el límite del norte.

10 Y por límite al oriente trazaréis una línea desde Hazar-enán hasta Sefam,

11 y bajará este límite desde Sefam a Ribla, al oriente de Aín; y descenderá el límite y llegará a la costa [a]del mar de Cineret, al oriente.

12 Después descenderá este límite al Jordán, y terminará en el [a]mar Salado. Ésta será vuestra tierra con sus límites alrededor.

13 Y mandó Moisés a los hijos de Israel, diciendo: Ésta es la tierra que heredaréis por sorteo, la cual mandó Jehová que diese a las nueve tribus y a la media tribu,

14 porque la tribu de los hijos de Rubén, según sus [a]casas paternas,

55 *a* Josué 23:11–13; Ezeq. 28:24.
34 2 *a* Gén. 17:8; Éx. 3:8; Abr. 2:15–16, 19.
b GEE Tierra prometida.
c Josué 13:6; Ezeq. 47:14–23; 48:1–29.
d HEB en todo el territorio.
3 *a* Josué 15:1.
b GEE Mar Muerto.
6 *a* Josué 15:12.
b *Es decir,* el Mediterráneo.
11 *a* GEE Galilea—El mar de Galilea.
12 *a* Josué 3:16. GEE Mar Muerto.
14 *a* *O sea,* las familias, los clanes.

y la tribu de los hijos de Gad, según las casas de sus padres, y la media tribu de Manasés, han tomado su [b]heredad.

15 Dos tribus y media tomaron su heredad de este lado del Jordán, de Jericó al oriente, hacia el nacimiento del sol.

16 Y habló Jehová a Moisés, diciendo:

17 Éstos son los nombres de los hombres que os repartirán la tierra: El sacerdote Eleazar y [a]Josué hijo de Nun.

18 Tomaréis también de cada [a]tribu un [b]príncipe para dar la posesión de la tierra.

19 Y éstos son los nombres de los hombres: De la tribu de Judá, Caleb hijo de Jefone.

20 Y de la tribu de los hijos de Simeón, Semuel hijo de Amiud.

21 De la tribu de Benjamín, Elidad hijo de Quislón.

22 Y de la tribu de los hijos de Dan, el príncipe Buqui hijo de Jogli.

23 De los hijos de José: de la tribu de los hijos de Manasés, el príncipe Haniel hijo de Efod,

24 y de la tribu de los hijos de Efraín, el príncipe Kemuel hijo de Siftán.

25 Y de la tribu de los hijos de Zabulón, el príncipe Elizafán hijo de Parnac.

26 Y de la tribu de los hijos de Isacar, el príncipe Paltiel hijo de Azán.

27 Y de la tribu de los hijos de Aser, el príncipe Ahiud hijo de Selomi.

28 Y de la tribu de los hijos de Neftalí, el príncipe Pedael hijo de Amiud.

29 Éstos son los que mandó Jehová que hiciesen la repartición de las heredades a los hijos de Israel en la tierra de Canaán.

CAPÍTULO 35

Los levitas poseerán sus propias ciudades — Se establecen ciudades de refugio para aquellos que sean culpables de homicidio sin intención — Los asesinos serán ejecutados por el vengador de la sangre.

Y HABLÓ Jehová a Moisés en los campos de Moab, junto al Jordán, frente a Jericó, diciendo:

2 Manda a los hijos de Israel que den a los [a]levitas, de la posesión de su heredad, ciudades en que habiten. También daréis a los levitas [b]campos alrededor de esas ciudades.

3 Y tendrán ellos las ciudades para habitar, y los campos de ellas serán para sus animales, y para sus ganados y para todas sus bestias.

4 Y los campos de las ciudades que daréis a los levitas serán de mil codos alrededor, desde el muro de la ciudad hacia fuera.

5 Luego mediréis [a]fuera de la ciudad al lado oriental dos mil

14 *b* Núm. 32:31–33.
17 *a* GEE Josué.
18 *a* GEE Israel—Las doce tribus de Israel.
b HEB líder, gobernante (véanse también los vers. 23, 25–28).
35 2 *a* Núm. 18:1, 23–24; Josué 21:1–3. GEE Leví.
b Lev. 25:32–34; Josué 14:4.
5 *a* HEB la parte exterior de.

codos, y al lado sur dos mil codos, y al lado occidental dos mil codos, y al lado norte dos mil codos, y la ciudad estará en medio; esto tendrán como campos alrededor de las ciudades.
6 Y de las ciudades que daréis a los levitas, seis ciudades serán de refugio, las cuales daréis para que el homicida se refugie allá; y además de éstas daréis cuarenta y dos ciudades.
7 Todas las ciudades que daréis a los levitas serán cuarenta y ocho ciudades con sus campos.
8 Y las ciudades que deis de la heredad de los hijos de Israel, del *que tiene* mucho tomaréis mucho y del *que tiene* poco tomaréis poco; cada uno dará de sus ciudades a los levitas según la posesión que heredará.
9 Y habló Jehová a Moisés, diciendo:
10 Habla a los hijos de Israel y diles: Cuando hayáis pasado el Jordán a la tierra de Canaán,
11 os señalaréis ciudades, ciudades de refugio tendréis, donde huya el homicida que haya matado a alguno sin intención.
12 Y os serán aquellas ciudades para refugiarse del vengador, y así no morirá el homicida hasta que comparezca a juicio delante de la congregación.
13 De las ciudades, pues, que daréis, tendréis seis ciudades de refugio.
14 Tres ciudades daréis de este lado del Jordán y tres ciudades daréis en la tierra de Canaán, las cuales serán ciudades de refugio.
15 Estas seis ciudades serán de refugio para los hijos de Israel, y para el peregrino y el que more entre ellos, a fin de que huya allá cualquiera que haya matado a otro sin intención.
16 Y si con instrumento de hierro lo hiere, y muere, homicida es; el [a]homicida [b]morirá.
17 Y si lo hiere con una piedra en la mano, y muere, homicida es; el homicida morirá.
18 Y si lo hiere con instrumento de palo en la mano, y muere, homicida es; el homicida morirá.
19 El vengador de la sangre, él matará al homicida; cuando lo encuentre, él le matará.
20 Y si por odio lo [a]empujó, o lanzó sobre él *alguna cosa* al acecharlo, y muere,
21 o por enemistad lo hirió con su mano, y murió, el heridor morirá; es homicida. El vengador de la sangre matará al homicida cuando lo encuentre.
22 Mas si casualmente lo empujó sin enemistad, o lanzó sobre él cualquier instrumento sin acecharlo,
23 o bien, sin verlo, hizo caer sobre él alguna piedra que podía matarlo, y muere, y él no era su enemigo, ni procuraba su mal,
24 entonces la congregación juzgará entre el heridor y el vengador de la sangre, conforme a estas leyes.
25 Y la congregación librará al homicida de manos del vengador

16 *a* TJS Gén. 9:10–13 (Apéndice). Deut. 19:11–13; 2 Ne. 9:35. GEE Asesinato.
b GEE Pena de muerte.
20 *a* *O sea,* lo apuñaló.

de la sangre, y la congregación lo hará volver a su ciudad de refugio en la cual se había refugiado; y morará en ella hasta que muera el sumo sacerdote que fue ungido con el aceite santo.

26 Pero si el homicida sale fuera de los límites de su ciudad de refugio, en la cual se refugió,

27 y el vengador de la sangre lo halla fuera de los límites de la ciudad de su refugio, y el vengador de la sangre mata [a]al homicida, no se le culpará *por ello*,

28 pues en su ciudad de refugio debió *aquél* habitar hasta que muriese el sumo sacerdote; pero después de la muerte del sumo sacerdote, el homicida volverá a la tierra de su posesión.

29 Y estas cosas os serán por estatuto de derecho por vuestras generaciones, en todas vuestras moradas.

30 Cualquiera que mate a alguien, por la declaración de [a]testigos [b]morirá el homicida; pero un solo testigo no dará fe contra alguna persona para que muera.

31 Y no tomaréis precio por la vida del homicida, porque está condenado a muerte, pues indefectiblemente morirá.

32 Ni tampoco tomaréis precio del que huyó a su ciudad de refugio, para que vuelva a vivir en su tierra, hasta que muera el sumo sacerdote.

33 Y no contaminaréis la tierra donde habitéis, porque la sangre *derramada* contaminará la tierra; [a]y la tierra no será expiada de la sangre que fue derramada en ella, sino por la sangre del que la derramó.

34 No [a]contaminéis, pues, la tierra donde habitáis, en medio de la cual yo habito, porque yo, Jehová, habito en medio de los hijos de Israel.

CAPÍTULO 36

Se manda a ciertas hijas en Israel casarse dentro de su propia tribu — Las heredades no pasarán de una tribu a otra.

Y LLEGARON los jefes de las casas paternas de la familia de Galaad hijo de Maquir, hijo de Manasés, de las familias de los hijos de José; y hablaron delante de Moisés y de los jefes, cabezas de las casas paternas de los hijos de Israel

2 y dijeron: Jehová mandó a mi señor que por sorteo diese la tierra a los hijos de Israel en posesión; también ha mandado Jehová a mi señor que dé la [a]posesión de Zelofehad, nuestro hermano, a sus hijas.

3 Pero si ellas se casan con algunos de los hijos de las *otras* tribus de los hijos de Israel, la

27 *a* GEE Pena de muerte.
30 *a* GEE Testigo.
b TJS Gén. 9:10–13 (Apéndice). GEE Asesinato.
33 *a* HEB si hay derramamiento de sangre en el territorio, no puede haber expiación o reconciliación sino mediante la sangre del que la derramó. GEE Responsabilidad, responsable.
34 *a* Lev. 18:24–30.
36 2 *a* Núm. 27:1–11.

heredad de ellas será así quitada de la heredad de nuestros padres y será añadida a la heredad de la tribu a la que se unan; y así será quitada de la porción de nuestra heredad.
4 Y cuando venga el [a]jubileo de los hijos de Israel, la heredad de ellas será añadida a la heredad de la tribu de sus maridos; y así la heredad de ellas será quitada de la heredad de la tribu de nuestros padres.
5 Entonces Moisés mandó a los hijos de Israel por mandato de Jehová, diciendo: La tribu de los hijos de José habla rectamente.
6 Esto es lo que ha mandado Jehová acerca de las hijas de Zelofehad, diciendo: Cásense ellas con quien les plazca, pero en la familia de la tribu de su padre se casarán,
7 para que la heredad de los hijos de Israel no sea traspasada de tribu en tribu, porque cada uno de los hijos de Israel se vinculará a la heredad de la tribu de sus padres.
8 Y cualquier hija que posea heredad en alguna de las tribus de los hijos de Israel, con alguien de la familia de la tribu de su padre se casará, para que los hijos de Israel posean cada uno la heredad de sus padres.
9 Y no ande la heredad rodando de una tribu a otra, sino que cada una de las tribus de los hijos de Israel conservará su propia heredad.
10 Como Jehová mandó a Moisés, así hicieron las hijas de Zelofehad.
11 Y *así* Maala, y Tirsa, y Hogla, y Milca y Noa, hijas de Zelofehad, se casaron con hijos de sus tíos *paternos*.
12 Se casaron en la familia de los hijos de Manasés hijo de José, y así la heredad de ellas quedó en la tribu de la familia de su padre.
13 Éstos son los mandamientos y los decretos que mandó Jehová por medio de Moisés a los hijos de Israel en los campos de Moab, junto al Jordán, frente a Jericó.

QUINTO LIBRO DE MOISÉS
LLAMADO
DEUTERONOMIO

CAPÍTULO 1

Moisés empieza a relatar lo sucedido a Israel durante cuarenta años en el desierto — Se manda a los hijos de Israel entrar y poseer Canaán — Se escogen jueces y jefes para ayudar a Moisés — Los espías de Israel dan un informe negativo — Los adultos de Israel perecerán — Los amorreos derrotan a los ejércitos de Israel.

ÉSTAS son las palabras que habló Moisés a todo Israel a este

4 *a* Lev. 25:8–12.

lado del Jordán, en el desierto, en el [a]llano delante del Mar Rojo, entre Parán, y Tofel, y Labán, y Hazerot y Dizahab.

2 Once días de viaje hay desde [a]Horeb, camino del monte Seir, hasta Cades-barnea.

3 Y aconteció que a los cuarenta años, en el mes undécimo, el primer día del mes, Moisés habló a los hijos de Israel conforme a todas las cosas que Jehová le había mandado acerca de ellos,

4 después que hirió a Sehón, rey de los amorreos, que habitaba en Hesbón, y a Og, rey de Basán, que habitaba en Astarot, en Edrei.

5 De este lado del Jordán, en la tierra de Moab, resolvió Moisés declarar [a]esta ley, diciendo:

6 Jehová nuestro Dios nos habló en Horeb, diciendo: Bastante tiempo habéis estado en este monte.

7 Volveos, partid e id al monte del amorreo y a todas sus comarcas, en el llano, en el monte, y [a]en los valles, y al [b]sur y a la costa del mar, a la tierra del cananeo y el Líbano, hasta el gran río, el río Éufrates.

8 Mirad, yo he puesto la tierra delante de vosotros; entrad y poseed la [a]tierra que Jehová juró a vuestros padres Abraham, Isaac y Jacob, que les daría a ellos y a su descendencia después de ellos.

9 Y yo os hablé en ese entonces, diciendo: Yo solo no puedo [a]llevaros.

10 Jehová vuestro Dios os ha multiplicado, y he aquí hoy sois vosotros como las [a]estrellas del cielo en multitud.

11 ¡Jehová, Dios de vuestros padres, os haga mil veces más de lo que sois y os bendiga, como os ha prometido!

12 ¿Cómo llevaré yo solo vuestros problemas, vuestras cargas y vuestros pleitos?

13 Dad*me* de entre vosotros, de vuestras tribus, hombres sabios, y entendidos y expertos, para que yo los ponga como vuestros jefes.

14 Y me respondisteis y dijisteis: Bueno es hacer lo que has dicho.

15 Y tomé los principales de vuestras tribus, hombres sabios y expertos, y los puse como [a]jefes sobre vosotros, jefes de millares, y jefes de centenas, y jefes de cincuenta, y jefes de diez y oficiales para vuestras tribus.

16 Y entonces mandé a vuestros jueces, diciendo: Oíd la causa entre vuestros hermanos y [a]juzgad justamente entre el hombre y su hermano, y el que es extranjero.

17 No [a]hagáis distinción de personas en el juicio; tanto al pequeño como al grande oiréis. No tendréis [b]temor de ninguno, porque el juicio es de Dios; y la causa

[DEUTERONOMIO]
1 1 *a* HEB el Arabá.
2 *a* GEE Sinaí, monte.
5 *a* GEE Ley de Moisés.
7 *a* HEB en las tierras bajas.
b HEB Neguev, o sea, al sur.
8 *a* GEE Tierra prometida.
9 *a* Éx. 18:17–24.
10 *a* Abr. 3:14.
GEE Abraham—La descendencia de Abraham.
15 *a* DyC 136:12–15.
16 *a* GEE Juicio, juzgar.
17 *a* HEB reconocer el rostro. La expresión significa no favorecer a nadie injustificadamente. Stg. 2:1–4, 9.
b GEE Temor—Temor al hombre.

que os sea muy difícil, la traeréis a mí, y yo la oiré.
18 Os mandé, pues, en aquel tiempo todo lo que habíais de hacer.
19 Y cuando partimos de Horeb, anduvimos por todo aquel grande y terrible desierto que habéis visto, por el camino del monte del amorreo, como Jehová nuestro Dios nos lo mandó; y llegamos hasta Cades-barnea.
20 Entonces os dije: Habéis llegado al monte del amorreo, el cual Jehová nuestro Dios nos da.
21 Mira, Jehová tu Dios ha puesto delante de ti la tierra; sube y poséela, como Jehová, el Dios de tus padres, te ha dicho; no temas ni desmayes.
22 Y os acercasteis a mí todos vosotros y dijisteis: Enviemos hombres delante de nosotros, que reconozcan la tierra y nos traigan razón del camino por donde hemos de subir y de las ciudades adonde hemos de llegar.
23 Y la propuesta me pareció bien, y tomé [a]doce hombres de entre vosotros, un hombre por cada tribu.
24 Y se encaminaron, y subieron al monte, y llegaron hasta el valle de [a]Escol y reconocieron *la tierra.*
25 Y tomaron en sus manos del fruto del país y nos lo trajeron, y nos dieron un informe y dijeron: Es buena la tierra que Jehová nuestro Dios nos da.
26 Sin embargo, no quisisteis subir, sino que fuisteis [a]rebeldes al mandato de Jehová vuestro Dios;
27 y [a]murmurasteis en vuestras tiendas, diciendo: Porque Jehová nos aborrece, nos ha sacado de la tierra de Egipto, para entregarnos en manos del amorreo para destruirnos.
28 ¿A dónde subiremos? Nuestros hermanos han hecho desfallecer nuestro corazón, diciendo: Este pueblo es más grande y más alto que nosotros; las ciudades son grandes y están amuralladas hasta el cielo, y también vimos allí a los hijos de [a]Anac.
29 Entonces os dije: No temáis ni tengáis miedo de ellos.
30 Jehová vuestro Dios, que va delante de vosotros, él [a]peleará por vosotros, conforme a todas las cosas que hizo por vosotros en Egipto delante de vuestros ojos;
31 y en el desierto has visto que Jehová tu Dios te ha llevado, como lleva el hombre a su hijo, por todo el camino que habéis andado, hasta que habéis llegado a este lugar.
32 Y aun con esto no [a]creísteis a Jehová vuestro Dios,
33 el que iba delante de vosotros por el camino para buscaros el lugar donde habíais de acampar, con fuego de noche para mostraros el camino por donde habíais de andar, y con [a]nube de día.
34 Y oyó Jehová la voz de

23 *a* Núm. 13:1–2, 17.
24 *a* Núm. 13:23–24.
26 *a* GEE Rebelión.
27 *a* GEE Murmurar.
28 *a* Deut. 2:11.
30 *a* Josué 10:12–14; 1 Ne. 3:7.
32 *a* GEE Incredulidad.
33 *a* Núm. 14:14; Isa. 4:5.

vuestras palabras, y se enojó y juró, diciendo:
35 No [a]verá hombre alguno de esta [b]mala generación la buena tierra que juré dar a vuestros padres,
36 excepto [a]Caleb hijo de Jefone; él la verá, y a él le daré la tierra que pisó, y a sus hijos, porque ha seguido fielmente a Jehová.
37 Y también contra mí se [a]airó Jehová por causa de vosotros, diciendo: Tampoco tú entrarás allá.
38 [a]Josué hijo de Nun, que está delante de ti, él entrará allá; anímale, porque él hará que Israel la herede.
39 Y vuestros pequeños, de los cuales dijisteis que servirían de botín, y vuestros hijos que no [a]saben hoy ni lo bueno ni lo malo, ellos entrarán allá, y a ellos la daré, y ellos la heredarán.
40 Pero vosotros volveos y partid al desierto camino del Mar Rojo.
41 Entonces respondisteis y me dijisteis: [a]Hemos pecado contra Jehová; nosotros subiremos y pelearemos, conforme a todo lo que Jehová nuestro Dios nos ha mandado. Y cada uno de vosotros se armó con sus armas de guerra y os preparasteis para subir al monte.
42 Y Jehová me dijo: Diles: No subáis ni peleéis, pues no estoy entre vosotros, para que no seáis derrotados delante de vuestros enemigos.
43 Y os hablé, pero no disteis oídos; antes fuisteis rebeldes al mandato de Jehová, y persistiendo con altivez, subisteis al monte.
44 Y el amorreo que habitaba en aquel monte salió a vuestro encuentro, y os persiguieron como hacen las avispas y os derrotaron desde Seir hasta Horma.
45 Y volvisteis y llorasteis delante de Jehová, pero Jehová no escuchó vuestra voz ni os prestó oídos.
46 Y así estuvisteis en Cades por muchos días, los días que habéis estado allí.

CAPÍTULO 2

Los hijos de Israel avanzan hacia su tierra prometida — Pasan en paz por las tierras de Esaú y de Amón, pero destruyen a los amorreos.

Y VOLVIMOS y partimos al desierto, camino del Mar Rojo, como Jehová me había dicho, y rodeamos el monte Seir durante muchos días.
2 Y Jehová me habló, diciendo:
3 Bastante habéis rodeado este monte; volveos al norte.
4 Y manda al pueblo, diciendo: Al pasar vosotros por el territorio de vuestros hermanos, los hijos de Esaú, que habitan en Seir, ellos tendrán miedo de vosotros; mas vosotros guardaos mucho.

35 *a* Jacob 1:7.
b DyC 84:23–24.
36 *a* GEE Caleb.
37 *a* Deut. 3:26.
38 *a* Deut. 31:7, 23.
39 *a* GEE Responsabilidad, responsable; Hijo(s).
41 *a* Núm. 14:40–45.

5 No contendáis con ellos, porque no os daré de su [a]tierra ni aun la huella de la planta de un pie, porque yo he dado como heredad a Esaú el monte Seir.

6 Compraréis de ellos con dinero los alimentos, y comeréis; y también compraréis de ellos el agua, y beberéis;

7 pues Jehová tu Dios te ha bendecido en toda obra de tus manos; [a]él sabe que andas por este gran desierto. Durante estos cuarenta años Jehová tu Dios ha estado contigo, y nada te ha faltado.

8 Y pasamos de largo a nuestros hermanos, los hijos de Esaú, que habitaban en Seir, por el camino de la llanura de Elat y de Ezióngeber. Y volvimos y tomamos el camino del desierto de Moab.

9 Y Jehová me dijo: No molestes a [a]Moab ni los provoques a la guerra, pues no te daré posesión de su tierra, porque yo he dado Ar como heredad a los hijos de Lot.

10 (Los [a]emitas habitaron en ella antes, pueblo grande, y numeroso y alto como los anaceos.

11 Ellos también eran considerados [a]gigantes, como los anaceos; y los moabitas los llaman emitas.

12 Y en Seir habitaron antes los horeos, a los cuales echaron los hijos de Esaú; y los destruyeron delante de sí y moraron en lugar de ellos, como hizo Israel en la tierra de su posesión que les dio Jehová.)

13 Levantaos ahora y pasad el arroyo de Zered. Y pasamos el arroyo de Zered.

14 Y los [a]días que anduvimos desde Cades-barnea hasta que pasamos el arroyo de Zered fueron treinta y ocho años, hasta que [b]se acabó toda la generación de los [c]hombres de guerra de en medio del campamento, como Jehová les había jurado.

15 Y también la mano de Jehová estuvo contra ellos para destruirlos de en medio del campamento, hasta acabarlos.

16 Y aconteció que cuando finalmente murieron todos los hombres de guerra de entre el pueblo,

17 Jehová me habló, diciendo:

18 Tú pasarás hoy el territorio de Moab, hacia Ar,

19 y cuando te acerques a los hijos de Amón, no los molestes ni contiendas con ellos, pues no te daré posesión de [a]la tierra de los hijos de Amón, porque a los hijos de Lot la he dado como heredad.

20 (Como la tierra de los gigantes fue también ella conocida; allí habitaron gigantes en otro tiempo, a los cuales los amonitas llamaban zomzomeos.

21 Eran un pueblo grande, y numeroso y alto, como los anaceos, a los cuales Jehová destruyó

2 5 *a* GEE Tierra prometida.
7 *a* Oseas 13:5–6.
9 *a* Gén. 19:30–38.
10 *a* *Es decir,* una raza de la antigüedad formada por gente de estatura elevada (véanse también los vers. 11, 21).
11 *a* Núm. 13:33.
14 *a* HEB el tiempo.
b HEB pereció.
c Sal. 95:8–11; DyC 84:24.
19 *a* Jue. 11:13–15.

delante de los amonitas, quienes los desalojaron y habitaron en su lugar,

22 como hizo con los hijos de Esaú, que habitaban en Seir, delante de los cuales destruyó a los horeos; y ellos los desalojaron y habitaron en su lugar hasta hoy.

23 Y a los aveos que habitaban en aldeas hasta Gaza, los caftoreos que salieron de [a]Caftor los destruyeron y habitaron en su lugar.)

24 Levantaos, partid y pasad el arroyo Arnón. He aquí, he entregado en tus manos a Sehón, el amorreo, rey de Hesbón, y su tierra; comienza a tomar posesión de ella y entra con él en guerra.

25 Hoy comenzaré a infundir miedo y [a]terror de ti entre los pueblos debajo de todo el cielo, los cuales oirán tu fama, y temblarán y se angustiarán delante de ti.

26 Y envié mensajeros desde el desierto de Cademot a Sehón, rey de Hesbón, con palabras de paz, diciendo:

27 Pasaré por tu tierra por el camino; por el camino iré, sin apartarme ni a la derecha ni a la izquierda.

28 La comida me venderás por dinero, y comeré; el agua también me la darás por dinero, y beberé; solamente [a]pasaré a pie,

29 como lo hicieron conmigo los hijos de Esaú que habitaban en Seir y los moabitas que habitaban en Ar, hasta que cruce el Jordán a la tierra que nos da Jehová nuestro Dios.

30 Mas Sehón, rey de Hesbón, no quiso que pasáramos por *su territorio,* porque Jehová tu Dios había [a]endurecido su espíritu y obstinado su corazón para entregarlo en tus manos, como lo vemos hoy.

31 Y me dijo Jehová: He aquí yo he comenzado a entregar delante de ti a Sehón y su tierra; comienza a tomar posesión de ella, para que la heredes.

32 Y nos salió Sehón al encuentro, él y todo su pueblo, para pelear en Jahaza.

33 Mas Jehová nuestro Dios lo entregó delante de nosotros, y lo derrotamos a él, y a sus hijos y a todo su pueblo.

34 Y tomamos entonces todas sus ciudades y destruimos por completo todas las ciudades: hombres, y mujeres y niños; no dejamos ninguno.

35 Solamente tomamos para nosotros el ganado y los despojos de las ciudades que habíamos tomado.

36 Desde Aroer, que está junto a la ribera del arroyo Arnón, y la ciudad que está en el valle, hasta Galaad, no hubo ciudad que escapase de nosotros; todas las [a]entregó Jehová nuestro Dios en nuestro poder.

37 Solamente no llegaste a la tierra de los hijos de Amón, ni a todo lo que está a la orilla del

23 *a* *Es decir,* Creta, sitio desde el que los primeros filisteos (caftoreos) emigraron a Canaán.
25 *a* DyC 64:41–43; Moisés 7:17.
28 *a* HEB permíteme pasar.
30 *a* Rom. 9:18.
36 *a* Sal. 44:1–4.

arroyo Jaboc, ni a las ciudades
del monte ni a *lugar* alguno
que Jehová nuestro Dios había
prohibido.

CAPÍTULO 3

Los hijos de Israel destruyen al pueblo de Basán — Sus tierras, al oriente del Jordán, se dan a Rubén y a Gad — Moisés ve Canaán desde el Pisga, pero se le niega la entrada a ella — Moisés aconseja y fortalece a Josué.

Y VOLVIMOS y subimos camino
de Basán, y nos salió al encuentro
Og, rey de Basán, para pelear, él
y todo su pueblo, en Edrei.
2 Y me dijo Jehová: No tengas
temor de él, porque en tus manos
lo he entregado a él, y a todo su
pueblo y su tierra; y harás con
él como hiciste con Sehón, rey
de los amorreos, que habitaba
en Hesbón.
3 Y Jehová nuestro Dios entregó
también en nuestras manos a Og,
rey de Basán, y a todo su pueblo,
al cual derrotamos hasta no quedar de él ninguno.
4 Y tomamos entonces todas sus
ciudades; no quedó ciudad que
no les tomásemos: sesenta ciudades, toda la tierra de Argob, del
reino de Og en Basán.
5 Todas éstas eran ciudades
fortificadas con muros altos,
con puertas y barras, sin contar otras muchas ciudades sin
muro.
6 Y las destruimos por completo,
como hicimos a Sehón, rey de
Hesbón, destruyendo completamente en toda ciudad a hombres,
a mujeres y a niños.
7 Y tomamos para nosotros todo
el ganado y los despojos de las
ciudades.
8 También tomamos en aquel
tiempo de manos de los dos reyes amorreos que estaban de este
lado del Jordán, la tierra desde
el arroyo Arnón hasta el monte
Hermón
9 (los sidonios llaman a Hermón, Sirión; y los amorreos lo
llaman Senir):
10 Todas las ciudades de la llanura, y todo Galaad y todo Basán
hasta Salca y Edrei, ciudades del
reino de Og en Basán.
11 Porque sólo Og, rey de Basán, había quedado del resto de
los gigantes que quedaron. He
aquí su cama, una cama de hierro, ¿no está en Rabá de los hijos
de Amón? La longitud de ella *era*
de nueve codos, y su anchura, de
cuatro codos, según el [a]codo de
un hombre.
12 Y esta tierra *que* heredamos
en aquel tiempo desde Aroer,
que está junto al arroyo Arnón,
y la mitad de la región montañosa de Galaad con sus ciudades,
se la [a]di a los rubenitas y a los
gaditas;
13 y el resto de Galaad y todo
Basán, del reino de Og, se lo di a
la media tribu de Manasés: toda
la tierra de Argob y todo Basán,
que se llamaba la tierra de los
gigantes.
14 Jair hijo de Manasés tomó

3 11 *a* *O sea,* de aproximadamente 45 cm.

12 *a* Núm. 32:2–5.

toda la tierra de Argob hasta el límite de Gesur y Maaca, y la llamó por su nombre, [a]Basán-havot-jair, hasta hoy.

15 Y a Maquir le di Galaad.

16 Y a los rubenitas y a los gaditas les di desde Galaad hasta el arroyo Arnón, como límite, el medio del valle, y hasta el arroyo Jaboc, el cual es límite de los hijos de Amón;

17 asimismo la [a]llanura, y el [b]Jordán y su frontera, desde el Cineret hasta el mar del llano, el [c]mar Salado, al pie de las laderas del Pisga, al oriente.

18 Y os mandé entonces, diciendo: Jehová vuestro Dios os ha dado esta tierra para que la poseáis; pasaréis armados todos los valientes delante de vuestros hermanos, los hijos de Israel.

19 Solamente vuestras mujeres, vuestros niños y vuestro ganado (yo sé que tenéis mucho ganado) quedarán en las ciudades que os he dado,

20 hasta que Jehová dé [a]reposo a vuestros hermanos, así como a vosotros, y hereden también ellos la tierra que Jehová vuestro Dios les da al otro lado del Jordán. Entonces os volveréis, cada uno, a la heredad que yo os he dado.

21 Mandé también a Josué en aquel tiempo, diciendo: Tus ojos vieron todo lo que Jehová vuestro Dios ha hecho a aquellos dos reyes; así hará Jehová a todos los reinos por los cuales pasarás tú.

22 No los temáis, porque Jehová vuestro Dios es el que [a]pelea por vosotros.

23 Y oré a Jehová en aquel tiempo, diciendo:

24 Señor Jehová, tú has comenzado a mostrar a tu siervo tu grandeza y tu mano poderosa, porque, ¿qué dios hay en el cielo o en la tierra que haga según tus obras y según tu poder?

25 Pase yo, te ruego, para que vea aquella tierra buena que está al otro lado del Jordán, aquel buen monte y el Líbano.

26 Mas Jehová se había enojado contra mí [a]por causa de vosotros, por lo cual no me oyó; y me dijo Jehová: Basta, no me hables más de este asunto.

27 Sube a la cumbre del Pisga y alza tus ojos al occidente, y al norte, y al sur y al oriente, y mira con tus propios ojos, porque no pasarás este Jordán.

28 Y [a]manda a Josué, y anímalo y fortalécelo, porque él ha de [b]pasar delante de este pueblo, y él les hará heredar la tierra que verás.

29 Y paramos en el valle delante de Bet-peor.

CAPÍTULO 4

Moisés exhorta a los hijos de Israel a guardar los mandamientos, a enseñárselos a sus hijos y a ser un ejemplo ante todas las naciones — Se les prohíbe hacer imágenes y adorar otros dioses — Deben testificar que

14 *a* *Es decir,* las aldeas.
17 *a* HEB Arabá.
b HEB el Jordán como límite.
c GEE Mar Muerto.
20 *a* Josué 21:44.
22 *a* 1 Ne. 22:14.
26 *a* Sal. 106:32.
28 *a* Deut. 31:23.
b Josué 4:7–17.

han oído la voz de Dios — Si Israel adora otros dioses, será esparcido entre todas las naciones — Serán recogidos de nuevo en los últimos días cuando busquen a Jehová su Dios — Moisés alaba ante el pueblo la misericordia y la bondad de Dios para con Israel.

AHORA, pues, oh Israel, escucha
los estatutos y decretos que yo os
enseño, para que los ejecutéis y
viváis, y entréis a tomar posesión
de la tierra que Jehová, el Dios de
vuestros padres, os da.
2 No [a]añadiréis a la palabra que
yo os mando ni disminuiréis de
ella, para que guardéis los mandamientos de Jehová vuestro
Dios que yo os ordeno.
3 Vuestros ojos vieron lo que
hizo Jehová [a]con motivo de [b]Baal-
peor, que a todo hombre que fue
en pos de Baal-peor lo destruyó
Jehová tu Dios de en medio de
ti.
4 Mas vosotros, que permanecis-
teis fieles a Jehová vuestro Dios,
todos estáis vivos hoy.
5 Mirad, yo os he enseñado estatutos y decretos, como Jehová
mi Dios me mandó, para que hagáis así en medio de la tierra en
la cual vais a entrar para tomar
posesión de ella.
6 Guardadlos, pues, y ponedlos
por obra, porque esto es vuestra
[a]sabiduría y vuestra [b]inteligencia
ante los ojos de los pueblos, los
cuales oirán todos estos estatutos y dirán: Ciertamente pueblo
sabio y entendido, nación grande
es ésta.
7 Porque, ¿qué nación grande
hay que tenga dioses [a]tan cerca
de sí, como lo está Jehová nuestro Dios en todo cuanto le
pedimos?
8 Y, ¿qué nación grande hay que
tenga [a]estatutos y decretos justos, como es toda esta ley que yo
pongo hoy delante de vosotros?
9 Por tanto, [a]guárdate y guarda
tu alma con diligencia, para que
no te [b]olvides de las cosas que tus
ojos han visto, ni se aparten de tu
corazón todos los días de tu vida;
sino que [c]las enseñarás a tus hijos
y a los hijos de tus hijos.
10 El día en que estuviste delante de Jehová tu Dios en [a]Ho-
reb, cuando Jehová me dijo:
Reúneme el pueblo, para que
yo les haga [b]oír mis palabras,
las cuales aprenderán para [c]te-
merme todos los días que vivan
sobre la tierra, y *las* enseñarán a
sus hijos.
11 Os acercasteis y os pusisteis
al pie del monte; y el monte ardía
en fuego hasta en medio de los
cielos con tinieblas, con nube y
con densa oscuridad.
12 Y habló Jehová con vosotros
de en medio del fuego; oisteis
la [a]voz de sus palabras, pero a

4 2 *a* Deut. 12:32; Apoc. 22:18–19; DyC 20:35. GEE Escrituras.
3 *a* HEB en.
b Núm. 25:3.
6 *a* GEE Sabiduría.
b GEE Entender, entendimiento.
7 *a* DyC 88:63.
8 *a* Mos. 29:25.
9 *a* Mos. 4:30; DyC 84:43–44.
b 1 Ne. 7:10–12.
c DyC 68:25. GEE Familia—Las responsabilidades de los padres; Enseñar.
10 *a* Éx. 3:1, 12.
b GEE Escuchar.
c GEE Temor.
12 *a* GEE Voz.

excepción de oír la voz, ninguna figura visteis.

13 Y él os anunció su [a]convenio, el cual os mandó poner por obra: los [b]diez mandamientos, y los [c]escribió en dos tablas de piedra.

14 A mí también me mandó Jehová en aquel tiempo que os [a]enseñara los estatutos y decretos, para que los pusieseis por obra en la tierra a la cual vais a pasar para poseerla.

15 Guardad, pues, mucho vuestras almas, puesto que ninguna figura visteis el día en que Jehová habló con vosotros de en medio del fuego,

16 para que no os corrompáis, haciendo para vosotros [a]escultura, imagen de figura alguna, efigie de hombre o de mujer,

17 figura de algún animal que haya sobre la tierra, figura de ave alguna alada que vuele por el aire,

18 figura de algún *animal* que se arrastre por la tierra, figura de pez alguno que haya en el agua debajo de la tierra.

19 No sea que, alzando tus ojos al cielo y viendo el sol, y la luna, y las estrellas y todo el ejército del cielo, te sientas impulsado a adorarlos y a servirlos, cosas que Jehová tu Dios ha concedido a todos los pueblos debajo de todos los cielos.

20 Mas a vosotros Jehová os tomó y os ha sacado del horno de hierro, de Egipto, para que seáis el pueblo [a]de su heredad como *lo sois* en este día.

21 Y Jehová se enojó contra mí por causa de vosotros, y juró que yo no pasaría el Jordán ni entraría en la buena tierra que Jehová tu Dios te da por heredad.

22 Así que yo voy a [a]morir en esta tierra y no pasaré el Jordán; mas vosotros pasaréis y poseeréis aquella buena tierra.

23 Guardaos, no sea que os olvidéis del [a]convenio de Jehová vuestro Dios que él estableció con vosotros, y os hagáis escultura o imagen de cualquier cosa que Jehová tu Dios te ha prohibido.

24 Porque Jehová tu Dios es [a]fuego consumidor, Dios [b]celoso.

25 Cuando hayáis engendrado hijos y nietos y hayáis envejecido en la tierra, si os corrompéis, y hacéis escultura o imagen de cualquier cosa, y hacéis lo [a]malo ante los ojos de Jehová vuestro Dios, para enojarlo,

26 yo pongo hoy por testigos al cielo y a la tierra que pronto pereceréis totalmente en la tierra hacia la cual vais a pasar el Jordán para poseerla. No estaréis en ella largos días sin que seáis [a]destruidos.

13 *a* HEB *berit:* convenio, pacto, alianza. GEE Convenio (pacto).
b GEE Diez Mandamientos.
c Éx. 31:18.
14 *a* DyC 84:19–23.
16 *a* GEE Idolatría.
20 *a* GEE Escogido.
22 *a* Alma 45:18–19. GEE Seres trasladados.
23 *a* GEE Convenio (pacto).
24 *a* 3 Ne. 24:2.
b GEE Celo, celos, celoso.
25 *a* GEE Inicuo, iniquidad.
26 *a* *Es decir,* como nación (véase también el vers. 31). Deut. 7:1–4.

27 Y Jehová os [a]esparcirá entre los pueblos, y quedaréis pocos en número entre las [b]naciones a las cuales os llevará Jehová.

28 Y [a]serviréis allí a dioses hechos por manos de hombres, de madera y de piedra, que no ven, ni oyen, ni comen ni huelen.

29 Mas si desde allí buscas a Jehová tu Dios, lo [a]hallarás si lo buscas con todo tu corazón y con toda tu alma.

30 Cuando estés en [a]angustia y te alcancen todas estas cosas, si en los [b]postreros días te [c]vuelves a Jehová tu Dios y escuchas su voz,

31 porque Dios [a]misericordioso es Jehová tu Dios: No te dejará, ni te destruirá ni se olvidará del [b]convenio que él juró a tus padres.

32 Porque pregunta ahora acerca de los tiempos pasados que han sido antes de ti, desde el día en que creó Dios al hombre sobre la tierra, si desde un extremo del cielo al otro se ha hecho algo semejante a esta gran cosa, o se ha oído otra como ella.

33 ¿Ha [a]oído pueblo alguno la [b]voz de Dios hablando de en medio del fuego, como tú la has oído, y ha vivido?

34 ¿O ha intentado Dios venir a tomar para sí una nación de en medio *de otra* nación, con pruebas, con señales, con [a]milagros, y con guerra, y con mano poderosa y brazo extendido, y con grandes terrores, según todo lo que hizo con vosotros Jehová vuestro Dios en Egipto ante tus ojos?

35 A ti te fue mostrado para que supieses que Jehová es Dios y que no hay otro fuera de él.

36 Desde los cielos te hizo oír su voz para disciplinarte; y sobre la tierra te mostró su gran fuego, y has oído sus palabras de en medio del fuego.

37 Y por cuanto él [a]amó a tus padres, escogió a su descendencia después de ellos y te sacó delante de sí de Egipto con su gran poder,

38 para [a]echar de delante de ti naciones grandes y más fuertes que tú, y para hacerte entrar y darte su tierra por heredad, como *sucede* hoy.

39 Aprende, pues, hoy y considera en tu corazón que Jehová es [a]Dios arriba en el cielo y abajo en la tierra; no hay otro.

40 Y [a]guarda sus estatutos y sus mandamientos, que yo te mando hoy, para que te vaya bien a ti y a tus hijos después de ti, y [b]prolongues tus días sobre la tierra que Jehová tu Dios te da para siempre.

---

27 *a* GEE Israel—El esparcimiento de Israel.
b *O sea,* las naciones de los gentiles.
28 *a* GEE Idolatría.
29 *a* GEE Israel—La congregación de Israel.
30 *a* GEE Adversidad.
b GEE Últimos días, postreros días.
c HEB regresar, arrepentir.
31 *a* GEE Misericordia, misericordioso.
b 1 Ne. 22:6–10.
33 *a* Éx. 19:7–13.
b GEE Voz.
34 *a* 1 Ne. 17:26–30.
37 *a* GEE Amor.
38 *a* Éx. 23:27–30.
39 *a* Mos. 4:9.
40 *a* GEE Obediencia, obediente, obedecer.
b DyC 5:33.

41 Entonces apartó Moisés tres ciudades de este lado del Jordán, [a]hacia el nacimiento del sol,

42 para que huyese allí el homicida que matase a su prójimo sin intención, sin haber tenido enemistad con él previamente y, huyendo a una de estas ciudades, [a]salvase su vida.

43 *Apartó* Beser en el desierto, en la tierra de la llanura, para los rubenitas; y Ramot en Galaad, para los gaditas; y Golán en Basán, para los de Manasés.

44 Ésta, pues, es la ley que Moisés puso delante de los hijos de Israel.

45 Éstos son los testimonios, y los estatutos y los decretos que Moisés habló a los hijos de Israel cuando salieron de Egipto,

46 de este lado del Jordán, en el valle delante de Bet-peor, en la tierra de Sehón, rey de los amorreos, que habitaba en Hesbón, al que derrotó Moisés con los hijos de Israel cuando salieron de Egipto.

47 Y poseyeron la tierra de Sehón y la tierra de Og, rey de Basán, los dos reyes de los amorreos que estaban de este lado del Jordán, al nacimiento del sol,

48 desde Aroer, que está junto a la ribera del arroyo Arnón, hasta el monte Sión, que es Hermón,

49 y toda [a]la llanura de este lado del Jordán, al oriente, hasta el [b]mar del llano, al pie de las laderas del Pisga.

CAPÍTULO 5

Moisés habla del convenio que Dios hizo con Israel en Horeb — Reitera los Diez Mandamientos — La observancia del día de reposo conmemora también la liberación de Israel del yugo de Egipto — Dios habla al hombre — Las bendiciones provienen de la obediencia.

Y LLAMÓ Moisés a todo Israel y les dijo: Oye, Israel, los estatutos y decretos que yo pronuncio hoy en vuestros oídos; aprendedlos y guardadlos para ponerlos por obra.

2 Jehová nuestro Dios hizo un convenio con nosotros en Horeb.

3 No con nuestros padres hizo Jehová este convenio, sino con nosotros, todos los que estamos aquí hoy vivos.

4 [a]Cara a cara habló Jehová con vosotros en el monte, de en medio del [b]fuego

5 (yo estaba entonces entre Jehová y vosotros, para declararos la palabra de Jehová, porque vosotros tuvisteis [a]temor del fuego y no subisteis al monte), diciendo:

6 [a]Yo soy Jehová tu Dios, que te saqué de la tierra de Egipto, de la casa de servidumbre.

7 No tendrás dioses ajenos delante de mí.

8 No harás para ti escultura, *ni* imagen alguna *de cosa* que está arriba en los cielos, ni abajo en

41 *a* *O sea,* al este.
42 *a* Josué 20:1–6.
49 *a* HEB el Arabá.
b *Es decir,* el Mar Muerto.
5 4 *a* Moisés 1:31.
b Éx. 3:2–4.
5 *a* Éx. 20:18–21.
6 *a* Mos. 13:12–24.

la tierra ni en las aguas debajo de la tierra.
9 No te inclinarás a ellas ni las servirás, porque yo soy Jehová tu Dios, fuerte, celoso, que visito [a]la maldad de los padres sobre los hijos hasta la [b]tercera y la cuarta generación de los que me [c]aborrecen,
10 y que hago [a]misericordia a millares, a los que me aman y guardan mis mandamientos.
11 No tomarás el nombre de Jehová tu Dios en vano, porque Jehová no dará por inocente al que tome su nombre en vano.
12 Guardarás [a]el día de reposo para santificarlo, como Jehová tu Dios te ha mandado.
13 Seis días trabajarás y harás toda tu obra,
14 mas el séptimo día es día de reposo para Jehová tu Dios; ninguna obra harás tú, ni tu hijo, ni tu hija, ni tu criado, ni tu criada, ni tu buey, ni tu asno, ni ningún animal tuyo ni el extranjero que está dentro de tus puertas, para que descanse tu criado y tu criada como tú.
15 Y acuérdate de que fuiste esclavo en la tierra de Egipto y que Jehová tu Dios te sacó de allá con mano poderosa y brazo extendido; por lo tanto, Jehová tu Dios te ha mandado que guardes el día de reposo.
16 [a]Honra a tu padre y a tu madre, como Jehová tu Dios te ha mandado, para que sean prolongados tus días y para que te vaya bien sobre la tierra que Jehová tu Dios te da.
17 No [a]matarás.
18 No [a]cometerás adulterio.
19 No [a]hurtarás.
20 No dirás [a]falso testimonio contra tu prójimo.
21 No codiciarás la esposa de tu prójimo ni [a]desearás la casa de tu prójimo, ni su tierra, ni su criado, ni su criada, ni su buey, ni su asno ni ninguna cosa que sea de tu prójimo.
22 Estas palabras habló Jehová a toda vuestra congregación en el monte, de en medio del fuego, de la nube y de la densa oscuridad, a gran voz, y no añadió más. Y las [a]escribió en dos tablas de piedra, las cuales me dio a mí.
23 Y aconteció que cuando vosotros [a]oísteis la voz de en medio de las tinieblas y *visteis* el monte que ardía en fuego, os acercasteis a mí, todos los jefes de vuestras tribus y vuestros ancianos,
24 y dijisteis: He aquí, Jehová nuestro Dios [a]nos ha mostrado su [b]gloria y su grandeza, y hemos oído su voz de en medio del fuego; hoy hemos visto que Jehová habla al hombre, y *éste aún* vive.

9 *a* *Es decir,* las consecuencias del pecado.
b DyC 124:50.
c GEE Odio, aborrecimiento.
10 *a* GEE Misericordia, misericordioso.
12 *a* GEE Día de reposo.
16 *a* GEE Familia—Las responsabilidades de los hijos.
17 *a* GEE Asesinato.
18 *a* GEE Adulterio.
19 *a* GEE Robar, robo, hurtar, hurto.
20 *a* GEE Mentiras.
21 *a* HEB codiciar, desear. GEE Codiciar.
22 *a* GEE Escrituras.
23 *a* Éx. 19:7–13; Deut. 4:33, 36.
24 *a* GEE Jesucristo—La existencia premortal de Cristo.
b GEE Jesucristo—La gloria de Jesucristo.

25 Ahora, pues, ¿por qué hemos de morir? Porque este gran fuego nos consumirá; si seguimos oyendo la voz de Jehová nuestro Dios, moriremos.

26 Porque, ¿quién hay entre los hombres que haya oído la voz del Dios viviente que hablaba de en medio del fuego, como nosotros *la oímos*, y aún viva?

27 Acércate tú y oye todas las cosas que diga Jehová nuestro Dios; y tú [a]nos dirás todo lo que Jehová nuestro Dios te diga, y nosotros oiremos y [b]haremos.

28 Y oyó Jehová la voz de vuestras palabras cuando me hablabais, y me dijo Jehová: He oído la voz de las palabras de este pueblo, que ellos te han hablado; bien está todo lo que han dicho.

29 ¡Oh si tuviesen tal corazón, que [a]me temiesen y guardasen todos los días todos mis mandamientos, para que a ellos y a sus hijos les fuese bien para siempre!

30 Ve y diles: Volveos a vuestras tiendas.

31 Y tú quédate aquí conmigo, y te diré todos los mandamientos, y estatutos y decretos que les enseñarás, a fin de que *los* pongan ahora por obra en la tierra que yo les doy en posesión.

32 Mirad, pues, que hagáis como Jehová vuestro Dios os ha mandado; no os [a]apartéis a la derecha ni a la izquierda.

33 Andad en todo camino que Jehová vuestro Dios os ha mandado, para que viváis y os vaya bien, y prolonguéis vuestros días en la tierra que habéis de poseer.

CAPÍTULO 6

Moisés proclama: Jehová nuestro Dios, Jehová uno es; y, amarás a Jehová tu Dios — Se manda al pueblo de Israel enseñar a sus hijos — Moisés exhorta al pueblo a guardar los mandamientos y los testimonios y los estatutos de Jehová para que prosperen.

ÉSTOS, pues, son los mandamientos, estatutos y decretos que Jehová vuestro Dios mandó que os enseñase, para que los pongáis por obra en la tierra a la cual vais a entrar para poseerla;

2 para que temas a Jehová tu Dios, guardando todos sus estatutos y sus mandamientos que yo te mando, tú, y tu hijo y el hijo de tu hijo, todos los días de tu vida, para que tus días sean [a]prolongados.

3 Escucha, pues, oh Israel, y cuida de ponerlos por obra, para que te vaya bien en la tierra que fluye leche y miel, y seáis multiplicados, como te ha dicho Jehová, el Dios de tus padres.

4 Escucha, oh Israel: Jehová nuestro Dios, Jehová [a]uno es.

5 Y [a]amarás a Jehová tu Dios con

27 *a* DyC 1:38.
b GEE Obediencia, obediente, obedecer.
29 *a* GEE Temor—Temor de Dios.
32 *a* Deut. 17:20; 28:14.
6 2 *a* Alma 9:16–18.
4 *a* 2 Ne. 31:21. GEE Jehová; Unidad.
5 *a* Mar. 12:28–30. GEE Amor.

todo tu [b]corazón, y con toda tu alma y con todas tus [c]fuerzas.

6 Y estas palabras que yo te mando hoy estarán sobre tu corazón;

7 y se las [a]repetirás a tus hijos y les hablarás de ellas estando en tu casa, y andando por el camino, y cuando te acuestes y cuando te levantes.

8 Y las [a]atarás como una señal en tu mano, y estarán como [b]frontales entre tus ojos;

9 y las escribirás en los postes de tu casa y en tus puertas.

10 Y acontecerá que, cuando Jehová tu Dios te haya hecho entrar en la tierra que juró a tus padres Abraham, Isaac y Jacob que te daría, *en* ciudades grandes y buenas que tú no edificaste,

11 y casas llenas de toda clase de bienes que tú no llenaste, y cisternas cavadas que tú no cavaste, viñas y olivares que no plantaste, y cuando hayas comido y te hayas saciado,

12 cuídate de no [a]olvidarte de Jehová que te sacó de la tierra de Egipto, de la casa de servidumbre.

13 A Jehová tu Dios [a]temerás, y a él [b]servirás y por su nombre jurarás.

14 No andaréis en pos de [a]dioses ajenos, de los dioses de los pueblos que están en vuestros contornos,

15 porque Jehová tu Dios, que está en medio de ti, es un Dios [a]celoso; no sea que se inflame el furor de Jehová tu Dios contra ti, y te destruya de sobre la faz de la tierra.

16 No [a]tentaréis a Jehová vuestro Dios como lo [b]tentasteis en Masah.

17 Guardad [a]diligentemente los mandamientos de Jehová vuestro Dios, y sus testimonios y sus estatutos que te ha mandado.

18 Y harás [a]lo recto y bueno a los ojos de Jehová, para que te vaya bien y entres y poseas la buena tierra que Jehová juró a tus padres;

19 para que él [a]eche a todos tus enemigos de delante de ti, como Jehová ha dicho.

20 Cuando mañana te pregunte tu hijo, diciendo: ¿Qué significan los testimonios, y estatutos y decretos que Jehová nuestro Dios os mandó?,

21 entonces dirás a tu hijo: Nosotros éramos esclavos de Faraón en Egipto, y Jehová nos sacó de Egipto con mano poderosa.

22 E hizo Jehová señales y milagros grandes y terribles contra Egipto, contra Faraón y contra toda su casa, delante de nuestros ojos;

23 y nos sacó de allá para traernos y darnos la tierra que juró a nuestros padres.

---

5 *b* GEE Corazón.
c DyC 20:31.
7 *a* *Es decir,* las enseñarás. GEE Enseñar; Familia.
8 *a* Prov. 7:1–3.
b Éx. 13:16; Mateo 23:5.
12 *a* Alma 46:8.
13 *a* GEE Temor.
b GEE Servicio.
14 *a* DyC 20:19.
15 *a* GEE Celo, celos, celoso.
16 *a* HEB pondréis a prueba.
b HEB pusiste a prueba. Éx. 17:1–7.
17 *a* GEE Diligencia.
18 *a* DyC 58:26–28.
19 *a* Núm. 33:52–53.

24 Y nos [a]mandó Jehová cumplir con todos estos estatutos y [b]temer a Jehová nuestro Dios, para que nos fuera [c]bien todos los días y para que [d]nos diera vida, como hasta hoy.

25 Y se nos [a]contará en justicia si cuidamos de poner por obra todos estos mandamientos delante de Jehová nuestro Dios, como él nos ha mandado.

CAPÍTULO 7

Israel ha de destruir las siete naciones de Canaán — Se prohíbe el matrimonio con esas naciones, a fin de que no caigan en la apostasía — Israel tiene una misión como pueblo santo y escogido — Jehová muestra misericordia a aquellos que le aman y guardan sus mandamientos — Promete quitar toda enfermedad de los hijos de Israel si ellos son obedientes.

CUANDO Jehová tu Dios te haya hecho entrar en la tierra en la cual tú has de entrar para poseerla, y haya echado de delante de ti a muchas naciones, al heteo, y al gergeseo, y al amorreo, y al cananeo, y al ferezeo, y al heveo y al jebuseo, siete naciones mayores y más fuertes que tú,

2 y cuando Jehová tu Dios las haya entregado delante de ti, y las hayas derrotado, las [a]destruirás del todo. [b]No harás con ellos alianza ni les tendrás misericordia.

3 Y no [a]emparentarás con ellas; no darás tu hija a su hijo ni tomarás a su hija para tu hijo.

4 Porque [a]desviará a tu hijo de en pos de mí, y servirán a dioses ajenos; y el furor de Jehová se encenderá sobre vosotros y pronto te destruirá.

5 Mas así habéis de hacer con ellos: sus altares destruiréis, y quebraréis sus [a]estatuas, y cortaréis sus imágenes de [b]Asera y quemaréis sus esculturas en el fuego.

6 Porque tú eres [a]pueblo santo para Jehová tu Dios; Jehová tu Dios te ha [b]escogido para serle un pueblo especial, más que todos los pueblos que están sobre la faz de la tierra.

7 No por ser vosotros más numerosos que todos los pueblos os ha querido Jehová y os ha escogido, pues vosotros erais los menos numerosos de todos los pueblos,

8 sino porque Jehová [a]os amó y quiso guardar el [b]juramento que juró a vuestros padres; os ha sacado Jehová con mano poderosa y os ha rescatado de la casa de

24 *a* GEE Mandamientos de Dios.
b GEE Reverencia.
c DyC 130:21.
d Sal. 41:1–2.
25 *a* GEE Rectitud, recto.
7 2 *a* Josué 9:24; 1 Sam. 15:2–3.
b Jue. 2:1–3; Alma 5:57.
3 *a* GEE Matrimonio—El matrimonio entre personas de distintas religiones.
4 *a* 1 Rey. 11:1–4. GEE Apostasía.
5 *a* HEB pilares. GEE Idolatría.
b HEB Asera; es decir, diosa de la fertilidad.
6 *a* *O sea,* una nación consagrada.
b GEE Escogido.
8 *a* GEE Amor.
b GEE Juramento.

servidumbre, de manos de Faraón, rey de Egipto.
9 Conoce, pues, que Jehová tu Dios es Dios, Dios fiel, que [a]guarda el convenio y la [b]misericordia a los que le aman y guardan sus mandamientos, hasta mil generaciones,
10 y que da el pago en la cara del que le aborrece, [a]destruyéndolo; y no se tarda en retribuir al que le odia; en su cara le dará el pago.
11 Guarda, por tanto, los mandamientos, y estatutos y decretos que yo te [a]mando hoy que cumplas.
12 Y acontecerá que, por haber [a]oído estos decretos, y haberlos guardado y puesto por obra, Jehová tu Dios guardará contigo el [b]convenio y la misericordia que juró a tus padres.
13 Y te [a]amará, y te bendecirá, y te multiplicará y bendecirá el fruto de tu vientre, y el fruto de tu tierra, y tu grano, y tu mosto y tu aceite, la cría de tus vacas y los rebaños de tus ovejas, en la tierra que juró a tus padres que te daría.
14 Bendito serás más que todos los pueblos; no habrá en ti varón ni mujer estéril, ni en tus bestias.
15 Y quitará Jehová de ti toda [a]enfermedad; y todas las malas [b]plagas de Egipto, que tú conoces, no las pondrá sobre ti, sino que las pondrá sobre todos los que te aborrecieren.
16 Y destruirás a todos los pueblos que te da Jehová tu Dios; tu ojo no les tendrá piedad, ni servirás a sus [a]dioses, porque te será motivo de tropiezo.
17 Si dices en tu corazón: Estas naciones son mucho más numerosas que yo, ¿cómo las podré desarraigar?,
18 no tengas temor de ellas; acuérdate bien de lo que hizo Jehová tu Dios con Faraón y con todo Egipto,
19 de las grandes pruebas que vieron tus ojos, y de las señales y de los milagros, y de la mano poderosa y brazo extendido con que Jehová tu Dios te sacó. Así hará Jehová tu Dios con todos los pueblos en cuya presencia tú temes.
20 Y también enviará Jehová tu Dios sobre ellos avispas, hasta que perezcan los que queden y los que se hayan escondido de delante de ti.
21 No desmayes delante de ellos, porque Jehová tu Dios está en medio de ti, Dios grande y temible.
22 Y Jehová tu Dios [a]echará a estas naciones de delante de ti poco a poco; no podrás acabar con ellas de inmediato, para que las [b]bestias del campo no se aumenten contra ti.
23 Mas Jehová tu Dios las

9 *a* GEE Convenio (pacto).
b GEE Misericordia, misericordioso.
10 *a* 1 Ne. 17:30–38.
11 *a* GEE Deber.
12 *a* GEE Escuchar.
b Jer. 11:5.
13 *a* GEE Amor.
15 *a* GEE Enfermedad, enfermo.
b Éx. 15:26.
16 *a* 2 Rey. 17:33–36.
22 *a* Éx. 23:27–30.
b HEB fieras del campo que lleguen a ser demasiado numerosas para ti.

[a]entregará delante de ti, y él [b]las quebrantará con gran destrozo hasta que sean destruidas.

24 Y él entregará sus reyes en tus manos, y tú borrarás el nombre de ellos de debajo del cielo; nadie te hará frente hasta que los destruyas.

25 Las esculturas de sus dioses quemarás en el fuego; no codiciarás la plata ni el oro que las recubren para tomarlos para ti, no sea que tropieces por ello, pues es abominación a Jehová tu Dios.

26 Y no traerás cosa abominable a tu casa, para que no seas [a]anatema como ella; del todo la aborrecerás y la abominarás, porque es anatema.

CAPÍTULO 8

Jehová puso a prueba a los hijos de Israel durante cuarenta años en el desierto — El comer maná les enseñó que el hombre vive de la palabra de Dios — Su ropa no envejeció — Jehová los disciplinó — Si Israel sirve a otros dioses, perecerá.

CUIDARÉIS de poner por obra todo mandamiento que yo os ordeno hoy, para que viváis, y seáis multiplicados, y entréis a poseer la tierra que juró Jehová dar a vuestros padres.

2 Y te acordarás de todo el camino por donde te ha traído Jehová tu Dios estos cuarenta años en el desierto, [a]para humillarte, para ponerte a prueba, para saber lo que estaba en tu corazón, si habías de guardar o no sus mandamientos.

3 Y te humilló, y te hizo sufrir hambre y te sustentó con [a]maná, *comida* que tú no conocías, ni tus padres la habían conocido, para hacerte saber que no sólo de [b]pan vivirá el hombre, sino de todo lo que sale de la boca de Jehová vivirá el hombre.

4 Tu ropa nunca se envejeció sobre ti, ni el pie se te ha hinchado durante estos cuarenta años.

5 Reconoce asimismo en tu corazón que, como [a]disciplina el hombre a su hijo, así Jehová tu Dios te disciplina.

6 Guardarás, pues, los mandamientos de Jehová tu Dios, [a]andando en sus caminos y temiéndole.

7 Porque Jehová tu Dios te introduce en la [a]buena tierra, tierra de arroyos de aguas, de fuentes y de manantiales que brotan en valles y montes;

8 tierra de trigo y cebada, y de vides, e higueras y granados; tierra de olivos, de aceite y de miel;

9 tierra en la cual no comerás el pan con escasez, ni te faltará nada en ella; tierra cuyas piedras son hierro, y de cuyos montes sacarás cobre.

10 Y comerás y te saciarás, y

23 *a* DyC 98:28–31.
b HEB provocará entre ellas grandes tumultos.
26 *a* *Es decir,* maldito.

8 2 *a* GEE Humildad, humilde, humillar (afligir).
3 *a* GEE Maná.
b GEE Pan de Vida.
5 *a* GEE Castigar, castigo.
6 *a* GEE Andar, andar con Dios.
7 *a* GEE Tierra prometida.

bendecirás a Jehová tu Dios
por la buena tierra que te habrá
dado.
11 Cuídate de no [a]olvidarte de
Jehová tu Dios, dejando de observar sus mandamientos, y sus
[b]decretos y sus estatutos, que yo
te ordeno hoy;
12 no sea que cuando comas y te
sacies, y edifiques buenas casas
y las habites,
13 y cuando tus vacas y tus ovejas aumenten, y la plata y el oro
se te multipliquen, y todo lo que
tuvieres se aumente,
14 entonces se [a]enaltezca tu
corazón y te olvides de Jehová tu Dios, que te sacó de la
tierra de Egipto, de la casa de
servidumbre;
15 que te condujo por un desierto grande y espantoso, de
[a]serpientes ardientes, y de escorpiones y de sed, donde ningún
agua había, y él te sacó [b]agua de
la roca del pedernal;
16 que te sustentó con maná en
el desierto, *comida* que tus padres
no habían conocido, [a]afligiéndote
y probándote, para a la postre
hacerte bien;
17 y digas en tu corazón: Mi poder y la fuerza de mi mano me
han traído esta riqueza.
18 Sino acuérdate de Jehová tu
Dios, porque él te da poder para
hacer riquezas, a fin de confirmar
el convenio que juró a tus padres,
como en este día.
19 Mas acontecerá que, si
llegas a olvidarte de Jehová tu
Dios, y andas en pos de [a]dio-
ses ajenos, y los sirves y te inclinas ante ellos, testifico hoy
contra vosotros que de cierto
[b]pereceréis.
20 Como las naciones que
Jehová destruirá delante de vosotros, así pereceréis, por cuanto
no habréis [a]atendido a la voz de
Jehová vuestro Dios.

CAPÍTULO 9

Las otras naciones son arrojadas de Canaán debido a sus iniquidades — Moisés recuerda las rebeliones de Israel y narra cómo intercedió entre el pueblo y Jehová — En dos ocasiones estuvo sin alimento y sin agua durante cuarenta días.

OYE, Israel: Hoy pasarás el Jordán
para entrar a [a]desposeer a naciones más *numerosas* y más fuertes
que tú, ciudades grandes y amuralladas hasta el cielo,
2 un pueblo grande y alto, hijos
de los [a]anaceos, de los cuales tienes tú conocimiento y has oído
decir: ¿Quién podrá hacer frente
a los hijos de Anac?
3 Entiende, pues, hoy, que
Jehová tu Dios es el que pasa
[a]delante de ti como fuego consumidor, que los destruirá y los
[b]humillará delante de ti. Y tú

11 *a* Hel. 12:1–6.
b HEB decretos u ordenanzas.
14 *a* GEE Orgullo.
15 *a* Núm. 21:4–9; 1 Ne. 17:41.
b 1 Ne. 17:29.
16 *a* *Es decir,* para hacerte humilde.
19 *a* GEE Idolatría.
b Ezeq. 5:11–17.
20 *a* GEE Rebelión.
9 1 *a* Núm. 33:50–56.
2 *a* Deut. 2:10–11.
3 *a* Deut. 1:29–31.
b HEB someter delante de ti.

los echarás y los destruirás rápidamente, como Jehová te ha
dicho.
4 No digas en tu corazón cuando
Jehová tu Dios los haya echado
de delante de ti: Por mi [a]justicia
[b]me ha traído Jehová a poseer esta
tierra, sino que por la [c]maldad de
estas naciones Jehová las echa de
delante de ti.
5 No por tu [a]justicia ni por
la rectitud de tu corazón en-
tras a poseer la tierra de ellos,
sino por la maldad de estas naciones Jehová tu Dios las echa
de delante de ti, y para confirmar la palabra que Jehová juró
a tus padres Abraham, Isaac y
Jacob.
6 Por tanto, entiende que no es
por tu justicia que Jehová tu Dios
te da esta buena tierra para poseerla, porque [a]pueblo de dura
cerviz eres tú.
7 Acuérdate, no olvides que has
provocado a ira a Jehová tu Dios
en el desierto; desde el día en
que saliste de la tierra de Egipto
hasta que entrasteis en este lugar, habéis sido [a]rebeldes para
con Jehová.
8 Y en Horeb provocasteis a ira
a Jehová, y se enojó Jehová contra
vosotros para [a]destruiros.
9 Cuando yo subí al monte para
recibir las tablas de piedra, las
tablas del convenio que Jehová
hizo con vosotros, estuve entonces en el monte [a]cuarenta días y
cuarenta noches, sin comer pan
ni beber agua.
10 Y me dio Jehová las dos tablas de piedra [a]escritas con el
dedo de Dios; y en ellas *estaba*
escrito conforme a todas las palabras que os habló Jehová en el
monte, de en medio del fuego, el
[b]día de la asamblea.
11 Y aconteció que al cabo de
cuarenta días y cuarenta noches,
Jehová me dio las dos tablas de
piedra, las tablas del [a]convenio.
12 Y me dijo Jehová: Levántate,
desciende aprisa de aquí, porque
tu pueblo que sacaste de Egipto
se ha [a]corrompido; muy pronto
se han apartado del camino que
yo les mandé; se han hecho una
imagen de fundición.
13 Y me habló Jehová, di-
ciendo: He visto [a]ese pueblo, y
he aquí que es un pueblo de dura
cerviz.
14 Déjame que los destruya y
[a]borre su nombre de debajo del
cielo, y de ti haré una nación
fuerte y mucho más numerosa
que ellos.
15 Y volví y descendí del monte,
el cual ardía en llamas, con las
dos tablas del convenio en mis
dos manos.
16 Y miré, y he aquí habíais [a]pe-
cado contra Jehová vuestro Dios;
os habíais hecho un becerro de
fundición, apartándoos pronto
del camino que Jehová os había
mandado.

4 *a* GEE Rectitud, recto.
b 1 Ne. 17:32–38.
c GEE Pecado.
5 *a* Ezeq. 36:22.
6 *a* Mos. 3:14–15.
GEE Orgullo.
7 *a* DyC 84:23–24.
8 *a* Lev. 26:14–17.
9 *a* Éx. 34:28.
10 *a* Éx. 32:16; 2 Cor. 3:3.
b Deut. 4:10–13.
11 *a* HEB *berit:* convenio, pacto, alianza.
GEE Convenio
(pacto).
12 *a* Éx. 32:7–8.
13 *a* 2 Rey. 17:14;
Jacob 4:14.
14 *a* Alma 5:57.
16 *a* Éx. 20:23.
GEE Rebelión.

17 Entonces tomé las dos tablas, y las arrojé de mis dos manos y las quebré delante de vuestros ojos.

18 Y me postré delante de Jehová, como antes, cuarenta días y cuarenta noches; no comí pan ni bebí agua, a causa de todo el pecado vuestro que habíais cometido [a]haciendo lo malo ante los ojos de Jehová para enojarlo.

19 Porque temí a causa del furor y de la ira con que Jehová estaba enojado contra vosotros para destruiros. Pero Jehová me escuchó también esta vez.

20 Contra Aarón también se enojó Jehová tanto como para destruirlo; y también oré por Aarón en ese entonces.

21 Y tomé vuestro pecado, el becerro que habíais hecho, y lo quemé en el fuego y lo desmenucé, moliéndolo muy bien, hasta que fue reducido a polvo; y eché el polvo al arroyo que descendía del monte.

22 También en Tabera, y en Massa, y en Kibrot-hataava, [a]provocasteis a ira a Jehová.

23 Y cuando Jehová os envió desde Cades-barnea, diciendo: Subid y poseed la tierra que yo os he dado, también fuisteis [a]rebeldes al mandato de Jehová vuestro Dios, y no le creisteis ni obedecisteis su voz.

24 Rebeldes habéis sido a Jehová desde el día en que yo os conozco.

25 Me postré, pues, delante de Jehová; cuarenta días y cuarenta noches estuve postrado, porque Jehová dijo que os había de destruir.

26 Y oré a Jehová, diciendo: Oh Señor Jehová, no destruyas a tu pueblo, a tu [a]heredad que has redimido con tu grandeza, que sacaste de Egipto con mano poderosa.

27 Acuérdate de tus siervos Abraham, Isaac y Jacob; no mires la [a]terquedad de este pueblo, ni su maldad ni su [b]pecado,

28 no sea que digan *los de* la tierra de donde nos sacaste: Por cuanto no pudo Jehová introducirlos en la tierra que les había prometido, o porque los aborrecía, los sacó para matarlos en el desierto.

29 Y ellos son tu [a]pueblo y tu [b]heredad que sacaste con tu gran poder y con tu brazo extendido.

CAPÍTULO 10

Las tablas de piedra que contienen los Diez Mandamientos se colocan en el arca — Todo lo que Dios requiere es que Israel le ame y le sirva — ¡Cuán grande y poderoso es Jehová!

1 EN aquel tiempo Jehová me dijo: Lábrate dos [a]tablas de piedra como las primeras, y sube hasta

18 *a* GEE Inicuo, iniquidad.
22 *a* Éx. 17:4–7; Núm. 11:1–3, 31–34.
23 *a* Núm. 14:22–23, 27.
26 *a* GEE Israel—Las doce tribus de Israel.
27 *a* GEE Orgullo.
b GEE Pecado.
29 *a* Éx. 33:13.
b Deut. 4:20; Moisés 1:39.
10 1 *a* Éx. 31:18; TJS Éx. 34:1–2 (Apéndice).

mí al monte y hazte un [b]arca de
madera.
2 Y [a]escribiré en aquellas tablas
las palabras que estaban en las
primeras tablas [b]que quebraste,
y las pondrás en el arca.
3 E hice un arca de madera de
acacia, y labré dos tablas de piedra como las primeras y subí al
monte con las dos tablas en mi
mano.
4 Y [a]escribió en las tablas, conforme a la primera escritura, los
diez mandamientos que Jehová
os había hablado en el monte
de en medio del fuego, el día de
la asamblea; y me las entregó
Jehová.
5 Y me volví y descendí del
monte, y puse las tablas en el
arca que había hecho; y allí están,
como Jehová me mandó.
6 (Después partieron los hijos
de Israel de Beerot-bene-jaacán
a Moserá. Allí murió [a]Aarón y
allí fue sepultado; y en su lugar su hijo Eleazar sirvió como
sacerdote.
7 De allí partieron a Gudgoda,
y de Gudgoda a Jotbata, tierra de
arroyos de aguas.
8 En aquel tiempo [a]apartó
Jehová la tribu de [b]Leví para que
[c]llevase el arca del convenio de
Jehová, para que estuviese delante de Jehová para servirle y
para [d]bendecir en su nombre,
hasta el día de hoy.
9 Por lo cual Leví no tuvo parte
ni heredad con sus hermanos; Jehová es su [a]heredad, como Jehová
tu Dios le dijo.)
10 Y yo estuve en el monte como
los primeros días, cuarenta días
y cuarenta noches; y Jehová me
escuchó también esta vez, y no
quiso Jehová destruirte.
11 Y me dijo Jehová: Levántate,
[a]ve y marcha delante del pueblo,
para que entren y posean la tierra que juré a sus padres que les
había de dar.
12 Ahora pues, Israel, ¿qué [a]pide
Jehová tu Dios de ti, sino que [b]te-
mas a Jehová tu Dios, que [c]andes
en todos sus caminos, y que lo
ames y [d]sirvas a Jehová tu Dios
con todo tu [e]corazón y con toda
tu alma;
13 que guardes los [a]mandamien-
tos de Jehová y sus estatutos, que
yo te mando hoy para tu [b]bien?
14 He aquí, de Jehová tu Dios
son los cielos, y los [a]cielos de los
cielos, la [b]tierra y todas las cosas
que hay en ella.
15 Pero [a]solamente de tus padres
se agradó Jehová para amarlos,

1 *b* *O sea,* un cofre o una caja. GEE Arca del pacto.
2 *a* 2 Ne. 3:17; Moisés 2:1.
b TJS Deut. 10:2 …que quebraste, *excepto las palabras del convenio sempiterno del santo sacerdocio,* y las pondrás…
4 *a* GEE Ley de Moisés.
6 *a* GEE Aarón, hermano de Moisés.
8 *a* GEE Apartamiento.
b GEE Leví.
c 1 Cró. 15:2.
d Núm. 6:22–27.
9 *a* Núm. 18:20–24.
11 *a* Éx. 33:1–3.
12 *a* Miq. 6:8. GEE Deber.
b GEE Temor—Temor de Dios.
c GEE Andar, andar con Dios.
d GEE Adorar.
e GEE Diligencia.
13 *a* GEE Mandamientos de Dios.
b Deut. 6:24; DyC 21:6.
14 *a* GEE Cielo.
b GEE Tierra.
15 *a* HEB a pesar de ello (véase el contexto en el versículo anterior).

y [b]escogió su descendencia después de ellos, a vosotros, de entre todos los pueblos, como en
este día.
16 [a]Circuncidad, pues, el prepucio de vuestro [b]corazón y [c]no endurezcáis más vuestra cerviz.
17 Porque Jehová vuestro Dios
es [a]Dios de dioses y Señor de señores, Dios grande, poderoso y
temible, que no hace acepción de
personas ni recibe soborno,
18 que hace justicia al huérfano y a la viuda, que ama también al extranjero, dándole pan
y vestido.
19 [a]Amaréis, pues, al extranjero,
porque extranjeros fuisteis vosotros en la tierra de Egipto.
20 A Jehová tu Dios temerás, a
él servirás, a él [a]te aferrarás y por
su nombre jurarás.
21 Él es tu alabanza y él es tu
Dios, que ha hecho contigo estas
cosas [a]grandes y terribles que tus
ojos han visto.
22 Con setenta almas [a]des-
cendieron tus padres a Egipto,
y ahora Jehová te ha hecho tan
numeroso como las [b]estrellas del
cielo.

CAPÍTULO 11

Amarás y obedecerás a Jehová tu Dios — Si los hijos de Israel obedecen, serán bendecidos con lluvia y con cosechas, y echarán a las naciones poderosas — Israel debe aprender las leyes de Dios y enseñarlas — Las bendiciones se reciben por medio de la obediencia; las maldiciones son consecuencia de la desobediencia.

[a]AMARÁS, pues, a Jehová tu Dios
y guardarás su [b]mandato, y sus
estatutos, y sus decretos y sus
mandamientos, todos los días.
2 Y comprended hoy, porque
no *hablo* con vuestros hijos que
no han sabido ni visto el [a]cas-
tigo de Jehová vuestro Dios, su
grandeza, su mano poderosa, ni
su brazo extendido,
3 ni sus señales ni sus obras
que hizo en medio de Egipto a
Faraón, rey de Egipto, y a toda
su tierra;
4 y lo que hizo al ejército de
Egipto, a sus caballos y a sus carros; cómo hizo precipitar las
aguas del [a]Mar Rojo sobre ellos
cuando venían tras vosotros, y
cómo Jehová los destruyó hasta
hoy;
5 y lo que ha hecho con vosotros
en el desierto, hasta que habéis
llegado a este lugar;
6 y lo que hizo a [a]Datán y a Abiram, hijos de Eliab hijo de Rubén;

15 *b* GEE Escoger, escogido.
16 *a* *Es decir,* purificad vuestro corazón. GEE Pureza, puro.
b 2 Cor. 3:3. GEE Corazón.
c *O sea,* no seáis obstinados. GEE Orgullo.
17 *a* Apoc. 17:14; 19:11–16.
19 *a* Lev. 19:33–34.
20 *a* Jacob 6:5. GEE Unidad.
21 *a* Éx. 34:10; DyC 133:42–44.
22 *a* GEE Egipto.
b Gén. 15:5; Éx. 1:7.
11 1 *a* Deut. 6:5; Mateo 22:36–40; DyC 59:5–6.
b GEE Ley de Moisés. Gén. 26:4–5.
2 *a* GEE Castigar, castigo.
4 *a* HEB Mar Rojo. Éx. 14:27–28; DyC 8:3.
6 *a* Núm. 16:25–35; 26:9–11.

cómo abrió la tierra su boca y los tragó a ellos y a sus familias, y sus tiendas y [b]todo lo que tenían en pie en medio de todo Israel.

7 Mas vuestros ojos han visto todos los grandes hechos que Jehová ha ejecutado.

8 Guardad, pues, todos los mandamientos que yo os prescribo hoy, para que seáis [a]fuertes, y entréis y poseáis la tierra a la cual vais a pasar para poseerla;

9 y para que os sean prolongados los días sobre la tierra que juró Jehová a vuestros padres que había de darla a ellos y a sus descendientes, [a]tierra que fluye leche y miel.

10 Porque la tierra a la cual vas a entrar para poseerla no es como la tierra de Egipto, de donde habéis salido, donde sembrabas tu semilla y regabas con tu pie, como huerto de hortalizas.

11 La tierra a la cual vais a pasar para poseerla es tierra de montes y de valles; de la lluvia del cielo bebe las aguas;

12 tierra de la cual Jehová tu Dios cuida; siempre están sobre ella los ojos de Jehová tu Dios, desde el principio del año hasta el fin de él.

13 Y acontecerá que si obedecéis cuidadosamente mis mandamientos que yo os mando hoy, de amar a Jehová vuestro Dios y de [a]servirle con todo vuestro corazón y con toda vuestra alma,

14 yo daré la [a]lluvia de vuestra tierra a su tiempo, la temprana y la tardía; y recogerás tu grano, y tu vino y tu aceite.

15 También haré crecer hierba en tu campo para tu ganado; y comerás y te saciarás.

16 Cuidaos, pues, de que vuestro corazón no se [a]engañe, y os apartéis y sirváis a dioses ajenos, y os inclinéis a ellos;

17 y así se encienda el furor de Jehová sobre vosotros, y cierre los cielos, y no haya lluvia, ni la tierra dé su fruto, y perezcáis pronto en la buena tierra que os da Jehová.

18 Por tanto, pondréis éstas, mis palabras, en vuestro [a]corazón y en vuestra alma, y las ataréis como señal en vuestra [b]mano y serán como frontales entre vuestros ojos.

19 Y las [a]enseñaréis a vuestros hijos, hablando de ellas estando en tu casa o andando por el camino, cuando te acuestes y cuando te levantes;

20 y las escribirás en los postes de tu casa y en tus puertas,

21 para que sean aumentados vuestros días, y los días de vuestros hijos, sobre la tierra que juró Jehová a vuestros padres que les había de dar, [a]como los días de los cielos sobre la tierra.

22 Porque si guardáis cuidadosamente todos estos mandamientos que yo os prescribo, para que

6 *b* HEB todo ser viviente que los seguía.
8 *a* Josué 1:6–7; 1 Ne. 4:2.
9 *a* GEE Tierra prometida.
13 *a* GEE Servicio.
14 *a* Deut. 28:12; Lev. 26:3–6; Hel. 11:13.
16 *a* GEE Engañar, engaño.
18 *a* GEE Corazón.
b *O sea,* brazo.
19 *a* GEE Enseñar.
21 *a* *O sea,* mientras los cielos permanezcan sobre la tierra.

los cumpláis, y si amáis a Jehová vuestro Dios, [a]andando en todos sus caminos, y a él os aferráis,

23 Jehová también echará a todas estas naciones de delante de vosotros y desposeeréis a naciones más grandes y más fuertes que vosotros.

24 Todo lugar que pise la planta de vuestro pie será vuestro: desde el desierto hasta el Líbano, desde el río, el río [a]Éufrates, hasta el mar [b]occidental será vuestro territorio.

25 Nadie os [a]hará frente; miedo y temor de vosotros pondrá Jehová vuestro Dios sobre la faz de toda la tierra que piséis, como él os ha dicho.

26 He aquí, yo pongo hoy delante de vosotros la [a]bendición y la [b]maldición:

27 La bendición, si obedecéis los mandamientos de Jehová vuestro Dios, que yo os prescribo hoy;

28 y la maldición, si no obedecéis los mandamientos de Jehová vuestro Dios y os apartáis del camino que yo os ordeno hoy, para ir en pos de dioses ajenos que no habéis conocido.

29 Y acontecerá que cuando Jehová tu Dios te haya llevado a la tierra a la cual vas para poseerla, pondrás la [a]bendición sobre el monte Gerizim, y la maldición sobre el monte Ebal,

30 los cuales están al otro lado del Jordán, tras el camino del occidente, en la tierra del cananeo que habita en la [a]llanura delante de Gilgal, junto al [b]encinar de More.

31 Porque vosotros pasaréis el Jordán para ir a poseer la tierra que os da Jehová vuestro Dios, y la poseeréis y habitaréis en ella.

32 Cuidaréis, pues, de poner por obra todos los estatutos y los decretos que yo presento hoy delante de vosotros.

CAPÍTULO 12

Israel debe destruir los dioses cananeos y sus lugares de adoración — Jehová señalará dónde adorará Su pueblo — Se prohíbe comer sangre — Israel debe adorar conforme al modelo divino.

ÉSTOS son los estatutos y los decretos que cuidaréis de poner por obra en la tierra que Jehová, el Dios de tus padres, te ha dado para que la poseas todos los días que vosotros viváis sobre la tierra.

2 Destruiréis enteramente todos los [a]lugares donde las naciones que vosotros heredaréis sirvieron a sus [b]dioses, sobre los montes altos, y sobre los collados y debajo de todo árbol frondoso.

3 Y derribaréis sus altares, y quebraréis sus estatuas, y sus imágenes de [a]Asera consumiréis

22 *a* GEE Andar, andar con Dios.
24 *a* Gén. 15:18.
b *O sea,* el Mediterráneo.
25 *a* Deut. 28:7–10.
26 *a* GEE Bendecido, bendecir, bendición.
b GEE Maldecir, maldiciones.
29 *a* Deut. 27:11–13; Josué 8:33–35.
30 *a* HEB Arabá.
b HEB junto a los robles.
12 2 *a* 2 Rey. 12:3.
b GEE Idolatría.
3 *a* HEB *Asherim;* imágenes de Asera, diosa de la fertilidad.

con fuego, y destruiréis las esculturas de sus dioses y borraréis el nombre de ellas de aquel lugar.
4 No haréis así para con Jehová vuestro Dios.
5 Mas [a]el lugar que Jehová vuestro Dios escogiere de todas vuestras tribus, para poner allí su nombre para su habitación, ése buscaréis y allá iréis.
6 Y allí llevaréis vuestros [a]holocaustos, y vuestros [b]sacrificios, y vuestros [c]diezmos, y la [d]ofrenda elevada de vuestras manos, y vuestros [e]votos, y vuestras ofrendas voluntarias y las primicias de vuestras vacas y de vuestras ovejas;
7 y comeréis allí delante de Jehová vuestro Dios, y os alegraréis, vosotros y vuestras familias, en toda obra de vuestras manos en que Jehová tu Dios te haya bendecido.
8 No haréis como todo lo que nosotros hacemos aquí ahora, cada uno [a]lo que bien le parece,
9 porque aún hasta ahora no habéis entrado en el reposo y en la heredad que os da Jehová vuestro Dios.
10 Mas pasaréis el Jordán y habitaréis en la tierra que Jehová vuestro Dios os hace [a]heredar, y él os dará [b]reposo de todos vuestros enemigos alrededor, y habitaréis seguros.
11 Y al lugar que Jehová vuestro Dios escogiere para hacer habitar en él su nombre, allí llevaréis todas las cosas que yo os mando: vuestros holocaustos y vuestros sacrificios, vuestros diezmos y la ofrenda elevada de vuestras manos, y todo lo escogido de vuestros votos que hayáis prometido a Jehová.
12 Y os alegraréis delante de Jehová vuestro Dios, vosotros, y vuestros hijos, y vuestras hijas, y vuestros criados, y vuestras criadas y el levita que esté en vuestras poblaciones, por cuanto no tiene parte ni heredad con vosotros.
13 Cuídate de no ofrecer tus holocaustos en cualquier lugar que vieres,
14 sino en el lugar que Jehová escogiere, en una de tus tribus; allí ofrecerás tus holocaustos y allí harás todo lo que yo te mando.
15 Con todo, podrás matar y comer carne en todas tus poblaciones, conforme al deseo de tu alma, según la bendición que Jehová tu Dios te haya dado; el [a]impuro y el limpio la comerá, como *la* de gacela o la de ciervo.
16 Salvo que la sangre no comeréis; sobre la tierra la derramaréis como agua.
17 Ni podrás comer en tus poblaciones el diezmo de tu grano, ni de tu vino, ni de tu aceite, ni las primicias de tus vacas, ni de tus ovejas, ni tus votos que hayas

5 *a* 1 Rey. 8:26–30. GEE Templo, Casa del Señor.
6 *a* GEE Ofrenda.
b GEE Sacrificios.
c GEE Diezmar, diezmo.
d HEB contribución dada. Núm. 18:18–19.
e *O sea*, ofrendas votivas.
8 *a* Jue. 17:6.
10 *a* Deut. 9:1; Josué 1:11.
b GEE Descansar, descanso (reposo).
15 *a* Deut. 15:22.

prometido, ni tus ofrendas voluntarias ni la ofrenda elevada de tu mano,
18 sino que delante de Jehová tu Dios las comerás, en el lugar que Jehová tu Dios haya escogido, tú, y tu hijo, y tu hija, y tu criado, y tu criada y el levita que esté en tus poblaciones; y te alegrarás delante de Jehová tu Dios en toda obra de tus manos.
19 Ten cuidado de no desamparar al [a]levita en todos tus días sobre tu tierra.
20 Cuando Jehová tu Dios ensanche tu territorio, como él te ha dicho, y tú digas: Comeré carne, porque deseó tu alma comerla, conforme a todo el deseo de tu alma comerás carne.
21 Si está lejos de ti el lugar que Jehová tu Dios haya escogido, para poner allí su nombre, podrás matar de tus vacas y de tus ovejas que Jehová te haya dado, como te he mandado yo, y comerás en tus ciudades según todo lo que desee tu alma.
22 Así como se come la gacela y el ciervo, así las podrás comer; el impuro y el limpio también podrán comer de ellas.
23 Solamente asegúrate de no comer la sangre, porque la [a]sangre es la vida; y no has de comer la vida juntamente con su carne.
24 No la comerás; en tierra la derramarás como agua.
25 No comerás de ella, para que te vaya bien a ti y a tus hijos después de ti, cuando hagas lo recto ante los ojos de Jehová.
26 Pero las cosas que hayas consagrado y tus votos, los tomarás e irás al lugar que Jehová haya escogido;
27 y ofrecerás tus holocaustos, la carne y la sangre, sobre el altar de Jehová tu Dios; y la sangre de tus sacrificios será derramada sobre el altar de Jehová tu Dios, y comerás la carne.
28 Guarda y escucha todas estas palabras que yo te mando, para que te vaya bien a ti y a tus hijos después de ti para siempre, cuando hagas lo bueno y lo recto ante los ojos de Jehová tu Dios.
29 Cuando Jehová tu Dios haya devastado delante de ti las naciones a donde tú vas para poseerlas, y las [a]heredes y habites en su tierra,
30 cuídate de no tropezar yendo en pos de ellas, después que sean destruidas delante de ti; no preguntes acerca de sus dioses, diciendo: ¿De qué manera servían aquellas naciones a sus dioses? Así haré yo también.
31 No harás así para con Jehová tu Dios, porque todo lo abominable que Jehová [a]aborrece hicieron ellos a sus dioses, pues aun a sus hijos y a sus hijas quemaban en el fuego para sus dioses.
32 Cuidaréis de hacer todo lo que yo os mando; no añadirás a ello ni de ello [a]quitarás.

19 *a* GEE Leví.
23 *a* GEE Sangre.
29 *a* HEB despojes.
31 *a* GEE Abominable, abominación.
32 *a* Apoc. 22:18–19; DyC 20:35.

CAPÍTULO 13

Jehová pone a prueba a los de Su pueblo para ver si adorarán dioses falsos — Se matará a los profetas, a los soñadores, a los parientes o a los amigos que aboguen por la adoración de dioses falsos — Las ciudades idólatras serán destruidas.

CUANDO se levante en medio de ti un profeta o un soñador de sueños, y te anuncie una señal o un prodigio,

2 y se cumpla la señal o prodigio que él te dijo, diciendo: Vamos en pos de [a]dioses ajenos, que no has conocido, y sirvámosles,

3 no darás oídos a las palabras de tal profeta, ni de tal soñador de sueños, porque Jehová vuestro Dios os está probando, para saber si amáis a Jehová vuestro Dios con todo vuestro corazón y con toda vuestra alma.

4 En pos de Jehová vuestro Dios [a]andaréis, y a él temeréis, y guardaréis sus mandamientos, y escucharéis su voz, y a él serviréis y a él os aferraréis.

5 Y el tal profeta o soñador de sueños ha de ser muerto, por cuanto incitó a la rebelión contra Jehová vuestro Dios, que te sacó de la tierra de Egipto y te rescató de la casa de servidumbre, y trató de apartarte del camino por el que Jehová tu Dios te mandó que anduvieses; y así quitarás el mal de en medio de ti.

6 Si te incita tu hermano, hijo de tu madre, o tu hijo, o tu hija, o la esposa amada o tu amigo del alma, diciendo en secreto: Vayamos y sirvamos a dioses ajenos, que ni tú ni tus padres habéis conocido,

7 los dioses de los pueblos que están en vuestros alrededores, cerca de ti o lejos de ti, desde un cabo de la tierra hasta el otro cabo de ella,

8 no consentirás con él ni le darás oídos, ni tu ojo se apiadará de él, ni le tendrás compasión ni lo encubrirás.

9 Antes lo matarás; tu mano se alzará [a]primero sobre él para matarle, y después la mano de todo el pueblo.

10 Y lo apedrearás, y morirá, por cuanto procuró apartarte de Jehová tu Dios, que te sacó de la tierra de Egipto, de la casa de servidumbre,

11 para que todo Israel oiga y [a]tema, y no vuelva a hacer cosa semejante a esta maldad en medio de ti.

12 Si oyes que se dice en alguna de tus ciudades que Jehová tu Dios te da para que mores en ellas,

13 que hombres, hijos impíos, han salido de en medio de ti, que han descarriado a los moradores de su ciudad, diciendo: Vayamos y sirvamos a dioses ajenos, que vosotros no habéis conocido,

14 entonces tú inquirirás, y buscarás y preguntarás con diligencia. Y si parece verdad, cosa cierta, que tal abominación se hizo en medio de ti,

13 2 *a* Éx. 22:20.
4 *a* GEE Andar, andar con Dios.
9 *a* Deut. 17:7.
11 *a* GEE Temor—Temor de Dios.

15 irremisiblemente herirás a filo de espada a los moradores de aquella ciudad, destruyéndola con todo lo que haya en ella, y *también matarás* sus bestias a filo de espada.

16 Y juntarás todo el botín de ella en medio de su plaza y consumirás con fuego la ciudad y todo su botín, [a]todo ello, a Jehová tu Dios. Y será un montón de ruinas para siempre; nunca más se edificará.

17 Y [a]no se pegará nada del anatema a tu mano, para que Jehová se aparte del furor de su ira, y tenga misericordia y compasión de ti y te multiplique, como lo juró a tus padres,

18 cuando obedezcas la voz de Jehová tu Dios, guardando todos sus mandamientos que yo te prescribo hoy, para hacer lo recto ante los ojos de Jehová tu Dios.

CAPÍTULO 14

Los israelitas son hijos de Jehová el Señor — No comerán animales, ni peces ni aves inmundos — Los israelitas diezmarán todo el aumento de su grano anualmente.

[a]HIJOS sois de Jehová vuestro Dios; no os haréis [b]incisiones ni os raparéis entre los ojos por causa de un muerto;

2 porque eres pueblo [a]santo a Jehová tu Dios, y Jehová te ha escogido para que le seas un [b]pueblo singular de entre todos los pueblos que están sobre la faz de la tierra.

3 Nada abominable comerás.

4 Éstos son los animales que podréis comer: el buey, la oveja, y la cabra,

5 el ciervo, la gacela, y el corzo, y la cabra montés, y el íbice, y el antílope y el carnero montés.

6 Y podréis comer todo animal de pezuña partida, que tiene [a]hendidura entre las dos uñas, y que rumia de entre los animales.

7 Pero éstos no comeréis de los que rumian o que tienen pezuña hendida: el camello, y la liebre y el conejo, porque rumian, pero no tienen la pezuña hendida; os serán inmundos;

8 ni cerdo, porque tiene la pezuña hendida, mas no rumia; os será inmundo. De la carne de éstos no comeréis ni tocaréis sus cuerpos muertos.

9 Esto podréis comer de todo lo que está en el agua: todo lo que tiene aleta y escama comeréis,

10 pero todo lo que no tenga aleta ni escama no comeréis; inmundo os será.

11 Toda ave limpia podréis comer,

12 Y éstas son las que no comeréis: el águila, y el quebrantahuesos, y el [a]azor,

16 *a* HEB todo ello (como holocausto u ofrenda encendida a Jehová).
17 *a* HEB no retendrás nada de la propiedad que hayas confiscado.
14 1 *a* GEE Hijos e hijas de Dios.
b Lev. 19:28; 21:5; 1 Rey. 18:28.
2 *a* GEE Santidad; Santo (adjetivo).
b GEE Escogido.
6 *a* *Es decir,* con dos pezuños separados por una hendidura.
12 *a* *Es decir,* un halcón de pequeño tamaño.

13 y el gallinazo, y el halcón y el milano según su especie;

14 y todo cuervo según su especie;

15 y el avestruz, y la lechuza, y la gaviota y el gavilán según su especie;

16 y el búho, y el ibis, y el cisne,

17 y el pelícano, y el buitre, y el cuervo marino,

18 y la cigüeña y la garza según su especie; y la abubilla y el murciélago.

19 Y todo insecto alado os será inmundo; no se comerá.

20 Toda ave limpia podréis comer.

21 No comeréis ningún animal que hayáis encontrado muerto; al extranjero que está en tus poblaciones [a]lo darás, y él podrá comerlo; o lo podrás vender a un extranjero, porque tú eres pueblo santo a Jehová tu Dios. No cocerás el cabrito en la leche de su madre.

22 Indefectiblemente [a]diezmarás todo el producto de la semilla que rinda tu campo cada año.

23 Y comerás delante de Jehová tu Dios, en el lugar que él escoja para hacer habitar allí su nombre, el diezmo de tu grano, de tu vino y de tu aceite, y las primicias de tu ganado y de tu rebaño, para que aprendas a temer a Jehová tu Dios todos los días.

24 Y si el camino es tan largo que tú no puedas llevarlo por él, por estar lejos de ti el lugar que Jehová tu Dios haya escogido para poner en él su nombre, cuando Jehová tu Dios te haya bendecido,

25 entonces lo venderás, y atarás el dinero en tu mano e irás al lugar que Jehová tu Dios haya escogido;

26 y darás el dinero por todo lo que tu alma apetezca: por vacas, o por ovejas, o por vino, o por sidra o por cualquier cosa que tu alma desee; y comerás allí delante de Jehová tu Dios y te alegrarás, tú y tu familia.

27 Y no desampararás al levita que *habite* en tus poblaciones; porque no tiene parte ni heredad contigo.

28 Al cabo de cada tres años sacarás todo el diezmo de tus productos de aquel año y lo guardarás en tus ciudades.

29 Y vendrá el levita, que no tiene parte ni heredad contigo, y el extranjero, y el huérfano y la [a]viuda que haya en tus poblaciones, y comerán y serán saciados, para que Jehová tu Dios te bendiga en toda obra que tus manos hagan.

CAPÍTULO 15

Cada siete años, todas las deudas serán perdonadas — Se exhorta al pueblo a cuidar de los pobres — Durante el séptimo año, los siervos hebreos serán librados y se les darán presentes — Las primeras crías macho del ganado y de los rebaños son de Jehová.

21 *a* TJS Deut. 14:21 …*no* lo darás para que lo coma, *ni* podrás venderlo…
22 *a* GEE Diezmar, diezmo.
29 *a* DyC 83:6.

AL cabo de cada [a]siete años [b]harás remisión de deudas.

2 Y ésta es la manera de la remisión: todo aquel que haya prestado a su prójimo perdonará a su deudor; no lo demandará más a su prójimo ni a su hermano, porque se ha proclamado la remisión de Jehová.

3 Del extranjero demandarás el *reintegro;* mas lo que tu hermano tenga de ti, lo perdonará tu mano;

4 Así no habrá mendigo en medio de ti, porque Jehová te bendecirá con abundancia en la tierra que Jehová tu Dios te da por heredad para que la poseas,

5 si sólo escuchas fielmente la voz de Jehová tu Dios, para guardar y cumplir todos estos mandamientos que yo te mando hoy.

6 Ya que Jehová tu Dios te habrá bendecido, como te ha dicho, prestarás entonces a muchas naciones, mas tú no tomarás prestado; y te enseñorearás de muchas naciones, pero de ti no se enseñorearán.

7 Si hay en medio de ti menesteroso de entre alguno de tus hermanos en alguna de tus ciudades, en la tierra que Jehová tu Dios te da, no [a]endurecerás tu corazón ni cerrarás tu mano a tu [b]hermano pobre,

8 sino que abrirás a él tu [a]mano liberalmente y le prestarás lo que le falte, lo que necesite.

9 Cuídate de que no haya en tu corazón pensamiento perverso, diciendo: Cerca está el año séptimo, el de la remisión, y [a]mires con malos ojos a tu hermano menesteroso para no darle, porque él podrá [b]clamar contra ti a Jehová, y se te contará como pecado.

10 Sin falta le darás, y no será tu corazón mezquino cuando le des, porque por ello te bendecirá Jehová tu Dios en todos tus hechos y en todo lo que pongas tu mano.

11 Porque no faltarán menesterosos de en medio de la tierra; por eso yo te mando, diciendo: Abrirás tu mano a tu hermano, al pobre y al menesteroso en tu tierra.

12 Si [a]se vende a ti tu hermano hebreo o hebrea, te servirá seis años, y al séptimo año le dejarás en libertad.

13 Y cuando lo despidas libre de ti, no lo enviarás con las manos vacías.

14 Le abastecerás liberalmente de tus ovejas, de tu era y de tu lagar; le darás *de* aquello con que Jehová te haya bendecido.

15 Y [a]te acordarás de que fuiste esclavo en la tierra de Egipto, y que Jehová tu Dios te rescató; por tanto, yo te mando esto hoy.

16 Y sucederá que, si él te dijere: No me iré de ti, porque te ama a ti y a tu casa, porque le va bien contigo,

17 entonces tomarás una lesna y horadarás su oreja contra la puerta, y será tu siervo para

15 1 *a* Éx. 21:2–3; Jer. 34:14.
b *Es decir,* perdonarás o anularás las deudas. GEE Deuda.
7 *a* GEE Orgullo.
b GEE Pobres; Bienestar.
8 *a* GEE Limosna.
9 *a* 3 Ne. 13:20–24.
b Deut. 24:14–15.
12 *a* Lev. 25:39–43.
15 *a* Alma 29:11–12.

siempre; así también harás a tu criada.

18 No te parezca duro cuando le envíes libre de ti, porque [a]como dos jornaleros te sirvió seis años; y Jehová tu Dios te bendecirá en todo cuanto hagas.

19 Consagrarás a Jehová tu Dios todo [a]primer macho que nazca de tus vacas y de tus ovejas; no harás trabajar el primogénito de tus vacas ni trasquilarás el primogénito de tus ovejas.

20 Delante de Jehová tu Dios los comerás cada año, tú y tu familia, en [a]el lugar que Jehová escoja.

21 Y si hay en el animal algún [a]defecto, si es ciego o cojo, o tiene cualquier defecto grave, no lo [b]sacrificarás a Jehová tu Dios.

22 En tus poblaciones lo comerás; el impuro lo mismo que el limpio *comerán de él,* como si fuese una gacela o un ciervo.

23 Sólo que no comas su sangre; sobre la tierra la derramarás como agua.

CAPÍTULO 16

Israel guardará la Pascua; también, la Fiesta de los Panes sin Levadura, la Fiesta de las Semanas y la Fiesta de los Tabernáculos — Todos los varones se presentarán delante de Jehová anualmente en estas tres fiestas — Los jueces no harán juicios deshonestos ni tomarán soborno.

GUARDARÁS el mes de Abib y celebrarás la [a]Pascua a Jehová tu Dios, porque en el mes de Abib te sacó Jehová tu Dios de Egipto, de noche.

2 Y sacrificarás la pascua a Jehová tu Dios, de las ovejas y de las vacas, en el lugar que Jehová escoja para hacer habitar allí su nombre.

3 No comerás con ella pan con levadura; siete días comerás con ella pan sin levadura, pan de aflicción, porque [a]aprisa saliste de la tierra de Egipto, para que todos los días de tu vida te acuerdes del día en que saliste de la tierra de Egipto.

4 Y no se dejará ver [a]levadura contigo en todo tu territorio durante siete días; y de la carne que sacrifiques al atardecer del primer día, no quedará nada hasta la mañana siguiente.

5 No podrás sacrificar la pascua en ninguna de las ciudades que Jehová tu Dios te da,

6 sino en el lugar que Jehová tu Dios escoja para hacer habitar allí su nombre; sacrificarás la pascua al [a]atardecer, a la puesta del sol, a la hora en que saliste de Egipto.

7 Y la asarás y la comerás en el lugar que Jehová tu Dios haya escogido, y por la mañana regresarás y volverás a tus tiendas.

8 Seis días comerás pan sin levadura, y el séptimo día será asamblea solemne a Jehová tu Dios; no trabajarás *en él.*

---

18 *a* *Es decir,* te ha valido por el servicio de dos jornaleros.
19 *a* Éx. 13:2; Mos. 2:3.
20 *a* 1 Rey. 8:26–30.
21 *a* 1 Pe. 1:18–20.
b GEE Sacrificios.
16 1 *a* Núm. 28:16–25.
GEE Pascua.
3 *a* Éx. 12:11.
4 *a* Éx. 13:7.
6 *a* Éx. 12:42.

9 Siete semanas contarás; desde que comience a meterse la hoz en las mieses comenzarás a contar las siete semanas.

10 Y celebrarás la fiesta de las [a]semanas a Jehová tu Dios; de la ofrenda voluntaria de tu mano será lo que des, según la abundancia con la que Jehová tu Dios te haya bendecido.

11 Y te alegrarás delante de Jehová tu Dios, tú, y tu hijo, y tu hija, y tu criado, y tu criada, y el levita que esté en tus ciudades, y el extranjero, y el huérfano y la viuda que estén en medio de ti, en el lugar que Jehová tu Dios haya escogido para hacer habitar allí su nombre.

12 Y acuérdate de que fuiste esclavo en Egipto; por tanto, guardarás y cumplirás estos estatutos.

13 Celebrarás la [a]fiesta de los tabernáculos durante siete días, cuando hayas recogido la cosecha de tu era y de tu lagar.

14 Y te alegrarás en tu fiesta solemne, tú, y tu hijo, y tu hija, y tu criado, y tu criada, y el levita, y el extranjero, y el huérfano y la viuda que están en tus poblaciones.

15 Siete días celebrarás fiesta solemne a Jehová tu Dios en el lugar que Jehová escoja, porque te habrá bendecido Jehová tu Dios en todos tus frutos y en toda la obra de tus manos, y estarás verdaderamente alegre.

16 [a]Tres veces cada año se presentará todo varón tuyo delante de Jehová tu Dios en el lugar que él escoja: en la fiesta de los panes sin levadura, y en la fiesta de las semanas y en la fiesta de los tabernáculos. Y ninguno se presentará delante de Jehová con las manos vacías;

17 [a]cada uno con la ofrenda de su mano, conforme a la bendición que Jehová tu Dios te haya dado.

18 [a]Jueces y [b]oficiales pondrás para ti en todas tus ciudades que Jehová tu Dios te dará en tus tribus, los cuales juzgarán al pueblo con justo juicio.

19 No perviertas el [a]derecho; no hagas acepción de personas ni tomes soborno, porque el soborno ciega los ojos de los sabios y pervierte las palabras de los justos.

20 La justicia, y sólo la justicia seguirás, para que vivas y heredes la tierra que Jehová tu Dios te da.

21 No plantarás para ti ningún [a]árbol para Asera cerca del altar de Jehová tu Dios, que tú te habrás hecho.

22 Ni levantarás para ti [a]estatua, lo cual aborrece Jehová tu Dios.

CAPÍTULO 17

Se matará a los que adoren dioses falsos — Los sacerdotes y los jueces

10 *a* Lev. 23:15–21.
13 *a* Lev. 23:33–36.
16 *a* Éx. 23:14–17.
17 *a* Mar. 12:41–44.
18 *a* Mos. 29:11–13, 16–17; DyC 58:17–20.
b Núm. 11:16.
19 *a* GEE Juicio, juzgar.
21 *a* Imagen de Asera, diosa de la fertilidad entre los idólatras. 1 Rey. 14:15; 2 Rey. 17:15–16.
22 *a* HEB pilar (para adorar ídolos).

determinarán los casos difíciles — Los reyes no deberán tener muchos caballos, ni muchas esposas ni mucho oro para ellos mismos — El rey debe estudiar las leyes de Dios todos los días.

No sacrificarás a Jehová tu Dios buey ni cordero en el cual haya [a]defecto o alguna cosa mala, porque es abominación a Jehová tu Dios.

2 Cuando se halle en medio de ti, en alguna de las ciudades que Jehová tu Dios te da, un hombre o una mujer que haya hecho mal ante los ojos de Jehová tu Dios, [a]traspasando su convenio,

3 que haya ido y servido a dioses ajenos, y se haya inclinado a ellos, ya sea al sol, o a la luna o a todo el ejército del cielo, lo cual yo no he mandado,

4 y te sea dado aviso, y después que lo hayas oído, entonces lo investigarás bien, y si la cosa parece ser cierta, que tal abominación ha sido hecha en Israel,

5 sacarás a tus puertas al hombre o a la mujer que haya hecho esta mala cosa, ya sea hombre o mujer, y los [a]apedrearás, y así morirán.

6 [a]Por boca de [b]dos testigos o de tres testigos [c]morirá el que haya de morir; no morirá por boca de un solo testigo.

7 La mano de los testigos caerá primero sobre él para matarlo, y después la mano de todo el pueblo; así quitarás el mal de en medio de ti.

8 Cuando alguna cosa te sea difícil en el juicio [a]entre sangre y sangre, entre causa y causa, y entre herida y herida, en asuntos de litigio en tus ciudades, entonces te levantarás y acudirás al [b]lugar que Jehová tu Dios escoja;

9 y vendrás a los sacerdotes levitas y al juez que haya en aquellos días, y preguntarás, y ellos te [a]enseñarán la sentencia del juicio.

10 Y harás según la sentencia que te indiquen los del lugar que Jehová escoja, y cuidarás de hacer según todo lo que te manifiesten.

11 Actuarás según la ley que ellos te enseñen y según el juicio que te digan; no te apartarás ni a la derecha ni a la izquierda de la sentencia que te dicten.

12 Y el hombre que proceda con soberbia, no obedeciendo al sacerdote que está para ministrar allí delante de Jehová tu Dios, o al juez, tal hombre morirá; y quitarás el mal de en medio de Israel.

13 Y todo el pueblo oirá y temerá, y no procederá más con soberbia.

14 Cuando hayas entrado en la tierra que Jehová tu Dios te da, y la poseas, y habites en ella y digas: Pondré rey sobre mí, como todas las naciones que están en mis alrededores,

15 ciertamente pondrás como

17 1 *a* Lev. 22:19–25.
2 *a* Josué 23:16.
5 *a* Lev. 20:2–6.
6 *a* *Es decir,* de acuerdo con la evidencia.
b GEE Testigo.
c GEE Pena de muerte.
8 *a* *Es decir,* en cuanto a diferentes grados de homicidio, etc.
b 1 Rey. 8:26–30.
9 *a* HEB te pronunciarán (véanse también los vers. 10, 11).

[a]rey sobre ti al que Jehová tu
Dios escoja; de entre tus hermanos pondrás rey sobre ti;
no podrás poner sobre ti a un
hombre extranjero que no sea tu
hermano.
16 Pero él no aumentará caballos
para sí, ni hará volver al pueblo
a Egipto para acumular caballos,
porque Jehová os ha dicho: Jamás
[a]volveréis por ese camino.
17 Ni tendrá para sí muchas
[a]esposas, para que su corazón no
se desvíe; ni [b]acumulará mucha
plata ni mucho oro para sí.
18 Y sucederá que cuando se
siente sobre el trono de su reino,
ha de escribir para sí en un libro
una copia de esta ley, *del original*
que está delante de los sacerdotes levitas;
19 y lo tendrá consigo y [a]leerá en
él todos los días de su vida, para
que aprenda a temer a Jehová su
Dios, para guardar todas las palabras de esta ley y estos estatutos,
para ponerlos por obra,
20 para que no se eleve su corazón sobre sus [a]hermanos, ni
[b]se aparte del mandamiento ni
a la derecha ni a la izquierda, a
fin de que prolongue sus días en
su reino, él y sus hijos, en medio
de Israel.

CAPÍTULO 18

El modo de mantener a los sacerdotes — La adivinación, el espiritismo y otras cosas semejantes son abominaciones — Se levantará un Profeta (Cristo) como Moisés.

Los sacerdotes levitas, toda la
tribu de Leví, no tendrán [a]parte
ni heredad con el resto de Israel;
[b]comerán de las ofrendas encendidas a Jehová y de la heredad
de él.
2 No tendrán, pues, heredad
entre sus hermanos; Jehová es su
heredad, como él les ha dicho.
3 Y éste será el [a]derecho de los
sacerdotes de parte del pueblo,
de los que ofrezcan en sacrificio
un buey o un cordero: Darán al
sacerdote la espaldilla, y las quijadas y el cuajar.
4 Las [a]primicias de tu grano,
y de tu vino y de tu aceite, y las
primicias de la lana de tus ovejas le darás,
5 porque le ha escogido Jehová
tu Dios de entre todas tus tribus,
para que esté allí para [a]ministrar
en el nombre de Jehová, él y sus
hijos para siempre.
6 Y cuando el levita salga de
alguna de tus ciudades de todo
Israel, donde haya [a]habitado, y
vaya con todo el deseo de su alma
al [b]lugar que Jehová escoja,
7 ministrará en el nombre de
Jehová su Dios, como todos sus
hermanos levitas que estén allí
delante de Jehová.
8 Igual porción a la *de los otros*

15 *a* GEE Gobierno.
16 *a* Jer. 42:19.
17 *a* 1 Rey. 11:1.
b Mos. 2:14.
19 *a* GEE Escrituras—El valor de las Escrituras.
20 *a* DyC 38:24–27.
b Deut. 5:32–33.
18 1 *a* Núm. 18:20–24.
b Núm. 18:8–10; 1 Cor. 9:13.
3 *a* Lev. 7:31.
4 *a* GEE Primicias.
5 *a* GEE Leví.
6 *a* Núm. 35:2–3.
b 2 Cró. 7:12.

comerá, [a]además de la venta de
sus patrimonios.
9 Cuando hayas entrado en la
tierra que Jehová tu Dios te da,
no aprenderás a hacer según
las [a]abominaciones de aquellas
naciones.
10 No sea hallado en ti quien
[a]haga pasar a su hijo o a su hija
por el [b]fuego, ni quien practique
[c]adivinación, ni agorero, ni sortílego, ni hechicero,
11 ni encantador, ni [a]quien
pregunte a espíritus, ni mago ni
quien consulte a los muertos.
12 Porque es [a]abominable a Jehová cualquiera que hace estas
cosas, y por estas [b]abominaciones Jehová tu Dios las expulsa
de delante de ti.
13 [a]Perfecto serás con Jehová
tu Dios.
14 Porque estas naciones que
vas a [a]heredar, a agoreros y a hechiceros oyen; mas a ti no te ha
permitido esto Jehová tu Dios.
15 [a]Profeta de en medio de ti, de
tus hermanos, como yo, te levantará Jehová tu Dios; a él oiréis.
16 Conforme a todo lo que pediste a Jehová tu Dios en Horeb el
día de la asamblea, diciendo: No
vuelva yo a [a]oír la voz de Jehová
mi Dios ni vea yo más este gran
fuego, para que no muera.
17 Y Jehová me dijo: Está bien
lo que han dicho.
18 Profeta les levantaré de en
medio de sus hermanos, como
tú; y pondré mis [a]palabras en su
boca, y él les hablará todo lo que
yo le mande.
19 Mas acontecerá que cualquiera que no oiga mis palabras
que él hable en mi nombre, yo le
pediré cuentas.
20 Pero el [a]profeta que [b]tenga
la presunción de hablar palabra
en mi nombre que yo no le haya
mandado hablar, o que hable en
nombre de dioses ajenos, tal profeta morirá.
21 Y si dices en tu corazón:
¿Cómo [a]conoceremos la palabra
que Jehová no haya hablado?
22 Cuando un profeta hable
en nombre de Jehová, y si tal
cosa no se cumple ni acontece,
es palabra que Jehová no ha hablado; con presunción la habló
aquel profeta; no tengas temor
de él.

CAPÍTULO 19

Se señalan las ciudades de refugio para los casos de homicidio sin intención — Se dará muerte a los asesinos — Es preciso que haya dos

8 *a* HEB además de lo que ganó al haber vendido lo que era de su padre.
9 *a* Lev. 18:26–30; 2 Rey. 23:24.
10 *a* *Es decir,* queme a su hijo o a su hija para sacrificarlo a los ídolos.
b Deut. 12:31. GEE Idolatría.
c Núm. 22:7.
11 *a* GEE Espíritu—Espíritus inmundos.
12 *a* 2 Cró. 33:5–7.
b Lev. 18:24–25; 1 Ne. 17:33–40.
13 *a* GEE Perfecto.
14 *a* *Es decir,* despojar, desposeer.
15 *a* Hech. 3:20–23; 3 Ne. 20:23; JS—H 1:40.
16 *a* Éx. 20:19; Deut. 5:25.
18 *a* Juan 8:28; 12:49–50; 17:8; DyC 1:38.
20 *a* GEE Supercherías sacerdotales.
b Zac. 10:2.
21 *a* Jer. 28:8–9; DyC 64:39.

o tres testigos para llevar a cabo un juicio — Se castigará a los testigos falsos.

Cuando Jehová tu Dios haya destruido las naciones cuya tierra Jehová tu Dios te da a ti, y tú las [a]heredes y habites en sus ciudades y en sus casas,

2 apartarás tres ciudades en medio de la tierra que Jehová tu Dios te da para que la poseas.

3 Arreglarás los caminos y dividirás en tres partes el territorio de la tierra que Jehová tu Dios te dará en heredad, y será para que todo homicida [a]huya allí.

4 Y éste es el caso del homicida que huirá allí y vivirá: el que hiriere a su prójimo sin intención y sin haber tenido enemistad con él anteriormente,

5 como el que va con su prójimo al monte a cortar leña y, al dar con fuerza el hachazo con su mano para cortar algún leño, salta el hierro del cabo y da contra su prójimo, y éste muere, aquél huirá a una de estas ciudades y vivirá;

6 no sea que el vengador de la sangre vaya tras el homicida, enfurecido en su corazón, y le alcance por ser largo el camino y le hiera de muerte, no debiendo ser condenado a muerte, por cuanto no había tenido enemistad con el *muerto* anteriormente.

7 Por tanto, yo te mando, diciendo: Tres ciudades apartarás para ti.

8 Y si Jehová tu Dios ensancha tu territorio, como lo juró a tus padres, y te da toda la tierra que prometió dar a tus padres,

9 si guardas todos estos mandamientos que yo te prescribo hoy, para ponerlos por obra, que ames a Jehová tu Dios y [a]andes en sus caminos todos los días, entonces añadirás para ti tres ciudades más a esas tres,

10 para que no sea derramada sangre inocente en medio de la tierra que Jehová tu Dios te da por heredad, y así no seas culpado de haber derramado sangre.

11 Mas si hay alguien que aborrece a su [a]prójimo, y lo acecha, y se levanta contra él y lo hiere de muerte, y éste muere, y huye a alguna de estas ciudades,

12 entonces los ancianos de su ciudad enviarán y lo sacarán de allí, y lo entregarán en manos del vengador de la sangre, y morirá.

13 Tu ojo no tendrá compasión de él; y [a]quitarás de Israel la *culpa de* [b]sangre inocente, y te irá bien.

14 No reducirás los límites de la propiedad de tu prójimo, los cuales señalaron los antiguos en la heredad que recibas en la tierra que Jehová tu Dios te da para que la poseas.

15 Un solo [a]testigo no bastará contra ninguno por cualquier delito, o por cualquier maldad o por cualquier pecado que se haya cometido. Por boca de dos

19 1 *a* HEB desalojes, despojes.
3 *a* Éx. 21:12–14.
9 *a* GEE Andar, andar con Dios.
11 *a* 2 Ne. 9:35.
13 *a* HEB purgarás.
b GEE Culpa.
15 *a* Mateo 26:59–60.

testigos o por boca de tres testigos se establecerá el asunto.
16 Si se levanta [a]testigo falso
contra alguno, para testificar
transgresión contra él,
17 entonces los dos litigantes se
presentarán delante de Jehová,
delante de los sacerdotes y de
los jueces que haya en aquellos
días.
18 Y los [a]jueces inquirirán bien,
y si resulta ser falso aquel testigo
que testificó falsamente contra su
hermano,
19 entonces le haréis a él como
él pensó hacer a su hermano.
Así quitarás el mal de en medio
de ti.
20 Y los que queden oirán y temerán, y no volverán a hacer más
una maldad semejante en medio
de ti.
21 Y tu ojo no tendrá compasión:
vida por vida, [a]ojo por ojo, diente
por diente, mano por mano, pie
por pie.

CAPÍTULO 20

Se revelan las leyes para la selección de soldados y para hacer la guerra — Los heteos, amorreos, cananeos, ferezeos, heveos y jebuseos serán destruidos completamente.

CUANDO salgas a [a]la guerra contra tus enemigos y veas caballos
y carros, y un pueblo más numeroso que tú, no tengas temor
de ellos, porque Jehová tu Dios
[b]está contigo, quien te sacó de la
tierra de Egipto.
2 Y acontecerá que cuando
estéis a punto de combatir, se
acercará el sacerdote, y hablará
al pueblo
3 y les dirá: Oye, Israel, vosotros
os juntáis hoy en batalla contra
vuestros enemigos; no desmaye
vuestro corazón; no temáis, ni os
azoréis ni tampoco os atemoricéis
delante de ellos,
4 porque Jehová vuestro Dios
va con vosotros, para [a]pelear por
vosotros contra vuestros enemigos, a fin de salvaros.
5 Y los oficiales hablarán al pueblo, diciendo: ¿Quién ha edificado
casa nueva y [a]no la ha estrenado?
Vaya y vuélvase a su casa, no sea
que muera en la batalla y algún
otro la estrene.
6 ¿Y quién ha plantado una viña
y no ha disfrutado de ella? Vaya
y vuélvase a su casa, no sea que
muera en la batalla y algún otro
la disfrute.
7 ¿Y quién se ha desposado con
una [a]mujer y no la ha tomado?
Vaya y vuélvase a su casa, no sea
que muera en la batalla y algún
otro la tome.
8 Y volverán los oficiales a hablar al pueblo y dirán: ¿Quién es
hombre [a]medroso y de corazón
apocado? Vaya y vuélvase a su
casa, para que no apoque el corazón de sus hermanos, como el
corazón suyo.

16 *a* GEE Mentiras.
18 *a* Esd. 7:25.
21 *a* *Es decir,* no es literal; se interpreta como algo simbólico que constituye una compensación similar.
20 1 *a* DyC 98:33–37; 105:14.
b 2 Sam. 22:3.
4 *a* Josué 23:10.
5 *a* *Es decir,* no la ha dedicado.
7 *a* Deut. 24:5.
8 *a* Jue. 7:3.

9 Y acontecerá que cuando los oficiales terminen de hablar al pueblo, entonces nombrarán capitanes de los ejércitos para estar a la cabeza del pueblo.

10 Cuando te acerques a una ciudad para combatir contra ella, primero le propondrás la paz.

11 Y sucederá que si te responde: Paz, y te abre *sus puertas*, todo el pueblo que en ella se encuentre te será [a]tributario y te servirá.

12 Mas si no hace la paz contigo, sino que emprende la guerra contra ti, entonces la sitiarás.

13 Y cuando Jehová tu Dios la entregue en tus manos, herirás a todo hombre suyo a filo de espada.

14 Solamente las mujeres, y los niños, y los animales y todo lo que haya en la ciudad, todos sus despojos, tomarás para ti; y [a]comerás del despojo de tus enemigos, los cuales Jehová tu Dios te entregó.

15 Así harás a todas las ciudades que estén muy lejos de ti, que no sean de las ciudades de estas naciones.

16 Pero de las [a]ciudades de estos pueblos que Jehová tu Dios te da por heredad, ninguna persona dejarás con vida,

17 sino que los [a]destruirás completamente: al heteo, y al amorreo, y al cananeo, y al ferezeo, y al heveo y al jebuseo, como Jehová tu Dios te ha mandado,

18 para que no os enseñen a hacer según todas sus abominaciones que ellos hacen a sus dioses, y así pequéis contra Jehová vuestro Dios.

19 Cuando sities alguna ciudad, peleando contra ella muchos días para tomarla, no destruirás sus árboles metiendo en hacha ellos, porque de ellos comerás; y no los talarás, porque el árbol del campo no es hombre para venir contra ti en el sitio.

20 Mas el árbol que sepas que no es árbol frutal, podrás destruirlo y talarlo, para construir obras de asedio contra la ciudad que te hace la guerra, hasta sojuzgarla.

CAPÍTULO 21

La manera de absolver la culpa con respecto a los asesinatos cuyo autor se desconozca — Debe haber equidad en el trato para con las esposas e hijos — Los hijos contumaces y rebeldes han de morir.

SI en la tierra que Jehová tu Dios te da para que la poseas es hallado algún muerto, tendido en el campo, y no se sabe quién lo mató,

2 entonces tus ancianos y tus jueces saldrán y medirán la distancia hasta las ciudades que están alrededor del muerto.

3 Y acontecerá que los ancianos de aquella ciudad, de la ciudad más cercana al muerto, tomarán de la vacada una becerra que no haya trabajado y que no haya llevado yugo;

11 *a* *Es decir,* quedarán sometidos a trabajos forzados.
14 *a* *Es decir,* aprovecharás, gozarás.
16 *a* Deut. 9:1–3.
17 *a* Josué 10:40–42; 11:11–14.

4 y los ancianos de aquella ciudad llevarán la becerra a un valle escabroso, que nunca haya sido arado ni sembrado, y desnucarán la becerra allí en el valle.

5 Entonces vendrán los sacerdotes hijos de Leví, porque a ellos los escogió Jehová tu Dios para que le sirvan y para bendecir en el nombre de Jehová; y por la palabra de ellos se determinará todo pleito y toda ofensa.

6 Y todos los ancianos de la ciudad más cercana al muerto lavarán sus manos sobre la becerra que fue desnucada en el valle.

7 Y declararán y dirán: Nuestras manos no han derramado esta sangre, ni nuestros ojos lo han visto.

8 Perdona a tu pueblo Israel, al cual [a]redimiste, oh Jehová; y no culpes de sangre inocente a tu pueblo Israel. Y esa sangre les será perdonada.

9 Y tú quitarás la *culpa* de la sangre inocente de en medio de ti cuando hagas lo que es recto a los ojos de Jehová.

10 Cuando salgas a la guerra contra tus enemigos, y Jehová tu Dios los entregue en tus manos, y tomes de ellos cautivos,

11 y veas entre los cautivos *alguna* mujer hermosa, y la desees y la quieras tomar para ti por esposa,

12 la llevarás a tu casa; y ella se rapará la cabeza, y se cortará las uñas,

13 y se quitará el vestido de su cautiverio, y se quedará en tu casa y llorará a su padre y a su madre durante un mes. Y después podrás llegarte a ella, y tú serás su marido, y ella será tu esposa.

14 Y sucederá que si no te agrada, la dejarás en libertad; y no la venderás por dinero ni la maltratarás, por cuanto la humillaste.

15 Si un hombre tiene dos esposas, una amada y la otra menospreciada, y si tanto la amada como la menospreciada le han dado hijos, y si el hijo primogénito es de la menospreciada,

16 acontecerá que el día en que haga heredar a sus hijos lo que tenga, no podrá [a]dar el derecho de primogenitura al hijo de la amada con preferencia al hijo de la menospreciada, que es el primogénito;

17 mas al hijo de la menospreciada reconocerá como primogénito, para darle una doble porción de todo lo que tenga, porque él es el principio de su vigor, y el derecho de la [a]primogenitura es suyo.

18 Si alguno tiene un hijo contumaz y rebelde que no obedece la voz de su padre ni la voz de su madre, y que, habiéndolo [a]castigado, no les obedece,

19 entonces lo tomarán su padre y su madre y lo llevarán ante los ancianos de su ciudad, a la puerta del lugar donde viva,

20 y dirán a los ancianos de la ciudad: Este hijo nuestro es

21 8 *a* GEE Redención, redimido, redimir.
16 *a* HEB favorecer.
17 *a* GEE Primogénito.
18 *a* GEE Castigar, castigo.

contumaz y rebelde; no obedece nuestra voz; es glotón y borracho.

21 Entonces todos los hombres de su ciudad lo apedrearán, y morirá; así quitarás el mal de en medio de ti, y todo Israel oirá y temerá.

22 Si alguien ha cometido pecado digno de muerte, *por* lo que se le ha dado muerte, y le has colgado de un árbol,

23 no [a]dejarás su cuerpo durante la noche en [b]el árbol; sin falta lo enterrarás el mismo día, porque maldición de Dios es el colgado; y no contaminarás tu tierra que Jehová tu Dios te da por [c]heredad.

CAPÍTULO 22

Moisés expone las leyes tocantes a los bienes perdidos, al uso de ropa apropiada, al cuidado de los intereses de los demás, al casamiento con vírgenes y a la inmoralidad sexual.

SI ves [a]extraviado el buey o el cordero de tu [b]hermano, no te desentenderás de ellos; sin falta los devolverás a tu hermano.

2 Y si tu hermano no es tu [a]vecino, o no le conoces, entonces lo recogerás en tu casa, y estará contigo hasta que tu hermano lo busque, y se lo devolverás.

3 Y así harás con su asno, así harás también con su vestido, y lo mismo harás con toda [a]cosa perdida que tu hermano haya perdido y que tú halles; no podrás desentenderte *de ello.*

4 Si ves el asno de tu hermano, o su buey, caído en el camino, no te desentenderás de ellos; le ayudarás a levantarlos.

5 No vestirá la mujer ropa de hombre, ni el hombre vestirá ropa de mujer, porque abominación es a Jehová tu Dios cualquiera que hace esto.

6 Si encuentras en el camino algún nido de ave en cualquier árbol, o sobre la tierra, con polluelos o huevos, y está la madre echada sobre los polluelos o sobre los huevos, no tomarás la [a]madre con los hijos.

7 Dejarás ir a la madre y tomarás los polluelos para ti, para que te vaya bien y prolongues tus días.

8 Cuando edifiques casa nueva, harás pretil a tu terrado, para que no traigas la culpa de la sangre sobre tu casa, si de él cayere alguien.

9 No sembrarás tu viña con semillas diversas, no sea que se corrompan la plenitud de la semilla que sembraste y el fruto de la viña.

10 No ararás con buey y con asno juntamente.

11 No vestirás ropa de tejido mezclado de lana y lino.

12 Te harás [a]flecos en las cuatro puntas del manto con que te cubras.

---

23 *a* Juan 19:31.
b Gál. 3:13.
c GEE Tierra prometida.

22 1 *a* Éx. 23:4.
b GEE Hermano(s), hermana(s).
2 *a* *O sea,* si no vive cerca.
3 *a* DyC 136:26.
6 *a* Lev. 22:28.
12 *a* Núm. 15:37–40.

13 Si alguno toma esposa y después de haberse llegado a ella la desprecia,

14 y le [a]atribuye faltas, y difunde acerca de ella mala fama y dice: A ésta tomé por esposa, y me llegué a ella y no la hallé virgen;

15 entonces el padre de la joven y su madre tomarán las señales de la virginidad de la doncella y las llevarán a los ancianos de la ciudad, a la puerta.

16 Y dirá el padre de la joven a los ancianos: Yo di mi hija a este hombre por esposa, y él la desprecia;

17 y, he aquí, él le atribuye faltas, diciendo: No he hallado virgen a tu hija. Pero, he aquí las señales de la virginidad de mi hija. Y extenderán la sábana delante de los ancianos de la ciudad.

18 Entonces los ancianos de la ciudad tomarán al hombre y lo castigarán,

19 y le multarán con cien *piezas* de plata, las cuales darán al padre de la joven, por cuanto difundió mala fama sobre una virgen de Israel; y la tendrá por esposa y no podrá despedirla en todos sus días.

20 Mas si el asunto resulta ser verdad, que no se ha hallado virginidad en la joven,

21 entonces la sacarán a la puerta de la casa de su padre y la apedrearán los hombres de su ciudad, y [a]morirá, por cuanto hizo vileza en Israel fornicando en casa de su padre. Así quitarás el mal de en medio de ti.

22 Si se sorprende a alguno acostado con una [a]mujer casada con marido, ambos morirán, el hombre que se acostó con la mujer, y la mujer. Así quitarás el mal de Israel.

23 Si hay una joven virgen desposada con alguno, y otro la halla en la ciudad y se acuesta con ella,

24 entonces los sacaréis a ambos a la puerta de la ciudad y los apedrearéis, y morirán: la joven, porque no dio voces en la ciudad, y el hombre, porque humilló a la desposada de su prójimo. Así quitarás el mal de en medio de ti.

25 Pero si un hombre halla en el campo a una joven desposada, y él la fuerza y [a]se acuesta con ella, morirá sólo el hombre que se acostó con ella,

26 pero a la joven no le harás nada; no hay en la joven culpa de muerte, porque como cuando un hombre se levanta contra su prójimo y le quita la vida, así es esto.

27 Porque él la halló en el campo; dio voces la joven desposada y no hubo quien la socorriese.

28 Si alguno halla a una joven virgen que no esté desposada, y la toma y se acuesta con ella, y son descubiertos,

29 entonces el hombre que se acostó con ella dará al padre de la joven cincuenta *piezas* de plata, y ella será su [a]esposa, por cuanto

14 *a* *O sea,* le acusa de mala o vergonzosa conducta (véase también el vers. 17).
21 *a* GEE Pena de muerte.
22 *a* GEE Adulterio.
25 *a* GEE Inmoralidad sexual.
29 *a* Éx. 22:16–17.

la humilló; no la podrá despedir
en todos sus días.
30 Ningún hombre tomará [a]la
esposa de su padre, ni descubrirá [b]el borde del manto de su
padre.

CAPÍTULO 23

Moisés especifica quiénes pueden y quiénes no pueden entrar en la congregación — Explica las leyes concernientes a la higiene, a los siervos, a la usura y a los votos.

No entrará en la congregación
de Jehová [a]el que tenga testículo
dañado ni mutilado el miembro
viril.
2 No entrará bastardo en la congregación de Jehová; ni aun en la
décima generación entrará en la
congregación de Jehová.
3 No entrará amonita ni moabita
en la congregación de Jehová; aun
hasta en la décima generación no
entrarán jamás en la congregación de Jehová,
4 por cuanto no os salieron
a recibir con pan y agua al camino cuando salisteis de Egipto,
y porque contrataron contra ti
a [a]Balaam hijo de Beor, de Petor de Mesopotamia, para que
te maldijese.
5 Mas no quiso Jehová tu Dios
oír a Balaam; y Jehová tu Dios
te convirtió la [a]maldición en
bendición, porque Jehová tu Dios
te amaba.
6 No procurarás la paz de ellos
ni su bien en todos los días para
siempre.
7 No aborrecerás al [a]edomita,
porque es tu hermano; no aborrecerás al egipcio, porque extranjero fuiste en su tierra.
8 Los hijos que nazcan de ellos,
en la tercera generación entrarán
en la congregación de Jehová.
9 Cuando salgas a campaña contra tus enemigos, guárdate de
toda cosa mala.
10 Si hay en medio de ti alguno
que no fuere limpio, por accidente de noche, saldrá fuera del
campamento y no entrará en él.
11 Y acontecerá que al declinar
la tarde se lavará con agua, y
cuando se haya puesto el sol, podrá entrar en el campamento.
12 Y tendrás un lugar fuera
del campamento y saldrás allá
fuera;
13 tendrás también [a]una estaca
entre tus armas; y cuando estés *allí* fuera, cavarás con ella,
y luego al volverte cubrirás tu
excremento.
14 Porque Jehová tu Dios [a]anda
en [b]medio de tu campamento,
para librarte y para entregar a
tus enemigos delante de ti; por
tanto, tu campamento ha de ser
santo, para que él no vea en ti
cosa inmunda y se vuelva de en
pos de ti.
15 No entregarás a su [a]señor el

30 *a* Lev. 20:11.
b *Es decir,* no profanará el lecho de su padre descubriendo la desnudez de la esposa de éste.
23 1 *a* Lev. 21:17–23.
4 *a* GEE Balaam.
5 *a* Núm. 23:7–12.
7 *a* GEE Esaú.
13 *a* *Es decir,* una herramienta, una pala.
14 *a* Lev. 26:12.
b Isa. 12:6.
15 *a* 1 Sam. 30:15.

esclavo que huya de su amo y acuda a ti.

16 Morará contigo, en medio de ti, en el lugar que escoja en alguna de tus ciudades, donde bien le parezca; no le oprimirás.

17 No habrá [a]ramera entre las hijas de Israel, ni habrá [b]sodomita entre los hijos de Israel.

18 No traerás la paga de una ramera ni el precio de un [a]perro a la casa de Jehová tu Dios por ningún voto, porque abominación es a Jehová tu Dios tanto lo uno como lo otro.

19 No cobrarás a tu hermano interés por el dinero, ni interés por la comida ni interés por cosa alguna por la que se suele cobrar interés.

20 Al [a]extraño cobrarás interés, mas a tu hermano [b]no se lo cobrarás, para que te bendiga Jehová tu Dios en toda la obra de tus manos en la tierra a la cual vas a entrar para poseerla.

21 Cuando hagas [a]voto a Jehová tu Dios, no tardes en pagarlo, porque ciertamente te lo demandará Jehová tu Dios, y sería pecado en ti.

22 Mas si te abstienes de prometer, no será pecado en ti.

23 Guardarás y cumplirás lo que tus labios pronuncien, y harás tal como prometiste a Jehová tu Dios, cumpliendo la ofrenda voluntaria que hablaste por tu boca.

24 Cuando entres en la viña de tu prójimo, podrás comer uvas hasta saciar tu deseo, mas no las pondrás en tu cesto.

25 Cuando entres en la mies de tu prójimo, podrás arrancar espigas con tu mano, mas no aplicarás la hoz a la mies de tu prójimo.

CAPÍTULO 24

Se dan leyes concernientes al divorcio, a las personas recién casadas, al comercio de esclavos, a tomar prendas en garantía, a la lepra, a la opresión de los siervos y al dejar restos de las cosechas en el campo.

SI alguno toma una mujer y se casa con ella, si no le agrada por haber hallado en ella alguna cosa reprochable, le escribirá [a]carta de divorcio, y se la entregará en la mano y la despedirá de su casa.

2 Y una vez que haya salido de su casa, podrá ir y casarse con otro hombre.

3 Y si este último la aborrece y le escribe carta de divorcio, y se la entrega en la mano y la despide de su casa, o si muere el último hombre que la tomó para sí por esposa,

4 no podrá su primer marido, que la despidió, volverla a tomar para que sea su esposa, después que fue amancillada, porque es abominación delante de Jehová, y no has de pervertir la tierra

17 *a* HEB prostituta de los cultos paganos. Lev. 19:29.
b HEB prostituto de los cultos paganos. 2 Rey. 23:7. GEE Homosexualidad.
18 *a* *O sea,* un prostituto.
20 *a* HEB del extranjero.
b GEE Deuda.
21 *a* GEE Juramento.
24 1 *a* Mateo 1:19. GEE Divorcio.

que Jehová tu Dios te da como heredad.

5 Cuando alguno se haya [a]casado recientemente, no saldrá a la guerra ni en ninguna cosa se le ocupará; libre estará en su casa durante un año para alegrar a la esposa que tomó.

6 No tomarás en prenda la muela del molino, ni la de abajo ni la de arriba, porque sería tomar en prenda la vida del hombre.

7 Cuando sea hallada una persona que haya raptado a alguno de sus hermanos de entre los hijos de Israel, y le haya tratado como esclavo o le haya vendido, tal ladrón morirá, y así quitarás el mal de en medio de ti.

8 Guárdate de la plaga de la [a]lepra, observando diligentemente y haciendo según todo lo que os [b]enseñen los sacerdotes levitas; como les he mandado a ellos, así cuidaréis de hacer.

9 Acuérdate de lo que hizo Jehová tu Dios a [a]María en el camino, después que salisteis de Egipto.

10 Cuando des a tu prójimo alguna cosa prestada, no entrarás en su casa para tomarle prenda.

11 Te quedarás fuera, y el hombre a quien prestaste te sacará fuera la prenda.

12 Y si el hombre es pobre, no te acostarás reteniendo aún su prenda.

13 Sin falta le devolverás la prenda cuando el sol se ponga, para que duerma con su propia ropa y te bendiga; y te será contado por justicia delante de Jehová tu Dios.

14 No [a]oprimirás al jornalero pobre y menesteroso, ya sea de tus hermanos o de los extranjeros que están en tu tierra, en tus ciudades.

15 En [a]su día le darás su [b]jornal, y no se pondrá el sol sin dárselo; pues es pobre, y con él sustenta su vida, para que no [c]clame contra ti a Jehová, y sea en ti pecado.

16 Los padres no morirán por los hijos, ni los hijos por los padres; cada uno morirá por [a]su propio pecado.

17 No torcerás el [a]derecho del extranjero ni del huérfano, ni tomarás en prenda la ropa de la viuda,

18 sino acuérdate de que fuiste esclavo en Egipto y de que de allí te rescató Jehová tu Dios; por tanto, yo te mando que hagas esto.

19 Cuando siegues tu mies en tu campo y olvides alguna gavilla en el campo, no vuelvas para tomarla; será para el extranjero, para el huérfano y para la [a]viuda, para que te bendiga Jehová tu Dios en toda la obra de tus manos.

20 Cuando sacudas tus olivos, no recorrerás las ramas que hayas dejado detrás de ti; será para el extranjero, para el huérfano y para la viuda.

5 *a* Deut. 20:7.
8 *a* GEE Lepra.
b GEE Enseñar.
9 *a* GEE María, hermana de Moisés.
14 *a* Prov. 14:31.
15 *a* HEB el mismo día.
b Lev. 19:13.
c Deut. 15:9.
16 *a* GEE Responsabilidad, responsable.
17 *a* GEE Juicio, juzgar.
19 *a* Rut 2:2.
GEE Pobres; Bienestar.

21 Cuando vendimies tu viña, no rebuscarás detrás de ti; será para el extranjero, para el huérfano y para la viuda.

22 Y recordarás que fuiste esclavo en la tierra de Egipto; por tanto, yo te mando que hagas esto.

CAPÍTULO 25

Los jueces prescriben el castigo para los inicuos — Se expone la ley del matrimonio con respecto a la viuda de un hermano — Se requieren pesas y medidas justas — Se manda a Israel raer de debajo del cielo a los amalecitas.

SI hay pleito entre algunos, y van a [a]juicio y los juzgan *los jueces,* éstos absolverán al justo y condenarán al inicuo.

2 Y acontecerá que si el delincuente merece ser [a]azotado, entonces el juez lo hará tenderse en tierra y le hará azotar delante de él; según su delito será la [b]cuenta.

3 Se le podrán dar [a]cuarenta azotes, no más; no sea que, si lo hieren con muchos más azotes que éstos, quede envilecido tu hermano delante de tus ojos.

4 No pondrás [a]bozal al buey cuando trille.

5 Cuando habiten hermanos juntos, y muera alguno de ellos y no deje hijo, la esposa del muerto no se casará fuera [a]con un hombre extraño; su [b]cuñado se llegará a ella, y la tomará por esposa, y hará con ella parentesco.

6 Y será que el primogénito que ella dé a luz llevará el nombre del hermano muerto, para que el [a]nombre de éste no sea borrado de Israel.

7 Y si el hombre no quiere tomar a su cuñada, irá entonces su cuñada a la puerta, a los ancianos, y dirá: Mi cuñado no quiere perpetuar el nombre de su hermano en Israel; no quiere emparentar conmigo.

8 Entonces los ancianos de aquella ciudad lo harán venir y hablarán con él; y si él se [a]levanta y dice: No quiero tomarla,

9 se acercará entonces su cuñada a él delante de los ancianos, y le quitará el [a]calzado de su pie, y le escupirá en el rostro, y hablará y dirá: Así será hecho al hombre que no edifica la casa de su hermano.

10 Y su nombre será llamado en Israel: La casa del descalzado.

11 Si algunos riñen el uno con el otro, y llega la esposa de uno para librar a su marido de manos del que le golpea, y extiende su mano y le agarra de sus partes vergonzosas,

12 le cortarás entonces la mano; no *la* perdonará tu ojo.

---

25 1 *a* Ezeq. 44:24.
2 *a* Lucas 12:48.
b *Es decir,* será el número de azotes (véase el vers. siguiente).
3 *a* 2 Cor. 11:24.
4 *a* 1 Cor. 9:9–10.
5 *a* *O sea,* fuera de la familia.
b Rut 3:12–13; Lucas 20:27–38.
6 *a* Rut 4:10.
8 *a* *O sea,* persiste.
9 *a* Rut 4:7.

13 No tendrás en tu bolsa una [a]pesa grande y otra pesa chica.

14 No tendrás en tu casa un efa grande y otro efa pequeño.

15 Una pesa exacta y justa tendrás; un efa cabal y justo tendrás, para que tus días sean prolongados sobre la tierra que Jehová tu Dios te da.

16 Porque abominación es a Jehová tu Dios cualquiera que hace esto, y cualquiera que hace injusticia.

17 Acuérdate de lo que te hizo Amalec en el camino, cuando salisteis de Egipto,

18 de cómo te salió al camino y te desbarató la retaguardia de todos los débiles que *iban* detrás de ti, cuando tú estabas cansado y trabajado; y no temió a Dios.

19 Acontecerá, pues, que cuando Jehová tu Dios te haya dado reposo de tus enemigos que te rodean, en la tierra que Jehová tu Dios te da por heredad para que la poseas, [a]borrarás la memoria de [b]Amalec de debajo del cielo; no lo olvides.

CAPÍTULO 26

Los hijos de Israel ofrecerán a Jehová una canasta de las primicias de Canaán — Se les manda guardar la ley del diezmo — Israel hace convenio de guardar los mandamientos y Jehová promete hacer de ellos un pueblo santo y una gran nación.

Y ACONTECERÁ que cuando hayas entrado en la tierra que Jehová tu Dios te da por heredad, y la tomes en posesión y habites en ella,

2 entonces tomarás de las [a]primicias de todos los frutos de la tierra que saques de la tierra que Jehová tu Dios te da, y las pondrás en una canasta e irás al [b]lugar que Jehová tu Dios escoja para hacer habitar allí su nombre.

3 E irás al sacerdote que haya en aquellos días y le dirás: Declaro hoy a Jehová tu Dios que he entrado en la tierra que juró Jehová a nuestros padres que nos daría.

4 Y el sacerdote tomará la canasta de tu mano y la pondrá delante del altar de Jehová tu Dios.

5 Entonces hablarás y dirás delante de Jehová tu Dios: Un [a]arameo a punto de perecer fue mi padre, el cual descendió a [b]Egipto y habitó allá con pocos hombres, y allí [c]llegó a ser una nación grande, fuerte y numerosa.

6 Y los egipcios nos maltrataron, y nos afligieron y pusieron sobre nosotros dura servidumbre.

7 Y [a]clamamos a Jehová, el Dios de nuestros padres, y [b]oyó Jehová nuestra voz, y vio nuestra aflicción, y nuestro trabajo y nuestra [c]opresión;

8 y Jehová nos [a]sacó de Egipto con mano fuerte, y con brazo

13 *a* Lev. 19:36.
19 *a* Alma 5:57.
b Éx. 17:8–16.
26 2 *a* GEE Primicias.
b 1 Rey. 8:26–30.
5 *a* Gén. 28:5.
b Gén. 47:4.
c GEE Israel.
7 *a* Éx. 2:23–25.
b Alma 9:26.
c GEE Persecución, perseguir.
8 *a* Éx. 12:37; Alma 36:2.

extendido, y con gran espanto,
y con señales y con milagros;
9 y nos trajo a este lugar y nos
dio esta tierra, [a]tierra que fluye
leche y miel.
10 Y ahora, he aquí, he traído
las primicias del fruto de la tierra que me diste, oh Jehová. Y
las dejarás delante de Jehová tu
Dios, y adorarás delante de Jehová tu Dios.
11 Y te [a]alegrarás en todo el bien
que Jehová tu Dios te haya dado
a ti y a tu casa, tú y el levita y el
[b]extranjero que está en medio
de ti.
12 Cuando hayas acabado de
separar todo el [a]diezmo de tus
frutos en el año tercero, el año
del diezmo, darás al levita, al extranjero, al huérfano y a la viuda,
para que coman en tus ciudades
y se sacien.
13 Y dirás delante de Jehová
tu Dios: Yo he sacado lo consagrado de mi casa, y también lo he
dado al levita, y al extranjero, y al
[a]huérfano y a la viuda, conforme
a todos tus mandamientos que
me has mandado; no he transgredido tus mandamientos ni me he
olvidado de ellos.
14 No he comido de ello en mi
luto, ni he sacado de ello estando
impuro, ni de ello he ofrecido a
los muertos; he obedecido la voz
de Jehová mi Dios, y he hecho
conforme a todo lo que me has
mandado.
15 Mira desde tu santa morada,
desde el cielo, y bendice a tu pueblo Israel y a la tierra que nos has
dado, como juraste a nuestros
padres, tierra que fluye leche y
miel.
16 Jehová tu Dios te manda hoy
que cumplas estos estatutos y decretos; cuida, pues, de ponerlos
por obra con todo tu [a]corazón y
con toda tu alma.
17 Has [a]declarado hoy que Jehová es tu Dios, y que andarás en
sus caminos, y que guardarás sus
estatutos y sus mandamientos y
sus decretos, y que escucharás
su voz.
18 Y Jehová te ha declarado
hoy que tú eres su pueblo [a]sin-
gular, como él te lo ha dicho,
y para que guardes todos sus
mandamientos,
19 y para ponerte en [a]alto sobre
todas las naciones que hizo, para
loor, y fama y gloria, y para que
seas pueblo [b]santo a Jehová tu
Dios, como él ha dicho.

CAPÍTULO 27

Los hijos de Israel cruzarán el Jordán, edificarán un altar y adorarán a Jehová — Ellos son el pueblo de Jehová, pero si no le obedecen, serán maldecidos.

Y MANDÓ Moisés, con los [a]ancia-
nos de Israel, al pueblo, diciendo:

9 *a* GEE Tierra prometida.
11 *a* Deut. 12:7; 2 Ne. 9:52.
b HEB el forastero, el prosélito.
12 *a* GEE Diezmar, diezmo.
13 *a* Stg. 1:27.
16 *a* GEE Corazón.
17 *a* Éx. 19:8.
18 *a* También, pueblo atesorado, de su exclusiva posesión. GEE Escogido.
19 *a* Deut. 28:1.
b GEE Santo (adjetivo).
27 1 *a* GEE Élder (anciano).

[b]Guardaréis todos los mandamientos que yo os prescribo hoy.
2 Y acontecerá que el día en que paséis el Jordán a la tierra que Jehová tu Dios te da, levantarás [a]piedras grandes, las cuales encalarás con cal,
3 y escribirás en ellas todas las palabras de esta ley, cuando hayas pasado para entrar en la tierra que Jehová tu Dios te da, tierra que fluye leche y miel, como Jehová, el Dios de tus padres, te ha dicho.
4 Acontecerá, pues, cuando hayáis pasado el Jordán, que levantaréis estas piedras que yo os mando hoy, en el monte Ebal, y las encalaréis con cal.
5 Y edificarás allí un [a]altar a Jehová tu Dios, un altar de piedras; no alzarás sobre ellas herramientas de [b]hierro.
6 De piedras enteras edificarás el [a]altar de Jehová tu Dios; y ofrecerás sobre él holocausto a Jehová tu Dios,
7 y sacrificarás [a]ofrendas de paz, y comerás allí; y te alegrarás delante de Jehová tu Dios.
8 Y escribirás muy claramente en las piedras todas las palabras de esta ley.
9 Y Moisés, con los sacerdotes levitas, habló a todo Israel, diciendo: Guarda silencio y escucha, oh Israel. Hoy has venido a ser [a]pueblo de Jehová tu Dios.
10 Escucharás, pues, la voz de Jehová tu Dios, y cumplirás sus mandamientos y sus estatutos que yo te ordeno hoy.
11 Y mandó Moisés al pueblo en aquel día, diciendo:
12 Éstos estarán sobre el monte Gerizim para [a]bendecir al pueblo, cuando hayáis pasado el Jordán: Simeón, y Leví, y Judá, e Isacar, y José y Benjamín.
13 Y éstos estarán en el monte Ebal para *pronunciar* la maldición: Rubén, Gad, y Aser, y Zabulón, Dan y Neftalí.
14 Y hablarán los levitas y dirán a todo hombre de Israel en alta voz:
15 [a]Maldito el hombre que haga [b]escultura o imagen de fundición, abominación a Jehová, obra de mano de artífice, y la ponga en *lugar* oculto. Y todo el pueblo responderá y dirá: Amén.
16 Maldito el que [a]deshonre a su padre o a su madre. Y dirá todo el pueblo: Amén.
17 Maldito el que reduzca el lindero de su prójimo. Y dirá todo el pueblo: Amén.
18 Maldito el que haga errar al [a]ciego en el camino. Y dirá todo el pueblo: Amén.
19 Maldito el que pervierta el derecho del extranjero, del huérfano y de la viuda. Y dirá todo el pueblo: Amén.
20 Maldito el que se acueste con la esposa de su padre por cuanto

1 *b* Mos. 12:33–37.
2 *a* Josué 4:3.
5 *a* GEE Altar.
b Éx. 20:25.
6 *a* Josué 8:30–32.
7 *a* GEE Ofrenda.
9 *a* Mos. 5:7.
12 *a* Josué 8:33–35; Alma 45:15–17.
15 *a* GEE Maldecir, maldiciones.
b Oseas 13:2.
GEE Idolatría.
16 *a* GEE Honra, honrar (honor).
18 *a* Lev. 19:14.

descubrió [a]el borde del manto de su padre. Y dirá todo el pueblo: Amén.

21 Maldito el que se ayunte con cualquier [a]bestia. Y dirá todo el pueblo: Amén.

22 [a]Maldito el que se acueste con su hermana, hija de su padre o hija de su madre. Y dirá todo el pueblo: Amén.

23 Maldito el que se acueste con su suegra. Y dirá todo el pueblo: Amén.

24 Maldito el que [a]hiera de muerte a su prójimo [b]ocultamente. Y dirá todo el pueblo: Amén.

25 Maldito el que acepte [a]soborno para herir de muerte al inocente. Y dirá todo el pueblo: Amén.

26 Maldito el que no confirme las palabras de esta ley para cumplirlas. Y dirá todo el pueblo: Amén.

CAPÍTULO 28

Si los hijos de Israel son obedientes, serán bendecidos temporal y espiritualmente — Si son desobedientes, serán maldecidos, heridos y destruidos; les sobrevendrán enfermedades, plagas y opresión; servirán a dioses falsos y serán motivo de burla entre todas las naciones; naciones temibles los esclavizarán; se comerán a sus propios hijos y serán esparcidos entre todas las naciones.

Y ACONTECERÁ que si [a]escuchas diligentemente la voz de Jehová tu Dios, para guardar y para poner por obra todos sus mandamientos que yo te prescribo hoy, Jehová tu Dios te pondrá en [b]alto sobre todas las naciones de la tierra.

2 Y vendrán sobre ti todas estas [a]bendiciones y te alcanzarán, si escuchas la voz de Jehová tu Dios.

3 Bendito serás tú en la ciudad y bendito serás en el campo.

4 Benditos serán el [a]fruto de tu vientre, el fruto de tu tierra, el fruto de tu bestia, la cría de tus vacas y [b]los rebaños de tus ovejas.

5 Benditos serán tu canastillo y tu artesa de amasar.

6 Bendito serás en tu entrar y bendito en tu salir.

7 Jehová hará que tus enemigos que se levanten contra ti sean derrotados delante de ti; por un camino saldrán contra ti, y por siete caminos huirán delante de ti.

8 Enviará Jehová bendición sobre tus graneros y sobre [a]todo aquello en que pongas tu mano, y te bendecirá en la tierra que Jehová tu Dios te da.

9 Te establecerá Jehová como su pueblo [a]santo, como te lo ha jurado, si guardas los mandamientos

20 *a* *Es decir,* profanó el lecho de su padre, descubriendo la desnudez de la esposa de éste. Deut. 22:30.
21 *a* Lev. 20:15–16.
22 *a* Lev. 20:17.
24 *a* Deut. 19:11–12.
b Moisés 5:29–31.
25 *a* Ezeq. 22:12; Mos. 29:40.
28 1 *a* GEE Escuchar.
b Deut. 26:19.
2 *a* GEE Bendecido, bendecir, bendición.
4 *a* GEE Hijo(s).
b HEB el aumento de tus rebaños.
8 *a* Lucas 12:31.
9 *a* GEE Santo (adjetivo).

de Jehová tu Dios y andas en sus caminos.

10 Entonces verán todos los pueblos de la tierra que eres llamado por el [a]nombre de Jehová, y [b]te temerán.

11 Y te hará Jehová sobreabundar en bienes, en el fruto de tu vientre, y en el fruto de tu bestia y en el fruto de tu tierra, en el país que juró Jehová a tus padres que te daría.

12 Te abrirá Jehová su buen tesoro, el cielo, para dar [a]lluvia a tu tierra en su tiempo y para bendecir toda la obra de tus manos. Y prestarás a muchas naciones, y tú no [b]pedirás prestado.

13 Y te pondrá Jehová por cabeza y no por cola; y estarás arriba solamente, y no estarás debajo, si obedeces los mandamientos de Jehová tu Dios, que yo te ordeno hoy, para que *los* guardes y *los* cumplas;

14 y no te [a]apartes de todas las palabras que yo te mando hoy, ni a la derecha ni a la izquierda, para ir tras dioses ajenos para servirles.

15 Pero acontecerá que si no escuchas la voz de Jehová tu Dios, para cuidar de poner por obra todos sus mandamientos y sus estatutos que yo te ordeno hoy, vendrán sobre ti todas estas [a]maldiciones y te alcanzarán:

16 Maldito serás tú en la ciudad y maldito serás en el campo.

17 Malditos serán tu canastillo y tu artesa de amasar.

18 Malditos serán el fruto de tu vientre, y el fruto de tu tierra, y la cría de tus vacas y los rebaños de tus ovejas.

19 Maldito serás en tu entrar y maldito en tu salir.

20 Y Jehová enviará contra ti maldición, quebranto y reprensión en todo cuanto pongas tu mano y hagas, hasta que seas destruido y perezcas prontamente a causa de la maldad de tus obras por las cuales me habrás dejado.

21 Jehová enviará sobre ti pestilencias hasta que te consuman de sobre la tierra a la cual vas a entrar para poseerla.

22 Jehová te [a]herirá de tisis, y de fiebre, y de inflamación, y de calor sofocante, y de espada, y de calamidad repentina y con [b]añublo; y te perseguirán hasta que perezcas.

23 Y los cielos que están sobre tu cabeza serán de bronce, y la tierra que está debajo de ti, de hierro.

24 Dará Jehová como lluvia a tu tierra polvo y ceniza; de los cielos descenderán sobre ti hasta que perezcas.

25 Jehová te entregará derrotado delante de tus enemigos; por un camino saldrás contra ellos y por siete caminos huirás delante de ellos; y serás objeto de espanto a todos los reinos de la tierra.

26 Y será tu cadáver comida para toda ave del cielo y para

10 *a* Mos. 26:18.
b Deut. 11:25.
12 *a* Lev. 26:4.
b GEE Deuda.
14 *a* Deut. 5:32–33; DyC 124:120.
15 *a* GEE Maldecir, maldiciones.
22 *a* Hageo 2:17.
b *O sea,* un hongo parásito que ataca los cereales.

toda bestia de la tierra, y no habrá quien las espante.

27 Jehová te herirá con las úlceras de Egipto, y con [a]almorranas, y con sarna y con comezón, de los que no podrás ser curado.

28 Jehová te herirá con locura, y con ceguedad y con turbación de corazón.

29 Y andarás a tientas al mediodía, como anda a tientas el [a]ciego en la oscuridad, y no serás [b]prosperado en tus caminos; y no serás sino oprimido y robado todos los días, y no habrá quien te salve.

30 Te desposarás con una mujer, y otro hombre dormirá con ella; edificarás casa y no habitarás en ella; plantarás viña y no la disfrutarás.

31 Matarán tu buey delante de tus ojos, y tú no comerás de él; tu asno te será arrebatado delante de ti, y no se te devolverá; tus ovejas serán dadas a tus enemigos, y no tendrás quien te *las* rescate.

32 Tus hijos y tus hijas serán entregados a otro pueblo, y tus ojos lo verán y desfallecerán por ellos todo el día; y no habrá [a]fuerza en tu mano.

33 El fruto de tu tierra y de todo tu trabajo lo comerá un pueblo que no has conocido, y no serás sino oprimido y quebrantado todos los días.

34 Y enloquecerás a causa de lo que verás con tus ojos.

35 Te herirá Jehová con maligna pústula en las rodillas y en las piernas, sin que puedas ser curado, desde la planta de tu pie hasta tu coronilla.

36 Jehová te llevará a ti, y a tu rey que hayas puesto sobre ti, a nación que no habéis conocido tú ni tus padres, y allá servirás a [a]dioses ajenos de madera y de piedra.

37 Y serás motivo de horror, y servirás de [a]refrán y de [b]burla a todos los pueblos a los cuales te llevará Jehová.

38 Sacarás mucha [a]semilla al campo y recogerás poco, porque la langosta lo consumirá.

39 Plantarás viñas y labrarás, mas no beberás vino ni recogerás *uvas*, porque el gusano se las comerá.

40 Tendrás olivos en todo tu territorio, mas no te ungirás con el aceite, porque tu aceituna se caerá.

41 [a]Hijos e hijas engendrarás, y no serán para ti, porque irán en cautiverio.

42 Toda tu arboleda y el fruto de tu tierra los consumirá la langosta.

43 El extranjero que esté en medio de ti se elevará sobre ti muy alto, y tú descenderás muy bajo.

44 Él te prestará a ti, y tú no le prestarás a él; él será la cabeza, y tú serás la cola.

45 Y vendrán sobre ti todas estas maldiciones, y te perseguirán y te alcanzarán hasta que perezcas, por cuanto no habrás atendido a la voz de Jehová tu Dios, para

27 *a* HEB hemorroides o tumores.
29 *a* Isa. 59:9–10; DyC 95:5–6.
b Omni 1:6.
32 *a* *O sea,* poder para prevenirlo.
36 *a* GEE Idolatría.
37 *a* Jer. 24:9.
b 1 Ne. 19:14.
38 *a* Hageo 1:5–9.
41 *a* Job 27:13–15.

guardar los mandamientos y los estatutos que él te mandó.

46 Y serán sobre ti como una señal y un prodigio, y sobre tu descendencia para siempre.

47 Por cuanto no serviste a Jehová tu Dios con alegría y con gozo de corazón por la abundancia de todas las cosas,

48 servirás, por tanto, a tus enemigos que enviará Jehová contra ti, con hambre y con sed, y con desnudez y con falta de todas las cosas; y él pondrá [a]yugo de hierro sobre tu cuello, hasta destruirte.

49 Jehová traerá contra ti una nación [a]de lejos, del extremo de la tierra, que vuele como águila, una nación cuya [b]lengua no entiendas;

50 gente fiera de rostro, que no [a]tendrá respeto al [b]anciano ni tendrá compasión del niño.

51 Y [a]comerá el fruto de tus animales y el fruto de tu [b]tierra hasta que perezcas; y no te dejará grano, ni mosto, ni aceite, ni la cría de tus vacas ni los rebaños de tus ovejas, hasta destruirte.

52 Y te [a]sitiará en todas tus ciudades, hasta que caigan tus muros altos y fortificados en que tú confías, en toda tu tierra; te sitiará, pues, en todas tus ciudades y en toda tu tierra que Jehová tu Dios te haya dado.

53 Y [a]comerás el fruto de tu vientre, la [b]carne de tus hijos y de tus hijas que Jehová tu Dios te dio, en el sitio y en el apuro con que te angustiará tu enemigo.

54 El hombre tierno y delicado en medio de ti mirará con malos ojos a su hermano, y a la esposa amada y al resto de sus hijos que le queden,

55 para no dar a ninguno de ellos de la carne de sus hijos, que él comerá, porque nada le habrá quedado en el sitio y en el apuro con que tu enemigo te angustiará en todas tus ciudades.

56 La mujer tierna y delicada entre vosotros, que nunca probó a asentar la planta de su pie sobre la tierra por su ternura y delicadeza, mirará con malos ojos al marido amado, y a su hijo y a su hija,

57 y la placenta que sale de entre sus piernas, y a sus hijos que dé a luz, porque [a]los comerá a escondidas, por carecer de todo en el sitio y en el apuro con que tu enemigo te angustiará en tus ciudades.

58 Si no [a]cuidas de poner por obra todas las palabras de esta ley que están escritas en este libro, temiendo este nombre glorioso y temible: JEHOVÁ TU DIOS,

59 Jehová aumentará [a]asombrosamente tus plagas y las plagas de tu descendencia, plagas grandes y persistentes, y [b]enfermedades malignas y duraderas;

60 y traerá sobre ti todos los

48 *a* GEE Yugo.
49 *a* Jer. 6:22–24.
b GEE Lenguaje (o lengua).
50 *a* Jer. 21:7.
b Isa. 3:5; Lam. 4:16.
51 *a* Jer. 5:17.
b Isa. 1:7.
52 *a* Lucas 19:43–44.
53 *a* 2 Ne. 19:19–20.
b 2 Rey. 6:28–29.
57 *a* Lam. 4:10.
58 *a* GEE Obediencia, obediente, obedecer.
59 *a* HEB En forma extraordinaria.
b GEE Enfermedad, enfermo.

[a]males de Egipto, delante de los cuales temiste, y no te dejarán.

61 Asimismo toda enfermedad y toda plaga que no están escritas en el libro de esta ley, Jehová las enviará sobre ti, hasta que seas destruido.

62 Y quedaréis pocos, en lugar de haber sido como las estrellas del cielo en multitud, por cuanto no [a]obedeciste la voz de Jehová tu Dios.

63 Y acontecerá que como Jehová se regocijó en vosotros para haceros bien y para multiplicaros, así se regocijará Jehová en vosotros para arruinaros y para destruiros; y seréis arrancados de sobre la tierra a la cual vais a entrar para poseerla.

64 Y Jehová te [a]esparcirá por todos los pueblos, desde un extremo de la tierra hasta el otro extremo de ella; y allí servirás a dioses ajenos, de madera y de piedra, que no conociste tú ni tus padres.

65 Y ni aun entre las mismas naciones descansarás, ni la planta de tu pie tendrá reposo; y allí te dará Jehová un corazón temeroso, y decaimiento de ojos y [a]tristeza de alma.

66 Y tendrás tu vida *como* algo que pende delante de ti, y estarás temeroso de noche y de día, y no tendrás seguridad de tu vida.

67 Por la mañana dirás: ¡Quién diera que fuese la tarde!, y a la tarde dirás: ¡Quién diera que fuese la mañana!, por el miedo de tu corazón con que estarás amedrentado y por lo que verán tus ojos.

68 Y Jehová te hará volver [a]a Egipto en naves, por el camino del cual te ha dicho. Nunca más volverás a verlo; y allí seréis vendidos a vuestros enemigos como esclavos y como esclavas, y no habrá quien os compre.

CAPÍTULO 29

Los hijos de Israel hacen un convenio con Jehová bajo el cual serán bendecidos si son obedientes y maldecidos si son desobedientes — Si son desobedientes, su tierra será como azufre y sal.

ESTAS son las palabras del [a]convenio que Jehová mandó a Moisés que hiciera con los hijos de Israel en la tierra de Moab, además del convenio que concertó con ellos en Horeb.

2 Moisés, pues, llamó a todo Israel y les dijo: Vosotros habéis visto todo lo que Jehová ha hecho delante de vuestros ojos en la tierra de Egipto a Faraón, y a todos sus siervos y a toda su tierra,

3 las grandes pruebas que vieron tus ojos, las señales y las grandes [a]maravillas.

4 Pero Jehová no os ha dado corazón para entender, ni ojos para ver ni oídos para oír hasta el día de hoy.

5 Y yo os he conducido durante

60 *a* Éx. 9:14.
62 *a* GEE Rebelión.
64 *a* GEE Israel—El esparcimiento de Israel.
65 *a* *O sea,* angustia del alma.
68 *a* *Es decir,* al cautiverio simbolizado por Egipto. Oseas 8:13–14.
29 1 *a* Deut. 5:2–3.
3 *a* GEE Milagros.

cuarenta años por el desierto; vuestros vestidos no se han gastado sobre vosotros, ni tu calzado se ha gastado sobre tu pie.
6 No habéis comido pan, ni habéis bebido vino ni sidra, para que supieseis que yo soy Jehová vuestro Dios.
7 Y llegasteis a este lugar, y salieron [a]Sehón, rey de Hesbón, y Og, rey de Basán, delante de nosotros para pelear, y los derrotamos;
8 y tomamos su tierra y la dimos por heredad a Rubén, y a Gad y a la media tribu de Manasés.
9 Guardaréis, pues, las palabras de este convenio y las pondréis por obra, para que [a]prosperéis en todo lo que hagáis.
10 Vosotros todos estáis hoy delante de Jehová vuestro Dios; los príncipes de vuestras tribus, vuestros ancianos, y vuestros oficiales, todos los hombres de Israel,
11 vuestros niños, vuestras esposas y los extranjeros que habitan en medio de tu campamento, desde el que corta tu leña hasta el que saca tu agua,
12 para que entres en el [a]convenio de Jehová tu Dios, y en su [b]juramento que Jehová tu Dios hace hoy contigo,
13 [a]para confirmarte hoy como su pueblo, y para que él sea tu Dios, de la manera que él te ha dicho, y como él lo juró a tus padres Abraham, Isaac y Jacob.
14 Y no solamente con vosotros hago yo este convenio y este juramento,
15 sino con los que están aquí presentes hoy con nosotros delante de Jehová nuestro Dios, y con los que no están aquí hoy con nosotros.
16 Porque vosotros sabéis cómo habitamos en la tierra de Egipto, y cómo hemos pasado en medio de las naciones por las que habéis pasado;
17 y habéis visto sus abominaciones y los ídolos de madera y de piedra, y de plata y de oro, que *tienen* consigo.
18 No sea que haya entre vosotros hombre, o mujer, o familia o tribu, cuyo corazón [a]se aparte hoy de Jehová nuestro Dios, para ir a servir a los dioses de aquellas naciones; no sea que haya entre vosotros raíz que produzca veneno y [b]ajenjo,
19 y suceda que al oír las palabras de esta [a]maldición, él se [b]bendiga a sí mismo en su corazón, diciendo: Tendré paz, aunque ande según la terquedad de mi corazón, para añadir la embriaguez a la sed.
20 Jehová no querrá perdonarle, sino que se encenderá la ira de Jehová y su celo contra tal hombre, y se asentará sobre él toda [a]maldición escrita en este libro, y Jehová [b]borrará su nombre de debajo del cielo.

7 *a* Deut. 2:32–37.
9 *a* Josué 1:7; 2 Ne. 1:9.
12 *a* HEB *berit:* convenio, pacto, alianza. GEE Convenio (pacto).
b GEE Juramento.
13 *a* GEE Escogido.
18 *a* GEE Apostasía.
b Planta amarga.
19 *a* *O sea,* este juramento.
b Sal. 49:16–20.
20 *a* GEE Maldecir, maldiciones.
b Alma 5:57. GEE Libro de la vida.

21 Y lo apartará Jehová de todas las tribus de Israel para mal, conforme a todas las maldiciones del convenio escrito en este libro de la ley.

22 Para que la generación venidera, vuestros hijos que vendrán después de vosotros y el extranjero que vendrá de lejanas tierras, cuando vean las plagas de aquella tierra, y sus enfermedades de que Jehová la hizo enfermar, digan:

23 [a]Azufre y [b]sal, abrasada está toda su tierra; no será sembrada, ni producirá ni crecerá en ella hierba alguna, como en la destrucción de Sodoma y de Gomorra, de Adma y de Zeboim, que Jehová destruyó en su furor y en su ira.

24 Dirán, pues, todas las naciones: ¿Por qué hizo Jehová esto a esta tierra? ¿Por qué se ha encendido esta gran ira?

25 Y responderán: Por cuanto dejaron el [a]convenio de Jehová, el Dios de sus padres, que él hizo con ellos cuando los sacó de la tierra de Egipto,

26 y fueron y sirvieron a dioses ajenos, y se inclinaron a ellos, dioses que no conocían, y que él no les había dado.

27 Se encendió, por tanto, la ira de Jehová contra esta tierra, para traer sobre ella todas las maldiciones escritas en este libro;

28 y Jehová los [a]desarraigó de su [b]tierra con ira, y con furor y con [c]gran indignación, y los echó a otra tierra, como hoy.

29 Las [a]cosas secretas pertenecen a Jehová nuestro Dios, mas las [b]reveladas son para nosotros y para nuestros hijos para siempre, a fin de que cumplamos todas las palabras de esta ley.

CAPÍTULO 30

Los israelitas esparcidos serán recogidos de todas las naciones cuando recuerden el convenio — Moisés pone delante del pueblo la vida o la muerte, la bendición o la maldición.

Y ACONTECERÁ que cuando hayan venido sobre ti todas estas cosas, la bendición y la maldición que he puesto delante de ti, y las recuerdes en tu corazón en medio de todas las naciones en las cuales Jehová tu Dios te haya dispersado,

2 y te [a]conviertas a Jehová tu Dios, y obedezcas su voz conforme a todo lo que yo te mando hoy, tú y tus hijos, con todo tu corazón y con toda tu alma,

3 Entonces Jehová tu Dios te hará volver de tu cautiverio, y tendrá [a]misericordia de ti y volverá a [b]recogerte de entre todos los pueblos adonde te haya esparcido Jehová tu Dios.

4 Si has sido arrojado hasta los confines de los [a]cielos, de allí te

23 *a* Gén. 19:24–25.
b Jer. 17:6.
25 *a* GEE Convenio (pacto).
28 *a* 2 Cró. 7:20.
b Éter 11:20–21.
c Nahúm 1:6.
29 *a* GEE Misterios de Dios.
b GEE Revelación.
30 2 *a* 1 Sam. 7:3.
3 *a* Jer. 12:15.
b GEE Israel—La congregación de Israel.
4 *a* Mateo 24:31.

recogerá Jehová tu Dios, y de allá
te tomará.
5 Y te hará volver Jehová tu Dios
a la tierra que heredaron tus padres, y la poseerás; y te hará bien
y te multiplicará más que a tus
padres.
6 Y circuncidará Jehová tu Dios
tu corazón y el corazón de tu
descendencia, para que [a]ames a
Jehová tu Dios con todo tu corazón y con toda tu alma, a fin de
que vivas.
7 Y pondrá Jehová tu Dios todas
estas [a]maldiciones sobre tus [b]enemigos, y sobre tus aborrecedores
que te persiguieron.
8 Y tú volverás y escucharás
la voz de Jehová, y pondrás por
obra todos sus mandamientos
que yo te mando hoy.
9 Y te hará Jehová tu Dios [a]prosperar en toda la obra de tus manos, en el fruto de tu vientre, en
el fruto de tu bestia y en el fruto
de tu tierra, para bien; porque
Jehová volverá a gozarse en ti
para bien, de la manera que se
gozó en tus padres,
10 si escuchas la voz de Jehová
tu Dios para guardar sus mandamientos y sus estatutos escritos
en este libro de la ley, *y* si te [a]conviertes a Jehová tu Dios con todo
tu corazón y con toda tu alma.
11 Porque este mandamiento
que yo te mando hoy no te es
[a]demasiado difícil, ni está lejos
de ti.
12 No está en el cielo, para que
digas: ¿Quién subirá por nosotros al cielo, y nos lo traerá y
nos lo hará oír, a fin de que lo
cumplamos?
13 Ni está al otro lado del mar,
para que digas: ¿Quién cruzará
por nosotros el mar, para que nos
lo traiga y nos lo haga oír, a fin
de que lo cumplamos?
14 Porque muy cerca de ti está
la palabra, en tu boca y en tu [a]corazón, para que la cumplas.
15 Mira, yo he puesto delante
de ti hoy [a]la vida y el bien, la
muerte y el mal,
16 porque yo te mando hoy que
ames a Jehová tu Dios, que [a]andes en sus caminos, y guardes sus
mandamientos y sus estatutos y
sus decretos, para que vivas y
seas multiplicado, y Jehová tu
Dios te bendiga en la tierra a la
cual vas a entrar para poseerla.
17 Mas si tu corazón se aparta
y no escuchas, y te desvías, y
te inclinas a dioses ajenos y los
sirves,
18 yo os declaro hoy que de
cierto pereceréis; no prolongaréis vuestros días sobre la tierra
adonde vais, pasando el Jordán
para ir a poseerla.
19 A los cielos y a la tierra llamo
por testigos hoy contra vosotros,
de que os he puesto delante la
vida y la muerte, la bendición
y la maldición; [a]escoge, pues,
la vida, para que vivas tú y tu
descendencia,
20 amando a Jehová tu Dios,

6 *a* GEE Amor.
7 *a* GEE Maldecir, maldiciones.
b DyC 103:24–26; 136:30–31.
9 *a* Deut. 28:9–12; 2 Ne. 1:9.
10 *a* Mos. 7:33.
11 *a* 1 Ne. 20:16.
14 *a* GEE Corazón.
15 *a* 2 Ne. 2:27.
16 *a* GEE Andar, andar con Dios.
19 *a* GEE Albedrío.

[a]escuchando su voz y aferrándote a él, porque él es tu [b]vida y la prolongación de tus días, a fin de que habites sobre la tierra que juró Jehová a tus padres Abraham, Isaac y Jacob, que les había de dar.

CAPÍTULO 31

Moisés aconseja a Josué y a todo Israel esforzarse y animarse — Ha de leerse la ley a todo Israel cada siete años — Israel seguirá dioses falsos y se corromperá.

Y FUE Moisés y habló estas palabras a todo Israel,

2 y les dijo: De edad de ciento veinte años soy hoy día; ya no puedo salir ni entrar; además de esto, Jehová me ha dicho: No [a]pasarás este Jordán.

3 Jehová tu Dios, él cruzará delante de ti; él destruirá a estas naciones delante de ti, y las heredarás. Josué será el que pasará delante de ti, como Jehová ha dicho.

4 Y hará Jehová con ellos como hizo con Sehón y con Og, reyes de los amorreos, y con su tierra cuando los destruyó.

5 Y los entregará Jehová delante de vosotros, y haréis con ellos conforme a todo lo que os he mandado.

6 Esforzaos y [a]cobrad ánimo; [b]no temáis ni tengáis miedo de ellos, porque Jehová tu Dios es el que va contigo; [c]no te dejará ni te desamparará.

7 Y llamó Moisés a [a]Josué y le dijo a la vista de todo Israel: Esfuérzate y anímate, porque tú entrarás con este pueblo a la tierra que juró Jehová a sus padres que les daría, y tú se la harás heredar.

8 Y Jehová es el que va delante de ti; él [a]estará contigo; no te dejará ni te desamparará; no temas ni te intimides.

9 Y [a]escribió Moisés esta ley, y se la dio a los sacerdotes, hijos de Leví, que llevaban el arca del convenio de Jehová, y a todos los [b]ancianos de Israel.

10 Y les mandó Moisés, diciendo: Al cabo del séptimo año, [a]en el año de [b]la remisión, en la fiesta de los tabernáculos,

11 cuando [a]vaya todo Israel a presentarse delante de Jehová tu Dios en el [b]lugar que él escoja, leerás esta [c]ley delante de todo Israel a oídos de ellos.

12 Harás congregar al pueblo, hombres y mujeres y niños, y a los [a]extranjeros que estén en tus ciudades, para que oigan y aprendan a temer a Jehová vuestro Dios y cuiden de poner por obra todas las palabras de esta ley.

---

20 *a* GEE Obediencia, obediente, obedecer.
b Hech. 17:28; DyC 88:13.
31 2 *a* Núm. 20:12.
6 *a* GEE Valor, valiente.
b Isa. 41:10; DyC 68:6.
c 1 Rey. 6:13; Sal. 94:14; Alma 2:28.
7 *a* Deut. 1:38.
8 *a* Josué 1:5.
9 *a* GEE Escrituras.
b GEE Élder (anciano).
10 *a* HEB durante el tiempo del año que correspondía a.
b Deut. 15:1–2, 9.
11 *a* GEE Adorar.
b 2 Cró. 7:12.
c Neh. 8:2–3.
12 *a* *O sea,* forasteros, prosélitos.

13 Y los hijos de ellos, que no la conocen, la escucharán y aprenderán a [a]temer a Jehová vuestro Dios todos los días que viváis sobre la tierra a la cual vais, pasando el Jordán, para poseerla.

14 Y Jehová dijo a Moisés: He aquí, se ha acercado el día de tu muerte; llama a Josué, y esperad en el [a]tabernáculo de reunión para que yo le dé un mandato. Fueron, pues, Moisés y Josué, y esperaron en el tabernáculo de reunión.

15 Y se apareció Jehová en el tabernáculo, en una columna de nube; y la columna de nube se puso sobre la entrada del tabernáculo.

16 Y Jehová dijo a Moisés: He aquí, tú vas a dormir con tus padres, y este pueblo se levantará y [a]se prostituirá tras los [b]dioses ajenos de la tierra adonde va *para estar* en medio de ella; y me abandonará y quebrantará mi convenio que he concertado con él.

17 Y mi furor se encenderá contra él en aquel día. Y los abandonaré y [a]esconderé de ellos mi rostro, y serán consumidos; y les sobrevendrán muchos males y angustias, y dirán en aquel día: ¿No me han sobrevenido estos males porque no está mi Dios en medio de mí?

18 Pero yo esconderé ciertamente mi rostro en aquel día, por todo el mal que ellos habrán hecho, por haberse vuelto a dioses ajenos.

19 Ahora, pues, escribid este [a]cántico para vosotros y enseñadlo a los hijos de Israel; ponlo en boca de ellos, para que este cántico me sirva de testigo contra los hijos de Israel.

20 Porque yo los introduciré en la tierra que juré a sus padres, la cual fluye leche y miel; y comerán, y se saciarán y engordarán; y se volverán a dioses ajenos y les servirán; y me enojarán e invalidarán mi convenio.

21 Y acontecerá que cuando les sobrevengan muchos males y angustias, entonces este cántico dará testimonio contra ellos, pues no caerán en el olvido en labios de sus descendientes; porque yo conozco lo que se proponen hacer *y* lo que hacen hoy, aun antes de que los introduzca en la tierra que juré darles.

22 Y Moisés escribió este cántico aquel día, y lo enseñó a los hijos de Israel.

23 Y [a]dio este mandato a Josué hijo de Nun y dijo: Esfuérzate y anímate, pues tú introducirás a los hijos de Israel en la tierra que les juré, y yo estaré contigo.

24 Y cuando acabó Moisés de escribir las palabras de esta ley en un libro hasta concluirlo,

25 mandó Moisés a los levitas que llevaban el arca del convenio de Jehová, diciendo:

13 *a* GEE Temor—Temor de Dios.
14 *a* GEE Tabernáculo.
16 *a* GEE Apostasía; Rebelión.
b DyC 1:16.
17 *a* Ezeq. 39:23.
19 *a* Deut. 32:1–43.
23 *a* Deut. 3:28.

26 Tomad este [a]libro de la ley y ponedlo al lado del [b]arca del convenio de Jehová vuestro Dios, para que esté allí por testigo contra ti.

27 Porque yo conozco tu [a]rebelión y tu dura cerviz; he aquí, que aun viviendo yo hoy con vosotros, sois rebeldes a Jehová; ¿cuánto más después que yo haya muerto?

28 Congregad ante mí a todos los ancianos de vuestras tribus y a vuestros oficiales; y hablaré en sus oídos estas palabras, y llamaré como testigos contra ellos a los cielos y a la tierra.

29 Porque yo sé que después de mi muerte ciertamente os [a]corromperéis y os apartaréis del camino que os he mandado, y que os ha de sobrevenir el mal en [b]los postreros días, por haber hecho lo malo ante los ojos de Jehová, enojándole con la obra de vuestras manos.

30 Entonces habló Moisés a oídos de toda la congregación de Israel las palabras de este cántico hasta acabarlo.

CAPÍTULO 32

Israel cantará el cántico de Moisés y aclamará: Dios habla a los cielos y a la tierra; los hijos de Israel eran conocidos en la vida preterrenal; Dios los escogió en esta vida; ellos se olvidaron de la Roca de su salvación; Dios envió terror y una espada y venganza sobre ellos; no hay Dios aparte de Él — Moisés es reunido con su pueblo.

[a]ESCUCHAD, cielos, y hablaré;
y oiga la tierra las palabras de mi boca.
2 Goteará como la lluvia mi doctrina;
destilará como el [a]rocío mi [b]palabra,
como la llovizna sobre la grama,
y como las gotas sobre la hierba.
3 Porque el nombre de Jehová proclamaré.
Engrandeced a nuestro Dios.
4 *Él* es la [a]Roca, cuya obra es [b]perfecta,
porque todos sus caminos son justos;
Es un Dios de verdad y no hay maldad en él.
Es [c]justo y recto.
5 La corrupción no es suya; [a]de sus hijos es la mancha,
generación torcida y perversa.
6 ¿Así pagáis a Jehová,
pueblo necio e ignorante?

26 *a* GEE Escrituras—Las Escrituras deben preservarse.
b También conocida como el arca del pacto o el arca de la alianza. GEE Arca del pacto.
27 *a* GEE Rebelión.
29 *a* Jer. 44:23.
b Oseas 3:5.
32 1 *a* DyC 1:1–2.
2 *a* Oseas 14:5; DyC 121:45; 128:19.
b Isa. 55:11.
4 *a* GEE Roca.
b GEE Perfecto.
c GEE Justicia.
5 *a* HEB no son más sus hijos debido a las faltas de ellos. Alma 5:24–25.

¿No es él tu [a]padre que te creó?
Él te [b]hizo y te estableció.
7 Acuérdate de los tiempos antiguos;
considera los años de muchas generaciones;
[a]pregunta a tu padre, y él te lo declarará;
a tus ancianos, y ellos te lo dirán.
8 Cuando el Altísimo hizo [a]heredar a las [b]naciones,
cuando hizo dividir a los hijos de Adán,
estableció los [c]límites de los pueblos
según el número de los hijos de Israel.
9 Porque la porción de Jehová es su pueblo;
Jacob, la parte de su heredad.
10 Lo halló en tierra de desierto,
y en yermo horrible y rugiente;
lo protegió, lo cuidó,
y lo guardó como a [a]la niña de sus ojos.
11 Como el [a]águila despierta su nidada,
revolotea sobre sus polluelos,
extiende sus alas, los toma,
y los lleva sobre sus plumas.
12 Jehová solo le guió,
y no hubo con él dios extraño.
13 Lo hizo cabalgar sobre [a]las alturas de la tierra,
y comió los frutos del campo;
e hizo que sorbiese miel de la peña
y aceite del duro pedernal;
14 mantequilla de vacas y leche de ovejas,
con grosura de corderos
y carneros de Basán; también machos cabríos,
con lo mejor del trigo,
y de la sangre de la [a]uva bebiste vino puro.
15 Pero engordó [a]Jesurún, y dio coces
([b]engordaste, te hiciste grueso y te cubriste de gordura);
entonces dejó al Dios que lo hizo
y menospreció a la [c]Roca de su salvación.
16 Le provocaron a celos con [a]*dioses* ajenos,
y le provocaron a ira con abominaciones.
17 [a]Ofrecieron sacrificios a demonios, y [b]no a Dios;
a dioses que no habían conocido,
a nuevos [c]*dioses* que hacía poco habían surgido,
que no habían temido vuestros padres.

6 *a* 1 Cró. 29:10; Isa. 64:8.
b DyC 43:23.
7 *a* Sal. 44:1.
8 *a* Hech. 17:26–27.
b Gén. 10:5.
c GEE Preordenación.
10 *a* Prov. 7:2.
11 *a* Éx. 19:4.
13 *a* Isa. 58:14.
14 *a* DyC 27:2–5.
15 *a* HEB el recto, el justo.
b Jer. 5:28.
c GEE Roca.
16 *a* GEE Idolatría.
17 *a* 1 Cor. 10:19–21; Abr. 1:8.
b HEB que no eran dioses.
c Moisés 1:6.

18 De la Roca que te creó te olvidaste;
te has olvidado de Dios, tu [a]creador.
19 Y lo vio Jehová, y los desdeñó
por la provocación de sus hijos y de sus hijas.
20 Y dijo: [a]Esconderé de ellos mi rostro;
veré cuál será su fin,
porque son una generación perversa,
hijos [b]sin fe.
21 Ellos me provocaron a [a]celos con lo que no es Dios;
me provocaron a [b]ira con sus vanidades;
yo también los provocaré a celos con *los que* no son un pueblo,
con nación insensata los provocaré a ira.
22 Porque se ha encendido el [a]fuego de mi furor,
y arderá hasta las profundidades del Seol;
y devorará la tierra y sus frutos,
y abrasará los fundamentos de los montes.
23 Yo amontonaré males sobre ellos;
emplearé en ellos mis saetas.
24 Consumidos serán de hambre, y devorados de fiebre ardiente
y de amarga pestilencia;
diente de bestias enviaré también sobre ellos,
con veneno de serpientes de la tierra.
25 Afuera desolará la [a]espada,
y dentro de las casas el terror;
tanto al joven como a la doncella,
al niño de pecho como al hombre cano.
26 Dije que los [a]esparciría,
que haría cesar de entre los hombres el recuerdo de ellos,
27 si no hubiera temido la provocación del enemigo,
y que entendiesen mal sus adversarios,
y que dijesen: Nuestra mano [a]alta
ha hecho todo esto y no Jehová.
28 Porque son nación que carece de consejo,
y no hay en ellos entendimiento.
29 ¡Ojalá fueran [a]sabios, que comprendieran esto,
que entendieran su final!
30 ¿Cómo podría perseguir uno a mil,
y dos hacer [a]huir a diez mil,
si su Roca no los hubiese vendido,
y Jehová no los hubiera entregado?

18 *a* HEB que te dio a luz.
20 *a* Isa. 8:17.
b *O sea,* que no son fieles. GEE Fe.
21 *a* Mos. 13:12–14. GEE Celo, celoso.
b Moisés 6:27.
22 *a* 2 Ne. 26:6.
25 *a* Alma 10:22; JS—H 1:45.
26 *a* GEE Israel—El esparcimiento de Israel.
27 *a* *O sea,* mano victoriosa.
29 *a* DyC 111:11.
30 *a* DyC 133:57–58.

31 Porque la roca de ellos no es como nuestra [a]Roca,
y aun nuestros enemigos son *de ello* jueces.
32 Porque de la vid de Sodoma es la vid de ellos,
y de los campos de Gomorra;
las uvas de ellos son uvas ponzoñosas,
racimos muy amargos tienen.
33 Veneno de serpientes es su vino,
y ponzoña cruel de áspides.
34 ¿No tengo yo esto guardado conmigo,
sellado en mis tesoros?
35 Mía es la [a]venganza y la retribución,
a su tiempo su pie resbalará,
porque el día de su aflicción está cercano,
y lo que les está preparado se apresura.
36 Porque Jehová [a]juzgará a su pueblo
y por amor de sus siervos [b]tendrá compasión,
cuando vea que la fuerza de ellos se agota
y que no queda nadie, ni esclavo ni libre.
37 Y él dirá: ¿Dónde están sus [a]dioses,
la roca en que se refugiaban;
38 los que comían la grasa de sus sacrificios
y bebían el vino de sus libaciones?
¡Que se levanten y os ayuden!
Sean para vosotros refugio.
39 Ved ahora que yo, yo [a]soy,
y no hay dioses [b]conmigo;
yo [c]hago morir y yo hago vivir;
yo hiero y yo [d]sano,
y no hay quien pueda librar de mi mano.
40 Porque yo alzaré a los cielos mi mano
y diré: [a]Vivo yo para siempre.
41 Si afilo mi reluciente [a]espada,
y mi mano empuña el juicio,
yo tomaré venganza de mis enemigos,
y daré el pago a los que me aborrecen.
42 Embriagaré de sangre mis saetas,
y mi espada devorará carne:
la sangre de los muertos y de los cautivos,
las cabezas de los jefes del enemigo.
43 Alabad, naciones, a su pueblo,
porque él vengará la sangre de sus siervos,
y tomará venganza de sus enemigos,

31 *a* 2 Sam. 22:32.
35 *a* GEE Venganza.
36 *a* GEE Jesucristo—Es juez.
b Gén. 6:6; Éx. 32:12, 14.
37 *a* GEE Idolatría.
39 *a* DyC 38:1.
b *O sea,* aparte de mí.
c HEB yo traigo la muerte y doy la vida. Sal. 68:20.
d GEE Resurrección.
40 *a* DyC 110:2–4.
41 *a* DyC 87:6.

y hará expiación por su tierra y por su pueblo.

44 Y vino Moisés y recitó todas las palabras de este [a]cántico a oídos del pueblo, él y Josué hijo de Nun.

45 Y acabó Moisés de recitar todas estas palabras a [a]todo Israel,

46 y les dijo: Aplicad vuestro [a]corazón a todas las palabras con las que yo os amonesto hoy, para que las encomendéis a vuestros hijos, para que cuiden de poner por obra todas las palabras de esta ley.

47 Porque no os son cosa vana, pues son vuestra vida; y por ellas prolongaréis vuestros días sobre la tierra que vais a poseer cuando paséis el Jordán.

48 Y habló Jehová a Moisés aquel mismo día, diciendo:

49 Sube a estos montes de Abarim, al monte Nebo, que está en la tierra de Moab, que está frente a Jericó, y mira la tierra de Canaán, que yo doy por heredad a los hijos de Israel.

50 Y [a]morirás en el monte al cual subes y serás reunido con tu pueblo, así como murió [b]Aarón, tu hermano, en el monte Hor y fue reunido con su pueblo;

51 por cuanto [a]fuisteis infieles contra mí en medio de los hijos de Israel en las aguas de Meriba, en Cades, en el desierto de Zin, porque no me santificasteis en medio de los hijos de Israel.

52 Verás, por tanto, delante de ti la tierra, mas no entrarás allá, a la tierra que doy a los hijos de Israel.

CAPÍTULO 33

Moisés bendice a las tribus de Israel — Leví es bendecido para enseñar los decretos de Jehová y Su ley — José es el más bendecido; se recogerá a Israel en los últimos días — Israel triunfará.

Y ÉSTA es la bendición con la cual Moisés, [a]varón de Dios, bendijo a los hijos de [b]Israel, antes de morir.

2 Y dijo:

Jehová vino de Sinaí,
y de Seir los alumbró;
resplandeció desde el monte Parán
y vino de entre diez millares de santos,
y a su diestra la ley de fuego para ellos.

3 Verdaderamente amó a los pueblos;
todos sus [a]santos están en tu mano;
ellos también se sientan a tus pies
y reciben tus palabras.

4 Moisés nos dio la [a]ley,
la heredad de la congregación de Jacob.

44 *a* GEE Cantar.
45 *a* *Es decir,* de todas las generaciones.
46 *a* DyC 64:34.
50 *a* Deut. 34:1–8; Alma 45:19. GEE Seres trasladados.
b Núm. 20:24–29.
51 *a* Núm. 20:11–13.
33 1 *a* DyC 107:91–92.
b GEE Israel—Las doce tribus de Israel.
3 *a* GEE Santo (adjetivo).
4 *a* GEE Ley de Moisés.

5 Y era rey en Jesurún,
cuando se congregaron los jefes del pueblo
con las tribus de Israel.

6 Viva [a]Rubén, y no muera,
ni sean pocos sus hombres.

7 Y para [a]Judá, dijo así:
Oye, oh Jehová, la voz de Judá,
y llévalo a su pueblo;
sus manos le basten,
y tú seas su [b]ayuda contra sus enemigos.

8 Y a [a]Leví dijo:
Tu [b]Tumim y tu Urim sean para tu varón piadoso,
a quien probaste en Masah,
y con quien [c]contendiste en las aguas de Meriba;
9 el que dijo de su padre y de su madre: [a]Nunca los he visto;
no reconoció a sus hermanos,
ni conoció a sus propios hijos,
porque ellos guardaron tus palabras
y observaron tu pacto.
10 Ellos [a]enseñarán tus decretos a Jacob
y tu ley a Israel.
Pondrán el incienso delante de ti
y el holocausto sobre tu altar.
11 Bendice, oh Jehová, lo que hagan,
y recibe con agrado la obra de sus manos;
hiere los lomos de sus enemigos
y de los que le aborrezcan,
para que nunca se levanten.

12 Y a [a]Benjamín dijo:
El amado de Jehová habitará confiado cerca de él;
lo protegerá todo el día,
y entre sus hombros morará.

13 Y a [a]José dijo:
Bendita de Jehová sea su [b]tierra,
con lo [c]mejor de los cielos, con el rocío,
y con el abismo que yace abajo,
14 y con los mejores frutos del sol,
y con lo mejor que produce [a]la luna,
15 y con lo mejor de los montes antiguos,
y con lo mejor de los collados eternos,
16 y con lo mejor de la tierra y su plenitud;
y el favor del que habitó en la [a]zarza

6 *a* GEE Rubén.
7 *a* GEE Judá—La tribu de Judá.
b Jue. 1:19.
8 *a* GEE Leví.
b GEE Urim y Tumim.
c Núm. 20:1–13.
9 *a* HEB no los conozco.
10 *a* GEE Enseñar.
12 *a* GEE Benjamín, hijo de Jacob.
13 *a* GEE José, hijo de Jacob.
b GEE Tierra prometida.
c Gén. 27:28.
14 *a* *O sea,* los meses.
16 *a* Éx. 3:2–6.

[b]venga sobre la cabeza de José,
y sobre la coronilla del consagrado entre sus hermanos.
17 Su gloria es como el primogénito de su toro,
y sus cuernos como cuernos de toro salvaje;
con ellos [a]arrinconará a todos los pueblos *hasta* los confines de la tierra;
y éstos son los diez millares de [b]Efraín,
y éstos los millares de Manasés.

18 Y a Zabulón dijo:
Alégrate, Zabulón, cuando salgas;
y *tu* Isacar, en tus tiendas.
19 Llamarán a los pueblos al monte;
allí ofrecerán sacrificios de justicia,
por lo cual sorberán la abundancia de los mares
y los tesoros escondidos de la arena.

20 Y a Gad dijo:
Bendito el que hizo ensanchar a Gad;
como león habita,
y arrebata brazo y coronilla.
21 Y él se ha provisto de la mejor [a]parte,
porque allí la porción del legislador le fue reservada,
y vino con los jefes del pueblo;
ejecutó la justicia de Jehová,
y sus decretos con Israel.

22 Y a Dan dijo:
Dan *es* cachorro de león
que salta desde Basán.

23 Y a Neftalí dijo:
Neftalí, saciado de favores
y lleno de la bendición de Jehová,
posee el [a]occidente y el sur.

24 Y a Aser dijo:
Bendito sea Aser con hijos.
Favorecido sea entre sus hermanos
y moje en aceite su pie.
25 De hierro y de bronce serán tus cerrojos,
y como tus días será tu fortaleza.

26 No hay como el Dios de [a]Jesurún,
quien cabalga sobre los cielos para tu ayuda,
y sobre las nubes con su [b]grandeza.
27 El [a]eterno Dios es *tu* refugio,
y acá abajo están los brazos eternos;

16 *b* DyC 133:30–34.
17 *a* DyC 58:44–45. GEE Israel—La congregación de Israel.
b GEE Efraín.
21 *a* Núm. 32:1–5, 16–22.
23 *a* HEB mar, es decir, Galilea, como herencia.
26 *a* HEB el recto, el justo. Isa. 44:2.
b También, en su majestuosidad.
27 *a* GEE Trinidad.

él echará de delante de ti al
[b]enemigo,
y dirá: Destruye.
28 E Israel habitará confiado a
solas;
la fuente de Jacob *estará*
en tierra de grano y de
vino;
también sus cielos destilarán rocío.
29 [a]Bienaventurado tú, oh Israel,
¿Quién como tú,
pueblo salvo por Jehová,
escudo de tu socorro
y espada de tu [b]excelencia?
Y tus enemigos serán [c]humillados,
y tú hollarás sus lugares
altos.

CAPÍTULO 34

Moisés ve la tierra prometida y entonces es llevado por Jehová — Josué dirige a Israel — Moisés fue el profeta más grande de Israel.

Y SUBIÓ Moisés de los campos
de Moab al monte Nebo, a la
cumbre del Pisga, que está enfrente de Jericó; y le mostró
Jehová toda la tierra de Galaad
hasta Dan,
2 y todo Neftalí, y la tierra
de Efraín y de Manasés, toda
la tierra de Judá hasta el [a]mar
occidental,
3 y la parte [a]meridional, y la llanura y el valle de [b]Jericó, ciudad
de las palmeras, hasta Zoar.
4 Y le dijo Jehová: Ésta es la tierra de la cual [a]juré a Abraham,
a Isaac y a Jacob, diciendo: A tu
descendencia la daré. Te he permitido verla con tus ojos, mas no
pasarás allá.
5 Y [a]murió allí [b]Moisés, siervo de
Jehová, en la tierra de Moab, conforme a la palabra de Jehová.
6 Y él lo [a]sepultó en el valle, en
la tierra de Moab, enfrente de Betpeor; y ninguno conoce el lugar
de [b]su sepulcro hasta hoy.
7 Y era Moisés de edad de ciento
veinte años cuando murió; sus
ojos nunca se oscurecieron, ni
perdió su vigor.
8 Y lloraron los hijos de Israel a
Moisés en los campos de Moab
treinta días. Y así se cumplieron
los días de llanto y de luto por
Moisés.
9 Y [a]Josué hijo de Nun estaba
lleno del espíritu de sabiduría,
porque Moisés había [b]puesto
sus manos sobre él; y los hijos
de Israel [c]le obedecieron e hicieron como Jehová mandó a
Moisés.

---

27 *b* DyC 103:6–7.
29 *a* GEE Gozo.
b También, victoria, gloria, triunfo.
c También, simularán someterse delante de ti.
34 2 *a* *Es decir,* el Mediterráneo.
3 *a* HEB del Neguev, o sea, del sur.
b GEE Jericó.
4 *a* Gén. 17:7–8. GEE Tierra prometida.
5 *a* Deut. 32:48–52. GEE Seres trasladados.
b DyC 84:25–27.
6 *a* Alma 45:18–19.
b *O sea,* conoce el lugar de su sepultura.
9 *a* GEE Josué.
b GEE Autoridad; Imposición de manos; Ordenación, ordenar.
c GEE Sostenimiento de líderes de la Iglesia.

10 Y nunca más se levantó [a]profeta en Israel como Moisés, a quien Jehová conoció [b]cara a cara,

11 por todas las señales y prodigios que le envió Jehová a hacer en la tierra de Egipto contra Faraón y todos sus siervos, y contra toda su tierra,

12 y por toda aquella [a]mano poderosa y por todos los hechos grandiosos y terribles que realizó Moisés ante los ojos de todo Israel.

JOSUÉ

CAPÍTULO 1

Jehová habla a Josué — Se le manda ser valiente, meditar en la ley y guardar los mandamientos — Josué prepara a Israel para entrar en Canaán.

Y ACONTECIÓ después de la [a]muerte de Moisés, siervo de Jehová, que Jehová habló a [b]Josué hijo de Nun, ayudante de Moisés, diciendo:

2 Mi siervo Moisés ha muerto; levántate pues ahora, y pasa este Jordán, tú y todo este pueblo, a la [a]tierra que yo les doy a los hijos de Israel.

3 Yo os he entregado, como lo había dicho a Moisés, todo lugar que pise la planta de vuestro pie.

4 Desde el desierto y el Líbano hasta el gran río Éufrates, toda la tierra de los heteos hasta el [a]mar Grande, donde se pone el sol, será vuestro territorio.

5 Nadie te podrá hacer frente en todos los días de tu vida; como yo estuve con [a]Moisés, estaré [b]contigo; no te dejaré, ni te [c]desampararé.

6 Esfuérzate y sé [a]valiente, porque tú [b]repartirás a este pueblo por heredad la [c]tierra, de la cual juré a sus padres que se la daría a ellos.

7 Solamente esfuérzate, y sé muy valiente, para cuidar de hacer conforme a toda la ley que mi siervo Moisés te mandó; no te apartes de ella ni a la derecha ni a la izquierda, para que [a]prosperes en todas las cosas que emprendas.

8 Este libro de la [a]ley nunca se apartará de tu boca, sino que de día y de noche [b]meditarás en él, para que guardes y hagas conforme a todo lo que en él está

10 *a* GEE Profeta.
b Éx. 33:9–11.
GEE Jesucristo—La existencia premortal de Cristo.
12 *a* *Es decir,* mano poderosa.

[JOSUÉ]
1 1 *a* Alma 45:19.
GEE Moisés; Seres trasladados.
b GEE Josué—El libro de Josué.
2 *a* Gén. 13:14–17; 15:18–21.
4 *a* *Es decir,* el mar Mediterráneo.
5 *a* DyC 107:91–92.
b Deut. 31:6–8, 23.
c Sal. 37:25–28; DyC 88:83.
6 *a* GEE Valor, valiente.
b Núm. 33:54–56.
c GEE Tierra prometida.
7 *a* Mos. 1:7.
8 *a* GEE Ley de Moisés.
b GEE Meditar.

escrito, porque entonces harás prosperar tu camino y todo te saldrá bien.

9 Mira que te mando que te esfuerces y seas valiente; no temas ni desmayes, porque [a]Jehová tu Dios estará contigo dondequiera que vayas.

10 Y Josué mandó a los [a]oficiales del pueblo, diciendo:

11 Pasad por en medio del campamento, y mandad al pueblo, diciendo: Preparad provisiones, porque dentro de tres días pasaréis el Jordán, para que entréis a poseer la tierra que Jehová vuestro Dios os da para que la poseáis.

12 También habló Josué a los rubenitas y gaditas, y a la media tribu de Manasés, diciendo:

13 Acordaos de la [a]palabra que Moisés, siervo de Jehová, os mandó, diciendo: Jehová vuestro Dios os ha dado [b]reposo, y os ha dado esta tierra.

14 Vuestras esposas y vuestros niños y vuestras bestias quedarán en la tierra que Moisés os ha dado de este lado del Jordán; mas vosotros, todos los valientes y fuertes, pasaréis armados delante de vuestros hermanos, y les ayudaréis,

15 hasta que Jehová les haya dado reposo a vuestros hermanos como a vosotros, y ellos también posean la tierra que Jehová vuestro Dios les da; y después volveréis vosotros a la tierra de vuestra herencia, la cual Moisés, siervo de Jehová, os ha dado, de este lado del Jordán hacia donde nace el sol, y la poseeréis.

16 Entonces respondieron a Josué, diciendo: Nosotros haremos todas las cosas que nos has mandado, e iremos adondequiera que nos mandes.

17 De la manera que obedecimos a Moisés en todas las cosas, así te obedeceremos a ti; solamente que Jehová tu Dios esté contigo, como estuvo con Moisés.

18 Cualquiera que sea [a]rebelde a tu mandamiento, y no obedezca tus palabras en todas las cosas que le mandes, que [b]muera; solamente esfuérzate, y sé valiente.

CAPÍTULO 2

Josué envía espías a Jericó — Ellos son recibidos y escondidos por Rahab — Los espías prometen preservar la vida a Rahab y a los de su casa.

Y JOSUÉ, hijo de Nun, envió desde Sitim dos espías secretamente, diciéndoles: Id, reconoced la tierra y Jericó. Y fueron, y entraron en casa de una mujer ramera que se llamaba Rahab, y se hospedaron allí.

2 Y fue dado aviso al rey de Jericó, diciendo: He aquí que unos hombres de los hijos de Israel han venido aquí esta noche para espiar la tierra.

3 Entonces el rey de Jericó envió a decir a Rahab: Saca a los hombres que han venido a ti, y

9 *a* DyC 38:7.
10 *a* *Es decir,* los jefes de las familias o jefes de las tribus.
13 *a* Núm. 32:20–28.
b GEE Descansar, descanso (reposo).
18 *a* GEE Rebelión.
b GEE Pena de muerte.

han entrado en tu casa, porque han venido para espiar toda la tierra.

4 Mas la mujer había tomado a los dos hombres, y los había escondido; y dijo: Es verdad que unos hombres vinieron a mí, mas no supe de dónde eran.

5 Y al cerrarse la puerta, siendo ya oscuro, esos hombres salieron, y no sé a dónde se han ido; seguidlos aprisa y los alcanzaréis.

6 Mas ella los había hecho subir al terrado, y los había escondido entre los manojos de lino que tenía en aquel terrado.

7 Y los hombres fueron tras ellos por el camino del Jordán, hasta los vados; y la puerta fue cerrada después que salieron los que tras ellos iban.

8 Mas antes que ellos se durmiesen, ella subió al terrado donde ellos estaban y les dijo:

9 Sé que Jehová os ha dado esta tierra, porque el temor a vosotros ha caído sobre nosotros, y todos los moradores del país están acobardados por causa de vosotros;

10 porque hemos oído que Jehová hizo secar las aguas del [a]Mar Rojo delante de vosotros cuando salisteis de Egipto, y además lo que habéis hecho a los dos reyes de los amorreos que estaban al otro lado del Jordán, a Sehón y a Og, a los cuales habéis destruido.

11 Al oír esto, ha desfallecido nuestro [a]corazón, y no ha quedado más aliento en hombre alguno por causa de vosotros, porque Jehová, vuestro Dios, es [b]Dios arriba en los [c]cielos y abajo en la tierra.

12 Os ruego pues, ahora, que me [a]juréis por Jehová, que como he hecho [b]misericordia con vosotros, así la haréis vosotros con la casa de mi padre, de lo cual me daréis una señal segura;

13 y que salvaréis la vida a mi padre y a mi madre, y a mis hermanos, y a mis hermanas, y a todos los suyos, y que libraréis nuestras vidas de la muerte.

14 Y ellos le respondieron: Nuestra vida responderá por la vuestra, si no denuncias este asunto nuestro; y cuando Jehová nos haya dado la tierra, nosotros te trataremos con misericordia y lealtad.

15 Entonces ella los hizo descender con una cuerda por la ventana; porque su casa estaba en el muro de la ciudad, y ella vivía en el muro.

16 Y les dijo: Marchaos al monte, para que los que fueron tras vosotros no os encuentren; y estad escondidos allí tres días, hasta que los que os siguen hayan vuelto; y después os iréis por vuestro camino.

17 Y ellos le dijeron: Nosotros quedaremos libres de este juramento que te hemos hecho.

18 He aquí, cuando nosotros entremos en la tierra, tú atarás este cordón de grana a la ventana por la cual nos descolgaste, y tú reunirás en tu casa a tu [a]padre y

2 10 *a* GEE Mar Rojo.
11 *a* Josué 5:1.
b DyC 20:17.
c GEE Cielo.
12 *a* *O sea,* hagáis convenio.
b Lucas 6:38.
GEE Compasión.
18 *a* Josué 6:23–25.

a tu madre, a tus hermanos y a toda la familia de tu padre.

19 Cualquiera que salga fuera de las puertas de tu casa, su sangre será sobre su cabeza, y nosotros quedaremos sin culpa. Mas cualquiera que esté en casa contigo, su sangre será sobre nuestra cabeza, si mano alguna le toca.

20 Y si tú denuncias este asunto nuestro, nosotros quedaremos libres de este juramento que te hemos hecho.

21 Y ella respondió: Sea así como habéis dicho. Luego los despidió, y se fueron, y ella ató el cordón de grana a la ventana.

22 Y se fueron ellos, llegaron al monte, y estuvieron allí tres días, hasta que volvieron los que los perseguían; y los que los persiguieron buscaron por todo el camino, mas no los hallaron.

23 Entonces regresaron los dos varones, y descendieron del monte, y pasaron, y vinieron a Josué hijo de Nun, y le contaron todas las cosas que les habían acontecido.

24 Y dijeron a Josué: Jehová ha [a]entregado toda la tierra en nuestras manos; y también todos los moradores del país están acobardados delante de nosotros.

CAPÍTULO 3

Josué dirige a Israel hacia el Jordán — Jehová divide las aguas del Jordán; éstas se detienen como en un montón e Israel pasa sobre tierra seca.

Y SE levantó Josué de mañana, y partieron de Sitim, y vinieron hasta el Jordán, él y todos los hijos de Israel, y reposaron allí antes de pasarlo.

2 Y pasados tres días, los oficiales recorrieron el campamento,

3 y mandaron al pueblo, diciendo: Cuando veáis el [a]arca del [b]convenio de Jehová vuestro Dios, y a los sacerdotes levitas que la llevan, entonces vosotros partiréis de vuestro lugar, y marcharéis en pos de ella.

4 Sin embargo, entre vosotros y ella haya una distancia como de dos mil codos; y no os acerquéis a ella a fin de que sepáis el camino por donde habéis de ir, por cuanto vosotros no habéis pasado antes por este camino.

5 Y Josué dijo al pueblo: [a]Santificaos, porque Jehová hará mañana maravillas entre vosotros.

6 Y habló Josué a los sacerdotes, diciendo: Tomad el arca del convenio y pasad delante del pueblo. Y ellos tomaron el arca del convenio y fueron delante del pueblo.

7 Entonces Jehová dijo a Josué: Desde este día comenzaré a [a]engrandecerte ante los ojos de todo Israel, para que entiendan que

24 *a* Éx. 23:31; 1 Ne. 17:32–35.

3 3 *a* También conocida como el arca del pacto o el arca de la alianza. GEE Arca del pacto.

b HEB *berit:* convenio, pacto, alianza.

5 *a* *Es decir,* volveos limpios, santos, por medio de los lavamientos rituales y de la conducta correcta. Éx. 19:10; Josué 7:13; DyC 43:16.

7 *a* Josué 4:14.

como estuve con Moisés, así estaré contigo.
8 Tú, pues, mandarás a los sacerdotes que llevan el arca del convenio, diciendo: Cuando hayáis
entrado hasta el borde del agua
del Jordán, os detendréis en el
Jordán.
9 Y Josué dijo a los hijos de Israel: Acercaos acá, y escuchad
las palabras de Jehová vuestro
Dios.
10 Y añadió Josué: En esto conoceréis que el [a]Dios viviente está
en medio de vosotros, y que él
echará de delante de vosotros al
[b]cananeo, y al heteo, y al heveo,
y al ferezeo, y al gergeseo, y al
amorreo, y al jebuseo.
11 He aquí, el arca del convenio
del Señor de toda la tierra pasará
el Jordán delante de vosotros.
12 Tomad, pues, ahora doce
hombres de las tribus de Israel,
uno de cada tribu.
13 Y acontecerá que cuando las
plantas de los pies de los sacerdotes que llevan el arca de Jehová,
Señor de toda la tierra, se asien-
ten sobre las aguas del Jordán,
las aguas del Jordán se dividirán,
porque las aguas que vienen de
arriba se detendrán como en un
[a]muro.
14 Y aconteció que cuando partió el pueblo de sus tiendas para
pasar el Jordán, y los sacerdotes
iban delante del pueblo llevando
el arca del convenio,
15 y cuando los que llevaban el
arca entraron en el Jordán, y los
pies de los sacerdotes que llevaban el arca se mojaron a la orilla
del agua (porque el Jordán suele
desbordarse por todas sus orillas
todo el tiempo de la siega),
16 [a]las aguas que venían de
[b]arriba se detuvieron como en
un muro bien lejos de la ciudad
de Adán, que está al lado de Saretán; y las que descendían al
mar de los llanos, al [c]mar Salado,
se detuvieron por completo y se
dividieron; y el pueblo pasó derecho hacia Jericó.
17 Mas los sacerdotes que llevaban el arca del convenio de
Jehová permanecieron firmes [a]en
tierra seca en medio del Jordán,
hasta que todo el pueblo hubo
acabado de pasar el Jordán; y
todo Israel pasó en seco.

CAPÍTULO 4

Josué coloca doce piedras para conmemorar el haber cruzado el Jordán — Josué es engrandecido ante los hijos de Israel al cruzar el Jordán — Después que los sacerdotes que llevan el arca cruzan el río, éste vuelve a su curso.

Y CUANDO toda la gente hubo acabado de pasar el Jordán, Jehová
habló a Josué, diciendo:
2 Tomad del pueblo doce hombres, uno de cada tribu,
3 y mandadles, diciendo: Tomad de aquí de en medio del
Jordán, del lugar donde están

10 *a* DyC 76:22–24.
b GEE Canaán, cananeo.
13 *a* Éx. 15:8.
16 *a* *O sea,* la corriente. Éx. 14:21–22; 2 Rey. 2:8.
b *Es decir,* de río arriba.
c GEE Mar Muerto.
17 *a* Sal. 66:6; DyC 133:68.

firmes los pies de los sacerdotes, [a]doce piedras, las cuales llevaréis con vosotros, y las asentaréis en el lugar donde habéis de pasar la noche.

4 Entonces Josué llamó a los doce hombres, los cuales él había elegido de entre los hijos de Israel, uno de cada [a]tribu;

5 y les dijo Josué: Pasad delante del arca de Jehová vuestro Dios hasta el medio del Jordán; y cada uno de vosotros tome una piedra sobre su hombro, conforme al número de las tribus de los hijos de Israel,

6 para que esto sea señal entre vosotros; y cuando vuestros hijos pregunten a sus padres mañana, diciendo: ¿Qué significan estas piedras para vosotros?,

7 les responderéis: Las aguas del Jordán fueron divididas delante del [a]arca del convenio de Jehová; cuando ésta pasó el Jordán, las aguas del Jordán se dividieron, y estas piedras serán un [b]monumento conmemorativo para los hijos de Israel para siempre.

8 Y los hijos de Israel lo hicieron así como Josué *les* mandó, y tomaron doce piedras de en medio del Jordán, como Jehová se lo había dicho a Josué, conforme al número de las tribus de los hijos de Israel, y las llevaron consigo al lugar de alojamiento, y las asentaron allí.

9 Josué también levantó doce piedras en medio del Jordán, en el lugar donde estuvieron los pies de los sacerdotes que llevaban el arca del convenio, y han estado allí hasta hoy.

10 Y los sacerdotes que llevaban el arca se quedaron de pie en medio del Jordán, hasta que se hizo todo lo que Jehová le había mandado a Josué que hablase al pueblo, conforme a todas las cosas que Moisés le había mandado a Josué; y el pueblo se dio prisa y pasó.

11 Y cuando todo el pueblo acabó de pasar, también pasó el arca de Jehová y los sacerdotes, en presencia del pueblo.

12 También los hijos de Rubén y los hijos de Gad, y la media tribu de Manasés, pasaron armados delante de los hijos de Israel, según [a]Moisés les había dicho;

13 como cuarenta mil hombres armados, listos para la guerra, pasaron hacia la llanura de Jericó delante de Jehová.

14 En aquel día Jehová [a]engrandeció a Josué ante los ojos de todo Israel; y le temieron, como habían temido a Moisés, todos los días de su vida.

15 Y Jehová habló a Josué, diciendo:

16 Manda a los sacerdotes que llevan el arca del [a]testimonio que salgan del Jordán.

17 Y Josué mandó a los sacerdotes, diciendo: Salid del Jordán.

18 Y aconteció que cuando los sacerdotes que llevaban el arca del convenio de Jehová salieron de en medio del Jordán, y las

4 3 *a* Deut. 27:2–8; 1 Rey. 18:31.
4 *a* GEE Israel—Las doce tribus de Israel.
7 *a* GEE Arca del pacto.
b GEE Simbolismo.
12 *a* Deut. 3:18–20.
14 *a* Josué 3:7.
16 *a* *O sea,* del convenio, del pacto.

plantas de los pies de los sacerdotes estuvieron en tierra seca, las aguas del Jordán volvieron a su lugar y corrieron como antes sobre todos sus bordes.

19 Y el pueblo salió del Jordán el diez del mes primero, y acamparon en [a]Gilgal, al lado oriental de Jericó.

20 Y Josué erigió en Gilgal las doce piedras que habían traído del Jordán.

21 Y habló a los hijos de Israel, diciendo: Cuando mañana pregunten vuestros hijos a sus padres, y digan: ¿Qué significan estas piedras?,

22 les [a]explicaréis a vuestros hijos, diciendo: Israel pasó en seco por este Jordán.

23 Porque Jehová vuestro Dios secó las aguas del Jordán delante de vosotros, hasta que hubisteis pasado, de la manera que Jehová vuestro Dios lo había hecho en el Mar Rojo, el cual él [a]secó delante de nosotros hasta que pasamos,

24 para que todos los pueblos de la tierra [a]conozcan que la mano de Jehová es poderosa, para que [b]temáis a Jehová vuestro Dios todos los días.

CAPÍTULO 5

Los habitantes de Canaán temen a Israel — Los varones de Israel son circuncidados — Israel guarda la Pascua y come del fruto de la tierra; cesa el maná — El Príncipe del ejército de Jehová se le aparece a Josué.

Y CUANDO todos los reyes de los amorreos, que estaban al otro lado del Jordán, al occidente, y todos los reyes de los cananeos que estaban cerca del mar, [a]oyeron cómo Jehová había secado las aguas del Jordán delante de los hijos de Israel hasta que hubieron pasado, [b]desfalleció su corazón, y no hubo más ánimo en ellos por causa de los hijos de Israel.

2 En aquel tiempo Jehová dijo a Josué: Hazte cuchillos [a]afilados, y vuelve a [b]circuncidar por segunda vez a los hijos de Israel.

3 Y Josué se hizo cuchillos afilados, y circuncidó a los hijos de Israel en el monte de los prepucios.

4 Ésta es la causa por la cual Josué *los* circuncidó: Todo el pueblo que había salido de Egipto, los varones, todos los hombres de guerra, habían muerto en el desierto, por el camino, después que salieron de Egipto.

5 Porque todos los del pueblo que habían salido estaban circuncidados, mas todos los del pueblo que habían nacido en el desierto, por el camino, después que salieron de Egipto, no estaban circuncidados.

6 Porque los hijos de Israel anduvieron por el desierto durante cuarenta años, hasta que [a]toda la

19 *a* Josué 5:9.
22 *a* GEE Enseñar.
23 *a* Éx. 14:21–22.
24 *a* 1 Rey. 8:43.
GEE Milagros; Poder.
b DyC 76:5.
GEE Temor—Temor de Dios.
5 1 *a* Éx. 15:14.
b Josué 2:11.
2 *a* HEB cuchillos de pedernal muy afilados.
b GEE Circuncisión.
6 *a* Núm. 26:65.

gente de los hombres de guerra que habían salido de Egipto, fue consumida; por cuanto [b]no obedecieron la voz de Jehová, por lo cual Jehová les juró que no les dejaría ver la [c]tierra, la cual Jehová había [d]jurado a sus padres que nos daría, tierra que fluye leche y miel.

7 Y a los hijos de ellos, que él había puesto [a]en su lugar, Josué los circuncidó, pues eran incircuncisos, porque no habían sido circuncidados por el camino.

8 Y cuando acabaron de circuncidar a toda la gente, se quedaron en el mismo lugar en el campamento hasta que sanaron.

9 Y Jehová dijo a Josué: Hoy he quitado de vosotros el oprobio de Egipto; por eso el nombre de aquel lugar fue llamado [a]Gilgal, hasta hoy.

10 Y los hijos de Israel asentaron el campamento en Gilgal, y celebraron la [a]Pascua a los catorce días del mes, al atardecer, en los llanos de Jericó.

11 Y al otro día de la Pascua comieron del fruto de la tierra, panes sin levadura, y en el mismo día espigas tostadas.

12 Y el [a]maná cesó al día siguiente, desde que comenzaron a comer del fruto de la tierra, y los hijos de Israel nunca más tuvieron maná, sino que comieron de los frutos de la tierra de Canaán aquel año.

13 Y aconteció que estando Josué cerca de Jericó, alzó sus ojos y vio a un varón que estaba delante de él, que tenía una espada desenvainada en su mano. Y Josué fue hacia él y le dijo: ¿Eres de los nuestros o de nuestros enemigos?

14 Y él respondió: No; mas ahora he venido como Príncipe del [a]ejército de Jehová. Entonces Josué, postrándose sobre su rostro en tierra, le adoró, y le dijo: ¿Qué dice mi Señor a su siervo?

15 Y el Príncipe del ejército de Jehová respondió a Josué: Quita el [a]calzado de tus pies, porque el lugar donde estás es [b]santo. Y Josué lo hizo así.

CAPÍTULO 6

Se toma Jericó y es destruida — Sólo se salvan Rahab y los de su casa.

AHORA bien, [a]Jericó estaba cerrada, bien cerrada, a causa de los hijos de Israel; nadie entraba ni salía.

2 Mas Jehová dijo a Josué: Mira, yo he entregado en tus manos a Jericó y a su rey, con sus varones de guerra.

3 Rodearéis, pues, la ciudad todos los hombres de guerra, yendo alrededor de la ciudad una vez; y esto haréis durante seis días.

4 Y siete sacerdotes llevarán siete trompetas de cuerno de carnero delante del arca; y al

6 *b* GEE Rebelión.
c Núm. 14:23.
d *O sea,* hecho convenio.
7 *a* *Es decir,* en el lugar de sus padres.
9 *a* HEB Rueda. Josué 4:19.
10 *a* GEE Pascua.
12 *a* Éx. 16:35.
14 *a* Éx. 23:20–23.
15 *a* Éx. 3:5.
b DyC 115:7. GEE Santo (adjetivo).
6 1 *a* Josué 24:11.

séptimo día daréis siete vueltas
a la ciudad, y los sacerdotes tocarán las trompetas.
5 Y cuando toquen prolonga-
damente el cuerno de carnero,
y cuando oigáis el sonido de la
trompeta, todo el pueblo gritará
a gran voz, y el muro de la ciudad caerá; entonces el pueblo
subirá, cada uno derecho hacia
delante.
6 Y llamó Josué hijo de Nun a
los sacerdotes, y les dijo: Llevad
el [a]arca del convenio, y que siete
sacerdotes lleven trompetas de
cuerno de carnero delante del
arca de Jehová.
7 Y dijo al pueblo: Pasad, y ro-
dead la ciudad; y los que están
armados pasarán delante del arca
de Jehová.
8 Y aconteció que cuando Josué hubo hablado al pueblo, los
siete sacerdotes, llevando las siete
trompetas de cuerno de carnero,
pasaron delante del arca de Jehová, y tocaron las trompetas;
y el arca del convenio de Jehová
los seguía.
9 Y los hombres armados iban
delante de los sacerdotes que
tocaban las trompetas, y la retaguardia iba detrás del arca, andando y tocando las trompetas.
10 Y Josué mandó al pueblo,
diciendo: Vosotros no gritaréis,
ni se oirá vuestra voz, ni saldrá
palabra de vuestra boca, hasta
el día en que yo os diga: Gritad.
Entonces gritaréis.
11 Entonces el arca de Jehová
dio una vuelta alrededor de
la ciudad, y volvieron al campamento, donde pasaron la
noche.
12 Y Josué se levantó de mañana, y los sacerdotes tomaron
el arca de Jehová.
13 Y los siete sacerdotes, llevando las siete trompetas de
cuerno de carnero, iban delante
del arca de Jehová, andando siempre y tocando las trompetas; y los
hombres armados iban delante de
ellos, y la retaguardia iba detrás
del arca de Jehová, andando y
tocando las trompetas.
14 Así dieron otra vuelta a la
ciudad el segundo día, y volvieron al campamento; de esta manera lo hicieron por seis días.
15 Y al séptimo día se levantaron al despuntar el alba, y dieron
vuelta a la ciudad de la misma
manera siete veces; solamente
ese día dieron vuelta alrededor
de ella siete veces.
16 Y cuando los sacerdotes hubieron tocado las trompetas la
séptima vez, Josué dijo al pueblo:
Gritad, porque Jehová os ha entregado la ciudad.
17 Mas la ciudad será anatema a
Jehová, ella y todas las cosas que
están en ella; solamente Rahab
la ramera vivirá, con todos los
que estén en su casa, por cuanto
escondió a los mensajeros que
enviamos.
18 Pero guardaos vosotros del
[a]anatema; no toquéis ni toméis
cosa alguna del anatema, no sea
que hagáis anatema el campamento de Israel y lo turbéis.

6 *a* GEE Arca del pacto.
18 *a* *Es decir,* aquellas cosas que estaba prohibido que la gente las llevara, o las cosas dedicadas como sacrificio para el Señor. Lev. 27:28–29; Josué 7:1.

19 Mas toda la plata, y el oro, y
los objetos de bronce y de hierro,
sean consagrados a Jehová, *y* vayan al tesoro de Jehová.
20 Entonces el pueblo gritó, y *los*
sacerdotes tocaron las trompetas;
y aconteció que cuando el pueblo
hubo oído el sonido de las trompetas, el pueblo gritó con gran
vocerío, y el muro se desplomó.
Y el pueblo subió a la ciudad,
cada uno derecho hacia delante,
y la tomaron.
21 Y [a]destruyeron completamente a filo de espada todo lo
que en la ciudad había: hombres y mujeres, jóvenes y viejos,
hasta los bueyes, y las ovejas, y
los asnos.
22 Mas Josué dijo a los dos hombres que habían reconocido la
tierra: Entrad en casa de la mujer
ramera, y haced salir de allí a la
mujer, y a todo lo que sea suyo,
como lo jurasteis.
23 Y los jóvenes espías entraron,
y sacaron a [a]Rahab, y a su padre,
y a su madre, y a sus hermanos,
y todo lo que era suyo; y también
sacaron a toda su parentela, y los
pusieron fuera del campamento
de Israel.
24 Y consumieron con fuego la
ciudad, y todo lo que en ella había; solamente pusieron en el tesoro de la casa de Jehová la plata,
y el oro, y los objetos de bronce
y de hierro.
25 Mas Josué salvó la vida a Rahab la ramera, y a la casa de su
padre, y a todo lo que ella tenía;
y habitó ella entre los israelitas
hasta hoy, por cuanto escondió a
los mensajeros que Josué envió a
reconocer a Jericó.
26 Y en aquel tiempo Josué les
hizo este juramento, diciendo:
Maldito sea delante de Jehová el
hombre que se levante y reedifique esta ciudad de [a]Jericó. En su
primogénito eche sus cimientos,
y en su hijo menor asiente sus
puertas.
27 Estuvo, pues, Jehová [a]con Josué, y su nombre se divulgó por
toda la tierra.

CAPÍTULO 7

Israel es derrotado por el pueblo de Hai — Josué se queja a Jehová — Acán y los de su casa son destruidos porque éste desobedeció a Jehová al tomar de los despojos de Jericó.

PERO los hijos de Israel cometieron una infidelidad con respecto
al anatema, porque [a]Acán, hijo
de Carmi, hijo de Zabdi, hijo de
Zera, de la tribu de Judá, tomó
del [b]anatema, y la ira de Jehová
se encendió contra los hijos de
Israel.
2 Y Josué envió hombres desde
Jericó a Hai, que estaba junto
a Bet-avén hacia el oriente de
Bet-el, y les habló diciendo: Subid, y reconoced la tierra. Y ellos
subieron, y reconocieron Hai.

21 *a* Deut. 7:2; 1 Ne. 17:33–35.
23 *a* Josué 2:18; Heb. 11:31; Stg. 2:25.
26 *a* 1 Rey. 16:34.
27 *a* Josué 1:5.
7 1 *a* HEB problemas o dificultades.
b *Es decir,* del botín traído de Jericó que había sido consagrado al Señor. Josué 6:18; 22:20.

3 Y volviendo a Josué, le dijeron: No suba todo el pueblo, sino suban como dos mil o como tres mil hombres; y tomarán Hai; no fatigues a todo el pueblo yendo allí, porque son pocos.

4 Y subieron allá del pueblo como tres mil hombres, los cuales [a]huyeron delante de los de Hai.

5 Y los de Hai hirieron de ellos como a treinta y seis hombres, y los persiguieron desde la puerta hasta [a]Sebarim, y los derrotaron en la [b]bajada. Por lo que desfalleció el corazón del pueblo, y vino a ser como agua.

6 Entonces Josué [a]rasgó sus vestidos, y se postró en tierra sobre su rostro delante del arca de Jehová hasta caer la tarde, él y los ancianos de Israel; y echaron polvo sobre sus cabezas.

7 Y Josué dijo: ¡Ah, Señor Jehová! ¿Por qué hiciste pasar a este pueblo el Jordán, para entregarnos en las manos de los amorreos, para que nos destruyan? ¡Ojalá nos hubiéramos quedado al otro lado del Jordán!

8 ¡Ay, Señor! ¿Qué diré, ya que Israel ha vuelto la espalda delante de sus enemigos?

9 Porque los cananeos y todos los moradores de la tierra lo oirán, y nos rodearán y borrarán nuestro nombre de sobre la tierra. Entonces, ¿qué harás tú por tu gran nombre?

10 Y Jehová dijo a Josué: ¡Levántate! ¿Por qué te postras así sobre tu rostro?

11 Israel ha [a]pecado, y aun han quebrantado mi convenio que yo les había mandado; pues también han tomado del anatema, y hasta han hurtado, y también han mentido, y aun lo han guardado entre sus enseres.

12 Por esto los hijos de Israel no podrán hacer frente a sus enemigos, sino que delante de sus enemigos volverán la espalda, por cuanto han venido a ser anatema. No estaré más con vosotros si no destruís el anatema de en medio de vosotros.

13 Levántate, santifica al pueblo, y di: [a]Santificaos para mañana, porque Jehová el Dios de Israel dice así: Anatema hay en medio de ti, Israel; no podrás hacer frente a tus enemigos hasta que hayáis quitado el anatema de en medio de vosotros.

14 Os acercaréis, pues, mañana por tribus; y la tribu que Jehová tome, se acercará conforme a sus familias; y la familia que Jehová tome, se acercará por sus casas paternas; y la casa que Jehová tome, se acercará hombre por hombre;

15 y el que sea sorprendido con el anatema, será quemado con fuego, él y todo lo que tiene, por cuanto ha quebrantado el convenio de Jehová, y ha cometido infamia en Israel.

16 Josué, pues, levantándose

4 *a* Lev. 26:14–17; Alma 53:9.
5 *a* HEB las canteras.
b HEB la pendiente, el paso.
6 *a* *Es decir,* como símbolo de su aflicción. Gén. 37:34.
11 *a* Ecle. 9:18.
13 *a* Hel. 3:35; DyC 88:68.

de mañana, hizo acercar a Israel
por tribus; y fue tomada la tribu
de Judá;
17 y haciendo acercar la tribu
de Judá, fue tomada la familia
de los de Zera; haciendo luego
acercar la familia de los de Zera
hombre por hombre, fue tomado
Zabdi;
18 e hizo acercar su casa hombre
por hombre, y fue tomado Acán,
hijo de Carmi, hijo de Zabdi, hijo
de Zera, de la tribu de Judá.
19 Entonces Josué dijo a Acán:
Hijo mío, da gloria ahora a Jehová, el Dios de Israel, y dale alabanza, y [a]declárame ahora lo que
has hecho; no me lo encubras.
20 Y Acán respondió a Josué,
diciendo: Verdaderamente yo he
pecado contra Jehová el [a]Dios de
Israel, y he hecho así y así:
21 Vi entre los despojos un
manto [a]babilónico muy bueno,
y doscientos siclos de plata, y
un lingote de oro de peso de cincuenta siclos, lo cual [b]codicié y
tomé. Y he aquí que está escondido bajo tierra en medio de mi
tienda, y la plata está debajo de
ello.
22 Josué entonces envió mensajeros, los cuales fueron corriendo
a la tienda, y he aquí, todo estaba
escondido en su tienda, y la plata
debajo de ello.
23 Y tomándolo de en medio de
la tienda, lo trajeron a Josué y a
todos los hijos de Israel, y lo pusieron delante de Jehová.
24 Entonces Josué, y todo Israel
con él, tomaron a Acán hijo de
Zera, y el dinero, y el manto, y el
lingote de oro, y sus hijos, y sus
hijas, y sus bueyes, y sus asnos,
y sus ovejas, y su tienda, y todo
cuanto tenía, y lo llevaron todo
al valle de Acor.
25 Y le dijo Josué: ¿Por qué nos
has turbado? Túrbete Jehová en
este día. Y todos los israelitas los
apedrearon, y los quemaron con
fuego, después de apedrearlos.
26 Y levantaron sobre él un gran
montón de piedras, que permanece hasta hoy. Y Jehová se tornó
de la ira de su furor. Y por esto
fue llamado aquel lugar el Valle
de [a]Acor, hasta hoy.

CAPÍTULO 8

Josué pone una emboscada, toma Hai y mata a sus habitantes — Construye un altar en el monte Ebal — Se leen al pueblo las palabras de la ley, tanto las bendiciones como las maldiciones.

Y JEHOVÁ dijo a Josué: No temas,
ni desmayes; toma contigo a toda
la gente de guerra, y levántate y
sube a Hai. Mira, yo he entregado
en tus manos al rey de Hai, y a su
pueblo, su ciudad, y su tierra.
2 Y harás a Hai y a su rey como
hiciste a [a]Jericó y a su rey; sólo
que sus despojos y sus bestias
tomaréis para vosotros. Pondrás,
pues, una emboscada detrás de
la ciudad para los de ella.

19 *a* GEE Responsabilidad, responsable.
20 *a* Hech. 5:1–11.
21 *a* HEB Shinar (Sinar, área de la Babilonia bíblica, famosa por sus tejidos finos).
b GEE Codiciar.
26 *a* HEB del problema.
8 2 *a* Josué 6:21; Morm. 7:4.

3 Y se levantó Josué, y toda la gente de guerra, para subir contra Hai; y escogió Josué treinta mil hombres fuertes, los cuales envió de noche.

4 Y les mandó, diciendo: Mirad, pondréis una emboscada detrás de la ciudad; no os alejaréis mucho de la ciudad y estaréis todos preparados.

5 Y yo, y todo el pueblo que está conmigo, nos acercaremos a la ciudad; y cuando salgan ellos contra nosotros, como lo hicieron antes, huiremos delante de ellos.

6 Y ellos saldrán tras nosotros, hasta que los alejemos de la ciudad, porque ellos dirán: Huyen de nosotros como la primera vez. Huiremos, pues, delante de ellos.

7 Entonces vosotros os levantaréis de la emboscada, y os apoderaréis de la ciudad, pues Jehová vuestro Dios os la entregará en vuestras manos.

8 Y cuando la hayáis tomado, le prenderéis fuego. Haréis conforme a la palabra de Jehová. Mirad que os lo he mandado.

9 Entonces Josué los envió; y ellos se fueron a la emboscada, y se pusieron entre Bet-el y Hai, al occidente de Hai. Y Josué se quedó aquella noche en medio del pueblo.

10 Y levantándose Josué muy de mañana, pasó revista al pueblo, y subió él, con los ancianos de Israel, delante del pueblo contra Hai.

11 Y toda la gente de guerra que con él estaba, subió, y se acercó, y llegaron delante de la ciudad, y acamparon al norte de Hai; y el valle estaba entre él y Hai.

12 Y tomó como cinco mil hombres, y los puso en emboscada entre Bet-el y Hai, al occidente de la ciudad.

13 Y cuando colocaron al pueblo con todo el campamento que estaba al norte de la ciudad, y la emboscada al occidente de la ciudad, fue Josué aquella noche hasta el medio del valle.

14 Y aconteció que cuando el rey de Hai vio esto, se levantó prontamente de mañana, y salió con la gente de la ciudad contra Israel, él y todo su pueblo, para combatir frente al llano al tiempo señalado, no sabiendo que estaba puesta una emboscada a espaldas de la ciudad.

15 Entonces Josué y todo Israel, fingiéndose vencidos, huyeron delante de ellos por el camino del desierto.

16 Y todo el pueblo que estaba en Hai se juntó para perseguirlos, y persiguieron a Josué, siendo así alejados de la ciudad.

17 Y no quedó hombre en Hai ni en Bet-el que no saliera tras Israel; y por seguir a Israel, dejaron la ciudad abierta.

18 Entonces Jehová dijo a Josué: Levanta la lanza que tienes en tu mano hacia Hai, porque yo la entregaré en tus manos. Y Josué levantó hacia la ciudad la lanza que tenía en su mano.

19 Y levantándose rápidamente de su lugar los que estaban en la emboscada, corrieron apenas él alzó su mano, y vinieron a la ciudad, y la tomaron, y se apresuraron a prenderle fuego.

20 Y cuando los de la ciudad de Hai miraron atrás, observaron, y he aquí, el humo de la ciudad que subía al cielo, y no pudieron huir ni a una parte ni a otra; y el pueblo que iba huyendo hacia el desierto se volvió contra los que los perseguían.

21 Josué y todo Israel, viendo que los de la emboscada habían tomado la ciudad, y que el humo de la ciudad subía, se volvieron, e hirieron a los de Hai.

22 Y los otros salieron de la ciudad a su encuentro, y así quedaron atrapados en medio de Israel, los unos por un lado, y los otros por el otro. Y los hirieron hasta que no quedó ninguno de ellos que escapase.

23 Y tomaron vivo al rey de Hai, y lo llevaron ante Josué.

24 Y cuando los israelitas acabaron de matar a todos los moradores de Hai en el campo, en el desierto, a donde ellos los habían perseguido, y que todos habían caído a filo de espada hasta ser consumidos, todos los israelitas regresaron a Hai, y también la hirieron a filo de espada.

25 Y el número de los que cayeron aquel día, hombres y mujeres, fue de doce mil, todos los de Hai.

26 Y Josué no retrajo su mano que había extendido con la lanza, hasta que [a]hubo destruido a todos los moradores de Hai.

27 Y los israelitas tomaron para sí las bestias y los despojos de la ciudad, conforme a la palabra que Jehová había mandado a Josué.

28 Y Josué quemó Hai y la redujo [a]a un montón perpetuo de ruinas, asolada hasta hoy.

29 Y al rey de Hai lo colgó de un madero hasta caer la tarde; y cuando el sol se puso, mandó Josué que quitasen su cuerpo del madero y lo echasen a la puerta de la ciudad; y levantaron sobre él un gran montón de piedras, que permanece hasta hoy.

30 Entonces Josué edificó un altar a Jehová Dios de Israel en el monte Ebal,

31 como Moisés, siervo de Jehová, lo había mandado a los hijos de Israel, como está escrito en el libro de la ley de Moisés: un [a]altar de piedras enteras sobre las cuales nadie alzó hierro; y ofrecieron sobre él holocaustos a Jehová, y sacrificaron ofrendas de paz.

32 También [a]escribió allí sobre las piedras una copia de la ley de Moisés, la cual él había escrito delante de los hijos de Israel.

33 Y todo Israel, con sus ancianos, y sus oficiales, y sus jueces, estaban de pie a uno y otro lado del arca, delante de los sacerdotes levitas que llevaban el arca del convenio de Jehová, tanto extranjeros como naturales; la mitad de ellos estaba hacia el monte [a]Gerizim, y la otra mitad hacia el monte Ebal, tal como Moisés, siervo de Jehová, lo había mandado antes, para que bendijesen al pueblo de Israel.

26 *a* 1 Ne. 17:33–35.
28 *a* HEB a ruinas, a un montón de ruinas.
31 *a* Deut. 27:1–8. Altar de piedras no labradas. GEE Altar.
32 *a* GEE Escrituras.
33 *a* Deut. 11:29; 27:12–13.

34 Después de esto, leyó todas las palabras de la ley, las bendiciones y las [a]maldiciones, conforme a todo lo que está escrito en el libro de la ley.

35 No hubo palabra alguna de todas las cosas que mandó Moisés que Josué no hiciese leer delante de toda la congregación de Israel, y de las mujeres, y de los niños, y de los extranjeros que moraban entre ellos.

CAPÍTULO 9

Los gabaonitas logran hacer alianza con Israel por estratagema — Josué los hace siervos de la congregación de Israel.

Y ACONTECIÓ que cuando oyeron *estas cosas* todos los reyes que estaban de este lado del Jordán, tanto en las montañas como en los llanos, y en toda la costa del [a]gran mar delante del Líbano, los heteos, amorreos, cananeos, ferezeos, heveos y jebuseos,

2 se juntaron a una, en acuerdo, para pelear contra Josué e Israel.

3 Mas los moradores de [a]Gabaón, cuando oyeron lo que Josué había hecho a Jericó y a Hai,

4 ellos usaron también [a]de astucia, pues fueron y se fingieron embajadores, y [b]pusieron sacos viejos sobre sus asnos, y odres viejos de vino, rotos y remendados,

5 y en sus pies, sandalias viejas y recosidas, con vestidos viejos sobre sí. Y todo el pan que traían para el camino era [a]seco y mohoso.

6 Así vinieron a Josué al campamento en [a]Gilgal, y les dijeron a él y a los de Israel: Nosotros venimos de tierra muy lejana; haced, pues, ahora con nosotros alianza.

7 Y los de Israel respondieron a los heveos: Quizá vosotros habitáis en medio de nosotros, ¿cómo, pues, podremos nosotros hacer [a]alianza con vosotros?

8 Y ellos le respondieron a Josué: Nosotros somos tus siervos. Y Josué les dijo: ¿Quienes sois vosotros, y de dónde venís?

9 Y ellos respondieron: Tus siervos han venido de muy lejanas tierras, por la fama de Jehová tu Dios porque hemos [a]oído su fama, y todas las cosas que hizo en Egipto,

10 y todo lo que hizo a los dos reyes de los amorreos que estaban al otro lado del Jordán: a Sehón rey de Hesbón, y a [a]Og rey de Basán, que estaba en Astarot.

11 Por lo cual nuestros ancianos y todos los moradores de nuestra tierra nos dijeron: Tomad en vuestras manos provisión para el camino, e id al encuentro de ellos, y decidles: Nosotros somos

---

34 *a* GEE Maldecir, maldiciones.

9 1 *a* *Es decir,* el mar Mediterráneo.

3 *a* Josué 10:2; 1 Rey. 3:3–5.

4 *a* *O sea,* la astucia, la malicia.

b *Es decir,* alistaron provisiones.

5 *a* *O sea,* se habían convertido en migajas.

6 *a* Josué 4:19–20; 1 Sam. 11:14–15.

7 *a* Éx. 34:12; Jue. 2:2.

9 *a* Josué 2:10.

10 *a* Deut. 3:1–10.

vuestros siervos, y haced ahora con nosotros alianza.

12 Este pan nuestro lo tomamos caliente de nuestras casas para el camino el día en que salimos para venir a vosotros; y helo aquí que ahora está seco y mohoso.

13 Estos odres de vino también los llenamos nuevos; helos aquí ya rotos. También estos nuestros vestidos y nuestras sandalias están ya gastadas a causa de lo muy largo del camino.

14 Y los hombres *de Israel* tomaron de las provisiones de ellos, y no [a]consultaron a Jehová.

15 Y Josué hizo la paz con ellos, e hizo alianza de paz con ellos de que les dejaría la vida; también los príncipes de la congregación se lo juraron.

16 Y aconteció que tres días después que hicieron con ellos la alianza, oyeron que eran sus vecinos, y que habitaban en medio de ellos.

17 Y partieron los hijos de Israel, y al tercer día llegaron a sus ciudades; y sus ciudades eran Gabaón, Cafira, Beerot, y Quiriat-jearim.

18 Y no los mataron los hijos de Israel, por cuanto los príncipes de la congregación les habían jurado por Jehová, el Dios de Israel. Y toda la congregación [a]murmuraba contra los príncipes.

19 Mas todos los príncipes respondieron a toda la congregación: Nosotros les hemos jurado por Jehová Dios de Israel; por tanto, ahora no los podemos tocar.

20 Esto haremos con ellos: los dejaremos vivir, para que no venga la ira sobre nosotros a causa del juramento que les hemos hecho.

21 Y los príncipes les dijeron: Dejadlos vivir, [a]mas sean leñadores y aguadores para toda la congregación, como los príncipes les habían dicho.

22 Y llamándolos Josué, les habló diciendo: ¿Por qué nos habéis engañado, diciendo: Habitamos muy lejos de vosotros, puesto que moráis en medio de nosotros?

23 Ahora, pues, malditos sois, y nunca dejaréis de ser sirvientes, de ser leñadores y aguadores para la casa de mi Dios.

24 Y ellos respondieron a Josué, y dijeron: Como fue dado a entender a tus siervos que Jehová tu Dios había mandado a Moisés, su siervo, que os había de dar toda la tierra, y que había de [a]destruir a todos los moradores de la tierra delante de vosotros, por esto temimos en gran manera por nuestras vidas a causa de vosotros, e hicimos esto.

25 Ahora pues, henos aquí en tus manos; lo que te parezca bueno y recto hacer de nosotros, hazlo.

26 Y así hizo con ellos, y los libró de manos de los hijos de Israel, y no los mataron.

27 Y los constituyó Josué aquel día leñadores y aguadores para la congregación y para el altar de Jehová, en el lugar que él escogiese; *eso son* hasta hoy.

14 *a* Jacob 4:10; Alma 37:37.
18 *a* GEE Murmurar.
21 *a* *Es decir,* que realicen el trabajo de esclavos o sirvientes.
24 *a* Deut. 7:1–6.

CAPÍTULO 10

Israel derrota a los amorreos y a sus aliados, y Jehová arroja piedras del cielo sobre ellos — El sol y la luna se detienen — Varios reyes y ciudades son destruidos — Jehová peleó por Israel.

Y ACONTECIÓ que cuando [a]Adonisedec, rey de Jerusalén, oyó que Josué había tomado Hai, y que la había asolado (como había hecho a Jericó y a su rey, así le hizo a Hai y a su rey), y que los moradores de Gabaón habían hecho la paz con los israelitas, y que estaban entre ellos,

2 tuvo gran temor, porque Gabaón era una gran ciudad, como una de las ciudades reales, y mayor que Hai, y todos sus hombres eran valientes.

3 Envió, pues, Adonisedec, rey de Jerusalén, a decir a Hoham, rey de Hebrón, y a Piream, rey de Jarmut, y a Jafía, rey de Laquis y a Debir, rey de Eglón:

4 Subid a mí, y ayudadme, y combatamos a Gabaón, porque ha hecho la paz con Josué y con los hijos de Israel.

5 Y cinco reyes de los amorreos, el rey de Jerusalén, el rey de Hebrón, el rey de Jarmut, el rey de Laquis y el rey de Eglón, se juntaron y subieron, ellos con todos sus ejércitos, y acamparon frente a Gabaón, y pelearon contra ella.

6 Y los hombres de Gabaón enviaron a decir a Josué al campamento en Gilgal: No retraigas tu mano de tus siervos; sube prontamente a nosotros para defendernos y ayudarnos, porque todos los reyes de los amorreos que habitan en las montañas se han unido contra nosotros.

7 Y subió Josué desde Gilgal, él y todo el pueblo de guerra y todos los hombres valientes.

8 Y Jehová dijo a Josué: No tengas temor de ellos, porque yo los he [a]entregado en tus manos, y ninguno de ellos [b]prevalecerá delante de ti.

9 Y Josué cayó sobre ellos de repente, después de haber subido toda la noche desde Gilgal.

10 Y Jehová los [a]turbó delante de Israel, y los hirió con gran mortandad en Gabaón; y los persiguió por el camino que sube a Bet-horón, y los hirió hasta Azeca y Maceda.

11 Y sucedió que mientras iban huyendo de los israelitas, a la bajada de Bet-horón, Jehová [a]arrojó sobre ellos grandes piedras desde el cielo, hasta Azeca, y murieron; muchos más murieron por las piedras del granizo que los que mataron los hijos de Israel a filo de espada.

12 Entonces Josué habló a Jehová el día en que Jehová entregó al amorreo delante de los hijos de Israel, y dijo en presencia de los israelitas:

[a]Sol, detente en Gabaón;

10 1 *a* HEB Señor de rectitud.
8 *a* Josué 10:42; 21:44; DyC 98:37.
b *O sea,* no opondrá resistencia.
10 *a* *O sea,* los hizo huir.
11 *a* Éx. 9:22–26; Ezeq. 38:22; Apoc. 16:21.
12 *a* Hel. 12:14–15.

y tú, luna, en el valle de Ajalón.
13 Y el [a]sol se detuvo y también la luna,
hasta que la gente se hubo vengado de sus enemigos.
¿No está esto escrito en el [b]libro de Jaser? Y el sol se detuvo en medio del cielo, y no se apresuró a ponerse casi un día entero.
14 Y nunca hubo un día como aquél, ni antes ni después, en el que Jehová haya atendido a la voz de un hombre, porque Jehová [a]peleaba por Israel.
15 Y Josué y todo Israel con él volvieron al campamento en Gilgal.
16 Pero los cinco reyes huyeron y se escondieron en una cueva en Maceda.
17 Y le fue dicho a Josué que los cinco reyes habían sido hallados escondidos en una cueva en Maceda.
18 Entonces Josué dijo: Colocad grandes piedras a la boca de la cueva, y poned hombres junto a ella para que los vigilen;
19 y vosotros no os detengáis, sino perseguid a vuestros enemigos, y atacadlos por la retaguardia, sin dejarlos entrar en sus ciudades, porque Jehová vuestro Dios los ha entregado en vuestra mano.
20 Y aconteció que cuando Josué y los hijos de Israel hubieron acabado de herirlos con mortandad muy grande, hasta destruirlos, los que quedaron de ellos entraron en las ciudades fortificadas.
21 Y todo el pueblo volvió en paz al campamento de Josué en Maceda; y no hubo quien moviese su lengua contra los hijos de Israel.
22 Entonces dijo Josué: Abrid la boca de la cueva, y sacad de ella a esos cinco reyes.
23 Y lo hicieron así, y sacaron de la cueva a aquellos cinco reyes: al rey de Jerusalén, al rey de Hebrón, al rey de Jarmut, al rey de Laquis y al rey de Eglón.
24 Y sucedió que cuando hubieron llevado a esos reyes ante Josué, llamó Josué a todos los varones de Israel, y dijo a los principales de la gente de guerra que habían venido con él: Acercaos y poned vuestros pies sobre los cuellos de estos reyes. Y ellos se acercaron, y [a]pusieron sus pies sobre los cuellos de ellos.
25 Y Josué les dijo: No temáis ni os atemoricéis. Sed fuertes y valientes, porque así hará [a]Jehová a todos vuestros enemigos contra los cuales peleáis.
26 Y después de esto Josué los hirió y los mató, y los hizo colgar en cinco maderos; y quedaron colgados en los maderos hasta el atardecer.
27 Y cuando el sol se iba a poner, mandó Josué que los quitasen de los maderos, y los echasen en la cueva donde se habían escondido;

13 *a* 3 Ne. 1:13–16.
b GEE Escrituras—Escrituras que se han perdido.
14 *a* Deut. 1:29–30; DyC 105:14.
24 *a* *Es decir,* como símbolo del triunfo sobre los otros.
25 *a* 1 Ne. 17:32–38.

y pusieron grandes piedras en la boca de la cueva, que permanecen hasta hoy.

28 En aquel mismo día tomó Josué Maceda, y la hirió a filo de espada, y mató a su rey; y los destruyó a ellos y a todo lo que en ella tenía vida, sin quedar nada; e hizo al rey de Maceda como había hecho al rey de Jericó.

29 Y de Maceda pasó Josué, y todo Israel con él, a Libna; y peleó contra Libna.

30 Y Jehová la entregó también a ella, y a su rey, en manos de Israel; y la hirió a filo de espada, con todo lo que en ella tenía vida, sin quedar nada. E hizo a su rey como había hecho al rey de Jericó.

31 Y Josué, y todo Israel con él, pasó de Libna a Laquis, y la sitiaron y combatieron contra ella.

32 Y Jehová entregó Laquis en manos de Israel, y la tomó al día siguiente, y la hirió a filo de espada, con todo lo que en ella tenía vida, como había hecho en Libna.

33 Entonces Horam, rey de Gezer, subió en ayuda de Laquis; mas a él y a su pueblo hirió Josué, hasta no quedar ninguno de ellos.

34 De Laquis pasó Josué, y todo Israel con él, a Eglón; y la sitiaron y combatieron contra ella.

35 Y la tomaron el mismo día, y la hirieron a filo de espada; y aquel día mató a todo lo que en ella tenía vida, como había hecho en Laquis.

36 Subió luego Josué, y todo Israel con él, de Eglón a Hebrón, y la atacaron.

37 Y tomándola, la hirieron a filo de espada, a su rey y a todas sus ciudades, con todo lo que en ella tenía vida, sin quedar nada, como habían hecho a Eglón; así la destruyeron con todo lo que en ella tenía vida.

38 Y volvió Josué, y todo Israel con él, a Debir, y la atacó;

39 y la tomó, con su rey y con todas sus villas; y las hirieron a filo de espada, y destruyeron todo lo que allí dentro tenía vida, sin quedar nada; como había hecho a Hebrón, y como había hecho a Libna y a su rey, así hizo a Debir y a su rey.

40 Conquistó, pues, Josué toda la región de las montañas, y del sur, y de los llanos, y de las laderas, y a todos sus reyes, sin dejar nada; [a]mató todo lo que tenía vida, tal como Jehová Dios de Israel lo había mandado.

41 Y los derrotó Josué desde Cades-barnea hasta Gaza, y toda la tierra de Gosén hasta Gabaón.

42 A todos estos reyes y sus tierras los tomó Josué de una vez, porque Jehová el Dios de Israel [a]peleaba por Israel.

43 Y regresó Josué, y todo Israel con él, al campamento en Gilgal.

CAPÍTULO 11

Josué e Israel conquistan todo el territorio, destruyendo muchas ciudades y naciones.

40 *a* Deut. 20:16–18.
42 *a* DyC 98:37.

Y ACONTECIÓ que cuando Jabín rey de Hazor oyó esto, envió un *mensaje* a Jobab rey de Madón, y al rey de Simrón, y al rey de Acsaf,

2 y a los reyes que estaban en la parte del norte de las montañas, y en el llano al sur de Cineret, y en los llanos, y en las regiones de Dor al occidente,

3 y al cananeo que estaba al oriente y al occidente, y al amorreo, y al heteo, y al ferezeo, y al jebuseo en las montañas, y al heveo al pie del Hermón en la tierra de Mizpa.

4 Éstos salieron, y con ellos todos sus ejércitos, un pueblo tan numeroso como la arena que está a la orilla del mar, con gran número de caballos y carros de guerra.

5 Todos estos reyes se reunieron y vinieron y acamparon junto a las aguas de Merom para pelear contra Israel.

6 Mas Jehová dijo a Josué: No tengas temor de ellos, porque mañana a esta hora yo [a]entregaré muertos a todos ellos delante de Israel; a sus caballos [b]desjarretarás, y sus carros de guerra quemarás a fuego.

7 Y Josué, y con él todo el pueblo de guerra, fue contra ellos, y cayó de repente sobre ellos junto a las aguas de Merom.

8 Y los entregó Jehová en manos de Israel, los cuales los hirieron y los persiguieron hasta Sidón la grande, y hasta Misrefot-maim, hasta el llano de Mizpa al oriente, hiriéndolos hasta que no les dejaron ninguno.

9 Y Josué hizo con ellos como Jehová le había mandado: desjarretó sus caballos, y sus carros quemó con fuego.

10 Y entonces regresó Josué, y tomó Hazor e hirió a espada a su rey, porque Hazor había sido antes cabeza de todos estos reinos.

11 Y mataron a filo de espada todo cuanto en ella tenía vida, destruyendo todo y no dejando cosa con vida; y a Hazor prendieron fuego.

12 Asimismo, tomó Josué todas las ciudades de aquellos reyes y a todos los reyes de ellas, y los hirió a filo de espada, y [a]los destruyó, como Moisés, siervo de Jehová, lo había mandado.

13 Pero todas las ciudades que estaban en colinas no las quemó Israel, excepto Hazor, la cual quemó Josué.

14 Y los hijos de Israel [a]tomaron para sí todos los despojos y las bestias de aquellas ciudades; pero a todos los hombres hirieron a filo de espada hasta destruirlos, sin dejar ninguno con vida.

15 De la manera que Jehová lo había mandado a Moisés, su siervo, así Moisés lo mandó a Josué; y así lo hizo Josué, sin quitar palabra de todo lo que Jehová había mandado a Moisés.

16 Tomó, pues, Josué toda aquella tierra, las montañas, y toda la *región* del sur, y toda la tierra de Gosén, y los valles, y los llanos,

11 6 *a* 1 Ne. 17:32–38.
b O sea, cortarás el tendón del jarrete.
12 *a* Deut. 20:16–18.
14 *a* Deut. 20:10–16.

y las montañas de Israel, y sus valles.

17 Desde el monte Halac, que sube hasta Seir, hasta Baal-gad en la llanura del Líbano, al pie del monte Hermón; tomó asimismo a todos sus reyes, a los cuales hirió y mató.

18 Durante muchos días tuvo guerra Josué con estos reyes.

19 No hubo ciudad que hiciese la paz con los hijos de Israel, excepto los heveos, que moraban en Gabaón; todas las demás las tomaron en batalla.

20 Porque esto provenía de Jehová, que endurecía el corazón de ellos para que resistiesen con guerra a Israel, a fin de destruirlos, sin que les tuviese misericordia, sino que fuesen desarraigados, como [a]Jehová lo había mandado a Moisés.

21 También en ese tiempo Josué fue y destruyó a los anaceos de los montes de Hebrón, de Debir, de Anab, y de todos los montes de Judá, y de todos los montes de Israel. Josué los destruyó a ellos y a sus ciudades.

22 Ninguno de los anaceos quedó en la tierra de los hijos de Israel; solamente quedaron en Gaza, en Gat, y en Asdod.

23 Tomó, pues, Josué toda la tierra, conforme a todo lo que Jehová había dicho a Moisés; y la entregó Josué a los israelitas por heredad, conforme a la distribución de sus tribus. Y la tierra reposó de la guerra.

CAPÍTULO 12

Israel conquista a dos reyes al oriente del Jordán y a treinta y uno al occidente.

ÉSTOS son los reyes de la tierra que los hijos de Israel derrotaron, y cuya tierra poseyeron al otro lado del Jordán hacia el nacimiento del sol, desde el arroyo Arnón hasta el monte Hermón, y toda la llanura oriental:

2 [a]Sehón rey de los amorreos, que habitaba en Hesbón, y señoreaba desde Aroer, que está a la ribera del arroyo Arnón, y desde la mitad del arroyo, y la mitad de Galaad, hasta el arroyo Jaboc, límite de los hijos de Amón;

3 y desde la llanura hasta el mar de Cineret, al oriente; y hasta el mar de la llanura, el [a]mar Salado, al oriente, por el camino de Bet-jesimot; y desde el sur al pie de las laderas del Pisga.

4 Y el territorio de Og rey de Basán, descendiente de los [a]refaítas, el cual habitaba en Astarot y en Edrei,

5 y señoreaba en el monte Hermón, y en Salca, y en todo Basán hasta los límites de Gesur y de Maaca, y en la mitad de Galaad, límite de Sehón rey de Hesbón.

6 A éstos derrotaron Moisés, siervo de Jehová, y los hijos de Israel; y Moisés, siervo de Jehová, dio aquella tierra en [a]posesión a los rubenitas, a los gaditas, y a la media tribu de Manasés.

20 *a* Deut. 9:1–6.
12 2 *a* Núm. 21:21–24.
3 *a* *Es decir,* el Mar Muerto.
4 *a* HEB Refaím, un pueblo de Palestina, anterior a los israelitas, que se distinguía por su gran estatura.
6 *a* Núm. 32:29–33.

7 Y éstos son los reyes de la tierra que derrotaron Josué y los hijos de Israel, de este lado del Jordán al occidente, desde Baal-gad en el llano del Líbano hasta el monte Halac que sube a Seir, cuya tierra dio Josué en posesión a las tribus de Israel, conforme a su distribución;

8 en montes y en valles, en llanos y en laderas, al desierto y al sur; el heteo, el amorreo, y el cananeo, el ferezeo, el heveo, y el jebuseo:

9 El rey de Jericó, uno; el rey de Hai, que está al lado de Bet-el, otro;

10 el rey de Jerusalén, otro; el rey de Hebrón, otro;

11 el rey de Jarmut, otro; el rey de Laquis, otro;

12 el rey de Eglón, otro; el rey de Gezer, otro;

13 el rey de Debir, otro; el rey de Geder, otro;

14 el rey de [a]Horma, otro; el rey de Arad, otro;

15 el rey de Libna, otro; el rey de Adulam, otro;

16 el rey de Maceda, otro; el rey de [a]Bet-el, otro;

17 el rey de Tapúa, otro; el rey de Hefer, otro;

18 el rey de Afec, otro; el rey de Sarón, otro;

19 el rey de Madón, otro; el rey de Hazor, otro;

20 el rey de Simron-merón, otro; el rey de Acsaf, otro;

21 el rey de Taanac, otro; el rey de Meguido, otro;

22 el rey de Cedes, otro; el rey de Jocneam del Carmelo, otro;

23 el rey de Dor, de la provincia de Dor, otro; el rey de [a]Goim en Gilgal, otro;

24 el rey de Tirsa, otro; treinta y un reyes en total.

CAPÍTULO 13

Todavía quedan tierras no conquistadas — Algunos habitantes no han sido expulsados — Se confirman las heredades de Rubén, de Gad y de la mitad de la tribu de Manasés.

Y ERA [a]Josué ya viejo, entrado en años, cuando Jehová le dijo: Tú eres ya viejo, de edad avanzada, y queda aún mucha tierra por conquistar.

2 Ésta es la [a]tierra que queda: todos los territorios de los filisteos, y toda Gesur,

3 desde Sihor, que está delante de Egipto, hasta el límite de Ecrón al norte, que se considera de los cananeos; los cinco príncipes de los filisteos: los gazeos, los asdodeos, los ascaloneos, los geteos, y los ecroneos, y también los aveos;

4 al sur toda la tierra de los cananeos, y Mehara, que es de los sidonios, hasta Afec, hasta el límite del amorreo;

5 y la tierra de los giblitas, y todo el Líbano hacia donde sale el sol, desde Baal-gad a las faldas del monte Hermón, hasta entrar en Hamat;

14 *a* Núm. 21:1–3.
16 *a* Josué 8:12–17.
GEE Bet-el.
23 *a* HEB las naciones.
13 1 *a* GEE Josué.
2 *a* Jue. 3:1–4.

6 todos los que habitan en las montañas desde el Líbano hasta [a]Misrefot-maim, todos los sidonios, yo los desarraigaré delante de los hijos de Israel; solamente [b]repartirás tú por suertes el *país* a los israelitas como heredad, tal como te he mandado.

7 Reparte, pues, tú ahora esta [a]tierra como heredad a las nueve tribus y a la media tribu de Manasés.

8 Porque la otra media tribu recibió su heredad con los rubenitas y los gaditas, la cual les dio Moisés al otro lado del Jordán, al oriente, según se la dio Moisés, siervo de Jehová;

9 desde Aroer, que está a la orilla del arroyo Arnón, y la ciudad que está en medio del valle, y toda la llanura de Medeba, hasta Dibón;

10 y todas las ciudades de Sehón rey de los amorreos, el cual reinó en Hesbón, hasta los límites de los hijos de Amón;

11 y Galaad, y los territorios de Gesur, y de Maaca, y todo el monte Hermón, y toda la tierra de Basán hasta Salca;

12 todo el reino de Og en Basán, que reinó en Astarot y en Edrei, el cual había quedado del resto de los [a]refaítas; pues Moisés los derrotó y los echó.

13 Mas a los de Gesur y Maaca no los echaron los hijos de Israel; antes Gesur y Maaca habitaron entre los israelitas hasta hoy.

14 Sólo a la tribu de Leví no le dio [a]heredad; las ofrendas encendidas a Jehová Dios de Israel son su heredad, como él les había dicho.

15 Dio, pues, Moisés a la tribu de los hijos de [a]Rubén conforme a sus familias.

16 Y fue el territorio de ellos desde Aroer, que está a la orilla del arroyo Arnón, y la ciudad que está en medio del valle, y toda la llanura, hasta Medeba;

17 Hesbón, con todas sus aldeas que están en la llanura; Dibón, y Bamot-baal, y Bet-baal-meón;

18 y Jahaza, y Cademot, y Mefaat,

19 y Quiriataim, y Sibma, y Zaret-sahar en el monte del valle;

20 y Bet-peor, y las laderas del Pisga, y Bet-jesimot;

21 y todas las ciudades de la llanura, y todo el reino de Sehón, rey de los amorreos, que reinó en Hesbón, al cual derrotó Moisés, y a los [a]príncipes de Madián, Evi, y Requem, y Sur, y Hur, y Reba, príncipes de Sehón que habitaban en aquella tierra.

22 También los hijos de Israel mataron a espada a Balaam, el [a]adivino, hijo de Beor, entre los demás que mataron.

23 Y el límite del territorio de los hijos de Rubén fue el Jordán. Ésta fue la heredad de los hijos de Rubén conforme a sus familias, estas ciudades con sus aldeas.

24 Dio asimismo Moisés a la tribu de Gad, a los hijos de Gad, conforme a sus familias.

6 *a* HEB aguas calientes.
b Núm. 26:52–56.
7 *a* GEE Tierra prometida.
12 *a* Josué 12:4.
14 *a* Núm. 18:20–24.
15 *a* Núm. 26:5–7.
21 *a* *O sea*, príncipes vasallos.
22 *a* Éx. 7:10–12.

25 Y el territorio de ellos fue Jazer, y todas las ciudades de Galaad, y la mitad de la tierra de los hijos de Amón hasta Aroer, que está delante de Rabá.

26 Y desde Hesbón hasta Ramat-mizpa, y Betonim; y desde Mahanaim hasta el límite de Debir;

27 y en el valle, Bet-aram, y Bet-nimra, y [a]Sucot, y Zafón, resto del reino de Sehón, rey de Hesbón; el Jordán y su límite hasta el extremo del [b]mar de Cineret al otro lado del Jordán, al oriente.

28 Ésta es la heredad de los hijos de Gad conforme a sus familias, estas ciudades con sus aldeas.

29 También dio Moisés *su heredad* a la media tribu de Manasés; y fue para la media tribu de los hijos de Manasés, conforme a sus familias.

30 El territorio de ellos fue desde Mahanaim, todo Basán, todo el reino de Og rey de Basán, y todas las aldeas de Jair que están en Basán, sesenta poblaciones.

31 *Se dio,* además, la mitad de Galaad, y Astarot, y Edrei, ciudades del reino de Og en Basán, a los hijos de Maquir, hijo de Manasés, a la mitad de los hijos de Maquir conforme a sus familias.

32 Esto es lo que Moisés repartió en heredad en los llanos de Moab, al otro lado del Jordán, al oriente de Jericó.

33 Mas a la tribu de Leví no le dio Moisés [a]heredad; Jehová Dios de Israel es la heredad de ellos, como él les había dicho.

CAPÍTULO 14

Se divide la tierra por sorteo entre nueve tribus y media — Caleb hereda Hebrón como recompensa especial por su fidelidad.

ESTO, pues, es lo que los hijos de Israel recibieron como heredad en la tierra de Canaán, lo cual les repartieron Eleazar, el sacerdote, y [a]Josué, hijo de Nun, y los principales de las casas paternas de las tribus de los hijos de Israel.

2 Por [a]sorteo *se les dio* su heredad, como Jehová lo había mandado por medio de Moisés, que se diese a las nueve tribus y a la media tribu.

3 Porque a las dos [a]tribus, y a la media tribu, les había Moisés dado heredad al otro lado del Jordán; mas a los levitas no les dio heredad entre ellos.

4 Porque los hijos de [a]José fueron dos tribus, Manasés y Efraín; y no les dieron parte a los levitas en la tierra, sino ciudades en que morasen, con sus [b]campos para sus ganados y sus bienes.

5 De la manera que Jehová lo había mandado a Moisés, así lo hicieron los hijos de Israel en el reparto de la tierra.

6 Y los hijos de Judá fueron a Josué en Gilgal; y [a]Caleb, hijo de Jefone cenezeo, le dijo: Tú sabes lo que Jehová dijo a Moisés, varón de Dios, en Cades-barnea, tocante a mí y a ti.

27 *a* Gén. 33:17.
b *O sea,* el mar de Galilea.
33 *a* Núm. 18:20–24.

14 1 *a* Núm. 27:18–21.
2 *a* Josué 18:1–6.
3 *a* Josué 13:8.
4 *a* Ezeq. 47:13.
b Núm. 35:2–5.
6 *a* GEE Caleb.

7 Yo era de edad de cuarenta años cuando Moisés, siervo de Jehová, [a]me envió de Cades-barnea a reconocer la tierra; y yo le referí el asunto como lo tenía en mi corazón.

8 Sin embargo mis [a]hermanos, los que habían subido conmigo, hicieron desfallecer el corazón del pueblo; pero yo cumplí, siguiendo a Jehová mi Dios.

9 Entonces Moisés juró, diciendo: Ciertamente la [a]tierra que holló tu pie será para ti y para tus hijos en herencia perpetua, por cuanto cumpliste siguiendo a Jehová mi Dios.

10 Ahora bien, Jehová me ha hecho vivir, [a]como él dijo, estos cuarenta y cinco años, desde el tiempo que Jehová habló estas palabras a Moisés, cuando Israel andaba por el desierto; y ahora, he aquí, tengo hoy ochenta y cinco años.

11 Pero aún hoy estoy tan fuerte como el día en que Moisés me envió; cual era entonces mi fuerza, tal es ahora, para la guerra, y para salir y para entrar.

12 Dame, pues, ahora este monte, del cual habló Jehová aquel día; porque tú oíste en aquel día que los anaceos están allí, y que hay grandes y fuertes ciudades. Si Jehová está conmigo, los echaré como Jehová ha dicho.

13 Josué entonces le bendijo, y dio a Caleb hijo de Jefone a [a]Hebrón por heredad.

14 Por tanto, Hebrón llegó a ser de [a]Caleb, hijo de Jefone cenezeo, en heredad hasta hoy, porque siguió fielmente a Jehová Dios de Israel.

15 Mas Hebrón fue antes llamada Quiriat-arba, porque *Arba* fue un hombre grande entre los anaceos. Y la tierra tuvo reposo de las guerras.

CAPÍTULO 15

A Judá se le da heredad en Canaán — Los jebuseos habitan junto con Judá en Jerusalén.

Y ÉSTA fue la parte que le tocó en suerte a la tribu de los hijos de Judá, conforme a sus familias, hasta la frontera de Edom, del desierto de [a]Zin al sur, al extremo sur.

2 Y su límite al sur fue desde la costa del [a]mar Salado, desde la bahía que mira hacia el sur;

3 y seguía hacia el sur a la subida de Acrabim, pasando hasta Zin; y subiendo por el sur hasta Cades-barnea, pasaba a Hebrón, y subiendo por Adar, daba vuelta a Carca;

4 de allí pasaba a Asmón, y salía al arroyo de Egipto; y terminaba el límite en [a]el mar. Éste, pues, os será el límite del sur.

5 El límite del oriente es el mar Salado hasta la desembocadura del Jordán. Y el límite de la parte del norte, desde la bahía

7 *a* Núm. 13:2–3, 6.
8 *a* Núm. 13:30–33.
9 *a* Núm. 13:6, 22.
10 *a* Núm. 14:24.
13 *a* Josué 21:11–12.
14 *a* GEE Caleb.
15 1 *a* Núm. 34:3.
2 *a* *Es decir,* del Mar Muerto.
4 *a* *Es decir,* el mar Mediterráneo.

del mar en la desembocadura
del Jordán.
6 Y sube este límite por Bet-
hogla, y pasa al norte de Bet-
arabá, y de aquí sube este límite
a la [a]piedra de Bohán, hijo de
Rubén.
7 Y vuelve a subir este límite a
Debir desde el valle de Acor; y al
norte mira sobre Gilgal, que está
delante de la subida de Adumín,
la cual está al sur del valle; y pasa
este límite por las aguas de En-
semes, y sale a En-rogel.
8 Y sube este límite por el valle
del hijo de Hinom al lado sur del
jebuseo, que es Jerusalén. Luego
sube este límite por la cumbre del
monte que está delante del valle
de Hinom, hacia el occidente, el
cual está al extremo del valle de
los [a]gigantes al norte.
9 Y [a]rodea este límite desde la
cumbre del monte hasta la fuente
de las aguas de Neftoa, y sale a
las ciudades del monte Efrón, rodeando luego el mismo límite a
Baala, la cual es Quiriat-jearim.
10 Después dobla este límite
desde Baala hacia el occidente
al monte Seir, y pasa al lado del
monte Jearim hacia el norte, que
es Quesalón, y desciende a Bet-
semes, y pasa a Timna.
11 Sale luego este límite al lado
de Ecrón hacia el norte; y rodea el
mismo límite a Sicrón, y pasa por
el monte Baala, y sale a Jabneel, y
termina este límite en [a]el mar.
12 El límite del occidente es el
[a]mar Grande. Éstas, pues, son las
fronteras alrededor de los hijos
de Judá en derredor, conforme a
sus familias.
13 Mas a [a]Caleb hijo de Jefone
se le dio su parte entre los hijos
de Judá, conforme a la palabra
de Jehová a Josué, *esto es,* Quiriat-arba, del padre de Anac, la
cual es Hebrón.
14 Y Caleb echó de allí a los tres
hijos de Anac: a Sesai, a Ahimán,
y a Talmai, hijos de Anac.
15 De allí subió contra los que
moraban en Debir; y el nombre de
Debir era antes Quiriat-séfer.
16 Y dijo Caleb: Al que ataque a
Quiriat-séfer, y la tome, yo le daré
a mi hija Acsa por esposa.
17 Y la tomó Otoniel, hijo de Cenaz, hermano de Caleb; y él le dio
por esposa a su hija Acsa.
18 Y aconteció que cuando la llevaba, él la persuadió a que pidiese
a su padre tierras para labrar.
Ella entonces se apeó del asno. Y
Caleb le dijo: ¿Qué deseas?
19 Y ella respondió: Dame una
bendición; ya que me has dado
[a]tierra del sur, dame también
fuentes de agua. Él entonces le
dio las fuentes de arriba y las
de abajo.
20 Ésta, pues, es la heredad de
la tribu de los hijos de [a]Judá, conforme a sus familias.
21 Y las ciudades del extremo
sur de la tribu de los hijos de Judá

6 *a* HEB evidentemente una piedra que servía de monumento o punto de referencia.
8 *a* Josué 12:4.
9 *a* *Es decir,* la frontera se extendía.
11 *a* *Es decir,* en el mar Mediterráneo.
12 *a* *Es decir,* el mar Mediterráneo (véase también el vers. 47).
13 *a* Deut. 1:34–36. GEE Caleb.
19 *a* *O sea,* el Neguev; es decir, las tierras del sur.
20 *a* GEE Judá.

hacia el límite de Edom fueron: Cabseel, y Edar, y Jagur,
22 y Cina, y Dimona, y Adada,
23 y Cedes, y Hazor, e Itnán,
24 Zif, y Telem, y Bealot,
25 y Hazor-hadata, y Queriot-hezrón, que es Hazor,
26 Amam, y Sema, y Molada,
27 y Hazar-gada, y Hesmón, y Bet-pelet,
28 y Hazar-sual, y Beerseba, y Bizotia,
29 Baala, e Iim, y Esem,
30 y Eltolad, y Quesil, y Horma,
31 y Siclag, y Madmana, y Sansana,
32 y Lebaot, y Silhim, y Aín, y Rimón; en total, veintinueve ciudades con sus aldeas.
33 En las llanuras, Estaol, y Zora, y Asena,
34 y Zanoa, y En-ganim, Tapúa, y Enam,
35 Jarmut, y Adulam, Soco, y Azeca,
36 y Saaraim, y Aditaim, y Gedera, y Gederotaim; catorce ciudades con sus aldeas.
37 Zenán, y Hadasa, y Migdal-gad,
38 y Dileán, y Mizpa, y Jocteel,
39 Laquis, y Boscat, y Eglón,
40 y Cabón, y Lahmam, y Quitlis,
41 y Gederot, Bet-dagón, y Naama, y Maceda; dieciséis ciudades con sus aldeas.
42 Libna, y Éter, y Asán,
43 y Jifta, y Asena, y Nezib,
44 y [a]Keila, y Aczib, y Maresa; nueve ciudades con sus aldeas.
45 Ecrón con sus villas y sus aldeas.
46 Desde Ecrón hasta el mar, todas las que están cerca de Asdod con sus aldeas.
47 Asdod con sus villas y sus aldeas; Gaza con sus villas y sus aldeas hasta el río de Egipto, y el Mar Grande con sus costas.
48 Y en las montañas, Samir, y Jatir, y Soco,
49 y Dana, y Quiriat-sana, que es Debir,
50 y Anab, y Estemoa, y Anim,
51 y Gosén, y Holón, y Gilo; once ciudades con sus aldeas.
52 Arab, y Duma, y Esán,
53 y Janum, y Bet-tapúa, y Afeca,
54 y Humta, y Quiriat-arba, que es Hebrón, y Sior; nueve ciudades con sus aldeas.
55 Maón, Carmel, y Zif, y Juta,
56 y Jezreel, y Jocdeam, y Zanoa,
57 Caín, Gibea, y Timna; diez ciudades con sus aldeas.
58 Halhul, Bet-sur, y Gedor,
59 y Maarat, y Bet-anot, y El-tecón; seis ciudades con sus aldeas.
60 Quiriat-baal, que es Quiriat-jearim, y Rabá; dos ciudades con sus aldeas.
61 En el desierto, Bet-arabá, Midín, y Secaca,
62 y Nibsán, y la Ciudad de la Sal, y En-gadi; seis ciudades con sus aldeas.
63 Mas a los jebuseos que habitaban en Jerusalén, los hijos de Judá no pudieron expulsarlos;

44 *a* 1 Sam. 23:1–2.

así que ha quedado el jebuseo en Jerusalén con los hijos de Judá hasta hoy.

CAPÍTULO 16

Los hijos de José (Efraín y Manasés) reciben sus heredades — Algunos cananeos se quedan a vivir en medio de Efraín.

Y LE tocó en suerte a los [a]hijos de José desde el Jordán de Jericó hasta las aguas de Jericó hacia el oriente, hacia el desierto que sube de Jericó por la región montañosa de Bet-el.

2 Y de [a]Bet-el sale a Luz, y pasa por el territorio de los arquitas hasta Atarot;

3 y vuelve a descender hacia el occidente al territorio de los jafletitas, hasta el límite de Bethorón la de abajo, y hasta Gezer, y sale al [a]mar.

4 Recibieron, pues, su [a]heredad los hijos de José, Manasés y Efraín.

5 Y el territorio de los hijos de [a]Efraín, conforme a sus familias, fue éste: El límite de su heredad hacia el oriente, *desde* Atarot-adar hasta Bet-horón la de arriba.

6 Y sigue este límite hasta el mar, y hasta Micmetat al norte, y da vuelta este límite hacia el oriente hasta Taanat-silo, y de aquí pasa al oriente a Janoa.

7 Y de Janoa desciende a Atarot, y a Naarat, y toca Jericó, y sale al Jordán.

8 Y de Tapúa sigue este límite hacia el occidente hasta el arroyo de Caná, y sale al mar. Ésta es la heredad de la tribu de los hijos de Efraín, conforme a sus familias.

9 Hubo también ciudades que se apartaron para los hijos de Efraín en medio de la heredad de los hijos de Manasés, todas las ciudades con sus aldeas.

10 Pero no expulsaron al cananeo que habitaba en Gezer; por lo tanto, han quedado los cananeos en medio de Efraín, hasta hoy, y [a]han sido sometidos a trabajos forzados.

CAPÍTULO 17

Manasés y Efraín reciben una heredad adicional — Efraín ha de expulsar a los cananeos de la región montañosa.

Y TAMBIÉN se echaron suertes para la tribu de [a]Manasés, porque era el primogénito de José. A Maquir, primogénito de Manasés, *y* padre de Galaad, que fue hombre de guerra, le tocó Galaad y Basán.

2 También se echaron suertes para los otros hijos de Manasés conforme a sus familias: los hijos de Abiezer, y los hijos de Helec, y los hijos de Asriel, y los hijos de Siquem, y los hijos de Hefer, y los hijos de Semida; éstos fueron los hijos varones de Manasés hijo de José, conforme a sus familias.

3 Pero Zelofehad, hijo de Hefer,

16 1 *a* Josué 14:2–4.
2 *a* GEE Bet-el.
3 *a* *Es decir,* al mar Mediterráneo.
4 *a* Josué 17:3–5, 14–18.
5 *a* GEE Efraín.
10 *a* HEB se les consideró como siervos.
17 1 *a* GEE Manasés.

hijo de Galaad, hijo de Maquir, hijo de Manasés, no tuvo hijos, sino hijas, los nombres de las cuales son éstos: Maala, y Noa, Hogla, Milca, y Tirsa.

4 Éstas vinieron delante del sacerdote [a]Eleazar, y de Josué hijo de Nun, y de los príncipes, y dijeron: Jehová mandó a Moisés que nos diese [b]heredad entre nuestros hermanos. Así que él les dio heredad entre los hermanos del padre de ellas, conforme a la palabra de Jehová.

5 Y le tocaron a Manasés diez partes además de la tierra de Galaad y de Basán, que está al otro lado del Jordán,

6 porque las hijas de Manasés poseyeron heredad entre sus hijos; y la tierra de Galaad fue de los otros hijos de Manasés.

7 Y el límite de Manasés iba desde Aser hasta Micmetat, que está delante de Siquem; e iba este límite a mano derecha, hasta los que habitan en Tapúa.

8 Y la tierra de Tapúa era de Manasés; pero Tapúa, que está junto al límite de Manasés, era de los hijos de Efraín.

9 Y desciende este límite al arroyo de Caná, hacia el sur del arroyo. Estas ciudades de Efraín están entre las ciudades de Manasés; y el límite de Manasés estaba al norte del mismo arroyo, y sus salidas daban al mar.

10 Efraín al sur, y Manasés al norte, y el mar era su límite; y lindaban con Aser al norte, y con Isacar al oriente.

11 Tuvo también Manasés en Isacar y en Aser Bet-seán y sus aldeas, e Ibleam y sus aldeas, y los moradores de Dor y sus aldeas, y los moradores de Endor y sus aldeas, y los moradores de Taanac y sus aldeas, y los moradores de Meguido y sus aldeas; tres provincias.

12 Mas los hijos de Manasés no pudieron expulsar *a los* de aquellas ciudades, porque el cananeo persistió en habitar en esa tierra.

13 Y aconteció que cuando los hijos de Israel llegaron a ser fuertes, hicieron tributario al cananeo, mas no lo expulsaron.

14 Y los hijos de José hablaron a Josué, diciendo: ¿Por qué me has dado por heredad una sola suerte y una sola parte, siendo yo un [a]pueblo tan grande al que Jehová ha bendecido hasta ahora?

15 Y Josué les respondió: Si eres un pueblo tan grande, sube al bosque, y [a]corta para ti allí en la tierra del ferezeo y de los gigantes, ya que los montes de Efraín son estrechos para ti.

16 Y los hijos de José dijeron: No nos bastarán a nosotros *estos* montes; y todos los cananeos que habitan la tierra de la llanura tienen carros de hierro, tanto los que están en Bet-seán y en sus aldeas como los que están en el valle de Jezreel.

17 Entonces Josué respondió a la casa de José, a Efraín y a Manasés, diciendo: Tú eres un pueblo numeroso y tienes gran

4 *a* Núm. 20:25–28.
b Núm. 27:8–11.
14 *a* Gén. 48:19.
15 *a* *Es decir,* que los del pueblo de José debían deforestar terrenos para sí.

poder; no tendrás una sola
parte,
18 sino que aquellos montes
serán tuyos, pues, aunque bosque es, tú lo cortarás, y serán tuyos hasta sus límites más lejanos
porque tú expulsarás al cananeo,
aunque tenga carros de hierro, y
aunque sea fuerte.

CAPÍTULO 18

Se asienta el tabernáculo de reunión en Silo — Benjamín recibe heredad por sorteo.

Y TODA la congregación de los
hijos de Israel se reunió en Silo, y
asentaron allí el [a]tabernáculo de
reunión, después que hubieron
sometido la tierra.
2 Mas habían quedado de los
hijos de Israel siete tribus, a las
cuales aún no les habían repartido su posesión.
3 Y Josué dijo a los hijos de Israel: ¿Hasta cuándo seréis negligentes para ir a poseer la tierra
que os ha dado Jehová el Dios de
vuestros padres?
4 Designad tres varones de cada
tribu, para que yo los envíe, y que
ellos se levanten y recorran la tierra, y la describan conforme a sus
heredades, y regresen a mí.
5 Y la dividirán en siete partes;
y Judá se quedará en su territorio
al sur, y *los de* la casa de José se
quedarán en el suyo al norte.
6 Vosotros, pues, delinearéis la
tierra en siete partes, y me traeréis
la *descripción* aquí, y yo os echaré
[a]suertes aquí delante de Jehová
nuestro Dios.
7 Pero los [a]levitas ninguna parte
tienen entre vosotros, porque el
[b]sacerdocio de Jehová es la heredad de ellos. [c]Gad también y
Rubén, y la media tribu de Manasés, ya han recibido su heredad
al otro lado del Jordán al oriente,
la cual les dio Moisés, siervo de
Jehová.
8 Levantándose, pues, aquellos
varones, fueron; y mandó Josué
a los que iban para delinear la
tierra, diciéndoles: Id, recorred
la tierra, y delineadla, y volved
a mí, para que yo os eche suertes
aquí delante de Jehová en Silo.
9 Fueron, pues, aquellos varones
y recorrieron la tierra, delineán-
dola por ciudades en siete partes
en un libro, y volvieron a Josué
al campamento en Silo.
10 Y Josué les echó suertes delante de Jehová en Silo; y allí repartió Josué la tierra a los hijos de
Israel según sus porciones.
11 Y se sacó la suerte de la tribu
de los hijos de Benjamín, según
sus familias, y salió el territorio
de su suerte entre los hijos de
Judá y los hijos de José.
12 Y el límite de ellos, al lado
del norte, sale del Jordán; y sube
aquel límite por el lado de Jericó al norte; sube después por el
monte hacia el occidente, y viene
a salir al desierto de Bet-avén.
13 Y de allí pasa aquel límite
hacia Luz, por el lado sur de Luz
(que es Bet-el). Y desciende este

18 1 *a* HEB tienda.
GEE Tabernáculo.
6 *a* Josué 14:2.
7 *a* GEE Leví.
b GEE Sacerdocio Aarónico.
c Núm. 32:5, 33.

límite de Atarot-adar al monte
que está al sur de Bet-horón la
de abajo.
14 Y este límite dobla y da vuelta
hacia el lado del mar, al sur, hasta
el monte que está delante de Bet-
horón al sur; y viene a salir a Quiriat-baal, que es Quiriat-jearim,
ciudad de los hijos de Judá. Éste
es el lado del occidente.
15 Y el lado del sur va desde el
extremo de Quiriat-jearim, y sale
el límite al occidente, a la fuente
de las aguas de Neftoa.
16 Y desciende este límite al
extremo del monte que está delante del valle del hijo de Hinom, que está en el valle de los
gigantes hacia el norte; desciende luego al valle de Hinom, al lado del jebuseo al sur,
y *de allí* desciende a la fuente de
Rogel.
17 Y del norte dobla y sale a
En-semes, y *de allí* sale a Gelilot,
que está delante de la subida de
Adumín, y desciende a la [a]piedra
de Bohán, hijo de Rubén,
18 y pasa al lado que está delante del [a]Arabá hacia el norte,
y desciende al Arabá:
19 Y pasa este límite por el lado
de Bet-hogla hacia el norte, y
viene a salir a la bahía del [a]mar
Salado al norte, al extremo del
Jordán al sur. Éste es el límite
hacia el sur.
20 Y el Jordán era el límite al
lado del oriente. Ésta es la heredad de los hijos de Benjamín por
sus límites alrededor, conforme
a sus familias.
21 Las ciudades de la tribu de
los hijos de Benjamín, conforme a
sus familias, fueron Jericó, y Bet-
hogla, y el valle de Casis,
22 y Bet-arabá, y Zemaraim, y
Bet-el,
23 y Avim, y Pará, y Ofra,
24 y Quefar-haamoni, y Ofni,
y Geba; doce ciudades con sus
aldeas.
25 Gabaón, y Ramá, y Beerot,
26 y Mizpa, y Cafira, y Mozah,
27 y Requem, e Irpeel, y Ta-
rala,
28 y Zela, Elef, y Jebús, que es
Jerusalén, Gibeat *y* Quiriat; catorce ciudades con sus aldeas.
Ésta es la heredad de los hijos
de Benjamín, conforme a sus
familias.

CAPÍTULO 19

Simeón, Zabulón, Isacar, Aser, Neftalí y Dan reciben sus heredades por sorteo.

La segunda suerte le tocó a
[a]Simeón, a la tribu de los hijos de
Simeón, conforme a sus familias;
y su heredad estaba en medio de
la heredad de los hijos de Judá.
2 Y tuvieron en su heredad a
Beerseba, y Seba, y Molada,
3 y Hazar-sual, y Bala, y
Ezem,
4 y Eltolad, y Betul, y Horma,
5 y Siclag, y Bet-marcabot, y
Hazar-susa,
6 y Bet-lebaot, y Saruhén; trece
ciudades con sus aldeas.

17 *a* HEB roca que evidentemente servía de monumento.

18 *a* El Arabá, el gran desierto al sur del Mar Muerto.

19 *a* *Es decir,* del Mar Muerto.

19 1 *a* GEE Simeón.

7 Aín, Rimón, y Éter, y Asán;
cuatro ciudades con sus aldeas;
8 y todas las aldeas que estaban
alrededor de estas ciudades hasta
Baalat-beer, *que es* Ramat del sur.
Ésta es la heredad de la tribu de
los hijos de Simeón, según sus
familias.
9 De la suerte de los hijos de
[a]Judá fue *sacada* la heredad de
los hijos de Simeón, por cuanto la
parte de los hijos de Judá era ex-
cesiva para ellos; así que los hijos
de Simeón tuvieron su heredad
en medio de la de Judá.
10 La tercera suerte les tocó a
los hijos de [a]Zabulón, conforme
a sus familias; y el territorio de
su heredad fue hasta Sarid.
11 Y su límite sube hacia el mar
a Marala, y llega hasta Dabeset,
y *de allí* llega al arroyo que está
delante de Jocneam.
12 Y de Sarid dobla hacia el
oriente, hacia donde nace el
sol hasta el límite de Quislot-
tabor, sale a Daberat, y sube a
Jafía.
13 Y pasa de allí hacia el lado
oriental a Gat-hefer y a Ita-cazín,
y sale a Rimón rodeando a Nea.
14 Y de *aquí* dobla este límite hacia el norte a Hanatón, viniendo
a salir al valle de Jefte-el;
15 y *abarca* Catat, y Naalal, y
Simrón, e Idala, y Belén; doce
ciudades con sus aldeas.
16 Ésta es la heredad de los hijos de Zabulón, conforme a sus
familias; estas ciudades con sus
aldeas.
17 La cuarta suerte le tocó a
[a]Isacar, a los hijos de Isacar, conforme a sus familias.
18 Y su territorio llega hasta Jezreel, y Quesulot, y Sunem,
19 y Hafaraim, y Sihón, y
Anaharat,
20 y Rabit, y Quisión, y Abez,
21 y Remet, y En-ganim, y En-
hada y Bet-pases.
22 Y llega este [a]límite hasta Tabor, y Sahazima, y Bet-semes, y
termina en el Jordán; dieciséis
ciudades con sus aldeas.
23 Ésta es la heredad de la tribu
de los hijos de Isacar, conforme a
sus familias; estas ciudades con
sus aldeas.
24 Y la quinta suerte le tocó a la
tribu de los hijos de [a]Aser, conforme a sus familias.
25 Y su territorio llega hasta
Helcat, y Halí, y Betén, y Acsaf,
26 y Alamelec, y Amad, y Miseal; y llega hasta Carmelo al occidente, y a Sihor-libnat.
27 Y dobla hacia donde nace el
sol a Bet-dagón, y llega a Zabulón, y al valle de Jefte-el al norte,
a Bet-emec, y a Neiel, y sale a
Cabul a la izquierda;
28 y *abarca* Hebrón, y Rehob,
y Hamón, y Caná, hasta la gran
Sidón;
29 y de *allí* este límite dobla a
Ramá, hacia la ciudad fortificada
de Tiro, y dobla hacia Hosa, y
sale al mar desde el territorio de
Aczib.
30 *Abarca* también Uma, y Afec,
y Rehob; veintidós ciudades con
sus aldeas.
31 Ésta es la heredad de la tribu

9 *a* GEE Judá.
10 *a* GEE Zabulón.
17 *a* GEE Isacar.
22 *a* *Es decir,* esta frontera (véanse también los vers. 29, 33–34, 41, 47, 49).
24 *a* GEE Aser.

de los hijos de Aser, conforme a sus familias; estas ciudades con sus aldeas.

32 La sexta suerte les tocó a los hijos de [a]Neftalí, a los hijos de Neftalí, conforme a sus familias.

33 Y su límite es desde Helef, desde Alón-saananim, y Adami-neceb, y Jabneel, hasta Lacum; y sale al Jordán;

34 y dobla *de allí* este límite hacia el occidente a Aznot-tabor; de allí pasa a Hucoc, y llega hasta Zabulón al sur, y al occidente limita con Aser, y con Judá en el Jordán hacia donde nace el sol.

35 Y las ciudades fortificadas son Sidim, Zer, y Hamat, Racat, y Cineret,

36 y Adama, y Ramá, y Hazor,

37 y Cedes, y Edrei, y En-hazor,

38 e Irón, y Migdal-el, Horem, y Bet-anat, y Bet-semes; diecinueve ciudades con sus aldeas.

39 Ésta es la heredad de la tribu de los hijos de Neftalí, conforme a sus familias; estas ciudades con sus aldeas.

40 La séptima suerte le tocó a la tribu de los hijos de [a]Dan, conforme a sus familias.

41 Y el límite de su heredad es Zora, y Estaol, e Ir-semes,

42 y Saalabín, y Ajalón, y Jetla,

43 y Elón, y Timnat, y Ecrón,

44 y Elteque, y Gibetón, y Baalat,

45 y Jehúd, y Bene-berac, y Gat-rimón,

46 y Mejarcón, y Racón, con el territorio que está delante de Jope.

47 Y les faltó territorio a los hijos de Dan; y subieron los hijos de [a]Dan y combatieron contra Lesem, y la tomaron y la hirieron a filo de espada, y tomaron posesión de ella, y habitaron en ella; y a Lesem la llamaron Dan, por el nombre de Dan su padre.

48 Ésta es la heredad de la tribu de los hijos de Dan, conforme a sus familias; estas ciudades con sus aldeas.

49 Y después que acabaron de repartir la tierra en heredad, demarcando sus límites, dieron los hijos de Israel heredad en medio de ellos a Josué hijo de Nun.

50 Según la palabra de Jehová, le dieron la ciudad que él pidió, Timnat-sera, en los montes de Efraín; y él reedificó la ciudad y habitó en ella.

51 Éstas son las [a]heredades que el sacerdote Eleazar, y [b]Josué hijo de Nun y los príncipes de las casas paternas de las tribus de los hijos de Israel entregaron, por sorteo, como en Silo, delante de Jehová, a la entrada del [c]tabernáculo de reunión; y así acabaron de repartir la tierra.

CAPÍTULO 20

Se señalan seis ciudades de refugio para los culpables de homicidio sin intención.

32 *a* GEE Neftalí.
40 *a* GEE Dan.
47 *a* Jue. 1:34; 18:1–31.
51 *a* Josué 14:1–5.
b Núm. 27:18–21.
c GEE Tabernáculo.

Y HABLÓ Jehová a Josué, diciendo:

2 Habla a los hijos de Israel y diles: Señalaos las ciudades de [a]refugio, de las cuales yo os hablé por medio de Moisés,

3 para que huya allí el homicida que mate a alguno sin intención y no a sabiendas, para que os sirvan de refugio del vengador de la sangre.

4 Y el que se acoja a alguna de aquellas ciudades se presentará a la puerta de la ciudad, y expondrá su caso a oídos de los [a]ancianos de aquella ciudad; y ellos le recibirán consigo dentro de la ciudad, y le darán lugar para que habite con ellos.

5 Y si el [a]vengador de la sangre le sigue, no entregarán en sus manos al homicida, por cuanto hirió a su prójimo sin intención, sin haber tenido enemistad con él.

6 Y quedará en aquella ciudad hasta que comparezca en juicio delante de la congregación, *y* hasta la muerte del que sea sumo sacerdote en aquel tiempo; entonces el homicida volverá y llegará a su ciudad y a su casa, y a la ciudad de donde huyó.

7 Entonces señalaron a Cedes en Galilea, en los montes de Neftalí, y a Siquem en los montes de Efraín, y a Quiriat-arba, que es Hebrón, en los montes de Judá.

8 Y al otro lado del Jordán, de Jericó al oriente, señalaron a Beser en el desierto, en la llanura de la tribu de Rubén, y a Ramot en Galaad de la tribu de Gad, y a Golán en Basán de la tribu de Manasés.

9 Éstas fueron las ciudades señaladas para todos los hijos de Israel y para el [a]extranjero que morase entre ellos, para que huyese a ellas cualquiera que matase a alguien sin intención, para que no muriese por mano del vengador de la sangre, hasta que compareciese delante de la congregación.

CAPÍTULO 21

Los levitas reciben cuarenta y ocho ciudades con sus aldeas — Jehová cumple todas Sus promesas y da reposo a Israel.

Y LOS jefes de las casas paternas de los [a]levitas vinieron a Eleazar, el sacerdote, y a Josué hijo de Nun, y a los jefes de las casas paternas de las tribus de los hijos de Israel;

2 y les hablaron en Silo en la tierra de Canaán, diciendo: Jehová mandó por medio de Moisés que nos fuesen dadas ciudades para habitar, con sus campos para nuestro ganado.

3 Entonces los hijos de Israel dieron de sus heredades a los levitas, conforme a la palabra de Jehová, estas ciudades con sus campos:

4 Y les tocó la suerte a las familias de los [a]coatitas; y fueron dadas por sorteo a los hijos de Aarón, el sacerdote, que eran de

20 2 *a* Núm. 35:6, 14–15.
4 *a* GEE Élder (anciano).
5 *a* Núm. 35:12, 24–28.
9 *a* Núm. 15:14–16; 35:15.
21 1 *a* GEE Leví.
4 *a* Éx. 6:16–20.

los levitas, de la tribu de Judá, de la de Simeón y de la de Benjamín, trece ciudades.

5 Y a los otros hijos de Coat les dieron por sorteo diez ciudades de las familias de la tribu de Efraín, y de la tribu de Dan, y de la media tribu de Manasés;

6 y a los hijos de Gersón, de las familias de la tribu de Isacar, y de la tribu de Aser, y de la tribu de Neftalí, y de la media tribu de Manasés en Basán, les fueron dadas por sorteo trece ciudades.

7 A los hijos de Merari según sus familias se les dieron doce ciudades de la tribu de Rubén, y de la tribu de Gad, y de la tribu de Zabulón.

8 Y *así* dieron por sorteo los hijos de Israel a los levitas estas ciudades con sus campos, como Jehová lo había mandado por medio de Moisés.

9 Y de la tribu de los hijos de Judá, y de la tribu de los hijos de Simeón dieron estas ciudades que han sido nombradas,

10 y fueron para los hijos de Aarón, de la familia de Coat, de los hijos de Leví, porque les tocó la primera suerte.

11 Les dieron Quiriat-arba, del padre de Anac, la cual es Hebrón, en los montes de Judá, con sus campos en sus contornos.

12 Mas los campos de esta ciudad y sus aldeas se los dieron a [a]Caleb hijo de Jefone, como posesión suya.

13 Y a los hijos del sacerdote [a]Aarón les dieron Hebrón con sus campos como ciudad de refugio para los homicidas; y Libna con sus campos,

14 y Jatir con sus campos, y Estemoa con sus campos,

15 y Helón con sus campos, y Debir con sus campos,

16 y Aín con sus campos, y Juta con sus campos, y Bet-semes con sus campos; nueve ciudades de estas dos tribus.

17 Y de la tribu de Benjamín, Gabaón con sus campos, Geba con sus campos,

18 Anatot con sus campos, y Almón con sus campos; cuatro ciudades.

19 Todas las ciudades de los sacerdotes, hijos de Aarón, son trece con sus campos.

20 Mas las familias de los hijos de [a]Coat, los levitas que quedaban de los hijos de Coat, recibieron por sorteo ciudades de la tribu de Efraín.

21 Y les dieron Siquem como ciudad de refugio para los homicidas, con sus campos, en los montes de Efraín; y Geser con sus campos.

22 Y Kibsaim con sus campos, y Bet-horón con sus campos; cuatro ciudades.

23 Y de la tribu de Dan, Elteque con sus campos, Gibetón con sus campos,

24 Ajalón con sus campos, Gatrimón con sus campos; cuatro ciudades.

25 Y de la media tribu de

12 *a* GEE Caleb.
13 *a* GEE Aarón, hermano de Moisés.
20 *a* Éx. 6:16–19.

Manasés, Taanac con sus campos, y Gat-rimón con sus campos; dos ciudades.

26 Todas las ciudades para el resto de las familias de los hijos de Coat fueron diez con sus campos.

27 A los hijos de Gersón de las familias de los levitas, *dieron*, de la media tribu de Manasés, Golán en Basán, con sus campos, como ciudad de refugio para los homicidas, y Beestera con sus campos; dos ciudades.

28 Y de la tribu de Isacar, Cisón con sus campos, Daberat con sus campos,

29 Jarmut con sus campos, y En-ganim con sus campos; cuatro ciudades.

30 Y de la tribu de Aser, Miseal con sus campos, Abdón con sus campos,

31 Helcat con sus campos, y Rehob con sus campos; cuatro ciudades.

32 Y de la tribu de Neftalí, Cedes en Galilea como ciudad de refugio para los homicidas, con sus campos, y Hamot-dor con sus campos, y Cartán con sus campos; tres ciudades.

33 Todas las ciudades de los gersonitas según sus familias fueron trece ciudades con sus campos.

34 Y a las familias de los hijos de Merari, los levitas que quedaban, *se les dio*, de la tribu de Zabulón, Jocneam con sus campos, y Carta con sus campos,

35 Dimna con sus campos, y Naalal con sus campos; cuatro ciudades.

36 Y de la tribu de Rubén, Beser con sus campos, y Jahaza con sus campos,

37 Cademot con sus campos, y Mefaat con sus campos; cuatro ciudades.

38 Y de la tribu de Gad, Ramot de Galaad como ciudad de refugio para los homicidas, con sus campos, y Mahanaim con sus campos,

39 Hesbón con sus campos, y Jazer con sus campos; cuatro ciudades.

40 Todas las ciudades de los hijos de Merari según sus familias, que restaban de las familias de los levitas, fueron por sus suertes doce ciudades.

41 Y todas las ciudades de los [a]levitas en medio de la posesión de los hijos de Israel, fueron cuarenta y ocho ciudades con sus campos.

42 Y estas ciudades estaban apartadas la una de la otra, cada cual con sus campos alrededor de ella; así fue con todas estas ciudades.

43 Así dio Jehová a Israel toda la [a]tierra que había [b]jurado dar a sus padres; y tomaron posesión de ella y habitaron en ella.

44 Y Jehová les dio [a]reposo alrededor, conforme a todo lo que había jurado a sus padres; y ninguno de todos sus [b]enemigos pudo hacerles frente, porque

41 *a* Núm. 35:1–8.
43 *a* GEE Tierra prometida.
b *O sea,* hecho convenio de (véase el vers. 44).
44 *a* GEE Descansar, descanso (reposo).
b Josué 10:8, 42.

Jehová entregó en sus manos a todos sus enemigos.

45 No [a]faltó ni una palabra de todas las buenas promesas que [b]había hecho Jehová a la casa de Israel; todo se cumplió.

CAPÍTULO 22

Las dos tribus y media son despedidas con una bendición — Éstas edifican un altar de testimonio a orillas del Jordán para mostrar que son el pueblo del Jehová — No es un altar para sacrificios ni para holocaustos.

ENTONCES Josué llamó a los [a]rubenitas y a los gaditas, y a la media tribu de Manasés,

2 y les dijo: Vosotros habéis [a]guardado todo lo que Moisés, siervo de Jehová, os mandó, y habéis obedecido mi voz en todo lo que os he mandado.

3 No habéis abandonado a vuestros hermanos en estos muchos días hasta hoy, sino que os habéis cuidado de guardar los mandamientos de Jehová vuestro Dios.

4 Ahora, pues, que Jehová vuestro Dios ha dado [a]reposo a vuestros hermanos, como lo había prometido, volved, y regresad a vuestras tiendas, a la tierra de vuestra posesión que Moisés, siervo de Jehová, os dio al otro lado del Jordán.

5 Solamente que con [a]diligencia cuidéis de poner por obra el [b]mandamiento y la [c]ley que Moisés, siervo de Jehová, os mandó: que [d]améis a Jehová vuestro Dios, y [e]andéis en todos sus caminos; que guardéis sus mandamientos, y os aferréis a él, y le [f]sirváis con todo vuestro [g]corazón y con toda vuestra alma.

6 Y bendiciéndolos Josué, los envió, y se fueron a sus tiendas.

7 También a la media tribu de Manasés le había dado Moisés *posesión* en Basán; mas a la otra media tribu le dio Josué *heredad* entre sus hermanos de este lado del Jordán, al occidente; y también a éstos envió Josué a sus tiendas, después de haberlos bendecido.

8 Y les habló, diciendo: Volved a vuestras tiendas con grandes riquezas, y con muchísimo ganado, con plata, y con oro, y con bronce, y con mucha ropa; compartid con vuestros hermanos el botín de vuestros enemigos.

9 Y los hijos de Rubén y los hijos de Gad, y la media tribu de Manasés, se volvieron, y se apartaron de los hijos de Israel, de Silo, que está en la tierra de Canaán, para ir a la tierra de Galaad, a la tierra de sus posesiones, de la cual eran poseedores, según la palabra de Jehová por medio de Moisés.

10 Y llegando a los límites del Jordán, que está en la tierra de

45 *a* 1 Rey. 8:56.
b Mateo 24:35.
22 1 *a* Josué 18:7.
2 *a* Núm. 32:6, 17–22.
4 *a* Josué 21:44.
5 *a* GEE Diligencia.
b DyC 84:25–27.
c GEE Ley; Ley de Moisés.
d GEE Amor.
e GEE Andar, andar con Dios.
f GEE Servicio.
g DyC 4:2; 64:22.

Canaán, los hijos de Rubén y los hijos de Gad, y la media tribu de Manasés, edificaron allí un altar junto al Jordán, un altar de gran apariencia.

11 Y los hijos de Israel oyeron decir: He aquí, los hijos de Rubén, y los hijos de Gad, y la media tribu de Manasés han edificado un altar delante de la tierra de Canaán, en los límites del Jordán, por el lado de los hijos de Israel.

12 Cuando los hijos de Israel lo oyeron, se reunió toda la congregación de los hijos de Israel en Silo, para subir a pelear contra ellos.

13 Y enviaron los hijos de Israel a los hijos de Rubén, y a los hijos de Gad, y a la media tribu de Manasés, en la tierra de Galaad, a Finees hijo de Eleazar, el sacerdote,

14 y a diez príncipes con él: un príncipe por cada casa paterna de todas las tribus de Israel, cada uno de los cuales era cabeza de familia de su casa paterna entre los millares de Israel.

15 Éstos fueron a los hijos de Rubén, y a los hijos de Gad, y a la media tribu de Manasés, en la tierra de Galaad, y les hablaron, diciendo:

16 Toda la congregación de Jehová dice así: ¿Qué transgresión es ésta que habéis cometido contra el Dios de Israel, apartándoos hoy de seguir a Jehová, edificándoos un altar para ser hoy [a]rebeldes contra Jehová?

17 ¿No nos ha sido suficiente la [a]maldad de Peor, de la que no estamos aún limpios hasta este día, por la cual vino la mortandad en la congregación de Jehová?

18 Y vosotros os apartáis hoy de seguir a Jehová; y sucederá que vosotros os rebeláis hoy contra Jehová, y mañana se enojará él contra toda la congregación de Israel.

19 Que si os parece que la tierra de vuestra posesión es inmunda, pasaos a la tierra de la posesión de Jehová, en la cual está el tabernáculo de Jehová, y tomad posesión entre nosotros; pero no os rebeléis contra Jehová, ni os rebeléis contra nosotros, edificándoos un altar además del altar de Jehová nuestro Dios.

20 ¿No cometió [a]Acán hijo de Zera transgresión en el [b]anatema, y cayó la ira sobre toda la congregación de Israel? Y aquel hombre no pereció solo en su iniquidad.

21 Entonces los hijos de Rubén, y los hijos de Gad, y la media tribu de Manasés, respondieron y dijeron a los jefes de los millares de Israel:

22 El [a]Dios de los dioses, Jehová, el Dios de los dioses, Jehová, él lo sabe, y que lo sepa Israel: si fue por rebelión o por transgresión contra Jehová, no nos salves hoy.

23 Si nos hemos edificado altar para apartarnos de Jehová o para ofrecer holocausto u ofrenda de grano, o para hacer sobre él

16 *a* Deut. 29:10–20.
17 *a* Núm. 25:1–9.
20 *a* Josué 7:1.
b Josué 6:18.
22 *a* Deut. 10:17.

ofrendas de paz, el mismo Jehová *nos* lo demande.

24 En verdad, lo hicimos por temor de que mañana vuestros hijos digan a nuestros hijos: ¿Qué tenéis que ver vosotros con Jehová el Dios de Israel?

25 Jehová ha puesto por límite el Jordán entre nosotros y vosotros, oh hijos de Rubén e hijos de Gad; no tenéis vosotros parte con Jehová. Y *así* vuestros hijos harían que nuestros hijos dejaran de temer a Jehová.

26 Por esto dijimos: Edifiquemos ahora un altar, no para holocausto ni para sacrificio,

27 sino para que sea un testimonio entre nosotros y vosotros, y entre los que vendrán después de nosotros, de que podemos hacer el servicio de Jehová delante de él con nuestros holocaustos, con nuestros sacrificios, y con nuestras ofrendas de paz; y no digan mañana vuestros hijos a los nuestros: Vosotros no tenéis parte con Jehová.

28 Nosotros, pues, dijimos: Si acontece que en lo futuro nos dicen eso a nosotros o a nuestros descendientes, entonces responderemos: Mirad el símil del altar de Jehová, el cual hicieron nuestros padres, no para holocaustos ni para sacrificios, sino para que fuese testimonio entre nosotros y vosotros.

29 Nunca tal acontezca que nos rebelemos contra Jehová, o que nos apartemos hoy de seguir a Jehová, edificando altar para holocaustos, para ofrendas de grano, o para sacrificios, además del altar de Jehová nuestro Dios que está delante de su tabernáculo.

30 Y cuando Finees el sacerdote y los príncipes de la congregación, y los jefes de los millares de Israel que con él estaban, oyeron las palabras que hablaron los hijos de Rubén y los hijos de Gad y los hijos de Manasés, quedaron contentos con ello.

31 Y dijo Finees, hijo del sacerdote Eleazar, a los hijos de Rubén, a los hijos de Gad, y a los hijos de Manasés: Hoy hemos entendido que Jehová está entre nosotros, porque no habéis intentado esta traición contra Jehová. Ahora habéis librado a los hijos de Israel de la mano de Jehová.

32 Y Finees, hijo del sacerdote Eleazar, y los príncipes, dejaron a los hijos de Rubén, y a los hijos de Gad, y regresaron de la tierra de Galaad a la tierra de Canaán, a los hijos de Israel, a los cuales dieron la respuesta.

33 Y el asunto agradó a los hijos de Israel, y bendijeron a Dios los hijos de Israel; y no hablaron más de subir contra ellos en guerra, para destruir la tierra en que habitaban los hijos de Rubén y los hijos de Gad.

34 Y los hijos de Rubén y los hijos de Gad pusieron al altar el nombre de Ed, porque es testimonio entre nosotros de que Jehová es [a]Dios.

34 *a* Jer. 10:10. GEE Trinidad.

CAPÍTULO 23

Josué exhorta a Israel a ser valiente, a guardar los mandamientos, a amar a Jehová y a no concertar matrimonios con los cananeos ni a unirse a los que queden de ellos en la tierra — Si los hijos de Israel sirven a otros dioses, serán maldecidos y despojados.

Y ACONTECIÓ, pasados muchos días después que Jehová dio reposo a Israel de todos sus enemigos de alrededor, que [a]Josué, siendo viejo, y entrado en años,

2 llamó a todo Israel, a sus ancianos, a sus jefes, a sus jueces y a sus oficiales, y les dijo: Yo ya soy viejo y entrado en años.

3 Y vosotros habéis visto todo lo que Jehová vuestro Dios ha hecho con todas estas naciones por vuestra causa, porque Jehová vuestro Dios es quien ha peleado por vosotros.

4 He aquí os he repartido por sorteo, como heredad para vuestras tribus, estas naciones, tanto las destruidas como las que quedan, desde el Jordán hasta el [a]mar Grande hacia donde el sol se pone.

5 Y Jehová vuestro Dios las expulsará de delante de vosotros, y las lanzará de vuestra presencia; y vosotros poseeréis su tierra, como Jehová vuestro Dios os ha dicho.

6 [a]Esforzaos, pues, mucho en guardar y en hacer todo lo que está escrito en el libro de la ley de Moisés, sin apartaros de ello ni a diestra ni a siniestra,

7 para que no os mezcléis con estas naciones que han quedado entre vosotros, ni hagáis mención ni juréis por el nombre de sus [a]dioses, ni los sirváis, ni os inclinéis ante ellos.

8 Mas a Jehová vuestro Dios os aferraréis, como habéis hecho hasta hoy;

9 pues ha expulsado Jehová de delante de vosotros a naciones grandes y fuertes, y hasta hoy nadie os ha podido hacer frente delante de vuestro rostro.

10 Un solo varón de vosotros perseguirá a mil, porque Jehová vuestro Dios es quien pelea por vosotros, como él os dijo.

11 Por tanto, tened mucho cuidado por vuestras almas, de que améis a Jehová vuestro Dios.

12 Porque si os apartáis, y os unís a lo que resta de estas naciones que han quedado entre vosotros, y si concertáis con ellas [a]matrimonios, mezclándoos con ellas, y ellas con vosotros,

13 sabed que Jehová vuestro Dios no expulsará más a estas naciones de delante de vosotros, sino que os serán por lazo, y por trampa, y por azote para vuestros costados, y por espinas para vuestros ojos, hasta que perezcáis de sobre esta buena tierra que Jehová vuestro Dios os ha dado.

14 Y he aquí que yo estoy para entrar hoy por [a]el camino de toda

23 1 *a* GEE Josué.
4 *a* *Es decir,* el mar Mediterráneo.
6 *a* GEE Valor, valiente.
7 *a* Éx. 23:13. GEE Idolatría.
12 *a* GEE Matrimonio—El matrimonio entre personas de distintas religiones.
14 *a* 1 Rey. 2:1–2. GEE Muerte física.

la tierra, y vosotros sabéis con todo vuestro corazón y con toda vuestra alma que no ha fallado ni una palabra de todas las buenas palabras que Jehová vuestro Dios ha dicho acerca de vosotros; todas os han acontecido, no ha fallado de ellas ni una.
15 Pero sucederá que así como
ha venido sobre vosotros toda palabra buena que Jehová vuestro Dios os ha dicho, así *también* traerá Jehová sobre vosotros toda palabra mala, hasta destruiros de sobre la buena tierra que Jehová vuestro Dios os ha dado.
16 Si traspasáis el convenio de
Jehová vuestro Dios que él os ha mandado, y vais y honráis a dioses ajenos, y os inclináis ante ellos, entonces el furor de Jehová se encenderá contra vosotros, y pereceréis prontamente de esta buena tierra que él os ha dado.

CAPÍTULO 24

Josué relata la forma en que Jehová ha bendecido y dirigido a Israel — Josué y todo el pueblo hacen convenio de escoger a Jehová y servirlo a Él únicamente — Mueren Josué y Eleazar — Los huesos de José, llevados desde Egipto, son enterrados en Siquem.

Y REUNIÓ Josué a todas las tribus de Israel en Siquem y llamó a los ancianos de Israel, y a sus príncipes, y a sus jueces, y a sus oficiales; y se presentaron delante de Dios.
2 Y dijo Josué a todo el pueblo:
Así dice Jehová, Dios de Israel: Vuestros padres habitaron antiguamente al otro lado del [a]río, *a saber,* Taré, padre de Abraham y de Nacor, y servían a [b]dioses extraños.
3 Y yo tomé a vuestro padre
Abraham del otro lado del río, y lo traje por toda la tierra de Canaán, y aumenté su [a]descendencia, y le di a Isaac.
4 Y a [a]Isaac le di a [b]Jacob y a
[c]Esaú. Y a Esaú le di en posesión el monte Seir, en tanto que Jacob y sus hijos descendieron a Egipto.
5 Y yo envié a Moisés y a Aarón,
y herí a Egipto, conforme a lo que hice en medio de él, y después os saqué.
6 Y saqué a vuestros padres de
Egipto, y llegaron al mar; y los egipcios persiguieron a vuestros padres hasta el [a]Mar Rojo con carros de guerra y caballería.
7 Y cuando ellos clamaron a Je-
hová, él puso oscuridad entre vosotros y los egipcios, e hizo venir sobre ellos el mar, el cual los cubrió; y vuestros ojos vieron lo que hice en Egipto. Después estuvisteis muchos días en el desierto.
8 Y os introduje en la tierra de
los amorreos, que habitaban al otro lado del Jordán, los cuales pelearon contra vosotros; mas yo los entregué en vuestras manos,

24 2 *a* *Es decir,* el río Éufrates (véase también el vers. 14).
b GEE Idolatría.
3 *a* Gén. 15:5. GEE Abraham—La descendencia de Abraham.
4 *a* GEE Isaac.
b GEE Jacob, hijo de Isaac.
c GEE Esaú.
6 *a* GEE Mar Rojo.

y tomasteis posesión de su tierra, y los destruí de delante de vosotros.

9 Y se levantó después Balac, hijo de Zipor, rey de los moabitas, y peleó contra Israel; y envió a llamar a [a]Balaam, hijo de Beor, para que os maldijese.

10 Mas yo no quise escuchar a Balaam, antes bien él os bendijo repetidamente, y os libré de sus manos.

11 Y pasasteis el Jordán, y llegasteis a [a]Jericó; y los moradores de Jericó pelearon contra vosotros: los amorreos, y los ferezeos, y los cananeos, y los heteos, y los gergeseos, y los heveos, y los jebuseos, y yo los entregué en vuestras manos.

12 Y envié avispas delante de vosotros, las cuales los expulsaron de delante de vosotros, *a saber,* a los dos reyes de los amorreos; no fue con tu espada ni con tu arco.

13 Y os di la tierra por la cual no trabajasteis, y las ciudades que no edificasteis, en las cuales moráis; y coméis de las viñas y de los olivares que no plantasteis, coméis.

14 Ahora pues, [a]temed a Jehová, y servidle con integridad y en verdad; y quitad de en medio *de vosotros* los dioses a los cuales sirvieron vuestros padres al otro lado del río y en Egipto, y servid a Jehová.

15 Y si mal os parece servir a Jehová, [a]escogeos hoy a quién [b]sirváis; si a los dioses a quienes sirvieron vuestros padres, cuando estuvieron al otro lado del río, o a los dioses de los amorreos en cuya tierra habitáis; pero yo y mi casa serviremos a Jehová.

16 Entonces el pueblo respondió, y dijo: Nunca tal acontezca, que dejemos a Jehová para servir a otros dioses,

17 porque Jehová nuestro Dios es el que nos sacó a nosotros y a nuestros padres de la tierra de Egipto, de la casa de servidumbre; el que delante de nuestros ojos ha hecho estas grandes señales, y nos ha guardado a lo largo de todo el camino por donde hemos andado, y en todos los pueblos por entre los cuales pasamos.

18 Y Jehová expulsó de delante de nosotros a todos los pueblos, y aun al amorreo que habitaba en la tierra; nosotros, pues, también serviremos a Jehová, porque él es nuestro Dios.

19 Entonces Josué dijo al pueblo: No podréis servir a Jehová, porque él es Dios santo, y Dios [a]celoso; [b]no perdonará vuestras rebeliones ni vuestros pecados.

20 Si dejáis a Jehová y servís a [a]dioses ajenos, él se volverá contra vosotros y os hará mal y os consumirá, después que os ha hecho bien.

21 El pueblo entonces dijo a Josué: No, sino que a Jehová serviremos.

9 *a* GEE Balaam.
11 *a* GEE Jericó.
14 *a* GEE Temor—Temor de Dios.
15 *a* GEE Albedrío.
b GEE Servicio.
19 *a* *Es decir,* que desea una devoción exclusiva.
b GEE Perdonar.
20 *a* GEE Idolatría.

22 Y Josué respondió al pueblo: Vosotros sois [a]testigos contra vosotros mismos de que habéis elegido a Jehová para servirle. Y ellos respondieron: Testigos somos.

23 Quitad, pues, ahora los dioses ajenos que están entre vosotros, e inclinad vuestro corazón a Jehová Dios de Israel.

24 Y el pueblo respondió a Josué: A Jehová nuestro Dios serviremos, y su voz obedeceremos.

25 Entonces Josué hizo convenio con el pueblo aquel mismo día, y les dio [a]estatutos y decretos en Siquem.

26 Y escribió Josué estas palabras en el libro de la ley de Dios; y tomando una gran piedra, la colocó allí debajo de una encina que estaba junto al santuario de Jehová.

27 Y dijo Josué a todo el pueblo: He aquí esta piedra servirá de [a]testigo contra nosotros, porque ha oído todas las palabras de Jehová que él ha hablado con nosotros; será, pues, testigo contra vosotros, para que no mintáis contra vuestro Dios.

28 Y aconteció que envió Josué al pueblo, cada uno a su heredad.

29 Y después de estas cosas murió Josué, hijo de Nun, siervo de Jehová, siendo de ciento diez años.

30 Y lo sepultaron en el territorio de su heredad en Timnat-sera, que está en los montes de Efraín, al norte del monte Gaas.

31 Y sirvió Israel a Jehová todo el tiempo de Josué, y todo el tiempo de los ancianos que sobrevivieron a Josué, y que sabían todas las obras que Jehová había hecho por Israel.

32 Y enterraron en Siquem los [a]huesos de José que los hijos de Israel habían traído de Egipto, en [b]la parte del campo que Jacob compró de los hijos de Hamor, padre de Siquem, por cien monedas; y vino a ser heredad de los hijos de José.

33 También murió Eleazar, hijo de Aarón, y lo enterraron en el collado de Finees, su hijo, que le fue dado en los montes de Efraín.

Jueces

CAPÍTULO 1

Judá, Simeón y José continúan la conquista de los cananeos — Los cananeos sobrevivientes permanecen en las tierras de Judá, de Manasés, de Efraín, de Zabulón, de Aser, de Neftalí y de Dan.

Y ACONTECIÓ que después de la muerte de Josué, los hijos de Israel consultaron a Jehová, diciendo: ¿Quién de nosotros subirá primero a pelear contra los cananeos?

2 Y Jehová respondió: Judá

22 *a* GEE Testigo.
25 *a* GEE Ley.
27 *a* HEB testimonio. GEE Testigo.
32 *a* Gén. 50:25; Éx. 13:19.
b Gén. 33:19.

subirá; he aquí que yo he entregado la tierra en sus manos.

3 Y Judá dijo a Simeón, su hermano: Sube conmigo al territorio que me ha tocado, y [a]peleemos contra el cananeo; y yo también iré contigo al tuyo. Y Simeón fue con él.

4 Y subió Judá, y Jehová entregó en sus manos al cananeo y al ferezeo; y de ellos hirieron en Bezec a diez mil hombres.

5 Y hallaron a Adoni-bezec en Bezec, y pelearon contra él y derrotaron al cananeo y al ferezeo.

6 Mas Adoni-bezec huyó; y lo persiguieron, y lo prendieron y le cortaron los pulgares de las manos y de los pies.

7 Entonces dijo Adoni-bezec: Setenta reyes, cortados los pulgares de sus manos y de sus pies, recogían *las migajas* debajo de mi mesa; como yo hice, así me ha pagado Dios. Y lo llevaron a Jerusalén, donde murió.

8 Y habían combatido los hijos de Judá contra Jerusalén, y la habían tomado, y la pasaron a filo de espada y prendieron fuego a la ciudad.

9 Después los hijos de Judá descendieron para pelear contra el cananeo que habitaba en las montañas, y en el sur y en los llanos.

10 Y marchó Judá contra el cananeo que habitaba en Hebrón, la cual se llamaba antes Quiriat-arba; e hirieron a Sesai, y a Ahimán y a Talmai.

11 Y de allí fue contra los que habitaban en Debir, que antes se llamaba Quiriat-séfer.

12 Y dijo Caleb: Al que ataque a Quiriat-séfer y la tome, yo le daré a Acsa, mi hija, por esposa.

13 Y la tomó Otoniel hijo de Cenaz, hermano menor de Caleb; y él le dio a su hija Acsa por esposa.

14 Y aconteció que cuando se iba con él, le persuadió a que pidiese a su padre un campo. Y ella se apeó del asno, y Caleb le dijo: ¿Qué deseas?

15 Ella entonces le respondió: Dame una bendición; ya que me has dado tierra del sur, dame también fuentes de aguas. Entonces Caleb le dio las fuentes de arriba y las fuentes de abajo.

16 Y los hijos del [a]ceneo, [b]suegro de Moisés, subieron de la [c]ciudad de las palmeras con los hijos de Judá al desierto de Judá, que está al sur de Arad; y fueron y habitaron con el pueblo.

17 Y fue Judá con su hermano Simeón, y derrotaron al cananeo que habitaba en Sefat y la asolaron. Y pusieron por nombre a la ciudad, Horma.

18 Tomó también Judá Gaza con su territorio, y Ascalón con su territorio y Ecrón con su territorio.

19 Y Jehová estaba con [a]Judá, que expulsó a los de las montañas, mas no pudo expulsar a los que habitaban en los llanos, los cuales tenían carros de hierro.

20 Y dieron Hebrón a Caleb,

[JUECES]
1 3 *a* Josué 23:1–16.
16 *a* 1 Sam. 15:6.
b GEE Jetro.
c *Es decir,* Jericó.
19 *a* Deut. 33:7.

como Moisés había dicho; y él
expulsó de allí a los tres hijos
de Anac.
21 Mas al jebuseo que habitaba
en Jerusalén no lo [a]expulsaron
los hijos de Benjamín, y así el jebuseo ha habitado con los hijos
de Benjamín en Jerusalén hasta
hoy.
22 También los de la casa de José
subieron contra Bet-el, y Jehová
estaba con ellos.
23 Y los de la casa de José pusieron espías en Bet-el, ciudad que
antes se llamaba Luz.
24 Y los que espiaban vieron a
un hombre que salía de la ciudad
y le dijeron: Muéstranos ahora la
entrada de la ciudad, y haremos
contigo misericordia.
25 Y él les mostró la entrada a
la ciudad, y la hirieron a filo de
espada; mas dejaron ir a aquel
hombre con toda su familia.
26 Y se fue el hombre a la tierra
de los heteos y edificó una ciudad, a la cual llamó Luz; *y* éste
es su nombre hasta hoy.
27 Tampoco Manasés expulsó
a *los de* Bet-seán, ni a *los de* sus
aldeas, ni a *los de* Taanac y sus aldeas, ni a los de Dor y sus aldeas,
ni a los habitantes de Ibleam y sus
aldeas ni a los que habitaban en
Meguido y en sus aldeas; pero el
cananeo persistía en habitar en
aquella tierra.
28 Y aconteció que cuando
Israel cobró fuerzas, hizo tributario al cananeo, mas no los expulsó
totalmente.
29 Tampoco Efraín expulsó al
cananeo que habitaba en Gezer,
sino que habitó el cananeo en
medio de ellos en Gezer.
30 Tampoco Zabulón expulsó a
los que habitaban en Quitrón ni a
los que habitaban en Naalal, sino
que el cananeo habitó en medio
de él, y le fue tributario.
31 Tampoco Aser expulsó a los
que habitaban en Aco, ni a los
que habitaban en Sidón, ni en
Ahlab, ni en Aczib, ni en Helba,
ni en Afec ni en Rehob.
32 Así que moró Aser entre los
cananeos que habitaban en la tierra, pues no los expulsó.
33 Tampoco Neftalí expulsó a
los que habitaban en Bet-semes ni
a los que habitaban en Bet-anat,
sino que moró entre los cananeos
que habitaban en la tierra; mas le
fueron tributarios los moradores
de Bet-semes y los moradores de
Bet-anat.
34 Los amorreos hicieron retroceder a los hijos de Dan hasta la
región montañosa, y no los dejaron descender a los llanos.
35 Y el amorreo persistió en habitar en el monte Heres, en Ajalón y en Saalbim; pero cuando la
mano de la casa de José se fortaleció, los hicieron tributarios.
36 Y el límite del amorreo fue
desde la subida de Acrabim,
desde Sela hacia arriba.

CAPÍTULO 2

Un ángel amonesta a Israel por no servir a Jehová — Como ejemplo de acontecimientos futuros se levanta una nueva generación que rechaza a

21 *a* Sal. 106:34–35.

Jehová y sirve a Baal y a Astarot — Jehová se enoja con los hijos de Israel y deja de ampararlos — Levanta jueces para guiarlos y dirigirlos — Los cananeos se quedan en la tierra para poner a prueba a Israel.

Y EL [a]ángel de Jehová subió de
Gilgal a Boquim y dijo: Yo os saqué de Egipto, y os introduje en la tierra que había jurado dar a vuestros padres y dije: No quebrantaré jamás mi [b]convenio con vosotros,
2 con tal que vosotros no hagáis
[a]alianza con los moradores de esta tierra, cuyos altares habéis de derribar; mas vosotros no habéis [b]atendido a mi voz. ¿Por qué habéis hecho esto?
3 Por tanto, yo también dije: No
los echaré de delante de vosotros, sino que os serán *azote para* vuestros costados, y sus dioses *os serán* [a]tropiezo.
4 Y cuando el ángel de Jehová
habló estas palabras a todos los hijos de Israel, el pueblo alzó su voz y lloró.
5 Y llamaron a aquel lugar [a]Bo-
quim y allí ofrecieron sacrificios a Jehová.
6 Cuando Josué despidió al pue-
blo, cada uno de los hijos de Israel fue a su heredad para poseerla.
7 Y el pueblo había servido a
Jehová todo el tiempo de Josué, y todo el tiempo de los ancianos que sobrevivieron a Josué, los cuales habían visto todas las grandes obras que Jehová había hecho por Israel.
8 Y murió Josué hijo de [a]Nun,
siervo de Jehová, a la edad de ciento diez años.
9 Y lo sepultaron en el territorio
de su heredad en Timnat-sera, en los montes de Efraín, al norte del monte Gaas.
10 Y toda aquella generación fue
también reunida con sus padres. Y se levantó después de ellos otra generación que [a]no conocía a Jehová ni la obra que él había hecho por Israel.
11 Y los hijos de Israel hicieron
lo malo ante los ojos de Jehová y sirvieron a los [a]baales.
12 Y abandonaron a Jehová, el
Dios de sus padres, que los había sacado de la tierra de Egipto, y se fueron tras otros dioses, los dioses de los pueblos que estaban en sus alrededores, a los cuales [a]adoraron; y provocaron a ira a Jehová.
13 Y abandonaron a Jehová, y
adoraron a [a]Baal y a Astarot.
14 Y el furor de Jehová se encen-
dió contra Israel, y los entregó en manos de saqueadores que los saquearon, y los vendió en manos de sus enemigos de alrededor; y ya no pudieron hacer frente a sus enemigos.
15 Por dondequiera que salían,

2 1 *a* HEB mensajero (véase también el vers. 4).
b HEB *berit:* convenio, pacto, alianza. DyC 82:10. GEE Abraham, Convenio de; Convenio (pacto).
2 *a* Éx. 34:12.
b GEE Rebelión.
3 *a* Éx. 23:32–33.
5 *a* HEB llanto.
8 *a* Núm. 11:28; Deut. 34:9.
10 *a* Juan 17:3. GEE Tinieblas espirituales.
11 *a* GEE Baal.
12 *a* GEE Idolatría.
13 *a* GEE Baal.

la [a]mano de Jehová estaba contra ellos para mal, como Jehová había dicho y como Jehová se lo había jurado; así tuvieron gran aflicción.

16 Mas Jehová levantó jueces que los librasen de manos de los que los despojaban.

17 Y tampoco oyeron a sus jueces, sino que se [a]prostituyeron tras [b]dioses ajenos, a los cuales adoraron. [c]Pronto se apartaron del camino en que anduvieron sus padres, que obedecían los mandamientos de Jehová; ellos no hicieron así.

18 Y cuando Jehová les levantaba jueces, Jehová estaba con el juez y los libraba de manos de los enemigos todo el tiempo de aquel juez, [a]porque Jehová era movido a misericordia por sus gemidos, a causa de los que los oprimían y afligían.

19 Mas acontecía que al morir el juez, ellos volvían atrás y se corrompían más que sus [a]padres, siguiendo dioses ajenos, sirviéndoles e inclinándose delante de ellos; y no se apartaron de sus obras ni de su obstinado camino.

20 Y la ira de Jehová se encendió contra Israel y dijo: Por cuanto esta nación traspasa mi convenio que ordené a sus padres, y no obedecen mi voz,

21 tampoco yo volveré más a expulsar de delante de ellos a ninguna de las naciones que dejó Josué cuando murió;

22 para [a]probar por medio de ellas a Israel, para ver si ellos guardarán o no el camino de Jehová, [b]andando en él como sus padres lo hicieron.

23 Por esto dejó Jehová a aquellas naciones, y no las expulsó en seguida, ni las entregó en manos de Josué.

CAPÍTULO 3

Los israelitas y los cananeos se casan entre sí — Los hijos de Israel adoran dioses falsos y son maldecidos — Otoniel juzga a Israel — Sirven a Moab y son liberados por Aod, quien mata a Eglón.

Éstas, pues, son las naciones que dejó Jehová para probar con ellas a Israel, a todos aquellos que no habían conocido todas las guerras de Canaán;

2 sólo para que al menos las generaciones de los hijos de Israel conociesen la guerra, para que la enseñasen a los que antes no la habían conocido:

3 los cinco príncipes de los [a]filisteos, y todos los [b]cananeos, y los sidonios y los heveos que habitaban en la región montañosa del Líbano, desde el monte Baal-hermón hasta llegar a Hamat.

4 Éstos, pues, estaban para

15 *a* Lev. 26:3–46. GEE Condenación, condenar; Maldecir, maldiciones.
17 *a* 2 Ne. 9:37; Alma 7:6; Hel. 6:31.
b Éx. 34:12–16.
c Hel. 12:4.
18 *a* TJS Jue. 2:18 …porque Jehová *prestaba oídos por motivo de…*
19 *a* Hech. 7:51–53.
22 *a* 1 Ne. 2:23–24; Abr. 3:25.
b GEE Andar, andar con Dios.
3 3 *a* GEE Filisteos.
b GEE Canaán, cananeo.

[a]probar a Israel, para saber si obedecerían los mandamientos de Jehová que él había dado a sus padres por medio de Moisés.

5 Así los hijos de Israel habitaron entre los cananeos, los heteos, los amorreos, los ferezeos, los heveos y los jebuseos.

6 Y [a]tomaron a sus hijas por esposas, y dieron sus hijas a los hijos de ellos y sirvieron a sus dioses.

7 Hicieron, pues, los hijos de Israel [a]lo malo ante los ojos de Jehová; y olvidaron a Jehová su Dios, y sirvieron a los [b]baales y a las imágenes de [c]Asera.

8 Y la ira de Jehová se encendió contra Israel, y los vendió en manos de Cusán-risataim, rey de Mesopotamia; y sirvieron los hijos de Israel a Cusán-risataim ocho años.

9 Y clamaron los hijos de Israel a Jehová, y Jehová levantó un [a]libertador a los hijos de Israel, a Otoniel hijo de Cenaz, hermano menor de Caleb, y él los libró.

10 Y el [a]espíritu de Jehová vino sobre él, y juzgó a Israel; y salió a la batalla, y Jehová entregó en su mano a Cusán-risataim, rey de Siria, y prevaleció su mano contra Cusán-risataim.

11 Y reposó la tierra cuarenta años; y murió Otoniel hijo de Cenaz.

12 Y volvieron los hijos de Israel a hacer lo malo ante los ojos de Jehová, y Jehová fortaleció a Eglón, rey de Moab, contra Israel, por cuanto habían hecho lo malo ante los ojos de Jehová.

13 Y *Eglón* reunió consigo a los hijos de Amón y de Amalec, y fue y derrotó a Israel, y tomó la [a]ciudad de las palmeras.

14 Y sirvieron los hijos de Israel a Eglón, rey de los moabitas, dieciocho años.

15 Y clamaron los hijos de Israel a Jehová, y Jehová les levantó un libertador, a Aod hijo de Gera, benjaminita, el cual era zurdo. Y los hijos de Israel enviaron con él un presente a Eglón, rey de Moab.

16 Y Aod se había hecho un puñal de dos filos, de un codo de largo; y se lo ciñó debajo de sus vestidos a su lado derecho.

17 Y entregó el presente a Eglón, rey de Moab; y era Eglón hombre muy grueso.

18 Y luego que hubo entregado el presente, despidió a la gente que lo había traído.

19 Mas él se volvió desde los ídolos que están en Gilgal y dijo: Rey, una palabra secreta tengo que decirte. Él entonces dijo: Calla. Y salieron de delante de él todos los que con él estaban.

20 Y se acercó Aod a él, el cual estaba sentado solo en su sala de verano. Y Aod dijo: Tengo palabra de Dios para ti. Él entonces se levantó de la silla.

21 Y Aod alargó su mano izquierda, y tomó el puñal de su

4 *a* GEE Albedrío.
6 *a* GEE Matrimonio—El matrimonio entre personas de distintas religiones.
7 *a* GEE Apostasía.
b GEE Baal.
c HEB *asheroth,* diosa del culto a la fertilidad.
9 *a* Neh. 9:27.
10 *a* GEE Trinidad—Dios el Espíritu Santo.
13 *a* *Es decir,* Jericó.

lado derecho y se lo clavó por
el vientre
22 de tal manera que la empuñadura entró también tras la hoja, y
la gordura cubrió la hoja, porque
él no sacó el puñal de su vientre,
y salió el excremento.
23 Y salió Aod al corredor, y cerró tras sí las puertas de la [a]sala y
las aseguró con el cerrojo.
24 Y cuando él hubo salido,
vinieron los siervos, los cuales,
viendo las puertas de la sala cerradas, dijeron: Sin duda él [a]cubre
sus pies en la sala de verano.
25 Y habiendo esperado hasta
estar confusos, porque él no abría
las puertas de la sala, tomaron la
llave y abrieron; y he aquí su señor caído en tierra, muerto.
26 Mas entre tanto que ellos se
detuvieron, Aod se escapó y, pasando junto a los ídolos, se puso
a salvo en Seirat.
27 Y aconteció que cuando
hubo llegado, tocó el cuerno en
los montes de Efraín, y los hijos
de Israel descendieron con él del
monte, y él *iba* delante de ellos.
28 Entonces él les dijo: Seguidme, porque Jehová ha entregado a vuestros enemigos, los
moabitas, en vuestras manos. Y
descendieron en pos de él, y tomaron los vados del Jordán que
llevan a Moab, y no dejaron pasar
a ninguno.
29 Y en aquel tiempo mataron
de los moabitas como a diez mil
hombres, todos valientes y todos
hombres de guerra; y no escapó
hombre alguno.
30 Así quedó Moab sojuzgado
aquel día bajo la mano de Israel;
y reposó la tierra ochenta años.
31 Después de él vino Samgar
hijo de Anat, el cual mató a seiscientos hombres de los filisteos
con una [a]aguijada de bueyes; y
él también salvó a Israel.

CAPÍTULO 4

Débora, mujer profetisa, juzga a Israel — Ella y Barac liberan a Israel de los cananeos — Jael, una mujer, mata a Sísara el cananeo.

Y DESPUÉS de la muerte de Aod,
los hijos de Israel volvieron a
hacer [a]lo malo ante los ojos de
Jehová.
2 Y Jehová los [a]vendió en manos de Jabín, rey de Canaán, el
cual reinó en Hazor; y el capitán
de su ejército *se llamaba* Sísara,
el cual habitaba en Haroset de
los gentiles.
3 Y los hijos de Israel clamaron
a Jehová, porque aquél tenía novecientos carros de hierro y había
oprimido con crueldad a los hijos
de Israel durante veinte años.
4 Y juzgaba en aquel tiempo a
Israel una mujer, Débora, [a]profe-
tisa, esposa de Lapidot,
5 la cual acostumbraba sentarse

23 *a* HEB habitación en la parte alta de la vivienda.
24 *a* Eufemismo en hebreo: hacer sus necesidades.
31 *a* *O sea,* una vara con un pedazo de hierro en uno de los extremos para aguijar a los bueyes.
4 1 *a* Abr. 1:5–7.
2 *a* Isa. 50:1; 2 Ne. 7:1.
4 *a* Núm. 11:26–29; Hech. 21:8–9; Apoc. 19:10; Alma 32:23. GEE Profetisa.

bajo la palmera de Débora entre Ramá y Bet-el, en los montes de Efraín; y los hijos de Israel acudían a ella para juicio.

6 Y ella envió a llamar a Barac hijo de Abinoam, de Cedes de Neftalí, y le dijo: ¿No te ha mandado Jehová Dios de Israel, *diciendo:* Ve, y reúne a tu gente en el monte Tabor, y toma contigo diez mil hombres de los hijos de Neftalí y de los hijos de Zabulón;

7 y yo atraeré hacia ti, hasta el arroyo Cisón, a Sísara, capitán del ejército de Jabín, con sus carros y su ejército, y lo entregaré en tus manos?

8 Y Barac le respondió: Si tú vas conmigo, yo iré; pero si no vas conmigo, no iré.

9 Y ella dijo: Iré contigo; mas no será tuyo el honor de la jornada que vas a emprender, porque en manos de mujer venderá Jehová a Sísara. Y levantándose Débora, fue con Barac a Cedes.

10 Y reunió Barac a Zabulón y a Neftalí en Cedes, y subió con diez mil hombres a su mando, y Débora subió con él.

11 Y Heber, el ceneo, de los hijos de Hobab, suegro de Moisés, se había apartado de los ceneos y había puesto su tienda hasta el valle de Zaanaim, que está junto a Cedes.

12 Dieron, pues, las nuevas a Sísara de que Barac hijo de Abinoam había subido al monte Tabor.

13 Y reunió Sísara todos sus carros, novecientos carros de hierro, y a todo el pueblo que con él estaba, desde Haroset de los gentiles hasta el arroyo Cisón.

14 Entonces Débora dijo a Barac: Levántate, porque éste es el día en que Jehová ha entregado a Sísara en tus manos. ¿No ha salido Jehová [a]delante de ti? Y Barac descendió del monte Tabor, y diez mil hombres en pos de él.

15 Y Jehová desbarató a Sísara, con todos sus carros y todo su ejército, a filo de espada delante de Barac, y Sísara descendió del carro y huyó a pie,

16 mas Barac persiguió los carros y el ejército hasta Haroset de los gentiles, y todo el ejército de Sísara cayó a filo de espada hasta no quedar ni uno.

17 Y Sísara huyó a pie a la tienda de Jael, esposa de Heber el ceneo, porque había paz entre Jabín, rey de Hazor, y la casa de Heber, el ceneo.

18 Y saliendo Jael a recibir a Sísara, le dijo: Ven, señor mío, ven a mí, no tengas temor. Y él fue hacia ella a la tienda, y ella le cubrió con una manta.

19 Y él le dijo: Te ruego me des de beber un poco de agua, pues tengo sed. Y ella abrió un odre de leche y le dio de beber, y le volvió a cubrir.

20 Y él le dijo: Quédate a la puerta de la tienda, y si alguien viene y te pregunta, diciendo: ¿Hay aquí alguno?, tú responderás que no.

21 Y Jael, esposa de Heber, tomó una estaca de la tienda y, tomando un mazo en la mano, se acercó a él calladamente y le

14 *a* Deut. 9:3; DyC 84:87–88.

clavó la estaca en las sienes, y la enclavó en la tierra, pues él estaba cargado de sueño y cansado; y *así* murió.

22 Y persiguiendo Barac a Sísara, Jael salió a recibirlo y le dijo: Ven, y te mostraré al hombre que tú buscas. Y él entró donde ella estaba, y he aquí Sísara yacía muerto con la estaca en la sien.

23 Así abatió Dios aquel día a Jabín, rey de Canaán, delante de los hijos de Israel.

24 Y la mano de los hijos de Israel se hizo más y más severa contra Jabín, rey de Canaán, hasta que lo destruyeron.

CAPÍTULO 5

Débora y Barac cantan un cántico de alabanza a causa de la liberación de Israel del cautiverio cananeo.

Y AQUEL día [a]cantó Débora con Barac hijo de Abinoam, diciendo:

2 Por haberse puesto al frente los caudillos en Israel,
por haberse ofrecido voluntariamente el pueblo,
bendecid a Jehová.

3 ¡Oíd, reyes; estad atentos, oh príncipes!
Yo cantaré a Jehová;
cantaré salmos a Jehová Dios de Israel.

4 Cuando saliste de Seir, oh Jehová,
cuando [a]te marchaste del campo de Edom,
la tierra tembló, y los cielos destilaron,
y las nubes gotearon agua.

5 Los montes se [a]estremecieron delante de Jehová,
aquel [b]Sinaí, delante de Jehová Dios de Israel.

6 En los días de Samgar hijo de Anat,
en los días de Jael, quedaron abandonados los caminos,
y los que andaban por las sendas se apartaban por senderos torcidos.

7 Quedaron abandonadas las aldeas
en Israel, quedaron abandonadas
hasta que yo, Débora, me levanté,
me levanté *como* madre en Israel.

8 Escogieron nuevos [a]dioses;
entonces la guerra llegó a las puertas.
¿Se veía escudo o lanza
entre cuarenta mil en Israel?

9 Mi corazón está con los jefes de Israel,
los que con buena voluntad se ofrecieron entre el pueblo.
Bendecid a Jehová.

10 Vosotros los que cabalgáis [a]en asnas blancas,
los que presidís en juicio,
y vosotros los que viajáis, hablad.

5 1 *a* GEE Cantar.
4 *a* Sal. 68:7.
5 *a* Hel. 12:9.
b Sal. 68:8.
8 *a* Deut. 32:17.
10 *a* *Es decir,* los animales usados por los mercaderes ricos o por los líderes.

11 Lejos del ruido de los arqueros, en los abrevaderos,
allí repetirán los actos de justicia de Jehová,
los actos de justicia para con los aldeanos en Israel;
entonces bajará el pueblo de Jehová a las puertas.
12 Despierta, despierta, Débora;
despierta, despierta, entona un cántico.
Levántate, Barac, y lleva tus cautivos, hijo de Abinoam.
13 [a]Entonces los sobrevivientes descendieron sobre los nobles del pueblo;
Jehová me hizo enseñorear sobre los poderosos.
14 De Efraín *salió* su raíz contra Amalec,
en pos de ti, Benjamín, entre tus pueblos;
de Maquir descendieron jefes,
y de Zabulón los que llevan la vara de mando.
15 También los príncipes de Isacar estaban con Débora;
y como Isacar, también Barac
se lanzó a pie al valle.
Entre las divisiones de Rubén
hubo grandes resoluciones del corazón.
16 ¿Por qué te quedaste entre los rediles,
para oír los balidos de los rebaños?
Entre las divisiones de Rubén
grandes fueron las deliberaciones del corazón.
17 Galaad se quedó al otro lado del Jordán;
y Dan, ¿por qué se quedó junto a las naves?
Se mantuvo Aser a la ribera del mar,
y se quedó en sus puertos.
18 El pueblo de Zabulón expuso su vida a la muerte,
y también Neftalí en las alturas del campo.
19 Vinieron reyes y pelearon;
entonces pelearon los reyes de Canaán
en Taanac, junto a las aguas de Meguido,
mas no llevaron ganancia alguna de dinero.
20 Desde los cielos pelearon
las estrellas, desde sus órbitas pelearon contra Sísara.
21 Los barrió el torrente Cisón,
el antiguo torrente, el torrente Cisón.
Hollaste, oh alma mía, con poder.
22 Entonces resonaron los cascos de los caballos
por las arremetidas, las arremetidas de sus valientes.
23 Maldecid a Meroz, dijo el ángel de Jehová,
maldecid severamente a sus moradores,
porque [a]no vinieron en ayuda de Jehová,

13 *a* HEB entonces los que quedaron descendieron contra los nobles; el pueblo de Jehová descendió por mi causa en contra de los poderosos.
23 *a* Jue. 21:5–6.

en ayuda de Jehová contra
los poderosos.
24 Bendita sea entre las mujeres
Jael,
esposa de Heber, el ceneo;
bendita sea entre las mujeres
de la tienda.
25 Él pidió agua, y ella le dio
leche;
en tazón de nobles le presentó cuajada.
26 Su mano tendió a la
estaca,
y su diestra al mazo de
trabajadores;
y golpeó a Sísara, hirió su
cabeza,
horadó y atravesó sus [a]sienes.
27 Cayó encorvado a los pies
de ella, quedó tendido;
a los pies de ella cayó encorvado;
donde se encorvó, allí cayó
muerto.
28 La madre de Sísara se asoma
a la ventana,
y por entre las celosías a
voces dice:
¿Por qué tarda su carro en
venir?
¿Por qué las ruedas de sus
carros se retrasan?
29 Las más sabias de sus damas
le respondían,
y aun ella se respondía a sí
misma:
30 ¿Acaso no han hallado el
botín *y lo* están repartiendo?
A cada uno una doncella,
o dos;
el botín de tela para Sísara,
el botín de tela bordada de
colores,
tela de colores bordada por
ambos lados, para los
cuellos de *los que han tomado*
el botín.
31 Así perezcan todos tus enemigos, oh Jehová;
mas los que le aman sean
como el sol cuando nace
en su fuerza.
Y la tierra reposó cuarenta
años.

CAPÍTULO 6

Israel queda cautivo de los madianitas — Un ángel aparece a Gedeón y le manda librar a Israel — Gedeón derriba el altar de Baal, el Espíritu de Jehová descansa sobre él y Jehová le da una señal para indicarle que es llamado a librar a Israel.

Y LOS hijos de Israel hicieron lo
malo ante los ojos de Jehová, y
Jehová los entregó en manos de
Madián durante siete años.
2 Y la mano de Madián prevaleció contra Israel. Y los hijos
de Israel, por causa de los madianitas, se hicieron [a]cuevas en
los montes, y cavernas y lugares
fortificados.
3 Y sucedía que cuando los de
Israel sembraban, los madianitas,
y los amalecitas y los [a]hijos del
oriente subían contra ellos.
4 Y acampando frente a ellos,
destruían los frutos de la tierra,
hasta llegar a Gaza; y no dejaban

26 *a* Jue. 4:17–21.

6 2 *a* *Es decir,* escondites.

3 *a* Gén. 25:6.

qué comer en Israel, ni ovejas, ni bueyes ni asnos.

5 Porque subían ellos y sus ganados, y venían con sus tiendas en gran multitud como langostas; y ellos y sus camellos eran innumerables, y venían a la tierra para devastarla.

6 Así era Israel empobrecido en gran manera por causa de los madianitas; y los hijos de Israel clamaron a Jehová.

7 Y aconteció que cuando los hijos de Israel hubieron clamado a Jehová, a causa de los madianitas,

8 Jehová envió un hombre, un profeta, a los hijos de Israel, el cual les dijo: Así ha dicho Jehová, Dios de Israel: Yo os hice salir de Egipto y os saqué de la casa de servidumbre.

9 Yo os libré de manos de los egipcios y de manos de todos los que os afligieron, a los cuales expulsé de delante de vosotros y os di su tierra;

10 y os dije: Yo soy Jehová vuestro Dios; no [a]temáis a los dioses de los amorreos, en cuya tierra habitáis; sin embargo, no habéis obedecido mi voz.

11 Y vino el [a]ángel de Jehová y se sentó debajo de la encina que está en Ofra, la cual era de Joás, el abiezerita; y su hijo Gedeón estaba sacudiendo el trigo en el lagar, para esconderlo de los madianitas.

12 Y el ángel de Jehová se le apareció y le dijo: Jehová está contigo, hombre poderoso y valiente.

13 Y Gedeón le respondió: Ah, señor mío, si Jehová está con nosotros, ¿por qué nos ha sobrevenido todo esto? ¿Y dónde están todas sus [a]maravillas que nuestros padres nos han contado, diciendo: ¿No nos sacó Jehová de Egipto? Y ahora Jehová nos ha desamparado y nos ha entregado en manos de los madianitas.

14 Y mirándole Jehová, le dijo: Ve con ésta tu fuerza y salvarás a Israel de manos de los madianitas. ¿No te envío yo?

15 Entonces le respondió: Ah, señor mío, ¿con qué salvaré a Israel? He aquí que mi familia es pobre en Manasés, y yo [a]el menor en la casa de mi padre.

16 Y Jehová le dijo: Ciertamente yo estaré [a]contigo, y derrotarás a los madianitas como a un *solo* hombre.

17 Y él respondió: Yo te ruego que si he hallado gracia delante de ti, me des señal de que tú has hablado conmigo.

18 Te ruego que no te vayas de aquí hasta que yo vuelva a ti, y traiga mi ofrenda y la ponga delante de ti. Y él respondió: Yo esperaré hasta que vuelvas.

19 Y entró Gedeón y preparó un cabrito y panes sin levadura de un efa de harina; y puso la carne en un canastillo y el caldo en una olla, y se los llevó y se los presentó debajo de aquella encina.

10 *a* HEB significa no veneres ni des honor. 2 Rey. 17:34–35.
11 *a* HEB mensajero (véanse también los vers. 12, 20–22). GEE Ángeles.
13 *a* Morm. 9:15–20. GEE Milagros.
15 *a* 1 Sam. 9:21.
16 *a* Josué 1:5.

20 Y el ángel de Dios le dijo:
Toma la carne y los panes sin
levadura, y ponlos sobre esta
peña y vierte el caldo. Y él lo
hizo así.
21 Y extendió el ángel de Jehová
el bastón que tenía en la mano,
y tocó con la punta la carne y
los panes sin levadura; y subió
[a]fuego de la peña, el cual consumió la carne y los panes sin
levadura. Y el ángel de Jehová
desapareció de su vista.
22 Y vio Gedeón que era el ángel de Jehová, y dijo: Ah, Señor
Jehová, pues he visto al ángel de
Jehová cara a cara.
23 Y Jehová le dijo: Paz a ti; no
tengas temor, no morirás.
24 Y edificó allí Gedeón altar a
Jehová y lo llamó [a]Jehová-salom,
el cual *permanece* hasta hoy en
Ofra de los abiezeritas.
25 Y aconteció que esa misma
noche le dijo Jehová: Toma un
toro del hato de tu padre y el segundo toro de siete años, y derriba el altar de [a]Baal que tiene tu
padre y corta también la [b]imagen
de Asera que está junto a él.
26 Y edifica altar a Jehová tu
Dios en la cumbre de este [a]pe-
ñasco, en el lugar designado; y
toma el segundo toro y sacrifí-
calo en holocausto sobre la leña
de la imagen de Asera que habrás
cortado.
27 Entonces Gedeón tomó diez
hombres de entre sus siervos e
hizo como Jehová le dijo. Pero
como temía hacerlo de día, por
la familia de su padre y por los
hombres de la ciudad, lo hizo
de noche.
28 Y por la mañana, cuando los
de la ciudad se levantaron, he
aquí que el altar de Baal estaba
derribado, y cortada la imagen
de Asera que estaba junto a él,
y el segundo toro había sido sacrificado en holocausto sobre el
altar edificado.
29 Y se decían unos a otros:
¿Quién ha hecho esto? Y buscando e inquiriendo, les dijeron: Gedeón hijo de Joás lo ha
hecho.
30 Entonces los hombres de la
ciudad dijeron a Joás: Saca fuera
a tu hijo para que muera, porque
ha derribado el altar de Baal y ha
cortado la imagen de Asera que
estaba junto a él.
31 Y Joás respondió a todos los
que estaban junto a él: ¿Contenderéis vosotros por Baal? ¿Lo salvaréis vosotros? Cualquiera que
contienda por él, que muera por
la [a]mañana. Si es un dios, que
contienda por sí mismo, porque
alguien ha derribado su altar.
32 Y aquel día Gedeón fue
llamado [a]Jerobaal, es decir:
Contienda Baal contra él, por
cuanto derribó su altar.
33 Y todos los madianitas, y los
amalecitas y los hijos del oriente
se reunieron, y pasaron y acamparon en el valle de Jezreel.
34 Y el espíritu de Jehová vino
sobre Gedeón, y cuando éste hubo
tocado el cuerno, los abiezeritas
se reunieron con él.
35 Y envió mensajeros por todo

21 *a* Lev. 9:24; 1 Ne. 1:6.
b Deut. 7:5.
24 *a* HEB Jehová es paz.
25 *a* GEE Baal.
26 *a* HEB esta fortaleza.
31 *a* *O sea,* antes del amanecer.
32 *a* HEB que Baal contienda.

Manasés, que también se reunió con él; asimismo envió mensajeros a Aser, y a Zabulón y a Neftalí, los cuales salieron a su encuentro.

36 Y Gedeón dijo a Dios: Si has de salvar a Israel por mi mano, como has dicho,

37 he aquí que yo pondré un vellón de lana en la era; y si el rocío está en el vellón solamente y queda seca toda la otra tierra, entonces entenderé que salvarás a Israel por mi mano, como lo has dicho.

38 Y así aconteció, pues cuando se levantó de mañana, exprimió el vellón y sacó de él el rocío, un tazón lleno de agua.

39 Mas Gedeón dijo a Dios: No se encienda tu ira contra mí si aún hablo una vez más; solamente probaré ahora otra vez con el vellón. Te ruego que solamente el vellón quede seco, y el rocío caiga sobre la tierra.

40 Y aquella noche lo hizo Dios así; sólo el vellón quedó seco, y en toda la tierra hubo rocío.

CAPÍTULO 7

El ejército de Gedeón se reduce a trescientos hombres — Atemorizan a los ejércitos madianitas con trompetas y antorchas — Los madianitas luchan entre ellos mismos, huyen y son derrotados por Israel.

LEVANTÁNDOSE, pues, de mañana Jerobaal, el cual es Gedeón, y todo el pueblo que estaba con él, acamparon junto a la fuente de Harod; y estaba el campamento de los madianitas al norte, cerca del collado de More, en el valle.

2 Y Jehová dijo a Gedeón: El pueblo que está contigo es [a]mucho para que yo entregue a los madianitas en sus manos, no sea que se alabe Israel contra mí, diciendo: Mi propia mano me ha salvado.

3 Y ahora, haz pregonar a oídos del pueblo, diciendo: El que tema y se estremezca, regrese desde el [a]monte Galaad. Y regresaron de los del pueblo veintidós mil, y quedaron diez mil.

4 Y Jehová dijo a Gedeón: Aún es mucho el pueblo; llévalos a las aguas, y allí yo te los pondré a prueba; y del que yo te diga: Vaya éste contigo, irá contigo; mas de cualquiera que yo te diga: Éste no vaya contigo, ése no irá.

5 Entonces Gedeón llevó el pueblo a las aguas, y Jehová dijo a Gedeón: A cualquiera que lama las aguas con su lengua como lame el perro, lo pondrás aparte; asimismo a cualquiera que se doble sobre sus rodillas para beber.

6 Y fue el número de los que lamieron el agua, llevándola con la mano a la boca, trescientos hombres; pero todo el resto del pueblo se dobló sobre sus rodillas para beber las aguas.

7 Entonces Jehová dijo a Gedeón: Con estos trescientos hombres que lamieron *el agua*

7 2*a* 1 Sam. 14:6.

3*a* *O sea,* el monte Gilboa.

os salvaré y entregaré a los madianitas en tus manos; y váyase
toda la demás gente cada uno a
su lugar.
8 Y el pueblo tomó en sus manos provisiones y también sus
trompetas. Y él envió a todos los
israelitas, cada uno a su tienda,
y retuvo a aquellos trescientos
hombres; y estaba el campamento
de Madián abajo en el valle.
9 Y aconteció que aquella misma
noche Jehová le dijo: Levántate y
desciende al campamento, porque yo lo he entregado en tus
manos.
10 Y si tienes temor de descender, baja tú al campamento con
Fura, tu criado,
11 y oirás lo que hablan; y entonces tus manos se fortalecerán
y descenderás al campamento. Y
él descendió con Fura, su criado,
hasta los puestos avanzados de
la gente armada que estaba en el
campamento.
12 Y los madianitas y los amalecitas y todos los hijos del oriente
estaban tendidos en el valle,
numerosos como langostas en
multitud, y sus camellos eran
innumerables, como la arena
que está a la orilla del mar en
multitud.
13 Y cuando llegó Gedeón, he
aquí que un hombre estaba contando a su compañero un [a]sueño,
diciendo: He aquí yo soñé un
sueño: Veía un pan de cebada
que rodaba hasta el campamento
de Madián, y llegó a la tienda, y
la golpeó *de tal manera* que [b]cayó
y la volcó de arriba abajo, y la
tienda cayó.
14 Y su compañero respondió y
dijo: Esto no es otra cosa sino la
espada de Gedeón hijo de Joás,
varón de Israel. Dios ha entregado en sus manos a los madianitas con todo el campamento.
15 Y cuando Gedeón oyó el re-
lato del sueño y su interpretación,
adoró, y volvió al campamento
de Israel y dijo: Levantaos, porque Jehová ha entregado el campamento de Madián en vuestras
manos.
16 Y dividió los trescientos hombres en tres escuadrones, y puso
trompetas en manos de todos
ellos y cántaros vacíos con antorchas ardiendo dentro de los
cántaros.
17 Y les dijo: Miradme a mí y
haced como yo hago. He aquí que
cuando yo llegue a las afueras del
campamento, como yo hago, así
haréis vosotros.
18 Yo tocaré la trompeta y también todos los que están conmigo;
y entonces vosotros también tocaréis las trompetas alrededor de
todo el campamento y diréis: ¡Por
Jehová y por Gedeón!
19 Llegaron, pues, Gedeón y los
cien hombres que estaban con él
a las afueras del campamento, al
principio de la [a]guardia interme-
dia, cuando acababan de renovar
los centinelas; y tocaron las trompetas y quebraron los cántaros
que llevaban en sus manos.

13 *a* GEE Sueños.
b *Es decir,* se dio vuelta y quedó tendida en el suelo.

19 *a* *Es decir,* alrededor de las 10 de la noche; la guardia de la medianoche era desde las 10 de la noche hasta las 2 de la mañana.

20 Y los tres escuadrones tocaron las trompetas y quebraron los cántaros; y sosteniendo las antorchas en la mano izquierda, y las trompetas en la mano derecha para tocarlas, gritaron: ¡La espada por Jehová y por Gedeón!
21 Y permaneció cada uno en su lugar alrededor del campamento, y todos los del campamento echaron a correr y gritaron y huyeron.
22 Y los trescientos tocaban las trompetas; y Jehová puso la espada de cada uno contra su compañero en todo el campamento. Y los del campamento huyeron hasta Bet-sita, en dirección a Zerera, hasta la frontera de Abel-mehola cerca de Tabat.
23 Y se convocó a los hombres de Israel, de Neftalí, y de Aser y de todo Manasés, y persiguieron a los [a]madianitas.
24 Gedeón también envió mensajeros por todos los montes de Efraín, diciendo: Descended al encuentro de los madianitas y tomad los vados, hasta Bet-bara y el Jordán. Y se convocó a todos los hombres de Efraín, y tomaron los vados hasta Bet-bara y el Jordán.
25 Y capturaron a dos príncipes de los madianitas: a Oreb y a Zeeb; y mataron a [a]Oreb en la peña de Oreb, y a Zeeb *lo* mataron en el lagar de Zeeb; y después que persiguieron a los madianitas, llevaron las cabezas de Oreb y de Zeeb a Gedeón al otro lado del Jordán.

CAPÍTULO 8

Gedeón persigue y destruye a los madianitas — Gedeón libra a los hijos de Israel, pero rechaza su invitación a gobernar como rey de ellos — Gedeón muere e Israel vuelve a la idolatría.

Y LOS de Efraín le dijeron: ¿Qué es esto que has hecho con nosotros, no llamándonos cuando ibas a la guerra contra Madián? Y le reprendieron fuertemente.
2 A los cuales él respondió: ¿Qué he hecho yo ahora comparado con vosotros? ¿No es el rebusco de uvas de Efraín mejor que la vendimia de Abiezer?
3 Dios ha entregado en vuestras manos a Oreb y a Zeeb, príncipes de Madián, ¿y qué pude yo hacer comparado con vosotros? Entonces el enojo de ellos contra él se aplacó, después que él les habló esta palabra.
4 Y llegó Gedeón al Jordán, y lo pasaron él y los trescientos hombres que estaban con él, cansados, más todavía persiguiendo.
5 Y dijo a los de Sucot: Yo os ruego que deis a la gente que me sigue *algunos* bocados de pan, porque están cansados, y yo persigo a [a]Zeba y a Zalmuna, reyes de Madián.
6 Y los príncipes de Sucot respondieron: ¿Están ya las manos de Zeba y de Zalmuna en tus manos, para que hayamos nosotros de dar pan a tu ejército?
7 Y Gedeón dijo: Pues bien, cuando Jehová haya entregado

23 *a* Isa. 9:4.
25 *a* Isa. 10:26.
8 5 *a* Sal. 83:11–18.

en mis manos a Zeba y a Zalmuna, yo desgarraré vuestra
carne con espinos y abrojos del
desierto.
8 Y de allí subió a Peniel y les
dijo las mismas palabras. Y los de
Peniel le respondieron como habían respondido los de Sucot.
9 Y él habló también a los de Peniel, diciendo: Cuando yo vuelva
en paz, derribaré esta torre.
10 Y Zeba y Zalmuna estaban
en Carcor, y con ellos su ejército
de unos quince mil hombres, todos los que habían quedado de
todo el campamento de los hijos
del oriente, pues habían caído
ciento veinte mil hombres que
sacaban espada.
11 Y subió Gedeón por el camino de los que habitaban en
tiendas, al oriente de Noba y de
Jogbeha, y atacó el campamento,
porque éste estaba confiado.
12 Y huyendo Zeba y Zalmuna,
él los persiguió; y capturó a los
dos reyes de Madián, Zeba y
Zalmuna, y aterrorizó a todo el
campamento.
13 Y Gedeón hijo de Joás volvió de la batalla antes que el sol
subiese,
14 y capturó a un joven de los
hombres de Sucot, y lo interrogó;
y él le dio por escrito *los nombres de* los príncipes de Sucot y
de sus ancianos, setenta y siete
hombres.
15 Y fue a los hombres de Sucot y les dijo: He aquí a Zeba y a
Zalmuna, acerca de los cuales os
burlasteis de mí, diciendo: ¿Están ya las manos de Zeba y de
Zalmuna en tus manos, para que
demos nosotros pan a tus hombres cansados?
16 Y tomó a los ancianos de la
ciudad, y espinos y abrojos del
desierto, y castigó con ellos a los
de Sucot.
17 Asimismo derribó la torre de Peniel y mató a los de la
ciudad.
18 Luego dijo a Zeba y a Zalmuna: ¿Cómo eran los hombres
que matasteis en Tabor? Y ellos
respondieron: Como tú, así eran
ellos; cada uno parecía hijo de
rey.
19 Y él dijo: Mis hermanos eran,
hijos de mi madre: ¡Vive Jehová,
que si les hubierais conservado
la vida, yo no os mataría!
20 Y dijo a Jeter su primogénito:
Levántate y mátalos. Pero el joven no desenvainó su espada,
porque tenía temor, pues aún era
un muchacho.
21 Entonces dijeron Zeba y Zalmuna: Levántate y mátanos tú,
porque como es el hombre, así es
su valentía. Y Gedeón se levantó
y mató a Zeba y a Zalmuna, y
tomó los adornos de lunetas que
sus camellos traían al cuello.
22 Y los israelitas dijeron a Gedeón: Sé nuestro señor, tú, y tu
hijo y tu nieto, porque nos has
librado de manos de Madián.
23 Y Gedeón respondió: Yo no os
gobernaré a vosotros, ni tampoco
os [a]gobernará mi hijo. Jehová os
gobernará.
24 Y les dijo Gedeón: Deseo haceros una petición: que cada uno
me dé los zarcillos de su botín

23 *a* Hel. 12:6. GEE Confianza, confiar.

(pues, traían zarcillos de oro, porque eran ismaelitas).
25 Y ellos respondieron: De buena gana los daremos. Y tendieron un manto, y cada uno de ellos echó allí los zarcillos de su botín.
26 Y fue el peso de los [a]zarcillos de oro que él pidió, mil setecientos [b]*siclos* de oro, sin contar las [c]planchas, ni los joyeles ni los vestidos de púrpura que traían los reyes de Madián, y sin contar los collares que traían sus camellos al cuello.
27 Y Gedeón hizo con eso un [a]efod, el cual hizo guardar en su ciudad de Ofra; y todo Israel se prostituyó tras ese *efod* en aquel lugar, y fue [b]tropiezo para Gedeón y para su casa.
28 Así fue sometido Madián delante de los hijos de Israel, y nunca más volvió a levantar su cabeza. Y reposó la tierra cuarenta años en los días de Gedeón.
29 Y Jerobaal hijo de Joás se fue y habitó en su casa.
30 Y tuvo Gedeón setenta hijos que salieron de sus lomos, porque tuvo [a]muchas esposas.
31 Y su concubina que estaba en Siquem también le dio a luz un hijo, y le puso por nombre Abimelec.
32 Y murió Gedeón hijo de Joás en buena vejez, y fue sepultado en el sepulcro de su padre Joás, en Ofra de los abiezeritas.
33 Y aconteció que cuando murió Gedeón, los hijos de Israel volvieron a prostituirse en pos de los [a]baales, e hicieron a Baalberit su dios.
34 Y no se acordaron los hijos de Israel de Jehová su Dios, que los había librado de todos sus enemigos de alrededor,
35 ni mostraron bondad a la casa de Jerobaal, *es decir,* Gedeón, conforme a todo el bien que él había hecho a Israel.

CAPÍTULO 9

Abimelec hijo de Gedeón es hecho rey — Abimelec mata a sus setenta hermanos — Jotam cuenta una fábula de árboles que escogen un rey — Los hombres de Siquem conspiran en contra de Abimelec — Matan a Abimelec en Tebes.

Y FUE Abimelec hijo de Jerobaal a Siquem, a los hermanos de su madre, y habló con ellos y con toda la familia de la casa del padre de su madre, diciendo:
2 Yo os ruego que habléis a oídos de todos los señores de Siquem: ¿Qué os parece mejor, que os gobiernen setenta hombres, todos los hijos de Jerobaal, o que os gobierne un solo hombre? Y acordaos de que yo soy hueso vuestro y carne vuestra.

26 *a* Éx. 32:2–7.
b El "siclo" es una unidad monetaria israelita.
c HEB joyas en forma de luna en cuarto creciente, pendientes.
27 *a* *Es decir,* un medallón de oro para adornar el efod del sacerdote. Más tarde llegó a ser un objeto de devoción. Éx. 28:4–35.
b Éx. 23:33.
30 *a* GEE Matrimonio—El matrimonio plural.
33 *a* GEE Baal.

3 Y hablaron por él los hermanos de su madre a oídos de todos los de Siquem todas estas palabras; y el corazón de ellos se inclinó a favor de Abimelec, porque decían: Nuestro hermano es.

4 Y le dieron setenta *piezas* de plata de la casa de Baal-berit, con las cuales Abimelec contrató a sueldo a hombres ociosos y vagabundos, que le siguieron.

5 Y fue a la casa de su padre en Ofra y mató a sus hermanos, los hijos de Jerobaal, setenta hombres, sobre una misma piedra; pero quedó Jotam, el hijo menor de Jerobaal, porque se escondió.

6 Y se reunieron todos los señores de Siquem con toda la casa de Milo, y fueron e hicieron rey a Abimelec, cerca de la [a]llanura del pilar que *estaba* en Siquem.

7 Y cuando se lo dijeron a Jotam, éste fue y se puso en la cumbre del monte [a]Gerizim, y alzando su voz clamó y les dijo: Oídme, señores de Siquem, y que Dios os oiga.

8 [a]Fueron los árboles a ungirse para ellos un rey y dijeron al [b]olivo: Reina sobre nosotros.

9 Mas el olivo respondió: ¿He de dejar mi aceite, con el cual se honra a [a]Dios y a los hombres, para ir a regir sobre los árboles?

10 Y dijeron los árboles a la higuera: Ven tú, reina sobre nosotros.

11 Y respondió la higuera: ¿He de dejar mi dulzura y mi buen fruto para ir a regir sobre los árboles?

12 Y dijeron los árboles a la vid: Ven tú, reina sobre nosotros.

13 Y la vid les respondió: ¿He de dejar mi mosto, que alegra a Dios y a los hombres, para ir a ondear sobre los árboles?

14 Dijeron entonces todos los árboles a la zarza: Ven tú, reina sobre nosotros.

15 Y la zarza respondió a los árboles: Si en verdad me ungís como rey sobre vosotros, venid y refugiaos a mi sombra; y si no, salga [a]fuego de la zarza y devore los cedros del Líbano.

16 Ahora pues, si con verdad y con integridad habéis procedido al hacer rey a Abimelec, y si habéis actuado bien con Jerobaal y con su casa, y si le habéis recompensado conforme a la obra de sus manos

17 (pues mi padre peleó por vosotros y arriesgó su vida para libraros de manos de Madián,

18 y vosotros os habéis levantado hoy contra la casa de mi padre y habéis matado a sus hijos, setenta hombres, sobre una misma piedra, y habéis hecho rey sobre los de Siquem a Abimelec, hijo de su criada, porque es vuestro hermano);

19 si con verdad y con integridad habéis procedido hoy con Jerobaal y con su casa, regocijaos en Abimelec, y que él también se regocije en vosotros.

20 Y si no, salga fuego de

9 6 *a* HEB árbol de terebinto. Josué 24:26.
7 *a* Deut. 11:29.
8 *a* GEE Simbolismo.
b GEE Olivo.
9 *a* HEB a los dioses y a los hombres; es decir, en servicios rituales.
15 *a* Ezeq. 19:10–14.

Abimelec y consuma a los señores de Siquem y a la casa de Milo;
y salga fuego de los de Siquem
y de la casa de Milo y consuma
a Abimelec.
21 Y escapó Jotam, y huyó, y
se fue a [a]Beer y allí se quedó
por miedo de su hermano
Abimelec.
22 Y después que Abimelec
hubo reinado sobre Israel tres
años,
23 [a]envió Dios un mal espíritu
entre Abimelec y los señores de
Siquem; y los señores de Siquem
traicionaron a Abimelec,
24 para que viniera la violencia hecha a los setenta hijos de
Jerobaal, y recayera la sangre de
ellos sobre su hermano Abimelec,
que los mató, y sobre los hombres
de Siquem que fortalecieron las
manos de él para matar a sus
hermanos.
25 Y los señores de Siquem pusieron en las cumbres de los montes hombres al acecho, los cuales
robaban a todos los que pasaban
junto a ellos por el camino; y le
fue dado aviso a Abimelec.
26 Y Gaal hijo de Ebed fue con
sus hermanos, y pasaron a Siquem; y los señores de Siquem
confiaron en él.
27 Y salieron al campo, y ven-
dimiaron sus viñas y pisaron *la
uva,* e hicieron fiesta; y entrando
en la casa de sus dioses, comieron y bebieron, y maldijeron a
Abimelec.
28 Y Gaal hijo de Ebed dijo:
¿Quién es Abimelec, y qué es
Siquem, para que nosotros le
sirvamos? ¿No es hijo de Jerobaal, y *no es* Zebul su ayudante?
Servid a los hombres de [a]Hamor,
padre de Siquem; pero, ¿por qué
hemos de servirle a él?
29 ¡Quién pusiera este pueblo
en mis manos! Yo echaría a Abimelec. Y le diría a Abimelec: Aumenta tu ejército, y sal.
30 Y cuando Zebul, gobernador
de la ciudad, oyó las palabras
de Gaal hijo de Ebed, se encendió su ira
31 y envió secretamente mensajeros a Abimelec, diciendo: He
aquí que Gaal hijo de Ebed y sus
hermanos han venido a Siquem,
y he aquí que están sublevando
la ciudad contra ti.
32 Levántate, pues, ahora de
noche, tú y el pueblo que está
contigo, y pon emboscada en el
campo.
33 Y por la mañana, al salir el
sol, te levantarás y atacarás la
ciudad; y he aquí que cuando él
y el pueblo que está con él salgan
contra ti, tú harás con él según se
te presente la ocasión.
34 Y se levantó, pues, de noche
Abimelec y todo el pueblo que
con él estaba, y pusieron emboscada contra Siquem con cuatro
escuadrones.
35 Y Gaal hijo de Ebed salió y se
puso a la entrada de la puerta de
la ciudad; y Abimelec y el pueblo
que con él estaba se levantaron
de la emboscada.
36 Y vio Gaal al pueblo y dijo
a Zebul: He allí gente que desciende de las cumbres de los
montes. Y Zebul le respondió:

21 *a* Núm. 21:16. | 23 *a* Jue. 9:56–57. | 28 *a* Gén. 34:2.

Tú ves la sombra de los montes como si fueran hombres.

37 Y Gaal volvió a hablar y dijo: He allí gente que desciende de en medio de la tierra, y un escuadrón viene por el camino de la encina de [a]Meonenim.

38 Y Zebul le respondió: ¿Dónde está ahora tu boca con que decías: ¿Quién es Abimelec para que le sirvamos? ¿No es éste el pueblo que tenías en poco? Sal pues, ahora, y pelea con él.

39 Y Gaal salió delante de los señores de Siquem y peleó contra Abimelec.

40 Mas lo persiguió Abimelec, y *Gaal* huyó delante de él; y cayeron heridos muchos hasta la entrada de la puerta.

41 Y Abimelec se quedó en Aruma, y Zebul echó fuera a Gaal y a sus hermanos para que no morasen en Siquem.

42 Y aconteció al siguiente día que el pueblo salió al campo, y le fue dado aviso a Abimelec.

43 Y él tomó gente, y la repartió en tres escuadrones y puso emboscadas en el campo. Y cuando miró, he aquí el pueblo que salía de la ciudad; y se levantó contra ellos y los atacó.

44 Y Abimelec y la compañía que estaba con él acometieron con ímpetu y se situaron a la entrada de la puerta de la ciudad; y las otras dos compañías acometieron a todos los que estaban en el campo y los mataron.

45 Y peleó Abimelec contra la ciudad todo aquel día, y la tomó y mató al pueblo que en ella estaba; y asoló la ciudad y [a]la sembró de sal.

46 Cuando oyeron *esto* todos los que estaban en la torre de Siquem, entraron en la fortaleza del templo del dios Berit.

47 Y le fue dicho a Abimelec que todos los de la torre de Siquem estaban reunidos.

48 Entonces subió Abimelec al monte Salmón, él y toda la gente que con él estaba, y tomó Abimelec un hacha en su mano, y cortó una rama de los árboles y, levantándola, se la puso sobre sus hombros, diciendo al pueblo que estaba con él: Lo que me habéis visto hacer, haced vosotros rápidamente como yo.

49 Y todo el pueblo cortó también cada uno su rama y siguieron a Abimelec, y las pusieron junto a la fortaleza y prendieron fuego con ellas a la fortaleza, de manera que todos los de la torre de Siquem murieron, como unos mil hombres y mujeres.

50 Y después Abimelec fue a Tebes, y puso sitio a Tebes y la tomó.

51 En medio de aquella ciudad había una torre fortificada, a la cual se retiraron todos los hombres, y todas las mujeres y todos los señores de la ciudad; y cerrando tras sí *las puertas,* subieron al piso alto de la torre.

52 Y fue Abimelec a la torre y la atacó, y llegó a la puerta de la torre para prenderle fuego.

37 *a* HEB los adivinos.
45 *a* *Es decir,* la cubrió con sal para matar la vegetación y asegurarse de que quedase desolada.

53 Mas una mujer dejó caer un pedazo de una rueda de molino sobre la cabeza de [a]Abimelec, y le rompió el cráneo.

54 Y llamó él apresuradamente a su escudero y le dijo: Saca tu espada y mátame, para que no se diga de mí: Una mujer lo mató. Y su escudero le atravesó, y murió.

55 Y cuando los israelitas vieron muerto a Abimelec, se fue cada uno a su casa.

56 Así pagó Dios a Abimelec el mal que hizo contra su padre al matar a sus setenta hermanos.

57 Y todo el [a]mal de los hombres de Siquem Dios lo hizo volver sobre sus cabezas. Y la maldición de Jotam hijo de Jerobaal vino sobre ellos.

CAPÍTULO 10

Tola y después Jair juzgan a Israel — Los hijos de Israel adoran dioses falsos; Jehová los desampara y son afligidos por sus enemigos — Los israelitas se arrepienten y suplican a Jehová que los libre.

Y DESPUÉS de Abimelec, se levantó para librar a Israel Tola hijo de Fúa, hijo de Dodo, hombre de Isacar, el cual habitaba en Samir, en los montes de Efraín.

2 Y juzgó a Israel veintitrés años; y murió y fue sepultado en Samir.

3 Tras él se levantó Jair, galaadita, el cual juzgó a Israel veintidós años.

4 Éste tuvo treinta hijos que cabalgaban sobre treinta asnos; y tenían treinta ciudades, que se llaman las ciudades de Jair hasta hoy, las cuales están en la tierra de Galaad.

5 Y murió Jair y fue sepultado en Camón.

6 Y los hijos de Israel volvieron a hacer lo malo ante los ojos de Jehová y sirvieron a los [a]baales, y a Astarot, y a los dioses de Siria, y a los dioses de Sidón, y a los dioses de Moab, y a los dioses de los hijos de Amón y a los dioses de los filisteos; y abandonaron a Jehová y no le sirvieron.

7 Y se encendió la ira de Jehová contra Israel, y los [a]vendió en manos de los filisteos y en manos de los hijos de Amón,

8 los cuales oprimieron y quebrantaron a los hijos de Israel en aquel tiempo durante dieciocho años, a todos los hijos de Israel que estaban al otro lado del Jordán en la tierra del amorreo, que está en Galaad.

9 Y los hijos de Amón pasaron el Jordán para hacer también guerra contra Judá, y contra Benjamín y contra la casa de Efraín; y fue Israel afligido en gran manera.

10 Y los hijos de Israel clamaron a Jehová, diciendo: Nosotros hemos [a]pecado contra ti, porque hemos abandonado a nuestro Dios y servido a los baales.

11 Y Jehová respondió a los hijos

53 *a* 2 Sam. 11:21.
57 *a* Jue. 9:23.
10 6 *a* GEE Baal.
7 *a* Hel. 12:2–6.
10 *a* 1 Sam. 7:3–6. GEE Confesar, confesión.

de Israel: ¿[a]No habéis sido oprimidos por Egipto, por los amorreos, por los amonitas, por los filisteos,

12 por los de Sidón, por Amalec y por Maón? Y cuando clamasteis a mí, ¿no os libré de sus manos?

13 Mas vosotros me habéis dejado y habéis servido a dioses ajenos; por tanto, yo no os libraré más.

14 Andad y [a]clamad a los [b]dioses que os habéis escogido; que os libren ellos en el tiempo de vuestra aflicción.

15 Y los hijos de Israel respondieron a Jehová: Hemos pecado; haz tú con nosotros como bien te parezca; solamente te rogamos que nos libres en este día.

16 Y quitaron de entre sí los dioses ajenos y sirvieron a Jehová; y el alma de Jehová se [a]angustió a causa de la aflicción de Israel.

17 Y se reunieron los hijos de Amón y acamparon en Galaad; se reunieron asimismo los hijos de Israel y acamparon en Mizpa.

18 Y los príncipes y el pueblo de Galaad se dijeron el uno al otro: ¿Quién será el que comenzará la batalla contra los hijos de Amón? Ése será caudillo sobre todos los que habitan en Galaad.

CAPÍTULO 11

Jefté es escogido como capitán de los ejércitos de Israel — Los amonitas atacan a Israel en guerra — Jefté es guiado por el Espíritu y derrota a Amón con gran mortandad — Hace un voto precipitado que lo lleva a ofrecer en sacrificio a su única hija.

Y [a]JEFTÉ, el galaadita, era un guerrero valiente, hijo de una ramera, al que había engendrado Galaad.

2 Y la esposa de Galaad *también* le había dado a luz hijos, los cuales, cuando fueron grandes, echaron fuera a Jefté, diciéndole: No heredarás en la casa de nuestro padre, porque eres hijo de otra mujer.

3 Huyó, pues, Jefté de sus hermanos y habitó en la tierra de Tob; y se juntaron con él hombres ociosos, los cuales salían con él.

4 Y aconteció que después de cierto tiempo, los hijos de Amón hicieron guerra contra Israel.

5 Y cuando los hijos de Amón pelearon contra Israel, los ancianos de Galaad fueron a traer a Jefté de la tierra de Tob,

6 y dijeron a Jefté: Ven, y serás nuestro jefe, para que peleemos contra los hijos de Amón.

7 Y Jefté respondió a los ancianos de Galaad: ¿No me habéis vosotros aborrecido y me echasteis de la casa de mi padre? ¿Por qué, pues, venís ahora a mí cuando estáis en apuros?

8 Y los ancianos de Galaad respondieron a Jefté: Por esta misma causa volvemos ahora a ti, para

11 *a Es decir,* no os libré. Éx. 14:1–30; Jue. 3:13–31.
14 *a* Deut. 32:37–38; Jer. 2:26–29.
b GEE Idolatría.
16 *a* HEB posiblemente que estaba a punto de perder la paciencia.
11 1 *a* Heb. 11:32–34.

que vengas con nosotros, y pelees contra los hijos de Amón y seas caudillo de todos los que moramos en Galaad.

9 Jefté entonces dijo a los ancianos de Galaad: Si me hacéis volver para que pelee contra los hijos de Amón, y Jehová los entrega delante de mí, ¿seré yo vuestro caudillo?

10 Y los ancianos de Galaad respondieron a Jefté: Jehová sea testigo entre nosotros si no hacemos como tú dices.

11 Entonces Jefté fue con los ancianos de Galaad, y el pueblo lo eligió como su caudillo y jefe; y Jefté habló todas sus palabras delante de Jehová en Mizpa.

12 Y envió Jefté mensajeros al rey de los amonitas, diciendo: ¿Qué tienes tú conmigo que has venido contra mí para hacer la guerra en mi tierra?

13 Y el rey de los amonitas respondió a los mensajeros de Jefté: Por cuanto Israel tomó mi [a]tierra, cuando subió de Egipto, desde el [b]Arnón hasta el Jaboc y el Jordán; ahora pues, devuélvela en paz.

14 Y Jefté volvió a enviar a otros mensajeros al rey de los amonitas,

15 para decirle: Jefté ha dicho así: Israel no tomó tierra de [a]Moab ni tierra de los hijos de Amón.

16 Porque cuando Israel subió de Egipto, anduvo por el desierto hasta el Mar Rojo y llegó a Cades.

17 Entonces [a]Israel envió mensajeros al rey de Edom, diciendo: Yo te ruego que me dejes pasar por tu tierra. Pero el rey de Edom no los escuchó. Envió también *mensajeros* al rey de Moab, el cual tampoco quiso; se quedó, por tanto, Israel en Cades.

18 Después, yendo por el desierto, rodeó la tierra de Edom y la tierra de Moab, y llegó por el lado oriental de la tierra de Moab, y acamparon al otro lado del Arnón, pero no entraron en el territorio de Moab, porque el Arnón era el límite de Moab.

19 Y envió Israel mensajeros a [a]Sehón, rey de los amorreos, rey de Hesbón, diciéndole: Te ruego que me dejes pasar por tu tierra hasta mi lugar.

20 Mas Sehón no se fio de Israel para darle paso por su territorio, sino que reuniendo Sehón a toda su gente, acampó en Jahaza y peleó contra Israel.

21 Pero Jehová, el Dios de Israel, entregó a Sehón y a todo su pueblo en manos de Israel, y los venció; y tomó posesión Israel de toda la tierra de los amorreos que habitaban en aquel país.

22 Y también tomaron posesión de todo el territorio de los amorreos desde el Arnón hasta el Jaboc, y desde el desierto hasta el Jordán.

23 Así que, lo que Jehová, el Dios de Israel, desposeyó a los amorreos delante de su pueblo Israel, ¿lo has de poseer tú?

24 ¿No poseerás tú lo que Quemos, tu dios, te haga poseer? Así

13 *a* *Es decir,* fue una acusación falsa. Deut. 2:16–19.
b Núm. 21:13.
15 *a* Deut. 2:9.
17 *a* Núm. 20:14–21.
19 *a* Núm. 21:21–26, 31.

poseeremos nosotros todo aquello que desposeyó Jehová, nuestro Dios, delante de nosotros.

25 ¿Eres tú ahora mejor en algo que [a]Balac hijo de Zipor, rey de Moab? ¿Tuvo él alguna contención con Israel o hizo guerra contra ellos?

26 Israel ha estado habitando durante trescientos años en Hesbón y en sus aldeas, en Aroer y en sus aldeas, y en todas las ciudades que están junto al Arnón, ¿por qué no las habéis recuperado en todo ese tiempo?

27 Así que, yo en nada he pecado contra ti, pero tú haces mal conmigo haciéndome la guerra. Jehová, que es el [a]juez, juzgue hoy entre los hijos de Israel y los hijos de Amón.

28 Mas el rey de los hijos de Amón no atendió a las razones que Jefté le había enviado.

29 Y el espíritu de Jehová vino sobre Jefté, y éste pasó por Galaad y Manasés; y de allí pasó a Mizpa de Galaad, y de Mizpa de Galaad pasó a los hijos de Amón.

30 Y Jefté [a]hizo voto a Jehová, diciendo: Si entregas a los amonitas en mis manos,

31 entonces sucederá que cualquiera que salga de las puertas de mi casa a recibirme cuando vuelva en paz de los amonitas, será de Jehová, y lo ofreceré en holocausto.

32 Pasó, pues, Jefté a donde estaban los hijos de Amón para pelear contra ellos, y Jehová los entregó en sus manos.

33 Y los derrotó con gran estrago desde Aroer hasta llegar a Minit, veinte ciudades, y hasta la vega de las viñas. Y así fueron sometidos los amonitas delante de los hijos de Israel.

34 Y volvió Jefté a Mizpa, a su casa, y he aquí que su hija salió a recibirle con panderetas y danzas; y ella era sola, su única hija; fuera de ella no tenía hijo ni hija.

35 Y aconteció que cuando él la vio, rasgó sus vestidos, diciendo: ¡Ay, hija mía!, en verdad me has abatido y tú misma eres mi aflicción, porque yo he [a]abierto mi boca ante Jehová y no podré retractarme.

36 Ella entonces le respondió: Padre mío, puesto que has abierto tu boca ante Jehová, haz de mí tal como salió de tu boca, ya que Jehová ha hecho venganza en tus enemigos, los hijos de Amón.

37 Y ella dijo a su padre: Hágase esto por mí: Déjame por dos meses que vaya y descienda por los montes y llore mi virginidad, yo y mis compañeras.

38 Y él le dijo: Ve. Y la dejó por dos meses. Y ella fue con sus compañeras y lloró su virginidad por los montes.

39 Pasados los dos meses, volvió a su padre, y él hizo con ella conforme a su voto que había hecho. Y ella nunca conoció varón. Y se hizo costumbre en Israel

40 que de año en año las hijas de Israel fueran a recordar a la hija de Jefté, el galaadita, cuatro días en el año.

25 *a* Núm. 22–24.
27 *a* GEE Jesucristo—Es juez.
30 *a* *Es decir,* hizo una promesa solemne. GEE Juramento.
35 *a* *Es decir,* hice una promesa.

CAPÍTULO 12

Los galaaditas matan a cuarenta y dos mil de los de Efraín — Jefté, Ibzán, Elón y Abdón juzgan a Israel consecutivamente.

Y SE convocó a los hombres de Efraín, y pasaron hacia el norte y dijeron a Jefté: ¿Por qué fuiste a hacer la guerra contra los hijos de Amón y no nos llamaste para que fuéramos contigo? Nosotros quemaremos a fuego tu casa contigo dentro.

2 Y Jefté les respondió: Yo y mi pueblo estábamos en una gran contienda con los hijos de Amón, y os llamé, y no me defendisteis de sus manos.

3 Viendo, pues, que no me librabais, arriesgué mi vida y fui contra los hijos de Amón, y Jehová los entregó en mis manos. ¿Por qué, pues, habéis subido hoy contra mí para pelear conmigo?

4 Y reunió Jefté a todos los hombres de Galaad y peleó contra Efraín; y los de Galaad derrotaron a Efraín, porque habían dicho: Vosotros sois fugitivos de Efraín, vosotros, los galaaditas, en medio de Efraín y de Manasés.

5 Y los galaaditas tomaron los vados del Jordán a los de Efraín. Y aconteció que cuando alguno de los fugitivos de Efraín decía: Dejadme pasar, los hombres de Galaad le preguntaban: ¿Eres tú efrateo? Si él respondía: No,

6 entonces le decían: Ahora, pues, di Shibolet. Y él decía Sibolet, porque no podía pronunciarlo de aquella manera. Entonces le echaban mano y le degollaban junto a los vados del Jordán. Y murieron entonces de los de Efraín cuarenta y dos mil.

7 Y Jefté juzgó a Israel seis años. Y murió Jefté, el galaadita, y fue sepultado en *una de* las ciudades de Galaad.

8 Después de él juzgó a Israel Ibzán, de Belén,

9 el cual tuvo treinta hijos y treinta hijas, a las cuales casó con gente de [a]fuera, y tomó de fuera treinta hijas para sus hijos; y juzgó a Israel siete años.

10 Y murió Ibzán y fue sepultado en Belén.

11 Después de él juzgó a Israel Elón, el zabulonita, el cual juzgó a Israel diez años.

12 Y murió Elón, el zabulonita, y fue sepultado en Ajalón, en la tierra de Zabulón.

13 Después de él, juzgó a Israel Abdón hijo de Hilén, el piratonita.

14 Éste tuvo cuarenta hijos y treinta nietos, que cabalgaban sobre setenta asnos; y juzgó a Israel ocho años.

15 Y murió Abdón hijo de Hilel, el piratonita, y fue sepultado en Piratón, en la tierra de Efraín, en la región montañosa de Amalec.

CAPÍTULO 13

Israel queda bajo cautiverio filisteo durante cuarenta años — Un ángel viene a la esposa de Manoa y le

12 9 *a O sea,* fuera de la familia.

promete un hijo que comenzará a librar a Israel — El ángel viene otra vez; asciende en una llama desde el altar — Nace Sansón y el Espíritu de Jehová se manifiesta en él.

Y LOS hijos de Israel volvieron
a hacer lo malo ante los ojos de
Jehová, y Jehová los entregó en
manos de los [a]filisteos durante
cuarenta años.
2 Y había un hombre de Zora, de
la tribu de Dan, el que se llamaba
Manoa; y su esposa era estéril y
nunca había dado a luz.
3 A *esta* mujer se le apareció el
[a]ángel de Jehová y le dijo: He aquí
que tú eres estéril y no has dado
a luz, mas concebirás y darás a
luz un hijo.
4 Ahora, pues, cuídate, te ruego,
y [a]no bebas vino ni sidra, ni comas
[b]cosa inmunda.
5 Porque he aquí que concebirás
y darás a luz un hijo; y no pasará
[a]navaja sobre su cabeza, porque
el niño será nazareo para Dios
desde el vientre, y él comenzará
a librar a Israel de manos de los
filisteos.
6 Y la mujer fue y se lo contó a
su marido, diciendo: Un varón de
Dios vino a mí, cuyo aspecto era
como el aspecto de un ángel de
Dios, temible en gran manera; y
no le pregunté de dónde venía ni
quién era, ni tampoco él me dijo
su nombre.
7 Y me dijo: He aquí que tú concebirás
y darás a luz un hijo; y
ahora, no bebas vino, ni sidra
ni comas cosa inmunda, porque
este niño desde el vientre será
nazareo para Dios hasta el día
de su muerte.
8 Entonces oró Manoa a Jehová
y dijo: Ah, Señor mío, yo te ruego
que aquel varón de Dios que enviaste
regrese ahora a nosotros, y
nos enseñe lo que hayamos de hacer
con el niño que ha de nacer.
9 Y Dios oyó la voz de Manoa,
y el ángel de Dios volvió otra
vez a la mujer, estando ella en el
campo; mas su marido Manoa no
estaba con ella.
10 Y la mujer corrió prontamente
y avisó a su marido, diciéndole:
He aquí que se me ha
aparecido aquel varón que vino
a mí el *otro* día.
11 Y se levantó Manoa y siguió a
su esposa; y fue al varón y le dijo:
¿Eres tú aquel varón que hablaste
a la mujer? Y él dijo: Yo soy.
12 Entonces Manoa dijo: Cúmplase,
pues, tu palabra. ¿Cuál será
la norma de vida del niño y qué
se le ha de hacer?
13 Y el ángel de Jehová respondió
a Manoa: La mujer se cuidará
de todas las cosas que yo
le dije:
14 Ella no comerá cosa que proceda
de la vid; no beberá vino ni
sidra, ni comerá cosa inmunda;
ha de guardar todo lo que le
mandé.
15 Entonces Manoa dijo al ángel
de Jehová: Te ruego que nos
permitas detenerte y te prepararemos
un cabrito.
16 Y el ángel de Jehová respondió
a Manoa: Aunque me

13 1 *a* GEE Filisteos.
3 *a* Moro. 7:29–32. GEE Ángeles.
4 *a* GEE Palabra de Sabiduría.
b GEE Limpio e inmundo.
5 *a* Núm. 6:1–8; Jue. 16:17.

detengas, no comeré de tu pan; pero si quieres hacer holocausto, ofrécelo a Jehová. Y no sabía Manoa que aquél era ángel de Jehová.

17 Entonces dijo Manoa al ángel de Jehová: ¿Cuál es tu nombre, para que te honremos cuando se cumpla tu palabra?

18 Y el ángel de Jehová respondió: ¿Por qué preguntas mi nombre, que es admirable?

19 Y Manoa tomó un cabrito y una [a]ofrenda de grano y los ofreció sobre una peña a Jehová; y *el ángel* hizo maravillas ante la vista de Manoa y de su esposa.

20 Y aconteció que mientras la llama subía del altar hacia el cielo, el ángel de Jehová ascendió en la llama del altar. Y Manoa y su esposa lo vieron y se postraron en tierra sobre sus rostros.

21 Y el ángel de Jehová no volvió a aparecer a Manoa ni a su esposa. Entonces Manoa supo que era el ángel de Jehová.

22 Y dijo Manoa a su esposa: Ciertamente moriremos, porque a Dios [a]hemos visto.

23 Y su esposa le respondió: Si Jehová nos hubiera querido matar, no habría tomado de nuestras manos el holocausto ni la ofrenda de grano, ni nos hubiera [a]mostrado todas estas cosas ni ahora nos habría anunciado esto.

24 Y la mujer dio a luz un hijo, y le puso por nombre [a]Sansón. Y el niño creció, y Jehová lo bendijo.

25 Y el espíritu de Jehová comenzó a manifestarse en él en los campamentos de Dan, entre Zora y Estaol.

CAPÍTULO 14

Sansón mata un cachorro de león con sus propias manos — Se casa con una mujer filistea, propone un acertijo, su esposa lo engaña y él mata a treinta filisteos.

Y DESCENDIÓ Sansón a Timnat y vio en Timnat a una mujer de las hijas de los [a]filisteos.

2 Y subió, y lo declaró a su padre y a su madre, diciendo: Yo he visto en Timnat a una mujer de las hijas de los filisteos; y ahora, pues, tomádmela por esposa.

3 Y su padre y su madre le dijeron: ¿No hay mujer entre las hijas de tus hermanos, ni en todo nuestro pueblo, para que vayas tú a tomar [a]esposa de los filisteos [b]incircuncisos? Y Sansón respondió a su padre: Tómala para mí, porque ella ha agradado a mis ojos.

4 Mas su padre y su madre no sabían que esto venía de [a]Jehová, porque él buscaba ocasión contra los filisteos, pues en aquel tiempo los filisteos dominaban sobre Israel.

5 Y Sansón descendió con su padre y con su madre a Timnat; y cuando llegaron a las viñas de Timnat, he aquí un cachorro de león vino rugiendo hacia él.

19 *a* Lev. 9:7–24.
22 *a* DyC 67:11–13; Moisés 1:11.
23 *a* GEE Señal.
24 *a* GEE Sansón.
14 1 *a* GEE Filisteos.
3 *a* GEE Matrimonio—El matrimonio entre personas de distintas religiones.
b GEE Circuncisión.
4 *a* Josué 11:20.

6 Y el espíritu de Jehová vino sobre Sansón, quien lo despedazó como quien despedaza un cabrito, sin tener nada en sus manos; y no contó ni a su padre ni a su madre lo que había hecho.

7 Descendió, pues, y habló a la mujer; y ella le agradó a Sansón.

8 Y volvió después de algunos días para tomarla, y se apartó para ver el [a]cuerpo muerto del león, y he aquí en el cuerpo del león había un enjambre de abejas y *un panal de* miel.

9 Y lo tomó en sus manos y se fue comiéndolo por el camino; y cuando llegó adonde estaban su padre y su madre, les dio a ellos y comieron, pero no les dijo que había tomado aquella miel del cuerpo del león.

10 Descendió, pues, su padre adonde estaba la mujer, y Sansón hizo allí [a]banquete, porque así solían hacer los jóvenes.

11 Y aconteció que cuando ellos le vieron, tomaron treinta compañeros para que estuviesen con él.

12 Y Sansón les dijo: Yo os propondré ahora un acertijo; y si en verdad me lo declaráis dentro de los siete días del banquete y acertáis, yo os daré treinta prendas de lino y treinta mudas de ropa.

13 Y si no me lo podéis declarar, vosotros me daréis las treinta prendas de lino y las treinta mudas de ropa. Y ellos dijeron: Propón tu acertijo, y lo oiremos.

14 Y él les dijo:

Del que come salió comida,
y del fuerte salió dulzura.

Y ellos no pudieron declararle el acertijo en tres días.

15 Y al séptimo día dijeron a la esposa de Sansón: Induce a tu marido a que nos declare este acertijo, para que no te [a]quememos a ti ni a la casa de tu padre. ¿Acaso nos habéis llamado aquí para despojarnos?

16 Y lloró la esposa de Sansón delante de él y le dijo: Sólo me aborreces y no me amas, pues no me declaras el acertijo que propusiste a los hijos de mi pueblo. Y él le respondió: He aquí que ni a mi padre ni a mi madre lo he declarado, y ¿te lo he de declarar a ti?

17 Y ella lloró delante de él los siete días que ellos tuvieron banquete, mas al séptimo día él se *lo* declaró, porque ella le presionaba; y ella se lo declaró a los hijos de su pueblo.

18 Y al séptimo día, antes que el sol se pusiese, los de la ciudad le dijeron:

¿Qué cosa es más dulce que la miel?
¿Y qué cosa es más fuerte que el león?

Y él les respondió:

Si no hubieseis arado con mi novilla,
nunca habríais descubierto mi acertijo.

19 Y el espíritu de Jehová vino sobre él, y descendió *Sansón* a Ascalón y mató a treinta hombres

8 *a* Lev. 5:2.
10 *a* Gén. 29:21–23.
15 *a* Jue. 15:6.

de ellos; y tomando sus despojos, dio las mudas de ropa a los que habían explicado el acertijo; y encendido en enojo subió a la casa de su padre.
20 Y la esposa de Sansón fue *dada* a su compañero, el que había sido su amigo.

CAPÍTULO 15

Sansón quema las mieses de los filisteos — Éstos queman a su esposa y a su suegro — Sansón mata a mil filisteos en Lehi con una quijada de asno.

Y ACONTECIÓ después de algún tiempo, en [a]los días de la siega del trigo, que Sansón visitó a su esposa con un cabrito y dijo: Me llegaré a mi esposa en la alcoba. Pero el padre de ella no lo dejó entrar.
2 Y dijo el padre de ella: Pensé que la aborrecías y la di a tu compañero. Mas su hermana menor, ¿no es más hermosa que ella? Te ruego que la tomes en su lugar.
3 Y Sansón les dijo: Yo quedaré sin culpa esta vez respecto de los filisteos, si mal les hago.
4 Y fue Sansón y capturó trescientas zorras, y tomó antorchas, y ató las zorras por las colas y puso una antorcha entre cada dos colas.
5 Después encendió las antorchas, y soltó *las zorras* en los sembrados de los filisteos y quemó las gavillas, y la mies por segar, y las viñas y los olivares.
6 Y dijeron los filisteos: ¿Quién hizo esto? Y les fue dicho: Sansón, el yerno del timnateo, porque le quitó su esposa y la dio a su compañero. Y vinieron los filisteos y los [a]quemaron con fuego a ella y a su [b]padre.
7 Entonces Sansón les dijo: Ya que habéis hecho esto, ciertamente me [a]vengaré de vosotros y después descansaré.
8 Y los hirió en la pierna y en el muslo con gran mortandad; y descendió, y habitó en la cueva de la peña de Etam.
9 Y los filisteos subieron, y acamparon en Judá y se extendieron por Lehi.
10 Y los hombres de Judá les dijeron: ¿Por qué habéis subido contra nosotros? Y ellos respondieron: Para prender a Sansón hemos subido, a fin de hacerle como él nos ha hecho.
11 Y vinieron tres mil hombres de Judá a la cueva de la peña de Etam y dijeron a Sansón: ¿No sabes tú que los filisteos dominan sobre nosotros? ¿Por qué nos has hecho esto? Y él les respondió: Yo les he hecho como ellos me hicieron.
12 Ellos entonces le dijeron: Nosotros hemos venido para prenderte y entregarte en manos de los filisteos. Y Sansón les respondió: Juradme que vosotros no me mataréis.

15 1 *a* *Es decir,* a comienzos del verano, cerca de la celebración de Pentecostés.
6 *a* Jue. 14:15.
b En la Septuaginta, en el texto sirio y en muchos manuscritos hebreos: la casa de su padre.
7 *a* GEE Venganza.

13 Y ellos le respondieron, diciendo: No, solamente te prenderemos, y te entregaremos en sus manos, mas no te mataremos. Entonces le ataron con dos cuerdas nuevas y le hicieron subir de la peña.

14 Y cuando llegó hasta Lehi, los filisteos le salieron a recibir con gritos; y el espíritu de Jehová cayó sobre él, y las cuerdas que estaban en sus brazos se volvieron como lino quemado con fuego, y las ataduras [a]cayeron de sus manos.

15 Y hallando una quijada de asno fresca aún, extendió la mano y la tomó, y mató con ella a mil hombres.

16 Entonces Sansón dijo:

Con la quijada de un asno,
un montón, dos montones;
con la quijada de un asno he
matado a mil hombres.

17 Y sucedió que al acabar de hablar, arrojó de su mano la quijada y llamó a aquel lugar [a]Ramat-lehi.

18 Y teniendo gran sed, clamó luego a Jehová y dijo: Tú has dado esta gran liberación por mano de tu siervo, ¿y moriré yo ahora de sed y caeré en manos de los incircuncisos?

19 Entonces abrió Dios una cuenca que hay en Lehi, y salió de allí agua, y *Sansón* bebió, y recobró su espíritu y se reanimó. Por tanto, llamó el nombre *de aquel lugar* [a]En-hacore, el cual está en Lehi hasta hoy.

20 Y él juzgó a Israel en días de los filisteos durante veinte años.

CAPÍTULO 16

Sansón se lleva las puertas de la ciudad de Gaza — Ama a Dalila, quien lo entrega a los filisteos — Destruye un edificio, se mata a sí mismo y al mismo tiempo mata a otras tres mil personas.

Y FUE Sansón a Gaza, y vio allí a una ramera y se llegó a ella.

2 Y fue dicho a los de Gaza: Sansón ha venido acá. Y lo cercaron y le acecharon toda aquella noche a la puerta de la ciudad. Y estuvieron callados toda aquella noche, habiendo dicho: Cuando llegue la luz de la mañana, entonces lo mataremos.

3 Mas Sansón durmió hasta la medianoche; y a la medianoche se levantó, y tomando las puertas de la ciudad con sus dos pilares y su cerrojo, se las echó al hombro, y se fue y las subió a la cumbre del monte que está delante de Hebrón.

4 Después de esto aconteció que se enamoró de una mujer en el valle de Sorec, la cual se llamaba Dalila.

5 Y fueron a ella los príncipes de los filisteos y le dijeron: Engáñale y descubre en qué consiste su gran fuerza, y cómo podríamos vencerlo para que lo atemos y lo atormentemos; y cada uno de

14 *a* Alma 14:26.
17 *a* HEB la colina de la quijada.
19 *a* *Es decir,* el manantial de él, el que llama.

nosotros te dará mil cien *piezas* de plata.

6 Y Dalila dijo a Sansón: Yo te ruego que me declares en qué consiste tu gran fuerza, y cómo se te puede atar para ser atormentado.

7 Y le respondió Sansón: Si me atan con siete mimbres [a]verdes que aún no estén secos, entonces me debilitaré y seré como cualquiera de los hombres.

8 Y los príncipes de los filisteos le trajeron siete mimbres verdes que aún no se habían secado, y ella le ató con ellos.

9 Y había espías en un aposento en casa de ella. Entonces ella le dijo: ¡Sansón, los filisteos sobre ti! Y él rompió los mimbres como se rompe una cuerda de estopa cuando toca el fuego; y no se supo el secreto de su fuerza.

10 Entonces Dalila le dijo a Sansón: He aquí, tú me has engañado y me has dicho mentiras. Declárame, ahora, te ruego, cómo se te puede atar.

11 Y él le dijo: Si me atan fuertemente con cuerdas nuevas que nunca se hayan usado, yo me debilitaré y seré como cualquiera de los hombres.

12 Y Dalila tomó cuerdas nuevas, y le ató con ellas, y le dijo: ¡Sansón, los filisteos sobre ti! Y los espías estaban en el aposento. Mas él las rompió de sus brazos como un hilo.

13 Y Dalila le dijo a Sansón: Hasta ahora me engañas y me tratas con mentiras. Declárame, pues, ahora, cómo se te puede atar. Él entonces le dijo: Si tejes siete mechones de mi cabeza con el hilo del telar.

14 Y ella los aseguró con la clavija del telar y le dijo: ¡Sansón, los filisteos sobre ti! Mas despertando él de su sueño, arrancó la clavija del telar junto con el hilo.

15 Y ella le dijo: ¿Cómo dices: Yo te amo, cuando tu corazón no está conmigo? Ya me has engañado tres veces y no me has declarado aún en qué consiste tu gran fuerza.

16 Y aconteció que, presionándole ella cada día con sus palabras e importunándole, su alma fue reducida a mortal angustia.

17 Le declaró, pues, todo su [a]corazón y le dijo: Nunca a mi cabeza llegó [b]navaja, porque soy nazareo para Dios desde el vientre de mi madre. Si soy rapado, mi fuerza se apartará de mí, y me debilitaré y seré como todos los hombres.

18 Y viendo Dalila que él le había descubierto todo su corazón, envió a llamar a los príncipes de los filisteos, diciendo: Venid esta vez, porque él me ha descubierto todo su corazón. Y los príncipes de los filisteos vinieron a ella, trayendo en su mano el dinero.

19 Y ella hizo que él se durmiese sobre sus rodillas y llamó a un hombre, quien le rapó los siete mechones de su cabeza; y ella comenzó a afligirlo, pues su fuerza se había apartado de él.

20 Y le dijo: ¡Sansón, los filisteos

16 7 *a O sea,* cuerdas nuevas; tendones frescos y húmedos.
17 *a* GEE Corazón.
b Jue. 13:5.

sobre ti! Y luego que despertó él de su sueño, *se* dijo: Esta vez saldré como las otras y me escaparé. Pero no sabía que Jehová ya se había apartado de él.

21 Mas los filisteos le echaron mano, y le sacaron los ojos y le llevaron a Gaza; y le ataron con cadenas para que moliese en la cárcel.

22 Y el cabello de su cabeza comenzó a crecer después que fue rapado.

23 Entonces los príncipes de los filisteos se reunieron para ofrecer sacrificio a [a]Dagón, su dios, y para alegrarse; y decían: Nuestro dios ha entregado en nuestras manos a Sansón, nuestro enemigo.

24 Y viéndolo el pueblo, alabaron a su dios, diciendo: Nuestro dios entregó en nuestras manos a nuestro enemigo y al destructor de nuestra tierra, el cual había matado a muchos de entre nosotros.

25 Y aconteció que, cuando se alegró el corazón de ellos, dijeron: Llamad a Sansón, para que nos divierta. Y llamaron a Sansón de la cárcel, y sirvió de juguete delante de ellos; y lo pusieron entre las columnas.

26 Y Sansón dijo al joven que le guiaba de la mano: Acércame y hazme palpar las columnas sobre las que se sustenta la casa, para que me apoye en ellas.

27 Y la casa estaba llena de hombres y mujeres, y todos los príncipes de los filisteos estaban allí; y en el piso alto había como tres mil hombres y mujeres que estaban mirando el escarnio de Sansón.

28 Entonces clamó Sansón a Jehová y dijo: Señor Jehová, acuérdate ahora de mí, y dame fuerzas, te ruego, solamente esta vez, oh Dios, para que de una vez tome [a]venganza de los filisteos por mis dos ojos.

29 Asió luego Sansón las dos columnas centrales sobre las cuales se sustentaba la casa y se apoyó contra ellas, contra una con la mano derecha y contra la otra con la izquierda;

30 y dijo Sansón: Muera yo con los filisteos. Y se inclinó con toda su fuerza y cayó la casa sobre los príncipes y sobre toda la gente que estaba en ella. Y fueron muchos más los que mató al morir él que los que había matado durante su vida.

31 Y descendieron sus hermanos y toda la casa de su padre, y le tomaron, y le llevaron y le sepultaron entre Zora y Estaol, en el sepulcro de su padre Manoa. Y él juzgó a Israel durante veinte años.

CAPÍTULO 17

Micaía tiene una casa de dioses (imágenes) y consagra a sus propios sacerdotes.

HUBO un hombre de los montes de Efraín que se llamaba Micaía,

2 el cual dijo a su madre: Las mil cien *piezas* de plata que te fueron

23 *a* 1 Sam. 5:2–7. GEE Idolatría.

28 *a* GEE Venganza.

hurtadas, por lo que tú maldecías, oyéndolo yo, he aquí que yo las tengo; yo las tomé. Entonces la madre le dijo: Bendito seas de Jehová, hijo mío.
3 Y luego que él devolvió a su
madre las mil cien *piezas* de plata,
su madre dijo: Yo he dedicado
este dinero a Jehová de mi mano
para mi hijo para hacer una [a]imagen tallada y una de fundición;
ahora, pues, yo te lo devuelvo.
4 Cuando él devolvió a su madre el dinero, tomó su madre
doscientas *piezas* de plata y las
dio al fundidor; y él le hizo de
ellas una imagen tallada y una
de fundición, *y* quedaron en casa
de Micaía.
5 Y tuvo este hombre Micaía
una casa de dioses; e hizo un
[a]efod y [b]terafines, y consagró a
uno de sus hijos, y llegó a ser su
[c]sacerdote.
6 En aquellos días no había [a]rey
en Israel; cada uno hacía como
mejor le parecía.
7 Y había un joven de Belén de
Judá, de la tribu de Judá, el cual
era [a]levita, y era forastero allí.
8 Este hombre partió de la ciudad de Belén de Judá para ir a
vivir donde hallase *lugar*; y en
su camino llegó a los montes de
Efraín, a la casa de Micaía.
9 Y Micaía le dijo: ¿De dónde
vienes? Y él le respondió: Soy
levita de Belén de Judá y voy a
vivir donde halle *lugar*.
10 Entonces Micaía le dijo:
Quédate en mi casa y sé para mí
padre y sacerdote; y yo [a]te daré
diez *piezas* de plata por año, y
vestidos y comida. Y el levita se
quedó.
11 Le agradó, pues, al levita morar con aquel hombre, y él lo tenía
como a uno de sus hijos.
12 Y Micaía consagró al levita, y
aquel joven le servía de sacerdote
y estaba en casa de Micaía.
13 Y Micaía dijo: Ahora sé que
Jehová me favorecerá, pues el
levita es mi sacerdote.

CAPÍTULO 18

La tribu de Dan envía hombres para buscar una heredad — Toman las imágenes y al sacerdote de Micaía; incendian la ciudad de Lais y establecen la idolatría.

EN aquellos días no había rey en Israel. Y en aquellos días la tribu de Dan buscaba para sí heredad donde morar, porque hasta entonces no había obtenido su heredad entre las tribus de Israel.
2 Y los hijos de Dan enviaron
de su tribu a cinco hombres de
entre todos ellos, hombres valientes de Zora y de Estaol, para que
reconociesen y explorasen bien la
tierra; y les dijeron: Id y reconoced la tierra. Éstos llegaron a los
montes de Efraín, hasta la casa de
Micaía, y se hospedaron allí.
3 Y cuando estaban cerca de la

17 3 *a* Éx. 20:4, 23.
5 *a* Jue. 8:27.
b *Es decir,* ídolos de familia, tal vez del tamaño y de la forma de un hombre.
c Jue. 18:19–20.
6 *a* Deut. 12:6–9; DyC 1:15–16.
7 *a* Jue. 19:1. GEE Leví.
10 *a* GEE Supercherías sacerdotales.

casa de Micaía, reconocieron la voz del joven levita; y acercándose allá, le dijeron: ¿Quién te ha traído por acá? ¿Y qué haces aquí? ¿Y qué tienes que ver tú por aquí?

4 Y él les respondió: De esta y de esta manera ha hecho conmigo Micaía, y me ha tomado para que sea su sacerdote.

5 Y ellos le dijeron: Pregunta, pues, ahora a Dios, para que sepamos si ha de prosperar este viaje que hacemos.

6 Y el sacerdote les respondió: Id en paz, porque el viaje que hacéis está delante de Jehová.

7 Entonces aquellos cinco hombres partieron, y llegaron a Lais; y vieron que el pueblo que *habitaba* en ella estaba seguro, conforme a la costumbre de los de Sidón, [a]ocioso y confiado; no había nadie en aquella región que los perturbase en cosa alguna para poseer aquella tierra; y además de eso, estaban lejos de los sidonios y no tenían tratos con nadie.

8 Entonces volvieron ellos a sus hermanos en Zora y Estaol, y sus hermanos les dijeron: ¿Qué hay?

9 Y ellos respondieron: Levantaos, subamos contra ellos, porque nosotros hemos explorado la región y hemos visto que es muy buena. ¿Y vosotros os quedáis sin hacer nada? No seáis [a]perezosos en poneros en marcha para ir a tomar posesión de la tierra.

10 Cuando vayáis allá, llegaréis a una gente confiada y a una tierra espaciosa, pues Dios la ha entregado en vuestras manos, lugar donde no hay falta de cosa alguna que haya en la tierra.

11 Y partieron de allí los de Dan, de Zora y de Estaol, seiscientos hombres armados con armas de guerra.

12 Fueron y acamparon en Quiriat-jearim, en Judá, por lo cual aquel lugar fue llamado el campamento de Dan hasta hoy; está detrás de Quiriat-jearim.

13 Y pasando de allí a los montes de Efraín, llegaron hasta la casa de Micaía.

14 Entonces aquellos cinco hombres que habían ido a reconocer la tierra de Lais dijeron a sus hermanos: ¿No sabéis que en estas casas hay un efod y terafines, y una imagen tallada y una de fundición? Mirad, pues, lo que habéis de hacer.

15 Y dirigiéndose allá, llegaron a la casa del joven levita, en casa de Micaía, y le preguntaron cómo estaba.

16 Y los seiscientos hombres, que eran de los hijos de Dan, estaban armados con sus armas de guerra a la entrada de la puerta.

17 Y subiendo los cinco hombres que habían ido a reconocer la tierra, entraron allá y tomaron la imagen tallada, y el efod, y los terafines y la imagen de fundición, mientras se quedaba el sacerdote a la entrada de la puerta con los seiscientos hombres armados con armas de guerra.

18 Entrando, pues, aquellos en la casa de Micaía, tomaron la imagen tallada, el efod, y los terafines

18 7 *a* Jue. 18:27–28. 9 *a* GEE Ociosidad, ocioso.

y la imagen de fundición. Y el sacerdote les dijo: ¿Qué hacéis vosotros?

19 Y ellos le respondieron: Calla, pon la mano sobre tu boca y vente con nosotros, para que seas nuestro padre y sacerdote. ¿Es acaso mejor que seas tú sacerdote en casa de un solo hombre que serlo de una tribu y de una familia de Israel?

20 Y se alegró el corazón del sacerdote, quien tomó el efod, y los terafines y la imagen, y se fue entre la gente.

21 Y ellos se volvieron y se fueron, y pusieron los niños, y el ganado y las posesiones por delante.

22 Y cuando ya se habían alejado de la casa de Micaía, los hombres que *habitaban* en las casas cercanas a la casa de Micaía se reunieron y siguieron a los hijos de Dan.

23 Y dando voces a los de Dan, éstos volvieron sus rostros y dijeron a Micaía: ¿Qué te pasa que has juntado gente?

24 Y él respondió: Os lleváis mis dioses que yo hice, juntamente con el sacerdote, y os marcháis. ¿Qué más me queda? ¿Y con qué propósito me decís: ¿Qué te pasa?

25 Y los hijos de Dan le dijeron: No des voces tras nosotros, no sea que los de ánimo colérico os acometan, y pierdas también tu vida y la vida de los tuyos.

26 Y los hijos de Dan prosiguieron su camino; y viendo Micaía que eran más fuertes que él, se volvió y regresó a su casa.

27 Y ellos, [a]llevándose las cosas que había hecho Micaía, juntamente con el sacerdote que tenía, llegaron a Lais, al pueblo confiado y seguro; y los hirieron a filo de espada y quemaron la ciudad con fuego.

28 Y no hubo quien los defendiese, porque estaban lejos de Sidón y no tenían comercio con nadie. Y *la ciudad* estaba en el valle que hay junto a Bet-rehob. Luego reedificaron la ciudad y habitaron en ella.

29 Y llamaron el nombre de aquella ciudad Dan, conforme al nombre de su padre [a]Dan, hijo de Israel, aunque antes la ciudad se llamaba Lais.

30 Y los hijos de Dan levantaron para sí la [a]imagen tallada; y Jonatán hijo de Gersón, hijo de [b]Manasés, él y sus hijos fueron sacerdotes en la tribu de Dan hasta el día del cautiverio de la tierra.

31 Y mantuvieron levantada la imagen que Micaía había hecho, todo el tiempo que la [a]casa de Dios estuvo en [b]Silo.

CAPÍTULO 19

La concubina de un levita comete adulterio y vuelve a casa de su padre — Su esposo la busca y se alojan una noche en Gabaa — Los hombres de Gabaa abusan de la concubina y ella muere — El esposo levita la

27 *a* GEE Robar, robo, hurtar, hurto.
29 *a* GEE Dan.
30 *a* GEE Idolatría.
b HEB Moisés. Éx. 2:21–22.
31 *a* GEE Tabernáculo.
b Sal. 78:58–61.

corta en doce pedazos y los envía a las tribus de Israel.

EN aquellos días, cuando no había rey en Israel, hubo un [a]levita que moraba como forastero en la parte más remota de los montes de Efraín, el cual había tomado para sí como concubina a una mujer de Belén de Judá.

2 Y su concubina cometió adulterio contra él y se fue de él a casa de su padre, a Belén de Judá, y estuvo allá durante cuatro meses.

3 Y se levantó su marido y la siguió para hablarle amorosamente y hacerla volver, *llevando* consigo un criado suyo y un par de asnos; y ella le hizo entrar en la casa de su padre. Y viéndole el padre de la joven, le salió a recibir gozoso.

4 Y le retuvo su suegro, padre de la joven, y se quedó en su casa tres días, comiendo y bebiendo y alojándose allí.

5 Y aconteció que al cuarto día, cuando se levantaron de mañana, se levantó también el *levita* para irse, y el padre de la joven le dijo a su yerno: [a]Conforta tu corazón con un bocado de pan, y después os iréis.

6 Y se sentaron ellos dos juntos, y comieron y bebieron. Y el padre de la joven le dijo al hombre: Yo te ruego que te quedes aquí esta noche, y se alegrará tu corazón.

7 Y se levantó el hombre para irse, pero el suegro le insistió, y volvió a pasar allí la noche.

8 Y al quinto día, levantándose muy de mañana para irse, le dijo el padre de la joven: Conforta ahora tu corazón y aguarda hasta que decline el día; y comieron los dos juntos.

9 Y se levantó luego el hombre para irse, él, y su concubina y su criado. Entonces su suegro, el padre de la joven, le dijo: He aquí, el día declina y va a anochecer; te ruego que paséis aquí la noche. He aquí que el día se acaba; pasa aquí la noche para que se alegre tu corazón; y mañana os levantaréis temprano para emprender vuestro camino, y te irás a tus tiendas.

10 Mas el hombre no quiso pasar allí la noche, sino que se levantó, y partió y llegó hasta enfrente de Jebús, que es Jerusalén, con su par de asnos ensillados y con su concubina.

11 Y estando ya junto a Jebús, el día había declinado mucho; y dijo el criado a su señor: Ven ahora, y vámonos a esta [a]ciudad de los jebuseos, para que pasemos en ella la noche.

12 Y su señor le respondió: No iremos a ninguna ciudad de extranjeros, que no sea de los hijos de Israel, sino que pasaremos hasta Gabaa.

13 Y dijo a su criado: Ven, lleguemos a uno de esos lugares, para pasar la noche en Gabaa o en Ramá.

14 Pasaron, pues, de largo y siguieron su camino, y se les puso el sol junto a Gabaa, que era de [a]Benjamín.

19 1 *a* Jue. 17:9.
5 *a* *O sea,* aliméntate (véase el vers. 8).

11 *a* *Es decir,* Jerusalén. Jue. 1:21.

14 *a* GEE Benjamín, hijo de Jacob.

15 Y se apartaron del camino para entrar a pasar allí la noche en Gabaa; y entrando, se sentaron en la plaza de la ciudad, porque no hubo quien los acogiese en su casa para pasar la noche.

16 Y he aquí, un hombre viejo que al atardecer venía de trabajar en el campo, el cual era de los montes de Efraín, y moraba como forastero en Gabaa, pues los moradores de aquel lugar eran hijos de Benjamín.

17 Y alzando el anciano los ojos, vio a aquel viajero en la plaza de la ciudad y le dijo: ¿A dónde vas y de dónde vienes?

18 Y él respondió: Pasamos de Belén de Judá a la parte más remota de los montes de Efraín, de donde soy; y fui hasta Belén de Judá; y ahora voy a [a]la casa de Jehová, y no hay quien me reciba en su casa.

19 Nosotros tenemos paja y forraje para nuestros asnos, y también tenemos pan y vino para mí y para tu sierva, y para el criado que está con tu siervo; de nada tenemos falta.

20 Y el anciano dijo: La paz sea contigo; todo lo que te falte quede solamente a mi cargo, con tal que no pases la noche en la plaza.

21 Y los llevó a su casa y dio de comer a sus asnos; y ellos se [a]lavaron los pies, y comieron y bebieron.

22 Y cuando estaban gozosos, he aquí que los hombres de aquella ciudad, [a]hombres perversos, rodearon la casa y golpearon a la puerta, diciendo al anciano dueño de la casa: Saca fuera al hombre que ha entrado en tu casa, para que lo [b]conozcamos.

23 Y salió a ellos aquel hombre, el dueño de la casa, y les dijo: No, hermanos míos, os ruego que no cometáis este mal; puesto que este hombre ha entrado en mi casa, no hagáis esta maldad.

24 He aquí mi hija virgen y la concubina de él; yo os las sacaré ahora; humilladlas y haced con ellas como os parezca, pero no hagáis a este hombre cosa tan infame.

25 Mas aquellos hombres no le quisieron oír; por lo que, tomando aquel hombre a su concubina, la sacó fuera de la casa. Y ellos la conocieron y abusaron de ella toda la noche hasta la mañana, y la dejaron cuando apuntaba el alba.

26 Y cuando ya amanecía, la mujer vino y cayó delante de la puerta de la casa de aquel hombre donde su señor estaba, hasta que fue de día.

27 Y levantándose de mañana su señor, abrió las puertas de la casa y salió para seguir su camino, y he aquí que su concubina estaba tendida delante de la puerta de la casa, con las manos sobre el umbral.

28 Y él le dijo: Levántate, y vámonos. Mas ella no respondió. Entonces la levantó aquel hombre y, echándola sobre su asno, se levantó y se fue a su lugar.

29 Y al llegar a su casa, tomó

18 *a* *Es decir,* Silo.
21 *a* Gén. 24:32.
22 *a* 1 Sam. 1:12–16; Judas 1:18–19.
b GEE Homosexualidad.

un cuchillo, y echó mano de su concubina, y la despedazó por sus huesos en doce partes y las envió por todo el territorio de Israel.

30 Y todo el que veía aquello, decía: [a]Jamás se ha hecho ni visto tal cosa, desde el tiempo en que los hijos de Israel subieron de la tierra de Egipto hasta hoy. Considerad esto, tomad consejo y hablad.

CAPÍTULO 20

Todo Israel se levanta en contra de los hijos de Benjamín, quienes se niegan a entregar a los hombres de Gabaa — Los de la tribu de Benjamín son derribados y destruidos.

ENTONCES salieron todos los hijos de Israel, y se reunió la congregación como un solo hombre, desde Dan hasta Beerseba y la tierra de Galaad, ante Jehová en [a]Mizpa.

2 Y los principales de todo el pueblo, de todas las tribus de Israel, se hallaban presentes en la reunión del pueblo de Dios, cuatrocientos mil hombres de a pie que sacaban espada.

3 Y los hijos de Benjamín oyeron que los hijos de Israel habían subido a Mizpa. Y dijeron los hijos de Israel: Decidnos cómo fue esta maldad.

4 Entonces el hombre levita, marido de la mujer muerta, respondió y dijo: Yo llegué a Gabaa de Benjamín con mi concubina para pasar allí la noche.

5 Y levantándose contra mí los de Gabaa, rodearon la casa de noche, con la idea de matarme. Y violaron a mi concubina de tal manera que ella murió.

6 Entonces, tomando yo a mi concubina, la corté en pedazos y los envié por todo el territorio de la heredad de Israel, por cuanto han hecho [a]maldad e infamia en Israel.

7 He aquí, todos vosotros, hijos de Israel, dad aquí vuestro parecer y consejo.

8 Entonces todo el pueblo, como un solo hombre, se levantó y dijo: Ninguno de nosotros irá a su tienda, ni volverá a su casa ninguno de nosotros.

9 Y ahora, haremos esto a Gabaa: echemos suertes para subir contra ella;

10 y tomaremos diez hombres de cada cien de todas las tribus de Israel, y cien de cada mil, y mil de cada diez mil, que lleven víveres para el pueblo para que, yendo éste contra Gabaa de Benjamín, le hagan conforme a toda la abominación que ha cometido en Israel.

11 Y se juntaron todos los hombres de Israel contra la ciudad, unidos como un solo hombre.

12 Y las tribus de Israel enviaron hombres por toda la tribu de Benjamín, diciendo: ¿Qué maldad es ésta que ha sido hecha entre vosotros?

13 Entregad, pues, ahora a

30 *a* GEE Abominable, abominación.
20 1 *a* HEB la torre de vigilancia. Gén. 31:46–49.
6 *a* HEB vergüenza e indecencia. GEE Sensual, sensualidad.

aquellos hombres perversos que
están en Gabaa, para que los matemos y quitemos el mal de Israel.
Pero los de Benjamín no quisieron
oír la voz de sus hermanos, los
hijos de Israel;
14 y los hijos de Benjamín se
juntaron de todas las ciudades en
Gabaa para salir a pelear contra
los hijos de Israel.
15 Y fueron [a]contados en aquel
tiempo los hijos de Benjamín,
de las ciudades, veintiséis mil
hombres que sacaban espada, sin
contar los que moraban en Gabaa
que fueron en total setecientos
hombres escogidos.
16 De toda aquella gente había
setecientos hombres escogidos
que eran zurdos, todos los cuales
tiraban una piedra con la honda
a un cabello y no erraban.
17 Y fueron contados los hombres de Israel, fuera de Benjamín,
cuatrocientos mil hombres que
sacaban espada, todos éstos eran
hombres de guerra.
18 Y se levantaron los hijos de
Israel, y subieron a [a]la casa de
Dios y consultaron a Dios, diciendo: ¿Quién de nosotros subirá
primero en la guerra contra los
hijos de Benjamín? Y Jehová respondió: Judá subirá primero.
19 Y se levantaron por la mañana los hijos de Israel, y [a]acam-
paron contra Gabaa.
20 Y salieron los hijos de Israel
a combatir contra Benjamín, y
los hombres de Israel se pusieron
en orden de batalla contra ellos
junto a Gabaa.
21 Y salieron de Gabaa los hijos
de Benjamín y derribaron en tierra aquel día veintidós mil hombres de los hijos de Israel.
22 Mas reanimándose el pueblo,
los hombres de Israel volvieron a
disponer la batalla en el mismo
lugar donde la habían dispuesto
el primer día.
23 Y los hijos de Israel subieron
y lloraron delante de Jehová hasta
el atardecer, y consultaron a Jehová, diciendo: ¿Volveré a pelear
contra los hijos de mi hermano
Benjamín? Y Jehová les respondió: Subid contra él.
24 Y los hijos de Israel se acercaron el segundo día contra los
hijos de Benjamín.
25 Y aquel segundo día, saliendo
Benjamín de Gabaa contra ellos,
derribó por tierra a otros dieciocho mil hombres de los hijos de
Israel, todos los cuales sacaban
espada.
26 Entonces subieron todos los
hijos de Israel y todo el pueblo,
y fueron a la casa de Dios; y lloraron, y se sentaron allí delante
de Jehová, y ayunaron aquel día
hasta el atardecer; y ofrecieron
holocaustos y ofrendas de paz
delante de Jehová.
27 Y los hijos de Israel preguntaron a Jehová (pues el arca del
convenio de Dios estaba allí en
aquellos días,
28 y Finees hijo de Eleazar, hijo
de Aarón, se presentaba delante
de ella en aquellos días), diciendo:
¿Volveré a salir a la batalla contra
los hijos de mi hermano Benjamín

15 *a* HEB reclutados.
18 *a* HEB Bet-el. Josué 18:11 (véanse también los vers. 26 y Jue. 21:2).
19 *a* Oseas 10:9.

o desistiré? Y Jehová dijo: Subid, porque mañana yo lo entregaré en vuestras manos.
29 Y puso Israel emboscadas alrededor de Gabaa.
30 Subiendo entonces los hijos de Israel contra los hijos de Benjamín al tercer día, se pusieron en orden de *batalla* delante de Gabaa, como las otras veces.
31 Y salieron los hijos de Benjamín contra el pueblo y fueron alejados de la ciudad; y comenzaron a herir a *algunos* del pueblo, matándolos como las otras veces por los caminos, uno de los cuales sube a Bet-el y el otro a Gabaa, y en el campo *mataron* a unos treinta hombres de Israel.
32 Y los hijos de Benjamín decían: Vencidos son delante de nosotros como antes. Mas los hijos de Israel decían: Huiremos y los alejaremos de la ciudad hasta los caminos.
33 Entonces se levantaron todos los de Israel de su lugar y se pusieron en orden *de batalla* en Baal-tamar; y también la gente de Israel que emboscaba salió de su lugar, de la pradera de Gabaa.
34 Y vinieron contra Gabaa diez mil hombres escogidos de todo Israel, y la batalla arreciaba; mas ellos no sabían que el mal se acercaba a ellos.
35 Y derrotó Jehová a Benjamín delante de Israel; y mataron los hijos de Israel aquel día a veinticinco mil cien hombres de Benjamín, todos los cuales sacaban espada.
36 Y vieron los hijos de Benjamín que estaban derrotados; pues los hijos de Israel habían cedido terreno a Benjamín, porque estaban confiados en la gente de las emboscadas que habían puesto contra Gabaa.
37 Entonces los hombres de las emboscadas se apresuraron y acometieron a Gabaa, y se desplegaron y pasaron a filo de espada a toda la ciudad.
38 Y los israelitas habían concertado una señal con los de las emboscadas: que hiciesen subir una gran columna de humo desde la ciudad.
39 Luego, pues, que los de Israel retrocedieron en la batalla, los de Benjamín comenzaron a herir y matar a unos treinta hombres de Israel, y decían: Ciertamente ellos han caído delante de nosotros, como en la primera batalla.
40 Mas cuando la llama comenzó a subir de la ciudad con una columna de humo, los de Benjamín miraron hacia atrás, y he aquí que el fuego de la ciudad subía al cielo.
41 Entonces se volvieron los hombres de Israel, y los de Benjamín se llenaron de temor, porque vieron que la calamidad había venido sobre ellos.
42 Volvieron, por tanto, la espalda ante los de Israel, huyendo hacia el camino del desierto; mas la batalla los alcanzó, y a los que salían de las ciudades los mataban en medio de ellos.
43 *Así* cercaron a los de Benjamín, y los acosaron y los hollaron, desde Noja hasta enfrente de Gabaa hacia donde nace el sol.
44 Y cayeron de Benjamín dieciocho mil hombres, todos ellos hombres de guerra.

45 Y volviéndose, huyeron hacia el desierto, a la peña de Rimón, y de ellos mataron a cinco mil hombres en los caminos; siguieron acosándolos hasta Gidom y mataron de ellos a otros dos mil hombres.

46 Así todos los que de Benjamín murieron aquel día fueron veinticinco mil hombres que sacaban espada, todos ellos hombres de guerra.

47 Pero seiscientos hombres se volvieron y huyeron al desierto a la peña de Rimón, los cuales se quedaron en la peña de Rimón cuatro meses.

48 Y los hombres de Israel volvieron contra los hijos de Benjamín y los pasaron a filo de espada, tanto a hombres como a bestias de cada ciudad y todo lo que hallaban a su paso; asimismo prendieron fuego a todas las ciudades que hallaron.

CAPÍTULO 21

El pueblo lamenta la desolación de Benjamín — Destruyen a los habitantes de Jabes-galaad por no unirse a la guerra contra Benjamín — Se da esposas a los que quedaron de la tribu de Benjamín.

Y LOS hombres de Israel habían jurado en Mizpa, diciendo: Ninguno de nosotros dará su hija a los de Benjamín por esposa.

2 Y vino el pueblo a la casa de Dios, y estuvieron allí hasta el atardecer delante de Dios; y alzando su voz, lloraron amargamente

3 y dijeron: Oh Jehová Dios de Israel, ¿por qué ha sucedido esto en Israel, que falte hoy de Israel una tribu?

4 Y aconteció que al día siguiente, el pueblo se levantó muy de mañana, y edificaron allí un altar y ofrecieron holocaustos y ofrendas de paz.

5 Y dijeron los hijos de Israel: ¿Quién de entre todas las tribus de Israel [a]no subió a la asamblea, a Jehová? Porque se había hecho gran juramento contra el que no subiese a Jehová en Mizpa, diciendo: Sufrirá la muerte.

6 Y los hijos de Israel se entristecieron a causa de Benjamín, su hermano, y dijeron: Una tribu es hoy cortada de Israel.

7 ¿Qué haremos en cuanto a conseguir esposas para los que han quedado, ya que hemos jurado por Jehová que no les daremos nuestras hijas por esposas?

8 Y dijeron: ¿Hay alguno de las tribus de Israel que no haya subido a Jehová en Mizpa? Y hallaron que ninguno de Jabes-galaad había venido al campamento, a la asamblea.

9 Porque el pueblo fue contado, y he aquí que no había allí ningún hombre de los moradores de Jabes-galaad.

10 Entonces la congregación envió allá a doce mil hombres de los más valientes, y les mandaron, diciendo: Id y pasad a filo de espada a los moradores de

21 5 *a* Jue. 5:23.

Jabes-galaad, con las mujeres y los niños.

11 Pero lo haréis de esta manera: mataréis a todo hombre y a toda mujer que haya conocido varón.

12 Y hallaron entre los moradores de Jabes-galaad a cuatrocientas doncellas que no habían conocido varón, y las trajeron al campamento en Silo, que está en la tierra de Canaán.

13 Toda la congregación envió un mensaje a los hijos de Benjamín que estaban en la peña de Rimón, y les proclamaron la paz.

14 Y volvieron entonces los de Benjamín, y les dieron por esposas las que habían dejado vivas de las mujeres de Jabes-galaad; mas no había suficientes.

15 Y el pueblo tuvo tristeza a causa de Benjamín, porque Jehová había abierto una brecha en las tribus de Israel.

16 Entonces los [a]ancianos de la congregación dijeron: ¿Qué haremos en cuanto a conseguir esposas para los que han quedado? Porque las mujeres de Benjamín han sido exterminadas.

17 Y dijeron: Debe haber una heredad para Benjamín de los que han escapado, para que no sea una tribu exterminada de Israel.

18 Pero nosotros no les podemos dar esposas de nuestras hijas, porque los hijos de Israel han jurado, diciendo: Maldito el que diere esposa a Benjamín.

19 Ahora bien, dijeron, he aquí, cada año hay una fiesta solemne de Jehová en Silo, que está al norte de Bet-el y al lado oriental del camino que sube de Bet-el a Siquem, y al sur de Lebona.

20 Y mandaron a los hijos de Benjamín, diciendo: Id y poned emboscadas en las viñas,

21 y estad atentos. Y cuando veáis salir a las hijas de Silo a [a]bailar en círculos, salid vosotros de las viñas, y arrebate cada uno esposa para sí de las hijas de Silo, y os iréis a tierra de Benjamín.

22 Y cuando vengan los padres de ellas o sus hermanos a demandárnoslas, nosotros les diremos: Hacednos la merced de concedérnoslas, pues nosotros en la guerra no tomamos esposas para todos. Ya que vosotros no se las habéis dado, ahora no sois [a]culpables.

23 Y los hijos de Benjamín lo hicieron así y tomaron esposas conforme a su número, raptándolas de entre las que danzaban; y se fueron, y regresaron a su heredad, y reedificaron las ciudades y habitaron en ellas.

24 Entonces los hijos de Israel se fueron también de allí, cada uno a su tribu y a su familia, saliendo de allí cada uno a su heredad.

25 En aquellos días no había rey en Israel; cada uno hacía [a]como mejor le parecía.

16 *a* GEE Élder (anciano).
21 *a* Mos. 20:1–5.
22 *a* GEE Culpa.
25 *a* Deut. 12:6–8; DyC 1:15–16.

Rut

CAPÍTULO 1

Elimelec y su familia van a Moab por causa de la hambruna — Sus hijos contraen matrimonio — El padre y los hijos mueren — Rut la moabita, habiendo muerto su esposo, insiste en irse con Noemí — Ellas van a Belén.

Y ACONTECIÓ que en los días en que gobernaban los [a]jueces, hubo hambre en la tierra. Y un hombre de [b]Belén de Judá fue a vivir en los campos de [c]Moab, él y su esposa y sus dos hijos.

2 El nombre de aquel hombre era [a]Elimelec, y el de su esposa, [b]Noemí; y los nombres de sus dos hijos eran Mahlón y Quelión, efrateos de Belén de Judá. Llegaron, pues, a los campos de Moab y se quedaron allí.

3 Y murió Elimelec, marido de Noemí, y quedó ella con sus dos hijos,

4 los cuales tomaron para sí esposas de Moab; el nombre de una era Orfa, y el nombre de la otra, [a]Rut; y habitaron allí unos diez años.

5 Y murieron también los dos, Mahlón y Quelión, quedando así la mujer *desamparada,* sin sus dos hijos y sin su marido.

6 Entonces se levantó con sus nueras y regresó de los campos de Moab, porque oyó en el campo de Moab que Jehová había visitado a los de su pueblo para darles pan.

7 Salió, pues, del lugar donde había estado, y con ella sus dos nueras, y comenzaron a caminar para volver a la tierra de Judá.

8 Y Noemí dijo a sus dos nueras: Andad, vuelva cada una a la casa de su madre; Jehová haga con vosotras misericordia, como la habéis hecho con los muertos y conmigo.

9 Os conceda Jehová que halléis descanso, cada una en casa de [a]su marido. Luego las besó, y ellas alzaron su voz y lloraron.

10 Y le dijeron: Ciertamente nosotras volveremos contigo a tu pueblo.

11 Y Noemí respondió: Volveos, hijas mías; ¿para qué habéis de ir conmigo? ¿Acaso tengo yo más [a]hijos en el vientre que puedan ser vuestros maridos?

12 Volveos, hijas mías, e idos, porque yo ya soy vieja para tener marido. Y aunque dijese: Esperanza tengo, y esta noche estuviese con marido y aun diese a luz hijos,

13 ¿esperaríais vosotras hasta que fuesen grandes? ¿Os quedaríais vosotras sin casar por amor a ellos? No, hijas mías; que mayor amargura tengo yo que vosotras,

---

[RUT]
1 1 *a* Jue. 2:16–18; Mos. 29:11–44.
b GEE Belén.
c GEE Moab.
2 *a* HEB mi Dios es rey.
b HEB mi placer. GEE Noemí.
4 *a* HEB amiga. GEE Rut.
9 *a* *Es decir,* de un nuevo esposo.
11 *a* Deut. 25:5–10.

pues la mano de Jehová se ha salido contra mí.

14 Mas ellas alzaron otra vez su voz y lloraron; y Orfa besó a su suegra, mas Rut se quedó con ella.

15 Y *Noemí* dijo: He aquí tu cuñada se ha vuelto a su pueblo y a sus dioses; vuélvete tú tras ella.

16 Y Rut respondió: No me ruegues que te deje y que [a]me aparte de ti; porque adondequiera que tú fueres, [b]iré yo, y dondequiera que vivieres, viviré. [c]Tu pueblo será mi pueblo, y tu Dios mi [d]Dios.

17 Donde tú murieres, moriré yo y allí seré sepultada. [a]Así me haga Jehová y aun me añada, porque sólo la muerte hará separación entre tú y yo.

18 Y al ver *Noemí* que estaba tan [a]resuelta a ir con ella, no dijo nada más.

19 Anduvieron, pues, ellas dos hasta que llegaron a Belén. Y aconteció que entrando en Belén, toda la ciudad se conmovió por razón de ellas y decían: ¿No es ésta Noemí?

20 Y ella les respondía: No me llaméis [a]Noemí, sino llamadme [b]Mara, porque en gran amargura me ha puesto el Todopoderoso.

21 Yo me fui llena, pero Jehová me ha hecho volver con las manos vacías. ¿Por qué me llamáis Noemí, si ya Jehová [a]ha dado testimonio contra mí, y el Todopoderoso me ha [b]afligido?

22 Así volvió Noemí, y con ella su nuera Rut la moabita; volvieron de los campos de Moab y llegaron a Belén al principio de la siega de la cebada.

CAPÍTULO 2

Rut recoge espigas en los campos de Booz, un pariente cercano de Noemí — Booz trata bondadosamente a Rut.

Y TENÍA Noemí un pariente de su marido, hombre de mucha riqueza de la familia de Elimelec, el cual se llamaba [a]Booz.

2 Y Rut la moabita dijo a Noemí: Te ruego que me dejes ir al campo, y [a]recogeré espigas en pos de aquel a cuyos ojos halle gracia. Y ella le respondió: Ve, hija mía.

3 Fue, pues, y llegando, espigó en el campo en pos de los segadores; y afortunadamente aconteció que aquella parte del campo era de Booz, que era pariente de Elimelec.

4 Y he aquí que Booz vino de Belén y dijo a los segadores: Jehová sea con vosotros. Y ellos respondieron: Jehová te bendiga.

5 Y Booz dijo a su criado, el encargado de los segadores: ¿De quién es esta joven?

16 *a* GEE Honra, honrar (honor).
b GEE Amor.
c GEE Adopción.
d GEE Conversión, convertir.
17 *a* GEE Juramento.
18 *a* GEE Valor, valiente; Paciencia.
20 *a* HEB mi placer.
b HEB amarga, muy triste.
21 *a* *O sea,* me ha hecho humilde.
b GEE Adversidad.
2 1 *a* HEB en él hay fortaleza, prontitud y agilidad. GEE Booz.
2 *a* *Es decir,* juntaré el grano dejado por los segadores. Lev. 19:9–10; Deut. 24:19.

6 Y el criado encargado de los segadores respondió y dijo: Es la joven de Moab que volvió con Noemí de los campos de Moab,

7 y me ha dicho: Te ruego que me dejes espigar y recoger tras los segadores entre las gavillas; entró, pues, y está desde por la mañana hasta ahora, menos un poco que se detuvo en casa.

8 Entonces Booz dijo a Rut: Oye, hija mía, no vayas a espigar a otro campo ni pases de aquí; y aquí estarás con mis criadas.

9 Mira bien el campo que sieguen y síguelas, porque yo he mandado a los criados que no te molesten. Y cuando tengas sed, ve a las vasijas y bebe del *agua* que sacan los criados.

10 Ella, entonces, bajando su rostro, se inclinó a tierra y le dijo: ¿Por qué he hallado gracia ante tus ojos para que tú me reconozcas, siendo yo extranjera?

11 Y respondiendo Booz, le dijo: Por cierto se me ha declarado todo lo que has hecho por tu suegra después de la muerte de tu marido, y que, dejando a tu padre y a tu madre y la tierra donde naciste, has venido a un pueblo que antes no conocías.

12 Jehová [a]recompense tu obra, y tu [b]remuneración sea completa de parte de Jehová Dios de Israel, puesto que has venido para refugiarte bajo sus [c]alas.

13 Y ella dijo: Señor mío, halle yo gracia delante de tus ojos, porque me has consolado y porque has hablado al corazón de tu sierva, aunque no soy ni como una de tus criadas.

14 Y Booz le dijo a la hora de comer: Ven aquí, y come del pan y moja tu bocado en el vinagre. Y se sentó ella junto a los segadores, y él le dio del potaje, y comió hasta que se sació y le sobró.

15 Se levantó luego para espigar. Y Booz mandó a sus criados, diciendo: Que recoja también espigas entre las gavillas, y no la avergoncéis;

16 antes dejaréis caer a propósito de los manojos, y [a]la dejaréis que espigue y no la reprendáis.

17 Y espigó en el campo hasta el atardecer y desgranó lo que había recogido, y fue como un efa de cebada.

18 Y lo tomó y se fue a la ciudad, y su suegra vio lo que había recogido. Sacó también luego lo que le había sobrado después de haberse saciado, y se lo dio.

19 Y le dijo su suegra: ¿Dónde has espigado hoy? ¿Y dónde has trabajado? Bendito sea el que te ha reconocido. Y ella contó a su suegra lo que le había acontecido y dijo: El nombre del varón con quien hoy he trabajado es Booz.

20 Y dijo Noemí a su nuera: Sea él bendito de Jehová, pues no ha rehusado a los vivos la benevolencia que tuvo para con los que han muerto. Le dijo después Noemí: Nuestro pariente es aquel varón; es [a]uno de los que pueden redimirnos.

12 *a* GEE Juicio, juzgar.
b GEE Bendecido, bendecir, bendición.
c Sal. 57:1.
16 *a* *O sea,* dejadla espigar.
20 *a* Deut. 25:5–10; Mateo 22:24–26. GEE Redención, redimido, redimir.

21 Y Rut la moabita dijo: Además de esto me ha dicho: Permanece con mis criados hasta que hayan acabado toda mi siega.

22 Y Noemí respondió a su nuera Rut: Mejor es, hija mía, que salgas con sus criadas, y que no te encuentren en otro campo.

23 Estuvo, pues, espigando junto con las criadas de Booz hasta que se acabó la siega de la cebada y la del trigo; y vivía con su suegra.

CAPÍTULO 3

Por consejo de Noemí, Rut se acuesta a los pies de Booz — Booz promete, como pariente, hacerla su esposa.

Y LE dijo su suegra Noemí: Hija mía, ¿no he de buscar [a]hogar para ti, para que te vaya bien?

2 ¿No es Booz nuestro pariente, con cuyas criadas tú has estado? He aquí que él avienta esta noche la parva de las cebadas.

3 Te lavarás, pues, y te ungirás, y vistiéndote tus vestidos, irás a la [a]era; mas no te darás a conocer al varón hasta que él haya acabado de comer y de beber.

4 Y cuando él se acueste, observa tú el lugar donde él se acuesta, e irás, y descubrirás sus pies y te acostarás allí; y él te dirá lo que debas hacer.

5 Y le respondió: Haré todo lo que tú me mandes.

6 Descendió, pues, a la era e hizo todo lo que su suegra le había mandado.

7 Y cuando Booz hubo comido y bebido, y su corazón estuvo contento, se retiró a dormir a un lado del montón. Entonces ella vino calladamente, y le descubrió los pies y se acostó.

8 Y aconteció que a la medianoche se estremeció aquel hombre y se volvió; y he aquí que una mujer estaba acostada a sus pies.

9 Entonces él dijo: ¿Quién eres? Y ella respondió: Yo soy Rut, tu sierva; extiende el borde *de tu* [a]*manto* sobre tu sierva, por cuanto eres pariente cercano.

10 Y él dijo: Bendita seas tú de Jehová, hija mía; has hecho mejor tu postrera bondad que la primera, no yendo tras los jóvenes, sean pobres o ricos.

11 Ahora, pues, no temas, hija mía; yo haré contigo lo que tú digas, pues toda la gente de mi pueblo sabe que eres [a]mujer virtuosa.

12 Y ahora, aunque es cierto que yo soy pariente cercano, con todo eso hay un pariente más cercano que yo.

13 Reposa aquí esta noche, y cuando sea de día, si él te redime, bien, que te redima; mas si él no te quisiere redimir, yo te redimiré, vive Jehová. Descansa, pues, hasta la mañana.

14 Y reposó a sus pies hasta la mañana y se levantó, antes que nadie pudiese reconocer a otro.

3 1 *a* HEB lugar fijo o de descanso; Noemí tal vez se refiere a un matrimonio.
3 *a* *Es decir,* al campo de la trilla.
9 *a* *Es decir,* un símbolo de protección, especialmente dentro del matrimonio.
11 *a* Prov. 12:4; 31:10–31.

Y él dijo: Que no se sepa que una mujer ha venido a la era.

15 Después le dijo: Quítate el manto que traes sobre ti y sujétalo bien. Y sujetándolo ella, él midió seis *medidas* de cebada y se las puso encima; y ella se fue a la ciudad.

16 Y cuando llegó a donde estaba su suegra, ésta le dijo: ¿Qué hay, hija mía? Y le contó ella todo lo que con aquel varón le había acontecido.

17 Y dijo: Estas seis *medidas* de cebada me dio, diciéndome: Para que no vayas con las manos vacías a tu suegra.

18 Entonces *Noemí* dijo: Siéntate, hija mía, hasta que sepas cómo se resuelve el asunto, porque aquel hombre no descansará hasta que hoy concluya el asunto.

CAPÍTULO 4

El pariente más cercano se niega a cumplir con su deber, y Booz toma a Rut por esposa — Rut da a luz a Obed; éste fue padre de Isaí, quien engendró al rey David.

Y Booz subió a [a]la puerta y se sentó allí; y he aquí pasaba aquel pariente de quien Booz había hablado, y le dijo: Eh, tú, ven acá y siéntate. Y él fue y se sentó.

2 Entonces él tomó a diez hombres de los ancianos de la ciudad y les dijo: Sentaos aquí. Y ellos se sentaron.

3 Luego dijo al pariente: Noemí, que ha vuelto del campo de Moab, vende una parte de las tierras que tuvo nuestro hermano Elimelec.

4 Y yo decidí hacértelo saber y decirte que [a]la compres, delante de los que están aquí sentados y delante de los ancianos de mi pueblo. Si quieres redimirla, redímela; y si no quieres redimirla, decláramelo para que yo lo sepa, porque no hay otro que la redima sino tú, y yo después de ti. Y él respondió: Yo la redimiré.

5 Entonces replicó Booz: El mismo día que compres las tierras de mano de Noemí, has de tomar también a Rut la moabita, [a]esposa del difunto, para que conserves el nombre del muerto sobre su posesión.

6 Y respondió el pariente: No puedo redimir para mí, no sea que perjudique mi heredad. Redime tú *usando de* mi derecho, porque yo no podré redimirla.

7 Había ya desde antaño esta costumbre en Israel acerca de la redención o del contrato, que para la confirmación de cualquier negocio, uno se quitaba el calzado y se lo daba a su compañero; y esto servía de testimonio en Israel.

8 Entonces el pariente dijo a Booz: Tómalo tú. Y se quitó el calzado.

9 Y Booz dijo a los ancianos y a todo el pueblo: Vosotros sois hoy [a]testigos de que adquiero de mano de Noemí todas las cosas que fueron de Elimelec, y

4 1 *a* *Es decir,* el lugar donde se impartía justicia en las ciudades. Josué 20:4.
4 *a* Lev. 25:25.
5 *a* Deut. 25:5–10.
9 *a* GEE Testigo. Deut. 19:15.

todo lo que fue de Quelión y de Mahlón.

10 Y que también tomo por esposa a Rut la moabita, esposa de Mahlón, para [a]conservar el nombre del difunto sobre su heredad, para que el nombre del muerto no se borre de entre sus hermanos ni de la puerta de su lugar. Vosotros sois hoy testigos.

11 Y dijeron todos los del pueblo que estaban a la puerta con los ancianos: Testigos somos. Jehová haga a la mujer que entra en tu casa como a Raquel y a Lea, quienes edificaron la casa de Israel; y [a]tú seas ilustre en Efrata, y tengas renombre en Belén;

12 y de la descendencia que Jehová te dé de esta joven, sea tu casa como la casa de Fares, el que Tamar dio a luz a Judá.

13 Booz, pues, tomó a Rut, y ella fue su esposa; y luego que se llegó a ella, Jehová le dio que concibiese, y ella dio a luz un hijo.

14 Y las mujeres decían a Noemí: Loado sea Jehová, que hizo que no te faltase hoy pariente, cuyo nombre será celebrado en Israel.

15 Él será restaurador de tu alma y sustentará tu vejez; pues tu nuera, que te ama y es de más valor para ti que siete hijos, lo ha dado a luz.

16 Y tomando Noemí el hijo, lo puso en su regazo y fue su nodriza.

17 Y las vecinas le dieron nombre, diciendo: A Noemí le ha nacido un hijo, y le llamaron [a]Obed. Éste es padre de Isaí, padre de David.

18 Y éstas son las generaciones de [a]Fares: Fares engendró a Hezrón,

19 y Hezrón engendró a Ram, y Ram engendró a Aminadab,

20 y Aminadab engendró a Naasón, y Naasón engendró a Salmón,

21 y Salmón engendró a Booz, y Booz engendró a Obed,

22 y Obed engendró a Isaí, e Isaí engendró a [a]David.

PRIMER LIBRO DE

SAMUEL

CAPÍTULO 1

Ana pide en oración un hijo y hace voto de entregarlo a Jehová — Elí el sacerdote la bendice — Nace Samuel — Ana lo dedica a Jehová.

[a]HUBO un hombre de Ramataim de Zofim, de los montes de Efraín, que se llamaba Elcana hijo de Jeroham, hijo de Eliú, hijo de Tohu, hijo de Zuf, efrateo.

10 *a* GEE Familia—La familia eterna; Ordenanzas—Ordenanza vicaria.
11 *a* *O sea,* que te vaya bien.
17 *a* HEB siervo, adorador.
18 *a* Gén. 38:29; Mateo 1:2–16.
22 *a* GEE David.

[1 SAMUEL]
1 1 *a* GEE Samuel, profeta del Antiguo Testamento.

2 Y tenía él dos esposas; el nombre de una era [a]Ana, y el nombre de la otra, Penina. Y Penina tenía hijos, mas Ana [b]no los tenía.

3 Y subía aquel hombre todos los años de su ciudad para adorar y ofrecer sacrificios a Jehová de los ejércitos en [a]Silo, donde estaban dos hijos de [b]Elí, Ofni y Finees, sacerdotes de Jehová.

4 Y cuando llegaba el día en que Elcana ofrecía sacrificios, daba a Penina, su esposa, y a todos sus hijos y a todas sus hijas, a cada uno su parte.

5 Mas a Ana le daba una parte escogida, porque amaba a Ana, aunque Jehová había cerrado su matriz.

6 Y su rival la [a]irritaba, enojándola y entristeciéndola, porque Jehová había cerrado su matriz.

7 Y así hacía cada año; cuando subía a la [a]casa de Jehová, la irritaba así, por lo cual ella lloraba y no comía.

8 Y Elcana, su marido, le dijo: Ana, ¿por qué lloras? ¿Y por qué no comes? ¿Y por qué está afligido tu corazón? ¿No te soy yo mejor que diez hijos?

9 Y se levantó Ana después que hubo comido y bebido en Silo; y mientras el sacerdote Elí estaba sentado en una silla junto a un pilar del templo de Jehová,

10 ella, con [a]amargura de alma, oró a Jehová y lloró desconsoladamente.

11 E [a]hizo voto, diciendo: Jehová de los ejércitos, si te dignas mirar la aflicción de tu [b]sierva, y te acuerdas de mí y no te olvidas de tu sierva, y das a tu sierva un hijo varón, yo lo dedicaré a Jehová todos los días de su vida, y no pasará [c]navaja sobre su cabeza.

12 Y aconteció que mientras ella oraba largamente delante de Jehová, Elí observaba la boca de ella.

13 Mas Ana hablaba en su corazón, y solamente se movían sus labios, y su voz no se oía; y Elí la tuvo por ebria.

14 Entonces le dijo Elí: ¿Hasta cuándo estarás ebria? Deja ya el vino.

15 Y Ana le respondió, diciendo: No, señor mío; soy una mujer atribulada de espíritu. No he bebido vino ni sidra, sino que he [a]derramado mi alma delante de Jehová.

16 No tengas a tu sierva por una mujer [a]impía, porque por la magnitud de mis congojas y de mi aflicción he hablado hasta ahora.

17 Y Elí respondió y dijo: Ve en paz, y el Dios de Israel te otorgue la petición que le has hecho.

18 Y ella dijo: Halle tu sierva gracia delante de tus ojos. Y se fue la mujer por su camino, y comió y no estuvo más triste.

19 Y levantándose de mañana, adoraron delante de Jehová, y

---

2 *a* GEE Ana.
b Lucas 1:5–7, 13.
3 *a* Josué 18:1.
b GEE Elí.
6 *a* Gén. 16:4–5.
7 *a* GEE Templo, Casa del Señor.
10 *a* *O sea,* con dolor, con tristeza.
11 *a* Jue. 11:30–31. *Es decir,* prometió al Señor.
GEE Juramento.
b Lucas 1:48–49.
c Núm. 6:1–8; Jue. 13:5.
15 *a* GEE Oración.
16 *a* *Es decir,* indigna, sin valor.

volvieron y fueron a su casa en Ramá. Y Elcana conoció a Ana su mujer, y Jehová [a]se acordó de ella.

20 Y aconteció que al cumplirse el tiempo, después de haber concebido Ana, dio a luz un hijo, y le puso por nombre Samuel, *diciendo:* Por cuanto se lo pedí a Jehová.

21 Después subió aquel hombre, Elcana, con toda su familia, para ofrecer a Jehová el sacrificio anual y su voto.

22 Mas Ana no subió, sino dijo a su marido: *Yo no subiré* hasta que el niño sea destetado; entonces lo llevaré para que sea presentado delante de Jehová y se quede allá para siempre.

23 Y Elcana, su marido, le respondió: Haz lo que bien te parezca; quédate hasta que lo destetes; solamente confirme Jehová su palabra. Y se quedó la mujer y crió a su hijo hasta que lo destetó.

24 Y después que lo hubo destetado, lo llevó consigo, con tres becerros, y un efa de harina y una vasija de vino, y lo trajo a la casa de Jehová en Silo; y el niño era pequeño.

25 Y matando el becerro, trajeron el niño a Elí.

26 Y ella dijo: ¡Oh, señor mío! Vive tu alma, señor mío, yo soy aquella mujer que estuvo aquí junto a ti orando a Jehová.

27 Por este niño oraba, y Jehová me dio lo que le pedí.

28 Yo, pues, lo dedico también a Jehová; todos los días que viva, será de Jehová. Y adoró allí a Jehová.

CAPÍTULO 2

Ana canta alabanzas a Jehová — Samuel ministra delante de Jehová — Elí bendice a Elcana y a Ana, y ellos tienen hijos e hijas — Los hijos de Elí rechazan a Jehová y viven en la iniquidad — Jehová rechaza a la casa de Elí.

Y ANA [a]oró y dijo:
Mi corazón se [b]regocija en Jehová;
mi [c]poder se exalta en Jehová;
mi boca se ensancha contra mis enemigos,
por cuanto me alegro en tu [d]salvación.
2 [a]No hay santo como Jehová,
porque no hay ninguno fuera de ti,
ni hay [b]roca como el Dios nuestro.
3 No habléis excesivamente de grandezas;
cesen las palabras arrogantes de vuestra boca,
porque Jehová es el Dios [a]de todo saber,
y a él le toca pesar las [b]acciones.
4 Los arcos de los fuertes son quebrados,

---

19 *a* Gén. 30:22–23.
2 1 *a* GEE Oración.
b GEE Acción de gracias, agradecido, agradecimiento.
c HEB cuerno, símbolo de poder.
d GEE Salvación.
2 *a* 1 Rey. 8:23.
b GEE Roca.
3 *a* GEE Conocimiento.
b GEE Obras.

y los débiles se ciñen de fortaleza.
5 Los saciados se alquilan por pan,
y dejan de tener hambre los hambrientos;
hasta la estéril da a luz siete,
y la que tenía muchos hijos languidece.
6 Jehová da la muerte y él da la vida;
él hace descender al Seol y [a]hace subir.
7 Jehová da pobreza y da riqueza;
abate y enaltece.
8 Él levanta del polvo al [a]pobre,
y al menesteroso alza del muladar,
para hacerlos sentar con los príncipes
y heredar un trono de honor.
Porque de Jehová son las columnas de la tierra,
y él asentó sobre ellas el mundo.
9 Él guarda los pies de sus santos,
mas los impíos perecen en tinieblas,
porque nadie será fuerte por *su* propia fuerza.
10 Delante de Jehová serán quebrantados sus adversarios,
y sobre ellos tronará desde los cielos;
Jehová [a]juzgará los confines de la tierra,
y dará fortaleza a su Rey,
y enaltecerá el poder de su [b]Ungido.

11 Y Elcana volvió a su casa en Ramá, y el niño servía a Jehová delante del sacerdote Elí.

12 Mas los hijos de Elí eran [a]hombres malos, que no conocían a Jehová.

13 Y la costumbre de los sacerdotes con el pueblo era que, cuando alguno ofrecía sacrificio, venía el criado del sacerdote mientras la carne se cocía, *trayendo* en su mano un garfio de tres dientes,

14 y lo metía en el perol, o en la olla, o en el caldero o en el pote; y todo lo que sacaba el garfio, el sacerdote lo [a]tomaba para sí. De esta manera hacían con todo israelita que venía a Silo.

15 Asimismo, antes de quemar la grasa, venía el criado del sacerdote y decía al que sacrificaba: Da carne para asar para el sacerdote, porque no tomará de ti carne cocida, sino cruda.

16 Y si el hombre le respondía: Quemen primero la grasa, y después toma tanto como quieras, él respondía: No, sino dámela ahora mismo; de otra manera, yo la tomaré por la fuerza.

17 Era, pues, muy grande el pecado de los jóvenes delante de Jehová, porque los hombres [a]menospreciaban los sacrificios a Jehová.

6 *a* GEE Resurrección.
8 *a* GEE Pobres.
10 *a* GEE Jesucristo—Es juez; Juicio final.
b GEE Ungido, el.
12 *a* 1 Sam. 3:13.
14 *a* Lev. 7:30–34; Deut. 18:3.
17 *a* Mal. 2:8.

18 Y Samuel, siendo niño, ministraba delante de Jehová, vestido con un [a]efod de lino.

19 Y le hacía su madre una túnica pequeña y se la traía cada año, cuando subía con su marido para ofrecer el sacrificio anual.

20 Y Elí bendijo a Elcana y a su mujer, diciendo: Jehová te dé hijos de esta mujer en lugar del que [a]dedicó a Jehová. Y se volvieron a su casa.

21 Y [a]visitó Jehová a Ana, y concibió y dio a luz tres hijos y dos hijas. Y el niño Samuel crecía delante de Jehová.

22 Y Elí era ya muy anciano y oía todo lo que sus hijos hacían a todo Israel, y cómo [a]dormían con las mujeres que velaban a la puerta del tabernáculo de reunión.

23 Y les dijo: ¿Por qué hacéis cosas semejantes? Porque yo oigo de todo este pueblo acerca de vuestros malos procederes.

24 No, hijos míos, porque no es buena fama la que yo oigo, pues [a]hacéis pecar al pueblo de Jehová.

25 Si peca el hombre contra el hombre, Dios intercederá por él; pero si alguno peca contra Jehová, ¿quién intercederá por él? Pero ellos no oyeron la voz de su padre, porque Jehová quería hacerlos morir.

26 Y el niño Samuel [a]iba creciendo en estatura y en gracia delante de Dios y delante de los hombres.

27 Y vino un varón de Dios a Elí y le dijo: Así ha dicho Jehová: ¿No me manifesté yo claramente a la casa de tu padre cuando estaban en Egipto en la casa de Faraón?

28 Y yo le [a]escogí para ser mi sacerdote entre todas las tribus de Israel, para que ofreciese sobre mi altar, y quemase incienso y vistiese el efod delante de mí; y di a la casa de tu padre todas las [b]ofrendas de los hijos de Israel.

29 ¿Por qué habéis hollado mis sacrificios y mis ofrendas que yo mandé *ofrecer* en mi morada; y has [a]honrado a tus hijos más que a mí, engordándoos con lo principal de todas las ofrendas de mi pueblo Israel?

30 Por tanto, Jehová el Dios de Israel dice: Yo había dicho que tu casa y [a]la casa de tu padre [b]andarían delante de mí perpetuamente; mas ahora ha dicho Jehová: Nunca haga yo tal cosa, porque yo honraré a los que [c]me honran, y los que me desprecian serán tenidos en poco.

31 He aquí, vienen [a]días en que cortaré tu brazo y el brazo de la casa de tu padre, de modo que no haya anciano en tu casa.

32 Y verás un adversario en mi morada, en todas las cosas buenas que haga a Israel; y nunca habrá anciano en tu casa.

18 *a* Éx. 28:4.
20 *a* 1 Sam. 1:28.
21 *a* Gén. 21:1–2; Lucas 1:24–25.
22 *a* GEE Inmoralidad sexual.
24 *a* Alma 39:11–13.
26 *a* Lucas 2:52.
28 *a* GEE Autoridad.
b Lev. 10:12–15.
29 *a* Mateo 10:37.
30 *a* Éx. 27:21.
b GEE Andar, andar con Dios.
c GEE Honra, honrar (honor).
31 *a* 1 Rey. 2:27.

33 Y el varón tuyo que yo no excluya de mi altar será para hacer consumir tus ojos y llenar tu alma de dolor; mas todos los nacidos en tu casa morirán en la flor de la vida.

34 Y te será por señal esto que acontecerá a tus dos hijos, Ofni y Finees: ambos [a]morirán en el mismo día.

35 Y yo me [a]levantaré un sacerdote fiel, que haga conforme a mi corazón y a mi alma; y yo [b]le edificaré una casa firme, y andará delante de mi ungido todos los días.

36 Y acontecerá que el que haya quedado en tu casa vendrá a postrársele por una moneda de plata y un bocado de pan, diciéndole: Te ruego que me pongas en algún oficio sacerdotal para que coma un bocado de pan.

CAPÍTULO 3

Jehová llama a Samuel — La casa de Elí no será expiada ni con sacrificios ni con ofrendas — Samuel es reconocido como profeta por todo Israel — Jehová se le aparece.

Y EL joven Samuel servía a Jehová delante de Elí; y la palabra de Jehová era [a]de estima en aquellos días, y no había [b]visión manifiesta.

2 Y aconteció que un día, mientras Elí estaba acostado en su aposento, cuando sus ojos comenzaban a oscurecerse, y no podía ver,

3 y Samuel estaba durmiendo en el templo de Jehová, donde estaba el [a]arca de Dios, y antes que la [b]lámpara de Dios fuese apagada,

4 Jehová llamó a Samuel, y él respondió: Heme aquí.

5 Y corriendo hacia Elí, dijo: Heme aquí; ¿para qué me llamaste? Y Elí le dijo: Yo no he llamado; vuelve a acostarte. Y él se fue y se acostó.

6 Y Jehová volvió a llamar otra vez a Samuel. Y levantándose Samuel, fue a Elí y le dijo: Heme aquí; ¿para qué me has llamado? Y él dijo: Hijo mío, yo no he llamado; vuelve y acuéstate.

7 Y Samuel no había conocido aún a Jehová, ni la palabra de Jehová le había sido revelada.

8 Jehová, pues, llamó por tercera vez a Samuel. Y él se levantó y fue a Elí y le dijo: Heme aquí; ¿para qué me has llamado? Entonces entendió Elí que Jehová llamaba al joven.

9 Y dijo Elí a Samuel: Ve y acuéstate; y si te llama, dirás: Habla, Jehová, que tu siervo escucha. Y se fue Samuel y se acostó en su lugar.

10 Y vino Jehová, y [a]se puso delante de él y llamó como las otras veces: ¡Samuel, Samuel! Entonces

34 *a* 1 Sam. 4:10–11.
35 *a* DyC 114:2.
b *Es decir,* haré que su linaje sea perpetuado. 2 Sam. 7:10–17.
3 1 *a* *Es decir,* era valiosa porque no era frecuente.
b GEE Revelación; Visión.
3 *a* GEE Arca del pacto.
b Éx. 27:20–21.
10 *a* JS—H 1:7, 17.

Samuel dijo: Habla, que tu [b]siervo
escucha.
11 Y Jehová dijo a Samuel: He
aquí, haré yo una cosa en Israel
que a quien la oiga le [a]retiñirán
ambos oídos.
12 Aquel día yo cumpliré contra
Elí todas las cosas que he dicho
sobre su casa; cuando comience,
también acabaré.
13 Y le mostraré que yo [a]juzgaré
su casa para siempre, por la iniquidad que él sabe; porque sus
[b]hijos se han envilecido, y él no
los ha [c]reprendido.
14 Y, por tanto, yo he jurado a
la casa de Elí que la iniquidad
de la casa de Elí no será expiada
jamás, ni con sacrificios ni con
ofrendas.
15 Y Samuel estuvo acostado
hasta la mañana, y abrió las puertas de la casa de Jehová. Y Samuel
temía descubrir la visión a Elí.
16 Llamando, pues, Elí a Samuel, le dijo: Hijo mío, Samuel.
Y él respondió: Heme aquí.
17 Y dijo: ¿Qué es la palabra
que te habló *Jehová?* Te ruego que
no me la encubras. Así te haga
Dios y aun te añada si me encu-
bres palabra de todo lo que habló contigo.
18 Y Samuel se lo manifestó
todo, sin encubrirle nada. Entonces él dijo: Jehová es; haga lo
que bien le parezca.
19 Y Samuel crecía, y Jehová
estaba con él y no dejó caer a tierra ninguna de sus palabras.
20 Y todo Israel supo, desde Dan
hasta Beerseba, que Samuel había
sido confirmado como [a]profeta
de Jehová.
21 Así volvió Jehová a [a]aparecer
en [b]Silo, porque Jehová se reve-
laba a Samuel en Silo por medio
de la palabra de Jehová.

CAPÍTULO 4

Los israelitas son afligidos y derrotados por los filisteos, quienes además toman el arca de Dios — Matan a los hijos de Elí; Elí muere en un accidente, y su nuera muere en el parto.

Y LLEGABA la palabra de Samuel
a todo Israel. Por aquel tiempo
salió Israel en batalla al encuentro
de los filisteos y acampó junto a
Eben-ezer, y los filisteos acamparon en Afec.
2 Y los filisteos presentaron batalla a Israel, y trabándose el combate, Israel fue vencido delante
de los filisteos, los cuales hirieron en el campo de batalla como
a cuatro mil hombres.
3 Y cuando volvió el pueblo al
campamento, los ancianos de
Israel dijeron: ¿Por qué nos ha
herido hoy Jehová delante de
los filisteos? Traigamos de [a]Silo

10 *b* GEE Llamado, llamado por Dios, llamamiento.
11 *a* *Es decir,* arderán de vergüenza.
13 *a* Ezeq. 7:3–5.
b Mos. 27:8–9.
c GEE Familia—Las responsabilidades de los padres.
20 *a* GEE Autoridad; Profeta.
21 *a* GEE Jehová; Jesucristo—La existencia premortal de Cristo.
b Josué 18:1.
4 3 *a* *Es decir,* la capital de Israel, donde se encontraba el tabernáculo.

el [b]arca del convenio de Jehová, para que, estando entre nosotros, nos salve de la mano de nuestros enemigos.

4 Y el pueblo envió a Silo, y trajeron de allá el arca del convenio de Jehová de los ejércitos, que está entre los [a]querubines; y los dos hijos de Elí, Ofni y Finees, estaban allí con el arca del convenio de Dios.

5 Y aconteció que cuando el arca del convenio de Jehová llegó al campamento, todo Israel gritó con tan gran júbilo que la tierra tembló.

6 Y cuando los filisteos oyeron la voz de júbilo, dijeron: ¿Qué voz de gran júbilo es ésta en el campamento de los hebreos? Y supieron que el arca de Jehová había sido traída al campamento.

7 Y los filisteos tuvieron miedo, porque decían: Ha venido Dios al campamento. Y dijeron: ¡Ay de nosotros!, pues hasta ahora no ha sido así.

8 ¡Ay de nosotros! ¿Quién nos librará de manos de estos dioses poderosos? Éstos son los dioses que hirieron a Egipto con toda clase de plagas en el desierto.

9 Esforzaos, oh filisteos, y sed hombres, para que no sirváis a los hebreos, como ellos os han servido a vosotros; sed hombres y pelead.

10 Pelearon, pues, los filisteos, e Israel fue vencido, y huyó cada cual a su tienda; y hubo una gran mortandad, pues cayeron de Israel treinta mil hombres de a pie.

11 Y el arca de Dios fue tomada, y [a]murieron los dos hijos de Elí, Ofni y Finees.

12 Y corriendo de la batalla un hombre de Benjamín, llegó aquel día a Silo, [a]rotos sus vestidos y tierra sobre su cabeza.

13 Y cuando llegó, he aquí, Elí estaba sentado en una silla vigilando junto al camino, porque su corazón estaba temblando por causa del arca de Dios. Llegó, pues, aquel hombre a la ciudad, y al dar las nuevas, toda la ciudad gritó.

14 Y cuando Elí oyó el estruendo de la gritería, dijo: ¿Qué estruendo de alboroto es éste? Y aquel hombre vino de prisa y le dio las nuevas a Elí.

15 Era ya Elí de edad de noventa y ocho años, y sus ojos se habían oscurecido, de modo que no podía ver.

16 Dijo, pues, aquel hombre a Elí: Yo vengo de la batalla; he escapado hoy del combate. Y Elí dijo: ¿Qué ha acontecido, hijo mío?

17 Y el mensajero respondió y dijo: Israel huyó delante de los filisteos, y también hubo una gran mortandad entre el pueblo; y también tus dos hijos, Ofni y Finees, han muerto, y el arca de Dios fue tomada.

18 Y aconteció que cuando él hizo mención del arca de Dios, *Elí* cayó de la [a]silla hacia atrás al

3 *b* HEB *berit:* convenio, pacto, alianza. También conocida como el arca del pacto o el arca de la alianza. GEE Arca del pacto.
4 *a* GEE Querubines.
11 *a* 1 Sam. 2:34.
12 *a* Josué 7:5–6.
18 *a* 1 Sam. 1:9.

lado de la puerta, y se desnucó y murió, porque era hombre anciano y pesaba mucho. Y había juzgado a Israel cuarenta años.

19 Y su nuera, la mujer de Finees, que estaba encinta, cercana al parto, al oír el rumor de que el arca de Dios había sido tomada y que su suegro y su marido habían muerto, se inclinó y dio a luz, porque le sobrevinieron sus dolores.

20 Y al tiempo que moría, le decían las que estaban junto a ella: No tengas temor, porque has dado a luz un hijo. Mas ella no respondió ni prestó atención.

21 Y llamó al niño [a]Icabod, diciendo: ¡Desterrada ha sido la gloria de Israel!, porque el arca de Dios ha sido tomada, y porque habían muerto su suegro y su marido.

22 Dijo, pues: Desterrada ha sido la gloria de Israel, porque el arca de Dios ha sido tomada.

CAPÍTULO 5

Los filisteos colocan el arca en la casa de su dios Dagón — Primero los filisteos de Asdod, en seguida los de Gat y posteriormente los de Ecrón son heridos con una plaga y mueren por tener el arca entre ellos.

Y CUANDO los filisteos capturaron el arca de Dios, la trajeron desde Eben-ezer a Asdod.

2 Y tomaron los filisteos el arca de Dios, y la llevaron a la casa de [a]Dagón y la pusieron junto a Dagón.

3 Y al siguiente día los de Asdod se levantaron de mañana, y he aquí que Dagón *estaba* postrado en tierra delante del arca de Jehová; y tomaron a Dagón y volvieron a ponerlo en su lugar.

4 Y al levantarse de mañana al siguiente día, he aquí que Dagón había caído postrado en tierra delante del arca de Jehová; y la cabeza de Dagón y las dos palmas de sus manos *estaban* cortadas sobre el umbral, habiéndole quedado a Dagón *el tronco* solamente.

5 Por esta causa los sacerdotes de Dagón, y todos los que entran en el templo de Dagón, no pisan el umbral de Dagón en Asdod, hasta hoy.

6 Y se agravó la mano de Jehová sobre los de Asdod, y los destruyó y los hirió con tumores en Asdod y en todos sus territorios.

7 Y viendo esto los de Asdod, dijeron: Que no se quede con nosotros el arca del Dios de Israel, porque su mano es dura sobre nosotros y sobre nuestro dios Dagón.

8 Enviaron, pues, a reunir a todos los príncipes de los filisteos y les dijeron: ¿Qué haremos con el arca del Dios de Israel? Y ellos respondieron: Pásese el arca del Dios de Israel a Gat. Y pasaron *allá* el arca del Dios de Israel.

9 Y aconteció que cuando la hubieron pasado, la mano de

21 *a* *Es decir,* "¿Dónde está la gloria?"

5 2 *a* *Es decir,* el dios de los filisteos. GEE Idolatría.

Jehová cayó contra la ciudad provocando gran destrucción; e hirió a los hombres de aquella ciudad desde el menor hasta el mayor, y se llenaron de tumores.

10 Entonces enviaron el arca de Dios a Ecrón. Y cuando el arca de Dios llegó a Ecrón, los ecronitas dieron voces, diciendo: Han pasado a nosotros el arca del Dios de Israel para matarnos a nosotros y a nuestro pueblo.

11 Y enviaron y reunieron a todos los príncipes de los filisteos, diciendo: Llévese el arca del Dios de Israel y devuélvase a su lugar, para que no nos mate a nosotros ni a nuestro pueblo; pues había pánico de muerte en toda la ciudad, y el peso de la mano de Dios se había agravado allí.

12 Y los que no morían eran heridos con tumores, y el clamor de la ciudad subía al cielo.

CAPÍTULO 6

Los filisteos devuelven el arca con una ofrenda — En Bet-semes Jehová castiga y hace morir a los israelitas que miraron dentro del arca.

Y ESTUVO el arca de Jehová en la tierra de los filisteos siete meses.

2 Entonces los filisteos, llamando a los sacerdotes y [a]adivinos, preguntaron: ¿Qué haremos con el arca de Jehová? Decidnos cómo la hemos de enviar a su lugar.

3 Y ellos dijeron: Si enviáis el arca del Dios de Israel, no la enviéis vacía, sino que la enviaréis con una [a]ofrenda por la culpa. Y entonces seréis sanados y conoceréis por qué no se apartó de vosotros su mano.

4 Y los filisteos dijeron: ¿Y cuál será la ofrenda por la culpa que le enviaremos? Y ellos respondieron: *Conforme* al número de los príncipes de los filisteos, cinco tumores de oro y cinco ratones de oro, porque la misma plaga estuvo sobre todos vosotros y también estuvo sobre vuestros príncipes.

5 Haréis, pues, las figuras de vuestros tumores y las figuras de vuestros ratones que estropean la tierra, y daréis gloria al Dios de Israel; quizá alivie su mano de sobre vosotros, y de sobre vuestros dioses y de sobre vuestra tierra.

6 Y, ¿por qué [a]endurecéis vuestro corazón, como los egipcios y Faraón [b]endurecieron su corazón? Después que él los hubo tratado severamente, ¿no los dejaron ir, y se fueron?

7 Haced, pues, ahora un carro nuevo y tomad luego dos vacas que críen, a las cuales no haya sido puesto yugo, y uncid las vacas al carro y haced regresar a casa sus becerros.

8 Tomaréis luego el arca de Jehová y la pondréis sobre el carro,

---

6 2 *a* *Es decir,* adivinos que usaban métodos de hechicería para predecir el futuro.
3 *a* Lev. 5:14–16.
6 *a* GEE Orgullo; Rebelión.
b Éx. 8:15.

y pondréis en una [a]caja al lado de ella los objetos de oro que le habéis de enviar como ofrenda por la culpa; y la dejaréis que se vaya.

9 Y mirad; si sube por el camino de su territorio a Bet-semes, entonces él nos ha hecho este mal *tan* grande; y si no, sabremos que no fue su mano la que nos hirió, sino que ocurrió por casualidad.

10 Y los hombres lo hicieron así; y tomaron dos vacas que criaban, y las uncieron al carro y encerraron en casa sus becerros.

11 Y pusieron el arca de Jehová sobre el carro, y la caja con los ratones de oro y con las figuras de sus tumores.

12 Y las vacas se encaminaron por el camino de Bet-semes; e iban por el camino andando y mugiendo, sin apartarse ni a la derecha ni a la izquierda; y los príncipes de los filisteos fueron tras ellas hasta los límites de Bet-semes.

13 Y los de Bet-semes segaban el trigo en el valle; y alzando sus ojos, vieron el arca y se regocijaron cuando la vieron.

14 Y el carro llegó al campo de Josué, un bet-semita, y se detuvo allí donde había una gran piedra; y ellos cortaron la madera del carro y ofrecieron las vacas en holocausto a Jehová.

15 Y los levitas bajaron el arca de Jehová y la caja que estaba junto a ella, en la cual estaban los objetos de oro, y los pusieron sobre aquella gran piedra; y los hombres de Bet-semes ofrecieron holocaustos e hicieron sacrificios a Jehová en aquel día.

16 Y cuando vieron esto, los cinco príncipes de los filisteos volvieron a Ecrón el mismo día.

17 Éstos, pues, son los tumores de oro que pagaron los filisteos a Jehová como ofrenda por la culpa: por Asdod uno, por Gaza uno, por Ascalón uno, por Gat uno, por Ecrón uno.

18 Y los ratones de oro fueron conforme al número de todas las ciudades de los filisteos pertenecientes a los cinco príncipes, tanto de las ciudades fortificadas como de las aldeas sin muros; la gran piedra, sobre la cual pusieron el arca de Jehová, *está* en el campo de Josué, el bet-semita, hasta hoy.

19 Entonces [a]hirió *Dios* a los de Bet-semes, porque habían mirado dentro del arca de Jehová; hirió del pueblo a cincuenta mil setenta hombres. Y el pueblo hizo duelo, porque Jehová lo había herido con tan gran mortandad.

20 Y dijeron los de Bet-semes: ¿Quién podrá estar delante de Jehová el Dios santo? ¿Y a quién irá él después de nosotros?

21 Y enviaron mensajeros a los de Quiriat-jearim, diciendo: Los filisteos han devuelto el arca de Jehová; descended, pues, y lleváosla.

8 *a* *O sea,* canasta, cofre, baúl especialmente para las cosas de valor (véanse también los vers. 11, 15).

19 *a* Núm. 1:50–51; 2 Sam. 6:6–7.

CAPÍTULO 7

Samuel exhorta a Israel a apartarse de Astarot y de los baales, y a servir a Jehová — Israel ayuna y busca a Jehová — Los filisteos son sometidos — Samuel juzga a Israel.

Y VINIERON los de Quiriat-jearim,
y subieron el [a]arca de Jehová y
la llevaron a casa de Abinadab,
situada en el collado; y santificaron a Eleazar, su hijo, para que
guardase el arca de Jehová.
2 Y aconteció que desde el día
en que llegó el arca a Quiriat-jearim pasaron muchos días, veinte
años; y toda la casa de Israel año-
raba a Jehová.
3 Y habló Samuel a toda la casa
de Israel, diciendo: Si de todo
vuestro corazón os [a]volvéis a Jehová, quitad de entre vosotros
los [b]dioses ajenos y a [c]Astarot, y
preparad vuestro [d]corazón para
Jehová y sólo a él servid, y os librará de manos de los filisteos.
4 Entonces los hijos de Israel
quitaron a los [a]baales y a Astarot,
y sirvieron sólo a Jehová.
5 Y Samuel dijo: Reunid a todo
Israel en Mizpa, y yo [a]oraré por
vosotros a Jehová.
6 Y se reunieron en Mizpa, y
sacaron agua y la derramaron
delante de Jehová; y ayunaron
aquel día y dijeron allí: Contra
Jehová hemos [a]pecado. Y juzgó
Samuel a los hijos de Israel en
Mizpa.
7 Y cuando oyeron los filisteos
que los hijos de Israel estaban
reunidos en Mizpa, subieron los
príncipes de los filisteos contra Israel. Y al oír esto los hijos
de Israel, tuvieron temor de los
filisteos.
8 Y dijeron los hijos de Israel a
Samuel: [a]No ceses de clamar por
nosotros a Jehová nuestro Dios,
para que nos libre de manos de
los filisteos.
9 Y Samuel tomó un cordero
de leche y lo sacrificó entero a
Jehová en holocausto; y [a]clamó
Samuel a Jehová por Israel, y
Jehová le [b]oyó.
10 Y aconteció que mientras Samuel ofrecía el holocausto, los
filisteos llegaron para pelear con
los hijos de Israel. Mas Jehová
hizo tronar aquel día con gran
estruendo sobre los filisteos y
los confundió, y fueron vencidos
delante de Israel.
11 Y salieron los hijos de Israel
de Mizpa y persiguieron a los
filisteos, hiriéndolos hasta más
allá de Bet-car.
12 Tomó luego Samuel una
[a]piedra y la puso entre Mizpa
y Sen, y la llamó [b]Eben-ezer, diciendo: Hasta aquí nos ha ayudado Jehová.
13 Fueron, pues, [a]sometidos
los filisteos y no vinieron más al

7 1 *a* GEE Arca del pacto.
3 *a* Hel. 13:11; 3 Ne. 24:7.
b GEE Idolatría.
c *Es decir,* imágenes de la diosa de la fertilidad.
d GEE Corazón quebrantado.
4 *a* Jue. 2:11–13.
5 *a* Núm. 21:7; 2 Ne. 33:3; Enós 1:9, 11.
6 *a* Jue. 10:10–16.
8 *a* 2 Ne. 32:9; Alma 34:21–23.
9 *a* Alma 10:22–23.
b HEB respondió.
12 *a* Josué 22:10, 26–27, 34; 24:26–27.
b *Es decir,* La piedra de ayuda.
13 *a* Alma 36:28.

territorio de Israel; y la [b]mano de Jehová estuvo contra los filisteos todos los días de Samuel.

14 Y fueron restituidas a los hijos de Israel las ciudades que los filisteos habían tomado de los israelitas, desde Ecrón hasta Gat, con sus territorios; e Israel los libró de manos de los filisteos. Y hubo paz entre Israel y el amorreo.

15 Y juzgó Samuel a Israel todos los días de su vida.

16 Y todos los años iba y recorría Bet-el, y Gilgal y Mizpa; y juzgaba a Israel en todos estos lugares.

17 Regresaba después a Ramá, porque allí estaba su casa, y allí juzgaba a Israel. Y edificó allí un altar a Jehová.

CAPÍTULO 8

Los hijos de Samuel aceptan sobornos y pervierten la justicia — Los israelitas desean tener un rey para que gobierne sobre ellos — Samuel advierte de la naturaleza y de los males de un gobierno de reyes — Jehová consiente en darles un rey.

Y ACONTECIÓ que cuando Samuel envejeció, puso a sus hijos como jueces sobre Israel.

2 Y el nombre de su hijo primogénito era Joel, y el nombre del segundo, Abías; y éstos eran jueces en Beerseba.

3 Mas no anduvieron los hijos por los caminos de su padre, sino que se desviaron tras las ganancias deshonestas, aceptando [a]sobornos y pervirtiendo la justicia.

4 Entonces todos los ancianos de Israel se reunieron y fueron a Samuel en Ramá,

5 y le dijeron: He aquí, tú has envejecido, y tus hijos no [a]andan por tus caminos; por tanto, constitúyenos ahora un [b]rey que nos juzgue, como *tienen* todas las naciones.

6 Y le pareció mal a Samuel cuando dijeron: Danos un rey que nos juzgue. Y Samuel oró a Jehová.

7 Y dijo Jehová a Samuel: Oye la [a]voz del pueblo en todo lo que te digan, porque no te han desechado a ti, sino a mí me han desechado, para que no [b]reine sobre ellos.

8 Conforme a todas las obras que han hecho desde el día en que los saqué de Egipto hasta hoy, y me han abandonado y han servido a dioses ajenos, así hacen también contigo.

9 Y ahora, pues, oye su voz; pero [a]hazles una advertencia solemne y declárales cuál será el proceder del [b]rey que reine sobre ellos.

10 Y dijo Samuel todas las palabras de Jehová al pueblo que le había pedido rey.

11 Y dijo: Éste será el proceder del rey que reine sobre vosotros:

13 *b* Morm. 5:23; DyC 136:30.
8 3 *a* Éter 9:11.
5 *a* GEE Tinieblas espirituales; Camino (vía).
b Mos. 23:6–13; DyC 38:21–22.
7 *a* Mos. 29:25–27.
b Hel. 12:3–6. GEE Gobierno.
9 *a* Moro. 9:6.
b Mos. 29:21–23.

Tomará a vuestros hijos y los pondrá en sus carros y entre su gente de a caballo, para que corran delante de su carro;

12 y nombrará para sí capitanes de millares, y capitanes de cincuentenas; *los pondrá* asimismo a que aren sus campos y sieguen sus mieses, y a que hagan sus armas de guerra y los pertrechos de sus carros.

13 Y tomará también a vuestras hijas para que sean perfumadoras, cocineras y amasadoras.

14 Y asimismo [a]tomará lo mejor de vuestras tierras, de vuestras viñas y de vuestros olivares, y los dará a sus siervos.

15 Él diezmará vuestro grano y vuestras viñas, para dar a sus oficiales y a sus siervos.

16 Y tomará vuestros siervos, y vuestras siervas, y vuestros mejores jóvenes y vuestros asnos, y con ellos hará sus obras.

17 Diezmará también vuestros rebaños, y seréis sus siervos.

18 Y [a]clamaréis aquel día a causa de vuestro rey que os habréis elegido, pero Jehová no os [b]oirá en aquel día.

19 Pero el pueblo no quiso [a]oír la voz de Samuel, y dijeron: No, sino que habrá rey sobre nosotros,

20 y nosotros seremos también como todas las naciones; y nuestro rey nos gobernará, y saldrá delante de nosotros y hará nuestras guerras.

21 Y oyó Samuel todas las palabras del pueblo y las dijo a oídos de Jehová.

22 Y Jehová dijo a Samuel: Oye su voz y pon rey sobre ellos. Entonces dijo Samuel a los hombres de Israel: Regrese cada uno a su ciudad.

CAPÍTULO 9

Saúl hijo de Cis, de la tribu de Benjamín, es un joven escogido y apuesto — Se le envía a buscar las asnas de su padre — Jehová le revela a Samuel, el vidente, que Saúl ha de ser rey — Saúl visita a Samuel y éste lo atiende.

Y HABÍA un hombre de Benjamín, hombre valeroso, el cual se llamaba Cis hijo de Abiel, hijo de Zeror, hijo de Becorat, hijo de Afía, hijo de un hombre de Benjamín.

2 Y tenía él un hijo que se llamaba [a]Saúl, joven y apuesto; entre los hijos de Israel no había otro más apuesto que él; de hombros arriba era más alto que cualquiera del pueblo.

3 Y se habían perdido las asnas de Cis, padre de Saúl; por lo que dijo Cis a su hijo Saúl: Toma ahora contigo alguno de los criados, y levántate y ve a buscar las asnas.

4 Y él pasó por la región montañosa de Efraín, y de allí por la tierra de Salisa, y no las hallaron. Pasaron luego por la tierra de Saalim, y tampoco. Después pasó por la tierra de Benjamín, y no las encontraron.

---

14 *a* 1 Rey. 4:21–23, 26–28.
18 *a* Mos. 29:16–17.
b Mos. 21:15; DyC 101:7–9.
19 *a* GEE Escuchar.

9 2 *a* GEE Saúl, rey de Israel.

5 Y cuando llegaron a la tierra de Zuf, Saúl dijo al criado que estaba con él: Ven, volvámonos, porque quizá mi padre deje de preocuparse por las asnas y se acongoje por nosotros.

6 Y él le respondió: He aquí que ahora hay en esta ciudad un hombre de Dios, que es varón insigne; todo lo que él dice sin duda se cumple. Vamos, pues, allá; quizá nos enseñe el camino por donde debemos ir.

7 Y Saúl respondió a su criado: Vamos ahora; pero, ¿qué llevaremos al varón? Porque el pan de nuestras alforjas se ha acabado, y no tenemos qué ofrecerle al varón de Dios. ¿Qué tenemos?

8 Entonces volvió el criado a responder a Saúl, diciendo: He aquí, tengo en mi mano la cuarta parte de un siclo de plata; esto le daré al varón de Dios para que nos indique el camino.

9 (Antiguamente en Israel [a]cualquiera que iba a consultar a Dios decía así: Venid y vamos a ver al [b]vidente; porque al que hoy se le llama [c]profeta, antes se le llamaba vidente.)

10 Dijo entonces Saúl a su criado: Bien dices, anda, vamos. Y fueron a la ciudad donde estaba el varón de Dios.

11 Y cuando subían por la cuesta de la ciudad, hallaron unas jóvenes que salían por agua, a las cuales dijeron: ¿Está en este lugar el vidente?

12 Y ellas, respondiéndoles, dijeron: Sí, he aquí está delante de ti; daos, pues, prisa, porque hoy ha venido a la ciudad en atención a que el pueblo tiene hoy un sacrificio en [a]el lugar alto.

13 Cuando entréis en la ciudad, buscadle, antes que suba al lugar alto a comer; pues el pueblo no comerá hasta que él haya llegado, por cuanto él ha de bendecir el sacrificio; y después comerán los convidados. Subid, pues, ahora, porque ahora le hallaréis.

14 Ellos entonces subieron a la ciudad; y cuando estuvieron en medio de la ciudad, he aquí que Samuel salía delante de ellos para subir al lugar alto.

15 Y un día antes de la llegada de Saúl, [a]Jehová había revelado al oído de Samuel, diciendo:

16 Mañana a esta misma hora yo enviaré a ti un hombre de la tierra de Benjamín, al que [a]ungirás como príncipe sobre mi pueblo Israel, y él salvará a mi pueblo de manos de los filisteos. Pues yo he visto a mi pueblo, por cuanto su clamor ha llegado hasta mí.

17 Y luego que Samuel vio a Saúl, Jehová le dijo: He aquí éste es el hombre del cual te hablé; éste gobernará a mi pueblo.

18 Y acercándose Saúl a Samuel en medio de la puerta, le dijo: Te ruego que me enseñes dónde está la casa del vidente.

19 Y Samuel respondió a Saúl y le dijo: Yo soy el vidente; sube delante de mí al lugar alto y come hoy conmigo; y por la mañana te

9 *a* 1 Ne. 15:3; DyC 102:23; JS—H 1:13, 18.
b GEE Vidente.
c GEE Profeta.
12 *a* *Es decir,* el lugar sagrado establecido para la adoración o veneración.
15 *a* 1 Sam. 3:19–21.
16 *a* GEE Unción.

dejaré ir y te diré todo lo que hay en tu corazón.

20 Y de las asnas que se te perdieron hace ya tres días, pierde cuidado de ellas, porque ya las han hallado. Además, ¿para quién es todo el deseo de Israel, sino para ti y para toda la casa de tu padre?

21 Y Saúl respondió y dijo: ¿No soy yo hijo de Benjamín, de la más pequeña de las tribus de Israel? Y mi familia, *¿no es* la más pequeña de todas las familias de la tribu de Benjamín? ¿Por qué, pues, [a]me has dicho cosa semejante?

22 Entonces Samuel tomó a Saúl y a su criado, y los introdujo en la [a]sala y les dio lugar a la cabecera de los convidados, que eran unos treinta hombres.

23 Y dijo Samuel al cocinero: Trae acá la porción que te di, la cual te dije que guardases aparte.

24 Entonces alzó el cocinero una espaldilla, con lo que estaba sobre ella, y la puso delante de Saúl. Y *Samuel* dijo: He aquí lo que estaba reservado; ponlo delante de ti y come, porque para esta ocasión se guardó para ti, cuando dije: Yo he convidado al pueblo. Y Saúl comió aquel día con Samuel.

25 Y cuando hubieron descendido del lugar alto a la ciudad, él habló con Saúl en el terrado.

26 Y *al otro día* madrugaron; y sucedió que al despuntar el alba, Samuel llamó a Saúl, *que estaba* en el terrado, y le dijo: Levántate, para que te despida. Y se levantó luego Saúl, y salieron ambos, él y Samuel.

27 Y descendiendo ellos al extremo de la ciudad, dijo Samuel a Saúl: Di al criado que vaya delante (y se adelantó el *criado*), mas espera tú un poco para que te declare la palabra de Dios.

CAPÍTULO 10

Samuel unge a Saúl para ser príncipe sobre la heredad de Jehová (Israel) — Samuel manifiesta el don de vidente — Saúl profetiza entre los profetas y Jehová efectúa un cambio en el corazón de él — Saúl es escogido rey en Mizpa.

TOMANDO entonces Samuel un frasco de aceite, lo derramó sobre la cabeza *de Saúl*, y lo besó y le dijo: ¿No te ha ungido Jehová como príncipe sobre su heredad?

2 Hoy, después que te hayas apartado de mí, hallarás dos hombres junto al sepulcro de Raquel, en el territorio de Benjamín, en Selsa, los cuales te dirán: Las asnas que habías ido a buscar se han hallado; tu padre, pues, ha dejado ya de preocuparse del asunto de las asnas y está angustiado por vosotros, diciendo: ¿Qué haré acerca de mi hijo?

3 Y de allí seguirás más adelante y llegarás a la encina de Tabor, y te saldrán al encuentro

21 *a* HEB me hablas de ese modo.

22 *a O sea*, el área del comedor.

tres hombres que suben a Dios en Bet-el, llevando uno tres cabritos, y otro tres tortas de pan y el tercero una vasija de vino,

4 Después que te hayan saludado, te darán dos panes, los cuales tomarás de manos de ellos.

5 De allí llegarás al collado de Dios donde está la guarnición de los filisteos; y cuando entres allá en la ciudad, encontrarás un grupo de profetas que descienden del lugar alto, precedidos de salterio, y pandero, y [a]flauta y arpa, y ellos profetizando.

6 Y el [a]espíritu de Jehová vendrá sobre ti con poder, y [b]profetizarás con ellos y serás [c]cambiado en otro hombre.

7 Y cuando te hayan sobrevenido estas señales, haz [a]lo que te venga a mano, porque Dios está contigo.

8 Y bajarás delante de mí a Gilgal; y he aquí, descenderé yo a ti para ofrecer holocaustos y sacrificar ofrendas de paz. Espera siete días, hasta que yo venga a ti y te enseñe lo que has de hacer.

9 Y sucedió que cuando volvió él la espalda para apartarse de Samuel, Dios le cambió el [a]corazón; y todas estas señales acaecieron en aquel día.

10 Y cuando llegaron allá al collado, he aquí, el grupo de los profetas *que venía* a encontrarse con él; y el Espíritu de Dios vino sobre él con poder, y profetizó entre ellos.

11 Y aconteció que cuando todos los que le conocían de antes vieron que profetizaba con los profetas, se decían el uno al otro: ¿Qué le ha sucedido al hijo de Cis? ¿Saúl también entre los profetas?

12 Y un hombre de allí respondió y dijo: ¿Y quién es el padre de ellos? Por esta causa se hizo proverbio: ¿También Saúl entre los profetas?

13 Y cesó de profetizar y llegó al lugar alto.

14 Y un tío de Saúl dijo a él y a su criado: ¿A dónde fuisteis? Y él respondió: A buscar las asnas; y como vimos que no aparecían, acudimos a Samuel.

15 Y dijo el tío de Saúl: Yo te ruego que me declares qué os dijo Samuel.

16 Y Saúl respondió a su tío: Nos declaró expresamente que las asnas habían sido halladas. Mas del asunto del reino, de que Samuel le había hablado, no le descubrió nada.

17 Y Samuel convocó al pueblo delante de Jehová en Mizpa,

18 y dijo a los hijos de Israel: Así ha dicho Jehová, el Dios de Israel: Yo saqué a Israel de Egipto, y os libré de manos de los egipcios y de manos de todos los reinos que os afligieron.

19 Pero vosotros habéis desechado hoy a vuestro Dios, que os guarda de todas vuestras [a]aflicciones y angustias, y le habéis dicho: No, sino pon rey sobre nosotros. Ahora, pues, presentaos

10 5 *a* GEE Música.
6 *a* GEE Espíritu Santo.
b GEE Profecía, profetizar.
c Efe. 4:22–24.
7 *a* *Es decir,* lo que la ocasión requiera.
9 *a* GEE Nacer de Dios, nacer de nuevo; Corazón.
19 *a* GEE Adversidad.

delante de Jehová por vuestras tribus y por vuestros millares.
20 Y Samuel hizo acercarse a todas las tribus de Israel, y fue tomada la tribu de Benjamín.
21 E hizo que se acercara la tribu de Benjamín por sus familias, y fue tomada la familia de Matri; y *de ella* fue tomado Saúl hijo de Cis. Y le buscaron, pero no fue hallado.
22 [a]Preguntaron, pues, otra vez a Jehová si aún había de venir allí aquel hombre. Y respondió Jehová: He aquí que él está escondido entre el bagaje.
23 Entonces corrieron y lo sacaron de allí, y puesto en medio del pueblo, desde los hombros arriba era más alto que todo el pueblo.
24 Y Samuel dijo a todo el pueblo: ¿Habéis visto al que ha elegido Jehová, que no hay semejante a él en todo el pueblo? Entonces el pueblo clamó con alegría, diciendo: ¡Viva el rey!
25 Samuel recitó luego al pueblo el proceder del reino, y lo escribió en un [a]libro, el cual guardó delante de Jehová. Y envió Samuel a todo el pueblo, cada uno a su casa.
26 Y Saúl también se fue a su casa en Gabaa, y fueron con él los hombres de guerra cuyos corazones Dios había tocado.
27 Pero ciertos hombres insolentes dijeron: ¿Cómo nos ha de salvar éste? Y le tuvieron en poco y no le trajeron presente; mas él [a]disimuló.

CAPÍTULO 11

Los amonitas suben contra los israelitas de Jabes de Galaad y los sitian — Saúl los rescata y derrota a los amonitas — Se confirma su reinado en Gilgal.

Y SUBIÓ Nahas, el amonita, contra Jabes de Galaad y la sitió. Y todos los de Jabes dijeron a Nahas: Haz alianza con nosotros, y te serviremos.
2 Y Nahas, el amonita les respondió: Con esta condición haré alianza con vosotros: que a cada uno de todos vosotros le saque yo el ojo derecho, y ponga esta afrenta sobre todo Israel.
3 Entonces los ancianos de Jabes le dijeron: Danos siete días para que enviemos mensajeros por todo el territorio de Israel, y si no hay nadie que nos defienda, nos rendiremos a ti.
4 Y cuando llegaron los mensajeros a Gabaa de Saúl, dijeron estas palabras a oídos del pueblo; y todo el pueblo alzó la voz y lloró.
5 Y he aquí que Saúl venía del campo detrás de los bueyes, y dijo Saúl: ¿Qué tiene el pueblo que está llorando? Y le contaron las palabras de los hombres de Jabes.
6 Y al oír Saúl estas palabras, el espíritu de Dios vino sobre él con poder, y se encendió su ira en gran manera.
7 Y tomando un par de bueyes, los cortó en pedazos y los envió

22 *a* GEE Pedir; Oración.
25 *a* GEE Escrituras—Escrituras que se han perdido.
27 *a* *Es decir,* no les hizo caso.

por todo el territorio de Israel por medio de mensajeros, diciendo: Cualquiera que no salga en pos de Saúl y en pos de Samuel, así se hará con sus bueyes. Y cayó el temor de Jehová sobre el pueblo, y salieron todos como un solo hombre.

8 Y los contó en Bezec, y eran los hijos de Israel trescientos mil, y treinta mil los hombres de Judá.

9 Y respondieron a los mensajeros que habían venido: Así diréis a los de Jabes de Galaad: Mañana al calentar el sol, seréis librados. Y fueron los mensajeros y lo dijeron a los de Jabes, y ellos se alegraron.

10 Y los de Jabes dijeron: Mañana saldremos a vosotros, para que hagáis con nosotros todo lo que os parezca bien.

11 Y aconteció que al día siguiente dispuso Saúl al pueblo en tres escuadrones, y entraron en medio del campamento durante la vigilia de la mañana e hirieron a los amonitas hasta que el día calentó; y los que quedaron fueron dispersados, de tal manera que no quedaron dos de ellos juntos.

12 El pueblo entonces dijo a Samuel: ¿Quiénes son los que decían: ¿Ha de reinar Saúl sobre nosotros? Dad*nos* a esos hombres y los mataremos.

13 Y Saúl dijo: No morirá hoy ninguno, porque hoy Jehová ha traído salvación a Israel.

14 Entonces Samuel dijo al pueblo: Venid, vamos a Gilgal para que confirmemos allí el reino.

15 Y fue todo el pueblo a Gilgal, e invistieron allí a Saúl como rey delante de Jehová en Gilgal. Y sacrificaron allí ofrendas de paz delante de Jehová, y se alegraron mucho allí Saúl y todos los de Israel.

CAPÍTULO 12

Samuel testifica de sus tratos justos en Israel — Reprocha al pueblo su ingratitud — Los exhorta a guardar los mandamientos a fin de que Jehová no los destruya, ni a ellos ni a su rey.

Y DIJO Samuel a todo Israel: He aquí, yo he escuchado vuestra voz en todas las cosas que me habéis dicho, y os he puesto un rey.

2 Ahora, pues, he aquí que vuestro rey va delante de vosotros. Yo soy ya viejo y estoy lleno de canas; y he aquí, mis hijos están con vosotros, y yo he [a]andado delante de vosotros desde mi juventud hasta este día.

3 Aquí estoy; atestiguad contra mí delante de Jehová y delante de su ungido, si he tomado el buey de alguno, o si he tomado el asno de alguno, o si he calumniado a alguien, o si he agraviado a alguno o si de alguien he aceptado soborno por el cual haya cerrado mis ojos; y os lo restituiré.

4 Entonces dijeron: Nunca nos has calumniado ni agraviado,

12 2 *a* Mos. 2:12–16.

ni has tomado nada de mano de ningún hombre.
5 Y él les dijo: Jehová es testigo contra vosotros, y su ungido también es testigo en este día, de que no habéis hallado en mis manos cosa alguna. Y ellos respondieron: Él es testigo.
6 Entonces Samuel dijo al pueblo: Jehová es quien [a]designó a Moisés y a Aarón, y quien sacó a vuestros padres de la tierra de Egipto.
7 Ahora, pues, aguardad, y yo [a]expondré ante vosotros delante de Jehová todos los actos de justicia que Jehová ha hecho por vosotros y por vuestros padres.
8 Cuando Jacob hubo entrado en Egipto y entonces vuestros padres [a]clamaron a Jehová, Jehová envió a Moisés y a Aarón, quienes sacaron a vuestros padres de Egipto y los hicieron habitar en este lugar.
9 Pero olvidaron a Jehová su Dios, y él los vendió en manos de Sísara, capitán del ejército de Hazor, y en manos de los filisteos y en manos del rey de Moab, que les hicieron la guerra.
10 Y ellos clamaron a Jehová y dijeron: Hemos pecado, porque hemos abandonado a Jehová y hemos servido a los [a]baales y a Astarot; líbranos, pues, ahora de manos de nuestros enemigos, y te serviremos.
11 Entonces Jehová envió a [a]Jerobaal, y a Bedán, y a [b]Jefté y a Samuel, y os libró de manos de vuestros enemigos de alrededor, y habitasteis seguros.
12 Y habiendo visto que Nahas, rey de los hijos de Amón, venía contra vosotros, me dijisteis: No, sino que ha de reinar un rey sobre nosotros, cuando vuestro [a]rey era Jehová vuestro Dios.
13 Ahora, pues, he aquí el rey que habéis elegido, el cual pedisteis; ya veis que Jehová ha puesto rey sobre vosotros.
14 Si teméis a Jehová, y le servís, y [a]escucháis su voz y no sois rebeldes a la palabra de Jehová, entonces, tanto vosotros como el rey que reina sobre vosotros, continuaréis yendo en pos de Jehová vuestro Dios.
15 Mas si no escucháis la voz de Jehová y si sois [a]rebeldes a las palabras de Jehová, la [b]mano de Jehová estará contra vosotros como estuvo contra vuestros padres.
16 Esperad aún ahora y mirad esta gran cosa que Jehová hará delante de vuestros ojos.
17 ¿No es ahora la siega del trigo? Yo clamaré a Jehová, y él dará truenos y lluvia, para que conozcáis y veáis que es grande vuestra maldad que habéis hecho ante los ojos de Jehová al haber pedido un rey para vosotros.
18 Y Samuel clamó a Jehová, y Jehová dio truenos y lluvia en aquel día; y todo el pueblo temió en gran manera a Jehová y a Samuel.
19 Entonces dijo todo el pueblo a Samuel: Ruega por tus siervos a

6 *a* HEB hizo.
7 *a* GEE Enseñar.
8 *a* Éx. 2:23–25.
10 *a* GEE Baal; Idolatría.
11 *a* GEE Jerobaal.
b Jue. 11:1–11.
12 *a* Oseas 13:10–11; DyC 38:21–22.
14 *a* GEE Obediencia, obediente, obedecer.
15 *a* GEE Rebelión.
b Mos. 7:29.

Jehová tu Dios para que no muramos, porque a todos nuestros pecados hemos añadido *este* mal de pedir un rey para nosotros.

20 Y Samuel respondió al pueblo: No temáis; vosotros habéis cometido todo este mal, pero con todo eso, no os apartéis de ir en pos de Jehová, sino servid a Jehová con todo vuestro corazón.

21 No os apartéis *yendo* en pos de las vanidades que no [a]aprovechan ni libran, porque son [b]vanidades.

22 Pues Jehová no desamparará a su pueblo por su gran nombre, porque Jehová ha querido haceros pueblo suyo.

23 Así que, en cuanto a mí, lejos esté de mí que peque yo contra Jehová cesando de rogar por vosotros; antes bien, yo os enseñaré el [a]camino bueno y recto.

24 Solamente [a]temed a Jehová y [b]servidle de verdad con todo vuestro corazón, pues [c]considerad cuán grandes cosas ha hecho por vosotros.

25 Mas si perseveráis en hacer el mal, vosotros y vuestro rey pereceréis.

CAPÍTULO 13

Saúl ofrece un holocausto. Jehová lo rechaza y pone a otro príncipe sobre Su pueblo.

HABÍA ya Saúl reinado un año, y cuando hubo reinado dos años sobre Israel,

2 escogió a tres mil hombres de Israel; dos mil estuvieron con Saúl en Micmas y en la región montañosa de Bet-el, y mil estuvieron con Jonatán en Gabaa de Benjamín; y envió al resto del pueblo, cada uno a su tienda.

3 Y Jonatán atacó a la guarnición de los filisteos que había en Geba, y lo oyeron los filisteos. E hizo Saúl tocar trompeta por toda la tierra, diciendo: Oigan los hebreos.

4 Y todo Israel oyó que se decía: Saúl ha atacado a la guarnición de los filisteos; y también que Israel se había hecho odioso a los filisteos. Y se reunió el pueblo en pos de Saúl en Gilgal.

5 Entonces los filisteos se reunieron para pelear contra Israel: treinta mil carros, y seis mil hombres de a caballo, y pueblo tan numeroso como la arena que está a la orilla del mar; y subieron y acamparon en Micmas, al oriente de Bet-avén.

6 Cuando los hombres de Israel vieron que estaban en apuros (porque el pueblo estaba en gran aprieto), se escondió el pueblo en cuevas, en fosos, en peñascos, en rocas y en cisternas.

7 Y algunos de los hebreos pasaron el Jordán a la tierra de Gad y de Galaad; pero Saúl estaba aún en Gilgal, y todo el pueblo iba tras él temblando.

8 Y él esperó siete días, conforme al [a]plazo que Samuel *había señalado;* pero Samuel no

21 *a* Mateo 16:26.
b GEE Vanidad, vano.
23 *a* GEE Camino (vía).
24 *a* GEE Temor—Temor de Dios.
b GEE Diligencia.
c Mos. 2:20–24.
13 8 *a* 1 Sam. 10:8.

llegaba a Gilgal, y el pueblo se desbandaba.

9 Entonces dijo Saúl: Traedme el holocausto y las ofrendas de paz. Y ofreció el holocausto.

10 Y aconteció que cuando él acababa de ofrecer el holocausto, he aquí que Samuel venía; y Saúl salió a recibirle para saludarle.

11 Entonces Samuel dijo: ¿Qué has hecho? Y Saúl respondió: Porque vi que el pueblo se desbandaba, y que tú no venías dentro del plazo señalado, y que los filisteos estaban reunidos en Micmas,

12 me dije: Los filisteos descenderán ahora contra mí a Gilgal, y yo no he implorado el favor de Jehová. De modo que [a]me sentí forzado, pues, y ofrecí holocausto.

13 Entonces Samuel dijo a Saúl: Neciamente has hecho; no guardaste el mandamiento de Jehová tu Dios que él te había ordenado; pues ahora Jehová hubiera confirmado tu reino sobre Israel para siempre.

14 Pero ahora tu [a]reino no será duradero. Jehová se [b]ha buscado un hombre según su corazón, a quien Jehová ha designado para que sea príncipe sobre su pueblo, por cuanto tú no has guardado lo que Jehová te mandó.

15 Y levantándose Samuel, subió de Gilgal a Gabaa de Benjamín. Y Saúl contó la gente que se hallaba con él, como seiscientos hombres.

16 Saúl, pues, y Jonatán, su hijo, y el pueblo que con ellos se hallaba se quedaron en Gabaa de Benjamín, mientras los filisteos habían acampado en Micmas.

17 Y salieron algunos del campamento de los filisteos en tres escuadrones para merodear. Un escuadrón se dirigió por el camino de Ofra hacia la tierra de Sual.

18 Otro escuadrón marchó hacia Bet-horón, y el tercer escuadrón marchó hacia la región que mira al valle de Zeboim hacia el desierto.

19 Y en toda la tierra de Israel no se hallaba herrero, porque los filisteos habían dicho: Para que los hebreos no hagan espada o lanza.

20 Y todos los de Israel acudían a los filisteos, cada cual para afilar la reja de su arado, y su azadón, y su hacha y su hoz.

21 El precio por las rejas de arado era un pim, y por los azadones, y por las horquillas, y por las hachas y por componer las aguijadas.

22 Así aconteció que en el día de la batalla no se halló espada ni lanza en mano de ninguno de todo el pueblo que estaba con Saúl y con Jonatán, excepto Saúl y su hijo Jonatán, que sí las tenían.

23 Y la guarnición de los filisteos salió hacia el paso de Micmas.

CAPÍTULO 14

Jonatán hiere la guarnición de los

12 *a* AdeF 1:5.
14 *a* 1 Sam. 15:28.
b GEE Llamado, llamado por Dios, llamamiento.

filisteos — Saúl instruye al pueblo a no tomar alimento sino hasta la noche — Inadvertido del juramento, Jonatán come y Saúl decreta su muerte — El pueblo lo rescata — Saúl aflige a sus enemigos por todos lados.

Y aconteció un día, que Jonatán hijo de Saúl dijo al joven que le llevaba las armas: Ven y pasemos a la guarnición de los filisteos que está de aquel lado. Pero no *lo* hizo saber a su padre.

2 Y Saúl estaba en las afueras de Gabaa, debajo de un granado que hay en Migrón, y los que estaban con él eran como seiscientos hombres.

3 Y Ahías hijo de Ahitob, hermano de Icabod, hijo de Finees, hijo de Elí, sacerdote de Jehová en Silo, llevaba el [a]efod; y no sabía el pueblo que Jonatán se había ido.

4 Y entre los desfiladeros por donde Jonatán procuraba pasar a la guarnición de los filisteos, había un peñasco agudo de un lado, y otro del otro lado; uno se llamaba Boses y el otro Sene.

5 Uno de los peñascos estaba situado al norte, hacia Micmas; y el otro al sur, hacia Gabaa.

6 Dijo, pues, Jonatán al joven que le llevaba las armas: Ven, pasemos a la guarnición de estos incircuncisos; quizá Jehová haga algo por nosotros, porque [a]nada impide a Jehová salvar con muchos o con pocos.

7 Y su paje de armas le respondió: Haz todo lo que tengas en tu corazón; ve, pues aquí estoy contigo a tu voluntad.

8 Y Jonatán dijo: He aquí, vamos a cruzar hacia donde están esos hombres y nos mostraremos a ellos.

9 Si nos dicen así: Esperad hasta que lleguemos a vosotros, entonces nos quedaremos en nuestro lugar y no subiremos a ellos.

10 Mas si nos dicen así: Subid a nosotros, entonces subiremos, porque Jehová los ha entregado en nuestras manos; y esto nos será por señal.

11 Se mostraron, pues, ambos a la guarnición de los filisteos, y los filisteos dijeron: He allí los hebreos que salen de las [a]cuevas en que se habían escondido.

12 Y los hombres de la guarnición respondieron a Jonatán y a su paje de armas, y dijeron: Subid a nosotros, y os haremos saber una cosa. Entonces Jonatán dijo a su paje de armas: Sube detrás de mí, porque Jehová los ha entregado en manos de Israel.

13 Y subió Jonatán *trepando* con sus manos y sus pies, y detrás de él su paje de armas; y a los que caían delante de Jonatán, su paje de armas *que iba* detrás de él los remataba.

14 Ésta fue la primera matanza en la cual Jonatán con su paje de armas mataron a unos veinte hombres [a]en el espacio de una media yugada de tierra.

15 Y hubo pánico en el campamento y por el campo, y entre

14 3 *a* Éx. 28:2–4.
6 *a* GEE Omnipotente.
11 *a* 1 Sam. 13:6.
14 *a* *O sea,* la superficie de tierra que una yunta de bueyes puede arar en medio día (un quinto de hectárea).

toda la gente de la guarnición; y los que habían ido a merodear también temblaron, y se sacudió la tierra; hubo, pues, gran consternación.

16 Y los centinelas de Saúl vieron desde Gabaa de Benjamín que la multitud se dispersaba e iba *de* un lado *a otro*.

17 Entonces Saúl dijo al pueblo que tenía consigo: Pasad revista ahora y ved quién se ha ido de los nuestros. Y al pasar revista, hallaron que faltaban Jonatán y su paje de armas.

18 Y Saúl dijo a Ahías: Trae el arca de Dios. Porque el [a]arca de Dios estaba entonces con los hijos de Israel.

19 Y aconteció que mientras aún hablaba Saúl con el sacerdote, el alboroto que había en el campamento de los filisteos aumentaba e iba creciendo en gran manera. Entonces dijo Saúl al sacerdote: Retira tu mano.

20 Y juntando Saúl a todo el pueblo que con él estaba, fueron hasta *el lugar de* la batalla; y he aquí que la espada de cada uno se volvía contra su compañero, y había gran confusión.

21 Y los hebreos que habían estado con los filisteos desde tiempo antes, y que habían subido con ellos de los alrededores al campamento, también éstos *se pusieron* de parte de los israelitas que estaban con Saúl y con Jonatán.

22 Asimismo todos los israelitas que se habían escondido en los montes de Efraín, al oír que los filisteos huían, ellos también los persiguieron muy de cerca en aquella batalla.

23 Así salvó Jehová a Israel aquel día. Y la batalla llegó hasta Bet-avén.

24 Pero los hombres de Israel fueron puestos en apuro aquel día, porque Saúl había hecho jurar al pueblo, diciendo: Cualquiera que coma algo antes del atardecer, antes de que yo haya tomado venganza de mis enemigos, sea maldito. Y nadie del pueblo había probado bocado.

25 Y todo el *pueblo del* país llegó a un bosque donde había miel en la superficie del campo.

26 Entró, pues, el pueblo en el bosque, y he aquí que la miel corría; mas no hubo quien se llevase la mano a la boca, porque el pueblo temía el juramento.

27 Pero Jonatán no había oído cuando su padre había hecho jurar al pueblo, y alargó la punta de una vara que traía en la mano, y la mojó en un panal de miel y se llevó la mano a la boca; y sus ojos recobraron su brillo.

28 Entonces habló uno del pueblo, diciendo: Tu padre ha hecho jurar expresamente al pueblo, diciendo: Maldito sea el hombre que coma hoy alimento. Y el pueblo desfallecía.

29 Y respondió Jonatán: Mi padre ha turbado al país. Ved ahora cómo mis ojos han recobrado su brillo por haber probado un poco de esta miel.

30 ¿Cuánto más si el pueblo hubiera hoy comido del botín

18 *a* GEE Arca del pacto.

que encontró de sus enemigos? ¿No se habría hecho ahora mayor estrago entre los filisteos?

31 E hirieron aquel día a los filisteos desde Micmas hasta Ajalón, pero el pueblo se cansó mucho.

32 Se lanzó, por tanto, el pueblo sobre el botín, y tomaron ovejas y vacas y becerros, y los degollaron en el suelo; y el pueblo los comió con la [a]sangre.

33 Y le avisaron a Saúl, diciéndole: El pueblo peca contra Jehová, comiendo *la carne* con la sangre. Y él dijo: Vosotros habéis transgredido; rodadme ahora acá una piedra grande.

34 Y Saúl dijo: Esparcíos por el pueblo y decidles que me traiga cada uno su buey y cada cual su oveja; y degolladlos aquí y comed, y no pequéis contra Jehová comiendo la carne con la sangre. Y trajo todo el pueblo, cada cual por su mano, su buey aquella noche y los degollaron allí.

35 Y edificó Saúl un altar a Jehová, el cual fue el primero que edificó a Jehová.

36 Y dijo Saúl: Descendamos de noche contra los filisteos y los saquearemos hasta la mañana; y no dejaremos de ellos ninguno. Y ellos dijeron: Haz lo que bien te parezca. Dijo luego el sacerdote: Acerquémonos aquí a Dios.

37 Y Saúl consultó a Dios: ¿Descenderé tras los filisteos? ¿Los entregarás en manos de Israel? Mas Jehová no le dio respuesta aquel día.

38 Entonces dijo Saúl: Acercaos acá todos los principales del pueblo; y sabed y ved por quién ha sido hoy este pecado.

39 Porque vive Jehová, que salva a Israel, que aunque haya sido por mi hijo Jonatán, de cierto él morirá. Y no hubo en todo el pueblo quien le respondiese.

40 Dijo luego a todo Israel: Vosotros estaréis a un lado, y yo y mi hijo Jonatán estaremos al otro lado. Y el pueblo respondió a Saúl: Haz lo que bien te parezca.

41 Entonces dijo Saúl a Jehová Dios de Israel: [a]Da suerte perfecta. Y fueron señalados Jonatán y Saúl, y el pueblo salió *libre*.

42 Y Saúl dijo: Echad *suertes* entre yo y mi hijo Jonatán. Y fue señalado Jonatán.

43 Entonces Saúl dijo a Jonatán: Declárame qué has hecho. Y Jonatán se lo declaró y dijo: En verdad probé con la punta de la vara que traía en mi mano un poco de miel. Heme aquí, moriré.

44 Y Saúl respondió: Así me haga Dios y aun me añada, que sin duda morirás, Jonatán.

45 Pero el pueblo dijo a Saúl: ¿Ha de morir Jonatán, el que ha hecho esta gran salvación en Israel? ¡No será así! ¡Vive Jehová, que no ha de caer un cabello de su cabeza en tierra, pues ha actuado hoy con Dios! Así libró el pueblo a Jonatán, y no murió.

46 Y Saúl dejó de perseguir a los filisteos, y los filisteos se fueron a su lugar.

47 Y Saúl tomó posesión del reino sobre Israel, e hizo la guerra

32 *a* GEE Sangre.

41 *a* *Es decir,* dame la respuesta correcta.

a todos sus enemigos de alrededor: contra Moab, y contra los hijos de Amón, y contra Edom, y contra los reyes de Soba y contra los filisteos; y adondequiera que se volvía, era vencedor.

48 Y reunió un ejército, y derrotó a Amalec, y libró a Israel de manos de los que lo saqueaban.

49 Y los hijos de Saúl fueron Jonatán, e Isúi y Malquisúa. Y los nombres de sus dos hijas eran, el nombre de la mayor, Merab, y el de la menor, Mical.

50 Y el nombre de la esposa de Saúl era Ahinoam, hija de Ahimaas. Y el nombre del general de su ejército era Abner hijo de Ner, tío de Saúl.

51 Porque Cis, padre de Saúl, y Ner, padre de Abner, fueron hijos de Abiel.

52 Y la guerra fue encarnizada contra los filisteos todo el tiempo de Saúl; y a todo el que Saúl veía que era hombre valiente y hombre esforzado, lo reclutaba para sí.

CAPÍTULO 15

Se manda a Saúl atacar y destruir a los amalecitas y todo lo que poseen — Aparta algunos animales para sacrificarlos — Saúl es rechazado como rey y se le dice que el obedecer es mejor que el sacrificio — Samuel destruye a Agag.

Y SAMUEL dijo a Saúl: Jehová me envió a que te [a]ungiese como rey sobre su pueblo Israel; escucha, pues, la voz de las palabras de Jehová.

2 Así ha dicho Jehová de los ejércitos: Yo castigaré a [a]Amalec por lo que hizo a Israel cuando se le opuso en el camino mientras subía de Egipto.

3 Ve, pues, y ataca a Amalec, y destruye todo lo que tiene y no te apiades de él; mata a hombres y a mujeres, a niños y hasta a los de pecho, y vacas y ovejas, camellos y asnos.

4 Saúl, pues, convocó al pueblo y los contó en Telaim: doscientos mil de a pie y diez mil hombres de Judá.

5 Y fue Saúl a la ciudad de Amalec y puso emboscada en el valle.

6 Y dijo Saúl a los ceneos: Idos, apartaos y salid de entre los de Amalec, para que no os destruya juntamente con ellos; porque vosotros mostrasteis misericordia a todos los hijos de Israel cuando subían de Egipto. Y se apartaron, pues, los ceneos de entre los de Amalec.

7 Y Saúl derrotó a los amalecitas desde Havila hasta llegar a Shur, que está enfrente de Egipto.

8 Y tomó vivo a Agag, rey de Amalec, mas a todo el pueblo mató a filo de espada.

9 Y Saúl y el pueblo perdonaron a Agag, y a lo mejor de las ovejas, y del ganado mayor, y de los animales engordados, y de los carneros y de todo lo bueno, y no lo quisieron destruir; pero todo lo que era vil y despreciable lo destruyeron.

15 1 *a* GEE Unción.
2 *a* GEE Amalecitas.

10 Y vino la palabra de Jehová a Samuel, diciendo:

11 Me pesa [a]haber puesto a Saúl como rey, porque se ha apartado de mí y no ha cumplido mis palabras. Y se apesadumbró Samuel y clamó a Jehová toda aquella noche.

12 Madrugó Samuel para ir a encontrar a Saúl por la mañana; y le fue dado aviso a Samuel, diciendo: Saúl ha ido a Carmel, y he aquí, él se ha levantado un monumento; y después, dando una vuelta, ha pasado adelante y ha descendido a Gilgal.

13 Vino, pues, Samuel a Saúl, y Saúl le dijo: Bendito seas tú de Jehová; yo he cumplido la palabra de Jehová.

14 Samuel entonces dijo: ¿Pues, qué es este balido de ovejas que suena en mis oídos y este bramido de bueyes que yo oigo?

15 Y Saúl respondió: De Amalec los han traído, porque el pueblo perdonó a lo mejor de las ovejas y de las vacas, para sacrificarlas a Jehová tu Dios, pero lo demás lo destruimos por completo.

16 Entonces dijo Samuel a Saúl: Déjame declararte lo que Jehová me ha dicho esta noche. Y él le respondió: Habla.

17 Y dijo Samuel: Aunque eras pequeño ante tus propios ojos, ¿no has sido hecho cabeza de las tribus de Israel, y Jehová [a]te ha ungido como rey sobre Israel?

18 Y te envió Jehová en misión y dijo: Ve, y destruye a los pecadores de Amalec y hazles la guerra hasta que los acabes.

19 ¿Por qué, pues, no has obedecido la voz de Jehová, sino que te has lanzado sobre el botín y has hecho lo malo ante los ojos de Jehová?

20 Y Saúl respondió a Samuel: Antes bien, he obedecido la voz de Jehová, y fui a la misión que Jehová me envió, y he traído a Agag, rey de Amalec, y he destruido a los amalecitas.

21 Mas el pueblo tomó del botín ovejas y vacas, las primicias del anatema, para sacrificarlas a Jehová tu Dios en Gilgal.

22 Y Samuel dijo: ¿Acaso se complace Jehová tanto en los holocaustos y en los sacrificios como en la obediencia a [a]las palabras de Jehová? Ciertamente el [b]obedecer es mejor que los [c]sacrificios, y el prestar atención que la grosura de los carneros.

23 Porque como pecado de adivinación es la rebelión, y como iniquidad e idolatría la obstinación. Por cuanto tú desechaste la palabra de Jehová, él también te ha desechado para que no seas rey.

24 Entonces Saúl dijo a Samuel: Yo he pecado; he quebrantado el mandamiento de Jehová y tus palabras, porque temí al pueblo y consentí a la voz de ellos.

25 Perdona, pues, ahora mi

11 *a* TJS 1 Sam. 15:11 …haber puesto a Saúl como rey, *y él no se arrepiente de haber pecado,* porque se ha…
17 *a* GEE Llamado, llamado por Dios, llamamiento.
22 *a* GEE Palabra de Dios.
b GEE Deber; Obediencia, obediente, obedecer.
c Sal. 51:16–17. GEE Sacrificios.

pecado y vuelve conmigo para que adore a Jehová.

26 Y Samuel respondió a Saúl: No volveré contigo, porque desechaste la palabra de Jehová, y Jehová te ha desechado para que no seas rey sobre Israel.

27 Cuando Samuel se volvió para irse, *Saúl* echó mano del borde de su manto, el cual se desgarró.

28 Entonces Samuel le dijo: Jehová ha desgarrado hoy de ti el [a]reino de Israel y lo ha dado a un prójimo tuyo mejor que tú.

29 Y además, [a]el Sempiterno de Israel no mentirá ni se arrepentirá, porque no es hombre para que se arrepienta.

30 Y él dijo: Yo he pecado; pero te ruego que me honres delante de los ancianos de mi pueblo y delante de Israel, y que vuelvas conmigo para que adore a Jehová tu Dios.

31 Y volvió Samuel tras Saúl, y adoró Saúl a Jehová.

32 Después dijo Samuel: Traedme a Agag, rey de Amalec. Y Agag vino a él alegremente. Y dijo Agag: Ciertamente ya pasó la amargura de la muerte.

33 Y Samuel dijo: Como tu espada dejó a las mujeres sin hijos, así tu madre será sin hijo entre las mujeres. Entonces Samuel cortó en pedazos a Agag delante de Jehová en Gilgal.

34 Se fue luego Samuel a Ramá, y Saúl subió a su casa en Gabaa de Saúl.

35 Y nunca más vio Samuel a Saúl hasta el día de su muerte; y Samuel lloraba por Saúl, y Jehová [a]se había arrepentido de haber puesto a Saúl como rey sobre Israel.

CAPÍTULO 16

Jehová escoge a David, de Belén, como rey — Es ungido por Samuel — Saúl escoge a David como su acompañante y paje de armas.

Y DIJO Jehová a Samuel: ¿Hasta cuándo has tú de llorar por Saúl, habiéndolo yo desechado para que no reine sobre Israel? Llena tu cuerno de aceite y ve; te enviaré a [a]Isaí de [b]Belén, porque de entre sus hijos me he provisto de un rey.

2 Y dijo Samuel: ¿Cómo iré? Si Saúl lo llega a saber, me matará. Jehová respondió: Toma contigo una becerra de la vacada y di: A ofrecer sacrificio a Jehová he venido.

3 Y llama a Isaí al sacrificio, y yo te enseñaré lo que has de hacer; y [a]me ungirás al que yo te diga.

4 Hizo, pues, Samuel como le dijo Jehová; y cuando llegó a Belén, los ancianos de la ciudad le salieron a recibir con miedo, y dijeron: ¿Es pacífica tu venida?

5 Y él respondió: En paz. Vengo a ofrecer sacrificio a Jehová; santificaos y venid conmigo al sacrificio. Entonces, santificó él a

28 *a* 1 Sam. 28:17–18.
29 *a* *Es decir,* Jehová.
35 *a* TJS 1 Sam. 15:35 *…desgarró el reino de Saúl a quien había puesto como rey sobre Israel.*
16 1 *a* GEE Isaí.
b Lucas 2:4; Juan 7:40–42. GEE Belén.
3 *a* GEE Unción.

Isaí y a sus hijos, y los llamó al sacrificio.

6 Y aconteció que cuando ellos vinieron, él vio a [a]Eliab y se dijo: De cierto delante de Jehová está su ungido.

7 Y Jehová respondió a Samuel: No mires a su parecer ni a lo grande de su estatura, porque yo lo desecho; porque *Jehová* no *mira* lo que [a]el hombre mira, pues el hombre [b]mira *lo que está* delante de sus ojos, pero [c]Jehová mira el [d]corazón.

8 Entonces llamó Isaí a Abinadab y le hizo pasar delante de Samuel, quien dijo: Tampoco a éste ha elegido Jehová.

9 Hizo luego pasar Isaí a Sama. Y él dijo: Tampoco a éste ha elegido Jehová.

10 E hizo pasar Isaí a siete de sus hijos delante de Samuel; pero Samuel dijo a Isaí: Jehová no ha elegido a éstos.

11 Entonces dijo Samuel a Isaí: ¿Son éstos todos tus hijos? Y él respondió: Aún queda el menor, que apacienta las ovejas. Y dijo Samuel a Isaí: Envía por él, porque no nos sentaremos a la mesa hasta que él venga aquí.

12 Envió, pues, *por él,* y le hizo entrar. Y era rubio, de ojos hermosos y de buen parecer. Entonces Jehová dijo: Levántate y úngelo, porque éste es.

13 Y Samuel tomó el cuerno del aceite y lo ungió en medio de sus hermanos. Y desde aquel día en adelante el [a]espíritu de Jehová vino con gran poder sobre [b]David. Luego Samuel se levantó y volvió a Ramá.

14 Y el espíritu de Jehová se apartó de Saúl, y le atormentaba un espíritu malo [a]de parte de Jehová.

15 Y los criados de Saúl le dijeron: He aquí ahora, un espíritu malo [a]de parte de Dios te atormenta.

16 Diga, pues, nuestro señor a tus siervos que están delante de ti que busquen a alguno que sepa tocar el arpa, para que cuando esté sobre ti el espíritu malo [a]de parte de Dios, él toque con su mano, y tengas alivio.

17 Y Saúl respondió a sus criados: Buscadme, pues, ahora alguno que toque bien, y traédmelo.

18 Entonces uno de los criados respondió, diciendo: He aquí, yo he visto a un hijo de Isaí de Belén, que sabe tocar, y es valiente y vigoroso y hombre de guerra, prudente en sus palabras y hermoso, y Jehová está con él.

19 Y Saúl envió mensajeros a Isaí, diciendo: Envíame a David, tu hijo, el que está con las ovejas.

20 Y tomó Isaí un asno *cargado* de pan, y una vasija de vino y un cabrito, y los envió a Saúl por medio de David, su hijo.

6 *a* 1 Sam. 17:13.
7 *a* Isa. 55:8–9.
b 2 Cor. 10:7.
GEE Discernimiento, don de.
c GEE Omnisciente.
d GEE Corazón; Juicio, juzgar.
13 *a* GEE Espíritu Santo.
b GEE David.
14 *a* TJS 1 Sam. 16:14 *…que no era de parte de Jehová…* GEE Espíritu—Espíritus inmundos.
15 *a* TJS 1 Sam. 16:15 *…que no es de parte de Dios…*
16 *a* TJS 1 Sam. 16:16 *…que no es de parte de Dios…*

21 Y David fue a Saúl y estuvo delante de él; y él le amó mucho y le hizo su paje de armas.

22 Y Saúl envió a decir a Isaí: Yo te ruego que esté David conmigo, porque ha hallado gracia ante mis ojos.

23 Y cuando el espíritu *malo* [a]de parte de Dios venía sobre Saúl, David tomaba el arpa y tocaba con su mano; y Saúl tenía alivio y se sentía mejor, y el espíritu malo se apartaba de él.

CAPÍTULO 17

Israel y los filisteos se enfrentan en guerra — Goliat de Gat, un gigante, reta a los de Israel y los desafía a que alguno de ellos combata personalmente con él — David se enfrenta con él en el nombre de Jehová — David mata a Goliat con honda y piedra — Israel derrota a los filisteos.

Y LOS [a]filisteos reunieron sus ejércitos para la guerra, y se congregaron en Soco, que es de Judá, y acamparon entre Soco y Azeca, en Efes-damim.

2 Y también Saúl y los hombres de Israel se reunieron, y acamparon en el valle de Ela y se pusieron en orden de batalla contra los filisteos.

3 Y los filisteos estaban sobre un monte a un lado, e Israel estaba sobre otro monte al otro lado, y el valle entre ellos.

4 Salió entonces un paladín del campamento de los filisteos, el cual se llamaba [a]Goliat, de Gat, y tenía de altura seis [b]codos y un palmo.

5 Y traía un casco de bronce en su cabeza e *iba* vestido con una cota de malla; y era el peso de la cota cinco mil siclos de bronce.

6 Y sobre sus piernas traía [a]grebas de bronce, y [b]jabalina de bronce entre sus hombros.

7 El asta de su lanza era como un rodillo de telar, y tenía el hierro de su lanza seiscientos siclos de hierro; e iba su escudero delante de él.

8 Y se detuvo y dio voces a los escuadrones de Israel, diciéndoles: ¿Para qué salís a dar batalla? ¿No soy yo el filisteo, y vosotros los siervos de Saúl? Escoged de entre vosotros un hombre que venga contra mí.

9 Si él puede pelear conmigo y me mata, nosotros seremos vuestros siervos; y si yo puedo más que él y lo mato, vosotros seréis nuestros siervos y nos serviréis.

10 Y añadió el filisteo: Hoy yo desafío a los escuadrones de Israel; dadme un hombre que pelee conmigo.

11 Y oyendo Saúl y todo Israel estas palabras del filisteo, se turbaron y tuvieron gran miedo.

12 Y [a]David era hijo de aquel hombre efrateo de Belén de Judá,

23 *a* TJS 1 Sam. 16:23 …*que no era de parte de* Dios…

17 1 *a* GEE Filisteos.

4 *a* GEE Goliat.

b GEE Codo.

6 *a* *Es decir,* parte de la armadura para proteger las canillas, o sea, la parte inferior de las piernas.

b HEB literalmente, escudo.

12 *a* GEE David.

cuyo nombre era [b]Isaí, el cual tenía ocho hijos; y en el tiempo de Saúl, este hombre era ya anciano, y de edad avanzada entre los hombres.

13 Y los tres hijos mayores de Isaí habían ido para seguir a Saúl a la guerra. Y los nombres de sus tres hijos que habían ido a la guerra eran: Eliab, el primogénito, el segundo, Abinadab, y el tercero, Sama.

14 Y David era el menor. Siguieron, pues, los tres mayores a Saúl,

15 pero David iba y volvía de donde estaba Saúl, para apacentar las ovejas de su padre en Belén.

16 Venía, pues, aquel filisteo por la mañana y por la tarde, y así lo hizo durante cuarenta días.

17 Y dijo Isaí a su hijo David: Toma ahora para tus hermanos un efa de este grano tostado y estos diez panes, y llévalos pronto al campamento a tus hermanos.

18 Llevarás asimismo estos diez quesos de leche al capitán de los mil, y mira a ver si tus hermanos están bien y toma prenda de ellos.

19 Y Saúl, y ellos y todos los hombres de Israel estaban en el valle de Ela, peleando contra los filisteos.

20 Se levantó, pues, David de mañana, y dejando las ovejas al cuidado de un guarda, se fue con su carga, como Isaí le había mandado; y llegó al campamento cuando el ejército salía en orden de batalla y daba el grito de combate.

21 Y se pusieron en orden de batalla, Israel y los filisteos, escuadrón contra escuadrón.

22 Y David dejó su carga en manos del que guardaba el bagaje y corrió al escuadrón; y cuando llegó, preguntó por sus hermanos, si estaban bien.

23 Y mientras él hablaba con ellos, he aquí que el paladín, que se llamaba Goliat, el filisteo de Gat, salió de los escuadrones de los filisteos y habló las mismas palabras, las cuales oyó David.

24 Y todos los hombres de Israel que veían a aquel hombre huían de su presencia y tenían gran temor.

25 Y cada uno de los de Israel decía: ¿No habéis visto a aquel hombre que ha salido? Él se adelanta para provocar a Israel. Al que le mate, el rey le enriquecerá con grandes riquezas, y le dará a su hija y hará libre la casa de su padre en Israel.

26 Entonces habló David a los que estaban junto a él, diciendo: ¿Qué harán al hombre que mate a este filisteo y quite el oprobio de Israel? Porque, ¿quién es este filisteo incircunciso para que provoque a los escuadrones del Dios viviente?

27 Y el pueblo le respondió las mismas palabras, diciendo: Así se hará al hombre que lo mate.

28 Y al oírle hablar Eliab, su hermano mayor, con aquellos hombres, Eliab se encendió en ira contra David y le dijo: ¿Para qué

12 *b* GEE Isaí.

has descendido acá? ¿Y a quién has dejado aquellas pocas ovejas en el desierto? Yo conozco tu soberbia y la malicia de tu corazón, que para ver la batalla has venido.

29 Y David respondió: ¿Qué he hecho yo ahora? ¿[a]Acaso no hay una causa?

30 Y apartándose de él hacia otros, preguntó lo mismo; y el pueblo le respondió lo mismo que antes.

31 Y fueron oídas las palabras que David había dicho, y se lo contaron a Saúl, y él lo hizo venir.

32 Y dijo David a Saúl: No se desaliente el corazón de ninguno a causa de él; tu siervo [a]irá y [b]peleará con este filisteo.

33 Y dijo Saúl a David: No podrás tú ir contra aquel filisteo, para pelear con él, porque tú eres un [a]muchacho, y él un hombre de guerra desde su juventud.

34 Y David respondió a Saúl: Tu siervo era pastor de las ovejas de su padre; y cuando venía un león o un oso y tomaba *algún* cordero de la manada,

35 salía yo tras él, y lo hería y lo libraba de su boca; y si se levantaba contra mí, yo le echaba mano por la quijada, y lo hería y lo mataba.

36 Fuese león o fuese oso, tu siervo lo mataba; y este filisteo incircunciso será como uno de ellos, porque ha provocado al ejército del Dios viviente.

37 Y añadió David: Jehová, que me ha librado de las garras del león y de las garras del oso, él también me librará de manos de este filisteo. Y dijo Saúl a David: Ve, y Jehová sea contigo.

38 Y Saúl vistió a David con sus ropas, y puso sobre su cabeza un casco de bronce y le armó de coraza.

39 Y ciñó David su espada sobre sus vestidos e intentó andar, porque nunca se los había probado. Y dijo David a Saúl: Yo no puedo andar con esto, porque nunca lo he usado. Y David se quitó aquellas cosas,

40 y tomó su cayado en su mano, y escogió cinco piedras lisas del arroyo, y las puso en la bolsa pastoril y en el morral que llevaba, y con su honda en la mano se acercó al filisteo.

41 Y el filisteo venía andando y acercándose a David, y su escudero delante de él.

42 Y cuando el filisteo miró y vio a David, le tuvo en poco, porque era muchacho, y rubio y de hermoso parecer.

43 Y dijo el filisteo a David: ¿Soy yo un perro para que vengas a mí con palos? Y maldijo a David por sus dioses.

44 Dijo luego el filisteo a David: Ven a mí, y daré tu carne a las aves del cielo y a las bestias del campo.

45 Entonces dijo David al filisteo: Tú vienes a mí con espada y lanza y [a]jabalina; mas yo vengo

29 *a* HEB ¿No fue sólo una palabra?
32 *a* 1 Ne. 3:7.
b GEE Valor, valiente.
33 *a* 1 Cró. 29:1; JS—H 1:22–23.
45 *a* HEB literalmente, escudo.

a ti en [b]el nombre de Jehová de los ejércitos, el Dios de los escuadrones de Israel, a quien tú has provocado.

46 Jehová te [a]entregará hoy en mis manos, y yo te mataré y te cortaré la cabeza; y daré hoy los cuerpos de los filisteos a las aves del cielo y a las bestias de la tierra; y [b]sabrá toda la tierra que hay Dios en Israel.

47 Y sabrá toda esta congregación que Jehová no salva con espada ni con lanza, porque de Jehová es [a]la batalla, y él os entregará en nuestras manos.

48 Y aconteció que cuando el filisteo se levantó para ir en contra de David, David se dio prisa y corrió a la línea de batalla contra el filisteo.

49 Y metiendo David su mano en la bolsa, tomó de allí una piedra y se la tiró con la honda, e hirió al filisteo en la frente; y la piedra quedó clavada en la frente, y Goliat cayó a tierra sobre su rostro.

50 Así venció David al filisteo con honda y piedra; e hirió al filisteo y lo mató, sin tener David espada en su mano.

51 Entonces corrió David y se puso sobre el filisteo, y tomando la espada de él, la sacó de su vaina, y lo mató y le cortó con ella la cabeza. Y cuando los filisteos vieron a su paladín muerto, huyeron.

52 Y levantándose los hombres de Israel y de Judá, gritaron y persiguieron a los filisteos hasta llegar al valle y hasta las puertas de Ecrón. Y cayeron los filisteos heridos por el camino de Saaraim, hasta Gat y Ecrón.

53 Regresaron luego los hijos de Israel de perseguir a los filisteos y saquearon su campamento.

54 Y David tomó la cabeza del filisteo y la trajo a Jerusalén, pero puso sus armas en su propia tienda.

55 Y cuando Saúl vio a David que salía a encontrarse con el filisteo, dijo a Abner, general del ejército: Abner, ¿de quién es hijo aquel joven? Y Abner respondió: Vive tu alma, oh rey, que no lo sé.

56 Y el rey dijo: Pregunta, pues, de quién es hijo ese joven.

57 Y cuando David volvió de matar al filisteo, Abner lo tomó y lo llevó delante de Saúl. Y David llevaba la cabeza del filisteo en su mano.

58 Y le dijo Saúl: Joven, ¿de quién eres hijo? Y David respondió: Yo soy hijo de tu siervo Isaí de Belén.

CAPÍTULO 18

Jonatán ama a David como a sí mismo — Saúl pone a David sobre todos sus ejércitos — David es honrado por el pueblo y Saúl siente envidia — David se casa con Mical, una de las hijas de Saúl.

Y ACONTECIÓ que cuando él acabó de hablar con Saúl, el alma de

45 *b* GEE Señor (o Jehová) de los Ejércitos o de las Huestes; Testimonio.
46 *a* GEE Poder.
b DyC 20:17. GEE Testigo.
47 *a* 2 Cró. 20:15–18.

Jonatán quedó [a]ligada con la de David, y le amó Jonatán como a sí mismo.
2 Y Saúl le retuvo aquel día y no le dejó volver a casa de su padre.
3 E hicieron un [a]pacto Jonatán y David, porque él le amaba como a sí mismo.
4 Y Jonatán se quitó el manto que tenía sobre sí y se lo dio a David, *y otras* ropas suyas, y aun su espada, y su arco y su cinturón.
5 Y David iba adondequiera que Saúl le enviaba, y se portaba prudentemente. Por tanto, Saúl lo puso sobre su gente de guerra, y era acepto ante los ojos de todo el pueblo y ante los ojos de los criados de Saúl.
6 Y aconteció que mientras volvían ellos, cuando David regresó de matar al filisteo, salieron las mujeres de todas las ciudades de Israel cantando y danzando, a recibir al rey Saúl, con tamboriles y con cantos de júbilo y con otros instrumentos musicales.
7 Y cantaban las mujeres que danzaban, diciendo:

Saúl hirió a sus miles,
y David a sus diez miles.

8 Y se enojó Saúl en gran manera, y le desagradaron estas palabras, y dijo: A David dieron diez miles, y a mí miles; no le falta más que el reino.
9 Y desde aquel día Saúl miró con recelo a David.
10 Otro día aconteció que el [a]espíritu malo [b]de parte de Dios tomó a Saúl, y vaticinaba en medio de su casa, desvariando; y David tocaba como los otros días, y tenía Saúl una lanza en la mano.
11 Y arrojó Saúl la lanza, diciendo: Clavaré a David en la pared. Y David lo esquivó dos veces.
12 Mas Saúl temía a David, porque Jehová estaba con él, y se había [a]apartado de Saúl.
13 Lo alejó, pues, Saúl de su lado y le hizo jefe de mil; y salía y entraba delante del pueblo.
14 Y David se conducía prudentemente en todos sus asuntos, y Jehová estaba con él.
15 Y viendo Saúl que se portaba tan prudentemente, tenía temor de él.
16 Pero todo Israel y [a]Judá amaban a David, porque él salía y entraba delante de ellos.
17 Y dijo Saúl a David: He aquí, yo te daré a Merab, mi hija mayor, por esposa, con tal que me seas hombre valiente y pelees las guerras de Jehová. Mas Saúl se decía: No será mi mano contra él, sino que la mano de los filisteos será contra él.
18 Y David respondió a Saúl: ¿Quién soy yo, o qué es mi vida o la familia de mi padre en Israel, para ser yerno del rey?
19 Y sucedió que llegado el tiempo en que Merab, hija de Saúl, se había de dar a David, fue dada por esposa a Adriel, el meholatita.

18 1 *a* 1 Sam. 20:4, 41–42; Mos. 18:21.
3 *a* GEE Juramento.
10 *a* GEE Espíritu—Espíritus inmundos.
b TJS 1 Sam. 18:10 …*que no era de parte de* Dios…
12 *a* DyC 121:36–37.
16 *a* GEE Judá—La tribu de Judá.

20 Pero Mical, la *otra* hija de Saúl, amaba a David; y le fue dicho a Saúl, lo cual le pareció bien.

21 Y Saúl dijo: Yo se la daré para que le sirva de trampa, y para que la mano de los filisteos sea contra él. Dijo, pues, Saúl a David: Con una de las dos serás mi yerno hoy.

22 Y mandó Saúl a sus criados: Hablad en secreto a David, diciéndole: He aquí, el rey te ama, y todos sus criados te quieren bien; sé, pues, yerno del rey.

23 Y los criados de Saúl hablaron estas palabras a los oídos de David. Y David dijo: ¿Os parece a vosotros que es poco ser yerno del rey, siendo yo un hombre pobre y de poca estima?

24 Y los criados de Saúl le informaron, diciendo: Tales palabras ha dicho David.

25 Y Saúl dijo: Decid así a David: El rey no desea dote alguna, sino cien prepucios de filisteos, para tomar venganza de los enemigos del rey. Mas Saúl pensaba hacer caer a David en manos de los filisteos.

26 Y cuando sus criados declararon a David estas palabras, le pareció bien a David ser yerno del rey. Y como el plazo aún no se había cumplido,

27 se levantó David y partió con su gente, y mató a doscientos hombres de los filisteos; y trajo David los prepucios de ellos y los entregaron todos al rey, para que él fuese hecho yerno del rey. Y Saúl le dio a su hija Mical por esposa.

28 Pero Saúl, viendo y considerando que Jehová estaba con David, y que su hija Mical lo amaba,

29 temió aún más a David; y fue Saúl enemigo de David todos los días.

30 Y cuando salían los príncipes de los filisteos a la batalla, David tenía más éxito que todos los siervos de Saúl; y era su nombre muy estimado.

CAPÍTULO 19

Saúl procura matar a David — Mical salva a David por estratagema — David se une a Samuel y a un grupo de profetas.

Y HABLÓ Saúl a Jonatán, su hijo, y a todos sus criados, para que matasen a David; mas Jonatán hijo de Saúl apreciaba a David en gran manera.

2 Y Jonatán le dio aviso a David, diciendo: Saúl, mi padre, procura matarte; por tanto, ten cuidado, te ruego, hasta la mañana y escóndete en un paraje oculto.

3 Y yo saldré y estaré junto a mi padre en el campo donde estés; y hablaré de ti a mi padre y te haré saber lo que vea.

4 Y Jonatán habló bien de David a su padre Saúl y le dijo: No peque el rey contra su siervo David, porque ninguna cosa ha cometido contra ti, y porque sus obras para contigo han sido muy buenas.

5 Pues él puso su vida en su mano y mató al filisteo, y Jehová hizo una gran salvación a todo Israel. Tú lo viste y te regocijaste. ¿Por qué, pues, pecarás contra

sangre inocente, matando a David sin causa?
6 Y Saúl escuchó la voz de Jonatán, y Saúl juró: ¡Vive Jehová, que no morirá!
7 Entonces Jonatán llamó a David y le declaró todas estas palabras; y él mismo llevó a David ante Saúl, y estuvo delante de él como antes.
8 Y volvió a haber guerra, y salió David y peleó contra los filisteos, y los hirió con gran mortandad, y huyeron delante de él.
9 Y el espíritu malo [a]de parte de Jehová vino sobre Saúl; y estando sentado en su casa, tenía una lanza en la mano, mientras David tocaba.
10 Y Saúl procuró clavar a David con la lanza en la pared, pero él se apartó de delante de Saúl, y la lanza se clavó en la pared; y David huyó y aquella noche escapó.
11 Saúl envió luego mensajeros a casa de David para que lo vigilasen y lo matasen por la mañana. Pero Mical, su esposa, le avisó a David, diciendo: Si no salvas tu vida esta noche, mañana estarás muerto.
12 Y descolgó Mical a David por una ventana; y él se fue, y huyó y escapó.
13 Tomó luego Mical una estatua y la puso sobre la cama, y le acomodó por cabecera una almohada de pelo de cabra y la cubrió con ropa.
14 Y cuando Saúl envió mensajeros para que prendiesen a David, ella respondió: Está enfermo.
15 Y volvió Saúl a enviar mensajeros para que viesen a David, diciendo: Traédmelo en la cama para que lo mate.
16 Y cuando los mensajeros entraron, he aquí la estatua estaba en la cama, y una almohada de pelo de cabra por cabecera.
17 Entonces Saúl dijo a Mical: ¿Por qué me has engañado así y has dejado escapar a mi enemigo? Y Mical respondió a Saúl: Porque él me dijo: Déjame ir; si no, yo te mataré.
18 Huyó, pues, David, y escapó, y fue a Samuel en Ramá y le dijo todo lo que Saúl había hecho con él. Y se fueron él y Samuel y moraron en Naiot.
19 Y le fue dado aviso a Saúl, diciendo: He aquí, que David está en Naiot, en Ramá.
20 Y envió Saúl mensajeros para que trajesen a David, los cuales vieron un grupo de profetas que [a]profetizaban, y a Samuel que estaba *allí* y los presidía. Y vino el espíritu de Dios sobre los mensajeros de Saúl, y ellos también profetizaron.
21 Y cuando le informaron a Saúl, él envió otros mensajeros, los cuales también profetizaron. Y Saúl volvió a enviar por tercera vez mensajeros, y ellos también profetizaron.
22 Entonces él mismo fue a Ramá; y al llegar al pozo grande que está en Secú, preguntó, diciendo: ¿Dónde están Samuel y

19 9 *a* TJS 1 Sam. 19:9 *…que no era de parte de Jehová.*
20 *a* GEE Profecía, profetizar.

David? Y le respondieron: He aquí, están en Naiot, en Ramá.

23 Y fue a Naiot, en Ramá; y también vino sobre él el espíritu de Dios, e iba profetizando hasta que llegó a Naiot, en Ramá.

24 Y él también se quitó sus vestidos y profetizó igualmente delante de Samuel; y cayó desnudo todo aquel día y toda aquella noche. De aquí se dijo: ¿También Saúl entre los profetas?

CAPÍTULO 20

David y Jonatán hacen un pacto de amistad y paz — Se separan el uno del otro.

Y David huyó de Naiot, en Ramá, y fue delante de Jonatán y dijo: ¿Qué he hecho yo? ¿Cuál es mi maldad, o cuál mi pecado contra tu padre, para que él busque mi vida?

2 Y él le dijo: De ninguna manera; no morirás. He aquí que mi padre ninguna cosa hará, ni grande ni pequeña, que no me la descubra; ¿por qué, pues, me ha de encubrir mi padre este asunto? No será así.

3 Y David volvió a jurar, diciendo: Tu padre sabe claramente que yo he hallado gracia delante de tus ojos y dirá: No sepa esto Jonatán, para que no tenga pesar. Ciertamente, vive Jehová y vive tu alma, que apenas estoy a un paso de la muerte.

4 Y Jonatán dijo a David: Lo que desee tu alma lo haré por ti.

5 Y David respondió a Jonatán: He aquí que mañana es luna nueva, y yo acostumbro sentarme con el rey a comer; pero tú dejarás que me esconda en el campo hasta el atardecer del tercer día.

6 Si tu padre hace mención de mí, dirás: Me rogó mucho que lo dejase ir aprisa a Belén, su ciudad, porque todos los de *su* familia tienen allá el sacrificio anual.

7 Si él dice: Está bien, entonces paz tendrá tu siervo; pero si se enoja, sabrás que la maldad ya está decidida de parte de él.

8 Harás, pues, misericordia con tu siervo, ya que has hecho que tu siervo entre en un pacto de Jehová contigo; y si hay maldad en mí, mátame tú, pues, ¿qué necesidad hay de llevarme hasta tu padre?

9 Y Jonatán le dijo: ¡Nunca tal te suceda! Antes bien, si yo me entero de que mi padre ha determinado que la maldad venga sobre ti, ¿no habré yo de descubrírtelo?

10 Dijo entonces David a Jonatán: ¿Quién me dará aviso? O, ¿qué pasará si tu padre te responde ásperamente?

11 Y Jonatán dijo a David: Ven, salgamos al campo. Y salieron ambos al campo.

12 Entonces dijo Jonatán a David: Vive Jehová Dios de Israel que cuando le haya yo preguntado a mi padre mañana a esta hora, o pasado mañana, y he aquí si *él* se muestra bien para con David, y si entonces no envío a ti y te lo descubro,

13 Jehová haga así a Jonatán y aun le añada; pero si mi padre quiere hacerte mal, también te

lo descubriré y te despediré y te irás en paz. Y esté Jehová contigo, como estuvo con mi padre.

14 Y si yo aún vivo, haz conmigo misericordia de Jehová para que yo no muera;

15 ni quites perpetuamente tu misericordia de mi casa aun cuando Jehová desarraigue de la tierra uno por uno los enemigos de David.

16 Así hizo Jonatán un pacto con la casa de David, *diciendo:* Requiéralo Jehová de la mano de los enemigos de David.

17 Y volvió Jonatán a jurar a David, porque le amaba, pues le amaba como a sí mismo.

18 Le dijo luego Jonatán: Mañana es luna nueva, y tú serás echado de menos, porque tu asiento estará vacío.

19 Estarás, pues, tres días, y descenderás rápidamente y vendrás al lugar donde estabas escondido el día de aquel suceso, y esperarás junto a la piedra de Ezel;

20 y yo tiraré tres saetas hacia aquel lado, como ejercitándome al blanco.

21 Y he aquí, enviaré al criado, *diciéndole:* Ve, busca las saetas. Y si digo al muchacho: He aquí las saetas están más acá de ti, tómalas; tú vendrás, porque hay paz para ti, y nada *malo* hay, ¡vive Jehová!

22 Pero si yo digo al muchacho así: He allí las saetas están más allá de ti; vete, porque Jehová te hace partir.

23 Y en cuanto a las palabras que yo y tú hemos hablado, he aquí, Jehová esté entre tú y yo para siempre.

24 David, pues, se escondió en el campo, y cuando llegó la luna nueva, se sentó el rey a comer.

25 Y el rey se sentó en su silla, como solía, en el asiento junto a la pared; y Jonatán se levantó, y se sentó Abner al lado de Saúl, y el lugar de David estaba vacío.

26 Pero aquel día Saúl no dijo nada, porque se decía: Le habrá acontecido algo y no está limpio; seguramente no está purificado.

27 Al día siguiente, el segundo día de la luna nueva, aconteció que *nuevamente* el asiento de David estaba vacío. Y Saúl dijo a su hijo Jonatán: ¿Por qué no ha venido a comer el hijo de Isaí ni ayer ni hoy?

28 Y Jonatán respondió a Saúl: David me pidió encarecidamente que le dejase ir a Belén.

29 Y dijo: Te ruego que me dejes ir, porque los de nuestra familia tenemos sacrificio en la ciudad, y mi hermano mismo me lo ha mandado; por tanto, si he hallado gracia ante tus ojos, permíteme ir ahora a visitar a mis hermanos. Por esto no ha venido a la mesa del rey.

30 Entonces Saúl se enardeció contra Jonatán y le dijo: Hijo de la perversa y rebelde, ¿no sé yo que tú has elegido al hijo de Isaí para vergüenza tuya y para la vergüenza de la desnudez de tu madre?

31 Porque todo el tiempo que el hijo de Isaí viva sobre la tierra, ni tú estarás firme, ni tu reino. Envía, pues, ahora, y tráemelo, porque ha de morir.

32 Y Jonatán respondió a su

padre Saúl y le dijo: ¿Por qué ha de morir? ¿Qué ha hecho?

33 Entonces Saúl le arrojó una lanza para herirlo, por lo que entendió Jonatán que su padre estaba decidido a matar a David.

34 Y se levantó Jonatán de la mesa con exaltada ira, y no comió nada el segundo día de la luna nueva, pues estaba afligido a causa de David, porque su padre le había afrentado.

35 Al otro día, de mañana, salió Jonatán al campo, al tiempo acordado con David, y un muchacho pequeño con él.

36 Y dijo al muchacho: Corre y busca las saetas que yo tire. Y mientras el muchacho iba corriendo, él tiraba la saeta de modo que pasara más allá de él.

37 Y al llegar el muchacho adonde estaba la saeta que Jonatán había tirado, Jonatán gritó al muchacho, diciendo: ¿No está la saeta más allá de ti?

38 Y volvió a gritar Jonatán al muchacho: Corre, date prisa, no te detengas. Y el muchacho de Jonatán recogió las saetas y regresó a su señor.

39 Pero ninguna cosa entendió el muchacho; solamente Jonatán y David entendían el asunto.

40 Y dio Jonatán sus armas al muchacho y le dijo: Vete y llévalas a la ciudad.

41 Y cuando el muchacho se hubo ido, se levantó David del lado del sur y se inclinó tres veces postrándose hasta la tierra; y besándose el uno al otro, lloraron el uno con el otro, aunque David lloró más.

42 Y Jonatán dijo a David: Vete en paz, porque ambos hemos jurado en el nombre de Jehová, diciendo: Jehová esté entre tú y yo, entre mi descendencia y tu descendencia, para siempre. Y él se levantó y se fue, y Jonatán volvió a la ciudad.

CAPÍTULO 21

David consigue ayuda del sacerdote Ahimelec — Come el pan de la proposición — Se dirige a Gat, donde finge locura.

Y LLEGÓ David a Nob, al sacerdote Ahimelec; y se atemorizó Ahimelec de su encuentro y le dijo: ¿Cómo *vienes* tú solo, y nadie contigo?

2 Y respondió David al sacerdote Ahimelec: El rey me encomendó un asunto y me dijo: Nadie sepa cosa alguna de este asunto al que yo te envío y que yo te he encomendado; y yo les señalé a los criados un cierto lugar.

3 Ahora, pues, ¿qué tienes a mano? Dame cinco panes, o lo que haya.

4 Y el sacerdote respondió a David y dijo: No tengo pan común a la mano; solamente tengo [a]pan sagrado, pero *te lo daré* si al menos los criados se han abstenido de mujer.

5 Y David respondió al sacerdote y le dijo: En verdad las

21 4 *a Es decir,* el pan de la proposición.

mujeres han estado lejos de nosotros desde anteayer cuando salí, y los vasos de los jóvenes están santos, aunque el viaje es profano; ¿cuánto más no estarán santos hoy sus vasos?

6 Así el sacerdote le dio [a]*el pan* sagrado, porque allí no había otro pan, sino los panes de la proposición, los cuales habían sido quitados de delante de Jehová, para que se pusiesen panes calientes el día en que *los otros* fuesen quitados.

7 Aquel día estaba allí uno de los siervos de Saúl detenido delante de Jehová, cuyo nombre era Doeg, el edomita, el principal de los pastores de Saúl.

8 Y David dijo a Ahimelec: ¿No tienes aquí a mano una lanza o una espada? Porque no tomé en mi mano ni mi espada ni mis armas, por cuanto el asunto del rey era apremiante.

9 Y el sacerdote respondió: La espada de Goliat el filisteo, al que tú venciste en el valle de Ela, está aquí envuelta en un paño detrás del efod; si tú quieres tomarla, tómala; pues aquí no hay otra sino ésa. Y dijo David: Ninguna como ella; dámela.

10 Y levantándose David aquel día, huyó de la presencia de Saúl, y se fue a Aquis, rey de Gat.

11 Y los siervos de Aquis le dijeron: ¿No es éste David, el rey de la tierra? ¿No es éste de quien cantaban en danzas, diciendo:

Hirió Saúl a sus miles,
y David a sus diez miles?

12 Y David puso en su corazón estas palabras, y tuvo gran temor de Aquis, rey de Gat.

13 Y cambió su modo de proceder delante de ellos, y se fingió loco entre ellos; y escribía trazos en las puertas de la entrada y dejaba correr su saliva por su barba.

14 Y dijo Aquis a sus siervos: He aquí, estáis viendo un hombre demente; ¿por qué me lo habéis traído?

15 ¿Acaso me faltan a mí locos, para que hayáis traído a éste a fin de que hiciese de loco delante de mí? ¿Había de entrar éste en mi casa?

CAPÍTULO 22

David gana seguidores — Va de un lugar a otro huyendo de Saúl — Saúl mata a los sacerdotes que fueron bondadosos con David.

Y David se fue de allí y escapó a la cueva de Adulam; y cuando lo oyeron sus hermanos y toda la casa de su padre, descendieron allá a él.

2 Y se juntaron con él todos los afligidos, y todo el que estaba endeudado y todos los que se hallaban en amargura de espíritu, y fue hecho jefe de ellos. Y tuvo consigo como cuatrocientos hombres.

3 Y se fue David de allí a Mizpa de Moab, y dijo al rey de Moab: Yo te ruego que mi padre y mi madre estén con vosotros hasta

6 *a* Mateo 12:3–4.

que sepa lo que Dios hará de mí.

4 Los trajo, pues, a la presencia del rey de Moab, y habitaron con él todo el tiempo que David estuvo en el lugar fuerte.

5 Y el profeta [a]Gad dijo a David: No te quedes en este lugar fuerte; anda y vete a la tierra de Judá. Y David partió y llegó al bosque de Haret.

6 Y oyó Saúl que se había sabido de David y de los que estaban con él. Y estaba sentado Saúl en Gabaa debajo de un tamarisco en Ramá, y tenía su lanza en su mano, y todos sus criados estaban alrededor de él.

7 Y dijo Saúl a sus criados que estaban alrededor de él: Oíd ahora, hijos de Benjamín. ¿Os dará también a todos vosotros el hijo de Isaí tierras y viñas, y os hará a todos vosotros jefes de millares y jefes de centenas,

8 para que todos vosotros hayáis conspirado contra mí? ¿Y no hay quien me descubra al oído cómo mi hijo ha hecho [a]alianza con el hijo de Isaí, ni hay ninguno de vosotros que se conduela de mí y me descubra cómo mi hijo ha sublevado a mi siervo contra mí, para que me aceche, como lo *hace* hoy?

9 Entonces Doeg, el edomita, que era el principal entre los siervos de Saúl, respondió y dijo: Yo vi al hijo de Isaí que fue a Nob, a Ahimelec hijo de Ahitob.

10 Y éste consultó a Jehová por él, y le dio provisiones y también le dio la espada de Goliat, el filisteo.

11 Y el rey envió a llamar al sacerdote Ahimelec hijo de Ahitob y a toda la casa de su padre, los sacerdotes que estaban en Nob; y todos vinieron al rey.

12 Y Saúl le dijo: Oye ahora, hijo de Ahitob. Y él dijo: Heme aquí, señor mío.

13 Y le dijo Saúl: ¿Por qué habéis conspirado contra mí, tú y el hijo de Isaí, cuando tú le diste pan y espada, y consultaste a Dios por él, para que se levantase contra mí y me acechase, como *lo hace* hoy?

14 Entonces Ahimelec respondió al rey y dijo: ¿Y quién entre todos tus siervos es tan fiel como David, que además es yerno del rey, y jefe de tu guardia y es ilustre en tu casa?

15 ¿Acaso he comenzado yo desde hoy a consultar a Dios por él? Lejos sea de mí; no culpe el rey de cosa alguna a su siervo ni a toda la casa de mi padre, porque tu siervo ninguna cosa sabe de este asunto, ni grande ni pequeña.

16 Y el rey le dijo: Sin duda morirás, Ahimelec, tú y toda la casa de tu padre.

17 Entonces dijo el rey a la gente de su guardia que estaba alrededor de él: Volveos y matad a los sacerdotes de Jehová, porque también la mano de ellos está con David, pues sabiendo ellos que huía, no me lo descubrieron. Pero los siervos del rey no quisieron extender sus

22 5*a* GEE Gad el vidente.

8*a* *O sea,* pacto, convenio.

manos para matar a los sacerdotes
de Jehová.
18 Entonces dijo el rey a Doeg:
Vuélvete y arremete contra los
sacerdotes. Y se volvió Doeg, el
edomita, y arremetió contra los
[a]sacerdotes y mató en aquel día
a ochenta y cinco hombres que
vestían [b]efod de lino.
19 Y a Nob, ciudad de los sacerdotes, hirió a filo de espada, tanto
a hombres como a mujeres, a niños y a niños de pecho, bueyes
y asnos y ovejas, *todo* a filo de
espada.
20 Pero uno de los hijos de Ahimelec hijo de Ahitob, que se llamaba [a]Abiatar, escapó y huyó
tras David.
21 Y Abiatar contó a David cómo
Saúl había matado a los sacerdotes de Jehová.
22 Y le dijo David a Abiatar: Yo
sabía que estando allí aquel día
Doeg, el edomita, ciertamente se
lo había de hacer saber a Saúl.
Yo he ocasionado *la muerte* a todas las personas de la casa de tu
padre.
23 Quédate conmigo; no temas.
Quien busque mi vida buscará
también la tuya, pero conmigo
estarás a salvo.

CAPÍTULO 23

David mata a los filisteos y salva a Keila — Continúa huyendo de Saúl — Jonatán le consuela en Zif.

Y DIERON aviso a David, diciendo:
He aquí que los filisteos combaten
contra Keila y roban las eras.
2 Y David consultó a Jehová,
diciendo: ¿Iré a atacar a estos
filisteos? Y Jehová respondió a
David: Ve, ataca a los filisteos y
libra a Keila.
3 Pero los que estaban con David le dijeron: He aquí que nosotros aquí en Judá estamos con
miedo; ¿cuánto más si vamos
a Keila contra el ejército de los
filisteos?
4 Entonces David volvió a
consultar a Jehová. Y Jehová
le respondió y dijo: Levántate,
desciende a Keila, porque yo
entregaré en tus manos a los
filisteos.
5 Partió, pues, David con sus
hombres a Keila, y peleó contra
los filisteos, y se llevó sus ganados y los hirió con gran mortandad; y libró David a los habitantes
de Keila.
6 Y aconteció que cuando Abiatar hijo de Ahimelec huyó adonde
estaba David, en Keila, descendió
con un efod en la mano.
7 Y le fue dicho a Saúl que David había venido a Keila. Entonces dijo Saúl: Dios lo ha entregado
en mis manos, porque él mismo
se ha encerrado, habiendo entrado en una ciudad con puertas
y cerraduras.
8 Y convocó Saúl a todo el pueblo a la batalla para descender a
Keila y poner sitio a David y a
sus hombres.
9 Mas entendiendo David que
Saúl ideaba el mal contra él,

18 *a* GEE Sacerdocio Aarónico.
b Éx. 28:2–4; 1 Sam. 2:28; 14:3.
20 *a* 1 Rey. 2:26–27.

dijo al sacerdote Abiatar: Trae
el efod.
10 Y dijo David: Oh Jehová Dios
de Israel, tu siervo tiene entendido que Saúl trata de venir contra Keila para destruir la ciudad
por causa mía.
11 ¿Me entregarán los señores
de Keila en sus manos? ¿Descenderá Saúl, como tu siervo
ha oído? Oh Jehová Dios de
Israel, te ruego que lo declares
a tu siervo. Y Jehová dijo: *Sí*,
descenderá.
12 Dijo luego David: ¿Me entregarán los de Keila a mí y a mis
hombres en manos de Saúl? Y Jehová respondió: Os entregarán.
13 David entonces se levantó
con sus hombres, que eran como
seiscientos, y salieron de Keila y
anduvieron de una parte a otra.
Y llegó la nueva a Saúl de que
David se había escapado de Keila,
y desistió de salir.
14 Y David se quedó en el desierto, en lugares fuertes, y habitaba en la región montañosa
del desierto de Zif; y lo buscaba
Saúl todos los días, pero Dios no
lo entregó en sus manos.
15 Viendo, pues, David que Saúl
había salido en busca de su vida,
se quedó él en Hores, en el desierto de Zif.
16 Entonces se levantó Jonatán hijo de Saúl y fue a David
en Hores, y fortaleció su mano
en Dios.
17 Y le dijo: No temas, porque
no te hallará [a]la mano de Saúl mi
padre, y tú reinarás sobre Israel, y
yo seré segundo después de ti; y
aun Saúl mi padre así lo sabe.
18 Y ambos hicieron un pacto
delante de Jehová; y David se
quedó en Hores, y Jonatán se volvió a su casa.
19 Y subieron los de Zif a decir
a Saúl en Gabaa: ¿No está David escondido en nuestra tierra
en las peñas de Hores, en el collado de Haquila, que está al sur
de Jesimón?
20 Por tanto, oh rey, desciende
ahora pronto, conforme a todo el
deseo de tu alma, y nosotros lo
entregaremos en manos del rey.
21 Y Saúl dijo: Benditos seáis vosotros de Jehová, porque habéis
tenido compasión de mí.
22 Id, os ruego; aseguraos bien,
averiguad y ved el lugar de su
[a]escondite y quién lo ha visto allí,
porque se me ha dicho que él es
astuto en gran manera.
23 Observad, pues, y averiguad
acerca de todos los escondrijos
donde se oculta; y volved a mí
con la *información* precisa, y yo
iré con vosotros. Y acontecerá
que si él está en la región, yo le
buscaré entre todos los millares
de Judá.
24 Y ellos se levantaron y se
fueron a Zif delante de Saúl. Pero
David y su gente estaban en el
desierto de Maón, en la llanura
que está al sur de Jesimón.
25 Y partió Saúl con su gente
a buscarlo; pero fue dado aviso
a David, y éste descendió a la
peña y se quedó en el desierto de
Maón. Y cuando Saúl oyó esto,

23 17 *a* 1 Sam. 20:30–34.
22 *a* HEB de su pie; es decir, por donde camina.

persiguió a David en el desierto de Maón.

26 Y Saúl iba por un lado del monte, y David con los suyos, por el otro lado del monte; y se daba prisa David para escapar de Saúl, porque Saúl y los suyos habían rodeado a David y a su gente para capturarlos.

27 Entonces llegó un mensajero a Saúl, diciendo: Ven pronto, porque los filisteos han hecho una incursión en el país.

28 Volvió, por tanto, Saúl de perseguir a David y partió contra los filisteos. Por esta causa pusieron por nombre a aquel lugar [a]Sela-hama-lecot.

29 Entonces David subió de allí y habitó en los lugares fuertes en En-gadi.

CAPÍTULO 24

David ve a Saúl en una cueva y le perdona la vida — Saúl confiesa que David es más justo que él — David jura que no destruirá la descendencia de Saúl.

Y ACONTECIÓ que cuando Saúl volvió de *perseguir a* los filisteos, le dieron aviso, diciendo: He aquí que David está en el desierto de En-gadi.

2 Y tomando Saúl tres mil hombres escogidos de todo Israel, fue en busca de David y de sus hombres, por las cumbres de los peñascos de las cabras monteses.

3 Y cuando llegó a un redil de ovejas en el camino, donde había una cueva, entró Saúl en ella para [a]cubrir sus pies; y David y los suyos estaban en el fondo de la cueva.

4 Entonces los de David le dijeron: He aquí, éste es el día del que te ha dicho Jehová: He aquí que entrego a tu enemigo en tus manos, y harás con él como te parezca. Y se levantó David y calladamente cortó la [a]orilla del manto de Saúl.

5 Y aconteció después de esto que se turbó el corazón de David, porque había cortado la orilla del manto de Saúl.

6 Y dijo a los suyos: Jehová me guarde de hacer tal cosa contra mi señor, el ungido de Jehová, que yo extienda mi mano contra él, porque es el [a]ungido de Jehová.

7 Así contuvo David a los suyos con estas palabras, y no les permitió que se levantasen contra Saúl. Y Saúl, saliendo de la cueva, siguió su camino.

8 También David se levantó después y, saliendo de la cueva, dio voces detrás de Saúl, diciendo: ¡Mi señor, el rey! Y cuando Saúl miró hacia atrás, David inclinó su rostro a tierra e hizo reverencia.

9 Y dijo David a Saúl: ¿Por qué escuchas las palabras de los que dicen: Mira que David procura tu mal?

10 He aquí, hoy han visto tus ojos cómo Jehová te ha puesto hoy en mis manos en la cueva; y me dijeron que te matase, pero

28 *a* HEB Peña de las Separaciones.
24 3 *a* *O sea,* para hacer sus necesidades.
4 *a* *O sea,* el borde que simbolizaba su autoridad.
6 *a* GEE Unción.

[a]te perdoné, porque dije: No extenderé mi mano contra mi señor, porque es el [b]ungido de Jehová.

11 Y mira, padre mío, mira la orilla de tu manto en mi mano, porque yo corté la orilla de tu manto y no te maté. Reconoce, pues, y ve que no hay mal ni traición en mis manos, ni he pecado contra ti; sin embargo, tú andas a caza de mi vida para quitármela.

12 [a]Juzgue Jehová entre yo y tú, y véngueme de ti Jehová; pero mi mano no será contra ti.

13 Como dice el proverbio de los antiguos: De los inicuos saldrá la [a]iniquidad, así que mi mano no será contra ti.

14 ¿Tras quién ha salido el rey de Israel? ¿A quién persigues? ¿A un perro muerto? ¿A una pulga?

15 Jehová, pues, será juez, y él juzgará entre yo y tú. Él vea y sustente mi causa y me libre de tu mano.

16 Y aconteció que cuando David acabó de decir estas palabras a Saúl, Saúl dijo: ¿No es ésta la voz tuya, David, hijo mío? Y alzó Saúl su voz y lloró.

17 Y dijo a David: Más justo eres tú que yo, que me has pagado con [a]bien, habiéndote yo pagado con mal.

18 Tú has mostrado hoy que has hecho conmigo bien, pues no me has dado muerte, habiéndome puesto Jehová en tus manos.

19 Porque, ¿quién halla a su enemigo y lo deja ir sano y salvo? Jehová te [a]pague con bien lo que en este día has hecho conmigo.

20 Y ahora, he aquí, yo entiendo que ciertamente tú has de reinar, y que el reino de Israel será establecido en tu mano.

21 Júrame, pues, ahora por Jehová que no destruirás mi descendencia después de mí, ni borrarás mi nombre de la casa de mi padre.

22 Entonces David se lo juró a Saúl. Y se fue Saúl a su casa, y David y los suyos subieron al lugar fuerte.

CAPÍTULO 25

Samuel muere — Nabal desaira a David y rehúsa darle alimento — Abigail intercede, salva a Nabal y da a David un presente — David es pacificado, Nabal muere y David se casa con Abigail.

Y MURIÓ Samuel, y se reunió todo Israel, y lo lloraron y lo sepultaron en su casa en Ramá. Y se levantó David y descendió al desierto de Parán.

2 Y en Maón había un hombre que tenía su hacienda en Carmel, el cual era muy rico, pues tenía tres mil ovejas y mil cabras. Y esquilaba sus ovejas en Carmel.

3 El nombre de aquel hombre era Nabal, y el nombre de su esposa, Abigail. Y era aquella mujer de buen entendimiento y de

10 *a* GEE Misericordia, misericordioso.
b 1 Sam. 26:17–25. GEE Sostenimiento de líderes de la Iglesia.
12 *a* GEE Juicio, juzgar.
13 *a* GEE Inicuo, iniquidad.
17 *a* GEE Perdonar.
19 *a* GEE Bendecido, bendecir, bendición.

hermosa apariencia, pero el hombre era duro y de malos hechos; y era del linaje de Caleb.

4 Y oyó David en el desierto que Nabal esquilaba sus ovejas.

5 Entonces envió David diez criados y les dijo: Subid a Carmel, e id a Nabal y saludadle en mi nombre.

6 Y decidle así: Paz a ti, y paz a tu casa y paz a todo cuanto tienes.

7 He sabido que tienes esquiladores. Ahora bien, a los pastores tuyos que han estado con nosotros, nunca les hemos hecho daño ni les ha faltado nada en todo el tiempo que han estado en Carmel.

8 Pregunta a tus criados, y ellos te lo dirán. Hallen, por tanto, estos criados gracia ante tus ojos, porque venimos en buen día; te ruego que des lo que tengas a mano a tus siervos y a tu hijo David.

9 Y cuando llegaron los criados de David, dijeron a Nabal todas estas palabras en nombre de David, y callaron.

10 Y Nabal respondió a los criados de David y dijo: ¿Quién es David? ¿Y quién es el hijo de Isaí? Muchos siervos hay hoy que huyen de sus señores.

11 ¿He de tomar yo ahora mi pan, mi agua y la carne que he preparado para mis esquiladores, y he de dárselos a hombres que no sé de dónde son?

12 Y se volvieron los criados de David por su camino, y regresaron, y llegaron y dijeron a David todas estas palabras.

13 Entonces David dijo a sus hombres: Cíñase cada uno su espada. Y se ciñó cada uno su espada; y también David se ciñó su espada; y subieron tras David como cuatrocientos hombres, y dejaron doscientos con el bagaje.

14 Y uno de los criados dio aviso a Abigail, mujer de Nabal, diciendo: He aquí, David envió mensajeros desde el desierto para que [a]saludasen a nuestro amo, y él los ha [b]despreciado.

15 Mas aquellos hombres han sido muy buenos con nosotros y nunca nos han hecho daño, ni ninguna cosa nos ha faltado en todo el tiempo que hemos andado con ellos, mientras hemos estado en el campo.

16 Nos han servido de muro de día y de noche, todos los días que hemos estado con ellos apacentando las ovejas.

17 Ahora, pues, entiende y mira lo que has de hacer, porque el mal ya está resuelto contra nuestro amo y contra toda su casa; pues él es un hombre tan perverso que no hay quien pueda hablarle.

18 Entonces Abigail se apresuró a tomar doscientos panes, y dos cueros de vino, y cinco ovejas guisadas, y cinco medidas de grano tostado, y cien racimos de uvas pasas y doscientos panes de higos secos, y lo cargó todo en asnos;

19 y dijo a sus criados: Id delante

25 14 *a* HEB bendijesen, diesen la bienvenida. *b* HEB se abatió sobre ellos como un ave que ataca.

de mí, y he aquí, yo os seguiré luego. Y nada declaró a su marido Nabal.

20 Y aconteció que montó en un asno y descendió por una parte encubierta del monte, y he aquí, David y sus hombres venían descendiendo hacia ella; y ella fue a su encuentro.

21 Y David había dicho: Ciertamente en vano he guardado todo lo que éste tiene en el desierto, sin que nada le haya faltado de todo cuanto es suyo; y él me ha devuelto mal por bien.

22 Así haga Dios a los enemigos de David, y aun les añada, que de aquí a mañana, de todo lo que sea suyo no dejaré con vida ni a un solo hombre.

23 Y cuando Abigail vio a David, se bajó rápidamente del asno; y postrándose sobre su rostro delante de David, se inclinó a tierra.

24 Y se echó a sus pies y dijo: Señor mío, sobre mí sea el pecado, mas te ruego que permitas que tu sierva hable a tus oídos, y escucha las palabras de tu sierva.

25 No haga caso ahora mi señor de aquel hombre perverso, de Nabal, porque conforme a su nombre, así es. Él se llama [a]Nabal, y la insensatez está con él; mas yo, tu sierva, no vi a los criados de mi señor, los cuales tú enviaste.

26 Ahora pues, señor mío, vive Jehová y vive tu alma, que Jehová te ha impedido venir a *derramar* sangre y vengarte por tu propia mano. Sean, pues, como Nabal tus enemigos y todos los que procuran el mal contra mi señor.

27 Y ahora este presente que tu sierva ha traído a mi señor sea dado a los criados que siguen a mi señor.

28 Y yo te ruego que perdones a tu sierva *esta* ofensa, pues Jehová de cierto hará [a]casa estable a mi señor, por cuanto mi señor pelea las batallas de Jehová, y mal no se ha hallado en ti en tus días.

29 Aunque alguien se haya levantado para perseguirte y atentar contra tu vida, con todo, la vida de mi señor será ligada al haz de los que viven con Jehová tu Dios, y él arrojará la vida de tus enemigos como de en medio de la palma de una honda.

30 Y acontecerá que, cuando Jehová haga con mi señor conforme a todo el bien que ha hablado de ti, y te ponga como caudillo sobre Israel,

31 entonces, señor mío, no te será motivo de tropiezo ni turbación de corazón el haber derramado sangre sin causa, ni el que mi señor se haya vengado por sí mismo. Guárdese, pues, mi señor, y cuando Jehová haga bien a mi señor, acuérdate de tu sierva.

32 Y dijo David a Abigail: Bendito sea Jehová Dios de Israel, que te envió para que hoy me encontrases;

33 y bendito sea tu razonamiento, y bendita tú, que me has impedido hoy el ir a *derramar*

25 *a* *Es decir,* insensato, persona insensible o descortés.

28 *a* *O sea,* dará seguridad de descendencia.

1 Sam. 2:35.

sangre y a vengarme por mi propia mano.

34 Porque, vive Jehová Dios de Israel, que me ha impedido hacerte mal, que si no te hubieras dado prisa en venir a mi encuentro, de aquí a mañana no le hubiera quedado a Nabal ni un hombre.

35 Y recibió David de su mano lo que le había traído y le dijo: Sube en paz a tu casa, y mira que he escuchado tu voz y te he tenido respeto.

36 Y Abigail fue a Nabal, y he aquí que él tenía banquete en su casa como banquete de rey; y el corazón de Nabal estaba alegre, y estaba muy ebrio, por lo que ella no le dijo ni poco ni mucho hasta el día siguiente.

37 Pero sucedió que a la mañana, cuando se le había pasado el efecto del vino a Nabal, le refirió su esposa estas cosas; y desmayó su corazón, y se quedó como una piedra.

38 Y aconteció que después de unos diez días, Jehová hirió a Nabal, y murió.

39 Y cuando David oyó que Nabal había muerto, dijo: Bendito sea Jehová, que juzgó la causa de mi afrenta *recibida* de manos de Nabal y que ha preservado del mal a su siervo; y Jehová ha vuelto la maldad de Nabal sobre su propia cabeza. Después envió David a hablar con Abigail, para tomarla por esposa.

40 Y los criados de David vinieron a Abigail en Carmel y hablaron con ella, diciendo: David nos ha enviado a ti para tomarte por esposa.

41 Y ella se levantó, e inclinó su rostro a tierra, diciendo: He aquí tu sierva, para que sea la sierva que lave los pies de los siervos de mi señor.

42 Y Abigail se levantó apresuradamente con cinco criadas que la seguían, y montó en un asno, y siguió a los mensajeros de David y fue su esposa.

43 También tomó David a Ahinoam de Jezreel, y ambas fueron sus [a]esposas.

44 Porque Saúl había dado a su hija [a]Mical, esposa de David, a Palti hijo de Lais, que era de Galim.

CAPÍTULO 26

David perdona otra vez la vida de Saúl — De nuevo rehúsa extender su mano en contra del ungido de Jehová — Saúl y David se separan.

Y VINIERON los zifeos a Saúl, en Gabaa, diciendo: ¿No está David escondido en el collado de Haquila, delante de Jesimón?

2 Saúl entonces se levantó y descendió al desierto de Zif, llevando consigo tres mil hombres escogidos de Israel, para buscar a David en el desierto de Zif.

3 Y acampó Saúl en el collado de Haquila, que está delante de Jesimón, junto al camino. Y estaba David en el desierto; y advirtió que Saúl le perseguía en el desierto.

43 *a* GEE Matrimonio—El matrimonio plural.

44 *a* 2 Sam. 3:12–16.

4 David, por tanto, envió espías y supo con certeza que Saúl había venido.

5 Y se levantó David y fue al sitio donde Saúl había acampado; y miró David el lugar donde dormían Saúl y Abner hijo de Ner, general de su ejército. Y estaba Saúl durmiendo en el centro del campamento, y el pueblo estaba acampado alrededor de él.

6 Entonces habló David y preguntó a Ahimelec, el heteo, y a Abisai hijo de Sarvia, hermano de Joab, diciendo: ¿Quién descenderá conmigo adonde está Saúl en el campamento? Y dijo Abisai: Yo descenderé contigo.

7 David, pues, y Abisai fueron al campamento de noche, y he aquí que Saúl estaba tendido durmiendo en el centro del campamento, y su lanza clavada en tierra a su cabecera; y Abner y su gente estaban tendidos alrededor de él.

8 Entonces dijo Abisai a David: Hoy Dios ha entregado a tu enemigo en tus manos; ahora pues, déjame herirlo con la lanza; lo clavaré en la tierra de un golpe, y no tendré que darle un segundo golpe.

9 Y David respondió a Abisai: No le mates, porque, [a]¿quién extenderá su mano contra el ungido de Jehová y será inocente?

10 Dijo además David: Vive Jehová, que Jehová lo herirá, ya sea que llegue su día para que [a]muera, o que descienda en batalla y perezca.

11 Guárdeme Jehová de extender mi mano contra el ungido de Jehová; pero toma ahora la lanza que está a su cabecera y la botija de agua, y vámonos.

12 Se llevó, pues, David la lanza y la botija de agua de la cabecera de Saúl, y se fueron; y no hubo nadie que viese, ni entendiese ni se despertase, pues todos dormían, porque un profundo sueño *enviado* por Jehová había caído sobre ellos.

13 Y pasó David al otro lado y se puso en la cumbre del monte, habiendo gran distancia entre ellos;

14 y dio voces David a la gente y a Abner hijo de Ner, diciendo: ¿No respondes, Abner? Entonces Abner respondió y dijo: ¿Quién eres tú que das voces al rey?

15 Y dijo David a Abner: ¿No eres tú un hombre? ¿Y quién hay como tú en Israel? ¿Por qué, pues, no has guardado al rey tu señor? Porque ha entrado uno del pueblo a matar a tu señor el rey.

16 Esto que has hecho no está bien. Vive Jehová, que sois dignos de muerte, porque no habéis guardado a vuestro señor, al ungido de Jehová. Mira pues, ahora, dónde está la lanza del rey y la botija de agua que estaba a su cabecera.

17 Y reconoció Saúl la voz de David y dijo: ¿No es ésta tu voz, David, hijo mío? Y David respondió: Mi voz es, rey y señor mío.

18 Y dijo: ¿Por qué persigue así mi señor a su siervo? ¿Qué he hecho? ¿Qué mal hay en mi mano?

26 9 *a* 1 Sam. 24:10. 10 *a* 1 Sam. 31:5.

19 Ruego, pues, que el rey mi señor oiga ahora las palabras de su siervo. Si Jehová te incita contra mí, acepte él una ofrenda; pero si son hijos de hombres, malditos sean ellos en presencia de Jehová, porque me han echado hoy para que no tenga parte en la heredad de Jehová, diciendo: Ve y sirve a dioses ajenos.

20 No caiga, pues, ahora mi sangre en tierra delante de Jehová, porque ha salido el rey de Israel a buscar una pulga, así como quien persigue una perdiz por los montes.

21 Entonces dijo Saúl: He pecado; vuelve, David, hijo mío, que ningún mal te haré más, porque mi vida ha sido [a]estimada hoy en tus ojos. He aquí, yo he actuado neciamente y he errado en gran manera.

22 Y David respondió y dijo: He aquí la lanza del rey; pase acá uno de los criados y tómela.

23 Y Jehová pague a cada uno su [a]justicia y su lealtad, pues Jehová te había entregado hoy en mis manos, pero yo no quise [b]extender mi mano contra el ungido de Jehová.

24 Y he aquí, como tu vida ha sido estimada hoy ante mis ojos, así sea mi vida estimada ante los ojos de Jehová, y me libre de toda [a]aflicción.

25 Y Saúl dijo a David: Bendito seas tú, David, hijo mío; sin duda tú harás *grandes cosas*, y prevalecerás. Entonces David siguió su camino, y Saúl se volvió a su lugar.

CAPÍTULO 27

David huye a Aquis, en Gat — Mora entre los filisteos durante dieciséis meses.

Y DIJO David en su corazón: Ahora bien, seré muerto algún día por la mano de Saúl; nada, por tanto, me será mejor que fugarme a la tierra de los filisteos, para que Saúl deje de ocuparse de mí y no me ande buscando más por todo el territorio de Israel, y así escaparé de sus manos.

2 Se levantó, pues, David, y con los seiscientos hombres que tenía consigo se pasó a Aquis hijo de Maoc, rey de Gat.

3 Y moró David con Aquis en Gat, él y sus hombres, cada uno con su familia; David con sus dos [a]esposas, Ahinoam, la jezreelita, y Abigail, la *que fue* esposa de Nabal, el de Carmel.

4 Y vino la nueva a Saúl de que David había huido a Gat, y no lo buscó más.

5 Y David dijo a Aquis: Si he hallado ahora gracia ante tus ojos, séame dado lugar en alguna de las aldeas de la región para que habite allí, porque, ¿ha de morar tu siervo contigo en la ciudad real?

6 Y Aquis le dio aquel día *la ciudad de* Siclag. Por eso, Siclag fue de los reyes de Judá hasta hoy.

21 *a* GEE Vida; Alma—El valor de las almas.
23 *a* GEE Rectitud, recto.
b GEE Justicia; Misericordia, misericordioso; Obras.
24 *a* GEE Adversidad.
27 3 *a* GEE Matrimonio—El matrimonio plural.

7 Y el número de los días que David habitó en la tierra de los filisteos fue un año y cuatro meses.

8 Y subía David con sus hombres y hacían incursiones contra los gesuritas, y contra los gerzeos y contra los amalecitas; porque desde hacía largo tiempo éstos habitaban la región, desde donde se va a Shur hasta la tierra de Egipto.

9 Y David atacaba el país y no dejaba con vida ni hombre ni mujer; y se llevaba las ovejas, y las vacas, y los asnos, y los camellos y las ropas, y volvía y venía a Aquis.

10 Y decía Aquis: ¿Dónde habéis incursionado hoy? Y David decía: Al sur de Judá, o al sur de Jerameel o al sur de los ceneos.

11 Ni hombre ni mujer dejaba llegar David con vida a Gat, porque decía: No sea que den aviso de nosotros, diciendo: Esto hizo David. Y ésta fue su costumbre todo el tiempo que moró en la tierra de los filisteos.

12 Y Aquis creía a David, diciendo así: Él se ha hecho abominable ante su pueblo Israel, y será mi siervo para siempre.

CAPÍTULO 28

Saúl pide revelación a la adivina de Endor — Ella predice la muerte de él, la muerte de sus hijos y la derrota de Israel a manos de los filisteos.

Y ACONTECIÓ que en aquellos días los filisteos reunieron sus fuerzas para la guerra a fin de pelear contra Israel. Y dijo Aquis a David: Bien sabes que has de salir conmigo a campaña, tú y tus hombres.

2 Y David respondió a Aquis: Sabrás, pues, lo que hará tu siervo. Y Aquis dijo a David: Por tanto, te haré mi [a]guarda personal durante todos mis días.

3 Ya Samuel había muerto, y todo Israel lo había lamentado y le habían sepultado en Ramá, su ciudad. Y Saúl había [a]expulsado de la tierra a los encantadores y adivinos.

4 Y los filisteos se reunieron, y vinieron y acamparon en Sunem; y Saúl reunió a todo Israel, y acamparon en Gilboa.

5 Y cuando vio Saúl el campamento de los filisteos, temió y se estremeció su corazón en gran manera.

6 Y consultó Saúl a Jehová, pero Jehová [a]no le respondió, ni por [b]sueños, ni por el [c]Urim ni por profetas.

7 Entonces Saúl dijo a sus criados: Buscadme una mujer que tenga [a]espíritu de adivinación, para que yo vaya a ella y por medio de ella pregunte. Y sus criados le respondieron: He aquí,

28 2 *a* *Es decir,* capitán de mi guardia personal.
3 *a* *Es decir,* Saúl había expulsado a los espiritistas tal como se requería en Lev. 20:27 y en Deut. 18:9–15.
6 *a* Mos. 11:24–25; DyC 101:7–8.
b GEE Sueños.
c GEE Urim y Tumim.
7 *a* *O sea,* que evoque a los muertos. GEE Espíritu—Espíritus inmundos.

hay una mujer en Endor que tiene
espíritu de adivinación.
8 Y se disfrazó Saúl, y se puso
otra ropa y se fue con dos hombres; y llegaron a aquella mujer
de noche, y él le dijo: Yo te ruego
que me adivines por el espíritu
de adivinación y hagas subir a
quien yo te diga.
9 Y la mujer le dijo: He aquí,
tú sabes lo que Saúl ha hecho,
cómo ha expulsado de la tierra a
los evocadores y a los adivinos.
¿Por qué, pues, pones trampa a
mi vida para hacerme morir?
10 Entonces Saúl le juró por Jehová, diciendo: Vive Jehová, que
ningún mal te vendrá por esto.
11 La mujer entonces dijo: ¿A
quién te haré subir? Y él respondió: Hazme subir a Samuel.
12 Y cuando la mujer vio a Samuel, clamó en alta voz y habló
aquella mujer a Saúl, diciendo:
¿Por qué me has engañado? ¡Tú
eres Saúl!
13 Y el rey le dijo: No temas.
¿Qué has visto? Y la mujer respondió a Saúl: He visto dioses
que suben de la tierra.
14 Y él le dijo: ¿Cuál es su forma?
Y ella respondió: [a]Un hombre
anciano viene, cubierto de un
manto. Saúl entonces entendió
que era Samuel, e inclinando
su rostro a tierra, hizo una gran
reverencia.
15 Y Samuel dijo a Saúl: ¿Por
qué me has inquietado haciéndome subir? Y Saúl respondió:
Estoy muy angustiado, pues los
filisteos pelean contra mí, y Dios
[a]se ha apartado de mí y no me
responde más, ni por medio de
profetas ni por sueños; por esto te
he llamado, para que me declares
qué tengo que hacer.
16 Entonces Samuel dijo: ¿Y para
qué me preguntas a mí, puesto
que Jehová se ha apartado de ti
y es tu enemigo?
17 Y Jehová, pues, ha hecho
como habló por medio de mí,
pues Jehová ha quitado el [a]reino
de tu mano y lo ha dado a tu prójimo, a David.
18 Como tú no [a]obedeciste la
voz de Jehová ni cumpliste el
furor de su ira contra Amalec,
por eso Jehová te ha hecho esto
hoy.
19 Y Jehová entregará a Israel
junto contigo en manos de los
filisteos; y mañana estaréis conmigo, tú y tus hijos. Y Jehová
entregará también el ejército de
Israel en manos de los filisteos.
20 En aquel instante cayó Saúl
en tierra cuan largo era, y tuvo
gran temor por las palabras de
Samuel, porque no quedó en él
fuerza alguna, porque en todo
aquel día y aquella noche no
había comido pan.
21 Entonces la mujer se acercó a
Saúl, y viéndole turbado en gran
manera, le dijo: He aquí que tu
sierva ha obedecido tu voz, y he
puesto mi vida en peligro y he
escuchado las palabras que tú
me has dicho.
22 Te ruego, pues, que tú también oigas la voz de tu sierva;
pondré yo delante de ti un

14 *a* Ésa no puede ser una visión de Dios. 1 Cró. 10:13.
15 *a* TJS 1 Sam. 16:14–16, 23. DyC 1:33.
17 *a* 1 Sam. 15:28.
18 *a* Deut. 11:26–28.

bocado de pan para que comas, a fin de que cobres fuerzas y sigas tu camino.

23 Y él rehusó, diciendo: No comeré. Pero sus criados juntamente con la mujer le insistieron, y él les obedeció. Se levantó, pues, del suelo y se sentó sobre una cama.

24 Y aquella mujer tenía en su casa un ternero engordado, el cual se apresuró a matar; y tomó harina, y la amasó y coció con ella panes sin levadura.

25 Y los puso delante de Saúl y de sus criados; y después de haber comido, se levantaron y partieron aquella misma noche.

CAPÍTULO 29

Israel y los filisteos se reúnen para la guerra — Los príncipes filisteos hacen que David se vaya.

Y LOS filisteos reunieron todas sus fuerzas en Afec, e Israel acampó junto a la fuente que está en Jezreel.

2 Y cuando los príncipes de los filisteos pasaban revista a sus compañías de a ciento y de a mil hombres, David y sus hombres iban en la retaguardia con Aquis.

3 Y dijeron los príncipes de los filisteos: ¿Qué hacen aquí estos hebreos? Y Aquis respondió a los príncipes de los filisteos: ¿No es éste David, el siervo de Saúl, rey de Israel, que ha estado conmigo por días o por años, y no he hallado falta en él desde el día en que se pasó *a mí* hasta hoy?

4 Entonces los príncipes de los filisteos se enojaron contra él y le dijeron: Despide a este hombre, para que vuelva al lugar que le señalaste y no venga con nosotros a la batalla, no sea que en la batalla se vuelva [a]enemigo nuestro; porque, ¿con qué cosa volvería *mejor* a la gracia de su señor que con las cabezas de estos hombres?

5 ¿No es éste David de quien cantaban en las danzas, diciendo:

[a]Saúl hirió a sus miles,
y David a sus diez miles?

6 Y Aquis llamó a David y le dijo: Vive Jehová, que tú has sido recto, y me ha parecido bien tu salida y tu entrada en el campamento conmigo, pues ninguna cosa mala he hallado en ti desde que viniste a mí hasta el día de hoy; pero ante los ojos de los príncipes no eres grato.

7 Vuelve, pues, y vete en paz; y no hagas lo malo ante los ojos de los príncipes de los filisteos.

8 Y David le respondió a Aquis: ¿Qué he hecho? ¿Qué has hallado en tu siervo desde el día en que estoy contigo hasta el día de hoy, para que yo no vaya y pelee contra los enemigos de mi señor el rey?

9 Y Aquis respondió a David y dijo: Yo sé que tú eres bueno ante mis ojos, como un ángel de Dios; pero los príncipes de los filisteos han dicho: No venga él con nosotros a la batalla.

10 Levántate, pues, de mañana,

29 4 *a* 1 Cró. 12:19. 5 *a* 1 Sam. 18:6–9.

tú y los siervos de tu señor que
han venido contigo; y levantaos de mañana y partid al
amanecer.
11 Y se levantó David muy de
mañana, él y sus hombres, para
irse y regresar a la tierra de los
filisteos; y los filisteos fueron a
Jezreel.

CAPÍTULO 30

Los amalecitas destruyen Siclag y los límites de Judá — David derrota a los amalecitas, recupera el botín y lo divide.

Y CUANDO David y sus hombres
llegaron a Siclag al tercer día,
los de [a]Amalec habían invadido
el sur y Siclag, y habían asolado
Siclag y la habían quemado con
fuego.
2 Y se habían llevado cautivas a
las mujeres y a todos los que estaban allí, desde el menor hasta el
mayor; pero a nadie habían dado
muerte, sino que se los llevaron
cautivos y siguieron su camino.
3 Llegó, pues, David con sus
hombres a la ciudad, y he aquí
que estaba quemada, y sus esposas y sus hijos e hijas habían
sido llevados cautivos.
4 Entonces David y la gente que
estaba con él alzaron su voz y
lloraron hasta que les faltaron
las fuerzas para llorar.
5 Las dos [a]esposas de David,
Ahinoam, la jezreelita, y Abigail,
la *que fue* esposa de Nabal, el de
Carmel, también habían sido llevadas cautivas.
6 Y David estaba muy angustiado, porque el pueblo hablaba
de apedrearlo; porque todo el
pueblo estaba con amargura de
alma, cada uno por sus hijos y
por sus hijas; pero David [a]se fortaleció en Jehová su Dios.
7 Y dijo David al sacerdote Abiatar hijo de Ahimelec: Yo te ruego
que me traigas el efod. Y Abiatar
trajo el efod a David.
8 Y David consultó a Jehová, diciendo: ¿Perseguiré a esta tropa?
¿La podré alcanzar? Y él le dijo:
Persíguela, porque de cierto la
alcanzarás y sin falta librarás *a
todos los cautivos.*
9 Partió, pues, David, él y los
seiscientos hombres que estaban
con él, y llegaron hasta el torrente
de Besor, donde se quedaron algunos de ellos.
10 Y David los persiguió con
cuatrocientos hombres, porque
se quedaron atrás doscientos que
estaban cansados y no pudieron
pasar el torrente de Besor.
11 Y hallaron en el campo a un
hombre egipcio y se lo llevaron
a David, y le dieron pan para comer y agua para beber.
12 Le dieron también un pedazo
de masa de higos secos y dos racimos de pasas. Y luego que comió,
volvió en él su espíritu, porque
no había comido pan ni bebido
agua en tres días y tres noches.
13 Y le dijo David: ¿De quién
eres tú? ¿Y de dónde eres? Y respondió el joven egipcio: Yo soy

30 1 *a* GEE Amalecitas.
5 *a* GEE Matrimonio—El matrimonio plural.
6 *a* Sal. 56:2–4.

siervo de un amalecita, y me dejó mi amo hace tres días porque yo estaba enfermo.

14 Hicimos una incursión en la parte del sur de los cereteos, y en la de Judá y en el sur de Caleb; y pusimos fuego a Siclag.

15 Y le dijo David: ¿Me llevarás tú a esa tropa? Y él dijo: Júrame por Dios que no me matarás ni me entregarás en manos de mi [a]amo, y yo te llevaré a esa gente.

16 Lo llevó, pues; y he aquí que estaban dispersos sobre la faz de toda aquella tierra, comiendo y bebiendo y haciendo fiesta por todo aquel gran botín que habían tomado de la tierra de los filisteos y de la tierra de Judá.

17 Y los atacó David desde aquella mañana hasta el atardecer del día siguiente; y no escapó ninguno de ellos, salvo cuatrocientos jóvenes que montaron en camellos y huyeron.

18 Y recuperó David todo lo que los amalecitas habían tomado, y asimismo rescató David a sus dos esposas.

19 Y no les faltó cosa alguna, ni chica ni grande, ni hijos ni hijas, ni nada de lo robado, ni nada de todas las cosas que les habían tomado; todo lo recuperó David.

20 Tomó también David todas las ovejas y el ganado mayor; y llevándolo todo delante, decían: Éste es el botín de David.

21 Y vino David a los doscientos hombres que habían quedado cansados y que no habían podido seguir a David, a los que habían hecho quedarse en el torrente de Besor; y ellos salieron a recibir a David y al pueblo que con él estaba. Y cuando David se acercó a la gente, los saludó con paz.

22 Entonces todos los malos y perversos de entre los que habían ido con David respondieron y dijeron: Porque no fueron con nosotros, no les daremos del botín que hemos recuperado, sino sólo a cada uno su esposa y sus hijos; que los tomen y se vayan.

23 Y David dijo: No hagáis eso, hermanos míos, con lo que nos ha dado Jehová, quien nos ha guardado y ha entregado en nuestras manos la banda que vino contra nosotros.

24 ¿Y quién os escuchará en este caso? Porque igual parte ha de ser la de los que descienden a la batalla y la de los que se quedan con el bagaje; se repartirá por igual.

25 Y desde aquel día en adelante, él lo estableció como estatuto y decreto en Israel, hasta hoy.

26 Y cuando David llegó a Siclag, envió del botín a los ancianos de Judá, sus amigos, diciendo: He aquí, un presente para vosotros del botín de los enemigos de Jehová.

27 Lo envió a los que estaban en Bet-el, y a los que estaban en Ramot, al sur, y a los que estaban en Jatir,

28 y a los que estaban en Aroer, y a los que estaban en Sifmot, y a los que estaban en Estemoa,

15 *a* Deut. 23:15.

29 y a los que estaban en Racal,
y a los que estaban en las ciudades de Jerameel, y a los que
estaban en las ciudades de los
ceneos,
30 y a los que estaban en Horma,
y a los que estaban en Corasán, y
a los que estaban en Atac,
31 y a los que estaban en Hebrón y en todos los lugares
donde David había estado con
sus hombres.

CAPÍTULO 31

Los filisteos derrotan a Israel — Matan a Saúl y a sus tres hijos — Sus cuerpos son retirados y quemados por los galaaditas.

Los filisteos, pues, pelearon contra Israel, y los de Israel huyeron
delante de los filisteos y cayeron
muertos en el monte Gilboa.
2 Y los filisteos persiguieron
muy de cerca a Saúl y a sus hijos, y mataron a Jonatán, y a Abinadab y a Malquisúa, hijos de
Saúl.
3 Y arreció la batalla contra Saúl,
y le alcanzaron los flecheros; y
fue gravemente herido por los
flecheros.
4 Entonces dijo Saúl a su escudero: Saca tu espada y traspásame con ella, para que no
vengan estos incircuncisos, y
me traspasen y me escarnezcan.
Pero su escudero no quería, porque tenía gran temor. Entonces
tomó Saúl la espada y [a]se echó
sobre ella.
5 Y al ver su escudero a [a]Saúl
muerto, él también se echó sobre
su espada y murió con él.
6 Así murió Saúl en aquel
día, juntamente con sus tres hijos, y su escudero y todos sus
hombres.
7 Y los de Israel que eran del
otro lado del valle y del otro lado
del Jordán, al ver que Israel había huido y que Saúl y sus hijos habían muerto, abandonaron
sus ciudades y huyeron; y los
filisteos vinieron y habitaron
en ellas.
8 Y aconteció al siguiente día
que los filisteos fueron a despojar
a los muertos y hallaron a Saúl
y a sus tres hijos tendidos en el
monte Gilboa.
9 Y le cortaron la cabeza y lo
despojaron de las armas; y enviaron mensajeros por toda la
tierra de los filisteos, para que lo
anunciaran en el templo de sus
ídolos y al pueblo.
10 Y pusieron sus armas en
el templo de Astarot, y colgaron su cuerpo en el muro de
Bet-sán.
11 Mas cuando los de [a]Jabes de
Galaad oyeron lo que los filisteos
habían hecho a Saúl,
12 todos los hombres valientes se levantaron, y caminaron
toda aquella noche y quitaron el
cuerpo de Saúl y los cuerpos de
sus hijos del muro de Bet-sán;
y fueron a Jabes y los quemaron allí.
13 Y tomando sus huesos, los
sepultaron debajo de un árbol en
Jabes y ayunaron siete días.

31 4 *a* 2 Sam. 1:1–16. | 5 *a* 1 Sam. 26:10. | 11 *a* 2 Sam. 2:4–7.

SEGUNDO LIBRO DE

SAMUEL

CAPÍTULO 1

David se entera de la muerte de Saúl y de Jonatán — Mata al amalecita que afirma haber matado a Saúl — David lamenta la muerte de Saúl y de Jonatán con un cántico.

[a]Y ACONTECIÓ después de la muerte de Saúl que David volvió de la derrota de los amalecitas y estuvo dos días en Siclag.

2 Y al tercer día, acaeció que vino uno del campamento de Saúl, rotos sus vestidos y tierra sobre su cabeza; y acercándose a David, se postró en tierra e hizo reverencia.

3 Y le preguntó David: ¿De dónde vienes? Y él respondió: Me he escapado del campamento de Israel.

4 Y David le dijo: ¿Qué ha acontecido? Te ruego que me lo digas. Y él respondió: El pueblo huyó de la batalla, y también muchos del pueblo cayeron y murieron; y Saúl y su hijo Jonatán también murieron.

5 Y dijo David a aquel joven que le daba las nuevas: ¿Cómo sabes que Saúl y su hijo Jonatán han muerto?

6 Y el joven que le daba las nuevas respondió: Casualmente fui al monte Gilboa, y hallé a Saúl que estaba apoyado sobre su lanza, y venían tras él carros y gente de a caballo.

7 Y cuando él miró atrás, me vio y me llamó; y yo dije: Heme aquí.

8 Y él me dijo: ¿Quién eres tú? Y yo le respondí: Soy [a]amalecita.

9 Y él me volvió a decir: Yo te ruego que te pongas junto a mí y me mates, porque la angustia se ha apoderado de mí, y toda mi vida está aún en mí.

10 Yo entonces me puse junto a él y [a]lo maté, porque sabía que no podía vivir después de su caída; y tomé la corona que tenía en su cabeza y el brazalete que tenía en su brazo, y se los he traído aquí a mi señor.

11 Entonces David, tirando de sus vestidos, los rasgó; y lo mismo hicieron los hombres que estaban con él.

12 Y lloraron, y lamentaron y ayunaron hasta el atardecer, por Saúl y por su hijo Jonatán, y por el pueblo de Jehová y por la casa de Israel, porque habían caído a espada.

13 Y David dijo a aquel joven que le había traído las nuevas: ¿De dónde eres tú? Y él respondió: Yo soy hijo de un extranjero, amalecita.

[2 SAMUEL]
1 1 *a* GEE Samuel, profeta del Antiguo Testamento—Segundo libro de Samuel.
8 *a* GEE Amalecitas.
10 *a* 1 Sam. 31:1–5. GEE Pena de muerte; Asesinato.

14 Y le dijo David: ¿Cómo no tuviste temor de extender tu mano para [a]matar al [b]ungido de Jehová?

15 Entonces llamó David a uno de los jóvenes y le dijo: Ve y mátalo. Y él lo hirió, y murió.

16 Y David le dijo: Tu sangre sea sobre tu cabeza, pues tu propia boca ha atestiguado contra ti, diciendo: Yo maté al ungido de Jehová.

17 Y [a]endechó David a Saúl y a su hijo Jonatán con esta [b]endecha,

18 y dijo también que enseñasen a los hijos de Judá a usar el arco. He aquí que está escrito en [a]el libro de Jaser:

19 ¡Ha perecido la gloria de
Israel sobre tus alturas!
¡Cómo han caído los valientes!

20 No lo anunciéis en Gat
ni deis las nuevas en las plazas de Ascalón,
para que no se alegren las
hijas de los filisteos,
para que no se regocijen las
hijas de los incircuncisos.

21 Oh montes de Gilboa,
ni rocío ni lluvia *caiga* sobre
vosotros, ni *seáis* tierras de
ofrendas;
porque allí fue desechado el
escudo de los valientes,
el escudo de Saúl, como si
no hubiera sido ungido
con aceite.

22 Sin sangre de los muertos,
sin grosura de los valientes,
el arco de Jonatán nunca volvía atrás,
ni la espada de Saúl volvió
vacía.

23 Saúl y Jonatán, amados y
queridos en su vida,
en su muerte no fueron
[a]separados.
Más ligeros que águilas,
más fuertes que leones.

24 Hijas de Israel, llorad por
Saúl,
que os vestía de escarlata
con deleites,
que adornaba vuestras [a]ropas con ornamentos de
oro.

25 ¡Cómo han caído los valientes en medio de la batalla!
¡Jonatán, muerto en tus alturas!

26 Angustia tengo por ti, hermano mío, Jonatán,
que me fuiste muy grato.
Más admirable me fue tu
[a]afecto
que el amor de las mujeres.

27 ¡Cómo han caído los valientes,
y han perecido las armas de
guerra!

CAPÍTULO 2

David es ungido rey sobre la casa de Judá — Is-boset se convierte

14 *a* 2 Sam. 4:10.
b GEE Unción; Autoridad.
17 *a* *O sea,* se afligió David por ellos.
b *O sea,* canción triste o de lamento.
18 *a* GEE Escrituras—Escrituras que se han perdido.
23 *a* DyC 135:3.
24 *a* GEE Riquezas.
26 *a* 1 Sam. 18:1–4; DyC 88:133. GEE Amor.

en rey de Israel — Los seguidores de David derrotan a Abner y a los hombres de Israel.

DESPUÉS de esto aconteció que David consultó a Jehová, diciendo: ¿Subiré a alguna de las ciudades de Judá? Y Jehová le respondió: Sube. Y David volvió a decir: ¿A dónde subiré? Y él le dijo: A Hebrón.

2 Y David subió allá, y con él sus dos [a]esposas: Ahinoam, la jezreelita, y Abigail, la *que* fue esposa de Nabal, el de Carmel.

3 Y llevó también David consigo a los hombres que habían estado con él, cada uno con su familia, los cuales moraron en las ciudades de Hebrón.

4 Y vinieron los hombres de Judá y ungieron allí a [a]David como rey sobre la casa de [b]Judá. Y dieron aviso a David, diciendo: Los de [c]Jabes de Galaad fueron los que sepultaron a Saúl.

5 Y envió David mensajeros a los de Jabes de Galaad, diciéndoles: Benditos seáis vosotros de Jehová, que habéis hecho esta misericordia con vuestro señor, con Saúl, al haberle dado sepultura.

6 Ahora, pues, Jehová haga con vosotros misericordia y verdad; y yo también os haré bien por esto que habéis hecho.

7 Fortalézcanse, pues, ahora vuestras manos y sed [a]valientes; pues muerto Saúl, vuestro señor, los de la casa de Judá me han ungido rey sobre ellos.

8 Pero [a]Abner hijo de Ner, general del ejército de Saúl, tomó a Is-boset hijo de Saúl y lo llevó a Mahanaim,

9 y lo hizo rey sobre Galaad, y sobre Gesuri, y sobre Jezreel, y sobre Efraín, y sobre Benjamín y sobre todo Israel.

10 Is-boset hijo de Saúl tenía cuarenta años cuando comenzó a reinar sobre Israel y reinó dos años. Sin embargo, la casa de Judá seguía a David.

11 Y el número de los días que David reinó en Hebrón sobre la casa de Judá fue siete años y seis meses.

12 Y Abner hijo de Ner salió de Mahanaim a Gabaón con los siervos de Is-boset hijo de Saúl.

13 Y Joab hijo de Sarvia y los siervos de David salieron y los encontraron junto al estanque de Gabaón; y se juntaron y se sentaron, los unos a un lado del estanque y los otros al otro lado.

14 Y dijo Abner a Joab: Levántense ahora los jóvenes y compitan delante de nosotros. Y Joab respondió: Levántense.

15 Entonces se levantaron y avanzaron en número igual: doce de Benjamín por parte de Is-boset hijo de Saúl, y doce por parte de los siervos de David.

16 Y cada uno asió a su adversario por la cabeza y *le metió* la

2 2 *a* 1 Sam. 25:42–43. GEE Matrimonio—El matrimonio plural.
4 *a* GEE David.
b 1 Sam. 18:14–16; 2 Sam. 5:3–5. GEE Judá—El reino de Judá.
c 1 Sam. 31:7–13.
7 *a* GEE Valor, valiente.
8 *a* 1 Sam. 14:50.

espada en el costado, y juntos cayeron. Y por eso fue llamado aquel lugar [a]Helcat-hazurim, el cual está en Gabaón.

17 Y hubo aquel día una batalla muy reñida, y Abner y los hombres de Israel fueron vencidos por los siervos de David.

18 Y estaban allí los tres hijos de Sarvia: Joab, y Abisai y Asael. Este Asael era ligero de pies como una gacela del campo.

19 Y Asael persiguió a Abner, yendo tras él sin apartarse ni a la derecha ni a la izquierda.

20 Y Abner miró atrás y dijo: ¿No eres tú Asael? Y él respondió: Sí, yo soy.

21 Entonces Abner le dijo: Apártate a la derecha o a la izquierda, y echa mano de alguno de los jóvenes y toma para ti sus despojos. Pero Asael no quiso dejar de perseguirlo.

22 Y Abner volvió a decir a Asael: Apártate de en pos de mí; ¿por qué he de herirte hasta derribarte en tierra? ¿Y cómo levantaría después mi rostro delante de tu hermano Joab?

23 Y él rehusó irse, y lo hirió Abner con la empuñadura de la lanza por la [a]quinta *costilla*, y le salió la lanza por la espalda, y cayó allí y murió en aquel mismo sitio. Y todos los que venían al lugar donde Asael había caído y había muerto se detenían.

24 Pero Joab y Abisai persiguieron a Abner; y se puso el sol cuando llegaron al collado de Amma, que está delante de Gía, junto al camino del desierto de Gabaón.

25 Y se juntaron los hijos de Benjamín detrás de Abner, y formaron una sola tropa y se detuvieron en la cumbre del collado.

26 Y Abner dio voces a Joab, diciendo: ¿Devorará la espada perpetuamente? ¿No sabes tú que al cabo habrá amargura? ¿Hasta cuándo esperarás para decir al pueblo que deje de perseguir a sus hermanos?

27 Y Joab respondió: Vive Dios que si no hubieras hablado, el pueblo habría perseguido a sus hermanos hasta la mañana.

28 Entonces Joab tocó el cuerno, y todo el pueblo se detuvo y no persiguió más a los de Israel, ni peleó más.

29 Y Abner y sus hombres caminaron por la llanura toda aquella noche, y pasaron el Jordán, y cruzaron por todo Bitrón y llegaron a Mahanaim.

30 Joab también volvió de haber perseguido a Abner y reunió a todo el pueblo; y faltaron de los siervos de David diecinueve hombres y Asael.

31 Pero los siervos de David habían herido de los de Benjamín y de los de Abner a trescientos sesenta hombres, los cuales murieron.

32 Tomaron luego a Asael y lo sepultaron en el sepulcro de su padre en Belén. Y caminaron toda aquella noche Joab y sus hombres, y les amaneció en Hebrón.

16 *a* HEB campamento de los enemigos o de los adversarios.

23 *a* 2 Sam. 3:27; 20:10.

CAPÍTULO 3

Las casas de David y de Saúl se traban en una guerra prolongada — David se hace más fuerte — Abner se une a David, pero es muerto por Joab — David se lamenta por Abner.

Y HUBO una larga guerra entre la casa de Saúl y la casa de David; pero David se iba fortaleciendo, y la casa de Saúl se iba debilitando.

2 Y le nacieron [a]hijos a David en Hebrón; su primogénito fue Amnón, de Ahinoam, la jezreelita;

3 y el segundo Quileab, de Abigail, la esposa de Nabal, el de Carmel; y el tercero, Absalón, hijo de Maaca, hija de Talmai, rey de Gesur;

4 y el cuarto, Adonías, hijo de Haguit; y el quinto, Sefatías, hijo de Abital;

5 y el sexto, Itream, de Egla, esposa de David. Éstos le nacieron a David en Hebrón.

6 Y aconteció que como había guerra entre la casa de Saúl y la de David, [a]Abner se fortalecía en la casa de Saúl.

7 Y Saúl había tenido una concubina que se llamaba [a]Rizpa, hija de Aja. Y dijo *Is-boset* a Abner: ¿Por qué te has llegado a la concubina de mi padre?

8 Y se enojó Abner en gran manera por las palabras de Is-boset, y dijo: ¿Soy yo cabeza de perro con respecto de Judá? Yo he hecho hoy misericordia con la casa de Saúl, tu padre, con sus hermanos y con sus amigos, y no te he entregado en manos de David. ¿Y tú me acusas hoy de haber pecado con esta mujer?

9 Así haga Dios a Abner y aun le añada, si no hago yo con [a]David como Jehová le ha jurado,

10 trasladando el reino de la casa de Saúl, y confirmando el trono de David sobre Israel y sobre Judá, desde Dan hasta Beerseba.

11 Y él no pudo responder palabra a Abner, porque le temía.

12 Y envió Abner mensajeros a David de su parte, diciendo: ¿De quién es la tierra? Y que le dijesen: Haz pacto conmigo, y he aquí que mi mano estará contigo para hacer volver a ti a todo Israel.

13 Y *David* dijo: Bien; yo haré pacto contigo, pero una cosa te pido: No me vengas a ver sin que primero traigas a Mical, la hija de Saúl, cuando vengas a verme.

14 Después de esto envió David mensajeros a Is-boset hijo de Saúl, diciendo: Dame a mi esposa [a]Mical, la cual yo desposé por cien [b]prepucios de filisteos.

15 Entonces Is-boset envió y se la quitó a su marido [a]Paltiel hijo de Lais.

16 Y su marido fue con ella, siguiéndola y llorando hasta Bahurim. Y le dijo Abner: Anda, vuélvete. Entonces él se volvió.

17 Y habló Abner con los ancianos de Israel, diciendo: Hace

3 2 *a* 2 Sam. 5:13–16; DyC 132:38–39.
6 *a* 2 Sam. 2:8–9.
7 *a* 2 Sam. 21:8–11.
9 *a* 1 Sam. 15:24–28.
14 *a* 1 Sam. 14:49; 18:20.
b 1 Sam. 18:25–29.
15 *a* 1 Sam. 25:44.

ya tiempo que procurabais que David fuese rey sobre vosotros.

18 Ahora, pues, hacedlo, porque Jehová ha hablado a David, diciendo: Por mano de mi siervo David libraré a mi pueblo Israel de manos de los filisteos y de manos de todos sus enemigos.

19 Y habló también Abner a los de Benjamín; y fue también Abner a Hebrón a decir a David todo lo que parecía bien a los de Israel y a toda la casa de Benjamín.

20 Vino, pues, Abner a David en Hebrón, y con él veinte hombres; y David hizo banquete a Abner y a los que con él habían venido.

21 Y dijo Abner a David: Yo me levantaré, e iré y reuniré a todo Israel junto a mi señor el rey, para que hagan pacto contigo y tú reines como lo desea tu corazón. David despidió luego a Abner, y éste se fue en paz.

22 Y he aquí que los siervos de David y Joab venían de una incursión, y traían consigo gran botín. Pero Abner no estaba con David en Hebrón, porque ya lo había despedido, y él se había ido en paz.

23 Y luego que llegó Joab y todo el ejército que estaba con él, fue dado aviso a Joab, diciendo: Abner hijo de Ner ha venido al rey, y él le ha despedido, y se fue en paz.

24 Entonces Joab vino al rey y le dijo: ¿Qué has hecho? He aquí, Abner vino a ti; ¿por qué, pues, dejaste que se fuese?

25 Tú conoces a Abner hijo de Ner. No ha venido sino para engañarte, y para enterarse de tus salidas y de tus entradas, y para saber todo lo que tú haces.

26 Y saliendo Joab de donde estaba David, envió mensajeros tras Abner, y le hicieron volver desde el pozo de Sira, sin que David lo supiera.

27 Y cuando [a]Abner volvió a Hebrón, Joab lo llevó aparte en medio de la puerta, para hablarle en privado; y allí, a causa de la sangre de su hermano [b]Asael, le hirió a la altura de la quinta *costilla,* y murió.

28 Y cuando David supo esto, dijo: Inocente soy yo y mi reino ante Jehová, para siempre, de la sangre de Abner hijo de Ner,

29 caiga *ésta* sobre la cabeza de Joab y sobre toda la casa de su padre; que nunca falte en la casa de Joab quien padezca flujo, ni leproso, ni quien ande con bastón, ni quien muera a espada ni quien tenga falta de pan.

30 Joab, pues, y su hermano Abisai mataron a Abner, porque él había dado muerte a Asael, hermano de ellos, en la batalla de Gabaón.

31 Entonces David dijo a Joab y a todo el pueblo que con él estaba: Rasgad vuestros vestidos, y ceñíos de cilicio y haced duelo delante de Abner. Y el rey David iba detrás del féretro.

32 Y sepultaron a Abner en Hebrón; y alzando el rey su voz, lloró junto al sepulcro de Abner, y lloró también todo el pueblo.

33 Y endechando el rey al mismo Abner, decía:

27 *a* 1 Rey. 2:5–6, 32–33. | *b* 2 Sam. 2:19–23. | GEE Asesinato.

¿Había de morir Abner como
muere un insensato?
34 Tus manos no estaban atadas ni tus pies sujetos con grilletes;
caíste como los que caen delante de hombres malos.
Y todo el pueblo volvió a llorar por él.
35 Entonces todo el pueblo vino a persuadir a David a que comiera antes que acabara el día. Pero David juró, diciendo: Así me haga Dios y aun me añada, si antes que se ponga el sol pruebo yo pan o cualquier otra cosa.
36 Y todo el pueblo supo esto y le agradó, pues todo lo que el rey hacía agradaba a todo el pueblo.
37 Y todo el pueblo y todo Israel entendieron aquel día que no había procedido del rey el matar a Abner hijo de Ner.
38 Y el rey dijo a sus siervos: ¿No sabéis que un príncipe y un gran hombre ha caído hoy en Israel?
39 Y yo soy débil hoy, aunque ungido rey; y estos hombres, los hijos de Sarvia, son más duros que yo. Jehová [a]pague al que mal hace, conforme a su maldad.

CAPÍTULO 4

Dos de los capitanes de Saúl matan a Is-boset — Llevan su cabeza a David, quien los manda matar por haber asesinado a un hombre justo.

Y cuando oyó el hijo de Saúl que Abner había muerto en Hebrón, las manos se le debilitaron, y todo Israel se atemorizó.
2 Y tenía el hijo de Saúl dos hombres, los cuales eran capitanes de tropa; el nombre de uno era Baana, y el del otro, Recab, hijos de Rimón, el beerotita, de los hijos de Benjamín (porque Beerot era también contado con Benjamín,
3 pues los beerotitas habían huido a Gitaim, y moran allí como [a]forasteros hasta el día de hoy).
4 Y Jonatán hijo de Saúl tenía un [a]hijo lisiado de los pies. Tenía cinco años de edad cuando llegó de Jezreel la noticia *de la muerte* de Saúl y de Jonatán, y su nodriza le tomó y huyó; y mientras iba huyendo apresuradamente, se le cayó el *niño* y quedó cojo. Su nombre era Mefi-boset.
5 Los hijos, pues, de Rimón, el beerotita, Recab y Baana, en el mayor calor del día, fueron y entraron en casa de Is-boset, quien estaba durmiendo la siesta.
6 Y he aquí que entraron ellos en medio de la casa *como si fuesen* mercaderes de grano, y le hirieron en la quinta *costilla.* Y luego Recab y su hermano Baana escaparon.
7 Pues cuando entraron en la casa, Is-boset dormía sobre su lecho en su cámara de dormir; y lo hirieron y lo mataron, y le cortaron la cabeza; y tomándola,

39 *a* GEE Justicia; Venganza.
4 3 *a* *O sea,* residentes extranjeros que gozaban de ciertos derechos, por concesión más bien que por herencia.
4 *a* 2 Sam. 9:3–13.

caminaron toda la noche por el
camino de la llanura.
8 Y llevaron la cabeza de Is-boset a David, en Hebrón, y dijeron
al rey: He aquí la cabeza de Is-boset hijo de Saúl, tu enemigo, que
procuraba matarte; y Jehová ha
vengado hoy a mi señor el rey de
Saúl y de sus descendientes.
9 Y David respondió a Recab y
a su hermano Baana, hijos de Rimón, el beerotita, y les dijo: Vive
Jehová que ha redimido mi alma
de toda angustia,
10 que cuando uno me dio nuevas, diciendo: He aquí, [a]Saúl ha
muerto, imaginándose que traía
buenas nuevas, yo lo prendí y
le [b]maté en Siclag, en pago de
la nueva.
11 ¿Cuánto más a los hombres
malos que mataron a un hombre
justo en su casa y sobre su cama?
Ahora, pues, ¿no he de demandar
yo su sangre de vuestras manos
y quitaros de la tierra?
12 Entonces David mandó a los
jóvenes, y ellos los mataron, y les
cortaron las manos y los pies, y
los colgaron junto al estanque en
Hebrón. Luego tomaron la cabeza
de Is-boset y la enterraron en el
sepulcro de Abner, en Hebrón.

CAPÍTULO 5

Todo Israel unge a David como rey — David toma Jerusalén y Jehová le bendice — Conquista a los filisteos.

Y VINIERON todas las tribus de
Israel a [a]David en Hebrón y hablaron, diciendo: He aquí, nosotros somos hueso tuyo y carne
tuya.
2 Hace ya tiempo, cuando Saúl
reinaba sobre nosotros, tú eras el
que sacabas a Israel y lo volvías
a traer. Además, Jehová te ha dicho: Tú apacentarás a mi pueblo
Israel, y tú serás príncipe sobre
Israel.
3 Vinieron, pues, todos los ancianos de Israel al rey en Hebrón,
y el rey David hizo pacto con
ellos en Hebrón delante de Jehová; y [a]ungieron a David como
rey sobre [b]Israel.
4 David tenía treinta años
cuando comenzó a [a]reinar y
[b]reinó cuarenta años.
5 En Hebrón reinó sobre Judá
siete años y seis meses, y en Jerusalén reinó treinta y tres años
sobre todo Israel y Judá.
6 Entonces el rey y sus hombres
fueron a Jerusalén contra los jebuseos que habitaban en aquella
tierra; y ellos hablaron a David,
diciendo: Tú no entrarás aquí,
pues aun los ciegos y los cojos
te rechazarán, diciendo: David
no entrará aquí.
7 Pero David tomó la fortaleza
de [a]Sión, la cual es la [b]ciudad de
David.
8 Y dijo David aquel día: Todo
el que ataque a los [a]jebuseos, *suba*
por el canal y hiera a los cojos
y a los ciegos, a los cuales aborrece el alma de David. Por esto

10 *a* 1 Cró. 10:1–6.
b 2 Sam. 1:13–16.
5 1 *a* 1 Cró. 11:1–3.
3 *a* GEE Unción.
b 1 Cró. 12:38–40.
4 *a* GEE Gobierno.
b 2 Sam. 8:14–15.
7 *a* GEE Sión.
b 1 Rey. 2:10–11.
GEE Jerusalén.
8 *a* 1 Cró. 11:4–9.

se dijo: Ni ciego ni cojo entrará en la casa.

9 Y David moró en la fortaleza y le puso por nombre: la Ciudad de David; y edificó alrededor, desde [a]Milo hacia dentro.

10 Y David iba engrandeciéndose más y más, y Jehová Dios de los ejércitos estaba con él.

11 E [a]Hiram, rey de Tiro, envió también embajadores a David, y madera de cedro, y carpinteros y canteros para los muros, los cuales edificaron la casa de David.

12 Y entendió David que Jehová le había confirmado como rey sobre Israel, y que había enaltecido su reino por amor a su pueblo Israel.

13 Y tomó David más concubinas y [a]esposas de Jerusalén después que vino de Hebrón, y le nacieron más hijos e hijas.

14 Éstos son los nombres de los que le nacieron en Jerusalén: Samúa, y Sobab, y Natán, y Salomón,

15 e Ibhar, y Elisúa, y Nefeg, y Jafía,

16 y Elisama, y Eliada y Elifelet.

17 Y cuando oyeron los filisteos que habían ungido a David como rey sobre Israel, todos los filisteos subieron a buscar a David; y cuando David lo oyó, descendió a la fortaleza.

18 Y llegaron los filisteos y se extendieron por el valle de Refaim.

19 Entonces consultó David a Jehová, diciendo: ¿Iré contra los filisteos? ¿Los entregarás en mis manos? Y Jehová respondió a David: Ve, porque ciertamente entregaré a los filisteos en tus manos.

20 Y vino David a Baal-perazim, y allí los venció David, y dijo: Jehová ha irrumpido contra mis enemigos delante de mí, como las aguas que abren una brecha. Y por esto llamó el nombre de aquel lugar Baal-perazim.

21 Y dejaron allí sus [a]ídolos, y David y sus hombres los quemaron.

22 Y los filisteos volvieron a subir y se desplegaron por el valle de Refaim.

23 Y cuando David consultó a Jehová, él le respondió: No subas, sino rodéalos por detrás y atácalos por delante de los árboles de bálsamo.

24 Y cuando oigas un ruido como de marcha por las copas de los árboles, entonces atacarás, porque Jehová saldrá delante de ti a herir al ejército de los filisteos.

25 Y David lo hizo así, como Jehová se lo había mandado; e hirió a los filisteos desde Geba hasta llegar a Gezer.

CAPÍTULO 6

David lleva el arca a la Ciudad de

9 *a* La raíz hebrea indica un muro de contención adosado, relleno o una elevación, como parte de un baluarte de defensa.
11 *a* 1 Rey. 5:1.
13 *a* Deut. 17:14–20. GEE Matrimonio—El matrimonio plural.
21 *a* 1 Cró. 14:12. GEE Idolatría.

David — Uza es herido y cae muerto
por haber tocado el arca para sos-
tenerla — David danza delante de
Jehová, lo cual provoca la ruptura
entre él y Mical.

Y DAVID volvió a reunir a todos
los escogidos de Israel, treinta
mil.
2 Y se levantó David, y partió de Baala de Judá con todo el
pueblo que tenía consigo para
hacer subir desde allí el [a]arca
de Dios, sobre la cual era invocado el nombre de Jehová de
los ejércitos, que mora entre los
[b]querubines.
3 Y pusieron el arca de Dios sobre un carro nuevo y la llevaron
de la casa de Abinadab, que estaba en la colina; y Uza y Ahío,
hijos de Abinadab, guiaban el
carro nuevo.
4 Y cuando lo llevaban de la casa
de Abinadab, que estaba en la
colina, con el arca de Dios, Ahío
iba delante del arca.
5 Y David y toda la casa de Israel danzaban delante de Jehová
con toda clase de *instrumentos*
de madera de haya, con [a]arpas,
salterios, panderos, flautas y
címbalos.
6 Y cuando llegaron a la era de
Nacón, Uza extendió su *mano* al
[a]arca de Dios y la sostuvo, porque
los bueyes tropezaban.
7 Y el furor de Jehová se encendió contra [a]Uza, y allí mismo
[b]lo hirió Dios por ese yerro, y
cayó allí muerto junto al arca de
Dios.
8 Y se entristeció David por haber herido Jehová a Uza, y fue
llamado aquel lugar [a]Pérez-uza,
hasta hoy.
9 Y temiendo David a Jehová
aquel día, dijo: ¿Cómo ha de venir a mí el arca de Jehová?
10 No quiso, pues, David llevar para sí el arca de Jehová a
la Ciudad de David, sino que la
hizo llevar David a casa de Obed-
edom, el geteo.
11 Y estuvo el arca de Jehová en
casa de Obed-edom, el geteo, durante tres meses; y bendijo Jehová
a Obed-edom y a toda su casa.
12 Y se dio aviso al rey David,
diciendo: Jehová ha bendecido
la casa de Obed-edom y todo
lo que tiene, a causa del arca de
Dios. Entonces David fue y llevó
con alegría el arca de Dios de
casa de Obed-edom a la Ciudad
de David.
13 Y cuando los que llevaban el
arca de Dios habían andado seis
pasos, él [a]sacrificó un buey y *un*
carnero engordado.
14 Y David [a]danzaba con toda
su fuerza delante de Jehová; y estaba vestido David con un efod
de lino.
15 Así David y toda la casa de Israel llevaban el arca de Jehová con
júbilo y sonido de trompeta.
16 Y cuando el arca de Jehová
llegaba a la Ciudad de David,
aconteció que Mical, hija de Saúl,

6 2 *a* GEE Arca del pacto.
b GEE Querubines.
5 *a* GEE Música.
6 *a* DyC 85:8.
GEE Pecado.
7 *a* 1 Cró. 15:2.
b Núm. 1:51;
1 Sam. 6:19–20.
8 *a* HEB la brecha de
Uzza.
13 *a* 1 Cró. 15:25–28.
GEE Ofrenda;
Sacrificios.
14 *a* DyC 136:28.

miró desde una ventana, y vio al rey David que saltaba y danzaba delante de Jehová, y le menospreció en su corazón.

17 Trajeron, pues, el arca de Jehová y la pusieron en su lugar en medio de una tienda que David le había levantado; y David ofreció [a]holocaustos y ofrendas de paz delante de Jehová.

18 Y cuando David hubo acabado de ofrecer los holocaustos y las ofrendas de paz, [a]bendijo al pueblo en el nombre de Jehová de los ejércitos.

19 Y repartió a todo el pueblo y a toda la multitud de Israel, tanto a hombres como a mujeres, a cada uno un pan, y un pedazo de carne y una torta de pasas. Y se fue todo el pueblo, cada uno a su casa.

20 Volvió luego David para bendecir su casa; y saliendo Mical a recibir a David, dijo: ¡Cuán honrado ha quedado hoy el rey de Israel, descubriéndose hoy delante de las criadas de sus siervos, como se descubre sin decoro un cualquiera!

21 Entonces David respondió a Mical: Fue delante de Jehová, quien me eligió en lugar de tu padre y de toda su casa, para constituirme por príncipe sobre el pueblo de Jehová, sobre Israel; por tanto, danzaré delante de Jehová.

22 Y aun me haré más vil que esta vez y me rebajaré ante mis propios ojos; pero delante de las criadas que dijiste, delante de ellas seré honrado.

23 Y Mical, hija de Saúl, nunca tuvo hijos hasta el día de su muerte.

CAPÍTULO 7

David propone construir una casa para Jehová — Jehová, por medio de Natán, declara que no ha pedido a David que haga tal cosa — El trono de David, por medio de Cristo, será establecido para siempre — David ofrece una oración de gratitud.

Y aconteció que, cuando ya el rey habitaba en su casa, después que Jehová le había dado [a]reposo de todos sus [b]enemigos de alrededor,

2 dijo el rey al profeta [a]Natán: Mira ahora, yo habito en una casa de cedro, y el arca de Dios está entre cortinas.

3 Y Natán dijo al rey: Anda y haz todo lo que está en tu [a]corazón, porque Jehová está contigo.

4 Y aconteció aquella noche que vino la palabra de Jehová a Natán, diciendo:

5 Ve y di a mi siervo David: Así ha dicho Jehová: ¿Tú me has de edificar una [a]casa en la que yo more?

6 Ciertamente no he habitado en una casa desde el día en que saqué a los hijos de Israel de Egipto hasta hoy, sino que he andado en una tienda y en un tabernáculo.

17 *a* 1 Rey. 3:15.
18 *a* 1 Rey. 8:14–15. GEE Bendecido, bendecir, bendición.

7 1 *a* GEE Descansar, descanso (reposo).
b GEE Enemistad.
2 *a* GEE Natán.
3 *a* 1 Cró. 22:7–8. GEE Corazón; Mente.
5 *a* GEE Templo, Casa del Señor.

7 Y en todo cuanto he andado con todos los hijos de Israel, ¿he hablado palabra a alguna de las tribus de Israel, a quien haya mandado apacentar a mi pueblo Israel, para decir: ¿Por qué no me habéis edificado casa de cedros?

8 Ahora pues, dirás así a mi siervo David: Así ha dicho Jehová de los ejércitos: Yo te tomé del redil, de detrás de las ovejas, para que fueses príncipe sobre mi pueblo, sobre Israel;

9 y he estado contigo en todo cuanto has andado, y delante de ti he talado a todos tus enemigos, y te he dado nombre grande, como el nombre de los grandes que hay en la tierra.

10 Además yo fijaré un lugar para mi pueblo Israel; y yo lo plantaré para que habite en su propio lugar, y nunca más sea removido, ni los inicuos lo aflijan más, como antes,

11 desde el día en que puse [a]jueces sobre mi pueblo Israel; y yo te daré descanso de todos tus enemigos. Asimismo Jehová te hace saber que él te hará [b]casa.

12 Y cuando tus días se hayan cumplido y duermas con tus padres, yo levantaré a un [a]descendiente tuyo después de ti, quien procederá de tus entrañas, y estableceré su reino.

13 Él [a]edificará casa a mi nombre, y yo [b]estableceré para siempre el trono de su reino.

14 Yo seré para él [a]padre, y él será para mí [b]hijo. Y si él hace mal, yo le [c]corregiré con vara de hombres y con azotes de hijos de hombres;

15 pero mi misericordia no se apartará de él, como la aparté de Saúl, a quien quité de delante de ti.

16 Y serán afirmados tu casa y tu reino para siempre delante de tu rostro, y tu [a]trono será establecido eternamente.

17 Conforme a todas estas palabras y conforme a toda esta visión, así habló Natán a David.

18 Y entró el rey David, y se puso delante de Jehová y dijo: Oh Señor Jehová, ¿quién soy yo, y qué es mi casa, para que tú me hayas traído hasta aquí?

19 Y aun te ha parecido poco esto, oh Señor Jehová, pues también has hablado de la casa de tu siervo en lo por venir. ¿Es ése el modo de actuar del hombre, oh Señor Jehová?

20 ¿Y qué más puede añadir David hablando contigo? Pues tú [a]conoces a tu siervo, oh Señor Jehová.

21 Todas estas grandezas has hecho por tu palabra y conforme a tu corazón, haciéndolas saber a tu siervo.

22 Por tanto, grande eres, oh

11 *a* Jue. 2:16–19.
b Te establecerá una casa firme, o sea, te asegurará descendientes. 1 Sam. 2:35–36; Jer. 33:17.
12 *a* 1 Rey. 2:1–4; 8:18–20; 2 Cró. 23:3.
13 *a* 1 Rey. 6:11–14; 8:10–13, 20–23.
b GEE Jesucristo—Su autoridad.
14 *a* Heb. 1:5, 8.
b GEE Hijos e hijas de Dios.
c Sal. 89:30–37; DyC 95:1–2; 101:4–5. GEE Castigar, castigo.
16 *a* 1 Rey. 9:1–5. GEE Jesucristo—El reinado milenario de Cristo.
20 *a* DyC 6:16. GEE Omnisciente.

Jehová Dios; por cuanto [a]no hay
como tú, ni hay Dios fuera de ti,
conforme a todo lo que hemos
oído con nuestros oídos.
23 ¿Y qué otra [a]nación en la
tierra es como tu pueblo, como
Israel, al cual Dios fue para [b]redi-
mirlo como pueblo suyo, y para
hacerse un nombre, y para hacer [c]grandes cosas por vosotros
y temibles obras por tu tierra,
ante tu pueblo que redimiste de
Egipto para ti de las naciones y
de sus dioses?
24 Porque tú has establecido
para ti a tu pueblo [a]Israel como
pueblo tuyo para siempre; y tú,
oh Jehová, has venido a ser su
Dios.
25 Ahora pues, oh Jehová Dios,
[a]confirma para siempre la palabra
que has hablado sobre tu siervo
y sobre su casa, y haz conforme
a lo que has dicho.
26 Que sea engrandecido tu
nombre para siempre, y se diga:
Jehová de los ejércitos es Dios
sobre Israel; y que la casa de tu
siervo David sea establecida delante de ti.
27 Porque tú, oh Jehová de los
ejércitos, Dios de Israel, has revelado al oído de tu siervo, diciendo: Yo te edificaré casa. Por
esto tu siervo ha hallado en su
corazón valor para hacer delante
de ti esta súplica.
28 Ahora pues, oh Jehová Dios,
tú eres Dios, y [a]tus palabras son
verdad, y tú has prometido a tu
siervo este bien.
29 Pues ahora, ten a bien bendecir la casa de tu siervo, para que
permanezca perpetuamente delante de ti, porque tú, oh Jehová
Dios, lo has dicho, y con tu bendición será bendita la casa de tu
siervo para siempre.

CAPÍTULO 8

David derrota a muchas naciones y las somete — Jehová está con él — David administra justicia y equidad a todo su pueblo.

Después de esto, aconteció que
David [a]derrotó a los filisteos y
los sometió; y tomó David Meteg-
ama de manos de los filisteos.
2 Y derrotó también a los de
[a]Moab y [b]los midió con cordel,
haciéndolos tenderse en tierra;
y midió dos cordeles para darles
muerte, y un cordel entero para
dejarlos con vida; y fueron los
moabitas siervos de David que
le llevaban tributo.
3 Asimismo derrotó David a
Hadar-ezer hijo de Rehob, rey
de Soba, al ir éste a recuperar sus
dominios hasta el río Éufrates.
4 Y tomó David de él mil setecientos hombres de a caballo
y veinte mil hombres de a pie;

22 *a* Éx. 8:8–10; 15:11; 1 Rey. 8:23. GEE Santo (adjetivo); Perfecto.
23 *a* Deut. 4:6–9; Abr. 2:8–11.
b GEE Plan de redención; Redención, redimido, redimir.
c GEE Omnipotente.
24 *a* DyC 38:33. GEE Adopción; Israel.
25 *a* GEE Convenio (pacto).
28 *a* Juan 17:14–20; 2 Ne. 31:15; Alma 38:9; DyC 64:31.
8 1 *a* 1 Cró. 18:1.
2 *a* GEE Moab.
b Al parecer, él calculó el tamaño y la fortaleza de los moabitas y mató a los más fuertes.

y desjarretó David los caballos de todos los carros, pero dejó suficientes de ellos para cien carros.

5 Y vinieron los [a]sirios de Damasco a dar ayuda a Hadar-ezer, rey de Soba; y David mató de los sirios a veintidós mil hombres.

6 Entonces puso luego David guarnición en Siria de Damasco, y llegaron los sirios a ser siervos de David, sujetos a tributo. Y Jehová guardaba a David por dondequiera que iba.

7 Y tomó David los escudos de oro que llevaban los siervos de Hadar-ezer y los llevó a Jerusalén.

8 Asimismo de Beta y de Berotai, ciudades de Hadar-ezer, tomó el rey David gran cantidad de bronce.

9 Y cuando Toi, rey de Hamat, oyó que David había derrotado a todo el ejército de Hadar-ezer,

10 Toi envió a su hijo Joram al rey David para saludarle pacíficamente y para bendecirle, porque había peleado con Hadar-ezer y lo había vencido, porque Toi era enemigo de Hadar-ezer. Y *Joram* llevaba en su mano utensilios de plata y de oro y de bronce,

11 los cuales el rey David dedicó a Jehová, junto con la plata y el oro que había dedicado de todas las naciones que había sometido:

12 de los sirios, de los moabitas, de los amonitas, de los filisteos, de los amalecitas y del botín de Hadar-ezer hijo de Rehob, rey de Soba.

13 Así ganó David fama cuando regresó de la derrota de los sirios, donde *hirió* a dieciocho mil hombres en el [a]valle de la Sal.

14 Y puso guarniciones en Edom, por toda Edom puso guarniciones; y todos los [a]edomitas fueron siervos de David. Y Jehová guardaba a David por dondequiera que iba.

15 Y reinó David sobre todo Israel, y David administraba justicia y equidad a todo su pueblo.

16 Y Joab hijo de Sarvia *era general* de su ejército, y Josafat hijo de Ahilud *era* cronista;

17 y [a]Sadoc hijo de Ahitob y Ahimelec hijo de Abiatar *eran* sacerdotes; y Seraías era [b]escriba;

18 y Benaía hijo de Joiada *estaba sobre* los cereteos y peleteos; y los hijos de David eran los [a]príncipes.

CAPÍTULO 9

David procura honrar a la casa de Saúl — Encuentra a Mefi-boset hijo de Jonatán a quien restituye toda la tierra de Saúl.

Y DIJO David: ¿Ha quedado alguno de la casa de Saúl a quien

5 *a* HEB Aram; es decir, arameos. Más tarde los griegos los denominaron “sirios”.
13 *a* *Es decir,* el valle de la Sal se ubicaba al sur del Mar Muerto.
14 *a* Gén. 25:30. GEE Esaú.
17 *a* 2 Sam. 15:24–25, 35.
b GEE Escriba.
18 *a* HEB sacerdotes; en este caso eran, según parece, administradores civiles.

haga yo misericordia por amor
a [a]Jonatán?
2 Y había un siervo de la casa de
Saúl que se llamaba [a]Siba, al cual
llamaron para que viniese a David. Y el rey le dijo: ¿Eres tú Siba?
Y él respondió: Tu siervo.
3 Y el rey dijo: ¿No ha quedado
nadie de la casa de Saúl a quien
haga yo misericordia de Dios?
Y Siba respondió al rey: Aún ha
quedado un [a]hijo de Jonatán, lisiado de los pies.
4 Entonces el rey le dijo: ¿Y
dónde está? Y Siba respondió al
rey: He aquí, está en casa de Maquir hijo de Amiel, en Lodebar.
5 Y envió el rey David, y le
mandó traer de la casa de Maquir
hijo de Amiel, de Lodebar.
6 Y al llegar Mefi-boset hijo de
Jonatán, hijo de Saúl, ante David,
se postró sobre su rostro e hizo
reverencia. Y David le dijo: Mefi-boset. Y él respondió: He aquí
tu siervo.
7 Y le dijo David: No tengas temor, porque yo a la verdad haré
contigo misericordia por amor a
Jonatán, tu padre, y te devolveré
todas las tierras de Saúl, tu padre; y tú comerás siempre pan a
mi mesa.
8 Y él inclinándose, dijo: ¿Quién
es tu siervo, para que mires a un
perro muerto como yo?
9 Entonces el rey llamó a Siba,
siervo de Saúl, y le dijo: Todo
lo que fue de Saúl y de toda su
casa, yo lo he dado al hijo de tu
señor.
10 Tú, pues, le labrarás las
tierras, tú con tus hijos y tus siervos, y llevarás *los frutos,* para que
el hijo de tu señor tenga pan que
comer; y Mefi-boset, el hijo de tu
señor, comerá siempre pan a mi
mesa. Y tenía Siba quince hijos y
veinte siervos.
11 Y respondió Siba al rey: Conforme a todo lo que ha mandado
mi señor el rey a su siervo, así lo
hará tu siervo. Mefi-boset, *dijo el
rey,* comerá a mi mesa como uno
de los hijos del rey.
12 Y tenía Mefi-boset un hijo pequeño que se llamaba Micaía. Y
toda la familia de la casa de Siba
eran siervos de Mefi-boset.
13 Y moraba Mefi-boset en Jerusalén, porque comía siempre a
la mesa del rey; y estaba lisiado
de ambos pies.

CAPÍTULO 10

Los amonitas maltratan a los mensajeros de David — Israel derrota a los amonitas y a los sirios.

DESPUÉS de esto, aconteció que
murió el rey de los hijos de
[a]Amón, y reinó su hijo Hanún
en su lugar.
2 Y dijo David: Yo haré misericordia con Hanún hijo de Nahas,
como su padre la hizo conmigo.
Y envió David sus siervos para
consolarlo por su padre. Y los
siervos de David llegaron a la
tierra de los hijos de Amón,
3 pero los príncipes de los hijos
de Amón dijeron a Hanún, su

9 1 *a* 1 Sam. 20:14–17. GEE Jonatán.
2 *a* *Es decir,* era siervo del hijo de Jonatán, Mefiboset. 2 Sam. 16:4.
3 *a* 2 Sam. 4:4.
10 1 *a* *Es decir,* que era adversario de Israel.

señor: ¿Te parece que por honrar David a tu padre te ha enviado consoladores? ¿No ha enviado David sus siervos a ti para reconocer e inspeccionar la ciudad, para destruirla?

4 Entonces Hanún tomó a los siervos de David, y les rapó la mitad de la barba, y les cortó los vestidos por la mitad, hasta las nalgas, y los despidió.

5 Cuando le avisaron a David, envió a encontrarlos, porque ellos estaban en extremo avergonzados; y el rey les mandó decir: Quedaos en Jericó hasta que os vuelva a crecer la barba, y entonces volved.

6 Y viendo los hijos de Amón que se habían hecho odiosos a David, enviaron los hijos de Amón y tomaron a sueldo a los sirios de Bet-rehob y a los sirios de Soba, veinte mil hombres de a pie; y del rey de Maaca, mil hombres, y de Is-tob, doce mil hombres.

7 Cuando oyó David esto, envió a Joab con todo el ejército de los valientes.

8 Y los hijos de Amón salieron y se pusieron en orden de batalla a la entrada de la puerta; pero los sirios de Soba, y de Rehob, y de Is-tob y de Maaca estaban aparte en el campo.

9 Al ver Joab que la batalla se le presentaba delante y detrás de él, eligió a algunos de entre los escogidos de Israel y se puso en orden de batalla contra los sirios.

10 Entregó luego el resto del ejército en manos de Abisai, su hermano, y lo puso en orden de batalla frente a los amonitas.

11 Y dijo: Si los sirios son más fuertes que yo, tú me ayudarás; y si los hijos de Amón son más fuertes que tú, yo te daré ayuda.

12 [a]Esfuérzate, y esforcémonos por nuestro pueblo y por las ciudades de nuestro Dios; y haga Jehová lo que bien le parezca.

13 Y se acercó Joab, y el pueblo que con él estaba, para pelear contra los sirios, pero ellos huyeron delante de él.

14 Entonces los hijos de Amón, viendo que los sirios habían huido, huyeron también delante de Abisai y entraron en la ciudad. Y se volvió Joab de luchar contra los hijos de Amón, y vino a Jerusalén.

15 Y cuando vieron los sirios que habían caído delante de Israel, se volvieron a reunir.

16 Y envió Hadar-ezer e hizo salir a los sirios que estaban al otro lado del Río, los cuales vinieron a Helam; y Sobac, general del ejército de Hadar-ezer, iba al frente de ellos.

17 Y cuando le avisaron a David, reunió a todo Israel, y pasando el Jordán, llegó a Helam; y los sirios se pusieron en orden de batalla contra David y pelearon contra él.

18 Pero los sirios huyeron delante de Israel; y David mató de los sirios a *la gente de* setecientos carros y a cuarenta mil hombres de a caballo, e hirió también a Sobac, general del ejército, quien murió allí.

12 *a* GEE Valor, valiente.

19 Y cuando todos los reyes que ayudaban a Hadar-ezer vieron que habían sido derrotados delante de Israel, hicieron la paz con Israel y le sirvieron; y de allí en adelante, los sirios temieron seguir ayudando a los hijos de Amón.

CAPÍTULO 11

David se acuesta con Betsabé y ella concibe — Entonces David hace los preparativos para que Urías, marido de ella, muera en batalla.

Y ACONTECIÓ al año siguiente, en el tiempo en que salen los reyes *a la guerra*, que David envió a Joab, y a sus siervos con él y a todo Israel, y destruyeron a los amonitas y sitiaron a Rabá, pero David se quedó en Jerusalén.

2 Y acaeció que, levantándose David de su lecho al caer la tarde, se paseaba por el terrado de la casa real, cuando [a]vio desde el terrado a una mujer que se estaba bañando, la cual era muy hermosa.

3 Y envió David a preguntar por aquella mujer, y le dijeron: Aquélla es [a]Betsabé, hija de Eliam, esposa de [b]Urías, el heteo.

4 Y envió David mensajeros y la tomó; y vino a él y él [a]se acostó con ella. Luego ella se purificó de su impureza y volvió a su casa.

5 Y concibió la mujer y envió a hacerlo saber a David, diciendo: Estoy encinta.

6 Entonces David envió a decir a Joab: Envíame a Urías, el heteo. Y Joab envió a Urías a David.

7 Y cuando Urías vino a él, David le preguntó por la salud de Joab, y por la salud del pueblo y por el estado de la guerra.

8 Después dijo David a Urías: Desciende a tu casa y lava tus pies. Y saliendo Urías de casa del rey, le fue enviado presente de la mesa real.

9 Pero Urías durmió a la puerta de la casa del rey con todos los siervos de su señor, y no descendió a su casa.

10 E hicieron saber esto a David, diciendo: Urías no ha descendido a su casa. Y dijo David a Urías: ¿No has venido de camino? ¿Por qué, pues, no descendiste a tu casa?

11 Y Urías respondió a David: El arca, e Israel y Judá están bajo [a]tiendas; y mi señor Joab y los siervos de mi señor, a campo abierto; ¿y había yo de entrar en mi casa para comer y beber, y dormir con mi mujer? Por vida tuya y por vida de tu alma, que yo no haré tal cosa.

12 Y David dijo a Urías: Quédate aquí aún hoy, y mañana te despediré. Y se quedó Urías en Jerusalén aquel día y el siguiente.

13 Y David lo convidó a comer y a beber con él hasta embriagarlo. Y él salió por la tarde a dormir en su cama con los siervos de su señor, pero no descendió a su casa.

11 2 *a* GEE Concupiscencia.
3 *a* HEB hija del convenio. GEE Betsabé.
b HEB Jehová es mi luz. 1 Rey. 15:5.
4 *a* DyC 132:38–39. GEE Adulterio; Inmoralidad sexual.
11 *a* 2 Sam. 7:2.

14 Y aconteció a la mañana siguiente que David escribió una carta a Joab, la cual envió por mano de Urías.

15 Y escribió en la carta, diciendo: Poned a Urías al frente, en lo más recio de la batalla, y retiraos de él, para que sea [a]herido y muera.

16 Y sucedió que cuando Joab sitió la ciudad, puso a Urías en el lugar donde sabía que estaban los hombres más valientes.

17 Y los hombres de la ciudad salieron y pelearon contra Joab, y cayeron algunos del pueblo de los siervos de David; y murió también Urías, el heteo.

18 Entonces envió Joab e hizo saber a David todos los asuntos de la guerra.

19 Y mandó al mensajero, diciendo: Cuando acabes de contar al rey todos los asuntos de la guerra,

20 si el rey comienza a [a]enojarse y te dice: ¿Por qué os acercasteis tanto a la ciudad para combatir? ¿No sabíais lo que suelen arrojar desde lo alto del muro?

21 ¿Quién hirió a Abimelec hijo de Jerobaal? ¿No echó una mujer del muro un pedazo de una rueda de molino, y murió en Tebes? ¿Por qué os acercasteis tanto al muro? Entonces tú le dirás: También tu siervo Urías, el heteo, ha muerto.

22 Y fue el mensajero y, al llegar, contó a David todo lo que Joab le había enviado a decir.

23 Y dijo el mensajero a David: Prevalecieron contra nosotros los hombres que salieron al campo contra nosotros, bien que nosotros los hicimos retroceder hasta la entrada de la puerta;

24 pero los flecheros tiraron contra tus siervos desde el muro, y murieron algunos de los siervos del rey; y también murió tu siervo Urías, el heteo.

25 Y David dijo al mensajero: Dirás así a Joab: No tengas pesar por esto, porque la espada consume tanto a uno como al otro; refuerza tu ataque contra la ciudad, hasta que la rindas. Y tú aliéntale.

26 Y al oír la esposa de Urías que su marido, Urías, había muerto, hizo duelo por su marido.

27 Y pasado el luto, envió David y la trajo a su casa; y fue ella su esposa y le dio a luz un hijo. Pero esto que David había hecho fue [a]malo ante los ojos de Jehová.

CAPÍTULO 12

Natán narra a David la parábola de la corderita — Jehová dio muchas esposas a David, que llega a ser maldecido por haber tomado a Betsabé — David ayuna y ora por su hijo, pero Jehová se lleva al niño — Nace

15 *a* 2 Sam. 12:9. GEE Asesinato.

20 *a* Joab no había seguido el plan del rey (véase el vers. 15), pero había enviado a Urías y a sus hombres exactamente hacia la puerta y las murallas de la ciudad, y temía que David se enojara debido a que muchos hombres habían sido muertos junto con Urías.

27 *a* DyC 132:38–39.

Salomón — David conquista la ciudad real de los amonitas.

Y JEHOVÁ envió a [a]Natán ante David; y fue a él y le dijo: Había dos hombres en una ciudad, el uno rico y el otro pobre.

2 El rico tenía numerosas ovejas y vacas,

3 pero el pobre no tenía más que una sola corderita, que él había comprado y criado, y que había crecido con él y con sus hijos juntamente, comiendo de su bocado, y bebiendo de su vaso, y durmiendo en su seno; y la tenía como a una hija.

4 Y vino uno de camino al hombre rico, y éste no quiso tomar de sus ovejas ni de sus vacas, para guisar para el caminante que había venido a él, sino que tomó la corderita de aquel hombre pobre y la guisó para aquel que había venido a él.

5 Entonces se encendió el furor de David en gran manera contra aquel hombre y dijo a Natán: ¡Vive Jehová, que el que tal hizo es digno de muerte!

6 Y él debe pagar [a]cuatro veces por la corderita, porque hizo tal cosa y no tuvo misericordia.

7 Entonces dijo Natán a David: Tú eres aquel hombre. Así ha dicho Jehová Dios de Israel: Yo te ungí rey sobre Israel, y te libré de manos de Saúl,

8 y te di la casa de tu señor y las mujeres de tu señor en tu seno; además te di la casa de Israel y de Judá; y como si esto fuera poco, te habría añadido mucho más.

9 ¿Por qué, pues, [a]tuviste en poco la palabra de Jehová, haciendo lo malo delante de sus ojos? A Urías, el heteo, [b]heriste a espada, y tomaste por esposa a su [c]esposa, y a él lo mataste con la espada de los hijos de Amón.

10 Por lo cual ahora la [a]espada no se apartará jamás de tu casa, por cuanto me menospreciaste y tomaste la esposa de Urías, el heteo, para que fuese tu esposa.

11 Así ha dicho Jehová: He aquí, yo haré levantar [a]el mal sobre ti de tu misma casa, y tomaré tus esposas delante de tus ojos y las daré a tu prójimo, el que yacerá con tus esposas a la vista del sol.

12 Porque tú lo hiciste en secreto, pero yo haré esto delante de todo Israel y a pleno sol.

13 Entonces dijo David a Natán: [a]Pequé contra Jehová. Y Natán dijo a David: También Jehová [b]ha remitido tu pecado; no morirás.

14 Mas por cuanto con este asunto hiciste [a]blasfemar a los enemigos de Jehová, el hijo que te ha nacido ciertamente morirá.

15 Y Natán se volvió a su casa. Y Jehová hirió al niño que la esposa

12 1 *a* GEE Natán.
6 *a* Éx. 22:1. GEE Restauración, restitución.
9 *a* Núm. 15:28–31; 2 Ne. 15:24; DyC 3:7–8.
b 2 Sam. 11:15. GEE Asesinato.
c GEE Betsabé.
10 *a* GEE Justicia.
11 *a* 2 Sam. 15:1–14.
13 *a* Gén. 39:7–9; 1 Sam. 15:24. GEE Pecado.
b HEB ha hecho que pasara; es decir, no fue castigado de inmediato con la muerte, pero no se libró del castigo. TJS 2 Sam. 12:13 …*no* ha remitido tu pecado *de que* no morirás.
14 *a* Alma 39:3, 11–13.

de Urías había dado a luz a David, y enfermó gravemente.

16 Entonces David rogó a Dios por el niño; y [a]ayunó David, y entró y pasó la noche acostado en tierra.

17 Y se levantaron los ancianos de su casa y *fueron* a él para hacerlo levantar de la tierra; pero él no quiso, ni comió con ellos pan.

18 Y aconteció que al séptimo día murió el niño; y los siervos de David temían hacerle saber que el niño había muerto, pues se decían: Cuando el niño aún vivía, le hablábamos, y no quería oír nuestra voz; ¿cuánto más se afligirá si le decimos que el niño ha muerto?

19 Pero David, viendo a sus siervos hablar entre sí, entendió que el niño había muerto; por lo que dijo David a sus siervos: ¿Ha muerto el niño? Y ellos respondieron: Ha muerto.

20 Entonces David se levantó de la tierra, y se lavó, y se ungió, y cambió sus ropas, y entró en la casa de Jehová y adoró. Y después vino a su casa y pidió, y le pusieron pan, y comió.

21 Y le dijeron sus siervos: ¿Qué es esto que has hecho? Por el niño, viviendo aún, ayunabas y llorabas; y muerto él, te levantaste y comiste pan.

22 Y él respondió: Mientras el niño aún vivía, yo ayunaba y lloraba, diciendo: ¿Quién sabe si Dios tenga [a]compasión de mí, y viva el niño?

23 Pero ahora que ya ha muerto, ¿para qué he de ayunar? ¿Podré yo hacerle volver? Yo voy hacia él, pero él no volverá a mí.

24 Y consoló David a Betsabé, su esposa, y llegándose a ella, se acostó con ella; y ella le dio a luz un hijo, y llamó su nombre [a]Salomón, al cual amó Jehová,

25 y envió un mensaje por medio del profeta Natán que le pusiesen por nombre Jedidías, a causa de Jehová.

26 Y [a]Joab peleaba contra Rabá, de los hijos de Amón, y tomó la ciudad real.

27 Entonces envió Joab mensajeros a David, diciendo: Yo he peleado contra Rabá y he tomado la ciudad de las aguas.

28 Reúne, pues, ahora al pueblo que queda, y acampa contra la ciudad y tómala, no sea que tome yo la ciudad y sea llamada por mi nombre.

29 Y David reunió a todo el pueblo, y fue contra Rabá, y combatió contra ella y la tomó.

30 Y quitó la corona de la cabeza de su rey, la cual pesaba un talento de oro y *tenía* piedras preciosas; y fue puesta sobre la cabeza de David. Y éste sacó un gran botín de la ciudad.

31 Y sacó además a la gente que estaba en ella, y a todos los puso a trabajar con sierras, y con trillos de hierro y con hachas de hierro; y también los hizo trabajar en los hornos de ladrillos; y lo mismo hizo con todas las ciudades de los

16 *a* GEE Ayunar, ayuno.
22 *a* GEE Justicia.
24 *a* 1 Cró. 22:9–10; Mateo 1:1, 6, 17. GEE Salomón.
26 *a* 1 Cró. 20:1–3.

hijos de Amón. Y volvió David con todo el pueblo a Jerusalén.

CAPÍTULO 13

Amnón ama a Tamar, su hermana, y, por estratagema, la fuerza — Se le da muerte por mandato de Absalón — Absalón huye a Gesur.

Aconteció después de esto que, teniendo Absalón hijo de David una hermana muy hermosa que se llamaba [a]Tamar, Amnón hijo de David se enamoró de ella.

2 Y Amnón estaba tan angustiado que se puso enfermo por su hermana Tamar; pues, por ser ella [a]virgen, le parecía difícil a Amnón hacerle algo.

3 Y Amnón tenía un amigo que se llamaba Jonadab hijo de Simea, hermano de David; y Jonadab era un hombre muy astuto.

4 Y éste le dijo: Hijo del rey, ¿por qué de día en día vas enflaqueciendo así? ¿No me lo descubrirás a mí? Y Amnón le respondió: Yo [a]amo a Tamar, la hermana de Absalón, mi hermano.

5 Y Jonadab le dijo: Acuéstate en tu cama y finge que estás enfermo; y cuando tu padre venga a visitarte, dile: Te ruego que venga mi hermana Tamar, para que me dé de comer, y prepare delante de mí una comida, para que yo la vea y coma de su mano.

6 Se acostó, pues, Amnón, y fingió que estaba enfermo, y vino el rey a visitarle; y dijo Amnón al rey: Yo te ruego que venga mi hermana Tamar y haga delante de mí dos panes, para que coma yo de su mano.

7 Y David envió a Tamar a su casa, diciendo: Ve ahora a casa de Amnón, tu hermano, y hazle de comer.

8 Y fue Tamar a casa de su hermano Amnón, el cual estaba acostado; y tomó harina, y la amasó e hizo panes delante de él y los coció.

9 Tomó luego la sartén y los sacó delante de él; pero él no quiso comer. Y dijo Amnón: Echad fuera de aquí a todos. Y todos salieron de allí.

10 Entonces Amnón dijo a Tamar: Trae la comida a la alcoba para que yo coma de tu mano. Y tomando Tamar los panes que había cocido, los llevó a su hermano Amnón a la alcoba.

11 Y cuando ella se los puso delante para que comiese, él [a]asió de ella, diciéndole: Ven, hermana mía, acuéstate conmigo.

12 Ella entonces le respondió: No, hermano mío, no me [a]fuerces, porque no se debe hacer así en Israel. No hagas tal [b]vileza.

13 Porque, ¿adónde iría yo con mi deshonra? Y aun tú serías *estimado* como uno de los perversos en Israel. Te ruego, pues, ahora, que hables al rey, porque él no me negará a ti.

14 Pero él no la quiso oír, sino que, pudiendo más que ella, la forzó y se acostó con ella.

13 1 *a* 1 Cró. 3:1–2.
2 *a* GEE Virgen.
4 *a* GEE Adulterio; Concupiscencia.
11 *a* GEE Sensual, sensualidad.
12 *a* GEE Fornicación; Inmoralidad sexual.
b Lev. 18:4–6, 9.

15 Después Amnón la [a]aborreció con tan gran aborrecimiento, que el odio con que la aborreció fue mayor que el amor con que la había amado. Y le dijo Amnón: Levántate y vete.

16 Y ella le respondió: No hay razón; mayor mal es éste de echarme que el que me has hecho. Pero él no la quiso oír,

17 sino que, llamando a su criado que le servía, le dijo: Échame a ésta fuera de aquí y cierra la puerta tras ella.

18 Y ella llevaba puesto un [a]vestido de colores, un traje que vestían las hijas vírgenes de los reyes. Y su criado la echó fuera y cerró la puerta tras ella.

19 Entonces Tamar tomó ceniza y *la esparció* sobre su cabeza, y rasgó la ropa de colores que llevaba puesta y, con las manos sobre su cabeza, se fue gritando.

20 Y le dijo su hermano Absalón: ¿Ha estado contigo tu hermano Amnón? Calla pues, ahora, hermana mía; tu hermano es. No se angustie tu corazón por esto. Y se quedó Tamar desconsolada en casa de su hermano Absalón.

21 Y cuando el rey David oyó todo esto, se enojó mucho.

22 Pero Absalón no habló con Amnón ni malo ni bueno, pues Absalón aborrecía a Amnón, porque había forzado a su hermana Tamar.

23 Y aconteció que, pasados dos años, Absalón tenía esquiladores en Baal-hazor, que está junto a Efraín; y convidó Absalón a todos los hijos del rey.

24 Y vino Absalón al rey y le dijo: He aquí, tu siervo tiene ahora esquiladores; yo ruego que venga el rey y sus siervos con tu siervo.

25 Y respondió el rey a Absalón: No, hijo mío, no iremos todos, para no ser una carga para ti. Y aunque le insistió, no quiso ir, mas le bendijo.

26 Entonces dijo Absalón: Si no, te ruego que venga Amnón, mi hermano, con nosotros. Y el rey le respondió: ¿Para qué ha de ir contigo?

27 Y como Absalón le insistió, dejó ir con él a Amnón y a todos los hijos del rey.

28 Y Absalón dio órdenes a sus criados, diciendo: Ahora bien, mirad cuando el corazón de Amnón esté [a]alegre por el vino; y cuando yo os diga: Herid a Amnón, entonces [b]matadle; y no temáis, pues yo os lo he mandado. Esforzaos, pues, y sed valientes.

29 Y los criados de Absalón hicieron con Amnón como Absalón lo había mandado. Entonces se levantaron todos los hijos del rey, y montó cada uno en su mula y huyeron.

30 Y aconteció que cuando estaban ellos aún en camino, llegó a David el rumor que decía: Absalón ha matado a todos los hijos del rey, y ninguno de ellos ha quedado.

15 *a* GEE Enemistad; Odio, aborrecimiento.
18 *a* Véase Gén. 37:3, nota "c" a pie de página.
28 *a* GEE Engañar, engaño.
b GEE Asesinato; Venganza.

31 Entonces se levantó David, y rasgó sus vestidos y se echó en tierra, y todos sus criados presentes rasgaron sus vestidos.

32 Y Jonadab hijo de Simea, hermano de David, habló y dijo: No diga mi señor que han dado muerte a todos los jóvenes hijos del rey, pues sólo Amnón ha sido muerto; porque en boca de Absalón estaba decidido desde el día en que Amnón forzó a su hermana Tamar.

33 Por tanto, ahora no ponga mi señor el rey en su corazón ese rumor que dice: Todos los hijos del rey han sido muertos, porque sólo Amnón ha sido muerto.

34 Y Absalón huyó. Y el joven que estaba en el atalaya alzó los ojos y miró, y he aquí que mucha gente venía por el camino que estaba a sus espaldas, del lado del monte.

35 Y dijo Jonadab al rey: He allí los hijos del rey que vienen, tal como tu siervo ha dicho.

36 Y aconteció que cuando él acabó de hablar, he aquí que los hijos del rey llegaron, y alzando su voz, lloraron. Y también el mismo rey y todos sus siervos lloraron con muy grandes lamentos.

37 Pero Absalón huyó y se fue a Talmai hijo de Amiud, rey de Gesur. Y *David* lloraba por su hijo todos los días.

38 Así Absalón huyó, y se fue a Gesur y estuvo allá tres años.

39 Y el rey David ansiaba ver a Absalón, porque ya se había consolado de la muerte de Amnón.

CAPÍTULO 14

Al cabo de tres años, Joab hace arreglos para traer a Absalón a casa, valiéndose de una estratagema — Después de haber transcurrido dos años más, Absalón ve al rey y se reconcilian.

Y conociendo Joab hijo de Sarvia que el corazón del rey se inclinaba por Absalón,

2 envió Joab y mandó traer de Tecoa a una mujer sabia, y le dijo: Yo te ruego que finjas estar de duelo y te vistas de ropas de luto, y que no te unjas con aceite, sino finge ser mujer que hace mucho tiempo está de luto por *algún* muerto;

3 y al entrar ante el rey, habla con él de esta manera. Y puso Joab las palabras en su boca.

4 Y cuando entró aquella mujer de Tecoa ante el rey, se postró en tierra sobre su rostro, hizo reverencia y dijo: ¡Socorro, oh rey!

5 Y el rey le dijo: ¿Qué tienes? Y ella respondió: Yo a la verdad soy una mujer viuda, pues mi marido ha muerto.

6 Y tu sierva tenía dos hijos, y los dos riñeron en el campo; y no habiendo quien los separara, uno hirió al otro y lo mató.

7 Y he aquí que toda la familia se ha levantado contra tu sierva, diciendo: Entrega al que mató a su hermano, para que le matemos por la vida de su hermano a quien él mató, y destruyamos también al heredero. Así apagarán la brasa que me ha quedado, no dejando a mi marido nombre ni remanente sobre la tierra.

8 Entonces el rey dijo a la mujer: Vete a tu casa, y yo daré órdenes con respecto a ti.

9 Y la mujer de Tecoa dijo al rey: ¡Rey y señor mío, la maldad sea sobre mí y sobre la casa de mi padre! Pero el rey y su trono sean sin culpa.

10 Y el rey dijo: Al que hable contra ti, tráelo ante mí, que no te tocará más.

11 Dijo ella entonces: Te ruego, oh rey, que te acuerdes de Jehová tu Dios, para que el [a]vengador de la sangre no aumente el daño, no sea que destruya a mi hijo. Y él respondió: Vive Jehová, que no caerá en tierra ni un cabello de la cabeza de tu hijo.

12 Y la mujer dijo: Te ruego que permitas que hable tu criada una palabra a mi señor el rey. Y él dijo: Habla.

13 Entonces la mujer dijo: ¿Por qué, pues, has pensado tú cosa semejante contra el pueblo de Dios? Porque al decir el rey estas palabras se culpa a sí mismo, por cuanto el rey no hace volver a su desterrado.

14 Porque de cierto morimos y somos como aguas derramadas por tierra, que no pueden volver a recogerse; ni Dios quita la vida, sino que proporciona medios para que el desterrado no sea de él [a]excluido.

15 Y si yo he venido ahora para decir esto al rey mi señor, es porque el pueblo me ha atemorizado. Y tu sierva se dijo: Hablaré ahora al rey; quizá él haga lo que su sierva le diga.

16 Pues el rey oirá para librar a su sierva de mano del hombre que me quiere destruir a mí, y a mi hijo juntamente, de la heredad de Dios.

17 Tu sierva, pues, dice: Sea ahora de consuelo la respuesta de mi señor el rey, pues mi señor el rey es como un ángel de Dios para [a]discernir entre lo bueno y lo malo. Que Jehová tu Dios sea contigo.

18 Entonces el rey respondió y dijo a la mujer: Yo te ruego que no me encubras nada de lo que yo te pregunte. Y la mujer dijo: Hable mi señor el rey.

19 Y el rey dijo: ¿No está la mano de Joab contigo en todas estas cosas? Y la mujer respondió y dijo: Vive tu alma, rey señor mío, que no hay que apartarse ni a derecha ni a izquierda de todo lo que mi señor el rey ha hablado, porque tu siervo Joab me mandó, y él puso en boca de tu sierva todas estas palabras;

20 para cambiar el aspecto de las cosas, Joab, tu siervo, lo ha hecho; pero mi señor es sabio, conforme a la sabiduría de un ángel de Dios, para conocer todo lo que hay en la tierra.

21 Entonces el rey dijo a Joab: He aquí, yo hago esto: Ve y haz volver al joven Absalón.

22 Y Joab se postró en tierra sobre su rostro e [a]hizo reverencia, y después que bendijo al rey, dijo: Hoy ha entendido tu siervo que

14 11 *a* Núm. 35:15–21.
14 *a* GEE Justicia; Misericordia, misericordioso.
17 *a* GEE Juicio, juzgar.
22 *a* HEB y bendijo.

he hallado gracia ante tus ojos, rey y señor mío; pues ha hecho el rey lo que su siervo ha dicho.

23 Se levantó luego Joab, y fue a Gesur y trajo a Absalón a Jerusalén.

24 Mas el rey dijo: Váyase él a su casa y no vea mi rostro. Y volvió Absalón a su casa y no vio el rostro del rey.

25 Y no había en todo Israel hombre tan alabado por su hermosura como Absalón; desde la planta de su pie hasta su coronilla no había en él defecto.

26 Y cuando se cortaba el cabello (lo cual hacía al fin de cada año, pues le causaba molestia, y por eso se lo cortaba), pesaba el cabello de su cabeza doscientos siclos de peso real.

27 Y le nacieron a Absalón tres hijos y una hija, que se llamó Tamar, la cual era de hermoso semblante.

28 Y estuvo Absalón por espacio de dos años en Jerusalén y no vio el rostro del rey.

29 Y Absalón mandó buscar a Joab para enviarlo al rey, pero él no quiso venir a él; y envió a buscarlo por segunda vez, pero tampoco quiso venir.

30 Entonces dijo a sus siervos: Mirad, el campo de Joab está junto a mi lugar, y allí tiene su cebada; id y prendedle fuego; y los siervos de Absalón prendieron fuego al campo.

31 Entonces se levantó Joab, y fue a casa de Absalón y le dijo: ¿Por qué han prendido fuego tus siervos a mi campo?

32 Y Absalón respondió a Joab: He aquí, yo he enviado por ti, diciendo que vinieses acá, a fin de enviarte yo al rey a decirle: ¿Para qué vine de Gesur? Mejor me hubiera sido quedarme allá. Vea yo ahora el rostro del rey; y si hay pecado en mí, que me mate.

33 Fue, pues, Joab al rey y se lo hizo saber. Entonces llamó a Absalón, el cual vino al rey, y se postró sobre su rostro en tierra delante del rey; y el rey besó a Absalón.

CAPÍTULO 15

Absalón conspira contra David y consigue el apoyo del pueblo — David huye y Absalón entra en Jerusalén.

Aconteció después de esto que Absalón se hizo de un carro, y caballos y cincuenta hombres que corriesen delante de él.

2 Y se levantaba [a]Absalón de mañana y se ponía a un lado del camino que va a la puerta; y a cualquiera que tenía pleito y venía ante el rey a juicio, Absalón le llamaba y le decía: ¿De qué ciudad eres? Y él respondía: Tu siervo es de una de las tribus de Israel.

3 Entonces Absalón le decía: Mira, tus palabras son buenas y justas, pero no tienes quien te oiga de parte del rey.

4 Y decía Absalón: ¡Quién me pusiera por juez en esta tierra, para que viniesen a mí todos los

15 2 *a* 2 Sam. 12:11.

que tienen pleito o asunto, y yo les haría justicia!

5 Y acontecía que cuando alguno se acercaba para inclinarse ante él, él extendía su mano, y lo abrazaba y lo besaba.

6 Y de esta manera hacía con todos los de Israel que venían al rey a juicio, y así les robaba Absalón el corazón a los de Israel.

7 Y aconteció que al cabo de [a]cuarenta años, Absalón dijo al rey: Yo te ruego que me permitas ir a Hebrón a pagar mi voto que he prometido a Jehová.

8 Porque tu siervo hizo voto cuando estaba en Gesur, en Siria, diciendo: Si Jehová me hace volver a Jerusalén, yo serviré a Jehová.

9 Y el rey le dijo: Ve en paz. Y él se levantó y se fue a Hebrón.

10 Pero envió Absalón espías por todas las tribus de Israel, diciendo: Cuando oigáis el sonido de la trompeta, diréis: Absalón reina en Hebrón.

11 Y fueron con Absalón doscientos hombres de Jerusalén convidados *por él,* los cuales iban inocentemente, sin saber nada.

12 También, Absalón mandó buscar a [a]Ahitofel, el gilonita, [b]consejero de David, de Gilo su ciudad, mientras ofrecía sus sacrificios. Y la [c]conspiración vino a ser grande, pues iba aumentando el pueblo que seguía a Absalón.

13 Y un mensajero vino a David, diciendo: El corazón de todo Israel se va tras Absalón.

14 Entonces David dijo a todos sus siervos que estaban con él en Jerusalén: Levantaos y huyamos, porque no podremos escapar delante de Absalón; daos prisa a partir, no sea que apresurándose él nos alcance, y arroje el mal sobre nosotros y hiera la ciudad a filo de espada.

15 Y los siervos del rey dijeron al rey: He aquí, tus siervos están listos para todo lo que nuestro señor el rey decida.

16 El rey entonces salió, con toda su familia en pos de él. Y dejó el rey a diez mujeres [a]concubinas para que guardasen la casa.

17 Salió, pues, el rey con todo el pueblo que le seguía, y se detuvieron en un [a]lugar distante.

18 Y todos sus siervos pasaban a su lado, con todos los cereteos y peleteos; y todos los geteos, seiscientos hombres que habían venido a pie desde Gat, iban delante del rey.

19 Y dijo el rey a Itai, el geteo: ¿Para qué vienes tú también con nosotros? Vuelve y quédate con el rey, porque tú eres extranjero y desterrado también de tu lugar.

20 Ayer viniste, ¿y he de hacer hoy que andes de aquí para allá para ir con nosotros? Yo voy adonde pueda; tú vuelve y haz volver a tus hermanos, y que la misericordia y la verdad sean contigo.

21 Y respondió Itai al rey, diciendo: Vive Dios, y vive mi señor el rey, que, o para muerte o para vida, donde esté mi señor el rey, allí estará también tu siervo.

7 *a* Algunos textos dicen cuatro años.
12 *a* 2 Sam. 16:23.
b GEE Aconsejar.
c GEE Combinaciones secretas.
16 *a* 2 Sam. 16:21–22.
17 *a* 2 Sam. 17:27–29.

22 Entonces David dijo a Itai: Ven, *pues,* y pasa adelante. Y pasó Itai, el geteo, y todos sus hombres y toda su familia.

23 Y todo el país lloraba en alta voz; pasó luego toda la gente el torrente Cedrón; asimismo pasó el rey, y todo el pueblo pasó al camino que va al desierto.

24 Y he aquí, también *iba* [a]Sadoc, y con él todos los levitas que llevaban el arca del convenio de Dios; y asentaron el arca del convenio de Dios. Y subió [b]Abiatar después que todo el pueblo hubo acabado de salir de la ciudad.

25 Pero dijo el rey a Sadoc: Haz volver el arca de Dios a la ciudad; si yo hallo gracia ante los ojos de Jehová, él me hará volver y me permitirá ver *el arca* y su morada.

26 Y si dice: No me complazco en ti; heme aquí, que haga de mí lo que bien le parezca.

27 Dijo además el rey al sacerdote Sadoc: ¿No eres tú el [a]vidente? Vuelve en paz a la ciudad, y vuelvan con vosotros vuestros dos hijos: tu hijo Ahimaas y Jonatán hijo de Abiatar.

28 Mirad, yo me detendré en los llanos del desierto, hasta que venga respuesta de vosotros que me dé noticias.

29 Entonces Sadoc y Abiatar hicieron volver el arca de Dios a Jerusalén y se quedaron allá.

30 Y David subió la cuesta de los Olivos; y *la* subió llorando, llevando la [a]cabeza cubierta y los pies descalzos. También todo el pueblo que iba con él cubrió cada uno su cabeza, e iban llorando mientras subían.

31 Y dieron aviso a David, diciendo: Ahitofel está entre los que conspiraron con Absalón. Entonces dijo David: Entorpece ahora, oh Jehová, el [a]consejo de Ahitofel.

32 Y aconteció que cuando David llegó a la cumbre *del monte* donde se adoraba a Dios, he aquí, Husai, el arquita, le salió al encuentro, trayendo rasgada su ropa y tierra sobre su cabeza.

33 Y le dijo David: Si vienes conmigo, me serás una carga;

34 pero si vuelves a la ciudad y le dices a Absalón: Rey, yo seré tu siervo; como hasta aquí he sido siervo de tu padre, así seré ahora siervo tuyo, entonces tú harás nulo el consejo de Ahitofel.

35 ¿No estarán allí contigo los sacerdotes Sadoc y Abiatar? Por tanto, todo lo que oigas en la casa del rey, se lo comunicarás a los sacerdotes Sadoc y Abiatar.

36 Y he aquí que están con ellos sus dos hijos, Ahimaas el de Sadoc, y Jonatán el de Abiatar; por medio de ellos me enviaréis *aviso de* todo lo que oigáis.

37 Así fue Husai, amigo de David, a la ciudad; y Absalón entró en Jerusalén.

CAPÍTULO 16

Se acusa a Mefi-boset de procurar ser rey — Simei, de la casa de Saúl,

24 *a* HEB sacerdote.
b 1 Sam. 22:20–23; 1 Rey. 2:26–27.

27 *a* GEE Vidente.
30 *a* *Es decir,* una señal de luto.

31 *a* 2 Sam. 17:14, 23.

maldice a David — Ahitofel aconseja a Absalón y éste se llega a las concubinas de su padre.

Y CUANDO David hubo pasado un poco más allá de la cumbre *del monte,* he aquí que Siba, el criado de Mefi-boset, salió a recibirle con un par de asnos ensillados, y sobre ellos doscientos panes, y cien racimos de pasas, y cien frutas de verano y un cuero de vino.

2 Y dijo el rey a Siba: ¿Qué *es* esto? Y Siba respondió: Los asnos son para que monte la familia del rey; los panes y las pasas, para que coman los criados; y el vino, para que beban los que se cansen en el desierto.

3 Y dijo el rey: ¿Dónde está el hijo de tu señor? Y Siba respondió al rey: He aquí que él se ha quedado en Jerusalén, porque ha dicho: Hoy me devolverá la casa de Israel el reino de mi padre.

4 Entonces el rey dijo a Siba: He aquí, sea tuyo todo lo que tiene Mefi-boset. Y respondió Siba, inclinándose: Rey y señor mío, halle yo gracia delante de ti.

5 Y vino el rey David hasta Bahurim; y he aquí, salía uno de la familia de la casa de Saúl, el cual se llamaba [a]Simei hijo de Gera; y salía [b]maldiciendo

6 y arrojando piedras contra David y contra todos los siervos del rey David; y todo el pueblo y todos los hombres valientes estaban a su derecha y a su izquierda.

7 Y decía Simei, maldiciéndole: ¡Fuera, fuera, hombre sanguinario y [a]perverso!

8 Jehová te ha dado el pago de toda la sangre de la casa de Saúl, en lugar del cual tú has reinado, y Jehová ha entregado el reino en manos de tu hijo Absalón; y hete aquí *sorprendido* en tu maldad, porque eres hombre sanguinario.

9 Entonces Abisai hijo de Sarvia dijo al rey: ¿Por qué maldice este perro muerto a mi señor el rey? Yo te ruego que me dejes pasar y le cortaré la cabeza.

10 Y el rey respondió: ¿Qué tengo yo que ver con vosotros, hijos de Sarvia? Si él maldice así es porque Jehová le ha dicho que maldiga a David. ¿Quién, pues, le dirá: ¿Por qué haces esto?

11 Y dijo David a Abisai y a todos sus siervos: He aquí, mi hijo que ha salido de mis entrañas acecha mi vida; ¿cuánto más ahora un hijo de Benjamín? Dejadle que maldiga, pues Jehová se lo ha dicho.

12 Quizá Jehová mire mi aflicción, y [a]me dé Jehová bien por sus maldiciones de hoy.

13 Y mientras David y los suyos iban por el camino, Simei iba por el lado del monte delante de él, andando y maldiciendo, y arrojando piedras delante de él y esparciendo polvo.

14 Y el rey y todo el pueblo que con él estaba llegaron fatigados, y descansaron allí.

15 Y Absalón y todo el pueblo,

16 5 *a* 2 Sam. 19:16–23; 1 Rey. 2:8–9.
b 1 Rey. 2:41–46.

7 *a* HEB despreciable, malvado, maligno. Deut. 13:13.

12 *a* Morm. 3:15; DyC 82:23.

los hombres de Israel, entraron en Jerusalén, y con él Ahitofel.

16 Y acaeció que cuando Husai, el arquita, amigo de David, hubo llegado donde estaba Absalón, le dijo Husai: ¡Viva el rey, viva el rey!

17 Y Absalón dijo a Husai: ¿Es éste tu agradecimiento para con tu amigo? ¿Por qué no fuiste con tu amigo?

18 Y Husai respondió a Absalón: No, sino que al que elija Jehová y este pueblo y todos los hombres de Israel, de aquél seré yo, y con él me quedaré.

19 Y además, ¿a quién había yo de servir? ¿No es a su hijo? Como he servido delante de tu padre, así seré delante de ti.

20 Después dijo Absalón a Ahitofel: Dad vuestro consejo sobre lo que debemos hacer.

21 Y Ahitofel dijo a Absalón: Llégate a las [a]concubinas de tu padre, que él dejó para guardar la casa; y todo el pueblo de Israel oirá que te has hecho aborrecible a tu padre, y así se fortalecerán las manos de todos los que *están* contigo.

22 Entonces pusieron una tienda para [a]Absalón sobre el terrado, y se llegó Absalón a las concubinas de su padre ante los ojos de todo Israel.

23 Y el consejo que daba [a]Ahitofel en aquellos días era como si se consultara la palabra de Dios. Así era considerado el consejo de Ahitofel, tanto por David como por Absalón.

CAPÍTULO 17

Se rechaza el consejo de Ahitofel y se acepta el de Husai — Se da una advertencia a David y éste huye, pasando el Jordán — Ahitofel se ahorca — El pueblo se prepara para la guerra.

Entonces Ahitofel dijo a Absalón: Yo escogeré ahora doce mil hombres, y me levantaré y perseguiré a David esta noche.

2 Y caeré sobre él cuando esté cansado y débil de manos; lo atemorizaré y todo el pueblo que está con él huirá; y mataré solamente al rey.

3 Así haré volver a ti a todo el pueblo. Y cuando ellos hayan vuelto (*pues* aquel hombre es el que tú buscas), todo el pueblo estará en paz.

4 Este consejo pareció bien a Absalón y a todos los [a]ancianos de Israel.

5 Y dijo Absalón: Llama también ahora a Husai, el arquita, para que también oigamos lo que él tenga que decir.

6 Y cuando Husai vino a Absalón, le habló Absalón, diciendo: Así ha dicho Ahitofel; ¿seguiremos su consejo, o no? Di tú.

7 Entonces Husai dijo a Absalón: El consejo que ha dado esta vez Ahitofel no es bueno.

8 Y añadió Husai: Tú sabes que tu padre y sus hombres son valientes y que están con amargura de ánimo, como la osa en el campo cuando le han quitado

21 *a* 2 Sam. 15:16.
22 *a* 2 Sam. 12:11–12.
23 *a* 2 Sam. 15:12.
17 4 *a* GEE Élder (anciano).

sus cachorros. Además, tu padre es hombre de guerra y no pasará la noche con el pueblo.

9 He aquí, él estará ahora escondido en alguna cueva o en otro lugar; y acontecerá que si al principio caen algunos *de los tuyos*, cualquiera que lo oiga dirá: Ha habido una matanza entre el pueblo que sigue a Absalón.

10 Y aun el hombre valiente, cuyo corazón sea como corazón de león, sin duda desmayará, porque todo Israel sabe que tu padre es hombre valiente y que los que están con él son valientes.

11 Aconsejo, pues, que todo Israel se reúna contigo, desde Dan hasta Beerseba, en multitud como la arena que está a la orilla del mar, y que tú en persona vayas a la batalla.

12 Entonces le acometeremos en cualquier lugar donde se halle, y caeremos sobre él como cae el rocío sobre la tierra, y ni a él ni a ninguno de los que están con él dejaremos con vida.

13 Y si se refugia en *alguna* ciudad, todos los de Israel llevarán sogas a aquella ciudad, y la arrastraremos hasta el arroyo, hasta que no se encuentre allí ni una piedra.

14 Entonces Absalón y todos los hombres de Israel dijeron: El consejo de Husai, el arquita, es mejor que el [a]consejo de Ahitofel. Porque Jehová había ordenado que el acertado consejo de Ahitofel se frustrara, para que Jehová hiciese venir el mal sobre Absalón.

15 Dijo luego Husai a los sacerdotes Sadoc y Abiatar: Así y así aconsejó Ahitofel a Absalón y a los ancianos de Israel; y de esta manera aconsejé yo.

16 Por tanto, enviad inmediatamente y dad aviso a David, diciendo: No te quedes esta noche en los llanos del desierto, sino pasa en seguida *el Jordán*, para que el rey no sea destruido y todo el pueblo que está con él.

17 Y Jonatán y Ahimaas estaban junto a la fuente de Rogel, y una criada fue y les avisó, porque ellos no podían dejarse ver entrando en la ciudad; y ellos fueron y se lo comunicaron al rey David.

18 Pero fueron vistos por un joven, el cual avisó a Absalón; sin embargo, los dos se dieron prisa en caminar y llegaron a casa de un hombre en Bahurim que tenía un pozo en su patio, dentro del cual se metieron.

19 Y la mujer *de la casa* tomó una manta y la extendió sobre la boca del pozo, y tendió sobre ella el grano trillado; y no se notaba nada.

20 Y cuando llegaron los criados de Absalón a la casa de la mujer, le dijeron: ¿Dónde están Ahimaas y Jonatán? Y la mujer les respondió: Ya han pasado el vado de las aguas. Y como ellos los buscaron y no los hallaron, volvieron a Jerusalén.

21 Y sucedió que después que ellos se hubieron ido, *aquéllos* salieron del pozo y se fueron y dieron aviso al rey David, y le dijeron: Levantaos y daos prisa

14 *a* 2 Sam. 15:31.

a pasar las aguas, porque Ahitofel ha dado tal consejo contra vosotros.

22 Entonces David se levantó, y todo el pueblo que estaba con él, y pasaron el Jordán antes que amaneciese; ni siquiera faltó uno que no pasase el Jordán.

23 Y Ahitofel, viendo que no se había seguido su consejo, ensilló su asno, y se levantó y se fue a su casa en su ciudad; y después de poner su casa en orden, se ahorcó y murió, y fue sepultado en el sepulcro de su padre.

24 Y David llegó a Mahanaim, y Absalón pasó el Jordán con toda la gente de Israel.

25 Y Absalón nombró a [a]Amasa jefe del ejército en lugar de [b]Joab. Amasa era hijo de un hombre de Israel llamado Itra, el cual se había llegado a Abigail hija de Nahas, hermana de Sarvia, madre de Joab.

26 Y acampó Israel con Absalón en la tierra de Galaad.

27 Y aconteció que cuando David llegó a Mahanaim, Sobi hijo de Nahas, de Rabá de los hijos de Amón, y Maquir hijo de Amiel de Lodebar, y [a]Barzilai galaadita de Rogelim

28 trajeron camas, y tazas, y vasijas de barro, y trigo, y cebada, y harina, y *grano* tostado, y habas, y lentejas, y *garbanzos* tostados,

29 y miel, y mantequilla, y ovejas y quesos de vaca, para que comiesen, porque dijeron: El pueblo está hambriento, y cansado y sediento en el desierto.

CAPÍTULO 18

Los israelitas son derrotados en los bosques de Efraín — Joab mata a Absalón — Llevan a David la noticia de su muerte y éste se lamenta por su hijo.

David, pues, contó a los del pueblo que estaban con él, y puso sobre ellos jefes de millares y jefes de centenas.

2 Y envió una tercera parte del pueblo bajo el mando de Joab, y *otra* tercera parte bajo el mando de Abisai hijo de Sarvia, hermano de Joab, y la otra tercera parte bajo el mando de Itai, el geteo. Y dijo el rey al pueblo: Yo también saldré con vosotros.

3 Pero el pueblo dijo: No [a]saldrás, porque si nosotros huimos, no harán caso de nosotros; y aunque la mitad de nosotros muera, no harán caso de nosotros; pero tú ahora vales tanto como diez mil de nosotros. Será, pues, mejor que tú nos des ayuda desde la ciudad.

4 Entonces el rey les dijo: Yo haré lo que bien os parezca. Y se puso el rey al lado de la puerta, mientras salía todo el pueblo por centenares y por millares.

5 Y el rey mandó a Joab, y a Abisai y a Itai, diciendo: Tratad benignamente por amor a mí al joven Absalón. Y todo el pueblo oyó cuando el rey dio órdenes acerca de Absalón a todos los jefes.

6 Salió, pues, el pueblo al campo

25 *a* 1 Cró. 12:18.
b 1 Rey. 2:28–34.
27 *a* 2 Sam. 19:32.
18 3 *a* 2 Sam. 21:17.

contra Israel, y se libró la batalla
en el bosque de Efraín;
7 y allí cayó el pueblo de Israel delante de los siervos de
David, y aquel día se hizo allí
una gran matanza de veinte mil
hombres.
8 Y la batalla se extendió por
todo el territorio, y fueron más los
que devoró el bosque aquel día
que los que devoró la espada.
9 Y Absalón se encontró con los
siervos de David; e iba Absalón
sobre un mulo, y el mulo pasó
por debajo del espeso ramaje de
una gran encina, y se le enredó
la cabeza en la encina, y quedó
suspendido entre el cielo y la tierra, y el mulo en que iba siguió
de largo.
10 Y lo vio uno y avisó a Joab,
diciendo: He aquí que he visto a
Absalón colgado de una encina.
11 Y Joab respondió al hombre que le daba la noticia: Y si lo
viste, ¿por qué no le mataste en
seguida allí, *echándole* a tierra?
Yo te hubiera dado diez *siclos* de
plata y un cinturón.
12 Y el hombre dijo a Joab: Aunque pesaras en mis manos mil
siclos de plata, no extendería yo
mi mano contra el hijo del rey,
porque nosotros oímos cuando el
rey te mandó a ti, y a Abisai y a
Itai, diciendo: Mirad que ninguno
toque al joven Absalón.
13 Por otra parte, habría yo hecho traición contra mi vida, pues
al rey nada se le esconde, y tú
mismo estarías en contra.
14 Y respondió [a]Joab: No perderé
mi tiempo contigo. Y tomando
tres dardos en su mano, los clavó
en el corazón de Absalón, que
aún estaba vivo en medio de la
encina.
15 Y diez jóvenes escuderos de
Joab rodearon a Absalón y lo hirieron, y acabaron de matarle.
16 Entonces Joab tocó la trompeta, y el pueblo dejó de perseguir a Israel, porque Joab detuvo
al pueblo.
17 Tomando después a Absalón,
lo echaron en un gran hoyo en el
bosque y levantaron sobre él un
montón muy grande de piedras;
y todo Israel huyó, cada uno a
su tienda.
18 Y en vida, Absalón había tomado *piedras* y había erigido una
columna para sí, la cual está en
el valle del rey, porque había dicho: Yo no tengo hijo que conserve la memoria de mi nombre.
Y [a]llamó aquella columna por su
propio nombre, y así se ha llamado la [b]Columna de Absalón,
hasta hoy.
19 Entonces Ahimaas hijo de Sadoc dijo: ¿Correré ahora y daré al
rey las nuevas de que [a]Jehová le
ha vindicado de la mano de sus
enemigos?
20 Y le respondió Joab: Hoy
no llevarás las nuevas; las llevarás otro día; no darás hoy la
noticia, porque el hijo del rey ha
muerto.
21 Y Joab dijo a un etíope: Ve tú
y di al rey lo que has visto. Y el
etíope hizo reverencia ante Joab
y corrió.

14 *a* 1 Rey. 2:5–6.
18 *a* GEE Orgullo; Vanidad, vano.
b *O sea,* monumento.
19 *a* GEE Venganza.

22 Entonces Ahimaas hijo de Sadoc volvió a decir a Joab: Sea como sea, yo correré, te ruego, tras el etíope. Y Joab dijo: Hijo mío, ¿para qué has de correr tú, si no recibirás recompensa por las nuevas?

23 Pero *él respondió:* Sea como sea, yo correré. Entonces le dijo: Corre. Corrió, pues, Ahimaas, por el camino de la llanura, y se adelantó al etíope.

24 Y David estaba sentado entre las dos puertas; y el atalaya subió al terrado que estaba sobre la puerta del muro, y alzando sus ojos, miró y vio a un hombre que corría solo.

25 El atalaya dio voces, y lo hizo saber al rey. Y el rey dijo: Si viene solo, buenas nuevas trae. En tanto que él venía acercándose,

26 vio el atalaya a otro hombre que corría; y dio voces el atalaya al portero, diciendo: He aquí *otro* hombre que corre solo. Y el rey dijo: Éste también trae buenas nuevas.

27 Y el atalaya dijo: Me parece el correr del primero como el correr de Ahimaas hijo de Sadoc. Y respondió el rey: Ése es hombre de bien y viene con buenas nuevas.

28 Entonces Ahimaas dijo en alta voz al rey: Paz. Y se postró sobre su rostro en tierra delante del rey y dijo: Bendito sea Jehová tu Dios, que ha entregado a los hombres que habían levantado sus manos contra mi señor el rey.

29 Y el rey dijo: ¿El joven Absalón está bien? Y Ahimaas respondió: Vi yo un gran alboroto cuando envió Joab al siervo del rey y a mí, tu siervo, pero no supe qué era.

30 Y el rey dijo: Pasa, y ponte allí. Y él pasó y se quedó de pie.

31 Y he aquí llegó el etíope y dijo: Reciba buenas nuevas mi señor el rey, porque hoy Jehová te ha vindicado de la mano de todos los que se habían levantado contra ti.

32 El rey entonces dijo al etíope: ¿El joven Absalón está bien? Y el etíope respondió: Como aquel joven sean los enemigos de mi señor el rey, y todos los que se levanten contra ti para mal.

33 Entonces el rey se turbó, y subió a la sala que estaba encima de la puerta y lloró; y yendo, decía así: ¡Hijo mío Absalón, hijo mío, hijo mío Absalón! ¡Quién me diera haber muerto yo en tu lugar, Absalón, hijo mío, hijo mío!

CAPÍTULO 19

Joab reprende a David por favorecer a sus enemigos en vez de a sus amigos — David cambia a Joab por Amasa — Simei, quien maldijo a David, es perdonado — Mefi-boset rinde homenaje a David — Los hombres de Judá llevan a David de regreso a Jerusalén.

Y DIERON aviso a Joab: He aquí el rey llora y hace duelo por Absalón.

2 Y aquel día la victoria se convirtió en duelo para todo el pueblo, porque el pueblo oyó decir aquel día que el rey sentía dolor por su hijo.

3 Y entró el pueblo aquel día en la ciudad escondidamente, como suele entrar a escondidas el pueblo avergonzado que ha huido de la batalla.

4 Y el rey, cubierto el rostro, clamaba en alta voz: ¡Oh hijo mío Absalón, oh Absalón, hijo mío, hijo mío!

5 Entonces Joab entró en la casa donde estaba el rey y le dijo: Hoy has avergonzado el rostro de todos tus siervos, que hoy han librado tu vida, y la vida de tus hijos y de tus hijas, y la vida de tus esposas y la vida de tus concubinas,

6 amando a los que te aborrecen y aborreciendo a los que te aman; porque hoy has declarado que nada te importan tus príncipes ni tus siervos; pues hoy sé que si Absalón viviera, aunque todos nosotros estuviéramos hoy muertos, entonces estarías contento.

7 Levántate pues, ahora, y sal fuera y [a]habla bondadosamente a tus siervos, porque juro por Jehová que si no sales, no quedará ni un hombre contigo esta noche; y esto será peor para ti que todos los males que te han sobrevenido desde tu juventud hasta ahora.

8 Entonces se levantó el rey y se sentó a la puerta; y se avisó a todo el pueblo, diciendo: He aquí el rey está sentado a la puerta. Y vino todo el pueblo delante del rey; pero Israel había huido cada uno a su tienda.

9 Y sucedió que todo el pueblo [a]discutía en todas las tribus de Israel, diciendo: El rey nos ha librado de manos de nuestros enemigos y nos ha salvado de manos de los filisteos; y ahora ha huido del territorio por causa de Absalón.

10 Y Absalón, a quien habíamos [a]ungido sobre nosotros, ha muerto en la batalla. ¿Por qué, pues, estáis ahora callados con respecto a hacer volver al rey?

11 Y el rey David envió a los sacerdotes Sadoc y Abiatar, diciendo: Hablad a los ancianos de Judá y decidles: ¿Por qué seréis vosotros los últimos en hacer volver al rey a su casa, ya que la palabra de todo Israel ha llegado al rey, a su casa?

12 Vosotros sois mis [a]hermanos; mis huesos y mi carne sois. ¿Por qué, pues, seréis vosotros los últimos en hacer volver al rey?

13 Asimismo diréis a Amasa: ¿No eres tú también hueso mío y carne mía? Así me haga Dios y aun me añada, si no has de ser general del ejército delante de mí para siempre, en lugar de Joab.

14 Así inclinó el [a]corazón de todos los hombres de Judá, como *el* de un solo hombre, para que enviasen *a decir* al rey: Vuelve tú y todos tus siervos.

15 Volvió, pues, el rey y llegó hasta el Jordán. Y Judá vino a Gilgal para recibir al rey y hacerle pasar el Jordán.

16 Y Simei hijo de Gera, el benjaminita, que era de Bahurim, se dio prisa y descendió con los

19 7 *a* *O sea,* muéstrales agradecimiento.
9 *a* GEE Contención, contienda.
10 *a* Jacob 1:9. GEE Unción.
12 *a* 2 Sam. 19:42–43.
14 *a* GEE Corazón.

hombres de Judá a recibir al rey David;

17 y con él venían mil hombres de Benjamín; asimismo Siba, criado de la casa de Saúl, con sus quince hijos y sus veinte siervos, los cuales se apresuraron a pasar el Jordán delante del rey.

18 Y cruzaron el vado para hacer pasar a la familia del rey y para hacer lo que a él le pareciera bien. Entonces Simei hijo de Gera se postró delante del rey cuando éste pasó el Jordán.

19 Y dijo al rey: No me culpe mi señor de iniquidad, ni te acuerdes de los males que tu siervo hizo el día en que mi señor el rey salió de Jerusalén, ni los guarde el rey en su corazón;

20 porque yo, tu siervo, reconozco haber pecado, y he aquí que he venido hoy, el primero de toda la casa de José, para descender a recibir a mi señor el rey.

21 Y Abisai hijo de Sarvia respondió y dijo: ¿No ha de morir por esto Simei, que [a]maldijo al [b]ungido de Jehová?

22 David entonces dijo: ¿Qué tengo yo que ver con vosotros, hijos de Sarvia, para que hoy me seáis adversarios? ¿Ha de morir hoy alguno en Israel? ¿Acaso no sé que hoy soy rey sobre Israel?

23 Y dijo el rey a Simei: No morirás. Y el rey se lo juró.

24 También Mefi-boset hijo de Saúl descendió a recibir al rey; y no había aseado sus pies, ni había recortado su barba, ni tampoco había lavado sus vestidos desde el día en que el rey salió hasta el día en que volvió en paz.

25 Y aconteció que cuando él vino a Jerusalén a recibir al rey, el rey le dijo: Mefi-boset, ¿por qué no fuiste conmigo?

26 Y él dijo: Oh rey señor mío, mi siervo me ha engañado; pues tu siervo había dicho: Me ensillaré un asno, y montaré en él e iré al rey, porque tu siervo es cojo.

27 Y él [a]ha calumniado a tu siervo delante de mi señor el rey, pero mi señor el rey es como un ángel de Dios; haz, pues, lo que bien te parezca.

28 Porque toda la casa de mi padre era digna de muerte delante de mi señor el rey, y tú pusiste a tu siervo entre los convidados a tu mesa. ¿Qué derecho, pues, tengo aún para quejarme más al rey?

29 Y el rey le dijo: ¿Para qué hablar más de tus asuntos? Yo he determinado que tú y Siba os repartáis las tierras.

30 Y Mefi-boset dijo al rey: Deja que él las tome todas, puesto que mi señor el rey ha vuelto en paz a su casa.

31 También [a]Barzilai, el galaadita, descendió de Rogelim, y pasó el Jordán con el rey, para acompañarle al otro lado del Jordán.

32 Y era Barzilai muy anciano, de ochenta años, el cual había dado provisiones al rey cuando estaba en Mahanaim, porque era un hombre potentado.

33 Y el rey dijo a Barzilai: Cruza

21 *a* Éx. 22:28; DyC 121:16.
b GEE Unción; Escoger, escogido.
27 *a* DyC 109:29; 112:9.
31 *a* 1 Rey. 2:7; 2 Sam. 17:27–29.

conmigo y yo te sustentaré junto a mí en Jerusalén.
34 Mas Barzilai dijo al rey: ¿Cuántos años me quedan de vida para que yo suba con el rey a Jerusalén?
35 Ya tengo ochenta años de edad. ¿Acaso podré yo discernir entre lo bueno y lo malo? ¿Saboreará ahora tu siervo lo que coma o lo que beba? ¿Oirá aún la voz de los cantores y de las cantoras? ¿Para qué, pues, ha de ser tu siervo una carga para mi señor el rey?
36 Pasará tu siervo un poco más allá del Jordán con el rey; pero, ¿por qué me ha de dar el rey tan gran recompensa?
37 Yo te ruego que dejes volver a tu siervo, para que muera en mi ciudad, junto al sepulcro de mi padre y de mi madre. Mas he aquí a tu siervo Quimam; que pase él con mi señor el rey, y haz con él lo que bien te parezca.
38 Y el rey dijo: Pues pase conmigo Quimam, y yo haré con él como bien te parezca; y todo lo que tú me pidas, yo lo haré.
39 Y todo el pueblo pasó el Jordán; y luego que el rey hubo también pasado, el rey besó a Barzilai y lo bendijo; y él volvió a su casa.
40 El rey entonces pasó a Gilgal, y con él pasó Quimam; y todo el pueblo de Judá, con la mitad del pueblo de Israel, pasaron con el rey.
41 Y he aquí todos los hombres de Israel vinieron al rey y le dijeron: ¿Por qué los hombres de Judá, nuestros hermanos, te han acaparado, y han hecho pasar el Jordán al rey y a su familia, y a todos los hombres de David con él?
42 Y todos los hombres de Judá respondieron a los de Israel: Porque el rey es nuestro pariente. Mas, ¿por qué os enojáis vosotros por eso? ¿Hemos nosotros comido a costa del rey? ¿Hemos recibido de él alguna dádiva?
43 Entonces respondieron los hombres de Israel y dijeron a los de Judá: Nosotros tenemos en el rey diez partes, y en el mismo David más derecho que vosotros. ¿Por qué, pues, nos habéis tenido en poco? ¿No hablamos nosotros primero de hacer volver a nuestro rey? Y las palabras de los hombres de Judá fueron más severas que las de los hombres de Israel.

CAPÍTULO 20

Seba aparta a las tribus de Israel de David — Joab mata a Amasa y persigue a Seba — Intercede una mujer sabia — La muerte de Seba da fin a la insurrección.

Y ACAECIÓ que se encontraba allí un hombre perverso que se llamaba Seba hijo de Bicri, hombre de Benjamín, el cual tocó la trompeta y dijo: No tenemos nosotros parte con David ni heredad con el hijo de Isaí. ¡Israel, cada uno a su tienda!
2 Así todos los hombres de Israel abandonaron a David y siguieron a Seba hijo de Bicri; pero los de Judá siguieron a su rey desde el Jordán hasta Jerusalén.

3 Y cuando llegó David a su casa en Jerusalén, tomó el rey a las diez mujeres [a]concubinas que había dejado para guardar la casa, y las puso en reclusión en una casa y les dio alimento; pero nunca más se llegó a ellas, sino que quedaron encerradas hasta que murieron en viudez de por vida.

4 Después dijo el rey a Amasa: Convócame a los hombres de Judá para dentro de tres días, y preséntate tú también aquí.

5 Fue, pues, Amasa a convocar a Judá, pero se tardó más tiempo del que le había sido señalado.

6 Y dijo David a Abisai: Seba hijo de Bicri nos hará ahora más daño que Absalón; toma, pues, tú los siervos de tu señor y ve tras él, no sea que alcance las ciudades fortificadas y se nos escape.

7 Entonces salieron en pos de él los hombres de Joab, y los cereteos, y los peleteos y todos los valientes; salieron de Jerusalén para perseguir a Seba hijo de Bicri.

8 Y estando ellos cerca de la piedra grande que está en Gabaón, les salió Amasa al encuentro. Ahora bien, la vestidura que Joab tenía puesta le quedaba ceñida, y sobre ella llevaba un cinto con una daga envainada *y* sujeta a sus lomos, la cual, cuando él avanzó, se le cayó.

9 Entonces Joab dijo a Amasa: ¿Te va bien, hermano mío? Y tomó Joab con la diestra la barba de Amasa para besarlo.

10 Y como Amasa no se cuidó de la daga que Joab tenía en la mano, éste le hirió con ella en la quinta *costilla* y derramó sus entrañas por tierra, y cayó muerto sin darle un segundo golpe. Después Joab y su hermano Abisai fueron en persecución de Seba hijo de Bicri.

11 Y uno de los hombres de Joab se puso de pie junto a él, diciendo: Cualquiera que ame a Joab y a David, siga a Joab.

12 Y Amasa yacía revolcado en su sangre en mitad del camino; y viendo aquel hombre que todo el pueblo se detenía, apartó a Amasa del camino al campo y echó sobre él una vestidura, porque veía que todos los que venían se detenían junto a él.

13 Una vez que fue apartado del camino, pasaron todos los que seguían a Joab, para ir tras Seba hijo de Bicri.

14 Y Seba pasó por todas las tribus de Israel hasta Abel de Bet-maaca y todos los de Barim; y se reunieron y también lo siguieron.

15 Y vinieron y lo sitiaron en Abel de Bet-maaca, y levantaron una rampa contra la ciudad; y fue puesta contra el muro, y todo el pueblo que estaba con Joab trabajaba para derribar el muro.

16 Entonces una mujer sabia dio voces en la ciudad, *diciendo:* ¡Oíd, oíd!; os ruego que digáis a Joab que venga acá, para que yo hable con él.

17 Y cuando él se acercó a ella, dijo la mujer: ¿Eres tú Joab? Y él respondió: Yo soy. Y ella le dijo:

20 3 *a* Jacob 1:15; 2:24.

Oye las palabras de tu sierva. Y
él respondió: Oigo.
18 Entonces volvió ella a hablar,
diciendo: Antiguamente solían
decir: Quien pregunte, pregunte
en Abel; y así concluían todo
asunto.
19 Yo soy de las pacíficas y fieles
de Israel, y tú procuras destruir
una ciudad y una madre en Israel.
¿Por qué destruyes la heredad
de Jehová?
20 Y Joab respondió, diciendo:
Nunca, nunca tal cosa me acontezca, que yo [a]destruya ni
deshaga.
21 La cosa no es así, sino que un
hombre de los montes de Efraín,
que se llama Seba hijo de Bicri,
ha levantado su mano contra el
rey David. Entregad a ése solamente y me iré de la ciudad. Y
la mujer dijo a Joab: He aquí que
su cabeza te será arrojada desde
el muro.
22 Y la mujer fue a todo el pueblo con su sabiduría; y ellos le
cortaron la cabeza a Seba hijo
de Bicri y la arrojaron a Joab. Y
él tocó la trompeta, y se retiraron de la ciudad, cada uno a su
tienda. Y Joab regresó a Jerusalén
junto al rey.
23 Así quedó Joab sobre todo
el ejército de Israel, y Benaía hijo
de Joiada sobre los cereteos y los
peleteos;
24 y Adoram estaba sobre los
tributos, y Josafat hijo de Ahilud
era el cronista.
25 Y Seba era el escriba; y Sadoc
y Abiatar eran los sacerdotes.
26 E Ira, el jaireo, también fue
sacerdote de David.

CAPÍTULO 21

Jehová envía una hambruna — David comprende que la hambruna se debe a que Saúl mató a los gabaonitas, acto contrario al juramento de Israel — David entrega siete hijos de Saúl a los gabaonitas para que los ahorquen — Israel y los filisteos continúan sus guerras.

Y EN los días de David hubo
hambre durante tres años con-
secutivos. Y David consultó a
Jehová, y Jehová le dijo: Es por
causa de Saúl, y por aquella casa
sanguinaria, porque mató a los
gabaonitas.
2 Entonces el rey llamó a los
gabaonitas y les habló. (Los [a]ga-
baonitas no eran de los hijos de
Israel, sino del resto de los amorreos, a los cuales los hijos de
Israel habían hecho juramento;
pero Saúl había procurado matarlos en su celo por los hijos de
Israel y de Judá.)
3 Dijo, pues, David a los gabaonitas: ¿Qué haré por vosotros, y cómo os compensaré
para que bendigáis la heredad
de Jehová?
4 Y los gabaonitas le respondieron: No tenemos nosotros
querella sobre plata ni sobre
oro con Saúl ni con su casa, ni
queremos que muera ningún

20 *a* DyC 109:43.
GEE Alma—El valor de las almas.
21 2 *a* Josué 9:3–6, 17–19.

hombre de Israel. Y él les dijo:
Lo que digáis, eso haré por
vosotros.
5 Y ellos respondieron al rey: De
aquel hombre que nos destruyó
y que maquinó contra nosotros,
para exterminarnos sin dejar *nada*
de nosotros en todo el territorio
de Israel,
6 que se nos den siete hombres
de entre sus [a]hijos para que los
ahorquemos delante de Jehová en
Gabaa de Saúl, el escogido de Jehová. Y el rey dijo: Os los daré.
7 Y perdonó el rey a Mefi-boset
hijo de Jonatán, hijo de Saúl, por
el [a]juramento de Jehová que hubo
entre ellos, entre David y Jonatán
hijo de Saúl.
8 Mas tomó el rey a dos hijos de
Rizpa, hija de Aja, los cuales ella
había dado a luz a Saúl, a Armoni
y a Mefi-boset, y a cinco hijos de
Mical, hija de Saúl, los cuales ella
había dado a luz a Adriel hijo de
Barzilai, el meholatita,
9 y los entregó en manos de los
gabaonitas, y ellos los ahorcaron
en el monte delante de Jehová; y
murieron juntos aquellos siete,
los cuales fueron muertos en los
primeros días de la siega, al principio de la siega de la cebada.
10 Y tomó Rizpa, hija de Aja,
una tela de [a]cilicio y la tendió
para sí sobre un peñasco, desde
el principio de la siega hasta que
llovió sobre ellos agua del cielo;
y no dejó que ninguna ave del
cielo se posara sobre ellos de
día, ni las fieras del campo de
noche.
11 Y le dijeron a David lo que
hacía Rizpa, hija de Aja, concubina de Saúl.
12 Entonces David fue y tomó
los huesos de Saúl y los huesos de
Jonatán, su hijo, de los hombres
de Jabes de Galaad, que los habían hurtado de la plaza de Bet-
sán, donde los habían colgado los
filisteos cuando éstos mataron a
Saúl en Gilboa;
13 e hizo llevar de allí los huesos
de Saúl y los huesos de su hijo Jonatán; y también recogieron los
huesos de los ahorcados.
14 Y sepultaron los huesos de
Saúl y los de su hijo Jonatán en
la tierra de Benjamín, en Zela,
en el sepulcro de su padre Cis;
e hicieron todo lo que el rey había mandado. Después de esto,
Dios escuchó las súplicas para
con la tierra.
15 Y cuando los filisteos volvieron a hacer la guerra contra
Israel, descendió David y sus
siervos con él y pelearon contra
los filisteos; y David se cansó.
16 E Isbi-benob, uno de los
descendientes del gigante, cuya
lanza pesaba trescientos siclos
de bronce, y que llevaba ceñida
una *espada* nueva, trató de matar
a David;
17 pero Abisai hijo de Sarvia
llegó en su ayuda, e hirió al filisteo y lo mató. Entonces los
hombres de David le juraron,
diciendo: Nunca más de aquí en
adelante saldrás con nosotros a
la batalla, no sea que apagues la
lámpara de Israel.

6 *a* Deut. 24:16.
7 *a* 1 Sam. 18:3–4.
GEE Juramento.
10 *a* Señal de luto o
penitencia.

18 Y aconteció que después hubo
una segunda guerra en Gob contra los filisteos; entonces Sibecai,
el husatita, mató a Saf, que era
de los hijos del [a]gigante.
19 Y hubo guerra en Gob contra
los filisteos, en la cual Elhanán
hijo de Jaare-oregim, de Belén,
mató a Goliat, el geteo, el asta
de cuya lanza era como el rodillo
de un telar.
20 Después hubo otra guerra
en Gat, donde había un hombre
de gran estatura, el cual tenía
doce dedos en las manos y otros
doce en los pies, veinticuatro en
total; y también era de los hijos
del gigante.
21 Éste desafió a Israel, y lo mató
Jonatán hijo de Simea, hermano
de David.
22 Estos cuatro eran descendientes del gigante de Gat, los cuales
cayeron por mano de David y por
mano de sus siervos.

CAPÍTULO 22

David alaba a Jehová con un salmo de agradecimiento — Jehová es su fortaleza y su salvador; Jehová es fuerte y poderoso para librar, premia a los hombres de acuerdo con su rectitud, muestra misericordia al misericordioso y Su camino es perfecto; Él vive y bendito sea.

Y DIRIGIÓ David a Jehová las palabras de este [a]cántico, el día en
que Jehová le libró de manos de
todos sus enemigos y de manos
de Saúl.
2 Y dijo:
Jehová es mi [a]roca, y mi fortaleza y mi libertador;
3 Dios de mi roca, en él [a]confiaré;
mi [b]escudo y el poder de mi salvación, mi fortaleza y mi alto refugio.
Salvador mío, me libras de violencia.
4 Invocaré a Jehová, quien es digno de ser alabado,
y seré salvo de mis enemigos.
5 Me envolvieron las olas de la muerte;
torrentes de iniquidad me atemorizaron.
6 Me rodearon las ligaduras del [a]Seol,
y tendieron ante mí lazos de muerte.
7 En mi angustia invoqué a Jehová
y [a]clamé a mi Dios;
y él oyó mi voz desde su templo,
y mi clamor *llegó* a sus oídos.
8 La tierra se sacudió y tembló;
se conmovieron los cimientos de los cielos,
y se estremecieron, porque él se airó.
9 Humo subió de su nariz,
y de su boca fuego consumidor;

18 *a* GEE Goliat.
22 1 *a* GEE Salmo; Cantar.
2 *a* GEE Roca.
3 *a* GEE Confianza, confiar.
b DyC 35:13–14.
6 *a* GEE Infierno; Condenación, condenar.
7 *a* DyC 121:1–4. GEE Oración.

carbones fueron encendidos
por él.
10 Inclinó los cielos y descendió;
densas tinieblas había debajo
de sus pies.
11 Y cabalgó sobre un [a]querubín
y voló;
y se le vio sobre las alas del
viento.
12 De las tinieblas hizo pabellones a su alrededor,
oscuridad de aguas y densas nubes.
13 Por el resplandor de su presencia
se encendieron carbones ardientes.
14 Tronó Jehová desde los cielos,
y el Altísimo su voz dio;
15 envió saetas y los dispersó;
envió relámpagos y los confundió.
16 Entonces aparecieron las
cuencas del mar,
y quedaron al descubierto
los cimientos del mundo
ante la reprensión de Jehová,
al soplo del aliento de su
nariz.
17 Envió desde lo alto; me
tomó;
me sacó de caudalosas
aguas.
18 Me libró de mi poderoso enemigo,
de los que me aborrecían,
pues eran más fuertes que
yo.
19 Me asaltaron en el día de
mi calamidad,
mas Jehová fue mi apoyo.
20 Me sacó a lugar espacioso;
me libró, porque se complació en mí.
21 Me recompensó Jehová conforme a mi justicia;
conforme a la [a]limpieza de
mis manos me ha recompensado.
22 Porque he guardado los caminos de Jehová
y no me aparté impíamente
de mi Dios.
23 Pues todos sus [a]decretos estaban delante de mí,
y de sus estatutos no me he
apartado.
24 Y fui íntegro para con él,
y me he guardado de mi iniquidad.
25 Me ha recompensado, por
tanto, Jehová
conforme a mi justicia,
conforme a mi limpieza
delante de sus ojos.
26 Con el misericordioso te
muestras misericordioso,
y con el íntegro te muestras
íntegro.
27 Con el puro eres puro,
y con el perverso eres sagaz.
28 Y tú salvas al pueblo [a]afligido,
mas tus ojos están sobre
los [b]altivos para abatirlos.
29 Porque tú eres mi [a]lámpara,
oh Jehová;

11 *a* GEE Querubines.
21 *a* GEE Pureza, puro.
23 *a* Deut. 7:11–13.
28 *a* GEE Humildad, humilde, humillar (afligir).
b GEE Orgullo.
29 *a* 3 Ne. 18:24.

y Jehová [b]alumbra mis tinieblas.
30 Porque contigo desbarato ejércitos,
y con mi Dios salto muros.
31 En cuanto a Dios, [a]perfecto es su camino;
acrisolada es la [b]palabra de Jehová,
[c]escudo es a todos los que en él se refugian.
32 Porque, ¿quién es Dios sino Jehová?
¿Y quién es roca sino nuestro Dios?
33 Dios es mi [a]fortaleza poderosa,
y hace perfecto mi camino;
34 hace mis pies como de ciervas
y me hace estar firme en mis alturas;
35 adiestra mis manos para la [a]batalla
y mis brazos para tensar el arco de bronce.
36 Y me diste el escudo de tu salvación,
y tu benignidad me ha engrandecido.
37 Tú ensanchaste mis pasos debajo de mí,
y mis pies no han resbalado.
38 Perseguí a mis enemigos y los destruí;
y no regresé hasta haberlos acabado.
39 Los consumí y los herí, y no se levantaron;
y cayeron debajo de mis pies.
40 Pues me ceñiste de fuerzas para la batalla;
has humillado debajo de mí a los que contra mí se levantaron.
41 Has hecho que mis enemigos me vuelvan las [a]espaldas,
para que yo destruyese a los que me aborrecían.
42 Buscaron ayuda, mas no hubo quien los salvase;
clamaron a Jehová, mas no les respondió.
43 Como polvo de la tierra los molí;
como a lodo de las calles los pisé y los hollé.
44 Tú me libraste de las contiendas de mi pueblo;
me guardaste para que fuese cabeza de [a]naciones;
pueblo que yo no conocía me sirve.
45 Los hijos de extranjeros se someten a mí;
al oírme, me obedecen.
46 Los hijos de extranjeros desfallecen
y salen temblando de sus refugios.
47 ¡[a]Viva Jehová! ¡Y bendita sea mi roca!
[b]Exaltado sea Dios, la roca de mi salvación,
48 el Dios que por mí toma [a]venganza,
y sujeta pueblos debajo de mí

29 *b* GEE Luz, luz de Cristo.
31 *a* GEE Perfecto.
b GEE Palabra de Dios.
c DyC 35:13–14.
33 *a* Alma 26:12.
35 *a* GEE Guerra.
41 *a* Gén. 49:8.
44 *a* 3 Ne. 21:21–22.
47 *a* DyC 76:22–23.
b GEE Exaltación.
48 *a* GEE Venganza.

49 y me libra de mis enemigos.
Tú me enalteces sobre los que se levantan contra mí;
me libras del hombre violento.
50 Por eso yo te [a]alabaré entre las naciones, oh Jehová,
y cantaré alabanzas a tu nombre.
51 Él es torre de salvación a su rey
y hace misericordia a su ungido:
a David y a su descendencia para siempre.

CAPÍTULO 23

David habla por el poder del Espíritu — Los gobernantes deben ser justos y gobernar en el temor de Dios — Se hace mención de los valientes de David y se enaltecen sus obras.

ÉSTAS son las últimas palabras de David.
Dijo David hijo de Isaí,
dijo aquel varón que fue levantado en alto,
el ungido del Dios de Jacob,
el dulce [a]cantor de Israel:
2 El [a]Espíritu de Jehová [b]ha hablado por medio de mí,
y su [c]palabra ha estado en mi lengua.
3 El Dios de Israel me ha hablado,
me habló la Roca de Israel:
El que [a]gobierna a los hombres con justicia,
que gobierna en el [b]temor de Dios;
4 es como la [a]luz de la mañana cuando sale el sol
en una mañana sin nubes;
como la hierba de la tierra *brota*
por el resplandor después de la lluvia.
5 ¿No es así mi casa para con Dios?
Pues él ha hecho [a]convenio eterno conmigo,
bien ordenado en todas las cosas y seguro.
Aunque todavía no haya hecho florecer
toda mi [b]salvación y todo mi deseo.
6 Pero los malvados, todos ellos, serán como
espinos desechados,
los cuales nadie toma con la mano;
7 y quien quiere tocarlos
se arma de un hierro y del asta de una lanza,
y son del todo quemados en su lugar.
8 Éstos son los nombres de
los [a]valientes que tuvo David:
Joseb-basebet, el tacmonita,
principal de los capitanes; éste
era Adino, el eznita, que mató

50 *a* GEE Acción de gracias, agradecido, agradecimiento.
23 1 *a* GEE Salmo.
2 *a* GEE Enseñar.
b GEE Revelación.
c GEE Voz.
3 *a* GEE Gobierno.
b GEE Temor—Temor de Dios.
4 *a* JS—M 1:26.
5 *a* *Es decir,* convenio sempiterno. Sal. 89:29.
b Mateo 1:20–21; DyC 6:13. GEE Plan de redención; Salvación.
8 *a* 1 Cró. 11:10.

en una ocasión a ochocientos hombres.

9 Después de éste, Eleazar hijo de Dodo, el ahohíta, uno de los tres valientes que estaban con David cuando desafiaron a los filisteos que se habían reunido allí para la batalla, y los hombres de Israel se alejaron.

10 Éste se levantó e hirió a los filisteos hasta que su mano se cansó y se le quedó pegada a la espada. Aquel día Jehová dio una gran victoria, y el pueblo se volvió en pos de él solamente para tomar el botín.

11 Después de éste fue Sama hijo de Age, el ararita. Y los filisteos se habían reunido en Lehi, donde había un pequeño terreno lleno de lentejas, y el pueblo huyó delante de los filisteos.

12 Él entonces se puso en medio del terreno, y lo defendió y mató a los filisteos; y así Jehová dio una gran victoria.

13 Y tres de los treinta jefes descendieron y vinieron en tiempo de la siega a David a la cueva de Adulam; y el campamento de los filisteos estaba en el valle de Refaim.

14 David entonces estaba en el lugar fuerte, y la guarnición de los filisteos estaba en Belén.

15 Y David tuvo un gran deseo y dijo: ¡Quién me diera a beber del agua del pozo de Belén que está junto a la puerta!

16 Entonces los tres valientes irrumpieron en el campamento de los filisteos, y sacaron agua del pozo de Belén que estaba junto a la puerta, se la llevaron, y la trajeron a David; pero él no la quiso beber, sino que la derramó ante Jehová,

17 y dijo: Lejos esté de mí, oh Jehová, que yo haga esto. ¿No es esto como la sangre de los hombres que fueron con peligro de su vida? Y no quiso beberla. Los tres valientes hicieron esto.

18 Y Abisai, hermano de Joab, hijo de Sarvia, era el principal de los treinta; éste alzó su lanza contra trescientos, a quienes mató, y tuvo renombre entre los tres.

19 Él era el más destacado de los treinta, y llegó a ser su jefe, pero no igualó a los tres *primeros.*

20 Después, Benaía hijo de Joiada, hijo de un hombre valiente, grande en hechos, de Cabseel. Éste mató a [a]dos leones de Moab; y él mismo descendió y mató a un león en medio de un foso un día de nieve.

21 También mató él a un egipcio, hombre *de* gran estatura; y tenía el egipcio una lanza en la mano, pero descendió contra él con un palo, y le arrebató al egipcio la lanza de la mano y lo mató con su propia lanza.

22 Esto hizo Benaía hijo de Joiada, y tuvo renombre como los tres valientes.

23 De los treinta fue el más destacado, pero no igualó a los tres *primeros.* Y lo puso David como jefe de su guardia personal.

24 Asael, hermano de Joab, era uno de los treinta; Elhanán hijo de Dodo, de Belén,

20 *a Es decir,* dos hombres que eran héroes, como leones.

25 Sama, el harodita, Elica, el harodita,
26 Heles, el paltita, Ira hijo de Iques, el tecoíta,
27 Abiezer, el anatotita, Mebunai, el husaíta,
28 Salmón, el ahohíta, Maharai, el netofatita,
29 Heleb hijo de Baana, el netofatita, Itai hijo de Ribai, el de Gabaa de los hijos de Benjamín,
30 Benaía, el piratonita, Hidai, del arroyo de Gaas,
31 Abi-albón, el arbatita, Azmavet, el barhumita,
32 Eliaba, el saalborita, Jonatán, de los hijos de Jasén,
33 Sama, el ararita, Ahíam hijo de Sarar, el ararita,
34 Elifelet hijo de Ahasbai, hijo de Maaca, Eliam hijo de Ahitofel, el gilonita,
35 Hezrai, el carmelita, Paarai, el arbita;
36 Igal hijo de Natán, de Soba, Bani, el gadita;
37 Selec, el amonita, Naharai, el beerotita, escudero de Joab hijo de Sarvia,
38 Ira, el itrita, Gareb, el itrita,
39 y Urías, el heteo. Entre todos, treinta y siete.

CAPÍTULO 24

David peca al contar a Israel y a Judá — Los hombres de guerra suman un millón trescientos mil — Jehová destruye a setenta mil hombres con una peste — David ve a un ángel, ofrece sacrificio, y la plaga se detiene.

Y volvió a encenderse el furor de Jehová contra Israel, [a]e incitó a David contra ellos a que dijese: Ve y haz un censo de Israel y de Judá.
2 Y dijo el rey a Joab, general del ejército que estaba con él: Recorre ahora todas las tribus de Israel, desde Dan hasta Beerseba, y haz un censo del pueblo, para que yo sepa el número de la gente.
3 Y Joab respondió al rey: Añada Jehová tu Dios al pueblo cien veces más de los que son, y que lo vea mi señor el rey; pero, ¿por qué se complace en esto mi señor el rey?
4 Sin embargo, la palabra del rey prevaleció sobre la de Joab y sobre la de los capitanes del ejército. Salió, pues, Joab con los capitanes del ejército, de delante del rey, para hacer el censo del pueblo de Israel.
5 Y pasaron el Jordán y acamparon en Aroer, a la derecha de la ciudad que está en medio del valle de Gad y en dirección a Jazer.
6 Después fueron a Galaad y a la tierra baja de Hodsi; y de allí fueron a Danjaán y doblaron hacia Sidón.
7 Y fueron luego a la fortaleza de Tiro y a todas las ciudades de los heveos y de los cananeos; y salieron al sur de Judá, hasta Beerseba.
8 Y después que hubieron

24 1 *a* Parece que falta algo y que la palabra "Satanás" debe preceder a "incitó". 1 Cró. 21:1. GEE Diablo; Espíritu—Espíritus inmundos.

recorrido toda la tierra, volvieron a Jerusalén al cabo de nueve meses y veinte días.

9 Y Joab dio al rey el número del censo del pueblo; y fueron los de Israel ochocientos mil hombres valientes que sacaban espada, y de los de Judá, quinientos mil hombres.

10 Y después que David hubo censado al pueblo, le pesó en su corazón; y dijo David a Jehová: Yo he pecado gravemente por haber hecho *esto;* pero ahora, oh Jehová, te ruego que quites el pecado de tu siervo, porque yo he actuado muy neciamente.

11 Y por la mañana, cuando David se hubo levantado, vino la palabra de Jehová al [a]profeta Gad, [b]vidente de David, diciendo:

12 Ve y di a David: Así ha dicho Jehová: Tres cosas te ofrezco: tú escogerás una de ellas, para que yo la haga.

13 Vino, pues, Gad a David, y se lo hizo saber y le dijo: ¿Quieres que te vengan siete años de hambre en tu tierra? ¿O que huyas tres meses delante de tus enemigos y que ellos te persigan? ¿O que tres días haya peste en tu tierra? Piensa ahora, y mira qué responderé al que me ha enviado.

14 Entonces David dijo a Gad: Estoy en gran angustia; es preferible caer ahora en manos de Jehová, porque sus [a]misericordias son muchas, a caer yo en manos de hombres.

15 Y envió Jehová la peste sobre Israel desde la mañana hasta el tiempo señalado; y murieron setenta mil hombres del pueblo, desde Dan hasta Beerseba.

16 Y cuando el ángel extendió su mano sobre Jerusalén para destruirla, Jehová [a]se arrepintió de aquel mal y dijo al ángel que destruía al pueblo: Basta ahora; [b]detén tu mano. Y el ángel de Jehová estaba junto a la era de Arauna, el jebuseo.

17 Y David dijo a Jehová, cuando vio al ángel que hería al pueblo: Yo pequé; yo hice lo malo. ¿Qué han hecho estas ovejas? Te ruego que tu mano se vuelva contra mí y contra la casa de mi padre.

18 Y Gad vino a David aquel día y le dijo: Sube y levanta un [a]altar a Jehová en la era de Arauna, el jebuseo.

19 Y subió David, conforme al dicho de Gad, según lo había mandado Jehová.

20 Y miró Arauna y vio al rey y a sus siervos que venían a él. Salió entonces Arauna y se inclinó delante del rey, rostro a tierra.

21 Y Arauna dijo: ¿Por qué viene mi señor el rey a su siervo? Y David respondió: Para comprar de ti la era, a fin de edificar un altar a Jehová, para que cese la plaga de entre el pueblo.

22 Y Arauna dijo a David: Tome y ofrezca mi señor el rey lo que bien le parezca; he aquí, bueyes para el holocausto, y los trillos

11 *a* Amós 3:7.
b GEE Vidente.
14 *a* GEE Misericordia, misericordioso.
16 *a* TJS 2 Sam. 24:16 …*le dijo: Detén ahora tu mano, basta, porque el pueblo se ha arrepentido, y Jehová detuvo la mano del ángel, para que no* destruyese al pueblo. 1 Sam. 15:11; Joel 2:13.
b Alma 10:23.
18 *a* 1 Cró. 22:1. GEE Altar.

y los yugos de los bueyes para leña.

23 Todo esto, oh rey, Arauna lo da al rey. Y dijo Arauna al rey: Jehová tu Dios te sea propicio.

24 Y el rey dijo a Arauna: No, sino que por precio te lo compraré, porque no ofreceré a Jehová mi Dios holocaustos que no me cuesten nada. Entonces David compró la era y los bueyes por cincuenta siclos de plata.

25 Y edificó allí David un altar a Jehová, y sacrificó holocaustos y [a]ofrendas de paz; y Jehová se aplacó con la tierra, y cesó la plaga de entre Israel.

PRIMER LIBRO DE LOS REYES

CAPÍTULO 1

Abisag abriga a David en su vejez — Adonías aspira a ser rey — Betsabé y Natán avisan a David del complot de Adonías — David nombra rey a Salomón y éste es ungido por Sadoc — La causa de Adonías fracasa.

[a]Y EL rey David ya era viejo y entrado en años, y le cubrían de ropas, pero no entraba en calor.

2 Le dijeron, por tanto, sus siervos: Busquen para mi señor el rey una joven virgen, para que [a]esté delante del rey y lo abrigue, y duerma a su lado, para que entre en calor mi señor el rey.

3 Y buscaron una joven hermosa por todo el territorio de Israel, y hallaron a Abisag, la sunamita, y la llevaron al rey.

4 Y la joven era hermosa; y ella abrigaba al rey y le servía; pero el rey nunca la conoció.

5 Entonces [a]Adonías hijo de Haguit [b]se enalteció, diciendo: Yo reinaré. Y se hizo de carros y de gente de a caballo, y de cincuenta hombres que corriesen delante de él.

6 Y su padre nunca le había contrariado en todos sus días, diciéndole: ¿Por qué haces esto? Y también éste era de muy hermoso parecer, y había nacido después de Absalón.

7 Y había hablado con Joab hijo de Sarvia y con el sacerdote Abiatar, quienes ayudaban a Adonías.

8 Pero el sacerdote Sadoc, y Benaía hijo de Joiada, y el profeta [a]Natán, y Simei, y Rei y todos [b]los valientes de David no seguían a Adonías.

9 Y Adonías mató ovejas y vacas y *animales* engordados junto a la peña de Zohelet, que está cerca

25 *a* GEE Ofrenda; Sacrificios.

[1 REYES]
1 1 *a* GEE Cronología; Reyes—Primer libro de los Reyes.
2 *a* *Es decir,* atienda al.
5 *a* 2 Sam. 3:2–4.
b GEE Orgullo.
8 *a* GEE Natán.
b 2 Sam. 23:24–39.

de la fuente de Rogel, y convidó a todos sus hermanos, los hijos del rey, y a todos los hombres de Judá, siervos del rey.

10 Pero no convidó al profeta Natán, ni a Benaía, ni a los valientes ni a su hermano [a]Salomón.

11 Y habló Natán a Betsabé, madre de Salomón, diciendo: ¿No has oído que Adonías hijo de Haguit reina sin saberlo David, nuestro señor?

12 Ven pues, ahora, y déjame darte un consejo, para que salves tu vida y la vida de tu hijo Salomón.

13 Ve y preséntate ante el rey David y dile: Oh rey señor mío, ¿no has jurado tú a tu sierva, diciendo: Tu hijo [a]Salomón reinará después de mí y él se sentará en mi trono? ¿Por qué, pues, reina Adonías?

14 Y mientras estés tú aún hablando con el rey, yo entraré detrás de ti y reafirmaré tus palabras.

15 Entonces Betsabé entró en la alcoba del rey; y el rey era muy anciano, y Abisag, la sunamita, le servía.

16 Y Betsabé se inclinó e hizo reverencia al rey. Y el rey le dijo: ¿Qué deseas?

17 Y ella le respondió: Señor mío, tú juraste a tu sierva por Jehová tu Dios, *diciendo:* Tu hijo Salomón reinará después de mí y él se sentará en mi trono;

18 pero he aquí, ahora Adonías reina; y tú, mi señor rey, hasta ahora no lo sabes.

19 Ha matado bueyes, y *animales* engordados y ovejas en abundancia, y ha convidado a todos los hijos del rey, y al sacerdote Abiatar y a Joab, general del ejército; pero a Salomón, tu siervo, no ha convidado.

20 Entre tanto, rey y señor mío, los ojos de todo Israel están puestos en ti, para que les declares quién se ha de sentar en el trono de mi señor el rey después de él.

21 De otra manera acontecerá que cuando mi señor el rey duerma con sus padres, yo y mi hijo Salomón seremos tenidos por culpables.

22 Y he aquí, mientras aún hablaba ella con el rey, llegó el profeta Natán.

23 Y dieron aviso al rey, diciendo: He aquí el profeta Natán. Cuando éste entró ante el rey, se postró delante del rey, rostro en tierra.

24 Y dijo Natán: Rey y señor mío, ¿has dicho tú: Adonías reinará después de mí, y él se sentará en mi trono?

25 Porque hoy ha descendido y ha matado bueyes, y *animales* engordados y ovejas en abundancia, y ha convidado a todos los hijos del rey, y a los capitanes del ejército y también al sacerdote Abiatar; y he aquí, están comiendo y bebiendo delante de él, y dicen: ¡Viva el rey Adonías!

26 Pero ni a mí, tu siervo, ni al sacerdote Sadoc, ni a Benaía hijo de Joiada ni a Salomón, tu siervo, ha convidado.

10 *a* GEE Salomón.

13 *a* 1 Cró. 22:9–10.

27 ¿Ha sido este asunto ordenado por mi señor el rey, sin haber dado a conocer a tu siervo quién se había de sentar en el trono de mi señor el rey, después de él?

28 Entonces el rey David respondió y dijo: Llamadme a Betsabé. Y ella entró a la presencia del rey y se puso delante del rey.

29 Y el rey juró, diciendo: Vive Jehová, que ha redimido mi alma de toda angustia,

30 que como yo te he jurado por Jehová, Dios de Israel, diciendo: Tu hijo Salomón reinará después de mí y él se sentará en mi trono en mi lugar; así lo haré hoy.

31 Entonces Betsabé se inclinó rostro a tierra ante el rey, y haciendo reverencia al rey, dijo: ¡Viva mi señor, el rey David, para siempre!

32 Y el rey David dijo: Llamadme al sacerdote Sadoc, y al profeta Natán y a Benaía hijo de Joiada. Y ellos entraron a la presencia del rey.

33 Y el rey les dijo: Tomad con vosotros a los siervos de vuestro señor, y haced montar a mi hijo Salomón en mi mula y llevadlo a [a]Gihón;

34 y allí lo [a]ungirán el sacerdote Sadoc y el profeta Natán como rey sobre Israel, y tocaréis trompeta y diréis: ¡Viva el rey Salomón!

35 Después subiréis vosotros detrás de él, y vendrá y se sentará en mi trono, y él reinará en mi lugar, porque a él le he ordenado para que sea gobernante sobre Israel y sobre Judá.

36 Entonces Benaía hijo de Joiada respondió al rey y dijo: Amén. Así *lo* diga Jehová, Dios de mi señor el rey.

37 De la manera que Jehová ha estado con mi señor el rey, así esté con Salomón y haga mayor su trono que el trono de mi señor, el rey David.

38 Y descendieron el sacerdote Sadoc, y el profeta Natán, y Benaía hijo de Joiada, y los cereteos y los [a]peleteos, e hicieron montar a Salomón en la mula del rey David y lo llevaron a Gihón.

39 Y tomó el sacerdote Sadoc el cuerno del [a]aceite del [b]tabernáculo y ungió a Salomón; y tocaron trompeta, y dijo todo el pueblo: ¡Viva el rey Salomón!

40 Después subió todo el pueblo en pos de él; y cantaba la gente con flautas y hacía grandes alegrías, que parecía que la tierra se estremecía con el clamor de ellos.

41 Y lo oyó Adonías, y todos los convidados que con él estaban, cuando ya habían acabado de comer. Y al oír Joab el sonido de la trompeta, dijo: ¿Por qué se alborota la ciudad con tanto estruendo?

42 Mientras él aún hablaba, he aquí que llegó Jonatán, hijo del sacerdote Abiatar, a quien dijo Adonías: Entra, porque tú eres hombre valiente y traerás buenas nuevas.

43 Y Jonatán respondió y dijo

33 *a* *Es decir,* un constante manantial de agua en el valle de Cedrón. 2 Cró. 32:30.
34 *a* 1 Cró. 29:22. GEE Unción.
38 *a* 2 Sam. 8:18.
39 *a* Éx. 30:23–32.
b GEE Tabernáculo.

a Adonías: Ciertamente nuestro señor, el rey David, ha hecho rey a Salomón;

44 y el rey ha enviado con él al sacerdote Sadoc y al profeta Natán, y a Benaía hijo de Joiada, y también a los cereteos y a los peleteos, los cuales le hicieron montar en la mula del rey;

45 y el sacerdote Sadoc y el profeta Natán lo han ungido rey en Gihón, y de allí han subido con alegrías, y la ciudad está llena de estruendo. Éste es el alboroto que habéis oído.

46 Y también Salomón se ha sentado en el trono del reino.

47 Y aun los siervos del rey han venido a bendecir a nuestro señor, el rey David, diciendo: Dios haga bueno el nombre de Salomón más que tu nombre, y haga mayor su trono que el tuyo. Y el rey adoró en la cama.

48 Y también el rey habló así: Bendito sea Jehová, Dios de Israel, que ha dado hoy quien se siente en mi trono, y lo vean mis ojos.

49 Entonces todos los convidados que estaban con Adonías se estremecieron, y se levantaron, y se fue cada uno por su camino.

50 Pero Adonías tuvo miedo de Salomón, y se levantó, y fue y se asió de los [a]cuernos del altar.

51 Y le avisaron a Salomón, diciendo: He aquí que Adonías tiene miedo del rey Salomón, pues se ha asido de los cuernos del altar, diciendo: Júreme hoy el rey Salomón que no matará a espada a su siervo.

52 Y Salomón dijo: Si él es digno, ni uno de sus cabellos caerá en tierra; pero si se halla mal en él, morirá.

53 Y mandó el rey Salomón que lo trajeran del altar; y él vino y se inclinó ante el rey Salomón. Y Salomón le dijo: Vete a tu casa.

CAPÍTULO 2

David manda a Salomón guardar los mandamientos y andar en los caminos de Jehová — El rey David muere y Salomón reina — Se da muerte a Adonías, Joab y Simei — Abiatar es rechazado como sumo sacerdote — Se establece el reino con Salomón.

Y LLEGARON los días en que David había de morir, y mandó a [a]Salomón, su hijo, diciendo:

2 Yo sigo el [a]camino de toda la tierra; esfuérzate y sé [b]hombre.

3 Guarda el encargo de Jehová tu Dios, [a]andando en sus caminos, y observando sus estatutos y sus mandamientos, y sus decretos y sus testimonios, de la manera que está escrito en la ley de Moisés, para que [b]prosperes en todo lo que hagas y en todo lo que emprendas;

4 para que confirme Jehová la palabra que me habló, diciendo:

50 *a* Éx. 27:2.
2 1 *a* Véase en Sal. 72 una versión poética de la oración que David ofreció por Salomón en esa ocasión.
2 *a* 2 Ne. 1:14.
b 2 Ne. 1:21; Alma 48:17–18.
3 *a* GEE Andar, andar con Dios.
b 1 Ne. 17:3, 35–38.

Si tus hijos [a]guardan su camino, andando delante de mí con verdad, con todo su [b]corazón y con toda su alma, jamás, dice, te faltará un descendiente en el trono de Israel.

5 Y ya sabes tú lo que me ha hecho [a]Joab hijo de Sarvia, y lo que hizo a dos generales del ejército de Israel, a [b]Abner hijo de Ner y a [c]Amasa hijo de Jeter, a los cuales él mató, derramando sangre de guerra en tiempo de paz, y poniendo sangre de guerra en el cinturón que tenía sobre sus lomos, y en el calzado que tenía en sus pies.

6 Tú, pues, harás conforme a tu sabiduría; no dejarás descender en paz sus canas al [a]Seol.

7 Pero a los hijos de [a]Barzilai, el galaadita, harás misericordia, que sean de los convidados a tu mesa, porque así vinieron a mí cuando iba huyendo de Absalón tu hermano.

8 Y he aquí, tienes contigo a [a]Simei hijo de Gera, hijo de Benjamín, de Bahurim, quien me maldijo con una maldición fuerte el día en que yo iba a Mahanaim. Pero él mismo descendió a recibirme al Jordán, y yo le juré por Jehová, diciendo: Yo no te mataré a espada.

9 Pero ahora no lo absolverás, pues hombre sabio eres, y sabes lo que debes hacer con él, y harás descender sus canas con sangre al Seol.

10 Y David durmió con sus padres y fue sepultado en la ciudad de David.

11 Los días que [a]reinó David sobre Israel fueron cuarenta años: siete años reinó en Hebrón, y treinta y tres años reinó en Jerusalén.

12 Y se sentó Salomón en el trono de David, su padre, y su reino fue firme en gran manera.

13 Entonces Adonías hijo de Haguit fue a Betsabé, madre de Salomón; y ella le dijo: ¿Es tu venida de paz? Y él respondió: *Sí,* de paz.

14 En seguida dijo: *Una* palabra tengo que decirte. Y ella dijo: Di.

15 Y él dijo: Tú sabes que el [a]reino era mío y que todo Israel había puesto en mí su mirada para que yo reinara; pero el reino fue traspasado, y vino a ser de mi hermano, porque por voluntad de Jehová era suyo.

16 Y ahora yo te hago una petición; no me la niegues. Y ella le dijo: Habla.

17 Él entonces dijo: Yo te ruego que hables al rey Salomón (porque él no te lo negará), para que me dé a [a]Abisag, la sunamita, por esposa.

18 Y Betsabé dijo: Bien; yo hablaré por ti al rey.

19 Y fue Betsabé al rey Salomón para hablarle por Adonías. Y el rey se levantó a recibirla, y se inclinó ante ella, y volvió a sentarse

4 *a* DyC 84:43–44.
b DyC 64:34.
5 *a* 2 Sam. 18:5–15.
b 2 Sam. 3:27, 39.
c 2 Sam. 20:9–12.
6 *a* HEB mundo o morada de los muertos, sepulcro, infierno.
7 *a* 2 Sam. 17:27–29.
8 *a* 2 Sam. 16:5–8; 19:21–23; 1 Rey. 2:36–46.
11 *a* 2 Sam. 5:4–5.
15 *a* 1 Rey. 1:11–46.
17 *a* 1 Rey. 1:3–4.

en su trono, e hizo poner una silla para la madre del rey, quien se sentó a su diestra.

20 Y ella dijo: Te hago una pequeña petición; no me la niegues. Y el rey le dijo: Pide, madre mía, que yo no te la negaré.

21 Y ella dijo: Que se le dé a Abisag, la sunamita, por esposa a tu hermano Adonías.

22 Y el rey Salomón respondió y dijo a su madre: ¿Por qué pides a Abisag, la sunamita, para Adonías? Pide también para él el reino, porque él es mi [a]hermano mayor, y ya tiene también al sacerdote [b]Abiatar y a Joab hijo de Sarvia.

23 Y el rey Salomón juró por Jehová, diciendo: Así me haga Dios y aun me añada, que contra su propia vida ha hablado Adonías esta palabra.

24 Ahora, pues, vive Jehová, quien me ha confirmado y me ha puesto sobre el trono de David, mi padre, y quien me ha hecho una casa como me lo había dicho, que Adonías morirá hoy.

25 Entonces el rey Salomón envió a [a]Benaía hijo de Joiada, el que arremetió contra él y murió.

26 Y al sacerdote [a]Abiatar dijo el rey: Vete a Anatot, a tus campos, pues tú eres digno de muerte; pero no te mataré hoy, por cuanto has llevado el arca de Jehová el Señor delante de David, mi padre, y además has sido afligido en todas las cosas en las que fue afligido mi padre.

27 Así echó Salomón a Abiatar del sacerdocio de Jehová, para que se [a]cumpliese la palabra de Jehová que había dicho en Silo sobre la casa de Elí.

28 Y llegó la noticia hasta Joab, porque también Joab se había adherido a Adonías, aunque no se había adherido a Absalón. Y huyó Joab al [a]tabernáculo de Jehová y se asió de los [b]cuernos del altar.

29 Y se le hizo saber a Salomón que Joab había huido al tabernáculo de Jehová, y que estaba junto al altar. Entonces envió Salomón a Benaía hijo de Joiada, diciendo: Ve y arremete contra él.

30 Y entró Benaía en el tabernáculo de Jehová y le dijo: El rey ha dicho que salgas. Y él dijo: No, sino que aquí moriré. Y Benaía volvió con esta respuesta al rey, diciendo: Así habló Joab y así me respondió.

31 Y el rey le dijo: Haz como él ha dicho; mátalo y entiérralo, y quita de mí y de la casa de mi padre la [a]sangre que Joab ha derramado injustamente.

32 Y Jehová hará caer su sangre sobre su cabeza, porque él ha dado muerte a dos hombres más justos y mejores que él, a los cuales mató a espada sin que mi padre David supiese nada: a Abner hijo de Ner, general del ejército de Israel, y a Amasa hijo de Jeter, general del ejército de Judá.

33 La sangre, pues, de ellos

22 *a* 1 Cró. 3:2, 5.
b 1 Rey. 1:7.
25 *a* 2 Sam. 8:18.
26 *a* 1 Sam. 22:20–23; 2 Sam. 15:24–29.
27 *a* 1 Sam. 2:31–35.
28 *a* GEE Tabernáculo.
b Éx. 21:13–14; 1 Rey. 1:50–51.
31 *a* Deut. 19:13.

recaerá sobre la cabeza de Joab y sobre la cabeza de su descendencia para siempre; pero sobre David y sobre su descendencia, y sobre su casa y sobre su trono, habrá paz perpetua de parte de Jehová.

34 Entonces Benaía hijo de Joiada subió, y arremetió contra él y lo mató; y fue sepultado en su casa en el desierto.

35 Y el rey puso en su lugar a Benaía hijo de Joiada sobre el ejército, y el rey puso a [a]Sadoc como sacerdote en lugar de Abiatar.

36 Después envió el rey e hizo llamar a [a]Simei y le dijo: Edifícate una casa en Jerusalén y mora ahí, y no salgas de allí ni a una parte ni a otra,

37 porque ten por cierto que el día en que salgas y pases el torrente Cedrón, sin duda morirás, y tu sangre caerá sobre tu cabeza.

38 Y Simei dijo al rey: La palabra es buena; como el rey mi señor ha dicho, así lo hará tu siervo. Y habitó Simei en Jerusalén muchos días.

39 Y aconteció que pasados tres años, dos siervos de Simei huyeron a [a]Aquis hijo de Maaca, rey de Gat. Y dieron aviso a Simei, diciendo: He aquí que tus siervos están en Gat.

40 Entonces se levantó Simei y ensilló su asno y fue a Gat a ver a Aquis, a buscar a sus siervos. Fue, pues, Simei y trajo sus siervos de Gat.

41 Se le dijo luego a Salomón que Simei había ido de Jerusalén hasta Gat y que había vuelto.

42 Entonces el rey envió e hizo venir a Simei, y le dijo: ¿No te hice jurar yo por Jehová y te advertí, diciendo: El día en que salgas y vayas acá o allá, ten por cierto que morirás? Y tú me dijiste: La palabra es buena; yo la obedezco.

43 ¿Por qué, pues, no guardaste el juramento de Jehová ni el mandamiento que yo te impuse?

44 Dijo además el rey a Simei: Tú sabes todo [a]el mal, el cual tu corazón bien sabe que cometiste contra mi padre David; Jehová, pues, ha hecho recaer el mal sobre tu cabeza.

45 Y el rey Salomón será bendito, y el trono de David será firme perpetuamente delante de Jehová.

46 Entonces el rey mandó a Benaía hijo de Joiada, quien salió y arremetió contra él y [a]murió. Y el reino fue confirmado en manos de Salomón.

CAPÍTULO 3

Salomón ama a Jehová y guarda Sus mandamientos — Jehová se le aparece a Salomón y le promete un corazón sabio y entendido — Salomón juzga entre dos rameras y determina quién es la madre de un niño.

Y SALOMÓN hizo [a]parentesco con Faraón, rey de Egipto, porque

35 *a* 1 Cró. 6:1–12.
36 *a* 1 Rey. 2:8.
39 *a* 1 Sam. 27:1–2.
44 *a* 2 Sam. 16:5–14.
46 *a* Alma 62:10.
3 1 *a* HEB hizo una alianza matrimonial.

tomó a la hija de [b]Faraón y la trajo a la ciudad de David, mientras acababa de edificar su [c]casa, y la casa de Jehová y los [d]muros alrededor de Jerusalén.

2 Hasta entonces el pueblo sacrificaba en los lugares altos, porque en aquellos días no había aún [a]casa edificada al nombre de Jehová.

3 Y Salomón amó a Jehová y anduvo en los estatutos de su padre David; solamente [a]sacrificaba y quemaba incienso en los lugares altos.

4 E iba el rey a [a]Gabaón, porque aquél era el lugar alto principal, y sacrificaba allí. Salomón ofrecía mil holocaustos sobre aquel altar.

5 Jehová se le [a]apareció a Salomón en Gabaón una noche en [b]sueños y *le* dijo Dios: [c]Pide lo que *quieras* que yo te dé.

6 Y Salomón dijo: Tú hiciste gran misericordia a tu siervo David, mi padre, porque él anduvo delante de ti en verdad, y en justicia y en rectitud de corazón para contigo; y tú le has guardado ésta tu gran misericordia al darle un hijo que se sentase en su trono, como *sucede* en este día.

7 Ahora pues, oh Jehová, Dios mío, tú has hecho a tu siervo rey en lugar de David, mi padre; y yo soy muy [a]joven, y no sé cómo entrar ni salir.

8 Y tu siervo está en medio de tu pueblo al que tú escogiste; un pueblo grande que no se puede contar ni [a]numerar por su multitud.

9 Da, pues, a tu siervo [a]corazón con entendimiento para juzgar a tu pueblo, para [b]discernir entre lo bueno y lo malo, porque, ¿quién podrá gobernar a este pueblo tuyo tan grande?

10 Y le agradó al Señor que Salomón pidiese esto.

11 Y le dijo Dios: Porque has pedido esto, y no has pedido para ti muchos días, ni has pedido para ti [a]riquezas ni has pedido la vida de tus enemigos, sino que has pedido para ti [b]entendimiento para discernir juicio,

12 he aquí, he hecho conforme a tus palabras. He aquí que te he dado un corazón [a]sabio y entendido, tanto que no ha habido antes de ti otro como tú, ni después de ti se levantará otro como tú.

13 Y también te he dado las cosas que no pediste, tanto riquezas como gloria, de tal manera que entre los reyes no habrá ninguno como tú en todos tus días.

14 Y si [a]andas en mis caminos, guardando mis estatutos y mis

1 *b* 1 Rey. 7:8.
c 1 Rey. 7:1.
d 1 Rey. 9:15, 19.
2 *a* DyC 124:25–48.
3 *a* 1 Ne. 5:9; 7:22.
4 *a* 1 Cró. 16:39; 21:29.
5 *a* 2 Cró. 1:7–12.
b GEE Sueños.
c Hel. 10:5.
GEE Pedir.
7 *a* 1 Cró. 29:1.
8 *a* Abr. 3:14.
9 *a* GEE Corazón.
GEE Entender, entendimiento.
b GEE Discernimiento, don de.
11 *a* Jacob 2:18–19;
DyC 6:6–7.
b 2 Ne. 21:2–4.
12 *a* 1 Rey. 4:29–31;
JS—H 1:11–13.
GEE Sabiduría.
14 *a* GEE Andar, andar con Dios.

mandamientos, como anduvo tu padre David, yo alargaré tus días.

15 Y cuando Salomón despertó, vio que había sido un [a]sueño. Y fue a Jerusalén y se presentó delante del arca del convenio de Jehová; y ofreció [b]holocaustos e hizo ofrendas de paz, y también hizo banquete a todos sus siervos.

16 En aquel tiempo vinieron al rey dos mujeres rameras, y se presentaron delante de él.

17 Y dijo una de ellas: ¡Ah, señor mío! Yo y esta mujer vivimos en la misma casa, y yo di a luz *estando* con ella en la casa.

18 Y aconteció al tercer día después que yo di a luz, que ésta dio a luz también, y estábamos juntas; ningún extraño estaba en casa, sino nosotras dos en la casa.

19 Y una noche el hijo de esta mujer murió, porque ella se acostó sobre él.

20 Y se levantó a medianoche, y tomó a mi hijo de junto a mí, mientras tu sierva estaba durmiendo, y lo puso a su lado, y puso a mi lado a su hijo muerto.

21 Y cuando yo me levanté de madrugada para dar el pecho a mi hijo, he aquí que estaba muerto; pero lo observé por la mañana y vi que no era mi hijo, el que yo había dado a luz.

22 Entonces la otra mujer dijo: No, mi hijo es el que vive, y tu hijo es el muerto. Y la otra volvió a decir: No, tu hijo es el muerto, y mi hijo es el que vive. Así hablaban delante del rey.

23 El rey entonces dijo: Ésta dice: Mi hijo es el que vive, y tu hijo es el muerto; y la otra dice: No, el tuyo es el muerto, y mi hijo es el que vive.

24 Y dijo el rey: Traedme una espada. Y trajeron al rey una espada.

25 En seguida el rey dijo: Partid en dos al niño vivo, y dad la mitad a la una, y la otra mitad a la otra.

26 Entonces la mujer de quien era el hijo vivo habló al rey (porque sus entrañas se conmovieron por su hijo), y dijo: ¡Ah, señor mío! Dad a ésta el niño vivo, y no lo matéis. Pero la otra dijo: Ni a mí ni a ti; partidlo.

27 Entonces el rey respondió y dijo: Dad a aquélla el hijo vivo, y no lo matéis; ella es su madre.

28 Y todo Israel oyó aquel juicio que había dado el rey; y [a]temieron al rey, porque vieron que había en él sabiduría de Dios para juzgar.

CAPÍTULO 4

Se enumeran los oficiales de la corte de Salomón — Salomón gobierna en paz y en prosperidad sobre un reino extenso — Su sabiduría y prudencia exceden a las de todos los hombres.

Y EL rey Salomón fue rey sobre todo Israel.

2 Y éstos fueron los oficiales

15 *a* GEE Sueños. *b* GEE Ofrenda. 28 *a* *O sea,* reverenciaron.

que tuvo: Azarías hijo de Sadoc,
el sacerdote;
3 Elihoref y Ahías, hijos de Sisa,
[a]escribas; Josafat hijo de Ahilud,
[b]cronista;
4 Benaía hijo de Joiada estaba
sobre el ejército; y Sadoc y Abiatar eran los sacerdotes;
5 Azarías hijo de Natán estaba
sobre los gobernadores; y Zabud hijo de Natán era ministro principal y amigo del rey;
6 y Ahisar era mayordomo; y
Adoniram hijo de Abda estaba [a]sobre el tributo laboral.
7 Y tenía Salomón doce gober-
nadores sobre todo Israel, los cuales [a]mantenían al rey y a su casa. Cada uno de ellos estaba obligado a abastecerle durante un mes en el año.
8 Y éstos son los nombres de
ellos: el hijo de Hur, en los montes de Efraín;
9 el hijo de Decar, en Macaz, y
en Saalbim, y en Bet-semes y en Elónbet-hanán;
10 el hijo de Hesed, en Arubot;
éste tenía también Soco y toda la tierra de Hefer.
11 El hijo de Abinadab, en to-
dos los territorios de Dor; éste tenía por esposa a Tafat, hija de Salomón;
12 Baana hijo de Ahilud, en
Taanac y Meguido, y en toda Bet-seán, que está cerca de Saretán, más abajo de Jezreel, desde Bet-seán hasta Abel-mehola, y hasta el otro lado de Jocmeam;
13 el hijo de Geber, en Ramot
de Galaad; éste tenía también las ciudades de Jair hijo de Manasés, las cuales estaban en Galaad; tenía *también* la provincia de Argob, que estaba en Basán, sesenta grandes ciudades con muro y cerrojos de bronce;
14 Ahinadab hijo de Iddo, en
Mahanaim;
15 Ahimaas en Neftalí; éste
tomó también por esposa a Basemat, hija de Salomón.
16 Baana hijo de Husai, en Aser
y en Alot;
17 Josafat hijo de Parúa, en
Isacar;
18 Simei hijo de Ela, en
Benjamín;
19 Geber hijo de Uri, en la tierra
de Galaad, la tierra de Sehón, rey de los amorreos, y de Og, rey de Basán; *éste era* el único gobernador en *aquella* tierra.
20 Judá e Israel eran tan nume-
rosos como la [a]arena que está junto al mar en multitud, y comían y bebían y se alegraban.
21 Y Salomón gobernaba so-
bre todos los reinos, desde [a]el Río hasta la tierra de los filisteos y hasta el límite con Egipto; y le traían presentes, y sirvieron a Salomón todos los días de su vida.
22 Y las [a]provisiones de Salo-
món para cada día eran treinta coros de flor de harina, y sesenta coros de harina,
23 diez bueyes engordados, y
veinte bueyes de pasto y cien ovejas, sin contar los ciervos, y

4 3 *a* GEE Escriba.
b DyC 127:6.
6 *a* *Es decir,* hombres sujetos a trabajos forzados.
7 *a* 1 Rey. 12:4.
20 *a* Gén. 22:17–18.
21 *a* *Es decir,* el río Éufrates.
Gén. 15:18.
22 *a* 1 Sam. 8:10–22.

las gacelas, y los corzos y las aves engordadas.

24 Porque él señoreaba en toda la región que estaba al oeste del Río, desde Tifsa hasta Gaza, sobre todos los reyes al oeste del Río; y tuvo [a]paz por todos lados a su alrededor.

25 Y Judá e Israel vivieron seguros, cada uno debajo de su [a]parra y debajo de su higuera, desde Dan hasta Beerseba, todos los días de Salomón.

26 Además de esto, Salomón tenía cuarenta mil caballos en sus caballerizas para sus carros, y doce mil jinetes.

27 Y estos gobernadores mantenían al rey Salomón y a todos los que venían a la mesa del rey Salomón, cada uno un mes, y hacían que nada faltase.

28 Hacían también traer cebada y paja para los caballos y para las bestias de carga, al lugar donde él estaba, cada uno conforme al encargo que tenía.

29 Y Dios [a]dio a Salomón [b]sabiduría y [c]entendimiento muy grandes, y grandeza de corazón como la arena que está a la orilla del mar.

30 Y la sabiduría de Salomón fue mayor que la de todos los hijos del oriente, y que toda la sabiduría de los de Egipto.

31 Y fue más sabio que todos los hombres, más que Etán, el ezraíta, y que Hemán y Calcol y Darda, hijos de Mahol; y su fama fue conocida entre todas las naciones de alrededor.

32 Y compuso tres mil [a]proverbios y mil cinco cantares.

33 También disertó acerca de los árboles, desde el cedro del Líbano hasta el hisopo que nace en la pared. Asimismo disertó acerca de los animales, y de las aves, y de los reptiles y de los peces.

34 Y venían de todos los pueblos para oír la sabiduría de Salomón, y de parte de todos los [a]reyes de la tierra que habían oído de su sabiduría.

CAPÍTULO 5

Salomón solicita la ayuda de Hiram para conseguir madera para construir el templo, y éste se la da — Los israelitas labran piedras y cortan madera para el templo.

E HIRAM, rey de Tiro, envió sus siervos a Salomón cuando oyó que lo habían ungido rey en lugar de su padre, porque Hiram siempre había [a]amado a David.

2 Entonces Salomón envió a decir a [a]Hiram:

3 Tú sabes que mi padre David no pudo edificar una [a]casa al nombre de Jehová su Dios, a causa de las guerras en que se vio envuelto, hasta que Jehová puso

24 *a* 1 Cró. 22:9.
25 *a* Miq. 4:4.
29 *a* GEE Inspiración, inspirar.
b GEE Sabiduría.
c GEE Entender, entendimiento.
32 *a* Prov. 1:1.
34 *a* 2 Cró. 9:23.
5 1 *a* Aquí el vocablo hebreo expresa el afecto que un amigo tenía por el otro. 1 Sam. 16:21; 18:1.
2 *a* 2 Cró. 2:3–16.
3 *a* GEE Templo, Casa del Señor.

a *sus enemigos* bajo las plantas de
sus pies.
4 Y ahora Jehová mi Dios me
ha dado paz por todas partes,
pues no hay adversarios ni mal
que temer.
5 Y he aquí que he determinado
edificar una casa al nombre de
Jehová mi Dios, como Jehová habló a mi padre David, diciendo:
Tu hijo, a quien yo pondré en tu
trono en tu lugar, él edificará la
[a]casa a mi nombre.
6 Manda, pues, ahora, que me
corten cedros del Líbano; y mis
siervos estarán con los tuyos, y
yo te daré por tus siervos el salario que tú digas, porque tú sabes
bien que no hay ninguno entre
nosotros que sepa labrar la madera como los sidonios.
7 Y aconteció que cuando Hiram
oyó las palabras de Salomón, se
alegró en gran manera y dijo:
Bendito sea hoy Jehová, que ha
dado un hijo sabio a David sobre
este pueblo tan grande.
8 Y envió Hiram a decir a Salomón: He oído lo que me mandaste *decir;* yo haré todo lo que
tú desees acerca de la madera de
cedro y la madera de ciprés.
9 Mis siervos las bajarán desde
el Líbano hasta el mar; y yo haré
de ellas balsas para ir por mar
hasta el lugar que tú me señales;
y allí haré que las desaten, y tú te
las llevarás y cumplirás mi deseo
al dar de comer a mi casa.
10 Dio, pues, Hiram a Salomón
toda la madera de cedro y de ciprés que quiso.
11 Y Salomón daba a Hiram
veinte mil coros de trigo para el
sustento de su familia, y veinte
coros de aceite puro; esto daba
Salomón a Hiram cada año.
12 Y Jehová dio a Salomón [a]sa-
biduría como le había prometido;
y hubo paz entre Hiram y Salomón, e hicieron un pacto entre
ambos.
13 Y el rey Salomón impuso
[a]una leva a todo Israel, y la leva
fue de treinta mil hombres,
14 y los enviaba al Líbano en re-
levos de diez mil cada mes, por
turno; y así se quedaban un mes
en el Líbano y dos meses en sus
casas. Y Adoniram estaba encargado de la leva.
15 Tenía también Salomón setenta mil que llevaban las [a]car-
gas, y ochenta mil canteros en
el monte,
16 sin contar los principales oficiales de Salomón que estaban
sobre la obra, tres mil trescientos, los cuales tenían a su cargo
la gente que hacía la obra.
17 Y mandó el rey que trajesen
piedras grandes, piedras costosas y [a]piedras labradas para los
cimientos de la casa.
18 Y los obreros de Salomón, y
los de Hiram y los [a]giblitas cortaron y prepararon la madera y las
piedras para edificar la casa.

CAPÍTULO 6

Salomón construye el templo —
Jehová promete morar entre los

5 *a* 2 Ne. 5:16; DyC 88:119–120; 97:10–17.
12 *a* 1 Rey. 3:12.
13 *a* 1 Rey. 9:15.
15 *a* 1 Rey. 9:20–22.
17 *a* 1 Rey. 6:7.
18 *a* HEB Giblim; habitantes de Gebal. Josué 13:5.

israelitas si son obedientes — Se
describen los adornos del templo.

Y ACONTECIÓ que en el año cuatrocientos ochenta después que
los hijos de Israel salieron de
Egipto, el cuarto año del reinado de Salomón sobre Israel,
en el mes de Zif, que es el mes
segundo, comenzó él a [a]edificar
la casa de Jehová.
2 Y la casa que el rey Salomón
edificó a Jehová tenía sesenta codos de largo, y veinte de ancho y
treinta codos de alto.
3 Y el [a]pórtico delante del templo de la casa tenía veinte codos
de largo, según la anchura de la
casa, y su ancho delante de la
casa era de diez codos.
4 E hizo a la casa [a]ventanas anchas *por dentro,* y estrechas *por*
fuera.
5 Edificó también aposentos
junto a las paredes de la casa y a
su alrededor, adosados a las paredes de la casa alrededor del templo y del [a]lugar santísimo; e hizo
cuartos laterales alrededor.
6 El aposento de abajo tenía
cinco codos de ancho, y el de en
medio, seis codos de ancho, y el
tercero, siete codos de ancho, porque por fuera había hecho paredes escalonadas alrededor de la
casa, para no empotrar *las vigas*
en las paredes de la casa.
7 Y cuando se edificó la casa,
la construyeron de piedras que
traían ya acabadas, de tal manera que cuando la edificaban,
ni martillos ni hachas se oyeron
en la casa, ni ningún otro instrumento de hierro.
8 La puerta del aposento de en
medio estaba al lado derecho de
la casa; y se subía por una escalera de caracol al aposento de en
medio, y de allí al tercero.
9 Construyó, pues, la casa y la
terminó; y recubrió la casa con
vigas y tablas de cedro.
10 Y así edificó aposentos de
cinco codos de altura alrededor
de toda la casa, todo lo cual se
apoyaba en la casa con vigas de
cedro.
11 Y vino la palabra de Jehová
a Salomón, diciendo:
12 Con respecto a esta casa que
tú edificas, si [a]andas en mis estatutos, y cumples mis decretos y
guardas todos mis mandamientos
andando en ellos, yo cumpliré
contigo mi [b]palabra que hablé a
David, tu padre;
13 y [a]habitaré en medio de los
hijos de Israel y no [b]abandonaré
a mi pueblo Israel.
14 Así, pues, Salomón construyó
la casa y la terminó.
15 Y recubrió las paredes de la
casa con tablas de cedro, revis-
tiéndola de madera por dentro,
desde el suelo de la casa hasta
las paredes del techo; recubrió
también el suelo con madera de
ciprés.

---

6 1 *a* 2 Cró. 3:1–2.
3 *a* Juan 10:23; Hech. 3:11.
4 *a* *O sea,* ventanas empotradas y con celosías.
5 *a* *Es decir,* el santuario más recóndito del templo. DyC 124:39. GEE Lugar Santísimo.
12 *a* DyC 124:55. GEE Andar, andar con Dios.
b 2 Sam. 7:12–17.
13 *a* Éx. 25:8; DyC 124:24.
b Deut. 31:6–8; Josué 1:5; Heb. 13:5.

16 Asimismo edificó los veinte codos del fondo de la casa con tablas de cedro, desde el suelo hasta el techo; así hizo en la casa un santuario interior, *que es* el lugar santísimo.

17 Y la casa, esto es, la parte delantera interior, tenía cuarenta codos.

18 Y la casa estaba *recubierta* de cedro por dentro, y tenía entalladuras de calabazas silvestres y de botones de flores. Todo era cedro; ninguna piedra se veía.

19 Y preparó por dentro el lugar santísimo, que estaba en el interior de la casa, para poner allí el arca del convenio de Jehová.

20 Y el lugar santísimo tenía veinte codos de largo, y veinte de ancho y veinte de altura; y lo revistió de oro purísimo; asimismo recubrió el altar de cedro.

21 De manera que Salomón recubrió de [a]oro puro la casa por dentro, y cerró la entrada del lugar santísimo con cadenas de oro, y lo recubrió de oro.

22 Recubrió, pues, de oro toda la casa hasta terminarla; y asimismo recubrió de oro todo el [a]altar que estaba delante del lugar santísimo.

23 E hizo también en el lugar santísimo dos [a]querubines de madera de olivo, cada uno de diez codos de altura.

24 Un ala del querubín tenía cinco codos y la otra ala del querubín, otros cinco codos; así que había diez codos desde la punta de un ala hasta la punta de la otra.

25 Asimismo el otro querubín tenía diez codos, porque ambos querubines eran de un mismo tamaño y de una misma hechura.

26 La altura de uno era de diez codos, y asimismo la del otro.

27 Y puso los querubines en medio del lugar santísimo, [a]los cuales tenían extendidas sus alas, de modo que el ala de uno tocaba una pared, y el ala del otro querubín tocaba la otra pared, y las otras dos alas se tocaban la una a la otra en medio de la casa.

28 Y recubrió de oro los querubines.

29 Y talló todas las paredes de la casa alrededor con grabados de figuras de [a]querubines, de palmeras y de botones de flores, por dentro y por fuera.

30 Y recubrió de oro el piso de la casa, por dentro y por fuera.

31 Y a la entrada del lugar santísimo hizo puertas de madera de olivo; y el dintel y los postes tenían cinco esquinas.

32 Las dos puertas eran de madera de olivo; y talló en ellas figuras de querubines, y de palmeras y de botones de flores, y las recubrió de oro; y recubrió también de oro los querubines y las palmeras.

33 Igualmente hizo para la puerta del templo postes cuadrados de madera de olivo.

34 Y las dos puertas eran de madera de ciprés; y las dos hojas

21 *a* DyC 124:26–27.
22 *a* GEE Altar.
23 *a* GEE Querubines.
27 *a* Alma 42:3.
29 *a* Ezeq. 41:18–19.

de una puerta eran plegadizas, y las dos hojas de la otra puerta *también* eran plegadizas.

35 Y talló en ellas querubines, y palmeras y botones de flores, y recubrió de oro laminado los grabados.

36 Y edificó el atrio interior con tres hileras de piedras labradas, y con una hilera de vigas de cedro.

37 En el [a]cuarto año, en el mes de Zif, puso los cimientos de la casa de Jehová.

38 Y en el undécimo año, en el mes de Bul, que es el mes octavo, fue terminada la casa con todos los detalles y con todo lo especificado. La edificó, pues, en siete años.

CAPÍTULO 7

Salomón construye también su casa — Hiram, de Tiro, hace para el templo las dos columnas, el mar de bronce fundido, las diez basas, las diez pilas y todos los enseres de ella — El mar de bronce fundido descansa sobre los lomos de doce bueyes.

Después [a]edificó Salomón su propia [b]casa en trece años, y la terminó toda.

2 Asimismo edificó la [a]Casa del Bosque del Líbano, la cual tenía cien codos de longitud, y cincuenta codos de anchura, y treinta codos de altura, sobre cuatro hileras de columnas de cedro, con vigas de cedro sobre las columnas.

3 Y estaba cubierta de tablas de cedro sobre las vigas, que se apoyaban en cuarenta y cinco columnas; cada hilera tenía quince *columnas.*

4 Y había tres hileras de ventanas, una ventana frente a la otra en grupos de tres.

5 Y todas las puertas y los postes eran cuadrados, y una ventana estaba frente a la otra, en grupos de tres.

6 También hizo un pórtico de columnas, que tenía una longitud de cincuenta codos, y una anchura de treinta codos; y un pórtico estaba delante de las primeras columnas con sus columnas, y una cubierta en su parte delantera.

7 Hizo asimismo el pórtico del trono en el que había de juzgar, el pórtico del juicio, y lo recubrió de cedro de un lado del suelo al otro.

8 Y en la casa en que él moraba, había otro atrio dentro del pórtico, de obra semejante a ésta. Edificó también Salomón una casa de la misma obra de este pórtico para la hija de Faraón, a la que había tomado por esposa.

9 Todas aquellas *obras* eran de piedras costosas, labradas y aserradas con sierras según las medidas, así por dentro como por fuera, desde el cimiento hasta los remates, y asimismo por fuera hasta el gran atrio.

10 Y el cimiento era de piedras

37 *a* 1 Rey. 6:1. *b* 1 Rey. 3:1.
7 1 *a* Ecle. 2:4–11. 2 *a* Isa. 22:8.

costosas, piedras grandes, piedras de diez codos y piedras de ocho codos.

11 Y de allí hacia arriba eran también piedras costosas, labradas conforme a sus medidas, y cedro.

12 Y en el gran atrio alrededor había tres hileras de piedras labradas, y una hilera de vigas de cedro, y así también en el atrio interior de la casa de Jehová, y en el pórtico de la casa.

13 Y envió el rey Salomón e hizo venir de Tiro a [a]Hiram,

14 hijo de una viuda de la tribu de Neftalí, y su padre era un hombre de Tiro, artífice en bronce; y estaba lleno de [a]sabiduría, y de inteligencia y de saber en toda obra de bronce. Éste, pues, vino al rey Salomón e hizo toda su obra.

15 Y vació dos columnas de bronce, cada una de dieciocho [a]codos de altura, y rodeaba a una y otra columna un hilo de doce codos.

16 Hizo también dos capiteles de bronce fundido, para que fuesen puestos sobre las cabezas de las columnas. La altura de un capitel era de cinco codos, y la del otro capitel también de cinco codos.

17 Había trenzas a manera de red, y unos cordones a manera de cadenas para los capiteles que *se habían de poner* sobre las cabezas de las columnas; siete para cada capitel.

18 E hizo las columnas y dos hileras alrededor de la red para recubrir con ellas los capiteles que estaban en las cabezas *de las columnas* con las granadas, y de la misma forma hizo en el otro capitel.

19 Y los capiteles que estaban sobre las columnas en el pórtico tenían forma de lirios y eran de cuatro codos.

20 Y había también capiteles sobre las dos columnas, junto a la protuberancia que estaba al lado de la red; y había doscientas granadas en hileras alrededor de los dos capiteles.

21 Y erigió estas columnas en el pórtico del templo; y cuando hubo alzado la columna del lado derecho, le puso por nombre Jaquín; y cuando hubo alzado la columna del lado izquierdo, llamó su nombre Boaz.

22 Y *puso* en las cabezas de las columnas un tallado *en forma* de lirios, y así se acabó la obra de las columnas.

23 Hizo asimismo un [a]mar de bronce fundido, de diez codos de un lado al otro, perfectamente redondo; y su altura era de cinco codos, y lo ceñía alrededor un cordón de treinta codos.

24 Y rodeaban aquel mar por debajo de su borde, todo alrededor, unas bolas como calabazas, diez en cada codo, que ceñían el mar alrededor en dos hileras, las cuales habían sido fundidas junto con el mar.

25 Descansaba sobre doce bueyes; tres miraban al norte, y tres

13 *a* 2 Cró. 2:12–16.
14 *a* Éx. 35:35; 36:1–2.
15 *a* Jer. 52:21. GEE Codo.
23 *a* 2 Rey. 16:17. GEE Bautismo, bautizar.

miraban al occidente, y tres miraban al sur y tres miraban al oriente; sobre éstos se apoyaba el mar, y las ancas de ellos estaban hacia la parte de adentro.

26 Y el grosor *del mar* era de un palmo, y su borde era labrado como el borde de un cáliz de flor de lis; y cabían en él dos mil [a]batos.

27 Hizo también diez [a]basas de bronce, siendo la longitud de cada basa de cuatro codos, y la anchura de cuatro codos y de tres codos la altura.

28 Asimismo la obra de las basas era ésta: tenían unos tableros, los cuales estaban entre molduras;

29 y sobre aquellos tableros que estaban entre las molduras había *figuras* de leones, y de bueyes y de [a]querubines; y sobre las molduras de la basa, tanto encima como debajo de los leones y de los bueyes, había [b]unas guirnaldas de bajo relieve.

30 Y cada basa tenía cuatro ruedas de bronce, con ejes de bronce, y en sus cuatro esquinas había unos soportes de fundición, debajo de la fuente, con guirnaldas a cada lado.

31 Y la boca de la pila entraba un codo en el remate *que salía* para arriba de la basa, y era su boca redonda, de la misma hechura del remate, y era de un codo y medio. Había también sobre la boca entalladuras con sus tableros, *los cuales eran* cuadrados, no redondos.

32 Las cuatro ruedas estaban debajo de los tableros, y los soportes de los ejes de las ruedas salían de la misma basa. La altura de cada rueda era de un codo y medio.

33 Y la hechura de las ruedas era como la hechura de las ruedas de un carro; los soportes de sus ejes, sus rayos, y sus cubos y sus cinchos, todo era de fundición.

34 Asimismo los cuatro soportes de las cuatro esquinas de cada basa, y los soportes eran de la misma basa.

35 Y en lo alto de la basa había una banda circular de medio codo de altura; y encima de la basa sus molduras y marcos, *los cuales eran* de una sola pieza.

36 Y en las tablas de las molduras y en los tableros grabó entalladuras de querubines, y de leones y de palmeras, según el espacio de cada uno, y alrededor otros adornos.

37 De esta forma hizo diez basas fundidas de una misma manera, de una misma medida y de una misma entalladura.

38 Hizo también diez [a]fuentes de bronce; cada fuente contenía cuarenta batos, y cada una era de cuatro codos; y *asentó* una fuente sobre cada una de las diez basas.

39 Y puso cinco basas al lado derecho de la casa, y las otras cinco al lado izquierdo, y asentó el mar al lado derecho de la casa, hacia el sureste.

40 Asimismo Hiram hizo fuentes, y tenazas y tazones. Así

26 *a Es decir,* un bato equivale aproximadamente a 31 litros.
27 *a* 2 Rey. 25:13.
29 *a* GEE Querubines.
b HEB coronas colgantes labradas.
38 *a* 2 Cró. 4:6.

acabó toda la obra que hizo para el rey Salomón para la casa de Jehová,
41 *a saber*: Dos columnas, y las partes redondas de los capiteles que estaban en lo alto de las dos columnas; y dos redes que cubrían las dos partes redondas de los capiteles que estaban sobre la cabeza de las columnas;
42 y cuatrocientas granadas para las dos redes, dos hileras de granadas en cada red, para cubrir las dos partes redondas que estaban sobre las cabezas de las columnas;
43 y las diez basas, y las diez fuentes sobre las basas;
44 y un mar, y doce bueyes debajo del mar;
45 y calderos, y tenazas y tazones; y todos los utensilios que Hiram hizo para el rey Salomón, para la casa de Jehová, eran de bronce bruñido.
46 Todo lo hizo fundir el rey en la llanura del Jordán, en tierra arcillosa, entre Sucot y Saretán.
47 Y dejó Salomón todos los utensilios sin pesarlos, por la gran cantidad *de ellos*, ni tampoco se determinó el peso del bronce.
48 Entonces hizo Salomón todos los enseres que pertenecían a la casa de Jehová: el altar de oro, y la mesa, también de oro, sobre la cual estaban los [a]panes de la proposición,
49 y cinco candeleros de oro purísimo al lado derecho, y otros cinco al lado izquierdo, delante del [a]lugar santísimo; con las flores, y las lámparas y las tenazas de oro;
50 asimismo las copas, y las despabiladeras, y los tazones, y las cucharillas, y los incensarios, todo de oro purísimo; también eran de oro las bisagras de las puertas de la casa de adentro, las del [a]lugar santísimo, y las de las puertas del templo.
51 Así se terminó toda la obra que dispuso hacer el rey Salomón para la [a]casa de Jehová. Y metió Salomón lo que David su padre había [b]dedicado: la plata, el oro y los utensilios, y lo puso *todo* entre los tesoros de la casa de Jehová.

CAPÍTULO 8

El arca, que contiene las dos tablas de piedra, es colocada en el lugar santísimo — La gloria de Jehová llena el templo — Salomón ofrece la oración dedicatoria — Pide bendiciones temporales y espirituales sobre el Israel arrepentido y suplicante — El pueblo ofrece sacrificios y adora durante catorce días.

1 Entonces reunió Salomón ante sí, en Jerusalén, a los [a]ancianos de Israel, y a todos los jefes de las tribus y a los [b]principales de las familias de los hijos de Israel, para hacer subir el arca del

48 *a* HEB los panes de la presencia o que se presentan delante del rostro (de Dios).
49 *a* GEE Lugar Santísimo.
50 *a* GEE Lugar Santísimo.
51 *a* GEE Templo, Casa del Señor.
b 2 Sam. 8:10–11.
8 1 *a* 2 Cró. 5:2–14. GEE Élder (anciano).
b También líderes.

convenio de Jehová de la ciudad
de David, que es Sión.
2 Y se reunieron ante el rey Salomón todos los hombres de Israel
en la [a]fiesta del mes de Etanim,
que es el mes séptimo.
3 Y llegaron todos los ancianos
de Israel, y los [a]sacerdotes levantaron el arca.
4 Y llevaron el [a]arca de Jehová,
y el [b]tabernáculo de reunión y
todos los utensilios sagrados que
estaban en el tabernáculo, los
cuales llevaban los sacerdotes y
los levitas.
5 Y el rey Salomón, y toda la
congregación de Israel que ante
él se había reunido, estaban con
él delante del arca, [a]sacrificando
ovejas y bueyes, que por la cantidad no se podían contar ni
numerar.
6 Y los sacerdotes llevaron el
arca del convenio de Jehová a su
lugar en el santuario de la casa,
en el [a]lugar santísimo, debajo de
las alas de los querubines.
7 Porque los [a]querubines tenían
extendidas las alas sobre el lugar
del arca, y así cubrían los querubines el arca y sus varas por
encima.
8 Y sacaron las [a]varas de manera que los extremos de las varas se dejaban ver desde el lugar
santo, que estaba delante del lugar santísimo, pero no se veían
desde afuera; y así han quedado
hasta hoy.
9 En el arca no había ninguna
cosa aparte de las dos [a]tablas de
piedra que allí había puesto Moisés en [b]Horeb, donde Jehová hizo
un convenio con los hijos de Israel, cuando salieron de la tierra
de Egipto.
10 Y aconteció que cuando los
sacerdotes salieron del santuario,
la [a]nube llenó la casa de Jehová.
11 Y los sacerdotes no pudieron permanecer para ministrar
a causa de la nube, porque la
[a]gloria de Jehová había llenado
la casa de Jehová.
12 Entonces dijo [a]Salomón: Jehová ha dicho que él habitaría en
la [b]oscuridad de la nube.
13 Ciertamente he [a]edificado
una [b]casa majestuosa, una morada para ti, lugar en el que tú
[c]habites para siempre.
14 Y volvió el rey su rostro y
[a]bendijo a toda la congregación
de Israel; y toda la congregación
de Israel estaba de pie.
15 Y dijo: Bendito sea Jehová,
Dios de Israel, que habló con
su boca a David, mi padre, y
con su mano lo ha cumplido,
diciendo:
16 Desde el día en que saqué a
mi pueblo Israel de Egipto, no
he escogido ciudad de todas las
tribus de Israel para edificar una

2 *a* Lev. 23:34; 1 Rey. 8:65.
3 *a* Núm. 4:15; 2 Cró. 5:4–5.
4 *a* GEE Arca del pacto.
b GEE Tabernáculo.
5 *a* GEE Sacrificios.
6 *a* GEE Lugar Santísimo.
7 *a* GEE Querubines.
8 *a* Lev. 23:34; 1 Rey. 8:65.
9 *a* Éx. 40:20–21. GEE Diez Mandamientos.
b Deut. 4:10–13. GEE Sinaí, monte.
10 *a* DyC 84:5.
11 *a* GEE Gloria.
12 *a* 2 Cró. 6:1–42.
b Éx. 20:21; Sal. 97:2.
13 *a* 2 Sam. 7:12–13.
b GEE Templo, Casa del Señor.
c Éx. 15:17–18.
14 *a* 2 Sam. 6:18. GEE Bendecido, bendecir, bendición.

casa en la cual estuviese mi nombre, aunque escogí a [a]David para que gobernase sobre mi pueblo Israel.

17 Y mi padre David tuvo en el corazón edificar una casa al nombre de Jehová, Dios de Israel.

18 Pero Jehová dijo a David, mi padre: Por cuanto tuviste en tu corazón edificar una casa a mi nombre, bien has hecho en tener tal deseo en tu corazón;

19 pero tú no edificarás la casa, sino tu hijo que saldrá de tus lomos, él edificará la casa a mi nombre.

20 Y Jehová ha cumplido su palabra que había dicho; porque yo me he levantado en lugar de David, mi padre, y me he sentado en el trono de Israel, como Jehová había dicho, y he edificado la casa al nombre de Jehová, Dios de Israel.

21 Y he dispuesto un lugar allí para el arca, en la cual está el [a]convenio de Jehová que él hizo con nuestros padres cuando los sacó de la tierra de Egipto.

22 Entonces se puso Salomón delante del altar de Jehová, en presencia de toda la congregación de Israel, y [a]extendiendo sus manos al cielo,

23 dijo: Oh [a]Jehová Dios de Israel, no hay [b]Dios como tú, ni arriba en los cielos ni abajo en la tierra, que [c]guardas el convenio y la misericordia a tus siervos que [d]andan delante de ti con todo su corazón;

24 que has cumplido a tu siervo David, mi padre, lo que le dijiste; lo dijiste con tu boca y con tu mano lo has cumplido, como *sucede* en este día.

25 Ahora, pues, oh Jehová, Dios de Israel, cumple a tu siervo David, mi padre, lo que le prometiste, diciendo: No te faltará varón delante de mí que se siente en el trono de Israel, [a]con tal que tus hijos guarden su camino y anden delante de mí como tú has andado delante de mí.

26 Ahora, pues, oh Dios de Israel, te ruego que se cumpla tu palabra que dijiste a tu siervo David, mi padre.

27 Pero, ¿es verdad que Dios morará sobre la tierra? He aquí que los cielos, y [a]los cielos de los cielos, no te pueden contener; ¿cuánto menos esta casa que yo he edificado?

28 Con todo, tú atenderás a la [a]oración de tu siervo y a su plegaria, oh Jehová, Dios mío, escuchando el clamor y la oración que tu siervo hace hoy delante de ti:

29 que estén tus ojos abiertos de noche y de día sobre esta casa, sobre este [a]lugar del cual has dicho: Mi [b]nombre estará allí; y que escuches la oración que tu siervo haga hacia este lugar.

30 Escucha, pues, la oración de tu siervo y de tu pueblo Israel;

16 *a* 1 Sam. 16:1; 2 Cró. 6:5–6.
21 *a* Deut. 31:26.
22 *a* Éx. 9:29.
23 *a* DyC 109:1–80.
b 1 Sam. 2:1–10; Mos. 4:9.
c Deut. 7:9.
d GEE Andar, andar con Dios.
25 *a* HEB si tan sólo tus…
27 *a* 2 Cró. 2:6. GEE Cielo.
28 *a* GEE Oración.
29 *a* Deut. 12:5–28; 2 Cró. 7:12.
b 2 Rey. 21:4; DyC 18:21–28; 97:15–17.

cuando oren hacia este lugar, escucha tú en el lugar de tu habitación en los cielos; escucha y
perdona.
31 Si alguno peca contra su
prójimo, y le toman [a]juramento
haciéndole jurar, y llega el juramento ante tu altar en esta casa,
32 escucha desde el cielo, y actúa, y [a]juzga a tus siervos, con-
denando al malvado, haciendo
recaer su proceder sobre su cabeza, y justificando al justo para
darle conforme a su [b]justicia.
33 Cuando tu pueblo Israel
[a]caiga delante de sus enemigos,
por haber [b]pecado contra ti, y [c]se
vuelva a ti y [d]confiese tu nombre,
y ore, y te ruegue y te suplique
en esta casa,
34 entonces escucha tú en los
cielos, y [a]perdona el pecado de tu
pueblo Israel, y hazlos volver a la
[b]tierra que diste a sus padres.
35 Cuando el cielo se [a]cierre
y no llueva, por haber ellos pecado contra ti, y oren hacia este
lugar, y confiesen tu nombre, y
se vuelvan de su pecado, cuando
tú los aflijas,
36 escucha tú en los cielos, y
perdona el pecado de tus siervos
y de tu pueblo Israel, para que les
[a]enseñes el buen camino por el
que deben [b]andar; y envía lluvias
sobre tu tierra, la cual diste a tu
pueblo por heredad.
37 Si en la tierra hay hambre, o
pestilencia, o tizoncillo, o añublo,
o langosta o saltamontes; y si sus
enemigos los sitian en [a]la tierra
de sus ciudades, cualquier [b]plaga
o [c]enfermedad que haya,
38 toda oración y toda súplica
que haga cualquier hombre, o
todo tu pueblo Israel, cuando
cualquiera sienta el remordi-
miento de su corazón, y extienda
sus manos hacia esta casa,
39 escucha tú en los cielos, en el
lugar de tu morada, y perdona, y
actúa, y da a cada uno conforme
a sus caminos, cuyo corazón tú
conoces (porque sólo tú conoces
el [a]corazón de todos los hijos de
los hombres);
40 para que te [a]teman todos los
días que vivan sobre la faz de
la tierra que tú diste a nuestros
padres.
41 Asimismo el [a]extranjero, que
no sea de tu pueblo Israel, que
haya venido de [b]lejanas tierras a
causa de tu nombre
42 (porque [a]oirán de tu gran
nombre, y de tu [b]mano poderosa,
y de [c]tu brazo extendido), y llegue a orar a esta casa,
43 escucha tú en los cielos, en
el lugar de tu morada, y haz

31 *a* *O sea,* se le requiera prestar juramento. GEE Juramento.
32 *a* GEE Justicia.
b GEE Rectitud, recto.
33 *a* Lev. 26:14–20.
b DyC 103:8.
c GEE Arrepentimiento, arrepentirse.
d GEE Confesar, confesión.
34 *a* GEE Perdonar.
b GEE Tierra prometida.
35 *a* Deut. 11:10–17; Éter 4:9.
36 *a* 2 Ne. 25:28; 33:10.
b GEE Andar, andar con Dios.
37 *a* *O sea,* en cualquiera de sus ciudades.
b GEE Maldecir, maldiciones.
c GEE Enfermedad, enfermo.
39 *a* DyC 6:16. GEE Pensamientos.
40 *a* GEE Temor—Temor de Dios.
41 *a* Efe. 2:19–20. GEE Adopción.
b Isa. 2:2–5; DyC 64:42–43.
42 *a* GEE Obra misional.
b Deut. 3:24.
c Jacob 6:4–5.

conforme a todo aquello por lo
cual el extranjero haya clamado
a ti, para que [a]todos los pueblos
de la tierra conozcan tu nombre
y te teman, como tu pueblo Israel, y entiendan que tu nombre
es invocado sobre esta casa que
yo he edificado.
44 Si tu pueblo sale a la batalla
contra sus enemigos por el camino que tú los [a]envíes, y oran
a Jehová hacia la ciudad que tú
elegiste, y hacia la casa que yo he
edificado a tu nombre,
45 escucha tú en los cielos su
oración y su súplica, y [a]hazles
justicia.
46 Si pecan contra ti (porque no
hay hombre que [a]no peque), y tú,
airado contra ellos, los [b]entregas
al enemigo, para que los [c]lleven
cautivos a tierra [d]enemiga, sea
lejos o cerca,
47 y si ellos [a]vuelven en sí en la
tierra adonde los hayan llevado
cautivos, si se arrepienten, y oran
a ti en la tierra de los que los llevaron cautivos y dicen: [b]Hemos
pecado, hemos hecho lo malo,
hemos cometido iniquidad;
48 y si [a]se vuelven a ti de todo
su corazón y de toda su alma, en
la tierra de sus enemigos que los
hayan llevado cautivos, y oran a
ti hacia su [b]tierra, que tú diste a
sus padres, *hacia* la [c]ciudad que
tú elegiste y la [d]casa que yo he
edificado a tu nombre,
49 [a]escucha tú en los [b]cielos, en
el lugar de tu morada, su oración
y su súplica, y hazles justicia;
50 y [a]perdona a tu pueblo que
ha pecado contra ti, y todas las
transgresiones que hayan cometido contra ti; y haz que tengan
de ellos [b]misericordia los que los
hayan llevado cautivos para que
tengan compasión de ellos,
51 porque ellos son tu [a]pueblo
y tu [b]heredad que tú sacaste de
Egipto, de en medio del horno
de hierro.
52 Estén tus ojos abiertos a la
oración de tu siervo, y a la plegaria de tu pueblo Israel, para
escucharlos en todo aquello por
lo que te invoquen;
53 pues tú los [a]apartaste para
ti como [b]heredad tuya de entre
[c]todos los pueblos de la tierra,
como lo dijiste por medio de Moisés tu siervo, cuando tú sacaste
a nuestros padres de Egipto, oh
Señor Jehová.
54 Y sucedió que cuando acabó
Salomón de [a]hacer a Jehová toda
esta oración y súplica, se levantó
de delante del altar de Jehová, de
estar de rodillas con sus manos
extendidas hacia el cielo.

43 *a* Josué 4:24. GEE Abraham—La descendencia de Abraham.
44 *a* DyC 98:33.
45 *a* *O sea,* favorece su causa.
46 *a* GEE Pecado.
b Mos. 12:2.
c GEE Israel—El esparcimiento de Israel.
d Lev. 26:44.
47 *a* *Es decir,* si lo consideraran en su corazón, si recapacitaran.
b Dan. 9:4–14.
48 *a* Jer. 29:11–14. GEE Israel—La congregación de Israel.
b Dan. 6:10.
c GEE Jerusalén.
d GEE Templo, Casa del Señor.
49 *a* Mos. 21:14–15. GEE Oración.
b GEE Cielo.
50 *a* GEE Perdonar.
b GEE Compasión.
51 *a* Deut. 7:6–8; 2 Ne. 29:14; 3 Ne. 16:8–15.
b GEE Primogenitura.
53 *a* Éx. 33:16; 3 Ne. 15:19–20.
b Moisés 1:26.
c GEE Gentiles.
54 *a* 2 Cró. 7:1–3.

55 Y puesto en pie, bendijo a
toda la congregación de Israel,
diciendo en voz alta:
56 ¡Bendito sea Jehová, que
ha dado [a]reposo a su pueblo Israel, conforme a todo lo que él
había dicho! Ninguna [b]palabra
de todas sus [c]promesas que ex-
presó por Moisés, su siervo, ha
[d]faltado.
57 Esté con nosotros Jehová
nuestro Dios, como estuvo con
nuestros padres, y no nos desam-
pare ni nos deje;
58 incline nuestro corazón hacia
él, para que andemos en todos
sus caminos y [a]guardemos sus
[b]mandamientos y sus estatutos y
sus decretos, los cuales mandó a
nuestros padres.
59 Y que éstas mis palabras
con que he orado delante de
Jehová estén cerca de Jehová
nuestro Dios de día y de noche, para que él proteja la causa
de su siervo, y de su pueblo
Israel, según la necesidad de
cada día,
60 a fin de que [a]todos los pueblos de la tierra sepan que Jehová
es [b]Dios, y que [c]no *hay* otro.
61 Sea, pues, [a]perfecto vuestro
[b]corazón para con Jehová nuestro
Dios, andando en sus estatutos y
guardando sus mandamientos,
como en el día de hoy.
62 Entonces el rey, y todo Israel
con él, [a]ofrecieron sacrificios delante de Jehová.
63 Y [a]sacrificó Salomón como
ofrendas de paz, las cuales ofreció
a Jehová, veintidós mil bueyes y
ciento veinte mil ovejas. Así dedicaron el rey y todos los hijos de
Israel la casa de Jehová.
64 Aquel mismo día santi-
ficó el rey la parte central del
atrio que estaba delante de la
casa de Jehová, porque ofreció
allí los holocaustos, y las ofrendas y la grasa de las ofrendas
de paz, por cuanto el [a]altar de
bronce que estaba delante de
Jehová era pequeño y no cabían
en él los holocaustos, y las ofrendas y la grasa de las ofrendas
de paz.
65 En aquel tiempo Salomón
hizo [a]fiesta, y con él todo Israel,
una gran congregación, desde la
entrada de Hamat hasta el río de
Egipto, delante de Jehová nuestro Dios, durante [b]siete días y
otros siete días, esto es, durante
catorce días.
66 Y al [a]octavo día despidió al
pueblo, y ellos, bendiciendo al
rey, se fueron a sus casas alegres
y gozosos de corazón por todo
el bien que Jehová había hecho
a David, su siervo, y a su pueblo Israel.

56 *a* GEE Descansar, descanso (reposo).
b Moisés 4:30.
c GEE Abraham, Convenio de.
d Josué 21:45; DyC 1:38.
58 *a* GEE Ley de Moisés; Obediencia, obediente, obedecer.
b GEE Mandamientos de Dios.
60 *a* GEE Obra misional.
b Deut. 4:39.
c Mos. 5:8.
61 *a* GEE Perfecto.
b 1 Cró. 28:9. GEE Corazón.
62 *a* 2 Cró. 7:4–10.
63 *a* GEE Sacrificios.
64 *a* 2 Cró. 4:1.
65 *a* Lev. 23:34; 1 Rey. 8:2.
b *Es decir,* siete días antes de la fiesta de los tabernáculos y siete días después de ella.
66 *a* 2 Cró. 7:8–10.

CAPÍTULO 9

Jehová se le aparece nuevamente a Salomón — Jehová promete grandes bendiciones si los israelitas son obedientes y advierte de grandes maldiciones si se apartan de él — Salomón reina con esplendor — Impone tributo sobre los que no son israelitas y construye una flota de naves.

Y ACONTECIÓ que cuando Salomón hubo [a]acabado la obra de la [b]casa de Jehová, y la [c]casa real y todo lo que Salomón quiso hacer,

2 Jehová se le apareció a Salomón por segunda vez, como se le había aparecido en [a]Gabaón.

3 Y le dijo Jehová: Yo he oído tu [a]oración y tu ruego que has hecho en mi presencia. Yo he santificado esta casa que tú has edificado para poner mi nombre en ella para siempre; y en ella estarán mis ojos y mi corazón todos los días.

4 Y si tú [a]andas delante de mí, como anduvo [b]David, tu padre, con [c]integridad de corazón y con rectitud, haciendo todas las cosas que yo te he mandado y [d]guardando mis estatutos y mis decretos,

5 yo afirmaré el [a]trono de tu reino sobre Israel para siempre, como hablé a tu padre David, diciendo: No faltará de ti varón en el trono de Israel.

6 Pero si obstinadamente os apartáis de mí, vosotros y vuestros hijos, y [a]no guardáis mis mandamientos y mis estatutos que yo he puesto delante de vosotros, sino que vais y servís a [b]dioses ajenos, y los adoráis,

7 yo [a]talaré a Israel de sobre la faz de la tierra que les he entregado; y esta casa que he santificado a mi nombre, yo la echaré de delante de mí, e Israel será por proverbio y escarnio a todos los pueblos.

8 Y esta casa que estaba en gran estima, cualquiera que pase por ella se asombrará y en son de burla siseará, y dirá: ¿Por qué ha [a]hecho así Jehová a esta tierra y a esta casa?

9 Y le dirán: Por cuanto abandonaron a Jehová su Dios, que había sacado a sus padres de la tierra de Egipto, y echaron mano a dioses ajenos, y los adoraron y los sirvieron; por eso ha traído Jehová sobre ellos todo este mal.

10 Y aconteció al cabo de veinte años, en los que Salomón había edificado las dos casas, la casa de Jehová y la casa real

11 (para las cuales Hiram, rey de Tiro, le había llevado a Salomón madera de cedro y de ciprés y cuanto oro él quiso), que el rey

9 1 *a* 2 Cró. 7:11–22.
b 2 Ne. 5:16; DyC 109:4.
c 1 Rey. 7:1.
2 *a* 1 Rey. 3:5.
3 *a* DyC 67:1.
4 *a* 1 Rey. 6:12.
b 1 Rey. 15:5.
c GEE Integridad.
d GEE Rectitud, recto.
5 *a* 2 Sam. 7:12–16; Sal. 132:11–12.
6 *a* GEE Inicuo, iniquidad.
b 1 Rey. 11:9–13. GEE Idolatría.
7 *a* 2 Rey. 17:23. GEE Israel—El esparcimiento de Israel.
8 *a* Deut. 29:24–26.

Salomón dio a Hiram veinte ciudades en la tierra de Galilea.
12 E Hiram salió de Tiro para
ver las ciudades que Salomón le
había dado, y no le gustaron.
13 Y dijo: ¿Qué ciudades son éstas que me has dado, [a]hermano?
Y les puso por nombre la tierra de
[b]Cabul, nombre que tiene hasta
hoy.
14 E Hiram había enviado al rey
ciento veinte talentos de oro.
15 Y ésta es la razón de la [a]leva
que el rey Salomón impuso para
edificar la casa de Jehová, y su
propia casa, y [b]Milo, y el muro
de Jerusalén, y Hazor, y Meguido
y Gezer.
16 [a]Faraón, el rey de Egipto,
había subido y tomado Gezer, y
la había quemado, y había dado
muerte a los cananeos que habitaban la ciudad, y la había dado
de regalo a su [b]hija, la mujer de
Salomón.
17 Reconstruyó, pues, Salomón
Gezer, y Bet-horón la de abajo,
18 y Baalat, y Tadmor en tierra
del desierto;
19 asimismo todas las ciudades
donde Salomón tenía provisiones, y las ciudades de los carros,
y las ciudades de la gente de a
caballo y todo lo que Salomón
deseó edificar en Jerusalén, en
el Líbano y en toda la tierra de
su dominio.
20 A todos los pueblos que
quedaron de los amorreos, heteos, ferezeos, heveos y jebuseos (que no eran de los hijos
de Israel,
21 a sus [a]descendientes que
quedaron en la tierra después
de ellos, que los hijos de Israel no
pudieron destruir), hizo Salomón
que [b]sirviesen con tributo laboral
hasta hoy.
22 Pero a ninguno de los hijos
de Israel impuso Salomón servicio, sino que eran hombres de
guerra, o sus criados, o sus príncipes, o sus capitanes, o comandantes de sus carros o su gente
de a caballo.
23 Y los que Salomón había hecho jefes de los capataces sobre
las obras eran quinientos cincuenta, quienes estaban sobre el
pueblo que trabajaba en aquella
obra.
24 Y cuando subió la hija de Faraón de la ciudad de David a su
casa que *Salomón* le había edificado, entonces él edificó Milo.
25 Y [a]ofrecía Salomón [b]tres veces
cada año holocaustos y ofrendas
de paz sobre el altar que él edificó
a Jehová, y quemaba incienso sobre el altar que estaba delante de
Jehová. Y terminó la casa.
26 Hizo también el rey Salomón
una flota de naves en Ezión-geber, que está junto a Elot en la
ribera del Mar Rojo, en la tierra
de Edom.

13 *a* *O sea,* amigo.
b HEB territorio limitado o cerrado, reducido.
15 *a* 1 Rey. 5:13.
b La raíz hebrea indica un muro de contención adosado y relleno o una elevación como parte de un baluarte de defensa. 2 Sam. 5:9.
16 *a* 1 Rey. 3:1.
b 1 Rey. 11:1–3.
21 *a* 1 Cró. 22:2.
b *O sea,* sometidos a trabajos forzados. 1 Rey. 5:15–16.
25 *a* GEE Ofrenda.
b 2 Cró. 8:12–13.

27 Y envió Hiram en ellos a sus siervos, marineros y diestros en el mar, con los siervos de Salomón,
28 los cuales fueron a Ofir y tomaron de allí oro, cuatrocientos veinte talentos, y lo llevaron al rey Salomón.

CAPÍTULO 10

La reina de Sabá visita a Salomón — La riqueza y la sabiduría de Salomón exceden a las de todos los reyes de la tierra.

Y CUANDO la [a]reina de Sabá oyó de la fama de Salomón en relación al nombre de Jehová, vino a probarle con preguntas difíciles.
2 Y vino a Jerusalén con una gran comitiva, con camellos cargados de especias, y oro en gran abundancia y piedras preciosas. Y cuando se presentó ante Salomón, le expuso todo lo que en su corazón tenía.
3 Y Salomón le contestó todas sus preguntas; no hubo ninguna cosa escondida que el rey no le declarase.
4 Y cuando la reina de Sabá vio toda la sabiduría de Salomón, y la casa que había edificado,
5 así como la comida de su mesa, y los asientos que ocupaban sus siervos, y la apariencia y los vestidos de los que le servían, y sus maestresalas y los holocaustos que ofrecía en la casa de Jehová, se quedó sin aliento.
6 Y dijo al rey: Es verdad lo que oí en mi tierra de tus cosas y de tu sabiduría;
7 pero yo no creía las palabras hasta que he venido, y mis ojos han visto que ni aun se me dijo la mitad. Tu sabiduría y tus bienes son mayores que la fama que yo había oído.
8 ¡Dichosos tus hombres, dichosos éstos tus siervos, que están continuamente delante de ti y oyen tu sabiduría!
9 ¡Bendito sea Jehová tu Dios que se agradó de ti para ponerte en el trono de Israel! Porque Jehová ha amado siempre a Israel, y te ha puesto como rey para que gobiernes con derecho y justicia.
10 Y dio ella al rey ciento veinte talentos de oro, y mucha especiería y piedras preciosas. Nunca vino tan gran cantidad de especias, como la que la reina de Sabá dio al rey Salomón.
11 La flota de Hiram, que había traído el oro de Ofir, traía también de Ofir gran cantidad de madera de sándalo y piedras preciosas.
12 Y de la madera de sándalo hizo el rey balaustres para la casa de Jehová y para la casa del rey, arpas también y salterios para los cantores. Nunca vino tanta madera de sándalo, ni se ha visto hasta hoy.
13 Y el rey Salomón dio a la reina de Sabá todo lo que ella quiso y todo lo que pidió, además de lo que el rey Salomón le dio conforme a su real generosidad.

10 1 *a* Mateo 12:42.

Y ella se volvió y se fue a su tierra con sus criados.

14 El peso del oro que Salomón recibía cada año era de seiscientos sesenta y seis talentos de oro,

15 sin contar lo de los mercaderes, y el comercio, y lo de todos los reyes de Arabia y de los gobernantes de la tierra.

16 Hizo también el rey Salomón doscientos escudos grandes de oro batido; seiscientos *siclos* de oro empleó en cada escudo.

17 Asimismo trescientos escudos de oro batido, en cada uno de los cuales empleó tres libras de oro; y los puso el rey en la [a]Casa del Bosque del Líbano.

18 Hizo también el rey un gran trono de marfil, el cual recubrió de oro purísimo.

19 Seis gradas tenía el trono, y la parte alta era redonda por el respaldo, con brazos a uno y otro lado del asiento, junto a los cuales estaban colocados dos leones.

20 Había también doce leones puestos allí sobre las seis gradas, a uno y otro lado; en ningún otro reino se había hecho *un trono* semejante.

21 Y todos los vasos de beber del rey Salomón eran de oro, y asimismo toda la vajilla de la Casa del Bosque del Líbano era de oro fino; no había nada de plata; pues en tiempos de Salomón no era apreciada.

22 Pues el rey tenía en el mar una flota *de naves que salía* de [a]Tarsis, con la flota de Hiram; una vez cada tres años venía la flota de Tarsis y traía oro, plata, marfil, monos y pavos reales.

23 Así excedía el rey Salomón a todos los reyes de la tierra en [a]riquezas y en sabiduría.

24 Toda la tierra procuraba *ver* el rostro de Salomón, para oír la sabiduría que Dios había puesto en su corazón.

25 Y todos le llevaban año tras año sus presentes: artículos de oro y de plata, vestidos, armas, especias aromáticas, caballos y mulos.

26 Y juntó Salomón carros y gente de a caballo; y tenía [a]mil cuatrocientos carros y doce mil jinetes, los cuales puso en las ciudades de los carros y junto al rey en Jerusalén.

27 E hizo el rey que en Jerusalén hubiera tanta plata como piedras, y que abundaran los cedros como los sicómoros que están por los campos.

28 E importaban caballos de Egipto y de Coa para Salomón, porque los mercaderes del rey los compraban allí.

29 Y un carro que se traía de Egipto valía seiscientas piezas de plata, y un caballo ciento cincuenta; y asimismo los adquirían, también por medio de ellos, para todos los reyes de los heteos y de Siria.

CAPÍTULO 11

Salomón se casa con mujeres que no

17 *a* *Es decir,* la residencia del rey.

22 *a* Ezeq. 27:12.

23 *a* 1 Rey. 3:11–13.

26 *a* 1 Rey. 4:26.

son israelitas y sus esposas desvían el corazón del rey hacia la adoración de dioses falsos — Jehová levanta adversarios en contra de él, entre ellos a Jeroboam hijo de Nabat — Ahías promete a Jeroboam que será rey de diez tribus — Salomón muere y Roboam reina en su lugar.

PERO el rey [a]Salomón amó, además de la hija de [b]Faraón, a muchas [c]mujeres extranjeras, a las
de Moab, a las de Amón, a las
de Edom, a las de Sidón y a las
heteas;
2 [a]gentes de las cuales Jehová
había dicho a los hijos de Israel:
No os llegaréis a ellas, ni ellas se
llegarán a vosotros, porque ciertamente [b]harán inclinar vuestros
corazones tras sus dioses. A éstas, pues, se juntó Salomón con
amor.
3 Y tuvo setecientas esposas *que
eran* princesas, y trescientas concubinas; y sus mujeres le desviaron el corazón.
4 Y aconteció que Salomón ya
era viejo, y sus [a]mujeres le inclinaron el corazón tras dioses
ajenos, y su corazón ya no era
perfecto para con Jehová su Dios,
[b]como el corazón de su padre
David.
5 Porque Salomón siguió a [a]As-
toret, diosa de los sidonios, y a
Milcom, dios abominable de los
amonitas.
6 E hizo Salomón lo malo ante
los ojos de Jehová, [a]y no siguió
cumplidamente tras Jehová como
David, su padre.
7 Entonces edificó Salomón un
lugar alto a [a]Quemos, dios abominable de Moab, en el [b]monte
que está enfrente de Jerusalén, y
a Moloc, ídolo abominable de los
hijos de Amón.
8 E hizo lo mismo para todas
sus mujeres extranjeras, las cuales quemaban incienso y ofrecían
sacrificios a sus dioses.
9 Y se enojó Jehová contra Salomón, por cuanto se había desviado su corazón de Jehová Dios
de Israel, quien se le había [a]apa-
recido dos veces,
10 y le había mandado acerca
de esto, que no siguiese a [a]dioses
ajenos; pero él no guardó lo que
le había mandado Jehová.
11 Y dijo Jehová a Salomón: Por
cuanto has hecho esto, y no has
guardado mi [a]convenio y mis estatutos que yo te mandé, arrancaré el [b]reino de ti y lo entregaré
a tu siervo.
12 Sin embargo, no lo haré en
tus días, por amor a David, tu
padre, sino que lo arrancaré de
la mano de tu hijo.
13 Pero no arrancaré todo el

11 1 *a* Jacob 2:23–24; DyC 132:38.
b 1 Rey. 7:8; 9:16.
c Deut. 7:1–4; 17:14–17.
2 *a* *O sea,* naciones.
b GEE Apostasía.
4 *a* GEE Matrimonio—El matrimonio entre personas de distintas religiones.
b TJS 1 Rey. 11:4 …*y se volvió* como el corazón…
5 *a* GEE Baal; Idolatría.
6 *a* TJS 1 Rey. 11:6 …*como David, su padre,* y no siguió cumplidamente tras Jehová.
7 *a* Núm. 21:29.
b 2 Rey. 23:13.
9 *a* 1 Rey. 3:5; 9:2.
10 *a* 1 Rey. 9:6–7.
11 *a* HEB *berit:* convenio, pacto, alianza. GEE Convenio (pacto).
b 1 Rey. 12:16–20.

reino, sino que le daré una tribu
a tu hijo, por amor a David, mi
siervo, y por amor a Jerusalén, la
que yo he elegido.
14 Y Jehová levantó un [a]adver-
sario a Salomón: Hadad, el edomita, de sangre real, que estaba
en Edom.
15 Sucedió que cuando David
estaba en [a]Edom, y subió Joab,
el general del ejército, a enterrar
los muertos, y mató a todos los
hombres de Edom
16 (porque seis meses habitó
allí Joab, y todo Israel, hasta que
hubo acabado con todos los varones de Edom),
17 Hadad huyó, y con él algunos
hombres edomitas de los siervos
de su padre, y se fue a Egipto; era
entonces Hadad un muchacho
pequeño.
18 Y se levantaron de Madián y
llegaron a Parán; y tomaron consigo hombres de Parán, y llegaron
a Egipto, a Faraón, rey de Egipto,
quien le dio casa, y le asignó alimentos y aun le dio tierra.
19 Y halló Hadad gran favor
delante de Faraón, el cual le dio
por esposa a la hermana de su
esposa, la hermana de la reina
Tahpenes.
20 Y la hermana de Tahpenes
le dio a luz a su hijo Genubat, a
quien Tahpenes destetó en casa
de Faraón; y estaba Genubat en
casa de Faraón entre los hijos de
Faraón.
21 Y al oír Hadad en Egipto
que David había dormido con
sus padres, y que Joab, general
del ejército, había muerto, Hadad dijo a Faraón: Déjame ir a
mi tierra.
22 Y le respondió Faraón: ¿Qué
te falta conmigo que procuras
irte a tu tierra? Y él respondió:
Nada; con todo, te ruego que me
dejes ir.
23 Y Dios también le levantó
otro adversario, Rezón hijo de
Eliada, el cual había huido de su
amo Hadar-ezer, rey de Soba.
24 Y había reunido consigo
hombres y se había hecho capitán de una tropa cuando David
mató a los *de Soba*. Después fueron a Damasco, y habitaron allí
y reinaron en Damasco.
25 Y él fue adversario de Israel
todos los días de Salomón; y fue
otro mal junto con el de Hadad,
porque aborreció a Israel y reinó
sobre Siria.
26 También Jeroboam hijo
de Nabat, efrateo de Sereda,
siervo de Salomón, cuya madre se llamaba Zerúa, la cual
era viuda, alzó su mano contra
el rey.
27 Y la causa por la cual éste
alzó su mano contra el rey fue
ésta: Salomón edificó [a]Milo y
cerró la brecha de la ciudad de
David, su padre.
28 Y Jeroboam era un hombre
valiente *y* poderoso, y al ver Salomón que el joven era un hombre
laborioso, le encomendó toda la
carga de la casa de José.
29 Y aconteció en aquel tiempo

14 *a* Hel. 12:2–3.
15 *a* 1 Cró. 18:12–13.
27 *a* La raíz hebrea indica un muro de contención adosado y relleno o una elevación como parte de un baluarte de defensa.

que, al salir Jeroboam de Jerusalén, le encontró en el camino el profeta [a]Ahías, el silonita, y éste iba cubierto con una capa nueva; y estaban ellos dos solos en el campo.
30 Y tomó [a]Ahías la capa nueva que tenía sobre sí, y la rasgó en doce pedazos,
31 y dijo a Jeroboam: Toma para ti diez pedazos, porque así dice Jehová Dios de Israel: He aquí que arrancaré el reino de manos de Salomón, y a ti te daré [a]diez tribus
32 (y él tendrá [a]una tribu por amor a David, mi siervo, y por amor a Jerusalén, ciudad que yo he elegido de entre todas las tribus de Israel);
33 por cuanto me [a]han abandonado y han adorado a [b]Astoret, diosa de los sidonios, y a Quemos, dios de Moab, y a Moloc, dios de los hijos de Amón; y no han andado en mis caminos para hacer lo recto delante de mis ojos, ni en mis estatutos, ni en mis decretos, [c]como hizo su padre David.
34 Pero no quitaré todo el reino de sus manos, sino que lo haré gobernante todos los días de su vida, por amor a David, mi siervo, al cual yo elegí, y quien guardó mis mandamientos y mis estatutos;
35 pero yo quitaré el reino de manos de su hijo y te lo daré a ti, *esto es,* las diez tribus.
36 Y a su hijo daré una [a]tribu, para que mi siervo David tenga una lámpara todos los días delante de mí en [b]Jerusalén, ciudad que yo me elegí para poner allí mi nombre.
37 Yo, pues, te tomaré a ti, y tú reinarás en todas las cosas que [a]desee tu alma, y serás rey sobre Israel.
38 Y sucederá que si escuchas todas las cosas que te mande, y [a]andas en mis caminos, y haces lo recto delante de mis ojos, guardando mis estatutos y mis mandamientos, como [b]hizo mi siervo David, yo estaré contigo y te edificaré una casa firme, como la edifiqué a David, y te entregaré a Israel.
39 [a]Y yo afligiré a la descendencia de [b]David a causa de esto, pero no para siempre.
40 Procuró, por tanto, Salomón matar a Jeroboam, pero Jeroboam se levantó y huyó a Egipto, a Sisac, rey de Egipto, y estuvo en Egipto hasta la muerte de Salomón.
41 Los demás hechos de

29 *a* 1 Rey. 14:2.
30 *a* 1 Rey. 12:15.
31 *a* GEE Israel—Las diez tribus perdidas de Israel.
32 *a* *O sea,* dos tribus (véase el vers. 36).
33 *a* GEE Apostasía.
b GEE Baal.
c TJS 1 Rey. 11:33 …*y su corazón se ha vuelto* como David, su padre; *y no se arrepiente como hizo David su padre, para que yo le perdone.*
36 *a* 1 Rey. 12:17.
b GEE Jerusalén.
37 *a* Alma 29:4.
38 *a* GEE Andar, andar con Dios.
b TJS 1 Rey. 11:38 …hizo…*el día en que le bendije;* yo estaré…
39 *a* TJS 1 Rey. 11:39 *Y por la transgresión de David, y también por el pueblo, he rasgado el reino, y a causa de esto,* yo afligiré…
b DyC 109:63–64.

Salomón, y todas las cosas que hizo y su sabiduría, ¿no están escritos en [a]el libro de los hechos de Salomón?

42 Y los días que Salomón reinó en Jerusalén sobre todo Israel fueron cuarenta años.

43 Y durmió Salomón con sus padres y fue sepultado en la ciudad de su padre David; y reinó en su lugar [a]Roboam, su hijo.

CAPÍTULO 12

Roboam trata de imponer cargas más pesadas sobre el pueblo — Las diez tribus se rebelan y se vuelven a Jeroboam — Jeroboam se entrega a la idolatría y adora dioses falsos.

Y [a]Roboam fue a Siquem, porque todo Israel había ido a Siquem para hacerlo rey.

2 Y aconteció que cuando lo oyó Jeroboam hijo de Nabat, que aún estaba en Egipto, adonde había huido de delante del rey Salomón, y habitaba en Egipto,

3 enviaron a llamarle. Vino, pues, Jeroboam con toda la congregación de Israel, y hablaron a Roboam, diciendo:

4 Tu padre agravó nuestro [a]yugo; y ahora, disminuye tú *algo* de la dura servidumbre de tu padre y del yugo pesado que puso sobre nosotros, y te serviremos.

5 Y él les dijo: Idos, y de aquí a tres días volved a mí. Y el pueblo se fue.

6 Entonces el rey Roboam pidió consejo a los ancianos que habían estado delante de su padre Salomón cuando vivía, y dijo: ¿Cómo aconsejáis vosotros que responda yo a este pueblo?

7 Y ellos le hablaron, diciendo: Si hoy te haces [a]siervo de este pueblo y lo sirves, y les respondes y les dices buenas palabras, ellos te servirán para siempre.

8 Pero él desechó el consejo que los ancianos le habían dado, y pidió consejo a los jóvenes que se habían criado con él y que estaban delante de él.

9 Y les dijo: ¿Cómo aconsejáis vosotros que respondamos a este pueblo que me ha hablado, diciendo: Disminuye *algo* del yugo que tu padre puso sobre nosotros?

10 Entonces los jóvenes que se habían criado con él le respondieron, diciendo: Así hablarás a este pueblo que te ha dicho estas palabras: Tu padre agravó nuestro yugo, pero tú disminúyenos *algo*; así les hablarás: El menor dedo de los míos es más grueso que los lomos de mi padre.

11 Ahora pues, mi padre os cargó con un pesado yugo, pero yo añadiré a vuestro yugo; mi padre os castigó con azotes, pero yo os castigaré con [a]escorpiones.

12 Y al tercer día vino Jeroboam con todo el pueblo a Roboam, según lo había mandado el rey, diciendo: Volved a mí al tercer día.

41 *a* GEE Escrituras—Escrituras que se han perdido.
43 *a* GEE Roboam.
12 1 *a* 2 Cró. 10:1–19.
4 *a* 1 Sam. 8:11–17; 1 Rey. 4:22–28.
7 *a* Mos. 2:17–18; Alma 1:26. GEE Servicio.
11 *a* HEB látigos con aguijones.

13 Y el rey respondió al pueblo duramente, desechando el consejo que los ancianos le habían dado,

14 y les habló conforme al consejo de los jóvenes, diciendo: Mi padre agravó vuestro yugo, pero yo añadiré a vuestro yugo; mi padre os castigó con azotes, pero yo os castigaré con escorpiones.

15 Y no escuchó el rey al pueblo, porque era designio de Jehová para confirmar la palabra que Jehová había hablado por medio de [a]Ahías, el silonita, a Jeroboam hijo de Nabat.

16 Y cuando todo Israel vio que el rey no les escuchaba, el pueblo respondió al rey, diciendo: ¿Qué parte tenemos nosotros con David? No tenemos herencia en el hijo de Isaí. ¡Israel, a tus tiendas! ¡David, mira ahora por tu casa! Entonces Israel se fue a sus tiendas.

17 Pero reinó Roboam sobre los hijos de Israel que moraban en las ciudades de [a]Judá.

18 Y el rey Roboam envió a [a]Adoram, que estaba sobre los tributos; pero le apedreó todo Israel, y murió. Entonces el rey Roboam se apresuró a subir en un carro y huir a Jerusalén.

19 Así se rebeló [a]Israel contra la casa de David hasta hoy.

20 Y aconteció, que al oír todo Israel que Jeroboam había vuelto, enviaron a llamarle a la congregación, y le hicieron rey sobre todo Israel, sin quedar tribu alguna que siguiese a la casa de David, sino sólo la tribu de [a]Judá.

21 Y cuando [a]Roboam llegó a Jerusalén, reunió a toda la casa de Judá y a la tribu de Benjamín, ciento ochenta mil guerreros escogidos, para hacer la guerra contra la casa de Israel y hacer volver el reino a Roboam hijo de Salomón.

22 Pero vino la [a]palabra de Jehová a [b]Semaías, hombre de Dios, diciendo:

23 Habla a Roboam hijo de Salomón, rey de Judá, y a toda la casa de Judá y de Benjamín, y a los demás del pueblo, y diles:

24 Así ha dicho Jehová: No vayáis, ni peleéis contra vuestros [a]hermanos, los hijos de Israel; vuelva cada uno a su casa, porque esto lo he hecho yo. Y ellos escucharon la palabra de Dios, y volvieron y se fueron, conforme a la palabra de Jehová.

25 Y reedificó Jeroboam Siquem en los montes de Efraín, y habitó en ella; y salió de allí y reedificó Penuel.

26 Y dijo Jeroboam en su corazón: Ahora volverá el reino a la casa de David.

27 Si este pueblo [a]sube a ofrecer sacrificios en la casa de Jehová en Jerusalén, el corazón de este pueblo se volverá a su señor Roboam, rey de Judá, y me matarán a mí y se volverán a Roboam, rey de Judá.

15 *a* 1 Rey. 11:30–31.
17 *a* 1 Rey. 11:36.
18 *a* 1 Rey. 5:14.
19 *a* 1 Rey. 11:11–13.
20 *a* *O sea,* Judá y Benjamín.
1 Rey. 11:13.
21 *a* 2 Cró. 11:1–17.
22 *a* GEE Palabra de Dios.
b 2 Cró. 12:5, 7, 15.
GEE Profeta.
24 *a* GEE Hermano(s), hermana(s).
27 *a* Deut. 12:5–7.

28 Y después de tomar consejo, hizo el rey dos [a]becerros de oro y dijo al pueblo: Bastante habéis subido a Jerusalén; he aquí tus [b]dioses, oh Israel, que te hicieron subir de la tierra de Egipto.

29 Y puso uno en [a]Bet-el y puso el otro en [b]Dan.

30 Y esto fue *causa de* pecado, porque el pueblo iba *a adorar* delante de uno de ellos, hasta Dan.

31 Hizo también casas en los lugares altos, e hizo [a]sacerdotes de entre todo el pueblo que no eran de los hijos de Leví.

32 Entonces instituyó Jeroboam una fiesta solemne en el mes octavo, a los quince días del mes, semejante a la [a]fiesta solemne que *se celebraba* en Judá; y ofreció sacrificios sobre el altar. Así hizo en Bet-el, ofreciendo sacrificios a los becerros que había hecho. Puso también en Bet-el [b]sacerdotes para los lugares altos que él había hecho.

33 Y ofreció sacrificios sobre el altar que él había hecho en Bet-el, a los quince días del mes octavo, en el mes que él había inventado en su propio corazón; e hizo fiesta para los hijos de Israel, y subió al altar para ofrendar.

CAPÍTULO 13

Jeroboam es herido y luego es sanado por un profeta de Judá — El profeta entrega su mensaje; un profeta de Bet-el lo desvía del camino y aquél es muerto por un león por su desobediencia — Jeroboam continúa la adoración falsa en Israel.

Y HE aquí que mientras Jeroboam quemaba incienso junto al altar, vino de Judá a Bet-el un hombre de Dios enviado por la palabra de Jehová.

2 Él clamó contra el altar por palabra de Jehová y dijo: Altar, altar, así ha dicho Jehová: He aquí que a la casa de David le nacerá un hijo, llamado [a]Josías, el que sacrificará sobre ti a los sacerdotes de los lugares altos que queman sobre ti incienso, y sobre ti quemarán huesos de hombres.

3 Y aquel mismo día dio una señal, diciendo: Ésta es la señal de que Jehová ha hablado: He aquí que el altar [a]se quebrará, y la ceniza que está sobre él se esparcirá.

4 Y aconteció que cuando el rey Jeroboam oyó la palabra del hombre de Dios, que había clamado contra el altar de Bet-el, extendió su mano desde el altar y dijo: ¡Prendedle! Pero la mano que había extendido contra él se le secó, y no la pudo contraer.

5 Y el altar se quebró, y se esparció la ceniza del altar, conforme a la señal que el hombre de Dios había dado por palabra de Jehová.

6 Entonces respondió el rey y dijo al hombre de Dios: Te pido

28 *a* Éx. 32:2–5; 2 Rey. 17:16.
b GEE Idolatría.
29 *a* GEE Bet-el.
b GEE Dan.
31 *a* GEE Sacerdocio Aarónico; Leví.
32 *a* Lev. 23:33–34.
b GEE Apostasía.
13 2 *a* 2 Rey. 23:16–20; 2 Cró. 34:1–5.
3 *a* *O sea,* se derribará.

que ruegues a Jehová tu Dios y que ores por mí, para que mi mano me sea restaurada. Y el hombre de Dios oró a Jehová, y la mano del rey se le restauró y quedó como antes.

7 Y el rey dijo al hombre de Dios: Ven conmigo a casa y comerás, y yo te daré un presente.

8 Pero el hombre de Dios dijo al rey: Aunque me dieses la mitad de tu casa, no iría contigo, ni comería pan ni bebería agua en este lugar,

9 porque así me ha mandado por palabra de Jehová, diciendo: No comas pan, ni bebas agua, ni vuelvas por el camino por el que llegaste.

10 Se fue, pues, por otro camino, y no volvió por el camino por donde había ido a Bet-el.

11 Moraba entonces en Bet-el un viejo profeta, al cual vino su hijo, y le contó todo lo que el hombre de Dios había hecho aquel día en Bet-el; le contaron también a su padre las palabras que había hablado al rey.

12 Y su padre les dijo: ¿Por qué camino se fue? Y sus hijos le mostraron el camino por donde había regresado el hombre de Dios que había venido de Judá.

13 Y él dijo a sus hijos: Ensilladme el asno. Y ellos le ensillaron el asno y él lo montó.

14 Y fue tras el hombre de Dios, y le halló sentado debajo de una encina y le dijo: ¿Eres tú el hombre de Dios que vino de Judá? Y él respondió: Yo soy.

15 Le dijo entonces: Ven conmigo a casa y come pan.

16 Y él respondió: No podré volver contigo, ni iré contigo, ni tampoco comeré pan ni beberé agua contigo en este lugar,

17 porque por palabra de Dios me ha sido dicho: No comas pan ni bebas agua allí, ni vuelvas por el camino por el que llegaste.

18 Y el *otro* le dijo: Yo también soy profeta como tú, y un [a]ángel me ha hablado por palabra de Jehová, diciendo: Hazle volver contigo a tu casa, para que coma pan y [b]beba agua. Pero le mintió.

19 Entonces volvió con él, y comió pan en su casa y bebió agua.

20 Y aconteció que, cuando estaban ellos sentados a la mesa, vino la palabra de Jehová al profeta que le había hecho volver,

21 y clamó al hombre de Dios que había venido de Judá, diciendo: Así dice Jehová: Por cuanto [a]has sido rebelde a las palabras de Jehová, y no guardaste el mandamiento que Jehová tu Dios te había mandado,

22 sino que volviste, y comiste pan y bebiste agua en el lugar donde *Jehová* te había dicho que no comieses pan ni bebieses agua, no entrará tu cuerpo en el sepulcro de tus padres.

23 Y sucedió que después que hubo comido pan y bebido, el *profeta* que le había hecho volver le ensilló el asno;

24 y cuando se fue, un león lo encontró en el camino y lo mató;

18 *a* GEE Ángeles.
b TJS 1 Rey. 13:18 …beba agua, *para que yo le pruebe; y no* le mintió.
21 *a* GEE Pecado.

y su cuerpo quedó tirado en el
camino, y el asno estaba junto a
él, y el león también estaba junto
al cuerpo.
25 Y he aquí, unos hombres que
pasaban y vieron el cuerpo que
estaba tirado en el camino y al
león que estaba junto al cuerpo,
fueron y lo contaron en la ciudad
donde el viejo profeta habitaba.
26 Y cuando el profeta que le
había hecho volver del camino lo
oyó, dijo: Es el hombre de Dios
que fue rebelde a las palabras de
Jehová; por tanto, Jehová le ha
entregado al león, que le ha despedazado
y matado conforme a la
palabra de Jehová que él le dijo.
27 Y habló a sus hijos, y les dijo:
Ensilladme un asno. Y ellos se lo
ensillaron.
28 Y él fue y halló el cuerpo tendido
en el camino, y el asno y el
león que estaban junto al cuerpo;
el león no había comido el cuerpo,
ni despedazado al asno.
29 Y el [a]profeta tomó el cuerpo
del hombre de Dios y lo puso
sobre el asno, y se lo llevó. Y el
viejo profeta fue a la ciudad, para
hacerle duelo y enterrarle.
30 Y puso el cuerpo en su propio
[a]sepulcro; y le hicieron duelo, *diciendo*:
¡Ay, hermano mío!
31 Y sucedió que después que
le hubieron enterrado, habló a
sus hijos, diciendo: Cuando yo
muera, enterradme en el sepulcro
en que está sepultado el hombre
de Dios; poned mis huesos junto
a los suyos.
32 Porque sin duda acontecerá
lo que él dijo a voces por palabra
de Jehová contra el altar que está
en Bet-el, y contra todas las casas
de los lugares altos que están en
las ciudades de Samaria.
33 Después de esto, no se apartó
Jeroboam de su mal camino, sino
que volvió a hacer sacerdotes
para los lugares altos de entre
todo el pueblo, y al que lo deseaba
le consagraba para que
fuese sacerdote de los lugares
altos.
34 Y esto fue causa de [a]pecado
para la casa de Jeroboam, por lo
cual fue talada y raída de sobre
la faz de la tierra.

CAPÍTULO 14

Ahías predice la ruina de la casa de Jeroboam, así como la muerte de su hijo y la dispersión de los israelitas por causa de su idolatría — Jeroboam muere y Nadab reina — Judá, bajo Roboam, se vuelve a la iniquidad — Sisac, rey de Egipto, toma los tesoros del templo — Roboam muere y Abiam reina.

En aquel tiempo Abías hijo de
Jeroboam cayó enfermo.
2 Y dijo Jeroboam a su esposa:
Levántate, te ruego, y disfrázate,
para que no te conozcan que eres
la esposa de Jeroboam, y ve a
Silo; he aquí, allá está el profeta
[a]Ahías, el que me dijo que yo
sería rey sobre este pueblo.
3 Y toma en tus manos diez panes,
y tortas y una vasija de miel,

29 *a* GEE Profeta.
30 *a* 2 Rey. 23:15–17.
34 *a* GEE Apostasía.
14 2 *a* 1 Rey. 11:29–31.

y ve a él. Él te dirá lo que ha de suceder a este niño.

4 Y la esposa de Jeroboam lo hizo así; y se levantó, y fue a Silo y llegó a casa de Ahías. Y Ahías ya no podía ver, porque sus ojos se habían oscurecido a causa de su vejez.

5 Pero Jehová había dicho a Ahías: He aquí que la esposa de Jeroboam vendrá a consultarte por su hijo que está enfermo; así y así le responderás, pues cuando ella venga, vendrá disfrazada.

6 Y cuando Ahías oyó el sonido de sus pies al entrar ella por la puerta, dijo: Entra, esposa de Jeroboam; ¿por qué te finges otra? Pues soy enviado a ti con un *mensaje* duro.

7 Ve y dile a [a]Jeroboam: Así dice Jehová Dios de Israel: Por cuanto yo te levanté de en medio del pueblo, y te hice príncipe sobre mi pueblo Israel,

8 y arranqué el reino de la casa de [a]David y te lo entregué a ti; y tú no has sido como David, mi siervo, que guardó mis mandamientos y anduvo en pos de mí con todo su corazón, haciendo solamente lo recto delante de mis ojos,

9 sino que has hecho más mal que todos los que han sido antes de ti, pues fuiste y te hiciste dioses ajenos e imágenes de fundición para enojarme, y a mí me has arrojado tras tus espaldas;

10 por tanto, he aquí que yo traigo mal sobre la casa de [a]Jeroboam, y yo talaré de Jeroboam todo varón, tanto el siervo como el libre en Israel; y [b]barreré la posteridad de la casa de [c]Jeroboam, como se barre el estiércol, hasta que no quede nada.

11 Al que muera *de los* de Jeroboam en la ciudad, lo comerán los perros, y al que muera en el campo, lo comerán las aves del cielo, porque Jehová lo ha dicho.

12 Y tú levántate y vete a tu casa; y al poner tu pie en la ciudad, morirá el niño.

13 Y todo Israel hará duelo por él y lo sepultarán, porque sólo él, de entre los de Jeroboam, será sepultado, por cuanto de la casa de Jeroboam, sólo en él se ha hallado alguna cosa buena delante de Jehová Dios de Israel.

14 Y Jehová levantará para sí un rey sobre Israel, el cual talará la casa de Jeroboam en este día; y lo hará ahora mismo.

15 Y Jehová sacudirá a Israel al modo como la caña se agita en las aguas; y él arrancará a [a]Israel de esta [b]buena tierra que había dado a sus padres, y los esparcirá más allá [c]del Río, por cuanto han hecho sus [d]imágenes de Asera, enojando a Jehová.

7 *a* 1 Rey. 16:26.
8 *a* 1 Rey. 15:5. GEE David.
10 *a* GEE Jeroboam.
b HEB quemaré, consumiré, destruiré.
c 1 Rey. 15:25–30.
15 *a* GEE Israel—Las diez tribus perdidas de Israel.
b Josué 23:15–16. GEE Tierra prometida.
c *Es decir,* el Éufrates.
d HEB Aseras; es decir, postes de madera, pilares o árboles que se utilizaban como ídolos de la fertilidad. Deut. 16:21. GEE Idolatría.

16 Y él entregará a Israel por los [a]pecados de Jeroboam, quien pecó y ha hecho pecar a Israel.

17 Entonces la esposa de Jeroboam se levantó y se fue, y llegó a Tirsa; y al cruzar ella el umbral de la casa, el niño murió.

18 Y lo sepultaron, y todo Israel hizo duelo por él conforme a la palabra de Jehová, la que él había hablado por medio de su siervo, el profeta Ahías.

19 Los demás hechos de Jeroboam, las guerras que hizo y cómo reinó, he aquí, todo está escrito en el [a]libro de las crónicas de los reyes de Israel.

20 El tiempo que reinó Jeroboam fue de veintidós años; y cuando durmió con sus padres, reinó en su lugar su hijo Nadab.

21 Y [a]Roboam hijo de Salomón reinó en Judá. Roboam tenía cuarenta y un años cuando comenzó a reinar, y diecisiete años reinó en Jerusalén, ciudad que Jehová eligió de todas las tribus de Israel para poner allí su nombre. Y el nombre de su madre era Naama, una amonita.

22 Y Judá hizo [a]lo malo ante los ojos de Jehová, y [b]le provocaron a celos con los pecados que cometieron, más que todo lo que habían hecho sus padres.

23 Porque ellos también se edificaron lugares [a]altos, y estatuas e imágenes de Asera en todo collado alto y debajo de todo árbol frondoso.

24 Y hubo también [a]sodomitas en la tierra, e hicieron conforme a todas las abominaciones de las naciones que Jehová había echado de delante de los hijos de Israel.

25 Y aconteció que al quinto año del rey Roboam subió Sisac, rey de Egipto, contra Jerusalén.

26 Y tomó los tesoros de la casa de Jehová y los tesoros de la casa real, y lo saqueó todo; y también se llevó todos los escudos de oro que Salomón había hecho.

27 Y en lugar de ellos, el rey Roboam hizo escudos de bronce y se los entregó a los capitanes de la guardia, que custodiaban la puerta de la casa real.

28 Y cuando el rey entraba en la casa de Jehová, los de la guardia los llevaban, y *después* volvían a ponerlos en la cámara de la guardia.

29 Los demás hechos de Roboam y todas las cosas que hizo, ¿no están escritos en las crónicas de los reyes de Judá?

30 Y hubo guerra entre Roboam y Jeroboam todos los días de ellos.

31 Y durmió Roboam con sus padres y fue sepultado con sus padres en la ciudad de David.

16 *a* GEE Pecado.
19 *a* Es significativo que los reyes de Israel y de Judá llevaran registros oficiales; dichos registros se han perdido o ya no existen; se utilizaron como libros de consulta por el (los) autor(es) bíblico(s) de los Libros de los Reyes; cabe notar que no son los libros bíblicos de Las Crónicas.
21 *a* GEE Roboam.
22 *a* GEE Apostasía.
b GEE Celo, celos, celoso.
23 *a* 2 Rey. 16:2–4.
24 *a* HEB varones prostitutos; adoradores de ídolos de la fertilidad.
GEE Homosexualidad.

Y el nombre de su madre era Naama, la amonita. Y reinó en su lugar Abiam, su hijo.

CAPÍTULO 15

En Judá, Abiam reina con iniquidad y posteriormente Asa reina con rectitud — Nadab y después Baasa reinan con iniquidad en Israel — Baasa destruye la casa de Jeroboam.

Y EN el año dieciocho del rey Jeroboam hijo de Nabat, Abiam comenzó a reinar sobre Judá.

2 Reinó tres años en Jerusalén. El nombre de su madre era Maaca, hija de Abisalom.

3 Y anduvo en todos los pecados que su padre había cometido antes de él; y su corazón no fue perfecto para con Jehová, su Dios, [a]como el corazón de su padre David.

4 Pero por amor a David, le dio Jehová, su Dios, lámpara en Jerusalén, al levantar a su hijo después de él y al sostener a Jerusalén;

5 por cuanto [a]David había hecho lo recto ante los ojos de Jehová, y de ninguna cosa que le había mandado se había [b]apartado en todos los días de su vida, excepto en el asunto de [c]Urías, el heteo.

6 Y hubo guerra entre Roboam y Jeroboam todos los días de su vida.

7 Los demás hechos de Abiam, y todas las cosas que hizo, ¿no están escritos en el libro de las crónicas de los reyes de Judá? Y hubo guerra entre Abiam y Jeroboam.

8 Y durmió Abiam con sus padres, y lo sepultaron en la ciudad de David; y reinó Asa, su hijo, en su lugar.

9 En el año veinte de Jeroboam, rey de Israel, [a]Asa comenzó a reinar sobre Judá.

10 Y reinó cuarenta y un años en Jerusalén; y el [a]nombre de su madre era Maaca, hija de Abisalom.

11 Y Asa hizo lo recto ante los ojos de Jehová, [a]como David, su padre,

12 porque quitó a los sodomitas de la tierra y quitó todos los ídolos que sus padres habían hecho.

13 Y también privó a su madre Maaca de ser reina, porque había hecho un [a]ídolo de Asera. Además, deshizo Asa el ídolo de su madre y lo quemó junto al torrente Cedrón.

14 Sin embargo, los lugares altos no fueron quitados; con todo, el corazón de Asa fue [a]perfecto para con Jehová toda su vida.

15 También puso en la casa de Jehová lo que su padre había

15 3 *a* TJS 1 Rey. 15:3 …como *Jehová mandó* a su padre David.
5 *a* GEE David.
b GEE Obediencia, obediente, obedecer.
c 2 Sam. 11:3–15; DyC 132:39.
9 *a* GEE Asa.
10 *a* *Es decir,* el nombre de su abuela.
11 *a* TJS 1 Rey. 15:11 …como *él mandó* a David, su padre.
13 *a* *Es decir,* para Asera, diosa cananea de la fertilidad. GEE Idolatría.
14 *a* Mos. 29:13.

dedicado, y lo que él mismo dedicó: oro, y plata y utensilios.

16 Y hubo guerra entre Asa y Baasa, rey de Israel, todos sus días.

17 Y subió Baasa, rey de Israel, contra Judá, y fortificó Ramá para no dejar que ninguno se comunicara con Asa, rey de Judá.

18 Entonces tomó Asa toda la plata y todo el oro que habían quedado en los tesoros de la casa de Jehová, y en los tesoros de la casa real, y los entregó en las manos de sus siervos, y los envió el rey Asa a [a]Ben-adad hijo de Tabrimón, hijo de Hezión, rey de [b]Siria, el cual residía en Damasco, diciendo:

19 Haya alianza entre tú y yo, y entre mi padre y el tuyo. He aquí yo te envío un presente de plata y de oro; ve y rompe tu alianza con Baasa, rey de Israel, para que se aparte de mí.

20 Y Ben-adad escuchó al rey Asa, y envió a los jefes de los ejércitos que tenía contra las ciudades de Israel, y conquistó Ijón, y Dan, y Abel-bet-maaca y toda Cineret, con toda la tierra de Neftalí.

21 Y sucedió que cuando Baasa oyó todo esto, dejó de fortificar Ramá y se quedó en Tirsa.

22 Entonces el rey Asa convocó a todo Judá, sin exceptuar a ninguno; y quitaron de Ramá la piedra y la madera con que Baasa edificaba, y el rey Asa edificó con ellas Geba de Benjamín y Mizpa.

23 Los demás hechos de Asa, y todo su poderío, y todas las cosas que hizo y las ciudades que edificó, ¿no está todo escrito en el libro de las crónicas de los reyes de Judá? Pero en el [a]tiempo de su vejez enfermó de los pies.

24 Y durmió Asa con sus padres, y fue sepultado con sus padres en la ciudad de David, su padre; y reinó en su lugar [a]Josafat, su hijo.

25 Y Nadab hijo de Jeroboam comenzó a reinar sobre Israel en el segundo año de Asa, rey de Judá; y reinó sobre Israel dos años.

26 E hizo [a]lo malo ante los ojos de Jehová, andando en el camino de su padre y en los [b]pecados con que hizo pecar a Israel.

27 Y Baasa hijo de Ahías, que era de la casa de Isacar, conspiró contra él; y lo mató Baasa en Gibetón, que era de los filisteos, porque Nadab y todo Israel tenían sitiado a Gibetón.

28 Lo mató, pues, Baasa en el tercer año de Asa, rey de Judá, y reinó en su lugar.

29 Y aconteció que cuando llegó a ser rey, mató a toda la casa de [a]Jeroboam, sin dejar alma viviente de *los de* Jeroboam, hasta raerla, conforme a la palabra de Jehová que él habló por su siervo Ahías, el silonita,

30 por los pecados que Jeroboam había cometido, y con los cuales hizo pecar a Israel, y por su provocación con que provocó a enojo a Jehová, Dios de Israel.

31 Los demás hechos de Nadab y todas las cosas que hizo, ¿no

18 *a* 2 Cró. 16:1–10.
b HEB Aram.
23 *a* 2 Cró. 16:12–13.
24 *a* GEE Josafat.
26 *a* GEE Injusticia, injusto.
b Mos. 11:27–29.
29 *a* 1 Rey. 14:1–18.

está todo escrito en el libro de las crónicas de los reyes de Israel?

32 Y hubo guerra entre Asa y Baasa, rey de Israel, todos sus días.

33 En el tercer año de Asa, rey de Judá, comenzó a reinar Baasa hijo de Ahías sobre todo Israel en Tirsa; y *reinó* veinticuatro años.

34 E hizo lo malo ante los ojos de Jehová, y anduvo en el camino de Jeroboam, y en el pecado con que hizo pecar a Israel.

CAPÍTULO 16

Jehú profetiza el mal sobre Baasa y su casa — Ela, Zimri, Omri y Acab reinan con iniquidad — Zimri destruye la casa de Baasa — Acab se casa con Jezabel, adora a Baal y provoca a ira a Jehová.

Y VINO la palabra de Jehová a Jehú hijo de Hanani contra Baasa, diciendo:

2 Por cuanto yo te levanté del polvo y te puse como príncipe sobre mi pueblo Israel, y tú has andado en el camino de Jeroboam y has hecho [a]pecar a mi pueblo Israel, provocándome a ira con sus pecados,

3 he aquí, yo barreré a la posteridad de Baasa y a la posteridad de su casa; y haré con tu casa como con la casa de Jeroboam hijo de Nabat.

4 Al que de Baasa muera en la ciudad, le comerán los perros, y al que de él muera en el campo, le comerán las aves del cielo.

5 Los demás hechos de Baasa, y las cosas que hizo y su poderío, ¿no está todo escrito en el libro de las crónicas de los reyes de Israel?

6 Y durmió Baasa con sus padres y fue sepultado en Tirsa; y reinó en su lugar Ela, su hijo.

7 Pero la palabra de Jehová por medio del profeta Jehú hijo de Hanani, había sido contra Baasa y también contra su casa, con motivo de todo lo malo que hizo ante los ojos de Jehová, provocándole a ira con las obras de sus manos, para que fuese hecha como con la casa de Jeroboam, y porque lo había matado.

8 En el año veintiséis de Asa, rey de Judá, comenzó a reinar Ela hijo de Baasa sobre Israel en Tirsa, *y reinó* dos años.

9 Y conspiró contra él su siervo Zimri, comandante de la mitad de los carros. Y estando él en Tirsa, bebiendo y embriagado en casa de Arsa, su mayordomo en Tirsa,

10 llegó Zimri, y lo hirió y lo [a]mató en el año veintisiete de Asa, rey de Judá; y reinó en su lugar.

11 Y aconteció que cuando llegó a reinar, tan pronto como estuvo sentado en el trono, mató a toda la casa de Baasa, sin dejar en ella ningún varón, ni parientes ni amigos.

12 Así destruyó Zimri a toda la casa de Baasa, conforme a la palabra de Jehová que él había hablado contra Baasa por medio del profeta Jehú,

16 2 *a* DyC 121:39.

10 *a* GEE Asesinato.

13 por todos los pecados de Baasa y los pecados de Ela, su hijo, con los cuales ellos pecaron e hicieron pecar a Israel, provocando a enojo a Jehová, Dios de Israel, con sus [a]vanidades.

14 Los demás hechos de Ela y todas las cosas que hizo, ¿no está todo escrito en el libro de las crónicas de los reyes de Israel?

15 En el año veintisiete de Asa, rey de Judá, Zimri reinó siete días en Tirsa; y el pueblo había acampado contra Gibetón, ciudad de los filisteos.

16 Y el pueblo que estaba en el campamento oyó decir: Zimri ha conspirado y ha dado muerte al rey. Entonces todo Israel, aquel mismo día, hizo rey sobre Israel a Omri, general del ejército, allí en el campo de batalla.

17 Y subió Omri de Gibetón, y con él todo Israel, y sitiaron a Tirsa.

18 Y sucedió que cuando Zimri vio tomada la ciudad, entró en el palacio de la casa real y prendió fuego a la casa consigo dentro. Así murió,

19 por sus pecados que había cometido, haciendo lo malo ante los ojos de Jehová y andando en los caminos de Jeroboam, y en el pecado que cometió, haciendo pecar a Israel.

20 Los demás hechos de Zimri y la conspiración que tramó, ¿no está todo escrito en el libro de las crónicas de los reyes de Israel?

21 Entonces el pueblo de Israel se dividió en dos partes: la mitad del pueblo seguía a Tibni hijo de Ginat, para hacerlo rey; y la otra mitad seguía a Omri.

22 Pero el pueblo que seguía a Omri pudo más que el que seguía a Tibni hijo de Ginat; y Tibni murió, y Omri fue rey.

23 En el año treinta y uno de Asa, rey de Judá, comenzó a reinar Omri sobre Israel, y reinó doce años; en Tirsa reinó seis años.

24 Y compró él a Semer el monte de [a]Samaria por dos talentos de plata; y edificó *en* el monte y llamó el nombre de la ciudad que edificó: Samaria, por el nombre de Semer, dueño de aquel monte.

25 Y Omri hizo lo malo ante los ojos de Jehová, e hizo aún peor que todos los que fueron antes de él,

26 pues anduvo en todos los caminos de [a]Jeroboam hijo de Nabat, y en el pecado con que hizo [b]pecar a Israel, provocando a ira a Jehová, Dios de Israel, con sus vanidades.

27 Los demás hechos de Omri, y todas las cosas que hizo y las valentías que ejecutó, ¿no está todo escrito en el libro de las crónicas de los reyes de Israel?

28 Y Omri durmió con sus padres y fue sepultado en Samaria; y reinó en su lugar Acab, su hijo.

29 Y comenzó a reinar Acab hijo de Omri sobre Israel el año treinta y ocho de Asa, rey de Judá. Y reinó [a]Acab hijo de Omri

13 *a* GEE Vanidad, vano.
24 *a* GEE Samaria.
26 *a* GEE Jeroboam.
b Mos. 29:17.
GEE Pecado.

sobre Israel en Samaria veintidós años.
30 Y Acab hijo de Omri hizo
lo malo ante los ojos de Jehová,
más que todos los que reinaron
antes de él.
31 Y sucedió que como si le fuera
cosa ligera andar en los pecados
de Jeroboam hijo de Nabat, tomó
por [a]esposa a [b]Jezabel, hija de Et-
baal, rey de los sidonios, y fue, y
sirvió a [c]Baal y lo adoró.
32 E hizo altar a Baal en el templo de Baal que él edificó en
Samaria.
33 Hizo también Acab una [a]ima-
gen de Asera; y Acab hizo más
para [b]provocar a ira a Jehová,
Dios de Israel, más que todos
los reyes de Israel que reinaron
antes de él.
34 En su tiempo, Hiel de Bet-el
reedificó [a]Jericó. A costa de Abiram, su primogénito, echó el cimiento, y a costa de Segub, su
hijo postrero, puso sus puertas,
conforme a la palabra de Jehová
que él había hablado por [b]Josué
hijo de Nun.

CAPÍTULO 17

Elías el profeta sella los cielos y es alimentado por cuervos — Por su mandato, la tinaja de harina y la vasija de aceite de la viuda de Sarepta nunca se vacían — Levanta de la muerte al hijo de ésta.

Entonces [a]Elías, el tisbita, que
[b]era de los moradores de Galaad,
dijo a Acab: Vive Jehová Dios de
Israel, delante de quien estoy, que
no habrá lluvia ni rocío en estos
años, sino por mi [c]palabra.
2 Y vino a él la palabra de
Jehová, diciendo:
3 Apártate de aquí, y vuelve
al oriente y escóndete en el
arroyo Querit, que está [a]frente
al Jordán.
4 Y sucederá que beberás del
arroyo, y yo he mandado a
los cuervos que te den allí de
comer.
5 Y él fue e hizo conforme a la
palabra de Jehová, pues se fue y
habitó junto al arroyo Querit, que
está frente al Jordán.
6 Y los cuervos le traían pan
y carne por la mañana, y pan y
carne al atardecer, y bebía del
arroyo.
7 Y aconteció que pasados algunos días, se secó el arroyo, porque
no había llovido sobre la tierra.
8 Y vino a él la palabra de
Jehová, diciendo:
9 Levántate, vete a Sarepta de
Sidón y allí morarás; he aquí,
yo he mandado allí a una mujer
[a]viuda que te sustente.
10 Entonces él se levantó y se
fue a Sarepta. Y cuando llegó a
la puerta de la ciudad, he aquí
que una mujer viuda estaba allí
recogiendo leña; y él la llamó y
le dijo: Te ruego que me traigas

29 *a* GEE Acab.
31 *a* Éx. 34:10–17.
b GEE Jezabel.
c GEE Baal.
33 *a* GEE Idolatría.
b Jacob 1:8.
34 *a* Josué 6:26.
GEE Jericó.
b GEE Josué.
17 1 *a* HEB *Eliyahu* o *Eliyah;* GR *Helias* (Elías). GEE Elías el profeta.
b *O sea,* de Tisbe, Galaad.
c Hel. 10:3–7.
3 *a* *O sea,* al este del (véase también el vers. 5).
9 *a* Lucas 4:25–26.

un poco de agua en un vaso para
que beba.
11 Y yendo ella para traérsela,
él la volvió a llamar y le dijo: Te
ruego que me traigas también un
bocado de [a]pan en tu mano.
12 Y ella respondió: Vive
Jehová, Dios tuyo, que no tengo
pan cocido; solamente un puñado de harina tengo en la
tinaja y un poco de aceite en
una vasija; y he aquí que ahora
recogía dos leños para entrar y
prepararlo para mí y para mi
hijo, para que lo comamos y
nos muramos.
13 Y Elías le dijo: No tengas
temor; ve, haz como has dicho;
pero hazme a mí primero de ello
una pequeña torta *cocida* y tráemela; y después harás para ti y
para tu hijo.
14 Porque así ha dicho Jehová,
Dios de Israel: La harina de la
tinaja no escaseará, ni el aceite
de la vasija disminuirá, hasta el
día en que Jehová mande lluvia
sobre la faz de la tierra.
15 Entonces ella [a]fue e hizo
como le dijo Elías; y comieron
él, y ella y su casa durante *muchos* días.
16 Y la harina de [a]la tinaja no
escaseó, ni el aceite de la vasija
menguó, conforme a la palabra
que Jehová había dicho por medio de Elías.
17 Después de estas cosas aconteció que cayó enfermo el hijo de
la dueña de la casa; y la enfermedad fue tan grave que no quedó
en él aliento.
18 Y ella dijo a Elías: ¿Qué tengo
yo contigo, oh varón de Dios?
¿Has venido a mí para recordarme mis iniquidades y para
hacer morir a mi hijo?
19 Y él le dijo: Dame acá tu hijo.
Entonces él lo tomó de su regazo,
y lo llevó al aposento alto donde
él habitaba, y le puso sobre su
cama.
20 Y clamó a Jehová y dijo: Oh
Jehová, Dios mío, ¿aun a la viuda
en cuya casa estoy hospedado
has afligido, haciendo morir a
su hijo?
21 Y se tendió sobre el niño tres
veces, y clamó a Jehová y dijo:
Oh Jehová, Dios mío, te ruego
que hagas volver el [a]alma a este
niño.
22 Y Jehová oyó la voz de Elías,
y el alma volvió al niño y éste
[a]revivió.
23 Y Elías tomó al niño y lo bajó
del aposento a la casa, y lo dio a
su madre, y Elías le dijo: Mira,
[a]tu hijo vive.
24 Entonces la mujer dijo a Elías:
Ahora en esto reconozco que tú
eres varón de Dios y que la palabra de Jehová es verdad en
tu boca.

CAPÍTULO 18

Elías el profeta es enviado a reunirse con Acab — Abdías salva a cien profetas y se reúne con Elías el profeta — Elías desafía a los profetas de Baal a hacer descender fuego del cielo — Ellos fallan — Elías hace

11 *a* Alma 8:20.
15 *a* 1 Ne. 3:7.
GEE Fe.
16 *a* GEE Milagros.
21 *a* GEE Espíritu.
22 *a* Lucas 7:11–15.
23 *a* Juan 4:46–53.
GEE Sanar, sanidades.

descender fuego, mata a los profetas de Baal y abre los cielos para que llueva.

Y ACONTECIÓ que pasados muchos días, vino la palabra de Jehová a Elías al tercer año, diciendo: Ve, muéstrate a Acab, y yo enviaré lluvia sobre la faz de la tierra.

2 Y fue Elías a mostrarse a Acab. Y había gran hambre en [a]Samaria.

3 Y Acab llamó a Abdías, su mayordomo. Y Abdías era en gran manera [a]temeroso de Jehová,

4 porque cuando [a]Jezabel destruía a los profetas de Jehová, Abdías tomó a cien profetas y los escondió en cuevas de cincuenta en cincuenta, y los sustentó con pan y agua.

5 Y dijo Acab a Abdías: Ve por el país a todas las fuentes de agua y a todos los arroyos por si acaso hallamos pasto con que conservemos con vida a los caballos y a las mulas, para que no nos quedemos sin bestias.

6 Y dividieron entre sí el país para recorrerlo; Acab fue por un camino, y Abdías fue separadamente por otro.

7 Y yendo Abdías por el camino, se encontró con Elías; y cuando le reconoció, se postró sobre su rostro y dijo: ¿No eres tú Elías, mi señor?

8 Y él respondió: Yo soy; ve y di a tu amo: Aquí está Elías.

9 Pero él dijo: ¿En qué he pecado para que tú entregues a tu siervo en manos de Acab para que me mate?

10 Vive Jehová tu Dios que no hay nación ni reino adonde mi señor no haya enviado a buscarte; y cuando respondían: No está aquí, él hacía jurar a reinos y a naciones que no te habían hallado.

11 ¿Y ahora tú dices: Ve y di a tu amo: Aquí está Elías?

12 Y acontecerá que cuando yo me haya ido, el espíritu de Jehová [a]te llevará adonde yo no sepa; y al ir yo a dar las nuevas a Acab, él no te hallará y me matará; y tu siervo ha temido a Jehová desde su juventud.

13 ¿No le han dicho a mi señor lo que hice cuando Jezabel [a]mataba a los profetas de Jehová, que escondí en cuevas a cien de los profetas de Jehová, de cincuenta en cincuenta, en cuevas, y los mantuve con pan y agua?

14 Y ahora dices tú: Ve y di a tu amo: Aquí está Elías. Entonces él me matará.

15 Y le dijo Elías: Vive Jehová de los ejércitos, delante de quien estoy, que hoy me presentaré ante él.

16 Entonces Abdías fue a encontrarse con Acab y le dio el aviso; y Acab fue a encontrarse con Elías.

17 Y aconteció que cuando Acab vio a Elías, Acab le dijo: ¿Eres tú el que perturbas a Israel?

18 Y él respondió: Yo no he perturbado a Israel, sino tú y la casa de tu padre, porque habéis [a]abandonado los mandamientos de

18 2*a* GEE Samaria.
3*a* DyC 76:5.
GEE Temor.
4*a* GEE Jezabel.
12*a* 1 Ne. 11:1.
13*a* GEE Mártir, martirio.
18*a* DyC 3:4–7.
GEE Mandamientos de Dios.

Jehová y habéis seguido a los baales.

19 Envía, pues, ahora a reunir junto a mí a todo Israel en el monte Carmelo, y a cuatrocientos cincuenta [a]profetas de Baal y a cuatrocientos profetas de Asera que comen de la mesa de Jezabel.

20 Entonces Acab envió *mensaje* a todos los hijos de Israel, y reunió a los profetas en el monte Carmelo.

21 Y acercándose Elías a todo el pueblo, dijo: ¿Hasta cuándo claudicaréis vosotros entre dos opiniones? Si Jehová es Dios, [a]seguidle; y si Baal, seguidle a él. Y el pueblo no respondió palabra.

22 Y Elías volvió a decir al pueblo: Sólo yo he quedado como profeta de Jehová; pero de los profetas de Baal hay cuatrocientos cincuenta hombres.

23 Dennos, pues, dos bueyes, y escojan ellos uno, y córtenlo en pedazos, y pónganlo sobre leña, pero no pongan fuego debajo; y yo prepararé el otro buey, y lo pondré sobre leña, y no pondré ningún fuego debajo.

24 Invocad luego vosotros el nombre de vuestros dioses, y yo invocaré el nombre de Jehová; y el Dios que responda por medio del fuego, ése es Dios. Y todo el pueblo respondió, diciendo: Bien dicho.

25 Entonces Elías dijo a los profetas de Baal: Escoged un buey, y preparadlo primero, pues vosotros sois más; e invocad el nombre de vuestros [a]dioses, pero no pongáis fuego debajo.

26 Y ellos tomaron el buey que les fue dado y lo prepararon, e invocaron el nombre de Baal desde la mañana hasta el mediodía, diciendo: ¡Baal, respóndenos! Pero no había voz, ni quien respondiese; entre tanto, ellos andaban saltando alrededor del altar que habían hecho.

27 Y aconteció al mediodía que Elías se burlaba de ellos, diciendo: Gritad en alta voz, porque es un dios; quizá está meditando, o está ocupado, o se ha ido de viaje; o acaso duerme y hay que despertarlo.

28 Y ellos clamaban a grandes voces, y se [a]cortaban con cuchillos y con lancetas conforme a su costumbre, hasta que les chorreaba la sangre.

29 Y aconteció que pasó el mediodía, y ellos [a]profetizaban frenéticamente hasta la hora de la ofrenda de la tarde, y no hubo voz, ni quien respondiese ni escuchase.

30 Elías dijo entonces a todo el pueblo: Acercaos a mí. Y todo el pueblo se acercó a él, y él reparó el [a]altar de Jehová que estaba arruinado.

31 Y Elías tomó [a]doce piedras, conforme al número de las tribus de los hijos de Jacob, a quien había venido la palabra de Jehová, diciendo: Israel será tu nombre.

19 *a* GEE Baal.
21 *a* GEE Albedrío.
25 *a* GEE Idolatría.
28 *a* Deut. 14:1–2.
29 *a* *Es decir,* hablaban sin descanso, gritaban frenéticamente.
30 *a* GEE Altar.
31 *a* Josué 4:1–9. GEE Israel—Las doce tribus de Israel.

32 Edificó con las piedras un altar en el nombre de Jehová; después hizo una zanja alrededor del altar en que cupieran dos medidas de grano.

33 Preparó luego la leña, y cortó el buey en pedazos y lo puso sobre la leña.

34 Y dijo: Llenad cuatro cántaros de agua y derramadla sobre el holocausto y sobre la leña. Y dijo: Hacedlo otra vez; y otra vez lo hicieron. Dijo aún: Hacedlo la tercera vez; y lo hicieron la tercera vez.

35 De manera que el agua corría alrededor del altar; y también se había llenado de agua la zanja.

36 Y sucedió que cuando llegó la hora de ofrecer el [a]sacrificio, se acercó el profeta Elías y dijo: Oh Jehová, Dios de Abraham, de Isaac y de Israel, sea hoy manifiesto que tú eres Dios en Israel, y que yo soy tu siervo, y que por mandato tuyo he hecho todas estas cosas.

37 Respóndeme, Jehová, respóndeme, para que este pueblo conozca que tú, oh Jehová, eres Dios, y que tú has hecho volver a ti el [a]corazón de ellos.

38 Entonces cayó [a]fuego de Jehová, el cual consumió el sacrificio, y la leña, y las piedras, y el polvo, y aun lamió el agua que estaba en la zanja.

39 Y viéndolo todo el pueblo, cayeron sobre sus rostros y dijeron: ¡Jehová es Dios! ¡Jehová es Dios!

40 Y les dijo Elías: Prended a los profetas de Baal, que no escape ninguno. Y ellos los prendieron; y los llevó Elías al arroyo Cisón, y allí los degolló.

41 Y entonces Elías dijo a Acab: Sube, come y bebe, porque ya se oye el ruido de una gran lluvia.

42 Y Acab subió a comer y a beber. Pero Elías subió a la cumbre del Carmelo; y postrándose en tierra, puso su rostro entre las rodillas.

43 Y dijo a su criado: Sube ahora y mira hacia el mar. Y él subió y miró, y dijo: No hay nada. Y él le volvió a decir: Vuelve siete veces.

44 Y a la séptima vez dijo: Yo veo una pequeña nube, como la palma de la mano de un hombre, que sube del mar. Y él dijo: Ve y di a Acab: Prepárate y desciende, para que la lluvia no te detenga.

45 Y aconteció que, estando en esto, los cielos se oscurecieron con nubes y viento y hubo una gran lluvia. Y subió Acab *al carro* y fue a Jezreel.

46 Y la [a]mano de Jehová estuvo sobre Elías, quien ciñó sus lomos y corrió delante de Acab hasta llegar a Jezreel.

CAPÍTULO 19

Jezabel procura matar a Elías el profeta — Un ángel envía a Elías a Horeb — Jehová habla a Elías, no en el viento, ni en el terremoto, ni en el fuego, sino con voz apacible

36 *a* Éx. 29:38–42.
37 *a* Alma 5:7–36. GEE Nacer de Dios, nacer de nuevo.
38 *a* GEE Fuego.
46 *a* DyC 43:2.

y delicada — Eliseo se une a Elías el profeta.

Y ACAB dio la nueva a [a]Jezabel de todo lo que Elías había hecho y de cómo había matado a espada a todos los [b]profetas.

2 Entonces envió Jezabel a Elías un mensajero, diciendo: Así me hagan los dioses, y aun me añadan, si mañana a estas horas yo no he puesto tu vida como la vida de uno de ellos.

3 Viendo, pues, *Elías el peligro,* se levantó y se fue para salvar su vida, y llegó a Beerseba, que está en Judá, y dejó allí a su criado.

4 Y él se fue por el desierto a un día de camino, y llegó y se sentó debajo de un enebro; y deseando morirse, dijo: Basta ya, oh Jehová; quítame la vida, porque no soy yo mejor que mis padres.

5 Y se acostó debajo del enebro y se quedó dormido, y he aquí, un [a]ángel le tocó y le dijo: Levántate, come.

6 Entonces él miró, y he aquí que a su cabecera había una torta cocida sobre las brasas, y una vasija de agua; y comió y bebió, y volvió a recostarse.

7 Y volvió el ángel de Jehová por segunda vez, y le tocó, diciendo: Levántate, come, porque el camino que te resta es demasiado largo para ti.

8 Se levantó, pues, y comió y bebió; y caminó con las fuerzas de aquella comida [a]cuarenta días y cuarenta noches hasta [b]Horeb, el monte de Dios.

9 Y allí se metió en una cueva, donde pasó la noche. Y vino a él la palabra de Jehová, y le dijo: ¿Qué haces aquí, Elías?

10 Y él respondió: He sentido un vivo [a]celo por Jehová Dios de los ejércitos, porque los hijos de Israel han abandonado tu convenio, han derribado tus altares y han matado a espada a tus profetas; y sólo yo he quedado, y me [b]buscan para quitarme la vida.

11 Y él le dijo: Sal fuera, y ponte en el monte delante de Jehová. Y he aquí que Jehová pasaba, y un grande y poderoso viento rompía los montes y quebraba las peñas delante de Jehová, pero Jehová no estaba en el viento. Y tras el viento, un terremoto, pero Jehová no estaba en el terremoto.

12 Y tras el terremoto, un fuego, pero Jehová no estaba en el fuego. Y tras el fuego, una [a]voz [b]apacible y delicada.

13 Y cuando la oyó Elías, cubrió su rostro con su manto, y salió y se paró a la entrada de la cueva. Y he aquí llegó una voz a él, diciendo: ¿Qué haces aquí, Elías?

14 Y él respondió: He sentido un vivo celo por Jehová Dios de los ejércitos, porque los hijos de Israel han abandonado tu convenio, han derribado tus altares y han matado a espada a tus

19 1 *a* GEE Jezabel.
b O sea, sacerdotes de Baal.
5 *a* GEE Ángeles.
8 *a* GEE Ayunar, ayuno.
b GEE Sinaí, monte.
10 *a* GEE Celo, celos, celoso—Sentimientos fervientes.
b GEE Rebelión.
12 *a* GEE Inspiración, inspirar.
b Hel. 5:30.
GEE Voz.

profetas; y [a]sólo yo he quedado,
y me buscan para quitarme la
vida.
15 Y le dijo Jehová: Ve, regresa
por tu camino, por el desierto de
Damasco; y llegarás y ungirás a
Hazael como [a]rey de Siria.
16 Y a Jehú [a]hijo de Nimsi [b]un-
girás como rey sobre Israel; y a
[c]Eliseo hijo de Safat, de Abel-mehola, [d]ungirás para que sea profeta en tu lugar.
17 Y acontecerá que al que escape de la espada de Hazael,
Jehú lo matará; y al que escape
de la espada de Jehú, Eliseo lo
matará.
18 Y yo haré que queden en Israel siete mil, todas las rodillas
que no se han doblado ante Baal,
y todas las bocas que no lo han
besado.
19 Y al partir él de allí, halló a
Eliseo hijo de Safat, que araba
con doce yuntas delante de él,
y él estaba con la última. Y pasó
Elías junto a él y echó sobre él
su manto.
20 Entonces dejó él los bueyes,
y fue corriendo tras Elías y dijo:
Te ruego que me dejes besar a mi
padre y a mi madre, y luego [a]te
seguiré. Y él le dijo: Ve, vuelve,
¿qué te he hecho yo?
21 Y lo dejó y se volvió, y tomó
un par de bueyes y los mató, y
con el arado de los bueyes coció la carne de ellos, y la dio al
pueblo y la comieron. Después
se levantó y fue tras Elías, y le
servía.

CAPÍTULO 20

Ben-adad, de Siria, hace la guerra contra Israel — Los sirios son derrotados dos veces — Acab deja libre a Ben-adad, en contra de la voluntad de Jehová.

Entonces Ben-adad, rey de Siria,
reunió a todo su ejército, y con él
treinta y dos reyes, con caballos
y carros; y subió, y sitió Samaria
y la atacó.
2 Y envió mensajeros a la ciudad,
a Acab, rey de Israel, diciendo:
3 Así ha dicho Ben-adad: Tu
plata y tu oro son míos, y tus esposas y tus hijos hermosos son
míos.
4 Y el rey de Israel respondió
y dijo: Tal como tú dices, oh rey,
señor mío, yo soy tuyo y todo lo
que tengo.
5 Y volvieron los mensajeros
otra vez y dijeron: Así dijo Ben-
adad: Yo te envié a decir: Me darás tu plata y tu oro, y tus esposas
y tus hijos.
6 Además, mañana a estas horas te enviaré mis siervos, los
cuales registrarán tu casa, y las
casas de tus siervos; y sucederá
que tomarán con sus manos y
se llevarán todo lo precioso que
tengas.
7 Entonces el rey de Israel llamó
a todos los ancianos del reino y
les dijo: Mirad y ved ahora cómo
éste no busca sino hacer el mal;
pues ha enviado por mis esposas
y por mis hijos, y por mi plata

14 *a* Rom. 11:3–4; 3 Ne. 8:24–25; DyC 101:35–38; 121:38.
15 *a* 2 Rey. 8:13.
16 *a* *O sea,* nieto. 2 Rey. 9:2.
b GEE Unción.
c GEE Eliseo.
d GEE Llamado, llamado por Dios, llamamiento.
20 *a* Lucas 9:61.

y por mi oro; y yo no se los he
negado.
8 Y todos los ancianos y todo
el pueblo le respondieron: No
le obedezcas ni hagas lo que te
pide.
9 Entonces él respondió a los
mensajeros de Ben-adad: Decid
al rey, mi señor: Haré todo lo que
mandaste a tu siervo al principio,
pero esto no lo puedo hacer. Y los
mensajeros se fueron y le dieron
la respuesta.
10 Y Ben-adad *nuevamente* le
envió a decir: Así me hagan los
dioses, y aun me añadan, si llega
a quedar suficiente polvo en Samaria
para los puños de todo el
pueblo que me sigue.
11 Y el rey de Israel respondió
y dijo: Decidle que no se [a]jacte el
que se ciñe las armas, sino el que
se las desciñe.
12 Y aconteció que cuando él
oyó esta palabra, estando bebiendo
con los reyes en las tiendas,
dijo a sus siervos: Preparaos.
Y ellos se prepararon contra la
ciudad.
13 Y he aquí un profeta se acercó
a Acab, rey de Israel, y le dijo:
Así ha dicho Jehová: ¿Has visto
esta gran multitud? He aquí yo
la entregaré hoy en tus manos,
para que conozcas que yo soy
Jehová.
14 Y respondió Acab: ¿Por medio
de quién? Y él dijo: Así ha
dicho Jehová: Por medio de [a]los
jóvenes de los príncipes de las
provincias. Y dijo Acab: ¿Quién
comenzará la batalla? Y él respondió:
Tú.
15 Entonces él pasó revista a los
jóvenes de los príncipes de las
provincias, los cuales eran doscientos
treinta y dos. Y después
pasó revista a todo el pueblo, a
todos los hijos de Israel, que *eran*
siete mil.
16 Y salieron a mediodía. Y estaba
Ben-adad bebiendo y embriagándose
en las tiendas, él y
los reyes, los treinta y dos reyes
que habían venido en su ayuda.
17 Y los jóvenes de los príncipes
de las provincias salieron primero.
Y Ben-adad había enviado
a algunos, y éstos le dieron aviso,
diciendo: Han salido hombres de
Samaria.
18 Él entonces dijo: Si han salido
en son de paz, tomadlos vivos; y
si han salido para pelear, tomadlos
vivos.
19 Salieron, pues, de la ciudad
los jóvenes de los príncipes de
las provincias, y en pos de ellos
el ejército.
20 Y mató cada uno al que venía
contra él; y huyeron los sirios,
perseguidos por los de Israel. Y el
rey de Siria, Ben-adad, se escapó
en un caballo con alguna gente
de caballería.
21 Y salió el rey de Israel y atacó
los caballos y los carros; y deshizo
a los sirios con gran estrago.
22 Entonces vino el profeta al
rey de Israel y le dijo: Ve, fortalécete,
y considera y mira lo que
has de hacer, porque pasado un
año, el rey de Siria vendrá contra
ti.
23 Y los siervos del rey de Siria
le dijeron: Sus dioses son dioses

20 11 *a* GEE Orgullo. 14 *a* Alma 56:43–49.

de los montes, por eso eran más
fuertes que nosotros; pero si pe-
leamos con ellos en la llanura,
sin duda seremos más fuertes
que ellos.
24 Haz, pues, así: Saca a cada
uno de los reyes de su puesto, y
pon capitanes en lugar de ellos.
25 Y tú fórmate otro ejército
como el ejército que perdiste,
caballo por caballo, y carro por
carro; entonces pelearemos contra
ellos en campo raso, *y* sin duda
seremos más fuertes que ellos. Y
él les escuchó y lo hizo así.
26 Y sucedió que pasado un año,
Ben-adad pasó revista a los sirios
y subió a Afec para pelear contra Israel.
27 Y también a los hijos de Israel pasaron revista, y, tomando
provisiones, les salieron al encuentro; y acamparon los hijos
de Israel delante de ellos como
dos rebañuelos de cabras, pero
los sirios llenaban la tierra.
28 Entonces un hombre de Dios
se acercó al rey de Israel y le habló, diciendo: Así dice Jehová:
Por cuanto los sirios han dicho:
Jehová es Dios de los montes y no
Dios de los valles, yo entregaré
a toda esta gran multitud en tus
manos, para que sepáis que yo
soy Jehová.
29 Siete días estuvieron acampados los unos frente a los otros,
y al séptimo día se dio la batalla;
y los hijos de Israel mataron de
los sirios en un solo día a cien mil
hombres de a pie.
30 Los demás huyeron a la
ciudad de Afec, pero el muro
cayó sobre los veintisiete mil
hombres que habían quedado.
También Ben-adad llegó huyendo
a la ciudad y *se escondió* en un
aposento interior.
31 Entonces sus siervos le dijeron: He aquí, hemos oído que
los reyes de la casa de Israel son
reyes clementes; pongamos, pues,
ahora [a]cilicio en nuestros lomos y
[b]sogas en nuestras cabezas, y vayamos ante el rey de Israel, a ver
si por ventura te salva la vida.
32 Ciñeron, pues, sus lomos de
cilicio y sogas en sus cabezas, y se
presentaron ante el rey de Israel
y le dijeron: Tu siervo Ben-adad
dice: Te ruego que me perdones
la vida. Y él respondió: Si él vive
aún, mi hermano es.
33 Esto tomaron aquellos hombres por buen augurio, y se apresuraron a tomar la palabra de su
boca y dijeron: ¡Tu hermano es
Ben-adad! Y él dijo: Id y traedle.
Ben-adad entonces se presentó
ante Acab, y éste le hizo subir
en un carro.
34 Y le dijo *Ben-adad:* Las ciudades que mi padre tomó al tuyo,
yo las restituiré; y haz [a]plazas en
Damasco para ti, como mi padre
las hizo en Samaria. Y yo, *dijo
Acab,* te dejaré ir con este [b]pacto.
Hizo, pues, un pacto con él y le
dejó ir.
35 Entonces un hombre de los
[a]hijos de los profetas dijo a su
compañero por palabra de Dios:
Hiéreme ahora. Pero el *otro* hombre no quiso herirle.

31 *a* El cilicio era una señal de luto.
b Es decir, señal de humildad y sumisión total.
34 *a Es decir,* centros comerciales, bazares.
b GEE Juramento.
35 *a* 2 Rey. 2:3, 5, 7, 15.

36 Y él le dijo: Por cuanto no has [a]obedecido la palabra de Jehová, he aquí, cuando te apartes de mí, te matará un león. Y cuando se apartó de él, le salió al encuentro un león y lo mató.

37 Entonces se encontró con otro hombre y le dijo: Hiéreme ahora. Y el hombre le dio un golpe y le hizo una herida.

38 Y el profeta se fue y se puso delante del rey en el camino, y se disfrazó, poniéndose una venda sobre los ojos.

39 Y cuando el rey pasaba, él dio voces al rey y dijo: Tu siervo salió en medio de la batalla y he aquí, apartándose uno, me trajo un hombre y me dijo: Guarda a este hombre, y si llega a escapar, tu vida será por la suya, o pagarás un talento de plata.

40 Y mientras tu siervo estaba ocupado en una parte y en otra, él desapareció. Entonces el rey de Israel le dijo: Ésa será tu sentencia; tú la has pronunciado.

41 Pero él se quitó de pronto la venda de sobre sus ojos, y el rey de Israel reconoció que era uno de los [a]profetas.

42 Y él le dijo: Así ha dicho Jehová: Por cuanto dejaste escapar de tus manos al hombre que yo había condenado, tu [a]vida será por la suya, y tu pueblo por el suyo.

43 Y el rey de Israel se fue a su casa triste y enojado, y llegó a Samaria.

CAPÍTULO 21

Acab codicia la viña de Nabot — Jezabel conspira para que haya testigos falsos y Nabot es apedreado por blasfemia — Elías profetiza que Acab, Jezabel y su casa serán destruidos.

Y ACONTECIÓ que pasadas estas cosas, Nabot de Jezreel tenía una viña en Jezreel junto al palacio de Acab, rey de Samaria.

2 Y Acab habló a Nabot, diciendo: Dame tu viña para un huerto de legumbres, porque está cercana a mi casa, y yo te daré por ella otra viña mejor que ésta; o si mejor te parece, te pagaré su valor en dinero.

3 Y Nabot respondió a Acab: Guárdeme Jehová de darte yo la [a]heredad de mis padres.

4 Y se fue Acab a su casa triste y enojado, por la palabra que Nabot de Jezreel le había respondido, diciendo: No te daré la heredad de mis padres. Y se acostó en su cama, y volvió su rostro y no comió pan.

5 Y vino a él su esposa [a]Jezabel y le dijo: ¿Por qué está tan decaído tu espíritu y no comes pan?

6 Y él respondió: Porque hablé con Nabot de Jezreel, y le dije que me diera su viña por dinero, o que, si lo prefería, le daría *otra* viña por ella; y él respondió: Yo no te daré mi viña.

7 Y su esposa Jezabel le dijo: ¿Eres tú ahora rey sobre Israel? Levántate, y come pan y alégrate;

36 *a* GEE Obediencia, obediente, obedecer.
41 *a* GEE Profeta.
42 *a* 1 Rey. 22:34–40.
21 3 *a* GEE Primogenitura.
5 *a* GEE Jezabel.

yo te daré la viña de Nabot de Jezreel.

8 Entonces ella escribió cartas en nombre de Acab, y las selló con el anillo de éste y las envió a los ancianos y a los principales que moraban en la ciudad con Nabot.

9 Y las cartas que escribió decían así: Proclamad [a]ayuno y poned a Nabot delante del pueblo;

10 y poned dos hombres perversos delante de él, que [a]atestigüen contra él y digan: Tú has [b]blasfemado a Dios y al rey. Y entonces sacadlo y apedreadlo para que muera.

11 Y los de su ciudad, los ancianos y los principales que moraban en su ciudad, hicieron como Jezabel les mandó, conforme a lo escrito en las cartas que ella les había enviado.

12 Y proclamaron ayuno y pusieron a Nabot delante del pueblo.

13 Vinieron entonces dos hombres perversos y se sentaron delante de él; y aquellos hombres perversos atestiguaron contra Nabot delante del pueblo, diciendo: Nabot ha blasfemado a Dios y al rey. Y lo llevaron fuera de la ciudad y lo apedrearon, y murió.

14 Después enviaron a decir a Jezabel: Nabot ha sido apedreado y ha muerto.

15 Y sucedió que cuando Jezabel oyó que Nabot había sido apedreado y había muerto, dijo a Acab: Levántate y toma [a]posesión de la viña de Nabot de Jezreel, la que no te quiso dar por dinero, porque Nabot ya no vive, sino que ha muerto.

16 Y aconteció que cuando Acab oyó que Nabot había muerto, se levantó para descender a la viña de Nabot de Jezreel, para tomar posesión de ella.

17 Entonces vino la palabra de Jehová a [a]Elías, el tisbita, diciendo:

18 Levántate, desciende a encontrarte con Acab, rey de Israel, que está en Samaria; he aquí, él está en la viña de Nabot, a la cual ha descendido para tomar posesión de ella.

19 Y le hablarás, diciendo: Así ha dicho Jehová: ¿No sólo has matado, sino que también has despojado? Y volverás a hablarle, diciendo: Así ha dicho Jehová: En el mismo lugar donde los perros lamieron la sangre de Nabot, los perros lamerán también tu sangre, tu misma sangre.

20 Y Acab dijo a Elías: ¿Me has hallado, enemigo mío? Y él respondió: Te he encontrado, porque te has vendido para hacer lo malo ante los ojos de Jehová.

21 He aquí, yo traeré el mal sobre ti, y barreré tu posteridad y talaré de Acab hasta el último varón, tanto al siervo como al libre, en Israel.

22 Y yo pondré tu casa como la casa de [a]Jeroboam hijo de Nabat, y como la casa de Baasa hijo de Ahías, por la provocación con que me has provocado a ira, y por haber hecho pecar a Israel.

9 *a* GEE Ayunar, ayuno.
10 *a* GEE Calumnias.
b GEE Blasfemar, blasfemia.
15 *a* GEE Codiciar.
17 *a* GEE Elías el profeta.
22 *a* GEE Jeroboam.

23 De Jezabel también ha hablado Jehová, diciendo: Los [a]perros comerán a Jezabel junto al muro de Jezreel.

24 Al que de Acab muera en la ciudad, los perros lo comerán, y al que muera en el campo, lo comerán las aves del cielo.

25 A la verdad, ninguno fue como Acab, que se vendió para hacer lo malo ante los ojos de Jehová, porque Jezabel, su esposa, lo incitaba.

26 Se comportó de manera abominable, yendo en pos de los ídolos, conforme a todo lo que hicieron los amorreos, a los cuales expulsó Jehová de delante de los hijos de Israel.

27 Y acaeció que cuando Acab oyó estas palabras, rasgó sus vestidos y puso cilicio sobre su carne, y ayunó, y durmió en cilicio y anduvo [a]humillado.

28 Entonces vino la palabra de Jehová a Elías, el tisbita, diciendo:

29 ¿No has visto cómo Acab se ha humillado delante de mí? Pues por cuanto se ha humillado delante de mí, no traeré el mal en sus días, sino que en los días de su hijo traeré el mal sobre su casa.

CAPÍTULO 22

Josafat, de Judá, y Acab, de Israel, unen fuerzas contra Siria — Los profetas de Acab predicen el éxito — Micaías predice la derrota y la muerte de Acab — Acab es muerto y los perros lamen su sangre — Josafat reina con rectitud en Judá — Ocozías reina en Israel y sirve a Baal.

Tres años pasaron sin guerra entre los sirios e Israel.

2 Y aconteció al tercer año, que [a]Josafat, rey de Judá, descendió a visitar al rey de Israel.

3 Y el rey de Israel dijo a sus siervos: ¿No sabéis que Ramot de Galaad es nuestra, y nosotros no hemos hecho nada para tomarla de manos del rey de Siria?

4 Y dijo a Josafat: ¿Quieres venir conmigo a pelear contra Ramot de Galaad? Y Josafat respondió al rey de Israel: Yo soy como tú, mi pueblo como tu pueblo, y mis caballos como tus caballos.

5 Y dijo Josafat al rey de Israel: Yo te ruego que consultes hoy la palabra de Jehová.

6 Entonces el rey de Israel reunió a los [a]profetas, como cuatrocientos hombres, a los cuales dijo: ¿Iré a la guerra contra Ramot de Galaad o la dejaré? Y ellos dijeron: Sube, porque el Señor la entregará en manos del rey.

7 Y dijo Josafat: ¿Hay aún aquí [a]algún profeta de Jehová, por medio del cual consultemos?

8 Y el rey de Israel respondió a Josafat: Aún hay un hombre por medio del cual podríamos consultar a Jehová, Micaías hijo de Imla; pero yo [a]le aborrezco, porque nunca me profetiza el bien,

23 *a* 2 Rey. 9:30–36.
27 *a* *O sea*, desanimado, abatido.

22 2 *a* GEE Josafat.
6 *a* *Es decir*, los profetas falsos de Baal.

7 *a* GEE Profeta.
8 *a* GEE Odio, aborrecimiento.

sino solamente el mal. Y Josafat dijo: No hable el rey así.

9 Entonces el rey de Israel llamó a un oficial y le dijo: Trae pronto a Micaías hijo de Imla.

10 Y el rey de Israel y Josafat, rey de Judá, estaban sentados cada uno en su silla, vestidos con sus ropas *reales*, en una era a la entrada de la puerta de Samaria; y todos los profetas profetizaban delante de ellos.

11 Y Sedequías hijo de Quenaana se había hecho unos cuernos de hierro y dijo: Así dice Jehová: Con éstos acornearás a los sirios hasta acabarlos.

12 Y todos los profetas profetizaban de la misma manera, diciendo: Sube a Ramot de Galaad y serás prosperado, porque Jehová la entregará en manos del rey.

13 Y el mensajero que había ido a llamar a Micaías le habló, diciendo: He aquí que las palabras de los profetas a una voz *anuncian* al rey el bien; sea ahora tu palabra conforme a la palabra de alguno de ellos, y anuncia el bien.

14 Y Micaías respondió: Vive Jehová, que lo que Jehová me hable, eso diré.

15 Vino, pues, al rey, y el rey le dijo: Micaías, ¿iremos a pelear contra Ramot de Galaad o la dejaremos? Y él respondió: Sube, y serás prosperado, y Jehová la entregará en manos del rey.

16 Y el rey le dijo: ¿Hasta cuántas veces he de hacerte jurar que no me digas sino la verdad en el nombre de Jehová?

17 Entonces él dijo: Yo vi a todo Israel [a]esparcido por los montes, como ovejas que no tienen [b]pastor; y Jehová dijo: Éstos no tienen señor; vuelva cada uno a su casa en paz.

18 Y el rey de Israel dijo a Josafat: ¿No te lo había yo dicho? Ninguna cosa buena profetizará él acerca de mí, sino solamente el mal.

19 Entonces Micaías dijo: Oye, pues, la palabra de Jehová: Yo vi a Jehová sentado en su trono, y todo el ejército de los cielos estaba junto a él, a su derecha y a su izquierda.

20 Y Jehová dijo: ¿Quién inducirá a Acab, para que suba y caiga en Ramot de Galaad? Y uno decía de una manera, y otro decía de otra.

21 Y salió un espíritu, y se puso delante de Jehová y dijo: Yo le induciré. Y Jehová le dijo: ¿De qué manera?

22 Y él dijo: Yo saldré y seré [a]espíritu de mentira en boca de todos sus profetas. Y él dijo: Lo inducirás, y aun lo conseguirás; ve, pues, y hazlo así.

23 Y ahora, he aquí Jehová [a]ha puesto espíritu de mentira en boca de todos éstos tus profetas, y Jehová ha decretado el mal acerca de ti.

24 Entonces se acercó Sedequías hijo de Quenaana, y golpeó a Micaías en la mejilla, diciendo: ¿Por dónde se fue de mí el espíritu de Jehová para hablarte a ti?

---

17 *a* GEE Israel—El esparcimiento de Israel.
b GEE Pastor.
22 *a* Isa. 19:14.
23 *a* TJS 2 Cró. 18:22.

25 Y Micaías respondió: He aquí, tú lo verás en aquel día, cuando te metas en un aposento interior para esconderte.

26 Entonces el rey de Israel dijo: Toma a Micaías y llévalo ante Amón, gobernador de la ciudad, y ante Joás, hijo del rey;

27 y dirás: Así ha dicho el rey: Echad a éste en la cárcel, y mantenedle con pan de angustia y con agua de aflicción, hasta que yo vuelva en paz.

28 Y dijo Micaías: Si llegas a volver en paz, Jehová no ha hablado por mí. En seguida dijo: ¡Oíd, pueblos todos!

29 Subió, pues, el rey de Israel con Josafat, rey de Judá, a Ramot de Galaad.

30 Y el rey de Israel dijo a Josafat: Yo me disfrazaré y entraré en la batalla; y tú ponte tus vestidos. Y el rey de Israel se disfrazó y entró en la batalla.

31 Pero el rey de Siria había mandado a sus treinta y dos capitanes de los carros, diciendo: No peleéis vosotros ni con grande ni con chico, sino sólo contra el rey de Israel.

32 Y sucedió que cuando los capitanes de los carros vieron a Josafat, dijeron: Ciertamente éste es el rey de Israel; y se volvieron a él para pelear con él; pero el rey Josafat gritó.

33 Y aconteció que al ver los capitanes de los carros que no era el rey de Israel, se apartaron de él.

34 Y un hombre disparó su arco al azar e hirió al rey de Israel por entre las junturas de la armadura, por lo que dijo él a su cochero: Da la vuelta y sácame del campo, que estoy herido.

35 Pero la batalla había arreciado aquel día, y el rey tuvo que ser sostenido en su carro delante de los sirios, y al atardecer murió, y la sangre de la herida corría por el fondo del carro.

36 Y a la puesta del sol salió un pregón por el campamento, diciendo: ¡Cada uno a su ciudad, y cada cual a su tierra!

37 Y [a]murió, pues, el rey, y fue llevado a Samaria; y sepultaron al rey en Samaria.

38 Y lavaron el carro en el estanque de Samaria; lavaron también sus armas; y los perros lamieron su sangre, conforme a la palabra que Jehová había hablado.

39 Los demás hechos de Acab, y todas las cosas que hizo, y la casa de marfil que construyó y todas las ciudades que edificó, ¿no está todo escrito en el libro de las crónicas de los reyes de Israel?

40 Y durmió Acab con sus padres, y reinó en su lugar Ocozías, su hijo.

41 Y Josafat hijo de Asa comenzó a reinar sobre Judá en el cuarto año de Acab, rey de Israel.

42 Y tenía Josafat treinta y cinco años cuando comenzó a reinar, y reinó veinticinco años en Jerusalén. El nombre de su madre era Azuba, hija de Silhi.

37 *a* 1 Rey. 20:42.

43 Y [a] anduvo en todo el camino de Asa, su padre, sin desviarse de él, haciendo lo recto ante los ojos de Jehová. Con todo eso [b] los lugares altos no fueron quitados, y el pueblo aún sacrificaba y quemaba incienso en los lugares altos.
44 Y Josafat hizo la paz con el rey de Israel.
45 Los demás hechos de Josafat, y sus hazañas y las guerras que hizo, ¿no está todo escrito en el libro de las crónicas de los reyes de Judá?
46 Barrió también de la tierra el resto de los [a]sodomitas que habían quedado en el tiempo de su padre Asa.
47 No había entonces rey en Edom; había gobernador *en lugar de* rey.
48 Josafat había hecho naves en Tarsis, las cuales habían de ir a Ofir por oro; pero no fueron, porque se rompieron en Ezióngeber.
49 Entonces Ocozías hijo de Acab dijo a Josafat: Vayan mis siervos con los tuyos en las naves. Pero Josafat no quiso.
50 Y durmió Josafat con sus padres, y fue sepultado con sus padres en la ciudad de David, su padre; y en su lugar reinó Joram, su hijo.
51 Y Ocozías hijo de Acab comenzó a reinar sobre Israel en Samaria el año diecisiete de Josafat, rey de Judá, y reinó dos años sobre Israel.
52 E hizo lo malo ante los ojos de Jehová, y anduvo en el camino de su padre, y en el camino de su madre y en el camino de Jeroboam hijo de Nabat, que hizo pecar a Israel,
53 porque sirvió a Baal y lo adoró, y provocó a ira a Jehová, Dios de Israel, conforme a todas las cosas que su padre había hecho.

SEGUNDO LIBRO DE LOS REYES

CAPÍTULO 1

Ocozías acude a Baal-zebub para saber si vivirá — Elías profetiza la muerte de Ocozías — Elías hace descender fuego del cielo para consumir a los soldados que son enviados para aprehenderle.

DESPUÉS de la muerte de Acab, se rebeló [a]Moab contra Israel.
2 Y Ocozías cayó por la celosía de una sala *de la casa* que tenía en [a]Samaria; y estando enfermo envió mensajeros y les dijo: Id y consultad a [b]Baal-zebub, dios

43 *a* GEE Andar, andar con Dios.
43 *b* GEE Idolatría.
46 *a* *Es decir,* varones prostitutos idólatras. GEE Homosexualidad.

[2 REYES]
1 1 *a* GEE Moab.
2 *a* GEE Samaria.
b HEB dios de las moscas. Mateo 12:24. GEE Baal.

de Ecrón, si he de sanar de esta enfermedad.

3 Entonces el ángel de Jehová habló a Elías, el tisbita, *diciendo*: Levántate y sube a encontrarte con los mensajeros del rey de Samaria y diles: ¿Acaso no hay Dios en Israel para que vosotros vayáis a consultar a Baal-zebub, dios de Ecrón?

4 Por tanto, así dice Jehová: Del lecho al que subiste no descenderás, sino que ciertamente morirás. Y Elías se fue.

5 Y cuando los mensajeros regresaron al rey, él les dijo: ¿Por qué habéis regresado?

6 Y ellos le respondieron: Encontramos a un hombre que nos dijo: Id y regresad al rey que os envió, y decidle: Así ha dicho Jehová: ¿Acaso no hay Dios en Israel, para que tú envíes a consultar a Baal-zebub, dios de Ecrón? Por tanto, del lecho al que subiste no descenderás, sino que ciertamente morirás.

7 Entonces él les dijo: ¿Cómo era el hombre que encontrasteis y que os dijo tales palabras?

8 Y ellos le respondieron: Un hombre velludo que ceñía sus lomos con un cinturón de cuero. Entonces él dijo: Es Elías, el tisbita.

9 Entonces envió a él un capitán de cincuenta con sus cincuenta hombres, el cual subió adonde él estaba; y he aquí que él estaba sentado en la cumbre del monte. Y él le dijo: Oh hombre de Dios, el rey ha dicho que desciendas.

10 Y Elías respondió y dijo al capitán de cincuenta: Si yo soy hombre de Dios, descienda [a]fuego del cielo y te consuma con tus cincuenta. Y descendió fuego del cielo que lo consumió a él y a sus cincuenta.

11 Volvió el rey a enviar a él otro capitán de cincuenta con sus cincuenta; y le habló y dijo: Oh hombre de Dios, el rey ha dicho así: Desciende pronto.

12 Y Elías le respondió y dijo: Si yo soy hombre de Dios, descienda fuego del cielo y te consuma con tus cincuenta. Y descendió fuego del cielo que lo consumió a él y a sus cincuenta.

13 Y volvió a enviar al tercer capitán de cincuenta con sus cincuenta; y subió aquel tercer capitán de cincuenta, y vino, y se puso de rodillas delante de Elías y le rogó, diciendo: Oh hombre de Dios, te ruego que mi vida y la vida de éstos tus cincuenta siervos sean de valor ante tus ojos.

14 He aquí ha descendido fuego del cielo y ha consumido a los dos primeros capitanes de cincuenta con sus cincuenta; sea ahora mi vida de valor ante tus ojos.

15 Entonces el [a]ángel de Jehová dijo a Elías: Desciende con él; no tengas miedo de él. Y él se levantó y descendió con él al rey.

16 Y le dijo: Así dice Jehová: Por cuanto enviaste mensajeros a consultar a Baal-zebub, dios de Ecrón (¿acaso no hay Dios en Israel para consultar su palabra?), no descenderás, por tanto, del lecho al que subiste, sino que de cierto morirás.

10 *a* Lucas 9:54–56.

15 *a* GEE Ángeles.

17 Y murió conforme a la palabra de Jehová que había hablado Elías; y reinó en su lugar Joram, en el segundo año de Joram hijo de Josafat, rey de Judá, porque *Ocozías* no tenía hijo.

18 Y los demás hechos de Ocozías, ¿no están escritos en el libro de las crónicas de los reyes de Israel?

CAPÍTULO 2

Eliseo y los profetas saben que Elías el profeta ha de ser trasladado — Elías el profeta divide las aguas del Jordán y es llevado al cielo en un torbellino — El manto de Elías el profeta recae sobre Eliseo, quien también divide las aguas del Jordán — Eliseo sana las aguas de Jericó — Dos osas despedazan a algunos muchachos por haberse burlado de Eliseo.

Y ACONTECIÓ que cuando Jehová iba a alzar a Elías en un torbellino al cielo, Elías venía con [a]Eliseo de Gilgal.

2 Y dijo Elías a Eliseo: Quédate ahora aquí, porque Jehová me ha enviado a [a]Bet-el. Y Eliseo dijo: Vive Jehová y vive tu alma, que no te dejaré. Descendieron, pues, a Bet-el.

3 Y salieron al encuentro de Eliseo los hijos de los profetas que estaban en Bet-el y le dijeron: ¿Sabes que Jehová te quitará hoy a tu señor de sobre ti? Y él dijo: Sí, yo lo sé; callad.

4 Y Elías le volvió a decir: Eliseo, quédate aquí ahora, porque Jehová me ha enviado a [a]Jericó. Y él dijo: Vive Jehová y vive tu alma, que no te dejaré. Pasaron, pues, a Jericó.

5 Y se acercaron a Eliseo los hijos de los profetas que estaban en Jericó y le dijeron: ¿Sabes que Jehová te quitará hoy a tu señor de sobre ti? Y él respondió: Sí, yo lo sé; callad.

6 Y Elías le dijo: Te ruego que te quedes aquí, porque Jehová me ha enviado al Jordán. Y él dijo: Vive Jehová y vive tu alma, que no te dejaré. Y se fueron los dos.

7 Y llegaron cincuenta hombres de los hijos de los profetas y se pararon enfrente, a lo lejos; y ellos dos se pararon junto al Jordán.

8 Tomó entonces Elías su [a]manto, y lo dobló y golpeó las [b]aguas, y éstas se apartaron a uno y a otro lado, y ambos pasaron por lo seco.

9 Y aconteció que cuando hubieron pasado, Elías dijo a Eliseo: Pide lo que quieras que haga por ti, antes que yo sea quitado de ti. Y dijo Eliseo: Te ruego que una doble porción de tu espíritu sea sobre mí.

10 Y él le dijo: Cosa difícil has pedido. Si me ves cuando sea quitado de ti, te será concedido; pero si no, no.

11 Y sucedió que, yendo ellos

2 1 *a* 1 Rey. 19:16.
2 *a* GEE Bet-el.
4 *a* GEE Jericó.
8 *a* *Es decir,* capa o túnica que lo identifica como profeta.
b Éx. 14:21; Josué 3:14–17.

hablando, he aquí, un carro de
fuego con caballos de fuego los
apartó a los dos, y [a]Elías subió al
cielo en un torbellino.
12 Al ver esto, Eliseo clamó: ¡Padre mío, padre mío, carro de Israel y su gente de a caballo! Y no
le vio más; y tomó sus vestidos y
los rasgó en dos partes.
13 Alzó luego el manto de Elías
que se le había caído, y regresó y
se paró a la orilla del Jordán.
14 Y tomó el manto de Elías que
se le había caído, y golpeó las
aguas y dijo: ¿Dónde está Jehová,
el Dios de Elías? Y cuando también hubo golpeado las aguas,
éstas se apartaron a uno y a otro
lado, y Eliseo pasó.
15 Y cuando le vieron los hijos
de los profetas que estaban al otro
lado, en Jericó, dijeron: El espíritu
de Elías [a]reposa sobre Eliseo. Y
fueron a recibirle y se postraron
en tierra ante él.
16 Y dijeron: He aquí, hay con
tus siervos cincuenta hombres
fuertes; te rogamos que dejes
que vayan y busquen a tu señor; quizá lo ha levantado el
[a]espíritu de Jehová y lo ha arrojado en algún monte o en algún valle. Y él les dijo: No los
enviéis.
17 Pero ellos le importunaron
tanto que, avergonzándose, dijo:
Enviadlos. Entonces ellos enviaron a cincuenta hombres, los cuales lo buscaron durante tres días,
pero no lo hallaron.
18 Y cuando volvieron a él, que
se había quedado en Jericó, él
les dijo: ¿No os dije yo que no
fueseis?
19 Y los hombres de la ciudad
dijeron a Eliseo: He aquí, el lugar en donde está colocada esta
ciudad es bueno, como mi señor
ve; pero las aguas son malas y la
tierra es estéril.
20 Entonces él dijo: Traedme
una vasija nueva y poned en ella
sal. Y se la trajeron.
21 Y él salió al manantial de las
aguas, y echó dentro la sal y dijo:
Así dice Jehová: Yo sané estas
[a]aguas y no habrá más en ellas
ni muerte ni esterilidad.
22 Y fueron saneadas las aguas
hasta hoy, conforme a la palabra
que habló Eliseo.
23 Después subió de allí a Bet-el;
y subiendo por el camino, salieron unos muchachos de la
ciudad y [a]se burlaban de él,
diciendo: ¡Sube, calvo! ¡Sube,
calvo!
24 Y miró él hacia atrás, y los
vio y los maldijo en el nombre de
Jehová. Y salieron dos osas del
bosque y despedazaron a cuarenta y dos de esos muchachos.
25 De allí se fue al monte
Carmelo, y de allí regresó a
Samaria.

CAPÍTULO 3

Joram, de Israel, y Josafat, de Judá, unen fuerzas contra Moab — Eliseo les promete agua para los animales y la victoria en la guerra — Los moabitas son derrotados.

11 *a* GEE Seres trasladados.
15 *a* 1 Rey. 19:16.
GEE Ordenación, ordenar.
16 *a* 1 Rey. 18:11–16.
21 *a* Éx. 15:25.
23 *a* Lam. 4:16.
3 1 *a* GEE Samaria.

Y Joram hijo de Acab comenzó a reinar en [a]Samaria sobre Israel en el año dieciocho de Josafat, rey de Judá; y reinó doce años.

2 E hizo lo malo ante los ojos de Jehová, aunque no como su [a]padre y su madre, pues quitó las [b]estatuas de [c]Baal que su padre había hecho.

3 No obstante, se entregó a los pecados de [a]Jeroboam hijo de Nabat, el que hizo pecar a Israel, y no se apartó de ellos.

4 Entonces Mesa, rey de [a]Moab, era propietario de ganados y pagaba al rey de Israel cien mil corderos y cien mil carneros con su lana.

5 Pero sucedió que cuando Acab murió, el rey de Moab se rebeló contra el rey de Israel.

6 Y salió entonces de Samaria el rey Joram y pasó revista a todo Israel.

7 Y fue y envió a decir a Josafat, rey de Judá: El rey de Moab se ha rebelado contra mí. ¿Irás tú conmigo a la guerra contra Moab? Y él respondió: Iré, *porque* yo soy como tú; mi pueblo como tu pueblo, y mis caballos como tus caballos.

8 Y dijo: ¿Por qué camino iremos? Y él respondió: Por el camino del desierto de Edom.

9 Partieron, pues, el rey de Israel, y el rey de Judá y el rey de Edom. Y tuvieron que dar un rodeo, y a los siete días de camino les faltó agua para el ejército y para las bestias que los seguían.

10 Entonces el rey de Israel dijo: ¡Ah! Jehová ha llamado a estos tres reyes para entregarlos en manos de los moabitas.

11 Pero Josafat dijo: ¿Acaso no hay aquí profeta de Jehová para que consultemos a Jehová por medio de él? Y uno de los siervos del rey de Israel respondió y dijo: Aquí está Eliseo hijo de Safat, que vertía agua en las manos de Elías.

12 Y Josafat dijo: Éste tendrá la palabra de Jehová. Y el rey de Israel, y Josafat y el rey de Edom descendieron hasta donde él estaba.

13 Entonces Eliseo dijo al rey de Israel: ¿Qué tengo yo contigo? [a]Vete a los profetas de tu padre y a los profetas de tu madre. Y el rey de Israel le respondió: No, porque Jehová ha reunido a estos tres reyes para entregarlos en manos de los moabitas.

14 Y Eliseo dijo: Vive Jehová de los ejércitos, en cuya presencia estoy, que si no tuviese respeto por Josafat, rey de Judá, no te miraría a ti ni te vería.

15 Pero ahora traedme un tañedor. Y mientras el tañedor tocaba, la mano de Jehová vino sobre Eliseo.

16 Y dijo: Así dice Jehová: Haced en este valle muchas acequias.

17 Porque así dice Jehová: No veréis viento, ni veréis lluvia, pero ese valle se llenará de agua y beberéis vosotros, y vuestras bestias y vuestros ganados.

18 Y esto es cosa ligera ante los ojos de Jehová; él entregará

---

2 *a* 1 Rey. 16:30–33.
b Éx. 20:3–5.
c GEE Baal.
3 *a* 1 Rey. 14:7–9.
4 *a* GEE Moab.
13 *a* Jue. 10:13–14; Prov. 1:27–28.

también a los moabitas en vuestras manos.

19 Y destruiréis toda ciudad fortificada y toda ciudad principal, y talaréis todo buen árbol, y cegaréis todas las fuentes de agua y arruinaréis con piedras toda tierra fértil.

20 Y aconteció que por la mañana, cuando se ofrecía el sacrificio, he aquí vinieron aguas por el camino de Edom y la tierra se llenó de agua.

21 Y cuando todos los de Moab oyeron que los reyes subían a pelear contra ellos, juntaron a todos, desde los que podían ceñirse armadura en adelante, y se pusieron en la frontera.

22 Y se levantaron por la mañana y brilló el sol sobre las aguas, y los de Moab vieron desde lejos las aguas rojas como sangre

23 y dijeron: ¡Esto es sangre! Los reyes se han vuelto uno contra otro, y cada uno ha dado muerte a su compañero. ¡Ahora pues, Moab, al botín!

24 Y cuando llegaron al campamento de Israel, se levantaron los israelitas y atacaron a los de Moab, los cuales huyeron delante de ellos; pero persiguieron a los de Moab, matándolos.

25 Y asolaron las ciudades, y en todas las tierras fértiles echó cada uno su piedra, y las llenaron; y cegaron también todas las fuentes de agua y talaron todos los buenos árboles, hasta que sólo Kirhareset quedó con sus piedras; pero los honderos la rodearon y la destruyeron.

26 Y cuando el rey de Moab vio que lo iban a vencer en la batalla, tomó consigo a setecientos hombres que sacaban espada, para abrirse paso hasta el rey de Edom; pero no pudieron.

27 Entonces tomó a su primogénito, que había de reinar en su lugar, y lo sacrificó en holocausto sobre el muro. Y hubo gran enojo contra Israel; y se retiraron de allí y regresaron a su tierra.

CAPÍTULO 4

Eliseo aumenta el aceite de la viuda — Promete un hijo a una mujer sunamita — El niño muere y Eliseo le restaura la vida — Él hace que el potaje envenenado no haga daño — Se multiplican el pan y el trigo para que la gente coma.

Una mujer, de las esposas de los hijos de los profetas, clamó a Eliseo, diciendo: Tu siervo, mi marido, ha muerto, y tú sabes que tu siervo era temeroso de Jehová; y ha venido el [a]acreedor para llevarse a dos hijos míos como [b]siervos.

2 Y Eliseo le dijo: ¿Qué puedo hacer por ti? Dime qué tienes en casa. Y ella dijo: Tu sierva ninguna cosa tiene en casa, sino una vasija de aceite.

3 Y él le dijo: Ve y pide vasijas prestadas a todos tus vecinos, vasijas vacías, no pocas.

4 Entra luego y cierra la puerta detrás de ti y de tus hijos; y echa

4 1 *a* GEE Deuda. *b* Mateo 18:25.

en todas las vasijas, y cuando una
esté llena, ponla aparte.
5 Y se fue la mujer de allí y cerró la puerta detrás de sí y de sus
hijos; y ellos le traían *las vasijas,*
y ella echaba *del aceite.*
6 Y sucedió que cuando las vasijas estuvieron llenas, dijo a un
hijo suyo: Tráeme otra vasija. Y
él le dijo: No hay más vasijas.
Entonces cesó el aceite.
7 Fue ella luego y se lo contó
al hombre de Dios, *quien* dijo:
Ve y vende el aceite y paga a tus
acreedores; y tú y tus hijos vivid
de lo que quede.
8 Y aconteció que un día pasaba Eliseo por Sunem; y había
allí una mujer importante que le
invitaba insistentemente a que
comiese; y sucedía que cuando
él pasaba por allí, entraba en su
casa a comer.
9 Y ella dijo a su marido: He
aquí, ahora yo entiendo que
éste que siempre pasa por nuestra casa es un hombre santo de
Dios.
10 Yo te ruego que hagas un
pequeño aposento arriba con paredes, y pongamos en él cama, y
mesa, y silla y candelero, para
que cuando venga a nosotros, se
quede en él.
11 Y aconteció que un día pasó
él por allí, y se quedó en aquel
aposento y durmió allí.
12 Entonces él le dijo a Giezi, su
criado: Llama a esta sunamita. Y
cuando él la llamó, ella se presentó ante él.
13 Y dijo él a Giezi: Dile: He
aquí, tú nos has atendido con
todo este esmero; ¿qué quieres
que haga por ti? ¿Quieres que
hable por ti al rey o al general del
ejército? Y ella respondió: Yo habito en medio de mi pueblo.
14 Y él dijo: ¿Qué, pues, haremos por ella? Y Giezi respondió:
He aquí, ella no tiene hijo y su
marido ya es viejo.
15 Dijo entonces: Llámala. Y él la
llamó, y ella se paró a la puerta.
16 Y él le dijo: Por esta temporada, según el [a]tiempo de la vida,
abrazarás un hijo. Y ella dijo: No,
señor mío, hombre de Dios, no
engañes a tu sierva.
17 Pero la mujer concibió y dio
a luz un hijo en la temporada
que Eliseo le había dicho, según
el tiempo de la vida.
18 Y cuando el niño cre-
ció, aconteció que un día salió
adonde estaba su padre con los
segadores.
19 Y dijo a su padre: ¡Ay, mi
cabeza, mi cabeza! Y él dijo a un
criado: Llévalo a su madre.
20 Y lo tomó y lo llevó a su
madre, y estuvo sentado sobre
sus rodillas hasta el mediodía,
y murió.
21 Entonces ella subió y lo puso
sobre la cama del hombre de Dios,
y cerró *la puerta* y salió.
22 Luego llamó a su marido y
le dijo: Te ruego que envíes conmigo a alguno de los criados y
una de las asnas, para que yo
vaya corriendo al hombre de Dios
y regrese.
23 Y él dijo: ¿Para qué vas a verle

16 *a Es decir,* el tiempo de la gestación de un ser humano. Gén. 18:11, 14.

hoy? No es luna nueva ni día de
reposo. Y ella respondió: Paz.
24 Después hizo ensillar el asna,
y dijo al criado: Guía y adelante,
y no te detengas en el camino por
mí, sino cuando yo te lo diga.
25 Se fue, pues, y llegó al hombre de Dios al monte Carmelo. Y
aconteció que cuando el hombre
de Dios la vio de lejos, dijo a su
criado Giezi: He aquí, *allá viene*
la sunamita.
26 Te ruego que vayas ahora
corriendo a recibirla y le digas:
¿Te va bien? ¿Y a tu marido y a
tu hijo? Y ella dijo: Bien.
27 Y cuando llegó a donde estaba el hombre de Dios en el
monte, se asió de sus pies. Y se
acercó Giezi para quitarla; pero
el hombre de Dios le dijo: Déjala,
porque su alma está en amargura,
y Jehová me ha [a]encubierto *el motivo* y no me lo ha revelado.
28 Y ella dijo: ¿Acaso pedí yo
hijo a mi señor? ¿No dije yo que
no me engañases?
29 Entonces dijo él a Giezi: Ciñe
tus lomos, y toma mi vara en
tu mano y ve; y si te encuentras
con alguien, no lo saludes; y si
alguien te saluda, no le respondas; y pon mi [a]vara sobre el rostro del niño.
30 Y dijo la madre del niño: Vive
Jehová y vive tu alma, que no me
apartaré de ti. Él entonces se levantó y la siguió.
31 Y Giezi había ido delante
de ellos y había puesto la vara
sobre el rostro del niño, pero
no tenía voz ni reaccionaba; así
que se regresó para encontrar
a Eliseo y le dijo: El niño no
despierta.
32 Cuando llegó Eliseo a la casa,
he aquí el niño estaba muerto,
tendido sobre su cama.
33 Entonces él entró, y cerró la
puerta detrás de ambos y oró a
Jehová.
34 Después subió, y se tendió
sobre el niño y puso su boca sobre
la boca de él, y sus ojos sobre sus
ojos, y sus manos sobre las manos
de él; así [a]se tendió sobre él, y el
calor volvió al cuerpo del niño.
35 Entonces regresó y caminó
por la casa de una parte a otra, y
después subió y se tendió sobre
él; y el niño estornudó siete veces
y abrió sus ojos.
36 Entonces llamó él a Giezi y le
dijo: Llama a la sunamita. Y él la
llamó. Y entrando ella, él le dijo:
Toma tu hijo.
37 Y ella entró, y cayó a sus pies
y se postró en tierra; después
tomó a su hijo y salió.
38 Y Eliseo regresó a Gilgal. Había entonces gran hambre en la
tierra. Y los hijos de los profetas
estaban sentados ante él, y dijo a
su criado: Pon una olla grande y
prepara un potaje para los hijos
de los profetas.
39 Y salió uno al campo a recoger hierbas, y halló una viña
silvestre y llenó su falda de calabazas silvestres; y regresó, y las
cortó *y las puso* en la olla del potaje, aunque no sabía *lo que era*.
40 Después sirvieron para que
comieran los hombres, pero sucedió que cuando comieron ellos
de aquel potaje, dieron voces,

27 *a* DyC 6:16.
29 *a* Hech. 19:11–12.
34 *a* 1 Rey. 17:21–23.

diciendo: ¡Hombre de Dios, hay muerte en la olla! Y no pudieron comer.

41 Entonces Eliseo dijo: Traed harina. Y la esparció en la olla y dijo: Dad de comer a la gente. Y ya no hubo nada malo en la olla.

42 Entonces llegó un hombre de Baal-salisa, el cual trajo panes de primicias al hombre de Dios, veinte panes de cebada y espigas de trigo nuevo. Y Eliseo dijo: Da a la gente para que coma.

43 Y respondió su sirviente: ¿Cómo voy a poner esto delante de cien hombres? Mas él volvió a decir: Da a la gente para que coma, porque así dice Jehová: Comerán y sobrará.

44 Entonces él lo puso delante de ellos, y comieron y les [a]sobró, conforme a la palabra de Jehová.

CAPÍTULO 5

Naamán, el sirio, viene a Eliseo para ser sanado de lepra — Al principio, Naamán rechaza la instrucción del profeta, pero después cede, se sumerge en el Jordán siete veces y es sanado — Eliseo rehúsa aceptar recompensa alguna — Giezi acepta un presente de Naamán y es maldecido con lepra.

Naamán, general del ejército del rey de Siria, era un gran hombre delante de su señor y tenido en alta estima, porque por medio de él Jehová había librado a Siria. Este hombre era valeroso en extremo, *pero* [a]leproso.

2 Y de Siria habían salido tropas y habían llevado cautiva de la tierra de Israel a una muchacha, la cual servía a la esposa de Naamán.

3 Y ella dijo a su señora: Si rogase mi señor al profeta que está en Samaria, él lo sanaría de su lepra.

4 Y entró *Naamán* y habló a su señor, diciendo: Así y así ha dicho una muchacha que es de la tierra de Israel.

5 Y le dijo el rey de Siria: Anda, ve, y yo enviaré una carta al rey de Israel. Partió, pues, él, llevando consigo diez talentos de plata, y seis mil *piezas* de oro y diez mudas de ropa.

6 Y llevó la carta al rey de Israel, que decía así: Cuando llegue a ti esta carta, he aquí, sabrás que yo he enviado a ti a mi siervo Naamán, para que lo sanes de su lepra.

7 Y sucedió que cuando el rey de Israel leyó la carta, rasgó sus vestidos y dijo: ¿Acaso soy yo Dios, que da muerte y que da vida, para que éste envíe a mí a un hombre a fin de que lo sane de su lepra? Considerad ahora, y ved cómo busca ocasión contra mí.

8 Y aconteció que cuando Eliseo, el hombre de Dios, oyó que el rey de Israel había rasgado sus vestidos, envió a decir al rey: ¿Por qué has rasgado tus vestidos?

44 *a* Mateo 14:19–21; 15:36–38.

5 1 *a* GEE Lepra.

Venga él ahora a mí y sabrá que hay [a]profeta en Israel.

9 Y llegó Naamán con sus caballos y con su carro, y se paró a las puertas de la casa de Eliseo.

10 Entonces Eliseo le envió un mensajero, diciendo: Ve y [a]lávate siete veces en el Jordán, y tu carne se te restaurará y serás limpio.

11 Y Naamán se fue enojado, diciendo: He aquí yo decía para mí: Ciertamente él saldrá y, estando de pie, invocará el nombre de Jehová su Dios, y alzará su mano *y*, moviéndola sobre la parte enferma, sanará la lepra.

12 El Abana y el Farfar, ríos de Damasco, ¿no son mejores que todas las aguas de Israel? Si me lavo en ellos, ¿no seré *también* limpio? Y se volvió y se fue enojado.

13 Pero sus criados se acercaron a él, y le hablaron, diciendo: Padre mío, si el profeta te mandara alguna [a]gran cosa, ¿no la harías? ¡Cuánto más si sólo te ha dicho: Lávate, y serás [b]limpio!

14 Él entonces descendió y se sumergió siete veces en el Jordán, [a]conforme a la palabra del hombre de Dios; y su carne se volvió como la carne de un niño, y quedó limpio.

15 Y regresó al hombre de Dios, él y toda su compañía, y se puso delante de él y dijo: He aquí, ahora reconozco que no hay Dios en toda la tierra, sino en Israel. Te ruego que aceptes *algún* presente de tu siervo.

16 Pero él dijo: Vive Jehová, delante de quien estoy, que no *lo* aceptaré. Y le insistió que lo aceptara, pero él no quiso.

17 Entonces Naamán dijo: Te ruego, pues, ¿[a]de esta tierra no se dará a tu siervo la carga de un par de mulas? Porque de aquí en adelante tu siervo no ofrecerá holocausto ni sacrificios a otros dioses, sino a Jehová.

18 En esto perdone Jehová a tu siervo: Cuando mi señor entre en el templo de [a]Rimón para adorar en él, y se apoye sobre mi mano, si yo también me inclino en el templo de Rimón, si me inclino en el templo de Rimón, Jehová perdone en esto a tu siervo.

19 Y él le dijo: Vete en paz. Se alejó, pues, de él a cierta distancia.

20 Entonces Giezi, criado de Eliseo, el hombre de Dios, dijo: He aquí mi señor dispensó a este sirio Naamán, no tomando de su mano las cosas que había traído. Vive Jehová, que correré yo tras él y tomaré de él alguna cosa.

21 Y siguió Giezi a Naamán; y cuando le vio Naamán que venía corriendo tras él, se bajó del carro para recibirle y dijo: ¿Está todo bien?

22 Y él dijo: Todo bien. Mi señor me envía a decir: He aquí, llegaron a mí en esta hora de los montes de Efraín dos jóvenes de los hijos de los profetas; te ruego

8 *a* 1 Rey. 18:36.
10 *a* Juan 9:1–11.
13 *a* Alma 37:6–7, 41; DyC 64:33.
b GEE Sanar, sanidades.
14 *a* Lucas 4:27.
17 *a* Antiguamente se creía que un dios sólo podía ser adorado en su suelo de origen.
18 *a* *Es decir,* dios sirio del viento, de la lluvia y de la tormenta.

que les des un talento de plata y dos mudas de ropa.

23 Y Naamán dijo: Toma, te ruego, dos talentos. Y él le insistió, y ató dos talentos de plata en dos bolsas, y dos mudas de ropa, y todo lo puso a cuestas de dos de sus criados para que lo llevasen delante de él.

24 Y cuando llegó al monte, él lo tomó todo de manos de ellos y lo guardó en la casa. Luego mandó a los hombres que se fuesen.

25 Y él entró y se puso delante de su señor. Y Eliseo le dijo: ¿De dónde vienes, Giezi? Y él dijo: Tu siervo no ha ido a ninguna parte.

26 Él entonces le dijo: ¿No fue también mi corazón contigo cuando el hombre se bajó de su carro para recibirte? ¿Es éste el momento de tomar plata y de tomar vestidos, olivares, viñas, ovejas, bueyes, siervos y siervas?

27 Por tanto, la lepra de Naamán se te pegará a ti y a tu descendencia para siempre. Y salió de su presencia leproso, *blanco* como la nieve.

CAPÍTULO 6

Eliseo hace flotar un hacha — Él revela al rey cómo conducir la guerra contra Siria — Caballos y carros de fuego protegen a Eliseo — Los sirios son heridos con ceguera — Ben-adad sitia Samaria y los alimentos se venden a un alto precio.

Los hijos de los profetas dijeron a Eliseo: He aquí, el lugar en el que moramos contigo es demasiado estrecho para nosotros.

2 Te rogamos que nos dejes ir al Jordán, y tome allí cada uno una viga, y hagamos allí un lugar en el cual habitar. Y él dijo: Andad.

3 Y dijo uno: Te rogamos que vengas con tus siervos. Y él respondió: Yo iré.

4 Se fue, pues, con ellos; y cuando llegaron al Jordán, cortaron la madera.

5 Y aconteció que cuando uno talaba un árbol, se le cayó el hierro del hacha al agua; y dio voces, diciendo: ¡Ah, señor mío, era prestada!

6 Y el hombre de Dios dijo: ¿Dónde cayó? Y él le mostró el lugar. Entonces Eliseo cortó un palo y lo echó allí, e hizo flotar el hierro.

7 Y dijo: Tómalo. Y él extendió la mano y lo tomó.

8 Y el rey de Siria estaba en guerra contra Israel y, consultando con sus siervos, dijo: En tal y tal lugar estará mi campamento.

9 Y el hombre de Dios envió a decir al rey de Israel: Guárdate de no pasar por tal lugar, porque los sirios están allí.

10 Entonces el rey de Israel envió a aquel lugar del cual el hombre de Dios le había dicho y advertido, y se guardó de ir allí, no una ni dos veces.

11 Y el corazón del rey de Siria se turbó por esto, y llamó a sus siervos y les dijo: ¿No me declararéis vosotros quién de los nuestros está de parte del rey de Israel?

12 Entonces uno de los siervos

le dijo: Ninguno, rey, señor mío, sino que el profeta Eliseo, que está en Israel, le revela al rey de Israel las palabras que tú hablas en tu habitación más secreta.

13 Y él dijo: Id y mirad dónde está, para que yo envíe a prenderlo. Y le dijeron: He aquí, él está en Dotán.

14 Entonces el rey envió allá gente de a caballo, y carros de guerra y un gran ejército, los cuales llegaron de noche y rodearon la ciudad.

15 Y levantándose de mañana para salir el que servía al hombre de Dios, he aquí que el ejército tenía rodeada la ciudad con gente de a caballo y carros. Entonces su criado le dijo: ¡Ah, señor mío! ¿Qué haremos?

16 Y él le dijo: No tengas miedo, porque son más los que están con nosotros que los que están con ellos.

17 Y oró Eliseo y dijo: Te ruego, oh Jehová, que abras sus ojos [a]para que vea. Entonces Jehová abrió los ojos del joven, y miró; y he aquí que el monte estaba lleno de gente de a caballo y de carros de fuego alrededor de Eliseo.

18 Y cuando los *sirios* descendieron hacia él, Eliseo oró a Jehová y dijo: Te ruego que hieras a esta gente con ceguera. Y los hirió con ceguera, conforme a la palabra de Eliseo.

19 Después les dijo Eliseo: No es éste el camino, ni es ésta la ciudad; seguidme, y yo os guiaré al hombre que buscáis. Y los guió a Samaria.

20 Y aconteció que cuando llegaron a Samaria, dijo Eliseo: Jehová, abre los ojos de éstos, para que vean. Y Jehová abrió sus ojos y vieron; y he aquí que estaban en medio de Samaria.

21 Y cuando el rey de Israel los hubo visto, dijo a Eliseo: ¿Los mato, padre mío? ¿Los mato?

22 Y él le respondió: No los mates. ¿Matarías tú a los que tomaste cautivos con tu espada y con tu arco? [a]Pon delante de ellos pan y agua, para que coman y beban, y regresen a sus señores.

23 Entonces les preparó una gran comida; y cuando hubieron comido y bebido, los envió, y ellos regresaron a su señor. Y nunca más vinieron tropas de Siria a la tierra de Israel.

24 Después de esto aconteció que Ben-adad, rey de Siria, reunió todo su ejército, y subió y sitió Samaria.

25 Y hubo gran hambre en Samaria, porque ellos la sitiaron mucho tiempo, tanto que la cabeza de un asno se vendía por ochenta *piezas* de plata, y la cuarta parte de un cab de estiércol de palomas por cinco *piezas* de plata.

26 Y al pasar el rey de Israel por el muro, una mujer le dio voces y dijo: ¡Ayúdame, oh rey, señor mío!

27 Y él dijo: Si no te ayuda Jehová, ¿de dónde te voy a ayudar yo? ¿Del alfolí o del lagar?

28 Y le dijo el rey: ¿Qué tienes? Y ella respondió: Esta mujer me dijo: Da acá tu hijo, y comámoslo

6 17 *a* GEE Visión. 22 *a* Rom. 12:20–21.

hoy, y mañana comeremos el
mío.
29 Cocimos, pues, mi hijo y lo
[a]comimos. Al día siguiente yo
le dije: Da acá tu hijo, y comámoslo. Pero ella ha escondido
a su hijo.
30 Y sucedió que cuando el rey
oyó las palabras de aquella mujer,
rasgó sus vestidos y pasó *así* por
el muro; y el pueblo vio el cilicio
que traía debajo de su ropa, sobre
su cuerpo.
31 Y él dijo: Así me haga Dios
y aun me añada, si la cabeza de
Eliseo hijo de Safat queda sobre
él hoy.
32 Y estaba Eliseo sentado en
su casa, y con él estaban sentados los ancianos; y el rey envió
a él un hombre. Pero antes que
el mensajero viniese a él, dijo él
a los ancianos: ¿No habéis visto
cómo este hijo de homicida envía a cortarme la cabeza? Mirad,
pues, y cuando venga el mensajero, cerrad la puerta e impedidle
la entrada. ¿No se oye tras él el
ruido de los pasos de su amo?
33 Aún estaba él hablando con
ellos cuando, he aquí, el mensajero que descendía a él dijo:
Ciertamente este mal viene de
Jehová. ¿Por qué he de esperar
más en Jehová?

CAPÍTULO 7

Eliseo profetiza una gran abundancia en Samaria — Las huestes sirias huyen ante el clamor de una batalla y abandonan sus posesiones — Israel toma el botín de los sirios.

Dijo entonces Eliseo: Oíd la palabra de Jehová: Así dice Jehová:
Mañana a estas horas *valdrá* el
[a]seah de flor de harina un siclo,
y dos seahs de cebada un siclo,
a la puerta de Samaria.
2 Y un oficial real, sobre cuya
mano el rey se apoyaba, respondió al hombre de Dios y dijo: He
aquí que si Jehová hiciese ahora
ventanas en el cielo, ¿sería esto
así? Y él dijo: He aquí tú lo verás con tus ojos, pero no comerás
de ello.
3 Y había cuatro hombres leprosos a la entrada de la puerta, los
cuales se dijeron el uno al otro:
¿Para qué nos quedamos sentados aquí hasta morir?
4 Si tratamos de entrar en la
ciudad, por el hambre que hay
en la ciudad moriremos allí; y
si nos quedamos aquí, también
moriremos. Vamos pues, ahora,
y pasémonos al ejército de los
sirios; si ellos nos dan la vida, viviremos; y si nos dan la muerte,
moriremos.
5 Se levantaron, pues, al anochecer, para ir al campamento de los
sirios; y al llegar a las afueras del
campamento de los sirios, he aquí
que no había nadie allí.
6 Porque el Señor había hecho
que en el campamento de los sirios se oyese estruendo de [a]ca-
rros, ruido de caballos y estrépito
de un gran ejército; y se dijeron
unos a otros: He aquí, el rey de

29 *a* Deut. 28:53.
7 1 *a* HEB una medida que equivale a 7,3 litros.
6 *a* 2 Rey. 6:17.

Israel ha contratado contra nosotros a los reyes de los heteos y a
los reyes de los egipcios para que
vengan contra nosotros.
7 Así que se habían levantado
y huido al anochecer, abando-
nando sus tiendas, sus caballos,
sus asnos y el campamento como
estaba; y habían huido para *salvar* sus vidas.
8 Y cuando los leprosos llegaron
a las afueras del campamento,
entraron en una tienda, y comieron y bebieron, y tomaron de allí
plata, y oro y ropa, y fueron y lo
escondieron; y volvieron y entraron en otra tienda, y de allí
también tomaron *botín*, y fueron
y lo escondieron.
9 Y se dijeron el uno al otro: No
estamos haciendo bien; hoy es
día de buenas nuevas, y nosotros
estamos callados; y si esperamos
hasta la luz de la mañana, nos alcanzará nuestra maldad. Vamos
pues, ahora, entremos y demos
la nueva en casa del rey.
10 Y fueron y dieron voces a los
guardias de la puerta de la ciudad, y les dijeron: Nosotros fuimos al campamento de los sirios,
y he aquí que no había nadie allí,
ni voz de hombre, sino caballos
atados, asnos también atados y
las tiendas como estaban.
11 Y los porteros dieron voces
y lo anunciaron dentro, en el palacio del rey.
12 Y se levantó el rey de noche
y dijo a sus siervos: Yo os diré
lo que nos han hecho los sirios.
Ellos saben que tenemos hambre, y han salido de las tiendas
y se han escondido en el campo,
diciendo: Cuando hayan salido
de la ciudad, los capturare-
mos vivos y entraremos en la
ciudad.
13 Entonces respondió uno de
sus siervos y dijo: Tomen ahora
cinco de los caballos que han
quedado en la ciudad (porque
he aquí, ellos son como toda la
multitud de Israel que ha quedado en la ciudad; he aquí, son
como toda la multitud de Israel
que ya ha perecido), y enviemos
y veamos *qué hay*.
14 Tomaron, pues, dos carros
con caballos, y los envió el rey
tras el ejército de los sirios, diciendo: Id y ved.
15 Y ellos fueron y los siguieron hasta el Jordán; y he aquí
que todo el camino estaba lleno
de ropa y enseres que los sirios
habían arrojado por la premura.
Y volvieron los mensajeros y lo
hicieron saber al rey.
16 Entonces el pueblo salió y saqueó el campamento de los sirios.
Y fue *vendido* un seah de flor de
harina por un siclo, y dos seahs
de cebada por un siclo, conforme
a la palabra de Jehová.
17 Y el rey puso a cargo de la
puerta a aquel oficial real sobre
cuya mano él se apoyaba; y le
atropelló el pueblo a la entrada,
y murió, conforme a lo que había
dicho el hombre de Dios cuando
el rey descendió a él.
18 Y aconteció, pues, de la manera que el hombre de Dios había
hablado al rey cuando dijo: Dos
seahs de cebada por un siclo, y un
seah de flor de harina será *vendido*
por un siclo mañana a estas horas, a la puerta de Samaria.
19 A lo cual aquel oficial real

había respondido al hombre de Dios, diciendo: He aquí que si Jehová hiciese ventanas en el cielo, ¿sería eso así? Y él dijo: He aquí que tú lo verás con tus ojos, pero no comerás de ello.

20 Y así le sucedió, porque el pueblo le atropelló a la entrada, y murió.

CAPÍTULO 8

Eliseo profetiza siete años de hambre — La mujer sunamita es protegida durante el hambre — Joram y Ocozías reinan con iniquidad en Judá.

Y HABLÓ Eliseo a aquella mujer a cuyo hijo había [a]hecho revivir, diciendo: Levántate, vete tú y toda tu casa a vivir donde puedas, porque Jehová ha llamado [b]al hambre, que vendrá también sobre la tierra durante siete años.

2 Entonces la mujer se levantó e hizo como el hombre de Dios le dijo; y partió ella con su familia y vivió en la tierra de los filisteos durante siete años.

3 Y sucedió que cuando pasaron los siete años, la mujer volvió de la tierra de los filisteos; después salió para implorar al rey por su casa y por sus tierras.

4 Y el rey estaba hablando con Giezi, criado del hombre de Dios, diciéndole: Te ruego que me cuentes todas las maravillas que ha hecho Eliseo.

5 Y aconteció que mientras él contaba al rey cómo había hecho revivir a un muerto, llegó la mujer a cuyo hijo él había hecho revivir, e imploró al rey por su casa y por sus tierras. Entonces dijo Giezi: Oh rey, señor mío, ésta es la mujer y éste es su hijo, al que Eliseo hizo revivir.

6 Y cuando preguntó el rey a la mujer, ella se lo contó. Entonces el rey le asignó a un oficial, diciéndole: Devuélvele todas las cosas que eran suyas y todos los frutos de sus tierras, desde el día en que dejó el país hasta ahora.

7 Entonces Eliseo fue a Damasco; y Ben-adad, rey de Siria, estaba enfermo, al que dieron aviso, diciendo: El hombre de Dios ha venido aquí.

8 Y el rey dijo a Hazael: Toma en tu mano un presente, y ve a recibir al hombre de Dios y consulta por medio de él a Jehová, diciendo: ¿Sanaré de esta enfermedad?

9 Tomó, pues, Hazael en sus manos un presente de entre todo lo bueno de Damasco, cuarenta camellos cargados, y salió a recibirlo; y cuando llegó, se puso delante de él y dijo: Tu hijo Ben-adad, rey de Siria, me ha enviado a ti, diciendo: ¿Sanaré de esta enfermedad?

10 Y Eliseo le dijo: Ve, dile: Seguramente vivirás. Pero Jehová me ha mostrado que ciertamente él morirá.

11 Y el hombre de Dios le miró fijamente, hasta avergonzarlo. Y lloró el hombre de Dios.

12 Entonces le dijo Hazael: ¿Por qué llora mi señor? Y él respondió: Porque sé el mal que harás a

8 1 *a* 2 Rey. 4:32–35. *b* Hel. 11:4–5.

los hijos de Israel: A sus fortalezas prenderás fuego, y a sus jóvenes matarás a espada, y estrellarás a sus niños y abrirás el vientre a sus mujeres encintas.

13 Y [a]Hazael dijo: ¿Por qué? ¿Es tu siervo un perro, para que haga tal cosa? Y respondió Eliseo: Jehová me ha mostrado que tú serás rey de Siria.

14 Y él se fue de Eliseo y regresó a su señor, quien le dijo: ¿Qué te ha dicho Eliseo? Y él respondió: Me dijo que seguramente vivirás.

15 Y sucedió que al día siguiente tomó un paño grueso, y lo empapó en agua y lo puso sobre el rostro de Ben-adad, y éste murió; y reinó Hazael en su lugar.

16 En el quinto año de Joram hijo de Acab, rey de Israel, y siendo Josafat rey de Judá, comenzó a reinar Joram hijo de Josafat, rey de Judá.

17 Tenía treinta y dos años cuando comenzó a reinar, y reinó ocho años en Jerusalén.

18 Y anduvo en el camino de los reyes de Israel, tal como hizo la casa de Acab, porque una hija de Acab fue su esposa; y él hizo lo malo ante los ojos de Jehová.

19 No obstante, Jehová no quiso destruir a Judá, por amor a [a]David, su siervo, porque había prometido darle lámpara a sus hijos perpetuamente.

20 En sus días se rebeló Edom contra el dominio de Judá, y pusieron rey sobre sí.

21 Joram, por tanto, fue a Zair, y todos sus carros con él. Y aconteció que se levantó de noche y atacó a los edomitas, los cuales le habían sitiado a él y a los capitanes de los carros; y el pueblo huyó a sus tiendas.

22 No obstante, se rebeló Edom contra el dominio de Judá, hasta el día de hoy. Además, Libna se rebeló al mismo tiempo.

23 Los demás hechos de Joram y todas las cosas que hizo, ¿no están escritos en el libro de las crónicas de los reyes de Judá?

24 Y durmió Joram con sus padres y fue sepultado con sus padres en la ciudad de David; y reinó en su lugar Ocozías, su hijo.

25 En el año doce de Joram hijo de Acab, rey de Israel, comenzó a reinar Ocozías hijo de Joram, rey de Judá.

26 Tenía veintidós años Ocozías cuando comenzó a reinar, y reinó un año en Jerusalén. El nombre de su madre era Atalía, hija de Omri, rey de Israel.

27 Y anduvo en el camino de la casa de Acab e hizo lo malo ante los ojos de Jehová, tal como la casa de Acab, porque era yerno de la casa de Acab.

28 Y fue a la guerra con Joram hijo de Acab a Ramot de Galaad, contra Hazael, rey de Siria; y los sirios hirieron a Joram.

29 Y el rey Joram regresó a Jezreel para curarse de las heridas que los sirios le hicieron delante de Ramot, cuando peleó contra Hazael, rey de Siria. Y descendió Ocozías hijo de Joram, rey

13 *a* 2 Rey. 10:32.

19 *a* 2 Sam. 7:16–17.

de Judá, a visitar a Joram hijo de Acab en Jezreel, porque estaba enfermo.

CAPÍTULO 9

Un profeta unge a Jehú como rey sobre Israel y profetiza la destrucción de la casa de Acab y la muerte de Jezabel — Jehú mata a Joram en el campo de Nabot — Jehú mata a Jezabel, y la devoran los perros.

ENTONCES el profeta Eliseo llamó a uno de los hijos de los profetas y le dijo: Ciñe tus lomos, y toma este recipiente de aceite en tu mano y ve a Ramot de Galaad.

2 Y cuando llegues allá, verás allí a Jehú hijo de Josafat, hijo de Nimsi; y entra, y haz que se levante de entre sus hermanos y llévalo a una habitación interior.

3 Entonces toma el recipiente de aceite y derrámalo sobre su cabeza, y di: Así dice Jehová: Yo te he ungido rey sobre Israel. Y abre la puerta, y echa a correr y no esperes.

4 Fue, pues, el joven, el criado del profeta, a Ramot de Galaad.

5 Y cuando él entró, he aquí que los jefes del ejército estaban sentados. Y él dijo: Jefe, tengo un mensaje para ti. Y Jehú dijo: ¿Para cuál de todos nosotros? Y él dijo: Para ti, oh jefe.

6 Y él se levantó y entró en la casa; y el *otro* derramó el aceite sobre su cabeza y le dijo: Así ha dicho Jehová Dios de Israel: Yo te he ungido rey sobre el pueblo de Jehová, sobre Israel.

7 Y herirás la casa de [a]Acab, tu señor, para que yo vengue la sangre de mis siervos los profetas y la sangre de todos los siervos de Jehová derramada por la mano de Jezabel.

8 Y perecerá toda la casa de Acab, y talaré de Acab a todo varón en Israel, tanto al siervo como al libre.

9 Y yo haré a la casa de Acab como a la casa de [a]Jeroboam hijo de Nabat, y como a la casa de [b]Baasa hijo de Ahías.

10 Y a Jezabel la devorarán los [a]perros en el campo de Jezreel, y no habrá quien la sepulte. En seguida abrió la puerta y echó a correr.

11 Después salió Jehú adonde estaban los siervos de su señor, y ellos le dijeron: ¿Todo bien? ¿Para qué vino a ti aquel loco? Y él les dijo: Vosotros conocéis al hombre y su habla.

12 Y ellos dijeron: Mentira; decláranoslo ahora. Y él dijo: Así y así me habló, diciendo: Así ha dicho Jehová: Yo te he ungido rey sobre Israel.

13 Entonces cada uno tomó prontamente su manto y lo puso debajo de él en lo alto de las escaleras, y tocaron trompeta y dijeron: Jehú es rey.

14 Así conspiró Jehú hijo de Josafat, hijo de Nimsi, contra Joram. (Entonces estaba Joram defendiendo Ramot de Galaad

9 7 *a* 2 Rey. 10:8–11, 17. GEE Acab.
9 *a* 1 Rey. 14:10. *b* 1 Rey. 16:3, 11.
10 *a* 2 Rey. 9:35–36.

con todo Israel, por causa de Hazael, rey de Siria.

15 Pero había regresado el rey Joram a Jezreel, para curarse de las heridas que los sirios le habían hecho, peleando contra Hazael, rey de Siria.) Y Jehú dijo: Si es vuestra voluntad, ninguno escape de la ciudad para ir a dar las nuevas en Jezreel.

16 Entonces Jehú subió en un carro y fue a Jezreel, porque Joram estaba allí enfermo. También Ocozías, rey de Judá, había descendido a visitar a Joram.

17 Y el atalaya que estaba en la torre de Jezreel vio la cuadrilla de Jehú que venía, y dijo: Yo veo una cuadrilla. Y Joram dijo: Toma a un jinete y envíalo a reconocerlos y que les diga: ¿Hay paz?

18 Fue, pues, el jinete a reconocerlos y dijo: El rey dice así: ¿Hay paz? Y Jehú le dijo: ¿Qué tienes tú que ver con la paz? Ponte detrás de mí. El atalaya dio aviso, diciendo: El mensajero llegó hasta ellos y no vuelve.

19 Entonces envió a otro jinete, el cual llegó a ellos y dijo: El rey dice así: ¿Hay paz? Y Jehú respondió: ¿Qué tienes tú que ver con la paz? Ponte detrás de mí.

20 El atalaya volvió a decir: También éste llegó a ellos y no vuelve; pero el conducir *del que viene* es como el conducir de Jehú hijo de Nimsi, porque viene impetuosamente.

21 Entonces Joram dijo: Preparad el carro. Y preparado su carro, salió Joram, rey de Israel, y Ocozías, rey de Judá, cada uno en su carro, y salieron a encontrar a Jehú, al que encontraron en el campo de Nabot de Jezreel.

22 Y sucedió que cuando Joram vio a Jehú, dijo: ¿Hay paz, Jehú? Y él respondió: ¿Qué paz, con las fornicaciones de tu madre Jezabel y sus muchas hechicerías?

23 Entonces Joram, volviendo las riendas, huyó y dijo a Ocozías: ¡Traición, Ocozías!

24 Pero Jehú tensó su arco con toda su fuerza e [a]hirió a Joram en la espalda; y la saeta salió por su corazón, y él cayó en su carro.

25 Entonces dijo *Jehú* a Bidcar, su capitán: Tómalo y arrójalo en un extremo del campo de Nabot de Jezreel. Acuérdate de que cuando tú y yo íbamos juntos con la gente de Acab, su padre, Jehová pronunció esta sentencia sobre él, diciendo:

26 Yo he visto ayer la sangre de Nabot y la sangre de sus hijos, dice Jehová; y en este mismo campo te haré pagar, dice Jehová. Tómalo pues, ahora, y arrójalo en ese campo, conforme a la palabra de Jehová.

27 Y viendo esto Ocozías, rey de Judá, huyó por el camino de la casa del huerto. Y lo persiguió Jehú, diciendo: Matad también a éste en el carro. *Y le hirieron* a la subida de Gur, junto a Ibleam. Y él huyó a Meguido y murió allí.

28 Y sus siervos le llevaron en un carro a Jerusalén y allá le sepultaron con sus padres, en su sepulcro en la ciudad de David.

29 En el undécimo año de Joram

24 *a* 2 Rey. 9:7.

hijo de Acab, había comenzado a reinar Ocozías sobre Judá.

30 Llegó después Jehú a Jezreel; y cuando Jezabel lo oyó, se pintó los ojos con antimonio, y adornó su cabeza y se asomó a una ventana.

31 Y cuando entraba Jehú por la puerta, ella dijo: ¿Le va bien a [a]Zimri, el que mató a su señor?

32 Entonces él alzó su rostro hacia la ventana y dijo: ¿Quién está conmigo? ¿Quién? Y miraron hacia él dos o tres oficiales.

33 Y él *les* dijo: Echadla abajo. Y ellos la echaron, y parte de su sangre salpicó la pared y los caballos; y él la atropelló.

34 Y entró luego Jehú, y después que comió y bebió, dijo: Id ahora a ver a aquella maldita y sepultadla, porque es [a]hija de rey.

35 Pero cuando fueron para sepultarla, no hallaron de ella más que el cráneo, y los pies y las palmas de las manos.

36 Y volvieron y se lo dijeron. Y él dijo: Ésta es la palabra de Dios, la cual él habló por medio de su siervo Elías, el tisbita, diciendo: En el campo de Jezreel comerán [a]los perros las carnes de Jezabel.

37 Y el cuerpo de Jezabel será como estiércol sobre la faz de la tierra en el campo de Jezreel; de manera que nadie pueda decir: Ésta es Jezabel.

CAPÍTULO 10

Matan a los setenta hijos de Acab — Jehú destruye la casa de Acab y a todos los adoradores de Baal, pero él sigue adorando los becerros de oro en Bet-el y en Dan.

Y tenía Acab en Samaria setenta hijos; y Jehú escribió cartas y las envió a Samaria a los principales de Jezreel, a los ancianos y a los ayos *de los hijos* de Acab, diciendo:

2 En cuanto lleguen estas cartas a vosotros, puesto que tenéis con vosotros a los hijos de vuestro señor, y tenéis carros y gente de a caballo, la ciudad fortificada y las armas,

3 escoged al mejor y al más recto de los hijos de vuestro señor, y ponedlo en el trono de su padre y pelead por la casa de vuestro señor.

4 Pero ellos tuvieron gran temor y dijeron: He aquí dos reyes no pudieron resistirle; ¿cómo le resistiremos nosotros?

5 Y el que estaba a cargo de la casa, y el que estaba a cargo de la ciudad, y los ancianos y los ayos enviaron a decir a Jehú: Siervos tuyos somos y haremos todo lo que nos mandes; no haremos rey a ninguno; tú harás lo que bien te parezca.

6 Él entonces les escribió la segunda vez, diciendo: Si sois de los míos y queréis obedecerme, tomad las cabezas de los hijos varones de vuestro señor y venid mañana a estas horas a mí a Jezreel. Y los hijos del rey, setenta varones, estaban con los principales de la ciudad, que los criaban.

31 *a* 1 Rey. 16:9–10. 34 *a* 1 Rey. 16:31. 36 *a* 1 Rey. 21:23.

7 Y aconteció que cuando las cartas llegaron a ellos, tomaron a los hijos del rey y degollaron a los setenta varones, y pusieron sus cabezas en canastas y se las enviaron a Jezreel.

8 Y llegó un mensajero que le dio las nuevas, diciendo: Han traído las cabezas de los hijos del rey. Y él le dijo: Ponedlas en dos montones a la entrada de la puerta hasta la mañana.

9 Y sucedió que por la mañana salió Jehú y, estando de pie, dijo a todo el pueblo: Vosotros sois justos. He aquí, yo he conspirado contra mi señor y lo he matado; mas, ¿quién ha matado a todos éstos?

10 Sabed ahora que de la palabra de Jehová que habló sobre la casa de Acab nada [a]caerá en tierra, y que Jehová ha hecho lo que dijo por medio de su siervo Elías.

11 Así mató Jehú a todos los que habían quedado de la casa de Acab en Jezreel, y a todos sus príncipes, y a todos sus familiares y a sus sacerdotes, hasta que no quedó ninguno.

12 Y se levantó de allí y fue a Samaria, y en el camino llegó a una casa de esquileo, de pastores.

13 Halló *allí* a los hermanos de Ocozías, rey de Judá, y les dijo: ¿Quiénes sois vosotros? Y ellos dijeron: Somos hermanos de Ocozías, y hemos venido a saludar a los hijos del rey y a los hijos de la reina.

14 Entonces él dijo: Prendedlos vivos. Y después que los tomaron vivos, los degollaron junto al pozo de la casa de esquileo, cuarenta y dos hombres, sin dejar ninguno de ellos.

15 Cuando partió de allí, se encontró con Jonadab hijo de Recab, que venía a él; y después de saludarlo, le dijo: ¿Es recto tu corazón, como el mío lo es con el tuyo? Y Jonadab dijo: Lo es. Pues si lo es, dame la mano. Y él le dio su mano, y lo hizo subir consigo en el carro.

16 Y le dijo: Ven conmigo y verás mi celo por Jehová. Y lo hicieron subir en su carro.

17 Y cuando Jehú hubo llegado a Samaria, mató a todos los que habían quedado de Acab en Samaria, hasta exterminarlos, conforme a la palabra de Jehová que había hablado por medio de Elías.

18 Y reunió Jehú a todo el pueblo y les dijo: [a]Acab sirvió poco a Baal, pero Jehú lo servirá mucho.

19 Llamad ahora a todos los profetas de Baal, a todos sus siervos y a todos sus sacerdotes; que no falte ni uno, porque tengo un gran sacrifico para Baal; cualquiera que falte no vivirá. Y esto hacía Jehú con astucia, para destruir a los que honraban a Baal.

20 Y dijo Jehú: Convocad una asamblea solemne para Baal. Y ellos la convocaron.

21 Y envió Jehú por todo Israel, y vinieron todos los siervos de Baal, y no hubo ninguno que no viniese. Y entraron en

10 10 *a* Alma 37:17; DyC 1:38. 18 *a* 1 Rey. 16:30–33.

el templo de Baal, y el templo de Baal se llenó de extremo a extremo.

22 Entonces dijo al que tenía a cargo las vestiduras: Saca [a]vestiduras para todos los siervos de Baal. Y él les sacó las vestiduras.

23 Y entró Jehú con Jonadab hijo de Recab en el templo de Baal, y dijo a los siervos de Baal: Mirad y ved que no haya aquí entre vosotros alguno de los siervos de Jehová, sino sólo los siervos de Baal.

24 Y cuando ellos entraron para hacer sacrificios y holocaustos, Jehú puso fuera a ochenta hombres y les dijo: Cualquiera que deje vivo a alguno de aquellos hombres que yo he puesto en vuestras manos, su vida será por la del otro.

25 Y sucedió que después que acabaron ellos de hacer el holocausto, Jehú dijo a los de su guardia y a los capitanes: Entrad y matadlos; que no escape ninguno. Y los de la guardia y los capitanes los hirieron a filo de espada y los echaron fuera. Y fueron hasta la ciudad del templo de Baal.

26 Y sacaron las estatuas del templo de Baal y las quemaron.

27 Y quebraron la estatua de Baal, y derribaron el templo de Baal y lo convirtieron en letrina hasta hoy.

28 Así Jehú exterminó a Baal de Israel.

29 Con todo eso, Jehú no se apartó de los pecados de Jeroboam hijo de Nabat, el que hizo [a]pecar a Israel, *es decir, no se apartó* de seguir en pos de los [b]becerros de oro que estaban en Bet-el y en Dan.

30 Y Jehová dijo a Jehú: Por cuanto has actuado bien haciendo lo recto delante de mis ojos, e hiciste a la casa de Acab conforme a todo lo que estaba en mi corazón, tus hijos se sentarán sobre el trono de Israel hasta la cuarta generación.

31 Pero Jehú no se cuidó de andar en la ley de Jehová Dios de Israel con todo su corazón, ni se apartó de los pecados de Jeroboam, el que había hecho pecar a Israel.

32 En aquellos días comenzó Jehová a reducir a Israel; y los derrotó [a]Hazael en todas las fronteras de Israel,

33 desde el Jordán al oriente, toda la tierra de Galaad, de Gad, de Rubén y de Manasés, desde Aroer, que está junto al arroyo Arnón, hasta Galaad y Basán.

34 Los demás hechos de Jehú, y todas las cosas que hizo y toda su valentía, ¿no están escritos en el libro de las crónicas de los reyes de Israel?

35 Y durmió Jehú con sus padres, y lo sepultaron en Samaria; y reinó en su lugar su hijo Joacaz.

36 El tiempo que reinó Jehú sobre Israel en Samaria fue de veintiocho años.

22 *a Es decir,* vestimenta o túnicas ceremoniales.
29 *a* Alma 46:8–9.
b 1 Rey. 12:28–29.
32 *a* 2 Rey. 8:7–15.

CAPÍTULO 11

Atalía destruye a la familia real de Judá y ella reina en Judá — Joás es protegido y es coronado rey a los siete años de edad — Joiada, el sacerdote, destruye el templo de Baal.

Y CUANDO Atalía, madre de Ocozías, vio que su hijo había muerto, se levantó y destruyó toda la descendencia real.

2 Pero Josaba, hija del rey Joram y hermana de Ocozías, tomó a Joás hijo de Ocozías y lo sacó furtivamente de entre los hijos del rey a quienes estaban matando, y lo ocultó de Atalía, a él y a su nodriza, en la cámara de dormir, y *así* no lo mataron.

3 Y estuvo con ella escondido en la casa de Jehová seis años, mientras Atalía reinaba sobre el país.

4 Mas al séptimo año Joiada envió a llamar a los jefes de centenas, a los capitanes y a la gente de la guardia, y los hizo entrar consigo en la casa de Jehová; e hizo con ellos un pacto, juramentándolos en la casa de Jehová, y les mostró al hijo del rey.

5 Y les mandó, diciendo: Esto es lo que habéis de hacer: La tercera parte de vosotros, los que entran en el día de reposo, serán la guardia de la casa del rey;

6 y *otra* tercera parte estará a la puerta de Shur, y la *otra* tercera parte a la puerta detrás de los de la guardia; así guardaréis la casa, para que no sea allanada.

7 Y las dos partes de vosotros, todos los que salen el día de reposo, seréis la guardia de la casa de Jehová, junto al rey.

8 Y estaréis alrededor del rey por todas partes, teniendo cada uno sus armas en la mano; y cualquiera que intente penetrar en estas filas será muerto. Y habéis de estar con el rey cuando salga y cuando entre.

9 Los jefes de centenas, pues, hicieron todo como el sacerdote Joiada les mandó; y tomó cada uno a los suyos, *a saber,* a los que habían de entrar el día de reposo y a los que habían de salir el día de reposo, y fueron a Joiada el sacerdote.

10 Y el sacerdote dio a los jefes de centenas las lanzas y los escudos que habían sido del rey David y que estaban en la casa de Jehová.

11 Y los de la guardia se pusieron *en fila,* teniendo cada uno sus armas en la mano, desde el lado derecho de la casa hasta el lado izquierdo, junto al altar y junto al templo, al rededor del rey.

12 Luego sacó *Joiada* al hijo del rey, y le puso la corona, y *le dio* el [a]testimonio y le hicieron rey, ungiéndole; y batiendo las palmas, dijeron: ¡Viva el rey!

13 Y al oír Atalía el bullicio de la guardia y del pueblo, se acercó a la gente en la casa de Jehová;

14 y cuando miró, he aquí que el rey estaba junto a la columna, conforme a la costumbre, y los jefes y los trompeteros junto al rey; y todo el pueblo de la tierra

11 12 *a Es decir,* en las tablas que Dios le dio a Moisés. Éx. 25:16.

se regocijaba y tocaba las trompetas. Entonces Atalía rasgó sus vestidos clamó a voz en cuello: ¡Traición, traición!

15 Pero el sacerdote Joiada mandó a los jefes de centenas que estaban al mando del ejército y les dijo: Sacadla de entre las filas, y al que la siga, matadlo a espada. (Porque el sacerdote había dicho que no la matasen en la casa de Jehová.)

16 Y echaron mano de ella, y cuando iba por el camino donde entran los de a caballo a la casa del rey, allí la mataron.

17 Entonces Joiada hizo un pacto entre Jehová y el rey y el pueblo, de que ellos serían el pueblo de Jehová; y asimismo entre el rey y el pueblo.

18 Y todo el pueblo de la tierra entró en el templo de Baal y lo derribaron; asimismo destrozaron enteramente sus altares y sus imágenes, y mataron a Matán, sacerdote de Baal, delante de los altares. Y el sacerdote puso guardia en la casa de Jehová.

19 Después tomó a los jefes de centenas, y a los capitanes, y a los de la guardia y a todo el pueblo de la tierra; y llevaron al rey desde la casa de Jehová, y llegaron a la casa del rey por el camino de la puerta de los de la guardia; y él se sentó sobre el trono de los reyes.

20 Y todo el pueblo de la tierra se regocijó, y la ciudad estuvo en calma, pues habían matado a espada a Atalía *junto* a la casa del rey.

21 Tenía Joás siete años cuando comenzó a reinar.

CAPÍTULO 12

Joás reina con rectitud — Se reparan los daños del templo — Se compra la protección de Jerusalén con las cosas sagradas del templo — Matan a Joás y Amasías reina en su lugar.

En el séptimo año de Jehú comenzó a reinar Joás, y reinó cuarenta años en Jerusalén. El nombre de su madre era Sibia, de Beerseba.

2 Y Joás hizo lo recto ante los ojos de Jehová todos los días en que le instruyó el sacerdote Joiada.

3 Sin embargo, [a]los lugares altos no se quitaron, porque el pueblo aún sacrificaba y quemaba incienso en los lugares altos.

4 Y Joás dijo a los sacerdotes: Todo el [a]dinero de las cosas sagradas que se suele traer a la casa de Jehová, tanto el dinero del rescate de cada persona, según está estipulado, así como todo el dinero que cada uno de su propia voluntad trae a la casa de Jehová,

5 recíbanlo los sacerdotes, cada uno de *manos de* sus conocidos, y reparen las brechas del templo dondequiera que se halle abertura.

6 Pero aconteció que en el año veintitrés del rey Joás, no habían aún reparado los sacerdotes las brechas del templo.

12 3 *a* Lev. 26:30; Deut. 12:2–3. 4 *a* Éx. 30:12–13.

7 Entonces el rey Joás llamó al [a]sacerdote Joiada y a los otros sacerdotes, y les dijo: ¿Por qué no reparáis las brechas del templo? Ahora, pues, no toméis más el dinero de vuestros conocidos, sino dadlo para *reparar* los daños del templo.

8 Y los sacerdotes convinieron en no tomar *más* dinero del pueblo, ni en tener el cargo de reparar las brechas del templo.

9 Pero el [a]sacerdote Joiada tomó un cofre, y le hizo en la tapa un agujero y lo puso junto al altar, a la mano derecha por donde se entra en la casa de Jehová; y los sacerdotes que guardaban la puerta ponían allí todo el dinero que se traía a la casa de Jehová.

10 Y cuando veían que había mucho dinero en el cofre, venían el escriba del rey y el sumo sacerdote y contaban el dinero que se hallaba en la casa de Jehová, y lo guardaban.

11 Y el dinero que habían contado lo entregaban en manos de los que hacían la obra, y de los que tenían a su cargo la casa de Jehová; y ellos lo usaban para *pagar* a los carpinteros y a los que reparaban la casa de Jehová,

12 y a los albañiles y a los canteros, y para comprar la madera y la piedra de cantería para reparar las brechas de la casa de Jehová, y para todo lo que se gastaba en la casa para repararla.

13 Pero de aquel dinero que se traía a la casa de Jehová, no se hacían tazones de plata, ni despabiladeras, ni vasijas, ni trompetas, ni se hacía ningún otro utensilio de oro ni de plata para la casa de Jehová,

14 porque lo daban a los que hacían la obra, y con él reparaban la casa de Jehová.

15 Y no se pedían cuentas a los hombres en cuyas manos el dinero era entregado, para que ellos lo diesen a los que hacían la obra, porque *lo* hacían ellos honradamente.

16 El [a]dinero de la ofrenda por la culpa y el [b]dinero de la ofrenda por los pecados no se traía a la casa de Jehová, porque era de los sacerdotes.

17 Entonces subió Hazael, rey de Siria, y peleó contra Gat y la tomó; y se propuso Hazael subir contra Jerusalén.

18 Y Joás, rey de Judá, tomó todas las ofrendas que habían dedicado Josafat, y Joram y Ocozías, sus padres, reyes de Judá, y las que él había dedicado, y todo el oro que se halló en los tesoros de la casa de Jehová y en la casa del rey, y lo envió todo a Hazael, rey de Siria; y él se retiró de Jerusalén.

19 Los demás hechos de Joás y todas las cosas que hizo, ¿no están escritos en el libro de las crónicas de los reyes de Judá?

20 Y se levantaron sus siervos, y tramaron una conspiración y mataron a Joás en la casa de Milo, *en el camino* que desciende a Sila;

21 pues Josacar hijo de Simeat y Jozabad hijo de Somer, sus

7 *a Es decir,* al sumo sacerdote.

9 *a Es decir,* el sumo sacerdote.

16 *a* Lev. 5:15–16.
b Lev. 4:22–26; 7:7.

siervos, le hirieron, y murió. Y lo sepultaron con sus padres en la ciudad de David, y reinó en su lugar su hijo [a]Amasías.

CAPÍTULO 13

Joacaz y sus sucesores reinan con iniquidad en Israel — Eliseo profetiza que Joás derrotará a Siria — Eliseo muere — Un israelita muerto revive tras haber tocado los huesos de Eliseo.

En el año veintitrés de Joás hijo de Ocozías, rey de Judá, comenzó a reinar Joacaz hijo de Jehú sobre Israel en Samaria; *y reinó* diecisiete años.

2 E hizo lo malo ante los ojos de Jehová, pues siguió en los pecados de Jeroboam hijo de Nabat, el que hizo pecar a Israel; y no se apartó de ellos.

3 Y se encendió el furor de Jehová contra Israel, y los entregó en manos de [a]Hazael, rey de Siria, y en manos de Ben-adad hijo de Hazael, durante todos *sus* días.

4 Mas Joacaz imploró a Jehová, y Jehová lo escuchó, porque vio la opresión de Israel, pues el rey de Siria los oprimía.

5 (Y dio Jehová un [a]salvador a Israel, y salieron del dominio de los sirios; y habitaron los hijos de Israel en sus tiendas, como antes.

6 Con todo eso, no se apartaron de los pecados de la casa de Jeroboam, el que hizo pecar a Israel; en ellos anduvieron; y también [a]la imagen de Asera permaneció en Samaria.)

7 Porque no le había quedado gente a Joacaz, salvo cincuenta hombres de a caballo, y diez carros y diez mil hombres de a pie; pues el rey de Siria los había destruido y los había dejado como polvo para hollar.

8 Los demás hechos de Joacaz, y todo lo que hizo y sus valentías, ¿no están escritos en el libro de las crónicas de los reyes de Israel?

9 Y durmió Joacaz con sus padres, y lo sepultaron en Samaria; y reinó en su lugar su hijo Joás.

10 El año treinta y siete de Joás, rey de Judá, comenzó a reinar Joás hijo de Joacaz sobre Israel en Samaria, *y reinó* dieciséis años.

11 E hizo lo malo ante los ojos de Jehová; no se apartó de todos los pecados de Jeroboam hijo de Nabat, el que hizo pecar a Israel, sino que anduvo en ellos.

12 Los demás hechos de Joás, y todas las cosas que hizo y el poder con que guerreó contra Amasías, rey de Judá, ¿no están escritos en el libro de las crónicas de los reyes de Israel?

13 Y durmió Joás con sus padres, y se sentó Jeroboam sobre su trono; y Joás fue sepultado en Samaria con los reyes de Israel.

14 Estaba Eliseo enfermo de aquella enfermedad de la cual moriría. Y descendió a él Joás, rey de Israel, y llorando delante de él, dijo: ¡Padre mío, padre mío,

21 *a* 2 Rey. 14:5–6.
13 3 *a* 2 Rey. 8:12.
5 *a* *O sea,* libertador.
6 *a* Éx. 34:13.

carro de Israel y su gente de a caballo!

15 Y le dijo Eliseo: Toma un arco y unas saetas. Tomó él entonces un arco y unas saetas.

16 Y dijo *Eliseo* al rey de Israel: Pon tu mano sobre el arco. Y puso él su mano sobre el arco. Entonces puso Eliseo sus manos sobre las manos del rey

17 y dijo: Abre la ventana que da al oriente. Y cuando él la abrió, dijo Eliseo: Tira. Y tiró él y dijo *Eliseo*: Saeta de salvación de Jehová y saeta de salvación contra Siria, porque derrotarás a los sirios en Afec hasta exterminarlos.

18 Y le volvió a decir: Toma las saetas. Y cuando el rey de Israel las tomó, le dijo: Golpea la tierra. Y él la golpeó tres veces y se detuvo.

19 Entonces el hombre de Dios se enojó con él y le dijo: De haber golpeado cinco o seis veces, derrotarías a Siria hasta no quedar ninguno; pero ahora tres veces herirás a Siria.

20 Y murió Eliseo y lo sepultaron. Ya entrado el año, vinieron bandas armadas de moabitas a la tierra.

21 Y aconteció que al sepultar unos a un hombre, he aquí que vieron una banda armada y arrojaron al hombre en el sepulcro de Eliseo; y cuando cayó el muerto y tocó los huesos de Eliseo, revivió y se puso de pie.

22 Hazael, pues, rey de Siria, oprimió a Israel todos los días de Joacaz.

23 Pero Jehová tuvo [a]misericordia de ellos y se compadeció de ellos; y se volvió hacia ellos a causa de su [b]convenio con Abraham, Isaac y Jacob; y no quiso destruirlos ni echarlos de delante de su presencia hasta hoy.

24 Y murió Hazael, rey de Siria, y reinó en su lugar su hijo Ben-adad.

25 Y volvió Joás hijo de Joacaz y recobró de manos de Ben-adad hijo de Hazael las ciudades que él había tomado de manos de Joacaz, su padre, en la guerra. Tres veces lo derrotó Joás y recobró las ciudades de Israel.

CAPÍTULO 14

Amasías reina rectamente en Judá — Israel derrota a Judá en batalla — Jeroboam reina con iniquidad en Israel.

En el año segundo de Joás hijo de Joacaz, rey de Israel, comenzó a reinar Amasías hijo de Joás, rey de Judá.

2 Cuando comenzó a reinar tenía veinticinco años, y reinó veintinueve años en Jerusalén; el nombre de su madre era Joadán, de Jerusalén.

3 Y él hizo lo recto ante los ojos de Jehová, aunque no como David, su padre; hizo conforme a todas las cosas que había hecho su padre Joás.

4 Con todo eso los lugares altos no fueron quitados, y el pueblo

23 *a* GEE Compasión.
b Gén. 22:15–18. GEE Abraham, Convenio de.

aún sacrificaba y quemaba incienso en los lugares altos.

5 Y aconteció que cuando el reino fue afirmado en su mano, mató a sus siervos, los que habían dado [a]muerte al rey, su padre.

6 Pero no mató a los hijos de los que le habían dado muerte, conforme a lo que está escrito en el libro de la ley de Moisés, donde Jehová mandó, diciendo: No matarán a los padres por los hijos, ni a los hijos por los padres, sino que cada uno morirá [a]por su propio pecado.

7 Amasías mató asimismo a diez mil de Edom en el valle de la Sal, y tomó Sela en batalla y la llamó Jocteel, hasta hoy.

8 Entonces Amasías envió mensajeros a Joás hijo de Joacaz, hijo de Jehú, rey de Israel, diciendo: Ven, y veámonos cara a cara.

9 Y Joás, rey de Israel, envió a decir a Amasías, rey de Judá: El cardo que está en el Líbano envió a decir al cedro que está en el Líbano: Da tu hija por esposa a mi hijo. Y pasó una bestia salvaje que está en el Líbano y holló el cardo.

10 Ciertamente has derrotado a Edom, y tu corazón se ha envanecido; gloríate, pues, pero quédate en tu casa. ¿Y por qué has de provocar un mal para que caigas tú y Judá contigo?

11 Pero Amasías no dio oídos; por lo que subió Joás, rey de Israel, y se vieron cara a cara él y Amasías, rey de Judá, en Bet-semes, que es de Judá.

12 Y Judá cayó delante de Israel, y cada uno huyó a su tienda.

13 Además Joás, rey de Israel, tomó prisionero a Amasías, rey de Judá, hijo de Joás, hijo de Ocozías, en Bet-semes; y vino a Jerusalén y derribó el muro de Jerusalén desde la puerta de Efraín hasta la puerta de la esquina, cuatrocientos codos.

14 Y tomó todo el oro y la plata, y todos los utensilios que se hallaban en la casa de Jehová y en los tesoros de la casa del rey, y tomó rehenes y volvió a Samaria.

15 Los demás hechos que ejecutó Joás, y sus hazañas y cómo peleó contra Amasías, rey de Judá, ¿no están escritos en el libro de las crónicas de los reyes de Israel?

16 Y durmió Joás con sus padres y fue sepultado en Samaria con los reyes de Israel; y reinó en su lugar su hijo Jeroboam.

17 Y Amasías hijo de Joás, rey de Judá, vivió quince años después de la muerte de Joás hijo de Joacaz, rey de Israel.

18 Los demás hechos de Amasías, ¿no están escritos en el libro de las crónicas de los reyes de Judá?

19 Y tramaron una conspiración contra él en Jerusalén, y él huyó a Laquis, pero lo persiguieron hasta Laquis y allá lo mataron.

20 Y lo trajeron sobre caballos y lo sepultaron en Jerusalén con sus padres, en la ciudad de David.

21 Entonces todo el pueblo de Judá tomó a Azarías, que tenía

14 5 *a* 2 Rey. 12:20.
6 *a* GEE Responsabilidad, responsable.

dieciséis años, y lo hicieron rey en
lugar de su padre Amasías.
22 Reedificó él [a]Elat y la restituyó a Judá, después que el rey durmió con sus padres.
23 En el año quince de Amasías hijo de Joás, rey de Judá, Jeroboam hijo de Joás, rey de Israel, comenzó a reinar en Samaria, *y reinó* cuarenta y un años.
24 E hizo lo malo ante los ojos de Jehová, y no se apartó de todos los pecados de Jeroboam hijo de Nabat, el que hizo pecar a Israel.
25 Él restauró los límites de Israel desde la entrada de Hamat hasta el mar de la llanura, conforme a la palabra de Jehová Dios de Israel, la cual él había hablado por medio de su siervo [a]Jonás hijo de Amitai, profeta que era de Gat-hefer.
26 Porque Jehová miró la muy amarga aflicción de Israel, y que no había ni siervo ni libre, ni quien diese ayuda a Israel;
27 y Jehová no había dicho que borraría el nombre de Israel de debajo del cielo; por tanto, los salvó por medio de Jeroboam hijo de Joás.
28 Y los demás hechos de Jeroboam y todas las cosas que hizo, y su valentía, y todas las guerras que hizo y cómo restituyó Damasco y Hamat a Israel, que habían pertenecido a Judá, ¿no están escritos en el libro de las crónicas de los reyes de Israel?
29 Y durmió Jeroboam con sus padres, los reyes de Israel, y reinó en su lugar su hijo Zacarías.

CAPÍTULO 15

Muchos reyes reinan en Israel y en Judá — Se describen sus iniquidades, guerras, conspiraciones y maldades — Muchos de los de Israel son llevados cautivos a Asiria por Tiglat-pileser.

En el año veintisiete de Jeroboam, rey de Israel, comenzó a reinar Azarías hijo de Amasías, rey de Judá.
2 Cuando comenzó a reinar tenía dieciséis años, y reinó en Jerusalén cincuenta y dos años; el nombre de su madre era Jecolías, de Jerusalén.
3 E hizo lo recto ante los ojos de Jehová, conforme a todas las cosas que su padre Amasías había hecho.
4 Con todo eso, los lugares altos no se quitaron, pues el pueblo aún sacrificaba y quemaba incienso en los lugares altos.
5 Y Jehová hirió al rey con lepra, y estuvo [a]leproso hasta el día de su muerte, y habitó en una casa separada; y Jotam, hijo del rey, tenía a su cargo el palacio y gobernaba al pueblo de la tierra.
6 Los demás hechos de Azarías y todas las cosas que hizo, ¿no están escritos en el libro de las crónicas de los reyes de Judá?
7 Y durmió Azarías con sus padres, y lo sepultaron con sus padres en la ciudad de David; y reinó en su lugar su hijo Jotam.
8 En el año treinta y ocho de Azarías, rey de Judá, Zacarías

22 *a* 1 Rey. 9:26.
25 *a* Jonás 1:1.
15 5 *a* GEE Lepra.

hijo de Jeroboam reinó seis meses sobre Israel, en Samaria.

9 E hizo lo malo ante los ojos de Jehová, como lo habían hecho sus padres; no se apartó de los pecados de [a]Jeroboam hijo de Nabat, el que hizo pecar a Israel.

10 Entonces Salum hijo de Jabes conspiró contra él y [a]lo hirió en presencia de su pueblo, y lo mató y reinó en su lugar.

11 Los demás hechos de Zacarías, he aquí, están escritos en el libro de las crónicas de los reyes de Israel.

12 Y ésta fue la palabra de Jehová que había hablado a Jehú, diciendo: Tus hijos hasta la cuarta generación se sentarán en el [a]trono de Israel. Y fue así.

13 Salum hijo de Jabes comenzó a reinar en el año treinta y nueve de [a]Uzías, rey de Judá, y reinó un mes en Samaria,

14 porque Manahem hijo de Gadi subió de Tirsa, y vino a Samaria e hirió a Salum hijo de Jabes en Samaria, y lo mató y reinó en su lugar.

15 Los demás hechos de Salum y la conspiración que tramó, he aquí, están escritos en el libro de las crónicas de los reyes de Israel.

16 Entonces atacó Manahem a Tifsa y a todos los que estaban en ella, y también sus fronteras desde Tirsa; y la atacó porque no le habían abierto; y abrió el vientre a todas sus mujeres encintas.

17 En el año treinta y nueve de Azarías, rey de Judá, comenzó a reinar Manahem hijo de Gadi, *y reinó* sobre Israel diez años en Samaria.

18 E hizo lo malo ante los ojos de Jehová; en todos sus días no se apartó de los pecados de Jeroboam hijo de Nabat, el que hizo pecar a Israel.

19 Y vino Pul, rey de Asiria, contra la tierra; y Manahem dio a Pul mil talentos de plata para que le ayudara a fortalecer el reino bajo su mano.

20 Y exigió Manahem este dinero a Israel, a todos los poderosos y opulentos, a cada uno cincuenta siclos de plata, para dar al rey de Asiria; y el rey de Asiria regresó y no se quedó allí en esa tierra.

21 Los demás hechos de Manahem y todas las cosas que hizo, ¿no están escritos en el libro de las crónicas de los reyes de Israel?

22 Y durmió Manahem con sus padres, y reinó en su lugar su hijo Pekaía.

23 En el año cincuenta de Azarías, rey de Judá, comenzó a reinar Pekaía hijo de Manahem, y reinó dos años sobre Israel, en Samaria.

24 E hizo lo malo ante los ojos de Jehová; no se apartó de los pecados de Jeroboam hijo de Nabat, el que hizo pecar a Israel.

25 Y conspiró contra él Peka hijo de Remalías, capitán suyo, y lo hirió en Samaria, en el palacio de la casa real, en compañía de Argob y de Arie, y de cincuenta

9 *a* GEE Jeroboam.
10 *a* Amós 7:9.
12 *a* 2 Rey. 10:30.
13 *a* Isa. 1:1.

hombres de los hijos de los galaaditas; y lo mató y reinó en su lugar.

26 Los demás hechos de Pekaía y todas las cosas que hizo, he aquí, están escritos en el libro de las crónicas de los reyes de Israel.

27 En el año cincuenta y dos de Azarías, rey de Judá, comenzó a reinar Peka hijo de Remalías sobre Israel, en Samaria, y reinó veinte años.

28 E hizo lo malo ante los ojos de Jehová; no se apartó de los pecados de Jeroboam hijo de Nabat, el que hizo pecar a Israel.

29 [a]En los días de Peka, rey de Israel, vino Tiglat-pileser, rey de los asirios, y tomó Ijón, y Abel-bet-maaca, y Janoa, y Cedes, y Hazor, y Galaad, y Galilea y toda la tierra de Neftalí; y los llevó cautivos a Asiria.

30 Y Oseas hijo de Ela conspiró contra Peka hijo de Remalías, y lo hirió y lo mató; y reinó en su lugar en el año veinte de [a]Jotam hijo de Uzías.

31 Los demás hechos de Peka y todo lo que hizo, he aquí, están escritos en el libro de las crónicas de los reyes de Israel.

32 En el segundo año de Peka hijo de Remalías, rey de Israel, comenzó a reinar Jotam hijo de Uzías, rey de Judá.

33 Cuando comenzó a reinar, tenía veinticinco años y reinó dieciséis años en Jerusalén. El nombre de su madre era Jerusa, hija de Sadoc.

34 Y él hizo lo recto ante los ojos de Jehová; hizo conforme a todas las cosas que había hecho su padre Uzías.

35 Con todo eso, los lugares altos no fueron quitados, pues el pueblo aún sacrificaba y quemaba incienso en los lugares altos. Edificó él la puerta superior de la casa de Jehová.

36 Los demás hechos de Jotam y todas las cosas que hizo, ¿no están escritos en el libro de las crónicas de los reyes de Judá?

37 En aquel tiempo comenzó Jehová a enviar contra Judá a Rezín, rey de Siria, y a Peka hijo de Remalías.

38 Y durmió Jotam con sus padres y fue sepultado con sus padres en la ciudad de David, su padre; y reinó en su lugar su hijo Acaz.

CAPÍTULO 16

Acaz reina con iniquidad en Judá — Ofrece a su hijo en sacrificio pagano — Hace un nuevo altar, destruye el mar de bronce y cambia la manera de efectuar sacrificios en el templo.

En el año diecisiete de Peka hijo de Remalías, comenzó a reinar [a]Acaz hijo de Jotam, rey de Judá.

2 Cuando comenzó a reinar Acaz, tenía veinte años, y reinó en Jerusalén dieciséis años; y no hizo lo recto ante los ojos de

29 *a* GEE Israel—El esparcimiento de Israel.

30 *a* Isa. 1:1.

16 1 *a* Miq. 1:1.

Jehová su Dios, como David, su padre,

3 sino que anduvo en el camino de los reyes de Israel, y aun hizo pasar por [a]fuego a su hijo, según las abominaciones de las naciones que Jehová echó de delante de los hijos de Israel.

4 Asimismo sacrificó y quemó incienso en [a]los lugares altos, y sobre los collados y debajo de todo árbol frondoso.

5 Entonces [a]Rezín, rey de Siria, y Peka hijo de Remalías, rey de Israel, subieron a Jerusalén para hacer la guerra y sitiar a Acaz, pero no pudieron prevalecer.

6 En aquel tiempo Rezín, rey de Siria, recobró Elat para Siria, y echó a los judíos de Elat; y los sirios vinieron a Elat y habitaron allí hasta hoy.

7 Entonces Acaz envió mensajeros a Tiglat-pileser, rey de Asiria, diciendo: Yo soy tu siervo y tu hijo; sube y defiéndeme de manos del rey de Siria y de manos del rey de Israel, que se han levantado contra mí.

8 Y tomó [a]Acaz la plata y el oro que se encontraba en la casa de Jehová y en los tesoros de la casa real, y envió al rey de Asiria un presente.

9 Y le escuchó el rey de Asiria, pues subió el rey de Asiria contra Damasco y la tomó, y llevó cautivos a sus moradores a Kir y mató a Rezín.

10 Y fue el rey Acaz a encontrarse en Damasco con Tiglat-pileser, rey de Asiria; y cuando el rey Acaz vio el altar que estaba en Damasco, envió al sacerdote Urías el diseño y la descripción del altar, conforme a toda su hechura.

11 Y el sacerdote Urías edificó el altar, conforme a todo lo que el rey Acaz había enviado de Damasco; así lo hizo el sacerdote Urías, antes que el rey Acaz regresara de Damasco.

12 Y cuando regresó el rey de Damasco y vio el altar, se acercó el rey a éste y sacrificó sobre él;

13 y quemó su holocausto y su ofrenda de grano, y derramó su libación y esparció la sangre de sus ofrendas de paz sobre el altar.

14 Y trasladó el altar de bronce que estaba delante de Jehová, en la parte delantera de la casa, entre el altar y la casa de Jehová, y lo puso al lado norte de su altar.

15 Y mandó el rey Acaz al sacerdote Urías, diciendo: En el gran altar encenderás el holocausto de la mañana y la ofrenda de grano de la tarde, y el holocausto del rey y su ofrenda de grano, y también el holocausto de todo el pueblo de la tierra y su ofrenda de grano y sus libaciones; y esparcirás sobre él toda la sangre del holocausto y toda la sangre del sacrificio; y el altar de bronce será mío para consultar en él.

16 E hizo el sacerdote Urías conforme a todas las cosas que el rey Acaz le mandó.

17 Y cortó el rey Acaz los tableros

3 *a* Deut. 12:31.
4 *a* Lev. 26:30; 1 Rey. 14:22–24; Isa. 57:5.
5 *a* Isa. 7:1–9.
8 *a* 2 Cró. 28:21.

de las basas y quitó de ellas las fuentes; quitó también el [a]mar de sobre los bueyes de bronce que estaban debajo de él y lo puso sobre el suelo de piedra.

18 Asimismo quitó el pórtico para el día de reposo que habían edificado en la casa, y el pasadizo exterior del rey, de la casa de Jehová, por causa del rey de Asiria.

19 Los demás hechos de Acaz que puso por obra, ¿no está todo escrito en el libro de las crónicas de los reyes de Judá?

20 Y durmió el rey Acaz con sus padres y fue sepultado con sus padres en la ciudad de David, y reinó en su lugar su hijo Ezequías.

CAPÍTULO 17

Oseas reina en Israel y es sometido por los asirios — Los israelitas se apartan de Jehová, adoran ídolos, sirven a Baal y desprecian todo lo que Jehová les ha dado — Las diez tribus son llevadas cautivas por los reyes de Asiria — La tierra de Israel (Samaria) es repoblada por otros pueblos — Surgen entre los samaritanos muchas formas de adoración falsa.

EN el año duodécimo de Acaz, rey de Judá, comenzó a reinar Oseas hijo de Ela en Samaria sobre Israel, *y reinó* nueve años.

2 E hizo lo malo ante los ojos de Jehová, aunque no como los reyes de Israel que habían sido antes de él.

3 Contra éste subió Salmanasar, rey de los asirios; y Oseas fue hecho su siervo y le pagaba tributo.

4 Pero el rey de Asiria descubrió que Oseas conspiraba, porque había enviado mensajeros a So, rey de Egipto, y no había pagado tributo al rey de Asiria, como *había hecho* cada año, por lo que el rey de Asiria le detuvo y le hizo prisionero en la casa de la cárcel.

5 Y el rey de Asiria subió contra todo el país, y subió contra [a]Samaria y la sitió durante tres años.

6 En el año nueve de Oseas, el rey de Asiria tomó Samaria y [a]llevó cautivo a Israel a [b]Asiria; y los puso en Halah y en Habor, junto al río de Gozán, y en las ciudades de los medos.

7 Y esto sucedió porque los hijos de Israel pecaron contra Jehová su Dios, que los había sacado de la tierra de Egipto de bajo la mano de Faraón, rey de Egipto, y temieron a dioses ajenos,

8 y anduvieron en los estatutos de las naciones que Jehová había echado de delante de los hijos de Israel, y *en los* que hicieron los reyes de Israel.

9 Y los hijos de Israel hicieron secretamente cosas no rectas contra Jehová su Dios, edificándose lugares altos en todas sus ciudades, desde las torres de los atalayas hasta las ciudades fortificadas,

17 *a* 1 Rey. 7:23.
17 5 *a* Oseas 13:16; Miq. 1:6–7.
6 *a* GEE Israel—El esparcimiento de Israel.
b Ezeq. 23:4–9; Oseas 8:8–9.

10 y levantaron estatuas e
[a]imágenes de Asera en todo collado alto y debajo de todo árbol
frondoso.
11 Y quemaron allí incienso en
todos los lugares altos, a la manera de las naciones que Jehová
había echado de delante de ellos,
e hicieron cosas muy malas para
provocar a ira a Jehová,
12 pues sirvieron a los ídolos,
acerca de los cuales Jehová les
había dicho: Vosotros [a]no habéis
de hacer esto.
13 Jehová entonces [a]testificó
contra Israel y contra Judá, por
medio de todos los [b]profetas y
de todos los [c]videntes, diciendo:
Volveos de vuestros malos caminos y guardad mis mandamientos y mis estatutos, conforme a
todas las leyes que yo ordené a
vuestros padres y que os he enviado por medio de mis siervos
los profetas.
14 Pero ellos no obedecieron,
sino que [a]endurecieron su cerviz,
como la cerviz de sus padres, que
[b]no creyeron en Jehová su Dios.
15 Y desecharon sus estatutos y
su convenio que él había concertado con sus padres, y los testimonios que él había dicho contra
ellos; y siguieron la vanidad y
se hicieron [a]vanos, y fueron en
pos de las naciones que estaban
alrededor de ellos, de las cuales
Jehová les había mandado que
no hiciesen como ellas.
16 Y dejaron todos los mandamientos de Jehová su Dios, y se
hicieron imágenes fundidas de
dos [a]becerros, y también imágenes de Asera, y adoraron a todo
el [b]*ejército* del cielo y sirvieron
a [c]Baal.
17 E hicieron pasar a sus hijos
y a sus hijas por fuego; y se dieron a adivinaciones y sortilegios,
y se entregaron a hacer lo malo
ante los ojos de Jehová, provocándole a ira.
18 Por tanto, Jehová se airó en
gran manera contra Israel, y los
quitó de delante de su rostro y
sólo quedó la tribu de [a]Judá.
19 Pero ni aun Judá guardó los
mandamientos de Jehová su Dios,
sino que anduvieron en los estatutos de Israel, los cuales ellos
habían hecho.
20 Y desechó Jehová a toda la
descendencia de Israel, y los afligió y los entregó en manos de
saqueadores, hasta echarlos de
su presencia.
21 Por eso separó a Israel de la
casa de David, y ellos hicieron
rey a Jeroboam hijo de Nabat; y
Jeroboam apartó a Israel de seguir a Jehová y les hizo cometer
un gran pecado.
22 Y los hijos de Israel anduvieron en todos los pecados de
Jeroboam que él hizo, sin apartarse de ellos,
23 hasta que Jehová quitó a
Israel de delante de su rostro,

10 *a* Éx. 34:13.
12 *a* Éx. 20:4.
13 *a* Neh. 9:30.
GEE Amonestación, amonestar.
b GEE Profeta.
c GEE Vidente.
14 *a* Isa. 48:4.
b GEE Incredulidad.
15 *a* Rom. 1:21.
GEE Vanidad, vano.
16 *a* 1 Rey. 12:27–29.
b Deut. 17:3.
c GEE Baal.
18 *a* GEE Judá—El reino de Judá.

[a]como él lo había dicho por medio de todos los profetas, sus siervos; e [b]Israel fue llevado cautivo de su tierra a Asiria, hasta hoy.

24 Y trajo el rey de Asiria gente de Babilonia, y de Cuta, y de Ava, y de Hamat y de Sefarvaim, y los puso en las ciudades de Samaria, en lugar de los hijos de Israel; y tomaron posesión de Samaria y habitaron en sus ciudades.

25 Y aconteció que al principio, cuando comenzaron a habitar allí, como no temían ellos a Jehová, envió Jehová contra ellos leones que los mataban.

26 Entonces hablaron ellos al rey de Asiria, diciendo: Las gentes que tú trajiste y pusiste en las ciudades de Samaria no conocen la costumbre del Dios de aquella tierra, y él ha echado leones en medio de ellos; y he aquí, *los leones* los matan, porque no conocen la costumbre del Dios de la tierra.

27 Y el rey de Asiria mandó, diciendo: Llevad allá a alguno de los sacerdotes que trajisteis de allá, que vaya y habite allí y les enseñe la costumbre del Dios de esa tierra.

28 Y fue uno de los sacerdotes que habían llevado cautivo de Samaria y habitó en Bet-el, y les enseñó cómo habían de temer a Jehová.

29 Pero cada nación se hizo sus propios dioses, y los pusieron en los templos de los lugares altos que habían hecho los de Samaria, cada nación en la ciudad donde habitaba.

30 Los de Babilonia hicieron a Sucot-benot, y los de Cuta hicieron a Nergal, y los de Hamat hicieron a Asima;

31 los aveos hicieron a Nibhaz y a Tartac; y los de Sefarvaim quemaban sus hijos en el fuego a Adramelec y a Anamelec, dioses de Sefarvaim.

32 También temían a Jehová, y nombraron sacerdotes de entre la gente común para los lugares altos, quienes sacrificaban para ellos en los templos de los lugares altos.

33 Temían a Jehová, pero servían a sus propios dioses, según la costumbre de las naciones de donde habían sido trasladados.

34 Hasta el día de hoy siguen las costumbres de antes; no [a]temen a Jehová, ni guardan sus estatutos, ni sus decretos, ni hacen según la ley y los mandamientos que ordenó Jehová a los hijos de Jacob, al que puso el nombre de [b]Israel;

35 con los cuales Jehová había hecho convenio, y les había mandado, diciendo: No temeréis a [a]otros dioses, ni los adoraréis, ni les serviréis ni les ofreceréis sacrificios;

36 pero a Jehová, que os sacó de tierra de Egipto con gran poder y brazo extendido, a él temeréis, y a él adoraréis y a él haréis sacrificio.

37 Los estatutos, y los decretos, y la ley y los mandamientos

---

23 *a* 1 Rey. 9:6–7.
b GEE Israel—Las diez tribus perdidas de Israel.
34 *a* GEE Temor.
b GEE Israel.
35 *a* Deut. 7:16–18.

que os dio por escrito, cuidaréis siempre de ponerlos por obra; y no temeréis a dioses ajenos.

38 Y [a]no olvidaréis el convenio que hice con vosotros ni temeréis a dioses ajenos;

39 mas temed a Jehová vuestro Dios, y él os [a]librará de manos de todos vuestros enemigos.

40 Pero ellos no escucharon, sino que hicieron según sus antiguas costumbres.

41 Así temieron a Jehová aquellas naciones, y a la vez sirvieron a sus ídolos, y también sus hijos y los hijos de sus hijos; tal como hicieron sus padres, así hacen hasta hoy.

CAPÍTULO 18

Ezequías reina con rectitud en Judá — Acaba con la idolatría y destruye la serpiente de bronce hecha por Moisés, porque los hijos de Israel le quemaban incienso — Senaquerib, rey de Asiria, invade Judá — En un discurso blasfemo, el Rabsaces pide a Jerusalén que se rinda a los asirios.

En el tercer año de Oseas hijo de Ela, rey de Israel, comenzó a reinar [a]Ezequías hijo de Acaz, rey de Judá.

2 Cuando comenzó a [a]reinar tenía veinticinco años, y reinó en Jerusalén veintinueve años. El nombre de su madre era Abi, hija de Zacarías.

3 E hizo lo recto ante los ojos de Jehová, conforme a todas las cosas que había hecho David, su padre.

4 Él quitó [a]los lugares altos, y quebró los ídolos, y destruyó las imágenes de Asera e hizo pedazos la [b]serpiente de bronce que había hecho Moisés, porque hasta entonces le quemaban incienso los hijos de Israel; y la llamó [c]Nehustán.

5 En Jehová Dios de Israel puso su esperanza; ni antes ni después de él hubo otro como él entre todos los reyes de Judá.

6 Porque [a]siguió a Jehová y no se apartó de él, sino que guardó los mandamientos que Jehová ordenó a Moisés.

7 Y Jehová estaba con él, y en todas las cosas que él hacía, prosperaba. Ezequías se rebeló contra el rey de Asiria y no le sirvió.

8 Derrotó también a los filisteos hasta Gaza y sus fronteras, desde las torres de los atalayas hasta la ciudad fortificada.

9 Y sucedió que en el cuarto año del rey Ezequías, que era el año séptimo de Oseas hijo de Ela, rey de Israel, subió Salmanasar, rey de los asirios, contra Samaria y la sitió.

10 Y la tomaron al cabo de tres años; en el sexto año de Ezequías, el cual era el año noveno de Oseas, rey de Israel, Samaria fue tomada.

11 Y el rey de Asiria llevó cautivo a [a]Israel a Asiria y los puso

38 *a* Isa. 49:15–16.
39 *a* Isa. 49:25; 2 Ne. 6:17.
18 1 *a* GEE Ezequías.
2 *a* 2 Cró. 29:1–29.
4 *a* Lev. 26:30.
b Núm. 21:9.
c HEB objeto o serpiente de bronce.
6 *a* Jacob 6:5.
11 *a* GEE Israel—Las diez tribus perdidas de Israel.

en Halah, y en Habor, junto al río de Gozán, y en las ciudades de los medos,

12 porque no habían obedecido la voz de Jehová su Dios, sino que habían quebrantado su convenio; y todas las cosas que Moisés, siervo de Jehová, había mandado, no las habían escuchado ni puesto por obra.

13 Y a los catorce años del rey Ezequías, subió Senaquerib, rey de Asiria, contra todas las ciudades fortificadas de Judá y las tomó.

14 Entonces Ezequías, rey de Judá, envió a decir al rey de Asiria que estaba en Laquis: Yo he hecho mal; retírate de mí y aceptaré todo lo que me impongas. Y el rey de Asiria impuso a Ezequías, rey de Judá, trescientos talentos de plata y treinta talentos de oro.

15 Dio, por tanto, Ezequías toda la plata que había en la casa de Jehová y en los tesoros de la casa real.

16 Entonces Ezequías quitó *el oro* de las puertas del templo de Jehová y de los marcos de las puertas que el *mismo* rey Ezequías había cubierto *de oro,* y lo dio al rey de Asiria.

17 Y desde Laquis el rey de Asiria [a]envió al Tartán y al Rabsaris y al Rabsaces con un gran ejército contra el rey Ezequías que estaba en Jerusalén. Y subieron y llegaron a Jerusalén. Y habiendo subido, llegaron y se detuvieron junto al [b]acueducto del estanque de arriba, que está en el camino de [c]la heredad del Batanero.

18 Y llamaron al rey, y salió a ellos Eliaquim hijo de Hilcías, que estaba a cargo de la casa, y Sebna, el escriba, y Joa hijo de Asaf, el cronista.

19 Y les dijo el Rabsaces: Decid ahora a Ezequías: Así dice el gran rey de Asiria: ¿Qué confianza es ésta que tú tienes?

20 Dices (por cierto palabras vanas): Consejo *tengo* y fuerza para la guerra. Pero, ¿en quién confías para que te rebeles contra mí?

21 He aquí, tú confías ahora en esta vara de caña astillada, *es decir,* en Egipto, en la que si alguno se apoya, le entrará por la mano y se la traspasará. Tal es Faraón, rey de Egipto, para todos los que en él confían.

22 Y si me decís: Nosotros confiamos en Jehová nuestro Dios, ¿no es éste aquel cuyos lugares altos y altares ha quitado Ezequías, y ha dicho a Judá y a Jerusalén: Delante de este altar adoraréis en Jerusalén?

23 Ahora pues, yo te ruego que hagas un trato con mi señor, el rey de Asiria, y yo te daré dos mil caballos, si tú puedes dar jinetes para ellos.

24 ¿Cómo, pues, podrás resistir a un capitán, al menor de los siervos de mi señor, aunque confiado estés en Egipto por sus carros y su gente de a caballo?

25 ¿Acaso he venido yo ahora a este lugar para destruirlo sin el apoyo de Jehová? Jehová me

17 *a* 2 Cró. 32:5–22.
b 2 Cró. 32:1–5.

c Es decir, la tierra del lavador.

ha dicho: Sube a esta tierra, y destrúyela.

26 Entonces Eliaquim hijo de Hilcías, y Sebna y Joa dijeron al Rabsaces: Te rogamos que hables a tus siervos en la lengua de los sirios, porque nosotros la entendemos, y no hables con nosotros en la lengua de los judíos a oídos del pueblo que está sobre el muro.

27 Y el Rabsaces les dijo: ¿Me ha enviado mi señor sólo para decir estas palabras a ti y a tu señor, y no a los hombres que están sobre el muro, quienes, como vosotros, han de comer su propio estiércol y beber su propia orina?

28 Entonces se puso de pie el Rabsaces y clamó a gran voz en la lengua de los judíos, y habló, diciendo: ¡Oíd la palabra del gran rey, el rey de Asiria!

29 Así ha dicho el rey: No os engañe Ezequías, porque no os podrá librar de mi mano.

30 Y no os haga Ezequías confiar en Jehová, diciendo: Ciertamente nos librará Jehová, y esta ciudad no será entregada en manos del rey de Asiria.

31 No escuchéis a Ezequías, porque así dice el rey de Asiria: Haced conmigo la paz y rendíos a mí, y cada uno comerá de su vid y de su higuera, y cada uno beberá las aguas de su pozo,

32 hasta que yo venga y os lleve a una tierra como la vuestra, tierra de grano y de vino, tierra de pan y de viñas, tierra de olivas, de aceite y de miel. Y viviréis y no moriréis. No escuchéis a Ezequías, porque os engaña cuando dice: Jehová nos librará.

33 ¿*Acaso* alguno de los dioses de las naciones ha librado su tierra de la mano del rey de Asiria?

34 ¿Dónde están los dioses de Hamat y de Arfad? ¿Dónde están los dioses de Sefarvaim, de Hena y de Iva? ¿Pudieron éstos librar a Samaria de mi mano?

35 ¿Quién de entre todos los dioses de las provincias ha librado a su provincia de mi mano, para que libre Jehová de mi mano a Jerusalén?

36 Pero el pueblo calló y no le respondió ni una palabra, porque el rey había mandado: No le respondáis.

37 Entonces Eliaquim hijo de Hilcías, que estaba a cargo de la casa, y Sebna, el escriba, y Joa hijo de Asaf, el cronista, fueron a Ezequías, con sus vestidos rasgados, y le dijeron las palabras del Rabsaces.

CAPÍTULO 19

Ezequías busca consejo de Isaías para salvar a Jerusalén — Isaías profetiza la derrota de los asirios y la muerte de Senaquerib — Ezequías ruega suplicando liberación — Senaquerib envía una carta blasfema — Isaías profetiza que los asirios serán destruidos y que un remanente de Judá florecerá — Un ángel mata a ciento ochenta y cinco mil asirios — Senaquerib muere a manos de sus hijos.

Y ACONTECIÓ que cuando el rey Ezequías lo oyó, rasgó sus

vestidos, y se cubrió de cilicio y entró en la [a]casa de Jehová.

2 Y envió a Eliaquim, que estaba a cargo de la casa, y a Sebna, el [a]escriba, y a los ancianos de los sacerdotes, cubiertos de cilicio, al profeta Isaías hijo de Amoz,

3 para que le dijesen: Así ha dicho Ezequías: Este día es día de angustia, y de reprensión y de blasfemia, porque los hijos están a punto de nacer y la que da a luz no tiene fuerzas.

4 Quizá oirá Jehová tu Dios todas las palabras del Rabsaces, a quien el rey de los asirios, su señor, ha enviado para injuriar al Dios viviente y para vituperar con palabras, las cuales Jehová tu Dios ha oído; por tanto, eleva una oración por el remanente que aún queda.

5 Fueron, pues, los siervos del rey Ezequías a Isaías.

6 E Isaías les respondió: Así diréis a vuestro señor: Así dice Jehová: No temas por las palabras que has oído, con las cuales me han blasfemado los siervos del rey de Asiria.

7 He aquí, pondré yo en él un espíritu *de temor,* y oirá un rumor y volverá a su tierra; y yo haré que en su tierra caiga a espada.

8 Y regresó el Rabsaces porque oyó que el rey de Asiria se había ido de Laquis, y lo encontró combatiendo contra Libna.

9 Y *el rey de Asiria* oyó decir acerca de Tirhaca, rey de Etiopía: He aquí que *éste* ha salido para hacerte la guerra. Entonces volvió a enviar mensajeros a Ezequías, diciendo:

10 Así diréis a Ezequías, rey de Judá: No te engañe tu Dios en quien tú confías, diciéndote: Jerusalén no será entregada en manos del rey de Asiria.

11 He aquí tú has oído lo que han hecho los reyes de Asiria a todas las tierras, destruyéndolas por completo. ¿Y serás librado tú?

12 ¿Acaso las libraron los dioses de las naciones que mis padres destruyeron, *es decir,* Gozán, y Harán, y Resef y los hijos de Edén que estaban en Telasar?

13 ¿Dónde están el rey de Hamat, el rey de Arfad, el rey de la ciudad de Sefarvaim, de Hena y de Iva?

14 Y tomó Ezequías la carta de manos de los mensajeros; y después que la hubo leído, subió a la casa de Jehová, y Ezequías la extendió delante de Jehová.

15 Y oró Ezequías delante de Jehová, diciendo: Oh Jehová Dios de Israel, que habitas entre los [a]querubines, sólo tú eres [b]Dios de todos los reinos de la tierra; tú [c]hiciste el cielo y la tierra.

16 Inclina, oh Jehová, tu oído y oye; abre, oh Jehová, tus ojos y mira; y oye las palabras de Senaquerib que ha enviado a blasfemar contra el Dios viviente.

17 Es verdad, oh Jehová, que los reyes de Asiria han destruido las naciones y sus tierras;

18 y que echaron al fuego a sus dioses, por cuanto ellos no eran

19 1 *a* GEE Templo, Casa del Señor.
2 *a* GEE Escriba.
15 *a* Éx. 25:22.
b Neh. 9:6.
c GEE Creación, crear.

dioses, sino obra de manos de hombres, de madera y de piedra, y por eso los destruyeron.

19 Ahora, pues, oh Jehová Dios nuestro, sálvanos, te ruego, de su mano, para que sepan todos los reinos de la tierra que sólo tú, oh Jehová, eres Dios.

20 Entonces Isaías hijo de Amoz envió a decir a Ezequías: Así dice Jehová, Dios de Israel: Lo que me rogaste acerca de Senaquerib, rey de Asiria, he oído.

21 Ésta es la palabra que Jehová ha hablado contra él: Te ha menospreciado, se ha burlado de ti la hija virgen de Sión; ha movido su cabeza detrás de ti la hija de Jerusalén.

22 ¿A quién has injuriado y contra quién has blasfemado? ¿Y contra quién has alzado la voz y has levantado en alto tus ojos? ¡Contra el Santo de Israel!

23 Por medio de tus mensajeros has injuriado al Señor y has dicho: Con la [a]multitud de mis carros he subido a las cumbres de los montes, a las laderas del Líbano; y talaré sus altos cedros y sus cipreses escogidos; y llegaré a los lugares más lejanos, a sus bosques más frondosos.

24 Yo he cavado y bebido aguas ajenas, y he secado con las plantas de mis pies todos los ríos de Egipto.

25 ¿Nunca has oído que hace mucho tiempo yo lo hice, y que desde días antiguos lo he formado? Y ahora lo he hecho acontecer, para que tú convirtieras ciudades fortificadas en montones de ruinas.

26 Y sus moradores, faltos de poder, quebrantados y confusos, fueron cual la hierba del campo, como el pasto verde, y la hierba de los tejados, que antes que llegue a la madurez se seca.

27 Yo conozco tu habitar, tu salir y tu entrar, y tu furor contra mí.

28 Por cuanto te has airado contra mí, y tu arrogancia ha subido a mis oídos, yo, por tanto, pondré mi garfio en tu nariz y mi freno en tus labios, y te haré volver por el camino por donde viniste.

29 Y esto te será por señal, *Ezequías*: Este año comeréis lo que crezca espontáneamente y al segundo año lo que haya brotado de aquello; y al tercer año sembrad, y segad, y plantad viñas y comed el fruto de ellas.

30 Y el remanente que haya, [a]lo que haya quedado de la casa de Judá, volverá a echar raíz por debajo y dará fruto por arriba.

31 Porque saldrá de Jerusalén un remanente, y del monte Sión los que escapen. El celo de Jehová de los ejércitos hará esto.

32 Por tanto, así dice Jehová acerca del rey de Asiria: No entrará en esta ciudad, ni echará saeta contra ella, ni vendrá delante de ella con escudo ni será levantado contra ella terraplén.

33 Por el camino que vino volverá, y no entrará en esta ciudad, dice Jehová.

34 Porque yo [a]ampararé esta ciudad para salvarla, por causa

23 *a* Isa. 10:12–14.
30 *a* Jacob 6:4.
GEE Israel.
34 *a* Oseas 1:7.

de mí y por causa de David, mi siervo.

35 Y aconteció que esa misma noche salió el [a]ángel de Jehová y mató en el campamento de los [b]asirios a ciento ochenta y cinco mil; y cuando se levantaron por la mañana, he aquí, *no había más que* cuerpos de muertos.

36 Entonces Senaquerib, rey de Asiria, partió, y se fue y volvió a Nínive, donde permaneció.

37 Y aconteció que mientras él adoraba en el templo de Nisroc, su dios, Adramelec y Sarezer, sus hijos, lo mataron a espada y huyeron a la tierra de Ararat. Y reinó en su lugar su hijo Esarhadón.

CAPÍTULO 20

Se le dice a Ezequías que morirá; él suplica a Jehová, y su vida es prolongada quince años — La sombra retrocede diez grados en el reloj de Acaz — Isaías profetiza la cautividad babilónica de Judá.

En aquellos días Ezequías cayó enfermo de muerte; y vino a él el profeta Isaías hijo de Amoz y le dijo: Así dice Jehová: Ordena tu casa, porque vas a morir y no vivirás.

2 Entonces él volvió su rostro hacia la pared y oró a Jehová, diciendo:

3 Te ruego, oh Jehová, te ruego que hagas memoria de que he andado delante de ti en verdad y con íntegro corazón, y que he hecho lo bueno ante tus ojos. Y lloró Ezequías con gran llanto.

4 Y aconteció que antes de que Isaías hubiera salido del patio central, vino a él la palabra de Jehová, diciendo:

5 Vuelve, y di a Ezequías, príncipe de mi pueblo: Así dice Jehová, el Dios de David, tu padre: Yo he oído tu oración; he visto tus lágrimas. He aquí, yo [a]te sanaré; al tercer día subirás a la casa de Jehová.

6 Y añadiré a tus días [a]quince años, y te libraré a ti y a esta ciudad de la mano del rey de Asiria; y ampararé esta ciudad por causa de mí mismo y por causa de David, mi siervo.

7 Y dijo Isaías: Tomad una masa de higos. Y la tomaron y la pusieron sobre la úlcera, y sanó.

8 Y Ezequías dijo a Isaías: ¿Qué [a]señal tendré de que Jehová me sanará y de que subiré a la casa de Jehová al tercer día?

9 Y respondió Isaías: Esta señal tendrás de Jehová, de que Jehová hará lo que ha dicho: ¿Avanzará la [a]sombra diez grados, o retrocederá diez grados?

10 Y Ezequías respondió: Cosa fácil es que la [a]sombra avance diez grados, pero no que la sombra vuelva atrás diez grados.

11 Entonces el profeta Isaías clamó a Jehová, e hizo volver atrás la sombra los diez grados que había avanzado en el reloj de Acaz.

12 En aquel tiempo Merodac-

35 *a* 2 Cró. 32:21.
b Isa. 14:25.
20 5 *a* GEE Sanar, sanidades.
6 *a* GEE Mortal, mortalidad.
8 *a* GEE Señal.
9 *a* Hel. 12:14–15.
10 *a* Isa. 38:8.

baladán hijo de Baladán, rey de
Babilonia, envió cartas y un presente a Ezequías, porque había oído que Ezequías había caído enfermo.
13 Y Ezequías los escuchó y les
mostró toda la casa de sus cosas preciosas: la plata, el oro, las especias y los preciados ungüentos; y la casa de sus armas y todo lo que había en sus tesoros; ninguna cosa quedó que Ezequías no les mostrase, tanto en su casa como en todo su dominio.
14 Entonces el profeta Isaías
vino al rey Ezequías y le dijo: ¿Qué dijeron aquellos hombres y de dónde vinieron a ti? Y Ezequías le respondió: De lejanas tierras han venido, de Babilonia.
15 Y él le volvió a decir: ¿Qué
vieron en tu casa? Y Ezequías respondió: Vieron todo lo que había en mi casa; nada quedó de mis tesoros que no les mostrase.
16 Entonces Isaías dijo a
Ezequías: Oye la palabra de Jehová:
17 He aquí, vienen días en que
todo lo que está en tu casa, y todo lo que tus padres han atesorado hasta hoy, será [a]llevado a Babilonia, sin quedar nada, dice Jehová.
18 Y de los [a]hijos que saldrán de
ti, que tú habrás engendrado, los tomarán; y serán [b]eunucos en el palacio del rey de Babilonia.
19 Entonces Ezequías dijo a
Isaías: La palabra de Jehová que has hablado es buena. Después dijo: ¿No habrá paz y seguridad en mis días?
20 Los demás hechos de Eze-
quías, y todo su poderío, y cómo hizo el [a]estanque y el acueducto y trajo las aguas en la ciudad, ¿no están escritos en el libro de las crónicas de los reyes de Judá?
21 Y durmió Ezequías con sus
padres, y reinó en su lugar su hijo Manasés.

CAPÍTULO 21

Manasés hace volver a Judá a la idolatría y llega al punto de hacer sacrificar a un hijo suyo a un dios pagano — Los profetas predicen la destrucción de Judá y de Jerusalén — La iniquidad continúa bajo Amón.

Manasés tenía doce años cuando comenzó a reinar, y reinó en Jerusalén cincuenta y cinco años; el nombre de su madre era Hepsiba.
2 E hizo [a]lo malo ante los ojos
de Jehová, según las [b]abominaciones de las naciones que Jehová había echado delante de los hijos de Israel.
3 Porque él volvió a edificar
[a]los lugares altos que su padre Ezequías había derribado, y levantó altares a Baal e hizo una imagen de Asera, como había hecho [b]Acab, rey de Israel; y adoró a todo el ejército del cielo y los sirvió.

17 *a* 2 Rey. 24:12–14; 1 Ne. 1:13.
18 *a* Dan. 1:1–3.
b HEB eunucos u oficiales.
20 *a* 2 Cró. 32:30.
21 2 *a* GEE Pecado.
b GEE Apostasía.
3 *a* 2 Rey. 18:4.
b GEE Acab.

4 Asimismo edificó [a]altares
en la casa de Jehová, de la cual
Jehová había dicho: Yo pondré
mi [b]nombre en Jerusalén.
5 Y edificó altares para todo el
ejército del cielo en los dos atrios
de la casa de Jehová.
6 E hizo pasar a su hijo por
[a]fuego, y fue adivino y [b]agorero,
e instituyó [c]magos y adivinos,
multiplicando así el hacer lo malo
ante los ojos de Jehová para provocarlo a ira.
7 Y puso una imagen tallada de
Asera, que él había hecho, en la
casa de la cual Jehová había dicho
a David y a Salomón, su hijo: Yo
pondré mi nombre para siempre
en esta casa y en Jerusalén, a la
cual escogí entre todas las tribus
de Israel.
8 Y no volveré a hacer que el pie
de Israel ande errante fuera de la
tierra que di a sus padres, con tal
de que hagan conforme a todas
las cosas que yo les he mandado
y las guarden, conforme a toda
la ley que mi siervo Moisés les
mandó.
9 Pero ellos no escucharon, y
Manasés los indujo a que hiciesen más mal que las naciones que
Jehová destruyó delante de los
hijos de Israel.
10 Y habló Jehová por medio de sus siervos, los profetas,
diciendo:
11 Por cuanto [a]Manasés, rey de
Judá, ha hecho estas [b]abominaciones y ha hecho más mal que
todo el que hicieron los amorreos
que fueron antes de él, y también ha hecho pecar a Judá con
sus ídolos,
12 por tanto, así ha dicho
Jehová, el Dios de Israel: He aquí,
yo traigo un mal tan grande sobre Jerusalén y sobre Judá, que
al que lo oiga le retiñirán ambos
oídos.
13 Y mediré a Jerusalén con el
mismo cordel que a Samaria, y
con la misma plomada que a la
casa de Acab; y yo limpiaré a Jerusalén como se limpia un tazón
que, después que se ha limpiado,
se pone boca abajo.
14 Y desampararé al remanente
de mi heredad y lo [a]entregaré en
manos de sus enemigos; y serán
presa y despojo para todos sus
enemigos;
15 por cuanto han hecho lo malo
ante mis ojos y me han provocado a ira, desde el día en que
sus padres salieron de Egipto
hasta hoy.
16 Además de esto, Manasés
derramó mucha [a]sangre inocente
en gran manera, hasta llenar Jerusalén de un extremo a otro, además de su pecado con el que hizo
pecar a Judá, para que hiciese lo
malo ante los ojos de Jehová.
17 Los demás hechos de [a]Manasés, y todas las cosas que hizo y
el pecado que cometió, ¿no está
todo escrito en el libro de las crónicas de los reyes de Judá?
18 Y durmió Manasés con sus

4 *a* Jer. 7:30.
GEE Idolatría.
b 1 Rey. 9:1–3.
6 *a* Lev. 18:21.
b HEB practicaba la adivinación, adivinaba las señales.
c GEE Espíritu—Espíritus inmundos.
11 *a* Jer. 15:4.
b 2 Rey. 24:3–4.
14 *a* 2 Rey. 24:2.
16 *a* GEE Asesinato.
17 *a* 2 Cró. 33:11–19.

padres y fue sepultado en el
huerto de su casa, en el huerto
de Uza; y reinó en su lugar su
hijo Amón.
19 Amón tenía veintidós años
cuando comenzó a reinar, y reinó
dos años en Jerusalén. Y el nombre de su madre era Mesulemet,
hija de Haruz, de Jotba.
20 E hizo lo malo ante los ojos
de Jehová, como lo había hecho
Manasés, su padre.
21 Y anduvo en todos los caminos en que su padre anduvo,
y sirvió a los ídolos a los cuales había servido su padre, y los
adoró;
22 y abandonó a Jehová, el Dios
de sus padres, y no anduvo en el
camino de Jehová.
23 Y los siervos de Amón conspiraron contra él y mataron al
rey en su casa.
24 Entonces el pueblo de la tierra mató a todos los que habían
conspirado contra el rey Amón;
y el pueblo de la tierra proclamó
rey en su lugar a su hijo [a]Josías.
25 Los demás hechos que Amón
hizo, ¿no está todo escrito en el
libro de las crónicas de los reyes
de Judá?
26 Y fue sepultado en su sepulcro en el huerto de Uza, y reinó
en su lugar su hijo Josías.

CAPÍTULO 22

Josías reina con rectitud en Judá — Hilcías repara el templo y encuentra el libro de la ley — Josías se entristece a causa de la iniquidad de sus padres — Hulda profetiza ira sobre el pueblo, pero bendiciones sobre Josías.

CUANDO [a]Josías comenzó a reinar tenía ocho años, y reinó en
Jerusalén treinta y un años. El
nombre de su madre era Jedida,
hija de Adaía, de Boscat.
2 E hizo lo recto ante los ojos
de Jehová y anduvo en todo el
camino de David su padre, sin
apartarse ni a la derecha ni a la
izquierda.
3 Y aconteció que en el año dieciocho del rey Josías, el rey envió
a Safán hijo de Azalía, hijo de
Mesulam, el escriba, a la casa de
Jehová, diciendo:
4 Ve al sumo sacerdote Hilcías
y *dile* que cuente el dinero que
se ha traído a la casa de Jehová
y que los guardianes de la puerta
han juntado del pueblo,
5 y que lo pongan en manos de
los que hacen la obra, que están a
cargo de la casa de Jehová, y que
lo entreguen a los que hacen la
obra de la casa de Jehová, para
reparar las brechas de la casa;
6 a los carpinteros, a los maestros y a los albañiles, para comprar madera y piedra de cantería
para reparar la casa;
7 y que no se les pida cuenta
del dinero cuyo manejo se les ha
confiado, porque ellos proceden
con honradez.
8 Entonces dijo el sumo sacerdote Hilcías a Safán, el escriba:
He hallado el [a]libro de la ley en
la casa de Jehová. E Hilcías dio
el libro a Safán, y lo leyó.

24 *a* GEE Josías.
22 1 *a* 2 Cró. 34:1–14, 17.
8 *a* 2 Cró. 34:15–33.

9 Entonces Safán, el escriba, fue al rey y le rindió cuentas, diciendo: Tus siervos han juntado el dinero que se halló en el templo y lo han entregado en manos de los que hacen la obra, que están a cargo de la casa de Jehová.

10 Y Safán, el escriba, declaró al rey, diciendo: El sacerdote Hilcías me ha dado un libro. Y lo leyó Safán delante del rey.

11 Y sucedió que cuando el rey hubo oído las [a]palabras del libro de la ley, rasgó sus vestidos.

12 Y mandó el rey al sacerdote Hilcías, y a Ahicam hijo de Safán, y a Acbor hijo de Micaías, y al escriba Safán, y a Asaías, siervo del rey, diciendo:

13 Id y preguntad a Jehová por mí, y por el pueblo y por todo Judá, acerca de las palabras de este libro que se ha hallado, porque grande es la [a]ira de Jehová que se ha encendido contra nosotros, por cuanto nuestros padres no escucharon las palabras de este libro, para [b]hacer conforme a todo lo que está escrito de nosotros.

14 Entonces fueron el sacerdote Hilcías, y Ahicam, y Acbor, y Safán y Asaías a la profetisa Hulda, esposa de Salum hijo de Ticva, hijo de Harhas, guarda de las vestiduras, quien moraba en Jerusalén, [a]en el segundo sector, y hablaron con ella.

15 Y ella les dijo: Así dice Jehová, el Dios de Israel: Decid al hombre que os ha enviado a mí:

16 Así dice Jehová: He aquí, yo traigo mal sobre este lugar y sobre los que en él moran, *a saber,* todas las palabras del libro que ha leído el rey de Judá.

17 Por cuanto me han abandonado a mí y han quemado incienso a dioses ajenos, provocándome a ira con toda la obra de sus manos; y mi ira se ha encendido contra este lugar y no se apagará.

18 Pero al rey de Judá, que os ha enviado a consultar a Jehová, diréis así: Así dice Jehová, el Dios de Israel: *En cuanto* a las palabras que has oído,

19 ya que tu corazón se enterneció y [a]te humillaste delante de Jehová cuando oíste lo que yo hablé contra este lugar y contra sus moradores, que llegarían a ser asolados y malditos, y rasgaste tus vestidos y lloraste en mi presencia, también yo te he oído, dice Jehová.

20 Por tanto, he aquí, yo te reuniré con tus padres, y serás llevado a tu sepulcro en [a]paz, y no verán tus ojos todo el mal que yo traeré sobre este lugar. Y ellos dieron al rey la respuesta.

CAPÍTULO 23

Josías lee el libro del convenio al pueblo — Hacen convenio de guardar los mandamientos — Josías suprime la adoración de dioses falsos, quita a los sodomitas y termina con la idolatría — Se da muerte a los

11 *a* Alma 31:5.
13 *a* DyC 59:21.
b GEE Obediencia, obediente, obedecer.
14 *a* *Es decir,* un barrio de Jerusalén.
19 *a* Alma 32:14–15.
20 *a* Alma 40:12; DyC 19:23; 45:46.

sacerdotes idólatras — Judá celebra una Pascua solemne — Egipto somete a la tierra de Judá.

Entonces el rey mandó reunir
ante él a todos los ancianos de
Judá y de Jerusalén.
2 Y subió el rey a la casa de Jehová con todos los hombres de
Judá, y con todos los moradores
de Jerusalén, y con los sacerdotes
y profetas y con todo el pueblo,
desde el más pequeño hasta el
más grande; y [a]leyó a oídos de
ellos todas las palabras del libro
del convenio que había sido hallado en la casa de Jehová.
3 Y el rey se puso de pie junto
a la columna e hizo [a]convenio
delante de Jehová, de que irían
en pos de Jehová y guardarían
sus mandamientos, y sus testimonios y sus estatutos, con todo
el corazón y con toda el alma, y
que cumplirían las palabras del
convenio que estaban escritas
en aquel libro. Y todo el pueblo
confirmó el pacto.
4 Entonces mandó el rey al
sumo sacerdote Hilcías, y a los
[a]sacerdotes de segundo orden
y a los guardianes de la puerta,
que sacasen del templo de Jehová
todos los utensilios que habían
sido hechos para Baal, y para la
imagen de Asera y para todas las
huestes del cielo; y los quemó
fuera de Jerusalén en los campos
del Cedrón, y llevó las cenizas de
ellos a Bet-el.
5 Y quitó a los sacerdotes idólatras que habían puesto los reyes
de Judá para que quemasen incienso en los lugares altos en las
ciudades de Judá y en los alrededores de Jerusalén; y asimismo
a los que quemaban incienso a
Baal, al sol y a la luna, y a las
[a]constelaciones y a todas las huestes del cielo.
6 Hizo también sacar la imagen
de Asera fuera de la casa de Jehová, fuera de Jerusalén, al torrente Cedrón, y la quemó junto
al torrente Cedrón, y la redujo
a polvo y echó el polvo de ella
sobre los sepulcros de los hijos
del pueblo.
7 Además derribó las casas de
los [a]sodomitas que estaban en la
casa de Jehová, en las cuales las
mujeres tejían para la imagen
de Asera.
8 E hizo venir a todos los sacerdotes de las ciudades de Judá, y
profanó los lugares altos donde
los sacerdotes quemaban incienso, desde Geba hasta Beerseba; y derribó los lugares altos
de las puertas que estaban a la
entrada de la puerta de Josué,
gobernador de la ciudad, que estaban a la izquierda de la puerta
de la ciudad.
9 Pero los sacerdotes de los lugares altos [a]no subían al altar
de Jehová en Jerusalén, sino que
comían panes sin levadura entre
sus hermanos.
10 Asimismo profanó el [a]Tofet,

23 2 *a* GEE Escrituras—El valor de las Escrituras.
3 *a* GEE Convenio (pacto).
4 *a* GEE Sacerdocio Aarónico.
5 *a* *O sea,* los signos del zodíaco.
7 *a* HEB profesionales de la prostitución, hombres o mujeres.
9 *a* Ezeq. 44:10–14.
10 *a* Jer. 7:31–33.

que está en el valle del hijo de
Hinom, para que ninguno pasase su hijo o su hija por fuego
ante Moloc.
11 Quitó también los caballos
que los reyes de Judá habían
dedicado al sol a la entrada del
templo de Jehová, junto a la habitación de Natán-melec, el oficial, el que estaba en los recintos;
y quemó con fuego los carros
del sol.
12 Además derribó el rey los altares que estaban sobre el techo
de la sala de Acaz, que los reyes
de Judá habían hecho, y los altares que había hecho Manasés
en los dos atrios de la casa de
Jehová; y los destrozó, y de allí
corrió y arrojó el polvo al torrente
Cedrón.
13 Asimismo profanó el rey
[a]los lugares altos que estaban
delante de Jerusalén, a la derecha del monte de la destrucción, los cuales Salomón, rey
de Israel, había edificado a As-
toret, la abominación de los
sidonios, y a Quemos, la abominación de Moab, y a Milcom,
la abominación de los hijos de
Amón.
14 Y quebró las estatuas, y derribó las imágenes de Asera y
llenó sus lugares de huesos de
hombres.
15 Igualmente el altar que estaba en Bet-el y el lugar alto que
había hecho Jeroboam hijo de
Nabat, [a]el que hizo pecar a Israel; destruyó aquel altar y el
lugar alto; y quemó el lugar alto
y lo redujo a polvo, y quemó la
imagen de Asera.
16 Y se volvió Josías, y al ver los
sepulcros que estaban allí en el
monte, envió y sacó los huesos
de los sepulcros y los quemó sobre el altar para contaminarlo,
conforme a la palabra de Jehová
que había profetizado el hombre
de Dios, el cual había anunciado
estas cosas.
17 Y después dijo: ¿Qué monumento es éste que veo? Y los hombres de la ciudad le respondieron:
Éste es el [a]sepulcro del hombre
de Dios que vino de Judá y profetizó estas cosas que tú has hecho
contra el altar de Bet-el.
18 Y él dijo: Dejadlo; nadie
mueva sus huesos; y así dejaron sus huesos con los huesos
del profeta que había venido de
Samaria.
19 Y todas las casas de los lugares altos que estaban en las ciudades de Samaria, las cuales habían
hecho los reyes de Israel para
provocar a ira *a Jehová,* las quitó
también Josías, e hizo con ellas
como había hecho en Bet-el.
20 Además [a]mató sobre los altares a todos los sacerdotes de
los lugares altos que allí estaban,
y quemó sobre ellos huesos de
hombres y volvió a Jerusalén.
21 Entonces mandó el rey a todo
el pueblo, diciendo: Celebrad la
[a]Pascua a Jehová vuestro Dios,
conforme a lo que está escrito en
el libro de este convenio.
22 Ciertamente no se había
celebrado tal Pascua desde los

13 *a* 1 Rey. 11:7.
15 *a* 1 Rey. 12:28–33.
17 *a* 1 Rey. 13:1, 29–31.
20 *a* 1 Rey. 13:2.
21 *a* GEE Pascua.

tiempos en que los jueces gobernaban a Israel, ni en todos los tiempos de los reyes de Israel y de los reyes de Judá.

23 En el año dieciocho del rey Josías se celebró aquella Pascua a Jehová en Jerusalén.

24 Asimismo quitó Josías a [a]los encantadores, adivinos y terafines, y todas las abominaciones que se veían en la tierra de Judá y en Jerusalén, para cumplir las palabras de la ley que estaban escritas en el libro que el sacerdote Hilcías había hallado en la casa de Jehová.

25 No hubo otro rey antes de él que se convirtiese a Jehová con todo su corazón, y con toda su alma y con todas su fuerzas, [a]conforme a toda la ley de Moisés, ni después de él se levantó otro igual.

26 Con todo eso, no desistió Jehová del ardor de su gran ira, que se había encendido contra Judá por todas las [a]provocaciones con que Manasés le había irritado.

27 Y dijo Jehová: También [a]quitaré de mi presencia a Judá, como quité a Israel, y desecharé a esta ciudad que había escogido, a [b]Jerusalén, y a la casa de la cual yo había dicho: Mi nombre estará allí.

28 Los demás hechos de Josías y todas las cosas que hizo, ¿no está todo escrito en el libro de las crónicas de los reyes de Judá?

29 En aquellos días Faraón Necao, rey de Egipto, subió contra el rey de Asiria al río Éufrates, y salió contra él el rey [a]Josías; pero aquél, en cuanto le vio, lo mató en Meguido.

30 Y sus siervos lo pusieron en un carro, y lo trajeron muerto de Meguido a Jerusalén y lo sepultaron en su sepulcro. Entonces el pueblo de la tierra tomó a Joacaz hijo de Josías, y lo ungieron y lo proclamaron rey en lugar de su padre.

31 Joacaz tenía veintitrés años cuando comenzó a reinar, y reinó tres meses en Jerusalén. El nombre de su madre era Hamutal, hija de Jeremías, de Libna.

32 E hizo lo malo ante los ojos de Jehová, conforme a todas las cosas que sus padres habían hecho.

33 Y Faraón Necao lo tuvo preso en Ribla en la provincia de Hamat, para que no reinase en Jerusalén; e impuso sobre la tierra un tributo de cien talentos de plata y uno de oro.

34 Entonces Faraón Necao puso como rey a Eliaquim hijo de Josías en lugar de Josías, su padre, y le cambió el nombre por el de Joacim; y tomó a Joacaz y lo llevó a Egipto y éste allí murió.

35 Y Joacim pagó a Faraón la plata y el oro; pero hizo valuar la tierra para dar el dinero conforme al mandamiento de Faraón, sacando la plata y el oro del pueblo de la tierra, de cada uno según la tasación *de su hacienda*, para darlo a Faraón Necao.

24 *a* *O sea,* todo lo relacionado con la magia negra. Deut. 18:9–14.
25 *a* Deut. 6:5.
26 *a* 2 Rey. 21:10–13, 16.
27 *a* 2 Rey. 17:18–20. GEE Israel—El esparcimiento de Israel.
b 1 Ne. 1:13; 2 Ne. 1:4.
29 *a* 2 Cró. 35:20–24.

36 Joacim tenía veinticinco años cuando comenzó a reinar, y reinó once años en Jerusalén. El nombre de su madre era Zebuda, hija de Pedaías, de Ruma.

37 E hizo lo malo ante los ojos de Jehová, conforme a todas las cosas que sus padres habían hecho.

CAPÍTULO 24

Jerusalén es sitiada y tomada por Nabucodonosor — Muchos del pueblo de Judá son llevados cautivos a Babilonia — Sedequías llega a ser rey en Jerusalén — Éste se rebela contra Babilonia.

En su tiempo, subió [a]Nabucodonosor, rey de Babilonia, y Joacim vino a ser su siervo tres años; pero se volvió y se rebeló contra él.

2 Y Jehová envió contra Joacim tropas de caldeos, y tropas de sirios, y tropas de moabitas y tropas de amonitas, las cuales envió contra Judá para que la [a]destruyesen, conforme a la [b]palabra de Jehová que había hablado por medio de sus siervos, los profetas.

3 Ciertamente vino esto contra Judá por mandato de Jehová, para quitarla de su presencia, por los pecados de [a]Manasés, conforme a todo lo que éste hizo;

4 y también por la sangre inocente que derramó, pues llenó a Jerusalén de sangre inocente; por tanto, Jehová no quiso perdonar.

5 Los demás hechos de Joacim y todas las cosas que hizo, ¿no están escritos en el libro de las crónicas de los reyes de Judá?

6 Y durmió Joacim con sus padres, y reinó en su lugar su hijo Joaquín.

7 Y el rey de Egipto nunca más salió de su tierra, porque el rey de Babilonia se apoderó de todo lo que era suyo, desde el río de Egipto hasta el río Éufrates.

8 Joaquín tenía dieciocho años cuando comenzó a reinar, y reinó en Jerusalén tres meses. El nombre de su madre era Nehusta, hija de Elnatán, de Jerusalén.

9 E hizo lo malo ante los ojos de Jehová, conforme a todas las cosas que había hecho su padre.

10 En aquel tiempo subieron los siervos de Nabucodonosor, rey de Babilonia, contra Jerusalén, y la ciudad fue sitiada.

11 Vino también Nabucodonosor, rey de Babilonia, contra la ciudad, cuando sus siervos la tenían sitiada.

12 Entonces salió Joaquín, rey de Judá, al rey de Babilonia, él y su madre, y sus siervos, y sus príncipes y sus oficiales; y lo apresó el rey de Babilonia en el octavo año de su reinado.

13 Y sacó de allí todos los tesoros de la casa de Jehová y los tesoros de la casa real, y rompió en pedazos todos los [a]utensilios

24 1 *a* Dan. 1:1–2. GEE Nabucodonosor.
2 *a* Jer. 25:9–11. *b* 2 Rey. 23:27.
3 *a* Jer. 15:4.
13 *a* 2 Cró. 36:7.

de oro que había hecho [b]Salomón, rey de Israel, en la casa de Jehová, como Jehová había dicho.
14 Y se [a]llevó en cautiverio a toda Jerusalén, y a todos los príncipes y a todos los hombres valientes, hasta diez mil cautivos, y a todos los artesanos y herreros; no quedó nadie, excepto la gente más pobre de esa tierra.
15 Asimismo se llevó al exilio a Babilonia a Joaquín, y a la madre del rey, y a las mujeres del rey, y a sus oficiales y a los poderosos de la tierra; los llevó cautivos de Jerusalén a Babilonia.
16 A todos los hombres de guerra, *que* fueron siete mil, y a los artesanos y herreros, *que* fueron mil, y a todos los fuertes y aptos para la guerra, se llevó cautivos el rey de Babilonia.
17 Y el rey de Babilonia puso como rey en lugar de Joaquín a Matanías, su tío, y le cambió el nombre por el de [a]Sedequías.
18 Sedequías tenía veintiún años cuando comenzó a reinar, y reinó en Jerusalén once años. El nombre de su madre era Hamutal, hija de Jeremías, de Libna.
19 E hizo [a]lo malo ante los ojos de Jehová, conforme a todo lo que había hecho Joacim.
20 Por motivo de la ira de Jehová, sucedió esto en Jerusalén y en Judá, hasta que los echó de su presencia. Y Sedequías se rebeló contra el rey de Babilonia.

CAPÍTULO 25

Nabucodonosor sitia nuevamente Jerusalén — Sedequías es capturado, Jerusalén y el templo son destruidos, y la mayoría de los judíos son llevados a Babilonia — Dan muerte a Gedalías, a quien habían dejado para gobernar al remanente que quedó — El remanente huye a Egipto — A Joaquín le tratan con cortesía en Babilonia.

Y ACONTECIÓ en el noveno año de su reinado, el día diez del mes décimo, que Nabucodonosor, rey de Babilonia, llegó con todo su ejército contra Jerusalén, y la sitió, y [a]levantó contra ella [b]torres alrededor.
2 Y la ciudad estuvo sitiada hasta el undécimo año del rey Sedequías.
3 A los nueve días del cuarto mes prevaleció el hambre en la ciudad, hasta que no hubo pan para el pueblo de la tierra.
4 Y abrieron una brecha en el muro de la ciudad, y *huyeron* de noche todos los hombres de guerra por el camino de la puerta que estaba entre los dos muros, junto a los huertos del rey, estando los caldeos alrededor de la ciudad; *y el rey* se fue por el camino hacia la llanura del sur.
5 Y el ejército de los caldeos persiguió al rey y lo apresó en las llanuras de Jericó, tras haber sido dispersado todo su ejército.
6 Entonces capturaron al rey y le llevaron a Ribla ante el rey de

13 *b* 1 Rey. 7:48–50.
14 *a* Jer. 13:19, 24.
17 *a* 1 Ne. 1:4.
GEE Sedequías.
19 *a* Jer. 13:27.
25 1 *a* Ezeq. 4:2–3.
b O sea, muros de asedio alrededor.

Babilonia, y pronunciaron [a]sentencia contra él.

7 Y degollaron a los [a]hijos de Sedequías en presencia suya; y a Sedequías le sacaron los ojos, y lo ataron con cadenas y lo [b]llevaron a Babilonia.

8 En el mes quinto, a los siete días del mes, en el año diecinueve de Nabucodonosor, rey de Babilonia, llegó a Jerusalén Nabuzaradán, capitán de la guardia, siervo del rey de Babilonia.

9 Y quemó [a]la casa de Jehová, y la casa del rey y todas las casas de Jerusalén; y [b]prendió fuego a todas las casas de los príncipes.

10 Y todo el ejército de los caldeos que estaba *con* el capitán de la guardia derribó los muros que rodeaban a Jerusalén.

11 Y a los del pueblo que habían quedado en la ciudad, y a los que se habían pasado al rey de Babilonia, y a los que habían quedado de la gente común, los [a]llevó cautivos Nabuzaradán, capitán de la guardia.

12 Pero el capitán de la guardia dejó algunos de los pobres de la tierra para que labrasen las viñas y las tierras.

13 Y quebraron los caldeos las columnas de bronce que estaban en la casa de Jehová, y las basas y el mar de bronce que estaba en la casa de Jehová, y se llevaron el bronce a [a]Babilonia.

14 Se llevaron también los [a]calderos, y las tenazas, y las despabiladeras, y los cucharones y todos los utensilios de bronce con que ministraban.

15 Incensarios, tazones, los de oro, en oro, y los de plata, en plata, *todo* se lo llevó el capitán de la guardia;

16 las dos columnas, el mar y las basas que Salomón había hecho para la casa de Jehová; no había manera de pesar el bronce de todos estos [a]objetos.

17 La altura de una columna era de dieciocho codos y tenía encima un capitel de bronce, y la altura del capitel era de tres codos; y sobre el capitel había hileras de granadas alrededor, todo de bronce; y semejante *obra* había en la otra columna con las hileras.

18 Entonces el capitán de la guardia apresó a Seraías, el sacerdote principal, y a Sofonías, el segundo sacerdote, y a tres guardias de la puerta;

19 y de la ciudad apresó a un oficial, el cual era el encargado de los hombres de guerra, y a cinco hombres de los consejeros del rey que se hallaban en la ciudad, y al principal escriba del ejército, que alistaba a la gente del país, y a sesenta hombres del pueblo de la tierra que se hallaban en la ciudad.

20 A éstos apresó Nabuzaradán, capitán de la guardia, y los llevó a Ribla al rey de Babilonia.

21 Y el rey de Babilonia los hirió y los mató en Ribla, en la tierra de

6 *a* Ezeq. 23:24.
7 *a* Hel. 8:21.
b Omni 1:15.
GEE Israel—El esparcimiento de Israel.
9 *a* GEE Templo, Casa del Señor.
b Oseas 8:14.
11 *a* 2 Ne. 6:8.
13 *a* Jer. 20:5.
14 *a* Éx. 27:3.
16 *a* 1 Rey. 7:47.

Hamat. Así fue llevado cautivo Judá lejos de su tierra.

22 Y al pueblo que Nabucodonosor, rey de Babilonia, dejó en la tierra de Judá, puso por gobernador a Gedalías hijo de Ahicam, hijo de Safán.

23 Y cuando oyeron todos los jefes del ejército, ellos y sus hombres, que el rey de Babilonia había puesto por gobernador a Gedalías, se presentaron ante él en Mizpa, *a saber*: Ismael hijo de Netanías, y Johanán hijo de Carea, y Seraías hijo de Tanhumet, el netofatita, y Jaazanías, hijo de un maacateo; ellos con sus hombres.

24 Entonces Gedalías les hizo juramento, a ellos y a sus hombres, y les dijo: No temáis a los siervos de los caldeos; habitad en la tierra y servid al rey de Babilonia, y os irá bien.

25 Pero aconteció que en el mes séptimo llegó Ismael hijo de Netanías, hijo de Elisama, de la estirpe real, y con él diez hombres, e hirieron a Gedalías y éste murió junto con los judíos y los caldeos que estaban con él en Mizpa.

26 Entonces se levantó todo el pueblo, desde el menor hasta el mayor, con los jefes del ejército, y se fueron a Egipto por temor a los caldeos.

27 Y aconteció que en el año treinta y siete del cautiverio de Joaquín, rey de Judá, en el mes duodécimo, a los veintisiete días del mes, Evil-merodac, rey de Babilonia, en el primer año de su reinado, liberó a Joaquín, rey de Judá, y lo sacó de la casa de la cárcel;

28 y le habló con benevolencia y puso su trono más alto que el trono de los reyes que estaban con él en Babilonia.

29 Y le cambió los vestidos de prisionero, y comió siempre delante de él todos los días de su vida.

30 Y le fue dado diariamente su sustento de parte del rey, de continuo, todos los días de su vida.

PRIMER LIBRO DE LAS CRÓNICAS

CAPÍTULO 1

Se dan la genealogía y los vínculos familiares desde Adán hasta Abraham — Se enumeran los nombres de la posteridad de Abraham.

[a]ADÁN, [b]Set, Enós,
2 Cainán, Mahalaleel, Jared,
3 [a]Enoc, [b]Matusalén, Lamec,
4 [a]Noé, [b]Sem, [c]Cam y [d]Jafet.
5 Los hijos de Jafet: Gomer, y

[1 CRÓNICAS]
1 1 *a* GEE Adán; Crónicas—Primer libro de Crónicas.
b DyC 107:42–43.
3 *a* GEE Enoc.
b GEE Matusalén.
4 *a* GEE Noé, patriarca bíblico.
b GEE Sem.
c GEE Cam.
d GEE Jafet.

Magog, y Madai, y [a]Javán, y Tubal, y Mesec y Tiras.
6 Y los hijos de Gomer: Askenaz, y Rifat y Togarma.
7 Y los hijos de Javán: Elisa, y Tarsis, Quitim y Dodanim.
8 Los hijos de Cam: Cus, y Mizraim, Fut y [a]Canaán.
9 Y los hijos de Cus: Seba, y Havila, y Sabta, y Raama y Sabteca. Y los hijos de Raama: Seba y Dedán.
10 Cus engendró a [a]Nimrod; éste comenzó a ser poderoso en la tierra.
11 Y Mizraim engendró a Ludim, y a Anamim, y a Lehabim, y a Naftuhim,
12 y a Patrusim y a Casluhim; de éstos salieron los filisteos y los caftoreos.
13 Y Canaán engendró a Sidón, su primogénito, y a Het,
14 y al jebuseo, y al amorreo, y al gergeseo,
15 y al heveo, y al araceo, y al sineo,
16 y al arvadeo, y al zemareo y al hamateo.
17 Los hijos de Sem: Elam, y Asur, y Arfaxad, y Lud, y Aram, y Uz, y Hul, y Geter y Mesec.
18 Y Arfaxad engendró a Sela, y Sela engendró a Heber.
19 Y a Heber le nacieron dos hijos: El nombre de uno fue [a]Peleg, por cuanto en sus días fue [b]dividida la tierra; y el nombre de su hermano fue Joctán.
20 Y Joctán engendró a Almodad, y a Selef, y a Hazarmavet, y a Jera,
21 y a Adoram, y a Uzal, y a Dicla,
22 y a Ebal, y a Abimael, y a Seba,
23 y a Ofir, y a Havila y a Jobab; todos hijos de Joctán.
24 Sem, Arfaxad, Sela,
25 Heber, Peleg, Reu,
26 Serug, Nacor, [a]Taré
27 *y* Abram, el cual es [a]Abraham.
28 Los hijos de Abraham: [a]Isaac e [b]Ismael.
29 Y éstas son sus descendencias: el primogénito de Ismael, Nebaiot, y Cedar, y Adbeel, y Mibsam,
30 Misma, y Duma, Massa, Hadad, y Tema,
31 Jetur, Nafis y Cedema. Éstos son los hijos de Ismael.
32 Y los hijos que Cetura, concubina de Abraham, dio a luz: Zimram, y Jocsán, y Medán, y Madián, e Isbac y Súa. Y los hijos de Jocsán: Seba y Dedán.
33 Y los hijos de Madián: Efa, y Efer, y Hanoc, y Abida y Elda; todos éstos fueron hijos de Cetura.
34 Y Abraham engendró a Isaac; los hijos de Isaac *fueron* [a]Esaú e [b]Israel.
35 Los hijos de Esaú: Elifaz, Reuel, y Jeús, y Jaalam y Coré.
36 Los hijos de Elifaz: Temán, y Omar, Zefo, y Gatam, Cenaz, y Timna y Amalec.

5 *a* Ezeq. 27:13.
8 *a* GEE Canaán, cananeo.
10 *a* Gén. 10:8–9; Éter 2:1.
19 *a* HEB división.
b GEE Tierra—La división de la tierra.
26 *a* Abr. 1:27; 2:1–5.
27 *a* GEE Abraham.
28 *a* GEE Isaac.
b GEE Ismael, hijo de Abraham.
34 *a* GEE Esaú.
b GEE Jacob, hijo de Isaac.

37 Los hijos de Reuel: Nahat,
Zera, Sama y Miza.
38 Y los hijos de Seir: Lotán, y
Sobal, y Zibeón, y Aná, y Disón,
y Ezer y Disán.
39 Y los hijos de Lotán: Hori y
Homam; y Timna fue hermana
de Lotán.
40 Los hijos de Sobal: Alván, y
Manahat, y Ebal, Sefo y Onam. Y
los hijos de Zibeón: Aja y Aná.
41 Disón fue hijo de Aná; y los
hijos de Disón: Amram, y Esbán,
e Itrán y Querán.
42 Los hijos de Ezer: Bilhán, y
Zaaván y Jaacán. Los hijos de
Disán: Uz y Arán.
43 Y éstos son los reyes que reinaron
en la tierra de Edom, antes
que reinase rey sobre los hijos de
Israel: Bela hijo de Beor; y el nombre
de su ciudad era Dinaba.
44 Y cuando murió Bela, reinó
en su lugar Jobab hijo de Zera,
de Bosra.
45 Y cuando murió Jobab, reinó
en su lugar Husam, de la tierra
de los temanitas.
46 Y cuando murió Husam,
reinó en su lugar Hadad hijo de
Bedad, el cual derrotó a Madián
en el campo de Moab; y el nombre
de su ciudad era Avit.
47 Y cuando murió Hadad, reinó
en su lugar Samla, de Masreca.
48 Y cuando murió Samla, reinó
en su lugar Saúl de Rehobot, que
está junto al Río.
49 Y cuando murió Saúl, reinó
en su lugar Baal-hanán hijo de
Acbor.
50 Y cuando murió Baal-hanán,
reinó en su lugar Hadad, el nombre
de cuya ciudad era Pai; y el
nombre de su mujer era Mehetabel,
hija de Matred, hija de
Mezaab.
51 Y Hadad murió. Y los jefes
de Edom fueron: el jefe Timna,
el jefe Alva, el jefe Jetet,
52 el jefe Aholibama, el jefe Ela,
el jefe Pinón,
53 el jefe Cenaz, el jefe Temán,
el jefe Mibzar,
54 el jefe Magdiel *y* el jefe Iram.
Éstos fueron los jefes de Edom.

CAPÍTULO 2

Se mencionan los descendientes de Israel, de Judá, de Isaí, de Caleb y de otros.

Éstos son los hijos de [a]Israel: Rubén,
Simeón, Leví, y Judá, Isacar,
y Zabulón,
2 Dan, José, y Benjamín, Neftalí,
Gad y Aser.
3 Los hijos de [a]Judá: Er, y Onán
y Sela. Estos tres le nacieron de
la hija de Súa, la cananea. Y Er,
primogénito de Judá, fue malo
delante de Jehová, y él le dio
muerte.
4 Y [a]Tamar, su nuera, le dio a luz
a Fares y a Zera. Todos los hijos
de Judá fueron cinco.
5 Los hijos de Fares: Hezrón y
Hamul.
6 Y los hijos de Zera: Zimri, y
Etán, y Hemán, y Calcol y Dara;
por todos cinco.
7 Y el hijo de Carmi fue Acán,

2 1 *a* GEE Israel.
3 *a* GEE Judá.
4 *a* Gén. 38; Mateo 1:3.

el que perturbó a Israel, porque prevaricó en el [a]anatema.

8 Y Azarías fue hijo de Etán.

9 Y los hijos que le nacieron a Hezrón: Jerameel, y Ram y [a]Quelubai.

10 Y Ram engendró a Aminadab, y Aminadab engendró a Naasón, príncipe de los hijos de Judá;

11 y Naasón engendró a Salmón, y Salmón engendró a Booz;

12 y Booz engendró a Obed, y Obed engendró a Isaí;

13 e Isaí engendró a [a]Eliab, su primogénito, y el segundo Abinadab, y Simea el tercero,

14 el cuarto Natanael, el quinto Radai,

15 el sexto Ozem, el séptimo [a]David,

16 de los cuales Sarvia y Abigail fueron hermanas. Y los hijos de Sarvia fueron tres: Abisai, y [a]Joab y Asael.

17 Y Abigail dio a luz a Amasa, cuyo padre fue Jeter, el ismaelita.

18 Y Caleb hijo de Hezrón engendró hijos de Azuba, su esposa, y de Jeriot; y los hijos de ésta fueron Jeser, y Sobab y Ardón.

19 Y cuando murió Azuba, Caleb tomó por esposa a Efrata, la que le dio a luz a Hur.

20 Y Hur engendró a Uri, y Uri engendró a [a]Bezaleel.

21 Y después Hezrón se unió a la hija de Maquir, padre de Galaad, a la que tomó por esposa siendo él de sesenta años, y ella le dio a luz a Segub.

22 Y Segub engendró a Jair, que tuvo veintitrés ciudades en la tierra de Galaad.

23 Y él tomó Gesur y Aram, con las ciudades de Jair, de ellos, con Kenat y sus aldeas, sesenta ciudades. Todas éstas *pertenecieron* a los hijos de Maquir, padre de Galaad.

24 Y después que murió Hezrón en Caleb de Efrata, Abías, esposa de Hezrón, dio a luz a Asur, padre de Tecoa.

25 Y los hijos de Jerameel, primogénito de Hezrón, fueron Ram, su primogénito, y Buna, y Orén, y Ozem y Ahías.

26 Y tuvo Jerameel otra esposa llamada Atara, que fue madre de Onam.

27 Y los hijos de Ram, primogénito de Jerameel, fueron Maaz, y Jamín y Equer.

28 Y los hijos de Onam fueron Samai y Jada. Y los hijos de Samai: Nadab y Abisur.

29 Y el nombre de la esposa de Abisur era Abihail, la cual dio a luz a Ahbán y a Molid.

30 Y los hijos de Nadab: Seled y Apaim. Pero Seled murió sin hijos.

31 E Isi fue hijo de Apaim, y Sesán fue hijo de Isi, y el hijo de Sesán fue Ahlai.

32 Y los hijos de Jada, hermano de Samai: Jeter y Jonatán. Y murió Jeter sin hijos.

33 Y los hijos de Jonatán: Pelet y Zaza. Éstos fueron los hijos de Jerameel.

7 *a* *Es decir,* lo que se destruía en forma completa o se dedicaba como sacrificio.

9 *a* Una forma del nombre Caleb; (véanse también los vers. 18 y 42).

13 *a* 1 Sam. 16:6–7.
15 *a* GEE David.
16 *a* 1 Rey. 2:29–34.
20 *a* Éx. 31:2–7.

34 Y Sesán no tuvo hijos, sino hijas. Y tuvo Sesán un siervo egipcio llamado Jarha;
35 y Sesán dio su hija por esposa a Jarha, su siervo, y ella le dio a luz a Atai.
36 Y Atai engendró a Natán, y Natán engendró a Zabad;
37 y Zabad engendró a Eflal, y Eflal engendró a Obed;
38 y Obed engendró a Jehú, y Jehú engendró a Azarías;
39 y Azarías engendró a Heles, y Heles engendró a Elasa;
40 y Elasa engendró a Sismai, y Sismai engendró a Salum;
41 y Salum engendró a Jecamías, y Jecamías engendró a Elisama.
42 Y los hijos de Caleb, hermano de Jerameel, fueron: Mesa, su primogénito, que fue el padre de Zif, y los hijos de Maresa, padre de Hebrón.
43 Y los hijos de Hebrón: Coré, y Tapúa, y Requem y Sema.
44 Y Sema engendró a Raham, padre de Jorcoam, y Requem engendró a Samai.
45 Y Maón fue hijo de Samai, y Maón fue padre de Bet-sur.
46 Y Efa, concubina de Caleb, le dio a luz a Harán, y a Mosa y a Gazez. Y Harán engendró a Gazez.
47 Y los hijos de Jahdai: Regem, y Jotam, y Gesam, y Pelet, y Efa y Saaf.
48 Maaca, concubina de Caleb, le dio a luz a Seber y a Tirhana.
49 Y también dio a luz a Saaf, padre de Madmana, y a Seva, padre de Macbena y padre de Gibea. Y Acsa fue hija de Caleb.
50 Éstos fueron los descendientes de Caleb. Los hijos de Hur, primogénito de Efrata: Sobal, padre de Quiriat-jearim;
51 Salma, padre de Belén; Haref, padre de Bet-gader.
52 Y los hijos de Sobal, padre de Quiriat-jearim, fueron Haroe, la mitad de los manahetitas.
53 Y las familias de Quiriat-jearim fueron los itritas, y los futitas, y los sumatitas y los misraítas, de quienes salieron los zoratitas y los estaolitas.
54 Los hijos de Salma: Belén y los netofatitas, Atrot-bet-joab y la mitad de los manahetitas, los zoraítas.
55 Y las familias de los [a]escribas que moraban en Jabes fueron: los tirateos, los simeateos y los sucateos, los cuales son los [b]ceneos que vinieron de Hamat, padre de la casa de [c]Recab.

CAPÍTULO 3

Se nombra a los hijos de David — Se hace mención de los sucesores de Salomón hasta Jeconías y después de éste.

ÉSTOS son los hijos de David que le nacieron en Hebrón: Amnón, el primogénito, de Ahinoam, la jezreelita; el segundo, Daniel, de Abigail, la de Carmel;
2 el tercero, Absalón, hijo de Maaca, hija de Talmai, rey de Gesur; el cuarto, Adonías, hijo de Haguit;
3 el quinto, Sefatías, de Abital;

55 *a* GEE Escriba. *b* Jue. 1:16. *c* Jer. 35:2–19.

el sexto, Itream, de su esposa Egla.
4 Estos seis le nacieron en Hebrón, donde reinó siete años y seis meses; y en Jerusalén reinó treinta y tres años.
5 Estos cuatro le nacieron en Jerusalén: Simea, y Sobab, y Natán y [a]Salomón, de [b]Bet-súa, hija de Amiel.
6 Y *otros* nueve: Ibhar, y Elisama, y Elifelet,
7 y Noga, y Nefeg y Jafía,
8 y Elisama, y Eliada y Elifelet.
9 Todos éstos fueron los hijos de David, sin contar los hijos de las [a]concubinas. Y [b]Tamar fue hermana de ellos.
10 E hijo de Salomón fue Roboam, cuyo hijo *fue* Abías, del cual *fue* hijo Asa, cuyo hijo *fue* Josafat,
11 de quien *fue* hijo Joram, cuyo hijo *fue* Ocozías, hijo del cual *fue* Joás,
12 del cual *fue* hijo Amasías, cuyo hijo *fue* Azarías, e hijo de éste, Jotam;
13 hijo de éste *fue* Acaz, del que *fue* hijo Ezequías, cuyo hijo *fue* Manasés,
14 del cual *fue* hijo Amón, cuyo hijo *fue* Josías.
15 Y los hijos de Josías: Johanán, su primogénito, el segundo Joacim, el tercero [a]Sedequías, el cuarto [b]Salum.
16 Y los hijos de Joacim: Jeconías, su hijo, hijo del cual *fue* Sedequías.
17 Y los hijos de Jeconías: Asir, Salatiel, su hijo.
18 Y Malquiram, y Pedaías, y Senazar, Jecamías, Hosama y Nedabías.
19 Y los hijos de Pedaías: Zorobabel y Simei. Y los hijos de Zorobabel: Mesulam, y Hananías y Selomit, su hermana.
20 Y también estos cinco: Hasuba, y Ohel, y Berequías, y Hasadías y Jusab-hesed.
21 Y los hijos de Hananías: Pelatías y Jesaías, los hijos de Refaías, los hijos de Arnán, los hijos de Abdías, los hijos de Secanías.
22 Y los seis descendientes de Secanías fueron Semaías, y los hijos de Semaías: Hatús, e Igal, y Barías, y Nearías y Safat.
23 Y los hijos de Nearías *fueron* estos tres: Elioenai, y Ezequías y Azricam.
24 Y los hijos de Elioenai *fueron* estos siete: Hodavías, y Eliasib, y Pelaías, y Acub, y Johanán, y Dalaías y Anani.

CAPÍTULO 4

Se nombra a las familias y a los descendientes de Judá, de Simeón y de otros — Se mencionan varios principales entre sus familias.

Los hijos de Judá: Fares, Hezrón, y Carmi, y Hur y Sobal.
2 Y Reaía hijo de Sobal, engendró a Jahat, y Jahat engendró a Ahumai y a Lahad.

3 5 *a* Mateo 1:6. GEE Salomón.
b Bet-súa es Betsabé; el nombre Amiel es Eliam con sus sílabas transpuestas. GEE Betsabé.
9 *a* Jacob 1:15.
b 2 Sam. 13:1.
15 *a* GEE Sedequías.
b Jer. 22:11–12.

Éstas son las familias de los zoratitas.

3 Y éstas son las del padre de Etam: Jezreel, e Isma e Ibdas. Y el nombre de su hermana fue Haze-lelponi.

4 Y Penuel *fue* padre de Gedor, y Ezer *fue* padre de Husa. Éstos fueron los hijos de Hur, primogénito de [a]Efrata, padre de Belén.

5 Y Asur padre de Tecoa tuvo dos esposas, Hela y Naara.

6 Y Naara le dio a luz a Ahuzam, y a Hefer, y a Temeni y a Ahastari. Éstos fueron los hijos de Naara.

7 Y los hijos de Hela: Zeret, y Jezoar y Etnán.

8 Y Cos engendró a Anub, y a Zobeba y las familias de Aharhel hijo de Harum.

9 Y Jabes fue más ilustre que sus hermanos, al cual su madre llamó Jabes, diciendo: Por cuanto le di a luz con dolor.

10 E invocó Jabes al Dios de Israel, diciendo: ¡Oh si me dieras bendición y ensancharas mi [a]territorio, y si tu mano estuviera conmigo y me libraras del mal, para que no me dañase! Y le concedió Dios lo que pidió.

11 Y Quelub, hermano de Súa, engendró a Mehir, el cual fue padre de Estón.

12 Y Estón engendró a Bet-rafa, y a Paseah y a Tehina, padre de la ciudad de Nahas; éstos son los hombres de Reca.

13 Y los hijos de Cenaz: [a]Otoniel y Seraías. Y los hijos de Otoniel: Hatat

14 y Meonotai, el cual engendró a Ofra; y Seraías engendró a Joab, padre de *los habitantes* del valle *de* [a]Carisim, porque eran artesanos.

15 Y los hijos de Caleb hijo de Jefone: Iru, Ela y Naam; e hijo de Ela *fue* Cenaz.

16 Y los hijos de Jehalelel: Zif, y Zifa, Tirías y Asareel.

17 Y los hijos de Esdras: Jeter, y Mered, y Efer y Jalón; también engendró a María, y a Samai y a Isba, padre de Estemoa.

18 Y su esposa Jehudaía le dio a luz a Jered, padre de Gedor, y a Heber, padre de Soco, y a Jecutiel, padre de Zanoa. Y éstos fueron los hijos de Bitia, hija de Faraón, con la cual se casó Mered.

19 Y los hijos de la esposa de Hodías, hermana de Naham, *fueron* el padre de Keila, el garmita, y Estemoa, el maacateo.

20 Y los hijos de Simón: Amnón, y Rina, Ben-hanán y Tilón. Y los hijos de Isi: Zohet y Benzohet.

21 Los hijos de Sela hijo de Judá: Er, padre de Leca, y Laada, padre de Maresa, y de las familias de los que trabajan el lino en Betasbea;

22 y Joacim, y los hombres de Cozeba, y Joás y Saraf, los cuales dominaron en Moab y volvieron a Lehem, y estos registros son antiguos.

23 Éstos eran alfareros y habitaban en medio de plantíos y cercados; habitaban allá, al servicio del rey.

4 4 *a* Esposa de Caleb. 1 Cró. 2:19.
10 *a* HEB frontera.
13 *a* Jue. 3:9–11.
14 *a* HEB el valle de los artífices.

24 Los hijos de [a]Simeón fueron:
Nemuel, y Jamín, Jarib, Zera *y*
Saúl;
25 Salum, su hijo, Mibsam, su
hijo, y Misma, su hijo.
26 Y Los hijos de Misma: Ha-
muel, su hijo, Zacur, su hijo, y
Simei, su hijo.
27 Los hijos de Simei fueron
dieciséis, y seis hijas; pero
sus hermanos no tuvieron muchos hijos, ni multiplicaron
toda su familia como los hijos
de Judá.
28 Y habitaron en Beerseba, y en
Molada, y en Hazar-sual,
29 y en Bala, y en Ezem, y en
Tolad,
30 y en Betuel, y en Horma,
y en Siclag,
31 y en Bet-marcabot, y
en Hazar-susim, y en Bet-bi-
rai y en Saaraim. Éstas fueron
sus ciudades hasta el reino de
David.
32 Y sus aldeas fueron Etam, y
Aín, Rimón, y Toquén y Asán,
cinco ciudades,
33 y todas sus aldeas que estaban alrededor de estas ciudades
hasta Baal. Ésta fue su habitación,
y ésta su genealogía.
34 Y Mesobab, y Jamlec y Josías
hijo de Amasías;
35 y Joel, y Jehú hijo de
Josibías, hijo de Seraías, hijo de
Asiel;
36 y Elioenai, y Jaacoba, y Jeso-
haía, y Asaías, y Adiel, y Jesimiel
y Benaía;
37 y Ziza hijo de Sifi, hijo de
Alón, hijo de Jedaías, hijo de
Simri, hijo de Semaías.
38 Éstos, por sus nombres, son
los principales entre sus familias,
y las casas paternas aumentaron
en gran manera.
39 Y llegaron hasta la entrada
de Gedor hasta el oriente del
valle, buscando pastos para sus
ganados.
40 Y hallaron pastos abundantes y buenos, y tierra ancha y espaciosa, y tranquila y apacible,
porque los que la habitaban antes
eran de Cam.
41 Y éstos que han sido men-
cionados por *sus* nombres llegaron en días de Ezequías, rey de
Judá, y desbarataron las tiendas
y cabañas que allí hallaron, y los
destruyeron, hasta hoy, y habitaron allí en lugar de ellos; por
cuanto había allí pastos para sus
ganados.
42 Y asimismo quinientos hombres de ellos, de los hijos de
Simeón, se fueron a los montes
de Seir, llevando por capitanes a
Pelatías, y a Nearías, y a Refaías
y a Uziel, hijos de Isi.
43 Y destruyeron al remanente
de Amalec que había escapado,
y habitaron allí hasta hoy.

CAPÍTULO 5

Los hijos de José reciben la primogenitura de Rubén — Judá llega a ser poderoso en Israel — Se enumera la posteridad de Rubén hasta el cautiverio — Los asirios llevan cautivos a los hijos de Rubén, y a los de Gad y a la mitad de los de Manasés.

24 *a* GEE Simeón.

Y LOS hijos de [a]Rubén, [b]primo-
génito de Israel (porque él era el
primogénito, pero como profanó
el [c]lecho de su padre, sus [d]dere-
chos de primogenitura fueron
dados a los [e]hijos de [f]José hijo
de Israel, y no fue contado como
primogénito en la genealogía;
2 aunque [a]Judá llegó a ser poderoso entre sus hermanos, y de él
vino el [b]príncipe, el [c]derecho de
primogenitura fue de José).
3 Fueron, pues, los hijos de Rubén, primogénito de Israel: Hanoc, y Falú, Hezrón y Carmi.
4 Los hijos de Joel: Semaías,
su hijo, Gog, su hijo, Simei, su
hijo,
5 Micaía, su hijo, Reaía, su hijo,
Baal, su hijo,
6 Beera, su hijo, el cual fue llevado cautivo por Tiglat-pileser,
rey de los asirios. Éste era principal de los rubenitas.
7 Y sus hermanos por sus familias, según la genealogía de sus
generaciones, tenían por príncipes a Jeiel y a Zacarías.
8 Y Bela hijo de Azaz, hijo de
Sema, hijo de Joel, habitó en
Aroer hasta Nebo y Baal-meón.
9 Y habitó hacia el oriente hasta
la entrada del desierto desde el
río Éufrates, porque su ganado
había aumentado en la tierra de
Galaad.
10 Y en los días de Saúl hicieron guerra contra los agarenos,
los cuales cayeron por su mano;
y ellos habitaron en sus tiendas
en toda la región oriental de
Galaad.
11 Y los hijos de Gad habitaron
enfrente de ellos en la tierra de
Basán hasta Salca.
12 Joel fue el principal, y el segundo Safán, y luego Jaanai y
Safat, en Basán.
13 Y sus hermanos, según las
familias de sus padres, fueron
siete: Micael, y Mesulam, y Seba,
y Jorai, y Jacán, y Zía y Heber.
14 Éstos fueron los hijos de Abihail hijo de Huri, hijo de Jaroa,
hijo de Galaad, hijo de Micael,
hijo de Jesisai, hijo de Jahdo, hijo
de Buz.
15 Ahí hijo de Abdiel, hijo de
Guni, principal en la casa de sus
padres.
16 Y habitaron en Galaad, en
Basán y en sus aldeas, y en todos los campos de Sarón hasta
sus confines.
17 Todos éstos fueron contados por sus generaciones en los
días de [a]Jotam, rey de Judá, y
en los días de [b]Jeroboam, rey de
Israel.
18 Los hijos de Rubén, y de Gad
y de la media tribu de Manasés,
hombres valientes, hombres que
llevaban escudo y espada, que
tensaban el arco, y diestros en la
guerra, eran cuarenta y cuatro mil
setecientos sesenta que salían a
la guerra.
19 E hicieron la guerra a los
agarenos, y a Jetur, y a Nafis y
a Nodab.

5 1 *a* GEE Rubén.
b GEE Primogénito.
c Gén. 35:22.
d GEE Primogenitura.
e Josué 14:4.
f GEE José, hijo de Jacob.
2 *a* GEE Judá.
b Miq. 5:2; Mateo 2:4–6.
c GEE José, hijo de Jacob.
17 *a* 2 Rey. 15:7.
b GEE Jeroboam.

20 Y fueron ayudados contra
ellos; y los agarenos y todos los
que con ellos estaban fueron entregados en sus manos, porque
clamaron a Dios en la batalla y
él les fue favorable, porque [a]confiaron en él.
21 Y tomaron sus ganados: cincuenta mil camellos, y doscientas
cincuenta mil ovejas y dos mil
asnos; y cien mil hombres.
22 Y muchos cayeron muertos,
porque la guerra era de Dios; y
habitaron en sus lugares hasta el
[a]cautiverio.
23 Y los hijos de la media tribu
de Manasés habitaron en la tierra,
desde Basán hasta Baal-hermón,
y Senir y el monte Hermón, multiplicados en gran manera.
24 Y éstos fueron los jefes de las
casas paternas: Efer, e Isi, y Eliel,
y Azriel, y Jeremías, y Hodavías
y Jahdiel, hombres fuertes y valientes, hombres de renombre y
jefes de las casas paternas.
25 Pero fueron desleales al Dios
de sus padres, y se prostituyeron al seguir a los dioses de los
pueblos de la tierra, a los cuales
Dios había destruido delante de
ellos.
26 Y el Dios de Israel movió el
espíritu de Pul, rey de los asirios,
y el espíritu de Tiglat-pileser, rey
de los asirios, el cual [a]exilió a los
rubenitas y a los gaditas y a la
media tribu de Manasés, y los
llevó a Halah, y a Habor, y a Hara
y al río de Gozán, hasta hoy.

CAPÍTULO 6

Se enumeran los hijos de Leví, incluidos los cantores de David — Se mencionan las responsabilidades de Aarón y de su descendencia — Se señalan las ciudades levitas en las regiones de las diversas tribus.

Los hijos de [a]Leví: Gersón, Coat
y Merari.
2 Y los hijos de Coat: Amram, e
Izhar, y Hebrón y Uziel.
3 Y los hijos de Amram: Aarón,
y Moisés y María. Y los hijos de
Aarón: Nadab, y Abiú, Eleazar
e Itamar.
4 Eleazar engendró a [a]Finees,
Finees engendró a Abisúa,
5 y Abisúa engendró a Buqui, y
Buqui engendró a Uzi,
6 y Uzi engendró a Zeraías, y
Zeraías engendró a Meraiot,
7 Meraiot engendró a Amarías,
y Amarías engendró a Ahitob,
8 y Ahitob engendró a [a]Sadoc, y
Sadoc engendró a Ahimaas,
9 y Ahimaas engendró a Azarías,
y Azarías engendró a Johanán,
10 y Johanán engendró a [a]Azarías, el que sirvió como sacerdote
en el templo que Salomón edificó
en Jerusalén;
11 y Azarías engendró a Amarías, y Amarías engendró a
Ahitob,
12 y Ahitob engendró a Sadoc,
y Sadoc engendró a Salum,
13 y Salum engendró a [a]Hilcías,
e Hilcías engendró a Azarías,

20 *a* GEE Confianza, confiar.
22 *a* *Es decir,* aproximadamente 721 a.C., época en que Asiria destruyó el reino del norte de Israel.
26 *a* 2 Rey. 15:29.
6 1 *a* GEE Leví.
4 *a* Núm. 25:6–13.
8 *a* 1 Cró. 24:2–3.
10 *a* 2 Cró. 26:16–23.
13 *a* 2 Rey. 22:4–14.

14 y Azarías engendró a [a]Seraías,
y Seraías engendró a Josadac.
15 Y Josadac fue llevado *cautivo*
cuando Jehová llevó al exilio a
[a]Judá y a Jerusalén por mano de
Nabucodonosor.
16 Los hijos de Leví: Gersón,
Coat y Merari.
17 Y éstos son los nombres de los
hijos de Gersón: Libni y Simei.
18 Y los hijos de Coat: Amram,
e Izhar, y Hebrón y Uziel.
19 Los hijos de Merari: Mahli y
Musi. Y éstas son las familias de
Leví, según sus padres.
20 De Gersón: Libni, su hijo, Jahat, su hijo, Zima, su hijo,
21 Joa, su hijo, Iddo, su hijo,
Zera, su hijo, Jeatrai, su hijo.
22 Los hijos de Coat: Aminadab, su hijo, Coré, su hijo, Asir,
su hijo,
23 Elcana, su hijo, y Ebiasaf, su
hijo, y Asir, su hijo,
24 Tahat, su hijo, Uriel, su hijo,
Uzías, su hijo y Saúl, su hijo.
25 Y los hijos de Elcana: Amasai
y Ahimot.
26 Con respecto a Elcana, los
hijos de Elcana: Zofai, su hijo y
Nahat, su hijo,
27 Eliab, su hijo, Jeroham, su
hijo, Elcana, su hijo.
28 Y los [a]hijos de Samuel: el primogénito Vasni y Abías.
29 Los hijos de Merari: Mahli,
Libni, su hijo, Simei, su hijo, Uza,
su hijo,
30 Simea, su hijo, Haguía, su
hijo, Asaías, su hijo.
31 Y éstos son los que David
puso a cargo del servicio del canto en la casa de Jehová, después que el arca tuvo reposo.
32 Y [a]servían delante de la
tienda del tabernáculo de reunión en el canto, hasta que Salomón edificó la casa de Jehová en Jerusalén; después se mantuvieron en su ministerio [b]según su costumbre.
33 Y éstos son los que servían
con sus hijos: de los hijos de los coatitas, Hemán, el cantor, hijo de Joel, hijo de Samuel,
34 hijo de Elcana, hijo de Jeroham, hijo de Eliel, hijo de Toa,
35 hijo de Zuf, hijo de Elcana,
hijo de Mahat, hijo de Amasai,
36 hijo de Elcana, hijo de
Joel, hijo de Azarías, hijo de Sofonías,
37 hijo de Tahat, hijo de Asir,
hijo de Ebiasaf, hijo de Coré,
38 hijo de Izhar, hijo de Coat,
hijo de Leví, hijo de Israel.
39 Y su hermano [a]Asaf, el cual
estaba a su mano derecha, *es decir,* Asaf hijo de Berequías, hijo de Simea,
40 hijo de Micael, hijo de Baasías, hijo de Malquías,
41 hijo de Etni, hijo de Zera, hijo
de Adaía,
42 hijo de Etán, hijo de Zima,
hijo de Simei,
43 hijo de Jahat, hijo de Gersón,
hijo de Leví.
44 Y los hijos de Merari, sus
hermanos, estaban a la mano izquierda: Etán hijo de Quisi, hijo de Abdi, hijo de Maluc,

14 *a* 2 Rey. 25:18–21.
15 *a* GEE Judá—El reino de Judá.
28 *a* 1 Sam. 8:1–2. GEE Samuel, profeta del Antiguo Testamento.
32 *a* GEE Ministrar, ministro.
b DyC 94:6.
39 *a* 1 Cró. 25:1–2.

45 hijo de Hasabías, hijo de Amasías, hijo de Hilcías,

46 hijo de Amsi, hijo de Bani, hijo de Semer,

47 hijo de Mahli, hijo de Musi, hijo de Merari, hijo de Leví.

48 Y sus hermanos los [a]levitas fueron puestos sobre todo el servicio del tabernáculo de la casa de Dios.

49 Pero [a]Aarón y sus hijos ofrecían sacrificios sobre el altar del holocausto y sobre el altar del incienso, *y fueron puestos sobre* toda la obra del lugar santísimo, y para hacer expiación por Israel, conforme a todo lo que Moisés, siervo de Dios, había mandado.

50 Y los hijos de Aarón son éstos: Eleazar, su hijo, Finees, su hijo, Abisúa, su hijo,

51 Buqui, su hijo, Uzi, su hijo, Zeraías, su hijo,

52 Meraiot, su hijo, Amarías, su hijo, Ahitob, su hijo,

53 Sadoc, su hijo, Ahimaas, su hijo.

54 Y éstas son sus habitaciones, conforme a sus campamentos en sus territorios, *las* de los hijos de Aarón por las familias de los coatitas, porque a ellos les tocó la primera suerte.

55 Les dieron, pues, Hebrón en la tierra de Judá, y sus campos alrededor de ella.

56 Pero el territorio de la ciudad y sus aldeas se dieron a Caleb hijo de Jefone.

57 Y a los hijos de Aarón dieron las siguientes ciudades de refugio: Hebrón y Libna con sus campos; y Jatir y Estemoa con sus campos,

58 e Hilén con sus campos, Debir con sus campos,

59 y Asán con sus campos y Betsemes con sus campos.

60 Y de la tribu de Benjamín, Geba con sus campos, y Alemet con sus campos y Anatot con sus campos. Todas sus ciudades fueron trece ciudades, *repartidas* según sus familias.

61 A los hijos de Coat, que quedaron de la familia de esa tribu, *dieron* por suertes diez ciudades de la media tribu de Manasés.

62 Y a los hijos de Gersón, según sus familias, *dieron* de la tribu de Isacar, y de la tribu de Aser, y de la tribu de Neftalí y de la tribu de Manasés, en Basán, trece ciudades.

63 Y a los hijos de Merari, según sus familias, de la tribu de Rubén, y de la tribu de Gad, y de la tribu de Zabulón, *les dieron* por suertes doce ciudades.

64 Y dieron los hijos de Israel a los levitas ciudades con sus campos.

65 Y dieron por suertes de la tribu de los hijos de Judá, y de la tribu de los hijos de Simeón y de la tribu de los hijos de Benjamín, las ciudades que nombraron por sus nombres.

66 Y a las familias de los hijos de Coat *dieron* ciudades del territorio de la tribu de Efraín.

67 Y les dieron las ciudades de refugio, Siquem con sus campos en los montes de Efraín, y Gezer con sus campos,

48 *a* DyC 13:1.

49 *a* Lev. 1:7–9.

68 y Jocmeam con sus campos, y Bet-horón con sus campos,
69 y Ajalón con sus campos y Gat-rimón con sus campos.
70 Y de la media tribu de Manasés, Aner con sus campos y Bileam con sus campos, para los que quedaron de la familia de los hijos de Coat.
71 A los hijos de Gersón *dieron* de la familia de la media tribu de Manasés, Golán en Basán con sus campos y Astarot con sus campos;
72 y de la tribu de Isacar, Cedes con sus campos, Daberat con sus campos,
73 y Ramot con sus campos y Anem con sus campos;
74 y de la tribu de Aser, Masal con sus campos, y Abdón con sus campos,
75 y Hucoc con sus campos y Rehob con sus campos.
76 Y de la tribu de Neftalí, Cedes en Galilea con sus campos, y Amón con sus campos y Quiriataim con sus campos.
77 A los hijos de Merari que habían quedado, *dieron*, de la tribu de Zabulón, Rimón con sus campos y Tabor con sus campos;
78 y del otro lado del Jordán, frente a Jericó, al oriente del Jordán, *dieron* de la tribu de Rubén, Beser en el desierto con sus campos y Jaza con sus campos,
79 Cademot con sus campos y Mefaat con sus campos;
80 y de la tribu de Gad, Ramot en Galaad con sus campos, y Mahanaim con sus campos,
81 y Hesbón con sus campos y Jazer con sus campos.

CAPÍTULO 7

Se enumeran los hijos y las familias de Isacar, de Benjamín, de Neftalí, de Manasés, de Efraín y de Aser.

Los hijos de [a]Isacar fueron cuatro: Tola, y Fúa, Jasub y Simrón.
2 Y los hijos de Tola: Uzi, y Refaías, y Jeriel, y Jahmai, y Jibsam y Semuel, jefes de las casas paternas de Tola. Eran hombres fuertes y valientes en sus generaciones. En el tiempo de David, había veintidós mil seiscientos hombres.
3 Y los hijos de Uzi fueron Israhías y los hijos de Israhías: Micael, y Obadías, y Joel *e* Isías, por todos, cinco jefes.
4 Y había con ellos, según sus generaciones, conforme a sus casas paternas, tropas de guerra, treinta y seis mil *hombres*, pues tuvieron muchas esposas e hijos.
5 Y sus hermanos entre todas las familias de Isacar, contados todos por sus genealogías, eran ochenta y siete mil *hombres* fuertes y valientes.
6 Los *hijos* de [a]Benjamín fueron tres: Bela, y Bequer y Jediael.
7 Y los hijos de Bela: Ezbón, y Uzi, y Uziel, y Jerimot e Iri; cinco jefes de casas paternas, hombres de gran valor, y de su descendencia fueron contados veintidós mil treinta y cuatro.

7 1 *a* GEE Isacar. 6 *a* GEE Benjamín, hijo de Jacob.

8 Y los hijos de Bequer: Zemira, y Joás, y Eliezer, y Elioenai, y Omri, y Jerimot, y Abías, y Anatot y Alamet; todos éstos fueron hijos de Bequer.

9 Y contados por sus descendencias, según su genealogía, los que eran jefes de sus casas paternas: veinte mil doscientos hombres fuertes y valientes.

10 Y los hijos de Jediael fueron Bilhán y los hijos de Bilhán: Jeús, y Benjamín, y Aod, y Quenaana, y Zetán, y Tarsis y Ahisahar.

11 Todos éstos fueron hijos de Jediael, jefes de casas paternas, hombres fuertes y valientes, diecisiete mil doscientos que salían a combatir en la guerra.

12 Y Supim y Hupim fueron hijos de Hir; y Husim, hijo de Aher.

13 Los hijos de [a]Neftalí: Jahzeel, y Guni, y Jezer y Salum, hijos de Bilha.

14 Los hijos de [a]Manasés: Asriel, al que dio a luz su concubina, la siria, la que también dio a luz a Maquir, padre de Galaad.

15 Y Maquir tomó por esposa a *la hermana* de Hupim y Supim, cuya hermana tuvo por nombre Maaca; y el nombre del segundo era Zelofehad. Y Zelofehad tuvo hijas.

16 Y Maaca, esposa de Maquir, dio a luz un hijo y le llamó Peres; y el nombre de su hermano era Seres, cuyos hijos fueron Ulam y Requem.

17 Y el hijo de Ulam fue Bedán. Éstos fueron los hijos de Galaad hijo de Maquir, hijo de Manasés.

18 Y su hermana Hamolequet dio a luz a Isod, y a Abiezer y a Mahala.

19 Y los hijos de Semida fueron Ahián, y Siquem, y Likhi y Aniam.

20 Y los hijos de [a]Efraín: Sutela, y Bered, su hijo, y Tahat, y Elada, su hijo, y Tahat, su hijo,

21 y Zabad, su hijo, y Sutela, su hijo, y Ezer y Elad. Pero los hombres de Gat, naturales de aquella tierra, los mataron porque descendieron a quitarles sus ganados.

22 Y Efraín, su padre, hizo duelo por muchos días, y fueron sus hermanos a consolarlo.

23 Y después él se llegó a su esposa, y ella concibió y dio a luz un hijo, al que puso por nombre Bería, por cuanto había estado la aflicción en su casa.

24 Y su hija fue Seera, la que edificó Bet-horón, la de abajo y la de arriba, y Uzen-seera.

25 Y Refa fue su hijo y también Resef, y Telah, su hijo, y Tahán, su hijo,

26 Laadán, su hijo, Amiud, su hijo, Elisama, su hijo,

27 [a]Nun, su hijo y Josué, su hijo.

28 Y la heredad y habitación de ellos fue Bet-el con sus aldeas; y hacia el oriente Naarán; y hacia la parte del occidente, Gezer y sus aldeas; asimismo, Siquem

13 *a* GEE Neftalí.
14 *a* GEE Manasés.
20 *a* GEE Efraín.
27 *a* *Es decir,* Nun y Josué. GEE Josué.

con sus aldeas, hasta Gaza y sus aldeas;
29 y junto al territorio de los hijos de Manasés, Bet-seán con sus aldeas, Taanac con sus aldeas, Meguido con sus aldeas *y* Dor con sus aldeas. En estos *lugares* habitaron los hijos de [a]José hijo de Israel.
30 Los hijos de [a]Aser: Imna, e Isúa, e Isúi, y Bería y su hermana Sera.
31 Y los hijos de Bería: Heber y Malquiel, que fue padre de Birzavit.
32 Y Heber engendró a Jaflet, y a Somer, y a Hotam y a Súa, hermana de ellos.
33 Y los hijos de Jaflet: Pasac, y Bimhal y Asvat. Éstos fueron los hijos de Jaflet.
34 Y los hijos de Semer: Ahí, y Rohga, Jehúba y Aram.
35 Y los hijos de Helem, su hermano: Zofa, e Imna, y Seles y Amal.
36 Los hijos de Zofa: Súa, y Harnefer, y Súal, y Beri, e Imra,
37 Beser, y Hod, y Sama, y Silsa, e Itrán y Beera.
38 Y los hijos de Jeter: Jefone, y Pispa y Ara.
39 Y los hijos de Ula: Ara, y Haniel y Rezia.
40 Todos éstos fueron hijos de Aser, jefes de casas paternas, escogidos, fuertes y valientes, jefes de príncipes; y al ser contados por su genealogía, entre los que eran aptos para la guerra y para la batalla, el número de ellos fue de veintiséis mil hombres.

CAPÍTULO 8

Se enumeran los hijos y los jefes principales de Benjamín.

Y Benjamín engendró a Bela, su primogénito, a Asbel el segundo, y a Ahara el tercero,
2 a Noha el cuarto y a Rafa el quinto.
3 Y los hijos de Bela fueron Adar, y Gera, y Abiud,
4 y Abisúa, y Naamán, y Ahoa,
5 y Gera, y Sefufán e Hiram.
6 Y éstos son los hijos de Aod; éstos son los jefes de las casas paternas de los que habitaron en Geba y fueron llevados cautivos a Manahat:
7 Naamán, y Ahías y Gera; éste los llevó cautivos y engendró a Uza y a Ahiud.
8 Y Saharaim engendró hijos en la tierra de Moab, después que repudió a Husim y a Baara, que eran sus esposas.
9 Y engendró, pues, de Hodes, su esposa, a Jobab, y a Sibia, y a Mesa, y a Malcam,
10 y a Jeúz, y a Saquías y a Mirma. Éstos son sus hijos, jefes de casas paternas.
11 Y de Husim engendró a Abitob y a Elpaal.
12 Los hijos de Elpaal: Heber, y Misam, y Semed (el que edificó Ono y Lod con sus aldeas),
13 y Bería y Sema, que fueron los jefes de las casas paternas de los moradores de Ajalón, quienes echaron a los moradores de Gat;

29 *a* GEE José, hijo de Jacob.
30 *a* GEE Aser.

14 y Ahío, Sasac, y Jeremot,
15 y Zebadías, y Arad, y Ader,
16 y Micael, e Ispa y Joha, hijos de Bería;
17 y Zebadías, y Mesulam, e Hizqui, y Heber,
18 e Ismerai, y Jezlías y Jobab, hijos de Elpaal.
19 Y Jaquim, y Zicri, y Zabdi,
20 y Elienai, y Ziletai, y Eliel,
21 y Adaías, y Beraías y Simrat, hijos de Simei;
22 e Ispán, y Heber, y Eliel,
23 y Abdón, y Zicri, y Hanán,
24 y Hananías, y Elam, y Anatotías,
25 e Ifdaías y Peniel, hijos de Sasac;
26 y Samserai, y Seharías, y Atalías,
27 y Jaresías, y Elías y Zicri, hijos de Jeroham.
28 Éstos fueron jefes de familias según sus generaciones, sí, jefes principales. Éstos habitaron en Jerusalén.
29 Y en Gabaón habitaba el padre de Gabaón, cuya esposa se llamaba Maaca;
30 y su hijo Abdón, el primogénito, y Zur, y Cis, y Baal, y Nadab,
31 y Gedor, y Ahío y Zequer.
32 Y Miclot engendró a Simea. Y éstos también habitaron con sus hermanos en Jerusalén, enfrente de ellos.
33 Y Ner engendró a [a]Cis, y Cis engendró a Saúl, y [b]Saúl engendró a Jonatán, y a Malquisúa, y a Abinadab y a Es-baal.
34 Y el hijo de Jonatán fue Merib-baal y Merib-baal engendró a Micaía.
35 Y los hijos de Micaía: Pitón, y Melec, y Tarea y Acaz.
36 Y Acaz engendró a Joada, y Joada engendró a Alemet, y a Azmavet y a Zimri, y Zimri engendró a Mosa,
37 y Mosa engendró a Bina, hijo del cual fue Rafa, hijo del cual *fue* Elasa, cuyo hijo *fue* Azel.
38 Y los hijos de Azel fueron seis, cuyos nombres son Azricam, Bocru, e Ismael, y Searías, y Obadías y Hanán; todos éstos fueron hijos de Azel.
39 Y los hijos de Esec, su hermano: Ulam, su primogénito, Jehús el segundo y Elifelet el tercero.
40 Y fueron los hijos de Ulam hombres fuertes y valientes, flecheros diestros, los cuales tuvieron muchos hijos y nietos, ciento cincuenta en total. Todos éstos fueron de los hijos de Benjamín.

CAPÍTULO 9

Se enumeran los habitantes de Jerusalén — Se detallan las responsabilidades de los levitas y las regiones donde servirán — Se menciona a la familia de Saúl.

Y TODO Israel fue contado por sus [a]genealogías, y he aquí que fueron escritos en el libro de los reyes de Israel. Los de Judá fueron

8 33 *a* 1 Sam. 9:1.
b GEE Saúl, rey de Israel.
9 1 *a* GEE Genealogía.

[b]llevados cautivos a Babilonia por su rebelión.

2 Los primeros habitantes que [a]entraron en sus posesiones y en sus ciudades fueron los [b]de Israel, los sacerdotes, los levitas y los sirvientes del templo.

3 Y habitaron en Jerusalén, de los hijos de Judá, y de los hijos de Benjamín, y de los hijos de Efraín y de [a]Manasés:

4 Utai hijo de Amiud, hijo de Omri, hijo de Imri, hijo de Bani, de los hijos de Fares hijo de Judá.

5 Y de los silonitas: Asaías, el primogénito, y sus hijos.

6 Y de los hijos de Zera: Jeuel y sus hermanos, seiscientos noventa.

7 Y de los hijos de Benjamín: Salú hijo de Mesulam, hijo de Hodavías, hijo de Asenúa,

8 e Ibneías hijo de Jeroham, y Ela hijo de Uzi, hijo de Micri, y Mesulam hijo de Sefatías, hijo de Reuel, hijo de Ibnías.

9 Y sus hermanos, según sus generaciones, fueron novecientos cincuenta y seis. Todos estos hombres fueron jefes de familia en las casas paternas.

10 Y de los sacerdotes: Jedaías, y Joiarib, y Jaquín,

11 y Azarías hijo de Hilcías, hijo de Mesulam, hijo de Sadoc, hijo de Meraiot, hijo de Ahitob, [a]príncipe de la casa de Dios;

12 y Adaía hijo de Jeroham, hijo de Pasur, hijo de Malquías; y Masai hijo de Adiel, hijo de Jazera, hijo de Mesulam, hijo de Mesilemit, hijo de Imer;

13 y sus hermanos, jefes de sus casas paternas, mil setecientos sesenta, hombres valerosos en la obra del servicio en la casa de Dios.

14 Y de los levitas: Semaías hijo de Hasub, hijo de Azricam, hijo de Hasabías, de los hijos de Merari;

15 y Bacbacar, Heres, y Galal, y Matanías hijo de Micaía, hijo de Zicri, hijo de Asaf;

16 y Obadías hijo de Semaías, hijo de Galal, hijo de Jedutún; y Berequías hijo de Asa, hijo de Elcana, que habitó en las aldeas de los netofatitas.

17 Y los porteros: Salum, y Acub, y Talmón, y Ahimán y sus hermanos. Salum era el jefe.

18 Y hasta ahora están a la [a]puerta del rey, *que* está al oriente, y éstos han sido los porteros de los campamentos de los hijos de Leví.

19 Y Salum hijo de Coré, hijo de Ebiasaf, hijo de Coré, y sus hermanos los coreítas, de la misma casa paterna, tuvieron a su cargo la obra del servicio, guardando las puertas del tabernáculo; y sus padres guardaron la entrada del campamento de Jehová.

20 Y Finees hijo de Eleazar fue antes capitán sobre ellos, y Jehová estaba con él.

21 Y Zacarías hijo de Meselemías

---

1 *b* GEE Israel—El esparcimiento de Israel.
2 *a* *Es decir,* después de la cautividad babilónica.
b *O sea,* todos los remanentes exiliados de Judá.
3 *a* Alma 10:3.
11 *a* *Es decir,* sumo sacerdote u otro oficial guardia del templo.
18 *a* Ezeq. 46:1–2.

era portero de la puerta del tabernáculo de reunión.

22 Todos éstos, escogidos para ser guardias de las puertas, eran doscientos doce cuando fueron contados en sus aldeas, según el registro de sus genealogías, los cuales [a]habían sido establecidos en su oficio por David y Samuel, el [b]vidente.

23 Así ellos y sus hijos eran porteros y se turnaban a las puertas de la casa de Jehová y de la casa del tabernáculo.

24 Los porteros estaban a los cuatro lados: al oriente, al occidente, al norte y al sur.

25 Y sus hermanos, que estaban en sus aldeas, venían cada siete días, según su turno, para estar con ellos.

26 Porque los cuatro porteros principales, que eran levitas, estaban de guardia, y tenían a su cargo las habitaciones y los tesoros de la casa de Dios.

27 Éstos moraban alrededor de la casa de Dios, porque tenían el encargo de guardarla y de abrirla todas las mañanas.

28 Y algunos de éstos tenían a su cargo los utensilios del servicio, los cuales contaban al guardarlos y al sacarlos.

29 Algunos de ellos también estaban a cargo de la vajilla, y de todos los utensilios del santuario, y de la flor de harina, y del vino, y del aceite, y del incienso y de las especias.

30 Y algunos de los hijos de los sacerdotes preparaban la mezcla de las especias aromáticas.

31 Y Matatías, uno de los levitas, primogénito de Salum, el coreíta, tenía permanentemente a su cargo las cosas que se hacían en sartén.

32 Y algunos de los hijos de Coat, de sus hermanos, tenían a su cargo los panes de la proposición, los cuales preparaban cada día de reposo.

33 Y éstos eran los [a]cantores, jefes de las casas paternas de los levitas, *que estaban en* las habitaciones exentos *de otros servicios,* porque de día y de noche estaban en *aquella* obra.

34 Éstos eran jefes de las casas paternas de los levitas según sus generaciones, jefes que habitaban en Jerusalén.

35 Y en Gabaón habitaban Jehiel, padre de Gabaón, el nombre de cuya esposa era Maaca;

36 y su hijo Abdón, el primogénito, y Zur, y Cis, y Baal, y Ner, y Nadab,

37 y Gedor, y Ahío, y Zacarías y Miclot.

38 Y Miclot engendró a Simeam. Y éstos habitaban también en Jerusalén con sus hermanos, enfrente de ellos.

39 Y Ner engendró a Cis, y Cis engendró a [a]Saúl, y Saúl engendró a [b]Jonatán, y a Malquisúa, y a Abinadab y a Es-baal.

40 E hijo de Jonatán fue Merib-baal, y Merib-baal engendró a Micaía.

22 *a* GEE Llamado, llamado por Dios, llamamiento; Ordenación, ordenar.
b GEE Vidente.
33 *a* 1 Cró. 6:31–32; 25:1–7.
39 *a* GEE Saúl, rey de Israel.
b GEE Jonatán.

41 Y los hijos de Micaía: Pitón, y Melec, y Tarea y Acaz.

42 Y Acaz engendró a Jara, y Jara engendró a Alemet, y a Azmavet y a Zimri; y Zimri engendró a Mosa;

43 y Mosa engendró a Bina, cuyo hijo fue Refaías, del que fue hijo Elasa, cuyo hijo fue Azel.

44 Y Azel tuvo seis hijos, los nombres de los cuales son: Azricam, Bocru, e Ismael, y Seraías, y Obadías y Hanán. Éstos fueron los hijos de Azel.

CAPÍTULO 10

Los filisteos derrotan a Israel — Saúl muere por sus transgresiones.

Y LOS [a]filisteos pelearon contra Israel, y los hombres de Israel huyeron delante de los filisteos y cayeron muertos en el monte Gilboa.

2 Y los filisteos persiguieron muy de cerca a Saúl y a sus hijos, y los filisteos mataron a Jonatán, y a Abinadab y a Malquisúa, hijos de Saúl.

3 Y arreció la batalla contra Saúl, y le alcanzaron los arqueros y fue herido por los flecheros.

4 Entonces dijo Saúl a su escudero: Saca tu espada y traspásame con ella, no sea que vengan estos incircuncisos y hagan escarnio de mí; pero su escudero no quiso, porque tenía mucho miedo. Entonces [a]Saúl tomó la espada y se echó sobre ella.

5 Y cuando su escudero vio a Saúl muerto, él también se echó sobre su espada y se mató.

6 Así murieron Saúl y sus tres hijos, y toda su casa murió juntamente con él.

7 Y cuando todos los hombres de Israel que *habitaban* en el valle, vieron que ellos habían huido, y que Saúl y sus hijos habían muerto, dejaron sus ciudades y huyeron. Y vinieron los filisteos y habitaron en ellas.

8 Y aconteció que al día siguiente, cuando los filisteos fueron a despojar a los muertos, hallaron a Saúl y a sus hijos caídos en el monte Gilboa.

9 Y cuando le hubieron despojado, tomaron su cabeza y sus armas, y enviaron *todo* a la tierra de los filisteos por todas partes, para dar las buenas nuevas a sus ídolos y al pueblo.

10 Y pusieron sus armas en el templo de sus dioses y colgaron su cabeza en el templo de Dagón.

11 Y cuando todos los de Jabes de Galaad oyeron todo lo que los filisteos habían hecho a Saúl,

12 se levantaron todos los hombres valientes y tomaron el cuerpo de Saúl y los cuerpos de sus hijos, y los trajeron a Jabes; y enterraron sus huesos debajo de la encina en Jabes y ayunaron siete días.

13 Así murió Saúl por la transgresión con la cual transgredió contra Jehová, contra la palabra de Jehová, la cual no guardó; y también porque consultó a una [a]adivina y le pidió consejo,

10 1 *a* 1 Sam. 31:1–13. 4 *a* 2 Sam. 1:1–17. 13 *a* 1 Sam. 28:6–20.

14 y no consultó a Jehová; por
esta causa él lo mató, y pasó el
reino a [a]David hijo de Isaí.

CAPÍTULO 11

David es ungido rey en Hebrón — Él toma Sión, la ciudad de David — Se nombran sus guerreros valientes y se narran sus obras.

ENTONCES todo Israel se congregó
en torno a [a]David en Hebrón, diciendo: He aquí nosotros somos
tu hueso y tu carne.
2 Y además, en tiempos pasados, aun mientras Saúl reinaba,
tú eras quien sacaba a Israel y lo
volvías a traer. Y Jehová tu Dios
te ha dicho: Tú apacentarás a mi
pueblo Israel, y tú serás príncipe
sobre Israel, mi pueblo.
3 Y vinieron todos los ancianos de Israel al rey en Hebrón,
y David hizo un pacto con ellos
en Hebrón delante de Jehová;
y ungieron a David como rey
sobre Israel, conforme a la palabra de Jehová por medio de
Samuel.
4 Entonces se fue David con
todo Israel a [a]Jerusalén, la cual es
Jebús; y los [b]jebuseos habitaban
en aquella tierra.
5 Y los moradores de Jebús dijeron a David: No entrarás acá. Pero
David tomó la fortaleza de Sión,
que es la ciudad de David.
6 Y David había dicho: El que
primero derrote a los jebuseos
será jefe y capitán. Entonces Joab
hijo de Sarvia subió primero y fue
hecho jefe.
7 Y David habitó en la fortaleza,
y por esto la llamaron la ciudad
de David.
8 Y edificó la ciudad alrededor,
desde Milo hasta los alrededores; y Joab reparó el resto de la
ciudad.
9 Y David se engrandecía cada
vez más, y Jehová de los ejércitos
estaba con él.
10 Y éstos son los jefes de [a]los
valientes que David tuvo, los que
se fortalecieron junto con él en su
reino, con todo Israel, para hacerle rey sobre Israel, conforme
a la palabra de Jehová referente
a Israel.
11 Y éste es el número de los
valientes que David tuvo: Jasobeam hijo de Hacmoni, jefe de los
treinta, el cual blandió su lanza
contra trescientos, a los cuales
mató en una sola batalla.
12 Y después de éste estaba
Eleazar hijo de Dodo, el ahohíta,
el cual era de los tres valientes.
13 Éste estuvo con David en
Pasdamim, donde se habían reunido los filisteos para la batalla;
y había *allí* una parcela de tierra llena de cebada; y cuando
el pueblo huyó delante de los
filisteos,
14 se pusieron ellos en medio de
la parcela, y la defendieron y ven-
cieron a los filisteos; y los salvó
Jehová con una gran victoria.
15 Y tres de los treinta jefes descendieron a la peña *donde* estaba
David, hasta la cueva de Adulam;

14 *a* GEE David.
11 1 *a* 2 Sam. 5:1–10.
4 *a* GEE Jerusalén.
b Éx. 3:17.
10 *a* 2 Sam. 23:8–39.

y el campamento de los filisteos estaba en el valle de Refaim.

16 Y David estaba entonces en la fortaleza, y la guarnición de los filisteos estaba entonces en [a]Belén.

17 David deseó entonces y dijo: ¡Quién me diera de beber del agua del pozo de Belén, que está a la puerta!

18 Y aquellos tres irrumpieron en el campamento de los filisteos y sacaron agua del pozo de Belén, que estaba a la puerta, y se la llevaron y la trajeron a David; pero él no la quiso beber, sino que la derramó ante Jehová, y dijo:

19 Guárdeme mi Dios de hacer esto. ¿He yo de beber la sangre y la vida de estos hombres que con *peligro de* sus vidas la han traído? Y no la quiso beber. Esto hicieron aquellos tres valientes.

20 Y Abisai, hermano de Joab, era jefe de los tres, el cual blandió su lanza contra trescientos, a los cuales mató; y ganó renombre entre los tres.

21 De los tres fue más ilustre que los *otros* dos y fue el jefe de ellos; pero no igualó a los tres *primeros*.

22 Benaía hijo de Joiada, hijo de un hombre valiente, de grandes hechos, de Cabseel; [a]él venció a los dos leones de Moab; también descendió y mató un león en medio de un foso un día de nieve.

23 Él mismo mató a un egipcio, hombre de cinco codos de estatura; y el egipcio traía una lanza como un rodillo de tejedor; pero él descendió contra él con un palo, y arrebató al egipcio la lanza de la mano y lo mató con su misma lanza.

24 Esto hizo Benaía hijo de Joiada y ganó renombre entre los tres valientes.

25 He aquí que fue el más distinguido de los treinta, pero no igualó a los tres *primeros*. Y a éste puso David sobre su guardia personal.

26 Y los valientes de los ejércitos: [a]Asael, hermano de Joab; y Elhanán hijo de Dodo, de Belén;

27 Samot, el harodita; Heles, el pelonita;

28 Ira hijo de Iques, el tecoíta; Abiezer, el anatotita;

29 Sibecai, el husatita; Ilai, el ahohíta;

30 Maharai, el netofatita; Heled hijo de Baana, el netofatita;

31 Itai hijo de Ribai, de Gabaa de los hijos de Benjamín; Benaía, el piratonita;

32 Hurai, de los arroyos de Gaas; Abiel, el arbatita;

33 Azmavet, el barhumita; Eliaba, el saalbonita;

34 los hijos de Hasem, el gizonita; Jonatán hijo de Sage, el ararita;

35 Ahíam hijo de Sacar, el ararita; Elifal hijo de Ur;

36 Hefer, el mequeratita; Ahías, el pelonita;

37 Hezro, el carmelita; Naarai hijo de Ezbai;

38 Joel, hermano de Natán; Mibhar hijo de Hagrai;

39 Selec, el amonita; Naharai,

16 *a* GEE Belén.
22 *a* *Es decir,* venció a dos héroes que eran como leones.
26 *a* 2 Sam. 2:18–23.

el beerotita, el escudero de Joab hijo de Sarvia;

40 Ira, el itrita; Gareb, el itrita;

41 [a]Urías, el heteo; Zabad hijo de Ahlai;

42 Adina hijo de Siza, el rubenita, jefe de los rubenitas, y con él treinta;

43 Hanán hijo de Maaca; y Josafat, el mitnita;

44 Uzías, el astarotita; Sama y Jehiel hijos de Hotam, el aroerita;

45 Jediael hijo de Simri; y Joha, su hermano, el tizita;

46 Eliel, el mahavita; y Jeribai y Josavía hijos de Elnaam; e Itma, el moabita,

47 Eliel; y Obed y Jaasiel, el mesobaíta.

CAPÍTULO 12

Se describe a los valientes de David — Los ejércitos de las tribus de Israel se unen a David en Hebrón — Israel se regocija por causa del rey David.

Y ÉSTOS son los que fueron adonde estaba David en Siclag, mientras él aún se mantenía oculto de la presencia de Saúl hijo de Cis; y eran de los valientes que le ayudaron en la guerra.

2 Estaban armados de arcos y usaban ambas manos para lanzar piedras con la honda y saetas con el arco. De los hermanos de Saúl, de Benjamín:

3 El jefe Ahiezer, después Joás, hijos de Semaa, el gabaatita; y Jeziel y Pelet, hijos de Azmavet; y Beraca y Jehú, el anatotita,

4 e Ismaías, el gabaonita, valiente entre los treinta, y jefe de los treinta; y Jeremías, y Jahaziel, y Johanán, y Jozabad, el gederatita,

5 Eluzai, y Jerimot, y Bealías, y Semarías, y Sefatías, el harufita,

6 Elcana, e Isías, y Azareel, y Joezer y Jasobeam, coreítas;

7 y Joela y Zebadías, hijos de Jeroham, de Gedor.

8 También de los de Gad se pasaron a David a la fortaleza en el desierto, guerreros valientes, hombres de guerra aptos para pelear, diestros con el escudo y la lanza, sus rostros eran como rostros de leones y eran ligeros como las gacelas sobre los montes.

9 Ezer el primero, Obadías el segundo, Eliab el tercero,

10 Mismana el cuarto, Jeremías el quinto,

11 Atai el sexto, Eliel el séptimo,

12 Johanán el octavo, Elzabad el noveno,

13 Jeremías el décimo, Macbanai el undécimo.

14 Éstos fueron capitanes del ejército de los hijos de Gad. El menor estaba sobre cien, y el mayor, sobre mil.

15 Éstos pasaron el Jordán en el mes primero, cuando se había desbordado por todas sus riberas; e hicieron huir a todos los de los valles al oriente y al occidente.

16 Asimismo algunos de los hijos de Benjamín y de Judá vinieron a la fortaleza, ante David.

41 *a* 2 Sam. 11:3; DyC 132:39.

17 Y David salió a su encuentro y les respondió, diciendo: Si habéis venido a mí en son de paz y para ayudarme, mi corazón se unirá al vuestro; pero si es para entregarme a mis enemigos, sin haber violencia en mis manos, véalo el Dios de nuestros padres y que él decida.

18 Entonces el Espíritu vino sobre Amasai, jefe de los oficiales, *y dijo*: Por ti, oh David, y contigo, oh hijo de Isaí. Paz, paz a ti, y paz a tus ayudantes, porque tu Dios te ayuda. Y David los recibió y los hizo capitanes de la tropa.

19 También se pasaron a David algunos de Manasés cuando fue con los filisteos a la batalla contra Saúl, [a]aunque no les ayudaron, porque los príncipes de los filisteos, tras deliberar, lo despidieron, diciendo: Con peligro de nuestras cabezas [b]se pasará a su señor Saúl.

20 Y cuando él iba a Siclag, se pasaron a él de los de Manasés: Adnas, y Jozabad, y Jediaiel, y Micael, y Jozabad, y Eliú yZiletai, capitanes de millares de los de Manasés.

21 Y éstos ayudaron a David contra la [a]banda de merodeadores, pues todos ellos eran hombres fuertes y valientes, y fueron capitanes en el ejército.

22 Porque en ese tiempo, día tras día llegaba ayuda a David, hasta hacerse un gran ejército, como un ejército de Dios.

23 Y éste es el número de los escuadrones que estaban listos para la guerra, y que vinieron a [a]David en Hebrón para traspasarle el reino de Saúl, conforme a la palabra de Jehová:

24 De los hijos de Judá que traían escudo y lanza, seis mil ochocientos, listos para la guerra.

25 De los hijos de Simeón, hombres fuertes y valientes para la guerra, siete mil cien.

26 De los hijos de Leví, cuatro mil seiscientos;

27 asimismo Joiada, príncipe de *la casa de* Aarón, y con él tres mil setecientos;

28 y [a]Sadoc, joven fuerte y valiente, con veintidós de los capitanes de la casa de su padre.

29 De los hijos de Benjamín, hermanos de Saúl, tres mil, pues hasta entonces la mayor parte de ellos se mantenían fieles a la casa de Saúl.

30 Y de los hijos de Efraín, veinte mil ochocientos, hombres fuertes y valientes, varones de renombre en la casa de sus padres.

31 Y de la media tribu de Manasés, dieciocho mil, los cuales fueron designados por nombre para ir a proclamar rey a David.

32 Y de los hijos de Isacar, doscientos jefes, entendidos en [a]los tiempos, y que sabían lo que Israel debía hacer, y cuyas órdenes seguían todos sus hermanos.

33 Y de Zabulón, cincuenta mil, que salían a campaña listos para la guerra, con toda clase de armas

12 19 *a* *Es decir,* el ejército de David no ayudó a los filisteos.
b 1 Sam. 29:4–7.
21 *a* *O sea,* los amalecitas. 1 Sam. 30.
23 *a* 2 Sam. 5:1–4.
28 *a* 2 Sam. 15:24–36; 1 Rey. 1:32–45.
32 *a* Ester 1:13.

de guerra, dispuestos a pelear sin doblez de corazón.

34 Y de Neftalí, mil capitanes, y con ellos treinta y siete mil con escudo y lanza.

35 Y de los de Dan, dispuestos a pelear, veintiocho mil seiscientos.

36 Y de Aser, que salían a campaña listos para la guerra, cuarenta mil.

37 Y del otro lado del Jordán, de los rubenitas y de los gaditas y de la media tribu de Manasés, ciento veinte mil con toda clase de armas de guerra.

38 Todos estos hombres de guerra, dispuestos a pelear, vinieron con corazón perfecto a Hebrón, para proclamar a David rey sobre todo Israel; asimismo, todos los demás de Israel eran de un mismo parecer para poner a David como rey.

39 Y estuvieron allí con David tres días comiendo y bebiendo, porque sus hermanos habían provisto para ellos.

40 Y también los que les eran vecinos, hasta Isacar, y Zabulón y Neftalí, trajeron alimentos en asnos, y en camellos, y en mulos y en bueyes, y comida, harina, tortas de higos, y racimos de uvas pasas, y vino y aceite, y vacas y ovejas en abundancia, porque en Israel había alegría.

CAPÍTULO 13

David trae el arca desde Quiriat-jearim — Uza es muerto por Jehová cuando sostiene el arca — La casa de Obed-edom prospera porque ellos cuidan del arca.

ENTONCES David tomó consejo de los capitanes de millares y de centenas, y de todos los jefes.

2 Y dijo David a toda la congregación de Israel: Si os parece bien y *si es la voluntad* de Jehová nuestro Dios, enviaremos a todas partes por nuestros hermanos que han quedado en todas las tierras de Israel, y por los sacerdotes y levitas *que están* con ellos en sus ciudades y campos, para que se reúnan con nosotros;

3 y traigamos el [a]arca de nuestro Dios a nosotros, porque desde el tiempo de Saúl no la hemos consultado.

4 Y dijo toda la [a]congregación que se hiciese así, porque esto parecía bien a todo el pueblo.

5 Entonces reunió David a todo Israel, desde Sihor de Egipto hasta la entrada de Hamat, para que trajesen el arca de Dios de Quiriat-jearim.

6 Y subió David con todo Israel a Baala, *es decir,* Quiriat-jearim, que es de Judá, para subir de allí el arca de Dios, Jehová, que habita entre los querubines, sobre la cual su nombre es invocado.

7 Y llevaron el arca de Dios de la casa de Abinadab en un carro nuevo; y Uza y Ahío guiaban el carro.

8 Y David y todo Israel se regocijaban delante de Dios con

13 3 *a* 1 Sam. 7:1–2. GEE Arca del pacto.

4 *a* DyC 26:2.

todas sus fuerzas, con [a]cánticos,
y con arpas, y con salterios, y con
tamboriles, y con címbalos y con
trompetas.
9 Y cuando llegaron a la era de
Quidón, Uza extendió su mano
al arca para sostenerla, porque
los bueyes tropezaban.
10 Y el furor de Jehová se encendió contra Uza, y lo hirió, porque había extendido su [a]mano
al [b]arca; y murió allí delante de
Dios.
11 Y David se disgustó, porque
Jehová había quebrantado a Uza;
por lo que llamó aquel lugar [a]Pé-
rez-uza, hasta hoy.
12 Y David temió a Dios aquel
día y dijo: ¿Cómo he de traer a
mí el arca de Dios?
13 Y no llevó David el arca consigo a la ciudad de David, sino
que la llevó a casa de Obed-edom,
el geteo.
14 Y el arca de Dios estuvo con
la familia de Obed-edom, en su
casa, tres meses; y bendijo Jehová
la casa de Obed-edom y todo lo
que tenía.

CAPÍTULO 14

David toma mujeres por esposas, engendra hijos, derrota a los filisteos y su fama se esparce por todas las naciones.

[a]E HIRAM, rey de Tiro, envió
mensajeros a David, y madera
de cedro, y albañiles y carpinteros, para que le edificasen una
casa.
2 Y entendió David que Jehová
lo había confirmado como rey
sobre Israel, y que había enaltecido su reino por causa de su
pueblo Israel.
3 Entonces David tomó más [a]es-
posas en Jerusalén y engendró
David más hijos e hijas.
4 Y éstos son los nombres de
los que le nacieron en Jerusalén: Samúa, y Sobab, Natán, y
[a]Salomón,
5 e Ibhar, y Elisúa, y Elpelet,
6 y Noga, y Nefeg, y Jafía,
7 y Elisama, y Beeliada y
Elifelet.
8 Y cuando los filisteos oyeron
que David había sido ungido rey
sobre todo Israel, subieron todos
los filisteos en busca de David. Y
cuando David lo oyó, salió contra ellos.
9 Y llegaron los filisteos y se
extendieron por el valle de
Refaim.
10 Entonces David [a]consultó a
Dios, diciendo: ¿Subiré contra
los filisteos? y, ¿los entregarás
en mis manos? Y Jehová [b]le dijo:
Sube, porque yo los entregaré en
tus manos.
11 Subieron, pues, a Baal-perazim, y allí los derrotó David. Dijo luego David: Dios
ha abierto brecha entre mis
enemigos por mi mano, como
irrumpen las aguas. Por esto

8 *a* DyC 25:12.
10 *a* Núm. 4:15.
b 1 Cró. 15:2; DyC 85:8.
11 *a* HEB la división, la brecha o el quebranto de Uza.
14 1 *a* 2 Sam. 5:11–25.
3 *a* GEE Matrimonio—El matrimonio plural.
4 *a* GEE Salomón.
10 *a* GEE Oración.
b GEE Revelación.

llamaron el nombre de aquel lugar
Baal-perazim.
12 Y dejaron allí sus [a]dioses,
y David dijo que los quemasen
con fuego.
13 Y volvieron los filisteos a extenderse por el valle;
14 y David volvió a consultar
a Dios, y Dios le dijo: [a]No subas tras ellos, sino rodéalos, para
venir a ellos por delante de los
árboles de bálsamo;
15 y sucederá que cuando oigas un ruido como de marcha
por las copas de los árboles de
bálsamo, entonces sal a la batalla, porque Dios saldrá delante
de ti para destruir al ejército de
los filisteos.
16 Hizo, pues, David como Dios
le mandó y derrotaron al ejército de los filisteos desde Gabaón
hasta Gezer.
17 Y la fama de David se divulgó por todas aquellas tierras;
y puso Jehová el temor a David
sobre todas las naciones.

CAPÍTULO 15

David prepara un lugar para el arca — Los levitas llevan el arca a Jerusalén — Cantan y ministran delante de Jehová.

Y David hizo casas para sí en la
ciudad de David, y preparó un
lugar para el [a]arca de Dios y levantó una tienda para ella.
2 Entonces dijo David: El arca
de Dios no debe ser [a]llevada sino
por los levitas, porque a ellos
ha elegido Jehová para que lleven el arca de Jehová y le sirvan
perpetuamente.
3 Y reunió David a todo Israel
en Jerusalén, para que llevasen
el arca de Jehová al lugar que él
había preparado para ella.
4 Y reunió David a los hijos de
Aarón y a los levitas:
5 de los hijos de Coat, a Uriel,
el jefe, y a sus hermanos, ciento
veinte;
6 de los hijos de Merari, a Asaías,
el jefe, y a sus hermanos, doscientos veinte;
7 de los hijos de Gersón, a Joel,
el jefe, y a sus hermanos, ciento
treinta;
8 de los hijos de Elizafán, a Semaías, el jefe, y a sus hermanos,
doscientos;
9 de los hijos de Hebrón, a
Eliel, el jefe, y a sus hermanos,
ochenta;
10 de los hijos de Uziel, a Aminadab, el jefe, y a sus hermanos,
ciento doce.
11 Y llamó David a los sacerdotes Sadoc y Abiatar y a los levitas
Uriel, Asaías, y Joel, Semaías, y
Eliel y Aminadab,
12 y les dijo: Vosotros que sois
los jefes de casas paternas de los
levitas, santificaos, vosotros y
vuestros hermanos, y llevad el
arca de Jehová Dios de Israel
al *lugar* que he preparado para
ella;
13 pues por no *haberlo hecho así*
vosotros la primera vez, Jehová
nuestro Dios hizo en nosotros

12 *a* 2 Sam. 5:20–25.
14 *a* *Es decir,* no los ataques de frente, sino rodéalos.
15 1 *a* GEE Arca del pacto.
2 *a* Deut. 10:8.

[a]brecha, por cuanto no le buscamos según lo [b]decretado.

14 Así los sacerdotes y los levitas se santificaron para traer el arca de Jehová Dios de Israel.

15 Y los hijos de los levitas llevaron el arca de Dios puesta sobre sus hombros, en las barras, como lo había mandado Moisés, conforme a la palabra de Jehová.

16 Asimismo dijo David a los jefes de los levitas que designasen de sus hermanos a [a]cantores, con instrumentos de música, salterios, y arpas y címbalos, que resonasen, y que alzasen la voz con alegría.

17 Y los levitas designaron a Hemán hijo de Joel; y de sus hermanos, a Asaf hijo de Berequías; y de los hijos de Merari y de sus hermanos, a Etán hijo de Cusaías;

18 y con ellos a sus hermanos del segundo orden, a Zacarías, Ben, y Jaaziel, y Semiramot, y Jehiel, y Uni, y Eliab, y Benaía, y Maasías, y Matatías, y Elifelehu, y Micnías, y Obed-edom y Jeiel, los porteros.

19 Así Hemán, Asaf y Etán, que eran cantores, tocaban címbalos de bronce.

20 Y Zacarías, y Aziel, y Semiramot, y Jehiel, y Uni, y Eliab, y Maasías y Benaía con salterios sobre Alamot.

21 Y Matatías, y Elifelehu, y Micnías, y Obed-edom, y Jeiel y Azazías tenían arpas afinadas en la octava para dirigir.

22 Y Quenanías, jefe de los levitas en la entonación, estaba a cargo de la entonación, porque era entendido en ello.

23 Y Berequías y Elcana eran porteros del arca.

24 Y Sebanías, y Josafat, y Natanael, y Amasai, y Zacarías, y Benaía y Eliezer, los sacerdotes, tocaban las trompetas delante del arca de Dios; y Obed-edom y Jehías eran también porteros del arca.

25 David, pues, y los ancianos de Israel y los capitanes de millares fueron a traer con alegría el arca del convenio de Jehová de casa de Obed-edom.

26 Y sucedió que como Dios ayudaba a los levitas que llevaban el arca del convenio de Jehová, ellos [a]sacrificaron siete novillos y siete carneros.

27 Y David iba vestido con un manto de lino fino y también todos los levitas que llevaban el arca, y asimismo los cantores; y Quenanías era maestro de canto entre los cantores. Llevaba también David sobre sí un efod de lino.

28 De esta manera llevaba todo Israel el arca del convenio de Jehová, con júbilo y sonido de bocinas, y trompetas, y címbalos, y al son de salterios y arpas.

29 Y aconteció que cuando el arca del convenio de Jehová llegó a la ciudad de David, Mical hija de Saúl, mirando por una ventana, vio al rey David que

13 *a Es decir,* el Señor juzgó a Uziel debido a la desobediencia de los levitas a Su mandato de transportar el arca. Núm. 3:5–38.
b DyC 107:84, 99.
16 *a* DyC 25:12.
26 *a* 2 Sam. 6:12–15, 17.

danzaba y se regocijaba; y lo menospreció en su corazón.

CAPÍTULO 16

El pueblo ofrece sacrificios y alaba a Jehová — David pronuncia un salmo de agradecimiento — David alaba a Jehová — Asaf, Obed-edom, Sadoc y otros más ministran delante de Jehová.

Así trajeron el [a]arca de Dios y la pusieron en medio de la tienda que David había levantado para ella; y ofrecieron holocaustos y ofrendas de paz delante de Dios.

2 Y cuando David hubo acabado de ofrecer el holocausto y las ofrendas de paz, bendijo al pueblo en el nombre de Jehová.

3 Y repartió a todo Israel, tanto a hombres como a mujeres, a cada uno una torta de pan, y un trozo de carne y una torta de pasas.

4 Y puso delante del arca de Jehová ministros de los levitas, para que recordasen, y diesen gracias y alabasen a Jehová Dios de Israel:

5 Asaf, el jefe, el segundo después de él, Zacarías, Jeiel, y Semiramot, y Jehiel, y Matatías, y Eliab, y Benaía, y Obed-edom y Jeiel, con sus instrumentos de salterios y arpas; y Asaf tocaba los címbalos.

6 También los sacerdotes Benaía y Jahaziel *tocaban* continuamente las trompetas delante del arca del convenio de Dios.

7 Entonces aquel día David, por primera vez, puso en manos de Asaf y sus hermanos la alabanza a Jehová:

8 [a]Alabad a Jehová, [b]invocad su nombre,
dad a conocer entre los pueblos sus obras.
9 Cantad a él, cantadle salmos;
[a]hablad de todas sus [b]maravillas.
10 Gloriaos en su santo nombre;
alégrese el corazón de los que buscan a Jehová.
11 [a]Buscad a Jehová y su fortaleza;
[b]buscad su rostro continuamente.
12 Haced memoria de las maravillas que ha hecho,
de sus prodigios y de los juicios de su boca,
13 oh vosotros, hijos de [a]Israel, su siervo,
hijos de Jacob, sus escogidos.
14 Él es Jehová nuestro Dios;
sus juicios están en toda la tierra.
15 Haced memoria de su convenio perpetuamente,
de la palabra que él mandó para mil generaciones;
16 *del* [a]*convenio* que concertó con Abraham,

16 1 *a* GEE Arca del pacto.
8 *a* GEE Acción de gracias, agradecido, agradecimiento.
b GEE Oración.
9 *a* Deut. 6:6–7.
b Moisés 1:3–8, 27–39.
11 *a* Amós 5:6, 14.
b DyC 93:1; 101:38.
13 *a* GEE Israel.
16 *a* HEB *berit:* convenio, pacto, alianza. GEE Abraham, Convenio de.

y de su juramento a Isaac,
17 y el cual confirmó a Jacob por estatuto,
a Israel por [a]convenio sempiterno,
18 diciendo: A ti daré la [a]tierra de Canaán,
porción de vuestra heredad;
19 cuando erais pocos en número,
pocos y forasteros en ella,
20 y andaban de nación en nación,
y de un reino a otro pueblo,
21 no permitió que nadie los oprimiese,
antes por amor a ellos castigó a los reyes.
22 No toquéis, *dijo,* a mis ungidos
ni hagáis mal a mis profetas.
23 Cantad a Jehová, toda la tierra;
anunciad de día en día su salvación.
24 [a]Cantad entre las naciones su gloria,
y entre todos los pueblos sus maravillas,
25 porque grande es Jehová, y digno de
suprema alabanza
y de ser [a]temido sobre todos los dioses.
26 Porque todos los dioses de los pueblos son [a]nada,
mas Jehová hizo los cielos.
27 Majestad y hermosura delante de él;
fortaleza y alegría en su morada.
28 Tributad a Jehová, oh familias de los pueblos,
tributad a Jehová gloria y fortaleza.
29 Tributad a Jehová la gloria debida a su nombre;
traed [a]ofrenda y venid delante de él;
[b]postraos delante de Jehová en la hermosura de la [c]santidad.
30 Temblad ante su presencia, toda la tierra;
el mundo será aún afirmado para que no se conmueva.
31 Alégrense los cielos, y regocíjese la tierra,
y digan entre las naciones: Jehová reina.
32 Resuene el mar y su plenitud;
alégrese el campo y todo lo que hay en él.
33 Entonces cantarán los árboles de los bosques delante de Jehová,
porque viene a [a]juzgar la tierra.
34 Alabad a Jehová, porque él es bueno,
porque su [a]misericordia es eterna.

17 *a* GEE Nuevo y sempiterno convenio.
18 *a* GEE Tierra prometida.
24 *a* GEE Obra misional.
25 *a* GEE Temor—Temor de Dios.
26 *a* GEE Idolatría.
29 *a* GEE Ofrenda.
b GEE Adorar.
c GEE Santidad.
33 *a* GEE Jesucristo—Es juez.
34 *a* GEE Misericordia, misericordioso.

35 Y decid: [a]Sálvanos, oh Dios,
salvación nuestra;
[b]recógenos y líbranos de las
naciones,
para que confesemos tu
santo nombre
y nos gloriemos en tus alabanzas.
36 Bendito sea Jehová Dios de
Israel,
de eternidad en eternidad.
Y dijo todo el pueblo: [a]Amén, y alabó a Jehová.
37 Y dejó allí, delante del arca del convenio de Jehová, a Asaf y a sus hermanos, para que ministrasen de continuo delante del arca, cada cosa en su día;
38 y a Obed-edom y a sus hermanos, sesenta y ocho; y a Obed-edom hijo de Jedutún y a Hosa, como porteros.
39 Asimismo al sacerdote Sadoc y a sus hermanos, los sacerdotes, delante del [a]tabernáculo de Jehová en [b]el lugar alto que estaba en Gabaón,
40 para que [a]ofreciesen continuamente, por la mañana y por la tarde, holocaustos a Jehová en el altar del holocausto, y conforme a todo lo que está escrito en la ley de Jehová, que él mandó a Israel;
41 y con ellos a Hemán, y a Jedutún y a los otros escogidos, designados por sus nombres, para alabar a Jehová, porque es eterna su misericordia.
42 Y con ellos a Hemán y a Jedutún, con trompetas y címbalos para los que tocaban, y con *otros* instrumentos de música de Dios. Y los hijos de Jedutún eran porteros.
43 Y todo el pueblo se fue, cada uno a su casa; y David se volvió para bendecir su casa.

CAPÍTULO 17

Natán, al principio, aprueba que David construya una casa para Jehová, pero después se lo prohíbe — Un hijo de David construirá el templo — Se predice el triunfo de Israel — David agradece a Jehová Su bondad para con Israel.

Y aconteció que cuando David ya moraba en su casa, dijo [a]David al profeta [b]Natán: He aquí, yo habito en casa de cedro mientras el arca del convenio de Jehová está bajo cortinas.
2 Y Natán dijo a David: Haz todo lo que está en tu corazón, porque Dios está contigo.
3 Y sucedió que aquella misma noche vino la palabra de Dios a Natán, diciendo:
4 Ve y di a David mi siervo: Así ha dicho Jehová: Tú [a]no me edificarás casa en que yo habite.
5 Porque no he habitado en casa *alguna* desde el día en que saqué a los hijos de Israel hasta hoy, sino que he ido de tienda en tienda y de tabernáculo *en tabernáculo.*
6 Por dondequiera que anduve con todo Israel, ¿acaso hablé una

35 *a* GEE Salvación.
b GEE Israel—La congregación de Israel.
36 *a* GEE Amén.
39 *a* GEE Tabernáculo.
b 1 Rey. 3:2–4.
40 *a* GEE Sacrificios.
17 1 *a* 2 Sam. 7:1–29.
b GEE Natán.
4 *a* 1 Cró. 22:7–8.

palabra a alguno de los jueces de
Israel, a los cuales mandé que
apacentasen a mi pueblo, para
decirles: ¿Por qué no me edificáis
una casa de cedro?
7 Por tanto, ahora dirás a mi
siervo David: Así ha dicho Jehová de los ejércitos: Yo te tomé
del redil, de detrás de las ovejas,
para que fueses príncipe sobre mi
pueblo Israel;
8 y he estado contigo en todo
cuanto has andado, y he talado a
todos tus enemigos de delante de
ti y te he hecho un gran nombre,
como el nombre de los grandes
de la tierra.
9 Asimismo dispondré un lugar para mi pueblo Israel, y lo
plantaré para que habite en él y
no sea más removido; ni los hijos de iniquidad lo afligirán más,
como antes,
10 como en el tiempo que puse
jueces sobre mi pueblo Israel; y
humillaré a todos tus [a]enemigos.
Te hago saber, además, que Jehová te edificará casa.
11 Y acontecerá que, cuando se
cumplan tus días para que vayas
a estar con tus padres, levantaré
a uno de [a]tu descendencia después de ti, a uno de tus hijos, y
estableceré su reino.
12 Él me edificará casa, y yo estableceré su trono para siempre.
13 Yo seré para él un padre, y
él será para mí un hijo; y no quitaré de él mi misericordia, como
la quité de aquel que fue antes
de ti;
14 sino que yo lo estableceré
en mi [a]casa y en mi reino eternamente, y su trono será establecido
para siempre.
15 Conforme a todas estas palabras y conforme a toda esta [a]vi-
sión, así habló Natán a David.
16 Y entró el rey David y estuvo
delante de Jehová, y dijo: Jehová
Dios, ¿quién soy yo, y qué es mi
casa, para que me hayas traído
hasta este lugar?
17 Y aun esto, oh Dios, te ha parecido poco, pues has hablado del
porvenir de la casa de tu siervo, y
me has mirado como a un hombre
excelente, oh Jehová Dios.
18 ¿Qué más puede añadir David a ti por haber glorificado a
tu siervo? Pues tú conoces a tu
siervo.
19 Oh Jehová, por amor de
tu siervo y según tu corazón,
has hecho toda esta grandeza,
para hacer notorias todas *estas*
grandezas.
20 Jehová, no hay nadie semejante a ti, ni hay Dios sino tú, según todas las cosas que hemos
oído con nuestros oídos.
21 ¿Y qué pueblo hay en la tierra como tu pueblo [a]Israel, al cual
Dios fue a redimir como pueblo para sí, a fin de hacerte un
nombre grande y portentoso,
echando las naciones de delante
de tu pueblo, al que tú rescataste
de Egipto?
22 Tú has establecido a tu pueblo Israel como pueblo tuyo para
siempre; y tú, Jehová, has venido
a ser su Dios.
23 Ahora pues, Jehová, la

10 *a* DyC 105:14.
11 *a* GEE Salomón.
14 *a* GEE Templo, Casa del Señor.
15 *a* GEE Visión.
21 *a* GEE Israel.

palabra que has hablado acerca de tu siervo y de su casa sea establecida para siempre, y haz como has dicho.

24 Permanezca, pues, y sea engrandecido tu nombre para siempre, a fin de que se diga: Jehová de los ejércitos, Dios de Israel, es Dios para Israel. Y sea la casa de tu siervo David establecida delante de ti.

25 Porque tú, Dios mío, revelaste al oído de tu siervo que le has de edificar casa; por eso ha hallado tu siervo *motivo* para orar delante de ti.

26 Ahora pues, Jehová, tú eres el Dios que has prometido a tu siervo este bien;

27 y ahora has querido bendecir la casa de tu siervo, para que permanezca perpetuamente delante de ti; porque tú, Jehová, la has bendecido, y será bendita para siempre.

CAPÍTULO 18

David somete a todos los adversarios de Israel y reina con justicia sobre el pueblo.

Después de estas cosas aconteció que David [a]derrotó a los [b]filisteos, y los humilló; y tomó Gat y sus villas de manos de los filisteos.

2 También derrotó a [a]Moab, y los moabitas fueron siervos de David y le pagaban tributo.

3 Asimismo derrotó David a Hadar-ezer, rey de Soba, en Hamat, cuando éste iba a establecer su dominio hasta el río Éufrates.

4 Y les tomó David mil carros, y siete mil de a caballo y veinte mil hombres de a pie; y [a]desjarretó David los caballos de todos los carros, excepto los de cien carros que dejó.

5 Y llegaron los sirios de Damasco en ayuda de Hadar-ezer, rey de Soba; y David mató a veintidós mil hombres de los sirios.

6 Y puso David *guarnición* en Siria de Damasco; y los sirios fueron hechos siervos de David, sujetos a tributo, porque Jehová guardaba a David dondequiera que iba.

7 Tomó también David los escudos de oro que llevaban los siervos de Hadar-ezer, y los llevó a Jerusalén.

8 Asimismo de Tibhat y de Cun, ciudades de Hadar-ezer, tomó David muchísimo bronce, con el que Salomón hizo el [a]mar de bronce, y las columnas y los utensilios de bronce.

9 Y cuando oyó Tou, rey de Hamat, que David había derrotado a todo el ejército de Hadar-ezer, rey de Soba,

10 envió a su hijo Adoram al rey David, para saludarle y para bendecirle por haber peleado contra Hadar-ezer y haberle vencido, porque Tou estaba en guerra contra Hadar-ezer. *Le envió* también toda clase de utensilios de oro, y de plata y de bronce,

11 los cuales el rey David dedicó a Jehová, con la plata y el oro

18 1 *a* 2 Sam. 8:1–18.
b GEE Filisteos.
2 *a* GEE Moab.
4 *a* *Es decir,* les cortó los tendones de las patas para inutilizarlos.
8 *a* 1 Rey. 7:23–25.

que había tomado de todas las naciones, de [a]Edom, y de Moab, y de los hijos de Amón, y de los filisteos y de [b]Amalec.
12 Además de esto, Abisai hijo de Sarvia mató en el valle de la Sal a dieciocho mil edomitas.
13 Y puso guarnición en Edom, y todos los edomitas fueron siervos de David, porque Jehová guardaba a David dondequiera que iba.
14 Y reinó David sobre todo Israel y administraba justicia con equidad a todo su pueblo.
15 Y Joab hijo de Sarvia era general del ejército, y Josafat hijo de Ahilud, cronista;
16 y Sadoc hijo de Ahitob y Abimelec hijo de Abiatar eran sacerdotes, y Savsa, [a]escriba;
17 y Benaía hijo de Joiada estaba sobre los cereteos y los peleteos; y los hijos de David eran los principales junto al rey.

CAPÍTULO 19

Los amonitas insultan a los mensajeros de David y planean la guerra contra Israel — David derrota a los amonitas y a los sirios.

DESPUÉS de estas cosas aconteció que murió Nahas, rey de los hijos de [a]Amón, y reinó en su lugar su hijo.
2 Y dijo David: Haré misericordia con Hanún hijo de Nahas, porque también su padre hizo conmigo misericordia. Así David envió mensajeros para que lo consolasen por la muerte de su padre. Pero cuando llegaron los siervos de David a la tierra de los hijos de Amón para consolar a Hanún,
3 los príncipes de los hijos de Amón dijeron a Hanún: ¿Crees tú que David honra a tu padre porque te ha enviado consoladores? ¿No vienen más bien sus siervos a ti para reconocer, y someter y espiar la tierra?
4 Entonces Hanún tomó a los siervos de David y los rapó, y les [a]cortó los vestidos por la mitad, hasta las nalgas, y los despidió.
5 Y *algunos* fueron y le dieron la nueva a David acerca de aquellos hombres; y él envió a recibirlos, porque estaban muy avergonzados. Y el rey les dijo: Quedaos en Jericó hasta que os crezca la barba, y entonces volveréis.
6 Y al ver los hijos de Amón que se habían hecho odiosos a David, Hanún y los hijos de Amón enviaron mil talentos de plata para tomar a sueldo carros y gente de a caballo de Mesopotamia, y de los sirios de Maaca, y de Soba.
7 Y tomaron a sueldo treinta y dos mil carros, y al rey de Maaca y a su pueblo, los cuales vinieron y acamparon delante de Medeba. Y se reunieron también los hijos de Amón desde sus ciudades y vinieron a la guerra.
8 Y cuando David lo oyó, envió a Joab con todo el ejército de los hombres valientes.
9 Y los hijos de Amón salieron

11 *a* GEE Esaú.
b GEE Amalecitas.
16 *a* GEE Escriba.
19 1 *a* 2 Sam. 10:1–19.
4 *a* *Es decir,* señal o marca de esclavitud.

y se pusieron en orden de batalla a la entrada de la ciudad; y los reyes que habían venido estaban aparte en el campo.

10 Y viendo Joab que la batalla estaba contra él por delante y por detrás, escogió de entre todos los más aventajados que había en Israel y los puso en orden de batalla contra los sirios.

11 Y puso luego el resto de la gente al mando de Abisai, su hermano, y los puso en orden de batalla contra los hijos de Amón.

12 Y dijo: Si los sirios son más fuertes que yo, tú me ayudarás; y si los hijos de Amón son más fuertes que tú, yo te ayudaré.

13 Esfuérzate, y esforcémonos por nuestro pueblo y por las ciudades de nuestro Dios; y haga Jehová lo que bien le parezca.

14 Se acercó entonces Joab y el pueblo que estaba con él, para pelear contra los sirios; pero ellos huyeron delante de él.

15 Y cuando los hijos de Amón vieron que los sirios habían huido, huyeron también ellos delante de Abisai, su hermano, y entraron en la ciudad. Entonces Joab volvió a Jerusalén.

16 Y al ver los sirios que habían caído delante de Israel, enviaron mensajeros y trajeron a los sirios que estaban al otro lado del Río. Y Sofac, general del ejército de Hadar-ezer, estaba al frente de ellos.

17 Y cuando se dio aviso a David, reunió a todo Israel, y pasó el Jordán, y vino a ellos y se puso en orden de batalla contra ellos. Y cuando David se puso en orden de batalla para enfrentarse a los sirios, éstos pelearon contra él.

18 Pero los sirios huyeron delante de Israel, y mató David de los sirios a siete mil *hombres de los* carros y a cuarenta mil hombres de a pie; asimismo mató a Sofac, general del ejército.

19 Y cuando los siervos de Hadar-ezer vieron que habían caído delante de Israel, concertaron la paz con David y le sirvieron; y los sirios nunca más quisieron ayudar a los hijos de Amón.

CAPÍTULO 20

Los amonitas son vencidos — Israel derrota a los filisteos.

Y aconteció que, después de terminar el año, al siguiente año, en el tiempo en que suelen los reyes salir *a la guerra,* Joab condujo las fuerzas del ejército y destruyó la tierra de los hijos de Amón, y vino y sitió Rabá. Y David estaba en Jerusalén; y Joab atacó a Rabá y la destruyó.

2 Y tomó David la corona de encima de la cabeza del rey de Rabá, y halló que pesaba un talento de oro y había en ella piedras preciosas; y fue puesta sobre la cabeza de David. Y además de esto sacó de la ciudad un botín muy grande.

3 Sacó también al pueblo que *estaba* en ella y lo [a]puso a trabajar

20 3 *a Es decir,* los obligó a trabajar en los bosques y en los campos. 2 Sam. 12:31.

con sierras, y con trillos de hierro y con hachas. Lo mismo hizo David a todas las ciudades de los hijos de Amón. Y volvió David con todo el pueblo a Jerusalén.

4 Y después de esto aconteció que tuvo lugar una batalla en Gezer contra los [a]filisteos; y Sibecai, el husatita, mató a Sipai, de los descendientes de los gigantes, y fueron sometidos.

5 Y de nuevo hubo guerra contra los filisteos; y Elhanán hijo de Jair mató a Lahmi, hermano de Goliat, el geteo, el asta de cuya lanza era como un rodillo de telar.

6 Y volvió a haber guerra en Gat, donde había un hombre de gran estatura, el cual tenía seis dedos *en los pies y las manos,* veinticuatro en total; y también era descendiente de los gigantes.

7 Y cuando él insultó a Israel, Jonatán hijo de Simea, hermano de David, lo mató.

8 Éstos eran descendientes de los gigantes en Gat, los cuales cayeron por mano de David y de sus siervos.

CAPÍTULO 21

David peca al contar a Israel — Jehová envía una peste sobre el pueblo — David ofrece sacrificios y la plaga se detiene.

Y [a]SATANÁS se levantó contra Israel e [b]incitó a David a que hiciese un censo de Israel.

2 Y dijo David a Joab y a los jefes del pueblo: Id, haced censo de Israel desde Beerseba hasta Dan, y traedme el número de ellos para que yo lo sepa.

3 Y dijo Joab: Añada Jehová a su pueblo cien veces más de lo que son. Rey, señor mío, ¿no son todos éstos siervos de mi señor? ¿Para qué procura mi señor esto? ¿Por qué ha de ser *motivo* de culpa para Israel?

4 Sin embargo, la palabra del rey pudo más que Joab. Salió, por tanto, Joab y recorrió todo Israel y volvió a Jerusalén;

5 y Joab dio cuenta del número del pueblo a David. Y había *en* todo Israel un millón cien mil hombres que sacaban espada, y en Judá, cuatrocientos setenta mil hombres que sacaban espada.

6 Pero entre éstos no hizo un censo de los de Leví ni de los hijos de Benjamín, porque la palabra del rey era abominable a Joab.

7 Asimismo este asunto fue desagradable ante los ojos de Dios, e hirió a Israel.

8 Y dijo David a Dios: He pecado gravemente al hacer esto; pero ahora te ruego que quites la iniquidad de tu siervo, porque yo he hecho muy neciamente.

9 Y habló Jehová a [a]Gad, [b]vidente de David, diciendo:

10 Ve, y habla a David y dile: Así ha dicho Jehová: Tres cosas te propongo; escoge una de ellas para que yo haga así contigo.

11 Y fue Gad ante David y le

4 *a* GEE Filisteos.
21 1 *a* GEE Diablo.
b 2 Sam. 24:1–25. GEE Tentación, tentar.
9 *a* GEE Gad el vidente.
b GEE Vidente.

dijo: Así ha dicho Jehová: Escoge para ti:

12 o [a]tres años de hambre; o tres meses de derrotas ante tus enemigos, y que la espada de tus adversarios te alcance; o tres días de la espada de Jehová, esto es, la peste en la tierra y la destrucción que el ángel de Jehová haga por todo el territorio de Israel. Mira, pues, qué he de responder a quien me ha enviado.

13 Entonces David dijo a Gad: Estoy en gran angustia. Ruego que yo caiga en manos de Jehová, porque sus misericordias son muchas en extremo, pero que no caiga yo en manos de hombres.

14 Así Jehová envió peste sobre Israel, y cayeron de Israel setenta mil hombres.

15 [a]Y envió Jehová el ángel a Jerusalén para destruirla, y cuando la destruía, miró Jehová y se arrepintió de aquel mal, y dijo al ángel que destruía: Basta ya; detén tu mano. Y el ángel de Jehová estaba junto a la era de Ornán, el jebuseo.

16 Y alzando David sus ojos, vio al ángel de Jehová que estaba entre el cielo y la tierra, con una espada desnuda en su mano, extendida contra Jerusalén. Entonces David y los ancianos se postraron sobre sus rostros, cubiertos de cilicio.

17 Y dijo David a Dios: ¿No soy yo el que hizo contar al pueblo? Yo mismo soy el que pequé, y ciertamente he hecho mal; mas estas ovejas, ¿qué han hecho? Oh Jehová, Dios mío, sea ahora tu mano contra mí y contra la casa de mi padre, pero no haya plaga en tu pueblo.

18 Y el [a]ángel de Jehová ordenó a Gad que dijese a David que subiese y construyese un altar a Jehová en la [b]era de Ornán, el jebuseo.

19 Entonces David subió, conforme a la palabra de Gad que le había dicho en nombre de Jehová.

20 Y al volverse Ornán, vio al ángel; y los cuatro hijos suyos que estaban con él se escondieron. Y Ornán trillaba el trigo.

21 Y cuando David llegó junto a Ornán, éste miró y vio a David; y salió de la era y se postró rostro en tierra ante David.

22 Entonces dijo David a Ornán: Dame *este* lugar de la era para que edifique un altar a Jehová; y dámelo por *su* cabal precio, para que cese la plaga en el pueblo.

23 Y Ornán respondió a David: Tómalo para ti, y haga mi señor el rey lo que bien le parezca; y aun los bueyes daré para el holocausto, y los trillos para leña y trigo para la ofrenda de grano; yo lo doy todo.

24 Entonces el rey David dijo a Ornán: No, sino que efectivamente la compraré por *su* justo precio, porque no tomaré para Jehová lo que es tuyo, ni sacrificaré holocausto que nada me cueste.

25 Y dio David a Ornán por el

12 *a* Mos. 1:17.

15 *a* TJS 1 Cró. 21:15 (Apéndice).

18 *a* Mos. 4:1.
b 2 Cró. 3:1–2.

lugar el peso de seiscientos siclos de oro.

26 Y edificó allí David un altar a Jehová, en el que ofreció holocaustos y ofrendas de paz; e invocó a Jehová, quien le respondió por [a]fuego desde los cielos en el altar del holocausto.

27 Y cuando Jehová habló al ángel, éste volvió su espada a la vaina.

28 Entonces al ver David que Jehová le había respondido en la era de Ornán, el jebuseo, ofreció [a]sacrificio allí.

29 Y el [a]tabernáculo de Jehová que Moisés había hecho en el desierto, y el altar del holocausto, estaban en aquel tiempo en el lugar alto de Gabaón.

30 Pero David no pudo ir allá a consultar a Dios, porque estaba atemorizado a causa de la espada del ángel de Jehová.

CAPÍTULO 22

David prepara oro, plata, bronce, hierro, piedra y madera de cedro para el templo — Encomienda a Salomón que lleve a cabo la obra de construirlo.

Y dijo David: Ésta es la [a]casa de Jehová Dios, y éste es el altar del holocausto para Israel.

2 Después mandó David que se reuniese a los [a]extranjeros que había en la tierra de Israel, y señaló canteros que labrasen piedras para edificar la casa de Dios.

3 Asimismo preparó David mucho hierro para los clavos de las puertas y para las junturas, y más bronce del que podía pesarse, y madera de cedro innumerable,

4 porque los sidonios y los tirios habían traído a David grandes cantidades de [a]madera de cedro.

5 Y dijo David: [a]Salomón, mi hijo, es muchacho y de tierna edad, y la casa que se ha de edificar a Jehová ha de ser magnífica por su excelencia, para renombre y gloria en todas las tierras; ahora, pues, yo le prepararé *lo necesario.* E hizo David grandes preparativos antes de su muerte.

6 Llamó entonces David a su hijo Salomón y le encomendó que edificase una casa a Jehová, Dios de Israel.

7 Y dijo David a Salomón: Hijo mío, en mi corazón tuve el *propósito* de edificar una casa al nombre de Jehová mi Dios.

8 Pero vino a mí la palabra de Jehová, diciendo: Tú has derramado mucha sangre y has hecho grandes guerras; no edificarás una casa a mi nombre, porque has derramado mucha sangre en la tierra delante de mí.

9 He aquí, un hijo te nacerá, el cual será hombre de paz, porque yo le daré descanso de todos sus enemigos en derredor; por tanto, su nombre será Salomón, y yo daré paz y reposo sobre Israel en sus días.

10 Él [a]edificará una casa a mi nombre; y él será para mí un hijo,

26 *a* Lev. 9:24; 2 Cró. 7:1.
28 *a* GEE Sacrificios.
29 *a* GEE Tabernáculo.
22 1 *a* GEE Templo, Casa del Señor.
2 *a* 1 Rey. 9:21.
4 *a* 1 Rey. 5:5–6.
5 *a* GEE Salomón.
10 *a* 1 Rey. 6:12–13.

y yo seré para él un padre; y estableceré el trono de su reino sobre
Israel para siempre.
11 Ahora pues, hijo mío, Jehová
esté contigo, y seas prosperado,
para que edifiques una casa a
Jehová tu Dios, como él ha dicho de ti.
12 Y Jehová te dé [a]entendi-
miento y [b]prudencia, para que
cuando él te ordene estar sobre
Israel, tú guardes la ley de Jehová
tu Dios.
13 Entonces serás prosperado
si cuidas de poner por obra los
[a]estatutos y decretos que Jehová
mandó a Moisés para Israel. Esfuérzate, pues, y cobra ánimo; no
temas, ni desmayes.
14 He aquí, yo con mucho esfuerzo he preparado para la casa
de Jehová cien mil talentos de
oro y un millón de talentos de
plata, y bronce y hierro sin medida, pues es mucho. Asimismo
he preparado madera y piedra,
a lo cual tú añadirás.
15 Tú tienes contigo muchos
obreros, canteros, y albañiles y
carpinteros y todo experto en
toda clase de obra.
16 Del oro, de la plata, y del
bronce y del hierro no hay límite. Levántate, *pues,* y manos a
la obra; y Jehová esté contigo.
17 Asimismo mandó David a
todos los jefes de Israel que diesen ayuda a su hijo Salomón,
diciendo:
18 ¿No está con vosotros Jehová
vuestro Dios, el cual os ha dado
paz por todas partes? Porque
él ha entregado en mis manos
a los moradores de la tierra, y
la tierra ha sido sometida delante de Jehová y delante de
su pueblo.
19 Entregad, *pues,* ahora vuestros corazones y vuestras almas
a buscar a Jehová vuestro Dios;
y levantaos y edificad el santuario de Jehová Dios, para traer el
[a]arca del convenio de Jehová y los
utensilios sagrados de Dios a la
casa que se edificará al nombre
de Jehová.

CAPÍTULO 23

Salomón es hecho rey — Los levitas son contados y asignados a sus diversos deberes religiosos.

Siendo, pues, David ya viejo y
colmado de días, hizo rey sobre
Israel a [a]Salomón, su hijo.
2 Y reunió a todos los jefes de
Israel, y a los sacerdotes y a los
levitas;
3 y fueron contados los levitas
de [a]treinta años arriba; y fue el
número de ellos, contados uno
por uno, treinta y ocho mil.
4 De éstos, veinticuatro mil fueron asignados para dirigir la obra
de la casa de Jehová y seis mil
para ser oficiales y [a]jueces;
5 además cuatro mil porteros, y
cuatro mil para alabar a Jehová,

12 *a* GEE Entender, entendimiento.
b GEE Sabiduría.
13 *a* GEE Ley de Moisés.
19 *a* También conocida como el arca del pacto o el arca de la alianza.
GEE Arca del pacto.
23 1 *a* 1 Rey. 1:33–39.
3 *a* Núm. 4:3.
4 *a* Deut. 16:18.

dijo David, con los instrumentos que he hecho para rendir [a]alabanzas.

6 Y los repartió David en [a]grupos conforme a los hijos de Leví: Gersón, Coat y Merari.

7 Los hijos de Gersón: Laadán y Simei.

8 Los hijos de Laadán, tres: Jehiel el primero, y Zetam y Joel.

9 Los hijos de Simei, tres: Selomit, y Haziel y Arán. Éstos fueron los jefes de las casas paternas de Laadán.

10 Y los hijos de Simei: Jahat, Zina, y Jeús y Bería. Estos cuatro fueron los hijos de Simei.

11 Y Jahat era el primero y Zina el segundo; pero Jeús y Bería no tuvieron muchos hijos, por lo cual fueron contados como una casa paterna.

12 Los hijos de Coat, cuatro: Amram, Izhar, Hebrón y Uziel.

13 Los hijos de Amram: [a]Aarón y Moisés. Y Aarón fue [b]apartado para que consagrara las cosas más santas, él y sus hijos para siempre, para que quemasen incienso delante de Jehová, y le ministrasen y [c]bendijesen en su nombre, para siempre.

14 Y los hijos de [a]Moisés, varón de Dios, fueron contados en la tribu de Leví.

15 Los hijos de Moisés fueron Gersón y Eliezer.

16 De los hijos de Gersón, Sebuel fue el primero.

17 E hijo de Eliezer fue Rehabías el primero. Y Eliezer no tuvo otros hijos, pero los hijos de Rehabías fueron muchos.

18 De los hijos de Izhar, Selomit fue el primero.

19 De los hijos de Hebrón: Jerías el primero, Amarías el segundo, Jahaziel el tercero y Jecamán el cuarto.

20 De los hijos de Uziel: Micaía el primero e Isías el segundo.

21 Los hijos de Merari: Mahli y Musi. Los hijos de Mahli: Eleazar y Cis.

22 Y murió Eleazar sin hijos; pero tuvo hijas, y los hijos de Cis, sus hermanos, las tomaron *por esposas.*

23 Los hijos de Musi, tres: Mahli, y Edar y Jeremot.

24 Éstos son los hijos de [a]Leví, según las familias de sus padres, jefes de casas paternas según el censo de ellos, contados por sus nombres, uno por uno, de veinte años arriba, los cuales hacían la obra en el ministerio de la casa de Jehová.

25 Porque David dijo: Jehová Dios de Israel ha dado reposo a su pueblo, para que habite en Jerusalén para siempre.

26 Y además los levitas ya no tendrán que llevar más el tabernáculo ni ninguno de sus utensilios para su ministerio.

27 Así que, conforme a las últimas palabras de David, fueron contados los hijos de Leví de veinte años arriba.

28 Porque estaban bajo las órdenes de los hijos de Aarón para

5 *a* DyC 136:28.
6 *a* 2 Cró. 8:14; 31:2.
13 *a* GEE Aarón, hermano de Moisés.
b GEE Apartamiento.
c Núm. 6:23–27.
14 *a* GEE Moisés.
24 *a* GEE Sacerdocio Aarónico; Leví.

[a]servir en la casa de Jehová, en los atrios y en las cámaras, y en la purificación de toda cosa sagrada y en la obra del servicio de la casa de Dios;

29 asimismo para los panes de la proposición, y para la flor de harina para la ofrenda de grano, y para las hojuelas sin levadura, y para la ofrenda preparada en sartén, y para lo cocido y para todos los pesos y medidas;

30 y para asistir cada mañana todos los días a [a]dar gracias y alabar a Jehová, y asimismo al atardecer;

31 y para ofrecer todos los holocaustos a Jehová los días de reposo, lunas nuevas y fiestas solemnes, según su número y de acuerdo con lo decretado, continuamente delante de Jehová.

32 Y para que tuviesen a su cargo el cuidado del [a]tabernáculo de reunión, y el cuidado del santuario y el ayudar a los hijos de Aarón, sus hermanos, en el servicio de la casa de Jehová.

CAPÍTULO 24

Los hijos de Aarón y el resto de los hijos de Leví son separados en grupos y se les asignan sus deberes por suertes.

También los hijos de Aarón fueron separados en grupos. Los hijos de Aarón: Nadab, y Abiú, Eleazar e Itamar.

2 Pero Nadab y Abiú [a]murieron antes que su padre y no tuvieron hijos. Por tanto, Eleazar e Itamar sirvieron como sacerdotes.

3 Y David, con Sadoc de los hijos de Eleazar, y Ahimelec de los hijos de Itamar, los separó según sus oficios en el ministerio.

4 Y de los hijos de Eleazar se encontraron muchos más hombres principales que de los hijos de Itamar, y los separaron *así*: De los hijos de Eleazar había dieciséis jefes de casas paternas; y de los hijos de Itamar, por las casas paternas, ocho.

5 Los separaron, pues, por [a]suertes a unos y a otros, porque de los hijos de Eleazar y de los hijos de Itamar hubo oficiales del santuario y oficiales de *la casa* de Dios.

6 Y el [a]escriba Semaías hijo de Natanael, de los levitas, los inscribió delante del rey y de los oficiales, y delante del sacerdote Sadoc, y de Ahimelec hijo de Abiatar y de los jefes de las casas paternas de los sacerdotes y levitas; y designaron una casa paterna para Eleazar y otra para Itamar.

7 Y la primera suerte le tocó a Joiarib, la segunda a Jedaías,

8 la tercera a Harim, la cuarta a Seorim,

9 la quinta a Malquías, la sexta a Mijamín,

10 la séptima a Cos, la octava a [a]Abías,

11 la novena a Jesúa, la décima a Secanías,

12 la undécima a Eliasib, la duodécima a Jaquim,

28 *a* 2 Cró. 23:6.
30 *a* GEE Acción de gracias, agradecido, agradecimiento.
32 *a* Núm. 1:50.
24 2 *a* Lev. 10:1–2.
5 *a* GEE Suertes.
6 *a* GEE Escriba.
10 *a* Lucas 1:5.

13 la decimatercera a Hupa, la
decimacuarta a Jesebeab,
14 la decimaquinta a Bilga, la
decimasexta a [a]Imer,
15 la decimaséptima a Hezir, la
decimaoctava a Afses,
16 la decimanovena a Petaías,
la vigésima a Hezequiel,
17 la vigésima primera a Jaquín,
la vigésima segunda a Gamul,
18 la vigésima tercera a Delaía,
la vigésima cuarta a Maazías.
19 Éstos fueron repartidos para
su ministerio, para que entrasen
en la casa de Jehová, conforme a
lo decretado, bajo el mando de
Aarón, su padre, de la manera
que le había mandado Jehová,
el Dios de Israel.
20 Y de los hijos de Leví que
quedaron: Subael, de los hijos de
Amram; y de los hijos de Subael,
Jehedías.
21 Y de los hijos de Rehabías,
Isías el primero.
22 De los izharitas, Selomot; de
los hijos de Selomot, Jahat.
23 Y de los hijos *de Hebrón*: Jerías *el primero*, el segundo Amarías, el tercero Jahaziel, el cuarto
Jecamán.
24 De los hijos de Uziel, Micaía;
de los hijos de Micaía, Samir.
25 El hermano de Micaía, Isías;
de los hijos de Isías, Zacarías.
26 Los hijos de Merari: Mahli
y Musi; de los hijos de Jaazías,
Beno.
27 Los hijos de Merari por Jaazías: Beno, y Soham, y Zacur e
Ibri.
28 De Mahli, Eleazar, el que no
tuvo hijos.
29 Hijo de Cis, Jerameel.
30 Y los hijos de Musi: Mahli, y
Edar y Jerimot. Éstos fueron los
hijos de los levitas conforme a
sus casas paternas.
31 Éstos también echaron suertes, como sus hermanos los hijos
de Aarón, delante del rey David,
y de Sadoc, y de Ahimelec, y de
los jefes de las casas paternas
de los sacerdotes y de los levitas; el jefe de las casas paternas
igualmente que el menor de sus
hermanos.

CAPÍTULO 25

Se asignan por suertes los deberes de los cantores y de los músicos levitas.

ASIMISMO David y los jefes del
ejército [a]apartaron para el servicio a los hijos de Asaf, y de Hemán y de Jedutún, los que habían
de profetizar con [b]arpas, con salterios y con címbalos; y el número
de hombres para la obra según su
servicio fue:
2 De los hijos de Asaf: Zacur, y
José, y Netanías y Asarela, hijos
de Asaf, bajo la dirección de Asaf,
que profetizaba bajo las órdenes
del rey.
3 De Jedutún, los hijos de Jedutún: Gedalías, y Zeri, y Jesaías,
Hasabías y Matatías, seis, bajo
la dirección de su padre Jedutún,
quien profetizaba con arpa, para
dar gracias y alabar a Jehová.
4 De Hemán, los hijos de Hemán: Buquías, Matanías, Uziel,

14 *a* Jer. 20:1–2.
25 1 *a* GEE Apartamiento.
b GEE Música.

Sebuel, y Jeremot, Hananías, Hanani, Eliata, Gidalti, y Romamti-ezer, Josbecasa, Maloti, Hotir y Mahaziot.

5 Todos éstos fueron hijos de Hemán, [a]vidente del rey en las palabras de Dios, para ensalzar su poder; y Dios dio a Hemán catorce hijos y tres hijas.

6 Todos éstos estaban bajo la dirección de su padre en la [a]música, en la casa de Jehová, con címbalos, salterios y arpas, para el ministerio de la casa de Dios. Asaf, y Jedutún y Hemán estaban bajo la dirección del rey.

7 Y el número de ellos, contando a sus hermanos, instruidos en el canto para Jehová, todos ellos aptos, era de doscientos ochenta y ocho.

8 Y echaron suertes para repartir los turnos *del servicio,* tanto el pequeño como el grande, lo mismo el maestro que el discípulo.

9 Y la primera suerte le tocó a José, el asafita; la segunda, a Gedalías, quien con sus hermanos e hijos eran doce;

10 la tercera a Zacur, sus hijos y sus hermanos, doce;

11 la cuarta a Izri, sus hijos y sus hermanos, doce;

12 la quinta a Netanías, sus hijos y sus hermanos, doce;

13 la sexta a Buquías, sus hijos y sus hermanos, doce;

14 la séptima a Jesarela, sus hijos y sus hermanos, doce;

15 la octava a Jesahías, sus hijos y sus hermanos, doce;

16 la novena a Matanías, sus hijos y sus hermanos, doce;

17 la décima a Simei, sus hijos y sus hermanos, doce;

18 la undécima a Azareel, sus hijos y sus hermanos, doce;

19 la duodécima a Hasabías, sus hijos y sus hermanos, doce;

20 la decimatercera a Subael, sus hijos y sus hermanos, doce;

21 la decimacuarta a Matatías, sus hijos y sus hermanos, doce;

22 la decimaquinta a Jeremot, sus hijos y sus hermanos, doce;

23 la decimasexta a Hananías, sus hijos y sus hermanos, doce;

24 la decimaséptima a Josbecasa, sus hijos y sus hermanos, doce;

25 la decimaoctava a Hanani, sus hijos y sus hermanos, doce;

26 la decimanovena a Maloti, sus hijos y sus hermanos, doce;

27 la vigésima a Eliata, sus hijos y sus hermanos, doce;

28 la vigésima primera a Hotir, sus hijos y sus hermanos, doce;

29 la vigésima segunda a Gidalti, sus hijos y sus hermanos, doce;

30 la vigésima tercera a Mahaziot, sus hijos y sus hermanos, doce;

31 la vigésima cuarta a Romamti-ezer, sus hijos y sus hermanos, doce.

CAPÍTULO 26

Se designa a los levitas ser porteros — Los levitas tienen a su cargo los tesoros, sirven como oficiales y jueces y se encargan de los

5 *a* GEE Vidente.

6 *a* GEE Cantar.

asuntos exteriores pertinentes a los israelitas.

EN cuanto a la distribución de los porteros: De los coreítas, Meselemías hijo de Coré, de los hijos de Asaf.

2 Y los hijos de Meselemías: Zacarías, el primogénito, Jediael el segundo, Zebadías el tercero, Jatniel el cuarto,

3 Elam el quinto, Johanán el sexto, Elioenai el séptimo.

4 Y los hijos de Obed-edom: Semaías, el primogénito, Jozabad el segundo, Joa el tercero, y el cuarto Sacar, y el quinto Natanael,

5 el sexto Amiel, el séptimo Isacar, el octavo Peultai, porque Dios [a]lo había bendecido.

6 También de su hijo Semaías nacieron hijos que gobernaban la casa de su padre, porque eran hombres fuertes y valientes.

7 Los hijos de Semaías: Otni, y Rafael, y Obed *y* Elzabad, cuyos hermanos eran hombres valientes, Eliú y Samaquías.

8 Todos éstos de los hijos de Obed-edom; ellos con sus hijos y sus hermanos, hombres valientes y fuertes para el servicio; sesenta y dos de Obed-edom.

9 Y los hijos de Meselemías y sus hermanos, dieciocho hombres valientes.

10 También Hosa, de los hijos de Merari, tuvo hijos: Simri, el jefe (aunque no era el primogénito, su padre lo puso por jefe),

11 el segundo Hilcías, el tercero Tebalías, el cuarto Zacarías; todos los hijos y hermanos de Hosa eran trece.

12 Entre éstos *se hizo* la distribución de los porteros, *alternando* los principales de los hombres en la guardia con sus hermanos, para servir en la casa de Jehová.

13 Y echaron [a]suertes, el pequeño con el grande, según sus casas paternas, para cada puerta.

14 Y cayó la suerte para la puerta del oriente a Selemías. Y para Zacarías su hijo, consejero sabio, echaron suertes, y le tocó la puerta del norte.

15 A Obed-edom, la puerta del sur; y a sus hijos, la casa de las provisiones.

16 A Supim y a Hosa, la del occidente, la puerta de Salequet, en el camino de la subida. Las guardias se correspondían unas a otras:

17 Al oriente había seis levitas, al norte cuatro por día, al sur cuatro por día, y en la casa de las provisiones, de dos en dos.

18 En la parte del occidente había cuatro en el camino y dos en el atrio del occidente.

19 Éstas son las distribuciones de los porteros, hijos de los coreítas y de los hijos de Merari.

20 Y de los levitas, Ahías tenía a su cargo los tesoros de la casa de Dios y los tesoros de las cosas santificadas.

21 *En cuanto* a los hijos de Laadán, hijos de Laadán, el gersonita, los jefes de las casas paternas de Laadán, el gersonita, *fueron* los jehielitas.

26 5 *a* 1 Cró. 13:14.

13 *a* GEE Suertes.

22 Los hijos de Jehieli, Zetam y su hermano Joel, tuvieron a su cargo los tesoros de la casa de Jehová.

23 De los amramitas, de los izharitas, de los hebronitas, de los uzielitas,

24 y Sebuel hijo de Gersón, hijo de Moisés, era jefe sobre los tesoros.

25 Y sus hermanos de parte de Eliezer, Rehabías su hijo, y Jesaías su hijo, y Joram su hijo, y Zicri su hijo y Selomit su hijo.

26 Este Selomit y sus hermanos tenían a su cargo todos los tesoros de todas las cosas santificadas que había consagrado el rey David, y los jefes de las casas paternas, los capitanes de millares y de centenas y los jefes del ejército;

27 de lo que habían [a]consagrado de las guerras y de los botines, para reparar la casa de Jehová.

28 Asimismo todas las cosas que había consagrado el [a]vidente Samuel, y Saúl hijo de Cis, y [b]Abner hijo de Ner y Joab hijo de Sarvia, y todo lo que cualquiera consagraba estaba a cargo de Selomit y de sus hermanos.

29 De los izharitas, Quenanías y sus hijos fueron asignados para los [a]asuntos exteriores de Israel, como oficiales y jueces.

30 De los hebronitas, Hasabías y sus hermanos, hombres valientes, mil setecientos, gobernaban a Israel al occidente del Jordán, en toda la obra de Jehová y en el servicio del rey.

31 De los hebronitas, Jerías era el jefe de los hebronitas *repartidos* según sus generaciones por sus casas paternas. En el año cuarenta del reinado de David se buscaron y se hallaron entre ellos hombres fuertes y valientes en Jazer de Galaad.

32 Y sus hermanos, hombres valientes, eran dos mil setecientos, jefes de casas paternas, los cuales el rey David constituyó sobre los rubenitas, y los gaditas y sobre la media tribu de Manasés, para todas las cosas de Dios y los asuntos del rey.

CAPÍTULO 27

Se nombra a los oficiales que sirven al rey — Se enumeran los jefes de las tribus de Israel.

Y los hijos de Israel, según su número, *a saber,* los jefes de casas paternas, los [a]jefes de millares y de centenas, y sus oficiales que servían al rey en todos los asuntos de las divisiones que entraban y salían cada mes, durante todos los meses del año, eran en cada división veinticuatro mil.

2 Sobre la primera división del primer mes estaba Jasobeam hijo de Zabdiel; y había en su división veinticuatro mil.

3 Él era de los hijos de Fares y fue jefe de todos los capitanes de las compañías para el primer mes.

4 Sobre la división del segundo

27 *a* 2 Sam. 8:10–11.
28 *a* GEE Vidente.
b 1 Sam. 14:50.
29 *a* *O sea,* obra exterior relacionada con el templo.
27 1 *a* 1 Cró. 28:1.

mes estaba Dodai, el ahohíta; y Miclot era el jefe de esta división, en la que también había veinticuatro mil.
5 El jefe de la tercera división para el tercer mes era [a]Benaía, hijo del sumo sacerdote Joiada; y en su división había veinticuatro mil.
6 Este Benaía era valiente entre los treinta y estaba sobre los treinta; y en su división estaba su hijo Amisabad.
7 El cuarto *jefe* para el cuarto mes era Asael hermano de Joab, y después de él Zebadías, su hijo; y en su división había veinticuatro mil.
8 El quinto jefe para el quinto mes era Samhut, el izraíta; y en su división había veinticuatro mil.
9 El sexto para el sexto mes era Ira hijo de Iques, el tecoíta; y en su división había veinticuatro mil.
10 El séptimo para el séptimo mes era Heles, el pelonita, de los hijos de Efraín; y en su división había veinticuatro mil.
11 El octavo para el octavo mes era Sibecai, el husatita, de los zeraítas; y en su división había veinticuatro mil.
12 El noveno para el noveno mes era Abiezer, el anatotita, de los benjaminitas; y en su división había veinticuatro mil.
13 El décimo para el décimo mes era Maharai, el netofatita, de los zeraítas; y en su división había veinticuatro mil.
14 El undécimo para el undécimo mes era Benaía, el piratonita, de los hijos de Efraín; y en su división había veinticuatro mil.
15 El duodécimo para el duodécimo mes era Heldai, el netofatita, de Otoniel; y en su división había veinticuatro mil.
16 Asimismo sobre las tribus de Israel: el jefe de los rubenitas era Eliezer hijo de Zicri; de los simeonitas, Sefatías hijo de Maaca.
17 De Leví, Hasabías hijo de Kemuel; de Aarón, Sadoc;
18 de Judá, Eliú, uno de los hermanos de David; de Isacar, Omri hijo de Micael.
19 De Zabulón, Ismaías hijo de Abdías; de Neftalí, Jerimot hijo de Azriel;
20 de los hijos de Efraín, Oseas hijo de Azazías; de la media tribu de Manasés, Joel hijo de Pedaías;
21 de la otra media tribu de Manasés, en Galaad, Iddo hijo de Zacarías; de Benjamín, Jaasiel hijo de Abner;
22 de Dan, Azareel hijo de Jeroham. Éstos fueron los jefes de las tribus de Israel.
23 Y David no hizo el censo de los menores de veinte años, por cuanto Jehová había dicho que él había de multiplicar a Israel como las [a]estrellas del cielo.
24 Joab hijo de Sarvia había comenzado a hacer el censo, pero no acabó, pues por esto vino la [a]ira sobre Israel; y *así* el número no fue puesto en el registro de las crónicas del rey David.
25 Y Azmavet hijo de Adiel era

5 *a* 2 Sam. 23:20–23.
23 *a* Gén. 15:5; DyC 132:30–31.
24 *a* 1 Cró. 21:1–7.

el encargado de los tesoros del rey; y de los tesoros de los campos, y de las ciudades, y de las aldeas y los castillos, Jonatán hijo de Uzías;

26 y de los que trabajaban en la labranza de las tierras, Ezri hijo de Quelub;

27 y de las viñas, Simei, el ramatita; y del fruto de las viñas para las bodegas, Zabdi, el sifmita;

28 y de los olivares e higuerales que había en los campos, Baal-hanán, el gederita; y de los almacenes del aceite, Joás;

29 y del ganado que pastaba en Sarón, Sitrai, el saronita; y del ganado que estaba en los valles, Safat hijo de Adlai;

30 y de los camellos, Obil, el ismaelita; y de las asnas, Jehedías, el meronotita;

31 y de las ovejas, Jaziz, el agareno. Todos éstos eran administradores de la hacienda del rey David.

32 Y Jonatán, tío de David, era [a]consejero, hombre prudente y escriba; y Jehiel hijo de Hacmoni estaba con los hijos del rey.

33 Y también Ahitofel era consejero del rey; y Husai, el arquita, amigo del rey.

34 Y después de Ahitofel estaba Joiada hijo de Benaía y Abiatar. Y Joab era el general del ejército del rey.

CAPÍTULO 28

David reúne a los líderes de Israel — Salomón es escogido para construir el templo — David exhorta a Salomón y al pueblo a guardar los mandamientos — David da a Salomón el plano y los materiales para el templo.

Y REUNIÓ David en Jerusalén a todos los principales de Israel, a los jefes de las tribus, y a los jefes de las divisiones que servían al rey, a los jefes de millares, y a los jefes de centenas, y a los administradores de todos los bienes y de las posesiones del rey, y de sus hijos, y a los oficiales y a los poderosos, y a todos sus hombres valientes.

2 Entonces el rey David se puso de pie y dijo: Oídme, hermanos míos y pueblo mío. Yo tenía en mi corazón el propósito de edificar una [a]casa en la cual reposara el arca del convenio de Jehová, y para [b]estrado de los pies de nuestro Dios; y había ya preparado *todo* para edificar.

3 Pero Dios me dijo: Tú no edificarás casa a mi nombre, porque eres hombre de [a]guerra y has derramado mucha sangre.

4 Sin embargo, Jehová, el Dios de Israel, me eligió de entre toda la casa de mi padre para que fuese rey sobre Israel perpetuamente; porque a [a]Judá escogió para ser caudillo, y de la casa de Judá a la familia de mi padre; y de entre los hijos de mi padre se agradó de mí para hacerme [b]rey sobre todo Israel;

5 y de entre todos mis hijos

32 *a* GEE Aconsejar.
28 2 *a* GEE Templo, Casa del Señor.
b Sal. 99:5.
3 *a* 1 Cró. 22:8.
4 *a* GEE Judá.
b 1 Sam. 16:1, 7, 11–13.

(porque Jehová me ha dado muchos hijos), eligió a mi hijo Salomón para que se sentara en el trono del reino de Jehová sobre Israel.

6 Y me ha dicho: Salomón, tu hijo, él edificará mi casa y mis atrios; porque a éste he escogido como hijo, y yo seré para él un padre.

7 Asimismo yo estableceré su reino para siempre si él se esfuerza en guardar mis mandamientos y mis decretos, como en este día.

8 Ahora pues, ante los ojos de todo Israel, congregación de Jehová, y a oídos de nuestro Dios, guardad y buscad todos los preceptos de Jehová vuestro Dios, para que poseáis la buena tierra y la dejéis como heredad a vuestros hijos después de vosotros perpetuamente.

9 Y tú, Salomón, hijo mío, reconoce al Dios de tu padre y sírvele con [a]corazón perfecto y con ánimo dispuesto, porque Jehová escudriña los [b]corazones de todos y entiende toda imaginación de los pensamientos. Si tú le [c]buscas, lo hallarás; pero si le dejas, él te desechará para siempre.

10 Mira, pues, ahora que Jehová te ha elegido para que edifiques casa para el santuario; esfuérzate y hazla.

11 Y David dio a su hijo Salomón el plano del pórtico, y de sus edificios, y de sus tesorerías, y de sus salas superiores, y de sus salas interiores y del lugar del propiciatorio.

12 Asimismo el plano de todas las cosas que tenía [a]por medio del espíritu, para los atrios de la casa de Jehová, y para todas las cámaras en derredor, para los tesoros de la casa de Dios y para los tesoros de las cosas santificadas.

13 También para los grupos de los sacerdotes y de los levitas, y para toda la obra del ministerio de la casa de Jehová y para todos los utensilios del ministerio de la casa de Jehová.

14 *Y dio* oro en peso para *las cosas de* oro, para todos los utensilios de cada servicio, y *plata* en peso para todas las cosas de plata, para todos los utensilios de cada servicio.

15 Y *oro* en peso para los candelabros de oro y para sus lámparas de oro; oro en peso para cada candelabro y sus lámparas y para los candelabros de plata, *plata* en peso para *cada* candelabro y sus lámparas, conforme al servicio de cada candelabro.

16 Asimismo *dio* oro en peso para las mesas de la proposición, para cada mesa; del mismo modo, plata para las mesas de plata.

17 También oro puro para los garfios, y para los tazones y para las jarras; y para las tazas de oro, *oro* en peso para cada taza; y para las tazas de plata, *plata* en peso para cada taza.

18 Además, oro refinado en peso para el altar del incienso, y oro para el diseño del carro de los

9 *a* 1 Rey. 8:61.
b DyC 6:16.
c DyC 88:63.
12 *a* 1 Ne. 17:8, 18; DyC 97:1.

querubines, que extendían *las alas* y cubrían el arca del convenio de Jehová.

19 Todas estas cosas, *dijo David,* me fueron trazadas por [a]la mano de Jehová que me hizo entender todas las obras del [b]diseño.

20 Y dijo David a Salomón su hijo: Anímate y esfuérzate, y pon manos a la obra; [a]no temas ni desmayes, porque Jehová Dios, mi Dios, estará contigo; él no te dejará ni te desamparará, hasta que acabes toda la obra para el servicio de la casa de Jehová.

21 Y he aquí, los grupos de los sacerdotes y de los levitas, para todo el ministerio de la casa de Dios, estarán contigo en toda la obra; asimismo, todo voluntario hábil para toda forma de servicio, y los oficiales y todo el pueblo para *ejecutar* todas tus órdenes.

CAPÍTULO 29

Todo Israel hace una ofrenda voluntaria para el templo — David bendice y alaba a Jehová, e instruye al pueblo — Muere David — Salomón gobierna como rey — Se mencionan los libros de Natán y de Gad.

Después dijo el rey David a toda la congregación: Solamente a Salomón mi hijo ha elegido Dios; él es [a]joven y tierno de edad, y la obra es grande; porque el palacio no es para hombre, sino para Jehová Dios.

2 Yo con todas mis fuerzas he preparado para la casa de mi Dios, oro para las cosas de oro, y plata para las cosas de plata, y bronce para las de bronce, hierro para las de hierro y madera para las de madera; piedras de ónice, y *piedras* de engaste, piedras negras, y piedras de diversos colores, y toda clase de piedras preciosas, y piedras de mármol en abundancia.

3 Y además de esto, por cuanto tengo mi afecto en la casa de mi Dios, yo guardo en mi tesoro particular oro y plata *que,* además de todas las cosas que he preparado para la casa del santuario, he dado para la casa de mi Dios:

4 tres mil talentos de oro, de oro de Ofir, y siete mil talentos de plata refinada para recubrir las paredes de los edificios;

5 oro, pues, para las cosas de oro, y plata para las cosas de plata, y para toda la obra de las manos de los artífices. ¿Y quién quiere, pues, hoy [a]consagrar el servicio de sus manos a Jehová?

6 Entonces los jefes de las casas paternas, y los jefes de las tribus de Israel, y los jefes de millares y de centenas con los administradores de los bienes del rey ofrecieron de buena voluntad.

7 Y dieron para el servicio de la casa de Dios cinco mil talentos y diez mil dracmas de oro, y diez mil talentos de plata, y dieciocho mil talentos de bronce y cien mil talentos de hierro.

8 Y todo el que tenía piedras preciosas las entregó para el tesoro

19 *a* GEE Revelación.
b Núm. 8:4.
20 *a* Isa. 41:10.
29 1 *a* DyC 1:19, 23; JS—H 1:21–25.
GEE Valor, valiente.
5 *a* GEE Consagrar, Ley de consagración.

de la casa de Jehová, en manos de Jehiel, el gersonita.

9 Y se alegró el pueblo por haber ofrecido [a]de buena voluntad, porque de todo corazón hicieron ofrendas a Jehová de buena voluntad. Asimismo se alegró mucho el rey David.

10 Y David bendijo a Jehová delante de toda la congregación; y dijo David: Bendito seas tú, oh Jehová, Dios de Israel nuestro [a]padre, por los siglos de los siglos.

11 Tuya es, oh Jehová, la grandeza y el poder, y la gloria, y la victoria y la majestad; porque todas las cosas que están en los cielos y en la tierra *son tuyas*. Tuyo, oh Jehová, es el [a]reino, y tú eres excelso sobre todos.

12 Y las riquezas y la gloria [a]proceden de ti, y tú señoreas sobre todo; y en tu mano está el poder y la fortaleza, y en tu mano el hacer grande y el fortalecer a todos.

13 Ahora pues, Dios nuestro, nosotros te alabamos y loamos tu glorioso nombre.

14 Porque, ¿quién soy yo, y quién es mi pueblo, para que pudiésemos ofrecer voluntariamente cosas semejantes? Porque todo es tuyo, y de *lo recibido* de tu mano te damos.

15 Porque nosotros somos extranjeros delante de ti y advenedizos, como todos nuestros padres; y nuestros días sobre la tierra, cual sombra que no dura y sin esperanza.

16 Oh Jehová, Dios nuestro, toda esta abundancia que hemos preparado para edificar una casa a tu santo nombre, de tu mano procede, y todo es tuyo.

17 Yo sé, Dios mío, que tú [a]pruebas los corazones y que la rectitud te agrada; por eso yo con rectitud de mi corazón voluntariamente te he ofrecido todo esto; y ahora he visto con alegría que tu pueblo, reunido aquí ahora, ha dado para ti voluntariamente.

18 Oh Jehová, Dios de Abraham, de Isaac y de Israel, nuestros padres, conserva perpetuamente este designio del pensamiento del corazón de tu pueblo y encamina su corazón a ti.

19 Asimismo, da a mi hijo Salomón [a]corazón perfecto, para que guarde tus mandamientos, tus testimonios y tus estatutos, y para que haga todas las cosas y te edifique el palacio para el cual yo he hecho preparativos.

20 Después dijo David a toda la congregación: Bendecid ahora a Jehová vuestro Dios. Entonces toda la congregación bendijo a Jehová, Dios de sus padres, y se inclinaron y adoraron delante de Jehová y del rey.

21 Y ofrecieron sacrificios a Jehová y ofrecieron a Jehová holocaustos al día siguiente: mil becerros, mil carneros, mil corderos con sus libaciones y muchos sacrificios por todo Israel.

22 Y comieron y bebieron delante de Jehová aquel día con gran gozo; y dieron por segunda vez la investidura del reino a Salomón

9 *a* Moro. 7:6–9.
10 *a* Isa. 63:16; Mos. 5:7.
11 *a* DyC 6:13.
12 *a* Sal. 24:1; Mal. 3:8–12; Mos. 4:22.
17 *a* Abr. 3:23–26.
19 *a* GEE Perfecto; Pureza, puro.

hijo de David, y lo [a]ungieron ante Jehová como príncipe, y a Sadoc, como [b]sacerdote.
23 Y se sentó Salomón como rey en el trono de Jehová, en lugar de su padre David, y fue prosperado; y le obedeció todo Israel.
24 Y todos los oficiales y los hombres valientes, y todos los hijos del rey David juraron obediencia al rey Salomón.
25 Y Jehová [a]engrandeció en extremo a Salomón ante los ojos de todo Israel y le dio tal majestad real, cual ningún rey la tuvo antes de él en Israel.
26 Así reinó David hijo de Isaí sobre todo Israel.
27 Y el tiempo que reinó sobre Israel fue cuarenta años. Siete años reinó en Hebrón y treinta y tres reinó en Jerusalén.
28 Y murió en buena vejez, lleno de días, de riquezas y de gloria; y reinó en su lugar Salomón, su hijo.
29 Y los hechos del rey David, desde el primero hasta el último, están escritos en el libro del vidente Samuel, y en el libro del profeta [a]Natán y en el libro del vidente Gad,
30 con todo *lo relativo* a su reinado y su poder y los tiempos que pasaron sobre él, y sobre Israel y sobre todos los reinos de aquellas tierras.

SEGUNDO LIBRO DE LAS CRÓNICAS

CAPÍTULO 1

Jehová engrandece a Salomón delante de todo Israel — Se le aparece Jehová — Salomón escoge la sabiduría y le es dada — Su reino es bendecido con esplendor y riquezas.

Y SALOMÓN hijo de David fue afirmado en su reino; y Jehová su Dios estaba con él y le engrandeció sobremanera.
2 Y habló Salomón a todo Israel, a los jefes de millares, y de centenas, y a los jueces y a todos los príncipes de todo Israel, jefes de las casas paternas.
3 Y fue Salomón, y con él toda esta congregación, al lugar alto que había en Gabaón, porque allí estaba el [a]tabernáculo de reunión de Dios que Moisés, siervo de Jehová, había hecho en el desierto.
4 Pero David había traído el [a]arca de Dios de Quiriat-jearim al lugar que él le había preparado, porque él le había levantado una tienda en Jerusalén.
5 Asimismo el [a]altar de bronce que había hecho Bezaleel hijo de

22 *a* 1 Rey. 1:33–39.
b 1 Sam. 2:35.
25 *a* Josué 3:7.
29 *a* GEE Escrituras—Escrituras que se han perdido.

[2 CRÓNICAS]
1 3 *a* HEB la tienda de reunión (véase también el vers. 13). GEE Tabernáculo.
4 *a* GEE Arca del pacto.
5 *a* Éx. 38:1–2.

Uri, hijo de Hur, estaba allí delante del tabernáculo de Jehová, al cual fue a consultar Salomón con aquella congregación.
6 Y subió Salomón allá delante de Jehová, al altar de bronce que estaba en el tabernáculo de reunión, y ofreció sobre él mil holocaustos.
7 Y aquella noche se le [a]apareció Dios a Salomón y le dijo: Pide lo *que quieras* que yo te dé.
8 Y Salomón dijo a Dios: Tú has hecho con David, mi padre, gran misericordia, y a mí me has hecho rey en lugar suyo.
9 Ahora pues, oh Jehová Dios, que se cumpla tu palabra *dada* a David, mi padre, porque tú me has hecho rey sobre un pueblo tan numeroso como el polvo de la tierra.
10 Dame ahora [a]sabiduría y [b]conocimiento, para salir y entrar delante de este pueblo, porque, ¿quién podrá [c]juzgar a este tu pueblo tan grande?
11 Y dijo Dios a Salomón: Por cuanto esto ha estado en tu corazón, y no pediste riquezas, bienes ni gloria, ni la vida de tus enemigos, ni pediste muchos días, sino que has pedido para ti sabiduría y conocimiento para juzgar a mi pueblo, sobre el cual te he hecho rey,
12 sabiduría y conocimiento te son dados; y también te daré riquezas, y bienes y gloria, como nunca tuvieron los reyes que han sido antes de ti, ni tendrán los que vengan después de ti.
13 Y volvió Salomón a Jerusalén desde el lugar alto que estaba en Gabaón, delante del tabernáculo de reunión, y reinó sobre Israel.
14 Y juntó Salomón carros y gente de a caballo; y tuvo mil cuatrocientos carros y doce mil jinetes, los cuales puso en las ciudades de los carros y con el rey en Jerusalén.
15 E hizo el rey que hubiera en Jerusalén tanta plata y tanto oro como piedras, y que abundaran los cedros como los sicómoros que nacen en los campos.
16 Y hacían traer caballos de Egipto y de Coa para Salomón, porque los mercaderes del rey los compraban allí.
17 Y subían y traían de Egipto un carro por seiscientas piezas de plata y un caballo por ciento cincuenta; y así los traían por medio de ellos todos los reyes de los heteos y los reyes de [a]Siria.

CAPÍTULO 2

Salomón contrata a Hiram de Tiro para suministrar madera para el templo — Se organiza a los obreros para efectuar la obra.

Determinó, pues, Salomón edificar una [a]casa al nombre de Jehová, y *otra* casa para su reino.
2 Y contó Salomón setenta mil

7 *a* 1 Rey. 3:5–14.
10 *a* 2 Ne. 28:30. GEE Sabiduría.
b GEE Conocimiento.
c *O sea,* gobernar (véase también el vers. 11). Mos. 29:12–13.
17 *a* HEB Aram.
2 1 *a* GEE Templo, Casa del Señor.

hombres que llevasen cargas, y
ochenta mil hombres que labrasen *piedra* en los montes y tres mil seiscientos que los dirigiesen.
3 Y envió a decir Salomón a [a]Hiram, rey de Tiro: *Haz conmigo* como hiciste con David, mi padre, enviándole cedros para que edificara para sí casa en que habitar.
4 He aquí, yo voy a [a]edificar una casa al nombre de Jehová mi Dios, para consagrársela, para quemar incienso aromático delante de él, y para la colocación continua de los panes de la proposición, y para los holocaustos de la mañana y de la tarde, *y* de los días de reposo, y de las lunas nuevas y de las fiestas solemnes de Jehová nuestro Dios; esto será perpetuo en Israel.
5 Y la casa que voy a edificar ha de ser grande, porque el Dios nuestro es grande sobre todos los dioses.
6 Pero, ¿quién será capaz de edificarle una casa, puesto que los cielos y los cielos de los cielos no pueden contenerle? ¿Quién, pues, soy yo, para que le edifique una casa, aunque sólo sea para quemar ofrendas delante de él?
7 Envíame, pues, ahora un hombre hábil, que sepa trabajar en oro, y en plata, y en bronce, y en hierro, y en púrpura, y en grana y en azul, y que sepa esculpir con los maestros que están conmigo en Judá y en Jerusalén, los cuales preparó mi padre David.
8 Envíame también del Líbano madera de cedro, de ciprés y de sándalo, porque yo sé que tus siervos saben cortar los árboles del Líbano; y he aquí, mis siervos estarán con los tuyos,
9 para que me preparen mucha madera, porque la casa que voy a edificar ha de ser grande y maravillosa.
10 Y he aquí, para tus siervos, los cortadores de madera, daré veinte mil coros de trigo en grano, y veinte mil coros de cebada, y veinte mil batos de vino y veinte mil batos de aceite.
11 Entonces Hiram, rey de Tiro, respondió por un escrito que envió a Salomón: Porque Jehová amó a su pueblo, te ha hecho rey sobre ellos.
12 Además decía Hiram: Bendito sea Jehová, el Dios de Israel, que hizo los cielos y la tierra, y que dio al rey David un hijo sabio, dotado de prudencia y entendimiento, que va a edificar una casa a Jehová y una casa para su reino.
13 Yo, pues, te he enviado un hombre hábil, dotado de entendimiento, Hiram-abi,
14 hijo de una mujer de las hijas de Dan, y su padre era de Tiro, el cual sabe trabajar en oro, y en plata, en bronce, en hierro, en piedra y en madera, en púrpura, en azul, y en lino fino y en carmesí; asimismo sabe tallar toda clase de figuras y sacar toda forma de diseño que se le pida, junto a tus hombres peritos y a los de mi señor David, tu padre.
15 Ahora pues, envíe mi señor a sus siervos el trigo y la cebada,

3 *a* 1 Rey. 5:2–11. 4 *a* DyC 97:12–16.

el aceite y el vino, de que ha hablado;

16 y nosotros cortaremos en el Líbano la madera que necesites, y te la llevaremos en balsas por el mar hasta Jope, y tú la harás subir hasta Jerusalén.

17 Y Salomón hizo un censo de los hombres extranjeros que había en la tierra de Israel, después del censo que David, su padre, había hecho, y se halló que fueron ciento cincuenta y tres mil seiscientos.

18 Y señaló de ellos setenta mil para llevar cargas, y ochenta mil canteros en los montes, y tres mil seiscientos como capataces para hacer trabajar al pueblo.

CAPÍTULO 3

Salomón comienza a construir el templo — Confecciona el velo y edifica las columnas, y utiliza mucho oro y muchas piedras preciosas.

Y COMENZÓ Salomón a [a]edificar la casa de Jehová en Jerusalén, en el monte [b]Moriah, donde Jehová se le había aparecido a David, su padre, en el lugar que David había preparado en la [c]era de [d]Ornán, el jebuseo.

2 Y comenzó a edificar en el mes segundo, a los dos días *del mes,* en el cuarto año de su reinado.

3 Y éstas *son las medidas que* Salomón dio a los cimientos de la casa de Dios: la longitud era de sesenta [a]codos y la anchura de veinte codos.

4 Y el pórtico que estaba delante era de veinte codos de largo, igual al ancho de la casa, y su altura, de ciento veinte; y lo recubrió por dentro de oro puro.

5 Y revistió la sala mayor con madera de ciprés, la cual recubrió de oro fino, e hizo realzar en ella palmeras y cadenas.

6 Revistió también la casa con piedras preciosas para embellecerla; y el oro era oro de Parvaim.

7 También recubrió de oro la casa, las vigas, los umbrales, y sus paredes y sus puertas; y talló querubines en las paredes.

8 Hizo asimismo la sala del [a]lugar santísimo, cuya longitud era de veinte codos, según el ancho de la casa, y su anchura de veinte codos; y la recubrió de oro fino que ascendía a seiscientos talentos.

9 Y el peso de los clavos era de cincuenta siclos de oro. También recubrió de oro los aposentos altos.

10 Y dentro del lugar santísimo de la casa hizo dos [a]querubines de obra de escultura y los recubrió de oro.

11 La longitud de las alas de los querubines era de veinte codos; el ala de uno era de cinco codos,

3 1 *a* 1 Rey. 6:1; 2 Ne. 5:16; DyC 84:5, 31; 124:25–44.
b Gén. 22:2.
c 1 Cró. 21:15–30.
d *O sea,* Arauna; véase también 2 Sam. 24:18; 1 Cró. 21:18; 22:1.
3 *a* GEE Codo.
8 *a* *Es decir,* el cuarto más interior del templo de Salomón; el Lugar Santísimo. 1 Rey. 6:16.
10 *a* GEE Querubines.

la cual llegaba hasta la pared de la casa; y la otra ala era de cinco codos, la cual tocaba el ala del otro querubín.

12 De la misma manera el ala del otro querubín era de cinco codos, la cual llegaba hasta la pared de la casa; y la otra ala era de cinco codos, que tocaba el ala del otro querubín.

13 Las alas de estos querubines se extendían veinte codos, y estaban de pie con los rostros hacia la casa.

14 Hizo también el velo de azul, y de púrpura, y de carmesí y de lino fino, e hizo realzar querubines en él.

15 Delante de la casa hizo dos columnas de treinta y cinco codos de altura, con sus [a]capiteles encima, de cinco codos cada uno.

16 Hizo asimismo cadenas en el santuario interior y las puso sobre los capiteles de las columnas; e hizo cien granadas, las cuales puso en las cadenas.

17 Y erigió las columnas delante del templo, una a la mano derecha y la otra a la izquierda; y a la de la mano derecha llamó Jaquín y a la de la izquierda, Boaz.

CAPÍTULO 4

Salomón hace el mar de fundición y lo coloca sobre doce bueyes — Se hacen el altar, los tazones, y los calderos y diversos artículos.

Hizo además un altar de bronce de veinte codos de largo, y veinte codos de ancho y diez codos de alto.

2 También hizo un [a]mar de fundición, el cual tenía diez codos de un borde al otro, enteramente redondo; y su altura era de cinco codos, y un cordón de treinta codos lo ceñía alrededor.

3 Y debajo de él había figuras de bueyes que lo circundaban, diez en cada codo todo alrededor; eran dos hileras de bueyes fundidos juntamente con el mar.

4 Descansaba sobre doce bueyes, tres de los cuales miraban al norte, y tres al occidente, y tres al sur y tres al oriente; y el mar descansaba sobre ellos, y las ancas de ellos estaban hacia dentro.

5 Y tenía de grueso un palmo menor, y el borde tenía la forma del borde de un cáliz o de una flor de lis. Y cabían en él tres mil batos.

6 Hizo también diez pilas, y puso cinco a la derecha y cinco a la izquierda, para lavar en ellas y enjuagar lo que se ofrecía en holocausto; pero el mar era para que los sacerdotes se [a]lavaran en él.

7 Hizo asimismo diez [a]candelabros de oro según su forma, los cuales puso en el templo, cinco a la derecha y cinco a la izquierda.

8 Además hizo diez mesas y las puso en el templo, cinco a la derecha y cinco a la izquierda; igualmente hizo cien tazones de oro.

9 Además de esto hizo el atrio

15 *a* *Es decir,* la parte superior decorada de una columna.

4 2 *a* GEE Bautismo, bautizar.
6 *a* GEE Lavado, lavamientos, lavar.
7 *a* HEB *menoroth,* lámparas de pie.

de los sacerdotes, y el gran atrio y las puertas del atrio, y recubrió de bronce sus puertas.
10 Y colocó el mar al lado derecho hacia el sureste.
11 Hiram también hizo calderos, y palas y tazones; y acabó Hiram la obra que hacía al rey Salomón para la casa de Dios;
12 dos columnas, y los cordones, los capiteles sobre las cabezas de las dos columnas, y dos redes para cubrir las dos partes redondas de los capiteles que estaban encima de las columnas;
13 cuatrocientas granadas en las dos redes, dos hileras de granadas en cada red, para que cubriesen las dos partes redondas de los capiteles que estaban encima de las columnas.
14 Hizo también las basas, sobre las cuales colocó las pilas;
15 un mar, y los doce bueyes debajo de él;
16 y calderos, y palas y garfios; y todos sus utensilios los hizo Hiram-abi al rey Salomón, para la casa de Jehová, de bronce bruñido.
17 Los fundió el rey en los llanos del Jordán, en tierra arcillosa, entre Sucot y Seredata.
18 Y Salomón hizo todos estos utensilios en tan gran abundancia que no pudo saberse el peso del bronce.
19 Así hizo Salomón todos los utensilios para la casa de Dios, y el altar de oro, y las mesas sobre las cuales se ponían los panes de la proposición;
20 asimismo los candelabros y sus lámparas, de oro puro, para que las encendiesen delante del santuario interior conforme a la costumbre.
21 Y las flores, y las lámparas y las tenazas *se hicieron* de oro, de oro purísimo;
22 también las despabiladeras, y los tazones, y las cucharas y los incensarios eran de oro puro. La entrada de la casa, sus puertas interiores para el lugar santísimo y las puertas de la casa del templo eran de oro.

CAPÍTULO 5

Se termina el templo y el arca del convenio es colocada en el lugar santísimo — La gloria de Jehová llena el templo.

Así se acabó toda la obra que hizo Salomón para la casa de Jehová, y trajo Salomón *a ella* las cosas que David su padre había dedicado; y puso la plata, y el oro y todos los utensilios en los tesoros de la casa de Dios.
2 Entonces Salomón reunió en Jerusalén a los ancianos de Israel y a todos los jefes de las tribus, a los principales de las casas paternas de los hijos de Israel, para que trajesen el [a]arca del convenio de Jehová desde la ciudad de David, que es Sión.
3 Y se congregaron ante el rey todos los hombres de Israel, para la fiesta solemne del mes séptimo.
4 Y llegaron todos los ancianos

5 2*a* GEE Arca del pacto.

de Israel, y los levitas tomaron el arca,
5 y llevaron el arca, y el tabernáculo de reunión y todos los enseres del lugar santo que estaban en el tabernáculo; los sacerdotes y los levitas los llevaron.
6 Y el rey Salomón y toda la congregación de Israel que se había reunido con él delante del arca sacrificaron ovejas y bueyes, que por ser tantos no se pudieron contar ni numerar.
7 Y los sacerdotes pusieron el arca del convenio de Jehová en su lugar, en el [a]santuario interior de la casa, en el lugar santísimo, bajo las alas de los querubines;
8 pues los [a]querubines extendían las alas sobre el lugar del arca, y los querubines cubrían por encima tanto el arca como sus barras.
9 Y extendieron las barras de modo que se viesen los extremos de las barras del arca desde el lugar santísimo, pero no se veían desde fuera; y allí han quedado hasta hoy.
10 En el arca no había nada más que las dos tablas que Moisés había puesto en Horeb, donde Jehová había hecho convenio con los hijos de Israel cuando salieron de Egipto.
11 Y aconteció que cuando los sacerdotes salieron del lugar santo (porque todos los sacerdotes que se hallaban presentes habían sido santificados, sin distinción de grupos,
12 y los levitas cantores, todos los de Asaf, los de Hemán, y los de Jedutún, junto con sus hijos y sus hermanos, vestidos de lino fino, estaban con címbalos y [a]salterios y arpas al oriente del altar; y con ellos había ciento veinte sacerdotes que tocaban trompeta);
13 tocaban las trompetas y cantaban al unísono, para alabar y [a]dar gracias a Jehová, y cuando alzaban la voz al son de las trompetas y de los címbalos y de los otros instrumentos de música, cuando alababan a Jehová, *diciendo*: Porque él es bueno, porque su misericordia es para siempre, entonces una nube llenó la casa, la casa de Jehová.
14 Y no podían los sacerdotes estar allí para ministrar por causa de la [a]nube, porque la [b]gloria de Jehová había llenado la casa de Dios.

CAPÍTULO 6

Salomón bendice a la congregación de Israel — Ofrece la oración dedicatoria para el templo — Suplica en oración misericordia y bendiciones para el Israel arrepentido.

Entonces dijo Salomón: Jehová ha dicho que él habitaría en la densa nube.
2 Yo, pues, he edificado una casa de habitación para ti, sí, un lugar en que mores para siempre.
3 Y volvió el rey su rostro y bendijo a toda la congregación de

7 *a* GEE Lugar Santísimo.
8 *a* GEE Querubines.
12 *a* *O sea,* liras.
13 *a* Esd. 3:11; DyC 97:12–13; 136:28.
14 *a* DyC 84:5.
b Núm. 9:15; DyC 97:15–16.

Israel; y toda la congregación de Israel estaba de pie.

4 Y él dijo: Bendito sea Jehová Dios de Israel, quien con su mano ha cumplido lo que habló por su boca a David, mi padre, diciendo:

5 Desde el día en que saqué a mi pueblo de la tierra de Egipto, ninguna ciudad he elegido de entre todas las tribus de Israel para edificar una casa donde estuviese mi nombre, ni he escogido a hombre alguno que fuese príncipe sobre mi pueblo Israel.

6 Pero a [a]Jerusalén he elegido para que en ella esté mi nombre, y a David he elegido para que estuviese sobre mi pueblo Israel.

7 Y David, mi padre, tuvo en su corazón edificar una casa al nombre de Jehová Dios de Israel.

8 Mas Jehová dijo a mi padre David: Por haber tenido en tu corazón edificar una casa a mi nombre, bien has hecho al haber tenido esto en tu corazón.

9 Pero tú no edificarás la casa, sino que tu hijo que saldrá de tus lomos, él edificará la casa a mi nombre.

10 Y Jehová ha cumplido su palabra que había dicho, pues yo me he levantado en lugar de David, mi padre, y me he sentado en el trono de Israel, como Jehová había dicho, y he edificado la casa al nombre de Jehová Dios de Israel.

11 Y en ella he puesto el arca, en la cual está el pacto de Jehová que concertó con los hijos de Israel.

12 Y se puso *Salomón* delante del altar de Jehová, en presencia de toda la congregación de Israel, y extendió sus manos.

13 Porque Salomón había hecho un estrado de bronce, de cinco codos de largo, y de cinco codos de ancho y de tres codos de alto, y lo había puesto en medio del atrio; y se puso sobre él, y se hincó de rodillas delante de toda la congregación de Israel, y extendió sus manos al cielo,

14 y dijo: Oh Jehová Dios de Israel, no hay Dios semejante a ti ni en el cielo ni en la tierra, que guardas el convenio y tienes misericordia con tus siervos que [a]caminan delante de ti con todo su corazón;

15 que has cumplido lo que dijiste a tu siervo David, mi padre; lo dijiste de tu boca, mas con tu mano lo has cumplido, como *acontece* este día.

16 Ahora pues, oh Jehová Dios de Israel, cumple lo que le has prometido a tu siervo David, mi padre, diciendo: No faltará de ti varón delante de mí que se siente en el trono de Israel, con tal de que tus hijos guarden su camino, andando en mi ley, como tú has andado delante de mí.

17 Ahora pues, oh Jehová Dios de Israel, cúmplase tu palabra que dijiste a tu siervo David.

18 Pero, ¿es verdad que Dios ha de habitar con el hombre en la tierra? He aquí, los cielos y los cielos de los cielos no te pueden contener. ¡Cuánto menos esta casa que he edificado?

19 No obstante, atiende a la

6 6*a* GEE Jerusalén.

14*a* GEE Andar, andar con Dios.

oración de tu siervo, y a su ruego, oh Jehová Dios mío, para oír el clamor y la oración con que tu siervo ora delante de ti.

20 Que tus ojos estén abiertos sobre esta casa de día y de noche, sobre el lugar del cual dijiste: Mi nombre estará allí; escucha la oración con que tu siervo ora en este lugar.

21 Asimismo, escucha el ruego de tu siervo y de tu pueblo Israel cuando en este lugar hagan oración. Oye desde los cielos, desde el lugar de tu morada; oye y perdona.

22 Si alguno peca contra su prójimo, y éste le exige juramento haciéndole jurar, y él viene a jurar ante tu altar en esta casa,

23 entonces oye tú desde los cielos, y actúa y juzga a tus siervos, dando la paga al impío, haciendo recaer su proceder sobre su cabeza y justificando al [a]justo al darle conforme a su justicia.

24 Si tu pueblo Israel es derrotado delante del enemigo por haber pecado contra ti, y se [a]vuelven, y [b]confiesan tu nombre y ruegan delante de ti en esta casa,

25 entonces oye desde los cielos, y perdona el pecado de tu pueblo Israel y hazlos volver a la tierra que diste a ellos y a sus padres.

26 Cuando los cielos se cierren y no haya lluvias por haber pecado ellos contra ti, si oran a ti en este lugar, y confiesan tu nombre y se vuelven de sus pecados cuando los aflijas,

27 entonces oye tú desde los cielos y perdona el pecado de tus siervos y de tu pueblo Israel, y enséñales el buen camino para que anden en él y envía lluvia sobre tu tierra, la cual diste por heredad a tu pueblo.

28 Y si hay hambre en la tierra, o si hay pestilencia, si hay tizoncillo o [a]añublo, langosta o saltamontes; o si los sitian sus enemigos en la tierra de sus ciudades; cualquier plaga o enfermedad que sea;

29 toda oración y todo ruego que haga cualquier hombre, o todo tu pueblo Israel, cualquiera que conozca su aflicción y su dolor en su corazón, si extiende sus manos hacia esta casa,

30 entonces oye tú desde los cielos, desde el lugar de tu morada, y perdona y da a cada uno conforme a sus caminos, habiendo conocido su corazón (porque sólo tú [a]conoces el corazón de los hijos de los hombres);

31 para que te teman y anden en tus caminos todos los días que vivan sobre la faz de la tierra que tú diste a nuestros padres.

32 Y también al extranjero que no sea de tu pueblo Israel, que haya venido de lejanas tierras a causa de tu gran nombre, y de tu mano poderosa, y de tu brazo extendido, si viene y ora [a]en esta casa,

33 entonces oye tú desde los cielos, desde el lugar de tu morada, y haz conforme a todas las cosas por las cuales haya clamado a ti

23 *a* GEE Rectitud, recto.
24 *a* *O sea,* se arrepienten.
b GEE Confesar, confesión.
28 *a* *O sea,* una enfermedad de las plantas.
30 *a* 1 Sam. 16:7.
32 *a* HEB hacia.

el extranjero, para que todos los pueblos de la tierra conozcan tu nombre, y te teman como tu pueblo Israel, y sepan que esta casa que yo he edificado es llamada por tu nombre.

34 Si tu pueblo sale a la guerra contra sus enemigos por el camino que tú los envíes, y oran a ti hacia esta ciudad que tú elegiste, hacia la casa que he edificado a tu nombre,

35 entonces oye desde los cielos su oración y su ruego, y ampara su causa.

36 Si pecan contra ti (pues no hay hombre que no peque), y te enojas contra ellos, y los entregas delante de sus enemigos, para que los que los tomen los lleven cautivos a tierra de enemigos, lejos o cerca,

37 y ellos [a]vuelven su corazón en la tierra adonde fueron llevados cautivos; y si se vuelven y oran a ti en la tierra de su cautividad, y dicen: Hemos pecado, hemos hecho inicuamente, impíamente hemos actuado;

38 si se vuelven a ti con todo su corazón y con toda su alma en la tierra de su cautividad, donde los hayan llevado cautivos, y oran hacia la tierra que tú diste a sus padres, hacia la ciudad que tú elegiste, y hacia la casa que he edificado a tu nombre,

39 entonces oye tú desde los cielos, desde el lugar de tu morada, su oración y su ruego, y ampara su causa y perdona a tu pueblo que pecó contra ti.

40 Ahora pues, oh Dios mío, te ruego que estén abiertos tus ojos y atentos tus oídos a la oración en este lugar.

41 Oh Jehová Dios, levántate ahora hacia tu lugar de reposo, tú y el arca de tu poder; sean, oh Jehová Dios, vestidos de salvación tus sacerdotes, y tus santos se regocijen en el bien.

42 Oh Jehová Dios, no rechaces a tu ungido; acuérdate de las misericordias para con tu siervo David.

CAPÍTULO 7

Desciende fuego del cielo que consume los sacrificios y los holocaustos — Jehová se le aparece a Salomón y promete bendecir al pueblo — Si los israelitas guardan los mandamientos, prosperarán.

Y CUANDO Salomón acabó de orar, descendió [a]fuego de los cielos y consumió el holocausto y los sacrificios; y la gloria de Jehová llenó la casa.

2 Y no podían entrar los sacerdotes en la casa de Jehová, porque la [a]gloria de Jehová había llenado la casa de Jehová.

3 Y cuando vieron todos los hijos de Israel descender el fuego y la gloria de Jehová sobre la casa, se postraron rostro en tierra sobre el pavimento y [a]adoraron, alabando a Jehová, *diciendo*: Porque él es bueno, pues su misericordia es para siempre.

37 *a* *Es decir,* si recapacitan.

7 1 *a* 1 Rey. 18:37–39; 1 Cró. 21:26.

2 *a* DyC 84:5.

3 *a* GEE Adorar.

4 Entonces el rey y todo el pueblo ofrecieron sacrificios delante de Jehová.

5 Y ofreció el rey Salomón en sacrificio veintidós mil bueyes y ciento veinte mil ovejas; y así el rey y todo el pueblo dedicaron la casa de Dios.

6 Y los sacerdotes desempeñaban sus cargos, también los levitas con los instrumentos de música de Jehová, los cuales había hecho el rey David para alabar a Jehová, porque su misericordia *es* para siempre, cuando David alababa por medio de ellos. Asimismo, los sacerdotes tocaban trompetas delante de ellos, y todo Israel estaba de pie.

7 También santificó Salomón la parte central del atrio que estaba delante de la casa de Jehová, por cuanto había ofrecido allí los holocaustos y la grasa de las ofrendas de paz; porque en el altar de bronce que Salomón había hecho no cabían el holocausto, y la ofrenda de grano y la grasa.

8 Entonces [a]hizo Salomón fiesta siete días, y con él todo Israel, una congregación muy grande, desde la entrada de Hamat hasta el [b]arroyo de Egipto.

9 Y al octavo día hicieron una asamblea solemne, porque habían hecho la dedicación del altar durante siete días, y habían celebrado la solemnidad durante siete días.

10 Y el día veintitrés del mes séptimo, envió al pueblo a sus tiendas, alegres y gozosos de corazón por los beneficios que Jehová había hecho a David, y a Salomón y a su pueblo Israel.

11 Terminó, pues, Salomón la casa de Jehová y la casa del rey; y todo lo que Salomón tuvo en su corazón hacer en la casa de Jehová, y en su propia casa, fue prosperado.

12 Y se le apareció Jehová a Salomón de noche y le dijo: Yo he oído tu oración, y he elegido para mí [a]este lugar como casa de sacrificio.

13 [a]Si yo cierro los cielos para que no haya lluvia, y si mando la langosta que consuma la tierra, o si envío pestilencia entre mi pueblo;

14 si se [a]humilla mi pueblo, sobre el cual mi nombre es invocado, y ellos [b]oran, y buscan mi [c]rostro y se vuelven de sus malos caminos, entonces yo oiré desde los cielos, y perdonaré sus pecados y sanaré su tierra.

15 Ahora estarán abiertos mis ojos, y atentos mis oídos, a la oración en este lugar;

16 pues ahora he [a]elegido y santificado esta casa para que esté en ella mi nombre para siempre; y mis ojos y mi corazón estarán ahí para siempre.

17 Y tú, si [a]andas delante de mí, como anduvo tu padre

8 *a* Lev. 23:34–36.
b HEB wadi de Egipto; en la actualidad Wadi El Arish. Gén. 15:18.
12 *a* Deut. 16:2.
13 *a* Hel. 12:3.
14 *a* GEE Humildad, humilde, humillar (afligir).
b GEE Oración.
c DyC 93:1; 101:38.
16 *a* DyC 110:7.
17 *a* GEE Andar, andar con Dios.

David, y haces todas las cosas que yo te he mandado, y guardas mis estatutos y mis decretos,

18 yo confirmaré el trono de tu reino, como pacté con David, tu padre, diciendo: No te faltará varón que gobierne en Israel.

19 Pero si vosotros os volvéis, y dejáis mis estatutos y mis mandamientos que he puesto delante de vosotros, y vais y servís a dioses ajenos y los adoráis,

20 yo os [a]arrancaré de mi tierra que os he dado; y esta casa que he santificado a mi nombre, yo la echaré de mi presencia, y haré que sea como refrán y burla entre todos los pueblos.

21 Y esta casa que es tan excelsa será asombro para todo el que pase, y dirá: ¿Por qué ha hecho así Jehová a esta tierra y a esta casa?

22 Y se responderá: Por cuanto abandonaron a Jehová, Dios de sus padres, que los sacó de la tierra de Egipto, y abrazaron a dioses ajenos, y los adoraron y los sirvieron; por eso él ha traído todo [a]este mal sobre ellos.

CAPÍTULO 8

Salomón construye ciudades — Ofrece sacrificios de acuerdo con la ley de Moisés — Los sacerdotes y los levitas son designados para servir a Jehová.

Y aconteció al cabo de veinte años, durante los cuales Salomón había edificado la casa de Jehová y su propia casa,

2 que Salomón [a]reedificó las ciudades que Hiram le había dado, y estableció en ellas a los hijos de Israel.

3 Después fue Salomón a Hamat de Soba y la tomó.

4 Y reedificó Tadmor en el desierto y todas las ciudades de aprovisionamiento que edificó en Hamat.

5 Asimismo reedificó Bet-horón la de arriba y Bet-horón la de abajo, ciudades fortificadas con muros, puertas y barras;

6 y Baalat y todas las ciudades de aprovisionamiento que Salomón tenía; también todas las ciudades de los carros y las de la gente de a caballo; y todo lo que Salomón quiso edificar en Jerusalén, y en el Líbano y en toda la tierra de su dominio.

7 Y a todo el pueblo que había quedado de los heteos, amorreos, ferezeos, heveos y jebuseos, que no eran de Israel,

8 cuyos hijos habían quedado en la tierra después de ellos, a los cuales los hijos de Israel no destruyeron del todo, hizo Salomón [a]tributarios hasta hoy.

9 Pero a ninguno de los hijos de Israel puso Salomón como siervo en su obra, porque eran hombres de guerra, y oficiales, y capitanes, y comandantes de sus carros y de su gente de a caballo.

10 Y tenía Salomón doscientos cincuenta jefes principales de los

20 *a* Deut. 29:26–28.
22 *a* *Es decir,* esta calamidad.
8 2 *a* 1 Rey. 9:12–13.
8 *a* *Es decir,* siervos.

oficiales, los cuales mandaban sobre aquella gente.

11 Y trajo Salomón a la hija de Faraón, de la ciudad de David a la casa que él le había edificado, porque dijo: [a]Mi esposa no morará en la casa de David, rey de Israel, porque aquellas *habitaciones* donde ha entrado el arca de Jehová son sagradas.

12 Entonces ofreció Salomón holocaustos a Jehová sobre el altar de Jehová que él había edificado delante del pórtico;

13 los ofreció según lo prescrito para [a]cada día, conforme al mandamiento de Moisés, en los días de reposo, y en las lunas nuevas, y en las fiestas solemnes, tres veces al año: en la fiesta de los panes sin levadura, en la fiesta de las semanas y en la fiesta de los tabernáculos.

14 Y constituyó los grupos de los sacerdotes en sus oficios, conforme a lo [a]ordenado por David su padre; y a los levitas en sus cargos, para que alabasen y sirviesen delante de los sacerdotes, según lo prescrito para cada día; asimismo a los porteros según sus grupos en cada puerta, porque así lo había mandado David, hombre de Dios.

15 Y no se apartaron del mandamiento del rey en cuanto a los sacerdotes y a los levitas, en ningún asunto, o en cuanto a los tesoros.

16 Así se llevó a cabo toda la obra de Salomón desde el día en que se pusieron los cimientos de la casa de Jehová hasta que se terminó. Así la casa de Jehová quedó totalmente terminada.

17 Entonces Salomón fue a Ezión-geber y a Elot, a la costa del mar en la tierra de Edom.

18 E Hiram le había enviado, por medio de sus siervos, naves y siervos conocedores del mar, los cuales fueron con los siervos de Salomón a Ofir, y tomaron de allá cuatrocientos cincuenta talentos de oro, y los trajeron al rey Salomón.

CAPÍTULO 9

La reina de Sabá visita a Salomón — Salomón sobresale en sabiduría, riqueza y grandeza — Después de reinar durante cuarenta años, Salomón muere y Roboam llega a ser rey.

Y CUANDO la reina de Sabá oyó de la fama de Salomón, vino a Jerusalén con un séquito muy grande, con camellos cargados de especias, y oro en abundancia y piedras preciosas, para probar a Salomón con preguntas difíciles. Y cuando llegó ante Salomón, habló con él de todo lo que tenía en su corazón.

2 Y Salomón le contestó a todas sus preguntas; ninguna cosa quedó que Salomón no le declarase.

3 Y cuando la reina de Sabá vio la sabiduría de Salomón y la casa que había edificado,

11 *a* HEB ninguna esposa mía.
13 *a* Éx. 29:38–39.
14 *a* 2 Cró. 35:4.

4 y la comida de su mesa, y los asientos que ocupaban sus siervos, y la apariencia de los que le servían y los vestidos de ellos, y sus coperos y sus vestidos, y su escalinata por donde subía para ofrecer holocaustos a la casa de Jehová, se quedó sin aliento.

5 Y dijo al rey: Es verdad lo que había oído en mi tierra de tus [a]cosas y de tu [b]sabiduría;

6 pero yo no creía las palabras de ellos, hasta que he venido, y mis ojos han visto; y he aquí que ni aun la mitad de la grandeza de tu sabiduría me había sido dicha, porque tú superas la fama que yo había oído.

7 Dichosos tus hombres, y dichosos éstos tus siervos que están siempre delante de ti y oyen tu sabiduría.

8 Bendito sea Jehová tu Dios, quien se ha complacido en ti, poniéndote sobre su trono como rey para Jehová tu Dios; porque tu Dios amó a Israel, afirmándolo perpetuamente; por eso te ha puesto como rey sobre ellos, para que hagas juicio y justicia.

9 Y dio al rey ciento veinte talentos de oro, y una gran cantidad de especias y piedras preciosas; nunca hubo tales especias como las que dio la reina de Sabá al rey Salomón.

10 También los siervos de Hiram y los siervos de Salomón, que habían traído el oro de Ofir, trajeron madera de sándalo y piedras preciosas.

11 E hizo el rey de la madera de sándalo gradas en la casa de Jehová y en la casa del rey, y arpas y salterios para los cantores; nunca en la tierra de Judá se había visto *madera* semejante.

12 Y el rey Salomón dio a la reina de Sabá todo lo que ella quiso y todo lo que ella le pidió, más de lo que ella había traído al rey. Después se volvió y se fue a su tierra con sus siervos.

13 Y el peso del oro que Salomón recibía cada año era seiscientos sesenta y seis talentos de oro,

14 sin contar lo que traían los mercaderes y comerciantes. También todos los reyes de Arabia y los gobernadores de la tierra traían oro y plata a Salomón.

15 E hizo el rey Salomón doscientos escudos grandes de oro batido, cada uno de los cuales tenía seiscientos *siclos* de oro labrado;

16 asimismo trescientos escudos de oro batido, teniendo cada escudo trescientos *siclos* de oro; y los puso el rey en la Casa del Bosque del Líbano.

17 Además, el rey hizo un gran trono de marfil y lo recubrió de oro puro.

18 Y el trono tenía seis gradas con un estrado de oro fijado al trono, y brazos a uno y otro lado del asiento, y dos leones que estaban junto a los brazos.

19 Había también allí doce leones sobre las seis gradas a uno y otro lado. Jamás fue hecho *trono* semejante en reino alguno.

20 Toda la vajilla del rey Salomón era de oro, y toda la vajilla

9 5 *a* HEB palabras. *b* 1 Rey. 3:12.

de la Casa del Bosque del Líbano, de oro puro. No había nada de plata, pues en los días de Salomón la plata no era apreciada.

21 Porque la flota del rey iba a Tarsis con los siervos de Hiram, y cada tres años solían venir las naves de Tarsis trayendo oro, plata, marfil, monos y pavos reales.

22 Y superaba el rey Salomón a todos los reyes de la tierra en riqueza y en sabiduría.

23 Y todos los reyes de la tierra procuraban *ver* el rostro de Salomón, para oír la sabiduría que Dios había puesto en su corazón.

24 Y cada uno de ellos traía su presente: artículos de plata, y artículos de oro, y vestidos, armas, y especias, caballos y mulos todos los años.

25 Tuvo también Salomón cuatro mil caballerizas para los caballos y carros, y doce mil jinetes, los cuales puso en las ciudades de los carros, y con el rey en Jerusalén.

26 Y tuvo dominio sobre todos los reyes desde [a]el Río hasta la tierra de los filisteos y hasta el límite con Egipto.

27 Y el rey hizo que hubiera en Jerusalén tanta plata como piedras, y tantos cedros como los sicómoros que nacen en los campos en abundancia.

28 Traían también caballos para Salomón, de Egipto y de todas las tierras.

29 Los demás hechos de Salomón, los primeros y los postreros, ¿no están escritos en [a]los libros del profeta Natán, y en la profecía de Ahías, el silonita, y en las profecías del [b]vidente Iddo contra Jeroboam hijo de Nabat?

30 Y reinó Salomón en Jerusalén sobre todo Israel cuarenta años.

31 Y durmió Salomón con sus padres, y lo sepultaron en la ciudad de David, su padre; y reinó en su lugar Roboam, su hijo.

CAPÍTULO 10

El pueblo pide alivio, pero Roboam se empecina en aumentar las cargas sobre el pueblo — Israel se rebela y el reino se divide.

Y Roboam fue a Siquem, porque en Siquem se había reunido todo Israel para hacerlo rey.

2 Y aconteció que cuando lo oyó [a]Jeroboam hijo de Nabat, que estaba en Egipto, adonde había huido a causa del rey Salomón, volvió de Egipto.

3 Y enviaron y le llamaron. Vino, pues, Jeroboam, y todo Israel, y hablaron a Roboam, diciendo:

4 Tu padre agravó nuestro yugo; ahora, pues, alivia *algo* de la dura servidumbre y del pesado yugo que tu padre nos impuso, y te serviremos.

5 Y él les dijo: Volved a mí de aquí a tres días. Y el pueblo se fue.

6 Entonces el rey Roboam tomó consejo con los ancianos que habían estado delante de su padre

26 *a* *Es decir,* el Éufrates.
29 *a* GEE Escrituras—Escrituras que se han perdido.
b GEE Vidente.
10 2 *a* 1 Rey. 12:3, 12, 20, 25–33. GEE Jeroboam.

Salomón, cuando vivía, y les dijo: ¿Cómo aconsejáis vosotros que responda a este pueblo?
7 Y ellos le hablaron, diciendo: Si te conduces humanamente con este pueblo, y los complaces y les hablas con buenas palabras, ellos te servirán para siempre.
8 Pero él abandonó el consejo que le dieron los ancianos, y pidió consejo a los jóvenes que se habían criado con él y que estaban a su servicio.
9 Y les dijo: ¿Qué aconsejáis vosotros que respondamos a este pueblo, que me ha hablado, diciendo: Alivia *algo* del yugo que tu padre puso sobre nosotros?
10 Entonces los jóvenes que se habían criado con él, le hablaron, diciendo: Así dirás al pueblo que te ha hablado diciendo: Tu padre agravó nuestro yugo, pero tú hazlo más ligero para nosotros; así les dirás: Mi dedo más pequeño es más grueso que los lomos de mi padre.
11 Por cuanto mi padre os cargó con pesado yugo, yo añadiré a vuestro yugo; mi padre os castigó con azotes, pero yo, con [a]escorpiones.
12 Vino, pues, Jeroboam con todo el pueblo ante Roboam al tercer día, según el rey les había mandado, diciendo: Volved a mí de aquí a tres días.
13 Y les respondió el rey ásperamente; pues el rey Roboam abandonó el consejo de los ancianos,
14 y les habló conforme al consejo de los jóvenes, diciendo: Mi padre hizo pesado vuestro yugo, pero yo lo haré más pesado; mi padre os castigó con azotes, pero yo, con escorpiones.
15 Y no escuchó el rey al pueblo, porque la [a]causa era de Dios, para que se cumpliera la palabra que Jehová había hablado por medio de [b]Ahías, el silonita, a Jeroboam hijo de Nabat.
16 Y cuando todo Israel vio que el rey no les había escuchado, respondió el pueblo al rey, diciendo: ¿Qué parte tenemos nosotros con David? No tenemos herencia en el hijo de Isaí. ¡Oh Israel, cada uno a su tienda! ¡David, mira ahora por tu casa! Así se fue todo Israel a sus tiendas.
17 Pero Roboam reinó sobre los hijos de Israel que habitaban en las ciudades de Judá.
18 Envió luego el rey Roboam a Adoram, que estaba a cargo de los tributos; pero le apedrearon los hijos de Israel, y murió. Entonces se apresuró el rey Roboam a subir en su carro para huir a Jerusalén.
19 Así se rebeló Israel contra la casa de David hasta hoy.

CAPÍTULO 11

Roboam fortalece el reino de Judá, pero se le prohíbe someter a Israel — Jeroboam conduce a la idolatría al reino de Israel — Roboam toma muchas esposas y concubinas.

Y CUANDO llegó [a]Roboam a

11 *a* HEB azotes con nudos; o sea, con puntas retorcidas en los extremos.
15 *a* HEB giro de las circunstancias.
b 1 Rey. 11:29–40.
11 1 *a* 1 Rey. 12:1–24. GEE Roboam.

Jerusalén, reunió de la casa de Judá y de Benjamín a ciento ochenta mil hombres de guerra escogidos, para pelear contra Israel y devolver el reino a Roboam.

2 Pero vino la palabra de Jehová a Semaías, hombre de Dios, diciendo:

3 Habla a Roboam hijo de Salomón, rey de Judá, y a todos los israelitas en Judá y Benjamín, diciéndoles:

4 Así dice Jehová: No subáis a pelear contra vuestros hermanos; vuelva cada uno a su casa, porque yo he hecho esto. Y ellos escucharon la palabra de Jehová y desistieron de ir contra Jeroboam.

5 Y habitó Roboam en Jerusalén y edificó ciudades para fortificar a Judá.

6 Y edificó Belén, y Etam, y Tecoa,

7 y Bet-sur, y Soco, y Adulam,

8 y Gat, y Maresa, y Zif,

9 y Adoraim, y Laquis, y Azeca,

10 y Zora, y Ajalón y Hebrón, ciudades fortificadas en Judá y en Benjamín.

11 Fortificó también las fortalezas y puso en ellas capitanes, y provisiones, y aceite y vino;

12 y en todas las ciudades *puso* escudos y lanzas. Las fortificó, pues, en gran manera; y Judá y Benjamín le estaban sujetos.

13 Y los sacerdotes y los levitas que estaban en todo Israel se pasaron a él desde todos sus territorios.

14 Porque los levitas dejaron sus [a]campos y sus [b]posesiones, y se fueron a Judá y a Jerusalén, porque Jeroboam y sus hijos los habían [c]excluido de servir como sacerdotes a Jehová.

15 Y él designó sus propios [a]sacerdotes para los lugares altos, y para los [b]demonios y para los becerros que él había hecho.

16 Tras aquéllos acudieron también de todas las tribus de Israel los que habían puesto su corazón en buscar a Jehová Dios de Israel; y vinieron a Jerusalén para ofrecer sacrificios a Jehová, el Dios de sus padres.

17 Así fortalecieron el reino de Judá, y confirmaron a Roboam hijo de Salomón durante tres años, porque tres años anduvieron en el camino de David y de Salomón.

18 Y tomó Roboam por esposa a Mahalat, hija de Jerimot hijo de David y de Abihail, hija de Eliab hijo de Isaí,

19 la que le dio a luz hijos: Jeús, y Semarías y Zaham.

20 Después de ella tomó a Maaca, hija de Absalón, la que le dio a luz a Abías, y a Atai, y a Ziza y a Selomit.

21 Y Roboam amó a Maaca, hija de Absalón, sobre todas sus esposas y concubinas, pues tomó dieciocho esposas y sesenta

14 *a* *Es decir,* la tierra que circundaba las cuarenta y ocho ciudades levitas. Núm. 35:2–7.
b Josué 21:1–3, 41.
c 2 Cró. 13:9–10.
15 *a* *Es decir,* sacerdotes falsos, que no eran levitas.
b HEB sátiros, demonios (nombres para describir ídolos).

concubinas, y engendró veintiocho hijos y sesenta hijas.

22 Y puso Roboam a Abías hijo de Maaca como cabeza y príncipe entre sus hermanos, porque *quería* hacerle rey.

23 Y obró sagazmente, y esparció a todos sus hijos por todas las tierras de Judá y de Benjamín, y por todas las ciudades fortificadas, y les dio provisiones en abundancia y [a]buscó muchas esposas.

CAPÍTULO 12

Roboam abandona la ley de Jehová — Los egipcios saquean Jerusalén y se llevan los tesoros de la casa de Jehová — El pueblo se arrepiente y recibe liberación parcial — Muere Roboam.

Y sucedió que cuando Roboam hubo consolidado el reino y se hubo fortalecido a sí mismo, abandonó la ley de Jehová, y todo Israel con él.

2 Y aconteció que en el quinto año del rey Roboam subió Sisac, rey de Egipto, contra Jerusalén, por cuanto habían sido desleales a Jehová,

3 con mil doscientos carros, y con sesenta mil hombres de a caballo; pero el pueblo que venía con él de Egipto era innumerable, esto es, libios, suquienos y etíopes.

4 Y tomó las [a]ciudades fortificadas de Judá y llegó hasta Jerusalén.

5 Entonces vino el profeta Semaías ante Roboam y los príncipes de Judá que estaban reunidos en Jerusalén por causa de Sisac, y les dijo: Así ha dicho Jehová: Vosotros me habéis dejado, y por eso yo también os he dejado en manos de Sisac.

6 Y los príncipes de Israel y el rey se humillaron y dijeron: ¡Justo es Jehová!

7 Y cuando Jehová vio que se habían humillado, vino la palabra de Jehová a Semaías, diciendo: Se han humillado; no los destruiré, sino que les concederé cierta libertad y no se derramará mi ira contra Jerusalén por mano de Sisac.

8 Sin embargo, serán sus siervos, para que sepan lo que es servirme a mí y lo que es servir a los reinos de las naciones.

9 Subió, pues, Sisac, rey de Egipto, a Jerusalén, y tomó los tesoros de la casa de Jehová y los tesoros de la casa del rey; todo se lo llevó; y se llevó los escudos grandes de oro que Salomón había hecho.

10 Y en lugar de ellos hizo el rey Roboam escudos de bronce y los entregó en manos de los jefes de la guardia, los cuales custodiaban la entrada de la casa del rey.

11 Y cuando el rey iba a la casa de Jehová, venían los de la guardia y los traían, y *después* los volvían a poner en la cámara de la guardia.

12 Y cuando él se humilló, la ira de Jehová se apartó de él, para no

23 *a* *O sea,* les buscó muchas esposas.

12 4 *a* 2 Cró. 11:5–12.

destruirlo del todo; y además en
Judá las cosas fueron bien.
13 Se fortaleció, pues, el rey Roboam y reinó en Jerusalén; y tenía Roboam cuarenta y un años
cuando comenzó a reinar y diecisiete años reinó en Jerusalén,
ciudad que [a]escogió Jehová de
entre todas las tribus de Israel,
para poner en ella su nombre. Y el
nombre de su madre era Naama,
la amonita.
14 E hizo lo malo, porque no
dispuso su corazón para buscar
a Jehová.
15 Y los hechos de Roboam, los
primeros y los postreros, ¿no están escritos en los libros del profeta [a]Semaías y del [b]vidente Iddo,
en el registro de los linajes? Y
entre Roboam y Jeroboam hubo
guerra de continuo.
16 Y durmió Roboam con sus
padres y fue sepultado en la ciudad de David; y reinó en su lugar
su hijo [a]Abías.

CAPÍTULO 13

Abías reina en Judá — Derrota a Jeroboam y a los ejércitos de Israel — Jehová hiere a Jeroboam y éste muere.

En el año dieciocho del rey Jeroboam, comenzó a reinar Abías
sobre Judá.
2 Y reinó tres años en Jerusalén.
El nombre de su madre era [a]Mi-
caías, hija de Uriel de Gabaa.
Y hubo guerra entre Abías y
Jeroboam.
3 Entonces Abías comenzó la
batalla con un ejército de cuatrocientos mil hombres de guerra
valientes y escogidos; y Jeroboam
se puso en orden de batalla contra
él con ochocientos mil hombres
escogidos, fuertes y valientes.
4 Y se levantó Abías sobre el
monte Zemaraim, que está en los
montes de Efraín y dijo: Oídme,
Jeroboam y todo Israel.
5 ¿No sabéis vosotros que Jehová Dios de Israel dio el reino
a David sobre Israel para siempre, a él y a sus hijos mediante
un [a]convenio de sal?
6 Pero Jeroboam hijo de Nabat,
siervo de Salomón hijo de David,
se levantó y se rebeló contra su
señor.
7 Y se unieron a él hombres vanos, [a]hijos de iniquidad, y pudieron más que Roboam hijo de
Salomón, porque Roboam era
joven y [b]tierno de corazón, y no
fue fuerte frente a ellos.
8 Y ahora vosotros tratáis de resistir al reino de Jehová, que está
en manos de los hijos de David,
porque sois muchos y tenéis con
vosotros los becerros de oro que
Jeroboam os puso por dioses.
9 ¿No [a]echasteis vosotros a los
sacerdotes de Jehová, a los hijos de Aarón y a los levitas, y os

13 *a* 2 Cró. 6:6.
15 *a* 1 Rey. 12:22. GEE Escrituras—Escrituras que se han perdido.
b GEE Vidente.
16 *a* 1 Rey. 14:3.
13 2 *a* En otros pasajes, el nombre de su madre es Maaca.
5 *a* Núm. 18:19. GEE Sal.
7 *a* HEB hijos de lo despreciable; sinvergüenzas.
b HEB indeciso o de carácter débil.
9 *a* 2 Cró. 11:13–15; Alma 10:23.

habéis hecho sacerdotes a la manera de los pueblos de *otras* tierras, para que cualquiera venga a consagrarse con un becerro y siete carneros, y así sea sacerdote de los que no son dioses?

10 Pero en cuanto a nosotros, Jehová es nuestro Dios y no le hemos dejado; y los sacerdotes que ministran a Jehová son los hijos de Aarón, y los levitas *sirven* en sus deberes;

11 los cuales ofrecen a Jehová los holocaustos cada mañana y cada tarde, y el incienso aromático; y ponen los panes sobre la mesa limpia y el candelabro de oro con sus lámparas para que ardan cada tarde; porque nosotros guardamos la ordenanza de Jehová nuestro Dios, mas vosotros le habéis dejado.

12 Y he aquí, Dios está con nosotros a la cabeza, y sus sacerdotes con las trompetas de júbilo para que suenen contra vosotros. Oh hijos de Israel, no peleéis contra Jehová, el Dios de vuestros padres, porque no os irá bien.

13 Pero Jeroboam los rodeó con una emboscada para atacarlos por la espalda, de manera que *Israel* estaba delante de Judá y la emboscada estaba a espaldas de Judá.

14 Y cuando miró atrás Judá, he aquí que tenía batalla delante y a las espaldas; y clamaron a Jehová, y los sacerdotes tocaron las trompetas.

15 Entonces los de Judá gritaron; y cuando los de Judá gritaron, sucedió que Dios hirió a Jeroboam y a todo Israel delante de Abías y de Judá;

16 y huyeron los hijos de Israel delante de Judá, y Dios los entregó en sus manos.

17 Y Abías y su gente hicieron en ellos una gran matanza, y cayeron muertos de Israel quinientos mil hombres escogidos.

18 Así fueron humillados los hijos de Israel en aquel tiempo, y los hijos de Judá prevalecieron, porque [a]confiaban en Jehová, el Dios de sus padres.

19 Y persiguió Abías a Jeroboam y le quitó *algunas* ciudades: Bet-el con sus aldeas, y Jesana con sus aldeas y Efraín con sus aldeas.

20 Y nunca más tuvo poder Jeroboam en los días de Abías; y le hirió Jehová, y murió.

21 Pero Abías se hizo más poderoso; y tomó catorce esposas y engendró veintidós hijos y dieciséis hijas.

22 Los demás hechos de Abías, sus caminos y sus palabras, están escritos en la historia del profeta [a]Iddo.

CAPÍTULO 14

Asa reina en Judá, reconstruye las ciudades y derrota y saquea a los etíopes que habían atacado a Judá.

Y DURMIÓ Abías con sus padres, y fue sepultado en la ciudad de David. Y reinó en su lugar su hijo

18 *a* GEE Confianza, confiar.

22 *a* GEE Escrituras—Escrituras que se han perdido.

[a]Asa, en cuyos días tuvo sosiego el país durante diez años.

2 E hizo Asa lo bueno y lo recto ante los ojos de Jehová su Dios.

3 Porque quitó los altares de *culto* extraño y los lugares altos, y quebró las estatuas y derribó las [a]imágenes de Asera;

4 y mandó a Judá que buscara a Jehová, el Dios de sus padres, y pusiera por obra la ley y sus mandamientos.

5 Quitó asimismo de todas las ciudades de Judá los lugares altos y las imágenes, y el reino estuvo en paz bajo él.

6 Y edificó ciudades fortificadas en Judá, por cuanto había paz en la tierra, y no había guerra contra él en aquellos tiempos, porque Jehová le había dado reposo.

7 Dijo, por tanto, a Judá: Edifiquemos estas ciudades y cerquémoslas de muros con torres, puertas y barras, ya que la tierra es nuestra, porque hemos buscado a Jehová nuestro Dios; le hemos buscado, y él nos ha dado reposo por todas partes. Edificaron, pues, y prosperaron.

8 Tuvo también Asa un ejército que traía escudos y lanzas: de Judá trescientos mil, y de Benjamín doscientos ochenta mil que traían escudos y tensaban arcos, todos hombres fuertes y valientes.

9 Y salió contra ellos Zera, el etíope, con un ejército de un millón *de hombres* y trescientos carros; y vino hasta Maresa.

10 Entonces salió Asa contra él, y se pusieron en orden de batalla en el valle de Sefata, junto a Maresa.

11 Y clamó Asa a Jehová su Dios y dijo: ¡Oh Jehová, no hay otro como tú en dar ayuda al poderoso o al que no tiene fuerzas! Ayúdanos, oh Jehová, Dios nuestro, porque en ti nos apoyamos, y en tu nombre venimos contra esta multitud. ¡Oh Jehová, tú eres nuestro Dios; no prevalezca contra ti el hombre!

12 Y Jehová derrotó a los etíopes delante de Asa y delante de Judá; y huyeron los etíopes.

13 Y Asa y el pueblo que con él estaba los persiguieron hasta Gerar; y cayeron los etíopes hasta no quedar ninguno con vida, porque fueron destruidos delante de Jehová y de su ejército. Y *les* tomaron un botín muy grande.

14 Atacaron también todas las ciudades alrededor de Gerar, porque el terror de Jehová cayó sobre ellas; y saquearon todas las ciudades, pues había en ellas gran botín.

15 Asimismo atacaron las tiendas de los que tenían ganado, y se llevaron muchas ovejas y camellos, y volvieron a Jerusalén.

CAPÍTULO 15

Azarías profetiza que Judá prosperará si el pueblo guarda los mandamientos — Asa quita la adoración falsa en Judá — Muchos de Efraín,

14 1 *a* GEE Asa.
3 *a* *Es decir,* postes o palos de madera que representaban a Asera, un ídolo de la fertilidad.

de Manasés y de Simeón emigran a Judá — Los del pueblo hacen convenio de servir a Jehová y son bendecidos.

Y VINO el espíritu de Dios sobre
Azarías hijo de Obed,
2 y salió al encuentro de Asa y
le dijo: Oídme, Asa y todo Judá
y Benjamín: Jehová estará con
vosotros si vosotros estáis con él;
y si le buscáis, vosotros le hallaréis;
pero si le dejáis, él también
os dejará.
3 Muchos días ha estado Israel
sin el Dios verdadero y sin sacerdote
que [a]enseñara, y sin ley;
4 pero cuando en su [a]tribulación
se volvieron a Jehová, el Dios
de Israel, y le [b]buscaron, ellos le
hallaron.
5 En aquellos tiempos no había
paz, ni para el que entraba ni para
el que salía, sino muchas aflicciones
sobre todos los habitantes de
las tierras.
6 Y una nación destruía a otra, y
una ciudad a otra ciudad, porque
Dios los afligió con toda clase de
adversidades.
7 Pero esforzaos vosotros, y no
desfallezcan vuestras manos,
pues hay recompensa para vuestra
[a]obra.
8 Y cuando Asa oyó estas palabras
y la profecía del profeta
Oded, cobró ánimo y quitó los
ídolos abominables de toda la
tierra de Judá, y de Benjamín y de
las ciudades que él había tomado
en los montes de Efraín; y reparó
el altar de Jehová que estaba delante
del pórtico de Jehová.
9 Después reunió a todo Judá y
Benjamín, y con ellos a los [a]forasteros
de Efraín, y de Manasés y de
Simeón, porque muchos de Israel
se habían pasado a él al ver que
Jehová su Dios estaba con él.
10 Se reunieron, pues, en Jerusalén,
en el mes tercero del año decimoquinto
del reinado de Asa.
11 Y aquel mismo día sacrificaron
para Jehová, del botín que
habían traído, setecientos bueyes
y siete mil ovejas.
12 E [a]hicieron convenio de buscar
a Jehová, el Dios de sus padres,
con todo su corazón y con
toda su alma;
13 y que todo el que no buscase
a Jehová, el Dios de Israel, muriese,
grande o pequeño, hombre
o mujer.
14 Y juraron a Jehová en alta voz
y con gritos de júbilo, y al son de
trompetas y de cuernos.
15 Y todos los de Judá se alegraron
de este juramento, porque de
todo su corazón lo juraban, y con
toda su voluntad lo buscaban; y
ellos le [a]hallaron, y Jehová les dio
reposo por todas partes.
16 Y aun a Maaca, [a]madre del
rey Asa, él *mismo* la depuso de
ser reina, porque ella había hecho
una imagen de Asera; y Asa
derribó la imagen, y la desmenuzó
y la quemó junto al torrente
Cedrón.
17 Pero los lugares altos no fueron
quitados de Israel, aunque el

15 3 *a* 2 Cró. 17:9; 2 Ne. 9:48. GEE Enseñar.
4 *a* GEE Adversidad.
b Deut. 4:29–30.
7 *a* GEE Obras.
9 *a* *Es decir,* los extranjeros residentes. Alma 10:3.
12 *a* *O sea,* hicieron convenio. Mos. 5:2, 5.
15 *a* DyC 88:63.
16 *a* *Es decir,* abuela.

corazón de Asa fue perfecto en todos sus días.

18 Y él trajo a la casa de Dios lo que su padre había dedicado, y lo que él mismo había consagrado: plata, y oro y utensilios.

19 Y no hubo más guerra hasta los treinta y cinco años del reinado de Asa.

CAPÍTULO 16

Asa se vale de Siria para derrotar a Israel — El vidente Hanani reprende a Asa por su falta de fe — Asa padece de una enfermedad y muere.

En el año treinta y seis del reinado de Asa, subió Baasa, rey de Israel, contra Judá, y fortificó Ramá, para no dejar salir ni entrar a ninguno a dónde estaba Asa, rey de Judá.

2 Entonces sacó Asa la plata y el oro de los tesoros de la casa de Jehová y de la casa real, y los envió a Ben-adad, rey de Siria, que estaba en Damasco, diciendo:

3 *Haya* alianza entre yo y tú, como *la hubo* entre mi padre y tu padre; he aquí, yo te he enviado plata y oro, para que vayas y deshagas la alianza que tienes con Baasa, rey de Israel, a fin de que se retire de mí.

4 Y consintió Ben-adad con el rey Asa, y envió los capitanes de sus ejércitos contra las ciudades de Israel; y atacaron Ijón, y Dan, y Abel-maim y todas las ciudades de aprovisionamiento de Neftalí.

5 Y aconteció que cuando Baasa lo oyó, cesó de fortificar Ramá y dejó su obra.

6 Entonces el rey Asa tomó a todo Judá, y se llevaron de Ramá la piedra y la madera con que Baasa edificaba; y con ellas fortificó Geba y Mizpa.

7 En aquel tiempo vino el [a]vidente Hanani ante Asa, rey de Judá, y le dijo: Por cuanto te has apoyado en el rey de Siria, y no te [b]apoyaste en Jehová tu Dios, por eso el ejército del rey de [c]Siria ha escapado de tus manos.

8 Los etíopes y los libios, ¿no eran un ejército numerosísimo, con carros y mucha gente de a caballo? Con todo, porque te apoyaste en Jehová, él los entregó en tus manos.

9 Porque los ojos de Jehová contemplan toda la tierra, para mostrar su poder a favor de los que tienen un corazón perfecto para con él. Neciamente has hecho en esto; por eso, de aquí en adelante, habrá guerras contra ti.

10 Entonces se enojó Asa contra el vidente y lo echó en [a]la casa de la cárcel, pues se encolerizó mucho contra él a causa de esto. Y oprimió Asa en aquel tiempo a algunos del pueblo.

11 Mas he aquí, los hechos de Asa, los primeros y los postreros, están escritos en el libro de los reyes de Judá y de Israel.

12 Y en el año treinta y nueve de su reinado, Asa enfermó de

16 7 *a* GEE Vidente.
b DyC 30:1–3.
c Septuaginta: Israel.
10 *a* *O sea,* en el cepo.

los pies hasta agravarse su enfermedad; pero aun en su enfermedad no buscó a Jehová, sino a
los médicos.
13 Y durmió Asa con sus padres,
y murió en el año cuarenta y uno
de su reinado.
14 Y lo sepultaron en los sepulcros que él había hecho para
sí en la ciudad de David; y lo
pusieron en un lecho, el cual llenaron de perfumes y diversas
especias aromáticas, preparadas
como obra y arte de perfumistas;
y encendieron un gran [a]fuego en
su honor.

CAPÍTULO 17

Josafat reina apropiadamente y prospera en Judá — Los sacerdotes viajan y enseñan del libro de la ley de Jehová.

Y reinó en su lugar [a]Josafat, su
hijo, el cual se hizo fuerte contra
Israel.
2 Y puso ejércitos en todas las
ciudades fortificadas de Judá y
colocó guarniciones en la tierra de Judá y en las ciudades de
Efraín que su padre Asa había
tomado.
3 Y estuvo Jehová con Josafat,
porque anduvo en los primeros
caminos de David, su padre, y
no buscó a los baales,
4 sino que buscó al Dios de su
padre, y anduvo en sus mandamientos y no según las obras de
Israel.
5 Jehová, por tanto, confirmó el
reino en su mano, y todo Judá dio
a Josafat presentes, y tuvo riquezas y gloria en abundancia.
6 Y se animó su corazón en los
caminos de Jehová, y quitó de
Judá los lugares altos y las imágenes de Asera.
7 Al tercer año de su reinado
envió a sus oficiales Ben-hail, y
Abdías, y Zacarías, y Natanael y
Micaías, para que enseñasen en
las ciudades de Judá;
8 y con ellos a los levitas Semaías, y Netanías, y Zebadías,
y Asael, y Semiramot, y Jonatán, y Adonías, y Tobías y To-
badonías, levitas todos; y con
ellos a los sacerdotes Elisama y
Joram.
9 Y enseñaron en Judá, llevando consigo el libro de la ley
de Jehová, y recorrieron todas las
ciudades de Judá, [a]enseñando al
pueblo.
10 Y cayó el terror de Jehová
sobre todos los reinos de las tierras que estaban alrededor de
Judá, y no hicieron guerra contra Josafat.
11 Y traían de los filisteos presentes a Josafat y tributos de
plata. Los árabes también le trajeron rebaños, siete mil setecientos
carneros y siete mil setecientos
machos cabríos.
12 Iba, pues, Josafat engrandeciéndose mucho; y edificó en
Judá fortalezas y ciudades de
aprovisionamiento.
13 Y llevó a cabo muchas obras
en las ciudades de Judá, y tuvo

14 *a Es decir,* quemaron especias aromáticas, tal como el incienso.

17 1 *a* GEE Josafat.
9 *a* 2 Cró. 15:1–4; 2 Ne. 9:48. GEE Enseñar.

hombres de guerra fuertes y valientes en Jerusalén.
14 Y éste es el número de ellos según sus casas paternas: de Judá, jefes de los millares: el general Adna, y con él trescientos mil hombres fuertes y valientes;
15 y a su lado, el jefe Johanán, y con él doscientos ochenta mil;
16 tras éste, Amasías hijo de Zicri, el cual se había ofrecido voluntariamente a Jehová, y con él doscientos mil hombres fuertes y valientes;
17 y de Benjamín, Eliada, hombre muy valeroso, y con él doscientos mil hombres armados de arco y escudo;
18 tras éste, Jozabad, y con él ciento ochenta mil preparados para la guerra.
19 Éstos eran siervos del rey, sin contar los que el rey había puesto en las ciudades fortificadas por todo Judá.

CAPÍTULO 18

Josafat de Judá se une a Acab de Israel para luchar contra Siria — Los profetas falsos de Acab predicen victoria — Micaías profetiza la caída y la muerte de Acab — Los sirios matan a Acab.

Tenía, pues, Josafat riquezas y gloria en abundancia, y [a]se emparentó con [b]Acab.
2 Y después de algunos años descendió a Samaria para visitar a Acab; y mató Acab muchas ovejas y bueyes para él y para la gente que con él *venía,* y le persuadió a que fuese *con él* a Ramot de Galaad.
3 Y dijo Acab, rey de Israel, a Josafat, rey de Judá: ¿Irás conmigo a Ramot de Galaad? Y él respondió: Yo soy como tú, y tu pueblo como mi pueblo; *iremos* contigo a la guerra.
4 Y dijo Josafat al rey de Israel: Te ruego que [a]consultes hoy la palabra de Jehová.
5 Entonces el rey de Israel reunió a cuatrocientos profetas y les preguntó: ¿Iremos a la guerra contra Ramot de Galaad, o debo desistir? Y ellos dijeron: Sube, porque Dios los entregará en manos del rey.
6 Pero Josafat dijo: ¿No queda aún aquí algún profeta de Jehová, para que le preguntemos?
7 Y el rey de Israel respondió a Josafat: Aún hay aquí un hombre por medio del cual podemos [a]preguntar a Jehová; pero yo le aborrezco, porque nunca me profetiza el bien, sino siempre el mal. Es Micaías hijo de Imla. Y respondió Josafat: No hable así el rey.
8 Entonces el rey de Israel llamó a un oficial y le dijo: Haz venir pronto a Micaías hijo de Imla.
9 Y el rey de Israel y Josafat, rey de Judá, estaban sentados cada uno en su trono, vestidos con sus ropas reales, y estaban sentados en la era a la entrada de la puerta de Samaria; y todos los profetas profetizaban delante de ellos.
10 Y Sedequías hijo de Quenaana

18 1 *a* *Es decir,* buscó alianza por medio del matrimonio.
b GEE Acab.
4 *a* Ezeq. 20:1–4; Éter 1:38.
7 *a* Hel. 13:26. GEE Profeta.

se había hecho [a]cuernos de hierro, y decía: Así ha dicho Jehová: Con éstos acornearás a los sirios hasta destruirlos del todo.

11 De esta manera profetizaban también todos los profetas, diciendo: Sube a Ramot de Galaad y prosperarás, porque Jehová la entregará en manos del rey.

12 Y el mensajero que había ido a llamar a Micaías le habló, diciendo: He aquí, las palabras de los profetas a una voz *anuncian* al rey el bien; yo, pues, te ruego que tu palabra sea como la de uno de ellos, y que anuncies el bien.

13 Y dijo Micaías: Vive Jehová, que lo que mi Dios me diga, eso [a]hablaré.

14 Y cuando llegó al rey, le dijo: Micaías, ¿iremos a pelear contra Ramot de Galaad, o debo desistir? Y él respondió: Subid, porque seréis prosperados, pues serán entregados en vuestras manos.

15 Y el rey le dijo: ¿Cuántas veces he de hacerte jurar en el nombre de Jehová que no me hables sino la verdad?

16 Entonces él dijo: He visto a todo Israel esparcido por los montes como ovejas sin pastor; y dijo Jehová: Éstos no tienen señor; vuelva cada uno en paz a su casa.

17 Y el rey de Israel dijo a Josafat: ¿No te había yo dicho que no me profetizaría el bien, sino el mal?

18 Entonces *Micaías* dijo: Oíd, pues, la palabra de Jehová: Yo he visto a Jehová sentado en su trono, y todo el ejército de los cielos estaba a su mano derecha y a su izquierda.

19 Y Jehová dijo: ¿Quién inducirá a Acab, rey de Israel, para que suba y caiga en Ramot de Galaad? Y uno decía así, y otro decía de otra manera.

20 Entonces salió un [a]espíritu que se puso delante de Jehová y dijo: Yo le induciré. Y Jehová le dijo: ¿De qué modo?

21 Y él dijo: Saldré y seré espíritu de mentira en la boca de todos sus profetas. Y *Jehová* dijo: Tú le inducirás y lo lograrás; sal y hazlo así[a].

22 Y ahora, he aquí, Jehová ha [a]puesto espíritu de mentira en la boca de éstos tus profetas; pues Jehová ha hablado el mal contra ti.

23 Entonces Sedequías hijo de Quenaana se le acercó y golpeó a Micaías en la mejilla y dijo: ¿Por qué camino se apartó de mí el espíritu de Jehová para hablarte a ti?

24 Y Micaías respondió: He aquí, tú lo verás aquel día cuando entres en un aposento interior para esconderte.

25 Entonces el rey de Israel dijo: Tomad a Micaías y llevadlo a Amón, gobernador de la ciudad, y a Joás, hijo del rey.

26 Y diréis: El rey ha dicho así: Poned a éste en la cárcel y sustentadle con pan de aflicción y

10 *a* *Es decir,* un emblema de poder militar.
13 *a* GEE Profecía, profetizar.
20 *a* TJS 2 Cró. 18:22 *…espíritu de mentira.*
21 *a* TJS 2 Cró. 18:21 *…porque todos éstos han pecado contra mí.* DyC 50:2, 31–32.
22 *a* TJS 2 Cró. 18:22 *…hallado…*

agua de angustia, hasta que yo
vuelva en paz.
27 Y Micaías dijo: Si en verdad
vuelves en paz, Jehová no ha hablado por mí. Dijo además: Oíd,
pueblos todos.
28 Subió, pues, el rey de Israel
con Josafat, rey de Judá, a Ramot
de Galaad.
29 Y dijo el rey de Israel a Josafat: Yo me disfrazaré para entrar
en la batalla, pero tú vístete con
tus ropas. Y se disfrazó el rey de
Israel, y entraron en la batalla.
30 Y el rey de Siria había mandado a los capitanes de los carros que tenía consigo, diciendo:
No peleéis con pequeño ni con
grande, sino sólo con el rey de
Israel.
31 Y sucedió que cuando los
capitanes de los carros vieron a
Josafat, dijeron: Éste es el rey de
Israel. Y lo rodearon para pelear;
pero Josafat clamó y Jehová lo
ayudó, y Dios los apartó de él.
32 Y aconteció que al ver los
capitanes de los carros que no
era el rey de Israel, dejaron de
perseguirle.
33 Pero un hombre disparó el
arco al azar e hirió al rey de Israel
entre las junturas de la armadura.
Él entonces dijo al que conducía
el carro: Vuelve tu mano y sácame del campo, porque estoy
mal herido.
34 Y arreció la batalla aquel día,
y el rey de Israel se mantuvo en
pie en el carro frente a los sirios
hasta la tarde; y murió al ponerse
el sol.

CAPÍTULO 19

Josafat es reprendido por haber ayudado al impío Acab — Josafat ayuda al pueblo a volver a Jehová, establece jueces y administra justicia.

Y JOSAFAT, rey de Judá, volvió en
paz a su casa en Jerusalén.
2 Y le salió al encuentro Jehú
hijo de Hanani, el [a]vidente, y
dijo al rey Josafat: ¿Al impío das
ayuda y amas a los que aborrecen a Jehová? Pues ha salido de
la presencia de Jehová ira contra
ti por esto.
3 Sin embargo, se han hallado
en ti buenas cosas, por cuanto has
quitado de la tierra las imágenes
de Asera y has dispuesto tu corazón para buscar a Dios.
4 Y Josafat habitó en Jerusalén,
pero volvió a salir por entre el
pueblo, desde Beerseba hasta
los montes de Efraín, y los hizo
volver a Jehová, el Dios de sus
padres.
5 Y puso [a]jueces en la tierra en
todas las ciudades fortificadas de
Judá, ciudad por ciudad,
6 y dijo a los jueces: Mirad lo
que hacéis, porque no juzgáis
en lugar de los hombres, sino en
lugar de Jehová, quien está con
vosotros cuando [a]juzgáis.
7 Ahora, pues, esté sobre vosotros el temor de Jehová; tened
cuidado en lo que hacéis, porque
en Jehová nuestro Dios no hay injusticia, ni [a]acepción de personas
ni admisión de soborno.
8 Y puso también Josafat en

19 2 *a* GEE Vidente.
5 *a* Éx. 18:21.
6 *a* GEE Juicio, juzgar.
7 *a* Hech. 10:34–35.

Jerusalén a *algunos* de los levitas, y de los sacerdotes y de los jefes de las casas paternas de Israel, para el juicio de Jehová y para los litigios. Y volvieron a Jerusalén.

9 Y les mandó, diciendo: Procederéis asimismo con [a]temor de Jehová, con verdad y con corazón íntegro.

10 En cualquier [a]litigio que os presenten vuestros hermanos que habitan en las ciudades, entre sangre y sangre, entre ley, mandamiento, estatutos y decretos, los [b]amonestaréis que no pequen contra Jehová, para que no venga ira sobre vosotros ni sobre vuestros hermanos. Haced así y no pecaréis.

11 Y he aquí, el sumo sacerdote Amarías será el que os presida en todo asunto de Jehová, y Zebadías hijo de Ismael, príncipe de la casa de Judá, en todos los asuntos del rey; también los levitas serán oficiales delante de vosotros. [a]Esforzaos, pues, y manos a la obra, y Jehová estará con el bueno.

CAPÍTULO 20

Los amonitas y otros pueblos más atacan a Judá — Josafat y todo el pueblo ayunan y oran — Jahaziel profetiza la liberación de Judá — Los que atacan a Judá luchan entre sí y se destruyen.

Pasadas estas cosas, aconteció que los hijos de Moab y de Amón, y con ellos *otros* de los amonitas, vinieron contra Josafat a la guerra.

2 Y acudieron algunos y dieron aviso a Josafat, diciendo: Contra ti viene una gran multitud del otro lado del mar, de Siria; y he aquí, ellos están en Hazezóntamar, que es En-gadi.

3 Entonces él tuvo temor; y Josafat se propuso consultar a Jehová, e hizo pregonar [a]ayuno a todo Judá.

4 Y se reunieron los de Judá para pedir [a]*socorro* a Jehová; y también de todas las ciudades de Judá vinieron a pedir ayuda a Jehová.

5 Entonces Josafat se puso de pie en medio de la congregación de Judá y de Jerusalén, en la casa de Jehová, delante del atrio nuevo,

6 y dijo: Jehová, Dios de nuestros padres, ¿no eres tú Dios en los cielos, y gobiernas tú sobre todos los reinos de las naciones? ¿No hay en tu mano tal fuerza y poder que no hay quien te resista?

7 Dios nuestro, ¿no expulsaste tú a los habitantes de esta tierra delante de tu pueblo Israel, y la diste a la [a]descendencia de tu amigo Abraham para siempre?

8 Y ellos han habitado en ella y te han edificado en ella santuario a tu nombre, diciendo:

9 Si el mal viene sobre nosotros, o espada, o juicio, o pestilencia o

9 *a* GEE Temor—Temor de Dios.
10 *a* HEB disputa.
b Ezeq. 33:6; Jacob 1:19.
GEE Amonestación, amonestar.
11 *a* GEE Valor, valiente.
20 3 *a* GEE Ayunar, ayuno.
4 *a* Sal. 33:18–22.
7 *a* GEE Abraham—La descendencia de Abraham.

hambre, nos presentaremos delante de esta casa, y delante de ti (porque tu nombre está en esta casa); y en nuestras [a]tribulaciones clamaremos a ti, y tú nos oirás y salvarás.

10 Ahora pues, he aquí los hijos de Amón y de Moab, y *los del* monte de Seir, por cuya tierra no permitiste que pasase Israel cuando venían de la tierra de Egipto, de modo que se apartaron de ellos, y no los destruyeron;

11 he aquí, ellos nos dan el pago, viniendo a echarnos de tu heredad, que tú nos diste en posesión.

12 ¡Oh Dios nuestro!, ¿no los juzgarás tú? Porque nosotros no tenemos fuerza para enfrentar a esta multitud tan grande que viene contra nosotros; no [a]sabemos lo que hemos de hacer, mas a ti *volvemos* nuestros ojos.

13 Y todo Judá estaba de pie delante de Jehová, con sus niños, sus esposas y sus hijos.

14 Y estaba allí Jahaziel hijo de Zacarías, hijo de Benaía, hijo de Jeiel, hijo de Matanías, levita de los hijos de Asaf, sobre quien vino el espíritu de Jehová en medio de la congregación;

15 y dijo: Oíd, todo Judá, y vosotros habitantes de Jerusalén, y tú, rey Josafat. Jehová os dice así: No [a]temáis ni os amedrentéis delante de esta multitud tan grande porque no es vuestra la [b]batalla, sino de Dios.

16 Descended mañana contra ellos; he aquí que ellos subirán por la cuesta de Sis, y los hallaréis en el extremo del valle, [a]frente al desierto de Jeruel.

17 No tendréis vosotros que pelear en esta *ocasión*; apostaos, y quedaos quietos y ved la [a]salvación de Jehová con vosotros. Oh Judá y Jerusalén, no temáis ni desmayéis; salid mañana contra ellos, porque Jehová estará con vosotros.

18 Entonces Josafat se inclinó rostro a tierra, y asimismo todo Judá y los moradores de Jerusalén se postraron delante de Jehová y adoraron a Jehová.

19 Y se levantaron los levitas de los hijos de Coat y de los hijos de Coré para alabar a Jehová, el Dios de Israel, con fuerte y alta voz.

20 Y se levantaron temprano por la mañana y salieron al desierto de Tecoa. Y mientras ellos salían, Josafat se puso de pie y dijo: Oídme, Judá y moradores de Jerusalén. [a]Creed en Jehová vuestro Dios y estaréis seguros; [b]creed a sus profetas y seréis [c]prosperados.

21 Y después de haber consultado con el pueblo, designó a algunos para que cantasen a Jehová y alabasen en la hermosura de la santidad, mientras salía la gente armada, y que dijesen: Glorificad a Jehová, porque su misericordia es para siempre.

22 Y cuando comenzaron con

9 *a* Mos. 24:11–17; DyC 98:2–3.
12 *a* 1 Ne. 4:6.
15 *a* Isa. 41:10.
b DyC 98:33–38; 105:14.
16 *a* *O sea,* al este.
17 *a* *O sea,* la liberación.
20 *a* GEE Fe.
b GEE Sostenimiento de líderes de la Iglesia.
c Alma 48:15–16.

cánticos y con alabanzas, Jehová puso emboscadas contra los hijos de Amón, de Moab y del monte de Seir que venían contra Judá, y fueron derrotados.
23 Pues los hijos de Amón y de Moab se levantaron contra los del monte de Seir, para matarlos y destruirlos; y cuando hubieron acabado con los habitantes de Seir, cada cual ayudó a la destrucción de [a]su compañero.
24 Y cuando vino Judá a la atalaya del desierto, miraron hacia la multitud, y he aquí, sólo había cadáveres tendidos en la tierra, pues ninguno había escapado.
25 Y cuando llegaron Josafat y su pueblo a despojarlos, hallaron entre los cadáveres muchas riquezas, vestidos y objetos preciosos, los cuales tomaron para sí, tantos que no los podían llevar. Y tres días duró el despojo, porque era mucho.
26 Y al cuarto día se reunieron en el valle de Beraca, porque allí bendijeron a Jehová; por esto llamaron el nombre de aquel paraje el valle de [a]Beraca, hasta hoy.
27 Y todos los hombres de Judá y los de Jerusalén, con Josafat a la cabeza de ellos, regresaron a Jerusalén gozosos, porque Jehová les había hecho regocijarse sobre sus enemigos.
28 Y vinieron a Jerusalén con salterios, y arpas y trompetas a la casa de Jehová.
29 Y el pavor de Dios cayó sobre todos los reinos de aquellas tierras cuando oyeron que Jehová había peleado contra los enemigos de Israel.
30 Y el reino de Josafat tuvo paz, porque su Dios le dio reposo por todas partes.
31 Así reinó Josafat sobre Judá; tenía treinta y cinco años cuando comenzó a reinar, y reinó veinticinco años en Jerusalén. El nombre de su madre era Azuba, hija de Silhi.
32 Y anduvo en el camino de Asa, su padre, sin apartarse de él, haciendo lo recto ante los ojos de Jehová.
33 Sin embargo, los lugares altos no fueron quitados, pues el pueblo aún no había dispuesto su corazón para con el Dios de sus padres.
34 Los demás hechos de Josafat, los primeros y los postreros, he aquí, están escritos en las palabras de [a]Jehú hijo de Hanani, de quien se hace mención en el libro de los reyes de Israel.
35 Pasadas estas cosas, Josafat, rey de Judá, se alió con Ocozías, rey de Israel, el cual era dado a la impiedad,
36 y se alió con él para construir naves que fuesen a Tarsis, y construyeron las naves en Ezióngeber.
37 Entonces Eliezer hijo de Dodava, de Maresa, profetizó contra Josafat, diciendo: Por cuanto te has aliado con Ocozías, Jehová ha destruido tus obras. Y las naves fueron destruidas, y no pudieron ir a Tarsis.

23 *a* Jue. 7:15–22; 1 Sam. 14:20.
26 *a* HEB bendición.
34 *a* GEE Escrituras—Escrituras que se han perdido.

CAPÍTULO 21

Joram mata a sus hermanos, se casa con la hija de Acab y reina con iniquidad — El profeta Elías profetiza una plaga sobre el pueblo y también la muerte de Joram — Los filisteos y otros hacen la guerra contra Judá — Joram muere de una enfermedad muy penosa.

Y DURMIÓ Josafat con sus padres, y lo sepultaron con sus padres en la ciudad de David. Y reinó en su lugar Joram, su hijo.

2 Éste tuvo hermanos, hijos de Josafat: Azarías, y Jehiel, y Zacarías, y Azarías, y Micael y Sefatías. Todos éstos fueron hijos de Josafat, rey de Israel.

3 Y su padre les había dado muchos presentes de oro y de plata, y cosas preciosas y ciudades fortificadas en Judá; pero había dado el reino a Joram, porque él era el primogénito.

4 Cuando Joram fue elevado al reino de su padre y se hizo fuerte, mató a espada a todos sus hermanos y también a algunos de los príncipes de Israel.

5 Joram tenía treinta y dos años cuando comenzó a reinar, y reinó ocho años en Jerusalén.

6 Y anduvo en el camino de los reyes de Israel, como hizo la casa de [a]Acab, porque tenía por esposa a la hija de Acab; e hizo lo malo ante los ojos de Jehová.

7 Pero Jehová no quiso [a]destruir la casa de David, a causa del convenio que había hecho con David, y porque le había dicho que le daría una lámpara a él y a sus hijos perpetuamente.

8 En sus días se rebeló Edom contra el dominio de Judá, y proclamaron su propio rey.

9 Entonces pasó Joram con sus príncipes, y todos sus carros con él; y sucedió que se levantó de noche y derrotó a los edomitas que le habían sitiado a él y a todos los capitanes de los carros.

10 Así se rebeló Edom contra el dominio de Judá hasta hoy. En ese mismo tiempo también se rebeló Libna contra su dominio, por cuanto *Joram* había dejado a Jehová, el Dios de sus padres.

11 Además de esto, hizo lugares altos en los montes de Judá, e hizo que los habitantes de Jerusalén se [a]prostituyesen e [b]indujo a Judá a ello.

12 Y le llegó una carta del profeta Elías, que decía: Jehová, el Dios de David, tu padre, ha dicho así: Por cuanto no has andado en los caminos de [a]Josafat, tu padre, ni en los caminos de [b]Asa, rey de Judá,

13 sino que has andado en el camino de los reyes de Israel, y has hecho que se prostituyesen Judá y los habitantes de Jerusalén, como se prostituyó la casa de Acab; y además has dado muerte a tus hermanos, a la familia de tu padre, quienes eran mejores que tú,

14 he aquí, Jehová herirá a tu pueblo con una gran [a]plaga, y a

21 6 *a* GEE Acab.
7 *a* 2 Rey. 8:19.
11 *a* GEE Fornicación.
b *O sea,* sedujo.
12 *a* GEE Josafat.
b GEE Asa.
14 *a* GEE Maldecir, maldiciones.

tus hijos y a tus esposas y todas tus posesiones;
15 y a ti con muchas enfermedades, con enfermedad de tus entrañas, hasta que las entrañas se te salgan a causa de la enfermedad de cada día.
16 Entonces Jehová despertó contra Joram el espíritu de los filisteos y de los árabes que estaban junto a los etíopes;
17 y subieron contra Judá, y la invadieron y se llevaron todos los bienes que se hallaban en la casa del rey, y también a sus hijos y a sus esposas; y no le quedó más hijo que [a]Joacaz, el menor de sus hijos.
18 Después de todo esto, Jehová lo hirió con una enfermedad incurable en las entrañas.
19 Y aconteció que al pasar muchos días, al cabo de dos años, las entrañas se le salieron a causa de la enfermedad, muriendo así de enfermedad muy penosa. Y los de su pueblo no encendieron fuego en su honor, como lo habían hecho con sus padres.
20 Cuando comenzó a reinar, tenía treinta y dos años; y reinó en Jerusalén ocho años; y murió sin que le quisieran. Y lo sepultaron en la ciudad de David, pero no en los [a]sepulcros de los reyes.

CAPÍTULO 22

Ocozías reina con iniquidad y es asesinado por Jehú; su madre Atalía reina en su lugar.

Y LOS habitantes de Jerusalén hicieron rey en su lugar a Ocozías, su hijo menor, porque la banda de hombres que vinieron con los árabes al campamento había matado a todos los mayores, por lo cual reinó Ocozías hijo de Joram, rey de Judá.
2 Cuando Ocozías comenzó a reinar, tenía [a]cuarenta y dos años, y reinó un año en Jerusalén. El nombre de su madre era Atalía, [b]hija de Omri.
3 También él anduvo en los caminos de la casa de Acab, porque su madre le aconsejaba a actuar impíamente.
4 Hizo, pues, lo malo ante los ojos de Jehová, como la casa de Acab; porque después de la muerte de su padre, ellos le aconsejaron para su perdición.
5 Y él también anduvo en los consejos de ellos y fue a la guerra con Joram hijo de Acab, rey de Israel, contra Hazael, rey de Siria, a Ramot de Galaad, donde los sirios hirieron a Joram.
6 Y volvió a Jezreel para curarse de las heridas que le habían hecho en Ramá, peleando con Hazael, rey de Siria. Y descendió [a]Azarías hijo de Joram, rey de Judá, para visitar a Joram hijo de Acab, en Jezreel, porque allí estaba enfermo.

17 *a O sea,* Ocosías o Joacaz. 2 Cró. 22:1.
20 *a* 2 Cró. 28:27.
22 2 *a Es decir,* probablemente veintidós. TJS 2 Cró. 22:2 *Veinte y dos…* 2 Rey. 8:26.
b O sea, nieta.
6 *a O sea,* Ocozías o Joacaz. 2 Cró. 21:17; 22:7, 11.

7 Pero esto *venía* de Dios, para que Ocozías fuese destruido al venir a Joram; porque cuando llegó, salió con Joram contra Jehú hijo de Nimsi, al cual Jehová había [a]ungido para que exterminase a la casa de Acab.

8 Y aconteció que cuando Jehú ejecutaba juicio contra la casa de Acab y halló a los príncipes de Judá y a los hijos de los hermanos de Ocozías, que servían a Ocozías, los mató.

9 Y buscó a Ocozías, y lo capturaron cuando estaba escondido en Samaria; y lo llevaron a Jehú y le [a]mataron, y le dieron sepultura, porque dijeron: Es [b]hijo de Josafat, quien buscó a Jehová con todo su corazón. Y la casa de Ocozías no tenía fuerzas para retener el reino.

10 Cuando Atalía, madre de Ocozías, vio que su hijo había muerto, se levantó y exterminó a toda la descendencia real de la casa de Judá.

11 Pero Josabet, hija del rey, tomó a Joás hijo de Ocozías, y lo sacó de entre los hijos del rey, a los cuales estaban matando, y le puso a él y a su nodriza en una alcoba. Así lo escondió Josabet, hija del rey Joram, esposa del sacerdote Joiada (porque ella era hermana de Ocozías), de la vista de Atalía, y ésta no lo mató.

12 Y él estuvo escondido con ellos en la casa de Dios seis años. Entre tanto, Atalía reinaba en el país.

CAPÍTULO 23

Joiada, el sacerdote, hace rey a Joás — Atalía es asesinada — Se restaura la adoración a Jehová y matan al sacerdote de Baal.

Y EN el séptimo año Joiada cobró fuerza y concertó una [a]alianza con los jefes de centenas: Azarías hijo de Jeroham, e Ismael hijo de Johanán, y Azarías hijo de Obed, y Maasías hijo de Adaía y Elisafat hijo de Zicri.

2 Y recorrieron Judá, y reunieron a los levitas de todas las ciudades de Judá y a los jefes de las casas paternas de Israel, y fueron a Jerusalén.

3 Y toda la congregación hizo pacto con el rey en la casa de Dios. Y él les dijo: He aquí el hijo del rey, que reinará, como ha dicho Jehová con respecto a los hijos de [a]David.

4 Esto es lo que habéis de hacer: una tercera parte de vosotros, los que entran el día de reposo, estarán de guardias de las puertas con los sacerdotes y los levitas;

5 y otra tercera parte estará en la casa del rey; y la otra tercera parte estará en la puerta del cimiento; y todo el pueblo estará en los patios de la casa de Jehová.

6 Y ninguno entre en la casa de Jehová, sino los sacerdotes y los [a]levitas que sirven; éstos entrarán, porque están consagrados; y todo el pueblo guardará la ordenanza de Jehová.

7 *a* 2 Rey. 9:5–10.
9 *a* 2 Rey. 9:27.
b *O sea,* nieto.

23 1 *a* 2 Rey. 11:4.
3 *a* 2 Sam. 7:12–16.
6 *a* 1 Cró. 23:27–29; DyC 84:25–27.

7 Y los levitas rodearán al rey por todas partes, y cada uno tendrá sus armas en la mano; y cualquiera que entre en la casa, que muera; y estaréis con el rey cuando entre y cuando salga.

8 Y los levitas y todo Judá lo hicieron todo como lo había mandado el sacerdote Joiada; y cada uno tomó sus hombres, los que entraban el día de reposo, y los que salían el día de reposo, porque el sacerdote Joiada no dio licencia a ninguno de los grupos.

9 Y dio también el sacerdote Joiada a los jefes de centenas las lanzas y los escudos grandes y los pequeños que habían sido del rey David, y que estaban en la casa de Dios;

10 y puso en orden a todo el pueblo, teniendo cada uno su espada en la mano, desde el lado derecho del templo hasta el izquierdo, ante el altar y ante la casa, alrededor del rey.

11 Entonces sacaron al hijo del rey, y le pusieron la corona y el [a]testimonio, y le proclamaron rey; y Joiada y sus hijos le ungieron, y dijeron: ¡Viva el rey!

12 Y cuando Atalía oyó el estruendo de la gente que corría y aclamaba al rey, vino a la casa de Jehová donde estaba el pueblo;

13 y miró, y he aquí, el rey estaba junto a su columna, a la entrada, y los príncipes y los trompeteros junto al rey, y todo el pueblo del país se regocijaba, y tocaba trompetas, y los cantores con instrumentos de música dirigían la alabanza. Entonces Atalía rasgó sus vestidos y dijo: ¡Traición! ¡Traición!

14 Y el sacerdote Joiada sacó a los jefes de centenas que estaban al mando del ejército y les dijo: Sacadla fuera del recinto, y al que la siga, matadlo a filo de espada, porque el sacerdote había mandado que no la matasen en la casa de Jehová.

15 Ellos, pues, le echaron mano; y cuando ella hubo pasado la entrada de la puerta de los caballos de la casa del rey, allí la mataron.

16 Y Joiada pactó con todo el pueblo y con el rey, que serían el pueblo de Jehová.

17 Después de esto entró todo el pueblo en el templo de Baal y lo derribaron, y también sus altares; e hicieron pedazos sus imágenes y mataron delante de los altares a Matán, sacerdote de Baal.

18 Además Joiada puso los oficios de la casa de Jehová bajo la autoridad de los sacerdotes y los levitas, según David los había designado en la casa de Jehová, para ofrecer a Jehová los holocaustos, como está escrito en la ley de Moisés, con gozo y con cánticos, conforme a lo dispuesto por David.

19 Puso también porteros en las puertas de la casa de Jehová, para que no entrara ninguno que por algún motivo estuviese impuro.

20 Y tomó a los jefes de centenas, y a los principales, y a los que gobernaban al pueblo y a todo el pueblo del país, e hizo descender

11 *a Es decir,* el encargo divino. Deut. 17:14–20.

al rey desde la casa de Jehová; y entraron por la puerta superior de la casa del rey y sentaron al rey sobre el trono del reino.

21 Y todo el pueblo del país se regocijó, y la ciudad quedó tranquila después que mataron a Atalía a filo de espada.

CAPÍTULO 24

Joás y Joiada reciben contribuciones y reparan la casa de Jehová — Joiada muere — Joás cae en idolatría y mata a un profeta llamado Zacarías — Joás muere en una conspiración.

Joás tenía siete años cuando comenzó a reinar, y reinó cuarenta años en Jerusalén. El nombre de su madre era Sibia, de Beerseba.

2 E hizo Joás lo recto ante los ojos de Jehová todos los días del sacerdote Joiada;

3 y Joiada tomó para el rey dos esposas, y éste engendró hijos e hijas.

4 Y aconteció que después de esto, Joás decidió reparar la casa de Jehová.

5 Y reunió a los sacerdotes y a los levitas y les dijo: Salid a las ciudades de Judá y juntad dinero de todo Israel, para que cada año sea reparada la casa de vuestro Dios; y vosotros apresuraos en esto. Pero los levitas no se apresuraron.

6 Por lo cual el rey llamó a Joiada, el principal *sacerdote*, y le dijo: ¿Por qué no has procurado que los levitas traigan de Judá y de Jerusalén al tabernáculo del testimonio la [a]contribución que Moisés, siervo de Jehová, impuso sobre la congregación de Israel?

7 Porque los hijos de la perversa Atalía habían destruido la casa de Dios, y además habían usado para [a]los ídolos todas las cosas consagradas de la casa de Jehová.

8 Mandó, pues, el rey que hiciesen un cofre, el cual pusieron fuera a la puerta de la casa de Jehová;

9 e hicieron pregonar en Judá y en Jerusalén, que trajesen a Jehová la contribución que Moisés, siervo de Dios, había impuesto a Israel en el desierto.

10 Y todos los jefes y todo el pueblo se regocijaron, y trajeron sus *contribuciones* y las echaron en el cofre hasta llenarlo.

11 Y sucedió que cuando llegaba el tiempo en que los levitas debían llevar el cofre al poder del rey, y cuando veían que había mucho dinero, iban el escriba del rey y el oficial del sumo sacerdote y llevaban el cofre, y lo vaciaban y lo volvían a poner en su lugar; y así lo hacían de día en día y recogían mucho dinero.

12 Y el rey y Joiada daban el dinero a los que hacían el trabajo del servicio de la casa de Jehová; y tomaban canteros y carpinteros que reparasen la casa de Jehová, y artífices en hierro y en bronce para reparar la casa de Jehová.

13 Hacían, pues, los oficiales la

24 6*a* Éx. 30:12–16.

7*a* *Es decir,* los baales.

obra, y por sus manos fue la obra restaurada; y restituyeron la casa de Dios a su condición original y la reforzaron.

14 Y cuando hubieron acabado, trajeron lo que quedaba del dinero al rey y a Joiada, e hicieron de él utensilios para la casa de Jehová, utensilios para el servicio y para ofrendar, y cucharas y vasos de oro y de plata. Y sacrificaban holocaustos continuamente en la casa de Jehová todos los días de Joiada.

15 Mas Joiada envejeció y murió lleno de días; y tenía ciento treinta años cuando murió.

16 Y lo sepultaron en la ciudad de David con los reyes, por cuanto había hecho el bien en Israel, y para con Dios y su casa.

17 Muerto Joiada, vinieron los príncipes de Judá y se postraron ante el rey, y el rey los escuchó.

18 Y abandonaron la casa de Jehová, el Dios de sus padres, y sirvieron a las imágenes de Asera y a los [a]ídolos; y la ira vino sobre Judá y Jerusalén por éste su pecado.

19 Y les envió [a]profetas para que los hiciesen volver a Jehová, los que testificaron en contra de ellos, pero ellos no los escucharon.

20 Y el [a]espíritu de Dios vino sobre Zacarías hijo de Joiada, el sacerdote, quien se puso de pie ante el pueblo, en un lugar elevado, y les dijo: Así ha dicho Dios: ¿Por qué quebrantáis los mandamientos de Jehová, por lo cual no [b]prosperáis? Porque, por haber abandonado a Jehová, él también os abandonará.

21 Pero ellos conspiraron contra él y lo [a]apedrearon por mandato del rey, en el atrio de la casa de Jehová.

22 No se acordó, pues, el rey Joás de la misericordia que Joiada, el padre *de Zacarías,* había tenido con él, sino que mató a su hijo, el cual dijo al morir: Jehová lo vea y lo demande.

23 Y aconteció que a la vuelta del año, subió contra él el ejército de Siria; y vinieron a Judá y a Jerusalén, y destruyeron de entre el pueblo a todos los principales de él, y enviaron todo el botín al rey de Damasco.

24 Porque *aunque* el ejército de Siria había venido con poca gente, Jehová entregó en sus manos un ejército muy numeroso, por cuanto habían abandonado a Jehová, el Dios de sus padres. Y contra Joás ejecutaron juicios.

25 Y retirándose de él *los sirios,* lo dejaron [a]con muchas enfermedades; y conspiraron contra él sus siervos a causa de la sangre de los hijos del sacerdote Joiada, y lo hirieron en su cama, y murió; y lo sepultaron en la ciudad de David, pero no lo sepultaron en los sepulcros de los reyes.

26 Los que conspiraron contra él fueron [a]Zabad, hijo de Simeat, la amonita, y Jozabad, hijo de Simrit, la moabita.

27 Y acerca de sus hijos, y de

18 *a* GEE Idolatría.
19 *a* GEE Profeta.
20 *a* GEE Trinidad—Dios el Espíritu Santo.
b Mos. 7:29–31.
21 *a* GEE Mártir, martirio.
25 *a* *Es decir,* gravemente herido.
26 *a* *O sea,* Josacar. 2 Rey. 12:21.

las muchas profecías sobre él y de la restauración de la casa de Jehová, he aquí todo está escrito en la historia del libro de los reyes. Y reinó en su lugar su hijo Amasías.

CAPÍTULO 25

Reina Amasías, mata a los edomitas y adora dioses falsos — Un profeta predice la destrucción de Amasías — Judá es derrotada por Israel y Amasías muere como consecuencia de una conspiración.

Amasías tenía veinticinco años cuando comenzó a reinar, y reinó veintinueve años en Jerusalén. Y el nombre de su madre era Joadán, de Jerusalén.

2 Hizo él lo recto ante los ojos de Jehová, aunque no con un corazón íntegro.

3 Y aconteció que cuando fue confirmado en el reino, mató a los siervos que habían matado al rey, su padre.

4 Pero no mató a los hijos de ellos, según lo que está escrito en la Ley, en el [a]libro de Moisés, donde Jehová mandó, diciendo: No morirán los padres por los hijos, ni los hijos por los padres; mas cada uno morirá por [b]su propio pecado.

5 Entonces Amasías reunió a Judá, y conforme a las casas paternas, les puso jefes de millares y jefes de centenas por todo Judá y Benjamín; y contó a los de veinte años arriba, y fueron hallados entre ellos trescientos mil escogidos para salir a la guerra, que portaban lanza y escudo.

6 Y de Israel tomó a sueldo a cien mil hombres fuertes y valientes, por cien talentos de plata.

7 Pero un hombre de Dios vino a él, diciéndole: Oh rey, no vaya contigo el ejército de Israel, porque Jehová no está con Israel, *ni* con todos los hijos de Efraín.

8 Pero si tú vas, *si* eso haces, y te esfuerzas para pelear, Dios te hará caer delante del enemigo, porque Dios tiene [a]poder o para ayudar o para derribar.

9 Y Amasías dijo al hombre de Dios: ¿Qué, pues, se hará de los cien talentos que he dado al ejército de Israel? Y el hombre de Dios respondió: Jehová puede darte mucho más que eso.

10 Entonces Amasías apartó el ejército de la gente que había venido a él de Efraín, para que se fuesen a sus casas; y ellos se enojaron grandemente contra Judá y volvieron a sus casas encolerizados.

11 Entonces Amasías se armó de valor, sacó a su pueblo, y fue al [a]valle de la Sal y mató a diez mil de los hijos de Seir.

12 Y los hijos de Judá tomaron vivos a *otros* diez mil que llevaron a la cumbre de un peñasco; de allí los despeñaron, y todos se hicieron pedazos.

13 Pero los del ejército que Amasías había despedido, para que no fuesen con él a la guerra, atacaron

25 4 *a* GEE Escrituras—Escrituras que se han perdido.
b GEE Responsabilidad, responsable.
8 *a* DyC 60:4.
11 *a* *Es decir,* por el Mar Muerto.

las ciudades de Judá, desde Samaria hasta Bet-horón, y mataron de ellos a tres mil y tomaron un gran botín.

14 Y sucedió que después que Amasías regresó de la matanza de los edomitas, trajo también consigo los dioses de los hijos de Seir, y los puso como [a]dioses para sí, y se postró delante de ellos y les quemó incienso.

15 Por eso el furor de Jehová se encendió contra Amasías, y le envió un profeta que le dijo: ¿Por qué has buscado los dioses de otro pueblo que no han podido librar a su pueblo de tus manos?

16 Y sucedió que mientras el *profeta* hablaba estas cosas, él le respondió: ¿[a]Te han puesto a ti por consejero del rey? ¡Déjate *de eso*! ¿Por qué quieres que te maten? Y el profeta se detuvo y dijo: Yo sé que Dios ha determinado destruirte, porque has hecho esto y no obedeciste mi consejo.

17 Y Amasías, rey de Judá, tomó consejo y envió a decir a Joás hijo de Joacaz, hijo de Jehú, rey de Israel: [a]Ven, y veámonos cara a cara.

18 Entonces Joás, rey de Israel, envió a decir a Amasías, rey de Judá: El cardo que estaba en el Líbano envió a decir al cedro que estaba en el Líbano, diciendo: Da tu hija a mi hijo por esposa. Y he aquí que una fiera que estaba en el Líbano pasó y holló al cardo.

19 Tú dices: He aquí, he derrotado a Edom; y tu corazón se enaltece para gloriarte; quédate ahora en tu casa. ¿Para qué provocas un mal en que puedas caer tú y Judá contigo?

20 Pero Amasías no quiso oír, porque estaba de Dios entregarlos en manos *de sus enemigos*, por cuanto habían buscado los dioses de Edom.

21 Subió, pues, Joás, rey de Israel, y se vieron cara a cara él y Amasías, rey de Judá, en Betsemes, la cual es de Judá.

22 Y cayó Judá delante de Israel, y huyó cada uno a su tienda.

23 Y Joás, rey de Israel, apresó en Bet-semes a Amasías, rey de Judá, hijo de Joás, hijo de Joacaz, y lo llevó a Jerusalén; y derribó el muro de Jerusalén desde la puerta de Efraín hasta la puerta del ángulo, un tramo de cuatrocientos codos.

24 Asimismo *tomó* todo el oro y toda la plata, y todos los utensilios que se hallaban al cuidado de Obed-edom en la casa de Dios y los tesoros de la casa del rey, y también tomó rehenes, y volvió a Samaria.

25 Y vivió Amasías hijo de Joás, rey de Judá, quince años después de la muerte de Joás hijo de Joacaz, rey de Israel.

26 Los demás hechos de Amasías, los primeros y los postreros, ¿no están escritos en el libro de los reyes de Judá y de Israel?

27 Desde el tiempo en que Amasías se apartó de Jehová, conspiraron contra él en Jerusalén; y él huyó a Laquis, pero lo

14 *a* 2 Ne. 9:37.
16 *a* HEB ¿Te han hecho consejero real?
17 *a* *Es decir*, enfrentémonos en el campo de batalla.

persiguieron hasta Laquis y allá lo mataron;

28 y lo trajeron en caballos y lo sepultaron con sus padres en la ciudad de Judá.

CAPÍTULO 26

Reina Uzías y prospera en tanto que guarda los mandamientos — Uzías transgrede, quema incienso sobre el altar y es maldecido con lepra.

Entonces todo el pueblo de Judá tomó a [a]Uzías, que tenía dieciséis años de edad, y lo hicieron rey en lugar de Amasías, su padre.

2 Uzías edificó Elot y la restituyó a Judá después que el rey durmió con sus padres.

3 Uzías tenía dieciséis años cuando comenzó a reinar, y reinó cincuenta y dos años en Jerusalén. El nombre de su madre era Jecolías, de Jerusalén.

4 E hizo lo recto ante los ojos de Jehová, conforme a todas las cosas que había hecho Amasías, su padre.

5 Y persistió en buscar a Dios en los días de Zacarías, quien era entendido en [a]visiones de Dios; y en los días en que él buscó a Jehová, Dios le prosperó.

6 Y salió y peleó contra los filisteos, y derribó el muro de Gat, y el muro de Jabnia y el muro de Asdod; y edificó ciudades en Asdod y entre los filisteos.

7 Y Dios le ayudó contra los filisteos, y contra los árabes que habitaban en Gur-baal y contra los amonitas.

8 Y los amonitas pagaron tributo a Uzías, y se difundió su nombre hasta la entrada de Egipto, porque se había hecho sumamente poderoso.

9 Uzías también edificó torres en Jerusalén, en la puerta del ángulo, y en la puerta del valle y en la esquina *del muro*; y las fortificó.

10 Asimismo edificó torres en el desierto y abrió muchas cisternas, porque tuvo mucho ganado, así en los campos como en las llanuras; y labradores y viñadores, tanto en los montes como en los llanos fértiles, porque amaba la tierra.

11 Tuvo también Uzías un ejército de guerreros, los cuales salían a la guerra por escuadrones, de acuerdo con el número de la lista hecha por mano de Jehiel, el escriba, y de Maasías, el oficial, y bajo la dirección de Hananías, uno de los capitanes del rey.

12 El número total de los jefes de las casas paternas de los hombres fuertes y valientes era de dos mil seiscientos.

13 Y bajo el mando de éstos estaba un ejército poderoso de trescientos siete mil quinientos guerreros poderosos y fuertes para ayudar al rey contra el enemigo.

14 Y Uzías preparó para todo el ejército escudos, y lanzas, y yelmos, y armaduras, y arcos y hondas para tirar piedras.

15 E hizo en Jerusalén máquinas

26 1 *a O sea,* Azarías. 2 Rey. 14:21.
5 *a* 2 Ne. 4:23.

inventadas por hombres hábiles, para que estuviesen en las torres y en los baluartes, para arrojar flechas y grandes piedras; y su fama se extendió lejos, porque fue ayudado asombrosamente, hasta hacerse poderoso.

16 Pero cuando se hizo fuerte, su corazón se [a]enalteció para su ruina, porque se rebeló contra Jehová su Dios, entrando en el templo de Jehová para quemar incienso en el altar del incienso.

17 Y entró tras él el sacerdote Azarías, y con él ochenta sacerdotes de Jehová, hombres valientes.

18 Y se pusieron contra el rey Uzías y le dijeron: [a]No te corresponde a ti, Uzías, el [b]quemar incienso a Jehová, sino a los sacerdotes hijos de [c]Aarón, que son consagrados para ello. Sal del santuario, porque has pecado, y no te será para honra de Jehová Dios.

19 Entonces Uzías, que tenía en la mano un incensario para ofrecer incienso, se llenó de ira; y en su ira contra los sacerdotes, la lepra le brotó en la frente, delante de los sacerdotes en la casa de Jehová, junto al altar del incienso.

20 Y le miró el sumo sacerdote Azarías y todos los sacerdotes, y he aquí, la lepra estaba en su frente; y le hicieron salir apresuradamente de aquel lugar; y él también se dio prisa en salir, porque Jehová lo había [a]herido.

21 Así el rey Uzías quedó leproso hasta el día de su muerte y, siendo leproso, habitó en una casa apartada, porque había sido excluido de la casa de Jehová; y Jotam, su hijo, se hizo cargo de la casa real, juzgando al pueblo de la tierra.

22 Los demás hechos de Uzías, los primeros y los postreros, los [a]escribió el profeta Isaías hijo de Amós.

23 Y durmió Uzías con sus padres y lo sepultaron con sus padres en el campo de los sepulcros reales, porque dijeron: Leproso es. Y reinó su hijo Jotam en su lugar.

CAPÍTULO 27

Reina Jotam, fortalece el reino y somete a los amonitas.

JOTAM tenía veinticinco años cuando comenzó a reinar, y reinó en Jerusalén dieciséis años. El nombre de su madre era Jerusa, hija de Sadoc.

2 E hizo lo recto ante los ojos de Jehová, conforme a todas las cosas que había hecho Uzías, su padre, salvo que no entró en el templo de Jehová. Pero el pueblo continuaba corrompiéndose.

3 Él edificó la [a]puerta superior de la casa de Jehová, y en el muro de Ofel edificó mucho.

4 Además edificó ciudades en las montañas de Judá, y

16 *a* Hel. 12:1–2.
GEE Orgullo.
18 *a* GEE Autoridad.
b Núm. 16:40.
c DyC 107:13–14.
20 *a* GEE Maldecir, maldiciones.
22 *a* GEE Escrituras.
27 3 *a* 2 Rey. 15:35.

[a]construyó fortalezas y torres en los bosques.

5 También tuvo él guerra con el rey de los hijos de Amón, y los venció; y le dieron los hijos de Amón en aquel año cien talentos de plata, y diez mil coros de trigo y diez mil de cebada. Esto le dieron los hijos de Amón, y lo mismo en el segundo año y en el tercero.

6 Y Jotam se hizo fuerte, porque [a]preparó sus caminos delante de Jehová su Dios.

7 Y los demás hechos de Jotam, y todas sus guerras y sus caminos, he aquí, están escritos en el libro de los reyes de Israel y de Judá.

8 Cuando comenzó a reinar, tenía veinticinco años, y reinó dieciséis años en Jerusalén.

9 Y durmió Jotam con sus padres, y lo sepultaron en la ciudad de David; y reinó en su lugar su hijo Acaz.

CAPÍTULO 28

Acaz reina con iniquidad y practica la idolatría; su pueblo es derrotado por Israel — Los cautivos son liberados por consejo de un profeta — Los asirios y los filisteos atacan a Judá — Acaz persiste en sus prácticas idólatras.

Acaz tenía veinte años cuando comenzó a reinar, y reinó dieciséis años en Jerusalén; pero no hizo lo recto ante los ojos de Jehová, como David, su padre,

2 sino que anduvo en los caminos de los reyes de Israel, y además hizo [a]imágenes de fundición a los baales.

3 Quemó también incienso en el valle de los hijos de Hinom, y quemó a sus hijos en el [a]fuego, conforme a las abominaciones de las naciones que Jehová había arrojado delante de los hijos de Israel.

4 Asimismo sacrificó y quemó incienso en los lugares altos, y en los collados y debajo de todo árbol frondoso.

5 Por lo cual Jehová su Dios lo entregó en manos del rey de los sirios, los cuales le derrotaron y tomaron de él un gran número de cautivos que llevaron a Damasco. Fue también entregado en manos del rey de Israel, el cual le causó una gran mortandad.

6 Porque [a]Peka hijo de Remalías mató en Judá en un día a ciento veinte mil, todos hombres valientes, por cuanto habían abandonado a Jehová, el Dios de sus padres.

7 Asimismo Zicri, hombre poderoso de Efraín, mató a Maasías, hijo del rey, y a Azricam, su mayordomo, y a Elcana, segundo después del rey.

8 Y los hijos de Israel tomaron cautivos de sus hermanos a doscientos mil, mujeres, hijos e hijas, además de haber tomado de ellos un gran botín, el cual llevaron a Samaria.

4 *a* *O sea,* poblados fortificados.
6 *a* HEB ordenó; es decir, mantuvo un rumbo constante.
28 2 *a* Éx. 34:17.
3 *a* 2 Cró. 33:6.
6 *a* 2 Rey. 15:27–28.

9 Pero había allí un profeta de Jehová que se llamaba Obed, y él salió delante del ejército cuando entraba en Samaria y les dijo: He aquí, Jehová, el Dios de vuestros padres, por su enojo contra Judá, los ha entregado en vuestras manos; y vosotros los habéis matado con una ira tan grande que ha llegado hasta el cielo.

10 Y ahora pensáis sujetar a los hijos de Judá y de Jerusalén como vuestros siervos y siervas; pero, ¿no habéis vosotros pecado contra Jehová vuestro Dios?

11 Ahora pues, oídme y devolved a los [a]cautivos que habéis tomado de vuestros hermanos, porque el furor de la ira de Jehová está contra vosotros.

12 Entonces se levantaron algunos hombres de los jefes de los hijos de Efraín, Azarías hijo de Johanán, Berequías hijo de Mesilemot, y Ezequías hijo de Salum y Amasa hijo de Hadlai, contra los que venían de la guerra.

13 Y les dijeron: No traigáis aquí a los cautivos, porque [a]el pecado contra Jehová estará sobre nosotros. Vosotros tratáis de añadir sobre nuestros pecados y sobre nuestras culpas, siendo ya muy grande nuestro delito y el furor de la ira sobre Israel.

14 Entonces el ejército dejó los cautivos y el botín delante de los príncipes y de toda la multitud.

15 Y se levantaron los hombres nombrados, y tomaron a los cautivos y vistieron del botín a todos los que estaban desnudos; y los vistieron y los calzaron, y les dieron de [a]comer y de beber, y los ungieron, y condujeron en asnos a todos los débiles y los llevaron hasta Jericó, ciudad de las palmeras, cerca de sus hermanos; y ellos volvieron a Samaria.

16 En aquel tiempo el rey Acaz envió *a pedir* a los reyes de Asiria que le ayudasen;

17 porque también los edomitas habían venido de nuevo y habían atacado a los de Judá y habían llevado cautivos.

18 Asimismo, los filisteos habían invadido las ciudades de la llanura y al sur de Judá, y habían tomado Bet-semes, y Ajalón, y Gederot, y Soco con sus aldeas, Timna también con sus aldeas y Gimzo con sus aldeas; y habitaron en ellas.

19 Porque Jehová había humillado a Judá por causa de Acaz, rey de Israel, por cuanto él había permitido el desenfreno en Judá y había pecado gravemente contra Jehová.

20 Y vino contra él Tiglat-pileser, rey de Asiria, y lo afligió en vez de fortalecerlo.

21 Aunque [a]Acaz había tomado una porción *del tesoro* de la casa de Jehová, y de la casa real y de las de los príncipes, para dar al rey de Asiria, pero él no le ayudó.

22 Además el rey Acaz, en el tiempo de su angustia, añadió mayor pecado contra Jehová;

23 porque ofreció sacrificios a los dioses de Damasco que le habían derrotado, y dijo: Puesto que

11 *a* DyC 101:79.
13 *a* GEE Pecado.
15 *a* Prov. 25:21.
21 *a* 2 Rey. 16:8–9.

los dioses de los reyes de Siria les ayudan, yo *también* haré sacrificios a ellos para que me ayuden; pero éstos fueron la causa de su [a]ruina y la de todo Israel.
24 Además de eso, recogió Acaz los utensilios de la casa de Dios, y los hizo pedazos, y cerró las puertas de la casa de Jehová y se hizo altares en Jerusalén en todos los rincones.
25 Hizo también lugares altos en todas las ciudades de Judá, para quemar incienso a los dioses ajenos, provocando así a ira a Jehová, el Dios de sus padres.
26 Los demás de sus hechos y todos sus caminos, los primeros y los postreros, he aquí, están escritos en el libro de los reyes de Judá y de Israel.
27 Y durmió Acaz con sus padres, y lo sepultaron en la ciudad de Jerusalén; pero no le pusieron en los sepulcros de los reyes de Israel; y reinó en su lugar su hijo Ezequías.

CAPÍTULO 29

Ezequías reina con rectitud y restablece la adoración a Jehová — Los levitas limpian la casa de Jehová y la santifican — Los sacerdotes ofrecen sacrificios y hacen reconciliación y expiación por el pueblo — Ezequías y todo el pueblo adoran a Jehová y alaban su nombre.

Y [a]EZEQUÍAS comenzó a reinar cuando tenía veinticinco años, y reinó veintinueve años en Jerusalén. El nombre de su madre era Abías, hija de Zacarías.
2 E hizo lo recto ante los ojos de Jehová, conforme a todas las cosas que había hecho David, su padre.
3 En el primer año de su reinado, en el mes primero, abrió las puertas de la casa de Jehová y las reparó.
4 E hizo venir a los sacerdotes y a los levitas, y los reunió en la plaza oriental.
5 Y les dijo: ¡Oídme, levitas! Santificaos ahora, y santificad la casa de Jehová, el Dios de vuestros padres, y sacad del lugar santo la [a]inmundicia.
6 Porque nuestros padres se han rebelado y han hecho lo malo ante los ojos de Jehová nuestro Dios; y le han abandonado, y han apartado sus ojos del tabernáculo de Jehová y le han vuelto la espalda.
7 Y aun han cerrado las puertas del pórtico, y han apagado las lámparas, y no han quemado incienso ni han ofrecido holocausto en el lugar santo al Dios de Israel.
8 Por tanto, la ira de Jehová ha venido sobre Judá y Jerusalén, y los ha entregado a turbación, a horror y a escarnio, como lo veis vosotros con vuestros propios ojos.
9 Y he aquí, nuestros padres han caído a espada, y nuestros hijos, y nuestras hijas y nuestras esposas están en cautiverio por esto.

23 *a* Alma 30:60.
29 1 *a* GEE Ezequías.
5 *a* GEE Inmundicia, inmundo.

10 Ahora, pues, yo he determinado en mi corazón hacer convenio con Jehová, el Dios de Israel,
para que aparte de nosotros el
furor de su ira.
11 Hijos míos, no seáis ahora
negligentes, porque Jehová os
[a]ha escogido a vosotros para que
estéis delante de él, y le sirváis,
y seáis sus siervos y le queméis
incienso.
12 Entonces los levitas se levantaron, Mahat hijo de Amasai, y
Joel hijo de Azarías, de los hijos
de Coat; y de los hijos de Merari, Cis hijo de Abdi y Azarías
hijo de Jehalelel; y de los hijos de
Gersón, Joa hijo de Zima y Edén
hijo de Joa;
13 y de los hijos de Elizafán,
Simri y Jehiel; y de los hijos de
Asaf, Zacarías y Matanías;
14 y de los hijos de Hemán,
Jehiel y Simei; y de los hijos de
Jedutún, Semaías y Uziel.
15 Y éstos reunieron a sus hermanos, y se [a]santificaron y entraron, conforme al mandamiento
del rey según las palabras de
Jehová, para limpiar la casa de
Jehová.
16 Y entraron los sacerdotes dentro de la casa de Jehová
para limpiarla, y sacaron toda
la inmundicia que hallaron en
el templo de Jehová al atrio de
la casa de Jehová; y de allí los levitas la llevaron fuera al torrente
Cedrón.
17 Y comenzaron la santificación el primero del mes primero,
y a los ocho días del mismo mes
vinieron al pórtico de Jehová; y
santificaron la casa de Jehová en
ocho días, y terminaron en el día
dieciséis del mes primero.
18 Entonces fueron ante el rey
Ezequías y le dijeron: Ya hemos
limpiado toda la casa de Jehová,
el altar del holocausto y todos sus
utensilios, y la mesa de la proposición con todos sus utensilios.
19 Asimismo, hemos preparado
y santificado todos los utensilios que en su infidelidad había
desechado el rey Acaz, cuando
reinaba; y he aquí, están delante
del altar de Jehová.
20 Y levantándose de mañana,
el rey Ezequías reunió a los principales de la ciudad y subió a la
casa de Jehová.
21 Y trajeron siete novillos, y
siete carneros, y siete corderos
y siete machos cabríos [a]como
ofrenda por el pecado, por el
reino, y por el santuario y por
Judá. Y dijo a los sacerdotes, hijos de Aarón, que los ofreciesen
sobre el altar de Jehová.
22 Mataron, pues, los novillos,
y los sacerdotes recibieron la sangre y la esparcieron sobre el altar; mataron luego los carneros
y esparcieron la sangre sobre
el altar; asimismo mataron los
corderos y esparcieron la sangre
sobre el altar.
23 Y trajeron los machos cabríos
de la ofrenda por el pecado delante del rey y de la congregación, y pusieron sus manos sobre
ellos;
24 y los sacerdotes los mataron

11 *a* GEE Sacerdocio Aarónico.
15 *a* DyC 133:4–5.
21 *a* Lev. 4:14–21.

e hicieron ofrenda por el pecado con la sangre de ellos sobre el altar, para [a]hacer expiación por todo Israel, porque el rey mandó ofrecer el holocausto y la ofrenda por el pecado a favor de todo Israel.

25 Puso también a los levitas en la casa de Jehová con címbalos, con salterios y con arpas, conforme al mandamiento de David y de Gad, el [a]vidente del rey, y del profeta Natán, porque aquel mandamiento procedía de Jehová por medio de sus profetas.

26 Y los levitas estaban con los instrumentos de David, y los sacerdotes con trompetas.

27 Entonces mandó Ezequías ofrecer el holocausto en el altar; y al tiempo que comenzó el holocausto, comenzó también el cántico de Jehová, con las trompetas y los instrumentos de David, rey de Israel.

28 Y toda la congregación adoraba, y los cantores cantaban y las trompetas sonaban; todo esto *duró* hasta consumirse el holocausto.

29 Y cuando esto terminó, el rey y todos los que con él estaban se inclinaron y adoraron.

30 Entonces el rey Ezequías y los principales dijeron a los levitas que alabasen a Jehová con las palabras de David y de Asaf, el vidente; y ellos alabaron con gran alegría, y se inclinaron y adoraron.

31 Y respondiendo Ezequías, dijo: Vosotros os habéis consagrado ahora a Jehová; acercaos, pues, y presentad sacrificios y [a]ofrendas de acción de gracias en la casa de Jehová. Y la congregación presentó sacrificios y ofrendas de acción de gracias, y todos los generosos de corazón trajeron holocaustos.

32 Y el número de los holocaustos que trajo la congregación fue de setenta novillos, cien carneros y doscientos corderos; todo para el holocausto de Jehová.

33 Y las ofrendas consagradas fueron seiscientos novillos y tres mil ovejas.

34 Pero los sacerdotes eran pocos y no bastaban para desollar los holocaustos, y sus hermanos los levitas les ayudaron hasta que acabaron la obra, y hasta que los sacerdotes se santificaron, porque los levitas fueron más rectos de corazón para santificarse que los sacerdotes.

35 Así, pues, hubo abundancia de holocaustos, con la grasa de [a]las ofrendas de paz y las [b]libaciones para cada holocausto. Y así quedó restablecido el servicio de la casa de Jehová.

36 Y se alegró Ezequías y todo el pueblo de que Dios hubiese preparado al pueblo, porque la cosa fue hecha súbitamente.

CAPÍTULO 30

Ezequías invita a todo Israel a una Pascua solemne en Jerusalén — Algunos aceptan el llamado, pero otros se ríen, burlándose de él — Los

24 *a* Lev. 1:4.
25 *a* GEE Vidente.
31 *a* Lev. 7:12.
35 *a* Lev. 3:1.
b Núm. 15:7.

israelitas fieles adoran a Jehová en Jerusalén.

Envió después Ezequías por todo
Israel y Judá, y también escribió
cartas a Efraín y a Manasés para
que viniesen a Jerusalén a la casa
de Jehová, a fin de celebrar la
[a]Pascua a Jehová Dios de Israel.
2 Y el rey había tomado consejo
con sus príncipes y con toda la
congregación en Jerusalén, para
celebrar la Pascua en el mes
segundo,
3 porque no la habían podido
celebrar a su debido [a]tiempo, por
cuanto los sacerdotes no se habían santificado suficientemente,
ni el pueblo se había reunido en
Jerusalén.
4 Esto agradó al rey y a toda la
congregación.
5 Y determinaron hacer pasar
pregón por todo Israel, desde
Beerseba hasta Dan, para que
viniesen a celebrar en Jerusalén
la Pascua a Jehová Dios de Israel, porque en mucho tiempo
no la habían celebrado como está
escrito.
6 Fueron, pues, mensajeros con
cartas de parte del rey y de sus
príncipes por todo Israel y Judá,
como el rey lo había mandado,
que decían: Hijos de Israel, [a]vol-
veos a Jehová, el Dios de Abraham, de Isaac y de Israel, y él se
volverá al resto de vosotros que
habéis escapado de manos de los
reyes de Asiria.
7 No seáis como vuestros [a]pa-
dres ni como vuestros hermanos,
que se rebelaron contra Jehová,
el Dios de sus padres, y él los
entregó a desolación, como vosotros veis.
8 No endurezcáis, pues, ahora
vuestra cerviz como vuestros padres; [a]someteos a Jehová y venid
a su santuario, el cual él ha santificado para siempre; y servid a
Jehová vuestro Dios, y el furor de
su ira se apartará de vosotros.
9 Porque si os volvéis a Jehová,
vuestros hermanos y vuestros hijos hallarán misericordia delante
de los que los tienen cautivos y
volverán a esta tierra; porque
Jehová vuestro Dios es clemente
y [a]misericordioso, y no apartará
de vosotros su rostro, si vosotros
os volvéis a él.
10 Y sucedió que los mensajeros pasaron de ciudad en ciudad
por la tierra de Efraín y Manasés,
hasta Zabulón; pero se reían y se
burlaban de ellos.
11 Con todo eso, algunos hombres de Aser, y de Manasés y de
Zabulón se humillaron y vinieron
a Jerusalén.
12 En Judá también estuvo la
mano de Dios para darles un solo
corazón para cumplir el mandato
del rey y de los príncipes, conforme a la palabra de Jehová.
13 Y se reunió en Jerusalén mucha gente, una gran congregación, para celebrar la fiesta de
los panes sin levadura en el mes
segundo.
14 Y se levantaron y quitaron
los altares que había en Jerusalén; y quitaron también todos los

30 1 *a* GEE Pascua.
3 *a* *Es decir,* en el primer mes, como era requerido.
6 *a* Joel 2:12–13.
7 *a* GEE Tradiciones.
8 *a* Mos. 3:19.
9 *a* GEE Misericordia, misericordioso.

altares de incienso y los echaron
al torrente Cedrón.
15 Entonces sacrificaron *el cordero* de la Pascua, a los catorce días del mes segundo; y los sacerdotes y los levitas, llenos de vergüenza, se santificaron y llevaron los holocaustos a la casa de Jehová.
16 Y se pusieron en sus puestos según su costumbre, conforme a la ley de Moisés, varón de Dios. Los sacerdotes rociaban la sangre *que recibían* de manos de los levitas.
17 Porque había muchos en la congregación que no se habían santificado, y por eso los levitas estaban a cargo del sacrificio del cordero de la Pascua por todos los que no se habían purificado, para santificarlos a Jehová.
18 Porque una gran multitud del pueblo de Efraín, y de Manasés, y de Isacar y de Zabulón, no se había [a]purificado, y comieron la pascua no conforme a lo que está escrito. Pero Ezequías oró por ellos, diciendo: Jehová, que es bueno, perdone
19 a todo aquel que ha preparado su corazón para buscar a Dios, a Jehová, el Dios de sus padres, aunque no *esté purificado* según la purificación del santuario.
20 Y oyó Jehová a Ezequías y [a]sanó al pueblo.
21 Así celebraron los hijos de Israel que se hallaban en Jerusalén la fiesta de los panes sin levadura por siete días con gran gozo; y alababan a Jehová todos los días los levitas y los sacerdotes, *cantando* con instrumentos resonantes a Jehová.
22 Y habló Ezequías al corazón de todos los levitas que tenían buen entendimiento *en el servicio* de Jehová. Y comieron *de lo sacrificado* en la fiesta durante siete días, sacrificando ofrendas de paz y dando gracias a Jehová, el Dios de sus padres.
23 Y toda aquella congregación determinó celebrar otros siete días; y celebraron otros siete días con alegría.
24 Porque Ezequías, rey de Judá, había dado a la congregación mil novillos y siete mil ovejas; y también los príncipes dieron al pueblo mil novillos y diez mil ovejas; y muchos sacerdotes se santificaron.
25 Se alegró, pues, toda la congregación de Judá, como también los sacerdotes, y los levitas y toda la congregación que había venido de Israel; asimismo los extranjeros que habían venido de la tierra de Israel y los que habitaban en Judá.
26 Y hubo gran regocijo en Jerusalén, porque desde los días de Salomón hijo de David, rey de Israel, no había habido cosa semejante en Jerusalén.
27 Se levantaron después los sacerdotes y los levitas y [a]bendijeron al pueblo; y la voz de ellos fue oída, y su oración llegó hasta su santa morada, al cielo.

18 *a* GEE Pureza, puro.
20 *a* *O sea,* perdonó.
GEE Perdonar.
27 *a* Núm. 6:23–27.

CAPÍTULO 31

Los israelitas fieles desechan la falsa adoración de entre ellos — El pueblo paga diezmos y ofrendas — Los levitas administran los asuntos temporales — Ezequías sirve fielmente.

Y cuando todo esto hubo terminado, todos los de Israel que habían estado allí salieron por las ciudades de Judá, y quebraron [a]las estatuas y destruyeron las imágenes de Asera, y derribaron los lugares altos y los altares por todo Judá y Benjamín, y también en Efraín y Manasés, hasta acabar con todo. Después volvieron todos los hijos de Israel a sus ciudades, cada uno a su posesión.

2 Y designó Ezequías los grupos de los sacerdotes y de los levitas conforme a sus cargos, cada uno según su oficio, a los sacerdotes y a los levitas, para el holocausto y las ofrendas de paz, para que ministrasen, diesen gracias y alabasen en las puertas de los campamentos de Jehová.

3 La contribución del rey de sus propios bienes *fue para los* [a]holocaustos de la mañana y de la tarde, y para los holocaustos de los días de reposo, de las lunas nuevas y de las fiestas solemnes, como está escrito en la ley de Jehová.

4 Mandó también al pueblo que habitaba en Jerusalén que diesen la porción correspondiente a los sacerdotes y a los levitas, para que se dedicasen a la ley de Jehová.

5 Y cuando este edicto fue divulgado, los hijos de Israel dieron muchas primicias de grano, vino, aceite, miel y de todos los frutos de la tierra; y trajeron asimismo en abundancia los [a]diezmos de todas las cosas.

6 También los hijos de Israel y de Judá, que habitaban en las ciudades de Judá, dieron del mismo modo los diezmos de las vacas y de las ovejas; y trajeron los diezmos de lo consagrado, de las cosas que habían prometido a Jehová su Dios, y lo juntaron en montones.

7 En el mes tercero comenzaron a formar aquellos montones, y en el mes séptimo terminaron.

8 Y Ezequías y los principales vinieron y vieron los montones, y bendijeron a Jehová y a su pueblo Israel.

9 Y preguntó Ezequías a los sacerdotes y a los levitas acerca de los montones.

10 Y le respondió el sumo sacerdote Azarías, de la casa de Sadoc, y dijo: Desde que comenzaron a traer la ofrenda a la casa de Jehová, hemos comido y nos hemos saciado, y nos ha sobrado mucho, porque Jehová ha bendecido a su pueblo, y ha quedado esta abundancia.

11 Entonces mandó Ezequías que preparasen almacenes en la casa de Jehová; y los prepararon.

12 Y llevaron fielmente las primicias y los diezmos y las cosas

31 1 *a* HEB pilares o postes; es decir, símbolos de idolatría.
3 *a* Núm. 28:3–10.
5 *a* GEE Diezmar, diezmo.

consagradas; y a cargo de ello estaban Conanías, el levita, el principal, y Simei, su hermano, el segundo.

13 Y Jehiel, y Azazías, y Nahat, y Asael, y Jerimot, y Jozabad, y Eliel, e Ismaquías, y Mahat y Benaía fueron capataces bajo el mando de Conanías y de Simei, su hermano, por mandamiento del rey Ezequías y de Azarías, principal de la casa de Dios.

14 Y Coré hijo de Imna, el levita, guardia de la puerta oriental, tenía a su cargo las ofrendas voluntarias para Dios, y la distribución de las ofrendas a Jehová y las cosas santísimas.

15 Y junto a él estaban Edén, y Miniamín, y Jesúa, y Semaías, Amarías y Secanías, en las [a]ciudades de los sacerdotes, en sus oficios establecidos, para dar a sus hermanos conforme a sus grupos, tanto al mayor como al menor,

16 a los hombres anotados por sus genealogías, de [a]tres años arriba, a todos los que entraban en la casa de Jehová, su porción diaria por su servicio, según sus oficios, conforme a sus grupos.

17 También a los sacerdotes registrados por sus genealogías según sus casas paternas, y a los levitas de edad de veinte años arriba, conforme a sus oficios en sus grupos.

18 Eran registrados por sus genealogías con todos sus niños pequeños, y sus esposas, y sus hijos y sus hijas, de toda la congregación, porque en sus oficios establecidos se consagraban con santidad.

19 Del mismo modo, de entre los hijos de Aarón, los sacerdotes, que estaban en [a]los campos alrededor de sus ciudades, por todas las ciudades, había hombres designados por nombre para dar porciones a todos los hombres de entre los sacerdotes y a todos los levitas registrados por sus genealogías.

20 De esta manera hizo Ezequías en todo Judá; y ejecutó lo bueno, y lo recto y lo verdadero delante de Jehová su Dios.

21 Y todo cuanto emprendió en el servicio de la casa de Dios, y en la ley y en los mandamientos, para buscar a su Dios, lo hizo de todo corazón y fue prosperado.

CAPÍTULO 32

Senaquerib invade Judá y sitia las ciudades — Senaquerib blasfema contra Jehová — Isaías y Ezequías oran y un ángel destruye a los líderes de los ejércitos asirios — Ezequías reina con rectitud a pesar de algunas faltas.

Después de estas cosas y de esta fidelidad, vino Senaquerib, rey de los asirios, e invadió a Judá y acampó contra las ciudades fortificadas con la intención de conquistarlas.

2 Al ver Ezequías que Senaquerib

15 *a* Josué 21:8–9.
16 *a* *Es decir,* probablemente treinta.
1 Cró. 23:3.
19 *a* *O sea,* el campo abierto.
Lev. 25:32–34.

había llegado y que se proponía
combatir a Jerusalén,
3 tomó consejo con sus oficiales
y con sus hombres valientes para
cortar el agua de las fuentes que
estaban fuera de la ciudad; y ellos
le apoyaron.
4 Se reunió, pues, mucho pueblo, y cortaron el agua de todas
las fuentes y la del arroyo que
corría por en medio del territorio,
diciendo: ¿Por qué han de hallar
los reyes de Asiria mucha agua
cuando vengan?
5 Así *Ezequías* cobró fuerzas
y edificó todos [a]los muros caídos, e hizo alzar las torres y otro
muro por fuera; fortificó además
el [b]Milo en la ciudad de David,
e hizo muchas lanzas y muchos
escudos.
6 Y puso capitanes de guerra
sobre el pueblo, y los hizo reunir en la plaza de la puerta de
la ciudad y les habló al corazón,
diciendo:
7 Esforzaos y animaos; no temáis ni tengáis miedo del rey de
Asiria, ni de toda su multitud que
con él *viene,* porque [a]más hay con
nosotros que con él.
8 Con él está el brazo de la
carne, pero con nosotros está Jehová, nuestro Dios, para ayudarnos y pelear nuestras [a]batallas.
Y el pueblo tuvo confianza en
las palabras de Ezequías, rey de
Judá.
9 Después de esto, Senaquerib,
rey de los asirios, mientras sitiaba
Laquis, y con él todas sus fuerzas,
envió sus siervos a Jerusalén, a
Ezequías, rey de Judá, y a todos
los de Judá que estaban en Jerusalén, diciendo:
10 Así ha dicho Senaquerib,
rey de los asirios: ¿En quién confiáis vosotros al resistir el sitio en
Jerusalén?
11 ¿No os engaña Ezequías para
entregaros a la muerte por hambre y por sed, diciendo: Jehová,
nuestro Dios, nos librará de la
mano del rey de Asiria?
12 ¿No ha quitado el mismo
Ezequías sus lugares [a]altos y sus
altares, y ha dicho a Judá y a Jerusalén: Sólo delante de este altar
adoraréis, y sobre él quemaréis
incienso?
13 ¿No sabéis lo que yo y mis
padres hemos hecho a todos los
pueblos de la tierra? ¿Pudieron
los dioses de las naciones de
aquellas tierras librar su tierra
de mis manos?
14 ¿Qué *dios* hubo de todos los
dioses de aquellas naciones que
destruyeron mis padres, que pudiese salvar a su pueblo de mis
manos? ¿Cómo podrá vuestro
Dios libraros de mis manos?
15 Ahora, pues, no os engañe
Ezequías ni os persuada de ese
modo, ni le creáis; que si ningún
dios de todas aquellas naciones
y reinos pudo librar a su pueblo
de mis manos ni de las manos
de mis padres, ¿cuánto menos
vuestro Dios os podrá librar de
mis manos?
16 Esto y otras cosas más

32 5 *a* 2 Cró. 25:23.
b La raíz en hebreo da a entender un relleno, una terraza o elevación como parte de una estructura para la defensa. 2 Sam. 5:9.
7 *a* 2 Rey. 6:16.
8 *a* DyC 98:33–38; 105:14.
12 *a* 2 Cró. 31:1.

hablaron sus siervos contra Jehová Dios, y contra su siervo Ezequías.

17 Además de todo esto, escribió cartas en las que blasfemaba a Jehová, el Dios de Israel, y hablaba contra él, diciendo: Así como los dioses de las naciones de los países no pudieron librar a su pueblo de mis manos, tampoco el Dios de Ezequías librará al suyo de mis manos.

18 Y clamaron a gran voz [a]en judaico al pueblo de Jerusalén que estaba sobre los muros, para espantarlos y aterrorizarlos, a fin de poder tomar la ciudad.

19 Y hablaron contra el Dios de Jerusalén, como contra los dioses de los pueblos de la tierra, que son obra de manos de hombres.

20 Pero el rey Ezequías y el profeta Isaías hijo de Amoz oraron con respecto a esto, y clamaron al cielo.

21 Y Jehová envió un [a]ángel, el cual hirió a todo hombre fuerte y valiente, y a los jefes y capitanes en el campamento del rey de Asiria. Por tanto, éste volvió a su tierra avergonzado; y al entrar en el templo de su dios, allí lo mataron a espada los que habían salido de sus lomos.

22 Así salvó Jehová a Ezequías y a los habitantes de Jerusalén de las manos de Senaquerib, rey de Asiria, y de las manos de todos; y les dio reposo por todas partes.

23 Y muchos trajeron a Jerusalén ofrenda a Jehová, y ricos presentes a Ezequías, rey de Judá; y éste fue engrandecido delante de todas las naciones después de esto.

24 En aquel tiempo Ezequías enfermó de muerte; y oró a Jehová, quien le respondió y le dio una [a]señal.

25 Mas Ezequías no correspondió al bien que le había sido hecho, sino que se enalteció su corazón; y vino la ira contra él, y contra Judá y Jerusalén.

26 Sin embargo, Ezequías, después de haberse enaltecido su corazón, se humilló, él y los habitantes de Jerusalén; y no vino sobre ellos la ira de Jehová en los días de Ezequías.

27 Y tuvo Ezequías muchísimas riquezas y gloria; e hizo para sí tesoros de plata y de oro, y de piedras preciosas, y de especias, y de escudos y de toda clase de objetos deseables.

28 Asimismo *hizo* depósitos para los productos de grano, y del vino y del aceite, y establos para toda clase de ganado y refugios para los rebaños.

29 Y adquirió también ciudades, y hatos de ovejas y de vacas en abundancia, porque Dios le había dado muchísimas posesiones.

30 Y este mismo Ezequías tapó la [a]salida superior de las aguas de Gihón y las condujo hacia abajo y hacia el occidente de la ciudad de David. Y fue prosperado Ezequías en todo lo que hizo.

31 Pero en *el asunto de* los mensajeros de los príncipes de Babilonia, que enviaron a él para saber

18 *a* 2 Rey. 18:28–35.
21 *a* 2 Rey. 19:35–37.
24 *a* 2 Rey. 20:8–11.
30 *a* 2 Rey. 20:20.

del prodigio que había acontecido en aquella tierra, Dios lo dejó
para [a]probarle, para conocer todo
lo que estaba en su corazón.
32 Los demás hechos de [a]Eze-
quías y sus misericordias, he
aquí, todo está escrito en la profecía del profeta Isaías, hijo de
Amoz, en el libro de los reyes de
Judá y de Israel.
33 Y durmió Ezequías con sus
padres, y lo sepultaron en el lugar
más prominente de los sepulcros
de los hijos de David; y lo honra-
ron en su muerte todo Judá y los
habitantes de Jerusalén; y reinó
en su lugar su hijo Manasés.

CAPÍTULO 33

Manasés reina con iniquidad y adora dioses falsos — Lo llevan cautivo a Babilonia — Se arrepiente y sirve a Jehová — Amón reina indignamente y es asesinado.

Manasés tenía doce años
cuando comenzó a reinar, y
reinó cincuenta y cinco años en
Jerusalén.
2 Pero hizo lo malo ante los ojos
de Jehová, conforme a las abominaciones de las naciones que
Jehová había expulsado delante
de los hijos de Israel.
3 Porque él reedificó los lugares
altos que Ezequías, su padre, había derribado, y levantó altares
a los [a]baales, e hizo imágenes de
Asera, y adoró a todas las huestes
de los cielos y a ellos sirvió.
4 Edificó también altares en la
casa de Jehová, de la cual había
dicho Jehová: En Jerusalén estará
mi nombre perpetuamente.
5 Edificó asimismo altares a todas las huestes de los cielos en los
dos atrios de la casa de Jehová.
6 E hizo pasar a sus hijos por
[a]fuego en el valle de los hijos de
Hinom; y practicaba la adivinación y era agorero, e [b]instituyó la
hechicería, y [c]consultaba a nigro-
mantes y espiritistas; y se excedió
en hacer lo malo ante los ojos de
Jehová, para provocarle a ira.
7 Además de esto, puso en la
casa de Dios una imagen tallada
del ídolo que había hecho, de la
cual había dicho Dios a David y
a su hijo Salomón: En esta casa
y en Jerusalén, que yo he escogido sobre todas las tribus de
Israel, pondré mi nombre para
siempre;
8 y nunca más quitaré el pie de
Israel de la tierra que yo entregué
a vuestros padres, a condición de
que guarden y hagan todas las cosas que yo les he mandado, toda
la ley, y los estatutos y los decretos, por medio de Moisés.
9 Hizo, pues, Manasés extra-
viarse a Judá y a los habitantes
de Jerusalén, para hacer [a]más
mal que las naciones que Jehová
destruyó delante de los hijos de
Israel.
10 Y habló Jehová a Manasés

31 *a* Deut. 8:2–6; Mos. 23:21–22.
32 *a* Isa. 38:1–22.
33 3 *a* Jer. 9:13–15. GEE Baal.
6 *a* 2 Cró. 28:3.
b Deut. 18:10–14.
c GEE Espíritu— Espíritus inmundos.
9 *a* Alma 24:30.

y a su pueblo, pero ellos [a]no escucharon;

11 por lo cual Jehová trajo contra ellos a los jefes del ejército del rey de los asirios, los cuales capturaron a Manasés, y lo ataron con cadenas de bronce y lo llevaron a Babilonia.

12 Y cuando fue puesto en [a]angustia, [b]imploró a Jehová su Dios y [c]se humilló grandemente en la presencia del Dios de sus padres.

13 Y cuando oró, *Dios* se conmovió y escuchó su súplica y lo llevó de nuevo a Jerusalén, a su reino. Entonces reconoció [a]Manasés que Jehová era Dios.

14 Después de esto edificó el muro exterior de la ciudad de David, al occidente de Gihón, en el valle, a la entrada de la puerta del Pescado; y amuralló Ofel y elevó *el muro* muy alto; y puso capitanes del ejército en todas las ciudades fortificadas de Judá.

15 Asimismo quitó los dioses ajenos, y el ídolo de la casa de Jehová, y todos los altares que había edificado en el monte de la casa de Jehová y en Jerusalén, y los echó fuera de la ciudad.

16 Reparó luego el altar de Jehová y sacrificó sobre él ofrendas de paz y de gratitud; y mandó a Judá que sirviese a Jehová Dios de Israel.

17 Pero el pueblo aún sacrificaba en los lugares altos, aunque sólo a Jehová su Dios.

18 Los demás hechos de Manasés, y su oración a su Dios y las palabras de los [a]videntes que le hablaron en el nombre de Jehová, el Dios de Israel, he aquí, todo está en los registros de los reyes de Israel.

19 Y también su oración, y cómo Dios le escuchó, y todos sus pecados, y su infidelidad, y los sitios donde edificó lugares altos y las imágenes de Asera, y los ídolos que puso antes que se humillase, he aquí, estas cosas están escritas en las [a]palabras de los videntes.

20 Y durmió Manasés con sus padres, y lo sepultaron en su casa; y reinó en su lugar su hijo Amón.

21 Amón tenía veintidós años cuando comenzó a reinar, y reinó dos años en Jerusalén.

22 E hizo lo malo ante los ojos de Jehová, como había hecho Manasés, su padre, porque Amón ofreció sacrificios y sirvió a todos los ídolos que su padre Manasés había hecho.

23 Pero nunca se humilló delante de Jehová, como se humilló Manasés, su padre, sino que Amón aumentó su culpa.

24 Y conspiraron contra él sus siervos y lo mataron en su casa.

25 Pero el pueblo de la tierra mató a todos los que habían conspirado contra el rey Amón, y el pueblo de la tierra puso como rey en su lugar a su hijo Josías.

CAPÍTULO 34

Josías acaba con la idolatría en Judá

10 *a* Alma 5:37–39.
12 *a* GEE Adversidad.
b DyC 101:7–8.
c Alma 32:6, 12–16.
13 *a* Hel. 12:2–3.
18 *a* GEE Vidente.
19 *a* GEE Escrituras—Escrituras que se han perdido.

— El pueblo de Judá repara la casa de Jehová — Hilcías halla el libro de la ley — Hulda, la profetisa, revela las desolaciones que vendrán sobre el pueblo — Josías y su pueblo hacen convenio de servir a Jehová.

[a]JOSÍAS tenía ocho años cuando
comenzó a reinar, y reinó treinta
y un años en Jerusalén.
2 E hizo lo recto ante los ojos
de Jehová y anduvo en los caminos de David, su padre, sin
apartarse ni a la derecha ni a la
izquierda.
3 A los ocho años de su reinado,
siendo aún joven, comenzó a
[a]buscar al Dios de David, su padre; y a los doce años comenzó
a limpiar a Judá y a Jerusalén de
los lugares altos, y de las imágenes de Asera, y de las imágenes talladas y de las imágenes de
fundición.
4 Y derribaron delante de él los
altares de los baales, e hizo pedazos los altares de incienso que
estaban puestos encima; despedazó también las imágenes de
Asera, y las imágenes talladas
y las imágenes de fundición,
y las redujo a polvo y esparció *el polvo* sobre los sepulcros
de los que les habían ofrecido
sacrificios.
5 [a]Quemó además los huesos de
los sacerdotes sobre sus altares y
limpió a Judá y a Jerusalén.
6 *Lo mismo hizo* en las ciudades
de Manasés, y Efraín, y Simeón,
y hasta Neftalí, y en sus lugares
asolados alrededor.
7 Y cuando hubo derribado los
altares y las imágenes de Asera, y
quebrado y reducido a polvo las
imágenes talladas, y destruido
todos los altares de incienso por
toda la tierra de Israel, volvió a
Jerusalén.
8 A los dieciocho años de su
reinado, después de haber limpiado la tierra y la casa, envió a
Safán hijo de Azalía, y a Maasías,
gobernador de la ciudad, y a Joa
hijo de Joacaz, el cronista, para
que reparasen la casa de Jehová
su Dios.
9 Y cuando ellos vinieron a Hilcías, el sumo sacerdote, le dieron
el dinero que había sido traído a
la casa de Jehová, que los levitas
que guardaban la puerta habían
recogido de mano de Manasés,
y de Efraín y de todo el remanente de Israel, y de todo Judá y
de Benjamín y de los habitantes
de Jerusalén.
10 Y lo entregaron en manos de
los que hacían la obra, que estaban a cargo de la casa de Jehová,
quienes lo daban a los que hacían
la obra y trabajaban en la casa de
Jehová, para reparar y restaurar
el templo.
11 Daban asimismo a los carpinteros y a los albañiles para
que comprasen piedra de cantería, y madera para las uniones
y para las vigas de las casas, las
cuales habían destruido los reyes
de Judá.
12 Y estos hombres procedían
con honradez en la obra; y se encargaban de ellos Jahat y Abdías,
levitas de los hijos de Merari, y
Zacarías y Mesulam, de los hijos

34 1 *a* GEE Josías. | 3 *a* DyC 88:63–67. | 5 *a* 1 Rey. 13:2.

de Coat, para adelantar la obra; y de los levitas, todos los diestros en instrumentos de música.

13 También *velaban* sobre los cargadores y eran los encargados de los que se ocupaban en cualquier clase de obra; y de los levitas había [a]escribas, y oficiales y porteros.

14 Y al sacar el dinero que había sido traído a la casa de Jehová, el sacerdote Hilcías halló el [a]libro de la ley de Jehová, dada por medio de Moisés.

15 Entonces Hilcías respondió al escriba Safán, diciendo: He hallado el libro de la ley en la casa de Jehová. Y dio Hilcías el libro a Safán.

16 Y Safán lo llevó al rey y le contó el asunto, diciendo: Tus siervos han cumplido todo lo que les fue encomendado.

17 Y han reunido el dinero que se halló en la casa de Jehová, y lo han entregado en manos de los encargados y en manos de los que hacen la obra.

18 Y el escriba Safán declaró al rey, diciendo: El sacerdote Hilcías me ha dado un libro. Y leyó Safán en él ante el rey.

19 Y aconteció que cuando el rey oyó las palabras de la ley, rasgó sus vestidos

20 y mandó a Hilcías y a Ahicam hijo de Safán, y a Abdón hijo de Micaía, y a Safán, el escriba, y a Asaías, siervo del rey, diciendo:

21 Id y consultad a Jehová por mí, y por el remanente de Israel y de Judá, acerca de las palabras del libro que se ha hallado; porque grande es la ira de Jehová que ha caído sobre nosotros, por cuanto nuestros padres no han guardado la palabra de Jehová, para hacer conforme a todo lo que está escrito en este [a]libro.

22 Entonces Hilcías y los del rey fueron a Hulda, la profetisa, esposa de Salum hijo de Ticva, hijo de Hasra, guarda de las vestimentas, la que moraba en Jerusalén, en el segundo sector; y le dijeron las palabras antedichas.

23 Y ella les respondió: Jehová, el Dios de Israel, ha dicho así: Decid al hombre que os ha enviado a mí:

24 Así dice Jehová: He aquí, voy a traer el mal sobre este lugar y sobre sus moradores, *si,* todas las [a]maldiciones que están escritas en el libro que han leído ante el rey de Judá,

25 por cuanto me han dejado y han quemado incienso a dioses ajenos, para provocarme a ira con todas las obras de sus manos; por tanto, se derramará mi ira sobre este lugar y no se apagará.

26 Pero al rey de Judá, que os ha enviado a consultar a Jehová, así le diréis: Jehová, el Dios de Israel, ha dicho así: *En cuanto* a las palabras *que has oído,*

27 porque tu corazón se enterneció, y te humillaste delante de Dios al oír sus palabras sobre este lugar y sobre sus moradores, y te humillaste delante de mí, y rasgaste tus vestidos y lloraste en

13 *a* GEE Escriba.
14 *a* GEE Escrituras—Las Escrituras deben preservarse.
21 *a* Deut. 6:6–8; 1 Ne. 15:23–24.
24 *a* GEE Maldecir, maldiciones.

mi presencia, yo también te he
oído, dice Jehová.
28 He aquí que yo te recogeré
con tus padres, y serás recogido
en tu sepulcro en paz, y tus ojos
no verán todo el mal que yo voy
a traer sobre este lugar y sobre
los moradores de él. Y ellos refi-
rieron al rey la respuesta.
29 Entonces el rey envió y reunió a todos los ancianos de Judá
y de Jerusalén.
30 Y subió el rey a la casa de
Jehová, y con él todos los hombres de Judá, y los moradores de
Jerusalén, y los sacerdotes, y los
levitas y todo el pueblo, desde
el mayor hasta el menor; y [a]leyó
a oídos de ellos todas las palabras del libro del convenio que
había sido hallado en la casa de
Jehová.
31 Y el rey se puso de pie en
su sitio e hizo [a]convenio delante
de Jehová de [b]caminar en pos de
Jehová y de guardar sus mandamientos, y sus testimonios y sus
estatutos, con todo su corazón
y con toda su alma, para poner
por obra las palabras del convenio que estaban escritas en aquel
libro.
32 E hizo que se comprometie-
ran *a ello* todos los que se hallaban en Jerusalén y en Benjamín;
y los moradores de Jerusalén hicieron conforme al convenio de
Dios, el Dios de sus padres.
33 Y quitó Josías todas las abominaciones de todas las tierras
de los hijos de Israel, e hizo que
todos los que se hallaban en Israel sirviesen a Jehová su Dios. Y
mientras él vivió, no se apartaron
de ir en pos de Jehová, el Dios de
sus padres.

CAPÍTULO 35

Josías y todo Judá celebran una Pascua solemne — Josías muere a manos de los egipcios en Meguido.

Y JOSÍAS celebró la [a]Pascua a Jehová en Jerusalén, y sacrificaron
la Pascua a los [b]catorce días del
mes primero.
2 Y puso a los sacerdotes en sus
oficios y los alentó en el servicio
de la casa de Jehová.
3 Y dijo a los levitas que [a]ense-
ñaban a todo Israel y que estaban dedicados a Jehová: Poned
el arca santa en la casa que edificó Salomón hijo de David, rey
de Israel, para que no la carguéis
más sobre los hombros. Servid
ahora a Jehová vuestro Dios y a
su pueblo Israel.
4 Y preparaos según vuestras
casas paternas, por vuestros [a]gru-
pos, conforme a lo [b]escrito por
David, rey de Israel, y a lo escrito
por Salomón, su hijo.
5 [a]Estad en el lugar santo según
los grupos de las casas paternas
de vuestros hermanos, los hijos
del pueblo, y *según* la parte de la
casa paterna de los levitas.

30 *a* Mos. 2:1.
31 *a* HEB *berit:* convenio, pacto, alianza. GEE Convenio (pacto).
b GEE Andar, andar con Dios.
35 1 *a* 2 Rey. 23:21–23. GEE Pascua.
b Éx. 12:3–17.
3 *a* Deut. 33:8–11.
4 *a* 1 Cró. 24:1–31.
b 2 Cró. 8:14–16.
5 *a* DyC 101:21–22.

6 Sacrificad luego la Pascua, y [a]santificaos, y [b]preparad a vuestros hermanos para que hagan conforme a la palabra de Jehová *dada* por medio de Moisés.

7 Y el rey Josías dio a los del pueblo corderos y cabritos de los rebaños, en número de treinta mil, y tres mil novillos, todo para la Pascua, para todos los que se hallaban presentes; esto *provenía* de los bienes del rey.

8 También sus principales dieron con liberalidad al pueblo, y a los sacerdotes y a los levitas. Hilcías, y Zacarías y Jehiel, oficiales de la casa de Dios, dieron a los sacerdotes, para las ofrendas de la Pascua, dos mil seiscientas *ovejas* y trescientos novillos.

9 Asimismo Conanías, y Semaías y Natanael, sus hermanos, y Hasabías, y Jehiel y Josabad, oficiales de los levitas, dieron a los levitas para los sacrificios de la Pascua cinco mil *ovejas* y quinientos novillos.

10 Así fue preparado el servicio, y los sacerdotes se colocaron en sus puestos, y asimismo los levitas en sus grupos, conforme al mandato del rey.

11 Y sacrificaron la Pascua; y los sacerdotes rociaban *la sangre* recibida de manos de los levitas, y los levitas [a]desollaban *los animales*.

12 Tomaron luego del holocausto, para dar conforme a los grupos de las casas paternas de los hijos del pueblo, a fin de que ofreciesen a Jehová, según está escrito en el libro de Moisés; y asimismo *tomaron* de los novillos.

13 Y asaron la Pascua al fuego según la ordenanza; pero lo que había sido santificado *lo* cocieron en ollas, en calderos y sartenes, y *lo* repartieron rápidamente a todo el pueblo.

14 Y después prepararon para sí y para los sacerdotes, porque los sacerdotes, hijos de Aarón, estuvieron ocupados hasta la noche en el sacrificio de los holocaustos y de la grasa; por tanto, los levitas prepararon para sí y para los sacerdotes, hijos de Aarón.

15 Asimismo los cantores, los hijos de Asaf, estaban en su puesto, conforme al mandato de David, y de Asaf, y de Hemán y de Jedutún, el [a]vidente del rey; también los porteros estaban en cada puerta; y no era menester que se apartasen de su ministerio, porque sus hermanos los levitas preparaban para ellos.

16 Así fue preparado todo el servicio de Jehová en aquel día, para celebrar la Pascua y para ofrecer los holocaustos sobre el altar de Jehová, conforme al mandato del rey Josías.

17 Y los hijos de Israel que se hallaban allí celebraron la Pascua en aquel tiempo, y la fiesta de los panes sin levadura, durante siete días.

18 No se había celebrado una Pascua como ésta en Israel desde los días del profeta Samuel; ni ningún rey de Israel celebró una

6 *a* DyC 88:74. GEE Santificación.
b Alma 4:19.
11 *a* *O sea*, quitaban la piel.
15 *a* GEE Vidente.

Pascua tal como la que celebró el rey Josías, y los sacerdotes y los levitas, y todo Judá e Israel, los que se hallaban allí, y los moradores de Jerusalén.

19 Esta Pascua fue celebrada en el año dieciocho del reinado de Josías.

20 Después de todas estas cosas, tras haber reparado Josías la casa, Necao, rey de Egipto, subió para hacer la guerra en Carquemis, junto al Éufrates; y salió Josías contra él.

21 Pero éste le envió mensajeros, diciendo: ¿Qué tengo yo contigo, oh rey de Judá? Yo no vengo contra ti hoy, sino contra la casa que me hace la guerra; y Dios me ha dicho que me apresure. Deja de oponerte a Dios, que está conmigo, para que él no te destruya.

22 Pero Josías no se retiró, sino que se disfrazó para darle batalla; y no atendió a las palabras de Necao, *que* venían de la boca de Dios; y vino a darle batalla en el valle de Meguido.

23 Y los arqueros tiraron contra el rey Josías; y dijo el rey a sus siervos: Sacadme de aquí, porque estoy gravemente herido.

24 Entonces sus siervos lo sacaron de aquel carro, y lo pusieron en el segundo carro que tenía y lo llevaron a Jerusalén, donde murió; y lo sepultaron en los sepulcros de sus padres. Y todo Judá y Jerusalén hicieron duelo por Josías.

25 Y Jeremías [a]cantó una lamentación en memoria de Josías, y todos los cantores y las cantoras recitan sus lamentaciones sobre Josías hasta hoy; y las establecieron como tradición en Israel, las cuales están escritas en las Lamentaciones.

26 Los demás hechos de Josías y sus obras piadosas, conforme a lo que está escrito en la ley de Jehová,

27 y sus hechos, los primeros y los postreros, he aquí, están escritos en el libro de los reyes de Israel y de Judá.

CAPÍTULO 36

Varios reyes gobiernan en Judá — Nabucodonosor invade Judá y hace rey a Sedequías — Sedequías se rebela, el pueblo rechaza a los profetas, y los caldeos queman el templo y destruyen Jerusalén — Ciro de Persia decreta la construcción del templo.

ENTONCES el pueblo de la tierra tomó a Joacaz hijo de Josías, y le hicieron rey en lugar de su padre en [a]Jerusalén.

2 Joacaz tenía veintitrés años cuando comenzó a reinar, y reinó tres meses en Jerusalén.

3 Y el rey de Egipto lo destituyó en Jerusalén, e impuso a la tierra un tributo de cien talentos de plata y uno de oro.

4 Y el rey de Egipto puso a Eliaquim, hermano de Joacaz, como rey sobre Judá y Jerusalén, y le cambió el nombre por el de Joacim; y a su hermano

25 *a* Lam. 4:20.

36 1 *a* GEE Jerusalén.

Joacaz, lo tomó Necao y lo [a]llevó a Egipto.

5 Joacim tenía veinticinco años cuando comenzó a reinar, y reinó once años en Jerusalén; e hizo lo malo ante los ojos de Jehová su Dios.

6 Y subió contra él [a]Nabucodonosor, rey de Babilonia, y lo ató con [b]cadenas de bronce y lo llevó a Babilonia.

7 También llevó Nabucodonosor a Babilonia algunos de los utensilios de la casa de Jehová, y los puso en su templo en Babilonia.

8 Los demás hechos de Joacim, y las abominaciones que hizo y lo que se halló contra él, he aquí, están escritos en el libro de los reyes de Israel y de Judá; y reinó en su lugar [a]Joaquín, su hijo.

9 Joaquín tenía [a]ocho años cuando comenzó a reinar, y reinó tres meses y diez días en Jerusalén; e hizo lo malo ante los ojos de Jehová.

10 Al cabo de un año el rey Nabucodonosor envió y lo hizo llevar a [a]Babilonia con los utensilios preciosos de la casa de Jehová; y puso a [b]Sedequías, su hermano, como rey sobre Judá y Jerusalén.

11 Sedequías tenía veintiún años cuando comenzó a reinar, y reinó once años en Jerusalén.

12 E hizo lo malo ante los ojos de Jehová su Dios, y no se humilló delante del profeta [a]Jeremías, *que le hablaba* de parte de Jehová.

13 Se rebeló asimismo contra Nabucodonosor, quien le había hecho jurar *fidelidad* por Dios; y endureció su cerviz y obstinó su corazón, para no volverse a Jehová, el Dios de Israel.

14 Y también todos los principales sacerdotes y el pueblo aumentaron la iniquidad, siguiendo todas las [a]abominaciones de las naciones y contaminando la casa de Jehová, la cual él había santificado en Jerusalén.

15 Y Jehová, el Dios de sus padres, [a]envió a ellos palabra por medio de sus [b]mensajeros levantándose de mañana y enviando, porque él tenía misericordia de su pueblo y de su morada.

16 Pero ellos [a]se mofaban de los mensajeros de Dios y menospreciaban sus palabras, burlándose de sus [b]profetas, hasta que subió la ira de Jehová contra su pueblo, y que no hubo ya remedio.

17 Por lo cual trajo contra ellos al rey de los caldeos, que [a]mató a espada a sus jóvenes en la casa de su santuario, sin perdonar joven, ni doncella, ni anciano ni decrépito; a todos los entregó en sus manos.

18 Asimismo, todos los utensilios de la casa de Dios, grandes

4 *a* Ezeq. 19:1–4.
6 *a* 2 Rey. 24:1–20.
b Ezeq. 19:9.
8 *a* *O sea,* Jeconías o Conías.
1 Cró. 3:16;
Jer. 22:24.
9 *a* *Es decir,* probablemente dieciocho.
2 Rey. 24:8, 15.
10 *a* GEE Babel, Babilonia.
b GEE Sedequías.
12 *a* Jer. 21:1–7.
GEE Jeremías.
14 *a* 1 Ne. 1:13, 19.
15 *a* Jer. 44:4–6;
DyC 133:71.
b 1 Ne. 1:4, 18.
GEE Profeta.
16 *a* GEE Persecución, perseguir.
b Hel. 13:24–30.
17 *a* Lam. 2:21.

y chicos, los tesoros de la casa
de Jehová y los tesoros del rey
y de sus oficiales, todo lo llevó
a Babilonia.
19 Y quemaron la casa de Dios,
y derribaron el muro de Jerusalén, y prendieron fuego a todos
sus palacios y destruyeron todos
sus objetos deseables.
20 Y a los que escaparon de la
espada los llevó cautivos a [a]Ba-
bilonia, donde fueron siervos de
él y de sus hijos hasta que vino
el reino de los persas,
21 para que se cumpliese la
palabra de Jehová por boca de
Jeremías, hasta que la tierra
hubo gozado de su reposo sabático; porque todo el tiempo
de su desolación reposó, hasta
que los [a]setenta años fueron
cumplidos.
22 Y en el primer año de
Ciro, rey de Persia, para que
se cumpliese la palabra de Jehová por boca de Jeremías, Jehová despertó el espíritu de
Ciro, rey de Persia, el cual hizo
pregonar de palabra por todo
su reino, y también por escrito,
diciendo:
23 Así dice Ciro, rey de Persia: Jehová, el Dios de los cielos,
me ha dado todos los reinos de
la tierra, y él me ha encargado
que le edifique [a]casa en Jerusalén, que está en Judá. El que de
entre vosotros pertenezca a su
pueblo, sea Jehová su Dios con
él, y suba *allá*.

ESDRAS

CAPÍTULO 1

El rey Ciro, de Persia, permite a los judíos regresar a Jerusalén para construir el templo — Ciro devuelve los utensilios de la casa de Jehová que se había llevado Nabucodonosor.

Y EN el primer año de [a]Ciro,
rey de Persia, para que se
cumpliese la palabra de Jehová
por boca de Jeremías, Jehová
despertó el espíritu de Ciro,
rey de Persia, el cual hizo una
proclamación por todo su reino
y también *lo hizo* por escrito,
diciendo:
2 Así ha dicho Ciro, rey de Persia: Jehová, Dios de los cielos, me
ha dado todos los reinos de la tierra, y él me ha encargado que le
edifique una [a]casa en Jerusalén,
que está en Judá.
3 Quien haya entre vosotros de
todo su pueblo, sea Dios con él, y
suba a Jerusalén que está en Judá,
y edifique la casa de Jehová Dios
de Israel (él es el Dios), la cual
está en Jerusalén.
4 Y a todo el que haya quedado, en cualquier lugar donde

20 *a* GEE Israel—El esparcimiento de Israel.
21 *a* Jer. 25:8–12.
23 *a* Isa. 44:28.

[ESDRAS]
1 1 *a* GEE Ciro; Esdras—El libro de Esdras.
2 *a* Isa. 44:28.

peregrine, ayúdenle los hombres
de su lugar con plata, y con oro,
y con bienes y con ganado, además de ofrendas voluntarias para
la casa de Dios, la cual está en
Jerusalén.
5 Entonces se levantaron los jefes de las casas paternas de Judá
y de Benjamín, y los sacerdotes y
los levitas, junto con todos aquellos cuyo espíritu despertó Dios
para subir a edificar la casa de Jehová, la cual está en Jerusalén.
6 Y todos los que estaban en
sus alrededores les ayudaron con
utensilios de plata, con oro, con
bienes, y con ganado y con cosas
preciosas, además de todo lo que
se ofreció voluntariamente.
7 Y el rey Ciro sacó los utensilios
de la casa de Jehová que [a]Nabu-
codonosor se había [b]llevado de
Jerusalén y había puesto en la
casa de sus dioses.
8 Los sacó, pues, Ciro, rey de
Persia, por medio del tesorero
Mitrídates, el cual los contó y se
los entregó a [a]Sesbasar, príncipe
de Judá.
9 Y ésta es la cuenta de ellos:
treinta [a]tazones de oro, mil tazones de plata, veintinueve
cuchillos,
10 treinta tazas de oro, cuatrocientas diez tazas de plata y otros
mil objetos.
11 Todos los utensilios de oro
y de plata eran cinco mil cuatrocientos. Todos los hizo llevar
Sesbasar con [a]los que subieron
del cautiverio de Babilonia a
Jerusalén.

CAPÍTULO 2

Se enumera a los descendientes de los que fueron llevados al cautiverio y que regresaron a Jerusalén y a Judá — Se niega el sacerdocio a los hijos de los sacerdotes cuya genealogía se había perdido — Los fieles contribuyen a la construcción del templo.

Y ÉSTOS son los hijos de la provincia que subieron del cautiverio,
de aquellos que Nabucodonosor,
rey de [a]Babilonia, había llevado
a Babilonia, y que volvieron a
Jerusalén y a Judá, cada uno a
su ciudad.
2 Los que vinieron con Zorobabel fueron: Jesúa, Nehemías,
Seraías, Reelaías, Mardoqueo,
Bilsán, Mispar, Bigvai, Rehum *y* Baana. El número de
los hombres del pueblo de
Israel:
3 Los hijos de Paros, dos mil
ciento setenta y dos.
4 Los hijos de Sefatías, trescientos setenta y dos.
5 Los hijos de Ara, setecientos
setenta y cinco.
6 Los hijos de Pahat-moab, de
los hijos de Josué *y* de Joab, dos
mil ochocientos doce.
7 Los hijos de Elam, mil doscientos cincuenta y cuatro.
8 Los hijos de Zatu, novecientos
cuarenta y cinco.
9 Los hijos de Zacai, setecientos sesenta.
10 Los hijos de Bani, seiscientos
cuarenta y dos.

7 *a* GEE Nabucodonosor.
b Jer. 27:21–22.
8 *a* GEE Zorobabel.
9 *a* *O sea,* bandejas.
11 *a* *O sea,* los desterrados.
2 1 *a* 1 Ne. 1:13; 10:3.

11 Los hijos de Bebai, seiscientos veintitrés.
12 Los hijos de Azgad, mil doscientos veintidós.
13 Los hijos de Adonicam, seiscientos sesenta y seis.
14 Los hijos de Bigvai, dos mil cincuenta y seis.
15 Los hijos de Adín, cuatrocientos cincuenta y cuatro.
16 Los hijos de Ater, de Ezequías, noventa y ocho.
17 Los hijos de Bezai, trescientos veintitrés.
18 Los hijos de Jora, ciento doce.
19 Los hijos de Hasum, doscientos veintitrés.
20 Los hijos de Gibar, noventa y cinco.
21 Los hijos de Belén, ciento veintitrés.
22 Los hombres de Netofa, cincuenta y seis.
23 Los hombres de Anatot, ciento veintiocho.
24 Los hijos de Azmavet, cuarenta y dos.
25 Los hijos de Quiriat-jearim, Cafira y Beerot, setecientos cuarenta y tres.
26 Los hijos de Ramá y de Geba, seiscientos veintiuno.
27 Los hombres de Micmas, ciento veintidós.
28 Los hombres de Bet-el y de Hai, doscientos veintitrés.
29 Los hijos de Nebo, cincuenta y dos.
30 Los hijos de Magbis, ciento cincuenta y seis.
31 Los hijos del otro Elam, mil doscientos cincuenta y cuatro.
32 Los hijos de Harim, trescientos veinte.
33 Los hijos de Lod, de Hadid y de Ono, setecientos veinticinco.
34 Los hijos de Jericó, trescientos cuarenta y cinco.
35 Los hijos de Senaa, tres mil seiscientos treinta.
36 Los sacerdotes: los hijos de Jedaías, de la casa de Jesúa, novecientos setenta y tres.
37 Los hijos de Imer, mil cincuenta y dos.
38 Los hijos de Pasur, mil doscientos cuarenta y siete.
39 Los hijos de Harim, mil diecisiete.
40 Los levitas: los hijos de Jesúa y de Cadmiel, de los hijos de Hodavías, setenta y cuatro.
41 Los cantores: los hijos de Asaf, ciento veintiocho.
42 Los hijos de los porteros: los hijos de Salum, los hijos de Ater, los hijos de Talmón, los hijos de Acub, los hijos de Hatita, los hijos de Sobai; *en* total, ciento treinta y nueve.
43 Los [a]sirvientes del templo: los hijos de Ziha, los hijos de Hasufa, los hijos de Tabaot,
44 los hijos de Queros, los hijos de Siaha, los hijos de Padón,
45 los hijos de Lebana, los hijos de Hagaba, los hijos de Acub,
46 los hijos de Hagab, los hijos de Salmai, los hijos de Hanán,
47 los hijos de Gidel, los hijos de Gahar, los hijos de Reaía,

43 *a* HEB "netineos": sirvientes del templo que ayudaban a los levitas en su servicio sagrado.

48 los hijos de Rezín, los hijos de Necoda, los hijos de Gazam,
49 los hijos de Uza, los hijos de Paseah, los hijos de Besai,
50 los hijos de Asena, los hijos de Meunim, los hijos de Nefusim,
51 los hijos de Bacbuc, los hijos de Hacufa, los hijos de Harhur,
52 los hijos de Bazlut, los hijos de Mehída, los hijos de Harsa,
53 los hijos de Barcos, los hijos de Sísara, los hijos de Tema,
54 los hijos de Nezía, los hijos de Hatifa.
55 Los hijos de los siervos de Salomón: los hijos de Sotai, los hijos de Soferet, los hijos de Peruda,
56 los hijos de Jaala, los hijos de Darcón, los hijos de Gidel,
57 los hijos de Sefatías, los hijos de Hatil, los hijos de Poqueret-hazebaim, los hijos de Ami.
58 Todos los sirvientes del templo y los hijos de los siervos de Salomón, trescientos noventa y dos.
59 Y éstos fueron los que subieron de Tel-mela, Tel-harsa, Querub, Addán e Imer, que no pudieron [a]demostrar si la casa de sus padres y su linaje eran de Israel:
60 los hijos de Delaía, los hijos de Tobías, los hijos de Necoda, seiscientos cincuenta y dos.
61 Y de los [a]hijos de los sacerdotes: los hijos de Habaía, los hijos de Cos, los hijos de Barzilai, el cual tomó por esposa a una de las hijas de Barzilai, el galaadita, y fue llamado por el nombre de ellas.
62 Éstos buscaron su registro de [a]genealogías, y no fue hallado; y, considerados impuros, fueron excluidos del sacerdocio.
63 Y el gobernador les dijo que no comiesen de las cosas [a]más santas, hasta que hubiese sacerdote con [b]Urim y Tumim.
64 Toda la congregación, unida como un *solo hombre,* era de cuarenta y dos mil trescientos sesenta,
65 sin contar sus siervos y sus siervas, los cuales eran siete mil trescientos treinta y siete; y tenían doscientos cantores y cantoras.
66 Sus caballos eran setecientos treinta y seis; sus mulos, doscientos cuarenta y cinco;
67 sus camellos, cuatrocientos treinta y cinco; sus asnos, seis mil setecientos veinte.
68 Y algunos de los jefes de las casas paternas, cuando vinieron a la [a]casa de Jehová que estaba en Jerusalén, ofrecieron voluntariamente para la casa de Dios, para reedificarla en su sitio.
69 Según sus posibilidades, dieron al tesorero de la obra sesenta y un mil dracmas de oro, y cinco mil libras de plata y cien túnicas sacerdotales.
70 Y habitaron los sacerdotes, y los levitas, y *algunos* del pueblo, y los cantores, y los porteros y los sirvientes del templo en sus ciudades; y todo Israel en sus ciudades.

59 *a* HEB decir o declarar su linaje.
61 *a* DyC 85:11–12. GEE Sacerdocio Aarónico.
62 *a* GEE Genealogía.
63 *a* Lev. 22:2, 10; Núm. 18:9–10.
b GEE Urim y Tumim.
68 *a* GEE Templo, Casa del Señor.

CAPÍTULO 3

Se reconstruye el altar — Se instituyen nuevamente los sacrificios regulares — Con gran júbilo se ponen los cimientos del templo.

Y CUANDO llegó el mes séptimo, y *ya* establecidos los hijos de Israel en las ciudades, se congregó el pueblo como un solo hombre en Jerusalén.

2 Entonces se levantó Jesúa hijo de Josadac, y sus hermanos los sacerdotes, y Zorobabel hijo de Salatiel y sus hermanos, y edificaron el altar del Dios de Israel, para ofrecer sobre él [a]holocaustos como está escrito en la ley de Moisés, varón de Dios.

3 Y asentaron el altar sobre su base, porque tenían miedo de los pueblos de aquellas tierras, y ofrecieron sobre él holocaustos a Jehová, los holocaustos de la mañana y de la tarde.

4 Hicieron asimismo [a]la fiesta de los tabernáculos, como está escrito, y el número diario de holocaustos, conforme al decreto, cada cosa en su día;

5 y además de esto, el holocausto continuo, y los de las lunas nuevas, y los de todas las fiestas solemnes de Jehová que habían sido consagradas y los de todos aquellos que ofrecían una [a]ofrenda voluntaria a Jehová.

6 Desde el primer día del mes séptimo, comenzaron a ofrecer holocaustos a Jehová; pero los cimientos del templo de Jehová aún no se habían puesto.

7 Y dieron dinero a los albañiles y a los carpinteros; asimismo comida, y bebida y aceite a los sidonios y a los tirios, para que trajesen por mar madera de cedro desde el Líbano hasta Jope, conforme a la autorización que Ciro, rey de Persia, les había dado.

8 Y en el año segundo de su llegada a la casa de Dios en Jerusalén, en el mes segundo, comenzaron la obra Zorobabel hijo de Salatiel, y Jesúa hijo de Josadac, y el resto de sus hermanos, los sacerdotes y los levitas, y todos los que habían regresado a Jerusalén de la cautividad; y pusieron a los levitas de veinte años arriba a cargo de la obra de la casa de Jehová.

9 También Jesúa, sus hijos y sus hermanos, Cadmiel y sus hijos, hijos de Judá, como un *solo hombre* se pusieron a dirigir a los obreros que hacían la obra en la casa de Dios, junto con los hijos de Henadad, sus hijos y sus hermanos, los levitas.

10 Y cuando los albañiles del templo de Jehová echaron los cimientos, se presentaron los sacerdotes vestidos de *sus ropas,* con trompetas, y los levitas hijos de Asaf con címbalos, para que alabasen a Jehová, conforme a lo [a]dispuesto por David, rey de Israel.

11 Y cantaban, alabando y [a]dando gracias a Jehová: Porque él es [b]bueno, porque para siempre

3 2 *a* Deut. 12:5–6; 1 Ne. 5:9.
4 *a* Lev. 23:34–36.
5 *a* Éx. 25:1–2.
10 *a* 2 Cró. 29:25–30.
11 *a* GEE Acción de gracias, agradecido, agradecimiento.
b Alma 5:40.

es su misericordia sobre Israel. Y todo el pueblo aclamaba con gran júbilo, alabando a Jehová, porque se habían echado los cimientos de la casa de Jehová.

12 Y muchos de los sacerdotes, y de los levitas ancianos ya, y de los jefes de las casas paternas, que habían visto la primera casa, al ver echar los cimientos de esta casa, lloraban en alta voz mientras muchos *otros* daban grandes gritos de alegría.

13 Y el pueblo no podía distinguir el clamor de los gritos de alegría del clamor del llanto del pueblo, porque clamaba el pueblo con gran júbilo, y se oía el ruido hasta de lejos.

CAPÍTULO 4

Los samaritanos ofrecen ayuda y después estorban la obra — Cesa la construcción del templo y de los muros de Jerusalén.

Y cuando oyeron los [a]enemigos de Judá y de Benjamín que los que habían regresado de la cautividad reedificaban el templo de Jehová Dios de Israel,

2 se acercaron a Zorobabel y a los jefes de las casas paternas y les dijeron: Permitidnos edificar con vosotros, porque, como vosotros, buscamos a vuestro Dios y a él ofrecemos sacrificios desde los días de Esar-hadón, rey de Asiria, que nos [a]trajo aquí.

3 Y les dijeron Zorobabel y Jesúa y los demás jefes de las casas paternas de Israel: No tenéis parte con nosotros para edificar una casa a nuestro Dios, sino que nosotros solos *la* edificaremos a Jehová Dios de Israel, como nos mandó el rey Ciro, rey de Persia.

4 Pero el pueblo de aquella tierra [a]debilitó las manos del pueblo de Judá y los atribulaban durante la construcción.

5 Sobornaron además contra ellos a algunos consejeros para frustrar su propósito todos los días de Ciro, rey de Persia, y hasta el reinado de Darío, rey de Persia.

6 Y en el reinado de [a]Asuero, al principio de su reinado, escribieron una acusación contra los habitantes de Judá y de Jerusalén.

7 Y en los días de Artajerjes, Bislam, Mitrídates, Tabeel y sus demás compañeros, escribieron a Artajerjes, rey de Persia; y la carta estaba escrita en [a]arameo y traducida al arameo.

8 El comandante Rehum y el escriba Simsai escribieron una carta contra Jerusalén al rey Artajerjes, como sigue:

9 El comandante Rehum, y el escriba Simsai y sus demás compañeros, los jueces, y los gobernadores, los oficiales, los afarseos, los erequeos, los babilonios, los susaneos, los dieveos, los elamitas,

10 y los demás pueblos que el grande y glorioso Asnapar llevó cautivos e hizo habitar en las

4 1 *a* *Es decir,* samaritanos.
2 *a* 2 Rey. 17:24.
4 *a* *Es decir,* desanimó al pueblo.
6 *a* Ester 1:1.
7 *a* Posiblemente en caracteres arameos.

ciudades de Samaria y los demás [a]del otro lado del Río.

11 Ésta es la copia de la carta que enviaron: Al rey Artajerjes: Tus siervos del otro lado del Río: Y ahora,

12 sepa el rey que los judíos que subieron de ti a nosotros vinieron a Jerusalén; reedifican la ciudad rebelde y mala, y han erigido los muros y echado los cimientos.

13 Sepa ahora el rey que si aquella ciudad es reedificada y los muros son levantados, no pagarán tributo, ni impuestos ni rentas; y el ingreso de los reyes será menoscabado.

14 Puesto que nos mantienen desde el palacio, no nos parece digno ver que el rey sea menospreciado; por lo cual, hemos enviado a hacerlo saber al rey,

15 para que se busque en el libro de las memorias de nuestros padres; y hallarás en el libro de las memorias y sabrás que esta ciudad es ciudad rebelde, y perjudicial a los reyes y a las provincias, y que de tiempo antiguo en ella se han fomentado rebeliones; por ese motivo esta ciudad fue [a]destruida.

16 Hacemos saber al rey que si se reedifica esta ciudad y se levantan sus muros, la región del otro lado del Río no será tuya.

17 El rey envió respuesta al comandante Rehum, y al escriba Simsai, y a sus demás compañeros que habitan en Samaria y a los demás del otro lado del Río: Paz. Y ahora,

18 la carta que nos enviasteis fue leída claramente delante de mí.

19 Y ordené que se investigara, y hallaron que aquella ciudad se ha levantado desde tiempo antiguo contra los reyes, y que en ella se han fomentado rebeliones e insurrecciones,

20 y que hubo en Jerusalén reyes fuertes, cuyo dominio se extendía a todo *lo que* hay al otro lado del Río, y que se les pagaba tributo, impuestos y rentas.

21 Ahora, *pues,* dad orden que cesen aquellos hombres, y no sea esa ciudad reedificada hasta que por mí sea dada *nueva* orden.

22 Y mirad que no seáis negligentes en esto; ¿por qué habrá de crecer el daño en perjuicio de los reyes?

23 Entonces, cuando la copia de la carta del rey Artajerjes fue leída delante de Rehum, y del escriba Simsai y de sus compañeros, fueron apresuradamente a Jerusalén, a los judíos, y con poder y fuerza les hicieron cesar la obra.

24 Cesó entonces la obra de la casa de Dios que estaba en Jerusalén, y quedó suspendida hasta el segundo año del reinado de Darío, rey de Persia.

CAPÍTULO 5

Hageo y Zacarías profetizan — Zorobabel reanuda la construcción del templo — Los samaritanos desafían el derecho de los judíos de continuar la obra de la construcción.

10 *a* *Es decir,* del lado oeste del río Éufrates. Esd. 4:11, 16.

15 *a* 2 Cró. 36:19.

Y PROFETIZARON [a]Hageo y [b]Zacarías hijo de Iddo, ambos [c]profetas, a los judíos que estaban en Judá y en Jerusalén en el nombre del Dios de Israel, que estaba sobre ellos.

2 Entonces se levantaron Zorobabel hijo de Salatiel y Jesúa hijo de Josadac, y comenzaron a reedificar la casa de Dios que estaba en Jerusalén, y con ellos estaban los profetas de Dios que les ayudaban.

3 En aquel tiempo vino a ellos Tatnai, gobernador del [a]otro lado del Río, y Setar-boznai, con sus compañeros, y les dijeron así: ¿Quién os ha mandado reedificar esta casa y levantar estos muros?

4 Y también les preguntamos: ¿Cuáles son los nombres de los hombres que reedifican este edificio?

5 Pero el ojo de su Dios velaba sobre los ancianos de los judíos, y no les hicieron cesar *la obra* hasta que el asunto fuese llevado a Darío y se recibiera una carta de respuesta sobre esto.

6 Ésta es una copia de la carta que Tatnai, gobernador del otro lado del Río, y Setar-boznai y sus compañeros, los oficiales, del otro lado del Río, enviaron al rey Darío.

7 Le enviaron una carta escrita de esta manera: Al rey Darío: Toda paz.

8 Sepa el rey que fuimos a la provincia de Judea, a la casa del gran Dios, la cual se reedifica con piedras grandes y vigas en las paredes; y la obra se hace con esmero y prospera en sus manos.

9 Entonces preguntamos a los ancianos y les dijimos así: ¿Quién os ha mandado reedificar esta casa y levantar estos muros?

10 Y también les preguntamos sus nombres para hacértelo saber, a fin de escribir*te* los nombres de los hombres que eran sus jefes.

11 Y así nos respondieron, diciendo: Nosotros somos siervos del Dios del cielo y de la tierra, y reedificamos la casa que hace ya muchos años había sido edificada, la cual un gran rey de Israel edificó y terminó.

12 Pero después que nuestros padres provocaron a ira al Dios del cielo, él los entregó en manos de Nabucodonosor, rey de Babilonia, el caldeo, el que destruyó esta casa y llevó cautivo al pueblo a Babilonia.

13 Pero en el primer año de Ciro, rey de Babilonia, el *mismo* rey Ciro dio orden para que esta casa de Dios fuese reedificada.

14 Y también los utensilios de oro y de plata de la casa de Dios, que Nabucodonosor había sacado del templo que estaba en Jerusalén y los había llevado al templo de Babilonia, el rey Ciro los sacó del templo de Babilonia, y fueron entregados a Sesbasar, a quien había puesto como gobernador;

15 y le dijo: Toma estos utensilios, ve *y* ponlos en el templo

5 1 *a* GEE Hageo.
b GEE Zacarías (Antiguo Testamento).
c Zac. 8:9.
3 *a* *Es decir,* del lado oeste del río Éufrates, incluso Siria y Cilicia.

que está en Jerusalén; y sea reedificada la casa de Dios en su lugar.
16 Entonces vino este Sesbasar y puso los cimientos de la casa de Dios que está en Jerusalén; y desde entonces hasta ahora se edifica, pero aún no está terminada.
17 Y ahora, si al rey le parece bien, que se busque en la casa de los tesoros del rey que está allí en Babilonia, si es verdad que el rey Ciro dio en realidad la orden para reedificar esta casa de Dios en Jerusalén, y que se nos envíe *a decir* la voluntad del rey sobre esto.

CAPÍTULO 6

Darío renueva el decreto de Ciro de reconstruir el templo — Se termina y se dedica, y se reanudan los sacrificios y las fiestas.

ENTONCES el rey Darío dio la orden de buscar en la casa de los libros donde guardaban los tesoros allí en Babilonia.
2 Y fue hallado en Acmeta, en el palacio que está en la provincia de Media, un rollo en el cual estaba escrito así: Memoria:
3 En el año primero del rey Ciro, el *mismo* rey Ciro dio orden acerca de la casa de Dios que estaba en Jerusalén: Que se reedifique la [a]casa como lugar para ofrecer sacrificios, y que se coloquen firmemente sus cimientos; con su altura de sesenta codos y su anchura de sesenta codos;
4 con tres hileras de piedras grandes y una hilera *de vigas* de madera nueva; y que el gasto sea pagado por la casa del rey.
5 Y que también los utensilios de oro y de plata de la casa de Dios, que Nabucodonosor sacó del templo que estaba en Jerusalén y los llevó a Babilonia, sean devueltos y se lleven al templo que está en Jerusalén, a su lugar, y sean puestos en la casa de Dios.
6 Ahora pues, Tatnai, gobernador del [a]otro lado del Río, Setarboznai y vuestros compañeros los oficiales que estáis al otro lado del Río, apartaos de allí.
7 No estorbéis la obra de esa casa de Dios; que el gobernador de los judíos y sus ancianos reedifiquen esa casa de Dios en su lugar.
8 Y ésta es mi orden en cuanto a lo que habéis de hacer con esos ancianos de los judíos, para reedificar la casa de Dios: que de los bienes del rey que vienen del tributo del otro lado del Río, sean pagados puntualmente los gastos a aquellos hombres, para que no cese *la obra*.
9 Y lo que sea necesario, becerros y carneros y corderos, para los holocaustos al Dios del cielo, trigo, sal, vino y aceite, conforme a lo que digan los sacerdotes que están en Jerusalén, se les dé cada día sin falta,
10 para que ofrezcan [a]sacrificios

6 3 *a* Hageo 1:8.
6 *a* *Es decir,* del lado oeste del río Éufrates.
10 *a* Mos. 2:3.

agradables al Dios de los cielos y oren por la vida del rey y por la de sus hijos.
11 También he dado orden de que a cualquiera que altere este decreto le sea arrancada una viga de su casa, y levantándola, sea colgado en ella; y su casa sea hecha muladar por esto.
12 Y el Dios que ha hecho habitar allí su nombre destruya a todo rey y pueblo que ponga su mano para cambiar o destruir esa casa de Dios que está en Jerusalén. Yo, Darío, he dado este decreto; sea cumplido con exactitud.
13 Entonces Tatnai, gobernador del otro lado del Río, y Setar-boznai y sus compañeros hicieron con toda exactitud según el rey Darío había mandado.
14 Y los ancianos de los judíos edificaban y prosperaban, conforme a la profecía del profeta Hageo y de Zacarías hijo de Iddo. Edificaron, pues, y terminaron *la obra,* por el mandamiento del Dios de Israel, y por el mandato de Ciro, y de Darío y de Artajerjes, rey de Persia.
15 Y esta casa fue terminada el tercer día del mes de Adar, que era el sexto año del reinado del rey Darío.
16 Y los hijos de Israel, los sacerdotes, y los levitas y los demás que habían regresado de la cautividad celebraron con gozo la dedicación de esta [a]casa de Dios.
17 Y ofrecieron en la dedicación de esta casa de Dios cien becerros, doscientos carneros, cuatrocientos corderos, y doce machos cabríos como ofrenda por el pecado por todo Israel, conforme al número de las tribus de Israel.
18 Y pusieron a los [a]sacerdotes en sus turnos y a los levitas en sus grupos, para el [b]servicio de Dios que está en Jerusalén, conforme a lo escrito en el libro de Moisés.
19 Y los hijos de la cautividad celebraron la [a]Pascua a los catorce días del mes primero.
20 Porque los sacerdotes y los levitas se habían purificado juntamente, todos estaban limpios; y sacrificaron la Pascua por todos los hijos de la cautividad, y por sus hermanos los sacerdotes y por sí mismos.
21 Y comieron los hijos de Israel que habían regresado de la cautividad, y todos los que se habían [a]apartado de la [b]impureza de las naciones de la tierra, para buscar a Jehová Dios de Israel.
22 Y celebraron con regocijo la fiesta de los panes sin levadura durante siete días, por cuanto Jehová los había alegrado y había vuelto el corazón del rey de Asiria hacia ellos, para [a]fortalecer sus manos en la obra de la casa de Dios, el Dios de Israel.

CAPÍTULO 7

Esdras sube a Jerusalén — Artajerjes proporciona lo necesario para el

16 *a* GEE Templo, Casa del Señor.
18 *a* GEE Sacerdocio Aarónico.
b Mos. 2:17.
19 *a* GEE Pascua.
21 *a* Neh. 10:28–30; Alma 5:57.
b GEE Inmundicia, inmundo.
22 *a* *O sea,* ayudarlos.

embellecimiento del templo y apoya
a los judíos en su adoración.

PASADAS estas cosas, en el reinado de Artajerjes, rey de Persia,
Esdras hijo de Seraías, hijo de
Azarías, hijo de Hilcías,
2 hijo de Salum, hijo de Sadoc,
hijo de Ahitob,
3 hijo de Amarías, hijo de Azarías, hijo de Meraiot,
4 hijo de Zeraías, hijo de Uzi,
hijo de Buqui,
5 hijo de Abisúa, hijo de Finees,
hijo de Eleazar, hijo de Aarón,
sumo sacerdote,
6 este Esdras subió de Babilonia,
y era escriba diligente en la ley
de Moisés, que Jehová Dios de
Israel había dado; y le concedió
el rey todo lo que pidió, pues la
mano de Jehová su Dios estaba
sobre él.
7 Y subieron *con él* a Jerusalén
algunos de los hijos de Israel, y de
los sacerdotes, y de los levitas, y
de los cantores, y de los porteros
y sirvientes del templo, en el séptimo año del rey Artajerjes.
8 Y llegó a Jerusalén en el mes
quinto del año séptimo del rey.
9 Porque el *día* primero del primer mes comenzó a subir desde
Babilonia, y el primero del mes
quinto llegó a Jerusalén, pues la
buena mano de su Dios estaba
sobre él.
10 Porque Esdras había [a]prepa-
rado su corazón para buscar la
ley de Jehová, y para cumplirla
y para enseñar en Israel los [b]es-
tatutos y los decretos.
11 Y ésta es la copia de la carta
que dio el rey Artajerjes a Esdras,
el sacerdote y [a]escriba, escriba
versado en las palabras de los
mandamientos de Jehová y de
sus estatutos a Israel:
12 Artajerjes, rey de reyes, al
sacerdote Esdras, escriba de la ley
del Dios del cielo: *Paz* perfecta.
Y ahora,
13 he dado orden de que cualquiera que en mi reino, del pueblo de Israel y de sus sacerdotes
y de los levitas, quiera ir contigo
a Jerusalén, vaya.
14 Porque de parte del rey y de
sus siete consejeros eres enviado
a investigar acerca de Judea y de
Jerusalén, conforme a la ley de tu
Dios que está en tus manos;
15 y a llevar la plata y el oro
que el rey y sus consejeros han
ofrecido voluntariamente al Dios
de Israel, cuya morada está en
Jerusalén;
16 y toda la plata y el oro que
halles en toda la provincia de Babilonia, con las ofrendas voluntarias que el pueblo y los sacerdotes
ofrezcan voluntariamente para
la casa de su Dios que está en
Jerusalén.
17 Comprarás, pues, diligentemente con este dinero becerros, carneros y corderos, con sus
ofrendas de grano y sus libaciones, y los ofrecerás sobre el altar
de la casa de vuestro Dios que
está en Jerusalén.
18 Y lo que a ti y a tus hermanos os parezca bien hacer con
la otra plata y el oro, hacedlo

7 10 *a* 3 Ne. 17:3; DyC 29:8. GEE Corazón.
b Neh. 8:1–3, 8.
11 *a* GEE Escriba.

conforme a la voluntad de vuestro Dios.

19 Y los utensilios que te son entregados para el servicio de la casa de tu Dios, los restituirás delante de Dios en Jerusalén.

20 Y el resto de lo necesario para la casa de tu Dios que te fuere menester dar, lo darás de la casa de los tesoros del rey.

21 Y yo mismo, el rey Artajerjes, he dado orden a todos los tesoreros que están al otro lado del Río, que todo lo que os pida el sacerdote Esdras, escriba de la ley del Dios del cielo, se le entregue con toda exactitud,

22 hasta cien talentos de plata, y hasta cien coros de trigo, y hasta cien batos de vino, y hasta cien batos de aceite y sal sin medida.

23 Todo lo que es mandado por el Dios del cielo sea hecho prontamente para la casa del Dios del cielo, pues, ¿por qué habría de haber ira contra el reino del rey y sus hijos?

24 Y a vosotros os hacemos saber que a ninguno de los sacerdotes y los levitas, cantores, porteros, [a]sirvientes del templo ni sirvientes de esta casa de Dios, nadie podrá imponerles tributo, impuestos ni renta.

25 Y tú, Esdras, conforme a la sabiduría que tienes de tu Dios, pon [a]jueces y magistrados que juzguen a todo el pueblo que está al [b]otro lado del Río, a todos los que conocen las [c]leyes de tu Dios; y al que no las conozca, [d]enséñaselas.

26 Y todo aquel que no cumpla la ley de tu Dios y la ley del rey sea juzgado prontamente, ya sea a [a]muerte, a destierro, a confiscación de bienes o a prisión.

27 Bendito Jehová, Dios de nuestros padres, que puso tal cosa en el corazón del rey, para honrar la casa de Jehová que está en Jerusalén.

28 E inclinó hacia mí *su* misericordia delante del rey, y de sus consejeros y de todos los príncipes poderosos del rey. Y yo, fortalecido según la mano de Jehová mi Dios sobre mí, reuní a los jefes de Israel para que subiesen conmigo.

CAPÍTULO 8

Se enumera a aquellos que subieron de Babilonia a Jerusalén — Se llama a los levitas para que los acompañen — Durante el viaje a Jerusalén, Esdras y el pueblo piden guía y protección con ayuno y oración, y las reciben.

Y ÉSTOS son los [a]jefes de las casas paternas y la genealogía de aquellos que subieron conmigo desde Babilonia, cuando reinaba el rey Artajerjes:

24 *a* HEB "netineos": sirvientes del templo que ayudaban a los levitas en su servicio sagrado.
25 *a* Mos. 29:11.
b *Es decir,* del lado oeste del río Éufrates.
c GEE Mandamientos de Dios.
d DyC 88:81.
26 *a* GEE Pena de muerte.
8 1 *a* *O sea,* jefes de familias; es decir, líderes patriarcales.

2 De los hijos de Finees, Gersón; de los hijos de Itamar, Daniel; de los hijos de David, Hatús.

3 De los hijos de Secanías, de los hijos de Paros, Zacarías, y con él fueron anotados por su genealogía ciento cincuenta varones.

4 De los hijos de Pahat-moab, Elioenai, hijo de Zeraías, y con él doscientos varones.

5 De los hijos de Secanías, el hijo de Jahaziel, y con él trescientos varones.

6 Y de los hijos de Adín, Ebed hijo de Jonatán, y con él cincuenta varones.

7 Y de los hijos de Elam, Jesaías hijo de Atalías, y con él setenta varones.

8 Y de los hijos de Sefatías, Zebadías hijo de Micael, y con él ochenta varones.

9 De los hijos de Joab, Obadías hijo de Jehiel, y con él doscientos dieciocho varones.

10 Y de los hijos de Selomit, el hijo de Josifías, y con él ciento sesenta varones.

11 Y de los hijos de Bebai, Zacarías hijo de Bebai, y con él veintiocho varones.

12 Y de los hijos de Azgad, Johanán, hijo de Hacatán, y con él ciento diez varones.

13 Y de los últimos hijos de Adonicam, cuyos nombres son éstos: Elifelet, Jeiel y Semaías, y con ellos sesenta varones.

14 Y de los hijos de Bigvai, Utai y Zabud, y con ellos setenta varones.

15 Y los reuní junto al río que corre hacia Ahava, y acampamos allí tres días; y habiendo buscado entre el pueblo y entre los sacerdotes, no hallé allí a ninguno de los hijos de Leví.

16 Entonces envié a llamar a Eliezer, a Ariel, a Semaías, y a Elnatán, y a Jarib, y a Elnatán, y a Natán, y a Zacarías y a Mesulam, jefes, así como a Joiarib y a Elnatán, hombres entendidos;

17 y los envié a Iddo, jefe en el lugar *llamado* Casifia, y puse en boca de ellos las palabras que habían de hablar a Iddo y a sus hermanos los [a]sirvientes del templo en el lugar *llamado* Casifia, para que nos trajesen sirvientes para la casa de nuestro Dios.

18 Y nos trajeron, según la buena mano de nuestro Dios sobre nosotros, a un hombre entendido de los hijos de Mahli hijo de Leví, hijo de Israel; y a Serebías con sus hijos y sus hermanos, dieciocho;

19 y a Hasabías, y con él a Jesaías de los hijos de Merari, a sus hermanos y a sus hijos, veinte;

20 y de los sirvientes del templo, a quienes David y los príncipes habían puesto para el servicio de los levitas, doscientos veinte sirvientes del templo, todos los cuales fueron designados por sus nombres.

21 Y proclamé [a]ayuno allí junto al río Ahava para [b]humillarnos delante de nuestro Dios, para solicitar de él camino recto para nosotros, y para nuestros niños y para todos nuestros bienes.

---

17 *a* HEB "netineos": sirvientes del templo que ayudaban a los levitas en su servicio sagrado.
21 *a* GEE Ayunar, ayuno.
b También afligir.

22 Porque tuve vergüenza de pedir al rey tropa y gente de a caballo que nos defendiesen del enemigo en el camino, ya que le habíamos dicho al rey: La mano de nuestro Dios está, [a]para bien, sobre todos los que le [b]buscan, pero su poder y su ira están contra todos los que le abandonan.

23 Ayunamos, pues, y [a]pedimos a nuestro Dios sobre esto, y él nos fue propicio.

24 Entonces [a]aparté a doce de los principales de los sacerdotes, a Serebías y a Hasabías, y con ellos diez de sus hermanos;

25 y les pesé la plata, y el oro y los utensilios, la ofrenda que para la casa de nuestro Dios habían ofrecido el rey, y sus consejeros, y sus oficiales y todo Israel allí presente.

26 Pesé, pues, en manos de ellos seiscientos cincuenta talentos de plata, y utensilios de plata por cien talentos y cien talentos de oro;

27 además, veinte tazones de oro de mil dracmas y dos utensilios de bronce reluciente, tan preciosos como el oro.

28 Y les dije: Vosotros estáis consagrados a Jehová, y son sagrados los utensilios; y la plata y el oro son ofrenda voluntaria a Jehová, Dios de nuestros padres.

29 Velad y guardadlos hasta que los peséis delante de los principales de los sacerdotes, y de los levitas y de los jefes de las casas paternas de Israel en Jerusalén, en las habitaciones de la casa de Jehová.

30 Y los sacerdotes y los levitas recibieron la plata, y el oro y los utensilios que fueron pesados, para llevarlos a Jerusalén a la casa de nuestro Dios.

31 Y partimos del río Ahava el doce del primer mes para ir a Jerusalén; y la mano de nuestro Dios estaba sobre nosotros y él nos libró de manos del enemigo y de las emboscadas en el camino.

32 Y llegamos a Jerusalén y reposamos allí tres días.

33 Y al cuarto día fue pesada la plata, y el oro y los utensilios, en la casa de nuestro Dios, por mano de Meremot hijo de Urías, el sacerdote, y con él Eleazar hijo de Finees; y con ellos estaban los levitas Jozabad hijo de Jesúa y Noadías hijo de Binúi.

34 Todo fue contado y pesado, y el peso total fue anotado en aquel tiempo.

35 Los hijos de los que habían sido llevados cautivos y que habían regresado de la cautividad ofrecieron holocaustos al Dios de Israel: doce novillos por todo Israel, noventa y seis carneros, setenta y siete corderos, doce machos cabríos como ofrenda por el pecado, todo en holocausto a Jehová.

36 Y se entregaron los decretos del rey a los [a]sátrapas del rey y a los gobernadores del [b]otro lado

22 *a* DyC 90:24.
b DyC 88:63.
23 *a* GEE Pedir.
24 *a* GEE Apartamiento.
36 *a* Oficiales del gobierno persa de la época.
b *Es decir,* del lado oeste del río Éufrates.

del Río, los cuales ayudaron al
pueblo y a la casa de Dios.

CAPÍTULO 9

Muchos de los del pueblo de los judíos se casan con personas cananeas y de otros pueblos y siguen sus abominaciones — Esdras ora y confiesa los pecados de todo el pueblo.

Y ACABADAS estas cosas, los oficiales vinieron a mí, diciendo: El
pueblo de Israel, y los sacerdotes
y los levitas no se han [a]separado
de los pueblos de las tierras, de
los cananeos, los heteos, los ferezeos, los jebuseos, los amonitas, los moabitas, los egipcios y
los amorreos, *y hacen* conforme a
sus [b]abominaciones.
2 Porque han tomado de las [a]hijas de ellos para sí y para sus
hijos, y el [b]linaje santo ha sido
mezclado con los pueblos de
las tierras; y la mano de los oficiales y de los gobernadores ha
sido la primera en cometer esta
[c]infidelidad.
3 Y cuando oí esto, rasgué mi
vestido y mi manto, y me arranqué pelo de mi cabeza y de mi
barba, y me senté atónito.
4 Y se reunieron en torno a mí
todos los que temblaban ante
las palabras del Dios de Israel,
a causa de la infidelidad de los
del cautiverio; mas yo estuve
sentado atónito hasta la ofrenda
de la tarde.
5 Y a la hora de la ofrenda de la
tarde, me levanté de mi aflicción,
y habiendo rasgado mi vestido y
mi manto, me postré de rodillas
y extendí mis manos a Jehová
mi Dios,
6 y dije: Oh Dios mío, avergonzado y humillado estoy para levantar, oh Dios mío, mi rostro
hacia ti, porque nuestras iniquidades se han multiplicado sobre
nuestra cabeza, y nuestra culpa
ha crecido hasta los cielos.
7 Desde los días de nuestros
padres hasta el día de hoy hemos estado bajo gran culpa; y por
nuestras iniquidades nosotros,
nuestros reyes *y* nuestros sacerdotes hemos sido entregados en
manos de los reyes de las tierras,
a la espada, al cautiverio, y al
robo y a la vergüenza que cubre
nuestro rostro, como hoy día.
8 Y ahora, por un breve momento, ha habido [a]misericordia
de parte de Jehová nuestro Dios,
para hacer que nos quedase un
remanente libre y para darnos
una [b]estaca en su lugar santo,
a fin de [c]alumbrar nuestro Dios
nuestros ojos y darnos un poco
de vida en medio de nuestra
servidumbre.
9 Porque siervos hemos sido;
mas en nuestra servidumbre no
nos ha desamparado nuestro
Dios, sino que ha extendido sobre nosotros su misericordia ante

9 1 *a* Alma 5:57.
b GEE Injusticia, injusto.
2 *a* GEE Matrimonio—El matrimonio entre personas de distintas religiones.
b Deut. 7:6.
c *O sea,* este pecado.
8 *a* GEE Gracia.
b *O sea,* un lugar seguro. Isa. 22:23–25.
c 3 Ne. 13:22; DyC 88:11.

los reyes de Persia, para que *se* nos diese vida a fin de levantar la casa de nuestro Dios y restaurar sus ruinas, y darnos protección en Judá y en Jerusalén.

10 Pero ahora, ¿qué diremos, oh Dios nuestro, después de esto? Porque nosotros hemos dejado tus mandamientos,

11 los cuales mandaste por medio de tus siervos los profetas, diciendo: La tierra a la cual entráis para poseerla es una tierra inmunda a causa de la [a]impureza de los pueblos de aquellas regiones, por las abominaciones con que la han llenado de un extremo a otro con su inmundicia.

12 Ahora, pues, no deis vuestras hijas a los hijos de ellos, ni toméis sus hijas para vuestros hijos, ni procuréis jamás su paz ni su prosperidad, para que seáis fuertes, y comáis lo bueno de la tierra y la dejéis como heredad a vuestros hijos para siempre.

13 Y después de todo lo que nos ha sobrevenido a causa de nuestras [a]malas obras y a causa de nuestra gran culpa, ya que tú, Dios nuestro, no nos has castigado de acuerdo con nuestras [b]iniquidades, y nos has dado una escapatoria como ésta,

14 ¿hemos de volver a infringir tus mandamientos y a emparentar con los pueblos que cometen estas abominaciones? ¿No te indignarías contra nosotros hasta consumirnos, sin que quedara remanente ni escapatoria?

15 Oh Jehová Dios de Israel, tú eres justo, pues hemos quedado un remanente que ha escapado, como en este día; henos aquí delante de ti en nuestra culpa, porque no es posible estar en tu presencia a causa de esto.

CAPÍTULO 10

Los judíos hacen convenio de despedir a las esposas que habían tomado de los cananeos y de otros pueblos — Esdras reúne al pueblo en Jerusalén — Se menciona a los levitas que se casaron con mujeres extranjeras.

Y MIENTRAS oraba Esdras y [a]hacía confesión, llorando y postrándose delante de la casa de Dios, se reunió alrededor de él una congregación muy grande de Israel, hombres, y mujeres y niños; y lloraba el pueblo amargamente.

2 Entonces respondió Secanías hijo de Jehiel, de los hijos de Elam, y dijo a Esdras: Nosotros hemos pecado contra nuestro Dios, pues tomamos por esposas a [a]mujeres extranjeras de los pueblos de la tierra; pero aún hay esperanza para Israel con respecto a esto.

3 Ahora, pues, hagamos convenio con nuestro Dios de despedir a todas las esposas y a los nacidos de ellas, según el consejo de mi señor y de los que temen el mandamiento de nuestro Dios; y hágase conforme a la ley.

4 Levántate, porque ésta es

11 *a* GEE Inmundicia, inmundo.
13 *a* GEE Inicuo, iniquidad.
b GEE Pecado.
10 1 *a* GEE Confesar, confesión.
2 *a* Esd. 10:11, 14, 17, 44.

tu responsabilidad, y nosotros estaremos contigo; [a]anímate y hazlo.

5 Entonces se levantó Esdras e hizo jurar a los principales de los sacerdotes, y a los levitas y a todo Israel que harían conforme a esto; y ellos juraron.

6 Se levantó luego Esdras de delante de la casa de Dios y se fue a la habitación de Johanán hijo de Eliasib; y cuando fue allá, no comió pan ni bebió agua, porque se entristeció a causa de la infidelidad de los de la cautividad.

7 E hicieron proclamar en Judá y en Jerusalén a todos los hijos de la cautividad para que se reuniesen en Jerusalén;

8 y que el que no viniera dentro de tres días, conforme al acuerdo de los jefes y de los ancianos, perdiese todos sus bienes y fuese excluido de la congregación de los que habían regresado de la cautividad.

9 Así todos los hombres de Judá y de Benjamín se reunieron en Jerusalén dentro de los tres días, a los veinte días del mes, el cual era el mes noveno; y se sentó todo el pueblo en la plaza de la casa de Dios, temblando por motivo de aquel asunto y a causa de la fuerte lluvia.

10 Y se levantó el sacerdote Esdras y les dijo: Vosotros habéis pecado, por cuanto tomasteis por esposas a [a]mujeres extranjeras, añadiendo *así* al pecado de Israel.

11 Ahora pues, dad gracias a Jehová, Dios de vuestros padres, y [a]haced su voluntad y apartaos de los pueblos de las tierras y de las esposas extranjeras.

12 Y respondió toda aquella congregación y dijeron en alta voz: Así [a]haremos conforme a tu palabra.

13 Pero el pueblo es numeroso, y estamos en tiempo de lluvia, y no podemos estar en la calle; ni la obra es de un día ni de dos, porque somos muchos los que hemos pecado en este asunto.

14 Que se queden nuestros jefes en lugar de toda la congregación, y todos aquellos que en nuestras ciudades hayan tomado por esposas a mujeres extranjeras vengan en tiempos señalados, y con ellos los ancianos de cada ciudad y los jueces de ellas, hasta que se aparte de nosotros el furor de la ira de nuestro Dios a causa de esto.

15 Solamente Jonatán hijo de Asael, y Jahazías hijo de Ticva se opusieron a esto; y Mesulam y Sabetai, el levita, les ayudaron.

16 E hicieron así los hijos de la cautividad. Y fueron apartados el sacerdote Esdras y algunos jefes de casas paternas, según sus casas paternas, todos ellos por sus nombres, se sentaron el primer día del mes décimo para examinar el asunto.

17 Y concluyeron el asunto de todos aquellos que habían tomado por esposas a extranjeras el primer día del mes primero.

4 *a* GEE Valor, valiente.
10 *a* GEE Matrimonio—El matrimonio entre personas de distintas religiones.
11 *a* GEE Arrepentimiento, arrepentirse.
12 *a* Mos. 5:1–5.

18 Y de los hijos de los sacerdotes que habían tomado por esposas a extranjeras fueron hallados *éstos*: De los hijos de Jesúa hijo de Josadac, y de sus hermanos: Maasías, y Eliezer, y Jarib y Gedalías.

19 Y levantaron su mano prometiendo despedir a sus esposas; y siendo [a]culpables, ofrecieron un carnero de los rebaños como ofrenda por su culpa.

20 Y de los hijos de Imer: Hanani y Zebadías.

21 Y de los hijos de Harim: Maasías, y Elías, y Semaías, y Jehiel y Uzías.

22 Y de los hijos de Pasur: Elioenai, Maasías, Ismael, Natanael, Jozabad y Elasa.

23 Y de los hijos de los levitas: Jozabad, y Simei y Kelaía (éste es Kelita), Petaías, Judá y Eliezer.

24 Y de los cantores: Eliasib; y de los porteros: Salum, y Telem y Uri.

25 Asimismo de Israel: De los hijos de Paros: Ramía, y Jezías, y Malquías, y Mijamín, y Eleazar, y Malquías y Benaía.

26 Y de los hijos de Elam: Matanías, Zacarías, y Jehiel, y Abdi, y Jeremot y Elías.

27 Y de los hijos de Zatu: Elioenai, Eliasib, Matanías, y Jeremot, y Zabad y Aziza.

28 Y de los hijos de Bebai: Johanán, Hananías, Zabai *y* Atlai.

29 Y de los hijos de Bani: Mesulam, Maluc, y Adaía, Jasub, y Seal y Ramot.

30 Y de los hijos de Pahat-moab: Adna, y Quelal, Benaía, Maasías, Matanías, Bezaleel, y Binúi y Manasés.

31 Y de los hijos de Harim: Eliezer, Isías, Malquías, Semaías, Simeón,

32 Benjamín, Maluc *y* Semarías.

33 De los hijos de Hasum: Matenai, Matata, Zabad, Elifelet, Jeremai, Manasés *y* Simei.

34 De los hijos de Bani: Madai, Amram, y Uel,

35 Benaía, Bedías, Quelúhi,

36 Vanías, Meremot, Eliasib,

37 Matanías, Matenai, y Jaasai,

38 y Bani, y Binúi, Simei,

39 y Selemías, y Natán, y Adaía,

40 Macnadebai, Sasai, Sarai,

41 Azareel, y Selemías, Semarías,

42 Salum, Amarías *y* José.

43 Y de los hijos de Nebo: Jeiel, Matatías, Zabad, Zebina, Jadau, y Joel, Benaía.

44 Todos éstos habían tomado por esposas a extranjeras, y algunas de sus esposas habían dado a luz hijos.

19 *a* GEE Culpa.

Nehemías

CAPÍTULO 1

Nehemías llora, ayuna y ora por los judíos que están en Jerusalén.

PALABRAS de [a]Nehemías hijo de Hacalías. Y acaeció en el mes de [b]Quisleu, en el año veinte, que estando yo en la ciudadela de [c]Susa,

2 vino [a]Hanani, uno de mis hermanos, con *algunos* hombres de Judá, y les pregunté por los judíos que habían escapado, que habían quedado de la cautividad, y por Jerusalén.

3 Y me dijeron: El remanente, los que quedaron de la cautividad, allí en la provincia, están en gran aflicción y oprobio, y el muro de Jerusalén está derribado y sus puertas quemadas por el fuego.

4 Y sucedió que, cuando oí estas palabras, me senté y lloré, e hice duelo algunos días, y [a]ayuné y oré delante del Dios de los cielos.

5 Y dije: Te ruego, oh Jehová, Dios de los cielos, [a]grande y temible, que guardas el convenio y la misericordia a los que te aman y guardan tus mandamientos;

6 esté ahora atento tu oído y abiertos tus ojos para oír la oración de tu siervo, que hago ahora delante de ti, día y noche, por los hijos de Israel, tus siervos; y [a]confieso los pecados de los hijos de Israel que hemos cometido contra ti; sí, yo y la casa de mi padre hemos pecado.

7 En extremo nos hemos corrompido ante ti y no hemos guardado los mandamientos, ni los estatutos ni los decretos que mandaste a Moisés, tu siervo.

8 Acuérdate ahora de la palabra que mandaste a Moisés, tu siervo, diciendo: Si vosotros pecáis, yo os [a]dispersaré entre los pueblos;

9 pero si os volvéis a mí y guardáis mis mandamientos y los ponéis por obra, aunque vuestros desterrados estén en el extremo de los cielos, de allí los recogeré y los [a]traeré al lugar que escogí para hacer habitar allí mi nombre.

10 Ellos, pues, son tus siervos y tu [a]pueblo, los cuales redimiste con tu gran poder y con tu mano poderosa.

11 Te ruego, oh Señor, que esté ahora atento tu oído a la oración de tu siervo y a la oración de tus siervos que se deleitan en reverenciar tu nombre; y haz prosperar a tu siervo y dale gracia delante de aquel hombre. Porque yo era copero del rey.

[NEHEMÍAS]

1 1 *a* GEE Nehemías—El libro de Nehemías.
b Es decir, el noveno mes hebreo, comenzando con la luna nueva de diciembre.
c O sea, Susa, la capital de Persia.
2 *a* Neh. 7:2.
4 *a* GEE Ayunar, ayuno.
5 *a* HEB el Dios grande y venerado.
6 *a* GEE Confesar, confesión.
8 *a* 2 Ne. 25:14–16.
GEE Israel—El esparcimiento de Israel.
9 *a* Deut. 30:1–5; 2 Ne. 10:7–8.
GEE Israel—La congregación de Israel.
10 *a* Éx. 6:6–8; 33:13; Deut. 7:6–8.

CAPÍTULO 2

Artajerjes envía a Nehemías a Jerusalén — Sanbalat y otros se oponen a que Nehemías reconstruya los muros y las puertas de Jerusalén.

Y SUCEDIÓ que en el mes de [a]Nisán, en el año veinte del rey Artajerjes, estando ya el vino delante de él, tomé el vino y lo serví al rey. Y como yo no había estado *antes* triste en su presencia,

2 me dijo el rey: ¿Por qué está triste tu rostro?, pues no estás enfermo. Esto no es sino quebranto de corazón. Entonces temí en gran manera.

3 Y dije al rey: ¡Viva el rey para siempre! ¿Cómo no ha de estar triste mi rostro, cuando la ciudad, casa de los sepulcros de mis padres, está desolada y sus puertas consumidas por el fuego?

4 Y me dijo el rey: ¿Qué cosa pides? Entonces oré al Dios de los cielos,

5 y dije al rey: Si le place al rey, y si tu siervo ha hallado gracia delante de ti, envíame a Judá, a la ciudad de los sepulcros de mis padres, y la reedificaré.

6 Entonces el rey me dijo (y la reina estaba sentada junto a él): ¿Hasta cuándo durará tu viaje y cuándo volverás? Y le agradó al rey enviarme, y yo le señalé un plazo.

7 Además le dije al rey: Si al rey le place, que se me den cartas para los gobernadores [a]del otro lado del Río, para que me franqueen el paso hasta que llegue a Judá;

8 y carta para Asaf, guarda del bosque del rey, a fin de que me dé madera para hacer las vigas de las puertas de la fortaleza de la casa, y para el muro de la ciudad y para la casa donde entraré. Y el rey me lo concedió, pues la bondadosa mano de Dios estaba sobre mí.

9 Y fui luego a los gobernadores del otro lado del Río y les di las cartas del rey. Y el rey había enviado conmigo capitanes del ejército y gente de a caballo.

10 Y cuando lo oyeron [a]Sanbalat el horonita y [b]Tobías el siervo amonita, les disgustó en extremo que viniese alguno para procurar el bien de los hijos de Israel.

11 Llegué, pues, a Jerusalén y estuve allí tres días.

12 Y me levanté de noche, yo y unos pocos hombres conmigo, y no dije a hombre alguno lo que mi Dios había puesto en mi corazón que hiciese en Jerusalén. No había ningún animal conmigo, excepto el animal en que cabalgaba.

13 Y salí de noche por [a]la

---

2 1 *a Es decir,* el séptimo mes hebreo, comenzando con la luna nueva de abril.
7 *a Es decir,* del lado oeste del río Éufrates.
10 *a* Neh. 4:1–3, 7–8.
b Neh. 6:17–19.
13 *a Es decir,* una puerta en el muro de Jerusalén, aproximadamente donde se encuentra la puerta de la Jaffa moderna.

puerta del Valle hacia la [b]fuente
del Dragón y a la [c]puerta del
Muladar, y observé los muros
de Jerusalén que estaban derribados y sus puertas que habían sido consumidas por el
fuego.
14 Pasé luego a la [a]puerta de
la Fuente y al [b]estanque del Rey,
pero no había lugar por donde
pasase la cabalgadura en que
iba.
15 Y subí de noche por [a]el torrente, y observé el muro, y di la
vuelta y entré por la puerta del
Valle; y *así* regresé.
16 Y no sabían los oficiales a
dónde yo había ido ni qué había
hecho; pues hasta entonces no
lo había dicho a los judíos, ni a
los sacerdotes, ni a los nobles, ni
a los oficiales ni a los demás que
hacían la obra.
17 Entonces les dije: Vosotros
veis la aflicción en que estamos,
que Jerusalén está desolada y sus
puertas consumidas por el fuego;
venid, y reedifiquemos el muro
de Jerusalén, y no seamos más
un oprobio.
18 Entonces les dije cómo la
mano de mi Dios había sido bondadosa conmigo, y asimismo las
palabras que el rey me había dicho. Y dijeron: Levantémonos y
edifiquemos. Así esforzaron sus
manos para bien.
19 Pero cuando lo oyeron Sanbalat el horonita, y Tobías el siervo
amonita, y Gesem, el árabe, [a]se
burlaron de nosotros y nos despreciaron, diciendo: ¿Qué es esto
que estáis haciendo vosotros? ¿Os
rebeláis contra el rey?
20 Y les respondí y les dije: El
Dios de los cielos, él nos prosperará, y nosotros, sus siervos,
nos levantaremos y edificaremos, pero vosotros no tenéis
parte, ni derecho ni memoria en
Jerusalén.

CAPÍTULO 3

Se dan los nombres y las asignaciones de aquellos que reconstruyeron los muros y las puertas de Jerusalén.

Y SE levantó el [a]sumo sacerdote
Eliasib con sus hermanos los
sacerdotes, y edificaron la [b]puerta
de las Ovejas. Ellos consagraron
y colocaron sus puertas hasta la
torre de Hamea; la consagraron
hasta la torre de Hananeel.
2 Y a su lado edificaron los hombres de Jericó, y a su lado edificó
Zacur hijo de Imri.

---

b *O sea,* fuente de los chacales, un pozo ubicado cerca de Jerusalén.
c *Es decir,* una puerta en el muro de Jerusalén, aproximadamente en el cruce de los valles de Hinom y Tyropoeon. Lugar donde dejaban los escombros.
14 a Quizás una puerta cerca de En-rogel.
b Quizás Siloé. Neh. 3:15.
15 a *Es decir,* el Cedrón.
19 a GEE Persecución, perseguir.
3 1 a GEE Sacerdocio Aarónico.
b Probablemente en el muro noreste de Jerusalén, cerca del templo, para permitir la entrada a los animales expiatorios.

3 Y los hijos de Senaa edificaron la [a]puerta del Pescado; ellos pusieron las vigas y colocaron sus puertas, con sus cerraduras y sus cerrojos.

4 Y al lado de ellos restauró Meremot hijo de Urías, hijo de Cos; y al lado de ellos, restauró Mesulam hijo de Berequías, hijo de Mesezabeel. Y al lado de ellos restauró Sadoc hijo de Baana.

5 Y al lado de ellos restauraron los tecoítas, pero sus notables no ayudaron en la obra de su Señor.

6 Y la puerta Vieja restauraron Joiada hijo de Paseah y Mesulam hijo de Besodías; ellos pusieron las vigas y colocaron sus puertas, con sus cerraduras y sus cerrojos.

7 Y al lado de ellos restauró Melatías, el gabaonita, y Jadón, el meronotita, hombres de Gabaón y de Mizpa, que estaban bajo el dominio del gobernador [a]del otro lado del Río.

8 Y al lado de ellos restauró Uziel hijo de Harhaía, de los orfebres; al lado de él restauró también Hananías, hijo de un perfumista. Así dejaron reparada Jerusalén hasta el muro ancho.

9 Y al lado de ellos restauró también Refaías hijo de Hur, gobernador de la mitad del distrito de Jerusalén.

10 Asimismo restauró al lado de ellos, y frente a su casa, Jedaías hijo de Harumaf; y al lado de él restauró Hatús hijo de Hasabnías.

11 Malquías hijo de Harim y Hasub hijo de Pahat-moab restauraron otro tramo y la torre de los Hornos.

12 Y al lado de ellos restauró Salum hijo de Halohes, gobernador de la mitad del distrito de Jerusalén, él con sus hijas.

13 La puerta del Valle la restauró Hanún con los habitantes de Zanoa; ellos la reedificaron y colocaron sus puertas, con sus cerraduras y sus cerrojos, y mil codos del muro hasta la puerta del Muladar.

14 Y reedificó la puerta del Muladar Malquías hijo de Recab, gobernador de la provincia de Bet-haquerem; él la reedificó y colocó sus puertas, sus cerraduras y sus cerrojos.

15 Y Salum hijo de Colhoze, gobernador de la región de Mizpa, restauró la puerta de la Fuente; él la reedificó, y la techó, y colocó sus puertas, sus cerraduras y sus cerrojos; y también el muro del estanque de Siloé hacia el huerto del rey, hasta los escalones que descienden de la ciudad de David.

16 Después de él restauró Nehemías hijo de Azbuc, gobernador de la mitad de la región de Bet-sur, hasta delante de los sepulcros de David, y hasta el estanque cavado y hasta la casa de los Valientes.

17 Tras él restauraron los levitas:

3 *a* Una puerta noroeste que permitía la entrada a la zona de los mercaderes; aproximadamente donde se encuentra la puerta de la ciudad moderna de Damasco.

7 *a* *Es decir,* del lado oeste del río Éufrates.

Rehum hijo de Bani; y al lado de él restauró Hasabías, gobernador de la mitad de la región de Keila, por su región.

18 Después de él restauraron sus hermanos, Bavai hijo de Henadad, gobernador de la mitad de la región de Keila.

19 Y al lado de él restauró Ezer hijo de Jesúa, gobernador de Mizpa, otro tramo frente a la subida de la armería de la esquina.

20 Después de él Baruc hijo de Zabai restauró con todo fervor otro tramo, desde la esquina hasta la puerta de la casa del sumo sacerdote Eliasib.

21 Tras él restauró Meremot hijo de Urías, hijo de Cos, otro tramo, desde la entrada de la casa de Eliasib hasta el extremo de la casa de Eliasib.

22 Y después de él restauraron los sacerdotes, los hombres de la llanura.

23 Después de ellos restauraron Benjamín y Hasub, frente a su casa; y después de éstos restauró Azarías hijo de Maasías, hijo de Ananías, cerca de su casa.

24 Después de él restauró Binúi hijo de Henadad otro tramo, desde la casa de Azarías hasta el ángulo y hasta la esquina.

25 Palal hijo de Uzai *restauró* enfrente de la esquina y la torre que sobresale de la casa alta del rey, que está junto al patio de la guardia. Después de él, Pedaías hijo de Faros.

26 Y los [a]sirvientes del templo que habitan en Ofel *restauraron* hasta enfrente de la puerta de las Aguas, hacia el oriente, y la torre que sobresalía.

27 Después de ellos restauraron los tecoítas otro tramo, enfrente de la gran torre que sobresale hasta el muro de Ofel.

28 Desde la [a]puerta de los Caballos restauraron los sacerdotes, cada uno enfrente de su casa.

29 Después de ellos restauró Sadoc hijo de Imer enfrente de su casa. Y después de él restauró Semaías hijo de Secanías, guardia de la [a]puerta oriental.

30 Tras él, Hananías hijo de Selemías y Hanún, sexto hijo de Salaf, restauraron otro tramo. Después de *ellos,* restauró Mesulam hijo de Berequías enfrente de su cámara.

31 Después de él restauró Malquías, hijo del orfebre, hasta la casa de los sirvientes del templo y de los comerciantes, enfrente de la puerta del Juicio y hasta la sala superior de la esquina.

32 Y entre la sala de la esquina y la puerta de las Ovejas restauraron los orfebres y los comerciantes.

CAPÍTULO 4

Los enemigos de los judíos procuran impedir que éstos reconstruyan los muros de Jerusalén — Nehemías arma a los obreros

26 *a* HEB "netineos": sirvientes del templo que ayudaban a los levitas en su servicio sagrado.

28 *a* Probablemente en la esquina sureste del lugar del templo.

29 *a* Probablemente la entrada al lugar del templo o Puerta de Oro.

y continúa haciendo avanzar la
obra.

Y ACONTECIÓ que cuando oyó
[a]Sanbalat que nosotros reedifi-
cábamos el muro, se enojó y se
enfureció en gran manera, y se
burló de los judíos.
2 Y habló delante de sus hermanos y del ejército de Samaria,
y dijo: ¿Qué hacen estos débiles judíos? ¿Lo restaurarán para
sí mismos? ¿Ofrecerán sacrificios? ¿Terminarán en un día?
¿Resucitarán de los montones
del polvo las piedras que fueron
quemadas?
3 Y estaba junto a él Tobías, el
amonita, quien dijo: Aun lo que
ellos edifican, si sube una zorra,
derribará su muro de piedra.
4 Oye, oh Dios nuestro, porque
somos menospreciados, y haz
que su [a]oprobio recaiga sobre su
propia cabeza y dalos como presa
en una tierra de cautiverio.
5 Y no cubras su iniquidad, ni
su pecado sea borrado delante
de ti, porque se airaron contra
los que edificaban.
6 Y edificamos el muro, y todo
el muro quedó unido hasta la mitad de su altura, porque el pueblo
tuvo ánimo para trabajar.
7 Pero acaeció que cuando oyeron Sanbalat, y Tobías, y los árabes, y los amonitas y los de Asdod
que los muros de Jerusalén eran
reparados, porque ya comenzaban a reparar las brechas, se en-
colerizaron mucho;
8 y todos ellos conspiraron
juntos para venir a atacar a Jerusalén y hacerle daño.
9 Entonces oramos a nuestro
Dios, y por causa de ellos pusimos guardia contra ellos de día
y de noche.
10 Y decía [a]Judá: Las fuerzas de
los acarreadores se han debilitado
y el escombro es mucho, y no
podremos reedificar el muro.
11 Y nuestros enemigos dijeron:
No sepan ni vean hasta que entremos en medio de ellos, y los
matemos; y así haremos cesar
la obra.
12 Y sucedió que cuando vinieron los judíos que habitaban
cerca de ellos, nos dijeron hasta
diez veces: De todos los lugares
de donde volváis, ellos caerán
sobre nosotros.
13 Entonces hice poner al pueblo por familias, con sus espadas, con sus lanzas y con sus
arcos en las partes bajas del lugar, detrás del muro, en los sitios
abiertos.
14 Después miré, y me levanté
y dije a los nobles, y a los oficiales y al resto del pueblo: [a]No temáis delante de ellos; acordaos
del Señor, grande y [b]temible, y
[c]pelead por vuestros hermanos,
por vuestros hijos y por vuestras
hijas, por vuestras esposas y por
vuestras casas.
15 Y sucedió que cuando nuestros enemigos oyeron que estábamos sobre aviso y que Dios había
desbaratado el [a]consejo de ellos,
nos volvimos todos al muro, cada
uno a su trabajo.

4 1 *a* Neh. 2:10, 19.
4 *a* *O sea,* el insulto, la afrenta.
10 *a* *Es decir,* los judíos.
14 *a* DyC 98:14; 122:9.
b *O sea,* temible, venerado.
c GEE Guerra.
15 *a* Sal. 33:10.

16 Y sucedió que desde aquel día, la mitad de mis jóvenes trabajaba en la obra, y la otra mitad de ellos portaba lanzas, escudos, y arcos y corazas; y detrás de ellos estaban los jefes de toda la casa de Judá.

17 Los que edificaban en el muro, y los que acarreaban y los que cargaban, con una mano trabajaban en la obra y con la otra sostenían un arma.

18 Porque los que edificaban, cada uno tenía su espada ceñida a sus lomos, y así edificaban; y el que tocaba la trompeta estaba junto a mí.

19 Y dije a los nobles, y a los oficiales y al resto del pueblo: La obra es grande y extensa, y nosotros estamos apartados en el muro, lejos los unos de los otros.

20 En el lugar donde oigáis el sonido de la trompeta, reuníos allí con nosotros; nuestro Dios peleará por nosotros.

21 Nosotros, pues, trabajábamos en la obra; y la mitad de ellos portaban lanzas desde la subida del alba hasta que salían las estrellas.

22 También dije entonces al pueblo: Cada uno con su criado permanezca dentro de Jerusalén, para que de noche sirvan de centinelas y de día trabajen.

23 Y ni yo, ni mis hermanos, ni mis jóvenes ni los hombres de la guardia que me seguían nos quitamos nuestra ropa, *excepto para lavarnos,* cada uno con su arma.

CAPÍTULO 5

Muchos judíos se encuentran en servidumbre bajo el dominio de sus hermanos — Bajo la dirección de Nehemías, ellos son liberados, sus tierras les son devueltas y la usura es abolida.

Y HUBO gran clamor del pueblo y de sus esposas contra sus hermanos judíos.

2 Y había quienes decían: Nosotros, nuestros hijos y nuestras hijas, somos muchos; por tanto, obtengamos grano para comer y vivir.

3 Y había quienes decían: Hemos empeñado nuestras tierras, y nuestras viñas y nuestras casas, para conseguir grano a causa del hambre.

4 Y había quienes decían: Hemos tomado [a]prestado dinero para el tributo del rey sobre nuestras tierras y viñas.

5 Ahora bien, nuestra carne es como la carne de nuestros hermanos, nuestros hijos como sus hijos; y he aquí que nosotros sometemos a nuestros hijos y a nuestras hijas a servidumbre, y hay algunas de nuestras hijas que ya son esclavas; y no hay facultad en nuestras manos para rescatarlas, porque nuestras tierras y nuestras viñas son de otros.

6 Y me enojé en gran manera cuando oí su clamor y estas palabras.

7 Entonces lo medité en mi corazón, y reprendí a los nobles y a los oficiales y les dije: ¿Estáis

5 4 *a* GEE Deuda.

cobrando, cada uno, [a]usura a su
hermano? Y convoqué contra
ellos una gran asamblea.
8 Y les dije: Nosotros, según
nuestras posibilidades, rescata-
mos a nuestros hermanos judíos
que habían sido vendidos a las
naciones; y vosotros hasta [a]ven-
déis a vuestros hermanos para
que sean de nuevo vendidos a
nosotros. Y callaron, pues no tuvieron qué responder.
9 Y añadí: No es bueno lo que
hacéis. ¿No debéis [a]andar en el
temor de nuestro Dios, para *no
ser* oprobio de las naciones enemigas nuestras?
10 También yo, mis hermanos y
mis criados les hemos prestado
dinero y grano; os ruego, pues,
que abandonemos esta usura.
11 Os ruego que les devolváis
hoy sus tierras, sus viñas, sus olivares, y sus casas, y la centésima
parte del dinero, y del grano,
del vino y del aceite que les
exigís.
12 Y dijeron: Lo devolveremos
y no les exigiremos nada; haremos así como tú dices. Entonces
convoqué a los sacerdotes y les
hice jurar que harían conforme
a esto.
13 Además sacudí mi vestido y
dije: Así sacuda Dios de su casa y
de su trabajo a todo hombre que
no cumpla esto; y así sea sacudido y quede vacío. Y respondió
toda la congregación: ¡Amén! Y
alabaron a Jehová. Y el pueblo
hizo conforme a esto.
14 También desde el día en
que *el rey* me mandó que fuese
gobernador de ellos en la tierra
de Judá, desde el año veinte del
rey Artajerjes hasta el año treinta
y dos, doce años, [a]ni yo ni mis
hermanos comimos el pan del
gobernador.
15 Pero los primeros gobernadores que fueron antes de mí [a]gra-
varon al pueblo, y tomaron de
ellos, por el pan y por el vino,
más de cuarenta siclos de plata; y
aun sus criados se enseñoreaban
del pueblo; pero yo no hice así, a
causa del temor de Dios.
16 También en la obra de este
muro restauré *mi parte*, y no compramos terrenos; y todos mis criados juntos estaban allí para la
obra.
17 Además ciento cincuenta
hombres de los judíos y oficiales, y los que venían a nosotros
de las naciones que nos rodeaban,
estaban a mi mesa.
18 Y lo que se preparaba para
cada día era un buey *y* seis ovejas
escogidas; y también se preparaban aves para mí, y cada diez
días, toda clase de vino en abundancia; y con todo esto nunca
requerí el pan del gobernador,
porque la servidumbre de este
pueblo era grave.
19 Acuérdate de mí para bien,
Dios mío, y de todo lo que hice
por este pueblo.

CAPÍTULO 6

Sanbalat toma parte en una intriga

7 *a* Éx. 22:25;
Lev. 25:35–37.
8 *a* Lev. 25:39–41.
9 *a* GEE Temor—Temor de Dios; Andar, andar con Dios.
14 *a* Mos. 2:12, 14; 27:5.
15 *a* HEB cobraron elevados impuestos.

en contra de Nehemías y de la reconstrucción del muro — Los judíos terminan la reconstrucción del muro.

Y ACONTECIÓ que cuando oyeron [a]Sanbalat, y Tobías, y Gesem el árabe y los demás de nuestros enemigos, que había yo edificado el muro, y que no quedaba en él ninguna brecha (aunque hasta aquel tiempo no había puesto las hojas de las puertas),

2 Sanbalat y Gesem enviaron a decirme: Ven y reunámonos en *alguna de* las aldeas en la llanura de Ono. Pero ellos habían pensado hacerme [a]mal.

3 Y les envié mensajeros, diciendo: Yo estoy ocupado en una gran obra y no puedo ir. ¿Por qué ha de cesar la obra, dejándola yo para ir a vosotros?

4 Y enviaron a mí sobre el mismo asunto hasta cuatro veces, y yo les respondí de la misma manera.

5 Me envió entonces Sanbalat a su criado para *decir* lo mismo por quinta vez, con una carta abierta en su mano,

6 en la cual estaba escrito: Se ha oído entre las naciones, y [a]Gasmu lo dice, que tú y los judíos pensáis rebelaros, y que por eso edificas tú el muro, con la mira, según estas palabras, de ser tú su rey;

7 y que has puesto profetas que prediquen de ti en Jerusalén, diciendo: ¡Hay rey en Judá! Y ahora, llegarán a los oídos del rey estas palabras. Ven, por tanto, y consultemos juntos.

8 Entonces envié yo a decirle: No hay tal cosa como dices, sino que de tu corazón tú lo [a]inventas.

9 Porque todos ellos nos amedrentaban, diciendo: Se debilitarán las manos de ellos en la obra, y no será hecha. Fortalece, pues, *oh Dios,* mis manos.

10 Después fui en secreto a casa de Semaías hijo de Delaía, hijo de Mehetabel, porque él estaba encerrado. Él me dijo: Reunámonos en la casa de Dios, dentro del templo, y cerremos las puertas del templo, porque vienen a matarte; sí, esta noche vendrán a matarte.

11 Entonces dije: ¿Un hombre como yo ha de huir? ¿Y quién, [a]que fuera como yo, entraría al templo para salvar su vida? No entraré.

12 Y entendí que Dios no lo había enviado, sino que decía aquella profecía contra mí porque Tobías y Sanbalat le habían sobornado.

13 Pues fue sobornado para hacerme [a]temer, para que así yo pecase, para crearme mala fama y [b]desprestigiarme.

14 Acuérdate, Dios mío, de Tobías y de Sanbalat, conforme a éstas sus obras, y también de la profetisa Noadías, y de los otros profetas que procuraban infundirme miedo.

15 Se terminó, pues, el muro el

6 1 *a* Neh. 2:10, 19.
2 *a* DyC 10:22–28.
6 *a O sea,* Gesem.
8 *a* GEE Mentiras.
11 *a* TJS Neh. 6:11 …*es mi enemigo, para* que *un hombre* como yo entrase al…
13 *a* GEE Temor—Temor al hombre.
b GEE Calumnias.

veinticinco *del mes* de [a]Elul, en cincuenta y dos días.

16 Y aconteció que cuando *lo* oyeron todos nuestros [a]enemigos, temieron todas las naciones que estaban en nuestros alrededores, y se abatieron mucho y reconocieron que esta obra había sido hecha por nuestro Dios.

17 Asimismo en aquellos días iban muchas cartas de los nobles de Judá a Tobías, y las de Tobías llegaban a ellos.

18 Porque muchos en Judá se habían conjurado con él, porque era yerno de Secanías hijo de Ara; y su hijo Johanán había tomado por esposa a la hija de Mesulam hijo de Berequías.

19 También contaban delante de mí las buenas obras de *Tobías,* y a él le referían mis palabras. Y enviaba Tobías cartas para atemorizarme.

CAPÍTULO 7

Se toman precauciones para proteger Jerusalén — Se da la genealogía de los judíos que regresaron de Babilonia — Se niega el sacerdocio a los sacerdotes que no tienen registros genealógicos.

Y SUCEDIÓ que cuando el muro fue reedificado, y coloqué las puertas, y fueron designados porteros y cantores y levitas,

2 puse a mi hermano [a]Hanani y a Hananías, jefe de la fortaleza, a cargo de Jerusalén (porque éste era [b]hombre fiel y [c]temeroso de Dios, más que muchos)

3 y les dije: No se abran las puertas de Jerusalén hasta que caliente el sol; y mientras todavía haya guardias allí, cerrad las puertas y atrancadlas. Y señalé guardias de entre los habitantes de Jerusalén, cada cual en su guardia, y cada uno delante de su casa.

4 Y la ciudad era espaciosa y grande, pero había poco pueblo dentro de ella y no había casas reedificadas.

5 Entonces mi Dios puso en mi corazón que reuniese a los nobles, y a los oficiales y al pueblo, para que fuesen empadronados según el orden de sus genealogías; y hallé el [a]libro de la genealogía de los que habían subido antes, y encontré escrito en él:

6 Éstos son los [a]hijos de la provincia que subieron de la [b]cautividad, de los que llevó cautivos Nabucodonosor, rey de Babilonia, y que volvieron a Jerusalén y a Judá, cada uno a su ciudad;

7 los cuales vinieron con Zorobabel, Jesúa, Nehemías, Azarías, Raamías, Nahamani, Mardoqueo, Bilsán, Misperet, Bigvai, Nehum *y* Baana. El número de los hombres del pueblo de Israel:

8 Los hijos de Paros, dos mil ciento setenta y dos.

9 Los hijos de Sefatías, trescientos setenta y dos.

10 Los hijos de Ara, seiscientos cincuenta y dos.

15 *a* *Es decir,* el sexto mes hebreo, comenzando con la luna nueva de septiembre.
16 *a* Neh. 4:7.
7 2 *a* Neh. 1:2.
b DyC 52:13.
c Éx. 18:21.
5 *a* GEE Libro de memorias; Genealogía.
6 *a* Esd. 2:1–60.
b *O sea,* del exilio.

11 Los hijos de Pahat-moab, de los hijos de Jesúa y de Joab, dos mil ochocientos dieciocho.
12 Los hijos de Elam, mil doscientos cincuenta y cuatro.
13 Los hijos de Zatu, ochocientos cuarenta y cinco.
14 Los hijos de Zacai, setecientos sesenta.
15 Los hijos de Binúi, seiscientos cuarenta y ocho.
16 Los hijos de Bebai, seiscientos veintiocho.
17 Los hijos de Azgad, dos mil seiscientos veintidós.
18 Los hijos de Adonicam, seiscientos sesenta y siete.
19 Los hijos de Bigvai, dos mil sesenta y siete.
20 Los hijos de Adín, seiscientos cincuenta y cinco.
21 Los hijos de Ater, de Ezequías, noventa y ocho.
22 Los hijos de Hasum, trescientos veintiocho.
23 Los hijos de Bezai, trescientos veinticuatro.
24 Los hijos de Harif, ciento doce.
25 Los hijos de Gabaón, noventa y cinco.
26 Los hombres de Belén y de Netofa, ciento ochenta y ocho.
27 Los hombres de Anatot, ciento veintiocho.
28 Los hombres de Bet-azmavet, cuarenta y dos.
29 Los hombres de Quiriat-jearim, Cafira y Beerot, setecientos cuarenta y tres.
30 Los hombres de Ramá y de Geba, seiscientos veintiuno.
31 Los hombres de Micmas, ciento veintidós.
32 Los hombres de Bet-el y de Hai, ciento veintitrés.
33 Los hombres del otro Nebo, cincuenta y dos.
34 Los hijos del otro Elam, mil doscientos cincuenta y cuatro.
35 Los hijos de Harim, trescientos veinte.
36 Los hijos de Jericó, trescientos cuarenta y cinco.
37 Los hijos de Lod, de Hadid y Ono, setecientos veintiuno.
38 Los hijos de Senaa, tres mil novecientos treinta.
39 Sacerdotes: los hijos de Jedaías, de la casa de Jesúa, novecientos setenta y tres.
40 Los hijos de Imer, mil cincuenta y dos.
41 Los hijos de Pasur, mil doscientos cuarenta y siete.
42 Los hijos de Harim, mil diecisiete.
43 Levitas: los hijos de Jesúa, de Cadmiel, de los hijos de Hodavías, setenta y cuatro.
44 Cantores: los hijos de Asaf, ciento cuarenta y ocho.
45 Porteros: los hijos de Salum, los hijos de Ater, los hijos de Talmón, los hijos de Acub, los hijos de Hatita, los hijos de Sobai, ciento treinta y ocho.
46 Sirvientes del templo: los hijos de Ziha, los hijos de Hasufa, los hijos de Tabaot,
47 los hijos de Queros, los hijos de Siaha, los hijos de Padón,
48 los hijos de Lebana, los hijos de Hagaba, los hijos de Salmai,
49 los hijos de Hanán, los hijos de Gidel, los hijos de Gahar,
50 los hijos de Reaía, los hijos de Rezín, los hijos de Necoda,

51 los hijos de Gazam, los hijos de Uza, los hijos de Paseah,

52 los hijos de Besai, los hijos de Mehunim, los hijos de Nefisesim,

53 los hijos de Bacbuc, los hijos de Hacufa, los hijos de Harhur,

54 los hijos de Bazlut, los hijos de Mehída, los hijos de Harsa,

55 los hijos de Barcos, los hijos de Sísara, los hijos de Tema,

56 los hijos de Nezía *y* los hijos de Hatifa.

57 Los hijos de los siervos de Salomón: los hijos de Sotai, los hijos de Soferet, los hijos de Perida,

58 los hijos de Jaala, los hijos de Darcón, los hijos de Gidel,

59 los hijos de Sefatías, los hijos de Hatil, los hijos de Poqueret-hazebaim, los hijos de Amón.

60 Todos los sirvientes del templo e hijos de los siervos de Salomón, trescientos noventa y dos.

61 Y éstos son los que subieron de Tel-mela, Tel-harsa, Querub, Adón e Imer, los cuales no pudieron mostrar la casa de sus padres ni su genealogía, si eran de Israel:

62 los hijos de Delaía, los hijos de Tobías, los hijos de Necoda, seiscientos cuarenta y dos.

63 Y de los sacerdotes: los [a]hijos de Habaía, los hijos de Cos, los hijos de Barzilai, el cual tomó por esposa a una de las hijas de Barzilai, el galaadita, y con cuyo nombre fue llamado.

64 Éstos buscaron su registro de [a]genealogías, y no se halló; y fueron considerados [b]impuros y excluidos del sacerdocio.

65 Y les dijo el [a]gobernador que no comiesen de las cosas más santas, hasta que hubiese sacerdote con [b]Urim y Tumim.

66 Toda la congregación reunida era *de* cuarenta y dos mil trescientos sesenta,

67 sin contar sus siervos y siervas, que eran siete mil trescientos treinta y siete; y entre ellos había doscientos cuarenta y cinco cantores y cantoras.

68 Sus caballos, setecientos treinta y seis; sus mulos, doscientos cuarenta y cinco;

69 camellos, cuatrocientos treinta y cinco; asnos, seis mil setecientos veinte.

70 Y algunos de los jefes de las casas paternas dieron para la obra. El gobernador dio para el tesoro mil dracmas de oro, cincuenta tazones y quinientas treinta túnicas sacerdotales.

71 Y los jefes de las casas paternas dieron para el tesoro de la obra veinte mil dracmas de oro y dos mil doscientas libras de plata.

72 Y lo que dio el resto del pueblo fue veinte mil dracmas de oro, y dos mil libras de plata y sesenta y siete túnicas sacerdotales.

73 Y habitaron en sus ciudades los sacerdotes, y los levitas, y los porteros, y los cantores, y los del pueblo, y los sirvientes del templo y todo Israel. Y al llegar el mes séptimo, los hijos de Israel ya estaban en sus ciudades.

63 *a* Esd. 2:61–63; DyC 85:11–12.
64 *a* GEE Genealogía.
b GEE Apostasía.
65 *a* Neh. 8:9.
b GEE Urim y Tumim.

CAPÍTULO 8

Esdras lee e interpreta la ley de Moisés al pueblo — Los del pueblo guardan la Fiesta de los Tabernáculos.

Y SE reunió todo el pueblo como un solo hombre en la plaza que está delante de la puerta de las Aguas, y dijeron a [a]Esdras, el [b]escriba, que trajese el libro de la [c]ley de Moisés, la cual Jehová había dado a Israel.

2 Y Esdras, el sacerdote, trajo la [a]ley delante de la congregación, tanto de hombres como de mujeres, y de todos los que podían entender lo que oían, el [b]primer día del mes séptimo.

3 Y leyó en el libro delante de la plaza que está delante de la puerta de las Aguas, desde el alba hasta el mediodía, en presencia de hombres, y de mujeres y de todos los que podían entender; y los oídos de todo el pueblo estaban *atentos* al [a]libro de la ley.

4 Y el escriba Esdras estaba sobre un estrado de madera que habían hecho para ello; y junto a él estaban Matatías, y Sema, y Anías, y Urías, e Hilcías y Maasías, a su mano derecha; y a su mano izquierda, Pedaías, y Misael, y Malquías, y Hasum, y Hasbadana, Zacarías *y* Mesulam.

5 Abrió, pues, Esdras el libro ante los ojos de todo el pueblo (porque estaba más alto que todo el pueblo); y cuando lo abrió, todo el pueblo se puso de pie.

6 Bendijo entonces Esdras a Jehová, el gran Dios. Y todo el pueblo, alzando las manos, respondió: ¡Amén! ¡Amén! Y se humillaron y adoraron a Jehová rostro en tierra.

7 Y Jesúa, y Bani, y Serebías, Jamín, Acub, Sabetai, Hodías, Maasías, Kelita, Azarías, Jozabed, Hanán, Pelaías y los levitas hacían entender la ley al pueblo; y el pueblo *permanecía* en su lugar.

8 Y leían claramente en el libro de la [a]ley de Dios y [b]explicaban el sentido, de modo que entendiesen la lectura.

9 Y Nehemías, el gobernador, y el sacerdote Esdras, el escriba, y los [a]levitas que enseñaban al pueblo dijeron a todo el pueblo: Éste es un día santo a Jehová vuestro Dios; no os entristezcáis, ni lloréis, porque todo el pueblo lloraba al oír las palabras de la ley.

10 Entonces les dijo: Id, comed manjares, y tomad bebidas dulces y enviad porciones a los que no tienen nada preparado, porque hoy es un día santo a nuestro Señor; y no os entristezcáis, porque el [a]gozo de Jehová es vuestra fortaleza.

11 Los levitas, pues, calmaban a todo el pueblo, diciendo: Callad, porque el día es santo, y no os entristezcáis.

12 Y todo el pueblo se fue a comer y a beber, y a enviar porciones

8 1 *a* Esd. 7:6.
b GEE Escriba.
c GEE Ley de Moisés.
2 *a* Deut. 31:11.
b Lev. 23:23–25.
3 *a* Esd. 7:10.
8 *a* GEE Escrituras.
b *Es decir,* lo comentaban por el poder del Espíritu Santo.
Mos. 1:2–5.
9 *a* GEE Leví—La tribu de Leví.
10 *a* GEE Gozo.

y a gozar de gran alegría, porque habían [a]entendido las palabras que les habían enseñado.

13 Y al día siguiente se reunieron los jefes de las casas paternas de todo el pueblo, los sacerdotes y los levitas, con el escriba Esdras para entender las palabras de la ley.

14 Y hallaron escrito en la ley que Jehová había mandado, por medio de Moisés, que habitasen los hijos de Israel en enramadas en la [a]fiesta solemne del mes séptimo;

15 y que hiciesen saber, y proclamasen por todas sus ciudades y por Jerusalén, diciendo: Salid al monte y traed ramas de olivo, y ramas de olivo silvestre, y ramas de arrayán, y ramas de palmeras y ramas de *todo* árbol frondoso, para hacer enramadas como está escrito.

16 Salió, pues, el pueblo, y *las* trajeron e hicieron enramadas, cada uno sobre su terrado, y en sus patios, y en los patios de la casa de Dios, y en la plaza de la puerta de las Aguas y en la plaza de la puerta de Efraín.

17 Y toda la congregación que volvió de la cautividad hizo enramadas y en enramadas habitó, porque desde los días de Josué hijo de Nun hasta aquel día, no habían hecho así los hijos de Israel. Y hubo alegría muy grande.

18 Y [a]leyó *Esdras* en el libro de la ley de Dios cada día, desde el primer día hasta el último; e hicieron la fiesta solemne durante siete días, y al octavo día *hubo* una asamblea solemne, conforme al decreto.

CAPÍTULO 9

Los judíos ayunan y confiesan sus pecados — Los levitas bendicen y alaban a Jehová, y hacen memoria de Su bondad para con Israel.

Y EL día veinticuatro del mismo mes se reunieron los hijos de Israel en [a]ayuno, y con [b]cilicio y polvo sobre sí.

2 Y se había ya [a]apartado la descendencia de Israel de todos los extranjeros; y estando *de pie*, [b]confesaron sus pecados y las iniquidades de sus padres.

3 Y puestos de pie en su lugar, leyeron en el libro de la ley de Jehová su Dios una cuarta parte del día, y durante otra cuarta parte confesaron y adoraron a Jehová su Dios.

4 Y se levantaron sobre el estrado de los levitas, Jesúa y Bani, Cadmiel, Sebanías, Buni, Serebías, Bani y Quenani, y clamaron en voz alta a Jehová su Dios.

5 Y dijeron los levitas, Jesúa y Cadmiel, Bani, Hasabnías, Serebías, Hodías, Sebanías *y*

12 *a* DyC 50:17–22.
14 *a* *Es decir,* en la tradición característica de la fiesta de los tabernáculos. Lev. 23:39–43.
18 *a* DyC 84:43–44. GEE Escrituras—El valor de las Escrituras.
9 1 *a* GEE Ayunar, ayuno.
b *Es decir,* con cilicio; o sea, saco o vestidura áspera que se usaba antiguamente para la penitencia.
2 *a* Alma 5:57.
b GEE Confesar, confesión; Arrepentimiento, arrepentirse.

Petaías: Levantaos, bendecid a Jehová vuestro Dios por los siglos de los siglos; y bendito sea tu nombre glorioso, y sea exaltado sobre toda bendición y alabanza.

6 Tú, sólo tú, eres [a]Jehová; tú hiciste los [b]cielos, y los cielos de los cielos, y todas sus huestes, la tierra y todo lo que en ella hay, los mares y todo lo que en ellos hay; y tú [c]vivificas todas estas cosas, y las huestes de los cielos te adoran.

7 Tú eres, oh Jehová, el Dios que escogiste a [a]Abram, y lo sacaste de Ur de los caldeos y le pusiste por nombre Abraham;

8 y hallaste fiel su corazón delante de ti e hiciste [a]convenio con él para darle la tierra del cananeo, del heteo, del amorreo, y del ferezeo, y del jebuseo y del gergeseo, para darla a su descendencia; y cumpliste tu palabra, porque eres [b]justo.

9 Y miraste la [a]aflicción de nuestros padres en Egipto y oíste el clamor de ellos junto al [b]Mar Rojo;

10 e hiciste señales y maravillas contra Faraón, y contra todos sus siervos y contra todo el pueblo de su tierra, porque sabías que habían actuado con soberbia contra ellos; y te hiciste un gran [a]nombre, como en este día.

11 Y dividiste el mar delante de ellos, y pasaron por en medio de él en tierra seca; y a sus perseguidores echaste a las profundidades, como una [a]piedra en poderosas aguas.

12 Y con [a]columna de nube los guiaste de día, y de noche, con columna de fuego, para alumbrarles el camino por donde habían de ir.

13 Y sobre el monte Sinaí descendiste y hablaste con ellos desde el cielo; y les diste decretos rectos y leyes verdaderas, [a]estatutos y mandamientos buenos;

14 y les hiciste conocer tu [a]día santo de reposo y les mandaste mandamientos, y estatutos y la ley por medio de tu siervo Moisés.

15 Y les diste [a]pan del cielo en su hambre, y en su sed les sacaste [b]aguas de la peña; y les dijiste que entrasen a [c]poseer la tierra, por la cual alzaste tu mano *en juramento* que se la habías de dar.

16 Pero ellos y nuestros padres actuaron con soberbia, y [a]endurecieron su cerviz, y no escucharon tus mandamientos,

17 y no quisieron oír ni se acordaron de las maravillas que habías hecho con ellos; antes endurecieron su cerviz y, en su rebelión, pensaron [a]poner caudillo para volverse a su servidumbre. Pero tú eres un Dios que

6 *a* 2 Rey. 19:15.
b GEE Creación, crear.
c Mos. 2:20–21.
7 *a* GEE Abraham.
8 *a* 1 Cró. 16:15–18.
GEE Abraham, Convenio de.
b GEE Rectitud, recto.
9 *a* GEE Adversidad.
b GEE Mar Rojo.
10 *a* Éx. 9:16.
11 *a* Éx. 15:4–6.
12 *a* Éx. 13:21.
13 *a* Deut. 4:8; Ezeq. 20:11; Mos. 12:33–36.
14 *a* GEE Día de reposo.
15 *a* GEE Pan de Vida; Maná.
b Éx. 17:6; 2 Ne. 25:20.
c Deut. 1:8.
16 *a* Jacob 4:14.
17 *a* Núm. 14:2–4.

[b]perdonas, clemente y [c]misericordioso, [d]tardo para la ira y de gran [e]bondad, y no los abandonaste.

18 Además, cuando hicieron para sí [a]becerro de fundición y dijeron: Éste es tu Dios que te hizo subir de Egipto, y cometieron grandes blasfemias,

19 tú, con todo, por tus muchas misericordias no los [a]abandonaste en el desierto; la columna de nube no se apartó de ellos de día, para guiarlos por el camino, ni de noche la columna de fuego, para alumbrarles el camino por el cual habían de ir.

20 Y diste tu [a]espíritu bueno para enseñarlos, y no retiraste tu [b]maná de su boca, y agua les diste en su sed.

21 Y los sustentaste cuarenta años en el desierto; de ninguna cosa tuvieron necesidad; sus vestidos no se desgastaron, ni se hincharon sus pies.

22 Y les diste reinos y pueblos, y los distribuiste por territorios; y poseyeron la tierra de Sehón, y la tierra del rey Hesbón y la tierra de Og, rey de Basán.

23 Y [a]multiplicaste sus hijos como las estrellas del cielo, y los llevaste a la tierra de la cual habías dicho a sus padres que habían de entrar a poseerla.

24 Y los hijos entraron y poseyeron la tierra, y sometiste delante de ellos a los moradores del país, a los cananeos, los cuales entregaste en sus manos, y a sus reyes y a los pueblos de la tierra, para que hiciesen con ellos según su voluntad.

25 Y tomaron ciudades fortificadas y tierra [a]fértil, y heredaron casas llenas de toda cosa buena, cisternas excavadas, viñas y olivares y muchos árboles frutales; y comieron, y se saciaron, y engordaron y se deleitaron en tu gran bondad.

26 Pero fueron desobedientes y se [a]rebelaron contra ti, y dieron la espalda a tu ley y [b]mataron a tus profetas que testificaban contra ellos para hacerlos volver a ti; y cometieron grandes blasfemias.

27 Y los entregaste en manos de sus [a]enemigos, los cuales los afligieron; y en el tiempo de su [b]tribulación clamaron a ti, y tú desde los cielos los oíste; y según tus muchas misericordias les diste [c]libertadores que los librasen de manos de sus enemigos.

28 Pero al tener descanso, volvían a hacer lo malo delante de ti, por lo cual los dejaste en manos de sus enemigos que los dominaron; pero volvían y clamaban otra vez a ti, y tú desde los cielos los oías, y según tus misericordias muchas veces los libraste.

29 Y los amonestaste para que

17 *b* Éx. 34:6–7; Moro. 6:8. GEE Perdonar.
c GEE Misericordia, misericordioso.
d Stg. 1:19–21. GEE Enojo.
e GEE Amor.
18 *a* Éx. 32:3–4; Deut. 9:16.
19 *a* 1 Ne. 17:13–14; Jacob 6:4.
20 *a* GEE Espíritu Santo; Enseñar—Enseñar con el Espíritu.
b Deut. 8:3. GEE Maná.
23 *a* Gén. 15:5; DyC 132:30; Abr. 2:9; 3:14.
25 *a* Núm. 13:27.
26 *a* GEE Rebelión.
b Hech. 7:51–52; Hel. 13:24–26; 3 Ne. 9:10; 10:12.
27 *a* Jue. 2:14.
b Hel. 12:2–3. GEE Adversidad.
c Jue. 3:9.

se volviesen a tu ley; pero ellos
actuaron con soberbia y no escucharon tus mandamientos, sino
que pecaron contra tus decretos,
los cuales si el hombre los cumple, por ellos vivirá; y dieron la
espalda en rebeldía y endurecieron su cerviz y no escucharon.
30 Y los [a]soportaste por muchos
años y los amonestaste con tu [b]es-
píritu por medio de tus [c]profetas,
pero no escucharon; por lo que
los entregaste en manos de los
pueblos de la tierra.
31 Pero por tus grandes misericordias no los destruiste ni los
abandonaste, porque eres un Dios
benigno y misericordioso.
32 Ahora pues, Dios nuestro,
Dios grande, fuerte, [a]temible, que
[b]guardas el convenio y la misericordia, no sea tenida en poco
delante de ti toda la aflicción que
nos ha sobrevenido, a nuestros
reyes, a nuestros príncipes, y a
nuestros sacerdotes, y a nuestros
profetas, y a nuestros padres y a
todo tu pueblo, desde los días
de los reyes de Asiria hasta este
día.
33 Pero tú eres [a]justo en todo lo
que nos ha sobrevenido, porque
lealmente has hecho; pero nosotros hemos hecho [b]lo malo.
34 Y nuestros reyes, nuestros
príncipes, nuestros sacerdotes y
nuestros padres no pusieron por
obra tu ley, ni atendieron a tus
mandamientos ni a tus testimonios con que los amonestabas.
35 Y ellos en su reino y en el
gran bien que les diste, y en la
tierra extensa y fértil que entregaste delante de ellos, no te
sirvieron ni se volvieron de sus
malas obras.
36 He aquí que hoy somos siervos, en cuanto a la tierra que diste
a nuestros padres para que comiesen su fruto y su bien; he aquí
que somos siervos en ella.
37 Y su fruto se multiplica para
los reyes que has puesto sobre
nosotros por nuestros pecados,
quienes se enseñorean sobre
nuestros cuerpos y sobre nuestros ganados, según su voluntad,
y estamos en gran angustia.
38 A causa, pues, de todo
esto, nosotros hacemos un convenio fiel, y lo escribimos, sellado por nuestros príncipes, por
nuestros levitas y por nuestros
sacerdotes.

CAPÍTULO 10

El pueblo hace convenio de no casarse fuera de Israel, de honrar el día de reposo, de pagar el diezmo y de guardar los mandamientos.

Y LOS que firmaron fueron: Nehemías, el gobernador, hijo de
Hacalías, y Sedequías,
2 Seraías, Azarías, Jeremías,
3 Pasur, Amarías, Malquías,
4 Hatús, Sebanías, Maluc,
5 Harim, Meremot, Obadías,
6 Daniel, Ginetón, Baruc,
7 Mesulam, Abías, Mijamín,

30 *a* 2 Rey. 17:13–18; 2 Pe. 3:9.
b Hech. 7:51. GEE Espíritu Santo.
c GEE Profeta.
32 *a* *O sea,* Dios venerado.
b Deut. 7:9; Jue. 2:1.
33 *a* GEE Justicia.
b Mos. 13:29; Alma 46:8.

8 Maazías, Bilgai *y* Semaías; éstos eran los sacerdotes.

9 Y los levitas: Jesúa hijo de Azanías, Binúi de los hijos de Henadad, Cadmiel;

10 y sus hermanos Sebanías, Hodías, Kelita, Pelaías, Hanán,

11 Micaía, Rehob, Hasabías,

12 Zacur, Serebías, Sebanías,

13 Hodías, Bani *y* Beninu.

14 Los jefes del pueblo: Paros, Pahat-moab, Elam, Zatu, Bani,

15 Buni, Azgad, Bebai,

16 Adonías, Bigvai, Adín,

17 Ater, Ezequías, Azur,

18 Hodías, Hasum, Bezai,

19 Arif, Anatot, Nebai,

20 Magpías, Mesulam, Hezir,

21 Mesezabeel, Sadoc, Jadúa,

22 Pelatías, Hanán, Anaías,

23 Oseas, Hananías, Hasub,

24 Halohes, Pilha, Sobec,

25 Rehum, Hasabna, Maaseías,

26 y Ahías, Hanán, Anán,

27 Maluc, Harim *y* Baana.

28 Y el resto del pueblo, los sacerdotes, los levitas, los porteros, los cantores, los [a]sirvientes del templo, y todos los que se habían apartado de los pueblos de las tierras *para seguir* la ley de Dios, sus esposas, sus hijos y sus hijas, todo el que tenía [b]conocimiento y discernimiento,

29 se unieron a sus hermanos, a sus principales, y se [a]comprometieron [b]bajo pena de maldición y [c]juramento a andar en la [d]ley de Dios, que fue dada por medio de Moisés, siervo de Dios, y a guardar y cumplir todos los mandamientos de Jehová [e]nuestro Señor, y sus decretos y sus estatutos;

30 y a no dar nuestras [a]hijas a los pueblos de la tierra, ni a tomar sus hijas para nuestros hijos.

31 Y a que si los pueblos de la tierra trajesen a vender mercaderías y [a]comestibles en día de [b]reposo, nada tomaríamos de ellos en día de reposo ni en día santificado; y a que el [c]año séptimo dejaríamos descansar la tierra y perdonaríamos toda deuda.

32 Nos impusimos además la [a]obligación de contribuir cada año con la tercera parte de un siclo para la obra de la casa de nuestro Dios;

33 para el [a]pan de la proposición, y para la [b]ofrenda continua de grano, y para el holocausto continuo, los días de reposo, las lunas nuevas, las fiestas señaladas, y para las cosas sagradas, y para las ofrendas por el pecado para hacer [c]expiación por Israel y para toda la obra de la casa de nuestro Dios.

10 28 *a* HEB "netineos": sirvientes del templo que ayudaban a los levitas en su servicio sagrado.
b GEE Conocimiento.
29 *a* TJS Neh. 10:29 …*e hicieron el juramento de que les sobreviniese una maldición si no* andaban en…
b GEE Maldecir, maldiciones.
c GEE Juramento.
d GEE Ley.
e TJS Neh. 10:29 …*su Dios*…
30 *a* GEE Matrimonio—El matrimonio entre personas de distintas religiones.
31 *a* HEB o grano.
b GEE Día de reposo.
c Éx. 21:2; 23:10–11; Deut. 15:1–2.
32 *a* Éx. 30:11–16.
33 *a* *Es decir,* 12 panes de harina fina que cada sábado se colocaban sobre la mesa de oro del tabernáculo.
b Núm. 28:1–8.
c Lev. 1:3–5. GEE Expiación, expiar.

34 Echamos también [a]suertes entre los sacerdotes, los levitas y el pueblo, acerca de la [b]ofrenda de leña, para traerla a la casa de nuestro Dios, según las casas paternas, en los tiempos determinados cada año, para que ardiera sobre el altar de Jehová nuestro Dios, como está escrito en la ley.
35 Y para traer cada año a la casa de Jehová las [a]primicias de nuestra tierra y las primicias de todo fruto de todo árbol.
36 Asimismo los [a]primogénitos de nuestros hijos y de nuestros ganados, como está escrito en la ley; y para traer los primogénitos de nuestras vacas y de nuestras ovejas a la casa de nuestro Dios, a los sacerdotes que ministran en la casa de nuestro Dios;
37 para traer también las primicias de nuestras masas, y de nuestras ofrendas, y del fruto de todo árbol, del vino y del aceite a los sacerdotes, a los depósitos de la casa de nuestro Dios, y el diezmo de nuestra tierra a los levitas, porque los levitas reciben [a]los diezmos de nuestras labores en todas las ciudades.
38 Y estará el sacerdote, hijo de Aarón, con los levitas cuando los levitas reciban el [a]diezmo; y los levitas llevarán el diezmo del diezmo a la casa de nuestro Dios, a los depósitos de la casa del tesoro.
39 Porque a los depósitos han de llevar los hijos de Israel y los hijos de Leví la ofrenda de grano, del vino y del aceite; y allí estarán los utensilios del santuario, y los sacerdotes que ministran, y los porteros y los cantores. Y no abandonaremos la casa de nuestro Dios.

CAPÍTULO 11

El pueblo y sus jefes son designados por sorteo para habitar en Jerusalén y en las otras ciudades.

Y LOS jefes del pueblo habitaron en [a]Jerusalén; pero el resto del pueblo echó suertes para traer uno de cada diez para que habitara en Jerusalén, la ciudad santa, y los otros nueve en las *otras* ciudades.
2 Y bendijo el pueblo a todos los hombres que voluntariamente se ofrecieron para habitar en Jerusalén.
3 Y éstos son los jefes de la provincia que habitaron en Jerusalén; pero en las ciudades de Judá habitó cada uno en su posesión, en sus ciudades: los de Israel, los sacerdotes y los levitas, y los sirvientes del templo y los hijos de los siervos de Salomón.
4 En Jerusalén, pues, habitaron algunos de los hijos de Judá y algunos de los hijos de Benjamín. De los hijos de Judá: Ataías hijo de Uzías, hijo de Zacarías, hijo de Amarías, hijo de Sefatías, hijo de Mahalaleel, de los hijos de Fares,

34 *a* GEE Suertes.
b Gén. 22:6–7, 9.
35 *a* GEE Primicias.
36 *a* GEE Primogénito.
37 *a* GEE Diezmar, diezmo.
38 *a* GEE Diezmar, diezmo.
11 1 *a* GEE Jerusalén.

5 y Maasías hijo de Baruc, hijo de Colhoze, hijo de Hazaías, hijo de Adaías, hijo de Joiarib, hijo de Zacarías, hijo de Siloni.

6 Todos los hijos de Fares que habitaron en Jerusalén fueron cuatrocientos sesenta y ocho hombres fuertes.

7 Y éstos son los hijos de Benjamín: Salú hijo de Mesulam, hijo de Joed, hijo de Pedaías, hijo de Colaías, hijo de Maaseías, hijo de Itiel, hijo de Jesaías.

8 Y después de él, Gabai *y* Salai, novecientos veintiocho.

9 Y Joel hijo de Zicri era jefe de ellos, y Judá hijo de Senúa era el segundo en la ciudad.

10 De los sacerdotes: Jedaías hijo de Joiarib, Jaquín,

11 Seraías hijo de Hilcías, hijo de Mesulam, hijo de Sadoc, hijo de Meraiot, hijo de Ahitob, principal de la casa de Dios,

12 y sus hermanos los que hacían la obra de la casa, ochocientos veintidós; y Adaías hijo de Jeroham, hijo de Pelalías, hijo de Amsi, hijo de Zacarías, hijo de Pasur, hijo de Malquías,

13 y sus hermanos, jefes de las casas paternas, doscientos cuarenta y dos; y Amasai hijo de Azareel, hijo de Azai, hijo de Mesilemot, hijo de Imer,

14 y sus hermanos, hombres fuertes y valientes, ciento veintiocho; el jefe de los cuales era Zabdiel, hijo de Gedolim.

15 Y de los levitas: Semaías hijo de Hasub, hijo de Azricam, hijo de Hasabías, hijo de Buni;

16 y Sabetai y Jozabad, de los jefes de los [a]levitas, [b]encargados de la obra exterior de la casa de Dios;

17 y Matanías hijo de Micaía, hijo de Zabdi, hijo de Asaf, el jefe, el que empezaba la acción de gracias al tiempo de la oración; y Bacbuquías, el segundo de entre sus hermanos; y Abda hijo de Samúa, hijo de Galal, hijo de Jedutún.

18 Todos los levitas en la ciudad santa fueron doscientos ochenta y cuatro.

19 Y los porteros: Acub, Talmón y sus hermanos, guardias en las puertas, ciento setenta y dos.

20 Y el resto de Israel, de los sacerdotes y de los levitas, *habitaban* en todas las ciudades de Judá, cada uno en su heredad.

21 Y los sirvientes del templo habitaban en Ofel; y Ziha y Gispa estaban encargados de los sirvientes del templo.

22 Y el jefe de los levitas en Jerusalén era Uzi hijo de Bani, hijo de Hasabías, hijo de Matanías, hijo de Micaía, de los hijos de Asaf, cantores para el servicio de la casa de Dios.

23 Porque había mandato del rey acerca de ellos, y un reglamento acerca de los cantores para cada día.

24 Y Petaías hijo de Mesezabeel, de los hijos de Zera hijo de Judá, estaba al servicio del rey en todo asunto del pueblo.

16 *a* GEE Sacerdocio Aarónico; Leví—La tribu de Leví.
b GEE Obispo.

25 Y tocante a las aldeas y sus
campos, algunos de los hijos de
Judá habitaron en Quiriat-arba
y en sus aldeas, y en Dibón y en
sus aldeas, y en Jecabseel y en
sus aldeas,
26 y en Jesúa, y en Molada, y
en Bet-pelet,
27 y en Hazar-sual, y en Beerseba y en sus aldeas,
28 y en Siclag, y en Mecona y
en sus aldeas,
29 y en En-rimón, y en Zora, y
en Jarmut,
30 *en* Zanoa, *en* Adulam y en
sus aldeas; en Laquis y sus campos, en Azeca y en sus aldeas. Y
habitaron desde Beerseba hasta
el valle de Hinom.
31 Y los hijos de Benjamín *habitaron* desde Geba, en Micmas, y
en Aía, y en Bet-el y sus aldeas,
32 en Anatot, Nob, Ananías,
33 Hazor, Ramá, Gitaim,
34 Hadid, Seboim, Nebalat,
35 Lod y Ono, valle de los
artesanos.
36 Y algunos de los repartimien-
tos de los levitas estaban en Judá
y en Benjamín.

CAPÍTULO 12

Se nombra a los sacerdotes y a los levitas que subieron de Babilonia — Se dedican los muros de Jerusalén — Se señalan los oficios de los sacerdotes y de los levitas en el templo.

Y ÉSTOS son los [a]sacerdotes
y los levitas que subieron con
Zorobabel hijo de Salatiel, y con
Jesúa: Seraías, Jeremías, Esdras,
2 Amarías, Maluc, Hatús,
3 Secanías, Rehum, Meremot,
4 Iddo, Gineto, [a]Abías,
5 Mijamín, Maadías, Bilga,
6 Semaías, y Joiarib, Jedaías,
7 Salú, Amoc, Hilcías *y* Jedaías.
Éstos eran los principales sacerdotes y sus hermanos en los días
de Jesúa.
8 Y los levitas: Jesúa, Binúi, Cadmiel, Serebías, Judá *y* Matanías,
que con sus hermanos *oficiaba* en
los himnos de gratitud.
9 Y Bacbuquías y Uni, sus hermanos, estaban frente a ellos en
su servicio.
10 Y Jesúa engendró a Joiacim,
y Joiacim engendró a Eliasib, y
Eliasib engendró a Joiada,
11 y Joiada engendró a Jonatán
y Jonatán engendró a Jadúa.
12 Y en los días de Joiacim los
sacerdotes jefes de casas paternas fueron: de Seraías, Meraías;
de Jeremías, Hananías;
13 de Esdras, Mesulam; de Amarías, Johanán;
14 de Melicú, Jonatán; de Sebanías, José;
15 de Harim, Adna; de Meraiot,
Helcai;
16 de Iddo, Zacarías; de Ginetón, Mesulam;
17 de Abías, Zicri; de Miniamín,
de Moadías, Piltai;
18 de Bilga, Samúa; de Semaías,
Jonatán;
19 y de Joiarib, Matenai; de
Jedaías, Uzi;
20 de Salai, Calai; de Amoc,
Eber;

12 1 *a* Esd. 2:1–2. 4 *a* Lucas 1:5.

21 de Hilcías, Hasabías; de Jedaías, Natanael.

22 Los levitas en días de Eliasib, de Joiada, y de Johanán y de Jadúa fueron inscritos como jefes de casas paternas; también los sacerdotes, hasta el reinado de Darío el Persa.

23 Los hijos de Leví, jefes de las casas paternas, fueron inscritos en el libro de las Crónicas hasta los días de Johanán hijo de Eliasib.

24 Los jefes de los levitas: Hasabías, Serebías, y Jesúa hijo de Cadmiel, y sus hermanos estaban frente a ellos para alabar y para [a]dar gracias, conforme al estatuto de David, hombre de Dios, turno por [b]turno.

25 Matanías, y Bacbuquías, Obadías, Mesulam, Talmón *y* Acub, guardias, eran porteros para hacer la guardia en los depósitos junto a las puertas.

26 Éstos sirvieron en los días de Joiacim hijo de Jesúa, hijo de Josadac, y en los días del gobernador Nehemías y del sacerdote Esdras, el escriba.

27 Y para la dedicación del muro de Jerusalén buscaron a los levitas de todos sus lugares para traerlos a Jerusalén, para hacer la dedicación y la fiesta con alabanzas y gratitud, y con cánticos, con címbalos, salterios y arpas.

28 Y se reunieron los hijos de los cantores, tanto de la llanura alrededor de Jerusalén como de las aldeas de los netofatitas,

29 y de la casa de Gilgal, y de los campos de Geba y de Azmavet, porque los cantores habían edificado aldeas alrededor de Jerusalén.

30 Y se [a]purificaron los sacerdotes y los levitas; y purificaron al pueblo, y las puertas y el muro.

31 Entonces hice subir a los jefes de Judá sobre el muro, y puse dos coros grandes que fueron en procesión, *el primero* a mano derecha sobre el muro hacia la puerta del Muladar.

32 Después de ellos iba Osaías y la mitad de los jefes de Judá,

33 y Azarías, Esdras y Mesulam,

34 Judá y Benjamín, y Semaías y Jeremías;

35 y algunos de los hijos de los sacerdotes *iban* con trompetas: Zacarías hijo de Jonatán, hijo de Semaías, hijo de Matanías, hijo de Micaías, hijo de Zacur, hijo de Asaf;

36 y sus hermanos Semaías, y Azareel, Milalai, Gilalai, Maai, Natanael, *y* Judá *y* Hanani, con los [a]instrumentos musicales de David, hombre de Dios; y el escriba Esdras *iba* delante de ellos.

37 Y a la altura de la puerta de la Fuente, subieron derecho por los escalones de la ciudad de David, por la subida del muro, desde la casa de David hasta la puerta de las Aguas, al oriente.

38 Y el segundo coro iba del lado opuesto, y yo detrás de él, con la mitad del pueblo sobre el

24 *a* GEE Acción de gracias, agradecido, agradecimiento.
b HEB vigilia.
30 *a* Núm. 8:6–14.
36 *a* 1 Cró. 23:5.

muro, desde la torre de los Hornos hasta el muro ancho,
39 y desde la puerta de Efraín hasta la puerta Vieja, y a la puerta del Pescado, y la torre de Hananeel, y la torre de Hamea, hasta la puerta de las Ovejas; y se detuvieron en la puerta de la Guardia.
40 Después se detuvieron los dos coros en la casa de Dios; yo y la mitad de los oficiales conmigo;
41 y los sacerdotes, Eliaquim, Maaseías, Miniamín, Micaías, Elioenai, Zacarías *y* Hananías, con trompetas;
42 y Maaseías, y Semaías, y Eleazar, y Uzi, y Johanán, y Malquías, y Elam y Ezer. Y los cantores cantaban en alta voz, e Izrahías era el encargado.
43 Y ofrecieron aquel día grandes sacrificios y se regocijaron, porque Dios les había dado gran [a]alegría. Se alegraron también las mujeres y los niños, y el alborozo de Jerusalén se oía desde lejos.
44 Y en aquel día fueron puestos hombres sobre los depósitos de los tesoros, de las ofrendas, de las primicias y de los [a]diezmos, para juntar en ellos, de los campos de las ciudades las porciones dispuestas por la ley para los sacerdotes y los levitas; porque era grande el gozo de Judá con respecto a los sacerdotes y a los levitas que servían.
45 Y cumplían en el servicio de su Dios y en la observancia de la purificación; asimismo los cantores y los porteros hicieron conforme al mandato de David y de Salomón, su hijo.
46 Porque desde el tiempo de David y de Asaf, desde tiempos antiguos, había directores de cantores, e himnos de alabanza y de acción de gracias a Dios.
47 Y todo Israel, en días de Zorobabel y en días de Nehemías, daba las porciones correspondientes a los cantores y a los porteros, cada porción en su día; consagraban asimismo *sus porciones* para los levitas, y los levitas consagraban *parte de ellas* para los hijos de Aarón.

CAPÍTULO 13

A los amonitas y a los moabitas se les niega lugar en la congregación de Dios — Tobías es echado del templo, del lugar que ocupaba como habitación — Nehemías corrige los abusos y vuelve a instituir la observancia del día de reposo — Algunos judíos son reprendidos por casarse con mujeres extranjeras y por profanar el sacerdocio.

AQUEL día se leyó en el [a]libro de Moisés a oídos del pueblo, y fue hallado escrito en él que los [b]amonitas y los moabitas no debían entrar jamás en la congregación de Dios,
2 por cuanto no salieron a recibir a los hijos de Israel con pan y agua, sino que dieron dinero a [a]Balaam para que los maldijera;

43 *a* GEE Gozo.
44 *a* GEE Diezmar, diezmo.
13 1 *a* Éx. 17:14; Moisés 1:40.
b Deut. 23:3–5.
2 *a* GEE Balaam.

pero nuestro Dios convirtió la maldición en bendición.

3 Y sucedió que, cuando oyeron la ley, separaron de Israel a todos los emparentados con extranjeros.

4 Y antes de esto, el sacerdote Eliasib, siendo encargado de la cámara de la casa de nuestro Dios, se había aliado con Tobías

5 y le había hecho una gran habitación, en la cual guardaban antes las ofrendas, y el incienso, y los utensilios, y el diezmo del grano, del vino y del aceite, que se había mandado *dar* a los levitas, a los cantores y a los porteros, y la ofrenda de los sacerdotes.

6 Pero durante todo este *tiempo* yo no estaba en Jerusalén, porque en el año treinta y dos de Artajerjes, rey de Babilonia, fui ante el rey; y después de unos días obtuve permiso del rey.

7 Y cuando llegué a Jerusalén, entendí el mal que había hecho Eliasib en atención a Tobías, haciendo para él habitación en el atrio de la casa de Dios.

8 Y me disgustó en gran manera, y arrojé todos los enseres de la casa de Tobías fuera de la habitación,

9 y mandé que limpiasen las habitaciones e hice volver allí los utensilios de la casa de Dios con las ofrendas de grano y el incienso.

10 Descubrí asimismo que las porciones para los levitas no se les habían dado, y que los levitas y los cantores que hacían el servicio habían huido, cada uno a su campo.

11 Y contendí con los oficiales y dije: ¿Por qué está la casa de Dios abandonada? Y los reuní y los puse en sus puestos.

12 Y todo Judá trajo el [a]diezmo del grano, del vino y del aceite a los almacenes.

13 Y puse como encargados de los *almacenes* a Selemías, el sacerdote, y a Sadoc, el escriba, y de los levitas, a Pedaías; y junto a ellos Hanán hijo de Zacur, hijo de Matanías; porque eran considerados fieles y estaban a cargo de repartir las *porciones* a sus hermanos.

14 Acuérdate de mí, oh Dios mío, en cuanto a esto, y no borres todo el bien que hice en la casa de mi Dios y en su servicio.

15 En aquellos días vi en Judá a algunos que pisaban en lagares en el [a]día de reposo, y que acarreaban gavillas, y que cargaban sobre asnos vino, y también uvas, e higos y toda clase de carga; y los traían a Jerusalén en el día de reposo; y *los* amonesté acerca del día en que vendían las provisiones.

16 También estaban en ella tirios que traían pescado y toda mercadería, y vendían en día de reposo a los hijos de Judá en Jerusalén.

17 Y contendí con los nobles de Judá y les dije: ¿Qué mala cosa es ésta que vosotros hacéis, profanando así el día de reposo?

18 ¿No hicieron así vuestros padres, y trajo nuestro Dios todo

12 *a* GEE Diezmar, diezmo.

15 *a* GEE Día de reposo.

este mal sobre nosotros y sobre esta ciudad? Y vosotros añadís ira sobre Israel profanando el día de reposo.
19 Y sucedió que, cuando iba oscureciendo a las puertas de Jerusalén, antes del día de reposo, mandé que se cerrasen las puertas y ordené que no las abriesen hasta después del día de reposo; y puse a las puertas algunos de mis criados, para que en día de reposo no entrase ninguna carga.
20 Y se quedaron fuera de Jerusalén una o dos veces los negociantes y los que vendían toda especie de mercancía.
21 Y los amonesté y les dije: ¿Por qué pasáis la noche delante del muro? Si lo hacéis otra vez, os echaré mano. Desde entonces no vinieron en día de reposo.
22 Y dije a los levitas que se purificasen y fuesen a guardar las puertas, para santificar el día de reposo. También por esto acuérdate de mí, oh Dios mío, y ten piedad de mí según la abundancia de tu misericordia.
23 Vi asimismo en aquellos días a judíos que habían [a]tomado esposas asdoditas, amonitas y moabitas;
24 y la mitad de sus hijos hablaban la lengua de Asdod, porque no sabían [a]hablar judaico, sino que hablaban conforme a la lengua de cada pueblo.
25 Y contendí con ellos, y los maldije, y golpeé a algunos de ellos, y les arranqué los cabellos y les hice jurar, *diciendo*: No [a]daréis vuestras hijas a sus hijos, ni tomaréis sus hijas para vuestros hijos ni para vosotros mismos.
26 ¿No pecó por esto [a]Salomón, rey de Israel? Aunque en muchas naciones no hubo rey como él, que era amado por su Dios y Dios lo había hecho rey sobre todo Israel, pero aun a él le hicieron pecar las mujeres extranjeras.
27 ¿Y habremos de escucharos a vosotros y cometer todo este mal tan grande de actuar con infidelidad contra nuestro Dios, tomando esposas [a]extranjeras?
28 Y uno de los hijos de Joiada, hijo de Eliasib, el sumo sacerdote, era yerno de Sanbalat, el horonita; por tanto, lo eché de mi lado.
29 Acuérdate de ellos, oh Dios mío, porque han contaminado el sacerdocio, y [a]el convenio del sacerdocio y de los levitas.
30 Los purifiqué, pues, de todo extranjero y puse a los sacerdotes y a los levitas en *sus* oficios, a cada uno en su obra;
31 y para la [a]ofrenda de leña en los tiempos señalados, y para las primicias. ¡Acuérdate de mí, oh Dios mío, para bien!

23 *a* Esd. 9:1–2.
24 *a* GEE Lenguaje (o lengua).
25 *a* GEE Matrimonio—El matrimonio entre personas de distintas religiones.
26 *a* GEE Salomón.
27 *a* *Es decir,* fuera del convenio.
29 *a* Mal. 2:4–8; DyC 121:34–37. GEE Convenio (pacto); Juramento y convenio del sacerdocio.
31 *a* Gén. 22:3, 6–7, 9.

ESTER

CAPÍTULO 1

Asuero de Persia y de Media hace fiestas reales — La reina Vasti desobedece al rey y es destituida.

Y ACONTECIÓ en los días de [a]Asuero (el Asuero que reinó desde la India hasta Etiopía sobre ciento veintisiete provincias)

2 que en aquellos días, cuando el rey Asuero se sentaba en el trono de su reino, el cual estaba en la ciudadela de [a]Susa,

3 en el tercer año de su reinado, hizo un banquete para todos sus príncipes y servidores, teniendo delante de él a los poderosos de Persia y de Media, los nobles y los príncipes de las provincias,

4 mientras les mostraba las [a]riquezas de la gloria de su reino y el esplendor de la magnificencia de su majestad durante muchos días, ciento ochenta días.

5 Y cuando se cumplieron estos días, hizo el rey un banquete durante siete días en el patio del huerto del palacio real para todo el pueblo que se hallaba en la ciudadela de Susa, desde el mayor hasta el menor.

6 *El cortinaje era de* lino blanco y *material* azul, sujeto por cuerdas de lino fino y *material* púrpura en aros de plata y columnas de mármol; los reclinatorios eran de oro y de plata sobre un suelo de [a]pórfido y de mármol, de alabastro y de piedras valiosas.

7 Y daban a beber en vasos de oro, vasos diferentes unos de otros, y mucho vino real, conforme a la generosidad del rey.

8 Y el [a]beber fue según la ley: Que a nadie se le obligara; porque así lo había mandado el rey a todos los oficiales de su casa, que se hiciese según la [b]voluntad de cada uno.

9 Asimismo la reina Vasti hizo un banquete para las mujeres en la casa real del rey Asuero.

10 El séptimo día, cuando el corazón del rey estaba alegre por el vino, mandó a Mehumán, a Bizta, a Harbona, a Bigta, a Abagta, a Zetar y a Carcas, siete [a]eunucos que servían delante del rey Asuero,

11 que trajesen a la reina Vasti delante del rey con la corona real, para mostrar a los pueblos y a los príncipes su belleza, porque era de hermosa apariencia.

12 Pero la reina Vasti no quiso comparecer, a pesar de la orden del rey, *enviada* por medio de los eunucos; y se [a]enojó el rey muchísimo, y se encendió en él su ira.

13 Preguntó entonces el rey a los

[ESTER]
1 1 *a* *O sea,* Jerjes, que sucedió al trono en 485 a.C.
2 *a* La antigua capital de Persia.
4 *a* GEE Riquezas.
6 *a* *O sea,* roca formada por una sustancia amorfa con cristales de feldespato y cuarzo.
8 *a* 2 Ne. 15:22.
b Alma 12:31.
10 *a* *Es decir,* guardias de la cámara real.
12 *a* GEE Enojo.

sabios que entendían los tiempos, porque así era la costumbre del rey con todos los que conocían la ley y el derecho;
14 y estaban junto a él Carsena, Setar, Admata, Tarsis, Meres, Marsena y Memucán, siete príncipes de Persia y de Media que tenían acceso al rey y que ocupaban los primeros puestos en el reino.
15 Según la ley, ¿qué se debe hacer con la reina Vasti, por cuanto no ha cumplido la orden del rey Asuero, *enviada* por medio de los eunucos?
16 Y dijo Memucán delante del rey y de los príncipes: La reina Vasti no solamente ha ofendido al rey, sino también a todos los príncipes y a todos los pueblos que hay en todas las provincias del rey Asuero.
17 Porque este hecho de la reina llegará a oídos de todas las mujeres y las hará tener en poca estima a sus maridos, diciendo: El rey Asuero mandó traer ante su presencia a la reina Vasti, y ella no quiso ir.
18 Y entonces dirán *lo mismo* las señoras de Persia y de Media que hayan oído lo que hizo la reina a todos los príncipes del rey; y *habrá* mucho menosprecio y enojo.
19 Si le parece bien al rey, salga un decreto real de él, y escríbase en las leyes de Persia y de Media, para que no sea [a]abrogado: Que no se presente más Vasti delante del rey Asuero, y que el rey haga reina a otra que sea mejor que ella.
20 Y el decreto que dicte el rey será oído en todo su reino, aunque es grande; y todas las [a]mujeres honrarán a sus maridos, desde el mayor hasta el menor.
21 Y esta palabra pareció bien ante los ojos del rey y de los príncipes, e hizo el rey conforme a lo dicho por Memucán;
22 pues envió cartas a todas las provincias del rey, a cada provincia conforme a su escritura, y a cada pueblo conforme a su lenguaje, *diciendo* que todo hombre [a]fuese señor en su casa, y que se *publicase* esto según la lengua de su pueblo.

CAPÍTULO 2

Asuero busca una nueva reina — Mardoqueo presenta a Ester — Ester agrada al rey y es escogida como reina — Mardoqueo desenmascara un complot en contra del rey.

DESPUÉS de estas cosas, cuando la ira del rey Asuero se había aplacado, éste se acordó de Vasti, y de lo que ella había hecho y de lo que se había decretado contra ella.
2 Y dijeron los que estaban al servicio del rey: Busquen para el rey jóvenes vírgenes de buen parecer;
3 y nombre el rey personas en todas las provincias de su reino que reúnan a todas las jóvenes

19 *a* Ester 8:8.
20 *a* Efe. 5:22–24.
22 *a* 1 Tim. 3:4–5; DyC 93:41–43, 50.

vírgenes de buen parecer en la
ciudadela de Susa, en la casa de
las mujeres, bajo la custodia de
Hegai, eunuco del rey, encargado de las mujeres, dándoles
sus atavíos;

4 y la joven que agrade a los ojos
del rey, reine en lugar de Vasti. Y
esto agradó al rey, y lo hizo así.

5 Había un hombre judío en la
ciudadela de Susa, cuyo nombre
era Mardoqueo hijo de Jair, hijo
de Simei, hijo de Cis, del linaje
de Benjamín,

6 que había sido [a]llevado cautivo de Jerusalén con los cautivos
que fueron llevados con Jeconías,
rey de Judá, a quien Nabucodonosor, rey de Babilonia, llevó
cautivo.

7 Y había criado a Hadasa, es
decir, [a]Ester, hija de su tío, porque
ella no tenía padre ni madre; y la
joven era de hermosa figura y de
buen parecer; y cuando su padre
y su madre murieron, Mardoqueo
la tomó como hija suya.

8 Sucedió, pues, que cuando
fueron oídos el mandato y el decreto del rey, fueron reunidas muchas jóvenes en la ciudadela de
Susa, bajo la custodia de Hegai;
Ester también fue llevada a la
casa del rey, al cuidado de Hegai,
encargado de las mujeres.

9 Y la joven agradó a sus ojos
y halló gracia delante de él, por
lo que se apresuró a darle sus
atavíos y sus alimentos especiales, dándole también siete
doncellas aptas de la casa del
rey; y la llevó con sus doncellas
al mejor lugar de la casa de las
mujeres.

10 Ester no declaró cuál era su
pueblo ni su parentela, porque
Mardoqueo le había mandado
que no lo declarase.

11 Y cada día Mardoqueo se
paseaba delante del patio de la
casa de las mujeres, para saber
cómo le iba a Ester y qué le sucedía a ella.

12 Y cuando llegaba el turno
a cada una de las jóvenes para
presentarse ante el rey Asuero,
después de haber estado ya doce
meses conforme a la ley acerca de
las mujeres (porque así se cumplía el tiempo de su embellecimiento, *esto es,* seis meses con
óleo de mirra, y seis meses con
bálsamos aromáticos y embellecedores para las mujeres),

13 entonces cada joven se presentaba así ante el rey; todo lo
que ella pedía se le daba, para llevarlo consigo desde la casa de las
mujeres hasta la casa del rey.

14 Ella iba al anochecer, y a la
mañana siguiente volvía a la
segunda casa de las mujeres, a
cargo de Saasgaz, eunuco del rey,
encargado de las [a]concubinas; no
volvía más ante el rey, salvo que
el rey lo quisiera y fuera llamada
por su nombre.

15 Y cuando llegó el turno de Ester, hija de Abihail, tío de Mardoqueo, a la que éste había tomado
como hija, para presentarse ante
el rey, ninguna cosa pidió sino
lo que le dijo Hegai, eunuco del
rey, encargado de las mujeres; y

2 6 *a* 2 Rey. 24:12–15; 1 Ne. 10:3.
7 *a* HEB mirto. GEE Ester.
14 *a* *O sea,* en la antigüedad, esposa de categoría secundaria.

Ester hallaba gracia ante los ojos de todos los que la veían.

16 Fue, pues, Ester llevada ante el rey Asuero a la casa real en el mes décimo, que es el mes de Tebet, en el año séptimo de su reinado.

17 Y el rey amó a Ester más que a todas las otras mujeres, y ella halló gracia y benevolencia delante de él, más que todas las otras vírgenes; y puso la corona real sobre su cabeza y la hizo reina en lugar de Vasti.

18 Hizo entonces el rey un gran banquete para todos sus príncipes y servidores, el banquete de Ester; y dio descanso a las provincias y dio presentes, conforme a la generosidad del rey.

19 Y cuando fueron reunidas las vírgenes por segunda vez, Mardoqueo estaba sentado a la puerta del rey.

20 Y Ester, según le había mandado Mardoqueo, no había declarado cuál era su parentela ni su pueblo, porque Ester hacía lo que le decía Mardoqueo, como cuando él la educaba.

21 En aquellos días, estando Mardoqueo sentado a la puerta del rey, se enojaron Bigtán y Teres, dos eunucos del rey, de la guardia de la puerta, y tramaban echar mano al rey Asuero.

22 Pero cuando Mardoqueo se enteró de esto, se lo dijo a la reina Ester, y Ester se lo dijo al rey en nombre de Mardoqueo.

23 Y cuando se inquirió el asunto, fue hallado cierto; por tanto, los dos fueron colgados en una horca. Y esto se escribió en el libro de las crónicas en presencia del rey.

CAPÍTULO 3

Mardoqueo, el judío, rehúsa inclinarse ante Amán — Amán prepara un decreto para matar a todos los judíos que había en el reino.

DESPUÉS de estas cosas, el rey Asuero ascendió de posición a Amán hijo de [a]Hamedata, el agagueo, y le honró y puso su sitial sobre todos los príncipes que estaban con él.

2 Y todos los servidores del rey que estaban a la puerta del rey se arrodillaban e inclinaban ante Amán, porque así lo había mandado el rey; pero Mardoqueo ni se arrodillaba ni se inclinaba.

3 Y los servidores del rey que estaban a la puerta dijeron a Mardoqueo: ¿Por qué traspasas el mandato del rey?

4 Y aconteció que, cuando le hablaban cada día de esta manera, y él no los escuchaba, lo denunciaron a Amán, para ver si las palabras de Mardoqueo se mantendrían, porque él ya les había declarado que era judío.

5 Y vio Amán que Mardoqueo ni se arrodillaba ni le rendía homenaje, y se llenó de ira.

6 Pero le pareció poco echar mano sólo a Mardoqueo, porque ya le habían declarado cuál era el pueblo de Mardoqueo; y procuró Amán [a]destruir a todos los judíos

3 1 *a* 1 Sam. 15:8–9. 6 *a* DyC 98:9.

que había en el reino de Asuero,
al pueblo de Mardoqueo.
7 En el mes primero, que es el
mes de Nisán, en el año duodécimo del rey Asuero, echaron
pur, esto es, la suerte, delante de
Amán, por día y por mes; *y salió*
el mes duodécimo, que es el mes
de Adar.
8 Y dijo Amán al rey Asuero:
Hay un pueblo esparcido y di-
seminado entre los pueblos en
todas las provincias de tu reino,
y sus leyes son diferentes de *las*
de todo pueblo y no observan las
leyes del rey; y al rey no le bene-
ficia dejarlos *vivir.*
9 Si le parece bien al rey, decré-
tese que sean [a]destruidos; y yo
pagaré diez mil talentos de plata
en manos de los que manejan los
asuntos *reales,* para que sean traídos a los tesoros del rey.
10 Entonces el rey se quitó el
[a]anillo de su mano y lo dio a
Amán hijo de Hamedata, el agagueo, enemigo de los judíos,
11 y el rey dijo a Amán: Quédate con la plata y también con
el pueblo, para que hagas con él
lo que bien te parezca.
12 Entonces fueron llamados
los escribas del rey en el mes primero, el día trece del mismo mes,
y fue escrito conforme a todo lo
que mandó Amán, a los sátrapas
del rey, y a los gobernadores que
estaban sobre cada provincia y
a los príncipes de cada pueblo,
a cada provincia según su escritura y a cada pueblo según
su lengua. En nombre del rey
Asuero fue escrito y sellado con
el anillo del rey.
13 Y fueron enviadas cartas
por medio de mensajeros a todas las provincias del rey para
destruir, matar y exterminar a
todos los judíos, tanto a los jóvenes como a los ancianos, a los
niños pequeños y a las mujeres,
en un solo día, en el día trece del
mes duodécimo, que es el mes de
Adar, y para apoderarse de sus
bienes.
14 La copia del escrito que
se había de dar por decreto en
cada provincia fue proclamada
a todos los pueblos, a fin de
que estuviesen preparados para
aquel día.
15 Y salieron los mensajeros de
prisa por mandato del rey, y el
decreto fue dado en la ciudadela
de Susa. Y el rey y Amán se sentaron a beber, mientras la ciudad
de Susa estaba consternada.

CAPÍTULO 4

Mardoqueo y los judíos lloran y ayunan debido al decreto del rey — Ester, arriesgando su vida, entra a ver al rey.

CUANDO supo Mardoqueo todo
lo que se había hecho, rasgó sus
vestidos, y se vistió de [a]cilicio y
de ceniza, y se fue por en medio de la ciudad clamando con
grande y amargo clamor.
2 Y llegó hasta la puerta del
rey, porque no era lícito entrar

9 *a* Ester 8:3; 9:24.
10 *a* *Es decir,* le dio la autoridad del rey. Gén. 41:42.
4 1 *a* *Es decir,* de cilicio; o sea, saco o vestidura áspera que se usaba antiguamente para las penitencias.

por la puerta del rey vestido de
cilicio.
3 Y en cada provincia y lugar
donde el mandato del rey y su decreto llegaban, había entre los judíos gran luto, y [a]ayuno, y llanto
y lamentación; cilicio y ceniza
eran la cama de muchos.
4 Y vinieron las doncellas de
Ester y sus eunucos y se lo dijeron; y la reina sintió gran dolor,
y envió vestidos para hacer vestir a Mardoqueo y hacerle quitar
el cilicio de sobre él; pero él no
los aceptó.
5 Entonces Ester llamó a Hatac,
uno de los eunucos del rey que él
había designado para el servicio
de ella, y lo mandó a Mardoqueo,
con orden de averiguar qué era
aquello y el porqué.
6 Salió, pues, Hatac *adonde es-*
taba Mardoqueo, a la plaza de la
ciudad que estaba delante de la
puerta del rey.
7 Y Mardoqueo le declaró todo
lo que le había acontecido, y le
dijo de la plata que Amán había
dicho que [a]pagaría a los tesoros
del rey a cambio de la destrucción
de los judíos.
8 Le dio también una copia
del texto del decreto que había
sido promulgado en Susa para
que fuesen destruidos, a fin de
que la mostrara a Ester, y se lo
declarase, y le encargara que
fuese ante el rey a suplicarle y
a interceder delante de él por su
pueblo.
9 Y regresó Hatac y contó a Ester
las palabras de Mardoqueo.
10 Entonces Ester habló
con Hatac y le mandó *decir* a
Mardoqueo:
11 Todos los servidores del rey
y el pueblo de las provincias del
rey saben que para cualquier
hombre o mujer que entre al patio interior *para ver* al rey, sin ser
llamado, hay una sola ley: Ha de
morir, salvo aquel a quien el rey
extienda el [a]cetro de oro; ése vivirá, y yo no he sido llamada para
entrar a ver al rey estos treinta
días.
12 Y dijeron a Mardoqueo las
palabras de Ester.
13 Entonces dijo Mardoqueo
que respondiesen a Ester: No
pienses en tu alma que, estando
en la casa del rey, sólo tú escaparás entre todos los judíos.
14 Porque si permaneces callada
en este tiempo, el alivio y la liberación de los judíos surgirán de
otra parte; pero tú y la casa de tu
padre pereceréis. ¿Y quién sabe
si para [a]esta hora tú has llegado
al reino?
15 Y Ester dijo que respondiesen
a Mardoqueo:
16 Ve y reúne a todos los judíos
que se hallan en Susa, y [a]ayunad
por mí y no comáis ni bebáis en
tres días, ni de noche ni de día.
Yo también ayunaré con mis doncellas igualmente, y así entraré
a ver al rey, aunque no sea conforme a la ley; y si perezco, que
perezca.
17 Entonces Mardoqueo se fue
e hizo conforme a todo lo que le
había mandado Ester.

3 *a* GEE Ayunar, ayuno.
7 *a* Ester 7:4.
11 *a* Ester 5:2; 8:4.
14 *a* Gén. 45:7.
16 *a* GEE Ayunar, ayuno.

CAPÍTULO 5

El rey recibe a Ester — Ester invita al rey y a Amán a un banquete — Amán forja un plan para ahorcar a Mardoqueo.

Y ACONTECIÓ que al tercer día se vistió Ester con su vestidura real y entró en el patio interior del palacio del rey, frente a los aposentos del rey; y estaba el rey sentado en su trono real en la sala real, frente a la entrada del palacio.
2 Y sucedió que, cuando vio a la reina Ester que estaba en el patio, ella halló gracia ante sus ojos; y el rey extendió hacia Ester el [a]cetro de oro que tenía en la mano. Entonces se acercó Ester y tocó la punta del cetro.
3 Y dijo el rey: ¿Qué deseas, reina Ester? ¿Y cuál es tu petición? Hasta la mitad del reino se te dará.
4 Y Ester dijo: Si le parece bien al rey, venga hoy el rey con Amán al banquete que le he preparado.
5 Y respondió el rey: Daos prisa, *llamad* a Amán para que hagamos lo que Ester ha dicho. Fueron, pues, el rey y Amán al banquete que Ester dispuso.
6 Y dijo el rey a Ester en el banquete, mientras bebían vino: ¿Cuál es tu [a]petición? Pues te será otorgada. ¿Cuál es tu deseo? Aunque sea la mitad del reino, te será concedido.
7 Entonces respondió Ester y dijo: Mi petición y mi deseo es éste:
8 Si he hallado gracia ante los ojos del rey, y si le place al rey otorgar mi petición y conceder mi deseo, que venga el rey con Amán al [a]banquete que les dispondré; y mañana haré conforme a la palabra del rey.
9 Y salió Amán aquel día contento y alegre de corazón; pero cuando vio a Mardoqueo a la puerta del rey, que [a]no se levantaba ni temblaba delante de él, se llenó de ira contra Mardoqueo.
10 Pero se refrenó Amán, y cuando llegó a su casa, mandó llamar e hizo venir a sus amigos y a Zeres, su esposa.
11 Y les refirió Amán la gloria de sus riquezas, y la multitud de sus hijos y todas las cosas con las que el rey le había favorecido y [a]ascendido de posición y cómo le había honrado elevándole sobre los príncipes y servidores del rey.
12 Y añadió Amán: También la reina Ester a ninguno hizo venir con el rey al banquete que ella dispuso, sino a mí; y también para mañana estoy convidado por ella con el rey.
13 Pero todo esto de nada me sirve cada vez que veo al judío Mardoqueo sentado a la puerta del rey.
14 Y Zeres, su esposa, y todos sus amigos le dijeron: Hagan una [a]horca de cincuenta codos de altura, y mañana [b]di al rey que cuelguen a Mardoqueo en ella; y entra

5 2 *a* Ester 4:11.
6 *a* Ester 7:2.
8 *a* Ester 6:14.
9 *a* Ester 3:5.
11 *a* Ester 3:1.
14 *a* Ester 7:9.
b Ester 6:4.

alegre con el rey al banquete. Y esto agradó a los ojos de Amán, e hizo preparar la horca.

CAPÍTULO 6

Mardoqueo recibe grandes honores — Amán, apesadumbrado, es aconsejado por su esposa.

AQUELLA misma noche se le fue el sueño al rey, y mandó que le trajesen [a]el libro de las memorias de las crónicas y las leyeron delante del rey.
2 Entonces se halló escrito que Mardoqueo había denunciado a [a]Bigtán y a Teres, dos eunucos del rey, de la guardia de la puerta, que habían tramado echar mano al rey Asuero.
3 Entonces dijo el rey: ¿Qué honor o que distinción se hizo a Mardoqueo por esto? Y respondieron los servidores del rey, sus oficiales: Nada se ha hecho por él.
4 Entonces dijo el rey: ¿Quién está en el patio? Y Amán había venido al [a]patio exterior de la casa del rey para [b]pedir al rey que hiciese colgar a Mardoqueo en la horca que él le tenía preparada.
5 Y los servidores del rey le respondieron: He aquí, Amán está en el patio. Y el rey dijo: Que entre.
6 Entró, pues, Amán, y el rey le preguntó: ¿Qué se hará al hombre a quien el rey desea honrar? Y dijo Amán en su corazón: ¿A quién deseará el rey honrar más que a mí?
7 Y respondió Amán al rey: Para el hombre a quien el rey desea honrar,
8 traigan la vestidura real con la que el rey se viste, y el caballo en el que el rey cabalga y la corona real que está puesta sobre su cabeza;
9 y entreguen la vestidura y el caballo en manos de uno de los príncipes más nobles del rey, y vistan al hombre a quien el rey desea honrar, y llévenlo en el caballo por la plaza de la ciudad y pregonen delante de él: Así se hace al hombre a quien el rey desea honrar.
10 Entonces el rey dijo a Amán: Date prisa, toma la vestidura y el caballo, como tú has dicho, y hazlo así con el judío Mardoqueo, quien se sienta a la puerta del rey; no omitas nada de todo lo que has dicho.
11 Y Amán tomó la vestidura y el caballo, y vistió a Mardoqueo, y lo llevó en el caballo por la plaza de la ciudad e hizo pregonar delante de él: Así se hace al hombre a quien el rey desea honrar.
12 Después de esto Mardoqueo volvió a la puerta del rey, y Amán se apresuró a volver a su casa, apesadumbrado y con la cabeza cubierta.
13 Y contó Amán a Zeres, su esposa, y a todos sus amigos todo lo que le había acontecido; entonces le dijeron sus sabios y Zeres, su

6 1 *a* Ester 2:23.
2 *a* Ester 2:21–23.
4 *a* Ester 4:11.
b Ester 5:14.

esposa: Si Mardoqueo, delante de quien has comenzado a caer, es de la descendencia de los judíos, no lo vencerás, sino que ciertamente caerás delante de él.

14 Aún estaban ellos hablando con él cuando los eunucos del rey llegaron y se apresuraron a llevar a Amán al [a]banquete que Ester había preparado.

CAPÍTULO 7

Ester revela el complot maquinado por Amán para destruir a los judíos — Amán es colgado en la horca que él mismo había hecho preparar.

FUE, pues, el rey con Amán al banquete de la reina Ester.

2 También en el segundo día, dijo el rey a Ester, mientras bebían vino: ¿Cuál es tu petición, reina Ester? Y se te concederá. ¿Cuál es tu deseo? Aunque sea la mitad del reino, te será concedido.

3 Entonces la reina Ester respondió y dijo: Oh rey, si he hallado gracia ante tus ojos, y si le place al rey, mi petición es que se me conceda la vida, y mi deseo, la vida de mi pueblo.

4 Porque hemos sido [a]vendidos, yo y mi pueblo, para ser destruidos, para ser muertos y exterminados. Y si para siervos y siervas hubiéramos sido vendidos, me habría callado, porque tal adversidad no sería suficiente para inquietar al rey.

5 Y respondió el rey Asuero y dijo a la reina Ester: ¿Quién es, y dónde está aquel que pretende en su corazón hacer tal cosa?

6 Y Ester dijo: El enemigo y adversario es este malvado Amán. Entonces Amán se llenó de miedo delante del rey y de la reina.

7 Y se levantó el rey del banquete del vino en su ira *y se fue* al huerto del palacio; y se quedó Amán para suplicar a la reina Ester por su vida, porque vio que el rey estaba resuelto a hacerle mal.

8 Volvió después el rey del huerto del palacio al lugar del banquete, y Amán se había dejado caer sobre el lecho en que estaba Ester. Entonces dijo el rey: ¿Forzará a la reina también, *estando* yo en casa? Cuando esta palabra salió de la boca del rey, le [a]cubrieron el rostro a Amán.

9 Y Harbona, uno de los eunucos del rey, dijo: También he aquí, la horca de cincuenta codos de altura que Amán hizo para Mardoqueo, quien había hablado para bien del rey, está en casa de Amán. Entonces el rey dijo: [a]Colgadlo en ella.

10 Así colgaron a Amán en la [a]horca que él había hecho preparar para Mardoqueo; y se apaciguó la ira del rey.

CAPÍTULO 8

Se honra a Mardoqueo y se le pone a cargo de la casa de Amán — Asuero revoca el decreto que había

14 *a* Ester 5:8.
7 4 *a* Ester 3:9; 4:7.
8 *a* *Es decir,* en preparación para ser ejecutado.
9 *a* Prov. 11:5–6.
10 *a* DyC 10:25–27.

sido promulgado para destruir a los judíos.

EL mismo día dio el rey Asuero a la reina Ester la casa de Amán, enemigo de los judíos; y Mardoqueo fue ante el rey, porque Ester le había dicho [a]lo que él era para ella.
2 Y se quitó el rey su anillo que había vuelto a tomar de Amán y se lo dio a Mardoqueo. Y Ester puso a Mardoqueo a cargo de la casa de Amán.
3 Y volvió Ester a hablar delante del rey, y cayó a sus pies, rogándole con lágrimas que anulara la maldad de Amán, el agagueo, y el plan que había tramado contra los judíos.
4 Entonces el rey extendió a Ester el cetro de oro, y Ester se levantó y se puso de pie delante del rey
5 y dijo: Si le place al rey, y si he hallado gracia ante él, y si el asunto es justo delante del rey y soy agradable ante sus ojos, que se escriba para revocar las cartas del plan maquinado por Amán hijo de Hamedata, el agagueo, que escribió para destruir a los judíos que están en todas las provincias del rey.
6 Porque, ¿cómo podría yo soportar y ver el mal que alcanzaría a mi pueblo? ¿Cómo podría yo soportar y ver la destrucción de mi gente?
7 Y respondió el rey Asuero a la reina Ester y al judío Mardoqueo: He aquí, yo he dado a Ester la casa de Amán, y a él le han colgado en la horca, por cuanto extendió su mano contra los judíos.
8 Escribid, pues, vosotros a los judíos como bien os parezca, en nombre del rey, y selladlo con el anillo del rey; porque el decreto que se escribe en nombre del rey y se sella con el anillo del rey no puede ser revocado.
9 Entonces fueron llamados los escribas del rey en el mes tercero, que es Siván, a los veintitrés días de ese mes; y se escribió conforme a todo lo que mandó Mardoqueo a los judíos, y a los sátrapas, y a los gobernadores y a los príncipes de las provincias que había desde la India hasta Etiopía, ciento veintisiete provincias; a cada provincia según su escritura, y a cada pueblo conforme a su lengua, y también a los judíos conforme a su escritura y su lengua.
10 Y se escribió en nombre del rey Asuero y se selló con el anillo del rey, y se enviaron cartas por medio de mensajeros a caballo, montados en corceles vástagos de yeguas reales;
11 en ellas el rey concedía a los judíos que estaban en todas las ciudades que se reuniesen y estuviesen *a la defensa* de su vida, para exterminar, y matar y destruir el poder del pueblo o provincia que viniese contra ellos, *aun* a niños y a mujeres, y para apoderarse de sus bienes,
12 esto en un mismo día, en todas las provincias del rey Asuero, en el día trece del mes duodécimo, que es el mes de Adar.

8 1 *a* Ester 2:7, 10.

13 La copia del escrito que se había de dar por mandato en cada provincia fue proclamada a todos los pueblos, a fin de que los judíos estuviesen preparados para aquel día para vengarse de sus enemigos.

14 Los mensajeros, pues, cabalgando en corceles reales, salieron apresurados y urgidos por el mandato del rey; y el decreto fue dado en la ciudadela de Susa.

15 Y salió Mardoqueo de la presencia del rey con [a]vestiduras reales de azul y blanco, y una gran corona de oro, y un manto de lino fino y *material* púrpura; entonces la ciudad de Susa se alegró y se regocijó.

16 Y los judíos tuvieron luz y alegría, y gozo y honra.

17 Y en cada provincia y en cada ciudad adonde llegó el mandato del rey y su decreto, los judíos tuvieron alegría y gozo, banquete y día bueno. Y muchos de entre los pueblos de la tierra se hacían judíos, porque el temor a los judíos había caído sobre ellos.

CAPÍTULO 9

Los judíos matan a sus enemigos, entre ellos a los diez hijos de Amán — Se instituye la fiesta de Purim para conmemorar su liberación y su victoria.

Y EN el mes duodécimo, que es el mes de Adar, el día trece del mismo mes, en el que debía ejecutarse el mandato del rey y su decreto, el mismo día en que esperaban los enemigos de los judíos enseñorearse de ellos, sucedió lo contrario; porque los judíos se enseñorearon de los que los aborrecían.

2 Los judíos se reunieron en sus ciudades por todas las provincias del rey Asuero, para echar mano a los que habían procurado su mal; y nadie se opuso a ellos, porque el temor a ellos había caído sobre todos los pueblos.

3 Y todos los príncipes de las provincias, y los sátrapas, y gobernadores y oficiales del rey apoyaban a los judíos, porque el temor a Mardoqueo había caído sobre ellos,

4 pues Mardoqueo era grande en la casa del rey, y su fama iba por todas las provincias; así, aquel hombre, Mardoqueo, iba engrandeciéndose.

5 E hirieron los judíos a todos sus enemigos a filo de espada, con matanza y destrucción; e hicieron lo que quisieron con los que los odiaban.

6 Y en la ciudadela de Susa, los judíos mataron y destruyeron a quinientos hombres.

7 Mataron entonces a Parsandata, y a Dalfón, y a Aspata,

8 y a Porata, y a Adalía, y a Aridata,

9 y a Parmasta, y a Arisai, y a Aridai y a Vaizata,

10 los diez hijos de Amán hijo de Hamedata, enemigo de los judíos; pero en el botín no pusieron su mano.

15 *a* Gén. 41:42; Dan. 5:29.

11 El mismo día llegó ante el rey la cuenta de los muertos en Susa, la ciudadela.

12 Y dijo el rey a la reina Ester: En la ciudadela de Susa, los judíos han matado y destruido a quinientos hombres y a los diez hijos de Amán. ¿Qué habrán hecho en las otras provincias del rey? ¿Cuál, pues, es tu petición? Y te será concedida. ¿Qué más deseas? Y será hecho.

13 Y respondió Ester: Si place al rey, concédase también mañana a los judíos en Susa que hagan conforme al decreto de hoy y que cuelguen en la horca a los diez hijos de Amán.

14 Y mandó el rey que se hiciese así; y se dio la orden en Susa, y colgaron a los diez hijos de Amán.

15 Y los judíos que estaban en Susa se reunieron también el día catorce del mes de Adar y mataron en Susa a trescientos hombres; pero en el botín no pusieron su mano.

16 Y los otros judíos que estaban en las provincias del rey también se reunieron y se pusieron *en defensa* de su vida, y tuvieron descanso de sus enemigos y mataron a setenta y cinco mil de los que los odiaban; pero en el botín no pusieron su mano;

17 y sucedió esto en el día trece del mes de Adar. Y reposaron en el día catorce del mismo mes, y lo proclamaron día de banquete y de regocijo.

18 Pero los judíos que estaban en Susa se reunieron el trece y el catorce del mismo *mes;* y el quince del mismo mes reposaron y lo proclamaron día de banquete y de regocijo.

19 Por tanto, los judíos que habitan en el campo, en las ciudades sin muro, celebran el catorce del mes de Adar como día de regocijo y de banquete, y un día bueno, y de enviar [a]porciones cada uno a su vecino.

20 Y escribió Mardoqueo estas cosas y envió cartas a todos los judíos, cercanos y distantes, que estaban en todas las provincias del rey Asuero,

21 para establecer que celebrasen el día decimocuarto y el decimoquinto del mes de Adar, cada año,

22 como días en los que los judíos tuvieron descanso de sus enemigos, y el mes en que se les convirtió la tristeza en alegría, y el luto en día bueno; que los celebrasen como días de banquete, y de regocijo, y de enviar porciones cada uno a su vecino y dádivas a los pobres.

23 Y los judíos aceptaron hacer lo que habían comenzado, según lo que les escribió Mardoqueo.

24 Porque Amán hijo de Hamedata, el agagueo, enemigo de todos los judíos, había ideado un plan contra los judíos para destruirlos y había echado pur, que quiere decir suerte, para afligirlos y acabar con ellos.

25 Pero cuando Ester fue ante el rey, éste ordenó por carta que el perverso plan que aquél tramó contra los judíos recayera sobre

9 19 *a* Neh. 8:10.

su cabeza y que los colgaran a él y a sus hijos en la horca.

26 Por esto llamaron a estos días Purim, del nombre pur. Debido a todas las palabras de esta carta, y a lo que ellos vieron sobre este asunto, y a lo que llegó a su conocimiento,

27 los judíos establecieron y tomaron sobre sí, y sobre su descendencia y sobre todos sus aliados, que sin falta celebrarían estos dos días según lo escrito tocante a ellos y conforme a su tiempo cada año.

28 Y que estos días serían recordados y celebrados por todas las generaciones, por cada familia, por cada provincia y por cada ciudad. Y que estos días de Purim no dejarían de celebrarse de entre los judíos, y que el recuerdo de ellos no cesaría entre su descendencia.

29 Y la reina Ester hija de Abihail y el judío Mardoqueo, escribieron con toda autoridad para confirmar esta segunda carta de Purim.

30 Y envió *Mardoqueo* cartas a todos los judíos, a las ciento veintisiete provincias del rey Asuero, con palabras de paz y de verdad,

31 para confirmar estos días de Purim en sus tiempos señalados, según los habían establecido el judío Mardoqueo y la reina Ester, y como ellos lo habían establecido para sí y para su descendencia en lo relacionado con los [a]ayunos y su clamor.

32 Y el mandato de Ester confirmó estas prácticas acerca de Purim, y esto se escribió en el libro.

CAPÍTULO 10

El judío Mardoqueo es segundo en poder y autoridad después del rey Asuero.

Y el rey Asuero impuso tributo sobre la tierra y sobre las islas del mar.

2 Y todas las obras de su autoridad y de su poder, y la declaración de la grandeza de Mardoqueo, con que el rey le [a]engrandeció, ¿no está todo escrito en el libro de las crónicas de los reyes de Media y de Persia?

3 Porque el judío Mardoqueo fue segundo después del rey Asuero, y grande entre los judíos y bien recibido por la multitud de sus hermanos, pues procuró el bien de su pueblo y habló paz para toda su descendencia.

31 *a* GEE Ayunar, ayuno. | **10** 2 *a* Dan. 3:30.

Job

CAPÍTULO 1

Job, hombre justo y perfecto, es bendecido con grandes riquezas — Satanás recibe permiso de Jehová para tentar a Job y ponerle a prueba — Las propiedades y los hijos de éste son destruidos, y aún así alaba y bendice a Jehová.

HUBO en la tierra de [a]Uz un hombre llamado [b]Job; y era este hombre [c]perfecto y recto, y [d]temeroso de Dios y apartado del mal.
2 Y le nacieron siete hijos y tres hijas.
3 Y su hacienda era de siete mil ovejas, y tres mil camellos, y quinientas yuntas de bueyes, y quinientas asnas y muchísimos criados; y era aquel hombre más grande que todos los orientales.
4 E iban sus hijos y hacían banquetes en sus casas, cada uno en su día; y enviaban a llamar a sus tres hermanas para que comiesen y bebiesen con ellos.
5 Y acontecía que, habiendo pasado los días del convite, Job enviaba y los santificaba, y se levantaba de mañana y ofrecía [a]holocaustos conforme al número de todos ellos. Porque decía Job: Quizá habrán pecado mis hijos y habrán [b]blasfemado contra Dios en sus corazones. De esta manera hacía Job todos los días.
6 Y aconteció que un día vinieron los [a]hijos de Dios a presentarse delante de Jehová, entre los cuales vino también [b]Satanás.
7 Y dijo Jehová a Satanás: ¿De dónde vienes? Y respondiendo Satanás a Jehová, dijo: De [a]rodear la tierra y de andar por ella.
8 Y Jehová dijo a Satanás: ¿No has considerado a mi siervo Job, que no hay otro como él en la tierra, hombre perfecto y recto, temeroso de Dios y apartado del mal?
9 Y respondiendo Satanás a Jehová, dijo: ¿Acaso teme Job a Dios de balde?
10 ¿No le has levantado tú una valla a él, y a su casa y a todo lo que tiene alrededor? Al trabajo de sus manos has dado bendición; por tanto, sus bienes han aumentado sobre la tierra.
11 Pero extiende ahora tu mano y toca todo lo que tiene, *y verás* si no blasfema contra ti en tu mismo rostro.
12 Y dijo Jehová a Satanás: He aquí, todo lo que tiene está en tus manos; solamente no pongas tu mano sobre él. Y salió Satanás de delante de Jehová.
13 Y un día aconteció que sus hijos e hijas comían y bebían

[JOB]
1 1 *a* Gén. 10:23.
b Ezeq. 14:14; Stg. 5:11; DyC 121:10.
c GEE Perfecto.
d GEE Temor—Temor de Dios.
5 *a* 1 Ne. 5:9.
b GEE Blasfemar, blasfemia; Profanidad.
6 *a* TJS Job 1:6 …vinieron los hijos *y las hijas* de Dios. GEE Hijos e hijas de Dios.
b GEE Diablo.
7 *a* DyC 10:14, 27.

vino en casa de su hermano, el primogénito,

14 y vino un mensajero a Job, que le dijo: Estaban arando los bueyes, y las asnas pacían cerca de ellos,

15 y acometieron los sabeos y se los llevaron, y mataron a los criados a filo de espada; solamente escapé yo para traerte las nuevas.

16 Aún estaba éste hablando cuando vino otro, que dijo: Fuego de Dios cayó del cielo que quemó las ovejas y a los criados y los consumió; solamente escapé yo para traerte las nuevas.

17 Todavía estaba éste hablando, y vino otro que dijo: Los caldeos hicieron tres escuadrones, y dieron sobre los camellos y los tomaron, e hirieron a los criados a filo de espada; y solamente escapé yo para traerte las nuevas.

18 Entre tanto que éste hablaba, vino otro que dijo: Tus hijos y tus hijas estaban comiendo y bebiendo vino en casa de su hermano, el primogénito,

19 y he aquí que un gran viento vino del lado del desierto y azotó las cuatro esquinas de la casa, la cual cayó sobre los jóvenes, y murieron; y solamente escapé yo para traerte las nuevas.

20 Entonces Job se levantó, y rasgó su manto, y se rapó la cabeza, y se postró en tierra y adoró,

21 y dijo: Desnudo salí del vientre de mi madre y desnudo volveré allá. Jehová dio y Jehová [a]quitó: ¡Bendito sea el nombre de Jehová!

22 En todo esto no pecó Job ni atribuyó a Dios despropósito alguno.

CAPÍTULO 2

Satanás recibe permiso de Jehová para afligir físicamente a Job — Éste es herido con sarna — Elifaz, Bildad y Zofar vienen a consolarlo.

Y ACONTECIÓ que otro día vinieron los [a]hijos de Dios para presentarse delante de Jehová, y [b]Satanás vino también entre ellos para presentarse delante de Jehová.

2 Y dijo Jehová a Satanás: ¿De dónde vienes? Y respondió Satanás a Jehová y dijo: De rodear la tierra y de andar por ella.

3 Y Jehová dijo a Satanás: ¿No has considerado a mi siervo Job, que no hay otro como él en la tierra, hombre perfecto y recto, temeroso de Dios y apartado del mal, y que todavía retiene su [a]integridad, aun cuando tú me incitaste contra él para que lo arruinara sin causa?

4 Y Satanás respondió a Jehová y dijo: Piel por piel, todo lo que el hombre tiene dará por su vida.

5 Pero extiende ahora tu mano y toca su hueso y su carne, *y verás*

21 *a* GEE Paciencia.
2 1 *a* GEE Hijos e hijas de Dios.
b Es decir, el adversario. GEE Diablo.
3 *a* GEE Integridad.
5 *a* GEE Blasfemar, blasfemia.

si no [a]blasfema contra ti en tu mismo rostro.

6 Y Jehová dijo a Satanás: He aquí, él está en tus manos; pero guarda su vida.

7 Y salió Satanás de delante de Jehová e hirió a Job con [a]una sarna maligna desde la planta de su pie hasta la coronilla de su cabeza.

8 Y tomaba un pedazo de teja para rascarse con él, y estaba sentado en medio de [a]ceniza.

9 Entonces le dijo su esposa: ¿Aún retienes tu integridad? Maldice a Dios, y muérete.

10 Pero él le dijo: Has hablado como suele hablar cualquiera de las mujeres fatuas. ¿Pues qué? ¿Recibiremos de Dios [a]el bien, y el mal no lo recibiremos? En todo esto no pecó Job con sus labios.

11 Y tres amigos de Job, Elifaz, el temanita, y Bildad, el suhita, y Zofar, el naamatita, luego que oyeron de todo este mal que le había sobrevenido, vinieron cada uno de su lugar, porque habían convenido en venir juntos para condolerse de él y para consolarle.

12 Los cuales, alzando los ojos desde lejos, no lo reconocieron y lloraron a gritos; y cada uno de ellos rasgó su manto, y esparcieron polvo sobre sus cabezas hacia el cielo.

13 Así se sentaron con él en tierra durante siete días y siete noches, y ninguno le hablaba palabra, porque veían que su [a]dolor era muy grande.

CAPÍTULO 3

Job maldice el día y las circunstancias de su nacimiento. Él pregunta: ¿Por qué no morí en la matriz?

DESPUÉS de esto abrió Job su boca y maldijo su día.

2 Y exclamó Job y dijo:

3 Perezca el día en que yo nací
y la noche en que se dijo: Un varón ha sido concebido.

4 Sea aquel día sombrío,
y no cuide de él Dios desde arriba
ni claridad sobre él resplandezca.

5 Aféenlo tinieblas y sombra de muerte;
repose sobre él nublado
que lo haga horrible como día [a]caliginoso.

6 Ocupe aquella noche la oscuridad;
no sea contada entre los días del año
ni venga en el número de los meses.

7 ¡He aquí, sea aquella noche solitaria,
que no haya canción alguna en ella!

8 Maldíganla los que maldicen el día,

7 *a* *Es decir,* de furúnculos.
8 *a* Mos. 11:25.
10 *a* Mateo 5:45; DyC 29:39; 122:5–9.
13 *a* Hel. 5:12; DyC 24:8.

3 5 *a* *O sea,* sombrío, oscuro.
8 *a* *Es decir,* el legendario monstruo marino que representaba las fuerzas del caos que se oponían al Creador.

los que se aprestan para despertar a [a]Leviatán.
9 Oscurézcanse las estrellas del anochecer;
espere la luz, y no venga
ni vea el parpadeo de la aurora,
10 por cuanto no cerró las puertas del vientre donde yo estaba
ni escondió de mis ojos el sufrimiento.
11 ¿Por qué no morí yo en la matriz,
o expiré al salir del vientre?
12 ¿Por qué me recibieron las rodillas?
¿Y para qué los pechos que me amamantaron?
13 Pues ahora estaría yo muerto y reposaría;
dormiría, y entonces tendría descanso
14 con los reyes y con los consejeros de la tierra,
los que reedifican para sí ruinas;
15 o con los príncipes que poseían el oro,
que llenaban sus casas de plata;
16 o, ¿por qué no fui escondido como un aborto,
como los pequeñitos que nunca vieron la luz?
17 Allí los malvados dejan de perturbar,
y allí [a]descansan los de agotadas fuerzas.
18 Allí asimismo reposan los cautivos;
no oyen la voz del capataz.
19 Allí están el pequeño y el grande,
y el siervo libre de su señor.
20 ¿Por qué se da luz al que sufre
y vida a los de ánimo amargado,
21 a los que esperan la [a]muerte, pero no les llega,
aunque la buscan más que a tesoros,
22 a los que se alegran sobremanera
y se gozan cuando hallan el sepulcro?
23 *¿Por qué se da vida* al hombre cuyo camino está escondido,
y a quien Dios ha cercado?
24 Pues antes que mi pan viene mi suspiro,
y mis gemidos corren como agua.
25 Porque el temor que me espantaba me ha sobrevenido,
y me ha acontecido lo que yo temía.
26 No he tenido paz, ni tranquilidad ni reposo;
más bien, me vino turbación.

CAPÍTULO 4

Elifaz reprende a Job, haciéndole preguntas tales como: ¿Son destruidos los rectos?, y, ¿será el hombre más puro que el que lo creó?

Entonces respondió Elifaz, el temanita, y dijo:

17 *a* GEE Descansar, descanso (reposo).

21 *a* Apoc. 9:6.

2 Si intentáramos hablarte, ¿te sería molesto?
Pero, ¿quién podrá detener las palabras?
3 He aquí, tú enseñabas a muchos
y las manos débiles fortalecías.
4 Al que tropezaba, tus palabras sostenían;
y fortalecías las rodillas débiles.
5 Mas ahora que *el mal* ha venido sobre ti, te desalientas;
y ahora que ha llegado a ti, te turbas.
6 ¿No es esto tu temor, tu confianza,
tu esperanza y la perfección de tus caminos?
7 Recuerda, te ruego, ¿quién, siendo [a]inocente, ha perecido jamás?
O, ¿dónde han sido destruidos los rectos?
8 Como yo he visto, los que aran iniquidad
y siembran aflicción, eso mismo siegan.
9 Perecen por el aliento de Dios,
y por el soplo de su furor son consumidos.
10 El rugido del león, y la voz del león
y los dientes de los leoncillos son quebrantados.
11 El león viejo perece por falta de presa,
y los cachorros de la leona se dispersan.
12 Un asunto me fue traído en secreto,
y mi oído ha percibido algo de ello.
13 En imaginaciones de visiones nocturnas,
cuando el sueño profundo cae sobre los hombres,
14 me sobrevino un espanto y un temblor
que estremeció todos mis huesos;
15 y un espíritu pasó por delante de mí
que hizo que se erizara el vello de mi cuerpo.
16 Se detuvo, pero yo no reconocí su semblante;
delante de mis ojos había una figura; hubo silencio, entonces oí una voz:
17 ¿Será el hombre más justo que Dios?
¿Será el hombre más puro que el que lo creó?
18 He aquí que en sus siervos no confía,
y atribuye errores a sus ángeles.
19 ¡Cuánto más en los que habitan en casas de barro,
cuyos cimientos están en el [a]polvo,
que serán aplastados como la polilla!
20 De la mañana a la tarde son destruidos,
y se pierden para siempre, sin haber quien repare en ello.
21 Su eminencia, ¿no se pierde con ellos mismos?
Mueren, mas sin sabiduría.

4 7 *a* 1 Ne. 22:19. 19 *a* Moisés 3:7.

CAPÍTULO 5

Elifaz aconseja a Job: El hombre nace para la aflicción; buscad a Dios; y bienaventurado es el hombre a quien Dios corrige.

Ahora pues, da voces. ¿Habrá quien te responda?
¿Y a cuál de los santos te volverás?
2 Es cierto que al necio la ira lo mata,
y al codicioso lo consume la envidia.
3 Yo he visto al necio que echaba raíces,
y en esa misma hora maldije su habitación.
4 Sus hijos estarán lejos de toda seguridad;
y en la puerta serán quebrantados,
y no habrá quien los libre.
5 Su mies comerán los hambrientos
y la sacarán de entre las espinas;
y los sedientos beberán su hacienda.
6 Porque la aflicción no sale del polvo,
ni el sufrimiento brota de la tierra.
7 Pero como las chispas se levantan para volar por *el aire,*
así el hombre nace para la [a]aflicción.
8 Ciertamente yo buscaría a Dios
y le encomendaría mi causa;
9 Él hace cosas grandes e inescrutables,
y maravillas sin número;
10 él da la lluvia sobre la faz de la tierra
y envía las aguas sobre los campos;
11 él pone en alto a los humildes
y da seguridad a los [a]enlutados;
12 él frustra los pensamientos de los astutos,
para que sus manos no prosperen;
13 él prende a los sabios en su propia astucia,
y el consejo de los perversos es malogrado.
14 De día éstos se topan con tinieblas
y a mediodía andan a tientas como de noche.
15 Así él libra al pobre de la espada, de la boca y de la mano del poderoso.
16 Así habrá esperanza para el menesteroso,
y la injusticia cerrará la boca.
17 He aquí, [a]bienaventurado es el hombre a quien Dios corrige;
por tanto, no menosprecies [b]la corrección del Todopoderoso.
18 Porque él lastima, pero él venda;
él hiere, pero sus manos curan.
19 De seis tribulaciones te librará,
y en la séptima no te tocará el mal.

5 7 *a* GEE Adversidad.
11 *a* DyC 101:42.
17 *a* GEE Gozo.
b GEE Castigar, castigo.

20 En el hambre te rescatará de
la muerte,
y en la guerra, de manos de
la espada.
21 Del azote de la lengua serás
protegido
y no temerás la destrucción
cuando venga.
22 De la destrucción y del hambre te reirás
y no temerás a las fieras del
campo,
23 pues aun con las piedras
del campo tendrás
alianza,
y las fieras del campo estarán en paz contigo.
24 Y sabrás que hay paz en tu
tienda;
y visitarás tu morada, y nada
te faltará.
25 Asimismo sabrás que tu descendencia es mucha,
y tu prole es como la hierba
de la tierra.
26 Y llegarás con vigor a la sepultura,
como la gavilla de trigo
que se recoge a su
tiempo.
27 He aquí, lo que hemos inquirido, y así es;
óyelo y conócelo para tu
bien.

CAPÍTULO 6

Job se lamenta por su pesar — Ora a Dios para que le conceda sus peticiones — Se debe tener compasión por aquellos que están atribulados — ¡Cuán poderosas son las palabras de rectitud!

Y RESPONDIÓ Job y dijo:
2 ¡Oh, que [a]pesasen bien mi
queja y mi tormento,
y que se alzasen igualmente
en la balanza!
3 Porque pesarían más que la
arena del mar;
por eso mis palabras han
sido precipitadas.
4 Porque las saetas del Todopoderoso están clavadas
en mí,
cuyo veneno bebe mi espíritu;
y los terrores de Dios combaten contra mí.
5 ¿Acaso rebuzna el asno montés junto a la hierba?
¿Muge el buey junto a su
pasto?
6 ¿Se comerá lo desabrido sin
sal?
¿O habrá gusto en la clara
del huevo?
7 Las cosas que mi alma no
quería tocar
son ahora mi repugnante
comida.
8 ¡Quién me diera que se cumpliese mi petición,
y que Dios *me* otorgase lo
que anhelo;
9 y que agradara a Dios quebrantarme,
que soltara su mano y acabara conmigo!
10 Y sería aún más mi consuelo
si me asaltase con dolor sin
darme más tregua,

6 2 *a* GEE Juicio, juzgar.

porque yo no he escondido
las palabras del Santo.
11 ¿Cuál es mi fuerza para seguir esperando?
¿Y cuál es mi fin para prolongar mi vida?
12 ¿Es mi fuerza la de las piedras?
¿O es mi carne de bronce?
13 ¿No está la ayuda en mí mismo,
y la sana sabiduría me falta del todo?
14 El atribulado debe ser [a]compadecido por su compañero,
aunque haya abandonado el temor del Omnipotente.
15 Mis hermanos han actuado engañosamente como un torrente;
han pasado como corrientes impetuosas
16 que están enturbiadas por el hielo,
y en las que se derrite la nieve,
17 que al tiempo del calor son deshechas
y, al calentarse, desaparecen de su lugar.
18 Se apartan de la senda de su rumbo;
van menguando y se pierden.
19 Miraron las caravanas de Temán;
los caminantes de Sabá las esperaron a ellas;
20 *pero* fueron avergonzados por su esperanza,
porque llegaron hasta ellas y quedaron confundidos.
21 Ahora, ciertamente como ellas sois vosotros;
habéis visto el terror y teméis.
22 ¿Os he dicho yo: [a]Traedme *algo*,
o sobornad por mí de vuestra hacienda,
23 o libradme de la mano del opresor,
o redimidme de manos de los violentos?
24 Enseñadme, y yo callaré;
y hacedme entender en qué he errado.
25 ¡Cuán poderosas son las palabras de rectitud!
Pero, ¿qué reprocha vuestra reprensión?
26 ¿Pensáis censurar las palabras
y los discursos de un desesperado, que son como el viento?
27 También os arrojáis sobre el huérfano
y caváis un [a]foso para vuestro amigo.
28 Ahora pues, si queréis, miradme
y *ved* si miento ante vosotros.
29 Volved ahora, y no haya iniquidad;
volved aún *a considerar* mi justicia en esto.
30 ¿Acaso hay iniquidad en mi lengua?
¿Acaso no puede mi paladar discernir las cosas perversas?

14 *a* GEE Compasión.
22 *a* *Es decir,* traedme obsequios.
27 *a* 2 Ne. 28:8.

CAPÍTULO 7

Job pregunta: ¿No tiene acaso el hombre trabajo arduo sobre la tierra? ¿Qué es el hombre para que lo engrandezcas? ¿Por qué no perdonas mi iniquidad?

¿No tiene acaso el hombre [a]trabajo arduo sobre la tierra?
¿Y no son sus días como los días del jornalero?
2 Como el siervo anhela la sombra,
y como el jornalero espera *el salario* de su trabajo,
3 así he tenido que heredar meses de desolación,
y me asignaron noches de trabajo agotador.
4 Cuando estoy acostado, digo:
¿Cuándo me levantaré? Mas la noche es larga,
y estoy cansado de dar vueltas hasta el alba.
5 Mi carne está vestida de gusanos y de costras de polvo;
mi piel se agrieta y supura.
6 Y mis días son más veloces que la lanzadera del tejedor,
y fenecen sin esperanza.
7 Acuérdate de que mi vida es un soplo
y de que mis ojos no volverán a ver el bien.
8 Los ojos de los que me ven no me verán más;
tus ojos están sobre mí, y dejaré de ser.
9 Como la nube se desvanece y se va,
así el que desciende al Seol no subirá;
10 no volverá más a su casa,
ni su lugar le reconocerá más.
11 Por tanto, yo no refrenaré mi boca;
hablaré en la angustia de mi espíritu
y me quejaré en la amargura de mi alma.
12 ¿Soy yo el mar, o un monstruo marino,
para que me pongas guardia?
13 Cuando digo: Mi lecho me consolará,
mi cama atenuará mis quejas,
14 entonces me asustas con sueños
y me aterras con visiones.
15 Y así mi alma tuvo por mejor la estrangulación,
y *quiso* la muerte más que la vida.
16 Aborrezco *mi vida*; no he de vivir para siempre;
déjame, pues mis días son vanidad.
17 ¿Qué es [a]el hombre para que lo engrandezcas,
y para que pongas sobre él tu corazón,
18 y para que lo visites cada mañana,
y para que le [a]pongas a prueba a cada momento?
19 ¿Hasta cuándo no apartarás de mí tu mirada,

7 1 *a* Alma 12:26–28; DyC 42:48; 121:25.
17 *a* Sal. 8:3–6.
18 *a* GEE Adversidad.

ni me soltarás siquiera
hasta que trague mi saliva?
20 He pecado. ¿Qué puedo hacerte a ti, oh Guardián de los hombres?
¿Por qué has hecho de mí tu blanco,
para que yo sea una carga para mí mismo?
21 ¿Y por qué no quitas mi transgresión y perdonas mi iniquidad?
Porque ahora dormiré en el polvo;
y si me buscas de mañana, ya no existiré.

CAPÍTULO 8

Bildad pregunta: ¿Acaso pervertirá Dios el juicio? También dice: Nuestros días sobre la tierra son como una sombra; Dios no rechaza al hombre perfecto.

Y respondió Bildad, el suhita, y dijo:
2 ¿Hasta cuándo hablarás tales cosas,
y serán las palabras de tu boca *como* un viento impetuoso?
3 ¿Acaso pervertirá Dios el juicio,
o pervertirá el Todopoderoso la [a]justicia?
4 Si tus hijos pecaron contra él,
él los entregó en manos de su transgresión.
5 Si tú de mañana buscas a Dios
y ruegas al Todopoderoso,
6 si fueras puro y recto,
ciertamente se despertaría ahora en tu favor
y haría prosperar la morada de tu justicia.
7 Aunque tu comienzo haya sido pequeño,
tu porvenir se engrandecerá en gran manera.
8 Pues pregunta, te ruego, a las generaciones pasadas
y disponte para lo inquirido por sus padres;
9 pues nosotros somos de ayer y nada sabemos,
ya que nuestros días sobre la tierra son como una sombra.
10 ¿No te enseñarán ellos, *y* te hablarán,
y de su corazón sacarán palabras?
11 ¿Crece el junco sin lodo?
¿Crece la caña sin agua?
12 Aun en su verdor, sin haber sido cortado,
se seca antes que toda hierba.
13 Tales son los caminos de todos los que se olvidan de Dios;
y la esperanza del impío perecerá,
14 porque su esperanza será cortada,
y su confianza es *como* una tela de araña.
15 Se apoyará en su casa, mas ésta no permanecerá en pie;

8 3 *a* Alma 12:15.

se asirá a ella, mas no resistirá.
16 *Como un árbol* está [a]verde delante del sol
y sus renuevos salen sobre su huerto,
17 se van entretejiendo sus raíces sobre un montón de rocas.
Ve una casa de piedra.
18 Si lo arrancan de su lugar,
éste lo negará entonces, *diciendo*: Nunca te vi.
19 He aquí, éste será el gozo de su camino,
y del polvo brotarán otros.
20 He aquí, Dios no rechaza al perfecto
ni brinda apoyo a la mano de los malignos.
21 Aún llenará tu boca de risa,
y tus labios de júbilo.
22 Los que te aborrecen serán vestidos de [a]vergüenza,
y la habitación de los malvados perecerá.

CAPÍTULO 9

Job reconoce la justicia y la grandeza de Dios y concluye que el hombre no puede contender con Él.

Y respondió Job y dijo:
2 Ciertamente yo sé que es así;
pero, ¿cómo se justificará el hombre ante Dios?
3 Si alguno quisiera [a]contender con él,
no podría responderle ni una vez entre mil.
4 Él es sabio de corazón y poderoso en fuerzas.
¿Quién se ha [a]endurecido contra él y ha quedado en paz?
5 Él arranca los montes con su furor,
y no saben quién los trastornó.
6 Él remueve la tierra de su lugar
y hace temblar sus columnas.
7 Él manda al sol y no sale;
y [a]sella las estrellas.
8 Él solo [a]extiende los cielos
y anda sobre las olas del mar.
9 Él hizo la [a]Osa, el Orión, y las Pléyades
y los lugares lejanos del sur.
10 Él hace cosas grandes e incomprensibles,
y maravillosas, sin número.
11 He aquí que él pasa delante de mí, y yo no lo veo;
y pasa de largo, y no lo percibo.
12 He aquí, arrebata *algo, y,* ¿quién le detendrá?
¿Quién le dirá: ¿Qué [a]haces?
13 Dios no detendrá su ira,
y debajo de él se postran

16 *a* HEB húmedo, fresco; es decir, crece con vigor.
22 *a* DyC 109:29–30. GEE Culpa.
9 3 *a* Isa. 45:9; Éter 4:8.
4 *a* GEE Rebelión.
7 *a* *Es decir,* esconde.
8 *a* Sal. 104:2; Isa. 40:22; 2 Ne. 8:13.
9 *a* *O sea,* la constelación de la Osa Mayor.
12 *a* Rom. 9:20–21; Moisés 1:4.

los que ayudan a los soberbios.
14 ¿Cuánto menos le responderé yo
y hablaré con él palabras escogidas?
15 Aunque fuera yo justo, no respondería;
antes pediría clemencia [a]a mi juez.
16 Si yo le invocase y él me respondiese,
aún no creería que él hubiera escuchado mi voz.
17 Porque me quebranta con tempestad
y aumenta mis heridas sin causa.
18 No me permite recobrar el aliento,
sino que me llena de amarguras.
19 Si *hablamos* de fuerza, he aquí fuerte es él;
si de juicio, ¿quién me emplazará?
20 Si yo me justifico, me condenará mi boca;
si *digo que soy* perfecto, esto me hará inicuo.
21 *Aunque* yo fuese íntegro, no conocería mi alma;
despreciaría mi vida.
22 Una cosa me resta por decir:
Al perfecto y al malvado, él los consume.
23 Si el azote mata de repente,
se burla de la prueba de los inocentes.
24 La tierra es entregada en manos de los malvados,
y él cubre el rostro de sus jueces.
Si no es *él*, ¿quién es?, ¿dónde está?
25 Mis días han sido más veloces que un correo;
huyen y no ven el bien.
26 Pasan cual naves veloces,
como el águila que se lanza sobre la presa.
27 Si digo: Olvidaré mi queja,
cambiaré mi *triste* semblante y me alegraré,
28 me dan temor todos mis dolores;
sé que no me tendrás por inocente.
29 Yo soy malvado;
¿Para qué, entonces, trabajar en vano?
30 Aunque me lave con aguas de nieve
y limpie mis manos con lejía,
31 aun así me hundirás en el foso,
y mis propios vestidos me aborrecerán.
32 Porque él no es hombre como yo, para que yo le responda,
y vengamos juntos a juicio.
33 No hay entre nosotros árbitro
que ponga su mano sobre nosotros dos.
34 Quite de sobre mí su vara,
y su terror no me espante.
35 Entonces hablaré y no le temeré,
porque yo no soy así.

15 *a O sea,* ante mi acusador.

CAPÍTULO 10

Job está hastiado de su vida — Razona con Dios acerca de sus aflicciones — Él pregunta: ¿Por qué me sacaste de la matriz?

MI alma está hastiada de mi vida;
daré yo rienda suelta a mi queja;
hablaré en la amargura de mi alma.
2 Diré a Dios: No me condenes;
hazme entender por qué contiendes conmigo.
3 ¿Te parece bien que oprimas,
que deseches la obra de tus manos
y que resplandezcas sobre el consejo de los malvados?
4 ¿Tienes tú [a]ojos de carne?
¿[b]Ves tú como ve el hombre?
5 ¿Son tus días como los días del hombre,
o tus años como los días del ser humano,
6 para que indagues mi iniquidad
y busques mi pecado?
7 Tú sabes que no soy malvado,
y que no hay quien libre de tu mano.
8 Tus manos [a]me formaron y me hicieron,
¿y después te vuelves y me deshaces?
9 Acuérdate, te ruego, de que como a barro me formaste,
¿y al [a]polvo me harás volver?
10 ¿No me vertiste como leche
y como queso me cuajaste?
11 Me vestiste de piel y carne,
y me tejiste con huesos y tendones.
12 Vida y misericordia me concediste,
y tu cuidado ha guardado mi espíritu.
13 Y estas cosas tienes escondidas en tu corazón;
yo sé que esto está contigo.
14 Si peco, entonces tú me observas,
y no me tendrás por inocente de mi iniquidad.
15 Si soy malo, ¡ay de mí!;
y si soy justo, no levantaré mi cabeza,
hastiado como estoy de deshonra
y de verme afligido.
16 Y si me enaltezco, me cazas como a león,
y vuelves a hacer contra mí prodigios.
17 Renuevas contra mí tus testigos
y aumentas para conmigo tu furor;
cambios y guerra están contra mí.
18 ¿Por qué me sacaste de la matriz?
Hubiera yo expirado, y ningún ojo me habría visto.
19 Habría sido como si nunca hubiera existido,

10 4 *a O sea,* ojos mortales.
b DyC 121:24.
8 *a* GEE Creación, crear.
9 *a* Moisés 4:25.

llevado desde el vientre a la sepultura.
20 ¿No son pocos mis días? Cesa, pues, y déjame, para que me consuele un poco
21 antes que me vaya, para no volver,
a la tierra de tinieblas y de sombra de [a]muerte,
22 tierra de oscuridad, lóbrega,
como sombra de muerte y sin orden,
y cuya luz es como densas tinieblas.

CAPÍTULO 11

Zofar pregunta: ¿Hallarás a Dios con sólo buscarle? Zofar dice que la esperanza de los malos será dar su último suspiro.

Y RESPONDIÓ Zofar, el naamatita, y dijo:
2 ¿No han de tener respuesta las muchas palabras?
¿Y el hombre que habla mucho será justificado?
3 ¿Harán tus falacias callar a los hombres?
¿Y harás escarnio, y no habrá quien te avergüence?
4 Tú dices: Mi doctrina es [a]pura,
y yo soy limpio delante de tus ojos.
5 Mas, ¡oh, quién diera que Dios hablara,
y abriera sus labios para contigo
6 y te declarara los secretos de la sabiduría,
que son el doble de la sana sabiduría!
Conocerías entonces que Dios te ha [a]castigado menos de lo que tu iniquidad merece.
7 ¿Hallarás tú a Dios con sólo buscarle?
¿Hallarás tú la perfección del Todopoderoso?
8 Es más alto que los cielos; ¿qué harás?
Es más profundo que el [a]Seol; ¿cómo lo conocerás?
9 Su dimensión es más extensa que la tierra
y más ancha que el mar.
10 Si él pasa y encierra,
y si convoca una asamblea, ¿quién podrá contrarrestarle?
11 Porque él conoce a los hombres vanos;
ve asimismo la iniquidad, ¿y no hará caso?
12 El hombre [a]vano se hará sabio
cuando nazca el pollino del asno montés como hombre.
13 Si tú dispones tu corazón
y extiendes a él tus manos,
14 si alguna iniquidad hay en tus manos, y la apartas de ti

21 *a* 2 Ne. 1:14.
GEE Muerte física.
11 4 *a* Juan 7:16–17.
6 *a* DyC 38:14.
GEE Perdonar.
8 *a* HEB mundo o morada de los muertos, sepulcro, infierno.
12 *a* GEE Vanidad, vano.

y no consientes que la [a]maldad more en tus [b]habitaciones,
15 entonces levantarás tu rostro [a]limpio de mancha
y estarás firme y no temerás;
16 y olvidarás tu padecimiento,
o te acordarás de él como de aguas que pasaron.
17 Y tu vida será más clara que el mediodía;
aunque oscurezca, será como la mañana.
18 Y confiarás, porque habrá esperanza;
mirarás alrededor y dormirás seguro.
19 Y te acostarás, y no habrá quien te espante;
y muchos te rogarán.
20 Pero los ojos de [a]los malos se consumirán;
y no tendrán refugio,
y su esperanza será dar su último suspiro.

CAPÍTULO 12

Job dice: El alma de todo lo viviente está en las manos de Jehová; en los ancianos está la sabiduría; Jehová gobierna todas las cosas.

Y RESPONDIÓ Job y dijo:
2 En verdad que vosotros sois el pueblo,
y con vosotros morirá la sabiduría.
3 También tengo yo entendimiento como vosotros;
no soy yo menos que vosotros.
¿Y quién habrá que no pueda decir otro tanto?
4 Yo soy uno de quien su amigo se [a]mofa,
que invoca a Dios, y él le responde;
uno justo y perfecto que es escarnecido.
5 Aquel cuyos pies van a resbalar *es como* una lámpara despreciada por aquel que está a sus anchas.
6 [a]Prosperan las tiendas de los ladrones,
y los que provocan a Dios viven seguros,
en cuyas manos él ha puesto *cuanto tienen*.
7 Y, en efecto, pregunta ahora a las bestias, y ellas te enseñarán;
y a las aves de los cielos, y ellas te lo mostrarán;
8 o habla a la [a]tierra y ella te enseñará;
los peces del mar te *lo* declararán también.
9 ¿Cuál entre todos ellos no entiende
que la mano de Jehová lo hizo?
10 En sus manos está el alma de todo lo [a]viviente
y el espíritu de todo el género humano.

14 *a* GEE Inicuo, iniquidad.
b HEB tus tiendas.
15 *a* GEE Pureza, puro.
20 *a* Alma 40:26; JS—H 1:37.
12 4 *a* GEE Persecución, perseguir.
6 *a* Hel. 7:4–5.
8 *a* Alma 30:44; Moisés 7:48–49, 61. GEE Tierra.
10 *a* Moisés 3:5–7.

11 ¿No distingue el oído las palabras,
y el paladar saborea las viandas?
12 En los ancianos está [a]la sabiduría;
y en la larga edad, el entendimiento.
13 Con Dios están la sabiduría y el [a]poder;
suyos son el consejo y el entendimiento.
14 He aquí, él derriba, y no se reedifica;
encierra al hombre, y no hay quien le abra.
15 He aquí, él [a]detiene las aguas, y se secan;
él las envía, y arrasan la tierra.
16 Con él están el poder y la prudencia;
suyos son el que yerra y el que hace errar.
17 Él hace andar descalzos a los consejeros,
y entontece a los jueces.
18 Él rompe las cadenas de los reyes
y ata un cinto a sus lomos.
19 Él lleva despojados a los sacerdotes,
y derroca a los poderosos.
20 Él silencia los labios de los que dicen verdad,
y quita a los ancianos el discernimiento.
21 Él derrama menosprecio sobre los príncipes,
y afloja el cinto de los fuertes.
22 Él descubre lo profundo de las [a]tinieblas,
y saca a la luz la [b]sombra de muerte.
23 Él multiplica las naciones y él las destruye;
él dispersa las naciones y las vuelve a reunir.
24 Él quita el entendimiento a los jefes del pueblo de la tierra,
y los hace [a]vagar por un yermo sin [b]camino.
25 Van a tientas, como en tinieblas y sin luz,
y los hace tambalear como borrachos.

CAPÍTULO 13

Job testifica de su confianza en Jehová y dice: Aunque me matare, en Él confiaré; Él también será mi salvación.

He aquí que todas estas cosas han visto mis ojos,
y lo han oído y entendido mis oídos.
2 Como vosotros lo sabéis, lo sé yo;
no soy menos que vosotros.
3 Mas yo hablaría con el Todopoderoso
y querría razonar con Dios.
4 Porque ciertamente vosotros sois fraguadores de mentiras;
todos vosotros sois médicos inútiles.

12 *a* GEE Sabiduría.
13 *a* GEE Poder.
15 *a* Deut. 11:17.
22 *a* Sal. 139:7–12. GEE Tinieblas espirituales.
b GEE Muerte espiritual.
24 *a* Amós 8:11–12.
b GEE Camino (vía).

5 ¡Quién diera que [a]callarais del todo,
pues eso os sería contado por sabiduría!
6 Oíd ahora mi razonamiento
y estad atentos a los argumentos de mis labios.
7 ¿Hablaréis iniquidad en nombre de Dios?
¿Hablaréis engaño en nombre de él?
8 ¿Haréis acepción de personas para con él?
¿Contenderéis vosotros a favor de Dios?
9 ¿Sería bueno que él os escudriñase?
¿Os burlaréis de él como quien se burla de algún hombre?
10 Él ciertamente os reprochará
si solapadamente hacéis acepción de personas.
11 ¿No os espantará su majestuosidad,
y no caerá sobre vosotros su pavor?
12 Vuestras máximas son proverbios de ceniza,
y vuestras defensas son defensas de barro.
13 Escuchadme, y hablaré yo,
y que me venga después lo que venga.
14 ¿Por qué quitaré yo mi carne con mis dientes
y pondré mi vida en mis manos?
15 He aquí, aunque él [a]me matare, en él [b]confiaré;
pero defenderé delante de él mis caminos.
16 Y él también será mi salvación,
porque no entrará en su presencia el [a]impío.
17 Oíd con atención mi razonamiento
y mi declaración con vuestros oídos.
18 He aquí ahora, yo he preparado mi causa;
sé que seré [a]justificado.
19 ¿Quién es el que [a]pleiteará conmigo?
Porque si ahora yo callara, moriría.
20 Sólo dos *cosas* no hagas conmigo,
entonces no me esconderé de tu rostro:
21 Aparta de mí tu mano,
y no me espante tu terror.
22 Llama luego, y yo responderé;
o yo hablaré, y respóndeme tú.
23 ¿Cuántas iniquidades y pecados tengo yo?
Hazme [a]entender mi transgresión y mi pecado.
24 ¿Por qué escondes tu rostro
y me cuentas por tu enemigo?
25 ¿Aterrarás a la hoja arrebatada?
¿Y a la paja seca perseguirás?

13 5 *a* Prov. 17:28.
15 *a* GEE Mártir, martirio.
b GEE Confianza, confiar.
16 *a* DyC 50:6–8.
18 *a* GEE Justificación, justificar.
19 *a* HEB contenderá.
23 *a* Alma 36:12–19; DyC 18:44.

26 Pues escribes contra mí amarguras
y me haces cargo de los [a]pecados de mi juventud.
27 Pones además mis pies en el cepo y vigilas todos mis caminos;
trazas límite a las plantas de mis pies.
28 Y *mi cuerpo* se va gastando como de carcoma,
como vestido que se come la polilla.

CAPÍTULO 14

Job testifica de la brevedad de la vida, de la certeza de la muerte y de la certidumbre de la resurrección — Job pregunta: Si el hombre muriere, ¿volverá a vivir? — Responde que esperará el llamado de Jehová para salir del sepulcro.

El [a]hombre, nacido de mujer, corto de días y hastiado de [b]sinsabores,
2 brota como una flor y es [a]cortado;
y huye como la sombra y no permanece.
3 ¿Y sobre éste abres tus ojos
y me traes a juicio contigo?
4 ¿Quién sacará lo limpio de lo [a]inmundo? ¡Nadie!
5 Ciertamente sus [a]días están determinados,
y el número de sus meses te es conocido;
tú le pusiste límites, de los cuales no pasará.
6 Aparta tu mirada de él, para que descanse
hasta que, como el [a]jornalero, cumpla su día.
7 Porque si el árbol es cortado, aún queda para él esperanza; retoñará aún,
y sus renuevos no faltarán.
8 Aunque se envejezca en la tierra su raíz,
y su tronco muera en el polvo,
9 al percibir el agua reverdecerá
y echará ramas como planta nueva.
10 Mas el hombre [a]morirá y yacerá inerte;
y perecerá el hombre, ¿y dónde estará él?
11 Como las aguas del mar se evaporan,
y el río se agota *y* se seca,
12 así el hombre yace y no vuelve a levantarse;
hasta que no haya cielo, no despertará
ni se levantará de su sueño.
13 ¡Oh, quién me diera que me escondieses en el Seol,
que me encubrieras hasta apaciguarse tu ira,
que me pusieses plazo y de mí te acordaras!
14 Si el hombre muriere, ¿[a]*volverá* a vivir?

26 *a* Sal. 25:7.
14 1 *a* Moisés 4:22–25. GEE Mortal, mortalidad.
b GEE Adversidad.
2 *a* Isa. 38:10–13.
4 *a* Alma 7:20–22; 40:26.
5 *a* Hech. 17:26; DyC 122:9.
6 *a* Job 7:1.
10 *a* Alma 12:24; 40:11–14.
14 *a* GEE Resurrección.

Todos los días de mi servicio esperaré,
hasta que llegue mi relevo.
15 Llamarás, y yo te responderé; añorarás la obra de tus manos.
16 Pues ahora me cuentas los pasos
y no das tregua a mi pecado.
17 Tienes sellada en una bolsa mi transgresión
y cubres mi iniquidad.
18 Y ciertamente el monte que cae se deshace,
y las peñas son removidas de su lugar;
19 las piedras se desgastan con el agua impetuosa que se lleva el polvo de la tierra;
de igual manera haces tú perecer la esperanza del hombre.
20 Para siempre prevalecerás sobre él, y él se irá;
cambiarás su rostro y lo despedirás.
21 Sus hijos alcanzarán honores, y él no lo sabrá;
o serán humillados, y no se enterará de ello.
22 Mas su carne sobre él se dolerá,
y se lamentará en él su alma.

CAPÍTULO 15

Elifaz explica el desasosiego de los malvados — Éstos no creen que volverán de las tinieblas ni que resucitarán.

Y RESPONDIÓ Elifaz, el temanita, y dijo:
2 ¿Responderá el sabio con vano conocimiento,
y llenará su vientre de viento solano?
3 ¿Disputará con palabras inútiles
y con razones sin provecho?
4 Tú también disipas el temor
y menoscabas la oración delante de Dios.
5 Porque tu boca enseña tu iniquidad,
pues has escogido el hablar de los astutos.
6 Tu propia boca te condenará, y no yo;
y tus propios labios testificarán contra ti.
7 ¿Fuiste tú el primer hombre en nacer?
¿O fuiste formado antes que los collados?
8 ¿Oíste tú el secreto de Dios
y retienes solo para ti la sabiduría?
9 ¿Qué sabes tú que no sepamos nosotros?
¿Qué entiendes tú que no se halle en nosotros?
10 Entre nosotros también hay canosos; también hay ancianos
mucho más avanzados en días que tu padre.
11 ¿En tan poco tienes las consolaciones de Dios,
y las palabras que con dulzura se te dicen?
12 ¿Por qué te arrebata tu corazón,
y por qué guiñan tus ojos,

13 para que contra Dios vuelvas
tu espíritu
y saques *tales* palabras de
tu boca?
14 ¿Qué cosa es el hombre para
que sea [a]limpio,
y para que sea [b]justo el nacido de mujer?
15 He aquí que en sus santos
[a]no confía,
ni aun los cielos son puros
delante de sus ojos;
16 ¡cuánto menos el hombre
abominable y [a]vil
que bebe la iniquidad como
agua!
17 Escúchame, pues yo te mostraré
y te contaré lo que he visto,
18 lo que los sabios nos contaron
de sus padres, y no lo encubrieron;
19 a ellos solos les fue dada la
tierra,
y no pasó extraño por en medio de ellos.
20 Todos sus días el malvado es atormentado de
dolor,
y un cierto número de
años es reservado para el
violento.
21 Estruendos espantosos hay
en sus oídos;
en la prosperidad el destructor vendrá sobre él.
22 Él no cree que volverá de las
tinieblas,
y destinado está para la
espada.
23 Vaga errante tras el pan, *diciendo*: ¿Dónde está?
Sabe que le está preparado
el día de tinieblas.
24 Tribulación y angustia le aterran,
y prevalecen contra él como
un rey dispuesto para la
batalla.
25 Porque él extendió su mano
contra Dios,
y se portó con soberbia contra el Todopoderoso.
26 Corre contra él con el cuello
erguido,
con lo grueso de las salientes
de su escudo.
27 Porque la gordura cubrió su
rostro
e [a]hizo pliegues en su vientre;
28 y habitará en las ciudades
asoladas,
en las casas inhabitadas,
que están a punto de convertirse en ruinas.
29 No se enriquecerá, ni durarán sus bienes,
ni extenderá por la tierra sus
posesiones.
30 No escapará de las tinieblas;
la llama secará sus ramas,
y con el aliento de su boca
perecerá.
31 No confíe el iluso en la [a]vanidad,
porque ella será su recompensa.
32 Ésta se cumplirá antes de su
tiempo,

15 14 *a* GEE Limpio e inmundo.
b GEE Rectitud, recto.
15 *a* *Es decir,* Dios no confía.
16 *a* GEE Inmundicia, inmundo.
27 *a* *O sea,* tiene grasa sobre sus lomos.
31 *a* GEE Vanidad, vano.

y sus renuevos no reverderán.
33 Como la vid, perderá sus uvas antes de madurar
y esparcirá su flor como el olivo.
34 Porque el estar en compañía de los impíos es estéril,
y el fuego consumirá las tiendas del soborno.
35 Conciben maldad y dan a luz iniquidad,
y en sus entrañas traman engaño.

CAPÍTULO 16

Job habla contra los inicuos que se le oponen — Aunque sus amigos lo desdeñan, Job afirma que su testigo está en los cielos y su defensor en las alturas.

Y RESPONDIÓ Job y dijo:
2 Muchas veces he oído cosas como éstas;
consoladores molestos sois todos vosotros.
3 ¿Tendrán fin las palabras vacías?
¿O qué te anima a responder?
4 También yo podría hablar como vosotros.
Si vuestra alma estuviera en lugar de la mía,
yo también podría hilvanar palabras contra vosotros
y ante vosotros sacudir mi cabeza.
5 *Mas* yo os alentaría con mis palabras,
y la consolación de mis labios apaciguaría *el dolor vuestro.*
6 Si hablo, mi dolor no cesa;
y si dejo *de hablar,* no se aparta de mí.
7 Pero ahora él me ha fatigado;
tú has asolado toda mi compañía.
8 Tú me has llenado de arrugas que han venido a ser testigo;
mi delgadez se levanta contra mí para testificar en mi rostro.
9 En su furor *me* ha despedazado y me ha aborrecido;
hizo rechinar sus dientes contra mí;
contra mí aguzó sus ojos mi enemigo.
10 Abrieron contra mí su boca;
hirieron mis mejillas con afrenta;
contra mí se juntaron todos.
11 Me ha entregado Dios al injusto
y en las manos de los malvados me hizo caer.
12 Próspero estaba, y me quebrantó;
y me arrebató por la cerviz, y me despedazó
y me puso por blanco suyo.
13 Me rodearon sus flecheros;
partió mis riñones y no perdonó;
mi hiel derramó por tierra.
14 Me quebrantó de quebranto en quebranto;
arremetió contra mí como un hombre poderoso.

15 Yo cosí cilicio sobre mi piel
y hundí mi poder en el polvo.
16 Mi rostro está enrojecido por el llanto,
y en mis párpados *hay* sombra de muerte,
17 a pesar de no haber violencia en mis manos
y de haber sido pura mi oración.
18 ¡Oh tierra, no cubras mi sangre,
ni haya lugar para mi clamor!
19 Mas he aquí que en los cielos está mi testigo,
y mi testimonio está en las alturas.
20 Me escarnecen mis amigos;
mis ojos derraman lágrimas ante Dios.
21 ¡Ojalá pudiese abogar el hombre con Dios
como con su prójimo!
22 Mas los años contados vendrán,
y yo me iré por [a]el camino de donde no volveré.

CAPÍTULO 17

Job habla del dolor de la muerte y del sepulcro, dolor que se siente el día en que el cuerpo regresa al polvo.

Mi espíritu está quebrantado,
se acortan mis días,
y me está preparado el sepulcro.
2 No hay conmigo sino escarnecedores
en cuya provocación se fijan mis ojos.
3 [a]Pon, ahora, mi fianza contigo;
¿quién me estrechará ahora la mano?
4 Porque del corazón de *éstos* has escondido el entendimiento;
por tanto, no *los* exaltarás.
5 Al que denuncia a sus amigos por una recompensa,
los ojos de sus hijos desfallecerán.
6 Él me ha puesto por refrán de pueblos,
y ante *ellos* soy como uno a quien los hombres escupen *en la cara.*
7 Y mis ojos se oscurecieron por el sufrimiento,
y todas las partes de mi cuerpo son como sombra.
8 Los rectos se asombrarán de esto,
y el inocente se levantará contra el impío.
9 No obstante, proseguirá el justo su camino,
y el [a]limpio de manos aumentará la fuerza.
10 Mas volved todos vosotros y venid ahora,
pues no hallaré entre vosotros a *un solo* sabio.
11 Han pasado mis días; se han deshecho mis planes,
los designios de mi corazón.
12 Cambiaron la noche en día,
y la luz se acerca delante de las tinieblas.

16 22 *a* GEE Muerte física.
17 3 *a* *Es decir,* prométeme.
9 *a* Sal. 24:3–5; DyC 88:86.

13 Si yo espero, [a]el Seol es mi casa;
haré mi cama en las tinieblas.
14 A la [a]fosa he dicho: Mi padre eres tú;
a los gusanos: Mi madre y mi hermana.
15 ¿Dónde, pues, estará ahora mi esperanza?
Y mi [a]esperanza, ¿quién la verá?
16 A las puertas del Seol descenderán,
y juntamente descansaremos en el polvo.

CAPÍTULO 18

Bildad describe el estado de condenación de los malvados que no conocen a Dios.

Y RESPONDIÓ Bildad, el suhita, y dijo:
2 ¿Cuándo pondréis fin a las palabras?
Entended, y después hablemos.
3 ¿Por qué somos tenidos por bestias,
y ante vuestros ojos somos viles?
4 Oh, tú que despedazas tu alma en tu furor,
¿será abandonada la tierra por tu causa,
y serán removidas de su lugar las peñas?
5 Ciertamente [a]la luz de los malvados será apagada,
y no resplandecerá la centella de su fuego.
6 La luz se oscurecerá en su tienda,
y se apagará sobre él su lámpara.
7 Sus pasos vigorosos serán acortados,
y su mismo consejo lo precipitará.
8 Porque es arrojado en la red por sus propios pies
y sobre red andará.
9 [a]Lazo prenderá *su* calcañar;
se cerrará la trampa sobre él.
10 La cuerda está escondida en la tierra para él,
y una trampa le aguarda en la senda.
11 De todas partes lo espantan terrores,
y le hacen huir desconcertado.
12 Serán gastadas de hambre sus fuerzas,
y el desastre estará preparado.
13 Devora partes de su piel;
devora sus miembros el primogénito de la muerte.
14 Su confianza es arrancada de su tienda,
y al rey de los espantos es conducido.
15 En su tienda morará lo que no es suyo;
piedra de azufre será esparcida sobre su morada.
16 Por abajo se secan sus [a]raíces,

13 *a* Alma 40:11.
14 *a* *O sea,* a la corrupción.
15 *a* GEE Esperanza.
18 5 *a* Alma 30:60; DyC 1:33.
9 *a* HEB trampa.
16 *a* DyC 133:64.

y por arriba se marchitan
sus ramas.
17 Su memoria perecerá de la
tierra,
y no tendrá nombre por las
calles.
18 De la luz será lanzado a las
tinieblas,
y echado fuera del mundo.
19 No tendrá progenie ni descendiente en su pueblo,
ni quien *le* suceda en sus moradas.
20 De su día se espantarán los
que están por venir,
como cayó el pavor sobre los
que vinieron antes.
21 Ciertamente tales son las moradas del malvado,
y éste será el lugar del que
no conoció a Dios.

CAPÍTULO 19

Job describe los males que le han sobrevenido y luego testifica: Yo sé que mi Redentor vive — Job profetiza de su propia resurrección y de que en su carne verá a Dios.

ENTONCES respondió Job y dijo:
2 ¿Hasta cuándo angustiaréis
mi alma
y me moleréis con palabras?
3 Ya me habéis vituperado
diez veces;
¿no os avergonzáis de injuriarme?
4 Aunque en verdad yo haya
errado,
conmigo queda mi error.
5 Mas si en verdad vosotros os
engrandecéis contra mí,
y contra mí alegáis mi oprobio,
6 sabed ahora que Dios me ha
derribado
y me ha envuelto en su
red.
7 He aquí, yo clamo agravio
y no tengo respuesta;
pido auxilio, y no [a]hay justicia.
8 Cercó de vallado mi camino,
y no pasaré;
y sobre mis veredas puso
tinieblas.
9 Me ha despojado de mi
gloria
y ha quitado la corona de
mi cabeza.
10 Me arruinó por todos lados,
y perezco;
y ha arrancado mi esperanza
como a un árbol.
11 Y hace arder contra mí su
furor
y me cuenta para sí como a
uno de sus enemigos.
12 A una vienen sus ejércitos, y
preparan su camino contra
mí
y acampan alrededor de mi
tienda.
13 Él ha alejado de mí a mis
hermanos,
y mis conocidos se han apartado completamente de
mí.
14 Mis parientes *me* han fallado,
y mis conocidos se han
olvidado de mí.
15 Los moradores de mi casa y

19 7 *a* GEE Justicia.

mis criadas me tienen por
extraño;
forastero soy yo ante sus
ojos.
16 Llamé a mi siervo, y no respondió;
de mi propia boca le suplicaba.
17 Mi [a]aliento ha venido a ser
extraño a mi esposa,
aunque por los hijos de mis
entrañas *le* rogaba.
18 Aun los muchachos me menospreciaron;
al levantarme, hablaban contra mí.
19 Todos mis íntimos amigos
me aborrecieron;
y los que amo se han vuelto
contra mí.
20 Mi piel y mi carne se han
pegado a mis huesos,
y he escapado con sólo la
piel de mis dientes.
21 ¡Oh, vosotros mis amigos, tened compasión de
mí,
tened compasión de mí!,
porque la mano de Dios me
ha tocado.
22 ¿Por qué me perseguís como
Dios
y ni aun de [a]mi carne os
saciáis?
23 ¡Quién diera ahora que mis
palabras fuesen escritas!
¡Quién diera que se escribiesen en un libro,
24 que con cincel de hierro y
con plomo
fuesen esculpidas en piedra
para siempre!
25 [a]Yo sé que mi [b]Redentor
vive,
y que [c]al final se levantará
[d]sobre el polvo.
26 Y después de deshecha ésta
mi [a]piel,
aún he de [b]ver en mi [c]carne
a Dios,
27 a quien yo veré por mí
mismo;
y mis ojos lo verán, y no otro,
aunque mi corazón se consume dentro de mí.
28 Mas debierais decir: ¿Por qué
le perseguimos,
ya que la raíz del asunto se
halla en mí?
29 Temed vosotros delante de
la espada,
porque el furor *trae* el castigo
de la espada,
para que sepáis que hay un
[a]juicio.

CAPÍTULO 20

Zofar expone las condiciones de los inicuos — Él dice: El júbilo de los malvados es breve, y el gozo del impío sólo dura un momento.

Y RESPONDIÓ Zofar, el naamatita, y dijo:
2 Por esto mis turbados pensamientos me hacen responder,
y por eso me apresuro.

17 *a* HEB mi espíritu.
22 *a* *Es decir,* el estado de mi cuerpo o de mi sufrimiento.
25 *a* GEE Testimonio.
b GEE Redentor; Salvador.
c GEE Segunda Venida de Jesucristo.
d *Es decir,* sobre la tierra.
26 *a* GEE Cuerpo.
b 1 Juan 3:2.
c GEE Resurrección.
29 *a* GEE Juicio, juzgar.

3 La reprensión que me afrenta
he oído,
y me hace responder el
espíritu de mi entendimiento.
4 ¿No sabes esto, que así fue
siempre,
desde el tiempo en que fue
puesto el hombre sobre
la tierra,
5 que el júbilo de los malvados
es breve,
y que el gozo del impío
sólo dura un momento?
6 Aunque suba su altivez hasta
el cielo,
y su cabeza toque las
nubes,
7 como su propio estiércol
perece para siempre;
los que le hayan visto dirán:
¿Dónde está él?
8 Como sueño volará y no le
hallarán;
y se disipará como visión
nocturna.
9 El ojo que le veía nunca más
le verá,
ni su lugar le verá más.
10 Sus hijos buscarán el favor
de los pobres,
y sus manos devolverán su
riqueza.
11 Sus huesos están llenos del
vigor de su juventud,
mas con él en el polvo yacerán.
12 Aunque el mal sea dulce en
su boca,
y lo oculte debajo de su lengua,
13 y lo conserve y no lo
suelte,
sino que lo retenga en su paladar,
14 su comida en sus entrañas
se transformará;
veneno de áspides será dentro de él.
15 Ha devorado riquezas, pero
las vomitará;
de su vientre las sacará
Dios.
16 Veneno de áspides chupará;
lo matará lengua de víbora.
17 No verá los arroyos, los
ríos,
los torrentes de miel y de
cuajada.
18 Devolverá el fruto de su trabajo,
y no lo tragará; no gozará
de la ganancia de su comercio.
19 Por cuanto oprimió y desamparó a los pobres,
y robó casas que no edificó;
20 por tanto, no tendrá sosiego
en su vientre
ni salvará nada de lo que
codiciaba.
21 Nada sobrevive a su voracidad;
por tanto, su bienestar no
será duradero.
22 En la plenitud de su abundancia padecerá estrechez;
la mano de todo el que sufre
caerá sobre él.
23 Cuando se ponga a llenar su
vientre,
Dios enviará sobre él el furor
de su ira,
y la hará llover sobre él y
sobre su comida.
24 Huirá de las armas de hierro,

y el arco de bronce le atravesará.
25 *Intenta* arrancarse la *saeta* y ésta le sale por la espalda,
y la punta relumbrante *sale* por su hiel.
Le sobrevienen terrores.
26 Todas las tinieblas están reservadas para sus tesoros;
un fuego no atizado lo consumirá;
devorará todo lo que quede en su tienda.
27 Los cielos descubrirán su iniquidad,
y la tierra se levantará contra él.
28 Los bienes de su casa serán llevados de allí;
serán arrasados en el día de su furor.
29 Ésta es la parte que Dios prepara al hombre malvado,
y la heredad que Dios le señala por su palabra.

CAPÍTULO 21

Job admite que a veces los inicuos prosperan en esta vida — Luego testifica que el juicio de ellos será después de esta vida, en el día de la ira y de la destrucción.

ENTONCES respondió Job y dijo:
2 Oíd atentamente mi palabra,
y sea esto vuestro consuelo.
3 Toleradme, y yo hablaré;
y después que haya hablado, burlaos.
4 ¿Acaso me quejo yo ante algún hombre?
¿Y por qué no se ha de angustiar mi espíritu?
5 Miradme, y espantaos
y poned la mano sobre *vuestra* boca.
6 Aun yo mismo, cuando me acuerdo, me espanto,
y el temblor se apodera de mi carne.
7 ¿Por qué viven los malvados
y envejecen, y aun [a]crecen en riquezas?
8 Su descendencia se afianza delante de ellos;
y sus vástagos, delante de sus ojos.
9 Sus casas están a salvo de temor;
y no está la vara de Dios sobre ellos.
10 Sus toros engendran y no fallan;
paren sus vacas y no pierden su cría.
11 Envían fuera a sus pequeñuelos como rebaño,
y sus hijos andan saltando.
12 El tamboril y la cítara llevan
y se regocijan al son de la flauta.
13 Pasan sus días en prosperidad,
y en un instante descienden al Seol.
14 Dicen, pues, a Dios: Apártate de nosotros,
porque no queremos el

21 7 *a* Hel. 7:4–5.

conocimiento de tus caminos.
15 ¿Quién es el Todopoderoso para que le sirvamos?
¿Y de qué nos aprovechará que oremos a él?
16 He aquí que su bien no está en manos de ellos;
el consejo de los malvados lejos esté de mí.
17 ¡Oh, cuántas veces la lámpara de los malvados es apagada
y viene sobre ellos su calamidad,
y Dios en su ira les reparte dolores!
18 Son como la paja delante del viento
y como el tamo que arrebata el torbellino.
19 Dios guardará para sus hijos su maldad;
y le dará su pago, para que aprenda.
20 Vean sus ojos su ruina,
y [a]beba de la ira del Todopoderoso.
21 Porque, ¿qué deleite tendrá él en su casa después de sí,
cuando sea cortado el número de sus meses?
22 ¿[a]Enseñará alguien a Dios [b]conocimiento,
cuando es él quien juzga a los que están elevados?
23 Éste muere en la plenitud de su vigor, del todo quieto y pacífico.
24 Sus vasijas están llenas de leche,
y la médula de sus huesos está húmeda.
25 Y este otro muere con amargura de ánimo
y sin haber comido nunca con gusto.
26 Del mismo modo [a]yacerán ellos en el polvo,
y gusanos los cubrirán.
27 He aquí, yo conozco vuestros pensamientos
y las maquinaciones que contra mí forjáis.
28 Porque decís: ¿Dónde está la casa del príncipe
y la tienda de la morada de los malvados?
29 ¿No habéis preguntado a los que pasan por los caminos,
y no habéis reconocido sus señas
30 de que el malo es reservado para el día de la destrucción?
Conducidos serán en el día de la ira.
31 ¿Quién le denunciará en su cara su camino?
Y de lo que él hizo, ¿quién le dará el pago?
32 Porque llevado será él a los sepulcros,
y en la tumba permanecerá.
33 Los terrones del valle le serán dulces;
y tras él será llevado todo hombre,
y antes de él *han ido* innumerables.
34 ¿Cómo, pues, me consoláis en vano?

20 *a* Sal. 75:8; Mos. 3:18, 25.
22 *a* Jacob 4:10.
b GEE Omnisciente.
26 *a* GEE Muerte física.

En vuestras respuestas hay falsedad.

CAPÍTULO 22

Elifaz acusa a Job de diversos pecados y le exhorta a arrepentirse.

Y respondió Elifaz, el temanita, y dijo:
2 ¿Traerá el hombre provecho a Dios?
¿Será el sabio provechoso para sí mismo?
3 ¿Tiene contentamiento el Omnipotente en que tú seas [a]justo,
o gana él algo con que tú hagas [b]perfectos tus caminos?
4 ¿Te reprenderá él por tu temor,
o vendrá a juicio contigo?
5 ¿No es grande tu maldad,
y sin fin tus iniquidades?
6 Porque sacaste prenda a tus hermanos sin causa,
y despojaste de sus ropas a los desnudos.
7 No diste de beber agua al cansado,
y negaste el pan al hambriento.
8 Pero el hombre fuerte tuvo la tierra,
y habitó en ella el respetable.
9 A las viudas despedías con las manos vacías,
y los brazos de los [a]huérfanos fueron quebrados.
10 Por tanto, hay trampas alrededor de ti,
y te turba espanto repentino,
11 o tinieblas, para que no veas,
y abundancia de agua te cubre.
12 ¿No está Dios en las alturas de los cielos?
¡Mira lo encumbrado de las estrellas, cuán elevadas están!
13 Y dirás tú: ¿Qué [a]sabe Dios?
¿Cómo juzgará a través de las nubes de oscuridad?
14 Las nubes densas le rodean, y no ve;
y por la bóveda del cielo se pasea.
15 ¿Quieres tú seguir la senda antigua
que pisaron los hombres inicuos,
16 que fueron talados antes de tiempo,
cuyos cimientos fueron arrasados por un río?
17 Ellos decían a Dios: Apártate de nosotros.
¿Y qué les había hecho el Omnipotente?
18 Les había colmado de bienes sus casas,
pero el consejo de los malvados está lejos de mí.
19 *Lo* verán los justos y se alegrarán;
y el inocente los escarnecerá, *diciendo*:
20 Ciertamente fueron destruidos nuestros adversarios,

22 3 *a* Mos. 2:20–22.
b GEE Perfecto.
9 *a* Stg. 1:27; 3 Ne. 24:5.
13 *a* DyC 88:41.

y el fuego consumió lo que quedó de ellos.
21 Vuelve ahora en amistad con [a]él y tendrás [b]paz;
y por ello te vendrá el bien.
22 Recibe ahora la ley de su boca,
y pon sus palabras en tu corazón.
23 Si te vuelves al Omnipotente, [a]serás edificado;
alejarás de tu tienda la iniquidad.
24 Y tendrás más oro que tierra,
y *oro* de Ofir como piedras de arroyo.
25 Y el Todopoderoso será tu oro,
y tendrás plata en abundancia.
26 Porque entonces te deleitarás en el Omnipotente,
y alzarás a Dios tu rostro.
27 Orarás a él, y él te oirá;
y tú cumplirás tus votos.
28 Determinarás asimismo una cosa,
y te resultará bien;
y sobre tus caminos resplandecerá la luz.
29 Cuando ellos estén abatidos, dirás tú:
Enaltecimiento *habrá*;
y *Dios* salvará al [a]humilde de ojos.
30 Él libertará aun al que no es inocente,
y por la limpieza de tus manos éste será librado.

CAPÍTULO 23

Job busca a Jehová y afirma su propia rectitud — Él dice: Cuando Jehová me haya puesto a prueba, saldré como oro.

Y RESPONDIÓ Job y dijo:
2 Hoy también es amarga mi queja;
mi mano es pesada por mi gemido.
3 ¡Quién me diera el saber dónde hallarle!
Yo iría hasta su trono.
4 Expondría mi causa delante de él,
y llenaría mi boca de argumentos.
5 Yo sabría las palabras que él me respondiera,
y entendería lo que me dijera.
6 ¿Contendería conmigo con grandeza de fuerza?
No, sino que él la pondría en mí.
7 Allí el justo razonaría con él,
y yo [a]escaparía para siempre de mi juez.
8 He aquí, yo iré al oriente y no lo *hallaré*;
y al occidente, y no lo percibiré.
9 Cuando él actúe al norte, yo no le veré;
al sur se esconderá, y no le veré.
10 Mas él [a]conoce mi camino;

21 *a* *Es decir,* con Dios.
b GEE Paz—La paz de Dios para los obedientes.
23 *a* Hel. 13:11.
29 *a* GEE Humildad, humilde, humillar (afligir).
23 7 *a* 2 Ne. 9:18–19.

cuando me haya [b]probado,
saldré como oro.
11 Mis pies han seguido sus pisadas;
guardé su camino y no me aparté.
12 Del mandamiento de sus labios nunca me he separado;
he atesorado las palabras de su boca más que mi *porción* señalada.
13 Pero él es uno en *propósito*,
¿y quién le hará cambiar?
Lo que su alma desea, lo hace.
14 Él, pues, acabará lo que ha determinado para mí;
y muchas cosas como éstas tiene él.
15 Por lo cual, yo me turbo en su presencia;
cuando lo considero, tiemblo a causa de él.
16 Dios ha hecho desfallecer mi corazón,
y me ha turbado el Omnipotente.
17 Porque no fui aniquilado delante de las tinieblas,
ni cubrió de mi rostro la oscuridad.

CAPÍTULO 24

Los asesinos, los adúlteros, los que oprimen al pobre y la gente inicua, en general, suelen salir impunes.

Puesto que no son ocultos los tiempos al Todopoderoso,
¿por qué los que le conocen no ven sus días?
2 Mueven los [a]linderos,
roban los rebaños y los apacientan.
3 Se llevan el asno de los huérfanos;
toman en prenda el buey de la viuda.
4 Hacen apartar del camino a los menesterosos,
y los pobres de la tierra se esconden juntamente.
5 He aquí, como asnos monteses en el desierto,
salen a su obra madrugando en busca de presa;
el desierto les da el sustento de sus hijos.
6 En el campo siegan su pasto,
y vendimian la viña del malvado.
7 Al desnudo hacen dormir sin ropa
y sin cobertura en el frío.
8 Con las lluvias de los montes se mojan,
y abrazan las peñas por falta de abrigo.
9 Quitan del pecho a los huérfanos,
y del pobre toman prenda.
10 Al desnudo hacen andar sin vestido,
y a los hambrientos quitan las gavillas.
11 Dentro de sus paredes exprimen el aceite;
pisan los lagares, pero pasan sed.

10 *a* GEE Omnisciente.
b Isa. 48:10; DyC 121:7–10.
24 2 *a* Deut. 19:14; Oseas 5:10.

12 Desde la ciudad gimen los
hombres,
y claman las almas de los
heridos,
pero Dios no [a]atribuye yerro.
13 Ellos son los que, [a]rebeldes
a la [b]luz,
no conocen sus caminos,
ni permanecen en sus sendas.
14 A la luz se levanta el asesino,
mata al pobre y al necesitado,
y de noche es como ladrón.
15 El ojo del adúltero está aguardando el crepúsculo,
diciendo: No me verá nadie,
y oculta su rostro.
16 En las tinieblas minan las
casas
que de día para sí señalaron;
no conocen la luz.
17 Porque la mañana es para
todos ellos como sombra
de muerte;
si son reconocidos, terrores
de sombra de muerte *les
sobrevienen*.
18 Ligero es él sobre la faz de
las aguas;
maldita en la tierra es la porción de ellos;
él no vuelve al camino de
las viñas.
19 La sequía y el calor arrebatan
las
aguas de la nieve,
así también el Seol a los
pecadores.
20 Se olvidará de ellos el seno
materno;
de ellos sentirán los gusanos
dulzura;
nunca más habrá de ellos
memoria;
y como un árbol será quebrantada la injusticia.
21 Aflige a la mujer estéril que
no concibe,
y a la viuda nunca hace
bien.
22 También a los fuertes arrastra con su poder.
Se levanta, y nadie está seguro de su vida.
23 Él le da seguridad, y se sostiene;
sus ojos están sobre los caminos de ellos.
24 Son enaltecidos por poco
tiempo, pero desaparecen;
son [a]abatidos como todos los
demás; son encerrados
y cortados como cabezas de
espigas.
25 Y si no, ¿quién me desmentirá ahora
y reducirá a nada mis palabras?

CAPÍTULO 25

Bildad lamenta el estado inferior del hombre y lo clasifica como gusano.

Entonces respondió Bildad, el suhita, y dijo:
2 El señorío y el temor están
con él;
él hace paz en sus alturas.
3 ¿Tienen sus ejércitos número?

12 *a* *O sea,* no hace caso a su oración.
13 *a* GEE Rebelión.
b Hel. 13:29.
24 *a* DyC 49:10.

¿Y sobre quién no se levanta
su luz?
4 ¿Cómo, pues, se [a]justificará
el hombre para con Dios?
¿Y cómo será [b]limpio el que
nace de mujer?
5 He aquí que ni aun la misma
luna es resplandeciente,
ni las estrellas son limpias
delante de sus ojos,
6 ¡cuánto menos el hombre,
que es un gusano,
y el hijo de hombre, *también*
gusano!

CAPÍTULO 26

Job reprende la insensibilidad de Bildad — Job ensalza el poder, la grandeza y la fortaleza de Jehová.

ENTONCES respondió Job y dijo:
2 ¿En qué ayudaste al que no
tiene fuerzas?
¿Has amparado al brazo sin
fuerza?
3 ¿En qué aconsejaste al que
no tiene sabiduría,
y qué sana sabiduría has
dado a conocer?
4 ¿A quién has anunciado
palabras,
y de quién es el espíritu que
procede de ti?
5 Las sombras de los muertos
se retuercen
debajo de las aguas, y
también los habitantes de
éstas.
6 El [a]Seol está descubierto delante de él,
y el [b]Abadón no tiene cobertura.
7 Él extiende el norte sobre el
vacío;
cuelga la tierra sobre la
nada.
8 Encierra las aguas en sus
nubes,
y las nubes no se rompen
debajo de ellas.
9 Él encubre la faz de su
trono,
y sobre él extiende su
nube.
10 Ha puesto límite a la superficie de las aguas,
hasta el confín de la luz y de
las tinieblas.
11 Las columnas del cielo tiemblan
y se espantan ante su reprensión.
12 Él agita el mar con su poder,
y con su entendimiento hiere
[a]su arrogancia.
13 Con su [a]espíritu adornó los
cielos;
su mano traspasó la [b]ser-
piente tortuosa.
14 He aquí, estas cosas son los
bordes de sus caminos.
¡Y cuán leve es el susurro
de la palabra que hemos
oído de él!

25 4 *a* GEE Justificación, justificar.
b GEE Limpio e inmundo.
26 6 *a* GEE Infierno.
b HEB lugar de perdición o destrucción.
12 *a* También, al arrogante.
13 *a* GEE Luz, luz de Cristo.
b *Es decir,* el legendario monstruo marino que representaba las fuerzas del caos que se oponían al Creador.

Pero el trueno de su poder,
¿quién lo podrá comprender?

CAPÍTULO 27

Job afirma su rectitud — Cuando el malvado muera y sea sepultado, terrores se apoderarán de él.

Y continuó Job su discurso y dijo:
2 Vive Dios, que ha quitado mi derecho,
y el Omnipotente, que ha amargado el alma mía,
3 que todo el tiempo que mi aliento esté en mí
y haya espíritu de Dios en mis narices,
4 mis labios no hablarán [a]iniquidad
ni mi lengua pronunciará [b]engaño.
5 Nunca tal acontezca que yo os justifique;
hasta que muera, no quitaré de mí mi [a]integridad.
6 A mi [a]justicia me aferro y no la cederé;
no *me* reprochará mi corazón mientras viva.
7 Sea como el malvado mi enemigo,
y como el inicuo el que se levanta contra mí.
8 Porque, ¿cuál es la [a]esperanza del impío, por mucho que haya [b]robado,
cuando Dios le quite la vida?
9 ¿[a]Oirá Dios su [b]clamor
cuando la tribulación venga sobre él?
10 ¿Se deleitará en el Omnipotente?
¿Invocará a Dios en todo tiempo?
11 Yo os enseñaré acerca del poder de Dios;
no esconderé lo que concierne al Omnipotente.
12 He aquí que todos vosotros lo habéis visto;
¿por qué, pues, os habéis hecho tan enteramente vanos?
13 Ésta es la porción de parte de Dios para el hombre malvado,
y la herencia que los violentos han de recibir del Omnipotente:
14 Si sus hijos se multiplican, serán entregados a la espada,
y sus pequeños no se saciarán de pan;
15 los que de él queden morirán y serán sepultados,
y no llorarán sus viudas.
16 Si amontona plata como polvo,
y si apila [a]ropa como barro,
17 la habrá apilado él, mas el justo se vestirá con ella,
y el inocente repartirá la plata.

27 4*a* GEE Inicuo, iniquidad.
b GEE Engañar, engaño.
5*a* GEE Integridad.
6*a* GEE Rectitud, recto.
8*a* Alma 34:33–35; DyC 50:7–8.
b Mateo 16:26.
9*a* Prov. 1:27–28.
b Mos. 11:24–25; 21:14–15.
16*a* 3 Ne. 13:25–30.

18 Edifica su casa como la
polilla,
como enramada que hace el
guardia.
19 Rico se acuesta, pero [a]no será
recogido;
abrirá sus ojos y ya no será
nada.
20 Se apoderarán de él terrores
como aguas;
el torbellino lo arrebatará
de noche.
21 El viento solano lo levanta y
se lo lleva,
y la tempestad lo arrebata
de su lugar.
22 *Dios,* pues, descargará contra
él y no perdonará;
ciertamente procurará huir
de su mano.
23 Batirán las manos contra
él,
y desde su lugar le silba-
rán.

CAPÍTULO 28

La riqueza proviene de la tierra — La sabiduría no se puede comprar — El temor de Jehová es sabiduría; y el apartarse del mal, entendimiento.

CIERTAMENTE la plata tiene sus
veneros,
y el oro, lugar *donde* se refina.
2 El hierro se saca del polvo,
y de la piedra se funde el
cobre.
3 A las tinieblas pone término,
y examina hasta lo más re-
moto,
la piedra de la oscuridad y
la sombra de muerte.
4 Abre un venero lejos de lo
habitado,
en lugares olvidados por el
pie *del hombre*;
allí, suspendidos, se balan-
cean lejos de los demás
hombres.
5 De la tierra proviene el
pan,
y debajo de ella está revuelta
como por fuego.
6 Sus piedras son sitio de
zafiros,
y su polvo contiene oro.
7 Es una senda que ave de rapiña nunca conoció,
ni ojo de halcón vio;
8 cachorros de fieras altivas
nunca la pisaron,
ni león pasó por ella.
9 En el pedernal puso su
mano,
y trastornó de raíz los montes.
10 Entre los peñascos cortó
ríos,
y sus ojos vieron todo lo preciado.
11 Detuvo los ríos para que no
se desbordasen,
e hizo salir a luz lo escondido.
12 Mas, ¿dónde se hallará la
[a]sabiduría?
¿Y dónde está el lugar del
[b]entendimiento?
13 No conoce su valor el hombre,

19 *a* HEB posiblemente: "no será recogido *con sus padres".*

28 12 *a* GEE Sabiduría.
b GEE Entender, entendimiento.

ni se halla en la [a]tierra de los vivientes.
14 El abismo dice: No está en mí,
y el mar dice: Ni conmigo.
15 No se dará a cambio de oro,
ni su precio será a peso de plata.
16 No puede ser evaluada con oro de Ofir,
ni con ónice precioso ni con zafiro.
17 El oro no la igualará, ni el cristal,
ni se cambiará por objetos de oro fino.
18 No se hará mención de coral ni de cristal;
la sabiduría vale más que las piedras preciosas.
19 No se igualará con ella el topacio de Etiopía,
ni se evaluará con el oro fino.
20 ¿De dónde, pues, procede la sabiduría?
¿Y dónde está el lugar del entendimiento?
21 Porque encubierta está a los ojos
de todo viviente, y a toda ave del cielo le es oculta.
22 [a]El Abadón y la muerte dijeron:
Su fama hemos oído con nuestros oídos.
23 Dios entiende el camino de ella
y conoce su lugar,
24 porque él mira hasta los confines de la tierra,
y ve debajo de todos los cielos.
25 Al dar peso al viento,
y medir las aguas por partes,
26 cuando él hizo ley para la lluvia
y camino para el relámpago del trueno,
27 ya entonces la veía él y la manifestaba;
la preparó y también la escudriñó.
28 Y dijo al hombre:
He aquí que el [a]temor del Señor es la sabiduría;
y el apartarse del mal, el entendimiento.

CAPÍTULO 29

Job recuerda su prosperidad y grandeza pasadas — Fue bendecido por motivo de su rectitud, de su caridad y de sus buenas obras.

Y REANUDÓ Job su discurso y dijo:
2 ¡Quién me diera que volviese a ser como en los meses pasados,
como en los días en que Dios me guardaba,
3 cuando hacía resplandecer su lámpara sobre mi cabeza,
y a su luz yo caminaba en la oscuridad,
4 como era yo en los días de mi juventud,
cuando el [a]secreto de Dios estaba sobre mi tienda;

13 *a* Sal. 27:13; 116:9; DyC 81:3.
22 *a* HEB lugar de perdición o destrucción.
28 *a* GEE Reverencia.

5 cuando el Omnipotente aún estaba conmigo,
y mis hijos alrededor de mí;
6 cuando lavaba yo mis pasos con cuajada,
y la piedra me derramaba ríos de aceite!
7 Cuando yo salía a la puerta de la ciudad,
y en la plaza hacía preparar mi asiento,
8 los jóvenes me veían y se escondían;
y los ancianos se levantaban y permanecían de pie.
9 Los príncipes detenían sus palabras
y ponían la mano sobre su boca;
10 la voz de los principales se apagaba,
y su lengua se pegaba a su paladar.
11 Cuando los oídos que me oían me llamaban bienaventurado,
y los ojos que me veían daban testimonio de mí,
12 porque yo libraba al [a]pobre que clamaba,
y al huérfano y al que carecía de ayudador.
13 La bendición del que iba a perecer venía sobre mí,
y al corazón de la viuda yo daba alegría.
14 Me vestía de [a]rectitud, y ella me cubría;
como manto y [b]turbante era mi juicio.
15 Yo era ojos para el ciego
y pies para el cojo.
16 Para los menesterosos era padre;
y de la causa que no entendía, me informaba con diligencia;
17 y quebraba los colmillos del inicuo,
y de sus dientes hacía soltar la presa.
18 Y decía yo: En mi nido moriré,
y como arena multiplicaré mis días.
19 Mi raíz estaba abierta junto a las aguas,
y en mis ramas permanecía el rocío.
20 Mi honra se mantenía fresca en mí,
y mi arco se renovaba en mi mano.
21 Me escuchaban y esperaban,
y callaban ante mi consejo.
22 Tras mi palabra no replicaban,
y mi razón destilaba sobre ellos.
23 Y me esperaban como a la lluvia,
y abrían su boca *como* a la lluvia tardía.
24 Si me reía con ellos, no lo creían;
y no abatían la luz de mi rostro.
25 Yo escogía el camino para ellos, y me sentaba como el jefe.
Y moraba como rey entre las tropas,
como el que consuela a los que lloran.

29 4 *a* *O sea,* la amistad, la confianza.
12 *a* Mos. 4:26; DyC 42:30–31; 104:18.
14 *a* GEE Rectitud, recto.
b *O sea,* mi diadema.

CAPÍTULO 30

Los hijos de hombres viles y bajos se burlan de Job — En su aflicción, Job clama a Jehová — Afirma haber llorado por los afligidos.

PERO ahora se ríen de mí los más
jóvenes que yo,
a cuyos padres yo habría
desdeñado poner con los
perros de mi rebaño.
2 Porque, ¿para qué habría yo
necesitado la fuerza de sus
manos,
si sus fuerzas ya se habían
agotado?
3 A causa de la pobreza y del
hambre *andaban* solitarios;
huían a la soledad, a lugar
tenebroso, desolado y desierto.
4 Recogían malvas entre los
arbustos,
y raíces de enebro para calentarse.
5 Eran echados de entre *las
gentes*,
y todos les gritaban como a
ladrones.
6 Habitaban en las barrancas
de los arroyos,
en las cavernas de la tierra
y entre las rocas.
7 Bramaban entre las matas,
y se reunían debajo de los
espinos.
8 Hijos de viles y hombres sin
nombre
fueron expulsados a latigazos de la tierra.
9 Y ahora yo soy objeto de su
burla,
y les sirvo de refrán.
10 Me abominan; se alejan de
mí
y no dejan de escupirme en
la cara.
11 Porque *Dios* desató mi cuerda
y me afligió,
por eso se desenfrenaron delante de mi rostro.
12 A mano derecha se levanta
el populacho,
empujan mis pies
y preparan contra mí sus
caminos de perdición.
13 Mi senda desbarataron;
se aprovecharon de mi quebrantamiento;
contra ellos no hubo ayudador.
14 Vinieron como por ancha
brecha,
revolviéndose en medio de
la calamidad.
15 Terrores se han vuelto contra
mí;
persiguen como el viento mi
honor,
y mi prosperidad se ha disipado como nube.
16 Y ahora mi alma se derrama
en mí;
días de aflicción se apoderan de mí.
17 La noche taladra mis huesos,
y los dolores que me roen no
reposan.
18 Con la gran fuerza *de mi enfermedad* mi vestidura se
deforma;
me aprieta como el cuello de
mi túnica.
19 Me ha derribado en el
lodo,
y soy semejante al polvo y a
la ceniza.

20 Clamo a ti, y no me respondes;
me presento, y no me atiendes.
21 Te has vuelto [a]cruel para conmigo;
con el poder de tu mano me persigues.
22 Me levantas y me haces cabalgar sobre el viento,
y disuelves mi sustancia.
23 Porque yo sé que me conduces a la muerte,
y a la casa determinada para todo viviente.
24 Mas él, ¿no extenderá la mano contra el sepulcro?
¿No clamarán *los sepultados* cuando él los quebrante?
25 ¿No he llorado yo por el afligido?
Y mi alma, ¿no se entristeció por el menesteroso?
26 Cuando esperaba yo el bien, entonces vino el mal;
y cuando esperaba la luz, vino la oscuridad.
27 Mis entrañas hierven y no reposan;
días de aflicción me han sobrevenido.
28 En duelo ando, y no por el sol;
me he levantado en la congregación y he clamado.
29 He venido a ser hermano de los chacales
y compañero de los avestruces.
30 Mi piel está ennegrecida sobre mí,
y mis huesos arden de calor.
31 Y se ha convertido mi arpa en duelo,
y mi flauta en voz de lamentadores.

CAPÍTULO 31

Job pide un juicio para que Dios reconozca su integridad — Job dice que, si ha hecho mal, recibirá con agrado los castigos por ello.

HICE [a]convenio con mis ojos;
¿cómo, pues, había yo de pensar en una virgen?
2 Porque, ¿qué galardón *me daría* desde arriba Dios,
y qué [a]heredad el Omnipotente desde las alturas?
3 ¿No hay calamidad para el injusto
e infortunio para los obradores de iniquidad?
4 ¿No ve él mis caminos
y cuenta todos mis pasos?
5 Si he andado con vanidad,
y si mi pie se ha apresurado al [a]engaño,
6 [a]péseme Dios en balanzas de justicia
y reconocerá mi [b]integridad.
7 Si mis pasos se han apartado del camino,
y si mi corazón [a]se ha ido tras mis ojos,

30 21 *a* GEE Castigar, castigo.
31 1 *a* GEE Convenio (pacto).
2 *a* DyC 132:19.
5 *a* GEE Engañar, engaño.
6 *a* Dan. 5:27.
b GEE Integridad.
7 *a* Hel. 13:27.

y si alguna mancha se ha pegado a mis manos,
8 siembre yo, y otro coma,
y sea arrancada mi siembra.
9 Si ha sido seducido mi corazón por alguna mujer,
y si he estado acechando a la puerta de mi prójimo,
10 muela para otro mi esposa,
y sobre ella otros se encorven.
11 Porque eso es maldad e iniquidad
que han de castigar los jueces.
12 Porque es fuego que devoraría hasta [a]el Abadón,
y desarraigaría toda mi hacienda.
13 Si he tenido en poco el derecho de mi siervo y de mi sierva
cuando ellos pleiteaban conmigo,
14 ¿qué haré yo cuando Dios se levante?
Y cuando él me pida cuentas, ¿qué le responderé yo?
15 El que en el vientre me hizo a mí, ¿no lo hizo a él?
¿Y no nos [a]formó uno mismo en la matriz?
16 Si he estorbado el deseo de los pobres,
o si he dejado desfallecer los ojos de la viuda,
17 o si he comido mi bocado solo,
y no ha comido de él el huérfano
18 (porque desde mi juventud creció conmigo como con un padre,
y desde el vientre de mi madre fui guía de la viuda),
19 si he visto perecer a alguien sin vestido,
o a algún menesteroso sin abrigo,
20 si no me han bendecido sus lomos,
y si él no se ha calentado con el vellón de mis ovejas,
21 si he alzado contra el [a]huérfano mi mano,
aun cuando vi que me ayudarían en la puerta,
22 que mi brazo se caiga de mi hombro,
y que se quiebre el hueso de mi brazo.
23 Porque el castigo de Dios ha sido terror para mí,
y ante su majestad yo no tendría poder.
24 Si he puesto en el oro mi esperanza
o si he dicho al oro fino: Mi confianza eres tú,
25 si me he alegrado de que mi [a]riqueza se multiplicase
y de que mi mano hallase mucho,
26 si he mirado al sol cuando resplandecía,
o a la luna en su esplendor,
27 y si mi corazón se engañó en secreto,
o si mi boca besó mi mano,

12 *a* HEB lugar de perdición o destrucción.
15 *a* Jer. 1:5.
21 *a* Stg. 1:27.
25 *a* GEE Riquezas.

28 esto también sería maldad
digna de juicio,
porque habría negado al
Dios de lo alto.
29 Si me he [a]alegrado con
la ruina del que me abo-
rrecía
y me he regocijado cuando
le halló el mal
30 (aun cuando no he entregado
al pecado mi boca,
pidiendo maldición para
su alma),
31 si los hombres de mi tienda
no decían:
¿Quién hallará a alguno
que no se haya saciado
con su carne?
32 (el extranjero no pasaba fuera
la noche,
pues mis puertas abría al
caminante);
33 si [a]como Adán he [b]encubierto
mis transgresiones,
escondiendo en mi seno mi
iniquidad,
34 porque temía a la gran
multitud,
y el menosprecio de las
familias me aterrori-
zaba,
y callé *y* no salí de mi
puerta.
35 ¡Quién me diera quien me
oyese!
He aquí, mi marca. ¡Que
el Omnipotente me res-
ponda,
y que mi adversario me haga
un escrito!
36 Ciertamente yo lo llevaría
sobre mi hombro,
y me lo ceñiría *como* una
corona.
37 Yo le contaría el número de
mis pasos;
como príncipe me acerca-
ría a él.
38 Si mi tierra clama contra
mí,
y lloran todos sus surcos;
39 si he comido su sustancia sin
dinero,
o si he hecho expirar el alma
de sus dueños,
40 en lugar de trigo broten abrojos,
y espinos en lugar de ce-
bada.

Terminan las palabras de Job.

CAPÍTULO 32

Eliú, enojado, responde a Job y a sus tres amigos — Eliú dice: Espíritu hay en el hombre, y la inspiración del Omnipotente le hace entender — También dice que los grandes no son siempre sabios.

Y CESARON estos tres hombres
de responder a Job, por cuanto él
era justo ante sus propios ojos.
2 Entonces Eliú hijo de Baraquel, el buzita, de la familia
de Ram, se encendió en ira contra Job; se encendió su ira por
cuanto justificaba su propia alma
más que a Dios.
3 Asimismo se encendió su
ira contra sus tres amigos, porque los otros no hallaban qué

29 *a* Prov. 17:5.
33 *a* *O sea,* como hombre.
Moisés 4:9–19.
b DyC 121:37.

responder, aunque habían condenado a Job.
4 Y Eliú esperó a que Job terminase de hablar, porque los otros eran más ancianos de días que él.
5 Pero viendo Eliú que no había respuesta en la boca de aquellos tres hombres, su ira se encendió.
6 Y respondió Eliú hijo de Baraquel, el buzita, y dijo:

Yo soy menor de días y vosotros ancianos;
por tanto, he tenido miedo
y he temido declararos mi opinión.
7 Yo decía: Los días hablarán,
y la multitud de años enseñará sabiduría.
8 Ciertamente [a]espíritu hay en el hombre,
y la [b]inspiración del Omnipotente le hace [c]entender.
9 No *siempre* los grandes son sabios,
ni los ancianos entienden el juicio.
10 Por tanto, yo digo: Escuchadme,
también yo declararé mi opinión.
11 He aquí, yo he esperado vuestras razones;
he escuchado vuestros argumentos,
en tanto que buscabais palabras.
12 Os he, pues, prestado atención,
y he aquí que no ha habido de vosotros quien haya refutado a Job
ni quien haya respondido a sus razones.
13 No sea que digáis: Nosotros hemos hallado sabiduría;
lo derrota Dios, no el hombre.
14 Ahora bien, *Job* no ha dirigido a mí sus palabras,
ni yo le responderé con vuestras razones.
15 Se desconcertaron; no respondieron más;
se les fueron los razonamientos.
16 Yo, pues, he esperado (porque no hablaban,
sino que callaron y no respondieron más).
17 *Por eso* yo también responderé mi parte;
también yo declararé mi opinión.
18 Porque lleno estoy de palabras,
y el espíritu dentro de mí me compele.
19 De cierto mi interior está como el vino que no tiene respiradero,
y se romperá como odres nuevos.
20 Hablaré, pues, y me desahogaré;
abriré mis labios y responderé.
21 No haré, ahora, acepción de personas
ni usaré con nadie de títulos [a]lisonjeros.

32 8 *a* GEE Espíritu.
b GEE Inspiración, inspirar; Luz, luz de Cristo.
c GEE Entender, entendimiento.
21 *a* Prov. 26:28.

22 Porque no sé usar de títulos
lisonjeros;
si lo hiciese, en breve mi
Hacedor me llevaría.

CAPÍTULO 33

Eliú dice: Dios es mayor que el hombre — Dios habla al hombre en sueños y visiones — Él rescata a los que han sido echados en la fosa — Redime sus almas y les da vida.

POR tanto, Job, oye ahora mis
razones,
y escucha todas mis palabras.
2 He aquí, he abierto ahora mi
boca,
y mi lengua hablará en mi
boca.
3 Mis razones *provendrán de* la
rectitud de mi corazón,
y lo que saben mis labios lo
hablarán con sinceridad.
4 El [a]espíritu de Dios me
hizo,
y el [b]soplo del Omnipotente
me dio vida.
5 Si puedes, contradíceme;
dispón *tus palabras;* ponte de
pie delante de mí.
6 Heme aquí, conforme a tu
dicho, *como tú,* ante Dios;
de barro fui yo también formado.
7 He aquí que mi terror no te
espantará,
ni mi mano será pesada sobre ti.
8 Ciertamente tú dijiste a oídos
míos,
y yo oí la voz de tus palabras
que decían:
9 Yo soy limpio y sin transgresión;
soy inocente, y no hay iniquidad en mí.
10 He aquí que él halla motivos
de queja contra mí;
me tiene por su enemigo;
11 pone mis pies en el cepo;
vigila todas mis sendas.
12 He aquí, en esto no has sido
justo;
yo te respondo que [a]Dios es
mayor que el hombre.
13 ¿Por qué contiendes contra
él?
Porque él no da cuenta de
ninguna de sus razones.
14 Sin embargo, Dios habla una
y otra vez,
pero el hombre no lo percibe.
15 En [a]sueños, en visión nocturna,
cuando el sueño profundo
cae sobre los hombres,
cuando se adormecen sobre
el lecho,
16 entonces revela al oído de
los hombres
y les confirma su instrucción,
17 para apartar al hombre de lo
que hace,
y alejar del hombre la soberbia.
18 Librará su alma de la [a]fosa,
y su vida de perecer a espada.

33 4 *a* GEE Creación, crear.
b GEE Hombre(s)—El hombre, hijo espiritual de nuestro Padre Celestial.
12 *a* GEE Omnipotente.
15 *a* GEE Sueños.
18 *a* GEE Infierno.

19 También sobre su cama es castigado
con dolor constante en todos sus huesos,
20 que le hace que su vida aborrezca el pan
y su alma la comida exquisita.
21 Su carne desaparece de la vista,
y sus huesos, que antes no se veían, aparecen.
22 Y su alma se acerca a la fosa,
y su vida a los que causan la muerte.
23 Si tuviera cerca de él
un ángel, un mediador, uno entre mil,
para anunciar al hombre lo que es recto,
24 para decirle que *Dios* tiene misericordia de él,
que lo libra de descender a la fosa,
que le ha hallado redención.
25 Su [a]carne será más tierna que la de un niño,
y volverá a los días de su juventud.
26 [a]Orará a Dios, y éste le favorecerá;
y verá su faz con júbilo,
y él restituirá al hombre su justicia.
27 Él mira sobre los hombres;
y *al que* diga:
Pequé, y pervertí lo recto,
y no me ha aprovechado,
28 *Dios* redimirá su alma para que no descienda a la fosa,
y su vida verá la luz.
29 He aquí, todas estas cosas hace Dios
dos y tres veces con el hombre,
30 para rescatar su alma de la fosa
y para iluminarlo con la luz de los vivientes.
31 Escucha, Job, óyeme;
calla, y yo hablaré.
32 Si tienes razones, respóndeme;
habla, porque yo quiero justificarte.
33 Y si no, escúchame tú a mí;
calla, y te enseñaré sabiduría.

CAPÍTULO 34

Eliú enseña: Dios no puede ser injusto, ni cometer iniquidad, ni pervertir el juicio ni hacer acepción de personas — El hombre debe llevar el castigo y no hacer más el mal.

Además respondió Eliú y dijo:
2 Oíd, sabios, mis palabras;
y vosotros, doctos, prestadme oídos.
3 Porque el oído distingue las palabras,
como el paladar saborea la comida.
4 Escojamos para nosotros lo que es justo;
conozcamos entre nosotros lo que es bueno,
5 porque Job ha dicho: Yo soy justo,
pero Dios me ha quitado mi derecho.

25 *a* GEE Resurrección. 26 *a* GEE Oración.

6 ¿He de mentir yo contra mi juicio?
Mi herida es incurable sin *haber yo* cometido transgresión.
7 ¿Qué hombre hay como Job,
que bebe el escarnio como agua,
8 que va en compañía de los obradores de iniquidad
y que anda con los hombres malvados?
9 Porque ha dicho: De nada le servirá al hombre
el deleitarse en Dios.
10 Por tanto, hombres de entendimiento, oídme:
Lejos esté de Dios la maldad,
y del Omnipotente la iniquidad.
11 Porque él pagará al hombre según su [a]obra,
y le retribuirá conforme a su camino.
12 Sí, ciertamente, Dios no hará [a]maldad,
y el Omnipotente no pervertirá el juicio.
13 ¿Quién le encomendó *el cuidado de* la tierra?
¿Y quién puso en orden todo el mundo?
14 Si él pusiese sobre el *hombre* su corazón,
y recogiese así su espíritu y su aliento,
15 toda carne perecería juntamente,
y el hombre volvería al [a]polvo.
16 Pero si *hay en ti* entendimiento, oye esto;
escucha la voz de mis palabras.
17 ¿Acaso gobernará el que aborrece el juicio?
¿Y condenarás tú al que es justo y poderoso?
18 ¿Se dirá al rey: Perverso,
y a los príncipes: Malvados?
19 ¿*Cuánto menos a* aquel que no exalta el rostro de los príncipes
ni respeta más al rico que al pobre?,
porque todos son obra de sus manos.
20 En un momento morirán, y a medianoche
se alborotarán los pueblos y pasarán,
y sin mano será quitado el poderoso.
21 Porque sus ojos están sobre los caminos del hombre,
y ve todos sus pasos.
22 No hay tinieblas ni sombra de muerte
donde [a]se escondan los que hacen maldad.
23 Porque él no impone plazo al hombre
para que vaya ante Dios a juicio.
24 Él quebrantará a los fuertes sin indagación,
y hará estar a otros en su lugar.
25 Por tanto, él conoce las obras de ellos,
y los trastorna en la noche, y son quebrantados.

34 11 *a* GEE Obras.
12 *a* 2 Ne. 9:15; 30:9.
15 *a* GEE Muerte física.
22 *a* Alma 12:14–15; DyC 1:2–3.

26 Como a malos, los herirá
en lugar donde sean vistos,
27 por cuanto se apartaron
de él
y no consideraron ninguno
de sus caminos,
28 haciendo que el clamor del
pobre llegase a él,
y que oyera el clamor de los
necesitados.
29 Y si él da [a]reposo, ¿quién
condenará?
Si [b]esconde el rostro, ¿quién
le mirará?
Esto sobre una nación y lo
mismo sobre un hombre,
30 a fin de que no reine el hombre impío
ni ponga trampas al pueblo.
31 De seguro conviene que se
diga a Dios:
He llevado ya el [a]*castigo*; no
ofenderé ya *más*;
32 enséñame tú lo que yo no
veo;
si hice mal, no lo haré más.
33 ¿*Ha de ser eso* según tu parecer?
Él lo retribuirá, ya sea que
rehúses
o que aceptes, y no yo;
lo que sepas, dilo.
34 Háblenme los hombres de
entendimiento,
y óigame el hombre sabio:
35 Job habla sin conocimiento,
y sus palabras no son con
entendimiento.
36 Deseo yo que Job sea probado ampliamente,
a causa de *sus* respuestas *semejantes* a las de los hombres inicuos.
37 Porque a su pecado añadió
rebeldía;
bate palmas entre nosotros
y contra Dios multiplica sus
palabras.

CAPÍTULO 35

Eliú hace una comparación entre la debilidad del hombre y el poder de Dios — Nuestra maldad daña a los demás y nuestra rectitud les ayuda — El hombre debe confiar en Jehová.

Y prosiguió Eliú y dijo:
2 ¿Piensas que es correcto
lo que has dicho: Más justo
soy yo que Dios?
3 Porque dijiste: ¿Qué ventaja
sacarías tú de ello?
y, ¿o qué provecho tendré de
no haber pecado?
4 Yo te responderé razones,
y a tus compañeros contigo.
5 Mira a los cielos y ve,
y considera que las nubes
están más altas que tú.
6 Si pecas, ¿qué habrás logrado
contra él?
Si tus rebeliones se multiplican, ¿qué le harás tú?
7 Si eres [a]justo, ¿qué le darás
a él?
¿O qué recibirá de tu
mano?

29 *a* 1 Sam. 2:9; Sal. 31:17–18.
b Isa. 59:1–3; Miq. 3:4.
31 *a* GEE Castigar, castigo.
35 7 *a* Mos. 2:20–21.

8 Al hombre como tú *dañará* tu maldad,
y al hijo de hombre *aprovechará* tu justicia.
9 Claman a causa de la multitud de las opresiones,
y se lamentan por el poderío de los grandes.
10 Y ninguno dice: ¿Dónde está Dios mi Hacedor
que da cánticos en la noche,
11 que nos enseña más que a las bestias de la tierra
y nos hace más sabios que a las aves de los cielos?
12 Allí claman, pero él no responde,
por la soberbia de los malos.
13 Ciertamente Dios no oirá la vanidad,
ni la mirará el Omnipotente.
14 Cuánto menos cuando dices que no le ves,
que el juicio está delante de él; por tanto, confía en él.
15 Mas ahora, porque él no ha castigado en su ira
[a]ni conoce con rigor,
16 por eso Job abre su boca vanamente
y multiplica palabras sin conocimiento.

CAPÍTULO 36

Los que son rectos son prosperados — Los inicuos perecen y mueren sin conocimiento — Eliú ensalza la grandeza de Dios.

Y añadió Eliú y dijo:
2 Espérame un poco, y te enseñaré,
porque todavía *tengo* razones en favor de Dios.
3 Traeré mi conocimiento desde lejos,
y atribuiré justicia a mi Hacedor.
4 Porque en verdad no son mentira mis palabras;
contigo está el que es perfecto en conocimiento.
5 He aquí que Dios es poderoso y no desestima a nadie;
es poderoso en la fuerza de la sabiduría.
6 No mantiene vivo al malvado,
pero a los afligidos da su derecho.
7 No aparta sus ojos del justo,
sino que, con los reyes los pone en el trono para siempre,
y son enaltecidos.
8 Y si están sujetos con grilletes
y aprisionados con cuerdas de aflicción,
9 entonces él les dará a conocer la obra de ellos
y sus transgresiones, porque se han enaltecido.
10 Y abre el oído de ellos a la corrección
y les dice que se vuelvan de la iniquidad.
11 Si [a]escuchan y *le* sirven,
acabarán sus [b]días en

15 *a* Otros manuscritos dicen: ni se fija en la transgresión.
36 11 *a* GEE Obediencia, obediente, obedecer.

prosperidad y sus años en dicha.
12 Pero si no [a]escuchan, serán traspasados por la espada,
y perecerán sin conocimiento.
13 Pero los impíos de corazón acumulan ira,
y no clamarán cuando él los ate.
14 Morirá el alma de ellos en su juventud;
y su vida, entre los [a]sodomitas.
15 Al pobre [a]librará de su pobreza,
y en la aflicción abrirá su oído.
16 Asimismo, te habría apartado de la boca de la angustia
a lugar espacioso, *libre* de todo apuro,
y te habría puesto mesa llena de manjares.
17 Pero tú te has llenado del juicio del malvado;
el juicio y la justicia se apoderarán de ti.
18 Porque hay ira, cuídate, no sea que la ira te induzca a burlarte,
y que la grandeza del [a]rescate te extravíe.
19 ¿Hará él estima de tus riquezas? No, ni del oro
ni de todas las fuerzas del poder.
20 No anheles la noche,
cuando desaparecen los pueblos de su lugar.
21 Guárdate de volver a la iniquidad,
pues escogiste ésta más que la aflicción.
22 He aquí que Dios es exaltado en su poder.
¿Qué maestro es semejante a él?
23 ¿Quién le ha prescrito su camino?
¿Y quién *le* dirá: Iniquidad has hecho?
24 Acuérdate de engrandecer su obra,
de la cual han cantado los hombres.
25 Todos los hombres la han visto;
el hombre la mira de lejos.
26 He aquí, Dios es grande, y nosotros no le conocemos,
ni se puede rastrear el número de sus años.
27 Él atrae las gotas de agua;
transforma el vapor en lluvia,
28 la cual destilan las nubes,
goteando en abundancia sobre los hombres.
29 Además, ¿quién podrá comprender la extensión de las nubes
y el sonido estrepitoso de su morada?
30 He aquí que sobre él extiende su luz,
y cubre las profundidades del mar.

11 *b* 2 Ne. 4:4.
12 *a* Alma 3:26; DyC 59:21.
14 *a* HEB varones prostitutos; adoradores de ídolos de la fertilidad. GEE Homosexualidad.
15 *a* GEE Libertador.
18 *a* Mateo 20:28. GEE Redención, redimido, redimir.

31 Pues por esos medios juzga
a los pueblos;
da comida en abundancia.
32 Con las manos encubre
la luz
y le manda dar en el blanco.
33 El trueno anuncia su presencia;
asimismo el ganado anuncia
que se manifiesta.

CAPÍTULO 37

Dios gobierna las leyes de la naturaleza — Dios reina con terrible majestad.

TAMBIÉN ante esto se estremece
mi corazón
y salta de su lugar.
2 Oíd atentamente el fragor de
su voz y
el estruendo que sale de su
boca.
3 Debajo de todos los cielos lo
suelta,
y su luz hasta los confines
de la tierra.
4 Después de ella ruge una
voz;
truena él con la voz de su
magnificencia,
y no los detiene cuando se
oye su voz.
5 Truena Dios maravillosamente con su voz;
él hace grandes cosas que
nosotros no entendemos.
6 Porque a la nieve dice: Desciende a la tierra;
también a la llovizna
y a los aguaceros torrenciales.
7 En la mano de todo hombre
pone un sello,
para que todos los hombres
reconozcan su obra.
8 La fiera entra en su escondrijo
y permanece en su guarida.
9 Del sur viene el torbellino;
y el frío, de los vientos del
norte.
10 Por el soplo de Dios se da el
hielo,
y la expansión de las aguas
se restringe.
11 También carga de humedad
la densa nube,
y con su luz esparce la nube.
12 Asimismo, por sus designios, giran las nubes alrededor,
para hacer sobre la faz del
mundo,
en la tierra, lo que él les
mande.
13 Unas veces por [a] corrección,
otras por causa de su
tierra,
otras por misericordia las
hará aparecer.
14 Escucha esto, Job;
detente y considera las [a] maravillas de Dios.
15 ¿Sabes tú cómo Dios las pone
en concierto
y hace resplandecer la luz
de su nube?
16 ¿Conoces tú la armonía
del movimiento de las
nubes,

37 13*a* HEB vara.
14*a* DyC 76:5–9; Sal. 46:10; DyC 101:16.

las maravillas del que es perfecto en conocimiento?
17 ¿Por qué están calientes tus vestidos
al sosegarse la tierra a causa del *viento del* sur?
18 ¿Extendiste tú con él los cielos,
firmes como un espejo *de metal* fundido?
19 Muéstranos qué le hemos de decir,
porque nosotros no podemos ordenar *las ideas* a causa de las tinieblas.
20 ¿Será preciso decirle que yo hablo?
Si el hombre habla, ciertamente será consumido.
21 Mas ahora ya no se ve la luz resplandeciente entre las nubes;
luego pasa el viento y las despeja,
22 viniendo de la parte del norte la dorada claridad.
En Dios hay una terrible majestad.
23 Al Todopoderoso no alcanzamos; él es grande en poder;
y en juicio y en abundancia de justicia no [a]afligirá.
24 Por tanto, le temen los hombres;
él no estima a ninguno que se cree sabio en su propio corazón.

CAPÍTULO 38

Dios pregunta a Job dónde estaba él cuando se fundaba la tierra, cuando las estrellas del alba cantaban alabanzas y todos los hijos de Dios se regocijaban — Los fenómenos de la naturaleza muestran la grandeza de Dios y la debilidad del hombre.

ENTONCES respondió Jehová a Job desde un torbellino y dijo:
2 ¿Quién es ése que oscurece el consejo
con palabras sin conocimiento?
3 Ahora ciñe como hombre tus lomos;
yo te preguntaré, y tú me *lo* harás saber.
4 ¿Dónde estabas tú cuando yo [a]fundaba la tierra?
Házme*lo* saber, si tienes entendimiento.
5 ¿Quién dispuso sus medidas, si *lo* sabes?
¿O quién extendió sobre ella cordel?
6 ¿Sobre qué están fundadas sus bases?
¿O quién puso su [a]piedra angular,
7 cuando [a]alababan todas las estrellas del alba,
y se [b]regocijaban todos los [c]hijos de Dios?
8 ¿Quién encerró con puertas el mar
cuando, irrumpiendo, salió del vientre,

23 *a* 1 Cor. 10:13; Alma 13:28.
38 4 *a* GEE Creación, crear.
6 *a* 1 Pe. 2:6–7. GEE Piedra del ángulo.
7 *a* DyC 128:23. GEE Cantar.
b GEE Gozo.
c Rom. 8:14. GEE Concilio de los cielos; Vida preterrenal; Hijos e hijas de Dios.

9 cuando puse yo nubes por vestidura suya
y su faja como oscuridad,
10 y establecí para él mis límites
y le puse puertas y cerrojo,
11 y dije: Hasta aquí llegarás, pero no más allá;
y aquí se detendrán tus orgullosas olas?
12 ¿Has mandado tú a la mañana en tus días?
¿Has mostrado al alba su lugar,
13 para que ocupe los confines de la tierra,
y sean sacudidos de ella los malvados?
14 Ella [a]cambia como barro bajo el sello,
y viene a estar como *con* vestidura;
15 mas la luz es quitada de los malvados,
y el [a]brazo enaltecido es quebrantado.
16 ¿Has entrado tú hasta las fuentes del mar,
y has andado escudriñando el abismo?
17 ¿Te han sido descubiertas las puertas de la muerte,
y has visto las puertas de la sombra de muerte?
18 ¿Has considerado tú la extensión de la tierra?
Declara si sabes todo esto.
19 ¿Por dónde va el camino a la morada de la luz,
y dónde está el lugar de las tinieblas,
20 para que las lleves a sus límites,
y entiendas las sendas de su casa?
21 ¿Lo sabías tú porque ya habías nacido,
o *porque* es grande el número de tus días?
22 ¿Has entrado tú en los depósitos de la nieve,
o has visto los depósitos del granizo,
23 que tengo yo reservados para el tiempo de angustia,
para el día de la guerra y de la batalla?
24 ¿Por qué camino se difunde la luz
y se esparce el viento solano sobre la tierra?
25 ¿Quién [a]abrió cauce al turbión
y camino a los relámpagos y a los truenos,
26 haciendo llover sobre la tierra deshabitada,
sobre el desierto, donde no hay hombre,
27 para saciar la *tierra* desierta y desolada,
y para hacer brotar la tierna hierba?
28 ¿Tiene padre la lluvia?
¿O quién engendró las gotas del rocío?
29 ¿De qué vientre salió el hielo?
Y la escarcha del cielo, ¿quién la engendró?
30 Las aguas se endurecen a manera de piedra,
y se congela la faz del abismo.

14 *a* *O sea,* toma forma como la arcilla bajo un sello.
15 *a* 2 Ne. 4:34.
25 *a* *O sea,* ¿Quién abrió un canal para el desbordamiento de las aguas?

31 ¿Podrás tú atar los lazos de las Pléyades
o desatarás las ligaduras del Orión?
32 ¿Harás salir tú a su tiempo las constelaciones de los cielos?
¿Guiarás a la Osa mayor con sus hijos?
33 ¿Conoces tú las leyes de los [a]cielos?
¿Dispondrás tú de su dominio en la tierra?
34 ¿Alzarás tú a las nubes tu voz,
para que te cubra abundancia de agua?
35 ¿Enviarás tú los relámpagos, para que ellos vayan
y te digan: Henos aquí?
36 ¿Quién puso la sabiduría en el interior del ser?
¿O quién dio entendimiento al espíritu?
37 ¿Quién cuenta las nubes con sabiduría?
Y los [a]odres de los cielos, ¿quién los hace verter,
38 cuando el polvo se ha convertido en dureza,
y los terrones se han pegado unos con otros?
39 ¿Cazarás tú la presa para el león?
¿Y saciarás el hambre de los leoncillos,
40 cuando están echados en las cuevas,
o están al acecho en la espesura?
41 ¿Quién prepara al [a]cuervo su alimento
cuando sus polluelos claman a Dios
y andan errantes por falta de comida?

CAPÍTULO 39

Se comparan la debilidad y la ignorancia del hombre con las obras poderosas de Dios — ¿Sabe acaso el hombre cómo funcionan las leyes de la naturaleza?

¿Sabes tú el tiempo en que paren las cabras monteses?
¿O has observado tú las ciervas cuando están pariendo?
2 ¿Contaste tú los meses de su preñez
y sabes el tiempo cuando han de parir?
3 Se encorvan; hacen salir a sus crías;
se libran de sus dolores de parto.
4 Sus crías se fortalecen; crecen con el pasto;
se van y no vuelven más a ellas.
5 ¿Quién dejó libre al asno montés?
¿Y quién soltó sus ataduras,
6 al cual yo di el desierto por morada
y puse sus moradas en tierra estéril?
7 Se burla del bullicio de la ciudad;

33 *a* gee Cielo.
37 *a* *Es decir,* las nubes de lluvia.
41 *a* Lucas 12:24.

no oye las voces del arriero.
8 Explora los montes buscando su pasto,
y anda buscando todo lo que es verde.
9 ¿Querrá el toro salvaje servirte a ti
o quedarse en tu pesebre?
10 ¿Atarás tú al toro salvaje con coyunda para *abrir* el surco?
¿Rastrillará los valles en pos de ti?
11 ¿Confiarás tú en él por ser grande su fuerza,
y le dejarás tu labor?
12 ¿Confiarás en que él devolverá tu semilla
y en que *la* recogerá en tu era?
13 ¿*Diste tú* sus hermosas alas al pavo real,
o alas y plumas al avestruz?
14 Éste deja en la tierra sus huevos,
y sobre el polvo los calienta;
15 y se olvida de que los pisará el pie
y de que los quebrará una fiera del campo.
16 Trata con dureza a sus crías, como si no fuesen suyas,
sin temer que su trabajo haya sido en vano,
17 porque lo privó Dios de sabiduría
y no le dio inteligencia.
18 Cuando se levanta en alto,
se burla del caballo y de su jinete.
19 ¿Diste tú al caballo la fuerza?
¿Vestiste tú su cuello de crines?
20 ¿Lo harías tú brincar como a una langosta?
El resoplido de su nariz es formidable.
21 Escarba la tierra y se alegra en su fuerza;
sale al encuentro de las armas.
22 Hace burla del temor, y no teme
ni vuelve el rostro delante de la espada.
23 Contra él resuenan la aljaba,
la centelleante lanza y la jabalina;
24 y él con ímpetu y furor devora la distancia,
sin importarle el sonido de la trompeta.
25 Cada vez que suenan los clarines, dice: ¡Ea!
Y desde lejos huele la batalla, el grito de los capitanes y el vocerío.
26 ¿Vuela el gavilán por tu [a]sabiduría
y extiende hacia el sur sus alas?
27 ¿Se remonta el águila por tu mandato
y pone en lo alto su nido?
28 Ella mora y se aloja en la peña,
en la cumbre del peñasco y en lugar inaccesible.
29 Desde allí acecha la presa;

39 26 *a* GEE Sabiduría.

sus ojos observan de muy
lejos.
30 Sus polluelos chupan la sangre;
y donde haya cadáveres, allí
está ella.

CAPÍTULO 40

Jehová desafía a Job a responder, y Job contesta con humildad — Jehová habla de Su poder a Job — Él le pregunta: ¿Tienes tú un brazo como el de Dios? — Jehová da muestra de Su poder en el behemot.

Entonces respondió Jehová a Job y dijo:
2 ¿Es sabiduría contender con el Omnipotente?
El que disputa con Dios, responda a esto.
3 Entonces respondió Job a Jehová y dijo:
4 He aquí que yo soy insignificante; ¿qué te responderé?
Mi mano pongo sobre mi boca.
5 Una vez he hablado y no responderé;
aun dos veces, mas no volveré a hablar.
6 Entonces respondió Jehová a Job desde el torbellino y dijo:
7 Cíñete ahora como hombre tus lomos;
yo te preguntaré, y tú me *lo* harás saber.
8 ¿[a]Invalidarás tú también mi juicio?
¿Me condenarás a mí para justificarte tú?
9 ¿Tienes tú un brazo como el de Dios?
¿Y truenas tú con voz como la de él?
10 Adórnate ahora de majestad y de alteza,
y vístete de gloria y de hermosura.
11 Derrama los torrentes de tu ira,
y mira a todo [a]soberbio y abátelo.
12 Mira a todo soberbio y humíllalo,
y pisotea a los malvados en su sitio.
13 Entiérralos a todos en el polvo;
venda sus rostros en lugar oculto.
14 Entonces yo también reconoceré
que tu diestra podrá salvarte.
15 He aquí ahora el [a]behemot, al cual yo hice junto contigo,
come hierba como el buey.
16 He aquí ahora, su fuerza está en sus lomos,
y su vigor en los músculos de su vientre.
17 Su cola mueve como un cedro,
y los tendones de sus muslos están entretejidos.
18 Sus huesos son fuertes *como* bronce,
y sus miembros como barras de hierro.
19 Él es el principio de las obras de Dios;

40 8*a* *O sea,* anularás.
11*a* GEE Orgullo.
15*a* *O sea,* el hipopótamo.

sólo él que lo hizo puede hacer que se acerque a él su espada.
20 Ciertamente los montes producen hierba para él,
y toda bestia del campo retoza allá.
21 Se echará debajo de los lotos,
en lo oculto de las cañas y del pantano.
22 Los lotos lo cubren con su sombra;
los sauces del arroyo lo rodean.
23 He aquí que si el río se desborda, no se alarma;
confiado está aunque el Jordán se arroje contra su boca.
24 ¿Lo atrapará alguno cuando sus ojos vigilan?
¿Horadará su nariz la trampa?

CAPÍTULO 41

Jehová da muestra de Su poder en el leviatán — Todo lo que hay debajo del cielo es de Jehová.

¿SACARÁS tú al [a]leviatán con anzuelo,
o con cuerda sujetarás su lengua?
2 ¿Pondrás soga de juncos en sus narices,
y horadarás con gancho su quijada?
3 ¿Multiplicará él ruegos para contigo?
¿Te hablará él palabras lisonjeras?
4 ¿Hará pacto contigo
para que lo tomes por siervo perpetuo?
5 ¿Jugarás tú con él como con un pájaro
o lo atarás para tus niñas?
6 ¿Harán de él banquete los compañeros?
¿Lo repartirán entre los mercaderes?
7 ¿Llenarás tú de arpones su piel,
o con lanza de pescadores su cabeza?
8 Pon tu mano sobre él;
te acordarás de la batalla y nunca más volverás a hacerlo.
9 He aquí que la esperanza acerca de él es en vano,
porque aun con sólo verlo se desmayarán.
10 Nadie hay tan osado que lo despierte.
¿Quién, pues, podrá estar delante de mí?
11 ¿Quién me ha dado a mí primero, para que yo restituya?
Todo lo que hay debajo del cielo es mío.
12 No guardaré silencio *acerca* de sus miembros,
ni de sus fuerzas ni de la gracia de su disposición.
13 ¿Quién lo despojará de lo exterior de su vestidura?
¿Quién penetrará su doble coraza?
14 ¿Quién abrirá las puertas de sus fauces?

41 1 *a Es decir,* el legendario monstruo marino que representaba las fuerzas del caos que se oponían al Creador.

Las hileras de sus dientes espantan.
15 La gloria *de su vestido son* hileras de escudos fuertes, sellados estrechamente.
16 El uno se junta con el otro, de modo que el viento no entra entre ellos.
17 Pegado está el uno con el otro; están trabados entre sí y no se pueden separar.
18 Sus estornudos dan destellos de luz, y sus ojos son como los párpados del alba.
19 De su boca salen llamaradas; chispas de fuego saltan.
20 De sus narices sale humo, como de una olla o caldero que hierve.
21 Su aliento enciende los carbones, y de su boca salen llamas.
22 En su cerviz está la fuerza, cunde el desaliento delante de él.
23 Las partes más flojas de su carne están apretadas; están en él firmes y no se mueven.
24 Su [a]corazón es sólido como una piedra, fuerte como la muela inferior de un molino.
25 Cuando se levanta, tienen temor los fuertes, y a causa de su quebrantamiento [a]buscan purificarse.
26 La espada que lo alcance, no prevalecerá, ni lanza, ni dardo ni jabalina.
27 Al hierro estima como paja, y al bronce como madera podrida.
28 La saeta no lo hace huir; las piedras de la honda son como paja para él.
29 Estima toda arma como hojarasca, y del blandir de la jabalina se burla.
30 Por debajo *tiene* escamas puntiagudas; deja huellas como un trillo en el barro.
31 Hace hervir como una olla las profundidades, y convierte el mar en una olla de ungüento.
32 En pos de sí hace resplandecer una estela, que hace que el abismo parezca canoso.
33 No hay nada sobre la tierra semejante a él; está hecho exento de temor.
34 Menosprecia toda cosa alta; es rey sobre todos los hijos del orgullo.

CAPÍTULO 42

Job se arrepiente en polvo y ceniza — Él ve a Jehová con sus ojos — Jehová castiga a los amigos de Job, acepta a Job y lo bendice, y bendice sus postreros días más que los primeros.

24 *a* DyC 38:6; Moisés 6:27.
25 *a* También, se enloquecen.
GEE Pureza, puro.

Y RESPONDIÓ Job a Jehová y
dijo:
2 Yo sé que [a]todo lo puedes,
y que no hay pensamiento
que se esconda de ti.
3 ¿Quién es el que oculta
el consejo sin conoci-
miento?
Por tanto, yo hablaba lo que
no entendía,
cosas demasiado maravi-
llosas para mí, que no sabía.
4 Oye, te ruego, y hablaré;
te preguntaré, y tú me enseñarás.
5 De oídas había oído de ti,
mas ahora mis ojos te
ven.
6 Por tanto, *me* aborrezco y me
arrepiento
en polvo y ceniza.
7 Y aconteció que después
que habló Jehová estas palabras a Job, Jehová dijo a
Elifaz, el temanita: Mi ira se ha
encendido contra ti y tus dos
compañeros, porque no habéis
hablado de mí lo recto, como mi
siervo Job.
8 Ahora, pues, tomad siete
becerros y siete carneros, e id
a mi siervo Job y ofreced holocausto por vosotros; y mi
siervo Job [a]orará por vosotros,
porque de cierto a él aceptaré
para no trataros con afrenta,
por cuanto no habéis hablado
de mí con rectitud, como mi
siervo Job.
9 Fueron, pues, Elifaz, el temanita, y Bildad, el suhita, *y* Zofar,
el naamatita, e hicieron como
Jehová les había dicho; y Jehová
[a]aceptó a Job.
10 Y quitó Jehová la aflicción de
Job, cuando éste [a]hubo orado por
sus amigos, y aumentó al doble
todas las cosas que habían sido
de Job.
11 Y vinieron a él todos sus hermanos, y todas sus hermanas
y todos los que antes le habían
conocido; y comieron con él pan
en su casa, y se condolieron de
él y le consolaron de todo aquel
mal que Jehová había traído sobre él; y cada uno de ellos le dio
una pieza de plata y un zarcillo
de oro.
12 Y bendijo Jehová los postreros *días* de Job más que los
primeros, porque tuvo catorce
mil ovejas, y seis mil camellos,
y mil yuntas de bueyes y mil
asnas.
13 Y tuvo siete hijos y tres
hijas.
14 Y llamó el nombre de la primera Jemima; y el nombre de
la segunda, Cesia; y el nombre
de la tercera, Keren-hapuc.
15 Y no había mujeres tan
hermosas como las hijas de
Job en toda la tierra; y su padre les dio herencia entre sus
hermanos.
16 Y después de esto vi-
vió Job ciento cuarenta años,
y vio a sus hijos y a los hijos
de sus hijos, hasta la cuarta
generación.
17 Y murió Job anciano y lleno
de días.

42 2 *a* GEE Omnipotente.
8 *a* GEE Oración.
9 *a* DyC 121:7–10.
10 *a* Mateo 5:44.

SALMOS

SALMO 1

Los justos son bienaventurados — Los malos perecerán.

[a]BIENAVENTURADO el hombre que no anda en consejo de [b]malos,
ni anda en camino de pecadores,
ni se sienta en silla de escarnecedores,
2 sino que en la [a]ley de Jehová está su [b]deleite,
y en su ley [c]medita de día y de noche.
3 Y será como [a]árbol plantado junto a corrientes de aguas,
que da su fruto a su tiempo,
y su hoja no se marchita;
y todo lo que hace [b]prospera.
4 No así los malos,
que son como el [a]tamo que arrebata el viento.
5 Por tanto, no se levantarán los malos en el juicio,
ni los pecadores en la congregación de los justos.
6 Porque Jehová conoce el camino de los [a]justos,
mas la senda de los [b]malos perecerá.

SALMO 2

Salmo mesiánico — Los gentiles se llenarán de enojo contra el ungido de Jehová — Dios habla de Su Hijo a quien ha engendrado.

¿POR qué se amotinan las naciones,
y los pueblos piensan cosas vanas?
2 Se levantan los [a]reyes de la tierra,
y los gobernantes traman unidos contra Jehová
y contra su [b]ungido, *diciendo*:
3 Rompamos sus ligaduras
y echemos de nosotros sus cuerdas.
4 El que mora en los cielos se reirá;
el Señor se burlará de ellos.
5 Entonces hablará a ellos en su ira,
y los turbará con su furor.
6 Pero yo he [a]puesto mi rey
sobre Sión, mi santo monte.
7 Yo publicaré el decreto:
Jehová me ha dicho: Mi [a]hijo eres tú;
yo te he engendrado hoy.
8 Pídeme, y te daré por heredad las naciones,

[SALMOS]
1 1 *a* GEE Bendecido, bendecir, bendición.
b GEE Impío.
2 *a* GEE Ley.
b GEE Gozo.
c GEE Meditar.
3 *a* Jer. 17:7–8.
b Alma 50:20.
4 *a* Morm. 5:16–18.
6 *a* GEE Rectitud, recto.
b GEE Impío.
2 2 *a* Hech. 4:25–27.
b DyC 121:16.
6 *a* HEB he ungido a mi rey.
7 *a* GEE Trinidad—Dios el Hijo.

y por posesión tuya los confines de la tierra.
9 Los [a]quebrantarás con [b]vara de hierro;
como vasija de alfarero los desmenuzarás.
10 Y ahora, oh reyes, sed sabios;
aceptad corrección, oh jueces de la tierra.
11 Servid a Jehová con [a]temor,
y alegraos con temblor.
12 Besad al Hijo, para que no se enoje y perezcáis en el camino,
pues su ira se enciende de repente.
¡Bienaventurados todos los que en él [a]confían!

SALMO 3

David clama a Jehová y es escuchado — De Jehová es la salvación.

Salmo de David, cuando huía de la presencia de su hijo Absalón.

¡OH Jehová, cuánto se han multiplicado mis [a]enemigos!
Muchos son los que se levantan contra mí.
2 Muchos son los que dicen de mi alma:
No hay para él salvación en Dios. [a]Selah
3 Pero tú, oh Jehová, eres [a]escudo alrededor de mí,
mi gloria y el que levanta mi cabeza.
4 Con mi voz clamé a Jehová,
y él me respondió desde su santo monte. Selah
5 Yo me acosté y dormí;
y desperté, porque Jehová me sustentaba.
6 No temeré ni a diez millares de gentes
que hayan puesto sitio contra mí.
7 ¡Levántate, oh Jehová! ¡Sálvame, Dios mío!
Porque tú heriste a todos mis enemigos en la mejilla;
los dientes de los malos quebrantaste.
8 De Jehová es la [a]salvación;
sobre tu pueblo sea tu bendición. Selah

SALMO 4

David suplica misericordia — Él aconseja confiar en Jehová.

Al músico principal: con [a]Neginot. Salmo de David.

[a]RESPÓNDEME cuando clamo, oh Dios de mi [b]justicia.

9 *a* Isa. 11:4; DyC 19:15.
b Apoc. 2:27.
11 *a* GEE Temor—Temor de Dios.
12 *a* GEE Confianza, confiar.
3 1 *a* 2 Sam. 15:14.
2 *a* HEB de interpretación incierta. Parece ser un signo musical. Posiblemente sea una indicación a los músicos de tocar más fuerte o de tocar un interludio mientras se callan las voces.
3 *a* DyC 27:17.
8 *a* GEE Salvación.
4 E *a* HEB instrumentos de cuerda.
1 *a* Éter 1:39–40. GEE Oración.
b 2 Ne. 4:35.

Estando en [c]angustia, tú
me diste alivio;
ten misericordia de mí y
oye mi oración.
2 Hijos de los hombres, ¿hasta
cuándo seguiréis convirtiendo mi honra en infamia?
¿Hasta cuándo amaréis la
[a]vanidad y buscaréis la
mentira? [b]Selah
3 Sabed, pues, que Jehová
ha [a]apartado al piadoso
para sí;
Jehová oirá cuando yo a él
clame.
4 Temblad y no pequéis;
meditad en vuestro corazón sobre vuestro lecho,
y callad. Selah
5 Ofreced [a]sacrificios de justicia,
y confiad en Jehová.
6 Muchos dicen: ¿Quién nos
mostrará el bien?
Alza sobre nosotros, oh
Jehová, la luz de tu
[a]rostro.
7 Tú diste alegría a mi corazón,
mayor que la de *ellos* en
el tiempo en que
abundan su grano y su
mosto.
8 En [a]paz me acostaré y asimismo dormiré,
porque sólo tú, oh Jehová,
me haces vivir confiado.

SALMO 5

David pide a Jehová que escuche su voz — Jehová aborrece a los obradores de iniquidad — Él bendice y protege a los justos.

Al músico principal: con [a]Nehilot.
Salmo de David.

ESCUCHA, oh Jehová, mis palabras;
considera mi lamento.
2 Atiende a la voz de mi clamor, [a]Rey mío y Dios
mío,
porque a ti oraré.
3 Oh Jehová, de [a]mañana
oirás mi voz;
de mañana me presentaré
ante ti y esperaré.
4 Porque tú no eres un Dios
que se complace en la
maldad;
la maldad no habitará junto
a ti.
5 No estarán los insensatos
ante tus ojos;
aborreces a todos [a]los obradores de iniquidad.
6 Destruirás a los que hablan
mentira;

1 *c* GEE Adversidad.
2 *a* GEE Vanidad, vano.
b HEB de interpretación incierta. Parece ser un signo musical. Posiblemente sea una indicación a los músicos de tocar más fuerte o de tocar un interludio mientras se callan las voces.
3 *a* GEE Apartamiento.
5 *a* GEE Sacrificios.
6 *a* 3 Ne. 19:25. GEE Rostro.
8 *a* GEE Paz; Descansar, descanso (reposo).

5 E *a* HEB flautas.
2 *a* Isa. 43:15.
3 *a* Alma 37:36–37.
5 *a* Alma 5:32–38.

al hombre sanguinario
y engañador abominará
Jehová.
7 Pero yo, por la abundancia
de tu misericordia, entraré
en tu casa;
con [a]reverencia adoraré hacia tu santo [b]templo.
8 Guíame, oh Jehová, en tu
justicia, a causa de mis
enemigos;
endereza delante de mí tu
camino.
9 Porque no hay sinceridad en
la boca de ellos;
sus entrañas están llenas de
destrucción;
sepulcro abierto es su garganta;
con su lengua lisonjean.
10 Condénalos, oh Dios;
que caigan por sus propios
consejos.
Échalos fuera por la multitud
de sus transgresiones,
porque [a]se rebelaron contra ti.
11 Pero alégrense todos los que
en ti confían;
[a]den para siempre voces
de júbilo, porque tú los
defiendes;
y regocíjense en ti los que
aman tu nombre.
12 Porque tú, oh Jehová, bendecirás al justo;
lo rodearás de benevolencia
como *con* un escudo.

SALMO 6

David clama misericordia a Jehová — Pide ser sanado y salvado.

Al músico principal: con [a]Neginot, sobre [b]Seminit. Salmo de David.

JEHOVÁ, no me reprendas en
tu furor,
ni me castigues con tu ira.
2 Ten misericordia de mí, oh
Jehová, porque yo estoy
debilitado;
[a]sáname, oh Jehová, porque mis huesos se estremecen.
3 También mi alma está muy
turbada;
y tú, oh Jehová, ¿hasta
cuándo?
4 Vuélvete, oh Jehová, libra mi
alma;
sálvame por tu misericordia,
5 porque en la muerte no hay
memoria de ti.
¿Quién te alabará en el
[a]Seol?
6 Cansado estoy por mis quejidos;
todas las noches inundo de
llanto mi lecho,
riego mi cama con mis lágrimas.
7 Mis ojos se consumen por el
pesar;
se han envejecido a causa de
todos mis adversarios.

---

7 *a* GEE Reverencia.
b GEE Templo, Casa del Señor.
10 *a* GEE Rebelión.
11 *a* HEB canten.
6 E *a* HEB instrumentos de cuerda.
b HEB la octava o instrumento de ocho cuerdas.
2 *a* GEE Sanar, sanidades.
5 *a* HEB mundo o morada de los muertos, sepulcro, infierno.
GEE Infierno.

8 Apartaos de mí, todos los
obradores de [a]iniquidad,
porque Jehová ha oído la voz
de mi llanto.
9 Jehová ha oído mi súplica;
Jehová aceptará mi oración.
10 Se avergonzarán y se turbarán mucho todos mis enemigos;
se volverán y súbitamente
serán avergonzados.

SALMO 7

David confía en Jehová, quien juzgará a los pueblos — Dios está airado con los impíos.

[a]Sigaión de David que cantó a Jehová acerca de las palabras de Cus, el benjaminita.

OH Jehová, Dios mío, en ti he
confiado;
sálvame de todos los que me
persiguen, y líbrame,
2 no sea que arrebate mi alma
cual león
que despedaza, sin que haya
quien *me* libre.
3 Oh Jehová, Dios mío, si yo
he hecho esto,
si hay en mis manos iniquidad,
4 si he pagado mal al que estaba en paz conmigo,
si he despojado al que sin
causa era mi enemigo,
5 persiga el enemigo mi alma
y alcáncela,
y pise en tierra mi vida
y mi honra ponga en el
polvo. Selah
6 ¡Levántate, oh Jehová, en tu
ira!
Álzate en contra de la ira de
mis adversarios
y despierta en favor mío el
juicio que has mandado.
7 Y te rodeará una congregación de pueblos;
sobre ella vuélvete en lo
alto.
8 Jehová [a]juzgará a los pueblos.
Júzgame, oh Jehová, conforme a mi rectitud
y conforme a mi integridad.
9 Termine ahora la maldad de
los inicuos y establece al
justo;
pues el Dios justo pone a
[a]prueba el corazón y la
mente.
10 Mi escudo está en Dios,
que salva a los rectos de
corazón.
11 Dios es juez justo,
y es un Dios que se indigna
todos los días *con el impío.*
12 Si no se arrepiente, *Dios* afilará su espada;
tensado tiene ya su arco y lo
ha preparado.
13 Asimismo ha preparado para
él armas de muerte;
ha labrado sus saetas ardientes.
14 He aquí, *el impío* sufre dolores de parto con la iniquidad;

---

8 *a* GEE Inicuo, iniquidad.
7 E *a* HEB lamento; oda épica irregular; canto apasionado.
8 *a* GEE Jesucristo—Es juez.
9 *a* Abr. 3:24–25.

concibe maldad y da a luz
engaño.
15 Pozo ha cavado y lo ha ahondado;
y en la fosa que hizo [a]caerá.
16 Su iniquidad [a]recaerá sobre su cabeza,
y su violencia descenderá sobre su propia coronilla.
17 Alabaré yo a Jehová conforme a su justicia,
y cantaré al nombre de Jehová, el Altísimo.

SALMO 8

Salmo mesiánico de David — David declara que los pequeños y los niños de pecho alaban a Jehová — Él pregunta: ¿Qué es el hombre para que tengas de él memoria?

Al músico principal: con [a]Gitit. Salmo de David.

OH Jehová, Señor nuestro,
¡cuán grande es tu nombre en toda la tierra!
¡Has puesto tu gloria sobre los cielos!
2 [a]De la boca de los pequeños y de los niños de pecho estableciste
fortaleza, a causa de tus enemigos,
para hacer callar al enemigo y al vengativo.
3 Cuando contemplo tus [a]cielos, [b]obra de tus dedos,
la luna y las estrellas que tú formaste,
4 *digo*: ¿Qué es el [a]hombre para que tengas de él memoria,
y el hijo del hombre para que lo [b]visites?
5 Pues le has hecho un poco menor que los [a]ángeles,
y lo coronaste de gloria y de honra.
6 Le hiciste señorear sobre las obras de tus manos;
todo lo pusiste debajo de sus pies:
7 ovejas y bueyes, todos ellos,
y asimismo las bestias del campo,
8 las aves de los cielos y los peces del mar;
todo cuanto pasa por los senderos de los mares.
9 Oh Jehová, Señor nuestro,
¡cuán grande es tu nombre en toda la tierra!

SALMO 9

Salmo mesiánico de David — David alaba a Jehová por haber reprendido a las naciones (gentiles) — Jehová juzgará al mundo con justicia — Jehová morará en Sión — Los impíos serán arrojados al infierno.

Al músico principal: al son de [a]Mut-labén. Salmo de David.

15 *a* 1 Ne. 22:14.
16 *a* Alma 9:28.
8 E *a* HEB un instrumento musical o una melodía procedente de Gat.
2 *a* Mateo 21:15–16.
3 *a* GEE Cielo.
b GEE Creación, crear.
4 *a* GEE Hombre(s).
b 1 Ne. 2:16; DyC 5:16.
5 *a* HEB un poco menor que los dioses. GEE Hombre(s)—Su potencial para llegar a ser como nuestro Padre Celestial.
9 E *a* HEB "La muerte del hijo". Posiblemente indique una tonada conocida.

TE alabaré, oh Jehová, con todo
mi corazón;
contaré todas tus [a]maravillas.
2 Me alegraré y me regocijaré
en ti;
cantaré a tu nombre, oh Altísimo.
3 Cuando mis enemigos retrocedan,
caerán y perecerán delante
de ti.
4 Porque has mantenido mi
juicio y mi causa;
te has sentado en el trono
juzgando con justicia.
5 Reprendiste a las naciones,
destruiste al impío,
[a]borraste el nombre de ellos
para siempre jamás.
6 El enemigo ha llegado a su
fin en desolación eterna;
y tú derribaste sus ciudades,
y su memoria pereció con
ellas.
7 Pero Jehová permanecerá
para siempre;
ha dispuesto su trono para
[a]juicio.
8 Y él [a]juzgará al mundo con
justicia;
juzgará a los pueblos con
equidad.
9 Y será Jehová refugio para
el oprimido,
refugio para tiempos de angustia.
10 Y en ti [a]confiarán los que conocen tu [b]nombre;
por cuanto tú, oh Jehová, no
desampararás a los que te
buscan.
11 Cantad alabanzas a Jehová,
que habita en Sión;
[a]proclamad entre los pueblos
sus obras.
12 Porque el que pide cuentas
de la sangre se acuerda de
ellos;
no se olvida del clamor de
los [a]afligidos.
13 Ten misericordia de mí, oh
Jehová;
mira mi aflicción *que* me infligen los que me aborrecen;
tú, que me levantas de las
puertas de la muerte,
14 para que recuente yo todas
tus alabanzas
en las puertas de la hija de
Sión,
y me regocije en tu [a]salvación.
15 Se hundieron las naciones
en el foso que hicieron;
fue atrapado su pie en la red
que escondieron.
16 Jehová se ha dado a conocer
por el juicio que hace;
en la obra de sus manos
es [a]enlazado el malo.
[b]Higaión. Selah
17 Los malos serán trasladados
al [a]Seol,

1 *a* DyC 76:114.
5 *a* Mos. 26:36.
7 *a* GEE Juicio, juzgar.
8 *a* GEE Jesucristo—Es juez.
10 *a* GEE Confianza, confiar.
b Mos. 5:8–10.
11 *a* GEE Predicar.
12 *a* GEE Humildad, humilde, humillar (afligir).
14 *a* GEE Salvación.
16 *a* 1 Ne. 22:14.
b HEB un interludio musical o meditación; posiblemente indique un murmullo o una queja.
17 *a* HEB mundo o morada de los muertos; sepulcro, infierno. GEE Infierno.

todas las naciones que se
olvidan de Dios.
18 Porque no para siempre será
olvidado el necesitado,
ni la esperanza de los pobres
perecerá perpetuamente.
19 Levántate, oh Jehová; no
prevalezca el hombre;
sean juzgadas las naciones
delante de ti.
20 Infunde, oh Jehová, temor
en ellas;
conozcan las naciones que
no son sino hombres.
[a]Selah

SALMO 10

David habla de varios hechos de los inicuos — Dios no está en los pensamientos de ellos — Pero Jehová es Rey eternamente y para siempre — Él juzgará al huérfano y al oprimido.

¿POR qué estás lejos, oh Jehová,
y te [a]escondes en tiempos de
tribulación?
2 Con arrogancia el malo persigue al pobre;
sean atrapados en los artificios que han ideado.
3 Porque el malo [a]se jacta del
deseo de su alma,
y bendice al codicioso y desprecia a Jehová.
4 El malo, por la altivez de su
rostro, no busca *a Dios*;
no está Dios *en* ninguno de
sus pensamientos.
5 Sus caminos son torcidos en
todo tiempo;
tus juicios *los tiene* muy lejos
de su vista;
a todos sus adversarios desprecia.
6 Dice en su corazón: No seré
sacudido jamás,
ni nunca *me alcanzará* la
adversidad.
7 Llena está su boca de [a]maldición, y de engaños y de
fraude;
debajo de su lengua hay maldad e iniquidad.
8 Se sienta al acecho en las
aldeas;
en los escondrijos mata al
inocente.
Sus ojos acechan al desvalido.
9 Acecha en lo oculto, como
el león desde su guarida;
acecha para atrapar al pobre;
atrapa al pobre trayéndolo
a su red.
10 Se encoge, se agazapa,
y caen en sus fuertes garras
muchos desdichados.
11 Dice en su corazón: Dios
ha olvidado;
ha encubierto su rostro;
nunca lo verá.
12 ¡Levántate, oh Jehová;
oh Dios, alza tu mano!

---

20 *a* HEB de interpretación incierta. Parece ser un signo musical. Posiblemente sea una indicación a los músicos de tocar más fuerte o de tocar un interludio mientras se callan las voces.

10 1 *a* DyC 101:7.
3 *a* GEE Orgullo.
7 *a* GEE Blasfemar, blasfemia.

No te olvides de los [a]pobres.
13 ¿Por qué [a]desprecia el malo a Dios?
En su corazón ha dicho: Tú no habrás de pedir cuentas.
14 Tú *lo* has visto, porque tú miras la maldad y la vejación,
para dar la recompensa con tu mano;
a ti se acoge el desvalido;
tú eres el amparo del [a]huérfano.
15 Quiebra el [a]brazo del inicuo y del malvado;
persigue su maldad hasta que no halles ninguna.
16 Jehová es [a]Rey de eternidad en eternidad;
las naciones han desaparecido de su tierra.
17 El deseo de los humildes has oído, oh Jehová;
tú dispondrás su corazón e inclinarás tu oído,
18 para juzgar al huérfano y al oprimido,
a fin de que no vuelva más a sembrar el terror el hombre de la tierra.

SALMO 11

David se regocija de que Jehová esté en Su santo templo — Jehová pone a prueba al justo y aborrece al impío.

Al músico principal. Salmo de David.

[a]EN Jehová he confiado;
¿cómo decís a mi alma:
Escapa al monte cual ave?,
2 porque he aquí, los malos tensan el arco,
disponen sus saetas sobre la cuerda,
para lanzarlas en oculto a los rectos de corazón.
3 Si son destruidos los fundamentos,
¿qué puede hacer el justo?
4 Jehová está en su santo templo;
el trono de Jehová está en el cielo;
sus ojos ven, sus párpados examinan a los hijos de los hombres.
5 Jehová [a]prueba al justo,
pero su alma aborrece al malo y al que ama la violencia.
6 Sobre los [a]malos hará llover [b]calamidades;
fuego y azufre y un viento abrasador serán la porción de su copa.
7 Porque Jehová es justo y ama la justicia;
los justos verán su rostro.

SALMO 12

David censura los labios lisonjeros y la lengua jactanciosa — Él dice: Las palabras de Jehová son puras.

12 *a* HEB de los afligidos.
13 *a* HEB menosprecia.
14 *a* Stg. 1:27.
15 *a* DyC 1:19.
16 *a* GEE Reino de Dios o de los cielos.
11 1 *a* TJS Sal. 11:1–5 (Apéndice).
5 *a* GEE Adversidad.
6 *a* DyC 63:17.
b *O sea,* trampas, desgracias.

Al músico principal: con [a]Seminit.
Salmo de David.

Salva, oh Jehová, porque se han acabado los piadosos,
porque han desaparecido los fieles de entre los hijos de los hombres.
2 Falsedad habla cada uno con su prójimo;
hablan con labios lisonjeros y con doblez de [a]corazón.
3 Destruirá Jehová todos los labios lisonjeros,
y la lengua que habla con jactancia,
4 los que han dicho: Por nuestra lengua prevaleceremos;
nuestros labios son nuestros;
¿quién es señor sobre nosotros?
5 Por la opresión de los pobres, por el gemido de los menesterosos,
ahora me levantaré, dice Jehová.
Pondré a salvo al que anhela *la seguridad*.
6 Las palabras de Jehová *son* palabras puras,
como plata refinada en horno de tierra,
purificada siete veces.
7 Tú, oh Jehová, los guardarás;
los protegerás para siempre de esta generación.
8 Los malos andan por todas partes
cuando la vileza es exaltada entre los hijos de los hombres.

SALMO 13

David confía en la misericordia de Jehová y se regocija en su salvación.

Al músico principal. Salmo de David.

¿Hasta cuándo, Jehová? ¿Me [a]olvidarás para siempre?
¿Hasta cuándo [b]esconderás tu rostro de mí?
2 ¿Hasta cuándo tomaré consejo en mi alma,
con pesar en mi corazón cada día?
¿Hasta cuándo será enaltecido mi enemigo sobre mí?
3 Mírame; respóndeme, oh Jehová, Dios mío;
alumbra mis ojos para que no duerma de muerte,
4 para que no diga mi enemigo: Lo vencí.
Mis enemigos se alegrarán si yo resbalo.
5 Mas yo en tu [a]misericordia he confiado;
se alegrará mi corazón en tu [b]salvación.
6 Cantaré a Jehová,
porque me ha hecho mucho bien.

SALMO 14

David dice: El necio ha dicho en su corazón: No hay Dios — Israel se regocijará en el día de la restauración.

Al músico principal. Salmo de David.

12 E *a* HEB la octava o instrumento de ocho cuerdas.
2 *a* Stg. 1:8.
13 1 *a* 1 Ne. 21:14–16.
b DyC 121:1–2.
5 *a* GEE Misericordia, misericordioso.
b GEE Salvación.

[a]DICE el necio en su corazón:
[b]No hay Dios.
Se [c]han corrompido; han hecho obras abominables;
no hay quien haga el bien.
2 Jehová miró desde los cielos sobre los hijos de los hombres,
para ver si había algún entendido
que buscara a Dios.
3 Todos se han desviado; a una se han [a]corrompido.
No hay quien haga el bien;
[b]no hay ni siquiera uno.
4 ¿No tienen conocimiento todos los que hacen iniquidad,
que devoran a mi pueblo *como* si comiesen pan,
y no invocan a Jehová?
5 Allí tiemblan de espanto,
porque Dios está con la generación de los justos.
6 Os habéis burlado del consejo del pobre,
pero Jehová es su refugio.
7 ¡Oh, que saliese de Sión la salvación de Israel!
Cuando Jehová haga volver de la [a]cautividad a su pueblo,
se regocijará Jacob, y se alegrará Israel.

SALMO 15

David pregunta: ¿Quién morará en el monte santo de Jehová? — Él responde: Los justos, los rectos y los que tienen integridad.

Salmo de David.

JEHOVÁ, ¿quién [a]habitará en tu tabernáculo?
¿Quién residirá en tu santo [b]monte?
2 El que [a]anda en integridad,
y hace justicia
y habla verdad en su corazón.
3 El que no [a]calumnia con su lengua,
ni hace mal a su prójimo
ni contra su prójimo admite reproche.
4 Aquel ante cuyos ojos es menospreciado el vil,
pero honra a los que temen a Jehová;
el que, aun jurando en perjuicio propio, no por eso cambia;
5 el que no da su dinero con usura
ni acepta soborno contra el inocente.
El que hace estas cosas no resbalará jamás.

SALMO 16

Salmo mesiánico de David — David se regocija tanto en los santos que están en la tierra como en su propia redención futura del infierno;

14 1 *a* TJS Sal. 14:1–7 (Apéndice).
b Sal. 10:4; Alma 30:37–42.
c DyC 10:20–21.
3 *a* GEE Inmundicia, inmundo.
b Mos. 16:3–5.
7 *a* 1 Ne. 22:11–12. GEE Cautiverio.
15 1 *a* Sal. 24:3–5; DyC 76:50–70; Moisés 6:57.
b TJS Sal. 15:1 …monte *santo de Sión?*
2 *a* GEE Andar, andar con Dios.
3 *a* GEE Calumnias.

se regocija también en el hecho de que Dios no permitirá que Su Santo (Cristo) vea corrupción, así como en la plenitud de gozo que se halla en la presencia de Jehová.

[a]Mictam de David.

GUÁRDAME, oh Dios, porque en
ti he [a]confiado.
2 *Oh alma mía,* dijiste a Jehová:
Tú eres mi Señor;
ningún bien tengo fuera de
ti.
3 Para los santos que están en
la tierra
y para los íntegros es toda
mi complacencia.
4 Se multiplicarán los dolores
de aquellos que se apresuran tras otro [a]*dios.*
No ofreceré yo sus libaciones
de sangre
ni en mis labios tomaré sus
nombres.
5 Jehová es la porción de mi
herencia y de mi copa;
tú sustentas mi suerte.
6 Los [a]linderos cayeron para
mí en lugares deleitosos,
y en verdad es hermosa la
heredad que me ha to-
cado.
7 Bendeciré a Jehová que me
aconseja;
aun en las noches me enseña
mi conciencia.
8 A [a]Jehová he puesto siempre
delante de mí;
porque está a mi diestra, no
seré conmovido.
9 Se alegra, por tanto, mi corazón y se regocijan
mis entrañas;
también mi [a]carne reposará
segura.
10 Porque no dejarás mi alma
en el [a]Seol,
ni permitirás que tu [b]santo
vea [c]corrupción.
11 Me mostrarás la senda de la
vida;
en tu presencia hay [a]plenitud
de gozo,
deleites en tu diestra para
siempre.

SALMO 17

David suplica a Jehová que oiga su voz y que lo guarde de hombres mundanos — David confía en llegar a ver el rostro de Jehová en justicia.

Oración de David.

OYE, oh Jehová, una causa justa;
atiende a mi clamor;
escucha mi oración hecha de
labios sin engaño.
2 De tu presencia salga mi juicio;
vean tus ojos la rectitud.
3 Tú has [a]probado mi corazón, me has visitado de
noche,

16 E *a* HEB de interpretación incierta. Posiblemente "un salmo dorado" o "un salmo de expiación".
1 *a* GEE Confianza, confiar.
4 *a* GEE Idolatría.
6 *a* *O sea,* las líneas divisorias.
8 *a* Hech. 2:25–28.
9 *a* GEE Resurrección.
10 *a* HEB mundo o morada de los muertos, sepulcro, infierno. GEE Maldecir, maldiciones; Infierno.
b GEE Jesucristo; Resurrección.
c HEB el abismo.
11 *a* GEE Exaltación.
17 3 *a* DyC 98:12–14.

me has puesto a prueba y nada hallaste;
he resuelto que mi boca no cometa transgresión.
4 En cuanto a las obras del hombre, por la palabra de tus labios
yo me he guardado de las sendas de los violentos.
5 [a]Sustenta mis pasos en tus caminos,
para que mis pies no resbalen.
6 Yo te he invocado, por cuanto tú me oirás, oh Dios;
inclina a mí tu oído; [a]escucha mi palabra.
7 Muestra tus maravillosas misericordias,
tú que salvas a los que se refugian a tu diestra,
de los que se levantan contra ellos.
8 Guárdame como a la niña de tus ojos;
escóndeme bajo la sombra de tus alas,
9 de delante de los malos que me oprimen,
de mis enemigos mortales que me rodean.
10 Envueltos están en su grosura;
con su boca hablan con arrogancia.
11 Han cercado ahora nuestros pasos;
tienen puestos sus ojos para echarnos por tierra.
12 Son como león que desea despedazar su presa,
y como leoncillo que, en los escondrijos, acecha.
13 Levántate, oh Jehová;
sal a su encuentro. ¡Derríbalo!
Libra mi alma de los malos con tu espada,
14 de los hombres con tu mano, oh Jehová,
de los hombres del mundo, cuya porción la tienen en *esta* vida,
y cuyo vientre llenas con tu *tesoro* escondido.
Abundan en hijos
y dejan lo que les sobra a sus pequeños.
15 En cuanto a mí, veré tu rostro en justicia;
estaré satisfecho cuando [a]despierte a tu semejanza.

SALMO 18

David alaba a Jehová por Su grandeza y cuidado protector — El camino de Jehová es perfecto — Jehová ha dado bendiciones maravillosas — David testifica: Vive Jehová, y bendita sea mi Roca.

Al músico principal. Salmo de David, siervo de Jehová, quien dirigió a Jehová las palabras de este cántico el día en que Jehová le libró de manos de todos sus enemigos y de manos de Saúl. Entonces dijo:

TE [a]amo, oh Jehová, fortaleza mía.

5 *a* *Es decir,* guía mis pasos.
6 *a* *O sea,* responde.
15 *a* GEE Resurrección.
18 1 *a* GEE Amor.

2 Jehová, [a]roca mía y baluarte
mío, y mi [b]libertador;
Dios mío, fortaleza mía, en
quien me refugio;
escudo mío y el poder de
mi salvación, mi alto re-
fugio.
3 Invocaré a Jehová, *quien es*
digno de ser alabado,
y seré salvo de mis enemigos.
4 Los lazos de la muerte me
envolvieron,
y los torrentes de la iniquidad me atemorizaron.
5 Las ligaduras del Seol me
rodearon;
los lazos de la muerte me
confrontaron.
6 En mi angustia invoqué a
Jehová,
y clamé a mi Dios.
Él oyó mi voz desde su templo,
y mi clamor llegó delante de
él, a sus oídos.
7 Y la tierra fue conmovida y
tembló;
y se conmovieron los cimientos de los montes,
y se estremecieron, porque
se indignó él.
8 Humo subió de su nariz
y de su boca fuego consu-
midor;
carbones fueron por él encendidos.
9 E inclinó los cielos y descendió,
y había densas tinieblas debajo de sus pies.
10 Y cabalgó sobre un [a]queru-
bín, y voló;
voló sobre las alas del
viento.
11 De las tinieblas hizo su escondite, su pabellón alrededor de sí;
oscuridad de aguas, densas
nubes de los cielos.
12 Por el resplandor de su presencia, sus densas nubes
pasaron;
granizo y carbones ardientes.
13 Jehová tronó en los cielos,
y el Altísimo dio su voz;
granizo y carbones de
fuego.
14 Y envió sus saetas y los dispersó;
y lanzó relámpagos y los
confundió.
15 Entonces aparecieron los
abismos de las aguas,
y quedaron al descubierto
los cimientos del mundo,
a tu reprensión, oh Jehová,
al soplo del aliento de tu
nariz.
16 Envió desde lo alto y me
tomó;
me sacó de las caudalosas
aguas.
17 Me libró de mi poderoso enemigo
y de los que me aborrecían,
pues eran más fuertes que
yo.
18 Me asaltaron en el día de mi
calamidad,
mas Jehová fue mi apoyo.
19 Y me sacó a un lugar espacioso;
me libró, porque se agradó
de mí.

2 *a* GEE Roca. *b* GEE Libertador. 10 *a* GEE Querubines.

20 Me ha premiado Jehová conforme a mi justicia;
conforme a la limpieza de mis manos me ha recompensado.
21 Porque yo he guardado los caminos de Jehová,
y no me aparté impíamente de mi Dios.
22 Pues todos sus [a]decretos estaban delante de mí,
y no me he apartado de sus estatutos.
23 Y fui íntegro para con él,
y me he guardado de mi iniquidad.
24 Por tanto, Jehová me ha recompensado conforme a mi justicia,
conforme a la [a]limpieza de mis manos delante de sus ojos.
25 Con el misericordioso te mostrarás misericordioso,
y con el hombre íntegro te mostrarás íntegro.
26 Limpio serás para con el limpio
y sagaz serás para con el perverso.
27 Porque tú salvarás al pueblo afligido,
y humillarás los [a]ojos altivos.
28 Tú, pues, encenderás mi lámpara;
Jehová, mi Dios, [a]alumbrará mis tinieblas.
29 Porque contigo desbarataré ejércitos,
y con mi Dios saltaré murallas.
30 En cuanto a Dios, [a]perfecto es su camino;
[b]acrisolada es la [c]palabra de Jehová;
escudo es a todos los que en él buscan refugio.
31 Porque, ¿quién es Dios sino sólo Jehová?
¿Y quién es roca sino sólo nuestro Dios?
32 Dios es el que me ciñe de [a]fuerzas,
y hace perfecto mi camino.
33 Él hace mis pies como *pies* de ciervas,
y me hace estar firme en mis alturas.
34 Él adiestra mis manos para la batalla,
y para tensar con mis brazos el arco de bronce.
35 Y me diste el escudo de tu salvación;
tu diestra me sustentó,
y tu benignidad me ha engrandecido.
36 Ensanchaste mis pasos debajo de mí,
y no han resbalado mis pies.
37 Perseguí a mis enemigos y los alcancé;
y no volví hasta acabarlos.
38 Los herí, y no pudieron levantarse;
cayeron debajo de mis pies.
39 Pues me ceñiste de fuerzas para la batalla;

22 *a* Deut. 7:11–13.
24 *a* GEE Pureza, puro.
27 *a* GEE Orgullo.
28 *a* 3 Ne. 18:24. GEE Luz, luz de Cristo.
30 *a* GEE Perfecto.
b *Es decir,* intachable, pura.
c GEE Palabra de Dios.
32 *a* Alma 26:12.

has humillado debajo de mí
a los que contra mí se levantaron.
40 Y me diste la cerviz de mis enemigos,
para que yo destruyese a los que me aborrecían.
41 Clamaron, y no hubo quien los salvase;
aun a Jehová, mas no les [a]respondió.
42 Y los molí como polvo delante del viento;
los arrojé fuera como lodo de las calles.
43 Me has librado de las contiendas del pueblo;
me has puesto por cabeza de naciones;
pueblo que yo no conocía me sirve.
44 Así que al oírme, me obedecen;
los hijos de extranjeros me rinden obediencia.
45 Los hijos de extranjeros desfallecen
y salen temblando de sus refugios.
46 ¡[a]Viva Jehová y bendita sea mi [b]roca!;
y exaltado sea el Dios de mi salvación,
47 el Dios que por mí hace venganza
y sujeta pueblos debajo de mí,
48 que me libra de mis enemigos.
También tú me enalteces sobre los que se levantan contra mí;
me libras del hombre violento.
49 Por eso yo [a]te alabaré entre las naciones, oh Jehová,
y cantaré a tu nombre.
50 Él da gran salvación a su rey
y hace misericordia a su [a]ungido,
a David y a su descendencia, para siempre.

SALMO 19

David testifica: Los cielos cuentan la gloria de Dios, la ley de Jehová es perfecta y los decretos de Jehová son todos verdaderos y justos.

Al músico principal. Salmo de David.

Los [a]cielos cuentan la [b]gloria de Dios,
y el firmamento proclama la [c]obra de sus manos.
2 Día a día emite palabra a *otro* día,
y noche a noche declara sabiduría.
3 No hay lenguaje ni palabras,
ni es oída su voz.
4 Por toda la tierra salió su voz,
y hasta el extremo del mundo sus palabras.
En ellos puso tabernáculo para el sol;
5 y éste, como esposo que sale de su alcoba,
se regocija cual hombre fuerte al correr su carrera.

41 *a* DyC 101:7.
46 *a* DyC 76:22–23.
b GEE Roca.
49 *a* Rom. 15:9.
50 *a* DyC 109:80.
GEE Unción.
19 1 *a* GEE Cielo.
b GEE Gloria.
c GEE Creación, crear.

6 De un extremo de los cielos
es su salida,
y su curso hasta el término
de ellos.
Nada hay que se esconda de
su calor.
7 La [a]ley de Jehová es perfecta:
[b]convierte el alma;
el [c]testimonio de Jehová es
fiel: hace sabio al [d]sencillo.
8 Los preceptos de Jehová
son rectos: alegran el corazón.
El mandamiento de Jehová es
puro: alumbra los ojos.
9 El temor de Jehová es limpio:
permanece para siempre;
los decretos de Jehová son
verdaderos: todos justos.
10 Deseables son más que el
oro,
sí, más que mucho oro refinado;
y dulces más que la miel,
y que el destilar del panal.
11 Tu siervo es, además, amonestado por ellos;
en [a]guardarlos hay gran galardón.
12 ¿Quién puede discernir sus
propios [a]errores?
Líbrame de los que *me* son
[b]ocultos.
13 Guarda, asimismo, a tu
siervo de [a]los *pecados* de
soberbia,
que no se enseñoreen de mí.
Entonces seré íntegro y estaré libre de gran
transgresión.
14 Sean las palabras de mi boca
y la [a]meditación de mi corazón gratas delante de ti,
oh Jehová, roca mía y redentor mío.

SALMO 20

David ora para que Jehová oiga en tiempos de tribulación — Jehová salva a Su ungido.

Al músico principal. Salmo de David.

JEHOVÁ te oiga en el día de tribulación;
el nombre del Dios de Jacob
te defienda.
2 Te envíe ayuda desde el [a]santuario,
y desde Sión te sostenga.
3 Tenga él memoria de todas
tus ofrendas
y acepte tu holocausto.
[a]Selah
4 Te dé conforme al deseo de
tu corazón,
y cumpla todos tus propósitos.
5 Nosotros nos regocijaremos
en tu salvación,
y alzaremos estandarte en el
nombre de nuestro Dios;

7 *a* GEE Ley.
b GEE Conversión, convertir.
c GEE Testimonio.
d DyC 133:57–58.
11 *a* Mos. 2:22; DyC 14:7. GEE Obediencia, obediente, obedecer.
12 *a* GEE Pureza, puro.
b Sal. 90:8; DyC 1:3.
13 *a* TJS Sal. 19:13 *…los actos de soberbia;*
14 *a* GEE Meditar.
20 2 *a* Alma 15:17.
3 *a* HEB de interpretación incierta. Parece ser un signo musical. Posiblemente sea una indicación a los músicos de tocar más fuerte o de tocar un interludio mientras se callan las voces.

cumpla Jehová todas tus peticiones.
6 Ahora sé que Jehová salva a su [a]ungido;
le responderá desde sus santos cielos
con la fuerza salvadora de su diestra.
7 Éstos [a]*confían* en carros, y aquéllos en caballos;
mas nosotros del nombre de Jehová, nuestro Dios, tendremos memoria.
8 Ellos se doblegan y caen;
mas nosotros nos levantamos y nos mantenemos de pie.
9 Salva, oh Jehová;
que el Rey nos responda el día en que le invoquemos.

SALMO 21

Salmo mesiánico de David — David cuenta acerca de la gloria del gran Rey — El Rey triunfará sobre todos sus enemigos — Los designios malignos de éstos fracasarán.

Al músico principal. Salmo de David.

SE alegra el rey en tu poder, oh Jehová;
y en tu salvación, ¡cuánto se regocija!
2 Le has concedido el deseo de su corazón
y no le negaste la petición de sus labios. Selah
3 Porque le has salido al encuentro con bendiciones de bien;
corona de oro fino has puesto sobre su cabeza.
4 Vida te pidió, *y* se la diste,
largura de días eternamente y para siempre.
5 Grande es su [a]gloria en tu salvación;
honra y majestad has puesto sobre él.
6 Porque le has dado bendiciones para siempre;
lo llenaste de alegría con tu rostro.
7 Por cuanto el rey confía en Jehová,
y por la misericordia del Altísimo no será removido.
8 Alcanzará tu mano a todos tus enemigos;
tu diestra alcanzará a los que te aborrecen.
9 Los pondrás como [a]horno de fuego en el tiempo de tu ira;
Jehová los devorará en su furor,
y el fuego los consumirá.
10 Su fruto destruirás de la tierra,
y su descendencia de entre los hijos de los hombres.
11 Porque intentaron el mal contra ti;
fraguaron maquinaciones,
mas no prevalecerán,
12 pues tú los pondrás en fuga;
en tus cuerdas dispondrás *saetas* contra sus rostros.
13 Enaltécete, oh Jehová, en tu poder;
cantaremos y alabaremos tu poderío.

6 *a* DyC 109:80. GEE Unción.
7 *a* Isa. 31:1.
21 5 *a* GEE Gloria.
9 *a* Mal. 4:1.

SALMO 22

Salmo mesiánico de David — Éste predice acontecimientos de la vida del Mesías — El Mesías dirá: Dios mío, Dios mío, ¿por qué me has desamparado? — Le traspasarán las manos y los pies — Aún se enseñoreará de todas las naciones.

Al músico principal: al son de [a]Ajelet-sahar. Salmo de David.

[a]DIOS mío, Dios mío, ¿por qué me has desamparado?
¿*Por qué* estás tan lejos de mi salvación y de las palabras de mi clamor?
2 Dios mío, clamo de día y no respondes;
y de noche no me quedo en silencio.
3 Pero tú eres santo,
tú que habitas *entre* las alabanzas de Israel.
4 En ti [a]confiaron nuestros padres;
confiaron, y tú los libraste.
5 Clamaron a ti y fueron librados;
confiaron en ti y no fueron avergonzados.
6 Mas yo soy gusano y no hombre,
oprobio de los hombres, y [a]despreciado del pueblo.
7 Todos los que me ven me [a]escarnecen;
hacen muecas con los labios, menean la cabeza, *diciendo*:
8 Se [a]encomienda a Jehová; que él lo rescate;
sálvele, puesto que en él se complacía.
9 Pero tú eres el que me sacó del vientre,
el que me hizo confiar *desde que estaba* a los pechos de mi madre.
10 A ti fui encomendado desde la matriz;
desde el vientre de mi madre, tú eres mi Dios.
11 No te alejes de mí, porque la angustia está cerca,
y no hay quien ayude.
12 Me han rodeado muchos toros;
fuertes toros de Basán me han cercado.
13 Abrieron sobre mí su boca,
como león rapaz y rugiente.
14 Derramado soy como el agua,
y todos mis huesos se descoyuntan;
mi corazón es como cera,
derritiéndose en medio de mis entrañas.
15 Como un [a]tiesto se ha secado mi vigor,
y mi lengua se pegó a mi paladar;
y me has puesto en el polvo de la muerte.
16 Porque perros me han rodeado;

22 E *a* HEB "La cierva de la aurora". Posiblemente indique una tonada conocida.
1 *a* Mateo 27:46.
4 *a* GEE Confianza, confiar.
6 *a* Lucas 22:63–65; Mos. 14:3–6.
7 *a* Lucas 23:35.
8 *a* Mateo 27:43.
15 *a* *O sea,* un trozo de vasija de barro.

me ha cercado cuadrilla de malignos;
[a]horadaron mis manos y mis pies.
17 Contar puedo todos mis huesos;
ellos me miran y me observan.
18 Repartieron entre sí mis [a]vestidos,
y sobre mi ropa echaron suertes.
19 Mas tú, oh Jehová, no te alejes.
Oh fortaleza mía, apresúrate a ayudarme.
20 Libra de la espada mi alma,
de la garra del perro mi vida.
21 Sálvame de la boca del león.
De los cuernos de los toros salvajes me has rescatado.
22 Anunciaré tu nombre a mis hermanos;
en medio de la congregación te alabaré.
23 Los que teméis a Jehová, alabadle;
glorificadle, descendencia toda de Jacob,
y temedle vosotros, descendencia toda de Israel.
24 Porque no menospreció ni aborreció la aflicción del desvalido,
ni de él escondió su rostro,
sino que cuando clamó a él, le oyó.
25 De ti será mi alabanza en la gran congregación;
mis votos cumpliré delante de los que le temen.
26 Comerán los humildes y serán saciados;
alabarán a Jehová los que le buscan;
vivirá vuestro corazón para siempre.
27 Se acordarán y se volverán a Jehová todos los confines de la tierra,
y adorarán delante de ti todas las familias de las naciones.
28 Porque de Jehová es el [a]reino,
y él se [b]enseñoreará de las naciones.
29 Comerán y adorarán todos los poderosos de la tierra;
se postrarán delante de él todos los que descienden al polvo;
y nadie puede conservar viva su propia [a]alma.
30 La posteridad le servirá;
como una generación de Jehová, ella será considerada.
31 Vendrán y [a]anunciarán su justicia a un pueblo que ha de nacer,
que él ha hecho *esto*.

16 *a* GEE Jesucristo—Profecías acerca de la vida y la muerte de Jesucristo.
18 *a* Juan 19:23–24.
28 *a* 1 Cró. 29:11. GEE Reino de Dios o de los cielos.
b GEE Gobierno.
29 *a* GEE Redención, redimido, redimir.
31 *a* GEE Predicar.

SALMO 23

David declara: Jehová es mi pastor.

Salmo de David.

JEHOVÁ es mi [a]pastor; nada me [b]faltará.
2 En lugares de delicados pastos me hará descansar;
junto a aguas de reposo me pastoreará.
3 [a]Confortará mi alma;
me guiará por sendas de justicia por amor de su [b]nombre.
4 Aunque ande en [a]valle de sombra de [b]muerte,
no temeré [c]mal alguno, porque [d]tú estarás conmigo;
tu vara y tu cayado me infundirán aliento.
5 Aderezas mesa delante de mí en presencia de mis angustiadores;
[a]unges mi cabeza con aceite; mi copa está rebosando.
6 Ciertamente el bien y la [a]misericordia me seguirán todos los días de mi vida,
y en la casa de Jehová moraré por largos días.

SALMO 24

David testifica: De Jehová es la tierra y su plenitud — El limpio de manos y puro de corazón subirá al monte de Jehová — Jehová de los ejércitos es el Rey de gloria.

Salmo de David.

DE Jehová es la tierra y su plenitud,
el mundo y los que en él habitan,
2 porque él la fundó sobre los mares,
y la afirmó sobre los ríos.
3 ¿Quién [a]subirá al monte de Jehová?
¿Y quién estará en su lugar [b]santo?
4 El [a]limpio de manos y [b]puro de [c]corazón,
el que no ha elevado su alma a la [d]vanidad
ni [e]jurado con [f]engaño.
5 Él recibirá bendición de Jehová,
y justicia del Dios de salvación.
6 Tal es la generación de los que le buscan,
de los que buscan tu rostro, oh *Dios de* Jacob. Selah
7 ¡[a]Alzad, oh puertas, vuestras cabezas!

---

23 1 *a* GEE Buen Pastor.
b Mateo 6:8; Filip. 4:19.
3 *a* HEB restaurará o renovará.
b 1 Sam. 12:22; 1 Juan 2:12.
4 *a* Sal. 138:7; DyC 127:2.
b GEE Muerte física.
c GEE Inicuo, iniquidad.
d GEE Andar, andar con Dios.
5 *a* GEE Unción.
6 *a* GEE Misericordia, misericordioso.
24 3 *a* 1 Ne. 15:33–36.
b GEE Templo, Casa del Señor.
4 *a* GEE Limpio e inmundo.
b GEE Pureza, puro.
c GEE Corazón.
d GEE Vanidad, vano.
e GEE Blasfemar, blasfemia.
f GEE Engañar, engaño.
7 *a* TJS Sal. 24:7–10 (Apéndice).

Y alzaos vosotras, puertas eternas,
y [b]entrará el Rey de gloria.
8 ¿Quién es este Rey de [a]gloria?
¡Jehová el fuerte y valiente!
¡Jehová el poderoso en batalla!
9 ¡Alzad, oh puertas, vuestras cabezas!
Y alzaos vosotras, puertas eternas,
y entrará el Rey de gloria.
10 ¿Quién es este Rey de gloria?
¡Jehová de los ejércitos!
¡Él es el Rey de gloria!
Selah

SALMO 25

David suplica ser encaminado en la verdad y pide perdón — La misericordia y la verdad son para los que guardan los mandamientos.

Salmo de David.

A TI, oh Jehová, [a]elevaré mi alma.
2 Dios mío, en ti confío;
no sea yo avergonzado.
No se alegren de mí mis enemigos.
3 Ciertamente ninguno de cuantos en ti esperan será avergonzado;
serán avergonzados los que se rebelan sin causa.
4 Muéstrame, oh Jehová, tus [a]caminos;
enséñame tus sendas.
5 Encamíname en tu verdad y enséñame,
porque tú eres el Dios de mi salvación;
en ti he esperado todo el día.
6 Acuérdate, oh Jehová, de tus tiernas [a]misericordias y de tu compasión,
que son perpetuas.
7 De los [a]pecados de mi juventud y de mis [b]rebeliones, no te acuerdes;
conforme a tu [c]misericordia acuérdate de mí,
por tu bondad, oh Jehová.
8 Bueno y recto es Jehová;
por tanto, él enseñará a los pecadores el camino.
9 Encaminará a los humildes por el juicio,
y enseñará a los mansos su camino.
10 Todas las sendas de Jehová son misericordia y verdad
para los que guardan su convenio y sus testimonios.
11 Por amor de tu nombre, oh Jehová,
perdona mi iniquidad, porque es grande.
12 ¿Quién es el hombre que teme a Jehová?

7 *b* GEE Segunda Venida de Jesucristo.
8 *a* GEE Jesucristo—La gloria de Jesucristo.
25 1 *a* GEE Oración.
4 *a* Juan 14:6; DyC 79:2. GEE Camino (vía).
6 *a* GEE Misericordia, misericordioso.
7 *a* DyC 58:42.
b HEB transgresiones.
c Sal. 51:1.

Él le enseñará el camino que
ha de escoger.
13 Su alma morará en bienestar,
y su descendencia [a]heredará
la tierra.
14 La comunión íntima de
Jehová es para con los
que [a]le temen,
y a ellos hará conocer su convenio.
15 Mis [a]ojos se dirigen siempre
hacia Jehová,
porque él sacará mis pies de
la [b]red.
16 Vuélvete a mí y ten misericordia de mí,
porque estoy solo y afligido.
17 Las angustias de mi
corazón se han aumentado;
sácame de mis congojas.
18 Mira mi aflicción y mis
[a]afanes,
y perdona todos mis pecados.
19 Mira mis enemigos, cómo se
han multiplicado,
y con odio violento me aborrecen.
20 Guarda mi alma y líbrame;
no sea yo avergonzado,
porque en ti he confiado.
21 Integridad y rectitud me
guarden,
porque en ti he esperado.
22 [a]Redime, oh Dios, a
Israel
de todas sus angustias.

SALMO 26

David declara que ha andado en integridad y obediencia — Él ama la casa de Jehová.

Salmo de David.

Júzgame, oh Jehová,
porque yo en mi [a]integridad
he andado;
he confiado asimismo en
Jehová; no vacilaré.
2 [a]Pruébame, oh Jehová, y examíname;
escudriña mi mente y mi corazón.
3 Porque tu misericordia está
delante de mis ojos,
y en tu verdad he andado.
4 No me he sentado con hombres falsos,
ni iré con [a]los que simulan.
5 Aborrecí la reunión de los
malignos,
y con los impíos nunca me
sentaré.
6 [a]Lavaré en inocencia mis manos,
y andaré alrededor de tu altar, oh Jehová,
7 para exclamar con voz de
acción de gracias,
y para contar todas tus maravillas.
8 Jehová, la habitación de tu
casa he amado,
el lugar de la morada de tu
[a]gloria.
9 No lleves mi alma junto con
los pecadores

13 *a* DyC 63:20; 88:26.
14 *a* GEE Reverencia.
15 *a* DyC 88:67–68.
b *O sea,* de la trampa.
18 *a* Alma 7:11–13.
22 *a* GEE Redención, redimido, redimir.
26 1 *a* GEE Integridad.
2 *a* Abr. 3:25.
4 *a* HEB los hipócritas.
6 *a* GEE Lavado, lavamientos, lavar.
8 *a* GEE Gloria.

ni mi vida con hombres [a]sanguinarios,
10 en cuyas manos está el mal,
y su diestra está llena de sobornos.
11 Mas yo andaré en mi integridad;
redímeme y ten misericordia de mí.
12 Mi pie ha estado en rectitud;
en las congregaciones bendeciré a Jehová.

SALMO 27

David dice: Jehová es mi luz y mi salvación — Desea morar en la casa de Jehová para siempre — David aconseja: Espera en Jehová y esfuérzate.

Salmo de David.

JEHOVÁ es mi [a]luz y mi [b]salvación;
¿a quién [c]temeré?
Jehová es la [d]fortaleza de mi vida;
¿de quién he de atemorizarme?
2 Cuando se abalanzaron contra mí los malignos,
mis angustiadores y mis enemigos,
para devorar mis carnes,
ellos tropezaron y cayeron.
3 Aunque un ejército acampe contra mí,
no temerá mi corazón;
aunque contra mí se levante guerra,
yo estaré confiado.
4 Una cosa he pedido a Jehová;
ésta buscaré:
que [a]more yo en la casa de Jehová
todos los días de mi vida,
para contemplar la hermosura de Jehová
y para meditar en su templo.
5 Porque él me esconderá en su escondite en el día del mal;
me ocultará en lo reservado de su tabernáculo;
me pondrá en alto sobre una roca.
6 Entonces levantará mi cabeza
sobre mis enemigos que me rodean,
y yo sacrificaré en su tabernáculo
sacrificios con voces de júbilo;
cantaré y entonaré alabanzas a Jehová.
7 Oye, oh Jehová, mi voz *con que a ti* clamo;
ten misericordia de mí y respóndeme.
8 *Has dicho*: [a]Buscad mi rostro.
Mi corazón ha dicho: Tu rostro buscaré, oh Jehová.
9 No escondas tu rostro de mí;

9 *a* *O sea,* asesinos.
27 1 *a* GEE Luz, luz de Cristo.
b GEE Salvación; Salvador.
c GEE Temor—Temor de Dios.
d Alma 26:12.
4 *a* Morm. 7:7.
8 *a* DyC 93:1; 101:38.

no apartes con ira a tu siervo.
Mi ayuda has sido;
no me dejes ni me desampares, oh Dios de mi salvación.
10 Aunque mi padre y mi madre me abandonen,
con todo, Jehová me recogerá.
11 Enséñame, oh Jehová, tu camino,
y [a]guíame por senda de rectitud
a causa de mis enemigos.
12 No me entregues a la voluntad de mis enemigos,
porque se han levantado contra mí [a]testigos falsos
y los que respiran crueldad.
13 *Hubiera yo desmayado* si no creyese que he de ver la bondad de Jehová
en la tierra de los vivientes.
14 [a]Espera en Jehová;
esfuérzate, y él [b]alentará tu corazón.
Sí, espera en Jehová.

SALMO 28

David suplica a Jehová que oiga su voz y le conceda sus peticiones — David ruega: Salva a tu pueblo y bendice a tu heredad.

Salmo de David.

A TI clamaré, oh Jehová,
roca mía; no te desentiendas de mí,
no sea que, al callar tú delante de mí,
llegue yo a ser semejante a los que descienden a la [a]fosa.
2 Oye la voz de mis ruegos cuando clamo a ti,
cuando alzo mis manos hacia tu santo [a]templo.
3 No me arrastres juntamente con los malos
y con los que hacen iniquidad,
los cuales hablan paz con sus prójimos,
pero la maldad está en su corazón.
4 Dales conforme a su [a]obra
y conforme a la maldad de sus hechos;
dales conforme a la obra de sus manos;
dales lo que merecen.
5 Por cuanto no atendieron a los hechos de Jehová
ni a la obra de sus manos,
él los derribará y no los edificará.
6 Bendito sea Jehová,
que ha oído la voz de mis ruegos.
7 Jehová es mi fortaleza y mi escudo;
en él [a]confía mi corazón, y me ayuda,
por lo que se regocija mi corazón,

11 *a* GEE Inspiración, inspirar.
12 *a* Hel. 7:21.
14 *a* DyC 98:2–3; 133:45. GEE Paciencia.
b GEE Valor, valiente.
28 1 *a* 1 Ne. 14:3. GEE Infierno.
2 *a* DyC 90:3–5. GEE Templo, Casa del Señor.
4 *a* GEE Obras.
7 *a* GEE Confianza, confiar.

y con mi cántico le alabaré.
8 Jehová es la fortaleza de su pueblo,
y el refugio salvador de su ungido.
9 Salva a tu pueblo y bendice a tu heredad;
susténtalos y enaltécelos para siempre.

SALMO 29

David aconseja: Adorad a Jehová en la hermosura de la santidad — David describe la majestuosidad y el poder de la voz de Jehová.

Salmo de David.

DAD a Jehová, oh [a]hijos de los fuertes;
dad a Jehová la gloria y el poder.
2 Dad a Jehová la debida gloria a su nombre;
adorad a Jehová en la hermosura de la santidad.
3 Voz de Jehová sobre las aguas.
Truena el Dios de gloria,
Jehová, sobre las muchas aguas.
4 [a]Voz de Jehová con poder;
voz de Jehová con majestuosidad.
5 Voz de Jehová que quebranta los cedros;
sí, Jehová quebrantará los cedros del Líbano.
6 Y los hace saltar como becerro;
al Líbano y al Sirión, como cría de toros salvajes.
7 Voz de Jehová que [a]lanza llamas de fuego.
8 Voz de Jehová que hace temblar el desierto;
hace temblar Jehová el desierto de Cades.
9 Voz de Jehová que hace parir a las ciervas
y deja desnudos los bosques;
y en su templo todos proclaman su gloria.
10 Jehová reina en el diluvio,
y se sienta Jehová como [a]rey para siempre.
11 Jehová dará [a]fortaleza a su pueblo;
Jehová bendecirá a su pueblo con [b]paz.

SALMO 30

David canta alabanzas y da gracias a Jehová — David suplica misericordia.

Salmo. Cántico para la dedicación de la casa, de David.

TE glorificaré, oh Jehová, porque me has exaltado,
y no has dejado a mis enemigos alegrarse de mí.
2 Oh Jehová, Dios mío,
a ti clamé, y me sanaste.
3 Oh Jehová, [a]hiciste subir mi alma del Seol;
me diste vida para que no descendiese a la fosa.

29 1 *a* HEB hijos de los dioses.
4 *a* DyC 43:25.
7 *a* *O sea,* habla como.
10 *a* GEE Jesucristo—El reinado milenario de Cristo.
11 *a* 1 Ne. 17:3; Mos. 24:15; Alma 2:28.
b GEE Paz.
30 3 *a* Hech. 2:29–32.

4 Cantad a Jehová, vosotros sus santos,
y dad gracias por la memoria de su santidad.
5 [a]Porque por un momento será su furor;
mas en su favor está la vida.
Por la noche durará el llanto,
y a la mañana *vendrá* la [b]alegría.
6 Y dije yo en mi prosperidad:
No seré jamás movido.
7 Tú, oh Jehová, con tu favor
has afirmado mi monte con poder.
Escondiste tu [a]rostro; fui conturbado.
8 A ti, oh Jehová, clamaré;
y al Señor suplicaré.
9 ¿[a]Qué provecho hay en mi muerte
cuando yo descienda a la sepultura?
¿Te alabará el polvo? ¿Anunciará tu verdad?
10 Oye, oh Jehová, y ten misericordia de mí;
Jehová, sé tú mi ayudador.
11 Has cambiado mi [a]lamento en baile;
[b]desataste mi cilicio y me ceñiste de alegría,
12 para que a ti cante gloria y no esté callado.
Oh Jehová, Dios mío, te alabaré para siempre.

SALMO 31

David confía en Jehová y se regocija en Su misericordia — Hablando como el Mesías dice: En tus manos encomiendo mi espíritu — David aconseja: Amad a Jehová, todos vosotros, Sus santos, porque Jehová guarda a los fieles.

Al músico principal. Salmo de David.

EN ti, oh Jehová, he confiado;
no sea yo jamás [a]avergonzado;
líbrame en tu justicia.
2 Inclina a mí tu oído; líbrame pronto;
sé tú mi roca fuerte y la fortaleza para salvarme.
3 Porque tú eres mi roca y mi fortaleza;
por amor a tu [a]nombre guíame y encamíname.
4 Sácame de la red que han escondido para mí,
porque tú eres mi fortaleza.
5 En tus manos encomiendo mi [a]espíritu;
tú me has redimido, oh Jehová, Dios de verdad.
6 Aborrecí a los que confían en ídolos vanos,

5 *a* TJS Sal. 30:5 Porque *su ira se enciende contra los malvados; ellos se arrepienten, y en un momento ésta es apartada, y están en* su favor, *y les da vida; por tanto,* por la noche durará el llanto…
b GEE Gozo.
7 *a* DyC 84:21–24.
9 *a* TJS Sal. 30:9 Cuando yo descienda *al sepulcro, mi sangre volverá, al polvo. Te alabaré; mi alma* anunciará tu verdad; *porque, ¿de qué sirvo, si no lo hago?*
11 *a* Jer. 31:11–13.
b O sea, me has quitado el cilicio.
31 1 *a* Rom. 1:16; 2 Ne. 6:13.
3 *a* 3 Ne. 12:10–12.
5 *a* Lucas 23:46.

mas yo en Jehová he confiado.
7 Me gozaré y alegraré en tu misericordia,
porque has visto mi aflicción;
has conocido mi alma en las angustias
8 y no me entregaste en manos del enemigo;
pusiste mis pies en lugar espacioso.
9 Ten misericordia de mí, oh Jehová, porque estoy en angustia;
se han consumido de tristeza mis ojos, mi alma y mi cuerpo.
10 Porque mi vida se va gastando de dolor y mis años de suspirar;
se han agotado mis fuerzas a causa de mi iniquidad,
y mis huesos se han consumido.
11 De todos mis enemigos he sido objeto de [a]oprobio,
y de mis vecinos en gran manera, y el horror de mis conocidos;
los que me ven afuera huyen de mí.
12 He sido olvidado de *su* corazón como un muerto;
he venido a ser como una vasija quebrada.
13 Porque he oído la [a]calumnia de muchos;
hay miedo por todas partes,
mientras conspiran juntos contra mí
y traman quitarme la vida.
14 Mas yo en ti [a]confío, oh Jehová;
yo digo: Tú eres mi Dios.
15 En tus manos están mis años;
líbrame de manos de mis enemigos y de mis perseguidores.
16 Haz [a]resplandecer tu rostro sobre tu siervo;
sálvame por tu misericordia.
17 No sea yo avergonzado, oh Jehová, ya que te he invocado;
sean [a]avergonzados los impíos; estén mudos en el [b]Seol.
18 Enmudezcan los labios [a]mentirosos
que hablan contra el justo cosas duras,
con soberbia y menosprecio.
19 ¡Cuán grande es tu [a]bondad, que has guardado para los que te temen,
que has hecho para los que se refugian en ti, delante de los hijos de los hombres!
20 En lo secreto de tu presencia los esconderás de las conspiraciones del hombre;
los pondrás en un tabernáculo protegidos de la [a]contención de lenguas.

11 *a* Lucas 6:22; 2 Ne. 8:7.
13 *a* GEE Calumnias.
14 *a* GEE Fe.
16 *a* GEE Rostro.
17 *a* Jacob 6:8–9.
b HEB mundo o morada de los muertos, sepulcro, infierno.
18 *a* GEE Mentiras.
19 *a* GEE Bendecido, bendecir, bendición.
20 *a* GEE Contención, contienda; Chismes.

21 Bendito sea Jehová,
porque ha hecho maravillosa su misericordia para conmigo en ciudad fortificada.
22 Y decía yo en mi premura:
Excluido soy de delante de tus ojos;
sin embargo, tú oíste la voz de mis ruegos cuando a ti clamaba.
23 [a]Amad a Jehová todos vosotros sus santos;
a los [b]fieles [c]guarda Jehová,
y [d]retribuye abundantemente al que procede con soberbia.
24 [a]Esforzaos todos vosotros, los que esperáis en Jehová,
y tome aliento vuestro corazón.

SALMO 32

David dice: Bienaventurado el hombre a quien Jehová no culpa de iniquidad — David reconoce su pecado — Aconseja que los justos se alegren en Jehová y se regocijen.

Salmo de David. [a]Masquil.

[a]BIENAVENTURADO aquel cuya [b]transgresión ha sido [c]perdonada *y* cubierto su pecado.
2 Bienaventurado el hombre a quien Jehová no culpa de iniquidad
y en cuyo espíritu no hay [a]engaño.
3 Mientras callé, se envejecieron mis huesos
en mi gemir todo el día.
4 Porque de día y de noche se agravó sobre mí tu mano;
se volvió mi [a]verdor en sequedades de verano. [b]Selah
5 Mi pecado te declaré y no encubrí mi iniquidad.
Dije: [a]Confesaré mis transgresiones a Jehová;
y tú perdonaste la maldad de mi pecado. Selah
6 Por esto orará a ti todo [a]santo en el tiempo en que puedas ser hallado;
ciertamente en la inundación de muchas aguas no llegarán éstas a él.
7 Tú eres mi refugio; me guardarás de la angustia;
con cánticos de liberación me rodearás. Selah
8 Te haré entender y te

23 *a* GEE Amor.
b Mos. 2:41; DyC 61:10.
c Moisés 7:61.
d Alma 9:28.
24 *a* GEE Valor, valiente.
32 E *a* HEB de interpretación incierta. Posiblemente signifique "instrucción".
1 *a* TJS Sal. 32:1 Bienaventurados *aquellos* cuyas *transgresiones* han sido perdonadas *y que no tienen pecados que cubrir.* Rom. 4:7–8.
b GEE Pecado.
c GEE Perdonar; Remisión de pecados.
2 *a* GEE Engañar, engaño.
4 *a* *Es decir,* mi fortaleza se desvaneció como.
b HEB de interpretación incierta. Parece ser un signo musical. Posiblemente sea una indicación a los músicos de tocar más fuerte o de tocar un interludio mientras se callan las voces.
5 *a* GEE Confesar, confesión.
6 *a* GEE Santo (adjetivo).

[a]enseñaré el camino en que debes andar;
sobre ti fijaré mis ojos.
9 No seáis como el caballo, o como el mulo, sin entendimiento,
que tienen que ser sujetados con cabestro y con freno,
porque si no, no se acercan a ti.
10 Muchos [a]dolores habrá para el impío;
mas al que confía en Jehová, lo rodeará la misericordia.
11 Alegraos en Jehová y regocijaos, justos;
y dad voces de júbilo, todos vosotros los rectos de corazón.

SALMO 33

Alegraos en Jehová — Cantadle cántico nuevo — Él ama la rectitud y la justicia — Bienaventurada la nación cuyo Dios es Jehová.

ALEGRAOS, oh justos, en Jehová;
para los íntegros es hermosa la [a]alabanza.
2 [a]Aclamad a Jehová con arpa;
cantadle con salterio y [b]decacordio.
3 Cantadle cántico [a]nuevo;
hacedlo bien tañendo con júbilo.
4 Porque recta es la [a]palabra de Jehová,
y toda su obra *es hecha* con fidelidad.
5 Él ama la [a]rectitud y la [b]justicia;
de la misericordia de Jehová está llena la tierra.
6 Por la [a]palabra de Jehová fueron hechos los cielos;
y todas las huestes de ellos, por el aliento de su boca.
7 Él junta como montón las aguas del mar;
él pone en depósitos sus profundidades.
8 [a]Tema a Jehová toda la tierra;
tiemblen delante de él todos los habitantes del mundo,
9 porque él [a]habló, y fue hecho;
él mandó, y *todo* existió.
10 Jehová hace nulo el consejo de las naciones,
y frustra las maquinaciones de los pueblos.
11 El [a]consejo de Jehová permanecerá para siempre;
los designios de su corazón, por todas las generaciones.
12 Bienaventurada la nación cuyo Dios es Jehová,

8 *a* GEE Inspiración, inspirar.
10 *a* Alma 41:10; DyC 1:3; 19:15–19.
33 1 *a* DyC 136:28–29.
2 *a* GEE Música.
b *O sea,* instrumento de diez cuerdas.
3 *a* *Es decir,* elevad nuevas y extraordinarias alabanzas y gracias a Dios por sus bendiciones siempre presentes.
4 *a* GEE Palabra de Dios.
5 *a* GEE Rectitud, recto.
b HEB el derecho o juicio justo.
6 *a* TJS Juan 1:1–16 (Apéndice).
GEE Creación, crear.
8 *a* GEE Temor—Temor de Dios.
9 *a* Hel. 12:8–15; DyC 38:3.
11 *a* GEE Consejo.

el pueblo que él ha [a]escogido
como heredad para sí.
13 Desde los cielos miró
Jehová;
vio a todos los hijos de los
hombres.
14 Desde el lugar de su morada
miró
sobre todos los habitantes
de la tierra.
15 Él formó el corazón de todos
ellos;
él entiende todas sus
[a]obras.
16 El rey no se [a]salva por la
multitud del ejército,
ni escapa el valiente por la
mucha fuerza.
17 Vano para salvarse es el
[a]caballo;
la grandeza de su fuerza a
nadie podrá librar.
18 He aquí, el [a]ojo de Jehová
está sobre los que le
temen,
sobre los que esperan en su
misericordia,
19 para librar sus almas de la
muerte
y para darles vida en tiempos de hambre.
20 Nuestra alma espera a
Jehová;
nuestra ayuda y nuestro
[a]escudo es él.
21 Por tanto, en él se regocijará
nuestro corazón,
porque en su santo nombre
hemos confiado.
22 Sea tu misericordia, oh
Jehová, sobre nosotros,
según [a]esperamos en ti.

SALMO 34

David bendice a Jehová en todo tiempo — David aconseja: Guarda tu lengua del mal, haz el bien y busca la paz — Él dice que ninguno de los huesos del Mesías será quebrado.

Salmo de David cuando cambió su conducta delante de Abimelec, y éste lo echó y se fue.

[a]Bendeciré a Jehová en todo
tiempo;
su alabanza estará de continuo en mi boca.
2 En Jehová se gloriará mi
alma;
lo oirán los mansos y se
alegrarán.
3 Engrandeced a Jehová conmigo,
y ensalcemos a una su nombre.
4 [a]Busqué a Jehová, y él me
respondió
y me libró de todos mis
temores.
5 A él miraron y [a]resplandecieron,
y sus rostros no se avergonzaron.
6 Este pobre clamó, y Jehová
le oyó

12 *a* GEE Escoger, escogido.
15 *a* GEE Obras.
16 *a* 2 Ne. 4:34.
17 *a* Isa. 31:1, 3.
18 *a* DyC 38:7–8.
20 *a* DyC 35:13–14.
22 *a* GEE Esperanza.
34 1 *a* Mos. 2:21.
4 *a* GEE Oración.
5 *a* GEE Luz, luz de Cristo.

y lo libró de todas sus angustias.
7 El [a]ángel de Jehová acampa alrededor de los que le temen,
y los salva.
8 [a]Probad y ved que es bueno Jehová;
bienaventurado el hombre que se refugia en él.
9 Temed a Jehová, vosotros sus santos,
pues nada les falta a los que le temen.
10 Los leoncillos pasan necesidades y sufren hambre;
pero los que buscan a Jehová no tendrán falta de ningún bien.
11 Venid, hijos, escuchadme;
el temor de Jehová os enseñaré.
12 ¿Quién es el hombre que [a]desea vida,
que anhela días para ver el bien?
13 Guarda tu [a]lengua del mal,
y tus labios de hablar [b]engaño.
14 Apártate del mal y haz el bien;
busca la [a]paz y síguela.
15 Los ojos de Jehová están sobre los justos,
y *atentos* sus oídos al clamor de ellos.
16 El rostro de Jehová está contra los que hacen mal,
para cortar de la tierra la memoria de ellos.
17 Claman *los justos,* y Jehová oye
y los [a]libra de todas sus angustias.
18 Cercano está Jehová a los quebrantados de corazón,
y [a]salva a los [b]contritos de espíritu.
19 Muchas son las [a]aflicciones del justo,
mas de todas ellas le libra Jehová.
20 Él guarda todos sus huesos;
ni uno de ellos será [a]quebrado.
21 Matará al malo la maldad,
y los que aborrecen al justo serán condenados.
22 Jehová redime el alma de sus siervos,
y no serán condenados cuantos en él se refugian.

SALMO 35

David se queja de sus enemigos y de los malos tratos de éstos — Pide a Jehová que le juzgue conforme a Su perfecta justicia.

Salmo de David.

[a]CONTIENDE, oh Jehová, con los que contra mí contienden;

7 *a* GEE Ángeles.
8 *a* Mos. 4:11; Alma 36:24–26.
12 *a* 1 Pe. 3:10–12.
13 *a* GEE Calumnias; Profanidad.
b GEE Engañar, engaño.
14 *a* GEE Paz.
17 *a* Alma 36:27. GEE Libertador.
18 *a* GEE Salvación.
b HEB los abatidos de espíritu. GEE Corazón quebrantado; Mansedumbre, manso.
19 *a* 2 Tim. 3:12. GEE Adversidad.
20 *a* Juan 19:31–36.
35 1 *a* DyC 121:1–6.

[b]combate contra los que me combaten.

2 Echa mano al escudo y al [a]pavés,
y levántate en mi ayuda.

3 Y saca la lanza, cierra *el paso* a mis perseguidores;
di a mi alma: Yo soy tu salvación.

4 Sean avergonzados y confundidos los que buscan mi vida;
sean vueltos atrás y [a]sean avergonzados los que mi mal intentan.

5 Sean como el tamo delante del viento,
y el ángel de Jehová *los* acose.

6 Sea su camino tenebroso y resbaladizo,
y el ángel de Jehová los persiga,

7 porque sin causa escondieron para mí su red en un hoyo;
sin causa cavaron *hoyo* para mi alma.

8 Venga sobre él la ruina sin que lo sepa,
y la red que él escondió lo prenda,
caiga en ella con ruina.

9 Y mi alma se [a]regocijará en Jehová;
se regocijará en su [b]salvación.

10 Todos mis huesos dirán: Jehová, ¿quién como tú,
que libras al [a]pobre del más fuerte que él,
sí, al pobre y menesteroso del que le despoja?

11 Se levantan [a]testigos falsos;
de lo que no sé me preguntan.

12 Me devuelven mal por bien,
para afligir a mi alma.

13 Mas yo, cuando ellos enfermaron, me vestí de cilicio;
afligí con [a]ayuno mi alma,
y a mi pecho mi oración volvía.

14 Como por mi amigo o como por mi [a]hermano andaba yo
como el que está de duelo por la madre, cabizbajo andaba yo.

15 Pero ellos se alegraron en mi tropiezo y se juntaron;
se juntaron contra mí gentes despreciables, y yo no lo sabía;
me despedazaban sin cesar;

16 como profanos [a]burlones en una fiesta,
hicieron rechinar contra mí sus dientes.

17 Oh Señor, ¿hasta cuándo verás *esto*?
Rescata mi alma de sus destrucciones, mi vida de los leones.

18 En la gran congregación te daré gracias;
te alabaré entre numeroso pueblo.

1 *b* DyC 105:14.
2 *a* *O sea,* escudo que cubre casi todo el cuerpo.
4 *a* *Es decir,* sean confundidos.
9 *a* GEE Gozo.
b GEE Salvación.
10 *a* DyC 56:18–19.
11 *a* GEE Mentiras.
13 *a* GEE Ayunar, ayuno.
14 *a* GEE Hermano(s), hermana(s).
16 *a* Alma 5:30–31.

19 No se alegren de mí los que injustamente son mis enemigos,
ni los que me [a]aborrecen sin causa guiñen el ojo,
20 porque no hablan paz,
y contra los mansos de la tierra [a]traman engaños.
21 Y ensancharon contra mí su boca;
dijeron: ¡Ajá, ajá, nuestros ojos *lo* han visto!
22 Tú lo has visto, oh Jehová; no calles;
oh Señor, de mí no te alejes.
23 Muévete y despierta para hacerme justicia,
para mi causa, Dios mío y Señor mío.
24 Júzgame conforme a tu justicia, oh Jehová, Dios mío,
y no se alegren de mí.
25 No digan en su corazón: ¡Ajá, ya lo tenemos!
No digan: ¡Le hemos devorado!
26 Sean avergonzados y confundidos a una los que de mi mal se alegran;
vístanse de vergüenza y de ignominia los que se engrandecen contra mí.
27 Canten y alégrense los que están a favor de mi justa causa,
y digan siempre: Sea ensalzado Jehová,
que se deleita en la paz de su siervo.
28 Y mi lengua hablará de tu justicia
y de tu alabanza todo el día.

SALMO 36

David alaba a Jehová por Su misericordia, Su justicia y Su amorosa bondad — El manantial de la vida está en Jehová.

Al músico principal. Salmo de David, siervo de Jehová.

LA transgresión del impío me dice al corazón:
No hay [a]temor de Dios delante de sus ojos.
2 Porque se lisonjea en sus propios ojos,
hasta que su iniquidad sea hallada aborrecible.
3 Las palabras de su boca son iniquidad y fraude;
ha dejado de ser sensato y de hacer el bien.
4 Maquina iniquidad sobre su cama;
está en camino no bueno;
el mal no aborrece.
5 Jehová, hasta los cielos llega tu [a]misericordia;
tu fidelidad alcanza hasta las nubes.
6 Tu justicia es como las montañas de Dios;
tus juicios, las grandes profundidades.
Oh Jehová, al hombre y al animal conservas.

---

19 *a* Juan 15:25. GEE Odio, aborrecimiento.
20 *a* GEE Engañar, engaño.
36 1 *a* GEE Temor—Temor de Dios.
5 *a* GEE Misericordia, misericordioso.

7 ¡Cuán preciosa, oh Dios, es
tu amorosa bondad!
Por eso los hijos de los hombres se refugian bajo la sombra de tus alas.
8 Serán completamente saciados de la grosura de tu casa,
y tú les darás de beber del torrente de tus deleites.
9 Porque contigo está el manantial de la vida;
en tu luz veremos la [a]luz.
10 Extiende tu misericordia a los que te conocen,
y tu justicia a los rectos de corazón.
11 No venga contra mí el pie de la soberbia,
ni me mueva la mano de los impíos.
12 Allí cayeron los obradores de [a]iniquidad;
fueron derribados y no podrán levantarse.

SALMO 37

David aconseja: Confía en Jehová y haz el bien — Guarda silencio ante Jehová y espera pacientemente en Él — Deja la ira y desecha el enojo — Los mansos heredarán la tierra — Jehová ama la rectitud y no desampara a Sus santos.

Salmo de David.

No te impacientes a causa de los malignos,
ni tengas envidia de los que hacen iniquidad,
2 porque como hierba pronto serán [a]cortados,
y como la hierba verde se secarán.
3 Confía en Jehová y haz el bien;
habita en la tierra y apaciéntate en la fidelidad.
4 Deléitate asimismo en Jehová,
y él te concederá las [a]peticiones de tu corazón.
5 Encomienda a Jehová tu [a]camino,
y confía en él, y él lo hará.
6 Y [a]exhibirá tu justicia como la luz,
y tu derecho como el mediodía.
7 Guarda silencio ante Jehová, y espera con paciencia en él.
No te alteres con motivo del que prospera en su camino,
por el hombre que lleva a cabo sus intrigas.
8 Deja la [a]ira y desecha el enojo;
no te irrites, *pues ello* sólo *conduce* a hacer lo malo.
9 Porque los malignos serán [a]talados,
pero los que esperan en Jehová, ellos heredarán la [b]tierra.
10 Pues dentro de poco no existirá el malo;

9 *a* GEE Luz, luz de Cristo.
12 *a* GEE Inicuo, iniquidad.

37 2 *a* DyC 29:9; 56:3.
4 *a* Alma 29:4.
5 *a* Alma 37:35–37.
6 *a* Jer. 51:10.

8 *a* GEE Enojo.
9 *a* GEE Muerte espiritual.
b GEE Tierra.

sí, buscarás con diligencia su lugar, y no estará.
11 Pero los [a]mansos heredarán la tierra,
y se [b]deleitarán con abundancia de paz.
12 Maquina el impío contra el justo
y hace rechinar contra él sus dientes.
13 El Señor se ríe de él,
porque ve que viene su día.
14 Los impíos han desenvainado la espada
y han tensado su arco,
para derribar al pobre y al necesitado,
para matar a los de recto proceder.
15 Su espada entrará en su mismo corazón,
y sus arcos serán quebrados.
16 Mejor es [a]lo poco del [b]justo
que las [c]riquezas de muchos pecadores.
17 Porque los brazos de los impíos serán quebrados,
mas el que sostiene a los justos es Jehová.
18 Conoce Jehová los días de los íntegros,
y la [a]heredad de ellos será para siempre.
19 No serán avergonzados en el tiempo malo,
y en los días de hambre serán saciados.
20 Mas los impíos perecerán,
y los enemigos de Jehová serán consumidos
como la grasa de los carneros;
se disiparán como el humo.
21 El impío [a]toma prestado y no paga,
mas el justo tiene misericordia y da.
22 Porque los bendecidos por él heredarán la tierra,
y los [a]maldecidos por él serán talados.
23 Por Jehová son afianzados los pasos del hombre,
y él se deleita en su camino.
24 Aunque caiga, no quedará postrado,
porque Jehová sostiene su mano.
25 Joven fui, y ya he envejecido,
y no he visto [a]justo desamparado
ni a su descendencia que mendigue pan.
26 En todo tiempo tiene misericordia y presta,
y su descendencia es para bendición.
27 Apártate del mal, y haz el bien,
y vivirás para siempre,
28 porque Jehová ama la justicia
y no desampara a sus santos;
para siempre serán guardados,

11 *a* GEE Mansedumbre, manso.
b GEE Gozo.
16 *a* Prov. 15:16.
b GEE Rectitud, recto.
c GEE Riquezas.
18 *a* Alma 5:58; DyC 38:20.
21 *a* GEE Deuda.
22 *a* GEE Maldecir, maldiciones.
25 *a* Mos. 2:41.

mas la descendencia de los impíos será talada.
29 Los justos heredarán la tierra
y vivirán para siempre en ella.
30 La boca del justo habla sabiduría,
y su lengua habla justicia.
31 La [a]ley de su Dios está en su [b]corazón;
por tanto, sus pasos no vacilarán.
32 Acecha el impío al justo
y procura matarlo.
33 Jehová no le dejará en sus manos,
ni le condenará cuando sea juzgado.
34 [a]Espera en Jehová y guarda su camino,
y él te exaltará para heredar la tierra;
cuando sean talados los pecadores, lo verás.
35 He visto al impío en gran poder,
y que se extendía como frondoso árbol natural.
36 Pero él pasó, y he aquí, ya no estaba;
y lo busqué, y no fue hallado.
37 Considera al [a]íntegro y mira al justo,
porque el porvenir de ese hombre es [b]paz.
38 Mas los transgresores serán todos a una destruidos;
el porvenir de los impíos será truncado.
39 Pero la [a]salvación de los justos es de Jehová;
él es su fortaleza en el tiempo de angustia.
40 Y Jehová los ayudará
y los librará; los libertará de los impíos y los salvará,
por cuanto en él se refugian.

SALMO 38

David se entristece por sus pecados — Sus pecados yacen sobre él como una enfermedad — David pide a Jehová que tenga compasión.

Salmo de David, para recordar.

OH Jehová, no me reprendas en tu furor
ni me castigues en tu ira.
2 Porque tus saetas han penetrado en mí,
y sobre mí ha caído tu mano.
3 Nada hay sano en mi carne a causa de tu indignación,
ni hay paz en mis huesos a causa de mi pecado.
4 Porque mis iniquidades han sobrepasado mi cabeza;
como carga pesada me abruman.
5 Hieden y supuran mis llagas
a causa de mi locura.
6 Estoy encorvado, estoy abatido en gran manera,
estoy de duelo todo el día.
7 Porque mis lomos están llenos de una enfermedad irritable,
y nada hay sano en mi carne.

31 *a* DyC 41:5. GEE Ley.
b GEE Corazón.
34 *a* DyC 98:1–3.
37 *a* GEE Perfecto.
b GEE Paz.
39 *a* GEE Salvación.

8 Estoy debilitado y molido en gran manera;
gimo a causa de la conmoción de mi corazón.
9 Señor, delante de ti están todos mis deseos,
y mi suspiro no te es oculto.
10 Mi corazón palpita fuertemente; las fuerzas me abandonan,
y aun la misma luz de mis ojos ya no está conmigo.
11 Mis seres queridos y mis compañeros se mantienen lejos de mi plaga,
y mis parientes se han alejado.
12 Y los que buscan mi vida me tienden trampas;
y los que procuran mi mal hablan iniquidades
y traman [a]engaños todo el día.
13 Mas yo, como el sordo, no oigo;
y soy como el mudo *que* no abre la boca.
14 Soy, pues, como el hombre que no oye,
y en cuya boca no hay reprensiones.
15 Porque en ti, oh Jehová, espero;
tú responderás, Jehová, Dios mío.
16 Porque dije: No sea que se alegren de mí,
y que, cuando mi pie resbale, se engrandezcan sobre mí.
17 Porque yo estoy a punto de caer,
y mi dolor está delante de mí continuamente.
18 Por tanto, [a]declararé mi iniquidad;
me [b]acongojaré por mi pecado.
19 Porque mis enemigos son vigorosos *y* fuertes,
y se han aumentado los que me aborrecen sin causa.
20 Los que pagan mal por bien
me son contrarios, por seguir yo lo bueno.
21 No me desampares, oh Jehová;
Dios mío, no te alejes de mí.
22 Apresúrate a ayudarme,
oh Señor, salvación mía.

SALMO 39

David procura dominar su lengua — El hombre no es más que vanidad — David es extranjero y peregrino en la tierra.

Al músico principal: a Jedutún. Salmo de David.

Yo dije: Guardaré mis caminos,
para no pecar con mi [a]lengua;
guardaré mi boca con freno,
en tanto que el impío esté delante de mí.
2 Enmudecí con silencio; me

38 12 *a* GEE Engañar, engaño.
18 *a* GEE Confesar, confesión.
b GEE Arrepentimiento, arrepentirse.
39 1 *a* Stg. 3:3–8.

callé aun acerca de lo
bueno,
y se agravó mi dolor.
3 Se [a]enardeció mi corazón
dentro de mí;
ardía fuego en mis reflexiones,
y *así* hablé con mi lengua:
4 Hazme saber, oh Jehová, mi
fin
y cuánta sea la medida de
mis días;
sepa yo cuán frágil soy.
5 He aquí, diste a mis días
término corto,
y mi edad es como nada
delante de ti;
ciertamente es completa [a]vanidad todo hombre que
vive. Selah
6 Ciertamente, como una sombra anda el hombre;
ciertamente en vano se
afana;
[a]acumula, y no sabe quién
[b]recogerá.
7 Y ahora, Señor, ¿qué esperaré?
Mi esperanza está en ti.
8 [a]Líbrame de todas mis [b]transgresiones;
no me pongas como escarnio
del insensato.
9 Enmudecí; no abrí mi boca,
porque tú lo hiciste.
10 Quita de sobre mí tu
azote;
estoy consumido bajo los
golpes de tu mano.
11 Con castigos por el pecado
[a]corriges al hombre,
y deshaces como polilla lo
más estimado de él;
ciertamente, todo hombre es
vanidad. Selah
12 Oye mi oración, oh Jehová, y
presta oídos a mi clamor.
No calles ante mis lágrimas,
porque extranjero soy para
contigo,
y peregrino, como todos mis
padres.
13 Aparta de mí tu mirada, y
tomaré fuerzas
antes de que me vaya y deje
de ser.

SALMO 40

Salmo mesiánico de David — El Mesías vendrá y anunciará justicia — Proclamará salvación — Los justos dirán: Jehová sea engrandecido.

Al músico principal. Salmo de David.

PACIENTEMENTE esperé a Jehová,
y él se inclinó a mí y oyó mi
clamor.
2 Y me sacó del pozo turbulento, del lodo cenagoso;
y puso mis pies sobre una
[a]roca y enderezó mis pasos.
3 Y puso en mi boca cántico
nuevo, canto de alabanza
a nuestro Dios.
Muchos verán esto y temerán,
y confiarán en Jehová.

3 *a* Jer. 20:9.
5 *a* GEE Vanidad, vano.
6 *a* *O sea,* acumula riquezas.
b *O sea,* recogerá las riquezas.
8 *a* GEE Libertador.
b GEE Pecado.
11 *a* *O sea,* aleccionas.
40 2 *a* GEE Roca.

4 Bienaventurado el hombre que pone en Jehová su confianza,
y no se vuelve a los soberbios ni a los que se desvían tras la mentira.
5 Muchas son, oh Jehová, Dios mío,
las [a]maravillas que tú has hecho,
y muchos tus pensamientos para con nosotros.
Nadie hay que se compare contigo.
Si yo los anunciara y hablara de ellos,
no podrían ser enumerados.
6 Sacrificio y ofrenda no te [a]agradan;
has abierto mis oídos;
holocausto y ofrenda por el pecado no has pedido.
7 Entonces dije: He aquí, vengo;
en el rollo del libro está escrito de mí;
8 en [a]hacer tu voluntad, Dios mío, me deleito,
y tu ley está dentro de mí.
9 He anunciado justicia en la gran congregación;
he aquí, no he refrenado mis labios, oh Jehová; tú *lo* sabes.
10 No he escondido tu justicia dentro de mi corazón;
tu verdad y tu salvación he proclamado;
no he ocultado tu amorosa bondad ni tu verdad en la gran congregación.
11 Tú, oh Jehová, no retengas de mí tus tiernas [a]misericordias;
tu amorosa bondad y tu verdad me guarden siempre.
12 Porque me han rodeado males sin número;
me han alcanzado mis iniquidades y no puedo levantar la vista.
Se han aumentado más que los cabellos de mi cabeza, y el corazón me falla.
13 Ten a bien, oh Jehová, librarme;
Jehová, apresúrate a socorrerme.
14 Sean avergonzados y confundidos a una
los que buscan mi vida para destruirla.
Sean vueltos atrás y sean avergonzados
los que mi mal desean.
15 Sean desolados en pago de su [a]vergüenza
los que *con burla* me dicen: ¡Ajá, ajá!
16 Regocíjense y alégrense en ti todos los que te buscan,
y digan siempre los que aman tu salvación:
¡Jehová sea engrandecido!
17 Aunque yo esté pobre y necesitado,
el Señor pensará en mí.
Mi ayuda y mi libertador eres tú;
¡Dios mío, no te tardes!

5 *a* Morm. 9:16–20; DyC 76:114.
6 *a* 1 Sam. 15:22; Heb. 10:5–7.
8 *a* GEE Obediencia, obediente, obedecer.
11 *a* GEE Misericordia, misericordioso.
15 *a* GEE Culpa.

SALMO 41

David dice: Bienaventurado el que piensa en el pobre — Se predice la traición de Judas.

Al músico principal. Salmo de David.

BIENAVENTURADO el que piensa en el [a]pobre;
en el día malo lo librará Jehová.
2 Jehová lo guardará, y lo mantendrá con vida y será bienaventurado en la tierra;
y no lo entregará a la voluntad de sus enemigos.
3 Jehová lo sostendrá en el lecho del dolor;
[a]ablandará su cama en la enfermedad.
4 Yo dije: Oh Jehová, ten misericordia de mí,
[a]sana mi alma, porque contra ti he pecado.
5 Mis enemigos hablan mal de mí, *preguntando*:
¿Cuándo morirá y perecerá su nombre?
6 Y si alguno viene a ver*me*, habla mentira;
su corazón recoge para sí iniquidad,
y al salir fuera, *la* divulga.
7 Reunidos murmuran contra mí todos los que me aborrecen;
contra mí traman el mal, *diciendo*:
8 Una pestilencia se ha apoderado de él;
el que cayó en cama no volverá a levantarse.
9 Aun el [a]hombre de mi paz, en quien yo confiaba, el que de mi pan comía,
[b]alzó contra mí el calcañar.
10 Mas tú, oh Jehová, ten misericordia de mí y hazme levantar,
y les daré su pago.
11 Por esto sé que te complaces en mí,
en que mi enemigo no cante victoria sobre mí.
12 En cuanto a mí, en mi integridad me has sustentado,
y me has hecho estar delante de ti para siempre.
13 Bendito sea Jehová, el Dios de Israel,
por los siglos de los siglos. Amén y Amén.

SALMO 42

Las almas de los justos tienen sed de Dios — Los inicuos dicen: ¿Dónde está tu Dios?

Al músico principal. [a]Masquil de los hijos de Coré.

COMO el ciervo anhela las corrientes de las aguas,
así te anhela, oh Dios, el alma mía.

---

41 1 *a* GEE Pobres—Pobres en cuanto a bienes materiales.
3 *a* *Es decir*, curará todas sus dolencias cuando esté enfermo.
4 *a* GEE Perdonar; Sanar, sanidades.
9 *a* GEE Judas Iscariote.
b DyC 121:16.
42 E *a* HEB de interpretación incierta. Posiblemente signifique "instrucción".

2 Mi alma [a]tiene sed de Dios,
del [b]Dios vivo;
¿cuándo vendré y me presentaré delante de Dios?
3 Han sido mis lágrimas mi pan de día y de noche,
mientras me dicen todos los días: ¿Dónde está tu Dios?
4 Me acuerdo de estas cosas y derramo mi alma dentro de mí,
cuando yo iba con la multitud y la conducía hasta la casa de Dios,
con voz de alegría y de gratitud, haciendo fiesta la multitud.
5 ¿Por qué te abates, oh alma mía,
y te turbas dentro de mí?
Espera en Dios, porque aún he de alabarle
por la salvación de su presencia.
6 Dios mío, mi alma está abatida dentro de mí;
me acordaré de ti, por tanto, desde la tierra del Jordán
y de los hermonitas, desde el monte Mizar.
7 Un abismo llama a otro a la voz de tus cascadas;
todas tus ondas y tus olas han pasado sobre mí.
8 De día mandará Jehová su amorosa bondad,
y de noche su cántico estará conmigo,
y mi oración al Dios de mi vida.
9 Y a Dios, mi roca, diré: ¿Por qué te has olvidado de mí?
¿Por qué andaré yo de duelo por la opresión del enemigo?
10 Con quebranto en mis huesos, mis enemigos me afrentan,
diciéndome cada día: ¿Dónde está tu Dios?
11 ¿Por qué [a]te abates, oh alma mía,
y por qué te turbas dentro de mí?
[b]Espera en Dios, porque aún he de alabarle,
¡mi salvación y mi Dios!

SALMO 43

Los justos alaban a Dios y claman: Envía tu luz y tu verdad.

[a]JÚZGAME, oh Dios, y defiende mi causa
de una nación impía; líbrame del hombre [b]engañador e inicuo.
2 Puesto que tú eres el Dios de mi fortaleza, ¿por qué me has desechado?
¿Por qué andaré yo de [a]duelo por la opresión del enemigo?
3 Envía tu luz y tu [a]verdad; éstas me guiarán,
me conducirán a tu santo monte
y a tus moradas.

2 *a* GEE Agua(s) viva(s).
b DyC 20:17–19.
11 *a* 2 Ne. 4:28–31.
b 2 Ne. 4:32–35.
GEE Esperanza.
43 1 *a* *O sea,* hazme justicia.
b GEE Engañar, engaño.
2 *a* DyC 98:9; 112:23–28.
3 *a* GEE Verdad.

4 Entonces llegaré al altar de Dios,
al Dios de mi alegría y de mi gozo;
y te alabaré con arpa, oh Dios, Dios mío.
5 ¿Por qué te abates, oh alma mía,
y por qué te turbas dentro de mí?
Espera en Dios, porque aún he de alabarle,
¡mi salvación y mi Dios!

SALMO 44

Los santos alaban al Señor y se glorían en Su nombre para siempre — Son perseguidos, difamados y considerados como ovejas para el matadero.

Al músico principal. [a]Masquil de los hijos de Coré.

OH Dios, con nuestros oídos hemos oído, nuestros padres nos han contado
la obra que hiciste en sus días, en los tiempos antiguos.
2 Tú con tu mano echaste fuera a las naciones y los plantaste a ellos;
afligiste a los pueblos y los arrojaste.
3 Porque no se apoderaron de la tierra por su propia espada,
ni su propio brazo los libró,
sino tu diestra, y tu brazo y la luz de tu rostro,
porque te complaciste en ellos.
4 Tú, oh Dios, eres mi [a]rey;
manda [b]salvación a Jacob.
5 Por medio de ti embestiremos a nuestros enemigos;
en tu nombre hollaremos a nuestros adversarios.
6 Porque no confiaré en mi arco,
ni mi espada me salvará.
7 Pues tú nos has salvado de nuestros enemigos,
y has avergonzado a los que nos aborrecían.
8 En Dios nos [a]gloriaremos todo el tiempo,
y por siempre alabaremos tu nombre. [b]Selah
9 Pero *nos* has desechado y nos has hecho avergonzar,
y ya no sales con nuestros ejércitos.
10 Nos hiciste retroceder delante del enemigo,
y *nos* saquean para sí los que nos aborrecen.
11 Nos entregas como ovejas *destinadas* para comida,
y nos has [a]esparcido entre las naciones.
12 Has vendido a tu pueblo de balde,

44 E *a* HEB de interpretación incierta. Posiblemente signifique "instrucción".
4 *a* Alma 5:50.
b *O sea,* liberación, victoria.
8 *a* Alma 26:10–16; DyC 76:61.
b HEB de interpretación incierta. Parece ser un signo musical. Posiblemente sea una indicación a los músicos de tocar más fuerte o de tocar un interludio mientras se callan las voces.
11 *a* GEE Israel—El esparcimiento de Israel.

y no has ganado en la venta
de él.
13 Nos has hecho objeto de
oprobio de nuestros vecinos,
de escarnio y de burla de los
que nos rodean.
14 Nos has puesto como proverbio entre las naciones,
como motivo para menear la
cabeza entre los pueblos.
15 Todo el día mi ignominia
está delante de mí,
y me cubre la vergüenza de
mi rostro
16 por la voz del que vitupera
y deshonra,
por razón del enemigo y del
vengativo.
17 Todo esto nos ha sobrevenido, y no nos hemos olvidado de ti
ni hemos faltado a tu convenio.
18 No se ha vuelto atrás nuestro
corazón,
ni se han apartado nuestros
pasos de tus caminos,
19 aun cuando nos quebrantaste
en el lugar de los chacales,
y nos cubriste con sombra
de muerte.
20 Si nos hubiésemos olvidado
del nombre de nuestro
Dios,
o extendido nuestras manos
a dios ajeno,
21 ¿no lo descubriría Dios?
Pues él [a]conoce los secretos
del corazón.
22 Pero por causa de ti [a]nos
matan cada día;
se nos considera como ovejas
para el matadero.
23 Despierta; ¿por qué duermes, oh Señor?
Despierta; no nos rechaces
para siempre.
24 ¿Por qué escondes tu rostro
y te olvidas de nuestra aflicción y de nuestra opresión?
25 Porque nuestra [a]alma
está agobiada hasta el
polvo;
nuestro vientre está pegado
a la tierra.
26 Levántate para ayudarnos,
y redímenos por causa de tu
misericordia.

SALMO 45

Salmo mesiánico — El Mesías es más hermoso que los hijos de los hombres — Dios lo ungió con óleo de alegría más que a Sus compañeros — Su nombre será recordado por todas las generaciones.

Al músico principal: al son de [a]Sosanim. Masquil de los hijos de Coré. Canción de amores.

REBOSA mi corazón de palabra
buena;
dirijo al Rey mi cántico;
mi lengua es pluma de escribiente muy ligero.

21 *a* GEE Omnisciente.
22 *a* Rom. 8:35–39; DyC 135:4.
25 *a* 2 Ne. 8:21–25.
45 E *a* HEB "Los lirios". Posiblemente indique una tonada conocida.

2 Eres el más hermoso de los
hijos de los hombres;
la [a]gracia se ha derramado
en tus labios;
por tanto, Dios te ha bendecido para siempre.
3 Ciñe tu espada sobre el
muslo, oh valiente,
con tu [a]gloria y con tu majestad.
4 Y en tu majestad sé prosperado;
cabalga sobre palabra de verdad, y de humildad *y* de
[a]justicia;
y tu diestra te enseñará cosas
temibles.
5 Tus saetas agudas,
con que caerán pueblos debajo de ti,
penetrarán en el corazón de
los enemigos del rey.
6 [a]Tu [b]trono, oh Dios, es eterno
y para siempre;
cetro de justicia *es* el cetro
de tu reino.
7 Has amado la justicia y aborrecido la maldad;
por tanto, te ha ungido Dios,
el Dios tuyo,
con [a]óleo de alegría más que
a tus compañeros.
8 Mirra, áloe y casia *exhalan*
todos tus vestidos;
desde palacios de marfil te
han alegrado.
9 Hijas de reyes *hay* entre tus
damas de honor;
está la reina a tu diestra con
oro de Ofir.
10 Escucha, hija, y mira e inclina tu oído;
y olvida tu pueblo y la casa
de tu padre,
11 y deseará el rey tu hermosura.
E inclínate a él, porque él es
tu Señor.
12 Y la hija de Tiro vendrá con
presentes;
implorarán tu favor los ricos
del pueblo.
13 Toda gloriosa es la hija del
rey en su habitación;
de brocado de oro es su vestido.
14 Con vestidos bordados será
llevada al rey;
las vírgenes, sus compañeras
que la siguen,
serán llevadas a ti.
15 Serán llevadas con alegría y
regocijo;
entrarán en el palacio del
rey.
16 En lugar de tus padres serán
tus hijos,
a quienes harás príncipes en
toda la tierra.
17 Haré que tu nombre sea
recordado por todas las
generaciones,
por lo cual te alabarán los
pueblos eternamente y
para siempre.

SALMO 46

Dios es nuestro refugio y fortaleza — Dios habita en Su ciudad, hace cosas maravillosas y dice: Quedaos tranquilos, y sabed que yo soy Dios.

2 *a* Lucas 4:22.
GEE Gracia.
3 *a* GEE Gloria.
4 *a* GEE Rectitud, recto.
6 *a* Heb. 1:8–9.
b GEE Reino de Dios o de los cielos.
7 *a* GEE Unción; Aceite.

Al músico principal. De los hijos de Coré. Salmo con [a]Alamot.

DIOS es nuestro refugio y fortaleza,
nuestro pronto auxilio en las tribulaciones.
2 Por tanto, no temeremos aunque la tierra sea removida
y se deslicen los montes al fondo del mar;
3 aunque bramen y se turben sus aguas,
y tiemblen los montes a causa de su braveza. Selah
4 *Hay* un río cuyas corrientes alegran la ciudad de Dios,
el lugar santo de las moradas del Altísimo.
5 Dios está en [a]medio de ella; no será conmovida.
Dios la ayudará al romper el alba.
6 Bramaron las naciones, se tambalearon los reinos;
dio él su voz, se derritió la tierra.
7 Jehová de los ejércitos está con nosotros;
nuestro refugio es el Dios de Jacob. Selah
8 Venid, ved las obras de Jehová,
que ha hecho desolaciones en la tierra,
9 que hace cesar las [a]guerras hasta los confines de la tierra,
que quiebra el arco, y parte en dos la lanza
y quema los carros en el fuego.
10 Quedaos tranquilos, y [a]sabed que yo soy Dios;
seré exaltado entre las naciones; [b]exaltado seré en la tierra.
11 Jehová de los ejércitos está con nosotros;
nuestro refugio es el Dios de Jacob. Selah

SALMO 47

Jehová es Rey sobre toda la tierra — Cantad alabanzas a Su nombre, porque Él reina sobre todo.

Al músico principal. Salmo de los hijos de Coré.

PUEBLOS todos, batid las palmas;
aclamad a Dios con voz de júbilo.
2 Porque Jehová el Altísimo es [a]temible,
rey grande sobre toda la tierra.
3 Él someterá a los pueblos debajo de nosotros,
y a las naciones debajo de nuestros pies.
4 Él nos elegirá nuestra heredad;
la magnificencia de Jacob, a quien amó. Selah
5 Subió Dios entre aclamaciones,
Jehová con sonido de trompeta.

46 E *a* HEB de interpretación incierta. Posiblemente, "para voces femeninas o de soprano".
5 *a* Deut. 23:14.
9 *a* GEE Paz—Ausencia de conflicto y disensión.
10 *a* DyC 101:16.
b Isa. 2:11.
47 2 *a* DyC 1:8–15.

6 ¡Cantad alabanzas a Dios, alabanzas cantad!
¡Cantad alabanzas a nuestro Rey, alabanzas cantad!
7 Porque Dios es el Rey de toda la tierra;
cantad alabanzas con entendimiento.
8 Reinó Dios sobre las [a]naciones;
se [b]sentó Dios sobre su santo trono.
9 Los príncipes de los pueblos se reunieron,
sí, el pueblo del Dios de Abraham,
porque de Dios son los [a]escudos de la tierra.
Él es grandemente exaltado.

SALMO 48

Sión, la ciudad de Dios, el gozo de toda la tierra, será establecida para siempre.

Cántico. Salmo de los hijos de Coré.

GRANDE es Jehová y en gran manera alabado
en la ciudad de nuestro Dios,
en su [a]santo monte.
2 Hermosa elevación, el [a]gozo de toda la tierra
es el monte [b]Sión, a los lados del [c]norte,
la ciudad del gran Rey.
3 Dios en sus palacios es conocido como refugio.
4 Porque, he aquí, los reyes se reunieron;
pasaron juntos.
5 Viéndola ellos así, se maravillaron,
se asombraron y huyeron.
6 Allí se apoderó de ellos un temblor,
dolor como de mujer que está de parto.
7 Con viento solano
quiebras tú las [a]naves de Tarsis.
8 Como *lo* hemos oído, así *lo* hemos visto
en la ciudad de Jehová de los ejércitos,
en la ciudad de nuestro Dios.
La establecerá Dios para siempre. Selah
9 Nos acordamos de tu misericordia, oh Dios,
en medio de tu templo.
10 Conforme a tu nombre, oh Dios,
así es tu alabanza hasta los confines de la tierra;
de justicia está llena tu diestra.
11 Alégrese el monte Sión;
regocíjense las hijas de Judá
a causa de tus juicios.
12 Andad alrededor de Sión y rodeadla;
contad sus torres.

---

8 *a* GEE Gentiles.
b DyC 88:13.
9 *a* DyC 98:37.
48 1 *a* *O sea,* el templo. Isa. 2:2–5.
2 *a* GEE Gozo.
b GEE Sión.
c Algunas personas creían que la morada de la Deidad estaba en el "norte". Isa. 14:12–13.
7 *a* Isa. 2:16–17.

13 Poned vuestro corazón hacia su antemuro;
recorred sus palacios,
para que lo contéis a la generación venidera.
14 Porque este Dios es Dios nuestro eternamente y para siempre;
él nos guiará aun más allá de la muerte.

SALMO 49

Los hombres no podrán ser rescatados ni redimidos por las riquezas — Sólo Dios redime las almas del sepulcro — La gloria del hombre rico cesa con la muerte.

Al músico principal. Salmo de los hijos de Coré.

[a]OÍD esto, pueblos todos;
escuchad, todos los habitantes del mundo,
2 tanto los plebeyos como los nobles,
el rico y el pobre juntamente.
3 Mi boca hablará sabiduría,
y el pensamiento de mi corazón, entendimiento.
4 Inclinaré al proverbio mi oído;
declararé con el arpa mi enigma.
5 ¿Por qué he de temer en los días de adversidad,
cuando la iniquidad de mis perseguidores me rodee?
6 Los que confían en sus [a]bienes
y de sus muchas riquezas se jactan,
7 ninguno de *ellos* podrá, en manera alguna, redimir al hermano
ni pagar a Dios su rescate
8 (porque la redención de su [a]alma es de tan alto precio
y no se hará jamás)
9 ni [a]vivir en adelante para siempre,
sin ver nunca la sepultura.
10 Porque él ve que los sabios mueren
del mismo modo que el necio y el insensato perecen,
y dejan a otros sus riquezas.
11 Su íntimo pensamiento es que sus casas *serán* eternas,
y sus habitaciones para generación tras generación;
dan sus nombres a sus tierras.
12 Mas el hombre no permanecerá en los honores;
es semejante a las bestias que perecen.
13 Éste su camino es la locura de ellos;
con todo, sus descendientes se complacen en el dicho de ellos. Selah
14 Como a rebaños que son destinados para el [a]Seol,
la muerte los pastoreará,

49 1 *a* GEE Escuchar.
6 *a* *O sea,* las riquezas. GEE Riquezas.
8 *a* GEE Alma—El valor de las almas.
9 *a* Sal. 89:48.
14 *a* HEB mundo o morada de los muertos, sepulcro, infierno.

y los rectos [b]se enseñorearán
de ellos por la mañana.
Y se consumirá su buen parecer en el Seol, lejos de su morada.
15 Pero Dios [a]redimirá mi alma
del poder del Seol,
porque él me [b]recibirá.
Selah
16 No temas cuando se enriquece alguno,
cuando aumenta la gloria de su casa,
17 porque cuando muera no llevará nada
ni descenderá tras él su gloria.
18 Aunque, mientras viva, llame dichosa a su alma,
y sea elogiado porque prospera,
19 entrará en la generación de sus padres,
quienes nunca más verán la luz.
20 El hombre que goza de honores y no entiende,
semejante es a las bestias que perecen.

SALMO 50

Asaf habla de la Segunda Venida — Jehová acepta los sacrificios de los justos y los librará — Aquellos cuya conducta sea justa verán la salvación de Dios.

Salmo de Asaf.

EL Dios de dioses, Jehová, ha hablado
y ha convocado a la tierra desde el nacimiento del sol hasta donde se pone.
2 Desde [a]Sión, perfección de hermosura,
Dios ha resplandecido.
3 Vendrá nuestro Dios y no callará;
[a]fuego consumirá delante de él,
y alrededor de él habrá gran tempestad.
4 Convocará a los [a]cielos desde lo alto
y a la tierra, para [b]juzgar a su pueblo.
5 Reunidme a mis [a]santos,
los que hicieron conmigo [b]convenio mediante [c]sacrificio.
6 Y proclamarán los cielos su [a]justicia,
porque Dios es el [b]juez.
Selah
7 Oye, pueblo mío, y hablaré;
oh Israel, testificaré contra ti.
Yo soy Dios, el Dios tuyo.
8 No te reprenderé por tus sacrificios
ni por tus holocaustos, que siempre delante de mí están.
9 No tomaré de tu casa becerros

14 *b* Mal. 4:2–3; Apoc. 2:26.
15 *a* Mos. 27:24–26. GEE Redención, redimido, redimir.
b GEE Vida eterna.
50 2 *a* GEE Sión.
3 *a* GEE Mundo—El fin del mundo.
4 *a* GEE Cielo.
b GEE Juicio final.
5 *a* GEE Santo (sustantivo).
b GEE Convenio (pacto).
c GEE Sacrificios.
6 *a* GEE Rectitud, recto.
b GEE Juicio, juzgar.

ni machos cabríos de tus rediles.
10 Porque mía es toda bestia del bosque
y el ganado en mil collados.
11 Conozco todas las aves de los montes,
y todo lo que se mueve en el campo me pertenece.
12 Si yo tuviera hambre, no te lo diría a ti,
porque mío es el mundo y su plenitud.
13 ¿He de comer yo carne de toros
o de beber sangre de machos cabríos?
14 Ofrece a Dios tu [a]gratitud,
y paga tus [b]votos al Altísimo.
15 E invócame en el día de la angustia;
te libraré, y tú me honrarás.
16 Pero al malo dijo Dios:
¿Qué derecho tienes tú de recitar mis estatutos
y de tomar mi convenio en tu boca?
17 Pues tú aborreces la disciplina
y das la espalda a mis palabras.
18 Si veías al ladrón, te complacías con él,
y con los adúlteros era tu parte.
19 Tu boca metías en el mal,
y tu lengua urdía [a]engaño.
20 Tomabas asiento *y* hablabas contra tu hermano;
al hijo de tu madre [a]calumniabas.
21 Estas cosas hiciste, y yo he callado;
pensabas que de cierto sería yo como tú;
pero te reprenderé y [a]*las* expondré delante de tus ojos.
22 Entended ahora esto, los que os [a]olvidáis de Dios,
no sea que os despedace y no haya quien os libre.
23 El que ofrece gratitud me honrará;
y al que ordena su camino,
le mostraré la salvación de Dios.

SALMO 51

David suplica perdón después de haberse llegado a Betsabé — David suplica: Crea en mí un corazón limpio y renueva un espíritu recto dentro de mí.

Al músico principal. Salmo de David, cuando después que se llegó a Betsabé, fue a él el profeta Natán.

TEN [a]piedad de mí, oh Dios, conforme a tu compasión;
conforme a la multitud de tus tiernas misericordias,
borra mis [b]transgresiones.

14 *a* GEE Acción de gracias, agradecido, agradecimiento.
b Ecle. 5:4; DyC 108:2–3.
19 *a* GEE Engañar, engaño.
20 *a* DyC 109:29–30. GEE Calumnias.
21 *a* TJS Sal. 50:21 …y *pondré convenios* delante de…
22 *a* DyC 133:2.
51 1 *a* Sal. 25:7. GEE Misericordia, misericordioso.
b GEE Pecado.

2 [a]Lávame por completo de mi maldad
y límpiame de mi pecado.
3 Porque yo [a]reconozco mis transgresiones,
y mi pecado está siempre delante de mí.
4 Contra ti, contra ti sólo he [a]pecado,
y he hecho lo malo ante tus ojos,
para que seas reconocido justo en tu palabra
y claro en tu juicio.
5 He aquí, en maldad he sido formado,
y en pecado me [a]concibió mi madre.
6 He aquí, tú amas la verdad en lo íntimo,
y en lo secreto me has hecho comprender sabiduría.
7 Purifícame con hisopo, y seré limpio;
lávame, y seré más blanco que la nieve.
8 Hazme oír gozo y alegría,
y se regocijarán los huesos que has quebrantado.
9 Esconde tu rostro de mis pecados
y [a]borra todas mis maldades.
10 Crea en mí, oh Dios, un corazón [a]limpio,
y renueva un espíritu recto dentro de mí.
11 No me eches de [a]delante de ti,
y no quites de mí tu santo espíritu.
12 Devuélveme el gozo de tu salvación,
y un espíritu generoso me sustente.
13 *Entonces* enseñaré a los transgresores tus caminos,
y los pecadores se [a]convertirán a ti.
14 Líbrame de derramamiento de sangre, oh Dios,
Dios de mi salvación;
cantará mi lengua tu justicia.
15 Señor, abre mis labios,
y proclamará mi boca tu alabanza,
16 porque tú no quieres [a]sacrificio, que yo sí daría;
no te deleitas en holocausto.
17 Los sacrificios de Dios son el espíritu quebrantado;
al [a]corazón quebrantado y contrito no despreciarás tú, oh Dios.
18 Haz bien con tu benevolencia a Sión;
edifica los muros de Jerusalén.
19 Entonces te agradarán los sacrificios de justicia,
el holocausto u ofrenda del todo quemada;
entonces se ofrecerán sobre tu altar becerros.

2 *a* GEE Lavado, lavamientos, lavar.
3 *a* GEE Confesar, confesión.
4 *a* DyC 132:19, 38–39.
5 *a* Moisés 6:55–56.
9 *a* GEE Arrepentimiento, arrepentirse.
10 *a* GEE Perdonar; Pureza, puro.
11 *a* GEE Muerte espiritual.
13 *a* GEE Conversión, convertir.
16 *a* 1 Sam. 15:22.
17 *a* GEE Corazón quebrantado.

SALMO 52

David declara que las lenguas inicuas maquinan agravios y que los malvados confían en las riquezas — Los santos confían en la misericordia de Dios para siempre.

Al músico principal. [a]Masquil de David, cuando vino Doeg, el edomita, y dio cuenta a Saúl, diciéndole: David ha venido a casa de Ahimelec.

¿POR qué te jactas de la maldad,
tú, poderoso?
La misericordia de Dios es continua.
2 Agravios maquina tu [a]lengua;
como navaja afilada hace engaño.
3 Amaste el mal más que el bien,
la mentira más que el hablar justicia. Selah
4 Has amado toda clase de palabras perniciosas,
engañosa lengua.
5 Por tanto, Dios te destruirá para siempre;
te arrebatará, y te [a]arrancará de tu morada
y te desarraigará de la tierra de los vivientes. Selah
6 Y verán los justos y temerán;
y se reirán de él, *diciendo*:
7 He aquí el hombre que no puso a Dios como su fortaleza,
sino que confió en la multitud de sus riquezas
y se mantuvo en su maldad.
8 Mas yo estoy como olivo [a]verde en la casa de Dios;
en la misericordia de Dios confío eternamente y para siempre.
9 Te alabaré para siempre porque *lo* has hecho;
y esperaré en tu nombre, porque es bueno, delante de tus santos.

SALMO 53

David dice: El necio dice que no hay Dios — No hay quien haga el bien — El Israel recogido se regocijará.

Al músico principal: de [a]Majalat. Masquil de David.

HA dicho el necio en su corazón: [a]No hay Dios.
Se han corrompido y han hecho abominable maldad;
[b]no hay quien haga el bien.
2 Dios, desde los cielos, miró sobre los hijos de los hombres,
para ver si había algún entendido
que buscara a Dios.
3 Todos se han vuelto atrás;
todos se han corrompido;
no hay quien haga el bien, no hay ni siquiera uno.
4 ¿No tienen conocimiento

---

52 E *a* HEB de interpretación incierta. Posiblemente signifique "instrucción".
2 *a* 2 Ne. 13:8.
5 *a* DyC 63:54.
8 *a* Jer. 11:16.
53 E *a* HEB de interpretación incierta. Posiblemente, "se debe cantar de una manera triste y melancólica".
1 *a* 2 Ne. 2:13–14; 11:7.
b Rom. 3:10–12.

todos ésos que hacen iniquidad,
que devoran a mi pueblo *como si* comiesen pan,
y a Dios no invocan?
5 Allí se sobresaltaron de pavor donde no había miedo,
porque Dios ha esparcido los huesos del que acampó contra ti;
los avergonzaste, porque Dios los ha rechazado.
6 ¡Quién diese que saliera de Sión la salvación de Israel!
Cuando Dios haga [a]volver de la cautividad a su pueblo,
se regocijará Jacob y se alegrará Israel.

SALMO 54

David suplica salvación y promete servir a Dios.

Al músico principal: con [a]Neginot. Masquil de David, cuando vinieron los zifeos y dijeron a Saúl: ¿No está David escondido entre nosotros?

OH Dios, sálvame por tu nombre,
y hazme justicia con tu poder.
2 Oh Dios, oye mi oración;
escucha las palabras de mi boca.
3 Porque extraños se han levantado contra mí,
y hombres violentos buscan mi vida;
no han puesto a Dios delante de sí. [a]Selah
4 He aquí, Dios es el que me ayuda;
el Señor está con los que sostienen mi vida.
5 Él devolverá el mal a mis enemigos.
¡Destrúyelos por tu verdad!
6 Voluntariamente te [a]ofreceré sacrificios;
alabaré tu nombre, oh Jehová, porque es bueno.
7 Pues me ha librado de toda angustia,
y a mis enemigos vieron mis ojos.

SALMO 55

David ora por la mañana, al mediodía y al atardecer — Busca protección y ayuda en la lucha contra sus enemigos.

Al músico principal: con [a]Neginot. Masquil de David.

ESCUCHA, oh Dios, mi oración,
y no te escondas de mi súplica.
2 Atiéndeme y respóndeme;
conturbado estoy en mi queja y gimo

---

6 *a* *O sea,* liberar a su pueblo del cautiverio.
54 E *a* HEB instrumentos de cuerda.
3 *a* HEB de interpretación incierta. Parece ser un signo musical. Posiblemente sea una indicación a los músicos de tocar más fuerte o de tocar un interludio mientras se callan las voces.
6 *a* GEE Sacrificios.
55 E *a* HEB instrumentos de cuerda.

3 a causa de la voz del enemigo,
por la opresión del impío,
porque echan sobre mí iniquidad,
y con furor me aborrecen.
4 Mi corazón está dolorido dentro de mí,
y terrores de muerte sobre mí han caído.
5 Temor y temblor me han sobrevenido,
y terror me ha cubierto.
6 Y dije: ¡Quién me diese alas como de paloma!
Volaría yo y descansaría.
7 Ciertamente huiría lejos;
moraría en el desierto.
Selah
8 Me apresuraría a escapar
del viento borrascoso, de la tempestad.
9 Destruye, oh Señor; divide la lengua de ellos,
porque he visto violencia y rencilla en la ciudad.
10 Día y noche la rondan sobre sus muros,
e iniquidad y malicia hay en medio de ella.
11 Destrucción hay en medio de ella,
y el fraude y el [a]engaño no se apartan de sus plazas.
12 Porque no me afrentó un enemigo,
lo cual yo habría soportado,
ni se alzó contra mí el que me aborrecía,
porque me hubiera ocultado de él;
13 sino que eres tú, un hombre igual a mí,
mi compañero y mi íntimo amigo,
14 que juntos nos comunicábamos en dulce consejo,
y en la casa de Dios andábamos en amistad.
15 Condenados sean a muerte *mis enemigos*;
desciendan vivos al Seol,
porque maldades hay en su morada, en medio de ellos.
16 En cuanto a mí, a Dios clamaré,
y Jehová me salvará.
17 Al atardecer, y por la mañana y al mediodía [a]oraré y clamaré,
y él oirá mi voz.
18 Él ha redimido en paz mi alma de la guerra contra mí,
pues había muchos contra mí.
19 Dios oirá y los humillará,
él, que desde la antigüedad permanece. Selah
Por cuanto [a]no cambian,
ni temen a Dios.
20 Extendió *el inicuo* sus manos
contra los que estaban en paz con él;
[a]violó su convenio.
21 Más blandas que la mantequilla eran *las palabras* de su boca,
pero había guerra en su corazón;
más suaves que el aceite eran sus palabras,

11 *a* GEE Engañar, engaño.
17 *a* GEE Oración.
19 *a* Mos. 5:2, 7.
20 *a* *Es decir,* ha quebrantado.

mas ellas eran espadas desnudas.
22 [a]Echa sobre Jehová tu carga
y él te sustentará;
no dejará para siempre caído
al [b]justo.
23 Mas tú, oh Dios, harás descender a aquéllos
al pozo de la destrucción.
Los hombres sanguinarios y engañadores
no llegarán a vivir la mitad de sus días;
pero yo en ti confiaré.

SALMO 56

David busca misericordia, confía en Dios, lo alaba y le agradece su liberación.

Al músico principal: al son de [a]Jonat-elem-recoquim. [b]Mictam de David, cuando los filisteos le prendieron en Gat.

TEN misericordia de mí, oh Dios, porque me ha pisoteado el hombre;
me oprime combatiéndome día tras día.
2 Todo el día mis enemigos me pisotean,
porque muchos son los que pelean contra mí con soberbia.
3 El día en que tema,
yo en ti [a]confiaré.
4 En Dios alabaré su palabra;
en Dios he confiado; no [a]temeré.
¿Qué podrá hacerme el hombre?
5 Todo el día tergiversan mis palabras;
contra mí son todos sus pensamientos para mal.
6 Se reúnen, se esconden,
miran atentamente mis pasos,
como quienes [a]acechan mi vida.
7 ¿Escaparán ellos por la iniquidad?
Oh Dios, derriba en tu furor los pueblos.
8 Mis andanzas tú has contado;
pon mis lágrimas en tu [a]redoma;
¿no están ellas en tu [b]libro?
9 Entonces mis enemigos serán vueltos atrás el día en que yo clame.
Esto sé: Dios está a mi favor.
10 En Dios alabaré *su* palabra;
en Jehová alabaré *su* palabra.
11 En Dios he confiado; no temeré.
¿Qué podrá hacerme el hombre?

22 *a* Mateo 11:28–30; Mos. 24:14–16.
b 1 Ne. 22:17; DyC 124:45–46.
56 E *a* HEB "Paloma silenciosa en paraje lejano". Posiblemente indique una tonada conocida.
b HEB de interpretación incierta. Posiblemente "un salmo dorado", o "un salmo de expiación".
3 *a* GEE Confianza, confiar.
4 *a* Sal. 118:6. GEE Temor—Temor al hombre.
6 *a* *O sea,* esperan quitar.
8 *a* *O sea,* una botella de cristal.
b GEE Libro de la vida.

12 Sobre mí, oh Dios, están tus [a]votos;
te tributaré ofrendas de gratitud.
13 Porque has librado mi alma de la muerte,
y mis pies de caída,
para que [a]ande delante de Dios
en la luz de los que viven.

SALMO 57

David suplica misericordia y aclama la gloria y la exaltación de Dios.

Al músico principal: al son de [a]Al-tasjet. Mictam de David, cuando huyó de delante de Saúl a la cueva.

TEN misericordia de mí, oh Dios;
ten misericordia de mí,
porque en ti ha confiado mi alma,
y en la sombra de tus [a]alas me refugiaré
hasta que pasen las calamidades.
2 Clamaré al Dios Altísimo,
al Dios que me favorece.
3 Él enviará desde los cielos y me salvará
de la infamia del que me pisotea. Selah
Dios enviará su misericordia y su verdad.
4 Mi vida está entre leones;
estoy tirado entre los que arden,
hijos de hombres cuyos [a]dientes son lanzas y saetas,
y su lengua, [b]espada aguda.
5 Exaltado seas, oh Dios, sobre los cielos;
sobre toda la tierra sea tu gloria.
6 Red han tendido a mis pasos;
se ha abatido mi alma;
[a]hoyo han cavado delante de mí,
pero en medio de él han caído *ellos mismos*. Selah
7 Firme está mi corazón, oh Dios, mi corazón está firme;
[a]cantaré y entonaré alabanzas.
8 Despierta, gloria mía; despertad, salterio y arpa;
me levantaré al romper el alba.
9 Te alabaré entre los pueblos, oh Señor;
te cantaré alabanzas entre las naciones.
10 Porque grande es hasta los cielos tu misericordia,
y hasta las nubes tu verdad.
11 Exaltado seas, oh Dios, sobre los cielos;
sobre toda la tierra sea tu gloria.

12 *a* GEE Convenio (pacto).
13 *a* GEE Andar, andar con Dios.
57 E *a* HEB "No destruyas". Posiblemente indique una tonada conocida.
1 *a* DyC 43:24–26.
4 *a* Prov. 30:14.
b Prov. 25:18.
6 *a* 1 Ne. 14:3.
7 *a* Alma 26:8.

SALMO 58

David reprende a los jueces inicuos — Éstos se descarrían y hablan mentiras.

Al músico principal: al son de Al-tasjet.
[a]Mictam de David.

OH vosotros, ¿pronunciáis en
verdad justicia?
¿[a]Juzgáis rectamente, hijos
de los hombres?
2 Antes bien, en el corazón
cometéis injusticias;
hacéis que la violencia de
vuestras manos pese en
la tierra.
3 Se alejaron los impíos desde
la [a]matriz;
se descarriaron desde el
vientre, hablando men-
tira.
4 Veneno tienen, como veneno
de serpiente;
son como la víbora sorda que
cierra su oído,
5 que no oye la voz de los encantadores,
por más hábil que el encantador sea.
6 Oh Dios, quiebra sus dientes
en sus bocas;
quiebra, oh Jehová, los colmillos de los leoncillos.
7 Sean disipados como aguas
que corren;
cuando disparen sus saetas,
sean hechas pedazos.
8 Pasen ellos como el caracol
que se deshace;
como el que nace muerto, no
vean el sol.
9 Antes que vuestras ollas
sientan la llama de los espinos,
así vivos, así airados, los barrerá él con tempestad.
10 Se alegrará el justo cuando
vea la venganza;
sus pies lavará en la [a]sangre
del impío.
11 Entonces dirá el hombre:
Ciertamente hay [a]fruto para
el justo;
ciertamente hay Dios que
[b]juzga en la tierra.

SALMO 59

David ora para ser librado de sus enemigos — Dios gobierna en Jacob hasta los confines de la tierra.

Al músico principal: al son de Al-tasjet.
Mictam de David, cuando Saúl envió
hombres a vigilar la casa para matarlo.

LÍBRAME de mis enemigos, oh
Dios mío;
ponme a salvo de los que
contra mí se levantan.
2 [a]Líbrame de los que hacen
iniquidad,
y sálvame de hombres san-
guinarios.
3 Porque, he aquí, han puesto
acechanza contra mi
vida;
se han juntado contra mí
poderosos,

58 E *a* HEB de interpretación incierta. Posiblemente "un salmo dorado", o "un salmo de expiación".
1 *a* GEE Juicio, juzgar.
3 *a* Isa. 48:8.
10 *a* Isa. 63:2–4.
11 *a* DyC 101:65.
b GEE Jesucristo—Es juez.
59 2 *a* DyC 10:5.

no por transgresión mía ni por
pecado mío, oh Jehová.
4 Sin delito *mío* corren y se
preparan;
despierta para venir a mi
encuentro, y mira.
5 Y tú, Jehová, Dios de los ejércitos, Dios de Israel,
despierta para castigar a todas las naciones;
no tengas misericordia de
todos los que se rebelan
con iniquidad. Selah
6 Volverán al atardecer, ladrarán como perros
y rodearán la ciudad.
7 He aquí proferirán con su
boca;
espadas *hay* en sus labios,
porque *dicen*: ¿Quién oye?
8 Mas tú, Jehová, te reirás de
ellos;
te burlarás de todas las naciones.
9 A causa de su fuerza esperaré yo en ti,
porque Dios es mi defensa.
10 Mi Dios, en su misericordia,
irá delante de mí.
Dios me hará ver a mis enemigos.
11 No los mates, para que mi
pueblo no olvide;
hazlos vagar con tu poder y
abátelos,
oh Señor, escudo nuestro.
12 *Por* el pecado de su boca, *por*
la palabra de sus labios,
sean ellos presos en su soberbia,
y por la maldición y mentira
que profieren.
13 Acábalos con furor; acábalos
para que no existan más
y sepan que Dios gobierna
en Jacob
hasta los confines de la
tierra. Selah
14 Vuelvan, pues, al atardecer,
y ladren como perros
y rodeen la ciudad.
15 Anden ellos errantes para
buscar qué comer;
y si no se sacian, murmuran.
16 Pero yo cantaré de tu poder,
y alabaré de mañana tu misericordia,
porque has sido mi amparo
y refugio en el día de mi
[a]angustia.
17 Oh fortaleza mía, a ti cantaré
alabanzas,
porque eres, Dios, mi amparo, mi Dios de misericordia.

SALMO 60

David dice que Dios ha esparcido a Su pueblo — Dios pone a Efraín a la cabeza y hace de Judá su legislador.

Al músico principal: al son de [a]Susan-hedut. Mictam de David, para enseñar, cuando tuvo guerra contra Aram-Naharaim y contra Aram de Soba, y volvió Joab y derrotó a doce mil de Edom en el valle de la Sal.

1 OH Dios, tú nos has desechado,
nos has [a]dispersado;

16 *a* GEE Adversidad.
60 E *a* HEB "Lirio del pacto". Posiblemente indique una tonada conocida.
1 *a* 2 Ne. 25:14–16.

te has airado. Vuélvete a nosotros.
2 Has hecho temblar la tierra, la has hendido;
sana sus grietas, porque se sacude.
3 Has hecho ver a tu pueblo cosas duras;
nos has hecho beber vino de [a]aturdimiento.
4 Has dado a los que te temen [a]bandera
que alcen por causa de la verdad.
[b]Selah
5 Para que se libren tus [a]amados,
salva con tu diestra y respóndeme.
6 Dios ha dicho en su santidad:
Yo me regocijaré;
repartiré a Siquem y mediré el valle de Sucot.
7 Mío es Galaad y mío es Manasés,
y Efraín es la fortaleza de mi cabeza;
Judá *es* mi [a]legislador.
8 Moab es la vasija para lavarme;
sobre [a]Edom echaré mi calzado;
haz júbilo sobre mí, oh [b]Filistea.
9 ¿Quién me conducirá a la ciudad fortificada?
¿Quién me conducirá hasta Edom?
10 ¿No serás tú, oh Dios, *que* nos habías desechado?
Tú, oh Dios, que ya no sales con nuestros ejércitos.
11 Danos socorro contra el enemigo,
porque vana es la ayuda de los hombres.
12 Con Dios haremos proezas,
y él hollará a nuestros enemigos.

SALMO 61

David halla refugio en Dios, habita en Su presencia y guarda los votos que había hecho.

Al músico principal: con [a]Neginot.
Salmo de David.

OYE, oh Dios, mi clamor; atiende a mi oración.
2 Desde el extremo de la tierra clamaré a ti cuando mi corazón desmaye.
Condúceme a la peña que es más alta que yo,
3 porque tú has sido mi refugio,
y [a]torre fuerte delante del enemigo.
4 Yo habitaré en tu tabernáculo para siempre;
estaré seguro bajo la cubierta de tus alas. Selah
5 Porque tú, oh Dios, has oído mis [a]votos;

3 *a* HEB tambaleante, aturdidor, horroroso.
4 *a* 2 Ne. 29:2
b HEB de interpretación incierta. Parece ser un signo musical. Posiblemente sea una indicación a los músicos de tocar más fuerte o de tocar un interludio mientras se callan las voces.
5 *a* *Es decir,* tu gente amada.
7 *a* Gén. 49:10.
8 *a* GEE Esaú.
b O, triunfaré sobre Filistea.
61 E *a* HEB instrumentos de cuerda.
3 *a* 2 Sam. 22:3; Prov. 18:10.
5 *a* GEE Juramento.

me has dado la heredad de
los que temen tu nombre.
6 Días sobre días añadirás al
rey;
sus años serán como generación tras generación.
7 Estará para siempre delante
de Dios;
prepara misericordia y verdad para que lo conserven.
8 Así cantaré alabanzas a tu
nombre para siempre,
cumpliendo mis votos día
tras día.

SALMO 62

David alaba a Dios y manifiesta que es su refugio, su roca y su salvación — El Señor juzga a los hombres conforme a sus obras.

Al músico principal: a Jedutún. Salmo de David.

EN Dios solamente espera acallada mi alma;
de él *viene* mi salvación.
2 Solamente él es mi [a]roca y
mi [b]salvación;
es mi refugio, no resbalaré
mucho.
3 ¿Hasta cuándo conspiraréis
contra un hombre?
Pereceréis todos vosotros,
caeréis como pared acostada,
como cerca ruinosa.
4 Solamente conspiran para
derribarle de su grandeza.
Aman la mentira.
Con su boca bendicen, pero
maldicen en su corazón.
Selah
5 Alma mía, solamente en Dios
espera acallada,
porque de él viene mi esperanza.
6 Solamente él es mi roca y mi
salvación;
es mi refugio, no resbalaré.
7 En Dios está mi salvación y
mi gloria;
en Dios está mi roca fuerte
y mi refugio.
8 Confiad en él en todo tiempo,
oh pueblo;
derramad delante de él vuestro corazón;
Dios es nuestro refugio.
Selah
9 Ciertamente, [a]vanidad son
los hijos de los hombres
comunes
y mentira los hijos de los
nobles;
pesándolos a todos por igual
en la balanza,
serán menos que la vanidad.
10 No confiéis en la [a]opresión,
ni en la rapiña os envanezcáis.
Si se aumentan las [b]riquezas, no pongáis el corazón
en ellas.
11 Una vez habló Dios;
dos veces he oído esto:
Que de Dios es el poder,
12 y tuya, oh Señor, es la [a]misericordia,

62 2 *a* GEE Roca.
b GEE Salvación.
9 *a* GEE Vanidad, vano.
10 *a* *O sea,* la extorsión.
b Lucas 12:15;
Jacob 2:18–19;
DyC 56:16–18.
12 *a* GEE Misericordia, misericordioso.

porque tú pagas a cada uno
conforme a su [b]obra.

SALMO 63

El alma de David tiene sed de Dios, a quien alaba con labios de júbilo.

Salmo de David, cuando estaba en el desierto de Judá.

OH Dios, tú eres mi Dios; [a]temprano te buscaré.
Mi alma [b]tiene sed de ti; mi carne te anhela
en tierra seca y árida donde no hay agua,
2 para ver tu poder y tu gloria,
así como te he mirado en el santuario.
3 Porque mejor es tu misericordia que la vida;
mis labios te alabarán.
4 Así te bendeciré en mi vida;
en tu nombre alzaré mis [a]manos.
5 Como de médula y de grosura será saciada mi alma,
y con labios de júbilo te alabará mi boca
6 cuando me acuerde de ti en mi lecho,
y en ti [a]medite durante las vigilias de la noche,
7 porque has sido mi socorro,
y *así* en la sombra de tus alas me regocijaré.
8 Está mi alma apegada a ti;
tu diestra me sostiene.
9 Pero los que para destrucción buscaron mi alma,
caerán en los sitios bajos de la tierra.
10 Serán destruidos a filo de espada;
serán porción para las [a]zorras.
11 Mas el rey se regocijará en Dios;
todo aquel que por él jura se gloriará,
porque la boca de los que hablan mentira será cerrada.

SALMO 64

David suplica protección en oración — El justo se alegrará en su corazón.

Al músico principal. Salmo de David.

OYE mi voz, oh Dios, en mi oración;
guarda mi vida del miedo al enemigo.
2 Escóndeme del consejo secreto de los malignos,
del tumulto de los que hacen iniquidad,
3 que afilan su lengua como espada
y lanzan su saeta como palabra amarga,
4 para disparar a escondidas contra el íntegro.
De repente le disparan y no temen.

12 *b* GEE Obras.
63 1 *a* Isa. 26:9; DyC 54:10.
b Juan 4:13–14.
4 *a* Sal. 119:48; DyC 88:120, 132.
6 *a* GEE Meditar.
10 *a* O los chacales.

5 Obstinados en su inicuo designio,
hablan de [a]esconder sus trampas,
y dicen: ¿Quién las [b]verá?
6 Inquieren injusticias, traman un plan bien concebido;
y el íntimo pensamiento de cada uno *de ellos,* así como su corazón, es profundo.
7 Mas Dios les disparará saeta;
de repente serán heridos.
8 Y sus propias lenguas los harán [a]caer;
huirán todos los que los vean.
9 Y temerán todos los hombres,
y anunciarán [a]la obra de Dios,
y entenderán sus hechos.
10 Se alegrará el justo en Jehová y [a]confiará en él.
Se gloriarán todos los rectos de corazón.

SALMO 65

David habla del estado bienaventurado de los escogidos de Dios — Dios envía lluvia y cosas buenas sobre la tierra.

Al músico principal. Salmo. Cántico de David.

A TI en silencio te espera la alabanza en Sión, oh Dios;
y a ti se pagarán los votos.
2 Tú oyes la oración;
a ti vendrá [a]toda carne.
3 Las iniquidades prevalecen contra mí,
mas nuestras transgresiones tú las [a]perdonarás.
4 Bienaventurado el que tú [a]escojas y hagas que se acerque *a ti,*
para que habite en tus atrios.
Seremos saciados del bien de tu casa,
de tu santo templo.
5 Con tremendas cosas, en justicia, nos responderás tú,
oh Dios de nuestra salvación,
esperanza de todos los términos de la tierra
y de los mares más remotos.
6 *Tú,* el que afirma los montes con su poder,
ceñido de poderío;
7 el que [a]calma el estruendo de los mares, el estruendo de sus olas,
y el alboroto de las naciones.
8 Por tanto, los habitantes de los confines *de la tierra* temen ante tus [a]maravillas.
Tú haces alegrar las salidas de la mañana y del atardecer.
9 Visitas y riegas la tierra;
en gran manera la enriqueces;

64 5 *a* GEE Combinaciones secretas.
b Alma 37:25.
8 *a* Prov. 18:7.
9 *a* Moisés 1:39.
10 *a* GEE Confianza, confiar.
65 2 *a* Sal. 86:9; 2 Ne. 2:10; DyC 1:2.
3 *a* DyC 1:32.
4 *a* GEE Escoger, escogido.
7 *a* Mateo 8:23–27.
8 *a* *O sea,* señales.

el río de Dios rebosa de
agua;
preparas el grano de ellos,
porque así lo dispones.
10 Haces que se empapen sus
surcos,
los allanas;
los ablandas con lluvias,
bendices sus renuevos.
11 Tú coronas el año con tus
bienes,
y tus sendas destilan abundancia.
12 Destilan sobre los pastizales
del desierto,
y los collados se ciñen de
alegría.
13 Se visten los llanos de manadas,
y los valles se cubren de
grano;
dan voces de júbilo y aun
cantan.

SALMO 66

Alabad y adorad a Dios — Él pone a prueba y refina a los hombres — Se ofrecerán sacrificios en Su casa.

Al músico principal. Cántico. Salmo.

ACLAMAD a Dios con alegría,
toda la tierra.
2 Cantad la gloria de su nombre;
haced gloriosa su alabanza.
3 Decid a Dios: ¡Cuán asombrosas son tus obras!
Por la grandeza de tu poder se someterán a ti tus
enemigos.
4 Toda la tierra te [a]adorará,
y cantará alabanzas a ti.
Cantarán alabanzas a tu
nombre. Selah
5 Venid y ved las obras de
Dios,
asombroso en hechos para
con los hijos de los hombres.
6 Convirtió el [a]mar en *tierra*
seca;
por el río pasaron a pie;
allí en él nos regocijamos.
7 Él se enseñorea con su poder
para siempre;
sus ojos vigilan las naciones;
no se enaltezcan los rebeldes. Selah
8 Bendecid, oh pueblos, a
nuestro Dios,
y haced oír la voz de su alabanza.
9 Él es *el* que guarda nuestra
alma con vida,
y no permitió que nuestros
pies resbalasen.
10 Porque tú [a]nos probaste, oh
Dios;
nos refinaste como se refina
la plata.
11 Nos metiste en la red;
pusiste pesada carga en
nuestros lomos.
12 Hiciste cabalgar hombres
sobre nuestra cabeza;
pasamos por el fuego y por
el [a]agua,
y nos [b]sacaste a la abundancia.
13 Entraré en tu casa con holocaustos;
te pagaré mis votos,

66 4 *a* DyC 88:104.
6 *a* Josué 3:14–17.
10 *a* DyC 103:12–13.
12 *a* Isa. 43:2.
b Éx. 3:8.

14 los que pronunciaron mis
labios
y habló mi boca cuando
angustiado estaba.
15 Holocaustos de animales
engordados te ofreceré,
con incienso de carneros;
sacrificaré novillos y machos
cabríos. Selah
16 Venid, oíd todos los que teméis a Dios,
y contaré lo que ha hecho
por mi alma.
17 A él clamé con mi boca,
y ensalzado fue con mi lengua.
18 Si en mi corazón hubiese
yo mirado a la iniquidad,
el Señor [a]no *me* habría
oído.
19 Mas ciertamente *me* oyó
Dios;
atendió a la voz de mi súplica.
20 Bendito sea Dios,
que no desechó mi oración
ni *apartó* de mí su misericordia.

SALMO 67

Salmo mesiánico — Dios hará resplandecer Su rostro sobre los hombres — Juzgará y gobernará en justicia.

Al músico principal: con [a]Neginot.
Salmo. Cántico.

DIOS tenga [a]misericordia de
nosotros y nos bendiga;
haga resplandecer su rostro
sobre nosotros. Selah
2 Para que sea conocido en la
tierra tu camino,
en todas las naciones, tu
[a]salvación.
3 Los pueblos te alaben, oh
Dios;
todos los pueblos te alaben.
4 Alégrense y canten con júbilo
las naciones,
porque juzgarás los pueblos
con equidad,
y pastorearás las naciones
en la tierra. Selah
5 Los pueblos te alaben, oh
Dios;
todos los pueblos te alaben.
6 [a]La tierra dará su fruto;
nos bendecirá Dios, el Dios
nuestro.
7 Dios nos bendiga,
y témanle todos los confines
de la tierra.

SALMO 68

Salmo mesiánico de David — David ensalza a JAH — El Señor daba la palabra — Él toma cautiva a la cautividad — Él nos libra de la muerte — Cantad alabanzas a Dios.

Al músico principal. Salmo de David.
Cántico.

LEVÁNTESE Dios, sean esparcidos sus enemigos,
y huyan de su presencia los
que le aborrecen.

18 *a* Prov. 1:24–29;
Mos. 11:23–24.
67 E *a* HEB instrumentos de
cuerda.
1 *a* GEE Misericordia,
misericordioso.
2 *a* Mos. 15:28.
6 *a* 2 Ne. 1:20.

2 Como se disipa el humo, los disiparás;
como se derrite la cera [a]ante el fuego,
así perecerán los malvados delante de Dios.
3 Mas los [a]justos se alegrarán;
se regocijarán delante de Dios
y saltarán de alegría.
4 Cantad a Dios, cantad cánticos a su nombre;
ensalzad al que cabalga sobre los cielos,
cuyo nombre es [a]JAH, y regocijaos delante de él.
5 Padre de huérfanos y defensor de viudas
es Dios en su santa morada.
6 Dios hace habitar en familia a los solitarios;
saca a los cautivos a prosperidad,
mas los [a]rebeldes habitan en tierra árida.
7 Oh Dios, cuando tú saliste delante de tu pueblo,
cuando anduviste por el desierto, Selah
8 la tierra tembló;
también se derramaron los cielos ante la presencia de Dios;
el [a]Sinaí mismo *tembló* delante de Dios, del Dios de Israel.
9 Abundante lluvia esparciste, oh Dios;
a tu heredad desfallecida tú la reanimaste.
10 Los que son de tu grey han morado en ella;
por tu bondad, oh Dios, has provisto para el pobre.
11 El Señor daba la palabra;
había gran multitud que llevaba buenas nuevas.
12 Huyeron, huyeron reyes de ejércitos,
y las que se quedaban en casa repartían los despojos.
13 Aunque os recostáis entre los [a]tiestos,
seréis como alas de paloma cubiertas de plata,
y sus plumas con la amarillez del oro.
14 Cuando esparció el Omnipotente a los reyes allí,
fue como la nieve en el monte Salmón.
15 Monte de Dios es el monte de Basán,
monte alto el de Basán.
16 ¿Por qué miráis con envidia, oh montes altos,
al monte que deseó Dios para su morada?
Ciertamente Jehová habitará *en él* para siempre.
17 Los carros de Dios son veinte mil, sí, millares de millares;
el Señor está entre ellos, *como* en el Sinaí, en el lugar santo.
18 [a]Subiste a lo alto, [b]tomaste cautiva.
Tomaste dones de entre los hombres

68 2 *a* GEE Mundo—El fin del mundo.
3 *a* GEE Rectitud, recto.
4 *a* *O sea,* una forma abreviada de escribir Jehová.
6 *a* GEE Rebelión.
8 *a* GEE Sinaí, monte.
13 *a* *O sea,* las vasijas.
18 *a* Hech. 1:9.
b GEE Redención, redimido, redimir.

y también *de entre* los rebeldes, para que habite *entre ellos* JAH Dios.
19 Bendito *sea* el Señor; cada día nos colma *de beneficios*
el Dios de nuestra salvación. Selah
20 El Dios nuestro es un Dios de [a]salvación,
y de Jehová el Señor es el librar de la [b]muerte.
21 Ciertamente Dios [a]herirá la cabeza de sus enemigos,
la testa cabelluda del que camina en sus pecados.
22 El Señor dijo: De Basán *te* haré volver;
te haré volver de las profundidades del mar,
23 para que tu pie se empape en la sangre de tus enemigos,
y con ella la lengua de tus perros.
24 Ellos han visto tu andar, oh Dios,
el andar de mi Dios, de mi Rey, en el santuario.
25 Los cantores iban delante, los músicos detrás;
en medio, las doncellas con panderos.
26 Bendecid a Dios en las congregaciones,
a Jehová, *vosotros de* la [a]estirpe de Israel.
27 Allí está el joven Benjamín, dirigiéndolos,
los príncipes de Judá con su congregación,
los príncipes de Zabulón, los príncipes de Neftalí.
28 Tu Dios ha mandado tu fuerza;
confirma, oh Dios, lo que has hecho por nosotros.
29 Por causa de tu templo, en Jerusalén,
los reyes te traerán presentes.
30 Reprende las fieras que moran en los cañaverales,
la manada de toros bravos con los becerros de los pueblos,
hasta que todos se sometan con *sus* piezas de plata;
dispersa a los pueblos que se complacen en la guerra.
31 Vendrán príncipes de [a]Egipto;
Etiopía se apresurará a extender sus manos hacia Dios.
32 Reinos de la tierra, cantad a Dios;
cantad alabanzas al Señor, Selah
33 al que cabalga sobre los cielos de los cielos que son desde la antigüedad;
he aquí, él da su voz, voz poderosa.
34 Atribuid el poder a Dios;
sobre Israel es su magnificencia,
y su poder está en los cielos.
35 Temible eres, oh Dios, desde tus santuarios;
el Dios de Israel, él da fuerza y vigor a *su* pueblo.
Bendito sea Dios.

20 *a* GEE Salvador.
b GEE Expiación, expiar; Resurrección.
21 *a* Hab. 3:13; Moisés 4:20–21.
26 *a Es decir,* que sois del linaje de Israel.
31 *a* Isa. 19:21.

SALMO 69

Salmo mesiánico de David — El celo de la casa de Jehová le consumió — La afrenta ha quebrantado Su corazón — Le dan a beber hiel y vinagre — Es perseguido — Salvará a Sión.

Al músico principal: según [a]Sosanim.
Salmo de David.

¡SÁLVAME, oh Dios,
porque las aguas han entrado hasta mi alma!
2 Estoy hundido en cieno profundo, donde no puedo hacer pie;
he llegado hasta lo [a]profundo de las aguas, y la corriente me ha anegado.
3 Cansado estoy de llamar; mi garganta se ha enronquecido;
han desfallecido mis ojos esperando a mi Dios.
4 Se han aumentado más que los cabellos de mi cabeza
los que me [a]aborrecen sin causa;
se han hecho poderosos mis enemigos,
los que quieren destruirme sin tener por qué.
He venido, pues, a devolver lo que no he robado.
5 Oh Dios, tú conoces mi [a]insensatez,
y mis pecados no te son ocultos.
6 No sean avergonzados por mi causa
los que en ti esperan, oh Señor Jehová de los ejércitos;
no sean [a]confundidos por mí los que te buscan, oh Dios de Israel.
7 Porque por amor de ti he sufrido afrenta;
vergüenza ha cubierto mi rostro.
8 He llegado a ser extraño para mis hermanos
y extranjero para los hijos de mi madre.
9 Porque me consumió el [a]celo de tu casa,
y los vituperios de los que te vituperaban cayeron sobre mí.
10 Y lloré *afligiendo* con [a]ayuno mi alma,
y esto me ha sido por afrenta.
11 Me puse además cilicio por vestido,
y vine a serles por proverbio.
12 Hablaban contra mí los que se sentaban a la puerta,
y se burlaban de mí en sus canciones
los bebedores de bebidas fermentadas.
13 Pero yo *elevaba* mi oración a ti, oh Jehová, en el tiempo propicio;
oh Dios, por la abundancia de tu misericordia,
por la verdad de tu salvación, respóndeme.

69 E *a* HEB "Los lirios". Posiblemente indique una tonada conocida.
2 *a* DyC 122:7–8.
4 *a* GEE Odio, aborrecimiento.
5 *a* GEE Debilidad.
6 *a* HEB humillado. DyC 100:5–6.
9 *a* Juan 2:14–17.
10 *a* GEE Ayunar, ayuno.

14 Sácame del lodo, y no sea yo sumergido;
sea yo libertado de los que me aborrecen y de lo profundo de las aguas.
15 No me anegue la corriente de las aguas,
ni me trague el abismo,
ni la [a]fosa cierre sobre mí su boca.
16 Respóndeme, oh Jehová, porque benigna es tu compasión;
mírame conforme a la abundancia de tus tiernas [a]misericordias.
17 Y no escondas tu rostro de tu siervo,
porque estoy angustiado; apresúrate, respóndeme.
18 Acércate a mi alma *y* redímela;
líbrame a causa de mis enemigos.
19 Tú conoces mi afrenta, y mi [a]confusión y mi oprobio;
delante de ti están todos mis enemigos.
20 La afrenta ha quebrantado mi corazón, y estoy [a]acongojado.
Esperé a quien se compadeciese de *mí*, y no lo hubo;
busqué consoladores y ninguno hallé.
21 Me pusieron además hiel por comida
y en mi sed me dieron a beber [a]vinagre.
22 Sea su mesa delante de ellos una [a]trampa,
y *lo que* es para bien, tropiezo.
23 Sean [a]oscurecidos sus ojos para que no vean,
y haz temblar continuamente sus lomos.
24 Derrama sobre ellos tu ira,
y el furor de tu enojo los alcance.
25 Sea su habitación [a]desolada;
en sus tiendas no haya morador,
26 porque persiguieron al que tú heriste,
y cuentan del dolor de los que tú llagaste.
27 Pon maldad sobre su maldad,
y no entren en tu justicia.
28 Sean borrados del [a]libro de los vivientes,
y no sean inscritos con los justos.
29 Y yo afligido y dolorido,
tu salvación, oh Dios, me ponga en alto.
30 Alabaré yo el nombre de Dios con cántico;
lo ensalzaré con [a]gratitud.
31 Y [a]agradará a Jehová más que *sacrificio* de novillo
o becerro que tiene cuernos y pezuñas.
32 Lo verán los humildes y se gozarán;

15 *a* 2 Ne. 1:13.
16 *a* GEE Misericordia, misericordioso.
19 *a* *Es decir,* vergüenza.
20 *a* Mar. 14:32–36.
21 *a* Mateo 27:34; Mar. 15:36; Lucas 23:36; Juan 19:29.
22 *a* DyC 10:26.
23 *a* GEE Tinieblas espirituales.
25 *a* Mateo 23:37–38.
28 *a* GEE Libro de la vida.
30 *a* GEE Acción de gracias, agradecido, agradecimiento.
31 *a* 1 Sam. 15:22.

[a]buscad a Dios, y vivirá
vuestro corazón.
33 Porque Jehová oye a los menesterosos,
y no menosprecia a [a]sus prisioneros.
34 Alábenle los cielos y la tierra,
los mares y todo lo que se mueve en ellos.
35 Porque Dios salvará a [a]Sión
y reedificará las ciudades de Judá;
y habitarán allí y la poseerán.
36 Y la descendencia de sus siervos la heredará,
y los que aman su nombre habitarán en ella.

SALMO 70

David proclama: Engrandecido sea Dios.

Al músico principal. Salmo de David, para conmemorar.

OH Dios, *acude* a librarme;
apresúrate, oh Dios, a socorrerme.
2 Sean avergonzados y confundidos
los que buscan mi vida;
sean vueltos atrás y avergonzados
los que mi mal desean.
3 Sean vueltos atrás, en pago de su afrenta,
los que dicen: ¡Ajá, ajá!
4 Regocíjense y alégrense en ti
todos los que te buscan,
y digan siempre los que aman tu salvación:
¡Engrandecido sea Dios!
5 Yo estoy pobre y necesitado;
apresúrate a mí, oh Dios.
Mi ayuda y mi libertador eres tú;
oh Jehová, no tardes.

SALMO 71

David alaba a Dios con acción de gracias — ¿Quién como Dios?

EN ti, oh Jehová, me he refugiado;
no sea yo avergonzado jamás.
2 Hazme escapar y líbrame en tu justicia;
inclina a mí tu oído y sálvame.
3 Sé para mí [a]peña de refugio,
adonde recurra yo continuamente.
Tú has mandado que yo sea salvo,
porque tú eres mi [b]roca y mi fortaleza.
4 Dios mío, líbrame de manos del malvado,
de manos del [a]perverso y despiadado.
5 Porque tú, oh Señor Jehová,
eres mi esperanza,
seguridad mía desde mi juventud.

32 *a* DyC 101:38.
33 *a* *O sea,* aquellos que están cautivos por Su causa.
35 *a* GEE Sión.
71 3 *a* *O sea,* morada fuerte.
b GEE Roca.
4 *a* GEE Injusticia, injusto.

6 Por ti he sido sustentado
desde el vientre;
de las entrañas de mi madre
tú fuiste el que me sacó;
de ti será siempre mi alabanza.
7 Como prodigio he sido a muchos,
y tú mi refugio fuerte.
8 Sea llena mi boca de tu alabanza,
de tu gloria todo el día.
9 No me deseches en el tiempo
de la vejez;
cuando mis fuerzas se acaben, no me desampares.
10 Porque mis enemigos hablan
contra mí,
y los que acechan mi alma se
consultan entre sí,
11 diciendo: Dios lo ha desamparado;
perseguidle y tomadle, porque no hay quien le libre.
12 Oh Dios, no te alejes de mí;
Dios mío, acude pronto en
mi socorro.
13 Sean avergonzados *y* perezcan los adversarios de mi
alma;
sean cubiertos de afrenta y
de ignominia los que mi
mal buscan.
14 Mas yo continuamente esperaré
y te alabaré más y más.
15 Mi boca publicará tu justicia
y tu salvación todo el día,
aunque no sé el número *de
ellas*.
16 Vendré con el [a]poder de
Jehová el Señor;
haré memoria de tu justicia,
de la tuya sola.
17 Oh Dios, me enseñaste desde
mi juventud,
y hasta ahora he manifestado tus maravillas.
18 Y aun en la vejez y las canas,
oh Dios, no me desampares,
hasta que anuncie tu brazo
a *esta* generación,
tu poder a todos los que han
de venir.
19 Y tu justicia, oh Dios, hasta
lo excelso,
porque has hecho grandes
cosas;
oh Dios, ¿[a]quién como tú?
20 Tú, que me has hecho ver
muchas angustias y males,
volverás a [a]darme vida,
y de nuevo me levantarás de
los abismos de la tierra.
21 Aumentarás mi grandeza,
y volverás a [a]consolarme.
22 Asimismo, yo te alabaré con
instrumento de salterio;
tu verdad, oh Dios mío, cantaré yo a ti con el arpa,
oh Santo de Israel.
23 Mis labios se regocijarán
cuando cante para ti,
y mi alma, la cual tú redimiste.
24 Mi lengua hablará también
de tu justicia todo el día;
por cuanto han sido avergonzados,
porque han sido humillados los que mi mal procuraban.

16 *a* GEE Poder.
19 *a* 1 Rey. 8:23.
20 *a* GEE Vivificar.
21 *a* 2 Cor. 1:3–4.

SALMO 72

David habla de Salomón, quien viene a ser símbolo de Cristo — Salomón tendrá dominio — Su nombre permanecerá para siempre — Todas las naciones lo llamarán bienaventurado — Toda la tierra se llenará de Su gloria.

A Salomón.

OH Dios, da tus juicios al rey,
y tu justicia al hijo del rey.
2 Él [a]juzgará a tu pueblo con justicia,
y a tus afligidos con juicio.
3 Los montes llevarán paz al pueblo,
y los collados justicia.
4 Juzgará a los afligidos del pueblo,
salvará a los hijos del menesteroso
y aplastará al [a]opresor.
5 Te temerán mientras duren el sol
y la luna, de generación en generación.
6 Descenderá como la lluvia sobre la hierba cortada,
como la copiosa lluvia que moja la tierra.
7 Florecerá en sus días la [a]justicia,
y habrá abundancia de [b]paz, hasta que no haya luna.
8 Y dominará de mar a mar,
y desde el río hasta los confines de la tierra.
9 Ante él se postrarán los moradores del desierto,
y sus enemigos lamerán el polvo.
10 Los reyes de Tarsis y de las islas [a]traerán presentes;
los reyes de Sabá y de Seba ofrecerán obsequios.
11 Y se postrarán ante él todos los reyes;
todas las naciones le servirán.
12 Porque él librará al menesteroso cuando clame,
también al afligido y al que no tenga quien le socorra.
13 Tendrá misericordia del pobre y del menesteroso,
y salvará las almas de los menesterosos.
14 De fraude y de violencia [a]redimirá sus almas,
y la sangre de ellos será preciosa ante sus ojos.
15 Y vivirá, y se le dará del oro de Sabá,
y se orará por él continuamente;
todo el día se le bendecirá.
16 Será *echado* un puñado de grano en la tierra,
en las cumbres de los montes;
su fruto hará ruido como el Líbano,
y los de la ciudad florecerán como la hierba de la tierra.
17 Será su nombre para siempre;
se perpetuará su nombre mientras dure el sol,

72 2 *a* GEE Juicio, juzgar.
4 *a* 3 Ne. 24:5.
7 *a* GEE Rectitud, recto.
b GEE Paz.
10 *a* *O sea,* rendirán tributo.
14 *a* GEE Redención, redimido, redimir.

y benditas serán en él todas
las naciones;
le llamarán bienaventurado.
18 Bendito sea Jehová Dios, el
Dios de Israel,
el único que hace maravillas.
19 Y bendito sea su glorioso
nombre para siempre,
y toda la tierra [a]sea llena de
su [b]gloria.
Amén y Amén.
20 Aquí terminan las oraciones
de David, el hijo de Isaí.

SALMO 73

Dios es bueno para con Israel — Los inicuos y los impíos prosperan en este mundo — Ellos serán consumidos de terrores en lo futuro — Aquellos que confían en Jehová serán recibidos en gloria.

Salmo de Asaf.

CIERTAMENTE bueno es Dios
para con Israel,
para con los puros de corazón.
2 En cuanto a mí, mis pies
estuvieron a punto de tropezar;
casi resbalaron mis pasos.
3 Porque tuve [a]envidia de los
arrogantes
al ver la prosperidad de los
impíos.
4 Porque no hay ataduras para
su muerte;
antes bien, su cuerpo es robusto.
5 No pasan trabajos como los
otros mortales,
ni son azotados como *los*
demás hombres.
6 Por tanto, la soberbia es su
collar;
se cubren con vestido de violencia.
7 Los ojos se les saltan por la
gordura;
logran con creces los antojos
del corazón.
8 Se mofan, y [a]hablan con maldad de *hacer* opresión;
hablan con altanería.
9 Ponen contra el cielo su
boca,
y su lengua se pasea por la
tierra.
10 Por eso su pueblo vuelve
aquí,
y aguas abundantes son extraídas para ellos.
11 Y dicen: ¿Cómo sabe Dios?,
y, ¿hay conocimiento en el
Altísimo?
12 He aquí estos impíos,
sin ser turbados, aumentan
sus riquezas.
13 Verdaderamente en vano he
purificado mi corazón
y he lavado mis manos en
inocencia,
14 pues he sido azotado todo
el día
y castigado cada mañana.
15 Si dijera yo: Hablaré de esa
manera,
he aquí traicionaría a la generación de tus hijos.
16 Cuando pensé para saber
esto,

19 *a* DyC 109:72–74.
b GEE Gloria.

73 3 *a* GEE Envidia.
8 *a* 2 Pe. 2:18–19.

ante mis ojos fue *duro* trabajo,
17 hasta que entré en el [a]santuario de Dios,
entonces entendí el fin de ellos.
18 Ciertamente los has puesto en lugares resbaladizos;
en destrucción los harás caer.
19 ¡Cómo han sido destruidos en un momento!
Se acabaron; fueron consumidos por el terror.
20 Como sueño del que despierta,
así, Señor, cuando despiertes, [a]menospreciarás su apariencia.
21 Se llenó de amargura mi corazón,
y en mi [a]alma sentía punzadas.
22 Tan necio era yo que no entendía;
era como una bestia delante de ti.
23 Con todo, yo siempre he estado contigo;
me tomaste de la mano derecha.
24 Me has guiado según tu [a]consejo,
y después me recibirás en [b]gloria.
25 ¿A quién tengo yo en los cielos *sino a ti*?
Y fuera de ti, nada deseo en la tierra.
26 Mi [a]carne y mi [b]corazón desfallecen,
mas la roca de mi corazón y mi porción es Dios para siempre.
27 Porque he aquí, los que se alejan de ti perecerán;
tú destruyes a todo aquel que, prostituyéndose, de ti *se aparta.*
28 Y en cuanto a mí, el acercarme a Dios es el bien;
he hecho de Jehová el Señor mi refugio,
para contar todas tus obras.

SALMO 74

Oh Dios, acuérdate de tu congregación escogida — Los inicuos destruyen el santuario y queman las sinagogas — Oh Dios, acuérdate de ellos por sus obras y salva a tu pueblo.

[a]Masquil de Asaf.

¿POR qué, oh Dios, *nos* has [a]desechado para siempre?
¿Por qué se ha encendido tu furor contra las ovejas de tu prado?
2 Acuérdate de tu congregación, que adquiriste desde tiempos antiguos,
la tribu de tu heredad que redimiste;

17 *a* GEE Templo, Casa del Señor.
20 *a* 2 Ne. 9:41–43.
21 *a* GEE Conciencia.
24 *a* GEE Consejo.
b GEE Gloria.
26 *a* GEE Carne—La naturaleza carnal del hombre.
b GEE Corazón.
74 E *a* HEB de interpretación incierta. Posiblemente signifique "instrucción".
1 *a* 1 Ne. 19:15–16; DyC 101:7–9.

este monte Sión, donde has habitado.
3 Dirige tus pasos a los asolamientos eternos,
a todo el mal que el enemigo ha hecho en el santuario.
4 Tus enemigos han rugido en medio de tus [a]sinagogas;
han puesto sus estandartes por señales.
5 *Cualquiera* se hacía famoso según levantaba
el hacha en medio de tupido bosque.
6 Y ahora con hachas y martillos
han quebrado todas sus [a]entalladuras.
7 Han prendido fuego a tu santuario;
han profanado el tabernáculo de tu nombre *echándolo* a tierra.
8 Dijeron en su corazón: Destruyámoslos de una vez;
han quemado todas las sinagogas de Dios en la tierra.
9 No vemos ya nuestras señales;
ya [a]no hay profeta,
ni entre nosotros hay quien sepa hasta cuándo.
10 ¿Hasta cuándo, oh Dios, *nos* afrentará el adversario?
¿Ha de [a]blasfemar el enemigo perpetuamente tu nombre?
11 ¿Por qué retraes tu mano, tu diestra?
¡Sácala de dentro de tu seno!
12 Mas Dios es mi [a]rey desde la antigüedad;
él es quien trae salvación en medio de la tierra.
13 Tú dividiste el mar con tu poder;
quebrantaste cabezas de monstruos en las aguas.
14 Tú aplastaste las cabezas del [a]Leviatán;
lo diste por comida a los habitantes del desierto.
15 Tú [a]abriste la fuente y el río;
tú [b]secaste ríos inagotables.
16 Tuyo es el día, tuya también es la noche;
tú estableciste la luz y el sol.
17 Tú fijaste todos los límites de la tierra;
el verano y el invierno tú los creaste.
18 Acuérdate de esto: que el enemigo ha afrentado a Jehová,
y que un pueblo insensato ha blasfemado tu nombre.
19 No entregues a las fieras el alma de tu tórtola,
y no olvides para siempre la congregación de tus afligidos.
20 Considera el [a]convenio,

4 *a* HEB lugares de reunión.
6 *a* *O sea,* obras de escultura, en especial de madera.
9 *a* Amós 8:11–12.
10 *a* GEE Blasfemar, blasfemia.
12 *a* Alma 5:50. GEE Reino de Dios o de los cielos.
14 *a* *Es decir,* el legendario monstruo marino que representaba las fuerzas del caos que se oponían al Creador. Job 3:8.
15 *a* *O sea,* partiste la roca.
b Josué 3:14–17.
20 *a* GEE Convenio (pacto).

porque los [b]lugares tenebrosos de la tierra están llenos de habitaciones de violencia.
21 No vuelva avergonzado el abatido;
alaben el afligido y el menesteroso tu nombre.
22 Levántate, oh Dios; aboga tu causa;
acuérdate de cómo el insensato te injuria todo el día.
23 No olvides las voces de tus enemigos;
el alboroto de los que se levantan contra ti sube continuamente.

SALMO 75

Los justos alaban y dan gracias al Dios de Jacob — Ellos serán exaltados — Dios es el juez y los inicuos serán condenados.

Al músico principal: al son de [a]Al-tasjet. Salmo de Asaf. Cántico.

GRACIAS te damos, oh Dios, gracias te damos,
porque cercano está tu nombre;
cuentan tus maravillas.
2 Al tiempo que yo señale,
yo juzgaré rectamente.
3 Se disuelven la tierra y todos sus moradores;
yo sostengo sus columnas. [a]Selah
4 Dije a los arrogantes: No os jactéis;
y a los malvados: No os jactéis del [a]poder;
5 no hagáis alarde de vuestro poder;
no habléis con [a]cerviz erguida.
6 Porque ni del oriente, ni del occidente
ni del desierto *viene* el enaltecimiento.
7 Mas Dios es el [a]juez;
a uno abate y a otro enaltece.
8 Porque el [a]cáliz está en la mano de Jehová, y el vino es tinto,
lleno de mixtura; y él lo derrama;
ciertamente todos los impíos de la tierra lo sorberán y lo beberán hasta las heces.
9 Mas yo *lo* anunciaré siempre;
cantaré alabanzas al Dios de Jacob.
10 Y quebrantaré todo el [a]poderío de los pecadores,
pero el poder del justo será enaltecido.

SALMO 76

Dios es conocido en Judá y mora

20 *b* GEE Tinieblas espirituales.
75 E *a* HEB "No destruyas". Posiblemente indique una tonada conocida.
3 *a* HEB de interpretación incierta. Parece ser un signo musical. Posiblemente sea una indicación a los músicos de tocar más fuerte o de tocar un interludio mientras se callan las voces.
4 *a* HEB cuerno, símbolo de poder.
5 *a* GEE Orgullo.
7 *a* GEE Jesucristo—Es juez.
8 *a* Mos. 3:24–26; Alma 40:26.
10 *a* HEB cuerno, símbolo de poder.

en Sión — Él salvará a los mansos de la tierra.

Al músico principal: con [a]Neginot.
Salmo de Asaf. Cántico.

DIOS es conocido en Judá;
en Israel es grande su nombre.
2 Y en Salem está su tabernáculo,
y su habitación en Sión.
3 Allí quebró las saetas del arco,
el escudo, y la espada y las armas de guerra. Selah
4 Glorioso eres tú y majestuoso, más que los montes de caza.
5 Los fuertes de corazón fueron despojados, durmieron su sueño;
y nada hallaron en sus manos todos los varones fuertes.
6 A tu reprensión, oh Dios de Jacob,
el carro y el caballo fueron entorpecidos.
7 Tú, temible eres tú;
¿y quién podrá estar de pie delante de ti cuando se encienda tu ira?
8 Desde los cielos hiciste oír juicio;
la tierra tuvo temor y quedó inmóvil,
9 cuando se levantó Dios para juzgar,
para salvar a todos los [a]mansos de la tierra. Selah
10 Ciertamente la ira del hombre te acarreará alabanza;
tú te ceñirás con la ira que quede.
11 Haced votos a Jehová vuestro Dios y cumplidlos;
todos los que están alrededor de él traigan presentes al temible.
12 Cortará él el espíritu de los príncipes;
temible es a los reyes de la tierra.

SALMO 77

Los justos claman a Dios — Recuerdan las maravillas de antaño de cómo redimió a los hijos de Jacob y condujo a Israel como un rebaño.

Al músico principal. A Jedutún.
Salmo de Asaf.

CON mi voz clamé a Dios;
a Dios clamé con mi voz, y él me escuchó.
2 Al Señor [a]busqué en el día de mi angustia;
mis manos se extendían de noche sin cansarse;
mi alma rehusaba consuelo.
3 Me acordaba de Dios y me turbaba;
me quejaba y desmayaba mi espíritu. Selah
4 Mantenías abiertos los párpados de mis ojos;
estaba yo quebrantado y no podía hablar.
5 Consideraba los días de antaño,
los años de los tiempos antiguos.

76 E *a* HEB instrumentos de cuerda.
9 *a* GEE Mansedumbre, manso.
77 2 *a* GEE Oración.

6 Me acordaba de mis cánticos
de noche;
meditaba en mi corazón,
y mi espíritu inquiría:
7 ¿Desechará el Señor para
siempre
y no mostrará más su fa-
vor?
8 ¿Ha cesado para siempre su
misericordia?
¿Ha terminado su palabra
por generación tras gene-
ración?
9 ¿Ha olvidado Dios el tener
clemencia?
¿Ha encerrado con ira sus
tiernas misericordias?
Selah
10 Y dije: [a]Enfermedad mía es
ésta;
traeré, pues, a la memoria los
años de la diestra del Altísimo.
11 Me acordaré de las obras de
JAH;
sí, haré yo memoria de tus
maravillas antiguas.
12 Y [a]meditaré en todas tus
obras
y hablaré de tus hechos.
13 Oh Dios, santo es tu camino.
¿Qué dios es grande como
el Dios nuestro?
14 Tú eres el Dios que hace [a]ma-
ravillas;
hiciste notorio entre los pueblos tu poder.
15 Con tu brazo has redimido
a tu pueblo,
a los hijos de Jacob y de
José.
Selah
16 Te vieron las [a]aguas, oh
Dios;
te vieron las aguas *y* temieron;
los abismos también se
estremecieron.
17 Las nubes echaron inunda-
ciones de aguas;
tronaron los cielos
y [a]se desplazaron tus saetas.
18 La voz de tu trueno estaba
en la tempestad;
los relámpagos alumbraron
el mundo;
se estremeció y tembló la
tierra.
19 En el mar estaba tu camino,
y tus sendas en las muchas
aguas;
y tus pisadas no fueron conocidas.
20 [a]Condujiste a tu pueblo como
a ovejas
por mano de [b]Moisés y de
[c]Aarón.

SALMO 78

Israel ha de enseñar a sus hijos la ley de Jehová — El Israel desobediente se rebela contra el Altísimo en el desierto — Se recuerdan las plagas que hubo en Egipto — El Señor escoge y bendice a Judá y a David.

10 *a* Alma 31:30.
12 *a* GEE Meditar.
14 *a* GEE Milagros.
16 *a* Hel. 12:16.
17 *a* *O sea,* también tus saetas se arrojaron fuera.
20 *a* GEE Buen Pastor; Jesucristo.
b GEE Moisés.
c GEE Aarón, hermano de Moisés.

[a]Masquil de Asaf.

[a]DAD oídos, pueblo mío, a mi ley;
inclinad vuestro oído a las palabras de mi boca.
2 Abriré mi boca en [a]parábolas;
hablaré cosas reservadas desde la antigüedad,
3 las cuales hemos oído y entendido,
y que nuestros [a]padres nos contaron.
4 No las encubriremos a sus hijos;
contaremos a la generación venidera las alabanzas de Jehová,
y su poder y las maravillas que hizo.
5 Él estableció testimonio en Jacob,
y puso ley en Israel,
la cual mandó a nuestros padres
que la hiciesen saber a sus [a]hijos,
6 para que *lo* sepa la generación venidera,
los hijos que nazcan;
y *los que* se levanten *lo* cuenten a sus hijos,
7 a fin de que pongan en Dios su confianza
y no se olviden de las obras de Dios,
sino que guarden sus mandamientos;
8 y no sean como sus padres,
generación contumaz y [a]rebelde,
generación que no dispuso su corazón,
ni cuyo espíritu fue fiel para con Dios.
9 Los hijos de Efraín armados, flecheros,
volvieron *las espaldas* en el día de la batalla.
10 No guardaron el [a]convenio de Dios
y rehusaron andar en su ley;
11 y se olvidaron de sus obras
y de las maravillas que les había mostrado.
12 Delante de sus padres hizo [a]maravillas
en la tierra de Egipto, en el campo de Zoán.
13 [a]Dividió el mar y los hizo pasar;
contuvo las aguas como en un montón.
14 Y los [a]guió de día con la nube,
y toda la noche con resplandor de fuego.
15 [a]Hendió las peñas en el desierto,
y les dio a beber como de grandes profundidades,
16 pues sacó de la peña corrientes
e hizo descender aguas como ríos.

78 E *a* HEB de interpretación incierta. Posiblemente signifique "instrucción".
1 *a* GEE Oído.
2 *a* GEE Parábola.
3 *a* GEE Enseñar.
5 *a* GEE Familia—Las responsabilidades de los padres.
8 *a* GEE Rebelión.
10 *a* HEB *berit:* convenio, pacto, alianza. GEE Convenio (pacto).
12 *a* GEE Milagros.
13 *a* GEE Mar Rojo.
14 *a* Éx. 13:21–22.
15 *a* Núm. 20:7–11; 1 Ne. 17:29; 2 Ne. 25:20.

17 Pero aún así siguieron pecando más contra él,
rebelándose contra el Altísimo en el desierto,
18 pues tentaron a Dios en su corazón,
pidiendo [a]comida a su [b]antojo.
19 Y hablaron contra Dios,
diciendo: ¿Podrá Dios poner mesa en el desierto?
20 He aquí, ha herido la peña, y brotaron aguas
y torrentes se desbordaron.
¿Podrá él también dar pan?
¿Proveerá de carne a su pueblo?
21 Por tanto, oyó Jehová y se indignó;
[a]fuego se encendió contra Jacob
y el furor subió también contra Israel,
22 por cuanto no habían [a]creído a Dios
ni habían [b]confiado en su salvación.
23 Aún así, mandó a las nubes de arriba,
y abrió las puertas de los cielos,
24 e hizo llover sobre ellos maná para comer,
y les dio [a]trigo de los cielos.
25 Pan de ángeles comió el hombre;
les envió comida hasta saciarlos.
26 Hizo soplar el viento [a]solano en el cielo,
y trajo con su poder el viento del sur,
27 e hizo llover sobre ellos carne como polvo,
y aladas aves como arena del mar.
28 Y las hizo caer en medio de su campamento,
alrededor de sus tiendas.
29 Y comieron hasta saciarse;
les cumplió, pues, su deseo.
30 No habían quitado de sí su antojo;
aún estaba la comida en su boca,
31 cuando vino sobre ellos el furor de Dios,
e hizo morir a los más robustos de ellos
y derribó a los escogidos de Israel.
32 Con todo esto, pecaron aún
y no creyeron en sus maravillas.
33 Por tanto, consumió [a]en vanidad sus días
y sus años en tribulación.
34 Si los [a]hacía morir, entonces buscaban a Dios
y [b]se volvían solícitos en su busca.
35 Y se acordaban de que Dios era su [a]roca,
y el Dios Altísimo su redentor.
36 Mas le lisonjeaban con su boca,

18 *a* Éx. 16:2–15.
b GEE Codiciar.
21 *a* Núm. 11:1.
22 *a* GEE Creencia, creer.
b GEE Confianza, confiar.
24 *a* GEE Maná.
26 *a* Núm. 11:31–34.
33 *a* GEE Vanidad, vano.
34 *a* Hel. 12:3.
b *O sea,* volvían a él, procurándolo de todo corazón.
35 *a* GEE Roca.

y con su lengua le [a]mentían,
37 pues sus [a]corazones no eran rectos con él,
ni permanecieron firmes en su convenio.
38 Pero él, misericordioso, perdonaba la maldad y no *los* destruía;
y muchas veces apartó su ira
y no despertó todo su enojo.
39 Y se acordó de que eran [a]carne,
soplo que va y no vuelve.
40 ¡Cuántas veces se rebelaron contra él en el desierto
y lo enojaron en el yermo!
41 Y volvían y tentaban a Dios,
y afligían al Santo de Israel.
42 No se acordaban de su mano,
del día en que los [a]redimió del adversario,
43 cuando puso en Egipto sus señales,
y sus maravillas en el campo de Zoán.
44 Y convirtió sus ríos en sangre,
también sus [a]corrientes, para que no bebiesen.
45 Envió entre ellos enjambres de moscas que los devoraban,
y ranas que los destruían.
46 Dio también al saltamontes sus cosechas,
y sus labores a la [a]langosta.
47 Sus viñas destruyó con [a]granizo,
y sus higuerales con escarcha;
48 y entregó al granizo sus ganados,
y a los rayos sus rebaños.
49 Envió sobre ellos el ardor de su
enojo, ira, e indignación y angustia,
una hueste de ángeles destructores.
50 Dispuso camino a su furor;
no eximió la vida de ellos de la muerte,
sino que entregó sus vidas a la plaga.
51 E hizo morir a todo [a]primogénito en Egipto,
las primicias del vigor en las tiendas de [b]Cam.
52 Pero hizo salir a su pueblo como a ovejas,
y los llevó por el desierto como a un rebaño.
53 Y los guió con seguridad, y no tuvieron miedo;
y el [a]mar cubrió a sus enemigos.
54 Los trajo después a las fronteras de su tierra santa,
a este monte que ganó su mano derecha.
55 Y expulsó a las naciones de delante de ellos,

36 *a* Isa. 29:13.
GEE Mentiras.
37 *a* JS—H 1:19.
GEE Corazón.
39 *a* GEE Carne.
42 *a* *Es decir,* cuando los libró del enemigo.
44 *a* HEB arroyos.
46 *a* Éx. 10:12–15.
47 *a* Éx. 9:23–25.
51 *a* GEE Primogénito.
b Abr. 1:21–25.
53 *a* Éx. 14:27–28.

y les repartió a cordel la heredad,
e hizo habitar en sus tiendas a las tribus de Israel.
56 Mas tentaron al Dios Altísimo y se rebelaron contra él
y no guardaron sus testimonios,
57 sino que se volvieron atrás y se rebelaron como sus padres.
Se torcieron como un arco engañoso.
58 Y le enojaron con sus lugares altos,
y le provocaron a celo con sus imágenes talladas.
59 Lo oyó Dios, y se enojó,
y en gran manera rechazó a Israel.
60 Abandonó, por tanto, el tabernáculo de [a]Silo,
la tienda *en que* habitó entre los hombres;
61 y entregó a cautividad su poderío;
y su gloria, en manos del enemigo.
62 Entregó también su pueblo a la espada,
y se enfureció contra su heredad.
63 El fuego devoró a sus jóvenes,
y sus vírgenes no fueron loadas en cantos nupciales.
64 Sus sacerdotes cayeron a espada,
y sus viudas no hicieron lamentación.
65 Entonces despertó el Señor como quien duerme,
como un valiente que grita excitado por el vino,
66 e hirió a sus enemigos por la espalda;
los puso en perpetua afrenta.
67 Y desechó el tabernáculo de José,
y no escogió a la tribu de Efraín,
68 sino que escogió a la tribu de Judá,
el monte Sión, al cual amó.
69 Y edificó su santuario como las alturas,
como la [a]tierra que fundó para siempre.
70 Y eligió a [a]David su siervo,
y lo tomó de los rediles de las ovejas.
71 Lo trajo de cuidar las ovejas que amamantaban,
para que apacentase a Jacob su pueblo y a Israel su heredad.
72 Y los apacentó según la [a]integridad de su corazón,
y los guió con la pericia de sus manos.

SALMO 79

Las naciones gentiles destruyen Jerusalén y profanan el templo — Israel suplica perdón y liberación.

Salmo de Asaf.

OH Dios, han venido las naciones a tu heredad;

60 *a* Josué 18:1.
69 *a* GEE Tierra.
70 *a* 1 Sam. 16:11–13.
72 *a* GEE Integridad.

el templo de tu santidad han profanado;
han reducido Jerusalén a escombros.
2 Han dado los cuerpos de tus siervos como comida a las aves de los cielos,
la carne de tus santos a las fieras de la tierra.
3 Derramaron su sangre como agua en los alrededores de Jerusalén,
y no hubo quien *los* enterrase.
4 Hemos sido el oprobio de nuestros vecinos,
el escarnio y la burla de los que están en nuestros alrededores.
5 ¿Hasta cuándo, oh Jehová? ¿Estarás [a]airado para siempre?
¿Arderá como fuego tu celo?
6 Derrama tu ira sobre las naciones que no te han conocido,
y sobre los reinos que no han invocado tu nombre.
7 Porque han devorado a Jacob,
y su morada han asolado.
8 No recuerdes contra nosotros las iniquidades anteriores;
vengan pronto tus tiernas misericordias a encontrarnos,
porque estamos muy abatidos.
9 Ayúdanos, oh Dios de nuestra salvación, por causa de la gloria de tu nombre;
y líbranos y expía nuestros pecados por amor de tu nombre.
10 Porque dirán los gentiles: ¿Dónde está su Dios?
Sea notoria entre las naciones, delante de nuestros ojos,
la venganza de la sangre de tus siervos que ha sido derramada.
11 Llegue delante de ti el gemido de los presos;
conforme a la grandeza de tu brazo, preserva a los sentenciados a muerte.
12 Y devuelve a nuestros vecinos en su seno siete tantos
de la afrenta con la que te han afrentado, oh Señor.
13 Y nosotros, [a]pueblo tuyo y [b]ovejas de tu prado,
te alabaremos para siempre;
de generación en generación cantaremos tus alabanzas.

SALMO 80

Israel suplica al Pastor de Israel liberación, salvación y que Su faz resplandezca sobre ellos.

Al músico principal: al son de [a]Susan-Hedut. Salmo de Asaf.

OH [a]Pastor de Israel, escucha;

79 5 *a* 2 Ne. 25:15–17.
13 *a* GEE Israel.
b Alma 5:38–42.

80 E *a* HEB "Lirio del pacto". Posiblemente indique una tonada conocida.
1 *a* GEE Buen Pastor.

tú que guías a José como a ovejas,
tú, que estás entre los [b]querubines, resplandece.
2 Despierta tu poder delante de Efraín, y de Benjamín y de Manasés,
y ven a salvarnos.
3 Oh Dios, [a]haznos volver;
y haz resplandecer tu rostro y seremos salvos.
4 Oh Jehová, Dios de los ejércitos,
¿hasta cuándo estarás indignado contra la oración de tu pueblo?
5 Les has dado a comer pan de lágrimas
y a beber lágrimas en gran abundancia.
6 Nos has hecho motivo de [a]contención para con nuestros vecinos,
y nuestros enemigos se burlan entre sí.
7 Oh Dios de los ejércitos, haznos volver,
y haz resplandecer tu rostro y seremos salvos.
8 Hiciste venir una [a]vid de [b]Egipto;
[c]expulsaste las naciones y la plantaste.
9 Limpiaste *el terreno* delante de ella
e hiciste arraigar sus raíces, y llenó la tierra.
10 Los montes fueron cubiertos con su sombra,
y con sus sarmientos los cedros de Dios.
11 Extendió sus vástagos hasta el mar,
y hasta el Río sus renuevos.
12 ¿Por qué derribaste sus cercas,
y la vendimian todos los que pasan por el camino?
13 La destroza el jabalí
y la devora la bestia del campo.
14 Oh Dios de los ejércitos, vuelve, te rogamos;
mira desde el cielo, y considera y visita esta viña,
15 y la planta que plantó tu diestra,
y el vástago que para ti afirmaste.
16 Quemada con fuego está, cortada;
perecen por la reprensión de tu rostro.
17 Sea tu mano sobre el hombre de tu diestra,
sobre el hijo del hombre que para ti afirmaste.
18 Así no nos apartaremos de ti;
vida nos darás e invocaremos tu nombre.
19 Oh Jehová, Dios de los ejércitos, haznos volver;
haz resplandecer tu rostro y seremos salvos.

SALMO 81

Se manda a Israel cantar alabanzas

1 *b* GEE Querubines.
3 *a* GEE Arrepentimiento, arrepentirse.
6 *a* GEE Contención, contienda.
8 *a* GEE Viña del Señor, la.
b GEE Egipto.
c Núm. 21:1–3; Hech. 13:17–19.

a Dios — Si los israelitas hubieran andado en los caminos de Jehová, habrían triunfado sobre sus enemigos.

Al músico principal; con [a]Gitit.
Salmo de Asaf.

CANTAD con gozo a Dios, fortaleza nuestra;
al Dios de Jacob aclamad con júbilo.
2 Entonad la canción y tocad el pandero,
el arpa que deleita con el salterio.
3 Tocad la trompeta en la luna nueva,
en el [a]día señalado, en el día de nuestra fiesta solemne.
4 Porque [a]estatuto es de Israel,
decreto del Dios de Jacob.
5 Lo constituyó como testimonio en José
cuando salió por la tierra de Egipto;
oí un lenguaje que no entendía.
6 Aparté su hombro de debajo de la [a]carga;
sus manos quedaron libres de los cestos.
7 En la angustia [a]clamaste, y yo te libré;
te respondí en lo secreto del [b]trueno;
te probé junto a las aguas de [c]Meriba. [d]Selah
8 Oye, pueblo mío, y [a]testificaré contra ti.
Oh Israel, si me oyeres,
9 no habrá en ti dios extraño,
ni te inclinarás a dios extranjero.
10 Yo soy Jehová tu Dios,
que te hice subir de la tierra de Egipto;
abre bien tu boca y yo la llenaré.
11 Mas mi pueblo no escuchó mi voz,
e Israel no me quiso a mí.
12 Los entregué, por tanto, a la dureza de su corazón;
caminaron en sus propios consejos.
13 ¡Oh, si me hubiera escuchado mi pueblo,
si en mis caminos hubiera Israel andado!
14 En un momento habría yo subyugado a sus enemigos,
y habría vuelto mi mano contra sus adversarios.
15 Los que aborrecen a Jehová se le habrían sometido,
y el tiempo de ellos habría sido para siempre.
16 Y *Dios* los habría sustentado con lo mejor del trigo,
y con miel de la peña los habría saciado.

81 E *a* HEB un instrumento musical o una melodía procedente de Gat.
3 *a* En el día de la luna llena.
4 *a* *O sea,* mandamiento.
6 *a* Éx. 6:6–7; Mos. 24:14–15, 21; DyC 109:47–48.
7 *a* GEE Oración.
b Éx. 19:16–19.
c Éx. 17:6–7.
d HEB de interpretación incierta. Parece ser un signo musical. Posiblemente sea una indicación a los músicos de tocar más fuerte o de tocar un interludio mientras se callan las voces.
8 *a* También, amonestar, advertir.

SALMO 82

Así dice Dios: Vosotros sois dioses e hijos del Altísimo.

Salmo de Asaf.

DIOS está en la reunión de los dioses;
en medio de los dioses juzga.
2 ¿Hasta cuándo juzgaréis injustamente
y favoreceréis a los malvados? Selah
3 Defended al pobre y al huérfano;
haced justicia al afligido y al menesteroso.
4 Librad al pobre y al necesitado;
libradlo de manos de los malvados.
5 No saben ni entienden;
[a]andan en tinieblas.
Tiemblan todos los cimientos de la tierra.
6 Yo dije: Vosotros sois dioses,
y todos vosotros [a]hijos del Altísimo.
7 Pero como hombres moriréis,
y caeréis como cualquiera de los príncipes.
8 Levántate, oh Dios; [a]juzga la tierra,
porque tú heredarás todas las naciones.

SALMO 83

Se pide a Dios que confunda a los enemigos de su pueblo — Jehová es el Altísimo sobre toda la tierra.

Cántico. Salmo de Asaf.

OH Dios, no guardes [a]silencio;
no calles, oh Dios, ni te quedes quieto.
2 Porque, he aquí, rugen tus enemigos,
y los que te aborrecen han alzado la cabeza.
3 Contra tu pueblo han consultado astuta y secretamente,
y han entrado en consejo contra tus protegidos.
4 Han dicho: Venid y destruyámoslos para que no sean nación,
y no haya más memoria del nombre de Israel.
5 Porque a una han conspirado de corazón;
contra ti han hecho pacto
6 las tiendas de Edom y de los ismaelitas,
de Moab y de los agarenos,
7 Gebal, y Amón y Amalec,
los filisteos con los habitantes de Tiro.
8 También Asiria se ha unido a ellos;
sirven de brazo a los hijos de Lot. Selah
9 Hazles como a Madián,
como a [a]Sísara, como a Jabín en el arroyo Cisón,
10 que perecieron en Endor,

82 5 *a* GEE Tinieblas espirituales.
6 *a* GEE Hombre(s)—El hombre, hijo espiritual de nuestro Padre Celestial.
8 *a* GEE Jesucristo—Es juez.

83 1 *a* Sal. 28:1.
9 *a* Jue. 4:15–21.

y fueron convertidos en estiércol para la tierra.
11 Pon a sus nobles como a Oreb y como a Zeeb;
y a todos sus príncipes, como a Zeba y como a Zalmuna,
12 que han dicho: Heredemos para nosotros
las [a]moradas de Dios.
13 Dios mío, ponlos como [a]torbellinos,
como hojarascas delante del viento,
14 como fuego que quema el bosque,
como llama que abrasa las [a]breñas.
15 Persíguelos así con tu tempestad,
y aterrorízalos con tu tormenta.
16 Llena sus rostros de vergüenza
para que busquen tu nombre, oh Jehová.
17 Sean avergonzados y turbados para siempre;
y sean humillados y perezcan.
18 Y conozcan que sólo tú, cuyo nombre es [a]JEHOVÁ,
que sólo tú eres el Altísimo sobre toda la tierra.

SALMO 84

Los justos claman al Dios viviente — Mejor es ser portero de la casa de Jehová que habitar en las moradas de la maldad — Jehová no quitará el bien a los que andan en integridad.

Al músico principal: con [a]Gitit. Salmo de los hijos de Coré.

¡CUÁN [a]amables son tus moradas, oh Jehová de los ejércitos!
2 Mi alma anhela los atrios de Jehová y aun desfallece por ellos;
mi corazón y mi carne cantan con gozo al Dios vivo.
3 Aun el gorrión halla casa,
y la golondrina nido para sí, donde ponga sus polluelos,
cerca de tus altares, oh Jehová de los ejércitos,
Rey mío y Dios mío.
4 Bienaventurados los que habitan en tu casa;
continuamente te alabarán. Selah
5 Bienaventurado el hombre cuya fortaleza está en ti,
en cuyo corazón están *tus* caminos.
6 Atraviesan el valle de [a]Baca y lo convierten en fuente;
también la lluvia temprana lo llena de bendiciones.
7 Irán de poder en poder;
[a]se presentarán ante Dios en Sión.

12 *a* HEB la tierra de pastoreo; es decir, la tierra de Israel.
13 *a* Isa. 17:13.
14 *a* *Es decir,* el terreno que está entre las peñas, lleno de maleza.
18 *a* GEE Jehová.
84 E *a* HEB un instrumento musical o una melodía procedente de Gat.
1 *a* HEB preciosas son.
6 *a* HEB valle de lágrimas.
7 *a* Deut. 16:16–17.

8 Oh Jehová Dios de los ejércitos, oye mi oración;
da oídos, oh Dios de Jacob. Selah
9 Mira, oh Dios, escudo nuestro,
y pon los ojos en el rostro de tu ungido.
10 Porque mejor es un día en tus atrios que mil *fuera de ellos.*
Escogería antes estar a la puerta de la casa de mi Dios
que habitar en las moradas de la maldad.
11 Porque [a]sol y [b]escudo es Jehová Dios;
gracia y gloria dará Jehová.
No [c]quitará el bien a los que en integridad [d]andan.
12 Oh Jehová de los ejércitos,
bienaventurado el hombre que en ti confía.

SALMO 85

Jehová habla paz a Su pueblo — La verdad brotará de la tierra (el Libro de Mormón) y la justicia mirará desde los cielos.

Al músico principal. Salmo de los hijos de Coré.

FUISTE [a]propicio a tu tierra, oh Jehová;
volviste de [b]la cautividad a Jacob.
2 Perdonaste la iniquidad de tu pueblo;
todos los pecados de ellos cubriste. Selah
3 Quitaste todo tu enojo;
te apartaste del ardor de tu ira.
4 [a]Vuélvenos, oh Dios de nuestra salvación,
y haz cesar tu ira contra nosotros.
5 ¿Estarás enojado contra nosotros para siempre?
¿Extenderás tu ira de generación en generación?
6 ¿No volverás a darnos vida,
para que tu pueblo se regocije en ti?
7 Muéstranos, oh Jehová, tu misericordia,
y danos tu salvación.
8 Escucharé lo que hablará Jehová Dios,
porque hablará [a]paz a su pueblo y a sus santos,
para que no [b]se vuelvan a la insensatez.
9 Ciertamente cercana está su salvación a los que le temen,
para que habite la gloria en nuestra tierra.
10 La misericordia y la verdad se encontraron;
la justicia y la paz se besaron.
11 La verdad brotará de la [a]tierra,

---

11 *a* Isa. 60:19–20; DyC 76:70.
b DyC 35:14.
c DyC 76:50–64.
d GEE Andar, andar con Dios.

85 1 *a* GEE Tierra prometida.
b *O sea,* libraste de la cautividad a Jacob.
4 *a* GEE Perdonar.
8 *a* GEE Paz.
b 2 Pe. 2:20.
11 *a* GEE Libro de Mormón.

y la justicia mirará desde los
cielos.
12 Jehová dará también [a]el
bien,
y nuestra tierra dará su
fruto.
13 La justicia irá delante de él,
y nos pondrá en el camino
de sus pasos.

SALMO 86

David implora a Dios misericordia y es salvado de lo más profundo del [a]Seol — Jehová es bueno y abunda en misericordia — Todas las naciones adorarán delante de Él.

Oración de David.

INCLINA, oh Jehová, tu oído,
respóndeme,
porque estoy [a]afligido y necesitado.
2 Guarda mi [a]alma, porque soy
[b]piadoso;
salva tú, oh Dios mío, a tu
siervo que en ti confía.
3 Ten misericordia de mí, oh
Señor,
porque a ti clamo todo el
día.
4 Alegra el alma de tu
siervo,
porque a ti, oh Señor, elevo
mi alma.
5 Porque tú, Señor, eres bueno
y [a]perdonador,
y abundas en misericordia
para con todos los que te
invocan.
6 Da oídos, oh Jehová, a mi
oración
y atiende a la voz de mis
ruegos.
7 En el día de mi angustia te
invocaré,
porque tú me responderás.
8 Ninguno hay como tú entre
los dioses, oh Señor,
ni obras que igualen tus
obras.
9 [a]Todas las naciones que
hiciste vendrán
y adorarán delante de ti, oh
Señor,
y glorificarán tu nombre,
10 porque tú eres grande y
hacedor de maravillas;
sólo tú eres Dios.
11 Enséñame, oh Jehová, tu
camino; caminaré yo en tu
verdad;
consolida mi corazón para
que tema tu nombre.
12 Te alabaré, oh Jehová, Dios
mío, con todo mi corazón,
y glorificaré tu nombre para
siempre.
13 Porque tu misericordia es
grande para conmigo,
y has [a]librado mi alma
de lo más profundo del
Seol.
14 Oh Dios, los [a]soberbios se
han levantado contra mí,
y una congregación de violentos ha buscado mi
vida,
y no te han puesto delante
de sí.

12 *a* Stg. 1:17; Alma 5:40.
86 E *a* HEB mundo o morada de los muertos, sepulcro, infierno.
1 *a* 3 Ne. 12:3.
2 *a* *O sea,* mi vida.
b *O sea,* santo.
GEE Santo (adjetivo).
5 *a* GEE Perdonar.
9 *a* DyC 88:104.
13 *a* GEE Libertador.
14 *a* GEE Orgullo.

15 Mas tú, oh Señor, Dios [a]misericordioso y clemente,
lento para la ira y que abundas en [b]misericordia y verdad,
16 vuélvete hacia mí y ten misericordia de mí;
da tu fortaleza a tu siervo,
y salva al hijo de tu sierva.
17 Haz conmigo una señal para bien,
y véanla los que me aborrecen y sean avergonzados,
porque tú, oh Jehová, me ayudaste, y me consolaste.

SALMO 87

Jehová ama las puertas de Sión y Él mismo establecerá Sión.

A los hijos de Coré. Salmo. Cántico.

SU [a]cimiento está en montes santos.
2 Ama Jehová las [a]puertas de [b]Sión
más que todas las moradas de Jacob.
3 Cosas gloriosas se dicen de ti,
ciudad de Dios. [a]Selah
4 Yo me acordaré de Rahab y de Babilonia entre los que me conocen;
he aquí, Filistea y Tiro, con Etiopía;
éste nació allá.
5 Y de Sión se dirá: Éste y aquél han nacido en ella;
y el Altísimo mismo la establecerá.
6 Jehová contará al inscribir a los pueblos:
Éste nació allí. Selah
7 Y cantores y flautistas *en ella dirán*:
Todas mis [a]fuentes están en ti.

SALMO 88

Oración de quien se siente desamparado y pregunta si la misericordia de Jehová será proclamada en el sepulcro.

Cántico. Salmo de los hijos de Coré. Al músico principal: para cantar en [a]Majalat. [b]Masquil de Hemán, el ezraíta.

OH Jehová, Dios de mi salvación,
día y noche clamo delante de ti.
2 Llegue mi oración a tu presencia;
inclina tu oído a mi clamor,
3 porque mi alma está hastiada de males,
y mi vida cercana al Seol.

---

15 *a* GEE Compasión.
b GEE Misericordia, misericordioso.
87 1 *a* Isa. 28:16; DyC 64:33–35.
2 *a* *Es decir,* las ciudades.
b GEE Sión.
3 *a* HEB de interpretación incierta. Parece ser un signo musical. Posiblemente sea una indicación a los músicos de tocar más fuerte o de tocar un interludio mientras se callan las voces.
7 *a* *Es decir,* fuentes de gozo, de felicidad, etc.
88 E *a* HEB de interpretación incierta. Posiblemente, "se debe cantar de una manera triste y melancólica".
b HEB de interpretación incierta. Posiblemente signifique "instrucción".

4 Soy contado con los que descienden a la [a]fosa;
soy como hombre sin fuerzas,
5 libre entre los muertos,
como los muertos que yacen en el sepulcro,
de quienes ya no te acuerdas
y que han sido apartados de tu mano.
6 Me has puesto en la fosa más profunda,
en tinieblas, en lugares profundos.
7 Sobre mí reposa tu ira,
y me has afligido con todas tus olas. Selah
8 Has alejado de mí a mis conocidos;
me has puesto como abominación para ellos;
encerrado estoy y no puedo salir.
9 Mis ojos han languidecido a causa de la [a]aflicción;
te he invocado, oh Jehová, cada día;
he extendido hacia ti mis manos.
10 ¿Harás maravillas a los muertos?
¿Se levantarán los muertos para alabarte? Selah
11 ¿Será proclamada en el sepulcro tu misericordia,
o tu verdad en el [a]Abadón?
12 ¿Serán conocidas en las tinieblas tus maravillas,
y tu justicia en la tierra del olvido?
13 Mas yo a ti he clamado, oh Jehová;
y de mañana mi oración se presenta delante de ti.
14 ¿Por qué, oh Jehová, desechas mi alma?
¿Por qué [a]escondes de mí tu rostro?
15 Yo estoy afligido y a punto de morir desde la juventud;
he sobrellevado tus terrores;
he estado [a]medroso.
16 Sobre mí han pasado tus iras;
tus terrores me han destruido.
17 Me han rodeado como aguas continuamente;
a una me han cercado.
18 Has alejado de mí al amigo y al compañero;
y las tinieblas son mis conocidos.

SALMO 89

Salmo mesiánico — Cántico que narra la misericordia, la grandeza, la justicia y el juicio del Santo de Israel — La descendencia y el trono de David serán establecidos para siempre (por medio de Cristo) — El Primogénito de Dios es hecho mayor que todos los reyes de la tierra.

[a]Masquil de Etán, el ezraíta.

LAS misericordias de Jehová cantaré perpetuamente;
de generación en generación

4 *a O sea,* al sepulcro.
9 *a* GEE Adversidad.
11 *a* HEB lugar de perdición o destrucción.
14 *a* DyC 88:68, 95; 93:1.
15 *a O sea,* trastornado, temeroso, abatido.
89 E *a* HEB de interpretación incierta. Posiblemente signifique "instrucción".

haré notoria tu fidelidad
con mi boca.
2 Porque dije: Para siempre
será edificada la misericordia;
en los cielos mismos establecerás tu fidelidad.
3 Hice convenio con mi [a]escogido;
juré a David, mi siervo,
diciendo:
4 Para siempre [a]estableceré
tu descendencia,
y edificaré tu [b]trono de generación en generación.
Selah
5 Y celebrarán los cielos tus
maravillas, oh Jehová,
también tu fidelidad en
la congregación de los santos,
6 porque, ¿quién en los cielos se comparará con
Jehová?
¿Quién entre los hijos de los
poderosos será semejante
a Jehová?
7 Dios es temible en la gran
congregación de los [a]santos,
y formidable sobre todos
cuantos están a su alrededor.
8 Oh Jehová Dios de los ejércitos,
¿quién como tú? Poderoso
eres, Jehová,
y tu fidelidad te rodea.
9 Tú tienes dominio sobre la
braveza del mar;
cuando se levantan sus olas,
tú las [a]calmas.
10 Tú quebrantaste a Rahab
como a un herido de
muerte;
con el brazo de tu poder esparciste a tus enemigos.
11 Tuyos son los cielos, tuya
también la tierra;
el mundo y su plenitud, tú
los fundaste.
12 El norte y el sur, tú los
creaste;
el Tabor y el Hermón cantarán con gozo en tu nombre.
13 Tuyo es el brazo poderoso;
fuerte es tu mano, exaltada
tu diestra.
14 La [a]justicia y el [b]juicio son el
fundamento de tu trono;
la misericordia y la verdad
van delante de tu rostro.
15 Bienaventurado el pueblo
que sabe aclamarte;
andarán, oh Jehová, a la
luz de tu rostro.
16 En tu nombre se regocijarán
todo el día,
y en tu justicia serán enaltecidos.
17 Porque tú eres la gloria de
su fuerza,
y por tu buena voluntad
acrecentarás nuestro
[a]poder.
18 Porque Jehová es nuestro
escudo;
y nuestro rey es el Santo de
Israel.

3 *a* GEE Escogido.
4 *a* Rut 4:22;
DyC 113:1–2.
b GEE Segunda Venida
de Jesucristo.
7 *a* GEE Santo
(sustantivo).
9 *a* Mateo 8:23–27.
14 *a* GEE Justicia.
b GEE Juicio, juzgar.
17 *a* 1 Sam. 2:1–10.

19 Entonces hablaste en visión
a tu santo
y dijiste: Yo he dado socorro
a un valiente;
he exaltado a *un* escogido de
mi pueblo.
20 Hallé a David mi siervo;
lo [a]ungí con mi aceite
santo.
21 Con él mi mano será establecida;
también mi brazo lo fortalecerá.
22 No lo avasallará enemigo,
ni hijo de iniquidad lo
afligirá.
23 Mas bien yo aplastaré delante de él a sus enemigos,
y heriré a sus adversarios.
24 Y mi fidelidad y mi
misericordia estarán con
él,
y en mi nombre será exaltado su poder.
25 Asimismo, pondré su mano
sobre el mar,
y sobre los ríos su diestra.
26 Él clamará a mí: Mi padre
eres tú,
mi Dios, y la roca de mi
salvación.
27 Yo también le haré *mi* [a]primogénito,
el más excelso de los reyes
de la tierra.
28 Para siempre le conservaré
mi misericordia,
y mi convenio será firme
con él.
29 Y estableceré su descendencia para siempre,
y su trono como los días de
los cielos.
30 Si dejaren sus hijos mi ley
y no anduvieren en mis juicios,
31 si profanaren mis estatutos
y no guardaren mis mandamientos,
32 entonces visitaré con vara su
[a]transgresión,
y con azotes sus iniquidades.
33 Mas no quitaré de él mi misericordia,
ni faltaré a mi fidelidad.
34 No olvidaré mi convenio,
ni cambiaré lo que ha salido
de mis labios.
35 Una vez he [a]jurado por mi
[b]santidad,
y no mentiré a David.
36 Su descendencia será para
siempre,
y su trono como el sol delante de mí;
37 como la luna será firme para
siempre,
y *como* un testigo fiel en el
cielo. Selah
38 Mas tú has desechado y menospreciado a tu ungido;
te has airado con él.
39 Has despreciado el convenio
de tu siervo;
has profanado su corona
[a]*hasta* la tierra.
40 [a]Has abierto brecha en todos
sus muros;
has reducido a ruinas sus
fortalezas.
41 Lo saquean todos los que
pasan por el camino;

20 *a* 1 Sam. 16:13.
27 *a* GEE Primogénito.
32 *a* GEE Pecado.
35 *a* GEE Juramento.
b GEE Santidad.
39 *a* DyC 132:39.
40 *a* *O sea,* rompiste o derrumbaste.

es oprobio a sus vecinos.
42 Has exaltado la diestra de sus adversarios;
has alegrado a todos sus enemigos.
43 Has [a]embotado asimismo el filo de su espada,
y no lo has levantado en la batalla.
44 Has hecho cesar su esplendor,
y has echado por tierra su trono.
45 Has acortado los días de su juventud;
le has cubierto de vergüenza. Selah
46 ¿Hasta cuándo, oh Jehová? ¿Te esconderás para siempre?
¿Arderá tu ira como el fuego?
47 Recuerda cuán breve es mi tiempo.
¿Por qué habrás creado en vano a todos los hijos del hombre?
48 ¿Qué hombre vivirá y no verá muerte?
¿Librarás su alma del poder del Seol? Selah
49 Señor, ¿dónde están tus antiguas misericordias
que juraste a David por tu fidelidad?
50 Oh Señor, acuérdate del oprobio de tus siervos,
oprobio de muchos pueblos *que* llevo yo en mi seno,
51 con el que tus enemigos, oh Jehová, te han deshonrado,
con el que tus enemigos han deshonrado los pasos de tu ungido.
52 ¡Bendito sea Jehová para siempre!
Amén y Amén.

SALMO 90

Oración de Moisés, varón de Dios — Dios es de eternidad en eternidad — Los días de los hombres son setenta años — Moisés implora a Jehová que sea misericordioso con Su pueblo y que le dé bendiciones.

Oración de Moisés, varón de Dios.

SEÑOR, tú has sido nuestra morada
de generación en generación.
2 Antes que naciesen los montes
y [a]formases la tierra y el mundo,
y desde la eternidad y hasta la eternidad, tú eres Dios.
3 Haces que el hombre vuelva a ser polvo
y dices: Volved, hijos de los hombres.
4 Porque [a]mil años delante de tus ojos
son como el día de ayer, que ya pasó,
y como una de las vigilias de la noche.
5 Los arrastras como con torrente de aguas; son como sueño,
como la hierba que crece por la mañana,

43 *a* *O sea,* les has quitado.

90 2 *a* GEE Creación, crear.
4 *a* DyC 77:6–7.

6 por la mañana florece y crece;
al atardecer se marchita y se seca.
7 Porque con tu ira somos consumidos,
y con tu furor somos conturbados.
8 Has puesto nuestras iniquidades delante de ti,
nuestros *pecados* secretos a la luz de tu rostro.
9 Porque todos nuestros días declinan en tu ira;
acabamos nuestros años como un suspiro.
10 Los días de nuestra edad son setenta años;
y en los más robustos son ochenta años.
Con todo, su orgullo es molestia y pesar,
porque pronto pasan, y volamos.
11 ¿Quién conoce el poder de tu ira,
y tu furor según el temor que te es debido?
12 Enséñanos de tal modo a contar nuestros días
que traigamos al corazón sabiduría.
13 ¡Vuélvete, oh Jehová! ¿Hasta cuándo?
Y ten piedad de tus siervos.
14 Por la mañana, sácianos de tu misericordia,
y cantaremos con gozo y nos regocijaremos todos nuestros días.
15 Alégranos conforme a los días en que nos afligiste
y a los años en que vimos el mal.
16 Aparezca tu [a]obra a tus siervos,
y tu majestad sobre sus hijos.
17 Y sea la hermosura del Señor, nuestro Dios, sobre nosotros,
y confirma sobre nosotros la obra de nuestras manos; sí,
la obra de nuestras manos confirma.

SALMO 91

Salmo mesiánico — Dios librará al Mesías del terror, de la pestilencia y de la guerra — A Sus ángeles mandará por Él; lo librarán y lo glorificarán.

EL que habita al [a]abrigo del Altísimo
morará bajo la sombra del Omnipotente.
2 Diré yo de Jehová: Refugio mío y fortaleza mía;
mi Dios, en quien [a] confiaré.
3 Porque él te librará de la trampa del cazador,
de la peste destructora.
4 Con sus plumas te cubrirá,
y debajo de sus alas hallarás refugio;
[a]escudo y [b]adarga es su verdad.

16 *a* Moisés 1:39.
91 1 *a* Sal. 32:7.
2 *a* GEE Confianza, confiar.
4 *a* DyC 35:14. GEE Armadura.
b *O sea,* escudo de cuero de forma de corazón.

5 No temerás el [a]terror nocturno,
ni la saeta que vuele de día,
6 ni la pestilencia que ande en la oscuridad,
ni la plaga que en pleno día destruya.
7 Caerán a tu lado mil,
y diez mil a tu diestra;
mas a ti no llegará.
8 Ciertamente con tus ojos mirarás
y verás la recompensa de los [a]malvados.
9 Porque has puesto a Jehová, *que* es mi refugio,
al Altísimo, como tu morada,
10 no te sobrevendrá mal,
ni plaga tocará tu morada.
11 Pues mandará a sus [a]ángeles por ti,
para que te guarden en todos tus caminos.
12 En las manos te llevarán,
para que tu pie no tropiece en piedra.
13 Sobre el león y la víbora pisarás;
hollarás al cachorro del león y a la serpiente.
14 Por cuanto en mí ha puesto su amor, yo también lo libraré;
lo pondré en alto, por cuanto ha conocido mi nombre.
15 Me invocará y yo le responderé;
con él estaré yo en la angustia;
lo libraré y le honraré.
16 Lo saciaré de larga vida,
y le mostraré mi salvación.

SALMO 92

Salmo o cántico para el día de reposo — Alabad a Jehová — Sus enemigos perecerán — El justo florecerá — No hay injusticia en Jehová.

Salmo. Cántico para el día de reposo.

BUENO es dar gracias a Jehová,
y cantar alabanzas a tu nombre, oh Altísimo;
2 anunciar por la mañana tu misericordia,
y tu fidelidad por las noches,
3 con el [a]decacordio y con el salterio,
en tono suave con el arpa.
4 Por cuanto me has alegrado, oh Jehová, con tus obras;
por las obras de tus manos cantaré de gozo.
5 ¡Cuán grandes son tus [a]obras, oh Jehová!
¡Cuán profundos son tus pensamientos!
6 El hombre necio no sabe,
y el insensato no entiende esto.
7 Los malvados brotan como la hierba,
y los que hacen iniquidad florecen todos
para ser destruidos para siempre.
8 Mas tú, oh Jehová, para siempre eres el Altísimo.

5 *a* Isa. 43:2.
8 *a* Mos. 16:2; DyC 1:9–10.
11 *a* GEE Ángeles.
92 3 *a* *O sea,* instrumento de diez cuerdas.
5 *a* Morm. 9:16; DyC 76:114; Moisés 1:4.

9 Porque he aquí tus enemigos, oh Jehová,
porque he aquí, tus enemigos perecerán;
serán dispersados todos los que hacen iniquidad.
10 Pero tú acrecentarás mi poderío como *el de* un toro salvaje;
seré ungido con aceite fresco.
11 Y mirarán mis ojos sobre mis enemigos;
oirán mis oídos de los malignos que se levantan contra mí.
12 El justo florecerá como la palmera;
crecerá como el cedro en el Líbano.
13 Plantados en la casa de Jehová,
florecerán en los atrios de nuestro Dios.
14 Aun en la vejez fructificarán;
estarán vigorosos y frondosos,
15 para anunciar que Jehová, [a]mi roca, es recto,
y que en él no hay injusticia.

SALMO 93

Jehová reina — Él es desde la eternidad — La santidad es propia de la casa de Jehová para siempre.

JEHOVÁ reina; se ha [a]vestido de majestad;
se ha vestido Jehová; se ha ceñido de fortaleza.
Ha afirmado también el mundo y éste no se moverá.
2 Firme es tu trono desde entonces;
tú eres desde la eternidad.
3 Alzaron los ríos, oh Jehová,
alzaron los ríos su sonido;
alzaron los ríos sus olas.
4 Jehová en las alturas es más poderoso
que el estruendo de las muchas aguas,
más que las recias olas del mar.
5 Tus testimonios son muy firmes;
la santidad es propia de tu casa,
oh Jehová, por los siglos y para siempre.

SALMO 94

Jehová juzgará la tierra y a todos los hombres — Bienaventurado aquel a quien Jehová instruye y corrige — Jehová no abandonará a Su pueblo, pero destruirá a los inicuos.

OH Jehová, Dios de las [a]venganzas,
oh Dios de las venganzas, muéstrate.
2 Levántate, oh [a]Juez de la tierra;
da el pago a los soberbios.
3 ¿Hasta cuándo los malvados,

15 *a* GEE Roca.
93 1 *a* DyC 65:5.
94 1 *a* GEE Venganza.
2 *a* GEE Jesucristo—Es juez.

hasta cuándo, oh Jehová,
se gozarán los malvados?
4 ¿Hasta cuándo vociferarán,
hablarán cosas duras
y se vanagloriarán todos los
que hacen iniquidad?
5 A tu pueblo, oh Jehová,
aplastan,
y a tu [a]heredad afligen.
6 A la viuda y al extranjero
[a]matan,
y a los huérfanos quitan la
vida.
7 Y dicen: No lo verá [a]JAH,
ni lo considerará el Dios de
Jacob.
8 Entended, necios del pueblo;
y vosotros, insensatos,
¿cuándo seréis sabios?
9 El que hizo el oído, ¿no
oirá?
El que formó el ojo, ¿no
verá?
10 El que disciplina a las
naciones, ¿no reprenderá?
¿*No sabrá* el que enseña
conocimiento al hombre?
11 Jehová [a]conoce los pensamientos de los hombres,
que son [b]vanidad.
12 Bienaventurado el hombre
a quien tú, JAH, [a]corriges
y en tu ley lo instruyes,
13 para hacerle descansar en
los días de aflicción,
hasta que para el malvado
se cave la fosa.
14 Porque no abandonará
Jehová a su pueblo,
ni [a]desamparará a su heredad,
15 sino que el juicio volverá a
ser justo,
y en pos de él irán todos los
rectos de corazón.
16 ¿Quién se levantará por mí
contra los malignos?
¿Quién estará por mí
contra los que hacen iniquidad?
17 Si no me hubiera ayudado
Jehová,
mi alma habría morado en
el silencio.
18 Cuando yo decía: Mi pie resbala,
tu misericordia, oh Jehová,
me sustentaba.
19 En la multitud de mis inquietudes dentro de mí,
tus consolaciones alegran
mi alma.
20 ¿Se aliará contigo el trono de
la iniquidad,
que maquina agravio por
decreto?
21 Se juntan contra la vida del
justo,
y condenan la sangre inocente.
22 Mas Jehová me ha sido por
defensa,
y mi Dios la roca de mi refugio.
23 Y él hará volver sobre ellos
su iniquidad,
y los destruirá en su propia
maldad;
los destruirá Jehová nuestro Dios.

5 *a* DyC 105:15.
6 *a* GEE Asesinato.
7 *a* Una forma abreviada de Jehová.
11 *a* GEE Omnisciente.
b GEE Vanidad, vano.
12 *a* GEE Castigar, castigo.
14 *a* DyC 35:25.

SALMO 95

Cantemos alabanzas a Jehová — Adoremos y postrémonos delante de Él — Israel provocó a Jehová y no logró entrar en Su reposo.

VENID, cantemos con gozo a
Jehová;
cantemos con júbilo a la roca
de nuestra salvación.
2 Lleguemos ante su presencia
con alabanza;
aclamémosle con cánticos.
3 Porque Jehová es Dios
grande,
y [a]Rey grande sobre todos
los dioses.
4 En su mano están las profundidades de la tierra,
y las alturas de los montes
son suyas.
5 Suyo también el mar, pues
él lo hizo;
y sus manos formaron la tierra seca.
6 Venid, [a]adoremos y postrémonos;
arrodillémonos delante de
Jehová nuestro [b]Hacedor.
7 Porque él es nuestro Dios;
nosotros, el pueblo de su
prado y las [a]ovejas de su
mano.
Si oís [b]hoy su [c]voz,
8 no endurezcáis vuestro corazón como en [a]Meriba,
como en el día de [b]Masah en
el desierto,
9 cuando me tentaron vuestros
padres;
me pusieron a prueba, aunque habían visto mi obra.
10 [a]Cuarenta años estuve dis-
gustado con aquella ge-
neración
y dije: Es un pueblo que se
desvía en su corazón
y no ha conocido mis caminos.
11 Por tanto, juré en mi ira
que no entrarían en mi
[a]reposo.

SALMO 96

Cantad alabanzas a Jehová — Proclamad Su nombre entre las naciones — Adorad a Jehová en la hermosura de la santidad — Viene a juzgar a Su pueblo y al mundo.

CANTAD a Jehová [a]cántico
nuevo;
cantad a Jehová, toda la tierra.
2 Cantad a Jehová; bendecid
su nombre;
anunciad de día en día su
[a]salvación.
3 Proclamad entre las naciones
su gloria,
entre todos los pueblos sus
maravillas.
4 Porque grande es Jehová
y digno de suprema ala-
banza;

95 3 *a* GEE Reino de Dios o de los cielos.
6 *a* GEE Adorar.
b GEE Creación, crear.
7 *a* GEE Buen Pastor.
b Heb. 3:7–11; 4:7.
c DyC 88:66.
8 *a* Éx. 17:7.
b Núm. 20:1–13.
10 *a* Núm. 14:33.
11 *a* GEE Descansar, descanso (reposo).
96 1 *a* DyC 84:97–102.
2 *a* GEE Salvación.

temible es sobre todos los dioses.
5 Porque todos los dioses de los pueblos son [a]ídolos,
mas Jehová hizo los cielos.
6 [a]Honra y majestad delante de él;
poder y hermosura en su santuario.
7 Dad a Jehová, oh familias de los pueblos,
dad a Jehová la gloria y el poder.
8 Dad a Jehová la [a]gloria debida a su nombre;
traed ofrendas y entrad en sus atrios.
9 Adorad a Jehová en la hermosura de la [a]santidad;
temed delante de él, toda la tierra.
10 Decid entre las naciones: ¡Jehová reina!
También ha afirmado el mundo, no será movido;
[a]juzgará a los pueblos en justicia.
11 Regocíjense los cielos y alégrese la tierra;
ruja el mar y su plenitud.
12 [a]Regocíjese el campo y todo lo que hay en él;
entonces todos los árboles del bosque cantarán con gozo
13 delante de Jehová, [a]porque viene,
porque viene a juzgar la tierra.
Juzgará al mundo con justicia
y a los pueblos con su verdad.

SALMO 97

Jehová reina en gloria milenaria — Los montes se derriten ante Su presencia — Los que aman a Jehová aborrecen el mal.

JEHOVÁ reina; regocíjese la tierra;
alégrense las muchas islas.
2 Nubes y oscuridad *hay* alrededor de él;
justicia y juicio son el cimiento de su trono.
3 Fuego irá delante de él
y abrasará a sus enemigos alrededor.
4 Sus relámpagos alumbraron el mundo;
la tierra vio y se estremeció.
5 Los montes se derritieron como cera delante de Jehová,
delante del Señor de toda la tierra.
6 Los cielos proclamaron su justicia,
y todos los pueblos vieron su gloria.
7 Sean avergonzados todos los que sirven a las [a]imágenes talladas,

5 *a* GEE Idolatría.
6 *a* GEE Honra, honrar (honor).
8 *a* Moisés 4:2. GEE Gloria.
9 *a* GEE Santidad.
10 *a* GEE Jesucristo—Es juez.
12 *a* GEE Gozo.
13 *a* GEE Segunda Venida de Jesucristo.
97 7 *a* Éx. 20:4. GEE Idolatría.

los que se glorían en los ídolos.
¡Póstrense ante él todos los dioses!
8 Oyó Sión y se alegró;
y las hijas de Judá,
oh Jehová, se regocijaron por tus juicios.
9 Porque tú, Jehová, eres el [a]Altísimo sobre toda la tierra;
eres muy exaltado sobre todos los dioses.
10 Los que a Jehová amáis, [a]aborreced el mal.
Él [b]guarda las almas de sus santos;
los libra de manos de los malvados.
11 [a]Luz se ha sembrado para el justo,
y alegría para los rectos de corazón.
12 ¡Alegraos, justos, en Jehová,
y alabad la memoria de su santidad!

SALMO 98

Cantad alabanzas a Jehová — Todos los confines de la tierra verán Su salvación — Él viene a juzgar a todos los hombres con equidad y justicia.

Salmo.

[a]CANTAD a Jehová cántico nuevo,
porque ha hecho maravillas;
su diestra y su santo brazo le han dado salvación.
2 Jehová ha [a]dado a conocer su salvación;
ante los ojos de las naciones ha descubierto su justicia.
3 Se ha acordado de su [a]misericordia y de su verdad
para con la casa de Israel;
todos los confines de la tierra han visto
la salvación de nuestro Dios.
4 Cantad alegres a Jehová, toda la tierra;
cantad en alta voz, y regocijaos y cantad salmos.
5 Cantad salmos a Jehová con arpa,
con arpa y voz de cántico.
6 Aclamad con trompetas y sonido
de corneta delante del rey Jehová.
7 Ruja el mar y su plenitud,
el mundo y los que en él habitan.
8 batan las manos los ríos;
los montes todos juntos hagan regocijo
9 delante de Jehová, porque viene a [a]juzgar la tierra.
Juzgará al mundo con justicia
y a los pueblos con equidad.

9 *a* Sal. 83:18.
GEE Cielo.
10 *a* GEE Odio, aborrecimiento.
b GEE Salvación.
11 *a* GEE Luz, luz de Cristo.
98 1 *a* GEE Cantar.
2 *a* DyC 90:10–11.
3 *a* 3 Ne. 5:21–22.
GEE Misericordia, misericordioso.
9 *a* 1 Ne. 22:21–22.
GEE Juicio, juzgar.

SALMO 99

Jehová es grande en Sión — Exaltad a Jehová y adorad ante el estrado de Sus pies, porque Él es santo.

JEHOVÁ reina; tiemblen los pueblos.
Él está sentado entre los [a]querubines; estremézcase la tierra.
2 Jehová en Sión es grande
y exaltado sobre todos los pueblos.
3 Alaben tu [a]nombre grande y temible.
Él es santo.
4 El poder del rey ama el juicio;
tú confirmas la rectitud;
tú has hecho en Jacob juicio y justicia.
5 Exaltad a Jehová nuestro Dios,
y postraos ante el estrado de sus pies.
Él es santo.
6 Moisés y Aarón entre sus sacerdotes,
y Samuel entre los que invocaron su nombre;
invocaban a Jehová, y él les respondía.
7 En [a]columna de nube hablaba con ellos;
guardaban sus testimonios y el estatuto que les había dado.
8 Oh Jehová, Dios nuestro, tú les respondías;
fuiste para ellos un Dios perdonador,
aunque vengador de sus malas obras.
9 Exaltad a Jehová nuestro Dios,
y adorad en su [a]santo monte,
porque santo es Jehová nuestro Dios.

SALMO 100

Salmo de alabanza — Servid a Jehová con alegría, todos los que sois de Su pueblo — Alabadle y bendecid su nombre.

Salmo de alabanza.

CANTAD alegres a Jehová, *habitantes de* toda la tierra.
2 Servid a Jehová con alegría;
venid ante su presencia con regocijo.
3 Reconoced que Jehová es Dios.
Él [a]nos hizo, y no nosotros a nosotros mismos;
pueblo suyo somos y [b]ovejas de su prado.
4 Entrad por sus puertas con acción de gracias,
por sus atrios con alabanza.
¡Alabadle; bendecid su nombre!
5 Porque Jehová es bueno;
para siempre es su misericordia,
y su fidelidad por todas las generaciones.

99 1 *a* GEE Querubines.
3 *a* Apoc. 15:4.
GEE Santidad.
7 *a* Éx. 33:9.
9 *a* GEE Templo, Casa del Señor.
100 3 *a* Efe. 2:10.
GEE Creación, crear.
b GEE Buen Pastor.

SALMO 101

David canta de la misericordia y del juicio — David rechazará la compañía de los que hacen el mal.

Salmo de David.

MISERICORDIA y juicio cantaré;
a ti, oh Jehová, cantaré.
2 Prestaré atención al camino de la perfección.
¿Cuándo vendrás a mí?
En la integridad de mi corazón andaré en medio de mi casa.
3 No pondré delante de mis ojos cosa indigna;
aborrezco la obra de los que se desvían;
nada *de esto* se aferrará a mí.
4 El corazón perverso se apartará de mí;
no [a]conoceré la maldad.
5 Al que solapadamente [a]difama a su prójimo,
yo lo destruiré;
no toleraré al de ojos altaneros y de corazón vanidoso.
6 Mis ojos *pondré* en los fieles de la tierra,
para que moren conmigo;
el que ande en el camino de la [a]perfección,
éste me servirá.
7 No habitará dentro de mi casa el que practica el [a]engaño;
el que habla mentiras no se afirmará delante de mis ojos.
8 Por las mañanas destruiré a todos los malvados de la tierra,
para talar de la ciudad de Jehová a todos los que hagan iniquidad.

SALMO 102

Oración del que sufre — Sión será edificada cuando Jehová (el Señor) aparezca en Su gloria — Aunque el cielo y la tierra perezcan, Jehová, que los creó, permanecerá para siempre.

Oración del afligido cuando desmaya y derrama su lamento delante de Jehová.

JEHOVÁ, oye mi oración
y llegue a ti mi clamor.
2 No escondas de mí tu rostro en el día de mi angustia;
inclina a mí tu oído.
El día en que *te* invoque, apresúrate a responderme,
3 porque mis días se han consumido como humo,
y mis huesos cual tizón están quemados.
4 Mi corazón está herido y seco como la hierba,
por lo cual me olvido de comer mi pan.
5 Por la voz de mi gemido,
mis huesos se han pegado a mi carne.
6 Soy semejante al [a]pelícano del desierto;
soy como el búho de las soledades.

---

101 4 *a* Mateo 7:22–23.
5 *a* GEE Calumnias.
6 *a* GEE Perfecto.
7 *a* GEE Engañar, engaño.
102 6 *a* HEB al buitre, al halcón.

7 Velo, y soy
como el pájaro solitario sobre el tejado.
8 Todo el día me afrentan mis enemigos;
los que me escarnecen se han conjurado contra mí.
9 Porque he comido cenizas a manera de pan,
y mi bebida con llanto he mezclado,
10 a causa de tu enojo y de tu ira,
pues me has alzado y me has arrojado.
11 Mis días son como sombra que se va,
y me he secado como la [a]hierba.
12 Mas tú, oh Jehová, permanecerás para siempre,
y tu memoria de generación en generación.
13 Tú te levantarás *y* tendrás [a]misericordia de Sión,
porque es tiempo de tener misericordia de ella,
porque el plazo ha llegado.
14 Porque tus siervos aman sus piedras,
y del polvo de ella tienen compasión.
15 Entonces las naciones temerán el nombre de Jehová,
y todos los reyes de la tierra, tu gloria,
16 por cuanto Jehová habrá edificado Sión,
y en su gloria [a]será visto.
17 Habrá considerado la oración de los menesterosos,
y no habrá desechado el ruego de ellos.
18 Se [a]escribirá esto para la generación venidera,
y el pueblo que será creado alabará a JAH.
19 Porque miró desde lo alto de su santuario;
Jehová miró desde los cielos a la tierra,
20 para oír el gemido de los presos,
para liberar a los sentenciados a muerte,
21 para que se declare en Sión el nombre de Jehová,
y su alabanza en Jerusalén,
22 cuando los pueblos y los reinos se congreguen en uno
para servir a Jehová.
23 Él debilitó mis fuerzas en el camino;
acortó mis días.
24 Dije: Dios mío, no me lleves en la mitad de mis días;
por generación de generaciones son tus años.
25 Tú fundaste la [a]tierra en tiempos antiguos,
y los cielos son obra de tus manos.
26 Ellos [a]perecerán, mas tú permanecerás;
y todos ellos como un vestido se envejecerán;
como ropa de vestir los mudarás, y serán mudados.
27 Pero tú eres el mismo,
y tus años no se acabarán.
28 Los hijos de tus siervos habitarán *seguros*,

11 *a* Isa. 40:6–8.
13 *a* GEE Misericordia, misericordioso.
16 *a* GEE Segunda Venida de Jesucristo.
18 *a* GEE Escrituras.
25 *a* GEE Creación, crear.
26 *a* Heb. 1:10–12.

y su [a]descendencia será establecida delante de ti.

SALMO 103

David exhorta a los santos a bendecir a Jehová por Su misericordia — Jehová es misericordioso con los que guardan sus mandamientos.

Salmo de David.

BENDICE, alma mía, a Jehová,
y *bendiga* todo mi ser su santo nombre.
2 Bendice, alma mía, a Jehová,
y no olvides ninguno de sus beneficios.
3 Él es quien [a]perdona todas tus iniquidades,
el que [b]sana todas tus dolencias,
4 el que [a]rescata de la fosa tu vida,
el que te corona de compasión y tiernas misericordias,
5 el que colma de bien tus anhelos,
de modo que tu juventud se renueve como el [a]águila.
6 Jehová es el que hace justicia
y juicios a todos los oprimidos.
7 Sus caminos dio a conocer a Moisés,
y a los hijos de Israel, sus obras.
8 Misericordioso y clemente es Jehová,
lento para la ira y grande en misericordia.
9 No contenderá para siempre,
ni para siempre guardará *el enojo.*
10 No ha hecho con nosotros conforme a nuestros pecados,
ni nos ha pagado conforme a nuestras iniquidades.
11 Porque como la altura de los cielos sobre la tierra,
así es de grandiosa su misericordia sobre los que le temen.
12 Tan lejos como está el oriente del occidente,
así hizo alejar de nosotros nuestras transgresiones.
13 Como el padre [a]se compadece de los hijos,
se compadece Jehová de los que le temen,
14 porque él conoce nuestra condición;
se acuerda de que somos [a]polvo.
15 El hombre, como la hierba son sus días;
florece como la flor del campo,
16 que pasa el viento por ella, y perece,
y su lugar no la conoce más.
17 Mas la misericordia de Jehová es desde la eternidad y hasta la eternidad

28 *a* GEE Abraham—La descendencia de Abraham.
103 3 *a* GEE Perdonar.
b GEE Sanar, sanidades.
4 *a* GEE Redención, redimido, redimir.
5 *a* Isa. 40:28–31.
13 *a* GEE Misericordia, misericordioso.
14 *a* GEE Mortal, mortalidad.

sobre los que le temen,
y su justicia sobre los hijos de los hijos,
18 sobre los que guardan su [a]convenio
y los que se acuerdan de sus mandamientos para ponerlos por obra.
19 Jehová estableció en los cielos su trono,
y su reino domina sobre todos.
20 Bendecid a Jehová, vosotros sus ángeles,
poderosos en fortaleza, que ejecutáis su palabra,
obedeciendo la voz de su palabra.
21 Bendecid a Jehová, vosotros todos sus ejércitos,
ministros suyos, que hacéis su voluntad.
22 Bendecid a Jehová, vosotras todas sus obras,
en todos los lugares de su señorío.
Bendice, alma mía, a Jehová.

SALMO 104

Jehová está vestido de gloria y majestad — Él hace a Sus ángeles espíritus y a las llamas de fuego Sus ministros — Con Su cuidado Él sustenta todas las formas de vida — Su gloria permanece para siempre.

BENDICE, alma mía, a Jehová.
Jehová, Dios mío, ¡qué grande eres tú!
Te has vestido de gloria y de majestad.
2 *Tú eres* el que se cubre de luz como de vestidura,
que extiende [a]los cielos como una cortina,
3 el que pone las vigas de sus altos aposentos en las aguas,
el que hace de las nubes su carroza,
el que anda sobre las alas del viento,
4 el que hace a [a]sus ángeles espíritus
y a las llamas de fuego sus ministros.
5 Él fundó la tierra sobre sus cimientos;
no será jamás removida.
6 Con el abismo, como con vestido, la cubriste;
sobre los montes estaban [a]las aguas.
7 A tu reprensión huyeron;
al sonido de tu trueno se apresuraron;
8 subieron los montes, descendieron los valles,
al lugar que tú les fundaste.
9 Les pusiste límite, el cual no traspasarán,
ni volverán a [a]cubrir la tierra.
10 *Tú eres* el que envías los manantiales por los arroyos;
van entre los montes.

18 *a* GEE Convenio (pacto).
104 2 *a* GEE Cielo.
4 *a* *O sea,* el que hace los vientos sus mensajeros.
6 *a* Gén. 7:19.
9 *a* Moisés 7:50–52. GEE Diluvio en los tiempos de Noé.

11 Dan de beber a todas las bestias del campo;
mitigan su sed los asnos monteses.
12 Junto a ellos habitan las aves de los cielos;
cantan entre las ramas.
13 Él riega los montes desde sus aposentos;
del fruto de sus obras se sacia la tierra.
14 Él hace crecer la hierba para las bestias,
y las plantas para el servicio del hombre,
para sacar el pan de la tierra,
15 y el vino que alegra el corazón del hombre,
y el aceite que hace lucir el rostro,
y el pan que sustenta el corazón del hombre.
16 Se llenan *de savia* los árboles de Jehová,
los cedros del Líbano que él plantó.
17 Allí anidan las aves;
en los cipreses *hace* su casa la cigüeña.
18 Los montes altos son para las cabras monteses;
las peñas, para madrigueras de los [a]conejos.
19 Hizo la luna para [a]los tiempos;
el sol conoce su ocaso.
20 Pones las tinieblas, y es la noche;
en ella corretean todas las bestias de la selva.
21 Los leoncillos rujen tras la presa,
y buscan de Dios su comida.
22 Sale el sol, se recogen,
y se echan en sus guaridas.
23 Sale el hombre a su labor,
y a su labranza hasta la tarde.
24 ¡Cuán numerosas son tus obras, oh Jehová!
Las has hecho todas ellas con sabiduría;
la tierra está llena de tus creaciones.
25 Éste es el grande y ancho mar,
en donde hay seres innumerables,
seres pequeños y grandes.
26 Allí surcan las naves,
y el [a]leviatán que hiciste para que jugase en él.
27 Todos ellos esperan en ti,
para que les des la comida a su tiempo.
28 Tú les das y ellos recogen;
abres tu mano y se sacian de bien.
29 Escondes tu rostro, ellos se turban;
les quitas el aliento, fenecen
y vuelven a ser [a]polvo.
30 Envías tu espíritu, son creados,
y renuevas la faz de la tierra.
31 Sea la gloria de Jehová para siempre;

18 *a* *O sea*, los tejones.
19 *a* *Es decir*, para indicar la época del mes y del año. Gén. 1:14.
26 *a* *Es decir*, el legendario monstruo marino que representaba las fuerzas del caos que se oponían al Creador. Sal. 74:14; Job 3:8.
29 *a* GEE Muerte física.

regocíjese Jehová en sus obras.
32 Él mira la tierra, y ella tiembla;
toca los montes, y humean.
33 A Jehová cantaré en mi vida;
a mi Dios cantaré alabanzas mientras viva.
34 Sea mi [a]meditación agradable a él;
yo me regocijaré en Jehová.
35 Sean consumidos de la tierra los pecadores
y los malvados dejen de ser.
Bendice, alma mía, a Jehová.
¡[a]Aleluya!

SALMO 105

Dad a conocer las obras de Jehová entre todos los hombres — Recordad Su convenio con Abraham y Sus tratos con Israel — No toquéis a Sus ungidos, ni hagáis mal a Sus profetas — Israel deberá guardar Sus estatutos y cumplir Sus leyes.

¡[a]ALABAD a Jehová! Invocad su nombre;
dad a conocer sus obras entre los pueblos.
2 ¡Cantadle, cantadle salmos!
[a]Hablad de todas sus maravillas.
3 Gloriaos en su santo nombre;
regocíjese el corazón de los que buscan a Jehová.
4 Buscad a Jehová y su fortaleza;
buscad siempre su rostro.
5 Acordaos de las maravillas que él ha hecho,
de sus prodigios y de los juicios de su boca,
6 oh vosotros, descendencia de Abraham, su siervo,
hijos de Jacob, sus escogidos.
7 Él es Jehová nuestro Dios;
en toda la tierra están sus juicios.
8 Se acordó para siempre de su convenio,
de la palabra que mandó para mil generaciones,
9 el cual [a]concertó con Abraham,
y de su juramento a Isaac.
10 Y lo estableció a Jacob como estatuto,
a Israel como [a]convenio sempiterno,
11 diciendo: A ti te daré la [a]tierra de Canaán,
como parte de vuestra heredad.
12 Cuando eran pocos hombres en número, sí, muy pocos,
y extranjeros en ella,
13 y andaban de nación en nación,
de un reino a otro pueblo,
14 no consintió que hombre alguno los agraviase,

34 *a* GEE Meditar.
35 *a* *Es decir,* ¡Alabad a Jehová!
105 1 *a* GEE Acción de gracias, agradecido, agradecimiento.
2 *a* DyC 19:37.
9 *a* GEE Abraham, Convenio de.
10 *a* GEE Nuevo y sempiterno convenio.
11 *a* GEE Tierra prometida.

y por causa de ellos castigó
a reyes.
15 No toquéis, *dijo*, a mis [a]ungidos,
ni hagáis mal a mis [b]profetas.
16 Y trajo hambre sobre la tierra,
y quebrantó todo sustento de pan.
17 Envió a un hombre delante de ellos,
a [a]José, que fue vendido como esclavo.
18 Afligieron sus pies con grilletes;
en hierro le pusieron.
19 Hasta la hora en que llegó su palabra,
la palabra de Jehová le probó.
20 Envió el [a]rey y le soltó;
el señor de los pueblos le dejó ir libre.
21 Lo puso como señor de su casa,
y como gobernador de todas sus posesiones,
22 para sujetar a sus príncipes como él quisiese,
y hacer sabios a sus ancianos.
23 Después entró Israel en [a]Egipto,
y Jacob fue extranjero en la tierra de [b]Cam.
24 Y [a]multiplicó su pueblo en gran manera,
y lo hizo más fuerte que sus enemigos.
25 [a]Cambió el corazón de ellos para que aborreciesen a su pueblo,
para que actuasen astutamente contra sus siervos.
26 Envió a su siervo Moisés,
y a Aarón, al cual escogió.
27 Puso en ellos las palabras de sus señales,
y sus prodigios en la tierra de Cam.
28 Echó tinieblas e hizo oscuridad,
y no fueron rebeldes a su palabra.
29 Convirtió sus aguas en [a]sangre,
y mató sus peces.
30 Hizo pulular [a]ranas en su tierra,
hasta en las cámaras de sus reyes.
31 Habló, y vinieron enjambres de moscas
y [a]piojos en todo su territorio.
32 Les dio [a]granizo por lluvia,
y llamas de fuego en su tierra.
33 Destruyó sus viñas y sus higueras,
y quebró los árboles de su territorio.
34 Habló, y vinieron [a]langostas
y pulgón sin número;
35 y se comieron toda la hierba de su país,
y devoraron el fruto de su tierra.

15 *a* DyC 121:16.
b 2 Ne. 26:3–5.
17 *a* GEE José, hijo de Jacob.
20 *a* Gén. 41:14–40.
23 *a* GEE Egipto.
b GEE Cam.
24 *a* Éx. 1:7.
25 *a* Éx. 1:8–10.
29 *a* Éx. 7:20–21.
30 *a* Éx. 8:6.
31 *a* Éx. 8:16–17.
32 *a* Éx. 9:23–24.
34 *a* Éx. 10:4–6.

36 Hirió de muerte a todos los [a]primogénitos en su tierra,
las primicias de todo su vigor.
37 Y [a]los sacó con [b]plata y oro;
y no hubo entre sus tribus quien tropezara.
38 Egipto se alegró de que salieran,
porque su terror había caído sobre ellos.
39 Extendió una [a]nube por cubierta,
y fuego para alumbrar la noche.
40 Pidieron, e hizo venir [a]codornices;
y los sació con pan del cielo.
41 Abrió la peña, y fluyeron aguas;
corrieron por los [a]sequedales *como* un río.
42 Porque se acordó de su santa [a]palabra
dada a Abraham, su siervo.
43 Y sacó a su [a]pueblo con gozo,
con júbilo, a sus escogidos.
44 Y les dio las tierras de las naciones;
y los frutos de las labores de las naciones heredaron,
45 para que guardasen sus estatutos
y observasen sus leyes.
¡Aleluya!

SALMO 106

Alabad a Jehová por Su misericordia y obras poderosas — Israel se rebeló e hizo iniquidad — Moisés intercedió por Israel ante Jehová — Israel fue esparcido y muerto por adorar dioses falsos.

1 ¡[a]ALELUYA!
Alabad a Jehová, porque él es bueno,
porque para siempre es su misericordia.
2 ¿Quién expresará las [a]obras poderosas de Jehová?
¿*Quién* contará sus alabanzas?
3 Bienaventurados los que guardan el juicio,
los que hacen justicia en todo tiempo.
4 Acuérdate de mí, oh Jehová, según *tu* benevolencia para con tu pueblo;
visítame con tu salvación,
5 para que yo vea el bien de tus escogidos,
para que me regocije en la alegría de tu nación
y me gloríe con tu heredad.
6 Hemos [a]pecado como nuestros padres;
hemos hecho iniquidad; hemos cometido impiedad.
7 Nuestros padres en Egipto no entendieron tus maravillas;
no se acordaron de la

36 *a* Éx. 12:29–30.
37 *a* *Es decir,* a Israel.
b Éx. 12:35.
39 *a* Éx. 13:21.
40 *a* Éx. 16:12–13.
41 *a* *O sea,* la tierra seca, el desierto.
42 *a* GEE Abraham, Convenio de.
43 *a* GEE Abraham—La descendencia de Abraham.

106 1 *a* HEB ¡Alabado sea Jehová! ¡Alabado sea el Señor!
2 *a* Jacob 4:8.
6 *a* Dan. 9:5–6.

multitud de tus misericordias,
sino que se rebelaron junto al mar, el [a]Mar Rojo.
8 Pero los salvó por amor de su [a]nombre,
para dar a conocer su poder.
9 Y reprendió al [a]Mar Rojo, y se secó;
y los hizo ir por el abismo como por un desierto.
10 Y los salvó de manos del enemigo,
y los rescató de manos del adversario.
11 Y las [a]aguas cubrieron a sus enemigos;
no quedó ni uno de ellos.
12 Entonces creyeron sus palabras,
y cantaron su alabanza.
13 Bien pronto olvidaron sus obras;
no esperaron su consejo.
14 Se entregaron a un deseo desenfrenado en el desierto,
y tentaron a Dios en el yermo.
15 Y él les dio lo que pidieron,
pero envió flaqueza en sus almas.
16 Tuvieron envidia de Moisés en el campamento,
y de Aarón, el santo de Jehová.
17 Se [a]abrió la tierra y tragó a Datán,
y cubrió al grupo de Abiram.
18 Y se encendió [a]fuego contra su grupo;
la llama consumió a los malvados.
19 Hicieron un becerro en Horeb,
y adoraron una [a]imagen de fundición.
20 Así cambiaron su gloria
por la imagen de un toro que come hierba.
21 Olvidaron a Dios, su Salvador,
que había hecho grandes cosas en Egipto,
22 maravillas en la tierra de Cam,
cosas formidables junto al Mar Rojo.
23 Y dijo que los habría destruido
de no haberse interpuesto Moisés, su escogido, en la brecha delante de él,
a fin de apartar su ira para que no *los* destruyese.
24 Sin embargo, aborrecieron la tierra deseable;
[a]no creyeron en su palabra,
25 sino que [a]murmuraron en sus tiendas,
y no escucharon la voz de Jehová.
26 Por tanto, él alzó su mano contra ellos,
para derribarlos en el desierto,
27 y abatir a sus descendientes entre las naciones,
y dispersarlos por las tierras.

7 *a* HEB mar de juncos.
8 *a* Éx. 9:16. GEE Jehová.
9 *a* Éx. 14:21–22; Alma 36:28; Hel. 8:11.
11 *a* Éx. 14:28.
17 *a* Núm. 16:25–26, 30–34.
18 *a* Núm. 16:35.
19 *a* Éx. 32:4.
24 *a* GEE Incredulidad.
25 *a* GEE Murmurar.

28 Se unieron asimismo a [a]Baal-
peor
y [b]comieron de lo sacrificado
a los muertos.
29 Y provocaron la ira de *Dios*
con sus obras,
y se desató la mortandad
entre ellos.
30 Entonces se levantó [a]Finees
y ejecutó juicio,
y se detuvo la plaga.
31 Y le fue contado por justicia,
de generación en generación
para siempre.
32 También le causaron enojo
en las aguas de Meriba,
y le fue mal a Moisés por
causa de ellos,
33 porque hicieron que se amargase su espíritu,
y habló precipitadamente
con sus labios.
34 [a]No destruyeron a los pueblos
como Jehová les había mandado,
35 sino que se [a]mezclaron con
las naciones,
y aprendieron sus obras
36 y sirvieron a sus [a]ídolos,
los cuales les fueron por
tropiezo.
37 Y sacrificaron a sus hijos y a
sus hijas a los demonios,
38 y derramaron sangre inocente,
la sangre de sus hijos y de
sus hijas,
que sacrificaron a los ídolos
de Canaán;
y la tierra fue contaminada
con sangre.
39 Se contaminaron así con sus
obras,
y se prostituyeron con sus
hechos.
40 Se encendió, por tanto, la ira
de Jehová sobre su pueblo,
y aborreció su heredad.
41 Y los entregó en manos de
las naciones,
y los que los aborrecían se
enseñorearon de ellos.
42 Y sus [a]enemigos los oprimieron,
y fueron subyugados bajo
su mano.
43 Muchas veces los libró,
mas ellos fueron rebeldes en
su propio consejo,
y fueron humillados por su
iniquidad.
44 Él, con todo, miraba cuando
estaban en angustia
y oía su clamor;
45 y se acordaba de su [a]convenio con ellos,
y tenía compasión conforme
a sus muchas misericordias.
46 Asimismo, hizo que tuviesen misericordia de ellos
todos los que los tenían
cautivos.
47 Sálvanos, oh Jehová, Dios
nuestro,
y recógenos de entre las
naciones,
para que alabemos tu santo
nombre,

28 *a* GEE Idolatría.
b Éx. 34:15;
1 Cor. 10:27–28.
30 *a* Núm. 25:7–8.
34 *a* Jue. 1:21, 27–36.
35 *a* Jue. 3:5–7.
36 *a* GEE Apostasía.
42 *a* Lev. 26:32–33.
45 *a* 1 Ne. 19:15.
GEE Convenio
(pacto).

para que nos gloriemos en
tus alabanzas.
48 Bendito sea Jehová, Dios de
Israel,
de eternidad en eternidad;
y diga todo el pueblo:
Amén.
¡Aleluya!

SALMO 107

El pueblo de Israel alabará y dará gracias a Jehová cuando sean recogidos y redimidos — ¡Oh, que los hombres alaben a Jehová! — Las bendiciones de Jehová abundan en la vida de los hombres.

ALABAD a Jehová, porque él es
bueno,
porque para siempre es su
misericordia.
2 Díganlo los redimidos de
Jehová,
los que ha [a]redimido del poder del adversario,
3 y los ha congregado de las
tierras,
del oriente y del occidente,
del norte y del sur.
4 [a]Anduvieron errantes por
el desierto, por el camino
yermo,
sin hallar ciudad donde habitar.
5 Hambrientos y sedientos,
su alma desfallecía en
ellos.
6 Cuando clamaron a Jehová
en su [a]angustia,
él los libró de sus aflicciones.
7 Y los dirigió por el camino
recto,
para que llegaran a una ciudad habitada.
8 Alaben la misericordia de
Jehová
y sus maravillas para con los
hijos de los hombres.
9 Porque sacia al alma menesterosa,
y llena de bien al alma hambrienta.
10 Algunos moraban en
[a]tinieblas y sombra de
muerte,
aprisionados en aflicción y
en hierros,
11 por cuanto fueron [a]rebeldes
a las palabras de Jehová,
y aborrecieron el consejo del
Altísimo.
12 Por lo que él subyugó sus
corazones con el trabajo;
tropezaron, y no hubo quien
los ayudase.
13 Después que clamaron a
Jehová en su angustia,
los libró de sus aflicciones.
14 Los sacó de las tinieblas y de
la [a]sombra de muerte,
y rompió sus cadenas.
15 ¡Alaben la misericordia de
Jehová
y sus maravillas para con los
hijos de los hombres!
16 Porque rompió las puertas
de bronce,
y destrozó los cerrojos de
hierro.

107 2*a* GEE Redención, redimido, redimir.
4*a* 1 Ne. 17:1, 4; Jacob 1:7.
6*a* GEE Adversidad.
10*a* GEE Tinieblas espirituales.
11*a* GEE Rebelión.
14*a* Lucas 1:76–79. GEE Muerte espiritual.

17 Los insensatos, a causa del camino de su rebelión
y a causa de sus maldades, fueron afligidos.
18 Su alma aborreció toda comida,
y llegaron hasta las puertas de la muerte.
19 Mas clamaron a Jehová en su angustia,
y él los salvó de sus aflicciones.
20 Envió su palabra, y los sanó
y los libró de la fosa.
21 ¡Alaben la misericordia de Jehová
y sus maravillas para con los hijos de los hombres!
22 Y ofrezcan sacrificios de alabanza,
y declaren sus obras con júbilo.
23 Los que descienden al mar en naves,
y comercian en las muchas aguas,
24 ellos ven las obras de Jehová
y sus maravillas en las profundidades.
25 Él habla y hace levantar el viento tempestuoso,
el cual levanta sus olas.
26 Suben a los cielos; descienden a las profundidades;
sus almas se derriten por el mal.
27 [a]Tiemblan y titubean como ebrios,
y toda su sabiduría se desvanece.
28 Pero claman a Jehová en su angustia,
y él los libra de sus aflicciones.
29 [a]Cambia la tempestad en sosiego,
y se apaciguan sus olas.
30 Entonces se alegran, porque se calmaron,
y él los guía al puerto que deseaban.
31 ¡Alaben la misericordia de Jehová
y sus maravillas para con los hijos de los hombres!
32 Exáltenlo en la [a]congregación del pueblo,
y alábenlo en la reunión de los ancianos.
33 Él convierte los ríos en desierto,
los manantiales de las aguas en [a]sequedales,
34 la tierra fructífera en salinas,
por la maldad de los que la habitan.
35 Convierte el [a]desierto en estanques de aguas
y la tierra seca en manantiales.
36 Y allí hace habitar a los hambrientos,
y establecen ciudad en donde habitar;
37 y siembran campos, y plantan viñas
y rinden abundante fruto.
38 Y los bendice, y se multiplican en gran manera;
y no disminuye su ganado.

27 *a* 2 Ne. 28:14–17.
29 *a* Mateo 8:24–27.
32 *a* GEE Iglesia de Jesucristo.
33 *a* *O sea,* en tierra seca, en desierto.
35 *a* Isa. 32:15–18; 35:1–2.

39 Y luego son disminuidos y abatidos
a causa de tiranía, de males y de congojas.
40 Él derrama desprecio sobre los príncipes,
y los hace andar errantes en un yermo sin camino;
41 y levanta al pobre de la miseria,
y hace *multiplicar* a las familias como rebaños.
42 Lo verán los rectos y se regocijarán,
y toda maldad cerrará su boca.
43 Quien sea [a]sabio y guarde estas cosas,
entenderá las misericordias de Jehová.

SALMO 108

David alaba y exalta a Dios — Judá (por medio de Cristo) es el legislador de Jehová.

Cántico. Salmo de David.

MI corazón está dispuesto, oh Dios;
[a]cantaré y entonaré salmos, aun con mi gloria.
2 ¡Despertaos, salterio y arpa!
Despertaré al alba.
3 Te alabaré, oh Jehová, entre los pueblos;
a ti cantaré salmos entre las naciones.
4 Porque más grande que los cielos es tu misericordia,
y hasta los cielos *llega* tu verdad.
5 Exaltado seas, oh Dios, sobre los cielos;
y sobre toda la tierra, tu gloria.
6 Para que sean [a]librados tus [b]amados,
salva con tu diestra y respóndeme.
7 Dios ha hablado en su santuario: Yo me regocijaré,
repartiré a Siquem y mediré el valle de Sucot.
8 Mío es Galaad, mío es Manasés,
y Efraín es la fortaleza de mi cabeza;
Judá es mi legislador.
9 Moab es la vasija para lavarme;
sobre Edom echaré mi calzado;
me regocijaré sobre Filistea.
10 ¿Quién me guiará a la ciudad fortificada?
¿Quién me guiará hasta Edom?
11 ¿No serás tú, oh Dios, que nos habías rechazado,
y que ya no sales, oh Dios, con nuestros ejércitos?
12 Danos socorro contra el enemigo,
porque vana es la ayuda de los hombres.
13 Con Dios haremos proezas,
y él hollará a nuestros enemigos.

43 *a* GEE Sabiduría.
108 1 *a* GEE Cantar.
6 *a* GEE Libertador.
b *Es decir,* tu amado pueblo.

SALMO 109

David habla de las maldiciones que el malvado y el engañador merecen — Suplica en oración que sus adversarios sean confundidos.

Al músico principal. Salmo de David.

OH Dios de mi alabanza, no permanezcas callado,
2 porque la boca del [a]malvado
y la boca del engañador se han abierto contra mí;
han hablado de mí con lengua [b]mentirosa,
3 y con palabras de odio me han rodeado,
y han peleado contra mí sin causa.
4 [a]En pago de mi amor me han sido adversarios,
mas yo oraba.
5 Y han puesto contra mí mal por bien
y [a]odio por mi amor.
6 Pon a un malvado sobre él,
y [a]Satanás esté a su diestra.
7 Cuando fuere [a]juzgado, salga culpable,
y su oración sea para pecado.
8 Sean sus días pocos;
tome otro su [a]oficio.
9 Sean sus hijos huérfanos
y su mujer viuda.
10 Y anden sus hijos vagabundos y mendiguen,
buscando *su pan lejos* de sus desolados hogares.
11 Apodérese el acreedor de todo lo que tiene,
y extraños saqueen el fruto de su trabajo.
12 No tenga quien le haga misericordia,
ni haya quien tenga compasión de sus huérfanos.
13 Su [a]posteridad sea talada;
en la segunda generación sea [b]borrado su nombre.
14 Sea recordada ante Jehová la maldad de sus padres,
y el pecado de su madre no sea borrado.
15 Estén siempre delante de Jehová,
y él quite de la tierra su recuerdo.
16 Por cuanto no se acordó de hacer misericordia,
y persiguió al hombre [a]afligido y menesteroso
y al quebrantado de corazón, para matarlo,
17 y amó la maldición, que ésta caiga sobre él;
y como no quiso la bendición, que ésta se aleje de él.
18 Y se vistió de maldición como si fuera su vestimenta,
y entró como agua en sus entrañas
y como aceite en sus huesos.
19 Séale como vestido con que se cubra

109 2 *a* GEE Inicuo, iniquidad.
b GEE Mentiras.
4 *a* TJS Sal. 109:4 *Y, a pesar de* mi amor, me han sido adversarios; *con todo, perseveraré en la oración por ellos.*
5 *a* 1 Juan 3:13–17. GEE Odio, aborrecimiento.
6 *a* HEB adversario, acusador (Satanás).
7 *a* GEE Jesucristo—Es juez; Juicio, juzgar.
8 *a* Hech. 1:16–26.
13 *a* DyC 121:11–14.
b Alma 5:57.
16 *a* Alma 5:54–56.

y en lugar de cinto con que
se ciña siempre.
20 Sea éste el pago de parte
de Jehová para mis adversarios
y para los que hablan mal
contra mi alma.
21 Y tú, Jehová, Señor mío, haz
bien conmigo por amor de
tu nombre;
líbrame, porque tu misericordia es buena.
22 Porque yo estoy afligido y
necesitado,
y mi corazón está herido
dentro de mí.
23 Me voy como la sombra
cuando se alarga;
soy sacudido como langosta.
24 Mis rodillas están debilitadas a causa del
ayuno,
y mi carne desfallece por
falta de gordura.
25 Yo he sido para ellos objeto
de oprobio;
me miraban y meneaban su
cabeza.
26 Ayúdame, oh Jehová, Dios
mío;
sálvame conforme a tu misericordia.
27 Y sepan que ésta es tu
mano,
y que tú, oh Jehová, has hecho esto.
28 Maldigan ellos, pero bendice
tú;
cuando se levanten, sean
avergonzados, pero regocíjese tu siervo.
29 Sean vestidos de [a]ignominia
mis adversarios,
y sean cubiertos de su vergüenza como con un
manto.
30 Yo alabaré a Jehová en gran
manera con mi boca,
y en medio de muchos le
alabaré.
31 Porque él se pondrá a la
diestra
del [a]pobre,
para librar su alma de los
que le juzgan.

SALMO 110

Salmo mesiánico de David — Cristo se sentará a la diestra del Padre — Será sacerdote para siempre según el orden de Melquisedec.

Salmo de David.

[a]JEHOVÁ dijo a mi [b]Señor:
Siéntate a mi [c]diestra,
hasta que ponga a tus enemigos por estrado de tus
pies.
2 Jehová enviará desde Sión
la [a]vara de tu poder;
domina en medio de tus
enemigos.
3 Tu pueblo *se ofrecerá* de
buena voluntad en el día
de tu poder,
en la hermosura de la santidad;
desde el nacimiento de la
aurora,
tú tienes el rocío de tu juventud.

29 *a* GEE Culpa.
31 *a* GEE Pobres.
110 1 *a* Mar. 12:36; Lucas 20:42–44. GEE Señor.
b Hech. 2:34–36.
c Heb. 1:1–3, 13.
2 *a* Isa. 11:1; 53:1–3; DyC 113:3–4.

4 [a]Juró Jehová y no se [b]arrepentirá:
Tú eres [c]sacerdote para siempre
según el orden de [d]Melquisedec.
5 El Señor está a tu diestra;
quebrantará a los reyes en el día de su furor.
6 Juzgará entre las naciones;
las llenará de cadáveres;
quebrantará a los jefes en muchas tierras.
7 Del arroyo beberá en el camino,
por lo cual levantará la cabeza.

SALMO 111

Jehová es clemente y misericordioso — Santo y temible es Su nombre — El principio de la sabiduría es el temor a Jehová.

¡Aleluya!
Alabaré a Jehová con todo el corazón
en el concilio y congregación de los [a]rectos.
2 Grandes son las obras de Jehová,
buscadas por todos los que en ellas se deleitan.
3 Honra y majestad son su obra,
y su justicia permanece para siempre.
4 Ha hecho memorables sus maravillas;
clemente y misericordioso es Jehová.
5 Ha dado alimento a los que le temen;
para siempre se acordará de su convenio.
6 Ha manifestado el poder de sus obras a su pueblo,
dándole la heredad de las naciones.
7 Las obras de sus manos son verdad y justicia;
fieles son todos sus preceptos,
8 afirmados para siempre jamás,
hechos en verdad y en rectitud.
9 Redención ha enviado a su pueblo;
para siempre ha mandado su convenio;
[a] santo y temible es su nombre.
10 El principio de la [a]sabiduría es el temor a Jehová;
buen [b]entendimiento tienen aquellos que ponen esto por obra;
su loor permanece para siempre.

SALMO 112

Bienaventurado el hombre que teme a Jehová — Se tendrá al justo en memoria eterna.

¡Aleluya!
Bienaventurado el hombre que teme a Jehová,

4 *a* GEE Juramento.
b HEB retractará, cambiará de parecer.
c GEE Sumo sacerdote.
d GEE Sacerdocio de Melquisedec.
111 1 *a* GEE Rectitud, recto.
9 *a* GEE Reverencia.
10 *a* GEE Sabiduría.
b GEE Entender, entendimiento.

que en sus mandamientos
se deleita en gran manera.
2 Su [a]descendencia será poderosa en la tierra;
la generación de los rectos
será bendita.
3 Bienes y [a]riquezas *habrá* en
su casa,
y su justicia permanece para
siempre.
4 Resplandeció en las tinieblas
[a]luz para los rectos;
es clemente, y misericordioso y justo.
5 El hombre bueno
muestra misericordia y
presta;
gobierna sus cosas con juicio.
6 Por lo cual no resbalará jamás;
en memoria eterna se tendrá
al justo.
7 De malas nuevas no tendrá
temor;
su corazón está firme, confiado en Jehová.
8 Afirmado está su corazón;
no temerá,
hasta que vea en sus enemigos *su deseo.*
9 Ha repartido, ha dado a los
[a]pobres;
su justicia permanece para
siempre;
su [b]poderío será enaltecido
en gloria.
10 Lo verá el malvado y se
irritará;
rechinará los dientes y se
consumirá;
perecerá el deseo de los malvados.

SALMO 113

Bendito sea el nombre de Jehová — ¿Quién como Jehová nuestro Dios?

¡ALELUYA!
¡Alabad, siervos de Jehová,
alabad el nombre de
Jehová!
2 Sea el nombre de Jehová bendito
desde ahora y para siempre.
3 Desde el nacimiento del sol
hasta donde se pone,
sea alabado el nombre de
Jehová.
4 Excelso sobre todas las
naciones es Jehová,
y sobre los cielos su
gloria.
5 ¿Quién como Jehová nuestro
Dios,
que mora en las alturas,
6 que [a]se humilla para mirar
lo que hay en el cielo y en la
tierra?
7 Él [a]levanta del polvo al
pobre
y al menesteroso alza del
muladar,
8 para hacerlos sentar con
los príncipes,

112 2 *a* DyC 104:33.
3 *a* GEE Riquezas—Las riquezas de la eternidad.
4 *a* GEE Luz, luz de Cristo.
9 *a* GEE Limosna.
b HEB cuerno, símbolo de poder.
113 6 *a* GEE Humildad, humilde, humillar (afligir).
7 *a* DyC 104:16.

con los príncipes de su pueblo.
9 Él hace habitar en familia a la estéril,
gozosa de ser [a]madre de hijos.
¡Aleluya!

SALMO 114

El Señor gobierna el mar y la tierra para bendición de Su pueblo.

CUANDO salió Israel de [a]Egipto,
la casa de Jacob, de entre un pueblo de lengua extraña,
2 Judá fue su santuario,
e Israel su señorío.
3 El [a]mar lo vio y huyó;
el [b]Jordán se volvió atrás.
4 Los montes saltaron como carneros,
los collados como corderitos.
5 ¿Qué tuviste, oh mar, que huiste?
¿Y tú, oh Jordán, que te volviste atrás?
6 Oh montes, ¿por qué saltasteis como carneros,
y vosotros, collados, como corderitos?
7 Ante la presencia del Señor tiembla la tierra,
ante la presencia del Dios de Jacob,
8 quien convirtió la peña en estanque de aguas
y en fuente de [a]aguas la roca.

SALMO 115

Nuestro Dios está en los cielos — Los ídolos son dioses falsos — Confiad en Jehová.

No a nosotros, oh Jehová, no a nosotros,
sino a tu nombre da gloria,
por tu misericordia, por tu verdad.
2 ¿Por qué han de decir las naciones:
¿Dónde está ahora su Dios?
3 ¡Nuestro Dios está en los cielos!
Ha hecho todo lo que quería.
4 Los ídolos de ellos son plata y oro,
obra de manos de hombres.
5 Tienen boca, mas no hablan;
tienen ojos, mas no ven;
6 oídos tienen, mas no oyen;
tienen narices, mas no huelen;
7 manos tienen, mas no palpan;
tienen pies, mas no andan,
ni hablan con su garganta.
8 Los que los hacen llegan a ser como ellos,
y cualquiera que [a]en ellos confía.
9 ¡Oh Israel, confía en Jehová!
Él es su ayuda y su escudo.
10 ¡Oh casa de Aarón, confía en Jehová!
Él es su ayuda y su escudo.

9 *a* GEE Madre.
114 1 *a* GEE Egipto; Éxodo.
3 *a* GEE Mar Rojo.
b GEE Jordán, río.
8 *a* Éx. 17:6.
115 8 *a* GEE Idolatría.

11 Los que teméis a Jehová,
¡confiad en Jehová!
Él es su ayuda y su escudo.
12 Jehová se ha acordado de nosotros; nos bendecirá;
bendecirá a la casa de Israel;
bendecirá a la casa de Aarón.
13 Bendecirá a los que temen a Jehová,
a pequeños y a grandes.
14 [a]Aumentará Jehová *bendición* sobre vosotros,
sobre vosotros y sobre vuestros hijos.
15 Benditos sois vosotros de Jehová,
que hizo los cielos y la tierra.
16 Los cielos son los cielos de Jehová,
pero ha dado la tierra a los hijos de los hombres.
17 No alabarán los muertos a JAH,
ni los que descienden al silencio;
18 mas nosotros bendeciremos a JAH
desde ahora para siempre.
¡Aleluya!

SALMO 116

Jehová es clemente y justo — Ante los ojos de Jehová la muerte de Sus santos es estimada.

[a]AMO a Jehová, pues ha oído mi voz y mis súplicas.
2 Porque ha inclinado a mí su oído,
le invocaré, por tanto, en todos mis días.
3 Me rodearon los lazos de la muerte;
me encontraron las [a]angustias del [b]Seol;
angustia y dolor encontré.
4 Entonces invoqué el nombre de Jehová, *diciendo:*
Libra ahora, oh Jehová, mi alma.
5 Clemente es Jehová y justo;
sí, misericordioso es nuestro Dios.
6 Jehová guarda a los [a]sencillos;
estaba yo postrado, y me salvó.
7 Vuelve, oh alma mía, a tu reposo,
porque Jehová te ha hecho bien.
8 Pues tú has [a]librado mi alma de la muerte,
mis ojos de lágrimas
y mis pies de tropezar.
9 Andaré delante de Jehová
en la tierra de los vivientes.
10 Creí; por tanto, hablé,
estando afligido en gran manera.
11 Y dije en mi apresuramiento:
Todo hombre es mentiroso.
12 ¿Qué [a]daré a Jehová
por todos sus beneficios para conmigo?

14 *a* DyC 132:30–31.
116 1 *a* DyC 59:5.
3 *a* Alma 12:11–14; DyC 19:15–17.
b HEB mundo o morada de los muertos, sepulcro, infierno. GEE Condenación, condenar; Infierno.
6 *a* DyC 1:23.
8 *a* GEE Libertador.
12 *a* GEE Ofrenda; Adorar.

13 Tomaré la copa de la salvación
e invocaré el nombre de Jehová.
14 Ahora cumpliré mis votos a Jehová
delante de todo su pueblo.
15 Estimada ante los ojos de Jehová es
la [a]muerte de sus santos.
16 Oh Jehová, yo soy tu [a]siervo,
siervo tuyo soy, hijo de tu sierva;
tú has roto mis cadenas.
17 Te ofreceré sacrificio de [a]alabanza
e invocaré el nombre de Jehová.
18 A Jehová cumpliré ahora mis votos
delante de todo su pueblo,
19 en los atrios de la [a]casa de Jehová,
en medio de ti, oh Jerusalén.
¡Aleluya!

SALMO 117

Alabad a Jehová por Su misericordia y verdad.

¡ALABAD a Jehová, naciones todas!
¡Pueblos todos, alabadle!
2 Porque ha engrandecido sobre nosotros su misericordia,
y la [a]verdad de Jehová es para siempre.
¡Aleluya!

SALMO 118

Salmo mesiánico — Diga todo Israel de Jehová: Su misericordia es para siempre — La Piedra que desecharon los edificadores ha venido a ser la cabeza del ángulo — Bendito el que viene en el nombre de Jehová.

ALABAD a Jehová, porque él es bueno;
porque para siempre es su [a]misericordia.
2 Diga ahora Israel
que para siempre es su misericordia.
3 Diga ahora la casa de Aarón
que para siempre es su misericordia.
4 Digan ahora los que temen a Jehová
que para siempre es su misericordia.
5 Desde la angustia invoqué a JAH;
y me respondió JAH, *poniéndome* en un lugar espacioso.
6 Jehová está conmigo; [a]no temeré.
¿Qué puede hacerme el hombre?
7 Jehová está conmigo entre los que me ayudan;

15 *a* GEE Muerte física.
16 *a* GEE Servicio.
17 *a* GEE Oración; Acción de gracias, agradecido, agradecimiento.
19 *a* GEE Templo, Casa del Señor.
117 2 *a* GEE Verdad.
118 1 *a* GEE Misericordia, misericordioso.
6 *a* GEE Temor—Temor al hombre.

por tanto, yo veré *mi* [a]*deseo*
en los que me aborrecen.
8 Mejor es [a]confiar en Jehová
que confiar en el hombre.
9 Mejor es confiar en Jehová
que confiar en príncipes.
10 Todas las naciones me rodearon;
mas en el nombre de Jehová
yo las destruiré.
11 Me rodearon, sí, me rodearon;
mas en el nombre de Jehová
yo las destruiré.
12 Me rodearon como abejas;
fueron apagadas como fuego
de espinos;
en el nombre de Jehová yo
las destruiré.
13 Me empujaste con violencia
para que cayese,
pero me ayudó Jehová.
14 Mi fortaleza y mi cántico es
JAH,
y él es mi [a]salvación.
15 Voz de júbilo y de salvación
hay en las tiendas de los
justos;
la diestra de Jehová hace
proezas.
16 La diestra de Jehová es exaltada;
la diestra de Jehová hace
proezas.
17 No moriré, sino que viviré
y contaré las obras de JAH.
18 Me castigó severamente
JAH,
mas no me entregó a la
muerte.
19 Abridme las puertas de la
justicia;
entraré por ellas y alabaré
a JAH.
20 Ésta es la puerta de Jehová;
por ella entrarán los justos.
21 Te alabaré porque me has
respondido
y has sido mi salvación.
22 La [a]piedra que desecharon
los edificadores
ha venido a ser la [b]cabeza
del ángulo.
23 Obra de Jehová es esto;
es maravillosa a nuestros
ojos.
24 Éste es el día que hizo
Jehová;
nos [a]regocijaremos y nos alegraremos en él.
25 Oh Jehová, sálvanos ahora,
te ruego;
oh Jehová, te ruego que nos
hagas prosperar ahora.
26 ¡[a]Bendito el que viene en
nombre de Jehová!
Desde la casa de Jehová os
hemos bendecido.
27 Jehová es Dios y nos ha dado
luz.
Atad con cuerdas el sacrificio festivo a los cuernos
del altar.
28 Mi Dios eres tú, y a ti te alabaré;
Dios mío, a ti te exaltaré.
29 Alabad a Jehová, porque él
es bueno;
porque para siempre es su
misericordia.

7 *a* *O sea,* el juicio que se ha ejecutado.
8 *a* GEE Confianza, confiar.
14 *a* GEE Salvación.
22 *a* GEE Piedra del ángulo; Roca.
b GEE Jesucristo.
24 *a* GEE Gozo.
26 *a* Mateo 23:39.

SALMO 119[a]

א ALEF

Bienaventurados los que guardan los mandamientos.

BIENAVENTURADOS los íntegros de camino,
los que [a]andan en la ley de Jehová.
2 Bienaventurados los que guardan sus [a]testimonios
y con todo el corazón le buscan,
3 pues no hacen iniquidad,
sino que andan en sus caminos.
4 Tú has mandado
que se guarden [a]diligentemente tus preceptos.
5 ¡Ojalá fuesen dirigidos mis caminos
para observar tus [a]estatutos!
6 Entonces no sería yo avergonzado
cuando observara todos tus mandamientos.
7 Te alabaré con rectitud de corazón
cuando aprenda tus justos juicios.
8 Tus estatutos guardaré;
no me abandones nunca.

ב BET

Meditad en los preceptos y en los caminos de Jehová.

9 ¿Con qué [a]limpiará el joven su camino?
Con guardar tu palabra.
10 Con todo mi [a]corazón te he buscado;
no dejes que me desvíe de tus mandamientos.
11 En mi corazón he guardado tus palabras
para no pecar contra ti.
12 ¡Bendito tú, oh Jehová!
enséñame tus estatutos.
13 Con mis labios he contado
todos los juicios de tu boca.
14 Me he gozado en el camino de tus testimonios
más que de toda riqueza.
15 En tus preceptos [a]meditaré
y consideraré tus caminos.
16 Me deleitaré en tus estatutos;
no me olvidaré de tus palabras.

ג GUÍMEL

Oh Jehová, abre nuestros ojos, para contemplar las maravillas de tu ley.

17 Haz bien a tu siervo, para que viva
y guarde tu palabra.

119 E *a* Salmo acróstico. Está dividido en 22 estrofas, según el número de las letras del alfabeto hebreo. En el texto hebreo, cada uno de los ocho versículos que componen una estrofa comienza con el sonido de la letra que titula la estrofa.
1 *a* GEE Andar, andar con Dios.
2 *a* *Es decir,* sus mandamientos.
4 *a* GEE Diligencia.
5 *a* DyC 119:6; 124:39; 136:2.
9 *a* GEE Pureza, puro.
10 *a* GEE Corazón.
15 *a* GEE Meditar.

18 [a]Abre mis ojos, y *miraré*
las maravillas de tu ley.
19 [a]Forastero soy yo en la
tierra;
no escondas de mí tus mandamientos.
20 Quebrantada está mi alma
de desear
tus juicios en todo tiempo.
21 Reprendiste a los soberbios,
los malditos,
que se desvían de tus mandamientos.
22 Aparta de mí el oprobio y
el menosprecio,
porque tus testimonios he
guardado.
23 Príncipes también se sentaron y hablaron contra
mí,
mas tu siervo meditaba en
tus estatutos.
24 Pues tus testimonios son
mis deleites
y mis consejeros.

ד DÁLET

Oh Jehová, concédenos tu ley y haznos entender tus preceptos.

25 Al polvo está pegada mi
alma;
[a]vivifícame según tu palabra.
26 Mis caminos he declarado,
y tú me has respondido;
enséñame tus estatutos.
27 Hazme [a]entender el camino
de tus preceptos,
y [b]hablaré de tus maravillas.
28 Se deshace mi alma de
pesar;
susténtame según tu palabra.
29 Aparta de mí el camino de
la [a]mentira,
y en tu misericordia concédeme tu ley.
30 He escogido el camino de
la verdad;
he puesto tus juicios *delante
de mí.*
31 Me he apegado a tus testimonios;
oh Jehová, no me avergüences.
32 Por el camino de tus mandamientos correré
cuando ensanches mi [a]corazón.

ה HE

Oh Jehová, enséñanos tus estatutos, tu ley y tus mandamientos.

33 [a]Enséñame, oh Jehová, el
camino de tus estatutos,
y lo guardaré hasta el fin.
34 Dame [a]entendimiento, y
guardaré tu ley
y la observaré de todo corazón.
35 Guíame por la senda de tus
mandamientos,
porque en ella me deleito.
36 Inclina mi corazón a tus
testimonios

18 *a* GEE Ojo(s).
19 *a* HEB peregrino; es decir, que no es de este mundo.
25 *a* DyC 88:49–50. GEE Vivificar.
27 *a* GEE Entender, entendimiento.
b También meditar.
29 *a* GEE Mentiras.
32 *a* *Es decir,* mi entendimiento.
33 *a* GEE Enseñar.
34 *a* GEE Entender, entendimiento.

y no a la [a]avaricia.
37 Aparta mis ojos para que no vean la [a]vanidad;
vivifícame en tu camino.
38 Confirma tu palabra a tu siervo
que te teme.
39 Quita de mí el oprobio que temo,
porque buenos son tus juicios.
40 He aquí, yo he anhelado tus preceptos;
vivifícame en tu justicia.

ו VAU

Oh Jehová, danos misericordia, verdad y salvación.

41 Y venga a mí tu misericordia, oh Jehová;
tu salvación, conforme a tu dicho.
42 Y daré respuesta a quien me afrenta,
porque en tu palabra he confiado.
43 Y no quites de mi boca en ningún tiempo la palabra de verdad,
porque en tus juicios espero.
44 Y guardaré tu [a]ley siempre,
para siempre jamás.
45 Y andaré [a]en libertad,
porque busqué tus preceptos.
46 [a]Hablaré de tus testimonios delante de los reyes
y no me [b]avergonzaré.
47 Y me deleitaré en tus mandamientos,
los cuales he amado.
48 Alzaré asimismo mis manos a tus mandamientos, que amo,
y meditaré en tus estatutos.

ז ZAIN

Los estatutos y juicios de Jehová nos consuelan durante nuestro peregrinaje.

49 Acuérdate de la palabra *dada* a tu siervo,
en la cual me has hecho [a]esperar.
50 Ésta es mi consuelo en mi [a]aflicción,
porque tu palabra me ha vivificado.
51 Los soberbios se han burlado mucho de mí,
mas no me he apartado de tu ley.
52 Me acordé, oh Jehová, de tus juicios antiguos,
y me consolé.
53 Ardiente indignación se apoderó de mí, a causa
de los inicuos que abandonan tu ley.
54 Cánticos han sido para mí tus estatutos
en la [a]casa de mi peregrinar.
55 Me he [a]acordado por la noche de tu nombre, oh Jehová,
y he guardado tu ley.

36 *a* GEE Codiciar.
37 *a* GEE Vanidad, vano.
44 *a* GEE Ley.
45 *a* GEE Libertad, libre.
46 *a* GEE Obra misional.
b Rom. 1:16–17.
49 *a* GEE Esperanza.
50 *a* GEE Adversidad.
54 *a* *Es decir,* los días de mi vida.
55 *a* Mos. 5:11–13.

56 Esto he tenido,
porque he guardado tus preceptos.

ח JET

Haced de los fieles vuestros compañeros.

57 *Tú* eres mi [a]porción, oh Jehová;
he dicho que guardaré tus palabras.
58 Tu presencia he suplicado de todo corazón;
ten misericordia de mí según tu palabra.
59 Consideré mis caminos
y volví mis pies a tus testimonios.
60 Me apresuré y no me tardé
en guardar tus mandamientos.
61 Los lazos de los malvados me han rodeado,
mas no me he olvidado de tu ley.
62 A medianoche me levantaré a alabarte
por tus justos [a]juicios.
63 Compañero soy yo de todos los que te temen
y de los que guardan tus preceptos.
64 De tu [a]misericordia, oh Jehová, está llena la tierra;
enséñame tus estatutos.

ט TET

Oh Jehová, enséñanos tus estatutos.

65 Bien has hecho con tu siervo,
oh Jehová, conforme a tu palabra.
66 Enséñame buen juicio y conocimiento,
porque tus mandamientos he creído.
67 Antes que fuera yo [a]afligido, descarriado andaba;
mas ahora guardo tu palabra.
68 Bueno eres tú, y bienhechor;
enséñame tus estatutos.
69 Contra mí forjaron mentira los soberbios,
mas yo guardaré de todo corazón tus preceptos.
70 El corazón de ellos se ha vuelto insensible como grasa,
mas yo en tu ley me he deleitado.
71 Bueno me es haber sido afligido,
para que aprenda tus estatutos.
72 Mejor me es la ley de tu boca
que [a]millares de oro y plata.

י YOD

Oh Jehová, vengan sobre nosotros tus tiernas misericordias.

73 Tus manos me hicieron y me formaron;
dame entendimiento y aprenderé tus mandamientos.

---

57 *a* Sal. 16:5.
62 *a* GEE Juicio, juzgar.
64 *a* GEE Misericordia, misericordioso.
67 *a* GEE Castigar, castigo.
72 *a* *Es decir,* miles de piezas de.

74 Los que te temen me verán
y se alegrarán,
porque en tu palabra he
esperado.
75 Yo sé, oh Jehová, que tus
juicios son justos,
y que conforme a tu fidelidad me has afligido.
76 Sea ahora tu misericordia
para consolarme,
conforme a lo que has dicho
a tu siervo.
77 Vengan a mí tus misericordias para que yo viva,
porque tu ley es mi de-
leite.
78 Sean avergonzados los soberbios,
porque sin causa me han
calumniado;
pero yo meditaré en tus
preceptos.
79 Vuélvanse a mí los que te
[a]temen
y conocen tus testimonios.
80 Sea mi corazón íntegro en
tus estatutos,
para que no sea yo aver-
gonzado.

כ CAF

Todos los mandamientos de Jehová son fidedignos.

81 [a]Desfallece mi alma por tu
salvación,
mas espero en tu palabra.
82 Desfallecen mis ojos por tu
palabra,
diciendo: ¿Cuándo me con-
solarás?
83 Aunque estoy como [a]odre
en el humo,
no he olvidado tus estatutos.
84 ¿Cuántos son los [a]días de
tu siervo?
¿Cuándo harás [b]juicio contra los que me persi-
guen?
85 Los soberbios me han cavado [a]fosas,
mas no proceden según tu
ley.
86 Todos tus mandamientos
son fidedignos.
Con falsedad me persiguen;
ayúdame.
87 Casi han terminado conmigo en la tierra,
mas yo no he abandonado
tus preceptos.
88 Vivifícame conforme a tu
misericordia,
y guardaré el testimonio de
tu boca.

ל LÁMED

Oh Jehová, sálvanos, porque hemos buscado tus preceptos.

89 Para siempre, oh Jehová,
[a]permanece tu [b]palabra en
los cielos.
90 De generación en generación es tu fidelidad;
tú estableciste la tierra, y
ésta permanece.

79 *a O sea,* te obedecen, reverencian o veneran.
81 *a* Sal. 84:2.
83 *a O sea,* cuero de animal cosido que sirve para contener agua.
84 *a Es decir,* la aflicción.
b DyC 121:1–6.
85 *a Es decir,* trampas. 1 Ne. 14:3; Alma 10:15–18.
89 *a* Moisés 4:30.
b DyC 1:38.

91 Por tus juicios permanecen hasta hoy,
porque todos son tus siervos.
92 Si tu ley no hubiese sido mi deleite,
ya en mi aflicción hubiera perecido.
93 Nunca jamás me olvidaré de tus preceptos,
porque con ellos me has [a]vivificado.
94 Tuyo soy yo; sálvame,
porque he buscado tus preceptos.
95 Los malvados me han esperado para destruirme,
mas yo consideraré tus testimonios.
96 A toda perfección he visto fin;
amplio sobremanera es tu mandamiento.

מ MEM

La ley de Jehová y sus testimonios deben ser nuestra meditación todo el día.

97 ¡Cuánto amo yo tu ley!
Todo el día es ella mi meditación.
98 Me has hecho más sabio que mis enemigos mediante tus mandamientos,
porque siempre están conmigo.
99 Tengo más entendimiento que todos mis maestros,
porque tus testimonios son mi meditación.
100 Más que los viejos he entendido,
porque he guardado tus preceptos.
101 De todo mal camino he refrenado mis pies,
para guardar tu palabra.
102 No me he apartado de tus juicios,
porque tú me enseñaste.
103 ¡Cuán dulces son a mi paladar tus palabras!,
más que la miel a mi boca.
104 De tus preceptos adquiero inteligencia;
por tanto, he aborrecido todo camino de mentira.

נ NUN

La palabra de Jehová es lámpara a nuestros pies.

105 [a]Lámpara es a mis pies tu [b]palabra,
y [c]luz a mi camino.
106 Juré y ratifiqué
que guardaré tus justos juicios.
107 Afligido estoy en gran manera;
vivifícame, oh Jehová, conforme a tu palabra.
108 Te ruego, oh Jehová, que te sean agradables las [a]ofrendas voluntarias de mi boca;
y que me enseñes tus juicios.
109 De continuo está mi [a]vida en mis manos,

93 *a* GEE Inspiración, inspirar.
105 *a* GEE Luz, luz de Cristo.
b GEE Palabra de Dios.
c GEE Revelación.
108 *a* Heb. 13:15.
109 *a* Jue. 12:1–3. GEE Albedrío.

mas no me he olvidado de tu ley.
110 Me tendieron trampa los malvados,
pero yo no me desvié de tus preceptos.
111 Por heredad he tomado tus testimonios para siempre,
porque son el gozo de mi corazón.
112 Mi corazón he inclinado a poner por obra tus estatutos
de continuo, hasta el fin.

ס SÁMEC

Apártate de los malhechores y guarda los mandamientos de Dios.

113 Aborrezco a los de doble ánimo,
pero amo tu ley.
114 Mi escondedero y mi escudo eres tú;
en tu palabra he esperado.
115 Apartaos de mí, malhechores,
pues yo guardaré los mandamientos de mi Dios.
116 Susténtame conforme a tu palabra, y viviré;
y no permitas que me avergüence de mi [a]esperanza.
117 Sostenme, y seré salvo;
y yo siempre tendré en cuenta tus estatutos.
118 Has hollado a todos los que se desvían de tus estatutos,
porque su astucia es falsedad.
119 Como [a]escoria hiciste desechar a todos los malvados de la tierra;
por tanto, yo he amado tus testimonios.
120 Mi carne se estremece por temor de ti,
y de tus juicios tengo miedo.

ע AYIN

Oh Jehová, somos tus siervos; danos entendimiento.

121 Juicio y justicia he hecho;
no me abandones a mis opresores.
122 Sé fiador de tu siervo para bien;
no me opriman los soberbios.
123 Mis ojos desfallecen por tu salvación
y por la palabra de tu justicia.
124 Haz con tu siervo según tu misericordia,
y enséñame tus estatutos.
125 Tu siervo soy yo; dame entendimiento
para conocer tus testimonios.
126 Tiempo es de actuar, oh Jehová,
porque han quebrantado tu ley.
127 Por eso he amado tus mandamientos
más que el oro, y más que el oro refinado.

116 *a* GEE Esperanza.
119 *a* Ezeq. 22:17–22; Alma 34:29.

128 Por eso estimo rectos todos
tus preceptos;
aborrezco todo camino de
falsedad.

פ PE

Los testimonios de Jehová son maravillosos.

129 Maravillosos son tus testimonios,
por eso, los guarda mi
alma.
130 La exposición de tus palabras da [a]luz;
hace entender a los ingenuos.
131 Mi boca abrí y suspiré,
porque anhelaba tus mandamientos.
132 Mírame y [a]ten misericordia
de mí,
como acostumbras con los
que aman tu nombre.
133 [a]Afirma mis pasos con tu
palabra,
y ninguna iniquidad se enseñoree de mí.
134 Líbrame de la opresión de
los hombres,
y guardaré tus preceptos.
135 Haz que tu rostro resplandezca sobre tu siervo,
y enséñame tus estatutos.
136 Ríos de agua descendieron
de mis ojos,
porque no guardaban tu
ley.

צ TSADE

La ley de Jehová es la verdad.

137 Justo eres tú, oh Jehová,
y rectos tus juicios.
138 Tus testimonios, *que* has
mandado,
son rectos y muy fieles.
139 Mi celo me ha consumido,
porque mis enemigos se olvidaron de tus palabras.
140 Sumamente pura es tu palabra,
y la ama tu siervo.
141 Pequeño soy yo y despreciado,
mas no me he olvidado de
tus preceptos.
142 Tu justicia es justicia
eterna,
y tu ley es la [a]verdad.
143 Aflicción y angustia se han
apoderado de mí,
mas tus mandamientos son
mis deleites.
144 Justicia eterna son tus testimonios;
dame entendimiento, y viviré.

ק COF

Oh Jehová, oye la voz de tus siervos conforme a tu misericordia.

145 Clamé con todo mi corazón;
respóndeme, oh Jehová,
y guardaré tus estatutos.
146 A ti clamé; sálvame,
y guardaré tus testimonios.
147 Me [a]anticipé al alba y
clamé;
esperé en tu palabra.

130 *a* GEE Inspiración, inspirar.
132 *a* GEE Misericordia, misericordioso.
133 *a* GEE Andar, andar con Dios.
142 *a* GEE Verdad.
147 *a* HEB me levanté antes del amanecer.

148 Se [a]anticiparon mis ojos a
las vigilias de la noche,
para meditar en tu palabra.
149 Oye mi voz conforme a tu
misericordia;
oh Jehová, vivifícame conforme a tu juicio.
150 Se acercan los que siguen
la maldad;
lejos están de tu ley.
151 [a]Cercano estás tú, oh Jehová,
y todos tus mandamientos
son verdad.
152 Desde hace mucho he sabido de tus testimonios,
que para siempre los has
establecido.

ר RESH

Muchas son tus tiernas misericordias, oh Jehová.

153 Mira mi aflicción y líbrame,
porque de tu ley no me he
olvidado.
154 [a]Aboga mi causa y redímeme;
[b]vivifícame conforme a tu
palabra.
155 Lejos está de los malvados
la salvación,
porque no buscan tus estatutos.
156 Muchas son tus tiernas misericordias, oh Jehová;
vivifícame conforme a tus
juicios.
157 Muchos son mis perseguidores y mis enemigos,
mas de tus testimonios no
me he apartado.
158 Veía a los transgresores y
me [a]repugnaba,
porque no guardaban tu
palabra.
159 Mira, oh Jehová, cuánto
amo tus preceptos;
vivifícame conforme a tu
misericordia.
160 La suma de tu palabra es
verdad,
y eternos son todos tus justos juicios.

ש SIN

Aquellos que aman la ley de Jehová tienen paz.

161 Príncipes me han perseguido sin causa,
mas mi corazón teme tu
[a]palabra.
162 Me regocijo en tu palabra
como el que halla un gran
botín.
163 La mentira aborrezco y abomino;
tu ley amo.
164 Siete veces al día te alabo
a causa de tus justos juicios.
165 Mucha [a]paz tienen los que
aman tu ley,
y no hay para ellos tropiezo.
166 Tu salvación he esperado,
oh Jehová,

148 *a* HEB mis ojos estaban abiertos antes de.
151 *a* DyC 88:63.
154 *a* GEE Abogado.
b GEE Vivificar.
158 *a* Alma 8:14–15.
161 *a* GEE Palabra de Dios.
165 *a* GEE Paz—La paz de Dios para los obedientes.

y tus mandamientos he
puesto por obra.
167 Mi alma ha guardado tus
testimonios,
y los amo en gran manera.
168 He guardado tus preceptos
y tus testimonios,
porque todos mis [a]caminos
están delante de ti.

ת TAU

Todos los mandamientos de Jehová son justos.

169 Llegue mi clamor delante
de ti, oh Jehová;
dame entendimiento conforme a tu palabra.
170 Llegue mi oración delante
de ti;
líbrame conforme a tu dicho.
171 Rebosen mis labios de alabanza,
porque me enseñas tus estatutos.
172 Hablará mi lengua tu palabra,
porque todos tus mandamientos son justos.
173 Socórrame tu mano,
porque tus preceptos he
escogido.
174 He anhelado tu salvación,
oh Jehová,
y tu ley es mi deleite.
175 Viva mi alma y te alabe,
y tus juicios me ayuden.
176 Yo anduve errante como
[a]oveja extraviada; busca
a tu siervo,
porque no me olvido de tus
mandamientos.

SALMO 120

Clamad a Jehová en los momentos de angustia.

Cántico de [a]ascenso gradual.

A JEHOVÁ clamé estando en angustia,
y él me respondió.
2 Libra mi alma, oh Jehová,
del labio mentiroso,
de la [a]lengua engañosa.
3 ¿Qué se te dará o qué se te
añadirá,
oh lengua engañosa?
4 Agudas saetas de valiente,
con brasas de enebro.
5 ¡Ay de mí, que peregrino en
Mesec
y habito entre las tiendas de
Cedar!
6 Mucho tiempo ha morado
mi alma
con los que aborrecen la
paz.
7 Yo soy [a]pacífico,
mas ellos, apenas hablo, *me*
hacen la guerra.

SALMO 121

La ayuda viene de Jehová — Jehová guarda a Israel.

168 *a* Mos. 14:6.
176 *a* GEE Apostasía.
120 E *a* Del hebreo *ha ma'aloth:* "subir" o "ascender". Este título designa a los Sal. 120–134, que probablemente eran cantados por los fieles que "subían" o "ascendían" a Jerusalén al ir al templo.
2 *a* GEE Engañar, engaño.
7 *a* GEE Pacificador.

Cántico de [a]ascenso gradual.

ALZARÉ mis [a]ojos a los montes.
¿De dónde vendrá mi socorro?
2 Mi [a]socorro *viene* de Jehová,
que hizo los cielos y la tierra.
3 No dejará que resbale tu pie;
no se adormecerá [a]el que te guarda.
4 He aquí, no se adormecerá ni dormirá
el que guarda a Israel.
5 Jehová es tu [a]guardador;
Jehová es tu [b]sombra a tu mano derecha.
6 El [a]sol no te herirá de día,
ni la luna de noche.
7 Jehová te [a]guardará de todo mal;
él guardará tu alma.
8 Jehová guardará tu salida y tu entrada
desde ahora y para siempre.

SALMO 122

David dice: Id a la casa de Jehová — Alabad a Jehová.

Cántico de [a]ascenso gradual. De David.

Yo me alegré con los que me decían:
Vayamos a la [a]casa de Jehová.
2 Nuestros pies están
dentro de tus puertas, oh Jerusalén.
3 Jerusalén, que ha sido edificada
como una ciudad que está bien unida entre sí.
4 Allá subieron las tribus, las tribus de JAH,
conforme al testimonio a Israel,
para alabar el nombre de Jehová.
5 Porque allá están los tronos del juicio,
los tronos de la casa de David.
6 Pedid por la [a]paz de Jerusalén;
sean [b]prosperados los que te aman.
7 Haya paz dentro de tus muros
y serenidad en tus palacios.
8 Por mis hermanos y mis compañeros
diré ahora: La paz sea contigo.
9 A causa de la casa de Jehová nuestro Dios,
buscaré tu bien.

SALMO 123

Alzad vuestros ojos a Jehová y suplicad Su misericordia.

Cántico de [a]ascenso gradual.

121 E *a* Véase la nota Sal. 120 E *a*.
1 *a* GEE Ojo(s).
2 *a* GEE Libertador.
3 *a* GEE Buen Pastor; Jesucristo.
5 *a* *O sea*, guarda, atalaya.
b Sal. 91:1.
6 *a* Isa. 49:10.
7 *a* GEE Salvación.
122 E *a* Véase la nota Sal. 120 E *a*.
1 *a* GEE Templo, Casa del Señor.
6 *a* GEE Paz.
b Alma 37:13.
123 E *a* Véase la nota Sal. 120 E *a*.

A TI que habitas en los cielos,
alzo mis [a]ojos.
2 He aquí, como los ojos de los siervos *miran* la mano de sus señores,
y como los ojos de la sierva, la mano de su señora,
así nuestros ojos *miran* a Jehová, nuestro Dios,
hasta que tenga [a]misericordia de nosotros.
3 Ten misericordia de nosotros, oh Jehová, ten misericordia de nosotros,
porque estamos hastiados del menosprecio.
4 Hastiada sobremanera está nuestra alma
del escarnio de los que están en holgura,
y del menosprecio de los soberbios.

SALMO 124

David dice: El socorro de Israel está en el nombre de Jehová.

Cántico de [a]ascenso gradual.

DE no haber estado Jehová por nosotros,
diga ahora Israel,
2 de no haber estado Jehová por nosotros
cuando se levantaron contra nosotros los hombres,
3 vivos nos habrían tragado entonces,
cuando se encendió su furor contra nosotros.
4 Entonces nos habrían inundado las aguas;
sobre nuestra alma hubiera pasado el torrente;
5 hubieran entonces pasado sobre nuestra alma
las impetuosas aguas.
6 ¡Bendito sea Jehová,
que no nos dio como presa a los dientes de ellos!
7 Nuestra alma ha escapado cual ave del lazo de los cazadores;
se rompió el lazo, y escapamos nosotros.
8 Nuestro socorro está en el nombre de Jehová,
que hizo el cielo y la tierra.

SALMO 125

Bienaventurados los que confían en Jehová — La paz será sobre Israel.

Cántico de [a]ascenso gradual.

Los que [a]confían en Jehová
son como el monte Sión, que no se mueve, sino que [b]permanece para siempre.
2 Como Jerusalén tiene montes alrededor de ella,
así Jehová está alrededor de su pueblo,
desde ahora y para siempre.
3 Porque no reposará la vara de la impiedad

1 *a* GEE Ojo(s).
2 *a* GEE Misericordia, misericordioso.
124 E *a* Véase la nota Sal. 120 E *a*.
125 E *a* Véase la nota Sal. 120 E *a*.
1 *a* GEE Confianza, confiar.
b 1 Juan 2:17.

sobre la heredad de los justos,
no sea que extiendan los justos sus manos a la iniquidad.
4 Haz bien, oh Jehová, a los buenos
y a los que son rectos en sus corazones.
5 Mas a los que se apartan tras sus perversidades,
Jehová los llevará con los que hacen iniquidad.
¡Paz sea sobre Israel!

SALMO 126

Jehová ha hecho grandes cosas por Su pueblo Israel.

Cántico de [a]ascenso gradual.

CUANDO Jehová hizo volver de la cautividad a Sión,
éramos como los que sueñan.
2 Entonces nuestra boca se llenó de risa
y nuestra lengua de alabanza;
entonces decían entre las naciones:
Grandes cosas [a]ha hecho Jehová con éstos.
3 Grandes cosas ha hecho Jehová con nosotros;
estamos alegres.
4 Haznos volver de nuestra cautividad, oh Jehová,
como los arroyos del sur.
5 Los que siembran con lágrimas,
con [a]regocijo segarán.
6 El que va llorando y lleva la alforja de la [a]semilla
volverá con regocijo, trayendo sus [b]gavillas.

SALMO 127

Los hijos son herencia de Jehová.

Cántico de [a]ascenso gradual. Para Salomón.

SI Jehová no edifica la casa,
en vano trabajan los que la edifican;
si Jehová no guarda la ciudad,
en vano vela la guardia.
2 Por demás es que os levantéis de madrugada
y vayáis tarde a reposar,
que comáis pan de dolores,
porque a su amado dará *Dios* el sueño.
3 He aquí, herencia de Jehová son los [a]hijos;
cosa de estima el fruto del vientre.
4 Como saetas en manos del valiente,
así son los hijos *tenidos* en la juventud.
5 Bienaventurado el hombre que ha llenado su aljaba de ellos;
no será avergonzado
cuando hable con los enemigos en la puerta.

126 E *a* Véase la nota Sal. 120 E *a*.
2 *a* Lucas 1:49–54.
5 *a* GEE Gozo.
6 *a* DyC 75:2–5.
b DyC 18:15–16.
127 E *a* Véase la nota Sal. 120 E *a*.
3 *a* GEE Control de la natalidad; Familia.

SALMO 128

Bienaventurados los que temen a Jehová y andan en Sus caminos.

Cántico de [a]ascenso gradual.

BIENAVENTURADO todo aquel
que [a]teme a Jehová,
que [b]anda en sus caminos.
2 El trabajo de tus manos comerás;
bienaventurado serás, y te irá bien.
3 Tu esposa será como una vid fructífera
a los lados de tu casa;
tus hijos, como renuevos de olivo alrededor de tu mesa.
4 He aquí que así será bendecido el hombre
que teme a Jehová.
5 Jehová te bendiga desde [a]Sión,
y veas el bien de Jerusalén todos los días de tu vida.
6 Y veas a los hijos de tus hijos.
¡La [a]paz sea sobre Israel!

SALMO 129

Jehová es justo — Sean avergonzados los que aborrecen a Sión.

Cántico de [a]ascenso gradual.

MUCHO me han angustiado desde mi juventud,
diga ahora Israel;
2 mucho me han angustiado desde mi juventud,
mas no [a]prevalecieron contra mí.
3 Sobre mis espaldas araron los aradores;
hicieron largos surcos.
4 Jehová es justo;
cortó las cuerdas de los malvados.
5 Sean avergonzados y vueltos atrás
todos los que aborrecen a Sión.
6 Sean como la hierba de los tejados,
que se seca antes de crecer,
7 de la cual no llena el segador su mano
ni sus brazos [a]el que hace gavillas.
8 Ni dicen los que pasan:
La bendición de Jehová sea sobre vosotros;
os bendecimos en el nombre de Jehová.

SALMO 130

Oh Señor, oye nuestras oraciones, perdona la iniquidad y redime a Israel.

Cántico de [a]ascenso gradual.

DESDE las [a]profundidades, oh Jehová, a ti he clamado.
2 Señor, oye mi voz;

---

128 E *a* Véase la nota Sal. 120 E *a*.
1 *a* GEE Temor—Temor de Dios.
b GEE Andar, andar con Dios.
5 *a* GEE Sión.
6 *a* GEE Paz.
129 E *a* Véase la nota Sal. 120 E *a*.
2 *a* 2 Cor. 4:8–10; DyC 6:34.
7 *a* HEB el que cosecha.
130 E *a* Véase la nota Sal. 120 E *a*.
1 *a* Sal. 69:2, 14–15; 2 Ne. 4:18–20; DyC 121:1–8.

estén atentos tus oídos
a la voz de mis súplicas.
3 JAH, si miras las iniquidades,
¿quién, oh Señor, podrá permanecer?
4 Pero en ti hay [a]perdón,
para que seas temido.
5 [a]Espero yo en Jehová; espera mi alma;
en su palabra tengo esperanza.
6 Mi alma *espera* al Señor,
más que los centinelas a la mañana,
más que los vigilantes a la mañana.
7 Espere Israel en Jehová,
porque en Jehová hay misericordia
y abundante [a]redención con él.
8 Y él redimirá a Israel
de todos sus pecados.

SALMO 131

David dice: Espera, oh Israel, en Jehová para siempre.

Cántico de [a]ascenso gradual. De David.

OH Jehová, no se ha [a]envanecido mi corazón, ni mis ojos se han enaltecido,
ni he andado en *pos de* grandezas
ni en *pos de* cosas demasiado sublimes para mí.
2 En verdad me he comportado y he acallado mi alma
como un niño destetado de su madre;
como un niño destetado está mi alma.
3 Espera, oh Israel, en Jehová
desde ahora y para siempre.

SALMO 132

Salmo mesiánico — Del fruto de los lomos de David Jehová pondrá a Uno sobre Su trono — Jehová bendecirá a Sión y Sus santos darán voces de júbilo.

Cántico de [a]ascenso gradual.

ACUÉRDATE, oh Jehová, de David
y de toda su aflicción,
2 de como juró él a Jehová
y [a]prometió al [b]Fuerte de Jacob:
3 No entraré en la [a]morada de mi casa
ni subiré sobre el lecho de mi descanso;
4 no daré el sueño a mis ojos
ni a mis párpados adormecimiento,
5 hasta que halle lugar para Jehová,
[a]moradas para el Fuerte de Jacob.

4 *a* GEE Perdonar.
5 *a* HEB tiene esperanza en.
7 *a* GEE Redención, redimido, redimir.
131 E *a* Véase la nota Sal. 120 E *a*.
1 *a* GEE Mansedumbre, manso.
132 E *a* Véase la nota Sal. 120 E *a*.
2 *a* GEE Juramento.
b GEE Jehová.
3 *a* HEB la tienda o tabernáculo de mi casa.
5 *a* 1 Cró. 22:7–11.

6 He aquí, en Efrata oímos de ella;
la hallamos en los campos del bosque.
7 Entraremos en sus moradas;
nos postraremos ante el estrado de sus pies.
8 Levántate, oh Jehová, *ven* al lugar de tu reposo,
tú y el arca de tu poder.
9 Vístanse tus [a]sacerdotes de [b]justicia
y canten de júbilo tus santos.
10 Por amor a David, tu siervo,
no vuelvas de tu ungido el rostro.
11 En verdad ha jurado Jehová a David,
y no se retractará de ello:
Del [a]fruto de tu cuerpo pondré sobre tu [b]trono.
12 Si tus [a]hijos guardan mi [b]convenio
y mi [c]testimonio que yo les enseñaré,
sus hijos también se sentarán sobre tu trono para siempre.
13 Porque Jehová ha escogido a [a]Sión;
la ha anhelado como habitación para sí.
14 Éste es mi lugar de reposo para siempre;
aquí habitaré, porque lo he anhelado.
15 Bendeciré abundantemente su provisión;
a sus [a]pobres saciaré de pan.
16 Asimismo [a]vestiré a sus sacerdotes de salvación,
y sus santos darán voces de júbilo.
17 Allí haré retoñar el [a]poder de David;
he dispuesto lámpara para mi ungido.
18 A sus enemigos vestiré de vergüenza,
mas sobre él florecerá su corona.

SALMO 133

David dice: ¡Es agradable que los hermanos habiten juntos en unidad!

Cántico de [a]ascenso gradual. De David.

¡MIRAD cuán bueno y cuán agradable es
que los [a]hermanos habiten juntos en [b]unidad!
2 Es como el buen óleo sobre la cabeza,

9 *a* GEE Sacerdocio.
b GEE Rectitud, recto.
11 *a* Lucas 1:31–32.
b GEE Jesucristo—El reinado milenario de Cristo.
12 *a* GEE Hijo(s).
b GEE Convenio (pacto).
c *Es decir,* mis estatutos. GEE Ley.
13 *a* GEE Sión.
15 *a* GEE Pobres.
16 *a* Isa. 61:10. GEE Poder.
17 *a* HEB cuerno, símbolo de poder. Aquí hace referencia a la posteridad, la simiente de David, es decir, al Mesías. GEE Jesucristo—Profecías acerca de la vida y la muerte de Jesucristo.
133 E *a* Véase la nota Sal. 120 E *a*.
1 *a* GEE Hermano(s), hermana(s).
b GEE Unidad.

el cual desciende sobre la barba,
la barba de Aarón,
y baja hasta el [a]borde de sus vestiduras;
3 como el rocío del [a]Hermón,
que desciende sobre los montes de Sión,
porque allí [b]mandó Jehová bendición,
la vida eterna.

SALMO 134

Bendecid a Jehová y Él os bendecirá.

Cántico de [a]ascenso gradual.

MIRAD, bendecid a Jehová,
vosotros todos los siervos de Jehová,
los que en la casa de Jehová estáis por las [a]noches.
2 Alzad vuestras [a]manos al santuario
y bendecid a Jehová.
3 Desde Sión te bendiga Jehová,
quien ha hecho los cielos y la tierra.

SALMO 135

Alabad y bendecid a Jehová — Jehová es mayor que todos los dioses; los ídolos no ven, ni oyen ni hablan.

¡ALELUYA! Alabad el nombre de Jehová;
alabadle, siervos de Jehová,
2 los que estáis en la casa de Jehová,
en los atrios de la casa de nuestro Dios.
3 Alabad a JAH, porque Jehová es bueno;
cantad alabanzas a su nombre, porque es agradable.
4 Porque JAH ha [a]escogido a Jacob para sí,
y a Israel como su [b]tesoro singular.
5 Porque yo sé que Jehová es grande,
y el Señor nuestro, mayor que todos los dioses.
6 Todo lo que ha querido Jehová, lo ha hecho,
en los cielos y en la tierra,
en los mares y en todos los abismos.
7 Él hace subir las nubes de los extremos de la tierra;
él hace los relámpagos para la lluvia;
él saca de sus depósitos los vientos.
8 *Él* es quien hizo morir a los primogénitos de Egipto,
desde el hombre hasta la bestia.
9 Envió señales y prodigios en medio de ti, oh Egipto,
sobre Faraón y sobre todos sus siervos.
10 Destruyó a muchas naciones
y mató a reyes poderosos:

2 *a* *O sea,* el cuello.
3 *a* *Es decir,* un monte situado en el norte de Palestina.
b DyC 14:7.
134 E *a* Véase la nota Sal. 120 E *a*.
1 *a* 1 Cró. 9:33.
2 *a* Sal. 63:2–4.
135 4 *a* GEE Elegidos; Elección.
b Éx. 19:5; 1 Pe. 2:9.

11 a Sehón, rey amorreo,
y a Og, rey de Basán,
y a todos los reinos de Canaán.
12 Y dio la tierra de ellos en heredad,
en heredad a Israel, su pueblo.
13 Oh Jehová, eterno es tu nombre;
tu memoria, oh Jehová, de generación en generación.
14 Porque juzgará Jehová a su pueblo
y se compadecerá de sus siervos.
15 Los [a]ídolos de las naciones
son de plata y de oro,
obra de manos de hombres.
16 Tienen boca, y no hablan;
tienen ojos, y no ven;
17 tienen oídos, y no oyen;
tampoco hay aliento en sus bocas.
18 Semejantes a ellos son los que los hacen,
y todos los que en ellos confían.
19 Casa de Israel, ¡bendecid a Jehová!
Casa de Aarón, ¡bendecid a Jehová!
20 Casa de Leví, ¡bendecid a Jehová!
Los que teméis a Jehová, ¡bendecid a Jehová!
21 Desde Sión sea bendecido Jehová,
que mora en Jerusalén.
¡Aleluya!

SALMO 136

Alabad a Dios por todas las cosas, porque Su misericordia es para siempre.

[a]ALABAD a Jehová, porque él es bueno,
porque para siempre es su misericordia.
2 Alabad al Dios de los dioses,
porque para siempre es su misericordia.
3 Alabad al Señor de señores,
porque para siempre es su misericordia;
4 al único que hace grandes maravillas,
porque para siempre es su misericordia;
5 al que hizo los cielos con entendimiento,
porque para siempre es su misericordia;
6 al que extendió la [a]tierra sobre las aguas,
porque para siempre es su misericordia;
7 al que hizo los grandes luminares,
porque para siempre es su misericordia:
8 el sol para que señorease el día,
porque para siempre es su misericordia;
9 la luna y las estrellas para que señoreasen la noche,
porque para siempre es su misericordia;

15 *a* GEE Idolatría.
136 1 *a* GEE Acción de gracias, agradecido, agradecimiento.
6 *a* GEE Creación, crear.

10 al que hirió a Egipto en sus primogénitos,
porque para siempre es su misericordia;
11 y sacó a [a]Israel de en medio de ellos,
porque para siempre es su misericordia,
12 con [a]mano fuerte y brazo extendido,
porque para siempre es su misericordia;
13 al que dividió el Mar Rojo en partes,
porque para siempre es su misericordia;
14 e hizo pasar a Israel por en medio de él,
porque para siempre es su misericordia;
15 y [a]arrojó a Faraón y a su ejército en el Mar Rojo,
porque para siempre es su misericordia;
16 al que condujo a su pueblo por el desierto,
porque para siempre es su misericordia;
17 al que hirió a grandes reyes,
porque para siempre es su misericordia;
18 y quitó la vida a reyes poderosos,
porque para siempre es su misericordia;
19 a Sehón, rey amorreo,
porque para siempre es su misericordia;
20 y a Og, rey de Basán,
porque para siempre es su misericordia;
21 y dio la tierra de ellos en heredad,
porque para siempre es su misericordia;
22 en heredad a Israel, su siervo,
porque para siempre es su misericordia.
23 Él es el que en nuestro abatimiento se acordó de nosotros,
porque para siempre es su misericordia;
24 y nos rescató de nuestros enemigos,
porque para siempre es su misericordia.
25 Él da [a]alimento a [b]toda carne,
porque para siempre es su misericordia.
26 Alabad al Dios de los cielos,
porque para siempre es su misericordia.

SALMO 137

Mientras estuvieron en cautiverio, los judíos lloraron junto a los ríos de Babilonia — A causa del dolor, no podían soportar cantar los cánticos de Sión.

JUNTO a los ríos de Babilonia,
allí nos sentábamos y aun llorábamos,
acordándonos de Sión.

11 *a* GEE Éxodo.
12 *a* Deut. 4:33–35; DyC 76:3; 84:119.
15 *a* Hel. 8:11–13.
25 *a* DyC 104:15–18; Moisés 2:28–30.
b Es decir, a toda criatura.

2 Sobre los sauces, en medio
de ella,
colgábamos nuestras arpas.
3 Y los que allí nos habían
llevado cautivos nos pedían un cántico,
y los que nos habían
desolado *nos pedían* alegría, *diciendo*:
Cantadnos algunos de los
cánticos de Sión.
4 ¿Cómo [a]cantaremos el
cántico de Jehová
en tierra extraña?
5 Si me olvido de ti, oh
Jerusalén,
olvide mi diestra *su destreza*.
6 Mi lengua se pegue a mi
paladar
si de ti no me acuerdo,
si no enaltezco a Jerusalén
como preferente asunto de
mi alegría.
7 Acuérdate, oh Jehová, de los
hijos de [a]Edom
que en el día de Jerusalén
decían: Arrasadla, arrasadla
hasta los cimientos.
8 Hija de Babilonia, la desolada,
bienaventurado el que te
dé el pago
de lo que tú nos hiciste.
9 Bienaventurado el que
tome tus niños y los estrelle
contra la peña.

SALMO 138

David alaba a Jehová por Su misericordia y verdad — David se postra en dirección hacia el santo templo.

Salmo de David.

Te alabaré con todo mi corazón;
delante de los dioses te cantaré alabanzas.
2 Me [a]postraré hacia tu santo
templo,
y alabaré tu nombre por tu
misericordia y tu verdad,
porque has engrandecido tu
nombre y tu palabra sobre
todas las cosas.
3 El día en que [a]clamé, me respondiste;
fortaleciste el vigor de mi
alma.
4 Te alabarán, oh Jehová, todos
los reyes de la tierra,
cuando oigan las palabras
de tu boca.
5 Y cantarán en los caminos
de Jehová,
porque grande es la gloria
de Jehová.
6 Porque Jehová es excelso y
atiende al humilde,
mas al altivo conoce de
lejos.
7 Aunque yo ande en medio de la angustia, tú me
vivificarás;
contra la ira de mis enemigos
extenderás tu mano,
y me salvará tu diestra.

137 4 *a* Neh. 2:3.
7 *a* Ezeq. 25:12–14.
GEE Esaú.
138 2 *a* GEE Adorar.
3 *a* GEE Oración.

8 [a]Jehová cumplirá lo que a mí me concierne;
tu misericordia, oh Jehová, es para siempre;
no abandones la [b]obra de tus manos.

SALMO 139

David dice que Jehová conoce todos los pensamientos y los hechos de los hombres — David pregunta: ¿Adónde irá el hombre para huir del Espíritu y de la presencia de Jehová? — El hombre ha sido hecho asombrosa y maravillosamente.

Al músico principal. Salmo de David.

OH Jehová, tú me has escudriñado y [a]conocido.
2 Tú has conocido mi sentar y mi levantar;
[a]desde lejos has entendido mis pensamientos.
3 Has escudriñado mi andar y mi reposo,
y todos mis caminos te son conocidos.
4 Pues aún no está la palabra en mi lengua,
y he aquí, oh Jehová, tú la sabes toda.
5 Detrás y delante me rodeaste
y sobre mí pusiste tu mano.
6 Tal conocimiento es demasiado maravilloso para mí;
elevado es, no puedo comprenderlo.
7 ¿Adónde me iré de tu [a]espíritu?
¿Y adónde huiré de tu presencia?
8 Si subo a los cielos, allí estás tú;
y si en el [a]Seol hago mi lecho, he aquí, allí estás tú.
9 Si tomo las alas del alba
y habito en el extremo del mar,
10 aun allí me guiará tu mano
y me asirá tu diestra.
11 Si digo: Ciertamente las tinieblas me encubrirán,
aun la noche resplandecerá alrededor de mí.
12 Aun las tinieblas no encubren de ti,
y la noche resplandece como el día;
lo mismo te son las tinieblas que la luz.
13 Porque tú creaste mis entrañas;
me formaste en el vientre de mi madre.
14 Te alabaré, porque asombrosa y maravillosamente he sido hecho;
maravillosas son tus obras,
y mi alma lo sabe muy bien.
15 No fueron encubiertos de ti mis huesos,
cuando en oculto fui formado

8 *a* TJS Sal. 138:8 Jehová [me] cumplirá [perfeccionará] *en conocimiento, acerca de su reino. Te alabaré,* oh Jehová, para siempre; *porque eres misericordioso, y no desampararás* la obra de tus manos.
b Isa. 64:8.
139 1 *a* GEE Omnisciente.
2 *a* Mos. 24:12; DyC 6:16.
7 *a* Jer. 23:23–24.
8 *a* Amós 9:2–4.

y entretejido en lo más profundo de la tierra.
16 Tus ojos vieron mi em-
brión,
y en tu [a]libro estaban escritas
todas aquellas cosas
que fueron luego forma-
das,
cuando no existía ninguna
de ellas.
17 Y, ¡cuán preciosos me son,
oh Dios, tus [a]pensamien-
tos!
¡Cuán grande es la suma de
ellos!
18 Si los contara, serían más
numerosos que la arena.
Despierto y aún estoy contigo.
19 De cierto, oh Dios, [a]harás
morir al malvado.
¡Apartaos, pues, de mí,
hombres sanguinarios!
20 Porque ellos [a]hablan mali-
ciosamente contra ti;
tus enemigos toman en vano
tu nombre.
21 ¿No odio, oh Jehová, a los
que te aborrecen,
y no me repugnan tus ene-
migos?
22 Los aborrezco con intenso
odio;
los tengo por enemigos.
23 Escudríñame, oh Dios, y
conoce mi corazón;
pruébame y conoce mis pensamientos.
24 Y ve si hay camino de perversidad en mí
y guíame por el camino
eterno.

SALMO 140

David ora para ser librado de sus enemigos — Jehová sustentará la causa del afligido y del menesteroso.

Al músico principal. Salmo de David.

[a]LÍBRAME, oh Jehová, del hombre malo *y*
guárdame del hombre vio-
lento,
2 los cuales maquinan males
en el corazón
y cada día provocan guerras.
3 Han aguzado su lengua
como la serpiente;
veneno de áspid hay debajo
de sus labios. Selah
4 Guárdame, oh Jehová, de
manos del malvado;
protégeme del hombre vio-
lento,
que ha pensado trastornar
mis pasos.
5 Me han escondido trampa
y cuerdas los soberbios;
han tendido [a]red junto a la
senda;
me han puesto lazos.
Selah
6 He dicho a Jehová: Tú eres
mi Dios;
oye, oh Jehová, la voz de mis
ruegos.
7 Oh Jehová, Señor, poder de
mi salvación,
tú pusiste a cubierto mi
cabeza en el día de la
[a]batalla.

16 *a* GEE Libro de la vida.
17 *a* Isa. 55:8–9.
19 *a* DyC 63:32–37.
20 *a* GEE Calumnias.
140 1 *a* GEE Libertador.
5 *a* *O sea,* trampas.
7 *a* HEB las armas.

8 No concedas, oh Jehová, al
malvado sus deseos;
no saques adelante sus malos designios, para *que no*
se ensoberbezca. Selah
9 En cuanto a los que me rodean,
la maldad de sus propios
labios cubra sus cabezas.
10 Caigan sobre ellos brasas
ardientes;
sean arrojados en el fuego,
en abismos profundos de
donde no salgan.
11 No permanezca el hombre
malhablado en la tierra;
cace el mal al hombre violento para derribarle.
12 Yo sé que Jehová sustentará
la causa del afligido
y la del menesteroso.
13 Ciertamente los justos alabarán tu nombre;
los rectos morarán en tu
[a]presencia.

SALMO 141

David suplica a Jehová que dé oídos a sus oraciones — La reprensión del justo es un acto de bondad.

Salmo de David.

1 JEHOVÁ, a ti he clamado; apresúrate a mí;
da oídos a mi voz cuando
te invoco.
2 Sea puesta mi oración
delante de ti como el in-
cienso,
el alzar de mis manos
como la [a]ofrenda de la
tarde.
3 Pon guarda a mi boca, oh
Jehová;
guarda la puerta de mis labios.
4 No dejes que se incline mi
corazón a cosa mala,
a hacer obras malas
con los que obran iniqui-
dad;
y no coma yo de sus man-
jares.
5 [a]Que el justo me [b]castigue,
será un favor,
y que me [c]reprenda, será un
excelente bálsamo
que no rechazará mi ca-
beza,
porque aún mi oración *será*
contra sus maldades.
6 Cuando sean arrojados sus
jueces en lugares peñasco-
sos,
[a]oirán mis palabras, que son
agradables.
7 Como quien ara y rompe la
tierra,
son esparcidos nuestros
huesos a la boca del
[a]Seol.

13 *a* Hel. 14:15.
141 2 *a* Éx. 29:38–42.
5 *a* TJS Sal. 141:5 *Cuando* el justo me castigue *con la palabra de Jehová* será un favor; y *cuando me reprendan*, será un excelente bálsamo; *y no destruirá mi fe;* porque aún mi oración será *por ellos. No me deleito* en sus maldades.
b Prov. 27:6.
c *O sea,* corrija. Prov. 9:8.
6 *a* *Es decir,* los justos.
7 *a* HEB mundo o morada de los muertos, sepulcro, infierno.

8 Por tanto, oh Jehová, Señor,
a ti *miran* mis ojos;
en ti he confiado; no desampares mi alma.
9 Guárdame de las trampas que me han tendido,
y de los señuelos de los que hacen iniquidad.
10 Caigan los malvados a una en sus redes,
mientras yo paso adelante.

SALMO 142

David ora pidiendo protección de sus enemigos.

[a]Masquil de David. Oración que hizo cuando estaba en la cueva.

CON mi voz clamo a Jehová;
con mi voz pido a Jehová misericordia.
2 Delante de él derramo mi queja;
delante de él manifiesto mi angustia.
3 Cuando mi espíritu desmayaba dentro de mí,
tú conociste mi senda.
En el camino en que andaba,
me escondieron una trampa.
4 Mira a mano derecha y ve,
pues no hay quien me reconozca;
no tengo refugio; no hay quien cuide de mi vida.
5 Clamé a ti, oh Jehová;
dije: Tú eres mi refugio,
mi porción en la tierra de los vivientes.
6 Atiende a mi clamor, porque estoy muy abatido;
líbrame de los que me persiguen, porque son más fuertes que yo.
7 Saca mi [a]alma de la cárcel,
para que alabe tu nombre;
me rodearán los justos,
porque tú me harás bien.

SALMO 143

David suplica ser favorecido en juicio — David medita en las obras de Jehová y confía en Él.

Salmo de David.

OH Jehová, oye mi oración; da oídos a mis súplicas.
[a]Respóndeme en tu fidelidad, en tu justicia.
2 Y no entres en juicio con tu siervo,
porque no [a]se justificará delante de ti ningún viviente.
3 Porque ha perseguido el enemigo mi alma;
ha aplastado en tierra mi vida;
me ha hecho habitar en tinieblas como los que han muerto hace tiempo.
4 Y mi espíritu desmaya en mí;
mi corazón está desolado dentro de mí.

---

142 E *a* HEB de interpretación incierta. Posiblemente signifique "instrucción".
7 *a* GEE Alma.
143 1 *a* DyC 8:2–3.
2 *a* GEE Justificación, justificar.

5 Me acuerdo de los días antiguos;
[a]medito en todas tus obras;
reflexiono en las obras de tus manos.
6 Extiendo mis manos hacia ti;
mi alma *tiene* [a]*sed* de ti como la tierra sedienta. [b]Selah
7 ¡Respóndeme pronto, oh Jehová!
Desfallece mi espíritu.
No escondas de mí tu rostro,
para que no venga yo a ser semejante a los que descienden a la fosa.
8 Hazme oír por la mañana tu misericordia,
porque en ti confío;
hazme saber el [a]camino por donde ande,
porque a ti elevo mi alma.
9 Líbrame de mis enemigos, oh Jehová;
a ti acudo en busca de refugio.
10 Enséñame a hacer tu voluntad,
porque tú eres mi Dios;
tu buen espíritu me guíe a tierra de rectitud.
11 Por tu nombre, oh Jehová, me vivificarás;
en tu justicia sacarás mi alma de la angustia.
12 Y en tu misericordia arrasarás a mis enemigos
y destruirás a todos los que afligen mi alma,
porque yo soy tu siervo.

SALMO 144

David bendice a Jehová por la liberación y la prosperidad temporal — Bienaventurado el pueblo cuyo Dios es Jehová.

Salmo de David.

BENDITO sea Jehová, mi roca,
que adiestra mis manos para la [a]batalla
y mis dedos para la guerra.
2 Misericordia mía y mi baluarte,
fortaleza mía y mi libertador,
escudo mío, en quien me he refugiado;
el que sujeta a mi pueblo debajo de mí.
3 Oh Jehová, ¿qué es el hombre para que de él tengas conocimiento,
o el hijo del hombre para que le tengas en cuenta?
4 El hombre es semejante a la [a]vanidad;
sus días son como la [b]sombra que pasa.
5 Oh Jehová, inclina tus cielos y desciende;
toca los montes, y humearán.

5 *a* GEE Meditar.
6 *a* Juan 4:13–15; 2 Ne. 9:50–51.
b HEB de interpretación incierta. Parece ser un signo musical. Posiblemente sea una indicación a los músicos de tocar más fuerte o de tocar un interludio mientras se callan las voces.
8 *a* GEE Andar, andar con Dios; Camino (vía).
144 1 *a* 2 Sam. 22:32–36.
4 *a* GEE Vanidad, vano.
b Jacob 7:26.

6 Despide relámpagos y dispérsalos;
envía tus saetas y túrbalos.
7 Extiende tu mano desde lo alto;
rescátame y sácame de las muchas aguas,
de manos de los hijos de extranjeros,
8 cuya boca habla vanidad
y cuya diestra es diestra de [a]mentira.
9 Oh Dios, a ti cantaré un cántico nuevo;
con [a]salterio, con [b]decacordio cantaré a ti,
10 el que da [a]salvación a los reyes,
el que rescata a su siervo David de maligna espada.
11 Rescátame y sálvame de manos de los hijos de extranjeros,
cuya boca habla vanidad
y cuya diestra es diestra de mentira.
12 Sean nuestros hijos como plantas crecidas en su juventud,
nuestras hijas como columnas de esquinas labradas a manera de *las de* un palacio.
13 Estén nuestros graneros llenos, provistos de toda clase *de grano*;
multiplíquense nuestros rebaños por millares y decenas de millares en nuestros campos;
14 estén nuestros bueyes fuertes para el trabajo;
no se abran brechas ni haya salidas,
ni haya gritos en nuestras plazas.
15 Bienaventurado el pueblo que tiene esto;
bienaventurado el pueblo cuyo Dios es Jehová.

SALMO 145

David proclama la grandeza y la majestad de Dios — Jehová es bueno para con todos — Su reino es un reino eterno — Jehová está cerca de todos los que le invocan y guarda a los que le aman.

Salmo de alabanza. De David.

Te exaltaré, mi Dios, oh Rey,
y bendeciré tu nombre eternamente y para siempre.
2 Cada día te bendeciré
y alabaré tu nombre eternamente y para siempre.
3 Grande es Jehová y digno de suprema alabanza;
y su grandeza es inescrutable.
4 Una [a]generación alabará tus obras ante la otra generación,
y anunciará tus hechos poderosos.
5 En el glorioso esplendor de tu majestad,
y en tus hechos maravillosos meditaré.

8 *a* GEE Mentiras.
9 *a* *O sea,* instrumento de cuerdas.
b *O sea,* instrumento de diez cuerdas.
10 *a* *O sea,* la victoria.
145 4 *a* Deut. 4:9; Sal. 78:3–4; Isa. 38:19; DyC 68:25–28; 93:39–40; Moisés 5:11–12.

6 Del poder de tus hechos [a]temibles se hablará,
y yo contaré tu grandeza.
7 Proclamarán la memoria de tu inmensa bondad
y cantarán tu justicia.
8 Clemente y misericordioso es Jehová,
lento para la ira y grande en misericordia.
9 Bueno es Jehová para con todos,
y sus tiernas misericordias están sobre todas sus obras.
10 Te alaben, oh Jehová, todas tus obras,
y tus santos te bendigan.
11 La gloria de tu reino digan
y hablen de tu poder,
12 para hacer saber a los hijos de los hombres sus hechos poderosos
y la gloria del esplendor de su reino.
13 Tu [a]reino es un reino por todas las eternidades
y tu dominio por todas las generaciones.
14 Sostiene Jehová a todos los que caen
y levanta a todos los oprimidos.
15 Los ojos de todos esperan en ti,
y tú les das su comida a su tiempo.
16 Abres tu mano
y colmas de bendición a todo ser viviente.
17 Justo es Jehová en todos sus caminos
y bondadoso en todas sus obras.
18 Cercano está Jehová a todos los que le invocan,
a todos los que le invocan en [a]verdad.
19 Cumplirá el [a]deseo de los que le temen;
oirá asimismo el clamor de ellos y los salvará.
20 Jehová [a]guarda a todos los que le aman,
mas destruirá a todos los malvados.
21 La alabanza de Jehová proclamará mi boca;
y toda carne bendiga su santo nombre eternamente
y para siempre.

SALMO 146

Bienaventurados aquellos cuya esperanza está en Jehová — Jehová libera a los prisioneros, ama a los justos y reina para siempre.

¡ALELUYA! Alaba, oh alma mía, a Jehová.
2 Alabaré a Jehová en mi vida;
cantaré alabanzas a mi Dios mientras yo exista.
3 No confiéis en los príncipes
ni en hijo de hombre, porque no hay en él salvación.
4 Sale su [a]aliento y vuelve a la tierra;
en ese mismo día perecen sus pensamientos.

6 *a* DyC 45:70.
13 *a* GEE Reino de Dios o de los cielos.
18 *a* GEE Verdad.
19 *a* 1 Juan 5:14–15.
20 *a* 1 Ne. 17:33–35.
146 4 *a* GEE Mortal, mortalidad.

5 Bienaventurado aquel
cuya ayuda es el Dios de
Jacob,
cuya esperanza está en
Jehová su Dios,
6 que hizo los cielos y la tierra,
el mar y todo lo que en ellos
hay;
que guarda la verdad para
siempre,
7 que hace justicia a los agraviados,
que da pan a los hambrientos.
Jehová suelta a los prisioneros;
8 Jehová abre *los* [a]*ojos* a los
ciegos;
Jehová levanta a los
caídos;
Jehová ama a los justos.
9 Jehová guarda a los extranjeros;
al huérfano y a la viuda sostiene,
y el camino de los inicuos
trastorna.
10 Reinará Jehová para siempre,
tu Dios, oh Sión, de generación en generación.
¡Aleluya!

SALMO 147

Alabad a Jehová por Su poder — Su entendimiento es infinito — Él envía Sus mandamientos, Su palabra, Sus estatutos y Sus juicios a Israel.

ALABAD a JAH,
porque es bueno cantar alabanzas a nuestro Dios,
porque agradable y hermosa
es la alabanza.
2 Jehová edifica a Jerusalén;
a los [a]desterrados de Israel
[b]recogerá.
3 Él sana a los quebrantados
de corazón
y venda sus heridas.
4 Él cuenta el número de las
estrellas;
a todas ellas llama por *sus*
[a]nombres.
5 Grande es el Señor nuestro
y de mucho poder;
su [a]entendimiento es infinito.
6 Jehová sostiene a los mansos;
humilla a los malvados hasta
la tierra.
7 Cantad a Jehová con [a]acción
de gracias;
cantad alabanzas con arpa a
nuestro Dios.
8 Él es el que cubre los cielos
de nubes,
el que prepara la lluvia para
la tierra,
el que hace a los montes producir hierba.
9 Él da a la bestia su alimento
y a los hijos de los cuervos
que claman.

8 *a* Mateo 9:27–31; DyC 42:49–50. GEE Ojo(s).
147 2 *a* GEE Israel—El esparcimiento de Israel.
b Deut. 30:3. GEE Israel—La congregación de Israel.
4 *a* Isa. 40:26.
5 *a* GEE Omnisciente.
7 *a* GEE Acción de gracias, agradecido, agradecimiento.

10 No se deleita en la fuerza del caballo
ni se complace en la [a]agilidad del hombre.
11 Se complace Jehová en los que le [a]temen
y en los que esperan en su misericordia.
12 Alaba a Jehová, oh Jerusalén;
alaba a tu Dios, oh Sión.
13 Porque ha reforzado los cerrojos de tus puertas;
ha bendecido a tus hijos dentro de ti.
14 Él pone en tu territorio la paz;
te hará saciar con lo mejor del trigo.
15 Él envía sus mandamientos a la tierra;
velozmente corre su palabra.
16 Él da la nieve como lana;
esparce la escarcha como ceniza.
17 Él echa su hielo como migajas;
ante su frío, ¿quién se sostendrá en pie?
18 Envía su palabra y los derrite;
hace soplar su viento *y* fluyen las aguas.
19 Él declara sus palabras a Jacob,
sus estatutos y sus juicios a Israel.
20 No ha hecho esto con ninguna *otra* nación,
y no han conocido *sus* juicios.
¡Aleluya!

SALMO 148

Alaben a Jehová los hombres y los ángeles, los cuerpos celestes, los elementos y la tierra, y todo lo que en ella hay.

¡ALELUYA! Alabad a Jehová desde los cielos;
alabadle en las alturas.
2 Alabadle, vosotros todos sus ángeles;
alabadle, vosotros todos sus ejércitos.
3 Alabadle, sol y luna;
alabadle, vosotras todas, las estrellas de luz.
4 Alabadle, cielos de los cielos
y las [a]aguas que están sobre los cielos.
5 Alaben el nombre de Jehová,
porque él mandó, y fueron [a]creados.
6 Y los estableció para siempre jamás;
les dio un [a]decreto que no dejará de ser.
7 Alabad a Jehová desde la tierra,
los monstruos marinos y todos los abismos,
8 el fuego y el granizo, la nieve y el vapor,
el viento de tempestad que ejecuta su palabra;
9 los montes y todos los collados,
el árbol de fruto y todos los cedros;
10 la bestia y todo animal,

10 *a* HEB las piernas.
11 *a* GEE Temor—Temor de Dios.
148 4 *a* Moisés 2:6–7.
5 *a* GEE Creación, crear.
6 *a* Éter 2:9–11.

los reptiles y las aves que vuelan;
11 los reyes de la tierra y todos los pueblos,
los príncipes y todos los [a]jueces de la tierra;
12 los jóvenes y también las doncellas,
los ancianos y los niños.
13 Alaben el nombre de Jehová,
porque sólo su nombre es excelso.
Su [a]gloria es sobre tierra y cielos.
14 Él ha enaltecido el poder de su pueblo;
alábenle todos sus santos,
los hijos de Israel,
el pueblo a él cercano.
¡Aleluya!

SALMO 149

Alabad a Jehová en la congregación de los santos — Él embellecerá a los mansos con salvación.

1 ¡[a]ALELUYA! Cantad a Jehová un cántico nuevo,
su alabanza en la [b]congregación de los santos.
2 Alégrese Israel en su [a]Hacedor;
regocíjense los hijos de [b]Sión en su [c]Rey.
3 Alaben su nombre con danza;
con pandero y arpa a él canten,
4 porque Jehová se complace en su pueblo;
hermoseará a los [a]mansos con salvación.
5 Regocíjense los santos con gloria;
canten con gozo aun sobre sus camas.
6 Exalten a Dios con sus gargantas
y con [a]espada de dos filos en su mano,
7 para ejecutar venganza entre las naciones
y castigo entre los pueblos,
8 para aprisionar a sus reyes con grilletes
y a sus nobles con cadenas de hierro,
9 para ejecutar en ellos el juicio escrito.
Honor será esto para todos sus santos.
¡Aleluya!

SALMO 150

Alabad a Dios en Su santuario — Todo lo que respira alabe a Jehová.

1 ¡ALELUYA! Alabad a Dios en su santuario;
alabadle en el firmamento de su poder.
2 Alabadle por sus hechos poderosos;

11 *a* *O sea,* los gobernantes.
13 *a* GEE Gloria.
149 1 *a* *Es decir,* ¡Alabad a Jehová!
b GEE Iglesia de Jesucristo.
2 *a* GEE Creación, crear.
b GEE Sión.
c Alma 5:50.
GEE Reino de Dios o de los cielos.
4 *a* GEE Mansedumbre, manso.
6 *a* DyC 6:2.

alabadle conforme a la excelencia de su grandeza.
3 Alabadle a son de trompeta;
alabadle con salterio y arpa.
4 Alabadle con pandero y danza;
alabadle con cuerdas y flauta.
5 Alabadle con címbalos resonantes;
alabadle con címbalos de júbilo.
6 ¡Todo lo que respira alabe a JAH!
¡Aleluya!

PROVERBIOS

CAPÍTULO 1

El principio de la sabiduría es el temor de Jehová — Si los pecadores te quieren tentar, no consientas — Los que escuchan la voz de la sabiduría habitarán con seguridad.

LOS [a]proverbios de Salomón hijo de David, rey de Israel:
2 Para conocer [a]sabiduría y disciplina,
para entender palabras de entendimiento,
3 para recibir instrucción de prudencia,
justicia, y juicio y equidad,
4 para dar sagacidad a los ingenuos,
y a los jóvenes inteligencia y cordura.
5 Oirá el sabio y aumentará su saber;
y el entendido adquirirá consejo
6 para entender proverbios y declaraciones,
las palabras de los sabios y sus enigmas.
7 El principio de la [a]sabiduría es el [b]temor de Jehová;
los insensatos desprecian la sabiduría y la disciplina.
8 Oye, hijo mío, la [a]instrucción de tu padre,
y no [b]desprecies la enseñanza de tu madre,
9 porque adorno de gracia serán para tu cabeza
y collares para tu cuello.
10 Hijo mío, si los pecadores te quieren [a]tentar,
no [b]consientas.
11 Si dicen: Ven con nosotros,
pongámonos al acecho para derramar sangre;

[PROVERBIOS]
1 1 *a* *O sea,* las sentencias, los adagios o refranes. GEE Proverbio—El libro de los Proverbios.
2 *a* GEE Sabiduría.
7 *a* GEE Conocimiento.
b *O sea,* venerar. GEE Reverencia.
8 *a* GEE Familia—Las responsabilidades de los padres.
b GEE Familia—Las responsabilidades de los hijos.
10 *a* GEE Tentación, tentar.
b Sal. 1:1–2. GEE Albedrío.

[a]acechemos sin motivo al inocente;
12 los tragaremos vivos como el [a]Seol,
y enteros, como los que descienden a la [b]fosa;
13 hallaremos toda clase de riquezas;
llenaremos nuestras casas con el botín;
14 echa tu suerte entre nosotros;
hagamos una bolsa común.
15 Hijo mío, no andes en camino con ellos;
aparta tu pie de sus veredas,
16 porque sus pies corren hacia el [a]mal,
y van presurosos a derramar sangre.
17 Porque en vano se tiende la red
ante los ojos de toda ave;
18 mas ellos a su propia sangre ponen acechanzas,
y a sus almas tienden trampa.
19 Tales son las sendas de todo el que es dado a la [a]codicia,
la cual quita la vida de sus poseedores.
20 La sabiduría clama en las calles;
alza su voz en las plazas;
21 clama en los principales lugares de reunión;
a la entrada de las puertas de la ciudad pronuncia sus palabras.
22 ¿Hasta cuándo, oh ingenuos, amaréis la ingenuidad,
y los burladores se deleitarán en hacer burla,
y los insensatos aborrecerán el conocimiento?
23 Volveos a mi reprensión;
he aquí, yo [a]derramaré mi espíritu sobre vosotros
y os haré saber mis palabras.
24 Porque he llamado, y [a]habéis rehusado *oír*;
extendí mi mano, y no hubo quien atendiera,
25 sino que desechasteis todo [a]consejo mío
y mi [b]reprensión no quisisteis;
26 también yo me reiré en vuestra calamidad,
y me burlaré cuando *os* venga lo que teméis,
27 cuando venga como una destrucción lo que teméis,
y vuestra calamidad llegue como un torbellino,
cuando sobre vosotros vengan tribulación y angustia.
28 Entonces me llamarán, y [a]no responderé;
me buscarán de mañana y no me hallarán.
29 Por cuanto aborrecieron la sabiduría,
y no [a]escogieron el temor de Jehová,

11 *a* *O sea,* vigilemos, espiemos.
12 *a* HEB mundo o morada de los muertos, sepulcro, infierno.
b 1 Ne. 14:1–3.
16 *a* Hel. 12:4–6.
19 *a* GEE Codiciar.
23 *a* DyC 19:38.
24 *a* GEE Rebelión.
25 *a* GEE Consejo.
b GEE Castigar, castigo.
28 *a* DyC 101:7.
29 *a* GEE Albedrío.

30 ni quisieron mi consejo,
y menospreciaron toda reprensión mía,
31 comerán, pues, del [a]fruto de su camino,
y se hastiarán de sus propias [b]artimañas.
32 Porque el desvío de los ingenuos los matará,
y la prosperidad de los necios los destruirá.
33 Mas el que me escuchare habitará con seguridad
y vivirá tranquilo, sin temor del mal.

CAPÍTULO 2

Jehová da la sabiduría, el conocimiento y el entendimiento — Andad por el camino de los buenos.

HIJO mío, si recibes mis palabras,
y mis mandamientos atesoras dentro de ti,
2 dando oído a la sabiduría
e inclinando tu corazón al [a]entendimiento,
3 si clamas a la inteligencia,
y al entendimiento alzas tu voz,
4 si como a la plata la buscas,
y la procuras como a tesoros escondidos,
5 entonces entenderás [a]el temor de Jehová
y hallarás el [b]conocimiento de Dios.
6 Porque Jehová da la [a]sabiduría,
y de su boca *vienen* el conocimiento y el [b]entendimiento.
7 Él reserva sana sabiduría para los rectos;
es escudo para los que [a]caminan rectamente.
8 Él guarda las veredas del juicio
y preserva el camino de sus santos.
9 Entonces [a]entenderás justicia, y juicio,
y equidad y todo buen camino.
10 Cuando la sabiduría entre en tu corazón
y el conocimiento sea grato a tu alma,
11 la discreción te guardará;
te protegerá el conocimiento,
12 para librarte del camino del mal,
del hombre que habla perversidades,
13 de los que abandonan las sendas rectas,
para andar caminos por tenebrosos,
14 que se alegran haciendo el mal,
y se deleitan en las perversidades del mal,
15 cuyas veredas son torcidas,

31 *a* Jer. 6:19.
b Alma 30:42.
2 2 *a* 3 Ne. 19:33.
GEE Entender, entendimiento.
5 *a* GEE Temor—Temor de Dios.
b GEE Conocimiento.
6 *a* GEE Sabiduría.
b GEE Entender, entendimiento.
7 *a* GEE Rectitud, recto.
9 *a* 2 Ne. 28:30.

y se extravían en sus caminos.
16 Serás así librado de la mujer ajena,
de la [a]extraña que halaga con sus palabras,
17 que abandona al compañero de su juventud,
y se olvida del convenio de su Dios.
18 Por lo cual, su casa está inclinada hacia la muerte,
y sus veredas, hacia los muertos.
19 De los que a ella se lleguen, ninguno volverá
ni alcanzará los senderos de la vida.
20 Así andarás por el camino de los buenos
y seguirás las sendas de los justos.
21 Porque los rectos habitarán la tierra,
y los íntegros permanecerán en ella.
22 Mas los malvados serán talados de la tierra,
y los transgresores serán de ella desarraigados.

CAPÍTULO 3

Escribe en la tabla de tu corazón la misericordia y la verdad — Confía en Jehová — Hónrale con tus bienes; Jehová corrige a quien ama — Bienaventurado el hombre que halla la sabiduría.

HIJO mío, no te olvides de mi [a]ley,
y tu corazón guarde mis mandamientos,
2 porque largura de días y años de vida
y [a]paz te aumentarán.
3 Nunca se aparten de ti la misericordia y la [a]verdad;
átalas a tu cuello.
Escríbelas en la [b]tabla de tu corazón,
4 y hallarás [a]gracia y buena opinión
ante los ojos de Dios y de los hombres.
5 [a]Confía en Jehová con todo tu corazón,
y no te apoyes en tu propia [b]prudencia.
6 [a]Reconócelo en todos tus caminos,
y él enderezará tus veredas.
7 No seas [a]sabio en tu propia opinión;
[b]teme a Jehová y apártate del mal,
8 porque será [a]salud para tu ombligo
y médula para tus huesos.
9 [a]Honra a Jehová con tus [b]bienes
y con las primicias de todos tus frutos;

16 *a* *Es decir,* las mujeres inmorales. Prov. 5:3, 20; Alma 39:3–5.
3 1 *a* HEB instrucción, también enseñanza.
2 *a* GEE Paz.
3 *a* GEE Verdad.
b 2 Cor. 3:2–3.
4 *a* Lucas 2:52.
5 *a* GEE Confianza, confiar.
b GEE Orgullo.
6 *a* GEE Humildad, humilde, humillar (afligir).
7 *a* 2 Ne. 28:14–16.
b GEE Reverencia.
8 *a* *O sea,* salud a tu cuerpo. GEE Palabra de Sabiduría.
9 *a* GEE Honra, honrar (honor).
b GEE Ofrenda; Diezmar, diezmo.

10 entonces serán llenos tus graneros con [a]abundancia,
y tus lagares rebosarán de mosto.
11 No rechaces, hijo mío, la [a]disciplina de Jehová,
ni te canses de su corrección,
12 porque Jehová [a]corrige al que ama,
como el [b]padre al hijo a quien quiere.
13 [a]Bienaventurado el hombre que halla la sabiduría
y que adquiere entendimiento,
14 porque su ganancia es mejor
que la ganancia de la plata,
y sus beneficios más que el oro fino.
15 Más preciosa [a]es que las piedras preciosas,
y todo lo que puedas desear no se puede comparar con ella.
16 Largura de días hay en su mano derecha;
en su izquierda, riquezas y honra.
17 Sus caminos son caminos deleitosos,
y todas sus veredas, paz.
18 Ella es árbol de [a]vida a los que de ella echan mano,
y bienaventurados son los que la retienen.
19 Jehová con sabiduría [a]fundó la tierra;
estableció los cielos con [b]entendimiento.
20 Con su conocimiento los abismos [a]fueron divididos,
y destilan rocío las nubes.
21 Hijo mío, no se aparten *estas cosas* de tus ojos;
guarda la sana sabiduría y la cordura,
22 y serán vida para tu alma
y [a]gracia para tu cuello.
23 Entonces andarás por tu camino con seguridad,
y tu pie no tropezará.
24 Cuando te acuestes, no tendrás temor;
sí, te acostarás, y tu sueño será grato.
25 No tendrás temor de pavor repentino
ni de la ruina de los malvados cuando llegue,
26 porque Jehová será tu [a]confianza
y él evitará que tu pie caiga en la trampa.
27 No te niegues a hacer el bien a quien es debido
cuando esté en tu mano el hacerlo.
28 No digas a tu prójimo: Vete y vuelve de nuevo,
y mañana *te* daré,
cuando tengas contigo *qué darle.*
29 No [a]maquines mal contra tu prójimo

10 *a* GEE Bendecido, bendecir, bendición.
11 *a* GEE Castigar, castigo.
12 *a* Hel. 15:3.
b GEE Familia—Las responsabilidades de los padres.
13 *a* GEE Gozo.
15 *a* *Es decir,* la sabiduría.
18 *a* Ecle. 7:12.
19 *a* GEE Creación, crear.
b GEE Entender, entendimiento. Abr. 3:21.
20 *a* Gén. 7:11. GEE Diluvio en los tiempos de Noé.
22 *a* GEE Gracia.
26 *a* GEE Confianza, confiar.
29 *a* DyC 42:27.

mientras viva confiado junto
a ti.
30 No contiendas con nadie sin
razón
si no se te ha hecho mal.
31 No envidies al hombre violento
ni escojas ninguno de sus
caminos.
32 Porque el perverso es abominación para Jehová,
mas su comunión íntima es
con los justos.
33 La [a]maldición de Jehová está
en la casa del malvado,
mas él bendice la morada de
los justos.
34 Ciertamente él escarnece a
los escarnecedores
y a los humildes da gracia.
35 Los sabios heredan la
honra,
mas los necios cargan con su
ignominia.

CAPÍTULO 4

Guarda los mandamientos y vivirás — Con todo lo que adquieras, adquiere entendimiento — No vayas por el camino de los malvados.

[a]OÍD, hijos, la instrucción de
un padre,
y estad atentos para que conozcáis entendimiento.
2 Porque os doy buena enseñanza;
no abandonéis mi ley.
3 Porque yo también fui hijo
de mi padre,
delicado y único a los ojos
de mi madre.
4 Y él me enseñaba y me
decía:
Retén mis palabras en tu
corazón;
guarda mis mandamientos
y vivirás.
5 Adquiere sabiduría; adquiere
entendimiento;
no te olvides ni te apartes de
las palabras de mi boca;
6 no la abandones; y ella te
guardará;
ámala, y te protegerá.
7 [a]Sabiduría ante todo; adquiere sabiduría;
y con todo lo que adquieras,
adquiere [b]entendimiento.
8 Exáltala, y ella te levantará;
ella te honrará cuando tú la
hayas abrazado.
9 Adorno de gracia dará a tu
cabeza;
corona de [a]hermosura te entregará.
10 Escucha, hijo mío, y recibe
mis razones,
y se te multiplicarán los años
de vida.
11 Por el camino de la sabiduría
te he instruido,
y por sendas de rectitud te
he guiado.
12 En tu andar, no se obstruirán
tus pasos;
y si [a]corres, no tropezarás.
13 [a]Aférrate a la instrucción; no
la dejes;
guárdala, porque ella es tu
vida.

33 *a* GEE Maldecir, maldiciones.
4 1 *a* GEE Escuchar.
7 *a* GEE Sabiduría.
b GEE Entender, entendimiento.
9 *a* GEE Gloria.
12 *a* DyC 89:19–20.
13 *a* 1 Ne. 15:23–24.

14 No entres en la vereda de los malvados,
ni vayas por el camino de los malos.
15 Déjala; no pases por ella.
Apártate de ella; pasa de largo.
16 Porque ellos no duermen si no han hecho mal,
y pierden el sueño si no han hecho caer a alguno.
17 Porque comen pan de maldad y beben vino de violencias.
18 Mas la [a]senda de los justos es como la [b]luz resplandeciente
que va en aumento hasta que el día es perfecto.
19 El camino de los malvados es como la [a]oscuridad;
no saben en qué tropiezan.
20 Hijo mío, está atento a mis palabras;
inclina tu oído a mis razones.
21 No se aparten de tus [a]ojos;
guárdalas en medio de tu corazón.
22 Porque son [a]vida para los que las hallan,
y salud para todo su cuerpo.
23 Guarda tu corazón con toda diligencia,
porque de él mana la vida.
24 Aparta de ti la perversidad de la boca,
y aleja de ti la iniquidad de los labios.
25 Miren tus ojos al frente,
y diríjanse tus párpados hacia lo que está delante de ti.
26 [a]Examina la senda de tus pies,
y sean establecidos todos tus caminos.
27 No te desvíes ni a la derecha ni a la izquierda;
aparta tu pie del mal.

CAPÍTULO 5

Los que se relacionan con mujeres inmorales descienden al infierno — Alégrate con la esposa de tu juventud.

HIJO mío, está atento a mi sabiduría,
y a mi [a]entendimiento inclina tu oído,
2 para que guardes discreción,
y tus labios conserven el conocimiento.
3 Porque los labios de la [a]mujer extraña destilan miel,
y su paladar es más suave que el aceite;
4 mas su fin es amargo como el [a]ajenjo,
agudo como espada de dos filos.

18 *a* 2 Ne. 31:18–20.
b GEE Luz, luz de Cristo.
19 *a* GEE Tinieblas espirituales.
21 *a* GEE Ojo(s).
22 *a* GEE Vida eterna.
26 *a* GEE Meditar.
5 1 *a* GEE Entender, entendimiento.
3 *a* *Es decir,* las mujeres inmorales. Véase también Prov. 2:16; 5:20. GEE Inmoralidad sexual.
4 *a* *O sea,* una planta aromática, medicinal y amarga.

5 Sus pies descienden a la [a]muerte;
sus pasos se dirigen al [b]Seol.
6 No considera el camino de la vida;
sus caminos son inestables, y no lo sabe.
7 Ahora pues, hijos, oídme
y no os apartéis de las palabras de mi boca.
8 [a]Aleja de ella tu camino,
y no te acerques a la puerta de su casa,
9 para que no des a otras personas tu honor,
y tus años al cruel;
10 no sea que se sacien los extraños de tu fuerza,
y *el fruto de* tus trabajos esté en casa del extranjero,
11 y que gimas al final,
cuando se hayan consumido tu carne y tu cuerpo,
12 y digas: ¡Cómo aborrecí la [a]instrucción,
y mi corazón menospreció la reprensión!
13 Y [a]no escuché la voz de los que me instruían,
ni a los que me enseñaban incliné mi oído.
14 Al borde de todo mal he estado,
en medio de la congregación y de la asamblea.
15 Bebe el agua de tu propia cisterna
y el agua que fluye de tu propio pozo.
16 ¿Han de derramarse por fuera tus manantiales,
y tus ríos de aguas por las plazas?
17 Sean para ti solo,
y no para los extraños que estén contigo.
18 Sea bendita tu fuente,
y regocíjate con la esposa de tu juventud.
19 *Como* cierva amada y graciosa gacela,
sus pechos te satisfagan en todo tiempo;
y en su amor recréate siempre.
20 ¿Y por qué, hijo mío, has de andar ciego con la mujer ajena
y abrazar el seno de la mujer extraña?
21 Porque los caminos del hombre están ante los ojos de Jehová,
y él considera todas sus veredas.
22 Apresarán al malvado sus propias iniquidades,
y retenido será con las [a]cuerdas de su pecado.
23 Él morirá por falta de corrección,
y errará por lo inmenso de su locura.

CAPÍTULO 6

Se mencionan seis cosas que Jehová aborrece — Los que cometen adulterio corrompen sus propias almas.

5 *a* GEE Muerte espiritual.
b GEE Maldecir, maldiciones.
8 *a* Alma 39:9–11.
12 *a* DyC 101:1–5.
13 *a* GEE Rebelión.
22 *a* Alma 12:10–11.

HIJO mío, si has salido [a]fiador
por tu amigo,
si has [b]estrechado tu mano
con un extraño,
2 te has enlazado con las
palabras de tu boca,
has quedado atrapado
en los dichos de tu
boca.
3 Haz esto ahora, hijo mío, y
líbrate,
ya que has caído en manos
de tu prójimo;
ve, humíllate e importuna a
tu amigo.
4 No des sueño a tus ojos
ni adormecimiento a tus párpados;
5 escápate como la gacela de
manos *del cazador,*
y como el ave de manos del
que tiende trampas.
6 Ve a la [a]hormiga, oh perezoso;
mira sus caminos y sé sabio;
7 la cual, no teniendo capitán,
ni gobernador ni señor,
8 prepara en el verano su
comida,
y recoge en el tiempo de la
siega su sustento.
9 Perezoso, ¿hasta cuándo has
de [a]dormir?
¿Cuándo te levantarás de
tu sueño?
10 Un poco de sueño, un poco
de dormitar,
un poco de cruzar las manos
para dormir,
11 así vendrá tu necesidad
como caminante,
y tu pobreza como hombre
armado.
12 El hombre malo, el hombre
inicuo,
anda en perversidad de
boca;
13 guiña los ojos, habla con sus
pies,
indica con sus dedos.
14 Perversidades hay en su
corazón,
anda pensando el mal en
todo tiempo,
siembra la discordia.
15 Por tanto, su calamidad vendrá de repente;
súbitamente será quebrantado, y no *habrá* remedio.
16 Seis cosas aborrece Jehová,
y aun siete abomina su
alma:
17 Los [a]ojos altivos, la lengua
mentirosa,
las manos derramadoras de
sangre inocente,
18 el corazón que maquina pensamientos inicuos,
los pies presurosos para
correr al mal,
19 el testigo falso que habla
mentiras,
y el que siembra discordia
entre hermanos.
20 Guarda, hijo mío, el mandamiento de tu padre,
y no abandones la [a]enseñanza de tu madre;
21 átalos siempre en tu corazón,
enlázalos a tu cuello.

6 1 *a* *Es decir,* promesa de responder a una obligación si el deudor no cumple.
b *O sea,* si has hecho una promesa.
6 *a* Prov. 30:25.
9 *a* DyC 58:26–29; 88:124.
17 *a* GEE Orgullo.
20 *a* También la Ley.

22 Te guiarán cuando camines,
cuando duermas te guardarán,
y hablarán contigo cuando despiertes.
23 Porque el mandamiento es [a]lámpara, y la enseñanza es luz;
y camino de vida son las correcciones de la disciplina,
24 para guardarte de la mala mujer,
de la suavidad de la lengua de la mujer extraña.
25 No [a]codicies su hermosura en tu corazón,
ni te cautive ella con sus párpados,
26 porque a causa de la ramera *el hombre es reducido* a un bocado de pan,
y la adúltera caza la preciosa alma del hombre.
27 ¿Tomará el hombre fuego en su seno
sin que sus vestidos se quemen?
28 ¿Andará el hombre sobre brasas
sin que se quemen sus pies?
29 Así le sucede al que se llega a la esposa de su prójimo;
no quedará sin culpa ninguno que la toque.
30 No se desprecia al ladrón si roba
para saciarse cuando tiene hambre,
31 pero si es sorprendido, [a]pagará siete veces.
Tendrá que dar todos los bienes de su casa.
32 Mas el que comete [a]adulterio con una mujer carece de entendimiento;
corrompe su alma el que tal hace.
33 Heridas e [a]ignominia hallará,
y su afrenta nunca será borrada.
34 Porque los [a]celos son el furor del hombre,
y no perdonará en el día de la venganza.
35 No aceptará compensación alguna,
ni se contentará, aunque le multipliques los presentes.

CAPÍTULO 7

La mujer inmoral conduce al hombre a la destrucción como toro al matadero — La casa de la mujer adúltera es el camino al infierno.

HIJO mío, guarda mis palabras,
y atesora contigo mis mandamientos.
2 Guarda mis mandamientos y vivirás;
y guarda mi ley como a la niña de tus ojos.
3 Átalos a tus dedos,
escríbelos en la [a]tabla de tu corazón.

23 *a* GEE Luz, luz de Cristo.
25 *a* GEE Codiciar.
31 *a* Éx. 22:1; Mos. 27:35–37.
32 *a* GEE Adulterio.
33 *a* DyC 42:24–26.
34 *a* GEE Celo, celos, celoso.
7 3 *a* 2 Cor. 3:3.

4 Di a la [a]sabiduría: Tú eres mi hermana,
y al [b]entendimiento llama pariente,
5 para que te guarden de la mujer ajena,
de la extraña que [a]halaga con sus palabras.
6 Porque mirando yo por la ventana de mi casa,
a través de mi celosía,
7 vi entre los ingenuos,
distinguí entre los jóvenes
a un joven falto de [a]entendimiento.
8 Pasaba él por la calle, cerca de la esquina de ella,
e iba camino de la casa de ésta,
9 al atardecer, al anochecer, ya que oscurecía,
en la oscuridad y tinieblas de la noche.
10 Y he aquí, una mujer le sale al encuentro
con atavío de [a]ramera y astucia en el corazón.
11 Alborotadora y obstinada,
sus pies no pueden estar en casa;
12 unas veces [a]está afuera; otras veces, por las plazas,
[b]acechando por todas las esquinas.
13 Y se asió de él y le besó;
con semblante descarado le dijo:
14 [a]Ofrendas de paz había prometido,
y hoy he cumplido mis votos;
15 por tanto, he salido a encontrarte,
buscando diligentemente tu rostro, y te he hallado.
16 Con colchas he ataviado mi cama,
con cordoncillo de Egipto.
17 He perfumado mi lecho
con mirra, [a]áloes y canela.
18 Ven, embriaguémonos de amores hasta la mañana;
alegrémonos en amores.
19 Porque el marido no está en casa;
se ha ido a un largo viaje.
20 La bolsa del dinero se llevó en la mano;
el día de la luna llena volverá a casa.
21 Lo rindió con la mucha suavidad de sus palabras;
le incitó con la suavidad de sus labios.
22 Se va en pos de ella en seguida,
como va el toro al matadero,
y como el necio que va a las prisiones para ser castigado;
23 como el ave que se apresura a la red
y no sabe que es contra su vida,
hasta que la saeta traspasa su hígado.

4 *a* GEE Sabiduría.
b GEE Entender, entendimiento.
5 *a* 2 Ne. 28:20–23.
7 *a* HEB que carecía de corazón.
10 *a* GEE Inmoralidad sexual.
12 *a* *O sea*, está en las calles.
b DyC 10:22, 25–27.
14 *a* *Es decir*, en falsa adoración, ella hipócritamente hace alarde de su devoción.
17 *a* HEB probablemente indica que es una madera aromática.

24 Ahora pues, hijos, escuchadme
y estad atentos a las palabras de mi boca.
25 No se desvíe tu corazón a los [a]caminos de ella;
no yerres en sus veredas,
26 porque a muchos ha hecho caer heridos,
y aun muchos poderosos han sido muertos por ella.
27 Camino del [a]Seol es su casa,
que desciende a las cámaras de la muerte.

CAPÍTULO 8

La sabiduría ha de desearse en gran manera — Jehová y los hijos de los hombres poseían sabiduría en la vida preterrenal.

¿No [a]clama la sabiduría,
y da su voz el [b]entendimiento?
2 Se pone en las alturas junto al camino,
en las encrucijadas de las veredas,
3 junto a las puertas, a la entrada de la ciudad,
en el umbral de las puertas da voces:
4 Oh hombres, a vosotros clamo;
y dirijo mi voz a los hijos de los hombres.
5 Entended, oh ingenuos, prudencia;
y vosotros, necios, sed de [a]corazón entendido.
6 Escuchad, porque hablaré cosas excelentes,
y abriré mis labios para *decir* cosas rectas.
7 Porque mi boca hablará la [a]verdad,
y la impiedad es abominación a mis labios.
8 Justas son todas las razones de mi boca;
no hay en ellas cosa perversa ni torcida.
9 Todas ellas son rectas para el que [a]entiende,
y razonables para los que han hallado conocimiento.
10 Recibid mi corrección y no la plata,
y conocimiento antes que el oro escogido;
11 porque mejor es la [a] sabiduría que las piedras preciosas,
y todas las cosas que se pueden desear no se comparan con ella.
12 Yo, la sabiduría, habito con la prudencia,
y hallo el conocimiento y la discreción.
13 [a]El temor de Jehová es [b]aborrecer el mal;
yo aborrezco la soberbia, y la arrogancia, y el mal camino
y la boca perversa.

---

25 *a* GEE Sensual, sensualidad.
27 *a* GEE Maldecir, maldiciones.
8 1 *a* *Es decir,* da a conocer su existencia y sus valores.
b GEE Entender, entendimiento.
5 *a* 3 Ne. 19:33.
7 *a* GEE Verdad.
9 *a* GEE Entender, entendimiento.
11 *a* GEE Sabiduría.
13 *a* GEE Temor.
b Alma 13:12.

14 Conmigo están el consejo y
la sana sabiduría;
yo soy el [a]entendimiento;
mía es la fuerza.
15 Por mí reinan los reyes,
y los príncipes decretan justicia.
16 Por mí gobiernan los príncipes
y los nobles, todos los jueces
de la tierra.
17 Yo amo a los que me
aman,
y me hallan los que temprano me buscan.
18 Las riquezas y el honor están
conmigo,
las [a]riquezas duraderas y la
justicia.
19 Mejor es mi fruto que el oro,
que el oro refinado;
y mi ganancia, *mejor* que la
plata escogida.
20 Por vereda de justicia
ando,
por en medio de sendas de
juicio,
21 para hacer que los que me
aman hereden bienes,
y que yo llene sus tesoros.
22 Jehová me poseía en el [a]principio de su camino,
antes de sus [b]obras de tiempo
antiguo.
23 Desde la [a]eternidad fui instituida,
desde el principio, antes de
la tierra.
24 Antes que existiesen los abismos fui engendrada,
antes que existieran los
manantiales con muchas
aguas.
25 Antes que los montes fuesen
formados,
antes que los collados, ya había sido yo engendrada,
26 cuando él aún no había hecho la tierra, ni los campos
ni el principio del polvo del
mundo.
27 Cuando formaba los cielos,
allí estaba yo;
cuando trazaba el [a]círculo
sobre la faz del abismo,
28 cuando él afirmaba las nubes
arriba,
cuando reforzaba las fuentes
del abismo,
29 cuando ponía al mar su estatuto,
para que las aguas no traspasasen su mandato,
cuando trazaba los fundamentos de la tierra,
30 con él estaba yo como artífice,
y era *su* delicia cada día,
y me regocijaba delante de
él en todo tiempo.
31 Me regocijaba en la parte
habitable de su tierra,
y mis delicias eran con los
hijos de los hombres.
32 Ahora pues, hijos, escuchadme:
Bienaventurados los que
guardan mis caminos.
33 Escuchad la instrucción y
sed sabios,
y no la desechéis.

14 *a* GEE Entender, entendimiento.
18 *a* GEE Vida eterna.
22 *a* GEE Vida preterrenal.
b GEE Creación, crear.
23 *a* GEE Preordenación.
27 *a* *Es decir,* determinar los límites, como en Job 26:10.

34 Bienaventurado el hombre que me escucha,
velando a mis puertas cada día,
guardando los postes de mis puertas,
35 porque el que me halle hallará la [a]vida
y alcanzará el favor de Jehová.
36 Pero el que peca contra mí daña su propia alma;
todos los que me aborrecen aman la [a]muerte.

CAPÍTULO 9

Reprende al sabio y te amará — El temor de Jehová es el principio de la sabiduría — Los convidados de la mujer inmoral están en las profundidades del infierno.

LA sabiduría ha edificado su casa,
ha labrado sus siete columnas,
2 ha matado sus animales; ha mezclado su vino;
ha puesto también su mesa.
3 Ha enviado a sus doncellas;
clama sobre lo más alto de la ciudad:
4 El que sea ingenuo, venga acá.
A los faltos de entendimiento ella dice:
5 [a]Venid, comed de mi pan
y bebed del vino que he mezclado.
6 Dejad las ingenuidades y vivid;
y andad por el camino del [a]entendimiento.
7 El que corrige al escarnecedor se acarrea ignominia;
el que reprende al malvado *atrae* mancha sobre sí.
8 No reprendas al escarnecedor, para que no te aborrezca;
reprende al sabio, y te amará.
9 Da al sabio, y será más sabio;
[a]enseña al justo, y aumentará su saber.
10 El temor de Jehová es el principio de la sabiduría,
y el conocimiento del [a]Santo es [b]entendimiento.
11 Porque por mí se multiplicarán tus [a]días,
y años de vida se te añadirán.
12 Si eres sabio, para ti lo eres;
y si eres escarnecedor, tú solo lo [a]sufrirás.
13 La mujer insensata es alborotadora;
es simple e ignorante.
14 Se sienta a la puerta de su casa,

35 *a* GEE Vida.
36 *a* GEE Muerte espiritual.
9 5 *a* *Es decir,* la sabiduría prepara su fiesta e invita a los participantes.
6 *a* GEE Entender, entendimiento.
9 *a* DyC 88:118. GEE Enseñar.
10 *a* GEE Santidad.
b GEE Entender, entendimiento.
11 *a* Prov. 4:10; 10:27.
12 *a* Gál. 6:3–5.

en un asiento en los lugares
altos de la ciudad,
15 para llamar a los que pasan
por el camino,
a los que van derecho por
sus sendas:
16 El que sea ingenuo, venga
acá.
Y al falto de entendimiento
ella dice:
17 Las aguas hurtadas son dulces,
y el pan *comido* a escondidas
es sabroso.
18 Y no saben que allí están los
muertos,
que los convidados de ella
están en las profundidades
[a]del Seol.

CAPÍTULO 10

El hijo sabio alegra al padre — La boca del justo es un manantial de vida — El que difama es insensato — El deseo de los justos será concedido.

Proverbios de Salomón.

EL hijo sabio alegra al padre,
pero el hijo necio es la tristeza de su madre.
2 Los [a]tesoros de la maldad no
serán de provecho,
mas la justicia libra de la
muerte.
3 Jehová no dejará padecer
hambre al alma del justo,
mas rechazará la codicia de
los malvados.
4 La mano [a]negligente empobrece,
pero la mano de los [b]diligentes enriquece.
5 El que recoge en verano es
hijo prudente;
el que duerme en el tiempo
de la siega es hijo que avergüenza.
6 Hay bendiciones sobre la
cabeza del justo,
pero la boca de los malvados
oculta violencia.
7 La memoria del justo será
bendecida,
pero el nombre de los malvados se [a]pudrirá.
8 El sabio de corazón recibirá
los mandamientos,
pero el necio de labios
caerá.
9 El que camina en integridad
anda seguro,
pero el que pervierte sus caminos será descubierto.
10 El que guiña el ojo acarrea
tristeza,
pero el necio de labios
caerá.
11 [a]Manantial de vida es la boca
del [b]justo,
pero la boca de los malvados
oculta violencia.
12 El odio despierta [a]rencillas,
pero el amor cubrirá todas
las transgresiones.
13 En los labios del entendido
se halla sabiduría,
pero la vara es para las espaldas del falto de [a]entendimiento.

18 *a* *Es decir,* el infierno. GEE Infierno.
10 2 *a* 2 Ne. 9:30.
4 *a* GEE Ociosidad, ocioso.
b GEE Diligencia.
7 *a* Mos. 26:36.
11 *a* GEE Agua(s) viva(s).
b Alma 36:26.
12 *a* GEE Contención, contienda.
13 *a* HEB corazón.

14 Los sabios atesoran conocimiento,
pero la boca del necio es ruina cercana.
15 Las riquezas del rico son su ciudad fortificada;
y la ruina de los pobres es su pobreza.
16 El [a]salario del justo es para vida;
la ganancia del malvado es para pecado.
17 El que guarda la instrucción está en el camino a la vida,
pero el que desecha la reprensión, yerra.
18 El que encubre el odio es de labios mentirosos,
y el que difama es insensato.
19 En las muchas palabras no falta pecado,
pero el que refrena sus labios es prudente.
20 Plata escogida es la lengua del justo;
pero el corazón de los malvados es de poco *valor*.
21 Los labios del justo apacientan a muchos,
pero los necios mueren por falta de entendimiento.
22 La bendición de Jehová es la que enriquece,
y no añade tristeza con ella.
23 El hacer maldad es como una diversión para el insensato,
pero el hombre entendido tiene sabiduría.
24 Lo que el malvado teme, eso le vendrá,
pero a los justos les será concedido lo que desean.
25 Así como pasa el torbellino, así el malo no permanece,
mas el justo permanece para siempre.
26 Como el vinagre para los dientes y como el humo para los ojos,
así es el perezoso para los que lo envían.
27 El temor de Jehová aumentará los días,
pero los años de los malvados serán acortados.
28 La [a]esperanza de los justos es alegría,
pero la esperanza de los malvados perecerá.
29 El camino de Jehová es fortaleza para el íntegro,
pero destrucción para los que cometen maldad.
30 El justo jamás será removido,
pero los malvados no habitarán la tierra.
31 La boca del justo produce sabiduría,
pero la lengua perversa será cortada.
32 Los labios del justo saben *decir* lo que agrada,
pero la boca de los malvados *habla* perversidades.

CAPÍTULO 11

Se hace un contraste entre las sendas y las recompensas del justo y

16 *a* También el trabajo o la obra.

28 *a* GEE Esperanza.

las del malvado — Cuando muere el hombre malo, perece su esperanza — El que gana almas es sabio.

La balanza falsa es abominación
a Jehová;
pero la pesa cabal le
agrada.
2 Cuando viene la [a]soberbia, viene también la deshonra,
pero con los humildes está
la sabiduría.
3 La [a]integridad de los rectos
los encaminará,
mas destruirá a los pecadores su propia perversidad.
4 De nada sirven las riquezas
en el día de [a]la ira,
pero la justicia libra de la
muerte.
5 La justicia del íntegro endereza su camino,
pero el malvado caerá por
su impiedad.
6 La justicia de los rectos los
librará,
pero los pecadores en
su codicia serán atrapados.
7 Cuando muere el hombre
malo, perece *su* esperanza;
y la expectativa de los malos
perecerá.
8 El justo es librado de la tribulación,
pero el malvado viene en
lugar de él.
9 El [a]hipócrita con la boca destruye a su prójimo,
pero los [b]justos son librados
con el conocimiento.
10 Con el bien de los justos la
ciudad se alegra,
y cuando los malvados perecen, hay fiestas.
11 Por la bendición de los
rectos la ciudad será enaltecida,
pero por la boca de los malos
ella será derribada.
12 El que carece de entendimiento menosprecia a su
[a]prójimo,
mas el hombre prudente
calla.
13 El que anda en [a]chismes
revela el secreto,
pero el de espíritu fiel lo
encubre.
14 Cuando faltan [a]los consejos,
cae el pueblo;
pero en la multitud de consejeros hay seguridad.
15 Con ansiedad será afligido
el que fía al extraño,
pero el que aborrece las fianzas vive seguro.
16 La mujer agraciada tendrá
honra,
y los poderosos tendrán
riquezas.
17 A su alma hace bien el hombre misericordioso,
pero el cruel atormenta su
propia carne.
18 El malvado hace obra falsa,
pero el que siembra justicia
tendrá una verdadera recompensa.
19 Como la justicia es para
[a]vida,

11 2 *a* GEE Orgullo.
3 *a* GEE Integridad.
4 *a* DyC 1:8–16.
9 *a* DyC 50:7–8.
b DyC 51:19.
12 *a* Lucas 10:25–28.
13 *a* GEE Chismes.
14 *a* GEE Consejo.
19 *a* GEE Vida.

así el que sigue el mal *lo hace*
para su propia muerte.
20 Abominación son a Jehová
los perversos de corazón,
pero los íntegros de camino
le son agradables.
21 *Aunque* se estreche la mano,
el malo no quedará sin
castigo,
pero la descendencia de los
justos escapará.
22 Como zarcillo de oro en el
hocico de un cerdo
es la mujer hermosa y apartada de razón.
23 El deseo de los justos es
solamente el bien,
pero la esperanza de los malvados es el enojo.
24 Hay quienes reparten y les
es añadido más,
y hay quienes retienen más
de lo que es justo y *acaban*
en la pobreza.
25 El alma generosa será prosperada,
y el que sacie a otros, también él será saciado.
26 Al que acapara el grano, el
pueblo le maldecirá;
pero bendición habrá sobre la
cabeza del que lo vende.
27 El que con diligencia busca
el bien obtendrá favor;
pero al que busca el mal,
el mal le sobrevendrá.
28 El que confía en sus riquezas,
caerá,
pero los justos reverdecerán
como el follaje.
29 El que perturba su [a]casa
heredará viento,
y el necio será siervo del
sabio de corazón.
30 El fruto del justo es árbol de
vida,
y el que gana almas es
sabio.
31 Ciertamente el justo será [a]recompensado en la tierra,
¡cuánto más el malvado y el
pecador!

CAPÍTULO 12

La mujer virtuosa es corona de su marido — El camino del necio es recto ante sus propios ojos — Los labios mentirosos son abominación a Jehová.

EL que ama la disciplina ama el
conocimiento,
pero el que aborrece la [a]reprensión es un necio.
2 El bueno alcanzará el favor
de Jehová,
mas él condenará al hombre
de malos pensamientos.
3 El hombre no se afirmará por
medio de la maldad,
pero la raíz de los justos no
será removida.
4 La mujer [a]virtuosa es corona
de su marido,
pero la que lo avergüenza
es como podredumbre en
sus huesos.
5 Los pensamientos de los justos son justicia;
los consejos de los malvados,
engaño.
6 Las palabras de los malvados

29 *a* GEE Familia.
31 *a* DyC 56:19–20.

12 1 *a* GEE Castigar, castigo.
4 *a* GEE Virtud.

son acechanzas para derramar sangre,
pero la boca de los rectos los librará.
7 Los malvados son derribados y ya no existen,
pero la casa de los justos permanecerá firme.
8 Según su sabiduría será alabado el hombre,
pero el perverso de corazón será despreciado.
9 Más vale el menospreciado que tiene quien le sirva
que el que se jacta y carece de pan.
10 El justo cuida de la vida de su bestia,
pero los sentimientos de los malvados son crueles.
11 El que labra su tierra se saciará de pan,
pero el que va tras lo vano es falto de entendimiento.
12 Desea el malvado la red de los malos,
pero la raíz de los justos dará *fruto.*
13 El malvado se enreda en la [a]transgresión de sus labios,
pero el justo saldrá de la tribulación.
14 Por el fruto de su boca el hombre se saciará de bien,
y volverá a él la recompensa de sus manos.
15 El camino del necio es recto ante sus propios ojos,
pero el que escucha el consejo es sabio.
16 El necio al punto da a conocer su ira,
pero el prudente disimula la ignominia.
17 El que dice la verdad declara justicia,
pero el testigo falso, engaño.
18 Hay quien habla como *dando* estocadas de espada,
pero la lengua de los sabios es medicina.
19 El labio veraz permanecerá para siempre;
pero la lengua mentirosa, sólo por un momento.
20 Engaño hay en el corazón de los que maquinan el mal,
pero alegría en el de los que aconsejan el bien.
21 Ningún mal le acontecerá al justo,
pero los malvados serán colmados de males.
22 Los labios [a]mentirosos son abominación a Jehová,
pero los que [b]actúan con verdad son su deleite.
23 El hombre prudente disimula el [a]conocimiento,
pero el corazón de los necios proclama la necedad.
24 La mano de los [a]diligentes gobernará,
pero la negligencia será tributaria.
25 La congoja en el corazón del hombre lo abate,
pero la buena palabra lo alegra.
26 El justo es guía para su prójimo,

13 *a* Stg. 3:2–14.
GEE Inicuo, iniquidad.
22 *a* GEE Mentiras.
b GEE Honestidad, honradez.
23 *a* GEE Sabiduría.
24 *a* GEE Diligencia.

pero el camino de los malvados los hace errar.
27 El perezoso no asará lo que ha cazado,
pero la posesión del hombre diligente es preciosa.
28 En el camino de la [a]justicia está la vida,
y en su senda no hay muerte.

CAPÍTULO 13

El camino del transgresor es duro — El mal persigue a los pecadores — El que no disciplina a sus hijos los aborrece.

EL hijo sabio *acepta* la disciplina del padre,
pero el insolente no escucha la reprensión.
2 Del fruto de su boca el hombre comerá el bien,
pero el alma de los [a]prevaricadores *hallará* la violencia.
3 El que guarda su boca guarda su alma,
pero el que mucho abre sus [a]labios acaba en desastre.
4 El alma del perezoso desea y nada *alcanza*,
pero el alma de los diligentes será prosperada.
5 El justo aborrece la mentira,
pero el malvado se hace odioso e infame.
6 La justicia guarda el camino del íntegro,
pero la maldad trastornará al pecador.
7 Hay quienes presumen de ricos y no tienen nada;
y hay quienes pasan por pobres y tienen muchas [a]riquezas.
8 El rescate de la vida del hombre son sus riquezas,
pero el pobre no oye reprensión.
9 La luz de los justos se regocijará,
pero la lámpara de los malvados se apagará.
10 Ciertamente la [a]soberbia producirá [b]contienda,
pero con los bien aconsejados está la sabiduría.
11 Las [a]riquezas obtenidas por vanidad disminuirán,
pero el que recoge [b]con mano laboriosa las aumentará.
12 La esperanza que se prolonga es tormento del corazón,
mas árbol de vida es el deseo cumplido.
13 El que menosprecia la palabra perecerá por ello,
pero el que teme el mandamiento será recompensado.
14 La [a]enseñanza del sabio es manantial de vida
para apartarse de los lazos de la muerte.
15 El buen entendimiento da gracia,

---

28 *a* GEE Vida eterna.
13 2 *a* *O sea,* los transgresores.
3 *a* DyC 42:27.
7 *a* DyC 6:7.
10 *a* GEE Orgullo.
b GEE Contención, contienda.
11 *a* GEE Riquezas.
b *O sea,* con el trabajo.
14 *a* HEB ley.

pero el camino de los transgresores es duro.
16 Todo hombre prudente procede con sabiduría,
pero el necio manifiesta necedad.
17 El mensajero inicuo caerá en el mal,
pero el mensajero fiel es medicina.
18 Pobreza y vergüenza tendrá el que [a]menosprecia la disciplina,
pero el que acepta la [b]corrección será honrado.
19 El deseo cumplido es dulzura para el alma,
pero apartarse del mal es abominación para los necios.
20 El que anda entre sabios será sabio,
pero el que se junta con necios sufrirá el mal.
21 El [a]mal perseguirá a los pecadores,
pero el bien recompensará a los justos.
22 El bueno dejará herencia a los hijos de sus hijos,
y la riqueza del pecador está guardada para [a]el justo.
23 En el [a]barbecho de los pobres *hay* mucho pan,
pero se pierde por falta de justicia.
24 El que no aplica el [a]castigo aborrece a su hijo;
pero el que le ama le corrige oportunamente.
25 El justo come hasta [a]saciar su alma,
pero el vientre de los malvados quedará vacío.

CAPÍTULO 14

Apártate de la presencia del hombre insensato — El testigo veraz libera las almas — La justicia engrandece a la nación.

LA mujer sabia edifica su casa,
pero la necia con sus manos la derriba.
2 El que [a]camina en rectitud teme a Jehová,
pero el perverso en sus caminos le menosprecia.
3 En la boca del necio está la vara de la soberbia,
pero los labios de los sabios los protegerán.
4 Donde no hay bueyes, el granero está limpio;
pero por la fuerza del buey hay abundancia de pan.
5 El testigo veraz no mentirá,
pero el testigo falso hablará mentiras.
6 Busca el escarnecedor la sabiduría y no *la halla*,
pero para el hombre entendido el conocimiento es fácil.
7 Apártate de la presencia del hombre necio,
porque *en él* no hallarás labios de conocimiento.

18 *a* GEE Rebelión.
b DyC 95:1; 121:43–44.
21 *a* Sal. 32:10.
22 *a* DyC 51:19; 76:17, 50–51.
23 *a* *O sea*, la tierra o campo sin cultivar.
24 *a* GEE Castigar, castigo.
25 *a* 2 Ne. 9:50–51.
14 2 *a* GEE Andar, andar con Dios.

8 La sabiduría del prudente está en entender su camino,
pero la necedad de los necios es engaño.
9 Los [a]necios se mofan del pecado,
pero entre los rectos hay buena voluntad.
10 El corazón conoce la amargura de su propia alma,
y el extraño no comparte su alegría.
11 La casa de los malvados será asolada,
pero florecerá la tienda de los rectos.
12 Hay [a]camino que al hombre le parece recto,
pero su fin es camino de muerte.
13 Aun en la risa tendrá dolor el corazón,
y el final de la alegría es la congoja.
14 De sus caminos se hastiará el descarriado de corazón,
pero el hombre bueno *estará contento* con el *suyo.*
15 El ingenuo cree toda palabra,
pero el prudente mide bien sus pasos.
16 El sabio teme y se aparta del mal,
pero el necio es arrogante y [a]confiado.
17 El que fácilmente se [a]enoja comete locuras,
y el hombre perverso es aborrecido.
18 Los ingenuos heredan necedad,
pero los prudentes se coronarán de conocimiento.
19 Los malos se inclinan delante de los buenos,
y los malvados, ante las puertas del justo.
20 El pobre es odioso aun a su amigo,
pero muchos son los que aman al rico.
21 Peca el que menosprecia a su prójimo,
pero el que tiene misericordia de los [a]pobres es bienaventurado.
22 ¿No yerran los que traman el mal?
Pero misericordia y verdad *alcanzarán* los que planean el bien.
23 En toda labor hay ganancia,
pero las vanas palabras de los labios sólo empobrecen.
24 Las riquezas de los sabios son su corona;
la insensatez de los necios es locura.
25 El testigo veraz salva las almas,
pero el falso dirá mentiras.
26 En el [a]temor de Jehová está la firme confianza,
y para sus hijos habrá refugio.
27 El temor de Jehová es manantial de vida,
para apartarse de los lazos de la muerte.
28 En la multitud del pueblo está la gloria del rey;

9 *a* Éter 12:26–27.
12 *a* Isa. 55:8–9.
16 *a* Morm. 3:9.
17 *a* GEE Enojo.
21 *a* DyC 52:40.
26 *a* GEE Reverencia.

y en la falta de pueblo, la
ruina del príncipe.
29 El que [a]tarda en airarse
es grande de entendimiento,
pero el [b]impaciente de espíritu engrandece la necedad.
30 El corazón apacible es vida
de [a]la carne;
pero la [b]envidia, podredumbre de los huesos.
31 El que oprime al [a]pobre
afrenta a su Hacedor,
pero a éste le honra el que
tiene misericordia del
pobre.
32 Por su maldad será arrojado
el malvado,
pero el justo en su propia
muerte tiene [a]esperanza.
33 En el corazón del entendido
reposa la sabiduría,
pero lo que hay en el necio
se da a conocer.
34 La [a]justicia engrandece a la
nación,
pero el pecado es afrenta de
los pueblos.
35 El favor del rey es para con
el servidor prudente,
pero su enojo, *contra* el que
lo avergüenza.

CAPÍTULO 15

La blanda respuesta quita la ira — El hijo sabio alegra al padre — Los pensamientos del malo son abominación a Jehová — La humildad precede a la honra.

LA [a]blanda respuesta quita la
ira,
mas la palabra áspera hace
subir el furor.
2 La lengua del sabio emplea
bien el conocimiento,
mas la boca de los necios
profiere [a]sandeces.
3 Los [a]ojos de Jehová están en
todo lugar,
mirando a los malos y a los
buenos.
4 La sana lengua es árbol de
vida,
pero la perversidad de ella
es quebrantamiento de
espíritu.
5 El necio menosprecia la disciplina de su padre,
pero el que acepta la corrección es prudente.
6 En la casa del justo hay gran
abundancia,
pero turbación en las ganancias del malvado.
7 Los labios de los sabios esparcen conocimiento,
pero no así el corazón de los
necios.
8 El [a]sacrificio de los malvados
es abominación a Jehová,
pero la oración de los rectos
es su deleite.
9 Abominación es a Jehová el
camino del malvado,
pero él ama al que sigue la
justicia.

29 *a* GEE Paciencia.
b *Es decir,* propenso a la ira.
30 *a* *O sea,* el cuerpo.
b GEE Envidia.
31 *a* GEE Pobres.
32 *a* GEE Esperanza.
34 *a* 4 Ne. 1:15–17.
15 1 *a* GEE Paciencia.
2 *a* GEE Chismes.
3 *a* GEE Omnisciente.
8 *a* Moro. 7:5–11.

10 La [a]disciplina es molesta al que deja el camino;
el que aborrece la reprensión [b]morirá.
11 El Seol y la perdición están delante de Jehová,
¡cuánto más los corazones de los hijos de los hombres!
12 El escarnecedor no ama al que le reprende,
ni acude a los sabios.
13 El corazón alegre hermosea el rostro,
pero el dolor del corazón abate el espíritu.
14 El corazón [a]entendido busca el [b]conocimiento,
pero la boca de los necios se alimenta de necedades.
15 Todos los días del afligido son malos,
pero el de corazón contento *tiene* un festín continuo.
16 Mejor es lo poco con el temor de Jehová
que un gran tesoro donde hay turbación.
17 Mejor es comida de verduras donde hay amor
que de buey engordado donde hay odio.
18 El hombre iracundo promueve [a]contiendas,
pero el que tarda en airarse apacigua la rencilla.
19 El camino del perezoso es como seto de espinos;
pero la vereda de los rectos, *como* una calzada.
20 El hijo sabio alegra al padre,
pero el hombre necio menosprecia a su madre.
21 La necedad es alegría al falto de entendimiento,
pero el hombre entendido endereza sus pasos.
22 Los pensamientos se frustran donde no hay [a]consejo,
pero en la multitud de consejeros se afirman.
23 El hombre se alegra con la respuesta de su boca;
y la [a]palabra a [b]su tiempo, ¡cuán buena es!
24 El camino de la vida es [a]hacia arriba para el prudente,
para apartarse del Seol abajo.
25 Jehová arrebatará la casa de los [a]soberbios,
pero él afirmará la heredad de la [b]viuda.
26 Abominación son a Jehová los pensamientos del malo,
pero las expresiones de los puros son palabras agradables.
27 Alborota su casa el codicioso,
pero el que aborrece los regalos vivirá.
28 El corazón del justo [a]piensa antes de responder,
pero la boca de los malvados derrama malas cosas.

10 *a* 2 Ne. 9:40.
b GEE Muerte espiritual.
14 *a* GEE Entender, entendimiento.
b GEE Conocimiento.
18 *a* GEE Contención, contienda.
22 *a* 2 Ne. 9:28.
23 *a* GEE Enseñar.
b Ecle. 3:1–8.
24 *a* 2 Ne. 9:39.
25 *a* DyC 64:24. GEE Orgullo.
b Sal. 146:9.
28 *a* GEE Meditar.

29 [a]Lejos está Jehová de los malvados,
pero él oye la oración de los justos.
30 La luz de los ojos alegra el corazón;
la buena nueva alimenta los huesos.
31 El oído que escucha la reprensión de la vida
morará entre los sabios.
32 El que tiene en poco la disciplina menosprecia su alma,
pero el que [a]escucha la reprensión adquiere entendimiento.
33 El [a]temor de Jehová es enseñanza de sabiduría,
y a la honra precede la humildad.

CAPÍTULO 16

Mejor es adquirir sabiduría que oro — Antes de la destrucción viene el orgullo — Las canas del justo son corona de honra.

DEL hombre son los [a]planes del corazón,
mas de Jehová es la respuesta de la [b]lengua.
2 Todos los caminos del hombre son limpios ante sus propios ojos,
pero Jehová pesa los espíritus.
3 [a]Encomienda a Jehová tus obras,
y tus pensamientos serán afirmados.
4 Todas las cosas ha hecho Jehová para sus propios fines,
y aun al malvado para el día malo.
5 Abominación es a Jehová todo altivo de corazón;
ciertamente no será considerado inocente.
6 Con misericordia y verdad se corrige la iniquidad,
y con el temor de Jehová los hombres se [a]apartan del mal.
7 Cuando los caminos del hombre son agradables a Jehová,
aun a sus enemigos hace estar en [a]paz con él.
8 [a]Mejor es lo poco con justicia
que muchas ganancias con injusticia.
9 El corazón del hombre propone su camino,
pero Jehová dirige sus pasos.
10 [a]Oráculo hay en los labios del rey;
en el juicio no transgredirá su boca.
11 Peso y balanzas justas son de Jehová;
obra suya son todas las pesas de la bolsa.

29 *a* Mos. 11:23–25; DyC 101:7.
32 *a* *O sea,* el que obedece.
33 *a* GEE Reverencia.

16 1 *a* Alma 16:16–17.
b DyC 100:5–8.
3 *a* GEE Obediencia, obediente, obedecer.
6 *a* 3 Ne. 20:26.
7 *a* GEE Pacificador.
8 *a* Alma 32:12–13.
10 *a* *O sea,* la palabra de Dios.

12 Abominación es a los reyes cometer [a]maldad,
porque con la justicia será afirmado el trono.
13 Los [a]labios [b]justos son el deleite de los reyes,
y éstos aman al que habla lo recto.
14 La ira del rey es *como* mensajero de muerte,
pero el hombre sabio la apaciguará.
15 En la alegría del rostro del rey está la vida,
y su favor es como nube de lluvia tardía.
16 Mejor es adquirir [a]sabiduría que el oro,
y adquirir [b]entendimiento vale más que la plata.
17 El camino de los rectos es apartarse del mal;
el que guarda su camino guarda su alma.
18 Antes del quebranto va la [a]soberbia,
y antes de la caída, la altivez de espíritu.
19 Mejor es ser de espíritu [a]humilde con los pobres
que repartir el botín con los soberbios.
20 El entendido en la palabra hallará el bien,
y el que [a]confía en Jehová es [b]bienaventurado.
21 El sabio de corazón es llamado prudente,
y la dulzura de labios aumenta el saber.
22 Manantial de vida es el entendimiento para el que lo posee,
pero la instrucción de los necios es necedad.
23 El corazón del sabio hace prudente su boca
y añade persuasión a sus labios.
24 Panal de miel son los dichos agradables,
dulzura al alma y salud a los huesos.
25 Hay camino que al hombre le parece recto,
pero su fin es camino de muerte.
26 El alma del que trabaja, trabaja para sí,
porque su boca le impulsa.
27 El hombre perverso cava en busca del mal,
y en sus labios hay como [a]fuego abrasador.
28 El hombre perverso provoca [a]contienda,
y el chismoso separa a los mejores amigos.
29 El hombre violento incita a su prójimo
y le hace andar por mal camino;
30 cierra sus ojos para tramar perversidades,
apretando sus labios, efectúa el mal.

12 *a* Mos. 29:17–18.
13 *a* *Es decir,* la comunicación.
b GEE Rectitud, recto.
16 *a* GEE Sabiduría.
b GEE Entender, entendimiento.
18 *a* GEE Orgullo.
19 *a* GEE Humildad, humilde, humillar (afligir).
20 *a* GEE Confianza, confiar.
b GEE Gozo.
27 *a* Stg. 3:3–6.
28 *a* GEE Contención, contienda.

31 Corona de honra son las [a]canas;
se halla en el camino de la justicia.
32 Mejor es el que [a]tarda en airarse que el poderoso,
y el que se enseñorea de su espíritu que el que toma una ciudad.
33 La suerte se echa en el regazo,
mas de Jehová es la decisión de ella.

CAPÍTULO 17

El que se alegra de la calamidad será castigado — El amigo ama en todo tiempo — Aun el necio, cuando calla, es contado por sabio.

MEJOR es un bocado seco y en paz
que casa de contiendas llena de provisiones.
2 El siervo prudente se enseñoreará del hijo que avergüenza,
y con los hermanos compartirá la herencia.
3 El [a]crisol para la plata y el horno para el oro,
pero Jehová [b]prueba los corazones.
4 El malo está atento al labio inicuo,
y el mentiroso escucha la lengua destructora.
5 El que [a]escarnece al pobre afrenta a su Hacedor;
y el que [b]se alegra de la calamidad no quedará sin castigo.
6 Corona de los ancianos son los hijos de los hijos,
y la honra de los hijos son sus padres.
7 No conviene al necio la grandilocuencia,
¡cuánto menos al príncipe el labio mentiroso!
8 Piedra preciosa es el cohecho a los ojos de sus dueños;
a dondequiera que se vuelve, prospera.
9 El que [a]cubre la transgresión [b]busca afecto,
pero el que reitera el asunto separa a los amigos.
10 La reprensión aprovecha al entendido
más que cien azotes al necio.
11 El malo no busca sino la rebelión,
y mensajero cruel será enviado contra él.
12 Mejor es encontrarse con una osa a la cual le han robado sus cachorros
que con un necio en su necedad.
13 Al que da mal por bien,
el mal no se apartará de su casa.
14 El comienzo de la contención es *como*
el soltar de las aguas;

31 *a* *Es decir,* la vejez.
32 *a* GEE Enojo.
17 3 *a* DyC 128:24.
b DyC 136:31–33.
5 *a* Mos. 4:16–18.
b Job 31:29–30.
9 *a* *Es decir,* perdona una transgresión.
b *Es decir,* promueve una relación de amistad.

deja, pues, la [a]rencilla antes
que se complique.
15 El que [a]justifica al malvado
y el que condena al justo,
ambos son igualmente abominación a Jehová.
16 ¿De qué sirve el precio en la
mano del necio para comprar sabiduría
si no tiene entendimiento?
17 En todo tiempo ama el
amigo,
y el hermano nace para *el tiempo de* [a]angustia.
18 El hombre falto de entendimiento [a]estrecha la mano
para salir fiador en presencia
de su prójimo.
19 El que ama la transgresión
ama la rencilla;
el que [a]exalta su puerta busca
quebranto.
20 El perverso de corazón nunca
hallará el bien,
y el de lengua pervertida
caerá en el mal.
21 El que engendra al necio,
para su tristeza *lo engendra*;
y el padre del necio no se
alegrará.
22 El corazón [a]alegre hace bien
como una buena medicina,
pero el espíritu triste seca
los huesos.
23 El malvado [a]toma soborno
de su seno
para pervertir las sendas de
la justicia.
24 La sabiduría está delante
del entendido,
pero los ojos del necio,
vagan hasta el extremo de
la tierra.
25 El hijo necio es irritación
para su padre,
y amargura para la que lo
dio a luz.
26 Tampoco es bueno condenar
al justo
ni golpear a los nobles por
su rectitud.
27 [a]Retiene sus palabras el
que tiene sabiduría;
de espíritu excelente es el
hombre entendido.
28 Aun el necio, cuando
calla, es tenido por
sabio;
el que cierra sus labios, por
entendido.

CAPÍTULO 18

La boca del necio es su destrucción — El que halla esposa halla el bien — El hombre que tiene amigos ha de mostrarse amistoso.

EL que se aparta busca su propio deseo;
y se entremete en toda sana
sabiduría.
2 No se deleita el necio en el
[a]entendimiento,
sino en lo que su corazón
exteriorice.
3 Cuando viene el malvado,

14 *a* GEE Contención, contienda.
15 *a* Isa. 5:20–23.
17 *a* GEE Adversidad.
18 *a* *O sea,* se compromete.
19 *a* Prov. 29:23.
22 *a* DyC 59:15.
23 *a* GEE Engañar, engaño.
27 *a* Stg. 1:19.
18 2 *a* GEE Entender, entendimiento.

viene también el menosprecio,
y con la ignominia, viene la afrenta.
4 Aguas profundas son las palabras de la boca del hombre;
arroyo que fluye, la fuente de la sabiduría.
5 Tener respeto a la [a]persona del malvado
para hacer caer al justo en el juicio no es bueno.
6 Los labios del necio entran en [a]contienda,
y su boca clama por azotes.
7 La boca del necio es destrucción para sí,
y sus labios son trampa para su alma.
8 Las palabras del [a]chismoso son como bocados deliciosos
y descienden hasta lo profundo del vientre.
9 También el que es [a]negligente en su trabajo
es hermano del hombre destructor.
10 Torre fuerte es el nombre de Jehová;
a ella corre el justo y está a salvo.
11 Las riquezas del [a]rico son su ciudad fortificada;
son como un muro alto en su imaginación.
12 Antes del quebranto [a]se enorgullece el corazón del hombre,
y a la honra precede la [b]humildad.
13 Al que responde a un asunto antes de haber oído,
le es necedad y oprobio.
14 El espíritu del hombre soportará su enfermedad,
pero, ¿quién soportará al ánimo angustiado?
15 El corazón del entendido adquiere [a]conocimiento,
y el oído de los sabios busca el conocimiento.
16 Los regalos del hombre le abren *el camino*
y le llevan delante de los grandes.
17 Justo parece el [a]primero que aboga por su propia causa,
hasta que viene su prójimo y le pone a prueba.
18 *El echar* suertes pone fin a los pleitos
y decide entre los poderosos.
19 El hermano [a]ofendido *es más tenaz* que una ciudad fuerte,
y las contiendas son como cerrojos de alcázar.
20 Del fruto de la boca del hombre se saciará su vientre;
se saciará del producto de sus labios.
21 La muerte y la vida están en poder de la [a]lengua,
y los que la aman comerán de sus frutos.

5 *a* Sal. 82:2.
6 *a* GEE Contención, contienda.
8 *a* GEE Chismes.
9 *a* GEE Ociosidad, ocioso.
11 *a* Mateo 19:20–24.
12 *a* Prov. 29:23.
b Alma 7:23; DyC 112:10.
15 *a* GEE Conocimiento.
17 *a* Mar. 9:33–35.
19 *a* GEE Ofender.
21 *a* Mateo 12:34–37.

22 [a]El que halla [b]esposa halla el bien
y alcanza la benevolencia de Jehová.
23 El pobre habla con ruegos,
pero el rico responde con dureza.
24 El hombre *que tiene* amigos ha de mostrarse amistoso,
y hay amigos más unidos que un hermano.

CAPÍTULO 19

La esposa prudente proviene de Jehová — El que se apiada del pobre le presta a Jehová — Es mejor ser pobre que mentiroso.

MEJOR es el [a]pobre que camina en su [b]integridad
que el de labios perversos y necio.
2 Tampoco es bueno que un alma no tenga [a]conocimiento,
y el que se apresura con los pies peca.
3 La insensatez del hombre pervierte su camino,
y contra Jehová se irrita su corazón.
4 Las riquezas atraen muchos amigos,
pero el pobre es apartado de su amigo.
5 El testigo falso no quedará sin castigo,
y el que habla mentiras no escapará.
6 Muchos imploran el favor del príncipe,
y todos son [a]amigos del hombre que da regalos.
7 Todos los hermanos del pobre le aborrecen,
¡cuánto más sus amigos se alejarán de él!
Los buscará para hablarles
y no los hallará.
8 El que adquiere entendimiento ama su alma;
el que guarda el entendimiento hallará el bien.
9 El testigo falso no quedará sin castigo,
y el que habla [a]mentiras perecerá.
10 No conviene al necio el deleite,
¡cuánto menos al siervo ser señor de los príncipes!
11 La prudencia del hombre detiene su furor,
y su honra es pasar por alto la ofensa.
12 Como el rugido del león es la ira del rey,
y su favor, como el rocío sobre la hierba.
13 El hijo necio es la ruina de su padre;
y [a]gotera continua, las contiendas de la [b]esposa.

22 *a* TJS Prov. 18:22 El que halla *una buena* esposa, *ha alcanzado* la benevolencia de Jehová.
b GEE Matrimonio.

19 1 *a* GEE Pobres.
b Véase también Prov. 28:6; Alma 27:27; DyC 124:15, 20. GEE Integridad.

2 *a* DyC 42:61; Abr. 1:2.
6 *a* Mateo 5:46.
9 *a* 2 Ne. 9:34.
13 *a* Prov. 27:15.
b Prov. 21:9.

14 La casa y las riquezas herencia son de los padres,
mas la esposa prudente proviene de Jehová.
15 La pereza hace caer en sueño profundo,
y el alma negligente padecerá hambre.
16 El que [a]guarda el mandamiento guarda su alma;
el que menosprecia sus caminos morirá.
17 A Jehová presta el que se [a]apiada del pobre,
y él le recompensará por su buena obra.
18 [a]Corrige a tu hijo mientras haya esperanza,
mas no se altere tu alma para destruirlo.
19 El de gran ira llevará el castigo,
y si lo libras, tendrás que hacerlo de nuevo.
20 Escucha el consejo y acepta la corrección,
para que seas sabio en tu vejez.
21 Muchos planes hay en el corazón del hombre,
pero el [a]consejo de Jehová permanecerá.
22 Contentamiento es a los hombres hacer misericordia,
y mejor es ser pobre que ser mentiroso.
23 El [a]temor de Jehová lleva a la vida;
y *el que lo tiene* vivirá lleno de reposo;
no será visitado por el mal.
24 El perezoso mete su mano en el plato,
pero ni aun a su boca la llevará.
25 Golpea al escarnecedor, y el ingenuo se hará astuto;
pero reprende al entendido, y éste discernirá el conocimiento.
26 El que [a]asalta a su padre y ahuyenta a su madre
es un hijo que causa vergüenza y acarrea oprobio.
27 Cesa, hijo mío, de [a]oír la enseñanza
que te desvía de las palabras del conocimiento.
28 El testigo perverso se burla del juicio,
y la boca de los malvados traga la iniquidad.
29 Establecidos están los juicios para los escarnecedores,
y [a]azotes para las espaldas de los insensatos.

CAPÍTULO 20

El vino es escarnecedor y la bebida fuerte, alborotadora — Vuélvete a Jehová y Él te salvará.

EL [a]vino es escarnecedor, la bebida fuerte, alborotadora;
y cualquiera que por su causa yerre no es sabio.

16 *a* DyC 1:31–33.
17 *a* GEE Compasión.
18 *a* GEE Castigar, castigo.
21 *a* GEE Consejo.
23 *a* GEE Temor.
26 *a* Prov. 20:20; Mos. 13:20.
27 *a* Mos. 2:36–38.
29 *a* Prov. 10:13.
20 1 *a* GEE Palabra de Sabiduría.

2 Como rugido de león es la
ira del rey;
el que le hace enfurecer peca
contra su propia vida.
3 Honra es del hombre dejar
la contienda,
pero todo insensato se enreda *en ella.*
4 El [a]perezoso no ara después
del otoño;
pedirá, pues, en la siega, y
no *hallará.*
5 *Como* aguas profundas es
el [a]consejo en el corazón
del hombre,
pero el hombre entendido
lo sacará.
6 Muchos hombres hay que
proclaman su propia bon-
dad,
pero hombre fiel, ¿quién lo
hallará?
7 El justo camina en su [a]inte-
gridad;
bienaventurados son sus
hijos después de él.
8 El rey que se sienta en el
trono del juicio
con su mirar disipa todo
mal.
9 ¿Quién podrá decir: Yo he
[a]limpiado mi corazón;
limpio estoy de mi [b]pe-
cado?
10 Pesa falsa y medida falsa,
ambas cosas son abomina-
ción a Jehová.
11 Aun el muchacho es conocido por sus [a]hechos,
si su obra es limpia y recta.
12 El oído que oye y el ojo que
ve,
ambas cosas igualmente ha
hecho Jehová.
13 No ames el [a]sueño, para que
no te empobrezcas;
abre tus ojos *y* te saciarás
de pan.
14 El que compra dice: Malo es,
malo es;
pero cuando se aparta, se
jacta *de la compra.*
15 Hay oro y multitud de piedras preciosas,
mas los labios del conocimiento son joyas precio-
sas.
16 Quítale su ropa al que
salió por fiador del ex-
traño,
y toma prenda de él por la
mujer extranjera.
17 Sabroso es al hombre [a]el pan
de engaño,
pero después su boca será
llena de cascajo.
18 Los planes con el consejo se
establecen,
y con sabia estrategia se hace
la guerra.
19 El que revela secretos en
[a]chismes anda;
no te entrometas, pues, con
el suelto de lengua.
20 Al que maldice a su [a]padre
o a su madre
se le apagará su [b]lámpara en
[c]oscuridad tenebrosa.

4 *a* GEE Ociosidad, ocioso.
5 *a* GEE Consejo.
7 *a* GEE Integridad.
9 *a* GEE Pureza, puro.
b DyC 109:34.
11 *a* GEE Responsabilidad, responsable.
13 *a* DyC 88:124.
17 *a* *Es decir,* el pan obtenido con mentiras.
19 *a* GEE Chismes.
20 *a* GEE Familia—Las responsabilidades de los hijos.
b GEE Luz, luz de Cristo.
c GEE Tinieblas espirituales.

21 La herencia adquirida de prisa al principio
no será bendecida al final.
22 No digas: [a]Devolveré el mal;
espera a Jehová, y él te salvará.
23 Abominación son a Jehová las pesas falsas,
y la balanza falsa no es buena.
24 De Jehová son los [a]pasos del hombre;
¿cómo, pues, entenderá el hombre su camino?
25 Trampa es para el hombre apresurarse a decir: Santo es,
y después de haberlo dicho, reflexionar.
26 El rey sabio dispersa a los malvados
y sobre ellos hace rodar la rueda.
27 Lámpara de Jehová es el espíritu del hombre,
la cual escudriña lo más profundo del ser.
28 Misericordia y verdad guardan al rey,
y con clemencia se sustenta su trono.
29 La gloria de los jóvenes es su fuerza;
y la hermosura de los ancianos, sus canas.
30 Las señales de las heridas limpian del mal;
y los golpes, lo más profundo del ser.

CAPÍTULO 21

Haz justicia y juicio — Sigue la justicia y la misericordia — La salvación viene de Jehová.

Como los ríos de agua, así está el corazón del rey en la mano de Jehová;
a todo lo que quiere lo inclina.
2 Todo camino del hombre es recto ante sus propios ojos,
pero Jehová pesa los [a]corazones.
3 Hacer justicia y juicio es para Jehová
más agradable que el [a]sacrificio.
4 La altivez de ojos, y el orgullo del corazón
y el [a]barbecho de los malvados son pecado.
5 Los pensamientos del diligente ciertamente *van* a la abundancia,
pero todo el que se apresura, indefectiblemente va a la pobreza.
6 Acumular tesoros con lengua mentirosa
es vanidad fugaz de los que buscan la muerte.
7 La rapiña de los malvados los destruirá,
por cuanto no quisieron hacer juicio.
8 El camino del [a]hombre perverso es torcido y extraño;

22 *a* GEE Venganza.
24 *a* GEE Camino (vía).
21 2 *a* GEE Corazón.
3 *a* 1 Sam. 15:22.
4 *a* *O sea*, el cultivar la maldad.
8 *a* GEE Hombre natural.

mas la conducta del puro
es recta.
9 Mejor es vivir en un rincón
del terrado
que con mujer rencillosa
en casa espaciosa.
10 El alma del malvado desea
el mal;
su prójimo no halla favor
ante sus ojos.
11 Cuando el escarnecedor es
castigado, el ingenuo se
hace sabio;
y cuando se instruye al
sabio, éste adquiere conocimiento.
12 Considera el justo la casa del
[a]malvado,
cómo los malvados son trastornados por el mal.
13 El que cierra su oído al clamor del [a]pobre
también clamará y no será
oído.
14 El regalo en secreto calma el
furor;
y el soborno en el seno, la
fuerte ira.
15 Alegría es al justo hacer
juicio,
pero destrucción a los que
hacen iniquidad.
16 El hombre que [a]se aparta
del camino del entendimiento
irá a parar en la congregación de los muertos.
17 Hombre pobre será el que
ama el deleite,
y el que ama el vino y los
ungüentos no se enriquecerá.
18 El rescate por el justo será el
malvado,
y por los rectos, el transgresor.
19 Mejor es morar en tierra desierta
que con mujer rencillosa e
iracunda.
20 Tesoro deseable y aceite hay
en la casa del sabio,
pero el hombre insensato
todo lo disipa.
21 El que sigue la justicia y la
misericordia
hallará la [a]vida, la justicia y
la honra.
22 La ciudad de los poderosos
tomó el sabio
y derribó la fuerza en que
ella [a]confiaba.
23 El que guarda su [a]boca y su
lengua,
su alma guarda de angustias.
24 Soberbio y presuntuoso escarnecedor es el nombre
del que actúa con insolente
orgullo.
25 El deseo del [a]perezoso le
mata,
porque sus manos no quieren trabajar.
26 El codicioso [a]codicia todo
el día,
pero el justo [b]da y no retiene.
27 El sacrificio de los malvados
es abominación,

12 *a* GEE Impío.
13 *a* Mos. 4:16–19.
16 *a* GEE Apostasía.
21 *a* GEE Vida.
22 *a* GEE Orgullo.
23 *a* Stg. 3:4–6.
25 *a* GEE Ociosidad, ocioso.
26 *a* GEE Codiciar.
b GEE Caridad.

¡cuánto más ofreciéndolo
con maldad!
28 El testigo falso perecerá,
pero el habla del hombre que
oye permanecerá.
29 El hombre malvado endurece su rostro,
pero el recto asegura sus
caminos.
30 No hay sabiduría, ni entendimiento
ni consejo contra Jehová.
31 El caballo se prepara para
el día de la batalla,
pero de Jehová es la victoria.

CAPÍTULO 22

El buen nombre es mejor que las riquezas — Instruye al niño en su camino.

DE más estima es el buen
nombre que las muchas
riquezas,
y la buena fama más que la
plata y el oro.
2 El [a]rico y el pobre se encuentran;
a todos ellos los hizo
Jehová.
3 El prudente ve el mal y se
esconde,
pero los ingenuos pasan y
reciben el daño.
4 Riquezas, y honra y vida
son la remuneración de la
humildad *y* del [a]temor de
Jehová.
5 Espinas *y* trampas hay en el
camino del [a]perverso;
el que guarda su alma se
alejará de ellos.
6 [a]Instruye al niño [b]en su camino;
y aun cuando fuere viejo, no
se apartará de él.
7 El rico se enseñorea de los
pobres;
y el que [a]toma prestado es
siervo del que presta.
8 El que siembra iniquidad,
iniquidad segará,
y perecerá la vara de su
ira.
9 El ojo misericordioso será
bendito,
porque [a]dio de su pan al
indigente.
10 Echa fuera al [a]escarnecedor,
y saldrá la [b]contienda,
y cesarán el pleito y la
afrenta.
11 El que ama la pureza de corazón,
por la gracia de sus labios, el
rey será su amigo.
12 Los ojos de Jehová velan por
el conocimiento,
pero él trastorna las palabras
de los pérfidos.
13 Dice el perezoso: Hay un
león fuera;
me matará en la calle.
14 Fosa profunda es la boca de
la [a]mujer extraña;

22 2 *a* Mos. 4:19.
4 *a* Mos. 2:21–22.
GEE Temor—Temor de Dios.
5 *a* Hel. 13:29.
6 *a* GEE Familia—Las responsabilidades de los padres.
b *O sea*, en el camino que debe seguir.
GEE Camino (vía).
7 *a* GEE Deuda.
9 *a* GEE Limosna.
10 *a* 1 Ne. 8:33–34.
b GEE Contención, contienda.
14 *a* HEB extranjera; es decir, mujer que no es del convenio.
GEE Fornicación.

aquel al que Jehová aborrezca caerá en ella.
15 La necedad está ligada al corazón del muchacho,
mas la vara de la corrección la alejará de él.
16 El que oprime al pobre para enriquecerse,
y que da al rico, ciertamente será pobre.
17 Inclina tu oído, y oye las palabras de los sabios,
y aplica tu corazón a mi conocimiento,
18 porque es cosa deleitable que las
guardes dentro de ti,
y se afirmarán en tus labios.
19 Para que tu confianza esté en Jehová,
te *las* he hecho saber hoy a ti también.
20 ¿No te he escrito tres veces en consejos y en conocimiento,
21 para hacerte saber la certeza de las [a]palabras de verdad,
a fin de que respondas palabras de verdad a los que a ti te envíen?
22 No robes al pobre, porque es pobre;
ni oprimas [a]en la puerta al afligido,
23 porque Jehová juzgará la causa de ellos,
y despojará el alma de aquellos que los despojen.
24 No hagas amistad con el iracundo
ni andes con el hombre irascible,
25 no sea que aprendas sus maneras
y tiendas trampa para tu propia alma.
26 No estés entre los que se [a]estrechan la mano,
entre los que salen fiadores de deudas.
27 Si no tienes con qué pagar,
¿por qué han de quitar tu cama de debajo de ti?
28 No traspases los [a]linderos antiguos
que pusieron tus padres.
29 ¿Has visto hombre diligente en su obra?
Delante de los reyes estará;
no estará delante de los de baja condición.

CAPÍTULO 23

No te afanes por hacerte rico — Así como el hombre piensa en su corazón, tal es él — No rehúses corregir al muchacho — No estés con los bebedores de vino que se embriagan.

CUANDO te sientes a comer con algún gobernante,
considera bien lo que está delante de ti;
2 y pon cuchillo a tu garganta
si tienes gran [a]apetito.

21 *a* GEE Escrituras.
22 *a* HEB en la puerta. *O sea,* en los tribunales.
26 *a* *Es decir,* se dan la mano, como señal de un compromiso financiero.
28 *a* HEB la frontera, los límites. Oseas 5:10.
23 2 *a* GEE Palabra de Sabiduría.

3 No codicies sus manjares
delicados,
porque es pan engañoso.
4 No te afanes por hacerte
[a]rico;
deja de apoyarte en tu propia
[b]prudencia.
5 ¿Has de poner tus ojos en
las riquezas que no son
nada?
Porque ciertamente se harán alas,
como alas de águila, y volarán al cielo.
6 No comas pan del maligno
de ojo
ni codicies sus manjares,
7 porque cual es su [a]pensamiento en su [b]corazón, tal
es él.
Come y bebe, te dirá,
pero su corazón no está
contigo.
8 Vomitarás el bocado que
comiste
y perderás tus suaves palabras.
9 No hables a oídos del [a]necio,
porque menospreciará la prudencia de tus palabras.
10 No muevas el lindero antiguo,
ni entres en los campos de
los huérfanos,
11 porque el redentor de ellos
es el Fuerte;
él [a]defenderá la causa de
ellos contra ti.
12 Aplica tu corazón a la [a]enseñanza
y tus oídos a las palabras
del conocimiento.
13 No rehúses corregir al muchacho,
porque si lo castigas con vara,
no morirá.
14 Lo castigarás con vara
y librarás su alma del
Seol.
15 Hijo mío, si tu corazón es
sabio,
también a mí se me alegrará
el corazón;
16 mis entrañas también se
alegrarán
cuando tus labios hablen
cosas rectas.
17 No tenga tu corazón [a]envidia
de los pecadores;
antes bien, *persevera* en
el temor de Jehová todo
el día,
18 porque ciertamente hay un
porvenir,
y tu esperanza no será talada.
19 Oye, hijo mío, y sé sabio,
y endereza tu corazón al
camino.
20 No estés con los bebedores
de vino
ni con los comilones de
carne;
21 porque el [a]bebedor y el
[b]comilón se empobrecerán,
y el mucho dormir los hará
vestir de harapos.
22 Oye a tu padre, que te
engendró;

4 *a* Jacob 2:18–19.
b 2 Ne. 9:28, 42.
7 *a* GEE Pensamientos.
b GEE Corazón.
9 *a* DyC 6:12; 10:37.
11 *a* GEE Redención, redimido, redimir.
12 *a* DyC 88:118.
17 *a* GEE Envidia.
21 *a* GEE Palabra de Sabiduría.
b DyC 59:20.

y cuando tu madre envejezca,
no la menosprecies.
23 [a]Compra la [b]verdad y no la vendas;
también la sabiduría, la enseñanza y [c]el entendimiento.
24 Mucho se alegrará el padre del justo,
y el que engendra hijo sabio se regocijará con él.
25 ¡Alégrense tu padre y tu madre!
¡Y regocíjese la que te dio a luz!
26 Dame, hijo mío, tu corazón,
y observen tus ojos mis caminos.
27 Porque fosa profunda es la [a]ramera;
y pozo angosto, la extraña.
28 Ciertamente ella está al acecho de la presa,
y multiplica entre los hombres a los pérfidos.
29 ¿Para quién será el ay? ¿Para quién el pesar?
¿Para quién las rencillas? ¿Para quién las quejas?
¿Para quién las heridas en balde?
¿Para quién lo enrojecido de los ojos?
30 Para los que se detienen mucho en el vino;
para los que van buscando vinos mezclados.
31 No mires al vino cuando rojea,
cuando resplandece su color en la copa,
cuando entra suavemente.
32 Al final muerde como serpiente,
y pica como [a]áspid.
33 Tus ojos a [a]las extrañas,
y tu corazón hablará perversidades.
34 Y serás como el que yace en medio del mar,
o como el que está en la punta de un mástil.
35 *Y dirás*: Me hirieron, pero no me dolió;
me golpearon, pero no lo sentí.
Cuando despierte, aún volveré en busca de más.

CAPÍTULO 24

En la multitud de consejeros está la salvación — No te encolerices a causa de los malignos — No es bueno mostrar parcialidad en un juicio.

No tengas [a]envidia de los hombres malos
ni desees estar con ellos,
2 porque su corazón maquina violencia,
y sus labios hablan de hacer mal.
3 Con sabiduría se edificará la casa,
y con entendimiento se afirmará,

23 *a O sea,* acepta.
b GEE Verdad.
c GEE Entender, entendimiento.
27 *a* GEE Inmoralidad sexual.
32 *a Es decir,* víbora.
33 *a* HEB extranjeras; es decir, mujeres que no eran del convenio.
24 1 *a* GEE Envidia.

4 y con conocimiento se llenarán las cámaras
de todo bien preciado y agradable.
5 El hombre sabio es fuerte,
y el hombre de conocimiento aumenta su poder.
6 Porque con sabio consejo harás la guerra,
y la salvación está en la multitud de [a]consejeros.
7 Demasiado alta está para el insensato la sabiduría;
en la puerta no abrirá él su boca.
8 Al que trama hacer el mal
le llamarán hombre de malas intenciones.
9 El pensamiento del [a]necio es pecado;
y abominación a los hombres es el escarnecedor.
10 Si flaqueas en el día de [a]angustia,
tu fuerza es limitada.
11 Si dejas de librar a los que son llevados a la muerte
y a los que son llevados al degolladero,
12 si dices: He aquí, no lo supimos,
¿acaso no lo entenderá el que [a]pesa los corazones?
El que mira por tu alma, él lo conocerá
y recompensará al hombre según sus [b]obras.
13 Come, hijo mío, de la miel, porque es buena;
y el panal es dulce a tu paladar.
14 Así será el conocimiento de la sabiduría para tu alma;
si la hallas, entonces habrá un porvenir,
y tu esperanza no será frustrada.
15 Oh malvado, no aceches la morada del justo,
ni saquees el lugar de su descanso,
16 porque siete veces cae el justo y vuelve a [a]levantarse,
pero los malvados caerán en el mal.
17 Cuando caiga tu [a]enemigo, no te regocijes;
y cuando tropiece, no se alegre tu corazón,
18 no sea que Jehová lo vea, y le desagrade
y aparte de sobre él su enojo.
19 No te alteres a causa de los malignos,
ni tengas envidia de los malvados;
20 porque para el malo no habrá *buen* porvenir,
y la lámpara de los malvados será apagada.
21 [a]Teme a Jehová, hijo mío, y al rey;
no te asocies con los inestables,
22 porque su desgracia llegará de repente;
y la ruina de ambos, ¿quién puede saberla?
23 También éstos son dichos de los sabios:

6 *a* GEE Consejo.
9 *a* GEE Frivolidad.
10 *a* *Es decir,* adversidad.
12 *a* GEE Meditar.
b GEE Obras.
16 *a* DyC 20:32, 37.
17 *a* 3 Ne. 12:44–45.
21 *a* GEE Temor—Temor de Dios.

[a]Hacer acepción de personas
en el juicio no es bueno.
24 Al que diga al [a]malo: Justo
eres,
los pueblos le maldecirán
y le detestarán las naciones.
25 Pero a los que *le* reprendan
será agradable,
y sobre ellos vendrá una
gran bendición.
26 Besados serán los labios
del que responde palabras
correctas.
27 [a]Prepara tu trabajo fuera,
y disponlo en tu campo,
y después edifica tu casa.
28 No seas, sin causa, [a]testigo
contra tu prójimo,
ni [b]engañes con tus labios.
29 No digas: Como me hizo,
[a]así le haré;
daré el pago al hombre según su obra.
30 Pasé junto al campo del
hombre [a]perezoso,
y junto a la viña del hombre
falto de entendimiento;
31 y he aquí que por todas
partes habían ya crecido
espinos;
ortigas habían ya cubierto
su faz
y su cerca de piedra estaba
ya destruida.
32 Y yo miré y lo puse en mi
corazón;
lo vi y aprendí una lección:
33 Un poco de sueño, cabeceando otro poco,
poniendo mano sobre
mano para dormir otro
poco,
34 así vendrá como caminante
tu pobreza,
y tu necesidad como hombre
armado.

CAPÍTULO 25

No te jactes de falsos dones — Da de comer y de beber a tu enemigo.

TAMBIÉN éstos son [a]proverbios
de Salomón, los cuales copiaron los hombres de Ezequías, rey
de Judá:
2 Gloria de Dios es [a]encubrir
un asunto,
pero honra del rey es escudriñarlo.
3 Como la altura de los cielos
y como la profundidad de
la tierra,
así es el corazón de los reyes,
inescrutable.
4 Quita la escoria de la plata,
y saldrá una vasija para el
fundidor.
5 Aparta al malvado de la presencia del [a]rey,
y su trono se afirmará en
justicia.
6 No te alabes delante del
rey,
ni estés en el lugar de los
grandes,
7 porque mejor es que se te
diga: [a]Sube acá,

23 *a* Deut. 1:17.
24 *a* 2 Ne. 15:20.
27 *a* Lucas 14:28; DyC 88:119.
28 *a* Mos. 13:23.
b GEE Mentiras.
29 *a* Mateo 7:12.
30 *a* GEE Ociosidad, ocioso.
25 1 *a* GEE Proverbio.
2 *a* DyC 5:3; 124:38, 41.
5 *a* GEE Reino de Dios o de los cielos.
7 *a* GEE Venir.

y no que seas humillado
delante del príncipe
a quien tus ojos han
visto.
8 No entres apresuradamente
en pleito,
no sea que no sepas qué
hacer al final,
después que tu prójimo te
haya avergonzado.
9 Trata tu causa con tu prójimo
y no [a]descubras el secreto
a otro,
10 no sea que te avergüence el
que lo oiga,
y tu infamia no pueda repararse.
11 Manzana de oro con figuras
de plata
es la palabra dicha debidamente.
12 *Como* zarcillo de oro y joyel
de oro fino
es el sabio que reprende al
que tiene oído dócil.
13 Como frío de nieve en tiempo
de la siega,
así es el mensajero fiel a los
que lo envían,
pues al alma de su señor da
refrigerio.
14 *Como* nubes y vientos sin
lluvia,
así es el hombre que se jacta
de falsos dones.
15 Con larga paciencia [a]se
persuade al príncipe,
y la lengua blanda quebranta
los huesos.
16 ¿Hallaste miel? Come lo
necesario,
no sea que te hartes de ella
y la vomites.
17 Detén tu pie de la casa de tu
vecino,
no sea que, harto de ti, te
aborrezca.
18 [a]Mazo, y espada y saeta
aguda
es el hombre que habla contra su prójimo [b]falso testimonio.
19 Diente quebrado y pie resbalador
es la confianza en el pérfido
en tiempo de angustia.
20 El que canta canciones al
corazón afligido
es como el que quita la ropa
en tiempo de frío
o el que sobre el jabón *echa*
vinagre.
21 Si tu [a]enemigo tuviere hambre, dale de comer pan;
y si tuviere sed, dale de beber agua,
22 porque brasas amontonarás
sobre su cabeza,
y Jehová te lo pagará.
23 El viento del norte trae la
lluvia,
la lengua calumniadora, el
rostro airado.
24 Mejor es estar en un rincón
del terrado
que con mujer rencillosa en
casa espaciosa.
25 *Como* el agua fría al alma
sedienta,
así son las buenas nuevas
de lejanas tierras.
26 *Como* fuente turbia y manantial corrompido

9 *a* *O sea,* no reveles.
15 *a* DyC 121:41–42.
18 *a* HEB que dispersa; es decir, cierta clase de instrumento de guerra.
b Mos. 13:23.
GEE Engañar, engaño.
21 *a* 3 Ne. 12:43–45.

es el justo que vacila ante el malvado.
27 Comer mucha miel no es bueno,
ni el buscar la propia [a]gloria es gloria.
28 *Como* ciudad derribada y sin muro
es el hombre cuyo espíritu no tiene rienda.

CAPÍTULO 26

La honra no es apropiada para el necio — No respondas al necio de acuerdo con su necedad — Donde no hay chismoso, cesa la contienda.

COMO la nieve en el verano y la lluvia en la siega,
así no le sienta bien al necio la [a]honra.
2 Como el ave en su vagar, como la golondrina en su vuelo,
así la maldición nunca vendrá sin causa.
3 El látigo para el caballo, y la brida para el asno,
y la vara para la espalda del necio.
4 Nunca respondas al necio de acuerdo con su necedad,
para que no seas tú también como él.
5 Responde al necio según su necedad,
para que no se estime sabio [a]en su propia opinión.
6 Como el que se corta los pies y bebe violencia,
así es el que envía recado por medio de un necio.
7 Como las piernas débiles del cojo,
así es el proverbio en la boca del necio.
8 Como quien ata la piedra a la honda,
así *hace* el que al necio da honra.
9 Espinas clavadas en mano del embriagado,
tal es el proverbio en la boca de los necios.
10 Como arquero que a todos hiere,
es el que contrata al insensato y a los que pasan.
11 Como perro que vuelve a su [a]vómito,
así es el necio que repite su necedad.
12 ¿Has visto a hombre [a]sabio ante sus propios ojos?
Más se puede esperar del necio que de él.
13 Dice el [a]perezoso: El león está en el camino;
el león está en las calles.
14 Como la puerta gira sobre sus goznes,
así el perezoso da vueltas en su cama.
15 El perezoso mete su mano en el plato,
se cansa de llevarla a su boca.
16 El perezoso es más sabio ante sus propios ojos
que siete que sepan aconsejar.

27 *a* GEE Orgullo.
26 1 *a* GEE Honra, honrar (honor).
5 *a* Véanse los vers. 12, 16.
11 *a* 2 Pe. 2:20–22.
12 *a* 2 Ne. 9:28.
13 *a* DyC 58:29.

17 El que al pasar se entremete
en contienda ajena
es *como* el que toma al perro
por las orejas.
18 Como el que enloquece y
arroja chispas,
saetas y muerte,
19 tal es el hombre que [a]engaña
a su amigo
y dice: ¿Acaso no bromeaba
yo?
20 Sin leña se apaga el fuego;
y donde no hay [a]chismoso,
cesa la contienda.
21 Como el carbón para las
brasas y la leña para el
fuego,
así es el hombre [a]rencilloso
para encender contienda.
22 Las palabras del chismoso
son como bocados delicio-
sos
que descienden hasta lo profundo del ser.
23 *Como* [a]escoria de plata echada
sobre un tiesto
son los labios enardecidos y
el corazón malo.
24 El que odia disimula con sus
labios,
pero en su interior maquina
[a]engaño;
25 cuando hable amigable-
mente, no le creas,
porque siete abominaciones
hay en su corazón.
26 Aunque su odio encubra con
disimulo,
su maldad será [a]descubierta
en la congregación.
27 El que cava [a]fosa caerá en
ella;
y al que hace rodar la piedra,
ésta se le vendrá encima.
28 La lengua mentirosa aborrece a los que oprime,
y la [a]boca lisonjera hace tropezar.

CAPÍTULO 27

Deja que otro te alabe — El hombre prudente prevé el mal — El Seol y la perdición nunca se sacian.

No te [a]jactes del día de mañana,
porque no sabes qué dará de
sí el día.
2 Que te alabe el extraño, y no
tu propia boca;
el ajeno, y no tus propios
labios.
3 Pesada es la piedra, y la
arena pesa,
pero la ira del necio es más
pesada que ambas.
4 Cruel es la ira e impetuoso
el furor,
pero, ¿quién podrá soste-
nerse delante de la envi-
dia?
5 Mejor es la reprensión manifiesta
que el amor encubierto.
6 Fieles son las [a]heridas del
que ama,
pero engañosos los besos del
que aborrece.

19 *a* DyC 10:20, 25.
20 *a* GEE Chismes.
21 *a* GEE Contención, contienda.
23 *a* *Es decir,* residuo.
24 *a* GEE Engañar, engaño.
26 *a* Alma 37:25.
27 *a* 1 Ne. 22:14.
28 *a* Mos. 11:7; DyC 10:22, 25–26.
27 1 *a* GEE Orgullo.
6 *a* DyC 121:43–44.

7 El hombre saciado desprecia
el panal de miel,
mas para el alma hambrienta todo lo amargo le
es dulce.
8 Cual ave que se va de su
nido,
tal es el hombre que se va de
su lugar.
9 El ungüento y el perfume
alegran el corazón,
y la dulzura del amigo
más que el consejo del
alma.
10 No dejes a tu amigo ni al
amigo de tu padre,
ni vayas a la casa de tu hermano en el día de tu aflicción,
porque mejor es el vecino
cerca que el hermano lejos.
11 Sé sabio, hijo mío, y alegra
mi corazón,
y tendré qué responder al
que me agravie.
12 El prudente ve el mal *y* se
esconde,
pero los incautos pasan *y* reciben el daño.
13 Quítale su ropa al que salió
fiador por el extraño,
y tómale prenda al que fía
a [a]la mujer extraña.
14 El que bendice a su amigo
en alta voz, madrugando
de mañana,
por maldición se le contará.
15 Gotera continua en día de
lluvia
y mujer rencillosa son semejantes;
16 pretender contenerla es como
refrenar el viento
o retener el aceite en la mano
derecha.
17 El hierro con hierro se
afila,
así el hombre aguza el rostro
de su amigo.
18 El que [a]cuida la higuera
comerá su fruto,
y el que cuida a su señor
tendrá honra.
19 Como el agua refleja el
rostro,
así el corazón del hombre
refleja al hombre.
20 El [a]Seol y el [b]Abadón nunca
se sacian,
así los ojos del hombre nunca
están satisfechos.
21 Como el [a]crisol para la
plata y el horno para el
oro,
así es la boca alabadora para
el hombre.
22 Aunque majes al necio en
un mortero entre granos
de trigo molidos con el
pisón,
no se apartará de él su necedad.
23 Sé diligente en conocer el
estado de tus [a]ovejas;
pon tu corazón en tus rebaños,

13 *a* HEB extranjera; es decir, mujer que no es del convenio.
18 *a* 2 Ne. 6:13; DyC 133:10–11.
20 *a* HEB mundo o morada de los muertos, sepulcro, infierno. Es un lugar que nunca s e llena.
b HEB lugar de perdición o destrucción.
21 *a* O *sea,* el refinamiento.
23 *a* Alma 5:59–60.

24 porque las [a]riquezas no duran para siempre,
ni una corona es para generaciones perpetuas.
25 Sale la grama, aparece la hierba,
y se siega la hierba de los montes.
26 Los corderos te darán para tus vestidos,
y los cabritos para el precio del campo,
27 y habrá abundancia de leche de las cabras para tu mantenimiento,
para mantenimiento de tu casa
y para sustento de tus criadas.

CAPÍTULO 28

El malvado huye sin que nadie lo persiga — El que camina con integridad será salvo — El hombre fiel tendrá muchas bendiciones.

HUYE el malvado sin que nadie lo persiga,
pero el [a]justo está confiado como un leoncillo.
2 Por la transgresión de la tierra sus príncipes son muchos,
pero por el hombre entendido y sabio permanecerá.
3 El hombre pobre que oprime a los débiles
es como lluvia torrencial que deja sin pan.
4 Los que dejan la ley alaban a los malvados,
pero los que guardan la ley contienden contra ellos.
5 Los hombres malos [a]no entienden de justicia,
pero los que buscan a Jehová entienden todas las cosas.
6 Mejor es el pobre que camina en su integridad
que el rico que anda en perversos caminos.
7 El que guarda la ley es hijo prudente,
pero el que es compañero de glotones avergüenza a su padre.
8 El que [a]aumenta sus riquezas con usura y crecido interés,
las acumula para el que se apiada de los pobres.
9 El que aparta su oído para no oír la [a]ley,
aun su oración es abominación.
10 El que hace errar a los rectos por el mal camino,
[a]caerá en su propia fosa,
pero los íntegros heredarán el bien.
11 El hombre rico es sabio en su propia opinión,
pero el [a]pobre que es entendido le escudriña.
12 Cuando los justos se alegran, grande es la gloria;
pero cuando los malvados se levantan, se esconden los hombres.

24 *a* 2 Ne. 9:30.
28 1 *a* 2 Ne. 9:40.
5 *a* DyC 88:67.
8 *a* Alma 11:20.
9 *a* DyC 88:34–35.
10 *a* GEE Justicia.
11 *a* Alma 32:12–13.

13 El que [a]encubre sus pecados no prosperará,
pero el que los confiesa y [b]*los* abandona alcanzará misericordia.
14 Bienaventurado el hombre que siempre [a]teme *a Dios,*
pero el que [b]endurece su corazón caerá en el mal.
15 Cual león rugiente y oso hambriento
es el gobernante malvado sobre el pueblo pobre.
16 El príncipe falto de entendimiento multiplicará los agravios,
pero el que aborrece la [a]avaricia prolongará sus días.
17 El hombre cargado con *culpa de* sangre de otra persona
[a]huirá hasta el sepulcro
sin que nadie le apoye.
18 El que en integridad camina será salvo,
pero el de perversos caminos caerá en alguno de ellos.
19 El que labra su tierra se saciará de pan,
pero el que sigue a los ociosos se llenará de pobreza.
20 El hombre fiel tendrá muchas bendiciones,
pero el que se apresura a enriquecerse no quedará sin culpa.
21 Hacer [a]acepción de personas no es bueno;
hasta por un bocado de pan transgredirá el hombre.
22 Se apresura a ser rico el hombre maligno de ojo,
y no sabe que le ha de venir la pobreza.
23 El que reprende al hombre hallará después mayor gracia
que el que lisonjea con la lengua.
24 El que roba a su padre o a su madre, y dice que no es maldad,
compañero es del hombre destructor.
25 El altivo de ánimo suscita contiendas,
pero el que confía en Jehová prosperará.
26 El que confía en su corazón es necio,
pero el que camina con sabiduría será salvo.
27 El que da al [a]pobre no tendrá pobreza,
pero el que aparta de él sus ojos tendrá muchas maldiciones.
28 Cuando los [a]malvados se levantan, se esconden los hombres;
pero cuando perecen, los justos se multiplican.

CAPÍTULO 29

Cuando el malvado gobierna, el pueblo gime — El justo conoce la causa de los pobres — El necio da rienda suelta a todo su espíritu — Sin profecía el pueblo se desenfrena.

13 *a* DyC 121:36–37.
b GEE Arrepentimiento, arrepentirse.
14 *a* GEE Temor—Temor de Dios.
b Alma 12:11.
16 *a* GEE Codiciar.
17 *a* *Es decir,* huirá hasta la muerte.
21 *a* Stg. 2:9.
27 *a* GEE Pobres.
28 *a* DyC 98:9.

EL hombre que, al ser reprendido, endurece la cerviz,
de repente será [a]quebrantado, y no habrá remedio *para él.*
2 Cuando los justos abundan, el pueblo se alegra;
pero cuando domina el malvado, el pueblo [a]gime.
3 El hombre que ama la sabiduría alegra a su padre,
pero el que frecuenta [a]rameras perderá los bienes.
4 El rey que actúa con justicia afirma el país,
pero el hombre que acepta sobornos lo destruye.
5 El hombre que [a]lisonjea a su prójimo
le tiende una red delante de sus pasos.
6 En la transgresión del hombre malo hay [a]trampa,
pero el justo canta y se alegra.
7 El justo conoce la causa de los pobres,
pero el malvado no entiende tal conocimiento.
8 Los hombres escarnecedores alborotan la ciudad,
pero los sabios apartan la ira.
9 Si el hombre sabio contiende con el necio,
ya sea que se enoje o que se ría, no tendrá reposo.
10 Los hombres sanguinarios aborrecen al íntegro,
pero los rectos buscan su alma.
11 El necio da rienda suelta a todo su espíritu,
pero el sabio, al fin conteniéndose, lo apacigua.
12 Si el gobernante escucha la palabra mentirosa,
todos sus servidores serán malvados.
13 El pobre y el opresor tienen en común que
Jehová alumbra los ojos de ambos.
14 El rey que juzga con verdad a los pobres
afirmará su trono para siempre.
15 La vara y la corrección dan sabiduría,
pero el muchacho que se deja suelto avergüenza a su madre.
16 Cuando aumentan los malvados, aumenta la transgresión;
pero los justos verán la ruina de ellos.
17 Corrige a tu hijo, y te dará descanso
y dará deleite a tu alma.
18 Sin [a]profecía, el pueblo se desenfrena,
pero el que guarda la [b]ley es bienaventurado.
19 El siervo no se corrige con palabras;
aunque entienda, no hace caso.
20 ¿Ves a un hombre precipitado en sus palabras?
Más esperanza hay del necio que de él.

29 1 *a* GEE Muerte espiritual.
2 *a* Mos. 7:22–23.
3 *a* Mos. 11:2–4.
5 *a* Alma 46:4–10.
6 *a* Alma 12:6.
18 *a* GEE Revelación; Visión.
b GEE Ley.

21 El siervo mimado desde la niñez *por su amo,*
a la postre será su hijo.
22 El hombre iracundo provoca contiendas,
y el furioso abunda en transgresiones.
23 La soberbia del hombre le abate,
pero el [a]humilde de espíritu recibirá honor.
24 El cómplice del ladrón aborrece su propia alma;
oye la maldición y no dice nada.
25 El [a]temor del hombre tiende trampas,
pero el que confía en Jehová será exaltado.
26 Muchos buscan el favor del gobernante,
pero de Jehová viene el juicio para cada uno.
27 Abominación a los justos es el hombre inicuo,
y abominación al malvado es el de camino recto.

CAPÍTULO 30

Toda palabra de Dios es pura — No me des pobreza ni riqueza.

PALABRAS de Agur hijo de Jaqué; la profecía que dijo el hombre a Itiel, a Itiel y a Ucal:
2 Ciertamente yo soy más rudo que nadie,
y no tengo el entendimiento del hombre.
3 No he aprendido sabiduría,
ni tengo conocimiento del Santo.
4 ¿Quién subió al cielo y descendió?
¿Quién recogió el viento en sus puños?
¿Quién ató las aguas en un paño?
¿Quién estableció todos los confines de la tierra?
¿Cuál es su nombre, y el nombre de su hijo, si lo sabes?
5 Toda palabra de Dios es pura;
él es escudo para los que en él se refugian.
6 No añadas a sus palabras,
no sea que él te reprenda
y seas hallado mentiroso.
7 Dos cosas te he pedido;
no me *las* niegues antes que muera:
8 Vanidad y palabra mentirosa aparta de mí.
No me des pobreza ni riqueza.
Susténtame con el [a]pan que necesito,
9 no sea que me sacie, y [a]*te* niegue y diga: ¿Quién es Jehová?,
o que, siendo pobre, hurte
y blasfeme el nombre de mi Dios.
10 No difames al siervo ante su señor,
no sea que te maldiga y seas hallado culpable.

23 *a* GEE Humildad, humilde, humillar (afligir).
25 *a* GEE Temor—Temor al hombre.
30 8 *a* HEB mi porción de pan; es decir, alimentos asignados.
9 *a* DyC 101:5.

11 Hay generación que maldice
a su padre
y a su madre no bendice.
12 Hay generación limpia ante
sus propios ojos
y de su inmundicia no se ha
lavado.
13 Hay generación cuyos ojos
son altivos
y cuyos párpados se alzan
altaneros.
14 Hay generación cuyos [a]dien-
tes son espadas, y sus muelas cuchillos,
para devorar a los pobres
de la tierra y a los menesterosos de entre los hom-
bres.
15 La sanguijuela tiene dos hijas
que dicen: ¡Dame!, ¡dame!
Tres cosas hay que nunca se
sacian,
y aun cuatro que nunca dicen: ¡Basta!
16 El Seol, y la matriz estéril,
la tierra que no se sacia de
aguas
y el fuego que jamás dice:
¡Basta!
17 El ojo que escarnece a su
padre
y menosprecia el obedecer a
la madre,
lo sacarán los cuervos de la
cañada
y las crías del águila lo devorarán.
18 Tres cosas hay que me son
asombrosas,
y aun cuatro que no com-
prendo:
19 El rastro del águila en el
aire,
el rastro de la culebra sobre
la peña,
el rastro de la nave en medio
del mar
y el rastro del hombre en la
doncella.
20 Tal es el camino de la mujer
adúltera:
Come, y limpia su [a]boca
y dice: No he hecho mal-
dad.
21 Por tres cosas tiembla la
tierra,
y aun por cuatro que no
puede soportar:
22 Por el siervo cuando
reina,
y por el necio cuando se
sacia de pan,
23 por la mujer aborrecida
cuando se casa,
y por la sierva cuando hereda a su señora.
24 Cuatro cosas son de las más
pequeñas en la tierra,
pero son más sabias que
los sabios:
25 Las [a]hormigas, pueblo no
fuerte,
pero en el verano preparan
su comida;
26 los tejones, pueblo nada
esforzado,
pero hacen su casa en la
piedra;
27 las langostas, que no tienen
rey,
pero salen todas por cua-
drillas;
28 la lagartija, que se puede
atrapar con las manos,
pero está en palacios reales.

14 *a* GEE Calumnias.
20 *a* 1 Juan 1:8–10.
25 *a* Prov. 6:6.

29 Tres cosas hay de hermoso andar,
y aun cuatro que pasean muy bien:
30 El león, fuerte entre todos los animales,
que no retrocede ante nada;
31 el [a]ceñido de lomos, asimismo el macho cabrío,
y el rey cuando tiene un ejército con él.
32 Si neciamente te has enaltecido
o has pensado hacer mal,
ponte la mano sobre la boca.
33 Ciertamente el que bate la leche sacará mantequilla,
y el que recio se suena las narices se sacará sangre,
y el que provoca la ira causará contienda.

CAPÍTULO 31

Se condenan el vino y la bebida fuerte — Defended la causa del pobre y del menesteroso — La mujer virtuosa es más valiosa que las piedras preciosas.

PALABRAS del rey Lemuel; la profecía que le enseñó su madre:
2 ¿Qué, hijo mío? ¿Y qué, hijo de mi vientre?
¿Y qué, hijo de mis votos?
3 No des a las mujeres tu fuerza,
ni tus caminos a lo que destruye a los reyes.
4 No es de reyes, oh Lemuel, no es de reyes beber vino,
ni de príncipes, la bebida fuerte.
5 No sea que bebiendo olviden lo que se ha decretado,
y perviertan el derecho de todos los afligidos.
6 Dad la bebida fuerte al desfallecido
y el vino a los de ánimo amargado.
7 Beban, y olvídense de su necesidad
y no se acuerden más de su aflicción.
8 Abre tu boca en favor del mudo,
por los derechos de todos los desvalidos.
9 Abre tu boca, juzga con justicia,
y defiende la causa del pobre y del menesteroso.
10 Mujer [a]virtuosa, ¿quién la hallará?
Porque su valor sobrepasa grandemente al *de* las piedras preciosas.
11 El corazón de su marido está en ella confiado,
y no carecerá de ganancias.
12 Le da ella bien y no mal
todos los días de su vida.
13 Busca lana y lino,
y con voluntad trabaja con sus manos.
14 Es como nave de mercader
que trae su pan desde lejos.
15 Se [a]levanta siendo aún de noche
y da comida a su familia
y tarea a sus criadas.

---

30 31 *a* HEB incierto; quizás "caballo de guerra".

31 10 *a* GEE Virtud.
15 *a* DyC 88:124.

16 Considera un campo y lo compra;
planta viña del fruto de sus manos.
17 Ciñe de fuerza sus lomos
y fortalece sus brazos.
18 Ve que va bien su ganancia;
su lámpara no se apaga de noche.
19 Aplica sus manos a la rueca,
y sus dedos toman el [a]huso.
20 [a]Extiende su mano al pobre,
y tiende sus manos al menesteroso.
21 No teme por su familia cuando nieva,
porque toda su familia está vestida de [a]ropas dobles.
22 Ella se hace tapices;
de lino fino y de púrpura es su vestido.
23 Conocido es su marido en las puertas *de la ciudad*
cuando se sienta con los ancianos de la tierra.
24 Hace ropa de lino y *la* vende,
y entrega cintos al mercader.
25 Fuerza y honor son su vestidura,
y se ríe de lo por venir.
26 Abre su boca con sabiduría,
y la ley de la clemencia está en su lengua.
27 Considera la marcha de su casa
y no come el pan [a]de balde.
28 Se levantan sus hijos y la llaman bienaventurada,
y su marido *también* la alaba.
29 Muchas mujeres han hecho el bien,
mas tú las sobrepasas a todas.
30 Engañosa es la gracia y vana la hermosura;
la mujer que [a]teme a Jehová, ésa será alabada.
31 Dadle del fruto de sus manos,
y alábenla en las puertas sus hechos.

19 *a* *Es decir,* el palo o instrumento de madera en el que se va torciendo la hebra hilada.
20 *a* GEE Limosna.
21 *a* HEB posiblemente escarlata.
27 *a* GEE Ociosidad, ocioso.
30 *a* *O sea,* venera a Jehová.

Eclesiastés
O EL PREDICADOR

CAPÍTULO 1

Todo lo que está debajo del sol es vanidad y aflicción de espíritu — Quien añade conocimiento, añade dolor.

PALABRAS del [a]Predicador, hijo de David, rey en Jerusalén.
2 [a]Vanidad de vanidades, dice el Predicador; vanidad de vanidades, todo es vanidad.
3 ¿Qué [a]provecho tiene el hombre de todo su trabajo con que se afana debajo del sol?
4 Generación va y generación viene, mas [a]la tierra siempre permanece.
5 Y sale el sol y se pone el sol, y se apresura a volver al lugar de donde sale.
6 El viento va hacia el sur y gira hacia el norte; va girando y girando, y a sus giros vuelve el viento.
7 Los ríos todos van al mar, y el mar no se llena; al lugar de donde los ríos vinieron, allí vuelven para correr de nuevo.
8 Todas las cosas son fatigosas, más de lo que el hombre puede expresar. Nunca se sacia el ojo de ver, ni el oído de oír.
9 Lo que ha sido, eso mismo será. Y lo que se ha hecho, eso mismo se hará; y no hay nada nuevo debajo del sol.
10 ¿Hay algo de lo que se pueda decir: He aquí, esto es nuevo? Ya existía en los siglos que nos han precedido.
11 No hay memoria de lo que precedió, ni tampoco habrá memoria de lo que sucederá entre los que serán después.
12 Yo, el Predicador, fui rey sobre Israel en Jerusalén.
13 Y di mi corazón a inquirir y a buscar con [a]sabiduría sobre todo lo que se hace debajo del cielo; este [b]penoso trabajo ha dado Dios a los hijos de los hombres para que se ocupen en él.
14 He visto todas las obras que se hacen debajo del sol; y he aquí, todo ello es vanidad y [a]aflicción de espíritu.
15 Lo torcido no se puede enderezar, y lo que falta no puede contarse.
16 Hablé yo en mi corazón, diciendo: He aquí, yo me he engrandecido y he crecido en sabiduría sobre todos los que fueron antes de mí en Jerusalén; y mi corazón ha percibido mucha sabiduría y conocimiento.
17 Y dediqué mi corazón a conocer la sabiduría y a conocer

[ECLESIASTÉS]
1 1 *a* GEE Eclesiastés.
2 *a* *Es decir,* vacío, fugaz, endeble. GEE Vanidad, vano.
3 *a* Mateo 16:26; 2 Ne. 9:51.
4 *a* GEE Tierra.
13 *a* GEE Sabiduría.
b HEB asunto maligno; es decir, de poco provecho.
14 *a* HEB esfuerzo por alcanzar el viento, o sea, frustración.

las locuras y los desvaríos; supe que aun esto era aflicción de espíritu.

18 Porque en la mucha sabiduría hay mucha angustia; y quien añade conocimiento, añade dolor.

CAPÍTULO 2

Todas las riquezas y la abundancia del rey son vanidad y aflicción de espíritu — La sabiduría sobrepuja a la necedad — Dios da al hombre sabiduría, conocimiento y gozo.

DIJE yo en mi corazón: Ve ahora, te probaré con la alegría, y gozarás de lo bueno. Mas he aquí esto también era vanidad.

2 De la risa dije: Es locura; y de la alegría: ¿De qué sirve esto?

3 Propuse en mi corazón agasajar mi cuerpo con vino y, mientras mi corazón me guiaba con sabiduría, retener al mismo tiempo la necedad, hasta ver cuál es el bien que los hijos de los hombres hacen debajo del cielo en los contados días de su vida.

4 Engrandecí mis obras, me edifiqué casas, planté viñas,

5 me hice huertos y jardines y planté en ellos *toda clase de* árboles frutales.

6 Me hice estanques de agua para regar el bosque donde crecían los árboles.

7 Adquirí siervos y siervas, y tuve siervos nacidos en casa; también tuve gran posesión de vacas y de ovejas, más que todos los que fueron antes de mí en Jerusalén.

8 Reuní también para mí plata y oro, y tesoro preciado de reyes y de provincias; me hice de cantores y cantoras, y de los deleites de los hijos de los hombres y de toda clase de instrumentos musicales.

9 Y fui engrandecido y prosperé más que todos los que fueron antes de mí en Jerusalén; además de esto, permaneció conmigo mi sabiduría.

10 No negué a mis ojos ninguna cosa que desearan, ni aparté mi corazón de placer alguno, porque mi corazón se gozaba de todo mi [a]trabajo; y ésta fue la recompensa de toda mi labor.

11 Miré yo luego todas las obras que habían hecho mis manos y el trabajo que me tomé para hacer*las;* y he aquí, todo era vanidad y aflicción de espíritu, y sin provecho debajo del sol.

12 Después volví yo a mirar para ver la sabiduría, y los desvaríos y la necedad; porque, ¿qué podrá hacer el hombre que venga después del rey, sino lo que ya se ha hecho?

13 Y he visto que la sabiduría sobrepuja a la necedad, así como la luz a las tinieblas.

14 El sabio tiene sus ojos en su cabeza, mas el necio anda en tinieblas; pero también entendí yo que [a]lo mismo acaecerá tanto al uno como al otro.

15 Entonces dije yo en mi corazón: Lo que sucederá al necio me sucederá también a mí. ¿De qué, pues, me ha servido ser más

2 10 *a* Ecle. 5:18.

14 *a* GEE Muerte física.

sabio? Y dije en mi corazón que
también esto era vanidad.
16 Porque ni del sabio ni del
necio habrá memoria para siempre,
pues en los días venideros ya
todo será olvidado. Y [a]morirá el
sabio igual que el necio.
17 Aborrecí, por tanto, la vida,
porque la obra que se hace debajo
del sol me era fastidiosa;
por cuanto todo es vanidad y
aflicción de espíritu.
18 Asimismo aborrecí todo mi
trabajo que había hecho debajo
del sol, el cual habré de dejar a
otro que vendrá después de mí.
19 ¿Y quién sabe si él será sabio
o necio? Sin embargo, él se
enseñoreará de todo mi trabajo
en el que yo me afané y en el que
ocupé mi sabiduría debajo del
sol. Esto también es vanidad.
20 Volvió, por tanto, a desesperanzarse
mi corazón acerca
de todo el trabajo en el que me
afané debajo del sol.
21 A veces hay un hombre que
ha trabajado con sabiduría, y con
conocimiento y con destreza, y
tiene que dar sus bienes a otro que
nunca trabajó en ello; también esto
es vanidad y un gran mal.
22 Porque, ¿qué gana el hombre
de todo su trabajo y de la fatiga
de su corazón con el que él se
afana debajo del sol?
23 Porque todos sus días *no*
son *sino* dolores, y es penoso su
trabajo; aun de noche su corazón
no reposa. Esto también es
vanidad.
24 No hay cosa mejor para el
hombre *sino* que coma y beba, y
que su [a]alma vea lo bueno de su
trabajo. También yo he visto que
esto es de la mano de Dios.
25 Porque, ¿quién comerá y
quién se alegrará mejor que yo?
26 Porque al hombre que le
agrada, *Dios* le da sabiduría, y
conocimiento y gozo; pero al pecador
le da el trabajo de recoger
y amontonar para darlo al que
[a]agrada a Dios. También esto es
vanidad y aflicción de espíritu.

CAPÍTULO 3

Todo tiene su tiempo — Todo lo que Dios hace será perpetuo — Dios juzgará al justo y al malvado.

TODO *tiene* su tiempo, y todo lo
que se quiere debajo del cielo
tiene su hora:
2 [a]Tiempo de nacer y tiempo de morir;
tiempo de plantar y tiempo de arrancar lo plantado;
3 tiempo de matar y tiempo de curar;
tiempo de destruir y tiempo de edificar;
4 tiempo de llorar y tiempo de reír;
tiempo de lamentar y tiempo de bailar;
5 tiempo de esparcir piedras y tiempo de juntarlas;
tiempo de abrazar y tiempo de abstenerse de abrazar;
6 tiempo de buscar y tiempo de perder;

16 *a* Sal. 49:10–12.
24 *a* Lucas 12:19–21.
26 *a* Prov. 13:22.
3 2 *a* Hech. 17:26; Alma 40:10.

tiempo de guardar y tiempo de desechar;
7 tiempo de rasgar y tiempo de coser;
tiempo de callar y tiempo de hablar;
8 tiempo de amar y tiempo de aborrecer;
tiempo de guerra y tiempo de paz.
9 ¿Qué provecho saca el que trabaja de aquello en que se afana?
10 Yo he visto el trabajo que Dios ha dado a los hijos de los hombres para que se [a]ocupen en él.
11 Todo lo hizo hermoso en su tiempo. También ha puesto lo eterno en el corazón de ellos, sin lo cual el hombre no alcanza a percibir la [a]obra que ha hecho Dios desde el principio hasta el fin.
12 Yo sé que no hay nada mejor para ellos que alegrarse y hacer bien en su vida,
13 y también que es [a]don de Dios que todo hombre coma y beba, y goce del bien de toda su labor.
14 Sé que todo lo que Dios hace será perpetuo; sobre aquello no se añadirá, ni de ello se disminuirá. Y lo hace Dios para que delante de él [a]teman los hombres.
15 Lo que ha sido, ya es; y lo que ha de ser, ya fue; y Dios restaura lo que ha pasado.
16 Vi más debajo del sol: en el lugar del juicio, allí está la maldad; y en el lugar de la justicia, allí está la iniquidad.
17 Dije yo en mi corazón: Al justo y al malvado [a]juzgará Dios, porque hay un tiempo para todo lo que se quiere y para todo lo que se hace.
18 Yo dije en mi corazón, con respecto al [a]estado de los hijos de los hombres, que Dios los prueba, para que vean que ellos mismos no son sino [b]bestias.
19 Porque lo que sucede a los hijos de los hombres y lo que sucede a las bestias es lo mismo: como mueren los unos, así mueren las otras, y un mismo aliento tienen todos; no tiene preeminencia el hombre sobre la bestia, porque todo es [a]vanidad.
20 Todo va a un mismo lugar; todo es hecho del polvo, y todo al polvo volverá.
21 ¿Quién sabe si el espíritu de los hijos de los hombres sube a lo alto, y si el espíritu del animal desciende a lo hondo de la tierra?
22 Así, pues, he visto que no hay nada mejor para el hombre que alegrarse en sus propias obras, porque ésta es su parte; porque, ¿quién le hará ver lo que ha de acontecer después de él?

CAPÍTULO 4

La opresión y las obras malas son vanidad — La fuerza de dos es mejor que la de uno — Mejor es el

10 *a* DyC 122:5–7.
11 *a* Mos. 4:9; Moisés 1:3–5.
13 *a* DyC 59:17–21.
14 *a* DyC 76:5. GEE Temor—Temor de Dios.
17 *a* GEE Jesucristo—Es juez.
18 *a* *O sea,* a los asuntos. *b* Sal. 73:22.
19 *a* GEE Vanidad, vano.

muchacho pobre y sabio que el rey viejo y necio.

Y ME volví y vi todas las opresiones que se hacen debajo del sol: y he aquí, las lágrimas de los oprimidos, sin tener quien los consolara; y el poder estaba en manos de sus opresores, y para ellos no había consolador.

2 Y alabé yo a los finados, los que ya habían muerto, más que a los vivientes, los que hasta ahora viven.

3 Y mejor que unos y otros es el que no ha sido aún, que no ha visto las malas obras que se hacen debajo del sol.

4 Y he visto asimismo que todo trabajo y toda obra bien hecha despierta la [a]envidia del hombre contra su prójimo. También esto es vanidad y aflicción de espíritu.

5 El [a]necio se cruza de manos y devora su propia carne.

6 Más vale una [a]mano llena de [b]descanso que ambas manos llenas de trabajo y aflicción de espíritu.

7 Entonces me volví y vi vanidad debajo del sol.

8 Está un hombre solo y sin nadie, que no tiene ni hijo ni hermano; mas nunca cesa de trabajar, ni sus ojos se sacian de riquezas ni *se pregunta:* ¿Para quién trabajo yo y privo a mi alma del bien? También esto es vanidad y duro trabajo.

9 Mejor son [a]dos que uno, porque tienen mejor [b]paga por su trabajo.

10 Porque si caen, el uno levantará a su compañero, pero, ¡ay del que está solo!, porque cuando caiga no habrá otro que lo levante.

11 También si dos duermen juntos, se calentarán mutuamente; pero, ¿cómo se calentará uno *solo*?

12 Y si alguno prevalece contra el que está solo, dos estarán contra él, pues cordón de tres dobleces no se rompe pronto.

13 Mejor es el muchacho [a]pobre y sabio que el rey viejo y necio que rehúsa ser [b]aconsejado.

14 Porque de la cárcel salió para reinar, aunque en su reino nació pobre.

15 Vi a todos los que viven debajo del sol caminando con el muchacho sucesor que estará en lugar de aquél.

16 No tenía fin todo el pueblo que lo seguía; sin embargo, los que vengan después tampoco estarán contentos con él. Y esto es también vanidad y aflicción de espíritu.

CAPÍTULO 5

Dios está en el cielo — Se conoce la voz del necio por la multitud de las palabras — Guarda tus promesas — Las riquezas y los bienes son un don de Dios.

4 4*a* GEE Envidia.
5*a* 2 Ne. 9:28; Hel. 9:21–22.
6*a* Prov. 15:16.
b Isa. 30:15.
9*a* Moisés 3:24.
b GEE Bendecido, bendecir, bendición.
13*a* 3 Ne. 12:3.
b GEE Consejo; Aconsejar.

CUANDO vayas a la casa de Dios,
[a]guarda tu pie; y acércate más
para oír que para ofrecer el sacrificio de los necios, porque no
saben que hacen mal.
2 No te [a]des prisa con tu boca, ni
tu corazón se apresure a [b]proferir
palabra delante de Dios, porque
Dios está en el cielo, y tú sobre
la tierra. Por tanto, sean pocas
[c]tus palabras.
3 Porque de la mucha ocupa-
ción vienen los sueños; y de la
multitud de las palabras, la voz
del necio.
4 Cuando a Dios hagas promesa,
no tardes en cumplirla, porque él
no se complace en los insensatos.
Cumple lo que prometas.
5 Mejor es que no prometas, y no
que [a]prometas y no cumplas.
6 No dejes que tu boca te haga
pecar, ni digas delante del ángel
que fue un error. ¿Por qué *harás que*
Dios se enoje a causa de tu voz y
destruya la obra de tus manos?
7 Donde abundan los sueños
y las muchas palabras, también
abundan las vanidades; pero tú,
[a]teme a Dios.
8 Si ves en la provincia opresión
de pobres y perversión de [a]juicio
y de justicia, no te maravilles de
ello, porque sobre uno alto vigila
otro más alto, y otros más altos
sobre ellos.
9 El provecho de la tierra es para
todos; el rey *mismo* está al servicio
de los campos.
10 El que ama el [a]dinero no se
saciará de dinero, y el que ama
el mucho *tener* no *sacará* fruto.
También esto es vanidad.
11 Cuando los bienes aumentan,
también aumentan los que los
consumen. ¿Qué beneficio, pues,
tendrá su dueño aparte de ver*los*
con sus ojos?
12 Dulce es el sueño del traba-
jador, ya sea que coma mucho o
poco; pero al rico no le deja dormir la abundancia.
13 Hay un gran mal que he visto
debajo del sol: las riquezas guar-
dadas por sus dueños para su
propio mal,
14 las cuales se pierden en malos
negocios; y al hijo que engendran,
nada le queda en la mano.
15 Como salió del vientre de su
madre, desnudo, así vuelve, yéndose tal como vino; y nada de su
trabajo llevará en su mano.
16 Esto también es un gran mal:
que como vino, así haya de volver. ¿Y de qué le aprovechó trabajar para el viento?
17 Además de esto, todos los
días de su vida comerá en tinieblas, con mucha molestia, y enfermedad y enojo.
18 He aquí, pues, lo que yo he
visto: Que es bueno y agradable
comer y beber, y gozar uno del
bien de todo su trabajo con que
se afana debajo del sol, todos los
días de su vida que Dios le ha
dado, porque ésta es su parte.
19 Asimismo, a todo hombre
a quien Dios ha dado [a]riquezas
y bienes, y también le ha dado
capacidad para comer de ellos,

5 1 *a* GEE Reverencia.
2 *a* Prov. 18:13; Mar. 7:20–23; Stg. 3:2–6.
b Mateo 12:36.
c Mateo 6:7.
5 *a* GEE Honestidad, honradez.
7 *a* *O sea,* reverenciar o venerar a Dios.
8 *a* GEE Juicio, juzgar.
10 *a* GEE Riquezas.
19 *a* DyC 38:39.

y tomar su parte y gozar de su trabajo, esto es un don de Dios.
20 Porque no se acordará mucho de los días de su vida, pues Dios le responderá con alegría en su corazón.

CAPÍTULO 6

A no ser que el alma del hombre esté llena del bien, sus riquezas, bienes, honor y prosperidad son vanidad.

HAY un mal que he visto debajo del sol, y que es muy común entre los hombres:
2 El del hombre a quien Dios ha dado riquezas, y bienes y honra, y nada le falta de todo lo que su alma desea; pero Dios no le ha dado facultad para disfrutar de ello, sino que lo disfrutan los extraños. Esto es vanidad y penosa [a]enfermedad.
3 Si un hombre engendra cien hijos, y vive muchos años y los días de su edad son numerosos, pero su alma no se ha llenado del bien y además carece de sepultura, yo digo que el que nace muerto es mejor que él.
4 Porque [a]en vano vino y a las tinieblas va, y con tinieblas será cubierto su nombre.
5 Aunque no haya visto el sol ni conocido *nada,* más reposo tiene éste que aquél.
6 Porque si vive *aquél* mil años dos veces, sin gustar del bien, ¿no van todos al mismo lugar?
7 Todo el trabajo del hombre es para su boca, y con todo eso su alma no se sacia.
8 Porque, ¿qué más tiene el sabio que el necio? ¿Qué *más* tiene el pobre que supo caminar entre los vivientes?
9 Más vale lo que ven los ojos que un deseo que pasa. Y también esto es vanidad y aflicción de espíritu.
10 Lo que es ya tiene nombre, y se sabe lo que es el hombre, y que no podrá [a]contender con el que es más fuerte que él.
11 Ciertamente las muchas palabras multiplican la vanidad. ¿Qué ventaja tiene el hombre?
12 Porque, ¿quién sabe cuál es el bien del hombre en la vida, todos los días de su vana vida, los cuales él pasa como sombra? Porque, ¿quién le dirá al hombre lo que acontecerá después de él debajo del sol?

CAPÍTULO 7

La sabiduría da vida a los que la poseen — Todos los hombres son pecadores — Dios ha hecho recto al hombre.

MEJOR es el buen nombre que
el buen ungüento,
y el día de la muerte que el
día del nacimiento.
2 Mejor es ir a la casa del duelo
que a la casa del banquete,
porque aquello es el fin de
todos los hombres,

6 2 *a O sea,* aflicción, pesar.
4 *a O sea,* por corto tiempo.
10 *a* Job 9:1–4; Jacob 4:10.

y el que vive lo [a]pondrá en su corazón.
3 Mejor es el pesar que la risa,
porque con la [a]tristeza del rostro se enmienda el corazón.
4 El corazón de los sabios está en la casa del duelo,
mas el corazón de los insensatos está en la casa del placer.
5 Mejor es oír la [a]reprensión del sabio
que la canción de los necios.
6 Porque la risa del necio es como el crepitar de los espinos debajo de la olla.
Y también esto es vanidad.
7 Ciertamente la opresión hace [a]enloquecer al sabio,
y el soborno corrompe el corazón.
8 Mejor es el fin del asunto que su principio;
mejor es el [a]sufrido de espíritu que el altivo de espíritu.
9 No te apresures en tu espíritu a enojarte, porque el [a]enojo reposa en el seno de los necios.
10 Nunca digas: ¿Cuál es la causa de que los tiempos pasados fueron mejores que éstos? Porque nunca hay sabiduría en esta pregunta.
11 Buena es la [a]sabiduría con herencia, y es provechosa para los que ven el sol.
12 Porque [a]escudo es la sabiduría y escudo es el dinero, pero la ventaja del conocimiento *es que* la sabiduría da [b]vida a sus poseedores.
13 Mira la obra de Dios; porque, ¿quién podrá enderezar lo que él ha torcido?
14 En el día de la prosperidad goza del bien, y en el día de la [a]adversidad reflexiona. Dios hizo lo uno tanto como lo otro, para que el hombre no descubra nada de lo que acontecerá después de él.
15 Todo lo he visto en los [a]días de mi vanidad. Justo hay que perece en su justicia, y hay malvado que en su maldad alarga *sus días*.
16 No seas demasiado justo ni seas sabio en exceso. ¿Por qué habrás de destruirte?
17 No seas demasiado malo ni seas insensato. ¿Por qué habrás de morir antes de tu tiempo?
18 Bueno es que tomes esto, y también de [a]aquello no apartes tu mano; porque el que a Dios teme saldrá bien de todo ello.
19 La sabiduría fortalece al sabio más que diez poderosos que haya en una ciudad.
20 Ciertamente no hay hombre justo en la tierra que haga el bien y nunca peque.
21 Tampoco apliques tu corazón

---

7 2 *a* *O sea,* que lo tome a pecho, que lo reflexione.
3 *a* 2 Cor. 7:10.
5 *a* GEE Castigar, castigo.
7 *a* *O sea,* entontecer.
8 *a* GEE Paciencia.
9 *a* GEE Enojo.
11 *a* DyC 6:7. GEE Sabiduría.
12 *a* *O sea,* protección.
b Prov. 3:13–19.
14 *a* GEE Adversidad.
15 *a* GEE Mortal, mortalidad.
18 *a* *Es decir,* respeta a Dios.

a todas las cosas que se hablan, no sea que oigas a tu siervo que habla mal de ti;
22 porque tu corazón sabe que tú también hablaste mal de otros muchas veces.
23 Todas estas cosas probé con sabiduría, diciendo: Seré sabio, pero *la sabiduría* se alejó de mí.
24 Lejos está lo que ha sido; y lo muy profundo, ¿quién lo hallará?
25 Me volví y fijé mi corazón para saber, y escudriñar y buscar la sabiduría y la razón, y para conocer la maldad de la insensatez y la necedad de la locura.
26 Y he hallado más amarga que la muerte a la mujer cuyo corazón es trampas y redes, y sus manos, ligaduras. El que agrada a Dios escapará de ella, pero el pecador será apresado por ella.
27 He aquí, esto he hallado, dice el [a]Predicador, *pesando* las cosas una por una para hallar la razón,
28 lo que aún busca mi alma, y no he encontrado: Un hombre entre mil he hallado, pero mujer entre todas éstas nunca he hallado.
29 He aquí, solamente esto he hallado: que Dios hizo recto al hombre, pero *los hombres* buscaron muchas artimañas.

CAPÍTULO 8

Nadie tiene el poder de evitar la muerte — No le irá bien al malvado; se vuelve al placer y no halla sabiduría.

¿QUIÉN como el sabio? ¿Y quién sabe la interpretación de las cosas? La sabiduría del hombre hace relucir su rostro y cambia la tosquedad de su semblante.
2 Yo *te aconsejo* que guardes el [a]mandato del rey y ello por causa del juramento de Dios.
3 No te apresures a irte de su presencia, ni persistas en cosa mala, porque él hará todo lo que quiera.
4 Pues la palabra del rey *es con* potestad, ¿y quién le dirá: Qué haces?
5 El que guarda el mandamiento no conocerá el mal; y el corazón del sabio discierne el tiempo y el juicio.
6 Porque para todo deseo hay tiempo y juicio; porque el mal del hombre es grande sobre él.
7 Porque no sabe lo que ha de acontecer; y el cuándo haya de acontecer, ¿quién se lo dirá?
8 No hay hombre que tenga potestad sobre el espíritu para retener el espíritu, ni potestad sobre el día de la muerte; y no hay licencia en *esa* guerra, ni la maldad librará a los que la poseen.
9 Todo esto he visto y he puesto mi corazón en todo lo que se hace debajo del sol; hay tiempo en que el hombre se enseñorea del hombre para su propio mal.
10 También vi a los inicuos ser sepultados, los que iban y venían del lugar santo, y que fueron olvidados en la ciudad donde así

27 *a* Ecle. 1:1.

8 2 *a* AdeF 1:12.

habían actuado. Esto también es vanidad.

11 Por cuanto no se ejecuta [a]en seguida la sentencia contra una mala obra, el corazón de los hijos de los hombres está dispuesto para [b]hacer el mal.

12 Aunque el pecador haga mal cien veces, y sus días sean prolongados, con todo yo también sé que les irá bien a los que a Dios temen, a los que [a]temen ante su presencia.

13 Pero al malvado no le irá bien, ni le serán prolongados los días, *que son* como sombra, por cuanto [a]no teme delante de la presencia de Dios.

14 Hay una vanidad que se hace sobre la tierra: Hay [a]justos a quienes sucede como *si hicieran* obras de malvados, y hay malvados a quienes acontece como *si hicieran* obras de justos. Digo que esto también es vanidad.

15 Por tanto, alabé yo la alegría, pues no tiene el hombre nada mejor debajo del sol que comer y beber y alegrarse; y esto le quedará de su trabajo durante los días de su vida que Dios le ha concedido debajo del sol.

16 Cuando dediqué mi corazón a conocer sabiduría y a ver la faena que se hace sobre la tierra (porque hay quien ni de noche ni de día ve sueño en sus ojos),

17 entonces vi todas las obras de Dios, y que el hombre no puede alcanzar a percibir la [a]obra que se hace debajo del sol. Por mucho que trabaje el hombre buscándola, no la hallará; aunque diga [b]el sabio que la conoce, no por eso podrá alcanzar a percibirla.

CAPÍTULO 9

La providencia de Dios gobierna sobre todo — Tiempo y ocasión acontecen a todos — La sabiduría es mejor que la fuerza — Un pecador destruye mucho bien.

HE dedicado mi corazón a todas estas cosas para declarar todo esto: que los justos y los sabios, y sus obras, están en la mano de Dios. El hombre no sabe ni de amor ni de odio, aunque todo está delante de él.

2 Todo acontece de la misma manera a todos; un mismo [a]suceso ocurre al justo y al malvado; al bueno, y al puro y al impuro; al que sacrifica y al que no sacrifica; como al bueno, así al que peca; al que [b]jura, como al que [c]teme jurar.

3 Éste es un mal que hay entre todo lo que se hace debajo del sol: que un mismo suceso acontece a todos, y también que el corazón de los hijos de los hombres está lleno del mal, y hay locura en su corazón durante su vida.

11 *a* 3 Ne. 27:11.
b Gén. 6:5.
12 *a* GEE Temor—Temor de Dios.
13 *a* *O sea,* no fue reverente delante de Dios.
14 *a* Mal. 3:14–18.
17 *a* Ecle. 3:11.
b 2 Ne. 9:28.
9 2 *a* Alma 12:8. GEE Muerte física.
b *Es decir,* el que hace convenio.
c *Es decir,* el que evita comprometerse.

Y después de esto *se van* a los
[a]muertos.
4 Aún hay [a]esperanza para todo
aquel que está entre los vivos,
pues mejor es perro vivo que león
muerto.
5 Porque los que viven saben
que han de morir; mas los muertos nada saben ni tienen más recompensa, porque su recuerdo
cae en el olvido.
6 También su amor, y su odio y
su envidia fenecieron ya; y nunca
más tendrán parte en todo lo que
se hace debajo del sol.
7 Anda, come tu pan con gozo y
bebe tu vino con alegre corazón,
porque tus obras ya son agradables a Dios.
8 En todo tiempo sean [a]blancos
tus vestidos, y nunca falte ungüento sobre tu cabeza.
9 [a]Goza de la vida con la mujer
que amas, todos los días de la
vida de tu [b]vanidad que te son
dados debajo del sol, todos los
días de tu vanidad; porque ésta
es tu parte en la vida y en tu trabajo con que te afanas debajo
del sol.
10 Todo lo que te venga a la
mano para hacer, hazlo según
tus fuerzas; porque en el [a]Seol,
adonde tú vas, no hay obra, ni
razonamiento, ni conocimiento
ni sabiduría.
11 Me volví y vi debajo del sol
que no es de los [a]ligeros la carrera, ni la batalla de los fuertes,
ni aun de los sabios el pan, ni
de los prudentes las riquezas ni
de los entendidos el favor, sino
que tiempo y ocasión acontecen
a todos.
12 Porque el hombre tampoco
conoce su tiempo; como los peces
que son apresados en la mala red
y como las aves que son apresadas en el lazo, así son atrapados
los hijos de los hombres en el
tiempo malo, cuando cae de repente sobre ellos.
13 También he visto esta sabiduría debajo del sol, la cual me
parece grande:
14 *Había* una pequeña ciudad,
y pocos hombres en ella; y vino
contra ella un gran rey, y la sitió y edificó contra ella grandes
baluartes.
15 Y se hallaba en ella un hombre pobre y sabio, el cual libró
la ciudad con su sabiduría; pero
nadie se acordaba de aquel hombre pobre.
16 Entonces dije yo: Mejor es la
[a]sabiduría que la fuerza, aunque
la sabiduría del pobre sea menospreciada y no sean escuchadas
sus palabras.
17 Las palabras del sabio en
quietud son más oídas que el
clamor del gobernante entre los
necios.
18 Mejor es la sabiduría que las
armas de guerra; pero un solo
pecador destruye mucho bien.

CAPÍTULO 10

Una pequeña locura destruye la

3 *a* Alma 40:11–14.
4 *a* GEE Esperanza.
8 *a* Alma 5:21, 27.
9 *a* GEE Gozo.
b GEE Mortal, mortalidad.
10 *a* HEB mundo o morada de los muertos, sepulcro, infierno.
11 *a* Mos. 4:27.
16 *a* GEE Sabiduría.

reputación del sabio y honorable — Las palabras de la boca del sabio están llenas de gracia — El necio multiplica las palabras.

Las moscas muertas hacen heder *y* dar mal olor al perfume del perfumista; *así* una pequeña locura pesa más que la sabiduría y la honra.
2 El corazón del sabio está a su mano derecha; pero el corazón del necio, a su mano izquierda.
3 Y aun cuando el necio vaya por el camino, *le* falta entendimiento y demuestra a todos que es necio.
4 Si el espíritu del gobernante se exalta contra ti, no dejes tu lugar, porque la serenidad hará cesar grandes ofensas.
5 Hay un mal que he visto debajo del sol, como error emanado del gobernante:
6 La necedad está colocada en grandes alturas, y los ricos están sentados en lugar bajo.
7 He visto siervos a caballo y príncipes que andaban como siervos sobre la tierra.
8 El que cave un hoyo [a]caerá en él; y al que abra una brecha en el vallado, le morderá una serpiente.
9 El que corta piedras, se lastima con ellas; el que parte leña, en ello peligra.
10 [a]Si se embota el hierro y no se le saca filo, entonces hay que ejercer más fuerza; pero la sabiduría es provechosa para dar éxito.
11 Si muerde la serpiente cuando no está encantada, no hay ganancia para el encantador.
12 Las palabras de la boca del sabio están llenas de gracia, mas los labios del [a]necio causan su propia ruina.
13 El principio de las palabras de su boca es necedad, y el final de su charla es locura nociva.
14 El necio multiplica las palabras. No sabe el hombre lo que ha de acontecer, ¿y quién le hará saber lo que después de él acontecerá?
15 El trabajo de los necios tanto los fatiga que ni aun saben por dónde ir a la ciudad.
16 ¡Ay de ti, tierra, cuando tu rey es [a]muchacho, y tus príncipes hacen banquete por la mañana!
17 ¡Bienaventurada tú, tierra, cuando tu rey es hijo de nobles, y tus príncipes comen a su hora, para reponer sus fuerzas y no para [a]embriagarse!
18 Por la pereza se cae la techumbre, y por la [a]ociosidad de manos hay goteras en la casa.
19 Por placer se hace el banquete, y el vino alegra la vida, y el dinero responde por todo.
20 Ni aun en tu pensamiento [a]hables mal del rey, ni en tu dormitorio hables mal del rico, porque las aves del cielo llevarán la voz, y las que tienen alas harán saber la palabra.

10 8 *a* 1 Ne. 22:14–17; Alma 30:60; DyC 109:24–28.
10 *a* *O sea,* si no tiene filo.
12 *a* 2 Ne. 9:28–29.
16 *a* Isa. 3:4–5.
17 *a* GEE Palabra de Sabiduría.
18 *a* GEE Ociosidad, ocioso.
20 *a* GEE Calumnias.

CAPÍTULO 11

Haz el bien y da a los necesitados — Dios traerá a juicio a todos los hombres.

ECHA tu pan sobre las aguas, porque después de muchos días lo hallarás.
2 Reparte una porción a siete, y aun a ocho, porque no sabes qué mal ha de venir sobre la tierra.
3 Si las nubes están llenas de agua, sobre la tierra la derramarán; y si el árbol cae hacia el sur o hacia el norte, en el lugar donde caiga el árbol, allí quedará.
4 El que al viento observa no sembrará; y el que mira a las nubes no [a]segará.
5 Como tú no sabes cuál es el camino del [a]viento, ni cómo *crecen* los huesos en el vientre de la mujer encinta, así también ignoras la obra de Dios, quien [b]hace todas las cosas.
6 Por la mañana siembra tu semilla, y al atardecer no dejes reposar tu mano, porque tú no sabes qué es lo mejor, si esto o lo otro, o si ambas cosas son igualmente buenas.
7 Agradable es la [a]luz, y bueno es a los ojos ver el sol.
8 Pero si el hombre vive muchos años, que se regocije en todos ellos; pero que recuerde los días de oscuridad, que serán muchos. Todo cuanto viene es [a]vanidad.
9 Alégrate, joven, en tu juventud, y que [a]se complazca tu corazón en los días de tu juventud; y anda en los caminos de tu corazón y a la vista de tus ojos, mas sabe que sobre todas estas cosas Dios te traerá a [b]juicio.
10 Quita, pues, el enojo de tu corazón y aparta [a]el mal de tu carne, porque la adolescencia y la juventud son vanidad.

CAPÍTULO 12

Al morir, el espíritu vuelve a Dios, quien lo dio — Las palabras de los sabios son como aguijones — Todo el deber del hombre es temer a Dios y guardar Sus mandamientos.

ACUÉRDATE de tu Creador en los días de tu [a]juventud, antes que vengan los días malos, y lleguen los años de los cuales digas: No tengo en ellos contentamiento;
2 antes que se oscurezcan el sol y la luz y la luna y las estrellas, y las nubes vuelvan después de la lluvia;
3 cuando tiemblen los guardias de la casa, y se encorven los hombres poderosos, y cesen las molineras, porque son pocas, y se oscurezcan los que miran por las ventanas;
4 y las puertas de la calle se cierren, cuando disminuya el ruido del molino, y uno se levante con el canto del ave, y todas las hijas del canto sean abatidas;
5 *cuando* también teman a las alturas y a los terrores en el camino;

---

11 4 *a* GEE Siega.
5 *a* También espíritu [viento]. Juan 3:5–8.
b GEE Creación, crear.
7 *a* GEE Luz, luz de Cristo.
8 *a* GEE Vanidad, vano.
9 *a* GEE Gozo.
b GEE Juicio final.
10 *a* GEE Carnal.
12 1 *a* Alma 37:35–36.

y florezca el almendro, y la langosta sea una carga, y se pierda el apetito; porque el hombre [a]va a su morada eterna, y los que hacen duelo ronden por las calles;

6 antes que el cordón de plata se suelte, y se rompa el tazón de oro, y el cántaro se quiebre junto a la fuente, y la rueda del pozo se rompa;

7 y el [a]polvo vuelva a la tierra, como era, y el [b]espíritu vuelva a Dios, quien [c]lo dio.

8 Vanidad de vanidades, dijo el Predicador; todo es vanidad.

9 Y cuanto más sabio fue el Predicador, tanto más enseñó sabiduría al pueblo; y escuchó, y escudriñó *y* compuso muchos proverbios.

10 Procuró el Predicador hallar palabras agradables y escritura recta, palabras de verdad.

11 Las palabras de los sabios son como [a]aguijones y como clavos bien puestos, *las* de los maestros de las congregaciones, dadas por un Pastor.

12 Ahora, hijo mío, además de esto, queda advertido: El hacer muchos libros nunca termina, y el mucho estudio es fatiga para la carne.

13 El fin de todo este asunto *que has* oído *es éste:* [a]Teme a Dios y guarda sus mandamientos, porque esto es el [b]todo del hombre.

14 Porque Dios traerá toda [a]obra a [b]juicio, junto con toda cosa oculta, buena o mala.

CANTAR DE LOS CANTARES
DE SALOMÓN

CAPÍTULO 1

El poeta canta del amor y la devoción.

[a]CANTAR de los cantares, el cual es de Salomón.
2 ¡Oh si él me besara con besos de su boca!
Porque mejores son tus amores que el vino.
3 Olorosos son tus suaves ungüentos;
ungüento derramado es tu nombre;
por eso las doncellas te aman.
4 Llévame en pos de ti. ¡Corramos!
El rey me ha llevado a sus habitaciones.
Nos gozaremos y nos alegraremos contigo.

---

5 *a* Alma 40:11.
7 *a* GEE Mortal, mortalidad.
b GEE Vida preterrenal.
c GEE Hombre(s)—El hombre, hijo espiritual de nuestro Padre Celestial.
11 *a* *Es decir,* los palos puntiagudos que se usan para hacer avanzar a los bueyes.
13 *a* *O sea,* reverencia a Dios. GEE Reverencia.
b GEE Deber.
14 *a* GEE Obras.
b GEE Jesucristo—Es juez; Juicio final.

[CANTARES]
1 1 *a* GEE Salomón; Cantares de Salomón.

Nos acordaremos de tus
amores más que del vino.
Los justos te aman.
5 Morena soy, oh hijas de
Jerusalén,
pero hermosa
como las tiendas de Cedar,
como las cortinas de Salomón.
6 No os fijéis en que soy morena,
porque el sol me miró.
Los hijos de mi madre se
airaron contra mí;
me hicieron guarda de las
viñas;
y mi viña, que era mía, no
guardé.
7 Hazme saber, oh tú a quien
ama mi alma,
dónde apacientas,
dónde haces descansar tu
rebaño al mediodía;
pues, ¿por qué he de ser yo
como una que se cubre con
velo
junto a los rebaños de tus
compañeros?
8 Si tú no lo sabes, oh la más
hermosa entre las mujeres,
ve; sigue las huellas del
rebaño
y apacienta tus cabritas junto
a las tiendas de los pastores.
9 A las yeguas de los carros de
Faraón
te he comparado, amada
mía.
10 Hermosas son tus mejillas
entre los pendientes,
tu cuello entre los collares.
11 Adornos de oro te haremos
con incrustaciones de
plata.
12 Mientras el rey estaba a la
mesa,
mi [a]nardo esparció su olor.
13 Mi amado es para mí un manojito de mirra
que reposa toda la noche
entre mis pechos.
14 Racimo de [a]flores de alheña
en las viñas de En-gadi
es para mí mi amado.
15 He aquí que tú eres hermosa,
amada mía;
he aquí que eres bella. Tus
ojos son como de paloma.
16 He aquí que tú eres hermoso, amado mío, y agradable;
nuestro lecho todo verdor.
17 Las vigas de nuestra casa son
de cedro,
y de ciprés, los artesonados.

CAPÍTULO 2

Se alaba y se describe a los amantes.

Yo soy la rosa de Sarón,
el lirio de los valles.
2 Como el lirio entre los espinos,
así es mi amada entre las
doncellas.
3 Como el manzano entre los
árboles silvestres,
así es mi amado entre los
jóvenes;

12 *a Es decir,* ungüento fragante.
14 *a O sea,* arbusto con flores blancas fragantes.

bajo su sombra con deleite me senté,
y su fruto fue dulce a mi paladar.
4 Me llevó a la casa del banquete,
y su bandera sobre mí fue amor.
5 Sustentadme con tortas,
refrescadme con manzanas;
porque estoy enferma de amor.
6 Su izquierda esté debajo de mi cabeza,
y su derecha me abrace.
7 Yo os ruego, oh hijas de Jerusalén,
por las gacelas y por las ciervas del campo,
que no despertéis ni desveléis al amado
hasta que quiera.
8 ¡La voz de mi amado! He aquí, él viene,
saltando por los montes,
brincando por los collados.
9 Mi amado es semejante a la gacela o al cervatillo.
Helo aquí, está detrás de nuestro muro,
mirando por las ventanas,
atisbando por las celosías.
10 Mi amado habló y me dijo:
Levántate, oh amada mía, hermosa mía, y ven.
11 Porque he aquí ha pasado el invierno,
la lluvia ha cesado y se ha ido;
12 han aparecido las flores en la tierra,
el tiempo de la canción ha venido,
y en nuestro país se oye el arrullo de la tórtola.
13 La higuera ha dado sus verdes higos,
y las vides [a]en cierne han esparcido
su fragancia.
Levántate, oh amada mía, hermosa mía, y ven.
14 Paloma mía, que anidas en las grietas de la peña,
en lo escondido de escarpados parajes,
muéstrame tu rostro, hazme oír tu voz,
porque dulce es tu voz y hermoso tu aspecto.
15 Cazadnos las zorras,
las zorras pequeñas
que echan a perder las viñas,
pues nuestras viñas están en flor.
16 Mi amado es mío, y yo suya;
él apacienta entre los lirios.
17 Hasta que despunte el día y huyan las sombras,
vuelve, amado mío;
sé semejante a la gacela o al cervatillo
sobre los montes de Beter.

CAPÍTULO 3

Canción de amor acerca de Salomón.

POR las noches busqué en mi lecho

2 13 *a Es decir,* en flor.

al que ama mi alma;
lo busqué, mas no lo hallé.
2 Me levantaré ahora y recorreré la ciudad;
por las calles y por las plazas
buscaré al que ama mi alma;
lo busqué, mas no lo hallé.
3 Me hallaron los guardias que rondan la ciudad,
y les dije: ¿Habéis visto al que ama mi alma?
4 Apenas me aparté de ellos un poco,
hallé luego al que ama mi alma;
me aferré a él, y no lo dejé
hasta llevarlo a casa de mi madre,
a la habitación de la que me concibió.
5 Yo os ruego, oh hijas de Jerusalén,
por las gacelas y por las ciervas del campo,
que no despertéis ni desveléis al amado,
hasta que quiera.
6 ¿Quién es ésta que sube del desierto
cual columna de humo,
perfumada de mirra y de incienso,
y de todo polvo *aromático del mercader*?
7 He aquí, la litera de Salomón;
sesenta valientes la rodean,
de los valientes de Israel.
8 Todos ellos tienen espadas y son diestros en la guerra;
cada uno su espada sobre el muslo,
por los temores de la noche.
9 El rey Salomón se hizo una carroza
de madera del Líbano.
10 Sus columnas hizo de plata,
su respaldo de oro, su asiento de grana,
su interior tapizado de amor
por las hijas de Jerusalén.
11 Salid, oh hijas de Sión, y ved al rey Salomón
con la corona con que le coronó su madre
el día de su boda,
y el día del gozo de su corazón.

CAPÍTULO 4

Canción que describe la belleza de la amada del poeta.

HE aquí, ¡qué hermosa eres, amada mía!,
he aquí, ¡qué hermosa eres!
Tus ojos son *como* de paloma detrás de tu velo;
tus cabellos, como manada de cabras
que se recuestan en el monte de Galaad.
2 Tus dientes, como manada de *ovejas* trasquiladas
que suben del lavadero,
todas con crías gemelas,
y ninguna de ellas ha perdido su cría.
3 Tus labios, como hilo de grana,
y tu boca hermosa;

tus sienes, como gajos de granada
detrás de tu velo.
4 Tu cuello, como la torre de David,
edificada para armería;
de ella cuelgan mil escudos,
escudos todos de valientes.
5 Tus dos pechos, como crías gemelas de gacela
que se apacientan entre lirios.
6 Hasta que despunte el día y huyan las sombras,
me iré al monte de la mirra,
y al collado del incienso.
7 Toda tú eres hermosa, amada mía,
y en ti no hay mancha.
8 Ven conmigo del Líbano, oh esposa *mía,*
del Líbano conmigo *ven.*
Mira desde la cumbre del Amana,
desde la cumbre del Senir y del Hermón,
desde las guaridas de los leones,
desde los montes de los leopardos.
9 Has cautivado mi corazón, [a]hermana mía, esposa *mía;*
has cautivado mi corazón con una mirada de tus ojos,
con un solo dije de tu gargantilla.
10 ¡Cuán hermosos son tus amores, hermana mía, esposa *mía*!
¡Cuánto mejores que el vino tus amores,
y la fragancia de tus ungüentos
mejor que todas las especias aromáticas!
11 *Como* panal de miel destilan tus labios, oh esposa;
miel y leche hay debajo de tu lengua;
y la fragancia de tus vestidos como el olor del Líbano.
12 Huerto cerrado eres, hermana mía, esposa *mía;*
fuente cerrada, fuente sellada.
13 Tus renuevos paraíso de granados,
con frutos exquisitos,
de [a]alheña y de [b]nardos,
14 nardo y azafrán,
caña aromática y canela,
con todos los árboles de incienso;
mirra y áloes,
con todas las principales especias aromáticas.
15 Fuente de huertos,
pozo de aguas vivas,
y corrientes del Líbano.
16 Despierta, Aquilón,
y ven, Austro;
soplad en mi huerto; despréndanse sus aromas.
Venga mi amado a su huerto
y coma de su dulce fruta.

4 9 *a* Esta forma de hablar es una expresión idiomática para expresar cariño. Cant. 4:10, 12; 5:1.
13 *a* *O sea,* un arbusto con flores blancas y fragantes.
b *Es decir,* un ungüento fragante.

CAPÍTULO 5

Continúa la canción de amor y de afecto.

HE venido a mi huerto, oh hermana, esposa *mía;*
he recogido mi mirra y mis especias aromáticas;
he comido mi panal y mi miel,
mi vino y mi leche he bebido.
Comed, oh amigos;
bebed, oh amados, bebed en abundancia.
2 Yo dormía, pero mi corazón velaba.
La voz de mi amado que llama:
Ábreme, hermana mía, amiga mía, paloma mía, perfecta mía;
porque mi cabeza está cubierta de rocío
y mis cabellos de las gotas de la noche.
3 Me he quitado la ropa;
¿cómo he de ponérmela otra vez?
He lavado mis pies;
¿cómo los he de ensuciar?
4 Mi amado metió su mano por la abertura de la puerta,
y mis entrañas se conmovieron por él.
5 Yo me levanté para abrir a mi amado,
y de mis manos goteaba mirra,
y de mis dedos corría mirra
sobre el pestillo de la cerradura.
6 Abrí yo a mi amado,
pero mi amado se había retirado, ya se había ido;
y tras su hablar salió mi alma.
Lo busqué y no lo hallé;
lo llamé, y no me respondió.
7 Me hallaron los guardias que rondan la ciudad;
me golpearon, me hirieron,
me quitaron mi manto los guardias de los muros.
8 Yo os ruego, oh hijas de Jerusalén,
si halláis a mi amado,
hacedle saber que estoy enferma de amor.
9 ¿Qué es tu amado más que *otro* amado,
oh tú, la más hermosa de todas las mujeres?
¿Qué es tu amado más que *otro* amado,
para que así nos hagas jurar?
10 Mi amado es blanco y sonrosado,
distinguido entre diez mil.
11 Su cabeza, *como* oro finísimo;
sus cabellos crespos, negros como el cuervo.
12 Sus ojos, como palomas junto a los arroyos de aguas,
bañados en leche,
y a la perfección colocados.
13 Sus mejillas, como una era de especias aromáticas,
como fragantes flores;
sus labios, *como* lirios que destilan mirra fragante.
14 Sus manos, *como* anillos de oro engastados de piedras preciosas;

su vientre, *como* claro marfil
cubierto de zafiros.
15 Sus piernas, *como* columnas
de mármol
fundadas sobre basas de oro
fino;
su aspecto, como el Líbano,
escogido como los cedros.
16 Su paladar, dulcísimo;
y todo él, deseable.
Tal es mi amado, tal es mi
amigo,
oh hijas de Jerusalén.

CAPÍTULO 6

La canción de amor continúa.

¿ADÓNDE se ha ido tu amado,
oh tú, la más hermosa entre
las mujeres?
¿Adónde se ha dirigido tu
amado,
para que le busquemos contigo?
2 Mi amado descendió a su
huerto,
a las eras de las especias aromáticas,
a apacentar en los huertos
y a recoger los lirios.
3 Yo soy de mi amado, y mi
amado es mío;
él apacienta entre los lirios.
4 Hermosa eres tú, oh amiga
mía, como Tirsa;
deseable, como Jerusalén;
imponente como ejércitos
con estandartes.
5 Aparta tus ojos de delante
de mí,
porque ellos me han cautivado.
Tu cabello es como manada
de cabras
que se recuestan en Ga-
laad.
6 Tus dientes, como manada
de ovejas
que suben del lavadero,
todas con crías gemelas,
y ninguna de ellas ha perdido su cría.
7 Como gajos de granada son
tus sienes
detrás de tu velo.
8 Sesenta son las reinas,
y ochenta las concubinas,
y las doncellas sin nú-
mero;
9 *mas* una es la paloma mía, la
perfecta mía;
es la única de su madre,
la escogida de la que la dio
a luz.
La vieron las doncellas
y la llamaron bienaventu-
rada;
las reinas y las concubinas,
y la alabaron.
10 ¿Quién es ésta que se muestra como el alba,
hermosa como la luna,
esclarecida como el sol,
imponente como un ejército
con sus banderas?
11 Al huerto de los nogales
descendí
a ver los frutos del valle,
a ver si brotaban las vides
y si florecían los granados.
12 Antes de darme cuenta,
mi alma me puso
entre los carros de Aminadab.
13 Vuelve, vuelve, oh sulamita;

vuelve, vuelve, y te miraremos.
¿Qué veréis en la sulamita,
como en la danza de dos campamentos?

CAPÍTULO 7

La canción de amor continúa.

¡CUÁN hermosos son tus pies en las sandalias,
oh hija de príncipe!
Los contornos de tus muslos son como joyas,
obra de mano de excelente artífice.
2 Tu ombligo, *como* una copa redonda
a la que no le falta vino mezclado;
tu vientre, *como* montón de trigo
rodeado de lirios.
3 Tus dos pechos, como dos crías
gemelas de gacela.
4 Tu cuello, como torre de marfil;
tus ojos, *como* los estanques de Hesbón
junto a la puerta de Bat-rabim;
tu nariz, como la torre del Líbano,
que mira hacia Damasco.
5 Tu cabeza en ti, como el Carmelo;
y el cabello de tu cabeza, como púrpura;
el rey está cautivo en tus trenzas.
6 ¡Qué hermosa y cuán encantadora eres,
oh amor deleitoso!
7 Y tu estatura es semejante a la palmera,
y tus pechos, a sus racimos.
8 Yo dije: Subiré a la palmera,
asiré sus ramas.
Y tus pechos serán ahora como racimos de vid,
y la fragancia de tu aliento como de manzanas;
9 y tu paladar, como el buen vino
que entra en mi amado
y pasa suavemente por los labios de los que duermen.
10 Yo soy de mi amado,
y su deseo tiende hacia mí.
11 Ven, oh amado mío, salgamos al campo,
moremos en las aldeas.
12 Levantémonos de mañana *y vayamos* a las viñas;
veamos si brotan las vides,
si ya están en [a]cierne,
si han florecido los granados;
allí te daré mis amores.
13 Las [a]mandrágoras exhalan su fragancia,
y a nuestras puertas
hay toda clase de frutas deliciosas,
frescas y secas,
que para ti, oh amado mío, he guardado.

7 12*a* *O sea,* las flores fecundadas de la vid. 13*a* HEB el fruto del amor; se creía que aseguraba la concepción.

CAPÍTULO 8

Ellos dicen: Las muchas aguas no podrán apagar el amor.

¡AH, si fueras tú como mi hermano
criado a los pechos de mi madre!
Así cuando te hallara yo fuera de casa, te besaría,
y no me menospreciarían.
2 Yo te llevaría y te haría entrar en casa de mi madre;
tú me enseñarías.
Yo te daría a beber vino
aromatizado del zumo de mis granadas.
3 Su izquierda esté debajo de mi cabeza,
y su derecha me abrace.
4 Os ruego, oh hijas de Jerusalén,
que no despertéis ni desveléis al amado,
hasta que quiera.
5 ¿Quién es ésta que sube del desierto,
recostada sobre su amado?
Debajo de un manzano te desperté;
allí tuvo tu madre dolores,
allí tuvo dolores la que te dio a luz.
6 Ponme como un sello sobre tu corazón,
como una marca sobre tu brazo,
porque fuerte como la muerte es el amor;
duros como el Seol son los celos;
sus brasas, brasas de fuego,
poderosa llama.
7 Las muchas aguas no podrán apagar el amor
ni lo ahogarán los ríos.
Si diese
el hombre todos los bienes de su casa
a cambio del amor,
de cierto lo menospreciarían.
8 Tenemos una pequeña hermana
que no tiene pechos;
¿qué haremos por nuestra hermana
el día en que la pidan?
9 Si ella es muro,
edificaremos sobre ella una torrecilla de plata;
y si es puerta,
la enclaustraremos con tablas de cedro.
10 Yo soy muro, y mis pechos como torres;
entonces fui ante sus ojos
como la que halla paz.
11 Salomón tuvo una viña en Baal-hamón,
la cual encomendó a cuidadores,
cada uno de los cuales debía traer
mil *monedas* de plata por su fruto.
12 Mi viña, que es mía, está delante de mí;
las mil serán tuyas, oh Salomón,
y doscientas para los que cuidan su fruto.
13 Tú, que moras en los huertos,
los compañeros escuchan tu voz.
¡Házmela oír!
14 Apresúrate, amado mío,

y sé semejante a la gacela, o
al cervatillo,
sobre los montes de los aromas.

LIBRO DEL PROFETA

ISAÍAS

CAPÍTULO 1

El pueblo de Israel es apóstata, rebelde y corrupto — Sólo pocos permanecen fieles — Sus sacrificios y fiestas son rechazados — Son llamados a arrepentirse y a actuar con justicia — Sión será redimida en el día de la restauración.

[a]VISIÓN de [b]Isaías hijo de
Amoz, la cual vio acerca de
[c]Judá y de Jerusalén en los días
de [d]Uzías, de [e]Jotam, de [f]Acaz y
de Ezequías, reyes de Judá.
2 [a]Oíd, cielos, y escucha tú, tierra, porque habla Jehová: Crié
hijos y los engrandecí, pero ellos
se rebelaron contra mí.
3 El buey conoce a su dueño,
y el asno el pesebre de su señor,
pero Israel no [a]conoce; mi pueblo
no entiende.
4 ¡Oh [a]nación pecadora, pueblo
cargado de maldad, generación
de malhechores, [b]hijos [c]depra-
vados! Dejaron a Jehová, despreciaron al Santo de Israel, se
volvieron atrás.
5 ¿Por qué habéis de ser golpea-
dos aún? ¿Todavía os rebelaréis?
Toda cabeza está enferma, y todo
corazón está [a]desfallecido.
6 Desde la planta del pie hasta
la cabeza no hay en él cosa sana,
sino heridas, y moretones y llagas recientes; no están [a]curadas,
ni vendadas ni suavizadas con
aceite.
7 Vuestra tierra está [a]desolada,
vuestras ciudades quemadas con
fuego, vuestra tierra delante de
vosotros devorada por extranjeros y [b]desolada como derrocada
por extraños.
8 Y queda la hija de Sión como
enramada en [a] viña, como [b] choza
en melonar, como ciudad sitiada.
9 Si Jehová de los ejércitos no
nos hubiera dejado un [a]resto pequeño, seríamos como Sodoma,
semejantes a Gomorra.
10 Príncipes de Sodoma, oíd la
palabra de Jehová. Escuchad la
ley de nuestro Dios, pueblo de
Gomorra.
11 ¿Para qué me sirve, dice
Jehová, la multitud de vuestros

[ISAÍAS]
1 1 *a* GEE Visión.
b 1 Ne. 19:23–24; 3 Ne. 23:1–3. GEE Isaías.
c GEE Jerusalén; Judá.
d 2 Cró. 26:1–23; Oseas 1:1.
e 2 Rey. 15:5, 32–38; Miq. 1:1.
f 2 Rey. 16:1–20.
2 *a* GEE Escuchar.
3 *a* GEE Apostasía; Conocimiento.
4 *a* GEE Pecado.
b Isa. 57:4–5.
c DyC 38:10–12.
5 *a* HEB enfermo.
6 *a* HEB drenadas.
7 *a* Jer. 9:11; 2 Ne. 13:8.
b GEE Israel—El esparcimiento de Israel.
8 *a* GEE Viña del Señor, la.
b *Es decir,* la choza del atalaya.
9 *a* Rom. 9:27; 1 Ne. 15:14.

[a]sacrificios? Hastiado estoy de
holocaustos de carneros y de
grasa de animales engordados;
[b]no quiero sangre de bueyes, ni
de ovejas ni de machos cabríos.
12 ¿Quién demanda esto de
vuestras manos cuando venís a
presentaros delante de mí para
hollar mis atrios?
13 No me traigáis más vana
[a]ofrenda; el incienso me es abominación; luna nueva y [b]día de
reposo, el convocar [c]asambleas,
no lo puedo soportar; son iniquidad vuestras fiestas solemnes.
14 Vuestras [a]lunas nuevas y
vuestras [b]fiestas solemnes las aborrece mi alma; me son una carga;
[c]cansado estoy de soportarlas.
15 Cuando extendáis vuestras
manos, yo esconderé de vosotros
mis ojos; asimismo, cuando multipliquéis la [a]oración, yo no oiré;
llenas están de [b]sangre vuestras
manos.
16 [a]Lavaos, limpiaos; quitad la
iniquidad de vuestras obras de
delante de mis ojos; [b]dejad de
hacer lo malo.
17 Aprended a hacer el [a]bien;
buscad el [b]juicio, [c]socorred al
oprimido; haced justicia al huérfano, abogad por la [d]viuda.
18 Venid ahora, dice Jehová, y
[a]razonemos juntos: aunque vuestros [b]pecados sean como la grana,
como la nieve serán [c]emblanque-
cidos; aunque sean rojos como
el carmesí, vendrán a ser como
blanca lana.
19 Si [a]queréis y [b]escucháis, comeréis lo bueno de la tierra;
20 pero si rehusáis y os rebeláis,
seréis [a]devorados por la espada,
porque la boca de Jehová lo ha
dicho.
21 ¡Cómo te has convertido en
[a]ramera, oh ciudad fiel! Llena
estaba de justicia; en ella habitaba la equidad, pero ahora,
homicidas.
22 Tu plata se ha convertido en
escoria; tu vino está mezclado
con agua.
23 Tus gobernantes son rebeldes
y compañeros de ladrones; todos
aman el [a]soborno y van tras las
recompensas; no [b]hacen justicia al
huérfano, ni llega a ellos la causa
de la viuda.
24 Por tanto, dice el Señor Jehová de los ejércitos, el Poderoso
de Israel: ¡Ah!, tomaré satisfacción de mis adversarios y me
vengaré de mis enemigos;
25 y [a]volveré mi mano contra ti,
y [b]limpiaré hasta con lejía tu escoria y quitaré toda tu [c]impureza;

11 *a* GEE Sacrificios.
b 1 Sam. 15:22.
13 *a* GEE Ofrenda.
b Lam. 2:6.
c Mateo 15:9.
14 *a* Oseas 2:11.
b Amós 5:21.
c Isa. 43:24.
15 *a* DyC 101:7–8.
b HEB sangres; es decir, derramamiento de sangre. Isa. 59:2–3.
16 *a* GEE Bautismo, bautizar.
b GEE Arrepentimiento, arrepentirse.
17 *a* GEE Obras.
b HEB justicia.
c GEE Caridad.
d GEE Viuda.
18 *a* DyC 50:10.
b GEE Perdonar.
c GEE Pureza, puro.
19 *a* GEE Humildad, humilde, humillar (afligir).
b GEE Obediencia, obediente, obedecer.
20 *a* GEE Justicia.
21 *a* GEE Apostasía.
23 *a* Ezeq. 22:12.
b GEE Juicio, juzgar.
25 *a* *Es decir,* castigaré repetidamente.
b Mal. 3:3.
c HEB estaño.

26 y [a]restauraré tus jueces como al principio, y tus consejeros como eran antes; entonces te llamarán [b]Ciudad de justicia, Ciudad fiel.

27 [a]Sión será redimida con justicia; y los [b]convertidos de ella, con rectitud.

28 Pero los rebeldes y los pecadores a una serán quebrantados, y los que dejan a Jehová serán consumidos.

29 Entonces ellos se avergonzarán de las [a]encinas que amasteis, y os abochornaréis de los jardines que escogisteis.

30 Porque seréis como la encina a la que se le cae la hoja y como el jardín al que le faltan las aguas.

31 Y el fuerte será como [a]estopa, y su trabajo será como una chispa; y ambos serán [b]encendidos juntamente, y no habrá quien *los* apague.

CAPÍTULO 2

Isaías ve el templo de los postreros días, el recogimiento de Israel, el juicio y la paz milenarios — Los altivos y los inicuos serán humillados en la Segunda Venida — Compárese con 2 Nefi 12.

[a]Lo que [b]vio Isaías hijo de Amoz tocante a Judá y a Jerusalén.

2 Y acontecerá en los [a]postreros días que será [b]establecido el [c]monte de la [d]casa de Jehová como [e]cabeza de los montes, y será exaltado sobre los collados, y correrán a él todas las naciones.

3 Y vendrán muchos pueblos y dirán: Venid, y subamos al [a]monte de Jehová, a la [b]casa del Dios de Jacob; y nos [c]enseñará acerca de sus caminos, y caminaremos por sus sendas. Porque de [d]Sión saldrá la [e]ley, y de Jerusalén la palabra de Jehová.

4 Y [a]juzgará entre las naciones y reprenderá a muchos pueblos; y forjarán sus espadas en rejas de arado y sus lanzas en hoces; no alzará espada nación contra nación ni se adiestrarán más para la [b]guerra.

5 Venid, oh casa de Jacob, y [a]caminemos a la [b]luz de Jehová.

6 Ciertamente tú has dejado tu pueblo, la casa de Jacob, porque

26 *a* Jer. 33:7–8.
b GEE Jerusalén.
27 *a* GEE Sión.
b GEE Conversión, convertir.
29 *a* *Es decir,* los árboles y jardines de terebintos que se usaban en la adoración de ídolos.
31 *a* *Es decir,* restos de fibras inflamables.
b Isa. 9:16–21.
2 1 *a* Los capítulos 2–14 de Isaías son citados en las planchas de bronce por Nefi, en 2 Ne. 12 al 24; hay algunas diferencias en el texto, en las cuales el lector debe fijarse.
b HEB prever. Isaías recibió el mensaje por medio de una visión del Señor.
2 *a* GEE Últimos días, postreros días.
b GEE Dispensaciones; Restauración del Evangelio.
c Isa. 56:7.
d GEE Templo, Casa del Señor.
e HEB en la cumbre de los montes.
3 *a* DyC 84:2–4.
b GEE Templo, Casa del Señor.
c GEE Enseñar.
d Isa. 33:20.
e HEB enseñanza o doctrina. GEE Ley; Obra misional.
4 *a* GEE Jesucristo—Es juez.
b GEE Guerra.
5 *a* GEE Andar, andar con Dios.
b GEE Luz, luz de Cristo.

están [a]llenos de costumbres del oriente y de agoreros, como los filisteos; y [b]pactan con hijos de extranjeros.

7 Su tierra está llena de plata y de oro; sus tesoros no tienen fin. También está su tierra llena de caballos, y sus carros son sin número.

8 Además, su tierra está llena de [a]ídolos; ante la obra de sus manos se han arrodillado, ante lo que fabricaron sus dedos.

9 Y se ha [a]inclinado el hombre, y el varón se ha humillado; por tanto, no los perdones.

10 Métete en la peña y escóndete en el polvo de la presencia terrible de Jehová y de la gloria de su majestad.

11 La altivez de la mirada del hombre será abatida, y la soberbia de los hombres será humillada; y sólo Jehová será [a]exaltado en aquel [b]día.

12 Porque el [a]día de Jehová de los ejércitos vendrá sobre todo [b]soberbio y altivo, y sobre todo el que se haya ensalzado, y será abatido;

13 y sobre todos los [a]cedros del Líbano altos y erguidos, y sobre todas las encinas de Basán;

14 y sobre todos los montes altos y sobre todos los collados elevados;

15 y sobre toda torre alta y sobre todo muro fortificado;

16 y sobre todas las [a]naves de Tarsis, y sobre todas las pinturas preciadas.

17 Y la altivez del hombre será abatida, y la soberbia de los hombres será humillada; y sólo Jehová será exaltado en aquel día.

18 Y quitará totalmente los ídolos.

19 Y se meterán en las [a]cavernas de las peñas y en las aberturas de la tierra, por la presencia temible de Jehová y por la gloria de su majestad, cuando él se levante para hacer temblar la tierra.

20 Aquel día arrojará el hombre a los topos y a los murciélagos sus ídolos de plata y sus ídolos de oro, que le hicieron para que adorase,

21 para meterse en las hendiduras de las rocas y en las cavernas de las peñas, por la presencia temible de Jehová y por la gloria de su majestad, cuando se levante para hacer temblar la tierra.

22 [a]Dejaos del hombre cuyo aliento está en su nariz, pues, ¿de qué es él estimado?

---

6 *a* *Es decir,* están llenos de enseñanzas y creencias extrañas o extranjeras.
b HEB se dan la mano con.
8 *a* Rom. 1:25; Hel. 6:31. GEE Apostasía; Idolatría.
9 *a* 2 Ne. 12:9.
11 *a* Isa. 28:5.
b Isa. 52:6; Zac. 9:16.
12 *a* GEE Segunda Venida de Jesucristo.
b GEE Orgullo.
13 *a* Ezeq. 31:3.
16 *a* La versión griega de la Biblia (Septuaginta) tiene una frase que el hebreo no tiene, y el hebreo tiene una frase que el griego no tiene, pero 2 Ne. 12:16 tiene las dos.
19 *a* Apoc. 6:15.
22 *a* *Es decir,* dejen de depender del hombre terrenal, porque tiene poco poder comparado con Dios. Moisés 1:10.

CAPÍTULO 3

Judá y Jerusalén serán castigadas por su desobediencia — Jehová litiga con Su pueblo y lo juzga — Las hijas de Sión son maldecidas y atormentadas por sus costumbres mundanas — Compárese con 2 Nefi 13.

PORQUE he aquí, Jehová, el Señor de los ejércitos quita de Jerusalén y de Judá el sustento y el socorro, todo sustento de pan y todo socorro de agua;
2 el valiente y el hombre de guerra, el juez y el profeta, el adivino y el [a]anciano;
3 el capitán de cincuenta, y el hombre de respeto, y el consejero, y el [a]artífice excelente y el hábil encantador.
4 Y les pondré jóvenes por príncipes, y niños los gobernarán.
5 Y el pueblo hará violencia los unos contra los otros, y cada cual contra su prójimo; el joven actuará con altivez contra el anciano, y el indigno contra el honorable.
6 Cuando alguno tome a su hermano, de la familia de su padre, *y le diga*: Tú tienes manto; tú serás nuestro gobernante, y toma en tus manos esta ruina;
7 él jurará en aquel día, diciendo: [a]No seré el sanador, pues en mi casa no hay pan ni manto; no me hagáis gobernante del pueblo.
8 Pues arruinada está [a]Jerusalén, y Judá ha [b]caído; pues la lengua de ellos y sus obras han sido contra Jehová, al rebelarse ante los ojos de su gloria.
9 La apariencia de sus rostros testifica contra ellos y, como [a]Sodoma, manifiestan su pecado; no *lo* ocultan. ¡Ay del alma de ellos!, porque trajeron mal para sí.
10 Decid al [a]justo que *le irá* bien, porque [b]comerá del fruto de sus obras.
11 ¡Ay del [a]malvado! Mal *le irá*, porque según las obras de sus manos le será [b]pagado.
12 Los opresores de mi pueblo son niños, y mujeres lo gobiernan. Oh pueblo mío, los que te guían te hacen errar y tuercen el rumbo de tus caminos.
13 Jehová está en pie para [a]litigar y está para juzgar a los pueblos.
14 Jehová vendrá a [a]juicio contra los ancianos de su pueblo y contra sus [b]príncipes, porque vosotros habéis [c]devorado la viña; el [d]despojo del pobre está en vuestras casas.
15 ¿Qué intentáis vosotros que [a]trituráis a mi pueblo y moléis la cara de los pobres?, dice el Señor Jehová de los ejércitos.
16 Asimismo dice Jehová: Por

3 2 *a* Isa. 3:5.
3 *a* *O sea,* el sabio de las artes mágicas.
7 *a* HEB el que pone las vendas; es decir, no solucionaré tus problemas.
8 *a* Miq. 3:12.
b Lam. 1:3.
9 *a* GEE Homosexualidad.
10 *a* GEE Rectitud, recto.
b Sal. 128:2.
11 *a* Sal. 11:6.
b *Es decir,* se le recompensará por sus obras.
13 *a* HEB contender.
14 *a* GEE Jesucristo—Es juez.
b HEB sus gobernantes o líderes.
c HEB consumido o quemado.
d Alma 4:12–13.
15 *a* Amós 2:6–7; DyC 52:40.

cuanto las hijas de Sión son altivas y andan con cuello erguido y ojos [a]desvergonzados, que caminan como si [b]danzaran, haciendo sonar los adornos de sus pies,
17 por tanto, el Señor herirá con sarna la mollera de las hijas de Sión, y Jehová [a]descubrirá su desnudez.
18 Aquel día el Señor quitará la hermosura de los adornos de sus tobillos, y las [a]redecillas, y las [b]lunetas,
19 los collares, y los brazaletes, y los velos,
20 las [a]cofias, y los adornos de las piernas, y las cintas, los pomitos de olor, y los zarcillos,
21 los anillos, y los joyeles de la nariz,
22 las ropas de gala, y los mantoncillos, y las capas, y las bolsas,
23 los espejos, y los linos finos, y los tocados y las [a]gasas.
24 Y acontecerá que en lugar de los perfumes aromáticos habrá hediondez, y [a]soga en lugar de cinturón, y [b]calvicie en lugar de cabellos peinados, y en lugar de faja, ceñimiento de cilicio y [c]quemadura en vez de hermosura.
25 Tus [a]hombres caerán a espada y tus fuertes en la batalla.
26 Y sus [a]puertas se lamentarán y [b]enlutarán; y ella, [c]desolada, se sentará en tierra.

CAPÍTULO 4

Sión y sus hijas serán redimidas y purificadas en el día milenario — Compárese con 2 Nefi 14.

Y [a]SIETE mujeres echarán mano de un hombre en aquel día, diciendo: Nosotras comeremos nuestro propio pan y nos vestiremos con nuestra propia ropa; solamente permítenos llevar tu [b]nombre; quita nuestro [c]oprobio.
2 En aquel día el [a]renuevo de Jehová será bello y glorioso, y el [b]fruto de la tierra será excelente

16 *a* *O sea,* con mirada seductora. GEE Carnal; Sensual, sensualidad.
b *Es decir,* caminan con pasos cortos y rápidos, de un modo afectado.
17 *a* HEB poner al descubierto; modismo hebraico que significa "avergonzarlas, humillarlas".
18 *a* Posiblemente redecillas para el cabello. Las autoridades en la materia no siempre concuerdan con respecto a la índole de los adornos de la mujer que se mencionan en los vers. 18–23.
b *Es decir,* adornos en forma de luna en cuarto creciente.
20 *a* *O sea,* gorras femeninas.
23 *a* *O sea,* las ropas transparentes.
24 *a* HEB andrajos.
b Ezeq. 7:18.
c *O sea,* señal de quemadura (marca de la esclavitud).
25 *a* Amós 4:10.
26 *a* Lam. 2:8–10.
b Lam. 1:4–6.
c *Es decir,* Jerusalén será arrasada, quedará desamparada.
4 1 *a* *Es decir,* por la escasez de hombres debido a las guerras. Isa. 3:25.
b GEE Matrimonio.
c *Es decir,* el estigma del no haberse casado ni haber tenido hijos.
2 *a* Jer. 23:5–6; 2 Ne. 3:5; Jacob 2:25.
b *Es decir,* la tierra será renovada y entonces será productiva, próspera y hermosa.

y hermoso para los de Israel que
hayan [c]escapado.
3 Y acontecerá que el que
[a]quede en [b]Sión, y el que sea dejado en [c]Jerusalén, será llamado
santo; todos los que en Jerusalén estén [d]inscritos entre los
vivientes,
4 [a]cuando el Señor haya [b]lavado
la inmundicia de las hijas de Sión
y [c]limpiado la sangre de Jerusalén de en medio de ella, con
espíritu de juicio y con espíritu
de [d]ardor.
5 Y creará Jehová sobre toda morada del monte Sión y sobre sus
asambleas [a]nube y humo de día;
y de noche, resplandor de llamas
de fuego, porque sobre toda la
gloria *habrá* una cobertura.
6 Y habrá resguardo para sombra contra el calor del día, y para
[a]refugio y abrigo contra la tempestad y contra el aguacero.

CAPÍTULO 5

La viña de Jehová (Israel) será asolada y Su pueblo será esparcido — Les sobrevendrán calamidades en su estado apóstata y esparcido — Jehová alzará estandarte a las naciones y recogerá a Israel — Compárese con 2 Nefi 15.

AHORA [a]cantaré a mi amado el
cantar de mi amado acerca de su
[b]viña. Tenía mi amado una viña
en una [c]ladera fértil.
2 La había cercado, y despedre-
gado y plantado de vides escogidas; había edificado en medio
de ella una torre y también había
hecho un lagar en ella; y esperaba que diese uvas, y dio uvas
silvestres.
3 Ahora pues, oh habitantes
de Jerusalén y hombres de Judá,
juzgad, os ruego, entre yo y mi
viña.
4 ¿Qué más se podía haber hecho a mi viña, que yo no haya
hecho en ella? ¿Por qué, cuando
yo esperaba que diese uvas, ha
dado [a]uvas silvestres?
5 Pues ahora os diré lo que haré
yo a mi viña: Le [a]quitaré su vallado, y será consumida; derribaré su cerca, y será hollada.
6 Haré que quede desierta; no
será podada ni cavada, y crecerán el cardo y los espinos; y a las
nubes mandaré que no derramen
lluvia sobre ella.
7 Porque la [a]viña de Jehová de

2 *c* Isa. 10:20; DyC 133:11–13.
3 *a* GEE Israel—La congregación de Israel.
b GEE Nueva Jerusalén; Sión.
c GEE Jerusalén.
d *Es decir,* los que son salvos con la aprobación del Mesías. GEE Libro de memorias.
4 *a* *Es decir,* cuando el Señor haya purificado la tierra (vers. 4), Él morará aquí y brindará Su presencia protectora (vers. 5–6).
b GEE Lavado, lavamientos, lavar.
c GEE Gog; Magog.
d DyC 5:19. GEE Mundo—El fin del mundo.
5 *a* Éx. 13:21–22.
6 *a* DyC 45:66–72.

5

1 *a* *Es decir,* el profeta compone el cántico o la parábola poética de una viña, en el que pone de manifiesto la misericordia de Dios y la indiferencia de Israel.
b GEE Viña del Señor, la.
c *Es decir,* en Israel.
4 *a* GEE Apostasía.
5 *a* DyC 24:19.
7 *a* GEE Viña del Señor, la.

los ejércitos es la casa de Israel, y los hombres de Judá son su planta deleitosa. Y esperaba justicia, y he aquí vileza; rectitud, y he aquí [b]clamor.

8 ¡Ay de los que [a]acaparan casa tras casa y añaden campo tras campo hasta ocuparlo todo, y así [b]habitaréis vosotros solos en medio de la tierra!

9 A mis oídos *ha dicho* Jehová de los ejércitos: Ciertamente muchas casas han de quedar asoladas, sin morador hasta las grandes y hermosas.

10 Y diez [a]yugadas de viña producirán un [b]bato, y un [c]homer de semilla producirá un efa.

11 ¡Ay de los que se levantan de mañana para ir tras las bebidas fuertes *y* así siguen hasta la noche, hasta que el [a]vino los enciende!

12 Y en sus banquetes hay arpas y vihuelas, tamboriles y flautas, y vino; y no consideran la obra de Jehová ni [a]miran la obra de sus manos.

13 Por tanto mi pueblo fue llevado [a]cautivo, porque no tuvo [b]conocimiento; y sus hombres honorables perecen de hambre, y su multitud se seca de sed.

14 Por eso se ensanchó el [a]Seol y sin medida abrió su boca; y *allá* descenderá la gloria de ellos, y su multitud, y su alboroto y el que en ella se regocijaba.

15 Y el hombre será humillado, y el varón será abatido, y serán bajados los ojos de los altivos.

16 Pero Jehová de los ejércitos será exaltado en [a]juicio, y el Dios [b]Santo será santificado con justicia.

17 Entonces los corderos pacerán según su costumbre, y extraños comerán en los [a]lugares desolados de los engordados.

18 ¡Ay de los que [a]traen la iniquidad con cuerdas de [b]vanidad y el [c]pecado como con [d]coyundas de carreta,

19 los cuales dicen: [a]Dése prisa, apresure él su obra para que la [b]veamos; acérquese y venga el consejo del Santo de Israel, para que lo sepamos!

20 ¡Ay de los que a [a]lo malo llaman bueno, y a lo bueno, malo; que hacen de la [b]luz [c]tinieblas y de las tinieblas luz; que ponen

7 *b* *Es decir,* grito de angustia.
8 *a* GEE Codiciar.
b *Es decir,* los ricos terratenientes se quedarían con las pequeñas fincas de los pobres.
10 *a* *O sea,* casi cuatro hectáreas.
b *O sea,* aprox. 22 litros.
c *O sea,* aprox. 220 litros.
11 *a* 2 Ne. 28:7–8. GEE Palabra de Sabiduría.
12 *a* GEE Rebelión.
13 *a* GEE Cautiverio.
b GEE Conocimiento.
14 *a* HEB mundo o morada de los muertos, sepulcro, infierno.
16 *a* GEE Jesucristo—Es juez.
b Lev. 19:2.
17 *a* *O sea,* los campos desolados de los ricos.
18 *a* HEB atraen o tiran de.
b GEE Vanidad, vano.
c *Es decir,* están amarrados a sus pecados como las bestias a su carga.
d *O sea,* con soga de cáñamo.
19 *a* *Es decir,* no creerán en el Mesías sino hasta que lo vean.
b GEE Señal.
20 *a* Moro. 7:12–15.
b GEE Luz, luz de Cristo.
c GEE Tinieblas espirituales.

lo amargo por dulce y lo dulce por amargo!

21 ¡Ay de los sabios [a]ante sus propios ojos, y de los que son prudentes delante de sí mismos!

22 ¡Ay de los que son valientes para beber vino, y hombres fuertes para mezclar bebida fuerte;

23 los que justifican al malvado por cohecho, y al justo [a]quitan su justicia!

24 Por tanto, como la lengua del fuego consume el [a]rastrojo, y la llama devora la paja, así será su raíz como podredumbre, y su flor se desvanecerá como polvo, porque han desechado la ley de Jehová de los ejércitos y han despreciado la palabra del Santo de Israel.

25 Por esta causa se encendió el furor de Jehová contra su pueblo, y extendió contra él su mano y lo hirió; y se estremecieron los montes, y sus cadáveres quedaron como desperdicio en medio de las calles. Con todo esto no ha cesado su furor, sino que su mano está todavía extendida.

26 Y alzará [a]estandarte a las naciones lejanas y les [b]silbará desde el [c]extremo de la tierra; y he aquí que [d]vendrán pronto y velozmente.

27 No habrá entre ellos cansado ni quien tropiece; ninguno se dormirá ni a ninguno le dará sueño; a ninguno se le desatará el cinto de los lomos ni se le romperá la correa de su calzado.

28 Sus saetas están afiladas y todos sus arcos tensados; los cascos de sus caballos serán como de pedernal; y las ruedas *de sus carros,* como torbellino.

29 Su rugido será como de león; rugirán a manera de [a]leoncillos; gruñirán y arrebatarán la presa, y se la llevarán con seguridad, y nadie *se la* quitará.

30 Y en aquel día rugirán contra ellos como el bramido del mar; y si alguien mira hacia la tierra, he aquí tinieblas *y* tribulación, y en sus cielos [a]se oscurecerá la luz.

CAPÍTULO 6

Isaías ve al Señor — Son perdonados los pecados de Isaías — Él es llamado a profetizar — Profetiza que los judíos rechazarán las enseñanzas de Cristo — Un remanente volverá — Compárese con 2 Nefi 16.

EL año en que murió el rey Uzías, vi yo al [a]Señor sentado sobre un [b]trono alto y exaltado, y las faldas *de su manto* llenaban el templo.

2 Encima de él había [a]serafines; cada uno tenía seis alas: con dos cubrían sus rostros, y con dos cubrían sus pies y con dos volaban.

3 Y el uno al otro daba voces, diciendo: ¡Santo, santo, santo es

21 *a* GEE Orgullo.
23 *a* *Es decir,* quitan sus derechos legítimos.
24 *a* Mal. 4:1.
26 *a* GEE Pendón.
b *Es decir,* dará la señal.
Zac. 10:8–10; 2 Ne. 29:2.
c Isa. 11:12.
d GEE Israel—La congregación de Israel.
29 *a* 3 Ne. 21:12–13.
30 *a* DyC 112:23–26.

6 1 *a* GEE Jesucristo—La existencia premortal de Cristo.
b Apoc. 4:2–5; DyC 137:3.
2 *a* DyC 38:1; 109:79.

Jehová de los ejércitos! ¡Toda la tierra está llena de su [a]gloria!
4 Y los umbrales de las puertas se estremecieron con la voz del que clamaba, y la casa se llenó de [a]humo.
5 Entonces dije: ¡Ay de mí que [a]muerto soy!, porque siendo hombre [b]inmundo de labios y habitando en medio de un pueblo que tiene labios inmundos, han [c]visto mis ojos al [d]Rey, a Jehová de los ejércitos.
6 Entonces voló hacia mí uno de los serafines, teniendo en su mano un [a]carbón encendido, tomado del altar con unas tenazas.
7 Y tocó con él sobre mi boca y dijo: He aquí que esto ha tocado tus labios, y tu iniquidad es [a]quitada y borrado tu pecado.
8 Después oí la voz del Señor, diciendo: ¿A quién [a]enviaré y quién irá por nosotros? Entonces dije: Heme aquí, envíame a mí.
9 Y él dijo: Anda y di a este pueblo: [a]Oíd bien, pero no [b]entendáis; ved bien, pero no [c]comprendáis.
10 Engruesa el corazón de este pueblo, y agrava sus oídos y ciega sus ojos, no sea que vea con sus ojos, y oiga con sus oídos, y entienda con su corazón, y se convierta y sea sanado.
11 Y yo dije: ¿[a]Hasta cuándo, Señor? Y respondió él: Hasta que las ciudades estén asoladas y sin habitantes, y no haya hombre en las casas, y la tierra quede desierta;
12 hasta que Jehová haya echado lejos a los hombres y haya multiplicado los lugares abandonados en medio de la tierra.
13 Pues aún quedará en ella una décima parte, y [a]volverá, aunque será consumida como el terebinto y como la encina, de los cuales en la tala queda el tronco; así el tronco de ella será la [b]simiente santa.

CAPÍTULO 7

Efraín y Siria guerrean contra Judá — Cristo nacerá de una virgen — Compárese con 2 Nefi 17.

Aconteció en los días de Acaz hijo de Jotam, hijo de Uzías, rey de Judá, que Rezín, rey de Siria,

3 *a* GEE Jesucristo—La gloria de Jesucristo.
4 *a* Éx. 19:18; Apoc. 15:8.
5 *a* HEB terminado, aniquilado; es decir, se sintió acongojado al reconocer tanto sus propios pecados como los de su pueblo.
b GEE Limpio e inmundo.
c 2 Ne. 11:2–3.
d TJS Mateo 2:2. Apoc. 19:16.
6 *a* *Es decir,* un símbolo de purificación.
7 *a* GEE Perdonar.
8 *a* GEE Autoridad; Llamado, llamado por Dios, llamamiento; Profeta.
9 *a* Mateo 13:14–15; Juan 12:37–41.
b Lucas 8:10; 2 Ne. 16:9.
c GEE Incredulidad.
11 *a* *Es decir,* el profeta se pregunta hasta cuándo serán los hombres así; el Señor responde: Hasta que los hombres dejen de existir.
13 *a* Jer. 23:3–4; 2 Ne. 16:13.
b *Es decir,* al igual que el árbol, aunque sus hojas sean esparcidas, la vida y el potencial de producir semilla permanecen en él.

y Peca hijo de Remalías, rey de Israel, subieron a Jerusalén para combatirla, pero no la pudieron tomar.

2 Y fue dada la noticia a la casa de David, diciendo: Siria se ha confederado con [a]Efraín. Y se le estremeció el corazón y el corazón de su pueblo, como se estremecen los árboles del monte a causa del viento.

3 Entonces dijo Jehová a Isaías: Sal ahora al encuentro de Acaz, tú y tu hijo [a]Sear-jasub, al extremo del [b]conducto del estanque de arriba, en el [c]camino del campo del Lavador,

4 y dile: [a]Ten cuidado y ten calma; no temas, ni se intimide tu corazón a causa de estos dos cabos de tizón que humean, por el furor de la ira de Rezín, y de Siria y del hijo de Remalías.

5 Porque Siria ha acordado maligno consejo contra ti, con Efraín y con el hijo de Remalías, diciendo:

6 Subamos contra Judá, y aterroricémosla, y abramos brecha en ella para nosotros y pongamos en medio de ella como rey al hijo de Tabeel.

7 Así dice Jehová el Señor: Eso no prevalecerá ni acontecerá.

8 Porque la cabeza de Siria es [a]Damasco y la cabeza de Damasco es Rezín; y dentro de sesenta y cinco años [b]Efraín será quebrantado hasta dejar de ser pueblo.

9 Y la cabeza de Efraín es Samaria y la cabeza de Samaria es el hijo de Remalías. [a]Si vosotros no creéis, de cierto no permaneceréis.

10 Y habló otra vez Jehová a Acaz, diciendo:

11 Pide para ti una señal de Jehová tu Dios; pídela abajo en lo profundo o arriba en lo alto.

12 Y respondió Acaz: No pediré ni [a]tentaré a Jehová.

13 Dijo entonces *Isaías*: Oíd, ahora, oh casa de David. ¿Os parece poco el ser molestos a los hombres, para que también lo seáis a mi Dios?

14 Por tanto, el Señor mismo os dará [a]señal: He aquí que una [b]virgen concebirá, y dará a luz un [c]hijo y llamará su nombre [d]Emanuel.

15 Comerá [a]mantequilla y miel,

7 2 *a* En aquella época se llamaba al pueblo de Israel del norte por el nombre de Efraín, ya que era la tribu principal del norte.
3 *a* HEB el remanente regresará. Isa. 8:3, 17–18.
b HEB del canal, del túnel.
c *Es decir,* por el camino del campo de los lavanderos, cerca del arroyo, más allá del estanque de Siloé.
4 *a* *Es decir,* no te alarmes ante el ataque; a esos dos reyes les queda poca fuerza.
8 *a* GEE Damasco.
b GEE Israel—Las diez tribus perdidas de Israel.
9 *a* *Es decir,* si no tienen fe, no serán salvados.
12 *a* *O sea,* no probaré o no pondré a prueba.
14 *a* GEE Señal.
b Mateo 1:22–23. GEE María, madre de Jesús.
c GEE Jesucristo—Profecías acerca de la vida y la muerte de Jesucristo.
d GEE Emanuel.
15 *a* HEB leche cuajada y miel, a veces, la única comida disponible para los pobres.

para que sepa desechar lo malo y escoger lo bueno.

16 Porque [a]antes que el niño sepa desechar lo malo y escoger lo bueno, la tierra de los dos reyes que tú temes será abandonada.

17 Jehová [a]hará venir sobre ti, y sobre tu pueblo y sobre la casa de tu padre, días cuales nunca vinieron desde el día en que [b]Efraín se apartó de Judá, *esto es,* al rey de Asiria.

18 Y acontecerá que aquel día [a]silbará Jehová a [b]la mosca que está en el extremo de los ríos de Egipto y a la abeja que está en la tierra de Asiria.

19 Y vendrán y se asentarán todos en los valles desiertos, y en las cavernas de las rocas, y en todos los zarzales y en todas las matas.

20 En aquel día [a]rapará el Señor con navaja alquilada al otro lado del río, con el rey de Asiria, cabeza y vello de los pies, y aun la barba también quitará.

21 Y acontecerá en aquel día que un hombre [a]criará una vaca y dos ovejas;

22 y acontecerá que a causa de la abundancia de leche que darán, comerá mantequilla, porque [a]mantequilla y miel comerá el que quede en medio de la tierra.

23 Y sucederá también en aquel día que el lugar donde había mil vides, que valían mil [a]*siclos* de plata, será para espinos y cardos.

24 Con saetas y arco irán allá, porque toda la tierra será espinos y cardos.

25 Y a todos los montes que se cavaban con azada, no llegarás allá por el temor a los espinos y a los cardos, sino que serán para pasto de bueyes y para ser hollados por las ovejas.

CAPÍTULO 8

Cristo será piedra de tropiezo y tropezadero — Buscad al Señor y no a los adivinos murmuradores — Volveos a la ley y al testimonio para recibir orientación — Compárese con 2 Nefi 18.

Y ME dijo Jehová: Toma una tabla grande y [a]escribe en ella [b]con estilete de hombre tocante a [c]Maher-salal-hasbaz.

2 Y junté conmigo como testigos fieles al sacerdote Urías y a Zacarías hijo de Jeberequías.

3 Y me llegué a [a]la profetisa, y concibió y dio a luz un hijo. Y me

16 *a* *Es decir,* antes que sea maduro. Isa. 8:4.
17 *a* *Es decir,* el peligro inmediato es la amenaza de Asiria.
b 1 Rey. 12:16–19.
18 *a* *Es decir,* dará la señal o llamará.
b *Es decir,* las fuerzas atacantes.
20 *a* *Es decir,* esa tierra será despoblada por un invasor extranjero.
21 *a* *Es decir,* sólo quedarán unos pocos sobrevivientes que se basten a sí mismos.
22 *a* HEB leche cuajada y miel; es decir, alimentos básicos típicos de los nómadas.
23 *a* *O sea,* piezas de plata, como 11 kg.
8 1 *a* GEE Escrituras.
b *Es decir,* con caracteres legibles.
c HEB la destrucción es inminente.
3 *a* *Es decir,* a su esposa. GEE Profetisa.

dijo Jehová: Ponle por nombre Maher-salal-hasbaz.
4 Porque [a]antes que el niño sepa decir: padre mío y madre mía, será quitada la riqueza de Damasco y los despojos de [b]Samaria delante del rey de Asiria.
5 Otra vez volvió Jehová a hablarme, diciendo:
6 Por cuanto este pueblo ha rechazado las [a]aguas de Siloé, que corren mansamente, y se ha regocijado en [b]Rezín y en el hijo de Remalías,
7 por tanto, he aquí, el Señor hace subir sobre [a]ellos las [b]aguas del Río, fuertes y muchas, *a saber*, al rey de Asiria con toda su gloria. Él se desbordará sobre todos sus cauces y pasará sobre todas sus riberas;
8 y, [a]pasando por Judá, inundará y se desbordará hasta llegar a la garganta; y la extensión de sus alas llenará la anchura de tu [b]tierra, oh Emanuel.
9 Formad alianzas, pueblos, y seréis quebrantados; y dad oídos, todos los que sois de lejanas tierras; ceñíos y seréis quebrantados; apercibíos y seréis quebrantados.
10 Reuníos en [a]consejo, y será anulado; hablad palabra, y no permanecerá, porque [b]Dios está con nosotros.
11 Porque Jehová me habló de esta manera [a]con mano fuerte y me enseñó que no caminase por el camino de este pueblo, diciendo:
12 No llaméis [a]conspiración a todas las cosas que este pueblo llama conspiración, ni temáis lo que ellos temen ni tengáis miedo.
13 A Jehová de los ejércitos, a él santificad; [a]sea él vuestro temor, y él sea vuestro miedo.
14 Entonces él será un [a]santuario; pero a las dos casas de Israel será piedra de [b]tropiezo y [c]tropezadero para caer, y será trampa y red al morador de Jerusalén.
15 Y muchos tropezarán entre ellos, y caerán y serán quebrantados; se enredarán y serán apresados.
16 [a]Ata el testimonio; [b]sella la [c]ley entre mis discípulos.
17 Esperaré, pues, a Jehová, quien [a]esconde su rostro de la casa de Jacob, y a él aguardaré.

4 *a* Isa. 7:16; 8:18.
b 2 Rey. 15:29. GEE Israel—Las diez tribus perdidas de Israel.
6 *a* Neh. 3:15; Juan 9:7.
b Isa. 7:1–7.
7 *a* *Es decir,* primero sobre Israel del norte.
b Isa. 17:13.
8 *a* *Es decir,* Asiria también se infiltrará en Judá.
b *Es decir,* Judá, la tierra del futuro nacimiento de Emanuel. GEE Emanuel.
10 *a* DyC 1:19; 3:6–11.
b *Es decir,* Judá, la tierra de Emanuel, se salvará. Sal. 46:7.
11 *a* *Es decir,* con poder.
12 *a* *Es decir,* Judá no debe atenerse a confabulaciones con otras gentes o pueblos por razones de seguridad.
13 *a* *Es decir,* sed reverentes y humildes ante Dios.
14 *a* *Es decir,* seguridad para los que confían en Él, pero consternación y sufrimiento para los incrédulos. Ezeq. 11:16–20.
b Rom. 9:32–33; 1 Cor. 1:22–23; 1 Pe. 2:6–8.
c GEE Roca. Mateo 11:6. GEE Ofender.
16 *a* DyC 109:45–46.
b GEE Sellamiento, sellar.
c HEB enseñanzas o doctrina.
17 *a* Deut. 31:16–18; Isa. 54:4–10.

18 He aquí, yo y los hijos que me dio Jehová *somos* [a]señales y prodigios en Israel, de parte de Jehová de los ejércitos que mora en el monte Sión.

19 Y si os dijeren: Preguntad a los que [a]evocan a los muertos, y a los [b]adivinos, y a los que susurran y a los que murmuran, *responded*: ¿No consultará el pueblo a su Dios? ¿Consultará a los muertos por los vivos?

20 ¡A la [a]ley y al testimonio! Si no [b]hablan conforme a esto, es porque no les ha [c]amanecido.

21 Y [a]pasarán por la tierra fatigados y hambrientos; y acontecerá que, teniendo hambre, se enojarán y maldecirán a su rey y a su Dios, levantando el rostro en alto.

22 Y mirarán a la tierra, y he aquí tribulación y tinieblas, [a]oscuridad de angustia; y quedarán sumidos en las tinieblas.

CAPÍTULO 9

Isaías habla del Mesías — El pueblo que andaba en tinieblas verá una gran luz — Un niño nos es nacido — Será el Príncipe de Paz y reinará sobre el trono de David — Compárese con 2 Nefi 19.

SIN embargo, no habrá oscuridad tal como la aflicción que hubo [a]en el tiempo en que él livianamente afligió la primera vez a la tierra de [b]Zabulón y a la tierra de Neftalí; y después la angustió más penosamente por la vía del mar, del otro lado del Jordán, en Galilea de las naciones.

2 El pueblo que andaba en [a]tinieblas vio gran [b]luz; a los que moraban en tierra de sombra de muerte, luz resplandeció sobre ellos.

3 [a]Multiplicaste la gente *y* [b]aumentaste la alegría. Se alegrarán delante de ti como se alegran en la siega, como se regocijan cuando reparten el botín.

4 Porque tú quebraste el [a]yugo de su [b]carga, y la vara de su hombro y el bastón de su opresor, como [c]en el día de [d]Madián.

5 Porque todo calzado del guerrero en el tumulto de la batalla y manto manchado en sangre,

---

18 *a* *Es decir,* el nombre de Isaías y de sus hijos significan respectivamente: "Jehová salva", "Él precipita la presa" y "Un remanente volverá". Isa. 7:3; 8:3. GEE Simbolismo.
19 *a* 1 Sam. 28:7–20; 1 Cró. 10:13–14.
b *Es decir,* los hechiceros, los brujos.
20 *a* GEE Escrituras—El valor de las Escrituras.
b *Es decir,* ellos, los médiums espiritistas. Isa. 8:21–22.
c GEE Conciencia; Luz, luz de Cristo.
21 *a* *Es decir,* Israel sería tomada cautiva por no querer escuchar.
22 *a* HEB aflicción sombría. GEE Tinieblas espirituales.
9 1 *a* Los comentaristas rabínicos relacionan esto con los ataques de Asiria bajo Tiglatpileser y Sargón II.
b Mateo 4:13–16.
2 *a* La "oscuridad" y las "tinieblas" eran la apostasía y el cautiverio; la "gran luz" es Cristo. GEE Tinieblas espirituales.
b GEE Luz, luz de Cristo.
3 *a* Abr. 2:9; 3:14.
b 2 Ne. 19:3.
4 *a* GEE Cautiverio; Yugo.
b Isa. 10:24–27.
c HEB como fue quebrado en el día de Madián.
d Jue. 7:19–23.

todo esto será para [a]quemar, para [b]pasto del fuego.
6 Porque un [a]niño nos es nacido, [b]hijo nos es dado; y el [c]principado estará sobre su hombro; y se llamará su nombre Admirable, [d]Consejero, [e]Dios [f]fuerte, Padre [g]eterno, Príncipe de paz.
7 El aumento de *su* [a]dominio y la paz no tendrán fin, sobre el [b]trono de David y sobre su reino, disponiéndolo y confirmándolo en juicio y en [c]justicia desde ahora y para siempre. El celo de Jehová de los ejércitos hará esto.
8 El Señor envió palabra a Jacob, y cayó en [a]Israel.
9 Y todo el pueblo lo sabrá, Efraín y los moradores de Samaria, que con [a]soberbia y con altivez de corazón dicen:
10 Los ladrillos cayeron, pero edificaremos de cantería; cortaron los [a]sicómoros, pero en su lugar pondremos cedros.
11 Pero Jehová levantará a los adversarios de Rezín contra él y juntará a sus enemigos:
12 los sirios por delante y los filisteos por detrás, y a boca llena devorarán a Israel. Ni con todo eso ha cesado su furor, sino que su [a]mano aún está extendida.
13 Pero el [a]pueblo no se ha vuelto al que lo ha herido ni ha buscado a Jehová de los ejércitos.
14 Y Jehová cortará de Israel cabeza y cola, rama y caña, en un mismo día.
15 El [a]anciano y venerable de rostro es la cabeza, y el [b]profeta que enseña mentira es la cola.
16 Porque [a]los que guían a este pueblo lo hacen errar, y los que ellos guían son destruidos.
17 Por tanto, el Señor no se complacerá en sus jóvenes, ni de sus huérfanos ni de sus viudas tendrá misericordia, porque todos son profanos y malhechores, y toda boca habla necedades. Ni con todo esto ha cesado su furor, sino que su mano aún está extendida.
18 Porque la [a]maldad se enciende como fuego; cardos y espinos devorará, y se encenderá en lo espeso del bosque, y serán alzados como remolinos de humo.
19 Por la ira de Jehová de los ejércitos se oscurece la tierra, y el pueblo es como [a]pasto del fuego;

5 *a* La "quema" será la purificación de la Tierra antes del establecimiento del reino mesiánico. 3 Ne. 25:1; DyC 64:23–24.
b *O sea,* combustible.
6 *a* GEE Jesucristo—Profecías acerca de la vida y la muerte de Jesucristo.
b Juan 3:16–17; 2 Ne. 25:19.
c Isa. 22:22. GEE Jesucristo—Su autoridad; Jesucristo—El reinado milenario de Cristo.
d Rom. 11:33–36.
e Mos. 7:27.
f Mos. 3:5–8.
g Mos. 15:1–13.
7 *a* GEE Reino de Dios o de los cielos.
b Lucas 1:32–33.
c GEE Justicia.
8 *a* *Es decir,* el mensaje profético que sigue (vers. 8–21) fue una amonestación a las tribus del norte, llamadas Israel.
9 *a* GEE Orgullo.
10 *a* *O sea,* una especie de higueras silvestres.
12 *a* *Es decir,* a pesar de todo, Jehová está dispuesto si se vuelven a Él. Isa. 9:17, 21.
13 *a* GEE Rebelión.
15 *a* 2 Ne. 19:15–16.
b Jer. 23:16–22.
16 *a* 2 Ne. 26:29.
18 *a* Isa. 10:17; JS—H 1:36–37.
19 *a* *O sea,* combustible.

ningún hombre tiene piedad de
su hermano.
20 *Cada uno* arrebatará a la mano
derecha y tendrá hambre; y [a]comerá a la izquierda y no se saciará; cada cual comerá la carne
de su propio brazo:
21 Manasés a Efraín, y Efraín a
Manasés, y ambos contra Judá.
Ni con todo esto ha cesado su
furor, sino que su mano todavía
está extendida.

CAPÍTULO 10

La destrucción de Asiria es un símbolo de la destrucción de los inicuos en la Segunda Venida — Pocas personas quedarán después que el Señor venga de nuevo — El remanente de los de Jacob volverá en ese día — Compárese con 2 Nefi 20.

¡AY de los que decretan leyes inicuas y que prescriben opresión,
2 para apartar del [a]juicio a los
necesitados y para quitar el derecho a los [b]afligidos de mi pueblo, para que las viudas sean
su presa y para despojar a los
huérfanos!
3 ¿Y qué haréis en el día de la
[a]visitación y en el asolamiento
que vendrá de lejos? ¿A quién
os acogeréis para que os ayude?
¿Y en dónde dejaréis vuestra
gloria?
4 Sin mí se doblegarán ante los
presos y entre los muertos caerán.
Ni con todo esto ha cesado su
furor, sino que su mano aún está
extendida.
5 ¡Oh Asiria, vara de mi furor! El bastón en su mano es mi
indignación.
6 La mandaré contra una nación
impía, y contra el pueblo de mi
ira la enviaré, para que quite los
despojos y arrebate la presa, y
lo ponga para ser hollado como
lodo de las calles.
7 Aunque él no lo pensará así, ni
[a]su corazón lo imaginará de esta
manera, sino que en su corazón
estará el destruir y talar naciones
no pocas.
8 Porque él dice: Mis príncipes,
¿no son todos reyes?
9 ¿No es Calno como Carquemis, Hamat como Arfad, y Samaria como Damasco?
10 Como mi mano ha hallado
los reinos de los ídolos, y sus
imágenes talladas excedían a las
de Jerusalén y de Samaria;
11 como hice a Samaria y a sus
ídolos, ¿no haré también así a
Jerusalén y a sus ídolos?
12 Pero acontecerá que después
que el Señor haya acabado toda
su obra en el monte Sión y en
Jerusalén, [a]castigaré el [b]fruto de
la soberbia del corazón del rey
de Asiria y la gloria de la altivez
de sus ojos.
13 Porque dice: Con el poder
de mi mano *lo* he hecho y con mi
sabiduría, porque soy prudente,
y he quitado las fronteras de los

20 *a* Jer. 19:9.
10 2 *a* HEB justicia.
GEE Juicio, juzgar.
b Mos. 4:16–18.
GEE Pobres.
3 *a* *Es decir,* del castigo.
DyC 124:7–10.
7 *a* HEB no es la intención de su corazón.
12 *a* HEB visitaré.
2 Rey. 19:35–37.
b *Es decir,* la jactancia.

pueblos, y he saqueado sus tesoros y he derribado como un valiente a los habitantes;

14 y halló mi mano como nido las riquezas de los pueblos; y como se juntan los huevos abandonados, *así* junté yo de toda la tierra; y no hubo quien moviese ala, ni abriese boca ni cantase.

15 ¿Se [a]jactará el hacha contra el que con ella corta? ¿Se exaltará la sierra contra el que la mueve? ¡Como si el bastón levantase a los que lo levantan! ¡Como si levantase la vara al que no es leño!

16 Por tanto, el Señor Jehová de los ejércitos enviará [a]flaqueza entre sus robustos, y debajo de [b]su gloria encenderá una hoguera como fuego abrasador.

17 Y la luz de Israel será por fuego, y su Santo por llama que abrase y consuma en un día sus cardos y sus espinos.

18 La gloria de su bosque y de su campo fértil consumirá [a]alma y cuerpo, y vendrá a ser como enfermo que desfallece.

19 Y los árboles que queden en su bosque serán tan pocos en número que un niño los podrá [a]contar.

20 Y acontecerá en [a]aquel día que el remanente de Israel y los de la casa de Jacob que hayan escapado nunca más se apoyarán en el que los hirió, sino que se apoyarán con verdad en Jehová, el Santo de Israel.

21 El remanente [a]volverá, el remanente de Jacob *volverá* al Dios fuerte.

22 Porque aunque tu pueblo Israel sea como las [a]arenas del mar, el remanente de él [b]volverá; la [c]consumación decretada [d]rebosará justicia.

23 Pues el Señor Jehová de los ejércitos [a]hará la consumación ya determinada en medio de toda la tierra.

24 Por tanto, el Señor Jehová de los ejércitos dice así: Oh pueblo mío, morador de Sión, no tengas temor a Asiria. Con vara te herirá y contra ti alzará su palo, [a]a la manera de Egipto;

25 porque de aquí a muy poco tiempo se acabará la indignación, y mi enojo será para destrucción de ellos.

26 Y levantará Jehová de los ejércitos azote contra él, como la [a]matanza de Madián en la

15 *a* En todas las metáforas de este versículo se formula la misma pregunta: ¿Prevalecerá el hombre (por ej., el rey de Asiria) contra Dios?
16 *a* Ezeq. 34:16; 2 Ne. 15:17.
b *Es decir,* del rey de Asiria. Isa. 10:17–19.
18 *a* *Es decir,* Asiria desaparecerá por completo.
19 *a* HEB escribir.
20 *a* En el versículo que sigue, esta profecía se extiende hasta los últimos días. GEE Segunda Venida de Jesucristo.
21 *a* 2 Cró. 30:6–9. GEE Israel—La congregación de Israel.
22 *a* Rom. 9:27–28; Alma 46:23–27.
b GEE Israel—La congregación de Israel.
c JS—M 1:37. GEE Mundo—El fin del mundo.
d *Es decir,* aun cuando sobrevenga el castigo, habrá misericordia.
23 *a* *O sea,* el exterminio o la destrucción completa; es decir, llevará a cabo la destrucción decretada.
24 *a* *Es decir,* tal como lo hicieron los egipcios en tiempos anteriores.
26 *a* Jue. 7:19–25.

peña de Oreb, y alzará su [b]vara
sobre el mar, a la manera de
Egipto.
27 Y acaecerá en aquel día
que su carga será quitada de tu
hombro, y su yugo de tu cerviz;
y el [a]yugo será destruido a causa
de la [b]unción.
28 [a]Ha llegado hasta Ajat, ha
pasado a Migrón, y en Micmas
ha dejado su bagaje.
29 Han pasado el vado; se han
alojado en Geba; Ramá tiembla de miedo; Gabaa de Saúl ha
huido.
30 Grita en alta voz, oh hija de
Galim; haz que se oiga hasta Lais,
oh pobrecilla Anatot.
31 Madmena ha huido; los
habitantes de Gebim buscan
refugio.
32 Aún *vendrá* el día en que,
estando en Nob, alzará su
mano contra el monte de la hija
de Sión, contra el collado de
Jerusalén.
33 He aquí, el Señor Jehová de
los ejércitos desgajará [a]la rama
con espantoso poder; y los de
gran altura serán talados, y los
altivos serán humillados.
34 Y cortará con hierro la espesura del bosque, y el Líbano caerá
por el poderoso.

CAPÍTULO 11

La vara del tronco de Isaí (Cristo) juzgará con justicia — En el Milenio, el conocimiento de Dios cubrirá la tierra — El Señor levantará estandarte a las naciones y recogerá a Israel — Compárese con 2 Nefi 21.

[a]Y SALDRÁ una [b]vara del [c]tronco
de [d]Isaí, y un [e]vástago retoñará
de sus [f]raíces.
2 Y reposará sobre él el [a]espíritu
de Jehová: espíritu de sabiduría
y de entendimiento, espíritu de
consejo y de fortaleza, espíritu
de conocimiento y de temor de
Jehová.
3 Y su deleite estará en el temor
de Jehová. No juzgará [a]según la
vista de sus ojos ni reprenderá
por lo que oigan sus oídos,
4 sino que [a]juzgará con justicia a
los pobres y decidirá con equidad
a favor de los [b]mansos de la tierra; y [c]herirá la tierra con la vara
de su boca, y con el aliento de sus
labios matará al malvado.
5 Y será la justicia [a]cinto de sus
lomos, y la fidelidad será el ce-
ñidor de su [b]cintura.
6 Morará el lobo con el cordero,
y el leopardo con el cabrito se
acostará; y el becerro y el leoncillo

26 *b* Éx. 14:26–27.
27 *a* GEE Yugo.
b GEE Ungido, el.
28 *a* Se describe el avance de los ejércitos asirios hacia Jerusalén; en seguida se describe, con sentido figurado, el juicio del Señor contra ellos. Isa. 10:33–34.
33 *a* 2 Rey. 18:13–19:37; Isa. 36–37.
11 1 *a* JS—H 1:40.
b DyC 113:1–4.
c GEE Jesucristo; Mesías.
d GEE Isaí.
e Jer. 23:5–6.
f Isa. 11:10.
2 *a* GEE Dones del Espíritu; Espíritu Santo.
3 *a* *Es decir,* ni por las apariencias, ni por las habladurías. Juan 7:24. GEE Discernimiento, don de.
4 *a* GEE Juicio, juzgar.
b GEE Mansedumbre, manso.
c Alma 31:5.
5 *a* Isa. 59:16–17; Efe. 6:14; DyC 27:16–17.
b DyC 63:37.

y la bestia doméstica andarán juntos, y un niño los pastoreará.

7 Y la vaca y la osa pacerán; sus crías se echarán juntas, y el león, como el buey, comerá paja.

8 Y el niño de pecho jugará sobre la cueva del [a]áspid, y el recién destetado extenderá su mano sobre la caverna de la víbora.

9 No [a]harán mal ni destruirán en todo mi santo [b]monte, porque la [c]tierra estará llena del [d]conocimiento de Jehová, como las aguas cubren el mar.

10 Y acontecerá en [a]aquel día que la [b]raíz de Isaí, la cual estará puesta como [c]estandarte a los pueblos, [d]será buscada por las [e]naciones; y el lugar de su [f]descanso será glorioso.

11 Asimismo, acontecerá en aquel día que el Señor pondrá [a]otra vez su mano para [b]recobrar el [c]remanente de su pueblo que haya quedado de Asiria, y de Egipto, y de Patros, y de Etiopía, y de Elam, y de Sinar, y de Hamat y de las [d]islas del mar.

12 Y levantará [a]estandarte a las naciones, y juntará a los desterrados de Israel y [b]reunirá a los esparcidos de Judá de los cuatro confines de la tierra.

13 Y se disipará la envidia de Efraín, y los enemigos de Judá serán talados. Efraín no tendrá [a]envidia de [b]Judá, ni Judá afligirá a [c]Efraín,

14 sino que [a]volarán sobre los [b]hombros de los filisteos al occidente y saquearán juntos a los hijos del oriente. Edom y Moab estarán bajo su mano y los hijos de Amón les rendirán obediencia.

15 Y [a]destruirá Jehová la lengua del mar de Egipto; y [b]levantará su mano con el poder de su espíritu sobre el río, y lo herirá en *sus* siete brazos y hará que pasen *por él* con sandalias.

16 Y habrá [a]camino para el remanente de su pueblo, el que quedó

8 *a* *O sea,* pequeña serpiente venenosa de Egipto.
9 *a* Isa. 60:18; DyC 101:26.
b GEE Sión.
c Hab. 2:14; DyC 84:96–98.
d GEE Señor; Milenio.
10 *a* *Es decir,* en los últimos días.
b Isa. 11:1; Rom. 15:12; Apoc. 5:5; DyC 113:5–6.
c DyC 64:37, 41–43. GEE Pendón.
d *O sea,* buscarán al Señor. DyC 45:9.
e GEE Gentiles; Obra misional.
f GEE Descansar, descanso (reposo).
11 *a* DyC 137:6.
b GEE Israel—La congregación de Israel; Restauración del Evangelio.
c DyC 52:2. GEE Israel—Las diez tribus perdidas de Israel.
d 2 Ne. 10:19–22; DyC 133:8.
12 *a* DyC 115:4–5. GEE Iglesia de Jesucristo de los Santos de los Últimos Días, La; Pendón.
b GEE Israel—La congregación de Israel.
13 *a* Las tribus encabezadas por Judá y Efraín eran históricamente adversarias después de los sucesos que se describen en 1 Rey. 12:16–20. En los últimos días se reconciliarán.
b GEE Judá—La tribu de Judá.
c GEE Efraín—La tribu de Efraín.
14 *a* *Es decir,* atacarán las laderas occidentales que eran territorio filisteo.
b 2 Ne. 10:8–9.
15 *a* Zac. 10:11.
b *Es decir,* Dios facilitará el retorno, como en los días de Moisés.
16 *a* Isa. 35:8–10; DyC 133:27.

de Asiria, de la manera que lo
hubo para Israel el día en que
subió de la tierra de Egipto.

CAPÍTULO 12

En los días del Milenio todos los hombres alabarán a Jehová — Él morará entre ellos — Compárese con 2 Nefi 22.

Y DIRÁS [a]en aquel día: [b]Te alabaré,
oh Jehová; pues *aunque* te enojaste conmigo, tu ira se apartó, y
me has consolado.
2 He aquí, Dios es mi salvación;
confiaré y no temeré, porque mi
[a]fortaleza y mi canción es JAH,
[b]Jehová, quien ha sido [c]salvación
para mí.
3 Por tanto, sacaréis aguas
[a]con gozo de las fuentes de la
salvación.
4 Y diréis en aquel día: [a]Alabad
a Jehová, [b]aclamad su nombre,
dad a conocer entre los pueblos
sus obras, recordad que su nombre es exaltado.
5 [a]Cantad salmos a Jehová,
porque ha hecho cosas magní-
ficas; sea sabido esto por toda
la tierra.
6 Da voces y canta, oh moradora
de Sión, porque el Santo de Israel
es grande en medio de ti.

CAPÍTULO 13

La destrucción de Babilonia es un símbolo de la destrucción que habrá a la Segunda Venida — Será un día de ira y de venganza — Babilonia (el mundo) caerá para siempre — Compárese con 2 Nefi 23.

[a]PROFECÍA sobre [b]Babilonia, que
vio Isaías hijo de Amoz:
2 Levantad [a]bandera en lo alto
de un monte. Alzad la voz a ellos;
señalad con la mano para que
entren por las puertas de los
nobles.
3 Yo mandé a mis [a]santificados;
asimismo llamé a mis valientes, a
los que se alegran con mi gloria,
para *ejecutar* mi ira.
4 Estruendo de multitud en los
montes, como de mucho pueblo;
estruendoso ruido de reinos, de
naciones reunidas; Jehová de los
ejércitos dispone las tropas para
la [a]batalla.
5 Vienen de lejana tierra, del
extremo de los cielos, Jehová y
las armas de su indignación, para
destruir toda la tierra.

---

12 1 *a* *Es decir,* cuando sucedieron los acontecimientos del capítulo anterior.
b *Es decir,* la gente que se haya congregado entonará este cántico de alabanza.
2 *a* GEE Sacerdocio.
b GEE Jehová; Jesucristo.
c GEE Salvación.
3 *a* Juan 4:10–14; Apoc. 21:6; DyC 63:23. GEE Gozo.
4 *a* GEE Acción de gracias, agradecido, agradecimiento.
b HEB o proclamad.
5 *a* GEE Cantar.
13 1 *a* HEB *literalmente* carga; mensaje o profecía de fatalidad contra la gente.
b DyC 133:5, 7, 14. GEE Babel, Babilonia.
2 *a* GEE Pendón.
3 *a* "Santificados" y "santos" se traducen como sinónimos de dos palabras del idioma hebreo en el Antiguo Testamento. GEE Santo (sustantivo); Santificación.
4 *a* GEE Guerra.

6 [a]Aullad, porque cerca está el [b]día de Jehová; vendrá como destrucción del Todopoderoso.

7 Por tanto, se [a]debilitarán todas las manos, y desfallecerá todo corazón de hombre;

8 y se llenarán de terror; angustias y dolores se apoderarán de ellos. Tendrán dolores como de mujer de parto; se asombrará cada cual *al mirar* a su compañero; sus rostros, rostros de llamas.

9 He aquí, el día de Jehová viene, cruel, con indignación e ira ardiente para dejar la tierra desolada y [a]destruir en ella a sus pecadores.

10 Por lo cual las estrellas de los cielos y sus constelaciones no darán su luz; y el sol [a]se oscurecerá al salir, y la luna no dará su resplandor.

11 Y [a]castigaré al mundo por su maldad y a los malvados por su iniquidad; y haré que cese la arrogancia de los soberbios y abatiré la [b]altivez de los tiranos.

12 Haré al ser humano más [a]precioso que el oro fino, y al hombre más que el oro de Ofir.

13 Porque haré estremecer los cielos, y la [a]tierra se moverá de su lugar en la indignación de Jehová de los ejércitos, en el día de su [b]ira ardiente.

14 Y será que, como gacela perseguida y como oveja sin pastor, cada cual acudirá a su propio [a]pueblo, y cada uno huirá a su propia tierra.

15 Cualquiera que sea hallado será [a]traspasado, y cualquiera que *por ellos* sea tomado caerá a espada.

16 Y sus niños serán estrellados delante de sus ojos; sus [a]casas serán saqueadas, y violadas sus mujeres.

17 He aquí que yo incitaré contra ellos a los [a]medos, que no estimarán la plata ni codiciarán el oro.

18 Y con arcos destrozarán a los jóvenes; y no tendrán misericordia del fruto del vientre, ni su ojo tendrá piedad de los niños.

19 Y Babilonia, la gloria de los reinos, ornamento de la grandeza de los caldeos, será como cuando Dios destruyó a [a]Sodoma y a Gomorra.

20 Nunca más será [a]habitada, ni se morará en ella de generación en generación; no levantará allí tienda el árabe, ni los pastores harán descansar allí *su rebaño,*

21 sino que las fieras del desierto se echarán allí, y sus casas se llenarán de animales que aúllan; allí habitarán avestruces y allí danzarán [a]cabras salvajes.

22 Y en sus desoladas fortalezas aullarán las hienas, y chacales

6 *a* Hel. 9:22.
b DyC 45:39.
7 *a* Moisés 7:66.
9 *a* GEE Tierra—La purificación de la tierra.
10 *a* GEE Mundo—El fin del mundo.
11 *a* GEE Juicio, juzgar.
b GEE Orgullo.
12 *a* Isa. 24:6.
13 *a* GEE Tierra—El estado final de la tierra.
b Moisés 7:34.
14 *a* Jer. 50:16.
15 *a* *O sea,* atravesado, traspasado por un arma.
DyC 45:33, 66–69.
16 *a* Zac. 14:1–2.
17 *a* Dan. 5:30–31.
19 *a* GEE Gomorra; Sodoma.
20 *a* Jer. 50:2–3.
21 *a* También demonios, peludos o sátiros.

en sus palacios deleitosos. Y su tiempo está a punto de llegar, y sus días no se prolongarán.

CAPÍTULO 14

Israel será recogido y disfrutará de reposo milenario — Lucifer fue echado del cielo por su rebelión — Israel triunfará sobre Babilonia (el mundo) — Compárese con 2 Nefi 24.

Porque Jehová tendrá piedad de Jacob, y todavía [a]escogerá a Israel y lo hará reposar en su propia [b]tierra; y [c]extranjeros se juntarán con ellos y se unirán a la casa de Jacob.
2 Y los tomarán los [a]pueblos y los [b]llevarán a su lugar, y la casa de Israel los poseerá como siervos y criadas en la tierra de Jehová; y tomarán cautivos a los que los cautivaron y gobernarán a los que los oprimieron.
3 Y acontecerá que en el día en que Jehová te dé reposo de tu dolor, y de tu temor y de la dura servidumbre en la que te hicieron servir,
4 tomarás este proverbio contra el rey de Babilonia y dirás: ¡Cómo terminó el opresor! ¡*Cómo* acabó la [a]ciudad codiciosa de oro!
5 Jehová ha quebrantado el bastón de los [a]malvados, el cetro de los gobernantes;
6 el que con ira hería a los pueblos, con golpes incesantes, el que se enseñoreaba de las naciones con furor, en persecución sin impedimento.
7 Toda la tierra [a]descansa y está en calma; han prorrumpido en cánticos.
8 Sí, los cipreses se regocijan a causa de ti, y también los cedros del Líbano, *diciendo*: Desde que tú pereciste, no ha subido talador contra nosotros.
9 El [a]Seol abajo se estremece ante tu llegada; despierta a los [b]espíritus de los muertos para recibirte, a todos los príncipes de la tierra; ha hecho levantar de sus tronos a todos los reyes de las naciones.
10 Todos ellos darán voces y te dirán: ¿También tú te debilitaste como nosotros *y* llegaste a ser como nosotros?
11 Descendió al Seol tu soberbia y el sonido de tus arpas; gusanos son tu lecho, y gusanos te cubren.
12 ¡Cómo [a]caíste del cielo, oh [b]Lucifer, hijo de la mañana! Derribado fuiste a tierra, tú que debilitabas a las naciones.
13 Tú que decías en tu corazón:

---

14 1 *a* Zac. 1:17.
b GEE Israel—La congregación de Israel.
c GEE Adopción.
2 *a* *Es decir,* otros pueblos ayudarán a Israel.
b 1 Ne. 22:6–8; 2 Ne. 10:7–9.
4 *a* HEB quizás significa insolente, orgullosa. Prov. 16:18.
5 *a* GEE Inicuo, iniquidad.
7 *a* GEE Milenio.
9 *a* GEE Infierno.
b HEB espíritus desincorporados del mundo espiritual.
12 *a* DyC 76:25–27.
b HEB estrella matutina; hijo de la mañana. Se habla de Lucifer como el soberano del mundo inicuo (Babilonia), el que gobierna toda maldad. GEE Diablo; Lucifer o Lucero.

[a]Subiré al cielo. [b]Levantaré mi trono por encima de las estrellas de Dios y me sentaré sobre el monte de la congregación, [c]hacia los lados del norte;

14 sobre las alturas de las nubes subiré; seré semejante al Altísimo.

15 Pero tú has sido derribado hasta el [a]Seol, a los lados del abismo.

16 Los que te vean te mirarán fijamente *y* te considerarán, *diciendo*: ¿Es éste el hombre que hacía temblar la tierra, que trastornaba los reinos,

17 que puso el mundo como un desierto, que asoló sus ciudades *y que* a sus presos nunca abrió la cárcel?

18 Todos los reyes de las naciones, todos ellos, yacen con honra, cada uno [a]en su morada.

19 Pero tú echado eres de tu sepulcro como [a]vástago abominable, *como* ropa de muertos pasados a filo de espada, que descendieron al fondo de la fosa, como cuerpo muerto hollado.

20 No serás contado con ellos en la sepultura, porque tú destruiste tu tierra, mataste a tu pueblo. No será nombrada jamás la [a]descendencia de los malignos.

21 [a]Preparad matadero para sus hijos por la iniquidad de sus padres; no se levanten, ni posean la tierra ni llenen de ciudades la faz del mundo.

22 Porque yo me levantaré contra ellos, dice Jehová de los ejércitos, y [a]borraré de Babilonia el nombre y los sobrevivientes, la descendencia y la posteridad, dice Jehová.

23 Y la convertiré en posesión de [a]erizos y en aguas pantanosas; y la barreré con escoba de destrucción, dice Jehová de los ejércitos.

24 Jehová de los ejércitos ha jurado, diciendo: Ciertamente se hará de la manera que lo he pensado, y como lo he determinado, será confirmado;

25 quebrantaré al [a]asirio en mi tierra y en [b]mis montes lo hollaré; y su yugo será apartado de ellos, y su [c]carga será quitada de sus hombros.

26 [a]Éste es el propósito acordado para toda la tierra, y ésta es la mano extendida contra todas las naciones.

27 Porque Jehová de los ejércitos lo ha determinado, ¿y quién lo

13 *a* Moisés 4:1–4; Abr. 3:27–28.
b GEE Concilio de los cielos.
c *Es decir,* la morada de los dioses, según la creencia de los babilonios. Sal. 48:2.
15 *a* Alma 40:11, 13; DyC 29:36–38. GEE Maldecir, maldiciones; Muerte espiritual; Infierno.
18 *a* *Es decir,* su sepultura familiar.
19 *a* *Es decir,* rama rechazada, cortada y desechada.
20 *a* HEB simiente. Sal. 109:13; DyC 121:15.
21 *a* *Es decir,* que no se levante otra generación malvada y continúe con la maldad. DyC 93:39.
22 *a* Jer. 51:61–62.
23 *a* Isa. 34:11.
25 *a* El tema cambia al ataque y a la derrota de Asiria en Judá, 701 a.C. (vers. 24–27). Isa. 37:33–38.
b *Es decir,* los montes de Judá y de Israel.
c Isa. 10:27.
26 *a* *Es decir,* al fin, todas las naciones mundanas serán derribadas de ese modo.

impedirá? Y su mano extendida,
¿quién la hará volver atrás?
28 El [a]año en que murió el rey
[b]Acaz vino esta [c]profecía:
29 No te alegres tú, [a]Filistea
toda, por haberse quebrado la
vara del que te hería; porque de
la raíz de la culebra saldrá el áspid, y su fruto será una ardiente
serpiente voladora.
30 Y los primogénitos de los
pobres serán apacentados, y
los menesterosos se acostarán
seguros; pero yo haré morir de
hambre tu raíz, y se matará a tus
sobrevivientes.
31 Aúlla, oh puerta; clama, oh
ciudad; disuelta estás por completo, Filistea; porque humo vendrá del norte, no quedará uno
solo en sus asambleas.
32 ¿Y qué se responderá a los
mensajeros de [a]la nación? Que
Jehová fundó a [b]Sión, y que a
ella se acogerán los afligidos de
su pueblo.

CAPÍTULO 15

Moab será destruida y su pueblo aullará y llorará.

[a]PROFECÍA sobre [b]Moab: Porque
de noche fue destruida [c]Ar de
Moab, fue talada; porque de noche fue destruida [d]Kir de Moab,
fue talada.
2 Subió a Bayit y a Dibón, lugares altos, a llorar. Sobre Nebo
y sobre Medeba aullará Moab;
toda cabeza de ella será rapada,
y toda [a]barba, rasurada.
3 Se ceñirán de cilicio en sus
calles; en sus terrados y en sus
plazas aullarán todos, deshechos
en llanto.
4 Hesbón y Eleale gritarán; hasta
Jahaza se oirá su voz, por lo que
aullarán los hombres armados
de Moab; el alma de cada uno
tiembla dentro de sí.
5 Mi corazón dará gritos por
Moab; sus fugitivos *huirán* hasta
Zoar, [a]*como* novilla de tres años.
Por la cuesta de Luhit subirán llorando y darán grito de quebranto
por el camino de Horonaim.
6 Porque las aguas de Nimrim
serán consumidas, y se secará la
hierba; se marchitarán los retoños; todo verdor perecerá.
7 Por tanto, las riquezas que
hayan adquirido, y las que hayan almacenado, las llevarán al
[a]torrente de los sauces.
8 Porque el llanto rodeó los límites de Moab; hasta Eglaim *llegó*
su alarido y hasta Beer-elim su
clamor.

28 *a* *Es decir,* hacia 720 a.C., se profetizó esta destrucción acerca de los filisteos y se vaticinó que Judá sería protegido.
b 2 Rey. 16:20.
c HEB carga. Isa. 10:27.
29 *a* Isa. 14:31. GEE Filisteos.
32 *a* *Es decir,* Filistea.
b GEE Sión.
15 1 *a* HEB carga; mensaje de fatalidad contra Moab.
b GEE Moab.
c Deut. 2:9.
d Jer. 48:4.
2 *a* *Es decir,* como duelo o lamentación por la destrucción.
5 *a* Muchas Biblias no traducen este término. Lo dejan como nombre propio: *hasta* Eglat-selisiyah (que quiere decir novilla de tres años).
7 *a* *Es decir,* probablemente la frontera entre Moab y Edom.

9 Y las aguas de Dimón se llenarán de sangre, porque yo traeré
sobre Dimón males mayores: leones sobre aquel que escape de
Moab y sobre los sobrevivientes
de la tierra.

CAPÍTULO 16

Moab es condenado y su pueblo sufrirá — El Mesías se sentará en el trono de David, buscando juicio y apresurando la justicia.

[a]ENVIAD cordero al gobernante
de la tierra, desde Sela hacia el
desierto hasta el monte de la hija
de Sión.
2 Y cual ave espantada que huye
de su nido, así serán las hijas de
Moab en los vados del [a]Arnón.
3 [a]Dad consejo, haced juicio;
pon tu sombra como la noche en
pleno mediodía; esconde a los
desterrados; no entregues a los
que andan errantes.
4 [a]Moren contigo mis [b]deste-
rrados, Moab; sé para ellos escondedero de la presencia del
destructor, porque el opresor fe-
necerá, la destrucción tendrá fin,
el pisoteador será consumido de
sobre la tierra.
5 Y se establecerá el [a]trono en
misericordia; y sobre él se sentará con fidelidad, en el tabernáculo de David, quien juzgue
y busque el juicio y apresure la
[b]justicia.
6 Hemos [a]oído de la [b]soberbia
de Moab, que es muy soberbio; de
su soberbia y de su arrogancia, y
de su altivez, pero sus jactancias
no serán firmes.
7 Por tanto [a]aullará Moab por
Moab; todos aullarán; por las
tortas de pasas de Kir-hareset
os lamentaréis, abatidos por
completo.
8 Porque los campos de Hesbón
se han marchitado, y la vid de
Sibma; los señores de las naciones han hollado sus sarmientos;
llegan hasta Jazer, errantes por
el desierto; se extendieron sus
ramas y pasaron el mar.
9 Por lo cual lloraré con lloro
de Jazer por la vid de Sibma; te
bañaré con mis lágrimas, oh Hesbón y Eleale, porque sobre tus
cosechas y sobre tu siega caerá
el clamor.
10 Y quitado es el gozo y la
alegría del campo fértil, y en
las viñas no cantarán ni gritarán; no pisará vino en los lagares el pisador; he hecho cesar el
clamor.
11 Por tanto, mis entrañas vi-
brarán como arpa por Moab; y
mi interior, por Kir-hareset.
12 Y acaecerá que cuando Moab
aparezca cansado sobre el lugar
alto, cuando venga a su santuario
a [a]orar, de nada le valdrá.

16 1 *a* *Es decir,* enviad una petición al rey de Judá, que también gobernaba Edom.
2 *a* Núm. 21:13.
3 *a* HEB aconseja. Así comienza el llamado de Moab a Judá (vers. 3–5).
4 *a* HEB deja que mis desterrados vivan contigo; sé refugio para Moab.
b Mos. 4:16.
5 *a* GEE Jesucristo—Es juez.
b Isa. 11:4–5.
6 *a* En este versículo comienza la respuesta de Judá, rechazando la súplica de Moab.
b GEE Orgullo.
7 *a* Jer. 48:29–31.
12 *a* DyC 101:7–8.

13 Ésta es la palabra que pronunció Jehová sobre [a]Moab desde aquel tiempo.

14 Pero ahora Jehová ha hablado, diciendo: Dentro de tres años, como los años de un jornalero, será abatida la gloria de Moab, con toda su gran multitud; y el resto será muy pequeño *y* débil.

CAPÍTULO 17

Israel fue esparcido por haberse olvidado de Dios — Sin embargo, las naciones que lo saqueen serán destruidas.

[a]Profecía sobre [b]Damasco: He aquí que Damasco ha dejado de ser ciudad y será montón de ruina.

2 Las ciudades de Aroer están desamparadas; serán para los rebaños, y se echarán allí y no habrá quien los espante.

3 Y cesará la fortaleza de [a]Efraín, y el reino de Damasco y lo que quede de Siria; serán como la gloria de los hijos de Israel, dice Jehová de los ejércitos.

4 Y acontecerá que en aquel día la gloria de Jacob menguará, y se enflaquecerá la gordura de su carne.

5 Y será como cuando el segador recoge la mies y con su brazo siega las espigas; será también como el que recoge espigas en el valle de Refaim.

6 Y quedarán en él [a]rebuscos, como cuando sacuden el olivo; dos o tres aceitunas en la rama más alta, cuatro o cinco en sus ramas más fructíferas, dice Jehová, el Dios de Israel.

7 En aquel día mirará el hombre a su [a]Hacedor, y [b]sus ojos contemplarán al Santo de Israel.

8 Y no mirará a los altares, obra de sus manos, ni verá lo que hicieron sus dedos, ni las [a]imágenes de Asera ni los altares de incienso.

9 En aquel día, sus ciudades fortificadas serán como lugares abandonados en el bosque, o como la rama más alta que fue abandonada delante de los hijos de Israel; y habrá desolación.

10 Porque [a]te [b]olvidaste del Dios de tu [c]salvación y no te acordaste de la [d]roca de tu fortaleza; por tanto, [e]plantarás plantas hermosas y sembrarás sarmiento extraño.

11 El día en que las plantes, las cercarás con cuidado y por la mañana harás que su semilla brote; pero la cosecha será un montón

---

13 *a* Amós 2:1–3.
17 1 *a* heb carga. *Es decir,* un mensaje de fatalidad contra Damasco.
b Isa. 7:8.
3 *a* *Es decir,* Siria y el reino del norte, Israel (Efraín), eran aliados y los dos pronto serían conquistados por Asiria. gee Asiria.
6 *a* *O sea,* unos cuantos; es decir, sólo quedará un pequeño remanente de Israel después de la conquista de Asiria. Jer. 6:9.
7 *a* Isa. 54:5.
b *Es decir,* en su gran dolor empezará a arrepentirse.
8 *a* 2 Cró. 34:3–7.
10 *a* *Es decir,* Israel.
b Hel. 7:17–22.
c Sal. 68:19–20.
d gee Roca.
e *Es decir,* practicarás la idolatría.

en el día de la angustia y del dolor desesperado.

12 ¡Ay!, [a]multitud de muchos pueblos que harán ruido como estruendo del mar, y el bramido de pueblos que braman como el bramido de muchas aguas.

13 Los pueblos harán estrépito como ruido de muchas aguas; pero *Dios* los reprenderá, y huirán lejos; serán ahuyentados como el tamo de los montes delante del viento y como el polvo delante del torbellino.

14 Al tiempo de la tarde, he aquí terror, *pero* antes de la mañana ya no existen. Ésta es la parte de los que nos [a]despojan, y la suerte de los que nos saquean.

CAPÍTULO 18

Jehová alzará el estandarte del Evangelio, enviará mensajeros a su pueblo esparcido y los recogerá en el monte Sión.

¡[a]EA!, [b]tierra que hace sombra con las alas, que está más allá de los ríos de [c]Etiopía,

2 que envía [a]mensajeros por el mar en naves de junco sobre las aguas. Id, ligeros mensajeros, a la nación esparcida y desollada, al pueblo temible desde su principio y después; nación subyugada y hollada, cuya tierra surcan los ríos.

3 Vosotros, todos los moradores del mundo y habitantes de la tierra, cuando se levante [a]estandarte en los montes, mirad, y cuando se toque trompeta, oíd.

4 Porque Jehová me dijo así: Reposaré y miraré desde mi morada, como sol claro después de la lluvia, como nube de rocío en el calor de la siega.

5 Porque antes de la [a]siega, en cuanto el botón se abra y la flor se convierta en uva madura, entonces podará con podaderas los pámpanos, y cortará y quitará los sarmientos.

6 Serán dejados todos a las aves de los montes y a las [a]bestias de la tierra; y sobre ellos pasarán el verano las aves, e invernarán todas las bestias de la tierra.

7 En aquel tiempo será traído obsequio a Jehová de los ejércitos, el pueblo [a]esparcido y desollado, pueblo temible desde su principio y después, gente subyugada y hollada, cuya tierra surcan los ríos, al lugar del nombre de Jehová de los ejércitos, al [b]monte Sión.

CAPÍTULO 19

Jehová herirá y destruirá a Egipto — Finalmente Él lo sanará, y Egipto y Asiria serán bendecidos junto con Israel.

12 *a* *Es decir,* el imperio asirio que abarca muchas naciones (vers. 12–14).
14 *a* Jer. 30:16.
18 1 *a* HEB *joi,* una forma de saludo.
b 2 Ne. 10:20.
c HEB Cush; se da a entender una tierra distante.
2 *a* DyC 133:7–8.
3 *a* GEE Pendón.
5 *a* DyC 86:5–7.
6 *a* Ezeq. 39:4, 17–20; DyC 29:18–20.
7 *a* 1 Ne. 22:6–8.
b 3 Ne. 20:29–34; DyC 84:2.

[a]Profecía sobre [b]Egipto: He aquí que Jehová va montado sobre una veloz [c]nube y entrará en Egipto; y los [d]ídolos de Egipto se estremecerán delante de él, y desfallecerá el corazón de los egipcios dentro de ellos.

2 E incitaré a egipcios contra egipcios, y cada uno peleará contra su hermano y cada uno contra su prójimo; ciudad contra ciudad y reino contra reino.

3 Y el espíritu de Egipto se desvanecerá en medio de él, y destruiré su consejo; y ellos consultarán a sus ídolos, a los que murmuran, a los que [a]evocan a los muertos y a los adivinos.

4 Y entregaré a Egipto en manos de un [a]amo cruel; y un rey violento se enseñoreará de ellos, dice el Señor Jehová de los ejércitos.

5 Y las aguas del mar se secarán, y el [a]río se agotará y quedará seco.

6 Y hederán los ríos; se agotarán y se secarán los canales de Egipto; la caña y el junco se marchitarán.

7 Los juncales junto al río, junto a la desembocadura del río, y todos los sembrados del río se secarán, se perderán y no serán más.

8 Los pescadores también harán duelo; y se lamentarán todos los que echan anzuelo en el río, y desfallecerán los que extienden red sobre las aguas.

9 Y los que labran lino fino y los que tejen redes serán avergonzados.

10 Y sus fundamentos serán destruidos; y se entristecerán todos los que ganan salario.

11 Ciertamente son necios los príncipes de Zoán; el consejo de los sabios consejeros de Faraón se ha vuelto desacertado. ¿Cómo diréis a Faraón: Yo soy hijo de los sabios, hijo de los reyes antiguos?

12 ¿Dónde están ahora tus sabios? Que te digan ahora y que te hagan saber lo que Jehová de los ejércitos ha determinado sobre Egipto.

13 Los príncipes de Zoán han actuado neciamente; han sido engañados los príncipes de [a]Nof; han hecho errar a Egipto los que son la piedra angular de sus tribus.

14 Jehová ha mezclado [a]espíritu de confusión en medio de él; y han hecho errar a Egipto en toda su obra, como se tambalea el ebrio en su vómito.

15 Y no habrá para Egipto obra alguna que haga [a]la cabeza o la cola, la rama o el junco.

16 En aquel día los egipcios serán como mujeres, y temblarán y temerán por causa de la mano alzada de Jehová de los ejércitos que él agitará contra ellos.

17 Y la tierra de [a]Judá será un espanto para Egipto; todo aquel que de ella se acuerde temerá

19 1 *a* heb carga; es decir, un mensaje de fatalidad contra Egipto.
b Jer. 46:13, 25–26.
c Sal. 104:3.
d Jer. 43:12.
3 *a* Deut. 18:10–12.
4 *a* Isa. 20:4.
5 *a* Aquí y en el vers. 7, el río es el Nilo.
13 *a* Nombre antiguo de Menfis.
14 *a* 1 Rey. 22:19–23.
15 *a* *Es decir,* los diferentes niveles sociales.
17 *a* gee Señales de los tiempos.

a causa del consejo que Jehová de los ejércitos ha determinado contra él.

18 En aquel día habrá cinco ciudades en la tierra de Egipto que hablen la lengua de Canaán y que juren lealtad a Jehová de los ejércitos; una será llamada la ciudad de [a]destrucción.

19 En aquel día habrá un altar para Jehová en medio de la tierra de Egipto, y un pilar a Jehová junto a su frontera.

20 Y servirá de señal y de testimonio a Jehová de los ejércitos en la tierra de Egipto, porque a Jehová clamarán a causa de sus opresores; y él les enviará salvador y defensor, y él los librará.

21 Y Jehová será conocido para Egipto, y los de Egipto conocerán a Jehová en aquel día; y harán sacrificio y ofrenda; y harán [a]voto a Jehová y lo cumplirán.

22 Y Jehová herirá a Egipto; lo herirá y lo sanará. Ellos se [a]convertirán a Jehová, y él los escuchará y los sanará.

23 En aquel día habrá una calzada desde Egipto hasta Asiria, y los asirios entrarán en Egipto y los egipcios en Asiria; y los egipcios servirán con los asirios *a Jehová.*

24 En aquel día [a]Israel será tercero con Egipto y con Asiria, para bendición en medio de la tierra,

25 a quienes Jehová de los ejércitos bendecirá, diciendo: Bendito sea Egipto, pueblo mío, y Asiria, obra de mis manos, e Israel, mi [a]heredad.

CAPÍTULO 20

Asiria invadirá y avergonzará a Egipto.

EL [a]año en que vino [b]Tartán a Asdod, cuando le envió Sargón, rey de Asiria, y peleó contra Asdod y la tomó,

2 en aquel tiempo habló Jehová por medio de Isaías hijo de Amoz, diciendo: Ve y quita el cilicio de tus lomos y quita el calzado de tus pies. Y lo hizo así, andando [a]desnudo y descalzo.

3 Y dijo Jehová: De la manera que anduvo mi siervo Isaías desnudo y descalzo tres años como señal y prodigio sobre Egipto y sobre Etiopía,

4 así llevará el rey de Asiria a los cautivos de Egipto y a los desterrados de Etiopía, a jóvenes y a ancianos, desnudos, y descalzos y descubiertas las nalgas para vergüenza de Egipto.

5 Y [a]se turbarán y avergonzarán

18 *a* HEB *Herez;* posible significado "del Sol"; quizá Heliópolis, una de las ciudades más antiguas del delta del Nilo.
21 *a* GEE Convenio (pacto).
22 *a* GEE Arrepentimiento, arrepentirse.
24 *a* *Es decir,* los tres harán alianza, e Israel será como una bendición en medio de ellos.
25 *a* Joel 3:2.
20 1 *a* *Es decir,* aproximadamente 711 a.C.
b 2 Rey. 18:17.
2 *a* *Es decir,* sin la prenda de vestir de arriba, como un esclavo o un exiliado.
5 *a* *Es decir,* la gente de Judá quedará consternada con el poder de Asiria, desvaneciéndose toda esperanza de ayuda de Egipto y de Etiopía.

a causa de Etiopía, su esperanza,
y a causa de Egipto, su gloria.
6 Y dirá en aquel día el habi-
tante de esta costa: He aquí, tal ha sido nuestra esperanza, a la que nos acogimos buscando socorro para ser librados de la presencia del rey de Asiria; ¿y cómo escaparemos?

CAPÍTULO 21

¡Ha caído, ha caído Babilonia! — Otras naciones también son destruidas.

[a]Profecía sobre el desierto del mar: Como los torbellinos que pasan por la región del [b]sur, *así* viene del desierto, de la tierra horrenda.
2 [a]Visión dura me ha sido mos-
trada. El traidor traiciona, y el destructor destruye. Sube, oh Elam; sitia, oh Media. Todo su gemido hice cesar.
3 Por tanto, mis lomos se han
llenado de dolor; angustias se han apoderado de mí, como angustias de mujer de parto; me he [a]agobiado al oírlo, y al verlo me he espantado.
4 Ha desfallecido mi corazón;
el horror me ha intimidado; la noche de mi deseo se me ha vuelto en espanto.
5 Ponen la mesa, extienden ta-
pices, comen, beben. ¡Levantaos, oh príncipes, ungid el escudo!,
6 porque el Señor me dijo así:
Ve, pon [a]centinela que haga saber lo que vea.
7 Y vio hombres montados,
parejas de jinetes, gente montada en asnos y gente montada en camellos. Luego miró más atentamente,
8 y gritó como un león: Señor,
sobre la atalaya estoy yo continuamente de día, y las noches enteras sobre mi guardia;
9 y he aquí, vienen hombres a
caballo y parejas de jinetes. Después habló y dijo: ¡[a]Ha caído, ha caído Babilonia! Y todas las imágenes de sus dioses están destrozadas en tierra.
10 [a]Oh mi pueblo trillado, hijo
de mi era, os he dicho lo que oí de Jehová de los ejércitos, el Dios de Israel.
11 [a]Profecía sobre Duma:
Me dan voces desde [b]Seir:
Guardia, ¿[c]qué de la noche?
Guardia, ¿qué de la noche?
12 El guardia respondió:

21 1 *a* HEB carga; es decir, mensaje de fatalidad contra Babilonia.
b *O sea,* el desierto del Neguev.
2 *a* Esta profecía se cumplió en el 538 a.C., alrededor de 200 años después de la época de Isaías.
3 *a* *Es decir,* Isaías se sintió consternado ante la escena del cataclismo que vio en la visión acerca de la destrucción de Babilonia.
6 *a* GEE Atalaya, atalayar.
9 *a* Apoc. 14:8–11; DyC 1:16.
10 *a* El profeta se dirige así a los israelitas que sobrevivirían a la caída de Babilonia.
11 *a* HEB carga; es decir, mensaje de fatalidad para los edomitas.
b Gén. 36:8–9.
c *Es decir,* ¿qué tiempo ha transcurrido? ¿Cuánto van a durar la oscuridad y la opresión?

[a]La mañana viene y después
la noche;
si queréis preguntar, preguntad;
volved, venid.
13 [a]Profecía sobre Arabia:
En los montes de Arabia
pasaréis la noche,
oh caminantes de Dedán.
14 Salid a encontrar al sediento;
llevadle agua, moradores de la
tierra de Tema, socorred con pan
al que huye.
15 Porque huyen ante la espada,
ante la espada desnuda, ante el
arco tensado, ante la violencia
de la batalla.
16 Porque así me ha dicho
Jehová: De aquí a un año, semejante al año de un jornalero,
toda la gloria de [a]Cedar será
deshecha;
17 y los sobrevivientes del número de los valientes flecheros,
hijos de Cedar, serán reducidos,
porque Jehová Dios de Israel lo
ha dicho.

CAPÍTULO 22

Jerusalén será atacada y azotada — Su pueblo será llevado cautivo — El Mesías tendrá la llave de la casa de David, heredará gloria y será clavado como un clavo en un lugar seguro.

[a]PROFECÍA sobre el valle de la
visión: ¿Qué tienes ahora, que
con todos los tuyos has subido
sobre los terrados?
2 Tú, llena de alborotos,
ciudad turbulenta, ciudad alegre; tus muertos no son muertos a espada ni muertos en
guerra.
3 Todos tus [a]gobernantes huyeron juntos; sin arco fueron capturados; todos los tuyos fueron
atados juntos, *aunque* habían
huido lejos.
4 Por esto dije: Apartad de mí
la mirada; lloraré amargamente;
no os afanéis por consolarme de
la destrucción de la hija de mi
pueblo.
5 Porque día es de [a]alboroto,
y de atropello y de confusión,
de parte del Señor Jehová de los
ejércitos, en el valle de la visión,
para derribar el muro y clamar
al monte.
6 Y Elam tomó la aljaba con carros y con jinetes, y Kir sacó el
escudo.
7 Y acaeció que tus hermosos
valles se llenaron de carros, y
los de a caballo se apostaron a
la puerta.
8 Y quitó la defensa de Judá; y
miraste en aquel día las armas de
[a]la Casa del Bosque.
9 Y visteis las [a]brechas de
la ciudad de David, que se

12 *a* Se acerca el fin de la cautividad babilónica, pero viene otro opresor; preguntad otra vez más tarde.
13 *a* HEB carga; es decir, las caravanas y los campamentos de los árabes también sufrirían trastornos y opresión debido a la conquista babilónica (vers. 13–17).
16 *a* *Es decir,* hijo de Ismael y padre de la tribu de Cedar. Gén. 25:13.
22 1 *a* HEB carga; es decir, un mensaje de fatalidad para Jerusalén.
3 *a* Jer. 52:7–8.
5 *a* Isa. 37:3.
8 *a* 1 Rey. 7:1–5.
9 *a* *Es decir,* las grietas, las roturas en el muro.

multiplicaron; y recogisteis las
aguas del [b]estanque de abajo.
10 Y contasteis las casas de Jerusalén y derribasteis casas para
fortificar el muro.
11 E hicisteis foso entre los dos
muros para las aguas del estanque viejo, pero [a]no tuvisteis en
cuenta al que lo hizo ni miras-
teis al que lo hizo hace mucho
tiempo.
12 Por tanto, el Señor Jehová
de los ejércitos [a]llamó en aquel
día a [b]llanto y a lamentación, y
a [c]raparse la cabeza y a vestir de
cilicio.
13 Y [a]he aquí gozo y alegría, matando vacas y degollando ovejas,
comiendo carne y bebiendo vino,
diciendo: Comamos y bebamos,
porque mañana moriremos.
14 Y esto fue revelado a mis
oídos de parte de Jehová de los
ejércitos: Esta iniquidad no os
será perdonada hasta que muráis, dice el Señor Jehová de los
ejércitos.
15 Jehová de los ejércitos dice
así: Ve, ve a este tesorero, a [a]Sebna
el mayordomo, *y dile*:
16 ¿Qué tienes tú aquí o a quién
tienes tú aquí, que labraste aquí
sepulcro para ti, *como* el que en
lugar alto labra su sepultura o el
que esculpe para sí una morada
en una peña?
17 He aquí, oh hombre poderoso, Jehová te arrojará con violencia, y te asirá con firmeza;
18 te echará a rodar con ímpetu, como a bola por [a]tierra
muy extensa; allá morirás, y
allá estarán los carros de tu gloria, oh vergüenza de la casa de
tu señor.
19 Y te arrojaré de tu lugar y de
tu puesto te derribaré.
20 Y acontecerá que en aquel
día [a]llamaré a mi siervo Eliaquim
hijo de Hilcías.
21 Y lo vestiré con tus vestiduras, y le fortaleceré con tu cinturón y entregaré en sus manos
tu autoridad; y él será un padre
para el morador de Jerusalén y
para la casa de [a]Judá.
22 Y pondré la [a]llave de la casa
de David sobre su hombro; y
abrirá, y nadie cerrará; cerrará,
y nadie abrirá.
23 Y lo clavaré como un [a]clavo
en un lugar seguro, y será un
trono de honra para la casa de
su padre.
24 Y penderán de él toda la
honra de la casa de su padre, la
descendencia y la posteridad, todos los utensilios menores, desde

9 *b* 2 Rey. 20:20.
11 *a* *Es decir,* no se han vuelto a Jehová.
12 *a* *Es decir,* un llamado al arrepentimiento.
b 2 Cor. 7:10; Stg. 4:8–10.
c *O sea,* señales de suma tristeza.
13 *a* *Es decir,* continuemos con nuestro festín de costumbre.
15 *a* Los vers. 15–19 contienen una advertencia personal a Sebna.
18 *a* *O sea,* tierra espaciosa o país extenso, probablemente Asiria.
20 *a* *Es decir,* Eliaquim reemplazará a Sebna. Además, el nombre simbólico de "Eliakim" en los versículos siguientes viene a ser una representación del Mesías, el Salvador, especialmente en los vers. 23–25. El nombre significa "Dios levanta".
21 *a* GEE Judá.
22 *a* Apoc. 3:7. GEE Llaves del sacerdocio; Sellamiento, sellar.
23 *a* Esd. 9:8.

las tazas de beber hasta toda clase
de tazones.
25 En aquel día, dice Jehová
de los ejércitos, el clavo clavado
en el lugar seguro será quitado,
y será quebrado y caerá; y la
carga que sobre él se puso será
destruida, porque Jehová ha
hablado.

CAPÍTULO 23

Tiro será destruida.

[a]PROFECÍA sobre [b]Tiro: Aullad, naves de Tarsis, porque destruida es
Tiro hasta no quedar casa ni lugar
por donde entrar; desde la tierra
de [c]Quitim les es revelado.
2 Callad, moradores de la costa,
mercaderes de Sidón, que pasando el mar te abastecían.
3 Y el [a]grano de Sihor, la cosecha del Nilo, cerca de las muchas
aguas, es su ingreso. Era también
mercado de las naciones.
4 Avergüénzate, oh Sidón, porque el mar ha hablado; la fortaleza del mar habló, diciendo:
Nunca he estado de parto, ni he
dado a luz, ni he criado jóvenes
ni doncellas.
5 Cuando llegue la noticia a
Egipto, tendrán dolor por las
nuevas de Tiro.
6 Pasaos a Tarsis; aullad, moradores de la costa.
7 ¿No era ésta vuestra *ciudad* alegre, con muchos días de
antigüedad? Sus pies la llevarán
a morar lejos.
8 ¿Quién ha decretado esto contra Tiro, la que otorgaba coronas,
cuyos mercaderes eran [a]prínci-
pes, cuyos comerciantes eran los
[b]nobles de la tierra?
9 Jehová de los ejércitos lo de-
cretó para envilecer la soberbia
de toda gloria y para abatir a todos los ilustres de la tierra.
10 Pasa cual río de tu tierra, oh
hija de Tarsis, porque no tendrás
ya más fortaleza.
11 Extendió su mano sobre el
mar; hizo temblar los reinos;
Jehová ha dado mandamiento
contra Canaán que sus fortalezas
sean destruidas.
12 Y dijo: No te alegrarás más,
oh tú, oprimida virgen, hija de
Sidón. Levántate para pasar a
Quitim, y aun allí no tendrás
reposo.
13 He aquí, la tierra de los caldeos; este pueblo no existía. Asiria
la fundó para los que habitaban
en el desierto; levantaron sus baluartes, despojaron sus palacios;
él la convirtió en ruinas.
14 Aullad, naves de Tarsis, porque vuestra fortaleza ha sido
destruida.
15 Y acontecerá en aquel día
que Tiro será puesta en olvido
por setenta años, como los días
de un rey. Después de los setenta
años, sucederá a Tiro como canción de ramera.
16 Toma un arpa, recorre la

23 1 *a* HEB carga; es decir, un mensaje de fatalidad para la ciudad fenicia de Tiro.
b Ezeq. 26:2–4; Amós 1:9.
c *Es decir,* Chipre. Los refugiados relatan la destrucción.
3 *a* *Es decir,* el grano del Nilo.
8 *a* Ezeq. 26:15–17.
b HEB los que reciben honores o que son famosos.

ciudad, oh ramera olvidada;
haz buena melodía, haz muchas canciones, para que seas recordada.
17 Y acontecerá que al fin de los setenta años visitará Jehová a Tiro, la cual volverá a su paga de ramera y otra vez fornicará con todos los reinos del mundo sobre la faz de la tierra.
18 Pero su [a]comercio y su paga de ramera serán consagrados a Jehová; no se almacenarán ni se atesorarán, porque su ganancia será para los que habiten delante de Jehová, para que coman hasta saciarse y se vistan con ropas finas.

CAPÍTULO 24

Los hombres transgredirán la ley y quebrantarán el convenio sempiterno — En la Segunda Venida ellos serán quemados, la tierra se tambaleará y el sol se avergonzará — Entonces, Jehová reinará en Sión y en Jerusalén.

HE aquí que Jehová [a]vacía la [b]tierra, y la devasta, y [c]trastorna su faz y dispersa a sus moradores.
2 Y sucederá así como al pueblo, también al sacerdote; como al siervo, así a su amo; como a la criada, así a su ama; como al que compra, al que vende; [a]como al que presta, al que toma prestado; como al acreedor, así también al deudor.
3 La tierra será totalmente vaciada y enteramente saqueada, porque Jehová ha pronunciado esta palabra.
4 La tierra se [a]lamentó, se marchitó; languideció, se marchitó el mundo; [b]languidecieron los pueblos altivos de la tierra.
5 Y la tierra [a]se contaminó bajo sus moradores, porque [b]traspasaron las leyes, [c]cambiaron la [d]ordenanza, [e]quebrantaron [f]el convenio sempiterno.
6 Por esta causa la [a]maldición consumió la tierra, y sus moradores fueron culpables; por esta causa fueron [b]quemados los habitantes de la tierra, y quedaron [c]pocos hombres.
7 Se lamentó el mosto, languideció la vid, suspiraron todos los que eran alegres de corazón.
8 [a]Cesó el regocijo de los [b]panderos, se acabó el estruendo de los que se alegran, cesó la alegría del arpa.
9 No beberán vino con canción; la [a]bebida fuerte será amarga a los que la beban.

18 *a* *Es decir,* cualquier éxito que ella tenga será sólo si el Señor lo permite.
24 1 *a* DyC 5:19.
b Isa. 13:9.
c Isa. 40:4.
2 *a* *O sea,* el que espera el pago, así como el que paga.
4 *a* Moisés 7:48.
b *O sea,* se abatieron los nobles.
5 *a* *O sea,* fue profanada.
b GEE Pecado.
c DyC 1:14–15.
d GEE Ordenanzas.
e GEE Apostasía.
f HEB *berit:* convenio, pacto, alianza. GEE Nuevo y sempiterno convenio.
6 *a* GEE Maldecir, maldiciones.
b GEE Tierra—La purificación de la tierra.
c Isa. 13:12.
8 *a* Oseas 2:11.
b HEB los tambores.
9 *a* GEE Palabra de Sabiduría.

10 La ciudad del desorden está
quebrantada; toda casa se ha cerrado, para que no entre nadie.
11 Hay clamores en las calles
por el vino; todo [a]gozo se ha apagado; se desterró la alegría de la tierra.
12 La ciudad quedó desolada,
y la puerta fue destrozada hasta quedar en ruinas.
13 Porque así será en medio de
la tierra, en medio de los pueblos, como olivo sacudido, como rebuscos después de la vendimia.
14 [a]Éstos alzarán su voz, can-
tarán gozosos por la grandeza de Jehová; desde el [b]mar darán voces.
15 Glorificad por esto a Jehová
en los [a]valles; en las costas del mar sea nombrado Jehová Dios de Israel.
16 Desde los extremos de la tie-
rra hemos oído cánticos: Gloria al justo. Y yo dije: ¡Me consumo, me consumo, ay de mí! Traidores han traicionado, y [a]han traicionado con traición de desleales.
17 Terror y foso y trampa sobre
ti, oh morador de la tierra.
18 Y acontecerá que el que huya
de la voz del terror caerá en el foso, y el que salga de en medio del foso será atrapado en la trampa; porque de lo alto se abrirán ventanas y temblarán los cimientos de la tierra.
19 Será quebrantada del todo la
tierra, enteramente resquebrajada será la tierra, en gran manera será la tierra [a]estremecida.
20 Se tambaleará la [a]tierra, osci-
lando como un ebrio, y se bamboleará como una choza; y se agravará sobre ella su pecado, y caerá y nunca más se levantará.
21 Y acontecerá en aquel [a]día
que Jehová [b]castigará en el lugar alto al ejército del lugar alto, y a los reyes de la tierra sobre la tierra.
22 Y serán amontonados como
se amontona a los encarcelados en una mazmorra, y en [a]prisión quedarán encerrados y serán [b]visitados después de muchos días.
23 [a]La luna se avergonzará, y el
sol se abochornará cuando Jehová de los ejércitos reine en el monte [b]Sión, y en Jerusalén y delante de sus [c]ancianos en gloria.

CAPÍTULO 25

Jehová preparará un banquete de manjares suculentos del Evangelio en el monte Sión — Destruirá a la muerte para siempre — Se dirá: He aquí, éste es nuestro Dios.

JEHOVÁ, tú eres mi Dios; te exaltaré; alabaré tu nombre, porque

11 *a* Joel 1:11–13.
14 *a* *Es decir,* el remanente justo o recto.
b HEB u occidente.
15 *a* HEB región de la luz, u oriente.
16 *a* *Es decir,* a pesar del regocijo del remanente, el profeta lamenta la destrucción de muchas naciones que rechazaron la rectitud (vers. 16–18).
19 *a* DyC 133:22–24.
20 *a* DyC 49:23; 88:86–92.
21 *a* GEE Últimos días, postreros días.
b GEE Justicia.
22 *a* GEE Infierno.
b Juan 5:25; DyC 138:29–37; Moisés 7:38–39.
23 *a* DyC 133:49.
b GEE Sión.
c *O sea,* sus élderes en gloria.

has hecho maravillas, tus consejos antiguos son verdad y
fidelidad.
2 Porque convertiste la ciudad
en un montón *de escombros*; la
ciudad fortificada, en ruinas; la
ciudadela de los extranjeros ya
no es ciudad; nunca jamás será
reedificada.
3 Por esto te dará gloria el pueblo fuerte; te temerá la ciudad de
gentes despiadadas.
4 Porque fuiste fortaleza para el
pobre, fortaleza para el menesteroso en su aflicción, [a]amparo contra la tempestad, sombra contra
el calor, porque el ímpetu de los
despiadados es como tormenta
contra el muro.
5 Como el calor en lugar seco,
así atenuarás el tumulto de los
extranjeros; como disminuye el
calor a la sombra de una nube,
así harás acallar el cántico de los
despiadados.
6 Y Jehová de los ejércitos preparará en este monte a todos los
[a]pueblos un banquete de manjares suculentos, banquete de vinos
añejos, de gruesos tuétanos, de
vinos refinados.
7 Y destruirá en este monte la
cobertura con que están cubiertos todos los pueblos y el [a]velo
que está extendido sobre todas
las naciones.
8 [a]Destruirá a la [b]muerte para
siempre, y enjugará Jehová el
[c]Señor toda lágrima de todos los
rostros; y quitará la [d]afrenta de su
pueblo de toda la tierra, porque
Jehová lo ha dicho.
9 Y se dirá en aquel día: He aquí,
éste es nuestro Dios, le hemos
[a]esperado, y nos salvará; éste es
Jehová; le hemos esperado, nos
gozaremos y nos alegraremos en
su [b]salvación.
10 Porque la mano de Jehová
reposará en este monte; y Moab
será pisoteado debajo de él,
como es pisoteada la paja en el
muladar.
11 Y extenderá sus manos por
en medio de él, como las extiende
el nadador para nadar; y abatirá
su soberbia y la destreza de sus
manos.
12 Y abatirá la fortaleza de tus
altos muros; la humillará y la
echará a tierra, hasta el polvo.

CAPÍTULO 26

Confiad en Jehová para siempre — Jehová morirá y resucitará — Todos los hombres se levantarán en la resurrección.

EN aquel día cantarán este cántico
en la [a]tierra de Judá: Fuerte ciudad tenemos; salvación pondrá
Dios por muros y baluarte.
2 Abrid las [a]puertas, para que
entre la nación justa guardadora
de verdades.
3 Tú guardarás en completa

25 4 *a* 2 Ne. 14:5–6; DyC 124:36.
6 *a* *O sea,* naciones. DyC 58:8–12.
7 *a* GEE Velo. DyC 121:26–33.
8 *a* GEE Resurrección.
b 1 Cor. 15:54.
c Apoc. 21:4.
d *O sea,* el oprobio, la deshonra de Su pueblo.
9 *a* 2 Ne. 6:13.
b GEE Salvación.
26 1 *a* Isa. 60:18. GEE Judá—El reino de Judá.
2 *a* Hel. 3:28.

[a]paz a aquel *cuyo* pensamiento
en *ti* se apoya, porque en ti ha
confiado.
4 Confiad en Jehová para siempre, porque en [a]Jehová el Señor
está la fortaleza sempiterna.
5 Porque derribó a los que moraban en la altura; ha humillado
a la ciudad enaltecida, la ha humillado, la ha humillado hasta
la tierra, la ha derribado hasta
el polvo.
6 Los pies la hollarán, los pies
del afligido, los pasos de los
menesterosos.
7 El camino del justo es rectitud; tú, que eres recto, allanas el
camino del justo.
8 Sí, en el camino de tus juicios,
oh Jehová, te hemos esperado; a
tu nombre y a tu memoria es el
deseo del alma.
9 Con mi alma te he deseado
en la noche; sí, con mi espíritu dentro de mí, [a]temprano
te [b]buscaré, porque cuando tus
[c]juicios están en la tierra, los moradores del mundo aprenden
justicia.
10 Se mostrará piedad al malvado, *pero* no aprenderá justicia;
en tierra de rectitud hará iniquidad y no mirará a la majestad
de Jehová.
11 Jehová, tu mano está alzada, y
no ven; pero [a]verán y se avergonzarán por la envidia al pueblo;
sí, el fuego de tus enemigos los
consumirá.
12 Jehová, tú establecerás paz
para nosotros, porque también
hiciste por nosotros todas nuestras [a]obras.
13 Jehová, Dios nuestro, *otros*
señores fuera de ti se han enseñoreado de nosotros; pero en ti
solamente nos acordaremos de
tu nombre.
14 Los [a]muertos no vivirán; los
espíritus de los muertos no se
levantarán, porque los castigaste,
y los destruiste y borraste todo
recuerdo de ellos.
15 Has [a]aumentado la nación,
oh Jehová, has aumentado la nación; te has glorificado; la has [b]en-
sanchado *hasta* todos los confines
de la tierra.
16 Jehová, [a]en la tribulación te
buscaron; derramaron oración
cuando los [b]disciplinaste.
17 Como la mujer encinta *cuando*
se acerca el parto se retuerce *y* da
gritos en sus dolores, así hemos
sido delante de ti, oh Jehová.
18 Concebimos, nos retorcimos,
pero dimos a luz sólo viento; ninguna liberación hicimos en la
tierra, ni cayeron los moradores
del mundo.
19 Tus muertos [a]vivirán; *junto
con* mi cuerpo muerto [b]se levantarán. ¡Despertad y cantad, moradores del polvo!, porque tu

3 *a* GEE Paz.
4 *a* GEE Jehová.
9 *a* GEE Oración.
b Alma 32:16.
c *O sea,* preceptos.
11 *a* *O sea,* verán Tu celo por Tu pueblo, y se avergonzarán; sí, permite que el fuego devore a Tus enemigos.
12 *a* Alma 5:40–41.
14 *a* *Es decir,* los “otros señores” del vers. 13.
15 *a* Abr. 2:9.
b HEB ensanchaste las fronteras del país.
16 *a* *Es decir,* Israel recuerda todo el sufrimiento de los días que pasaron en el exilio, vers. 16–18.
b GEE Castigar, castigo.
19 *a* GEE Inmortal, inmortalidad.
b GEE Resurrección.

rocío es *cual* [c]rocío de hierbas, y
la tierra entregará los espíritus
de los muertos.
20 Anda, pueblo mío, entra en
tus aposentos; cierra tras ti tus
puertas; escóndete un poquito,
por un momento, en tanto [a]que
pasa la indignación.
21 Porque he aquí que Jehová
sale de su lugar para castigar la
iniquidad del morador de la tierra contra él, y la tierra descubrirá
sus [a]sangres y no encubrirá ya
más a sus muertos.

CAPÍTULO 27

El pueblo de Israel florecerá, y retoñará y llenará de fruto la tierra — Serán recogidos uno por uno y adorarán a Jehová.

En aquel día Jehová castigará con
su [a]espada dura, grande y fuerte
a [b]Leviatán, la serpiente escu-
rridiza, a Leviatán, la serpiente
tortuosa; y matará al [c]dragón que
está en el mar.
2 En aquel día, [a]cantad a la viña
deleitosa.
3 Yo, Jehová, la guardo; a cada
momento regaré *mi viña*; la guardaré de noche y de día, para que
nadie la dañe.
4 No hay en mí enojo. ¿Quién
pondrá contra mí en batalla espinos y cardos? Yo los hollaré *y*
los quemaré juntos.
5 O el que se aferre a mi fortaleza haga conmigo la paz, *sí,* haga
la paz conmigo.
6 Él hará que los que vienen de
Jacob echen raíces; florecerá y
echará renuevos [a]Israel, y la faz
del mundo se llenará de [b]fruto.
7 ¿Acaso lo ha herido él como
él hirió a los que lo hirieron? ¿O
lo ha matado él, como él mató a
los que lo mataron?
8 Con medida contenderás contra él en sus vástagos. Él los remueve con recio viento en el día
del viento solano.
9 De esta manera, pues, será
perdonada la iniquidad de Jacob;
y éste será todo el fruto de la
remoción de su pecado; cuando
haga todas las piedras del altar
como piedras de cal desmenu-
zadas, ya no se levantarán las
imágenes de Asera ni los [a]altares
de incienso.
10 Porque la ciudad fortificada
será desolada, la morada será
desamparada y dejada como un
desierto; allí pastará el becerro;
allí se echará y consumirá sus
ramas.
11 Cuando sus [a]ramas se sequen,

19 *c* *O sea,* del amanecer.
20 *a* *Es decir,* hasta que se acabe la purificación de la tierra.
21 *a* *Es decir,* se pondrán de manifiesto el derramamiento de sangre, los crímenes y la violencia que se hayan cometido, y serán castigados.
27 1 *a* Isa. 66:16; DyC 1:13.
b *Es decir,* el legendario monstruo marino que representa las fuerzas del caos que se oponen al Creador. Sal. 74:13–14. TJS Apoc. 12:1–17 (Apéndice).
c Isa. 51:9; Apoc. 20:1–3.
2 *a* En este cántico de la viña, acerca de Israel, se prevé el cumplimiento de su preordenación (vers. 2–6).
6 *a* Éter 13:11.
b *Es decir,* recibirá las bendiciones de la salvación.
9 *a* GEE Idolatría.
11 *a* Jacob 5:58.

serán quebradas; mujeres vendrán a encenderlas. Porque aquél
no es pueblo de [b]entendimiento;
por tanto, su Hacedor no tendrá
de él misericordia, ni se compadecerá de él el que lo formó.
12 Y acontecerá en aquel día
que [a]herirá Jehová [b]desde la corriente del Río hasta el torrente
de Egipto, y vosotros, oh hijos
de Israel, seréis [c]reunidos uno
por uno.
13 Y acontecerá en aquel día
que se tocará con gran [a]trompeta,
y los que perecían en la tierra
de Asiria y los que habían sido
desterrados a la tierra de Egipto
vendrán y adorarán a Jehová en
el monte santo, en Jerusalén.

CAPÍTULO 28

¡Ay de los ebrios de Efraín! — La revelación viene línea sobre línea y precepto sobre precepto — Se promete que Cristo, el fundamento seguro, vendrá.

¡AY de la corona de soberbia de
los [a]ebrios de [b]Efraín y de la flor
caduca de la hermosura de su
gloria, que está sobre la cabeza
del valle fértil de los aturdidos
por el vino!
2 He aquí, el Señor tiene uno
que es fuerte y poderoso, *y que*
como una [a]tormenta de granizo y
como una tempestad arrasadora,
como ímpetu de recias aguas que
inundan, derriba a tierra con la
mano.
3 Con los pies será hollada la
corona de soberbia de los ebrios
de Efraín.
4 Y la flor marchita de la hermosura de su gloria que está sobre la
cabeza del valle fértil será como
la fruta temprana, antes del verano, la cual, apenas la ve el que
la mira, se la traga tan pronto
como la tiene a la mano.
5 En [a]aquel día Jehová de los
ejércitos será corona de gloria y
diadema de hermosura para el
remanente de su pueblo,
6 y será espíritu de juicio al que
se sienta en juicio y será fortaleza
a los que rechazan el asalto a la
puerta.
7 Pero también [a]éstos [b]erraron
por el [c]vino y se desviaron por
la bebida fuerte; el sacerdote y
el profeta erraron por la bebida
fuerte; fueron consumidos por el
vino, se desviaron por la bebida
fuerte, erraron en la visión, titu-
bearon en sus decisiones.
8 Porque todas las me-
sas están llenas de vómito *y*

11 *b* GEE Entender, entendimiento.
12 *a* *Es decir,* trillará, cosechará, espigará.
b *Es decir,* desde Mesopotamia y el río Éufrates.
c GEE Israel—La congregación de Israel.
13 *a* *Es decir,* el cuerno del carnero se usaba como trompeta ceremonial. Mateo 24:31; DyC 88:92–94.
28 1 *a* Joel 1:5.
b *Es decir,* la tribu principal de las diez tribus del norte a punto de ser capturada por Asiria el 722 a.C.
2 *a* Isa. 30:30.
5 *a* *Es decir,* un día futuro, después del esparcimiento de Israel, en el tiempo de los preparativos de las cosas finales.
7 *a* *Es decir,* los líderes religiosos de una apostasía posterior.
b Isa. 56:10–12. GEE Supercherías sacerdotales.
c Isa. 5:20–23.

[a]suciedad, hasta no *haber* lugar *limpio.*

9 ¿A quién enseñará él [a]conocimiento, o a quién hará entender el mensaje? ¿A los [b]destetados? ¿A los *recién* quitados de los pechos?

10 Porque mandamiento sobre mandamiento, [a]mandato tras mandato, línea sobre línea, línea sobre línea, un poquito allí, otro poquito allá;

11 porque con tartamudez de labios y en otra lengua él hablará a este pueblo,

12 a los cuales él dijo: Éste es el reposo; dad reposo al cansado; y éste es el descanso, mas no quisieron oír.

13 Y la palabra de Jehová les fue mandamiento tras mandamiento, mandato tras mandato, línea sobre línea, línea sobre línea, un poquito allí, otro poquito allá, a fin de [a]que vayan y caigan de espaldas, y sean quebrantados, y atrapados y apresados.

14 Por tanto, hombres escarnecedores que gobernáis a este pueblo que está en Jerusalén, oíd la palabra de Jehová.

15 Porque habéis dicho: Pacto hemos hecho con la muerte y hemos hecho acuerdo con el Seol; cuando pase el [a]azote arrasador, no llegará a nosotros, porque hemos hecho de la mentira nuestro refugio y en la falsedad nos hemos escondido;

16 por tanto, Jehová el Señor dice así: He aquí, yo soy el que ha puesto en Sión como fundamento una [a]piedra, piedra probada, preciosa [b]piedra angular, cimiento estable; el que crea no se apresurará.

17 Y pondré el juicio a medida de cordel, y a nivel la justicia; y el granizo barrerá el refugio de la mentira, y las aguas inundarán el escondrijo.

18 Y será anulado [a]vuestro pacto con la muerte, y vuestro acuerdo con el Seol no permanecerá; cuando pase el azote arrasador, seréis por él hollados.

19 Cuantas veces pase, él os arrebatará, porque de mañana en mañana pasará, de día y de noche; y ciertamente será espanto el entender el mensaje.

20 Porque la cama es corta para estirarse en ella, y la manta estrecha para envolverse en ella.

21 Porque Jehová se levantará como en el [a]monte Perazim; como en el valle de [b]Gabaón se enojará, para hacer su obra, su extraña obra, y para hacer su labor, su [c]extraña labor.

22 Ahora, pues, no seáis escarnecedores, no sea que se aprieten más vuestras ataduras; porque una [a]destrucción total ya

8 *a* GEE Inmundicia, inmundo.
9 *a* GEE Conocimiento.
b DyC 19:22.
10 *a* 2 Ne. 28:30; DyC 98:12.
13 *a* *Es decir,* a pesar de que el Señor dio instrucciones a Israel por medio de los profetas, mucha gente apostató.
15 *a* DyC 45:31.
16 *a* Hel. 5:12.
b 1 Pe. 2:6. GEE Piedra del ángulo.
18 *a* *Es decir,* los planes malvados y conspiradores de la gente.
21 *a* 2 Sam. 5:20.
b Josué 10:8–14.
c DyC 95:4.
22 *a* DyC 87:6. GEE Mundo—El fin del mundo.

determinada sobre toda la tierra he oído del Señor Jehová de los ejércitos.

23 Estad atentos y oíd mi voz; estad atentos y oíd mis palabras.

24 ¿Arará todo el día el que ara para sembrar? ¿Romperá y rastrillará su tierra?

25 Cuando haya allanado su superficie, ¿no esparcirá el eneldo, y sembrará el comino, y pondrá el trigo en hileras, y la cebada en su lugar señalado y el centeno en su borde?

26 Porque su Dios le instruye y le enseña cómo hacerlo:

27 que el eneldo no se trilla con trillo, ni sobre el comino se hace rodar rueda de carreta, sino que con un palo se sacude el eneldo, y el comino con una vara.

28 El grano se trilla, pero no se trilla sin parar, ni se comprime con rueda de carreta ni se aplasta con los caballos.

29 También esto [a]procede de Jehová de los ejércitos, para hacer maravilloso el consejo y grande la sabiduría.

CAPÍTULO 29

Un pueblo (los nefitas) hablará como una voz que habla desde el polvo — Se predicen la apostasía, la restauración del Evangelio y el advenimiento de un libro sellado (el Libro de Mormón) — Compárese con 2 Nefi 27.

¡[a]Ay de [b]Ariel, de Ariel, [c]ciudad donde habitó David! Añadid un año a otro, y que las fiestas sigan su curso.

2 Mas yo pondré a Ariel en aprietos, y habrá desconsuelo y tristeza; y será para mí como Ariel.

3 Porque [a]acamparé contra ti a tu alrededor, y te combatiré con torres y levantaré contra ti muros de asedio.

4 Entonces serás humillada; hablarás desde la tierra, y tu habla saldrá del [a]polvo; y será tu voz desde la tierra como la de uno que evoca a los espíritus, y tu habla susurrará desde el polvo.

5 Y la muchedumbre de tus enemigos será como polvo fino; y la multitud de los despiadados como tamo que pasa; y acontecerá repentinamente, en un momento.

6 Por Jehová de los ejércitos serás visitada con truenos, y con terremotos y con gran ruido, con tormenta, y con tempestad y con llama de [a]fuego consumidor.

7 Y será como sueño de visión nocturna la multitud de todas las naciones que pelean contra [a]Ariel, y todos los que pelean contra ella y sus fortalezas, y los que la ponen en aprietos.

8 Y será como el que tiene

29 *a* *Es decir,* la cosecha y la trilla del mundo (como se hace en una granja, vers. 23–29) serán debidamente efectuadas por Jehová.

29 1 *a* TJS Isa. 29:1–8 (Apéndice).
b HEB hogar de Dios; es decir, el templo.
c *Es decir,* Jerusalén.

3 *a* 2 Ne. 26:15.
4 *a* 2 Ne. 3:19–20; 26:16; Moro. 10:27.
6 *a* 2 Ne. 27:1–2; DyC 97:24–26.
7 *a* 2 Ne. 27:3.

hambre y sueña, y he aquí que
come, pero cuando despierta, su
alma está vacía; o como el que
tiene sed y sueña, y he aquí que
bebe, pero cuando despierta, se
halla cansado y su alma sedienta;
así será la multitud de todas las
naciones que peleen contra el
[a]monte Sión.
9 Deteneos y maravillaos; cegaos
y quedad ciegos; [a]embriagaos,
pero no de vino; tambaleaos, pero
no de bebida fuerte.
10 [a]Porque Jehová derramó sobre vosotros espíritu de profundo
sueño, y cerró vuestros ojos; [b]cubrió a los profetas, y a vuestros
gobernantes y a los [c]videntes.
11 Y os será toda visión como
palabras de [a]libro [b]sellado, el cual
darán al que sabe leer y le dirán: Lee ahora esto, y él dirá: No
puedo, porque está sellado.
12 Y si se da el libro [a]al que no
sabe leer, diciéndole: Lee ahora
esto, él dirá: No sé leer.
13 Dice, pues, el Señor: Porque
este pueblo se [a]*me* acerca con su
[b]boca y con sus labios me honra,
pero ha alejado su [c]corazón de
mí, y su [d]temor de mí ha sido
enseñado por [e]mandamiento de
hombres;
14 por tanto, he aquí que nuevamente haré una obra maravillosa entre este pueblo, una
obra maravillosa y [a]un prodigio; porque [b]perecerá la [c]sabiduría de sus sabios, y se
desvanecerá la [d]prudencia de sus
prudentes.
15 ¡Ay de los que se esconden
de Jehová, encubriendo en las
profundidades sus [a]designios, y
sus obras están en las tinieblas,
y dicen: ¿[b]Quién nos ve, y quién
nos conoce?!
16 Vuestra obra de trastornar las
cosas de arriba abajo ciertamente
será considerada como barro de
alfarero. ¿Acaso [a]la obra dirá de
su hacedor: No me hizo? ¿O dirá
la vasija de aquel que la ha formado: No entiende?
17 ¿No será de aquí a muy
poco tiempo que el Líbano se
convertirá en un campo fértil, y
el campo fértil será considerado
un bosque?
18 Y en [a]aquel día los sordos
oirán las palabras del [b]libro, y
los ojos de los ciegos verán en
medio de la oscuridad y de las
[c]tinieblas.
19 Entonces los [a]humildes
crecerán en [b]alegría en Jehová,

8 *a* GEE Sión.
9 *a* 2 Ne. 27:1.
10 *a* 2 Ne. 27:5.
b Miq. 3:7.
c GEE Vidente.
11 *a* GEE Libro de Mormón; Escrituras—Se profetiza la publicación de las Escrituras.
b 2 Ne. 27:6–11; JS—H 1:63–65.
12 *a* JS—H 1:59.
13 *a* JS—H 1:5–6, 19.
b Ezeq. 33:31. GEE Apostasía—Apostasía de la Iglesia Cristiana Primitiva.
c GEE Corazón; Adorar.
d *O sea,* consideración, reverencia hacia mí.
e GEE Tradiciones.
14 *a* 1 Ne. 22:8–12; DyC 4:1.
b GEE Sabiduría.
c DyC 76:5–9.
d GEE Entender, entendimiento.
15 *a* GEE Consejo.
b Isa. 47:10.
16 *a* Isa. 45:9; 64:8.
18 *a* 2 Ne. 25:7–8.
b GEE Libro de Mormón.
c GEE Tinieblas espirituales.
19 *a* GEE Mansedumbre, manso.
b GEE Gozo.

y los [c]pobres entre los hombres se regocijarán en el Santo de Israel.

20 Porque el [a]despiadado será acabado, y el escarnecedor será destruido; y serán talados todos los que se desvelan para cometer iniquidad,

21 los que hacen pecar al hombre en palabra, los que arman trampa al que [a]reprende en la [b]puerta y apartan al justo por una pequeñez.

22 Por tanto, Jehová, que redimió a Abraham, dice así a la [a]casa de Jacob: No será ahora avergonzado Jacob, ni su rostro se pondrá pálido,

23 porque cuando vea a sus hijos, [a]obra de mis manos, en medio de sí, ellos santificarán mi nombre, y santificarán al Santo de Jacob y [b]temerán al [c]Dios de Israel.

24 Y los que [a]erraron en espíritu llegarán al entendimiento, y los [b]murmuradores aprenderán doctrina.

CAPÍTULO 30

Israel es esparcido por haber rechazado a los videntes y a los profetas — El pueblo de Israel será recogido y bendecido temporal y espiritualmente — Jehová vendrá en un día de apostasía para juzgar y destruir a los inicuos.

¡AY de los hijos [a]rebeldes, dice Jehová, que toman [b]consejo, pero no de mí; que se entrelazan con cubierta, pero no de mi espíritu, añadiendo pecado sobre pecado!

2 Parten para descender a Egipto, pero no han preguntado de mi boca, para fortalecerse con la [a]fuerza de Faraón y buscar refugio [b]a la sombra de Egipto.

3 Pero la fuerza de Faraón será vuestra vergüenza; y el refugio a la sombra de Egipto, vuestro oprobio.

4 Porque aunque sus príncipes estaban en Zoán, y sus embajadores llegaron a Hanes,

5 se avergonzarán todos de un pueblo que no les sirve de nada, ni los socorre ni les trae provecho; antes *les será* para vergüenza y aun para oprobio.

6 [a]Profecía sobre las bestias del [b]sur: Por tierra de tribulación y de angustia, de donde salen la leona y el león, la víbora y la serpiente ardiente que vuela, llevan sobre lomos de asnos sus riquezas, y sus tesoros sobre jorobas

---

19 *c* GEE Pobres.
20 *a* Lucas 11:53–54.
21 *a* 2 Tim. 4:1–3.
b *Es decir,* lugar de negocios públicos. Amós 5:10–12.
22 *a* 1 Ne. 15:19–20.
23 *a* Isa. 45:11–12; 3 Ne. 21:9, 26–28.
b *O sea,* se sobrecogerán ante el Dios de Israel.
c 3 Ne. 11:14.
24 *a* 2 Ne. 28:12–14; DyC 33:3–4.
b DyC 9:6–8.
30 1 *a* GEE Rebelión.
b DyC 56:14.
2 *a* Jer. 17:5.
b *Es decir,* una alianza con Egipto como protección contra Asiria.
6 *a* *Es decir,* un mensaje de fatalidad contra los de Judá que viajan a Egipto cargando regalos sobre animales (vers. 2–7).
b HEB Neguev; es decir, el desierto del sur.

de camellos, a un pueblo que no *les* será de provecho.

7 Y [a]Egipto en vano e inútilmente dará ayuda; por tanto, yo lo he llamado Rahab, la inmóvil.

8 Ve ahora, y [a]escríbelo en una tabla delante de ellos, y regístralo en un libro para que quede hasta el día postrero, eternamente y para siempre.

9 Porque [a]este pueblo es [b]rebelde, hijos mentirosos, hijos que no quieren oír la ley de Jehová;

10 que dicen a los [a]videntes: No veáis *visiones*; y a los profetas: No nos profeticéis lo que es recto; decidnos cosas [b]halagüeñas, profetizad [c]engaños;

11 dejad el camino, apartaos de la senda, quitad de nuestra presencia al Santo de Israel.

12 Por tanto, el Santo de Israel dice así: Porque habéis desechado esta palabra, y habéis confiado en la opresión y en la iniquidad, y en ellas os habéis apoyado,

13 por tanto, os será este pecado como muro agrietado que va a caer, *y como* un alto muro, cuya caída viene súbita y repentinamente.

14 Y lo quebrará como se quiebra un vaso de alfarero, *que* sin misericordia lo hacen pedazos; tanto, que entre los pedazos no se halla tiesto para sacar fuego del hogar o para sacar agua del pozo.

15 Porque así dijo Jehová el Señor, el Santo de Israel: En arrepentimiento y en reposo seréis salvos; en la [a]quietud y en la confianza estará vuestra fortaleza. Pero no quisisteis,

16 sino que dijisteis: No, antes huiremos en [a]caballos; por tanto, vosotros huiréis. Y sobre corceles veloces cabalgaremos; por tanto, serán veloces vuestros perseguidores.

17 Un millar *huirá* ante la amenaza de uno *solo*; ante la amenaza de cinco huiréis vosotros *todos,* hasta que quedéis como mástil en la cumbre de un monte y como [a]bandera sobre una colina.

18 Por tanto, Jehová [a]esperará para tener piedad de vosotros, y por tanto, será exaltado y tendrá de vosotros misericordia, porque Jehová es Dios de [b]justicia; bienaventurados todos los que esperan en él.

19 Ciertamente el pueblo morará en [a]Sión, en Jerusalén; nunca más llorarás; ciertamente se apiadará de ti a la voz de tu clamor; al oírla, te responderá.

20 Aunque os dará el Señor pan de [a]congoja y agua de angustia, con todo, tus [b]maestros nunca más te serán quitados, sino que tus ojos verán a tus maestros.

21 Entonces tus oídos oirán a tus espaldas palabra, diciendo:

---

7 *a* Lam. 4:17.
8 *a* GEE Escrituras.
9 *a* *Es decir,* el pueblo israelita que no escucha a los profetas.
b Hel. 13:25–28.
10 *a* GEE Vidente.
b 2 Ne. 28:7–8.
c GEE Engañar, engaño.
15 *a* GEE Meditar.
16 *a* Isa. 31:1.
17 *a* GEE Pendón.
18 *a* *Es decir,* Jehová esperará hasta el día de la restauración para bendecir a Israel con Su presencia.
b GEE Justicia.
19 *a* GEE Sión.
20 *a* GEE Adversidad.
b *Es decir,* Jehová.

Éste es el camino, [a]andad por él,
ya sea que vayáis a la derecha o
a la izquierda.
22 Entonces profanarás la cubierta de plata de tus esculturas
y la vestidura de oro de tus imágenes de fundición; las apartarás
como a *trapo* asqueroso. Les dirás:
¡Salid de aquí!
23 Entonces dará *el Señor* lluvia
a tu sembrado cuando siembres
la tierra y dará pan del fruto de
la tierra; y será abundante y sustancioso; tus ganados en aquel
tiempo serán apacentados en am-
plias praderas.
24 Tus bueyes y tus asnos que
labran la tierra comerán grano
limpio, el cual será aventado con
pala y [a]criba.
25 Y sobre todo monte alto, y
sobre todo collado elevado, habrá ríos y corrientes de aguas [a]el
día de la gran matanza cuando
caigan las torres.
26 Y la luz de la luna será como
la luz del sol, y la luz del sol será
siete veces mayor, como la luz de
siete días, el día en que ponga
una venda Jehová en la fractura
de su pueblo y [a]cure la llaga que
él ha causado.
27 He aquí que el [a]nombre de
Jehová viene de lejos, con ardiente
[b]enojo y en densa humareda, sus
labios llenos de ira y su lengua
como fuego que consume.
28 Y su aliento, cual torrente que
inunda, llegará hasta el cuello
para zarandear [a]las naciones con
[b]criba de destrucción; y el freno
estará en las quijadas de los pueblos, haciéndo*los* errar.
29 [a]Vosotros tendréis cántico
como en la noche en que se celebra una fiesta solemne; y alegría
de corazón, como la del que va
con flauta para venir al [b]monte de
Jehová, a la Roca de Israel.
30 Y Jehová hará oír la majestad
de su voz y hará ver el descenso
de su [a]brazo, con la indignación
de su ira y llama de fuego consumidor, con tormenta, con tempestad y piedras de granizo.
31 Porque [a]Asiria, que [b]hirió con
vara, con la voz de Jehová será
quebrantada.
32 Y sucederá que cada golpe
de la vara justiciera que Jehová
descargue sobre ella será con
panderos y arpas; y en batallas tumultuosas peleará contra
ellos.
33 Porque [a]Tofet ya de tiempo
está dispuesto y preparado para
el rey, profundo y ancho, cuya
pira es fuego y mucha leña; el
soplo de Jehová, como torrente
de azufre, la enciende.

21 *a* GEE Andar, andar con Dios.
24 *a* *O sea,* herramienta para limpiar las semillas.
25 *a* *Es decir,* el día de la destrucción de todos los enemigos.
26 *a* *Es decir,* sanará su aflicción después del largo exilio.
27 *a* *Es decir,* un símbolo de Su poder vendrá a destruir “Asiria”, o sea, la maldad. Isa. 30:31.
b Jer. 7:20; DyC 63:32–34.
28 *a* Isa. 11:4.
b 2 Ne. 9:28–29; Morm. 8:36–37.
29 *a* *Es decir,* los sobrevivientes rectos o justos.
b Isa. 2:2–3; DyC 49:25.
30 *a* GEE Poder.
31 *a* Isa. 37:36.
b Isa. 10:24–27.
33 *a* *Es decir,* quemadero; lugar de sacrificios humanos. Jer. 7:31–33.

CAPÍTULO 31

Se reprende a Israel por acudir a Egipto en busca de ayuda — Cuando Jehová venga, defenderá y protegerá a Su pueblo.

¡AY de los que descienden a
Egipto en busca de ayuda, y
[a]confían en los caballos y ponen
su esperanza en los carros, porque son muchos, y en los jinetes,
porque son poderosos, pero no
miran al Santo de Israel ni buscan
a Jehová!
2 Pero él también es sabio, y
traerá el [a]mal y no [b]retirará sus
palabras. Se levantará, pues, contra la casa de los malhechores y
contra el auxilio de los que cometen iniquidad.
3 Y los egipcios son hombres
y no dioses; y sus caballos son
carne y no espíritu; de manera
que, al extender Jehová su mano,
caerá el ayudador y caerá el ayudado, y todos ellos desfallecerán
a una.
4 Porque Jehová me dijo a mí
de esta manera: Como el león, o
como el cachorro del león, ruge
sobre su presa, y cuando se reúne
contra él una cuadrilla de pastores, no temerá por sus voces ni se
acobardará por el tropel de ellos;
así Jehová de los ejércitos descenderá a pelear sobre el monte Sión
y sobre su collado.
5 Como las aves que [a]vuelan, así
defenderá Jehová de los ejércitos a
Jerusalén, defendiendo, librando,
protegiendo y rescatando.
6 Volveos a aquel contra quien
los hijos de Israel se rebelaron
profundamente.
7 Porque en aquel día arrojará
el hombre sus ídolos de plata y
sus ídolos de oro, que para vosotros han hecho vuestras manos
pecadoras.
8 Entonces caerá [a]Asiria a filo
de [b]espada no de hombre; y la
consumirá espada no de hombre;
y huirá de la presencia de la espada, y sus jóvenes serán sometidos a trabajos forzados.
9 Y de miedo caerá su fortaleza,
y sus príncipes tendrán pavor de
la [a]bandera, dice Jehová, cuyo
fuego está en Sión y su horno en
Jerusalén.

CAPÍTULO 32

Un rey, el Mesías, reinará con justicia — La tierra de Israel será un desierto hasta el día de la restauración y del recogimiento.

HE aquí que con justicia reinará
un [a]rey, y príncipes presidirán
con justicia.
2 Y será aquel [a]varón como
escondedero contra el viento y
como un abrigo contra la tormenta, como arroyos de aguas
en tierra de sequedad, como

---

31 1 *a* Sal. 20:7; Prov. 21:31.
2 *a* *Es decir,* la calamidad sobre los hacedores de maldad.
b Núm. 23:19; DyC 1:38.
5 *a* *Es decir,* que se ciernen sobre sus polluelos para protegerlos.
8 *a* Isa. 37:33–38.
b *Es decir,* Asiria caerá destruida por Dios.
9 *a* DyC 45:68–71. GEE Pendón.
32 1 *a* Jer. 23:5–6; DyC 45:59.
2 *a* *Es decir,* el rey que se menciona en el vers. 1.

sombra de gran peñasco en tierra sedienta.
3 No se ofuscarán entonces los [a]ojos de los que ven, y los oídos de los oyentes oirán atentos.
4 Y el corazón de los imprudentes entenderá para saber, y la lengua de los tartamudos se aligerará para hablar claramente.
5 El necio nunca más será llamado [a]noble, ni será llamado noble el canalla.
6 Porque el necio hablará [a]necedades, y su corazón maquinará iniquidad, para cometer [b]impiedad y para hablar falsedad contra Jehová, dejando vacía el alma hambrienta y quitando la bebida al sediento.
7 Los recursos del canalla son malos; él maquina pensamientos para enredar a los ingenuos con palabras [a]mentirosas, aun cuando el pobre hable lo que es justo.
8 Pero el que es noble piensa con nobleza, y en su nobleza permanece.
9 ¡[a]Mujeres indolentes, levantaos; oíd mi voz. Hijas [b]confiadas, escuchad mi palabra!
10 De aquí a poco más de un año tendréis espanto, oh confiadas; porque la vendimia faltará y la cosecha no vendrá.
11 ¡Temblad, oh indolentes; turbaos, oh confiadas; despojaos, desnudaos y ceñid los lomos *con* [a]*cilicio*!
12 Golpeándose el pecho, se lamentarán por los campos deleitosos, por la viña fértil.
13 Sobre la tierra de mi pueblo subirán espinos y cardos; sí, sobre todas las casas donde hay regocijo en la ciudad alegre.
14 Porque el palacio ha quedado desierto, la multitud de la ciudad [a]cesará; las torres y fortalezas se volverán cuevas para siempre, un deleite para asnos monteses y pastizal para los rebaños,
15 hasta que sobre nosotros sea derramado el [a]Espíritu de lo alto, y el [b]desierto se convierta en campo fértil, y el campo fértil sea considerado como bosque.
16 Y la justicia habitará en el desierto, y en el campo fértil morará la rectitud.
17 Y el [a]efecto de la rectitud será [b]paz; y el resultado de la rectitud, reposo y [c]seguridad para siempre.
18 Y mi pueblo habitará en morada de paz, y en habitaciones seguras y en tranquilos lugares de reposo.
19 Y caerá [a]granizo cuando caiga el bosque, y la [b]ciudad será del todo abatida.
20 Dichosos vosotros los que sembráis junto a todas las aguas y dejáis sueltos al buey y al asno.

3 *a* Isa. 29:18.
5 *a* HEB noble o rico.
6 *a* HEB obscenidades.
b DyC 50:5–9.
7 *a* GEE Mentiras.
9 *a* 3 Ne. 22:6–8.
b Isa. 32:10–11.
11 *a* Mos. 11:24–25.
14 *a* *O sea,* quedará desierta.
15 *a* Joel 2:28–29; DyC 95:4; JS—H 1:41.
b Isa. 29:17; 2 Ne. 8:3.
17 *a* DyC 59:23.
b GEE Paz.
c GEE Vida eterna.
19 *a* Apoc. 8:7; DyC 29:14–17.
b *Es decir,* "el bosque" y "la ciudad" probablemente sean "los orgullosos y los inicuos".

CAPÍTULO 33

Apostasía e iniquidad precederán a la Segunda Venida — Jehová vendrá con fuego consumidor — Sión y sus estacas serán perfeccionadas — Jehová es nuestro Juez, Legislador y Rey.

¡AY de ti, que [a]saqueas y nunca
fuiste saqueado; que cometes
traición, cuando nadie a ti te ha
traicionado! Cuando acabes de
saquear, serás tú saqueado; *y*
cuando acabes de cometer traición, te traicionarán a ti.
2 Oh Jehová, ten misericordia de
nosotros; a ti te hemos [a]esperado;
se tú [b]brazo de ellos cada mañana;
sé también nuestra salvación en
tiempo de tribulación.
3 Los pueblos huyeron a la voz
del estruendo; las naciones fueron esparcidas al levantarte tú.
4 Y vuestro botín será recogido
como cuando se recogen las oru-
gas; él correrá entre ellos como
corren las langostas de una parte
a otra.
5 Exaltado es Jehová, quien
mora en las alturas; ha llenado a
Sión de justicia y de rectitud.
6 Y él será la seguridad de tus
tiempos, una riqueza de salvación, de sabiduría y de [a]conoci-
miento; el temor de Jehová será
su [b]tesoro.
7 He aquí que sus valientes darán
voces afuera; los mensajeros de
paz llorarán amargamente.
8 Las calzadas están desoladas;
ya no pasan los caminantes; ha
quebrantado el convenio, ha despreciado las ciudades, tiene en
nada a los hombres.
9 Se [a]enluta y languidece la tierra; el Líbano se avergüenza y
se marchita; Sarón se ha vuelto
como desierto, y Basán y el Carmelo fueron sacudidos.
10 Ahora me levantaré, dice
Jehová; ahora seré exaltado, ahora
seré engrandecido.
11 Concebiréis paja; daréis a luz
[a]rastrojo; vuestro aliento como
fuego os consumirá.
12 Y los pueblos serán como cal
quemada; como espinos cortados
serán quemados con fuego.
13 Oíd, los que estáis lejos, lo
que he hecho; y vosotros, los
que estáis cerca, conoced mi
poder.
14 Los pecadores en Sión están
aterrados; espanto se ha apoderado de los impíos. ¿Quién de
nosotros morará con el [a]fuego
consumidor? ¿Quién de nosotros habitará con las [b]llamas
[c]eternas?
15 El que [a]camina con rectitud
y habla lo recto, el que aborrece
la ganancia por extorsión, el que
sacude sus manos para no recibir soborno, el que tapa sus
oídos para no oír [b]propuestas

---

33 1 *a* Isa. 17:14.
2 *a* Mos. 2:41; DyC 133:45.
b Mos. 12:24; DyC 1:12–14; 133:2–4.
6 *a* GEE Conocimiento.
b Mateo 6:19–21.
9 *a* DyC 123:7; Moisés 7:48.
11 *a* *Es decir,* residuo que queda después de la cosecha.
14 *a* Sal. 24:3–4; Heb. 12:29.
b DyC 130:6–7; 137:2–3.
c GEE Gloria celestial.
15 *a* GEE Andar, andar con Dios.
b HEB derramamiento de sangre; es decir, violencia.

sanguinarias, el que cierra sus
ojos para no [c]ver cosa mala,
16 éste habitará en las alturas;
fortalezas de rocas serán su lugar
de refugio; se *le* dará su pan, y
tendrá segura su agua.
17 Tus ojos verán al Rey en su
hermosura; verán la tierra que
está lejos.
18 Tu corazón meditará el espanto *y dirá*: ¿Dónde está el [a]escriba? ¿Dónde está el [b]pesador?
¿Dónde está el que cuenta las
torres?
19 No verás a aquel [a]pueblo insolente, pueblo de [b]lengua difícil
de entender, de lengua tartamuda
que no comprendas.
20 Mira a Sión, ciudad de nuestras fiestas solemnes; tus ojos
verán a Jerusalén, morada de
quietud, tienda que no será desarmada, ni serán arrancadas sus
[a]estacas ni ninguna de sus cuerdas será rota.
21 Porque ciertamente allí el
majestuoso Jehová será para nosotros lugar de ríos *y* de arroyos
muy anchos, por el cual no andará galera de remos, ni por él
pasará nave poderosa.
22 Porque Jehová es nuestro
[a]juez, Jehová es nuestro [b]legislador, Jehová es nuestro Rey; él
mismo nos salvará.
23 Tus cuerdas se han aflojado;
no han podido sostener su mástil
ni han tensado la vela. Se repartirá entonces botín de muchos
despojos; hasta los cojos arrebatarán el botín.
24 No dirá el morador: Estoy enfermo; al pueblo que more en ella
le será perdonada su iniquidad.

CAPÍTULO 34

La Segunda Venida será un día de venganza y juicio — La ira de Jehová estará sobre todas las naciones — Su espada descenderá sobre el mundo.

ACERCAOS, oh naciones, para
oír; y escuchad, oh pueblos.
Oiga la tierra y cuanto hay en
ella, el mundo y todo lo que él
produce.
2 Porque la ira de Jehová está
sobre todas las naciones, y su
furor está sobre todos los ejércitos de ellas; las ha destruido
totalmente; las ha entregado al
matadero.
3 Y sus muertos serán arrojados,
y de sus cadáveres se levantará
hedor; y los montes se disolverán
con la sangre de ellos.
4 Y todo el ejército de los cielos
se desintegrará, y se enrollarán
los cielos como un [a]pergamino;
y caerá todo su ejército como se
cae la hoja de la parra y como se
cae la de la higuera.
5 Porque en los cielos se embriagará mi espada; he aquí que
descenderá para *hacer* juicio sobre

15 *c Es decir,* no participar en cosas malas.
18 *a O sea,* el que lleva la cuenta (el contador de la antigua conquista asiria).
b O sea, el que pesa o recibe el tributo.
19 *a Es decir,* a ninguno de los invasores extranjeros.
b Jer. 5:15.
20 *a* GEE Estaca.
22 *a* GEE Jesucristo—Es juez.
b DyC 38:22.
34 4 *a* Apoc. 6:14; Morm. 9:2; DyC 88:95. TJS Apoc. 6:14.

[a]Edom y sobre el pueblo de mi [b]anatema.

6 Llena está de sangre la espada de Jehová, engrosada está de grasa: de sangre de corderos y de machos cabríos, de grasa de riñones de carneros, porque Jehová tiene [a]sacrificios en [b]Bosra y gran matanza en la tierra de Edom.

7 Y con ellos caerán toros salvajes, y toros, y becerros; y su tierra se embriagará de sangre, y su polvo se engrosará de grasa.

8 Porque es día de [a]venganza de Jehová, año de retribuciones en el pleito de Sión.

9 Y [a]sus arroyos se convertirán en brea, y su polvo en azufre y su tierra en brea ardiente.

10 No se apagará de noche ni de día; perpetuamente subirá su humo; de generación en generación quedará desolada; nunca jamás pasará nadie por ella.

11 Y se adueñarán de ella el pelícano y el erizo; la lechuza y el cuervo habitarán en ella, y él extenderá sobre ella el cordel del caos y la plomada del vacío.

12 Llamarán a sus príncipes, príncipes sin reino, y todos sus grandes serán como nada.

13 En sus palacios crecerán espinos; y ortigas y cardos, en sus fortalezas; y serán morada de chacales y patio para los polluelos de los avestruces.

14 Y las fieras del desierto se encontrarán con las hienas, y el [a]macho cabrío llamará a su compañero; la lechuza también tendrá allí descanso y hallará para sí lugar de reposo.

15 Allí anidará el búho, pondrá *sus huevos,* y sacará *sus polluelos* y los juntará bajo su sombra; también se juntarán allí buitres, cada uno con su pareja.

16 Buscad en el libro de Jehová y leed: Ninguno de ellos faltará; nadie faltará con su pareja. Porque mi boca lo ha [a]mandado, y su espíritu los ha reunido.

17 Y él les ha echado suertes para ellos, y su mano los ha repartido con cordel; para siempre la poseerán, de generación en generación morarán allí.

CAPÍTULO 35

En el día de la restauración el desierto florecerá, el Señor vendrá, Israel será recogido y se establecerá Sión.

SE alegrarán el desierto y [a]el erial; y el yermo se regocijará y florecerá como la rosa.

2 Florecerá profusamente y también se regocijará con alegría y cantará con júbilo; la gloria del [a]Líbano le será dada, la hermosura del Carmelo y de Sarón. Ellos verán la [b]gloria de Jehová, la majestad del Dios nuestro.

---

5 *a* HEB sobre el mundo; es decir, Edom (Idumea) es un símbolo del mundo inicuo. DyC 1:36.
b *O sea,* mi condena, rechazo. GEE Maldecir, maldiciones.
6 *a* Jer. 46:10.
b HEB un lugar de Edom.
8 *a* Mal. 4:1, 3.
9 *a* *Es decir,* de Edom.
14 *a* También demonio, peludo o sátiro.
16 *a* DyC 1:7, 18, 37–38.
35 1 *a* DyC 117:7.
2 *a* Isa. 29:17; 60:13.
b GEE Gloria.

3 Fortaleced las [a]manos caídas y afirmad las [b]rodillas debilitadas.

4 Decid a los de corazón apocado: Sed fuertes, no temáis; he aquí que vuestro Dios vendrá *con* [a]venganza; la recompensa de Dios vendrá; él vendrá y os salvará.

5 [a]En ese tiempo los ojos de los ciegos serán abiertos y destapados los oídos de los sordos.

6 En ese tiempo el cojo saltará como un ciervo, y cantará la lengua del mudo, porque aguas brotarán en el desierto y torrentes en el yermo.

7 Y el [a]lugar reseco se convertirá en ciénaga y el sequedal en manantiales de aguas; la guarida de los chacales, donde se echan, será lugar de cañas y juncos.

8 Y habrá allí [a]calzada y camino, y será llamado Camino de [b]Santidad; no pasará por allí [c]ningún impuro; y será para los que anden por él, pues por más torpes que sean no se extraviarán.

9 No habrá allí león, ni fieras voraces subirán por él, ni allí se encontrarán, sino que los [a]redimidos caminarán por él.

10 Y los rescatados de Jehová [a]volverán y vendrán a [b]Sión con [c]cánticos; y habrá [d]gozo perpetuo sobre sus cabezas; y alcanzarán gozo y alegría, y huirán la [e]tristeza y el gemido.

CAPÍTULO 36

Los asirios hacen la guerra contra Judá y blasfeman a Jehová.

Y ACONTECIÓ en el [a]año catorce del rey Ezequías, que Senaquerib, rey de [b]Asiria, subió contra todas las ciudades fortificadas de Judá y las tomó.

2 Y el rey de Asiria envió al [a]Rabsaces con un gran ejército desde Laquis a Jerusalén contra el rey Ezequías; y se detuvo junto al acueducto del estanque de arriba, en el camino de la heredad del Lavador.

3 Y salió a él Eliaquim hijo de Hilcías, el mayordomo, y Sebna, el escriba, y Joa hijo de Asaf, el cronista.

4 A éstos dijo el Rabsaces: Decid ahora a Ezequías: El gran rey, el rey de Asiria, dice así: ¿Qué confianza es ésta en que confías?

5 Yo digo, *alegas tú* (pero son sólo palabras): *Tengo* consejo y fuerza para la guerra. Ahora bien, ¿en quién confías para que te rebeles contra mí?

6 He aquí que confías en esta vara de caña astillada, en [a]Egipto, sobre la cual si alguien se apoya, le entrará por la mano y la traspasará. Tal es Faraón, rey de Egipto, para con todos los que en él confían.

7 Y si me dices: En Jehová

---

3 *a* Rom. 14:1.
b DyC 81:5.
4 *a* GEE Venganza.
5 *a* 3 Ne. 26:15.
7 *a* DyC 133:29.
8 *a* Isa. 11:16; 62:10–12; DyC 133:27.
b GEE Santidad.
c GEE Limpio e inmundo.
9 *a* Isa. 51:10–11.
10 *a* GEE Israel—La congregación de Israel.
b GEE Sión.
c GEE Cantar.
d Mos. 4:3.
GEE Gozo.
e Jer. 31:10–14.
36 1 *a* 2 Rey. 18.
b GEE Asiria.
2 *a* *Es decir,* al jefe asirio de los oficiales.
6 *a* GEE Egipto.

nuestro Dios confiamos; ¿no es éste aquel cuyos [a]lugares altos y cuyos altares hizo quitar Ezequías, y dijo a Judá y a Jerusalén: Delante de este altar adoraréis?

8 Ahora, pues, yo te ruego que hagas un trato con el rey de Asiria, mi señor, y yo te daré dos mil caballos, si tú puedes dar jinetes para ellos.

9 ¿Cómo, pues, podrás resistir a un capitán, al menor de los siervos de mi señor, y confiar en Egipto para tener carros y hombres de a caballo?

10 ¿Y acaso he venido yo ahora a esta tierra para destruirla sin Jehová? Jehová me ha dicho: Sube a esta tierra y destrúyela.

11 Entonces dijo Eliaquim, y Sebna y Joa al Rabsaces: Te ruego que hables a tus siervos en la [a]lengua de los sirios, porque nosotros la entendemos, y no hables con nosotros en la lengua de los judíos a oídos del pueblo que está sobre el muro.

12 Y dijo el Rabsaces: ¿Acaso me ha enviado mi señor a decir estas palabras sólo a ti y a tu Señor, *y* no a los hombres que están sobre el muro, quienes van a comer su *propio* estiércol y beber su *propia* orina junto con vosotros?

13 Entonces se puso en pie el Rabsaces y gritó a gran voz en la lengua de los judíos, diciendo: Oíd las palabras del gran rey, el rey de Asiria.

14 El rey dice así: No os engañe Ezequías, porque no os podrá librar.

15 Y no os haga Ezequías confiar en Jehová, diciendo: Ciertamente Jehová nos librará; esta ciudad no será entregada en manos del rey de Asiria.

16 ¡No escuchéis a Ezequías!, porque así dice el rey de Asiria: Haced conmigo la paz y salid a mí; y coma cada uno de su viña, y cada uno de su higuera, y beba cada cual las aguas de su pozo,

17 hasta que yo venga y os lleve a una tierra como la vuestra, tierra de grano y de mosto, tierra de pan y de viñas.

18 Mirad que no os engañe Ezequías, diciendo: Jehová nos librará. ¿Acaso alguno de los dioses de las naciones ha librado su tierra de manos del rey de Asiria?

19 ¿Dónde están los dioses de Hamat y de Arfad? ¿Dónde están los dioses de Sefarvaim? ¿Y han librado ellos a [a]Samaria de mis manos?

20 ¿Quién de entre todos los dioses de estas tierras ha librado su tierra de mis manos, para que Jehová libre de mis manos a Jerusalén?

21 Pero ellos callaron y no le respondieron palabra, porque el rey así lo había mandado, diciendo: No le respondáis.

22 Entonces Eliaquim hijo de Hilcías, el mayordomo, y Sebna, el escriba, y Joa hijo de Asaf, el cronista, fueron a Ezequías, rasgados sus vestidos, y le contaron las palabras del Rabsaces.

7 *a* 2 Rey. 18:1, 4.
11 *a* HEB arameo; o sea, lengua aramea.
19 *a* GEE Samaria.

CAPÍTULO 37

Ezequías pide el consejo de Isaías para salvar a Jerusalén — Isaías profetiza la derrota de los asirios y la muerte de Senaquerib — Ezequías ora pidiendo liberación — Senaquerib envía una carta blasfema — Isaías profetiza que los asirios serán destruidos y que un remanente de Judá florecerá — Un ángel mata a ciento ochenta y cinco mil asirios — Senaquerib es muerto por sus hijos.

Y [a]ACONTECIÓ que cuando el rey
Ezequías oyó esto, rasgó sus vestidos y cubierto de cilicio entró
en la casa de Jehová.
2 Y envió a Eliaquim, el mayordomo, y a Sebna, el escriba, y a
los ancianos de los sacerdotes,
cubiertos de cilicio, a ver al profeta Isaías hijo de Amoz.
3 Y ellos le dijeron: Así ha dicho Ezequías: Este día es día de
angustia, y de reprensión y de
blasfemia, porque los hijos están
a punto de [a]nacer y no hay fuerzas para dar a luz.
4 Quizá oirá Jehová tu Dios las
palabras del Rabsaces, al cual el
rey de Asiria, su señor, ha enviado para injuriar al Dios viviente, y lo reprenderá por las
palabras que oyó Jehová tu Dios;
por tanto, eleva oración por el
remanente que aún queda.
5 Y vinieron los siervos de Ezequías a Isaías.
6 Y les dijo Isaías: Diréis así a
vuestro señor: Así ha dicho Jehová: No temas por las palabras
que has oído, con las cuales me
han blasfemado los siervos del
rey de Asiria.
7 He aquí que yo pondré en él
un espíritu, y oirá un [a]rumor y
volverá a su tierra; y haré que
en su propia tierra perezca a filo
de espada.
8 Y el Rabsaces volvió y halló al
rey de Asiria que combatía contra
Libna, porque ya había oído que
se había apartado de Laquis.
9 Y oyó decir acerca de Tirhaca,
rey de Etiopía: He aquí que ha
salido para hacerte la guerra; y
al oírlo, envió mensajeros a Ezequías, diciendo:
10 Así diréis a Ezequías, rey de
Judá: No te engañe tu Dios en
quien tú confías, diciendo: Jerusalén no será entregada en manos
del rey de Asiria.
11 He aquí, tú has oído lo que
han hecho los reyes de Asiria a
todas las tierras, destruyéndolas
por completo. ¿Y escaparás tú?
12 ¿Acaso las libraron los dioses
de las naciones que mis padres
destruyeron, es decir, Gozán, y
Harán, y Resef y los hijos de Edén
que moraban en Telasar?
13 ¿Dónde está el rey de Hamat,
y el rey de Arfad, y el rey de la
ciudad de Sefarvaim, y de Hena
y de Iva?
14 Y tomó Ezequías las cartas
de manos de los mensajeros y las
leyó; y Ezequías subió a la casa
de Jehová y las extendió delante
de Jehová.
15 Entonces Ezequías oró a
Jehová, diciendo:
16 Oh Jehová de los ejércitos,

37 1 *a* 2 Rey. 19.
3 *a* *Es decir,* crisis.
Oseas 13:9–14.
7 *a* *O sea,* informe,
noticias.

Dios de Israel, que moras entre los [a]querubines, sólo tú eres Dios de todos los reinos de la tierra; tú hiciste los cielos y la tierra.
17 Inclina, oh Jehová, tu oído y oye; abre, oh Jehová, tus ojos y mira; y oye las palabras de Senaquerib que ha enviado a blasfemar al Dios viviente.
18 Ciertamente, oh Jehová, los reyes de Asiria han destruido todas las tierras y sus comarcas,
19 y han echado los dioses de ellos al fuego, porque no eran [a]dioses, sino obra de manos de hombre, de madera y de piedra; por eso los destruyeron.
20 Ahora pues, oh Jehová, Dios nuestro, sálvanos de su mano, para que sepan todos los reinos de la tierra que sólo tú eres Jehová.
21 Entonces Isaías hijo de Amoz envió a decir a Ezequías: Así ha dicho Jehová Dios de Israel: Acerca de lo que me rogaste sobre Senaquerib, rey de Asiria,
22 ésta es la palabra que Jehová ha hablado contra él: Te ha menospreciado y ha hecho escarnio de ti la [a]virgen hija de Sión; ha movido su cabeza, *en burla,* a tus espaldas la hija de Jerusalén.
23 ¿A quién has injuriado y a quién has blasfemado? ¿Contra quién has alzado la voz y levantado en alto tus ojos? ¡Contra el Santo de Israel!
24 Por medio de tus siervos has injuriado al Señor y has dicho: Con la multitud de mis carros he subido a las alturas de los montes, a las laderas del Líbano; y talaré sus altos cedros, sus cipreses escogidos; y llegaré hasta las alturas de su límite, [a]al bosque de su Carmelo.
25 He cavado y bebido las aguas, y con las pisadas de mis pies he secado todos los ríos de [a]Egipto.
26 ¿No has oído decir que desde hace mucho tiempo [a]yo lo hice, y que desde días antiguos lo he dispuesto? Ahora lo he hecho acontecer para que tú convirtieras ciudades fortificadas en montones de ruinas.
27 Y sus moradores, faltos de poder, quebrantados y avergonzados, fueron cual la hierba del campo y el pasto verde, y como la hierba de los tejados que antes de madurar se seca.
28 Pero yo conozco tu morada, y tu salida, y tu entrada y tu furor contra mí.
29 Porque tu furor contra mí y tu arrogancia han subido a mis oídos, pondré, pues, mi argolla en tu nariz, y mi freno en tus labios y te haré volver por el camino por donde viniste.
30 Y esto [a]te será por señal: Este año comeréis lo que crezca espontáneamente; y al segundo año, lo que haya brotado de aquello; y al tercer año, sembraréis, y segaréis, y plantaréis viñas y comeréis su fruto.

16 *a* GEE Querubines.
19 *a* GEE Idolatría.
22 *a* *Es decir,* los habitantes de Jerusalén no conquistados.
24 *a* *O sea,* el bosque más frondoso.
25 *a* También lugares sitiados.
26 *a* Aquí el profeta habla en nombre del Señor que todo lo creó.
30 *a* *Es decir,* a Ezequías, rey de Judá.

31 Y de la casa de Judá, el remanente que haya escapado volverá a echar raíz abajo y dará fruto arriba.
32 Porque de Jerusalén saldrá un [a]remanente, y del monte Sión los que escapen. El celo de Jehová de los ejércitos hará esto.
33 Por tanto, así dice Jehová acerca del rey de Asiria: No entrará en esta ciudad ni arrojará saeta contra ella; no vendrá delante de ella con escudo ni será levantado contra ella [a]terraplén.
34 Por el camino que vino volverá, y no entrará en esta ciudad, dice Jehová.
35 Pues yo ampararé a esta ciudad para salvarla por mi causa y por causa de David, mi siervo.
36 Y salió el [a]ángel de Jehová y mató a ciento ochenta y cinco mil en el campamento de los [b]asirios; y cuando [c]se levantaron por la mañana, he aquí, no había más que cadáveres.
37 Entonces Senaquerib, rey de Asiria, partió, y se fue, y volvió y moró en Nínive.
38 Y acaeció que mientras adoraba en el templo de Nisroc, su dios, Adramelec y Sarezer, sus hijos, lo mataron a filo de espada y huyeron a la tierra de Ararat; y reinó en su lugar su hijo Esar-hadón.

CAPÍTULO 38

La vida de Ezequías es prolongada quince años — El sol retrocede diez grados como una señal — Ezequías alaba y agradece a Jehová.

EN aquellos días cayó [a]Ezequías enfermo de muerte. Y vino a él el profeta Isaías hijo de Amoz, y le dijo: Jehová ha dicho así: Pon tu casa en orden, porque vas a morir y no vivirás más.
2 Entonces volvió Ezequías su rostro hacia la pared, e hizo oración a Jehová.
3 Y dijo: Oh Jehová, te ruego te acuerdes ahora de que he andado delante de ti en verdad y con íntegro corazón, y de que he hecho lo bueno ante tus ojos. Y lloró Ezequías con gran llanto.
4 Entonces vino la palabra de Jehová a Isaías, diciendo:
5 Ve y di a Ezequías: Jehová, Dios de tu padre David, dice así: Tu oración he oído y he visto tus lágrimas; he aquí que yo añado a tus días quince años.
6 Y te libraré a ti y a esta ciudad de manos del rey de Asiria, y a esta ciudad defenderé.
7 Y esto te será como señal de parte de Jehová, que Jehová hará esto que ha dicho:
8 He aquí que yo haré retroceder la sombra los diez grados que ya ha descendido con el sol en el reloj de Acaz. Y el [a]sol retrocedió diez grados, por los cuales ya había descendido.
9 Escrito de Ezequías, rey de Judá, de cuando enfermó y sanó de su enfermedad:

32 *a* GEE Israel.
33 *a* *Es decir,* una rampa de tierra.
36 *a* TJS 2 Sam. 24:15–17.
b Isa. 14:24–28; 31:7–9.
c *Es decir,* los que quedaban.
38 1 *a* 2 Rey. 20:1–11.
8 *a* Josué 10:12–14; Hel. 12:14–15.

10 Yo dije: En medio de mis días
iré a las puertas del Seol;
privado soy del resto de mis
años.
11 Dije: No veré a [a]JAH, a JAH
en la tierra de los vivientes;
ya no veré más a ningún
hombre entre los moradores del mundo.
12 Mi morada ha sido arrebatada y alejada de mí, como
tienda de pastor.
Como tejedor enrollé mi
vida; él la cortará del [a]telar; tú me consumirás entre el día y la noche.
13 Estuve en vela hasta la mañana. Como un león, él
quebrará todos mis huesos;
de la mañana a la noche terminarás conmigo.
14 Como la grulla y como la
golondrina me quejo;
gimo como la paloma; alzo
hacia lo alto mis ojos.
Oh Jehová, estoy oprimido;
¡[a]ampárame!
15 ¿Qué diré? Él me lo dijo y él
mismo lo ha hecho.
Andaré pausadamente en
la amargura de mi alma
todos los años de mi
vida.
16 Oh Señor, por estas cosas
viven los hombres;
en todas ellas está la vida de
mi espíritu,
pues tú me restablecerás y
harás que viva.
17 He aquí, [a]amargura grande
me *sobrevino* en la paz;
pero a ti te agradó [b]librar
mi vida de la fosa de corrupción,
porque echaste tras tus espaldas todos mis pecados.
18 Porque el Seol no te agradecerá, ni la muerte te alabará.
Los que descienden a la fosa
no esperarán tu verdad.
19 El que vive, el que vive, éste
te alabará, como yo lo hago
hoy;
el [a]padre dará a conocer tu
[b]verdad a los hijos.
20 Jehová me salva;
por tanto, cantaremos mis
cánticos al son de instrumentos de cuerda
en la casa de Jehová todos
los días de nuestra vida.
21 Y había dicho Isaías: Tomen
una masa de higos y pónganla
en la llaga, y sanará.
22 Había asimismo dicho
Ezequías: ¿Qué señal tendré
de que subiré a la casa de
Jehová?

CAPÍTULO 39

Ezequías muestra sus riquezas a Babilonia — Isaías profetiza el cautiverio en Babilonia.

11 *a* JAH es una forma abreviada de Jehová.
12 *a* *O sea,* como hebra que cuelga; es decir, cuando el tejedor ha terminado el tejido, lo enrolla para sacarlo de los telares.
14 *a* HEB sé mi seguridad.
17 *a* *O sea,* para mi bien tuve amargura.
b Mos. 27:28–30.
19 *a* Sal. 145:4.
b GEE Verdad.

EN aquel tiempo [a]Merodac-baladán hijo de Baladán, rey de Babilonia, envió cartas y un presente a Ezequías, porque había oído que Ezequías había estado enfermo y que había convalecido.

2 Y se regocijó por ellos Ezequías y les mostró la casa de su tesoro: la plata, y el oro, y las especias, y los preciados ungüentos, y toda su casa de armas y todo lo que había en sus tesoros; no hubo cosa en su casa y en todo su dominio que Ezequías no les mostrase.

3 Entonces el profeta Isaías vino al rey Ezequías y le dijo: ¿Qué han dicho estos hombres y de dónde han venido a ti? Y Ezequías le respondió: De lejanas tierras han venido a mí, de Babilonia.

4 Dijo entonces: ¿Qué han visto en tu casa? Y dijo Ezequías: Todo lo que hay en mi casa han visto, y ninguna cosa hay de mis tesoros que no les haya mostrado.

5 Entonces dijo Isaías a Ezequías: Oye la palabra de Jehová de los ejércitos:

6 He aquí, vienen días en que será llevado a Babilonia todo lo que hay en tu casa y lo que tus padres han atesorado hasta hoy; ninguna cosa quedará, dice Jehová.

7 Y de tus hijos que saldrán de ti, que tú habrás engendrado, los [a]tomarán, y serán eunucos en el palacio del rey de Babilonia.

8 Y dijo Ezequías a Isaías: La palabra de Jehová que has hablado es buena. Y añadió: A lo menos, habrá paz y verdad en mis días.

CAPÍTULO 40

Isaías habla del Mesías — Preparad el camino de Jehová — Como pastor apacentará Su rebaño — El Dios de Israel es de grandeza incomparable.

[a]CONSOLAD, consolad a mi pueblo, dice vuestro Dios.

2 Hablad al corazón de Jerusalén y decidle a voces que su [a]lucha ha terminado, que su iniquidad es [b]perdonada, que ya ha recibido de la mano de Jehová el [c]doble por todos sus pecados.

3 [a]Voz del que clama en el desierto: [b]Preparad el [c]camino de Jehová; enderezad [d]calzada en el yermo para nuestro Dios.

4 Todo [a]valle será [b]alzado, y todo monte y collado serán bajados; y lo torcido será enderezado, y lo [c]áspero será allanado.

5 Entonces se manifestará la [a]gloria de Jehová, y toda carne juntamente la [b]verá, porque la boca de Jehová ha hablado.

6 Una voz que decía: Da voces.

39 1 *a* 2 Rey. 20:12–19; 2 Cró. 32:22–31.
7 *a* Dan. 1:1–3. GEE Cautiverio.
40 1 *a* *Es decir,* se dirige a Isaías y a los demás profetas.
2 *a* También, su arduo servicio.
b GEE Perdonar.
c Jer. 16:18.
3 *a* Mateo 3:1–3.
b Mateo 11:7–10; 1 Ne. 10:8; DyC 33:5–13.
c GEE Camino (vía).
d GEE Segunda Venida de Jesucristo.
4 *a* Hel. 14:23; DyC 109:74.
b HEB elevado.
c HEB montañas en una planicie.
5 *a* GEE Jesucristo—La gloria de Jesucristo.
b Apoc. 1:7; DyC 101:23.

Y él respondió: ¿Qué tengo que decir a voces? Toda [a]carne es hierba, y toda su bondad como flor del campo.

7 La hierba se seca, la flor se marchita, porque el aliento de Jehová sopla sobre ella; ciertamente el pueblo es hierba.

8 Se seca la hierba, se marchita la flor, mas la [a]palabra del Dios nuestro permanece para siempre.

9 Súbete sobre un monte alto, [a]anunciadora de buenas nuevas de [b]Sión; levanta fuertemente tu voz, anunciadora de buenas nuevas de Jerusalén; levántala, no temas; di a las ciudades de Judá: ¡He aquí al Dios vuestro!

10 He aquí, Jehová el Señor vendrá con poder, y su [a]brazo gobernará por él; he aquí, su [b]recompensa viene con él, y su obra está delante de él.

11 Como [a]pastor apacentará su [b]rebaño; en su brazo recogerá los corderos y en su seno los llevará; conducirá con ternura a las *ovejas* que todavía están criando.

12 ¿Quién midió las aguas con el hueco de su mano y la extensión de los cielos con su palmo, y puso en una medida el polvo de la tierra, y pesó los montes con balanza y con pesas los collados?

13 ¿Quién [a]dirigió al espíritu de Jehová, o le aconsejó, enseñándole?

14 ¿A quién pidió [a]consejo y quién le hizo entender? ¿Quién le enseñó el camino del juicio, o le enseñó conocimiento o le mostró la senda del entendimiento?

15 He aquí que las [a]naciones son como una gota de un balde y consideradas como el polvo en la balanza; he aquí, él levanta las islas como al polvo fino.

16 Ni el Líbano bastará para el fuego, ni todos sus animales para el holocausto.

17 Todas las naciones son como nada delante de él; para él cuentan menos que nada y le son [a]vanas.

18 ¿Con quién, pues, [a]compararéis a Dios, o qué imagen le compondréis?

19 El artífice funde la imagen tallada; el orfebre la recubre de oro y le labra cadenas de plata.

20 El que es muy pobre para tal ofrenda escoge madera que no se pudra; se busca un maestro sabio, para que le haga una imagen tallada que no se mueva.

21 ¿No sabéis? ¿No habéis oído? ¿No os lo han dicho desde el principio? ¿No lo habéis entendido desde la fundación de la tierra?

22 Él está sentado sobre la bóveda de la tierra, cuyos moradores son como langostas; él [a]extiende los cielos como una cortina y los despliega como una tienda para morar.

6 *a* GEE Mortal, mortalidad.
8 *a* 1 Pe. 1:23–25; 1 Ne. 11:25; DyC 1:38. GEE Palabra de Dios.
9 *a* GEE Evangelio. Isa. 52:7.
b Isa. 2:3. GEE Nueva Jerusalén.
10 *a* DyC 1:13–14.
b Isa. 52:9–10.
11 *a* GEE Buen Pastor.
b GEE Iglesia de Jesucristo.
13 *a* Isa. 55:8–9.
14 *a* Jacob 4:10. GEE Consejo.
15 *a* GEE Gentiles.
17 *a* GEE Vanidad, vano.
18 *a* Isa. 46:5–10.
22 *a* Jer. 51:15.

23 Él reduce a la nada a los que
gobiernan y a los jueces de la tierra hace como cosa vana.
24 Apenas han sido plantados,
apenas han sido sembrados, apenas su tronco ha echado raíz en
la tierra, cuando él sopla sobre
ellos y se secan, y el torbellino
los lleva como hojarasca.
25 ¿Con quién, pues, me com-
pararéis o me haréis semejante?,
dice el Santo.
26 Levantad en alto vuestros
ojos y mirad: ¿Quién creó estas
cosas? Él saca en orden su hueste;
a todas llama por sus [a]nombres;
por la grandeza de su vigor y
el poder de su fuerza ninguna
faltará.
27 ¿Por qué dices, oh Jacob, y
hablas tú, Israel: Mi camino está
escondido de Jehová, y mi causa
pasa inadvertida a mi Dios?
28 ¿No has sabido? ¿No has oído
que el Dios eterno, Jehová, el cual
[a]creó los confines de la tierra, no
desfallece ni [b]se fatiga? Su entendimiento es [c]inescrutable.
29 Él da fuerzas al cansado y
multiplica las fuerzas del que no
tiene vigor.
30 Los muchachos se fatigan
y se cansan; los jóvenes ciertamente caen;
31 pero los que [a]esperan en
Jehová tendrán [b]nuevas fuerzas;
levantarán las alas como águilas;
[c]correrán y no se cansarán; caminarán y no se fatigarán.

CAPÍTULO 41

Jehová dice a Israel: Vosotros sois Mis siervos; yo os sustentaré — Los ídolos nada son — Se llevarán buenas nuevas a Jerusalén.

Guardad silencio ante mí, oh
islas, y renueven fuerzas los pueblos; acérquense y entonces hablen; vengamos [a]juntos a juicio.
2 ¿Quién despertó al justo del
[a]oriente, lo llamó para que le siguiese, entregó delante de él naciones y le hizo [b]gobernar sobre
reyes? Los entregó a su espada
como polvo, y a su arco como
hojarasca arrebatada.
3 Los persiguió; pasó en paz por
un camino por donde sus pies
nunca habían pisado.
4 ¿Quién hizo y realizó esto, llamando a las generaciones desde
el principio? Yo Jehová, el [a]pri-
mero, y con los postreros; yo soy
aquél.
5 Las islas vieron y tuvieron temor; los confines de la tierra temblaron, se acercaron y vinieron.
6 Cada cual [a]ayuda a su prójimo
y dice a su hermano: ¡Sé fuerte!
7 El artífice anima al orfebre, y
el que aplana con martillo dice
al que bate en el yunque, acerca
de la soldadura: ¡Está bien! Y lo
afirma con clavos para que no
se mueva.
8 Pero tú, oh Israel, siervo mío
eres; *tú,* Jacob, a quien yo [a]escogí,

26 *a* Sal. 147:4.
28 *a* *O sea,* es el Creador. GEE Creación, crear.
b 1 Rey. 18:21–27.
c Rom. 11:33.
31 *a* HEB tienen esperanza, esperan con confianza. 2 Ne. 6:7, 13; DyC 133:11, 45.
b DyC 84:33.
c DyC 89:20.
41 1 *a* DyC 50:10–11.
2 *a* Isa. 46:11. GEE Ciro; Segunda Venida de Jesucristo.
b Isa. 45:1.
4 *a* GEE Alfa y Omega.
6 *a* GEE Servicio.

descendencia de Abraham, mi [b]amigo.

9 Porque te tomé de los confines de la tierra, y de tierras lejanas te llamé y te dije: Mi siervo eres tú; te escogí y no te deseché.

10 [a]No temas, porque yo estoy contigo; no desmayes, porque yo soy tu Dios que te fortalezco; siempre te ayudaré; siempre te sustentaré con la diestra de mi justicia.

11 He aquí que todos los que se enojan contra ti serán avergonzados y humillados; los que contienden contigo serán como nada y [a]perecerán.

12 Los buscarás y no los hallarás, los que tienen contienda contigo; aquellos que te hacen la guerra serán como nada y como cosa que no es.

13 Porque yo, Jehová, soy tu Dios, quien te sostiene de la mano derecha y te dice: No temas, yo te ayudaré.

14 No temas, [a]gusano de Jacob, oh vosotros hombres de Israel; yo te socorreré, dice [b]Jehová, tu [c]Redentor, el Santo de Israel.

15 He aquí que yo te he puesto por trillo, trillo nuevo, cortante, lleno de dientes; trillarás [a]montes y los molerás, y convertirás los collados en tamo.

16 Los [a]aventarás, y se los llevará el viento, y los esparcirá el torbellino. Pero tú te regocijarás en Jehová; te gloriarás en el Santo de Israel.

17 Los afligidos y menesterosos buscan agua, pero no hay; se secó de sed su lengua; yo, Jehová, les responderé; yo, el Dios de Israel, no los [a]desampararé.

18 En las cumbres abriré [a]ríos, y fuentes en medio de los valles; convertiré el desierto en estanques de agua, y la tierra seca en manantiales de agua.

19 Pondré en el desierto cedros, acacias, mirtos y olivos; pondré en el yermo cipreses, [a]olmos y álamos juntamente,

20 para que vean, y sepan, y consideren y entiendan todos que la mano de Jehová hace esto, y que el Santo de Israel lo ha creado.

21 Presentad vuestra causa, dice Jehová; exponed vuestros fuertes [a]*razonamientos*, dice el Rey de Jacob.

22 Tráigan*los* y declárennos lo que ha de suceder; dígannos lo que ha sucedido desde el principio, y lo consideraremos en nuestro corazón, para que sepamos también su final; y hacednos entender lo que ha de venir.

23 Declaradnos lo que ha de venir después, para que sepamos que vosotros sois dioses; haced algo, sea bueno o malo, para que lo temamos y lo veamos juntamente.

24 He aquí que vosotros no sois

8 *a* GEE Escoger, escogido.
b Stg. 2:23.
10 *a* Deut. 31:6–8; DyC 68:6.
11 *a* 2 Ne. 10:16.
14 *a* *Es decir,* manso, humilde.
b GEE Jehová.
c GEE Redentor.
15 *a* *Es decir,* a los poderosos enemigos de Israel.
16 *a* Jer. 51:2; Mateo 3:10–12.
17 *a* 1 Ne. 21:14–15; DyC 61:36.
18 *a* Isa. 43:19.
19 *a* HEB fresno.
21 *a* DyC 71:7–10.

nada, y vuestras obras son vanidad; [a]abominación es el que os escoge.
25 Del norte desperté a uno, y vendrá; del nacimiento del sol invocará mi nombre; y pisoteará príncipes como a lodo, como pisotea al barro el alfarero.
26 ¿Quién lo [a]declaró desde el principio, para que lo supiéramos; o de tiempo atrás, para que dijéramos: Es justo? Ciertamente no hay quien lo declare; sí, no hay quien lo anuncie; ciertamente no hay quien oiga vuestras palabras.
27 He aquí, *yo soy* el primero que he declarado estas cosas a Sión, y a Jerusalén daré un portador de buenas nuevas.
28 Miro, y no hay nadie; y entre ellos ningún consejero hay; les pregunto, y no responden palabra.
29 He aquí, todos son [a]vanidad, y las obras de ellos nada son. ¡Viento y vanidad son sus [b]imágenes fundidas!

CAPÍTULO 42

Isaías habla del Mesías — Jehová traerá Su ley y Su justicia, será una luz a las naciones y liberará a los presos — Alabad a Jehová.

HE aquí mi [a]siervo, yo lo sostendré; mi [b]escogido en quien mi alma se complace. He puesto sobre él mi espíritu; él traerá [c]justicia a las naciones.
2 No clamará, ni alzará su voz ni la hará oír en las calles.
3 No quebrará la caña cascada ni apagará el [a]pabilo que humea; traerá la justicia con fidelidad.
4 No se cansará ni desmayará hasta que ponga justicia en la tierra. Y las [a]islas esperarán su ley.
5 Así dice Jehová Dios, Creador de los cielos y el que los despliega, el que extiende la tierra y sus frutos, el que da [a]aliento al pueblo que *mora* sobre ella y espíritu a los que por ella andan:
6 Yo, Jehová, te he llamado en justicia, y te sostendré de la mano, y te guardaré y te pondré como convenio para el pueblo, como [a]luz para las [b]naciones,
7 para que [a]abras los [b]ojos de los ciegos, para que saques de la [c]cárcel a los [d]presos y de casas de prisión a los que moran en tinieblas.
8 ¡Yo soy Jehová; éste es mi nombre! Y a otro no daré mi gloria, ni mi alabanza a imágenes talladas.
9 He aquí, las cosas anteriores se han cumplido, y yo anuncio cosas nuevas; antes que salgan a luz, yo [a]os las haré saber.
10 Cantad a Jehová un nuevo cántico, su alabanza desde el

24 *a* 2 Ne. 9:37.
26 *a* GEE Omnisciente.
29 *a* GEE Engañar, engaño.
b 3 Ne. 21:17–19. GEE Idolatría.
42 1 *a* Mateo 12:14–21.
b GEE Elegidos.
c 1 Ne. 13:33–34.
3 *a* *Es decir,* Él no dañará ni lastimará al más débil.
4 *a* 2 Ne. 10:20–22.
5 *a* Moisés 3:7, 19.
6 *a* GEE Luz, luz de Cristo.
b DyC 45:9.
7 *a* GEE Milagros.
b Mateo 11:5.
c GEE Infierno.
d GEE Salvación de los muertos.
9 *a* Amós 3:7.

extremo de la tierra, los que descendéis al mar, y cuanto hay en él, las islas y sus moradores.

11 Alcen *la voz* el desierto y sus ciudades, las aldeas donde habita Cedar; canten los moradores de Sela; desde la cumbre de los montes den voces de júbilo.

12 Den gloria a Jehová y anuncien sus loores en las islas.

13 Jehová saldrá como hombre poderoso, y como hombre de [a]guerra despertará [b]celo; gritará, sí, voceará; prevalecerá sobre sus enemigos.

14 Desde hace mucho tiempo he callado, he guardado silencio, me he contenido; daré voces como la que está de parto, jadearé y [a]resollaré a la vez.

15 Devastaré montes y collados, haré secar toda su hierba; los ríos convertiré en islas y secaré los estanques.

16 Y guiaré a los ciegos por un camino que no conocían, los haré pisar por sendas que no habían conocido; delante de ellos cambiaré las [a]tinieblas en luz y lo escabroso en llanura. Estas cosas les haré y no los desampararé.

17 Serán vueltos atrás y en extremo avergonzados los que confían en imágenes talladas y dicen a las imágenes de fundición: Vosotros sois nuestros dioses.

18 Sordos, oíd; y vosotros ciegos, mirad para ver.

19 ¿[a]Quién es ciego, sino mi siervo? ¿Quién es sordo como mi mensajero que envié? ¿Quién es tan ciego como el [b]perfecto, y tan ciego como el siervo de Jehová?

20 Tú ves muchas cosas, pero [a]no las observas. Los oídos están abiertos, pero nadie oye.

21 Jehová se complació, por causa de su justicia, en magnificar la ley y [a]engrandecerla.

22 Mas éste es un [a]pueblo saqueado y despojado, todos ellos atrapados en cavernas y escondidos en cárceles; se han convertido en botín, y no *hay* quien los libre; y en despojo, y no *hay* quien diga: [b]Restituidlos.

23 ¿Quién de vosotros oirá esto? ¿Quién atenderá y escuchará con respecto al porvenir?

24 ¿Quién dio a Jacob en botín y entregó a [a]Israel a saqueadores? ¿No fue Jehová, contra quien pecamos? Porque no quisieron [b]andar en sus caminos ni [c]escucharon su ley.

25 Por tanto, derramó sobre él el furor de su ira y la ferocidad de la guerra; y le prendió fuego alrededor, pero no se dio cuenta; y lo encendió, pero no hizo caso.

13 *a* Éx. 15:3; Apoc. 19:11.
b *O sea,* fervor, enardecimiento.
14 *a* Mos. 12:8.
16 *a* 2 Ne. 3:5.
19 *a* TJS Isa. 42:19–23 (Apéndice).
b *Es decir,* como el que rescató y redimió a Israel, así también debe convertirse en el siervo de Jehová.
20 *a* 2 Tim. 3:7.
21 *a* *O sea,* hacerla gloriosa.
22 *a* *Es decir,* Israel en el tiempo de Isaías (vers. 22–25).
b 1 Ne. 15:18–20.
24 *a* GEE Israel—Las diez tribus perdidas de Israel.
b GEE Andar, andar con Dios.
c GEE Obediencia, obediente, obedecer.

CAPÍTULO 43

Jehová dice a Israel: Yo soy Tu Dios; recogeré tu descendencia; aparte de Mí no hay Salvador; vosotros sois Mis testigos.

Y AHORA, así dice Jehová, Creador tuyo, oh Jacob, y Formador
tuyo, oh Israel: No temas, porque
yo te he [a]redimido; te puse nombre; mío eres tú.
2 Cuando pases por las [a]aguas,
yo estaré contigo; y si por los ríos,
no te anegarán. Cuando pases
por el [b]fuego, no te quemarás ni
la llama arderá en ti.
3 Porque yo, Jehová, Dios tuyo,
el [a]Santo de Israel, soy tu [b]Sal-
vador; a [c]Egipto he dado por tu
[d]rescate; a Etiopía y a Seba, a cambio de ti.
4 Porque ante mis ojos fuiste de
[a]gran estima, fuiste honorable, y
yo te amé; daré, pues, hombres a
cambio de ti y naciones a cambio
de tu vida.
5 [a]No temas, porque yo estoy
contigo; del oriente [b]traeré tu
descendencia y del occidente te
recogeré.
6 Diré al norte: Da acá, y al sur:
No los retengas; [a]trae desde lejos
a mis hijos, y a mis hijas desde
los confines de la tierra,
7 a todos los llamados por mi
nombre, para [a]gloria mía los creé,
los formé y los hice.
8 Sacad al pueblo que es ciego,
aunque tiene ojos, y a los sordos,
aunque tienen oídos.
9 Congréguense a una todas
las naciones, y júntense todos
los pueblos. ¿Quién de ellos
hay que nos dé nuevas de esto
y que nos haga oír las cosas anteriores? Presenten sus testigos
y justifíquense; oigan y digan:
Es verdad.
10 [a]Vosotros sois mis [b]testigos,
dice Jehová, y mi siervo que yo
[c]escogí, para que me conozcáis, y
[d]creáis y entendáis que yo mismo
soy; antes de mí no fue formado
dios alguno, ni lo será después
de mí.
11 Yo, yo soy Jehová, y [a]fuera de
mí no hay quien [b]salve.
12 Yo anuncié, y salvé, e hice
oír, y no hubo entre vosotros *dios*
ajeno. Vosotros, pues, sois mis
testigos, dice Jehová, y yo soy
Dios.
13 Aun antes que hubiera día,
yo soy, y no hay quien libre de
mi mano; yo actúo, ¿y quién lo
revoca?
14 Así dice Jehová, [a]Redentor
vuestro, el Santo de Israel: Por
vuestra causa envié a Babilonia
e hice descender a todos ellos
como fugitivos, aun el clamor

43 1 *a* *Es decir,* Él redime a pesar de lo que se menciona en Isa. 42:22–25. GEE Redentor.
2 *a* 1 Cor. 10:1–4.
b Isa. 48:10; Dan. 3:27.
3 *a* GEE Jesucristo.
b GEE Salvador.
c Isa. 45:14.
d Prov. 21:18.
4 *a* DyC 18:10.
5 *a* DyC 6:34.
b GEE Israel—La congregación de Israel.
6 *a* GEE Hijos e hijas de Dios.
7 *a* Moisés 1:39.
10 *a* *Es decir,* Israel.
b GEE Testigo.
c GEE Escogido.
d GEE Fe.
11 *a* Oseas 13:4.
b GEE Salvador.
14 *a* GEE Redentor.

jactancioso de los caldeos en sus naves.

15 Yo soy Jehová, Santo vuestro, Creador de Israel, vuestro [a]Rey.

16 Así dice Jehová, el que [a]abre camino en el mar y senda en las aguas impetuosas;

17 el que saca carro y caballo, ejército y fuerza; se [a]caen juntamente para no levantarse; quedan extinguidos, como pabilo quedan apagados:

18 No os acordéis de las cosas pasadas, ni traigáis a la memoria las cosas antiguas.

19 He aquí que yo hago cosa nueva; pronto saldrá a luz. ¿No la percibís? Otra vez abriré camino en el [a]desierto y [b]ríos en el yermo.

20 La bestia del campo me honrará, los chacales y los polluelos del avestruz, porque daré agua en el desierto, ríos en el yermo, para que beba mi pueblo, mi escogido.

21 Este [a]pueblo he formado para mí; mis alabanzas publicará.

22 Y no me invocaste a mí, oh Jacob, sino que de mí te cansaste, oh Israel.

23 No me trajiste a mí los [a]animales de tus holocaustos ni a mí me honraste con tus sacrificios; no te hice servir con ofrenda ni te hice fatigar *quemando* incienso.

24 No compraste para mí [a]caña *aromática* con dinero ni me saciaste con la grosura de tus sacrificios, sino que me abrumaste con tus pecados, me fatigaste con tus iniquidades.

25 Yo, yo soy el que [a]borro tus rebeliones por [b]mi causa, y no me acordaré de tus pecados.

26 Hazme recordar; entremos a juicio juntamente; habla tú para justificarte.

27 Tu [a]primer padre pecó, y tus enseñadores transgredieron contra mí.

28 Por tanto, yo [a]profané a los [b]príncipes del santuario, y puse como anatema a Jacob y como oprobio a Israel.

CAPÍTULO 44

El Espíritu de Jehová será derramado sobre la descendencia de Israel — Los ídolos de madera son combustible para el fuego — Jehová recogerá, bendecirá y redimirá a Israel, y reconstruirá Jerusalén.

AHORA pues, oye, oh Jacob, siervo mío, y *tú,* oh Israel, a quien yo escogí.

2 Así dice Jehová, Hacedor tuyo y el que te formó desde el vientre, el cual te ayudará: No temas, oh Jacob, siervo mío, [a]Jesurún, a quien yo escogí.

15 *a* GEE Reino de Dios o de los cielos.
16 *a* 2 Ne. 21:16.
17 *a* *Es decir,* mueren.
19 *a* 1 Ne. 17:13.
b DyC 133:29.
21 *a* *Es decir,* Israel.
23 *a* HEB corderos, cabritos.
24 *a* *Es decir,* especias para el aceite de la unción. Véase Éx. 30:23.
25 *a* GEE Expiación, expiar.
b Moisés 1:39.
27 *a* *Es decir,* el antiguo Israel en el desierto, bajo Moisés.
28 *a* *Es decir,* hice que cayera la deshonra sobre.
b *O sea,* sacerdotes.
44 2 *a* Deut. 33:26.

3 Porque yo derramaré agua sobre [a]el sequedal y ríos sobre la *tierra* árida; mi [b]espíritu derramaré sobre tu descendencia y mi bendición sobre tus renuevos.

4 Y brotarán entre la hierba, como sauces junto a las riberas de las aguas.

5 Éste dirá: Yo soy de Jehová; otro llevará el [a]nombre de Jacob; y otro escribirá *con* su mano: Soy de Jehová, y se apellidará con el nombre de Israel.

6 Así dice Jehová, [a]Rey de Israel y su Redentor, Jehová de los ejércitos: Yo soy el [b]primero y yo soy el postrero, y fuera de mí no hay Dios.

7 ¿Y quién como yo lo declarará y lo pondrá en orden delante de mí, desde que establecí el pueblo antiguo? Y anuncien lo que viene, sí, lo que vendrá.

8 No temáis ni os amedrentéis; ¿no te lo hice oír desde aquel entonces, y lo anuncié? Por tanto, vosotros sois mis testigos. ¿Hay [a]Dios aparte de mí? ¡No hay otra Roca; no conozco ninguna!

9 Los que hacen [a]imágenes talladas, todos ellos son vanidad, y lo [b]más preciado de ellos para nada es útil; y ellos mismos, para su vergüenza, son testigos de que los ídolos [c]no ven ni entienden.

10 ¿Quién dio forma a un dios o quién fundió una [a]imagen que para nada es de provecho?

11 He aquí, todos sus [a]compañeros serán avergonzados, porque los artífices mismos son hombres. Todos ellos se juntarán, se levantarán, temerán, y se avergonzarán a una.

12 El herrero *toma* la tenaza, trabaja en las brasas, y le da forma con los martillos y trabaja en ello con la fuerza de su brazo; después tiene hambre, y le faltan las fuerzas; no bebe agua y se desmaya.

13 El carpintero tiende la regla, lo marca con estilete, lo labra con las gubias, le da figura con el compás, lo hace en forma de varón, a semejanza de hombre hermoso, para tenerlo en casa.

14 Corta cedros y toma un ciprés y una encina que cultiva entre los árboles del bosque; planta un pino para que crezca con la lluvia.

15 De él se sirve luego el hombre para quemar, y toma de él para calentarse; enciende también *el fuego* y cuece panes; hace además un dios y lo adora; hace una imagen tallada y se arrodilla delante de ella.

16 Parte del *leño* quema en el fuego; con parte de él come carne, adereza un asado y se sacia; después se calienta y dice: ¡Ah, me he calentado; he visto el fuego!

17 Y hace del sobrante un dios, su imagen tallada; se postra delante de ella, y la adora y le ruega,

3 *a* *O sea,* la tierra seca. Juan 4:7–15; 2 Ne. 9:50–51.
b Ezeq. 36:26–27; Hech. 2:17.
5 *a* Abr. 2:9–10.
6 *a* GEE Reino de Dios o de los cielos.
b GEE Alfa y Omega.
8 *a* Moisés 1:6.
9 *a* 3 Ne. 21:17–19. GEE Idolatría.
b *Es decir,* sus ídolos.
c Sal. 115:4–8.
10 *a* Hab. 2:18.
11 *a* *Es decir,* sus compañeros idólatras.

diciendo: Líbrame, porque mi dios eres tú.

18 No saben ni entienden, porque él [a]ha cerrado sus ojos para que no vean y su corazón para que no entiendan.

19 Y ninguno reflexiona en su corazón; no tiene conocimiento ni entendimiento para decir: Parte de esto quemé en el fuego, y sobre sus brasas cocí pan, asé carne y la comí. ¿He de hacer del resto de ello una abominación? ¿He de postrarme delante de un [a]tronco de árbol?

20 De ceniza se alimenta; su [a]corazón engañado le desvía, para que no libre su alma ni diga: ¿No hay una mentira en mi mano derecha?

21 Acuérdate de esto, oh Jacob, e Israel, porque mi siervo eres; Yo te formé; siervo mío eres tú, Israel; no me [a]olvidaré de ti.

22 Yo deshice como a nube tus transgresiones y como a niebla tus [a]pecados; vuélvete a mí, porque yo te redimí.

23 Cantad loores, oh cielos, porque Jehová lo hizo; gritad con júbilo, lugares bajos de la tierra; prorrumpid en alabanza montes, bosque y todo árbol que hay en él, porque Jehová [a]redimió a Jacob y en Israel se glorifica.

24 Así dice [a]Jehová, tu Redentor, que te formó desde el vientre: Yo Jehová, que lo hago todo, que despliego yo solo los cielos, que extiendo la tierra por mí mismo;

25 que deshago las señales de los adivinos y enloquezco a los agoreros; que hago retroceder a los [a]sabios y convierto en necedad su sabiduría;

26 yo soy quien confirma la palabra de su siervo y cumple el consejo de sus mensajeros; el que dice a Jerusalén: Serás habitada; y a las ciudades de Judá: Seréis reedificadas y vuestras ruinas levantaré;

27 el que dice a las profundidades: ¡[a]Secaos! Y vuestros ríos haré secar;

28 el que dice de [a]Ciro: Es mi [b]pastor y cumplirá todo lo que yo quiero, al decir de Jerusalén: Sea edificada; y del [c]templo: Sea fundado.

CAPÍTULO 45

Ciro liberará de Babilonia a los cautivos de Israel — Venid a Jehová (Cristo) y sed salvos — Ante Él se doblará toda rodilla y jurará toda lengua.

Así dice Jehová a su [a]ungido, a Ciro, al cual [b]tomé yo de la mano derecha para [c]someter naciones delante de él y desatar lomos de reyes; para abrir puertas delante de él, y las puertas no se cerrarán:

18 *a* Jacob 4:14.
19 *a* GEE Idolatría.
20 *a* Rom. 1:21; 2 Ne. 28:20–22.
21 *a* 3 Ne. 16:10–12; 20:29–31.
22 *a* GEE Pecado.
23 *a* GEE Redención, redimido, redimir; Redentor.
24 *a* GEE Jehová.
25 *a* 1 Cor. 1:20; 2 Ne. 9:28–29; DyC 133:58.
27 *a* Jer. 50:38.
28 *a* GEE Ciro.
b Jer. 50:44.
c Esd. 1:1–3.
45 1 *a* GEE Unción; Preordenación.
b *O sea,* fortalecí.
c Isa. 41:2.

2 Yo iré delante de ti y enderezaré lo torcido; romperé puertas de bronce y haré pedazos cerrojos de hierro;
3 y te daré los [a]tesoros escondidos y las riquezas de lugares secretos, para que sepas que yo soy Jehová, el [b]Dios de Israel, el que te llama por tu [c]nombre.
4 A causa de mi siervo Jacob, y de Israel mi [a]escogido, te llamé por tu nombre; te puse un título, aunque no me conocías.
5 Yo soy Jehová, y no hay ningún otro; no hay Dios fuera de mí. Yo te [a]ceñiré, aunque tú no me has conocido,
6 para que se sepa desde el [a]nacimiento del sol hasta donde se pone que no hay nadie más que yo; yo soy Jehová, y no hay ningún otro.
7 Yo [a]formo la luz y creo las tinieblas; hago la paz y creo la [b]adversidad. Yo, Jehová, hago todo esto.
8 Rociad, cielos, desde arriba, y las nubes destilen la [a]justicia; ábrase la tierra, y [b]prodúzcanse la [c]salvación y la justicia; háganse brotar juntamente. Yo, Jehová, lo he creado.
9 ¡Ay del que [a]pleitea con su Hacedor! ¡Un tiesto con los tiestos de la tierra! ¿Dirá el [b]barro al que lo moldea: Qué haces?, o: ¿Tu obra no tiene manos?
10 ¡Ay del que dice al padre: ¿Qué engendraste?, y a [a]la mujer: ¿Qué diste a luz?!
11 Así dice Jehová, el Santo de Israel y su Hacedor: [a]Preguntadme de las cosas por venir; mandadme acerca de mis [b]hijos y acerca de la [c]obra de mis manos.
12 Yo hice la tierra y creé sobre ella al hombre. Mis manos, *o sea* yo, extendieron los cielos, y a todo su ejército mandé.
13 Yo [a]lo levanté en justicia y enderezaré todos sus caminos; él edificará mi ciudad y [b]soltará a mis cautivos, no por precio ni por soborno, dice Jehová de los ejércitos.
14 Así dice Jehová: El trabajo de Egipto, y las mercaderías de Etiopía y de los sabeos, hombres de gran estatura, se pasarán a ti y serán tuyos; irán en pos de ti; pasarán con grilletes y te harán reverencia; te suplicarán, *diciendo*: Ciertamente Dios está contigo, y [a]no hay otro fuera de Dios.
15 Verdaderamente tú eres Dios que te [a]ocultas, Dios de Israel, el [b]Salvador.
16 Avergonzados y también afrentados serán todos ellos; irán

3 *a* *O sea,* tesoros probablemente de Babilonia. Jer. 50:35–38; 51:13.
b 3 Ne. 11:14.
c Éx. 33:12; JS—H 1:17.
4 *a* GEE Elegidos.
5 *a* 2 Sam. 22:40.
6 *a* Mal. 1:11.
7 *a* GEE Creación, crear.
b Alma 5:40. GEE Adversidad.
8 *a* GEE Justicia.
b Moisés 7:62.
c GEE Salvación.
9 *a* Jacob 4:10.
b Jer. 18:6.
10 *a* *Es decir,* a su madre.
11 *a* Morm. 9:27–28.
b GEE Hijos e hijas de Dios.
c Isa. 29:23.
13 *a* *Es decir,* Ciro.
b Isa. 52:3.
14 *a* Moisés 1:6.
15 *a* DyC 38:7–8.
b GEE Salvador.

con afrenta todos los talladores de [a]imágenes.

17 Israel será [a]salvo por Jehová con [b]salvación eterna; no os avergonzaréis ni os afrentaréis por los siglos de los siglos.

18 Porque así dijo Jehová, que [a]creó los cielos; él es Dios, el que formó la tierra, el que la hizo *y* la estableció; no la creó en vano, sino para que fuese [b]habitada la formó: Yo soy Jehová, y no hay ningún otro.

19 No hablé en [a]secreto, en un lugar oscuro de la tierra; no dije a la descendencia de Jacob: En vano me buscáis. Yo soy Jehová que hablo [b]justicia, que [c]anuncio rectitud.

20 Reuníos y venid; acercaos todos los [a]sobrevivientes de entre las [b]naciones. [c]No tienen conocimiento los que erigen el madero de su imagen tallada, y los que [d]ruegan a un dios que no salva.

21 Declarad y hacedlos acercarse; sí, deliberen juntos. ¿Quién hizo oír esto desde tiempos antiguos *y* lo tiene dicho desde entonces, sino yo, Jehová? Y no hay más Dios que yo, Dios justo y [a]Salvador; no hay otro fuera de mí.

22 Volveos a mí y sed [a]salvos, todos los confines de la tierra, porque yo soy Dios, y no hay ninguno más.

23 Por mí mismo hice juramento; de mi boca salió palabra en justicia y no será revocada. Que ante mí se doblará toda [a]rodilla *y* [b]jurará toda lengua.

24 Y se dirá de mí: Ciertamente en Jehová están la justicia y la [a]fuerza; a él vendrán, y todos los que contra él se enardecen serán avergonzados.

25 En Jehová será [a]justificada y se gloriará toda la descendencia de Israel.

CAPÍTULO 46

Los ídolos no se deben comparar con el Señor — Sólo Él es Dios y salvará a Israel.

SE postró [a]Bel, se doblegó Nebo; sus imágenes fueron *puestas* sobre bestias y sobre animales, [b]carga pesada para vuestras bestias fatigadas.

2 [a]Fueron doblegados, fueron postrados juntamente; no pudieron escaparse de la carga, sino que tuvieron ellos mismos que ir en cautiverio.

3 Escuchadme, oh casa de Jacob, y todo el resto de la casa de

16 *a* GEE Idolatría.
17 *a* DyC 35:25; 38:33.
b Heb. 5:9; Mos. 5:15.
18 *a* GEE Creación, crear.
b GEE Tierra—Se creó para el hombre.
19 *a* DyC 1:33–34.
b DyC 67:9.
c 2 Ne. 25:28–29.
20 *a* GEE Israel—La congregación de Israel.
b GEE Conversión, convertir.
c Isa. 44:18–19.
d Isa. 46:7.
21 *a* Hech. 4:10–12.
22 *a* GEE Salvación.
23 *a* Rom. 14:10–12.
b *O sea,* hará convenio.
24 *a* 1 Ne. 17:3; Alma 26:12; DyC 113:7–8.
25 *a* GEE Justificación, justificar.
46 1 *a* Bel y Nebo son ídolos.
b *Es decir,* en vez de ayudar a los hombres, éstos tienen que llevarlos.
2 *a* *Es decir,* los ídolos.

Israel, los que yo he traído desde el vientre, los que yo he llevado desde la matriz.

4 Y hasta *vuestra* vejez yo seré el mismo, y hasta *vuestras* canas *os* soportaré yo; yo he hecho y yo llevaré; yo os soportaré y yo os [a]libraré.

5 ¿A quién me [a]asemejáis, y me igualáis y me comparáis, para que seamos semejantes?

6 Algunos derrochan oro de la bolsa y pesan plata con balanza; contratan a un platero, y éste [a]hace un dios de ello; se postran, sí, y lo adoran.

7 Se lo [a]echan sobre los hombros, lo llevan y lo colocan en su lugar; allí se está y no se mueve de su sitio. Sí, le [b]claman, pero tampoco responde ni libra de la tribulación.

8 Acordaos de esto y [a]sed firmes; recordadlo en vuestro corazón, transgresores.

9 Acordaos de las cosas pasadas desde los tiempos antiguos, porque [a]yo soy Dios, y no hay ningún otro; *yo soy* Dios, y nada hay semejante a mí,

10 que [a]anuncio lo por venir desde el principio, y desde la antigüedad lo que aún no era hecho; que digo: [b]Mi consejo permanecerá, y haré todo lo que quiero;

11 que llamo desde el [a]oriente al [b]ave de rapiña y de tierra lejana al hombre de mi consejo. Yo [c]hablé, y haré que acontezca; lo he pensado, y también lo haré.

12 Escuchadme, [a]duros de corazón, que estáis lejos de la justicia.

13 Haré que se acerque mi justicia; no se alejará, y mi [a]salvación no [b]se detendrá. Y pondré salvación en Sión, y mi gloria será para Israel.

CAPÍTULO 47

Babilonia y Caldea serán destruidas por sus iniquidades — Nadie las salvará.

DESCIENDE y siéntate en el polvo, virgen hija de [a]Babilonia; siéntate en la tierra [b]sin trono, [c]hija de los caldeos, porque nunca más te llamarán tierna y delicada.

2 [a]Toma las piedras del molino y muele harina; [b]quítate el velo, levántate la falda, descubre las piernas, [c]pasa los ríos.

3 Expuesta será tu desnudez, y tu vergüenza será vista; tomaré

4 *a* GEE Libertador.
5 *a* Isa. 40:18–26.
6 *a* GEE Idolatría.
7 *a* Jer. 10:3–5.
b Sal. 115:4–8.
8 *a* 1 Cor. 16:13.
9 *a* Moisés 1:6.
10 *a* DyC 107:56. GEE Preordenación; Vidente.
b *Es decir,* el Señor logrará todos Sus propósitos.
11 *a* Isa. 41:2.
b Un símbolo de Ciro y de su rápida conquista.
c Núm. 23:19.
12 *a* GEE Orgullo.
13 *a* Isa. 51:5.
b *O sea,* no tardará.
47 1 *a* GEE Babel, Babilonia.
b *Es decir,* Babilonia iba a ser derrocada; esta profecía se cumplió mediante Ciro en 539 a.C.
c HEB hija virgen; es decir, el hasta entonces inconquistable imperio babilónico.
2 *a* *Es decir,* prepárate para ser esclava.
b *O sea,* descubre tu cabello.
c *Es decir,* camino al exilio.

venganza y [a]no perdonaré a ningún hombre.

4 Nuestro Redentor, Jehová de los ejércitos es su nombre, el Santo de Israel.

5 Siéntate en silencio y [a]entra en las tinieblas, hija de los caldeos, porque nunca más te llamarán señora de reinos.

6 Me enojé contra mi pueblo, profané mi heredad y los [a]entregué en tus manos; no les tuviste misericordia; sobre el anciano agravaste mucho tu yugo.

7 Y dijiste: Para siempre seré [a]señora; y no pusiste esto en tu corazón ni te acordaste de tu final.

8 Oye, pues, ahora esto, voluptuosa, tú que estás sentada confiadamente, que dices en tu corazón: Yo soy, y fuera de mí no hay más; no quedaré [a]viuda ni me [b]quedaré sin hijos.

9 Estas dos cosas te vendrán de repente, en un mismo día: pérdida de hijos y viudez. [a]En toda su perfección vendrán sobre ti, por la multitud de tus hechicerías y por tus muchos encantamientos.

10 Porque te confiaste en tu maldad, diciendo: Nadie [a]me ve. Tu sabiduría y tu mismo conocimiento te engañaron, y dijiste en tu corazón: Yo, y nadie más.

11 Vendrá, pues, sobre ti un mal cuyo origen no sabrás; caerá sobre ti un desastre que no podrás evitar; y una [a]destrucción que no te imaginas vendrá de repente sobre ti.

12 Persiste, pues, en tus encantamientos y en la multitud de tus hechicerías, en las cuales te fatigaste desde tu juventud; quizá sacarás provecho; quizá provocarás temor.

13 Te has fatigado en la multitud de tus consejos. Que se pongan de pie y que te defiendan los astrólogos, los que observan las estrellas, [a]los que cuentan los meses, para pronosticar lo que vendrá sobre ti.

14 He aquí que serán como [a]rastrojo; el fuego los quemará; no salvarán sus vidas del poder de la llama; no quedará brasa para calentarse ni lumbre ante la cual sentarse.

15 Así te serán aquellos con quienes has trabajado, que han comerciado contigo desde tu juventud; cada uno irá por su camino; no habrá quien te salve.

CAPÍTULO 48

Jehová revela Sus propósitos a Israel — Israel ha sido escogido en el horno de la aflicción y ha de salir de Babilonia — Compárese con 1 Nefi 20.

OÍD esto, oh casa de Jacob, que os llamáis del nombre de Israel,

3 *a* *Es decir,* no negociaré ni transigiré en este asunto.
5 *a* *Es decir,* te vas al exilio.
6 *a* *Es decir,* se predice el cautiverio babilónico de Israel.
7 *a* Apoc. 18:2–10.
8 *a* Lam. 1:1.
b *Es decir,* Babilonia será despoblada y el rey será destruido.
9 *a* *O sea,* en su plenitud.
10 *a* Ezeq. 9:9.
11 *a* DyC 112:24–25; JS—H 1:45.
13 *a* *Es decir,* aquellos que durante la luna llena predecían lo que pasaría en ese mes.
14 *a* Mal. 4:1.

los que salieron de las [a]aguas de
Judá, los que [b]juran en el nombre
de Jehová y [c]hacen memoria del
Dios de Israel, mas no en verdad
ni en justicia;
2 porque de la [a]santa ciudad se
[b]nombran y en el Dios de Israel
confían; su nombre es Jehová de
los ejércitos.
3 Lo que pasó, ya antes lo dije,
y de mi boca salió; lo publiqué,
lo hice pronto, y llegó a ser.
4 Porque sé que [a]eres duro, y
nervio de hierro tu [b]cerviz, y tu
frente de bronce;
5 te lo dije ya desde hace tiempo;
antes que sucediera te lo advertí,
para que no dijeses: Mi ídolo lo
hizo; y mi imagen tallada y mi
imagen de fundición mandaron
estas cosas.
6 Lo oíste; lo viste todo; ¿y no lo
anunciaréis? Ahora, pues, te he
hecho oír cosas nuevas y ocultas
que tú no sabías.
7 Ahora han sido creadas, y
no desde hace tiempo, ni antes
de este día las habías oído, para
que no dijeras: He aquí que yo
lo sabía.
8 Sí, nunca lo habías oído ni
nunca lo habías sabido; ciertamente no se abrió antes tu oído,
porque sabía que serías muy desleal; por tanto, fuiste llamado
transgresor [a]desde el vientre.
9 A causa de mi [a]nombre
aplazaré mi furor, y para alabanza mía lo reprimiré para no
talarte.
10 He aquí te he purificado, y
no como a plata; te he escogido
en el [a]horno de la aflicción.
11 Por mí, por causa de mí
mismo lo haré, para que no sea
profanado *mi* [a]*nombre,* y mi honra
no la [b]daré a otro.
12 Óyeme, Jacob, y *tú,* Israel, llamado por mí: Yo mismo, yo el primero, yo también el postrero.
13 Mi mano fundó también la
[a]tierra, y mi mano derecha extendió los cielos; al llamarlos yo,
comparecen juntamente.
14 Juntaos todos vosotros y oíd.
¿Quién hay entre ellos que haya
anunciado estas cosas? Aquel
a quien Jehová amó [a]ejecutará
su voluntad en [b]Babilonia, y su
brazo estará sobre los caldeos.
15 Yo, yo hablé, y le llamé y le
traje; por tanto, será prosperado
su camino.
16 Acercaos a mí, oíd esto: Desde
el principio no hablé en [a]secreto;
desde que eso se hizo, allí estaba
yo; y ahora me envió Jehová el
Señor, y su espíritu.
17 Así dice Jehová, [a]Redentor
tuyo, el Santo de Israel: Yo soy
Jehová, Dios tuyo, que te enseña
para tu provecho, que te encamina por el camino que debes
seguir.

48 1 *a* 1 Ne. 20:1.
GEE Bautismo, bautizar.
b GEE Juramento.
c Isa. 29:13.
2 *a* GEE Jerusalén.
b *Es decir,* pretenden apoyarse en ella.
4 *a* *Es decir,* Israel.
b Jacob 4:14.
8 *a* *O sea,* desde antes de nacer.
9 *a* 1 Sam. 12:22; 1 Juan 2:12.
10 *a* Ezeq. 22:18–22.
GEE Adversidad.
11 *a* Ezeq. 20:9.
b Isa. 42:8; Moisés 4:1–4.
13 *a* GEE Creación, crear.
14 *a* *Es decir,* Ciro logrará su deseo.
b DyC 1:16.
GEE Babel, Babilonia.
16 *a* Isa. 45:19.
17 *a* GEE Redentor.

18 ¡Oh, si hubieras escuchado
mis mandamientos! Entonces tu
[a]paz habría sido como un río, y tu
justicia como las olas del mar,
19 y como la arena tu [a]descen-
dencia, y los renuevos de tus entrañas como los granos de arena.
Su nombre no habría sido talado
ni raído de mi presencia.
20 ¡Salid de [a]Babilonia! ¡Huid
de entre los caldeos! Anunciadlo
con voz de alegría, publicadlo,
llevadlo hasta el extremo de la
tierra. Decid: Redimió Jehová a
Jacob, su siervo.
21 Y no tuvieron sed cuando los
llevó por los desiertos; les hizo
brotar [a]agua de la piedra, y partió
la peña y brotaron las aguas.
22 No hay paz para los malos,
dijo Jehová.

CAPÍTULO 49

El Mesías será una luz para las naciones y pondrá en libertad a los cautivos — Israel será recogido con poder en los últimos días — Reyes serán los ayos de Israel — Compárese con 1 Nefi 21.

OÍDME, oh islas, y [a]escuchad,
pueblos lejanos: Jehová me [b]llamó
desde el vientre; desde las entrañas de mi madre tuvo mi nombre
en memoria.
2 Y puso mi boca como [a]espada
aguda; me cubrió con la sombra de su mano, y me puso por
saeta bruñida; me guardó en su
aljaba.
3 Y me dijo: Mi [a]siervo eres tú,
oh Israel; en ti seré glorificado.
4 Pero yo dije: Por demás he trabajado; en vano y sin provecho he
agotado mis fuerzas. Ciertamente
mi juicio está delante de Jehová, y
mi recompensa con mi Dios.
5 Ahora pues, dice Jehová, el
que me formó desde el vientre
para ser su siervo, para hacer
volver a él a Jacob. Aunque Israel
no sea congregado, aún así seré
estimado ante los ojos de Jehová,
y mi Dios será mi fortaleza.
6 Y dijo: Poco es que tú seas mi
siervo para levantar las [a]tribus
de Jacob y para restaurar a los
preservados de Israel; también
te daré como [b]luz a las [c]naciones,
para que seas mi salvación hasta
el extremo de la tierra.
7 Así ha dicho Jehová, el Redentor de Israel, el Santo suyo,
al menospreciado del hombre,
al abominado de la nación, al
siervo de gobernantes: Reyes lo
verán y se levantarán; príncipes
también, y adorarán, a causa de
Jehová, que es fiel, el Santo de
Israel, el cual te escogerá.
8 Así ha dicho Jehová: En [a]el
tiempo aceptable te oí, y en el día
de salvación te ayudé; y te guardaré y te daré por [b]convenio del

18 *a* Juan 14:27.
GEE Paz.
19 *a* Gén. 22:15–18.
GEE Abraham, Convenio de.
20 *a* Isa. 52:11; DyC 133:5, 14–15.
21 *a* Éx. 17:2–6; Núm. 20:7–11.
49 1 *a* DyC 1:1–2.
b Abr. 3:22–24.
2 *a* Heb. 4:12.
3 *a* Isa. 41:8; DyC 93:45–46.
6 *a* GEE Israel—Las doce tribus de Israel.
b Hech. 26:22–23; DyC 86:11.
GEE Luz, luz de Cristo.
c GEE Gentiles.
8 *a* 2 Cor. 6:2.
b GEE Convenio (pacto).

pueblo, para establecer la tierra,
para hacer [c]heredar las desoladas
heredades,
9 para decir a los [a]presos: Salid;
y a [b]los que están en tinieblas:
Manifestaos. En los caminos serán apacentados y en todas las
cumbres tendrán sus pastos.
10 No tendrán hambre ni [a]sed,
ni el calor ni el sol los afligirá;
porque el que tiene de ellos misericordia los guiará y los conducirá
junto a manantiales de aguas.
11 Y convertiré en camino todos
mis montes, y mis [a]calzadas serán
elevadas.
12 He aquí, éstos vendrán de
lejos; y, he aquí, otros del [a]norte y
del occidente, y éstos de la tierra
de Sinim.
13 [a]Cantad alabanzas, oh cielos,
y regocíjate, oh tierra; y [b]prorrum-
pid en cantos de alabanzas, oh
montes, porque Jehová ha [c]conso-
lado a su pueblo y de sus [d]pobres
tendrá [e]misericordia.
14 Pero Sión dijo: Jehová me ha
desamparado, y mi Señor [a]se ha
olvidado de mí.
15 ¿Acaso se olvidará la mujer de su niño de pecho y dejará de compadecerse del hijo
de su vientre? Pues, aunque se
olviden ellas, yo no me olvidaré
de ti.
16 He aquí que en las [a]palmas
de *mis* manos te tengo grabada;
delante de mí están siempre tus
muros.
17 Tus hijos se apresurarán; tus
destructores y tus asoladores se
alejarán de ti.
18 Alza tus ojos y mira alrededor; todos éstos [a]se han reunido, han venido a ti. Vivo yo,
dice Jehová, que de todos, como
vestidura de adorno, serás vestida; y de ellos serás ceñida como
novia.
19 Porque tus ruinas, y tus lugares desolados y tu tierra destruida ahora serán demasiado
estrechos a causa de los moradores; y los que te devoraban serán
alejados.
20 Los hijos que tendrás, después de haber perdido a los
primeros, dirán otra vez a tus
oídos: Estrecho es para mí este
lugar; apártate, para que yo more
en él.
21 Y [a]dirás en tu corazón: ¿Quién
me engendró a éstos? Porque
yo había perdido a mis hijos y
soy estéril; estoy cautiva y ando
errante. ¿Quién, pues, crió a éstos? He aquí, yo fui dejada sola;
¿dónde estaban éstos?
22 Así ha dicho Jehová el Señor:
He aquí, yo alzaré mi mano a las
[a]naciones, y a los pueblos levantaré mi [b]estandarte; y traerán en
brazos a tus hijos, y tus [c]hijas
serán llevadas en hombros.

8 *c* Isa. 61:4.
9 *a* GEE Infierno; Salvación de los muertos.
b 2 Ne. 3:5.
10 *a* Apoc. 7:13–17.
11 *a* DyC 133:26–33.
12 *a* GEE Israel—Las diez tribus perdidas de Israel.
13 *a* 1 Ne. 21:13; DyC 133:56.
b DyC 128:22.
c GEE Consolador.
d DyC 121:7–8.
e GEE Misericordia, misericordioso.
14 *a* Isa. 54:5–8.
16 *a* 3 Ne. 11:14.
18 *a* GEE Israel—La congregación de Israel.
21 *a* *Es decir,* Sión dirá.
22 *a* Isa. 62:5; Apoc. 21:24. GEE Gentiles.
b GEE Pendón.
c 2 Ne. 10:8–9.

23 Y reyes serán tus [a]ayos, y sus
reinas tus nodrizas; con el rostro
[b]inclinado a tierra se postrarán
ante ti y lamerán el polvo de tus
pies; y sabrás que yo soy Jehová,
porque no serán avergonzados
los que esperan en mí.
24 ¿[a]Será quitado el botín al poderoso? O, ¿serán liberados los
cautivos legítimos?
25 Pero así dice Jehová: Aun
los cautivos le serán quitados al
poderoso, y el botín será arrebatado al tirano; y yo [a]contenderé
con el que contienda contigo, y
yo salvaré a tus hijos.
26 Y a los que te oprimen haré
comer su propia carne, y con su
propia sangre serán embriagados como con vino; y [a]conocerá
toda carne que yo, Jehová, soy
tu [b]Salvador y tu [c]Redentor, el
Fuerte de [d]Jacob.

CAPÍTULO 50

Isaías habla en lenguaje mesiánico — El Mesías tendrá lengua de sabios — Entregará Su espalda a los heridores — No será confundido — Compárese con 2 Nefi 7.

[a]Así ha dicho Jehová: ¿Dónde
está la [b]carta de divorcio de
vuestra madre, con la cual yo la
he repudiado? ¿O quiénes son
mis acreedores, a quienes yo os
he vendido? He aquí que por
vuestras [c]iniquidades habéis
sido vendidos, y por vuestras
transgresiones ha sido repudiada
vuestra madre.
2 ¿Por qué cuando vine no apareció nadie y cuando llamé nadie
respondió? ¿Acaso se ha acortado
mi [a]mano para no redimir? ¿No
hay en mí [b]poder para librar?
He aquí que con mi reprensión
hago secar el mar; convierto los
ríos en desierto; sus peces hieden y mueren de sed por falta
de agua.
3 Visto de oscuridad los cielos y
[a]hago *como* cilicio su cobertura.
4 Jehová el Señor me [a]dio lengua de sabios, para saber hablar
[b]palabra oportuna al cansado;
despertará mañana tras mañana,
despertará mi oído para que oiga
como los sabios.
5 Jehová el Señor me abrió el
oído, y yo no fui [a]rebelde ni me
volví atrás.
6 [a]Entregué mi espalda a los
heridores y mis mejillas a los que
me arrancaban la barba; no escondí mi rostro de injurias ni de
esputos.
7 Porque Jehová el Señor me
ayudará, por tanto no seré confundido; por eso pondré mi rostro
como pedernal, y sé que no seré
avergonzado.

---

23 *a* 1 Ne. 22:4–9.
b Isa. 60:14.
24 *a* 2 Ne. 6:16–18.
25 *a* Sal. 35:1; DyC 98:37.
26 *a* DyC 63:6.
b GEE Salvador.
c GEE Redentor.
d GEE Jacob, hijo de Isaac.

50 1 *a* 2 Ne. 7:1–11.
b GEE Abraham, Convenio de; Divorcio.
c GEE Rebelión.
2 *a* DyC 35:8.
b GEE Sacerdocio.
3 *a* *O sea,* lo cubro de cilicio; es decir, lo cubro con tela burda en señal de suma tristeza.
4 *a* Lucas 21:14–15; DyC 84:85.
b DyC 121:43.
5 *a* Mateo 26:39.
6 *a* Isa. 53:1–8; Mateo 27:26–30; 1 Ne. 19:9.

8 Cerca de mí está el que me [a]justifica; ¿quién contenderá conmigo? Presentémonos juntos. ¿Quién es el adversario de mi causa? Acérquese a mí.

9 He aquí que Jehová el Señor me ayudará; ¿quién hay que me condene? He aquí que todos ellos, como ropa de vestir, se envejecerán; los comerá la polilla.

10 ¿Quién hay entre vosotros que teme a Jehová y [a]escucha la [b]voz de su siervo? El que anda en [c]tinieblas y carece de [d]luz [e]confíe en el nombre de Jehová y apóyese en su Dios.

11 He aquí, todos vosotros que encendéis fuego y que os rodeáis de chispas, andad a la [a]luz de vuestro fuego y de las chispas que encendisteis. De mi mano os vendrá esto: [b]en dolor seréis sepultados.

CAPÍTULO 51

En los últimos días, Jehová consolará a Sión y recogerá a Israel — Los redimidos irán a Sión en medio de gran gozo — Compárese con 2 Nefi 8.

OÍDME, los que seguís la justicia, los que buscáis a Jehová; mirad a la [a]piedra de donde fuisteis cortados y al hueco de la cantera de donde fuisteis arrancados.

2 Mirad a [a]Abraham, vuestro padre, y a [b]Sara, que os dio a luz; porque lo llamé a él *cuando era* uno [c]solo, y lo bendije y lo multipliqué.

3 Ciertamente consolará Jehová a Sión; consolará todas sus soledades, y convertirá su desierto en Edén y su soledad en huerto de Jehová; se hallarán en ella alegría y gozo, alabanza y voz de cántico.

4 Estad atentos a mí, pueblo mío, y oídme, nación mía, porque de mí saldrá la [a]ley, y mi justicia para luz de los pueblos.

5 Cercana está mi justicia, ha salido mi [a]salvación y mis brazos juzgarán a los pueblos; en mí esperarán las [b]islas, y en mi brazo pondrán su esperanza.

6 Alzad a los cielos vuestros ojos y mirad abajo a la tierra, porque los cielos se [a]desvanecerán como el humo, y la tierra se envejecerá como ropa de vestir; y de la misma manera perecerán sus moradores; pero mi salvación será para siempre y mi justicia no perecerá.

7 Oídme, los que conocéis rectitud, pueblo en cuyo [a]corazón está mi ley. [b]No temáis afrenta

8 *a* 2 Ne. 7:8.
GEE Justificación, justificar.
10 *a* GEE Profeta.
b DyC 1:38.
c GEE Tinieblas espirituales.
d GEE Luz, luz de Cristo.
e 2 Ne. 25:13–14.
11 *a* DyC 3:3–4.
b Mos. 2:38.
51 1 *a* *Es decir,* en el siguiente versículo, estos símbolos se definen como Abraham y Sara.
GEE Roca.
2 *a* GEE Abraham.
b GEE Sara.
c Abr. 1:16.
4 *a* *O sea,* la enseñanza, la doctrina.
GEE Ley.
5 *a* GEE Salvación.
b 2 Ne. 10:8, 20–22.
6 *a* HEB dispersados.
2 Pe. 3:10–12.
7 *a* DyC 8:2–3.
b DyC 30:11.

de hombre ni tengáis miedo de
sus [c]ultrajes.
8 Porque como a vestidura los
comerá la polilla, como a lana los
comerá el gusano; pero mi justicia
permanecerá perpetuamente, y
mi salvación de generación en
generación.
9 Despiértate, despiértate;
vístete de [a]poder, oh brazo de
Jehová; despiértate como en el
tiempo antiguo, en las generaciones pasadas. ¿No eres tú el
que cortó en pedazos a Rahab *y*
el que hirió al [b]dragón?
10 ¿No eres tú el que [a]secó el
mar, las aguas del gran abismo;
el que transformó en [b]camino las
profundidades del mar para que
pasasen los [c]redimidos?
11 Por tanto, [a]volverán los redimidos de Jehová; irán a Sión
cantando, y [b]gozo perpetuo habrá sobre sus cabezas; obtendrán
gozo y alegría, y el dolor y el
gemido huirán.
12 Yo, yo soy vuestro consolador. ¿Quién eres tú para que
tengas [a]temor del hombre, que
es mortal, y del hijo de hombre,
que será como el heno?
13 ¿Ya te has olvidado de
Jehová, tu Hacedor, que extendió
los cielos y fundó la [a]tierra; y todo
el día temiste continuamente el
furor del que oprime, cuando se
disponía a destruir? Mas, ¿dónde
está el furor del que oprime?
14 El preso agobiado se da prisa
para quedar libre; y no morirá en
la [a]fosa ni carecerá de su pan.
15 Pero yo soy Jehová tu Dios,
que agito el [a]mar y hago rugir
sus olas. Jehová de los ejércitos
es su nombre.
16 Y en tu boca he puesto mis
[a]palabras y con la sombra de
mi mano te he cubierto, para
extender los cielos, y fundar la
tierra y decir a Sión: Pueblo mío
eres tú.
17 Despierta, despierta, levántate, oh Jerusalén, que bebiste de
la mano de Jehová el [a]cáliz de su
ira; hasta los sedimentos del cáliz
de aturdimiento bebiste.
18 De todos los hijos que dio a
luz, no hay quien la guíe; ni quien
la tome de la mano, de todos los
hijos que crió.
19 [a]Estas [b]dos cosas te han
acaecido (¿Quién se condolerá
de ti?): Asolamiento y destrucción, hambre y espada. ¿Quién
te consolará?
20 Tus hijos desmayaron; estuvieron tendidos en las encrucijadas de todas las calles, como
antílope en la red, llenos del furor de Jehová, de la ira del Dios
tuyo.
21 Oye, pues, ahora esto, afligida y ebria, pero no de vino.
22 Así dijo Jehová, tu Señor
y tu Dios, quien [a]aboga por su
pueblo: He aquí, he quitado

7 *c* GEE Persecución, perseguir.
9 *a* GEE Poder.
b Apoc. 12:7–9.
10 *a* Éx. 14:21.
b Isa. 35:8–10.
c GEE Redención, redimido, redimir.
11 *a* GEE Israel—La congregación de Israel.
b GEE Gozo.
12 *a* Sal. 56:4.
13 *a* GEE Tierra.
14 *a* Zac. 9:11.
15 *a* 1 Ne. 4:2.
16 *a* 2 Ne. 33:10–11; Moro. 10:27–29; DyC 1:24.
17 *a* Jer. 25:15–17; Mateo 26:39.
19 *a* 2 Ne. 8:19–20.
b Zac. 4:11–14; Apoc. 11:3–12; DyC 77:15.
22 *a* DyC 38:4; 45:3–5.

de tu mano el cáliz de aturdimiento, los sedimentos del cáliz de mi furor. Nunca más lo beberás.

23 Y lo pondré en mano de tus angustiadores, que dijeron a tu alma: Póstrate para que pasemos por encima. Y tú pusiste tu cuerpo como suelo y como calle para los que pasaban.

CAPÍTULO 52

En los últimos días, Sión volverá e Israel será redimido — El Mesías actuará con prudencia y será exaltado.

¡[a]DESPIERTA, despierta, vístete de tu [b]poder, oh [c]Sión! ¡Vístete de tus [d]ropas hermosas, oh [e]Jerusalén, ciudad santa! Porque nunca más vendrá a ti el incircunciso ni el impuro.

2 Sacúdete el polvo; [a]levántate *y* siéntate, oh Jerusalén; suelta las [b]ataduras de tu cuello, oh cautiva hija de Sión.

3 Porque así dice Jehová: De balde fuisteis [a]vendidos y [b]sin dinero seréis redimidos.

4 Porque así dice Jehová el Señor: Mi pueblo descendió a [a]Egipto en tiempo pasado, para peregrinar allá; y Asiria lo oprimió sin razón.

5 Y ahora, ¿qué conmigo aquí, dice Jehová, ya que mi pueblo es llevado de balde? Y los que de él se enseñorean lo hacen aullar, dice Jehová, y continuamente es blasfemado mi nombre todo el día.

6 Por tanto, mi pueblo conocerá mi nombre; por eso, en aquel [a]día sabrán que yo soy el que habla: Heme aquí.

7 ¡[a]Cuán hermosos son sobre los montes los pies del que trae [b]buenas nuevas, del que [c]publica la [d]paz, del que trae nuevas del bien, del que publica salvación, del que dice a Sión: Tu Dios reina!

8 Tus [a]atalayas alzarán la voz; juntamente darán voces de júbilo, porque [b]ojo a ojo verán cuando Jehová [c]vuelva a traer a [d]Sión.

9 Prorrumpid en alabanzas, cantad juntamente, ruinas de Jerusalén, porque Jehová ha consolado a su pueblo, ha redimido a Jerusalén.

10 Jehová ha [a]desnudado su santo [b]brazo ante los ojos de todas las naciones, y todos los confines de la tierra [c]verán [d]la salvación del Dios nuestro.

---

52 1 *a* 3 Ne. 20:36–38.
b GEE Sacerdocio.
c DyC 113:7–8. GEE Sión.
d DyC 82:14.
e GEE Jerusalén.
2 *a* *Es decir,* levántate del polvo y siéntate con dignidad, ya que has sido por fin redimida.
b DyC 113:9–10.
3 *a* GEE Apostasía.
b Isa. 45:13; DyC 10:66–67.
4 *a* Gén. 46:2–7.
6 *a* GEE Últimos días, postreros días.
7 *a* Isa. 40:9; Mos. 15:8–20; DyC 128:19.
b GEE Evangelio.
c GEE Obra misional.
d GEE Paz; Pacificador.
8 *a* GEE Atalaya, atalayar.
b DyC 84:98.
c HEB hace volver a Sión, restaura a Sión.
d DyC 39:13.
10 *a* 1 Ne. 22:10–11.
b GEE Poder.
c JS—M 1:31.
d GEE Salvación.
11 *a* DyC 38:42.
b 2 Cor. 6:14–17; Apoc. 18:4.

11 Apartaos, apartaos, [a]salid de
ahí; [b]no toquéis cosa inmunda;
salid de en medio de ella; [c]sed
limpios los que lleváis los vasos
de Jehová.
12 Porque no saldréis apresurados ni iréis huyendo, porque
Jehová irá delante de vosotros, [a]y
vuestra retaguardia será el Dios
de Israel.
13 He aquí, mi [a]siervo actuará
con prudencia; será exaltado
y engrandecido, y será muy
enaltecido.
14 Como muchos se asombraron
de ti (su aspecto fue más desfigurado que el de cualquier otro
hombre, y su apariencia más des-
figurada que la de los hijos de los
hombres),
15 así él [a]rociará a muchas naciones. Los reyes cerrarán ante él la
boca, porque verán lo que nunca
les fue [b]contado y entenderán lo
que jamás habían oído.

CAPÍTULO 53

Isaías habla acerca del Mesías — Se describen la humillación y los sufrimientos del Mesías — Él pone Su alma como ofrenda por la culpa e intercede por los transgresores — Compárese con Mosíah 14.

¿QUIÉN ha [a]creído nuestro mensaje? ¿Y a quién se ha manifestado el brazo de Jehová?
2 Porque subirá cual [a]renuevo
delante de él y como [b]raíz de tierra seca; no hay parecer en él ni
hermosura; y cuando le veamos,
no habrá en él atractivo para que
le deseemos.
3 [a]Despreciado y desechado entre los hombres, varón de dolores
y experimentado en quebranto;
y como que escondimos de él el
rostro, fue menospreciado y no
lo [b]estimamos.
4 Ciertamente [a]llevó él nuestras
[b]enfermedades y sufrió nuestros
dolores, y nosotros le tuvimos
por azotado, herido por Dios y
afligido.
5 Mas él [a]herido fue por nuestras [b]transgresiones, molido por
nuestras iniquidades; el castigo
de nuestra paz fue sobre él, y
por sus [c]heridas fuimos nosotros
[d]sanados.
6 Todos nosotros nos hemos
[a]descarriado como [b]ovejas; cada
cual se ha apartado por [c]su propio camino; mas Jehová cargó
en él la [d]iniquidad de todos
nosotros.
7 Fue [a]oprimido y [b]afligido,
pero [c]no abrió su boca; como
[d]cordero fue llevado al matadero;

11 *c* GEE Limpio e inmundo; Santo (adjetivo).
12 *a* DyC 49:27.
13 *a* GEE Jesucristo.
15 *a* TJS Isa. 52:15 …*reunirá*… GEE Israel—La congregación de Israel.
b Rom. 15:21.
53 1 *a* Juan 12:37–38.
2 *a* Isa. 11:1.
b Apoc. 22:16.
3 *a* Mar. 9:12; 1 Pe. 2:21–25. GEE Persecución, perseguir.
b Juan 1:10–11; 7:5.
4 *a* Isa. 50:6; Filip. 2:5–8.
b GEE Compasión.
5 *a* GEE Crucifixión.
b Rom. 4:25; DyC 88:6.
c 1 Pe. 2:24–25.
d GEE Remisión de pecados.
6 *a* Rom. 3:23; 2 Ne. 12:5.
b Mos. 8:21.
c DyC 1:16.
d 2 Cor. 5:21. GEE Expiación, expiar.
7 *a* Mateo 26:57–59.
b Juan 19:1–3.
c Mar. 14:61; 15:2–5.
d Gén. 22:8–14; Jacob 4:4–5. GEE Cordero de Dios.

y como oveja delante de sus trasquiladores enmudeció, así no abrió su boca.

8 De la cárcel y del juicio fue quitado; y su [a]generación, ¿quién la declarará? Porque fue arrancado de la tierra de los vivientes; por la [b]transgresión de mi pueblo fue herido.

9 Y él dispuso con los [a]inicuos su sepultura y con el rico *fue* en su [b]muerte; aunque nunca hizo él maldad, ni hubo [c]engaño en su boca.

10 Con todo eso, Jehová quiso [a]quebrantarlo, sujetándole a padecimiento. Cuando haya puesto su alma como [b]ofrenda por la culpa, verá su [c]linaje, prolongará sus días, y la [d]voluntad de Jehová prosperará en su mano.

11 Por la aflicción de su alma verá *y* quedará satisfecho; por su [a]conocimiento mi [b]siervo justo [c]justificará a muchos, y él llevará las iniquidades de ellos.

12 Por tanto, yo le daré parte con los grandes, y con los poderosos repartirá el botín; porque derramó su vida hasta la [a]muerte y fue contado con los [b]transgresores, habiendo él llevado el pecado de muchos e [c]intercedido por los transgresores.

CAPÍTULO 54

En los últimos días, Sión y sus estacas serán establecidas, e Israel será recogido con misericordia y compasión — Israel triunfará — Compárese con 3 Nefi 22.

[a]REGOCÍJATE, oh estéril, la que no daba a luz; prorrumpe en cánticos y da voces de júbilo, la que nunca ha estado de parto, porque más son los hijos de la desolada que los de la casada, ha dicho Jehová.

2 Ensancha el sitio de tu tienda, y las cortinas de tus habitaciones sean extendidas; no escatimes; alarga tus cuerdas y fortalece tus [a]estacas.

3 Porque te extenderás a la mano derecha y a la mano izquierda, y tu descendencia heredará naciones y habitará las ciudades desoladas.

4 No temas, porque no serás avergonzada, ni te humilles, porque no serás agraviada, porque te olvidarás de la [a]vergüenza de tu juventud y de la afrenta de tu viudez no tendrás más memoria.

5 Porque tu [a]marido es tu Hacedor; [b]Jehová de los ejércitos es su nombre; y tu [c]Redentor, el Santo de Israel; [d]Dios de toda la tierra será llamado.

8 *a* Mos. 15:10.
b GEE Remisión de pecados.
9 *a* Lucas 23:32–33.
b Mateo 27:57–60.
c 1 Pe. 2:22.
10 *a* Mateo 27:46.
b 3 Ne. 27:13–14.
c Mos. 15:10–13. GEE Hijos e hijas de Dios.
d GEE Plan de redención.
11 *a* GEE Conocimiento.
b *Es decir,* Cristo.
c GEE Justificación, justificar.
12 *a* GEE Sangre.
b Mar. 15:27–28.
c Rom. 8:34.
54 1 *a* 3 Ne. 20:34.
2 *a* GEE Estaca.
4 *a* 2 Ne. 6:13.
5 *a* Apoc. 19:7–9.
b GEE Señor (o Jehová) de los Ejércitos o de las Huestes.
c GEE Redentor.
d Mos. 15:1–4.

6 Porque como a mujer abandonada y triste de espíritu te llamó Jehová, y *como* a la esposa de la juventud que es repudiada, dice el Dios tuyo.

7 Por un breve [a]momento te [b]abandoné, pero te [c]recogeré con grandes misericordias.

8 Con un poco de ira escondí mi rostro de ti por un momento, mas con [a]misericordia eterna tendré [b]compasión de ti, dice tu Redentor, Jehová.

9 Porque esto me será *como* las aguas de Noé, porque juré que nunca más las [a]aguas de Noé pasarían sobre la tierra; así he jurado que no me enojaré contra ti ni te reprenderé.

10 Porque los [a]montes se moverán y los collados serán quitados, mas no se quitará de ti mi bondad, ni el [b]convenio de mi paz se romperá, dice Jehová, el que tiene misericordia de ti.

11 ¡Oh afligida, azotada por la tempestad, sin consuelo! He aquí que yo cimentaré tus piedras sobre [a]carbunclo y sobre zafiros echaré tus cimientos.

12 Tus ventanas haré de piedras preciosas y tus puertas de piedras de carbunclo, y todo tu muro de piedras deleitables.

13 Y todos tus hijos serán enseñados por Jehová, y grande será la [a]paz de tus hijos.

14 Con rectitud serás adornada; estarás lejos de la opresión, porque no temerás; y lejos del terror, porque no se acercará a ti.

15 He aquí, ciertamente se reunirán contra ti, pero no será por parte mía; quien contra ti se reúna, delante de ti caerá.

16 He aquí que [a]yo creé al herrero que sopla las brasas en el fuego y que saca la herramienta para su obra; y también he creado al destructor para destruir.

17 Ninguna [a]arma forjada contra ti prosperará, y tú condenarás toda [b]lengua que se levante contra ti en juicio. Ésta es la herencia de los [c]siervos de Jehová, y su rectitud viene de mí, dice Jehová.

CAPÍTULO 55

Venid y bebed, porque la salvación es gratuita — Jehová hará un convenio sempiterno con Israel — Buscad a Jehová mientras está cerca.

Oh los sedientos, ¡Venid a las [a]aguas! Y los que no tienen dinero, ¡venid, comprad y comed! Venid, comprad sin dinero y sin [b]precio, vino y leche.

2 ¿Por qué gastáis el dinero en lo que no es pan y vuestro trabajo en lo que no sacia? Oídme atentamente y comed del bien,

7 *a* DyC 121:7–8.
b GEE Castigar, castigo.
c GEE Israel—La congregación de Israel.
8 *a* GEE Compasión; Gracia.
b GEE Misericordia, misericordioso.
9 *a* GEE Diluvio en los tiempos de Noé.
10 *a* Isa. 40:4; Lucas 3:5.
b Ezeq. 37:26–28.
11 *a* También antimonio o azabache.
13 *a* GEE Milenio.
16 *a* *Es decir,* Dios controla todo.
17 *a* DyC 109:25–28.
b Hech. 6:10.
c GEE Obra misional.
55 1 *a* GEE Agua(s) viva(s).
b Mateo 10:7–8; 2 Ne. 2:4.

y se deleitará vuestra alma con manjares.

3 Inclinad vuestros oídos y [a]venid a mí; escuchad, y vivirá vuestra [b]alma. Y haré con vosotros un [c]convenio sempiterno, las misericordias [d]firmes a David.

4 He aquí que yo lo di como testigo a los pueblos, como príncipe y como [a]jefe a las naciones.

5 He aquí, llamarás a nación que no conoces, y [a]naciones que no te conocieron correrán a ti, por causa de Jehová tu Dios, y del Santo de Israel, que te ha honrado.

6 [a]Buscad a Jehová mientras puede ser hallado; llamadle en tanto que está cercano.

7 Deje el malvado su camino y el hombre inicuo sus pensamientos; y [a]vuélvase a Jehová, quien tendrá de él [b]misericordia, y al Dios nuestro, quien será amplio en perdonar.

8 Porque mis [a]pensamientos no son vuestros pensamientos, ni vuestros caminos [b]mis caminos, dice Jehová.

9 Como son más altos los cielos que la tierra, así son [a]mis caminos [b]más altos que vuestros caminos, y mis pensamientos más que vuestros pensamientos.

10 Porque como desciende de los cielos la lluvia y la nieve, y no vuelve allá, sino que riega la tierra y la hace germinar y producir, y da semilla al que siembra y pan al que come,

11 así será mi [a]palabra que sale de mi boca; no volverá a mí vacía, sino que hará lo que yo quiero y será prosperada en aquello para lo cual la envié.

12 Porque con [a]alegría saldréis y en paz seréis conducidos; los montes y los collados prorrumpirán en cánticos delante de vosotros, y todos los [b]árboles del campo darán palmadas de aplauso.

13 En lugar de la zarza crecerá el [a]ciprés, y en lugar de la ortiga crecerá el mirto; y será a Jehová por nombre, por señal eterna que nunca será borrada.

CAPÍTULO 56

Todos los que guarden los mandamientos serán exaltados — Otros pueblos se unirán a Israel — Jehová recogerá a otros más en la casa de Israel.

Así ha dicho Jehová: Guardad el derecho y practicad la justicia, porque mi [a]salvación está por venir y mi justicia por manifestarse.

3 *a* Mateo 11:28–30; 3 Ne. 12:19–20.
b GEE Alma.
c HEB *berit:* convenio, pacto, alianza. GEE Convenio (pacto).
d Hech. 13:32–34.
4 *a* Jer. 23:5–6.
5 *a* Isa. 60:5; Zac. 2:1, 10–12. GEE Gentiles.
6 *a* Mateo 7:7–8.
7 *a* GEE Arrepentimiento, arrepentirse.
b Sal. 130:7.
8 *a* GEE Omnisciente.
b Jacob 4:8.
9 *a* GEE Camino (vía).
b Abr. 3:19.
11 *a* Deut. 32:2; DyC 1:37–38.
12 *a* GEE Gozo.
b DyC 128:22–23.
13 *a* GEE Tierra—El estado final de la tierra.
56 1 *a* Mateo 4:17. GEE Salvación.

2 Bienaventurado el hombre que
hace esto y el hijo del hombre que
se aferra a esto, que guarda el [a]día
de reposo para no profanarlo y
que guarda su mano de hacer
todo [b]lo malo.
3 Y que el hijo del [a]extranjero
que sigue a Jehová no hable diciendo: Me apartará totalmente
Jehová de su pueblo. Ni diga el
eunuco: He aquí, yo soy un árbol seco.
4 Porque así ha dicho Jehová
a los eunucos que guarden mis
días de reposo, y escojan lo que
yo quiero, y se aferren a mi
convenio:
5 Yo les daré lugar en mi [a]casa y
dentro de mis muros, y un nombre mejor que el de [b]hijos e hijas;
les daré un [c]nombre eterno que
nunca será quitado.
6 Y a los hijos de los extranjeros
que sigan a Jehová para servirle
y que amen el nombre de Jehová
para ser sus siervos, a todos los
que guarden el día de reposo para
no profanarlo y se aferren a mi
convenio,
7 yo los llevaré a mi santo monte
y los llenaré de gozo en mi [a]casa
de oración; sus holocaustos y sus
sacrificios serán aceptados sobre
mi altar, porque mi [b]casa será llamada casa de oración para [c]todos
los pueblos.
8 Dice Jehová el Señor, el que
[a]recoge a los desterrados de
Israel: Aún [b]recogeré junto a él a
otros con sus ya congregados.
9 [a]Todos los animales del campo,
todas las fieras del bosque, venid
a devorar.
10 Sus centinelas [a]ciegos son,
todos ellos ignorantes; todos ellos
son perros mudos que no pueden
ladrar; soñolientos recostados
que aman el dormir.
11 Y son perros [a]voraces e insaciables, y son pastores que no
saben entender; todos ellos miran
sus propios caminos, cada uno
tras su propio provecho, *cada uno*
por su lado.
12 Venid, *dicen*; traeré vino y
embriaguémonos con bebida
fuerte; y será el día de mañana como éste, o mucho más
excelente.

CAPÍTULO 57

Cuando el justo muere, alcanza la paz — Se promete misericordia al arrepentido — No hay paz para los malvados.

[a]PERECE el justo, y no hay quien
piense en ello; y los piadosos son
llevados, y no hay quien entienda
que ante la maldad es recogido
el justo.
2 Obtendrá la [a]paz; descansarán

2 *a* GEE Día de reposo.
b Mos. 5:2.
3 *a* *Es decir,* del converso que no es israelita.
5 *a* GEE Templo, Casa del Señor.
b 1 Juan 3:1–2; Mos. 5:7–8.
c Apoc. 3:12.
7 *a* DyC 88:119.
b Lucas 19:46.
c Alma 19:36.
8 *a* GEE Israel—La congregación de Israel.
b GEE Conversión, convertir.
9 *a* Allí comienza una breve reprensión a los inicuos de aquellos tiempos (vers. 9–12).
10 *a* Hel. 13:29.
11 *a* GEE Supercherías sacerdotales.
57 1 *a* DyC 59:1–2.
2 *a* GEE Paraíso.

en sus lechos *todos* los que andan en rectitud.

3 Mas vosotros acercaos, hijos de la hechicera, descendencia del adúltero y de la ramera.

4 ¿De quién os mofáis? ¿Contra quién abrís la boca y sacáis la lengua? ¿No sois vosotros hijos de la transgresión, descendencia mentirosa,

5 que ardéis de lujuria entre encinas, debajo de todo [a]árbol frondoso, que [b]sacrificáis a los hijos en los valles, debajo de los peñascos?

6 En las *piedras* lisas del valle está tu parte; ellas, ellas son tu suerte; y a ellas derramaste libación y ofreciste ofrenda. ¿He de complacerme de estas cosas?

7 Sobre el monte alto y empinado pusiste tu [a]cama; allí también subiste a hacer sacrificio.

8 Y tras la puerta y el umbral pusiste tu recordatorio; porque ante [a]otro y no ante mí *te* [b]descubriste, y subiste, y ensanchaste tu cama e hiciste con ellos pacto; amaste su cama dondequiera que la veías.

9 Y fuiste al [a]rey con ungüento, y multiplicaste tus perfumes, y enviaste tus embajadores lejos y te abatiste hasta el [b]Seol.

10 En la multitud de tus caminos te cansaste, pero no dijiste: No hay esperanza; hallaste nuevo vigor en tu mano; por tanto, no desfalleciste.

11 ¿Y de quién te asustaste y [a]temiste, que has [b]mentido, y no te has acordado de mí ni lo pusiste en tu corazón? ¿No he guardado silencio desde tiempos antiguos, y nunca me has temido?

12 Yo [a]publicaré tu justicia y tus obras, porque no te aprovecharán.

13 Cuando clames, que te libre tu colección *de ídolos*; pero a todos ellos se los llevará el viento, un soplo los arrebatará; mas el que en mí espera tendrá la tierra por heredad y poseerá mi [a]santo monte.

14 Y dirá: Allanad, allanad; preparad el camino; quitad los [a]tropiezos del camino de mi pueblo.

15 Porque así dijo el Alto y Sublime, el que habita en la [a]eternidad y cuyo nombre es el Santo: Yo habito en la altura y la santidad, y también con el [b]quebrantado y humilde de espíritu, para [c]vivificar el espíritu de los humildes y para vivificar el corazón de los quebrantados.

16 Porque no [a]contenderé para siempre ni por siempre me he de enojar; pues decaerían ante

5 *a* Jer. 2:20.
b *Es decir,* que participáis en los cultos abominables de los sacrificios a los ídolos. Jer. 32:35.
7 *a* *Es decir,* un altar para uso idólatra.
8 *a* GEE Idolatría.
b HEB expusiste.
9 *a* HEB *Molech* (ídolo cananeo) de *Melek* (rey).
b HEB mundo o morada de los muertos, sepulcro, infierno.
11 *a* DyC 3:7.
b Sal. 78:35–37.
12 *a* *O sea,* declararé tu falta de rectitud.
DyC 1:3.
13 *a* GEE Templo, Casa del Señor.
14 *a* Jacob 4:14.
15 *a* DyC 88:13.
b GEE Corazón quebrantado.
c Isa. 61:1.
16 *a* Miq. 7:18.

mí el espíritu y las almas que yo he creado.

17 A causa de la iniquidad de su codicia me enojé y le herí; escondí *mi rostro* y me indigné; y él, rebelde, se desvió por el camino de su corazón.

18 He visto sus caminos, pero le sanaré; le pastorearé y le [a]confortaré, a él y a los que con él lloran.

19 Crearé [a]fruto de labios: Paz, paz al que está lejos y al que está cerca, dice Jehová; y lo sanaré.

20 Pero los malvados son como el mar en tempestad, que no puede estarse quieto, y sus aguas arrojan cieno y lodo.

21 No hay [a]paz para los malvados, dice mi Dios.

CAPÍTULO 58

Se definen la ley verdadera del ayuno y las bendiciones que la acompañan — Se da el mandamiento de guardar el día de reposo.

¡CLAMA a voz en cuello; no te contengas! Alza tu voz como [a]trompeta, y declara a mi pueblo su transgresión y a la casa de Jacob su pecado.

2 Pues me [a]buscan cada día y quieren saber mis caminos, como nación que hubiese hecho justicia y que no hubiese dejado la ley de su Dios; me piden [b]juicios justos y quieren acercarse a Dios.

3 Dicen: ¿Por qué ayunamos y no hiciste caso; humillamos nuestras almas, y no te diste por entendido? He aquí que en el día de vuestro ayuno buscáis vuestro propio gusto y [a]oprimís a vuestros trabajadores.

4 He aquí que para contiendas y debates [a]ayunáis y para herir con el puño de iniquidad; no [b]ayunéis como lo hacéis hoy, para que vuestra voz sea oída en lo alto.

5 ¿Es éste el ayuno que yo escogí, un día en que el hombre aflija su alma, en que encorve su cabeza como junco y haga cama de cilicio y de ceniza? ¿Llamaréis esto ayuno y día agradable a Jehová?

6 ¿No es más bien el [a]ayuno que yo escogí: desatar las ligaduras de la maldad, [b]soltar las cargas de opresión, y dejar libres a los quebrantados y romper todo yugo?

7 ¿No consiste en que [a]compartas tu pan con el hambriento y a los [b]pobres errantes alojes en tu casa; en que cuando veas al desnudo, lo cubras y no te escondas del que es [c]tu propia carne?

18 *a* Sal. 23:1–3.
19 *a* *Es decir,* el hablar, las palabras.
Heb. 13:15.
21 *a* GEE Paz.
58 1 *a* HEB cuerno de carnero.
2 *a* *Es decir,* llevan a cabo todos los ritos, pero todavía les falta algo.
b GEE Ley.
3 *a* *O sea,* causáis tribulaciones a los demás.
4 *a* *Es decir,* ayunáis sin una motivación espiritual, lo que sólo causa desasosiego e irritabilidad.
b Mateo 6:16.
6 *a* GEE Ayunar, ayuno.
b GEE Libertad, libre.
7 *a* GEE Limosna.
b GEE Pobres; Bienestar.
c *Es decir,* tu hermano, tu pariente.

8 Entonces nacerá tu [a]luz como
el alba, y tu [b]salud se manifestará
pronto; e irá tu rectitud delante
de ti, y la gloria de Jehová será
tu retaguardia.
9 Entonces [a]invocarás, y te responderá Jehová; clamarás, y dirá
él: Heme aquí. Si quitas de en medio de ti el yugo, el [b]señalar con
el dedo y el hablar vanidad;
10 y si extiendes tu alma al
[a]hambriento y sacias al alma
afligida, en las tinieblas nacerá
tu luz, y tu oscuridad será como
el mediodía;
11 y Jehová te [a]guiará siempre,
y en las [b]sequías saciará tu alma
y dará vigor a tus huesos; y serás como huerto de riego y como
[c]manantial cuyas aguas nunca
faltan.
12 Y los tuyos edificarán las ruinas antiguas; los cimientos de
generación en generación levantarás; y serás llamado reparador
de brechas, restaurador de calzadas para habitar.
13 Si retraes del [a]día de reposo
tu pie, de hacer tu voluntad en
mi día santo, y lo llamas delicia,
santo, glorioso de Jehová, y lo ve-
neras, no andando en tus propios
caminos, ni buscando tu propia
voluntad ni hablando tus propias
palabras,
14 entonces te deleitarás en
Jehová; y yo te haré cabalgar
sobre [a]las alturas de la tierra y
te daré a comer la heredad de
Jacob, tu padre, porque la boca
de Jehová lo ha hablado.

CAPÍTULO 59

Los del pueblo de Israel son separados de su Dios por sus iniquidades — Sus pecados testifican en contra de ellos — El Mesías intercederá, vendrá a Sión y redimirá al arrepentido.

HE aquí que no se ha [a]acortado la
mano de Jehová para salvar, ni se
ha endurecido su oído para oír;
2 pero vuestras iniquidades han
[a]hecho separación entre vosotros
y vuestro Dios, y vuestros pecados [b]han hecho ocultar su rostro
de vosotros para no [c]oíros.
3 Porque vuestras manos están
contaminadas de sangre y vuestros dedos de iniquidad; vuestros
labios pronuncian mentira, y habla maldad vuestra lengua.
4 No hay quien clame por la
justicia ni quien juzgue con integridad; [a]confían en la confusión
y hablan vanidades; conciben
malicia y dan a luz iniquidad.
5 Incuban huevos de áspides y
tejen telas de araña; el que coma
de sus huevos morirá; y del que
se rompa, saldrá una víbora.
6 Sus telas no servirán para
vestir ni, de sus obras serán

8 *a* Mateo 5:14–16. GEE Luz, luz de Cristo.
b Isa. 40:31; DyC 89:18–21. GEE Palabra de Sabiduría.
9 *a* Mateo 7:7–8.
b *Es decir,* el señalar como gesto de desprecio.
10 *a* Mos. 4:26.
11 *a* DyC 112:10.
b Amós 8:11.
c DyC 63:23.
13 *a* GEE Día de reposo.
14 *a* Deut. 32:12–13.
59 1 *a* DyC 35:8.
2 *a* DyC 101:6–7.
b *O sea,* han hecho que Él oculte.
c Mos. 11:23–25.
4 *a* 2 Ne. 4:34.

cubiertos; sus obras son obras
de iniquidad, y obra de violencia
está en sus manos.
7 Sus pies corren al [a]mal, y se
apresuran a derramar sangre
inocente; sus pensamientos son
pensamientos de iniquidad; destrucción y desolación *hay* en sus
caminos.
8 No conocieron camino de [a]paz,
ni hay justicia en sus caminos; sus
veredas son [b]torcidas; nadie que
por ellas camine conocerá paz.
9 Por esto se aleja de nosotros
el juicio, y no nos alcanza la [a]jus-
ticia; esperamos luz, y he aquí
tinieblas; resplandores, y [b]anda-
mos en oscuridad.
10 [a]Palpamos la pared como
ciegos, y andamos a tientas como
los que no *tienen* ojos; tropezamos
al mediodía como de noche; estamos como muertos en lugares
desolados.
11 Todos nosotros gruñimos
como osos y gemimos lastimera-
mente como palomas; esperamos
justicia, y no la hay; salvación,
pero lejos está de nosotros.
12 Porque nuestras transgresiones se han multiplicado delante de ti, y nuestros pecados
han [a]atestiguado contra nosotros;
porque con nosotros están nuestras transgresiones, y [b]conocemos
nuestras iniquidades:
13 el transgredir y mentir contra Jehová, y el apartarse de en
pos de nuestro Dios; el hablar de
opresión y rebelión, concebir y
proferir desde el corazón palabras de mentira.
14 Y el derecho se retira, y la
justicia se pone lejos, porque
la verdad ha tropezado en la
plaza y [a]la equidad no puede
entrar.
15 Sí, la verdad falta; y el que se
aparta del mal es despojado. Y lo
vio Jehová, y desagradó a sus ojos
que no hubiera justicia.
16 Y vio que [a]no había hombre
y se maravilló de que no hubiera
quien [b]intercediese; por tanto, lo
salvó su [c]brazo, y le sostuvo su
misma justicia.
17 Pues de [a]justicia se vistió
como de una [b]coraza, y con yelmo
de salvación en su cabeza; y se
puso ropas de venganza por vestidura y se vistió de celo como
con un manto.
18 De acuerdo con sus hechos,
así él [a]pagará: furor para sus adversarios, retribución para sus
enemigos; el pago dará a las
islas.
19 Y [a]temerán desde el occidente el nombre de Jehová; y
desde el nacimiento del sol, su
gloria. Cuando venga el enemigo
como río impetuoso, el espíritu

7 *a* Hel. 12:4–5.
8 *a* GEE Paz—La paz de Dios para los obedientes.
b GEE Inicuo, iniquidad.
9 *a* *O sea,* la caridad, la rectitud.
b GEE Tinieblas espirituales.
10 *a* Deut. 28:29.
12 *a* Alma 5:22–23; Morm. 9:3–5.
b 2 Ne. 9:14.
14 *a* *O sea,* la honestidad.
16 *a* *Es decir,* no había nadie capaz de ayudar.
b DyC 45:3–5.
c *Es decir,* Jehová trajo la salvación al hombre. 2 Ne. 1:15.
17 *a* DyC 27:15–18.
b Efe. 6:11–17.
18 *a* Alma 41:2–5; DyC 1:9–10.
19 *a* *O sea,* respetarán o reverenciarán.

de Jehová levantará bandera
contra él.
20 Y [a]vendrá el [b]Redentor a
[c]Sión y a los que se vuelvan de
la transgresión en Jacob, dice
Jehová.
21 Y éste será mi [a]convenio
con ellos, dice Jehová: Mi espíritu que está sobre ti y mis palabras que he puesto en tu boca no se apartarán de tu boca, ni de la boca de tu descendencia ni de la boca de la descendencia de tu descendencia, dice Jehová, desde ahora y para siempre.

CAPÍTULO 60

En los últimos días, Israel se levantará de nuevo como una nación poderosa — Los pueblos gentiles se le unirán y le servirán — Sión será establecida — Finalmente, Israel morará en esplendor celestial.

¡[a]LEVÁNTATE, resplandece!, porque ha venido tu [b]luz, y la gloria de Jehová ha nacido sobre ti.
2 Porque he aquí que [a]tinieblas
cubrirán la tierra y [b]oscuridad los pueblos; mas sobre ti [c]amanecerá Jehová, y sobre ti será vista su gloria.
3 Y andarán las [a]naciones a tu
luz, y los reyes al resplandor de tu amanecer.
4 Alza tus ojos y mira alrededor;
todos éstos se han reunido, han venido a ti; tus [a]hijos vendrán de lejos, y tus hijas serán llevadas en brazos.
5 Entonces lo verás y resplandecerás; y se estremecerá y ensanchará tu corazón, porque se habrá vuelto a ti la abundancia del mar, *y* las [a]riquezas de las [b]naciones habrán llegado hasta ti.
6 Multitud de camellos te cubrirá, dromedarios de Madián y de Efa; vendrán todos los de Sabá; traerán [a]oro e incienso y proclamarán las alabanzas de Jehová.
7 Todo el ganado de [a]Cedar será
juntado para ti; carneros de Nebaiot estarán a tu disposición; serán ofrecidos con [b]agrado sobre mi altar, y glorificaré la casa de mi [c]gloria.
8 ¿Quiénes son [a]éstos que vue-
lan como nubes y como palomas a sus ventanas?

20 *a* GEE Segunda Venida de Jesucristo.
b Rom. 11:25–27. GEE Redentor.
c GEE Sión.
21 *a* Heb. 10:16–17; DyC 49:5–9. GEE Convenio (pacto).
60 1 *a* *Es decir,* Sión se levantará y será una luz para las naciones.
b GEE Jesucristo—La gloria de Jesucristo.
2 *a* *Es decir,* la ignorancia, la iniquidad. DyC 112:23. GEE Apostasía—Apostasía de la Iglesia Cristiana Primitiva.
b GEE Tinieblas espirituales.
c *O sea,* brillará, te iluminará. GEE Segunda Venida de Jesucristo.
3 *a* GEE Conversión, convertir; Gentiles.
4 *a* Isa. 49:20–22; 1 Ne. 19:16–17.
5 *a* También ejército, fortaleza.
b Isa. 49:22.
6 *a* DyC 124:3–11.
7 *a* *Es decir,* una tribu que vive en el desierto. 1 Cró. 1:28.
b Isa. 56:7; Mal. 3:4.
c Hageo 2:7–9.
8 *a* *Es decir,* ¿quién es esta multitud que viene sobre el mar y se congrega?

9 Ciertamente a mí me esperarán las [a]islas y las naves de Tarsis desde el principio, para traer a tus hijos de lejos, su plata y su oro con ellos, al nombre de Jehová tu Dios y al Santo de Israel, porque te ha glorificado.

10 Y los [a]hijos de los extranjeros [b]edificarán tus muros, y sus reyes te servirán, porque en mi [c]ira te herí, mas en mi buena voluntad tendré de ti misericordia.

11 Tus puertas estarán de continuo abiertas; no se cerrarán de día ni de noche, para que a ti sean traídas las [a]riquezas de las naciones y conducidos a ti sus reyes,

12 porque la [a]nación y el reino que no te sirvan [b]perecerán; y esas naciones serán del [c]todo asoladas.

13 La gloria del Líbano vendrá a ti, cipreses, pinos y abetos juntamente, para embellecer el lugar de mi santuario; y yo glorificaré el lugar de mis pies.

14 Y vendrán ante ti humillados los hijos de los que te afligieron, y a las plantas de tus pies se encorvarán todos los que te escarnecían, y te llamarán Ciudad de Jehová, Sión del Santo de Israel.

15 En lugar de estar [a]abandonada y aborrecida, tanto que no había quien pasase por *ti,* te pondré en exaltación eterna, gozo de generación en generación.

16 Y serás amamantada con la [a]leche de las naciones, y serás amamantada del pecho de los reyes; y sabrás que [b]yo, Jehová, soy tu Salvador y tu Redentor, el Fuerte de Jacob.

17 En vez de bronce traeré oro, y en lugar de hierro traeré plata; y en lugar de madera, bronce; y en lugar de piedras, hierro; y pondré la paz como tus gobernantes y la justicia como tus capataces.

18 Nunca más se oirá de [a]violencia en tu tierra, ni de destrucción ni de quebrantamiento en tus territorios, sino que a tus muros llamarás Salvación, y a tus puertas, [b]Alabanza.

19 El [a]sol nunca más te servirá de luz para el día, ni el resplandor de la luna te alumbrará, sino que Jehová te será luz eterna, y el Dios tuyo, tu gloria.

20 No se pondrá jamás tu sol ni menguará tu luna, porque Jehová te será [a]luz eterna, y los días de tu duelo se acabarán.

21 Y tu pueblo, todos ellos, serán [a]justos; para [b]siempre heredarán la tierra; serán los [c]renuevos de mi plantío, [d]obra de mis manos, para glorificarme.

22 El [a]pequeño llegará a ser un millar; el menor, una nación

9 *a* DyC 64:41–43.
10 *a* Isa. 56:3–6.
b Zac. 6:15.
c DyC 98:21–22; 101:9.
11 *a* También ejército, fortaleza.
12 *a* Jer. 12:17; Zac. 14:17–18.
b 1 Ne. 22:14.
c Dan. 2:44; 1 Cor. 15:24.
15 *a* Isa. 54:6.
16 *a* Isa. 49:23; 1 Ne. 21:22–23.
b GEE Jehová—Jehová es Cristo.
18 *a* Isa. 11:9.
b Isa. 61:11.
19 *a* Apoc. 21:23–26.
20 *a* GEE Vida eterna.
21 *a* GEE Rectitud, recto.
b Ezeq. 37:25.
c GEE Viña del Señor, la.
d Efe. 2:10.
22 *a* Mateo 13:31–32.
b DyC 133:58.

[b]poderosa. Yo Jehová, a [c]su tiempo, lo apresuraré.

CAPÍTULO 61

Isaías habla acerca del Mesías — El Mesías tendrá el Espíritu, predicará el Evangelio y proclamará la libertad — En los últimos días, Jehová llamará a Sus ministros y hará un convenio sempiterno con el pueblo.

EL [a]espíritu de Jehová el Señor está sobre mí, porque me ha ungido Jehová para [b]proclamar [c]buenas nuevas a los mansos; me ha enviado a vendar a los quebrantados de corazón, a [d]proclamar libertad a los cautivos y a los prisioneros apertura de la [e]cárcel;

2 a proclamar el año de la buena voluntad de Jehová y el día de la [a]venganza del Dios nuestro; a [b]consolar a todos los que lloran;

3 a ordenar que a los que están de duelo en Sión se les dé gloria en lugar de ceniza, aceite de [a]gozo en lugar de luto, manto de alegría en lugar de espíritu apesadumbrado; y serán llamados [b]árboles de justicia, [c]plantío de Jehová, para que él sea glorificado.

4 Y [a]reedificarán las ruinas antiguas, y levantarán lo que antes fue desolado y restaurarán las ciudades asoladas, los asolamientos de muchas generaciones.

5 Y habrá extranjeros, y apacentarán vuestras ovejas; y los hijos de los extranjeros serán vuestros labradores y vuestros viñadores.

6 Y vosotros seréis llamados [a]sacerdotes de Jehová; se dirá que sois ministros de nuestro Dios; comeréis las riquezas de las naciones y en su gloria os jactaréis.

7 En lugar de vuestra [a]vergüenza, tendréis doble *porción*; y *en lugar* de deshonra, se regocijarán en sus heredades; por lo cual, en sus tierras poseerán doble porción y tendrán gozo eterno.

8 Porque yo, Jehová, amo [a]la justicia, aborrezco el robo para holocausto; por tanto, fielmente les daré su recompensa y haré con ellos [b]convenio sempiterno.

9 Y la descendencia de ellos será conocida entre las naciones, y sus retoños en medio de los pueblos; todos los que los vean reconocerán que son [a]descendencia bendita de Jehová.

10 En gran manera me regocijaré en Jehová; mi alma se alegrará en mi Dios, porque me [a]vistió con [b]vestiduras de salvación, me cubrió con manto de justicia, como

22 *c* TJS Isa. 60:22 *…mi…*
61 1 *a* Lucas 4:16–26.
b Juan 3:34.
c GEE Evangelio.
d Juan 5:25.
e DyC 138:5–10, 31, 42.
2 *a* Mal. 4:1, 3; 3 Ne. 21:20–21; DyC 97:25–28.
b 3 Ne. 12:3–4. GEE Compasión.
3 *a* GEE Gozo.
b GEE Viña del Señor, la.
c Ezeq. 34:20–31.
4 *a* Ezeq. 36:10.
6 *a* GEE Sacerdocio.
7 *a* Zac. 9:12. GEE Primogénito.
8 *a* GEE Juicio, juzgar.
b GEE Convenio (pacto).
9 *a* Abr. 2:8–11.
10 *a* Sal. 132:13–16.
b Efe. 6:11, 13–17; DyC 27:15–18.

a novio me atavió y como a novia
que se adorna con sus joyas.
11 Porque como la tierra produce su renuevo, y como el huerto hace brotar su semilla, así Jehová el Señor hará brotar justicia y [a]alabanza delante de todas las naciones.

CAPÍTULO 62

En los últimos días Israel será recogido — Sión será establecida — Sus guardias enseñarán acerca de Jehová — Alzarán el estandarte del Evangelio — El pueblo será llamado santo, los redimidos de Jehová.

POR amor a Sión no callaré y por amor a Jerusalén no descansaré, hasta que salga como resplandor su justicia y su salvación arda como una antorcha.
2 Entonces verán las naciones tu justicia, y todos los reyes tu gloria; y te [a]será puesto un nombre nuevo, que la boca de Jehová designará.
3 Y serás [a]corona de gloria en la mano de Jehová y diadema real en la palma de la mano de tu Dios.
4 Nunca más te llamarán [a]Desamparada, ni tu tierra se dirá más [b]Desolada; sino que serás llamada [c]Hefzi-bá, y tu tierra, [d]Beula; porque Jehová se deleitará en ti, y tu tierra será desposada.
5 Pues como un joven se desposa con una virgen, así se desposarán contigo tus hijos; y como el novio se regocija por la novia, así se regocijará por ti tu Dios.
6 Sobre tus muros, oh Jerusalén, he puesto [a]guardias que no callarán ni de día ni de noche. Los que os acordáis de Jehová, no descanséis,
7 ni le deis descanso, hasta que restablezca a Jerusalén y la convierta en una [a]alabanza en la tierra.
8 Jehová ha jurado por su mano derecha y por su poderoso brazo: Jamás daré tu trigo como comida a tus enemigos, ni los hijos de extranjeros beberán el vino nuevo por el cual has trabajado;
9 sino que los que lo cosechan lo comerán y alabarán a Jehová; y los que lo vendimian lo beberán en los atrios de mi santuario.
10 Pasad, pasad por las puertas; [a]preparad el camino al pueblo; allanad, allanad la [b]calzada, quitad las piedras, alzad [c]estandarte sobre los pueblos.
11 He aquí que Jehová hizo oír hasta el extremo de la tierra: Decid a la [a]hija de Sión: He aquí, viene tu [b]salvación; he aquí, su galardón está con él, y delante de él su recompensa.

11 *a* Isa. 60:17–19. GEE Acción de gracias, agradecido, agradecimiento.
62 2 *a* Apoc. 2:17; DyC 18:23–24; 130:10–11. GEE Iglesia, nombre de la.
3 *a* Zac. 9:16; Mal. 3:17; DyC 109:75–76.
4 *a* Isa. 60:15. GEE Israel—La congregación de Israel.
b Ezeq. 36:33–36.
c *Es decir,* mi deleite está en ella.
d *Es decir,* desposada.
6 *a* GEE Atalaya, atalayar.
7 *a* Sof. 3:20.
10 *a* Isa. 57:14.
b Isa. 35:8; DyC 133:23–30.
c GEE Pendón.
11 *a* Zac. 9:9.
b Mateo 21:4–5. GEE Salvación.

12 Y los llamarán Pueblo Santo,
Redimidos de Jehová; y a ti te
llamarán Buscada, Ciudad No
Desamparada.

CAPÍTULO 63

La Segunda Venida será un día de venganza y también el año de los redimidos de Jehová — Entonces, los santos alabarán a Jehová y lo reconocerán como su padre.

¿QUIÉN es éste que [a]viene de
[b]Edom con vestidos de Bosra te-
ñidos de rojo? ¿Éste vestido con
esplendidez, que marcha en la
grandeza de su poder? Yo, el que
hablo en justicia, poderoso para
salvar.
2 ¿Por qué es [a]rojo tu vestido,
y tus ropas como las del que ha
pisado en [b]lagar?
3 He pisado yo solo el [a]lagar, y
de los pueblos nadie había conmigo; los he pisado con mi ira y
los he hollado con mi furor; y su
sangre [b]salpicó mis vestidos, y
manché todas mis ropas.
4 Porque el día de la [a]venganza
está en mi corazón, y el año de
mis redimidos ha llegado.
5 Y miré y no había quien
ayudara, y me maravillé de que
no hubiera quien sustentase; y
me [a]salvó mi propio brazo, y mi
ira me sostuvo.
6 Y en mi ira hollé a los pueblos,
y los [a]embriagué con mi furor y
derramé en tierra su sangre.
7 De las [a]misericordias de Jehová haré memoria, de las alabanzas de Jehová, conforme a
todo lo que Jehová nos ha dado,
y de la grandeza de sus beneficios
hacia la casa de Israel, que les ha
dado según sus misericordias y
según la abundancia de su [b]amo-
rosa bondad.
8 Porque dijo: Ciertamente mi
pueblo son, hijos que no mienten;
y él fue su [a]Salvador.
9 En toda angustia de ellos él
fue angustiado, y el [a]ángel de
su faz los salvó; en su [b]amor y
en su compasión los [c]redimió, y
los levantó y los llevó todos los
días de la antigüedad.
10 Mas ellos fueron [a]rebeldes y
entristecieron su [b]santo espíritu;
por lo cual se les volvió [c]enemigo
y él mismo peleó contra ellos.
11 Pero se [a]acordó de los días
antiguos, de Moisés *y* de su pueblo, *diciendo*: ¿Dónde está el que
los hizo subir del mar con [b]el pastor de su [c]rebaño? ¿Dónde está

63 1 *a* GEE Segunda Venida de Jesucristo.
b *Es decir,* de las naciones mundanas. DyC 1:36.
2 *a* Gén. 49:11–12; Apoc. 19:13–15; DyC 133:46–50.
b HEB prensa; es decir, el lugar donde se exprimen las uvas y la cuba donde se junta el jugo de éstas.
3 *a* DyC 88:106.
b Lev. 8:30; DyC 133:51.
4 *a* GEE Venganza.
5 *a* Isa. 59:16.
6 *a* *O sea,* los hice pedazos con.
7 *a* DyC 133:52.
b *O sea,* su compasión.
8 *a* GEE Salvador.
9 *a* Abr. 1:15. GEE Compasión.
b GEE Caridad; Amor.
c DyC 138:2–4. GEE Expiación, expiar; Redentor.
10 *a* Núm. 14:11–12.
b GEE Espíritu Santo.
c Lam. 2:4–5.
11 *a* *Es decir,* su pueblo recordó.
b *O sea,* los pastores.
c Jer. 23:2–4; Ezeq. 34:11–12.

el que puso en medio de [d]él su santo espíritu;

12 el que *los* guió por la diestra de Moisés con el brazo de su gloria; el que [a]dividió las aguas delante de ellos, haciéndose así un nombre eterno;

13 el que los condujo por los abismos, como un caballo por el desierto, sin que tropezaran?

14 El espíritu de Jehová los hizo descansar como a una [a]bestia que desciende al valle; así [b]pastoreaste a tu pueblo, para hacerte un nombre glorioso.

15 Mira desde el cielo y contempla desde la majestuosa morada de tu [a]santidad y de tu gloria. ¿Dónde están tu celo y tu poder, la [b]conmoción de tus entrañas y de tus misericordias para conmigo? ¿Se han retenido?

16 Tú ciertamente eres nuestro padre, si bien Abraham no [a]nos conoce, e Israel no nos reconoce; tú, oh Jehová, eres nuestro padre; Redentor Nuestro es tu nombre [b]desde la eternidad.

17 ¿Por qué, oh Jehová, nos [a]has hecho errar de tus caminos *y* [b]endureciste nuestro corazón con respecto a tu temor? Vuélvete por amor a tus siervos, por las tribus de tu heredad.

18 Por poco tiempo *lo* poseyó tu santo [a]pueblo; nuestros adversarios han [b]hollado tu santuario.

19 Hemos venido a ser *como aquellos* de quienes nunca te enseñoreaste, los cuales nunca fueron llamados por tu [a]nombre.

CAPÍTULO 64

Los del pueblo de Jehová piden en oración que lleguen la Segunda Venida y la salvación que entonces será de ellos.

¡OH si [a]rasgases los cielos *y* descendieras, *y* ante tu presencia se derritieran los [b]montes,

2 como el fuego enciende la zarza, el fuego que hace hervir el agua, para que hicieras notorio tu nombre a tus enemigos y las naciones [a]temblasen ante tu presencia!

3 Cuando descendiste, haciendo cosas terribles que nunca esperábamos, se derritieron los [a]montes delante de ti.

4 Y desde la antigüedad nunca oyeron, ni oídos percibieron ni [a]ojo había visto, oh Dios, fuera de ti, quien actuase en favor de aquel que en él espera.

5 Saliste al encuentro del que con alegría practicaba la justicia, de los que se acordaban de ti en

11 *d* *O sea,* de ellos.
12 *a* Éx. 14:21.
14 *a* *O sea,* como al ganado.
b GEE Descansar, descanso (reposo).
15 *a* GEE Santidad.
b *Es decir,* la abundancia de tu cariño.
16 *a* *Es decir,* los antepasados como Abraham y Jacob, fallecidos hace tanto tiempo, no están cerca para ayudar.
b DyC 20:17.
17 *a* TJS Isa. 63:17 …*permitido* errar de tus caminos, y *endurecer* nuestro corazón…
b GEE Orgullo.
18 *a* Deut. 7:6.
b Isa. 64:11.
19 *a* Isa. 65:1.
64 1 *a* DyC 133:22, 40–47.
b Apoc. 16:17–21.
2 *a* DyC 34:6–8.
3 *a* Miq. 1:4.
4 *a* 1 Cor. 2:9; DyC 76:10.

tus caminos; he aquí, tú te enojaste porque pecamos y hemos continuado en los pecados largamente, ¿y seremos salvos?
6 Y todos nosotros somos como [a]suciedad, y todas nuestras obras justas como trapo de inmundicia; y todos nos marchitamos como la hoja, y nuestras iniquidades nos llevan como el viento.
7 Y nadie hay que invoque tu nombre, que se despierte para apoyarse en ti; porque has escondido de nosotros tu [a]rostro y nos has dejado marchitar a causa de nuestras iniquidades.
8 Ahora pues, Jehová, tú eres nuestro [a]padre; nosotros somos el barro, y tú nuestro alfarero; así que [b]obra de tus manos somos todos nosotros.
9 No te enojes sobremanera, oh Jehová, ni te acuerdes siempre de nuestra iniquidad; he aquí, mira, te rogamos, pueblo tuyo somos todos nosotros.
10 Tus santas ciudades están desiertas; Sión es un desierto; Jerusalén, una desolación.
11 Nuestra santa y gloriosa [a]casa, en la cual te alabaron nuestros padres, fue consumida por el fuego; y todas nuestras cosas preciosas han sido destruidas.
12 ¿Te contendrás, oh Jehová, ante estas cosas? ¿Callarás y nos afligirás sobremanera?

CAPÍTULO 65

El antiguo Israel fue desechado por haber rechazado a Jehová — El pueblo de Jehová se regocijará y triunfará durante el Milenio.

FUI [a]buscado por los que no preguntaban *por mí*; fui hallado por los que no me buscaban. Dije a una nación que no invocaba mi nombre: ¡Heme aquí, heme aquí!
2 Extendí mis manos todo el día a un pueblo [a]rebelde, que anda por un camino que no es bueno, en pos de sus propios pensamientos;
3 pueblo que en mi rostro me provoca de continuo a ira, sacrificando en huertos y quemando incienso sobre [a]ladrillos;
4 que se quedan entre los sepulcros y en vigilia pasan la noche; que comen carne de cerdo y en sus ollas hay caldo de cosas inmundas;
5 que dicen: Quédate en tu lugar; no te acerques a mí, porque soy [a]más santo que tú; éstos son humo en mi nariz, fuego que arde todo el día.
6 He aquí que escrito está delante de mí: no callaré, sino que [a]recompensaré y daré el pago en su seno
7 *por* vuestras iniquidades, dice Jehová, y por las iniquidades de vuestros padres juntamente,

6 *a* GEE Limpio e inmundo.
7 *a* DyC 84:19–25.
8 *a* Alma 11:38–40.
b Isa. 29:16.
GEE Creación, crear.
11 *a* GEE Templo, Casa del Señor.
65 1 *a* Rom. 10:20.
2 *a* GEE Rebelión.
3 *a* *Es decir,* Israel no debía ofrecer sacrificios sobre altares de roca labrada. Éx. 20:24–25.
5 *a* Mateo 9:10–12; Lucas 18:9–14; Alma 31:13–19.
6 *a* Jer. 16:18; DyC 1:8–10.

quienes quemaron incienso sobre los montes y sobre los collados me [a]blasfemaron; por tanto,
yo les mediré su obra antigua en
su seno.
8 Así ha dicho Jehová: Como
cuando se halla mosto en un racimo y se dice: No lo destruyas,
porque bendición hay en él; así
haré yo por mis siervos, pues [a]no
los destruiré del todo.
9 Mas sacaré descendencia de
[a]Jacob, y de Judá heredero de mis
montes; y mis [b]escogidos poseerán por heredad *la tierra,* y mis
siervos habitarán allí.
10 Y será Sarón redil de ovejas,
y el valle de Acor para que se
echen las vacas, para mi pueblo
que me buscó.
11 Pero vosotros, los que dejáis
a Jehová, que olvidáis mi santo
monte, que ponéis mesa para la
[a]Fortuna y suministráis libaciones para el [b]Destino,
12 yo también os destinaré a
la espada, y todos vosotros os
arrodillaréis para el degüello;
por cuanto llamé, y no respondisteis; hablé, y no oísteis, sino
que hicisteis lo malo delante de
mis ojos y escogisteis lo que no
me agrada.
13 Por tanto, así ha dicho Jehová
el Señor: He aquí que mis siervos
comerán, pero vosotros tendréis
hambre; he aquí que mis siervos
beberán, pero vosotros tendréis
sed; he aquí que mis siervos se
alegrarán, pero vosotros seréis
avergonzados;
14 he aquí que mis siervos cantarán con júbilo de corazón, pero
vosotros [a]clamaréis por el dolor
del corazón, y por el quebrantamiento del espíritu aullaréis.
15 Y dejaréis vuestro nombre
como [a]maldición a mis escogidos,
y Jehová el Señor te hará morir,
y a sus siervos llamará por otro
[b]nombre.
16 El que [a]se bendijere en la
tierra, en el Dios de verdad se
bendecirá; y el que jurare en la
tierra, por el Dios de verdad
[b]jurará, porque las angustias
primeras han sido olvidadas y
porque han quedado escondidas
de mis ojos.
17 Porque he aquí que yo [a]crearé
nuevos cielos y nueva tierra; y de
lo primero no habrá memoria, ni
vendrá más al pensamiento.
18 Mas gozaos y regocijaos para
siempre en las cosas que yo he
creado; porque he aquí que yo he
creado a Jerusalén para regocijo
y a su pueblo para alegría.
19 Y me regocijaré con Jerusalén
y me alegraré con mi pueblo, y
nunca más se oirán en ella voz de
llanto ni voz de clamor.
20 No habrá más allí niño de
días ni anciano que sus días no

7 *a* GEE Blasfemar, blasfemia.
8 *a* Gén. 18:23–32.
9 *a* GEE Israel—La congregación de Israel.
b GEE Elegidos; Elección.
11 *a* HEB Gad, un ídolo de la fortuna.
b HEB Meni, un ídolo del destino.
14 *a* DyC 19:5, 17–18.
15 *a* 3 Ne. 16:9–10.
b DyC 18:21–25.
16 *a* *Es decir,* invoca bendiciones para sí mismo.
b *Es decir,* hará convenios o pactos por el poder de Dios.
17 *a* GEE Tierra; Mundo—El fin del mundo.

cumpla; porque el [a]niño morirá de cien años, y el pecador de cien años será maldito.

21 Y edificarán casas y morarán en ellas; y plantarán viñas y comerán el fruto de ellas.

22 No edificarán para que otro habite ni plantarán para que otro coma; porque según los días de los [a]árboles serán los días de mi pueblo, y mis escogidos disfrutarán la obra de sus manos.

23 No [a]trabajarán en vano ni darán a luz para desgracia, porque son [b]descendencia de los benditos de Jehová, y sus descendientes con ellos.

24 Y acontecerá que antes que clamen, yo [a]responderé; mientras aún estén ellos hablando, yo habré oído.

25 El [a]lobo y el cordero pacerán juntos, y el león comerá paja como el buey; y el polvo será el alimento de la serpiente. No [b]harán mal ni dañarán en todo mi santo monte, ha dicho Jehová.

CAPÍTULO 66

En la Segunda Venida, Israel, como nación, nacerá en un día; los inicuos serán destruidos y los gentiles oirán el Evangelio.

JEHOVÁ ha dicho así: El cielo es mi trono y la tierra el estrado de mis pies. ¿Dónde está la casa que me habréis de edificar? ¿Y dónde está el lugar de mi reposo?

2 Porque mi mano hizo todas estas cosas, y *así* todas estas cosas llegaron a ser, dice Jehová; mas miraré a aquel que es pobre y [a]humilde de espíritu y que tiembla ante mi palabra.

3 [a]El que mata buey es como si matase a un hombre; el que sacrifica oveja, como si degollase a un perro; el que hace ofrenda, *como si ofreciese* sangre de cerdo; el que quema incienso, como si bendijese a un ídolo. Pues, como escogieron sus propios caminos y su alma amó sus abominaciones,

4 también [a]yo escogeré sus escarnios y traeré sobre ellos lo que temen; porque llamé, y nadie respondió; hablé, y no oyeron, sino que hicieron lo malo delante de mis ojos y escogieron lo que a mí me desagrada.

5 Oíd palabra de Jehová, vosotros los que tembláis ante su palabra: Vuestros hermanos, que os aborrecen y os [a]echan fuera por causa de mi nombre, dijeron: Sea glorificado Jehová. Mas él se mostrará para alegría vuestra, y ellos serán avergonzados.

6 Voz de alboroto de la ciudad, voz del templo, voz de Jehová que da el pago a sus enemigos.

7 [a]Antes que estuviese de parto,

20 *a* DyC 63:50–51; 101:30–31.
22 *a* *Es decir,* aprox. cien años.
23 *a* GEE Milenio.
b Isa. 61:9.
24 *a* Alma 9:26.
25 *a* 2 Ne. 30:12–15.
b Isa. 60:18.
66 2 *a* GEE Corazón quebrantado.
3 *a* *Es decir,* la persona que ofrece sacrificios, pero sigue pecando. Stg. 3:9–12.
4 *a* *Es decir,* Jehová responderá a sus maldades y los castigará.
5 *a* Lucas 6:22.
7 *a* *Es decir,* Sión de pronto será repoblada (vers. 7–9).

dio a luz; antes que le viniesen
dolores, dio a luz un [b]hijo.
8 ¿Quién oyó cosa semejante?
¿Quién vio tal cosa? ¿Dará a luz
la tierra en un día? ¿Nacerá una
nación de una sola vez? Pues en
cuanto Sión estuvo de parto, dio
a luz a sus hijos.
9 Yo que hago dar a luz, ¿no
haré nacer?, dice Jehová. Yo que
hago nacer, ¿seré detenido?, dice
tu Dios.
10 Alegraos con Jerusalén, y regocijaos con ella, todos los que la
amáis; llenaos con ella de gozo
todos los que hacéis duelo por
ella,
11 para que os amamantéis y
os saciéis de los pechos de sus
consolaciones, para que bebáis
y os deleitéis con la plenitud de
su gloria.
12 Porque así dice Jehová: He
aquí que yo extiendo sobre ella
paz [a]como un río y la [b]gloria de
las naciones como un arroyo que
desborda; y seréis amamanta-
dos, y en los brazos seréis traídos y sobre las rodillas seréis
mecidos.
13 Como aquel a quien su madre
consuela, así os [a]consolaré yo a
vosotros, y en Jerusalén recibiréis
[b]consuelo.
14 Y lo veréis, y se alegrará
vuestro corazón, y vuestros huesos se renovarán como la hierba;
y la [a]mano de Jehová se dará a
conocer a sus siervos y se enojará
contra sus enemigos.
15 Porque he aquí que Jehová
vendrá con [a]fuego y sus [b]carros
como torbellino, para descargar
su ira con furor y su reprensión
con llamas de fuego.
16 Porque Jehová [a]juzgará con
fuego y con su espada a toda
carne, y los [b]muertos por Jehová
serán multiplicados.
17 Los que se santifican y los
que se purifican en los huertos,
tras uno que está entre ellos, los
que comen carne de cerdo, y
cosas [a]abominables y ratones, juntamente perecerán, dice Jehová.
18 Porque yo [a]*conozco* sus [b]obras
y sus pensamientos; *tiempo* vendrá para juntar a [c]todas las naciones y lenguas; y vendrán y verán
mi gloria.
19 Y pondré entre ellos una
[a]señal y enviaré de ellos sobrevivientes a las naciones, a Tarsis, a
Pul y a Lud, que disparan arco, a
Tubal y a Javán, a las costas lejanas que no han oído de mí ni han
visto mi gloria; y [b]proclamarán
mi gloria entre las [c]naciones.
20 Y traerán a todos vuestros
hermanos de entre todas las
naciones, como una [a]ofrenda
a Jehová, en caballos, y en carros, y en literas, y en mulos y en
camellos, a mi santo monte de
Jerusalén, dice Jehová, tal como
los hijos de Israel traen la ofrenda

7 *b* TJS Apoc. 12:1–8 (Apéndice).
12 *a* *Es decir,* abundantemente.
b HEB o riqueza.
13 *a* GEE Consolador.
b GEE Israel—La congregación de Israel.
14 *a* Sal. 145:20.
15 *a* Ezeq. 38:18–23; DyC 133:41. GEE Fuego.
b Abr. 2:7.
16 *a* Ezeq. 38:22.
b Jer. 25:33.
17 *a* Lev. 11.
18 *a* GEE Omnisciente.
b Mos. 3:24.
c Sal. 86:9.
19 *a* GEE Pendón.
b GEE Obra misional.
c GEE Gentiles.
20 *a* GEE Ofrenda.

en utensilios limpios a la casa de
Jehová.
21 Y tomaré también de entre
ellos para [a]sacerdotes y para levitas, dice Jehová.
22 Porque como los [a]cielos nuevos y la nueva tierra que yo hago,
permanecerán delante de mí,
dice Jehová, así permanecerán
vuestra descendencia y vuestro
nombre.
23 Y sucederá que de mes en
mes, y de día de reposo en día de
reposo, vendrán todos a [a]adorar
delante de mí, dice Jehová.
24 Y saldrán y verán los cadáveres de los hombres que se rebelaron contra mí; porque su [a]gusano
nunca morirá ni su fuego se
apagará; y serán abominables a
toda la humanidad.

LIBRO DEL PROFETA JEREMÍAS

CAPÍTULO 1

Jeremías fue preordenado para ser profeta a las naciones — Siendo un ser mortal, es llamado a declarar la palabra de Jehová.

LAS palabras de [a]Jeremías hijo
de Hilcías, de los sacerdotes
que estaban en Anatot, en la tierra de Benjamín.
2 La palabra de Jehová que vino
a él en los días de Josías hijo de
Amón, rey de Judá, en el año
decimotercero de su reinado.
3 También vino a él en los días
de Joacim hijo de Josías, rey de
Judá, hasta el fin del año undécimo de Sedequías hijo de Josías,
rey de Judá, hasta la [a]cautividad
de Jerusalén en el mes quinto.
4 Vino, pues, la palabra de
Jehová a mí, diciendo:
5 Antes que te [a]formase en el
vientre, te conocí; y antes que
nacieses, te santifiqué; [b]te di por
profeta a las [c]naciones.
6 Y yo dije: ¡Ah, ah, Señor
Jehová! He aquí, no sé [a]hablar,
porque soy [b]niño.
7 Y me dijo Jehová: No digas:
Soy niño, porque a todo lo que
[a]te envíe irás tú, y dirás todo lo
que te [b]mande.
8 No [a]temas delante de ellos,
porque contigo estoy para librarte, dice Jehová.
9 Y extendió Jehová su mano y

21 *a* GEE Sacerdocio Aarónico.
22 *a* 2 Pe. 3:13. GEE Tierra—El estado final de la tierra.
23 *a* GEE Adorar.
24 *a* Mar. 9:43–48; DyC 76:44. GEE Infierno.

[JEREMÍAS]
1 1 *a* GEE Jeremías.
3 *a* Jer. 52:15; 2 Ne. 25:10–11. GEE Nabucodonosor.
5 *a* Isa. 49:5. GEE Vida preterrenal.
b *Es decir,* te ordené. GEE Preordenación; Ordenación, ordenar.
c Jer. 25:15–31.
6 *a* Éx. 4:10; Moisés 6:31–32.
b HEB joven. Jer. 1:7.
7 *a* GEE Llamado, llamado por Dios, llamamiento.
b GEE Mandamientos de Dios.
8 *a* Mateo 10:28; DyC 68:6.

tocó mi boca, y me dijo Jehová: He aquí, he puesto mis [a]palabras en tu boca.

10 Mira que te he [a]puesto en este día sobre naciones y sobre reinos, para arrancar y para destruir, y para arruinar y para derribar, para edificar y para plantar.

11 Y la palabra de Jehová vino a mí, diciendo: ¿[a]Qué ves tú, Jeremías? Y dije: Veo una vara de almendro.

12 Y me dijo Jehová: Bien has visto, porque yo vigilo mi palabra para ponerla por obra.

13 Y vino a mí la palabra de Jehová por segunda vez, diciendo: ¿Qué ves tú? Y dije: Veo una olla que hierve, y que se vierte desde el norte.

14 Y me dijo Jehová: Desde el [a]norte se soltará el mal sobre todos los moradores de esta tierra.

15 Porque he aquí que yo convoco a todas las familias de los reinos del norte, dice Jehová; y vendrán, y pondrá cada uno su trono a la entrada de las [a]puertas de Jerusalén, y frente a todos sus muros alrededor y frente a todas las ciudades de Judá.

16 Y a causa de toda su maldad, declararé mis juicios contra los que me abandonaron y quemaron incienso a [a]dioses ajenos, y adoraron las obras de sus manos.

17 Tú, pues, ciñe tus lomos, y levántate y declárales todo lo que te mande; no temas delante de ellos, no sea que yo te haga desfallecer delante de ellos.

18 Porque he aquí que yo te he puesto en este día como ciudad fortificada, y como columna de hierro y como muro de bronce contra toda esta tierra, contra los reyes de Judá, sus [a]príncipes, sus sacerdotes y el pueblo de esta tierra.

19 Y pelearán contra ti, pero no te [a]vencerán, porque yo estoy contigo, dice Jehová, para librarte.

CAPÍTULO 2

El pueblo de Judá abandonó a Jehová, la fuente de agua viva — Adoraron ídolos y rechazaron a los profetas.

Y VINO a mí la palabra de Jehová, diciendo:

2 Anda y clama a los oídos de Jerusalén, diciendo: Así dice Jehová: Me he acordado de ti, de la bondad de tu juventud, del amor de tu desposorio, cuando andabas en pos de mí en el desierto, en tierra no sembrada.

3 Santo era Israel a Jehová, primicias de sus frutos. Todos los que le devoran serán culpables; mal vendrá sobre ellos, dice Jehová.

4 Oíd la palabra de Jehová, oh casa de Jacob y todas las familias de la casa de Israel.

5 Así dice Jehová: ¿Qué injusticia

9 *a* GEE Profecía, profetizar.
10 *a* GEE Mayordomía, mayordomo.
11 *a* GEE Visión.
14 *a* Ezeq. 26:7.
15 *a* Jer. 39:3.
16 *a* GEE Idolatría.
18 *a* *O sea,* sus gobernantes, jefes.
19 *a* DyC 121:7–15.

hallaron en mí vuestros padres, para que se alejaran de mí, y se fueran tras la vanidad y se volvieran vanos?
6 Y no dijeron: ¿Dónde está Jehová, que nos hizo subir de la tierra de Egipto, que nos condujo por el desierto, por una tierra desierta y llena de fosos, por tierra seca y de sombra de muerte, por una tierra por la cual no pasó varón ni allí habitó hombre alguno?
7 Y os traje a una tierra fértil, para que comieseis de su fruto y de sus bienes; pero entrasteis, y [a]contaminasteis mi [b]tierra e hicisteis mi heredad abominable.
8 Los sacerdotes no dijeron: ¿Dónde está Jehová?, y los que tenían la ley no me conocieron; y los pastores se rebelaron contra mí, y los [a]profetas profetizaron en nombre de Baal y anduvieron tras lo que no aprovecha.
9 Por tanto, contenderé aún con vosotros, dice Jehová, y con los hijos de vuestros hijos contenderé.
10 Porque pasad a las costas de Quitim y mirad; y enviad a Cedar y considerad cuidadosamente; y ved si se ha hecho cosa semejante a ésta.
11 ¿Acaso alguna nación ha cambiado *sus* dioses, aunque ellos no son dioses? Sin embargo, mi pueblo ha cambiado su gloria por lo que no aprovecha.
12 Espantaos, oh cielos, por esto, y temblad; horrorizaos en gran manera, dice Jehová.
13 Porque dos [a]males ha hecho mi pueblo: me abandonaron a mí, fuente de [b]aguas vivas, *y* cavaron para sí cisternas, cisternas rotas que no retienen el agua.
14 ¿Es Israel siervo? ¿Es *esclavo* nacido en casa? ¿Por qué se ha convertido en presa?
15 Los cachorros del león rugieron contra él, dieron su voz y asolaron su tierra; quemadas están sus ciudades, sin morador.
16 Aun los hijos de Menfis y de [a]Tafnes te quebrantaron la coronilla.
17 ¿No te acarreó esto el haber abandonado a Jehová tu Dios cuando te conducía por el camino?
18 Ahora, pues, ¿qué tienes tú en el camino de [a]Egipto para que bebas agua del Nilo? ¿Y qué tienes tú en el camino de Asiria, para que bebas agua del [b]Río?
19 Tu maldad te castigará, y tu [a]rebeldía te [b]condenará; reconoce, pues, y ve cuán malo y amargo es el haber abandonado a Jehová tu Dios, y el no tener temor de mí, dice el Señor, Jehová de los ejércitos.
20 Porque desde hace mucho tiempo yo quebré tu yugo y rompí tus ataduras; y dijiste: No serviré. Con todo eso, sobre todo collado alto y debajo de todo

2 7 *a* Jue. 2:11–13.
b GEE Tierra prometida.
8 *a* Mateo 7:15–20.
13 *a* GEE Apostasía.
b 1 Ne. 11:25.
16 *a* *Es decir,* en Egipto, en la tierra de Gosén.
18 *a* Isa. 30:1–2.
b *Es decir,* del Éufrates.
19 *a* *O sea,* apostasía, infidelidad, reincidencia en los errores anteriores.
b GEE Castigar, castigo.

árbol frondoso, te acostabas como [a]ramera.

21 Y yo te planté, [a]vid escogida, simiente verdadera toda ella; ¿cómo, pues, te me has convertido en sarmiento de vid extraña?

22 Aunque te [a]laves con lejía y amontones jabón sobre ti, la mancha de tu iniquidad está delante de mí, dice Jehová el Señor.

23 ¿Cómo dices: No soy impura; nunca anduve tras los baales? Mira tu proceder en el valle; reconoce lo que has hecho, dromedaria ligera que tuerce sus caminos;

24 asna montés acostumbrada al desierto, que en su ardiente deseo olfatea el viento; en el tiempo de su celo, ¿quién la detendrá? Todos los que la busquen no se cansarán; en su mes la [a]hallarán.

25 Guarda tus pies de andar descalzos y tu garganta de la sed. Mas dijiste: No hay esperanza, no, porque a extraños he amado y tras ellos he de ir.

26 Como se avergüenza el ladrón cuando es descubierto, así se avergonzarán los de la casa de Israel, ellos, sus reyes, sus príncipes, sus sacerdotes y sus profetas,

27 que dicen a un [a]leño: Mi padre eres tú; y a una piedra: Tú me has engendrado; pues me [b]volvieron la espalda y no el rostro; y en el [c]tiempo de su calamidad dicen: Levántate y sálvanos.

28 ¿Y dónde están tus [a]dioses que hiciste para ti? Levántense ellos, a ver si te pueden salvar en el tiempo de tu aflicción, porque según el número de tus ciudades, oh Judá, fueron tus dioses.

29 ¿Por qué contendéis conmigo? Todos vosotros os rebelasteis contra mí, dice Jehová.

30 En vano he azotado a vuestros hijos; no han aceptado corrección. Vuestra propia espada ha devorado a vuestros profetas como león destrozador.

31 ¡Oh generación!, ved vosotros la palabra de Jehová. ¿He sido yo para Israel un desierto o una tierra de tinieblas? ¿Por qué ha dicho mi pueblo: Somos libres; nunca más vendremos a ti?

32 ¿Se olvida la virgen de su atavío, o la desposada de sus galas? Pero mi pueblo se ha olvidado de mí por innumerables días.

33 ¿Por qué adornas tu camino para hallar amor? Pues aun a las malvadas enseñaste tus caminos.

34 Aun en tus faldas se halló la [a]sangre de las almas de los pobres inocentes; no los hallaste en tu búsqueda secreta, sino en todas estas [b]cosas.

35 Y dices: Porque soy inocente, de cierto su ira se ha apartado de mí. He aquí, yo entraré en juicio contigo, porque has dicho: No he pecado.

36 ¿Por qué das tantas vueltas, cambiando tus caminos? También

20 *a* GEE Idolatría.
21 *a* GEE Viña del Señor, la.
22 *a* GEE Lavado, lavamientos, lavar.
24 *a* TJS Jer. 2:24 …*no* la hallarán.
27 *a* *Es decir,* a un ídolo.
b Ezeq. 8:15–16.
c DyC 101:7–9.
28 *a* Jue. 10:13–14.
34 *a* Sal. 106:38.
b *Es decir,* en estas ropas suyas.

serás avergonzada por Egipto, como fuiste avergonzada por Asiria.
37 También saldrás de allí con tus manos sobre la cabeza, porque Jehová desechó a aquellos en quienes confiabas, y no prosperarás con ellos.

CAPÍTULO 3

Israel y Judá profanaron y contaminaron la tierra con maldad — En los últimos días, Jehová recogerá al pueblo de Israel, uno de cada ciudad y dos de cada familia, y los llevará a Sión.

DICEN: Si alguno se [a]divorcia de su esposa, y ésta se va de él y se junta a otro hombre, ¿volverá de nuevo a ella? ¿No será tal tierra del todo [b]profanada? Tú, pues, has fornicado con muchos amantes; mas vuélvete a mí, dice Jehová.
2 Alza tus ojos a las alturas y ve en qué lugar no te has prostituido. Junto a los caminos te sentabas para ellos como árabe en el desierto, y con tus [a]fornicaciones y con tu maldad has contaminado la tierra.
3 Por esta causa las aguas han sido detenidas, y faltó la [a]lluvia [b]tardía; y has tenido frente de ramera y no has querido tener vergüenza.
4 ¿Acaso no acabas de llamarme, Padre mío, guía de mi juventud?
5 ¿Guardará *su* [a]*enojo* para siempre? ¿Lo guardará eternamente? He aquí que así has hablado, pero has hecho cuantas maldades pudiste.
6 Y me dijo Jehová en días del rey Josías: ¿Has visto lo que ha hecho la rebelde Israel? Se ha ido ella sobre todo monte alto y bajo todo árbol frondoso, y allí ha fornicado.
7 Y dije: Después de haber hecho todo esto, se volverá a mí; pero no se volvió. Y lo vio su pérfida hermana Judá.
8 Yo vi que por haber cometido adulterio la rebelde Israel, yo la había despedido y le había dado carta de divorcio; pero no tuvo temor su pérfida hermana Judá, sino que también fue ella y fornicó.
9 Y sucedió que por la liviandad de su fornicación, la tierra fue contaminada, y cometió adulterio con la [a]piedra y con el [b]leño.
10 Y con todo esto, su pérfida hermana Judá no se volvió a mí de todo corazón, sino [a]fingidamente, dice Jehová.
11 Y me dijo Jehová: La rebelde Israel ha [a]justificado su alma más que la pérfida Judá.
12 Ve y proclama estas palabras hacia el [a]norte, y di: [b]Vuélvete, oh rebelde Israel, dice Jehová; no

3 1 *a* GEE Divorcio.
b GEE Adulterio.
2 *a* Deut. 31:16.
3 *a* Lev. 26:3–4.
b *O sea,* de la primavera.
5 *a* Miq. 7:18–19.
9 *a* GEE Idolatría.
b *Es decir,* el ídolo. Jer. 2:27.
10 *a* JS—H 1:19. GEE Apostasía.
11 *a* DyC 88:38–39.
12 *a* GEE Israel—El esparcimiento de Israel.
b GEE Israel—La congregación de Israel.

haré caer mi ira sobre ti, porque misericordioso soy yo, dice Jehová; no guardaré para siempre *el enojo*.

13 Reconoce, pues, tu maldad, porque contra Jehová tu Dios te has rebelado, y has repartido tus favores a los extraños debajo de todo árbol frondoso y [a]no has escuchado mi voz, dice Jehová.

14 Convertíos, hijos rebeldes, dice Jehová, porque yo soy vuestro [a]esposo; y os tomaré uno de *cada* ciudad y dos de *cada* familia, y os [b]llevaré a [c]Sión;

15 y os daré pastores según mi corazón, que os apacienten con [a]conocimiento y con entendimiento.

16 Y acontecerá que cuando os multipliquéis y crezcáis en la tierra, en aquellos días, dice Jehová, no se dirá más: [a]Arca del convenio de Jehová; no vendrá al pensamiento, ni se acordarán de ella, ni la visitarán ni se hará otra más.

17 En aquel tiempo llamarán a [a]Jerusalén Trono de Jehová, y todas las [b]naciones se congregarán en ella en el nombre de Jehová, en Jerusalén; y no andarán más tras la dureza de su malvado corazón.

18 En aquellos tiempos andará la [a]casa de Judá con la casa de Israel, y vendrán juntamente de la [b]tierra del [c]norte a la tierra que hice heredar a vuestros padres.

19 Pero yo dije: ¿Cómo te pondré entre los hijos y te daré la tierra deseable, la rica heredad de las huestes de las naciones? Y dije: Me llamarás Padre mío y no te apartarás de en pos de mí.

20 Ciertamente, como la esposa infiel se [a]aparta de su compañero, así me habéis sido infiel, oh casa de Israel, dice Jehová.

21 Una voz se oye sobre las alturas, llanto de los ruegos de los hijos de Israel, porque han torcido su camino, de Jehová su Dios se han olvidado.

22 Volveos, hijos rebeldes; [a]sanaré vuestras rebeliones. He aquí, nosotros venimos a ti, porque tú eres Jehová nuestro Dios.

23 Ciertamente un engaño son los collados y el bullicio sobre los montes; ciertamente en Jehová nuestro Dios está la salvación de Israel.

24 La vergüenza consumió el trabajo de nuestros padres desde nuestra juventud: sus ovejas, sus vacas, sus hijos y sus hijas.

25 Yacemos en nuestra vergüenza, y nuestra afrenta nos cubre; porque [a]pecamos contra Jehová nuestro Dios, nosotros y nuestros padres, desde nuestra juventud y hasta este día, y

13 *a* *Es decir,* no obedeciste. GEE Obediencia, obediente, obedecer.
14 *a* GEE Esposo.
b GEE Obra misional.
c GEE Sión.
15 *a* GEE Conocimiento.
16 *a* También conocida como el arca del pacto o el arca de la alianza. GEE Arca del pacto.
17 *a* Miq. 4:2–8.
b GEE Gentiles.
18 *a* Isa. 11:12–13; 2 Ne. 29:8, 14.
b Jer. 16:14–15.
c GEE Israel—Las diez tribus perdidas de Israel.
20 *a* GEE Divorcio.
22 *a* GEE Sanar, sanidades.
25 *a* GEE Pecado.

[b]no hemos escuchado la voz de
Jehová nuestro Dios.

CAPÍTULO 4

Se llama a Israel y a Judá al arrepentimiento — Jeremías se lamenta por los padecimientos de Judá.

SI te has de volver, oh Israel, dice
Jehová, vuélvete a mí. Y si quitas
de delante de mí tus abominaciones y no andas de acá para allá,
2 y si juras con [a]verdad, con
[b]juicio y con [c]justicia, *diciendo*:
Vive Jehová, entonces las naciones serán benditas en él, y en él
se gloriarán.
3 Porque así dice Jehová a *todo*
hombre de Judá y de Jerusalén:
Arad campo para vosotros y no
sembréis entre [a]espinos.
4 [a]Circuncidaos para Jehová
y quitad el prepucio de vuestro corazón, hombres de Judá y
moradores de Jerusalén, no sea
que mi ira salga como fuego, y
se encienda y no haya quien la
apague, por la maldad de vuestras obras.
5 Anunciad en Judá, y proclamad en Jerusalén y decid: Tocad
trompeta en la tierra. Pregonad
y decid: Reuníos, y entremos en
las ciudades fortificadas.
6 Alzad [a]bandera hacia Sión,
buscad refugio, no os detengáis,
porque yo hago venir del norte
mal y quebrantamiento grande.
7 El león sube de la espesura,
el destructor de naciones está
en marcha; ha salido de su lugar para poner tu tierra en desolación; tus ciudades quedarán
asoladas y sin morador.
8 Por esto vestíos de cilicio,
lamentaos y aullad, porque la
ardiente ira de Jehová no se ha
apartado de nosotros.
9 Y acontecerá en aquel día, dice
Jehová, que desfallecerá el corazón del rey y el corazón de los
príncipes; y los sacerdotes estarán atónitos, y se consternarán
los profetas.
10 Y dije: ¡Ay, Jehová Dios! Verdaderamente en gran manera
has engañado a este pueblo y a
Jerusalén, diciendo: Paz tendréis,
pues la espada ha entrado hasta
el alma.
11 En aquel tiempo se dirá a
este pueblo y a Jerusalén: Un
viento abrasador de las alturas
del desierto *viene* a la hija de mi
pueblo, no para aventar ni para
limpiar.
12 Un viento más fuerte que éste
vendrá a mí; y ahora yo pronunciaré juicios contra ellos.
13 He aquí que subirá como
las nubes, y sus carros como
torbellino; más ligeros son sus
caballos que las águilas. ¡Ay de
nosotros, porque dados somos
al despojo!
14 [a]Lava maldad tu corazón de
la maldad, oh Jerusalén, para
que seas salva. ¿Hasta cuándo

25 *b* *Es decir,* no hemos obedecido. GEE Obediencia, obediente, obedecer.
4 2 *a* GEE Verdad.
b GEE Juicio, juzgar.
c GEE Rectitud, recto.
3 *a* Mateo 13:7.
4 *a* GEE Circuncisión.
6 *a* GEE Pendón.
14 *a* GEE Limpio e inmundo; Pureza, puro.

albergarás en medio de ti los pensamientos de iniquidad?
15 Porque una voz trae las nuevas desde Dan y hace oír la calamidad desde los montes de
Efraín.
16 Decid a las naciones; he aquí,
haced oír sobre Jerusalén: Sitia-
dores vienen de tierra lejana y
darán su voz contra las ciudades
de Judá.
17 Como guardias de campo
están alrededor de ella, porque se
rebeló contra mí, dice Jehová.
18 Tu camino y tus obras te hicieron esto; ésta es tu maldad,
porque es amargura; penetra
hasta tu corazón.
19 ¡Mis entrañas, mis entrañas!
Me duelen las [a]fibras de mi corazón; mi corazón gime dentro de
mí; no callaré, porque sonido de
trompeta has oído, oh alma mía,
el pregón de guerra.
20 Quebrantamiento sobre quebrantamiento se anuncia, porque toda la tierra es devastada;
de repente son devastadas mis
tiendas, en un momento mis
cortinas.
21 ¿Hasta cuándo he de ver
bandera y he de oír sonido de
trompeta?
22 Porque mi pueblo es necio;
no me [a]conocieron; son hijos insensatos y sin entendimiento; son
sabios para hacer el [b]mal, pero no
saben hacer el bien.
23 Miré a la tierra, y he aquí
que estaba desordenada y vacía; y a los cielos, y no había en
ellos luz.
24 Miré a los montes, y he aquí
que temblaban, y todos los collados se estremecían.
25 Miré, y he aquí, no había
hombre, y todas las aves del cielo
se habían ido.
26 Miré, y he aquí, el campo
fértil era un desierto, y todas sus
ciudades fueron asoladas delante
de Jehová, delante del furor de
su ira.
27 Porque así dijo Jehová: Toda
la tierra será asolada, pero no la
destruiré del todo.
28 Por esto la tierra estará
de duelo, y los cielos arriba
se oscurecerán, porque he hablado, lo he pensado, y no
[a]me arrepentiré ni me volveré
de ello.
29 Al estruendo de la gente de
a caballo y de los flecheros huye
toda la ciudad; entran en las es-
pesuras de los bosques y suben
a los peñascos; toda ciudad es
abandonada y no queda en ellas
hombre alguno.
30 Y tú, devastada, ¿qué harás?
Aunque te vistas de grana, aunque te adornes con atavíos de
oro, aunque pintes con antimonio
tus ojos, en vano te engalanas; te
menosprecian tus amantes; buscan tu vida.
31 Porque oí una voz como
de mujer que está de parto, angustia como de primeriza; es
la voz de la hija de Sión que
jadea y extiende sus manos,
diciendo: ¡Ay ahora de mí!, pues
mi alma desfallece a causa de los
asesinos.

19 *a* HEB muros.
22 *a* Mos. 5:13.
b Hel. 12:3–7.
28 *a* HEB cederé.

CAPÍTULO 5

Se derramarán juicios sobre el pueblo de Judá a causa de sus pecados — Sus iniquidades hacen que las bendiciones les sean retenidas.

RECORRED las calles de Jerusalén,
y mirad ahora, y sabed y buscad
en sus plazas a ver si halláis un
solo hombre, si hay alguno que
haga justicia, que busque la verdad,
y yo la perdonaré.
2 Y aunque digan: Vive Jehová,
de cierto juran falsamente.
3 Oh Jehová, ¿no miran tus
ojos la verdad? Los azotaste, y
no les dolió; los consumiste, y
no quisieron recibir corrección;
endurecieron sus rostros más
que la piedra *y* no quisieron
[a]volverse.
4 Pero yo dije: De cierto ellos
son pobres, son necios, pues no
[a]conocen el camino de Jehová, el
juicio de su Dios.
5 Iré a los grandes y les hablaré,
porque ellos han conocido el camino
de Jehová, el juicio de su
Dios. Pero ellos también quebraron
el [a]yugo, rompieron las
[b]coyundas.
6 Por tanto, el león del bosque
los matará, los destruirá el lobo
del desierto, el leopardo acechará
sus ciudades; cualquiera que de
ellas salga será despedazado,
porque sus [a]transgresiones se han
multiplicado; se han aumentado
sus rebeldías.
7 ¿Cómo te he de perdonar por
esto? Tus hijos me abandonaron
y juraron por lo que no es Dios.
Los [a]sacié y [b]cometieron adulterio,
y a casa de rameras fueron
en tropel.
8 Como caballos bien alimentados
y fogosos, cada cual relinchaba
tras la esposa de su
prójimo.
9 ¿No había de [a]castigar esto?,
dice Jehová. De una nación como
ésta, ¿no se había de vengar mi
alma?
10 Escalad sus muros y [a]destruid,
pero no del todo; quitad
las almenas de sus muros, porque
no son de Jehová.
11 Porque resueltamente me han
traicionado la casa de Israel y la
casa de Judá, dice Jehová.
12 Negaron a Jehová y dijeron:
Él no existe, y no vendrá mal sobre
nosotros ni veremos espada
ni hambre;
13 y los profetas serán como el
viento, y la palabra no está en
ellos; así se hará a ellos.
14 Por tanto, así ha dicho Jehová
Dios de los ejércitos: Porque hablasteis
esta palabra, he aquí, yo
pongo en tu [a]boca mis palabras
como fuego, y a los de este pueblo
como leña, y los consumirá.
15 He aquí, yo traigo sobre vosotros
gente de lejos, oh casa de
Israel, dice Jehová; gente robusta,
gente antigua, gente cuya lengua
ignoras y no entenderás lo que
hable.

5 3 *a* *O sea,* arrepentirse.
4 *a* Juan 17:3.
GEE Conocimiento.
5 *a* *Es decir,* de la ley y los convenios.
b *O sea,* los lazos o vínculos.
6 *a* GEE Pecado.
7 *a* Deut. 32:15.
b GEE Adulterio.
9 *a* Jer. 5:29.
10 *a* Jer. 39:8–10.
14 *a* GEE Profecía, profetizar.

16 Su aljaba es como sepulcro
abierto; todos son valientes.
17 Y [a]comerá tu mies y tu pan;
comerá a tus hijos y a tus hijas;
comerá tus ovejas y tus vacas;
comerá tus viñas y tus higueras;
y a espada convertirá en nada
tus ciudades fortificadas en las
que tú confías.
18 No obstante, en aquellos días,
dice Jehová, no os destruiré del
todo.
19 Y acontecerá que cuando digan: ¿Por qué ha hecho Jehová
nuestro Dios con nosotros todas
estas cosas?, entonces les dirás:
De la manera que me [a]dejasteis
a mí y servisteis a [b]dioses ajenos
en vuestra tierra, así serviréis a
extraños en una tierra que no es
vuestra.
20 Anunciad esto en la casa de
Jacob y haced que esto se oiga en
Judá, diciendo:
21 Oíd ahora esto, pueblo necio
y [a]sin corazón, que tiene ojos y no
ve, que tiene oídos y no oye.
22 ¿A mí no me temeréis?, dice
Jehová. ¿No temblaréis ante mi
presencia, yo, que puse la arena
por límite al mar, por estatuto
eterno el cual no será traspasado?
Y se levantarán las olas, mas no
prevalecerán; bramarán, mas no
lo traspasarán.
23 Pero este pueblo tiene corazón terco y [a]rebelde; se apartaron
y se fueron.
24 Y no dijeron en su corazón:
Temamos ahora a Jehová nuestro
Dios, que da lluvia [a]temprana y
tardía a su tiempo, y nos guarda
los tiempos establecidos de la
siega.
25 Vuestras iniquidades han
alejado estas cosas, y vuestros
pecados han apartado de vosotros el bien.
26 Porque se encuentran malvados en mi pueblo; acechan como
quien tiende lazos; ponen trampas para [a]cazar hombres.
27 Como jaula llena de pájaros,
así están sus casas llenas de engaño; así se han hecho poderosos
y ricos.
28 Han engordado y se han
puesto lustrosos, y sobrepasan
los hechos del malo; no abogan
por la causa, la causa del huérfano; se han hecho prósperos
y no defienden la causa de los
pobres.
29 ¿No he de castigar esto?, dice
Jehová; ¿y de tal nación no se
vengará mi alma?
30 Cosa espantosa y fea es hecha
en esta tierra:
31 los [a]profetas profetizan mentira, y los [b]sacerdotes gobiernan
por manos de ellos; y mi pueblo
[c]así lo quiere. ¿Qué, pues, haréis
cuando llegue el fin?

CAPÍTULO 6

Jerusalén será destruida a causa de su iniquidad — Será invadida por una nación grande y cruel.

17 *a* Deut. 28:49–51.
19 *a* GEE Apostasía—Apostasía general.
b GEE Idolatría.
21 *a* *O sea,* sin entendimiento.
23 *a* Sal. 78:8.
24 *a* *Es decir,* de invierno y de primavera.
26 *a* GEE Engañar, engaño.
31 *a* Deut. 18:20–22.
b GEE Supercherías sacerdotales.
c Rom. 1:32.

HUID, hijos de Benjamín, de en medio de Jerusalén, y tocad trompeta en Tecoa y alzad señal sobre Bet-haquerem, porque del [a]norte se asoma el mal, un gran quebrantamiento.

2 Con *mujer* hermosa y delicada comparé a la hija de Sión.

3 A ella vendrán pastores y sus rebaños; junto a ella y a su alrededor pondrán sus tiendas; cada uno apacentará en su lugar.

4 Preparad guerra contra ella; levantaos y subamos al mediodía. ¡Ay de nosotros!, porque va cayendo ya el día, y las sombras del atardecer se han extendido.

5 ¡Levantaos, y subamos de noche y destruyamos sus palacios!

6 Porque así ha dicho Jehová de los ejércitos: Cortad árboles y levantad [a]terraplén contra Jerusalén; ésta es la ciudad que ha de ser castigada; todo en medio de ella es opresión.

7 Como el pozo conserva frescas sus aguas, así ella conserva fresca su [a]maldad; violencia y devastación se oyen en ella; continuamente delante de mí hay enfermedad y herida.

8 Corrígete, Jerusalén, para que no se aparte mi alma de ti, para que no te convierta en desolación, en tierra no habitada.

9 Así ha dicho Jehová de los ejércitos: Rebuscarán como a una vid el remanente de Israel; vuelve a pasar tu mano como vendimiador entre los sarmientos.

10 ¿A quién tengo que hablar y [a]amonestar para que escuchen? He aquí que sus oídos son [b]incircuncisos, y no pueden oír; he aquí que la palabra de Jehová les es cosa vergonzosa; no se deleitan en ella.

11 Por tanto, estoy lleno de la ira de Jehová; estoy cansado de contenerme; derrámala sobre los niños en la calle y sobre la reunión de los jóvenes juntamente, porque será preso tanto el marido como la mujer, tanto el anciano como el lleno de días.

12 Y sus casas serán entregadas a otros, sus campos y también sus esposas, porque yo extenderé mi mano sobre los moradores de la tierra, dice Jehová.

13 Porque desde el más pequeño de ellos hasta el más grande, cada uno sigue la [a]avaricia; y desde el profeta hasta el [b]sacerdote, todos son engañadores.

14 Y curan el quebranto de mi pueblo con liviandad, diciendo: [a]Paz, paz; pero no hay paz.

15 ¿Se han avergonzado de haber hecho abominación? Ciertamente no se han avergonzado, ni aun saben tener vergüenza; por tanto, caerán entre los que caigan; cuando los castigue, caerán, dice Jehová.

16 Así ha dicho Jehová: Permaneced en los caminos, y mirad y preguntad por las sendas

6 1 *a* Ezeq. 26:7.
6 *a* Ezeq. 4:2.
7 *a* GEE Inicuo, iniquidad.
10 *a* GEE Amonestación, amonestar.
b Hech. 7:51.
13 *a* GEE Codiciar.
b GEE Supercherías sacerdotales.
14 *a* GEE Paz.

antiguas, cuál sea el buen camino;
y [a]andad por él y hallaréis [b]descanso para vuestra alma. Mas dijeron: No andaremos.
17 Y puse sobre vosotros
[a] atalayas, *que dijesen*: [b] Escuchad el sonido de la trompeta. Pero dijeron ellos: No lo escucharemos.
18 Por tanto oíd, oh naciones, y sabed, oh congregación, lo que les sucederá.
19 Oye, oh tierra: He aquí, yo traigo el [a]mal sobre este pueblo, el fruto de sus pensamientos, porque no escucharon mis palabras y desecharon mi ley.
20 ¿Para qué me traéis este incienso de Sabá y la buena caña olorosa de tierra lejana? Vuestros holocaustos no son [a]aceptables ni vuestros sacrificios me agradan.
21 Por tanto, Jehová ha dicho esto: He aquí, yo pongo a este pueblo [a]tropiezos, y caerán en ellos los padres y los hijos juntamente; el vecino y su compañero perecerán.
22 Así ha dicho Jehová: He aquí que viene un pueblo de la tierra del [a]norte, y una nación grande se levantará de los confines de la tierra.
23 Arco y lanza empuñarán; crueles son y no tendrán misericordia; su estruendo bramará como el mar, y montarán a caballo como hombres dispuestos para la guerra, contra ti, oh hija de Sión.
24 Su fama oímos, y nuestras manos se debilitaron; se apoderó de nosotros la angustia, dolor como de mujer que está de parto.
25 No salgas al campo ni andes por el camino, porque espada de enemigo *y* temor *hay* por todas partes.
26 Oh hija de mi pueblo, cíñete de cilicio y revuélcate en ceniza; haz duelo como por [a]hijo único, llanto de amarguras, porque pronto vendrá sobre nosotros el destructor.
27 Como fortaleza y como torre te he puesto en mi pueblo; conocerás, pues, y examinarás el camino de ellos.
28 Todos ellos son rebeldes empedernidos y andan [a]calumniando; son bronce y hierro; todos ellos son corruptores.
29 [a]Se quemó el fuelle; por el fuego se ha consumido el plomo; en vano fundió [b]el fundidor, pues los malos no son arrancados.
30 Plata desechada los llamarán, porque Jehová los desechó.

CAPÍTULO 7

Si el pueblo de Judá se arrepiente, será preservado — El templo se ha convertido en cueva de ladrones — Jehová desecha a esa generación

16 *a* GEE Andar, andar con Dios.
b GEE Descansar, descanso (reposo).
17 *a* GEE Atalaya, atalayar.
b GEE Obediencia, obediente, obedecer.
19 *a* *O sea,* calamidad.
20 *a* 1 Sam. 15:22; Isa. 1:11–15; Mateo 23:14, 23, 28.
21 *a* Mos. 7:29.
22 *a* Jer. 50:41–43.
26 *a* Amós 8:10.
28 *a* GEE Calumnias.
29 *a* *O sea,* sopla alimentando el fuego.
b *O sea,* el refinamiento es en vano.

del pueblo de Judá por sus idola-
trías — Ofrecen a sus hijos como
sacrificio.

LA palabra de Jehová que vino a
Jeremías, diciendo:
2 Ponte a la puerta de la casa
de Jehová, y proclama allí esta
palabra y di: Oíd la palabra de
Jehová, todo Judá, los que entráis
por estas puertas para adorar a
Jehová.
3 Así ha dicho Jehová de los
ejércitos, Dios de Israel: [a]Enmen-
dad vuestros caminos y vuestras
obras, y os haré morar en este
lugar.
4 No confiéis en palabras de
mentira, diciendo: ¡Templo de
Jehová, templo de Jehová, templo
de Jehová es éste!
5 Porque si de veras enmen-
dáis vuestros caminos y vuestras obras, si en verdad hacéis
justicia entre el hombre y su
prójimo,
6 y no oprimís al [a]extranjero, al
[b]huérfano y a la viuda, ni en este
lugar derramáis sangre inocente,
ni andáis en pos de dioses ajenos
para mal vuestro,
7 os haré morar en este lugar, en
la tierra que di a vuestros padres
para siempre.
8 He aquí, vosotros confiáis
en palabras de mentira que no
aprovechan.
9 Hurtáis, [a]matáis, y cometéis
adulterio, y juráis falsamente,
y quemáis incienso a Baal y
[b]andáis tras dioses extraños que
no conocéis,
10 ¿y *ahora* venís y os ponéis
delante de mí en esta casa sobre
la cual es invocado mi nombre, y
decís: Librados somos, para hacer
todas estas abominaciones?
11 ¿Es [a]cueva de ladrones delante de vuestros ojos esta [b]casa,
sobre la cual es invocado mi nombre? He aquí que también yo lo
he visto, dice Jehová.
12 Id, pues, ahora a mi lugar en
[a]Silo, donde hice morar mi nombre al principio, y ved lo que le
hice por la maldad de mi pueblo
Israel.
13 Ahora pues, por cuanto vosotros habéis hecho todas estas
obras, dice Jehová, y aunque
os hablé, madrugando para hablar, no oísteis; y os llamé, y no
respondisteis;
14 haré también a esta [a]casa sobre la cual es invocado mi nombre, en la que vosotros confiáis, y
a este lugar que os di a vosotros
y a vuestros padres, como hice
a Silo.
15 Y os echaré de mi presencia
como eché a todos vuestros hermanos, a toda la descendencia
de Efraín.
16 Tú, pues, no ores por este
pueblo, ni levantes por ellos clamor ni oración ni intercedas ante
mí, porque [a]no te oiré.
17 ¿No ves lo que éstos hacen
en las ciudades de Judá y en las
calles de Jerusalén?

7 3 *a* Isa. 1:16–20.
6 *a* Jer. 22:3.
b Stg. 1:27.
GEE Caridad.
9 *a* GEE Asesinato.
b GEE Tinieblas espirituales.
11 *a* Mateo 21:12–13.
b GEE Templo, Casa del Señor.
12 *a* Josué 18:1.
14 *a* Ezeq. 7:21–22.
16 *a* Mos. 21:15.

18 Los hijos recogen la leña, y los padres encienden el fuego, y las mujeres amasan la masa para hacer tortas a [a]la reina del cielo y para derramar libaciones a dioses ajenos, para provocarme a ira.

19 ¿Me provocarán ellos a ira?, dice Jehová. ¿No actúan más bien ellos mismos para su propia vergüenza?

20 Por tanto, así ha dicho Jehová el Señor: He aquí que mi furor y mi ira se derramarán sobre este lugar, sobre los hombres, y sobre los animales, y sobre los árboles del campo y sobre los frutos de la tierra. Y arderá y no se apagará.

21 Así ha dicho Jehová de los ejércitos, Dios de Israel: Añadid vuestros holocaustos a vuestros sacrificios y comed la carne.

22 Porque no hablé yo con vuestros padres, ni nada les mandé acerca de holocaustos y de sacrificios el día en que los saqué de la tierra de Egipto.

23 Mas esto les mandé, diciendo: [a]Escuchad mi [b]voz, y yo seré vuestro Dios, y vosotros seréis mi pueblo; y andad en todo camino que os mande, para que os vaya bien.

24 Y no escucharon ni inclinaron su oído, sino que caminaron en [a]*sus* propios consejos, en la dureza de su malvado corazón, y [b]fueron hacia atrás y no hacia delante,

25 desde el día en que vuestros padres salieron de la tierra de Egipto hasta hoy. Y os [a]envié a todos los [b]profetas, mis siervos, cada día madrugando y enviándolos.

26 Pero no me escucharon ni inclinaron su oído, sino que [a]endurecieron su cerviz *e* hicieron peor que sus padres.

27 Tú, pues, les dirás todas estas palabras, pero no te escucharán; y los llamarás, pero no te responderán.

28 Les dirás, por tanto: Ésta es la nación que [a]no escuchó la voz de Jehová su Dios ni aceptó corrección; pereció la verdad, y de la boca de ellos fue cortada.

29 Corta el cabello de tu coronilla, y arrójalo y levanta llanto sobre las alturas, porque Jehová ha desechado y abandonado a la generación objeto de su ira.

30 Porque los hijos de Judá han hecho lo malo ante mis ojos, dice Jehová; pusieron sus [a]abominaciones en la casa sobre la cual mi nombre fue invocado, profanándola.

31 Y han edificado los lugares altos de Tofet, que está en el valle del hijo de Hinom, para quemar en el [a]fuego a sus hijos y a sus hijas, cosa que yo no les mandé ni estuvo en mi corazón.

32 Por tanto, he aquí, vendrán días, ha dicho Jehová, en que no se dirá más Tofet ni valle del hijo de Hinom, sino valle de la Matanza; y serán enterrados en Tofet, por no haber lugar.

18 *a* *Es decir,* a la diosa de la fertilidad.
23 *a* GEE Obediencia, obediente, obedecer.
b DyC 1:38.
24 *a* 1 Ne. 12:18.
b GEE Apostasía.
25 *a* GEE Autoridad.
b GEE Profeta.
26 *a* GEE Orgullo.
28 *a* *Es decir,* no obedeció.
30 *a* 2 Rey. 21:4–7.
31 *a* Deut. 12:31.

33 Y los cuerpos muertos de este
pueblo serán para comida de las
aves del cielo y de las bestias de
la tierra, y no habrá quien las
espante.
34 Y haré cesar de las ciudades
de Judá y de las calles de Jerusalén la voz de [a]gozo y la [b]voz
de alegría, la voz del esposo y la
voz de la esposa, porque la tierra
será [c]desolada.

CAPÍTULO 8

Sobrevendrán calamidades a los habitantes de Jerusalén — Para ellos, pasó la siega, terminó el verano y no han sido salvos.

EN aquel tiempo, dice Jehová,
sacarán fuera de sus sepulcros
los huesos de los reyes de Judá,
y los huesos de sus príncipes, y
los huesos de los sacerdotes,
y los huesos de los profetas y
los huesos de los moradores de
Jerusalén;
2 y los esparcirán al sol, y a la
luna y a todo el ejército del cielo,
a quienes amaron, y a quienes
sirvieron, y en pos de quienes
anduvieron, y a quienes buscaron
y ante quienes [a]se postraron. No
serán recogidos ni enterrados;
serán como estiércol sobre la faz
de la tierra.
3 Y escogerá la [a]muerte antes
que la vida todo el resto que
quede de esta malvada generación, los que queden en todos los
lugares adonde yo los arroje, dice
Jehová de los ejércitos.
4 Les dirás asimismo: Así ha
dicho Jehová: El que cae, ¿no se
levanta? El que se desvía, ¿no
vuelve?
5 ¿Por qué es este pueblo de
Jerusalén rebelde con rebeldía
perpetua? Abrazaron el engaño;
no han querido volver a mí.
6 Escuché y oí; no hablan lo
que es recto; no hay hombre que
se arrepienta de su maldad, diciendo: ¿Qué he hecho? Cada
cual se volvió a su propia carrera,
como caballo que arremete con
ímpetu a la batalla.
7 Aun la cigüeña en el cielo conoce su tiempo; y la tórtola, y la
grulla y la golondrina guardan
el tiempo de su venida; pero mi
pueblo [a]no conoce el juicio de
Jehová.
8 ¿Cómo decís: Nosotros somos [a]sabios, y la ley de Jehová
está con nosotros? Ciertamente,
he aquí, la pluma mentirosa de
los escribas la ha convertido en
mentira.
9 Los sabios son avergonzados;
están abatidos y presos; he aquí,
[a]han rechazado la palabra de Jehová, ¿y qué sabiduría tienen?
10 Por tanto, daré a otros sus
esposas, y sus campos a quienes
los posean; porque desde el más
pequeño hasta el más grande,
cada uno sigue la avaricia; desde
el profeta hasta el sacerdote, todos practican el engaño.
11 Y curan el quebranto de la

34 *a* Oseas 2:11.
b Apoc. 18:22–24.
c Jer. 44:2.
8 2 *a* GEE Idolatría.
3 *a* Apoc. 9:6.
7 *a* Hel. 12:6.
8 *a* 1 Cor. 1:20; 2 Ne. 9:28.
9 *a* GEE Apostasía; Pecado.

hija de mi pueblo con liviandad, diciendo: Paz, paz; pero no hay paz.

12 ¿Se han avergonzado de haber hecho abominación? Ciertamente no se han avergonzado en lo más mínimo, ni aun saben tener vergüenza; caerán, por tanto, entre los que caigan; cuando los castigue, [a]caerán, dice Jehová.

13 Los [a]consumiré del todo, dice Jehová. No habrá uvas en la vid ni higos en la higuera, y se caerá la hoja; y lo que les he dado pasará de ellos.

14 ¿Por qué permanecemos sentados? Reuníos, y entremos en las ciudades fortificadas; y allí guardaremos silencio, porque Jehová nuestro Dios nos ha hecho callar y nos ha dado a beber agua de hiel, porque pecamos contra Jehová.

15 Esperamos paz, y no hubo bien; tiempo de curación, y he aquí, turbación.

16 Desde Dan se oyó el resoplido de sus caballos; al sonido de los relinchos de sus fuertes *corceles* tembló toda la tierra; y vinieron y devoraron la tierra y su abundancia, la ciudad y a los moradores de ella.

17 Porque, he aquí, yo envío entre vosotros serpientes, víboras contra las cuales no hay encantamiento, y os morderán, dice Jehová.

18 *A causa* de mi fuerte dolor; mi corazón desfallece en mí.

19 He aquí, la voz del clamor de la hija de mi pueblo desde una tierra lejana: ¿No está Jehová en Sión? ¿No está en ella su rey? ¿Por qué me provocaron a ira con sus imágenes talladas, con [a]vanidades ajenas?

20 Pasó la [a]siega, terminó el verano, y nosotros no hemos sido salvos.

21 Quebrantado estoy por el quebranto de la hija de mi pueblo; [a]entenebrecido estoy; el espanto se ha apoderado de mí.

22 ¿No hay [a]bálsamo en Galaad? ¿No hay allí médico? ¿Por qué, pues, no ha mejorado la salud de la hija de mi pueblo?

CAPÍTULO 9

Jeremías se lamenta intensamente por los pecados del pueblo — Los de este pueblo serán esparcidos entre las naciones y castigados.

¡OH, si mi cabeza fuera agua y mis ojos fuente de lágrimas, para llorar día y noche por los muertos de la hija de mi pueblo!

2 ¡Oh, quién me diese en el desierto un albergue de caminantes, para que dejase a mi pueblo y de ellos me apartase! Porque todos ellos son adúlteros, asamblea de traidores.

3 Y tensaron su [a]lengua *como* arco para *lanzar* mentira; y no se fortalecieron para la verdad en

12 *a* GEE Muerte espiritual.
13 *a* 2 Ne. 26:6; DyC 63:34.
19 *a* *O sea,* ídolos extraños.
20 *a* DyC 45:2; 56:16.
21 *a* Expresión hebrea que significa "abrumado".
Nahúm 2:10.
22 *a* GEE Bálsamo de Galaad.
9 3 *a* Sal. 64:3.

la tierra, porque de mal en mal procedieron y no me [b]conocen, dice Jehová.

4 [a]Guárdese cada uno de su prójimo y en ningún hermano tenga confianza, porque todo hermano engaña con falacia, y todo prójimo anda calumniando.

5 Y cada uno engaña a su prójimo, y ninguno dice la verdad; enseñaron a su lengua a decir mentiras; cometen iniquidad hasta el cansancio.

6 Tu morada está en medio del engaño; a causa del engaño, no quisieron conocerme, dice Jehová.

7 Por tanto, así ha dicho Jehová de los ejércitos: He aquí que yo los [a]refinaré y los [b]probaré, porque, ¿qué más he de hacer por la hija de mi pueblo?

8 Saeta mortífera es la lengua de ellos; engaño habla; con su boca habla paz a su amigo, pero dentro de sí le tiende emboscada.

9 ¿No los he de [a]castigar por estas cosas?, dice Jehová. De tal nación, ¿no se vengará mi alma?

10 Por los montes levantaré lloro, y llanto y lamentación por los pastizales del desierto, porque han sido desolados hasta no quedar quien pase, ni oírse el bramido del ganado; desde las aves del cielo hasta las bestias de la tierra huyeron; se han ido.

11 Reduciré a [a]Jerusalén a un montón de ruinas, a una guarida de chacales, y convertiré las ciudades de Judá en una desolación donde no quede morador.

12 ¿Quién es el hombre sabio que entienda esto? ¿Y a quién habló la boca de Jehová, para que pueda declararlo? ¿Por qué causa la tierra ha perecido *y* ha sido asolada como un desierto, hasta no haber quien pase por ella?

13 Y dice Jehová: Porque dejaron mi ley, la cual di delante de ellos, y no [a]obedecieron mi voz ni caminaron conforme a ella,

14 sino que se fueron tras la [a]obstinación de su corazón y en pos de los [b]baales, según les enseñaron sus padres.

15 Por tanto, así ha dicho Jehová de los ejércitos, Dios de Israel: He aquí que a este pueblo yo les daré a comer ajenjo y les daré a beber agua de hiel.

16 Y los [a]esparciré entre naciones que no conocieron ellos ni sus padres; y enviaré espada en pos de ellos, hasta que yo los acabe.

17 Así dice Jehová de los ejércitos: Considerad y llamad plañideras que vengan; y enviad por las hábiles para que vengan;

18 y dense prisa y levanten llanto por nosotros, y corran lágrimas de nuestros ojos, y nuestros párpados destilen agua.

19 Porque voz de lamentación se oye desde Sión: ¡Cómo hemos sido destruidos! En gran manera hemos sido avergonzados, porque hemos abandonado la tierra,

3 *b* Juan 17:3; DyC 101:16.
4 *a* Miq. 7:5–6.
7 *a* 2 Ne. 23:7–9; DyC 133:41.
b Isa. 1:25–26; Mal. 3:2–3.
9 *a* Jer. 44:22.
11 *a* 2 Ne. 13:8.
13 *a* GEE Obediencia, obediente, obedecer.
14 *a* 1 Ne. 12:18.
b GEE Baal.
16 *a* GEE Israel—El esparcimiento de Israel.

porque han derribado nuestras
moradas.
20 Oíd, pues, oh mujeres, la palabra de Jehová, y vuestro oído reciba la palabra de su boca; y enseñad endechas a vuestras hijas y cada una a su amiga lamentos.
21 Porque la muerte ha subido por nuestras ventanas *y* ha entrado en nuestros palacios, para talar a los niños de las calles, a los jóvenes de las plazas.
22 Di: Así dice Jehová: Los cuerpos de los hombres muertos caerán como estiércol sobre la faz del campo y como manojos tras el segador, y no hay quien los recoja.
23 Así dice Jehová: No se alabe el sabio en su propia sabiduría, ni en su propia valentía se alabe el valiente, ni el rico se alabe en sus propias [a]riquezas.
24 Mas [a]alábese en esto el que haya de alabarse: en entenderme y conocerme, que yo soy Jehová, que hago misericordia, juicio y justicia en la tierra, porque en estas cosas [b]me deleito, dice Jehová.
25 He aquí que vienen días, dice Jehová, en que castigaré a todo [a]circuncidado *y* a todo incircunciso:
26 a Egipto, y a Judá, y a Edom, y a los hijos de Amón y de Moab, y a todos los que están en los extremos más remotos, que moran en el desierto, porque todas las naciones son incircuncisas, y toda la casa de Israel es incircuncisa de corazón.

CAPÍTULO 10

No aprendáis el camino de las demás naciones — Sus dioses son ídolos e imágenes de fundición — Jehová es el Dios verdadero y viviente.

OÍD la palabra que Jehová ha hablado a vosotros, oh casa de Israel.
2 Así dice Jehová: No aprendáis el camino de las naciones ni de las señales del cielo tengáis temor, aunque las naciones las teman.
3 Porque las [a]costumbres de los pueblos son vanidad, porque cortan un árbol del bosque y lo labran las manos del artífice con cincel,
4 con plata y oro lo engalanan, con clavos y martillo lo afirman para que no se mueva.
5 Derechos están como una palmera, y no hablan; son [a]llevados, porque no pueden andar. No tengáis temor de ellos, porque ni pueden hacer mal ni tienen poder para hacer bien.
6 No hay nadie semejante a ti, oh Jehová; grande eres tú, y grande es tu nombre en poder.
7 ¿Quién no te temerá, oh Rey de las naciones? Porque a ti te corresponde *ser temido,* porque entre todos los sabios de las naciones y en todos sus reinos, no hay nadie [a]semejante a ti.
8 Y todos se embrutecerán y entontecerán. El mismo árbol es enseñanza de vanidades.
9 Traerán plata laminada de Tarsis y oro de Ufaz, obra del artífice

23 *a* GEE Riquezas.
24 *a* Alma 26:36.
GEE Gloria.
b Miq. 7:18.
25 *a* GEE Circuncisión.
10 3 *a* GEE Tradiciones.
5 *a* Isa. 46:6–7.
7 *a* Sal. 89:6–8.

y de las manos del fundidor; los
vestirán de azul y de púrpura;
obra de expertos es todo.
10 Mas Jehová es el [a]Dios verdadero; él es el Dios [b]viviente y el
[c]Rey eterno; ante su ira tiembla la
tierra, y las naciones no pueden
resistir su indignación.
11 Les diréis así: Los [a]dioses que
no hicieron los cielos ni la tierra
desaparecerán de la tierra y de
debajo de estos cielos.
12 Él hizo la tierra con su poder;
él puso en orden el mundo con
su saber y extendió los cielos con
su entendimiento;
13 a su voz se produce un tumulto de aguas en el cielo, y hace
subir las nubes del extremo de la
tierra; hace los relámpagos con
la lluvia y saca el viento de sus
depósitos.
14 Todo hombre se embrutece *y
le* falta conocimiento; todo fundidor es avergonzado a causa de
su ídolo, porque mentira es su
imagen de fundición y no hay
espíritu en ella.
15 Vanidad son, obra de escarnio; en el tiempo de su [a]castigo
perecerán.
16 No es como ellos la porción
de Jacob, porque él es el Hacedor
de todo, e Israel es la vara de su
heredad; Jehová de los ejércitos
es su nombre.
17 Recoge del suelo tus pertenencias, tú que moras en lugar
sitiado.
18 Porque así ha dicho Jehová:
He aquí que esta vez arrojaré con
honda a los moradores de la tierra, y he de afligirlos, para que
lo sientan.
19 ¡Ay de mí, por mi quebranto!
Mi llaga es muy dolorosa. Pero
yo dije: Ciertamente enfermedad
mía es ésta, y debo sufrirla.
20 Mi [a]tienda está destruida, y
todas mis cuerdas están rotas;
mis hijos se han ido de mí y perecieron; no hay ya más quien
extienda mi tienda ni quien levante mis cortinas.
21 Porque los [a]pastores se embrutecieron y no buscaron a
Jehová; por tanto, no prosperaron, y todo su ganado se ha
dispersado.
22 He aquí que voz de rumor
viene, y alboroto grande de la
tierra del [a]norte, para convertir en
desolación todas las ciudades de
Judá, en guarida de chacales.
23 Yo sé, oh Jehová, que el hombre no es señor de su [a]camino,
ni del hombre que camina es el
dirigir sus pasos.
24 [a]Corrígeme, oh Jehová, pero
con justicia; no con tu furor, no
sea que me aniquiles.
25 Derrama tu enojo sobre las
naciones que no te conocen y sobre las familias que no invocan
tu nombre, porque se comieron a
Jacob; y lo devoraron, y lo consumieron y asolaron su morada.

CAPÍTULO 11

El pueblo de Judá es maldecido por

10 *a* Deut. 10:17; Josué 22:34; DyC 76:1.
b JS—H 1:17.
c GEE Reino de Dios o de los cielos.
11 *a* GEE Idolatría.
15 *a* DyC 56:1.
20 *a* GEE Tabernáculo.
21 *a* GEE Pastor.
22 *a* Ezeq. 26:7–12.
23 *a* Prov. 20:24.
24 *a* GEE Castigar, castigo.

haber quebrantado el convenio de obediencia — Jehová no oirá sus oraciones.

La palabra que vino de Jehová, a Jeremías, diciendo:

2 Oíd las palabras de este convenio, y hablad a todo hombre de Judá y a los moradores de Jerusalén.

3 Y tú les dirás: Así ha dicho Jehová Dios de Israel: Maldito el hombre que no obedezca las palabras de este [a]convenio,

4 el cual mandé a vuestros padres el día en que los saqué de la tierra de Egipto, del horno de hierro, diciéndoles: [a]Escuchad mi voz y cumplid mis palabras conforme a todo lo que os [b]mando, y seréis mi pueblo, y yo seré vuestro Dios;

5 para que confirme el [a]juramento que juré a vuestros padres, que les daría la [b]tierra que [c]fluye leche y miel, como en este día. Y respondí y dije: Amén, oh Jehová.

6 Y Jehová me dijo: Proclama todas estas palabras en las ciudades de Judá y en las calles de Jerusalén, diciendo: Oíd las palabras de este convenio y ponedlas por obra.

7 Porque solemnemente advertí a vuestros padres el día en que los hice subir de la tierra de Egipto hasta el día de hoy, madrugando y advirtiendo, diciendo: [a]Escuchad mi voz.

8 Pero [a]no escucharon ni inclinaron su oído, sino que anduvo cada uno tras la imaginación de su malvado corazón; por tanto, [b]traeré sobre ellos todas las palabras de este convenio, el cual mandé que cumpliesen, y no lo cumplieron.

9 Y me dijo Jehová: Conspiración se ha hallado entre los hombres de Judá y entre los moradores de Jerusalén.

10 Se han vuelto a las iniquidades de sus primeros padres, los cuales no quisieron escuchar mis palabras, sino que se fueron tras dioses ajenos para [a]servirles; la casa de Israel y la casa de Judá quebrantaron mi convenio, el cual había yo concertado con sus padres.

11 Por tanto, así ha dicho Jehová: He aquí, yo traigo sobre ellos un [a]mal del que no podrán salir; y [b]clamarán a mí, y no los escucharé.

12 E irán las ciudades de Judá y los moradores de Jerusalén y clamarán a los dioses a quienes ellos queman incienso, los cuales no los salvarán en el tiempo de su aflicción.

13 Porque según el número de tus ciudades fueron tus [a]dioses, oh Judá; y según el número de tus calles, oh Jerusalén, pusisteis los

11 3*a* HEB *berit:* convenio, pacto, alianza. GEE Convenio (pacto).
4*a* GEE Obediencia, obediente, obedecer.
b Éx. 19:5; Alma 5:37–41.
5*a* Deut. 7:12–13.
b GEE Tierra prometida.
c Éx. 3:8.
7*a* GEE Obediencia, obediente, obedecer.
8*a* *Es decir,* no obedecieron.
b *O sea,* traje.
10*a* *O sea,* para adorarlos.
11*a* GEE Maldecir, maldiciones.
b Mos. 21:15; DyC 101:7.
13*a* GEE Idolatría.

altares de ignominia, altares para quemar incienso a Baal.
14 Tú, pues, no ores por este pueblo, ni levantes por ellos clamor ni oración, porque yo no los escucharé el día en que clamen a mí en su aflicción.
15 ¿Qué derecho tiene mi amada en mi casa, habiendo hecho tantas abominaciones? Y [a]las carnes santas pasarán de ti, porque en tu maldad te gloriaste.
16 [a]Olivo verde, hermoso en su fruto y en su parecer, te dio Jehová por nombre. Con gran estruendo hizo encender fuego sobre él, y se quebraron sus ramas.
17 Pues Jehová de los ejércitos, que te plantó, ha pronunciado mal contra ti, a causa de la maldad de los de la casa de Israel y de los de la casa de Judá, que se hicieron a sí mismos, provocándome a ira, quemando incienso a Baal.
18 Y Jehová me lo hizo saber, y lo supe. Entonces, me hiciste ver sus obras.
19 Pero yo era como manso [a]cordero que llevan al matadero, pues no entendía que [b]maquinaban designios contra mí, *diciendo*: Destruyamos el árbol con su fruto y [c]cortémoslo de la tierra de los vivientes, para que no haya más memoria de su nombre.
20 Mas, oh Jehová de los ejércitos, que juzgas con justicia, que escudriñas la mente y el [a]corazón, déjame ver tu venganza sobre ellos, porque a ti he dado a conocer mi causa.
21 Por tanto, así ha dicho Jehová acerca de los hombres de Anatot que buscan tu vida, diciendo: No profetices en nombre de Jehová, para que no mueras a manos nuestras.
22 Así, pues, ha dicho Jehová de los ejércitos: He aquí que yo los castigaré; los jóvenes morirán a espada; sus hijos y sus hijas morirán de hambre.
23 Y no quedará remanente de ellos, porque yo traeré el mal sobre los hombres de Anatot en el año de su castigo.

CAPÍTULO 12

Jeremías se queja de la prosperidad de los malvados — Si otras naciones aprenden los caminos de Israel, serán contadas con Israel.

JUSTO eres tú, oh Jehová, cuando yo contiendo contigo; sin embargo, hablaré contigo sobre tus juicios. ¿Por qué es prosperado el camino de los [a]malvados, *y* les va bien a todos los que se portan deslealmente?
2 Los plantaste, y echaron raíces; crecieron y dieron fruto; cercano estás tú en sus bocas, pero lejos de sus [a]corazones.
3 Pero tú, oh Jehová, me [a]conoces; me viste y has probado mi corazón para contigo; arrástralos

15 *a* *Es decir,* el sacrificio aceptable ha cesado.
16 *a* GEE Olivo.
19 *a* Isa. 53:7; DyC 135:4.
b *Es decir,* tramaban. Lam. 3:60–62.
c Sal. 83:4.
20 *a* DyC 64:34.
12 1 *a* Mal. 3:13–18; Mos. 16:2.
2 *a* HEB riñones.
3 *a* GEE Omnisciente.

como ovejas para el matadero, y sepáralos para el día de la matanza.

4 ¿Hasta cuándo estará de duelo la tierra y marchita la hierba de todo el campo? Por la maldad de los que en ella moran han perecido los ganados y las aves, porque dijeron: Él no verá nuestro fin.

5 Si corriste con los de a pie y te cansaron, ¿cómo competirás con los caballos? Y *si* en la tierra de paz estabas confiado, ¿cómo harás en la espesura del Jordán?

6 Porque aun tus hermanos y la casa de tu padre, aun ellos te han traicionado, aun ellos han gritado detrás de ti. No les creas aunque te digan cosas buenas.

7 He [a]abandonado mi casa, he desamparado mi heredad, he entregado lo que amaba mi alma en manos de sus enemigos.

8 Mi heredad fue para mí como león en el bosque; contra mí dio su rugido; por tanto, la aborrecí.

9 ¿Es mi heredad para mí como ave de rapiña de muchos colores? ¿Hay contra ella aves de rapiña en derredor? Venid, reuníos, *vosotras* todas las [a]fieras del campo, venid a devorarla.

10 Muchos [a]pastores han destruido mi [b]viña, han hollado mi heredad, han convertido en desierto mi heredad preciosa y la han desolado.

11 La han convertido en asolamiento, *y* desolada, lloró sobre mí; asolada fue toda la tierra, porque no hubo hombre al que le importara.

12 Sobre todas las alturas del desierto vinieron destructores, porque la espada de Jehová devorará desde un extremo de la tierra hasta el otro extremo; no habrá paz para nadie.

13 Han sembrado trigo y han cosechado espinos; se han esforzado, pero de nada les aprovecha. Se avergonzarán de sus frutos, a causa de la ardiente ira de Jehová.

14 Así ha dicho Jehová contra todos mis malos vecinos que atacan la heredad que hice poseer a mi pueblo Israel: He aquí que yo los arrancaré de su tierra, y arrancaré de en medio de ellos la casa de Judá.

15 Y acontecerá que después de que los haya arrancado, volveré y tendré [a]misericordia de ellos, y los [b]haré volver cada uno a su heredad y cada cual a su tierra.

16 Y acontecerá que si aprenden con diligencia los caminos de mi pueblo, jurando en mi nombre: ¡Vive Jehová!, así como enseñaron a mi pueblo a jurar por Baal, entonces ellos serán establecidos en medio de mi pueblo.

17 Pero si [a]no escuchan, arrancaré a esa [b]nación, sacándola de raíz y destruyéndola, dice Jehová.

7 *a* Jer. 22:5; Lucas 13:34–35.
9 *a* *Es decir,* Babilonia y otras.
10 *a* *O sea,* profetas falsos.
b Jacob 6:2.
15 *a* Deut. 30:3.
b GEE Israel—La congregación de Israel.
17 *a* *Es decir,* si no obedecen.
b Isa. 60:12.

CAPÍTULO 13

Israel y Judá serán como un cinto podrido y deteriorado — Se manda a los del pueblo que se arrepientan — Judá será llevada cautiva y será esparcida como tamo.

Así me dijo Jehová: Ve y cómprate un cinto de lino, y cíñelo sobre tus lomos y no lo metas en agua.

2 Y compré el cinto, conforme a la palabra de Jehová, y lo ceñí sobre mis lomos.

3 Y vino a mí por segunda vez la palabra de Jehová, diciendo:

4 Toma el cinto que compraste, que está sobre tus lomos, y levántate, y ve al Éufrates y escóndelo allá en la hendidura de una peña.

5 Fui, pues, y lo escondí junto al Éufrates, como Jehová me había mandado.

6 Y sucedió que al cabo de muchos días me dijo Jehová: Levántate, y ve al Éufrates y toma de allí el cinto que te mandé esconder allá.

7 Entonces fui al Éufrates, y cavé y tomé el cinto del lugar donde lo había escondido; y he aquí que el cinto se había podrido; ya no servía para nada.

8 Y vino a mí la palabra de Jehová, diciendo:

9 Así ha dicho Jehová: Así haré podrir la [a]soberbia de Judá y la mucha soberbia de Jerusalén.

10 Este pueblo malo, que no quiere escuchar mis palabras, que anda en las imaginaciones de su corazón, y que [a]va en pos de dioses ajenos para servirles y para postrarse ante ellos, vendrá a ser como este cinto que ya no sirve para nada.

11 Porque como el cinto se ajusta a los lomos del hombre, así hice que se ajustara a mí toda la casa de Israel y toda la casa de Judá, dice Jehová, para que fuesen mi pueblo y para renombre, y para alabanza y para honra; pero [a]no escucharon.

12 Les dirás, pues, esta palabra: Así ha dicho Jehová Dios de Israel: Todo odre se llenará de vino. Y ellos te dirán: ¿Acaso no sabemos que todo odre se llenará de vino?

13 Entonces les has de decir: Así ha dicho Jehová: He aquí que yo llenaré de embriaguez a todos los moradores de esta tierra, y a los reyes que se sientan en el trono de David, y a los sacerdotes, y a los profetas y a todos los moradores de Jerusalén;

14 y los estrellaré el uno contra el otro, los padres con los hijos juntamente, dice Jehová; no perdonaré, ni tendré piedad ni misericordia, sino que los [a]destruiré.

15 Escuchad y oíd; no seáis soberbios, pues Jehová ha hablado.

16 Dad gloria a Jehová vuestro Dios, antes que haga venir [a]tinieblas, y antes que vuestros pies tropiecen en montes de oscuridad, y esperéis la luz, y os la convierta en sombra de muerte y densas tinieblas.

17 Mas si no escucháis esto, en

13 9 *a* GEE Orgullo.
10 *a* GEE Idolatría.
11 *a* 1 Ne. 1:20.
14 *a* 1 Ne. 1:13.
16 *a* GEE Tinieblas espirituales.

secreto llorará mi alma a causa
de *vuestra* soberbia; y mis ojos
llorarán amargamente y se des-
bordarán de lágrimas, porque
el rebaño de Jehová es llevado
cautivo.
18 Di al rey y a la reina: Humi-
llaos, sentaos *en tierra,* porque la
corona de vuestra gloria ha caído
de vuestras cabezas.
19 Las ciudades del sur fueron
cerradas, y no hubo quien las
abriese; toda Judá fue [a]llevada
cautiva, llevada en cautiverio fue
toda ella.
20 Alzad vuestros ojos y ved a
los que vienen del norte. ¿Dónde
está el rebaño que te fue dado, tu
hermosa grey?
21 ¿Qué dirás cuando te castigue? Cuando *él ponga* a los que
tú enseñaste *como* príncipes *y* cabeza sobre ti, ¿no te darán dolores como de mujer que está de
parto?
22 Y si dices en tu corazón:
¿Por qué me ha sobrevenido
esto? Por la enormidad de tu
iniquidad fueron levantadas tus
faldas, fueron desnudados tus
calcañares.
23 ¿Podrá el etíope cambiar su
piel y el leopardo sus manchas?
Así tampoco podréis vosotros hacer el [a]bien, estando habituados
a hacer el mal.
24 Por tanto, yo los [a]esparciré,
como tamo que pasa, al viento
del desierto.
25 Ésta es tu suerte, la porción
que yo he medido para ti, dice
Jehová, porque te olvidaste de mí
y confiaste en la mentira.
26 Yo, pues, levantaré tus faldas
delante de tu rostro, y se verá tu
vergüenza:
27 tus adulterios, y tus relinchos, la maldad de tu fornicación
sobre los collados; en el mismo
campo vi tus [a]abominaciones.
¡Ay de ti, Jerusalén! ¿No serás
al cabo [b]limpia? ¿Hasta cuándo
tardarás?

CAPÍTULO 14

Jeremías ora por motivo de la sequía y del hambre — Jehová no escuchará a causa de la iniquidad de Su pueblo.

LA palabra de Jehová que vino
a Jeremías por motivo de la
[a]sequía.
2 Se ha puesto de duelo Judá, y
sus puertas desfallecen; se sentaron tristes en tierra, y subió el
clamor de Jerusalén.
3 Y sus nobles enviaron a sus
criados por agua; llegaron a las
cisternas y no hallaron agua; volvieron con sus vasijas vacías; se
avergonzaron, y se humillaron y
cubrieron sus cabezas.
4 Porque se resquebrajó el suelo
por no haber llovido en la tierra;
los labradores, avergonzados,
cubrieron sus cabezas.
5 Y aun las ciervas en los campos parían y abandonaban *la cría,*
porque no había hierba.

19 *a* 2 Ne. 6:8.
23 *a* Mateo 7:16–20.
24 *a* 1 Ne. 10:12–14. GEE Israel—El esparcimiento de Israel.
27 *a* GEE Abominable, abominación.
b GEE Limpio e inmundo.
14 1 *a* *O sea,* hambruna.

6 Y los asnos monteses se ponían en las alturas; olfateaban el viento como los chacales; sus ojos se debilitaron, porque no había hierba.
7 Aunque nuestras iniquidades testifican contra nosotros, oh Jehová, actúa por amor de tu nombre; porque nuestras rebeliones se han multiplicado; contra ti hemos pecado.
8 Oh esperanza de Israel, Salvador suyo en el tiempo de la aflicción, ¿por qué has de ser como peregrino en la tierra, y como caminante que se retira para pasar la noche?
9 ¿Por qué has de ser como hombre atónito, como valiente que no puede librar? Sin embargo, estás entre nosotros, oh Jehová, y sobre nosotros es invocado tu nombre; ¡no nos desampares!
10 Así ha dicho Jehová a este pueblo: Se deleitaron en vagar; no [a]refrenaron sus pies; por tanto, Jehová no se agrada de ellos; se acordará ahora de la [b]iniquidad de ellos y castigará sus pecados.
11 Y me dijo Jehová: No [a]ruegues por el bien de este pueblo.
12 Cuando ayunen, yo no [a]escucharé su clamor, y cuando ofrezcan holocausto y ofrenda, no los aceptaré, sino que los consumiré con espada, y con hambre y con pestilencia.
13 Y yo dije: ¡Ah, Señor Jehová! He aquí que los [a]profetas les dicen: No veréis espada, ni habrá hambre entre vosotros, sino que en este lugar os daré paz verdadera.
14 Me dijo entonces Jehová: [a]Falsamente profetizan los profetas en mi nombre. Yo no los envié, ni los mandé ni les hablé; visión mentirosa, y adivinación, y vanidad y [b]engaño de su corazón os profetizan.
15 Por tanto, así ha dicho Jehová sobre los profetas que profetizan en mi nombre, los cuales yo [a]no envié, y que dicen: Ni espada ni hambre habrá en esta tierra; con espada y con hambre serán consumidos esos profetas.
16 Y el pueblo a quien profetizan será echado en las calles de Jerusalén a causa del hambre y de la espada; y no habrá quien los entierre a ellos, ni a sus esposas, ni a sus hijos ni a sus hijas; y sobre ellos derramaré su propia maldad.
17 Les dirás, pues, esta palabra: Derramen mis ojos lágrimas noche y día, y no cesen, porque de gran quebranto es quebrantada la virgen hija de mi pueblo, de herida muy grave.
18 Si salgo al campo, he aquí, [a]muertos a espada; y si entro en la ciudad, he aquí, enfermedades por el hambre; porque tanto el profeta como el sacerdote anduvieron vagando en [b]tierra que no conocían.
19 ¿Has desechado enteramente

10 *a* Alma 39:12.
b GEE Apostasía.
11 *a* Jer. 7:16; 11:14.
12 *a* Isa. 58:6–9; Mos. 11:23–25; DyC 101:6–8.
13 *a* Isa. 30:9–10.
14 *a* Jer. 27:9–10.
b GEE Engañar, engaño.
15 *a* GEE Autoridad.
18 *a* Lam. 2:21.
b GEE Israel—El esparcimiento de Israel.

a Judá? ¿Ha aborrecido tu alma a Sión? ¿Por qué nos has herido sin que haya remedio para nosotros? Esperábamos paz, y no hubo bien; tiempo de curación, y he aquí, turbación.

20 [a]Reconocemos, oh Jehová, nuestra maldad, la iniquidad de nuestros padres, porque contra ti hemos pecado.

21 Por amor de tu nombre, no *nos* desprecies ni deshonres el trono de tu gloria; acuérdate, no invalides tu [a]convenio con nosotros.

22 ¿Hay entre los ídolos de las naciones quien haga llover? ¿Y darán los cielos lluvias? ¿No eres tú, oh Jehová, nuestro Dios? En ti, pues, esperamos, porque tú [a]has hecho todas estas cosas.

CAPÍTULO 15

El pueblo de Judá padecerá la muerte, la espada, el hambre y el cautiverio — Será esparcido entre todos los reinos de la tierra — Jerusalén será destruida.

Y ME dijo Jehová: Aunque Moisés y Samuel se pusieran delante de mí, mi voluntad no estaría con este pueblo; échalos de mi presencia, y que salgan.

2 Y acontecerá que si te preguntan: ¿A dónde saldremos?, les dirás: Así ha dicho Jehová: El que a muerte, a muerte; y el que a espada, a espada; y el que a hambre, a hambre; y el que a cautiverio, a cautiverio.

3 Y enviaré sobre ellos cuatro géneros *de destructores*, dice Jehová: espada para matar, y perros para despedazar, y aves del cielo y bestias de la tierra para devorar y destruir.

4 Y haré que sean motivo de terror para todos los reinos de la tierra, a causa de [a]Manasés hijo de Ezequías, rey de Judá, por lo que hizo en Jerusalén.

5 Porque, ¿quién tendrá compasión de ti, oh Jerusalén? ¿Y quién se lamentará por tu causa o quién se apartará de su camino para preguntar por tu paz?

6 Tú me has abandonado, dice Jehová; te volviste atrás; por tanto, yo extenderé contra ti mi mano y te destruiré; estoy cansado de tener compasión.

7 Y los [a]aventaré con aventador hasta las puertas de la tierra, y privaré de hijos a mi pueblo y lo destruiré, *pues* no se volvieron de sus caminos.

8 Por mí sus viudas se multiplicaron más que la arena del mar; he traído contra ellos destructor a mediodía sobre la madre de los jóvenes; sobre ella hice que de repente cayesen angustia y terrores.

9 Languideció la que dio a luz siete; exhaló su alma; su sol se puso siendo aún de día; fue avergonzada y llena de confusión; y lo que de ella quede, lo entregaré a la espada delante de sus enemigos, dice Jehová.

20 *a* GEE Confesar, confesión.
21 *a* GEE Convenio (pacto).
22 *a* Mos. 4:2; DyC 45:1.
15 4 *a* 2 Rey. 24:3–4.
7 *a* *Es decir,* los esparciré.

10 ¡Ay de mí, madre mía, que me diste a luz como hombre de contienda y hombre de discordia para toda la tierra! Nunca he dado ni tomado en préstamo, *sin embargo,* todos me maldicen.

11 Dijo Jehová: Ciertamente te he librado para bien; de cierto haré que el enemigo te suplique en tiempo de calamidad y en tiempo de angustia.

12 ¿Puede alguno romper el hierro, el hierro del norte, y el bronce?

13 Tus riquezas y tus tesoros entregaré al saqueo sin ningún precio, por todos tus pecados y en todos tus territorios;

14 y haré que tus enemigos te lleven a una tierra que no conoces, porque fuego se ha encendido en mi furor y arderá contra vosotros.

15 Tú lo sabes, oh Jehová; acuérdate de mí, y visítame y véngame de mis perseguidores. No me arrebates en la prolongación de tu enojo; sabes que por tu causa sufro afrenta.

16 Fueron halladas tus palabras, y yo las [a]comí; y tu palabra fue para mí el gozo y la alegría de mi corazón, porque por tu [b]nombre soy llamado, oh Jehová Dios de los ejércitos.

17 No me senté en compañía de [a]burladores ni me regocijé; a causa de tu mano me senté solo, porque me llenaste de indignación.

18 ¿Por qué fue perpetuo mi dolor, y mi herida incurable no admitió curación? ¿Serás para mí como *arroyo* ilusorio, como aguas que no son estables?

19 Por tanto, así dijo Jehová: Si te [a]vuelves, yo te restauraré, y delante de mí estarás; y si separas lo precioso de lo vil, serás como mi boca. Vuélvanse ellos a ti, pero tú no te vuelvas a ellos.

20 Y te pondré en este pueblo como muro fortificado de bronce; y pelearán contra ti, pero no te vencerán, porque yo estoy contigo para salvarte y librarte, dice Jehová.

21 Y te libraré de la mano de los malos y te redimiré de la mano de los tiranos.

CAPÍTULO 16

Se prevé la ruina total de Judá — Israel es desechado y esparcido por servir a dioses falsos — Pescadores y cazadores recogerán de nuevo a Israel, y el pueblo servirá a Jehová — Se ha de restaurar el Evangelio por última vez.

Y VINO a mí la palabra de Jehová, diciendo:

2 No tomarás para ti esposa, ni tendrás hijos ni hijas en este lugar.

3 Porque así ha dicho Jehová acerca de los hijos y de las hijas que nazcan en este lugar, y de sus madres que los den a luz, y de los padres que los engendren en esta tierra:

4 De dolorosas enfermedades morirán; no serán llorados ni enterrados; serán como estiércol

16 *a* Jer. 1:9; Ezeq. 3:1–3; Apoc. 10:8–10. *b* DyC 18:27.
17 *a* Sal. 1:1.
19 *a* *O sea,* te arrepientes.

sobre la faz de la tierra; y con espada y con hambre serán consumidos, y sus cuerpos servirán de comida a las aves del cielo y a las bestias de la tierra.
5 Porque así ha dicho Jehová: No entres en casa de duelo, ni vayas a lamentar ni a apenarte por ellos, porque yo he quitado mi paz de este pueblo, dice Jehová, mi misericordia y mi compasión.
6 Y morirán en esta tierra grandes y pequeños; no serán enterrados, ni los llorarán; no se sajarán ni se raparán por ellos;
7 No partirán *pan* por ellos en el duelo, para consolarlos por *sus* muertos, ni les darán de beber la copa de consolación por su padre o por su madre.
8 Asimismo, no entres en casa de banquete, para sentarte con ellos a comer o a beber.
9 Porque así ha dicho Jehová de los ejércitos, Dios de Israel: He aquí que yo haré cesar en este lugar, delante de vuestros ojos y en vuestros días, toda voz de gozo y toda voz de alegría, toda voz de novio y toda voz de novia.
10 Y acontecerá que cuando anuncies a este pueblo todas estas cosas, te dirán ellos: ¿Por qué ha anunciado Jehová contra nosotros todo este mal tan grande? ¿Qué maldad es la nuestra?, o ¿qué pecado es el nuestro que hemos cometido contra Jehová, nuestro Dios?
11 Entonces les dirás: Porque vuestros padres me abandonaron, dice Jehová, y anduvieron en pos de dioses ajenos, y los sirvieron, y se postraron ante ellos, y me abandonaron a mí y no guardaron mi ley.
12 Y vosotros habéis hecho peor que vuestros [a]padres, porque he aquí que cada uno de vosotros camina tras la imaginación de su malvado corazón, no escuchándome a mí.
13 Por tanto, yo os [a]arrojaré de esta tierra a una tierra que ni vosotros ni vuestros padres habéis conocido, y allá serviréis a [b]dioses ajenos de día y de noche, pues no os mostraré clemencia.
14 Por tanto, he aquí, vienen días, dice Jehová, en que no se dirá más: ¡Vive Jehová, que hizo subir a los hijos de Israel de la tierra de Egipto!
15 sino: ¡Vive Jehová, que [a]hizo subir a los hijos de Israel de la tierra del [b]norte y de todas las tierras adonde los había arrojado! Porque los haré [c]volver a su tierra, la cual di a sus padres.
16 He aquí que yo envío muchos [a]pescadores, dice Jehová, y los pescarán; y después enviaré muchos cazadores, y los cazarán por todo monte, y por todo collado y por las cavernas de los peñascos.
17 Porque mis ojos están sobre todos sus caminos, los cuales no se me ocultan, ni su iniquidad se esconde de ante mis ojos.
18 Pero primero les pagaré el doble por su iniquidad y su

16 12 *a* GEE Tradiciones.
13 *a* GEE Israel—El esparcimiento de Israel.
b GEE Idolatría.
15 *a* GEE Israel—La congregación de Israel.
b GEE Israel—Las diez tribus perdidas de Israel.
c Jer. 32:37.
16 *a* GEE Obra misional.

pecado, porque contaminaron mi tierra con los cuerpos muertos de sus cosas detestables, y con sus abominaciones llenaron mi heredad.

19 Oh Jehová, fortaleza mía, y fuerza mía, y refugio mío en el día de la aflicción, a ti vendrán [a]naciones desde los extremos de la tierra, y dirán: Ciertamente mentira [b]heredaron nuestros padres, vanidad en la que no hay provecho.

20 ¿Hará acaso el hombre [a]dioses para sí? ¡Pero ellos no son dioses!

21 Por tanto, he aquí, les haré conocer esta vez; les haré conocer mi mano y mi poder, y sabrán que mi [a]nombre es Jehová.

CAPÍTULO 17

El cautiverio de Judá es consecuencia del pecado y del haberse apartado de Jehová — Santificad el día de reposo; el hacerlo salvará al pueblo; de otro modo, será destruido.

EL pecado de Judá escrito está con cincel de hierro *y* con punta de diamante; esculpido está en la tabla de su corazón y en los [a]cuernos de vuestros altares,

2 mientras sus hijos se acuerdan de sus altares y de sus [a]imágenes de Asera junto a los árboles frondosos y en los collados altos.

3 Oh mi [a]montaña en el campo, tu riqueza y todos tus tesoros entregaré al saqueo por el pecado de tus lugares altos en todos tus territorios.

4 Y perderás la heredad que yo te di, y te haré [a]servir a tus enemigos en tierra que no has conocido, porque habéis encendido en mi furor fuego que arderá para siempre.

5 Así ha dicho Jehová: [a]Maldito el hombre que [b]confía en el hombre, y que hace de la carne su brazo, y su corazón [c]se aparta de Jehová.

6 Pues será como la [a]retama en el desierto, y no verá cuando venga el bien, sino que morará en los sequedales en el desierto, en [b]tierra de sal y deshabitada.

7 Bendito el hombre que [a]confía en Jehová, y cuya [b]confianza es Jehová.

8 Porque será como el árbol plantado junto a las aguas, que junto a la corriente echa sus raíces, y no [a]temerá cuando venga el calor, sino que su hoja estará verde; y en el año de sequía no se angustiará ni dejará de dar fruto.

9 Engañoso es el corazón más que todas las cosas, y sin remedio; ¿quién lo conocerá?

10 Yo, Jehová, [a]escudriño la

19 *a* GEE Gentiles.
b DyC 93:39.
20 *a* GEE Apostasía.
21 *a* Éx. 6:3; Abr. 1:16; 2:8.
17 1 *a* Éx. 27:2.
2 *a* HEB sus diosas; es decir, ídolos de la fertilidad. GEE Idolatría.
3 *a* *Es decir,* Jerusalén.
4 *a* GEE Israel—El esparcimiento de Israel.
5 *a* GEE Maldecir, maldiciones.
b 2 Cró. 32:7–8.
c GEE Apostasía.
6 *a* HEB arbusto silvestre.
b Deut. 29:23.
7 *a* GEE Confianza, confiar.
b GEE Esperanza.
8 *a* HEB no temerá.
10 *a* GEE Juicio, juzgar.

mente y pongo a prueba el [b]corazón, para dar a cada uno según su [c]camino, según el fruto de sus obras.

11 Como la perdiz que cubre lo que no puso es el que amontona [a]riquezas, y no con justicia; en la mitad de sus días las dejará, y en su final será un insensato.

12 Trono de gloria, excelso desde el principio, es el lugar de nuestro santuario.

13 ¡Oh Jehová, esperanza de Israel!, todos los que te abandonan serán avergonzados; y los que se apartan de mí serán inscritos en el polvo, porque abandonaron a Jehová, manantial de aguas vivas.

14 [a]Sáname, oh Jehová, y seré sanado; sálvame, y seré salvo, porque tú eres mi alabanza.

15 He aquí que ellos me dicen: ¿Dónde está la palabra de Jehová? ¡Que [a]venga!

16 Pero yo no me he apresurado en dejar de ser tu pastor ni he deseado el día de la calamidad, tú lo sabes. Lo que de mi boca ha salido fue en tu presencia.

17 No seas terror para mí, pues mi [a]refugio eres tú en el día del mal.

18 Avergüéncense los que me persiguen, y no me avergüence yo; atemorícense ellos, y no me atemorice yo; trae sobre ellos el día del mal y quebrántalos con doble quebranto.

19 Así me ha dicho Jehová: Ve y ponte en la puerta de los hijos del pueblo, por la cual entran y salen los reyes de Judá, y en todas las puertas de Jerusalén,

20 y diles: Oíd la palabra de Jehová, reyes de Judá, y todo Judá y todos los moradores de Jerusalén que entráis por estas puertas.

21 Así ha dicho Jehová: Guardaos por vuestra vida y no llevéis carga en el [a]día de reposo para meterla por las puertas de Jerusalén.

22 No saquéis carga de vuestras casas en el día de reposo ni hagáis trabajo alguno, sino santificad el día de reposo, como mandé a vuestros padres.

23 Pero ellos [a]no escucharon ni inclinaron su oído, sino que [b]endurecieron su cerviz para no oír ni recibir corrección.

24 Pero acontecerá que si vosotros diligentemente me obedecéis, dice Jehová, no metiendo carga por las puertas de esta ciudad en el día de reposo, sino que santificáis el día de reposo, no haciendo en él ningún trabajo,

25 entrarán por las puertas de esta ciudad, en carros y en caballos, los reyes y los príncipes que se sientan sobre el trono de David, ellos y sus príncipes, los hombres de Judá y los moradores de Jerusalén; y esta ciudad será habitada para siempre.

26 Y vendrán de las ciudades de Judá, y de los alrededores de Jerusalén, y de la tierra de Benjamín,

10 *b* *Es decir,* los sentimientos más recónditos.
c GEE Justicia; Obras.
11 *a* 2 Ne. 9:30; DyC 56:16.
14 *a* 3 Ne. 9:13.
15 *a* GEE Señal.
17 *a* 3 Ne. 4:10.
21 *a* GEE Día de reposo.
23 *a* *Es decir,* no obedecieron.
b GEE Rebelión.

y de la llanura, y de los montes
y del sur, trayendo holocausto y
sacrificio, y ofrenda e incienso,
y trayendo ofrenda de gratitud
a la casa de Jehová.
27 Pero si no me escucháis para
santificar el día de reposo y para
no traer carga ni meterla por las
puertas de Jerusalén en el [a]día de
reposo, yo haré encender fuego
en sus puertas que consumirá
los palacios de Jerusalén y no se
apagará.

CAPÍTULO 18

Israel es como el barro del alfarero en las manos de Jehová — Si las naciones se arrepienten, Jehová retendrá los males decretados en contra de ellas — El pueblo de Judá será esparcido.

LA palabra de Jehová que vino a
Jeremías, diciendo:
2 Levántate y desciende a casa
del alfarero, y allí te haré oír mis
palabras.
3 Y descendí a casa del alfarero,
y he aquí que él hacía un trabajo
sobre la rueda.
4 Y la vasija de barro que él hacía se echó a perder en manos
del alfarero; y volvió e hizo de
ella otra vasija, según le pareció
mejor al alfarero hacerla.
5 Entonces vino a mí la palabra
de Jehová, diciendo:
6 ¿No podré yo hacer de vosotros como este [a]alfarero, oh casa
de Israel?, dice Jehová. He aquí
que como el barro en la mano del
alfarero, así sois vosotros en mi
mano, oh casa de Israel.
7 En un instante hablaré contra
una nación y contra un reino, para
arrancar, y derribar y destruir.
8 Pero si esa nación contra la que
he hablado [a]se vuelve de su maldad, yo [b]me arrepentiré del mal
que había pensado hacerles.
9 Y en un instante hablaré de la
nación y del reino, para edificar
y para plantar;
10 pero si hace lo malo delante
de mis ojos, no [a]escuchando mi
voz, me [b]arrepentiré del [c]bien que
había determinado hacerle.
11 Ahora, pues, habla a todo
hombre de Judá y a los moradores de Jerusalén, diciendo: Así
ha dicho Jehová: He aquí que yo
dispongo mal contra vosotros y
tramo contra vosotros designios;
vuélvase ahora cada uno de su
mal camino, y mejorad vuestros
caminos y vuestras obras.
12 Y dijeron: Es en vano, porque en pos de nuestros propios
planes [a]iremos, y hará cada uno
conforme a la imaginación de su
malvado corazón.
13 Por tanto, así ha dicho
Jehová: Preguntad ahora entre
las naciones quién ha oído cosa
semejante. Algo muy horrible ha
hecho la virgen de Israel.
14 ¿Faltará la nieve de los peñascos del Líbano? ¿Se agotarán
las aguas frías que corren de lejanas tierras?

27 *a* DyC 59:9–13.
18 6 *a* Isa. 45:9; Rom. 9:21.
8 *a* TJS Jer. 26:13, 19.
GEE Arrepentimiento, arrepentirse.
b *O sea,* desistiré.
10 *a* GEE Obediencia, obediente, obedecer.
b TJS Jer. 26:13, 19.
c DyC 58:31–33.
12 *a* GEE Tinieblas espirituales.

15 Porque los de mi pueblo me han [a]olvidado, quemando incienso a lo que es [b]vanidad; esto les ha hecho tropezar en sus caminos, en las sendas antiguas, para caminar por sendas, por camino no bien preparado,

16 convirtiendo su tierra en desolación y en objeto de burla perpetua. Todo aquel que pase por ella se maravillará y meneará la cabeza.

17 Como [a]viento del este los esparciré delante del enemigo; les mostraré la espalda y no el rostro, en el día de su calamidad.

18 Y dijeron: Venid y tramemos un plan contra Jeremías, porque la ley no le faltará al sacerdote, ni el consejo al sabio ni la palabra al profeta. Venid e hirámoslo con la lengua, y no hagamos caso a ninguna de sus palabras.

19 ¡Oh Jehová, atiéndeme!, y oye la voz de los que contienden conmigo.

20 ¿Se da mal por bien? Pues han cavado un hoyo para mi alma. Acuérdate de que me puse delante de ti para hablar bien en favor de ellos, para apartar de ellos tu ira.

21 Por tanto, entrega sus hijos al hambre, y entrégalos al poder de la espada; y queden sus esposas privadas de hijos y viudas; y sus maridos sean puestos a muerte, y sus jóvenes heridos a filo de espada en la guerra.

22 Óigase el clamor de sus casas cuando de repente traigas tropas sobre ellos, porque han cavado un hoyo para prenderme, y para mis pies han escondido trampas.

23 Pero tú, oh Jehová, conoces todo su consejo contra mí para darme muerte; no perdones su iniquidad ni borres su pecado de delante de tu rostro; sean derribados delante de ti; haz *así* con ellos en el tiempo de tu furor.

CAPÍTULO 19

Jehová traerá el mal sobre Judá — Ofrecen a sus hijos como sacrificio a Baal — Durante el asedio comerán la carne de sus hijos.

Así dijo Jehová: Ve y compra una vasija de barro al alfarero, y *lleva contigo* algunos de los ancianos del pueblo y algunos de los ancianos de los sacerdotes;

2 y sal al valle del hijo de Hinom, que está a la entrada de la puerta oriental, y proclama allí las palabras que yo te diré.

3 Dirás, pues: Oíd la palabra de Jehová, oh reyes de Judá y moradores de Jerusalén. Así dice Jehová de los ejércitos, Dios de Israel: He aquí que yo traigo sobre este lugar un mal tan grande que a todo el que lo oiga le zumbarán los oídos.

4 Porque me han [a]abandonado, y han enajenado este lugar y han quemado en él incienso a [b]dioses ajenos, los cuales ellos no habían conocido, ni sus padres ni los reyes de Judá; y han

15 *a* Alma 46:8.
b *O sea,* la idolatría.
17 *a* Ezeq. 19:12–13; Mos. 7:31.
19 4 *a* GEE Inicuo, iniquidad.
b GEE Idolatría.

llenado este lugar de sangre de inocentes.

5 Y edificaron los lugares altos a Baal, para quemar en el fuego a sus hijos en holocaustos a Baal, cosa que no les mandé, ni dije ni me vino al pensamiento.

6 Por tanto, he aquí, vienen días, dice Jehová, en que este lugar no se llamará más Tofet ni valle del hijo de Hinom, sino valle de la Matanza.

7 Y haré nulo el consejo de Judá y de Jerusalén en este lugar; y les haré caer a filo de espada delante de sus enemigos y en las manos de los que buscan su vida; y daré sus cuerpos como comida a las aves del cielo y a las bestias de la tierra.

8 Y pondré a esta ciudad por espanto y por objeto de burla; todo aquel que pase por ella se maravillará y se burlará a causa de todas sus calamidades.

9 Y les haré comer la carne de sus hijos y la carne de sus hijas; y cada uno comerá la carne de su amigo, en el asedio y en el apuro con que los afligirán sus enemigos y los que buscan su vida.

10 Entonces quebrarás la vasija ante los ojos de los hombres que van contigo,

11 y les dirás: Así ha dicho Jehová de los ejércitos: Así quebrantaré a este pueblo y a esta ciudad, como quien quiebra una vasija de barro, de modo que no puede restaurarse más; y en Tofet se enterrarán, porque no habrá otro lugar para enterrar.

12 Así haré a este lugar, dice Jehová, y a sus moradores, dejando a esta ciudad como a Tofet.

13 Y las casas de Jerusalén y las casas de los reyes de Judá serán inmundas como el lugar de Tofet, por todas las casas sobre cuyas azoteas quemaron incienso a todo el ejército del cielo, y vertieron libaciones a dioses ajenos.

14 Y volvió Jeremías de Tofet, adonde le envió Jehová a profetizar, y se puso de pie en el atrio de la casa de Jehová y dijo a todo el pueblo:

15 Así ha dicho Jehová de los ejércitos, Dios de Israel: He aquí, yo traigo sobre esta ciudad y sobre todas sus aldeas todo el mal que hablé contra ella, porque han endurecido su cerviz, para no escuchar mis palabras.

CAPÍTULO 20

Jeremías es azotado y puesto en el cepo — Profetiza que todos los de Judá serán llevados cautivos a Babilonia.

Y EL sacerdote [a]Pasur hijo de Imer, que presidía como [b]príncipe en la casa de Jehová, oyó a Jeremías que profetizaba estas palabras.

2 Y Pasur hizo [a]azotar al profeta Jeremías y le puso en el cepo que estaba en la puerta superior de Benjamín, la cual *conducía* a la casa de Jehová.

3 Y sucedió que al día siguiente Pasur sacó a Jeremías del cepo.

20 1 *a* Jer. 38:1.
b O sea, por oficial principal.
2 *a* Hel. 13:24–28.

Le dijo entonces Jeremías: Jehová no ha llamado tu nombre Pasur, sino [a]Magor-misabib.

4 Porque así ha dicho Jehová: He aquí, yo haré que tú seas un terror para ti mismo y para todos los que bien te quieren; y caerán por la espada de sus enemigos, y tus ojos lo verán; y a todo Judá entregaré en manos del rey de Babilonia, y él los [a]llevará cautivos a Babilonia y los matará a espada.

5 Entregaré asimismo toda la [a]riqueza de esta ciudad, y todo su trabajo y todas sus cosas preciosas; y entregaré todos los tesoros de los reyes de Judá en manos de sus enemigos, y los saquearán, y los tomarán y los llevarán a [b]Babilonia.

6 Y tú, Pasur, y todos los moradores de tu casa iréis cautivos; y entrarás en Babilonia, y allí morirás y allí serás enterrado, tú y todos los que bien te quieren, a los cuales has profetizado con [a]mentira.

7 Me persuadiste, oh Jehová, y fui persuadido; más fuerte fuiste tú que yo, y prevaleciste; cada día he sido escarnecido; todos se burlan de mí.

8 Porque cada vez que hablo, doy voces; grito: ¡Violencia y destrucción!, porque la palabra de Jehová me ha sido para afrenta y escarnio cada día.

9 Y dije: No me acordaré más de él ni hablaré más en su nombre; pero fue en mi corazón como un [a]fuego ardiente metido en mis huesos; me esforcé por contenerlo, pero [b]no pude.

10 Porque oí las difamaciones de muchos: ¡Terror por todas partes! ¡Denunciadle, denunciémosle! Todos mis amigos miraban si claudicaría. Quizá se persuada, *decían*, y prevaleceremos contra él y tomaremos de él venganza.

11 Mas Jehová está conmigo como uno poderoso y temible; por tanto, los que me persiguen tropezarán y no prevalecerán; serán avergonzados en gran manera, porque no prosperarán; *tendrán* perpetuo oprobio que jamás será olvidado.

12 Oh Jehová de los ejércitos, que pruebas a los justos, que conoces los [a]pensamientos y el corazón, deja que yo vea tu venganza sobre ellos, porque a ti he expuesto mi causa.

13 ¡Cantad a Jehová, load a Jehová, porque ha librado el alma del pobre de manos de los malvados!

14 ¡Maldito el día en que nací! ¡No sea bendito el día en que mi madre me dio a luz!

15 ¡Maldito el hombre que dio nuevas a mi padre, diciendo: Hijo varón te ha nacido, haciéndole así alegrarse mucho!

16 Y sea ese hombre como las ciudades que asoló Jehová y no se arrepintió; y oiga gritos de mañana y voces de alarma al mediodía,

3 *a* *Es decir,* terror por todas partes.
4 *a* 1 Ne. 1:13.
5 *a* HEB las provisiones, mercancías.
b 2 Rey. 24:12–16; 25:13–17.
6 *a* GEE Mentiras.
9 *a* 3 Ne. 11:3; DyC 85:6.
b Éter 12:2.
12 *a* HEB las entrañas.

17 porque no me mató en el vientre; y así mi madre hubiera sido mi sepulcro, y su vientre hubiera quedado embarazado para siempre.
18 ¿Por qué salí del vientre para ver trabajo y dolor, y para que mis días se consumiesen en afrenta?

CAPÍTULO 21

Jeremías predice el sitio, el cautiverio y la destrucción de Jerusalén — Sedequías será hecho cautivo por Nabucodonosor.

La palabra que vino a Jeremías de Jehová, cuando el rey Sedequías envió a él a [a]Pasur hijo de Malquías y al sacerdote Sofonías hijo de Maasías, para que le dijesen:
2 Pregunta, te rogamos, a Jehová en nuestro nombre, porque [a]Nabucodonosor, rey de Babilonia, hace la guerra contra nosotros; quizá haga Jehová con nosotros según todas sus maravillas, y aquél se aleje de nosotros.
3 Y Jeremías les dijo: Diréis así a Sedequías:
4 Así ha dicho Jehová Dios de Israel: He aquí, yo haré volver atrás las armas de guerra que están en vuestras manos, y con las que vosotros peleáis contra el rey de Babilonia; y contra los caldeos que os tienen sitiados fuera de la muralla, yo los reuniré en medio de esta ciudad.
5 Y pelearé contra vosotros con mano extendida y con brazo fuerte, y con furor, y con enojo y gran ira;
6 y heriré a los moradores de esta ciudad, a los hombres y a las bestias; de gran pestilencia morirán.
7 Y después, así dice Jehová, entregaré a [a]Sedequías, rey de Judá, y a sus criados, y al pueblo, y a los que queden de la pestilencia, y de la espada, y del hambre en la ciudad, en manos de Nabucodonosor, rey de Babilonia, y en manos de sus enemigos, y en manos de los que buscan su vida; y él los herirá a filo de espada; no los perdonará, ni les tendrá piedad ni tendrá de ellos misericordia.
8 Y a este pueblo dirás: Así ha dicho Jehová: He aquí, pongo delante de vosotros el camino de la [a]vida y el camino de la muerte.
9 El que se quede en esta ciudad morirá por la espada, o por el hambre, o por la pestilencia; pero el que salga y se entregue a los caldeos que os tienen sitiados vivirá, y su vida le será como botín.
10 Porque mi [a]rostro he puesto contra esta ciudad para mal y no para bien, dice Jehová; en manos del rey de Babilonia será entregada, y le prenderá fuego.
11 Y a la casa del rey de Judá *dirás*: Oíd la palabra de Jehová:
12 Oh casa de David, así ha dicho Jehová: Haced juicio de mañana y librad al despojado de manos del opresor, para que mi ira no salga como fuego y se encienda, y no haya quien la

21 1 *a* Jer. 20:1.
2 *a* 2 Rey. 25:1.
7 *a* 1 Ne. 1:4, 13.
8 *a* 1 Ne. 14:7.
10 *a* GEE Castigar, castigo.

apague, por la maldad de vuestras obras.
13 He aquí, yo estoy contra ti, oh moradora del valle de la piedra de la llanura, dice Jehová; a vosotros que decís: ¿[a]Quién descenderá contra nosotros? ¿Y quién entrará en nuestras moradas?
14 Yo os castigaré conforme al fruto de vuestras obras, dice Jehová, y haré encender fuego en su bosque, y consumirá todo lo que está alrededor de él.

CAPÍTULO 22

El trono de David permanece o cae según la obediencia de los reyes — Los juicios de Jehová están sobre los reyes de Judá.

Así ha dicho Jehová: Desciende a la casa del rey de Judá y habla allí esta palabra,
2 y di: Escucha la palabra de Jehová, oh rey de Judá que estás sentado sobre el trono de David, tú, y tus siervos y tu pueblo que entran por estas puertas.
3 Así ha dicho Jehová: Haced [a]juicio y justicia, y librad al despojado de manos del opresor; y no maltratéis ni tratéis con violencia al extranjero, ni al huérfano ni a la viuda, y no derraméis [b]sangre inocente en este lugar.
4 Porque si efectivamente obedecéis esta palabra, los reyes que en lugar de David se sientan sobre su trono entrarán montados en carros y en caballos por las puertas de esta casa, ellos, y sus siervos y su pueblo.
5 Pero si no escucháis estas palabras, por mí mismo he [a]jurado, dice Jehová, que esta casa quedará desolada.
6 Porque así ha dicho Jehová acerca de la casa del rey de Judá: Como Galaad eres tú para mí, *y* como la cumbre del Líbano; sin embargo, te convertiré en desierto *y* en ciudades deshabitadas.
7 Y prepararé contra ti destructores, cada uno con sus armas; y cortarán tus cedros escogidos y los echarán en el fuego.
8 Y muchas gentes pasarán junto a esta ciudad, y dirá cada uno a su compañero: ¿Por qué hizo así Jehová con esta gran ciudad?
9 Y responderán: Porque [a]abandonaron el convenio de Jehová su Dios, y adoraron a dioses ajenos y les sirvieron.
10 No lloréis por el muerto ni por él os lamentéis; llorad amargamente por el que se va, porque no volverá jamás ni volverá a ver la tierra donde nació.
11 Porque así ha dicho Jehová acerca de Salum hijo de Josías, rey de Judá, que reinó en lugar de Josías su padre, que salió de este lugar: Nunca más volverá aquí,
12 sino que morirá en el lugar adonde lo llevaron cautivo y no verá más esta tierra.
13 ¡[a]Ay del que edifica su casa sin [b]justicia y aposentos altos sin equidad, sirviéndose de su

13 *a* 2 Ne. 28:21–25.
b GEE Asesinato.
22 3 *a* GEE Juicio, juzgar; Justicia.
5 *a* GEE Juramento.
9 *a* GEE Apostasía.
13 *a* Stg. 5:1–6.
b GEE Injusticia, injusto.

prójimo de balde, y no dándole
el salario de su trabajo!
14 El que dice: Edificaré para
mí una casa espaciosa con amplios aposentos altos; y le abre ventanas, y la cubre de cedro y la pinta de rojo.
15 ¿Acaso reinarás porque te rodeas de cedro? ¿No comió y bebió tu [a]padre, e hizo juicio y justicia, y entonces le fue bien?
16 Él juzgó la causa del afligido y del menesteroso, y entonces le fue bien. ¿No es esto conocerme a mí?, dice Jehová.
17 Mas tus ojos y tu corazón no son sino para tu avaricia, y para derramar sangre inocente, y para opresión y para hacer agravio.
18 Por tanto, así ha dicho Jehová acerca de Joacim hijo de Josías, rey de Judá: No lo llorarán, *diciendo*: ¡Ay, hermano mío!, o: ¡Ay, hermana!, ni lo lamentarán, *diciendo*: ¡Ay, señor! ¡Ay, su grandeza!
19 En sepultura de asno será [a]enterrado, arrastrándole y echándole fuera de las puertas de Jerusalén.
20 Sube al Líbano y clama, y en Basán alza tu voz y grita desde Abarim, porque todos tus amantes son destruidos.
21 Te he hablado en tu prosperidad, mas dijiste: No escucharé. Éste fue tu camino desde tu juventud; nunca [a]escuchaste mi voz.
22 A todos tus pastores arrasará el viento, y tus amantes irán al cautiverio; entonces serás avergonzada y humillada a causa de toda tu maldad.
23 Tú, que habitas en el Líbano, que haces tu nido en los cedros, ¡cómo gemirás cuando te vengan dolores, dolor como de mujer que está de parto!
24 Vivo yo, dice Jehová, que si Conías hijo de Joacim, rey de Judá, fuese anillo de sellar en mi mano derecha, aun de allí te arrancaría;
25 y te entregaré en manos de los que buscan tu vida, y en manos de aquellos cuya vista temes; sí, en manos de Nabucodonosor, rey de Babilonia, y en manos de los caldeos.
26 Y os haré llevar cautivos, a ti y a tu madre que te dio a luz, a tierra ajena en que no nacisteis; y allá moriréis.
27 Y a la tierra a la cual ellos con toda su alma anhelan volver, allá no volverán.
28 ¿Es este hombre Conías un cántaro despreciable y quebrado? ¿Es una [a]vasija que nadie estima? ¿Por qué fueron arrojados él y su descendencia, y echados a una tierra que no habían conocido?
29 ¡Oh tierra, tierra, tierra, escucha la [a]palabra de Jehová!
30 Así ha dicho Jehová: Inscribid a este hombre *como* privado de descendencia, hombre que no prosperará en todos los días de su vida, porque ningún hombre de su descendencia se sentará sobre el trono de David ni se enseñoreará sobre Judá.

15 *a* 2 Rey. 23:23–25.
19 *a* Ecle. 6:3.
21 *a* GEE Pecado.
28 *a* Sal. 31:12.
29 *a* DyC 1:1–2.

CAPÍTULO 23

El remanente de Israel será recogido en los últimos días — El Renuevo, que es el Rey (el Mesías), reinará con justicia — Los falsos profetas que enseñan mentiras serán maldecidos.

¡AY de los [a]pastores que destruyen y dispersan las ovejas de mi redil!, dice Jehová.

2 Por tanto, así ha dicho Jehová Dios de Israel a los pastores que apacientan mi pueblo: Vosotros habéis dispersado mis ovejas, y las espantasteis y no las habéis cuidado; he aquí, yo os castigo por la maldad de vuestras obras, dice Jehová.

3 Y yo [a]recogeré al [b]resto de mis ovejas de todas las tierras adonde las eché, y las haré volver a su redil; y crecerán y se multiplicarán.

4 Y pondré sobre ellas [a]pastores que las apacienten; y no temerán más, ni se espantarán, ni faltará ninguna, dice Jehová.

5 He aquí que vienen días, dice Jehová, en que levantaré a David un [a]renuevo justo, y [b]reinará como [c]Rey, el cual será prudente y hará [d]juicio y [e]justicia en la tierra.

6 En sus días será salvo Judá, e Israel habitará seguro; y éste será el nombre con el cual le llamarán: JEHOVÁ, [a]justicia nuestra.

7 Por tanto, he aquí que vienen días, dice Jehová, en que no dirán más: Vive Jehová, que hizo subir a los hijos de Israel de la tierra de Egipto,

8 sino: Vive Jehová, que hizo subir y trajo la descendencia de la casa de Israel de la tierra del norte y de todas las tierras adonde yo los había echado; y habitarán en su propia tierra.

9 A causa de los profetas mi [a]corazón está quebrantado dentro de mí; todos mis huesos tiemblan; estoy como un hombre ebrio, y como un hombre a quien dominó el vino, a causa de Jehová y a causa de sus santas palabras.

10 Porque la tierra está llena de [a]adúlteros; porque a causa de la maldición la tierra está de duelo; los pastizales del desierto se secaron; la senda de ellos es mala y su poderío no es recto.

11 Porque tanto el [a]profeta como el [b]sacerdote son profanos; aun en mi [c]casa he hallado su maldad, dice Jehová.

12 Por tanto, su camino les será como resbaladero en la oscuridad; serán empujados y caerán en él; porque yo traeré el mal sobre ellos en el año de su castigo, dice Jehová.

---

23 1 *a* Jer. 25:34–36.
3 *a* GEE Israel—La congregación de Israel.
b GEE Israel—Las diez tribus perdidas de Israel.
4 *a* GEE Obispo; Pastor.
5 *a* GEE Jesucristo.
b GEE Jesucristo—El reinado milenario de Cristo.
c Apoc. 19:16.
d GEE Jesucristo—Es juez.
e GEE Justicia.
6 *a* GEE Rectitud, recto; Justicia.
9 *a* GEE Corazón quebrantado.
10 *a* GEE Adulterio.
11 *a* *O sea,* profetas falsos.
b DyC 1:15–16. GEE Supercherías sacerdotales.
c DyC 110:7–8. GEE Templo, Casa del Señor.

13 Y en los profetas de Samaria he visto desatinos; profetizaban en *nombre de* Baal y hacían errar a mi pueblo Israel.

14 Y en los profetas de Jerusalén he visto horrores; cometían adulterio, y andaban en mentiras y fortalecían las manos de los malvados, para que ninguno se volviese de su maldad; todos ellos son para mí como Sodoma, y sus moradores como Gomorra.

15 Por tanto, así ha dicho Jehová de los ejércitos contra aquellos profetas: He aquí que yo les hago comer ajenjo y les haré beber aguas envenenadas, porque de los profetas de Jerusalén salió la [a]hipocresía sobre toda la tierra.

16 Así ha dicho Jehová de los ejércitos: No escuchéis las palabras de los profetas que os profetizan; os conducen a lo vano; hablan [a]visión de su propio corazón, no de la boca de Jehová.

17 Dicen continuamente a los que me desprecian: Jehová ha dicho: Paz tendréis; y a cualquiera que anda tras la terquedad de su corazón, dicen: No vendrá mal sobre vosotros.

18 Pero, ¿quién ha estado en el consejo de Jehová, y vio y oyó su palabra? ¿Quién ha estado atento a su palabra y ha escuchado?

19 He aquí que la [a]tempestad de Jehová saldrá con furor; y el torbellino caerá sobre la cabeza de los malvados.

20 No se apartará el furor de Jehová hasta que lo haya hecho y hasta que haya cumplido los pensamientos de su corazón; en los postreros días lo entenderéis cabalmente.

21 Yo no [a]envié aquellos [b]profetas, pero ellos corrían; yo no les hablé, pero ellos profetizaban.

22 Y si ellos hubieran estado en mi consejo, habrían hecho oír mis palabras a mi pueblo, y les habrían hecho volver de su mal camino y de la maldad de sus obras.

23 ¿Soy acaso Dios *sólo* de cerca, y no Dios de lejos?, dice Jehová.

24 ¿Se ocultará alguno, dice Jehová, en escondrijos donde yo no lo vea? ¿Acaso no [a]lleno yo, dice Jehová, el cielo y la tierra?

25 Yo he oído lo que aquellos profetas dijeron, profetizando mentira en mi nombre, diciendo: ¡He soñado, he soñado!

26 ¿Hasta cuándo estará esto en el corazón de los profetas que profetizan mentira, y que profetizan el engaño de su propio corazón,

27 que piensan hacer a mi pueblo olvidarse de mi nombre con sus sueños que cada uno cuenta a su compañero, como sus padres se olvidaron de mi nombre por Baal?

28 El profeta que tenga un [a]sueño, que cuente el sueño; y el que tenga mi palabra, que hable fielmente mi palabra. ¿Qué *tiene que ver* la paja con el trigo?, dice Jehová.

29 ¿No es acaso mi palabra como el fuego, dice Jehová, y

15 *a* *O sea,* la corrupción.
16 *a* Jer. 14:14.
19 *a* 3 Ne. 21:20–21; DyC 63:6.
21 *a* GEE Autoridad.
b 2 Ne. 28:9, 12, 15.
24 *a* DyC 88:7–13.
28 *a* GEE Sueños.

como martillo que despedaza la
piedra?
30 Por tanto, he aquí, yo estoy
contra los profetas, dice Jehová,
que hurtan mis palabras, cada
uno de su prójimo.
31 He aquí, yo estoy contra
los profetas, dice Jehová, que
usan sus lenguas y dicen: Él ha
dicho.
32 He aquí, yo estoy contra los
que profetizan sueños mentirosos, dice Jehová, y los cuentan y
hacen errar a mi pueblo con sus
mentiras y con sus lisonjas, pero
yo no los envié ni los mandé; y
ningún provecho traerán a este
pueblo, dice Jehová.
33 Y cuando te pregunte este
pueblo, o el profeta o el sacerdote,
diciendo: ¿Cuál es la [a]profecía
de Jehová?, les dirás: ¿Cuál profecía? Os abandonaré, ha dicho
Jehová.
34 Y al profeta, y al sacerdote o
al pueblo que diga: Profecía de
Jehová, yo enviaré castigo sobre
tal hombre y sobre su casa.
35 Así diréis cada cual a su prójimo y cada cual a su hermano:
¿Qué ha respondido Jehová?, y,
¿qué ha hablado Jehová?
36 Y nunca más os vendrá a la
memoria *decir*: Profecía de Jehová, porque la palabra de cada
uno será su propia profecía, pues
pervertisteis las [a]palabras del
Dios viviente, de Jehová de los
ejércitos, Dios nuestro.
37 Así dirás al profeta: ¿Qué te
ha respondido Jehová?, y, ¿qué
ha hablado Jehová?
38 Pero si decís: Profecía de
Jehová, entonces Jehová dice así:
Porque dijisteis estas palabras:
Profecía de Jehová, cuando yo
he enviado a deciros: No digáis:
Profecía de Jehová;
39 por tanto, he aquí que yo os
olvidaré por completo y os arrancaré de mi presencia a vosotros
y la ciudad que os di a vosotros
y a vuestros padres;
40 y pondré sobre vosotros
afrenta perpetua, y eterna vergüenza que nunca borrará el
olvido.

CAPÍTULO 24

Sedequías y el pueblo de Judá serán maldecidos y dispersados — Algunos serán traídos de nuevo desde Caldea para servir a Jehová.

ME mostró Jehová, y he aquí, dos
cestas de higos puestas delante
del templo de Jehová, después
de haber llevado cautivo Nabucodonosor, rey de Babilonia, a
Jeconías hijo de Joacim, rey de
Judá, y a los [a]príncipes de Judá,
y a los artesanos y herreros de
Jerusalén, y de haberlos llevado
a [b]Babilonia.
2 Una cesta tenía higos muy
buenos, como brevas; y la otra
cesta tenía higos [a]muy malos,
que de tan malos no se podían
comer.
3 Y me dijo Jehová: ¿Qué ves
tú, Jeremías? Y dije: Higos, higos
buenos, muy buenos; y malos,

33 *a* HEB carga, es decir, mensaje de fatalidad.
36 *a* DyC 50:1.
24 1 *a* HEB los oficiales, los gobernantes.
b 2 Rey. 24:14–16.
2 *a* *Es decir,* podridos.

muy malos, que de tan malos no se pueden comer.
4 Y vino a mí la palabra de Jehová, diciendo:
5 Así ha dicho Jehová Dios de Israel: Como a estos higos buenos, así consideraré a los desterrados de Judá, a los cuales eché de este lugar a la tierra de los caldeos, para [a]bien.
6 Pues pondré mis ojos sobre ellos para bien y los [a]traeré de nuevo a esta [b]tierra; y los edificaré y no los derribaré; los [c]plantaré y no los arrancaré.
7 Y les daré un [a]corazón para que me conozcan, que yo soy Jehová; y ellos serán mi pueblo, y yo seré su Dios, porque se volverán a mí de todo corazón.
8 Y como a los higos malos, que de tan malos no se pueden comer, ha dicho Jehová, así haré a Sedequías, rey de Judá, y a sus príncipes, y al resto de Jerusalén que queda en esta tierra y a los que moran en la tierra de Egipto.
9 Y los haré motivo de espanto y de mal a todos los reinos de la tierra, de [a]infamia, y de refrán, y de burla, y de [b]maldición a todos los lugares adonde yo los arroje.
10 Y enviaré sobre ellos espada, [a]hambre y pestilencia, hasta que sean exterminados de la tierra que les di a ellos y a sus padres.

CAPÍTULO 25

Una vez que sea llevada cautiva, Judá servirá a Babilonia durante setenta años — Diversas naciones serán derribadas — En los últimos días, todos los habitantes de la tierra estarán en guerra.

LA palabra que vino a Jeremías acerca de todo el pueblo de Judá en el año cuarto de Joacim hijo de Josías, rey de Judá, el cual era el año primero de Nabucodonosor, rey de Babilonia;
2 la cual habló el profeta Jeremías a todo el pueblo de Judá y a todos los moradores de Jerusalén, diciendo:
3 Desde el año trece de Josías hijo de Amón, rey de Judá, hasta este día, que son veintitrés años, ha venido a mí la palabra de Jehová, y os he hablado, madrugando y dando aviso, pero no habéis escuchado.
4 Y envió Jehová a vosotros a todos sus siervos los [a]profetas, madrugando y enviándolos, pero no habéis escuchado ni habéis inclinado vuestro oído para escuchar
5 cuando decían: Volveos ahora de vuestro mal camino y de la maldad de vuestras obras, y morad en la tierra que os dio Jehová, a vosotros y a vuestros padres para siempre;
6 y no vayáis en pos de dioses ajenos, sirviéndoles y adorándolos, ni me provoquéis a ira con la obra de vuestras manos, y no os haré mal.
7 Pero no me habéis escuchado,

5 *a* DyC 122:7.
6 *a* Jer. 16:14–15.
b 2 Ne. 25:11–17.
c Jacob 5:56–60.
7 *a* Alma 5:12–14.
GEE Corazón.
9 *a* Deut. 28:36–37; 1 Ne. 19:13–16.
b Jer. 26:6; Dan. 9:11.
10 *a* DyC 43:25–26.
25 4 *a* 1 Ne. 1:4, 18–20.

dice Jehová, sino que me habéis provocado a ira con la obra de vuestras manos para vuestro propio mal.

8 Por tanto, así ha dicho Jehová de los ejércitos: Por cuanto no habéis [a]escuchado mis palabras,

9 he aquí, yo [a]enviaré y tomaré a todas las familias del norte, dice Jehová, y a Nabucodonosor, rey de Babilonia, mi siervo, y los traeré contra esta tierra, y contra sus moradores y contra todas estas naciones de alrededor; y los destruiré y los haré objeto de espanto, y de burla y desolación perpetua.

10 Y haré que desaparezca de entre ellos la voz de gozo y la voz de alegría, la voz del desposado y la voz de la desposada, el ruido del [a]molino y la luz de la lámpara.

11 Y toda esta tierra será desolación y espanto; y servirán estas naciones al rey de Babilonia durante setenta años.

12 Y acontecerá que cuando se hayan cumplido los [a]setenta años, [b]castigaré al rey de Babilonia y a aquella nación por su iniquidad, ha dicho Jehová, y a la tierra de los caldeos; y la convertiré en desolación perpetua.

13 Y traeré sobre aquella tierra todas mis palabras que he hablado contra ella, con todo lo que está escrito en este libro, profetizado por Jeremías contra todas las naciones.

14 Porque serán sometidos a muchas naciones y a grandes reyes, y yo les pagaré conforme a sus hechos y conforme a la obra de sus manos.

15 Porque así me dijo Jehová Dios de Israel: Toma de mi mano la [a]copa del vino de este furor, y haz que beban de ella todas las naciones a las cuales yo te envío.

16 Y beberán, y temblarán y enloquecerán a causa de la espada que yo envío entre ellos.

17 Y tomé la copa de la mano de Jehová, e hice beber a todas las naciones a las cuales me envió Jehová:

18 a Jerusalén, y a las ciudades de Judá, y a sus reyes y a sus príncipes, para convertirlos en desolación, en espanto, en burla y en maldición, como en este día;

19 a Faraón, rey de Egipto, y a sus siervos, y a sus príncipes y a todo su pueblo;

20 y a toda la mezcla de naciones, y a todos los reyes de la tierra de Uz, y a todos los reyes de la tierra de Filistea, y a Ascalón, y a Gaza, y a Ecrón y al remanente de Asdod;

21 a Edom, y a Moab y a los hijos de Amón;

22 y a todos los reyes de Tiro, y a todos los reyes de Sidón y a los reyes de las islas que están al otro lado del mar;

23 y a Dedán, y a Tema, y a Buz y a todos los que están en los extremos más remotos;

24 y a todos los reyes de Arabia y a todos los reyes de pueblos

8 *a* *O sea,* obedecido.
9 *a* *Es decir,* mandaré buscar.
10 *a* *O sea,* de las muelas de molino al moler.
12 *a* 2 Cró. 36:20–21.
b Dan. 5:22–28.
15 *a* Mos. 3:26; DyC 29:17.

mezclados que habitan en el
desierto;
25 y a todos los reyes de Zimri,
y a todos los reyes de Elam y a
todos los reyes de Media;
26 y a todos los reyes del norte,
los de cerca y los de lejos, a los
unos y a los otros; y a todos los
reinos del mundo que están sobre la faz de la tierra; y el rey de
[a]Sesac beberá después de ellos.
27 Les dirás, pues: Así ha dicho
Jehová de los ejércitos, Dios de
Israel: Bebed, y embriagaos, y
vomitad, y caed y no os levantéis
a causa de la espada que yo envío
entre vosotros.
28 Y acontecerá que si no quieren tomar la copa de tu mano
para [a]beber, les dirás tú: Así ha
dicho Jehová de los ejércitos: Tenéis que beber.
29 Porque he aquí que yo [a]co-
mienzo a hacer mal a la ciudad
sobre la cual es invocado mi nombre; ¿y seréis vosotros absueltos?
¡No seréis absueltos, porque espada traigo sobre todos los moradores de la tierra, dice Jehová
de los ejércitos!
30 Tú, pues, profetizarás contra ellos todas estas palabras y
les dirás: Jehová [a]rugirá desde
lo alto, y desde su santa morada
dará su voz; rugirá fuertemente
contra su morada; [b]canción de
lagareros cantará contra todos los
moradores de la tierra.
31 Llegará el estruendo hasta
los extremos de la tierra, porque
Jehová está en pleito contra las
naciones; él entra en juicio contra
toda carne; entregará a los malvados a la espada, dice Jehová.
32 Así ha dicho Jehová de los
ejércitos: He aquí que el mal irá
de nación en nación, y una gran
tempestad se levantará desde los
confines de la tierra.
33 Y yacerán los muertos de
Jehová en aquel día desde un
extremo de la tierra hasta el otro;
nadie los llorará, ni los recogerán
ni los enterrarán; como estiércol quedarán sobre la faz de la
tierra.
34 Aullad, [a]pastores, y clamad; y
revolcaos *en ceniza,* mayorales del
rebaño, porque se han cumplido
vuestros días para que seáis de-
gollados y esparcidos, y caeréis
como vaso precioso.
35 Y no habrá refugio para los
pastores ni escape para los mayorales del rebaño.
36 ¡Voz de la gritería de los pastores y aullido de los mayorales
del rebaño!, porque Jehová ha
asolado sus pastizales.
37 Y los apacibles rebaños son
devastados por el furor de la ira
de Jehová.
38 Dejó cual leoncillo su guarida, pues asolada fue la tierra
de ellos por la ira del opresor y
por el furor de su enojo.

CAPÍTULO 26

Jeremías profetiza la destrucción del pueblo — Por esto, Jeremías es

26 *a* Criptograma que alude a Babilonia.
28 *a* Abd. 1:15–16.
29 *a* Ezeq. 9:5–7.
30 *a* Joel 3:16.
b *O sea,* dará gritos como lo hacen en su labor los que pisan las uvas.
34 *a* Jer. 23:1–2; Ezeq. 34:2, 8–10.

acusado, juzgado y posteriormente absuelto.

EN el principio del reinado de Joacim hijo de Josías, rey de Judá, vino esta palabra de Jehová, diciendo:

2 Así ha dicho Jehová: Ponte en el atrio de la casa de Jehová, y habla a todas las ciudades de Judá que vienen para adorar en la casa de Jehová, todas las palabras que yo te mandé hablarles; no omitas palabra.

3 Quizá escuchen y se vuelva cada uno de su mal camino, y me [a]arrepienta yo del mal que pienso hacerles por la maldad de sus obras.

4 Y les dirás: Así ha dicho Jehová: Si no me [a]escucháis para [b]andar en mi ley, la cual he puesto delante de vosotros,

5 para atender a las palabras de mis siervos los [a]profetas que yo os envío, madrugando y enviándolos, a los cuales no habéis escuchado,

6 entonces haré con esta casa como hice con [a]Silo, y haré de esta ciudad una [b]maldición para todas las naciones de la [c]tierra.

7 Y los sacerdotes, y los profetas y todo el pueblo oyeron a Jeremías hablar estas palabras en la casa de Jehová.

8 Y aconteció que cuando terminó de hablar Jeremías todo lo que Jehová le había mandado que hablase a todo el pueblo, los sacerdotes y los profetas y todo el pueblo le echaron mano, diciendo: De cierto morirás.

9 ¿Por qué has profetizado en nombre de Jehová, diciendo: Esta casa será como Silo, y esta ciudad será asolada hasta no *quedar* morador? Y todo el pueblo se juntó contra Jeremías en la casa de Jehová.

10 Y los [a]príncipes de Judá oyeron estas cosas, y subieron de la casa del rey a la casa de Jehová, y se sentaron en la entrada de la puerta nueva de *la casa de* Jehová.

11 Entonces hablaron los sacerdotes y los profetas a los príncipes y a todo el pueblo, diciendo: ¡Pena de muerte para este hombre!, porque ha [a]profetizado contra esta ciudad, como vosotros habéis oído con vuestros oídos.

12 Y habló Jeremías a todos los príncipes y a todo el pueblo, diciendo: Jehová me envió a profetizar contra esta casa y contra esta ciudad todas las palabras que habéis oído.

13 Y ahora, mejorad vuestros caminos y vuestras obras y escuchad la voz de Jehová vuestro Dios, y se [a]arrepentirá Jehová del mal que ha hablado contra vosotros.

14 En lo que a mí toca, he aquí,

26 3*a* HEB desistiré; es decir, cambiaré el castigo decretado debido al cambio en el comportamiento.
4*a* Deut. 28:15; Alma 5:37–38.
b GEE Andar, andar con Dios.
5*a* Jer. 25:4–5; Jacob 6:8.
6*a* Jer. 7:12–14.
b 1 Ne. 19:14.
c TJS Jer. 26:6 …tierra; *porque no habéis escuchado a mis siervos los profetas.*
10*a* HEB los oficiales, jefes, gobernantes.
11*a* GEE Jeremías.
13*a* TJS Jer. 26:13 …y *arrepentíos*, y Jehová *apartará* el mal…

estoy en vuestras manos; haced de mí como mejor y más recto os parezca.
15 Pero sabed de cierto que si me matáis, sangre [a]inocente echaréis sobre vosotros, y sobre esta ciudad y sobre sus moradores, porque en verdad Jehová me envió a vosotros para que dijese todas estas palabras en vuestros oídos.
16 Y dijeron los príncipes y todo el pueblo a los sacerdotes y a los profetas: Este hombre no merece la pena de muerte, porque en nombre de Jehová nuestro Dios nos ha hablado.
17 Entonces se levantaron algunos de los ancianos del país y hablaron a toda la congregación del pueblo, diciendo:
18 Miqueas de Moreset profetizó en los días de Ezequías, rey de Judá, y habló a todo el pueblo de Judá, diciendo: Así ha dicho Jehová de los ejércitos: Sión será arada como campo, y [a]Jerusalén vendrá a ser montones de escombros, y el monte de la casa como cumbres de bosque.
19 ¿Acaso lo mataron Ezequías, rey de Judá, y todo Judá? ¿No temió a Jehová [a]y oró en presencia de Jehová, y Jehová se arrepintió del mal que había hablado contra ellos? Nosotros, pues, haremos un gran mal contra nuestras almas.
20 Y hubo también un hombre que profetizaba en nombre de Jehová, Urías hijo de Semaías, de Quiriat-jearim, el cual profetizó contra esta ciudad y contra esta tierra, conforme a todas las palabras de Jeremías;
21 y oyeron sus palabras el rey Joacim, y todos sus grandes y todos sus príncipes; y el rey procuró matarle; pero Urías lo oyó, y tuvo temor, y huyó y se fue a Egipto;
22 y el rey Joacim envió hombres a Egipto: a Elnatán hijo de Acbor y a *otros* hombres con él, a Egipto;
23 y ellos sacaron de Egipto a Urías y lo llevaron ante el rey Joacim, el cual lo [a]mató a espada y echó su cuerpo en los sepulcros del vulgo.
24 Pero la mano de Ahicam hijo de Safán estaba con Jeremías, para que no lo entregasen en manos del pueblo para matarlo.

CAPÍTULO 27

Jehová anuncia a muchas naciones que han de servir a Babilonia — Los utensilios de la casa de Jehová serán llevados a Babilonia.

EN el principio del reinado de Joacim hijo de Josías, rey de Judá, esta palabra vino de Jehová a Jeremías, diciendo:
2 Jehová me ha dicho así: Hazte [a]coyundas y [b]yugos, y ponlos sobre tu cuello;

15 *a* Mos. 17:10.
18 *a* Hel. 8:20.
19 *a* TJS Jer. 26:19 …y *rogó a Jehová y se arrepintió?* ¿Y Jehová *apartó* el mal que había hablado contra ellos? Nosotros, pues, haremos un gran mal contra nuestras almas *si matamos a Jeremías.*
23 *a* 1 Ne. 3:17–18.
27 2 *a* *O sea,* correas.
b GEE Yugo.

3 y los enviarás al rey de Edom, y al rey de Moab, y al rey de los hijos de Amón, y al rey de Tiro y al rey de Sidón, por medio de los mensajeros que vienen a Jerusalén a ver a Sedequías, rey de Judá.

4 Y les mandarás que digan a sus señores: Así ha dicho Jehová de los ejércitos, el Dios de Israel: Así habéis de decir a vuestros señores:

5 Yo hice la [a]tierra, el hombre y las bestias que están sobre la faz de la tierra, con mi gran poder y con mi brazo extendido, y la di a quien me pareció bien.

6 Y ahora yo he puesto todas estas tierras en manos de Nabucodonosor, rey de Babilonia, mi siervo, y aun las bestias del campo le he dado para que le sirvan.

7 Y todas las naciones le servirán a él, y a su hijo y al hijo de su hijo, hasta que venga también el tiempo de su misma tierra; y él será siervo de muchas naciones y de grandes reyes.

8 Y sucederá que a la nación y al reino que no sirva a Nabucodonosor, rey de Babilonia, y que no ponga su cuello debajo del yugo del rey de Babilonia, castigaré a tal nación con espada, y con hambre y con pestilencia, dice Jehová, hasta que los acabe yo por medio de su mano.

9 Vosotros, por tanto, no prestéis oído a vuestros profetas, ni a vuestros adivinos, ni a vuestros soñadores, ni a vuestros agoreros ni a vuestros encantadores, que os hablan, diciendo: No serviréis al rey de Babilonia.

10 Porque ellos os profetizan [a]mentira, para haceros alejar de vuestra tierra, y para que yo os arroje y perezcáis.

11 Pero a la nación que someta su cuello al yugo del rey de Babilonia y le sirva, la dejaré en su tierra, dice Jehová, y la labrará y morará en ella.

12 Hablé también a Sedequías, rey de Judá, conforme a todas estas palabras, diciendo: Someted vuestros cuellos al yugo del rey de Babilonia, y servidle a él y a su pueblo, y vivid.

13 ¿Por qué moriréis, tú y tu pueblo, a espada, de hambre y de pestilencia, según ha dicho Jehová de la nación que no sirva al rey de Babilonia?

14 Por tanto, no escuchéis las palabras de los profetas que os hablan, diciendo: No serviréis al rey de Babilonia, porque os profetizan mentira.

15 Porque yo no los he enviado, dice Jehová, y ellos profetizan falsamente en mi nombre, para que yo os arroje y perezcáis, vosotros y los profetas que os profetizan.

16 También a los sacerdotes y a todo este pueblo hablé, diciendo: Así ha dicho Jehová: No escuchéis las palabras de vuestros profetas que os profetizan, diciendo: He aquí que los [a]utensilios de la casa de Jehová serán devueltos muy pronto de Babilonia, porque os profetizan mentira.

17 No los escuchéis, sino servid al rey de Babilonia y vivid.

5 *a* 1 Ne. 17:36.
10 *a* DyC 50:2.
GEE Engañar, engaño.
16 *a* 2 Rey. 24:12–13.

¿Por qué ha de ser [a]asolada esta ciudad?

18 Y si ellos son profetas y si está con ellos la palabra de Jehová, oren ahora a Jehová de los ejércitos para que los utensilios que han quedado en la casa de Jehová, y en la casa del rey de Judá y en Jerusalén, no sean llevados a Babilonia.

19 Porque así ha dicho Jehová de los ejércitos de aquellas [a]columnas, y del mar, y de las [b]basas y del resto de los utensilios que quedan en esta ciudad,

20 que no quitó Nabucodonosor, rey de Babilonia, cuando llevó cautivos de Jerusalén a Babilonia a Jeconías hijo de Joacim, rey de Judá, y a todos los nobles de Judá y de Jerusalén.

21 Así, pues, ha dicho Jehová de los ejércitos, el Dios de Israel, acerca de los utensilios que quedaron en la casa de Jehová, y en la casa del rey de Judá y en Jerusalén:

22 A Babilonia serán llevados, y allí estarán hasta el día en que yo los visite, dice Jehová; y después los [a]traeré y los restituiré a este lugar.

CAPÍTULO 28

Hananías profetiza falsamente que el yugo de Babilonia será quebrantado.

Y ACONTECIÓ en el mismo año, al principio del reinado de Sedequías, rey de Judá, en el año cuarto, en el quinto mes, que Hananías hijo de Azur, que era el profeta de Gabaón, me habló en la casa de Jehová delante de los sacerdotes y de todo el pueblo, diciendo:

2 Así habló Jehová de los ejércitos, el Dios de Israel, diciendo: He quebrantado el yugo del rey de Babilonia.

3 Dentro de dos años haré volver a este lugar todos los utensilios de la casa de Jehová, que Nabucodonosor, rey de Babilonia, sacó de este lugar para llevarlos a Babilonia.

4 Y yo haré volver a este lugar a Jeconías hijo de Joacim, rey de Judá, y a todos los desterrados de Judá que entraron en Babilonia, dice Jehová, porque yo quebrantaré el yugo del rey de Babilonia.

5 Entonces respondió el profeta Jeremías al profeta Hananías, delante de los sacerdotes y delante de todo el pueblo que estaba en la casa de Jehová.

6 Y dijo el profeta Jeremías: Amén, así lo haga Jehová. Confirme Jehová tus palabras, con las cuales profetizaste que los utensilios de la casa de Jehová, y todos los desterrados, han de ser devueltos de Babilonia a este lugar.

7 Con todo eso, oye ahora esta palabra que yo hablo a tus oídos y a oídos de todo el pueblo:

8 Los profetas que fueron antes de mí y antes de ti en tiempos pasados profetizaron guerra, y aflicción y pestilencia contra

17 *a* Jer. 44:2.
19 *a* Jer. 52:17–22.
b *O sea,* las bases.
22 *a* Esd. 1:7.

muchas tierras y contra grandes
reinos.
9 Cuando se cumpla la palabra
del profeta que [a]profetiza paz,
sólo entonces él será conocido
como el [b]profeta que Jehová en
verdad envió.
10 Entonces el profeta Hananías
quitó el yugo del cuello del profeta Jeremías y lo rompió.
11 Y habló Hananías en presencia de todo el pueblo, diciendo:
Así ha dicho Jehová: De esta manera romperé el yugo de Nabucodonosor, rey de Babilonia, del
cuello de todas las naciones dentro de dos años. Y siguió Jeremías
su camino.
12 Y después que el profeta Hananías rompió el yugo del cuello del profeta Jeremías, vino la
palabra de Jehová a Jeremías,
diciendo:
13 Ve y habla a Hananías, diciendo: Así ha dicho Jehová: Yugos de madera rompiste, pero
en lugar de ellos harás yugos de
hierro.
14 Porque así ha dicho Jehová
de los ejércitos, el Dios de Israel:
Yugo de hierro puse sobre el cuello de todas estas naciones, para
que sirvan a Nabucodonosor, rey
de Babilonia, y han de servirle; y
aun también le he dado las bestias del campo.
15 Entonces dijo el profeta Jeremías al profeta Hananías: Escucha ahora, Hananías; Jehová
no te ha enviado, y tú has hecho confiar a este pueblo en una
[a]mentira.
16 Por tanto, así ha dicho Jehová: He aquí que yo te quito de
sobre la faz de la tierra; [a]morirás
este mismo año, porque has hablado rebelión contra Jehová.
17 Y en el mismo año murió
Hananías, en el mes séptimo.

CAPÍTULO 29

Jeremías dice a los judíos que están en Babilonia que se preparen para setenta años de cautiverio — Los que todavía quedan en Jerusalén serán esparcidos — Semaías profetiza falsamente y es maldecido.

Y ÉSTAS son las palabras de la
carta que el profeta Jeremías envió desde Jerusalén a los ancianos
que habían quedado de los del
cautiverio, y a los sacerdotes, y
a los profetas y a todo el pueblo
que Nabucodonosor llevó cautivo
de Jerusalén a Babilonia
2 (después de haber salido el rey
Jeconías, y la reina, y los oficiales
del palacio, y los [a]príncipes de
Judá y de Jerusalén, y los artesanos y los herreros de Jerusalén),
3 por mano de Elasa hijo de Safán y de Gemarías hijo de Hilcías
(a quienes envió Sedequías, rey
de Judá, a Babilonia, a Nabucodonosor, rey de Babilonia),
diciendo:
4 Así ha dicho Jehová de los
ejércitos, el Dios de Israel, a todos los de la cautividad que hice
llevar cautivos de Jerusalén a
Babilonia:

28 9 *a* Deut. 18:20–22.
b Mateo 7:15–20.
15 *a* GEE Mentiras.
16 *a* Jacob 7:1–20; Alma 30:59–60.
29 2 *a* *O sea,* los oficiales o cortesanos. Jer. 24:1.

5 Edificad casas y morad *en ellas*;
y plantad huertos y comed del
fruto de ellos;
6 casaos y engendrad hijos e
hijas; dad esposas a vuestros
hijos y dad maridos a vuestras
hijas, para que tengan hijos e hijas; y multiplicaos allá y no os
disminuyáis.
7 Y procurad la [a]paz de la ciudad
a la cual os hice desterrar y rogad
por ella a Jehová, porque en su
paz tendréis vosotros paz.
8 Porque así ha dicho Jehová de
los ejércitos, el Dios de Israel: No
os engañen vuestros profetas que
están entre vosotros, ni vuestros
adivinos, ni hagáis caso de los
[a]sueños que soñáis.
9 Porque falsamente os [a]profetizan ellos en mi nombre; yo no
los envié, ha dicho Jehová.
10 Porque así ha dicho Jehová:
Cuando en Babilonia se cumplan
los setenta años, yo os visitaré y
os cumpliré mi buena palabra de
[a]haceros volver a este lugar.
11 Porque yo sé los pensamientos que tengo acerca de vosotros,
dice Jehová, pensamientos de
paz y no de mal, para daros un
[a]porvenir y una esperanza.
12 Entonces me [a]invocaréis, y
vendréis y oraréis a mí, y yo os
escucharé;
13 y me [a]buscaréis y *me* hallaréis
cuando me busquéis con todo
vuestro [b]corazón.
14 Y seré hallado por vosotros,
dice Jehová, y os haré volver de
vuestra cautividad y os [a]reuniré
de todas las naciones y de todos los lugares adonde os arrojé,
dice Jehová; y os haré volver al
lugar de donde os hice llevar al
destierro.
15 Por cuanto habéis dicho: Jehová nos ha levantado profetas
en Babilonia,
16 así ha dicho Jehová acerca
del rey que está sentado sobre
el trono de David y acerca de
todo el pueblo que mora en esta
ciudad, de vuestros hermanos
que no salieron con vosotros al
cautiverio,
17 así ha dicho Jehová de los
ejércitos: He aquí, yo envío contra
ellos espada, hambre y pestilencia, y los pondré como los higos
malos, que de tan malos no se
pueden comer.
18 Y los perseguiré con espada,
con hambre y con pestilencia; y
los haré objeto de terror [a]para
todos los reinos de la tierra, de
maldición, y de espanto, y de
burla y de afrenta entre todas
las naciones adonde los habré
arrojado.
19 Porque no escucharon mis
palabras, dice Jehová, que les envié por medio de mis siervos los
profetas, madrugando y enviándolos, pero no habéis escuchado,
dice Jehová.
20 ¡Escuchad, pues, la palabra
de Jehová, todos vosotros los desterrados que envié de Jerusalén
a Babilonia!

7 *a* GEE Paz.
8 *a* GEE Sueños.
9 *a* GEE Engañar, engaño.
10 *a* 2 Ne. 6:8–9.
11 *a* Jer. 31:17.
12 *a* GEE Oración.
13 *a* DyC 88:62–65.
b GEE Corazón.
14 *a* GEE Israel—La congregación de Israel.
18 *a* GEE Israel—El esparcimiento de Israel.

21 Así ha dicho Jehová de los ejércitos, el Dios de Israel, acerca de Acab hijo de Colaías y acerca de Sedequías hijo de Maasías, quienes os profetizan mentira en mi nombre: He aquí, yo los entrego en manos de Nabucodonosor, rey de Babilonia, y él los matará delante de vuestros ojos.

22 Y todos los desterrados de Judá que están en Babilonia harán de ellos una maldición, diciendo: Póngate Jehová como a Sedequías y como a Acab, a quienes asó al fuego el rey de Babilonia.

23 Porque hicieron maldad en Israel, y cometieron [a]adulterio con las esposas de sus prójimos y hablaron palabras mentirosas en mi nombre, palabras que no les mandé; yo soy el que sabe y soy testigo, dice Jehová.

24 Y a Semaías, el nehelamita, hablarás, diciendo:

25 Así habló Jehová de los ejércitos, el Dios de Israel, diciendo: Por cuanto enviaste cartas en tu nombre a todo el pueblo que está en Jerusalén, y a Sofonías hijo de Maasías, el sacerdote, y a todos los sacerdotes, diciendo:

26 Jehová te ha puesto como sacerdote en lugar del sacerdote Joiada, para que te encargues en la casa de Jehová de todo hombre loco que profetice, poniéndolo en el cepo y en el collar de hierro.

27 ¿Por qué, pues, no has reprendido ahora a Jeremías de Anatot, que os profetiza?

28 Porque él nos envió a decir en Babilonia: Largo será *el cautiverio*; edificad casas y habitadlas; plantad huertos y comed el fruto de ellos.

29 Y el sacerdote Sofonías había leído esta carta a oídos del profeta Jeremías.

30 Y vino la palabra de Jehová a Jeremías, diciendo:

31 Envía a decir a todos los cautivos: Así ha dicho Jehová de Semaías, el nehelamita: Por cuanto os profetizó Semaías sin que yo lo hubiera enviado, y os hizo confiar en mentira,

32 por eso, así ha dicho Jehová: He aquí que yo castigaré a Semaías, el nehelamita, y a su descendencia; no tendrá varón que more en medio de este pueblo ni verá el bien que haré yo a mi pueblo, dice Jehová, porque contra Jehová ha hablado rebelión.

CAPÍTULO 30

En los últimos días, Judá e Israel serán congregados en sus propias tierras — David, su rey (Cristo), reinará sobre ellos.

La palabra que vino a Jeremías de parte de Jehová, diciendo:

2 Así habló Jehová Dios de Israel, diciendo: Escribe en un libro todas las palabras que te he hablado.

3 Porque he aquí que vienen días, dice Jehová, en que haré volver de la cautividad a los de mi pueblo de [a]Israel y de Judá, ha dicho Jehová, y los haré [b]volver

23 *a* GEE Adulterio.
30 3 *a* GEE Israel—Las diez tribus perdidas de Israel.
b GEE Israel—La congregación de Israel.

a la tierra que di a sus padres, y
la poseerán.
4 Éstas, pues, son las palabras
que habló Jehová acerca de Israel
y de Judá.
5 Porque así ha dicho Jehová:
Hemos oído voz de temblor, de
terror y no de paz.
6 Preguntad ahora y mirad:
¿Acaso da a luz el varón? ¿Por
qué veo que todo hombre tiene
las manos sobre sus lomos, como
mujer que está de parto, y que
se han puesto pálidos todos los
rostros?
7 ¡Ah, cuán grande es aquel
[a]día! Tanto, que no hay otro semejante a él; es tiempo de angustia para Jacob, pero de ésta será
librado.
8 Y sucederá en aquel día, dice
Jehová de los ejércitos, que yo
romperé el [a]yugo de tu cuello
y romperé tus [b]coyundas; y extranjeros no volverán a ponerlo
en servidumbre,
9 sino que servirán a Jehová su
Dios y a [a]David, su rey, a quien
yo les levantaré.
10 Tú, pues, siervo mío Jacob,
no temas, dice Jehová, ni te atemorices, oh Israel, porque he aquí que yo soy el que te [a]salvo desde lejos, a ti y a tu descendencia, de la tierra de su cautividad. Y Jacob volverá, y descansará y vivirá tranquilo, y no habrá quien le
atemorice.
11 Porque yo estoy contigo para
salvarte, dice Jehová, y [a]destruiré por completo a todas las naciones entre las cuales te esparcí; pero a ti no te destruiré del todo, sino que te castigaré con justicia; y de ninguna manera te dejaré sin castigo.
12 Porque así ha dicho Jehová:
[a]Incurable es tu quebranto y
grave tu herida.
13 No hay quien juzgue tu causa
para sanarte; no hay para ti medicamentos eficaces.
14 Todos tus amantes te olvidaron; no te buscan, porque te herí como hiere un enemigo, con azote de adversario [a]cruel, a causa de la magnitud de tu iniquidad y de la multitud de tus pecados.
15 ¿Por qué gritas a causa de
tu quebranto? [a]Incurable es tu dolor, porque por la magnitud de tu iniquidad y por la multitud de tus pecados te he hecho esto.
16 Pero serán devorados todos
los que te devoran; y todos tus adversarios, todos ellos irán al cautiverio; y saqueados serán los que te saquearon, y a todos los que te despojaron daré en despojo.

7 *a* Joel 2:11.
GEE Segunda Venida de Jesucristo.
8 *a* GEE Yugo.
b *O sea,* tus correas.
9 *a* *Es decir,* aquí David es Jesucristo, que era de la casa de David. Jer. 23:5–6; Ezeq. 34:23–24; Oseas 3:5.
10 *a* DyC 38:33.
11 *a* Amós 9:8; DyC 101:1–9. GEE Israel—El esparcimiento de Israel.
12 *a* TJS Jer. 30:12–13 …Tu quebranto *no* es incurable, *aunque* grave *es tu herida.* ¿No hay quien juzgue tu causa para sanarte? ¿No hay para ti medicamentos eficaces?
14 *a* GEE Adversidad; Persecución, perseguir.
15 *a* TJS Jer. 30:15 …¿*Es* incurable tu dolor?

17 Mas yo haré venir sanidad
para ti y sanaré tus heridas, dice
Jehová, porque Desechada te llamaron, *diciendo*: Ésta es Sión, a la
que nadie busca.
18 Así ha dicho Jehová: He aquí,
yo hago volver del cautiverio las
tiendas de Jacob, y de sus moradas tendré [a]misericordia; y la
ciudad será edificada sobre su
colina, y la ciudadela será asentada en su lugar.
19 Y saldrá de ellos acción de
gracias y voz de los que están
en regocijo; y los multiplicaré,
y no serán disminuidos; los
glorificaré, y no serán menospreciados.
20 Y serán sus hijos como antes,
y su congregación delante de mí
será confirmada, y castigaré a
todos sus opresores.
21 Y de ellos saldrá su soberano,
y de en medio de ellos saldrá su
gobernante; y le haré acercarse,
y él se acercará a mí, porque,
¿quién es aquel que dedicó su
corazón para acercarse a mí?,
dice Jehová.
22 Y vosotros seréis mi [a]pueblo,
y yo seré vuestro Dios.
23 He aquí, la [a]tempestad de
Jehová sale con furor; la tempestad que se avecina se arre-
molinará sobre la cabeza de los
malvados.
24 No se aplacará el ardor de la
ira de Jehová hasta que haya hecho y cumplido los propósitos de
su corazón; en los [a]últimos días
entenderéis esto.

CAPÍTULO 31

Israel será recogido en los últimos días — Efraín tiene la primogenitura — Jehová hará un nuevo convenio con Israel que será inscrito en el corazón — Entonces todo Israel conocerá a Jehová.

EN aquel tiempo, dice Jehová,
yo seré el Dios de todas las [a]fa-
milias de Israel, y ellos serán mi
pueblo.
2 Así ha dicho Jehová: El pueblo
que escapó de la espada halló
gracia en el desierto, cuando *yo*
iba a dar reposo a Israel.
3 Jehová se manifestó a mí hace
[a]ya mucho tiempo, *diciendo*: Sí,
con amor eterno te he [b]amado;
por tanto, te he atraído con
misericordia.
4 Otra vez te edificaré, y serás
edificada, oh virgen de Israel; de
nuevo serás adornada con tus
panderos y saldrás en las danzas
con los que se divierten.
5 Volverás a plantar viñas en los
montes de Samaria; *las* plantarán
los plantadores y disfrutarán *de
ellas*.
6 Porque habrá día en que clamarán los [a]guardias en los montes
de Efraín: ¡Levantaos y subamos
a [b]Sión, a Jehová nuestro Dios!
7 Porque así ha dicho Jehová:
Cantad con alegría por Jacob y
dad voces de júbilo a la cabeza de
las naciones; proclamad, alabad
y decid: Oh Jehová, [a]salva a tu
pueblo, el remanente de Israel.

18 *a* DyC 101:9.
22 *a* Oseas 2:23; Zac. 13:9.
23 *a* DyC 63:6.
24 *a* GEE Últimos días, postreros días.
31 1 *a* GEE Israel.
3 *a* HEB desde lejos.
b GEE Amor.
6 *a* GEE Atalaya, atalayar.
b GEE Sión.
7 *a* DyC 38:33.

8 He aquí, yo los hago volver de la tierra del [a]norte, y los reuniré de los confines de la tierra, *y* entre ellos a ciegos y a cojos, a la mujer que está encinta y a la que dio a luz juntamente; en gran congregación volverán acá.
9 Vendrán con [a]llanto, y *por sus* súplicas los guiaré y los haré andar junto a arroyos de aguas, por camino derecho en el cual no tropezarán, porque yo soy el [b]padre de Israel, y [c]Efraín es mi primogénito.
10 Oíd la palabra de Jehová, oh naciones, y hacedlo saber en las islas que están lejos; y decid: El que dispersó a Israel lo [a]reunirá y lo guardará, como el pastor a su rebaño.
11 Porque Jehová rescató a Jacob y lo redimió de manos del más fuerte que él.
12 Y vendrán, y cantarán de gozo en lo alto de Sión y correrán hacia la bondad de Jehová: por el grano, y por el vino, y por el aceite y por las crías de las ovejas y de las vacas; y su vida será como huerto de riego, y nunca más tendrán dolor alguno.
13 Entonces la virgen se regocijará en la danza, los jóvenes y los ancianos juntamente; y cambiaré su duelo en gozo, y los consolaré y los alegraré de su dolor.
14 Y el alma de los sacerdotes satisfaré con grosura, y mi pueblo será saciado de mi bondad, dice Jehová.
15 Así ha dicho Jehová: Voz fue oída en [a]Ramá, llanto y lloro amargo; Raquel, lamentándose por sus hijos, no quiso ser consolada acerca de sus hijos, porque perecieron.
16 Así ha dicho Jehová: Reprime del llanto tu voz y de las lágrimas tus ojos, porque salario hay para tu trabajo, dice Jehová, y volverán de la tierra del enemigo.
17 Esperanza también hay para tu porvenir, dice Jehová, y los hijos volverán a su propio territorio.
18 Ciertamente he oído a Efraín que se lamentaba: Me has castigado, y fui castigado como novillo indómito; hazme volver y yo volveré, porque tú eres Jehová mi Dios.
19 Porque [a]después que me aparté, me arrepentí; y después que comprendí, me di golpes en el muslo; me avergoncé y me sentí humillado, porque llevé la afrenta de mi juventud.
20 ¿No es Efraín hijo precioso para mí? ¿No es niño en quien me deleito? Pues siempre que hablo contra él, ciertamente lo recuerdo aún más. Por eso mis entrañas se conmueven por él; ciertamente tendré de él misericordia, dice Jehová.
21 Establécete señales, ponte [a]majanos altos; presta atención a la calzada, el camino por

8 *a* GEE Israel—Las diez tribus perdidas de Israel.
9 *a* GEE Corazón quebrantado.
b 2 Cor. 6:18.
c GEE Efraín.
10 *a* GEE Israel—La congregación de Israel.
15 *a* Mateo 2:16–18.
19 *a* Sal. 119:67. GEE Arrepentimiento, arrepentirse.
21 *a* HEB pilas de piedras.

donde fuiste; vuélvete, oh virgen de Israel; vuelve a éstas, tus
ciudades.
22 ¿Hasta cuándo andarás
errante, oh hija [a]rebelde?, porque Jehová ha creado una cosa
nueva sobre la tierra: la mujer
rodeará al varón.
23 Así ha dicho Jehová de los
ejércitos, el Dios de Israel: Aún
dirán esta palabra en la tierra de Judá y en sus ciudades,
cuando yo haga volver a sus
cautivos: ¡Jehová te bendiga, oh
morada de justicia, oh monte
santo!
24 Y morarán en ella Judá y
todas sus ciudades juntamente,
los labradores y los que van con
rebaño.
25 Porque habré satisfecho al
alma cansada y saciado a toda
alma entristecida.
26 En esto me desperté y miré, y
mi sueño me fue agradable.
27 He aquí, vienen días, dice
Jehová, en que sembraré la casa
de Israel y la casa de Judá de simiente de hombre y de simiente
de animal.
28 Y sucederá que así como tuve
cuidado de ellos para arrancar, y
[a]derribar, y derrocar, y destruir
y afligir, así tendré cuidado de
ellos para edificar y plantar, dice
Jehová.
29 En aquellos días no dirán
más: Los padres comieron las
[a]uvas agrias, y a los hijos les da
[b]dentera,
30 sino que cada cual [a]morirá
por su propia [b]iniquidad; a todo
hombre que coma las uvas agrias
le dará dentera.
31 He aquí que vienen días,
dice Jehová, en los cuales haré
un [a]nuevo [b]convenio con la casa
de [c]Israel y con la casa de Judá,
32 no como el [a]convenio que
hice con sus padres el día en que
los tomé de la mano para sacarlos de la tierra de Egipto; porque
ellos invalidaron mi convenio,
aunque fui yo un marido para
ellos, dice Jehová.
33 Mas éste es el [a]convenio que
haré con la casa de Israel después
de aquellos días, dice Jehová:
Pondré mi [b]ley en su mente y
la escribiré en sus [c]corazones; y
yo seré su Dios, y ellos serán mi
pueblo.
34 Y no enseñará más ninguno
a su prójimo ni ninguno a su hermano, diciendo: Conoce a Jehová,
porque todos me [a]conocerán,
desde el más pequeño de ellos
hasta el más grande, dice Jehová;
porque perdonaré la [b]iniquidad
de ellos y no me acordaré más de
su pecado.
35 Así ha dicho Jehová, que da

22 *a* *Es decir,* apóstata.
28 *a* Dan. 9:13–15.
29 *a* Lam. 5:7; Ezeq. 18:1–4.
b *O sea,* dientes destemplados.
30 *a* GEE Justicia.
b GEE Responsabilidad, responsable.
31 *a* HEB *berit:* convenio, pacto, alianza. GEE Nuevo y sempiterno convenio; Restauración del Evangelio.
b GEE Abraham, Convenio de.
c GEE Israel.
32 *a* GEE Convenio (pacto).
33 *a* DyC 45:9.
b GEE Mandamientos de Dios.
c GEE Conversión, convertir; Corazón.
34 *a* GEE Conocimiento; Milenio.
b GEE Pecado.

el sol para luz del día, [a]las leyes
de la luna y de las estrellas para
luz de la noche, que agita el mar
para que bramen sus olas; Jehová
de los ejércitos es su nombre:
36 Si estas leyes se apartan de
delante de mí, dice Jehová, también la descendencia de Israel
dejará de ser nación delante de
mí para siempre.
37 Así ha dicho Jehová: Si se
pudieran medir los cielos arriba
y explorar abajo los fundamentos de la tierra, también yo dese-
charía toda la descendencia de
Israel por todo lo que hicieron,
dice Jehová.
38 He aquí que vienen días, dice
Jehová, en que la ciudad será
[a]edificada a Jehová, desde la torre de Hananeel hasta la puerta
del Ángulo.
39 Y saldrá el cordel de medir
delante de él sobre el collado
de Gareb, y dará la vuelta hacia
Goa.
40 Y todo el valle de los cuerpos muertos y de la ceniza, y todos los campos hasta el arroyo
Cedrón, hasta la esquina de
la puerta de los Caballos al
oriente, serán [a]santos a Jehová;
nunca más serán arrancados ni
derribados.

CAPÍTULO 32

Jeremías es encarcelado por Sedequías — El profeta compra tierras para simbolizar el retorno de Israel a su tierra — Jehová recogerá a Israel y hará con él un convenio sempiterno.

La palabra que vino a Jeremías
de parte de Jehová el año décimo de Sedequías, rey de Judá,
que fue el año decimoctavo de
Nabucodonosor.
2 Y en aquel entonces el ejército del rey de Babilonia [a]tenía
sitiada a Jerusalén; y el profeta
Jeremías estaba preso en el patio
de la cárcel que estaba en la casa
del rey de Judá,
3 porque Sedequías, rey de Judá,
lo había encarcelado, diciendo:
¿Por qué profetizas tú, diciendo:
Así ha dicho Jehová: He aquí, yo
entrego esta ciudad en manos del
rey de Babilonia, y él la tomará;
4 y Sedequías, rey de Judá,
no escapará de la mano de los
caldeos, sino que de cierto será
entregado en manos del rey de
Babilonia y hablará con él boca a
boca, y sus ojos verán sus ojos,
5 y hará llevar a Sedequías a
[a]Babilonia, y allá estará hasta
que yo le visite, dice Jehová; si
peleáis contra los caldeos, no os
irá bien?
6 Y dijo Jeremías: La palabra de
Jehová vino a mí, diciendo:
7 He aquí que Hanameel, hijo de
tu tío Salum, viene a ti, diciendo:
Compra mi campo que está en
Anatot, porque tú tienes el derecho de redimir para comprarlo.
8 Y vino a mí Hanameel, hijo
de mi tío, conforme a la palabra
de Jehová, al patio de la cárcel, y
me dijo: Compra ahora mi campo

35 *a* *O sea,* el curso establecido. DyC 88:41–47.
38 *a* Zac. 14:10–11.
40 *a* DyC 63:49.
32 2 *a* GEE Nabucodonosor.
5 *a* GEE Babel, Babilonia.

que está en Anatot, en la tierra de Benjamín, porque tuyo es el derecho de la herencia, y a ti te corresponde la redención; cómpralo para ti. Entonces comprendí que era la palabra de Jehová.

9 Y compré la heredad de Hanameel, hijo de mi tío, la cual estaba en Anatot, y le pesé el dinero: diecisiete siclos de plata.

10 Y escribí la carta y la sellé, y la hice atestiguar con testigos, y pesé el dinero en la balanza.

11 Tomé luego la carta de compra, sellada *según* la ley y los estatutos, y *la copia* abierta.

12 Y di la carta de compra a Baruc hijo de Nerías, hijo de Maasías, delante de Hanameel, el *hijo* de mi tío, y delante de los testigos que habían suscrito la carta de compra, delante de todos los judíos que estaban en el patio de la cárcel.

13 Y di orden a Baruc delante de ellos, diciendo:

14 Así ha dicho Jehová de los ejércitos, el Dios de Israel: Toma estas cartas, esta carta de compra, la sellada, y esta carta abierta, y ponlas en una vasija de barro, para que se conserven muchos días.

15 Porque así ha dicho Jehová de los ejércitos, el Dios de Israel: De nuevo se comprarán casas, y campos y viñas en esta tierra.

16 Y después que di la carta de compra a Baruc hijo de Nerías, oré a Jehová, diciendo:

17 ¡Ah, Señor Jehová!, he aquí que tú hiciste el cielo y la tierra con tu gran poder y con tu brazo extendido. Nada hay que sea [a]difícil para ti,

18 que haces misericordia a millares y retribuyes la iniquidad de los padres en el seno de sus hijos después de ellos; Dios grande, poderoso, Jehová de los ejércitos es su nombre.

19 Grande eres en consejo y magnífico en hechos, porque tus ojos están abiertos sobre todos los caminos de los hijos de los hombres, para [a]dar a cada uno según sus caminos y según el fruto de sus obras.

20 Tú pusiste señales y maravillas en la tierra de Egipto hasta este día, y en Israel y entre los hombres; y te has hecho un nombre como en este día;

21 y sacaste a tu pueblo Israel de la tierra de Egipto con señales, y con maravillas, y con mano fuerte, y con brazo extendido y con gran terror.

22 Y les diste esta tierra, la cual juraste a sus padres que se la darías, tierra que fluye leche y miel.

23 Y entraron y tomaron posesión de ella, pero [a]no escucharon tu voz ni anduvieron en tu ley; nada hicieron de lo que les mandaste hacer; por eso, has hecho venir sobre ellos todo este mal.

24 He aquí que con terraplenes han acometido la ciudad para tomarla, y la ciudad es entregada en manos de los caldeos que pelean contra ella a causa de la espada, y del hambre y de la

17 *a* GEE Omnipotente.
19 *a* GEE Bendecido, bendecir, bendición.
23 *a* *Es decir,* no obedecieron. GEE Obediencia, obediente, obedecer.

pestilencia; y ha venido a suceder lo que tú dijiste, y he aquí, tú lo estás viendo.

25 ¡Ah, Señor Jehová! Y tú me has dicho: Cómprate el campo por dinero y haz atestiguar con testigos; y la ciudad es entregada en manos de los caldeos.

26 Y vino la palabra de Jehová a Jeremías, diciendo:

27 He aquí, yo soy Jehová, Dios de toda carne. ¿Acaso hay algo que sea difícil para mí?

28 Por tanto, así ha dicho Jehová: He aquí que yo entrego esta ciudad en manos de los caldeos y en manos de Nabucodonosor, rey de Babilonia, y él la tomará.

29 Y vendrán los caldeos que combaten contra esta ciudad, y prenderán fuego a la ciudad y la quemarán, junto con las casas en cuyas azoteas [a]quemaron incienso a Baal y derramaron libaciones a dioses ajenos, para provocarme a ira.

30 Porque los hijos de Israel y los hijos de Judá no han hecho sino lo malo delante de mis ojos desde su juventud; porque los hijos de Israel no han hecho más que provocarme a ira con la obra de sus manos, dice Jehová.

31 Porque para mi enojo y para mi ira me ha sido esta ciudad desde el día en que la edificaron hasta hoy, para que la haga quitar de mi presencia

32 por toda la maldad de los hijos de Israel y de los hijos de Judá que han hecho para enojarme, ellos, sus reyes, sus príncipes, sus sacerdotes y sus profetas, y los hombres de Judá y los moradores de Jerusalén.

33 Y me volvieron la [a]espalda y no el rostro; y cuando les enseñaba, madrugando y enseñando, no escucharon para recibir corrección,

34 sino que asentaron sus abominaciones en la [a]casa sobre la cual es invocado mi nombre, profanándola.

35 Y edificaron los lugares altos a Baal, los cuales están en el valle del hijo de Hinom, para hacer pasar *por el* [a]*fuego* a sus hijos y a sus hijas a Moloc, lo cual no les mandé, ni me vino al pensamiento que hiciesen esta abominación, para hacer pecar a Judá.

36 Y ahora, por tanto, así dice Jehová Dios de Israel a esta ciudad, de la cual decís vosotros: Entregada será en manos del rey de Babilonia por la espada, y por el hambre y por la pestilencia;

37 he aquí que yo los [a]recogeré de todas las tierras a las cuales los eché con mi furor, y con mi enojo y con mi gran ira; y los haré volver a este lugar y los haré habitar seguros;

38 y ellos serán mi pueblo, y yo seré su Dios.

39 Y les daré un [a]corazón y un camino, para que me teman para siempre, para bien de ellos y de sus hijos después de ellos.

40 Y haré con ellos [a]convenio

29 *a* GEE Idolatría.
33 *a* GEE Rebelión.
34 *a* *Es decir,* en el templo.
35 *a* Lev. 18:21; Jer. 19:5.
37 *a* GEE Israel—La congregación de Israel.
39 *a* GEE Conversión, convertir; Unidad.
40 *a* GEE Convenio (pacto).

[b]sempiterno: que no dejaré de
hacerles bien, y pondré mi temor
en el corazón de ellos, para que
no se aparten de mí.
41 Y me regocijaré en ellos ha-
ciéndoles bien, y los plantaré en
esta tierra en verdad, con todo mi
corazón y con toda mi alma.
42 Porque así ha dicho Jehová:
Como traje sobre este pueblo
todo este gran mal, así traeré
sobre ellos todo el bien que les
he prometido.
43 Y poseerán campos en esta
tierra de la cual vosotros decís:
Está desolada, sin hombres y sin
animales; es entregada en manos
de los caldeos.
44 Campos comprarán por dinero, y harán cartas *de compra* y
las sellarán, y harán atestiguar
con testigos en la tierra de Benjamín, y en los contornos de Jerusalén, y en las ciudades de Judá, y
en las ciudades de las montañas,
y en las ciudades de las llanuras
y en las ciudades del sur, porque
yo los haré regresar de su [a]cauti-
vidad, dice Jehová.

CAPÍTULO 33

Judá e Israel serán congregados nuevamente — Se promete el Renuevo de justicia (Cristo) — La Simiente de David (Cristo) reinará para siempre.

Y VINO la palabra de Jehová a Jeremías por segunda vez, estando
él aún preso en el patio de la cárcel, diciendo:
2 Así ha dicho Jehová, que hizo
la *tierra,* Jehová que la formó para
afirmarla; Jehová es su nombre:
3 Clama a mí y te responderé, y
te [a]enseñaré cosas grandes e inac-
cesibles que tú no conoces.
4 Porque así ha dicho Jehová
Dios de Israel acerca de las casas
de esta ciudad y de las casas de
los reyes de Judá, derribadas con
los terraplenes y con la espada
5 (porque vinieron para pelear
contra los caldeos, para llenarlas
de cadáveres de hombres, a los
cuales herí yo con mi furor y con
mi ira, pues escondí mi rostro de
esta ciudad a causa de toda su
maldad):
6 He aquí que yo le traeré salud y sanidad; y los curaré y les
revelaré abundancia de paz y de
verdad.
7 Y [a]haré volver a los cautivos de
Judá y a los cautivos de Israel, y
los edificaré como al principio.
8 Y los [a]limpiaré de toda su iniquidad con que pecaron contra
mí, y perdonaré todas sus iniquidades con que contra mí pecaron y con que transgredieron
contra mí.
9 Y esta ciudad será para mí un
nombre de gozo, de alabanza y
de [a]gloria, entre todas las naciones de la tierra, que habrán oído
todo el bien que yo les hago; y
temerán y temblarán por todo
el bien y por toda la paz que yo
les daré.

40 *b* GEE Nuevo y sempiterno convenio.
44 *a* GEE Israel—La congregación de Israel.
33 3 *a* GEE Conocimiento; Omnisciente.
7 *a* GEE Israel—La congregación de Israel.
8 *a* GEE Santificación.
9 *a* GEE Gloria.

10 Así ha dicho Jehová: En este lugar, del cual decís que está desolado, sin hombres y sin animales, en las ciudades de Judá y en las calles de Jerusalén, que están asoladas, sin hombre y sin morador y sin animal,

11 ha de oírse aún voz de gozo y voz de alegría; voz de desposado y voz de desposada; voz de los que digan: Alabad a Jehová de los ejércitos, porque Jehová es bueno, porque para siempre es su misericordia; *voz* de los que traigan ofrendas de gratitud a la casa de Jehová. Porque volveré a traer a los cautivos de la tierra como al principio, ha dicho Jehová.

12 Así dice Jehová de los ejércitos: En este lugar desolado, sin hombre y sin animal, y en todas sus ciudades, habrá de nuevo pastizales donde los pastores hagan [a]descansar sus rebaños.

13 En las ciudades de las montañas, en las ciudades de las llanuras, y en las ciudades del sur, y en la tierra de Benjamín, y alrededor de Jerusalén y en las ciudades de Judá, volverán a pasar rebaños por las manos del que los cuente, ha dicho Jehová.

14 He aquí, vienen días, dice Jehová, en que yo confirmaré la buena palabra que he [a]hablado a la casa de Israel y a la casa de Judá.

15 En aquellos días y en aquel tiempo haré brotar a David un [a]Renuevo de justicia, y hará juicio y justicia en la tierra.

16 En aquellos días Judá será salvo, y Jerusalén habitará segura; y éste es el nombre con el cual será llamada: Jehová, justicia nuestra.

17 Porque así ha dicho Jehová: No le faltará a David un hombre que se siente sobre el trono de la casa de Israel,

18 tampoco a los sacerdotes, los levitas, les faltará un hombre que delante de mí ofrezca holocausto, y encienda ofrenda de grano y haga sacrificio todos los días.

19 Y vino la palabra de Jehová a Jeremías, diciendo:

20 Así ha dicho Jehová: Si pudierais romper mi [a]convenio con el día y mi convenio con la noche, de tal manera que no hubiera día ni noche a su tiempo,

21 también se podría romper mi convenio con mi siervo David, para que dejara de tener un hijo que reinara sobre su trono, y [a]con los levitas, los sacerdotes, mis ministros.

22 Como no puede ser contado el ejército del cielo ni se puede medir la arena del mar, así multiplicaré la descendencia de David, mi siervo, y de los levitas que me sirven.

23 Y vino la palabra de Jehová a Jeremías, diciendo:

24 ¿No has visto lo que habla este pueblo, diciendo: Las dos familias que Jehová escogió, las ha desechado? Así tienen en poco a mi pueblo, hasta no tenerlo más como nación.

---

12 *a* Ezeq. 34:14.
14 *a* GEE Convenio (pacto).
15 *a* Isa. 11:1–4. GEE Jesucristo.
20 *a* GEE Convenio (pacto).
21 *a* *Es decir,* con los sacerdotes levitas.

25 Así ha dicho Jehová: Si yo no he establecido mi [a]convenio con el día y con la noche, si no he puesto las leyes del cielo y de la tierra,

26 entonces desecharé la descendencia de Jacob y de David, mi siervo, para no tomar de su descendencia quien sea señor sobre la posteridad de Abraham, de Isaac y de Jacob. Porque haré volver a sus cautivos y tendré de ellos misericordia.

CAPÍTULO 34

Jeremías profetiza el cautiverio de Sedequías — El pueblo de Judá será entregado en manos de todos los reinos de la tierra.

LA palabra que vino a Jeremías de parte de Jehová cuando Nabucodonosor, rey de Babilonia, y todo su ejército, y todos los reinos de la tierra bajo el señorío de su mano, y todos los pueblos, peleaban contra Jerusalén y [a]contra todas sus ciudades, diciendo:

2 Así ha dicho Jehová Dios de Israel: Ve y habla a Sedequías, rey de Judá, y dile: Así ha dicho Jehová: He aquí, yo entrego esta ciudad en manos del rey de [a]Babilonia, y la quemará con fuego.

3 Y no escaparás tú de su mano, sino que ciertamente serás apresado y en su mano serás entregado; y tus ojos verán los ojos del rey de Babilonia, y te hablará boca a boca, y en Babilonia entrarás.

4 Con todo eso, oye la palabra de Jehová, oh Sedequías, rey de Judá. Así ha dicho Jehová acerca de ti: No morirás a espada;

5 en paz morirás, y así como quemaron *especias* por tus padres, los reyes primeros que fueron antes de ti, *las* quemarán por ti, y se lamentarán por ti, *diciendo*: ¡Ay, señor!, porque yo he hablado la palabra, dice Jehová.

6 Y habló el profeta Jeremías a Sedequías, rey de Judá, todas estas palabras en Jerusalén.

7 Y el ejército del rey de Babilonia peleaba contra Jerusalén y contra todas las ciudades de Judá que habían quedado: contra Laquis y contra Azeca, porque de las ciudades fortificadas de Judá, *sólo* éstas habían quedado.

8 La palabra que vino a Jeremías de parte de Jehová, después que Sedequías hizo pacto con todo el pueblo en Jerusalén, para promulgarles [a]libertad,

9 que cada uno dejase libre a su esclavo y cada uno a su esclava, hebreo y hebrea; que ninguno sometiese a los judíos, sus hermanos, como esclavos.

10 Cuando oyeron todos los príncipes y todo el pueblo que habían convenido en el [a]pacto de dejar libre cada uno a su esclavo y cada uno a su esclava, que ninguno los usase más como esclavos, obedecieron y los dejaron libres.

11 Pero después se retractaron, e hicieron volver a los esclavos y a las esclavas que habían dejado

25 *a* GEE Convenio (pacto).
34 1 *a* Jer. 1:15; Ezeq. 26:2–3.
2 *a* Jer. 52:12–13.
8 *a* GEE Libertad, libre.
10 *a* GEE Convenio (pacto).

libres, y los sometieron como esclavos y esclavas.
12 Vino, pues, la palabra de Jehová a Jeremías, de parte de Jehová, diciendo:
13 Así dice Jehová Dios de Israel: Yo hice convenio con vuestros padres el día en que los saqué de la tierra de Egipto, de la casa de servidumbre, diciendo:
14 Al cabo de siete años dejará cada uno a su hermano [a]hebreo que le hubiera sido vendido; le servirá durante seis años, y lo dejará libre; pero vuestros padres no me escucharon ni inclinaron su oído.
15 Y vosotros os habíais hoy arrepentido y habíais hecho lo recto delante de mis ojos, anunciando cada uno libertad a su prójimo; y habíais hecho convenio en mi presencia, en la casa en la cual es invocado mi nombre.
16 Pero os habéis vuelto atrás y profanado mi nombre, y habéis vuelto a tomar cada uno a su esclavo y cada uno a su esclava, que habíais dejado libres a su voluntad, y los habéis sometido para que os sean esclavos y esclavas.
17 Por tanto, así ha dicho Jehová: Ya que vosotros no me habéis escuchado para promulgar cada uno libertad a su hermano y cada uno a su prójimo, he aquí que yo promulgo libertad, dice Jehová, *libertad* a la espada, a la pestilencia y al hambre; y os haré motivo de terror para todos los reinos de la tierra.
18 Y entregaré a los hombres que traspasaron mi convenio, que no han llevado a efecto las palabras del convenio que hicieron en mi presencia cuando [a]cortaron en dos partes el becerro y pasaron por en medio de ellas;
19 a los príncipes de Judá y a los príncipes de Jerusalén, a los oficiales, y a los sacerdotes y a todo el pueblo de la tierra que pasaron entre las partes del becerro,
20 los [a]entregaré en manos de sus enemigos y en manos de los que buscan su vida; y sus cadáveres serán comida para las aves del cielo y para las bestias de la tierra.
21 Y a Sedequías, rey de Judá, y a sus príncipes los entregaré en manos de sus enemigos, y en manos de los que buscan su vida y en manos del ejército del rey de Babilonia, que se ha retirado de vosotros.
22 He aquí, yo mandaré, dice Jehová, y los haré volver a esta ciudad, y pelearán contra ella, y la tomarán y la quemarán con fuego; y reduciré a desolación las ciudades de Judá, hasta no quedar morador.

CAPÍTULO 35

Se elogia y se bendice a los recabitas por su obediencia — Se les da un nuevo mandamiento.

LA palabra que vino a Jeremías de parte de Jehová en los días de Joacim hijo de Josías, rey de Judá, diciendo:
2 Ve a casa de los recabitas, y

14 *a* Deut. 15:12–18.
18 *a* Gén. 15:9–10.
20 *a* Jer. 22:25.

habla con ellos y llévalos a la casa
de Jehová, a uno de los aposentos, y dales de beber vino.
3 Tomé entonces a Jaazanías
hijo de Jeremías, hijo de Habasi-
nías, y a sus hermanos, y a todos
sus hijos y a toda la casa de los
recabitas,
4 y los llevé a la casa de Jehová,
al aposento de los hijos de Hanán
hijo de Igdalías, hombre de Dios,
el cual estaba junto al aposento
de los príncipes, que estaba sobre
el aposento de Maasías hijo de
Salum, guardia de [a]la puerta.
5 Y puse delante de los hijos de
la casa de los recabitas tazas y
copas llenas de vino, y les dije:
Bebed vino.
6 Pero ellos dijeron: No beberemos vino, porque Jonadab hijo de
Recab, nuestro padre, nos mandó,
diciendo: No beberéis jamás vino
vosotros ni vuestros hijos,
7 ni edificaréis casa, ni sembraréis sementera, ni plantaréis viña
ni la poseeréis, sino que moraréis
en tiendas todos vuestros días,
para que viváis muchos días sobre la faz de la tierra donde sois
peregrinos.
8 Y nosotros hemos obedecido
la voz de Jonadab hijo de Recab,
nuestro padre, en todas las cosas que nos mandó, de no beber
vino en todos nuestros días, ni
nosotros, ni nuestras esposas, ni
nuestros hijos ni nuestras hijas;
9 y de no edificar casas para
nuestra morada, y de no tener
viña, ni campo ni sementera.
10 Moramos, pues, en tiendas,
y hemos obedecido y hecho
conforme a todas las cosas que
nos mandó Jonadab, nuestro
padre.
11 Pero sucedió que cuando Nabucodonosor, rey de Babilonia,
subió a la tierra, dijimos: Venid y
vayamos a Jerusalén, por temor al
ejército de los caldeos y al ejército
de los de Siria; y en Jerusalén nos
quedamos.
12 Entonces vino la palabra de
Jehová a Jeremías, diciendo:
13 Así ha dicho Jehová de los
ejércitos, el Dios de Israel: Ve y
di a los hombres de Judá y a los
moradores de Jerusalén: ¿No recibiréis instrucción para obedecer
mis palabras?, dice Jehová.
14 Se ha cumplido la palabra
de Jonadab hijo de Recab, el cual
mandó a sus hijos que no bebiesen vino; y no lo han bebido hasta
el día de hoy, por obedecer al
mandamiento de su padre; pero
yo os he hablado a vosotros, madrugando para hablar, y no me
habéis escuchado.
15 Y envié a vosotros a todos
mis siervos los [a]profetas, madrugando y enviándolos, para deciros: [b]Vuélvase ahora cada uno
de su mal camino, y enmendad
vuestras obras y no vayáis tras
dioses ajenos para servirles, y
viviréis en la tierra que os di a
vosotros y a vuestros padres; pero
no inclinasteis vuestro oído ni me
escuchasteis.
16 Ciertamente los hijos de Jonadab hijo de Recab han cumplido
el mandamiento que les dio su
padre, pero este pueblo no me
ha obedecido.

35 4*a* HEB el umbral.
15*a* DyC 98:17.
b GEE Arrepentimiento, arrepentirse.

17 Por tanto, así ha dicho Jehová
Dios de los ejércitos, el Dios de
Israel: He aquí, yo traigo sobre
Judá y sobre todos los moradores de Jerusalén todo el mal que
contra ellos he hablado, porque
les hablé y no [a]escucharon; los
llamé y no han respondido.
18 Y dijo Jeremías a la casa de
los recabitas: Así ha dicho Jehová
de los ejércitos, el Dios de Israel:
Por cuanto obedecisteis el mandamiento de Jonadab, vuestro
padre, y guardasteis todos sus
mandamientos e hicisteis conforme a todas las cosas que él os
mandó,
19 por tanto, así ha dicho Jehová
de los ejércitos, el Dios de Israel:
No faltará de Jonadab hijo de
Recab, hombre que esté en mi
presencia todos los días.

CAPÍTULO 36

Baruc escribe las profecías de Jeremías y las lee en la casa de Jehová — Joacim, el rey, quema el libro y le sobreviene el juicio de Jehová — Jeremías dicta las profecías de nuevo y añade muchas más.

Y ACONTECIÓ en el cuarto año de
Joacim hijo de Josías, rey de Judá,
que vino esta palabra a Jeremías
de parte de Jehová, diciendo:
2 Toma un rollo en blanco y escribe en él todas las palabras que
te he hablado contra Israel, y contra Judá y contra todas las naciones, desde el día en que *comencé* a
hablarte, desde los días de Josías
hasta el día de hoy.
3 Quizá oiga la casa de Judá
todo el mal que yo pienso hacerles, y se vuelva cada uno de su
mal camino, para que yo perdone
su iniquidad y su pecado.
4 Y llamó Jeremías a Baruc hijo
de Nerías, y [a]escribió Baruc de
boca de Jeremías, en un rollo en
blanco, todas las palabras que
Jehová le había hablado.
5 Después mandó Jeremías a
Baruc, diciendo: Yo estoy preso
y no puedo entrar en la casa de
Jehová.
6 Entra tú, pues, y lee de este
rollo que escribiste dictado de
mi boca, las palabras de Jehová
a oídos del pueblo, en la casa de
Jehová [a]un día de ayuno; y las
leerás también a oídos de todos
los de Judá que vienen de sus
ciudades.
7 Quizá llegue la súplica de ellos
a la presencia de Jehová, y se
[a]vuelva cada uno de su mal camino, porque grande es el furor
y la ira que ha expresado Jehová
contra este pueblo.
8 Y Baruc hijo de Nerías hizo
conforme a todas las cosas que
le mandó el profeta Jeremías, le-
yendo en el libro las palabras de
Jehová en la casa de Jehová.
9 Y aconteció en el año quinto de
Joacim hijo de Josías, rey de Judá,
en el mes noveno, que promul-
garon ayuno delante de Jehová a
todo el pueblo de Jerusalén y a
todo el pueblo que venía de las
ciudades de Judá a Jerusalén.

17 *a* *O sea,* no obedecieron.
36 4 *a* GEE Escriba; Escrituras.
6 *a* GEE Ayunar, ayuno.
7 *a* GEE Arrepentimiento, arrepentirse.

10 Y Baruc leyó en el libro las palabras de Jeremías en la casa de Jehová, en el aposento de Gemarías hijo de Safán, el escriba, en el atrio de arriba, a la entrada de la puerta nueva de la casa de Jehová, a oídos de todo el pueblo.

11 Y Micaías hijo de Gemarías, hijo de Safán, habiendo oído del libro todas las palabras de Jehová,

12 descendió a la casa del rey, al aposento del escriba, y he aquí que todos los [a]príncipes estaban allí sentados: el escriba Elisama, y Delaía hijo de Semaías, y Elnatán hijo de Acbor, y Gemarías hijo de Safán, y Sedequías hijo de Ananías y todos los príncipes.

13 Y les contó Micaías todas las palabras que había oído cuando Baruc leyó en el libro a oídos del pueblo.

14 Entonces enviaron todos los príncipes a Jehudí hijo de Netanías, hijo de Selemías, hijo de Cusi, para que dijese a Baruc: Toma el rollo en el que leíste a oídos del pueblo, y ven. Y Baruc hijo de Nerías tomó el rollo en su mano y fue a ellos.

15 Y le dijeron: Siéntate ahora y léelo a nuestros oídos. Y leyó Baruc a sus oídos.

16 Y aconteció que cuando oyeron todas aquellas palabras, cada uno se volvió [a]espantado a su compañero, y dijeron a Baruc: Sin duda le contaremos al rey todas estas palabras.

17 Y preguntaron a Baruc, diciendo: Cuéntanos ahora cómo escribiste de boca de Jeremías todas estas palabras.

18 Y Baruc les dijo: Él me dictaba de su boca todas estas palabras, y yo escribía con tinta en el libro.

19 Entonces dijeron los príncipes a Baruc: Ve, y escondeos, tú y Jeremías, y nadie sepa dónde estáis.

20 Y entraron adonde estaba el rey, al atrio, habiendo depositado el rollo en el aposento del escriba Elisama; y contaron a oídos del rey todas estas palabras.

21 Y envió el rey a Jehudí a que tomase el rollo, y él lo tomó del aposento del escriba Elisama, y lo leyó Jehudí a oídos del rey y a oídos de todos los príncipes que estaban junto al rey.

22 Y el rey estaba en la casa de invierno, en el mes noveno, y había un brasero encendido delante de él.

23 Y sucedió que cuando Jehudí hubo leído tres o cuatro columnas, *el rey* cortó el rollo con un [a]cuchillo de escriba y lo echó en el fuego que había en el brasero, hasta que todo el rollo se consumió en el fuego que había en el brasero.

24 Y no tuvieron temor ni rasgaron sus vestidos, ni el rey ni ninguno de sus siervos que oyeron todas estas palabras.

25 Y aunque Elnatán y Delaía y Gemarías rogaron al rey que no quemase aquel rollo, no los quiso oír,

26 sino que mandó el rey a Jerameel hijo de Hamelec, y a Seraías

---

12 *a* HEB los oficiales, gobernantes.
16 *a* Mos. 4:1–2.
23 *a* *O sea,* un cortaplumas de escriba.

hijo de Azriel y a Selemías hijo de Abdeel que apresasen a Baruc, el escriba, y al profeta Jeremías; pero Jehová los escondió.

27 Y vino la palabra de Jehová a Jeremías, después que el rey hubo quemado el rollo con las palabras que Baruc había escrito de boca de Jeremías, diciendo:

28 Vuelve a tomar otro rollo y [a]escribe en él todas las palabras primeras que estaban en el primer rollo que quemó Joacim, rey de Judá.

29 Y dirás a Joacim, rey de Judá: Así ha dicho Jehová: Tú quemaste este rollo, diciendo: ¿Por qué escribiste en él, diciendo: De cierto vendrá el [a]rey de Babilonia, y destruirá esta tierra y hará que no queden en ella ni hombres ni animales?

30 Por tanto, así ha dicho Jehová acerca de Joacim, rey de Judá: No tendrá quien se siente sobre el trono de David, y su cadáver será echado al calor del día y a la escarcha de la noche.

31 Y lo castigaré a él, y a su descendencia y a sus siervos por su iniquidad; y traeré sobre ellos, y sobre los moradores de Jerusalén y sobre los varones de Judá todo el mal que les he anunciado y que no quisieron escuchar.

32 Y tomó Jeremías otro rollo y lo dio a Baruc hijo de Nerías, el [a]escriba; y escribió en él de boca de Jeremías todas las palabras del libro que quemó en el fuego Joacim, rey de Judá; y aun fueron [b]añadidas sobre ellas muchas otras palabras semejantes.

CAPÍTULO 37

Jeremías profetiza que Egipto no salvará a Judá de Babilonia — Echan a Jeremías a la cárcel — Sedequías lo traslada al patio de la cárcel.

Y REINÓ el [a]rey Sedequías hijo de Josías en lugar de Conías hijo de Joacim, a quien Nabucodonosor, rey de Babilonia, había puesto como rey en la tierra de Judá.

2 Pero no obedecieron, ni él, ni sus siervos ni el pueblo de la tierra las palabras de Jehová, las cuales dijo por medio del profeta Jeremías.

3 Y envió el rey Sedequías a Jucal hijo de Selemías y al sacerdote Sofonías hijo de Maasías, para que dijesen al profeta Jeremías: Ruega ahora por nosotros a Jehová nuestro Dios.

4 Y Jeremías entraba y salía en medio del pueblo, porque no lo habían puesto en la casa de la cárcel.

5 Entonces el ejército de Faraón salió de Egipto; y cuando llegó la noticia de ello a oídos de los caldeos que tenían sitiada a Jerusalén, se retiraron de Jerusalén.

6 Entonces vino la palabra de Jehová al profeta Jeremías, diciendo:

7 Así ha dicho Jehová Dios de Israel: Diréis así al rey de Judá que os envió a mí para que me

28 *a* GEE Escrituras.
29 *a* GEE Nabucodonosor.
32 *a* GEE Escriba.
b GEE Escrituras—Las Escrituras deben preservarse.
37 1 *a* GEE Sedequías.

consultaseis: He aquí que el ejército de Faraón, que había salido en vuestro socorro, se ha vuelto a su tierra, a [a]Egipto.
8 Y volverán los caldeos, y atacarán esta ciudad, y la tomarán y le [a]prenderán fuego.
9 Así ha dicho Jehová: No engañéis vuestras almas, diciendo: Sin duda, los caldeos se apartarán de nosotros, porque no se apartarán.
10 Porque aun cuando derrotaseis a todo el ejército de los caldeos que pelean contra vosotros y *solamente* quedasen de ellos algunos hombres heridos, cada uno se levantaría de su tienda para prender fuego a esta ciudad.
11 Y aconteció que cuando el ejército de los caldeos se retiró de Jerusalén a causa del ejército de Faraón,
12 Jeremías salía de Jerusalén para irse a la tierra de Benjamín, a fin de recibir allí su parte en medio del pueblo.
13 Y cuando llegó a la puerta de Benjamín, había allí un capitán de la guardia que se llamaba Irías hijo de Selemías, hijo de Hananías, el cual apresó al profeta Jeremías, diciendo: Tú te vas a pasar a los caldeos.
14 Y Jeremías dijo: Falso; no me voy a pasar a los caldeos. Pero él no le escuchó, sino que apresó Irías a Jeremías y lo llevó ante los príncipes.
15 Y los príncipes se airaron contra [a]Jeremías, y lo golpearon y le pusieron en prisión en la casa del escriba Jonatán, porque la habían convertido en cárcel.
16 Entró, pues, Jeremías en [a]la casa de la mazmorra y en las celdas. Y habiendo estado allá Jeremías muchos días,
17 el rey Sedequías envió y lo sacó; y le preguntó el rey secretamente en su casa y dijo: ¿Hay palabra de Jehová? Y Jeremías dijo: Hay. Y dijo más: En manos del rey de Babilonia serás entregado.
18 Dijo también Jeremías al rey Sedequías: ¿En qué pequé contra ti, o contra tus siervos o contra este pueblo, para que me pusieseis en la casa de la cárcel?
19 ¿Y dónde están vuestros profetas que os profetizaban, diciendo: El rey de Babilonia no vendrá contra vosotros ni contra esta tierra?
20 Ahora pues, oye, te ruego, oh rey, mi señor, llegue ahora mi súplica delante de ti, y no me hagas volver a casa del escriba Jonatán, no sea que muera yo allí.
21 Entonces dio orden el rey Sedequías, y custodiaron a Jeremías en el patio de la cárcel, haciéndole dar una torta de pan al día, de la calle de los panaderos, hasta que todo el pan de la ciudad se agotara. Y quedó Jeremías en el patio de la cárcel.

CAPÍTULO 38

Los príncipes echan a Jeremías en una cisterna con cieno — Es liberado por Ebed-melec, un etíope, y

7 *a* Isa. 30:7; Lam. 4:17.
8 *a* Jer. 52:13.
15 *a* 1 Ne. 1:18–20; 7:14.
16 *a* *O sea,* el calabozo.

lo ponen en el patio de la cárcel — Jeremías aconseja a Sedequías con respecto a la guerra.

Y OYERON Sefatías hijo de Matán,
y Gedalías hijo de Pasur, y Jucal
hijo de Selemías y Pasur hijo de
Malquías las palabras que Jeremías hablaba a todo el pueblo,
diciendo:
2 Así ha dicho Jehová: El que se
quede en esta ciudad morirá por
la espada, o por el hambre o por
la pestilencia; pero el que se pase
a los caldeos vivirá, pues su vida
le servirá de botín, y vivirá.
3 Así ha dicho Jehová: De cierto
será entregada esta ciudad en
manos del ejército del rey de Babilonia, y la tomará.
4 Y dijeron los [a]príncipes al
rey: Muera ahora este hombre,
porque de esta manera debilita las manos de los hombres
de guerra que han quedado en
esta ciudad y las manos de todo
el pueblo, hablándoles tales palabras; porque este hombre no
busca la paz de este pueblo, sino
el mal.
5 Y dijo el rey Sedequías: He
aquí que él está en vuestras manos, pues el rey nada puede hacer
contra vosotros.
6 Entonces tomaron ellos a
Jeremías y lo hicieron echar en
la cisterna de Malquías hijo de
[a]Hamelec, que estaba en el patio
de la cárcel; y bajaron a Jeremías
con sogas. Y en la cisterna no había agua, sino cieno; y se hundió
Jeremías en el cieno.
7 Y cuando oyó Ebed-melec,
el etíope, eunuco que estaba en
casa del rey, que habían puesto
a Jeremías en la cisterna, y estando sentado el rey a la puerta
de Benjamín,
8 Ebed-melec salió de la casa del
rey y habló al rey, diciendo:
9 Mi señor, el rey, mal hicieron
estos hombres en todo lo que han
hecho con el profeta Jeremías, a
quien hicieron echar en la cisterna;
porque allí morirá de hambre, pues
no hay más pan en la ciudad.
10 Entonces mandó el rey al
mismo etíope Ebed-melec, diciendo: Toma en tu poder treinta
hombres de aquí y haz sacar al
profeta Jeremías de la cisterna
antes que muera.
11 Y tomó Ebed-melec en su
poder a los hombres y entró en la
casa del rey, debajo de la tesorería, y tomó de allí ropas raídas y
trapos viejos, y los bajó con sogas
a Jeremías en la cisterna.
12 Y dijo el etíope Ebed-melec
a Jeremías: Pon ahora esas ropas
raídas y esos trapos viejos bajo
tus brazos, debajo de las sogas.
Y así lo hizo Jeremías.
13 De este modo sacaron a Jeremías con sogas y lo subieron de
la cisterna; y quedó Jeremías en
el patio de la cárcel.
14 Después envió el rey Sedequías e hizo traer al profeta Jeremías a su presencia, en la tercera
entrada de la casa de Jehová. Y
dijo el rey a Jeremías: Te hago
una pregunta; no me ocultes ninguna cosa.
15 Y Jeremías dijo a Sedequías:
Si te lo declaro, ¿no es cierto que

38 4 *a* HEB los oficiales, gobernantes. 6 *a* HEB el rey.

me matarás? Y si te doy consejo, no me escucharás.

16 Y juró el rey Sedequías en secreto a Jeremías, diciendo: Vive Jehová, que nos hizo esta alma, que no te mataré ni te entregaré en manos de estos hombres que buscan tu vida.

17 Entonces dijo Jeremías a Sedequías: Así ha dicho Jehová Dios de los ejércitos, el Dios de Israel: Si en verdad te pasas a los príncipes del rey de Babilonia, entonces tu alma vivirá y esta ciudad no será quemada con fuego; y vivirás tú, y tu casa;

18 pero si no te pasas a los príncipes del rey de Babilonia, entonces esta ciudad será entregada en manos de los caldeos, y la quemarán con fuego, y tú no escaparás de sus manos.

19 Y dijo el rey Sedequías a Jeremías: Tengo temor de que los judíos que se han pasado a los caldeos me entreguen en sus manos y me maltraten.

20 Y dijo Jeremías: No *te* entregarán. Escucha ahora la voz de Jehová que yo te hablo, y te irá bien y vivirá tu alma.

21 Pero si no quieres entregarte, ésta es la palabra que me ha mostrado Jehová:

22 Y he aquí que todas las mujeres que han quedado en casa del rey de Judá serán entregadas a los príncipes del rey de Babilonia; y ellas mismas dirán: Te han engañado y han prevalecido contra ti tus amigos; hundieron en el cieno tus pies *y* se volvieron atrás.

23 Entregarán, pues, todas tus esposas y tus [a]hijos a los caldeos, y tú no escaparás de sus manos, sino que por mano del rey de Babilonia serás apresado y esta ciudad será quemada con fuego.

24 Y dijo Sedequías a Jeremías: Nadie sepa estas palabras, y no morirás.

25 Y si los príncipes oyen que yo he hablado contigo y vienen a ti a decirte: Decláranos ahora qué hablaste con el rey; no nos lo ocultes, y no te mataremos; y dinos qué te dijo el rey,

26 entonces les dirás: Supliqué al rey que no me hiciese volver a casa de Jonatán, a morir allí.

27 Y vinieron luego todos los príncipes a Jeremías y le preguntaron, y él les respondió conforme a todo lo que el rey le había mandado. Y no volvieron a preguntarle, porque el asunto no se había oído.

28 Y quedó Jeremías en el patio de la cárcel hasta el día en que fue tomada Jerusalén; y *allí* estaba cuando Jerusalén fue tomada.

CAPÍTULO 39

Jerusalén es tomada y los del pueblo son llevados cautivos — Jeremías y Ebed-melec, el etíope, son librados.

EN el noveno año de Sedequías, rey de Judá, en el mes décimo, vino Nabucodonosor, rey de Babilonia, con todo su ejército contra [a]Jerusalén, y la sitiaron.

2 Y en el undécimo año de

23 *a* Jer. 39:6.

39 1 *a* 2 Rey. 25:1–4. GEE Jerusalén.

Sedequías, en el mes cuarto, a los nueve *días* del mes, se abrió una brecha en la ciudad.
3 Y entraron todos los príncipes del rey de Babilonia y acamparon a la [a]puerta de en medio: Nergal-sarezer, Samgar-nebo, Sarsequim, el Rabsaris, Nergal-sarezer, el Rabmag, y todos los demás príncipes del rey de Babilonia.
4 Y aconteció que al verlos Sedequías, rey de Judá, y todos los hombres de guerra, [a]huyeron y salieron de la ciudad de noche por el camino del huerto del rey, por la puerta entre los dos muros; y salió *el rey* por el camino del desierto.
5 Pero el ejército de los caldeos los persiguió, y alcanzaron a Sedequías en los llanos de Jericó; y le apresaron y le hicieron subir a donde estaba Nabucodonosor, rey de Babilonia, a Ribla, en la tierra de Hamat, quien le sentenció.
6 Y [a]mató el rey de Babilonia a los hijos de Sedequías ante sus propios ojos en Ribla; asimismo, el rey de Babilonia hizo matar a todos los nobles de Judá,
7 y le sacó los ojos a Sedequías y le aprisionó con grilletes para llevarle a Babilonia.
8 Y los caldeos prendieron fuego a la casa del rey y a las casas del pueblo, y derribaron los muros de Jerusalén.
9 Y al resto del pueblo que había quedado en la ciudad y a los que se habían pasado a él, con todo el resto del pueblo que había quedado, Nabuzaradán, capitán de la guardia, los llevó cautivos a Babilonia.
10 Pero Nabuzaradán, capitán de la guardia, hizo quedar en la tierra de Judá a los pobres del pueblo que no tenían nada, y ese día les dio viñas y campos.
11 Y Nabucodonosor, rey de Babilonia, había dado órdenes a Nabuzaradán, capitán de la guardia, acerca de Jeremías, diciendo:
12 Tómale y vela por él; y no le hagas mal alguno, sino haz con él como él te diga.
13 Por tanto, Nabuzaradán, capitán de la guardia, y Nabusazbán, el Rabsaris, y Nergal-sarezer, el Rabmag y todos los príncipes del rey de Babilonia
14 enviaron entonces y sacaron a Jeremías del patio de la cárcel, y lo entregaron a Gedalías hijo de Ahicam, hijo de Safán, para que lo llevase a casa; y vivió entre el pueblo.
15 Y había venido la palabra de Jehová a Jeremías mientras estaba preso en el patio de la cárcel, diciendo:
16 Ve y habla a Ebed-melec, el etíope, diciendo: Así ha dicho Jehová de los ejércitos, el Dios de Israel: He aquí, yo traigo mis palabras sobre esta ciudad para mal y no para bien; y sucederá esto en aquel día en presencia tuya.
17 Mas en aquel día yo te libraré, dice Jehová, y no serás entregado en manos de aquellos a quienes tú temes.
18 Porque ciertamente te libraré, y no caerás a espada, sino que tu vida te servirá de botín,

3 *a* Jer. 1:15. | 4 *a* Omni 1:15–16. | 6 *a* Hel. 6:10; 8:21.

porque tuviste confianza en mí,
dice Jehová.

CAPÍTULO 40

El rey de Babilonia nombra a Gedalías gobernador del remanente que había quedado en Judá — Jeremías es liberado y mora entre ellos.

LA palabra que vino a Jeremías de
parte de Jehová, después que Nabuzaradán, capitán de la guardia,
le envió desde Ramá, cuando le
tomó estando atado con cadenas
entre todos los cautivos de Jerusalén y de Judá que eran llevados
cautivos a Babilonia.
2 Tomó, pues, el capitán de la
guardia a Jeremías y le dijo: Jehová tu Dios habló este mal contra este lugar;
3 y lo ha traído y hecho Jehová
según lo había dicho, porque [a]pe-
casteis contra Jehová y no escuchasteis su voz; por eso os ha
venido esto.
4 Y ahora, he aquí, yo te he sol-
tado hoy de las cadenas que *tenías*
en tus manos. Si te parece bien
venir conmigo a Babilonia, ven,
y yo velaré por ti; pero si no te
parece bien venir conmigo a Babilonia, no te preocupes. Mira,
toda la tierra está delante de ti;
ve adonde mejor y más cómodo
te parezca ir.
5 Y como aún no se volvía, *le
dijo*: Vuélvete a Gedalías hijo de
Ahicam, hijo de Safán, a quien el
rey de Babilonia ha puesto sobre
todas las ciudades de Judá, y vive
con él en medio del pueblo; o ve
adonde te parezca más cómodo
ir. Y le dio el capitán de la guardia provisiones y un presente, y
le despidió.
6 Se fue entonces Jeremías a Gedalías hijo de Ahicam, a Mizpa, y
moró con él en medio del pueblo
que había quedado en la tierra.
7 Y cuando oyeron todos los jefes del ejército que estaban por el
campo, ellos y sus hombres, que
el rey de Babilonia había puesto
a Gedalías hijo de Ahicam para
gobernar la tierra, y que le había
encomendado los hombres, y las
mujeres, y los niños y los pobres
de la tierra que no fueron llevados cautivos a Babilonia,
8 vinieron luego a Gedalías, en
Mizpa, a saber: Ismael hijo de
Netanías, y Johanán y Jonatán
hijos de Carea, y Seraías hijo de
Tanhumet, y los hijos de Efai, el
netofatita, y Jezanías, hijo de un
maacateo; ellos y sus hombres.
9 Y les juró Gedalías hijo de Ahicam, hijo de Safán, a ellos y a sus
hombres, diciendo: No tengáis
temor de servir a los caldeos; habitad en la tierra y servid al rey
de Babilonia, y os irá bien.
10 Y he aquí que yo habito en
Mizpa, para estar al servicio de
los caldeos que vendrán a nosotros; mas vosotros tomad el vino,
y los frutos del verano y el aceite,
y ponedlos en vuestras vasijas y
quedaos en vuestras ciudades
que habéis tomado.
11 Asimismo, todos los judíos
que estaban en Moab, y entre
los hijos de Amón, y en Edom

40 3 *a* DyC 101:1–9.

y los que estaban en todas las tierras, cuando oyeron decir que el rey de Babilonia había dejado un remanente de Judá y que había puesto sobre ellos a Gedalías hijo de Ahicam, hijo de Safán,

12 todos estos judíos regresaron entonces de todos los lugares adonde habían sido echados, y vinieron a la tierra de Judá, a Gedalías, en Mizpa; y recogieron vino y frutos del verano en gran abundancia.

13 Y Johanán hijo de Carea y todos los jefes de la gente de guerra que estaban en el campo vinieron a Gedalías, en Mizpa,

14 y le dijeron: ¿No sabes que de cierto Baalis, rey de los hijos de Amón, ha enviado a Ismael hijo de Netanías para matarte? Mas Gedalías hijo de Ahicam no les creyó.

15 Entonces Johanán hijo de Carea habló a Gedalías en secreto, en Mizpa, diciendo: Déjame ir, te ruego, a matar a Ismael hijo de Netanías, y ningún hombre lo sabrá. ¿Por qué te ha de matar, de modo que todos los judíos que se han reunido alrededor de ti se dispersen y perezca el resto de Judá?

16 Pero Gedalías hijo de Ahicam dijo a Johanán hijo de Carea: No hagas eso, porque es falso lo que tú dices de Ismael.

CAPÍTULO 41

Ismael mata a Gedalías y se lleva cautivo al pueblo de Mizpa — Son rescatados por Johanán.

Y ACONTECIÓ en el mes séptimo que vino Ismael hijo de Netanías, hijo de Elisama, de la descendencia real, y *algunos* príncipes del rey, diez hombres con él, a Gedalías hijo de Ahicam, en Mizpa; y comieron pan juntos allí en Mizpa.

2 Y se levantó Ismael hijo de Netanías y los diez hombres que con él estaban e hirieron a espada a Gedalías hijo de Ahicam, hijo de Safán, y mataron así a aquel a quien el rey de Babilonia había puesto para gobernar la tierra.

3 Asimismo mató Ismael a todos los judíos que estaban con él, *es decir,* con Gedalías, en Mizpa, y a los caldeos que se encontraban allí *y* a los hombres de guerra.

4 Sucedió, además, que un día después de haber matado a Gedalías, cuando nadie lo sabía aún,

5 llegaron unos hombres de Siquem, y de Silo y de Samaria, ochenta hombres, rapada la barba, y rotas las ropas y sajados, y traían en sus manos ofrendas de grano e incienso para llevar a la casa de Jehová.

6 Y de Mizpa les salió al encuentro, llorando, Ismael hijo de Netanías. Y aconteció que cuando los encontró, les dijo: Venid a Gedalías hijo de Ahicam.

7 Y sucedió que cuando llegaron al centro de la ciudad, Ismael hijo de Netanías los mató *y los echó* dentro de una cisterna, él y los hombres que con él estaban.

8 Mas entre aquellos fueron hallados diez hombres que dijeron a Ismael: No nos mates, porque tenemos tesoros en el campo:

trigo, y cebada, y aceite y miel. Y desistió y no los mató como a sus hermanos.

9 Y la cisterna en que echó Ismael todos los cuerpos de los hombres que mató, a causa de Gedalías, era la misma que había hecho el rey Asa a causa de Baasa, rey de Israel; Ismael hijo de Netanías la llenó de muertos.

10 Después llevó Ismael cautivo a todo el resto del pueblo que estaba en Mizpa, a las hijas del rey y a todo el pueblo que había quedado en Mizpa, el cual había encargado Nabuzaradán, capitán de la guardia, a Gedalías hijo de Ahicam. Los llevó, pues, cautivos Ismael hijo de Netanías, y se fue para pasarse a los hijos de Amón.

11 Y oyeron, Johanán hijo de Carea y todos los jefes de la gente de guerra que estaban con él, todo el mal que había hecho Ismael hijo de Netanías.

12 Entonces tomaron a todos los hombres y fueron a pelear contra Ismael hijo de Netanías, y lo hallaron junto a las muchas aguas que están en Gabaón.

13 Y aconteció que cuando todo el pueblo que estaba con Ismael vio a Johanán hijo de Carea y a todos los jefes de la gente de guerra que estaban con él, se alegraron.

14 Y todo el pueblo que Ismael había llevado cautivo de Mizpa dio la vuelta, y regresó y se pasó a Johanán hijo de Carea.

15 Pero Ismael hijo de Netanías se escapó delante de Johanán con ocho hombres y se pasaron a los hijos de Amón.

16 Y Johanán hijo de Carea y todos los jefes de la gente de guerra que con él estaban tomaron a todo el resto del pueblo que él había recobrado de Ismael hijo de Netanías, de Mizpa, después que éste mató a Gedalías hijo de Ahicam: hombres de guerra, y mujeres, y niños y [a]eunucos que *Johanán* había traído de Gabaón;

17 y fueron y habitaron en [a]Gerut-quimam, que está cerca de Belén, a fin de ir y entrar en Egipto,

18 a causa de los caldeos; porque tenían temor de ellos, por haber Ismael hijo de Netanías dado muerte a Gedalías hijo de Ahicam, a quien el rey de Babilonia había puesto para gobernar la tierra.

CAPÍTULO 42

Jeremías promete a Johanán y al remanente de Judá paz y seguridad si se quedan en Judá, pero la espada, el hambre y la pestilencia si se van a Egipto.

Y SE acercaron todos los jefes de la gente de guerra, y Johanán hijo de Carea, y Jezanías hijo de Osaías y todo el pueblo desde el menor hasta el mayor,

2 y dijeron al profeta Jeremías: [a]Llegue ahora nuestra súplica delante de ti, y ruega por nosotros a Jehová, tu Dios, por todo este resto (pues de muchos hemos

41 16 *a O sea,* los oficiales, los cortesanos. 17 *a* HEB posada de Quiman. **42** 2 *a O sea,* acepta.

quedado unos pocos, como nos
ven tus ojos),
3 para que Jehová tu Dios nos
enseñe el camino por donde debemos ir y lo que hemos de hacer.
4 Y el profeta Jeremías les dijo:
Ya *os* he oído. He aquí que voy a orar a Jehová vuestro Dios, como habéis dicho; y acontecerá que todo lo que Jehová os responda os lo declararé; no os reservaré palabra alguna.
5 Y ellos dijeron a Jeremías: Jehová sea entre nosotros un testigo verdadero y [a]fiel, si no hacemos conforme a todo aquello para lo cual Jehová tu Dios te envíe a nosotros.
6 Sea bueno o sea malo, a la voz de Jehová nuestro Dios, al cual te enviamos, obedeceremos, para que, obedeciendo a la voz de Jehová nuestro Dios, nos vaya bien.
7 Y aconteció que al cabo de diez días vino la palabra de Jehová a Jeremías.
8 Y llamó a Johanán hijo de Carea, y a todos los jefes de la gente de guerra que con él estaban y a todo el pueblo desde el menor hasta el mayor,
9 y les dijo: Así ha dicho Jehová Dios de Israel, a quien me enviasteis para presentar vuestros ruegos ante él:
10 Si permanecéis en esta tierra, os edificaré y no os destruiré; os plantaré y no os arrancaré, [a]porque arrepentido estoy del mal que os he hecho.
11 No temáis al rey de Babilonia, del cual tenéis temor; no le temáis, ha dicho Jehová, porque con vosotros estoy yo para salvaros y libraros de su mano;
12 y tendré misericordia de vosotros, para que él tenga misericordia de vosotros y os haga volver a vuestra tierra.
13 Pero si decís: No moraremos en esta tierra ni obedeceremos la voz de Jehová vuestro Dios,
14 diciendo: No, sino que entraremos en la tierra de Egipto, en la cual no veremos guerra, ni oiremos sonido de [a]trompeta ni tendremos hambre de pan, y allá moraremos;
15 y, ahora bien, por eso, oíd la palabra de Jehová, remanente de Judá: Así ha dicho Jehová de los ejércitos, el Dios de Israel: Si vosotros enteramente fijáis vuestros rostros para entrar en Egipto y entráis para peregrinar allá,
16 entonces acontecerá que la espada que teméis os alcanzará allá en la tierra de Egipto, y el hambre de que tenéis temor allá en Egipto os perseguirá, y allí moriréis.
17 Y sucederá que todos los hombres que fijen sus rostros para entrar en Egipto, para peregrinar allí, morirán por la espada, por el hambre y por la pestilencia; no habrá de ellos quien quede vivo ni quien escape del mal que traeré yo sobre ellos.
18 Porque así ha dicho Jehová de los ejércitos, el Dios de Israel: Como se derramó mi enojo y mi ira sobre los moradores de Jerusalén, así se derramará mi ira sobre vosotros cuando entréis en

5 *a* Apoc. 1:5.
10 *a* TJS Jer. 42:10 …*y apartaré* el mal que os he hecho.
14 *a* *Es decir,* de alarma.

Egipto; y seréis objeto de execración y de espanto, y de maldición y de afrenta; y no veréis más este lugar.

19 Jehová habló sobre vosotros, oh remanente de Judá: No entréis en Egipto. Sabed ciertamente que os lo advierto hoy.

20 Pues habéis hecho errar vuestras almas, porque vosotros me enviasteis a Jehová vuestro Dios, diciendo: Ora por nosotros a Jehová nuestro Dios; y conforme a todas las cosas que Jehová nuestro Dios diga, háznoslo saber y lo haremos.

21 Y os lo he declarado hoy, pero no habéis [a]obedecido la voz de Jehová vuestro Dios ni a ninguna de las cosas que él me envió a deciros.

22 Ahora, pues, sabed ciertamente que por la espada, y por el hambre y por la pestilencia moriréis en el lugar donde deseasteis entrar para peregrinar allí.

CAPÍTULO 43

Johanán se lleva a Jeremías y al remanente de Judá a Egipto — Jeremías profetiza que Babilonia conquistará Egipto.

Y ACONTECIÓ que cuando Jeremías acabó de hablar a todo el pueblo todas las palabras de Jehová su Dios, todas estas palabras que Jehová su Dios le había enviado a decirles,

2 entonces Azarías hijo de Osaías, y Johanán hijo de Carea y todos los hombres arrogantes dijeron a Jeremías: Mentira dices; no te ha enviado Jehová nuestro Dios a decir: No entréis en Egipto para peregrinar allí,

3 sino que Baruc hijo de Nerías te incita contra nosotros, para entregarnos en manos de los caldeos, para matarnos y llevarnos cautivos a Babilonia.

4 No obedecieron, pues, ni Johanán hijo de Carea, ni ninguno de los jefes de la gente de guerra ni ninguno del pueblo la voz de Jehová de quedarse en la tierra de Judá,

5 sino que tomaron, Johanán hijo de Carea y todos los jefes de la gente de guerra, a todo el remanente de Judá que había regresado de todas las naciones adonde había sido echado, para morar en la tierra de Judá:

6 a los hombres, y a las mujeres, y a los niños, y a las hijas del rey y a toda persona que había dejado Nabuzaradán, capitán de la guardia, con Gedalías hijo de Ahicam, hijo de Safán, y al profeta Jeremías y a Baruc hijo de Nerías,

7 y entraron en la tierra de Egipto, porque no obedecieron la voz de Jehová, y llegaron hasta Tafnes.

8 Y vino la palabra de Jehová a Jeremías en Tafnes, diciendo:

9 Toma en tu mano piedras grandes y escóndelas en el barro del enladrillado que está a la puerta de la casa de Faraón en Tafnes, a la vista de los hombres judíos,

21 *a* GEE Obediencia, obediente, obedecer.

10 y diles: Así ha dicho Jehová
de los ejércitos, el Dios de Israel:
He aquí, yo enviaré y tomaré a
[a]Nabucodonosor, rey de Babilonia, mi siervo, y pondré su trono
sobre estas piedras que he escondido, y él extenderá su pabellón
sobre ellas.
11 Y vendrá y herirá la tierra
de Egipto: los que a muerte, a
muerte; y los que a cautiverio,
a cautiverio; y los que a espada,
a espada.
12 Y prenderé fuego a las casas de los [a]dioses de Egipto, y él
las quemará y a ellos los llevará
cautivos; y él se envolverá de la
tierra de Egipto, como el pastor
se envuelve con su ropa, y saldrá
de allá en paz.
13 Además, quebrará las estatuas de Bet-semes, que está en
la tierra de Egipto, y las casas
de los dioses de Egipto quemará
con fuego.

CAPÍTULO 44

Jeremías profetiza que los judíos que moran en Egipto, salvo un pequeño remanente, serán destruidos porque adoran dioses falsos.

LA palabra que vino a Jeremías
acerca de todos los judíos que
moraban en la tierra de Egipto,
que vivían en Migdol, y en Tafnes, y en Menfis y en la tierra de
Patros, diciendo:
2 Así ha dicho Jehová de los
ejércitos, el Dios de Israel: Vosotros habéis visto todo el [a]mal
que traje sobre Jerusalén y sobre
todas las ciudades de Judá; y he
aquí que ellas están el día de hoy
[b]asoladas, y no hay quien more
en ellas
3 a causa de la maldad que ellos
cometieron para hacerme enojar,
yendo a [a]quemar incienso, sirviendo a dioses ajenos que ellos
no habían conocido, ni ellos, ni
vosotros ni vuestros padres.
4 Y [a]envié a vosotros a todos mis
siervos los profetas, madrugando
y enviándolos, para deciros: No
hagáis ahora esta cosa [b]abomina-
ble que yo aborrezco.
5 Pero no escucharon ni inclinaron su oído para volverse de su
[a]maldad, para dejar de quemar
incienso a dioses ajenos.
6 Se derramó, por tanto, mi ira
y mi furor, y se encendió en las
ciudades de Judá y en las calles de Jerusalén; y quedaron en
ruinas y en desolación, como lo
están hoy.
7 Ahora pues, así ha dicho
Jehová, Dios de los ejércitos, el
Dios de Israel: ¿Por qué hacéis
un mal tan grande contra vuestras almas, para ser talados el
hombre y la mujer, el muchacho
y el niño de pecho, de en medio
de Judá, sin que os quede remanente alguno,
8 haciéndome enojar con las
[a]obras de vuestras manos, ofreciendo incienso a dioses ajenos
en la tierra de Egipto, adonde

43 10 *a* Jer. 21:7; 25:9.
12 *a* Isa. 19:1; Ezeq. 30:13.
44 2 *a* 2 Ne. 1:4.
b Jer. 7:34.
3 *a* GEE Idolatría.
4 *a* 2 Cró. 36:15; DyC 133:71.
GEE Profeta.
b Deut. 12:31.
5 *a* Alma 45:16.
8 *a* Hech. 17:29.

habéis entrado para peregrinar, de suerte que os [b]desarraiguéis y seáis objeto de maldición y de oprobio a todas las naciones de la tierra?

9 ¿Os habéis olvidado de las maldades de vuestros padres, y de las maldades de los reyes de Judá, y de las maldades de sus [a]esposas, y de vuestras propias maldades y de las maldades de vuestras esposas, que hicieron en la tierra de Judá y en las calles de Jerusalén?

10 No se han [a]humillado hasta el día de hoy, ni han tenido [b]temor, ni han caminado en mi ley ni en mis estatutos, los cuales puse delante de vosotros y delante de vuestros padres.

11 Por tanto, así ha dicho Jehová de los ejércitos, el Dios de Israel: He aquí que yo pongo mi [a]rostro contra vosotros para mal y para desarraigar a todo Judá.

12 Y tomaré a los del remanente de Judá que fijaron sus rostros para entrar en la tierra de Egipto a fin de peregrinar allí, y serán todos consumidos y caerán en la tierra de Egipto; serán consumidos por la espada *y* por el hambre; por la espada y por el hambre morirán desde el menor hasta el mayor, y serán motivo de execración, y de espanto, y de maldición y de oprobio.

13 Pues [a]castigaré a los que moran en la tierra de Egipto, como castigué a Jerusalén, con espada, con hambre y con pestilencia.

14 Y del resto de los de Judá que entraron en la tierra de Egipto para peregrinar allá, no habrá quien escape ni quien quede vivo para volver a la tierra de Judá, a la cual suspiran ellos por volver para habitar allí; porque no volverán sino sólo los que escapen.

15 Entonces todos los que sabían que sus esposas habían quemado incienso a dioses ajenos, y todas las mujeres que estaban presentes, una gran concurrencia, y todo el pueblo que habitaba en la tierra de Egipto, en Patros, respondieron a Jeremías, diciendo:

16 La palabra que nos has hablado en nombre de Jehová no la [a]escucharemos de ti,

17 sino que ciertamente pondremos por obra toda palabra que ha salido de [a]nuestra propia boca, para quemar incienso a [b]la reina del cielo y derramarle libaciones, como hemos hecho nosotros, nosotros y nuestros padres, nuestros reyes y nuestros jefes, en las ciudades de Judá y en las calles de Jerusalén; pues fuimos saciados de pan, y estuvimos bien y no vimos mal alguno.

18 Pero desde que dejamos de quemar incienso a la reina del cielo y de derramarle libaciones, nos falta de todo, y por la espada y por el hambre somos consumidos.

8 *b* 3 Ne. 21:20–21.
9 *a* 1 Rey. 11:1–3.
10 *a* GEE Humildad, humilde, humillar (afligir).
b GEE Temor—Temor de Dios.
11 *a* GEE Justicia.
13 *a* Jer. 43:11. GEE Castigar, castigo.
16 *a* Mos. 16:2.
17 *a* DyC 1:16.
b *Es decir,* la diosa de la fertilidad.

19 Y cuando quemamos incienso
a la reina del cielo y le derramamos libaciones, ¿acaso le hicimos
nosotras tortas para tributarle
culto, y le derramamos libaciones
sin el consentimiento de nuestros
maridos?
20 Y habló Jeremías a todo el
pueblo, a los hombres y a las mujeres, y a todo el pueblo que le había respondido esto, diciendo:
21 ¿No se ha acordado Jehová,
y no ha venido a su memoria el
incienso que quemasteis en las
ciudades de Judá y en las calles
de Jerusalén, vosotros y vuestros
padres, vuestros reyes, y vuestros
jefes y el pueblo de la tierra?
22 Y no pudo soportarlo más
Jehová a causa de la maldad de
vuestras obras, a causa de las
abominaciones que habíais hecho; por tanto, vuestra tierra está
en desolación, y en espanto y en
maldición, hasta quedar sin morador, como lo está hoy.
23 Porque quemasteis incienso
y pecasteis contra Jehová, y no
[a]obedecisteis la voz de Jehová ni
anduvisteis en su ley, ni en sus estatutos ni en sus testimonios; por
tanto, ha venido sobre vosotros
este [b]mal, como hasta hoy.
24 Y dijo Jeremías a todo el pueblo y a todas las mujeres: Oíd la
palabra de Jehová, todos los de
Judá que estáis en la tierra de
Egipto:
25 Así ha hablado Jehová de
los ejércitos, el Dios de Israel, diciendo: Vosotros y vuestras esposas hablasteis con vuestras bocas
y con vuestras manos lo reali-
zasteis, diciendo: Ciertamente
cumpliremos nuestros votos que
hicimos de ofrecer incienso a [a]la
reina del cielo y de derramarle
libaciones; en verdad confirmáis
vuestros votos y ponéis vuestros
votos por obra.
26 Por tanto, oíd la palabra de
Jehová, todos los de Judá que
habitáis en la tierra de Egipto:
He aquí, he [a]jurado por mi gran
[b]nombre, dice Jehová, que mi
nombre no será más invocado
en toda la tierra de Egipto por
boca de ningún hombre de Judá,
diciendo: Vive Jehová el Señor.
27 He aquí que yo [a]vigilo sobre
ellos para mal y no para bien; y
todos los hombres de Judá que
están en la tierra de Egipto serán
consumidos por la espada y por
el hambre, hasta que perezcan
del todo.
28 Y los que escapen de la espada volverán de la tierra de
Egipto a la tierra de Judá, pocos
hombres en número. Y todo el remanente de Judá que ha entrado
en la tierra de Egipto a morar
allí sabrá de quién es la [a]palabra
que ha de permanecer: si la mía
o la suya.
29 Y esto tendréis por señal,
dice Jehová, de que en este lugar os castigaré, para que sepáis
que ciertamente permanecerán
mis palabras para mal sobre
vosotros.
30 Así ha dicho Jehová: He aquí
que yo entrego a Faraón Hofra,
rey de Egipto, en manos de sus

23 *a* GEE Obediencia, obediente, obedecer.
b Deut. 31:29.
25 *a* *Es decir,* la diosa de la fertilidad.
26 *a* Heb. 6:13.
b 1 Ne. 20:11.
27 *a* Jer. 31:28.
28 *a* Moisés 4:30.

enemigos y en manos de los que buscan su vida, como entregué a [a]Sedequías, rey de Judá, en manos de Nabucodonosor, rey de Babilonia, su enemigo que buscaba su vida.

CAPÍTULO 45

Jeremías promete a Baruc que su vida será conservada.

LA palabra que habló el profeta Jeremías a [a]Baruc hijo de Nerías, cuando escribía en el libro estas palabras de boca de Jeremías, en el año cuarto de Joacim hijo de Josías, rey de Judá, diciendo:

2 Así ha dicho Jehová Dios de Israel, acerca de ti, oh Baruc:

3 Tú dijiste: ¡Ay de mí ahora!, porque ha añadido Jehová tristeza a mi dolor; fatigado estoy de gemir y no he hallado [a]descanso.

4 Así le has de decir: Así ha dicho Jehová: He aquí que yo destruyo lo que edifiqué y arranco lo que planté, es decir, toda esta tierra.

5 ¿Y tú [a]buscas para ti grandezas? No las busques, porque he aquí que yo traigo mal sobre toda carne, ha dicho Jehová; y a ti te daré tu vida por botín en todos los lugares adonde fueres.

CAPÍTULO 46

Jeremías profetiza la conquista de Egipto por Babilonia — Jacob será salvo y volverá a su propia tierra.

LA palabra de Jehová que vino al profeta Jeremías contra las [a]naciones.

2 Con respecto a Egipto: contra el ejército de Faraón Necao, rey de Egipto, que estaba cerca del río Éufrates en Carquemis, a quien derrotó Nabucodonosor, rey de Babilonia, en el año cuarto de Joacim hijo de Josías, rey de Judá:

3 ¡Preparad escudo y [a]pavés, y venid a la guerra!

4 ¡Uncid los caballos y montadlos, vosotros los jinetes! ¡Y presentaos con los yelmos puestos; limpiad las lanzas, poneos las corazas!

5 ¿Por qué los veo aterrados, retrocediendo? Sus valientes fueron derrotados y huyen de prisa, sin mirar atrás; hay miedo por todas partes, dice Jehová.

6 No huya el ligero, ni el valiente escape; al norte, junto a la ribera del Éufrates, tropezarán y caerán.

7 ¿Quién es éste que sube como el Nilo y cuyas aguas se mueven como ríos?

8 Egipto, como el Nilo, se ensancha, y sus aguas se mueven como ríos, y dijo: Subiré, cubriré la tierra, destruiré la ciudad y a los que en ella moran.

9 Subid, caballos, y corred con furor, carros; y salgan los valientes: los de Etiopía y los de Fut que toman escudo, y los de Lud que toman y tensan arco.

---

30 *a* Jer. 39:5.
GEE Sedequías.
45 1 *a* Jer. 36:4.
GEE Escriba.
3 *a* Lam. 1:3.
5 *a* Mar. 8:36–37.
46 1 *a* GEE Gentiles.
3 *a* Escudo de gran tamaño.

10 Mas ese día será para Jehová
Dios de los ejércitos día de venganza para vengarse de sus enemigos; y la espada devorará, y
se saciará y se embriagará de la
sangre de ellos; porque [a]sacrifi-
cio será para Jehová Dios de los
ejércitos, en la tierra del norte,
junto al río Éufrates.
11 Sube a Galaad y consigue
[a]bálsamo, oh virgen hija de
Egipto; en vano multiplicarás
las medicinas; no hay curación
para ti.
12 Las naciones oyeron de tu
[a]afrenta, y tu clamor llenó la tierra; porque el valiente tropezó
contra el valiente, y ambos cayeron juntos.
13 La palabra que habló Jehová
al profeta Jeremías acerca de la
venida de Nabucodonosor, rey
de Babilonia, para herir la tierra
de Egipto:
14 Anunciad en Egipto y haced saber en Migdol; haced saber
también en Menfis y en Tafnes;
decid: Ponte en pie y prepárate,
porque la espada devorará tu
comarca.
15 ¿Por qué han sido derribados
tus [a]valientes? No se mantuvieron firmes, porque Jehová los ha
empujado.
16 Multiplicó los caídos, y cada
uno cayó sobre su compañero, y
dijeron: Levántate y volvamos
a nuestro pueblo y a la tierra de
nuestro nacimiento, de delante
de la espada opresora.
17 Allí gritaron: ¡Faraón,
rey de Egipto, no es más que
ruido; dejó pasar el tiempo
señalado!
18 Vivo yo, dice el Rey, cuyo
nombre es Jehová de los ejércitos, que como el Tabor entre los
montes y como el Carmelo junto
al mar, así vendrá.
19 [a]Prepara tus enseres para ir
al cautiverio, moradora hija de
Egipto, porque Menfis será un
yermo y será asolada hasta no
quedar morador.
20 Becerra hermosa es Egipto;
mas viene destrucción; del norte
viene.
21 Sus mercenarios también en
medio de ella son como becerros engordados, porque también
ellos se volvieron atrás; huyeron
todos sin resistir, porque vino sobre ellos el día de su quebranto,
el tiempo de su castigo.
22 Su voz será como de serpiente, porque como ejército marchan; y con hachas vienen contra
ella, como cortadores de leña.
23 Cortarán su bosque, dice
Jehová, aunque sea impenetrable, porque serán más numerosos que langostas y serán
innumerables.
24 Se avergonzará la hija de
Egipto; entregada será en manos del pueblo del norte.
25 Jehová de los ejércitos, el Dios
de Israel, ha dicho: He aquí que
yo castigo a Amón de Tebas, y a
Faraón, y a Egipto, y a sus dioses
y a sus reyes, tanto a Faraón como
a los que en él confían.
26 Y los entregaré en manos
de los que buscan su vida, y en

10 *a* Isa. 34:5–6.
11 *a* GEE Bálsamo de Galaad.
12 *a* GEE Culpa.
15 *a* Hel. 4:24–26.
19 *a* Ezeq. 29:12; 30:23, 26.

manos de Nabucodonosor, rey de Babilonia, y en manos de sus siervos; pero después [a]será habitado como en los días pasados, dice Jehová.

27 Pero tú no temas, oh siervo mío [a]Jacob, ni desmayes, oh Israel; porque, he aquí, yo te salvaré de lejos a ti y a tu descendencia de la tierra de vuestra cautividad. Y volverá Jacob, y descansará y estará tranquilo, y no habrá quien lo atemorice.

28 Tú, oh siervo mío Jacob, no temas, dice Jehová, porque yo estoy contigo; porque destruiré a todas las naciones entre las cuales te habré dispersado; pero a ti no te destruiré del todo, sino que te castigaré con justicia; de ninguna manera te dejaré sin castigo.

CAPÍTULO 47

Jeremías predice la desolación y la destrucción de los filisteos.

La palabra de Jehová que vino al profeta Jeremías acerca de los filisteos, antes que Faraón hiriese a Gaza.

2 Así ha dicho Jehová: He aquí que suben [a]aguas del norte y se harán torrente; e inundarán la tierra y su plenitud, la ciudad y a los moradores de ella; y los hombres clamarán, y aullará todo morador de la tierra.

3 Por el sonido de los cascos de sus fuertes *caballos*, por el ruido de sus carros, por el estruendo de sus ruedas, los padres no cuidan de los hijos por la debilidad de sus manos,

4 a causa del día que viene para destrucción de todos los filisteos, para talar a todo aliado que todavía les quede, a Tiro y a Sidón, porque Jehová destruirá a los filisteos, al resto de la isla de Caftor.

5 Sobre Gaza vino calvicie, Ascalón ha perecido, y el resto de su valle; ¿hasta cuándo te sajarás?

6 ¡Oh espada de Jehová!, ¿cuándo vas a reposar? ¡Vuélvete a tu vaina, reposa y sosiégate!

7 ¿Cómo reposarás? Pues Jehová te ha enviado contra Ascalón y contra la costa del mar; allí te ha puesto.

CAPÍTULO 48

Juicio y destrucción vendrán sobre los moabitas por menospreciar a Dios.

Acerca de Moab. Así ha dicho Jehová de los ejércitos, Dios de Israel: ¡Ay de Nebo!, porque fue destruida; fue avergonzada Quiriataim, fue tomada; fue confundida Misgab y destrozada.

2 No se alabará ya más Moab; en Hesbón maquinaron mal contra ella, *diciendo*: Venid, y quitémosla de entre las naciones. También tú, Madmena, serás talada; la espada irá en pos de ti.

3 ¡Voz de clamor de Horonaim, destrucción y gran quebranto!

4 Moab ha sido quebrantada;

26 *a* Ezeq. 29:13. 27 *a* 3 Ne. 20:11–13. **47** 2 *a* Jer. 46:7–8.

hicieron que se oyese el clamor
de sus pequeños.
5 Porque a la subida de Luhit
con llanto subirá el que llora;
porque a la bajada de Horonaim
los enemigos oyeron clamor de
quebranto.
6 ¡Huid, salvad vuestra vida
y sed como la [a]retama en el
desierto!
7 Pues por cuanto confiaste en
tus obras y en tus tesoros, tú también serás tomada; y Quemos será
llevado en cautiverio, junto con
sus sacerdotes y sus príncipes.
8 Y vendrá el destructor a cada
una de las ciudades, y ninguna
ciudad escapará; también el valle será arruinado, y será destruida la llanura, como ha dicho
Jehová.
9 Dad alas a Moab, para que se
vaya volando; pues serán desoladas sus ciudades hasta no quedar
en ellas morador alguno.
10 [a]Maldito el que hiciere engañosamente la obra de Jehová,
y maldito el que retuviere su espada de la sangre.
11 Tranquilo estuvo Moab desde
su juventud, y [a]sobre sus sedimentos ha estado reposado, y no
fue vaciado de vasija en vasija ni
nunca estuvo en cautiverio; por
tanto, conservó su sabor, y su olor
no ha cambiado.
12 Por eso, he aquí que vienen
días, ha dicho Jehová, en que yo
le enviaré [a]transvasadores que
lo transvasarán, y vaciarán sus
vasijas y romperán sus tinajas.
13 Y se avergonzará Moab de
Quemos, como la casa de Israel se avergonzó de Bet-el, su
confianza.
14 ¿Cómo, pues, diréis: Somos
valientes y hombres fuertes para
la guerra?
15 Destruido ha sido Moab, y
sus ciudades asoladas, y sus jóvenes escogidos han descendido
al degolladero, ha dicho el Rey,
cuyo nombre es Jehová de los
ejércitos.
16 Cercana está la calamidad
de Moab, a punto de llegar, y su
aflicción se apresura mucho.
17 Lamentaos por él todos los
que estáis a su alrededor; y todos
los que sabéis su nombre, decid:
¡Cómo se ha quebrado la vara
fuerte, el báculo hermoso!
18 Desciende de la gloria, siéntate en tierra seca, moradora hija
de Dibón; porque el destructor
de Moab ha subido contra ti, ha
destruido tus fortalezas.
19 Ponte en el camino y mira,
oh moradora de Aroer; pregunta al que va huyendo y a la
que va escapando, y di: ¿Qué ha
acontecido?
20 Moab ha sido avergonzado,
porque fue destrozado; aullad y
clamad; anunciad en el Arnón
que Moab ha sido destruido.
21 Y ha venido juicio sobre la
tierra de la llanura; sobre Holón,
y sobre Jahaza, y sobre Mefaat,
22 y sobre Dibón, y sobre Nebo,
y sobre Bet-diblataim,
23 y sobre Quiriataim, y sobre
Bet-gamul, y sobre Bet-meón,
24 y sobre Queriot, y sobre

48 6 *a* HEB arbusto silvestre.
10 *a* GEE Maldecir, maldiciones.
11 *a* HEB ha dejado de estar alerta.
12 *a* *Es decir,* personas que se encargan de pasar un líquido de un recipiente a otro.

Bosra, y sobre todas las ciudades de la tierra de Moab, las de lejos y las de cerca.

25 Cortado es el [a]poder de Moab, y su brazo quebrantado, dice Jehová.

26 Embriagadlo, porque contra Jehová se engrandeció; y revuélquese Moab en su vómito, y sea también él motivo de escarnio.

27 ¿Y no fue Israel para ti motivo de escarnio? ¿Acaso fue hallado entre ladrones? Porque cuando de él hablabas, tú hacías gestos de burla.

28 Abandonad las ciudades y habitad en peñascos, oh moradores de Moab; y sed como la paloma que hace nido en la boca de la caverna.

29 Hemos oído de la [a]soberbia de Moab, que es muy soberbio, de su arrogancia y de su orgullo, y de su altivez y de la altanería de su corazón.

30 Yo conozco, dice Jehová, su cólera; pero no tendrá efecto alguno; sus jactancias no le aprovecharán.

31 Por tanto, yo aullaré por Moab, y por todo Moab clamaré y por los hombres de Kir-hares gemiré.

32 Con llanto de Jazer lloraré por ti, oh vid de Sibma; tus [a]sarmientos pasaron el mar, llegaron hasta el mar de Jazer; sobre tu cosecha y sobre tu vendimia ha venido el destructor.

33 Y han sido quitados la alegría y el regocijo de los campos fértiles y de la tierra de Moab; y he hecho que falte el vino de los lagares; no pisarán con gritos de júbilo; los gritos no serán de júbilo.

34 El clamor de Hesbón llega hasta Eleale; hasta Jahaza dieron su voz; desde Zoar hasta Horonaim y [a]Eglat-selisiyá; porque también las aguas de Nimrim serán desoladas.

35 Y haré cesar en Moab, dice Jehová, a quien sacrifique en los lugares altos, y a quien queme incienso a sus dioses.

36 Por tanto, mi corazón resonará como flautas por causa de Moab; asimismo resonará mi corazón a modo de flautas por los hombres de Kir-hares, porque perecieron las [a]riquezas que había conseguido.

37 Porque en toda cabeza habrá calvicie, y toda barba será rapada; sobre todas las manos habrá sajaduras y cilicio sobre todos los lomos.

38 Sobre todos los terrados de Moab y en sus calles todo será llanto, porque yo he quebrado a Moab como a vasija que no agrada, dice Jehová.

39 ¡Cómo ha sido quebrantado! ¡Aúllan! ¡Cómo ha vuelto la espalda Moab, avergonzado! Y será Moab objeto de escarnio y de espanto para todos los que están en sus alrededores.

40 Porque así ha dicho Jehová: He aquí que como águila volará y extenderá sus alas contra Moab.

41 Tomada será Queriot, y tomadas serán las fortalezas; y aquel

25 *a* HEB cuerno. Sal. 75:10.
29 *a* GEE Orgullo.
32 *a* HEB tus ramas.
34 *a* HEB Becerra de tres años.
36 *a* Hel. 13:31, 33.

día el corazón de los valientes
de Moab será como el corazón
de mujer en angustia.
42 Y Moab será destruido hasta
dejar de ser pueblo, porque se
engrandeció contra Jehová.
43 Miedo, y foso y trampa contra
ti, oh morador de Moab, dice
Jehová.
44 El que huya del miedo caerá
en el foso; y el que salga del foso
quedará atrapado en la trampa,
porque yo traeré sobre él, sobre
Moab, el año de su castigo, dice
Jehová.
45 A la sombra de Hesbón se
han detenido sin fuerzas los que
huían; mas sale fuego de Hesbón
y llama de en medio de Sehón,
y ha devorado las sienes de
Moab y la coronilla de los hijos
revoltosos.
46 ¡Ay de ti, Moab! Ha perecido
el pueblo de Quemos, porque
tus hijos fueron llevados
para cautividad y tus hijas para
cautiverio.
47 Pero haré volver a los cautivos
de Moab en lo postrero de
los tiempos, dice Jehová. Hasta
aquí es el juicio de Moab.

CAPÍTULO 49

Juicio y destrucción vendrán sobre los pueblos de Amón, de Edom, de Cedar, de Hazor y de Elam.

ACERCA de los hijos de Amón. Así
ha dicho Jehová: ¿No tiene hijos
Israel? ¿No tiene heredero? ¿Por
qué Milcom ha tomado como
heredad a Gad, y su pueblo habita
en sus ciudades?
2 Por tanto, he aquí, vienen días,
ha dicho Jehová, en que haré oír
clamor de guerra en Rabá de los
hijos de Amón; y será convertida
en montón de ruinas, y sus aldeas
serán quemadas con fuego, e
Israel tomará como heredad a
los que los tomaron a ellos, ha
dicho Jehová.
3 Aúlla, oh Hesbón, porque Hai
ha sido destruida; clamad, hijas
de Rabá, vestíos de cilicio, lamentaos
y corred de un lado a otro
por entre los vallados, porque
Milcom irá al cautiverio junto con
sus sacerdotes y sus príncipes.
4 ¿Por qué te glorías de los valles?,
de tu fértil valle, oh hija
rebelde, la que confía en sus [a]tesoros,
la que dice: ¿Quién vendrá
contra mí?
5 He aquí, yo traigo sobre ti espanto,
dice el Señor, Jehová de
los ejércitos, de todos tus alrededores;
y será expulsado cada
uno por su lado, y no habrá quien
recoja a los fugitivos.
6 Y después de esto haré volver
de la cautividad a los hijos de
Amón, dice Jehová.
7 Acerca de [a]Edom. Así ha dicho
Jehová de los ejércitos: ¿No
hay más sabiduría en Temán?
¿Ha perecido el consejo de los
prudentes? ¿Ha desaparecido su
sabiduría?
8 Huid, volved atrás, habitad en
lugares profundos, oh moradores
de Dedán, porque la calamidad
de Esaú traeré sobre él en el
tiempo en que lo castigue.

49 4 *a* Alma 7:6. 7 *a* GEE Esaú.

9 Si vendimiadores vinieran
contra ti, ¿no dejarían rebuscos?
Si ladrones vinieran de noche,
¿tomarían lo que les bastara?
10 Mas yo he desnudado a Esaú,
he descubierto sus escondrijos, y
no podrá esconderse; será destruida su descendencia, y sus hermanos y sus vecinos, y dejará de ser.
11 Deja tus huérfanos; yo los
mantendré vivos; y confíen en
mí tus [a]viudas.
12 Porque así ha dicho Jehová:
He aquí que los que no estaban sentenciados a [a]beber de la copa ciertamente beberán; ¿y serás tú el que sea absuelto del todo? No serás absuelto, sino que ciertamente beberás.
13 Porque por mí he jurado,
dice Jehová, que asolamiento, oprobio, desolación y maldición será [a]Bosra; y todas sus [b]ciudades serán desolaciones perpetuas.
14 He oído la noticia de parte de
Jehová, y un mensajero ha sido enviado a las [a]naciones, *diciendo*: Juntaos, y venid contra ella y subid a la batalla.
15 Porque he aquí, te haré pe-
queño entre las naciones, menospreciado entre los hombres.
16 Te engañaron el pavor que
infundías y la [a]soberbia de tu corazón. Tú, que habitas en las hendiduras de las peñas, que alcanzas la altura del monte; aunque eleves tu nido como el águila, de allí te haré descender, dice Jehová.
17 Y será Edom una desolación;
todo aquel que pase por ella se asombrará y se burlará de todas sus plagas.
18 Como en la destrucción de
[a]Sodoma y de Gomorra, y de sus ciudades vecinas, dice Jehová, no morará allí nadie, ni la habitará hijo de hombre.
19 He aquí que subirá como león
de la espesura del Jordán contra la morada de los fuertes, porque muy pronto los haré huir de ella; y al que sea escogido se lo encargaré, porque, ¿quién es semejante a mí? ¿Y quién me emplazará? ¿Y quién será aquel pastor que me podrá resistir?
20 Por tanto, oíd el consejo de
Jehová que ha acordado contra Edom, y sus designios que ha decretado contra los moradores de Temán. Ciertamente a los más pequeños del rebaño los arrastrarán, y destruirán sus moradas junto con ellos.
21 Al estruendo de la caída
de ellos, la tierra temblará, y el grito de su voz se oirá en el Mar Rojo.
22 He aquí que como águila su-
birá, y volará y extenderá sus alas contra Bosra; y el corazón de los valientes de Edom será en aquel día como el corazón de mujer en angustia.
23 Acerca de Damasco. Se
avergonzaron Hamat y Arfad,

11 *a* GEE Viuda.
12 *a* Abd. 1:16.
13 *a* *Es decir,* Bosra, ciudad de Idumea, representa aquí a toda la región situada en la parte este de Israel.
b Ezeq. 35:9.
14 *a* También los gentiles.
16 *a* GEE Orgullo.
18 *a* GEE Sodoma.

porque oyeron malas nuevas; en
el mar hay angustia; no logra
sosegarse.
24 Se debilitó [a]Damasco; se volvió para huir, y el pánico se apoderó de ella; angustia y [b]dolores
le sobrevinieron, como de mujer
que está de parto.
25 ¿Por qué no ha sido abandonada la ciudad alabada, ciudad
de mi gozo?
26 Por tanto, sus jóvenes caerán en sus plazas, y todos los
hombres de guerra morirán en
aquel día, ha dicho Jehová de
los ejércitos.
27 Y prenderé fuego al muro de
Damasco, y consumirá los palacios de Ben-adad.
28 Acerca de [a]Cedar y de los
reinos de Hazor, los cuales asoló
Nabucodonosor, rey de Babilonia.
Así ha dicho Jehová: Levantaos,
subid contra Cedar y destruid a
los hijos del oriente.
29 Sus tiendas y sus ganados
tomarán; sus cortinas, y todos
sus utensilios y sus camellos tomarán para sí; y gritarán contra ellos: ¡Hay terror por todas
partes!
30 Huid, marchaos muy lejos,
habitad en lugares profundos,
oh moradores de Hazor, dice Jehová; porque tomó consejo contra
vosotros [a]Nabucodonosor, rey de
Babilonia, y contra vosotros ha
trazado designio.
31 Levantaos, subid contra una
nación pacífica que vive confiadamente, dice Jehová, que no
tiene puertas ni cerrojos, que vive
solitaria.
32 Y serán sus camellos toma-
dos como botín y la multitud de
sus ganados como despojo; y los
esparciré a todos los vientos, a
los que se rapan las sienes, y de
todos lados les traeré su ruina,
dice Jehová.
33 Y Hazor será guarida de chacales, desolación para siempre;
nadie morará allí, ni la habitará
hijo de hombre.
34 La palabra de Jehová que
vino al profeta Jeremías acerca
de Elam, al principio del reinado de [a]Sedequías, rey de Judá,
diciendo:
35 Así ha dicho Jehová de los
ejércitos: He aquí que yo quiebro
el arco de Elam, parte principal
de su fortaleza.
36 Y traeré sobre Elam los cuatro
vientos desde los cuatro [a]puntos
del cielo, y los esparciré por todos
estos vientos; y no habrá nación
adonde no lleguen los expulsados
de Elam.
37 Y haré que Elam se atemorice
delante de sus enemigos y delante de los que buscan su vida;
y traeré sobre ellos el [a]mal y el
furor de mi enojo, dice Jehová; y
enviaré en pos de ellos la espada
hasta que los acabe.
38 Y pondré mi trono en Elam,
y desde allí destruiré al rey y a
los príncipes, dice Jehová.
39 Mas acontecerá en los últimos días que haré volver a los
cautivos de Elam, dice Jehová.

24 *a* GEE Damasco.
b GEE Adversidad.
28 *a* *Es decir,* Arabia.
30 *a* GEE Nabucodonosor.
34 *a* 1 Ne. 1:4.
GEE Sedequías.
36 *a* HEB extremos.
37 *a* *O sea,* calamidad, desastre.

CAPÍTULO 50

Babilonia será destruida y nunca más se volverá a levantar — El esparcido pueblo de Israel será llevado de nuevo a las tierras de su herencia.

LA palabra que habló Jehová contra [a]Babilonia, contra la tierra de los caldeos, por medio del profeta Jeremías:
2 Anunciadlo en las naciones y hacedlo saber; levantad también estandarte; publicadlo y no lo encubráis; decid: Tomada ha sido Babilonia, [a]Bel está avergonzado, destrozado está Merodac; avergonzadas están sus imágenes, destrozados están sus ídolos.
3 Porque sube contra ella una nación del norte, la cual pondrá su tierra en desolación; y no habrá ni hombre ni animal que en ella [a]more; habrán huido, se habrán ido.
4 En aquellos días y en aquel tiempo, dice Jehová, [a]vendrán los hijos de Israel, ellos y los hijos de Judá juntamente; e irán andando y llorando, y buscarán a Jehová su Dios.
5 Preguntarán por el camino de Sión, hacia donde *volverán* sus rostros, *diciendo*: Venid y unámonos a Jehová en un [a]convenio eterno que jamás se echará en el olvido.
6 Como ovejas perdidas ha sido mi pueblo; sus [a]pastores las hicieron errar; por los montes las descarriaron; anduvieron de monte en collado; se olvidaron de sus rediles.
7 Todos los que los hallaban los devoraban; y decían sus enemigos: No somos culpables, porque ellos pecaron contra Jehová, morada de justicia, contra Jehová, la esperanza de sus padres.
8 Huid de en medio de Babilonia, y salid de la tierra de los caldeos y sed como los machos cabríos que van delante del rebaño.
9 Porque he aquí que yo levanto y hago subir contra Babilonia una reunión de grandes pueblos de la tierra del norte; y desde allí se prepararán contra ella, y será conquistada; sus flechas son como las de un valiente diestro que no volverá con las manos vacías.
10 Y Caldea será para botín; todos los que la saqueen se saciarán, dice Jehová.
11 Porque os alegrasteis, porque os gozasteis, saqueadores de mi heredad, porque os llenasteis como becerra sobre la hierba y relinchasteis como caballos.
12 Vuestra madre se avergonzará mucho; se afrentará la que os dio a luz; he aquí, será la última de las naciones: desierto, sequedal y páramo.
13 Por la ira de Jehová no será habitada, sino que será asolada toda ella; todo hombre que pase por Babilonia se asombrará y se burlará de todas sus plagas.
14 Poneos en orden de batalla contra Babilonia, rodeadla todos

50 1 *a* GEE Babel, Babilonia.
2 *a* Isa. 46:1. GEE Baal.
3 *a* Isa. 13:20.
4 *a* GEE Israel—La congregación de Israel.
5 *a* GEE Convenio (pacto).
6 *a* Ezeq. 34:2–10; 2 Ne. 28:9–16.

los que tensáis arco; tirad contra
ella y no escatiméis saetas, porque pecó contra Jehová.
15 Gritad contra ella en derredor; se ha rendido; han caído sus
cimientos; derribados son sus
muros, porque ésta es la venganza de Jehová. Tomad venganza de ella; haced con ella
como ella hizo.
16 Talad de Babilonia al sem-
brador y al que mete la hoz en
el tiempo de la siega; ante la espada opresora cada cual volverá
el rostro hacia su pueblo, cada
cual huirá hacia su [a]tierra.
17 Rebaño descarriado es Israel;
leones lo ahuyentaron; el rey de
Asiria lo devoró primero, y Nabucodonosor, rey de Babilonia,
lo deshuesó después.
18 Por tanto, así ha dicho Jehová
de los ejércitos, el Dios de Israel:
He aquí que yo castigo al rey de
Babilonia y a su tierra, como castigué al rey de Asiria.
19 Y volveré a traer a Israel a su
morada, y pacerá en el Carmelo
y en Basán; y en los montes de
Efraín y en Galaad se saciará su
alma.
20 En aquellos días y en aquel
tiempo, dice Jehová, la maldad de
Israel será buscada, y no aparecerá; y los pecados de Judá, y no
se hallarán, porque [a]perdonaré a
los que yo haya dejado.
21 Sube contra la tierra de Me-
rataim, contra ella y contra los
moradores de Pecod; destruye y
mata en pos de ellos, dice Jehová,
y haz conforme a todo lo que yo
te he mandado.
22 Estruendo de guerra hay en
la tierra, y gran destrucción.
23 ¡Cómo fue cortado y quebrado el martillo de toda la tierra!
¡Cómo se convirtió Babilonia en
desolación entre las naciones!
24 Te puse trampas, y así fuiste
tomada, oh Babilonia, y tú no lo
supiste; fuiste hallada, y también
apresada, porque provocaste a
Jehová.
25 Abrió Jehová su arsenal y
sacó las armas de su furor, porque ésta es obra de Jehová Dios
de los ejércitos, en la tierra de
los caldeos.
26 Venid contra ella desde el extremo *de la tierra*; abrid sus almacenes; convertidla en montones
de ruinas y destruidla; que no le
quede nada.
27 Matad a todos sus novillos;
que vayan al matadero. ¡Ay de
ellos, porque ha llegado su día,
el tiempo de su castigo!
28 Voz de los que huyen y escapan de la tierra de Babilonia,
para dar las nuevas en Sión de la
venganza de Jehová nuestro Dios,
de la venganza de su templo.
29 Haced juntar contra Babilonia flecheros, a todos los que
tensan arco; acampad contra ella
alrededor; no escape de ella ninguno. Pagadle según su obra;
conforme a todo lo que ella hizo,
haced con ella, porque contra
Jehová se ensoberbeció, contra
el Santo de Israel.
30 Por tanto, sus jóvenes caerán
en sus plazas y todos sus hombres de guerra serán talados en
aquel día, dice Jehová.

16 *a* GEE Tierra prometida.
20 *a* GEE Perdonar.

31 He aquí, yo estoy contra ti, oh arrogante, dice el Señor, Jehová de los ejércitos, porque tu día ha llegado, el tiempo en que te castigaré.

32 Y la arrogante tropezará y caerá, y no tendrá quien la levante; y prenderé fuego a sus ciudades y quemaré todos sus alrededores.

33 Así ha dicho Jehová de los ejércitos: Oprimidos juntamente fueron los hijos de Israel y los hijos de Judá; y todos los que los tomaron cautivos los retuvieron; no los quisieron soltar.

34 El redentor de ellos es fuerte; Jehová de los ejércitos es su nombre. De cierto [a]abogará la causa de ellos, para hacer reposar la tierra y turbar a los moradores de Babilonia.

35 [a]Espada contra los caldeos, dice Jehová, y contra los moradores de Babilonia, y contra sus príncipes y contra sus sabios.

36 Espada contra los adivinos, y se entontecerán; espada contra sus valientes, y serán destruidos.

37 Espada contra sus caballos, y contra sus carros y contra todo el extranjero que está en medio de ella, y serán como mujeres; espada contra sus [a]tesoros, y serán saqueados.

38 Sequedad sobre sus aguas, y se secarán; porque es tierra de imágenes talladas, y con sus ídolos se enloquecen.

39 Por tanto, allí morarán las fieras monteses con los chacales; morarán también en ella los polluelos de avestruz; y nunca más será poblada ni será habitada de generación en generación.

40 Como en la destrucción que Dios hizo de [a]Sodoma, y de Gomorra y de sus ciudades vecinas, dice Jehová, así no morará allí hombre, ni hijo de hombre la habitará.

41 He aquí, viene un pueblo del norte, una nación grande, y muchos reyes se levantarán de los extremos de la tierra.

42 Arco y lanza empuñarán; serán [a]crueles y no tendrán compasión; su voz rugirá como el mar, y montarán a caballo; se pondrán en orden de batalla contra ti, oh hija de Babilonia.

43 Oyó la noticia el rey de Babilonia, y sus manos se debilitaron; la angustia se apoderó de él, dolor como de mujer que está de parto.

44 He aquí que subirá como león de la espesura del Jordán contra la morada de los fuertes, porque muy pronto los haré huir de ella; y al que sea escogido se lo encargaré, porque, ¿quién es semejante a mí? ¿Quién me emplazará? ¿Quién será aquel pastor que me podrá resistir?

45 Por tanto, oíd el consejo que Jehová ha acordado contra Babilonia, y sus designios que ha decretado contra la tierra de los caldeos. Ciertamente a los más pequeños del rebaño los arrastrarán, y destruirán *sus* moradas junto con ellos.

46 Al grito de la toma de

34 *a* Isa. 51:22; DyC 45:3.
35 *a* *O sea,* castigo.
37 *a* GEE Riquezas.
40 *a* GEE Sodoma.
42 *a* GEE Persecución, perseguir.

Babilonia la tierra tembló,
y el clamor se oyó entre las
naciones.

CAPÍTULO 51

Juicios, destrucción y desolación vendrán sobre Babilonia por sus pecados — Se manda a Israel: Huid de Babilonia — Israel es la vara de Jehová para destruir todos los reinos.

Así ha dicho Jehová: He aquí
que yo levanto un [a]viento destructor contra [b]Babilonia y contra
sus moradores que se levantan
contra mí.
2 Y enviaré a Babilonia [a]aventa-
dores que la avienten, y vaciarán
su tierra; porque estarán contra
ella por todas partes en el día
del mal.
3 *Diré* al flechero que tensa su
arco y al que se levanta con su
coraza: No perdonéis a sus jóvenes; destruid totalmente su
ejército.
4 Y caerán muertos en la tierra
de los caldeos y alanceados en
sus calles.
5 Porque Israel y Judá no han
sido [a]abandonados por su Dios,
Jehová de los ejércitos, aunque
su tierra estaba llena de pecado
contra el Santo de Israel.
6 Huid de en medio de Babilonia, y salve cada uno su vida,
para que no perezcáis a causa
de su maldad; porque el tiempo
es de la venganza de Jehová; le
dará su pago.
7 Copa de oro fue Babilonia en
la mano de Jehová, que embriagó
a toda la tierra; de su vino bebieron las naciones; se enloquecie-
ron, por tanto, las naciones.
8 De repente cayó Babilonia y
se despedazó; [a]aullad sobre ella;
llevad bálsamo para su dolor;
quizá sane.
9 Quisimos curar a Babilonia,
pero no ha sanado; dejadla, y
váyase cada uno a su [a]tierra,
porque ha llegado hasta el cielo
su [b]juicio y se ha alzado hasta
las nubes.
10 Jehová sacó a luz nuestras
justicias; venid y contemos en
Sión la obra de Jehová nuestro
Dios.
11 ¡Limpiad las saetas! ¡Embra-
zad los escudos! Ha despertado
Jehová el espíritu de los reyes de
Media, porque contra Babilonia
es su designio para destruirla;
porque la venganza es de Jehová,
la venganza de su templo.
12 Levantad bandera sobre los
muros de Babilonia; reforzad la
guardia, poned centinelas, dis-
poned las emboscadas, porque
Jehová ha deliberado y ha puesto
en efecto lo que ha dicho sobre
los moradores de Babilonia.
13 Tú que moras entre muchas
[a]aguas, rica en [b]tesoros, ha llegado
tu fin, la medida de tu codicia.
14 Jehová de los ejércitos juró
por sí mismo, *diciendo*: Yo te
llenaré de hombres como de

51 1 *a* Jer. 4:11–13.
b GEE Babel, Babilonia.
2 *a* *O sea,* extranjeros que la esparcirán.
5 *a* Isa. 54:5–8.
8 *a* Apoc. 18:9–10, 19.
9 *a* GEE Tierra prometida.
b GEE Condenación, condenar.
13 *a* 1 Ne. 14:11.
b Isa. 45:3.

langostas, y levantarán contra ti gritería.

15 Él es el que [a]hizo la tierra con su poder, el que afirmó el mundo con su sabiduría y extendió los cielos con su [b]inteligencia.

16 Cuando emite su voz, hay multitud de aguas en el cielo, y hace subir las nubes desde los confines de la tierra; él hace relámpagos con la lluvia y saca el viento de sus depósitos.

17 Todo hombre se ha embrutecido y le ha faltado conocimiento; y todo artífice se avergüenza de su [a]escultura, porque mentira es su imagen de fundición, porque no hay espíritu en ella.

18 Vanidad son, obra *digna* de burla; en el tiempo de su castigo perecerán.

19 No es como ellos la porción de Jacob, porque él es el Hacedor de todo; e *Israel* es la vara de su heredad; Jehová de los ejércitos es su nombre.

20 Martillo sois para mí, y armas de guerra; y por medio de ti destrozaré naciones, y por medio de ti destruiré reinos,

21 y por medio de ti destrozaré caballos y a sus jinetes, y por medio de ti destrozaré carros y a los que suben en ellos.

22 Asimismo por medio de ti destrozaré hombres y mujeres, y por medio de ti destrozaré viejos y jóvenes, y por medio de ti destrozaré jóvenes y doncellas.

23 También destrozaré por medio de ti al pastor y a su rebaño; destrozaré por medio de ti a labradores y sus yuntas; y a gobernantes y a jefes destrozaré por medio de ti.

24 Y pagaré a Babilonia y a todos los moradores de Caldea todo el [a]mal que ellos hicieron en Sión delante de vuestros ojos, dice Jehová.

25 He aquí, yo estoy contra ti, oh [a]monte destructor, dice Jehová, porque destruiste toda la tierra; y extenderé mi mano contra ti, y te haré rodar desde las peñas y te convertiré en monte quemado.

26 Y nadie tomará de ti piedra angular ni piedra para cimiento, porque perpetua desolación serás, ha dicho Jehová.

27 Alzad [a]bandera en la tierra; tocad trompeta en las naciones; preparad naciones contra ella; juntad contra ella los reinos de Ararat, de Mini y de Askenaz; señalad contra ella capitán; haced subir caballos como langostas erizadas.

28 Preparad contra ella a las naciones, a los reyes de Media, a sus gobernantes, y a todos sus jefes y a toda la tierra de su dominio.

29 Y temblará la tierra y se afligirá, porque se cumplirán contra Babilonia todos los designios de Jehová, para hacer de la tierra de Babilonia una desolación, sin ningún morador.

30 Los valientes de Babilonia dejaron de pelear; se quedaron en sus fortalezas; les faltaron las fuerzas; se volvieron [a]como mujeres; han sido incendiadas sus casas, rotos sus cerrojos.

15 *a* GEE Creación, crear.
b GEE Omnisciente.
17 *a* DyC 1:16.
24 *a* 1 Ne. 14:3.
25 *a* *Es decir,* Babilonia.
27 *a* GEE Pendón.
30 *a* *Es decir,* físicamente débiles.

31 Correo se encontrará con correo, y mensajero se encontrará
con mensajero, para anunciar
al rey de [a]Babilonia que su ciudad ha sido tomada por todas
partes.
32 Y los vados han sido toma-
dos, y los cañaverales quemados
con fuego, y están aterrados los
hombres de guerra.
33 Porque así ha dicho Jehová
de los ejércitos, el Dios de Israel:
La hija de Babilonia es como una
era en trilla; y de aquí a poco le
llegará el tiempo de la [a]siega.
34 Me devoró, me desmenuzó
Nabucodonosor, rey de Babilonia; me dejó *como* un vaso vacío;
me tragó como un chacal; llenó
su vientre con mis delicias *y* me
expulsó.
35 ¡*Caiga* sobre Babilonia la
violencia hecha contra mí y mi
carne!, dirá la moradora de Sión;
y, ¡*caiga* mi sangre sobre los moradores de Caldea, dirá Jerusalén!
36 Por tanto, así ha dicho Jehová: He aquí que yo abogaré
por tu causa y llevaré a cabo tu
venganza; y [a]secaré su mar y haré
secar su manantial.
37 Y será [a]Babilonia montones
de ruinas, guarida de chacales,
objeto de espanto y de burla, sin
morador.
38 A una rugirán como leones; como cachorros de león
gruñirán.
39 En medio de su calor les prepararé sus banquetes; y haré que
se embriaguen, para que se alegren, y duerman un sueño eterno
y no despierten, dice Jehová.
40 Los haré descender como corderos al matadero, como carneros
con machos cabríos.
41 ¡Cómo ha sido tomada Babilonia y capturada la que era
alabada por toda la tierra! ¡Cómo
ha venido a ser Babilonia objeto
de espanto entre las naciones!
42 Ha subido el mar sobre Babilonia; por la multitud de sus olas
ha sido cubierta.
43 Sus ciudades han quedado
desoladas, la tierra seca y desierta, tierra en la que no morará
nadie, ni pasará por ella hijo de
hombre.
44 Y castigaré a Bel en Babilonia
y sacaré de su boca lo que se ha
tragado; y no afluirán más a él
las naciones, y el muro de Babilonia caerá.
45 Salid de en medio de ella,
pueblo mío, y salve cada uno
su vida del ardor de la ira de
Jehová.
46 Y no desmaye vuestro corazón, y no temáis a causa del
rumor que se oirá en la tierra; en
un año vendrá el rumor, y después en otro año, otro rumor, y
violencia en la tierra y gobernante
contra gobernante.
47 Por tanto, he aquí, vienen
días en que yo castigaré los ídolos
de Babilonia; y toda su tierra será
avergonzada, y todos sus muertos caerán en medio de ella.
48 Entonces los cielos y la tierra,
y todo lo que está en ellos, cantarán de gozo por lo de Babilonia,
porque del [a]norte vendrán sobre
ella destructores, dice Jehová.
49 Babilonia caerá por los

31 *a* Dan. 5:30.
GEE Belsasar.
33 *a* GEE Siega.
36 *a* Ezeq. 30:12.
37 *a* GEE Babel, Babilonia.
48 *a* Jer. 50:3.

muertos de Israel, así como también por Babilonia han caído los muertos de toda la tierra.

50 Los que escapasteis de la espada, andad, no os detengáis; acordaos desde lejos de Jehová, y esté Jerusalén en vuestro corazón.

51 Estamos avergonzados porque oímos la afrenta; la vergüenza cubrió nuestros rostros, porque han entrado extranjeros en los [a]santuarios de la casa de Jehová.

52 Por tanto, he aquí, vienen días, dice Jehová, en que yo castigaré sus ídolos, y en toda su tierra gemirán los heridos.

53 Aunque Babilonia suba al cielo y se fortifique en las alturas su poder, de mi parte llegarán a ella destructores, dice Jehová.

54 ¡Clamor de alarido de Babilonia y gran quebranto de la tierra de los caldeos!

55 Porque Jehová ha destruido a Babilonia y ha quitado de ella el gran bullicio; y braman sus olas como muchas aguas; resuena el estruendo de sus voces,

56 porque ha venido destructor contra ella, contra Babilonia, y sus valientes son apresados; sus arcos están quebrados, porque Jehová, Dios de retribuciones, ciertamente dará la paga.

57 Y embriagaré a sus jefes, y a sus sabios, a sus dirigentes, y a sus gobernantes y a sus valientes; y dormirán el sueño eterno y no despertarán, dice el Rey, cuyo nombre es Jehová de los ejércitos.

58 Así ha dicho Jehová de los ejércitos: El muro ancho de Babilonia será derribado por completo, y sus altas puertas serán quemadas con fuego; y [a]en vano trabajarán los pueblos, y la gente sólo para el fuego, y se cansarán.

59 La palabra que envió el profeta Jeremías a Seraías hijo de Nerías, hijo de Maasías, cuando iba con Sedequías, rey de Judá, a Babilonia, en el cuarto año de su reinado. Y era Seraías el [a]principal camarero.

60 Escribió, pues, Jeremías en un libro todo el mal que había de venir sobre Babilonia, todas las palabras que están escritas contra Babilonia.

61 Y dijo Jeremías a Seraías: Cuando llegues a Babilonia, y veas y leas todas estas cosas,

62 dirás: Oh Jehová, tú has dicho contra este lugar que lo habías de [a]destruir, hasta no quedar en él morador, ni hombre ni animal, y que para siempre ha de ser [b]desolado.

63 Y acontecerá que cuando acabes de leer este libro, le atarás una piedra y lo echarás en medio del Éufrates,

64 y dirás: Así se hundirá Babilonia y no se levantará del mal que yo traigo sobre ella; y quedarán rendidos. Hasta aquí son las palabras de Jeremías.

CAPÍTULO 52

Jerusalén es sitiada y tomada por los

51 *a* Ezeq. 44:7.
58 *a* Hab. 2:13.
59 *a* *O sea,* el jefe de abastecimientos.
62 *a* Isa. 14:22.
b DyC 35:11.

caldeos — Mucha gente, así como los utensilios de la casa de Jehová, son llevados a Babilonia.

[a]SEDEQUÍAS tenía veintiún años cuando comenzó a reinar, y reinó once años en Jerusalén. Y su madre se llamaba Hamutal, hija de Jeremías de Libna.

2 E hizo lo malo ante los ojos de Jehová, conforme a todo lo que hizo Joacim.

3 Y a causa de la ira de Jehová, por lo de Jerusalén y de Judá, él llegó a echarlos de su presencia; y se rebeló [a]Sedequías contra el rey de Babilonia.

4 Y aconteció que a los nueve años de su reinado, en el mes décimo, a los diez días del mes, vino Nabucodonosor, rey de Babilonia, él y todo su ejército, contra Jerusalén; y acamparon contra ella, y por todas partes edificaron contra ella muros de asedio.

5 Y estuvo cercada la ciudad hasta el undécimo año del rey Sedequías.

6 En el mes cuarto, a los nueve días del mes, prevaleció el hambre en la ciudad, hasta no haber [a]pan para el pueblo de la tierra.

7 Y se abrió una brecha en la [a]ciudad, y todos los hombres de guerra huyeron y salieron de la ciudad de noche por el camino de la puerta entre los dos muros que había cerca del jardín del rey; y se fueron por el camino del desierto, estando aún los caldeos junto a la ciudad alrededor.

8 Pero el ejército de los caldeos persiguió al rey, y alcanzaron a Sedequías en las llanuras de Jericó; y todo su ejército se dispersó de su lado.

9 Entonces prendieron al rey y le llevaron ante el rey de Babilonia, a Ribla, en la tierra de Hamat, donde pronunció sentencia contra él.

10 Y degolló el rey de Babilonia a los [a]hijos de Sedequías ante sus propios ojos, y también degolló a todos los príncipes de Judá en Ribla.

11 Entonces, a Sedequías le sacó los [a]ojos y le ató con grilletes; y el rey de Babilonia lo hizo [b]llevar a Babilonia, y lo puso en la casa de la cárcel hasta el día de su muerte.

12 Y en el mes quinto, a los diez días del mes, que era el año diecinueve del reinado de Nabucodonosor, rey de Babilonia, vino a Jerusalén Nabuzaradán, capitán de la guardia, que servía delante del rey de Babilonia.

13 Y quemó la casa de Jehová, y la casa del rey y todas las casas de Jerusalén; y [a]quemó con fuego todo edificio de los grandes *hombres.*

14 Y todo el ejército de los caldeos que venía con el capitán de la guardia destruyó todos los muros alrededor de Jerusalén.

15 E [a]hizo llevar cautivos Nabuzaradán, capitán de la guardia, a los pobres del pueblo y a toda la otra gente del pueblo que había

52 1 *a* GEE Sedequías.
3 *a* 1 Ne. 1:4.
6 *a* *O sea,* alimento.
7 *a* GEE Jerusalén.
10 *a* Hel. 8:21.
11 *a* Ezeq. 12:13.
b GEE Nabucodonosor; Sedequías.
13 *a* 2 Rey. 25:1–4, 9; Jer. 34:2.
15 *a* 1 Ne. 1:13; 2 Ne. 25:10–11.

quedado en la ciudad, y a los desertores que se habían pasado al rey de Babilonia y a todo el resto de la multitud del pueblo.

16 Mas de los pobres del país dejó Nabuzaradán, capitán de la guardia, para que fueran viñadores y labradores.

17 Y los caldeos quebraron las [a]columnas de bronce que estaban en la [b]casa de Jehová, y las basas y el mar de bronce que estaba en la casa de Jehová, y llevaron todo el bronce de ella a Babilonia.

18 Se llevaron también los [a]calderos, y las palas, y las [b]despabiladeras, y los tazones, y las cucharas y todos los utensilios de bronce con que se servía.

19 Y las vasijas, y los incensarios, y los tazones, y las ollas, y los candeleros, y las cucharas y las tazas; lo que era de oro en oro, y lo que era de plata en plata, se lo llevó el capitán de la guardia.

20 Con respecto a las dos columnas, el [a]mar y los doce bueyes de bronce que estaban debajo de las basas, que había hecho el rey Salomón en la casa de Jehová, el peso del bronce de todo esto era incalculable.

21 En cuanto a las columnas, la altura de cada columna era de dieciocho codos, y un [a]hilo de doce codos la rodeaba; y su espesor era de cuatro dedos, *y* eran huecas.

22 Y el [a]capitel de bronce que había sobre ella era de una altura de cinco codos, con una red y granadas alrededor del capitel, todo de bronce; y lo mismo era lo que tenía la segunda columna con sus granadas.

23 Y había [a]noventa y seis granadas en cada hilera; en total había cien alrededor en la red.

24 Tomó también el capitán de la guardia a Seraías, el sacerdote principal, y a Sofonías, el segundo sacerdote, y a tres guardias de la puerta.

25 Y de la ciudad tomó a un oficial que era el encargado de los hombres de guerra, y a siete [a]hombres de los consejeros cercanos del rey que se hallaban en la ciudad; y al principal escriba del ejército, que alistaba al pueblo de la tierra *para la guerra*; y a sesenta hombres del pueblo de la tierra que se hallaban dentro de la ciudad.

26 Los tomó, pues, Nabuzaradán, capitán de la guardia, y los llevó al rey de Babilonia, a Ribla.

27 Y el rey de Babilonia los hirió y los mató en Ribla, en la tierra de Hamat. Así Judá fue [a]llevada cautiva *lejos* de su tierra.

28 Éste es el pueblo que Nabucodonosor hizo llevar cautivo: En el año séptimo, a tres mil veintitrés judíos;

---

17 *a* Jer. 27:16–22.
b GEE Templo, Casa del Señor.
18 *a* *O sea,* las vasijas.
b *Es decir,* los instrumentos para apagar las lámparas o las velas.
20 *a* 1 Rey. 7:23–25. GEE Bautismo, bautizar.
21 *a* HEB un cordón; éste tenía doce codos, o sea, aproximadamente cinco metros y medio de largo.
22 *a* *O sea,* la cabeza ornamental de la columna.
23 *a* 1 Rey. 7:18–20.
25 *a* 2 Rey. 25:19.
27 *a* Lam. 1:1–3.

29 en el año dieciocho hizo Nabucodonosor llevar cautivas de
Jerusalén a ochocientas treinta y
dos personas;
30 en el año veintitrés de Nabucodonosor, llevó cautivas Nabuzaradán, capitán de la guardia, a
setecientas cuarenta y cinco personas de los judíos; en total eran
cuatro mil seiscientas personas.
31 Y acaeció que en el año
treinta y siete del cautiverio de
Joaquín, rey de Judá, en el mes
duodécimo, a los veinticinco *días*
del mes, Evil-merodac, rey de
Babilonia, en el año *primero* de
su reinado, alzó la cabeza de Joaquín, rey de Judá, y lo sacó de la
casa de la cárcel;
32 y habló con él [a]amigable-
mente e hizo poner su trono más
alto que los tronos de los reyes
que estaban con él en Babilonia.
33 Y le cambió los vestidos de
prisionero, y siempre comió pan
delante de él todos los días de
su vida.
34 Y continuamente se le dio
su sustento de parte del rey de
Babilonia, una porción cada día,
todos los días de su vida, hasta
el día de su muerte.

LAMENTACIONES
DE JEREMÍAS

CAPÍTULO 1

Jeremías lamenta el estado deplorable de Jerusalén — Aun Jerusalén se queja de su profundo dolor.

¡[a]QUÉ solitaria ha quedado
la ciudad populosa!
La grande entre las naciones
se ha vuelto como viuda;
[b]la princesa entre las provincias ha sido hecha tributaria.

2 Amargamente llora en la noche, y hay lágrimas en sus mejillas;
no tiene quien la [a]consuele entre todos sus [b]amantes;
todos sus amigos la han traicionado; se le volvieron enemigos.

3 Judá ha ido en [a]cautiverio con aflicción y dura servidumbre;
ella mora entre las naciones, y no halla [b]descanso;
todos sus perseguidores la alcanzan entre estrechuras.

4 Las calzadas de Sión están de [a]duelo, porque no hay quien venga a las fiestas solemnes;
todas sus puertas están desoladas, sus sacerdotes gimen,

32 *a* 2 Rey. 25:27–30.

[LAMENTACIONES]
1 1 *a* GEE Jeremías; Lamentaciones, libro de.
b Esd. 4:20.
2 *a* DyC 101:7–9.
b Jer. 30:12–15; Oseas 2:7.
3 *a* Isa. 3:8–9; Jer. 52:27–30; 2 Ne. 25:9–10. GEE Israel—El esparcimiento de Israel.
b GEE Descansar, descanso (reposo).
4 *a* Isa. 3:26.

sus vírgenes están afligidas,
y ella tiene amargura.
5 Sus enemigos se han convertido en sus gobernantes;
sus aborrecedores fueron prosperados,
porque Jehová la [a]afligió por la multitud de sus [b]transgresiones;
sus hijos han ido al cautiverio delante del enemigo.
6 Desapareció toda la [a]hermosura de la hija de Sión;
sus príncipes han venido a ser como ciervos que no hallan pasto,
y anduvieron sin fuerzas delante del perseguidor.
7 Jerusalén, cuando cayó su pueblo en manos del enemigo y no hubo quien la ayudase,
se acordó, en los días de su aflicción y de sus angustias,
de todas sus cosas deseables que tuvo desde los tiempos antiguos.
La miraron los enemigos y se [a]burlaron de su caída.
8 Gravemente ha pecado [a]Jerusalén, por lo cual ella se ha vuelto cosa inmunda;
todos los que la honraban la han despreciado, porque vieron su [b]desnudez;
y ella suspira y se vuelve atrás.
9 Su [a]inmundicia está en sus faldas; no se acuerda de su final;
por tanto, ella ha caído de manera sorprendente, sin tener quien la consuele.
Mira, oh Jehová, mi aflicción, porque el enemigo se ha engrandecido.
10 Ha extendido su mano el adversario a todas sus cosas preciosas;
ciertamente ella ha visto entrar en su [a]santuario a las naciones,
acerca de las cuales mandaste que no entrasen en tu [b]congregación.
11 Todo su pueblo gime buscando [a]pan;
dieron por la comida sus cosas preciosas, para mantener la vida.
¡Mira, oh Jehová, y ve que soy despreciada!
12 ¿No os conmueve a cuantos pasáis por el camino?
Mirad y ved si hay dolor como el [a]dolor que me ha venido,
con el que Jehová me ha angustiado en el día de su ardiente [b]furor.
13 Desde lo alto envió fuego a mis huesos, el cual prevaleció;
ha extendido [a]red a mis pies; me volvió atrás,
me dejó desolada, desfallecida todo el día.

5 *a* Mos. 1:17.
b Jer. 5:19–25; DyC 101:2; 103:4. GEE Pecado.
6 *a* 2 Ne. 13:16–26.
7 *a* Hel. 4:12–13.
8 *a* DyC 5:19–20.
b Ezeq. 16:37–39; Oseas 2:10.
9 *a* GEE Inmundicia, inmundo.
10 *a* Jer. 51:51; Ezeq. 44:6–10.
b GEE Iglesia de Jesucristo.
11 *a* Isa. 3:1.
12 *a* Jer. 30:15.
b GEE Enojo.
13 *a* Ezeq. 17:19–21.

14 El yugo de mis transgresiones ha sido atado por su mano;
entrelazadas han subido sobre mi cerviz; ha hecho decaer mis fuerzas.
El Señor me ha entregado en manos contra las cuales no podré levantarme.
15 El Señor ha hollado a todos mis valientes en medio de mí;
llamó contra mí una asamblea para quebrantar a mis jóvenes;
como lagar ha pisoteado el Señor a la virgen hija de Judá.
16 Por esta causa lloro; mis ojos, mis ojos destilan lágrimas,
porque se ha alejado de mí el consolador que da reposo a mi alma.
Mis hijos están desolados, porque el enemigo ha prevalecido.
17 [a]Sión extiende sus manos; no tiene quien la consuele.
Jehová dio mandamiento acerca de Jacob, que sus enemigos lo cercasen;
Jerusalén es como [b]mujer impura entre ellos.
18 Jehová es justo; pues yo contra su palabra me rebelé.
Oíd, ahora, pueblos todos, y ved mi dolor:
mis vírgenes y mis jóvenes han ido al cautiverio.
19 Di voces a mis amantes, mas ellos me han engañado;
mis sacerdotes y mis ancianos en la ciudad perecieron,
buscando comida para sí con que [a]reanimar su vida.
20 Mira, oh Jehová, porque estoy atribulada; mis [a]entrañas hierven;
mi corazón se trastorna dentro de mí, porque me [b]rebelé en gran manera.
En la [c]calle la espada priva de hijos; en casa es como la muerte.
21 Me han oído gemir, *mas* no hay consolador para mí.
Todos mis enemigos han oído de mi mal; se alegran de lo que tú hiciste.
Harás llegar el día que has anunciado, y ellos serán como yo.
22 Venga delante de ti toda su maldad,
y haz con ellos como hiciste conmigo por todas mis transgresiones;
porque muchos son mis gemidos, y mi corazón desfallece.

CAPÍTULO 2

El sufrimiento, el dolor y la desolación prevalecen en Jerusalén.

¡CÓMO cubrió de nubes el Señor en su furor a la hija de Sión!
Derribó del cielo a la tierra la hermosura de Israel;
y no se acordó del [a]estrado

17 *a* Jer. 4:31.
b *Es decir,* mujer en su menstruo.
19 *a* *Es decir,* restaurar sus fuerzas.
20 *a* Jer. 4:19–20; Lam. 2:11.
b GEE Rebelión.
c Ezeq. 7:15.

de sus pies en el día de su ira.
2 Destruyó el Señor y no perdonó ninguna de las moradas de Jacob.
En su furor derribó las fortalezas de la hija de Judá; las ha echado por tierra.
Ha profanado al reino y a sus príncipes.
3 Cortó con el furor de su ira todo el [a]poderío de Israel;
retiró de él su diestra de delante del enemigo.
Y se encendió contra Jacob como llama de fuego que ha devorado alrededor.
4 Tensó su arco como enemigo, afirmó su mano derecha como adversario,
y mató toda cosa hermosa a la vista.
En la tienda de la hija de Sión derramó como fuego su enojo.
5 El Señor llegó a ser como [a]enemigo; destruyó a Israel.
Destruyó todos sus palacios; arruinó sus fortalezas
y multiplicó en la hija de Judá la tristeza y el lamento.
6 Y quitó con violencia su enramada como la de un huerto;
destruyó su lugar de asamblea.
Jehová ha hecho olvidar las fiestas solemnes y los días de reposo en Sión,
y ha desechado en el furor de su ira al rey y al sacerdote.
7 Desechó el Señor su altar; menospreció su santuario;
ha entregado en manos del enemigo los [a]muros de sus palacios.
Hicieron resonar su voz en la casa de Jehová como en día de
fiesta solemne.
8 Jehová determinó destruir el muro de la hija de Sión;
extendió el cordel; no retrajo su mano de la destrucción.
Hizo, pues, que se lamentaran el antemuro y el muro; fueron debilitados juntamente.
9 Sus [a]puertas se hundieron en la tierra; destruyó y rompió sus cerrojos.
Su rey y sus príncipes están [b]entre las naciones; *ya* no hay ley;
sus [c]profetas tampoco hallaron [d]visión de Jehová.
10 Se sientan [a]en tierra y callan los ancianos de la hija de Sión;
han echado polvo sobre sus cabezas *y* se han ceñido de [b]cilicio.

2 1 *a* 1 Cró. 28:2; DyC 38:17; Abr. 2:7.
3 *a* HEB cuerno, símbolo de poder o capacidad.
5 *a* 2 Cró. 36:15–20.
7 *a* Isa. 60:10.
9 *a* Isa. 3:26.
b Jer. 52:27–30. GEE Israel—El esparcimiento de Israel.
c Sal. 74:9; Lam. 4:13–15.
d GEE Revelación.
10 *a* Isa. 3:24–26.
b Ezeq. 7:18.

Las vírgenes de Jerusalén bajan sus cabezas a tierra.
11 Mis ojos se consumen por las [a]lágrimas; hierven mis entrañas.
Mi hígado se derrama por tierra por la [b]destrucción de la hija de mi pueblo,
porque desfallecen el niño y el niño de pecho en las calles de la ciudad.
12 Dicen a sus madres: ¿Dónde están el trigo y el vino?
Desfallecen como heridos en las calles de la ciudad,
derramando sus almas en el regazo de sus madres.
13 ¿Qué testigo te traeré? ¿A quién te haré semejante, oh hija de Jerusalén?
¿A quién te compararé para consolarte, oh [a]virgen hija de Sión?
Porque grande como el mar es tu quebranto. ¿Quién te sanará?
14 Tus [a]profetas vieron para ti [b]vanidad y necedades.
Y no expusieron tu iniquidad para evitar tu cautiverio,
sino que te predicaron vanas profecías y engaños.
15 Todos los que [a]pasaban por el camino [b]batieron las manos contra ti.
Se burlaron y movieron sus cabezas contra la hija de Jerusalén, *diciendo*:
¿Es ésta la ciudad de la cual decían que era de [c]perfecta hermosura, el [d]gozo de toda la tierra?
16 Todos tus [a]enemigos abrieron contra ti su boca;
[b]silbaron y rechinaron los dientes. Dijeron: ¡La hemos devorado!
Ciertamente éste es el día que esperábamos; lo hemos hallado; lo hemos visto.
17 Jehová ha hecho lo que tenía [a]determinado;
ha cumplido su palabra que él había mandado desde tiempo antiguo.
Derribó y no perdonó;
e hizo que el enemigo se alegrara sobre ti
y enalteció el poder de tus adversarios.
18 El corazón de ellos clamaba al Señor:
Oh muro de la hija de Sión, corran tus lágrimas como un arroyo día y noche;
no descanses, ni cesen las niñas de tus ojos.
19 Levántate, da voces en la noche, al comenzar las vigilias;
derrama como agua tu corazón ante la presencia del Señor;
alza tus manos hacia él por la vida de tus pequeñitos,
que desfallecen de hambre en las entradas de todas las calles.

11 *a* Morm. 6:16–22.
b Lam. 3:48.
13 *a* 2 Rey. 19:21–22.
14 *a* Hel. 13:26–29.
b GEE Vanidad, vano.
15 *a* Ezeq. 5:14–15.
b Job 27:23.
c Sal. 50:2; Ezeq. 16:14.
d Sal. 48:2.
16 *a* Lam. 3:45–53.
b *O sea,* se burlaron. 3 Ne. 16:9.
17 *a* Zac. 1:4–6.
GEE Israel—El esparcimiento de Israel.

20 Mira, oh Jehová, y considera
a quién has tratado así.
¿Han de [a]comer las mujeres el fruto de *sus entrañas*,
los pequeñitos que criaban con cariño?
¿Han de ser muertos en el santuario del Señor el sacerdote y el profeta?
21 Niños y viejos yacen por tierra en las calles;
mis vírgenes y mis jóvenes han caído a espada.
[a]Mataste en el día de tu furor, degollaste *y* no perdonaste.
22 Has convocado mis temores de todas partes, como en día de fiesta solemne.
Y en el día del furor de Jehová no hubo quien escapase ni quedase vivo;
a los que crié y cuidé, mi enemigo los aniquiló.

CAPÍTULO 3

Jeremías, hablando por Judá, lamenta la calamidad, pero confía en Jehová y ora, suplicando la liberación.

Yo soy el hombre que ha visto la aflicción en la vara de su enojo.
2 Él me ha guiado y me ha hecho andar en tinieblas y no en luz.
3 Ciertamente ha vuelto contra mí una y otra vez su mano todo el día.
4 Hizo envejecer mi carne y mi piel; quebrantó mis huesos.
5 Me sitió y me rodeó de amargura y de trabajo.
6 Me hizo habitar en oscuridades, como los que murieron hace ya mucho tiempo.
7 [a]Me cercó por todos lados, y no puedo salir; ha hecho pesadas mis cadenas.
8 Aun cuando clamo y doy voces, él cierra *los oídos a* mi oración.
9 Cercó mis caminos con piedra labrada; torció mis senderos.
10 Fue para mí como oso que acecha, como león en escondrijos.
11 Desvió mis caminos y me despedazó; me dejó desolado.
12 Su arco tensó y me puso como blanco para la saeta.
13 Hizo entrar en mis entrañas las saetas de su aljaba.
14 Fui escarnio a todo mi pueblo, canción de ellos todo el día.
15 Me llenó de amarguras; me saturó de ajenjo.
16 Y me quebró los dientes con cascajo; me cubrió de ceniza.
17 Y mi alma se alejó de la paz; me olvidé del bien.
18 Y dije: Perecieron mis fuerzas junto con mi esperanza que venía de Jehová.
19 Acuérdate de mi aflicción y de mi angustia, del ajenjo y de la hiel.

20 *a* Jer. 19:9.

21 *a* 2 Cró. 36:17.

3 7 *a* Oseas 2:6.

20 Aún lo tendrá en memoria mi alma que está abatida dentro de mí.
21 Esto haré volver a mi corazón, por lo cual esperaré.
22 *Por* la misericordia de Jehová
no hemos sido consumidos, porque nunca terminan sus misericordias.
23 Nuevas son cada mañana; grande es tu fidelidad.
24 Mi porción es Jehová, dijo mi alma; por tanto, en él esperaré.
25 [a]Bueno es Jehová para los que en él [b]esperan, para el alma que le [c]busca.
26 Bueno es [a]esperar en silencio la salvación de Jehová.
27 Bueno le es al hombre [a]llevar el yugo en su [b]juventud.
28 Se sentará solo y callará, porque él se lo impuso.
29 Pondrá su boca en el polvo, por si acaso hay esperanza.
30 Dará la [a]mejilla al que le hiere; se hartará de [b]afrentas.
31 Porque el Señor no desechará para siempre;
32 antes bien, si aflige, también se [a]compadecerá según la multitud de sus misericordias.
33 Porque él no [a]aflige ni entristece voluntariamente a los hijos de los hombres.
34 Aplastar bajo los pies a todos los encarcelados de la tierra,
35 torcer el derecho del hombre ante la presencia del Altísimo,
36 trastornar al hombre en su litigio, el Señor no lo aprueba.
37 ¿Quién es aquel que diga que algo va a suceder y que eso ocurra sin
que el Señor lo haya mandado?
38 ¿Acaso no sale de la boca del Altísimo lo malo y lo bueno?
39 ¿Por qué se queja el hombre viviente, el hombre en el castigo de sus pecados?
40 Escudriñemos nuestros caminos, y busquemos y [a]volvámonos a Jehová.
41 [a]Levantemos nuestros corazones y nuestras manos hacia Dios en los cielos.
42 Nosotros hemos transgredido y nos hemos rebelado, y tú no has perdonado.
43 Desplegaste la ira y nos perseguiste; [a]mataste *y* no perdonaste.
44 Te cubriste de una nube para que no pasase *nuestra* oración.
45 Como escoria y basura nos has hecho en medio de los pueblos.
46 Todos nuestros [a]enemigos

25 *a* Nahúm 1:7.
b Isa. 40:28–31; DyC 133:45.
c Heb. 11:6; Alma 37:37.
26 *a* GEE Esperanza.
27 *a* DyC 136:31.
GEE Yugo.
b Alma 37:35.
30 *a* Mateo 5:39.
b Lucas 6:22–23.
32 *a* GEE Compasión.
33 *a* DyC 133:52–53.
40 *a* Lucas 15:18.
GEE Arrepentimiento, arrepentirse.
41 *a* DyC 25:13.
43 *a* Lam. 2:21.
46 *a* Lam. 2:16.

abrieron contra nosotros
su boca.
47 Terror y foso nos han sobrevenido, asolamiento y quebranto.
48 [a]Ríos de agua derraman mis
ojos por el quebranto de la
hija de mi pueblo.
49 Mis ojos destilan sin cesar,
porque no hay alivio,
50 hasta que Jehová mire y vea
desde los cielos.
51 Mis ojos entristecen mi alma
por todas las hijas de mi
ciudad.
52 Mis enemigos tenazmente
me dieron caza como a
ave, sin haber por qué.
53 Ataron mi vida en la cisterna
y pusieron una piedra
sobre mí.
54 Aguas corrieron sobre mi cabeza, y dije: Muerto soy.
55 Invoqué tu nombre, oh Jehová, desde la profunda
cisterna.
56 Oíste mi voz; no escondas
tu oído a mi clamor, a mi
suspiro.
57 [a]Te acercaste el día en que
te invoqué; dijiste: No temas.
58 Abogaste, Señor, por la causa
de mi alma; redimiste mi
vida.
59 Tú has visto, oh Jehová,
mi agravio; defiende mi
causa.
60 Tú has visto toda su venganza, todas sus maqui-
naciones contra mí.
61 Tú has oído el oprobio de
ellos, oh Jehová, todas
sus maquinaciones con-
tra mí,
62 los dichos de los que contra mí se levantan y su
[a]designio contra mí todo
el día.
63 Su sentarse y su levantarse
mira; yo soy su canción.
64 Dales el pago, oh Jehová,
según la obra de sus ma-
nos.
65 Dales dureza de corazón, tu
maldición a ellos.
66 Persíguelos en tu furor y destrúyelos de debajo de tus
cielos, oh Jehová.

CAPÍTULO 4

La condición de Sión es lamentable a causa del pecado y de la iniquidad.

¡CÓMO se ha oscurecido el oro!
¡*Cómo* ha cambiado el oro
puro!
Las piedras del santuario
están esparcidas por las
encrucijadas de todas las
calles.
2 Los hijos preciados de Sión,
estimados más que el oro
puro,
¡cómo son *ahora* estimados
como vasijas de barro, obra
de manos de alfarero!
3 Aun los chacales amamantan
a sus cachorros,
pero la hija de mi pueblo es
[a]cruel como los avestruces
del desierto.

48 *a* Lam. 2:11.
GEE Compasión.
57 *a* DyC 88:62–63.
62 *a* Jer. 11:19;
Alma 10:13.
4 3 *a* Job 39:13–16.

4 La lengua del niño de pecho de sed se pegó a su paladar;
los chiquitos pidieron pan, y no hubo quien se lo repartiese.
5 Los que comían delicados manjares quedaron desolados en las calles;
los que se criaron entre carmesí abrazaron los estercoleros.
6 Y la iniquidad de la hija de mi pueblo es mayor que el pecado de Sodoma,
que fue destruida en un instante y sin que pusieran manos sobre ella.
7 Sus [a]nazareos fueron más puros que la nieve, más blancos que la leche;
sus cuerpos, más sonrosados que el coral, su aspecto como el zafiro.
8 Más oscuro que el hollín es su aspecto; no se los reconoce por las calles;
su piel está pegada a sus huesos, seca como un palo.
9 Más dichosos fueron los muertos a espada que los muertos por el hambre,
porque éstos murieron poco a poco por falta de los frutos de la tierra.
10 Las manos de las mujeres piadosas [a]cocinaron a sus propios hijos,
que les sirvieron de [b]comida en la destrucción de la hija de mi pueblo.
11 Cumplió Jehová su enojo, derramó el ardor de su ira
y encendió en Sión fuego que consumió hasta sus cimientos.
12 Nunca los reyes de la tierra, ni todos los que habitan en el mundo,
hubieran creído que el enemigo y el adversario entrarían por las puertas de Jerusalén.
13 Por los [a]pecados de sus profetas *y* por las iniquidades de sus sacerdotes,
que derramaron en medio de ella la sangre de los [b]justos,
14 andaban como [a]ciegos por las calles; fueron contaminados con sangre,
de modo que nadie pudiese tocar sus vestiduras.
15 ¡Apartaos, impuros!, les gritaban. ¡Apartaos, apartaos! ¡No toquéis!
Cuando huyeron y fueron dispersados, dijeron entre las naciones: Nunca más morarán *aquí*.
16 La presencia de Jehová los ha dispersado; no los mirará más.
No respetaron la presencia de los sacerdotes ni tuvieron compasión de los [a]ancianos.

7 *a* Núm. 6:1–27; Deut. 33:16.
10 *a* Deut. 28:57.
b Jer. 19:9.
13 *a* Jer. 5:31; 23:9–11; 32:32–35.
b Mos. 17:10; Alma 60:13.
14 *a* Hel. 13:29.
16 *a* GEE Élder (anciano).

17 Aun han desfallecido nuestros ojos esperando en vano nuestro socorro;
en nuestra esperanza hemos aguardado a una [a]nación que no puede salvar.
18 Acechaban nuestros pasos para que no anduviésemos por nuestras calles.
Se acercó nuestro fin; se cumplieron nuestros días, porque nuestro [a]fin había llegado.
19 Más [a]ligeros fueron nuestros perseguidores que las águilas del cielo;
sobre los montes nos persiguieron; en el desierto nos pusieron emboscadas.
20 El aliento de nuestra nariz, el [a]ungido de Jehová,
fue atrapado en sus fosos, aquel de quien habíamos dicho:
A su sombra tendremos vida entre las naciones.
21 Gózate y alégrate, oh hija de [a]Edom, tú que habitas en la tierra de [b]Uz;
aun hasta ti llegará la [c]copa; te embriagarás y te desnudarás.
22 Se ha cumplido tu castigo, oh hija de Sión;
nunca más él te hará llevar cautiva.
Castigará tu iniquidad, oh hija de Edom;
descubrirá tus pecados.

CAPÍTULO 5

Jeremías recita en una oración el triste estado de Sión.

ACUÉRDATE, oh Jehová, de lo que nos ha sucedido;
mira y ve nuestro [a]oprobio.
2 Nuestra heredad ha pasado a extranjeros,
nuestras casas a forasteros.
3 Huérfanos somos sin padre;
nuestras madres son como viudas.
4 Nuestra agua bebemos por dinero;
nuestra leña por precio compramos.
5 [a]Persecución hay sobre nuestro cuello;
nos fatigamos, y no hay para nosotros reposo.
6 Al egipcio y al asirio extendimos la mano, para saciarnos de pan.
7 Nuestros [a]padres pecaron y han muerto,
y nosotros llevamos su castigo.
8 Siervos se enseñorean de nosotros;
no hay quien nos libre de sus manos.
9 Con *peligro* de nuestras vidas conseguimos nuestro pan
ante la espada del desierto.
10 Nuestra piel se abrasa como un horno

17 *a* Jer. 37:7–8.
18 *a* Ezeq. 7:2–6. GEE Israel—El esparcimiento de Israel.
19 *a* Jer. 39:4–6.
20 *a* Jer. 39:7.
21 *a* Jer. 49:7, 17; Ezeq. 25:12–14.
b Job 1:1.
c Jer. 25:15–17.
5 1 *a* Sal. 79:1–4.
5 *a* GEE Persecución, perseguir.
7 *a* Jer. 5:7–11; 9:2–9; Mos. 13:13.

a causa del ardor del hambre.
11 Violaron a las mujeres en Sión,
a las vírgenes en las ciudades de Judá.
12 A los príncipes colgaron de las manos;
no respetaron el rostro de los ancianos.
13 Llevaron a los jóvenes al molino,
y los muchachos desfallecieron bajo *el peso de* la leña.
14 Los ancianos no se ven más en la puerta,
los jóvenes dejaron sus canciones.
15 Cesó el gozo de nuestro corazón;
nuestra danza se convirtió en duelo.
16 Cayó la corona de nuestra cabeza;
¡ay ahora de nosotros, porque hemos pecado!
17 Por esto ha desfallecido nuestro corazón;
por esto se han entenebrecido nuestros ojos,
18 por el monte Sión, que está desolado,
los zorros andan.
19 Mas tú, oh Jehová, permanecerás para siempre;
tu trono, de generación en generación.
20 ¿Por qué te olvidas para siempre de nosotros
y nos abandonas por tan largo tiempo?
21 [a]Haznos volver a ti, oh Jehová, y nos volveremos;
renueva nuestros días como en los tiempos antiguos,
22 pero nos has desechado totalmente;
te has airado contra nosotros en gran manera.

LIBRO DEL PROFETA EZEQUIEL

CAPÍTULO 1

Ezequiel ve en visión cuatro seres vivientes, cuatro ruedas y la gloria de Jehová sobre Su trono.

Y ACONTECIÓ en el año treinta, en el *mes* cuarto, a los cinco *días* del mes, que, estando [a]yo en medio de los [b]cautivos, junto al río Quebar, los cielos [c]se abrieron y vi [d]visiones de Dios.
2 A los cinco *días* del mes, en el quinto año del [a]cautiverio del rey [b]Joaquín,
3 vino directamente la palabra de Jehová al sacerdote Ezequiel hijo de Buzi, en la tierra de los

21 *a* Zac. 1:3–4; DyC 98:47–48.

[EZEQUIEL]
1 1 *a* GEE Ezequiel—El libro de Ezequiel.
b HEB los exiliados.
c 1 Ne. 11:14; DyC 107:18–19.
d GEE Visión.
2 *a* También el exilio.
b 2 Rey. 24:12–15.

caldeos, junto al río Quebar; y vino allí sobre él la mano de Jehová.

4 Y miré, y he aquí, un viento tempestuoso venía del norte, una gran nube y un fuego relampagueante, y alrededor de él un resplandor, y en medio del fuego algo que parecía como de ámbar,

5 y en medio de ella, la figura de cuatro [a]seres vivientes. Y ésta era su apariencia: había en ellos semejanza de hombre.

6 Y cada uno tenía cuatro caras y cuatro alas.

7 Y las piernas de ellos eran derechas, y la planta de sus pies como planta de pezuña de becerro; y centelleaban a manera de bronce muy bruñido.

8 Y debajo de sus alas, a sus cuatro lados, tenían manos de hombre; y los cuatro tenían sus caras y sus alas.

9 Con las alas se tocaban el uno al otro. No se desviaban cuando andaban; cada uno caminaba [a]derecho hacia delante.

10 Y el aspecto de sus caras era *como* cara de hombre, y cara de león en el lado derecho de los cuatro, y cara de buey en el lado izquierdo de los cuatro; asimismo los cuatro tenían cara de águila.

11 Así eran sus caras; y sus [a]alas estaban extendidas hacia arriba; dos de las cuales se tocaban entre sí y con las otras dos cubrían sus cuerpos.

12 Y cada uno caminaba derecho hacia delante; hacia donde el espíritu los llevaba, ellos iban; cuando andaban, no se desviaban.

13 En cuanto a la semejanza de los seres vivientes, su apariencia era como de carbones de fuego encendidos, como la apariencia de [a]antorchas que se movían entre los seres vivientes; y el fuego resplandecía, y del fuego salían relámpagos.

14 Y los seres vivientes corrían y regresaban a semejanza de relámpagos.

15 Y miré a los seres vivientes, y he aquí, una rueda en la tierra junto a los seres vivientes con sus cuatro caras.

16 Y el aspecto de las [a]ruedas y su obra era semejante al color del topacio. Y las cuatro tenían un mismo aspecto; su apariencia y su obra eran como una rueda en medio de otra rueda.

17 Cuando andaban, se movían sobre sus cuatro costados; no se desviaban cuando andaban.

18 Y sus aros eran altos y espantosos, y los aros estaban llenos de ojos alrededor en las cuatro.

19 Y cuando los seres vivientes andaban, las ruedas andaban junto a ellos; y cuando los seres vivientes se levantaban de la tierra, las ruedas se levantaban.

20 Hacia donde el espíritu iba, ellos iban allí adonde el espíritu iba, y las ruedas se levantaban juntamente con ellos, porque el espíritu de los seres vivientes estaba en las ruedas.

21 Cuando ellos andaban, andaban ellas; y cuando ellos se detenían, se detenían ellas; asimismo, cuando se levantaban de la tierra, las ruedas se levantaban

5 *a* GEE Simbolismo.
9 *a* Ezeq. 10:11.
11 *a* DyC 77:4.
13 *a* Apoc. 4:5.
16 *a* Ezeq. 10:9–10.

juntamente con ellos, porque el espíritu de cada ser viviente estaba en las ruedas.

22 Y sobre las cabezas de los [a]seres vivientes aparecía un [b]firmamento a manera de cristal maravilloso, extendido por encima de sus cabezas.

23 Y debajo del firmamento sus alas se extendían derechas la una hacia la otra; cada uno tenía dos *alas* con las que cubrían sus cuerpos por un lado y por el otro.

24 Y oí el ruido de sus alas cuando andaban, como sonido de muchas aguas, como la [a]voz del Omnipotente, como ruido de muchedumbre, como la voz de un ejército. Cuando se detenían, bajaban sus alas.

25 Y cuando se detenían *y* bajaban sus alas, se oía una voz por encima del firmamento que estaba sobre sus cabezas.

26 Y sobre el firmamento que estaba sobre sus cabezas *se veía* la figura de un trono que parecía de piedra de zafiro; y en lo más alto, sobre la figura del trono, había algo a [a]semejanza de un hombre sentado sobre él.

27 Y vi algo que tenía la apariencia de ámbar, como la apariencia del fuego dentro de ella alrededor, desde el aspecto de sus lomos hacia arriba; y desde sus lomos hacia abajo, vi que parecía como fuego y que tenía un resplandor alrededor.

28 Como el aspecto del arco iris que está en las nubes en día de lluvia, así era el aspecto del resplandor alrededor. Ésta fue la visión de la semejanza de la [a]gloria de [b]Jehová. Y cuando yo la vi, me [c]postré sobre mi rostro y oí la voz de uno que hablaba.

CAPÍTULO 2

Se llama a Ezequiel a llevar la palabra de Jehová a Israel — Ve un libro en el que están escritos gemidos y lamentaciones.

Y ME dijo: [a]Hijo de hombre, ponte sobre tus pies, y hablaré contigo.

2 Y cuando me habló, entró el espíritu en mí y me puso sobre mis pies, y oí al que me hablaba.

3 Y me dijo: Hijo de hombre, yo te [a]envío a los hijos de Israel, a una nación de [b]rebeldes que se rebelaron contra mí; ellos y sus padres se han rebelado contra mí hasta este mismo día.

4 Yo, pues, te envío a hijos de duro rostro y de empedernido

22 *a* Ezeq. 10:20.
b Ezeq. 10:1.
24 *a* Ezeq. 43:2; DyC 110:3.
26 *a* GEE Jesucristo—La existencia premortal de Cristo.
28 *a* GEE Jesucristo—La gloria de Jesucristo.
b Isa. 6:2–3; Apoc. 4:7–9.
c Ezeq. 44:4; Hech. 9:3–5; Éter 3:6–8.
2 1 *a* La expresión "hijo de hombre" que se usa en Ezequiel se refiere sólo a este profeta. Como expresión idiomática en hebreo sencillamente quiere decir "humano". No se debe confundir con el título "Hijo del Hombre", el cual se refiere a Cristo.
3 *a* GEE Llamado, llamado por Dios, llamamiento; Ordenación, ordenar.
b Ezeq. 12:2. GEE Apostasía—Apostasía general; Rebelión.

corazón, y les dirás: Así ha dicho
Jehová el Señor.
5 Acaso ellos escuchen; y si no
escuchan (porque son una casa
rebelde), sabrán que hubo un
profeta entre ellos.
6 Y tú, hijo de hombre, no temas;
no tengas miedo ni de ellos ni
de sus palabras, aunque te *hallas*
entre zarzas y espinos y [a]moras
con escorpiones; no tengas miedo
de sus palabras ni temas delante
de ellos, porque son una casa
rebelde.
7 Les [a]hablarás, pues, mis palabras, ya sea que escuchen o
dejen de escuchar, porque son
muy rebeldes.
8 Mas tú, hijo de hombre, oye lo
que yo te hablo; no seas tú rebelde
como esa casa rebelde; abre tu
boca y [a]come lo que yo te doy.
9 Y miré y vi una mano extendida hacia mí, y en ella había un
rollo de libro.
10 Y lo extendió delante de mí,
y estaba escrito por delante y por
detrás; y estaban escritos en él lamentaciones, y gemidos y ayes.

CAPÍTULO 3

Ezequiel es nombrado atalaya de la casa de Israel — La sangre de Israel se requiere de Su mano a menos que él levante la voz de amonestación.

Y ME dijo: Hijo de hombre, come
lo que hallas; come este rollo, y ve
y habla a la casa de Israel.
2 Y abrí mi boca, y me hizo comer aquel rollo.
3 Y me dijo: Hijo de hombre,
alimenta tu vientre y llena tus
entrañas de este rollo que yo te
doy. Y lo [a]comí, y fue en mi boca
dulce como la miel.
4 Entonces me dijo: Hijo de
hombre, ve, acércate a la casa
de Israel y habla a ellos con mis
palabras.
5 Porque no eres enviado a un
pueblo de habla incomprensible
ni de lengua difícil, sino a la casa
de Israel;
6 no a muchos pueblos de habla
incomprensible ni de lengua difícil, cuyas palabras no entiendas;
si a ellos yo te enviara, ellos *sí* te
[a]escucharían.
7 Pero la casa de Israel no te
querrá oír, porque no me quiere
oír a mí; pues toda la casa de
Israel es [a]dura de frente y dura
de corazón.
8 He aquí, yo he hecho tu rostro duro contra los rostros de
ellos, y tu frente dura contra sus
frentes.
9 Como el diamante, más duro
que el pedernal, he hecho tu
frente; no los temas ni tengas
miedo delante de ellos, porque
son una casa rebelde.
10 Y me dijo: Hijo de hombre,
toma en tu corazón todas mis
palabras que yo te hablaré y oye
con tus oídos.
11 Y ve, acércate a los cautivos,
a los hijos de tu pueblo, y háblales y diles: Así ha dicho Jehová

6 *a* *O sea,* te sientas entre.
7 *a* GEE Profecía, profetizar.
8 *a* Apoc. 10:9–10.
3 3 *a* Jer. 15:16.
6 *a* Mateo 11:21, 23.
7 *a* *O sea,* es terca.

el Señor, ya sea que escuchen o dejen de escuchar.
12 Y el [a]espíritu me levantó, y oí detrás de mí una voz de gran estruendo, *que decía*: Bendita sea la gloria de Jehová desde su lugar.
13 *Oí* también el ruido de las alas de los seres vivientes que se tocaban la una con la otra, y el ruido de las ruedas delante de ellos y el ruido de gran estruendo.
14 Y el espíritu me levantó y me llevó; y fui en amargura, en la indignación de mi espíritu, mas la mano de Jehová era fuerte sobre mí.
15 Y vine a los cautivos en Tel-abib, que moraban junto al río Quebar, y me senté donde ellos estaban sentados, y allí permanecí siete días, atónito, entre ellos.
16 Y aconteció que al cabo de los siete días vino a mí la palabra de Jehová, diciendo:
17 Hijo de hombre, yo te he puesto por [a]atalaya a la casa de Israel; oirás, pues, tú la palabra de mi boca y los amonestarás de mi parte.
18 Cuando yo diga al malvado: De cierto [a]morirás, y tú no lo amonestas ni le hablas, para que el malvado sea advertido de su mal camino a fin de que viva, el malvado morirá en su iniquidad, mas su sangre [b]demandaré de tu mano.
19 Pero si tú amonestas al malvado, y él no se convierte de su maldad ni de su mal camino, él morirá en su iniquidad, pero tú habrás librado tu alma.
20 Y si [a]el justo se aparta de su justicia y comete iniquidad, y yo pongo [b]tropiezo delante de él, él morirá, porque tú no lo amonestaste, en su pecado morirá, y sus justicias que había hecho no serán recordadas; mas su sangre demandaré de tu mano.
21 Pero si amonestas al justo para que no peque, y no peca, ciertamente vivirá, porque fue amonestado; y tú habrás librado tu alma.
22 Y vino allí la mano de Jehová sobre mí y me dijo: Levántate y sal al campo, y allí hablaré contigo.
23 Entonces me levanté y salí al campo; y he aquí que allí estaba la gloria de Jehová, como la gloria que había visto junto al río Quebar; y me postré sobre mi rostro.
24 Y el espíritu entró en mí, y me afirmó sobre mis pies, y me habló y me dijo: Ve y enciérrate dentro de tu casa.
25 Y tú, oh hijo de hombre, he aquí que pondrán cuerdas sobre ti y con ellas te atarán, y no saldrás para estar entre ellos.
26 Y haré que se pegue tu lengua a tu paladar, y estarás mudo; y no serás para ellos varón que reprende, porque son una casa rebelde.
27 Pero cuando yo te hable, abriré tu boca, y les dirás: Así

12 *a* GEE Trinidad—Dios el Espíritu Santo.
17 *a* GEE Atalaya, atalayar.
18 *a* Ezeq. 33:14–16. GEE Justicia.
b GEE Mayordomía, mayordomo.
20 *a* Ezeq. 18:24.
b 2 Ne. 26:20.

ha dicho Jehová el Señor: El que escucha, que escuche; y el que no quiera escuchar, que no escuche, porque casa rebelde son.

CAPÍTULO 4

Ezequiel ilustra simbólicamente el asedio y el hambre que sobrevendrán a Jerusalén.

Y TÚ, hijo de hombre, toma un [a]adobe, y ponlo delante de ti y [b]graba sobre él una ciudad: Jerusalén.

2 Y pondrás [a]sitio contra ella, y construirás contra ella un muro de asedio, y levantarás contra ella un terraplén, y asentarás delante de ella campamento y colocarás contra ella arietes alrededor.

3 Toma también una plancha de hierro y ponla como muro de hierro entre tú y la ciudad; y pon tu rostro contra ella, y quedará bajo asedio, y tú la sitiarás. Esto será una [a]señal para la casa de Israel.

4 Y tú te acostarás sobre tu lado izquierdo y pondrás sobre él la iniquidad de la casa de Israel; el número de los días que estés acostado sobre él, llevarás sobre ti la iniquidad de ellos.

5 Yo te he dado los años de su iniquidad según el número de los días: trescientos noventa días; y *así* llevarás tú la iniquidad de la casa de Israel.

6 Y cumplidos éstos, te acostarás sobre tu lado derecho por segunda vez, y llevarás la iniquidad de la casa de Judá cuarenta días; un día por año, un día por año te he fijado.

7 Y al asedio de Jerusalén pondrás tu rostro, y descubierto tu brazo, profetizarás contra ella.

8 Y he aquí, he puesto sobre ti ataduras, y no te volverás de un lado al otro hasta que hayas cumplido los días de tu asedio.

9 Y tú toma para ti trigo, y cebada, y habas, y lentejas, y [a]mijo y avena, y ponlos en una vasija; y hazte pan de ellos, según el número de los días que te acuestes sobre tu lado; trescientos noventa días comerás de él.

10 Y la comida que comerás será de peso de veinte siclos al día; de tiempo en tiempo la comerás.

11 Y beberás el agua por medida, la sexta parte de un hin; de tiempo en tiempo la beberás.

12 Y comerás pan de cebada que cocerás sobre excremento humano a la vista de ellos.

13 Y dijo Jehová: Así comerán los hijos de Israel su pan inmundo, entre las naciones adonde yo los arrojaré.

14 Y dije: ¡Ah, Señor, Jehová! He aquí que mi alma no es [a]impura, ni nunca desde mi juventud hasta este tiempo he comido [b]animal que haya encontrado muerto ni [c]despedazado, ni

4 1 *a* *Es decir,* una tablilla de arcilla.
b *Es decir,* dibuja en ella una representación de la ciudad.
2 *a* *Es decir,* dibuja en ella el plan de ataque contra la ciudad.
3 *a* 2 Ne. 25:9.
9 *a* *O sea,* una planta parecida al maíz.
14 *a* GEE Limpio e inmundo.
b Lev. 7:24.

nunca ha entrado en mi boca
carne [d]inmunda.
15 Y me respondió: He aquí, te
permito usar estiércol de bueyes
en lugar de excremento humano
para cocer tu pan.
16 Me dijo luego: Hijo de hombre, he aquí, quebrantaré el
sustento de pan en Jerusalén; y
comerán el pan por peso y con
angustia, y beberán el agua por
medida y con [a]terror,
17 para que, al faltarles el pan
y el agua, se aterroricen unos
a otros y se [a]consuman en su
maldad.

CAPÍTULO 5

El juicio de Jerusalén comprenderá el hambre, la pestilencia, la guerra y la dispersión de sus habitantes.

Y TÚ, hijo de hombre, toma una
espada aguda, toma una navaja
de barbero y hazla pasar sobre tu
cabeza y tu barba; toma después
una balanza de pesar, y divide *los*
pelos cortados.
2 Una tercera parte quemarás en
el fuego en medio de la ciudad
cuando se cumplan los días del
asedio; y tomarás otra tercera
parte y golpearás con la espada
alrededor de ella; y la otra tercera
parte esparcirás al viento, y yo
desenvainaré la espada en pos
de ellos.
3 Tomarás también de allí unos
pocos en número y los atarás en
el borde de tu *manto.*
4 Y tomarás otra vez *algunos* de
ellos, y los echarás en medio del
fuego y en el fuego los quemarás;
de allí saldrá el fuego a toda la
casa de Israel.
5 Así ha dicho Jehová el Señor:
Ésta es Jerusalén; la puse en medio de las naciones y de las tierras
a su alrededor.
6 Pero ella se ha rebelado contra
mis juicios con más [a]maldad que
las naciones, y contra mis estatutos más que las naciones que
están a su alrededor; porque han
[b]desechado mis juicios y no han
andado en mis estatutos.
7 Por tanto, así ha dicho Jehová
el Señor: Por haberos multiplicado más que las naciones que
están alrededor de vosotros, no
habéis andado en mis estatutos
ni habéis guardado mis juicios.
Ni aun según los juicios de las
naciones que están alrededor de
vosotros habéis hecho.
8 Así, pues, ha dicho Jehová el
Señor: He aquí, yo estoy contra ti;
sí, yo, y haré juicios en medio de
ti [a]ante los ojos de las naciones.
9 Y haré en ti lo que nunca
[a]hice, ni jamás haré cosa semejante, a causa de todas tus
abominaciones.
10 Por eso los padres se [a]come-
rán a sus hijos en medio de ti, y
los hijos se comerán a sus padres;
y haré en ti juicios y [b]esparciré
a todos los vientos todo lo que
quede de ti.

14 *c* Éx. 22:31.
d Lev. 7:18.
16 *a* *Es decir,* con miedo, ansiedad.
17 *a* Hel. 12:3.
5 6 *a* Alma 24:30.
b 1 Ne. 7:14.
8 *a* DyC 42:91.
9 *a* Dan. 9:12.
10 *a* Jer. 19:9.
b GEE Israel—El esparcimiento de Israel.

11 Por tanto, vivo yo, dice Jehová el Señor, ciertamente por haber profanado mi santuario con todas tus vilezas y con todas tus [a]abominaciones, *te* [b]quebrantaré yo también; mi ojo no perdonará ni tampoco tendré yo misericordia.
12 Una tercera parte de ti morirá de pestilencia y será consumida de hambre en medio de ti; y otra tercera parte caerá a espada alrededor de ti; y otra tercera parte esparciré a todos los vientos y tras ellos desenvainaré la espada.
13 Así se consumará mi furor, y saciaré en ellos mi enojo y tomaré satisfacción; y sabrán que yo, Jehová, he hablado en mi celo, cuando consuma en ellos mi enojo.
14 Y te convertiré en [a]ruinas y en oprobio entre las naciones que están alrededor de ti, a los ojos de todo [b]el que pase.
15 Y serás oprobio, y escarnio, y escarmiento y espanto a las naciones que están alrededor de ti, cuando yo haga en ti juicios con furor, y con ira y con reprensiones de ira. Yo, Jehová, he hablado.
16 Cuando arroje yo sobre ellos las siniestras saetas del hambre, que serán para destrucción, las cuales enviaré para destruiros, entonces aumentaré el hambre sobre vosotros y quebrantaré vuestro sustento de pan.
17 Enviaré, pues, sobre vosotros hambre y bestias feroces que te dejarán sin hijos; y pestilencia y sangre pasarán por en medio de ti, y traeré sobre ti la [a]espada. Yo, Jehová, he hablado.

CAPÍTULO 6

El pueblo de Israel será destruido por su idolatría — Sólo un remanente se salvará y será esparcido.

Y vino a mí la palabra de Jehová, diciendo:
2 Hijo de hombre, pon tu rostro hacia los montes de Israel y profetiza contra ellos.
3 Y di: Montes de Israel, escuchad la palabra de Jehová el Señor: Así ha dicho Jehová el Señor a los montes y a los collados, a los arroyos y a los valles: He aquí que yo, yo haré venir sobre vosotros la espada y destruiré vuestros lugares altos.
4 Y vuestros altares serán asolados, y vuestras imágenes serán quebradas; y haré que caigan vuestros muertos delante de vuestros ídolos.
5 Y pondré los cuerpos muertos de los hijos de Israel delante de sus ídolos, y vuestros huesos esparciré alrededor de vuestros altares.
6 En todos los lugares donde habitéis serán arruinadas las ciudades, y los lugares altos serán asolados, para que queden asolados y devastados vuestros altares; y vuestros ídolos serán quebrados y cesarán de existir, y vuestras imágenes serán destruidas, y vuestras obras serán desechas.

11 *a* GEE Idolatría.
b Deut. 8:19–20.
14 *a* Lev. 26:31.
b Lam. 2:14–17.
17 *a* Ezeq. 14:21; 33:27.

7 Y los muertos caerán en medio
de vosotros, y sabréis que yo soy
Jehová.
8 Pero dejaré un remanente, de
modo que tengáis entre las naciones a algunos que [a]escapen de la
espada cuando seáis [b]esparcidos
por las tierras.
9 Y los que de vosotros escapen se acordarán de mí entre las
naciones adonde serán llevados
cautivos; porque yo me quebranté
a causa de su corazón fornicario
que se apartó de mí, y a causa de
sus ojos que fornicaron tras sus
ídolos; y se [a]aborrecerán a sí mismos por los males que hicieron en
todas sus abominaciones.
10 Y sabrán que yo soy Jehová;
no en vano dije que les había de
hacer este mal.
11 Así ha dicho Jehová el Señor:
Golpea con tu mano y pisotea
con tu pie, y di: ¡Ay, de la casa
de Israel por todas las terribles
abominaciones!, porque con espada, con hambre y con pestilencia caerán.
12 El que esté lejos morirá de
pestilencia, y el que esté cerca
caerá a espada, y el que quede
y sea asediado morirá de hambre; así consumaré en ellos mi
enojo.
13 Y sabréis que yo soy Jehová
cuando sus muertos estén en medio de sus ídolos, alrededor de
sus altares, en todo collado alto
y en todas las cumbres de los
montes, y debajo de todo árbol
frondoso y debajo de toda encina
espesa, lugares donde ofrecían
olor grato a todos sus [a]ídolos.
14 Y extenderé mi mano contra ellos, y en todos los lugares
donde habiten haré la tierra desolada, sí, más desolada que el
desierto hacia Diblat; y sabrán
que yo soy Jehová.

CAPÍTULO 7

Desolación, guerra, pestilencia y destrucción arrasarán la tierra de Israel — Se presagia la desolación del pueblo.

Y VINO a mí la palabra de Jehová,
diciendo:
2 Y tú, hijo de hombre, así ha
dicho Jehová el Señor a la tierra de Israel: El [a]fin, el fin viene
sobre los cuatro extremos de
la tierra.
3 Ahora viene el fin sobre ti;
y enviaré sobre ti mi furor, y
te [a]juzgaré según tus caminos
y pondré sobre ti todas tus
abominaciones.
4 Y mi ojo no te [a]perdonará, ni
tendré misericordia, sino que
[b]pondré sobre ti tus caminos, y
en medio de ti estarán tus abominaciones; y sabréis que yo soy
Jehová.
5 Así ha dicho Jehová el Señor:
¡[a]Un mal, he aquí que viene un
mal!
6 ¡Viene el fin, el fin viene; se

6 8 *a* Jer. 44:28; Ezeq. 7:16.
b GEE Israel—El esparcimiento de Israel.
9 *a* Ezeq. 36:31.
GEE Arrepentimiento, arrepentirse.
13 *a* GEE Idolatría.
7 2 *a* Lam. 4:18; Amós 8:2.
3 *a* GEE Jesucristo—Es juez.
4 *a* Ezeq. 5:11.
b *O sea,* te retribuiré. DyC 1:8–10.
5 *a* *O sea,* un mal sin igual, sin parangón.

ha despertado contra ti; he aquí
que viene!
7 ¡La mañana viene para ti, oh
morador de la tierra! ¡El tiempo
viene! ¡Cercano está el día de tribulación y no de alegría sobre
los montes!
8 Ahora, pronto derramaré mi
[a]ira sobre ti y consumaré en ti
mi furor; y te juzgaré según tus
caminos y pondré sobre ti tus
abominaciones.
9 Y mi ojo no perdonará ni tendré misericordia; según tus caminos pondré sobre ti, y según
tus abominaciones que están en
medio de ti; y sabréis que yo,
Jehová, soy el que hiere.
10 He aquí el día, he aquí que
viene; ha salido la mañana; ha
florecido la vara; ha reverdecido
la soberbia.
11 La violencia se ha levantado
para ser vara de maldad. Ninguno *quedará* de ellos, ni de su
multitud, ni uno de los suyos;
[a]ni habrá entre ellos quien se
lamente.
12 El tiempo ha venido; ha llegado el día; [a]el que compra no se
alegre, y el que vende no llore,
porque la ira está sobre toda su
multitud.
13 Porque el que vende no volverá a lo vendido mientras ambos
vivan, porque la visión atañe a
toda su multitud; no se revocará;
y nadie se fortalecerá en la iniquidad de su vida.
14 Han tocado trompeta y han
preparado todas las cosas, y
no hay quien vaya a la batalla,
porque mi ira está sobre toda su
multitud.
15 Fuera, la espada y dentro,
la pestilencia y el hambre; el
que esté en el campo morirá a
espada; y al que esté en la ciudad, lo consumirán el hambre y
la pestilencia.
16 Y los que [a]escapen de ellos
huirán y estarán sobre los montes como palomas de los valles,
gimiendo todos, cada uno por su
iniquidad.
17 Todas las manos se debilitarán, y todas las rodillas se volverán *como* agua.
18 Se ceñirán también de cilicio,
y los cubrirá el terror; y en todo
rostro habrá vergüenza, y todas
sus cabezas estarán rapadas.
19 Arrojarán su plata a las calles,
y su oro será cosa inmunda; ni su
plata ni su oro podrán librarlos
en el día del furor de Jehová; no
saciarán su alma ni llenarán sus
entrañas, porque eso ha sido el
tropiezo de su iniquidad.
20 Por cuanto convirtieron la
gloria de su ornamento en orgullo e hicieron con ello sus abominables [a]imágenes y sus cosas
detestables, por eso se lo convertí
en algo repugnante.
21 Y en manos de extranjeros
lo entregaré para ser saqueada;
y será como botín a los malvados
de la tierra, y lo profanarán.
22 Y apartaré de ellos mi rostro, y violarán mi [a]*lugar* secreto;
pues entrarán en él ladrones y lo
profanarán.
23 Haz una cadena, porque la

8 *a* Ezeq. 20:8.
11 *a* El hebreo allí es de difícil interpretación.
12 *a* Isa. 24:1–3.
16 *a* Jer. 44:28; Ezeq. 6:8.
20 *a* GEE Idolatría.
22 *a* GEE Templo, Casa del Señor.

tierra está llena de delitos de sangre, y la ciudad está llena de violencia.

24 Traeré, por tanto, a los más perversos de las naciones, los cuales tomarán posesión de las casas de ellos; y haré cesar el orgullo de los poderosos, y sus santuarios serán profanados.

25 ¡La destrucción viene! Y buscarán la paz, pero no la habrá.

26 Desastre vendrá sobre desastre, y habrá rumor sobre rumor; y buscarán visión del profeta, pero la [a]ley le faltará al sacerdote, y el consejo a los [b]ancianos.

27 El rey estará de duelo, y el príncipe se vestirá de desolación, y las manos del pueblo de la tierra temblarán; según su camino haré con ellos, y de acuerdo con sus propios juicios los juzgaré. Y sabrán que yo soy Jehová.

CAPÍTULO 8

Ezequiel ve en visión la iniquidad y las abominaciones del pueblo de Judá en Jerusalén — Ve la idolatría que practicaban en el templo mismo.

Y ACONTECIÓ en el sexto año, en el sexto *mes,* a los cinco *días* del mes, que estaba yo sentado en mi casa, y los [a]ancianos de Judá estaban sentados delante de mí, y allí descendió sobre mí la [b]mano de Jehová el Señor.

2 Y miré, y he aquí una figura que parecía de [a]hombre; desde sus lomos para abajo, fuego; y desde sus lomos para arriba parecía como resplandor, como de ámbar.

3 Y aquella figura extendió la mano y me tomó del cabello de mi cabeza; y el [a]espíritu me alzó entre el [b]cielo y la tierra y me llevó en [c]visiones de Dios a Jerusalén, a la entrada de la puerta interior que mira hacia el norte, donde estaba la habitación de [d]la imagen del celo, la que provoca celos.

4 Y he aquí, allí estaba la [a]gloria del Dios de Israel, como la visión que yo había visto en la llanura.

5 Y me dijo: Hijo de hombre, alza ahora tus ojos hacia el lado del norte. Y alcé mis ojos hacia el norte, y he aquí, al norte de la puerta del altar estaba aquella imagen del celo en la entrada.

6 Me dijo entonces: Hijo de hombre, ¿no ves lo que éstos hacen, las grandes [a]abominaciones que la casa de Israel hace aquí, para alejarme de mi santuario? Pero vuélvete y verás aún abominaciones mayores.

7 Y me llevó a la entrada del atrio, y miré, y he aquí, un agujero en la pared.

8 Y me dijo: Hijo de hombre, cava ahora en la pared. Y cavé en la pared, y he aquí, una puerta.

9 Me dijo luego: Entra y ve las

---

26 *a* Mal. 2:1–2, 7–9.
b GEE Élder (anciano).
8 1 *a* GEE Élder (anciano).
b Ezeq. 1:3.
2 *a* HEB fuego.
3 *a* GEE Espíritu Santo.
b GEE Cielo.
c GEE Visión.
d *O sea,* la imagen de un dios falso, de los celos, que creían provocaba celos.
4 *a* GEE Gloria.
6 *a* GEE Abominable, abominación.

terribles abominaciones que éstos
hacen allí.
10 Entré, pues, y miré, y he aquí,
toda forma de reptiles y bestias
abominables, y todos los ídolos
de la casa de Israel, que estaban
tallados en la pared por todo
alrededor.
11 Y delante de ellos estaban
setenta hombres de los [a]ancianos
de la casa de Israel, y Jaazanías
hijo de Safán estaba en medio de
ellos, cada uno con su incensario
en su mano; y subía el aroma de
la nube de incienso.
12 Y me dijo: Hijo de hombre,
¿has visto las cosas que los ancianos de la casa de Israel hacen
en tinieblas, cada uno en sus cámaras pintadas de imágenes?
Porque dicen ellos: Jehová no
nos ve; Jehová ha abandonado
la tierra.
13 Me dijo después: Vuélvete
aún; verás que éstos hacen aún
abominaciones mayores.
14 Y me llevó a la entrada de la
puerta de la casa de Jehová, que
está al norte, y he aquí, mujeres
que estaban allí sentadas llorando
por [a]Tamuz.
15 Y me dijo: ¿No ves, hijo de
hombre? Mira otra vez; verás
aún abominaciones mayores que
éstas.
16 Y me llevó al atrio interior
de la casa de Jehová; y he aquí,
junto a la entrada del templo de
Jehová, entre el pórtico y el altar
había como veinticinco hombres
con sus [a]espaldas *vueltas* al templo de Jehová y con sus rostros
hacia el oriente, y se postraban
ante el [b]sol, hacia el oriente.
17 Y me dijo: ¿No has visto, hijo
de hombre? ¿Es cosa liviana para
la casa de Judá hacer las abominaciones que cometen aquí?
Porque han llenado la tierra de
violencia y han vuelto a provocarme a ira; y he aquí, se llevan
el ramo a la nariz.
18 Pues también yo procederé
con furor; no perdonará mi ojo,
ni tendré misericordia; y gritarán
a mis oídos con gran voz, y no
los oiré.

CAPÍTULO 9

Ezequiel ve la señal que se pone a los justos y la matanza de todos los demás, comenzando desde el santuario de Jehová.

Y CLAMÓ en mis oídos con gran
voz, diciendo: Los verdugos de
la ciudad se acercan, y cada uno
trae en su mano su instrumento
para destruir.
2 Y he aquí que seis varones
venían del camino de la puerta
de arriba que mira hacia el norte,
y cada uno *traía* en su mano su
instrumento para destruir. Y entre
ellos había un varón vestido de
lino, el cual traía a su cintura un
tintero de escribano; y al entrar,
se detuvieron junto al altar de
bronce.
3 Y la gloria del Dios de Israel
se elevó de encima del [a]querubín,
sobre el cual había estado, hacia

11 *a* GEE Élder (anciano).
14 *a* *Es decir,* un dios mesopotámico.
16 *a* Jer. 2:32–33.
b *Es decir,* el dios sol de los egipcios.
GEE Idolatría.
9 3 *a* GEE Querubines.

el umbral de la casa; y llamó Jehová al varón vestido de lino, que tenía a su cintura el tintero de escribano.
4 Y le dijo Jehová: Pasa por en medio de la ciudad, por en medio de Jerusalén, y pon una señal en la [a]frente a los hombres que gimen y que claman a causa de todas las abominaciones que se hacen en medio de ella.
5 Y a los otros dijo, oyéndolo yo: Pasad por la ciudad en pos de él, y matad; no perdone vuestro ojo, ni tengáis misericordia.
6 Matad a ancianos, a jóvenes y a doncellas, a niños y a mujeres, hasta que no quede ninguno; pero a todo aquel sobre el cual esté la señal, no os acercaréis; y comenzaréis desde mi santuario. Comenzaron, pues, con los hombres ancianos que estaban delante del templo.
7 Y les dijo: Profanad la casa y llenad los atrios de muertos; salid. Y salieron a matar en la ciudad.
8 Y aconteció que cuando ellos iban matando y quedé yo solo, me postré sobre mi rostro y clamé, diciendo: ¡Ah, Señor Jehová!, ¿destruirás a todo el remanente de Israel derramando tu furor sobre Jerusalén?
9 Y me dijo: La iniquidad de la casa de Israel y de Judá es sobremanera grande, pues la tierra está llena de sangre, y la ciudad está llena de perversidad, porque han dicho: Ha abandonado Jehová la tierra, y Jehová [a]no ve.
10 En cuanto a mí, mi ojo no perdonará, ni tendré misericordia; haré recaer [a]el camino de ellos sobre sus propias cabezas.
11 Y he aquí que el varón vestido de lino, que tenía el tintero a su cintura, respondió una palabra, diciendo: He hecho conforme a todo lo que me mandaste.

CAPÍTULO 10

Ezequiel vuelve a ver, en visión, las ruedas, los querubines, el trono y la gloria de Jehová.

Y MIRÉ, y he aquí, en el firmamento que estaba sobre la cabeza de los [a]querubines había como una piedra de zafiro, que tenía el aspecto de un [b]trono que apareció sobre ellos.
2 Y habló al varón vestido de lino y le dijo: Entra en medio de las ruedas, debajo de los querubines, y llena tus manos de carbones encendidos de entre los querubines y espárcelos sobre la ciudad. Y entró, viéndolo yo.
3 Y los querubines estaban a la mano derecha de la casa cuando este varón entró; y la nube llenaba el atrio interior.
4 Entonces la [a]gloria de Jehová se elevó de encima del querubín hacia el umbral de la casa; y la casa se llenó de la nube, y el atrio se llenó del resplandor de la gloria de Jehová.
5 Y el estruendo de las alas de los querubines se oía hasta el atrio exterior, como la voz del Dios Omnipotente cuando habla.

4 *a* DyC 77:9.
9 *a* Isa. 47:10.
10 *a* DyC 1:10.
10 1 *a* GEE Querubines.
b Ezeq. 1:26.
4 *a* GEE Gloria.

6 Y aconteció que cuando mandó
al varón vestido de lino, diciendo:
Toma fuego de entre las ruedas,
de entre los querubines, él entró
y se detuvo entre las ruedas.
7 Y un querubín extendió su
mano de en medio de los querubines hacia el fuego que estaba
entre los querubines, y tomó de
él y lo puso en las manos del que
estaba vestido de lino, el cual lo
tomó y salió.
8 Y apareció en los querubines
la figura de una mano de hombre
debajo de sus alas.
9 Y miré, y he aquí, cuatro ruedas junto a los querubines, una
rueda junto a cada querubín, y el
aspecto de las ruedas era como
el de piedra de jaspe.
10 En cuanto a su apariencia, las
cuatro eran de una misma forma,
como si una rueda estuviera en
medio de otra.
11 Cuando andaban, [a]hacia sus
cuatro costados andaban; no se
desviaban cuando andaban, sino
que al lugar adonde la [b]cabeza se
dirigía, en pos de ella iban; no se
desviaban cuando andaban.
12 Y todo su cuerpo, y sus espaldas, y sus manos, y sus alas
y las ruedas, las ruedas de los
cuatro, estaban llenas de ojos
alrededor.
13 A las ruedas, oyéndolo yo,
se las llamaba: ¡Rueda!
14 Y cada uno tenía cuatro caras.
La primera cara era de querubín;
y la segunda cara, de hombre; y la
tercera cara, de león; y la cuarta
cara, de águila.
15 Y se levantaron los querubines; este es el ser viviente que vi
en el río [a]Quebar.
16 Y cuando andaban los querubines, andaban las ruedas junto
con ellos; y cuando los querubines alzaban sus alas para ele-
varse de la tierra, las ruedas no
se apartaban de ellos.
17 Cuando se detenían ellos, se
detenían ellas, y cuando ellos se
elevaban, se elevaban con ellos,
porque el [a]espíritu del ser viviente estaba en ellas.
18 Entonces la gloria de Jehová
salió de sobre el umbral de la casa
y se puso sobre los querubines.
19 Y alzando los querubines sus
alas, se elevaron de la tierra delante de mis ojos; cuando ellos
salieron, también salieron las ruedas que estaban con ellos; y se detuvieron a la entrada de la puerta
oriental de la casa de Jehová, y
la gloria del Dios de Israel estaba
por encima, sobre ellos.
20 Este era el ser viviente que
vi debajo del Dios de Israel en
el río Quebar; y me di cuenta de
que eran querubines.
21 Cada uno tenía cuatro caras
y cada uno cuatro alas, y figuras
de manos humanas debajo de
sus alas.
22 Y la semejanza de sus caras
era la de las caras que vi junto al
río Quebar, su *misma* apariencia
y su ser; cada uno caminaba derecho hacia delante.

CAPÍTULO 11

Ezequiel ve en visión la destrucción

11 *a* *Es decir,* se movían en las cuatro direcciones.
b Ezeq. 1:9.
15 *a* Ezeq. 1:1.
17 *a* Ezeq. 1:20.

de Jerusalén y el cautiverio de los judíos — Él profetiza el recogimiento de Israel en los últimos días.

Y EL espíritu me elevó y me llevó
a la puerta oriental de la casa
de Jehová, la cual mira hacia el
oriente; y he aquí, a la entrada de
la puerta había veinticinco hombres, entre los cuales vi a Jaazanías hijo de Azur y a Pelatías hijo
de Benaía, jefes del pueblo.
2 Y me dijo: Hijo de hombre,
éstos son los hombres que maquinan perversidad y dan en esta
ciudad mal consejo,
3 los cuales dicen: No *será* tan
pronto; edifiquemos casas; ésta
será la olla, y nosotros la carne.
4 Por tanto, profetiza contra ellos, profetiza, oh hijo de
hombre.
5 Y descendió sobre mí el [a]espíritu de Jehová y me dijo: Di:
Así ha dicho Jehová: Así habéis
hablado, oh casa de Israel, y las
cosas que suben a vuestro espíritu *yo* las he [b]entendido.
6 Habéis multiplicado vuestros
muertos en esta ciudad y habéis
llenado de muertos sus calles.
7 Por tanto, así ha dicho Jehová
el Señor: Vuestros muertos que
habéis puesto en medio de ella,
ellos son la carne, y ella es la olla;
pero yo os sacaré a vosotros de
en medio de ella.
8 La espada habéis temido, y
la espada traeré sobre vosotros,
dice Jehová el Señor.
9 Y os sacaré de en medio de
ella, y os entregaré en manos de
extranjeros y yo haré juicios entre
vosotros.
10 A espada [a]caeréis; en los límites de Israel os juzgaré, y sabréis
que yo soy Jehová.
11 Esta *ciudad* no será olla para
vosotros, ni vosotros seréis la
carne en medio de ella; en los
límites de Israel os juzgaré.
12 Y sabréis que yo soy Jehová;
porque no habéis andado en mis
estatutos ni habéis ejecutado
mis [a]juicios, sino que habéis actuado según los juicios de las
naciones que están en vuestros
alrededores.
13 Y aconteció que, mientras yo
profetizaba, Pelatías hijo de Benaía murió. Entonces me postré
rostro a tierra y clamé con gran
voz, y dije: ¡Ah, Jehová, Señor!
¿Destruirás del todo al remanente
de Israel?
14 Y vino a mí la palabra de
Jehová, diciendo:
15 Hijo de hombre, tus hermanos, tus *propios* hermanos, [a]los
hombres de tu parentela y toda
la casa de Israel, toda ella, *son
aquellos* a quienes dijeron los moradores de Jerusalén: Alejaos de
Jehová; a nosotros nos es dada la
tierra en posesión.
16 Por tanto, di: Así ha dicho
Jehová el Señor: Aunque los he
arrojado lejos entre las naciones y
los he dispersado por las tierras,
con todo eso seré para ellos un
pequeño santuario en las tierras
adonde lleguen.
17 Di, por tanto: Así ha dicho
Jehová el Señor: Yo os [a]recogeré

11 5 *a* GEE Espíritu Santo.
b GEE Omnisciente.
10 *a* Jer. 39:6.
12 *a* Ezeq. 5:5–8.
15 *a* *Es decir,* tus compañeros en el exilio.
17 *a* GEE Israel—La congregación de Israel.

de entre los pueblos, y os congregaré de las tierras en las cuales
estáis dispersados y os daré la
tierra de Israel.
18 Y volverán allá, y quitarán de
ella todas sus cosas detestables y
todas sus abominaciones.
19 Y les daré un solo [a]corazón y
pondré un nuevo [b]espíritu dentro
de ellos; y quitaré el corazón de
piedra de su carne y les daré un
[c]corazón de carne,
20 para que [a]anden según mis
estatutos, y guarden mis [b]decre-
tos y los cumplan, y sean mi pueblo, y yo sea su Dios.
21 Pero a aquellos cuyo corazón
[a]anda tras el deseo de sus cosas
detestables y de sus abominaciones, yo traeré su camino sobre
sus propias cabezas, dice Jehová
el Señor.
22 Entonces alzaron los querubines sus alas con las ruedas que
estaban junto a ellos; y la gloria
del Dios de Israel estaba por encima, sobre ellos.
23 Y la gloria de Jehová ascendió de en medio de la ciudad y se
detuvo sobre el monte que está
al oriente de la ciudad.
24 Luego me levantó el espíritu y me llevó en [a]visión por
el espíritu de Dios a la tierra de
los caldeos, adonde estaban los
cautivos. Y se fue de mí la visión
que había visto.
25 Y hablé a los cautivos todas
las cosas que Jehová me había
mostrado.

CAPÍTULO 12

Ezequiel se pone a sí mismo como símbolo de la dispersión del pueblo de Judá desde Jerusalén — Entonces profetiza la dispersión de ellos entre todas las naciones.

Y VINO a mí la palabra de Jehová,
diciendo:
2 Hijo de hombre, tú habitas
en medio de una casa [a]rebelde;
tienen [b]ojos para ver, y no ven;
tienen oídos para oír, y no oyen,
porque son una casa rebelde.
3 Por tanto, tú, hijo de hombre,
prepárate enseres de destierro
y sal de día a la vista de ellos.
Y te pasarás de tu lugar a otro
lugar a la vista de ellos; tal vez
lo consideren, aunque son una
casa rebelde.
4 Y sacarás tus enseres, como
enseres de destierro, de día a la
vista de ellos; pero tú saldrás al
atardecer a la vista de ellos, como
quien sale en cautiverio.
5 Ante sus propios ojos abre un
hueco en la pared y sal por él.
6 Ante sus propios ojos los llevarás sobre tus hombros, de noche
los sacarás; cubrirás tu rostro y
no mirarás la tierra, porque te he
puesto como [a]señal para la casa
de Israel.
7 Y yo hice así como me fue
mandado; saqué mis enseres de
día, como enseres de destierro,
y al atardecer me abrí paso en la
pared con mi propia mano; salí

19 *a* GEE Conversión, convertir.
b GEE Nacer de Dios, nacer de nuevo.
c GEE Corazón.
20 *a* GEE Andar, andar con Dios.
b GEE Ordenanzas.
21 *a* Deut. 28:15.
24 *a* GEE Visión.
12 2 *a* GEE Rebelión.
b GEE Ojo(s).
6 *a* GEE Señal.

de noche y los llevé sobre los hombros a la vista de ellos.

8 Y vino a mí la palabra de Jehová por la mañana, diciendo:

9 Hijo de hombre, ¿no te ha preguntado la casa de Israel, aquella casa rebelde: ¿Qué haces?

10 Diles: Así ha dicho Jehová el Señor: Esta profecía se refiere al príncipe de Jerusalén y a toda la casa de Israel que está en medio de ella.

11 Diles: Yo soy vuestra [a]señal; como yo hice, así se hará a ellos; irán al destierro, en cautiverio.

12 Y el príncipe que está en medio de ellos [a]llevará a cuestas *su equipaje* de noche y saldrá; abrirán paso en la pared para sacarlo por ella; cubrirá su rostro para no ver con sus ojos la tierra.

13 Pero yo extenderé mi [a]red sobre [b]él, y caerá preso en mi trampa, y lo haré llevar a [c]Babilonia, a la tierra de los caldeos; pero no la verá, y allá morirá.

14 Y a todos los que estén alrededor de él para ayudarle, y a todas sus tropas, [a]esparciré a todos los vientos, y desenvainaré la espada en pos de ellos.

15 Y sabrán que yo soy Jehová, cuando los [a]disperse entre las naciones y los esparza por las tierras.

16 Y haré que unos pocos de ellos escapen de la espada, del hambre y de la pestilencia, para que cuenten todas sus abominaciones entre las naciones adonde lleguen; y sabrán que yo soy Jehová.

17 Y vino a mí la palabra de Jehová, diciendo:

18 Hijo de hombre, come tu pan con temblor y bebe tu agua con estremecimiento y con ansiedad.

19 Y di al pueblo de la tierra: Así ha dicho Jehová el Señor sobre los moradores de Jerusalén, sobre la tierra de Israel: Su pan comerán con temor y beberán su agua con [a]espanto, porque su tierra será despojada de su plenitud, por la violencia de todos los que en ella moran.

20 Y las ciudades habitadas serán asoladas, y la tierra quedará desolada. Y sabréis que yo soy Jehová.

21 Y vino a mí la palabra de Jehová, diciendo:

22 Hijo de hombre, ¿qué refrán es éste que tenéis vosotros en la tierra de Israel, que dice: Se van prolongando los días, y se desvanece toda visión?

23 Diles, por tanto: Así ha dicho Jehová el Señor: Haré cesar este refrán, y no lo usarán más como refrán en Israel. Diles, pues: Se han acercado aquellos días y el cumplimiento de toda visión.

24 Porque no habrá más visión vana alguna, ni habrá adivinación lisonjera en medio de la casa de Israel.

25 Porque yo, Jehová, hablaré, y se cumplirá la palabra que yo hable; no se tardará más, sino que

11 *a* *O sea,* símbolo de cosas que van a suceder.
12 *a* *Es decir,* llevará a cuestas su equipaje para el exilio.
13 *a* Oseas 7:12.
b Jer. 52:11.
c GEE Babel, Babilonia.
14 *a* 2 Rey. 25:4–5.
15 *a* GEE Israel—El esparcimiento de Israel.
19 *a* Sal. 107:34.

en vuestros días, oh casa rebelde, hablaré la palabra y la cumpliré, dice Jehová el Señor.

26 Y vino a mí la palabra de Jehová, diciendo:

27 Hijo de hombre, he aquí que los de la casa de Israel dicen: La visión que éste ve es para dentro de muchos días, y para lejanos tiempos profetiza éste.

28 Diles, por tanto: Así ha dicho Jehová el Señor: No se tardará más ninguna de mis palabras, sino que la palabra que yo hable se cumplirá, dice Jehová el Señor.

CAPÍTULO 13

Ezequiel reprende a los falsos profetas, tanto hombres como mujeres, que hablan mentiras y a quienes Jehová no ha hablado.

Y VINO a mí la palabra de Jehová, diciendo:

2 Hijo de hombre, [a]profetiza contra los profetas de Israel que profetizan, y di a los que profetizan de su propio corazón: Escuchad la palabra de Jehová.

3 Así ha dicho Jehová el Señor: ¡Ay de los profetas [a]insensatos que andan en pos de su propio espíritu y nada han visto!

4 Como zorras en los desiertos han sido tus profetas, oh Israel.

5 No habéis subido a las brechas ni habéis edificado un muro para la casa de Israel, a fin de que resista firme en la batalla en el día de Jehová.

6 Han visto vanidad y adivinación mentirosa. Dicen: Ha dicho Jehová, pero Jehová no los ha enviado; con todo, esperan que se confirme la palabra de ellos.

7 ¿No habéis visto visión vana y no habéis dicho adivinación mentirosa, por cuanto decís: Dijo Jehová, no habiendo yo hablado?

8 Por tanto, así ha dicho Jehová el Señor: Por cuanto vosotros habéis hablado [a]vanidad y habéis visto mentira, por tanto, he aquí, yo estoy contra vosotros, dice Jehová el Señor.

9 Y estará mi mano contra los profetas que ven vanidad y adivinan mentira; no estarán en la congregación de mi pueblo, ni serán inscritos en el libro de la casa de Israel, ni a la tierra de Israel [a]volverán; y sabréis que yo soy Jehová el Señor.

10 Sí, porque desviaron a mi pueblo, diciendo: Paz, y no había paz; y uno edificaba la pared, y he aquí que los otros la recubrían con [a]lodo suelto.

11 Di a los que recubren con cal que caerá; vendrá lluvia torrencial, y caeréis vosotras, oh piedras de granizo; y viento tempestuoso la romperá.

12 Y he aquí, cuando la pared haya caído, ¿no os preguntarán dónde está el revoque con que la recubristeis?

13 Por tanto, así ha dicho Jehová el Señor: Y haré que la rompa un viento tempestuoso con mi ira, y una lluvia torrencial vendrá con mi furor, y piedras de granizo con enojo para consumirla.

13 2 *a* Deut. 18:20
3 *a* 2 Ne. 28:9.
8 *a* GEE Vanidad, vano.
9 *a* Ezeq. 20:38.
10 *a* Ezeq. 22:28.

14 Así desbarataré la pared que vosotros recubristeis con cal, y la echaré a tierra, y será descubierto su cimiento; y caerá, y seréis consumidos en medio de ella; y sabréis que yo soy Jehová.

15 Cumpliré así mi furor en la pared y en los que la recubrieron con cal, y os diré: Ya no existe la pared ni los que la recubrieron,

16 los profetas de Israel que profetizan acerca de Jerusalén y que ven para ella visiones de paz, cuando no hay paz, dice Jehová el Señor.

17 Y tú, hijo de hombre, pon tu rostro contra las hijas de tu pueblo que profetizan de su propio corazón, y profetiza contra ellas,

18 y di: Así ha dicho Jehová el Señor: ¡Ay de las que cosen [a]cintas para todas las coyunturas de las manos y hacen velos para la cabeza de personas de toda estatura para cazar las almas! ¿Habéis de cazar las almas de mi pueblo para salvar así vuestra propia vida?

19 ¿Y habéis de profanarme entre mi pueblo por puñados de cebada y por pedazos de pan, matando a las personas que no deben morir, y dando vida a las personas que no deben vivir, mintiendo a mi pueblo que escucha la mentira?

20 Por tanto, así ha dicho Jehová el Señor: He aquí, yo estoy contra vuestras cintas, con las que [a]cazáis las almas al vuelo; yo las arrancaré de vuestros brazos, y soltaré las almas que cazáis para que [b]vuelen como aves.

21 Romperé asimismo vuestros velos y libraré a mi pueblo de vuestra mano, y no estarán más como presa en vuestra mano; y sabréis que yo soy Jehová.

22 Por cuanto entristecisteis con mentiras el corazón del justo, al cual yo no entristecí, y fortalecisteis las manos del malvado para que no se apartase de su mal camino, [a]infundiéndole ánimo,

23 por tanto, no veréis más vanidad ni adivinaréis más adivinación; y libraré a mi pueblo de vuestras manos; y sabréis que yo soy Jehová.

CAPÍTULO 14

Jehová no responderá a los que adoran dioses falsos y hacen iniquidad — Ezequiel predica el arrepentimiento — El pueblo no se salvaría aunque lo ministraran Noé, Daniel y Job.

Y VINIERON a mí algunos de los [a]ancianos de Israel y se sentaron delante de mí.

2 Y vino a mí la palabra de Jehová, diciendo:

3 Hijo de hombre, estos hombres han puesto sus ídolos en su corazón y han establecido el tropiezo de su iniquidad delante de su rostro. ¿Acaso he de ser

18 *a* HEB cintas o cubiertas para los codos, símbolos de las artes mágicas.

20 *a* *O sea,* como uno caza o atrapa a las aves.
b HEB libres.

22 *a* HEB para mantenerlo con vida.

14 1 *a* GEE Élder (anciano).

yo en modo alguno [a]consultado
por ellos?
4 Háblales, por tanto, y diles:
Así ha dicho Jehová el Señor:
Cualquier hombre de la casa de
Israel que haya puesto sus ídolos
en su corazón, y que haya establecido el [a]tropiezo de su iniquidad
delante de su rostro y que venga
al profeta, yo, Jehová, responderé
al que venga conforme a la multitud de sus ídolos,
5 para sujetar a la casa de Israel
en su propio corazón, ya que se
han apartado de mí todos ellos
por sus ídolos.
6 Por tanto, di a la casa de Israel: Así dice Jehová el Señor:
Arrepentíos, y volveos de vuestros ídolos y apartad vuestro
rostro de todas vuestras abominaciones.
7 Porque cualquier hombre de la
casa de Israel, y de los extranjeros
que moran en Israel, que se haya
apartado de andar en pos de mí, y
que haya puesto sus ídolos en su
corazón, y que haya establecido
delante de su rostro el tropiezo
de su iniquidad y que venga al
profeta para preguntarle por mí,
yo, Jehová, le responderé por mí
mismo.
8 Y pondré mi rostro contra
aquel hombre, y lo pondré como
señal y como refrán, y yo lo talaré
de en medio de mi pueblo; y sabréis que yo soy Jehová.
9 Y cuando el profeta sea engañado y hable palabra, [a]yo,
Jehová, engañé al tal profeta; y
extenderé mi mano contra él y
lo destruiré de en medio de mi
pueblo Israel.
10 [a]Y llevarán ambos su castigo;
como el castigo del que pregunta,
así será el castigo del profeta,
11 para que la casa de Israel no
se desvíe más de en pos de mí, ni
se contamine más con todas sus
transgresiones, y sea mi pueblo,
y yo sea su Dios, dice Jehová el
Señor.
12 Y vino a mí la palabra de
Jehová, diciendo:
13 Hijo de hombre, si una tierra peca contra mí rebelándose
pérfidamente, yo extenderé mi
mano contra ella, y le [a]quebran-
taré el sustento de pan, y enviaré
sobre ella hambre y talaré de ella
a hombres y bestias;
14 y aunque estuvieran en medio de ella estos tres varones:
Noé, Daniel y Job, ellos, por su
rectitud, *sólo* librarían sus propias
vidas, dice Jehová el Señor.
15 Y si hago pasar bestias feroces por la tierra, y la dejan asolada de modo que nadie pase por
allí a causa de las fieras,
16 aunque estos tres varones
estuvieran en medio de ella, vivo
yo, dice Jehová el Señor, que ni a
sus hijos ni a sus hijas librarían;
sólo ellos serían librados, y la
tierra quedaría desolada.
17 O si yo traigo espada sobre
la tierra y digo: Espada, pasa por
la tierra; y hago talar de ella a
hombres y bestias,
18 aunque estos tres varones
estuvieran en medio de ella, vivo
yo, dice Jehová el Señor, que no

3 *a* Ezeq. 20:1–3.
4 *a* 2 Ne. 26:20.
9 *a* TJS Ezeq. 14:9 …yo Jehová *no* engañé…
10 *a* *Es decir,* el castigo de su iniquidad.
13 *a* Sal. 105:16.

librarían a sus hijos ni a sus hijas;
sólo ellos serían librados.
19 O si envío pestilencia sobre
esa tierra y derramo mi ira sobre
ella con sangre, para talar de ella
a hombres y bestias,
20 aunque estuvieran en medio
de ella Noé, Daniel y Job, vivo
yo, dice Jehová el Señor, que no
librarían a hijo ni a hija; ellos,
por su justicia, *sólo* librarían su
propia vida.
21 Por lo cual, así ha dicho
Jehová el Señor: ¡Cuánto más
cuando yo envíe mis cuatro terribles juicios contra Jerusalén:
[a]espada, y hambre, y bestias feroces y pestilencia, para talar de
ella a hombres y bestias!
22 Sin embargo, he aquí, quedará en ella un [a]remanente, hijos
e hijas que serán llevados fuera;
he aquí que ellos vendrán a vosotros, y veréis su camino y sus
hechos, y seréis consolados del
mal que hice venir sobre Jerusalén, de todas las cosas que traje
sobre ella.
23 Y ellos os consolarán cuando
veáis su camino y sus hechos,
y comprenderéis que no es sin
causa todo lo que habré hecho en
ella, dice Jehová el Señor.

CAPÍTULO 15

Jerusalén, como la madera inútil de la vid, será quemada.

Y VINO a mí la palabra de Jehová,
diciendo:
2 Hijo de hombre, ¿en qué es
mejor la madera de la vid que la
madera de cualquier otra rama
que hay entre los árboles del
bosque?
3 ¿Tomarán de ella madera para
hacer alguna obra? ¿Tomarán de
ella una estaca para colgar en ella
algún utensilio?
4 He aquí, que es echada al
fuego para ser consumida. El
fuego consume sus dos extremos
y la parte de en medio se quema.
¿Servirá para obra alguna?
5 He aquí que cuando estaba entera no servía para obra alguna,
¡cuánto menos después que el
fuego la haya consumido y haya
sido quemada! ¿Servirá más para
obra alguna?
6 Por tanto, así ha dicho Jehová
el Señor: Como a la madera de la
vid entre los árboles del bosque,
la cual eché al fuego para que sir-
viera de combustible, así haré a
los moradores de [a]Jerusalén.
7 Y pondré mi rostro contra
ellos; del fuego salen, y otro fuego
los consumirá. Y sabréis que yo
soy Jehová, cuando ponga mi
rostro contra ellos.
8 Y convertiré la tierra en desolación, por cuanto cometieron infidelidad, dice Jehová el Señor.

CAPÍTULO 16

Jerusalén se ha convertido en una ramera, deleitándose en sus ídolos y adorando dioses falsos — Ha participado de todos los pecados de Egipto y de los de las naciones colindantes y es desechada — No

21 *a* Apoc. 6:8.
22 *a* GEE Israel—La congregación de Israel.
15 6 *a* 1 Ne. 1:13.

obstante, en los últimos días, Jehová volverá a establecer Su convenio con ella.

Y VINO a mí la palabra de Jehová, diciendo:

2 Hijo de hombre, [a]da a conocer a Jerusalén sus abominaciones,

3 y di: Así ha dicho Jehová el Señor sobre Jerusalén: Tu origen y tu nacimiento son de la tierra del cananeo; tu padre era amorreo y tu madre hetea.

4 Y en cuanto a tu nacimiento, el día en que naciste no fue cortado tu cordón umbilical, ni fuiste lavada con agua para limpiarte, ni frotada con sal ni fuiste envuelta en pañales.

5 No hubo ojo que se compadeciese de ti, para hacerte algo de eso, teniendo de ti misericordia, sino que fuiste echada sobre la faz del campo, con desprecio por tu vida, el día en que naciste.

6 Y yo pasé junto a ti, y te vi agitándote en tu propia sangre y te dije: En tu propia sangre, vive; vive, te dije, en tu propia sangre.

7 Te hice multiplicar como la hierba del campo; y creciste, y te hiciste grande y llegaste a ser mujer hermosa; tus pechos se formaron, y tu pelo creció, pero tú estabas desnuda y descubierta.

8 Y pasé yo junto a ti y te miré, y he aquí que tu tiempo era tiempo de amores; y extendí mi manto sobre ti y cubrí tu desnudez; y te hice juramento y entré en [a]convenio contigo, dice Jehová el Señor, y fuiste mía.

9 Y te lavé con agua, y [a]lavé tu sangre de encima de ti y te ungí con aceite;

10 y te puse un vestido bordado, y te calcé de tejón, y te ceñí de lino fino y te cubrí de seda.

11 Y te atavié con ornamentos, y puse brazaletes en tus brazos y un collar en tu cuello;

12 y puse un anillo en tu nariz, y zarcillos en tus orejas y una hermosa corona en tu cabeza.

13 Y fuiste adornada de oro y de plata, y tu vestido era de lino fino, y de seda y bordado; comiste flor de harina, y miel y aceite; y fuiste hermoseada en extremo y prosperaste hasta llegar a reinar.

14 Y [a]salió tu renombre entre las naciones a causa de tu hermosura, porque era perfecta por el esplendor que yo puse sobre ti, dice Jehová el Señor.

15 Pero confiaste en tu hermosura, y te prostituiste a causa de tu renombre y derramaste tus fornicaciones a cuantos pasaron; suya fuiste.

16 Y tomaste de tus vestidos, y te hiciste [a]lugares altos de diversos colores y te prostituiste en ellos. ¡*Cosa semejante* nunca había sucedido ni volverá a suceder!

17 Tomaste asimismo tus bellas joyas de mi oro y de mi plata, que yo te había dado, y te hiciste [a]imágenes de hombres y te prostituiste con ellas.

18 Y tomaste tus vestidos

16 2 *a* DyC 88:81.
8 *a* GEE Convenio (pacto).
9 *a* GEE Remisión de pecados; Lavado, lavamientos, lavar.
14 *a* *O sea,* tu fama se difundió.
16 *a* *O sea,* lugares altos para efectuar ritos inmorales.
17 *a* GEE Idolatría.

bordados y las cubriste, y mi
aceite y mi incienso pusiste delante de ellas.
19 Mi pan también, que yo te
había dado, la flor de harina, y
el aceite y la miel con que yo te
alimentaba, pusiste delante de
ellas para olor grato; y fue *así*,
dice Jehová el Señor.
20 Además de esto, tomaste
tus hijos y tus hijas que habías
dado a luz para mí, y los sacri-
ficaste a ellas para que fuesen
consumidos. ¿Eran poca cosa tus
fornicaciones,
21 para que mataras a mis hijos
y se los dieras para hacerlos pasar
por el fuego ante ellas?
22 Y con todas tus abominaciones y tus fornicaciones no te
has acordado de los días de tu
juventud, cuando estabas desnuda y descubierta, agitándote
en tu propia sangre.
23 Y sucedió que después de
toda tu maldad (¡ay, ay de ti!,
dice Jehová el Señor),
24 te construiste un lugar elevado y te hiciste lugares altos en
todas las plazas.
25 En toda cabecera de camino
edificaste tu lugar alto, e hiciste
abominable tu hermosura, y te
entregaste a cuantos pasaban y
multiplicaste tus fornicaciones.
26 Y fornicaste con los hijos de
Egipto, tus vecinos, robustos de
cuerpo; y aumentaste tus fornicaciones para provocarme a ira.
27 Por tanto, he aquí que yo
extendí contra ti mi mano y dis-
minuí tu [a]provisión ordinaria; y
te entregué a la voluntad de las
hijas de los filisteos que te aborrecen, las cuales se avergüenzan
de tu malvado camino.
28 Fornicaste también con los
hijos de [a]Asiria por no haberte
saciado; fornicaste con ellos y
tampoco te saciaste.
29 Multiplicaste asimismo tu
fornicación en la tierra de Canaán, hasta Caldea, y tampoco
con esto te saciaste.
30 ¡Cuán débil es tu corazón!,
dice Jehová el Señor, habiendo
hecho todas estas cosas, obras de
una ramera desvergonzada,
31 edificando tu montículo en
la cabecera de todo camino y haciendo tu lugar alto en todas las
plazas. Y no fuiste semejante a ramera al menospreciar la paga,
32 *sino como* esposa [a]adúltera,
que en lugar de su marido recibe
a extraños.
33 A todas las rameras les dan
presentes, pero tú diste tus presentes a todos tus amantes; y les
diste presentes para que viniesen a ti de todas partes por tus
fornicaciones.
34 Y ha sucedido contigo, en tus
fornicaciones, lo contrario de las
otras mujeres: porque ninguno te
ha seguido para fornicar, y tú das
la paga en lugar de recibirla; por
eso has sido diferente.
35 Por tanto, ramera, escucha la
palabra de Jehová:
36 Así ha dicho Jehová el Señor:
Por cuanto ha sido derramada tu
[a]inmundicia y ha sido descubierta
tu desnudez en tus fornicaciones

27 *a* HEB tu porción asignada.
28 *a* 2 Cró. 28:16–21.
32 *a* GEE Adulterio.
36 *a* GEE Inmundicia, inmundo.

con tus amantes y con todos los ídolos de tus [b]abominaciones, y por la sangre de tus hijos, los cuales les diste;

37 por tanto, he aquí que yo reuniré a todos tus amantes con los cuales tuviste placer, y a todos los que amaste con todos los que [a]aborreciste; y los reuniré [b]contra ti alrededor y les descubriré tu desnudez, y ellos verán toda tu desnudez.

38 Y yo te juzgaré como se juzga a las adúlteras y a las que derraman sangre; y traeré sobre ti sangre de ira y de celo.

39 Y te entregaré en manos de ellos; y destruirán tu lugar elevado y derribarán tus lugares altos. Y te despojarán de tus ropas, y se llevarán tus bellas joyas y te dejarán desnuda y descubierta.

40 Y harán subir contra ti una multitud, y te apedrearán y te atravesarán con sus espadas.

41 Y [a]quemarán tus casas con fuego y harán en ti juicios ante los ojos de muchas mujeres; y así haré que dejes de ser ramera, y no darás más paga *a tus amantes*.

42 Y apaciguaré mi ira sobre ti, y se apartará de ti mi celo, y descansaré y no me enojaré más.

43 Por cuanto no te acordaste de los días de tu juventud y me provocaste a ira en todo esto, por eso, he aquí, yo también haré recaer tu camino sobre tu cabeza, dice Jehová el Señor; pues no cometerás esta maldad además de todas tus *otras* abominaciones.

44 He aquí, todo el que usa de refranes usará este refrán contra ti, diciendo: Cual la madre, tal la hija.

45 Hija eres tú de tu madre, que aborreció a su marido y a sus hijos; y hermana eres tú de tus hermanas, que aborrecieron a sus maridos y a sus hijos; vuestra madre fue hetea, y vuestro padre amorreo.

46 Y tu hermana mayor es Samaria, la cual con sus hijas habita a tu mano izquierda; y tu hermana menor es Sodoma, la cual con sus hijas habita a tu mano derecha.

47 Y no sólo anduviste en sus caminos e hiciste según sus abominaciones, sino que, como *si esto fuera* poco, te corrompiste más que ellas en todos tus caminos.

48 Vivo yo, dice Jehová el Señor, que tu hermana [a]Sodoma y sus hijas no han hecho como hiciste tú y tus hijas.

49 He aquí que ésta fue la iniquidad de Sodoma tu hermana: [a]soberbia, saciedad de pan y abundancia de [b]ociosidad tuvieron ella y sus hijas; y ella no fortaleció la mano del afligido ni la del menesteroso.

50 Y fueron altivas e hicieron [a]abominación delante de mí; y cuando lo vi, las [b]quité.

51 Y Samaria no cometió ni la mitad de tus pecados, porque tú multiplicaste tus abominaciones más que ellas, y has justificado a tus hermanas con todas las abominaciones que hiciste.

36 *b* GEE Abominable, abominación.
37 *a* Ezeq. 23:28–29.
b Ezeq. 23:22.
41 *a* Jer. 39:8.
48 *a* Mateo 10:15.
49 *a* GEE Orgullo.
b GEE Ociosidad, ocioso.
50 *a* GEE Homosexualidad.
b Gén. 19:24–25.

52 Tú también, que [a]juzgaste a tus hermanas, lleva tu propia vergüenza en los pecados que tú hiciste, más abominables que los de ellas; más justas son que tú; avergüénzate, pues, tú también, y lleva tu vergüenza, por cuanto has justificado a tus hermanas.

53 Yo, pues, haré volver sus cautivos, los cautivos de Sodoma y de sus hijas, y los cautivos de Samaria y de sus hijas, y *haré volver* a los cautivos de tus cautiverios entre ellas,

54 para que tú lleves tu propia vergüenza y te avergüences de todo lo que has hecho, siendo tú motivo de consuelo para ellas.

55 Y tus hermanas, Sodoma con sus hijas y Samaria con sus hijas, volverán a su primer [a]estado; también tú y tus hijas volveréis a vuestro primer estado.

56 Tu hermana Sodoma no fue mencionada en tu boca en el día de tus soberbias,

57 antes que tu maldad fuese descubierta. Así también, ahora llevas tú la afrenta de las hijas de Siria y de todas las hijas de los filisteos, las cuales por todos lados te desprecian.

58 Tú has llevado tu maldad y tus abominaciones, dice Jehová.

59 Porque así ha dicho Jehová el Señor: Yo haré contigo como tú hiciste, que despreciaste el juramento, quebrantando el [a]convenio.

60 No obstante, yo tendré memoria de mi convenio que concerté contigo en los días de tu juventud, y estableceré contigo un [a]pacto sempiterno.

61 Y te acordarás de tus caminos y te [a]avergonzarás cuando recibas a tus hermanas, las mayores que tú y las menores que tú, las cuales yo te daré por hijas, aunque no por tu [b]convenio.

62 Y estableceré mi convenio contigo, y sabrás que yo soy Jehová,

63 para que te acuerdes y te avergüences, y nunca más abras la [a]boca a causa de tu vergüenza, cuando yo haga expiación por todo lo que has hecho, dice Jehová el Señor.

CAPÍTULO 17

Ezequiel muestra en una parábola que Israel, estando bajo el yugo de Babilonia, erróneamente solicita ayuda a Egipto — Aún así, en los últimos días Jehová hará crecer un magnífico árbol de los cedros del Líbano.

Y VINO a mí la palabra de Jehová, diciendo:

2 Hijo de hombre, propón un enigma y narra una parábola a la casa de Israel.

3 Y dirás: Así ha dicho Jehová el Señor: Una gran águila, de grandes alas y de largos miembros, llena de plumas de diversos

52 *a* Rom. 2:3.
55 *a* Ezeq. 36:8–15.
59 *a* HEB *berit:* convenio, pacto, alianza. GEE Convenio (pacto).
60 *a* GEE Nuevo y sempiterno convenio.
61 *a* GEE Arrepentimiento, arrepentirse.
b GEE Convenio (pacto).
63 *a* Ezeq. 18:21–22; DyC 58:42.

colores, vino al Líbano y tomó el [a]cogollo del cedro.
4 Arrancó el principal de sus renuevos, y lo [a]llevó a tierra de mercaderes y lo puso en una ciudad de comerciantes.
5 Tomó también de la simiente de la tierra y la puso en un campo bueno para sembrar. La plantó junto a aguas abundantes, como un sauce.
6 Y brotó y se hizo una [a]vid de mucho ramaje y poca altura; sus ramas miraban hacia *el águila*, y sus raíces estaban debajo de ella; así se hizo una vid y dio sarmientos y echó mugrones.
7 Había también otra gran águila, de grandes alas y de muchas plumas; y he aquí que esta vid dirigió hacia ella sus raíces y extendió hacia ella sus ramas, para ser regada por ella a través de los surcos de su plantío.
8 En un [a]buen campo, junto a muchas aguas, fue plantada, para que echara ramas y diese fruto, y para que fuese vid robusta.
9 Di: Así ha dicho Jehová el Señor: ¿Será prosperada? ¿No arrancará sus raíces, y destruirá su fruto y se secará? Todas sus hojas lozanas se secarán, y eso sin gran poder ni mucha gente, para arrancarla de raíz.
10 Y he aquí, está plantada; ¿será prosperada? ¿No se secará del todo cuando el viento solano la toque? En los surcos donde creció se secará.
11 Y vino a mí la palabra de Jehová, diciendo:
12 Di ahora a la [a]casa rebelde: ¿No habéis entendido qué significan estas cosas? Di: He aquí que el [b]rey de Babilonia vino a Jerusalén, y tomó a tu rey y a sus príncipes y los llevó consigo a Babilonia.
13 Tomó también a uno de la [a]descendencia real, e hizo pacto con él y le hizo prestar juramento; y se llevó a los poderosos de esa tierra,
14 para que el reino fuese abatido y no se levantase, a fin de que, guardando su pacto, permaneciera.
15 Pero se rebeló contra él, enviando embajadores a Egipto, para que le diese caballos y mucha gente. ¿Será prosperado? ¿Escapará el que estas *cosas* hizo? O el que rompió el pacto, ¿podrá escapar?
16 Vivo yo, dice Jehová el Señor, que ciertamente morirá en medio de Babilonia, en el lugar *donde habita* el rey que le hizo reinar, cuyo juramento menospreció y cuyo pacto, hecho con él, rompió.
17 Ni con gran ejército ni con mucha compañía hará Faraón *nada* por él en la batalla, cuando se levanten terraplenes y se construyan muros de asedio para cortar muchas vidas.
18 Por cuanto menospreció el juramento al quebrantar el pacto, cuando he aquí que tras haber

17 3 *a* *O sea,* la parte superior de la copa de un árbol.
4 *a* GEE Israel—El esparcimiento de Israel.
6 *a* GEE Viña del Señor, la.
8 *a* Jacob 5:25, 43.
12 *a* Ezeq. 12:9.
b 2 Rey. 25:1–7.
13 *a* 2 Rey. 24:15.

dado su mano, hizo todas estas
cosas; no escapará.
19 Por tanto, así ha dicho Jehová el Señor: Vivo yo, que ciertamente el juramento mío que
menospreció, y mi [a]pacto que ha
quebrantado, lo traeré sobre su
propia cabeza.
20 Y extenderé sobre él mi red,
y quedará preso en mi malla; y
lo haré venir a Babilonia, y allí
entraré en juicio con él por su
infidelidad que contra mí ha
cometido.
21 Y todos sus fugitivos, con todas sus tropas, caerán a espada, y
los que queden serán esparcidos
a todos los vientos; y sabréis que
yo, Jehová, he hablado.
22 Así ha dicho Jehová el Señor:
Y tomaré yo del [a]cogollo del alto
cedro y lo plantaré; del principal
de sus [b]renuevos cortaré un tallo
y lo plantaré sobre un monte alto
y eminente.
23 En el monte de la altura de
Israel lo plantaré, y dará ramas,
y dará fruto y se hará magnífico cedro. Y habitarán debajo
de él todas las aves de toda especie; habitarán a la sombra de
sus ramas.
24 Y sabrán todos los árboles
del campo que yo, Jehová, abatí
el árbol elevado, [a]levanté el árbol
bajo, hice secar el árbol verde e
hice reverdecer el árbol seco. Yo,
Jehová, he hablado y lo hago.

CAPÍTULO 18

Los hombres serán castigados por sus propios pecados — Los pecadores morirán y los justos salvarán sus almas — El hombre justo que peque será condenado y el pecador que se arrepienta será salvo.

Y VINO a mí la palabra de Jehová,
diciendo:
2 ¿Qué queréis decir vosotros,
los que usáis este refrán sobre
la tierra de Israel, diciendo: Los
padres comieron las [a]uvas agrias,
y a los hijos les da [b]dentera?
3 Vivo yo, dice Jehová el Señor,
que nunca más tendréis *por qué*
usar este refrán en Israel.
4 He aquí que todas las almas
son mías; tanto el alma del padre como el alma del hijo son
mías; el alma que [a]peque, ésa
[b]morirá.
5 Y el hombre que es [a]justo y
hace lo que es justo y recto,
6 que no come sobre los montes, ni alza sus ojos a los [a]ídolos
de la casa de Israel, ni [b]viola a la
esposa de su prójimo ni se llega
a la [c]mujer menstruosa;
7 que no oprime a ninguno,
sino que al deudor devuelve su
[a]prenda; que no comete robo alguno; que da de su pan al hambriento y cubre al [b]desnudo con
ropa;

19 *a* GEE Convenio (pacto).
22 *a* *O sea,* la parte superior de la copa de un árbol. Omni 1:14–17. GEE Mulek.
b Jacob 5:22–24.
24 *a* 2 Ne. 20:33; DyC 112:3–8.
18 2 *a* Jer. 31:29–30.
b *O sea,* dientes destemplados.
4 *a* AdeF 1:2. GEE Justicia.
b GEE Muerte espiritual.
5 *a* DyC 76:69.
6 *a* 2 Ne. 9:37.
b DyC 42:22–26.
c Lev. 18:19.
7 *a* Deut. 24:11–13.
b Alma 34:28–29.

8 que no presta con usura ni cobra interés; que retrae su mano de la maldad y hace juicio verdadero entre hombre y hombre;
9 que anda en mis estatutos y guarda mis juicios para actuar de acuerdo con la verdad, éste es justo; éste ciertamente vivirá, dice Jehová el Señor.
10 Pero si engendra hijo violento, derramador de sangre, y que hace cualquiera de estas cosas
11 (aunque *el padre* no ha hecho ninguna de estas cosas), y también come sobre los montes, y viola a la esposa de su prójimo,
12 oprime al [a]pobre y al menesteroso, comete robos, no devuelve la prenda, y alza sus ojos hacia los ídolos, y hace abominación,
13 presta con usura y cobra interés, ¿vivirá éste? No vivirá. Todas estas abominaciones hizo; ciertamente morirá; su sangre será sobre él.
14 Pero, he aquí, si *éste* engendra un hijo que ve todos los pecados que su padre hizo, y viéndolos no hace lo mismo,
15 no come sobre los montes ni alza sus ojos hacia los ídolos de la casa de Israel; que no viola a la esposa de su prójimo;
16 que no oprime a nadie, ni retiene la prenda ni comete robos; que da de su pan al hambriento y cubre al desnudo con ropa;
17 que retrae su mano de *oprimir* al pobre, no recibe usura ni interés, que hace mis juicios y anda en mis estatutos, éste no morirá por la maldad de su padre; ciertamente vivirá.
18 *Pero* su padre, por cuanto oprimió cruelmente, despojó violentamente al hermano e hizo en medio de su pueblo lo que no es bueno, he aquí que él morirá por su iniquidad.
19 Y si decís: ¿Por qué no llevará el hijo la iniquidad de su padre? Porque el hijo hizo lo que es justo y recto, guardó todos mis estatutos y los cumplió, ciertamente vivirá.
20 El alma que peque, ésa morirá; el hijo no [a]llevará la iniquidad del padre, ni el padre llevará la iniquidad del hijo; la justicia del justo será sobre él, y la maldad del malvado será sobre él.
21 Pero el malvado, si [a]se aparta de todos los pecados que cometió, y guarda todos mis estatutos y hace juicio y justicia, ciertamente vivirá; no morirá.
22 Ninguna de las [a]transgresiones que cometió le será recordada; por la justicia que hizo, vivirá.
23 ¿Acaso [a]quiero yo la muerte del malvado?, dice Jehová el Señor. ¿No vivirá si se aparta de sus caminos?
24 Pero si el [a]justo se aparta de su justicia, y comete iniquidad y actúa conforme a todas las abominaciones que el malvado hizo, ¿vivirá él? Ninguna de las justicias que hizo será recordada;

12 *a* Hel. 4:11–13.
20 *a* GEE Responsabilidad, responsable.
21 *a* GEE Arrepentimiento, arrepentirse.
22 *a* GEE Perdonar.
23 *a* Ezeq. 33:11; 2 Pe. 3:9.
24 *a* Ezeq. 33:12–13, 18.

por la infidelidad que cometió y
por el [b]pecado que cometió, por
ello morirá.
25 Y si decís: No es [a]recto el camino del Señor; oíd ahora, casa
de Israel: ¿No es recto mi camino?
¿Acaso no son vuestros caminos
los que no son rectos?
26 Si se aparta el justo de su justicia y comete iniquidad, [a]morirá
por ello; por la iniquidad que
cometió, morirá.
27 Y si el malvado se aparta de
la maldad que hizo y hace juicio
y justicia, hará vivir su alma.
28 Porque miró y se apartó de
todas las transgresiones que había cometido, ciertamente vivirá;
no morirá.
29 Si aún dice la casa de Israel:
No es recto el camino del Señor.
¿No son rectos mis caminos, oh
casa de Israel? ¿Acaso no son
vuestros caminos los que no son
rectos?
30 Por tanto, yo juzgaré a cada
uno según sus caminos, oh casa
de Israel, dice Jehová el Señor.
Arrepentíos y apartaos de todas vuestras transgresiones, y
la iniquidad no os será piedra
de tropiezo.
31 Echad de vosotros todas
vuestras transgresiones que habéis cometido, y haceos un [a]cora-
zón nuevo y un [b]espíritu nuevo.
¿Por qué habéis de morir, oh casa
de Israel?
32 Porque no quiero la muerte
del que muere, dice Jehová el
Señor. ¡Arrepentíos, pues, y
viviréis!

CAPÍTULO 19

Ezequiel se lamenta porque Israel ha sido llevado cautivo por otras naciones y ha llegado a ser como la vid plantada en tierra seca y árida.

Y TÚ, levanta una lamentación
por los príncipes de Israel.
2 Y di: ¿Qué era tu madre? Una
[a]leona que se echó entre leones; entre los leoncillos crió sus
cachorros,
3 e hizo subir uno de sus [a]ca-
chorros, que llegó a ser leoncillo
y aprendió a arrebatar la presa y
a devorar hombres.
4 Y las naciones oyeron de él;
fue capturado en el foso de ellas,
y lo llevaron con [a]cadenas a la
tierra de Egipto.
5 Y viendo ella que había esperado mucho tiempo *y* que
se perdía su esperanza, tomó
otro de sus [a]cachorros y lo hizo
leoncillo.
6 Y él andaba entre los leones; se hizo leoncillo y aprendió a arrebatar la presa; devoró
hombres.
7 Y saqueó sus fortalezas y asoló
sus ciudades; y la tierra fue desolada, con cuanto había en ella, al
estruendo de sus rugidos.
8 Y [a]arremetieron contra él los
pueblos de las provincias de

24 *b* 2 Ne. 9:38.
25 *a* Ezeq. 18:29.
26 *a* Mos. 15:26.
31 *a* GEE Conversión, convertir.
b GEE Nacer de Dios, nacer de nuevo.
19 2 *a* *Es decir,* Judá, de quien proviene la casa real.
3 *a* 2 Cró. 36:1.
4 *a* 2 Rey. 23:31–34.
5 *a* *Es decir,* Joacim. Jer. 22:13–18.
8 *a* 2 Rey. 24:2.

alrededor y extendieron sobre él
su red; en su foso fue apresado.
9 Y lo pusieron en una jaula con
[a]cadenas y lo llevaron al rey de
Babilonia; lo pusieron en fortalezas, para que su voz no se oyese
más sobre los montes de Israel.
10 Tu madre fue como una vid
[a]en medio de la viña, plantada
junto a las aguas, dando fruto y
echando vástagos a causa de las
muchas aguas.
11 Y ella tuvo varas fuertes para
cetros de gobernantes; y elevó su
estatura por encima de las ramas
y fue vista por su altura y por la
multitud de sus sarmientos.
12 Pero fue arrancada con ira,
derribada en tierra, y el viento
solano secó su fruto; sus varas
fuertes fueron quebradas y se
secaron; las consumió el fuego.
13 Y ahora está plantada en el
[a]desierto, en tierra de sequedad
y de aridez.
14 Y ha salido fuego de la vara
de sus ramas que ha consumido
su fruto, y no ha quedado en ella
vara fuerte que sea cetro para
gobernar. Lamentación es ésta,
y de lamentación servirá.

CAPÍTULO 20

Desde la época en que fue liberado de Egipto hasta los días de Ezequiel, el pueblo de Israel se ha rebelado y no ha guardado los mandamientos — En los últimos días, Jehová recogerá a Israel y restaurará el convenio del Evangelio.

Y ACONTECIÓ en el [a]año séptimo,
en el *mes* quinto, a los diez días
del mes, que vinieron algunos de
los [b]ancianos de Israel a consultar
a Jehová y se sentaron delante
de mí.
2 Y vino a mí la palabra de Jehová, diciendo:
3 Hijo de hombre, habla a los
ancianos de Israel y diles: Así ha
dicho Jehová el Señor: ¿A con-
sultarme venís vosotros? Vivo
yo, que [a]no os responderé, dice
Jehová el Señor.
4 ¿Quieres tú juzgarlos? ¿Los
quieres juzgar tú, hijo de hombre?
Hazles saber las abominaciones
de sus padres,
5 y diles: Así ha dicho Jehová
el Señor: El día en que [a]escogí a
Israel, y en que [b]alcé mi mano *ju-*
rando a la descendencia de la casa
de Jacob, y me di a conocer a ellos
en la tierra de Egipto, cuando alcé
mi mano y les *juré,* diciendo: Yo
soy Jehová vuestro Dios;
6 aquel día en que [a]les alcé mi
mano *jurando* que los sacaría de la
tierra de Egipto a [b]la tierra que les
había [c]provisto, que fluye leche
y miel, la cual es la más hermosa
de todas las tierras,
7 entonces les dije: Cada uno
eche de sí las abominaciones
de delante de sus ojos, y no os

9 *a* 2 Cró. 36:5–6.
10 *a* GEE Viña del Señor, la.
13 *a* 2 Rey. 24:12–16.
20 1 *a* *Es decir,* desde la cautividad babilónica.
b GEE Élder (anciano).
3 *a* Ezeq. 14:3; DyC 101:7.
5 *a* GEE Escogido.
b *Es decir,* hice pacto.
6 *a* *Es decir,* hice pacto.
b GEE Tierra prometida.
c *O sea,* que les había yo buscado.

contaminéis con los ídolos de
Egipto. Yo soy Jehová vuestro
Dios.
8 Pero ellos se rebelaron contra
mí y no quisieron obedecerme; no
echó de sí cada uno las abominaciones de delante de sus ojos, ni
dejaron los ídolos de Egipto; y
dije que derramaría mi ira sobre
ellos, para consumar mi enojo
contra ellos en medio de la tierra
de Egipto.
9 Pero actué a causa de mi [a]nom-
bre, para que no se profanara ante
los ojos de las naciones en medio
de las cuales estaban, ante cuyos
ojos fui conocido al sacarlos de
la tierra de Egipto.
10 Por tanto, los saqué de la
tierra de Egipto y los traje al
desierto;
11 y les di mis [a]estatutos y les
di a conocer mis decretos, por los
cuales el hombre que los cumpla,
[b]vivirá.
12 Y les di también mis [a]días
de reposo, para que fuesen una
señal entre yo y ellos, para que
supiesen que yo soy Jehová que
los [b]santifico.
13 Pero se [a]rebeló contra mí la
casa de Israel en el desierto; no
anduvieron en mis estatutos y
[b]desecharon mis decretos, por
los cuales el hombre que los cumpla, vivirá; y mis días de reposo
profanaron en gran manera; dije,
por tanto, que derramaría sobre
ellos mi ira en el desierto para
consumirlos.
14 Pero actué a causa de mi
nombre, para que no fuese profanado a la vista de las naciones ante cuyos ojos los había
sacado.
15 Y también yo les alcé mi
mano en el desierto *jurando* que
no los traería a la tierra que les
había dado, que fluye leche y
miel, la cual es la más hermosa
de todas las tierras;
16 porque desecharon mis decretos, y no anduvieron en mis
estatutos y profanaron mis días
de reposo, porque tras sus ídolos
iba su [a]corazón.
17 No obstante, mi ojo tuvo piedad de ellos y no los destruí en
el desierto;
18 antes bien, dije en el desierto
a sus hijos: No andéis en los estatutos de vuestros padres, ni
guardéis sus decretos ni os contaminéis con sus ídolos.
19 Yo soy Jehová vuestro Dios;
andad en mis [a]estatutos, y guardad mis decretos y ponedlos por
obra;
20 y santificad mis días de reposo, y sean una señal entre yo y
vosotros, para que sepáis que yo
soy Jehová vuestro Dios.
21 Pero los hijos se rebelaron
contra mí; no anduvieron en mis
estatutos ni guardaron mis decretos para ponerlos por obra,
por los cuales el hombre que los
cumpla vivirá; profanaron mis
días de reposo. Dije entonces que
derramaría mi ira sobre ellos,
para consumar mi enojo contra
ellos en el desierto.

9 *a* Éx. 9:16; Sal. 106:8.
11 *a* Deut. 4:5–8.
b 2 Ne. 1:16–17; 5:10–11.
12 *a* Éx. 31:12–13.
b GEE Santificación.
13 *a* 1 Cor. 10:5–10.
b 1 Ne. 17:30–31.
16 *a* GEE Corazón.
19 *a* Deut. 5:31–33.

22 Pero retraje mi mano y actué
a causa de mi nombre, para que
no fuera profanado a la vista de
las naciones, ante cuyos ojos los
había sacado.
23 Y también yo les alcé mi
mano en el desierto *jurando* que
los [a]esparciría entre las naciones y que los dispersaría por las
tierras,
24 porque no pusieron por obra
mis decretos, sino que desecharon mis estatutos, y profanaron
mis días de reposo y tras los ídolos de sus padres se les fueron
los ojos.
25 Por eso yo también [a]les di
estatutos que no eran buenos y
decretos por los cuales no habían
de vivir.
26 Y los contaminé en sus
ofrendas cuando hacían pasar
[a]*por el fuego* a todo primogénito, para que yo los desolase,
a [b]fin de que supiesen que yo
soy Jehová.
27 Por tanto, hijo de hombre,
habla a la casa de Israel y diles:
Así ha dicho Jehová el Señor: Aun
en esto me [a]han blasfemado vuestros padres cuando cometieron
infidelidad contra mí.
28 Porque yo los traje a la tierra sobre la cual había alzado
mi mano *jurando* que había de
dársela, y miraron a todo collado
alto y a todo árbol frondoso, y
allí ofrecieron sus sacrificios, y
allí presentaron ofrendas que me
irritan; allí pusieron también su
olor grato y allí derramaron sus
libaciones.
29 Y yo les dije: ¿Qué es ese lugar alto adonde vosotros vais?
Y fue llamado su nombre Bama
hasta el día de hoy.
30 Di, pues, a la casa de Israel:
Así ha dicho Jehová el Señor: ¿No
os contamináis vosotros a la manera de vuestros padres y os prostituís tras sus abominaciones?
31 Porque ofreciendo vuestras
ofrendas, haciendo pasar a vuestros hijos por el fuego, os habéis
contaminado con todos vuestros
ídolos hasta hoy; ¿y he de respon-
deros yo, casa de Israel? ¡Vivo
yo, dice Jehová el Señor, que no
os responderé!
32 Y no ha de ser lo que habéis
pensado. Porque vosotros decís: Seamos como las naciones,
como las demás familias de la
tierra, sirviendo a la [a]madera y
a la piedra.
33 Vivo yo, dice Jehová el Señor,
que con mano fuerte, y brazo extendido y enojo derramado he de
reinar sobre vosotros;
34 y os [a]sacaré de entre los pueblos y os reuniré de las tierras en
que estáis esparcidos con mano
fuerte, y brazo extendido y enojo
derramado;
35 y os traeré al desierto de los
pueblos y allí litigaré con vosotros cara a cara.
36 Como litigué con vues-
tros padres en el desierto de
la tierra de Egipto, así litigaré

23 *a* GEE Israel—El esparcimiento de Israel.
25 *a* *Es decir,* permití que tuviesen.
26 *a* *Es decir,* como ofrenda quemada a Moloc.
b Hel. 12:1–4.
27 *a* GEE Blasfemar, blasfemia.
32 *a* GEE Idolatría.
34 *a* GEE Israel—La congregación de Israel.

con vosotros, dice Jehová el Señor.

37 Y os haré [a]pasar bajo la vara y os haré entrar en el vínculo del [b]convenio;

38 y apartaré de entre vosotros a los [a]rebeldes y a los que han transgredido contra mí; de la tierra de sus peregrinaciones los sacaré, pero a la tierra de Israel no entrarán; y sabréis que yo soy Jehová.

39 Y en cuanto a vosotros, oh casa de Israel, así ha dicho Jehová el Señor: Ande cada uno tras sus [a]ídolos y sírvales, ahora y después, ya que a mí no me obedecéis; pero no profanéis más mi santo nombre con vuestras ofrendas y con vuestros ídolos.

40 Pero en mi santo [a]monte, en el alto monte de Israel, dice Jehová el Señor, allí me servirá toda la casa de [b]Israel, toda ella en la tierra; allí [c]los aceptaré, y allí demandaré vuestras ofrendas y las primicias de vuestras dádivas, con todas vuestras cosas consagradas.

41 Como olor grato os aceptaré cuando os haya sacado de entre los pueblos y os haya [a]congregado de entre las tierras en que estáis esparcidos; y [b]seré santificado en medio de vosotros ante los ojos de las naciones.

42 Y sabréis que yo soy Jehová, cuando os haya traído a la tierra de Israel, la tierra por la cual [a]alcé mi mano *jurando* que la daría a vuestros padres.

43 Y allí os [a]acordaréis de vuestros caminos y de todos vuestros hechos en que os contaminasteis; y os aborreceréis a vosotros mismos por todas vuestras maldades que habéis hecho.

44 Y sabréis que yo soy Jehová cuando, por causa de mi nombre, no haga con vosotros según vuestros malos caminos ni según vuestras perversas obras, oh casa de Israel, dice Jehová el Señor.

45 Y vino a mí la palabra de Jehová, diciendo:

46 Hijo de hombre, pon tu [a]rostro hacia el sur, y [b]derrama *tu palabra* contra la parte sur y profetiza contra el bosque del campo del sur.

47 Y dirás al bosque del sur: Oye la palabra de Jehová: Así ha dicho Jehová el Señor: He aquí que yo enciendo fuego en ti, el cual consumirá en ti todo árbol verde y todo árbol seco; no se apagará la llama del fuego, y serán quemados en ella todos los rostros, desde el sur hasta el norte.

48 Y verá toda carne que yo, Jehová, lo encendí; no se apagará.

49 Y dije: ¡Ah, Señor Jehová! Ellos dicen de mí: ¿No habla éste [a]parábolas?

---

37 *a* *Es decir,* para ser contados en el rebaño.
b 3 Ne. 29:1–3. GEE Convenio (pacto).
38 *a* GEE Rebelión.
39 *a* DyC 1:16. GEE Idolatría.
40 *a* Isa. 2:2–3.
b GEE Israel.
c Isa. 60:7; Mal. 3:4.
41 *a* GEE Israel—La congregación de Israel.
b *O sea,* manifestaré mi santidad por medio de vosotros.
42 *a* *Es decir,* hice pacto.
43 *a* Alma 5:18.
46 *a* GEE Testificar.
b *O sea,* predica.
49 *a* GEE Parábola.

CAPÍTULO 21

En Jerusalén, tanto el justo como el malvado serán talados — Babilonia sacará una espada afilada y brillante en contra de Israel y aquélla prevalecerá.

Y VINO a mí la palabra de Jehová, diciendo:

2 Hijo de hombre, pon tu rostro hacia Jerusalén, y [a]derrama palabras contra los santuarios y profetiza contra la tierra de Israel;

3 y dirás a la tierra de Israel: Así ha dicho Jehová: He aquí que yo estoy contra ti, y sacaré mi [a]espada de su vaina y talaré de ti al justo y al malvado.

4 Y por cuanto he de talar de ti al justo y al malvado, por tanto, mi espada saldrá de su vaina contra toda carne, desde el sur hasta el norte;

5 y sabrá toda carne que yo, Jehová, saqué mi espada de su vaina; no la envainaré más.

6 Y tú, hijo de hombre, gime con quebranto de lomos y con amargura; gime delante de los ojos de ellos.

7 Y sucederá que cuando te digan: ¿Por qué gimes tú? Dirás: Por la noticia que viene; y todo corazón desfallecerá, y todas las manos se debilitarán, y se angustiará todo espíritu, y todas las rodillas [a]se volverán como agua; he aquí que viene, y se hará, dice Jehová el Señor.

8 Y vino a mí la palabra de Jehová, diciendo:

9 Hijo de hombre, profetiza y di: Así ha dicho Jehová: Di: ¡La espada, la espada está afilada y también pulida!

10 Para la matanza está afilada; pulida está para que relumbre. ¿Hemos de alegrarnos, cuando ha despreciado al cetro de mi hijo como a un palo cualquiera?

11 Y la dio a pulir para tenerla a mano; la espada está afilada, y pulida está ella para entregarla en manos del verdugo.

12 Clama y gime, oh hijo de hombre, porque ésta estará contra mi pueblo; estará contra todos los príncipes de Israel. Serán arrojados a la espada junto con mi pueblo; por tanto, golpéate el muslo,

13 porque es el tiempo de las pruebas. ¿Y qué, si la *espada* desprecia aun al [a]cetro? Él no será *más*, dice Jehová el Señor.

14 Tú, pues, hijo de hombre, profetiza y bate una mano contra otra, y dóblese la espada la tercera vez, la espada de la matanza; ésta es la espada de la gran matanza que los tiene rodeados,

15 para que el corazón desmaye y las piedras de tropiezo se multipliquen; en todas las puertas de ellos he puesto matanza de espada. ¡Ah!, está hecha para centellear, y preparada para la matanza.

16 Ve a un lado o al otro, a la derecha *o* a la izquierda, hacia donde tu rostro determine.

17 Y yo también batiré mano

21 2*a* *O sea,* predica.
3*a* DyC 1:12–16.
7*a* *Es decir,* se volverán débiles.
13*a* GEE Palabra de Dios.

contra mano y haré reposar mi
[a]ira. Yo, Jehová, he hablado.
18 Y vino a mí la palabra de
Jehová, diciendo:
19 Y tú, hijo de hombre, trázate
dos caminos por donde venga la
espada del rey de Babilonia; de
una misma tierra salgan ambos;
haz una señal; hazla al principio
del camino a la ciudad.
20 El camino trazarás por donde
venga la espada a Rabá de los
hijos de Amón, y a Judá que está
en la fortificada Jerusalén.
21 Porque el rey de Babilonia se
ha detenido en una encrucijada,
al principio de los dos caminos,
para usar de adivinación; ha sacudido las saetas, consultó a los
ídolos, miró el hígado.
22 La adivinación para Jerusalén salió en su mano derecha,
para poner arietes, para abrir la
boca a la matanza, para levantar
la voz en grito de guerra, para
poner arietes contra las puertas,
para levantar terraplén y edificar
muros de asedio.
23 Y les será como adivinación
mentirosa ante sus ojos, por estar
juramentados con juramento a
ellos; pero él traerá a la memoria
la iniquidad, para apresarlos.
24 Por tanto, así ha dicho Jehová el Señor: Por cuanto habéis hecho traer a la memoria
vuestra iniquidad, manifestando
vuestras transgresiones, descubriendo vuestros pecados en
todas vuestras obras; por cuanto
habéis sido recordados, seréis
capturados por su mano.
25 Y tú, profano *y* [a]malvado
príncipe de Israel, cuyo día ha
llegado en el tiempo de la consumación de la iniquidad,
26 así ha dicho Jehová el Señor:
Depón la [a]tiara y quita la corona;
esto no será más así; lo [b]bajo será
exaltado, y lo alto será abatido.
27 A ruina, a ruina, a ruina la
reduciré; y ésta no será más hasta
que [a]venga aquel [b]de quien es el
derecho, y se *la* entregaré.
28 Y tú, hijo de hombre, profetiza, y di: Así ha dicho Jehová
el Señor acerca de los hijos de
[a]Amón y de su oprobio. Dirás,
pues: La espada, la espada está
desenvainada para la matanza;
para consumir está pulida con
resplandor.
29 Mientras ellos ven para ti
visiones falsas, mientras adivinan mentira para ti, para ponerte
sobre los cuellos de los muertos,
de los malos, cuyo día ha llegado
en el tiempo de la consumación
de la iniquidad.
30 ¿La [a]volveré a envainar? En
el lugar donde fuiste creada, en la
tierra de tu origen, te juzgaré.
31 Y derramaré sobre ti mi indignación, con el fuego de mi
enojo soplaré sobre ti y te entregaré en manos de hombres brutales, artífices de destrucción.
32 Serás pasto del fuego; tu

17 *a* Ezeq. 5:13; 3 Ne. 21:20–22.
25 *a* 2 Cró. 36:11–13. GEE Sedequías.
26 *a* HEB turbante.
b Lucas 1:52.
27 *a* GEE Segunda Venida de Jesucristo.
b La palabra hebrea *shiloh* tal vez sea el apócope de *asher-lo,* que se traduciría "aquel de quien es el derecho".
28 *a* Jer. 49:1–2.
30 *a* *O sea,* la espada del vers. 28.

sangre quedará en medio de la tierra; no habrá más memoria de ti, porque yo, Jehová, he hablado.

CAPÍTULO 22

Ezequiel enumera los pecados del pueblo de Judá en Jerusalén — Los del pueblo serán esparcidos y destruidos por causa de sus iniquidades.

Y VINO a mí la palabra de Jehová, diciendo:

2 Y tú, hijo de hombre, ¿no juzgarás tú, no juzgarás tú a la ciudad sanguinaria? Sí, le mostrarás todas sus [a]abominaciones.

3 Dirás, pues: Así ha dicho Jehová el Señor: ¡Ciudad [a]derramadora de [b]sangre en medio de sí, para que venga su hora, y que hizo ídolos contra sí misma para contaminarse!

4 Por la sangre que derramaste eres culpable y te has contaminado con tus ídolos que hiciste; y has hecho acercar tus días y has llegado a tus años; por tanto, te he dado en oprobio a las naciones y en escarnio a todas las tierras.

5 Las que están cerca de ti y las que están lejos se burlarán de ti, amancillada de nombre *y* de gran turbación.

6 He aquí que los príncipes de Israel, cada uno según su poder, estuvieron en ti para derramar sangre.

7 Al padre y a la madre despreciaron en ti; al extranjero trataron con opresión en medio de ti; al huérfano y a la [a]viuda oprimieron en ti.

8 Mis cosas sagradas has despreciado y mis días de reposo has profanado.

9 Calumniadores hubo en ti para derramar sangre, y sobre los montes comieron en ti; hicieron [a]perversidades en medio de ti.

10 La [a]desnudez del padre descubrieron en ti; en ti [b]abusaron de la que estaba impura por su menstruación.

11 Y uno ha cometido abominación con la mujer de su prójimo; y otro ha contaminado pervertidamente a su nuera, y en ti otro ha violado a su hermana, hija de su padre.

12 [a]Soborno han recibido en ti para derramar sangre; y han tomado usura e interés, y a tus prójimos has defraudado con extorsión; y te has olvidado de mí, dice Jehová el Señor.

13 Y he aquí que golpeé mi mano a causa de las ganancias deshonestas que has adquirido y a causa de la sangre que ha habido en medio de ti.

14 ¿Estará firme tu corazón? ¿Serán fuertes tus manos en los días en que yo actúe contra ti? Yo, Jehová, he hablado, y lo haré.

15 Y yo te [a]esparciré entre las

22 2 *a* GEE Abominable, abominación; Pecado.
3 *a* Ezeq. 36:16–20.
b GEE Asesinato.
7 *a* Amós 5:12.
9 *a* GEE Sensual, sensualidad.
10 *a* Lev. 18:7–8.
b Lev. 18:19.
12 *a* Deut. 27:25.
15 *a* GEE Israel—El esparcimiento de Israel.

naciones, y te dispersaré por las tierras, y eliminaré de ti tu [b]inmundicia.

16 Y por ti misma serás profanada ante los ojos de las naciones; y sabrás que yo soy Jehová.

17 Y vino a mí la palabra de Jehová, diciendo:

18 Hijo de hombre, la casa de Israel se me ha convertido en [a]escoria; todos ellos son bronce, y estaño, y hierro y plomo en medio del horno; [b]escoria de plata son.

19 Por tanto, así ha dicho Jehová el Señor: Por cuanto todos vosotros os habéis convertido en escoria, por tanto, he aquí que yo os reuniré en medio de Jerusalén.

20 Como quien junta plata, y bronce, y hierro, y plomo y estaño en medio del horno, para encender fuego en él para fundirlos; así os juntaré en mi furor y en mi ira, y os juntaré allí y os fundiré.

21 Y os juntaré y soplaré sobre vosotros en el fuego de mi furor, y en medio de él seréis fundidos.

22 Como se funde la plata en medio del horno, así seréis fundidos en medio de él; y sabréis que yo, Jehová, habré derramado mi enojo sobre vosotros.

23 Y vino a mí la palabra de Jehová, diciendo:

24 Hijo de hombre, di a ella: Tú eres tierra que no ha sido purificada ni [a]mojada con lluvia en el día de la [b]indignación.

25 Hay [a]conspiración de sus profetas en medio de ella, como león rugiente que arrebata la presa; han devorado almas, han tomado [b]riquezas y cosas preciosas, y han multiplicado sus viudas en medio de ella.

26 Sus sacerdotes han [a]violado mi ley y han profanado mis cosas sagradas; entre lo sagrado y lo profano no han hecho [b]diferencia ni han enseñado a distinguir entre lo inmundo y lo limpio; y de mis [c]días de reposo han escondido sus ojos, y yo he sido [d]profanado en medio de ellos.

27 Sus príncipes en medio de ella son como lobos que arrebatan la presa para derramar sangre, y para destruir las almas, a fin de obtener ganancias deshonestas.

28 Y sus profetas recubrían con lodo suelto, viendo visiones falsas y adivinándoles mentira, diciendo: Así ha dicho Jehová el Señor; y Jehová no había hablado.

29 El pueblo de la tierra oprimía y cometía robo. Y al afligido y al menesteroso ha maltratado y al extranjero ha oprimido sin derecho.

30 Y busqué entre ellos un hombre que hiciese vallado y que se pusiese en la brecha delante de mí, a favor de la tierra, para que yo no la [a]destruyese, pero no *lo* hallé.

31 Por tanto, derramé sobre ellos

15 *b* GEE Inmundicia, inmundo.
18 *a* HEB en desperdicio.
b Isa. 48:10.
24 *a* Ezeq. 34:26.
b GEE Condenación, condenar.
25 *a* Deut. 18:20–22.
b GEE Robar, robo, hurtar, hurto.
26 *a* Mal. 2:8.
b GEE Juicio, juzgar.
c GEE Día de reposo.
d GEE Profanidad.
30 *a* Gén. 18:26; Jer. 5:1.

mi indignación; con el fuego de mi ira los consumí. [a]Puse el camino de ellos sobre su propia cabeza, dice Jehová el Señor.

CAPÍTULO 23

Dos hermanas, Samaria y Jerusalén, se prostituyeron al adorar ídolos — Ambas son destruidas por causa de su lujuria.

Y VINO a mí la palabra de Jehová, diciendo:

2 Hijo de hombre, hubo dos mujeres, hijas de una madre,

3 las cuales fornicaron en Egipto; en su juventud fornicaron. Allí fueron apretados sus pechos, y allí fueron manoseados sus pechos virginales.

4 Y la mayor se llamaba [a]Ahola; y su hermana, [b]Aholiba. Ellas fueron mías y dieron a luz hijos e hijas. Y se llamaron: Samaria, Ahola; y Jerusalén, Aholiba.

5 Y Ahola se prostituyó cuando era mía; y se llenó de lujuria por sus amantes, los [a]asirios, vecinos suyos,

6 vestidos de azul, gobernadores y gobernantes, jóvenes codiciables todos ellos, jinetes que andaban a caballo.

7 Y cometió sus fornicaciones con ellos, con todos los más escogidos de los hijos de los asirios y con todos aquellos por quienes se llenó de lujuria; se contaminó con todos los ídolos de ellos.

8 Y no abandonó sus fornicaciones de Egipto, pues con ella muchos se acostaron en su juventud; y ellos manosearon sus pechos virginales y derramaron sobre ella su fornicación.

9 Por lo cual la entregué en manos de sus amantes, en manos de los hijos de los asirios, por quienes ella se había llenado de lujuria.

10 Ellos descubrieron su desnudez, tomaron a sus hijos y a sus hijas, y a ella la mataron a espada; y vino a ser famosa entre las mujeres, pues sobre ella ejecutaron juicios.

11 Y lo vio su hermana Aholiba y enloqueció de lujuria más que ella; y sus fornicaciones fueron más que las fornicaciones de su hermana.

12 Se llenó de lujuria por los hijos de los [a]asirios, *sus* vecinos, gobernadores y gobernantes, vestidos lujosamente, jinetes que andaban a caballo, todos ellos jóvenes codiciables.

13 Y vi que se había contaminado; un camino era el de ambas.

14 Y aumentó sus fornicaciones, pues cuando vio hombres tallados en la pared, imágenes de caldeos pintadas de color rojo,

15 ceñidos de cinturones por sus lomos y con amplios turbantes en sus cabezas, teniendo todos ellos apariencia de capitanes, a la manera de los hombres de Babilonia, de Caldea, tierra de su nacimiento,

16 se llenó de lujuria por ellos con sólo verlos, y les envió mensajeros a la tierra de los caldeos.

31 *a* Ezeq. 7:3–4.
23 4 *a* HEB una tienda.
b HEB mi tienda está en ella.
5 *a* GEE Asiria.
12 *a* 2 Rey. 16:7–10.

17 Así, pues, se llegaron a ella los hombres de Babilonia en su lecho de amores, y la [a]contaminaron con su fornicación; y ella también se contaminó con ellos, y su alma [b]se hastió de ellos.

18 Así hizo patentes sus fornicaciones y descubrió su desnudez, por lo cual mi alma se hastió de ella, como se había ya hastiado mi alma de su hermana.

19 Aun multiplicó sus fornicaciones, trayendo a la memoria los días de su juventud, en los cuales había fornicado en la tierra de Egipto.

20 Y se llenó de lujuria por sus amantes, cuya carne es como la carne de asnos y cuyo flujo es como el flujo de los caballos.

21 Así añoraste la perversidad de tu juventud, cuando los egipcios manosearon tus pechos, los pechos de tu juventud.

22 Por tanto, Aholiba, así ha dicho Jehová el Señor: He aquí que yo suscitaré contra ti a tus amantes, [a]de los cuales se hastió tu alma, y yo los haré venir [b]contra ti de todos lados;

23 los hijos de Babilonia y todos los caldeos, los de Pecod, y de Soa, y de Coa, y todos los de Asiria con ellos; todos ellos jóvenes codiciables, gobernadores y gobernantes, capitanes y hombres notables, que montan a caballo todos ellos.

24 Y vendrán contra ti carros, carretas y ruedas, y multitud de pueblos. Paveses, y escudos y yelmos pondrán contra ti por todos lados; y yo les encomendaré el juicio a ellos, y según sus decretos te [a]juzgarán.

25 Y pondré mi celo contra ti, y procederán contigo con furor; te quitarán la nariz y las orejas, y lo que te quede [a]caerá a espada. Ellos tomarán a tus hijos y a tus hijas, y lo que quede de ti será consumido por el fuego.

26 Y te despojarán de tus vestidos y te quitarán tus bellas joyas.

27 Y haré cesar de ti tu perversidad y tu fornicación de la tierra de Egipto; y no levantarás ya más hacia ellos tus ojos ni nunca más te acordarás de Egipto.

28 Porque así ha dicho Jehová el Señor: He aquí, yo te entregaré en manos de aquellos que tú has aborrecido, en manos de aquellos de los cuales se hastió tu alma,

29 los cuales procederán contigo con odio, y tomarán todo *el fruto* de tu labor y te dejarán desnuda y descubierta; y se descubrirá la desnudez de tus fornicaciones, y tu perversidad y tus fornicaciones.

30 Estas cosas se harán contigo porque [a]fornicaste en pos de las naciones, con las cuales te contaminaste con sus ídolos.

31 En el camino de tu hermana anduviste; yo, pues, pondré su [a]copa en tu mano.

32 Así ha dicho Jehová el Señor: Beberás de la honda y ancha copa de tu hermana, la cual es de gran

17 *a* GEE Inmundicia, inmundo.
b TJS Ezeq. 23:17 …de *mí por* ellos.
22 *a* TJS Ezeq. 23:22 …*por* los cuales se hastió *de mí* tu alma…
b Ezeq. 16:37.
24 *a* 2 Rey. 25:5–7.
25 *a* 2 Ne. 6:8.
30 *a* Ezeq. 6:9.
31 *a* Jer. 25:15.

capacidad; de ti se mofarán las naciones y te escarnecerán.

33 Serás llena de [a]embriaguez y de dolor por la copa de espanto y de desolación, por la copa de tu hermana Samaria.

34 La beberás, pues, y la agotarás y quebrarás sus pedazos; y desgarrarás tus pechos, porque yo he hablado, dice Jehová el Señor.

35 Por tanto, así ha dicho Jehová el Señor: Por cuanto te has [a]olvidado de mí y me has [b]echado a tus espaldas, por eso, [c]lleva tú también tu perversidad y tus fornicaciones.

36 Y me dijo Jehová: Hijo de hombre, ¿no juzgarás tú a Ahola y a Aholiba? Entonces, declárales sus abominaciones.

37 Porque han [a]cometido adulterio, y hay sangre en sus manos, y han cometido adulterio con sus ídolos; y aun a sus hijos que habían dado a luz para mí, hicieron pasar *por el fuego,* para servirles de alimento.

38 Además me han hecho esto: [a]contaminaron mi santuario en aquel día y profanaron mis días de reposo;

39 pues habiendo sacrificado sus hijos a sus ídolos, entraron en mi santuario el mismo día para [a]profanarlo; y he aquí, así hicieron en medio de mi [b]casa.

40 Y además, mandaron llamar a hombres que viniesen de lejos, a los cuales había sido enviado un mensajero; y he aquí, vinieron; y para ellos te lavaste, te pintaste los ojos y te ataviaste con adornos;

41 y te sentaste sobre suntuoso diván, y fue adornada una mesa delante de él, y sobre ella pusiste mi incienso y mi aceite.

42 Y se oyó allí el bullicio de una multitud que se solazaba con ella; y con los hombres de la gente común fueron traídos los [a]sabeos del desierto; y pusieron brazaletes en sus manos y hermosas coronas sobre sus cabezas.

43 Y dije de aquella que estaba consumida por sus adulterios: ¿Cometerán ahora fornicaciones con ella, y ella *con ellos*?

44 Porque han venido a ella como quien viene a una mujer ramera; así vinieron a Ahola y a Aholiba, mujeres depravadas.

45 Por tanto, hombres justos las [a]juzgarán como se juzga a las adúlteras y a las que derraman sangre; porque son adúlteras, y hay sangre en sus manos.

46 Por lo que así ha dicho Jehová el Señor: Yo haré subir contra ellas una multitud y las entregaré al terror y al saqueo;

47 y la multitud las apedreará y las atravesará con sus espadas; matará a sus hijos y a sus hijas, y sus casas consumirá con fuego.

48 Y haré cesar la perversidad de la tierra, y escarmentarán todas las mujeres y no harán según vuestra perversidad.

---

33 *a* Jer. 13:13–14.
35 *a* GEE Incredulidad.
b GEE Rebelión.
c *Es decir,* carga con las consecuencias de tu lascivia.
37 *a* Lev. 17:7; Jer. 3:8. GEE Adulterio; Apostasía.
38 *a* Jer. 51:51; Ezeq. 44:6–8.
39 *a* GEE Profanidad.
b 2 Rey. 21:2–4.
42 *a* HEB los borrachos.
45 *a* GEE Juicio, juzgar.

49 Y sobre vosotras pondrán vuestra perversidad, y llevaréis los pecados de vuestros [a]ídolos; y sabréis que yo soy Jehová el Señor.

CAPÍTULO 24

Se predice el juicio irrevocable sobre Jerusalén — Como señal a los judíos, Ezequiel no llora por la muerte de su esposa.

Y VINO a mí la palabra de Jehová en el año [a]noveno, en el mes décimo, a los diez *días* del mes, diciendo:
2 Hijo de hombre, escribe para ti el nombre de este día, del día de hoy; el rey de [a]Babilonia se ha lanzado contra Jerusalén este mismo día.
3 Y habla por parábola a la casa [a]rebelde, y diles: Así ha dicho Jehová el Señor: Pon una [b]olla; ponla y echa también agua en ella;
4 junta sus trozos de carne en ella, todos buenos trozos, pierna y espalda; llénala de huesos escogidos.
5 Toma una oveja escogida, y también enciende los huesos debajo de ella; haz que hierva bien; cuece también sus huesos dentro de ella.
6 Pues así ha dicho Jehová el Señor: ¡Ay de la ciudad sanguinaria, de la olla herrumbrosa cuya [a]herrumbre no ha sido quitada! Sácala trozo por trozo, [b]sin echar suertes sobre ella.
7 Porque su sangre está en medio de ella; sobre una piedra lisa la puso; no la derramó sobre la tierra para que no fuese [a]cubierta por el polvo.
8 Para hacer subir la ira, a fin de tomar venganza, yo he puesto su sangre sobre la piedra lisa, para que no sea cubierta.
9 Por tanto, así ha dicho Jehová el Señor: ¡Ay de la ciudad sanguinaria! Pues también yo haré una gran hoguera;
10 aumenta la leña, enciende el fuego, termina *de cocer* la carne y mézclale las especias, y que se quemen los huesos.
11 Pon después la *olla* vacía sobre las brasas, para que se caldee, y se caliente su bronce, y se funda en ella su suciedad *y* se consuma su herrumbre.
12 Se ha cansado con los esfuerzos, pero no salió de ella su mucha herrumbre. Con fuego será su herrumbre consumida.
13 En tu [a]inmundicia hay perversidad, porque quise limpiarte, pero tú no te limpiaste de tu impureza; nunca más te [b]limpiarás, hasta que yo haga reposar mi ira sobre ti.
14 Yo, Jehová, he hablado; sucederá, y lo [a]haré. No me volveré atrás, ni tendré misericordia ni

49 *a* GEE Idolatría.
24 1 *a* Jer. 39:1.
2 *a* 1 Ne. 10:3.
3 *a* Ezeq. 44:6.
b Jer. 1:13–16.
6 *a* *O sea,* desperdicios, inmundicia.
b *Es decir,* para que ninguno de sus pedazos sea escogido para ser consagrado.
7 *a* Lev. 17:13.
13 *a* GEE Inmundicia, inmundo.
b Jer. 13:27.
14 *a* 2 Ne. 9:17.

perdonaré; según tus caminos y tus obras te juzgarán, dice Jehová el Señor.

15 Y vino a mí la palabra de Jehová, diciendo:

16 Hijo de hombre, he aquí que yo te quito de golpe el deleite de tus ojos; no gimas, ni llores ni corran tus lágrimas.

17 Gime en silencio; no hagas [a]duelo por los muertos; ata tu [b]turbante sobre ti y pon tu calzado en tus pies y no te cubras el bigote ni comas pan de hombres.

18 Y hablé al pueblo por la mañana, y al atardecer murió mi esposa; y a la mañana siguiente hice como me fue mandado.

19 Y me dijo el pueblo: ¿No nos dirás qué *significan* para nosotros estas cosas que tú haces?

20 Y yo les dije: La palabra de Jehová vino a mí, diciendo:

21 Di a la casa de Israel: Así ha dicho Jehová el Señor: He aquí, yo profano mi [a]santuario, la gloria de vuestro poderío, el deleite de vuestros ojos y el *objeto de* compasión de vuestra alma; y vuestros hijos y vuestras hijas que dejasteis caerán a espada.

22 Y haréis de la manera que yo hice: no os cubriréis el bigote ni comeréis pan de hombres;

23 y vuestros turbantes estarán sobre vuestras cabezas, y vuestro calzado en vuestros pies; no os lamentaréis ni lloraréis, sino que os consumiréis a causa de vuestras iniquidades y [a]gemiréis unos con otros.

24 Ezequiel, pues, os servirá de [a]señal; según todas las cosas que él ha hecho, haréis vosotros; cuando esto ocurra, entonces sabréis que yo soy Jehová el Señor.

25 Y tú, hijo de hombre, ¿no será que el día en que yo les quite su fortaleza, el gozo de su gloria, el deleite de sus ojos y el anhelo de su alma, sus hijos y sus hijas,

26 ese día vendrá a ti uno que [a]haya escapado para traer las nuevas?

27 En aquel día se abrirá tu boca *para hablar* con el que haya escapado, y [a]hablarás y no estarás más mudo; y les servirás de señal, y sabrán que yo soy Jehová.

CAPÍTULO 25

La venganza de Jehová caerá tanto sobre los amonitas como sobre los moabitas, los edomitas y los filisteos.

Y VINO a mí la palabra de Jehová, diciendo:

2 Hijo de hombre, pon tu rostro hacia los hijos de [a]Amón y profetiza contra ellos.

3 Y dirás a los hijos de Amón: Oíd la palabra de Jehová el Señor: Así ha dicho Jehová el Señor: Por cuanto dijiste: ¡Ajá! acerca de mi santuario cuando era profanado, y acerca de la tierra de Israel cuando era desolada y acerca de la casa de Judá cuando iba al cautiverio,

17 *a* Jer. 16:3–7.
b HEB tu toca. Éx. 33:4.
21 *a* Jer. 7:14–15.
23 *a* Hel. 9:22.
24 *a* GEE Señal.
26 *a* Ezeq. 33:21–22.
27 *a* GEE Predicar.
25 2 *a* Gén. 19:36–38.

4 por tanto, he aquí, yo te entrego a los hijos del oriente como posesión, y pondrán en ti sus campamentos y plantarán en ti sus tiendas; ellos comerán tus frutos y beberán tu leche.
5 Y haré de [a]Rabá un pastizal de camellos y de los hijos de Amón un lugar donde se echen las ovejas; y sabréis que yo soy Jehová.
6 Porque así ha dicho Jehová el Señor: Por cuanto tú batiste las manos, y golpeaste con tu pie y te gozaste en el alma con todo tu menosprecio contra la tierra de Israel,
7 por tanto, he aquí, yo extenderé mi mano contra ti y te entregaré a las naciones para ser saqueada; y yo te talaré de entre los pueblos y te destruiré de entre las tierras; te exterminaré, y sabrás que yo soy Jehová.
8 Así ha dicho Jehová el Señor: Por cuanto dicen Moab y Seir: He aquí, la casa de Judá es como todas las naciones,
9 por tanto, he aquí, yo abro el lado de Moab desde las ciudades, desde sus ciudades que están en sus confines, las tierras deseables de Bet-jesimot, y Baal-meón y Quiriataim,
10 a los hijos del oriente contra los hijos de Amón; y la entregaré como posesión para que no haya más memoria de los hijos de Amón entre las naciones.
11 También en Moab haré juicios, y sabrán que yo soy Jehová.
12 Así ha dicho Jehová el Señor: Puesto que [a]Edom tomó venganza de los de la casa de Judá, pues fue culpable en extremo cuando se vengó de ellos,
13 por tanto, así ha dicho Jehová el Señor: Yo también extenderé mi mano contra Edom, y talaré de ella a hombres y bestias y la dejaré desolada; desde Temán hasta Dedán caerán a espada.
14 Y pondré mi venganza contra Edom en manos de mi pueblo Israel; y harán en Edom según mi enojo y según mi furor, y conocerán mi venganza, dice Jehová el Señor.
15 Así ha dicho Jehová el Señor: Puesto que los [a]filisteos actuaron por venganza cuando se vengaron con desprecio en el alma, destruyendo por antiguas enemistades,
16 por tanto, así ha dicho Jehová: He aquí, yo extiendo mi mano contra los filisteos, y talaré a los cereteos y destruiré a todos los que queden en la [a]costa del mar.
17 Y haré contra ellos grandes venganzas con reprensiones de ira; y sabrán que yo soy Jehová cuando lleve a cabo mi venganza contra ellos.

CAPÍTULO 26

Tiro será destruida por haberse regocijado en los dolores y en la caída de Jerusalén.

Y ACONTECIÓ en el undécimo año, en el *día* primero del mes, que vino a mí la palabra de Jehová, diciendo:

5 *a* Jer. 49:2.
12 *a* Sal. 137:7.
15 *a* GEE Filisteos.
16 *a* Sof. 2:4–5.

2 Hijo de hombre, por cuanto dijo [a]Tiro contra [b]Jerusalén: ¡Ajá!, quebrantada está la *que era* puerta de las naciones; giró hacia mí; yo seré llena y ella quedará desierta;

3 por tanto, así ha dicho Jehová el Señor: He aquí, yo estoy contra ti, oh Tiro, y haré subir contra ti muchas naciones, como el mar hace subir sus olas.

4 Y demolerán los muros de Tiro y derribarán sus torres; y barreré de ella su polvo y la dejaré como una piedra lisa.

5 Tendedero de redes será en medio del mar, porque yo he hablado, dice Jehová el Señor; y será saqueada por las naciones.

6 Y sus hijas que están en el campo serán muertas a espada; y [a]sabrán que yo soy Jehová.

7 Porque así ha dicho Jehová el Señor: He aquí que del [a]norte traigo yo contra Tiro a Nabucodonosor, rey de Babilonia, rey de reyes, con caballos, y carros, y jinetes, y una multitud y pueblo numeroso.

8 Matará a espada a tus hijas que están en el campo, y pondrá contra ti muros de asedio, y levantará contra ti un terraplén y alzará contra ti escudo.

9 Y dirigirá el golpe de sus arietes contra tus muros y con sus hachas derribará tus torres.

10 Por la multitud de sus caballos te cubrirá el polvo de ellos; con el estruendo de su caballería, y de las ruedas y de los carros, temblarán tus muros, cuando entre por tus puertas como se entra por las brechas de una ciudad.

11 Con los cascos de sus caballos pisoteará todas tus calles; a tu pueblo matará a espada, y tus fuertes columnas caerán a tierra.

12 Y robarán tus riquezas y saquearán tus mercaderías; y derribarán tus muros y destruirán tus casas preciosas; y pondrán tus piedras y tu madera y tu polvo en medio de las aguas.

13 Y haré cesar el bullicio de tus canciones, y no se oirá más el son de tus arpas.

14 Y te pondré como una piedra lisa; tendedero de redes serás; nunca más serás edificada, porque yo, Jehová, he hablado, dice Jehová el Señor.

15 Así ha dicho Jehová el Señor a Tiro: ¿No se estremecerán las islas al estruendo de tu caída, cuando griten los heridos, cuando se haga la matanza en medio de ti?

16 Entonces todos los príncipes del mar descenderán de sus tronos, y se quitarán sus mantos y se despojarán de sus ropas bordadas; de espanto se vestirán; se sentarán sobre la tierra, y temblarán a cada momento y estarán atónitos ante ti.

17 Y levantarán sobre ti lamentación y te dirán: ¿Cómo pereciste tú, poblada por *gente de* mar, ciudad que era alabada, que era fuerte en el mar, ella y sus habitantes, que infundían terror a todos sus moradores?

18 Ahora se estremecerán las islas en el día de tu caída; sí, las

26 2 *a* Amós 1:9.
b GEE Jerusalén.
6 *a* Morm. 4:5.
7 *a* Jer. 1:14.

islas que están en el mar se espantarán de tu [a]partida.
19 Porque así ha dicho Jehová el Señor: Yo te convertiré en ciudad asolada, como las ciudades que no se habitan; haré subir sobre ti el abismo, y las muchas aguas te cubrirán.
20 Y te haré descender con los que descienden a la [a]fosa, con los pueblos de la antigüedad; y te pondré en lo más bajo de la tierra, como los lugares desolados de antaño, con los que descienden a la fosa, para que nunca más seas poblada; y daré gloria en la tierra de los vivientes.
21 Te convertiré en espanto y dejarás de ser; y serás buscada, pero nunca más serás hallada, dice Jehová el Señor.

CAPÍTULO 27

Ezequiel lamenta la caída de Tiro y la pérdida de las riquezas y del comercio de éste.

Y VINO a mí la palabra de Jehová, diciendo:
2 Y tú, hijo de hombre, levanta lamento sobre Tiro.
3 Y di a Tiro, que está asentada a las orillas del mar, la que comercia con los pueblos de muchas costas: Así ha dicho Jehová el Señor: Tiro, tú has dicho: Yo soy de perfecta hermosura.
4 En el corazón de los mares están tus límites; los que te edificaron perfeccionaron tu belleza.
5 De los cipreses de Senir te fabricaron todo el entablado; tomaron un cedro del Líbano para hacerte el mástil.
6 De encinas de Basán hicieron tus remos; compañía de asirios hicieron tus bancos de marfil de las islas de Quitim.
7 De lino fino bordado de Egipto era tu vela, para que te sirviese de estandarte; de azul y púrpura de las costas de Elisa era tu pabellón.
8 Los moradores de Sidón y de Arvad fueron tus remeros; tus sabios, oh Tiro, estaban en ti; ellos fueron tus pilotos.
9 Los ancianos de Gebal y [a]sus sabios reparaban tus hendiduras; todas las naves del mar y los navegantes de ellas fueron a ti para negociar tus mercancías.
10 Los de Persia y los de Fut eran en tu ejército tus hombres de guerra; escudos y yelmos colgaron en ti; ellos te dieron tu esplendor.
11 Y los hijos de Arvad con tu ejército estaban sobre tus muros alrededor, y los gamadeos estaban en tus torres; sus escudos colgaban sobre tus muros alrededor; ellos perfeccionaron tu hermosura.
12 Tarsis comerciaba contigo por la abundancia de toda riqueza, con plata, hierro, estaño y plomo, a cambio de tus mercaderías.
13 Javán, Tubal y Mesec eran tus mercaderes; con hombres y con utensilios de bronce comerciaban en tus ferias.
14 Los de la casa de Togarma comerciaban con caballos, y con

18 *a Es decir,* tu fin.
20 *a* GEE Infierno.
27 9 *a Es decir,* los que reparan las grietas en los barcos.

corceles y con mulos a cambio de tus mercaderías.
15 Los hijos de Dedán eran tus mercaderes; muchas islas *tomaban* mercadería de tu mano; colmillos de marfil y ébano te dieron como presente.
16 [a]Siria comerciaba contigo por la abundancia de tus productos, con turquesas, púrpura, y bordados, y lino fino, y corales y piedras preciosas, a cambio de tus mercaderías.
17 Judá y la tierra de [a]Israel eran tus mercaderes; con trigo de Minit y Panag, y miel, y aceite y bálsamo comerciaban en tu mercado.
18 Damasco era tu mercader por la abundancia de tus productos, por la abundancia de toda riqueza, por el vino de Helbón y la lana blanca.
19 Asimismo Dan y Javán iban y venían a tus ferias *para negociar* en tu mercado con hierro forjado, casia y caña aromática.
20 Dedán era tu mercader con paños preciosos para carros.
21 Arabia y todos los príncipes de Cedar comerciaban contigo con corderos, y carneros y machos cabríos; en estas cosas eran tus mercaderes.
22 Los mercaderes de Sabá y de Raama comerciaban contigo con lo principal de toda especiería, y con toda piedra preciosa y oro a cambio de tus mercaderías.
23 Harán, y Cane y Edén, los mercaderes de Sabá, de Asiria *y* de Quilmad eran tus mercaderes.
24 Éstos eran tus mercaderes en cosas lujosas: en mantos de azul y bordados, y en cajas de ropas preciosas, enlazadas con cordones y en madera de cedro.
25 Las naves de Tarsis transportaban tu mercancía; y quedaste repleta y fuiste multiplicada en gran manera en medio de los mares.
26 A muchas aguas te llevaron tus remeros; el [a]viento solano te quebrantó en medio de los mares.
27 Tus riquezas, y tus productos, y tu mercadería, tus navegantes, y tus pilotos, los reparadores de tus hendiduras, y los negociantes de tus mercancías y todos los hombres de guerra que tú tienes, con toda la gente que en medio de ti se halla, caerán en medio de los mares el día de tu caída.
28 Al estrépito de las voces de tus pilotos temblarán los campos de alrededor.
29 Y descenderán de sus naves todos los que toman remo; los navegantes y todos los pilotos del mar se quedarán en tierra;
30 y harán oír su voz contra ti, y gritarán amargamente, y echarán polvo sobre sus cabezas y se revolcarán en ceniza.
31 Y se raparán por ti la cabeza, y se ceñirán de cilicio y llorarán por ti con amargura del alma, con gemidos amargos.
32 Y entre gemidos entonarán lamentaciones por ti; y se lamentarán por ti, *diciendo*: ¿Quién como Tiro, como la destruida en medio del mar?
33 Cuando tus productos salían

16 *a* HEB Aram, posiblemente Edom.
17 *a* GEE Israel.
26 *a* Gén. 41:23; Mos. 7:31.

de las naves, saciabas a muchos pueblos; a los reyes de la tierra enriqueciste con la multitud de tus riquezas y de tus mercancías.
34 En el tiempo en que seas quebrantada por los [a]mares en las profundidades de las aguas, tu mercancía y toda tu gente caerán en medio de ti.
35 Todos los moradores de las costas estarán atónitos a causa de ti, y sus reyes temblarán de espanto; se demudará su rostro.
36 Los mercaderes entre los pueblos se burlarán de ti; vendrás a ser objeto de espanto y para siempre dejarás de ser.

CAPÍTULO 28

Tiro y Sidón caerán y serán destruidas — Jehová congregará al pueblo de Israel en su propia tierra — Entonces habitarán seguros.

Y VINO a mí la palabra de Jehová, diciendo:
2 Hijo de hombre, di al príncipe de Tiro: Así ha dicho Jehová el Señor: Por cuanto se enalteció tu [a]corazón, y dijiste: Yo soy un dios; en el trono de Dios estoy sentado en medio de los mares; pero tú eres [b]hombre, y no Dios, y has puesto tu corazón como el corazón de Dios;
3 he aquí que tú eres más sabio que [a]Daniel; no hay secreto que te sea oculto;
4 con tu sabiduría y con tu entendimiento te has acumulado [a]riquezas, y has adquirido oro y plata en tus tesoros.
5 Con la grandeza de tu [a]sabiduría en tus tratos comerciales has multiplicado tus riquezas, y a causa de tus riquezas se ha enaltecido tu corazón.
6 Por tanto, así ha dicho Jehová el Señor: Por cuanto pusiste tu corazón como corazón de Dios,
7 por tanto, he aquí, yo traigo sobre ti extranjeros, los despiadados de las naciones, que desenvainarán sus espadas contra la hermosura de tu sabiduría y profanarán tu esplendor.
8 Al sepulcro te harán descender, y morirás con la muerte de los que son muertos en medio de los mares.
9 ¿Hablarás delante del que te mate, diciendo: Yo soy Dios? Tú eres hombre, y no Dios, en la mano del que te mate.
10 Con la muerte de incircuncisos morirás a manos de extranjeros, porque yo he hablado, dice Jehová el Señor.
11 Y vino a mí la palabra de Jehová, diciendo:
12 Hijo de hombre, entona una lamentación por el rey de Tiro, y dile: Así ha dicho Jehová el Señor: Tú eras el sello de la perfección, lleno de sabiduría y perfecto en hermosura.
13 En [a]Edén, en el huerto de Dios, estabas; de toda piedra

34 *a* Ezeq. 26:19.
28 2 *a* GEE Orgullo.
b Isa. 55:8–9.
3 *a* Dan. 9:22–23.
GEE Daniel.
4 *a* GEE Riquezas.
5 *a* 2 Ne. 9:28–29, 42.
13 *a* Ezequiel da a entender que se suponía que la ciudad de Tiro era un paraíso terrenal.

preciosa era tu vestidura: de cornalina, topacio y diamante, jaspe, ónice y berilo, zafiro, carbunclo, y esmeralda y oro; los primores de tus tamboriles y flautas fueron preparados para ti en el día de tu creación.

14 Tú, [a]querubín ungido, protector, yo te puse *allí*; en el santo monte de Dios estabas; en medio de piedras de fuego andabas.

15 Perfecto eras en todos tus caminos desde el día en que fuiste creado hasta que se halló en ti maldad.

16 A causa de la abundancia de tu comercio, te llenaste de violencia y pecaste; por lo tanto, te eché del monte de Dios por profano y te hice desaparecer de entre las piedras del fuego, oh querubín protector.

17 Se enalteció tu corazón a causa de tu hermosura; corrompiste tu sabiduría a causa de tu esplendor. Yo te arrojaré por tierra; delante de los reyes te pondré para que te miren.

18 Por la multitud de tus maldades y por la iniquidad de tu comercio profanaste tu santuario; yo, pues, saqué fuego de en medio de ti, el cual te consumió, y te reduje a ceniza sobre la tierra ante los ojos de todos los que te miraban.

19 Todos los que de entre los pueblos te conocen se asombrarán de ti; objeto de espanto serás y para siempre dejarás de ser.

20 Y vino a mí la palabra de Jehová, diciendo:

21 Hijo de hombre, pon tu rostro hacia [a]Sidón y profetiza contra ella;

22 y dirás: Así ha dicho Jehová el Señor: He aquí, yo estoy contra ti, oh Sidón, y en medio de ti seré glorificado; y sabrán que yo soy Jehová cuando haga en ella juicios y en ella me santifique.

23 Y enviaré a ella pestilencia y sangre en sus calles; y caerán muertos en medio de ella, con la espada contra ella por todos lados; y sabrán que yo soy Jehová.

24 Y nunca más serán para la casa de Israel [a]zarza punzante ni espina dolorosa todos los que la rodean y la desprecian; y sabrán que yo soy Jehová.

25 Así ha dicho Jehová el Señor: Cuando [a]recoja a los de la casa de Israel de los pueblos entre los cuales están esparcidos, entonces me santificaré en ellos ante los ojos de las naciones, y habitarán en su tierra, la cual di a mi siervo Jacob.

26 Y habitarán en ella seguros, y edificarán casas y plantarán viñas; y habitarán seguros cuando yo haga juicios sobre todos los que los despojan en sus alrededores; y sabrán que yo soy Jehová su Dios.

CAPÍTULO 29

Egipto será derrocado por Babilonia — Cuando Egipto se levante de nuevo, será el menor de los reinos.

14 *a* GEE Querubines.
21 *a* *Es decir,* una ciudad importante de Fenicia.
24 *a* Núm. 33:55.
25 *a* GEE Israel—La congregación de Israel.

En el año décimo, en el *mes* décimo, a los doce *días* del mes,
vino a mí la palabra de Jehová,
diciendo:
2 Hijo de hombre, pon tu rostro
contra Faraón, rey de Egipto, y
profetiza contra él y contra todo
[a]Egipto.
3 Habla y di: Así ha dicho Jehová el Señor: He aquí, yo estoy
contra ti, Faraón, rey de Egipto,
el gran dragón que yace en medio
de sus ríos, el cual dijo: Mío es el
[a]río, y yo mismo lo hice.
4 Yo, pues, pondré garfios en tus
quijadas, y haré que se peguen los
peces de tus ríos a tus escamas; y
te sacaré de en medio de tus ríos,
y todos los peces de tus ríos saldrán pegados a tus escamas.
5 Y te arrojaré al desierto, a ti
y a todos los peces de tus ríos;
sobre la faz del campo caerás; no
serás recogido ni serás juntado;
a ti te he dado como comida de
las fieras de la tierra y de las aves
del cielo.
6 Y sabrán todos los moradores
de Egipto que yo soy Jehová, por
cuanto fueron vara de caña para
la casa de Israel.
7 Cuando te tomaron con la
mano, te quebraste y les rompiste todo el hombro; y cuando
se apoyaron en ti, te quebraste e
hiciste [a]cesar sus lomos.
8 Por tanto, así ha dicho Jehová
el Señor: He aquí que yo traigo
contra ti espada, y talaré de ti a
hombres y bestias.
9 Y la tierra de Egipto será asolada y desierta; y sabrán que yo
soy Jehová, porque dijo: Mío es
el río, y yo mismo lo hice.
10 Por tanto, he aquí, yo estoy contra ti y contra tus ríos; y
convertiré la tierra de Egipto en
ruinas, una desolación, desde
Migdol *hasta* Sevene y hasta la
frontera con [a]Etiopía.
11 No pasará por ella pie de
hombre, ni pata de bestia pasará
por ella, ni será habitada durante
cuarenta años.
12 Y convertiré la tierra de
Egipto en ruinas en medio de
las tierras desoladas, y sus ciudades en medio de las ciudades
destruidas estarán desoladas durante cuarenta años; y esparciré
a Egipto entre las naciones y lo
dispersaré por las tierras.
13 Porque así ha dicho Jehová el
Señor: Al cabo de cuarenta años
juntaré a los de Egipto de entre
los pueblos donde hubiesen sido
esparcidos;
14 y volveré a traer a los cautivos de Egipto y los haré volver a
la tierra de Patros, a la tierra de
su origen; y allí serán un reino
[a]abatido.
15 En comparación con los otros
reinos, será el más abatido; nunca
más se alzará sobre las naciones, porque yo lo disminuiré
para que no se enseñoree de las
naciones.
16 Y nunca más será la confianza
de la casa de Israel, que les haga
recordar el pecado de haberse
vuelto a ellos; y sabrán que yo
soy Jehová el Señor.
17 Y aconteció en el año

29 2 *a* Isa. 19:1; Joel 3:19. GEE Egipto.
3 *a* *Es decir,* el Nilo.
7 *a* *O sea,* detener o cesar por completo.
10 *a* HEB Cus.
14 *a* *O sea,* modesto, humilde.

veintisiete, en el *mes* primero, *el día* primero del mes, que vino a mí la palabra de Jehová, diciendo:

18 Hijo de hombre, Nabucodonosor, rey de Babilonia, hizo a su ejército prestar gran servicio contra Tiro. Toda cabeza fue rapada y se despellejó todo hombro; y ni para él ni para su ejército hubo paga en Tiro por el servicio que prestó contra ella.

19 Por tanto, así ha dicho Jehová el Señor: He aquí que yo doy a Nabucodonosor, rey de Babilonia, la tierra de Egipto; y él tomará su [a]riqueza, y recogerá sus despojos y arrebatará el botín, y habrá paga para su ejército.

20 Por su trabajo con que sirvió contra ella le he dado la tierra de Egipto, porque trabajaron para mí, dice Jehová el Señor.

21 En aquel tiempo haré retoñar el [a]poderío de la casa de Israel, y te permitiré abrir la boca en medio de ellos; y sabrán que yo soy Jehová.

CAPÍTULO 30

Egipto y sus aliados serán asolados por Babilonia.

Y VINO a mí la palabra de Jehová, diciendo:

2 Hijo de hombre, profetiza y di: Así ha dicho Jehová el Señor: Aullad: ¡Ay de aquel día!

3 Porque cerca está el día, cerca está el día de Jehová; día nublado, la hora de las naciones será.

4 Y vendrá espada sobre Egipto y habrá miedo en [a]Etiopía cuando caigan heridos en Egipto; y tomarán su riqueza y serán destruidos sus cimientos.

5 Etiopía, y Fut, y Lud, y toda mezcla de gente, y Cub y los hijos de los países aliados caerán con ellos a espada.

6 Así ha dicho Jehová: También caerán los que sostienen a Egipto, y la altivez de su poderío caerá; desde Migdol hasta Sevene caerán con él a espada, dice Jehová el Señor.

7 Y serán asolados entre las tierras desoladas, y sus ciudades estarán entre las ciudades devastadas.

8 Y sabrán que yo soy Jehová, cuando ponga fuego a Egipto, y sean quebrantados todos sus aliados.

9 En aquel tiempo saldrán mensajeros de delante de mí en naves para espantar a la confiada Etiopía, y tendrán angustia como en el día de Egipto; porque he aquí, viene.

10 Así ha dicho Jehová el Señor: Destruiré la riqueza de Egipto por mano de Nabucodonosor, rey de Babilonia.

11 Él, y con él su pueblo, los más crueles de las naciones, serán traídos para destruir esa tierra; y desenvainarán sus espadas sobre Egipto y llenarán la tierra de muertos.

12 Y secaré los ríos, y venderé la tierra en manos de malvados y destruiré la tierra y cuanto en ella hay a manos de extranjeros; yo, Jehová, he hablado.

19 *a* HEB Multitud.

21 *a* HEB cuerno.

30 4 *a* HEB Cus.

13 Así ha dicho Jehová el Señor: Destruiré también las imágenes y haré cesar los ídolos de Menfis; y no habrá más príncipe de la tierra de Egipto, y en la tierra de Egipto pondré temor.

14 Y asolaré a Patros, y pondré fuego a Zoán y haré juicios en [a]Tebas.

15 Y derramaré mi ira sobre Sin, la fortaleza de Egipto, y talaré a la multitud de Tebas.

16 Y pondré fuego a Egipto: Sin tendrá gran dolor, y Tebas será destrozada, y Menfis tendrá continuas angustias.

17 Los jóvenes de Avén y de Pibeset caerán a espada, y ellas irán en cautiverio.

18 Y en Tafnes se oscurecerá el día cuando rompa yo allí los yugos de Egipto, y cese en ella la soberbia de su poderío; una nube la cubrirá, y sus hijas irán en cautiverio.

19 Haré, pues, juicios en Egipto; y sabrán que yo soy Jehová.

20 Y aconteció en el año undécimo, en el *mes* primero, a los siete *días* del mes, que vino a mí la palabra de Jehová, diciendo:

21 Hijo de hombre, he quebrado el brazo de Faraón, rey de Egipto; y he aquí que no ha sido vendado para ser sanado, poniéndole vendas para ligarlo, a fin de fortalecerlo para que pueda empuñar la espada.

22 Por tanto, así ha dicho Jehová el Señor: He aquí, yo estoy contra Faraón, rey de Egipto, y quebraré sus brazos, el fuerte y el fracturado, y haré que la espada se le caiga de la mano.

23 Y esparciré a los egipcios entre las naciones y los dispersaré por las tierras.

24 Y fortaleceré los brazos del rey de Babilonia y pondré mi espada en su mano; pero quebraré los brazos de Faraón, y delante de aquél gemirá con gemidos de herido de muerte.

25 Fortaleceré, pues, los brazos del rey de Babilonia, y los brazos de Faraón caerán; y sabrán que yo soy Jehová, cuando yo ponga mi espada en la mano del rey de Babilonia, y él la extienda contra la tierra de Egipto.

26 Y esparciré a los egipcios entre las naciones y los dispersaré por las tierras; y sabrán que yo soy Jehová.

CAPÍTULO 31

Se comparan la gloria y la caída de Faraón con las de los asirios.

Y ACONTECIÓ en el año undécimo, en el *mes* tercero, el día primero del mes, que vino a mí la palabra de Jehová, diciendo:

2 Hijo de hombre, di a Faraón, rey de Egipto, y a su pueblo: ¿A quién te pareces en tu grandeza?

3 He aquí, el asirio era cedro en el Líbano, de hermosas ramas, y frondoso, de amplia sombra y de gran altura; y su copa estaba entre densas ramas.

4 Las aguas lo hicieron crecer,

14 *a* Nahúm 3:8.

lo encumbró el abismo; sus ríos
corrían alrededor de su pie, y a
todos los árboles del campo enviaba sus corrientes.
5 Por tanto, se encumbró su altura sobre todos los árboles del
campo, y se multiplicaron sus
ramas; y a causa de las muchas
aguas, se extendieron sus ramas
que había echado.
6 En sus ramas hacían nido todas las aves del cielo, y debajo de
su ramaje parían todas las bestias
del campo, y a su sombra habitaban muchas naciones.
7 Se hizo, pues, hermoso en su
grandeza con la extensión de
sus ramas, porque su raíz estaba
junto a muchas aguas.
8 Los cedros en el huerto de
Dios no lo superaron; los cipreses no se podían comparar con
su ramaje, ni los castaños con
sus ramas; ningún árbol en el
huerto de Dios era semejante a
él en hermosura.
9 Lo hice hermoso con la multitud de sus ramas; y todos los
árboles del Edén, que estaban
en el huerto de Dios, tuvieron
de él envidia.
10 Por tanto, así dice Jehová
el Señor: Por haberse [a]elevado
en altura, y por haber puesto su
copa entre densas ramas y por
haber elevado su corazón con
su altura,
11 yo lo entregaré en manos del
poderoso de las naciones, que de
cierto lo tratará según su maldad;
yo lo he desechado.
12 Y los extranjeros, los *más*
crueles de las naciones, lo talarán
y lo abandonarán; sus ramas caerán sobre los montes y por todos
los valles, y por todos los arroyos
de la tierra serán quebradas sus
ramas; y se han ido de su sombra
todos los pueblos de la tierra y lo
han abandonado.
13 Sobre su ruina habitarán todas las aves del cielo, y sobre sus
ramas estarán todas las bestias
del campo,
14 para que no se exalte en su
altura ninguno de los árboles
junto a las aguas, ni levante su
copa entre las densas ramas, ni
las ramas de ninguno *de los árboles* que beben agua se eleven
en su altura; porque todos serán
entregados a la muerte, a [a]lo más
bajo de la tierra, en medio de los
hijos de los hombres, con los que
descienden a la [b]fosa.
15 Así ha dicho Jehová el Señor:
El día en que descendió al [a]Seol,
hice lamentar, hice cubrir por él
el abismo y detuve sus ríos; y las
muchas aguas fueron detenidas;
y al Líbano cubrí de tinieblas por
él, y todos los árboles del campo
por él se desmayaron.
16 Con el estruendo de su
caída hice temblar a las naciones, cuando las hice descender
al Seol con los que descienden a
la fosa, y fueron consolados en
lo más bajo de la tierra todos los
árboles del Edén, los escogidos y
los mejores del Líbano, todos los
que beben agua.
17 También ellos descendieron
con él al Seol, a los muertos a

31 10 *a* GEE Orgullo.
14 *a* HEB la tierra de abajo; es decir, la tumba.
b Isa. 14:15; 1 Ne. 14:3.
15 *a* HEB mundo o morada de los muertos, sepulcro, infierno.

espada, *los que fueron* su brazo,
los que estuvieron a su sombra
en medio de las naciones.
18 ¿A quién te has comparado
así en gloria y en grandeza entre
los árboles del Edén? Pues derribado serás con los árboles del
Edén en lo más bajo de la tierra;
entre los incircuncisos yacerás,
con los muertos a espada. Éste es
Faraón y toda su multitud, dice
Jehová el Señor.

CAPÍTULO 32

Ezequiel se lamenta por la espantosa caída de Faraón y de Egipto.

Y ACONTECIÓ en el año duodécimo, en el mes duodécimo, el día
primero del mes, que vino a mí la
palabra de Jehová, diciendo:
2 Hijo de hombre, entona una
lamentación por Faraón, rey de
Egipto, y dile: A leoncillo de
naciones eres semejante, y eres
como un monstruo de los mares;
pues irrumpías en tus ríos, y en-
turbiabas las aguas con tus pies
y [a]ensuciabas sus ríos.
3 Así ha dicho Jehová el Señor:
Por tanto, yo extenderé sobre ti
mi red con la reunión de muchos
pueblos, y te harán subir con mi
red.
4 Y te dejaré en tierra; te echaré
sobre la faz del campo, y haré
posar sobre ti todas las aves del
cielo y haré que se sacien de ti las
fieras de toda la tierra.
5 Y pondré tu carne sobre los
montes y llenaré los valles de
[a]tu altura.
6 Y haré que la tierra beba la
sangre que derrames, hasta los
montes, y los arroyos se llenarán de ti.
7 Y cuando yo te haya extin-
guido, [a]cubriré los cielos y haré
oscurecer sus estrellas; el sol cubriré con nubes, y la luna no hará
resplandecer su luz.
8 Todos los luminares brillantes
del cielo haré oscurecer sobre ti,
y pondré tinieblas sobre tu tierra,
dice Jehová el Señor.
9 Y entristeceré el corazón de
muchos pueblos cuando lleve tu
quebranto entre las naciones, por
tierras que no has conocido.
10 Y dejaré atónitos por ti a
muchos pueblos, y sus reyes se
horrorizarán en gran manera a
causa de ti, cuando haga resplandecer mi espada delante de sus
rostros; y todos temblarán a cada
momento, cada uno por su vida,
en el día de tu caída.
11 Porque así ha dicho Jehová
el Señor: La espada del rey de
Babilonia vendrá sobre ti.
12 Con espadas de *hombres* fuertes haré caer tu pueblo; todos
ellos serán los *más* crueles de las
naciones; y destruirán la soberbia
de Egipto, y toda su multitud será
destruida.
13 Todas sus bestias destruiré
de sobre las muchas aguas; nunca
más las enturbiará pie de hombre, ni pezuñas de bestia las
enturbiarán.
14 Entonces haré asentarse sus

32 2 *a* GEE Inmundicia, inmundo.
5 *a* *Es decir,* de montones de cadáveres.
7 *a* Isa. 13:10; Mateo 24:29.

aguas y haré correr sus ríos como aceite, dice Jehová el Señor.
15 Cuando haga de la tierra de Egipto una desolación, y la tierra quede despojada de todo cuanto en ella hay, cuando mate a todos los que en ella moran, sabrán que yo soy Jehová.
16 Ésta es la lamentación con la que lo lamentarán; las hijas de las naciones lo lamentarán; harán lamentación por él, por Egipto y por toda su multitud, dice Jehová el Señor.
17 Y aconteció en el año duodécimo, a los quince días del mes, que vino a mí la palabra de Jehová, diciendo:
18 Hijo de hombre, laméntate por la multitud de Egipto y hazlo descender a él y a las hijas de las naciones poderosas, a lo más bajo de la tierra, con los que descienden a la fosa.
19 ¿A quién supera en hermosura? ¡Desciende y yace con los incircuncisos!
20 Entre los muertos a espada caerán; a la espada es entregado. Traedlo a él con toda su multitud.
21 De en medio del [a]Seol hablarán a él los fuertes de los poderosos, con los que le ayudaron, que descendieron y yacen con los incircuncisos muertos a espada.
22 Allí está Asiria con toda su multitud; alrededor de él están sus sepulcros; todos ellos cayeron muertos a espada.
23 Sus sepulcros fueron puestos a los lados de la fosa, y su gente está alrededor de su sepulcro; todos ellos cayeron muertos a espada, los cuales sembraron el terror en la tierra de los vivientes.
24 Allí está [a]Elam y toda su multitud alrededor de su sepulcro; todos ellos cayeron muertos a espada, los cuales descendieron incircuncisos a lo más bajo de la tierra, porque sembraron su terror en la tierra de los vivientes, pero llevaron su vergüenza con los que descienden a la fosa.
25 En medio de los muertos le pusieron lecho con toda su multitud; a su alrededor están sus sepulcros; todos ellos incircuncisos, muertos a espada, porque fue sembrado su terror en la tierra de los vivientes, pero llevaron su vergüenza con los que descienden a la fosa; él fue puesto en medio de los muertos.
26 Allí están Mesec y Tubal, y toda su multitud; sus sepulcros están a su alrededor, todos ellos incircuncisos muertos a espada, porque habían sembrado su terror en la tierra de los vivientes.
27 Y no yacerán con los [a]poderosos que cayeron de los incircuncisos, los cuales descendieron al Seol con sus armas de guerra y pusieron sus espadas debajo de sus cabezas; pero sus [b]iniquidades estarán sobre sus huesos, porque fueron el terror de los poderosos en la tierra de los vivientes.
28 Tú, pues, serás quebrantado entre los incircuncisos y yacerás con los muertos a espada.
29 Allí está Edom, sus reyes y todos sus príncipes, los cuales con

21 *a* GEE Infierno.
24 *a* Jer. 49:34–39.
27 *a* Isa. 14:18–19.
b Gál. 6:7.

su poderío fueron puestos con los muertos a espada; ellos yacerán con los incircuncisos y con los que descienden a la fosa.

30 Allí están los príncipes del norte, todos ellos, y todos los de Sidón, que con su terror descendieron con los muertos, avergonzados de su poderío; yacen también incircuncisos con los muertos a espada, y llevaron su vergüenza con los que descienden a la fosa.

31 A éstos verá Faraón y se consolará por toda su multitud; Faraón muerto a espada, y todo su ejército, dice Jehová el Señor.

32 Porque yo sembré mi terror en la tierra de los vivientes, también Faraón y toda su multitud yacerán entre los incircuncisos con los muertos a espada, dice Jehová el Señor.

CAPÍTULO 33

Los atalayas que alcen la voz de amonestación salvarán sus propias almas — Los pecadores que se arrepientan serán salvos — Los justos que pequen serán condenados — El pueblo de Judá en Jerusalén es destruido por causa de sus pecados.

Y VINO a mí la palabra de Jehová, diciendo:

2 Hijo de hombre, habla a los hijos de tu pueblo y diles: Cuando yo traiga espada sobre la tierra, y el pueblo de la tierra tome a un hombre de su territorio y lo ponga por [a]atalaya,

3 y él vea venir la espada sobre la tierra, y toque la trompeta y [a]avise al pueblo,

4 cualquiera que oiga el sonido de la trompeta y no se dé por advertido, y al llegar la espada se lo lleva, su [a]sangre será sobre [b]su propia cabeza.

5 El sonido de la trompeta oyó, pero no se dio por advertido; su sangre será sobre él; pero el que se dé por advertido salvará su vida.

6 Pero si el atalaya ve venir la espada y no toca la trompeta, y el pueblo no se apercibe, y al llegar la espada se lleva a alguno de entre ellos, él, por causa de su iniquidad, será llevado, pero demandaré su sangre de mano del atalaya.

7 A ti, pues, oh hijo de hombre, te he puesto como [a]atalaya de la casa de Israel, y oirás la palabra de mi boca y les advertirás de mi parte.

8 Cuando yo diga al malvado: Oh malvado, ciertamente morirás; si tú no hablas para advertir al malvado de su camino, ese malvado morirá por su iniquidad, pero su sangre yo la demandaré de tu mano.

9 Pero si tú [a]adviertes al malvado de su camino para que se aparte de él, y él no se aparta de su camino, él morirá por su

33 2 *a* GEE Atalaya, atalayar.
3 *a* DyC 88:81–82. GEE Amonestación, amonestar.
4 *a* Hech. 18:6.
b GEE Responsabilidad, responsable.
7 *a* GEE Atalaya, atalayar.
9 *a* Stg. 5:19–20.

[b]iniquidad, y tú habrás librado tu vida.

10 Tú, pues, hijo de hombre, di a la casa de Israel: Vosotros habéis hablado así, diciendo: Nuestras transgresiones y nuestros pecados están sobre nosotros, y por ellos nos estamos consumiendo, ¿cómo, pues, viviremos?

11 Diles: Vivo yo, dice Jehová el Señor, que no me complazco en la [a]muerte del malvado, sino en que se vuelva el malvado de su camino y viva. ¡Volveos, volveos de vuestros malos caminos! ¿Por qué [b]habéis de morir, oh casa de Israel?

12 Por tanto, tú, hijo de hombre, di a los hijos de tu pueblo: La justicia del justo no lo librará el día en que transgreda; y la maldad del malvado no le será estorbo el día en que se vuelva de su maldad; y el justo no podrá vivir por su *justicia* el día en que peque.

13 Cuando yo diga al justo: De cierto vivirás, pero él, confiado en su justicia, cometa iniquidad, ninguna de sus justicias será recordada, sino que morirá por la iniquidad que cometió.

14 Y cuando yo diga al malvado: De cierto morirás, si él se vuelve de su pecado y hace lo que es justo y recto,

15 *si* el malvado [a]restituye la prenda, devuelve lo que haya robado y camina en los [b]estatutos de la vida, sin cometer injusticia, ciertamente vivirá; no morirá.

16 No se le recordará ninguno de sus [a]pecados que había cometido; hizo lo que es justo y recto; ciertamente vivirá.

17 Pero dirán los hijos de tu pueblo: No es recto el [a]camino del Señor; *pero* el camino de ellos *es el que* no es recto.

18 Cuando el justo [a]se aparte de su justicia y haga injusticia, morirá por ello.

19 Y cuando el malvado se aparte de su maldad y haga lo que es justo y recto, vivirá por ello.

20 Y dijisteis: No es recto el camino del Señor. Yo os [a]juzgaré, oh casa de Israel, a cada uno conforme a sus caminos.

21 Y aconteció en el año duodécimo de nuestro cautiverio, en el *mes* décimo, a los cinco *días* del mes, que vino a mí uno que había escapado de Jerusalén, diciendo: La [a]ciudad ha sido conquistada.

22 Y la mano de Jehová había estado sobre mí el atardecer antes de llegar el que había escapado, y *Jehová* abrió mi boca antes de que aquél llegara a mí por la mañana; y se abrió mi boca, y no estuve más [a]callado.

23 Y vino a mí la palabra de Jehová, diciendo:

24 Hijo de hombre, los que habitan aquellos lugares desolados

---

9 *b* 1 Ne. 10:21; DyC 4:2–4. GEE Inicuo, iniquidad.
11 *a* Mos. 26:30. GEE Misericordia, misericordioso.
b Ezeq. 18:31.
15 *a* GEE Arrepentimiento, arrepentirse.
b Lev. 18:5.
16 *a* GEE Perdonar.
17 *a* Ezeq. 18:25–27.
18 *a* GEE Apostasía.
20 *a* GEE Jesucristo—Es juez.
21 *a* GEE Jerusalén.
22 *a* Ezeq. 24:26–27.

de la tierra de Israel andan diciendo: Abraham sólo era uno, y aun así heredó la tierra; cuánto más nosotros que somos muchos; a nosotros nos es dada la tierra en posesión.

25 Por tanto, diles: Así ha dicho Jehová el Señor: [a]Coméis con sangre, y a vuestros ídolos alzáis vuestros ojos y derramáis sangre, ¿y habéis de poseer vosotros la tierra?

26 [a]Estáis sobre vuestras espadas, hacéis abominación, y cada cual deshonra a la esposa de su prójimo, ¿y habréis de poseer vosotros la tierra?

27 Diles así: Así ha dicho Jehová el Señor: Vivo yo, que los que están en aquellos lugares desolados caerán a espada, y al que está sobre la [a]faz del campo entregaré a las fieras para que lo devoren; y los que están en las fortalezas y en las cuevas morirán de pestilencia.

28 Y convertiré la tierra en desolación y en devastación, y cesará la soberbia de su poderío; y los montes de Israel serán asolados hasta que no haya quien pase por ellos.

29 Y sabrán que yo soy Jehová, cuando convierta la tierra en desolación y en devastación por todas las abominaciones que han hecho.

30 Y tú, hijo de hombre, los hijos de tu pueblo se mofan de ti junto a las paredes y a las puertas de las casas, y habla el uno con el otro, cada uno con su hermano, diciendo: Venid ahora, y oíd qué palabra viene de Jehová.

31 Y vienen a ti como viene el pueblo, y están delante de ti como pueblo mío y oyen tus palabras, pero no las ponen por obra, sino que hacen halagos con sus [a]bocas, y el corazón de ellos anda en pos de su [b]avaricia.

32 Y he aquí que tú eres para ellos como un cantor de amores, de hermosa voz y que toca bien un instrumento; y oyen tus palabras, pero no las ponen por obra.

33 Y cuando esto venga (he aquí que ya viene), sabrán que hubo profeta entre ellos.

CAPÍTULO 34

Jehová reprende a los pastores que no apacientan al rebaño — En los últimos días, Jehová recogerá a las ovejas perdidas de Israel — El Mesías será su Pastor — Jehová hará un convenio de paz con ellos.

Y VINO a mí la palabra de Jehová, diciendo:

2 Hijo de hombre, profetiza contra los pastores de Israel; profetiza y di a los pastores: Así ha dicho Jehová el Señor: ¡[a]Ay de los pastores de Israel que se [b]apacientan a sí mismos! ¿No deben los pastores apacentar a los rebaños?

3 Coméis la [a]grosura y os vestís

25 *a* GEE Sangre.
26 *a* *Es decir,* recurristeis a la violencia.
27 *a* *O sea,* a campo abierto.
31 *a* Isa. 29:13; Lucas 6:46; JS—H 1:19.
b GEE Codiciar.
34 2 *a* Isa. 56:11. GEE Pastor.
b Jacob 1:19.
3 *a* 2 Ne. 26:29.

de la lana; matáis a la *oveja* engordada, *pero* no apacentáis al
rebaño.
4 No fortalecisteis a las débiles ni curasteis a la [a]enferma; no
vendasteis a la perniquebrada, ni
hicisteis volver a la descarriada ni
buscasteis a la perdida, sino que
os habéis enseñoreado de ellas
con violencia y con severidad.
5 Y han sido dispersadas por
falta de pastor, y han llegado a ser
comida de toda fiera del campo
y han sido dispersadas.
6 Anduvieron perdidas mis ovejas por todos los montes y en
todo collado alto; y por toda la
faz de la tierra fueron dispersadas mis ovejas, y no hubo quien
las buscase ni quien preguntase
por ellas.
7 Por tanto, pastores, oíd la palabra de Jehová:
8 Vivo yo, ha dicho Jehová el Señor, que por cuanto mi rebaño fue
para ser presa, y mis ovejas llegaron a ser comida de toda fiera del
campo, porque no había pastor;
y mis pastores no buscaron a mis
ovejas, sino que los [a]pastores [b]se
apacentaron a sí mismos y no
apacentaron a mis ovejas,
9 por tanto, oh pastores, oíd la
palabra de Jehová:
10 Así ha dicho Jehová el Señor: He aquí, yo estoy contra los
pastores, y [a]exigiré mis ovejas
de su mano y haré que [b]dejen de
apacentar a las ovejas; y ya no se
apacentarán más los pastores a
sí mismos, pues yo libraré a mis
ovejas de sus bocas, y no les serán
más por comida.
11 Porque así ha dicho Jehová el Señor: He aquí, yo, yo
mismo buscaré a mis ovejas y las
reconoceré.
12 Como reconoce a su rebaño
el [a]pastor el día en que está en
medio de sus ovejas dispersadas,
así [b]reconoceré a mis ovejas y las
libraré de todos los lugares en
que fueron [c]dispersadas un día
nublado y oscuro.
13 Y yo las sacaré de los pueblos y las [a]juntaré de las tierras;
y las traeré a su propia tierra y
las apacentaré en los montes de
Israel, por las riberas y en todos
los lugares habitados del país.
14 En buenos pastos las apacentaré, y en los altos montes
de Israel estará su redil; allí dormirán en buen redil, y con ricos
pastos serán apacentadas sobre
los montes de Israel.
15 Yo apacentaré a mis ovejas y
yo las haré recostar, dice Jehová
el Señor.
16 Yo buscaré a la oveja perdida,
y [a]haré volver a la descarriada,
y vendaré a la perniquebrada y
fortaleceré a la débil; pero a la
engordada y a la fuerte destruiré.
Yo las apacentaré con [b]justicia.
17 Mas en cuanto a vosotras,
ovejas mías, así ha dicho Jehová
el Señor: He aquí, yo [a]juzgo entre

4 *a* GEE Enfermedad, enfermo.
8 *a* GEE Apostasía.
b 2 Ne. 28:12–13; Morm. 8:37, 39.
10 *a* GEE Mayordomía, mayordomo.
b DyC 107:99–100.
12 *a* GEE Buen Pastor.
b GEE Israel—La congregación de Israel.
c 2 Ne. 25:15.
13 *a* DyC 33:6.
16 *a* Lucas 15:4; 19:10.
b Jer. 10:24.
GEE Juicio, juzgar.
17 *a* Ezeq. 20:38.

oveja y oveja, entre carneros y machos cabríos.

18 ¿No os basta con comer los buenos pastos, sino que también holláis con vuestros pies lo que de vuestros pastos queda, y con beber las aguas claras, sino que [a]enturbiáis además con vuestros pies las que quedan?

19 Y mis ovejas comen lo que vuestros pies [a]han hollado y beben lo que con vuestros pies habéis enturbiado.

20 Por tanto, así les dice Jehová el Señor: He aquí, yo, yo mismo juzgaré entre la oveja engordada y la oveja flaca.

21 Por cuanto empujasteis con el costado y con el hombro, y acorneasteis con vuestros cuernos a todas las débiles, hasta que las dispersasteis lejos,

22 yo salvaré a mis [a]ovejas, y nunca más servirán de presa; y juzgaré entre oveja y oveja.

23 Y levantaré sobre ellas a un pastor, y él las apacentará: mi siervo [a]David; él las apacentará y él será su pastor.

24 Yo, Jehová, seré su [a]Dios, y mi siervo [b]David será [c]príncipe en medio de ellos. Yo, Jehová, he hablado.

25 Y haré con ellos un [a]convenio de paz y exterminaré de la tierra las fieras; y habitarán en el desierto con [b]seguridad y dormirán en los bosques.

26 Y haré de [a]ellos y de los alrededores de mi collado una bendición; y haré descender la lluvia en su tiempo, lluvias de bendición serán.

27 Y el árbol del campo dará su fruto, y la tierra dará su fruto, y estarán sobre su tierra con seguridad; y sabrán que yo soy Jehová, cuando rompa las coyundas de su yugo y los libre de manos de los que [a]se sirven de ellos.

28 Y no serán más presa de las naciones, ni las fieras de la tierra los devorarán, sino que habitarán con seguridad, y no habrá quien los espante;

29 y levantaré para ellos un [a]plantío de renombre, y nunca más serán consumidos por el hambre en la tierra ni serán más avergonzados por las naciones.

30 Y sabrán que yo, Jehová, su Dios, estoy con ellos, y que ellos son mi pueblo, la casa de Israel, dice Jehová el Señor.

31 Y vosotras, ovejas mías, ovejas de mi prado, hombres sois, y yo soy vuestro Dios, dice Jehová el Señor.

CAPÍTULO 35

Descenderá juicio sobre el monte Seir y sobre todo Edom por su odio hacia Israel.

Y VINO a mí la palabra de Jehová, diciendo:

18 *a* GEE Inmundicia, inmundo.
19 *a* 1 Ne. 19:7.
22 *a* 2 Ne. 25:15–18.
23 *a* GEE Jesucristo—El reinado milenario de Cristo.
24 *a* Éx. 29:45–46; Lev. 26:12.
b Jer. 23:5–6.
c Ezeq. 37:24–25.
25 *a* GEE Convenio (pacto).
b DyC 45:68–70.
26 *a* GEE Israel.
27 *a* HEB de los que los han esclavizado.
29 *a* Isa. 61:3.

2 Hijo de hombre, pon tu rostro hacia el monte [a]Seir y profetiza contra él,

3 y dile: Así ha dicho Jehová el Señor: He aquí, yo estoy contra ti, oh monte Seir, y extenderé mi mano contra ti y te convertiré en desolación y en devastación.

4 A tus ciudades asolaré, y quedarás desolado; y sabrás que yo soy Jehová.

5 Por cuanto tuviste enemistad perpetua y entregaste a los hijos de Israel al poder de la espada en el tiempo de su aflicción, en el tiempo en que su iniquidad llegó a su fin,

6 por tanto, vivo yo, dice Jehová el Señor, que a sangre te entregaré, y sangre te perseguirá; puesto que la sangre no aborreciste, sangre te perseguirá.

7 Y convertiré el monte Seir en desolación y en devastación, y talaré al que vaya y al que regrese.

8 Y llenaré sus montes con sus muertos; en tus collados, y en tus valles y en todos tus arroyos caerán los muertos a espada.

9 Yo te convertiré en perpetua desolación, y tus [a]ciudades nunca más serán habitadas; y sabréis que yo soy Jehová.

10 Por cuanto dijiste: Estas dos naciones y estas dos tierras serán mías, y las poseeremos, aunque estaba allí Jehová;

11 por tanto, vivo yo, dice Jehová el Señor, que yo haré conforme a tu ira y conforme a tu celo con que procediste a causa de tu odio contra ellos; y seré conocido entre ellos cuando te juzgue.

12 Y sabrás que yo, Jehová, he oído todas tus [a]blasfemias que proferiste contra los montes de Israel, diciendo: Desolados son; nos han sido dados para devorar.

13 Y os [a]engrandecisteis contra mí con vuestra boca y multiplicasteis contra mí vuestras palabras. Yo lo oí.

14 Así ha dicho Jehová el Señor: Mientras toda la tierra se regocije, yo haré de ti una desolación.

15 Como te alegraste sobre la heredad de la casa de Israel, porque fue desolada, así te haré a ti; desolado serás, monte Seir, y todo [a]Edom, todo él; y sabrán que yo soy Jehová.

CAPÍTULO 36

En los últimos días, toda la casa de Israel será congregada en sus propias tierras — Jehová les dará un corazón nuevo y un espíritu nuevo — Tendrán la ley de Su Evangelio.

Y TÚ, hijo de hombre, profetiza a los montes de Israel, y di: Montes de Israel, oíd la palabra de Jehová:

2 Así ha dicho Jehová el Señor: Por cuanto el enemigo dijo de vosotros: ¡Ajá!, también las alturas eternas nos han sido dadas por heredad;

3 profetiza, por tanto, y di: Así

35 2 *a* *Es decir,* de la tierra de Edom.
9 *a* Jer. 49:13.
12 *a* GEE Blasfemar, blasfemia.
13 *a* Hel. 4:13.
15 *a* GEE Mundo.

ha dicho Jehová el Señor: Por cuanto os asolaron y os tragaron de todas partes, para que fueseis posesión de las demás naciones, y se os ha hecho andar en boca de habladores y ser el oprobio de los pueblos,

4 por tanto, oh montes de Israel, oíd la palabra de Jehová el Señor: Así ha dicho Jehová el Señor a los montes y a los collados, a los arroyos y a los valles, a las ruinas desoladas y a las ciudades abandonadas, que vinieron a ser presa y escarnio de las otras naciones de su alrededor,

5 por eso, así ha dicho Jehová el Señor: Ciertamente en el fuego de mi celo he hablado contra las demás naciones y contra todo [a]Edom, que se tomaron mi tierra como posesión con alegría de corazón y con despecho de ánimo, para dejarla expuesta como presa.

6 Por tanto, profetiza sobre la tierra de Israel y di a los montes y a los collados, y a los arroyos y a los valles: Así ha dicho Jehová el Señor: He aquí, en mi celo y en mi furor he hablado, por cuanto habéis cargado con el oprobio de las naciones.

7 Por lo cual, así ha dicho Jehová el Señor: Yo he alzado mi mano; ciertamente las naciones que están a vuestro alrededor han de llevar su propia afrenta.

8 Pero vosotros, oh montes de Israel, daréis vuestras [a]ramas y llevaréis vuestro fruto para mi pueblo Israel, porque [b]están a punto de llegar.

9 Porque he aquí, yo estoy por vosotros y a vosotros me [a]volveré, y seréis labrados y sembrados.

10 Y haré que se multipliquen los hombres sobre vosotros, a toda la casa de Israel, a toda ella; y las ciudades serán [a]habitadas, y serán [b]reedificadas las ruinas.

11 Y multiplicaré sobre vosotros hombres y animales, y serán multiplicados y fructificarán; y os haré morar como solíais hacerlo antiguamente, y os haré mayor bien que en vuestros principios; y sabréis que yo soy Jehová.

12 Y haré andar hombres sobre vosotros, a mi pueblo Israel; y te [a]poseerán, y les serás heredad y nunca más los privarás de hijos.

13 Así ha dicho Jehová el Señor: Por cuanto dicen de vosotros: Devoras hombres y [a]privas de hijos a tu nación;

14 por tanto, no devorarás más hombres, y nunca más privarás de hijos a tu nación, dice Jehová el Señor.

15 Y nunca más te haré oír injuria de las naciones, ni cargarás más con el reproche de los pueblos ni privarás más de hijos a tu nación, dice Jehová el Señor.

16 Y vino a mí la palabra de Jehová, diciendo:

17 Hijo de hombre, cuando los de la casa de Israel habitaban en su tierra, la [a]contaminaron con sus caminos y con sus obras; como la

36 5 *a* DyC 1:36.
8 *a* Jacob 5:3–4.
b Isa. 56:1; DyC 4:1, 4.
9 *a* DyC 88:63–64.
10 *a* Zac. 2:4.
b Isa. 61:4; Amós 9:14.
12 *a* 1 Ne. 10:3.
13 *a* Jer. 15:7.
17 *a* 2 Ne. 25:14.

[b]impureza de mujer menstruosa fue su camino delante de mí.

18 Y derramé mi ira sobre ellos por la sangre que derramaron sobre la tierra, porque con sus [a]ídolos la [b]contaminaron.

19 Y los [a]esparcí por las naciones, y fueron dispersados por las tierras; conforme a sus caminos y [b]conforme a sus obras los juzgué.

20 Y cuando llegaron a las naciones adonde fueron, [a]profanaron mi santo nombre, al decirse de ellos: Éstos son el pueblo de Jehová, y [b]de la tierra de él han salido.

21 Y he sentido [a]lástima por mi santo [b]nombre, el cual profanó la casa de Israel entre las naciones adonde fueron.

22 Por tanto, di a la casa de Israel: Así ha dicho Jehová el Señor: No lo hago [a]por vosotros, oh casa de Israel, sino por causa de mi santo nombre, el cual profanasteis vosotros entre las naciones adonde habéis llegado.

23 Y santificaré mi gran nombre, profanado entre las [a]naciones, el cual profanasteis vosotros en medio de ellas; y sabrán las naciones que yo soy Jehová, dice Jehová el Señor, cuando sea [b]santificado en vosotros delante de sus ojos.

24 Y yo os tomaré de las naciones, y [a]os recogeré de todos los países y os traeré a vuestra propia tierra.

25 Y [a]esparciré sobre vosotros agua limpia, y seréis purificados de todas vuestras [b]impurezas; y de todos vuestros [c]ídolos os limpiaré.

26 Y os [a]daré un [b]corazón [c]nuevo y pondré un [d]espíritu nuevo dentro de vosotros; y quitaré de vuestra carne el [e]corazón de piedra y os daré un corazón de carne.

27 Y pondré dentro de vosotros mi espíritu, y haré que andéis en mis estatutos y que guardéis mis juicios y los pongáis por obra.

28 Y habitaréis en la [a]tierra que di a vuestros padres; y vosotros seréis mi pueblo, y yo seré vuestro Dios.

29 Y os salvaré de todas vuestras impurezas; y llamaré al trigo y lo multiplicaré, y no os traeré el hambre.

30 Multiplicaré asimismo el fruto de los árboles y el fruto de los campos, para que nunca más recibáis el oprobio del hambre entre las naciones.

31 Y os acordaréis de vuestros malos caminos y de vuestras obras que no fueron buenas, y os aborreceréis a vosotros mismos

17 *b* Lev. 15:25.
18 *a* GEE Idolatría.
b Ezeq. 16:36–37.
19 *a* GEE Israel—El esparcimiento de Israel.
b Ezeq. 39:23–24.
20 *a* GEE Blasfemar, blasfemia.
b TJS Ezeq. 36:20 …de *esta* tierra han…
21 *a* HEB preocupación.
b Ezeq. 20:9.
22 *a* Deut. 9:5.
23 *a* GEE Conversión, convertir.
b GEE Santificación.
24 *a* GEE Israel—La congregación de Israel.
25 *a* 3 Ne. 20:45–46.
b GEE Inmundicia, inmundo.
c Ezeq. 37:23.
26 *a* GEE Don.
b 3 Ne. 10:6.
GEE Corazón.
c GEE Nacer de Dios, nacer de nuevo.
d Isa. 44:3; Joel 2:28.
GEE Nacer de Dios, nacer de nuevo.
e GEE Conversión, convertir.
28 *a* Ezeq. 28:25; 37:12–13, 25.

por vuestras iniquidades y por
vuestras abominaciones.
32 No lo hago por vosotros, dice
Jehová el Señor; sabedlo bien;
avergonzaos y turbaos por causa
de vuestros caminos, oh casa de
Israel.
33 Así ha dicho Jehová el Señor: El día en que os purifique
de todas vuestras iniquidades,
haré también que sean habitadas
las ciudades, y las ruinas serán
reedificadas.
34 Y la tierra [a]desolada será [b]la-
brada, en lugar de ser la desolación que había sido ante los ojos
de todos los que pasaban.
35 Y dirán: Esta tierra desolada
se ha convertido en un [a]huerto
de Edén; y estas ciudades que se
hallaban desiertas, y desoladas y
arruinadas ya están fortificadas
y habitadas.
36 Y las naciones que queden
en vuestros alrededores sabrán
que yo reedifiqué lo que estaba
derribado, y planté lo que estaba
desolado; yo, Jehová, he hablado
y [a]lo haré.
37 Así ha dicho Jehová el Señor: Aún seré [a]solicitado por la
casa de Israel para hacerles esto;
aumentaré los hombres como se
aumentan los rebaños.
38 Como el [a]rebaño santo, como
el rebaño de Jerusalén en sus fiestas solemnes, así las ciudades
desiertas estarán llenas de rebaños de hombres. Y sabrán que yo
soy Jehová.

CAPÍTULO 37

Israel heredará la tierra en la resurrección — El palo de Judá (la Biblia) y el palo de José (el Libro de Mormón) serán uno en la mano de Jehová — Los hijos de Israel serán recogidos y purificados — David (el Mesías) reinará sobre ellos — Recibirán el convenio sempiterno del Evangelio.

Y LA mano de Jehová vino sobre
mí, y me [a]llevó en el [b]espíritu
de Jehová y me puso en medio
de un valle que estaba lleno de
huesos.
2 Y me hizo pasar alrededor
de ellos, y he aquí que eran muchísimos sobre la faz del valle,
y he aquí, estaban secos en gran
manera.
3 Y me dijo: Hijo de hombre,
¿[a]vivirán estos huesos? Y dije: oh
Señor, Jehová, tú lo sabes.
4 Me dijo entonces: Profetiza sobre estos huesos, y diles: Huesos
secos, oíd la palabra de Jehová.
5 Así ha dicho Jehová el Señor
a estos huesos: He aquí, yo hago
entrar [a]espíritu en vosotros, y
viviréis.
6 Y pondré tendones en vosotros, y haré subir carne sobre
vosotros, y os cubriré de piel
y pondré en vosotros espíritu,
y viviréis; y sabréis que yo soy
Jehová.
7 Profeticé, pues, como me
fue mandado; y hubo un ruido

34 *a* Isa. 35:1.
b Isa. 61:4–6.
35 *a* Isa. 51:3.
GEE Milenio.
36 *a* DyC 62:6.
37 *a* Sal. 102:17.
GEE Oración.
38 *a* HEB el rebaño para los sacrificios.
37 1 *a* 1 Rey. 18:12;
1 Ne. 11:1.
b GEE Espíritu Santo.
3 *a* *O sea,* resucitarán.
GEE Resurrección.
5 *a* GEE Espíritu.

mientras yo profetizaba, y he
aquí un temblor, y los huesos
se juntaron cada [a]hueso con su
hueso.
8 Y miré, y he aquí tendones
sobre ellos, y subió la carne, y
quedaron cubiertos por la piel;
pero no había en ellos espíritu.
9 Y me dijo: Profetiza al espíritu;
profetiza, hijo de hombre, y di
al espíritu: Así ha dicho Jehová
el Señor: Oh espíritu, ven de los
cuatro [a]vientos y sopla sobre estos muertos, y vivirán.
10 Y profeticé como me había
mandado; y entró [a]espíritu en
ellos, y vivieron y se pusieron
de pie, un ejército grande en
extremo.
11 Me dijo luego: Hijo de hombre, todos estos huesos son la
casa de Israel. He aquí, ellos dicen: Nuestros huesos se secaron,
y [a]pereció nuestra esperanza, y
somos del todo talados.
12 Por tanto, profetiza, y diles:
Así ha dicho Jehová el Señor: He
aquí yo abro vuestros sepulcros,
oh pueblo mío, y os haré [a]subir de
vuestras sepulturas y os [b]traeré
a la [c]tierra de Israel.
13 Y sabréis que yo soy Jehová
cuando yo abra vuestros sepulcros y os saque de vuestras sepulturas, oh pueblo mío.
14 Y pondré mi [a]espíritu en
vosotros, y viviréis; y os haré reposar en vuestra tierra; y sabréis
que yo, Jehová, he hablado, y lo
haré, dice Jehová.
15 Y vino a mí la palabra de
Jehová, diciendo:
16 Y tú, hijo de hombre, toma
ahora un [a]palo y escribe en él:
Para [b]Judá, y para los hijos de
Israel, sus compañeros. Toma
después otro palo y escribe en
él: Para José, [c]palo de Efraín, y
para toda la casa de Israel, sus
compañeros.
17 Júntalos luego el uno con el
otro, para que sean uno solo, y
serán [a]uno solo en tu mano.
18 Y cuando te hablen los hijos
de tu pueblo, diciendo: ¿No nos
explicarás qué *quieres decir* con
eso?
19 Diles: Así ha dicho Jehová el
Señor: He aquí, yo tomo el palo
de [a]José que está en la mano de
Efraín, y a las tribus de Israel,
sus compañeros, y los pondré
con él, con el palo de Judá, y los
haré un solo palo, y serán uno
en mi mano.
20 Y los palos sobre los que escribas estarán en tu mano delante
de sus ojos;
21 y les dirás: Así ha dicho
Jehová el Señor: He aquí, yo tomo
a los hijos de Israel de entre las
naciones a las cuales fueron, y los

7 *a* DyC 138:11, 17, 43.
9 *a* Apoc. 7:1.
10 *a* GEE Espíritu.
11 *a* Isa. 49:14.
12 *a* GEE Resurrección.
b GEE Israel—La congregación de Israel.
c Ezeq. 36:24–28.
14 *a* Alma 40:23; DyC 88:15–17.
16 *a* HEB madera. Las tablillas de madera para escribir eran comunes en Babilonia durante el tiempo de Ezequiel. GEE Escrituras—Se profetiza la publicación de las Escrituras.
b GEE Judá—El palo de Judá.
c GEE Libro de Mormón; Efraín—El palo de Efraín o palo de José.
17 *a* 1 Ne. 13:41; 2 Ne. 3:12.
19 *a* GEE Libro de Mormón.

[a]recogeré de todas partes y los
traeré a su propia tierra.
22 Y haré de ellos [a]una sola nación en la tierra, en los montes
de Israel; y un mismo rey será el
rey de todos ellos; y nunca más
serán [b]dos naciones, ni nunca más
estarán divididos en dos reinos.
23 Y no se contaminarán ya más
con sus ídolos, ni con sus abominaciones ni con todas sus transgresiones; y los [a]salvaré de todos
los lugares en los cuales han pecado, y los [b]purificaré; y serán mi
pueblo, y yo seré su Dios.
24 Y mi siervo [a]David será rey
sobre ellos, y para todos ellos habrá un solo [b]pastor; y andarán en
mis juicios, y guardarán mis estatutos y los pondrán por obra.
25 Y habitarán en la tierra que
di a mi siervo Jacob, en la cual
habitaron vuestros padres; en ella
habitarán ellos, y sus hijos y los
hijos de sus hijos [a]para siempre; y
mi siervo David será su príncipe
para siempre.
26 Y haré con ellos un [a]conve-
nio de paz; será un [b]convenio
[c]sempiterno con ellos; y los estableceré y los multiplicaré, y
pondré mi [d]santuario entre ellos
para siempre.
27 Y estará en medio de ellos mi
[a]tabernáculo; yo seré su Dios, y
ellos serán mi pueblo.
28 Y sabrán las naciones que yo,
Jehová, [a]santifico a Israel, cuando
esté mi santuario en medio de
ellos para siempre.

CAPÍTULO 38

La batalla de Gog y Magog contra Israel precederá a la Segunda Venida — Jehová vendrá en medio de guerra y de pestilencia, y todos los hombres temblarán ante Su presencia.

Y VINO a mí la palabra de Jehová,
diciendo:
2 Hijo de hombre, pon tu rostro
hacia [a]Gog en la tierra de Magog,
príncipe soberano de Mesec y
Tubal, y profetiza contra él.
3 Y di: Así ha dicho Jehová el
Señor: He aquí, yo estoy contra
ti, oh Gog, príncipe soberano de
Mesec y Tubal.
4 Y yo te haré regresar, y pondré garfios en tus quijadas y te
sacaré a ti y a todo tu ejército, caballos y jinetes, todos ellos completamente equipados, una gran
multitud con [a]paveses y escudos,
teniendo todos ellos espadas;
5 Persia, y Etiopía y Fut con
ellos; todos ellos con escudos y
yelmos;
6 Gomer y todas sus tropas; la

21 *a* GEE Israel—La congregación de Israel.
22 *a* Juan 10:16.
b Las tribus dirigidas por Judá y Efraín históricamente eran adversarias. Durante los últimos días tal enemistad desaparecerá. 1 Rey. 12:16–20; Isa. 11:12–13.
23 *a* Zac. 9:16.
b GEE Pureza, puro.
24 *a* Jer. 30:9; Ezeq. 34:23.
b GEE Pastor.
25 *a* Isa. 60:21.
26 *a* GEE Convenio (pacto). Ezeq. 34:25.
b GEE Restauración del Evangelio.
c GEE Nuevo y sempiterno convenio.
d GEE Templo, Casa del Señor.
27 *a* DyC 124:37–40.
28 *a* GEE Santificación.
38 2 *a* GEE Magog.
4 *a* *O sea,* escudos que cubren casi todo el cuerpo.

casa de Togarma, de los confines del norte, y todas sus tropas; muchos pueblos contigo.

7 Prepárate y apercíbete tú y toda tu multitud que se ha reunido contigo, y sé tú el guarda de ellos.

8 De aquí a muchos días serás tú convocado; en los últimos años vendrás a la tierra recuperada de la espada, recogida de muchos pueblos, a los [a]montes de Israel, que siempre han sido una desolación; pero fue sacada de las naciones, y todos ellos habitarán [b]confiadamente.

9 Y subirás tú; vendrás como una [a]tempestad; como una nube que cubre la tierra serás [b]tú, y todas tus tropas y muchos pueblos contigo.

10 Así ha dicho Jehová el Señor: Y acontecerá que en aquel día subirán palabras a tu corazón, y concebirás un plan perverso.

11 Y dirás: Subiré contra una tierra sin defensa; iré a un pueblo tranquilo que habita confiadamente; todos ellos habitan sin muros *y* no tienen cerrojos ni puertas,

12 para arrebatar despojos y para tomar botín, para volver tu mano contra los lugares desolados *ya* poblados, y contra el pueblo recogido de las naciones, que se ha hecho de ganados y posesiones, que mora en la parte central de la tierra.

13 Sabá, y Dedán, y los mercaderes de [a]Tarsis y todos sus leoncillos te dirán: ¿Has venido a arrebatar despojos? ¿Has reunido tu multitud para tomar botín, para quitar plata y oro, para tomar ganados y posesiones, para tomar grandes despojos?

14 Por tanto profetiza, hijo de hombre, y di a Gog: Así ha dicho Jehová el Señor: En aquel día, cuando mi pueblo Israel habite con seguridad, ¿no lo sabrás tú?

15 Y vendrás de tu lugar, de los confines del norte, tú y muchos pueblos contigo, todos ellos a caballo, una gran multitud y un poderoso ejército;

16 y subirás [a]contra mi pueblo Israel como una nube para cubrir la tierra. Será en los últimos días, y te traeré contra mi tierra, para que las naciones me [b]conozcan cuando yo sea santificado [c]en ti, oh Gog, delante de sus ojos.

17 Así ha dicho Jehová el Señor: ¿No eres tú aquel de quien hablé yo en tiempos pasados por mis siervos los profetas de Israel, los cuales profetizaron en aquellos días, durante años, que yo te había de traer contra ellos?

18 Y acontecerá en aquel día, cuando venga Gog contra la tierra de Israel, dice Jehová el Señor, que subirá mi ira en mi rostro.

19 Porque he hablado en mi celo *y* en el fuego de mi ira: Ciertamente en aquel día habrá gran [a]temblor sobre la tierra de Israel;

8 *a* DyC 133:13.
b Ezeq. 34:25.
9 *a* Isa. 28:2.
b Apoc. 9:16.
13 *a* 1 Rey. 10:22; Ezeq. 27:12.
16 *a* Lucas 21:20–24; Apoc. 16:16.
b GEE Conversión, convertir.
c HEB por medio de ti.
19 *a* Hageo 2:6–7.

20 los peces del mar, y las aves
del cielo, y las bestias del campo,
y todo lo que se arrastra sobre la
tierra y todos los hombres que
están sobre la faz de la tierra temblarán ante mi presencia; y se
desmoronarán los montes, y los
precipicios caerán, y todo muro
caerá a tierra.
21 Y en todos mis montes llamaré contra él a la espada,
dice Jehová el Señor; la espada
de cada cual estará contra su
[a]hermano.
22 Y yo [a]litigaré contra él con
[b]pestilencia y con sangre; y haré
llover sobre él, y sobre sus tropas
y sobre los muchos pueblos que
están con él, una impetuosa lluvia y piedras de granizo, [c]fuego
y azufre.
23 Y seré engrandecido y [a]san-
tificado, y seré [b]conocido ante
los ojos de muchas naciones; y
sabrán que yo soy Jehová.

CAPÍTULO 39

Gog y Magog serán destruidos — Los habitantes de las ciudades de Israel quemarán sus armas de guerra durante siete años — Enterrarán a sus muertos durante siete meses — Entonces se celebrará la cena del gran Dios y el continuo recogimiento de Israel.

TÚ, pues, hijo de hombre, profetiza contra Gog, y di: Así ha dicho
Jehová el Señor: He aquí, yo estoy
contra ti, oh Gog, príncipe soberano de Mesec y Tubal.
2 Y te haré volver, y te condu-
ciré, y te haré subir desde los confines del norte y te traeré sobre
los montes de Israel;
3 y te [a]quitaré el arco de tu mano
izquierda y haré caer tus saetas
de tu mano derecha.
4 Sobre los montes de Israel caerás tú, y todas tus tropas y los
pueblos que están contigo; a las
aves de rapiña de toda especie, y
a las fieras del campo, te he dado
por comida.
5 Sobre la faz del campo caerás,
porque yo lo he hablado, dice
Jehová el Señor.
6 Y enviaré fuego sobre Magog
y sobre los que moran confiadamente en las islas; y sabrán que
yo soy Jehová.
7 Y haré notorio mi santo nombre en medio de mi pueblo Israel
y nunca más dejaré profanar mi
santo nombre; y [a]sabrán las naciones que yo soy Jehová, el Santo
de Israel.
8 He aquí que viene y se cumplirá, dice Jehová el Señor; éste es
el día del cual he hablado.
9 Y los moradores de las ciudades de Israel saldrán, y encen-
derán fuego y quemarán armas,
y escudos, y paveses, arcos y
saetas, y báculos y lanzas; y los
quemarán con fuego durante
siete años.
10 Y no traerán leña del campo

21 *a* Isa. 9:19; DyC 45:68; 63:33.
22 *a* Isa. 66:16; Joel 3:2; Zac. 14:3.
b GEE Últimos días, postreros días.
c Ezeq. 39:6; DyC 29:21. GEE Mundo—El fin del mundo.
23 *a* GEE Santificación.
b Ezeq. 39:7.
39 3 *a* Joel 2:20.
7 *a* GEE Conversión, convertir.

ni la cortarán de los bosques, sino que prenderán el fuego con las armas; y despojarán a sus despojadores y [a]robarán a los que les robaron, dice Jehová el Señor.

11 Y sucederá que en aquel día yo daré a Gog lugar para sepultura allí en Israel, el valle [a]de los que pasan al oriente del mar; y obstruirá el paso a los transeúntes, pues allí enterrarán a Gog y a toda su multitud; y lo llamarán el valle de Hamón-gog.

12 Y la casa de Israel los estará enterrando durante siete meses, para limpiar la tierra.

13 Los enterrará todo el pueblo de la tierra; y será para ellos de renombre el día en que yo sea glorificado, dice Jehová el Señor.

14 Y [a]tomarán continuamente hombres que viajen por el país para buscar y enterrar a los que queden sobre la faz de la tierra, a fin de limpiarla; al cabo de siete meses harán un reconocimiento.

15 Y pasarán los que vayan por el país, y el que vea los huesos de algún hombre pondrá junto a ellos una señal, hasta que los entierren los sepultureros en el valle de Hamón-gog.

16 Y también el nombre de la ciudad será Hamona; y limpiarán la tierra.

17 Y tú, hijo de hombre, así ha dicho Jehová el Señor: Di a las aves de toda especie y a toda [a]fiera del campo: Juntaos y venid; reuníos de todas partes junto a mi sacrificio que sacrifico para vosotros, un sacrificio grande sobre los montes de Israel; y comeréis carne y beberéis sangre.

18 Comeréis carne de fuertes y beberéis sangre de príncipes de la tierra; de carneros, de corderos, y de machos cabríos, y de toros, engordados todos en Basán.

19 Y comeréis la grosura hasta saciaros, y beberéis hasta embriagaros de la sangre del sacrificio que para vosotros sacrifiqué.

20 Y a mi mesa os saciaréis de caballos, y de jinetes, de hombres fuertes y de todos los hombres de guerra, dice Jehová el Señor.

21 Y pondré mi gloria entre las naciones, y todas las naciones verán mi juicio que habré hecho y mi mano que sobre ellos habré puesto.

22 Y de aquel día en adelante sabrá la casa de Israel que yo soy Jehová su Dios.

23 Y sabrán las naciones que la casa de Israel fue llevada cautiva por su iniquidad, por cuanto actuaron deslealmente contra mí; por tanto, yo escondí de ellos mi rostro, y los entregué en manos de sus [a]enemigos y cayeron todos a espada.

24 Conforme a su [a]inmundicia y conforme a sus [b]transgresiones hice con ellos, y de ellos escondí mi rostro.

25 Por tanto, así ha dicho Jehová el Señor: Ahora [a]haré volver a los cautivos de Jacob, y tendré

10 *a* Isa. 14:2.
11 *a* HEB de los viajeros que.
14 *a* HEB separarán, apartarán.
17 *a* DyC 29:17–21.
23 *a* Mos. 11:21–23.
24 *a* GEE Inmundicia, inmundo.
b GEE Pecado.
25 *a* HEB haré volver a Jacob del exilio.

misericordia de toda la casa de [b]Israel y me mostraré celoso por mi santo nombre.
26 Y ellos cargarán su vergüenza y toda su infidelidad que cometieron contra mí, cuando habiten en su tierra confiadamente, y no haya quien los espante;
27 cuando los haga volver de entre los pueblos, y los [a]reúna de las tierras de sus enemigos, y sea yo santificado en ellos ante los ojos de muchas naciones.
28 Y sabrán que yo soy Jehová su Dios cuando, después de haberlos hecho llevar al cautiverio entre las naciones, los reúna en su propia tierra, sin dejar allá a ninguno de ellos.
29 Y no [a]esconderé más de ellos mi rostro, porque habré derramado mi espíritu sobre la casa de Israel, dice Jehová el Señor.

CAPÍTULO 40

Un mensajero celestial muestra a Ezequiel en visión la ciudad en donde está el templo — Se le muestran la forma y el tamaño del templo y sus atrios.

EN el año veinticinco de nuestro cautiverio, al principio del año, a los diez días del mes, a los catorce años después que la ciudad fue conquistada, en aquel mismo día vino sobre mí la mano de Jehová y me llevó allá.
2 En [a]visiones de Dios me llevó a la tierra de Israel y me puso sobre un [b]monte muy alto, sobre el cual había algo como la estructura de una ciudad, al sur.
3 Y me llevó allí, y he aquí un varón, cuyo aspecto era como aspecto de bronce, y tenía un cordel de lino en su mano y una [a]caña [b]de medir, y él estaba a la puerta.
4 Y me habló aquel varón, *diciendo*: Hijo de hombre, mira con tus ojos, y oye con tus oídos y pon tu [a]corazón en todas las cosas que te muestro, porque para que yo te las mostrase has sido traído aquí. Cuenta todo lo que ves a la casa de Israel.
5 Y he aquí, un muro fuera de la [a]casa, todo alrededor; y la caña de medir que aquel varón tenía en la mano era de seis [b]codos, [c]de a codo y palmo; y midió el espesor de la estructura, que era de una caña; y la altura, de otra caña.
6 Después vino a la puerta que daba hacia el oriente, y subió por sus gradas y midió el umbral de la puerta, que era de una caña de anchura, y el otro umbral era también de una caña de ancho.
7 Y *cada* cámara tenía una caña de largo y una caña de ancho; y entre las cámaras había cinco

25 *b* GEE Israel—Las doce tribus de Israel.
27 *a* GEE Israel—La congregación de Israel.
29 *a* Isa. 54:8.
40 2 *a* Ezeq. 8:3. GEE Visión.
b Apoc. 21:10.
3 *a* Ezeq. 45:1.
b Apoc. 11:1.
4 *a* DyC 8:2.
5 *a* GEE Templo, Casa del Señor.
b GEE Codo.
c *Es decir,* de seis codos, de un codo regular más un palmo menor cada uno. De esa manera, cada codo sería de 53 cm. El largo total de la caña de medir es de alrededor de tres metros.

codos de ancho; y el umbral de la puerta junto al pórtico de la puerta, por dentro, una caña.

8 Midió asimismo el pórtico de la puerta por dentro; *era de* una caña.

9 Midió luego el pórtico de la puerta, ocho codos, y sus pilastras, dos codos; y el pórtico de la puerta estaba por dentro.

10 Y las cámaras de la puerta que daba al oriente eran tres a cada lado, todas de una misma medida; también de una misma medida las pilastras de un lado y del otro.

11 Y midió la anchura de la entrada de la puerta, diez codos; la [a]longitud de la puerta, trece codos.

12 Y el espacio delante de las cámaras era de un codo a un lado y de otro codo al otro lado; y cada cámara tenía seis codos por un lado y seis codos por el otro.

13 Y midió la puerta, desde el techo de una cámara hasta el techo de la otra, veinticinco codos de anchura, desde una entrada hasta la otra.

14 Y midió las pilastras, que eran de sesenta codos, hasta la pilastra del atrio alrededor de la puerta.

15 Y desde la fachada de la puerta de la entrada hasta la fachada del pórtico de la puerta interior había cincuenta codos.

16 Y había ventanas estrechas que daban hacia las cámaras, y hacia sus pilastras por dentro de la puerta alrededor, y asimismo en los pórticos; y había ventanas alrededor por dentro; y en cada pilastra había palmeras.

17 Me llevó luego al atrio exterior, y he aquí, había cámaras y un enlosado que daban al atrio de alrededor; treinta cámaras *daban* al enlosado.

18 Y el enlosado a los lados de las puertas, en proporción a la longitud de las puertas, era el enlosado más bajo.

19 Y midió la anchura, desde la fachada de la puerta de abajo hasta la fachada del atrio interior por fuera, y era de cien codos hacia el oriente y hacia el norte.

20 Y de la entrada que daba hacia el norte en el atrio exterior, midió su longitud y su anchura.

21 Y sus cámaras eran tres de un lado y tres del otro; y sus pilastras y sus pórticos eran de la misma medida que la primera entrada: cincuenta codos de longitud y veinticinco de anchura.

22 Y sus ventanas, y sus pórticos y sus palmeras eran conforme a la medida de la entrada que daba hacia el oriente; y se subía a ella por siete gradas, y delante estaban sus pórticos.

23 Y la entrada del atrio interior estaba enfrente de la puerta que daba al norte y de la que daba al oriente; y midió, de puerta a puerta, cien codos.

24 Me llevó después hacia el sur, y he aquí una puerta hacia el sur; y midió sus pilastras y sus pórticos conforme a estas medidas.

25 Y tenía sus ventanas y sus pórticos alrededor, como las otras ventanas; la longitud era

11 *a O sea,* la altura.

de cincuenta codos, y la anchura
de veinticinco codos.
26 Y sus gradas eran de siete
peldaños, con sus pórticos delante de ellas; y tenía palmeras,
una de un lado y otra del otro
lado, en sus pilastras.
27 Y la entrada del atrio interior daba hacia el sur; y midió,
de puerta a puerta hacia el sur,
cien codos.
28 Me llevó después al atrio
interior por la entrada del sur,
y midió la entrada del sur conforme a estas medidas.
29 Y sus cámaras, y sus pilastras
y sus pórticos eran conforme a estas medidas, y tenía sus ventanas
y sus pórticos alrededor; la longitud era de cincuenta codos, y de
veinticinco codos la anchura.
30 Y los pórticos alrededor eran
de veinticinco codos de largo y
cinco codos de ancho.
31 Y sus pórticos daban hacia
el atrio exterior, con palmeras en
sus pilastras; y sus gradas eran
de ocho escalones.
32 Y me llevó al atrio interior hacia el oriente, y midió la entrada
conforme a estas medidas.
33 Y eran sus cámaras, y sus pilastras y sus pórticos, conforme
a estas medidas, y tenía sus ventanas y sus pórticos alrededor; la
longitud era de cincuenta codos
y la anchura era de veinticinco
codos.
34 Y sus pórticos daban hacia
el atrio exterior, con palmeras
en sus pilastras de un lado y de
otro; y sus gradas eran de ocho
escalones.
35 Me llevó luego a la puerta del
norte y midió conforme a estas
medidas:
36 sus cámaras, sus pilastras,
y sus pórticos y sus ventanas alrededor; la longitud era de cincuenta codos y de veinticinco
codos el ancho.
37 Y sus pilastras daban hacia
el atrio exterior, con palmeras en
cada una de sus pilastras de un
lado y de otro; y sus gradas eran
de ocho peldaños.
38 Y la cámara y su entrada
estaban junto a las pilastras
de las puertas; allí lavarán el
[a]holocausto.
39 Y en el pórtico de la puerta
había dos mesas a un lado y otras
dos al otro, para matar sobre ellas
el [a]holocausto, y la [b]ofrenda por
el pecado y la [c]ofrenda por la
culpa.
40 Y por el lado de fuera, de las
gradas de la entrada de la puerta
del norte, había dos mesas; y al
otro lado que estaba a la entrada
de la puerta, dos mesas.
41 Cuatro mesas a un lado y
cuatro mesas al otro lado, al
lado de la puerta; ocho mesas,
sobre las cuales degollarán *los
sacrificios.*
42 Y las cuatro mesas para el holocausto eran de piedra labrada,
de un codo y medio de longitud,
y de codo y medio de ancho, y
de un codo de altura; sobre éstas pondrán los utensilios con
que degollarán el holocausto y
el sacrificio.
43 Y dentro había ganchos de
un palmo, dispuestos por todo

38 *a* GEE Ofrenda; Sacrificios.

39 *a* Lev. 1:3, 9, 14.
b Lev. 4:2–3.
c Lev. 5:5–6.

alrededor; y sobre las mesas, la carne de la ofrenda.

44 Y fuera de la entrada interior, en el atrio interior que estaba al lado de la entrada del norte, estaban las cámaras de los [a]cantores, las cuales miraban hacia el sur; una estaba al lado de la entrada del oriente que miraba hacia el norte.

45 Y me dijo: Esta cámara que mira hacia el sur es de los sacerdotes, que hacen la guardia del templo.

46 Y la cámara que mira hacia el norte es de los sacerdotes, que hacen la guardia del altar; éstos son los hijos de Sadoc, de los hijos de Leví, que se acercan a Jehová para servirle.

47 Y midió el atrio, cien codos de longitud y la anchura de cien codos; era cuadrado, y el altar estaba delante de la casa.

48 Y me llevó al pórtico de la casa, y midió *cada* pilastra del pórtico, cinco codos de un lado y cinco codos del otro; y la anchura de la puerta era de tres codos de un lado y de tres codos del otro.

49 La longitud del pórtico era de veinte codos, y la anchura de once codos, al cual se subía por gradas; y había columnas junto a las pilastras, una de un lado y otra del otro.

CAPÍTULO 41

Ezequiel ve el interior del templo y el lugar santísimo, y se le muestran su forma y tamaño.

ME llevó luego al templo y midió las pilastras, siendo el ancho seis codos de un lado y seis codos del otro, que era la anchura del tabernáculo.

2 Y la anchura de la puerta era de diez codos; y los lados de la puerta, de cinco codos de un lado y cinco del otro. Y midió su longitud, que era de cuarenta codos, y la anchura de veinte codos.

3 Y pasó al interior y midió las pilastras de la entrada, que eran de dos codos; y la entrada era de seis codos; y la anchura de la entrada, de siete codos.

4 Midió también su longitud, que era de veinte codos, y la anchura, de veinte codos, delante del templo; y me dijo: Éste es el [a]lugar santísimo.

5 Después midió el muro de la [a]casa, que era de seis codos; y de cuatro codos era la anchura de las cámaras laterales en torno de la casa alrededor.

6 Y las cámaras laterales estaban sobrepuestas en tres *niveles*, treinta en cada *nivel*; y había salientes en la pared, alrededor de la casa, sobre los que se apoyaban las cámaras laterales, para que no se apoyaran en la pared misma de la casa.

7 Y había mayor anchura y una espiral hacia arriba, hacia las cámaras laterales, porque la espiral de la casa iba hacia arriba, alrededor de la casa, rodeándola por dentro; y así se subía del *nivel* inferior al más alto por el *nivel* intermedio.

44 *a* 1 Cró. 6:31–32.

41 4 *a* GEE Lugar Santísimo.

5 *a* *O sea,* del templo.

8 Y miré la altura de la casa alrededor; los cimientos de las cámaras laterales eran de una caña entera de seis codos de largo.

9 Y el espesor de la pared de las cámaras laterales, por fuera, era de cinco codos, y quedaba un espacio entre las cámaras laterales de la casa por dentro.

10 Y entre las cámaras había una anchura de veinte codos por todos lados alrededor de la casa.

11 Y las entradas de las cámaras laterales daban al espacio que quedaba, una entrada hacia el norte, y otra entrada hacia el sur; y la anchura del espacio que quedaba era de cinco codos, todo alrededor.

12 Y el edificio que estaba delante del espacio abierto al lado del occidente era de setenta codos de ancho; y la pared del edificio, de cinco codos de espesor, todo alrededor, y noventa codos de largo.

13 Y midió la casa, y tenía cien codos de largo; y el espacio abierto, y el edificio y sus paredes eran de cien codos de longitud;

14 y el ancho de la fachada de la casa y del espacio abierto hacia el oriente era de cien codos.

15 Y midió la longitud del edificio que estaba delante del espacio abierto que había detrás de él y las galerías de uno y otro lado, y eran cien codos; y el templo interior, y los pórticos del atrio,

16 los umbrales, y las ventanas estrechas y las galerías alrededor de los tres *niveles,* hasta el otro lado del umbral, estaba todo recubierto de madera alrededor, desde el suelo hasta las ventanas; y las ventanas *también* estaban recubiertas,

17 encima de la entrada, y hasta la casa interior, y por fuera, y por toda la pared alrededor, por dentro y por fuera, según sus medidas.

18 Y estaba labrada con [a]querubines y palmeras, y entre querubín y querubín había una palmera; y *cada* querubín tenía dos rostros:

19 un rostro de hombre hacia la palmera de un lado, y un rostro de león hacia la palmera del otro lado; hechos por toda la casa alrededor.

20 Desde el suelo hasta encima de la puerta había querubines y palmeras labrados, y también por toda la pared del templo.

21 Cada poste del templo era cuadrado, y también la fachada del santuario; y la apariencia *de una* era como la apariencia de la *otra.*

22 La altura del altar de madera era de tres codos, y su longitud, de dos codos; y sus esquinas, y su superficie y sus paredes eran de madera. Y me dijo: Ésta es la mesa que está delante de Jehová.

23 Y el templo y el santuario tenían dos puertas.

24 Y en cada puerta había dos hojas, dos hojas que giraban; dos hojas en una puerta y otras dos en la otra.

25 Y en las puertas del templo

18 *a* GEE Querubines.

había labrados de querubines y de palmeras, así como los que estaban hechos en las paredes; y había un grueso madero sobre la fachada del pórtico exterior.

26 Y había ventanas estrechas y palmeras de uno y otro lado a los lados del pórtico, y sobre las cámaras laterales de la casa y las vigas.

CAPÍTULO 42

Ezequiel ve en el templo las cámaras de los sacerdotes.

ME sacó luego al atrio exterior, hacia el norte, y me llevó a la cámara que estaba delante del espacio abierto que quedaba enfrente del edificio, hacia el norte.

2 Por delante de la puerta del norte su longitud era de cien codos y la anchura de cincuenta codos.

3 Frente a los veinte *codos* que había en el atrio interior, y enfrente del enlosado que había en el atrio exterior, había una galería frente a la otra galería, en tres *niveles*.

4 Y delante de las cámaras había un corredor de diez codos de ancho hacia dentro, una vía de un codo; y sus entradas daban al norte.

5 Y las cámaras más altas eran más estrechas, porque las galerías les quitaban más espacio a ellas que a las bajas y a las de en medio del edificio;

6 porque estaban en tres *niveles* y no tenían columnas como las columnas de los atrios; por tanto, el nivel superior era más estrecho que el de abajo y que el de en medio, desde el suelo.

7 Y el muro que estaba afuera, junto a las cámaras, hacia el atrio exterior, delante de las cámaras, tenía cincuenta codos de largo.

8 Porque la longitud de las cámaras del atrio exterior era de cincuenta codos; y he aquí, delante de la fachada del templo había cien codos.

9 Y debajo de las cámaras estaba la entrada al lado oriental, para entrar en ellas desde el atrio exterior.

10 En el espesor del muro del atrio, hacia el oriente, enfrente del espacio abierto y delante del edificio, había cámaras.

11 Y el corredor que había delante de ellas era semejante al de las cámaras que estaban hacia el norte, tanto en su longitud como en su anchura, y todas sus salidas, conforme a sus puertas y conforme a sus entradas.

12 Así también eran las entradas de las cámaras que estaban hacia el sur; había una entrada al principio del corredor, del corredor que había delante del muro hacia el oriente para los que entraban allí.

13 Y me dijo: Las cámaras del norte y las del sur, que están delante del espacio abierto, son cámaras santas en las cuales los [a]sacerdotes que se acercan a Jehová comerán las santas ofrendas; allí pondrán las ofrendas

42 13 *a* Ezeq. 40:46. GEE Sacerdocio Aarónico.

santísimas, y la [b]ofrenda de grano,
y la [c]ofrenda por el pecado y la
ofrenda por la culpa, porque el
lugar es santo.
14 Cuando los sacerdotes entren, no saldrán del lugar santo al
atrio exterior, sino que allí dejarán
sus [a]vestimentas con que sirvan,
porque son santas; y se pondrán
otros vestidosy así se acercarán
a lo que es del pueblo.
15 Y luego que acabó de medir la casa interior, me sacó
hacia la [a]puerta que miraba hacia el oriente y lo midió todo
alrededor.
16 Midió el lado oriental con la
caña de medir, quinientas cañas
de la caña de medir alrededor.
17 Midió el lado del norte, quinientas cañas de la caña de medir
alrededor.
18 Midió el lado del sur, quinientas cañas de la caña de medir.
19 Se volvió hacia el lado del occidente y midió quinientas cañas
de la caña de medir.
20 Por los cuatro lados lo midió; tenía alrededor un muro de
quinientas cañas de longitud y
de quinientas cañas de anchura,
para hacer separación entre el
santuario y el lugar [a]profano.

CAPÍTULO 43

La gloria de Dios llena el templo — Su trono está allí y Él promete habitar en medio de Israel para siempre — Ezequiel ve el altar y expone los estatutos que allí se cumplen.

ME llevó luego a la puerta,
a la puerta que mira hacia el
oriente,
2 y he aquí, la gloria del Dios
de Israel que venía del [a]oriente;
y su voz era como el [b]sonido de
muchas aguas, y la tierra resplandecía a causa de su [c]gloria.
3 Y el aspecto de lo que vi era
como una visión, como aquella
visión que vi cuando vine para
destruir la ciudad; y las visiones
eran como la [a]visión que vi junto
al río Quebar; y me postré sobre
mi rostro.
4 Y la gloria de Jehová entró en
la [a]casa por la vía de la puerta
que daba al oriente.
5 Y me alzó el espíritu y me
llevó al atrio interior; y he aquí
que la [a]gloria de Jehová llenó la
casa.
6 Y oí a alguien que me hablaba
desde la casa, y un varón estaba
junto a mí.
7 Y me dijo: Hijo de hombre,
éste es el lugar de mi trono y el
lugar de las plantas de mis pies,
en el cual habitaré entre los hijos
de Israel para siempre; y nunca
más [a]profanará la casa de Israel
mi santo nombre, ni ellos ni sus
reyes, con sus fornicaciones ni
con los cuerpos muertos de sus
reyes en sus lugares altos,
8 poniendo ellos su umbral junto
a mi umbral y su poste junto a mi

13 *b* Lev. 2:1, 10.
c Lev. 4:3.
14 *a* Ezeq. 44:19.
15 *a* Ezeq. 43:1–2.
20 *a* *O sea,* común.
Ezeq. 48:15.
43 2 *a* Mateo 24:27.
b DyC 110:3.
c GEE Gloria.
3 *a* Ezeq. 1:1.
4 *a* GEE Templo, Casa del Señor.
5 *a* 1 Rey. 8:10–11.
7 *a* Ezeq. 39:7.

poste, mediando sólo una pared entre yo y ellos; profanaron mi santo nombre con las abominaciones que hicieron; por tanto, los consumí en mi furor.

9 Ahora echarán lejos de mí su fornicación y los cuerpos muertos de sus reyes, y habitaré en medio de ellos para siempre.

10 Tú, hijo de hombre, [a]muestra a la casa de Israel esta casa, para que se avergüencen de sus iniquidades y midan el diseño *de ella.*

11 Y si se avergüenzan de todo lo que han hecho, hazles entender la forma de la casa, y su disposición, y sus salidas y sus entradas, y todas sus formas, y todos sus estatutos, y todas sus configuraciones y todas sus leyes; y escribe esto delante de sus ojos, para que guarden toda su forma y todos sus [a]estatutos y los pongan por obra.

12 Ésta es la ley de la casa: Sobre la cumbre del monte, todo su contorno será santísimo. He aquí que ésta es la ley de la casa.

13 Y éstas son las medidas del altar por codos (cada codo de un [a]codo y un palmo): La base, de un codo, y de un codo el ancho; y su remate por su borde alrededor, de un [b]palmo. Ésta será la parte alta del altar.

14 Y desde la base, sobre el suelo, hasta el saliente inferior, dos codos, y la anchura de un codo; y desde el saliente menor hasta el saliente mayor, cuatro codos, y la anchura de un codo.

15 Y el altar era de cuatro codos, y encima del altar había cuatro cuernos.

16 Y el altar *tenía* doce *codos* de largo y doce de ancho, cuadrado por sus cuatro lados.

17 Y el saliente era de catorce *codos* de longitud y de catorce de anchura en sus cuatro lados, y de medio codo el borde alrededor; y la base era de un codo por cada lado, y sus gradas daban al oriente.

18 Y me dijo: Hijo de hombre, así ha dicho Jehová el Señor: Éstos son los estatutos con respecto al altar el día en que sea hecho, para ofrecer holocausto sobre él y para esparcir sangre sobre él.

19 Darás a los sacerdotes levitas que son del linaje de Sadoc, que se acercan a mí para servirme, dice Jehová el Señor, un becerro de la vacada para la [a]ofrenda por el pecado.

20 Y tomarás de su sangre y la pondrás en los cuatro cuernos del altar, y en las cuatro esquinas del saliente y en el borde todo alrededor; así lo purificarás y harás expiación por él.

21 Tomarás luego el becerro de la ofrenda por el pecado, y [a]será quemado en el lugar indicado de la casa, [b]fuera del santuario.

22 Y al segundo día ofrecerás un macho cabrío sin defecto para la ofrenda por el pecado; y

10 *a* Ezeq. 40:4.
11 *a* GEE Ordenanzas.
13 *a* GEE Codo.
b *Es decir,* la distancia desde el dedo pulgar hasta el dedo meñique.
19 *a* Lev. 8:14–17.
21 *a* *Es decir,* el sacerdote que oficia lo quemará.
b *O sea,* fuera del Lugar Santo.

purificarán el altar como lo purificaron con el becerro.

23 Cuando acabes de purificarlo, ofrecerás un becerro sin defecto de la vacada y un carnero sin defecto del rebaño;

24 y los ofrecerás delante de Jehová, y los sacerdotes echarán sal sobre ellos y los ofrecerán en holocausto a Jehová.

25 Durante [a]siete días prepararás un macho cabrío cada día, para la ofrenda por el pecado; asimismo, prepararán un becerro de la vacada y un carnero sin defecto del rebaño.

26 Durante siete días harán expiación *por* el altar, y lo purificarán, y así ellos se consagrarán.

27 Y acabados estos días, del octavo día en adelante, los sacerdotes sacrificarán sobre el altar vuestros [a]holocaustos y vuestras ofrendas de paz; y me seréis aceptos, dice Jehová el Señor.

CAPÍTULO 44

La gloria de Jehová llena la casa de Jehová — Ningún extranjero puede tener acceso al santuario — Se explica el servicio que prestan los sacerdotes en el templo.

ENTONCES me hizo volver hacia la puerta exterior del santuario, la cual mira hacia el oriente; y estaba cerrada.

2 Y me dijo Jehová: Esta puerta estará cerrada; no se abrirá, ni entrará por ella hombre, porque Jehová Dios de Israel [a]entró por ella; estará, por tanto, cerrada.

3 En cuanto al [a]príncipe, por ser el príncipe, él se sentará allí para comer pan delante de Jehová; por el vestíbulo de la puerta entrará y por ese mismo camino saldrá.

4 Y me llevó hacia la puerta del norte por delante de la casa; y miré, y he aquí, la [a]gloria de Jehová había llenado la casa de Jehová; y me postré sobre mi rostro.

5 Y me dijo Jehová: Hijo de hombre, pon atención, y mira con tus ojos y oye con tus oídos todo lo que yo hablo contigo sobre todos los estatutos de la casa de Jehová y sobre todas sus leyes; y pon atención a las entradas de la casa y a todas las salidas del santuario.

6 Y dirás a los [a]rebeldes, a la casa de Israel: Así ha dicho Jehová el Señor: ¡Basta ya de todas vuestras abominaciones, oh casa de Israel!,

7 de traer vosotros extranjeros, incircuncisos de corazón e incircuncisos de carne, para estar en mi santuario, para contaminar mi casa; de ofrecer mi pan, la [a]grasa y la sangre, y de quebrantar mi [b]convenio por medio de todas vuestras abominaciones.

8 Pues [a]no habéis guardado lo encomendado acerca de mis cosas

25 *a* Lev. 8:33.
27 *a* GEE Sacrificios.
44 2 *a* Ezeq. 43:4.
3 *a* Ezeq. 34:24; 37:24–25.
4 *a* Ezeq. 1:28.
6 *a* Ezeq. 12:2.
7 *a* Lev. 3:16–17.
b DyC 1:15. GEE Convenio (pacto).
8 *a* *Es decir,* no habéis guardado la responsabilidad de mis cosas sagradas.

santas, sino que habéis puesto extranjeros como guardas de lo encomendado en mi santuario.

9 Así ha dicho Jehová el Señor: Ningún extranjero, incircunciso de corazón e incircunciso de carne, entrará en mi santuario, de todos los extranjeros que están entre los hijos de Israel.

10 Y los levitas que se apartaron de mí cuando Israel se descarrió, yéndose en pos de sus ídolos, llevarán su [a]iniquidad.

11 No obstante, serán sirvientes en mi santuario, encargados de las puertas de la casa, y sirvientes en la casa; ellos matarán el holocausto y el sacrificio para el pueblo, y estarán delante de ellos para servirles.

12 Por cuanto les sirvieron delante de sus ídolos y fueron a la casa de Israel un tropezadero de iniquidad, por tanto, he alzado mi mano contra ellos, dice Jehová el Señor, y llevarán su iniquidad.

13 No se acercarán a mí para servirme como sacerdotes, ni se acercarán a ninguna de mis cosas santas en el lugar santísimo, sino que llevarán su vergüenza y las abominaciones que hicieron.

14 Los pondré, pues, como guardas de lo encomendado de la casa, para todo el servicio de ella y para todo lo que en ella haya de hacerse.

15 Pero los [a]sacerdotes [b]levitas, hijos de Sadoc, que guardaron lo encomendado de mi santuario cuando los hijos de Israel se desviaron de mí, ellos se acercarán a mí para servirme y delante de mí estarán para ofrecerme la grosura y la sangre, dice Jehová el Señor.

16 Ellos entrarán en mi santuario, y se acercarán a mi mesa para servirme, y guardarán lo que he encomendado.

17 Y acontecerá que cuando [a]entren por las puertas del atrio interior, se vestirán con vestimentas de [b]lino; no llevarán sobre ellos cosa de lana cuando sirvan en las entradas del atrio interior y dentro de la casa.

18 Tiaras de lino tendrán sobre sus cabezas y calzoncillos de lino sobre sus lomos; no se ceñirán nada que los haga sudar.

19 Y cuando salgan al atrio exterior, al atrio de afuera, al pueblo, se quitarán las vestiduras con que sirvieron, y las dejarán en las cámaras del santuario y se pondrán otros vestidos, para no santificar al pueblo con sus vestiduras.

20 Y no se [a]raparán la cabeza ni se dejarán crecer el cabello, sino que solamente se lo recortarán.

21 Y ninguno de los sacerdotes beberá [a]vino cuando haya de entrar en el atrio interior.

22 Ni [a]viuda ni [b]repudiada tomarán por esposa, sino que tomarán vírgenes del linaje de la casa de Israel, o viuda que sea viuda de sacerdote.

23 Y [a]enseñarán a mi pueblo a

10 *a* *O sea,* su culpa.
15 *a* GEE Sacerdocio Aarónico.
b Deut. 10:8.
17 *a* Éx. 28:43.
b Éx. 28:39–41.
20 *a* Lev. 21:5.
21 *a* Lev. 10:9.
22 *a* Lev. 21:13–14.
b *O sea,* ni divorciada. Mateo 5:32.
23 *a* Mos. 23:14.

[b]discernir entre lo [c]santo y lo profano, y les enseñarán a discernir entre lo inmundo y lo [d]limpio.

24 Y en los asuntos de [a]litigio, ellos estarán para juzgar; conforme a mis [b]juicios [c]juzgarán; y mis leyes y mis estatutos guardarán en todas mis solemnidades, y santificarán mis días de reposo.

25 Y para no contaminarse, no se acercarán a un hombre muerto; pero sí podrán contaminarse por padre o madre, hijo o hija, hermano o hermana que no haya tenido marido.

26 Y después de su purificación, le contarán siete días.

27 Y el día en que entre en el santuario, en el atrio interior, para servir en el santuario, ofrecerá su ofrenda por el pecado, dice Jehová el Señor.

28 Y [a]habrá para ellos [b]heredad: yo seré su heredad, y no les daréis posesión en Israel; yo soy su posesión.

29 Comerán la [a]ofrenda de grano, y la [b]ofrenda por el pecado y la [c]ofrenda por la culpa; y toda cosa consagrada en Israel será de ellos.

30 Y las primicias de todos los primeros frutos de todo, y toda ofrenda de todo lo que se ofrezca de todas vuestras ofrendas, serán de los sacerdotes; daréis asimismo las primicias de todo lo que [a]amaséis al sacerdote, para que haga reposar la bendición en vuestras casas.

31 Ninguna [a]cosa que se haya encontrado muerta ni ninguna cosa desgarrada, ya sea de aves o de bestias, comerán los sacerdotes.

CAPÍTULO 45

Se repartirán terrenos para el santuario y para las casas de los sacerdotes — El pueblo ha de ofrecer sus sacrificios y ofrendas y guardar sus fiestas.

Y CUANDO repartáis por suertes la tierra en heredad, apartaréis una porción para Jehová, que le consagraréis como tierra sagrada: será de una longitud de veinticinco mil [a]*cañas* y de diez mil de ancho; este *territorio* será santificado en todo su contorno.

2 De esto será para el santuario un cuadrado de quinientas cañas de *longitud* y quinientas *de ancho,* y habrá cincuenta codos alrededor para sus campos.

3 Y de esta área medirás de longitud veinticinco mil *cañas* y de anchura diez mil, en la cual estará el santuario, el lugar santísimo.

4 Lo consagrado de esta tierra será para los [a]sacerdotes que sirven en el santuario, que se acercan

23 *b* GEE Discernimiento, don de.
c GEE Santo (adjetivo).
d GEE Limpio e inmundo.
24 *a* Deut. 17:8–9.
b *O sea,* mis estatutos.
c Moro. 7:15–18. GEE Juicio, juzgar.
28 *a* *Es decir,* el servicio en el templo será su…
b Núm. 18:20.
29 *a* Lev. 6:14–18.
b Lev. 6:25–29.
c Lev. 5:15–16.
30 *a* Núm. 15:19–20.
31 *a* Lev. 22:8.
45 1 *a* Una caña tiene 2,9 m. Apoc. 11:1.
4 *a* Ezeq. 48:11–12.

para servir a Jehová; y servirá de lugar para sus casas y de lugar santo para el santuario.

5 Asimismo, veinticinco mil de longitud y diez mil de anchura, lo cual será para los levitas que sirven en la casa, como posesión para sí, *con* veinte cámaras.

6 Y para posesión de la [a]ciudad, daréis cinco mil de anchura y veinticinco mil de longitud, junto a lo que se apartó para el santuario; esto será para toda la casa de Israel.

7 Y [a]*la parte* del príncipe estará junto a lo que se apartó para el santuario a uno y otro lado, y junto a la posesión de la ciudad, delante de lo que se apartó para el santuario y delante de la posesión de la ciudad, desde el lado occidental hasta el lado oriental; y la longitud será desde el límite del occidente hasta el límite del oriente.

8 Esta [a]tierra será su posesión en Israel, y nunca más mis príncipes oprimirán a mi pueblo; y darán la tierra a la casa de Israel conforme a sus [b]tribus.

9 Así ha dicho Jehová el Señor: ¡Basta ya, oh príncipes de Israel! Dejad la violencia y la rapiña; haced lo que es justo y recto; [a]quitad vuestras imposiciones de sobre mi pueblo, dice Jehová el Señor.

10 Tendréis [a]balanzas justas, y [b]efa justo y bato justo.

11 El efa y el bato serán de una misma medida: que el bato tenga la décima parte del [a]homer, y el efa la décima parte del homer; la medida de ellos será según el homer.

12 Y el siclo será de veinte geras. Veinte siclos, *más* veinticinco siclos, *más* quince siclos os serán una mina.

13 Ésta será la [a]ofrenda que ofreceréis: la sexta parte de un efa de cada homer de trigo, y la sexta parte de un efa por cada homer de cebada.

14 Y el estatuto para el aceite, el bato de aceite, *será* la décima parte por cada coro; diez batos *harán* un homer, porque diez batos *son* un homer.

15 Y una cordera del rebaño por cada doscientas, de los pastos bien regados de Israel, para ofrenda de grano, y para holocausto y para ofrendas de paz, a fin de hacer expiación por ellos, dice Jehová el Señor.

16 Todo el pueblo de la tierra estará obligado a *dar* esta ofrenda para el príncipe de Israel.

17 Pero al príncipe corresponderá el dar los holocaustos, y la ofrenda de grano y la [a]libación en las fiestas, y en las [b]lunas nuevas, y en los días de reposo y en todas las [c]solemnidades de la casa de Israel; él dispondrá la [d]ofrenda por el pecado, y la ofrenda de

6 *a* Ezeq. 48:15.
7 *a* Ezeq. 48:21.
8 *a* Ezeq. 46:18.
b GEE Israel—Las doce tribus de Israel.
9 *a* *O sea,* dejad de quitar ilegalmente las propiedades o las posesiones a los de mi pueblo.
10 *a* Deut. 25:13–15.
b Estas medidas son de aprox. 22 litros. El efa (líquido) y el bato (sólido).
11 *a* Lev. 27:16.
13 *a* GEE Ofrenda.
17 *a* Éx. 29:40.
b Núm. 28:11.
c HEB las festividades solemnes.
d Lev. 14:19.

grano, y el holocausto y las ofrendas de paz, para hacer expiación por la casa de Israel.

18 Así ha dicho Jehová el Señor: El *mes* primero, el día primero del mes, tomarás de la vacada un becerro sin defecto y purificarás el santuario.

19 Y el sacerdote tomará de la sangre de la ofrenda por el pecado y *la* pondrá sobre los postes de la casa, y sobre las cuatro esquinas del saliente del altar y sobre las pilastras de la entrada del atrio interior.

20 Así harás el séptimo *día* del mes por los que hayan *pecado* errónea o ingenuamente; y harás expiación por la casa.

21 El *mes* primero, a los catorce días del mes, tendréis la [a]pascua, fiesta de siete días; se comerá pan sin levadura.

22 Y aquel día el príncipe dispondrá por sí mismo y por todo el pueblo de la tierra un becerro *como* [a]ofrenda por el pecado.

23 Y los siete días de la fiesta dispondrá holocausto a Jehová, siete becerros y siete carneros sin defecto, cada día de los siete días; y *como* ofrenda por el pecado, un macho cabrío cada día.

24 Y con cada becerro ofrecerá una ofrenda de grano de un efa, y con cada carnero, un efa; y por cada efa, un [a]hin de aceite.

25 En el [a]*mes* séptimo, a los quince *días* del mes, en la fiesta, hará como en estos siete días en cuanto a la ofrenda por el pecado, y en cuanto al holocausto, y en cuanto a la ofrenda de grano y en cuanto al aceite.

CAPÍTULO 46

Se explican las ordenanzas de adoración y de sacrificio.

Así ha dicho Jehová el Señor: La entrada del atrio interior que mira al oriente estará cerrada los seis días de trabajo, y el [a]día de reposo se abrirá; y se abrirá también el día de la luna nueva.

2 Y el príncipe entrará por el camino del pórtico de la puerta exterior y estará junto al pilar de la entrada, y los sacerdotes harán su holocausto y sus ofrendas de paz, y adorará en el umbral de la puerta; después saldrá, pero no se cerrará la puerta hasta el atardecer.

3 Asimismo adorará el pueblo de la tierra delante de Jehová, a la entrada de la puerta, en los días de reposo y en las lunas nuevas.

4 Y el holocausto que el príncipe ofrecerá a Jehová el día de reposo será seis corderos sin defecto y un carnero sin defecto;

5 y la ofrenda de grano será un efa con cada carnero; y con cada cordero una ofrenda de grano, conforme a sus posibilidades, y un hin de aceite por cada efa.

6 Mas el día de la luna nueva ofrecerá de la vacada un becerro sin defecto, y seis corderos

21 *a* GEE Pascua.
22 *a* GEE Expiación, expiar.
24 *a O sea,* una medida de aprox. cuatro litros.
25 *a* Lev. 23:34.
46 1 *a* GEE Día de reposo.

y un carnero; deberán ser sin
defecto.
7 Y dispondrá una ofrenda de
grano de un efa con el becerro y
un efa con el carnero; pero con
los corderos, conforme a sus posibilidades; y un hin de aceite
por cada efa.
8 Y cuando el príncipe entre,
entrará por el camino del pórtico de la puerta, y por el mismo
camino saldrá.
9 Mas cuando el pueblo de la
tierra entre delante de Jehová
en las [a]solemnidades, el que entre por el camino de la puerta
del norte para adorar saldrá por
la puerta del sur, y el que entre
por la puerta del sur saldrá por
la puerta del norte; no volverá
por la puerta por donde entró,
sino que saldrá por *la de* enfrente
de ella.
10 Y el príncipe, cuando ellos
entren, entrará en medio de ellos;
y cuando ellos salgan, él saldrá.
11 Y en las fiestas y en las solemnidades, la ofrenda de grano
será un efa con cada becerro y
un efa con cada carnero; y con
los corderos *ofrendará* conforme
a sus posibilidades; y *ofrecerá* un
hin de aceite por cada efa.
12 Pero cuando el príncipe
[a]voluntariamente disponga holocausto u ofrendas de paz a Jehová, le abrirán la puerta que
mira al oriente, y dispondrá su
holocausto y sus ofrendas de
paz como lo hace en el día de
reposo; después saldrá, y cerrarán la puerta después que haya
salido.
13 Y dispondrás para Jehová
[a]cada día en holocausto un cordero sin defecto de un año; cada
mañana lo dispondrás.
14 Y con él dispondrás todas las
mañanas una ofrenda de grano,
la sexta parte de un efa y la tercera parte de un hin de aceite
para humedecer la flor de harina;
es la ofrenda de grano para Jehová continuamente, por estatuto
perpetuo.
15 Dispondrán, pues, el cordero,
y la ofrenda de grano y el aceite,
todas las mañanas como holocausto continuo.
16 Así ha dicho Jehová el Señor:
Si el príncipe diere algún presente
a alguno de sus hijos, éste será
heredad de ellos; será posesión
de ellos en herencia.
17 Pero si de su heredad diere
algún presente a alguno de sus
siervos, será de él hasta el año de
la [a]libertad; y entonces volverá al
príncipe, porque la herencia será
de sus hijos.
18 Y el príncipe no tomará nada
de la herencia del pueblo por
opresión, despojándolos de su
posesión; de lo que él posee dará
herencia a sus hijos, a fin de que
ninguno de mi pueblo sea echado
de su posesión.
19 Me trajo después por la entrada que había al lado de la
puerta, a las cámaras santas de
los sacerdotes, las cuales miraban
al norte, y he aquí que había allí
un lugar a los dos lados, hacia el
occidente.
20 Y me dijo: Éste es el lugar
donde los sacerdotes cocerán la

9 *a* Éx. 23:14–16; Deut. 16:16.
12 *a* Lev. 7:16; DyC 58:26–29.
13 *a* Éx. 29:38.
17 *a* Lev. 25:10.

ofrenda por la culpa y la ofrenda *por* el pecado; allí [a]cocerán la ofrenda de grano, para no sacarla al atrio exterior, santificando así al pueblo.

21 Luego me sacó al atrio exterior y me llevó por los cuatro rincones del atrio; y he aquí que en cada rincón había un patio.

22 En los cuatro rincones del atrio había patios cercados de cuarenta codos de longitud y treinta de anchura; tenían una *misma* medida los cuatro rincones.

23 Y había una pared alrededor de ellos, alrededor de los cuatro, y abajo había fogones hechos alrededor de las paredes.

24 Y me dijo: Éstos son los lugares de los cocineros, donde los [a]servidores de la casa cocerán el sacrificio del pueblo.

CAPÍTULO 47

Brotan aguas de la casa de Jehová, las cuales sanan el Mar Muerto — Jehová muestra los límites de la tierra.

DESPUÉS, me hizo volver a [a]la entrada de la [b]casa; y he aquí [c]aguas brotaban de debajo del umbral de la casa hacia el oriente, porque la fachada de la casa daba al oriente; y las aguas descendían desde debajo del lado derecho de la casa, por el costado sur del altar.

2 Y me sacó por el camino de la puerta del norte y me hizo dar la vuelta por el camino exterior, hasta la puerta exterior que mira al oriente; y he aquí, las aguas fluían del lado derecho.

3 Y cuando el varón salió hacia el oriente, *tenía* un [a]cordel en su mano; y midió mil codos y me hizo pasar por las aguas, con el agua hasta los tobillos.

4 Y midió *otros* mil y me hizo pasar por las aguas, con el agua hasta las rodillas. Midió luego *otros* mil y me hizo pasar por las aguas, hasta los lomos.

5 Y midió *otros* mil, *y era ya* un río que yo no podía pasar, porque las aguas habían crecido, *y* el río no se podía pasar sino a nado.

6 Y me dijo: ¿Has visto, hijo de hombre? Después me llevó y me hizo volver por la ribera del río.

7 Y cuando volví, he aquí que en la ribera del río había muchísimos árboles a uno y otro lado.

8 Y me dijo: Estas aguas salen a la región del oriente, y descenderán al desierto y entrarán en el mar; *y* al entrar en el [a]mar, las aguas serán sanadas.

9 Y acontecerá que toda alma viviente que nade por dondequiera que entren estos dos ríos, vivirá; y habrá muchísimos peces por haber entrado allá estas aguas, pues serán sanadas; y vivirá todo lo que entre en este río.

10 Y sucederá que junto a él habrá pescadores, y desde En-gadi hasta En-eglaim será tendedero de redes; y los peces, según su

20 *a* Lev. 2:4.
24 *a* Ezeq. 44:11.
47 1 *a* *O sea,* la entrada del templo. Ezeq. 41:2.
b GEE Templo, Casa del Señor.
c Joel 3:18; Zac. 14:8; Apoc. 22:1.
3 *a* Ezeq. 40:3; Zac. 2:1.
8 *a* GEE Mar Muerto.

especie, serán tan abundantes como los del Mar Grande.

11 Sus pantanos y sus lagunas no serán sanados; quedarán para salinas.

12 Y junto al río, en la ribera, a uno y otro lado, crecerá toda clase de árboles frutales; sus hojas nunca caerán, ni faltará su fruto; a su tiempo madurará, porque sus aguas salen del santuario; y su fruto será para comer y sus [a]hojas para medicina.

13 Así ha dicho Jehová el Señor: Éstos son los límites en que repartiréis la tierra como heredad entre las doce [a]tribus de Israel. José *tendrá dos* partes.

14 Y la heredaréis así, tanto los unos como los otros; por ella [a]alcé mi mano jurando que la había de dar a vuestros padres; por tanto, esta tierra será vuestra [b]heredad.

15 Y éste será el límite de la tierra hacia el lado del norte: desde el Mar Grande, camino de Hetlón hasta la entrada de Zedad;

16 Hamat, Berota, Sibraim, que está entre el límite de Damasco y el límite de Hamat; Hazar-haticón, que es el límite de Haurán.

17 Y será el límite del norte desde el mar hasta Hazar-enán en el límite de Damasco al norte, y al límite de Hamat al lado del norte.

18 Al lado del oriente, en medio de Haurán y de Damasco, y de Galaad y de la tierra de Israel, al Jordán; *esto* mediréis como límite hasta el mar del oriente; éste es el lado oriental.

19 Y al lado del sur, hacia el sur, desde Tamar hasta las aguas de las [a]rencillas; desde Cades hacia el arroyo y hasta el Mar Grande; y éste será el lado sur, al sur.

20 Y al lado del occidente el Mar Grande será el límite hasta enfrente de la entrada a Hamat; éste será el lado del occidente.

21 Repartiréis, pues, esta tierra entre vosotros según las tribus de Israel.

22 Y sucederá que echaréis sobre ella suertes por heredad para vosotros y para los extranjeros que moran entre vosotros, que entre vosotros han engendrado hijos; y los tendréis como [a]nativos entre los hijos de Israel; echarán suertes con vosotros para tener heredad entre las tribus de Israel.

23 Y acontecerá que en la tribu en que more el extranjero, allí le daréis su heredad, ha dicho Jehová el Señor.

CAPÍTULO 48

Se mencionan las porciones de tierra que corresponderán a cada tribu — Las puertas de la ciudad llevan los nombres de las tribus — El nombre de la ciudad será: Jehová-sama (Jehová está allí).

Y ÉSTOS son los nombres de las tribus: Desde el extremo norte por la vía de Hetlón viniendo a Hamat, Hazar-enán, el límite

12 *a* Apoc. 22:2.
13 *a* GEE Israel—Las doce tribus de Israel.
14 *a* *Es decir,* hice un juramento o pacto.
b 2 Ne. 10:7–8.
19 *a* Núm. 20:13.
22 *a* Éx. 12:48.

de Damasco, al norte, hacia Hamat, *tendrá* Dan una *parte,* estando sus extremos al oriente y al occidente.

2 Y junto a la frontera de Dan, desde el lado del oriente hasta el lado del mar, *tendrá* Aser una *parte.*

3 Y junto al límite de Aser, desde el lado oriental hasta la parte del mar, Neftalí, otra.

4 Y junto al límite de Neftalí, desde el lado del oriente hasta el lado del mar, Manasés, otra.

5 Y junto al límite de Manasés, desde el lado del oriente hasta el lado del mar, Efraín, otra.

6 Y junto al límite de Efraín, desde el lado del oriente hasta el lado del mar, Rubén, otra.

7 Y junto al límite de Rubén, desde el lado del oriente hasta el lado del mar, Judá, otra.

8 Y junto al límite de Judá, desde el lado del oriente hasta el lado del mar, estará la [a]ofrenda que ofreceréis de veinticinco mil [b]*cañas* de anchura y de longitud como cualquiera de las otras partes, *a saber,* desde el lado del oriente hasta el lado del mar; y el santuario estará en medio de ella.

9 La [a]ofrenda que ofreceréis a Jehová tendrá de longitud veinticinco mil *cañas* y diez mil de ancho.

10 Y esta ofrenda será santa para los sacerdotes, de veinticinco mil *cañas* al norte, y de diez mil de anchura al occidente, y de diez mil de ancho al oriente y de veinticinco mil de longitud al sur; y el [a]santuario de Jehová estará en medio de ella.

11 *Ésta* será para los [a]sacerdotes santificados de los hijos de Sadoc que [b]guardaron lo que encomendé, que no se descarriaron cuando se descarriaron los hijos de Israel, como se descarriaron los levitas.

12 Y *esta* ofrenda de la ofrenda de la tierra será para ellos, la parte santísima, junto al límite de los levitas.

13 Y la de los [a]levitas, al lado de los límites de la de los sacerdotes, será de veinticinco mil *cañas* de longitud y de diez mil de anchura; toda la longitud de veinticinco mil, y la anchura de diez mil.

14 No [a]venderán de ella, ni la permutarán ni traspasarán las primicias de la tierra, porque es cosa consagrada a Jehová.

15 Y las cinco mil *cañas* de anchura que quedan de las veinticinco mil serán [a]profanas, para la ciudad, para habitación y para campos de alrededor; y la ciudad estará en medio.

16 Y éstas serán sus medidas: al lado norte cuatro mil quinientas *cañas,* y al lado sur cuatro mil quinientas, y al lado del oriente cuatro mil quinientas y al lado del occidente cuatro mil quinientas.

17 Y el campo de alrededor de la ciudad será al norte de

48 8 *a* *Es decir,* porción.
b Una caña tiene alrededor de tres metros.
9 *a* *Es decir,* la porción.
10 *a* GEE Templo, Casa del Señor.
11 *a* Ezeq. 45:4.
b Ezeq. 44:14–16.
13 *a* Ezeq. 45:5.
14 *a* Lev. 27:28.
15 *a* *O sea,* comunes.

doscientas cincuenta *cañas,* y al
sur de doscientas cincuenta, y al
oriente de doscientas cincuenta,
y de doscientas cincuenta al
occidente.
18 Y lo que quede de longitud
al lado de la ofrenda santa, diez
mil *cañas* al oriente y diez mil al
occidente, será *lo que quedará* de
la ofrenda santa; y lo que produzca será para alimento de los
que sirvan en la ciudad.
19 Y los que sirvan en la ciudad serán de todas las tribus de
Israel.
20 Toda la ofrenda de veinticinco mil *cañas* por veinticinco
mil, un cuadrado, ofreceréis como
ofrenda santa para la posesión
de la ciudad.
21 Y del príncipe será lo que
quede a uno y otro lado de la
ofrenda santa y de la posesión
de la ciudad, *a saber*: delante de
las veinticinco mil *cañas* de la
ofrenda hasta el límite oriental, y
al occidente delante de las veinticinco mil hasta el límite occidental, al lado de las partes, será para
el príncipe; será ofrenda santa, y
el santuario de la casa estará en
medio de ella.
22 Y desde la posesión de los
levitas y desde la posesión de la
ciudad, en medio, estará lo que
pertenecerá al príncipe. Entre el
límite de Judá y el límite de Benjamín estará *lo* del príncipe.
23 En cuanto a las demás tribus,
desde el lado del oriente hasta
el lado del mar, *tendrá* Benjamín
una parte.
24 Y junto al límite de Benjamín,
desde el lado del oriente hasta el
lado del mar, Simeón, otra.
25 Y junto al límite de Simeón,
desde el lado del oriente hasta el
lado del mar, Isacar, otra.
26 Y junto al límite de Isacar,
desde el lado del oriente hasta el
lado del mar, Zabulón, otra.
27 Y junto al límite de Zabulón,
desde el lado del oriente hasta el
lado del mar, Gad, otra.
28 Y junto al límite de Gad, al
lado sur, hacia el sur, será el límite desde Tamar hasta las aguas
de las [a]rencillas, y *desde* Cades *y* el
arroyo hasta el Mar Grande.
29 Ésta es la tierra que repartiréis por suertes en [a]heredad a
las tribus de Israel, y éstas son
sus porciones, ha dicho Jehová
el Señor.
30 Y éstas son las salidas de la
ciudad: al lado norte, cuatro mil
quinientas *cañas* por medida.
31 Y las [a]puertas de la [b]ciudad
serán según los nombres de las
tribus de Israel; tres puertas al
norte: la puerta de Rubén, una;
la puerta de Judá, otra; la puerta
de Leví, otra.
32 Y al lado del oriente cuatro mil quinientas *cañas* y tres
puertas: la puerta de José, una;
la puerta de Benjamín, otra; la
puerta de Dan, otra.
33 Y al lado sur, cuatro mil quinientas *cañas* por medida y tres
puertas: la puerta de Simeón,
una; la puerta de Isacar, otra; la
puerta de Zabulón, otra.
34 Y al lado del occidente, cuatro mil quinientas *cañas* y sus tres
puertas: la puerta de Gad, una;

28 *a* Núm. 20:13.
29 *a* Ezeq. 47:13–21; 2 Ne. 10:7–8.
31 *a* Apoc. 21:12–13.
b GEE Jerusalén.

la puerta de Aser, otra; la puerta
de Neftalí, otra.
35 Alrededor tendrá dieciocho
mil *cañas.* [a]Y el nombre de la ciudad desde aquel día será Jehová-
sama.

DANIEL

CAPÍTULO 1

Daniel y algunos hebreos son instruidos en la corte de Nabucodonosor — Comen alimentos sencillos y no beben vino — Dios les da más conocimiento y sabiduría que a todos los demás.

EN el año tercero del reinado
de [a]Joacim, rey de Judá, vino
Nabucodonosor, rey de Babilonia,
a Jerusalén, y la sitió.
2 Y el Señor entregó en sus manos a Joacim, rey de Judá, y parte
de los [a]utensilios de la casa de
Dios; y los trajo a la tierra de Sinar, a la casa de su dios, y colocó
los utensilios en la casa del tesoro
de su dios.
3 Y dijo el rey a Aspenaz, [a]jefe
de sus eunucos, que trajese de los
hijos de Israel, y del [b]linaje real y
de los príncipes,
4 muchachos en quienes no hubiese defecto alguno, y de buen
parecer, y aptos para toda sabiduría, y sabios en ciencia, y de
buen entendimiento e idóneos
para estar en el palacio del rey;
y que les enseñase las letras y la
lengua de los caldeos.
5 Y les señaló el rey ración para
cada día de la [a]comida del rey y
del vino que él bebía; y que los
formase durante tres años, para
que al fin de ellos entrasen al
servicio del rey.
6 Y estaban entre ellos, de los
hijos de Judá, [a]Daniel, [b]Ananías,
[c]Misael y [d]Azarías,
7 a quienes el jefe de los eunucos
puso [a]nombres: y puso a Daniel,
Beltsasar; y a Ananías, Sadrac;
y a Misael, Mesac; y a Azarías,
Abed-nego.
8 Y Daniel se [a]propuso en su
corazón no [b]contaminarse con
la ración de la comida del rey
ni con el vino que él bebía; pidió, por tanto, al jefe de los eunucos que no se le obligara a
contaminarse.
9 Y puso Dios a Daniel en [a]gra-
cia y en [b]buena voluntad con el
jefe de los eunucos.

35 *a* TJS Ezeq. 48:35 ...Y el nombre de la ciudad desde aquel día *será Santa, porque* Jehová *estará* allí. Apoc. 21:3.

[DANIEL]
1 1 *a* GEE Cautiverio; Cronología— Acontecimientos ocurridos en Judá; Nabucodonosor.
2 *a* 2 Rey. 24:13.
3 *a* *O sea,* el jefe de los oficiales.
b 2 Rey. 20:14–18.
5 *a* HEB los manjares.
6 *a* HEB juez de Dios. GEE Daniel.
b HEB favorecido de Jehová.
c HEB que es de Jehová.
d HEB ayuda de Jehová.
7 *a* GEE Sadrac.
8 *a* GEE Diligencia.
b GEE Limpio e inmundo; Palabra de Sabiduría.
9 *a* Prov. 16:7. GEE Pacificador.
b HEB compasión.

10 Y dijo el jefe de los eunucos a Daniel: [a]Temo a mi señor el rey, que señaló vuestra comida y vuestra bebida; pues, ¿por qué ha de ver él vuestros rostros menos saludables que los de los muchachos que son [b]semejantes a vosotros? Así condenaréis mi cabeza ante el rey.

11 Entonces dijo Daniel a [a]Melsar, a quien el jefe de los eunucos había puesto sobre Daniel, Ananías, Misael y Azarías:

12 Pon a prueba, te ruego, a tus siervos durante diez días, y dennos [a]legumbres para comer y agua para beber.

13 Compara después nuestros [a]rostros con los rostros de los muchachos que comen de la ración de la comida del rey; y haz después con tus siervos según veas.

14 Consintió, pues, con ellos en esto y probó con ellos durante diez días.

15 Y al cabo de los diez días pareció el rostro de ellos mejor y más saludable que el de los otros muchachos que comían de la ración de la comida del rey.

16 Así, pues, Melsar retiraba la ración de la comida de ellos y el vino que habían de beber, y les daba legumbres.

17 Y a estos cuatro muchachos Dios les dio [a]conocimiento y aptitud para aprender todas las letras y sabiduría; y Daniel tuvo [b]entendimiento en toda [c]visión y todo sueño.

18 Pasados, pues, los días al fin de los cuales había dicho el rey que los trajesen, el jefe de los eunucos los trajo delante de Nabucodonosor.

19 Y el rey habló con ellos, y no fueron hallados entre todos ellos otros como Daniel, Ananías, Misael y Azarías; y así entraron al servicio del rey.

20 Y sobre todo asunto de sabiduría y de entendimiento que el rey los consultó, los halló diez veces mejores que todos los magos y astrólogos que había en todo su reino.

21 Y continuó Daniel hasta el año primero del rey Ciro.

CAPÍTULO 2

Se revela a Daniel el sueño de Nabucodonosor — El rey vio una gran imagen; vio una piedra del monte cortada, no con mano, que destruyó la imagen; y la piedra creció y llenó toda la tierra — La piedra es el reino de Dios en los últimos días.

Y EN el segundo año del reinado de Nabucodonosor, soñó Nabucodonosor [a]sueños, y se perturbó su espíritu, y se le fue el sueño.

2 Y mandó el rey llamar a [a]magos, a astrólogos, y a encantadores

10 *a* GEE Temor.
b *O sea,* de la misma edad.
11 *a* HEB el mayordomo.
12 *a* *Es decir,* alimentos hechos de semillas, granos, etc.
DyC 89:14.
13 *a* DyC 89:18.
GEE Rostro.
17 *a* DyC 89:19.
GEE Dones del Espíritu; Conocimiento.
b Gén. 41:1–43.
GEE Entender, entendimiento.
c Dan. 10:1.
GEE Visión.

2

1 *a* GEE Sueños.
2 *a* Dan. 4:6–7.

y a caldeos, para que dijesen al rey sus sueños. Vinieron, pues, y se presentaron delante del rey.
3 Y el rey les dijo: He soñado un sueño, y mi espíritu se ha turbado por saber el sueño.
4 Entonces hablaron los caldeos al rey en [a]lengua aramea: Rey, vive para siempre; di el sueño a tus siervos, y te daremos la interpretación.
5 Respondió el rey y dijo a los caldeos: El asunto [a]se me fue; si no me decís el sueño y su interpretación, seréis descuartizados, y vuestras casas serán convertidas en muladares.
6 Pero si *me* decís el sueño y su interpretación, recibiréis de mí presentes, y recompensas y gran honra; por tanto, decidme el sueño y su interpretación.
7 Respondieron por segunda vez y dijeron: Diga el rey el sueño a sus siervos, y le daremos la interpretación.
8 El rey respondió y dijo: Yo conozco ciertamente que vosotros ponéis dilaciones, porque veis que el asunto se me ha ido.
9 Si no me decís el sueño, una sola sentencia hay para vosotros. Ciertamente preparáis respuesta mentirosa y perversa que decir delante de mí, esperando que las circunstancias cambien; por tanto, decidme el sueño, para que yo sepa que me podéis dar su interpretación.
10 Los caldeos respondieron delante del rey y dijeron: No hay hombre sobre la tierra que pueda declarar el asunto del rey; además, ningún rey, príncipe ni señor ha pedido cosa semejante a ningún mago, ni astrólogo ni caldeo.
11 El asunto que el rey demanda es difícil, y no hay quien lo pueda declarar delante del rey, salvo los dioses cuya morada no es con los mortales.
12 Por esto el rey, con ira y con gran enojo, mandó que matasen a todos los sabios de Babilonia.
13 Y se publicó el decreto de que los sabios fueran llevados a la muerte; y buscaron a Daniel y a sus compañeros para matarlos.
14 Entonces Daniel habló sabia y prudentemente a Arioc, capitán de la guardia del rey, que había salido para matar a los sabios de Babilonia.
15 Habló y dijo a Arioc, capitán del rey: ¿Por qué es tan severo el decreto de parte del rey? Entonces Arioc hizo saber el asunto a Daniel.
16 Y Daniel entró y pidió al rey que le diese tiempo, y que así él le daría al rey la interpretación.
17 Luego Daniel fue a su casa e hizo saber el asunto a Ananías, Misael y Azarías, sus compañeros,
18 para que pidiesen misericordias del Dios del cielo con respecto a este misterio, a fin de que Daniel y sus compañeros no pereciesen con los otros sabios de Babilonia.
19 Entonces el [a]misterio fue

4 *a* *Es decir,* un idioma emparentado con el idioma hebreo.
5 *a* *Es decir,* en persa: lo tengo asegurado; él recordaba el sueño y deseaba probarlos. Dan. 2:8–9.
19 *a* GEE Revelación.

revelado a Daniel en [b]visión de
noche, por lo cual bendijo Daniel
al Dios del cielo.
20 Y Daniel habló y dijo: Sea
bendito el nombre de Dios desde
la eternidad hasta la eternidad,
porque suyos son la [a]sabiduría
y el poder.
21 Y él es el que cambia los
[a]tiempos y las estaciones; [b]quita
reyes y pone reyes; da [c]sabiduría
a los sabios y [d]conocimiento a los
entendidos;
22 él [a]revela lo profundo y lo
escondido; conoce lo que está en
tinieblas, y la [b]luz mora con él.
23 A ti, oh Dios de mis padres,
te doy gracias y te alabo, porque
me has dado sabiduría y poder;
y ahora me has revelado lo que
te pedimos, pues nos has dado a
conocer el asunto del rey.
24 Después de esto, Daniel fue a
Arioc, a quien el rey había puesto
para matar a los sabios de Babilonia. Fue y le dijo así: No mates a
los sabios de Babilonia; llévame
ante el rey, y yo le daré al rey la
interpretación.
25 Entonces Arioc llevó prontamente a Daniel ante el rey y le
dijo así: He hallado un hombre de
los cautivos de Judá, el cual dará
al rey la interpretación.
26 Respondió el rey y dijo a
Daniel, al cual llamaban Beltsasar: ¿Podrás tú darme a conocer el sueño que he visto y su
interpretación?
27 Daniel respondió ante el rey y
dijo: El misterio que el rey quiere
saber, ni sabios, ni astrólogos,
ni magos ni adivinos lo pueden
declarar al rey.
28 Pero hay un Dios en los cielos que [a]revela los [b]misterios, y
él ha hecho saber al rey Nabucodonosor lo que ha de acontecer
en los postreros días. Tu sueño
y las visiones de tu cabeza en tu
cama son éstos:
29 A ti, oh rey, en tu cama te
vinieron pensamientos sobre lo
que había de suceder en lo por
venir; y el que revela los misterios te ha hecho saber lo que ha
de suceder.
30 Y a mí me ha sido revelado
este misterio, no porque en mí
haya más [a]sabiduría que en todos
los seres vivientes, sino para que
se dé a conocer al rey la interpretación y para que entiendas los
pensamientos de tu corazón.
31 Tú, oh rey, mirabas, y he
aquí había una gran [a]imagen.
Esta imagen, que era muy grande
y cuya gloria era muy sublime,
estaba de pie delante de ti y su
aspecto era terrible.
32 La cabeza de esta imagen
era de oro fino; su pecho y sus
brazos, de plata; su vientre y sus
muslos, de bronce;
33 sus piernas, de hierro; sus
pies, en parte de hierro y en parte
de barro cocido.
34 Estabas mirando, hasta que

19 *b* GEE Sueños; Visión.
20 *a* GEE Omnisciente.
21 *a* GEE Kólob.
DyC 88:42–45.
b Sal. 75:6–7;
Dan. 5:18–20.
c GEE Sabiduría.
d Alma 12:9–11.
GEE Conocimiento.
22 *a* Alma 26:22.
b DyC 50:24.
GEE Luz, luz de
Cristo.
28 *a* GEE Espíritu Santo.
b Gén. 40:8;
DyC 76:10.
GEE Misterios de Dios.
30 *a* Alma 18:16–34.
GEE Discernimiento,
don de.
31 *a* GEE Simbolismo.

una [a]piedra fue cortada, [b]no con
mano, y golpeó a la imagen en
sus pies de hierro y de barro cocido, y los desmenuzó.
35 Entonces fueron desmenuzados también el hierro, el barro
cocido, el bronce, la plata y el
oro, y fueron como el tamo de
las eras del verano; y se los llevó
el viento, y no se encontró rastro
alguno de ellos. Pero la [a]piedra
que golpeó la imagen se convirtió
en un gran monte que llenó toda
la tierra.
36 Éste es el sueño; también diremos su interpretación en presencia del rey.
37 Tú, oh rey, eres rey de reyes, porque el Dios del cielo te
ha dado reino, poder, y fuerza y
majestad.
38 Y dondequiera que habitan
hijos de hombres, bestias del
campo y aves del cielo, él los ha
entregado en tus manos y te ha
dado dominio sobre todo; tú eres
aquella cabeza de oro.
39 Y después de ti se levantará
otro reino inferior al tuyo; y otro
tercer reino de bronce, el cual dominará sobre toda la tierra.
40 Y el cuarto reino será fuerte
como el hierro; y como el hierro
despedaza y rompe todas las cosas, y como el hierro quebranta
todas estas cosas, despedazará y
quebrantará a todos éstos.
41 Y lo que viste de los pies y los
dedos, en parte de barro cocido
de alfarero y en parte de hierro,
será un reino dividido; pero habrá en él *algo* de la fuerza del
hierro, así como viste el hierro
mezclado con barro.
42 Y *por ser* los dedos de los pies
en parte de hierro y en parte de
barro cocido, el reino será en parte
fuerte y en parte será frágil.
43 En cuanto a aquello que viste,
el hierro mezclado con barro, así
se mezclará la descendencia de
los hombres; pero no se unirán
el uno con el otro, como el hierro
no se mezcla con el barro.
44 Y en los [a]días de estos reyes, el Dios del cielo [b]levantará
un reino que no será jamás [c]des-
truido ni será dejado el reino a
otro pueblo; [d]despedazará y [e]con-
sumirá a todos estos reinos, pero
él permanecerá para siempre.
45 De la manera que viste que
del monte fue cortada una piedra,
no con mano, la cual despedazó
el hierro, el bronce, el barro cocido, la plata y el oro; el gran Dios
ha hecho saber al rey lo que ha
de acontecer en lo por venir; y
el sueño es verdadero, y fiel su
interpretación.
46 Entonces el rey Nabucodonosor se postró sobre su rostro,
y [a]rindió homenaje a Daniel y
mandó que le ofreciesen presentes e incienso.
47 El rey habló a Daniel y le
dijo: Ciertamente el [a]Dios vuestro es Dios de dioses, y [b]Señor

34 *a* GEE Roca.
b DyC 65:2.
35 *a* GEE Reino de Dios o de los cielos.
44 *a* GEE Últimos días, postreros días.
b DyC 138:44.
GEE Dispensaciones; Restauración del Evangelio.
c GEE Jesucristo—El reinado milenario de Cristo.
d 1 Cor. 15:24–25.
e DyC 103:5–7.
GEE Obra misional.
46 *a* 1 Ne. 17:55.
47 *a* 1 Cor. 8:5–6.
b Apoc. 17:14.
GEE Jesucristo.

de los reyes y el que revela los misterios, pues pudiste revelar este misterio.

48 Entonces el rey [a]engrandeció a Daniel, y le dio muchos y grandes presentes, y le hizo gobernador de toda la provincia de Babilonia y el principal de los gobernadores sobre todos los sabios de Babilonia.

49 Y Daniel le solicitó al rey, y éste puso sobre la administración de la provincia de Babilonia a Sadrac, a Mesac y a Abed-nego; y Daniel permaneció en la corte del rey.

CAPÍTULO 3

Nabucodonosor manda hacer una estatua de oro y manda a todos los hombres que la adoren — Sadrac, Mesac y Abed-nego se niegan a hacerlo y son echados a un horno ardiente — Son protegidos y salen ilesos.

EL rey Nabucodonosor hizo una estatua de oro cuya altura era de sesenta codos *y* su anchura de seis codos; la levantó en la llanura de Dura, en la provincia de Babilonia.

2 Y el rey Nabucodonosor mandó reunir a los sátrapas, los jefes supremos, y los gobernadores, los consejeros, los tesoreros, los jueces, los magistrados y a todos los gobernantes de las provincias, para que viniesen a la dedicación de la estatua que el rey Nabucodonosor había levantado.

3 Fueron, pues, reunidos los sátrapas, los jefes supremos, y los gobernadores, los consejeros, los tesoreros, los jueces, los magistrados y todos los gobernantes de las provincias, para la dedicación de la estatua que el rey Nabucodonosor había levantado; y estaban de pie delante de la estatua que había levantado el rey Nabucodonosor.

4 Y el pregonero anunció en alta voz: Se os ordena a vosotros, oh pueblos, naciones y lenguas,

5 que al oír el son de la trompeta, de la flauta, del tamboril, del [a]arpa, del salterio, de la [b]zampoña y de todo instrumento musical, os postréis y adoréis la estatua de oro que el rey Nabucodonosor ha levantado;

6 y cualquiera que no se postre y adore, en la misma hora será echado dentro de un horno de fuego ardiente.

7 Por lo cual, al oír todos los pueblos el son de la trompeta, de la flauta, del tamboril, del arpa, del salterio, de la zampoña y de todo instrumento musical, todos los pueblos, naciones y lenguas se postraron y adoraron la estatua de oro que el rey Nabucodonosor había levantado.

8 Por esto, en aquel tiempo algunos hombres caldeos se acercaron y denunciaron a los judíos.

9 Hablaron y dijeron al rey Nabucodonosor: Oh rey, vive para siempre.

---

48 *a* Gén. 41:40.
3 5 *a* *Es decir,* en arameo la palabra denota un instrumento de cuerdas de forma triangular.
b *En arameo,* un tipo de gaita.

10 Tú, oh rey, has dado la ley de que todo hombre al oír el son de la trompeta, de la flauta, del tamboril, del arpa, del salterio, de la zampoña y de todo instrumento musical, se postre y adore la estatua de oro;

11 y el que no se postre y adore sea echado dentro de un horno de fuego ardiente.

12 Hay unos hombres judíos, a quienes tú pusiste sobre los asuntos de la provincia de Babilonia; Sadrac, Mesac y Abed-nego; estos hombres, oh rey, no te han hecho caso; no sirven a tus dioses ni adoran la estatua de oro que tú has levantado.

13 Entonces Nabucodonosor dijo con ira y con enojo que trajesen a Sadrac, a Mesac y a Abed-nego. Entonces fueron traídos estos hombres delante del rey.

14 Habló Nabucodonosor y les dijo: ¿Es verdad, Sadrac, Mesac y Abed-nego, que vosotros no honráis a mis dioses ni adoráis la estatua de oro que he levantado?

15 Ahora pues, ¿estáis dispuestos para que, al oír el son de la trompeta, de la flauta, del tamboril, del arpa, del salterio, de la zampoña y de todo instrumento musical, os postréis y adoréis la estatua que he hecho? Porque si no la adoráis, en la misma hora seréis echados en medio de un horno de fuego ardiente; ¿y qué dios será el que os libre de mis manos?

16 Sadrac, Mesac y Abed-nego respondieron y dijeron al rey Nabucodonosor: No [a]hace falta responderte sobre este asunto.

17 Si es así, nuestro Dios a quien servimos puede [a]librarnos del horno de fuego ardiente; y de tus manos, oh rey, él nos librará.

18 Y si no, has de saber, oh rey, que no serviremos a tus dioses ni tampoco adoraremos la estatua que has levantado.

19 Entonces Nabucodonosor se llenó de ira y cambió la expresión de su rostro contra Sadrac, Mesac y Abed-nego, y respondió y ordenó que el horno se calentara siete veces más de lo acostumbrado.

20 Y mandó a hombres muy fuertes que *tenía* en su ejército que atasen a Sadrac, a Mesac y a Abed-nego para echarlos en el horno de fuego ardiente.

21 Entonces estos hombres fueron atados con sus mantos, y sus calzas, y sus turbantes y sus *otras* ropas, y fueron echados dentro del horno de fuego ardiente.

22 Y como la orden del rey era apremiante, y habían calentado mucho el horno, la llama del fuego mató a los que habían alzado a Sadrac, a Mesac y a Abed-nego.

23 Y estos tres hombres, Sadrac, Mesac y Abed-nego, cayeron atados dentro del horno de fuego ardiente.

24 Entonces el rey Nabucodonosor se asombró, y se levantó apresuradamente, y habló y dijo a los de su consejo: ¿No echamos a tres hombres atados dentro del

16 *a* Mateo 10:19; Hech. 20:24.

17 *a* Sal. 91:3–9.

fuego? Ellos respondieron y dijeron al rey: Es verdad, oh rey.
25 Respondió él y dijo: He aquí
que yo veo cuatro hombres sueltos, que se pasean en medio del
fuego sin sufrir ningún [a]daño; y
el aspecto del cuarto es semejante
a un [b]hijo de los dioses.
26 Entonces Nabucodonosor se
acercó a la puerta del horno de
fuego ardiente, y habló y dijo:
Sadrac, Mesac y Abed-nego, siervos del Dios Altísimo, salid y
venid. Entonces Sadrac, Mesac y
Abed-nego salieron de en medio
del fuego.
27 Y se juntaron los sátrapas, los
gobernantes, los gobernadores
y los jueces del rey, para mirar a
estos hombres, cómo el fuego no
había tenido poder alguno sobre
sus cuerpos, ni aun el cabello de
sus cabezas se había quemado,
ni sus ropas se habían dañado, ni
el olor del fuego había quedado
en ellos.
28 Nabucodonosor habló y dijo:
Bendito sea el Dios de ellos, de
Sadrac, de Mesac y de Abed-nego,
que envió a su [a]ángel y libró a sus
siervos que [b]confiaron en él, y que
no cumplieron el decreto del rey
y entregaron sus cuerpos antes
que servir y adorar a otro dios
que no fuese su Dios.
29 Por lo tanto, proclamo un decreto de que todo pueblo, nación
o lengua que diga blasfemia contra el Dios de Sadrac, de Mesac
y de Abed-nego sea descuarti-
zado, y su casa sea convertida en
muladar; por cuanto no hay dios
que pueda [a]librar como éste.
30 Entonces el rey engrandeció
a Sadrac, a Mesac y a Abed-nego
en la provincia de Babilonia.

CAPÍTULO 4

Daniel interpreta el sueño que tuvo Nabucodonosor del gran árbol en el que se describen la caída y la locura del rey — El rey aprende que el Altísimo tiene todo dominio y que pone al más humilde de los hombres sobre reinos terrenales.

NABUCODONOSOR, rey, a todos
los pueblos, naciones y lenguas
que moran en toda la tierra: Paz
os sea multiplicada.
2 Conviene que yo declare las señales y las maravillas que el Dios
Altísimo ha hecho conmigo.
3 ¡Cuán grandes son sus señales
y cuán poderosas sus maravillas!
Su [a]reino es un reino sempiterno,
y su señorío de generación en
generación.
4 Yo, Nabucodonosor, estaba
tranquilo en mi casa y próspero
en mi palacio.
5 Tuve un sueño que me es-
pantó, y las imaginaciones y las
visiones de mi cabeza me turbaron estando en mi cama.
6 Por lo cual yo di el decreto de
hacer venir delante de mí a todos
los sabios de Babilonia para que
me dieran a conocer la interpretación del sueño.

25 *a* 3 Ne. 28:21.
b Arameo: Dioses o Dios. Posiblemente, semejante al Hijo de Dios.
28 *a* GEE Ángeles.
b GEE Confianza, confiar.
29 *a* GEE Poder.
4 3 *a* GEE Reino de Dios o de los cielos.

7 Y vinieron magos, astrólogos, caldeos y adivinos; y les conté el sueño, pero no me dieron a conocer su interpretación,

8 hasta que finalmente vino ante mí Daniel, cuyo nombre es Beltsasar, como el nombre de mi dios, y en quien hay espíritu de los dioses santos; y conté el sueño delante de él, *diciendo*:

9 Beltsasar, jefe de los magos, ya que sé que hay en ti espíritu de los dioses santos y que ningún misterio es difícil para ti, dime las visiones de mi sueño que he visto y su interpretación.

10 Y éstas fueron las visiones de mi cabeza estando en mi cama: Me parecía ver en medio de la tierra un árbol cuya altura era grande.

11 Crecía este árbol y se hacía fuerte; y su altura llegaba hasta el cielo, y se veía desde los confines de toda la tierra.

12 Su follaje era hermoso, y su fruto abundante, y había en él alimento para todos. Debajo de él se ponían, a su sombra, las bestias del campo, y en sus ramas hacían morada las aves del cielo, y se mantenía de él todo ser viviente.

13 Vi en las visiones de mi cabeza, mientras estaba en mi cama, y he aquí que un vigilante y santo descendía del cielo;

14 clamaba fuertemente y decía así: Derribad el árbol y cortad sus ramas; quitadle el follaje y dispersad su fruto; váyanse las bestias que están debajo de él y las aves de sus ramas.

15 Mas la cepa de sus raíces dejaréis en la tierra, y con atadura de hierro y de bronce entre la hierba del campo; y sea mojado con el rocío del cielo, y sea su parte con las bestias entre la hierba de la tierra.

16 Su corazón de hombre sea cambiado, y le sea dado corazón de bestia, y pasen sobre él siete [a]tiempos.

17 La sentencia es por decreto de los vigilantes, y el veredicto por la palabra de los santos, para que conozcan los vivientes que el Altísimo gobierna el reino de los hombres, y que a quien él quiere lo da y que constituye sobre él al más humilde de los hombres.

18 Yo, el rey Nabucodonosor, he visto este sueño. Tú, pues, Beltsasar, dirás la interpretación de él, porque ninguno de los sabios de mi reino ha podido darme a conocer su interpretación; pero tú puedes, porque está en ti el [a]espíritu de los dioses santos.

19 Entonces Daniel, cuyo nombre era Beltsasar, se quedó atónito casi una hora, y sus pensamientos le turbaban: El rey habló y dijo: Beltsasar, no te turben ni el sueño ni su interpretación. Respondió Beltsasar y dijo: Señor mío, el sueño sea para los que te odian, y su interpretación para tus enemigos.

20 El árbol que viste, que crecía y se hacía fuerte, y cuya altura llegaba hasta el cielo, y que se veía desde toda la tierra,

21 y cuyo follaje era hermoso, y su fruto abundante, y había en

16 *a O sea,* años, estaciones.

18 *a* GEE Inspiración, inspirar.

él alimento para todos, debajo del cual moraban las bestias del campo, y en cuyas ramas habitaban las aves del cielo,
22 tú mismo eres, oh rey, que creciste y te hiciste poderoso, pues creció tu grandeza y ha llegado hasta el cielo, y tu [a]dominio hasta los confines de la tierra.
23 Y en cuanto a lo que vio el rey, un vigilante y santo que descendía del cielo y decía: Derribad el árbol y destruidlo; mas la cepa de sus raíces dejaréis en la tierra, con atadura de hierro y de bronce, entre la hierba del campo; y sea mojado con el rocío del cielo, y sea su parte con las bestias del campo, hasta que pasen sobre él siete tiempos;
24 ésta es la interpretación, oh rey, y la sentencia del Altísimo que ha venido sobre mi señor, el rey:
25 Que te echarán de entre los hombres, y con las bestias del campo será tu morada, y con hierba del campo te apacentarán como a los bueyes y con el rocío del cielo serás mojado; y siete tiempos pasarán sobre ti, hasta que entiendas que el Altísimo tiene dominio sobre el reino de los hombres, y que a quien él quiere lo da.
26 Y en cuanto a la orden de dejar en la tierra la cepa de las raíces del mismo árbol, ello *significa que* tu reino seguirá siendo tuyo después que entiendas que es el cielo el que gobierna.
27 Por tanto, oh rey, acepta mi consejo y rompe con tus pecados haciendo justicia, y con tus iniquidades haciendo [a]misericordias para con los pobres; pues tal vez sea prolongada tu prosperidad.
28 Todo esto vino sobre el rey Nabucodonosor.
29 Al cabo de doce meses, paseando por el palacio real de Babilonia,
30 habló el rey y dijo: ¿No es ésta la gran Babilonia que yo edifiqué para casa real con la fuerza de mi poder y para gloria de mi grandeza?
31 Aún estaba la palabra en la boca del rey cuando vino una voz del cielo: A ti se te dice, oh rey Nabucodonosor: El reino ha sido [a]quitado de ti;
32 y de entre los hombres te echarán, y con las bestias del campo será tu morada y como a los bueyes te apacentarán; y siete tiempos pasarán sobre ti, hasta que entiendas que el Altísimo tiene dominio sobre el reino de los hombres, y a quien él quiere lo da.
33 En aquella misma hora se cumplió la palabra sobre Nabucodonosor, y fue echado de entre los hombres; y comía hierba como los bueyes, y su cuerpo se mojaba con el rocío del cielo, hasta que su pelo creció como *plumas* de águila y sus uñas como las de las aves.
34 Mas al fin del [a]tiempo, yo, Nabucodonosor, alcé mis ojos al cielo, y mi razón me fue devuelta; y bendije al Altísimo, y alabé y glorifiqué al que vive para siempre, porque su dominio es

22 *a* Jer. 27:6–8.
27 *a* Mos. 4:16–21; DyC 42:30–39.
31 *a* Dan. 5:20.
34 *a* *Es decir,* de los siete años.

sempiterno y su reino, de generación en generación.
35 Y todos los moradores de
la tierra son considerados como
[a]nada; y con el ejército del cielo
y con los habitantes de la tierra
hace según su voluntad; y no hay
quien [b]detenga su mano y le diga:
¿Qué haces?
36 En ese mismo tiempo mi razón me fue devuelta, y la majestad de mi reino, mi dignidad y
mi grandeza volvieron a mí, y
mis consejeros y mis nobles me
buscaron; y fui restituido a mi
reino, y mayor grandeza me fue
añadida.
37 Ahora, yo, Nabucodonosor,
alabo, engrandezco y glorifico al
Rey del cielo, porque todas sus
obras son verdaderas y justos sus
caminos; y él puede [a]humillar a
los que [b]andan con soberbia.

CAPÍTULO 5

Belsasar y sus convidados beben en los vasos del templo — Una mano escribe en la pared, anunciando la caída de Belsasar — Daniel interpreta las palabras y reprende al rey por su orgullo y su idolatría — Esa misma noche Babilonia es conquistada.

EL rey Belsasar hizo un gran banquete a mil de sus nobles, y en
presencia de los mil bebía vino.
2 Belsasar, cuando bebía el vino,
mandó que trajesen los [a]utensi-
lios de oro y de plata que Nabucodonosor, su padre, había
traído del templo de Jerusalén,
para que bebiesen en ellos el rey
y sus nobles, sus esposas y sus
concubinas.
3 Entonces fueron traídos los
utensilios de oro que habían
traído del templo de la casa
de Dios que estaba en Jerusalén, y bebieron en ellos el rey
y sus nobles, sus esposas y sus
concubinas.
4 Bebieron vino y alabaron a
los dioses de oro y de plata, de
bronce, de hierro, de madera y
de piedra.
5 En aquella misma hora aparecieron los dedos de una mano
de hombre, que escribían delante
del candelabro en lo encalado de
la pared del palacio real; y el rey
veía la [a]mano que escribía.
6 Entonces el [a]rostro del rey se
demudó, y sus pensamientos [b]lo
turbaron, y se debilitaron sus
[c]lomos, y sus rodillas daban la
una con la otra.
7 El rey gritó en alta voz que
hiciesen venir a los astrólogos,
a los caldeos y a los adivinos.
Habló el rey y dijo a los sabios
de Babilonia: Cualquiera que lea
esta escritura y me dé a conocer
su interpretación será vestido
de púrpura y llevará un collar
de oro en su cuello; y en el reino
[a]gobernará como el tercero.
8 Entonces entraron todos los

35 *a* Hel. 12:7; Moisés 1:10.
b DyC 38:33; 121:33.
37 *a* GEE Castigar, castigo.
b GEE Orgullo.

5 2 *a* Núm. 18:3.
5 *a* Éter 3:6.
6 *a* GEE Rostro.
b Alma 42:29.
c *Es decir,* las coyunturas de sus caderas.
7 *a* *O sea,* será el tercer gobernante del reino.

sabios del rey, pero no pudieron leer la escritura ni dar a conocer al rey su interpretación.

9 Entonces el rey Belsasar se turbó en gran manera y se demudó su rostro, y sus nobles quedaron perplejos.

10 La reina, por las palabras del rey y de sus nobles, entró en la sala del banquete. Y habló la reina y dijo: Oh rey, vive para siempre; no te turben tus pensamientos ni se demude tu rostro.

11 En tu reino hay un hombre en quien *mora* el espíritu de los dioses santos; y en los días de tu padre se halló en él luz e inteligencia y sabiduría, como la sabiduría de los dioses; a quien tu padre, el rey Nabucodonosor, constituyó jefe sobre todos los magos, astrólogos, caldeos y adivinos,

12 por cuanto fue hallado en él un espíritu excelente, y conocimiento, y entendimiento, interpretación de sueños, y desciframiento de enigmas y resolución de dudas; *a saber,* en Daniel, a quien el rey puso por [a]nombre Beltsasar. Llámese, pues, ahora a Daniel, y él dará a conocer la interpretación.

13 Entonces Daniel fue traído ante el rey. Y habló el rey y dijo a Daniel: ¿Eres tú aquel Daniel, de los hijos de la cautividad de Judá, que mi padre trajo de Judea?

14 Yo he oído acerca de ti, que el espíritu de los dioses santos está en ti, y que en ti se hallan luz, y entendimiento y mayor sabiduría.

15 Y ahora han sido traídos ante mí sabios *y* astrólogos para que leyesen esta escritura y me diesen a conocer su interpretación; pero no han podido dar a conocer la interpretación del asunto.

16 Yo, pues, he oído decir de ti que puedes dar interpretaciones y resolver dudas. Si ahora puedes leer esta escritura y [a]darme a conocer su interpretación, serás vestido de púrpura, y llevarás en tu cuello un collar de oro y en el reino serás el tercer gobernante.

17 Entonces Daniel respondió y dijo delante del rey: Tus presentes sean para ti, y da tus recompensas a otro. Sin embargo, leeré la escritura al rey y le daré a conocer la interpretación.

18 El altísimo Dios, oh rey, dio a Nabucodonosor, tu padre, el reino, y la grandeza, y la gloria y la majestad;

19 y por la grandeza que le dio, todos los pueblos, naciones y lenguas temblaban y temían delante de él. A quien quería, mataba; y a quien quería, daba vida; a quien quería, engrandecía; y a quien quería, humillaba.

20 Pero cuando su [a]corazón se enalteció y su espíritu se endureció en su orgullo, fue [b]depuesto del trono de su reino y despojado de su gloria.

21 Y fue echado de entre los hijos de los hombres, y su corazón se hizo semejante al de las bestias, y con los asnos monteses fue su morada. Hierba le hicieron comer, como a buey, y su cuerpo

12 *a* Dan. 1:7.
16 *a* Mos. 8:13–18.
20 *a* GEE Corazón; Orgullo.
b Dan. 4:30–31.

fue mojado con el rocío del cielo,
hasta que entendió que el altísimo Dios tiene dominio sobre el
reino de los hombres y que pone
sobre él al que quiere.
22 Y tú, su hijo Belsasar, no has
humillado tu corazón, sabiendo
todo esto,
23 sino que contra el Señor del
cielo te has enaltecido; y han
traído ante ti los utensilios de
su casa, y tú y tus nobles, tus esposas y tus concubinas bebisteis
vino en ellos; además de esto,
diste alabanza a [a]dioses de plata
y de oro, de bronce, de hierro,
de madera y de piedra, que no
ven, ni oyen ni saben; y nunca
honraste al Dios en cuya mano
está tu vida, y de quien son todos
tus caminos.
24 Entonces de su presencia fue
enviada la mano que escribió esta
escritura.
25 Y la escritura que escribió es: MENE, MENE, TEKEL,
UPARSIN.
26 Y ésta es la interpretación del
asunto: [a]MENE: Dios ha contado
tu reino y le ha puesto fin.
27 [a]TEKEL: Pesado has sido en
balanza y fuiste hallado falto.
28 [a]PERES: Tu reino ha sido dividido y dado a los medos y a
los persas.
29 Entonces, Belsasar mandó
vestir a Daniel de púrpura, y poner en su cuello un collar de oro
y proclamar que él era el tercer
gobernante del reino.
30 Aquella misma noche fue
[a]muerto Belsasar, rey de los
caldeos.
31 Y Darío, de Media, tomó el
reino, siendo de sesenta y dos
años.

CAPÍTULO 6

Darío nombra a Daniel uno de sus gobernadores — Daniel adora a Dios, desobedeciendo así al decreto de Darío — Se le echa al foso de los leones — Su fe lo salva, y Darío decreta que todos han de venerar al Dios de Daniel.

PARECIÓ bien a Darío constituir
sobre el reino a ciento veinte sátrapas que estuviesen en todo
el reino.
2 Y sobre ellos a tres gobernadores, de los cuales Daniel era
uno, a quienes los sátrapas diesen
cuenta, para que el rey no fuese
perjudicado.
3 Pero Daniel mismo era superior a estos sátrapas y gobernadores, porque había en él un espíritu
excelente; y el rey pensaba ponerlo sobre todo el reino.
4 Entonces los gobernadores y
los sátrapas buscaron [a]ocasión
para acusar a Daniel con respecto
a los asuntos del reino, pero no
pudieron hallar ocasión alguna o
falta, porque él era fiel, y ningún
motivo de acusación ni falta fue
hallado en él.
5 Entonces dijeron aquellos

23 *a* GEE Idolatría.
26 *a* *Es decir,* en arameo: contado.
27 *a* *Es decir,* en arameo: pesado, es además una medida de peso.
28 *a* *Es decir,* en arameo: dividido. TJS Dan. 5:28 UPARSIN…
30 *a* GEE Asesinato.
6 4 *a* DyC 64:8. GEE Calumnias.

hombres: No hallaremos contra este Daniel ocasión alguna para acusarle, si no la hallamos contra él en relación con la ley de su Dios.

6 Entonces estos sátrapas y gobernadores se juntaron delante del rey y le dijeron así: Rey Darío, vive para siempre;

7 todos los gobernadores del reino, magistrados, sátrapas, consejeros y capitanes han acordado por consejo que se promulgue un edicto del rey, y se confirme que cualquiera que haga petición a cualquier dios u hombre fuera de ti, en el espacio de treinta días, oh rey, sea [a]echado al foso de los leones.

8 Ahora, oh rey, publica el edicto y firma el documento, para que no se pueda revocar, conforme a la ley de Media y de Persia, la cual no puede ser abrogada.

9 Firmó, pues, el rey Darío el documento y el edicto.

10 Y Daniel, cuando supo que el documento había sido firmado, entró en su casa, y abiertas las ventanas de su aposento que daban hacia [a]Jerusalén, se hincaba de rodillas [b]tres veces al día, y [c]oraba y [d]daba gracias delante de su Dios, como lo solía hacer antes.

11 Entonces se juntaron aquellos hombres y hallaron a Daniel orando y rogando delante de su Dios.

12 Se acercaron luego y hablaron ante el rey acerca del edicto real: ¿No has firmado el edicto de que cualquiera que pida a cualquier dios u hombre fuera de ti, en el espacio de treinta días, oh rey, sea echado al foso de los leones? Respondió el rey y dijo: Verdad es, conforme a la ley de Media y de Persia, la cual no puede ser abrogada.

13 Entonces respondieron y dijeron delante del rey: [a]Daniel, que es de los hijos de los cautivos de Judá, no te tiene en cuenta, oh rey, ni acata el edicto que firmaste, sino que tres veces al día hace su petición.

14 Entonces cuando el rey oyó el asunto, le pesó en gran manera y resolvió librar a Daniel; y hasta la puesta del sol trabajó para librarle.

15 Pero aquellos hombres rodearon al rey y le dijeron: Sabe, oh rey, que es la ley de Media y de Persia que ningún edicto o estatuto que el rey promulgue puede ser abrogado.

16 Entonces el rey mandó, y trajeron a Daniel y le echaron en el foso de los leones. Y habló el rey y le dijo a Daniel: El Dios tuyo, a quien tú continuamente sirves, él te libre.

17 Y fue traída una piedra que fue puesta sobre la puerta del foso, la cual selló el rey con su anillo y con el anillo de sus nobles, para que el acuerdo acerca de Daniel no se cambiara.

18 Luego el rey se fue a su palacio y se acostó en ayuno; no

7 *a* GEE Injusticia, injusto.
10 *a* 1 Rey. 8:44–48. GEE Jerusalén.
b Alma 34:21.
c GEE Oración.
d GEE Acción de gracias, agradecido, agradecimiento.
13 *a* GEE Daniel.

trajeron ante él instrumentos de
música, y se le fue el sueño.
19 El rey, por tanto, se levantó
muy de mañana y fue apresuradamente al foso de los leones.
20 Y acercándose al foso, llamó
a voces a Daniel con voz triste;
habló el rey y le dijo a Daniel:
Daniel, [a]siervo del Dios viviente,
el Dios tuyo, a quien tú continuamente sirves, ¿te ha podido librar
de los leones?
21 Entonces Daniel respondió al
rey: ¡Oh rey, vive para siempre!
22 Mi Dios envió a su [a]ángel, el
cual cerró la boca de los [b]leones,
para que no me hiciesen daño,
porque ante él fui hallado inocente; y aun delante de ti, oh rey,
yo no he hecho nada malo.
23 Entonces se alegró el rey
en gran manera a causa de él y
mandó sacar a Daniel del foso; y
fue Daniel sacado del foso, y ninguna lesión se halló en él, porque
había [a]confiado en su Dios.
24 Y mandó el rey, y fueron traídos aquellos hombres que habían
acusado a Daniel, y fueron echados al foso de los leones ellos,
sus hijos y sus esposas; y aún no
habían llegado al fondo del foso
cuando los leones se apoderaron
de ellos y quebraron todos sus
huesos.
25 Entonces el rey Darío escribió
a todos los pueblos, naciones y
lenguas que habitaban en toda esa
tierra: Paz os sea multiplicada;
26 de parte mía se da el decreto
de que en todo el dominio de mi
reino todos teman y tiemblen
ante la presencia del Dios de Daniel, porque él es [a]el Dios viviente
y permanece para siempre, y su
reino no será [b]destruido, y su dominio *perdurará* hasta el fin.
27 Él [a]salva y libra, y hace señales y maravillas en el cielo y en la
tierra; él ha librado a Daniel del
poder de los leones.
28 Y este Daniel fue prosperado
durante el reinado de Darío y
durante el reinado de Ciro el
Persa.

CAPÍTULO 7

Daniel ve cuatro bestias que representan los reinos de los hombres — Ve al Anciano de Días (Adán) a quien vendrá el Hijo del Hombre (Cristo) — El reino será dado a los santos para siempre.

EN el primer año de Belsasar,
rey de Babilonia, tuvo Daniel un
[a]sueño y visiones de su cabeza
estando en su cama; luego escribió el sueño y relató lo principal
del asunto.
2 Habló Daniel y dijo: Miraba yo
en mi visión de noche, y he aquí
que los cuatro vientos del cielo
combatían en el gran mar.
3 Y cuatro [a]bestias grandes, diferentes la una de la otra, subían
del [b]mar.
4 La primera era como león y
tenía alas de águila. Yo estaba mirando hasta que sus alas fueron

20 *a* GEE Discípulo.
22 *a* GEE Ángeles.
b Heb. 11:33.
23 *a* GEE Fe.
26 *a* GEE Trinidad.
b Dan. 2:44.
27 *a* DyC 108:8.
GEE Libertador.
7 1 *a* GEE Sueños; Visión.
3 *a* GEE Simbolismo.
b Apoc. 13:1–2.

arrancadas y fue levantada del suelo; y se quedó erguida sobre los pies a manera de hombre, y le fue dado corazón de hombre.

5 Y he aquí, una segunda bestia, semejante a un oso, la cual se levantó de costado, y tenía en su boca tres costillas entre sus dientes; y le fue dicho así: Levántate; devora mucha carne.

6 Después de esto yo miré, y he aquí, otra, semejante a un leopardo, y tenía cuatro alas de ave en sus espaldas; tenía también esta bestia cuatro cabezas, y le fue dado dominio.

7 Después de esto miraba yo en las visiones de la noche, y he aquí, la cuarta [a]bestia, espantosa y terrible, y en gran manera fuerte, la cual tenía unos dientes grandes de hierro; devoraba y desmenuzaba, y hollaba las sobras con sus pies; y era muy diferente de todas las bestias que había *visto* antes de ella y tenía diez cuernos.

8 Mientras yo contemplaba los cuernos, he aquí que otro cuerno pequeño salía entre ellos, y delante de él fueron arrancados tres cuernos de los primeros; y he aquí, en este cuerno había ojos como ojos de hombre y una [a]boca que hablaba de grandezas.

9 Estuve mirando hasta que fueron [a]puestos tronos; y el [b]Anciano de Días se sentó, cuyo vestido era blanco como la nieve, y el pelo de su cabeza como lana limpia; su trono, llama de fuego; sus ruedas, fuego ardiente.

10 Un río de fuego procedía y salía de delante de él; millares de millares le servían, y millones de millones estaban delante de él; el [a]tribunal se sentó, y los libros se abrieron.

11 Yo entonces miraba a causa de la voz de las grandes palabras que hablaba el cuerno; miraba hasta que mataron a la [a]bestia, y su cuerpo fue destrozado y entregado para ser quemado en el [b]fuego.

12 Habían también quitado a las otras bestias su dominio, pero les había sido prolongada la vida hasta cierto tiempo.

13 Miraba yo en la visión de la noche, y he aquí en las [a]nubes del cielo venía uno como el [b]Hijo del Hombre, que vino hasta el Anciano de Días, y le hicieron acercarse delante de él.

14 Y le fue dado [a]dominio, y gloria y reino; y todos los pueblos, naciones y lenguas le servían; su dominio es un dominio [b]eterno que no terminará, y su reino no será destruido.

15 A mí, Daniel, se me turbó el espíritu en medio de mi cuerpo, y las visiones de mi cabeza me turbaron.

16 Me acerqué a uno de los que estaban allí y le pregunté la verdad acerca de todo esto. Y me

7 *a* Dan. 2:40–41.
8 *a* Apoc. 13:5.
9 *a* 1 Cor. 15:24.
b DyC 138:38.
GEE Adán.
10 *a* Apoc. 11:18.
GEE Juicio final.
11 *a* Apoc. 19:20;
DyC 76:36.
b Apoc. 20:10;
DyC 29:28.
13 *a* Lucas 21:27.
b GEE Segunda Venida de Jesucristo.
14 *a* GEE Jesucristo—Su autoridad; Jesucristo—La gloria de Jesucristo.
b GEE Jesucristo—El reinado milenario de Cristo; Milenio.

habló y me dio a conocer la interpretación de las cosas.
17 Estas grandes bestias, que
son cuatro, son cuatro [a]reyes que
se levantarán en la tierra.
18 Después recibirán el reino los
[a]santos del Altísimo y poseerán el
reino eternamente, por los siglos
de los siglos.
19 Entonces tuve el deseo de saber la verdad acerca de la cuarta
bestia, que era tan diferente de
todas las otras, espantosa en gran
manera, que tenía dientes de hierro y uñas de bronce, que devoraba y desmenuzaba, y hollaba
las sobras con sus pies;
20 asimismo, acerca de los diez
cuernos que tenía en su cabeza, y
del otro que le había salido, delante del cual habían caído tres;
y este mismo cuerno tenía ojos y
una boca que hablaba de grandezas, y parecía ser más grande que
sus compañeros.
21 Y veía yo que este cuerno
hacía la [a]guerra contra los santos
y los vencía,
22 hasta que vino el [a]Anciano
de Días, y se dio el [b]juicio a los
santos del Altísimo; y llegó el
tiempo, y los santos poseyeron
el reino.
23 Dijo así: La cuarta bestia será
el cuarto reino en la tierra, el cual
será diferente de todos los otros
reinos; y a toda la tierra devorará,
y la hollará y la despedazará.
24 Y los diez cuernos *significan
que* de aquel reino se levantarán
diez reyes; y tras ellos se levantará otro, el cual será diferente
de los primeros, y a tres reyes
derribará.
25 Y hablará palabras contra el
Altísimo, y a los santos del Altísimo [a]hostigará, y pensará en
cambiar los tiempos y la ley; y
serán entregados en sus manos
hasta un tiempo, y tiempos y medio tiempo.
26 Pero se sentará el [a]tribunal,
y le quitarán su dominio, para
que sea destruido y arruinado
hasta el fin;
27 y el [a]reino, y el dominio y la
majestad de los reinos debajo de
todo el cielo serán dados al pueblo de los santos del Altísimo,
cuyo reino es un [b]reino eterno; y
todos los dominios le servirán y
le obedecerán.
28 Hasta aquí fue el fin del
asunto. En cuanto a mí, Daniel,
mucho me turbaron mis pensamientos y mi rostro se demudó;
mas guardé en mi corazón el
asunto.

CAPÍTULO 8

Daniel ve en visión un carnero (Media y Persia), un macho cabrío (Grecia), otros cuatro reyes, y luego, en los últimos días, ve un rey altivo que destruirá al pueblo de los santos — Este rey será quebrantado cuando se levante contra el Príncipe de los príncipes.

17 *a Es decir,* reinos.
18 *a* GEE Santo (sustantivo).
21 *a* GEE Últimos días, postreros días; Señales de los tiempos.
22 *a* GEE Adán.
b GEE Juicio, juzgar.
25 *a* Apoc. 12:13–17.
26 *a* GEE Juicio final.
27 *a* DyC 103:7–8; 136:41–42.
b GEE Reino de Dios o de los cielos.

EN el año tercero del reinado del rey Belsasar, me apareció una visión a mí, Daniel, después de aquélla que me había aparecido antes.

2 Y vi en visión (y aconteció que cuando la vi, yo estaba en Susa, la ciudadela que está en la provincia de Elam), vi, pues, en visión, estando junto al [a]río Ulai,

3 y alcé mis ojos y miré, y he aquí que un [a]carnero estaba delante del río, el cual tenía dos cuernos; y aunque los cuernos eran altos, uno era más alto que el otro, y a la postre el más alto creció.

4 Vi que el carnero embestía con los cuernos al poniente, al norte y al sur, y que ninguna bestia podía estar delante de él, ni había quien escapase de su poder; y hacía conforme a su voluntad y se engrandeció.

5 Y mientras yo consideraba esto, he aquí, un [a]macho cabrío venía del poniente sobre la faz de toda la tierra, el cual no tocaba la tierra; y aquel macho cabrío tenía un cuerno notable entre sus ojos;

6 y vino hasta el carnero que tenía los dos cuernos, que yo había visto que estaba delante del río, y corrió contra él con la furia de su fuerza.

7 Y lo vi llegar junto al carnero, y se enfureció contra él, y lo hirió y le quebró sus dos cuernos, porque el carnero no tenía fuerzas para mantenerse delante de él; lo derribó, por tanto, en tierra y lo pisoteó; y no hubo quien librase al carnero de su poder.

8 Y se engrandeció en gran manera el macho cabrío; y estando en su mayor fuerza, aquel gran cuerno fue quebrado, y en su lugar salieron otros cuatro *cuernos* notables hacia los cuatro vientos del cielo.

9 Y de uno de ellos salió un cuerno pequeño que creció mucho hacia el sur, y hacia el oriente y hacia la *tierra* deseable.

10 Y se engrandeció [a]hasta llegar al ejército del cielo; y echó por tierra parte del ejército y de las estrellas, y las pisoteó.

11 Aun se engrandeció contra el príncipe de los ejércitos, y por él fue quitado el [a]continuo *sacrificio*, y el lugar de su santuario fue echado por tierra.

12 Y el ejército *le* fue entregado a causa de la transgresión contra el continuo *sacrificio*; y echó por tierra la verdad, e hizo *cuanto quiso* y prosperó.

13 Entonces oí a un santo que hablaba; y otro de los [a]santos dijo a aquel que hablaba: ¿Hasta cuándo durará la visión del continuo *sacrificio*, y la transgresión asoladora que pone al santuario y al ejército para ser pisoteados?

14 Y él me dijo: Hasta dos mil trescientas tardes y mañanas; luego el santuario será purificado.

15 Y acaeció que mientras yo, Daniel, consideraba la visión y

8 2 *a* HEB curso de agua.
3 *a* Dan. 8:20.
5 *a* Dan. 8:21.
10 *a* *O sea,* en contra del.
11 *a* Éx. 29:38.
13 *a* GEE Santo (sustantivo).

procuraba comprenderla, he aquí,
se puso delante de mí uno con
apariencia de hombre.
16 Y oí una voz de hombre entre *las riberas* del Ulai, que gritó
y dijo: [a]Gabriel, haz comprender
la visión a este *hombre.*
17 Vino luego cerca de donde
yo estaba, y con su venida me
atemoricé y me postré sobre mi
rostro. Pero él me dijo: Entiende,
hijo de hombre, porque la visión
es para el tiempo del fin.
18 Y mientras él hablaba conmigo, caí profundamente dormido
en tierra sobre mi rostro; y él me
tocó y me hizo ponerme de pie.
19 Y dijo: He aquí, yo te enseñaré lo que ha de venir [a]al final
de la indignación, porque el final
será en el tiempo señalado.
20 En cuanto al carnero que
viste, que tenía dos cuernos, éstos son los reyes de Media y de
Persia.
21 Y el peludo macho cabrío
es el rey de [a]Grecia; y el cuerno
grande que tenía entre sus ojos
es el primer rey.
22 Y en cuanto al *cuerno* que fue
[a]quebrado, al que sucedieron cuatro en su lugar, *significa que* cuatro
reinos se levantarán de esa nación,
mas no con la fuerza de él.
23 Y al cabo del reinado de éstos, cuando los transgresores hayan llegado al colmo, se levantará
un rey altivo de rostro y hábil en
[a]intrigas.
24 Y su poder se fortalecerá, mas
no con fuerza propia; y destruirá
asombrosamente, y prosperará, y
actuará y [a]destruirá a los fuertes
y al pueblo de los santos.
25 Y con su sagacidad hará prosperar el engaño en su mano; y
en su propio corazón se engrandecerá y, [a]en paz, destruirá a
muchos; y se levantará contra el
Príncipe de los príncipes pero,
será quebrantado, aunque [b]no
por mano humana.
26 Y la visión de la tarde y la
mañana que se ha contado es
verdadera; y tú guarda la visión,
porque [a]es para muchos días.
27 Y yo, Daniel, me debilité y
estuve enfermo algunos días;
y cuando convalecí, atendí los
asuntos del rey; pero yo estaba
espantado a causa de la visión, y
no había quien la entendiese.

CAPÍTULO 9

Daniel ayuna, confiesa y ora por todo Israel — Gabriel revela el tiempo de la venida del Mesías, quien hará expiación por la iniquidad — Se quitará la vida al Mesías.

EN el año primero de Darío hijo
de Asuero, de la descendencia
de los medos, que vino a ser rey
sobre el reino de los caldeos,
2 en el año primero de su reinado, yo, Daniel, entendí por

16 *a* Dan. 9:21; Lucas 1:19, 26; DyC 128:21. GEE Gabriel.
19 *a* *Es decir,* en la última parte del período de indignación o en los últimos días.
21 *a* Dan. 10:20; 11:2.
22 *a* Dan. 11:4.
23 *a* HEB en enigmas.
24 *a* Moisés 7:24–26.
25 *a* *O sea,* en una época de paz.
b DyC 65:2.
26 *a* *Es decir,* corresponde a muchos días después.

los libros el número de los años
de que habló Jehová al profeta
Jeremías, en los que habían de
concluir las desolaciones de Jerusalén: [a]setenta años.
3 Y volví mi rostro a Dios, el
Señor, buscándole en oración
y ruego, en ayuno, y cilicio y
ceniza.
4 Y oré a Jehová mi Dios, e [a]hice
confesión y dije: Ah Señor, Dios
grande, digno de ser temido, que
[b]guarda el [c]convenio y la misericordia con los que le aman y
guardan sus mandamientos;
5 hemos [a]pecado, hemos cometido iniquidad, hemos actuado
inicuamente, y hemos sido rebeldes y nos hemos apartado de tus
mandamientos y de tus juicios.
6 No hemos [a]obedecido a tus
siervos los profetas, que en tu
nombre hablaron a nuestros reyes, a nuestros príncipes, y a
nuestros padres y a todo el pueblo de la tierra.
7 Tuya es, oh Señor, la justicia,
y nuestra la vergüenza de rostro,
como en el día de hoy, y de todo
hombre de Judá, y de los moradores de Jerusalén y de todo Israel,
tanto de los de cerca como de
los de lejos, en todas las tierras
adonde los has echado a causa de
su rebelión con que se rebelaron
contra ti.
8 Oh Jehová, nuestra es la vergüenza de rostro, de nuestros
reyes, de nuestros príncipes y de
nuestros padres, porque contra
ti pecamos.
9 De Jehová nuestro Dios es el
tener misericordia y el [a]perdo-
nar, aunque contra él nos hemos
[b]rebelado;
10 y no obedecimos la voz de
Jehová nuestro Dios, para [a]andar
en sus leyes, las cuales puso él
delante de nosotros por medio
de sus siervos los profetas.
11 Y todo Israel transgredió tu
ley, apartándose para no obedecer tu voz; por lo cual han caído
sobre nosotros la [a]maldición y el
juramento que están escritos en
la ley de Moisés, siervo de Dios,
porque contra *Dios* pecamos.
12 Y él ha confirmado su palabra que habló contra nosotros y
contra nuestros jueces que nos
gobernaron, trayendo sobre nosotros tan gran [a]mal; pues nunca
fue hecho debajo del cielo nada
semejante a lo que se ha hecho
contra Jerusalén.
13 Según está escrito en la [a]ley
de Moisés, todo este mal vino sobre nosotros; y no hemos implorado el favor de Jehová nuestro
Dios, para apartarnos de nuestras iniquidades y entender tu
verdad.
14 Por tanto, Jehová veló sobre
el [a]mal y lo trajo sobre nosotros;
porque justo es Jehová nuestro
Dios en todas sus obras que ha
hecho, porque no obedecimos
su voz.

9 2 *a* Jer. 25:12.
4 *a* GEE Confesar, confesión.
b Deut. 7:9.
c HEB *berit:* convenio, pacto, alianza. GEE Convenio (pacto).
5 *a* 1 Rey. 8:47.
6 *a* 2 Cró. 36:15–16.
9 *a* GEE Perdonar; Remisión de pecados.
b GEE Rebelión.
10 *a* GEE Andar, andar con Dios.
11 *a* Jer. 52:1–11, 27–30. GEE Maldecir, maldiciones.
12 *a* *O sea,* calamidad.
13 *a* Lev. 26:14–46.
14 *a* Jer. 31:28.

15 Ahora pues, oh Señor, Dios
nuestro, que sacaste tu pueblo
de la tierra de Egipto con mano
poderosa y te hiciste renombre, cual lo tienes en este día,
hemos pecado, hemos actuado
inicuamente.
16 Oh Señor, conforme a toda tu
[a]justicia, apártense, te ruego, tu
ira y tu furor de sobre tu ciudad,
Jerusalén, tu santo [b]monte; porque a causa de nuestros pecados
y por las iniquidades de nuestros
padres, Jerusalén y tu pueblo son
el oprobio de todos los que nos
rodean.
17 Ahora pues, oh Dios nuestro, oye la oración de tu siervo
y sus ruegos, y haz que tu rostro
[a]resplandezca sobre tu santuario
desolado, por amor del Señor.
18 Inclina, oh Dios mío, tu
oído y oye; abre tus ojos y mira
nuestras desolaciones y la ciudad sobre la cual es invocado tu
nombre; porque no derramamos
nuestros ruegos ante ti *confiados*
en nuestras justicias, sino en tus
muchas misericordias.
19 Oye, Señor; oh Señor, perdona; presta oído, oh Señor, y
hazlo; no tardes, por amor de
ti mismo, oh Dios mío, porque
tu nombre es invocado sobre tu
ciudad y sobre tu pueblo.
20 Y aún estaba hablando, y
orando y confesando mi pecado
y el pecado de mi pueblo Israel,
y derramaba mi ruego delante
de Jehová mi Dios por el monte
santo de mi Dios,
21 y aún estaba hablando en
oración cuando [a]Gabriel, el varón
a quien había visto en la visión al
principio, volando con presteza,
vino a mí como a la hora de la
ofrenda de la tarde.
22 Y me hizo entender, y habló
conmigo y dijo: Daniel, ahora he
venido para darte prudencia y
entendimiento.
23 Al principio de tus ruegos
salió la palabra, y yo he venido
para enseñártela, porque tú eres
muy amado. Entiende, pues, la
palabra y entiende la visión.
24 Setenta semanas están determinadas sobre tu pueblo y
sobre tu santa ciudad, para terminar con la transgresión, y poner
fin al pecado y [a]expiar la iniquidad, y para traer la justicia per-
durable, y sellar la visión y la
profecía y ungir al Santo de los
santos.
25 Sabe, pues, y entiende que
desde la salida de la palabra para
restaurar y reedificar a Jerusalén
hasta el Mesías Príncipe, habrá
siete semanas y sesenta y dos
semanas; se volverán a edificar
la plaza y el muro en tiempos
angustiosos.
26 Y después de las sesenta y
dos semanas, se quitará la vida
al [a]Mesías, mas no por sí; y el
pueblo de un príncipe que ha
de venir destruirá la ciudad y
el santuario; y su fin será con
inundación, y hasta el fin de la
guerra las desolaciones están
determinadas.

16 *a* GEE Misericordia, misericordioso.
b Zac. 8:3.
17 *a* 3 Ne. 19:25.
21 *a* Dan. 9:21; Lucas 1:19, 26; DyC 128:21. GEE Gabriel.
24 *a* GEE Mediador.
26 *a* GEE Expiación, expiar; Jesucristo.

27 Y por una semana confirmará el [a] convenio con muchos, y a la mitad de la semana hará cesar el sacrificio y la ofrenda; después, con la muchedumbre de las [b] abominaciones, *vendrá* la [c] desolación, y *esto* hasta que venga la [d] consumación y se derrame lo que *ya* está determinado sobre lo desolado.

CAPÍTULO 10

Daniel ve a Jehová y a otros seres en una visión gloriosa — Se le muestra lo que ha de acontecer en los últimos días.

EN el tercer año de Ciro, rey de Persia, fue revelada la palabra a Daniel, cuyo nombre era Beltsasar; y la palabra era verdadera y el conflicto grande; y él comprendió la palabra y tuvo entendimiento de la [a] visión.

2 En aquellos días yo, Daniel, estuve de duelo por espacio de tres semanas.

3 No comí [a] pan delicado, ni entró en mi boca carne ni vino, ni me ungí con ungüento, hasta que se cumplieron las tres semanas.

4 Y el día veinticuatro del mes primero, estaba yo a la orilla del gran río [a] Hidekel;

5 y alcé mis ojos y miré, y he aquí un varón [a] vestido de lino y ceñidos sus lomos de oro de Ufaz;

6 y su cuerpo era como de berilo, y su rostro parecía un relámpago, y sus ojos como antorchas de fuego, y sus brazos y sus pies como de color de bronce bruñido, y el sonido de sus palabras como el estruendo de una multitud.

7 Y sólo yo, Daniel, vi aquella [a] visión, y no la vieron los hombres que estaban conmigo, sino que cayó sobre ellos un gran temor, y huyeron para esconderse.

8 Quedé, pues, yo solo, y vi esta gran visión; y no quedaron [a] fuerzas en mí; antes bien, mis fuerzas se convirtieron en debilidad, sin retener yo vigor alguno.

9 Pero oí el sonido de sus palabras; y al oír el sonido de sus palabras, caí sobre mi rostro en un profundo sueño, con mi rostro en tierra.

10 Y he aquí, una mano me tocó e hizo que me pusiese sobre mis rodillas y sobre las palmas de mis manos.

11 Y me dijo: Daniel, varón muy amado, entiende las palabras que te hablaré y levántate sobre tus pies, porque a ti he sido enviado ahora. Y mientras hablaba esto conmigo, me puse de pie temblando.

12 Entonces me dijo: Daniel, [a] no temas, porque desde el primer día en que dispusiste tu corazón a entender y a humillarte en la presencia de tu Dios, fueron [b] oídas tus palabras; y a causa de tus palabras, yo he venido.

---

27 *a* GEE Convenio (pacto).
b DyC 84:114–120. GEE Señales de los tiempos.
c Lucas 21:20–24.
d GEE Mundo—El fin del mundo.

10 1 *a* GEE Visión.
3 *a* HEB manjares delicados. GEE Ayunar, ayuno.
4 *a* *Es decir,* el río Tigris.
5 *a* Apoc. 1:13. GEE Jesucristo.
7 *a* Hech. 9:3–7; Alma 36:6–11.
8 *a* Moisés 1:9–10; JS—H 1:48.
12 *a* GEE Temor—Temor al hombre.

13 Pero el príncipe del reino de
Persia se me opuso durante veintiún días; pero he aquí, [a]Miguel,
uno de los principales príncipes,
vino para ayudarme, y me quedé
allí con los reyes de Persia.
14 Y he venido para hacerte saber lo que ha de venir a tu pueblo
en los últimos días, porque la visión es aún para *muchos* días.
15 Y mientras hablaba conmigo
estas palabras, volví mi rostro a
tierra y [a]enmudecí.
16 Mas he aquí, uno semejante a
los hijos de los hombres tocó mis
labios. Entonces abrí mi boca y
hablé, y dije al que estaba delante
de mí: Señor mío, con la visión
me han sobrevenido dolores, y
no me quedan fuerzas.
17 ¿Cómo, pues, podrá el siervo
de mi señor hablar con mi señor?
Porque al instante me faltaron las
fuerzas, y no me quedó aliento.
18 Y aquel que tenía semejanza
de hombre me tocó otra vez y me
fortaleció.
19 Y me dijo: Varón muy amado,
no temas; la paz sea contigo; sé
fuerte, sí, sé fuerte. Y cuando él
me hubo hablado, recobré yo el
vigor y dije: Hable mi señor, porque me has fortalecido.
20 Y dijo: ¿Sabes por qué he venido a ti? Pues ahora tengo que
volver para pelear con el príncipe
de Persia; y al salir yo, he aquí,
viene el príncipe de Grecia.
21 [a]Pero yo te declararé lo que
está escrito en la escritura de la
verdad; y ninguno hay que se
esfuerce conmigo en estas cosas,
sino [b]Miguel vuestro príncipe.

CAPÍTULO 11

Daniel ve los reyes sucesivos y sus guerras, alianzas y conflictos que precederán a la Segunda Venida de Cristo.

Y EN el año primero de Darío el
Medo, yo estuve para animarlo
y fortalecerlo.
2 Y ahora yo te mostraré la verdad. He aquí que aún habrá tres
reyes en Persia, y el cuarto se
hará de grandes riquezas más
que todos *ellos*; y al hacerse fuerte
con sus riquezas, incitará a todos
contra el reino de Grecia.
3 Se levantará luego un rey
valiente, el cual dominará con
gran dominio y [a]hará según su
voluntad.
4 Pero cuando se haya levantado, su reino será quebrantado
y repartido por los cuatro vientos
del cielo, y no será para sus descendientes, ni según el dominio
con que él dominó, porque su
reino será arrancado y será para
otros aparte de ellos.
5 Y se hará fuerte el rey del sur,
mas *uno* de sus príncipes le so-
brepujará y tendrá dominio; su
dominio será grande.
6 Y al cabo de años harán
alianza, y la hija del rey del sur

12 *b* Mos. 27:14.
13 *a* GEE Miguel.
15 *a* Lucas 1:18–22.
21 *a* *Es decir,* pero yo te declararé lo que está escrito en la escritura de la verdad: ninguno me apoya en contra de ellos (Persia y Grecia, que es Macedonia), sino Miguel vuestro príncipe.
b GEE Arcángel.
11 3 *a* GEE Orgullo.

vendrá al rey del norte para hacer un acuerdo. Pero ella no podrá retener la fuerza del brazo,
ni permanecerá él ni su brazo;
porque será entregada ella y los
que la habían traído, así como
su padre y el que la fortalecía en
aquel tiempo.
7 Pero un renuevo de sus raíces
se levantará sobre su trono, y vendrá contra el ejército, y entrará en
la fortaleza del rey del norte, y contenderá con ellos y prevalecerá.
8 Y aun a los dioses de ellos, con
sus imágenes fundidas, con sus
utensilios preciosos de plata y
de oro, llevará cautivos a Egipto;
y durante años se mantendrá él
alejado del rey del norte.
9 Así entrará en el reino el rey
del sur y volverá a su tierra.
10 Mas sus hijos se airarán y
reunirán multitud de grandes
ejércitos; y *habrá uno* que seguirá
avanzando, e inundará y pasará
adelante; y volverá y llevará la
guerra hasta su fortaleza.
11 Por lo cual se enfurecerá el
rey del sur, y saldrá y peleará
contra el rey del norte; y pondrá
en campaña una gran multitud,
y toda aquella multitud será entregada en sus manos.
12 Y al llevarse él la multitud,
se enaltecerá su corazón y derribará a muchos millares, pero no
prevalecerá.
13 Y el rey del norte volverá a
poner en campaña una multitud
mayor que la primera, y al cabo
de algunos años seguirá avanzando con un gran ejército y con
muchas provisiones.
14 Y en aquellos tiempos se levantarán muchos contra el rey
del sur; y los hombres violentos
de tu pueblo se levantarán para
cumplir la visión, pero caerán.
15 Vendrá, pues, el rey del norte,
y levantará terraplenes y tomará
la ciudad fortificada; y las fuerzas
del sur no podrán sostenerse, ni
su gente escogida, porque no habrá fuerzas que puedan resistir.
16 Y el que vendrá contra él hará
según su voluntad, y no habrá
quien se le pueda enfrentar; y
estará en la tierra deseable, la cual
será consumida bajo su poder.
17 Pondrá luego su rostro para
venir con el poder de todo su
reino; y hará con aquél un acuerdo
y le dará una hija de las mujeres
para destruirlo, pero no permanecerá ni le será de ventaja.
18 Volverá después su rostro a
las islas y tomará muchas, pero
un príncipe le pondrá freno a su
afrenta y aun hará volver sobre
él su oprobio.
19 Luego volverá su rostro a
las fortalezas de su tierra, pero
tropezará y caerá, y no será hallado más.
20 Entonces le sucederá en su
lugar uno que hará pasar un co-
brador de tributos por la gloria
del reino; pero en pocos días será
destruido, aunque no con enojo
ni en batalla.
21 Y le sucederá en su lugar
un hombre vil, al cual no darán
la honra del reino; pero vendrá
sin aviso y tomará el reino con
[a]halagos.
22 Y las fuerzas arrasadoras

21 *a* Jacob 7:1–4.

serán barridas delante de él y
serán destruidas, y aun también
el príncipe del [a]convenio.
23 Y después de la alianza con
él, hará engaño y subirá y saldrá
vencedor con poca gente.
24 Estando la provincia en paz
y en abundancia, entrará y hará
lo que no hicieron sus padres ni
los padres de sus padres; botín,
y despojos y riquezas repartirá
entre ellos; y contra las fortalezas
tramará sus designios; y *esto* por
un tiempo.
25 E incitará sus fuerzas y su
corazón contra el rey del sur con
un gran ejército; y el rey del sur
se movilizará para la guerra con
un ejército grande y muy fuerte;
pero no prevalecerá, porque tra-
marán intrigas contra él.
26 Aun los que coman de sus
manjares lo destruirán; y su ejército será destruido, y muchos
caerán muertos.
27 Y el corazón de estos dos reyes será para hacer mal, y en una
misma mesa hablarán mentiras;
pero no servirá de nada, porque
el plazo aún no habrá llegado.
28 Y volverá a su tierra con gran
riqueza, y su corazón estará contra el convenio santo; hará *su
voluntad* y volverá a su tierra.
29 Al tiempo señalado volverá
al sur, pero no será como la primera *vez* ni como la postrera.
30 Porque vendrán contra él naves de Quitim, y él se contristará,
y volverá, y se enojará contra el
pacto santo y hará *su voluntad*;
volverá, pues, y se las entenderá
con los que hayan abandonado
el convenio santo.
31 Y se levantarán fuerzas de
su parte, y profanarán el [a]san-
tuario y la fortaleza, y quitarán
el continuo *sacrificio* y pondrán la
[b]abominación desoladora.
32 Y con lisonjas corromperá a
los violadores del convenio; mas
el pueblo que conoce a su Dios
será fuerte y actuará.
33 Y los sabios del pueblo darán
sabiduría a muchos; y caerán a
espada y a fuego, en cautividad y
despojo durante algunos días.
34 Y en su caída serán ayudados con un pequeño socorro; y
muchos se juntarán a ellos con
lisonjas.
35 Y algunos de los sabios caerán [a]para ser refinados, y purificados y emblanquecidos hasta el
tiempo del fin, porque el tiempo
fijado está aún por venir.
36 Y el rey hará según su voluntad; y se enaltecerá y se engrandecerá sobre todo dios; y contra
el [a]Dios de los dioses hablará cosas inauditas y prosperará hasta
que sea consumada la [b]ira, porque lo que está determinado se
cumplirá.
37 Y del Dios de sus padres no
hará caso, ni del amor de las mujeres, ni hará caso a dios alguno,
porque sobre todo se engrandecerá a sí mismo.
38 Más bien honrará en su lugar [a]al dios de las fortalezas,
y a un dios que sus padres no

22 *a* GEE Convenio (pacto).
31 *a* *Es decir,* el templo.
b DyC 84:114–120.
GEE Señales de los tiempos.
35 *a* Zac. 13:9.
36 *a* DyC 121:32.
b Isa. 10:25.
38 *a* *Es decir,* al dios falso de la fuerza.

conocieron honrará con oro, y con
plata, y con piedras preciosas y
con cosas de gran precio.
39 Y con el dios ajeno que
él reconozca hará su voluntad en las fortalezas más fuertes e incrementará su gloria;
y les dará dominio sobre muchos y por un precio repartirá
la tierra.
40 Pero al cabo del tiempo, el
rey del sur se enfrentará con él; y
el rey del norte se levantará contra él como una tempestad, con
carros y con gente de a caballo y
con muchas naves; y entrará por
las tierras, y arrasará y pasará
adelante.
41 Y entrará en la tierra deseable, y muchas *provincias* caerán;
pero éstas escaparán de sus manos: Edom, y Moab y lo principal
de los hijos de Amón.
42 Asimismo, extenderá su
mano contra las *otras* tierras, y no
escapará el país de Egipto.
43 Y se apoderará de los tesoros
de oro y de plata, y de todas las
cosas preciosas de Egipto; y los
de Libia y los de Etiopía marcharán con él.
44 Pero noticias del oriente y del
norte lo espantarán, y saldrá con
gran ira para destruir y matar a
muchos.
45 Y plantará sus tiendas reales entre los mares y [a]el monte
glorioso y santo; pero llegará
a su fin y no tendrá quien
le ayude.

CAPÍTULO 12

En los últimos días, Miguel liberará a Israel de sus angustias — Daniel habla de las dos resurrecciones — Los entendidos conocerán los tiempos y los significados de sus visiones.

Y EN aquel tiempo se levantará
[a]Miguel, el gran príncipe que está
a favor de los hijos de tu pueblo;
y será tiempo de [b]angustia, cual
nunca fue desde que existen las
naciones hasta entonces; pero
en aquel tiempo será liberado tu
pueblo, todos los que se hallen
inscritos en el [c]libro.
2 Y muchos de los que [a]duermen en el polvo de la tierra serán
[b]despertados, unos para [c]vida
eterna, y otros para [d]vergüenza
y desprecio perpetuo.
3 Y los [a]entendidos resplandecerán como el [b]resplandor del
firmamento, y los que lleven a
muchos a la [c]rectitud, como las
estrellas, por toda la eternidad.
4 Pero tú, Daniel, cierra las palabras y sella el [a]libro hasta el
[b]tiempo del fin. Muchos correrán
de aquí para allá, y el conocimiento aumentará.
5 Y yo, Daniel, miré, y he aquí,

45 *a* DyC 133:13.
12 1 *a* GEE Últimos días, postreros días; Miguel.
b JS—M 1:18–19, 31–36.
c GEE Libro de la vida.
2 *a* GEE Muerte física.
b GEE Resurrección.
c GEE Vida eterna; Inmortal, inmortalidad.
d GEE Maldecir, maldiciones; Muerte espiritual; Infierno.
3 *a* GEE Sabiduría.
b GEE Gloria celestial.
c GEE Rectitud, recto.
4 *a* Éter 4:4–7. GEE Escrituras—Escrituras que se han perdido.
b DyC 76:1–10.

otros dos que estaban allí, uno
a este lado de la orilla del río y
el otro al otro lado de la orilla
del río.
6 Y dijo uno al varón [a]vestido de
lino que estaba sobre las aguas
del río: ¿Cuándo será el fin de
estas maravillas?
7 Y oí al varón vestido de lino,
que estaba sobre las aguas del río,
quien alzó su mano derecha y su
mano izquierda al cielo y [a]juró
por el que vive por los siglos que
será por un tiempo, tiempos y la
mitad de un tiempo. Y cuando se
acabe [b]la dispersión del poder del
pueblo santo, todas estas cosas
serán cumplidas.
8 Y yo oí, mas no entendí. Y dije:
Oh Señor mío, ¿cuál será el [a]final
de estas cosas?
9 Y dijo: Anda, Daniel, porque
estas palabras están cerradas y
selladas hasta el tiempo del fin.
10 Muchos serán [a]purificados,
y emblanquecidos y [b]refinados;
pero los [c]malvados actuarán con
maldad, y ninguno de los malvados entenderá, pero [d]entenderán
los entendidos.
11 Y desde el tiempo en que
sea quitado el continuo [a]*sacrificio* hasta la [b]abominación desoladora, habrá mil doscientos
noventa días.
12 Bienaventurado el que espere y llegue hasta mil trescientos
treinta y cinco días.
13 Mas tú, sigue hasta el fin,
y [a]reposarás y te levantarás
para recibir tu heredad al fin de
los días.

OSEAS

CAPÍTULO 1

Oseas y su familia son una señal para Israel — En el día del recogimiento, los del pueblo de Israel llegarán a ser los hijos del Dios viviente.

LA palabra de Jehová que vino
a Oseas hijo de Beeri, en días
de [a] Uzías, Jotam, Acaz *y* Ezequías,
reyes de Judá, y en días de Jeroboam hijo de Joás, rey de Israel.
2 El principio de la palabra de
Jehová por medio de Oseas. Y
dijo Jehová a Oseas: Ve, toma
para ti como esposa una [a]mu-
jer dada a la prostitución y
ten hijos de prostitución; porque la tierra se ha dado a la
[b]fornicación, apartándose de
Jehová.
3 Fue, pues, y tomó a Gomer,
hija de Diblaim, la cual concibió
y le dio a luz un hijo.
4 Y le dijo Jehová: Ponle por

6 *a* GEE Jesucristo.
7 *a* GEE Juramento.
b GEE Israel—El esparcimiento de Israel.
8 *a* Moisés 7:54–67.
10 *a* GEE Santificación.
b Dan. 11:35; Zac. 13:9.
c Alma 41:2–13.
d Juan 8:47.
11 *a* Éx. 29:38.
b DyC 88:84–85.
13 *a* GEE Paraíso; Descansar, descanso (reposo).

[OSEAS]
1 1 *a* Isa. 1:1; Amós 1:1.
2 *a* Oseas 3:1.
b GEE Idolatría; Inmoralidad sexual.

nombre Jezreel, porque dentro
de poco yo castigaré a la casa de
[a]Jehú por motivo de la sangre de
Jezreel, y haré [b]cesar el reino de
la casa de Israel.
5 Y acaecerá que en aquel día
[a]quebraré yo el arco de Israel en
el valle de Jezreel.
6 Y ella concibió otra vez y dio a
luz una hija. Y le dijo *Dios*: Ponle
por nombre [a]Lo-ruhama; porque
[b]no tendré más misericordia de la
casa de Israel, sino que los [c]quitaré del todo.
7 Mas de la casa de [a]Judá tendré [b]misericordia y los salvaré
por Jehová su Dios; y no los salvaré con arco, ni con espada, ni
con batalla, ni con [c]caballos ni
jinetes.
8 Y después de haber destetado
a Lo-ruhama, *Gomer* concibió y
dio a luz un hijo.
9 Y dijo *Dios*: Ponle por nombre
[a]Lo-ammi, porque vosotros no
sois mi pueblo, ni yo seré vuestro *Dios*.
10 Con todo, será el [a]número de
los hijos de Israel como la arena
del mar, que no se puede medir
ni contar. Y sucederá que en el
lugar donde se les dijo: Vosotros
no sois mi pueblo, se les dirá: Sois
[b]hijos del Dios viviente.
11 Y los hijos de Judá y de
Israel serán [a]congregados en
uno, y nombrarán para sí un
solo jefe y subirán de la tierra,
porque grande será el día de
Jezreel.

CAPÍTULO 2

El adorar dioses falsos acarrea graves juicios sobre Israel — En los últimos días, Israel se reconciliará con Jehová y será Su pueblo.

DECID a vuestros hermanos:
[a]Ammi, y a vuestras hermanas:
[b]Ruhama.
2 Contended con vuestra [a]madre, contended, porque ella no es
mi esposa ni yo su marido; que
quite, pues, sus fornicaciones de
su rostro y sus adulterios de entre
sus pechos;
3 no sea que yo la [a]desnude del
todo, y la deje como el día en
que [b]nació, y la haga como un
desierto, y la deje como tierra
seca y la mate de [c]sed.
4 No tendré misericordia de
sus hijos, porque son hijos de
prostitución.
5 Porque su madre se prostituyó; la que los dio a luz se deshonró, porque dijo: Iré tras mis
amantes, que me dan mi [a]pan y

4 *a* 2 Rey. 10:11; 15:12.
b 2 Rey. 17:1–6, 24.
5 *a* 2 Rey. 15:29.
6 *a* *Es decir,* no ha recibido misericordia.
b Isa. 27:9–11.
c 2 Rey. 17:23.
7 *a* DyC 109:62–64.
b 2 Rey. 19:34–35; Isa. 31:5.
c Oseas 14:3.
9 *a* *Es decir,* pueblo que no es mío.
10 *a* Gén. 32:12; DyC 132:30; Abr. 3:14.
b GEE Hombre(s)—El hombre, hijo espiritual de nuestro Padre Celestial.
11 *a* 2 Ne. 29:8–9. GEE Israel—La congregación de Israel.

2 1 *a* *Es decir,* pueblo mío.
b *Es decir,* habiendo logrado misericordia.
2 *a* Isa. 50:1.
3 *a* Jer. 13:22.
b Ezeq. 16:4.
c Amós 8:11.
5 *a* Jer. 44:15–17.

mi agua, mi lana y mi lino, mi
aceite y mi bebida.
6 Por tanto, he aquí, yo [a]cercaré
tu camino con espinos, y la cer-
caré con [b]seto, y no hallará ella
sus caminos.
7 Y seguirá a sus amantes, pero
no los alcanzará; los buscará, pero
no los hallará. Entonces dirá: Iré
y volveré a mi primer [a]marido,
porque mejor me iba entonces
que ahora.
8 Y ella no reconoció que yo le
daba el [a]trigo, y el vino y el aceite,
y que le multipliqué la plata y el
oro que usaban para Baal.
9 Por tanto, yo volveré y tomaré
mi trigo a su tiempo y mi vino en
su sazón, y le quitaré mi lana y mi
lino *que le había dado* para cubrir
su desnudez.
10 Y ahora descubriré yo su [a]las-
civia delante de los ojos de sus
amantes, y nadie la librará de
mi mano.
11 Y haré cesar todo su gozo,
sus fiestas, sus lunas nuevas y
sus días de reposo y todas sus
fiestas solemnes.
12 Asolaré sus vides y sus higueras, de las cuales ha dicho:
Esta es la paga que me han dado
mis amantes. Y las reduciré a un
matorral, y se las comerán las
bestias del campo.
13 Y la castigaré por los días
en que quemaba incienso a los
[a]baales, y se adornaba con sus
zarcillos y sus joyeles, y se iba
tras sus amantes y se olvidaba de
mí, dice Jehová.
14 Pero he aquí, yo la atraeré, y
la llevaré al desierto y hablaré a
su corazón.
15 Y le daré sus viñas desde
allí, y el valle de [a]Acor será como
puerta de esperanza; y allí [b]can-
tará como en los días de su juventud, y como en el día de su subida
de la tierra de Egipto.
16 Y sucederá que en aquel [a]día,
dice Jehová, me llamarás [b]Ishi, y
nunca más me llamarás [c]Baali.
17 Porque quitaré de su boca los
nombres de los [a]baales, y nunca
más serán recordados por sus
nombres.
18 Y haré por ellos [a]convenio
en aquel día con las [b]bestias del
campo, y con las aves del cielo
y con las serpientes de la tierra;
y quebraré el arco y la espada, y
quitaré la guerra de la tierra y los
haré reposar [c]seguros.
19 Y [a]te desposaré conmigo para
siempre; te desposaré conmigo en
justicia, y en juicio, y en benignidad y en misericordia.
20 Y te desposaré conmigo en fidelidad, y [a]conocerás a Jehová.
21 Y acontecerá que en aquel
día responderé, dice Jehová; yo
responderé a los cielos, y ellos
responderán a la tierra;

6 *a* Lam. 3:7–8.
b *O sea,* cercado hecho de matas, de palos o varas entretejidos.
7 *a* Ezeq. 16:32, 38.
8 *a* Deut. 7:13; Ezeq. 16:17–19.
10 *a* Lam. 1:8.
13 *a* Jue. 3:7; Oseas 11:2.
15 *a* *Es decir,* problemas, dificultades, conflictos.
b Éx. 15:1–2.
16 *a* Isa. 52:6.
b HEB esposo mío.
c HEB mi señor.
17 *a* Éx. 23:13.
18 *a* Jer. 31:31–34; Morm. 5:20; DyC 45:9.
b Job 5:23.
c GEE Milenio.
19 *a* *Es decir,* haré un compromiso nupcial. GEE Abraham, Convenio de.
20 *a* Juan 17:3.

22 y la tierra responderá al trigo, y al vino y al aceite, y ellos responderán a [a]Jezreel.

23 Y la sembraré para mí en la tierra, y tendré misericordia de [a]Lo-ruhama; y diré a [b]Lo-ammi: ¡Pueblo mío eres tú!, y él dirá: ¡Dios mío!

CAPÍTULO 3

En los últimos días, Israel buscará a Jehová, y volverá a Él y participará de Su bondad.

Y ME dijo otra vez Jehová: Ve, ama a una mujer amada de *su* compañero, aunque [a]adúltera, tal como Jehová ama a los hijos de Israel, los cuales miran a dioses ajenos y aman los [b]panes de pasas.

2 La compré entonces para mí por quince *piezas* de plata y un homer y medio de cebada.

3 Y le dije: Tú estarás conmigo muchos días; no fornicarás ni tomarás *otro* hombre; lo mismo haré yo contigo.

4 Porque muchos días estarán los hijos de Israel sin rey, y sin príncipe, y sin sacrificio, y sin estatua, y sin efod y *sin* [a]terafines.

5 Después volverán los hijos de Israel y [a]buscarán a Jehová su Dios y a [b]David, su rey; y temerán a Jehová y a su bondad en los [c]últimos días.

CAPÍTULO 4

Israel pierde toda verdad, toda misericordia y todo conocimiento de Dios y se prostituye en pos de dioses falsos.

OÍD la palabra de Jehová, hijos de Israel, porque Jehová [a]contiende con los moradores de la tierra, porque no hay verdad, ni misericordia ni conocimiento de Dios en la tierra.

2 El perjurar, y el mentir, y el matar, y el hurtar y el cometer adulterio prevalecen, y el derramar sangre tras sangre.

3 Por lo cual la [a]tierra estará de duelo, y desfallecerá todo morador de ella con las bestias del campo y las aves del cielo; y aun los peces del mar desaparecerán.

4 Que ningún hombre [a]contienda ni reprenda a otro hombre, porque tu pueblo es como los que contienden con el sacerdote.

5 Caerás, por tanto, en pleno día, y caerá también contigo [a]el profeta de noche; y a tu [b]madre destruiré.

6 Mi pueblo fue destruido porque le faltó [a]conocimiento. Por

---

22 *a* HEB Dios sembrará.
23 *a* HEB aquella por la que no había misericordia.
b HEB el que no era mi pueblo.
3 1 *a* Oseas 1:2. GEE Adulterio.
b *O sea,* los panes de pasas que se utilizaban en los ritos de fertilidad.
4 *a* *Es decir,* ídolos.
5 *a* 2 Ne. 6:11; DyC 113:10.
b Ezeq. 34:23–24.
c Deut. 4:30–31.
4 1 *a* *O sea,* tiene una controversia.
3 *a* Joel 1:10.
4 *a* GEE Contención, contienda.
5 *a* *O sea,* un profeta falso. Jer. 23:9, 11.
b Oseas 2:5.
6 *a* Prov. 1:7; Jer. 9:23–24.

cuanto tú [b]desechaste el conocimiento, yo te desecharé a ti y no serás sacerdote para mí; y porque olvidaste la [c]ley de tu Dios, también yo me olvidaré de tus hijos.

7 Cuanto más se multiplicaban, más pecaban contra mí; también yo cambiaré su honra en afrenta.

8 Comen del pecado de mi pueblo, y en su iniquidad ponen su alma.

9 Y será el pueblo como el sacerdote; y los castigaré por sus caminos y les pagaré conforme a sus obras.

10 Y comerán, mas no se saciarán; fornicarán, mas no se multiplicarán, porque dejaron de hacer caso a Jehová.

11 [a]Fornicación, y vino y mosto quitan el [b]juicio.

12 Mi pueblo a su ídolo de madera pregunta, y su palo le responde; porque un [a]espíritu de fornicaciones lo hizo errar, y dejaron a su Dios para fornicar.

13 Sobre las cimas de los montes sacrifican, y queman incienso sobre los collados, debajo de las encinas, y de los álamos y de los olmos, porque tenían buena sombra; por tanto, vuestras hijas fornicarán, y vuestras nueras [a]cometerán adulterio.

14 No castigaré a vuestras hijas cuando forniquen, ni a vuestras nueras cuando cometan adulterio; porque ellos mismos se van con rameras y con malas mujeres ofrecía sacrificios; por tanto, el pueblo sin entendimiento caerá.

15 [a]Si fornicas tú, oh Israel, al menos que Judá no se haga culpable. ¡Y no entréis en Gilgal, ni subáis a [b]Bet-avén ni juréis: Vive Jehová!

16 Porque como novilla terca se apartó Israel. ¿Los apacentará ahora Jehová como a un cordero en lugar espacioso?

17 Efraín se ha unido a ídolos; déjalo.

18 Su bebida se corrompió; fornicaron [a]pertinazmente; sus príncipes amaron con pasión lo que avergüenza.

19 [a]La ató el viento en sus alas, y de sus sacrificios se avergonzarán.

CAPÍTULO 5

Los reinos de Judá y de Israel caerán por causa de sus iniquidades.

SACERDOTES, oíd esto; y estad atentos, casa de Israel; y casa del rey, escuchad. Porque contra vosotros es el juicio, pues habéis sido trampa en Mizpa y red tendida sobre Tabor.

2 Y los rebeldes se han sumergido en la matanza; por tanto, yo los castigaré a todos ellos.

3 Yo conozco a Efraín, e Israel

6 *b* 2 Ne. 32:7.
c Jer. 9:13–15.
11 *a* GEE Inmoralidad sexual.
b HEB la razón, el entendimiento.
12 *a* Rom. 1:21.
13 *a* GEE Adulterio.
15 *a* *O sea,* si te prostituyes. Ezeq. 16:15.
b HEB casa de iniquidad. Oseas 10:8.
18 *a* *O sea,* sin cesar, de manera continua.
19 *a* HEB literalmente ella (la), pero se puede interpretar también como ellos (los).

no me es desconocido; porque
ahora, oh Efraín, has [a]fornicado,
y se ha contaminado Israel.
4 Su conducta no los encamina
a volver a su Dios, porque un
espíritu de fornicación hay en
medio de ellos, y no conocen a
Jehová.
5 Y la soberbia de Israel testi-
ficará en su propia cara; e Israel
y Efraín tropezarán en su iniquidad; tropezará también Judá
con ellos.
6 Con sus ovejas y con sus vacas
andarán buscando a Jehová, pero
no le hallarán; se [a]ha apartado
de ellos.
7 Contra Jehová actuaron pérfidamente, porque hijos extraños
han engendrado; [a]ahora los devorará en sólo un mes con sus
heredades.
8 ¡Tocad [a]corneta en Gabaa,
trompeta en Ramá! ¡Gritad en
alarma *en* Bet-avén: Tras ti, oh
Benjamín!
9 Efraín será asolado en el día
de la reprensión; entre las tribus
de Israel hago saber lo que con
certeza es.
10 Los príncipes de Judá fueron
como los que mueven los linde-
ros; derramaré mi ira sobre ellos
como agua mi ira.
11 Efraín está oprimido, quebrantado en juicio, porque quiso
andar [a]en pos de vanidades.
12 Yo, pues, seré como polilla
para Efraín y como [a]carcoma para
la casa de Judá.
13 Y verá Efraín su enfermedad, y Judá su [a]llaga; irá entonces
[b]Efraín a Asiria y enviará al rey
[c]Jareb; pero él no os podrá [d]sanar
ni os curará la llaga.
14 Porque yo seré como león
para Efraín y como cachorro de
león para la casa de Judá; yo, yo
mismo despedazaré y me iré; quitaré, y no habrá quien libre.
15 Andaré *y* volveré a mi lugar,
hasta que [a]reconozcan su culpa y
[b]busquen mi rostro. En su [c]angus-
tia me buscarán con afán.

CAPÍTULO 6

Oseas invita a Israel a volver a Jehová y a servirle — La misericordia y el conocimiento de Dios son más importantes que los sacrificios rituales.

VENID y volvamos a Jehová; porque él despedazó, y nos [a]curará;
hirió, y nos vendará.
2 Nos [a]dará vida después de dos
días; al tercer día nos levantará,
y viviremos delante de él.
3 Y conoceremos *y* proseguire-
mos en conocer a Jehová; segura
como el alba es su salida; y vendrá a nosotros como la lluvia,

5 3 *a* Oseas 9:1.
6 *a* DyC 101:7.
7 *a* *Es decir,* en un mes, ellos y sus propiedades serán destruidos.
8 *a* HEB el cuerno de carnero.
11 *a* *O sea,* en pos de inmundicia.
12 *a* *O sea,* insecto que roe la madera.
13 *a* Jer. 30:14–15.
b Oseas 12:1.
c Oseas 10:5–6.
d Oseas 14:1–3.
15 *a* GEE Confesar, confesión.
b DyC 101:8.
c GEE Adversidad.
6 1 *a* DyC 103:4–8.
2 *a* *O sea,* nos restaurará a la vida; y al tercer día nos resucitará.

como la [a]lluvia tardía *y* temprana
a la tierra.
4 ¿Qué te haré a ti, oh Efraín?
¿Qué te haré a ti, oh Judá? La
piedad vuestra es como nube de
la mañana y como el rocío de la
madrugada que se desvanece.
5 Por esta causa los he despedazado
por medio de los profetas;
con las palabras de mi boca los
he [a]matado, y tus juicios serán
como luz que sale.
6 Porque [a]misericordia [b]quiero y
no sacrificio, y [c]conocimiento de
Dios más que [d]holocaustos.
7 Mas ellos, cual Adán, transgredieron
el [a]convenio; allí actuaron
pérfidamente contra mí.
8 Galaad, ciudad de obradores de
iniquidad, manchada de sangre.
9 Y como ladrones al acecho de
algún hombre, así una compañía
de sacerdotes mata en el camino
hacia Siquem; así cometen
perversidad.
10 En la casa de Israel he visto
[a]algo horrible; allí fornicó Efraín;
se contaminó Israel.
11 Para ti también, oh Judá, está
preparada una siega, cuando yo
haga volver de la cautividad a
mi pueblo.

CAPÍTULO 7

Se reprende a Israel por sus numerosos pecados — Efraín se mezcla con los demás pueblos.

MIENTRAS yo quería curar a
Israel, se descubrió la iniquidad
de Efraín y las maldades de
Samaria, porque hacen engaño;
y entra el ladrón, y la banda
de salteadores despoja por
fuera.
2 Y no consideran en su corazón
que tengo memoria de toda
su maldad; ahora los rodean
sus propias [a]obras; delante de
mí están.
3 Con su maldad alegran al
rey, y a los príncipes con sus
mentiras.
4 Todos ellos son adúlteros;
son como horno encendido por
el hornero, que cesa de avivar
el fuego después que está hecha
la masa, hasta que se haya
leudado.
5 En el día de nuestro rey, los
príncipes lo hicieron enfermar
con copas de vino; extendió su
mano con los escarnecedores.
6 Porque disponen su corazón
para la intriga, como se prepara
un horno; toda la noche
duerme su hornero; a la mañana
está encendido como llama de
fuego.
7 Todos ellos arden como un
horno y devoran a sus jueces;
han caído todos sus reyes;
no hay entre ellos quien a mí
clame.
8 Efraín se [a]mezcla con los demás
pueblos; Efraín es como
[b]torta no volteada.

3 *a* *Es decir,* lluvias de invierno y de primavera.
5 *a* Heb. 4:12.
6 *a* HEB caridad, bondad amorosa. Mateo 12:7.
b Mateo 9:13.
c GEE Conocimiento.
d GEE Sacrificios.
7 *a* HEB *berit:* convenio, pacto, alianza. GEE Convenio (pacto).
10 *a* Jer. 5:30–31.
7 2 *a* Prov. 5:22.
8 *a* Jue. 1:29; 2:1–2.
b GEE Rebelión. Lev. 24:5–7.

9 Extraños han devorado sus
fuerzas, y él no lo sabe; y aun las
canas se han esparcido sobre él,
y él no lo sabe.
10 Y la soberbia de Israel testifi-
cará contra él en su propia cara;
y ellos no se vuelven a Jehová
su Dios ni le buscan a pesar de
todo eso.
11 Y Efraín es como una paloma incauta, sin entendimiento;
llaman a [a]Egipto, acuden a
Asiria.
12 Cuando vayan, tenderé sobre
ellos mi red; los haré caer como
aves del cielo; los castigaré conforme a lo que se ha oído en su
congregación.
13 ¡Ay de ellos, porque se
apartaron de mí! ¡[a]Destrucción
sobre ellos, porque contra mí
transgredieron! Yo los [b]redimi-
ría, pero ellos hablaron mentiras
contra mí.
14 Y no [a]clamaron a mí con su
corazón cuando gemían sobre sus
camas; por el trigo y el mosto se
congregaron; se rebelaron contra mí.
15 Aunque yo adiestré y fortalecí sus brazos, contra mí traman
el mal.
16 Se volvieron, pero no al Altísimo; fueron como arco engañoso;
[a]caerán sus príncipes a espada
por la insolencia de su lengua;
esto será su escarnio en la tierra
de Egipto.

CAPÍTULO 8

Tanto Israel como Judá han abandonado a Jehová — Jehová ha escrito las grandezas de Su ley a Efraín.

Pon a tu boca la [a]trompeta. *Vendrá* como [b]águila contra la casa
de Jehová, porque traspasaron
mi [c]convenio y se rebelaron contra mi ley.
2 A mí clamará Israel: ¡[a]Dios
mío, te [b]conocemos!
3 Israel desechó el bien; el enemigo lo perseguirá.
4 Ellos establecieron reyes, pero
no de parte mía; constituyeron
príncipes, pero yo no los reconocí; de su plata y de su oro hicieron ídolos para sí, para ser ellos
mismos destruidos.
5 Tu [a]becerro, oh Samaria, te
hizo alejarte; se encendió mi
enojo contra ellos. ¿Hasta cuándo
serán incapaces de lograr la
purificación?
6 Porque de Israel es este *becerro*;
y un artífice lo hizo, y no es Dios,
por lo que será deshecho en pedazos el becerro de Samaria.
7 Porque sembraron viento, torbellino [a]segarán; no tendrán mies,
ni la espiga dará harina; y si la
diere, extraños la comerán.
8 Será [a]devorado Israel; pronto
será entre las naciones como vasija que no contiene nada que
deleite.

11 *a* 2 Rey. 17:1–4.
13 *a* 1 Ne. 17:42–43.
b *O sea,* los habría redimido. GEE Redención, redimido, redimir.
14 *a* Morm. 2:13.
16 *a* 2 Rey. 17:5.

8 1 *a* HEB cuerno de carnero.
b Deut. 28:49.
c GEE Convenio (pacto).
2 *a* Mateo 7:21–23; Lucas 6:46; DyC 112:24–26.
b Tito 1:16.
5 *a* 1 Rey. 12:28–30; Hech. 7:41.
7 *a* Mos. 7:30.
8 *a* 1 Ne. 10:12; Jacob 5:13–14.

9 Porque ellos subieron a [a]Asi-
ria como asno montés solitario;
Efraín [b]alquiló amantes.
10 Aunque se alquilen entre
las naciones, ahora los juntaré;
y comenzarán a disminuir por la
carga del rey *y* de los príncipes.
11 Porque multiplicó Efraín
[a]altares para pecar, *ahora* le son
altares para pecar.
12 Le [a]escribí las grandezas de
mi [b]ley, *pero* fueron tenidas como
cosa extraña.
13 En los sacrificios de mis
ofrendas sacrificaron carne y comieron; no los [a]aceptó Jehová.
Ahora [b]se acordará de su iniquidad y castigará sus pecados; ellos
volverán a [c]Egipto.
14 Olvidó, pues, Israel a su Hacedor y edificó [a]templos, y Judá
multiplicó ciudades fortificadas;
mas yo mandaré [b]fuego a sus
ciudades, el cual devorará sus
palacios.

CAPÍTULO 9

Por motivo de sus pecados, el pueblo de Israel es llevado cautivo — Efraín andará errante entre las naciones.

No te alegres, oh Israel, hasta
saltar de gozo como los pueblos,
pues [a]te has prostituido, *apartán-
dote* de tu Dios; amaste salario
de ramera en todas las eras de
trigo.
2 La era y el lagar no los mantendrán, y les fallará el mosto.
3 No se quedarán en la [a]tierra de
Jehová, sino que volverá Efraín
a [b]Egipto, y en Asiria comerán
[c]vianda inmunda.
4 No derramarán *libación de*
vino a Jehová, ni sus sacrificios
le serán gratos; será para ellos
como pan de duelo; todos los
que coman de él serán impuros.
Será, pues, el pan de ellos para
sí mismos; *ese pan* no entrará en
la casa de Jehová.
5 ¿Qué haréis en el día de la solemnidad y en el día de la fiesta
de Jehová?
6 Porque, he aquí, se fueron
ellos a causa de la destrucción;
Egipto los recogerá; Menfis los
enterrará; la ortiga poseerá lo
deseable de su plata, y el espino
crecerá en sus tiendas.
7 Vinieron los días del [a]castigo;
vinieron los días de la retribución. ¡Lo sabrá Israel! [b]Necio es
el profeta, insensato el hombre de
espíritu, a causa de la multitud de
tu maldad y de tu gran odio.
8 El atalaya de Efraín estuvo
con mi Dios, pero el profeta es
trampa de cazador en todos sus
caminos; hay odio en la casa de
su Dios.
9 Se han [a]corrompido profundamente como en los días de [b]Gabaa;

9 *a* 2 Rey. 15:19; 17:3–6.
b Ezeq. 16:33.
11 *a* 1 Rey. 16:32.
12 *a* GEE Escrituras—El valor de las Escrituras.
b Deut. 4:1.
13 *a* Amós 5:21–22.
b Amós 8:7.
c Deut. 28:68.
14 *a* *O sea,* palacios, edificios grandes.
b 2 Rey. 25:9.
9 1 *a* Deut. 31:16.
3 *a* Jer. 2:7.
b Oseas 8:13.
c Ezeq. 4:13; Dan. 1:8.
7 *a* Isa. 10:3–5; DyC 56:1.
b Ezeq. 13:3.
9 *a* Éx. 32:7; DyC 38:11.

ahora se acordará de su iniquidad; castigará sus pecados.
10 Como uvas en el desierto hallé a Israel; como la fruta temprana de la [a]higuera en sus principios vi a vuestros padres. Ellos acudieron a [b]Baal-peor, y se apartaron para vergüenza y se hicieron [c]abominables como aquello que amaron.
11 La gloria de Efraín volará cual ave desde el nacimiento, aun desde el vientre y desde la concepción.
12 Y si llegan a grandes sus hijos, se los quitaré de entre los hombres, porque, ¡ay de ellos también, cuando de ellos me aparte!
13 Efraín, según veo, es semejante a Tiro, asentado en un lugar delicioso; pero Efraín sacará a sus hijos a la matanza.
14 Dales, oh Jehová, lo que les has de dar; dales matriz que aborte y pechos enjutos.
15 Toda la maldad de ellos fue en Gilgal; allí, pues, les tomé aversión; por la maldad de sus obras los echaré de mi casa; no los amaré más; todos sus príncipes son rebeldes.
16 Efraín fue herido; se secó su raíz *y* no dará más fruto; aunque engendren, yo mataré el preciado *fruto* de su vientre.
17 Mi Dios los desechará, porque ellos no le escucharon; y andarán [a]errantes entre las naciones.

CAPÍTULO 10

Israel ha arado maldad y segado iniquidad — Oseas exhorta a Israel a buscar a Jehová.

ISRAEL es una frondosa [a]viña que da [b]fruto para [c]sí; conforme a la abundancia de su fruto, multiplicaba los [d]altares; conforme a la bondad de su tierra, mejor adorna sus ídolos.
2 Está [a]dividido su corazón. Ahora serán hallados culpables; él quebrantará sus altares *y* destruirá sus ídolos.
3 Porque dirán ahora: No tenemos rey porque no temimos a Jehová; ¿y qué haría el rey por nosotros?
4 Han hablado palabras, jurando en vano al hacer [a]convenio; por tanto, el juicio florecerá como hierba venenosa en los surcos del campo.
5 Por las [a]becerras de Bet-avén serán atemorizados los moradores de Samaria; porque su pueblo se lamentará a causa del *becerro,* y *también* sus sacerdotes que en ello se regocijaban, por su gloria, la cual será disipada de él.
6 Y aun será llevado a Asiria como presente al rey [a]Jareb; Efraín será avergonzado, e Israel se avergonzará de su propio [b]consejo.
7 De Samaria fue cortado su rey

9 *b* Jue. 19:12–30; Oseas 10:9.
10 *a* Jer. 24:2.
b Núm. 25:1–3; Sal. 106:28.
c GEE Inmoralidad sexual.
17 *a* GEE Israel—El esparcimiento de Israel.
10 1 *a* GEE Viña del Señor, la.
b Jacob 5:3, 32.
c Lucas 12:16–21.
d Oseas 8:11.
2 *a* Stg. 1:8; 3 Ne. 13:24.
4 *a* 3 Ne. 24:5; DyC 104:4–5.
5 *a* 1 Rey. 12:28.
6 *a* Oseas 5:13.
b 2 Cró. 22:2–4.

como espuma sobre la superficie
de las aguas.
8 Y los lugares altos de Avén,
el pecado de Israel, serán destruidos; crecerán sobre sus altares espino y cardo. Y dirán a
los [a]montes: ¡Cubridnos!, y a los
collados: ¡Caed sobre nosotros!
9 Desde los días de [a]Gabaa has
[b]pecado, oh Israel; allí se han quedado. ¿No los alcanzó la [c]batalla
en Gabaa contra los hijos de los
inicuos?
10 Y los castigaré cuando lo desee; y pueblos se juntarán contra
ellos cuando sean atados por su
doble iniquidad.
11 Y Efraín era novilla domada,
amadora del trillar; mas yo pasaré sobre su lozana cerviz. Pero
yo haré llevar *yugo* a Efraín; arará
Judá; quebrará sus propios terrones Jacob.
12 Sembrad para vosotros en
justicia; [a]segad para vosotros en
misericordia; haced para vosotros
barbecho, porque es el tiempo
de buscar a Jehová, hasta que
venga y haga llover justicia sobre
vosotros.
13 Habéis arado [a]maldad; se-
gasteis iniquidad. Habéis comido
fruto de mentira, porque confiaste
en tu camino, en la multitud de
tus valientes.
14 Por tanto, en tus pueblos se
levantará un alboroto, y todas
tus fortalezas serán destruidas,
como destruyó [a]Salmán a Bet-
arbel en el día de la batalla; la
madre fue [b]estrellada junto con
sus hijos.
15 Así hará a vosotros Bet-el a
causa de vuestra gran maldad; al
amanecer será del todo destruido
el rey de Israel.

CAPÍTULO 11

Israel, en su niñez, fue llamado a salir de Egipto a semejanza del Señor que, en su niñez, salió de Egipto — Pero Efraín se aleja del Señor.

CUANDO Israel era niño, yo lo
amé, y de [a]Egipto llamé a mi
[b]hijo.
2 Cuanto más los llamaban *los*
profetas, más se alejaban de ellos;
a los [a]baales ofrecían [b]sacrificios
y a las imágenes talladas quemaban incienso.
3 Yo con todo eso enseñaba a
andar al mismo Efraín, tomándolo por los brazos; pero ellos
no comprendieron que yo los
[a]sanaba.
4 Con cuerdas humanas los
atraje, con cuerdas de [a]amor; y
fui para ellos como los que alzan
el yugo de sobre su cerviz, y puse
delante de ellos la comida.
5 No volverá a tierra de [a]Egipto,
sino que el mismo asirio será su
rey, porque no quisieron volverse
a mí.
6 Y caerá la espada sobre sus

8 *a* Lucas 23:26–33; Apoc. 6:14–17; 2 Ne. 26:5; Alma 12:14.
9 *a* Oseas 9:9.
b Jue. 20:1–6.
c Jue. 20:18–21.
12 *a* GEE Siega.
13 *a* GEE Inicuo, iniquidad.
14 *a* 2 Rey. 17:3.
b Oseas 13:15–16.
11 1 *a* Mateo 2:13–15.
b Éx. 4:22–23.
2 *a* 2 Rey. 17:15–16; Oseas 2:13.
b Oseas 13:1–4.
3 *a* 1 Ne. 17:40–41; Alma 33:18–23.
4 *a* GEE Amor.
5 *a* Oseas 8:11–14.

ciudades y consumirá sus aldeas,
y las consumirá a causa de sus
propios [a]consejos.
7 Y mi pueblo está aferrado a
la rebelión contra mí; aunque
llaman al [a]Altísimo, ninguno ab-
solutamente quiere enaltecer*le.*
8 ¿Cómo podré abandonarte,
oh Efraín? ¿Te entregaré yo, Israel? ¿Cómo podré yo hacerte
como [a]Adma o ponerte como
a Zeboim? Mi corazón [b]se conmueve dentro de mí, se inflama
toda mi compasión.
9 No ejecutaré el furor de mi ira
ni volveré para destruir a Efraín,
porque Dios soy, y no hombre;
soy el Santo en medio de ti, y [a]no
entraré en la ciudad.
10 En pos de Jehová caminarán;
él rugirá como [a]león; cuando ruja,
entonces los hijos vendrán temblando del occidente.
11 Acudirán temblando como
ave de Egipto y como paloma de
la tierra de Asiria; y los haré morar en sus casas, dice Jehová.
12 Me rodeó Efraín con mentira,
y la casa de Israel con engaño,
pero Judá aún camina con Dios
y es fiel con los santos.

CAPÍTULO 12

Jehová se vale de profetas, de visiones y de similitudes para guiar a Su pueblo, pero ellos se enriquecen y no confían en Jehová — Efraín lo ha irritado amargamente.

[a]EFRAÍN se apacienta de viento y
va tras el solano; mentira y destrucción aumentan continuamente, porque hicieron [b]alianza
con los asirios y llevan aceite a
Egipto.
2 Pleito tiene Jehová con Judá y
castigará a Jacob conforme a sus
caminos; le pagará conforme a
sus obras.
3 En el vientre tomó por el [a]cal-
cañar a su hermano, y con su
fuerza luchó con Dios.
4 Luchó con el ángel y [a]prevale-
ció; lloró y le suplicó; en [b]Bet-el le
halló, y allí habló con [c]nosotros.
5 Mas Jehová es Dios de los ejércitos. ¡Jehová es su [a]nombre!
6 Tú, pues, [a]conviértete a tu
Dios; guarda la misericordia
y el juicio, y en tu Dios confía
siempre.
7 Al mercader *que* tiene en
su mano pesas falsas, le gusta
oprimir.
8 Y dijo Efraín: Ciertamente yo
me he enriquecido; he hallado
riquezas para mí; nadie hallará
iniquidad en mí ni pecado en
todos mis trabajos.
9 Sin embargo, yo soy Jehová
tu Dios desde la tierra de Egipto;
aún te haré morar en [a]tiendas,
como en los días de la fiesta
solemne.

6 *a* Oseas 10:6.
7 *a* Oseas 7:14–16.
8 *a* Gén. 10:19; 19:24–25; Deut. 29:23.
b TJS Oseas 11:8 *…se conmueve para contigo, y se extiende mi misericordia para recogerte.*
9 *a* *O sea,* no vendré con furor.
10 *a* Isa. 31:4.
12 1 *a* Isa. 28:1–8.
b Oseas 5:13.
3 *a* Gén. 25:26.
4 *a* Gén. 32:24–28.
b GEE Bet-el.
c *O,* él.
5 *a* Éx. 3:13–15.
6 *a* GEE Conversión, convertir.
9 *a* Lev. 23:34.

10 Y he hablado a los profetas,
y yo multipliqué [a]las visiones y
por medio de los profetas usé
similitudes.
11 ¿Hay iniquidad en Galaad?
Ciertamente vanidad han sido.
En [a]Gilgal sacrificaron bueyes, y
aún son sus altares como montones en los surcos del campo.
12 Mas Jacob huyó a la tierra de
[a]Aram; y sirvió Israel para adquirir una [b]esposa, y para adquirir
una esposa fue pastor.
13 Y por medio de un profeta Jehová hizo subir a Israel de Egipto,
y por un [a]profeta fue guardado.
14 Efraín ha irritado *a Dios*
amargamente; por tanto, su [a]sangre dejará sobre él, y su Señor le
devolverá su oprobio.

CAPÍTULO 13

Los pecados de Efraín provocan a Jehová — No hay más Salvador que Jehová — Él rescata del sepulcro y redime de la muerte.

CUANDO Efraín hablaba, había
temor; fue ensalzado en Israel,
pero [a]pecó por causa de Baal y
murió.
2 Y ahora continúan en su pecado, y de su plata se han hecho,
según su entendimiento, [a]imágenes de fundición, ídolos, todo ello
obra de artífices. De ellos dicen:
Que los hombres que sacrifican
besen a los becerros.
3 Por tanto, serán como la niebla
de la mañana o como el rocío de
la madrugada que se desvanece,
como el tamo que la tempestad
arroja de la era y como el humo
que sale de la chimenea.
4 Mas yo soy Jehová tu Dios
desde la tierra de Egipto; no reconocerás a otro [a]Dios fuera de mí,
ni a otro [b]Salvador [c]sino a mí.
5 Yo te [a]conocí en el desierto, en
[b]tierra de sequía.
6 En sus pastos se saciaron; se
[a]saciaron y se ensoberbeció su
corazón; por esta causa se [b]olvidaron de mí.
7 Por tanto, yo seré para ellos
como león; como un leopardo en
el camino los acecharé.
8 Como osa que ha perdido
sus *cachorros* los encontraré y
desgarraré las fibras de su corazón, y allí los devoraré como
león; una fiera del campo los
despedazará.
9 Te [a]destruiste, oh Israel, pero
en mí está tu [b]ayuda.
10 ¿Dónde está tu [a]rey, para que
te salve en todas tus ciudades,
y tus jueces, de quienes dijiste:
Dame [b]rey y príncipes?
11 Te di rey en mi [a]furor, y te lo
[b]quité en mi ira.
12 Atada está la iniquidad de Efraín; su pecado está
guardado.

10 *a* GEE Visión.
11 *a* Oseas 9:13–15.
12 *a* Gén. 28:5; Deut. 26:5.
b Gén. 29:15–28.
13 *a* 1 Ne. 17:24–26.
14 *a* *Es decir,* sus castigos.
13 1 *a* Oseas 11:2.
2 *a* Deut. 27:15.
4 *a* Mos. 12:35.
b Hech. 4:12; 2 Ne. 25:20.
c Isa. 43:11; DyC 76:1.
5 *a* Deut. 2:7.
b Deut. 8:14–15.
6 *a* 1 Ne. 17:26–29.
b Hel. 12:2.
9 *a* Oseas 14:1; Mos. 27:13.
b Jer. 30:10.
10 *a* 1 Sam. 12:12–15.
b 1 Sam. 8:5, 19.
11 *a* 1 Sam. 8:7.
b 1 Sam. 15:23.

13 Dolores como de mujer que está de parto le vendrán; es un hijo insensato que no se coloca en posición al momento del [a]alumbramiento.

14 De manos del [a]Seol los [b]rescataré, los [c]redimiré de la [d]muerte. ¿Dónde están, oh muerte, tus plagas? ¿Dónde está, oh Seol, tu destrucción? La compasión se esconderá de mis ojos.

15 Aunque él fructifique entre los hermanos, vendrá el solano, viento de Jehová, subiendo del desierto, y se secará su fuente, y se secará su manantial; él saqueará el tesoro de todos los objetos preciosos.

16 [a]Samaria será considerada culpable, porque se rebeló contra su Dios; caerán a espada; sus niños serán estrellados, y sus mujeres encintas serán [b]abiertas.

CAPÍTULO 14

En los últimos días, Efraín se arrepentirá y volverá a Jehová.

¡VUÉLVETE, oh Israel, a Jehová tu Dios, porque por tu iniquidad has caído!

2 Tomad con vosotros palabras, y volveos a Jehová y decidle: Quita toda iniquidad y acéptan*os* bien, y [a]ofreceremos el fruto de nuestros labios.

3 No nos [a]librará Asiria; no montaremos a [b]caballo ni nunca más diremos a la obra de nuestras manos: Dioses nuestros, porque en ti el huérfano alcanzará misericordia.

4 Yo los sanaré de su rebelión; los [a]amaré por *mi propia* voluntad, porque mi furor se apartó de ellos.

5 Yo seré a Israel como el [a]rocío; él florecerá como lirio y extenderá sus raíces como el Líbano.

6 Se extenderán sus ramas, y será su gloria como la del [a]olivo y su fragancia como la del Líbano.

7 Volverán los que moran bajo su sombra; serán vivificados *como* trigo y florecerán como la vid; su fama será como la del vino del Líbano.

8 Efraín: ¿Qué tengo yo que ver ya con los ídolos? Yo respondo y lo cuido; yo *seré a él* como el ciprés verde; en mí será hallado tu fruto.

9 ¿Quién es [a]sabio para que entienda esto, y prudente para que lo sepa? Porque los [b]caminos de Jehová son rectos, y los justos [c]andarán por ellos; mas los rebeldes caerán en ellos.

13 *a* Isa. 37:3.
14 *a* HEB mundo o morada de los muertos, sepulcro, infierno.
b GEE Resurrección. Sal. 49:15.
c GEE Redentor.
d 1 Cor. 15:55.
16 *a* 2 Rey. 17:6.
b *O sea,* los vientres de las mujeres embarazadas.
14 2 *a* Sal. 51:17; DyC 59:8.
3 *a* Oseas 5:13.
b Isa. 31:1; Oseas 1:7.
4 *a* Jer. 31:1–3.
5 *a* Deut. 32:2.
6 *a* GEE Viña del Señor, la.
9 *a* Sal. 107:43.
b 2 Ne. 1:19; 31:19–21.
c GEE Andar, andar con Dios.

JOEL

CAPÍTULO 1

Convocad una asamblea solemne y congregaos en la casa de Jehová, porque el día de Jehová está cerca.

LA palabra de Jehová que vino
a [a]Joel hijo de Petuel.
2 Oíd esto, ancianos, y escuchad, todos los [a]moradores de la tierra. ¿Ha acontecido algo semejante en vuestros días o en los días de vuestros padres?
3 De esto contaréis a vuestros hijos, y vuestros hijos a sus hijos, y sus hijos a la siguiente generación.
4 Lo que dejó la [a]oruga lo comió la langosta, y lo que dejó la langosta lo comió el pulgón; y el saltón comió lo que el pulgón había dejado.
5 ¡Despertad, borrachos, y llorad! Aullad todos los que bebéis vino, a causa del mosto, porque os es [a]quitado de vuestra boca.
6 Porque una nación subió a mi tierra, fuerte y sin número; sus dientes, dientes de león, y sus muelas, muelas de león.
7 Asoló mi vid y descortezó mi higuera; del todo la desnudó y la derribó; sus ramas quedaron blancas.
8 [a]Llora tú, como una joven vestida de cilicio por el marido de su juventud.
9 Excluidas son la ofrenda de grano y la libación de la casa de Jehová; los sacerdotes, ministros de Jehová, están de duelo.
10 El campo fue destruido; está de duelo la [a]tierra, porque el trigo fue destruido, se secó el mosto, y se agotó el aceite.
11 Avergonzaos, labradores; aullad, viñeros, por el trigo y la cebada, porque se perdió la mies del campo.
12 Se secó la vid y pereció la higuera; el granado, y también la palmera y el manzano; se secaron todos los árboles del campo, por lo cual se secó el [a]gozo de los hijos de los hombres.
13 Ceñíos y lamentad, sacerdotes; aullad, ministros del altar; venid, dormid en cilicio, ministros de mi Dios; porque quitadas son de la casa de vuestro Dios la ofrenda de grano y la libación.
14 [a]Consagrad un ayuno; convocad una asamblea solemne. Congregad a los [b]ancianos y a todos los moradores de la tierra en la casa de Jehová vuestro Dios, y clamad a Jehová.
15 ¡Ay del día!, porque cercano está el [a]día de Jehová; y vendrá

[JOEL]
1 1 *a* GEE Joel.
2 *a* DyC 1:6. GEE Últimos días, postreros días.
4 *a* *Es decir,* los ejércitos invasores o conquistadores se comparan a las cuatro etapas del crecimiento de la langosta.
5 *a* Isa. 32:10.
8 *a* Jer. 4:8.
10 *a* DyC 87:6; JS—M 1:29.
12 *a* Isa. 24:11.
14 *a* GEE Ayunar, ayuno.
b GEE Élder (anciano).
15 *a* GEE Segunda Venida de Jesucristo.

como destrucción de parte del
Todopoderoso.
16 ¿No ha sido quitado el alimento de delante de nuestros
ojos, la alegría y el placer de la
casa de nuestro Dios?
17 La semilla se pudrió debajo
de sus terrones; los graneros fueron asolados y los alfolíes destruidos, porque se secó el grano.
18 ¡Cuánto gimieron las bestias!
¡Cuán turbados anduvieron los
hatos de los bueyes porque no
tuvieron pastos! También fueron asolados los rebaños de las
ovejas.
19 A ti, oh Jehová, clamaré, porque el [a]fuego consumió los pastos
del desierto, y la llama abrasó
todos los árboles del campo.
20 Las bestias del campo bramarán también a ti, porque se
secaron los arroyos de las aguas,
y el fuego consumió las praderas
del desierto.

CAPÍTULO 2

Guerra y desolación precederán a la Segunda Venida — El sol y la luna se oscurecerán — Jehová derramará Su Espíritu sobre toda carne — Habrá sueños y visiones.

TOCAD [a]trompeta en Sión y dad
alarma en mi santo [b]monte; tiemblen todos los moradores de la
tierra, porque viene el [c]día de
Jehová, porque está cercano,
2 día de [a]tinieblas y de oscuridad, día de nube y de sombra.
Como sobre los montes se derrama el alba, así *viene* un pueblo grande y fuerte; nunca desde
la antigüedad hubo otro semejante a él, ni después de él lo habrá por años, de generación en
generación.
3 Delante de él [a]consumirá el
fuego, y detrás de él abrasará la
llama; como el huerto de [b]Edén
será la tierra delante de él, y
detrás de él, *deja un* desierto
desolado; no habrá quien escape
de él.
4 Su aspecto es como aspecto
de caballos, y como gente de a
caballo correrán.
5 Como [a]estruendo de carros
saltarán sobre las cumbres de los
montes, como sonido de llama de
fuego que consume el [b]rastrojo,
como pueblo fuerte dispuesto
para la batalla.
6 Delante de él temerán los pueblos; se pondrán [a]mustios todos
los semblantes.
7 Como valientes correrán; como
hombres de guerra escalarán el
muro. Y cada cual marchará por
su camino y no se desvían de
sus sendas.
8 Ninguno empujará a su compañero; cada uno irá por su camino. Y aun cayendo sobre la
espada, no se herirán.

19 *a* 2 Ne. 6:14–15; DyC 97:25–26.
2 1 *a* HEB cuerno de carnero. DyC 34:5–8.
b 2 Ne. 12:2–4.
c GEE Segunda Venida de Jesucristo.
2 *a* Amós 5:18–20.
3 *a* DyC 29:21.
b GEE Edén.
5 *a* Apoc. 9:9.
b 2 Ne. 26:4, 6; DyC 133:64.
6 *a* *O sea,* semblante de melancolía o tristeza.

9 Irán por la ciudad, correrán por el muro, subirán por las casas, entrarán por las ventanas a manera de ladrones.

10 Delante de ellos temblará la [a]tierra, y se estremecerán los cielos; el sol y la luna se oscurecerán, y las estrellas retraerán su resplandor.

11 Y Jehová dará su [a]voz delante de su ejército, porque muy grande es su campamento, y fuerte es el que ejecuta su palabra; porque grande es el [b]día de Jehová y muy terrible. ¿Y quién podrá soportarlo?

12 Por eso pues, ahora, dice Jehová, [a]volveos a mí con todo vuestro corazón, y con [b]ayuno, y con lamento y con llanto.

13 Y [a]rasgad vuestro corazón y no vuestros vestidos; y [b]volveos a Jehová vuestro Dios, porque es misericordioso y clemente, tardo para la ira y grande en misericordia, y se [c]arrepiente del castigo.

14 [a]¿Quién sabe si volverá, y se apiadará y dejará bendición tras sí, ofrenda de grano y libación para Jehová vuestro Dios?

15 Tocad trompeta en Sión; consagrad un ayuno; convocad una asamblea solemne.

16 Reunid al pueblo; santificad la reunión. Juntad a los ancianos; congregad a los niños y a los niños de pecho; salga de su cámara el novio y de su [a]tálamo la novia.

17 Entre la entrada y el altar [a]lloren los sacerdotes, ministros de Jehová, y digan: Perdona, oh Jehová, a tu pueblo y no entregues al [b]oprobio tu heredad para que las naciones no se enseñoreen de ella. ¿Por qué han de decir entre los pueblos: ¿Dónde está su Dios?

18 Y Jehová tendrá [a]celo por su tierra y [b]perdonará a su pueblo.

19 Y responderá Jehová y dirá a su pueblo: He aquí, yo os envío grano, y mosto y aceite, y seréis saciados de ellos; y nunca más os entregaré al oprobio entre las naciones.

20 Y haré alejar de vosotros al del norte, y lo echaré en tierra seca y desierta: su vanguardia hacia el mar oriental, y su retaguardia hacia el mar occidental; y exhalará su hedor, y subirá su pudrición, porque hizo grandes cosas.

21 Tierra, no temas; alégrate y regocíjate, porque Jehová hará grandes cosas.

10 *a* DyC 88:87–89.
GEE Tierra—La purificación de la tierra.
11 *a* DyC 88:90–93.
b Mal. 3:2;
DyC 34:8.
12 *a* GEE Conversión, convertir.
b GEE Ayunar, ayuno.
13 *a* 3 Ne. 9:20.
b TJS Joel 2:13 …*y arrepentíos,* y volveos a Jehová vuestro Dios, porque es misericordioso y clemente, tardo para la ira y grande en misericordia, y *él apartará de vosotros* el castigo.
c Gén. 6:6.
14 *a* TJS Joel 2:14 *Por tanto, arrepentíos, y,* ¿quién sabe si volverá, y se apiadará y dejará bendición tras sí, *para que ofrezcáis* una ofrenda…
16 *a* HEB alcoba matrimonial, cámara nupcial.
17 *a* 2 Cor. 7:10.
b 1 Ne. 19:13–16;
3 Ne. 16:8–9.
18 *a* También fervor.
3 Ne. 20:29–36, 46.
b *O sea,* tendrá compasión de.

22 Animales del campo, no temáis, porque los pastos del desierto reverdecerán, porque los árboles darán su fruto; la higuera y la vid darán sus frutos.

23 Vosotros también, hijos de [a]Sión, alegraos y regocijaos en Jehová vuestro Dios, porque os ha dado la primera lluvia en su tiempo, y hará descender sobre vosotros lluvia temprana y tardía *como* al principio.

24 Y las eras se llenarán de trigo, y los lagares rebosarán de vino y de aceite.

25 Y os [a]restituiré los años que comió la oruga, la langosta, el pulgón y el saltón, mi gran ejército que envié contra vosotros.

26 Y comeréis hasta saciaros y alabaréis el nombre de Jehová vuestro Dios, el cual hizo maravillas con vosotros; y nunca jamás será mi pueblo [a]avergonzado.

27 Y conoceréis que en medio de Israel estoy yo, y que yo soy Jehová vuestro Dios, y no hay otro; y mi pueblo nunca jamás será avergonzado.

28 Y acontecerá que después de esto, [a]derramaré mi [b]Espíritu sobre toda carne, y [c]profetizarán vuestros hijos y vuestras hijas; vuestros ancianos [d]soñarán sueños, y vuestros jóvenes verán [e]visiones.

29 Y también sobre los siervos y sobre las siervas derramaré mi Espíritu en aquellos días.

30 Y haré [a]prodigios en el [b]cielo y en la tierra, sangre, y [c]fuego y columnas de humo.

31 El sol se convertirá en tinieblas y la luna en [a]sangre, antes que venga [b]el día grande y terrible de Jehová.

32 Y sucederá que todo aquel que [a]invoque el nombre de Jehová será [b]salvo, porque en el monte [c]Sión y en [d]Jerusalén habrá salvación, como Jehová ha dicho, y entre los sobrevivientes, a los que Jehová haya llamado.

CAPÍTULO 3

Todas las naciones estarán en guerra — Multitudes se congregan en el valle de la decisión al acercarse la Segunda Venida — Jehová morará en Sión.

Porque he aquí que en aquellos días y en aquel tiempo en que haré volver a los cautivos de Judá y de Jerusalén,

2 [a]reuniré a todas las naciones y las haré descender al valle de Josafat; y allí entraré en juicio con ellas a causa de mi pueblo, y de Israel, mi heredad, al que

23 *a* DyC 84:56–58.
25 *a* 2 Ne. 1:20.
GEE Restauración del Evangelio.
26 *a* 2 Ne. 6:7, 13.
28 *a* JS—H 1:41.
b GEE Espíritu Santo; Jesucristo—El reinado milenario de Cristo.
c GEE Profecía, profetizar.
d GEE Sueños.
e GEE Visión.
30 *a* DyC 45:40. GEE Señales de los tiempos.
b GEE Cielo.
c GEE Mundo—El fin del mundo.
31 *a* Apoc. 6:12.
b GEE Segunda Venida de Jesucristo.
32 *a* DyC 93:1.
GEE Oración.
b GEE Salvación.
c GEE Sión.
d GEE Jerusalén.
3 2 *a* Sof. 3:8.
GEE Israel—La congregación de Israel.

esparcieron entre las naciones,
y repartieron mi tierra.
3 Y echaron suertes sobre mi
pueblo, y dieron un niño por una
ramera y vendieron una niña por
vino para beber.
4 Y también, ¿qué tenéis que ver
conmigo, Tiro y Sidón, y todos
los territorios de Filistea? ¿Queréis
vengaros de mí? Y si de mí
os vengáis, bien pronto haré yo
recaer la paga sobre vuestra propia
cabeza.
5 Porque os habéis llevado mi
plata y mi oro, y mis cosas preciosas
y hermosas llevasteis a
vuestros templos;
6 y vendisteis los hijos de Judá
y los hijos de Jerusalén a los hijos
de los griegos, para alejarlos de
su territorio.
7 He aquí, yo los levantaré del
lugar donde los vendisteis y volveré
vuestra paga sobre vuestra
cabeza.
8 Y venderé vuestros hijos y
vuestras hijas a los hijos de Judá,
y ellos los venderán a los sabeos,
nación lejana, porque Jehová ha
hablado.
9 Proclamad esto entre las naciones:
Preparaos para la [a]guerra;
despertad a los valientes; acérquense,
vengan todos los hombres
de guerra.
10 Haced espadas de vuestras
rejas de arado, lanzas de vuestras
hoces; diga el débil: [a]Fuerte soy.
11 Apresuraos y venid, naciones
todas de alrededor, y congregaos;
haz descender allí, oh Jehová, a
tus fuertes.
12 Despiértense las naciones y
suban al valle de Josafat, porque
allí me sentaré para [a]juzgar a todas
las naciones de alrededor.
13 Echad la [a]hoz, porque la mies
está ya madura. Venid, pisad,
porque el [b]lagar está lleno; rebosan
las cubas, porque mucha es
la maldad de ellos.
14 Muchos pueblos en el valle
de la decisión; porque cercano
está el día de Jehová en el [a]valle
de la decisión.
15 El [a]sol y la luna se oscurecerán,
y las estrellas retraerán su
resplandor.
16 Y [a]Jehová rugirá desde Sión
y [b]dará su voz desde Jerusalén,
y [c]temblarán los cielos y la tierra;
mas Jehová será el refugio de su
pueblo y la fortaleza de los hijos
de Israel.
17 Y conoceréis que yo soy Jehová
vuestro Dios, que [a]habito
en Sión, mi santo [b]monte; y será
Jerusalén santa, y [c]extraños no
pasarán más por ella.
18 Y sucederá que en aquel día
los [a]montes destilarán mosto, y
de los collados fluirá leche, y por
todos los arroyos de Judá correrán
las aguas; y saldrá un [b]manantial
de la casa de Jehová y
regará el valle de Sitim.

9 *a* GEE Guerra.
10 *a* Éter 12:27.
12 *a* GEE Juicio, juzgar.
13 *a* Alma 26:5; DyC 101:64.
b DyC 76:107.
14 *a* Apoc. 16:16.
15 *a* 2 Ne. 23:10.
16 *a* GEE Segunda Venida de Jesucristo.
b DyC 133:21.
c GEE Últimos días, postreros días.
17 *a* GEE Jesucristo—El reinado milenario de Cristo.
b Zac. 8:3.
c Zac. 14:21.
18 *a* GEE Milenio.
b Ezeq. 47:1; Apoc. 22:1.

19 [a]Egipto será destruido, y Edom será un desierto desolado, por la violencia hecha a los hijos de Judá, porque derramaron en su tierra sangre inocente.
20 Pero Judá será habitada para siempre, y Jerusalén de generación en generación.
21 Y limpiaré la sangre de los que no había limpiado; y Jehová morará en [a]Sión.

Amós

CAPÍTULO 1

Amós muestra los juicios de Jehová sobre Siria, los filisteos, Tiro, Edom y Amón.

LAS palabras de [a]Amós, que fue uno de los pastores de Tecoa, sobre lo que vio acerca de Israel en los días de [b]Uzías, rey de Judá, y en los días de [c]Jeroboam hijo de Joás, rey de Israel, dos años antes del [d]terremoto.
2 Y dijo: Jehová [a]rugirá desde Sión y dará su voz desde Jerusalén; y los pastizales de los pastores estarán de duelo, y se secará la cumbre del Carmelo.
3 Así ha dicho Jehová: Por tres transgresiones de Damasco, y por la cuarta, no revocaré su castigo, porque [a]trillaron a Galaad con trillos de hierro.
4 Y enviaré fuego a la casa de [a]Hazael, y consumirá los palacios de Ben-adad.
5 Y quebraré el cerrojo de Damasco, y talaré a los moradores del valle de Avén y a los gobernadores de Bet-edén; y el pueblo de Siria será llevado cautivo a Kir, dice Jehová.
6 Así ha dicho Jehová: Por tres transgresiones de Gaza, y por la cuarta, no revocaré su castigo, porque llevó cautivo a todo un pueblo para entregarlo a Edom.
7 Y enviaré fuego al muro de Gaza, y consumirá sus palacios.
8 Y talaré a los moradores de Asdod y a los gobernadores de Ascalón; y volveré mi mano contra Ecrón, y el remanente de los [a]filisteos perecerá, ha dicho Jehová el Señor.
9 Así ha dicho Jehová: Por tres transgresiones de [a]Tiro, y por la cuarta, no revocaré su castigo, porque entregaron a todo un pueblo cautivo a Edom y no se acordaron del pacto de [b]hermanos.
10 Y enviaré fuego al muro de [a]Tiro, y consumirá sus palacios.
11 Así ha dicho Jehová: Por tres transgresiones de Edom, y por la cuarta, no revocaré su castigo,

19 *a* Isa. 19:11–17.
21 *a* Jer. 3:17.

[amós]
1 1 *a* GEE Amós.
b Oseas 1:1.
c Amós 7:10.
d Zac. 14:5.
2 *a* Isa. 31:4; Jer. 25:30.
3 *a* 2 Rey. 13:7.
4 *a* 2 Rey. 8:12; 10:32; 13:3.
8 *a* Isa. 14:29–32; Jer. 47:1–5; Ezeq. 25:15–16.
9 *a* Ezeq. 26:2–5.
b GEE Hermano(s), hermana(s).
10 *a* Zac. 9:3–4.

porque persiguió a espada a su hermano y no tuvo compasión alguna; y en su furor se enardecía de continuo y ha guardado el enojo perpetuamente.
12 Y enviaré fuego a [a]Temán, y consumirá los palacios de Bosra.
13 Así ha dicho Jehová: Por tres transgresiones de los hijos de Amón, y por la cuarta, no revocaré su castigo, porque les abrieron *el vientre a* las de Galaad que estaban encintas, para ensanchar sus fronteras.
14 Y encenderé fuego en el muro de [a]Rabá, y consumirá sus palacios con estruendo en el día de la batalla, con tempestad en el día tempestuoso;
15 y su rey irá al cautiverio, él y todos sus príncipes, dice Jehová.

CAPÍTULO 2

Jehová derramará Sus juicios sobre Moab, sobre Judá y sobre Israel a causa de sus iniquidades.

Así ha dicho Jehová: Por tres transgresiones de [a]Moab, y por la cuarta, no revocaré su castigo, porque quemó los huesos del rey de Edom *hasta* calcinarlos.
2 Y enviaré fuego a Moab, y consumirá los palacios de Queriot; y morirá Moab en medio del alboroto, en medio del estrépito y con sonido de trompeta.
3 Y quitaré al juez de en medio de él y mataré junto con él a todos sus príncipes, dice Jehová.
4 Así ha dicho Jehová: Por tres transgresiones de Judá, y por la cuarta, no revocaré su castigo, porque menospreciaron la ley de Jehová y no guardaron sus [a]estatutos; y los hicieron errar sus mentiras, en pos de las cuales anduvieron sus padres.
5 Enviaré, por tanto, fuego a Judá, el cual consumirá los palacios de Jerusalén.
6 Así ha dicho Jehová: Por tres transgresiones de Israel, y por la cuarta, no revocaré su castigo, porque vendieron por dinero al justo y al pobre por un par de sandalias;
7 porque pisotean hasta el polvo de la tierra la cabeza de los pobres y tuercen el camino de los humildes; y un hombre y su padre se llegan a la *misma* joven, profanando mi santo nombre.
8 Y sobre las ropas empeñadas se acuestan junto a cualquier altar, y el vino de los multados beben en la casa de sus dioses.
9 Y yo [a]destruí delante de ellos al amorreo, cuya altura era como la altura de los cedros, y que era fuerte como una encina; y destruí su fruto arriba y sus raíces abajo.
10 Y a vosotros os [a]hice subir de la tierra de Egipto y os conduje por el desierto [b]cuarenta años para que poseyeseis la tierra del amorreo.

12 *a* Abd. 1:9–10.
14 *a* Jer. 49:2.
2 1 *a* Isa. 16:6–14.
4 *a O sea,* sus mandamientos.
9 *a* Núm. 21:21–25; Josué 24:8.
10 *a* Éx. 12:51.
b Núm. 14:33.

11 Y levanté profetas de vuestros hijos y [a]nazareos de vuestros
jóvenes. ¿No es esto así, oh hijos
de Israel?, dice Jehová.
12 Mas vosotros disteis de beber vino a los nazareos, y a los
profetas mandasteis, diciendo:
No profeticéis.
13 Pues he aquí, yo estoy apre-
tujado debajo de vosotros, como
se apretuja el carro lleno de
gavillas;
14 y el ligero no podrá huir; y al
fuerte no le servirá su fuerza, ni
el valiente salvará su vida;
15 y el que toma el arco no resistirá, ni escapará el ligero de
pies, ni el que cabalga en caballo
[a]salvará su vida.
16 Y el más valiente de corazón
entre los valientes huirá desnudo
aquel día, dice Jehová.

CAPÍTULO 3

Jehová revela Sus secretos a Sus siervos los profetas — Dado que Israel rechaza a los profetas y consiente el mal, la nación será derrotada por un enemigo.

Oíd esta palabra que ha hablado
Jehová contra vosotros, oh hijos
de Israel, contra toda la familia
que hice subir de la tierra de
Egipto. Dice así:
2 Solamente a vosotros he [a]co-
nocido de todas las familias de la
tierra; por tanto, [b]os castigaré por
todas vuestras iniquidades.
3 ¿Andarán dos juntos si no están de [a]acuerdo?
4 ¿Rugirá el león en el bosque
sin haber presa? ¿Dará el leoncillo
su rugido desde su guarida sin
haber apresado algo?
5 ¿Caerá el ave en la trampa,
en la tierra, sin haber cebo? ¿Se
levanta la trampa de la tierra si
no se ha atrapado algo?
6 ¿Se tocará la trompeta en la
ciudad, y no se alborotará el
pueblo? ¿Habrá algún [a]mal en
la ciudad que Jehová no haya
[b]hecho?
7 Porque no hará nada Jehová el
Señor [a]sin que [b]revele su secreto
a sus siervos los [c]profetas.
8 Si ruge el león, ¿quién no temerá? Si habla Jehová el Señor,
¿quién no profetizará?
9 Haced pregonar sobre los palacios de Asdod y sobre los palacios de la tierra de Egipto, y
decid: Reuníos sobre los montes de Samaria y ved los muchos tumultos en medio de
ella y las opresiones en medio
de ella.
10 Y no saben hacer lo recto, dice

11 *a* Núm. 6:2–21.
15 *a* Sal. 33:17.
3 2 *a* Sal. 147:19–20; Mos. 26:24–27; DyC 103:7–18.
b GEE Responsabilidad, responsable.
3 *a* GEE Unidad.
6 *a* Isa. 45:7; Alma 5:40.
b TJS Amós 3:6 …*conocido?*
7 *a* TJS Amós 3:7 …*sino hasta…*
b 2 Ne. 25:9; DyC 1:37–38; 132:7. GEE Revelación; Escrituras—Se profetiza la publicación de las Escrituras; Amonestación, amonestar.
c 2 Sam. 24:11–14; Mos. 8:16–18; Alma 13:26. GEE Profecía, profetizar; Profeta; Restauración del Evangelio.

Jehová, los que atesoran [a]violen-
cia y despojo en sus palacios.
11 Por tanto, Jehová el Señor
ha dicho así: Un enemigo *vendrá*
por todos los lados de la tierra y
derribará tu fortaleza, y tus palacios serán saqueados.
12 Así ha dicho Jehová: De la
manera que el pastor libra de la
boca del león dos patas o la punta
de una oreja, así serán librados
los hijos de Israel que en Samaria
se sientan en el borde de la cama,
y en Damasco, en un diván.
13 Oíd y testificad contra la casa
de Jacob, ha dicho Jehová Dios de
los ejércitos:
14 El día en que castigue las
transgresiones de Israel, castigaré
también los altares de [a]Bet-el; y
serán cortados los cuernos del
altar y caerán a tierra.
15 Y heriré la [a]casa de invierno
junto con la casa de verano, y
las casas de [b]marfil perecerán; y
muchas casas serán arruinadas,
dice Jehová.

CAPÍTULO 4

Jehová retiene la lluvia, envía hambre y pestilencia, y destruye huertos y viñas como juicios sobre los de Su pueblo, pero aun así, éstos no se vuelven a Él.

OÍD esta palabra, vacas de Basán, que estáis en el monte de
Samaria, que oprimís a los [a]po-
bres, que quebrantáis a los menesterosos, que decís a vuestros
señores: Traed, y beberemos.
2 Jehová el Señor juró por su
santidad: He aquí, vienen días
sobre vosotras en que os llevarán con ganchos, y a vuestros
descendientes con anzuelos de
pescador.
3 Y saldréis por las brechas una
tras otra y seréis echadas del palacio, dice Jehová.
4 Id a Bet-el y pecad; en [a]Gilgal
multiplicad la rebelión; y traed
de mañana vuestros sacrificios
y vuestros [b]diezmos cada tres
días.
5 Y ofreced [a]ofrenda de gratitud
con pan leudado y pregonad;
anunciad ofrendas [b]voluntarias,
puesto que así lo queréis, hijos de
Israel, dice Jehová el Señor.
6 Yo también os hice estar a
[a]diente limpio en todas vuestras
ciudades, y hubo falta de pan en
todos vuestros pueblos; pero no
os [b]volvisteis a mí, dice Jehová.
7 Y también os retuve la [a]llu-
via tres meses antes de la siega;
e hice llover sobre una ciudad
y sobre otra ciudad no hice llover; sobre una parte llovió, y
la parte sobre la cual no llovió,
se secó.
8 Y venían dos o tres ciudades
a una ciudad para beber agua, y
no se saciaban; con todo, no os
volvisteis a mí, dice Jehová.

10 *a* Isa. 3:14–15; Ezeq. 22:12; Alma 4:12–13.
14 *a* Amós 5:5–6. GEE Bet-el.
15 *a* Jer. 36:22.
b 1 Rey. 22:39.
4 1 *a* 2 Ne. 20:1–2.
4 *a* Oseas 9:13–15.
b Deut. 14:28.
5 *a* GEE Sacrificios; Acción de gracias, agradecido, agradecimiento.
b Lev. 22:18–21.
6 *a* Jer. 52:6.
b Hageo 2:17; Hel. 12:3; DyC 43:22–30.
7 *a* Jer. 3:3.

9 Os herí con tizoncillo y añublo; la langosta devoró vuestros
muchos huertos, y vuestras viñas,
y vuestros higuerales y vuestros
olivares, pero nunca os volvisteis
a mí, dice Jehová.
10 Envié entre vosotros pestilencia tal como en Egipto; maté a
espada a vuestros [a]jóvenes; vuestros caballos fueron capturados,
e hice subir el hedor de vuestros
campamentos hasta vuestras narices; pero no os volvisteis a mí,
dice Jehová.
11 Os destruí, como cuando Dios
[a]destruyó a [b]Sodoma y a Gomorra, y fuisteis como tizón sacado
del fuego; pero no os volvisteis
a mí, dice Jehová.
12 Por tanto, de esta manera te
haré a ti, oh Israel; *y* porque te
he de hacer esto, prepárate para
venir al encuentro de tu Dios,
oh Israel.
13 Porque he aquí, [a]el que forma
los montes, y crea el viento y
anuncia al hombre su [b]pensa-
miento, el que hace del alba tinieblas y pasa sobre las alturas
de la tierra: Jehová Dios de los
ejércitos es su nombre.

CAPÍTULO 5

Se exhorta al pueblo de Israel a buscar a Jehová y a hacer el bien para que vivan — Sus sacrificios a los dioses falsos son abominables.

OÍD esta palabra que yo levanto
para lamentación contra vosotros,
oh casa de Israel.
2 Cayó la virginal Israel; no podrá levantarse ya más; fue dejada
sobre su tierra, y no hay quien la
levante.
3 Porque así ha dicho Jehová el
Señor: La ciudad que salga con
mil volverá con cien, y la que
salga con cien volverá con diez,
en la casa de Israel.
4 Pero así dice Jehová a la
casa de Israel: [a]Buscadme y
viviréis;
5 y no busquéis a Bet-el, ni
entréis en Gilgal ni paséis a
Beerseba, porque Gilgal será ciertamente llevada en cautiverio, y
[a]Bet-el será deshecha.
6 [a]Buscad a Jehová y vivid, no
sea que acometa como fuego a la
casa de José y la consuma, sin haber en Bet-el quien lo apague.
7 Los que convertís en ajenjo
el juicio y echáis por tierra la
justicia,
8 buscad al que hizo [a]las Pléyades y el Orión, y las tinieblas
vuelve en mañana y hace oscurecer el día como noche; el que
llama a las aguas del mar y las
derrama sobre la faz de la tierra:
Jehová es su nombre;
9 Él es el que desencadena destrucción sobre el fuerte y hace
que la destrucción venga contra
la fortaleza.
10 Ellos aborrecen al reprensor

10 *a* DyC 45:33.
11 *a* Isa. 13:19.
b Gén. 19:24–25.
13 *a* GEE Jesucristo.
b Sal. 139:2; Alma 18:32; 3 Ne. 28:6; DyC 33:1.
5 4 *a* 2 Ne. 1:20; Mos. 26:30.
5 *a* Amós 3:14.
6 *a* Éter 12:41; DyC 88:63; 101:38.
8 *a* *Es decir,* la constelación de las Pléyades y la constelación del Orión.

en la [a]puerta *de la ciudad,* y al que
habla lo recto [b]abominan.
11 Por tanto, puesto que pisoteáis al pobre y tomáis de él carga
de trigo, aun cuando [a]edificasteis
casas de piedra labrada, no las
habitaréis; plantasteis hermosas
viñas, pero no beberéis el vino
de ellas.
12 Porque yo sé de vuestras
[a]muchas [b]rebeliones y de vuestros grandes pecados; afligís al
justo, y recibís [c]cohecho y apartáis
a los pobres en la puerta.
13 Por tanto, el [a]prudente en tal
tiempo [b]calla, porque el tiempo
es malo.
14 Buscad [a]lo bueno y no lo
malo, para que viváis, porque así
Jehová Dios de los ejércitos estará
con vosotros, como decís.
15 Aborreced el mal, y [a]amad el
bien y poned juicio en la puerta;
quizá Jehová Dios de los ejércitos tendrá piedad del remanente
de [b]José.
16 Por tanto, así ha dicho
Jehová Dios de los ejércitos, el
Señor: En todas las plazas habrá
llanto, y en todas las calles dirán:
¡Ay! ¡ay!; y al labrador llamarán a
duelo, y a llorar a los que sepan
lamentarse.
17 Y en todas las viñas habrá
llanto, porque pasaré por en medio de ti, dice Jehová.
18 ¡Ay de los que [a]desean el [b]día
de Jehová! ¿Para qué queréis este
día de Jehová? Será de [c]tinieblas
y no de luz,
19 como el que huye de delante
del león y se topa con el oso; o
como el que, al entrar en casa,
apoya su mano en la pared y le
muerde una culebra.
20 ¿No será el día de Jehová tinieblas y no luz; oscuridad, que
no tiene resplandor?
21 [a]Aborrezco, desprecio vuestras fiestas, y [b]no me darán olor
grato vuestras asambleas.
22 Y si me ofrecéis holocaustos
y vuestras ofrendas de grano, no
los [a]recibiré ni miraré a las [b]ofren-
das de paz de vuestros animales
engordados.
23 Quita de mí el ruido de tus
cantares, pues no escucharé las
salmodias de tus arpas.
24 Antes bien, corra el [a]juicio
como las aguas y la [b]justicia como
impetuoso arroyo.
25 ¿Me ofrecisteis sacrificios y
ofrendas en el desierto en cuarenta años, oh casa de Israel?
26 Antes bien, llevabais el tabernáculo de vuestros [a]Moloc
y Quiún, ídolos vuestros, la

10 *a* 2 Ne. 27:32.
b Hel. 13:24–30.
11 *a* Sof. 1:13;
Deut. 28:30.
12 *a* Ezeq. 22:7–13;
Hel. 6:37–40.
b *Es decir,* transgresiones.
c *O sea,* soborno.
13 *a* GEE Sabiduría.
b Prov. 17:28.
14 *a* Éter 4:11–12;
Moro. 7:16;
DyC 6:13.
15 *a* GEE Amor.
b 2 Ne. 3:4; 25:21;
Jacob 2:25.
18 *a* Isa. 5:18–19.
b Joel 1:15;
3 Ne. 21:20;
DyC 45:39.
c Joel 2:2;
DyC 133:49.
21 *a* Isa. 1:14.
b *Es decir,* no responderé a vuestros sacrificios ni a vuestro incienso.
22 *a* Oseas 8:13–14;
Mal. 1:10–12.
b GEE Sacrificios.
24 *a* 2 Ne. 15:7.
b GEE Rectitud, recto.
26 *a* GEE Apostasía.

estrella de vuestros dioses que os hicisteis.

27 Os haré, pues, [a]entrar en cautividad más allá de Damasco, ha dicho Jehová, cuyo nombre es Dios de los ejércitos.

CAPÍTULO 6

¡Ay de los reposados en Sión! — Israel será asolado por la desolación.

¡AY de los [a]reposados en Sión y de los confiados en el monte de Samaria, los nombrados como principales entre las naciones, a quienes acude la casa de Israel!

2 Pasad a Calne y mirad; y de allí id a la gran Hamat; descended luego a Gat de los filisteos. ¿Son aquellos reinos mejores que estos reinos? ¿Es mayor su territorio que vuestro territorio?

3 Vosotros que [a]alejáis el día malo y acercáis la silla de la violencia;

4 los que duermen en camas de marfil, y se estiran sobre sus lechos, y comen los corderos del rebaño y los becerros sacados de en medio del establo;

5 gorjean al son de la flauta e inventan [a]instrumentos musicales, como David;

6 beben vino en tazones y se ungen con los ungüentos más finos; y no se afligen por el quebranto de José;

7 por tanto, ahora irán cautivos a la cabeza de los que van a la [a]cautividad, y se acabará el festín de los que se entregan a los placeres.

8 Jehová el Señor [a]juró por sí mismo, Jehová Dios de los ejércitos ha dicho: Abomino la soberbia de Jacob y aborrezco sus palacios; entregaré al enemigo la ciudad y cuanto hay en ella.

9 Y acontecerá que si diez [a]hombres quedan en una casa, morirán.

10 Y su tío levantará a cada uno, y lo quemará, para sacar los huesos de la casa; y dirá al que esté en los rincones de la casa: ¿Hay aún alguno contigo? Y *el otro* dirá: No. Y dirá aquél: Calla, porque no debemos hacer mención del nombre de Jehová.

11 Porque he aquí, Jehová mandará y herirá con hendiduras la casa mayor, y la casa menor con grietas.

12 ¿Correrán los caballos por las peñas? ¿Ararán *en ellas* con bueyes? ¿Por qué habéis vosotros convertido el juicio en veneno y el fruto de justicia en ajenjo?

13 Vosotros que os [a]alegráis por nada, que decís: ¿No hemos adquirido poder con nuestra propia fuerza?

14 Pues he aquí, levantaré yo sobre vosotros, oh casa de Israel, dice Jehová Dios de los

27 *a* HEB ir al exilio.
6 1 *a* Amós 4:1; 2 Ne. 28:21–24.
3 *a* Ezeq. 12:27.
5 *a* 1 Cró. 23:5; DyC 136:28.
7 *a* *O sea,* al exilio. GEE Israel—El esparcimiento de Israel.
8 *a* Jer. 22:5; 51:14; Heb. 6:13; DyC 97:19–20.
9 *a* *O sea,* personas.
13 *a* Mos. 11:19; DyC 3:4.

ejércitos, a una nación que os
oprimirá desde la entrada
de Hamat hasta el arroyo del
desierto.

CAPÍTULO 7

Amós relata cómo fue llamado por Jehová para ser profeta — Profetiza la cautividad de Israel.

Así me ha mostrado Jehová el
Señor: Y he aquí, él formaba langostas cuando comenzaba a crecer el heno tardío; y he aquí, el
heno tardío venía después de las
siegas del rey.
2 Y acaeció que cuando *las*
langostas acabaron de comer la
hierba de la tierra, yo dije: Oh
Señor, Jehová, perdona, te ruego;
¿quién levantará a Jacob?, porque
es pequeño.
3 [a]Se arrepintió Jehová de esto:
No será, dijo Jehová.
4 Jehová el Señor me mostró
así: Y he aquí, Jehová el Señor
llamaba para juzgar con fuego; y
consumió el gran abismo y consumió una parte *de la tierra.*
5 Y dije: Señor, Jehová, cesa, te
ruego; ¿quién levantará a Jacob?,
porque es pequeño.
6 [a]Se arrepintió Jehová de esto:
No será esto tampoco, dijo Jehová
el Señor.
7 Me enseñó así: Y he aquí, el
Señor estaba sobre un muro hecho a plomo, y en su mano tenía
una plomada de albañil.
8 Jehová entonces me dijo: ¿Qué
ves, Amós? Y dije: Una plomada
de albañil. Y el Señor dijo: He
aquí, yo pongo plomada de albañil en medio de mi pueblo Israel;
ya no lo toleraré más.
9 Y los lugares altos de Isaac
serán destruidos, y los santuarios de Israel serán asolados; y
me levantaré con espada contra
la [a]casa de Jeroboam.
10 Entonces el sacerdote Amasías de Bet-el envió a decir a
Jeroboam, rey de Israel: Amós
ha conspirado contra ti en medio de la casa de Israel; la tierra no puede soportar todas sus
palabras.
11 Porque así ha dicho Amós:
Jeroboam morirá a espada, e
Israel ciertamente será llevado
de su tierra en cautiverio.
12 Y Amasías dijo a Amós:
[a]Vidente, vete; huye a tierra de
Judá, y come allá tu pan y profetiza allá;
13 y no profetices más en Bet-el,
porque es santuario del rey y casa
del reino.
14 Entonces respondió Amós,
y dijo a Amasías: No soy [a]pro-
feta ni soy hijo de profeta, sino
que soy boyero y recojo higos
silvestres;
15 y Jehová me tomó de detrás del ganado, y me dijo

7 3 *a* TJS Amós 7:3 *Y Jehová dijo acerca de Jacob: Jacob se arrepentirá de esto; por tanto, no le destruiré del todo,* dijo Jehová.
6 *a* TJS Amós 7:6 *Y Jehová dijo acerca de Jacob: Jacob se arrepentirá de esto; por tanto, no le destruiré del todo,* dijo Jehová el Señor.
9 *a* 2 Rey. 15:8–12.
12 *a* GEE Vidente.
14 *a* JS—H 1:22–23.

[a]Jehová: [b]Ve y [c]profetiza a mi pueblo Israel.
16 Ahora, pues, oye la palabra
de Jehová. Tú dices: No profetices
contra Israel ni hables contra la
casa de Isaac.
17 Por tanto, así ha dicho Jehová: Tu esposa se prostituirá en
la ciudad, y tus hijos y tus hijas
caerán a espada, y tu tierra será
repartida a cordel; y tú morirás
en tierra inmunda, e [a]Israel ciertamente será llevado cautivo *lejos*
de su tierra.

CAPÍTULO 8

Amós profetiza la caída de Israel — Habrá hambre de oír la palabra de Jehová.

Así me ha mostrado Jehová el
Señor: Y he aquí, un canastillo
de fruta de verano.
2 Y dijo: ¿Qué ves, Amós? Y dije:
Un canastillo de fruta de verano.
Y me dijo Jehová: Ha venido [a]el
fin sobre mi pueblo Israel; ya no
lo toleraré más.
3 Y los cantores del tem-
plo aullarán en aquel día, dice
Jehová el Señor; muchos serán
los cuerpos muertos; en cualquier lugar serán echados en
silencio.
4 Oíd esto, los que pisoteáis a
los menesterosos y arruináis a los
pobres de la tierra,
5 diciendo: ¿Cuándo pasará la
luna nueva, para que vendamos
el trigo, y el [a]día de reposo, para
que abramos *los alfolíes* del trigo,
y achiquemos la [b]medida, y subamos el precio y falseemos con
engaño la [c]balanza;
6 para que [a]compremos a los
pobres por dinero y a los necesitados por un par de sandalias,
y vendamos los desechos del
trigo?
7 Jehová ha jurado por la [a]gloria
de Jacob: No me [b]olvidaré jamás
de ninguna de sus obras.
8 ¿No se estremecerá la tierra
por esto? ¿Y no llorará todo habitante de ella? Y subirá toda
ella como un río, y se desbordará y menguará como el río de
Egipto.
9 Y acaecerá en aquel día, dice
Jehová el Señor, que haré que
se ponga el [a]sol a mediodía y
[b]cubriré la tierra de tinieblas en
pleno día.
10 Y cambiaré vuestras fiestas
en duelo y todos vuestros cantares en lamentaciones; y haré
poner cilicio sobre todo lomo,
y que se [a]rape toda cabeza; y la
volveré como en llanto por el
hijo único, y su final será como
día amargo.
11 He aquí, vienen días, dice
Jehová el Señor, en los cuales

15 *a* GEE Llamado, llamado por Dios, llamamiento.
b GEE Llaves del sacerdocio.
c GEE Profecía, profetizar.
17 *a* GEE Israel—El esparcimiento de Israel.
8 2 *a* Ezeq. 7:2.
5 *a* GEE Día de reposo.
b Lev. 19:36; Ezeq. 45:10.
c Prov. 11:1.
6 *a* Amós 2:6.
7 *a* Amós 6:8.
b Oseas 8:13.
9 *a* Miq. 3:6.
b Lucas 23:44–45.
10 *a* Isa. 3:16–26.

enviaré [a]hambre a la tierra, no
hambre de pan ni sed de agua,
sino de oír la palabra de Jehová.
12 E irán errantes de mar a mar;
desde el norte hasta el oriente
[a]andarán buscando la palabra de
Jehová y no la hallarán.
13 En aquel día las doncellas
hermosas y los jóvenes desmayarán de sed.
14 Los que [a]juran por el pecado
de Samaria y dicen: ¡Viva tu dios,
oh [b]Dan! y: ¡Viva el camino de
Beerseba! caerán y nunca más se
levantarán.

CAPÍTULO 9

Israel será zarandeada entre todas las naciones — En los últimos días, el pueblo de Israel será congregado nuevamente en su propia tierra, y ésta será productiva.

VI al Señor que estaba sobre el
altar, y dijo: Golpea los capiteles,
y estremézcanse los umbrales, y
hazlos pedazos sobre la cabeza de
todos; y al resto de ellos [a]mataré
a espada; no habrá de ellos quien
[b]huya ni quien escape.
2 Aunque caven hasta el Seol,
de allá los tomará mi mano; y
aunque suban hasta el cielo, de
allá los haré descender.
3 Y aunque se [a]escondan en la
cumbre del Carmelo, allí los buscaré y los tomaré; y aunque se escondan de delante de mis ojos en
lo profundo del mar, allí mandaré
a la serpiente, y los morderá.
4 Y si van al cautiverio delante
de sus enemigos, allí mandaré la
espada, y los matará; y pondré
sobre ellos mis ojos para [a]mal y
no para bien.
5 El Señor Jehová de los ejércitos
es el que toca la tierra, y ésta [a]se
derretirá, y llorarán todos los que
en ella moran; y subirá toda ella
como un río y menguará luego
como el río de Egipto.
6 Él edificó en el cielo sus [a]moradas y ha establecido su expansión sobre la tierra; él llama a las
[b]aguas del mar y sobre la faz de
la tierra las derrama; Jehová es
su nombre.
7 Hijos de Israel, ¿no me sois
vosotros como hijos de etíopes?,
dice Jehová. ¿No hice yo subir a
Israel de la tierra de Egipto, y a
los filisteos de Caftor, y de Kir a
los [a]arameos?
8 He aquí, los [a]ojos de Jehová el
Señor están sobre el reino pecador,
y yo lo destruiré de la faz de la tierra; mas no [b]destruiré del todo la
casa de Jacob, dice Jehová.
9 Porque he aquí, yo mandaré
y haré que la casa de [a]Israel sea
[b]zarandeada entre todas las naciones, como se zarandea *el grano*

11 *a* 1 Sam. 3:1; Sal. 74:9. GEE Apostasía—Apostasía de la Iglesia Cristiana Primitiva.
12 *a* Job 12:24–25.
14 *a* GEE Juramento.
b 1 Rey. 12:28–30.

9 1 *a* 3 Ne. 16:9.
b Amós 2:14.
3 *a* Alma 12:14.
4 *a* Jer. 21:10.
5 *a* DyC 101:23–25.
6 *a* Moisés 1:33.
b Amós 5:8; Moisés 2:6–7; Abr. 4:9–10.

7 *a* *O sea,* los sirios.
8 *a* DyC 1:1; 38:7.
b Jer. 30:11; 2 Ne. 3:3; 6:10–11.
9 *a* GEE Israel—Las diez tribus perdidas de Israel.
b GEE Israel—El esparcimiento de Israel.

en una criba, sin que caiga ni un
granito en la tierra.
10 A espada morirán todos
los pecadores de mi pueblo, los
que dicen: No se acercará ni nos
[a]alcanzará el mal.
11 En aquel día yo levantaré el
[a]tabernáculo caído de David, y
cerraré sus brechas, y levantaré
sus ruinas y lo reedificaré como
en el tiempo pasado,
12 para que [a]posean el remanente de [b]Edom y de todas las
naciones que son llamadas por
mi nombre, dice Jehová, que hace
esto.
13 He aquí, vienen días, dice
Jehová, en que el que ara alcanzará al segador, y el pisador de
las uvas al que lleve la simiente;
y los montes destilarán vino
dulce, y todos los collados [a]se
derretirán.
14 Y traeré del [a]cautiverio a mi
pueblo [b]Israel, y [c]reedificarán
ellos las [d]ciudades asoladas y
las habitarán; y plantarán viñas
y beberán el vino de ellas, y harán huertos y comerán el fruto
de ellos.
15 Pues los plantaré sobre su
[a]tierra, y [b]nunca más serán arrancados de la tierra que yo les di, ha
dicho Jehová, Dios tuyo.

ABDÍAS

Abdías profetiza la caída de Edom — Habrá salvadores sobre el monte Sión.

VISIÓN de [a]Abdías. Jehová el
Señor ha dicho así en cuanto
a [b]Edom: Hemos oído el pregón
de parte de Jehová, y mensajero
ha sido enviado a las naciones.
Levantaos, y levantémonos contra este pueblo en batalla.
2 He aquí, pequeño te he hecho
entre las naciones; despreciado
eres tú en gran manera.
3 La [a]soberbia de tu [b]corazón
te ha engañado, tú que moras en
las hendiduras de las peñas, en
tu altísima morada, que dices en
tu corazón: ¿Quién me derribará
a tierra?
4 [a]Aunque te remontes como
águila y entre las estrellas pongas tu nido, de ahí te derribaré,
dice Jehová.
5 Si [a]ladrones vinieran a ti, o
robadores de noche (¡cómo has
sido destruido!), ¿no robarían lo
que les bastara? Si vinieran a ti

10 *a* HEB nos enfrentará.
11 *a* Hech. 15:15–17. GEE Templo, Casa del Señor.
12 *a* Abd. 1:17; 2 Ne. 24:1–2.
b Isa. 34:5; Jer. 49:17; Ezeq. 25:12–14; Abd. 1:18.
13 *a* 3 Ne. 26:3; Morm. 9:2.
14 *a* Sof. 2:7; 3 Ne. 16:11–20.
b GEE Israel—La congregación de Israel.
c DyC 101:18; 103:11.
d Ezeq. 36:8–15.
15 *a* GEE Tierra prometida.
b 3 Ne. 20:29.

[ABDÍAS]
1 1 *a* GEE Abdías.
b Gén. 36:1; Jer. 49:7–22.
3 *a* 2 Ne. 20:33; Hel. 4:12–13; DyC 101:42.
b GEE Orgullo; Rebelión.
4 *a* *O sea,* si te exaltaras.
5 *a* Jer. 49:9. GEE Robar, robo, hurtar, hurto.

vendimiadores, ¿no dejarían algún rebusco?
6 ¡Cómo fueron escudriñadas *las
cosas de* Esaú! Sus cosas escondidas fueron buscadas.
7 Hasta el límite te han llevado
todos tus aliados; los que estaban en paz contigo te han engañado, y han prevalecido contra ti;
los que comían tu pan han puesto
trampa debajo de ti; no hay en él
entendimiento.
8 ¿No haré que perezcan en
[a]aquel día, dice Jehová, los sabios de Edom y la prudencia del
monte de Esaú?
9 Y tus valientes, oh [a]Temán, serán amedrentados, para que todo
hombre sea [b]talado del monte de
Esaú por el estrago.
10 Por la violencia contra tu
hermano Jacob te cubrirá la
vergüenza, y serás talado para
siempre.
11 El día en que te pusiste del
lado contrario, el día en que extraños llevaban cautivo su ejército, y extranjeros entraban por
sus puertas y echaban suertes
sobre Jerusalén, tú también eras
como [a]uno de ellos.
12 Pues no debiste haberte
quedado mirando en el día de
tu hermano, el día de su infortunio; no debiste haberte [a]ale-
grado de los hijos de Judá el
día en que perecieron ni debiste
haberte jactado en el día de su
angustia.
13 No debiste haber entrado
por la puerta de mi pueblo en el
día de su calamidad; no, no debiste haber mirado su mal el día
de su desgracia ni haber echado
mano a sus bienes el día de su
calamidad.
14 Tampoco debiste haberte
puesto en las encrucijadas para
matar a los que de ellos escapa-
ban; ni debiste haber entregado
a los que quedaban en el día de
su angustia.
15 Porque cercano está el [a]día de
Jehová sobre todas las [b]naciones;
como tú [c]hiciste se hará [d]contigo;
tu recompensa volverá sobre tu
propia cabeza.
16 De la manera que vosotros
[a]bebisteis en mi santo monte,
beberán continuamente todas
las naciones; beberán, y engulli-
rán y serán como si no hubieran
existido.
17 Mas en el monte [a]Sión habrá [b]salvamento, y será santo, y
la casa de Jacob [c]recuperará sus
posesiones.
18 Y la casa de Jacob será [a]fuego,
y la casa de José será llama, y la
casa de [b]Esaú estopa, y los quemarán y los consumirán; ni aun
quedará sobreviviente alguno en
la casa de Esaú, porque Jehová
lo ha dicho.

8 *a* DyC 45:26.
9 *a* Amós 1:12.
b DyC 56:3; 64:35–36.
11 *a* Ezeq. 35:1–15.
12 *a* Prov. 17:5.
15 *a* Joel 3:11–21. GEE Últimos días, postreros días.
b GEE Gentiles.
c Ezeq. 35:15.
d GEE Justicia.
16 *a* Jer. 25:15–33; 49:7–12.
17 *a* GEE Sión.
b Joel 2:32. GEE Libertador.
c Amós 9:11–15.
18 *a* Zac. 12:6; 3 Ne. 20:16. GEE Fuego.
b Jer. 49:13–22; Ezeq. 25:12–14.

19 [a]Y los del sur poseerán el monte de Esaú y las llanuras de los filisteos; poseerán también los campos de Efraín y los campos de Samaria; y Benjamín *poseerá* Galaad.

20 Y los cautivos de este ejército de los hijos de Israel *poseerán* lo de los cananeos hasta Sarepta; y los cautivos de Jerusalén que están en Sefarad poseerán las ciudades del sur.

21 Y subirán [a]salvadores al [b]monte Sión para [c]juzgar al monte de Esaú; y el [d]reino será de Jehová.

JONÁS

CAPÍTULO 1

Se envía a Jonás a llamar a Nínive al arrepentimiento — Él huye en un barco, es echado al mar y se lo traga un gran pez.

Y VINO la palabra de Jehová a [a]Jonás hijo de Amitai, diciendo:

2 Levántate, ve a Nínive, la gran ciudad, y [a]clama contra ella, porque su [b]maldad ha subido delante de mí.

3 Pero Jonás se levantó para huir de la [a]presencia de Jehová a Tarsis, y descendió a Jope y halló una nave que partía para Tarsis; y pagando su pasaje, entró en ella para irse con ellos a Tarsis, lejos de la presencia de Jehová.

4 Pero Jehová hizo levantar un gran viento en el mar, y hubo una [a]tempestad *tan* grande en el mar que se pensó que se partiría la nave.

5 Y los marineros tuvieron miedo, y cada uno clamaba a su dios; y echaron al mar los enseres que había en la nave, para aligerarla. Pero Jonás había bajado al interior de la nave, y se había acostado y dormía profundamente.

6 Y el maestre de la nave se acercó a él y le dijo: ¿Qué tienes, dormilón? Levántate y [a]clama a tu Dios. Quizá tu Dios piense en nosotros y no perezcamos.

7 Y dijo cada uno a su compañero: Venid y echemos suertes, para saber por culpa de quién nos ha venido este mal. Y echaron suertes, y la suerte cayó sobre Jonás.

8 Entonces le dijeron ellos:

---

19 *a* *O sea,* el pueblo del Neguev (del sur) poseerá el monte de Esaú y el pueblo de la Sefela poseerá la llanura de los filisteos. Sof. 2:5–7; 2 Ne. 21:11–14. GEE Filisteos.
21 *a* DyC 103:9–10. GEE Genealogía.
b DyC 76:66.
c DyC 64:31–38. GEE Juicio, juzgar.
d Sal. 22:28; 2 Ne. 33:11–12. GEE Reino de Dios o de los cielos.

[JONÁS]
1 1 *a* 2 Rey. 14:25. GEE Jonás.
2 *a* GEE Predicar; Profeta.
b GEE Inicuo, iniquidad.
3 *a* Sal. 139:1–16; Moisés 4:14.
4 *a* Mateo 8:23–27; 1 Ne. 18:9–13.
6 *a* 1 Ne. 18:15–22. GEE Pedir.

Decláranos, te rogamos, por qué nos ha venido este mal. ¿Qué oficio tienes y de dónde vienes? ¿Cuál es tu tierra, y de qué pueblo eres?
9 Y él les respondió: Soy hebreo y temo a [a]Jehová, Dios de los cielos, que hizo el mar y la tierra.
10 Y aquellos hombres temieron sobremanera y le dijeron: ¿Por qué has hecho esto? Porque ellos sabían que huía de la presencia de Jehová, porque él se lo había declarado.
11 Y le dijeron: ¿Qué haremos contigo para que el mar se nos aquiete? Porque el mar se iba embraveciendo más y más.
12 Y él les respondió: Tomadme y echadme al mar, y el mar se os aquietará, porque yo sé que por mi causa ha venido esta gran tempestad sobre vosotros.
13 Y aquellos hombres remaron con todas sus fuerzas para hacer volver la nave a tierra, pero no pudieron, porque el mar se iba embraveciendo más y más contra ellos.
14 Entonces clamaron a Jehová y dijeron: Te rogamos, oh Jehová, te suplicamos que no perezcamos nosotros por la vida de este hombre, ni pongas sobre nosotros sangre inocente, porque tú, Jehová, has hecho como has querido.
15 Y tomaron a Jonás y lo echaron al mar, y el furor del mar se aquietó.
16 Y temieron aquellos hombres a Jehová con gran temor, y ofrecieron sacrificio a Jehová e hicieron votos.
17 Pero Jehová tenía preparado un gran pez para que se tragase a Jonás; y estuvo Jonás en el vientre del pez [a]tres días y tres noches.

CAPÍTULO 2

Jonás ora a Jehová y el pez lo vomita en tierra.

ENTONCES oró Jonás desde el vientre del pez a Jehová, su Dios,
2 y dijo:
Clamé en mi [a]angustia a Jehová,
y él me oyó;
desde el seno del [b]Seol clamé,
y mi voz oíste.
3 Me echaste a lo profundo,
en medio de los mares,
y me rodeó la corriente;
todas tus ondas y tus olas pasaron sobre mí.
4 Entonces dije: Desechado soy
de delante de tus ojos;
mas aún veré tu santo [a]templo.
5 Las aguas me rodearon [a]hasta el alma;
me rodeó el abismo;
las algas se enredaron en mi cabeza.
6 Descendí a los cimientos de los montes;

9 *a* GEE Jehová.
17 *a* Mateo 16:4. GEE Jesucristo—Simbolismos o símbolos de Jesucristo.
2 2 *a* GEE Adversidad.
b Alma 36:15–18.
4 *a* Sal. 5:7. GEE Templo, Casa del Señor.
5 *a* *Es decir,* hasta que estuve a punto de morir.

la tierra *echó* sus cerrojos sobre mí para siempre;
pero tú [a]sacaste mi vida de la fosa,
oh Jehová, Dios mío.
7 Cuando mi alma desfallecía en mí,
[a]me acordé de Jehová;
y mi [b]oración llegó hasta ti,
hasta tu santo [c]templo.
8 Los que siguen vanidades [a]ilusorias
su propia misericordia abandonan.
9 Pero yo, con voz de alabanza,
te ofreceré sacrificios;
cumpliré lo que [a]prometí.
La [b]salvación *pertenece* a Jehová.
10 Y mandó Jehová al pez, y éste vomitó a Jonás en tierra.

CAPÍTULO 3

Jonás profetiza la caída de Nínive — La gente se arrepiente y la ciudad se salva.

Y VINO la palabra de Jehová por segunda vez a Jonás, diciendo:
2 Levántate, ve a Nínive, la gran ciudad, y [a]proclámale el mensaje que yo te diré.
3 Y se levantó Jonás y fue a Nínive, conforme a la palabra de Jehová. Y era Nínive una [a]ciudad grande, de tres días de [b]camino.
4 Y comenzó Jonás a entrar por la ciudad, camino de un día, y proclamaba, diciendo: De aquí a cuarenta días Nínive será destruida.
5 [a]Y los hombres de [b]Nínive creyeron a Dios, y proclamaron [c]ayuno y se vistieron de cilicio desde el mayor hasta el menor de ellos.
6 Y llegó la noticia hasta el rey de Nínive, y se levantó de su trono, y se despojó de su vestido, y se cubrió de [a]cilicio y se sentó sobre ceniza.
7 E hizo proclamar y anunciar en Nínive, por mandato del rey y de sus grandes, diciendo: Hombres y animales, bueyes y ovejas, no prueben cosa alguna; no se les dé alimento ni beban agua,
8 sino cúbranse de cilicio hombres y animales, y clamen a Dios fuertemente; y [a]vuélvase cada uno de su mal camino y de la violencia que hay en sus manos.
9 ¿Quién sabe? Puede que Dios se [a]vuelva y se arrepienta, y se

---

6 *a* GEE Nacer de Dios, nacer de nuevo.
7 *a* Sal. 107:5–6; Hel. 12:3.
b GEE Oración.
c Sal. 18:6.
GEE Templo, Casa del Señor.
8 *a* GEE Mentiras.
9 *a* GEE Juramento.
b GEE Salvación.

3 2 *a* GEE Predicar.
3 *a* HEB una gran ciudad para Dios.
b *Es decir,* a través de la gran Nínive y sus alrededores.
5 *a* Alma 31:5.
GEE Palabra de Dios.
b Mateo 12:41.
c GEE Ayunar, ayuno.
6 *a* Mos. 11:25.
GEE Humildad, humilde, humillar (afligir).
8 *a* Alma 19:33.
GEE Nacer de Dios, nacer de nuevo.
9 *a* TJS Jonás 3:9 …*nos arrepintamos,* y *nos volvamos a Dios, y él apartará de nosotros* el furor de su ira…

aparte del furor de su ira, y no perezcamos.

10 Y [a]vio Dios lo que hicieron, que se [b]volvieron de su mal camino; [c]y se arrepintió Dios del mal que había dicho que les haría, y [d]no lo hizo.

CAPÍTULO 4

Jonás se disgusta con Jehová por Su misericordia para con el pueblo — Jehová lo reprende.

PERO esto desagradó a Jonás en extremo, y se enojó.

2 Y oró a Jehová y dijo: Ahora, oh Jehová, ¿no es esto lo que yo decía estando aún en mi tierra? Por eso me apresuré a huir a Tarsis, porque yo sabía que tú eres Dios [a]clemente y piadoso, tardo en enojarte y de gran misericordia, y que te [b]arrepientes del mal.

3 Ahora pues, oh Jehová, te ruego que me quites la vida, porque mejor me es la muerte que la vida.

4 Y Jehová *le* respondió: ¿Haces tú bien en enojarte tanto?

5 Y salió Jonás de la ciudad, y se asentó hacia el oriente de la ciudad, y se hizo allí una enramada y se sentó debajo de ella, a la sombra, hasta ver qué sería de la ciudad.

6 Y preparó Jehová Dios una calabacera, la cual creció sobre Jonás para que hiciese sombra sobre su cabeza y le librase de su malestar; y Jonás se alegró grandemente por la calabacera.

7 Mas al venir la mañana del día siguiente, Dios preparó un gusano, el cual hirió la calabacera, y ésta se secó.

8 Y acaeció que al salir el sol, preparó Dios un recio viento solano; y el sol hirió a Jonás en la cabeza, y se desmayaba y deseaba la muerte, diciendo: Mejor sería para mí la muerte que la vida.

9 Entonces dijo Dios a Jonás: ¿Tanto te [a]enojas por la calabacera? Y él respondió: Mucho me enojo, hasta la muerte.

10 Y dijo Jehová: Tuviste tú lástima de la calabacera, en la cual no trabajaste ni tú la hiciste crecer, que en espacio de una noche nació y en espacio de otra noche pereció.

11 ¿Y no tendré yo [a]piedad de Nínive, aquella gran ciudad donde hay más de ciento veinte mil personas que no saben discernir entre su mano derecha y su mano izquierda, y muchos animales?

---

10 *a* DyC 121:24. GEE Omnisciente.
b GEE Arrepentimiento, arrepentirse.
c TJS Jonás 3:10 …*y se arrepintieron;* y Dios *apartó* el mal que había dicho que *haría venir sobre ellos.*
d DyC 56:4–6.

4 2 *a* GEE Misericordia, misericordioso.
b HEB eres tardo para la ira. Jonás sabía que Dios podía revocar la calamidad que había decretado, y pensaba que Dios lo haría aun cuando el pueblo no se arrepintiera.
9 *a* GEE Enojo.
11 *a* 2 Ne. 26:33.

Miqueas

CAPÍTULO 1

Miqueas profetiza la caída de Samaria y la de Jerusalén.

LA palabra de Jehová que vino a [a]Miqueas de Moreset en los días de Jotam, de Acaz *y* de Ezequías, reyes de Judá; lo que vio sobre Samaria y Jerusalén.

2 [a]Oíd, pueblos todos; atended, oh tierra, y todo lo que en ella hay; y Jehová el Señor, el Señor desde su santo templo, sea testigo contra vosotros.

3 Porque he aquí, [a]Jehová sale de su lugar, y descenderá y caminará sobre las alturas de la tierra.

4 Y debajo de él se derretirán los [a]montes, y los valles se hendirán como la cera ante el fuego, como las aguas que corren por un precipicio.

5 Todo esto por la [a]rebelión de Jacob y por los pecados de la casa de Israel. ¿Cuál es la rebelión de Jacob? ¿No es Samaria? ¿Y cuáles son los lugares altos de Judá? ¿No es Jerusalén?

6 Haré, pues, de [a]Samaria un montón de ruinas, lugares para plantar viñas; y derramaré sus piedras por el valle y descubriré sus cimientos.

7 Y todas sus estatuas serán despedazadas, y todas sus pagas serán quemadas en el fuego, y asolaré todos sus ídolos, porque de paga de rameras las juntó, y a paga de rameras volverán.

8 Por tanto, lamentaré, y aullaré, y andaré despojado y desnudo; haré aullido como de chacales y lamento como de avestruces.

9 Porque su llaga es incurable, pues llegó hasta Judá; llegó hasta la puerta de mi pueblo, hasta Jerusalén.

10 No lo digáis en Gat ni tampoco lloréis; revuélcate en el polvo de [a]Bet-le-afra.

11 Pásate desnuda y con vergüenza, oh moradora de Safir; la moradora de Zaanán no salió; el llanto de Bet-esel quitará de vosotros su apoyo.

12 Porque la moradora de Marot anheló intensamente el bien, por cuanto el mal descendió de Jehová hasta la puerta de Jerusalén.

13 Unce al carro los corceles, oh moradora de Laquis; ella fue principio de pecado para la hija de Sión, porque en ti se hallaron las rebeliones de Israel.

14 Por tanto, tú darás presentes de despedida a Moreset-gat; las

---

[MIQUEAS]
1 1 *a* Jer. 26:18. GEE Miqueas.
2 *a* GEE Escuchar.
3 *a* GEE Segunda Venida de Jesucristo.
4 *a* Jue. 5:5; Isa. 64:1–3; DyC 49:23.
5 *a* GEE Apostasía.
6 *a* GEE Samaria.
10 *a* *Es decir,* casa del polvo, de la ceniza. Cada una de las ciudades que se mencionan en los vers. 10–16 correrán una suerte relacionada al significado de su nombre.

casas de Aczib serán un engaño
para los reyes de Israel.
15 Aún te traeré heredero, oh
moradora de Maresa; la gloria de
Israel vendrá hasta Adulam.
16 Rápate y córtate el cabello por
los hijos de tus delicias; ensancha
tu calva como águila, porque fueron llevados cautivos de ti.

CAPÍTULO 2

Se lamenta la destrucción de Israel — Jehová recogerá al remanente de Israel.

¡AY de los que en sus camas traman iniquidad y maquinan el mal, *y* cuando llega la mañana lo ponen por obra, porque tienen en su mano el poder!
2 Y [a]codician los campos y los
roban; y casas, y las quitan; así
oprimen al hombre y a su casa,
al hombre y a su heredad.
3 Por tanto, así ha dicho Jehová:
He aquí, yo tramo contra esta
familia un mal, del cual no sacaréis vuestros cuellos ni andaréis
erguidos, porque el tiempo será
malo.
4 En aquel día se levantará
contra vosotros un refrán, y se
lamentará con triste lamentación,
diciendo: Del todo fuimos destruidos; él ha cambiado la heredad de mi pueblo. ¡Cómo nos
quitó nuestros campos! Los repartió *a otros*.
5 Por tanto, no tendrás quien
reparta heredades a suerte en la
congregación de Jehová.
6 No profeticéis, *dicen* a los que
profetizan; no les profeticen, porque no van a avergonzarse.
7 Tú que te dices casa de Jacob,
¿se ha reducido el espíritu de Jehová? ¿Son éstas sus obras? ¿No
hacen bien mis [a]palabras al que
camina rectamente?
8 El que ayer era mi pueblo se
ha levantado como enemigo; a
los que pasan confiadamente,
los que vuelven de la guerra,
les quitáis el manto de sobre la
vestimenta.
9 A las mujeres de mi pueblo
echasteis fuera de las casas de sus
delicias; a sus niños quitasteis mi
[a]gloria para siempre.
10 Levantaos y andad, porque
éste no es lugar de [a]reposo; puesto
que está contaminado, destruirá
con gran destrucción.
11 Si alguno anda con espíritu
falso y [a]miente, *diciendo*: Yo te
profetizaré de vino y de sidra;
éste será el [b]profeta para este
pueblo.
12 De cierto os reuniré a todos,
oh Jacob; [a]recogeré ciertamente
al remanente de Israel; los pondré juntos como ovejas de Bosra,
como rebaño en medio de su redil; harán estruendo por *la multitud de* hombres.
13 Subirá el que abre brechas
delante de ellos; abrirán brecha,
y pasarán la puerta y saldrán

2 2 *a* GEE Codiciar.
7 *a* Jacob 2:8; Hel. 3:29–30.
9 *a* GEE Gloria.
10 *a* DyC 84:24. GEE Descansar, descanso (reposo).
11 *a* GEE Supercherías sacerdotales.
b Hel. 13:27.
12 *a* GEE Israel—La congregación de Israel.

por ella; y su [a]rey pasará delante de ellos, y a la cabeza de ellos Jehová.

CAPÍTULO 3

Los sacerdotes que enseñan por precio y los profetas que adivinan por dinero traen maldición sobre el pueblo.

Y DIJE: Oíd ahora, oh gobernantes de Jacob y jefes de la casa de Israel: ¿No os corresponde a vosotros saber lo que es justo?

2 Vosotros que aborrecéis lo bueno y amáis lo malo, que les quitáis su piel y su carne de sobre los huesos;

3 que coméis asimismo la carne de mi pueblo, y les arrancáis la piel de sobre ellos, y les quebráis los huesos y los rompéis, como para el caldero, y como carne en la olla.

4 Entonces [a]clamarán a Jehová y no les responderá, sino que esconderá de ellos su rostro en aquel tiempo, por cuanto hicieron obras malas.

5 Así ha dicho Jehová acerca de los profetas que hacen errar a mi pueblo, [a]que muerden con sus dientes y claman: Paz, y al que no les da de comer, declaran contra él [b]guerra santa.

6 Por tanto, habrá para vosotros [a]noche sin visión y oscuridad sin [b]adivinación; y sobre los profetas se pondrá el sol, y el día se entenebrecerá sobre ellos.

7 Y serán avergonzados los profetas, y se confundirán los adivinos; y todos ellos se cubrirán los labios, porque no hay respuesta de Dios.

8 Pero yo estoy lleno del [a]poder mediante el [b]espíritu de Jehová, y de juicio y de fuerza, para denunciar a Jacob su [c]rebelión y a Israel su pecado.

9 Oíd ahora esto, gobernantes de la casa de Jacob y jefes de la casa de Israel, que abomináis la justicia y pervertís todo lo que es recto,

10 que edificáis a Sión con sangre y a Jerusalén con injusticia.

11 Sus gobernantes juzgan por [a]cohecho, y sus sacerdotes enseñan por precio, y sus profetas adivinan por [b]dinero; y se apoyan en Jehová, diciendo: ¿No está Jehová entre nosotros? No vendrá mal sobre nosotros.

12 Por tanto, a causa de vosotros Sión será arada como campo, y [a]Jerusalén será [b]montones de ruinas; y el monte de la [c]casa, como cumbres de bosque.

CAPÍTULO 4

En los postreros días se construirá el templo, Israel se congregará en

---

13 *a* DyC 38:21.
3 4 *a* Mos. 11:23–25.
5 *a* Posiblemente, cuando tienen algo que comer.
b 1 Ne. 11:34–36; DyC 121:38.
6 *a* DyC 112:23; Moisés 7:61–62. GEE Tinieblas espirituales.
b GEE Profecía, profetizar.
8 *a* GEE Poder.
b GEE Espíritu Santo.
c Hel. 13:26.
11 *a* *O sea,* por soborno.
b GEE Supercherías sacerdotales.
12 *a* Isa. 3:8. GEE Jerusalén.
b Isa. 1:7.
c *Es decir,* templo. GEE Templo, Casa del Señor.

él, comenzará la era milenaria y
Jehová reinará en Sión.

Y ACONTECERÁ en los postreros
días que el [a]monte de la casa de
Jehová será establecido como cabeza de los montes, y más alto
que los collados, y correrán a él
los pueblos.
2 Y vendrán muchas naciones y
dirán: Venid, y subamos al monte
de Jehová y a la casa del Dios de
Jacob; y nos enseñará acerca de
sus caminos, y [a]andaremos por
sus veredas; porque de [b]Sión saldrá la [c]ley, y de Jerusalén la palabra de Jehová.
3 Y él juzgará entre muchos
pueblos y reprenderá a naciones poderosas hasta muy lejos;
y forjarán sus [a]espadas en rejas
de arado y sus lanzas en hoces;
no alzará espada nación contra
nación ni se adiestrarán más para
la [b]guerra.
4 Y se sentará cada uno debajo
de su vid y debajo de su higuera,
y no habrá quien *los* amedrente,
porque la boca de Jehová de los
ejércitos *lo* ha hablado.
5 Todos los pueblos andarán
cada uno en el [a]nombre de su
dios, y nosotros andaremos
en el nombre de Jehová nuestro Dios eternamente y para
siempre.
6 En aquel día, dice Jehová, juntaré a la que cojea, y recogeré
a [a]la desterrada y a la que
afligí;
7 y haré de la que cojea un remanente, y de la desterrada, nación
robusta; y Jehová [a]reinará sobre
ellos en el monte [b]Sión desde
ahora y para siempre.
8 Y tú, oh torre del rebaño, fortaleza de la hija de Sión, hasta ti
vendrá el primer señorío, el reino
vendrá a la hija de Jerusalén.
9 Ahora, ¿por qué gritas tanto?
¿No hay rey en ti? ¿Pereció tu
consejero? ¿Te ha sobrevenido
dolor como a mujer de parto?
10 Retuércete y gime, hija de
Sión, como mujer que está de
parto, porque ahora saldrás
de la ciudad, y morarás en el
campo y llegarás hasta [a]Babilo-
nia; allí serás librada; allí te redimirá Jehová de manos de tus
enemigos.
11 Y ahora se han juntado muchas naciones contra ti y dicen:
Sea profanada, y contemplen
nuestros ojos Sión.
12 Mas ellos no conocieron los
pensamientos de Jehová ni entendieron su consejo; los juntó, pues,
como gavillas en la era.
13 Levántate y trilla, hija de
Sión, porque haré tu cuerno de
hierro y tus uñas de bronce, y
[a]desmenuzarás a muchos pueblos; y [b]consagraré a Jehová su
[c]botín, y sus riquezas al Señor de
toda la tierra.

4 1 *a* Isa. 2:1–3.
2 *a* GEE Andar, andar con Dios.
b GEE Nueva Jerusalén.
c DyC 58:13.
3 *a* GEE Milenio.
b GEE Guerra.
5 *a* DyC 134:4, 7; AdeF 1:11.
6 *a* GEE Israel—La congregación de Israel.
7 *a* AdeF 1:10.
b GEE Sión.
10 *a* 1 Ne. 1:13.
GEE Babel, Babilonia.
13 *a* 3 Ne. 20:17–22.
b GEE Consagrar, Ley de consagración.
c *O sea,* sus ganancias.

CAPÍTULO 5

El Mesías nacerá en Belén — En los últimos días, el remanente de Jacob triunfará gloriosamente sobre los gentiles.

AGRÚPATE ahora en tropas, oh hija de tropas; nos han sitiado; con vara herirán en la mejilla al juez de Israel.

2 Mas tú, [a]Belén Efrata, pequeña para estar entre los millares de Judá, de ti me saldrá el que será [b]gobernante en Israel; y sus orígenes son desde tiempos antiguos, [c]desde los días de la eternidad.

3 Por tanto, los dejará hasta el tiempo en que dé a luz la que ha de dar a luz; entonces el [a]resto de sus hermanos volverá a los hijos de Israel.

4 Y él se levantará y [a]apacentará con el [b]poder de Jehová, con la grandeza del nombre de Jehová su Dios; y permanecerán, porque entonces él será engrandecido hasta los confines de la tierra.

5 Y ese *hombre* será la [a]paz. Cuando el asirio venga a nuestra tierra y pisotee nuestros palacios, entonces levantaremos contra él siete pastores y ocho hombres principales;

6 y devastarán la tierra de Asiria a espada, y la tierra de Nimrod en sus entradas; y nos librará del asirio cuando venga a nuestra tierra y pise nuestras fronteras.

7 Y el remanente de Jacob será en medio de muchos pueblos como el rocío que viene de Jehová, como las lluvias sobre la hierba, las cuales no esperan al hombre ni aguardan a los hijos de los hombres.

8 Asimismo, el remanente de Jacob será entre las naciones, en medio de muchos pueblos, como el león entre las bestias del bosque, como el [a]cachorro del león entre los rebaños de las ovejas, el cual si pasa, y pisotea y arrebata, no hay quien escape.

9 Tu mano se alzará sobre tus enemigos, y todos tus adversarios serán talados.

10 Y acontecerá en aquel día, dice Jehová, que haré matar tus caballos de en medio de ti y haré destruir tus carros.

11 Haré también destruir las ciudades de tu tierra, y derribaré todas tus fortalezas.

12 Asimismo, destruiré de tu mano las hechicerías, y no se hallarán en ti agoreros.

13 Y haré destruir tus esculturas y tus imágenes talladas de en medio de ti, y nunca más te inclinarás ante la obra de tus manos;

14 y arrancaré tus imágenes de Asera de en medio de ti y destruiré tus ciudades.

15 Y con ira y con furor haré venganza en las naciones que no escucharon.

5 2 *a* Lucas 2:4; Juan 7:42. GEE Belén; Jesucristo—Profecías acerca de la vida y la muerte de Jesucristo.
b 1 Cró. 5:2; Mateo 2:6.
c GEE Jesucristo—La existencia premortal de Cristo.
3 *a* DyC 113:10.
4 *a* *Es decir,* dará de comer al rebaño.
b GEE Sacerdocio.
5 *a* 2 Ne. 19:6; DyC 19:23.
8 *a* 3 Ne. 16:7–15; 21:12–21.

CAPÍTULO 6

A pesar de toda Su bondad para con ellos, el pueblo no ha servido a Jehová ni en espíritu ni en verdad — Deben actuar rectamente, amar la misericordia y andar con humildad delante de Él.

OÍD ahora lo que dice Jehová: Levántate, contiende con los montes, y oigan los collados tu voz.
2 Oíd, montes y fuertes cimientos de la tierra, el pleito de Jehová, porque Jehová tiene pleito
con su pueblo y altercará con
Israel.
3 Pueblo mío, ¿qué te he hecho
o en qué te he molestado? Responde contra mí.
4 Porque yo te hice subir de la
tierra de Egipto, y de la casa de
servidumbre te [a]redimí; y envié
delante de ti a Moisés, y a Aarón
y a María.
5 Pueblo mío, acuérdate ahora
de lo que aconsejó [a]Balac, rey de
Moab, y de lo que le respondió
Balaam hijo de Beor, desde Sitim
hasta Gilgal, para que conozcas
las justicias de Jehová.
6 ¿Con qué me presentaré ante
Jehová y adoraré al Dios Altísimo? ¿Me presentaré ante él con
holocaustos, con becerros de un
año?
7 ¿Se agradará Jehová de millares de [a]carneros o de diez mil
arroyos de aceite? ¿Daré mi [b]pri-
mogénito por mi rebelión, el fruto
de mis entrañas por el pecado de
mi alma?
8 Oh hombre, él te ha declarado
lo que es bueno y lo que [a]pide
Jehová de ti: solamente [b]hacer
justicia, y amar la [c]misericordia
y [d]humillarte para [e]andar con
tu Dios.
9 La voz de Jehová clama a
la ciudad, y sabio es temer tu
nombre. Oíd la vara, y a quien
la establece.
10 ¿Hay aún en casa del impío
tesoros de impiedad y medida
escasa que sea detestable?
11 ¿Debo considerar justas la
balanza falsa y la bolsa de pesas
engañosas?
12 Sus ricos se llenaron de rapiña, y sus moradores hablaron
mentira, y su lengua es engañosa
en su boca.
13 Por eso yo también te debilitaré hiriéndote, asolándote por
tus pecados.
14 Tú comerás y no te saciarás, y
tu [a]escasez estará en medio de ti;
y tú recogerás, pero no retendrás;
y lo que retengas, lo entregaré yo
a la espada.
15 Tú sembrarás, mas no segarás; pisarás aceitunas, mas no te
ungirás con el aceite; y mosto,
mas no beberás el vino.
16 Porque los estatutos de [a]Omri
se han guardado y toda obra de

6 4 *a* Alma 29:12.
GEE Redención, redimido, redimir.
5 *a* Núm. 22:2–5.
7 *a* 1 Sam. 15:22; Heb. 10:4–6.
b GEE Primogénito.
8 *a* DyC 64:34.
GEE Rectitud, recto.
b GEE Justicia.
c GEE Misericordia, misericordioso.
d GEE Humildad, humilde, humillar (afligir).
e GEE Andar, andar con Dios.
14 *a* *O sea,* seguirás sufriendo hambre.
16 *a* 1 Rey. 16:16, 25–26.

la casa de Acab; y en los consejos
de ellos anduvisteis, para que yo
te entregase a la desolación, y a
tus moradores a la burla. Llevaréis, por tanto, el [b]oprobio de mi
pueblo.

CAPÍTULO 7

Aunque el pueblo de Israel se ha rebelado, en los últimos días Jehová tendrá misericordia de él — Tendrá compasión y perdonará sus iniquidades.

¡AY de mí!, porque he venido a
ser como cuando han recogido los
frutos del verano, como cuando
han rebuscado después de la vendimia *y* no *queda* racimo para comer; mi alma deseó los primeros
frutos.
2 Ha desaparecido el misericordioso de la tierra, y ninguno
hay recto entre los hombres; todos acechan para derramar sangre; cada cual tiende red a su
hermano.
3 Para completar la maldad con
sus manos, el príncipe exige, y el
juez *juzga* por recompensa; y el
poderoso habla según el capricho
de su alma, y *juntos* lo traman.
4 El mejor de ellos es como el
espino; el más recto, *peor* que el
zarzal; el día de tus atalayas *y*
de tu castigo viene; ahora será
su confusión.
5 No creáis en amigo ni confiéis
en compañero; de la que duerme
a tu lado, cuídate de abrir tu
boca.
6 Porque el hijo deshonra al padre, la hija se levanta contra la
madre, la nuera contra su suegra,
y los enemigos del hombre son
los de su propia [a]casa.
7 Pero yo acudiré a Jehová; esperaré al Dios de mi salvación;
el Dios mío [a]me oirá.
8 Tú, enemiga mía, no te alegres
de mí, porque aunque caí, he de
levantarme; aunque more en [a]tinieblas, Jehová será mi [b]luz.
9 La ira de Jehová soportaré,
porque pequé contra él, hasta
que juzgue mi causa y me haga
justicia. Él me sacará a la luz; veré
su justicia.
10 Y mi enemiga lo verá y se cubrirá de vergüenza, la que me decía: ¿Dónde está Jehová tu Dios?
Mis ojos la verán; ahora será [a]hollada como el lodo de las calles.
11 El día en que se reedifiquen
tus muros, aquel día se extenderán los límites.
12 En ese día [a]vendrán hasta ti
desde Asiria y desde las ciudades
de Egipto, y desde Egipto hasta el
Río, y de mar a mar y de monte
a monte.
13 Y la tierra será asolada a
causa de sus moradores, por el
fruto de sus obras.
14 Apacienta a tu pueblo con tu
cayado, el rebaño de tu heredad,
que mora solitario en el bosque,
[a]en medio del Carmelo; que se

16 *b* Jer. 24:9–10.
7 6 *a* Mateo 10:35–36.
7 *a* Sal. 4:1, 3. GEE Oración.
8 *a* GEE Tinieblas espirituales.
b GEE Luz, luz de Cristo.
10 *a* Mal. 4:3.
12 *a* Neh. 1:9; DyC 101:13.
14 *a* *O sea,* en medio de un campo fértil.

apacienten en Basán y Galaad, como en el tiempo pasado.
15 Yo les mostraré maravillas como el día en que saliste de Egipto.
16 Las naciones verán y se avergonzarán de todo su poderío; pondrán la mano sobre su boca; se ensordecerán sus oídos.
17 Lamerán el polvo como la culebra, como las serpientes de la tierra; saldrán temblando de sus escondrijos; tendrán miedo de Jehová nuestro Dios y temerán a causa de ti.
18 ¿Qué Dios hay como tú, que [a]perdona la iniquidad y olvida el pecado del remanente de su heredad? No retiene para siempre su [b]enojo, porque se deleita en la [c]misericordia.
19 Él volverá; volverá a tener [a]misericordia de nosotros; él hollará nuestras iniquidades y echará en lo profundo del mar todos nuestros pecados.
20 Otorgarás a Jacob la verdad y a [a]Abraham la misericordia, como [b]juraste a nuestros padres desde tiempos antiguos.

NAHÚM

CAPÍTULO 1

Nahúm declara que la tierra será quemada en la Segunda Venida y habla de la misericordia y del poder de Jehová.

PROFECÍA acerca de [a]Nínive. Libro de la visión de Nahúm de Elcos.
2 Dios celoso y vengador es Jehová; vengador es Jehová y lleno de indignación; Jehová se venga de sus adversarios y guarda *enojo* para sus enemigos.
3 Jehová es [a]tardo para la ira y grande en poder, y no tendrá por inocente *al* [b]*culpable.* Jehová marcha en el torbellino y en la tempestad, y las nubes son el polvo de sus pies.
4 Él reprende al mar y lo hace secar y agota todos los ríos. Basán y el Carmelo languidecen, y la flor del Líbano se marchita.
5 Los montes tiemblan delante de él, y los collados se derriten; y la tierra [a]se agita ante su [b]presencia, y también el mundo y todos los que en él habitan.
6 ¿Quién permanecerá delante de su ira? ¿Quién quedará en pie ante el furor de su enojo? Su ira se derrama como fuego, y por él se hienden las peñas.
7 Jehová es [a]bueno, fortaleza en el día de la angustia, y conoce a los que en él [b]confían.

18 *a* GEE Perdonar.
b Isa. 57:16.
c GEE Misericordia, misericordioso.
19 *a* GEE Compasión.
20 *a* 2 Ne. 29:14.
b GEE Abraham, Convenio de.

[NAHÚM]
1 1 *a* GEE Nínive.
3 *a* GEE Misericordia, misericordioso.
b Éx. 34:7.
5 *a* GEE Tierra—La purificación de la tierra.
b GEE Segunda Venida de Jesucristo.
7 *a* Sal. 34:8; Lam. 3:25.
b GEE Fe.

8 Mas con inundación impetuosa hará consumación de su lugar, y las tinieblas perseguirán a sus enemigos.

9 ¿Qué tramáis contra Jehová? Él hará consumación; la tribulación no se levantará dos veces.

10 Porque como espinos entretejidos y como ebrios en su embriaguez, serán consumidos como [a]rastrojo completamente seco.

11 De ti salió el que tramó el mal contra Jehová, un consejero perverso.

12 Así ha dicho Jehová: Aunque reposo tengan y sean muchos, aun así serán talados, y pasarán. Aunque te he afligido, no te afligiré más.

13 Porque ahora quebraré su [a]yugo de sobre ti y romperé tus coyundas.

14 Pero acerca de ti ha mandado Jehová que no sea perpetuado tu nombre; de la casa de tu dios talaré imágenes talladas e imágenes de fundición; prepararé tu sepulcro, porque fuiste vil.

15 ¡He aquí sobre los montes los [a]pies del que trae buenas nuevas, del que anuncia la paz! Celebra, oh Judá, tus fiestas solemnes, cumple tus votos, porque ya nunca más pasará sobre ti el malvado; ha perecido del todo.

CAPÍTULO 2

Nínive será destruida, lo cual es símbolo de lo que acontecerá en los últimos días.

UN destructor ha subido contra ti; guarda la fortaleza, [a]vigila el camino, fortifica tus lomos, fortalece mucho tu poder.

2 Porque Jehová restaurará la gloria de Jacob como la gloria de Israel; porque saqueadores los saquearon y destruyeron sus sarmientos.

3 El escudo de sus guerreros se ha enrojecido, los hombres valientes vestidos de grana; el día en que se preparen, los carros serán como fuego de antorchas, y temblarán los cipreses.

4 Los carros se precipitarán a las plazas; con estruendo rodarán por las calles; su aspecto será como antorchas encendidas; correrán como relámpagos.

5 Convocará él a sus [a]valientes; al andar tropezarán; se apresurarán hacia su muro, y la defensa se preparará.

6 Las compuertas de los ríos se abrirán, y el palacio será arrasado.

7 Y la reina será llevada cautiva; mandarán que suba, y sus criadas la llevarán gimiendo como palomas, golpeándose el pecho.

8 Y Nínive es de tiempo antiguo como estanque de aguas; mas ellos huyen *y dicen*: ¡Deteneos, deteneos!, pero ninguno mira hacia atrás.

9 Saquead plata, saquead oro; no hay fin de las riquezas ni de la suntuosidad de toda clase de objetos preciosos.

10 Vacía, y agotada y desolada está, y el corazón desfallecido;

10 *a* DyC 29:9; JS—H 1:37.
13 *a* GEE Cautiverio.
15 *a* Mos. 15:18.
2 1 *a* GEE Atalaya, atalayar.
5 *a* HEB sus nobles, sus líderes.

temblor de rodillas y dolor en todos los lomos, y los rostros de todos se demudan.
11 ¿Dónde está la guarida de los leones y el lugar donde comen los cachorros de los leones, donde andaba el león, la leona *y* el cachorro de león, y no había quien los espantase?
12 El león arrebataba lo suficiente para sus cachorros y estrangulaba para sus leonas; y llenaba de presas sus madrigueras y de carne desgarrada sus guaridas.
13 Heme aquí contra ti, dice Jehová de los ejércitos, y quemaré *tus* carros y los reduciré a humo, y la espada devorará tus leoncillos; y raeré de la tierra tu presa, y nunca más se oirá la voz de tus mensajeros.

CAPÍTULO 3

Se predice la espantosa caída de Nínive.

¡AY de la ciudad sanguinaria, toda llena de mentira y de rapiña, de incesante pillaje!
2 Chasquido de látigo y estruendo de movimiento de ruedas; y caballo al galope y carro que salta;
3 el jinete a la carga, y resplandor de espada y brillo de lanza; y multitud de muertos y multitud de cadáveres; y cadáveres sin fin, y con los cadáveres tropezarán.
4 Y esto a causa de la multitud de las fornicaciones de la ramera de hermosa gracia, maestra de brujerías, que vende a las naciones con sus fornicaciones y a las familias con sus hechicerías.
5 Heme aquí contra ti, dice Jehová de los ejércitos; y levantaré tus faldas hasta tu cara y mostraré a las naciones tu desnudez, y a los reinos tu vergüenza.
6 Y echaré sobre ti inmundicias, y te haré despreciable y te pondré como espectáculo.
7 Y acontecerá que todos los que te vean se apartarán de ti y dirán: ¡Nínive ha sido asolada! ¿Quién se compadecerá de ella? ¿Dónde te buscaré consoladores?
8 ¿Eres tú mejor que [a]Tebas, que estaba asentada entre ríos, rodeada de aguas, cuyo baluarte era el mar *y* el mar su [b]muralla?
9 Etiopía era su fortaleza, y Egipto, y eso sin límite; Fut y Libia estaban entre tus ayudadores.
10 No obstante, ella fue desterrada, llevada al cautiverio; también sus niños fueron estrellados en las encrucijadas de todas las calles; y sobre sus nobles echaron suertes, y todos sus grandes fueron aprisionados con grilletes.
11 Tú también quedarás embriagada; serás ocultada; tú también buscarás refugio a causa del enemigo.
12 Todas tus fortalezas serán cual higueras cargadas de brevas, que, si las sacuden, caen en la boca del que las ha de comer.
13 He aquí, tu pueblo será como mujeres en medio de ti; las puertas de tu tierra se abrirán de par

3 8 *a* Jer. 46:25; Ezeq. 30:14–16. *b Es decir,* su defensa.

en par a tus enemigos; fuego consumirá tus cerrojos.

14 Provéete de agua para el asedio; fortifica tus fortalezas; entra en el lodo; pisa el barro; refuerza el horno.

15 Allí te consumirá el fuego; te talará la espada. Te devorará como el pulgón. ¡Multiplícate como el pulgón! ¡Multiplícate como la langosta!

16 Multiplicaste tus mercaderes más que las estrellas del cielo; el pulgón hizo presa y voló.

17 Tus príncipes serán como langostas y tus oficiales como nubes de langostas que se posan en vallados en día de frío; salido el sol se van, y no se conoce el lugar donde están.

18 Durmieron tus pastores, oh rey de Asiria; reposaron tus nobles; tu pueblo se dispersó por los montes, y no hay quien lo junte.

19 No hay curación para tu quebradura; tu herida es grave. Todos los que oigan noticias de ti batirán las palmas de las manos acerca de ti, porque, ¿sobre quién no pasó continuamente tu maldad?

HABACUC

CAPÍTULO 1

Cuando Habacuc se entera de que Jehová levantará a los caldeos para invadir la tierra de Israel, le aflige el que se vaya a emplear a los malvados para esos fines.

LA [a]profecía que vio el profeta [b]Habacuc.

2 ¿[a]Hasta cuándo, oh Jehová, clamaré, y no oirás; *y* daré voces a ti a *causa de* la violencia, y no salvarás?

3 ¿Por qué me haces ver iniquidad y haces que contemple molestia? Y destrucción y violencia hay delante de mí, y surgen pleito y [a]contienda.

4 Por lo cual la ley es debilitada, y el juicio nunca sale adelante; por cuanto el malvado asedia al justo, por eso sale torcido el juicio.

5 Mirad entre las naciones y ved; y maravillaos *y* asombraos, porque haré una [a]obra en vuestros días que, aun cuando se os cuente, no la creeréis.

6 Porque he aquí, yo levanto a los caldeos, nación feroz e impetuosa, que camina por la anchura de la tierra para poseer las moradas ajenas.

7 Espantosa es y terrible; de ella misma proceden su propio juicio y su propia grandeza.

8 Y serán sus caballos más ligeros que leopardos y más feroces que lobos nocturnos; y sus jinetes se dispersarán; vendrán de lejos sus jinetes y volarán

[HABACUC]
1 1 *a* HEB carga.
b GEE Habacuc.
2 *a* DyC 121:1–3.
3 *a* GEE Contención, contienda.
5 *a* Hech. 13:40–41.

como águilas que se apresuran a
devorar.
9 Toda ella vendrá para hacer
violencia; delante de sus caras
viento solano, y recogerá cautivos como arena.
10 Y escarnecerá a los reyes, y de
los príncipes hará burla; se reirá
de las fortalezas, y levantará terraplén y las tomará.
11 Luego pasará como el viento,
y seguirá adelante y ofenderá,
atribuyendo su poder a su dios.
12 ¿No eres tú desde el principio, oh Jehová, Dios mío,
Santo mío? No moriremos. Oh
Jehová, para juicio los pusiste; y
tú, oh Roca, los has puesto para
castigar.
13 Muy limpio eres de ojos para
ver el mal y no puedes ver el
agravio. ¿Por qué toleras a los
que actúan pérfidamente, y ca-
llas cuando el malvado destruye
al que es más justo que él
14 y haces que sean los hombres como los peces del mar,
como reptiles que no tienen
señor?
15 Sacará a todos con anzuelo;
los recogerá con su red y los juntará en su malla, por lo cual, se
alegrará y se regocijará.
16 Por esto ofrecerá sacrificios
a su red y quemará incienso a
su malla, porque con ellas engordó su porción y aumentó su
comida.
17 ¿Vaciará por eso su red y seguirá aniquilando sin piedad a
las naciones?

CAPÍTULO 2

Jehová insta a tener paciencia y promete que el justo vivirá por fe — La tierra será llena del conocimiento de la gloria de Jehová — Los ídolos no tienen poder.

EN mi puesto de guardia estaré,
y sobre la fortaleza afirmaré el
pie, y velaré para ver lo que él
me dirá y lo que he de responder
cuando sea reprendido.
2 Y Jehová me respondió y dijo:
[a]Escribe la visión y grábala claramente en tablas para que corra el
que lea en ella.
3 Aunque la visión es aún para
un tiempo señalado, al final hablará y no mentirá; aunque se
tarde, [a]espérala, porque sin duda
vendrá; no tardará.
4 He aquí, se enorgullece aquel
cuya alma no es recta; mas el justo
por su [a]fe vivirá.
5 Y también, el vino traiciona al
hombre soberbio de modo que no
permanece; ensancha su deseo
como el Seol y es como la muerte
que no se sacia, sino que reúne
para sí todas las naciones y
recoge para sí todos los pueblos.
6 ¿No han de levantar todos
éstos refrán contra él y sarcas-
mos contra él? Y dirán: ¡Ay del
que multiplica lo que no es
suyo! ¿Hasta cuándo seguirá
acumulando sobre sí prendas
empeñadas?
7 ¿No se levantarán de repente
tus acreedores, y se despertarán

2 2 *a* GEE Escrituras—Las Escrituras deben preservarse.
3 *a* DyC 39:21.
4 *a* HEB fidelidad, perseverancia.
GEE Fe.

los que te hagan temblar? Y tú serás para ellos objeto de rapiña.
8 Por cuanto tú has [a]despojado a
muchas naciones, todos los otros
pueblos te despojarán, a causa de
la sangre de los hombres y de la
violencia hecha a la tierra, a las
ciudades y a todos los que moraban en ellas.
9 ¡Ay del que [a]obtiene injusta
ganancia para su casa, para poner
en alto su nido, para escaparse
del poder del mal!
10 Has tramado vergüenza
para tu casa al destruir a muchos pueblos, y has pecado contra tu alma.
11 Porque la piedra clamará
desde el muro, y la viga del en-
maderado le responderá.
12 ¡Ay del que edifica la ciudad
con [a]sangre y del que funda una
aldea con injusticia!
13 He aquí, ¿no es esto de Jehová de los ejércitos que los pueblos trabajen para el fuego y las
naciones se fatiguen [a]en vano?
14 Porque la [a]tierra estará llena
del [b]conocimiento de la gloria de
Jehová como las aguas cubren
el mar.
15 ¡Ay del que da de beber a su
prójimo! ¡Ay de ti, que le acercas
tu hiel y le [a]embriagas para mirar
su desnudez!
16 Te has llenado de deshonra
más que de honra; bebe tú también, y serás como incircunciso;
la copa de la mano derecha de
Jehová se volverá contra ti, y la
deshonra *caerá* sobre tu gloria.
17 Porque la violencia del Líbano te cubrirá, y la destrucción
de las fieras las aterrorizará a
causa de la sangre de los hombres
y de la violencia hecha a la tierra,
a las ciudades y a todos los que
en ellas moran.
18 ¿De qué sirve la [a]imagen tallada que talló el que la hizo, la
imagen de fundición y maestra
de mentiras, para que haciendo
imágenes mudas confíe el hacedor en su obra?
19 ¡Ay del que dice al palo: Despiértate; y a la piedra muda: Levántate! ¿Podrá él enseñar? He
aquí, está cubierto de oro y de
plata, y no hay espíritu dentro
de él.
20 Mas Jehová está en su santo
templo: ¡[a]Calle delante de él toda
la tierra!

CAPÍTULO 3

En su oración, Habacuc tiembla ante la majestuosidad de Dios.

Oración del profeta Habacuc,
sobre [a]Sigionot.
2 Oh Jehová, he oído tu palabra y temí.
Oh Jehová, aviva tu obra en
medio de los tiempos,
en medio de los tiempos
hazla conocer;

8 *a* Isa. 33:1.
9 *a* GEE Codiciar.
12 *a* HEB con derramamiento de sangre.
13 *a* GEE Vanidad, vano.
14 *a* Isa. 11:9.
GEE Tierra—El estado final de la tierra.
b GEE Conocimiento.
15 *a* GEE Palabra de Sabiduría.
18 *a* Isa. 44:9.
GEE Idolatría.
20 *a* Sof. 1:7.
3 1 *a* *Es decir,* una clase de poesía.

en la ira acuérdate de la misericordia.
3 [a]Dios viene de Temán,
y el Santo desde el monte Parán. [b]Selah
Su gloria cubrió los cielos,
y la tierra se llenó de su alabanza.
4 Y *su* resplandor es como la luz,
rayos brillantes salen de su mano,
y allí está escondido su poder.
5 Delante de su rostro va la mortandad,
y llamaradas salen tras sus pies.
6 Se levantó y midió la tierra;
miró e hizo temblar las naciones;
y los montes antiguos fueron desmenuzados;
los [a]collados antiguos se inclinaron.
Sus caminos son eternos.
7 He visto las tiendas de [a]Cusán en aflicción;
las cortinas de la tierra de [b]Madián temblaron.
8 ¿Se airó Jehová contra los ríos?
¿Contra los ríos fue tu enojo?
¿Fue tu ira contra el mar,
para que montases en tus caballos
y en tus carros de salvación?
9 Se desnudó enteramente tu arco,
según los juramentos de las saetas de tu palabra. Selah
Hendiste la tierra con ríos.
10 Te vieron los [a]montes *y* temblaron;
pasó la inundación de las aguas;
el abismo dio su voz;
a lo alto alzó sus manos.
11 El [a]sol y la luna se detuvieron en su cenit;
a la luz de tus saetas anduvieron
y al resplandor de tu refulgente lanza.
12 Con ira hollaste la tierra;
con furor trillaste las naciones.
13 Saliste para [a]salvar a tu pueblo,
para salvar con tu ungido.
[b]Traspasaste la cabeza de la casa del malvado,
descubriendo el cimiento hasta el cuello. Selah
14 Traspasaste con sus propias saetas las cabezas de sus guerreros,
que como tempestad acometieron para dispersarme;
su regocijo era como para devorar al pobre encubiertamente.

3 *a* *O sea,* hace alusión a las ocasiones históricas en las que Jehová milagrosamente liberó al pueblo. Deut. 33:2–3.
b HEB de interpretación incierta. Parece ser un signo musical. Posiblemente sea una directiva a los músicos de tocar más fuerte o de tocar un interludio mientras se callan las voces.
6 *a* DyC 133:31.
7 *a* Jue. 3:8–10.
b Núm. 31:1–12.
10 *a* Éx. 19:16–18.
11 *a* Josué 10:12–13; Hel. 12:15.
13 *a* GEE Jesucristo; Redentor; Salvador.
b Sal. 68:21.

15 Caminaste en el mar con tus
caballos,
sobre la [a]mole de las grandes aguas.
16 Oí, y se conmovieron mis
entrañas;
a la voz temblaron mis labios;
pudrición entró en mis huesos,
y dentro de mí me estremecí.
Tranquilo espero el día de la
angustia
que vendrá sobre el pueblo
que nos ataca.
17 Aunque la higuera no florezca
ni en las vides haya frutos,
aunque falle la cosecha del
olivo,
y los campos no produzcan
alimento,
y las ovejas sean quitadas
del redil
y no haya vacas en los establos,
18 con todo yo me alegraré en
Jehová
y me regocijaré en el Dios de
mi salvación.
19 Jehová el Señor es mi fortaleza,
y él hará mis pies como de
ciervas
y me hará andar sobre mis
[a]lugares altos.

Al músico principal: sobre instrumentos de cuerda.

Sofonías

CAPÍTULO 1

La destrucción de Judá es un símbolo de la Segunda Venida — Es el día del sacrificio de Jehová, día de ira y de angustia.

La palabra de Jehová que vino
a [a]Sofonías hijo de Cusi, hijo
de Gedalías, hijo de Amarías, hijo
de Ezequías, en los días de Josías
hijo de Amón, rey de Judá:
2 [a]Destruiré por completo todas
las cosas de sobre la faz de la tierra, dice Jehová.
3 Destruiré a los hombres y las
bestias; destruiré las aves del
cielo, y los peces del mar y las
[a]piedras de tropiezo junto con
los malvados; y talaré a los hombres de sobre la faz de la tierra,
dice Jehová.
4 Y extenderé mi mano contra
Judá y contra todos los moradores de Jerusalén; y exterminaré de este lugar los restos de
Baal, y el nombre de los ministros idólatras junto con los
sacerdotes,
5 y a los que sobre los [a]terrados se postran ante el ejército
del cielo, y a los que se postran

15 *a* Josué 3:14–17.
19 *a* Deut. 33:29.
[sofonías]
1 1 *a* gee Sofonías.
2 *a* 2 Ne. 26:6; DyC 101:24.
3 *a* *O sea,* los ídolos.
5 *a* Jer. 19:13.

jurando por Jehová y jurando
por [b]Moloc,
6 y a los que [a]se apartan de
en pos de Jehová y a los que
no buscaron a Jehová ni le
consultaron.
7 [a]Calla ante la presencia de
Jehová el Señor, porque el [b]día
de Jehová está cercano; porque
Jehová ha preparado un sacrificio y ha consagrado a sus
convidados.
8 Y sucederá que en el día del
sacrificio de Jehová, castigaré a
los príncipes, y a los hijos del rey
y a todos los que llevan [a]vestido
extranjero.
9 Asimismo, castigaré en aquel
día a todos los que [a]saltan sobre
el umbral, los que llenan de violencia y de engaño las casas de
sus señores.
10 Y acontecerá en aquel día,
dice Jehová, que habrá voz de
clamor desde la [a]puerta del Pescado, y aullido desde el [b]se-
gundo, y gran quebranto desde
los collados.
11 Aullad, moradores de [a]Mac-
tes, porque todo el pueblo mercader ha sido destruido; talados
han sido todos los que traían
dinero.
12 Y acontecerá en aquel día
que yo escudriñaré a Jerusalén
con lámpara, y castigaré a los
hombres que reposan tranquilos
como el vino asentado, los cuales
dicen en su corazón: Jehová no
hará bien ni mal.
13 Por tanto, serán saqueados
sus bienes y sus casas asoladas; y
edificarán casas, mas no las habitarán; y plantarán viñas, mas no
beberán el vino de ellas.
14 Cercano está el [a]día grande
de Jehová, cercano y viene muy
rápido; amargo será el clamor
del día de Jehová; allí gritará el
valiente.
15 Será día de ira aquel día, día
de angustia y de aflicción, día de
destrucción y de [a]desolación, día
de tinieblas y de oscuridad, día
nublado y tenebroso,
16 día de [a]trompeta y de alarido
contra las [b]ciudades fortificadas
y contra las altas torres.
17 Y atribularé a los hombres, y
andarán como ciegos porque pecaron contra Jehová; y la sangre de
ellos será derramada como polvo,
y su carne como estiércol.
18 Ni su plata ni su oro podrán
librarlos en el día de la ira de
Jehová, pues toda la tierra será
consumida con el [a]fuego de su
celo; porque ciertamente destrucción apresurada hará de todos los
moradores de la tierra.

CAPÍTULO 2

Buscad justicia; buscad mansedumbre — Descenderá juicio tanto sobre

5 *b* 1 Rey. 11:33.
6 *a* Jer. 11:9–10.
7 *a* Hab. 2:20.
b GEE Segunda Venida de Jesucristo.
8 *a* GEE Idolatría.
9 *a* *Es decir,* asaltan para hurtar y saquear.
10 *a* 2 Cró. 33:14.
b *Es decir,* el segundo distrito de Jerusalén.
11 *a* *Es decir,* un distrito de Jerusalén.
14 *a* DyC 110:16.
15 *a* JS—M 1:12.
16 *a* HEB cuerno de carnero.
b DyC 101:57.
18 *a* Joel 2:1–3.

los filisteos como sobre los moabitas,
así como sobre los hijos de Amón,
los etíopes y los asirios.

Congregaos y reuníos, oh nación
sin pudor,
2 antes que tenga efecto el decreto y el día se pase como el
tamo, antes que venga sobre vosotros el furor de la ira de Jehová,
antes que el día de la ira de Jehová venga sobre vosotros.
3 Buscad a Jehová todos los [a]hu-
mildes de la tierra, los que pusisteis por obra su juicio; buscad
[b]justicia, buscad mansedumbre;
quizá seréis guardados en el [c]día
de la ira de Jehová.
4 Porque Gaza será desamparada, y Ascalón desolada; saquearán a Asdod al mediodía, y Ecrón
será desarraigada.
5 ¡Ay de los que moran en la
costa del mar, del pueblo de
los cereteos! La palabra de Jehová es contra vosotros, oh
Canaán, tierra de los filisteos;
te haré destruir hasta no dejar
morador.
6 Y la costa del mar será praderas para pastores y corrales
de ovejas.
7 Y será aquel lugar para el
remanente de la casa de Judá;
allí apacentarán; en las casas de
Ascalón dormirán al anochecer, porque Jehová su Dios
los visitará y hará volver sus
[a]cautivos.
8 Yo he oído las afrentas de
Moab y los [a]denuestos de los hijos
de Amón con que deshonraron a
mi pueblo, y se [b]engrandecieron
sobre su territorio.
9 Por tanto, vivo yo, dice
Jehová de los ejércitos, Dios
de Israel, que Moab será como
[a]Sodoma, y los hijos de Amón
como Gomorra: serán un [b]campo
de ortigas, y una mina de sal
y desolación perpetua; el remanente de mi pueblo los saqueará, y el resto de mi nación los
heredará.
10 Esto les vendrá por su soberbia, porque afrentaron al pueblo
de Jehová de los ejércitos y se en-
grandecieron contra él.
11 [a]Terrible será Jehová con
ellos, porque hará venir a menos a todos los dioses de la tierra; y cada uno desde su lugar
se inclinará ante él en todas las
costas de las [b]naciones.
12 También vosotros, [a]los de
Etiopía, seréis muertos con mi
espada.
13 Y extenderá su mano con-
tra el norte y destruirá a [a]Asiria;
y convertirá a Nínive en desolación y en sequedal, como un
desierto.
14 Y rebaños se echarán en medio de ella y todas las bestias del
campo; también el pelícano y el
erizo dormirán en sus dinteles;
su voz cantará en las ventanas;
habrá desolación en los umbrales,
porque su *obra de* cedro quedará
descubierta.

2 3 *a* DyC 88:17.
b GEE Rectitud, recto.
c GEE Mundo—El fin del mundo.
7 *a* Jer. 46:27.
8 *a* *O sea,* los insultos. 2 Ne. 28:16.
b GEE Orgullo.
9 *a* Gén. 19:24.
b *Es decir,* campo lleno de maleza.
11 *a* DyC 45:74.
b GEE Gentiles.
12 *a* Ezeq. 30:4–5.
13 *a* 2 Ne. 20:12, 24–25.

15 Ésta es la ciudad alegre que estaba confiada, la que decía en su corazón: Yo, y nadie más. ¡Cómo fue desolada, hecha guarida de fieras! Todo el que pase junto a ella se burlará *y* agitará su mano.

CAPÍTULO 3

En la Segunda Venida todas las naciones se reunirán para combatir — Los hombres tendrán un lenguaje puro — Jehová reinará en medio de ellos.

¡AY de la ciudad opresora, [a]inmunda y contaminada!

2 [a]No escuchó la voz ni recibió la corrección; no confió en Jehová ni se acercó a su Dios.

3 Sus príncipes en medio de ella son leones rugientes; sus jueces, [a]lobos del atardecer que no dejan hueso para la mañana;

4 sus profetas, insolentes, hombres pérfidos; sus sacerdotes contaminaron el santuario; falsearon la [a]ley.

5 Jehová en medio de ella es justo; no hará iniquidad; cada mañana sacará a luz su juicio, sin falta, pero el perverso no conoce la vergüenza.

6 He talado naciones; sus torres están desoladas; he dejado desiertas sus calles hasta no quedar quien pase. Sus ciudades han quedado destruidas hasta no quedar hombre alguno, hasta no quedar morador.

7 Dije: Ciertamente me temerás; recibirás corrección. Y no será destruida su morada según todo aquello por lo cual la castigué. Mas ellos madrugaron para corromper todas sus obras.

8 Por tanto, esperadme, dice Jehová, hasta el día en que me levante para el despojo, porque mi determinación es [a]reunir las naciones y juntar los reinos para derramar sobre ellos mi enojo, todo el furor de mi ira; porque por el fuego de mi celo será consumida toda la [b]tierra.

9 Porque en aquel entonces devolveré yo a los pueblos un [a]lenguaje puro para que todos invoquen el nombre de Jehová, para que le sirvan de común [b]acuerdo.

10 Desde la región más allá de los ríos de Etiopía, mis suplicantes, la hija de mis esparcidos, traerán mi ofrenda.

11 En aquel día no serás avergonzada por ninguna de tus obras con que te rebelaste contra mí, porque entonces quitaré de en medio de ti a los que se alegran en tu soberbia, y nunca más te [a]ensoberbecerás en mi santo monte.

12 Y dejaré en medio de ti un pueblo humilde y pobre, el cual se refugiará en el nombre de Jehová.

13 El remanente de Israel no

---

3 1 *a* GEE Inmundicia, inmundo.
2 *a* GEE Rebelión.
3 *a* Jer. 5:6.
4 *a* HEB la tora.
8 *a* 2 Ne. 23:4–5.
b GEE Mundo—El fin del mundo.
9 *a* GEE Lenguaje (o lengua).
b GEE Común acuerdo; Unidad.
11 *a* GEE Orgullo.

cometerá iniquidad ni dirá [a]mentira, ni en boca de ellos se hallará lengua engañosa, porque ellos serán apacentados y reposarán, y no habrá quien los espante.

14 ¡Canta, oh hija de Sión! ¡Da voces de júbilo, oh Israel! ¡Alégrate y regocíjate de todo corazón, oh hija de Jerusalén!

15 Jehová ha retirado tus juicios; ha echado fuera tus enemigos; Jehová es Rey de Israel [a]en medio de ti; nunca más temerás mal alguno.

16 En aquel tiempo se dirá a Jerusalén: No temas, Sión; no se debiliten tus manos.

17 Jehová tu Dios está en medio de ti: ¡Él es poderoso! ¡Él salvará! Se regocijará por ti con alegría; guardará silencio por su amor; se regocijará por ti con cánticos.

18 Reuniré a los que se entristecían por las fiestas señaladas; tuyos fueron; *para quienes* el oprobio era una carga.

19 He aquí, en aquel tiempo me ocuparé de todos tus opresores; y salvaré a la que cojea y [a]recogeré a la desterrada; y cambiaré su vergüenza en alabanza y en renombre en todo país.

20 En aquel tiempo yo os traeré; en aquel tiempo os reuniré yo. Pues os haré objeto de renombre y de alabanza entre todos los pueblos de la tierra, cuando haga volver a vuestros [a]cautivos ante vuestros propios ojos, dice Jehová.

HAGEO

CAPÍTULO 1

Hageo exhorta al pueblo a reedificar el templo.

EN el [a]año segundo del rey Darío, en el mes sexto, en el primer día del mes, vino la palabra de Jehová por medio del profeta [b]Hageo a [c]Zorobabel hijo de Salatiel, gobernador de Judá, y a Josué hijo de Josadac, sumo sacerdote, diciendo:

2 Así ha hablado Jehová de los ejércitos, diciendo: Este pueblo dice: No ha llegado aún el tiempo, el tiempo en que la casa de Jehová sea reedificada.

3 Entonces vino la palabra de Jehová por medio del profeta Hageo, diciendo:

4 ¿Es acaso para vosotros tiempo de morar en vuestras casas enmaderadas, mientras que esta casa está desierta?

5 Pues así ha dicho Jehová de los ejércitos: [a]Meditad bien sobre vuestros caminos.

13 *a* GEE Mentiras.
15 *a* GEE Milenio.
19 *a* GEE Israel—La congregación de Israel.
20 *a* Deut. 30:1–5.

[HAGEO]
1 1 *a* Probablemente 520 a.C.; Darío Hystaspes reinó de 521–486 a.C.
b GEE Hageo.
c *Es decir,* nieto de Jeconías, antiguo rey de Judá. Mateo 1:11–13.
5 *a* Hageo 2:18.

6 [a]Sembráis mucho y recogéis poco; [b]coméis y no quedáis satisfechos; bebéis y no os saciáis; os vestís y no conseguís abrigaros; y el que trabaja a jornal recibe su jornal en saco roto.
7 Así ha dicho Jehová de los ejércitos: [a]Meditad bien sobre vuestros caminos.
8 Subid al monte, y traed madera y reedificad la [a]casa; y me complaceré en ella y seré glorificado, ha dicho Jehová.
9 Buscáis mucho, y he aquí halláis poco; y lo que traéis a casa lo disperso con un soplo. ¿Por qué?, dice Jehová de los ejércitos. Porque mi casa está desierta mientras que cada uno de vosotros corre a su propia casa.
10 Por eso se detuvo de los cielos sobre vosotros la lluvia, y la tierra detuvo sus [a]frutos.
11 Y llamé la sequía sobre esta tierra y sobre los montes, y sobre el trigo, y sobre el mosto, y sobre el aceite, y sobre todo lo que la tierra produce, y sobre los hombres y sobre las bestias, y sobre todo trabajo de las manos.
12 Entonces Zorobabel hijo de Salatiel, y el sumo sacerdote Josué hijo de Josadac y todo el resto del pueblo obedecieron la voz de Jehová su Dios y las palabras del profeta Hageo, como [a]lo había mandado Jehová su Dios; y temió el pueblo delante de Jehová.
13 Entonces Hageo, mensajero de Jehová, dio el mensaje de Jehová al pueblo, diciendo: Yo estoy con vosotros, dice Jehová.
14 Y despertó Jehová el espíritu de Zorobabel hijo de Salatiel, gobernador de Judá, y el espíritu del sumo sacerdote Josué hijo de Josadac y el espíritu de todo el resto del pueblo; y vinieron y trabajaron en la casa de Jehová de los ejércitos, su Dios,
15 en el día veinticuatro del mes sexto, en el segundo año del rey Darío.

CAPÍTULO 2

Hageo habla del Mesías — Vendrá el Deseado de todas las naciones — Jehová dará paz en Su templo.

EN el *mes* séptimo, a los veintiún *días del mes,* vino la palabra de Jehová por medio del profeta Hageo, diciendo:
2 Habla ahora a Zorobabel hijo de Salatiel, gobernador de Judá, y al sumo sacerdote Josué hijo de Josadac y al resto del pueblo, y diles:
3 ¿Quién ha quedado entre vosotros que haya visto esta [a]casa en su gloria primera? ¿Y cómo la veis ahora? ¿No es ella como nada delante de vuestros ojos?
4 Pues ahora, Zorobabel, esfuérzate, dice Jehová; esfuérzate tú también Josué hijo de Josadac, sumo sacerdote; y cobrad ánimo, pueblo todo de la tierra, dice Jehová, y trabajad; porque yo

6 *a* Deut. 28:38–40.
b Isa. 9:20.
7 *a* DyC 101:8. GEE Meditar.
8 *a* Esd. 6:3–4; DyC 95:3. GEE Templo, Casa del Señor.
10 *a* Deut. 28:15, 18.
12 *a* GEE Llamado, llamado por Dios, llamamiento.
2 3 *a* Esd. 3:11–13.

estoy con vosotros, dice Jehová de los ejércitos.
5 *Según* el convenio que concerté con vosotros cuando salisteis de Egipto, así mi [a]espíritu estará en medio de vosotros; no temáis.
6 Porque así dice Jehová de los ejércitos: Dentro de poco yo [a]haré temblar los cielos y la tierra, y el mar y la tierra seca;
7 y haré temblar a todas las naciones, y [a]vendrá el Deseado de todas las naciones; y llenaré de [b]gloria esta casa, ha dicho Jehová de los ejércitos.
8 Mía es la [a]plata y mío es el oro, dice Jehová de los ejércitos.
9 La gloria de esta última casa será mayor que la de la primera, ha dicho Jehová de los ejércitos; y daré [a]paz en este lugar, dice Jehová de los ejércitos.
10 A los veinticuatro *días* del noveno *mes,* en el segundo año de Darío, vino la palabra de Jehová por medio del profeta Hageo, diciendo:
11 Así ha dicho Jehová de los ejércitos: Pregunta ahora a los sacerdotes acerca de la ley, y diles:
12 Si alguno lleva carne consagrada en la falda de su ropa, y con el vuelo *de ella* toca el pan, o la comida, o el vino, o el aceite o cualquier otra comida, ¿acaso quedarán estas cosas consagradas? Y respondieron los sacerdotes y dijeron: No.
13 Y dijo Hageo: Si una persona impura a causa de haber tocado un cuerpo muerto toca alguna de estas cosas, ¿quedará ésta inmunda? Y respondieron los sacerdotes y dijeron: Inmunda quedará.
14 Y respondió Hageo y dijo: Así es este pueblo y esta nación delante de mí, dice Jehová; y asimismo toda obra de sus manos y todo lo que aquí ofrecen es inmundo.
15 Ahora pues, meditad en vuestro corazón desde este día en adelante, antes que pongan piedra sobre piedra en el templo de Jehová.
16 Antes que sucediesen *estas cosas,* venía alguno al montón de veinte *efas,* y había sólo diez; venía alguno al [a]lagar para sacar cincuenta *cántaros* del lagar, y había sólo veinte.
17 Os [a]herí con [b]viento solano, y con tizoncillo y con granizo en toda obra de vuestras manos, pero no os [c]*volvisteis* a mí, dice Jehová.
18 Meditad, pues, en vuestro corazón desde este día en adelante, desde el día veinticuatro del noveno *mes,* desde el día en que se echó el cimiento del templo de Jehová; meditad en vuestro corazón.
19 ¿No está aún la semilla en el granero? Todavía no han dado fruta, ni la vid, ni la higuera, ni el granado ni el olivo; mas desde este día daré bendición.

5 *a* Éx. 29:45–46.
6 *a* Ezeq. 38:19–20; DyC 84:118–119.
7 *a* GEE Segunda Venida de Jesucristo.
b DyC 97:15–16.
8 *a* DyC 38:39.
9 *a* GEE Paz.
16 *a* *Es decir,* al sitio donde se pisa la uva.
17 *a* Deut. 28:22.
b *Es decir,* con viento sofocante, abrasador.
c Amós 4:6–11.

20 Y vino por segunda vez la
palabra de Jehová a Hageo, a los
veinticuatro *días* del mismo mes,
diciendo:
21 Habla a Zorobabel, gobernador de Judá, diciendo: Yo haré
temblar los cielos y la [a]tierra,
22 y [a]trastornaré el trono de los
reinos y destruiré la fuerza de los
reinos de las naciones; y trastor-
naré los carros y a los que en ellos
suben; y caerán los caballos y los
que en ellos montan, cada cual
por la espada de su hermano.
23 En aquel día, dice Jehová de
los ejércitos, te tomaré, oh Zorobabel hijo de Salatiel, siervo
mío, dice Jehová, y te pondré
como [a]anillo de sellar, porque
yo te [b]escogí, dice Jehová de los
ejércitos.

ZACARÍAS

CAPÍTULO 1

Zacarías llama a Judá al arrepentimiento — Se le muestra, en visiones, la reconstrucción de las ciudades de Judá y del templo.

EN el octavo mes del año segundo de Darío, vino la palabra de Jehová al profeta [a]Zacarías
hijo de Berequías, hijo de Iddo,
diciendo:
2 Se enojó Jehová en gran manera contra vuestros padres.
3 Diles, pues: Así ha dicho Jehová de los ejércitos: [a]Volveos a
mí, dice Jehová de los ejércitos,
y yo me volveré a vosotros, dice
Jehová de los ejércitos.
4 No seáis como vuestros [a]pa-
dres, a quienes los primeros profetas clamaron, diciendo: Así ha
dicho Jehová de los ejércitos:
Volveos ahora de vuestros malos caminos y de vuestras malas
obras; pero ellos [b]no atendieron
[c]ni me escucharon, dice Jehová.
5 Vuestros padres, ¿dónde están? Y los profetas, ¿han de vivir
para siempre?
6 Pero mis palabras y mis estatutos que mandé a mis siervos
los profetas, ¿no alcanzaron a
vuestros padres? Por eso ellos
se volvieron y dijeron: Como Jehová de los ejércitos [a]se propuso
hacer con nosotros conforme a
nuestros caminos y conforme a
nuestras obras, así lo ha hecho
con nosotros.
7 A los veinticuatro *días* del mes
undécimo, que es el mes de Sebat,
en el segundo año de Darío, vino
la palabra de Jehová al profeta
Zacarías hijo de Berequías, hijo
de Iddo, diciendo:

21 *a* GEE Tierra—El estado final de la tierra.
22 *a* Dan. 2:44.
23 *a* *Es decir,* como uno que tiene autoridad.
b Sal. 89:3; Isa. 43:10.

[ZACARÍAS]
1 1 *a* Esd. 5:1.
GEE Zacarías (Antiguo Testamento).
3 *a* DyC 88:63.
GEE Arrepentimiento, arrepentirse.
4 *a* Sal. 78:8.
b 2 Ne. 27:5; Jacob 4:14; DyC 136:36.
c GEE Escuchar.
6 *a* Lam. 2:17.

8 Vi de noche, y he aquí, un varón que cabalgaba sobre un caballo alazán, el cual estaba entre
los mirtos que había en el valle;
y detrás de él había caballos alazanes, overos y blancos.
9 Entonces dije: ¿Qué son éstos, señor mío? Y el [a]ángel que
hablaba conmigo me dijo: Yo te
enseñaré lo que son éstos.
10 Y aquel varón que estaba entre los [a]mirtos respondió y dijo:
Éstos son los que Jehová ha enviado a recorrer la tierra.
11 Y ellos respondieron a aquel
ángel de Jehová que estaba entre
los mirtos, y dijeron: Hemos recorrido la tierra, y he aquí, toda la
tierra está tranquila y en paz.
12 Y respondió el ángel de Jehová y dijo: Oh Jehová de los
ejércitos, ¿hasta cuándo no tendrás piedad de Jerusalén y de las
ciudades de Judá, con las cuales
has estado airado por espacio de
setenta años?
13 Y Jehová respondió buenas
palabras, palabras consoladoras
al ángel que hablaba conmigo.
14 Y el ángel que hablaba conmigo me dijo: Clama diciendo:
Así ha dicho Jehová de los ejércitos: [a]Tuve gran celo por Jerusalén
y por Sión;
15 y estoy muy airado contra
las naciones que están reposa-
das, porque cuando yo estaba
enojado un poco, ellos agrava-
ron el mal.
16 Por tanto, así ha dicho Jehová: Yo me he vuelto a Jerusalén
con misericordia; en ella será reedificada mi [a]casa, dice Jehová de
los ejércitos, y la [b]plomada será
tendida sobre Jerusalén.
17 Clama aún, diciendo: Así
dice Jehová de los ejércitos: Aún
rebosarán mis ciudades con la
abundancia del bien; y aún [a]con-
solará Jehová a Sión y de nuevo
[b]escogerá a Jerusalén.
18 Después alcé mis ojos y miré,
y he aquí cuatro cuernos.
19 Y dije al ángel que hablaba
conmigo: ¿Qué son éstos? Y me
respondió: Éstos son los cuernos
que dispersaron a Judá, a Israel
y a Jerusalén.
20 Entonces me mostró Jehová
cuatro [a]carpinteros.
21 Y yo dije: ¿Qué vienen a hacer éstos? Y me respondió, diciendo: Aquéllos son los cuernos
que dispersaron a Judá, tanto
que ninguno alzó su cabeza; mas
éstos han venido para aterrorizarlos, para derribar los cuernos de las naciones que alzaron
el cuerno sobre la tierra de Judá
para dispersarla.

CAPÍTULO 2

En los últimos días, Judá se recogerá en Jerusalén — Las tribus vendrán de la tierra del norte — Jehová morará en medio de ellos.

1 ALCÉ después mis ojos y miré, y
he aquí un varón que tenía en su
mano un [a]cordel de medir.

9 *a* GEE Ángeles.
10 *a* *O sea,* árboles aromáticos.
14 *a* Zac. 8:2.
16 *a* GEE Últimos días, postreros días; Templo, Casa del Señor.
b Jer. 31:38–40.
17 *a* Isa. 51:3.
b Isa. 14:1.
20 *a* HEB artesanos.
2 1 *a* Ezeq. 47:3.

2 Y le dije: ¿A dónde vas? Y él me respondió: A medir a Jerusalén para ver cuál es su anchura y cuál su longitud.
3 Y he aquí, aquel ángel que hablaba conmigo salía, y otro ángel le salió al encuentro
4 y le dijo: Corre, habla a este joven, diciendo: Sin muros será [a]habitada Jerusalén a causa de la multitud de hombres y de ganados en medio de ella.
5 Yo seré para ella, dice Jehová, muro de [a]fuego a su alrededor, y [b]gloria seré en medio de ella.
6 ¡Ea, ea!, huid de la tierra del [a]norte, dice Jehová, pues por los [b]cuatro vientos de los cielos os [c]esparcí, dice Jehová.
7 ¡Oh Sión, la que moras con la hija de Babilonia, [a]escápate!
8 Porque así ha dicho Jehová de los ejércitos: Tras la gloria me ha enviado él a las naciones que os despojaron, porque el que os toca, toca la niña de su ojo.
9 Porque he aquí, yo alzo mi mano contra ellas, y serán despojo para los que los han servido, y sabréis que Jehová de los ejércitos me ha enviado.
10 ¡Canta y regocíjate, oh [a]hija de Sión porque, he aquí, vengo y [b]moraré en medio de ti!, ha dicho Jehová.
11 Y se unirán muchas [a]naciones a Jehová en aquel día y serán mi pueblo, y moraré [b]en medio de ti; y entonces sabrás que Jehová de los ejércitos me ha enviado a ti.
12 Y Jehová tomará posesión de [a]Judá, su porción en la tierra santa, y escogerá de nuevo a Jerusalén.
13 ¡Calle toda carne delante de Jehová, porque él se ha levantado de su santa [a]morada!

CAPÍTULO 3

Zacarías habla del Mesías — El Renuevo vendrá — En la Segunda Venida, la iniquidad desaparecerá en un solo día.

Y ME mostró al sumo sacerdote Josué, el sumo sacerdote que estaba delante del [a]ángel de Jehová, y [b]Satanás estaba a su mano derecha para acusarle.
2 Y dijo Jehová a Satanás: Jehová te reprenda, oh Satanás; Jehová, que ha escogido a Jerusalén, te reprenda. ¿No es éste un [a]tizón arrebatado del incendio?
3 Y Josué estaba vestido con vestimentas [a]sucias y estaba delante del ángel.

4 *a* Ezeq. 36:10.
5 *a* 1 Ne. 22:17.
b GEE Jesucristo—La gloria de Jesucristo.
6 *a* GEE Israel—Las diez tribus perdidas de Israel.
b DyC 133:6–8.
c Ezeq. 17:21; 1 Ne. 10:12–13; 22:3–8; 2 Ne. 25:15–16; DyC 45:19–25.
7 *a* Apoc. 18:4.
10 *a* Isa. 62:10–12; Moro. 10:31.
b Lev. 26:12; Jer. 3:17; Joel 3:21. GEE Jesucristo—El reinado milenario de Cristo.
11 *a* Isa. 55:5; DyC 45:66–69; 49:10; 97:18–21.
b DyC 1:36.
12 *a* DyC 109:62–64.
13 *a* DyC 101:89.
3 1 *a* GEE Ángeles.
b HEB el Adversario, el Acusador. Sal. 109:6.
2 *a* Amós 4:11.
3 *a* Prov. 30:12; 2 Cor. 7:1. GEE Inmundicia, inmundo.

4 Y respondió el *ángel* y habló a
los que estaban delante de él, diciendo: Quitadle esas vestimentas
sucias. Y a él le dijo: Mira que he
hecho quitar de ti tu iniquidad y
te he hecho vestir de vestimentas puras.
5 Después dijo: Pongan un turbante limpio sobre su cabeza.
Y pusieron un turbante limpio
sobre su cabeza y le vistieron
con ropas. Y el ángel de Jehová
estaba allí.
6 Y el ángel de Jehová advirtió
al mismo Josué, diciendo:
7 Así dice Jehová de los ejércitos: Si [a]anduvieres por mis
caminos y si guardares lo que
he [b]encomendado, también
tú gobernarás mi casa y también guardarás mis atrios, y
entre [c]éstos que aquí están te
daré lugar.
8 Escucha ahora, oh Josué, sumo
sacerdote, tú y tus amigos que
se sientan delante de ti, porque
son hombres de presagio: He
aquí, yo traigo a mi siervo, el
[a]Renuevo.
9 Porque he aquí la piedra que
puse delante de Josué, sobre esta
única piedra hay siete ojos; he
aquí, yo grabaré su grabado,
dice Jehová de los ejércitos, y
quitaré la iniquidad de esta tierra
en un solo día.
10 En aquel día, dice Jehová de
los ejércitos, cada uno de vosotros
invitará a su prójimo debajo de su
vid y debajo de su higuera.

CAPÍTULO 4

Zorobabel echará los cimientos de la casa de Jehová y la acabará: El templo de Zorobabel.

Y VOLVIÓ el ángel que hablaba
conmigo y me despertó, como
a un hombre que es despertado
de su sueño.
2 Y me dijo: ¿Qué ves? Y respondí: Miro, y he aquí un [a]can-
delabro todo de oro con un
recipiente en la parte superior,
y sus siete lámparas encima del
candelabro y siete tubos para
las lámparas que están encima
de él;
3 y junto a él [a]dos olivos, uno
a la derecha del [b]recipiente y el
otro a su izquierda.
4 Proseguí y pregunté a aquel
ángel que hablaba conmigo, diciendo: ¿Qué son éstos, señor
mío?
5 Y el ángel que hablaba conmigo respondió y me dijo: ¿No
sabes qué son éstos? Y dije: No,
señor mío.
6 Entonces respondió y me habló, diciendo: Ésta es la palabra
de Jehová a Zorobabel, que dice:
No con poder ni con fuerza, sino
con mi [a]espíritu, ha dicho Jehová
de los ejércitos.
7 ¿Quién eres tú, oh gran monte?
Delante de Zorobabel *serás reducido* a llanura; él sacará la piedra
principal con aclamaciones de:
¡Gracia, gracia a ella!

7 *a* GEE Andar, andar con Dios.
b Deut. 11:1.
c *Es decir,* los mensajeros celestiales.
8 *a* *O sea,* Retoño. Isa. 11:1; Jer. 23:5–6. GEE Jesucristo.
4 2 *a* Éx. 37:17.
3 *a* Zac. 4:11–14.
b Zac. 9:15.
6 *a* Rom. 15:19; 1 Ne. 17:52.

8 Y vino la palabra de Jehová a mí, diciendo:

9 Las manos de Zorobabel echarán los cimientos de esta casa, y sus manos la acabarán; y así sabrás que Jehová de los ejércitos me envió a vosotros.

10 Porque, ¿quién ha menospreciado el día de las pequeñeces? Se alegrarán y verán la plomada en la mano de Zorobabel. Estos [a]siete son los ojos de Jehová que recorren toda la tierra.

11 Hablé más y le dije: ¿Qué *significan* estos dos olivos a la derecha y a la izquierda del candelabro?

12 Y hablé de nuevo y le dije: ¿Qué *significan* las dos ramas de olivo que por medio de dos tubos de oro vierten de sí el *aceite* dorado?

13 Y me respondió, diciendo: ¿No sabes qué son éstos? Y dije: No, señor mío.

14 Y él dijo: Éstos son los dos [a]ungidos que están delante del Señor de toda la tierra.

CAPÍTULO 5

Un ángel revela verdades a Zacarías, valiéndose de representaciones simbólicas.

Y ME volví, y alcé mis ojos y miré, y he aquí un [a]rollo que volaba.

2 Y me dijo: ¿Qué ves? Y respondí: Veo un rollo que vuela, de veinte [a]codos de largo y diez codos de ancho.

3 Entonces me dijo: Ésta es la [a]maldición que sale sobre la faz de toda la tierra; porque todo aquel que [b]hurta (como *está* de un lado del rollo) será [c]destruido, y todo aquel que jura *falsamente* (como *está* del otro lado del rollo) será destruido.

4 Yo la he hecho salir, dice Jehová de los ejércitos, y entrará en la casa del ladrón y en la casa del que jura falsamente en mi nombre; y permanecerá en medio de su casa y la consumirá, junto con sus maderas y sus piedras.

5 Y salió aquel ángel que hablaba conmigo y me dijo: Alza ahora tus ojos y mira qué es esto que sale.

6 Y dije: ¿Qué es? Y él dijo: Éste es un efa que sale. Además dijo: Éste es el aspecto de ellos en toda la tierra.

7 Y he aquí, levantaron un [a]talento de plomo, y una mujer estaba sentada en medio de aquel efa.

8 Y él dijo: Ésta es la Maldad; y la echó dentro del efa y echó la masa de plomo en la abertura.

9 Alcé luego mis ojos y miré, y he aquí dos mujeres que salían con viento en sus alas, y tenían alas como de cigüeña; y alzaron el efa entre la tierra y los cielos.

10 Y dije al ángel que hablaba conmigo: ¿A dónde llevan el efa?

11 Y él me respondió: A la tierra

---

10 *a* Apoc. 4:5.
14 *a* Apoc. 11:3–14; DyC 77:15.
5 1 *a* Jer. 36:1–6.
2 *a* GEE Codo.
3 *a* 3 Ne. 26:3–5.
b GEE Robar, robo, hurtar, hurto.
c DyC 42:20.
7 *a* GEE Talento.

de Sinar para que le sea edificada casa; y cuando esté preparado, será puesto allá sobre su base.

CAPÍTULO 6

Zacarías corona a Josué, el sumo sacerdote, a semejanza de Cristo, el Renuevo, que vendrá — Cristo será sacerdote sobre Su trono para siempre.

Y ME volví, y alcé mis ojos y miré, y he aquí cuatro carros que salían de entre dos montes; y aquellos montes eran montes de bronce.

2 En el primer carro había caballos alazanes, y en el segundo carro, caballos negros,

3 y en el tercer carro, caballos blancos y en el cuarto carro, caballos overos, rucios rodados.

4 Respondí entonces, y dije al ángel que hablaba conmigo: Señor mío, ¿qué es esto?

5 Y el ángel me respondió y me dijo: Éstos son los cuatro [a]espíritus de los cielos que salen desde donde están, delante del Señor de toda la tierra.

6 El *carro* con los caballos negros salió hacia la tierra del norte; y los blancos salieron tras ellos; y los overos salieron hacia la tierra del sur.

7 Y los rucios salieron y se afanaron por ir a recorrer la tierra. Y dijo: Id, recorred la tierra. Y recorrieron la tierra.

8 Luego me llamó y me habló diciendo: Mira, los que salieron hacia la tierra del norte hicieron reposar mi espíritu en la tierra del norte.

9 Y vino a mí la palabra de Jehová, diciendo:

10 Toma de los del cautiverio, de Heldai, y de Tobías y de Jedaías, los cuales volvieron de Babilonia; y vendrás tú en aquel día y entrarás en casa de Josías hijo de Sofonías.

11 Tomarás, pues, plata y oro, y harás coronas y las pondrás en la cabeza del sumo sacerdote Josué hijo de Josadac.

12 Y le hablarás, diciendo: Así ha hablado Jehová de los ejércitos, diciendo: He aquí el varón [a]cuyo nombre es el [b]Renuevo, el que brotará de su lugar y edificará el templo de Jehová.

13 Él edificará el templo de Jehová, y él llevará gloria, y se sentará y dominará en su trono, y será sacerdote en su trono; y habrá consejo de paz entre los dos.

14 Y Helem, y Tobías, y Jedaías y Hen hijo de Sofonías tendrán coronas como recordatorio en el templo de Jehová.

15 Y los que están lejos vendrán y [a]reedificarán el templo de Jehová; entonces sabréis que Jehová de los ejércitos me ha enviado a vosotros. Y esto sucederá si [b]escucháis obedientemente la voz de Jehová vuestro Dios.

---

6 5 *a* Heb. 1:14; Apoc. 7:1; DyC 77:8.
12 *a* HEB Retoño es su nombre, el cual brotará de sus raíces, y edificará el templo de Jehová.
b *O sea,* Retoño. Jer. 23:5–6; 33:15; Zac. 3:8.
15 *a* Isa. 60:10.
b GEE Obediencia, obediente, obedecer.

CAPÍTULO 7

Jehová reprueba la hipocresía en el ayuno — Exhorta al pueblo a mostrar misericordia y compasión y a llevar una vida piadosa.

Y ACONTECIÓ que, en el año cuarto del rey Darío, vino la palabra de Jehová a Zacarías a los cuatro *días* del mes noveno, que es Quisleu,

2 cuando *el pueblo* de Bet-el envió a Sarezer, con Regem-melec y sus hombres, a implorar el favor de Jehová,

3 y a hablar a los sacerdotes que estaban en la casa de Jehová de los ejércitos y a los profetas, diciendo: ¿Lloraremos en el mes quinto? ¿Haremos abstinencia como hemos venido haciendo desde hace ya tantos años?

4 Vino, pues, a mí la palabra de Jehová de los ejércitos, diciendo:

5 Habla a todo el pueblo del país y a los sacerdotes, y diles: Cuando ayunabais y llorabais en el quinto y en el séptimo *mes* estos setenta años, ¿acaso [a]ayunabais para mí?

6 Y cuando comíais y bebíais, ¿acaso no comíais y bebíais para vosotros mismos?

7 ¿No son *éstas* las palabras que proclamó Jehová por medio de los primeros [a]profetas, cuando Jerusalén estaba habitada y tranquila, y las ciudades de sus alrededores, y del sur y de la llanura estaban habitadas?

8 Y vino la palabra de Jehová a Zacarías, diciendo:

9 Así habló Jehová de los ejércitos, diciendo: Juzgad con [a]juicio verdadero y haced [b]misericordia y [c]piedad, cada cual con su hermano;

10 no [a]oprimáis a la viuda, ni al huérfano, ni al extranjero ni al [b]pobre; ni ninguno piense mal en su corazón contra su hermano.

11 Pero no quisieron escuchar, sino que volvieron la espalda y se taparon los oídos para no oír;

12 y pusieron su corazón como [a]diamante para no oír la ley ni las palabras que Jehová de los ejércitos enviaba por su espíritu, por medio de los primeros [b]profetas; vino, por tanto, gran enojo de parte de Jehová de los ejércitos.

13 Y aconteció que, así como él clamó y no escucharon, también [a]ellos clamaron, y [b]yo no escuché, dice Jehová de los ejércitos,

14 sino que los [a]esparcí con torbellino por todas las naciones que ellos no conocían, y la tierra fue desolada tras ellos, sin quedar quien fuese ni viniese; pues convirtieron en desolación el país deseable.

7 5 *a* Mateo 6:16–18. GEE Ayunar, ayuno.
7 *a* Zac. 1:3–5; DyC 84:54–57.
9 *a* GEE Justicia.
b GEE Misericordia, misericordioso.
c GEE Compasión.
10 *a* Ezeq. 22:7.
b Mos. 4:16–26; Hel. 4:12; DyC 42:30. GEE Pobres—Pobres en cuanto a bienes materiales.
12 *a* Ezeq. 36:26; 1 Ne. 14:7; Mos. 13:30–33.
b Jer. 44:4–6; 1 Ne. 3:20.
13 *a* Lam. 1:1–3.
b DyC 101:7–8.
14 *a* GEE Israel—El esparcimiento de Israel.

CAPÍTULO 8

En los últimos días se restablecerá Jerusalén, se recogerá a Judá y Jehová bendecirá a Su pueblo mucho más que en el pasado.

Y VINO *a mí* la palabra de Jehová
de los ejércitos, diciendo:
2 Así ha dicho Jehová de los
ejércitos: Yo he tenido gran celo
por Sión, y con gran ira la [a]celé.
3 Así dice Jehová: Yo he vuelto
a [a]Sión y moraré en medio de
[b]Jerusalén; y Jerusalén se llamará
Ciudad de la Verdad; y el [c]monte
de Jehová de los ejércitos, Monte
de Santidad.
4 Así ha dicho Jehová de los
ejércitos: Aún han de morar [a]ancianos y ancianas en las calles de
Jerusalén, y cada cual con su bastón en la mano por la multitud
de sus días.
5 Y las calles de la ciudad estarán llenas de muchachos y muchachas que jugarán en ellas.
6 Así dice Jehová de los ejércitos: Si esto parecerá maravilloso
a los ojos del [a]remanente de este
pueblo en [b]aquellos días, ¿será
también maravilloso delante
de mis ojos?, dice Jehová de los
ejércitos.
7 Así ha dicho Jehová de los ejércitos: He aquí, yo [a]salvo a mi pueblo de la tierra del oriente y de la
tierra donde se pone el sol;
8 y los traeré, y habitarán en
medio de Jerusalén; y serán mi
[a]pueblo, y yo seré su Dios en verdad y en justicia.
9 Así ha dicho Jehová de los
ejércitos: Fortalézcanse vuestras
manos, los que oís en estos días
estas palabras de la boca de los
[a]profetas, desde el día en que se
echó el cimiento de la casa de
Jehová de los ejércitos, para edificar el templo.
10 Porque antes de estos días no
había paga de hombre ni paga de
bestia, ni hubo paz alguna para el
que salía ni para el que entraba, a
causa del enemigo, pues yo dejé
a todos los hombres, cada cual
contra su prójimo.
11 Mas ahora no seré con el resto
de este pueblo como en aquellos
días pasados, dice Jehová de los
ejércitos.
12 Porque *habrá* siembra de paz;
la vid dará su fruto, y dará su
producto la tierra, y los cielos
darán su rocío; y haré que el remanente de este pueblo posea
todo esto.
13 Y sucederá que así como fuisteis maldición entre las naciones,
oh casa de Judá y casa de Israel,
así os [a]salvaré, y seréis [b]bendición. ¡No temáis! ¡Fortalézcanse
vuestras manos!
14 Porque así ha dicho Jehová
de los ejércitos: Así como pensé
haceros mal cuando vuestros

8 2 *a* Zac. 1:14.
3 *a* GEE Sión.
b GEE Jerusalén.
c Dan. 9:16; Joel 3:17.
4 *a* Isa. 65:19–22; DyC 63:50–51; 101:30–32.
6 *a* 1 Ne. 15:14.
b GEE Jesucristo—El reinado milenario de Cristo.
7 *a* TJS Zac. 8:7 …recojo a… GEE Israel—La congregación de Israel.
8 *a* DyC 42:9.
9 *a* Esd. 5:1–2.
13 *a* TJS Zac. 8:13 …recogeré…
b GEE Bendecido, bendecir, bendición.

padres me provocaron a ira, dice Jehová de los ejércitos, y no [a]me arrepentí,
15 así he vuelto a pensar hacer bien a Jerusalén y a la casa de Judá en estos días. No temáis.
16 Éstas son las cosas que habéis de hacer: Hablad [a]verdad, cada cual con su prójimo; [b]juzgad en vuestras puertas *con* verdad y *con* juicio de [c]paz;
17 y ninguno de vosotros piense mal en su corazón contra su prójimo, ni améis el [a]juramento falso, porque todas éstas son cosas que aborrezco, dice Jehová.
18 Y vino a mí la palabra de Jehová de los ejércitos, diciendo:
19 Así ha dicho Jehová de los ejércitos: El ayuno del cuarto *mes,* y el ayuno del quinto, y el ayuno del séptimo y el ayuno del décimo se convertirán para la casa de Judá en gozo y alegría, y en festivas solemnidades. Amad, pues, la verdad y la paz.
20 Así ha dicho Jehová de los ejércitos: Aún vendrán pueblos y moradores de muchas ciudades.
21 E irán los moradores de una *ciudad* a otra y dirán: ¡Vayamos rápido a implorar el favor de Jehová y a buscar a Jehová de los ejércitos! ¡Yo también iré!
22 Y vendrán muchos [a]pueblos y naciones poderosas a buscar a Jehová de los ejércitos en Jerusalén y a implorar el favor de Jehová.
23 Así ha dicho Jehová de los ejércitos: En aquellos días *acontecerá* que diez hombres de todas las lenguas de las naciones asirán el borde del manto de un judío, diciendo: Iremos con vosotros, porque hemos oído que Dios está con vosotros.

CAPÍTULO 9

Zacarías habla del Mesías — El Mesías vendrá trayendo salvación, humilde y montado sobre un asno — Liberará del foso a los presos — Judá y Efraín son instrumentos de Jehová.

LA [a]profecía de la palabra de Jehová contra la tierra de Hadrac y Damasco, su lugar de reposo; porque en Jehová están puestos los ojos de los hombres y de todas las tribus de Israel.
2 Y también Hamat lindará con ella; Tiro y Sidón, aunque sean muy sabias.
3 Y [a]Tiro se edificó fortaleza y amontonó plata como polvo, y oro como lodo de las calles;
4 he aquí, el Señor la empobrecerá, y herirá en el mar su poderío, y ella será consumida por el fuego.
5 Ascalón lo verá y temerá; Gaza también, y se dolerá en gran manera; asimismo Ecrón, porque su esperanza será confundida; y perecerá el rey de Gaza, y Ascalón no será habitada.
6 Y habitará en Asdod un bastardo, y yo talaré la soberbia de los filisteos;

14 *a* HEB no cedí.
16 *a* GEE Verdad.
b GEE Justicia.
c GEE Paz.
17 *a* GEE Mentiras.
22 *a* Zac. 2:11; 2 Ne. 12:3.
9 1 *a* *O sea,* mensaje de fatalidad.
3 *a* Amós 1:9–10.

7 y quitaré la sangre de su boca
y sus abominaciones de entre sus
dientes, y el que quede será un
remanente para nuestro Dios, y
será como gobernante en Judá, y
Ecrón será como el [a]jebuseo.
8 Y yo acamparé junto a mi casa
como guardia, a causa del que
va y del que viene; y no pasará
más sobre ellos el opresor, porque ahora he visto con mis propios ojos.
9 Alégrate mucho, oh hija de
Sión; da voces de júbilo, oh hija
de Jerusalén; he aquí, tu [a]rey
viene a ti, justo y trayendo salvación, humilde y [b]montado sobre un asno, sobre un [c]pollino
hijo de asna.
10 Y destruiré el carro de Efraín
y el caballo de Jerusalén, y el arco
de guerra será destruido; y hablará paz a las naciones; y su [a]se-
ñorío será de mar a mar, y desde
el Río hasta los confines de la
tierra.
11 Y en cuanto a ti, por la [a]san-
gre de tu [b]convenio yo he sacado
a tus [c]presos del [d]foso en el que
no hay agua.
12 Volveos a la fortaleza, oh prisioneros de la [a]esperanza; hoy
también os anuncio que os restauraré el [b]doble.
13 Porque he tensado para mí a
Judá *como* arco, e hice de Efraín
como su flecha; e incitaré a tus
hijos, oh Sión, contra tus hijos, oh
Grecia, y te pondré como espada
de valiente.
14 Y Jehová será visto sobre
ellos, y su flecha saldrá como
relámpago; y Jehová el Señor tocará la trompeta e irá en los torbellinos del sur.
15 Jehová de los ejércitos los defenderá, y ellos devorarán, y someterán las piedras de la honda,
y beberán y harán ruido como
embriagados de vino; y se llenarán
como tazón o como los ángulos
del altar.
16 Y los [a]salvará en aquel [b]día
Jehová su Dios como rebaño de
su pueblo, porque serán enaltecidos en su tierra como [c]piedras
de una [d]corona.
17 Porque, ¡cuánta es su bondad
y cuánta su hermosura! El trigo
alegrará a los jóvenes y el mosto
a las doncellas.

CAPÍTULO 10

Los de la casa de Judá y los de la casa de José serán dispersados entre los pueblos de países lejanos — Jehová los llamará con un silbido, los congregará y los redimirá.

Pedid a Jehová lluvia en el tiempo
de la lluvia tardía; Jehová hará
nubes de tormenta, y os dará

7 *a* Jue. 1:21.
9 *a* Mateo 21:4–11; Juan 12:12–16.
b 1 Rey. 1:32–40. GEE Simbolismo.
c Mar. 11:1–11; Lucas 19:35–40.
10 *a* Sal. 72:8; DyC 58:22; 76:63.
11 *a* GEE Expiación, expiar; Sangre.
b GEE Convenio (pacto).
c GEE Salvación de los muertos.
d GEE Infierno.
12 *a* Moro. 7:1, 3, 40–48.
b Job 42:10.
16 *a* Ezeq. 37:23. GEE Salvación.
b Isa. 2:11; 52:6; Oseas 2:14–23.
c Mal. 3:17; DyC 60:4.
d Isa. 62:3.

[a]lluvia abundante y hierba en el campo a cada uno.

2 Porque los ídolos han hablado engaño, y los [a]adivinos han visto mentira y han contado [b]sueños vanos; vano es su consuelo. Por eso el pueblo vaga como ovejas; está afligido porque no *tiene* [c]pastor.

3 Contra los pastores se ha encendido mi enojo, y castigaré a los machos cabríos; porque Jehová de los ejércitos visitará su rebaño, la casa de Judá, y los pondrá como su caballo de honor en la guerra.

4 De él saldrá la [a]piedra angular, de él el [b]clavo, de él el arco de la guerra, de él también todo gobernante, todos juntos.

5 Y serán como valientes, que en la batalla pisotean *al enemigo* en el lodo de las calles; y pelearán, porque Jehová estará con ellos; y los que cabalgan en caballos serán avergonzados.

6 Porque yo fortaleceré la casa de Judá y salvaré la casa de José; y los haré volver, porque de ellos tendré piedad; y serán como si no los hubiera desechado, porque yo soy Jehová su Dios y los [a]oiré.

7 Y los de [a]Efraín serán como un valiente, y se alegrará su corazón como con el vino; sus hijos también *lo* verán y se alegrarán; su corazón se regocijará en Jehová.

8 Yo los llamaré con un silbido y los [a]reuniré, porque los he redimido; y serán multiplicados como fueron multiplicados antes.

9 Y los [a]dispersaré entre los pueblos; aun en lejanos países [b]se acordarán de mí; y vivirán con sus hijos y volverán.

10 Porque yo los haré volver de la tierra de Egipto y los congregaré de [a]Asiria; y los traeré a la tierra de Galaad y del Líbano, y no habrá *lugar suficiente* para ellos.

11 Y él pasará por el mar de la angustia, y en el mar herirá las olas, y se secarán todas las profundidades del río; y la soberbia de [a]Asiria será derribada, y se perderá el [b]cetro de [c]Egipto.

12 Y yo los [a]fortaleceré en Jehová, y caminarán en su [b]nombre, dice Jehová.

CAPÍTULO 11

Zacarías habla del Mesías — El Mesías será entregado por treinta piezas de plata — El dinero será entregado al alfarero en la casa de Jehová.

10 1 *a* Deut. 11:14.
2 *a* Deut. 18:20.
b GEE Sueños.
c GEE Pastor.
4 *a* Sal. 118:21–22; Mateo 21:42–46.
b Isa. 22:23; 3 Ne. 11:13–14. GEE Crucifixión.
6 *a* *O sea,* les responderé.
7 *a* Gén. 48:14–22; DyC 64:33–36. GEE Efraín.
8 *a* GEE Israel—La congregación de Israel.
9 *a* Jacob 5:52. GEE Israel—El esparcimiento de Israel.
b Deut. 30:1–3.
10 *a* GEE Israel—Las diez tribus perdidas de Israel.
11 *a* Isa. 14:25.
b Ezeq. 30:13.
c Isa. 19:16–17; Joel 3:19. GEE Egipto.
12 *a* DyC 31:8; 37:2.
b Miq. 4:5; DyC 1:17–23.

¡Oh Líbano, abre tus puertas, y
consuma el fuego tus cedros!
2 Aúlla, oh ciprés, porque el
cedro cayó, porque los *árboles*
magníficos son derribados. Aullad, oh [a]encinas de Basán, porque el bosque impenetrable es
derribado.
3 Voz de aullido de pastores,
porque su magnificencia es asolada; estruendo de rugidos de
cachorros de leones, porque la soberbia del Jordán es destruida.
4 Así ha dicho Jehová mi
Dios: Apacienta las ovejas de la
matanza,
5 a las cuales matan sus com-
pradores y no se tienen por culpables; y el que las vende dice:
Bendito sea Jehová, porque me he
enriquecido; ni aun sus pastores
tienen piedad de ellas.
6 Por tanto, no tendré ya más
piedad de los moradores de la
tierra, dice Jehová, sino que he
aquí, yo entregaré a los hombres,
a cada cual en manos de su compañero y en manos de su rey; y
asolarán la tierra, y yo no los libraré de sus manos.
7 Apacenté, pues, las ovejas de
la matanza, esto es, a los pobres
del rebaño. Y tomé para mí dos
cayados: a uno le puse por nombre Gracia, y al otro, Ataduras; y
apacenté las ovejas.
8 Y destruí a tres pastores en un
mes; y mi alma se impacientó con
ellos, y también el alma de ellos
me aborreció a mí.
9 Y dije: No os apacentaré; la
que ha de morir, que muera; y
la que ha de ser destruida, que
sea destruida; y las que queden,
que cada una coma la carne de
su compañera.
10 Tomé luego mi cayado Gracia y lo quebré, para romper mi
[a]convenio que había concertado
con todos los pueblos.
11 Y fue roto en ese día, y así
supieron los pobres del rebaño,
que me observaban, que era la
palabra de Jehová.
12 Y les dije: Si os parece bien,
dadme mi salario; y si no, dejadlo. Y pesaron como mi salario
[a]treinta *piezas* de plata.
13 Y me dijo Jehová: Échalas al
[a]alfarero; ¡hermoso precio con
que me han apreciado! Y tomé
las treinta *piezas* de plata y las
eché en la casa de Jehová, al
alfarero.
14 Quebré luego mi otro cayado,
Ataduras, para romper la hermandad entre Judá e Israel.
15 Y me dijo Jehová: Toma de
nuevo los aperos de un pastor
insensato;
16 porque he aquí, yo levanto
a un pastor en la tierra que no
visitará a las que van a ser destruidas, ni buscará a la pequeña,
ni curará a la perniquebrada ni
sustentará a la sana, sino que comerá la carne de la engordada y
romperá sus pezuñas.
17 ¡Ay del [a]pastor inútil que
abandona el rebaño! Hiera la espada su brazo y su ojo derecho;
del todo se secará su brazo, y
su ojo derecho será enteramente
oscurecido.

11 2 *a* Ezeq. 27:6.
10 *a* GEE Convenio (pacto).
12 *a* Mateo 26:14–16. GEE Judas Iscariote.
13 *a* Mateo 27:3–10.
17 *a* Jer. 23:1.

CAPÍTULO 12

En la gran guerra final, todas las naciones se juntarán contra Jerusalén, pero Jehová defenderá a Su pueblo — Entonces, los judíos mirarán al Señor, a quien ellos crucificaron, y habrá gran llanto.

[a]PROFECÍA de la palabra de Jehová acerca de Israel. Jehová,
que extiende los cielos, y [b]funda
la tierra y forma el [c]espíritu del
hombre dentro de él, ha dicho:
2 He aquí, yo pongo a Jerusalén
como una [a]copa que hará temblar
a todos los pueblos de alrededor,
cuando estén en el sitio contra
Judá y contra Jerusalén.
3 Y en aquel día yo pondré a Jerusalén como una piedra pesada
para todos los pueblos; todos los
que la sostengan serán lastima-
dos. Y todas las naciones de la
tierra [a]se juntarán contra ella.
4 En aquel día, dice Jehová, heriré con pánico a todo caballo, y
con locura al jinete; pero sobre la
casa de Judá abriré mis ojos y a
todo caballo de los pueblos heriré
con ceguera.
5 Y los gobernantes de Judá dirán en su corazón: Los moradores
de Jerusalén serán mi fuerza en
Jehová de los ejércitos, su Dios.
6 En aquel día haré a los gobernantes de Judá como brasero de
fuego entre leña y como antorcha
ardiendo entre gavillas; y consumirán a diestra y a siniestra a
todos los pueblos de alrededor; y
Jerusalén será otra vez [a]habitada
en su lugar, en Jerusalén.
7 Y librará Jehová las tiendas de
Judá primero, para que la gloria
de la casa de [a]David y del morador de Jerusalén no se engrandezca sobre Judá.
8 En aquel día Jehová defenderá al morador de Jerusalén; y
el que entre ellos fuere débil en
aquel día será como David; y la
casa de David será como Dios,
como el ángel de Jehová delante
de ellos.
9 Y acontecerá que en aquel día
yo procuraré [a]destruir a todas
las naciones que vengan contra
[b]Jerusalén.
10 Y [a]derramaré sobre la casa
de David y sobre los moradores
de Jerusalén espíritu de [b]gracia y
de oración; y me [c]mirarán a mí,
a quien [d]traspasaron, y le [e]llo-
rarán a él como se llora por el
hijo [f]unigénito, afligiéndose por
él como quien se aflige por el
primogénito.
11 En aquel día habrá gran llanto
en Jerusalén, como el [a]llanto
de Hadad-rimón en el valle de
Meguido.
12 Y la tierra se [a]lamentará,
cada familia por su lado: la

12 1 *a* *Es decir,* mensaje de fatalidad a Israel. Isa. 13:1.
b GEE Creación, crear.
c GEE Hombre(s)—El hombre, hijo espiritual de nuestro Padre Celestial.
2 *a* Isa. 51:17–23.
3 *a* GEE Armagedón.
6 *a* GEE Israel—La congregación de Israel.
7 *a* GEE David.
9 *a* 2 Ne. 6:14–15.
b 1 Ne. 22:14–19.
10 *a* Ezeq. 39:28–29; DyC 105:12.
b GEE Gracia.
c GEE Segunda Venida de Jesucristo.
d Apoc. 1:7. GEE Crucifixión.
e Jer. 50:4.
f Amós 8:10.
11 *a* GEE Armagedón.
12 *a* Mateo 24:30.

familia de la casa de David por su lado, y sus esposas por su lado; la familia de la casa de Natán por su lado, y sus esposas por su lado;

13 la familia de la casa de Leví por su lado, y sus esposas por su lado; la familia de Simei por su lado, y sus esposas por su lado;

14 todas las familias restantes, cada familia por su lado, y las esposas por su lado.

CAPÍTULO 13

Los judíos obtendrán perdón en la Segunda Venida — Le preguntarán al Señor: ¿Qué heridas son éstas en tus manos? — El remanente, probado y refinado, será Su pueblo.

EN aquel día habrá un [a]manantial abierto para la casa de David y para los moradores de Jerusalén, para *la purificación del* pecado y de la impureza.

2 Y sucederá en aquel día, dice Jehová de los ejércitos, que quitaré de la tierra los nombres de las [a]imágenes, y nunca más vendrán a la memoria; y también haré quitar de la tierra a los profetas, y al espíritu de impureza.

3 Y acontecerá que si alguno aún profetiza, su padre y su madre que lo engendraron le dirán: No vivirás, porque has hablado mentira en el nombre de Jehová; y su padre y su madre que lo engendraron le traspasarán cuando profetice.

4 Y sucederá en aquel día que todos los profetas [a]se avergonzarán de su visión cuando profeticen; nunca más se vestirán con manto velloso para engañar.

5 Y dirá: No soy profeta; labrador soy de la tierra, porque *esto* aprendí desde mi juventud.

6 Y le preguntarán: ¿Qué [a]heridas son éstas en tus manos? Y él responderá: Son aquéllas con las que fui [b]herido en casa de mis amigos.

7 ¡Levántate, oh espada, contra el pastor y contra el hombre [a]compañero mío!, dice Jehová de los ejércitos. Hiere al [b]pastor, y [c]serán dispersadas las ovejas; y volveré mi mano contra los pequeñitos.

8 Y acontecerá en toda la tierra, dice Jehová, que las dos terceras partes serán taladas en ella y perecerán, pero una tercera *parte* [a]quedará en ella.

9 Y meteré en el fuego a la tercera parte, y los [a]refinaré como se refina la plata y los [b]probaré como se prueba el oro. *Ellos* invocarán mi nombre, y yo les responderé y les diré: [c]Pueblo mío; y él dirá: Jehová es mi Dios.

13 1 *a* GEE Bautismo, bautizar.
2 *a* GEE Idolatría.
4 *a* Miq. 3:6–7.
6 *a* Isa. 49:16; Zac. 12:10.
b DyC 45:51–53.
7 *a* *O sea,* que está junto a mí.
b Mar. 14:27–31. GEE Buen Pastor.
c Zac. 10:9.
8 *a* Ezeq. 5:12.
9 *a* 3 Ne. 24:2–3; DyC 128:24.
b DyC 101:3–5.
c Jer. 30:22; Oseas 2:23.

CAPÍTULO 14

Jehová luchará por Israel en Su Segunda Venida — Sus pies se afirmarán sobre el monte de los Olivos — Será Rey sobre toda la tierra — Plagas destruirán a los inicuos.

HE aquí, el [a]día de Jehová viene,
y tus despojos serán repartidos
en medio de ti.
2 Porque yo reuniré a todas las
naciones en [a]batalla contra Jerusalén;
y la ciudad será tomada, y
las [b]casas serán saqueadas y las
mujeres violadas; y la mitad de
la ciudad irá al cautiverio, pero
el resto del pueblo no será sacado
de la ciudad.
3 Después saldrá Jehová y
[a]peleará contra aquellas naciones
como peleó en el día de la
batalla.
4 Y se afirmarán sus pies en
aquel día sobre [a]el monte de
los Olivos, que está frente a
Jerusalén al oriente; y el monte
de los Olivos se partirá por en
medio hacia el oriente y hacia
el occidente, *formando* un
valle muy grande; y una mitad
del monte se apartará hacia
el norte y la otra mitad hacia
el sur.
5 Y huiréis al valle de los montes,
porque el valle de los montes
llegará hasta Azal; y huiréis
de la manera que huisteis por
causa del [a]terremoto en los días
de Uzías, rey de Judá; y vendrá
Jehová mi Dios, y con él todos
los [b]santos.
6 Y acontecerá que en ese día la
luz no será clara ni oscura.
7 Y será [a]un día, el cual es conocido
de Jehová, que no será ni
día ni noche; mas acontecerá que
al atardecer habrá luz.
8 Acontecerá también en aquel
día que saldrán de Jerusalén
[a]aguas vivas, la mitad de ellas
hacia el mar oriental y la otra
mitad hacia el mar occidental;
sucederá tanto en verano como
en invierno.
9 Y Jehová será [a]rey sobre toda
la tierra. En aquel día Jehová será
uno y uno su nombre.
10 Y toda la tierra se volverá
como [a]llanura desde Geba hasta
Rimón al sur de Jerusalén; y
[b]ésta será enaltecida y habitada
en su [c]lugar desde la puerta de
Benjamín hasta el lugar de la
puerta primera, hasta la puerta
del Ángulo; y desde la torre
de Hananeel hasta los lagares
del rey.
11 Y morarán en ella, y no habrá
nunca más maldición, sino
que Jerusalén será habitada
confiadamente.
12 Y ésta será la [a]plaga con que
herirá Jehová a todos los pueblos
que pelearon contra Jerusalén:
la carne de ellos se corromperá

14 1 *a* GEE Segunda Venida de Jesucristo.
2 *a* Joel 3:9–14. GEE Armagedón; Señales de los tiempos.
b 2 Ne. 23:15–16.
3 *a* Ezeq. 38:22.
4 *a* DyC 45:47–53.
5 *a* Amós 1:1.
b 1 Tes. 4:14. GEE Santo (sustantivo).
7 *a* Hel. 14:2–4.
8 *a* Ezeq. 47:1, 8–9; Joel 3:18; Apoc. 22:1.
9 *a* DyC 38:21; 45:58–59. GEE Milenio.
10 *a* Isa. 40:1–5.
b *Es decir,* Jerusalén.
c Jer. 31:38–40.
12 *a* DyC 29:17–19.

estando ellos sobre sus pies, y se consumirán sus ojos en sus cuencas, y la lengua se les deshará en su boca.

13 Y acontecerá en aquel día que habrá entre ellos gran pánico enviado por Jehová; y se asirá cada uno de la mano de su prójimo, y la mano de cada uno se levantará contra la mano de su [a]prójimo.

14 Y Judá también peleará en Jerusalén. Y serán reunidas las riquezas de todas las naciones de alrededor: oro, y plata y ropas de vestir en gran abundancia.

15 Así también será la [a]plaga del caballo, del mulo, del camello, y del asno y de todas las bestias que estén en aquellos campamentos.

16 Y sucederá que todos los que sobrevivan de todas las naciones que vinieron contra Jerusalén subirán de año en año para [a]adorar al Rey, a [b]Jehová de los ejércitos, y para celebrar la [c]fiesta de los tabernáculos.

17 Y acontecerá que si alguna familia de la tierra no sube a Jerusalén para adorar al Rey, a Jehová de los ejércitos, no vendrá sobre ellos la lluvia.

18 Y si la familia de Egipto no sube ni viene, no *habrá lluvia* para ellos; vendrá la plaga con la que Jehová herirá a las [a]naciones que no suban a celebrar la fiesta de los tabernáculos.

19 Éste será el castigo del pecado de Egipto y del pecado de todas las naciones que no suban a celebrar la fiesta de los tabernáculos.

20 En aquel día estará *grabado* sobre los cascabeles de los caballos: [a]SANTIDAD A JEHOVÁ; y las ollas de la casa de Jehová serán como los tazones delante del altar.

21 Y toda olla en Jerusalén y en Judá será consagrada a Jehová de los ejércitos; y todos los que ofrezcan sacrificios vendrán y tomarán de ellas y cocerán en ellas; y no habrá más [a]mercader alguno en la casa de Jehová de los ejércitos en aquel día.

13 *a* DyC 45:32–33, 67–70.
15 *a* *Es decir,* las bestias de carga también sufrirán la aflicción de las plagas.
16 *a* GEE Adorar.
b GEE Señor (o Jehová) de los Ejércitos o de las Huestes.
c Lev. 23:34–37; Esd. 3:4; Neh. 8:14.
18 *a* Isa. 60:12.
20 *a* Éx. 28:36. GEE Santidad.
21 *a* Joel 3:17. GEE Injusticia, injusto.

MALAQUÍAS

CAPÍTULO 1

Los judíos desprecian a Jehová al ofrecer pan inmundo sobre el altar y al sacrificar animales con defectos — El nombre de Jehová será temible entre las naciones.

[a]PROFECÍA de la palabra de
Jehová contra Israel, por medio de [b]Malaquías:
2 Yo os he amado, dice Jehová.
Pero dijisteis: ¿En qué nos has
amado? ¿No era Esaú hermano
de Jacob?, dice Jehová; sin embargo, amé a [a]Jacob,
3 y a Esaú aborrecí, y convertí
sus montes en [a]desolación y *di*
su [b]heredad a los chacales del
desierto.
4 Aunque Edom diga: Hemos
sido devastados, pero volveremos a edificar lo arruinado; así
ha dicho Jehová de los ejércitos:
Ellos edificarán, pero yo destruiré; y los llamarán territorio
de maldad y pueblo contra el
cual Jehová está indignado para
siempre.
5 Y vuestros ojos lo verán, y
diréis: Sea Jehová engrandecido
más allá del territorio de Israel.
6 El hijo [a]honra al padre y el
siervo a su señor. Si, pues, soy
yo padre, ¿dónde está mi [b]honra?
Y si soy señor, ¿dónde está mi
temor?, dice Jehová de los ejércitos a vosotros, oh sacerdotes,
que menospreciáis mi nombre.
Y decís: ¿En qué hemos menospreciado tu nombre?
7 En que ofrecéis sobre mi altar pan inmundo, y decís: ¿En
qué te hemos profanado? En
que decís: La mesa de Jehová es
despreciable.
8 Y cuando ofrecéis el *animal*
[a]ciego para el [b]sacrificio, ¿no es
malo? Asimismo, cuando ofrecéis el [c]cojo o el enfermo, ¿no es
malo? Preséntalo, pues, a tu gobernante. ¿Acaso se agradará de
ti, o le serás acepto?, dice Jehová
de los ejércitos.
9 Ahora, os ruego, pues, im-
plorad el favor de Dios para que
tenga piedad de nosotros; con
esto que de vuestra mano ha
venido, ¿le seréis aceptos?, dice
Jehová de los ejércitos.
10 También, ¿quién hay entre
vosotros que cierre las puertas
o alumbre mi altar de balde?
Yo no me complazco en vosotros, dice Jehová de los ejércitos, ni de vuestra mano aceptaré
ofrenda.
11 Porque desde donde el sol

[MALAQUÍAS]
1 1 *a* HEB carga, es decir, un mensaje de fatalidad.
b GEE Malaquías.
2 *a* GEE Jacob, hijo de Isaac.
3 *a* Ezeq. 25:12–14.
b Jer. 49:10. GEE Esaú.
6 *a* GEE Familia—Las responsabilidades de los hijos.
b GEE Honra, honrar (honor); Reverencia.
8 *a* Lev. 22:21–22.
b GEE Sacrificios.
c *Es decir,* animales cojos y enfermos.

nace hasta donde se pone, es
grande mi [a]nombre entre las [b]naciones; y en todo lugar se ofrece a mi nombre incienso y ofrenda limpia, porque grande es mi nombre entre las naciones, dice Jehová de los ejércitos.

12 Y vosotros lo profanáis
cuando decís: Inmunda es la mesa de Jehová y su fruto, su alimento es despreciable.

13 Además, habéis dicho: He
aquí, ¡qué fastidio *es esto*!, y lo olisteis con desprecio, dice Jehová de los ejércitos; y trajisteis lo hurtado, o [a]cojo o enfermo, y presentasteis ofrenda. ¿Me será [b]acepto eso de vuestra mano?, dice Jehová.

14 Y [a]maldito el que engaña,
el que, teniendo macho en su rebaño, promete y sacrifica lo dañado al Señor, porque yo soy Gran Rey, dice Jehová de los ejércitos, y mi nombre es [b]temible entre las naciones.

CAPÍTULO 2

Se reprende a los sacerdotes por no haber guardado los convenios que han hecho y por no haber enseñado al pueblo — Se condena a los judíos por actuar pérfidamente los unos con los otros y con sus esposas.

AHORA pues, oh sacerdotes, para vosotros es este mandamiento:

2 Si no [a]escucháis y si no
decidís de corazón dar gloria a mi nombre, ha dicho Jehová de los ejércitos, enviaré maldición sobre vosotros y malderiré vuestras bendiciones; y ya las he maldecido, porque no os habéis decidido de corazón.

3 He aquí, yo reprenderé a vues-
tra [a]descendencia, y echaré el estiércol sobre vuestros rostros, el estiércol de los *sacrificios* de vuestras solemnidades; y seréis arrojados juntamente con él.

4 Y sabréis que yo os envié este
mandamiento para que mi [a]convenio estuviese con Leví, ha dicho Jehová de los ejércitos.

5 Mi [a]convenio con él fue de
vida y de paz, lo cual yo le di por el temor con que me temió; y ante mi nombre estuvo humillado.

6 La ley de la [a]verdad estuvo
en su boca, e iniquidad no fue hallada en sus labios; en paz y en rectitud anduvo conmigo, y a muchos hizo apartar de la [b]iniquidad.

7 Porque los labios del sacerdote
han de guardar el [a]conocimiento, y de su boca buscarán la [b]ley, porque [c]mensajero es de Jehová de los ejércitos.

8 Mas vosotros os habéis [a]apar-
tado del camino; habéis hecho

11 *a* Isa. 59:19; DyC 18:21–25; 88:104.
b Isa. 56:7. GEE Gentiles.
13 *a* Moisés 5:21.
b Lev. 22:19–25.
14 *a* GEE Maldecir, maldiciones.
b DyC 45:70–75.

2
2 *a* Deut. 28:15.
3 *a* GEE Hijo(s).
4 *a* HEB *berit:* convenio, pacto, alianza. GEE Juramento y convenio del sacerdocio.
5 *a* Núm. 25:11–13. GEE Convenio (pacto).
6 *a* GEE Verdad.
b Hel. 5:17–19.
7 *a* DyC 90:14–15; 107:99–100; 131:5–6.
b GEE Ley.
c GEE Enseñar.
8 *a* Alma 39:3–4, 11. GEE Apostasía.

[b]tropezar a muchos en la ley; habéis corrompido el convenio de Leví, dice Jehová de los ejércitos.
9 Por tanto, yo también os he hecho [a]viles y bajos ante todo el pueblo, puesto que vosotros no habéis guardado mis caminos y en la ley hacéis acepción de personas.
10 ¿No tenemos todos un *mismo* [a]padre? ¿No nos ha [b]creado un mismo Dios? ¿Por qué actuamos pérfidamente, cada uno con su hermano, [c]profanando el [d]convenio de nuestros padres?
11 Judá ha actuado pérfidamente, y en Israel y en Jerusalén se ha cometido abominación, porque Judá ha profanado el santuario de Jehová que él amó y [a]se ha casado con la hija de un dios [b]extraño.
12 Jehová [a]talará de las tiendas de Jacob al hombre que haga esto, al que vela, y al que responde y al que ofrece ofrenda a Jehová de los ejércitos.
13 Y esta otra cosa hacéis: cubrís el altar de Jehová de lágrimas, de llanto y de clamor; así que no miraré más la ofrenda para aceptarla con gusto de vuestra mano.
14 Mas diréis: ¿Por qué? Porque Jehová ha atestiguado entre tú y la esposa de tu juventud, con la cual tú has sido desleal, siendo ella tu compañera y la esposa de tu convenio.
15 ¿Y no *los* hizo él [a]uno, teniendo él un vestigio del espíritu? ¿Y por qué uno? Porque buscaba una [b]descendencia para Dios. Cuidaos, pues, en vuestro espíritu y con la esposa de vuestra juventud no seáis desleales.
16 Porque Jehová Dios de Israel ha dicho que él aborrece [a]el repudio y al que cubre la violencia con su manto, dijo Jehová de los ejércitos. Cuidaos, pues, en vuestro espíritu y no seáis desleales.
17 Habéis hecho cansar a Jehová con vuestras palabras. Y decís: ¿En qué le hemos cansado? En que decís: Todo el que hace [a]mal es bueno ante los ojos de Jehová, y en los tales se complace; o: ¿Dónde está el Dios de la [b]justicia?

CAPÍTULO 3

El mensajero de Jehová preparará el camino para la Segunda Venida — Jehová se sentará para juzgar — Se manda a Israel pagar diezmos y ofrendas — Se lleva un libro de memorias.

HE aquí, yo [a]envío a mi [b]mensajero, y él preparará el camino

8 *b* Mos. 27:8–9.
9 *a* 1 Sam. 2:30.
10 *a* GEE Trinidad—Dios el Padre.
b DyC 76:22–24. GEE Creación, crear.
c GEE Profanidad.
d GEE Convenio (pacto).
11 *a* GEE Matrimonio—El matrimonio entre personas de distintas religiones.
b GEE Incredulidad.
12 *a* GEE Excomunión.
15 *a* GEE Unidad.
b *Es decir,* una descendencia justa.
16 *a* GEE Divorcio.
17 *a* Moro. 7:14.
b Mal. 3:14–15.
3 1 *a* 3 Ne. 24:1.
b DyC 35:4; 45:9. GEE Últimos días, postreros días; Milenio; Restauración del Evangelio.

delante de mí; y [c]vendrá súbitamente a su [d]templo el Señor a quien vosotros buscáis, el mensajero del [e]convenio en quien vosotros os complacéis. He aquí, viene, ha dicho Jehová de los ejércitos.

2 ¿Y quién podrá [a]soportar el día de su [b]venida?, o, ¿quién podrá [c]estar cuando él se manifieste? Porque él es como [d]fuego [e]purificador y como jabón de lavadores.

3 Y se sentará para [a]refinar y purificar la plata, porque [b]purificará a los [c]hijos de [d]Leví; los refinará como a oro y como a plata, y ofrecerán a Jehová [e]ofrenda en justicia.

4 Y será [a]grata a Jehová la ofrenda de [b]Judá y de Jerusalén, como en los días pasados y como en los años antiguos.

5 Y me acercaré a vosotros para [a]juicio; y seré testigo veloz contra los hechiceros, y contra los adúlteros, y contra los que juran falsamente y contra los que oprimen al jornalero en su salario, a la viuda y al huérfano, y contra los que apartan al extranjero de su derecho y sin tener temor de mí, dice Jehová de los ejércitos.

6 Porque yo soy Jehová *y* no cambio; por esto vosotros, hijos de [a]Jacob, no habéis sido consumidos.

7 Desde los días de vuestros [a]padres os habéis apartado de mis [b]estatutos, y no los habéis guardado. [c]Volveos a mí, y yo me volveré a vosotros, ha dicho Jehová de los ejércitos. Pero dijisteis: ¿En qué hemos de volvernos?

8 ¿Robará el hombre a Dios? Pues vosotros me habéis robado. Y dijisteis: ¿En qué te hemos robado? En vuestros [a]diezmos y ofrendas.

9 [a]Malditos sois con maldición, porque vosotros, la nación toda, me habéis robado.

10 Traed todos los [a]diezmos al alfolí, y haya alimento en mi casa; y probadme ahora en esto, dice Jehová de los ejércitos, si no os abriré las ventanas de los cielos y derramaré sobre vosotros [b]bendición hasta que sobreabunde.

11 Reprenderé también por vosotros al [a]devorador, y no os destruirá el fruto de la tierra, ni vuestra vid en el campo será estéril, dice Jehová de los ejércitos.

12 Y todas las naciones os llamarán bienaventurados, porque

1 *c* GEE Segunda Venida de Jesucristo.
d DyC 36:8.
GEE Templo, Casa del Señor.
e GEE Convenio (pacto).
2 *a* DyC 35:21; 128:24.
b GEE Segunda Venida de Jesucristo.
c DyC 27:15–18; 87:8.
d GEE Fuego.
e 1 Cor. 3:13.
GEE Pureza, puro.
3 *a* Prov. 17:3.
b Isa. 1:25.
c DyC 84:31–43.
d GEE Sacerdocio Aarónico.
e GEE Ofrenda.
4 *a* Ezeq. 20:40.
b DyC 109:64–67.
5 *a* GEE Juicio, juzgar.
6 *a* Isa. 10:20–22.
7 *a* Hech. 7:51.
b GEE Ordenanzas.
c GEE Arrepentimiento, arrepentirse.
8 *a* GEE Diezmar, diezmo.
9 *a* GEE Maldecir, maldiciones.
10 *a* Alma 13:15; DyC 64:23.
b GEE Bendecido, bendecir, bendición.
11 *a* GEE Diablo.

seréis tierra deseable, dice Jehová
de los ejércitos.
13 Vuestras palabras contra mí
han sido duras, dice Jehová. Y
dijisteis: ¿Qué hemos hablado
contra ti?
14 Habéis dicho: Por demás es
servir a Dios. Y, ¿qué aprovecha que guardemos su ley y que
andemos afligidos delante de
Jehová de los ejércitos?
15 Decimos, pues, ahora: Bienaventurados los soberbios; sí,
los que hacen lo malo son prosperados; sí, tientan a Dios y
escapan.
16 Entonces los que temían
a Jehová hablaron, cada uno a
su compañero; y Jehová escuchó y oyó, y fue escrito un [a]li-
bro de memorias delante de él
para los que temen a Jehová
y para los que piensan en su
nombre.
17 Y serán especial tesoro
para mí, ha dicho Jehová de los
ejércitos, en el día en que yo
[a]integre mis joyas; y los perdonaré, como el hombre que perdona a su hijo que le sirve.
18 Entonces os volveréis y
[a]discerniréis la diferencia que
hay entre el justo y el malo, entre el que sirve a Dios y el que
no le sirve.

CAPÍTULO 4

En la Segunda Venida, los soberbios y los inicuos arderán como estopa — Elías el profeta volverá antes de ese día grande y terrible. Véase 3 Nefi 25.

PORQUE he aquí, viene el [a]día [b]ar-
diente como un horno, y todos
los [c]soberbios y todos los que
hacen maldad serán estopa; y
aquel día que vendrá los abrasará, ha dicho Jehová de los
ejércitos, y no les dejará ni raíz
ni [d]rama.
2 Mas para vosotros, los
que teméis mi nombre, [a]na-
cerá el [b]Sol de justicia y en sus
alas *traerá* sanidad; y saldréis
y saltaréis como terneros del
establo.
3 Y [a]hollaréis a los malos, porque serán ceniza bajo las plantas
de vuestros pies en el día en que
yo actúe, ha dicho Jehová de los
ejércitos.
4 Acordaos de la [a]ley de Moisés,
mi siervo, a quien [b]encargué en
[c]Horeb estatutos y decretos para
todo Israel.
5 [a]He aquí, yo os [b]envío a [c]Elías
el profeta [d]antes que venga
el [e]día de Jehová, [f]grande y
terrible.

---

16 *a* GEE Libro de memorias.
17 *a* *O sea,* prepare mi tesoro especial. Éx. 19:5–6.
18 *a* GEE Discernimiento, don de.
4 1 *a* GEE Segunda Venida de Jesucristo.
b GEE Tierra—La purificación de la tierra.
c GEE Orgullo.
d DyC 133:62–64. GEE Viña del Señor, la.
2 *a* 2 Ne. 25:13.
b GEE Jesucristo.
3 *a* Apoc. 2:26.
4 *a* GEE Ley de Moisés.
b Éx. 19:3–6.
c GEE Sinaí, monte.
5 *a* DyC 128:17–18.
b DyC 2:1.
c JS—H 1:38–39. GEE Llaves del sacerdocio.
d DyC 110:13–16.
e Jer. 30:7–10; Hel. 12:25–26; 3 Ne. 28:31; Morm. 9:2; DyC 43:17–26; 112:24.
f Sof. 1:14–18.

6 Él [a]hará volver el [b]corazón
de los [c]padres hacia los [d]hi-
jos, y el corazón de los hijos
hacia los padres, no sea que
yo venga y hiera la [e]tierra con
[f]maldición.

6 *a* GEE Restauración del Evangelio.
b DyC 98:16–17; DyC 138:46–48. GEE Corazón.
c GEE Familia—La familia eterna; Padre terrenal; Genealogía; Matrimonio—El nuevo y sempiterno convenio del matrimonio; Madre.
d GEE Hijo(s).
e GEE Tierra—El estado final de la tierra.
f GEE Maldecir, maldiciones.

SELECCIONES DE LA TRADUCCIÓN DE JOSÉ SMITH

Selecciones de la Traducción de José Smith

Selecciones de la Traducción de José Smith de la Biblia en Inglés demasiado extensas para incorporarlas en las notas al pie de las páginas

Ésta es la traducción al español de pasajes seleccionados de la Traducción de José Smith de la versión del rey Santiago de la Biblia en inglés. Para leer una explicación de esta obra, véase "Traducción de José Smith" en la Guía para el Estudio de las Escrituras. Esta traducción de la Biblia en inglés se menciona y relaciona con varias secciones de Doctrina y Convenios (véanse las secciones 37, 45, 73, 76, 77, 86, 91 y 132). Además, el Libro de Moisés y José Smith—Mateo también son pasajes de la Traducción de José Smith.

Abreviaturas que se emplean en este texto:

TJS = Traducción de José Smith de la versión del rey Santiago de la Biblia en inglés.

TJS Génesis 1:1–8:18 (compárese con Génesis 1:1–6:13)

Este texto de la Biblia fue restaurado por José Smith y se ha publicado en la Perla de Gran Precio como Selecciones del Libro de Moisés.

TJS Génesis 9:4–6 (compárese con Génesis 8:20–22)

(Después del Diluvio, Noé pide a Jehová que no vuelva a maldecir la tierra.)

4 Y edificó Noé un altar a Jehová, y tomó de todo animal limpio y de toda ave limpia, y ofreció holocausto en el altar; *y dio gracias a Jehová, y se regocijó en su corazón.*

5 *Y Jehová habló a Noé, y le bendijo.* Y *Noé* percibió olor grato, y dijo en su corazón:

6 *Invocaré el nombre de Jehová, para que no vuelva* más a maldecir la tierra por causa del hombre, porque la intención del corazón del hombre es mala desde su juventud; ni volveré más a destruir a todo ser viviente, como he hecho, mientras permanezca la tierra;

TJS Génesis 9:10–15 (compárese con Génesis 9:4–9)

(El hombre es responsable del derramamiento de la sangre de los animales y de los hombres; Dios establece con Noé y sus hijos el mismo convenio que hizo con Enoc.)

10 Pero *la sangre de toda* carne *que os he dado para alimento será derramada sobre la tierra, lo cual le quita* la vida, *y* la sangre *no comeréis.*

11 Porque ciertamente *no se derramará* la sangre, *sino únicamente para alimento, para preservar vuestras vidas; y la sangre* de todo animal la demandaré de *vuestras manos.*

12 *Y* el que derramare sangre de hombre, por el hombre su sangre será derramada; porque *el hombre no derramará la sangre del* hombre.

13 *Porque un mandamiento doy: que el hermano de todo hombre preservará la vida del hombre, porque a mi propia imagen he hecho al hombre.*

14 *Y un mandamiento os doy:* fructificad y multiplicaos; procread abundantemente *sobre* la tierra y multiplicaos en ella.

15 Y habló Dios a Noé, y a sus hijos con él, diciendo: He aquí que yo establezco mi convenio con vosotros, *el cual hice*

con vuestro padre Enoc, concerniente a vuestros descendientes después de vosotros.

TJS Génesis 9:21–25 (compárese con Génesis 9:16–17)

(Dios pone el arco en el cielo como recordatorio de su convenio con Enoc y con Noé. En los últimos días, la asamblea general de la Iglesia del Primogénito se unirá a los justos que estén sobre la tierra.)

21 Y estará el arco en las nubes, y lo veré para acordarme del convenio sempiterno *que hice con tu padre Enoc; para que, cuando los hombres guarden todos mis mandamientos, vuelva a la tierra Sión, la ciudad de Enoc que yo he tomado para mí mismo.*

22 *Y éste es mi convenio sempiterno, que cuando tu posteridad abrace la verdad, y mire hacia arriba, entonces Sión mirará hacia abajo, y todos los cielos se estremecerán de alegría, y la tierra temblará de gozo;*

23 *y la asamblea general de la iglesia del Primogénito descenderá del cielo, y poseerá la tierra y tendrá un lugar hasta que venga el fin. Y éste es mi convenio sempiterno, que hice con tu padre Enoc.*

24 *Y el arco estará en las nubes, y estableceré mi convenio contigo, el cual he hecho entre yo y tú, para todo ser viviente de toda carne que esté sobre la tierra.*

25 Dijo, pues, Dios a Noé: Ésta es la señal del convenio que he establecido entre yo y *tú; para* toda carne que *esté* sobre la tierra.

TJS Génesis 14:25–40 (compárese con Génesis 14:18–19)

(Melquisedec bendice a Abram; se describen el ministerio de Melquisedec y los poderes y las bendiciones del Sacerdocio de Melquisedec.)

25 *Y Melquisedec alzó su voz y bendijo a Abram.*

26 *Melquisedec era un varón de fe, que hacía justicia; y cuando era niño temía a Dios, y tapaba la boca de leones y apagaba la violencia del fuego.*

27 *Y así, habiendo sido aprobado por Dios, fue ordenado sumo sacerdote según el orden del convenio que Dios hizo con Enoc,*

28 *que era según el orden del Hijo de Dios; orden que vino, no por el hombre ni por la voluntad del hombre; ni por padre ni madre; ni por principio de días ni fin de años, sino por Dios.*

29 *Y fue otorgado a los hombres por el llamado de su propia voz, de acuerdo con su propia voluntad, a cuantos creyeron en su nombre.*

30 *Pues Dios, habiendo jurado a Enoc y a su posteridad, con su propio juramento, que todo aquel que fuese ordenado según este orden y llamamiento tendría poder, por medio de la fe, para derribar montañas, para dividir los mares, para secar las aguas, para desviarlas de su curso;*

31 *para desafiar los ejércitos de las naciones, para dividir la tierra, para romper toda ligadura, para estar en la presencia de Dios; para hacer todas las cosas de acuerdo con su voluntad, según su mandato, para someter principados y potestades; y esto por la voluntad del Hijo de Dios que existió desde antes de la fundación del mundo.*

32 *Y los hombres que tenían esta fe, habiendo llegado hasta este orden de Dios, fueron trasladados y llevados al cielo.*

33 *Ahora, pues, Melquisedec era sacerdote de este orden; por tanto, alcanzó la paz en Salem y fue llamado el Príncipe de paz.*

34 *Y su pueblo hizo justicia, y alcanzó el cielo y buscó la ciudad de Enoc, la cual Dios previamente había llevado, separándola de la tierra, habiéndola reservado hasta los últimos días, o sea, el fin del mundo;*

35 *y ha dicho, y ha jurado con juramento, que los cielos y la tierra se han de reunir; y los hijos de Dios serán probados como por fuego.*

36 *Y este Melquisedec, habiendo establecido así la rectitud, fue llamado por su pueblo el rey de los cielos, o, en otras palabras, el Rey de paz.*

37 *Y él alzó su voz, y bendijo a Abram, siendo el sumo sacerdote y el guarda del almacén de Dios;*

38 *él, a quien Dios había designado para recibir los diezmos para los pobres.*

39 *Por lo que Abram le pagó los diezmos de todo lo que tenía, de todas las riquezas que poseía, las cuales Dios le había dado en mayor abundancia de lo que necesitaba.*

40 *Y aconteció que Dios bendijo a Abram y le dio riquezas, y honor y tierras por posesión perpetua, conforme al convenio que había hecho y conforme a la bendición con que Melquisedec lo había bendecido.*

TJS Génesis 15:9–12 (compárese con Génesis 15:1–6)

(Abraham aprende de la Resurrección y ve en una visión el ministerio mortal de Jesús.)

9 *Y dijo Abram: Jehová Dios, ¿cómo me darás esta tierra por herencia perpetua?*

10 *Y Jehová le dijo: Aunque estuvieses muerto, ¿no podría aun así dártela?*

11 *Y si murieres, aún la poseerás, porque viene el día en que el Hijo del Hombre vivirá; pero, ¿cómo podrá vivir si no fuere muerto? Primero debe ser vivificado.*

12 *Y aconteció que Abram miró y vio los días del Hijo del Hombre, y se alegró, y su alma halló reposo* y creyó a Jehová, y *Jehová* se lo contó por justicia.

TJS Génesis 17:3–12 (compárese con Génesis 17:3–12)

(Los del pueblo no obedecen las ordenanzas del Evangelio, incluido el bautismo; Dios explica a Abraham el convenio de la circuncisión y la edad en que los niños llegan a ser responsables.)

3 Y *aconteció* que Abram se postró sobre su rostro, e *invocó el nombre de Jehová.*

4 Y Dios habló con él, diciendo: *Los de mi pueblo se han desviado de mis preceptos, y no han guardado mis ordenanzas, las cuales di a sus padres;*

5 *y no han observado mi unción, ni la sepultura o bautismo que yo les mandé,*

6 *sino que se han apartado del mandamiento, y han tomado para sí el lavamiento de los niños y la sangre rociada;*

7 *y han dicho que la sangre del justo Abel fue derramada por los pecados; y no han sabido en qué son responsables ante mí.*

8 *Pero en cuanto a ti,* he aquí, *haré* mi convenio contigo, *y* serás padre de muchas naciones.

9 *Y hago este convenio, para que tus hijos sean conocidos entre todas las naciones.* Y no se llamará más tu nombre Abram, sino que será tu nombre Abraham, porque te he puesto por padre de muchas naciones.

10 Y te multiplicaré en gran manera y de ti haré naciones, y reyes saldrán de ti *y de tu descendencia.*

11 Y estableceré el convenio *de la circuncisión contigo, y será* mi convenio entre yo y tú y tu descendencia después de ti, *en sus generaciones; para que sepas para siempre que los niños no son responsables ante mí sino hasta la edad de ocho años.*

12 *Y tú cuidarás de poner por obra todos mis convenios con los cuales pacté con tus padres; y guardarás los mandamientos que te he dado a ti con mi propia boca, y seré tu Dios y el de tu descendencia después de ti.*

TJS Génesis 17:23–24 (compárese con Génesis 17:17–18)

(Abraham se regocija por la profecía del nacimiento de Isaac y ora por Ismael.)

23 Entonces Abraham se postró sobre su rostro, y *se regocijó,* y dijo en su corazón: A hombre de cien años ha de nacer hijo, y Sara, ya de noventa años, *ha de dar a luz.*

24 Y dijo Abraham a Dios: ¡Ojalá Ismael viva *rectamente* delante de ti!

TJS Génesis 19:9–15 (compárese con Génesis 19:8–10)

(Lot resiste la iniquidad de Sodoma y los ángeles le protegen.)

9 Y *le dijeron:* ¡Quítate de ahí! *Y se enojaron con él.*

10 Y *dijeron entre sí:* Este *hombre* vino aquí para habitar *entre nosotros,* y *ahora quiere hacerse* juez; *le* haremos más mal *a él* que a ellos.

11 *Por tanto, dijeron al hombre: Tomaremos a los varones, y también a tus hijas; y haremos con ellos como bien nos parezca.*

12 *Y esto era conforme a la iniquidad de Sodoma.*

13 *Y Lot dijo:* He aquí ahora yo tengo dos hijas que no han conocido varón; permitidme, *os ruego, suplicar a mis hermanos que no* os las saque yo afuera; y *no haréis* con ellas como bien os pareciere;

14 *pues Dios no justificará a su siervo en esto; por tanto, permitidme suplicar a mis hermanos,* solamente *esta vez,* que a estos varones no hagáis nada, *a fin de que tengan paz en mi casa,* pues vinieron a la sombra de mi tejado.

15 Y ellos *se enojaron con* Lot, y se acercaron para romper la puerta; entonces *los ángeles de Dios, que eran varones santos,* extendieron la mano y metieron a Lot en casa con ellos, y cerraron la puerta.

TJS Génesis 21:31–32 (compárese con Génesis 21:31–34)

31 …y se levantaron Abimelec y Ficol, jefe de su ejército, *y plantaron un bosque en Beerseba, e invocaron allí el nombre de Jehová;* y volvieron a la tierra de los filisteos.

32 Y Abraham *adoró a Dios sempiterno, y* moró en la tierra de los filisteos muchos días.

TJS Génesis 48:5–11 (compárese con Génesis 48:5–6)

(Efraín y Manasés llegan a ser tribus de Israel; así como José de antaño salvó a su familia temporalmente, sus descendientes salvarán a Israel espiritualmente en los últimos días.)

5 Y ahora, tus dos hijos, Efraín y Manasés, que te nacieron en la tierra de Egipto, antes que viniese a ti a la tierra de Egipto; *he aquí,* míos son, y *el Dios de mis padres los bendecirá;* como Rubén y Simeón serán *bendecidos, porque* míos *son; por lo cual, por mi nombre serán llamados. (Así que fueron llamados Israel.)*

6 Y los que después de ellos has engendrado serán tuyos; por el nombre de sus hermanos serán llamados en sus heredades, *en las tribus; por tanto, fueron llamados las tribus de Manasés y de Efraín.*

7 *Y Jacob dijo a José: Cuando el Dios de mis padres se me apareció en Luz, en la tierra de Canaán, él me juró que me daría a mí, y a mi descendencia, la tierra por heredad perpetua.*

8 *Por tanto, oh hijo mío, me ha bendecido al levantarte para que me seas por siervo, salvando a mi casa de la muerte;*

9 *al librar a mi pueblo, tus hermanos, del hambre que era grave en la tierra; por lo cual el Dios de tus padres te bendecirá, así como al fruto de tus lomos, de modo que benditos serán sobre tus hermanos y sobre la casa de tu padre;*

10 *porque tú has prevalecido, y la casa de tu padre se ha inclinado ante ti, así como te fue mostrado antes que fueses vendido para Egipto por las manos de tus hermanos; por lo que tus hermanos se inclinarán ante ti, de generación en generación, ante el fruto de tus lomos para siempre;*

11 *porque tú serás una luz a los de mi pueblo, para librarlos de la esclavitud en los días de su cautividad; y para traerles*

la salvación, cuando estén completamente oprimidos por el pecado.

TJS Génesis 50:24–38 (compárese con Génesis 50:24–26; 2 Nefi 3:4–22)

(José profetiza en Egipto que Moisés librará a Israel de la esclavitud egipcia; de una rama de los descendientes de José que será llevada a un país lejano, donde se les recordarán los convenios del Señor; de que, en los últimos días, Dios llamará a un profeta llamado José para unir los registros de Judá con los de José; y de que Aarón será el portavoz de Moisés.)

24 Y José dijo a sus hermanos: Yo voy a morir, *y voy a mis padres; y desciendo a mi sepulcro con gozo. El Dios de mi padre Jacob esté con vosotros para libraros de la aflicción en los días de vuestra esclavitud; porque Jehová me ha visitado, y he recibido la promesa de Jehová de que del fruto de mis lomos Jehová Dios levantará una rama justa de mis lomos; y a ti, a quien mi padre Jacob ha llamado Israel, te levantará a un profeta (no el Mesías que es llamado Silo); y este profeta librará a mi pueblo de Egipto en los días de tu servidumbre.*

25 *Y acontecerá que nuevamente serán esparcidos; y será desgajada una rama, y será llevada a un país lejano; no obstante, serán recordados en los convenios del Señor, cuando venga el Mesías; porque él se les manifestará en los últimos días, con el Espíritu de poder, y los sacará de las tinieblas a la luz; de las tinieblas ocultas, y del cautiverio a la libertad.*

26 *Jehová mi Dios levantará a un vidente, el que será un vidente escogido para el fruto de mis lomos.*

27 *Así me dice Jehová, el Dios de mis padres: Del fruto de tus lomos, levantaré a un vidente escogido y será altamente estimado entre los del fruto de tus lomos; y a él daré el mandamiento de que efectúe una obra para el fruto de tus lomos, sus hermanos.*

28 *Y él los llevará al conocimiento de los convenios que yo he hecho con tus padres; y él efectuará toda obra que yo le mande.*

29 *Y lo haré grande ante mis ojos, porque ejecutará mi obra; y será grande como aquel de quien he dicho que os levantaría para librar a mi pueblo, oh casa de Israel, de la tierra de Egipto; porque levantaré a un vidente para librar a mi pueblo de la tierra de Egipto; y se llamará Moisés. Y por este nombre él sabrá que es de tu casa, pues será criado por la hija del rey, y será llamado su hijo.*

30 *Y además, del fruto de tus lomos levantaré a un vidente, y a él daré poder para llevar mi palabra a los de tu descendencia; y no solamente para llevarles mi palabra, dice Jehová, sino para convencerlos de mi palabra que ya se habrá declarado entre ellos en los últimos días;*

31 *por lo tanto, el fruto de tus lomos escribirá, y el fruto de los lomos de Judá escribirá; y lo que escriba el fruto de tus lomos, y también lo que escriba el fruto de los lomos de Judá, crecerán juntamente para confundir las falsas doctrinas, y poner fin a las contenciones, y establecer la paz entre los del fruto de tus lomos, y llevarlos al conocimiento de sus padres en los últimos días, y también al conocimiento de mis convenios, dice Jehová.*

32 *Y de la debilidad él será hecho fuerte, el día en que mi obra empiece entre todo mi pueblo, para restaurarlos, a los que son de la casa de Israel, en los últimos días.*

33 *Y bendeciré a ese vidente, y los que traten de destruirlo serán confundidos; porque te hago esta promesa; pues te recordaré de generación en generación; y su nombre será José, y será igual que el nombre de su padre; y será semejante a ti, porque lo que Jehová lleve a efecto por su mano llevará a mi pueblo a la salvación.*

34 *Y Jehová juró a José que preservaría a su descendencia para siempre, diciendo: Levantaré a Moisés, y en su mano habrá una vara, y él reunirá a los de mi pueblo, y los*

conducirá como a rebaño, y herirá las aguas del Mar Rojo con su vara.

35 *Y tendrá prudencia, y escribirá la palabra de Jehová. Y no hablará muchas palabras, porque le escribiré mi ley con el dedo de mi propia mano. Y prepararé a un portavoz para él, y se llamará su nombre Aarón.*

36 *Y también te será hecho en los últimos días, así como he jurado. Por tanto, José dijo a sus hermanos:* Dios ciertamente os visitará y os hará subir de esta tierra a la tierra que juró a Abraham, a Isaac y a Jacob.

37 Y José *confirmó muchas otras cosas a sus hermanos, e* hizo jurar a los hijos de Israel, *diciéndoles:* Dios ciertamente os visitará, y haréis llevar de aquí mis huesos.

38 Y murió José a la edad de ciento diez años; y lo embalsamaron, y fue puesto en un ataúd en Egipto; *y los hijos de Israel no lo sepultaron, a fin de llevarlo y ponerlo en el sepulcro con su padre. Y así recordaron el juramento que le habían hecho.*

TJS Éxodo 4:24–27 (compárese con Éxodo 4:24–27)

(Cuando Jehová amenaza matar a Moisés por no haber circuncidado a su hijo, Séfora le salva la vida al efectuar ella misma la ordenanza. Moisés confiesa su pecado.)

24 Y aconteció *que Jehová se le apareció estando él en* el camino, *junto a* la posada. Jehová *estaba enojado con Moisés,* y *su mano estuvo a punto de caer sobre él,* para matarlo, *porque no había circuncidado a su hijo.*

25 Entonces Séfora tomó un pedernal afilado y *circuncidó a* su hijo, y echó *el pedernal* a los pies [de Moisés], diciendo: A la verdad tú me eres un esposo de sangre.

26 *Y Jehová le perdonó la vida a Moisés y* le dejó ir, *por haber Séfora, su esposa, circuncidado al niño. Y* ella dijo: *Tú me eres* un esposo de sangre. *Y Moisés se avergonzó, y escondió su rostro de Jehová y dijo: He pecado delante de Jehová.*

27 Y Jehová dijo a Aarón: Ve a recibir a Moisés al desierto. Y él fue, y lo encontró en el monte de Dios; *en el monte donde Dios se le había aparecido;* y *Aarón* le besó.

TJS Éxodo 32:14 (compárese con Éxodo 32:14)

(Jehová perdonará la vida a los israelitas que se arrepientan.)

14 Y Jehová *dijo a Moisés: Si se arrepienten* del mal *que han hecho, les perdonaré la vida, y me volveré del furor de mi ira; mas, he aquí, ejecutarás juicio contra todos los que no se arrepientan de este mal hoy día. Por tanto, mira que hagas esto que te he mandado, o ejecutaré todo lo que* dije que iba a hacer a *mi* pueblo.

TJS Éxodo 33:20, 23 (compárese con Éxodo 33:20, 23)

(Ningún pecador puede ver el rostro de Dios y vivir.)

20 Y además dijo *a Moisés:* No podrás ver mi rostro *en esta ocasión, no sea que mi ira se encienda también en contra de ti y te destruya a ti y a tu pueblo;* porque ningún hombre *entre ellos* me verá *en esta ocasión,* y vivirá, *pues son sumamente pecadores. Y no ha habido ningún hombre pecador en ocasión alguna, ni habrá hombre pecador en ninguna ocasión que vea mi rostro y viva.*

23 Después apartaré mi mano y verás mis espaldas, pero no se verá mi rostro, *como en otras ocasiones, porque estoy enojado con mi pueblo Israel.*

TJS Éxodo 34:1–2 (compárese con Éxodo 34:1–2, 14; DyC 84:21–26)

(Dios escribe de nuevo la ley en otras tablas de piedra preparadas por Moisés, pero

quita el Sacerdocio de Melquisedec y sus ordenanzas de entre los hijos de Israel. En lugar de éstos, les da la ley de mandamientos carnales.)

1 Y Jehová dijo a Moisés: Labra *otras* dos tablas de piedra como las primeras, y escribiré sobre *ellas también* las palabras *de la ley, según se escribieron* primero *en* las tablas que quebraste; *pero no será de acuerdo con las primeras, por cuanto quitaré el sacerdocio de entre ellos; por tanto, mi santo orden y sus ordenanzas no irán delante de ellos, porque mi presencia no irá en medio de ellos, no sea que los destruya.*

2 *Les daré la ley, como la primera, pero será según la ley de un mandamiento carnal; porque he jurado en mi ira que no entrarán en mi presencia, en mi reposo, en los días de su peregrinación. Por tanto, haz como te he mandado;* prepárate, pues, para mañana, y por la mañana sube al monte Sinaí, y allí preséntate ante mí sobre la cumbre del monte.

TJS 1 Crónicas 21:15 (compárese con 1 Crónicas 21:15)

(Dios detiene al ángel para que no destruya Jerusalén.)

15 Y envió Jehová el ángel a Jerusalén para destruirla. Y *extendió el ángel su mano hacia Jerusalén para destruirla;* y *Dios* dijo al ángel: Detén tu mano, *basta ya; porque mientras él destruía, Jehová vio a Israel, que se había arrepentido de aquel mal; por tanto Jehová detuvo al ángel que destruía* [mientras] *éste* estaba junto a la era de Ornán, el jebuseo.

TJS Salmos 11:1–5 (compárese con Salmos 11:1–5)

(En los últimos días, los justos huirán al monte de Jehová; cuando venga el Señor, destruirá a los malvados y redimirá a los justos.)

1 En *aquel día tú vendrás, oh* Jehová; *y pondré* mi confianza *en ti. Dirás a tu pueblo, porque mi oído ha oído tu voz; dirás a toda* alma: Escapa *a mi* monte; *y los justos huirán* cual ave *que se suelta del lazo del cazador.*

2 Porque los malos tensan el arco; *he aquí,* disponen sus saetas sobre la cuerda, para lanzarlas en oculto a los rectos de corazón, *para destruir su fundamento.*

3 *Pero* los fundamentos *de los malos serán* destruidos, *y,* ¿qué *pueden* hacer?

4 *Porque* los ojos de Jehová, *cuando venga a* su santo templo, *sentado* en el trono *de Dios* en el cielo, *traspasarán a los malos.*

5 [He aquí] sus párpados *examinarán* a los hijos de los hombres, *y él redimirá a los justos, y ellos serán probados. Jehová ama al justo,* pero su alma aborrece al malo y al que ama la violencia.

TJS Salmos 14:1–7 (compárese con Salmos 14:1–7)

(El salmista ve la pérdida de la verdad en los últimos días y contempla con esperanza el establecimiento de Sión.)

1 Dice el necio en su corazón: No hay *hombre que haya visto a* Dios. *Pues él no se manifiesta a nosotros, por tanto, no hay Dios. He aquí,* se han corrompido; han hecho obras abominables, *y ninguno de ellos* hace el bien.

2 *Porque* Jehová miró desde los cielos sobre los hijos de los hombres, *y con su voz dijo a su siervo: Busca entre los hijos de los hombres* para ver si hay algunos que entiendan a Dios. *Y abrió su boca a Jehová, y dijo: He aquí, todos éstos dicen que son tuyos.*

3 *Jehová respondió y dijo:* Todos se han desviado, a una se han corrompido, *no verás a* ninguno *de ellos* que haga el bien, no, ni siquiera *a* uno.

4 *Todos los que tienen por maestros son* los que hacen iniquidad, *y* no *hay* conocimiento *en ellos. Son los que* devoran a

mi pueblo. Comen pan y no invocan a Jehová.

5 *Ellos* tiemblan de espanto, porque Dios *mora* con la generación de los justos. *Él es el consejo del pobre, porque se avergüenzan de los inicuos, y huyen para que Jehová los refugie.*

6 *Se avergüenzan del* consejo del pobre, porque Jehová es su refugio.

7 ¡Oh, que *Sión saliese de los cielos,* la salvación de Israel! *Oh, Jehová, ¿cuándo establecerás a Sión?* Cuando Jehová haga volver de la cautividad a su pueblo, se regocijará Jacob, se alegrará Israel.

TJS Salmos 24:7–10 (compárese con Salmos 24:7–10)

(El Rey de Gloria redimirá a Su pueblo en Su venida.)

7 Alzad vuestras cabezas, oh *vosotras, generaciones de Jacob,* y alzaos vosotras; y Jehová el fuerte y valiente, Jehová el poderoso en batalla, *que es el* Rey de gloria, *os establecerá para siempre.*

8 *Y él removerá los cielos, y descenderá para redimir a su pueblo; para haceros un nombre sempiterno; para estableceros sobre su roca sempiterna.*

9 Alzad vuestras cabezas, oh vosotras, *generaciones de Jacob;* alzad *vuestras cabezas,* vosotras, *generaciones* sempiternas, y Jehová de los ejércitos, *el Rey de reyes,*

10 *sí, el* Rey de gloria *vendrá a vosotros, y redimirá a los de su pueblo y los establecerá en rectitud.* Selah.

TJS Isaías 29:1–8 (compárese con Isaías 29:1–8)

1 ¡Ay de Ariel, de Ariel, ciudad donde habitó David! Añadid un año a otro, y que las fiestas sigan su curso.

2 Mas yo pondré a Ariel en aprietos, y habrá desconsuelo y tristeza; *pues Jehová me lo ha dicho así:* y será para mí como Ariel.

3 Porque *yo, Jehová,* acamparé contra *ella* alrededor, y *la* combatiré con torres y levantaré contra *ella* muros de asedio.

4 Entonces *será* humillada; *hablará* desde la tierra, y *su* habla saldrá del polvo; y será *su* voz desde la tierra como la de uno que evoca a los espíritus, y *su* habla susurrará desde el polvo.

5 Y la muchedumbre de *sus* enemigos será como polvo fino; y la multitud de los despiadados como tamo que pasa; y acontecerá repentinamente, en un momento.

6 *Porque* por Jehová de los ejércitos *serán* visitados con truenos, y con terremotos y con gran ruido, con tormenta, y con tempestad y con llama de fuego consumidor.

7 Y será como sueño de visión nocturna la multitud de todas las naciones que pelean contra Ariel, y todos los que pelean contra ella y sus fortalezas, y los que la ponen en aprietos.

8 *Sí,* será *para ellos* como el que tiene hambre *y* sueña, y he aquí que come, pero cuando despierta, su alma está vacía; o como el que tiene sed *y* sueña, y he aquí que bebe, pero cuando despierta, se halla cansado y su alma sedienta; *sí,* así será la multitud de todas las naciones que peleen contra el monte Sión.

TJS Isaías 42:19–23 (compárese con Isaías 42:19–22)

(Jehová envía su siervo a enseñar a los que han optado por no ver ni oír la verdad; los que escuchen y obedezcan serán hechos perfectos.)

19 *Porque enviaré* mi siervo *a vosotros que sois ciegos; sí, un mensajero para abrir los ojos de los ciegos y destapar los oídos de los sordos;*

20 *y serán hechos perfectos no obstante su ceguera, si escuchan al mensajero, el siervo de Jehová.*

21 *Tú eres un pueblo que* ve muchas cosas, pero no las observas. Los oídos [tienes] abiertos *para oír,* pero *no oyes.*

22 Jehová *no* está complacido *con tal pueblo, mas* por causa de su justicia, magnificará la ley y la engrandecerá.

23 *Tú eres* un pueblo saqueado y despojado; *tus enemigos,* todos ellos, *te han* atrapado en cavernas y *te han* escondido en cárceles; *te han tomado* como botín, y no hay quien [te] libre; como despojo, y no hay quien diga: Restituidlo.

TJS Mateo 3:4–6 (compárese con Mateo 2:4–6)

(Los profetas predijeron que Belén sería el lugar del nacimiento del Mesías.)

4 Y, habiendo convocado a todos los principales sacerdotes y a los escribas del pueblo, les preguntó, *diciendo:* ¿Dónde *está el lugar que está escrito por los profetas, en el que* ha de nacer el Cristo? *Porque temía en gran manera, aunque no creía en los profetas.*

5 Y ellos le dijeron: Está escrito por *los profetas, que él ha de nacer* en Belén de Judea, *pues han dicho así:*

6 *La palabra de Jehová vino a nosotros, diciendo:* Y tú, Belén, *que estás* en la tierra de Judá, *en ti nacerá un príncipe, que* no eres la más pequeña entre los príncipes de Judá; porque de ti saldrá *el Mesías,* que *salvará* a mi pueblo Israel.

TJS Mateo 3:24–26 (compárese con Mateo 2:23)

(Jesús crece y espera en el Señor antes de comenzar Su ministerio.)

24 *Y aconteció que Jesús creció con sus hermanos, y se fortaleció y esperó en el Señor a que llegara el tiempo de su ministerio.*

25 *Y servía bajo su padre, y no hablaba como los demás hombres, ni se le podía enseñar, pues no necesitaba que hombre alguno le enseñara.*

26 *Y pasados muchos años, se acercó la hora de su ministerio.*

TJS Mateo 3:34–36 (compárese con Mateo 3:8–9)

(Los que rechazaban el mensaje de Juan el Bautista rechazaban a Cristo; Dios puede hacer del pueblo del convenio a los que no son de Israel.)

34 *¿Por qué no recibís la predicación del que Dios ha enviado? Si no recibís esto en vuestros corazones, no me recibís a mí; y si no me recibís a mí, no recibís a aquel del que soy enviado a dar testimonio; y no tenéis excusa por vuestros pecados.*

35 *Arrepentíos, pues, y* haced frutos dignos de arrepentimiento;

36 Y no penséis decir dentro de vosotros mismos: Nosotros *somos los hijos* de Abraham; *y sólo nosotros podemos engendrar descendientes para nuestro padre Abraham;* porque yo os digo que Dios puede levantar hijos a Abraham aun de estas piedras.

TJS Mateo 3:38–40 (compárese con Mateo 3:11–12)

(Juan el Bautista testifica que Jesús tiene poder para bautizar con el Espíritu Santo y con fuego.)

38 Yo a la verdad os bautizo en agua, *tras vuestro* arrepentimiento; *y cuando* venga él *de quien doy testimonio,* que es más poderoso que yo, cuyo calzado yo no soy digno de llevar *(o sea, cuyo lugar yo no puedo ocupar), como he dicho, a la verdad yo os bautizo antes de que él venga, para que cuando él venga,* él os *bautice* con el Espíritu Santo y con fuego.

39 *Y él es de quien daré testimonio,* cuyo aventador *estará* en su mano, y limpiará *enteramente* su era, y recogerá su trigo en el alfolí; y *en la plenitud de su*

propio tiempo, quemará la paja con fuego que nunca se apagará.

40 *Así vino Juan, predicando y bautizando en el río Jordán; dando testimonio de que el que venía tras él tenía poder para bautizar con el Espíritu Santo y con fuego.*

TJS Mateo 3:43–46 (compárese con Mateo 3:15–17)

(Juan bautiza a Jesús por inmersión, ve al Espíritu Santo que desciende como paloma y oye la voz del Padre.)

43 Pero respondiendo Jesús, le dijo: Permite que *yo* sea *bautizado por ti,* porque así nos conviene cumplir toda justicia. Entonces se lo permitió.

44 *Y Juan descendió al agua y lo bautizó.*

45 Y Jesús, después que fue bautizado, subió inmediatamente del agua; *y Juan vio,* y he aquí, los cielos le fueron abiertos, y vio al Espíritu de Dios que descendía como paloma y se posaba sobre *Jesús.*

46 Y he aquí, *oyó* una voz de los cielos, que decía: Éste es mi Hijo amado en quien me complazco. *A él oíd.*

TJS Mateo 5:21 (compárese con Mateo 5:19)

21 De manera que cualquiera que quebrante uno de estos mandamientos muy pequeños, y enseñe a los hombres *a hacerlo así, no será salvo en el reino de los cielos.* Pero cualquiera que los cumpla y enseñe *estos mandamientos de la ley hasta que ésta se haya cumplido,* éste será llamado grande *y será salvo* en el reino de los cielos.

TJS Mateo 6:25–27 (compárese con Mateo 6:25; Mateo 10:10)

(Jesús advierte a Sus discípulos de la dificultad de su obra y les promete prepararles el camino y proveer para ellos.)

25 *Otra vez os digo: Id por el mundo, y no os afanéis por el mundo, porque los del mundo os aborrecerán, y os perseguirán, y os echarán fuera de sus sinagogas.*

26 *Sin embargo, iréis de casa en casa, enseñando al pueblo; y yo iré delante de vosotros.*

27 *Y vuestro Padre celestial proveerá para vosotros, las cosas que necesitéis de sustento, lo que habéis de comer; y de ropa, lo que habéis de vestir.*

TJS Mateo 7:6–8 (compárese con Mateo 7:3–5)

(Jesús enseña a Sus discípulos a hacer frente a los escribas, a los fariseos, a los sacerdotes y a los levitas por motivo de la hipocresía de éstos.)

6 *Y Jesús dijo a sus discípulos: ¿Ves a los escribas, y a los fariseos, y a los sacerdotes y a los levitas? Ellos enseñan en sus sinagogas, pero no guardan la ley ni los mandamientos; y todos se han extraviado, y están bajo pecado.*

7 *Ve y diles: ¿Por qué enseñáis a los hombres la ley y los mandamientos, cuando vosotros mismos sois hijos de corrupción?*

8 *Diles: ¡Hipócritas!,* saca primero la viga de tu propio ojo, y entonces verás bien para sacar la paja del ojo de tu hermano.

TJS Mateo 7:9–11 (compárese con Mateo 7:6)

(Jesús enseña a Sus discípulos a predicar el arrepentimiento y a no dar a conocer al mundo los misterios del reino.)

9 *Id por el mundo, diciendo a todos: Arrepentíos, porque el reino de los cielos se os ha acercado.*

10 *Y los misterios del reino guardaréis dentro de vosotros, porque no está bien* dar lo santo a los perros; ni echéis vuestras perlas *a* los cerdos, no sea que las pisoteen.

11 *Porque el mundo no puede recibir aquello que vosotros mismos no podéis soportar;*

por tanto, no les daréis vuestras perlas, no sea que se vuelvan y os despedacen.

TJS Mateo 7:12–17 (compárese con Mateo 7:7–8)

(Jesús enseña a Sus discípulos que el Padre da revelación a todos los que piden.)

12 *Decidles: Pedid a Dios;* pedid, y se os dará; buscad, y hallaréis; llamad, y se os abrirá.

13 Porque todo el que pide, recibe; y el que busca, halla; y al que llama, se le abrirá.

14 *Y entonces sus discípulos le dijeron: Ellos nos dirán: Nosotros somos justos, y no tenemos necesidad de que hombre alguno nos enseñe. Sabemos que Dios oyó a Moisés y a algunos de los profetas; pero a nosotros no nos oirá.*

15 *Y dirán: Tenemos la ley para nuestra salvación, y eso nos basta.*

16 *Entonces, respondiendo Jesús, dijo a sus discípulos: Así les diréis:*

17 *¿Qué hombre entre vosotros, teniendo un hijo que esté fuera y le diga: Padre, abre tu casa para que yo entre y cene contigo, no le dirá: Entra, hijo mío, porque lo mío es tuyo, y lo tuyo es mío?*

TJS Mateo 9:18–21 (compárese con Mateo 9:16–17)

(Jesús rechaza el bautismo de los fariseos, el cual no tiene valor porque ellos no le aceptan. Jesús proclama que Él es el que dio la ley de Moisés.)

18 *Entonces le dijeron los fariseos: ¿Por qué no queréis recibirnos con nuestro bautismo, si veis que guardamos toda la ley?*

19 *Mas Jesús les dijo: Vosotros no guardáis la ley. Si hubieseis guardado la ley, me habríais recibido, porque yo soy el que dio la ley.*

20 *No os recibo con vuestro bautismo, porque de nada os aprovecha.*

21 *Porque cuando ha venido lo que es nuevo, lo viejo está listo para ser desechado.*

TJS Mateo 11:13–15 (compárese con Mateo 11:10–11, 13–14)

(Juan el Bautista es el Elías que vendría a preparar el camino para el Salvador.)

13 *Pero vendrán días cuando los violentos no tendrán ningún poder;* porque todos los profetas y la ley profetizaron que *sería así* hasta Juan.

14 *Sí, todos los que han profetizado han anunciado estos días.*

15 Y si queréis recibirlo, *ciertamente, él era el* Elías que había de venir *y preparar todas las cosas.*

TJS Mateo 12:37–38 (compárese con Mateo 12:43–44; véase también TJS Lucas 12:9–12)

(Al que hable contra el Espíritu Santo no le será perdonado.)

37 *Entonces vinieron algunos de los escribas y le dijeron: Maestro, está escrito que todo pecado será perdonado; pero vosotros decís: Al que hable contra el Espíritu Santo no le será perdonado. Y le preguntaron, diciendo: ¿Cómo puede ser esto?*

38 *Y él les dijo:* Cuando el espíritu inmundo ha salido del hombre, anda por lugares secos, buscando reposo, pero no lo halla; *pero cuando el hombre habla contra el Espíritu Santo,* entonces dice: Volveré a mi casa de donde salí; y cuando llega, *le* halla desocupado, barrido y adornado, *porque el espíritu bueno le deja abandonado a sí mismo.*

TJS Mateo 13:39–44 (compárese con Mateo 13:39–42; compárese con DyC 86:1–7)

(Antes del fin del mundo [la destrucción de los inicuos], mensajeros enviados del cielo recogerán a los justos de entre los inicuos.)

39 La siega es el fin del mundo, *o sea, la destrucción de los inicuos.*

40 Los segadores son los ángeles, *o sea, los mensajeros enviados del cielo.*

41 De manera que, como se arranca la cizaña y se quema en el fuego, así será en el fin de este mundo, *o sea, la destrucción de los inicuos.*

42 *Porque en aquel día, antes de que venga* el Hijo del Hombre, *él* enviará a sus ángeles *y mensajeros del cielo.*

43 Y recogerán de su reino a todos lo que causan tropiezo y a los que hacen iniquidad, y los echarán *fuera, entre los inicuos, y* allí será el llanto y el crujir de dientes.

44 *Porque el mundo será quemado con fuego.*

TJS Mateo 16:25–29 (compárese con Mateo 16:24–26)

(Jesús explica lo que significa "tomar la propia cruz": abstenerse de toda impiedad y de todo deseo mundano, y guardar Sus mandamientos.)

25 Entonces Jesús dijo a sus discípulos: Si alguno quiere venir en pos de mí, niéguese a sí mismo, y tome su cruz y sígame.

26 *Y ahora, para que el hombre tome su cruz, debe abstenerse de toda impiedad, y de todo deseo mundano y guardar mis mandamientos.*

27 *No quebrantéis mis mandamientos a fin de salvar vuestras vidas;* porque todo el que quiera salvar su vida *en este mundo,* la perderá *en el mundo venidero.*

28 Y todo el que pierda su vida *en este mundo,* por causa de mí, la hallará *en el mundo venidero.*

29 *Por tanto, renunciad al mundo, y salvad vuestras almas;* porque, ¿qué aprovechará al hombre si ganare todo el mundo y perdiere su alma? O, ¿qué recompensa dará el hombre por su alma?

TJS Mateo 17:10–14 (compárese con Mateo 17:11–13)

(Jesús enseña de dos Elías: uno había de preparar y el otro había de restaurar.)

10 Y respondiendo Jesús, les dijo: A la verdad, Elías vendrá primero y restaurará todas las cosas, *como lo han escrito los profetas.*

11 *Y* os *vuelvo a decir* que Elías ya vino, *del que se ha escrito: He aquí, enviaré a mi mensajero, y él preparará el camino delante de mí;* y no le reconocieron, sino que hicieron con él todo lo que quisieron.

12 Así también el Hijo del Hombre padecerá a manos de ellos.

13 *Mas yo os digo: ¿Quién es Elías? He aquí, éste es Elías, aquel a quien yo envío para preparar el camino delante de mí.*

14 Los discípulos entonces entendieron que les había hablado de Juan el Bautista, *y también de otro que vendría a restaurar todas las cosas, como lo han escrito los profetas.*

TJS Mateo 21:47–56 (compárese con Mateo 21:45–46)

(Jesús dice que Él es la principal piedra del ángulo. El Evangelio se presenta a los judíos y después a los gentiles. Los malvados serán destruidos cuando Jesús vuelva.)

47 Y al oír sus parábolas, los principales sacerdotes y los fariseos entendieron que hablaba de ellos.

48 *Y dijeron entre sí: ¿Pensará este hombre que él solo puede asolar este gran reino? Y se enojaron con él.*

49 [Pero al buscar] cómo echarle mano, temieron al pueblo, porque *habían advertido que los del pueblo* le tenían por profeta.

50 *Y en seguida sus discípulos vinieron a él, y Jesús les dijo: ¿Os maravilláis de las palabras de la parábola que les hablé?*

51 *De cierto os digo, yo soy la piedra, y esos malvados me rechazan.*

52 *Yo soy la cabeza del ángulo. Estos judíos caerán sobre mí y serán quebrantados.*

53 *Y el reino de Dios será quitado de ellos,*

y será dado a una nación que produzca los frutos de él (o sea, a los gentiles).

54 *Por tanto, sobre quien cayere esta piedra, le desmenuzará.*

55 *Y por tanto, cuando venga el Señor de la viña, destruirá a esos hombres miserables e inicuos, y arrendará de nuevo su viña a otros labradores, sí, en los últimos días, los cuales le paguen el fruto a su tiempo.*

56 *Y entonces entendieron ellos la parábola que les habló, que los gentiles también serían destruidos, cuando el Señor descendiera del cielo para reinar en su viña, la cual es la tierra y sus habitantes.*

TJS Mateo 26:22, 24–25 (compárese con Mateo 26:26–29; TJS Marcos 14:20–25)

(Jesús parte primero el pan sacramental y luego lo bendice; el sacramento es en memoria del cuerpo y de la sangre de Jesús.)

22 Y mientras comían, tomó Jesús el pan, y *lo partió*, y *lo bendijo* y dio a *sus* discípulos, y dijo: Tomad, comed; esto es *en memoria de* mi cuerpo, *el cual doy en rescate por vosotros.*

24 Porque esto es *en memoria de* mi sangre del nuevo convenio, que es derramada por *cuantos crean en mi nombre,* para remisión de *sus* pecados.

25 *Y os doy un mandamiento, que cuidaréis de hacer las cosas que me habéis visto hacer, y daréis testimonio de mí aun hasta el fin.*

TJS Marcos 2:26–27 (compárese con Marcos 2:27–28)

(El Hijo del Hombre es Señor del día de reposo porque Él hizo el día de reposo.)

26 *Por tanto, el día de reposo se ha dado al hombre para día de reposar; y también para que el hombre glorifique a Dios, y no para que el hombre no coma;*

27 *Porque el Hijo del Hombre hizo el día de reposo,* así que el Hijo del Hombre es Señor aun del día de reposo.

TJS Marcos 3:21–25 (compárese con Marcos 3:28–30)

(Jesús perdonará a todos los pecadores que se arrepientan, excepto a los que blasfemen contra el Espíritu Santo.)

21 *Y entonces vinieron a él ciertos hombres, acusándole y diciendo: ¿Por qué recibís a los pecadores, haciéndote a ti mismo el Hijo de Dios?*

22 *Él les respondió y les dijo:* De cierto os digo que todos los pecados *que hayan cometido los hombres, si se arrepienten,* les serán perdonados; *porque he venido a predicar el arrepentimiento a los hijos de los hombres.*

23 Y las blasfemias con que blasfemen, *les serán perdonadas a los que vengan a mí, y hagan las obras que me ven hacer.*

24 Pero *hay un pecado que no será perdonado. El* que blasfeme contra el Espíritu Santo no tiene jamás perdón, sino que está expuesto a *ser talado del mundo. Y heredarán* juicio eterno.

25 *Y esto les dijo* porque ellos habían dicho: Tiene espíritu inmundo.

TJS Marcos 7:10–12 (compárese con Marcos 7:10)

(Jesús condena a los que rechazan a los profetas y no obedecen la ley de Moisés.)

10 *Bien está escrito de vosotros, por los profetas a los que habéis rechazado.*

11 *Ellos ciertamente testificaron de estas cosas, y su sangre será sobre vosotros.*

12 *No habéis guardado las ordenanzas de Dios;* porque Moisés dijo: Honra a tu padre y a tu madre, y: El que maldiga al padre o a la madre ciertamente morirá *la muerte del transgresor, como está escrito en vuestra ley; pero vosotros no guardáis la ley.*

TJS Marcos 8:37–38 (compárese con Marcos 8:35)

(El que esté dispuesto a morir por causa de Jesús recibirá la salvación.)

37 Porque el que quiera salvar su vida la perderá; *o sea, el que quiera salvar su vida estará dispuesto a poner su vida por causa de mí; y el que no esté dispuesto a poner su vida por causa de mí, la perderá.*

38 Y el que *esté dispuesto a* perder su vida por causa de mí y del evangelio la salvará.

TJS Marcos 8:42–43 (compárese con Marcos 8:38)

(Los que se avergüenzan de Cristo no tienen parte en la primera resurrección, pero los que están dispuestos a morir por Cristo vendrán con Él en Su gloria.)

42 *Y no tendrán parte en esa resurrección cuando él venga.*

43 *Porque de cierto os digo que él vendrá; y el que ponga su vida por causa de mí y del evangelio vendrá con él, y estará vestido de su gloria en la nube, a la derecha del Hijo del Hombre.*

TJS Marcos 9:40–48 (compárese con Marcos 9:43–48)

(Jesús compara el cortarse la persona una mano o un pie que le sea ocasión de caer con el eliminar la compañía de personas que podrían conducirla por mal camino.)

40 *Por tanto,* si tu mano te hiciere tropezar, córtala; *o si tu hermano te hace tropezar, y no confiesa ni renuncia, será talado.* Mejor te es entrar manco en la vida, que teniendo dos manos, ir al infierno.

41 *Porque mejor te es entrar en la vida sin tu hermano, que tú y tu hermano seáis echados al infierno;* al fuego que no puede ser apagado, donde el gusano de ellos no muere, y el fuego nunca se apaga.

42 Y *además,* si tu pie te fuere ocasión de caer, córtalo, *porque aquel que es tu ejemplo, de acuerdo con el cual te conduces, si él llega a ser transgresor, será cortado.*

43 Mejor te es entrar cojo en la vida, que teniendo dos pies, ser echado al infierno, al fuego que no puede ser apagado.

44 *Por tanto, sosténgase o caiga todo hombre por sí mismo, y no por otro; o sea, no por confiar en otro.*

45 *Buscad a mi Padre, y será hecho en ese momento preciso lo que pidáis, si pedís con fe, creyendo que recibiréis.*

46 Y si tu ojo *que ve por ti, que ha sido designado para velar por ti e indicarte la luz, se vuelve transgresor y* te fuere ocasión de caer, sácalo.

47 Mejor te es entrar en el reino de Dios con un ojo, que teniendo dos ojos, ser echado al infierno.

48 *Porque mejor es que tú mismo seas salvo, que ser echado al infierno con tu hermano,* donde el gusano de ellos no muere, y el fuego nunca se apaga.

TJS Marcos 14:20–26 (compárese con Marcos 14:22–25)

(Jesús instituye el sacramento en memoria de Su cuerpo y de Su sangre.)

20 Y mientras comían, Jesús tomó pan, y bendiciéndolo, lo partió y les dio, y dijo: Tomad *y comed.*

21 *He aquí, esto es para que lo hagáis en memoria de mi cuerpo, porque todas las veces que hagáis esto recordaréis esta hora en que estuve con vosotros.*

22 Y tomando la copa, habiendo dado gracias, les dio, y bebieron todos de ella.

23 Y les dijo: Esto es *en memoria de* mi sangre que por muchos es derramada, *y el nuevo convenio que os doy; porque daréis testimonio de mí a todo el mundo.*

24 *Y siempre que realicéis esta ordenanza, me recordaréis en esta hora en que estuve con vosotros, y bebí con vosotros de esta copa, sí, la última vez en mi ministerio.*

25 De cierto os digo: *De esto daréis testimonio, porque* no beberé más del fruto

de la vid *con vosotros,* hasta aquel día en que lo beba nuevo en el reino de Dios.

26 *Y ellos se entristecieron, y lloraron por él.*

TJS Marcos 14:36–38 (compárese con Marcos 14:32–34)

(En Getsemaní, aun los Doce no comprendían por entero la misión de Jesús como el Mesías.)

36 Y llegaron al lugar que se llama Getsemaní, *que era un huerto;* y *los discípulos comenzaron* a afligirse y a angustiarse, *y a quejarse en su corazón, preguntándose si ése era el Mesías.*

37 Y *Jesús, conociendo sus corazones,* dijo *a* sus discípulos: Sentaos aquí, entre tanto que yo oro.

38 Y llevó consigo a Pedro, y a Jacobo y a Juan, *y los reprendió,* y les dijo: Mi alma está muy triste, *sí,* hasta la muerte; quedaos aquí y velad.

TJS Marcos 16:3–6 (compárese con Marcos 16:4–7; Lucas 24:2–4)

(Dos ángeles saludan a las mujeres en el sepulcro del Salvador.)

3 Pero cuando miraron, vieron la piedra *ya* removida (que era muy grande) *y a dos ángeles* sentados *sobre ella,* cubiertos de largas *ropas* blancas, y se espantaron.

4 Pero *los ángeles* les *dijeron:* No os asustéis; buscáis a Jesús nazareno, el que fue crucificado; ha resucitado, no está aquí; he aquí el lugar en donde le pusieron;

5 *e* id, decid a sus discípulos, y a Pedro, que él va delante de vosotros a Galilea; allí le veréis, como os dijo.

6 *Y ellas, entrando en el sepulcro, vieron el lugar donde habían puesto a Jesús.*

TJS Lucas 3:4–11 (compárese con Lucas 3:4–6)

(Cristo vendrá tal como se ha profetizado a traer salvación a Israel y a los gentiles; en la plenitud de los tiempos, Él vendrá de nuevo a juzgar al mundo.)

4 Como está escrito en el libro del profeta Isaías, *y éstas son* las palabras, que dicen: Voz del que clama en el desierto: Preparad el camino del Señor, enderezad sus sendas.

5 *Pues he aquí, él vendrá, como se halla escrito en el libro de los profetas, para quitar los pecados del mundo, y para traer salvación a las naciones paganas, para recoger a los que se han perdido, que son del redil de Israel;*

6 *sí, aun a los dispersos y atribulados; y también para preparar el camino, y hacer posible la predicación del evangelio a los gentiles;*

7 *y para ser una luz a todos los que se hallan en tinieblas, hasta los confines de la tierra; a fin de llevar a cabo la resurrección de los muertos, y ascender a lo alto, para morar a la diestra del Padre,*

8 *hasta el cumplimiento del tiempo; y serán sellados la ley y el testimonio, y nuevamente se entregarán al Padre las llaves del reino;*

9 *a fin de administrar justicia a todos; para descender en juicio sobre todos, y para convencer a todos los impíos de sus hechos inicuos que han cometido; y todo esto en el día en que él venga;*

10 *porque es un día de poder; sí,* todo valle se rellenará, y se bajará todo monte y collado; y los caminos torcidos serán enderezados, y los caminos ásperos allanados;

11 y verá toda carne la salvación de Dios.

TJS Lucas 3:19–20 (compárese con Lucas 3:10–13)

(Se cuidaba de los pobres con la abundancia del tesoro; los publicanos [cobradores de impuestos] no debían tomar más de lo establecido por la ley.)

19 *Porque bien lo sabes, Teófilo, que conforme a la manera de los judíos, y según la costumbre de su ley de recibir dinero en el tesoro, para que de la abundancia que se recibiese, se suministrase a los pobres, a cada uno su parte;*

20 *Y también los publicanos seguían esta costumbre, por lo que Juan* les dijo: No exijáis más de lo que os está ordenado.

TJS Lucas 6:29–30 (compárese con Lucas 6:29–30)

(Jesús enseña que es preferible sobrellevar la persecución a contender con un enemigo.)

29 Y al que te golpee en la mejilla, preséntale también la otra; *o, en otras palabras, es preferible presentar la otra mejilla a injuriar a la vez.* Y al que te quite la capa, ni aun la túnica le niegues.

30 *Porque es preferible que dejes que tu enemigo te quite estas cosas a que contiendas con él. De cierto os digo: Vuestro Padre celestial que ve en secreto, traerá a juicio a ese malvado.*

TJS Lucas 9:24–25 (compárese con Lucas 9:24–25)

(No vale la pena ganar las riquezas del mundo y perder la propia alma.)

24 Porque todo el que quiera salvar su vida *debe estar dispuesto a* perderla *por causa de mí; y* todo el que *esté dispuesto a* perder su vida por causa de mí, éste la salvará.

25 Pues, ¿qué aprovecha al hombre si gana todo el mundo, *y no recibe a aquel a quien Dios ha ordenado,* y pierde *su propia alma, y él* mismo *viene a ser desechado*?

TJS Lucas 12:9–12 (compárese con Lucas 12:9–10; véase también TJS Mateo 12:37–38 y DyC 132:26–27)

(Jesús explica que la blasfemia contra el Espíritu Santo no será perdonada.)

9 Pero el que me niegue delante de los hombres será negado delante de los ángeles de Dios.

10 *Ahora bien, sus discípulos entendieron que había dicho eso porque ellos habían hablado mal en contra de él delante de la gente, pues temían confesarle delante de los hombres.*

11 *Y discutían entre sí, diciendo: Él conoce nuestros corazones, y habla para nuestra condenación, y no seremos perdonados. Mas él les respondió y les dijo:*

12 A todo aquel que diga palabra contra el Hijo del Hombre, *y se arrepienta,* le será perdonado; pero al que blasfeme contra el Espíritu Santo, no le será perdonado.

TJS Lucas 12:41–57 (compárese con Lucas 12:37–48)

(Jesús enseña que Sus siervos siempre deben estar preparados para Su venida.)

41 *Pues, he aquí, él viene a la primera vigilia de la noche, y también vendrá a la segunda vigilia, y vendrá otra vez a la tercera vigilia.*

42 *Y de cierto os digo: Él ya ha venido, como se ha escrito de él;* y *también cuando* venga a la segunda vigilia, o [cuando] venga a la tercera vigilia, bienaventurados son aquellos siervos *a los que, cuando él venga, los halle haciendo así;*

43 *porque el Señor de esos siervos* se ceñirá y hará que se sienten a la mesa, y vendrá a servirles.

44 *Y de cierto os digo estas cosas, para que sepáis esto, que la venida del Señor es como ladrón en la noche.*

45 *Y es semejante al hombre que es padre de familia, el que, si no vigila sus bienes, viene el ladrón a la hora que no sabe, y se lleva sus bienes, y los divide entre sus compañeros.*

46 Y *ellos dijeron entre sí:* Si supiese el padre de familia a qué hora habría de venir el ladrón, velaría y no dejaría

saquear su casa *y sufrir la pérdida de sus bienes.*

47 *Y él les dijo: De cierto os digo,* vosotros, pues, también, estad preparados, porque a la hora que no penséis, vendrá el Hijo del Hombre.

48 Entonces Pedro le dijo: Señor, ¿dices esta parábola a nosotros, o también a todos?

49 Y dijo el Señor: *Hablo a aquellos* a quienes *el* Señor pondrá *de gobernantes* sobre su casa, para dar a tiempo a *sus hijos* su ración.

50 *Y dijeron ellos: ¿Quién es, pues, ese siervo fiel y prudente?*

51 *Y el Señor les dijo: Es aquel siervo que vigila, para dar a tiempo su ración.*

52 Bienaventurado aquel siervo a quien, cuando su Señor venga, le halle haciendo así.

53 En verdad os digo que él le pondrá sobre todos sus bienes.

54 Pero *el siervo malo es aquel a quien no se halle velando.* Y si ese siervo *no se halla velando, dirá* en su corazón: Mi Señor tarda en venir, y comienza a golpear a los criados y a las criadas, y a comer y a beber y a embriagarse.

55 Vendrá el Señor de aquel siervo el día en que no espera y a la hora en que no sabe, y le castigará y pondrá su parte con los incrédulos.

56 Y aquel siervo que sabía la voluntad de su Señor y no se preparó *para la venida de su Señor,* ni hizo conforme a su voluntad recibirá muchos azotes.

57 Pero el que no sabía *la voluntad de su Señor,* e hizo cosas dignas de azotes, será azotado poco, porque a todo aquel a quien se le haya dado mucho, mucho se demandará de él; y al que *el Señor* le haya encomendado mucho, más le pedirán *los hombres.*

TJS Lucas 14:35–37 (compárese con Lucas 14:34)

(Los que conocen a Moisés y a los profetas creen en Jesús.)

35 *Entonces algunos de ellos vinieron a él, diciendo: Maestro Bueno, tenemos a Moisés y a los profetas, y todo el que viva por ellos, ¿no tendrá vida?*

36 *Y Jesús respondió, diciendo: Vosotros no conocéis a Moisés, ni a los profetas, porque si los hubieseis conocido, habrías creído en mí; pues para esto fueron escritos. Porque soy enviado para que tengáis vida. Por tanto, lo compararé a la* sal *que* es buena;

37 pero si la sal pierde *su sabor,* ¿con qué se sazonará?

TJS Lucas 16:16–23 (compárese con Lucas 16:16–18)

(La ley y los profetas testifican de Jesús; los fariseos buscan destruir el reino; Jesús presenta la parábola del rico y Lázaro.)

16 *Y le dijeron: Tenemos la ley y los profetas; pero en cuanto a este hombre, no le recibiremos para que nos gobierne, porque se hace juez sobre nosotros.*

17 *Entonces les dijo Jesús:* La ley y los profetas *testifican de mí; sí, y todos los profetas que han escrito, aun* hasta Juan, *han anunciado estos días.*

18 Desde entonces, el reino de Dios es anunciado, y todos *los que buscan la verdad* se esfuerzan por entrar en él.

19 Pero más fácil es que pasen el cielo y la tierra, que caiga una sola tilde de la ley.

20 *¿Y por qué enseñáis la ley, y negáis lo que está escrito; y condenáis a aquel a quien el Padre ha enviado para cumplir la ley, a fin de que todos seáis redimidos?*

21 *¡Oh necios!, porque habéis dicho en vuestro corazón: No hay Dios. Y pervertís el camino recto; y el reino de los cielos padece violencia por causa de vosotros, y perseguís al manso; y en vuestra violencia procuráis destruir el reino, y os lleváis a los hijos del reino por la fuerza. ¡Ay de vosotros, adúlteros!*

22 *Y nuevamente le injuriaron, enfurecidos porque les había dicho que eran adúlteros.*

23 *Mas él continuó, diciendo:* Todo el que repudia a su esposa y se casa con otra comete adulterio; y el que se casa con la repudiada del marido comete adulterio. *De cierto os digo, os compararé al hombre rico.*

TJS Lucas 17:36–40 (compárese con Lucas 17:37)

(Jesús relata la parábola de las águilas para explicar el recogimiento de los santos en los últimos días.)

36 Y respondiendo, le dijeron: ¿Dónde, Señor, *serán llevados?*

37 Y él les dijo: Donde el cuerpo se hubiere *recogido, o, en otras palabras, donde los santos se hubieren recogido,* allí se juntarán también las águilas, *o sea, allí será recogido el resto.*

38 *Esto dijo él, dando a entender el recogimiento de sus santos, y de ángeles que descenderían y recogerían al resto junto con ellos: el uno de la cama, el otro del molino y el otro del campo, dondequiera que él disponga.*

39 *Porque de cierto habrá nuevos cielos, y nueva tierra, en donde morará la rectitud.*

40 *Y no habrá cosa inmunda, porque la tierra, habiendo envejecido, así como una vestidura, habiéndose corrompido, por consiguiente desaparece, y el estrado de los pies permanece santificado, limpio de todo pecado.*

TJS Lucas 21:24–26 (compárese con Lucas 21:25–26)

(Jesús habla de algunas señales de Su venida.)

24 *Y estas cosas les habló acerca de la destrucción de Jerusalén. Y entonces sus discípulos le preguntaron, diciendo: Maestro, ¿qué nos dices de tu venida?*

25 Y *él les respondió y dijo: En la generación en que se cumplan los tiempos de los gentiles,* habrá señales en el sol, y en la luna y en las estrellas; y en la tierra habrá angustia de las naciones y confusión *semejantes al* bramido del mar y de las olas. *La tierra también será sacudida, y las aguas del gran abismo;*

26 desfalleciendo los hombres a causa del temor y de la expectación de las cosas que sobrevendrán en la tierra, porque los poderes de los cielos serán sacudidos.

TJS Lucas 24:2–4 (compárese con Lucas 24:2–4)

(Las mujeres ven a dos ángeles en el sepulcro de Jesús.)

2 Y hallaron removida la piedra del sepulcro, *y a dos ángeles que estaban junto a él con vestiduras resplandecientes.*

3 Y, al entrar *en el sepulcro,* y *al* no *hallar* el cuerpo del Señor Jesús, *se quedaron* perplejas por esto;

4 Y se *asustaron* e inclinaron el rostro a tierra. *Mas he aquí, los ángeles* les dijeron: ¿Por qué buscáis entre los muertos al que vive?

TJS Juan 1:1–34 (compárese con Juan 1:1–34)

(El Evangelio de Jesucristo se ha predicado desde el principio. Juan el Bautista es el Elías que prepara el camino para Cristo, y Jesucristo es el Elías que restaura todas las cosas y por medio de quien viene la salvación.)

1 En el principio *fue predicado* el *evangelio por medio del Hijo. Y el evangelio era el verbo,* y el verbo estaba con *el Hijo, y el Hijo* estaba *con Dios, y el Hijo* era de Dios.

2 Éste estaba en el principio con Dios.

3 Todas las cosas por medio de él fueron hechas, y sin él nada de lo que ha sido hecho, fue hecho.

4 En él estaba *el evangelio,* y el *evangelio era la vida,* y la vida era la luz de los hombres.

5 Y la luz resplandece en *el mundo,* y *el mundo* no la *percibe.*

6 Hubo un hombre enviado por Dios, que se llamaba Juan.

7 Éste vino *al mundo* como testigo, para dar testimonio de la luz, *para dar testimonio del evangelio por medio del Hijo a todos,* a fin de que *los hombres* creyesen por medio de él.

8 No era él la luz, sino que vino para dar testimonio de la luz,

9 *la cual* era la luz verdadera que alumbra a todo hombre que viene a este mundo,

10 *sí, el Hijo de Dios. Aquel que* en el mundo estaba, y el mundo fue hecho por medio de él; pero el mundo no le conoció.

11 A los suyos vino, y los suyos no le recibieron.

12 Mas a todos los que le recibieron, *sólo* a los que creen en su nombre les dio potestad de llegar a ser hijos de Dios.

13 *Él nació,* no de sangre, ni de voluntad de carne ni de voluntad de varón, sino de Dios.

14 Y el *mismo* Verbo fue hecho carne y habitó entre nosotros, y vimos su gloria, gloria como del Unigénito del Padre, lleno de gracia y de verdad.

15 Juan dio testimonio de él y clamó, diciendo: Éste es aquel de quien yo decía: El que viene después de mí es antes de mí, porque era primero que yo.

16 *Porque en el principio era el Verbo, sí, el Hijo, que es hecho carne y enviado a nosotros por la voluntad del Padre. Y cuantos crean en su nombre recibirán de su plenitud.* Y de su plenitud recibimos todos, *sí, inmortalidad y vida eterna, por medio de su* gracia.

17 Porque la ley fue dada por medio de Moisés, pero *la vida* y la verdad vinieron por medio de Jesucristo.

18 *Porque la ley fue según un mandamiento carnal, para la administración de la muerte; pero el evangelio fue según el poder de una vida sin fin, por medio de Jesucristo, el Hijo Unigénito, que se halla en el seno del Padre.*

19 *Y* a Dios nadie le vio jamás, *excepto el que ha dado testimonio del* Hijo, *pues si no es por medio de él, nadie puede ser salvo.*

20 Y éste es el testimonio de Juan, cuando los judíos enviaron de Jerusalén sacerdotes y levitas para que le preguntasen: Tú, ¿quién eres?

21 Y confesó, y no negó *que él era Elías;* sino que confesó, *diciendo:* Yo no soy el Cristo.

22 Y le preguntaron, *diciendo: ¿Cómo,* pues, eres tú Elías? Y él *dijo:* Yo no soy *aquel Elías que había de restaurar todas las cosas. Y ellos le preguntaron, diciendo:* ¿Eres tú el profeta? Y respondió: No.

23 Entonces le dijeron: ¿Pues quién eres?, para que demos respuesta a los que nos enviaron. ¿Qué dices de ti mismo?

24 Dijo: Yo soy la voz de uno que clama en el desierto: Enderezad el camino del Señor, como dijo el profeta Isaías.

25 Y los que habían sido enviados eran de los fariseos.

26 Entonces le preguntaron y le dijeron: ¿Por qué, pues, bautizas, si tú no eres el Cristo, ni Elías, *el que había de restaurar todas las cosas,* ni el profeta?

27 Juan les respondió, diciendo: Yo bautizo con agua, mas en medio de vosotros está uno a quien vosotros no conocéis;

28 *él es aquel de quien doy testimonio. Él es el profeta, sí, Elías,* el que ha de venir después de mí, el que es antes de mí, de quien yo no soy digno de desatar la correa de su sandalia, *o sea, cuyo lugar yo no puedo ocupar, porque él bautizará no sólo con agua, sino con fuego y con el Espíritu Santo.*

29 Al día siguiente, vio Juan a Jesús que venía a él, y dijo: ¡He aquí el Cor-

dero de Dios, que quita el pecado del mundo!

30 *Y Juan dio testimonio de él ante la gente, diciendo:* Éste es aquel de quien yo dije: Después de mí viene un varón que es antes de mí, porque era primero que yo, y yo le conocí, *y* para que fuese manifestado a Israel, por eso vine yo bautizando en agua.

31 Y Juan dio testimonio, diciendo: *Cuando fue bautizado por mí,* vi al Espíritu que descendía del cielo como paloma y que reposó sobre él.

32 Y yo le conocí, *porque* el que me envió a bautizar en agua me dijo: Aquel sobre quien veas descender el Espíritu y que reposa sobre él, ése es el que bautiza con el Espíritu Santo.

33 Y yo le he visto y he dado testimonio de que éste es el Hijo de Dios.

34 Estas cosas acontecieron en Betábara, al otro lado del Jordán, donde Juan bautizaba.

TJS Juan 4:1–4 (compárese con Juan 4:1–2)

(Los fariseos desean matar a Jesús. Él efectúa algunos bautismos, pero Sus discípulos efectúan más.)

1 De manera que cuando los fariseos oyeron decir que Jesús hacía y bautizaba más discípulos que Juan,

2 *más diligentemente buscaron un medio para matarle; pues muchos recibían a Juan como profeta, mas no creían en Jesús.*

3 *Esto el Señor lo sabía,* aunque él no bautizaba *a tantos como* sus discípulos,

4 *porque él se lo permitía como ejemplo, prefiriéndose los unos a los otros.*

TJS Juan 6:44 (compárese con Juan 6:44)

(La voluntad del Padre es que todos reciban a Jesús. Los que hagan la voluntad de Jesús serán resucitados en la resurrección de los justos.)

44 Ninguno puede venir a mí, si *no hace la voluntad de mi* Padre que me envió. *Y ésta es la voluntad del que me envió: Que recibáis al Hijo, porque el Padre da testimonio de él; y al que reciba el testimonio, y haga la voluntad del que me envió,* yo le resucitaré *en la resurrección de los justos.*

TJS Juan 13:8–10 (compárese con Juan 13:8–10)

(Jesús lava los pies de los Apóstoles para cumplir la ley de los judíos.)

8 Pedro le dijo: No *hay necesidad de que* me laves los pies. Le respondió Jesús: Si no te lavo, no tendrás parte conmigo.

9 Le dijo Simón Pedro: Señor, no sólo mis pies, sino también las manos y la cabeza.

10 Jesús le dijo: El que *se ha* lavado *las manos y la cabeza,* no necesita sino lavarse los pies, pues está todo limpio; y vosotros limpios estáis, aunque no todos. *Ésta era la costumbre de los judíos bajo su ley; por tanto, Jesús hizo esto para que la ley se cumpliese.*

TJS Hechos 22:29–30 (compárese con Hechos 22:29–30)

29 Así que, en seguida se apartaron de él los que le iban a dar tormento; y aun el tribuno también tuvo temor al saber que era ciudadano romano, por haberle atado *y le soltó de las cadenas,*

30 Y al día siguiente, queriendo saber con certeza la causa por la cual era acusado por los judíos, mandó venir a los principales de los sacerdotes y a todo el concilio; y sacando a Pablo, le presentó ante ellos.

TJS Romanos 3:5–8 (compárese con Romanos 3:5–8)

(Pablo enseña que una persona no puede hacer lo malo para que venga lo bueno.)

5 Y si *permanecemos en* nuestra injusticia *y* hacemos resaltar la justicia de Dios, *¿cómo osamos* decir: Será injusto Dios que da castigo? (Hablo como hombre *que teme a Dios.*)

6 De ninguna manera, porque de otro modo, ¿cómo juzgaría Dios al mundo?

7 Pero si por mi mentira (*como lo llaman los judíos*), la verdad de Dios abundó para su gloria, ¿por qué aún así soy yo juzgado como pecador? *¿Y no me reciben? Porque somos* calumniados;

8 algunos afirman que nosotros decimos (*cuya condenación es justa*): Hagamos lo malo para que venga lo bueno. *Pero esto es falso.*

TJS Romanos 4:2–5 (compárese con Romanos 4:2–5)

(El hombre puede ser salvo sólo por la gracia de Jesucristo y no por las obras relacionadas con la observancia de la Ley de Moisés.)

2 Porque si Abraham fue justificado por *la ley de* las obras, tiene de qué gloriarse, pero no para con Dios.

3 Porque, ¿qué dice la Escritura? Y creyó Abraham a Dios, y le fue contado por justicia.

4 Pero al *que es justificado por la ley de las obras,* se le cuenta el salario *no* como gracia, sino como deuda.

5 Mas al que no *busca ser justificado por la ley de las obras,* [sino que] cree en aquel que *no* justifica al impío, su fe le es contada por justicia.

TJS Romanos 7:5–27 (compárese con Romanos 7:5–25)

(Sólo Cristo tiene poder para cambiar permanentemente el alma de los hombres para bien.)

5 Porque mientras estábamos en la carne, las pasiones pecaminosas, que *no eran conforme a* la ley, actuaban en nuestros miembros llevando fruto para muerte.

6 Pero ahora estamos libres de la ley a la cual estábamos sujetos, *habiendo muerto para la ley,* de modo que sirvamos en novedad de espíritu, y no en lo viejo de la letra.

7 ¿Qué, pues, diremos? ¿La ley es pecado? ¡De ninguna manera! Pero yo no conocí el pecado, sino por la ley, y tampoco hubiera conocido la lujuria, si la ley no dijera: No codiciarás.

8 Pero el pecado, tomando ocasión por el mandamiento, produjo en mí toda concupiscencia; porque sin la ley el pecado está muerto.

9 Así que, yo sin *transgresión de* la ley viví en un tiempo; pero venido el mandamiento *de Cristo,* el pecado revivió, y yo morí.

10 Y *cuando no creí* en el mandamiento de *Cristo que vino,* que era para vida, hallé que *me condenaba* para muerte.

11 Porque el pecado, tomando ocasión, *negó* el mandamiento, *y* me engañó; y por él *yo fui muerto.*

12 *No obstante, hallé que* la ley *era* santa, y que el mandamiento *era* santo, y justo y bueno.

13 ¿Entonces, ¿lo que es bueno vino a ser muerte para mí? No; sino que el pecado, para mostrarse como pecado *por medio de lo que es* bueno produjo en mí la muerte, para que, mediante el mandamiento, el pecado llegase a ser pecaminoso en extremo.

14 Porque sabemos que el *mandamiento* es espiritual; pero *cuando me hallaba bajo la ley,* yo era carnal *aún,* vendido a la esclavitud del pecado.

15 *Pero ahora soy espiritual,* porque lo que *se me manda hacer,* hago; *y lo que se me manda no entender,* no entiendo.

16 Porque lo que *sé que no es recto,* no quiero *hacer; porque lo que es pecado,* aborrezco.

17 Si *no* hago, pues, lo que no quiero *entender,* apruebo que la ley es buena, y *no soy condenado.*

18 De manera que ya no soy yo quien *comete pecado,* sino que *procuro vencer* el pecado que mora en mí.

19 Y yo sé que en mí, a saber, en mi carne, no mora el bien, porque el querer el bien está en mí, pero no el hacerlo, sino *únicamente en Cristo.*

20 Porque el bien que yo *habría hecho cuando estaba bajo la ley, hallo que no es bueno; por tanto,* no *lo* hago.

21 Pero el mal que no quiero *hacer bajo la ley, hallo que es bueno;* eso hago.

22 Y si hago, *con la ayuda de Cristo,* lo que no quiero *hacer bajo la ley, no estoy bajo la ley; y ya no procuro hacer el mal,* sino *vencer* el pecado que mora en mí.

23 Así que, hallo *que bajo la* ley, cuando quería hacer el bien, el mal *estaba* en mí; porque según el hombre interior, me deleito en la ley de Dios.

24 *Y ahora* veo otra ley, *que es el mandamiento de Cristo, y se ha grabado en mi mente.*

25 *Pero* mis miembros se rebelan contra la ley de mi mente, y me llevan cautivo a la ley del pecado que está en mis miembros.

26 *Y si no venzo el pecado que está en mí, y con la carne obedezco la ley del pecado,* ¡miserable de mí! ¿Quién me librará de este cuerpo de muerte?

27 Gracias doy a Dios, por medio de Jesucristo Señor nuestro, *tanto así, que* yo mismo con la mente sirvo a la ley de Dios.

TJS Romanos 8:29–30 (compárese con Romanos 8:29–30)

(Jesucristo santifica a los justos en preparación para su salvación.)

29 Porque *al* que antes conoció, también predestinó para que fuese hecho conforme a *su propia* imagen, a fin de que él sea el primogénito entre muchos hermanos.

30 Y *al* que predestinó, a *éste* también llamó; y *al* que llamó, a *éste* también *santificó;* y *al* que *santificó,* a *éste* también glorificó.

TJS Romanos 13:6–7 (compárese con Romanos 13:6–7)

(Los que honran a las autoridades civiles engrandecen y perfeccionan su honor a Dios.)

6 Pues por esto pagáis también *a ellos vuestras consagraciones,* porque son servidores de Dios que se dedican continuamente a esto mismo.

7 *Pero primero,* pagad a todos lo que debéis, *de acuerdo con la costumbre:* al que tributo, tributo, al que impuesto, impuesto, *para que vuestras consagraciones se hagan con* temor al que *se debe* temer, *y con* honra *al* que *se debe* honrar.

TJS 1 Corintios 7:29–33, 38 (compárese con 1 Corintios 7:29–38)

(Pablo enseña que el matrimonio es aconsejable; sin embargo, los que son llamados a ser misioneros sirven mejor a Dios si permanecen solteros durante su ministerio.)

29 *Mas yo os hablo a vosotros, los que sois llamados al ministerio. Porque* esto digo, hermanos: El tiempo *que queda* es *corto,* en que *seréis enviados al ministerio.* Resta, pues, que los que tienen esposa sean como si no la tuvieran, *porque sois llamados y escogidos para efectuar la obra del Señor.*

30 Y los que lloran, *será* como si no llorasen; y los que se regocijan, como si no se regocijasen; y los que compran, como si no poseyesen.

31 Y los que disfrutan las cosas de este mundo, como si no las disfrutasen; porque la forma actual de este mundo pasará.

32 Mas quisiera, *hermanos, que magnificaseis vuestro llamamiento.* Quisiera, pues, que estuvieseis sin congoja.

El soltero se preocupa por las cosas que son del Señor, de cómo agradar al Señor; *por tanto, prevalece;*

33 pero el casado se preocupa por las cosas que son del mundo, de cómo agradar a su esposa; *existe, por tanto, diferencia, porque se ve impedido.*

38 Así que, el que *se* da *a sí mismo* en casamiento, bien hace; y el que no *se* da *a sí mismo* en casamiento, hace mejor.

TJS Gálatas 3:19–20 (compárese con Gálatas 3:19–20)

(Moisés es el mediador del primer convenio, o sea, la ley. Jesucristo es el mediador del nuevo convenio.)

19 Entonces, la ley fue añadida a causa de las transgresiones, hasta que viniese la descendencia a quien fue hecha la promesa *en la ley dada a Moisés, quien fue* ordenado por medio de ángeles *para ser* el mediador *de este primer convenio (la ley).*

20 Y *este* mediador no *era* [el mediador] del *nuevo convenio,* [porque] *hay* un *mediador del nuevo convenio, que es Cristo, como se ha escrito en la ley concerniente a las promesas hechas a Abraham y a su descendencia. Así es que Cristo es el mediador de la vida, porque ésta es la promesa que Dios hizo a Abraham.*

TJS Colosenses 2:21–22 (compárese con Colosenses 2:20–23)

21 *que proceden de doctrinas y mandamientos de hombres, que os enseñan a* no utilizar, ni comer, ni tocar; todas las cuales son cosas destinadas a perecer con el uso mismo?

22 Tales cosas tienen a la verdad cierta reputación de sabiduría en el culto voluntario, y en humildad, y en el duro trato del cuerpo *en lo que respecta a* los apetitos de la carne, *pero no sirven de nada para honrar a Dios.*

TJS 2 Tesalonicenses 2:2–3, 7–9 (compárese con 2 Tesalonicenses 2:2–9)

(Satanás ocasionará la apostasía antes de que el Señor vuelva.)

2 que no cambiéis fácilmente vuestro modo de pensar, ni os conturbéis *por carta, salvo que la recibáis de nosotros;* ni por espíritu ni por palabra, en el sentido de que el día del Señor está cerca.

3 No os engañe nadie de ninguna manera, porque antes *vendrá* la apostasía, y se manifestará el hombre de pecado, el hijo de perdición,

7 porque ya está actuando el misterio de la iniquidad; *y él es* el que ahora *actúa, y Cristo le permite actuar,* hasta *que se cumpla el tiempo en que sea* quitado de en medio.

8 Y entonces se manifestará aquel inicuo, al que el Señor matará con el espíritu de su boca y destruirá con el resplandor de su venida.

9 *Sí, el Señor, el mismo Jesús,* cuya venida *no se efectuará sino hasta después que venga la apostasía, por* obra de Satanás con todo poder, y señales y prodigios mentirosos.

TJS 1 Timoteo 2:4 (compárese con 1 Timoteo 2:4)

(Cristo es el Unigénito Hijo y el Mediador.)

4 el que quiere que todos los hombres sean salvos y vengan al conocimiento de la verdad *que se halla en Cristo Jesús, que es el Unigénito Hijo de Dios, y ha sido ordenado para ser el Mediador entre Dios y el hombre; que es un solo Dios y tiene poder sobre todos los hombres.*

TJS 1 Timoteo 3:15–16 (compárese con 1 Timoteo 3:15–16)

15 para que si no voy pronto, sepas cómo debes comportarte en la casa de Dios, que es la iglesia del Dios viviente.

16 *Es* columna y apoyo de la verdad (e indiscutiblemente, grande es el misterio de la divinidad:) Dios fue manifestado en la carne, justificado en el Espíritu, visto por los ángeles, predicado a los gentiles, creído en el mundo y recibido arriba en gloria.

TJS 1 Timoteo 6:15–16 (compárese con 1 Timoteo 6:15–16)

(Aquellos en quienes mora la luz de la inmortalidad [el Evangelio] pueden ver a Jesús.)

15 la cual a su tiempo mostrará el bienaventurado y único Soberano, Rey de reyes y Señor de señores, *a quien sean la honra y el poder sempiterno.*

16 A quien ninguno de los hombres ha visto ni puede ver, *a quien ningún hombre puede acercarse, sino únicamente aquel en quien moran la luz y la esperanza de la inmortalidad.*

TJS Hebreos 4:3 (compárese con Hebreos 4:3)

(Los que endurecen su corazón no serán salvos; los que se arrepienten entrarán en el reposo del Señor.)

3 Porque entramos en el reposo los que hemos creído, de la manera que dijo: Como juré en mi ira: [Si] *endurecen su corazón* no entrarán en mi reposo; *también he jurado: Si no endurecen su corazón, entrarán en mi reposo;* aunque las obras *de Dios* estaban *preparadas* (o acabadas) desde la fundación del mundo.

TJS Hebreos 6:1–10 (compárese con Hebreos 6:1–10)

(Los principios de la doctrina de Cristo conducen a la perfección.)

1 Por tanto, *sin* dejar el comienzo de la doctrina de Cristo, vamos adelante a la perfección, no echando otra vez el fundamento del arrepentimiento de obras muertas, y de la fe en Dios,

2 de la doctrina de bautismos, y de la imposición de manos, y de la resurrección de los muertos y del juicio eterno.

3 Y *seguiremos adelante hacia la perfección* si Dios lo permite.

4 Porque *él ha hecho* imposible que los que una vez fueron iluminados y gustaron del don celestial, y fueron hechos partícipes del Espíritu Santo,

5 y asimismo gustaron de la buena palabra de Dios, y de los poderes del mundo venidero,

6 y cayeron, sean otra vez renovados para arrepentimiento, puesto que crucifican de nuevo para sí mismos al Hijo de Dios y le exponen a vituperio.

7 Porque *viene el día en que* la tierra que bebe la lluvia que muchas veces cae sobre ella, y produce hierba provechosa [para] aquellos *que en ella moran,* por los cuales es labrada, *los que ahora* reciben *bendiciones* de Dios, *será purificada con fuego.*

8 *Porque* la que produce espinos y abrojos es reprobada, y está próxima a ser maldecida; *por tanto, los que no dan buenos frutos serán echados al fuego, pues su* fin es ser quemados.

9 Pero en cuanto a vosotros, oh amados, estamos persuadidos de cosas mejores que pertenecen a la salvación, aunque hablamos así.

10 Porque Dios no es injusto, *por lo que no* olvidará vuestra obra [ni] el trabajo de amor que habéis mostrado hacia su nombre, habiendo ministrado y ministrando aún a los santos.

TJS Hebreos 7:3 (compárese con Hebreos 7:3)

(Melquisedec fue sacerdote según el orden del Hijo de Dios; todos los que reciben este sacerdocio pueden llegar a ser como el Hijo de Dios.)

3 *Porque este Melquisedec fue ordenado sacerdote según el orden del Hijo de Dios, orden que era* sin padre, sin madre, sin genealogía, que no tiene principio de días, ni fin de vida. *Y todos los que son ordenados a este sacerdocio son* hechos semejantes al Hijo de Dios, permaneciendo sacerdotes para siempre.

TJS Hebreos 7:19–21 (compárese con Hebreos 7:19–21)

(La ley preparó a las personas para Jesús, que es "el fiador de un mejor testamento".)

19 Porque la ley *se administró sin juramento* y nada perfeccionó, sino que *fue sólo* la introducción de una mejor esperanza, por la cual nos acercamos a Dios.

20 Y [como] *este sumo sacerdote* no *fue* sin juramento, *por tanto, Jesús* fue hecho *el fiador de un mejor testamento.*

21 (Porque en verdad los otros sin juramento fueron hechos sacerdotes; pero éste, con el juramento del que le dijo: Juró el Señor, y no se arrepentirá: Tú eres sacerdote para siempre, según el orden de Melquisedec);

TJS Hebreos 7:25–26 (compárese con Hebreos 7:26–27)

(Jesús se ofrece a Sí mismo como un sacrificio sin pecado por nuestros pecados.)

25 Porque tal sumo sacerdote nos convenía: santo, sin mancha, limpio, apartado de los pecadores y hecho *gobernante sobre* los cielos;

26 *y* no como los otros sumos sacerdotes *que cada día ofrecían* sacrificios, primero por sus propios pecados, y luego por los *pecados del pueblo, porque él no necesitó ofrecer sacrificio por sus propios pecados, porque no conoció pecado, sino por los pecados del pueblo. Y* esto lo hizo una sola vez y para siempre, ofreciéndose a sí mismo.

TJS Santiago 2:14–21 (compárese con Santiago 2:14–22)

14 Hermanos míos, ¿de qué aprovechará si alguno dice que tiene fe, y no tiene obras? ¿Podrá la fe salvarle?

15 Pero, alguno dirá: *Yo te mostraré que tengo fe sin obras; pero yo le digo:* Muéstrame tu fe sin tus obras, y yo te mostraré mi fe por mis obras.

16 *Pues* si un hermano o una hermana están desnudos, y tienen necesidad del sustento de cada día, y alguno de vosotros les dice: Id en paz, abrigaos y saciaos, pero no les *da* las cosas que son necesarias para el cuerpo: ¿de qué aprovechará *tu fe a esas personas*?

17 Así también la fe, si no tiene obras, es muerta en sí misma.

18 *Por tanto,* ¿quieres saber, hombre vano, que la fe sin obras es muerta *y no te salvará?*

19 Tú crees que Dios es uno; bien haces. También los demonios creen, y tiemblan; *tú te has hecho como ellos, y no eres justificado.*

20 ¿No fue justificado por las obras nuestro padre Abraham, cuando ofreció a su hijo Isaac sobre el altar?

21 ¿No ves que *las obras* act*uaron* juntamente con *su fe,* y que la fe se perfeccionó por las obras?

TJS 2 Pedro 3:3–13 (compárese con 2 Pedro 3:3–13)

(En los últimos días, muchas personas negarán al Señor Jesucristo. Cuando Él venga, ocurrirán muchas calamidades naturales. Si perseveramos en la rectitud, recibiremos una tierra nueva.)

3 Sabiendo primero esto, que en los postreros días vendrán burladores, andando según sus propias concupiscencias.

4 *Negando al Señor Jesucristo* y diciendo: ¿Dónde está la promesa de su

advenimiento? Porque desde el día en que los padres durmieron, todas las cosas *deben* permanecer como *son, y han permanecido como son* desde el principio de la creación.

5 Ellos desconocen voluntariamente *que en el tiempo antiguo los cielos,* y la tierra [que está] *en* el agua y *fuera* del agua *fueron creados por la palabra de Dios;*

6 *Y por la palabra de Dios,* el mundo de entonces pereció anegado en agua;

7 pero los cielos y la tierra que existen ahora están reservados por la misma palabra, guardados para el fuego en el día del juicio y de la perdición de los hombres impíos.

8 Pero *acerca de la venida del Señor,* oh amados, no *deseo que* ignoréis esto: que para el Señor un día es como mil años, y mil años como un día.

9 El Señor no se tarda en cumplir su promesa *ni su venida,* como algunos entienden la tardanza, sino que es paciente para con nosotros, no queriendo que ninguno perezca, sino que todos lleguen al arrepentimiento.

10 Pero el día del Señor vendrá como ladrón en la noche, en el cual los cielos *se estremecerán, y también la tierra temblará, y los collados se derretirán, y* pasarán con gran estruendo, y los elementos serán *saturados* [de calor abrasador], y la tierra también será *saturada,* y las obras *corruptibles* que en ella hay serán quemadas.

11 Puesto que todas estas cosas han de ser *destruidas,* ¿qué clase de personas habéis de ser en santa conducta y en piedad,

12 esperando *y preparándoos para* el día *de la venida del Señor,* en el cual *las cosas corruptibles de* los cielos, siendo encendidas, serán deshechas, y los *collados* se derretirán con calor abrasador?

13 Pero *si perseveramos, seremos preservados* según su promesa. Y esperamos cielos nuevos y tierra nueva, en los cuales more la justicia.

TJS Apocalipsis 1:1–8 (compárese con Apocalipsis 1:1–8)

(Juan el Apóstol recibe las profecías en el libro del Apocalipsis. Le visitan Jesucristo y un ángel.)

1 La revelación de *Juan, siervo de Dios,* que le fue dada *por Jesucristo,* para manifestar a sus siervos las cosas que deben suceder pronto, *y que* él declaró y envió por medio de su ángel a Juan su siervo,

2 quien *ha dado* testimonio de la palabra de Dios, y del testimonio de Jesucristo y de todas las cosas que ha visto.

3 Bienaventurados *los que leen,* y los que oyen *y entienden* las palabras de esta profecía, y guardan las cosas en ella escritas, porque el tiempo *de la venida del Señor* está cerca.

4 *Y éste es el testimonio de* Juan *a los siete siervos que están encargados de* las siete iglesias que están en Asia: Gracia a vosotros y paz del que es y que era y que ha de venir, *que ha enviado a su ángel* de delante de su trono, *para testificar a los que son los siete siervos sobre las siete iglesias.*

5 *Por tanto, yo, Juan,* el testigo fiel, *doy testimonio de las cosas que el ángel me entregó,* y de Jesucristo, el primogénito de los muertos, y *Príncipe* de los reyes de la tierra.

6 *Y* al que nos ama, *sea la gloria; el que* nos ha lavado de nuestros pecados con su sangre, y nos ha hecho reyes y sacerdotes para Dios, su Padre. A él sean gloria y dominio para siempre jamás. Amén.

7 *Porque* he aquí que viene *en* las nubes *con diez millares de sus santos en el reino, vestido de la gloria de su Padre.*

Y todo ojo le verá, aun los que le traspasaron; y todos los linajes de la tierra se lamentarán por causa de él. Así sea. Amén.

8 *Porque él dice:* Yo soy el Alfa y la Omega, el principio y el fin, el Señor, el que es y que era y que ha de venir, el Todopoderoso.

TJS Apocalipsis 2:26–27 (compárese con Apocalipsis 2:26–27)

(Los que venzan al mundo mediante la obediencia a los mandamientos de Cristo en el mundo venidero regirán reinos con fe, con equidad y con justicia.)

26 Y al que venciere, y guardare mis *mandamientos* hasta el fin, yo le daré potestad sobre *muchos reinos;*

27 y los regirá *con la palabra de Dios; y estarán en sus manos como* vasos de *barro en las manos* del alfarero; *y él los gobernará con fe, con equidad y con justicia,* como también yo la he recibido de mi Padre.

TJS Apocalipsis 12:1–17 (compárese con Apocalipsis 12:1–17)

(Juan explica los símbolos de la mujer, del hijo, de la vara de hierro, del dragón y de Miguel. La guerra que comenzó en el cielo continúa en la tierra.)

1 Y apareció una gran señal en el cielo *a semejanza de las cosas de la tierra:* una mujer vestida del sol, con la luna debajo de sus pies, y sobre su cabeza una corona de doce estrellas.

2 Y estando *la mujer* encinta, clamaba con dolores de parto y sufría por dar a luz.

3 Y ella dio a luz un hijo varón que había de regir a todas las naciones con vara de hierro; y su hijo fue arrebatado hasta Dios y hasta su trono.

4 Y apareció otra señal en el cielo: y he aquí, un gran dragón rojo, que tenía siete cabezas y diez cuernos, y en sus cabezas, siete diademas; y su cola arrastraba la tercera parte de las estrellas del cielo, y las arrojó sobre la tierra. Y el dragón se paró delante de la mujer que había dado a luz, *listo* para devorar a su hijo *después* que hubiese nacido.

5 Y la mujer huyó al desierto, donde tenía un lugar preparado por Dios, para que allí la sustentasen durante mil doscientos sesenta *años.*

6 Y hubo una gran batalla en el cielo: Miguel y sus ángeles luchaban contra el dragón; y luchaban el dragón *y* sus ángeles *contra Miguel;*

7 *y el dragón* no prevaleció *contra Miguel, ni contra el hijo ni contra la mujer, que era la iglesia de Dios, la que había sido aliviada de sus dolores y dado a luz el reino de nuestro Dios y su Cristo.*

8 Ni fue hallado más lugar en el cielo *para* el gran dragón, *que* fue lanzado fuera, la serpiente antigua, que se llama Diablo y que *también se llama* Satanás, quien engaña a todo el mundo; fue arrojado a la tierra, y sus ángeles fueron arrojados con él.

9 Y oí una gran voz en el cielo que decía: Ahora han venido la salvación, y el poder, y el reino de nuestro Dios y la autoridad de su Cristo;

10 porque el acusador de nuestros hermanos ha sido arrojado, el que los acusaba delante de nuestro Dios día y noche.

11 *Porque* ellos le han vencido por medio de la sangre del Cordero y de la palabra de su testimonio, y no amaron sus *propias* vidas, *y conservaron el testimonio aun* hasta sufrir la muerte. Por lo cual alegraos, cielos, y los que moráis en ellos.

12 *Y después de estas cosas, oí otra voz que decía:* ¡Ay de los moradores de la tierra, *sí,* y *de los que habitan sobre las islas* del mar!, porque el diablo ha

descendido a vosotros, teniendo gran ira, pues sabe que tiene poco tiempo.

13 *Porque* cuando el dragón vio que había sido arrojado a la tierra, persiguió a la mujer que había dado a luz al hijo varón.

14 *Por tanto,* le fueron dadas a la mujer las dos alas de la gran águila, para que *huyese* de la presencia de la serpiente al desierto, a su lugar, donde es sustentada por un tiempo, y tiempos y la mitad de un tiempo.

15 Y la serpiente arrojó de su boca, tras la mujer, agua como un río, a fin de hacer que fuese arrastrada por el río.

16 Pero la tierra ayudó a la mujer, y la tierra abrió su boca y tragó el río que el dragón había arrojado de su boca.

17 *Por lo que* el dragón se enfureció contra la mujer; y se fue a hacer la guerra contra el resto de la descendencia de ella, los que guardan los mandamientos de Dios y tienen el testimonio de Jesucristo.